Histoire des idées politiques
aux Temps modernes et contemporains

Philippe Nemo

Histoire des idées politiques

aux Temps modernes
et contemporains

QUADRIGE / PUF

DU MÊME AUTEUR

Job et l'excès du mal, Grasset, 1978. Traductions italienne (Roma, Citta nuova editrice, 1981), espagnole (Madrid, Caparros, 1996), anglaise (Pittsburgh, Duquesne University Press, 1998). Nouvelle édition, avec une postface d'Emmanuel Levinas, Albin Michel, 1999 et 2001.

La société de droit selon F. A. Hayek, PUF, 1988.

Traduction et introduction de *La logique de la liberté,* de Michæl Polanyi, PUF, 1989.

Pourquoi ont-ils tué Jules Ferry ?, Grasset, 1991

Le chaos pédagogique, Albin Michel, 1993.

Histoire des idées politiques dans l'Antiquité et au Moyen Âge, coll. « Fondamental », PUF, 1998. Prix Kœnigswarter de l'Académie des Sciences morales et politiques, 1999.

ISBN 2 13 053163 6
ISSN 0291-0489

Dépôt légal — 1re édition : 2002, octobre
2e édition : 2003, novembre

© Presses Universitaires de France, 2002
6, avenue Reille, 75014 Paris

À Catherine Nemo

Sommaire

TROISIÈME PARTIE

LES ADVERSAIRES DE LA TRADITION DÉMOCRATIQUE ET LIBÉRALE, I – LA GAUCHE

Avant-propos

Dans l'*Avant-propos* de notre Histoire des idées politiques dans l'Antiquité et au Moyen Âge[1], *nous avons précisé les options méthodologiques de notre entreprise. Ces options demeurent valables pour la présente* Histoire des idées politiques aux Temps modernes et contemporains. *En particulier, nous nous sommes d'emblée expliqué sur la démarche, rare aujourd'hui, qui consiste à entreprendre seul un ouvrage de ce type[2]. Ambition périlleuse, assurément, puisqu'un seul auteur ne peut prétendre avoir sur chaque œuvre, sur chaque période, sur chaque pays, l'érudition d'un spécialiste. Il ne peut faire autrement que de travailler souvent de seconde main. Nous avons choisi cette option, cependant, parce qu'elle seule permet la clarté et la cohérence qu'on attend par principe d'un manuel. Nous pensons qu'elle a aussi une valeur propre, de nature philosophique, puisqu'elle permet d'éviter le paradoxal manque d'érudition des érudits, auxquels l'arbre de leur spécialité cache parfois la forêt de l'histoire générale. Accordant toute leur attention à leur domaine, ils sont exposés à méconnaître les sources ou les échos lointains des auteurs qu'ils étudient, à prendre pour des produits d'un certain temps des idées qui ont déjà ou qui auront une longue histoire. Celui qui a fait tout le voyage est peut-être en meilleure position pour saisir certaines évolutions de long terme.*

Le présent volume appelle des remarques méthodologiques spécifiques. Dans le premier, qui portait sur des périodes où les œuvres politiques conservées sont relativement rares, nous pouvions nous flatter d'avoir traité un nombre non négligeable des auteurs les plus importants. Cette prétention doit être abandonnée pour les Temps modernes et contemporains. Car, cette fois,

---

1. PUF, coll. « Fondamental », 1998. Ce livre sera désigné ci-après par les initiales *HIPAMA*.

2. Nous sommes peut-être le premier en France à tenter à nouveau l'aventure depuis Jean-Jacques Chevallier (*Histoire de la pensée politique*, 3 vol., Payot, 1983-1984).

les textes sont innombrables, et traiter substantiellement même des doctrines les plus connues devenait matériellement impossible. On pouvait, certes, dans le nombre de pages imparti, qui est considérable, organiser un voyage à travers « tous » les auteurs et « toutes » les doctrines en accordant une simple vignette à chacun et à chacune. Mais cette démarche encyclopédique, d'ailleurs légitime et utile en elle-même, ne répondait pas à notre intention primitive qui était de proposer un cours raisonné.

Il a donc fallu opérer un choix, retenir les auteurs les plus significatifs et les plus originaux, et tenter un exposé aussi complet que possible de leur doctrine, en entrant dans le détail, en citant autant de textes que nécessaire à une bonne compréhension de leurs intentions et de leurs arguments. Pour d'autres auteurs moins significatifs, selon nous, mais connus et qu'on s'attend en toute hypothèse à retrouver dans un ouvrage de ce type, nous avons dû nous borner à un résumé ou à une mention. Le lecteur sera juge de la pertinence de ces arbitrages. Du moins avons-nous le sentiment d'être parvenu à réaliser peu ou prou notre projet de départ, qui était de présenter une histoire générale des idées politiques en Occident qui fût une véritable introduction aux études dans le domaine pour ceux qui s'y destinent, un tableau suffisamment complet pour des étudiants d'autres disciplines — philosophie, droit, économie ou autres sciences sociales — et enfin, pour l' « honnête homme », un ensemble de références pouvant nourrir sa réflexion et sa vie de citoyen. Et nous formons le vœu que l'intérêt intense que nous avons éprouvé, tout au long de ce long travail, pour les trésors d'intelligence et d'idéal que comporte le corpus des œuvres politiques de l'Occident ancien et moderne sera partagé par nos lecteurs.

Introduction générale

La droite, la gauche, la démocratie libérale

Ce qui caractérise les Temps modernes et contemporains dans le champ des idées politiques en Occident, c'est l'apparition de la philosophie politique et des théories constitutionnelles qui fondent l'État démocratique et libéral. Il est vrai qu'en un sens, comme nous l'avons montré dans notre *Histoire des idées politiques dans l'Antiquité et au Moyen Âge,* quasiment toutes les idées de base de cet « État de droit » avaient été déjà formulées par les penseurs antiques et médiévaux. Pourquoi donc cet État et la société développée qu'il rend possible ne s'épanouissent-ils véritablement qu'aux Temps modernes et contemporains ? Nous pensons que c'est parce que ces cinq siècles accomplissent un véritable progrès intellectuel par rapport à l'Antiquité.

Les penseurs de ces siècles ont en effet construit un modèle nouveau d'*ordre social* que l'on peut qualifier de modèle ou paradigme d'« ordre par le pluralisme ». À travers les épreuves des guerres de religion, des révolutions, des luttes sociales qui marquent l'histoire européenne de cette période, ils ont pris conscience que la liberté individuelle et le pluralisme qui en est le corollaire n'étaient pas un facteur d'*éclatement social* et de *désordre*, mais une forme supérieure d'organisation des rapports entre les hommes. C'est cette clef intellectuelle qui leur a permis de décrire et de préconiser les institutions de l'État de droit qui, précisément, ont pour spécificité de permettre de gérer un ordre pluraliste : le droit abstrait et universel, les « droits de l'homme », le marché, la démocratie, les institutions académiques libres, la presse libre... Ensuite, par un processus d'autorenforcement irrésistible, la supériorité conférée par ces institutions aux sociétés occidentales sur toutes les autres formes connues d'organisation sociale a assuré la pérennité du modèle démocratique et libéral. Celui-ci a en effet triomphé successivement des effroyables régressions qu'ont été les fascismes et les communismes du XXe siècle, types de régimes portant à leurs dernières conséquences les thèses de deux autres familles de doctrines, forgées aux Temps contemporains à partir de deux autres modèles plus anciens d'ordre, la *gauche* et la *droite*.

Nous pensons qu'on peut structurer l'histoire des idées politiques aux Temps modernes et contemporains selon cette problématique.

I — LES TROIS PARADIGMES DE L'ORDRE SOCIAL

1) *La notion de « paradigme »*

Il nous faut d'abord préciser ce qu'on entend ici par « modèle » ou « paradigme » de la pensée sociale et politique.

Généralement parlant, un paradigme est un modèle sous-jacent à une pensée, qui détermine sa structure, qui fait qu'elle pose certaines questions et non d'autres, qu'elle « organise le donné » selon un certain cadre. Par convention, on parlera de « paradigme » plutôt que de « modèle », lorsque ce cadre n'est pas pleinement pris en vue par le sujet et gouverne sa pensée en partie à son insu.

Un « paradigme de la pensée sociale et politique » est donc un cadre dans lequel on pense les problèmes de la société et de l'État. Chaque paradigme consiste à percevoir d'une certaine façon l'*ordre* ou le *désordre* social, c'est-à-dire ce qui détermine respectivement la prospérité, la paix et le bonheur de la communauté, ou, au contraire, ce qui y provoque troubles, inefficacité et échecs. Cette conception de l'ordre déterminera toute une échelle de valeurs en matière politique, sociale et économique, par laquelle s'étalonneront les préférences, les options, les programmes.

On peut considérer que les grandes « familles politiques », celles qui se perpétuent à travers les décennies et les siècles, survivant à l'écume des événements et à l'inconstance des alliances tactiques, doivent leur unité profonde au fait que tous leurs membres pensent la société et l'État à travers le même paradigme fondateur, c'est-à-dire à travers un certain modèle d'ordre. Et que les grands clivages politiques ont essentiellement pour cause cette différence irréductible des *visions de l'ordre social*.

En effet, ces clivages se caractérisent par le fait qu'ils ne s'apaisent nullement par la discussion et la polémique. Deux ou trois siècles de contacts et de discussions n'ont nullement éteint, par exemple, les querelles entre la « droite » et la « gauche ». Or ces querelles se seraient probablement aplanies avec le temps si le cadre de pensée eût été commun : les discussions auraient alors consisté simplement dans la vérification des points concrets en litige. Comme dans une négociation commerciale où les partenaires « voient » par définition la situation selon les mêmes catégories et où le problème est seulement de rapprocher les intérêts, les partis auraient sans doute progressé vers un compromis. Or les polémiques politiques sont manifestement d'une autre sorte. Loin de s'apaiser à mesure qu'on discute, elles s'aggravent, dirait-on, avec la discussion ; et elles se renouvellent avec la même vigueur à chaque génération. Ce qu'on peut expliquer comme suit. Le propre d'une discussion est de conduire chacun à énoncer les principes qui guident sa réflexion et son action : pour justifier la position qu'on prend sur tel ou tel problème concret, on la présente comme la simple application à ce problème d'un certain principe général, que l'on est alors incité à expliciter. On escompte qu'autrui se rendra à l'argument et changera sa position, puisque, spontanément, on n'imagine même pas qu'il puisse contester le principe (par exemple, le fait que la justice consiste à rendre à chacun le sien, ou, plutôt, à établir l'égalité des conditions ; la priorité donnée à l'efficacité économique ou, plutôt, à la juste répartition des fruits de la croissance ; le fait que la démocratie consiste dans le pluralisme ou, plutôt, dans la loi de la majorité ; le caractère légitime ou condamnable du profit ; le fait que l'unité et la force de la nation priment, ou ne priment pas, les intérêts des régions, etc.). Or il se trouve que le véritable adversaire politique, loin d'être convaincu par l'argument, est en général encore moins disposé à accepter le principe qu'on lui oppose que la position concrète que ce principe était censé justifier. Par conséquent, le fait d'avoir explicité ce principe diminue le consensus au lieu de l'augmenter ; on découvre que l'interlocuteur est décidément un *adversaire*. La discussion politique, même (et surtout) si elle est de bonne foi, tend à mettre à nu le socle de principes et de valeurs sur lequel chacun s'appuie et fonde ses opinions, il manifeste le disparate irréductible des paradigmes. Telle est la nature des polémiques politiques. Avec des adversaires, plus on polémique, plus il est clair que ce sont les catégories mentales, les « conceptions du monde » même qui diffèrent chez l'un et chez l'autre interlocuteur : il n'y a plus de communication possible. Autrui paraît être, selon le cas, *fou* ou *méchant*.

On peut poser en thèse que les clivages politiques et sociaux durables sont *tous* de cette nature ; et que les conflits les plus graves en politique ne sont donc pas, comme on le croit d'ordinaire, des conflits d'*intérêts,* mais des querelles *philosophiques.*

Peut-on résoudre ces dernières querelles, c'est-à-dire rapprocher les paradigmes mêmes ? Sans doute : c'est l'idéal des Lumières. Il suppose toute une élaboration scientifique qui s'efforce de mettre en évidence les paradigmes sous-jacents et de les transformer en « modèles » pleinement explicites, puis de discuter rationnellement de la valeur de ces modèles. Alors, on s'apercevra peut-être qu'on peut surmonter la querelle en construisant une interprétation du monde plus compréhensive que celle des paradigmes en cause. Mais cela suppose une action de très long terme, une patience et une longanimité qui n'appartiennent qu'à la science. Or les groupes politiques, à tort ou à raison, se croient pressés par les échéances. Aussi ne prennent-ils pas en général le temps de *convaincre* les forces sociales qui leur sont idéologiquement hostiles. Ils préfèrent faire jouer les rapports de *force*, soit en faisant usage de la force proprement dite (par les révolutions, émeutes, répressions), soit en utilisant les procédures démocratiques là où la constitution du pays permet à la majorité de contraindre par des voies légales, sinon légitimes, les adversaires récalcitrants, soit en tentant d'imposer leur propre conception du monde par la propagande, voire la « rééducation » — soit, enfin, en usant de l'arme suprême, l'*éducation* tout court : celui, en effet, qui se sera mis en position d'éduquer les enfants de ses adversaires politiques leur inculquera sa propre vision du monde et aura donc toutes raisons de penser qu'il a gagné la partie sur le long terme. D'où le fait que les problèmes d'éducation ont si souvent une charge politique explosive, totalement disproportionnée à leur importance pédagogique[1].

2) *Les trois paradigmes de la pensée sociale et politique moderne*

Ces définitions étant posées, nous croyons qu'on peut discerner, dans la pensée politique occidentale moderne, *trois* grandes familles de théories, celles de la *droite*, de la *gauche* et de la *démocratie libérale*. Et l'on peut estimer que chacune d'elles est commandée en profondeur par un paradigme fondamental, une certaine vision de l'ordre social. Disons, de manière schématique (nous préciserons ces analyses ultérieurement), que la pensée de droite paraît être commandée par le paradigme de l'*ordre naturel* ; celle de gauche, par celui de l'*ordre artificiel* (ou *pensé*, ou *construit*) ; celle de la tradition démocratique et libérale, par celui de l'*ordre spontané* (ou *pluraliste*, ou *polycentrique*, ou *auto-organisé*, ou *culturel*).

L'existence de trois modèles d'ordre dans la culture moderne est le fruit d'une longue évolution que l'on peut retracer brièvement comme suit.

3) *L'ordre sacral*

Dans les sociétés primitives, un seul ordre existe, ce qui a été voulu et établi par les dieux, conformément à l'histoire que conte le mythe[2]. Cet *ordre sacral*, étant donné son origine, est *intangible* : les hommes ne sauraient songer à l'enfreindre, moins encore à le modifier, sans mécontenter gravement les puissances sacrées et mettre le groupe en péril. D'autre part, il est *indistinctement cosmique et social* : le

---

1. Cf. notre article « Consensus », *in* R. Boudon (dir.), *Dictionnaire des sociologies*, PUF.
2. Cf. *HIPAMA*, p. 6-7.

mythe raconte comment les dieux ont mis en place le soleil, la lune, le ciel et la terre, etc., mais aussi comment ils ont donné à la société une certaine structure et imposé l'accomplissement de certaines pratiques. Par conséquent, pour l'homme des sociétés primitives, il serait aussi fou et dangereux de remettre en cause l'ordre social qu'il le serait, pour l'homme moderne, de prétendre s'affranchir des lois de la nature. L'ordre sacral exclut toute critique sociale, et par suite tout progrès. Les sociétés archaïques sont des « sociétés sans histoire » et, de fait, le démarrage du progrès scientifique et technique n'a pu se faire que lorsque la logique des sociétés à rites et mythes a été brisée.

4) Physis *et* nomos

Elle l'a été, notamment, par l'avènement de la Cité grecque. L'apparition de la *polis* et de l'*agora* a rendu possible la libre discussion des problèmes sociaux et politiques, donc la promotion de la rationalité et une certaine appropriation de la loi sociale par les hommes. Ensuite, les penseurs grecs, singulièrement les sophistes, réfléchissant sur l'existence de nombreuses variations de la loi sociale dans l'espace et dans le temps, ont pris conscience qu'il existait une différence fondamentale entre *ordre naturel* et *ordre social*. Tous les hommes rencontrés d'un bout à l'autre de la Méditerranée (à l'occasion de la colonisation grecque) ont même nature, même corps, mêmes besoins ; en revanche, ils ont des coutumes sociales infiniment diverses, chaque ensemble de coutumes permettant néanmoins une forme viable d'existence sociale. Dès lors, aucun ensemble de coutumes ne doit être considéré comme absolument nécessaire à la vie et intangible. Les hommes peuvent changer les lois, transgresser des tabous, sans que « le ciel leur tombe sur la tête ». On peut comparer les coutumes, les systèmes constitutionnels, les lois. On peut décider d'améliorer ceux de la cité où l'on vit en s'appuyant sur des modèles rencontrés ailleurs. Par la distinction ainsi faite entre *physis,* ordre naturel, et *nomos,* ordre artificiel, humain, les penseurs grecs – des « Sept sages de la Grèce » aux sophistes de la seconde moitié du Vᵉ siècle avant J.-C. – ont rendu possible la *démarche critique,* et de là l'apparition de la *rationalité scientifique,* de la « science politique » et de l' « action politique » au sens moderne, c'est-à-dire l'action qui vise à modeler délibérément les règles de la vie sociale[1].

1. Cf. *HIPAMA*, p. 22-23 et 72-79.

Par la suite, la dichotomie *physis-nomos* est devenue un lieu commun dans la philosophie du monde gréco-romain, notamment stoïcienne, et a été reprise par les juristes romains, puis par le Moyen Âge. On a distingué *droit naturel (jus naturale)* et *droit positif (jus positivum)* le premier étant un ordre naturel, donc permanent et universel, le second un ordre construit par la raison humaine. Toute la pensée politique de l'Antiquité et du Moyen Âge s'est coulée dans ce cadre, et c'est dans ce cadre qu'elle a posé les grands problèmes de la politique : certains penseurs affirmant la primauté du droit naturel, d'autres l'indépendance du droit positif et la possibilité de forger des institutions et des lois par l'action de la seule libre volonté humaine.

5) *Les ordres intermédiaires entre nature et artifice*

Cependant, on a pris conscience progressivement qu'il existait des réalités ne relevant *ni* de l'ordre naturel *ni* de l'ordre artificiel.

Soit, par exemple, le *langage*. Ce n'est pas un ordre naturel, car s'il l'était, tous les hommes parleraient la même langue et, par ailleurs, il n'y aurait pas d'évolution historique des langues. Or on sait que ce n'est pas le cas. Donc les hommes créent, d'une certaine manière, les langues qu'ils parlent. Cependant, celles-ci ne sont pas pour autant des ordres construits par la raison. On n'a jamais réussi à créer une langue artificielle (même l'espéranto, qui est d'ailleurs fort peu utilisé, est bâti sur la base de plusieurs langues naturelles existantes). En fait, la langue s'impose à l'homme individuel : elle est pour lui un ordre extérieur et non manipulable, comme les ordres naturels. Si l'on s'en tient au dualisme traditionnel nature/artifice, il est donc impossible de conclure quant au type d'ordre dont relève le langage. Celui-ci n'est ni naturel ni artificiel, et il est un peu les deux.

Si l'on examine maintenant la *morale* ou le *droit,* qui sont évidemment des « ordres » essentiels pour la pensée sociopolitique, les mêmes réflexions s'imposent. Ce ne sont pas des ordres naturels, puisqu'ils varient dans le temps et dans l'espace. Ce ne sont pas des ordres artificiels, car personne n'a pu créer *ex nihilo* une morale ou un système juridique, comme un ingénieur pense et construit une machine ou un autre artefact. D'ailleurs, qui se sentirait obligé par une loi morale dont on saurait qu'elle a été créée par un ou quelques hommes à un moment identifiable du temps ? Une telle création artificielle serait perçue comme pouvant être, à tout moment, à nouveau critiquée et changée, et l'on ne pourrait croire qu'elle s'impose au même degré à tous, ce qui paraît pourtant impliqué par l'idée même de morale (la morale est constituée d' « impératifs catégoriques », dont on ne peut disposer librement). Et pourtant, la morale et le droit ne sont pas non plus des ordres naturels : sans quoi tous les peuples auraient en tout temps le même droit et la même morale, ce que contredit l'histoire, laquelle nous apprend en outre que la morale et le droit sont dans une large mesure une création des hommes – par la jurisprudence, la législation, et, pour ce qui concerne la morale, par les grandes fondations doctrinales comme celles de Moïse, de Socrate, du Christ, de Mahomet... Même contradiction insoluble, donc, que dans le cas du langage.

Cicéron était vaguement conscient du problème de l'inclassabilité de ces ordres[1]. Au Moyen Âge, la question s'est posée à un saint Thomas, qui pensait qu'il y avait un « prix naturel », mais qui constatait que les prix variaient sur le marché et qu'on ne pouvait attribuer ces variations à la seule volonté, généreuse ou malicieuse, des dirigeants ou des marchands, et qui fut donc obligé d'admettre qu'une autre réalité, ni naturelle, ni artificielle, se profilait dans ce phénomène[2]. En discutant de la « loi divine », « ancienne » et « nouvelle », il a également pris conscience de ce qu'on pourrait appeler une *historicité* des lois[3].

Mais c'est seulement aux Temps modernes et contemporains que les penseurs ont pris pleine conscience de la spécificité de ces ordres et qu'a été construit explicitement et scientifiquement leur concept. Des économistes thomistes du XVIe siècle diront que les prix sont établis par « Dieu », ce qui désigne un autre responsable que la nature ou l'homme. Nicole, Boisguilbert évoqueront la « Providence » qui a permis que des hommes méchants et enfermés dans leur péché se rendent néanmoins mutuellement service par les processus du marché : ni la nature ne voulait une telle solution, ni l'homme ne pouvait l'inventer par sa seule raison. Bernard Mandeville montrera comment des « vices privés » peuvent produire des « bienfaits publics », c'est-à-dire comment les hommes, mus par leurs passions et poursuivant chacun un but personnel, peuvent néanmoins contribuer à faire émerger un ordre collectif fécond et productif. Or cet ordre n'est certes pas artificiel, puisque les hommes n'ont ni l'intention ni la conscience de le construire, ils croient seulement s'occuper de leurs affaires privées ; il n'est certes pas naturel, puisque la ruche abandonnée à elle-même et rendue à sa nature primitive tombe rapidement dans la misère. Hume expliquera clairement comment les « conventions » qui définissent la justice sont l'œuvre des hommes sans être l'œuvre de la raison humaine. Adam Ferguson parlera d'ordres qui *résultent des actions des hommes mais non de leurs intentions,* et Adam Smith évoquera enfin la fameuse *main invisible* du marché, pourvoyeuse d'ordre alors qu'elle n'est pas la main d'un homme ni celle d'un Dieu, mais celle de la société qui

1. *Ibid.*, p. 334.
2. *Ibid.*, p. 662.
3. *Ibid.*, p. 647-656.

s'organise ainsi elle-même, qui (Smith ne dit pas le mot) s'auto-organise. Plus tard, Spencer, les économistes marginalistes, Walras, Jevons, Pareto, puis Carl Menger, Hayek et les modernes théoriciens des systèmes perfectionneront la compréhension théorique de la logique qui est ici à l'œuvre, celle des ordres qu'on peut nommer « spontanés » ou « auto-organisés ».

Dès lors, le problème politique était placé sous une toute autre lumière. Le but des institutions de l'État et de l'ordre juridique n'était plus de coller à un prétendu ordre naturel, source unique de ce qui est juste, viable et fécond. Il n'était pas, non plus, de concevoir par la raison *a priori* un ordre social idéal ou utopique, qu'ensuite on appliquerait sur la réalité par une démarche révolutionnaire, « volontariste » et « constructiviste ». Il était de concevoir les institutions les plus favorables à l'émergence d'un ordre social spontané, tel que des actions humaines irréductiblement pluralistes pussent s'ajuster optimalement les unes aux autres et produire ainsi des réalités sociales supérieures : le droit abstrait, qui permet le marché et donc une performance économique sans précédent ; les institutions parlementaires et démocratiques, qui minimisent le risque que demeurent en place des dirigeants despotiques, ou que soient prises de mauvaises décisions publiques ; la liberté de la presse, qui permet l'apparition d'une vérité sociopolitique plus objective ; les libertés académiques qui permettent l'émergence rapide de la science... C'est, croyons-nous, ce changement fondamental de perspective qui a rendu possible, à la faveur d'une histoire intellectuelle qui s'étend sur quelque cinq siècles, l'élaboration des théories modernes de l'État *démocratique* et *libéral*.

Nous pensons que l'histoire de la pensée politique des Temps modernes et contemporains se confond avec cette élaboration et avec les résistances qui lui ont été opposées par des penseurs tributaires des deux paradigmes antérieurs. Nous allons donc voir, au long de cette étude, se distinguer nettement :

— une famille de pensées que nous qualifierons de « tradition démocratique et libérale », qui a pour paradigme commun l'ordre *spontané* ;
— une famille de pensées de *droite*, qui a pour paradigme l'ordre *naturel* ;
— une famille de pensées de *gauche*, qui a pour paradigme l'ordre *organisé*.

Ce qu'on peut résumer par le tableau ci-contre.

Ce schéma, toutefois, est encore incomplet, car le paradigme de l'ordre pluraliste commande la pensée politique à *deux* niveaux distincts.

Paradigmes de l'ordre social et familles politiques modernes

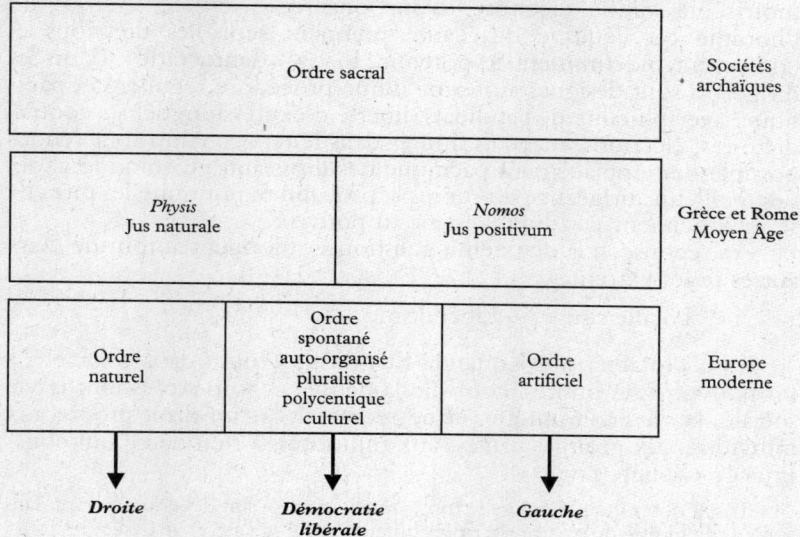

II — LES DEUX QUESTIONS DE LA THÉORIE POLITIQUE SELON LORD ACTON

Les théories politiques visent en effet à répondre à l'une ou l'autre des deux grandes questions suivantes[1].

— *Qui* doit détenir le pouvoir politique ?

— Quelles doivent être les *limites* du pouvoir politique, qui que ce soit qui le détienne ?

Ce qui revient à dire que les théories politiques cherchent à résoudre, soit la question du pouvoir *dans* l'État, soit celle du pouvoir *de* l'État. Il est essentiel de comprendre que ce sont là deux questions différentes renvoyant à des problématiques hétéronomes.

On peut considérer que les réponses à la première question s'échelonnent entre deux pôles extrêmes :

Gouvernement autoritaire ↔ Démocratie

---

1. Cette distinction, ou du moins l'idée de la formuler de cette manière claire et simple, est due à un auteur anglais, Lord Acton, 1834-1902 (cf. *infra*, p. 581-583).

Il y a « gouvernement autoritaire » (qu'il prenne la forme d'une monarchie, d'une dictature, d'une oligarchie fermée, etc.) là où l'homme ou l'équipe dirigeante prennent seuls les décisions et conservent indéfiniment le pouvoir. Il y a « démocratie » là où les dirigeants sont désignés au terme d'une procédure régulière et pacifique, avec pluralité de candidats, liberté d'expression, débats contradictoires, élections, mandats limités dans le temps. Ainsi sont rendus possibles le remplacement pacifique des dirigeants et, sinon le choix des meilleurs dirigeants, du moins la probabilité pour que les pires ne se maintiennent pas durablement au pouvoir.

Les réponses à la deuxième question s'ordonnent autour de deux autres pôles extrêmes :

Totalitarisme ⟷ Libéralisme

Il y a « totalitarisme » quand l'État dirige « tout » dans la société, a un pouvoir sans limites, contrôle la pensée et son expression, la vie sociale, la vie économique, et ne reconnaît aucun droit propre aux individus, aux groupes privés, aux minorités, à rien de ce qui constitue la « société civile ».

Il est à noter que, bien que le mot « totalitarisme » soit devenu péjoratif dans la seconde moitié du XXᵉ siècle, après qu'eurent été vécues et analysées les terribles expériences du fascisme et du communisme, il a été employé par des théoriciens d'avant-guerre avec une intention positive, l'idée étant que, si l'on veut que l'État puisse faire prévaloir la justice sociale et l'efficacité économique, il est justifié qu'il s'empare de tous les leviers de commande ; la constitution espagnole en vigueur jusqu'à la mort de Franco portait que l'État était « totalitaire ».

Il y a « libéralisme » quand la souveraineté de l'État est limitée, c'est-à-dire quand l'État reconnaît en doctrine et en droit — par exemple dans une « déclaration des droits de l'homme » ou d'autres dispositions constitutionnelles fondamentales — et respecte en pratique le principe selon lequel son pouvoir exécutif et législatif n'empiétera pas sur certaines libertés fondamentales, liberté religieuse, liberté de penser, liberté de la presse, propriété, liberté de créer et de gérer des entreprises, de passer des contrats, de choisir librement son activité professionnelle...

Notons que le mot « libéralisme » a parfois, dans la tradition, un autre sens, celui de « libéralisme politique ». Il désigne alors ce que nous avons nous-mêmes appelé ci-dessus « démocratie ». Il peut certes s'accompagner de « libéralisme économique », mais les deux notions n'en sont pas moins distinctes. Les Allemands, qui voulaient supprimer les gouvernements absolutistes de l'Allemagne du XIXᵉ siècle, en instaurant le suffrage universel et le gouvernement parlementaire, s'appelaient eux-mêmes et étaient appelés « libéraux ». Mais ils n'étaient pas toujours partisans du pluralisme idéologique ni de la liberté économique. Dans les textes, on trouve donc les diverses expressions : démocratie, libéralisme, libéralisme politique, libéralisme économique, non sans risques de confusion. Nous parlerons, nous, de « démocratie » lorsqu'il s'agira de l'exercice des *libertés politiques dans le cadre de l'appareil d'État,* de « libéralisme » lorsqu'il s'agira de *libertés de la société civile opposables à l'État.*

Observons maintenant qu'il peut y avoir, entre les modèles ainsi définis, plusieurs combinaisons :

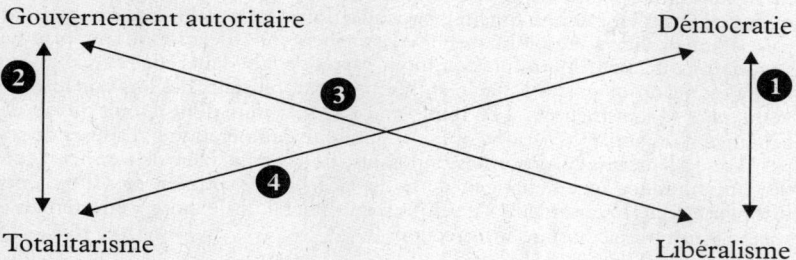

❶ On peut avoir une dévolution démocratique du pouvoir politique au sein d'un État dont, par ailleurs, l'emprise sur la société est limitée par les droits fondamentaux des individus. On a alors une *démocratie libérale* (on observera que cette expression n'est donc nullement redondante, malgré l'habitude qui s'est prise de parler simplement des « démocraties » pour désigner les démocraties libérales d'Europe et d'Amérique du Nord : les deux membres de l'expression renvoient chacun à un concept différent).

❷ On peut avoir un pouvoir politique autoritaire et un État totalitaire. C'est la formule qu'on observe dans les régimes appelés, pour faire bref, *totalitarismes* : fascismes, communismes. L'État peut tout sur l'individu, et, par ailleurs, les dirigeants monopolisent le pouvoir, éliminent l'opposition grâce la police politique ; ils ne s'exposent jamais à la contestation et à la critique et n'organisent pas d'élections libres.

Notons que ces deux premières combinaisons sont stables. Les pouvoirs totalitaires de l'État facilitent l'élimination, par les dirigeants, de l'opposition politique (celle-ci existerait si elle pouvait disposer, par exemple, d'une presse libre, mais ce n'est pas possible si les imprimeries, le papier, les entreprises appartiennent à l'État ou au Parti unique...). Inversement, l'absence de démocratie favorise la perpétuation du totalitarisme. De même, le libéralisme rend possible l'existence d'opposants politiques, faisant vivre la démocratie ; la critique démocratique et la crainte de la sanction des électeurs jouent dans le sens du respect, par les dirigeants de l'appareil d'État, des règles constitutionnelles et des libertés. C'est ainsi que les démocraties libérales existent depuis plusieurs siècles maintenant, et se sont révélées des régimes durables.

Mais deux autres combinaisons, plus instables, n'en ont pas moins existé dans l'histoire :

❸ On peut avoir un gouvernement autoritaire d'un État (plus ou moins) libéral.

On a vu ce cas de figure, dans le passé, par exemple avec les deux Empires français ; de nos jours, on l'a vu au Chili, en Corée du Sud, à Singapour, dans l'Iran du dernier Shah, au Maroc jusqu'à une date récente... Le gouvernement ne se remet pas en cause, n'organise pas d'élections (ou bien les élections ne sont pas vraiment libres et pluralistes) ; en revanche, il n'étatise ni ne planifie l'économie, il laisse les gens plus ou moins libres de faire leurs affaires. Ce cas de figure est néanmoins assez instable et très imparfait, puisque, dès lors que le gouvernement se sent menacé, il est tenté, grâce à l'impunité dont il jouit du fait de l'absence d'un contrôle par une opinion publique démocratique, d'abuser de ses pouvoirs, de mettre en prison les opposants, de les empêcher de s'enrichir, ou de communiquer avec l'étranger, de se déplacer, de s'exprimer, etc. Il est alors fort peu libéral. Inversement, s'il reste « trop » libéral, il s'expose à être renversé par un coup d'État ou une insurrection.

❹ La possibilité théorique existe enfin – et on en a observé de brefs exemples historiques – de régimes où l'État dispose de pouvoirs totalitaires, mais où les dirigeants de l'État sont démocratiquement élus.

C'est ce qu'ont voulu être à peu près tous les gouvernements révolutionnaires dans leurs premières semaines d'existence : les sections de Paris lors de la Révolution française, la Convention, la Commune, la « république des Soviets »... La formule « tout le pouvoir au peuple » résume l'idée : le gouvernement révolutionnaire se donne tous les droits, il ne respecte pas les personnes et les propriétés de ceux qu'il considère comme ses ennemis, mais nul dirigeant ne revendique le monopole du pouvoir, tous disent qu'ils ne sont que les mandataires du peuple, et celui-ci est invité, au début du moins, à participer aux discussions et au contrôle de l'action gouvernementale.

Le programme du Parti socialiste français de 1977 relevait dans une certaine mesure de cette épure. C'était, sur le fond, un véritable programme de démocratie populaire, avec nationalisation d'une grande partie de l'économie, suspension de certaines libertés individuelles fondamentales (comme la liberté scolaire). Mais les dirigeants étaient élus à tous les niveaux. On pouvait chasser des propriétaires occupant des appartements trop vastes, au profit de familles nombreuses mal logées ; mais le responsable de quartier qui procédait à un tel échange était démocratiquement élu par le quartier. Le patron perdait le pouvoir dans l'entreprise dont il était propriétaire, mais le comité qui le remplaçait était élu par tous les travailleurs, etc.

Mais cette formule est particulièrement instable. Ou bien les pouvoirs totalitaires dont dispose le gouvernement conduisent une fraction de dirigeants à éliminer toutes les autres, et à devenir ainsi un gouvernement autoritaire : on verse alors dans le totalitarisme (c'est ce qui s'est passé en Russie après 1917). Ou bien le pouvoir reste ouvert, mais il s'enfonce dans l'anarchie, et le régime ne peut subsister.

III — LA DÉMOCRATIE ET LE LIBÉRALISME SUPPOSENT LE PARADIGME DE L'ORDRE SPONTANÉ

Si *démocratie* et *libéralisme* vont ainsi presque toujours ensemble dans les régimes politiques historiques, ce n'est pas par hasard ; c'est qu'ils ont pour point commun de constituer des *ordres pluralistes, spontanés* ou *auto-organisés.*

Les systèmes institutionnels démocratiques reposent sur le débat contradictoire, la liberté de candidature et de vote, le plus souvent sur des gouvernements collégiaux ; ils impliquent séparation, donc répartition en plusieurs mains, des pouvoirs. Les partisans de la démocratie estiment néanmoins que tout cela aboutira à une action politique cohérente ; qu'on pourra définir et exécuter une politique suivie (y compris la politique étrangère et de défense) et élaborer une législation stable. Ils posent même que le résultat obtenu par les procédures démocratiques sera plus intelligent, tiendra compte de plus d'éléments, comportera moins d'erreurs, etc., que celui obtenu par un homme seul ou une poignée d'hommes agissant selon leur volonté arbitraire. De même, le libéralisme n'a de sens que si l'on croit que la liberté et les initiatives du marché optimisent l'économie, que le pluralisme de la presse ou de la science favorise l'éclosion de la vérité, et ainsi que, là encore, du pluralisme naît une forme supérieure d'ordre.

Or c'est aux Temps modernes et contemporains que les doctrines de la démocratie et du libéralisme ont été décisivement développées. L'histoire de la pensée politique en cette période peut donc être caractérisée comme l'histoire de *la lente promotion du paradigme du pluralisme dans chacune des deux questions fondamentales de la politique,* et, symétriquement, de la lutte menée contre ce type de pensée, sur chacun des deux terrains, par les penseurs de *droite* attachés au paradigme de l'*ordre naturel* et par ceux de *gauche* attachés à celui de la *raison constructiviste.*

PLAN DE L'ÉTUDE

Ces distinctions — que nous aurons par la suite l'occasion de préciser et de nuancer — nous fournissent le principe du plan d'une *Histoire des idées politiques aux Temps modernes et contemporains.* Elle comportera cinq grandes parties.

I / L'absolutisme

À la Renaissance se créent presque partout en Europe, en rupture avec le morcellement féodal du Moyen Âge, de grands États-nations. Les dirigeants de ces États et les penseurs cherchent à justifier la situation ainsi créée en construisant, largement sur la base du droit impérial romain remis à l'honneur, le concept d'un pouvoir absolu de l'État. Cette époque voit donc la promotion des premières doctrines dites *absolutistes*, qui répondent aux deux questions politiques, celle du pouvoir dans l'État et du pouvoir de l'État, respectivement par la thèse de la légitimité du *pouvoir absolu, dans l'État, du monarque,* et par la thèse de la légitimité du *pouvoir absolu de l'État sur la société.* L'absolutisme doctrinal est préparé par les choix philosophiques de penseurs aussi différents que Machiavel ou Luther, s'épanouit avec des auteurs français comme Bodin, Le Bret ou Bossuet et reçoit sa formulation théorique la plus approfondie avec Hobbes. Il est mis en pratique par des hommes d'État comme Richelieu ou Louis XIV et leurs exécutants, pour lesquels toute manifestation de liberté, soit dans l'État soit dans la société, est virtuellement une source de désordre.

II / La tradition démocratique et libérale

Dès l'Antiquité et le Moyen Âge, des doctrines avaient affirmé la légitimité et la fécondité sociale de la liberté et du pluralisme, soit en matière politique (par exemple, dans l'Église, le conciliarisme opposé à l'absolutisme papal, plus généralement le principe représentatif et le principe électif en droit canonique ; les franchises des villes, l'autonomie des provinces, opposées à la croissance des pouvoirs royaux), soit en matière sociale (la tradition du droit naturel, qui court sans véritable solution de continuité des stoïciens aux juristes du Moyen Âge et aux théologiens comme saint Thomas, oppose, au droit positif des États, la limite absolue des droits que les hommes possèdent de par leur nature, au premier rang desquels la liberté). À partir du xvie siècle, par réaction à l'affirmation des doctrines absolutistes, ces doctrines renaissent et se développent. Mais elles vont prendre des formes différentes selon qu'elles s'attaquent au volet politique ou au volet social de l'absolutisme.

Contre la prétention des rois absolus à gouverner seuls l'État, on voit apparaître des doctrines *démocratiques,* depuis les « monarchomaques » du xvie siècle revendiquant les droits politiques des « magistrats » et des assemblées parlementaires, jusqu'aux radicaux anglais du xixe siècle revendiquant le « gouvernement représentatif » et le suffrage universel, en passant par les républicains anglais, comme Harrington, ou les théoriciens de la « souveraineté populaire » en France, comme Sieyès...

Contre la prétention de l'État à se soumettre la société, on voit apparaître les doctrines *libérales,* depuis les scolastiques espagnols faisant valoir, en pleine époque d'Inquisition, les droits naturels des Indiens contre les exactions des agents de l'État et colons espagnols, jusqu'aux théoriciens américains mettant en place le contrôle juridictionnel des lois qui limite la souveraineté même du peuple par le droit, en passant par l' « école du droit de la nature et des gens » de Grotius, par les théoriciens de la tolérance comme Bayle ou Locke, par les économistes français ou anglais des Lumières, par Humboldt, Kant, Benjamin Constant...

Ainsi se constitue ce que nous appelons la *tradition démocratique et libérale.*

Il faut bien garder à l'esprit que les œuvres de cette tradition sont à la fois apparentées, puisque démocratie et libéralisme s'appellent l'une l'autre (cf. *supra*) et que, dans les deux cas, c'est le paradigme polycentriste qui est à l'œuvre, et distinctes, puisque la théorie de la démocratie et celle du libéralisme correspondent aux deux problèmes intellectuels différents distingués par Lord Acton et que rares sont les penseurs qui aient apporté des contributions originales simultanément à l'un et à l'autre problème (il en existe néanmoins : Locke, Constant, J. S. Mill...).

À noter aussi que cette réaction démocratique et libérale à l'absolutisme est « dialectique » : les réflexions anti-absolutistes se font jour presque aussitôt que les doctrines absolutistes sont formulées.

III / *Les adversaires de la tradition démocratique et libérale,*
   1. *La gauche*

IV / *Les adversaires de la tradition démocratique et libérale,*
   2. *La droite*

Mais la même dialectique des idées veut que, à mesure qu'apparaissent les doctrines démocratiques et libérales et que s'instaurent, à la suite notamment des révolutions hollandaise, anglaise, américaine et française, des régimes qui s'en réclament, une opposition intellectuelle à ces nouveautés se fasse jour. En effet, les institutions démocratiques et libérales permettent une évolution rapide de la société, le progrès des sciences et des techniques, l'avènement de la « révolution industrielle », une croissance économique sans précédent, une explosion démographique, un changement spectaculaire de la vie sociale, des mœurs, de toute la civilisation connue, tout ce qu'on caractérise comme l'avènement de la « modernité ». Or ces transformations accélérées suscitent incompréhension, défiance et peur. Des individus et des forces sociales se sen-

tent menacés. Ils cherchent − comme au temps de Platon, et pour
des raisons, somme toute, analogues − à donner intellectuellement
corps à leur résistance. D'où l'apparition, à partir du début des
Temps contemporains, de doctrines politiques résolument hostiles
aux doctrines démocratiques et libérales et menant contre elles une
lutte idéologique farouche.

Cette opposition va prendre principalement deux formes correspondant aux deux vieux paradigmes de la pensée sociale et politique, la raison artificialiste et la nature. Ces deux formes seront respectivement la pensée de *gauche* et la pensée de *droite*.

Nous nous inspirons, pour cette présentation des choses, du schéma proposé par Karl Popper dans *La société ouverte et ses ennemis* (1946). La « société
ouverte » de Popper correspond à ce que nous appelons nous-même ici
« société démocratique et libérale ». Or, Popper dit qu'elle a deux « ennemis »,
la gauche et droite. Car, bien que celles-ci se présentent comme ennemies
l'une de l'autre (et ce croient sincèrement telles), cette opposition n'est que
superficielle ; elles sont en réalité toutes deux *ennemies de la société ouverte,* et, à
cet égard, elles sont, malgré qu'en aient leurs promoteurs, *apparentées l'une à
l'autre.*

L'une, en effet, la droite, refuse la société ouverte en s'arc-boutant sur le
passé. Elle déplore qu'on se soit écarté des institutions anciennes conformes à
l'ordre naturel ; elle prétend que le commerce, le capitalisme, la liberté sociale,
politique et économique, ont atomisé la société, détruit les « communautés
naturelles » (famille, corporations, régions...), et donc engendré un malaise
social et un désordre généralisés. Elle prône la *réaction,* un *retour aux origines* (le
Moyen Âge chrétien, les « Indo-Européens », les peuplades germaniques...). Le
modèle intellectuel de ce refus de la société ouverte par un recours à un modèle
passé est, pour Popper, Platon, nostalgique de l' « aristocratie » dont la société de
son temps s'est écartée par étapes.

L'autre, la gauche, refuse aussi la société démocratique et libérale, accusée
d'être inégalitaire, injuste, aliénante et violente. Mais, à la différence de la
droite, elle entend bénéficier de ce qu'a apporté la société moderne en termes
de progrès scientifiques et techniques, d'industrialisation, de croissance économique. Elle prône donc l'avènement, par une *révolution* suivie d'une *construction
rationnelle,* d'une société entièrement nouvelle. Le modèle de cette fuite en
avant vers l'utopie est cette fois, pour Popper, Marx.

L'important est que les deux modèles, bien que différents par leurs intuitions fondamentales (l'un, redisons-le, est constamment guidé par le paradigme
de la nature, l'autre par celui des pouvoirs constructeurs de la raison) et par
leurs programmes (l'un est réactionnaire, l'autre révolutionnaire), refusent tous
deux la société démocratique et libérale présente et ses disciplines, le droit abstrait, la tolérance politique et idéologique, le respect des libertés individuelles,
tant économiques que sociales. En fait, tous deux *se rejoignent à la limite,*
puisque le communisme futur voulu par Marx ou Lénine ressemble, de leur
propre aveu, au « communisme primitif » qui existait avant le commencement
de la lutte des classes, de sorte que la fin de l'Histoire rejoint son début. De
même, les communautés utopiques chaudes, harmonieuses, fermées à la circu-

lation cosmopolite, d'un Cabet ou d'un Fourier rejoignent les communautés traditionnelles, agraires, pré-industrielles, organiques, ethniquement pures, évoquées par les théoriciens de la droite et de l'ordre naturel. Les sociétés idéales tant de la droite que de la gauche sont des « sociétés fermées », par opposition à la « société ouverte » que suppose l'ordre pluraliste de la société démocratique et libérale.

C'est pourquoi l'histoire montre qu'il y aura souvent, parmi les théoriciens ou les acteurs politiques des deux familles, des transfuges passant de l'une à l'autre, et que les uns et les autres s'uniront souvent dans un front commun contre l'ennemi « bourgeois ». Mussolini était un leader socialiste. Georges Sorel, l'auteur des *Réflexions sur la violence,* a glorifié, successivement, Lénine et Mussolini. Le nazisme est un socialisme national. Marcel Déat, chef du parti collaborateur et fascisant « Rassemblement national populaire » pendant la guerre, avait été, avant-guerre, un leader socialiste et le dauphin de Léon Blum. Henri de Man, secrétaire général du Parti socialiste belge, deviendra pro-nazi. Les nationalistes et les communistes ont été alliés récemment en Russie ou en Serbie contre les réformateurs démocratiques, etc. En réalité, les deux familles, puisqu'elles ont en commun de ne pas comprendre le paradigme de l'ordre par le pluralisme, condamnent et détestent toutes deux les institutions spécifiquement créées pour faire émerger et fonctionner un tel ordre : la *démocratie parlementaire,* le *droit,* le *marché,* l'*argent,* la *tolérance* religieuse et idéologique, la *paix.* Elles ont toutes deux été violentes et révolutionnaires (puisque, dès lors que la réaction se veut immédiate et radicale, elle prend, nécessairement, des formes insurrectionnelles proches de celles empruntées par les révolutionnaires socialistes ; Lénine a été le modèle de Mussolini, qui a été celui d'Hitler).

Les traditions de droite et de gauche, constituant chacune à la fois des théories anti-démocratiques et anti-libérales, se développent au XIXe siècle. Leurs formes extrêmes aboutissent, au XXe siècle, à fournir leurs idéologies aux totalitarismes communiste et fasciste. D'où le dernier moment de notre *Histoire.*

V / Le renouveau de la tradition démocratique et libérale à l'ère post-totalitaire

À la lumière même de ces expériences désastreuses, une nouvelle prise de conscience des principes de la « société ouverte » peut en effet survenir. Des penseurs comme Popper, Hayek, Polanyi, Arendt, reformulent les doctrines démocratiques et libérales avec une radicalité et une netteté théoriques qui n'avaient pas été atteintes lors de la première « vague » démocratique et libérale, du XVIIe au XIXe siècle.

Parallèlement, et en fonction d'une prise de conscience progressive des mêmes dangers totalitaires, les partis représentant les revendications de la droite et de la gauche « pure » passent désormais pour extrémistes et sont marginalisés ; les intérêts des catégories sociales concernées sont pris en charge par de nouveaux groupements politiques. Des fractions des partis socialistes adhèrent à la démocratie (ce sera le « socialisme démocratique »), puis, plus tard, à l'économie de marché (ce sera la « social-démocratie »). Les catholiques français, à l'instigation du pape lui-même, se rallient à la République. Les partis de droite des démocraties européennes sont gagnés aux principes de l'économie de marché, éventuellement avec quelques accommodements, tel que le protectionnisme. Le débat politique a donc lieu désormais, le plus souvent, dans les démocraties libérales occidentales, surtout là où le système électoral encourage une bipolarisation, entre deux partis ou coalitions, l'un plutôt « libéral », l'autre plutôt « social-démocrate », qui, tous deux, reconnaissent la légitimité des institutions démocratiques et libérales essentielles et ne diffèrent plus que par la place plus ou moins grande qu'elles accordent à l'État et le taux plus ou moins élevé de transferts sociaux qu'elles jugent désirable ou acceptable.

D'où, en définitive, le plan adopté, qui présente la caractéristique d'être à la fois systématique, en ce qu'il traduit la dialectique générale exposée ci-dessus, et chronologique à l'intérieur de chaque grande partie.

PREMIÈRE PARTIE

L'absolutisme

Chapitre 1

La montée de l'absolutisme
dans les États-nations de la Renaissance

Au début du XVIᵉ siècle, une doctrine absolutiste existe déjà, fondée au Moyen âge par le pape et par les rois sur la base d'éléments théologiques et, surtout, sur la base du droit impérial romain. Elle va tout à la fois se diffuser, se durcir et prendre un caractère plus systématique dans le contexte de la Renaissance où s'affirment les États-nations. Mais elle se heurte à des traditions d'autonomie locale et d'institutions représentatives elles aussi héritées du Moyen Âge.

I – LES ORIGINES ANTIQUES ET MÉDIÉVALES DE LA NOTION DE « POUVOIR ABSOLU »

La doctrine absolutiste a des origines anciennes, que nous avons présentées dans l'*Histoire des idées politiques dans l'Antiquité et au Moyen Âge*[1]. Évoquons-les rapidement ici à nouveau[2].

1. Cf. *HIPAMA*, p. 226 (rois hellénistiques), 247, 248, 270, 373 (César et Auguste), 375, 609, 621, 628, 630, 646 (formules d'Ulpien), 379-382 (Sénèque), 387, 402 (Tacite), 609, 615, 621, 628, 630 (absolutisme papal), 697-700 (absolutisme royal aux XIVᵉ-XVᵉ siècles).
2. Nous utilisons aussi Richard Bonney, *L'absolutisme,* PUF, coll. « Que sais-je ? » 1989, et Quentin Skinner, *The Foundations of Modern Political Thought,* vol. 2, The Age of Reformation, Cambridge University Press, 1978. Trad. fr. : *Les fondements de la pensée politique moderne,* Albin Michel, coll. « L'évolution de l'humanité », 2001 (nous citons et traduisons d'après l'édition anglaise). Le terme « absolutisme » n'apparaît qu'après la fin du phénomène qu'il décrit, en 1797 en France et en 1830 en Angleterre. En revanche, l'expression de « pouvoir absolu » (en français) est employée dès le XVIᵉ siècle, et le latin *potestas absoluta* remonte au Moyen Âge.

— *Le pouvoir absolu dans le droit impérial romain*

Le pouvoir autocratique de l'empereur romain s'était affirmé au long des siècles. À l'époque de Vespasien (69-79 apr. J.-C.) encore, le peuple romain était censé avoir volontairement abdiqué son autorité en faveur de l'empereur par la *lex de imperio*. Les assemblées populaires subsistaient, ainsi que le Sénat, donc l'apparence de la République. Mais, très vite, les empereurs furent les seuls à répondre aux « pétitions » concernant des points de droit, et leurs réponses passèrent pour être des lois. D'autre part, ils accordèrent des privilèges et s'exemptèrent eux-mêmes des lois. Ils nommèrent à tous les emplois publics. À l'orée du Bas-Empire, le souvenir d'une souveraineté ou d'un droit de légiférer du peuple finit par disparaître complètement.

C'est ainsi que le *Digeste* de Justinien[1] attribue au juriste romain du IIIe siècle, Ulpien, deux formules qui ont sans doute un fond authentique, mais que les juristes byzantins ont peut-être « arrangées » pour leur donner un sens plus absolutiste : *Quod principi placuit legis habet vigorem*, « Ce qui plaît au prince a force de loi » (on retrouve la même formule dans les *Institutes*), et *Princeps legibus solutus est*, « Le prince est délié[2] des lois ». Le futur « bon plaisir » royal et l'expression même de pouvoir « absolu » viennent de ces formules.

— *La* plenitudo potestatis *papale*

Dans l'Europe occidentale féodale, avant le XIIIe siècle, on n'a appliqué l'idée de pouvoir absolu qu'aux papes. Les *Dictatus papæ* de Grégoire VII (1076)[3] affirment la « plénitude de pouvoir » du pape : il est le chef de l'Église, il peut instituer et déposer les pouvoirs temporels, il peut faire n'importe quelle loi. Ce pouvoir absolu, il le tient de sa qualité de « vicaire du Christ ». Il en a besoin, s'il doit accomplir la mission divine, messianique, qui est la sienne. Dans le gouvernement de l'Église, le pape aura donc, d'une part, des pouvoirs ordinaires *(potestas ordinata)*, et agira alors selon les lois qui ont été posées par les canons, mais il aura aussi dans certaines circonstances des pouvoirs extraordinaires *(potestas absoluta)* qui lui permettront de ne pas tenir compte des canons (d'annuler des mariages, de délier des vœux monastiques, etc.).

L'absolutisme pontifical ne concerne pas, au début, le pouvoir temporel des papes, mais leur seul pouvoir spirituel. Ce pouvoir l'emporte sur tout pouvoir conciliaire. Antonio Roselli, de Padoue, écrit au XVe siècle (donc en plein débat

---

1. Empereur byzantin du VIe siècle, né en 482, ayant régné de 527 à sa mort, en 565. C'est lui qui fait réaliser, sur la base de textes s'étageant du IIIe siècle avant J.-C. à sa propre époque, les principaux recueils systématiques de droit qui ont été la base du droit romain étudié et pratiqué au Moyen Âge. Ils sont encore la substance du droit civil occidental moderne. Ces recueils sont le *Code de Justinien*, les *Novelles*, les *Institutes*, le *Digeste* ou *Pandectes*. Cf. *HIPAMA*, p. 295-297.

2. *Solvere*, en latin, veut dire « délier, détacher » (cf. les mots français « solvant », « dissoudre »). *Absolvere* a le même sens, renforcé par le préfixe *ab*. *Absolutus* veut donc dire : « complètement dissou, détaché », et de là « indépendant », « complet par lui-même ». Les grammairiens latins parlent de *verbum absolutum*, « verbe absolu », c'est-à-dire un verbe qui s'emploie sans complément. Le sens de l'adjectif « absolu » appliqué au pouvoir politique correspond à la même sémantique.

3. Cf. *HIPAMA*, p. 606-609.

autour de la théorie conciliaire) que « le pape tient son pouvoir directement de Dieu ». En effet, sans un chef suprême, il y aurait dans l'Église, comme dans un royaume, des divisions fatales.

C'est au XVIᵉ siècle que le pape sera censé avoir en outre un pouvoir temporel absolu dans ses propres États. Paolo Paruta rapporte de Rome, en 1595 : « Le pape exerce sur l'État ecclésiastique tout entier l'autorité suprême et le commandement pur et absolu et tout dépend de son seul désir. De sorte qu'on peut vraiment dire qu'il s'agit d'un gouvernement royal... libre de toutes obligations ou contraintes légales et autres règlements particuliers... Cette autorité des papes augmente depuis un certain nombre d'années. » Et le cardinal Domenico Toschi : « Dans les affaires temporelles de l'Église romaine le pape est seigneur absolu et suprême » (cité par Bonney, *op. cit.,* p. 17).

Donc, le pouvoir pontifical, ainsi que toute l'organisation hiérarchique de l'Église, est pour toute l'Europe médiévale un modèle de monarchie absolue et d'administration centralisée. D'ailleurs on parle de la *pontificalis majestas,* le terme *majestas* étant celui qui qualifiait jadis l'empereur romain, et qui sera repris tardivement par les rois européens.

— *Application aux souverains séculiers*

La papauté faisait en effet école par son prestige et par le poids croissant du droit canonique. On appliqua donc bientôt les mêmes principes aux rois. On dut, pour cela, poser qu'ils étaient eux aussi des représentants de Dieu sur terre. Les juristes français de droit public – Buridan, Jean Gerson, Christine de Pisan, Jean de Terre Rouge, Jean Juvénal des Ursins...[1] – établirent une première version de la doctrine du « droit divin des rois », dont nous verrons quel durcissement elle connaîtra aux XVIᵉ-XVIIᵉ siècles.

Dès la fin du XIᵉ siècle, on a redécouvert le *Corpus juris civilis* de Justinien, et dans les décennies suivantes, on glose de plus en plus les aspects impérialistes de ce droit[2]. L'idée s'affirme au XIIIᵉ siècle avec la généralisation de l'étude du droit romain dans les universités. En 1231, Frédéric II[3] peut promulguer les « constitutions de Melfi » ou *Liber Augustalis,* où il est écrit : « Ce ne fut pas sans avoir profondément réfléchi et prudemment délibéré que les citoyens romains conférèrent le droit *(jus)* et l'autorité *(imperium)* de faire les lois au prince romain par la *lex regia.* Ainsi, la source de la justice devait émaner de la personne même qui défendait la justice et qui gouvernait en vertu de l'autorité établie par César. »

Le juriste Beaumanoir[4] écrit : « Ce qui plaît à faire au prince doit être tenu pour la loi. » Le roi n'a pas besoin de consulter un conseil pour légiférer. Les

1. Cf. *HIPAMA,* p. 697-698.
2. Le droit public romain, tel qu'il a été codifié sous Justinien, est en effet un droit *impérial,* qui consigne l'expérience monarchique de six siècles d'Empire romain et met en valeur particulièrement les formulations juridiques de l'époque la plus récente, celle du « dominat » ou « Bas-Empire ». Sur le dominat, cf. *HIPAMA,* p. 412-441.
3. Empereur romain-germanique (1212-1250), célèbre, précisément, pour avoir, avant même les Capétiens, créé dans ses possessions de Sicile et d'Italie du Sud une forme d'État centralisé et autoritaire.
4. Philippe de Beaumanoir, 1246-1296, bailli de Clermont, puis sénéchal de Poitou, auteur d'un grand ouvrage juridique sur les *Coutumes de Beauvaisis.*

seigneurs peuvent être « souverains » dans leur baronie, mais « voirs est que li
rois est souverain par-dessus tous... par quoi il peut fere tous establissements
[= lois] comme il plest por le commun pourfit, et ce qu'il establit doit estre
tenu » (cité par Bonney, *op. cit.,* p. 15).

Philippe le Bel, quand il crée les parlements de Paris et de Montpellier,
déclare « qu'ils ne seraient tenus aux loix Romaines. Et aux érections des universités, toujours les Rois ont déclaré, qu'ils entendoyent recevoir la profession
du droit Civil et Canon, pour en user à leur discretion, sans y estre aucunement
obligez ». Philippe VI de Valois fait, en 1347 et 1350, deux testaments où il dit
qu'il n'est « point obligé aux coustumes et loix civiles ». Le même roi, en 1330,
n'avait pas craint de faire à sa femme une donation contraire aux coutumes féodales. Le roi de France, dès cette époque, considère donc qu'il est un *princeps
legibus solutus.*

— « Le roi de France est Empereur en son Royaume »

Pour généraliser l'absolutisme et l'étendre aux rois ordinaires, il fallait
cependant régler un autre problème. Depuis la dissolution des cités grecques et
l'avènement d'une *cosmopolis* sous l'égide des souverains hellénistiques à la fin
du IVᵉ siècle av. J.-C., on pensait que l'humanité était une et devait être organisée sous un seul État. Le christianisme avait succédé au stoïcisme et à
l'humanisme gréco-latin comme vecteur de cet idéal de communauté politique
universelle. Lorsque le droit romain fut ressuscité, les premiers juristes raison-
nèrent donc tout naturellement dans ce cadre. Il devait y avoir dans la chrétienté un seul souverain pleinement légitime *de jure,* l'empereur. Les autres
monarques, qu'ils fussent rois, ducs, comtes, etc., ne pouvaient exercer leur
pouvoir que par délégation expresse ou tacite de l'empereur.

Mais la poussée incoercible vers la constitution d'États-nations et la naissance d'un « sentiment national » dans chaque grande région d'Europe devait
faire éclater cette vieille idée au profit de celle d'une organisation politique *plurielle* de l'humanité. Les républiques italiennes médiévales marquèrent les premiers points dans ce sens à l'occasion de leur lutte contre l'Empire[1]. Ce fut la
France qui donna le coup de grâce.

La France résulte en effet du partage, au traité de Verdun de 843, de
l'Empire de Charlemagne et de son fils Louis le Pieux en trois parts : la France
fut la part de Charles le Chauve, Lothaire ayant reçu la Lotharingie et Louis la
Germanie. Et les rois de Germanie finirent par hériter seuls (sauf brèves exceptions) du titre d'empereur, d'abord *de facto* de la mort de Louis le Pieux à la
disparition du titre impérial en 924, puis *de jure* à partir de la rénovation, par
Othon Iᵉʳ, en 962, d'un empire qu'on appela pour cette raison « romain-germanique ». Ainsi la France n'était-elle plus, depuis ce temps, terre d'empire, et
ses rois ne pouvaient être censés relever en aucun sens de l'autorité impériale.
Partant, le roi de France était, dans son pays, l'autorité suprême. Une formule
remarquable exprime cet état de choses : *Rex Franciæ in regno suo est imperator,*
« Le roi de France est empereur en son royaume ». La formule, avec sa structure paradoxale, montre bien que, pour les médiévaux, l'autorité suprême
ou souveraine est forcément celle de l'empereur. Mais l'Empire n'est pas

1. Cf. *HIPAMA,* p. 688-690.

universel, il y a des territoires qui lui échappent. Donc, en réalité, même s'il y a un seul empereur, les princes des royaumes « souverains » font fonction d'empereurs dans leurs propres territoires. Chacun d'eux a juridiquement, en son royaume, l'autorité absolue et la *majestas* que l'empereur romain a dans l'Empire.

On ne sait pas de qui exactement est la formule (elle apparaît chez les canonistes à l'extrême fin du XIIᵉ siècle). Elle était bien connue en France, en tout cas, dès le XIIIᵉ siècle. Elle fut reprise, au début du XIVᵉ siècle, par Bartole, au profit des cités-républiques italiennes, dont cet auteur dit qu'elles sont *sibi princeps*, leur propre prince. Son disciple, Balde de Ubaldis, la reprit à son tour, mais, à la différence de Bartole qui, songeant aux républiques italiennes, amorçait la théorie du « peuple souverain », il l'appliqua surtout au pouvoir souverain des monarques. Il dit donc : « Le pouvoir suprême et absolu du prince n'est pas soumis à la loi. » Comme pour le pape, il faudra certes distinguer entre pouvoir ordinaire et extraordinaire. Pour exercer ce dernier, le prince ne sera soumis qu'à sa propre raison. Ce qu'expriment les formules de « plénitude de pouvoir » *(plenitudo potestatis)* ou de « plénitude de volonté » *(arbitrii plenitudo)*. La volonté du prince « n'est sujette à aucune nécessité et n'est limitée par aucune règle de droit public ». On glosa même à ce sujet la formule de Juvénal, *pro ratione voluntas*, « que la volonté du prince tienne lieu de raison »[1] : certes, la loi doit être rationnelle, mais le monarque n'est pas tenu d'expliciter ses raisons. Pour ses sujets, l'expression de sa volonté doit suffire et être tenue en elle-même pour une raison.

Cette doctrine nouvelle ne fut pas acceptée par tous. Elle convenait à un monarque comme Frédéric II, qui était désireux d'étendre à tout l'Empire les principes de l'État qu'il était en train de construire dans son royaume de Sicile. Mais elle suscitait la défiance de la majorité des juristes et des canonistes. Ceux-ci étaient attachés aux idées de souveraineté du peuple, de primauté de la loi, de pouvoir participatif et de représentation. D'où, en arrière-plan des luttes politiques concrètes – entre l'Empire et les cités italiennes ou les seigneurs allemands, entre les rois de France et leurs barons ou les « bourgeois » comme Étienne Marcel, entre les ducs de Bourgogne et les cités ou seigneuries des Pays-Bas, etc. – une lutte idéologique, sourde ou ouverte, qui se manifesta de manière spectaculaire au moment de la crise du conciliarisme et se poursuivra ensuite sans relâche tout au long des Temps modernes.

Ainsi, l'idée de pouvoir absolu était présente en Europe depuis longtemps. Mais, au Moyen Âge, elle était en concurrence avec d'autres et n'avait pu s'imposer. Or, les changements politiques, économiques et sociaux qui caractérisent l'époque de la Renaissance vont contribuer à faire pencher la balance, dans nombre de pays, du côté de pouvoirs forts et centralisés tentés par l'absolutisme.

1. Voir détails dans *HIPAMA*, p. 698.

II – L'AVÈNEMENT DES ÉTATS-NATIONS

1) *L'alliance des pouvoirs centraux*
avec les nouvelles forces sociales et économiques[1]

En effet, depuis la « révolution papale » des XIe-XIIIe siècles, la féodalité avait entamé son déclin. L'Église et les royaumes séculiers avaient retrouvé le modèle de l'État antique et travaillaient à reconstituer de grands États forgés sur ce modèle. Au fur et à mesure qu'ils avançaient dans cette direction et réduisaient l'autonomie des féodaux, l'économie changeait de dimension ; en retour, les changements économiques jouaient dans le sens de nouveaux progrès de la centralisation.

L'économie de l'époque féodale avait été principalement rurale et domaniale. Producteurs et consommateurs ne quittaient pas, en général, l'espace du fief ou de la ville. L'économie pouvait donc être organisée au plan local par des guildes disposant d'un monopole. Toute amélioration des communications ne pouvait qu'entrer en conflit avec cette organisation. Or, une amélioration sensible survient à la fin du Moyen Âge et s'accentue avec les « grandes découvertes » et la maîtrise des routes maritimes. Des commerçants ou des industriels dynamiques cherchent à exploiter les opportunités du marché où et quand elles se présentent, et non plus seulement à l'échelle locale. Ils cessent d'être attachés à une ville et à ses guildes de métiers, qu'ils perçoivent au contraire comme des entraves. Ils ont besoin, pour leur commerce, de règlements homogènes sur un plus grand espace, celui du royaume tout entier.

Tous les gouvernements royaux de l'époque tendent donc à mettre en place cette réglementation et à concentrer, en particulier, administration et justice. Ce processus s'autorenforce, puisque, plus le commerce se développe, plus il y a d'hommes disposant d'importants capitaux, prêts, intellectuellement et psychologiquement, à réaliser de nouveaux investissements sur de nouveaux espaces. Les intérêts de ces « bourgeois » rejoignent ceux des gouvernements et des administrations nationaux et se heurtent, au contraire, à ceux des féodaux, des communes et des guildes, percepteurs de taxes et titulaires de monopoles. Ils arbitrent donc en faveur du pouvoir royal chaque fois que celui-ci est en conflit avec les pouvoirs féodaux. Certes, ils souffrent, eux aussi, de l'arbitraire de ce pouvoir royal, mais ils le préfèrent à celui des pouvoirs locaux, plus pesants parce que plus proches.

C'est dans ce contexte que les partisans d'un pouvoir politique fort, légitimé par les doctrines absolutistes, ont pu marquer des points décisifs. Mais des distinctions s'imposent à cet égard entre les différents pays européens.

---

1. Cf. George H. Sabine, *A History of Political Theory,* Holt, Rinehart and Winston, Inc., Chicago, etc., 1973, chap. 18, « Machiavelli ».

2) *La situation dans les différents pays d'Europe*

On peut distinguer un cas où la tendance à l'absolutisme ne peut aboutir à amoindrir les institutions représentatives médiévales : les Pays-Bas ; deux cas où elle parvient à des résultats moyens : l'Espagne et l'Angleterre ; deux pays qui présentent des particularités telles que la problématique ne peut, de toute façon, s'y appliquer telle quelle : l'Allemagne et l'Italie ; enfin, un cas où l'absolutisme l'emporte nettement : la France.

Aux Pays-Bas, après l'échec des ducs de Bourgogne – en dernier lieu Charles le Téméraire – qui avaient voulu bâtir un royaume unifié qui aurait reconstitué la Lotharingie, et compte tenu du fait que la suzeraineté des Habsbourg sur les provinces se décentre, avec Charles Quint puis Philippe II, à la fois vers l'Empire et vers le royaume d'Espagne, la tendance absolutiste, malgré une guerre terrible, échouera complètement et sa défaite sera l'occasion de la naissance de la première grande république européenne moderne (cf. *infra*, p. 213-223).

En Espagne, au XVe siècle, déjà, Alphonse V d'Aragon (1396-1458) parlait de « la plénitude de notre pouvoir royal, magnifique et absolu ». Pouvoir exalté lorsque le mariage de Ferdinand d'Aragon et d'Isabelle de Castille unifie l'Espagne et en fait, au XVIe siècle, le plus puissant État européen. La structure provinciale se maintient cependant, limitant d'autant le pouvoir central.

En Angleterre, après la fin de la guerre des Deux Roses, Henri VII arrive sur le trône (il règne de 1485 à 1509 et instaure la dynastie Tudor). Henri VII s'appuie sur la classe moyenne, développe le commerce et encourage les aventures maritimes. Il crée ainsi un régime fort, avec d'évidentes composantes absolutistes. Mais ni lui ni ses successeurs, Henri VIII et Élisabeth Ire, ne peuvent éliminer le Parlement.

En Allemagne, l'existence de l'Empire crée une situation particulière. L'Empire est trop faible pour enclencher lui-même le mouvement d'unité ; mais sa simple existence empêche qu'un des États allemands fédérés joue ce rôle à sa place (et d'ailleurs aucun d'eux n'a, à cette époque, la taille critique qui serait nécessaire pour mener à bien une telle entreprise). Cela n'empêche pas l'absolutisme de triompher à l'intérieur de certains États allemands, notamment sous l'influence du luthéranisme.

Le cas de l'Italie est lui aussi spécifique, à cause de l'existence de la papauté et des États pontificaux. À l'époque où Machiavel écrit, l'Italie est divisée en cinq États principaux : le royaume de Naples, au sud, le duché de Milan au nord, la république de Venise au nord-est, la république de Florence et les États pontificaux au centre[1]. La République florentine devient cependant duché avec le retour des Médicis (Julien puis Laurent II) en 1512, puis « grand-duché de Toscane » en 1569. Les États pontificaux se constituent en monarchie centra-

---

1. À quoi il faut ajouter trois autres États plus petits : Gênes, Ferrare et Bologne, et d'autres plus petits encore.

lisée d'une façon significativement rapide, après la longue éclipse qu'avaient constitué le séjour des papes à Avignon et le Grand schisme. Cependant, la tendance à l'unité nationale et à l'absolutisme ne peut aller à son terme, car aucun des États italiens séculiers n'est assez fort pour unifier le pays à son profit, et la papauté s'y oppose de tout son poids. Grâce à son influence et à ses ramifications internationales, elle peut d'ailleurs, pour l'empêcher, faire intervenir à tout moment des puissances étrangères dans les affaires intérieures de la péninsule.

Reste le cas de la France, sur lequel nous allons nous arrêter plus longuement, étant donné son importance paradigmatique.

III – LA MONTÉE DE L'ABSOLUTISME EN FRANCE[1]

D'après Jean Esmein, la monarchie française a pris trois formes successives : d'abord « féodale », elle a été ensuite « modérée », et enfin, à partir de l'époque de Jean Bodin, « absolue » (cité par Fr. Olivier-Martin, *op. cit.,* p. 117). Mais il faut préciser les étapes de cette évolution et, pour cela, revenir encore une fois à la période médiévale.

1) *L'absolutisme français du XIIIe au XVe siècle*

C'est dès le XIIIe siècle, nous l'avons vu, que le pouvoir royal tend, en France, à passer du féodalisme à un absolutisme inspiré du droit impérial romain. Cela se fait sous l'impulsion des grands Capétiens, de Philippe Auguste à saint Louis et surtout Philippe le Bel. Mais cette politique se heurte à de vives résistances, émanant tant des barons que de la « bourgeoisie » des villes. Il se trouve que, par chance ou habileté, et surtout à la faveur des circonstances exceptionnelles de la guerre de Cent ans, les successeurs des Capétiens directs, les Valois, imposent par triompher de ces résistances et finissent l'idée d'un gouvernement royal presque sans partage.

Il y eut de nombreuses révoltes de barons, persuadés qu'ils avaient le droit de défendre les armes à la main leurs pouvoirs seigneuriaux, y compris contre le roi. Ils firent plusieurs fois passer la monarchie près de sa perte. Ces révoltes furent vaincues militairement, ou par une habile politique, et non sans que les rois fissent des concessions. On peut citer, sous la régence de Blanche de Castille, les révoltes de Philippe Hurepel, puis du duc de Bretagne, Pierre Mauclerc, et de Hugues de Lusignan. Sous Louis X le Hutin et Philippe V le Long, les « ligues » sont des serments mutuels par lesquels les nobles se lient, à l'imitation des conjurations des bourgeois dans les villes. Il y aura, bien plus

---

1   D'après François Olivier-Martin, *L'absolutisme français* (1951), *reprint* LGDJ, 1997.

tard, d'autres coalitions de barons, comme la « Praguerie » (1440), à laquelle participe le Dauphin Louis (futur Louis XI) en personne, puis la « Guerre du Bien public » (1465), menée par les princes apanagistes, enfin la « Guerre folle » menée en 1485 par Louis d'Orléans, futur Louis XII, contre la régente Anne de France, pendant la minorité de Charles VIII.

Il y eut, d'autre part, des révoltes de la bourgeoisie des villes, attachée aux franchises communales, et résistant aux progrès de la fiscalité royale. La plus célèbre de ces révoltes est celle d'Étienne Marcel (1355-1358).

Mais on peut estimer que c'est la guerre de Cent ans qui a été l'occasion d'une avancée décisive du pouvoir royal en France. De nombreux épisodes traumatisants font ressentir un pouvoir monarchique fort comme une nécessité vitale : les sévères défaites militaires devant les Anglais (Poitiers, 1356 ; Azincourt, 1415), la captivité de Jean le Bon, la folie de Charles VI, la division du royaume entre « Armagnacs » et « Bouguignons », le sacre à Notre-Dame de Paris, comme roi de France, d'un roi d'Angleterre (Henri VI), les difficultés du « gentil Dauphin » à se faire reconnaître comme le roi Charles VII, jusqu'à ce que l'action de Jeanne d'Arc et la réconcilation du roi avec le duc de Bourgogne Philippe le Bon permettent de reconquérir le royaume (la guerre de Cent ans prend fin en 1451).

C'est dans ce siècle tragique qu'est formulée par les juristes (et non par les théologiens !) la théorie de la « royauté de droit divin », selon laquelle : 1 / les rois tiennent leur couronne, non de l'Église, mais de Dieu directement, et 2 / ils ont reçu de Dieu un pouvoir qui ne saurait être limité ni par le magistère moral de l'Église, ni au titre d'un quelconque contrat social avec leurs peuples. On assiste en particulier, sous Charles VII (roi de 1422 à 1461), à une véritable re-sacralisation du roi, présenté comme une réincarnation de l'empereur romain *divus*. Ce qui implique, symétriquement, une soumission presque totale des sujets.

On aboutit à ce résultat que, au début du XVIe siècle, le royaume de France est le plus uni, le plus compact et le plus homogène des États européens (il a intégré non seulement la Bourgogne ducale en 1482, mais aussi l'Anjou en 1482 et la Bretagne en 1524). L'Ordonnance de 1439 avait réuni l'ensemble des forces militaires de la nation dans les seules mains du roi et créé l'impôt royal nécessaire pour entretenir cette armée nationale, laquelle, ainsi réorganisée et renforcée, avait pu chasser définitivement les Anglais hors du territoire. Depuis l'échec du mouvement d'Étienne Marcel en 1358, le rôle des États généraux, et de toute assemblée représentative de type parlementaire, est réduit à presque rien. Enfin, par la « Pragmatique Sanction » de Bourges de 1438, Charles VII a assuré son pouvoir sur l'Église et créé les conditions d'une relative autonomie de l'Église « gallicane » par rapport à Rome, autonomie qui sera renforcée par le concordat de Bologne de 1516 entre François Ier et Léon X.

En conclusion, on peut dire qu'il y a eu en France une accoutumance aux comportements absolutistes du pouvoir central : on s'est habitué à ce que les États généraux soient rarement réunis, à ce que les Parlements ne jouent pas de rôle politique (c'est un point de divergence capital avec l'Angleterre), à ce que le roi et le peuple tendent à s'allier contre la noblesse d'épée ou de robe (autre divergence avec l'Angleterre, où ce sont plutôt les barons qui se sont alliés avec le peuple pour limiter les pouvoirs du roi). Le pouvoir du roi a ainsi tendu en France, bien avant les Temps modernes, à devenir sans partage, personnel, sacré comme sa personne.

2) *Le* XVIᵉ *siècle. Les « droits régaliens »*

Jusqu'au deuxième tiers du XVIᵉ siècle, cependant, l'absolutisme français demeure – pour reprendre le vocabulaire de Jean Esmein – « modéré ». Plus exactement, jusqu'à cette date, l'opinion des intellectuels est partagée. Certains approuvent l'absolutisme, d'autres le contestent, d'autres entendent le mitiger.

Les opinions ne sont pas nettement formulées, dans la mesure où il n'existe pas encore de grandes « théories constitutionnelles laïques ». Il n'y a encore, vers le milieu du XVIᵉ siècle, en France, que des théologiens, ou des « théoriciens des droits du roi, préoccupés de résultats pratiques » (Olivier-Martin). C'est avec les guerres de Religion que naîtra la pensée constitutionnelle proprement dite. À cette date, en effet, l'humanisme aura fait progresser la connaissance de la pensée politique antique et, d'autre part, aiguisé la curiosité pour l'histoire et l'étude des formes de gouvernement diverses, tant passées qu'actuelles. C'est cette érudition nouvelle et le comparatisme qu'elle encourage qui créera les conditions d'émergence de ce que Pierre Mesnard appelle « l'essor de la philosophie politique »[1]. À ce moment, les positions pro- et anti-absolutistes deviendront plus nettes.

En attendant, il est certain que des signes d'un progrès du pouvoir royal sont visibles dès le début du XVIᵉ siècle.

À la veille de partir en Italie, en 1515 et en 1523, le roi François Iᵉʳ confie la régence à sa mère, la duchesse d'Angoulême. Dans deux déclarations, complétées par des lettres de 1524, il énumère les droits qu'il lui transfère, qui sont donc ceux qu'il possède lui-même.

Sont énoncées dans ces textes une série de prérogatives qu'on a pris l'habitude d'appeler depuis lors *jura regalia*, « régales » ou « droits régaliens » (l'expression est encore utilisée aujourd'hui pour désigner les droits de l'État souverain), ou encore « marques de souveraineté ». Ces droits ont été calqués, en vertu de la maxime *rex Franciæ imperator in suo regno,* sur ceux de l'empereur romain.

Les pouvoirs royaux – bien clairs dans l'esprit de François Iᵉʳ – sont, d'après ces documents, les suivants : 1 / la défense ; 2 / la justice ; 3 / le gouvernement et l'administration (la « conduite et police de la chose publique ») ; 4 / la législation ; 5 / la fiscalité ; 6 / les grâces.

Ces prérogatives « impériales » du pouvoir royal français ne cessent de se renforcer après François Iᵉʳ.

François Iᵉʳ lui-même avait fait du Parlement de Paris une chambre d'enregistrement. Les États généraux ne sont pas réunis de 1484 à 1560. Ainsi les organes représentatifs et les cours de justice sont-ils de plus en plus négligés. Des impôts nouveaux sont créés sans leur consentement. L'appareil de gouvernement devient moins ouvert à la grande noblesse héréditaire, et plus aux « légistes ». Se met en place le système de la *vénalité des offices*, motivé par les besoins des finances

---

1. Cf. Pierre Mesnard, *L'essor de la philosophie politique au XVIᵉ siècle* [1935], Vrin, 1977.

du roi plus que par un souci d'efficacité de l'administration. Ce processus profite à la bourgeoisie, qui accède à la « noblesse de robe » (puisque nombre de charges achetées confèrent des titres de noblesse), laquelle concurrence une noblesse traditionnelle qui, au même moment, s'appauvrit et s'endette.

3) *Le développement des idées absolutistes*

Dans le sillage de ce mouvement, des idées absolutistes nouvelles apparaissent, qui le justifient et tendent à le faire apparaître irréversible.

Sous le règne de Louis XII déjà, Jean Ferrault demandait des pouvoirs presque illimités pour le roi. Ensuite viennent Charles Dumoulin, Charles de Grassaille, Guillaume de la Perrière, Étienne du Bourg, Pierre Rebuffi. Vers 1550, ces auteurs écrivent dans un sens franchement absolutiste qui contraste avec la doctrine des « freins » que formulait Seyssel, en 1515, dans sa *Monarchie de France*[1].

On conteste de plus en plus la nécessité que le roi s'entoure de « conseil », en particulier en sa cour de Parlement : maintenant, dit Rebuffi, les ordonnances du roi ont force de loi et le roi peut « abroger les lois et autoriser les coutumes contraires aux lois ». Le roi est plus considéré comme le chef de tous les sujets, placés devant lui sur un rang égal, que comme la tête d'une quelconque « pyramide féodale ».

Les *Commentaires* de Dumoulin[2] sont une attaque systématique contre la structure féodale et une réfutation de l'idée que le vasselage serait justifié en droit romain. Dumoulin dit que le système féodo-vassalique n'est nullement romain, mais « une invention du vieux royaume franc » à la fin du VIe siècle[3], « ceci étant la vraie origine des fiefs, sans possibilité de leur trouver une source plus ancienne » (cité par Skinner, *op. cit.,* p. 263). Les fiefs ne sont rien de plus qu'une propriété foncière, sans le moindre droit de détenir quelque part de la puissance publique. Tous les sujets sont également soumis au seul souverain. Donc, Dumoulin approuve le roi de s'être emparé d'un nombre de plus en plus grand de « marques de souveraineté », parmi lesquelles la nomination discrétionnaire des magistrats.

Cette idée de Dumoulin, suivi par René Choppin, Louis Le Caron et finalement Bodin, va faire époque : si l'on veut un État de droit, il faut s'affranchir

---

1. Nous parlerons de Seyssel lorsque nous étudierons la préhistoire des idées démocratiques et libérales, cf. *infra,* p. 168-171.

2. Charles Dumoulin (1500-1566), est un avocat au Parlement de Paris. Il est obligé d'aller enseigner le droit en Allemagne, notamment à Strasbourg, en raison de ses opinions religieuses. Il rentre en France en 1557 et critique l'autorité du pape à l'occasion du Concile de Trente. Il est l'auteur importants travaux sur l'histoire du droit français, comme les *Commentaires des coutumes de Paris* (1539).

3. Il a raison, cf. *HIPAMA,* p. 564-567.

entièrement de la féodalité, car le modèle de l'État de droit, c'est Rome, et la féodalité est un phénomène qui n'est pas romain, mais barbare. Ce système féodal est une usurpation tardive, fondée non sur la loi mais sur la coutume, qui a détruit l'*imperium* que possédait à l'origine la monarchie française. Si l'on veut fonder une véritable constitution française, c'est à cette armature de type romain qu'il faut revenir, en puisant dans le droit impérial romain, c'est-à-dire dans le *Corpus* de Justinien. Ainsi, la structure sociale « harmonieuse » de Seyssel est-elle condamnée à terme.

Les absolutistes, poussés par leur logique, mettent le roi au-dessus de la loi et ne veulent plus que le Parlement juge souverainement. Pour Dumoulin, les magistrats jugent par simple délégation du roi. En conséquence, l'idée que les parlementaires contrôlent les textes émanés du roi et puissent s'y opposer est une absurdité et ne doit pas être légalement admise. Rebuffi peut donc constater, dix ans plus tard, qu'alors que jadis les parlements contrôlaient les rois, ce n'est plus le cas.

La justice, du moins, doit-elle être indépendante ? Dumoulin conteste formellement la thèse avancée à cet égard par Seyssel, à savoir que les juges doivent être inamovibles. S'ils l'étaient, objecte-t-il, cela reviendrait à dire qu'ils n'auraient pas seulement *jurisdictio*, mais *imperium*. Par conséquent, « en ce qui concerne le royaume de France, l'opinion de Lothaire (dans la fameuse querelle Lothaire-Azon, cf. *infra,* p. 159-160) est absolument correcte » : tout droit réside dans le roi seul. L'idée d'une constitution mixte, avec son pouvoir judiciaire indépendant, est entièrement fausse. « Le roi doit garder en toutes circonstances le droit de dire, quand il nomme à quelque charge publique que ce soit dans le royaume : "Tant qu'il nous plaira" » (textes cités par Skinner, p. 267).

La tendance pro-absolutiste s'accentue encore après 1560, au temps du chancelier de L'Hospital qui, dans un fameux discours de 1561, affirme qu' « une seule personne doit commander et toutes les autres obéir » et remet entièrement en cause le droit de remontrances des cours souveraines. Mais à cette date éclatent les guerres de Religion. Elles vont changer la nature du problème et, comme nous le verrons plus loin, précipiter l'apparition, peu après la Saint-Barthélémy, de véritables doctrines « constitutionnalistes » : les unes allant dans un sens nettement « prédémocratique » et « prélibéral », les autres dans le sens d'un renforcement de plus en plus inconditionnel du pouvoir royal.

Ces dernières n'auraient pu se constituer, cependant, et l'absolutisme n'aurait pu s'imposer si largement dans l'Europe des XVIe-XVIIe siècles si les mentalités médiévales n'avaient été modifiées, dans un sens finalement favorable au renforcement de l'État, par les œuvres de certains intellectuels de la Renaissance.

Chapitre 2

Machiavel.
L'émergence de la « raison d'État »

Machiavel, d'abord, va contribuer à « désenchanter » le monde en promouvant une vision des réalités politiques débarrassée des scrupules juridiques et moraux qui restreignaient ou paralysaient, au Moyen Âge, l'action de l'État.

Vie[1]

Nicolas Machiavel naît en 1469 à Florence, il meurt en 1527. Il descend d'une famille florentine ancienne qui a compté de nombreux gens de robe parmi ses membres et qu'on peut situer, dans la hiérarchie sociale florentine, à mi-chemin de la bourgeoisie riche *(popolani grassi)* et de la petite bourgeoisie (Arts mineurs). Ayant reçu une bonne culture humaniste, il aura toujours un goût prononcé pour l'Antiquité latine. En 1494 – il a alors 25 ans – il voit le roi de France Charles VIII entrer à Florence, ce qui l'humilie.

Il occupe son premier poste politique en 1498, après l'échec sanglant de la démocratie théocratique de Savonarole, le prédicateur dominicain qui avait chassé les Médicis en 1495 et établi un régime qui se voulait juste, moral et austère. Un pouvoir républicain classique est alors instauré, dirigé à partir de 1502 par le « Gonfalonier de justice » Pierre Soderini, dont Machiavel devient l'homme de confiance. Machiavel est « secrétaire » de la « Commission des Dix pour la liberté et la paix », sorte de ministère de l'Intérieur et de la Guerre. Pendant les quatorze ans qu'il passe au service de la République, il est chargé de nombreux voyages diplomatiques ou « légations » (dont plusieurs en France et à Rome, un au Tyrol, et un auprès de César Borgia[2]) et s'occupe aussi de questions militaires : il obtiendra du gouvernement de Florence la création d'une armée nationale permanente, la *Milice,* et occupera lui-même un commandement lors du siège puis de la prise de Pise par les armées florentines (1509).

En 1512, les Médicis, soutenus par les Espagnols et le pape, alors que Soderini est allié à la France, reviennent au pouvoir (d'abord Julien de Médicis, puis

---

1. D'après Edmond Barincou, *in* Machiavel, *Œuvres complètes,* Gallimard, Bibl. de la Pléiade, 1952.
2. Sur ce personnage, cf. *infra.*

Laurent II). Machiavel est brièvement emprisonné, puis doit partir en « exil » intérieur, dans sa villa de campagne, où il ne lui reste plus qu'à écrire. Ce qu'il fait, dans l'espoir de pouvoir reprendre du service auprès des nouveaux maîtres, à qui il envoie rapidement le *Prince*. Simultanément, il commence les *Discours sur la première Décade de Tite-Live*.

Dans les années qui suivent, Machiavel se rend souvent en ville, participe aux discussions à la mode (par exemple sur la question de la langue : Dante, Boccace et Pétrarque ont-ils écrit en italien, en toscan ou en florentin ?). Il écrit et fait jouer avec succès deux pièces, *Clizia* et *La Mandragore*, s'essaie même à des poésies et des nouvelles. Des jeunes gens l'écoutent parler et répandre les idéaux républicains avec la connaissance de l'ancienne Rome, prêcher pour une armée nationale, proposer même une nouvelle constitution pour Florence *(Discours sur la Réforme de l'État à Florence)*, ce qui inquiète Rome et les Médicis. C'est peut-être pour occuper longuement le suspect, et aussi pour le compromettre auprès de ses amis républicains en le rémunérant grassement, que les Médicis lui commandent alors d'écrire, après un premier essai historique intitulé la *Vie de Castruccio Castracani da Lucca*, une *Histoire de Florence* qui sera en grande partie une histoire de la famille Médicis.

Trois fois, en 1520, puis 1521 et 1525, Machiavel est chargé de missions officielles de médiocre importance. Enfin, en avril 1526, il retrouve une fonction de premier plan, la réfection des remparts de Florence, qu'il s'agit de protéger contre les Impériaux allemands et espagnols de Charles Quint. Il semble qu'il ait joué alors un rôle bénéfique et contribué à organiser la résistance de sa patrie, mais aussi de la Romagne et de Rome, contre les envahisseurs. Mais il n'est pas décisionnaire ; le gouvernement de Florence, dont il n'est qu'un exécutant, est lâche et versatile. Finalement, ce sera la défaite et le terrible sac de Rome par les armées de Charles Quint (1527). Machiavel meurt aussitôt après (juin 1527).

Ainsi, on ne peut dire que les postes de pouvoir occupés par Machiavel aient été vraiment importants, ou vraiment modestes ; l'essentiel est qu'ils ont été des postes d'observation remarquables, où le « secrétaire » a pu acquérir une précieuse expérience politique et diplomatique.

Œuvres[1]

— *Le Prince*. C'est la plus célèbre, mais non la plus importante des œuvres de Machiavel. Elle est rédigée entre 1513 et 1514 à l'intention de Julien et de Laurent de Médicis qui ne l'ont sans doute jamais lue.

— *Discours sur la première décade*[2] *de Tite-Live*, 1513-1519. C'est le livre théorique principal de Machiavel.

— *Histoire de Florence (Storie fiorentine)* (rédigé entre 1520 à 1526). Le livre porte sur la période 1251-1492. Il est précédé par un récit des événements survenus depuis la chute de l'Empire romain d'Occident, qui tend à montrer la continuité de l'histoire de l'Italie.

Machiavel a aussi écrit (de 1513 à 1520) un important *Art de la guerre*, de brefs textes politiques portant sur César Borgia, sur Castruccio Castracani da

---

1. Cf. Machiavel, *Œuvres complètes*, op. cit.

2. C'est-à-dire sur les dix premiers *livres* (et non *années*) de l'*Histoire de Rome* de Tite-Live, dont 35 livres sont conservés sur les 142 ayant existé.

Lucca, sur l'Allemagne, sur la France, des poésies, du théâtre (notamment une pièce licencieuse, *La Mandragore*[1]), et les très intéressantes *Lettres familières* (où il révèle sa vraie personnalité et se montre somme toute plus sympathique que dans ses œuvres composées).

Si Machiavel peut assurément être considéré comme un théoricien politique, on ne trouve guère chez lui de système conceptuel pleinement développé et cohérent, du moins exposé de manière suivie. Machiavel, qui a rédigé de nombreuses notes politiques et diplomatiques à l'occasion de ses différentes fonctions, vise presque toujours, dans les textes qu'il a composés, à conseiller en pratique des gouvernants, princes, papes ou magistrats de Florence. Mais il est vrai aussi qu'il cherche à dégager des lois permanentes de la vie politique, ou plus exactement des maximes universelles de conduite, en généralisant ce qu'il trouve dans les situations concrètes de l'actualité ou de l'histoire.

I — LA MÉTHODE : LE RÉALISME

Machiavel fait d'abord profession de *réalisme*, et il rejette les illusions de tous les idéalismes. Le devoir-être *n'est pas,* ou, pire, il est *destructeur de ce qui est.*

« Étant mon intention d'écrire choses profitables à ceux qui les entendront, *il m'a semblé plus convenable de suivre la vérité effective de la chose que son imagination.* Plusieurs se sont imaginé des Républiques et des Principautés qui ne furent jamais vues ni connues pour vraies. Mais il y a si loin de la sorte qu'on vit à celle selon laquelle on devrait vivre, que celui qui laissera ce qui se fait pour cela qui se devrait faire, il apprend plutôt à se perdre qu'à se conserver ; car qui veut faire entièrement profession d'homme de bien, il ne peut éviter sa perte parmi tant d'autres qui ne sont pas bons. Aussi est-il nécessaire au Prince qui se veut conserver, qu'il apprenne à pouvoir n'être pas bon, et d'en user et n'user pas selon la nécessité » (*Le Prince,* XV, p. 335).

Les *Discorsi* renchérissent en disant qu'il faut lire « sensément »[2] l'histoire, ce qui signifie qu'on ne doit pas être dupe des motivations généreuses invoquées pour justifier les actes politiques, mais com-

---

1. La pièce est bien à l'image de l'auteur et traduit sa pensée profonde. Une ruse extrêmement machiavélique permet à un galant de conquérir une jeune femme mariée. La stratégie du galant a pour ressorts sa propre audace *(virtù,* cf. *infra),* la crédulité du mari, la cupidité et le cynisme d'un moine. Et la leçon de la pièce est que cet immoralisme est payant. L'audacieux réussit à tous égards son entreprise et jouit de ses fruits durablement et en toute impunité.

2. Cf. aussi *Discorsi,* I, XXIII : « Quiconque lira l'histoire *d'une manière sensée...* » ; *Discorsi,* III, XXX : il faut lire la Bible *« avec son bon sens ».*

prendre leurs mobiles véritables, qui sont toujours, pour Machiavel, un froid calcul d'intérêts.

Cela, développe Machiavel, a toujours été su des gens intelligents qui, néanmoins, pour tenir compte des illusions ambiantes, se sont gardés d'être trop explicites. L'immoralisme machiavélien « fut enseigné aux Princes en paroles voilées par les anciens auteurs » (*Le Prince,* XVIII, p. 341) qui, en disant que les rois doivent être élevés par un centaure, être mi-humain, mi-bestial, ont voulu signifier qu'ils devaient développer en eux la nature bestiale autant que la nature humaine. Mais ils l'ont fait, décidément, de manière voilée. Machiavel ne fait que dire tout haut...

C'est en raison de ce réalisme que Machiavel est présenté par certains auteurs contemporains comme le père de la « science politique ». On fonde notamment ce jugement sur le fait que, le premier, Machiavel *séparerait les choses politiques de toutes les autres,* de toute considération religieuse, morale, sociale.

II — LA NATURE HUMAINE SELON MACHIAVEL

1) *Le pessimisme de Machiavel*

Ces idées s'expliquent largement par la vision qu'a le Florentin de la nature humaine, vision marquée par un *pessimisme foncier,* peut-être lié à l'instabilité, à l'insécurité et à la violence caractéristiques de l'Italie de son temps. Machiavel pense que les hommes sont par nature, c'est-à-dire en tout temps et en tout lieu, et de manière irrémédiable,

« ingrats, changeants, dissimulés, ennemis du danger, avides de gagner » (*Le Prince,* XVII, p. 339).

Ils sont cupides au point qu'ils

« oublient plutôt la mort de leur père que la perte de leur patrimoine » (*Le Prince,* XVII, p. 339-340),

et c'est pourquoi le Prince devra moins hésiter à tuer les opposants qu'à toucher à leurs biens.

2) *Tous les hommes sont des tyrans en puissance*

En réalité, *tous* les hommes ont les vices mêmes que la littérature morale reproche aux *tyrans.* La seule différence entre le tyran et l'homme ordinaire, c'est que le second a moins de moyens que le premier de satisfaire des vices fondamentalement identiques en nature et en intensité. Le tyran ne l'emporte donc pas sur l'homme ordinaire en *méchanceté,* mais seulement en *puissance.* Cette méchanceté est structurelle, durable, amendable par aucune éducation, aucune mesure généreuse.

« Ni le temps ni les bienfaits ne domptent la méchanceté » (*Discorsi,* III, III, p. 614).

C'est bien l' « erreur initiale » du gonfalonnier Pierre Soderini de ne l'avoir pas compris, et donc d'avoir fait confiance au peuple qu'il croyait pouvoir convaincre, alors qu'il aurait dû exterminer sans pitié ses opposants et intimider le reste du peuple par cette cruauté même.

« [Soderini] ignorait que le temps n'attend pas, que la bonté est impuissante, la fortune inconstante, la méchanceté insatiable » (*Discorsi,* III, XXX, p. 685).

D'autant que le peuple, outre ses autres défauts, a souvent celui d'être naïf, crédule, stupide (cf. *La Mandragore*). Il appelle la verge du maître et donc excuse d'avance celui-ci[1].

Les hommes sont en outre fondamentalement égoïstes, ce qui fait qu'il est facile de « diviser pour régner » :

« Souvent [la multitude] est audacieuse en propos contre la décision de ses princes ; mais le châtiment est-il en face, ils se défient mutuellement les uns des autres et ils courent obéir à qui mieux mieux. [...] Pris en masse, [les gens du peuple] sont puissants ; isolés, et chacun d'eux venant à réfléchir sur son danger personnel, ils deviennent lâches et faibles » (I, LVII, p. 501).

3) *Inanité de la vertu*

Non seulement les vices, étant universels, sont excusables, mais encore les vertus n'existent tout simplement pas. Seule la nécessité conduit quelqu'un parfois à être bon, jamais il ne l'est spontanément. Croire le contraire est une pure illusion.

« Les hommes toujours se découvrent à la fin méchants, s'ils ne sont par nécessité contraints d'être bons » (*Le Prince,* XXIII, p. 362). « Les hommes ne font le bien que lorsqu'ils y sont forcés ; mais dès qu'ils ont le choix et la liberté de commettre le mal avec impunité, ils ne manquent de porter partout la turbulence et le désordre » (*Discorsi,* I, III, p. 389).

4) *L'homme est une bête, lion ou renard selon le cas*

En définitive, la nature humaine a quelque chose de *bestial*. On peut, dit Machiavel, gouverner par des lois, ce qui est humain, ou par la force, ce qui est « propre aux bêtes ». Mais comme les lois ne suffi-

---

1. Nous verrons que Luther dira de même, parlant du peuple : l'âne *veut* et *aime* être battu.

sent pas, il ne faut pas hésiter à recourir à la force. Moralité : « Un prince doit savoir user de l'une et l'autre nature » (*Le Prince*, XVIII, p. 341). En d'autres termes, la nature humaine ne se définit pas par opposition à la nature animale, comme le pensaient les moralistes de l'Antiquité, mais elle intègre cette dernière, et donc il n'est pas d'homme accompli qui ne soit aussi une bête accomplie[1]. Il est vrai que la bête elle-même se subdivise en « lion » et « renard ». L'homme politique devra donc user et de violence, mais aussi de dissimulation[2].

5) *La* virtù

Si l'humanité est composée en majorité de tyrans au petit pied, égoïstes, cruels, craintifs et pusillanimes, Machiavel reconnaît cependant à certains hommes une qualité positive, la fameuse *virtù*. Ce mot, utilisé aussi par les contemporains italiens de Machiavel, n'a pas d'équivalent direct dans les langues modernes. Étant donné ce qu'on a dit plus haut, il ne désigne certes pas la « vertu » morale traditionnelle. En fait, il désigne, conformément à l'étymologie, la *force* et la *virilité,* à quoi il faut ajouter la *magnanimité,* le *brillant,* la *virtuosité,* ainsi que le *ressort,* et même la *chance,* en un mot, une sorte de pure *force vitale* « par-delà bien et mal » – en un sens quasi nietzschéen. La notion est invoquée en permanence dans tous les écrits de Machiavel. C'est son « idéal » à lui.

III — LE « MACHIAVÉLISME »

Ainsi, c'est à condition de ne se faire aucune illusion au sujet de la nature humaine (à l'exception de sa propre *virtù*) que l'homme d'État pourra maintenir un minimum d'ordre social.

1. Voilà pourquoi Machiavel plaît tant à nombre d'auteurs modernes formés à la fois au marxisme et au nietzschéisme... Dès lors que Machiavel fait cette profession parfaitement consciente et déterminée d'anti-humanisme (complétée, nous le verrons, par l'anti-christianisme), ces auteurs le créditent d'une sorte de lucidité supérieure censée anticiper ce qu'ils appellent la « modernité ». Nous verrons, quant à nous, qu'on peut avoir de cette dernière une tout autre approche.
2. Le pessimisme de Machiavel s'étend à la marche générale de l'Histoire : « En réfléchissant sur la marche des choses humaines, j'estime que le monde *demeure dans le même état où il a été de tout temps* ; qu'*il y a toujours la même somme de bien, la même somme de mal* ; mais que ce mal et ce bien ne font que parcourir les divers lieux, les diverses contrées » (*Discorsi*, II, p. 510-511, n.s.).

1) *L'équilibre des intérêts*

Puisqu'il n'y a dans la société que des forces, des intérêts et des égoïsmes, et pas de valeurs juridiques et morales qui permettent de maintenir ceux-ci plus ou moins en harmonie, le problème à résoudre, pour l'homme d'État, est seulement de *maintenir artificiellement un équilibre précaire* dont le principe sera la limitation réciproque des intérêts. Il s'agira de canaliser ceux-ci dans des directions telles qu'ils s'entre-détruisent avant d'avoir pu ébranler le pouvoir. Cela se fera à la faveur d'un savant calcul stratégique qui occupera en permanence l'esprit des dirigeants. Toute idée de faire régner, ou à plus forte raison d'établir, la « justice », est abandonnée par Machiavel, ou pour mieux dire, totalement ignorée de lui.

2) *Immoralité de fond et façade morale*

Machiavel propose en effet un système généralisé d'immoralité et d'illégalité[1]. Tout gouvernant, pour gérer l'État, est contraint, dit-il, d' « agir contre sa parole, contre la charité, contre l'humanité, contre la religion ». Qu'il le fasse sans troubles de conscience.

« Que [le Prince] ne se soucie pas d'encourir le blâme de ces vices sans lesquels il ne peut aisément conserver ses États ; car, tout bien considéré, il trouvera quelque chose qui semble être vertu, et en la suivant ce serait sa ruine ; et quelque chose qui semble être vice, mais en la suivant, il obtient aise et sécurité » (*Le Prince,* XV, p. 336).

Cependant, il ne suffit pas d'être immoral ; il faut paraître moral, « *sembler* être pitoyable, fidèle, humain, intègre, religieux ». Il faut savoir « faire le renard, [...] bien feindre et déguiser » (ce en quoi était passé maître le pape Borgia Alexandre VI, cf. *Le Prince,* XVIII, p. 342). Il faut se décider au mieux de ses intérêts. Ensuite, quand on saura ce qu'on veut faire, il sera facile d' « accommoder les paroles aux faits » (cf. *Discorsi,* II, XV, p. 550). Les paroles, en politique, comptent pour du vent.

« Jamais un Prince n'a eu défaut d'excuses légitimes pour colorer son manque de foi [= le fait de ne pas respecter les traités] ; et s'en pourraient alléguer infinis exemples du temps présent, montrant combien de paix, combien de promesses ont été faites en vain et mises à néant par l'infidélité des Princes ; et qu'à celui qui a mieux su faire le renard, ses affaires vont mieux » (*Le Prince,* XVIII, p. 342).

---

1. Exposé notamment dans les chapitres XVII et XVIII du *Prince,* les chapitres les plus « machiavéliques » de l'ouvrage.

3) *Le pragmatisme*

Machiavel prône, en corollaire, ce que les modernes appelleraient le « pragmatisme » : puisqu'il n'y a pas de principes, juridiques ou moraux, qui s'imposeraient en permanence, la conduite des affaires devra être guidée par de pures considérations pratiques, ce que Kant appellerait de simples impératifs hypothétiques. Par suite, autant de fois les circonstances changeront, autant de fois la décision des gouvernants pourra changer.

« Il faut que [le Prince] ait l'entendement prêt à tourner selon que les vents de fortune et variations des choses lui commandent. [...] Le sage Seigneur ne peut garder sa foi si cette observance lui tourne à rebours et que les causes qui l'ont induit à promettre soient éteintes » (*Le Prince,* XVIII, p. 341-342).

Le critère décisif, en politique, n'est pas d'être bon ou méchant, ni même fort ou faible, mais heureux ou malheureux dans ses entreprises. Les hommes qui gouvernent ne doivent renoncer à aucun crime parce qu'on ne leur tiendra compte que du résultat. La fin justifiera les moyens.

« [L'opinion selon laquelle Romulus a eu tort de commettre des crimes] serait fondée si l'on ne considérait la fin que se proposait Romulus. [...] Ce qui est à désirer, c'est que si le fait l'accuse, le résultat l'excuse ; si le résultat est bon, il sera acquitté » (*Discorsi,* I, IX, p. 405).

C'est pourquoi, en toute logique, la seule circonstance où Machiavel ait à faire un reproche « moral » aux hommes politiques, c'est quand il s'avère qu'ils n'ont pas su être méchants... jusqu'au succès final.

Ainsi d'un certain Giovampagnolo Bagnoli, seigneur de Pérouse, qui, alors qu'il aurait pu assassiner d'un coup le pape Jules II et tous ses cardinaux, imprudemment entrés désarmés dans sa ville, n'osa le faire. Ce n'était pas, dit Machiavel, de sa part l'effet de quelque scrupule moral. « Aucun sentiment de religion ou de pitié ne pouvait entrer dans le cœur d'un homme chargé de forfaits, qui abusait de sa sœur, et qui, pour régner, avait massacré ses cousins et ses neveux ». Seule explication, donc : la pusillanimité. « Les hommes ne savent être ni parfaitement bons, ni honorablement mauvais, et lorsqu'une mauvaise action présente quelque grandeur ou magnanimité, ils ne savent pas la commettre » (*Discorsi,* I, XXVII, p. 443). Si Giovampagnolo l'eût commise, montrant à toute l'Italie le peu de cas qu'on doit faire des princes corrompus de l'Église, « il eût fait un geste dont la grandeur eût de loin surpassé l'infamie et les risques » (*ibid.*).

Le succès donne rétrospectivement sa qualité morale à tous les actes politiques accomplis :

« Qu'un Prince se propose pour son but de vaincre, et de maintenir l'État : les moyens seront toujours estimés honorables et loués de chacun ; car le vulgaire ne juge que de ce qu'il voit et de ce qui advient ; or en ce monde il n'y a que le vulgaire ; et le petit nombre [sc. de ceux qui savent réellement ce qu'a fait le Prince] ne compte point, quand le grand nombre a de quoi s'appuyer » (*Le Prince*, XVIII, p. 343).

Ainsi, Pierre Soderini a hésité à faire assassiner ses opposants. Ce sot n'a pas compris que, s'il l'eût fait et eût ainsi sauvé la République du retour des Médicis, non seulement personne ne lui eût reproché ces crimes, mais tout le monde aurait dit

« qu'il avait agi pour le bien de la patrie et non par ambition » (cf. *Discorsi*, III, III, p. 614).

Toutes les idées de Machiavel se situent dans le cadre de ce système. Mais elles se différencient selon qu'on considère la politique intérieure ou la politique étrangère.

IV — MAXIMES DE POLITIQUE INTÉRIEURE

1) *Les gouvernants doivent inspirer la crainte*

Il vaut mieux, pour un gouvernant, être craint qu'aimé. L'idéal serait d'être aimé, mais, s'il faut choisir entre les deux moyens, la préférence doit être donnée à la crainte. Il y a à cela une raison précise, objective, qui tient à la nature profonde des hommes :

« Les hommes hésitent moins à nuire à un homme qui se fait aimer qu'à un autre qui se fait redouter ; car l'amour se maintient par un lien d'obligations lequel, parce que les hommes sont méchants, là où l'occasion s'offrira de profit particulier, il est rompu ; mais la crainte se maintient par une peur de châtiment qui ne te quitte jamais » (*Le Prince*, XVII, p. 339).

Étant donné que « les hommes aiment selon leur fantaisie » alors qu'ils « craignent à la discrétion du Prince », « le Prince prudent et bien avisé se doit fonder sur ce qui dépend de lui, non pas sur ce qui dépend des autres » (*ibid.*, p. 341). D'où la supériorité de la crainte comme instrument de pouvoir.

« Les magistrats qui ont gouverné Florence depuis 1434 jusqu'en 1494 [les Médicis] disaient à ce propos qu'il fallait tous les cinq ans se "réemparer du pouvoir" ; qu'autrement il était très difficile de se maintenir. Or, se réemparer du pouvoir voulait dire, selon eux, renouveler cette terreur et cette crainte qu'ils avaient su inspirer à tous les esprits au moment où ils s'en étaient emparés » (*Discorsi*, III, I, p. 609).

Il faut cependant que le prince, à défaut d'être aimé, ne soit ni haï – ce qui se produirait s'il prenait les biens ou les femmes des sujets[1] – ni méprisé – ce qui se produirait s'il manquait de force, s'il était efféminé, s'il supportait des affronts sans réagir, ne tenait pas ferme ses résolutions et n'exécutait pas irrévocablement ses sentences[2].

En réalité, précise ailleurs Machiavel, crainte et amour sont finalement deux moyens assez indifférents ; la seule chose qui compte vraiment est d'avoir de la *virtù*.

« Il importe assez peu qu'un chef choisisse l'un ou l'autre de ces procédés [l'amour ou la crainte], pourvu qu'il soit homme d'assez grande *virtù* pour se faire un grand nom parmi les hommes. Quand cette *virtù* est celle d'Annibal [qui se faisait craindre] ou de Scipion [qui se faisait aimer], elle rachète toutes les fautes auxquelles expose un trop grand désir de se voir aimé ou craint » (*Discorsi*, III, XXI, p. 666-668).

2) *Les gouvernants doivent employer la ruse*

La dissimulation, nécessaire à la guerre et dans la diplomatie, ne l'est pas moins en politique intérieure. Les gouvernants doivent savoir manipuler le peuple. Ainsi les Romains tiraient-ils toujours parti de la crédulité religieuse du peuple pour mieux faire accepter des décisions politiques[3].

« Numa[4], persuadé que [l'autorité divine] était nécessaire, feignit d'avoir commerce avec une nymphe qui lui inspirait toutes [ses] décisions. [...] Et en vérité il n'a jamais existé de législateur qui n'ait eu recours à l'entremise d'un dieu pour faire accepter des lois exceptionnelles, inadmissibles autrement : en effet, nombreux sont les principes utiles dont un sage législateur connaît toute l'importance et qui ne portent pas avec eux des preuves évidentes qui puissent

1. À cette fin, le prince emploiera un autre procédé déjà recommandé par Xénophon (cf. *HIPAMA*, p. 177) : il fera faire les choses impopulaires (par exemple, la répression) par des tiers, et se réservera, à lui personnellement, les actions susceptibles d'attirer à leur auteur la popularité. « Les Princes doivent faire tenir par d'autres les rôles qui attirent rancune, mais ceux qui apportent reconnaissance, les prendre pour eux-mêmes » (*Le Prince*, XIX, p. 346).
2. Il faut que « les sentences du Prince soient irrévocables » et qu'il « fasse régner une opinion de lui telle que personne ne songe à le tromper ni circonvenir » (*Le Prince*, XIX, p. 344). Il doit redouter par-dessus tout d'avoir une réputation de faiblesse auprès « du populaire » *(ibid.)*.
3. On se souvient que c'est effectivement le conseil donné par Cicéron (cf. *HIPAMA*, p. 345). Mais Cicéron ne donne pas cela comme un principe permanent et normal de gouvernement.
4. Numa Pompilius, un des premiers rois de Rome.

frapper les autres esprits. L'homme habile qui veut faire disparaître la difficulté a [donc] recours aux dieux[1] » (*Discorsi,* I, XI, p. 412).

La religion servait aux Romains essentiellement à

« commander aux armées, réconforter le peuple, maintenir les gens de bien et faire rougir les méchants » (*Discorsi,* I, XI, p. 412).

De même,

« celui qui lit la Bible avec son bon sens verra que Moïse fut contraint, pour assurer l'observation des tables de la loi, de faire mettre à mort une infinité de gens qui s'opposaient à ses desseins, poussés uniquement par l'envie » (*Discorsi,* III, XXX, p. 685).

Moïse était charitable en *apparence* et en *discours* ; en *réalité,* il était, en tant qu'homme politique et créateur d'État, semblable à tous les autres hommes de cette sorte, confronté aux mêmes lois du caractère humain et à la même « nécessité », donc contraint à suivre la même logique : « n'être pas bon ».

Corollaire : le principal reproche qu'on puisse faire aux dirigeants de l'Église italienne au temps de Machiavel, ce n'est pas de ne pas croire en Dieu, c'est de faire en sorte, par leur incroyance et leur immoralisme affichés, que le peuple cesse d'être croyant, donc devienne moins gouvernable... C'est une faute politique (cf. *Discorsi,* I, XII, p. 416). Savonarole a lui aussi utilisé la religion à des fins de pouvoir. Mais il a échoué (sans doute, si l'on suit la logique de Machiavel, parce qu'il croyait, lui, à ce qu'il disait).

Il est vrai que si le peuple n'a pas peur des dieux, il faudra que le prince, pour obtenir le même résultat, le terrorise. L'emploi cynique des croyances et mythes est donc un moindre mal (cf. p. 413).

Ainsi, l'emploi de la force et celui de la ruse ne doivent pas être des exceptions, mais bien la règle dans le comportement des hommes politiques.

« Je pense que c'est chose qui arrive très rarement ou même qui n'arrive jamais de s'élever d'une condition médiocre à la grandeur sans employer la force et la ruse » [Ainsi Philippe de Macédoine, Agathocle de Sicile, Cyrus, Jean-Galéas Visconti...] (*Discorsi,* II, XIII, p. 546).

3) « *Caresser* » ou « *détruire* » *l'adversaire*

Une autre grande loi de la politique machiavélienne est qu'on doit soit détruire entièrement un adversaire, soit s'en faire un allié,

---

1. Platon, lui aussi, croit que le peuple ne peut comprendre les vraies raisons des bonnes décisions politiques. Il faut donc les lui imposer, et les lui présenter d'une manière adaptée à ses croyances. Mais c'est là, pour Platon, une tactique, non une position de fond. Lui-même croit à la religion qu'il impose au peuple. Cf. *HIPAMA,* p. 111-112.

mais jamais adopter à son égard des demi-mesures. En effet, en laissant vivre quelqu'un dont on n'est pas l'ami, on s'expose à tous les
dangers qu'il pourra causer, et il est vain d'espérer qu'on aura
obtenu, pour autant, sa gratitude.

« *Il faut caresser les hommes, ou s'en débarrasser.* Gardez-vous de les acculer
jamais à l'alternative d'être abattus eux-mêmes, ou de vous abattre » (*Discorsi*,
III, VI [ch. « Des conspirations »], p. 627).

Le pire est de menacer un ennemi ou de le léser tout en le laissant vivant et donc libre de nuire.

« Tuer [un homme] est moins dangereux que de le menacer ; mort, il ne
pensera pas à se venger ; ceux des siens qui lui survivent lui en abandonnent le
souci. Menacé et acculé à la nécessité de frapper ou d'être frappé, il devient le
plus grand des dangers pour le prince » (*Discorsi*, III, VI, p. 618).

Ou encore, de laisser subsister des parents ou alliés de l'adversaire
éliminé :

« [Un seul danger suit l'exécution d'une conspiration], le voici : c'est qu'il
reste quelqu'un qui venge le prince mort. Il peut laisser en effet des frères, des
enfants, des parents qui peuvent hériter de la principauté, qui sont épargnés ou
par votre négligence ou par quelques-uns des motifs que nous avons rapportés
plus haut, et qui se chargent de le venger. [...] [Les conjurés] ne méritent pas
d'excuse quand par bêtise ou par négligence ils laissent échapper quelqu'un »
(*Discorsi*, III, VI, p. 632). Ainsi, d'une façon générale, « un prince ne sera jamais
en sûreté sur le trône tant qu'il laissera vivre ceux qui en ont été dépouillés »
(*Discorsi*, III, IV, p. 615).

Cette maxime est valable tant en matière de défense et de diplomatie qu'en politique intérieure.

Ainsi, les Florentins, lorsqu'ils eurent maté la révolte d'Arezzo et du Val di
Chiana, ne prirent que des mesures répressives partielles, enlevant seulement
aux révoltés leurs biens ou le droit de cité, au lieu de raser entièrement la ville et
de tuer tous les rebelles, comme les Romains le faisaient régulièrement dans des
cas similaires. On alléguait que Florence n'était pas assez puissante pour se permettre une politique aussi radicale. « Cette raison est bien plus spécieuse que
solide ; à ce compte, on ne devrait pas non plus exécuter un parricide, un scélérat, un citoyen vicieux, sous prétexte que ce serait une honte pour le prince de
ne pouvoir venir à bout d'un seul homme. Ceux qui jugent ainsi ne se rendent
pas compte de la gravité des crimes commis contre l'État dans la personne du
prince ; gravité telle qu'elle n'a d'autre remède que la mort. L'honneur consiste
à savoir et à pouvoir punir des coupables, et non à pouvoir les ménager en
s'exposant à mille périls. Le prince qui ne traite pas un criminel de manière qu'il
ne puisse plus le redevenir passe pour un ignorant ou pour un pleutre » (*Discorsi*,
II, XXIII, p. 578-579).

4) *Éloge du pillage et de la tyrannie*

Puisque les masses sont cupides, elles ont besoin que leurs chefs le soient aussi, afin qu'ils ne les empêchent pas de voler et les fassent profiter de leurs propres vols. C'est ainsi que les soldats romains firent tomber tous les empereurs qui refusaient de piller le peuple et de leur obtenir par là même double solde (dans ce cas, les empereurs sacrifiaient le peuple à l'armée, parce que l'armée était plus puissante) (*Le Prince*, XIX, p. 348). Et Machiavel de prôner le plus sérieusement du monde les procédés mêmes qu'Aristote dénonçait, avec un mélange d'horreur et d'ironie, chez les tyrans[1]. Le gouvernement devra s'appuyer sur les plus vils des sujets, ceux qui ont quelque chose à se reprocher, car le fait d'avoir un emploi public redorera leur blason, et comme ils sauront qu'ils ne doivent pas cette position à leurs propres mérites, mais uniquement à la faveur discrétionnaire du Prince, ils seront obligés d'être fidèles à celui-ci en toutes circonstances, alors que d'honnêtes gens pourraient se croire fondés à adopter un comportement indépendant (cf. *Le Prince*, XX, p. 354-355).

5) *Le principe sacrificiel érigé en « raison d'État »*[2]

Le réalisme de Machiavel, et sa réflexion sur les stratégies efficaces d'équilibration des forces sociales le conduisent à énoncer la thèse suivante : parfois, les dirigeants, pour calmer le peuple, ne doivent pas hésiter à lui désigner un bouc émissaire qui servira d'échappatoire à ses pulsions agressives et donc le ressoudera, pour la plus grande tranquillité des dirigeants. Certes, cela se fera aux dépens d'une victime innocente. Mais, argumente placidement Machiavel, il n'est pas mauvais qu'un seul périsse, même innocent, si cela contribue à canaliser et à donner un débouché institutionnel à la violence et à l'envie populaires. Car quelle est l'alternative ? L'accumulation des germes de violence, puis leur explosion, et donc la guerre civile, laquelle se traduira par les souffrances d'un nombre beaucoup plus grand de citoyens.

« Il est utile, important, dans une République, d'avoir des institutions qui fournissent à la masse des citoyens des moyens d'exhaler leur aversion contre un autre citoyen. À défaut de ces moyens autorisés par la loi, on en emploie

---

1. Cf. *HIPAMA*, p. 159-160.
2. L'expression « raison d'État » (« *raggione di Stato* ») ne figure cependant pas dans les écrits de Machiavel, mais dans ceux de son contemporain, ami et disciple, Guichardin.

d'illégaux qui, sans contredit, produisent des effets bien plus funestes. Que dans ces conditions un individu soit lésé, qu'on commette même à son égard une injustice, l'État n'éprouve que peu ou point de désordre. [...] [En revanche,] toutes les fois qu'on voit des forces étrangères appelées dans un État par un parti, on peut attribuer ce désordre au vice de sa constitution ; on peut assurer qu'il lui manque, dans le cercle fermé de ses lois, l'échappatoire qui donnerait libre cours aux accès de méchanceté si naturels aux hommes » (*Discorsi*, I, VII, p. 400-401).

Ce même principe sacrificiel érigé en « raison d'État », ce même « holisme » est le fondement du plaidoyer de Machiavel en faveur du « crime d'État ». Il est légitime pour les gouvernants de commettre des crimes – c'est-à-dire de faire exécuter des opposants, des suspects, sans jugement – dans la mesure où cela permet d'éviter qu'un plus grand nombre de crimes soit commis.

« César Borgia fut estimé cruel ; toutefois sa cruauté a réformé toute la Romagne, l'a unie et réduite à la paix et fidélité. Ce que, bien considéré, il se trouvera avoir été beaucoup plus pitoyable que le peuple florentin qui, pour éviter le nom de cruauté, laissa détruire Pistoïa. Le Prince, donc, ne se doit point soucier d'avoir le mauvais renom de cruauté pour tenir tous ses sujets en union et obéissance ; car, faisant bien peu d'exemples, il sera plus pitoyable que ceux qui, par être trop miséricordieux, laissent se poursuivre les désordres, desquels naissent meurtres et rapines ; car ceci nuit ordinairement à la généralité, mais les exécutions qui viennent du prince ne nuisent qu'à un particulier » (*Le Prince*, XVII, p. 338)[1].

S'agissant de César Borgia, l'unité de la nation italienne était en jeu ; aussi reviendrons-nous sur la signification du « holisme » de Machiavel quand nous parlerons de son nationalisme.

V – MONARCHIE OU RÉPUBLIQUE ?

Machiavel a soutenu simultanément, dans le *Prince* et dans les *Discours,* des thèses monarchistes et républicaines, au point que certains commentateurs ont pensé qu'il était incohérent, d'autres qu'il était insincère. En réalité, la question du type de gouvernement est chez lui secondaire.

Machiavel est motivé en premier lieu par la question de l'indépendance italienne, donc c'est l'État, en qui s'incarne la nation, qui l'intéresse au premier chef. Par qui cet État sera-t-il créé et géré ?

---

1. Richelieu, lecteur de Machiavel, fera sienne cette pensée, cf. *infra*, p. 128.

Dans *Le Prince,* Machiavel met l'accent sur la solution monarchique, parce qu'il s'adresse alors aux Médicis, potentats à qui il veut plaire et desquels il espère un emploi. En revanche, dans les *Discours,* il se montre plutôt républicain, puisque, non content de faire montre d'une grande admiration pour la république romaine, il expose un certain nombre d'arguments rationnels en faveur de ce régime (cf. *infra*), auquel il est attaché, de toute façon, par sa tradition nationale et familiale. Mais, monarchique ou républicain, l'État machiavélien devra être dirigé en toute hypothèse par des hommes *virtuosi,* dont le pouvoir sera discrétionnaire et qui ne se laisseront pas brider par des considérations juridiques ou morales. L'esprit de la République romaine, telle qu'analysée par les *Discorsi,* est le même que celui des royaumes de France ou d'Espagne, ou d'un hypothétique royaume d'Italie à créer : c'est celui d'un pouvoir politique absolu.

Au demeurant, Machiavel pense que la république n'est plus une bonne formule pour l'Italie de son temps, et en général pour les grands États modernes (conviction qui est à peu près générale en son temps)[1].

1) *L'unité de commandement*

Un État doit être fondé, ou réformé, par un seul homme, action par ailleurs vraiment digne de gloire.

« Il faut établir comme règle générale que jamais, ou bien rarement du moins, on n'a vu une république ni une monarchie être bien constituées dès l'origine, ou totalement réformées depuis, si ce n'est par un seul individu ; il lui est même nécessaire que celui qui a conçu le plan fournisse lui seul les moyens d'exécution » (I, IX, p. 405).

Que, pour Machiavel, même une république ne puisse être fondée, ou restaurée, ou maintenue, que par l'action énergique d'un seul homme, montre bien la force incomparable, à ses yeux, d'un principe autocratique.

« Qu'on ait à introduire ou à maintenir [la liberté dans une république corrompue], il faudra toujours en pousser le gouvernement *plutôt vers l'état monarchique que vers l'état populaire,* afin que les hommes que leur insolence rend indociles au joug des lois, puissent être en quelque sorte arrêtés par le frein d'*une autorité presque royale* » (I, XVIII, p. 451).

---

1. Une République suppose, en effet, chez les citoyens un sens civique et une probité privée qui les rendent capables, tout à la fois, de se donner des lois et de leur obéir. Cela est encore possible, dit Machiavel, dans certains cantons suisses ou dans certaines petites républiques d'Allemagne (cf. *Discorsi,* I, LV), mais pas dans l'Italie moderne, trop « corrompue ».

L'unité française ou espagnole est due aux rois de ces pays :

« Si, dans ces deux royaumes, on voit arriver moins de désordre et de trouble qu'en Italie, ce n'est pas seulement à la *virtù* de ces peuples, bien déchue de sa pureté première, qu'il faut l'attribuer ; c'est aussi au fait qu'ils ont un roi qui les tient unis et par sa *virtù* propre et par les institutions du pays qui ne sont pas encore altérées » (I, LV, p. 496).

De même, le pouvoir exécutif doit être un et sans partage, surtout en période de crise, comme l'avaient compris les Romains, tout « républicains » qu'ils fussent, en instituant la *dictature*.

« Les cités organisées en république ne peuvent guère, sans cette institution [la dictature], sortir des crises les plus redoutables. La marche du gouvernement dans une république est ordinairement trop lente. Aucun conseil, aucun magistrat ne pouvant rien faire par lui-même, et tous ayant presque toujours un besoin mutuel les uns des autres, il arrive que lorsqu'il faut réunir ces volontés, les remèdes sont dangereusement tardifs, alors qu'il s'agit de maux qui en demandent d'immédiats : il suit de là que toutes les républiques doivent avoir dans leur constitution une pareille institution » (*Discorsi*, I, XXXIV, p. 457).

Dans d'autres textes, Machiavel insiste sur le fait que les républiques ne prennent de bonnes décisions que lorsqu'elles y sont contraintes et forcées ; les décisions sont donc en général inappropriées (cf. p. 467).

2) *Avantages du pluralisme républicain*

Cependant, la division n'est pas toujours un mal en soi, et le pluralisme républicain, en dehors des périodes de crise, peut avoir de bons effets. Les meilleures lois de Rome, soutient Machiavel, ont été le fruit de la division entre patriciens et plébéiens.

« Dans toute république, il y a deux partis : celui des grands et celui du peuple ; et toutes les lois favorables à la liberté ne naissent que de leur opposition » (*Discorsi*, I, IV, p. 390).

Ce pluralisme est également favorable au choix des dirigeants.

« Jamais un homme sage ne doit appréhender le jugement du peuple sur les faits précis comme l'attribution des places et des dignités. C'est la seule chose sur laquelle le peuple ne se trompe jamais ; ou, s'il se trompe, c'est bien moins souvent que ne ferait un petit nombre d'hommes chargé de ces distributions. [...] Le peuple peut se tromper sur les choses en général, mais il ne se trompe guère sur les individus » (*Discorsi*, I, XLVII, p. 483, et XLVIII, p. 484).

C'est ainsi que la qualité des consuls, à Rome, est due au fait qu'ils étaient élus.

« Ces magistrats, qui ne devaient [l'autorité souveraine] ni à l'hérédité, ni à l'intrigue, ni à la violence, mais au libre suffrage de leurs concitoyens, étaient toujours des hommes supérieurs » (*Discorsi*, I, XX, p. 434).

Il y a de bonnes raisons pour qu'il en soit ainsi :

« On dirait que le peuple est doué de la faculté occulte de prévoir et les biens et les maux. Quant à la manière de juger, on le voit bien rarement se tromper ; quand il entend deux orateurs d'égale éloquence lui proposer deux solutions contraires, il est bien rare qu'il ne discerne pas et n'adopte pas la meilleure ; si parfois, comme je l'ai déjà dit, l'une d'elles le séduit par sa hardiesse ou par le profit possible, un prince cède tout aussi souvent à ses passions, qui sont bien plus nombreuses. S'agit-il de choisir des magistrats, il les choisit infiniment meilleurs qu'un prince » (*Discorsi*, I, LVIII, p. 504 ; cf. aussi III, XXXIV, p. 693-695).

Il y a un autre argument rationnel en faveur du pluralisme constitutif des républiques. Les hommes ont tendance à agir systématiquement d'une certaine manière, celle qui correspond à leur caractère profond, surtout quand cette manière a réussi plusieurs fois ; ensuite, ils adopteront indéfiniment la même attitude. Or la Fortune, les circonstances changent ; le même comportement qui jadis fut cause de succès provoquera maintenant l'échec. Cette loi est fatale aux autocraties. Les républiques, au contraire, peuvent trouver le comportement nouveau approprié « par la variété de génie de leurs citoyens » (*Discorsi*, III, IX, p. 641). D'ailleurs, les destins mêmes d'Athènes et de Rome montrent bien la force des républiques :

« L'expérience prouve que jamais les peuples n'ont accru et leur richesse et leur puissance sauf sous un gouvernement libre. Et vraiment on ne peut voir sans admiration Athènes, délivrée de la tyrannie des Pisistratides, s'élever en moins de cent ans à une telle grandeur. Mais plus merveilleux encore est celle à laquelle s'éleva Rome après l'expulsion de ses rois. Ces progrès sont faciles à expliquer : c'est le bien général et non l'intérêt particulier qui fait la puissance d'un État ; et sans contredit on n'a vraiment en vue le bien public que dans les républiques » (II, II, p. 517).

Cependant, les républiques sont menacées et finalement détruites (au profit de monarchies) par la « corruption », c'est-à-dire l'incapacité à se soumettre volontairement à la loi ; or

« cette corruption, ce peu d'aptitude à goûter les avantages de la liberté, ont nécessairement leur source dans une extrême inégalité. Pour ramener l'égalité parmi les citoyens, il faut des moyens extraordinaires que peu savent ou veulent employer » (I, XVII, p. 428).

D'où la « quadrature du cercle » : pour qu'une république fonctionne bien, il faut de l'égalité, mais pour créer de l'égalité, il faut l'autorité absolue d'un chef, un césarisme[1]. Machiavel ne songe pas à résoudre définitivement cette contradiction. Bien qu'il soit formellement républicain, sa vraie préférence va vers un absolutisme césariste, qui seul pourra faire avancer la question nationale.

VI — LE NATIONALISME

1) *Une conception « holiste » de la nation*

Machiavel a été humilié, nous l'avons dit, par la faiblesse de son pays devant les envahisseurs français ou espagnols, moins « civilisés » que les Italiens, et cependant plus forts, parce que pourvus d'États regroupant les forces de leurs nations respectives. Il souhaite donc ardemment que l'Italie, à son tour, réalise son unité nationale. Or il innove dans l'idée qu'on se fait de la « nation ». Il n'est certes pas le premier, dans l'histoire des idées politiques, à mettre en avant cette notion, mais alors que, dans le passé, dans les « épopées nationales » bâties dans les derniers siècles du Moyen Âge, on avait donné à la nation une légitimité essentiellement religieuse et mystique[2], Machiavel fait de la nation une personne abstraite, tout à la fois supérieure aux individus qui la composent, et purement séculière[3].

Le point significatif est que cette entité « holiste », dans la mesure même où elle est tout autre chose que les personnes individuelles qui la composent, n'est susceptible d'être soumise à aucune morale et à aucun droit. C'est un personnage sans responsabilité, absolument affranchi des lois, *legibus solutus*. Dès lors que la nation est en jeu, elle ne saurait être arrêtée, dans le cours de ses intérêts et de sa

---

1. C'est en effet une loi assez générale. En Grèce, et en particulier à Athènes, la tyrannie a été la médiation obligée entre les aristocraties et les démocraties. Un « César » est nécessaire pour soumettre tout le monde, notables et peuple, écraser leurs différences, les habituer à vivre en égaux et à se vivre comme égaux. Ensuite, le tyran étant chassé, une véritable égalité devant la loi devient possible. Napoléon a assuré d'une poigne de fer les transformations sociales et politiques acquises par la Révolution française ; sous son règne despotique, la France s'est uniformisée : les différences sociales, les différences entre les provinces se sont atténuées. Après lui, la monarchie traditionnelle a pu se rétablir brièvement comme système politique, jamais plus comme système social. Un second despote, Napoléon III, a terminé le travail, rendant possible l'instauration durable de la République...

2. Cf. *HIPAMA,* p. 690-700.

3. La notion machiavélienne est très proche de ce que sera l'État-Léviathan de Hobbes, « demi-dieu », lui aussi, en ce qu'il dépassera infiniment les hommes individuels, tout en étant une pure création humaine. Mais l'élaboration conceptuelle est beaucoup moins poussée chez Machiavel que chez Hobbes.

survie, par aucun principe supérieur quel qu'il soit. L'homme d'État qui représente la nation n'est, pour cette raison, tenu, lui non plus, à aucun principe. À un roi absolu et/ou national, on pardonnera tous les procédés qu'il emploiera pour parvenir à ses fins.

Machiavel a remarqué que les Français ne supportaient pas la moindre critique à l'égard de leur roi. Tout ce qu'il fait est bien, parce que c'est lui qui le fait. « Il n'est rien que [les Français] souffrent aussi impatiemment que d'entendre dire que telle chose est honteuse pour leur roi : quelque parti qu'il prenne, "le Roi, disent-ils, ne peut pâtir vergogne" ; dans la bonne comme dans la mauvaise fortune, vainqueur comme vaincu, ils sont unanimes à dire que "c'est chose de roi" » (*Discorsi*, III, XLI, p. 708).

Pourquoi ce blanc-seing donné par les Français au roi de France ? Parce qu'il incarne la nation. Machiavel, de même, ne trouve que louanges à faire aux Romains qui, aux dires de Tite-Live, condamnèrent à mort Manlius Capitolinus, malgré toutes ses vertus et les services nombreux rendus au peuple, sans qu'il se trouvât personne pour prendre sa défense, simplement parce que les tribuns avaient soutenu que sa survie mettrait la patrie en danger. « C'est que l'amour de la patrie avait dans tous les cœurs *plus de pouvoir qu'aucun autre sentiment* » (*Discorsi*, III, VIII, p. 639).

Pour la patrie, on peut sacrifier l'individu ; l'écrasement brutal de toutes les valeurs morales est excellent dès lors qu'il a cette motivation, la cohésion et le renforcement de la patrie. Celle-ci est donc la vraie réalité[1]. Machiavel préfigure en ce sens les formes radicales du nationalisme qui vont s'affirmer aux Temps modernes. Et il tire de son principe plusieurs conséquences pour la guerre et la diplomatie.

2) *L'armée nationale*

La grande idée de Machiavel, observateur des guerres ayant eu lieu de son temps en Italie, et organisateur de la *Milice* florentine, est que seule une armée « nationale », c'est-à-dire composée de

---

1. Les nations ont d'ailleurs une personnalité. L'observation de constantes dans les caractères des nations à travers les siècles nourrit le nationalisme de Machiavel. Machiavel se sent Italien, et il est évident pour lui que Romains anciens et Italiens modernes sont une seule et même nation (même si s'ajoute au nationalisme italien, chez Machiavel, un nationalisme florentin, cf. *Discours ou plutôt Dialogue dans lequel on examine si la langue dans laquelle ont écrit Dante, Boccace et Pétrarque doit s'appeler italienne, toscane ou florentine, in* Machiavel, *Œuvres complètes,* Éd. de La Pléiade, *op. cit.,* p. 169-184). De même, les Gaulois qui ont pris et menacé Rome sont la même nation que les Français qui déferlent en Italie du temps de Machiavel. Même « barbarie » dans les deux cas, même indiscipline, même fourberie, même comportement au combat (« plus que des hommes » dans le premier assaut, « moins que des femmes » ensuite) (cf. *Discorsi,* III, chap. XLIII).

citoyens, est puissante à la guerre. Les armées de mercenaires et de *condotierre* sont nulles. L'argent des princes ou des républiques ne peut leur tenir lieu d'armée.

« L'argent est une nécessité, certes, mais dont on triomphe vite avec de bons soldats, car il est impossible que de bons soldats ne "fassent" pas de l'argent, alors que l'argent, à lui seul, ne fait pas de bons soldats » (*Discorsi*, II, X, p. 540).

Machiavel pense d'ailleurs que la paix, dans les sociétés humaines, n'est pas un état stable, et qu'inversement la guerre n'est pas une anomalie et une monstruosité, mais plutôt la norme – même s'il est vrai qu'il ne faut pas en user à la légère et susciter la haine de ses voisins, comme Florence l'a fait imprudemment et pour son malheur. Un État ne peut se contenter d'exister dans ses frontières du moment ; s'il ne veut pas périr, il doit songer à s'agrandir (ou du moins à former une ligue avec des voisins, à s'activer d'une manière ou d'une autre pour être dans la meilleure position quand viendra la guerre, de toute façon inéluctable. Ce qui a assuré la pérennité de l'État romain, c'est son expansionnisme (cf. *Discorsi*, II, XIX).

3) *Une diplomatie du mensonge*

Quand on n'a pas la force pour soi, il faut employer la ruse à diviser l'ennemi, par exemple par une « guerre secrète » qui

« consiste à se mettre dans la confidence d'une ville divisée ; à se porter pour médiateur entre les deux partis jusqu'à ce qu'ils en viennent aux armes : et quand l'épée est enfin tirée, à donner des secours prudemment dosés au parti le plus faible, autant dans le but de faire durer la guerre et de les laisser se consumer les uns par les autres, que pour se garder, par un secours trop massif, de révéler son dessein de les opprimer et de les maîtriser tous deux également. Si l'on suit soigneusement cette marche, on arrive presque toujours à son but » (*Discorsi*, II, XXV, p. 587-588).

Le « sage » gouvernant n'est tenu à aucune sorte de respect des traités et contrats. Il peut utiliser toutes les ruses, les mensonges, les prétextes. Par exemple, attaquer l'ami d'un allié pour avoir une raison de rompre avec ce dernier.

« Cette manière d'allumer une guerre a toujours été usitée entre puissances qui veulent sauver les apparences, et concilier leurs vues ambitieuses avec quelque égard et quelque fidélité à des traités. Si j'ai dessein de faire la guerre à un prince, malgré les traités fidèlement observés entre nous depuis longtemps, je trouverai prétexte et couleur d'attaquer son ami, plutôt que lui. Je sais que son ami étant attaqué, ou il prendra sa défense, et alors il me fournit l'occasion de lui faire la guerre comme j'en avais l'intention : ou il l'abandonnera, et alors il découvre sa faiblesse, et sa déloyauté, puisqu'il néglige de secourir un allié. Dans l'un et l'autre cas, il perd sa réputation et me rend plus facile l'exécution de mes projets. » (*Discorsi*, II, IX, p. 537 ; cf. III, XLII, p. 709).

4) *Le caractère néfaste du christianisme et de la papauté pour l'Italie*

Si la nation est la vraie réalité de l'Histoire, à qui tout doit être sacrifié, il est clair qu'*a contrario*, le christianisme, avec son universalisme, est pour l'Italie une des causes fondamentales de sa faiblesse. Si l'Italie n'est et ne peut plus être une Rome, c'est que le christianisme y a remplacé le paganisme.

« Pour quelle raison les hommes d'à présent sont-ils moins attachés à la liberté que ceux d'autrefois : pour la même raison, je pense, qui fait que ceux d'aujourd'hui sont moins forts ; et c'est, si je ne me trompe, la différence d'éducation fondée sur la différence de religion. Notre religion, en effet, nous ayant montré la vérité et le droit chemin, fait que nous estimons moins la gloire de ce monde. Les païens, au contraire, qui l'estimaient beaucoup, qui plaçaient en elle le souverain bien[1], mettaient dans leurs actions infiniment plus de férocité : c'est ce qu'on peut inférer de la plupart de leurs institutions, à commencer par la magnificence de leurs sacrifices, comparée à l'humilité de nos cérémonies religieuses, dont la pompe, plus flatteuse que grandiose, n'a rien de féroce ni de gaillard. Leurs cérémonies étaient, non seulement pompeuses, mais on y joignait des sacrifices ensanglantés par le massacre d'une infinité d'animaux ; ce qui rendait les hommes aussi féroces, aussi terribles que le spectacle qu'on leur présentait. En outre, la religion païenne ne déifiait que des hommes d'une gloire terrestre, des capitaines d'armées, des chefs de républiques. Notre religion glorifie plutôt les humbles voués à la vie contemplative que les hommes d'action. Notre religion place le bonheur suprême dans l'humilité, l'abjection, le mépris des choses humaines ; et l'autre, au contraire, le faisait consister dans la grandeur d'âme, la force du corps et dans toutes les qualités qui rendent les hommes redoutables. Si la nôtre exige quelque force d'âme, c'est plutôt celle qui fait supporter les maux que celle qui porte aux grandes actions » (*Discorsi*, II, II, p. 519).

La papauté, plus spécialement, est cause des malheurs de l'Italie.

« C'est l'Église romaine qui nous a maintenus et nous maintient divisés. Un pays ne peut être véritablement uni et prospérer que lorsqu'il n'obéit en entier qu'à un seul gouvernement, soit monarchie, soit république. Telle est la France ou l'Espagne. Si le gouvernement de l'Italie entière n'est pas ainsi organisé, soit en république, soit en monarchie, c'est à l'Église seule que nous le devons » (*Discorsi*, I, XII, p. 416).

---

1. Machiavel traduit ici son inculture. La plupart des moralistes de l'Antiquité placent le souverain bien dans la « beauté morale » et l'épanouissement de la nature humaine, dont la force n'est qu'une composante (cf. par ex. *HIPAMA*, p. 311-330). Machiavel projette sur l'Antiquité son propre immoralisme.

5) *L'Italie attend un prince qui fera son unité*

Aujourd'hui, l'Italie est « plus esclave que les Juifs, plus serve que les Perses, plus dispersée que les Athéniens, sans chef, sans ordre, battue, pillée, depecée, courue des étrangers » (*Le Prince*, XXVI, p. 368), elle est soumise à une « barbarie »[1] « puante »[2]. Dès lors,

« [l'Italie] est prête et disposée à suivre un drapeau, pourvu qu'il s'offre quelqu'un qui le veuille lever » *(ibid.)*.

César Borgia aurait pu être ce porte-drapeau, mais il a échoué. Laurent de Médicis prendra-t-il le relais ? En faveur de sa maison, Dieu a déjà fait beaucoup de choses. Il ne lui reste qu'à vouloir, car « quel Italien lui refuserait hommage ? »

6) *César Borgia, le héros machiavélien par excellence*

À côté des Ferdinand d'Aragon, Louis XI, Henri VIII, ou ce Castruccio Castracani da Lucca dont Machiavel a écrit la vie[3], *César Borgia,* qui a failli être le sauveur de l'Italie, est le héros machiavélien par excellence.

Les Borgia sont une famille romaine originaire de Borja près de Saragosse (Espagne). Alonso Borgia fut le pape Calixte III, pape de 1455 à 1458. Il éleva au cardinalat plusieurs membres de sa famille, dont, à 25 ans, son neveu Rodrigo Lançol y Borgia, qui devint pape sous le nom d'Alexandre VI (1492-1503). Cet *Alexandre Borgia* fut un objet de scandale, d'abord par la corruption qui entoura son élection, ensuite par ses enfants illégitimes (César et Lucrèce Borgia, et d'autres). Il mena une politique de prince de la Renaissance. Il soumit des féodaux italiens, puis il lutta contre Charles VIII, avant de lui céder (1495) et de devenir l'allié de Louis XII. Il voulut réformer l'Église, mais ce projet resta sans suite. Il est surtout célèbre par le fait que la découverte de l'Amérique ayant eu lieu sous son pontificat, c'est lui qui délimita les zones d'influence espagnole et portugaise (bulles de 1493).

Nous en arrivons à *César Borgia* (Rome 1476, Navarre 1507). Fils d'Alexandre VI, il est nommé cardinal à l'âge de 16 ans. Quittant l'Église, il devient « capitaine général » des États pontificaux (peut-être a-t-il été complice

---

1. Machiavel dit couramment que les Français, les Espagnols, les Allemands, les Suisses sont des « barbares ».

2. Machiavel se plaint que les Français « puent ». Il est vrai qu'ils étaient, à l'époque des guerres d'Italie, singulièrement en retard sur les Italiens en matière de pratiques d'hygiène, faisant leurs besoins naturels jusque sur les marches des palais. Le Gallo-Romain Sidoine Apollinaire se plaignait déjà, au ve siècle, des « mauvaises odeurs » des Burgondes.

3. Cf. *La vie de Castruccio Castracani da Lucca*, in *Œuvres complètes, op. cit.*, p. 913-940.

de l'assassinat, en 1497, de son frère Jean, duc de Candie, qui occupait précédemment cette fonction). Il est créé duc de Valentinois par le roi de France Louis XII (1498), puis, par son père, duc de Romagne[1] (1501). Il commence alors une série de conquêtes visant peut-être l'unité italienne, du moins la réunion des États pontificaux, de la Toscane et de la Lombardie sous un même drapeau. À cette fin, il se débarrasse de ses principaux ennemis en les faisant assassiner. Il chasse Malatesta de Rimini (1500) et conquiert toute la Romagne et le duché d'Urbino (1502). Mais la mort d'Alexandre VI, remplacé par le pape Médicis Jules II (1503), met fin à son aventure. Il meurt en Espagne après diverses péripéties romanesques[2].

César Borgia est connu pour sa brutalité et ses crimes particulièrement odieux, notamment le massacre simultané de ses principaux ennemis, le 30 décembre 1502 à Sinigaglia, à la faveur d'une ruse machiavélique racontée avec délices par l'auteur du *Prince*[3].

Le duc, provisoirement en situation d'infériorité militaire, recherche de l'aide de ses alliés. Pendant que ses troupes se rassemblent secrètement, il gagne du temps en négociant avec ses adversaires, à qui il fait toutes les promesses possibles et avec qui il signe même solennellement la paix. Quand le rapport des forces s'inverse, il les attire dans Sinigaglia, parvient, tout en leur faisant fête et en continuant à leur tenir des propos d'amitié, à les réunir tous dans une pièce, où il donne à son homme de main un signal convenu : aussitôt ils sont garottés et étranglés l'un après l'autre. On songe à un scénario de film sur la *maffia,* avec « parrain » et tueurs de cauchemar.

C'est ce personnage des bas-fonds qui est néanmoins, pour Machiavel, l'exemple même d'un homme de *virtù*, suprêmement nécessaire au bonheur de l'Italie, l'homme « dont [Machiavel] imiterait toujours la conduite s'[il] devenait prince » (*Lettre familière* du 31 janvier 1515).

VII — LA RÉCEPTION DE MACHIAVEL

Machiavel est passé pour un grand penseur politique auprès de « publics » fort divers.

---

1. Région du Nord-Est de l'Italie centrale.
2. L'honneur de la famille est sauvé, si l'on peut dire, par *saint François Borgia* (1510-1572), petit-neveu d'Alexandre VI, fondateur du premier collège des Jésuites en 1547 à Gandie, troisième général de la Compagnie.
3. Cf. Nicolas Machiavel, *Exposé de la manière dont le duc de Valentinois a abattu Vitellozzo Vitelli, Oliverotto da Fermo, le Seigneur Pagolo et le duc de Gravina Orsini,* in *Œuvres complètes, op. cit.,* p. 118-124. La geste de Borgia est par ailleurs narrée avec éloge dans *Le Prince,* chap. VII, p. 307-313.

1) *Chez les praticiens de l'absolutisme*

Dès le XVIᵉ siècle, Agrippa d'Aubigné, l'écrivain huguenot compagnon d'Henri IV, peut dire avec dépit : « Nos rois ont appris à machiavéliser. » Avant Machiavel, beaucoup d'hommes d'État qui pensent, en leur for intérieur, que « la fin justifie les moyens », demeurent dans le doute et sont, de toute manière, tenus à la dissimulation. Le fait que Machiavel donne au « machiavélisme » la dignité d'une théorie politique construite les libère. Aussitôt après la publication – posthume – de ses œuvres, Machiavel devient à la mode, malgré les condamnations qui fusent. Il devient le livre de chevet de Catherine de Médicis[1], de Charles Quint, d'Henri IV, de Richelieu. Bien plus tard, Napoléon, encore, pourra dire : « Tacite a fait des romans ; Machiavel est le seul livre que l'on puisse lire. » Ces praticiens de l'absolutisme ne sont pas rebutés, notons-le, par son républicanisme, ce qui montre bien qu'ils sentent que celui-ci n'est nullement l'aspect central de la doctrine du Florentin.

2) *Chez les théoriciens modernes d'extrême droite et d'extrême gauche*

Machiavel a bénéficié d'une nouvelle faveur au XXᵉ siècle, cette fois chez des théoriciens, des auteurs d'extrême droite et d'extrême gauche, représentants d'un même « nihilisme » moral (qui va du milieu et de la fin du XIXᵉ siècle, avec les « maîtres du soupçon » – Marx, Nietzsche... – jusqu'aux théories totalitaires du XXᵉ siècle). Machiavel est cité avec faveur par Pareto, Sorel, Maurras, et il est célébré comme un penseur politique majeur par des auteurs universitaires français proches du marxisme. Tous identifient l'immoralisme de Machiavel avec l'esprit scientifique de la « modernité ». Ils lui savent gré d'être non seulement anti-chrétien, mais également totalement imperméable à la morale naturelle de l'Antiquité (et donc à l'humanisme de la Renaissance qui a fait revenir cette morale au premier plan dans la culture occidentale), ainsi qu'à toute espèce de droit et de civisme. Ils apprécient qu'il ait dit que la violence est justifiée dès lors qu'il s'agit de « faire accoucher l'Histoire », et que,

---

1. Une Florentine, qui s'est souvenue des leçons de Machiavel tout au long de sa carrière, où néanmoins elle montre plus de goûts pour le machiavélisme diplomatique que pour le machiavélisme du poignard. Avec, cependant, un épisode digne de la famille Borgia, au moment de l'organisation de la Saint-Barthélémy... où Catherine semble mettre en pratique, en outre, la maxime machiavélienne selon laquelle il faut offrir des boucs émissaires à la foule. Voir Ivan Cloulas, *Catherine de Médicis,* Fayard, 1979.

d'une manière générale, les actions politiques doivent être jugées par leurs résultats indépendamment des moyens employés. Machiavel leur semble donc miraculeusement affranchi par avance à l'égard des valeurs « bourgeoises » appelées – au grand regret de ces auteurs – à triompher dans les trois siècles suivants avec l'avènement des démocraties libérales. L'auteur florentin, en un mot, leur paraît avoir contribué à préparer les révolutions du XXᵉ siècle qui feront triompher les socialismes de gauche et de droite.

Pour le théoricien marxiste italien Antonio Gramsci, par exemple, la théorie machiavélienne du Prince est la première théorie de la Révolution. Les masses populaires opprimées attendent impatiemment leur émancipation. Seule peut la leur apporter un « prince » qui utilisera tous les moyens de la force, sans être retenu par aucun scrupule d'aucune sorte. Dès qu'il surgira, il sera reconnu par le peuple, et tous deux s'uniront pour écraser les classes exploiteuses. Pour Gramsci, les Jacobins et les Bolchéviks sont les premières incarnations historiques de ce Prince émancipateur[1].

3) L'anti-machiavélisme

Cependant, il faut noter que l'anti-machiavélisme a été tout aussi précoce que le machiavélisme. Le succès du *Prince* est un succès de scandale. Le substantif « machiavélisme », au sens de cynisme, apparaît dès le XVIᵉ siècle.

Les principales attaques viennent de l'Église. En 1559, le pape Paul IV met Machiavel à l'*Index*. Le Concile de Trente confirme la condamnation en 1563. L'Église n'est pas isolée dans cette condamnation. Jean Bodin, pourtant absolutiste lui aussi, se moque de Machiavel. Les réfutations de son système abondent, parmi lesquelles, au XVIIIᵉ siècle, celle de Frédéric II[2], à laquelle Voltaire a collaboré.

---

1. Cf. Claude Lefort, *Le travail de l'œuvre. Machiavel* (1972), Gallimard, coll. « Tel », 1986, p. 243 : « Tant le jacobinisme, qui rassemblera les bourgeois autour de la dictature, dans l'idée d'un commun sacrifice de l'intérêt particulier à l'intérêt général, que le bolchevisme, qui enseignera au prolétariat la vertu d'une nouvelle obéissance dans une discipline appelée à détruire celle que lui impose sa condition présente, composeront les incarnations modernes du prince : figures sur lesquelles le peuple déchiffrera les traits de sa propre histoire, personnes agissantes auxquelles il donnera par sa foi le pouvoir de transformer le monde. » On est proche ici des thèmes du millénarisme (cf. *HIPAMA*, p. 717-740). Machiavel ferait transition, en ce sens, entre le millénarisme apocalyptique du Moyen Âge et ces crypto-millénarismes que furent toutes les révolutions modernes : l'accouchement de l'Histoire justifie que l'on tue tous les méchants, ou même simplement tous ceux qui gênent « objectivement » la marche libératrice des masses.

2. Le roi de Prusse (qui règne de 1740 à 1786), auteur, en 1740, d'un ouvrage intitulé *L'Anti-Machiavel*.

Chapitre 3

Luther.
Un État national
sans contre-pouvoir ecclésiastique

« Sans Luther, il n'y aurait pas eu Louis XIV », a dit un auteur anglais, Figgis[1]. On peut soutenir en effet que Luther a contribué à étayer intellectuellement l'absolutisme. D'abord, en effet, il a nié que l'Église fût fondée à se comporter comme un contre-pouvoir. Plus généralement, la base de sa pensée est la conviction profonde que l'indignité de l'homme, sa méchanceté, son péché, rendent impossible une coexistence et une coopération spontanément pacifiques entre les hommes. Il en résulte que seule l'intervention d'un État aux pouvoirs discrétionnaires peut permettre de maintenir l'ordre social. Luther rejoint ainsi paradoxalement (mais sous ce seul rapport) Machiavel.

Vie et œuvres

Né en 1483, mort en 1546, Martin Luther fait des études de droit à l'Université d'Erfurt, puis entre dans l'ordre des moines augustins (1505) et devient docteur en théologie à Wittenberg. Il écrit en 1515 des commentaires des épîtres de saint Paul où, déjà, il défend la thèse du salut par la foi seule. Il donne le signal de départ de la Réforme en s'opposant publiquement, en 1517, à la vente des « indulgences » par l'Église romaine (affichage des « 95 thèses » sur les portes du château de Wittenberg). Bien loin de céder aux pressions et menaces de Rome, il publie coup sur coup, en 1520, ce qu'on a appelé les « grands écrits réformateurs » : l'*Appel à la noblesse chrétienne de la nation allemande, La Captivité*

---

1. D'après Quentin Skinner, *The Foundations of Modern Political Thought*, Volume two, The Age of Reformation, Cambridge University Press, 1978. Sur la Réforme, cf. Richard Stauffer, *La Réforme*, PUF, 1970, coll. « Que sais-je ? » ; sur le protestantisme, cf. Roger Mehl, *La théologie protestante*, PUF, 1966, coll. « Que sais-je ? » ; Émile G. Léonard, *Histoire générale du protestantisme*, , coll. « Quadrige », 3 vol., 1988 ; John Miller (dir.), *L'Europe protestante aux XVIe et XVIIe siècles*, Belin-De Boeck, 1997. Les écrits de Luther sont cités ci-après d'après l'édition complète des *Œuvres*, Genève, Labor et Fides.

babylonienne de l'Église, le *Traité de la liberté chrétienne.* Il est condamné par la bulle *Exsurge Domine,* mais ne se soumet pas et est mis au ban de l'Empire (1521). Un abri lui est offert par l'électeur Frédéric de Saxe à la forteresse de la Wartburg (près d'Eisenach, en Thuringe), où il réalise sa célèbre traduction allemande de la Bible. Puis il s'installe à Wittenberg (en Saxe), où il condamne la révolte des paysans de 1524-1525 et polémique durement contre l'humanisme d'Érasme *(Du serf-arbitre).* Des disciples de plus en plus nombreux affluant à Wittenberg, Luther fait de cette ville le centre intellectuel de la nouvelle religion, dont il formule le dogme, le catéchisme, la liturgie et la discipline. Il reste le chef incontesté de la nouvelle Église jusqu'à sa mort en 1546.

I — LES IDÉES POLITIQUES DE LUTHER

1) Le « salut par la foi »

Luther revient au pessimisme augustinien par-delà l'optimisme thomiste selon lequel, la nature étant guérie par la grâce, l'homme peut effectivement observer les lois de Dieu et travailler de lui-même à son salut et à la messianisation du monde, optimisme où se résume l'esprit de la « révolution papale », prolongé dans l'humanisme chrétien de la Renaissance. La raison ne peut comprendre Dieu ; il faut obéir à ses lois, non parce qu'on les comprend, mais parce que ce sont ses lois. Nous sommes tous « déchus et abandonnés de Dieu », de sorte que nous sommes tous complètement « serfs, misérables, captifs, malades et morts » (textes cités par Skinner, p. 5).

Luther croit qu'il y a une double nature de Dieu. Il y a le Dieu qui s'est révélé lui-même par sa Parole, mais il y a aussi le *Deus absconditus*[1] dont les desseins sont impénétrables, qui sauve les pécheurs évidents et condamne ceux qui, à vue humaine, sont justes. D'où la conviction que l'homme ne peut se « justifier » et se sauver par ses propres forces. D'où aussi, plus profondément, la doctrine qui sera bientôt connue sous le nom de *doctrine de la double prédestination* (qu'il ne faut donc pas attribuer uniquement à Calvin) : pour Dieu, rien n'est incertain, pour lui, il n'existe rien de ce que les philosophes ont appelé « futurs contingents ». Donc il sait, de toute éternité, quels hommes seront sauvés, quels autres seront damnés. Ce qui revient à dire que certains hommes sont prédestinés de toute éternité à être sauvés, d'autres de toute éternité à être damnés (et peut-être tous).

Dans ces conditions, quel est l'espoir de l'homme ? Luther, sans doute dès 1513, a l'intuition que la justice de Dieu dont il est question dans le

---

1. Cette expression renvoie à un passage d'Isaïe (45, 15) : « En vérité, tu es *un Dieu qui se cache,* Dieu d'Israël, sauveur. »

psaume 30 (« In iustitia tua libera me », « en ta justice délivre-moi ») et dans les épîtres de saint Paul n'est pas une justice punitive, mais désigne la compassion divine pour l'homme pécheur. D'où la notion de « salut par la foi ». Cette « justification par la foi » est immédiate, et non progressive. Ici, Luther rompt avec une certaine patristique et surtout avec l'esprit de la Révolution papale qui avait fait du salut un processus gradué, ressortissant au « plus » et au « moins »[1]. Et il insiste sur le fait que l'élu est *simul justus et peccator,* il est sauvé tout en restant pécheur ; ce n'est donc pas parce qu'il se serait délivré du péché qu'il est juste ; il est juste parce qu'il croit dans le salut apporté par le Christ (cf. Skinner, p. 9).

Luther ne prône certes pas, pour autant, une sorte d'indifférentisme moral. Il faudra s'efforcer de suivre la Loi et d'accomplir des bonnes œuvres. Cela sera indispensable pour une gestion saine des affaires du monde et de la cité. Mais ce ne sera pas en raison de sa bonne conduite morale que le pécheur sera sauvé, s'il doit l'être. Ces intuitions de base se réfractent dans l'ecclésiologie de Luther – et nous rencontrons ici les premières conséquences politiques de la nouvelle théologie.

2) *L'Église ne doit pas avoir de pouvoirs politiques et juridiques propres*

Si le salut vient par la *sola fides,* la foi seule, l'idée classique d'une Église médiatrice du salut disparaît. L'Église, comme le mot grec *ecclesia* l'indique, n'est rien d'autre que le *Gottes Volk,* le peuple de Dieu, ce que Marsile de Padoue appelait déjà la *congregatio fidelium,* l'association ou l'assemblée des croyants. Cette association n'a pas de réalité autre que celle de ses membres. Il ne doit donc pas exister de clergé séparé du peuple, ayant seul une vocation spirituelle tandis que le peuple aurait une vocation charnelle. Tous les croyants peuvent seconder leurs frères dans la voie spirituelle et en ce sens ils sont *tous* prêtres : c'est la doctrine du « sacerdoce universel ».

Par suite, l'Église papale doit être combattue comme une imposture. Elle ne saurait réclamer des privilèges et de l'argent pour distribuer quelque chose, les moyens de salut, qu'elle ne possède pas et ne peut posséder. Elle ne saurait avoir de pouvoirs juridictionnels propres s'ajoutant à ceux de l'État et leur faisant contre-poids. Bien plus, le pouvoir juridictionnel au sein même de l'Église doit être exercé par les autorités temporelles. C'est à celles-ci qu'il revient de

---

1. Sur cet aspect de la révolution papale des XIe-XIIIe siècles, cf. *HIPAMA,* p. 615-617, et notre article, « The Invention of Western Reason », *in* Berit Brogaard, Barry Smith (ed.), *Rationality and Irrationality, Rationalität und Irrationalität,* Öbv & Htp, Wien, 2001. Texte disponible sur le site du Centre de recherche en philosophie économique, www.escp-eap.net/crephe.html.

nommer les clercs, d'assurer la discipline au sein de toutes les institutions ecclésiastiques, de gérer les propriétés ecclésiastiques, d'assurer la prédication de l'Évangile et de protéger la vraie foi contre les hérésies. Sans doute Luther ne prône-t-il pas quelque « césaro-papisme ». Le pouvoir temporel ne doit pas usurper les droits du pouvoir spirituel, le roi ne doit pas se comporter comme un prêtre, par exemple décider en matière de dogme. Mais Luther n'en tranche pas moins définitivement la querelle des Deux Glaives[1] en faveur du glaive temporel, ou plutôt il refuse de reconnaître qu'il existe deux glaives. Il n'en existe qu'un, et Dieu l'a confié à l'État.

3) « *Tout pouvoir vient de Dieu* »

Celui-ci est magnifié. Luther et les luthériens ont souvent cité et commenté la formule de l'*Épître aux Romains* (13, 1) : « Tout pouvoir vient de Dieu. » Dès 1515-1516, dans son fameux *Commentaire* de cette épître, Luther écrivait :

« L'apôtre enseigne ici le peuple de Christ en lui apprenant comment il doit se conduire à l'égard des étrangers et des pouvoirs. Et, contrairement à l'opinion juive[2], il enseigne qu'il faut se soumettre aux méchants eux-mêmes, et aux infidèles. C'est ce que dit aussi I Pierre 2 (v. 13 sq.) : "Soyez soumis à toute institution humaine, que ce soit au roi, en sa qualité de souverain, ou aux gouverneurs, délégués par lui. Car telle est la volonté de Dieu". Ceux qui détiennent le pouvoir peuvent être des méchants et des incroyants, l'institution et leur pouvoir n'en sont pas moins bons et proviennent de Dieu. C'est bien ce que le Seigneur dit à Pilate, à qui il voulut être soumis pour nous servir d'exemple à tous : "Tu n'aurais pas de pouvoir sur moi s'il ne t'était donné d'en haut." C'est pourquoi, pour que les chrétiens ne refusent pas d'obéir aux hommes, et surtout aux méchants, sous le prétexte de leur religion [...], il leur ordonne d'honorer les détenteurs du pouvoir [...]."Les pouvoirs qui sont, sont établis par Dieu", ce qui veut dire qu'étant des pouvoirs, ils ne sont établis comme tels que par Dieu seul. C'est dire la même chose que : "Il n'y a de pouvoir qu'institué par Dieu" ; c'est pourquoi tous les pouvoirs qui existent et sont en vigueur existent et sont en vigueur parce qu'ils sont établis par Dieu [...]. C'est pourquoi, dans les prophètes, Dieu appelle le roi de Babylone son "serviteur", tout impie et idolâtre qu'il fût » (*Commentaire de l'Épître aux Romains*, in Martin Luther, *Œuvres*, Labor et Fides, t. XI, 1983, p. 174-176).

Ainsi, la thèse de Luther rejoint la thèse originaire de saint Augustin (qui avait pourtant été abandonnée dès le haut Moyen Âge

---

1. Cf. *HIPAMA*, p. 621-627.
2. Les juifs ne cessaient en effet, et tout spécialement à l'époque où écrivait saint Paul, de fomenter résistances et révoltes contre l'occupant romain ; cf. *HIPAMA*, p. 464-466.

par l' « augustinisme politique »[1]) : tous les actes des pouvoirs temporels devront être considérés comme une voulus par la Providence, y compris le droit qu'ils édictent, auquel il conviendra de se soumettre.

Certes, les princes ont le devoir d'user des pouvoirs qui leur sont confiés par Dieu de façon pieuse. Ils doivent s'occuper de tous les besoins de leurs peuples, paix comme prospérité, et « faire leurs ces besoins ». Par ailleurs, ils ne doivent pas abuser de leur pouvoir, en particulier forcer la liberté de conscience de leurs sujets (ce qui rappelle l'attitude que Luther lui-même exigea de Charles Quint). Luther fixe donc une limite au pouvoir absolu des princes : on ne saurait leur obéir lorsqu'ils ordonnent des impiétés.

Par deux aspects, cependant, cette limite fixée au pouvoir du prince est fort différente de celles qui seront élaborées plus tard par la tradition libérale.

1) Luther, pour fonder cette limitation de l'obéissance due aux gouvernants, ne s'appuie pas sur quelque norme supérieure comme le droit naturel, mais sur le fait que les gouvernants ne sauraient aller contre les intentions de Dieu dont les « saints » se veulent les porte-parole[2]. Le droit naturel, en lui-même, n'a aucune valeur.

2) Si Luther affirme le droit du chrétien de ne pas obéir aux ordres impies du gouvernant, *il condamne expressément toute résistance active*. Les châtiments de la désobéissance ne doivent pas être évités ou prévenus, ils doivent être supportés comme une épreuve envoyée par Dieu. « On ne doit pas résister à la tyrannie, mais la souffrir patiemment » (cité par Skinner, p. 17).

4) *Le jugement de Luther sur les paysans révoltés*

Dès la guerre des Paysans de 1524-1525, Luther a l'occasion d'appliquer les principes énoncés ci-dessus.

Il craint en effet que son entreprise de réforme soit assimilée aux tentatives violentes des millénaristes. Or il n'y a rien dans mon enseignement, dit-il, qui justifie ou excuse une révolution politique. Et il s'attaque avec une violence singulière aux paysans révoltés, qu'il condamne dans un pamphlet au titre dénué d'ambiguïté : « Contre les hordes de paysans pillardes et criminelles. » « Celui qui périt dans les rangs des princes, s'écrie-t-il, devient un bienheureux martyr ; mais celui qui tombe en face va tout droit chez le diable ! Celui qui pense qu'il n'y a rien de plus dangereux, de plus pernicieux, de plus diabolique qu'un

---

1. Sur la thèse de saint Augustin selon laquelle le pouvoir politique étant la peine du péché, l'homme doit obéir à tout pouvoir, en tant qu'institué par la Providence, quand bien même ce pouvoir serait injuste, cf. *HIPAMA*, p. 529-530 ; sur l'augustinisme politique, *HIPAMA*, p. 547-559.

2. Luther cite un texte des *Actes des Apôtres*, qui sera cité constamment ensuite par les réformateurs : « Il faut obéir à Dieu plutôt qu'aux hommes. » Le contexte est la comparution de Pierre devant le Sanhédrin qui lui reproche d'avoir prêché l'Évangile alors que les magistrats l'avaient interdit. Pierre refuse cette injonction du pouvoir parce qu'il a reçu de Dieu directement la mission de cette prédication (*Actes*, 5, 29).

rebelle, qu'il l'assomme, l'étrangle, le saigne, publiquement ou secrètement. [...] L'âne veut être battu et le peuple veut être gouverné avec énergie. [...] Moi, Martin Luther, j'ai tué tous les paysans révoltés, car j'ai ordonné de les assommer ; j'ai leur mort sur la conscience » (textes cités par Stefan Zweig, *Erasme*, Livre de Poche, p. 157-158).

En conclusion, la théologie de Luther — sous sa forme primitive du moins — conduit à un renforcement considérable des pouvoirs de l'État, qui ne sont plus concurrencés et compensés par ceux d'une Église institutionnelle indépendante.

II — LA DIFFUSION DU LUTHÉRANISME POLITIQUE

De fait, les idées de Luther vont aider à l'émergence de monarchies absolues dans l'Europe du Nord, en Allemagne, en Scandinavie et — autant et plus qu'ailleurs, bien que le fait soit moins souvent souligné — en Angleterre.

L'Université saxonne de Wittenberg devient pour des décennies le grand centre intellectuel du luthéranisme. Des humanistes convertis après un séjour à Wittenberg seront les propagandistes de la foi luthérienne dans toute l'Europe. Beaucoup d'entre eux traduisent la Bible en langue vulgaire et l'impriment. En Allemagne, Philippe Melanchton (1496-1540), Andreas Osiander (1498-1552), Wolfgang Capito (1478-1541) ; en Suède, Olaus et Laurentius Petri ; au Danemark, Hans Tausen, Christian Pedersen.

En Angleterre, William Tyndale (v. 1495-1536) est l'auteur du premier exposé des idées politiques luthériennes (*The Obedience of a Christian Man*, 1528). L'Université de Cambridge joue ensuite un rôle éminent (on l'appelle la « petite Allemagne »). Se dégagent les noms de Robert Barnes, Miles Coverdale, Sir John Cheke[1].

Les écrits de Melanchton, Tyndale et Barnes développent tant les principes que les conséquences des idées politiques de Luther. Ces auteurs partagent avec le maître de Wittenberg la conviction que l'ordre social est voulu par la Providence divine et qu'il est impie de se révolter contre lui.

Barnes, dans *Les Constitutions des hommes*, Tyndale, dans *L'Obéissance de l'homme chrétien*, citent le texte de l'*Épître aux Romains* sur l'obéissance due aux puissances de ce monde (cf. *supra*). « Dieu lui-même, dit Tyndale, a donné des lois à toutes les nations, et en tous pays a placé des rois, des gouverneurs et des dirigeants comme ses propres lieutenants, afin de régner sur le monde par leur intermédiaire » (cité par Skinner, p. 67). Donc, d'une part, on doit obéissance

_____
1. Sur le développement de la Réforme en Angleterre, cf. *infra*, p. 254 sq.

aux gouvernants, non seulement par crainte du châtiment, mais en conscience, comme le dit saint Paul ; d'autre part, aucune résistance aux ordres du Prince n'est légitime en aucune circonstance. Résister, dit Melanchton, est un péché mortel. Certes, le Prince lui-même ne doit pas gouverner selon son propre intérêt ; il ne doit jamais rien ordonner qui soit « directement opposé à la Parole de Dieu » ou qui soit « destructeur de la foi » (Barnes), et il est obligé par ailleurs, de prêcher positivement la vraie foi. Il doit également, selon Melanchton, respecter la propriété privée de ses sujets. Mais, en toutes ces matières, il n'est responsable que devant Dieu. Ces premiers luthériens pensent donc comme Luther que, si le Prince viole la Parole de Dieu, on est fondé à lui désobéir. Mais on n'est pas fondé pour autant à provoquer une résistance active. On subira sans broncher la tyrannie où, insiste Tyndale, l'on saura voir le signe de la colère de Dieu qu'ont excitée les péchés antérieurs du peuple.

Des processus très comparables de renforcement du pouvoir royal ont lieu au Danemark et en Suède lors du passage de ces pays au luthéranisme.

Chapitre 4

Bodin
Un théoricien de l'État souverain

Jean Bodin, à son tour, prépare l'absolutisme en mettant au point une théorie de l'État souverain qui est une des principales sources de la tradition constitutionnelle française.

Vie et œuvres[1]

Jean Bodin est né à Anger en 1529 ou 1530, mort en 1596. Sa vie est très mal connue. Fils d'un négociant assez fortuné qui appartenait, semble-t-il, à une famille de magistrats, il entre chez les Carmes de Paris vers 1543, mais il quitte cet ordre dès 1547 ou 1548, obtenant d'être délié de ses vœux religieux. Il se rend à Nantes et à Toulouse, où il étudie puis enseigne le droit. Il devient ensuite avocat au Parlement de Paris. Il publie, en 1566, la *Methodus ad facilem historiarum cognitionem,* « Méthode pour connaître facilement l'histoire ». En 1567 commence une évolution religieuse qui, selon certains, l'aurait conduit à la conversion au judaïsme (mais rien n'est certain à cet égard, non plus qu'en ce qui concerne une hypothétique origine juive). En 1568, l'année où paraît sa *Réponse aux paradoxes de M. de Malestroit touchant l'enrichissement de toutes choses,* il est emprisonné à la Conciergerie de Paris, d'où il sortira en août 1570. Est-ce pour des motifs religieux ? En tout cas, après sa libération, il est nommé, par Charles IX, commissaire à la réforme des forêts de Normandie. Il se joint à la délégation partie à Metz accueillir les ambassadeurs venus proposer au futur Henri III le trône de Pologne (1573). En 1576 paraissent les *Six livres de la République.* Bodin passe alors au service du frère du roi Henri III, le duc d'Alençon, avec qui, dans les années 1580, il voyage en Angleterre et aux Pays-Bas. En 1576 et 1577, il est député du Vermandois aux États généraux de Blois (ses liens avec le Vermandois semblent tenir à sa belle-famille : il héritera de son beau-frère, en 1587, une charge de procureur du roi à Laon). Paraissent d'autres éditions, augmentées, de *La République,* puis, en 1580, la *Démonomanie des sorciers.* Laon passe à la Ligue en 1588, et Bodin est obligé de soutenir celle-ci

---

1. D'après Marie-Dominique Couzinet, « Note biographique sur Jean Bodin », *in* Yves-Charles Zarka (dir.), *Jean Bodin. Nature, histoire, droit et politique,* PUF, 1996, p. 233-244. Nous utilisons aussi, dans ce qui suit, Julian H. Franklin, *Jean Bodin et la naissance de la théorie absolutiste* (1973), trad. fr., PUF, 1993.

publiquement. Mais il se rallie à Henri IV dès que celui-ci marche sur la ville en 1594. Il meurt de la peste en 1596[1].

Nous allons principalement, dans ce qui suit, présenter les thèses de *La République,* ouvrage où Bodin prend des positions doctrinales nettement favorables à l'absolutisme[2].

Il convient de signaler qu'antérieurement à 1576, Bodin, comme la majorité des juristes français de son temps, était partisan d'une monarchie « modérée ». Dans la *Methodus,* il affirmait que les rois sont soumis aux lois établies de façon coutumière. C'est ce à quoi ils s'engagent lors de leur sacre : « [Les rois], lorsqu'ils sont sacrés, s'engagent par un serment solennel, dont les termes ont été fixés par les pontifes et les grands du royaume, à gérer l'État pour le bien de tous, conformément aux lois fondamentales et à l'équité. [...] [Le roi] tombe alors sous la loi comme un particulier et il est tenu par les mêmes règles. Il ne peut pas bouleverser les lois constitutionnelles de son empire, ni rien changer aux usages des villes ni aux anciennes coutumes, sans le consentement des trois États » (cité par Franklin, *op. cit.,* p. 61-62). D'ailleurs, on n'est pas tenu d'obéir à des « rescrits des princes » qui seraient injustes, non conformes aux lois coutumières. Le Parlement peut s'opposer à la puissance législative du prince. Mais le massacre de la Saint-Barthélémy (23-24 août 1572), et le changement de la situation politique dans le royaume qui en est la suite, infléchissent radicalement la pensée de Bodin et lui font subir ce qu'on a appelé un « tournant absolutiste ». Désormais, la monarchie, attaquée par les extrémistes des deux bords, est menacée dans son existence même : il est vital de la renforcer et, pour cela, de formuler clairement, en particulier contre les nouvelles prises de position « démocratiques » des théoriciens protestants et ligueurs, les prérogatives du souverain. Tel est le propos des *Six livres de la République.*

La République est un des premiers livres de philosophie politique (au sens laïque du terme) des Temps modernes, présentant une théorie constitutionnelle complète, comparable aux traités un peu postérieurs de Mariana ou de Suarez dont nous parlerons plus loin. La méthode de Bodin est essentiellement *juridique*[3] et

---

1. Bodin est également l'auteur du *Théâtre de la nature universelle,* paru après sa mort en 1597, et surtout d'un *Colloque des Sept savants sur les secrets des choses d'en haut [Colloquium heptaplomeres de rerum sublimium arcanis abditis],* resté inédit jusqu'à une date tardive, où il poursuit sa réflexion philosophique sur l'harmonie universelle et la *discordia concors,* la « discorde concordante ». Nous parlerons de ce texte, où la théorie bodinienne de l'harmonie confine aux thèses libérales, dans la IIe Partie de cet ouvrage, p. 201.

2. Jean Bodin, *Les Six livres de la République,* 6 vol., Fayard, 1986 (Corpus des œuvres de philosophie de langue française) ; cf. aussi *Les Six livres de la République,* édition abrégée, en français modernisé, présentée par Gérard Raulet, Le Livre de Poche, 1995.

3. Toute l'œuvre de Bodin est pénétrée de droit romain : Bodin en est, tout à la fois, un connaisseur accompli et un partisan enthousiaste. Plusieurs fois dans le livre, il affirme que les juristes et constitutionnalistes de son temps doivent prendre le droit romain comme norme. Il faut étudier le droit romain « pour éclaircir commè en plein jour la puissance de tous Magistrats, en toute sorte de République » (*Six livres de la République,* III, p. 78).

historique[1]. Sur le fond, *La République* expose les principes sur lesquels peut être fondé un État monarchique fort et unifié, ayant un droit et une administration homogènes.

Nous étudierons d'abord la théorie générale de l'État souverain (§ 1), puis le régime que Bodin souhaite particulièrement pour la France, la « monarchie royale » (§ 2). Nous montrerons enfin, plus brièvement, que cette théorie politique prend tout son sens dans un contexte plus large, sociologique et même cosmologique (§ 3).

Plan des *Six livres de la République*	
Livre I	Définition de la République et théorie de la souveraineté
Livre II	Les régimes politiques
Livre III	Les structures administratives de l'État, les corps et collèges
Livres IV et V	Théorie des races et des climats, étude des équilibres sociaux, des évolutions et des révolutions.
Livre VI	Questions particulières touchant la censure, les finances, la monnaie, les régimes politiques, la justice harmonique.

§ 1
L'État souverain

La *souveraineté* est le concept central de la théorie bodinienne de la république, c'est-à-dire de l'État[2]. Ce concept permet de cerner ce qu'est l'État tant en lui-même que par rapport aux puissances étrangères.

---

1. La culture de Bodin est encyclopédique. Il a tout lu, comme le fera Montesquieu : outre les jurisconsultes, il cite la Bible, les philosophes grecs, les historiens anciens et modernes, les récits contemporains de voyageurs. Ce qui le différencie de Machiavel, qui, dit Bodin, « n'a pas lu un livre » (V, p. 37).
2. Il semble que le terme « État », que Bodin emploie quelquefois, ne se soit généralisé dans le vocabulaire politique français que quelques années plus tard, dans la suite du règne de Henri III.

I — LES « MARQUES » DE LA SOUVERAINETÉ

La souveraineté se caractérise par certaines « marques » qui correspondent à que les juristes appellent traditionnellement droits régaliens ou *regalia*. Bodin en dresse une liste exhaustive. Il appartient en propre au souverain de :

1) *Donner et casser les lois*

Donner la loi, précise Bodin,

« à tous en général et à chacun en particulier, et ne la recevoir que de Dieu », sans avoir non seulement de supérieur, mais même d'égal, étant donné qu' « il a un maître, celui qui a un compagnon » (I, p. 309)[1].

Seul le souverain fait vraiment les lois ; les autres autorités qui édictent des règles (par exemple, à Rome, le préteur)[2] ne font que des « édits », des « arrêts », etc. (même si on les appelle « lois » par abus de langage) et ces règles, pour avoir de la valeur, doivent être sanctionnées par l'instance souveraine.

Bodin distingue le *contenu* des lois et leur *forme*. Le contenu peut bien avoir été élaboré par des jurisconsultes, ou par la tradition, la coutume, etc., c'est-à-dire par des personnes autres que celle du souverain. Celui-ci seul, cependant, donne aux lois leur forme même de lois, donc leur *force obligatoire*. « [On objectera à la thèse selon laquelle le souverain a le monopole des lois que] non seulement les magistrats ont pouvoir de faire édits et ordonnances, chacun selon sa puissance, et en son ressort ; mais encore les particuliers font des coutumes, tant générales que particulières. Or il est certain que la coutume n'a pas moins de puissance que la loi ; et si le prince souverain est maître de la loi, les particuliers sont maîtres des coutumes[3]. Je réponds que la coutume prend sa force peu à peu, et par longues années, d'un commun consentement de tous, ou de la plupart. Mais *la loi sort en un moment, et prend sa vigueur de celui qui a puissance de commander à tous*. La coutume se coule doucement et sans force. *La loi est commandée et publiée par puissance, et bien souvent contre le gré des sujets*. [...] La coutume ne porte loyer[4] ni peine ; la loi emporte toujours loyer, ou peine, si ce n'est une loi permissive, qui lève les défenses d'une autre loi. Et, pour le faire

1. Les références sont celles de l'édition intégrale (Corpus des philosophes français, *op. cit.*). Nous avons modernisé l'orthographe et parfois la langue.
2. Cf. HIPAMA, p. 284-286 et 288-292.
3. L'objecteur se réfère aux théories romaine ancienne et canonique de la coutume, cf. *HIPAMA*, respectivement, p. 287, 295 et p. 611, 646-647.
4. C'est-à-dire : récompense.

court, la coutume n'a force que par la souffrance[1], et tant qu'il plaît au prince souverain [...]. Et ainsi, toute la force des lois civiles et coutumes gît au pouvoir du prince souverain » (I, p. 307-308).

Le pouvoir législatif comprend également le pouvoir de « déclarer » (promulguer) les lois, de les « corriger » et de les « interpréter ». Bodin, à cet égard, conteste formellement le droit d'interprétation des juges ; en effet, poussé à l'extrême, il signifierait que les juges font eux-mêmes la loi, ce que Bodin refuse (il conteste donc que la jurisprudence puisse être une source, du moins une source légitime par elle-même, du droit).

Toutes les autres « marques de souveraineté » sont indirectement impliquées par le pouvoir législatif ainsi défini.

2) *Décider de la guerre et de la paix*

Le droit de décider de la guerre et de la paix ne doit pas être confondu avec le pouvoir militaire et stratégique. Comme le secret et la rapidité de décision sont essentiels dans la conduite des opérations, tous les régimes non monarchiques ont compris qu'en cas de guerre, il fallait confier le commandement à un ou quelques hommes qui puissent se comporter dans la guerre comme des monarques et avoir des pouvoirs très étendus ou même absolus (par exemple, le dictateur romain). Néanmoins, ces hommes n'agissent que comme mandataires du souverain, assemblée populaire ou sénat, qui, seul, a *engagé* le pays dans la guerre et peut l'en *retirer*.

3) *Nommer tous les agents de l'État*

Nommer tous les exécutants de la politique de l'État est un attribut fondamental de la souveraineté. Bodin y insiste, se félicitant de ce que le pouvoir royal, en France, ait, à son époque, largement repris aux féodaux, ou aux agents inférieurs, baillis ou sénéchaux, ce pouvoir réservé au seul monarque au temps des empires romain et carolingien.

4) *Juger en dernier ressort*

À Rome, dans tous les procès où il en allait de la vie et de la mort, c'était un droit absolu pour l'accusé de faire appel au peuple *(provocatio)*, c'est-à-dire à l'instance qui, à Rome, selon Bodin, était

---

1. C'est-à-dire : par le consentement.

souveraine. Il convient de généraliser ce principe à toutes les figures de la souveraineté.

Étant donné que, comme nous le verrons, la figure la plus satisfaisante de la souveraineté est pour Bodin la monarchie, il affirme donc que c'est un droit « régalien » du roi de France de juger en dernière instance de tous les procès du royaume. Nous étudierons plus loin (cf. *infra*, p. 129 sq.) cette doctrine de la « justice retenue », point important de la doctrine absolutiste, si éloigné de la notion libérale moderne de « séparation des pouvoirs ».

5) *Exercer le droit de grâce*

À Rome encore, Bodin remarque que les gouverneurs de province, qui rassemblaient pourtant entre leurs mains tous les pouvoirs judiciaires, n'avaient pas celui de faire grâce, pouvoir qui n'appartenait qu'au peuple. Bodin déplore qu'en France, par l'effet de vieilles coutumes féodales, des personnes autres que le souverain (abbayes, évêchés) aient encore un droit de grâce. Il faut mettre fin à ces anomalies.

II — L'INDÉPENDANCE DE L'ÉTAT-NATION PAR RAPPORT AUX PUISSANCES ÉTRANGÈRES

Le concept de souveraineté permet également de définir l'État par rapport à ce qui lui est extérieur.

Tout le livre I de *La République* a pour objet de montrer comment les liens nombreux de vassalité, compliqués et dé-territorialisés par les alliances familiales, ont fait de l'Europe féodale un vaste fouillis où disparaît l'indépendance parce que s'y dissout la souveraineté. Dans la féodalité, du fait des mariages, des héritages, des divers liens d'hommage contractés par les vassaux, il y a très souvent des entrecroisements de vassalités qui empêchent d'identifier un unique suzerain sur un unique territoire.

Il s'agit de sortir de cette situation et de faire en sorte que, pour *un* territoire donné, il n'y ait qu'*une* puissance souveraine. Ces territoires seront les royaumes nationaux. Pour légitimer leur existence, Bodin — reprenant la vieille argumentation développée par les publicistes depuis le XIIIᵉ siècle — s'efforce de montrer qu'il existe en Europe des royaumes entièrement indépendants de l'Empire (cf. I, p. 266).

En France même, au temps de Bodin, la chose n'était pas encore tout à fait claire. Le royaume comportait des territoires issus de l'ex-Lotharingie, progressivement intégrées au royaume, et sur lesquels diverses puissances féodales ou l'Empire élevaient des prétentions de souveraineté en concurrence avec le roi.

Bodin donne à percevoir le complexe enchevêtrement féodal des hommages et souverainetés comme un phénomène fondamentalement irrationnel et incompatible avec une conception rigoureuse de l'État souverain. En exigeant qu'on mette fin à ces anomalies (qui subsisteront, en fait, jusqu'à la fin de l'Ancien Régime, c'est-à-dire jusqu'à l'affirmation, par la Convention, que la République est « une et indivisible ») et que l'Europe soit divisée en États indépendants dont chacun exerce une souveraineté exclusive sur son territoire, Bodin contribue à forger le concept d' « État-nation » moderne.

III — UNE SOUVERAINETÉ ABSOLUE MAIS NON ILLIMITÉE

Ayant ainsi fixé l'étendue de la souveraineté, Bodin peut analyser ses attributs essentiels. La souveraineté, dit-il, « n'est limitée, ni en puissance, ni en charge, ni à certain temps » (I, p. 181).

1) *La souveraineté est indivisible.*
Réfutation du concept de « constitution mixte »

La thèse de Bodin, ici, est que la volonté du souverain doit être certaine et manifeste à chaque instant, ce qui n'est pas possible si la souveraineté est *divisée.* Cette situation se rencontre dans les régimes dits « mixtes », approuvés par toute une tradition politique. Bodin s'élève vigoureusement contre cette thèse traditionnelle, ravivée et rajeunie à son époque par les constitutionnalistes protestants.

D'abord, il est faux que les régimes de l'Antiquité présentés comme « mixtes » par Aristote, Polybe ou Cicéron l'aient vraiment été. Sparte était, dit Bodin, une *aristocratie,* Rome une *démocratie.* En effet, dans ces deux États, c'étaient respectivement la *gerousia* et les *comices centuriates* qui détenaient le pouvoir suprême. Les autres pouvoirs ne pouvaient rien sans ces instances qui, elles-mêmes, ne dépendaient de rien d'autre[1].

Sur le fond, Bodin pense que l'État doit avoir une structure *hiérarchique, architectonique,* où tout puisse être rapporté à une autorité fondamentale, de laquelle tous les autres pouvoirs de l'État et toutes les règles juridiques puissent être réputés émaner selon une stricte et

---

1. Ce jugement de Bodin sur le régime romain est contestable. Les historiens modernes disent plutôt que la République romaine était une aristocratie, dominée par la classe sénatoriale et son organe, le Sénat. Il est vrai que cela confirme d'une autre manière la thèse bodinienne de l'impossibilité d'un véritable régime mixte.

transparente « hiérarchie des normes ». Le régime mixte, où des pouvoirs également souverains sont censés se faire équilibre, ne peut en réalité, pour lui, que déboucher sur l'anarchie.

2) La souveraineté est perpétuelle

De même, l'autorité souveraine ne saurait être limitée dans le temps sans, par là même, se dissoudre. C'est pourquoi les pouvoirs à durée déterminée, magistratures, commandements, etc., et même les pouvoirs illimités dans le temps, ceux d'un vice-roi, d'un lieutenant du prince, d'un gouverneur, etc., dès lors qu'ils sont révocables, ne peuvent être considérés comme souverains (cf. I, p. 180).

Si un pouvoir non perpétuel n'est pas souverain, et si le pouvoir souverain est incarné dans la personne physique d'un roi, cela pose la question de savoir ce qui se passe quand le roi meurt. Poussé par sa logique, Bodin met l'accent sur l'*immédiateté* de la succession royale. La souveraineté passe instantanément au successeur, sans que le sacre, qui par définition ne peut avoir lieu qu'après un certain intervalle de temps, ajoute rien. C'est, nous le verrons plus loin, pour Bodin, le principal intérêt d'une monarchie héréditaire dont la loi de succession est formelle, inambiguë et intangible : le successeur est toujours-déjà identifié, donc il devient souverain à l'instant même où le roi meurt et la souveraineté n'a donc jamais cessé d'exister (ce qu'expriment les formules, déjà traditionnelles au temps de Bodin : « le mort saisit le vif », « le roi ne meurt jamais »). Nous avons souligné (cf. *HIPAMA*, p. 673-675) que le déclin du sacre et l'accent mis sur les seules lois de succession avaient constitué une étape essentielle dans la construction du concept moderne d'État, être abstrait, impersonnel et permanent. L'argumentation de Bodin permet de comprendre que c'est le concept même de souveraineté qui implique cette désincarnation.

3) La souveraineté est absolue

Une puissance, pour être « souveraine », doit encore être « absolue » — et nous rencontrons ici le concept central de la doctrine absolutiste. Bodin reprend à son compte la doctrine des publicistes médiévaux pour qui le souverain est *legibus solutus,* délié des lois, sa volonté seule suffisant à faire, défaire ou refaire la loi.

« Ainsi voyons-nous à la fin des édits et ordonnances ces mots : CAR TEL EST NOTRE PLAISIR, pour faire entendre que les lois du prince souverain, même lorsqu'elles sont fondées en bonnes et vives *raisons,* ne dépendent néanmoins que de sa pure et franche *volonté* » (I, p. 192)[1].

---

1. Cette réduction de la loi à la *volonté,* alors qu'elle est une *règle,* a été revendiquée, nous l'avons vu, par les théoriciens médiévaux de l'absolutisme (doctrine du « *pro ratione voluntas* », cf. *HIPAMA,* p. 698), mais elle a été critiquée dès le Moyen Âge, notamment par saint Thomas (cf. *HIPAMA,* p. 646). Elle le sera plus encore par les théoriciens libéraux modernes (notamment Locke, Hume, Kant...).

Bodin insiste sur tout ce que cela implique. Les lois antérieures, quelles qu'elles soient, ne peuvent faire obstacle à la loi actuellement voulue par le souverain.

« En tous édits et ordonnances on y ajoute cette clause : "*nonobstant tous édits et ordonnances auxquelles nous avons dérogé et dérogeons par ces présentes*". »[1]

D'où d'ailleurs la nécessité, quand arrive au pouvoir un nouveau prince souverain, d'obtenir de lui confirmation de tout ce qui a été décidé par son prédécesseur : il ne va nullement de soi qu'il l'approuve.

Le chancelier Michel de l'Hospital[2], par exemple, refusa de sceller la confirmation des privilèges et exemptions de tailles de Saint-Maur-des-Fossés « parce qu'ils portaient *perpétuel* affranchissement », ce qui diminuait le privilège des successeurs.

4) *Le souverain n'a pas de contrat avec le peuple*

Aucun *contrat*, poursuit Bodin, ne lie le souverain avec le corps social. Car ce contrat serait la loi commune des parties et, liant le souverain, il annulerait sa souveraineté (cf. I, p. 187). Là encore est mise en relief une thèse absolutiste essentielle[3].

Bodin cite d'assez nombreux cas historiques où l'intrônisation d'un roi se fait par une procédure où le roi est obligé de promettre explicitement au peuple qu'il respectera certaines coutumes ou lois. Si, dit Bodin, ces conditions dépassent « la loi de Dieu et de nature » (cf. *infra*), elles sont exclusives d'une vraie souveraineté. Ainsi, le « grand roi de Tartarie » jure, mais seulement de respecter la loi de Dieu et de nature : il est donc vrai souverain. En revanche, le duc de Carinthie (province d'Autriche méridionale, limitrophe de l'Italie) est obligé de jurer, devant un paysan, d'observer certaines coutumes : il n'est donc pas vrai souverain (cf. I, p. 189). Même situation dans le royaume d'Aragon, où l'histoire témoigne que le roi, anciennement, était élu et devait prêter serment. Mais cela « ne se fait plus », ce qui est pour Bodin un retour à la norme. Car, dit-il, les rois d'Aragon tiennent leur pouvoir du droit de conquête, puisque leur famille a repris cette terre, les armes à la main, aux Arabes, qui l'avaient conservée sept siècles. Les États (c'est-à-dire une assemblée représentative) d'Aragon n'ayant aucun droit sur ce pays, ils seraient mal fondés à élire le roi et à lui faire promettre quoi que ce soit. Le cas de l'Allemagne, où l'empereur doit prêter serment lors de son sacre, confirme *a contrario* la règle : Bodin estime en effet que l'Empire n'est tout simplement pas une monarchie, mais une aristo-

---

1. Sur la *clausula non obstante*, cf. *infra,* p. 168.
2. 1504-1573, chancelier de France en 1560.
3. À laquelle Hobbes donnera son expression la plus radicale, cf. *infra,* p. 148.

cratie, puisque l'empereur est élu par la Diète et responsable devant elle. C'est
donc elle qui est souveraine, non l'empereur. On sent néanmoins ici que Bodin
est embarrassé par ces témoignages qui prouvent que, dans l'esprit d'un grand
nombre de peuples européens, il y a bien une sorte de *contrat* entre le peuple et
le roi ; ou même une élection par le peuple. Mais il considère cela comme de
l'histoire ancienne. La formule qui s'est imposée partout dans l'Europe moderne
est celle de rois héréditaires et absolus, même si − nouvel embarras − « la justice
d'Aragon juge les procès et différends entre le roi et le peuple, chose qui se fait
aussi en Angleterre » (I, p. 190), ce qui est bien la preuve qu'ils sont tous deux
soumis à une instance supérieure, loi ou coutume. Mais Bodin se rassure en
disant que le roi « n'est aucunement tenu de suivre leur avis ni accorder leurs
requêtes ».

Il convient néanmoins de distinguer entre les « lois » proprement
dites et les « contrats du Prince ». Le prince peut se lier lui-même
avec autrui par une « convention », qu'il devra alors respecter. En
effet, s'il faisait autrement, cela reviendrait de sa part à nuire *délibéré-*
ment à autrui, ce qui est contraire au droit naturel auquel le souverain est tenu.

« La loi dépend de celui qui a la souveraineté, qui peut obliger tous ses
sujets et ne s'y peut obliger soi-même ; [alors que] la convention est mutuelle
entre le Prince et ses sujets, qui oblige les deux parties réciproquement » (I,
p. 195).

Malgré ces réserves, on voit que Bodin tend à approuver la thèse
selon laquelle l'État, personne morale à nulle autre pareille, est à ce
point « délié des lois » qu'il peut s'affranchir quasiment de toute contrainte de droit. Il rappelle que, selon les canonistes, le pape « ne se
lie jamais les mains », ce qui signifie que, quand il s'engage publiquement à quelque chose, il garde une réserve mentale telle que, s'il lui
paraît ensuite opportun de changer d'avis, il ne sera parjure qu'extérieurement et en apparence, non intérieurement et en conscience.
Cet exemple a été suivi par les rois, encouragés par des juristes
pro-absolutistes comme le disciple de Bartole, Balde de Ubaldis
(cf. *HIPAMA,* p. 697-698). Bodin reprend leurs arguments à son
compte. Il pense que le souverain, à part le cas que nous avons vu
des conventions privées, n'est pas tenu par les promesses qu'il fait, si,
les circonstances ayant changé, le salut du peuple exige un changement par rapport à ce qui a été promis. Il se félicite, à cet égard, que
les promesses du sacre des rois de France soient suffisamment générales et vagues pour qu'on ne puisse en faire un argument juridique
opposable à leurs volontés discrétionnaires. D'ailleurs ces promesses
sont faites à Dieu, non au peuple (c'est donc un renversement par
rapport à ce qui était affirmé dans la *Methodus*).

5) *Une vraie limite à la souveraineté :*
les « lois de Dieu et de nature »

Cependant, Bodin ne va pas jusqu'au cynisme machiavélien. En effet, selon lui, la souveraineté, qui est illimitée aux trois sens que nous venons d'analyser, est sévèrement limitée en un autre sens :

« La puissance absolue des princes et seigneuries souveraines ne s'étend nullement *aux lois de Dieu*[1] *et de nature* » (I, p. 193).

Le souverain, délié de la loi positive, est donc tenu par des principes généraux de justice, comme : ne pas s'en prendre sans raison à la vie, aux biens et à l'honneur des sujets, respecter les lois de la guerre... Ce ne sont pas là des formules rhétoriques, puisque Bodin va jusqu'à admettre, dans certaines circonstances, le droit et même le devoir de non-obéissance du magistrat :

« Comment serait tenu le magistrat d'obéir, ou d'exécuter les mandements du Prince en choses injustes et deshonnêtes ? Car en ce cas le Prince franchit et brise les bornes sacrées de la loi de Dieu et de nature. [...] Il perd le titre et l'honneur de Prince, celui qui agit contre le devoir de Prince » (III, p. 97).

Par exemple, on ne doit pas obéir à un prince qui

« commanderait aux magistrats de faire mourir des innocents, ou tuer des enfants, ainsi que Pharaon et Agrippa ; ou de voler et piller les pauvres gens, comme de notre temps le marquis Albert qui, entre autres cruautés notoires, faisait planter des gibets aux villes qu'il avait forcées, et commandait aux soldats de piller et voler les habitants sous peine d'être eux-mêmes pendus, bien qu'il n'ait pas de cause véritable et vraisemblable de prendre les armes » (III, p. 96-97).

Dans ce cas, l'officier ou le commissaire devront « quitter l'état », c'est-à-dire démissionner, ce dont parfois la simple menace suffit à faire rapporter l'ordre inique :

« Souvent cette constance et fermeté des magistrats a sauvé l'honneur des princes et retenu la République en sa grandeur » (III, p. 105)[2].

Le fait que le souverain doive respecter la « loi de Dieu et de nature » se traduit pour Bodin par une limitation très concrète des pouvoirs de l'État. L'État, nous l'avons déjà dit, devra honorer les

---

1. Il s'agit de ce que les théologiens appellent « droit divin positif », c'est-à-dire les prescriptions révélées dans l'Ancien et le Nouveau Testament.
2. Mais Bodin ajoute un conseil de prudence. Lorsque le crime du Prince a été irrémédiablement commis, le magistrat devra parfois, plutôt que de dénoncer ce crime, l'endosser et contribuer à étouffer le scandale, de peur qu'une protestation publique n'aboutisse à l'effet contraire, sa propre mort, l'élimination de tout obstacle à la folie du tyran et le redoublement de ses forfaits.

contrats. D'autre part, il devra respecter la propriété privée de ses citoyens. Bodin n'ignore pas que certains civilistes ont prétendu que le roi était propriétaire de tous les biens des sujets, d'après la formule du Code de Justinien (7, 37, 3), *omnia principis esse*, « tout appartient au prince ». À quoi il oppose la célèbre maxime de Sénèque, *omnia rex imperio possidet, singuli dominio*, « le prince possède tout de par son pouvoir politique, mais, quant à la propriété, tout appartient aux particuliers ».

6) *Le problème de l'impôt et des monnaies*

D'où le fait que le roi ne peut décider des impôts, ou du moins des impôts extraordinaires, sans le consentement des États.

L'impôt est encore perçu au temps de Bodin comme une réalité récente et peu légitime. Le premier à avoir levé la taille est saint Louis, mais il ne l'a fait qu'à titre exceptionnel, comme le prouve son testament à son fils : « Sois dévôt au service de Dieu ; aie le cœur piteux [= pitoyable] et charitable aux pauvres, et les conforte de tes bienfaits. Garde les bonnes lois de ce royaume. *Ne prends taille ni aides de tes sujets,* si urgente nécessité et évidente utilité ne te le fait faire, et pour juste cause, et non pas volontairement. Si tu fais autrement, tu ne seras pas réputé roi, mais tyran » (cité par Bodin, VI, p. 70). Le principe de l'impôt a toujours été, au début, la défense, dans des circonstances de guerre par définition exceptionnelles. Encore, sous Charles VIII, le roi promet-il de supprimer l'impôt dès qu'il n'y aura plus nécessité (VI, p. 71). D'où l'idée que la transformation de ces charges extraordinaires en charges ordinaires est une invention « tyrannique » (VI, p. 67-68), et que les rois n'ont pas le droit de prélever des impôts sur les sujets sans leur consentement (VI, p. 47).

Bodin pense également que personne, à commencer par le roi, ne doit manipuler les *monnaies*.

« Il n'y a rien qui plus travaille le pauvre peuple que de falsifier les monnaies, ou varier le cours d'icelles [...]. Car si la monnaie, qui doit régler le prix de toutes choses, est muable et incertaine, il n'y a personne qui puisse faire état au vrai de ce qu'il a : les contrats seront incertains, les charges, taxes, gages, pensions, rentes, intérêts et vacations incertaines ; les peines pécuniaires et amendes limitées par les coutumes et ordonnances seront aussi muables et incertaines. Bref, tout l'état des finances et de plusieurs affaires publiques et particulières seront en suspens. Chose qui est encore plus à craindre si les monnaies sont falsifiées par les Princes, qui sont garants et débiteurs de justice à leurs sujets » (VI, p. 117).

Bodin reconnaît une dernière limite à la souveraineté : les « lois fondamentales » du royaume, *loi de succession* et *loi d'indisponibilité du domaine de la Couronne*.

Le sens de la loi d'inaliénabilité du domaine de la Couronne est que le domaine doit normalement défrayer le roi ; s'il est dilapidé, ce seront les sujets qui devront subvenir aux besoins du roi par des impôts nouveaux. Or le roi doit respecter le droit naturel de propriété, donc il ne doit pas aliéner son domaine.

Au total, le pouvoir du souverain est bien, pour Bodin, limité. Il n'en est pas moins la source de tout pouvoir dans l'État.

IV — UN ÉTAT HIÉRARCHISÉ

Toutes les autorités de l'État autres que celle du souverain doivent être sous la dépendance hiérarchique de ce dernier, n'avoir de pouvoirs que délégués par le souverain, et ne les avoir que dans la mesure et aussi longtemps seulement que le souverain le veut. Toute atteinte à ce principe fait éclater l'État. Cette doctrine vise à la fois les reliquats de pouvoirs féodaux et les idées « démocratiques » nouvelles des protestants et des ligueurs.

1) Les « sénats »

Bodin examine d'abord la question des conseils, assemblées représentatives et cours souveraines qu'il rassemble sous le nom de « sénats », par allusion aux constitutions antiques. Ces « sénats » doivent-ils avoir part aux décisions politiques et à la législation ? Bodin le nie.

Certes, l'existence même des conseils est bonne : ils sont nécessaires pour éclairer le prince. Il en faut d'ailleurs plusieurs, afin de mieux compartimenter les secrets et préserver l'autorité du Prince. Ils doivent être composés d'un petit nombre d'hommes, parce que les hommes de talent sont rares (III, p. 22-23). Les assemblées sont menacées par le nombre : « La plus saine partie[1] des meilleurs cerveaux est toujours vaincue par la plus grande » (III, p. 27). Au sein d'un conseil, il doit y avoir liberté et pluralité de parole. « On a sagement pourvu au royaume de France qu'il fût permis à tous ceux qui ont entrée au conseil (même s'ils n'ont ni siège ni voix délibérative) de rapporter les requêtes d'un chacun, et d'avertir le conseil de ce qui est utile au public, afin d'y pourvoir » (III, p. 30-31). On a même stipulé que les grands seigneurs parleraient en dernier, afin de ne pas empêcher les juristes et « techniciens » de se faire entendre, ce qui est un progrès par rapport au Sénat romain où les personnages les plus importants opinaient en premier.

1. Allusion à la doctrine romano-canonique de la *sanior pars*, cf. *HIPAMA*, p. 707-708.

Mais il est bien entendu, pour Bodin, que « le Sénat est établi pour donner avis à ceux qui ont la souveraineté » (III, p. 35), l'expression « donner avis » devant être interprétée en un sens essentiellement restrictif : si le Sénat prenait lui-même des décisions, « la souveraineté serait au conseil », et les « conseillers » deviendraient « maîtres » (III, p. 42). Le souverain doit même pouvoir décider contre l'avis de ses conseils, « passer outre » (III, p. 38)[1].

2) *Magistratures, commissions, offices*

Au-dessous des conseils qui entourent le roi, il y a les serviteurs de l'État, dans l'administration centrale et les provinces. Ce sont, d'une part, les « officiers », titulaires héréditaires de leur charge depuis Louis XI, et propriétaires de leurs offices, devenus vénaux depuis le milieu du XVIe siècle ; d'autre part, les « commissaires », dépendant de la nomination et de la révocation du roi, introduits depuis peu, précisément pour redonner au roi, qui ne peut plus toucher aux officiers, une marge de liberté (par exemple les « intendants » qui vont doubler, dans les provinces, les « gouverneurs », officiers quasiment inamovibles et appartenant, de plus, à la grande noblesse). Les uns et les autres, dit Bodin, n'ont d'autorité que par le souverain, qui la leur délègue par des textes exprès.

En France, sitôt qu'un roi meurt, un autre lui succède. De sorte qu'à aucun moment il n'y a vide d'autorité, et les magistrats ne peuvent prétendre avoir une autorité quelconque par eux-mêmes (cf. III, p. 61) (ici, Bodin attaque vraisemblablement la théorie calviniste des « magistrats inférieurs », cf. *infra*, p. 194-196).

En disant que les magistratures découlent toutes de l'unique souveraineté de l'État, Bodin entend condamner le principe même de la féodalité. Le principe féodal de l'octroi, viager puis héréditaire, d' « honneurs », c'est-à-dire de charges publiques, à des particuliers, est antinomique avec l'État souverain et produit nombre de situations indésirables (cf. III, p. 125).

Quand des charges publiques sont données à perpétuité, cela empêche qu'elles soient toujours détenues par les personnes qui les méritent (IV, p. 111) ; de plus, les magistrats perpétuels bénéficient de l'impunité, contraire à toute morale (IV, p. 113). La perpétuité fait que bientôt ce sont les mêmes familles qui détiennent tout, et alors plus personne n'a le souci du bien public (IV, p. 116). La vénalité des offices a prolongé, et rendu presque incurable cette absurdité de la féodalité.

---

1. Cf. l'expression anglaise *thorough system*, « système du passer-outre », employée par les Anglais pour désigner les pratiques de l'absolutisme Stuart au début du XVIIe siècle.

Il est quand même un argument en faveur de la perpétuité de certains offices auquel Bodin est sensible : c'est que ce principe garantit l'*indépendance des magistrats*. Si le titulaire d'une charge est assuré de conserver sa celle-ci,

« il s'assurera et commandera avec dignité, il fera tête aux méchants, il prêtera l'épaule aux gens de bien, il vengera les outrages des affligés, il résistera à la violence des tyrans, sans peur, sans crainte, sans frayeur qu'on le dépouille de son état, s'il n'a forfait[1]. Comme il s'est vu des plus grands Princes étonnés de la constance et fermeté immuable des magistrats, n'ayant que leur reprocher, et n'osant les destituer... » (IV, p. 123).

De sorte que, si Bodin condamne la prétention des officiers à l'indépendance, il se montre fidèle à la tradition parlementaire française en tempérant quelque peu le pouvoir du souverain de disposer des offices à son gré.

Dans une « monarchie royale », le monarque n'adoptera pas de solutions extrêmes, car il faut, dans une Constitution, qu'il y ait *à la fois* des changements et un terme fixe (IV, p. 136-137). En général, les offices seront perpétuels, les commissions provisoires (IV, p. 125). On distinguera entre certaines fonctions, qui devront être remplies par des officiers perpétuels, d'autres où l'on sera nommé pour des périodes de trois ans ou un an. On nommera des adjoints compétents. On destituera si nécessaire les officiers perpétuels, ou l'on fera remplir leurs offices par des commissaires, ne laissant aux officiers que leur titre (comme dans le cas des gouverneurs, remplacés *de facto* par des intendants).

3) Les « corps et collèges »

Dans la société d'ordres qu'est la France au temps d'Henri III, il y a encore, du roi souverain aux éléments de base de la République qui sont les familles, un autre type de « corps intermédiaires » : les « corps et collèges » (corps de ville, confréries de métier, universités, collèges de marchands, de juges, de magistrats...) et le clergé. Les privilèges, et à certains égards l'existence même de ces corps, sont, à quelque degré, contradictoires avec le concept unitaire de l'État que Bodin s'emploie à forger. Le clergé, en particulier, ne saurait, quoi que prétendent les bulles papales, déroger aux juridictions du prince souverain (cf. III, p. 184)[2].

Néanmoins, Bodin, qui a défini la République, à la manière aristotélicienne, comme une « communauté de communautés », et qui

---

1. Puisqu'il faut un jugement pour déposséder un officier de son office. Le souverain peut le déposséder, mais il ne le peut sans motif.
2. C'est la position classique de l'absolutisme depuis Marsile de Padoue (on se souvient que Luther lui a donné une expression particulièrement radicale, cf. *supra*, p. 73-74).

admet la thèse fondamentale d'Aristote selon laquelle le lien social,
dans la Cité, est l' « amitié », laquelle ne naît qu'au sein des communautés organiques, voit bien que la suppression des « corps intermédiaires » risquerait de conduire à la tyrannie (cf. III, p. 201). C'est la
politique des tyrans de supprimer par tous les moyens les communautés intermédiaires dans l'idée qu'ils n'auront plus en face d'eux
que des individus isolés. Aussi Bodin maintient-il ces corps dans son
épure de l'État.

Ce qui comporte un corollaire un peu inattendu : l'approbation formelle de
l'institution des États généraux. Cet organe n'est certes pas partie prenante de la
souveraineté, mais c'est le lieu où peuvent et doivent s'exprimer les « corps et collèges », et ceux qui préconisent de ne jamais réunir les États mettent leurs pas dans
ceux des « tyrans » (III, p. 208). Car, aux États généraux, « on communique les
affaires touchant le corps universel de la République, et des membres d'icelle : là
sont ouïes et entendues les justes plaintes et doléances des pauvres sujets qui jamais
autrement ne viennent aux oreilles des Princes ; là sont découverts les larcins,
concussions et voleries qu'on fait sous le nom de Princes qui n'en savent rien »
(III, p. 206-207). Et Bodin de citer en exemple l'Espagne et l'Angleterre, où les
États sont réunis régulièrement. Il souligne qu'en France, les pays d' « élection »
(c'est-à-dire ceux où il n'y a pas d'États provinciaux) sont ceux où le peuple est le
plus mal défendu.

En conclusion, l'État souverain de Bodin est unitaire, hiérarchique, mais non « jacobin » ; l'unité de l'État est organique, elle
comporte des parties différenciées – qui doivent être organisées
« harmoniquement », comme nous le verrons plus loin.

§ 2
Le meilleur des régimes : la monarchie royale

I – UNE TYPOLOGIE ORIGINALE DES RÉGIMES

La souveraineté peut s'incarner de plusieurs manières : dans un
individu (un roi), une *assemblée,* ou le *peuple* tout entier. Bodin
accepte donc la tripartition traditionnelle des régimes politiques en
monarchies, aristocraties et démocraties (ou États « populaires »).
Cependant, parce qu'il pense que toute division de la souveraineté
est un danger, il marque nettement sa préférence pour la monarchie,
régime où la souveraineté, par définition, a les meilleures chances de
demeurer indivise.

1) *Mérites et désavantages de la démocratie*

Le meilleur des États devrait être l'État populaire, à cause de l'égalité conforme à la nature, et parce que c'est là que naissent les plus grands talents (« orateurs, jurisconsultes, artisans ») (VI, p. 146-7). Mais Bodin reprend contre l'État populaire toutes les critiques des Grecs du IV\ :sup:`e` siècle avant J.-C. ; qu'il cite, Platon, Aristote, Xénophon, Démosthène (cependant que Machiavel, qui se dit républicain, est critiqué par Bodin pour son incohérence, puisqu'il approuve parfois l'État populaire, parfois les monarchies, parfois encore les aristocraties).

Les arguments contre la démocratie sont nombreux et redoutables. D'abord, toute « multitude » porte en elle le « désordre » (VI, p. 150) ; « plus il y a de têtes, moins il y a de conseil et de résolution » (IV, p. 178). Le peuple est fondamentalement corruptible, toujours en révoltes et séditions (VI, p. 155). D'autre part, le peuple déteste les gens de bien (VI, p. 152), il prend les dirigeants comme boucs émissaires, ce qui fait qu'on ne peut le conseiller ; il se fait diriger par les méchants et les vicieux pour la bonne raison qu'il est lui-même, en majorité, composé de gens méchants et vicieux. « La République populaire est la ressource et le refuge de tous les hommes turbulents, mutins, séditieux, bannis, qui donnent conseil, confort et aide au menu peuple, pour ruiner les grands » (VI, p. 153). Ce sont ceux qui ont des choses à se reprocher qui font des révolutions, pour échapper à des sanctions inévitables sans cela (ce fut le cas de Périclès) (IV, p. 46-47). D'ailleurs, quand des démocraties sont gouvernées passablement, elles le sont en fait par des aristocrates ou des monarques. Rome a été ruinée depuis que les Gracques ont enlevé le pouvoir au Sénat pour le donner au peuple. Dans les républiques suisses, le peuple n'intervient que pour élire les magistrats, il n'a pas connaissance des affaires. Le peuple est en effet une « bête sauvage » (IV, p. 199), un « enfant », un « malade » (IV, p. 200). Les régimes populaires sont si instables qu'on ne peut les garder en ordre qu'en déclenchant des guerres contre des ennemis extérieurs, ou alors en établissant une monarchie (IV, p. 34-35 ; exemple de Florence, p. 38). À Rome, on provoquait délibérément des guerres extérieures pour parer aux dangers des luttes civiles entre le peuple et le Sénat (IV, p. 197).

Le système des magistratures temporaires, propre aux démocraties, est fort mauvais pour les peuples. Quand les magistrats sont là pour peu de temps, ils cherchent à piller le peuple autant qu'ils peuvent. Leurs successeurs en font autant, le pillage recommence à chaque nouvelle vague de dirigeants. Alors que les gouvernements assurés de durer, bientôt saoûls comme la sangsue qui s'est déjà gonflée de sang, sont moins avides (IV, p. 122)[1].

---

1. Signalons que cet argument, qu'on trouve ici et là dans la littérature, a été développé et érigé en véritable théorie générale par un auteur français du XX\ :sup:`e` siècle, Bertrand de Jouvenel *(Du Pouvoir)*.

L'argument le plus grave, cependant, est que les démocraties tendent toujours au nivellement des richesses et à quelque forme de socialisme ; or, la préservation du *mien* et du *tien* est le fondement sacré de toute république (cf. VI, p. 160-161).

2) *Mérites et désavantages de l'aristocratie*

Le principe même de l'aristocratie est excellent :

« La puissance de commander ou souveraineté doit être baillée, par raison naturelle, aux plus dignes. Or la dignité ne peut être qu'en vertu, ou en noblesse, ou en biens, ou dans les trois ensemble. Si donc on veut choisir l'un des trois, ou conjoindre les trois ensembles, l'État sera toujours aristocratique, car les nobles, les riches, les sages, les vaillants hommes, font toujours la moindre partie des citoyens en quelque lieu que ce soit. » (VI, p. 164)

Mais les arguments contre l'aristocratie sont les mêmes que ceux qu'on oppose à la démocratie. Bodin pose toujours l'équation selon laquelle pluralisme signifie désordre ; or les aristocrates sont en général suffisamment nombreux pour ne pas pouvoir s'entendre, surtout dans les grandes aristocraties, où les aristocrates sont aussi nombreux que les démocrates des petites démocraties...

« Pour le faire court, on a toujours vu que plus il y a de têtes en une seigneurie, plus il y a de disputes, et moins de résolution » (VI, p. 168).

Finalement, seules sont viables les aristocraties peu nombreuses, où la noblesse se renouvelle un peu, par les élections, comme à Genève, et où tous sont marchands, donc relativement pacifiques. Dans toute autre circonstance, le régime aristocratique ne convient pas (VI, p. 174-175). L'aristocratie ou la démocratie ne conviennent d'ailleurs que dans de très petits territoires, comme en Suisse, parce que l'on peut difficilement s'y faire la guerre (VI, p. 192).

3) *Mérites et désavantages de la monarchie*

En ce qui concerne la monarchie, Bodin commence par les inconvénients, pour pouvoir terminer par les avantages et conclure à la supériorité de ce régime.

Les inconvénients sont : tout change avec la personnalité du nouveau monarque, donc les traités ne sont pas sûrs ; il y a des rivalités mortelles pour l'accès à la couronne ; tout dépend de la personnalité du prince, qui « hasarde ses sujets et son État » s'il est « belliqueux » ; on ne peut avoir aucune garantie en intrônisant un sage, car « la souveraineté a cela de malheur, que le plus souvent les sages deviennent fols, les vaillants deviennent poltrons, les bons deviennent méchants » (VI, p. 175-178 ; cf. IV, p. 21 : très rares sont les princes vertueux, car le pouvoir corrompt).

Mais il y a un argument en faveur de la monarchie qui fait taire toutes les objections : la souveraineté y est *indivisible* – et Bodin de développer à loisir une série d'arguments qui illustrent le paradigme de « l'ordre par l'unité ». Il pose en thèse – et nous retrouverons l'argument partout dans les doctrines absolutistes – que seule une *puissance des décisions de laquelle on ne peut appeler* peut « venir à chef [= à bout] de toutes les grandes affaires ».

« Il y a mille exemples qui nous montrent évidemment la nécessité d'avoir un chef non seulement en guerre, où le danger est plus grand, mais aussi d'obéir à un Prince souverain en une République. Car tout ainsi que l'armée est mal conduite, et le plus souvent défaite, qui a plusieurs généraux ; aussi est la République qui a plusieurs seigneurs, soit pour la division, soit pour la diversité d'opinion, soit pour la diminution de puissance donnée à plusieurs, soit pour la difficulté de s'accorder et résoudre, soit pour ce que les sujets ne savent à qui obéir, soit pour éventer les choses qui doivent être secrètes, soit pour le tout ensemble. [...] Ce n'est pas pour le plaisir du Prince qu'on tient cette opinion, mais pour la sûreté et vie heureuse des sujets. [...] Ce qu'il faut bien peser, et ne s'arrêter pas aux beaux discours[1] de ceux qui font croire aux sujets qu'il est nécessaire d'assujettir les monarques au peuple, et faire que les sujets donnent loi à leur Prince, attendu que c'est la ruine non seulement des monarchies, mais aussi des sujets [eux-mêmes] » (VI, p. 182-183).

La monarchie est naturelle dans l'État, comme le père dans la famille, la tête dans le corps, Dieu dans l'univers (VI, p. 186). C'est, pour cette raison, le régime le plus répandu, le seul durable (on cite bien quelques démocraties ou aristocraties ayant duré quelques siècles, mais ce sont des exceptions), et celui qui a été approuvé par la quasi-unanimité des « autorités » (p. 188), à commencer par la Bible.

Aristote a donc tort d'appeler « barbares » les peuples qui sont régis par des monarchies (Bodin a bien remarqué cette prise de position d'Aristote en faveur de la supériorité de la Cité grecque républicaine). À ce compte, en effet, les plus grands peuples auraient donc été barbares, à commencer par Alexandre le Grand et ses successeurs (VI, p. 197) !

4) *Une monarchie héréditaire*

Pour que la monarchie, qui est le meilleur des régimes en principe, le soit en fait, encore faut-il qu'elle soit « successive » (IV, p. 18), c'est-à-dire que le pouvoir n'y tombe – chaque mot de la formule compte – « ni en choix, ni en sort, ni en quenouille, mais... [échoie] par droit successif au mâle le plus proche de l'estoc paternel et hors partage » (VI, p. 195).

---

1. N'oublions pas le contexte polémique de tout cela : Bodin vise les prédémocrates, « monarchomaques » et ligueurs, de son temps.

La principale alternative à l'hérédité, c'est l'élection. Or l'élection des rois, cela ne fonctionne jamais bien (VI, p. 198). D'abord, il peut y avoir de longues vacances du pouvoir (ce qu'on a vu tant pour la papauté que pour l'Empire), « et, pendant ce temps, les méchants sont débordés en toute licence » (VI, p. 199). Ensuite, l'élu peut être choisi dans le pays ou à l'étranger ; s'il est du pays, il y aura d'inexpiables rivalités ; s'il est étranger, il réduira le pays à une annexe de sa propre patrie et en pillera les richesses. C'est pourquoi les monarques des monarchies électives ont toujours cherché à faire élire leurs fils de leur vivant, ou à adopter des successeurs, en tout cas à régler avant leur mort le problème de leur succession qu'ils ont toujours su redoutable. Malgré tout ce qu'on a pu dire, les trois dynasties françaises ont été héréditaires (sauf lors des changements de dynastie) (VI, p. 209). « On dit en ce Royaume que le roi ne meurt jamais. Ce qui est un proverbe ancien, qui montre bien que le Royaume ne fut jamais électif, et que [le roi] ne tient son sceptre ni du pape, ni de l'archevêque de Reims, ni du peuple, mais de Dieu seul »[1] (VI, p. 213).

Il est vrai qu'il y a des difficultés diverses avec les règles de succession. Bodin évoque la plus redoutable, l'accession des femmes à la couronne.

Lorsqu'une femme règne, des problèmes sans fin apparaissent. Elle ne peut épouser ni un sujet ni un prince étranger sans graves inconvénients (c'est pourquoi Élisabeth d'Angleterre n'est toujours pas mariée). Outre l'incompatibilité avec le droit naturel, la souveraineté d'une femme mariée est incompatible avec le droit civil et le droit canonique, qui veulent que l'épouse soit soumise au mari. « Si le droit naturel est violé en la gynécocratie, encore plus est le doit civil et le droit des gens, qui veulent que la femme suive le mari, même s'il n'a ni feu ni lieu. Et en cela tous les canonistes et docteurs en lois sont d'accord, et les théologiens aussi. Et qu'elle doit révérer son mari, et que les fruits du douaire[2] de la femme appartiennent au mari, voire de tous les propres qui lui échoient [...] comme il a été jugé en plusieurs arrêts » (VI, p. 245). La souveraineté de la femme mariée n'est pas moins incompatible avec le droit féodal qui veut que le vassal de la femme se mette au service en premier lieu du mari (VI, p. 246).

Heureusement, en France, la *loi salique* « le tranche tout court » puisqu'elle interdit aux femmes la succession des fiefs. La loi salique, précise Bodin, est authentique.

5) « *Souveraineté* » et « *gouvernement* »

Mais les régimes politiques ne se définissent pas seulement par l'instance qui y est souveraine. Bodin introduit d'autres distinctions qui vont enrichir la typologie des régimes et permettre de préciser ce que doit être la monarchie française idéale.

---

1. Bodin adhère donc à la thèse du droit divin des rois.
2. Un « douaire » est le droit de l'épouse survivante (« douairière ») sur les biens de son mari. Bodin évoque donc ici une femme remariée.

Il distingue d'abord, de l'instance *souveraine,* les organes de *gouvernement,* ce que nous appellerions le « pouvoir exécutif ». Or le gouvernement peut être exercé par d'autres personnes que le souverain, et de nouveau il y a un éventail de possibilités.

Il peut l'être par un seul homme, par un groupe de privilégiés, ou par n'importe quel citoyen − c'est-à-dire, respectivement, de façon « monarchique », « aristocratique » ou « démocratique » − et cela quel que soit le type − « monarchique », « aristocratique » ou « démocratique » − de la souveraineté. Il en résulte une combinatoire complexe : « monarchies à gouvernement aristocratique », « aristocraties à gouvernement monarchique », « aristocraties à gouvernement populaire »[1], etc. Bodin admet *à ce niveau* la « mixité » qu'il a exclue à celui de l'instance souveraine. Au sein du gouvernement pourront coexister différents pouvoirs, de type monarchique, aristocratique et populaire, qui se feront équilibre. C'est ce type de mixité, dit-il, qui a existé dans des régimes antiques comme ceux de Sparte, de Rome ou dans diverses Républiques italiennes modernes. Cela n'empêchait pas ces régimes d'avoir une et une seule instance souveraine, comme on l'a dit plus haut.

6) *Régimes légitimes, seigneuriaux, tyranniques*

Bodin enrichit encore sa combinatoire des régimes en admettant, à la manière aristotélicienne, que, pour chaque combinaison de souveraineté et de gouvernement, il y a des formes droites et des formes déviées ou tyranniques : ces dernières sont définies comme celles où le souverain ne respecte pas « les lois de Dieu et de nature ». Et les formes droites se subdivisent elles-mêmes en deux, selon que le souverain exerce sa souveraineté avec ou sans lois.

Ce dernier cas est distinct de la tyrannie, car s'il est vrai que le tyran se moque des lois et gouverne de façon arbitraire, l'absence de loi, pour Bodin, n'est pas de soi tyrannie : on peut gouverner sans lois et, néanmoins, de façon parfaitement juste. C'est ce que fait, par exemple, un maître avec ses esclaves. Son gouvernement est direct, les esclaves ne peuvent se référer à une loi positive ; mais si, dans ses commandements, le maître respecte les « lois de Dieu et de nature », il n'est pas tyran. Cette forme « seigneuriale » de pouvoir existe dans certains États, ceux où le Roi se comporte comme propriétaire du royaume, qu'il considère comme son patrimoine ; il se veut, par suite, vrai

---

1. Par « gouvernement populaire », Bodin n'entend pas une situation où tout le peuple gouverne, mais une situation où les gouvernants sont issus du peuple. Pour lui, la meilleure combinaison est précisément la monarchie à gouvernement populaire, où la souveraineté appartient au roi, et le gouvernement à des ministres roturiers. En quoi il est clair que Bodin exprime les intérêts et aspirations de sa propre classe. Il brosse ainsi le tableau de ce que va devenir effectivement la France de l'Ancien Régime : un royaume gouverné par des bourgeois ou des gens de robe, notamment des juristes formés au droit public, qui arriveront à exclure plus ou moins du gouvernement la haute noblesse.

propriétaire de tout ce qui appartient aux sujets. Il se considère, en outre,
maître de leurs personnes. Les sujets, y compris les plus hauts serviteurs de
l'État, sont traités comme des *esclaves du roi*. « Les rois de Perse avaient accoutumé de faire dépouiller tout nus les plus grands Seigneurs et premiers Magistrats, et de les faire fesser comme esclaves » (II, p. 38 ; cf. IV, p. 132). Lorsqu'on fait la revue des exemples donnés par Bodin de ces « monarchies
seigneuriales », on s'aperçoit qu'il ne s'agit pas de n'importe quels pays, mais de
pays orientaux comme la Perse, la Turquie, ou les pays du « Grand Négus » ou
du « Grand Mogol », ou de *pays d'Europe reculés,* comme la « Moscovie ». Le
point commun de tous ces pays est − et ce n'est pas un hasard − qu'ils n'ont
pas été ou ne sont plus soumis à l'influence de Rome. En effet, seuls sont
capables d'avoir des « monarchies royales » ou d'autres régimes légitimes les
pays qui savent ce qu'est la *loi*. Ce sont ceux qui ont hérité des Grecs la notion
de Cité − lieu d'égalité des citoyens, d'*isonomia* et de soumission de tous à une
loi commune − par l'intermédiaire de l'État romain. Or « ne se trouveront pas
en tout le droit romain, ni même au Code, ni aux Authentiques[1], ces mots :
Dominium directum, et *dominium utile*[2]. Mais ils sont[3] après l'invasion des Hongrois, nation tartaresque, et leur entrée en Europe, qui montrèrent l'exemple
aux Allemands, Lombards, et Francs, de la monarchie seigneuriale... » (II,
p. 38-39).

II − LA « MONARCHIE ROYALE » OU « LÉGITIME »

Maintenant, nous pouvons comprendre que le régime idéal, en
tout cas pour la France de 1576, est, au gré de Bodin, ce qu'il
appelle la « monarchie royale » ou « monarchie légitime ».

Le roi de France doit gouverner avec des lois (même si c'est lui qui les fait
et les change). Il respectera les libertés individuelles et les propriétés de ses sujets.
L'idéale monarchie royale de France sera donc une sorte de retour à l'Empire
romain − du moins, précise Bodin, à ce ce que fut cet empire dans ses meilleures années, sous les Antonins. Cette « monarchie royale ou légitime » s'oppose
tant à la « monarchie tyrannique », qui ne respecte pas les « lois de Dieu et de
nature », qu'à la « monarchie seigneuriale », où, nous l'avons vu, le roi est « seigneur des biens et des personnes ». Elle concilie donc l'absolu de la souveraineté
et la liberté des sujets qui restent maîtres de disposer de leur personne et de leur
propriété. Dans ce système, « les sujets obéissent aux lois du Monarque et le
Monarque aux lois de la nature ». Tout le monde, ainsi, obéit à une loi (Bodin,
de ce point de vue, est beaucoup plus proche de Cicéron que de Machiavel ou
de Hobbes).

---

1. Une édition partielle, diffusée au Moyen Âge, des *Novelles,* dernière partie du
Corpus juris civilis de Justinien.
2. Respectivement : pouvoir direct sur les personnes et sur les choses.
3. C'est-à-dire : on les trouve (dans les textes).

Bodin entend donner une image concrète de l'exercice du pouvoir par le « monarque royal » qu'il appelle de ses vœux. Il pense que le gouvernement du monarque doit être *autoritaire,* et cela dans l'intérêt même du peuple.

« La rigueur et sévérité d'un prince est plus utile que sa trop grande bonté » (IV, p. 28-29). « Ceux-là s'abusent bien fort, qui vont louant et adorant la bonté d'un Prince doux, grâcieux, courtois et simple : car telle simplicité sans prudence est très dangereuse et pernicieuse en un roi, et beaucoup plus à craindre que la cruauté d'un Prince sévère, chagrin, revêche, avare et inaccessible. [...] Par la souffrance [= la tolérance] et niaise simplicité d'un Prince trop bon, il advient que les flatteurs [...] et les plus méchants emportent les offices, les charges, les bénéfices, les dons, épuisant les finances d'un État. Et par ce moyen le pauvre peuple est rongé jusqu'aux os, et cruellement asservi aux plus grands : de sorte que pour un tyran il y en a dix mille » (II, p. 65 ; cf. IV, p. 213)[1].

Il faudra donc tenir le pays d'une main de fer, quitte à utiliser des méthodes peu morales. Bodin pense, comme Platon, qu'on peut mentir au peuple et lui faire de belles promesses qu'on ne tiendra pas (IV, p. 200) ; comme Sénèque, que le prince ne doit pas trop punir ouvertement, car il apprendrait aux coupables leur nombre, mais discrètement, par les tueurs des services secrets (IV, p. 185) ; comme Machiavel, qu'il faut soigneusement prévenir les conjurations (cf. IV, p. 187). Il admet que le prince ne doit pas toujours faire prévaloir la justice, qu'il peut, par exemple, céder aux passions même injustes du peuple, si c'est le prix à payer pour maintenir l'ordre :

« Il faut amadouer le peuple et lui quitter quelque chose, même lui accorder choses illicites », au moins au moment où il est « ému de sédition » (IV, p. 200).

Jaloux de son pouvoir souverain indivisible, le prince aura soin, en revanche, de diviser les pouvoirs qui sont au-dessous de lui (cf. IV, p. 140), d'autant que des serviteurs rivaux entre eux se dénonceront mutuellement, et le roi sera mieux informé (cf. IV, p. 142-143). Il gardera jalousement le monopole de l'emploi de la force : il prohibera le port d'armes (IV, p. 212)[2].

Enfin, Bodin, lui-même si libre intellectuel, admet que le monarque contrôle la pensée. En effet, Bodin croit en la force du « pouvoir spirituel » : les prêches peuvent apaiser les foules, les humaniser, mais aussi bouter le feu (IV, p. 216). Donc le roi, comme cela a été fait en plusieurs villes d'Allemagne, devra interdire qu'on discute de religion (cf. IV, p. 204-205).

---

1. Thèmes rencontrés chez Machiavel, et que nous retrouverons chez Richelieu.
2. Cette remarque de Bodin préfigure l'interdiction des duels par Richelieu.

En contrepartie, Bodin soutient la thèse du parti des « Politique » selon laquelle il faut reconnaître la liberté de culte[1]. Le Grand Turc lui-même est à cet égard un modèle : lui, au moins, pratique la tolérance à l'égard des trois religions non musulmanes de son Empire, christianisme romain, christianisme grec et judaïsme. Le roi prêchera simplement par l'exemple, sans forcer les consciences (cf. IV, p. 207-208).

L'État devra, par ailleurs, s'occuper de l'éducation de la jeunesse, jusqu'à présent abandonnée à tort aux seuls soins des parents (VI, p. 23-24) (mais Bodin ne développe pas cette question de grand avenir).

Au total, donc, l'État bodinien sera une monarchie hiérarchisée et homogène, dont l'ordre et la cohérence seront garantis par l'existence d'une autorité royale souveraine, indivise et incontestée, capable de trancher en dernier ressort tous les conflits. Cependant, dans l'esprit de Bodin, l'exercice de cette autorité absolue n'a nullement pour fin l'uniformisation de la société, mais est destinée au contraire à y établir et à y maintenir en permanence un certain pluralisme organisé que Bodin appelle l'*harmonie*.

§ 3
La politique replacée dans une sociologie et une cosmologie

Pour comprendre cet aspect de la pensée de Bodin, il nous faut quitter le plan de la pure théorie de l'État. En effet, à la différence de Machiavel, qui raisonne comme si la politique avait une logique *sui generis,* indépendante de l'environnement social, culturel, moral, juridique et économique, Bodin prend soin de replacer tout ce qu'il dit de la politique dans un contexte plus large, social et même cosmique.

1) Le « naturel des peuples »

Il faut, dit Bodin, « accommoder la forme de république à la diversité des hommes » et au « naturel des peuples », c'est-à-dire évaluer les institutions en fonction de la société où elles s'insèrent et en tenant compte de l'évolution historique de cette société. Une loi, en

---

1. Sur la question de la tolérance religieuse, cruciale du XVIᵉ au XVIIIᵉ siècle, cf. *infra,* p. 270 et 274.

effet, même bonne en elle-même, peut être mauvaise si elle est nouvelle, ou contraire au naturel du peuple ; on n'impose pas les lois par la force (IV, p. 100-101). Aussi est-il « dangereux de changer souvent de lois » ou « de magistrats ».

Agis, roi réformateur de Sparte, a échoué parce qu'il a voulu faire des réformes brutales[1]. Les républiques de Bâle et des Grisons, ayant adopté la Réforme, ont eu la sagesse, au contraire, de ne pas dépouiller d'emblée les religieux, mais d'attendre leur mort pour procéder aux expropriations.

Généralement parlant,

« il faut suivre aux gouvernements des Républiques ce grand Dieu de nature qui fait toutes choses petit à petit, et presque insensiblement » (IV, p. 104 ; cf. aussi p. 109).

2) Une « théorie des climats », une astrologie et une numérologie

Cette nature des peuples est liée à la place qu'occupe chacun d'eux dans le *cosmos*. Chaque peuple vit dans un certain lieu, à une certaine latitude, dans un certain climat, dans un certain milieu physique.

« Il y a presque autant de variété au naturel des hommes, qu'il y a de pays, voire en mêmes climats, il se trouve que le peuple oriental est fort différent à l'occidental ; et en même latitude, et distance de l'équateur, le peuple de Septentrion est différent du Méridional. Et qui plus est, en même climat, latitude, et longitude, et sous même degré, on aperçoit la différence du lieu montueux à la plaine... » (V, p. 7-8 ; cf. IV, p. 69).

On peut diviser chaque hémisphère de la planète en trois parties selon la longitude, de 30 degrés en 30 degrés et de l'équateur au pôle : il y aura ainsi des peuples « méridionaux », « tempérés » et « septentrionaux ». Puis chaque région peut être subdivisée à nouveau de 15 degrés en 15 degrés. Ainsi la France sera coupée en deux au 45e parallèle, et l'on pourra distinguer entre « méridionaux » et « septentrionaux » de la « zone tempérée » (V, p. 12 ; Bodin renvoie, pour plus de détails, à sa *Methodus*). Chaque population ainsi distinguée aura ses caractères bien spécifiques.

Par exemple : les Athéniens sont ironiques, les Romains sévères, le peuple carthaginois était « cruel et vindicatif, souple aux supérieurs, et impérieux aux sujets, couard en son désastre, et insolent en sa victoire » (V, p. 10). Généralement parlant, les peuples du Nord sont forts, ceux du Sud rusés. Heureusement, Dieu n'a pas réuni la grande force et la grande finesse, « car il n'y a rien de plus cruel que l'injustice armée de puissance ». En fait, les peuples du Nord ont une

---

1. Cf. *infra*, p. 783.

chaleur intérieure, ils sont grands et buveurs (les Grecs disent : « boire en Scythes »). Les gens du Sud, « ayant peu de chaleur au-dedans, s'ils sont combattus du froid extérieur, ils succombent », comme les Espagnols sur les hautes montagnes du Pérou (V, p. 21). Les Français sont plus vifs que les Espagnols, et moins rusés, étant à leur septentrion. Aussi ont-ils été bernés au traité de Cateau-Cambrésis en 1559 : les Espagnols ont fait traîner les choses en longueur et, du coup, les Français, impatients, ont signé des dispositions qui leur étaient défavorables (V, p. 24-25).

L'idée de Bodin est que seuls les « peuples moyens » − d'Asie Mineure, de Grèce, d'Italie, de France −, qui ont une proportion convenable de force et de finesse, peuvent « [établir] de grands empires, qui [fleurissent] en armes et en lois » (V, p. 18)[1]. Ils ont inventé aussi le discours, la rhétorique, alors que les gens du Nord ne croient qu'en la force, ceux du Sud qu'en la ruse et aussi en la religion (V, p. 38) (« toutes les religions ont pris leur cours des peuples du Midi et de là se sont épandues par toute la terre »).

Bodin croit par ailleurs à l'influence des astres qui, faisant partie du même cosmos, entretiennent des relations mystérieuses avec l'âme et avec la cité : « Il n'y a personne de sain jugement qui ne confesse les merveilleux effets des corps célestes en toute la nature » (IV, p. 58).

Les conjonctions des « hautes planètes » jouent indubitablement un rôle dans l'Histoire. Tous les grands événements ont lieu en septembre, anniversaire de la création du monde (IV, p. 70-74). On peut appliquer ce principe aux événements contemporains : « Ces grands changements se voient plus évidents après la conjonction des trois hautes planètes, aux signes du Soleil, ou de Mars : comme il advint en l'an 1564 que les hautes planètes se trouvèrent conjointes au Lion, avec le Soleil et Mercure : aussi on a vu depuis les mouvements étranges en toute l'Europe. On a vu en même temps, en même année, en même mois, en même jour, le 27 septembre 1567, le roi de France environné de Suisses, assailli et en danger d'être pris par ses sujets ; et le roi Henri de Suède dépouillé de son État, et constitué prisonnier par les siens ; et quasi au même temps la reine d'Écosse prisonnière de ses sujets et par eux condamnée à la mort ; et le roi de Tunis chassé par le roi d'Alger, les Arabes élevés contre le Turc, les Maures de Grenade et les Flamands contre le roi catholique, les Anglais contre leur reine, toute la France en armes. La même conjonction des trois hautes planètes était bien advenue cent ans auparavant, à savoir l'an 1464, mais elle n'était pas si précise, ni au signe du Lion... » (IV, p. 80)[2].

---

1. Même ethnocentrisme et même autosatisfaction que chez Hérodote (cf. *HIPAMA*, p. 68-73), mais au profit, cette fois, des Européens.
2. Cependant, Bodin entend démontrer l'absurdité de certains calculs astrologiques lorsqu'on les applique à l'histoire réelle, et il remarque les erreurs astronomiques des astrologues les plus célèbres. En outre, son déterminisme astrologique est mitigé : les calculs astronomiques permettent de conjecturer dans une certaine mesure les changements politiques (IV, p. 95-97), mais il n'y a pas de nécessité, comme dans la religion de Tacite (cf. *HIPAMA*, p. 386-387).

Les nombres structurent également le *cosmos*. Il y a des nombres dangereux comme 63 (7 × 9). Les périodes de sept ou neuf ans jouent également un rôle, ainsi que les nombres carrés et les nombres parfaits (il y a 496 ans d'Auguste à Augustule...)[1].

3) *L'harmonie*

Quelles sont les conséquences pour la théorie de l'État souverain de cette philosophie naturelle de Bodin si typique de la Renaissance, où le platonisme se mêle à un sens nouveau de l'histoire et de la diversité anthropologique des peuples, anticipant la naissance des sciences sociales ? L'intuition qui guide ici Bodin est que l'État, s'il doit être stable et heureux, doit être structuré d'une manière qui corresponde exactement avec ce qu'est la structure intime de l'univers. Or celle-ci est une « harmonie ».

La pensée politique traditionnelle se règle sur une notion de la justice que Bodin estime simpliste par comparaison avec l'harmonie qu'il va définir. La justice « commutative », qui suppose l'égalité devant la loi et est pratiquée dans les démocraties, est fondée sur l'arithmétique ; la justice « distributive », qui donne à chacun selon son rang et est pratiquée dans les aristocraties, sur la géométrie. L'harmonie sera un composé et un dépassement de ces deux modes de calcul.

En effet, l'égalité – dans la société comme dans le cosmos – est *par elle-même* facteur de trouble. « De mettre en fait que l'égalité est nourrice d'amitié, c'est abuser les ignorants : car il est bien certain qu'il n'y a jamais haine plus grande, ni plus capitales inimitiés qu'entre ceux-là qui sont égaux : et la jalousie entre égaux est la source des troubles, séditions et guerres civiles. Et au contraire, le pauvre, le petit, le faible ploie et obéit volontiers au grand, au riche, au puissant, pour l'aide et profit qu'il en espère » (V, p. 63). Ce qui est vrai de l'égalité démocratique l'est aussi de l'égalité sous-jacente à la justice distributive aristocratique, qui est une proportion, c'est-à-dire une égalité de rapports. Ce qu'il faut, ce n'est ni l'égalité directe, arithmétique, ni l'égalité indirecte, géométrique, c'est un principe différent, que Bodin appelle « discord ».

Les cuisiniers, par exemple, mettent de l'amer dans les plats pour en rehausser le goût. Les musiciens mettent de la discordance dans les accords. De même « est-il nécessaire qu'il y ait quelques fols parmi les sages, quelques hommes

---

1. Cette numérologie se retrouve dans toute la philosophie de Bodin, jusqu'au *Colloque des sept savants,* où le nombre 6, ses multiples et les multiples de ses multiples jouent un rôle essentiel dans la détermination de l'harmonie universelle.

indignes de leur charge entre les hommes expérimentés, et quelques vicieux entre les bons pour leur donner lustre, et faire connaître au doigt et à l'œil la différence du vice à la vertu, du savoir à l'ignorance » (VI, p. 308). « Et tout ainsi que le discord donne grâce à l'harmonie, aussi Dieu a voulu que le mal fût entremêlé avec le bien, et les vertus posées au milieu des vices, des monstres en nature, des éclipses aux lumières célestes, et des raisons sourdes dans les démonstrations géométriques, afin qu'il en réussît un plus grand bien, et que la puissance et beauté des œuvres de Dieu par ce moyen fût connue, qui autrement demeurait cachée et ensevelie [...]. Or tout ainsi que par voix et sons contraires il se compose une douce et naturelle harmonie, aussi des vices et vertus, de qualités différentes des éléments, des mouvements contraires, et des sympathies et antipathies liées par moyens inviolables, se compose l'harmonie de ce monde et de ses parties. Comme aussi la République est composée de bons et mauvais, de riches et de pauvres, de sages et de fols, de forts et de faibles, alliés par ceux qui sont moyens entre les uns et les autres, étant toujours le bien plus puissant que le mal, et les accords plus que les discords » (VI, p. 311-312).

C'est en fonction de ce principe qu'on pourrait appeler de « concordance par la discordance » *(discordia concors)*, et qui est l'harmonie véritable[1], qu'il faut répartir les rôles dans la société.

« Aussi voit-on que le riche roturier s'accorde mieux avec la pauvre demoiselle, et le pauvre gentilhomme avec la riche roturière, et celui qui a quelque perfection d'esprit avec celle qui a la grâce du corps, que s'ils étaient égaux en tout et par tout. Comme entre les marchands il n'y a point de société plus assurée que du riche paresseux avec le pauvre diligent, parce qu'il y a égalité et similitude entre eux, à savoir égalité entre ce que l'un et l'autre a quelque chose de bon, et similitude en ce que tous deux ont quelque défaut. C'est pourquoi les anciens disaient que l'amour naquit de Portus et de Pœnia, c'est-à-dire de richesse et pauvreté, se mettant l'amour entre deux, comme la voix moyenne entre la basse et le dessus pour faire un accord doux et mélodieux. Et tout ainsi que le maître du banquet ne doit pas mettre aux plus hauts lieux les premiers venus pêle-mêle, sans discrétion des grands et des petits, aussi ne doit-il pas ranger tous les plus dignes aux lieux les plus honorables, ni les sages auprès des sages, ni les vieux avec les vieux, ni les femmes auprès des femmes, ni les jeunes avec les jeunes, ni les fols ensemble, suivant la proportion géométrique, qui ne cherche rien que les semblables, chose de soi fade et mal plaisante. Mais le sage symposiarque[2] entrelacera gentiment un folâtre entre deux sages, l'homme paisible entre deux querelleux, et entre les sophistes un homme attrempé, le vieux babillard auprès d'un jeune apprentif, le pauvre désireux joignant le riche libéral, l'homme colère et soudain entre deux hommes froids et rassis. Et en ce fai-

---

1. Réglée par une raison, c'est-à-dire par des relations numériques précises. « La proportion harmonique unit toujours les extrémités par un moyen qui s'accorde avec l'un et l'autre » (VI, p. 258). Par exemple, dans la suite de nombres 4, 6, 8, 12, il y a le même rapport de 4 à 6 que de 8 à 12, et aussi de 4 à 8 et de 6 à 12, donc il y a rapport des extrêmes entre eux, des moyens entre eux et, par le fait même, rapport des extrêmes et des moyens au Tout. Voir l'argumentation – un peu complexe – de Bodin (VI, p. 300-305).

2. Le maître de maison, organisateur du banquet *(symposium)*.

sant, non seulement il évitera l'ennui des uns et la jalousie des autres, qu'il n'est pas aise d'échapper quand il est question du rang, mais aussi d'un si bel ordre résultera une douce et plaisante harmonie des uns avec les autres et de tous ensemble » (VI, p. 256-267).

Est-il un régime politique qui puisse réaliser un si exact et subtil dosage ? Oui, et ce régime n'est autre que la *monarchie royale,* pour la raison, précisément, qu'elle n'est ni tyrannique, ni seigneuriale, ni, non plus, populaire ou aristocratique, cependant que son Prince a le pouvoir absolu indispensable pour pouvoir distribuer les charges et bienfaits publics selon la juste harmonie (c'est là la raison de fond pour laquelle la vénalité des offices, qui limite ce pouvoir, est condamnable) (cf. V, p. 116, 123-124 ; VI, p. 251-257).

En conclusion,

« *L'État royal gouverné harmoniquement* est le plus beau et le plus parfait » (VI, p. 303).

La cohérence philosophique ou mystique de la pensée de Bodin est fournie *in fine* par l'idée que la structure harmonique du monde repose sur l'unité indivisible de la souveraineté, que ce soit dans le cosmos où Dieu est souverain indivisible, dans l'État où le roi est souverain indivisible, dans l'âme où l'intellect est souverain indivisible, et dans la suite des nombres que le nombre 1 inaugure, ou dans les dimensions de l'espace où le point indivisible commande et rend possibles la ligne, la surface et le volume. Bodin établit en effet, dans le plus pur style platonicien, un parallèle entre la forme de l'âme et la forme de la Cité (VI, p. 307). Et il commente :

« Tout ainsi que l'unité sur les trois premiers nombres, l'intellect sur les trois parties de l'âme, le point indivisible sur la ligne, superficie et le corps, ainsi peut-on dire que ce grand Roi éternel, unique, pur, simple, indivisible, élevé par-dessus le monde élémentaire, céleste et intelligible, unit les trois ensemble, faisant reluire la splendeur de sa majesté et la douceur de l'harmonie divine en tout ce monde, à l'exemple duquel le sage Roi se doit conformer, et gouverner son royaume » (VI, p. 312).

Tel est le programme métaphysique proposé aux rois de France. Hélas, ceux-ci, et les juristes qui les entourent, entendront bien mal cet enseignement de Bodin. Profitant des brèches ouvertes par lui dans la doctrine traditionnelle de la monarchie « modérée », mais sans retenir ses leçons fondamentales sur l'harmonie, qui contenaient sans doute en germe le pluralisme démocratique et libéral, ils durciront jusqu'à l'absurde sa seule doctrine de l'absolutisme.

Chapitre 5

L'affermissement de l'absolutisme français aux XVIIᵉ-XVIIIᵉ siècles

INTRODUCTION

Bodin avait fourni certains cadres conceptuels permettant de systématiser la doctrine absolutiste. Mais il avait écrit son œuvre à un moment où le pouvoir royal était dans l'impuissance et le désarroi : il lui avait accordé d'autant plus de pouvoir en théorie qu'il lui en voyait détenir moins en pratique. D'autre part, même en théorie, Bodin avait surtout insisté sur les pouvoirs souverains du roi dans l'État, mais, nous l'avons vu, il avait bien marqué les limites du pouvoir de l'État sur les sujets et sur la société. Nettement antidémocratique, son œuvre était donc largement « libérale » (au sens traditionnel des juristes).

La suite de l'histoire, en France, devait cependant aboutir à un renforcement de l'absolutisme qui aurait probablement surpris et scandalisé Bodin s'il eût été témoin de cette évolution. Lui qui pensait que les États généraux ne devaient pas partager la souveraineté avec le roi était loin d'imaginer qu'ils ne seraient plus jamais réunis après 1588 (sauf une fois, pendant la Régence, en 1614). Cette situation a résulté, pour une part, d'une accumulation de circonstances.

D'abord les troubles politiques quasi incessants. Henri IV n'eut que douze ans de paix relative entre sa victoire sur la Ligue (1598) et son assassinat par Ravaillac (1610). Ensuite, sous la Régence, les troubles reprirent, revinrent à un paroxysme avec la croisade de Louis XIII contre les Protestants et la prise de La Rochelle (1627-1628). Ils ne cessèrent que dans la partie stable du ministère de Richelieu, relayés à partir de 1635 par la guerre avec l'Espagne (une guerre extérieure très dure, inextricablement mêlée avec de nouvelles rebellions intérieures). La guerre civile couva sous la nouvelle Régence (à partir de 1643), puis reprit feu lors de la Fronde (1648-1652), et la situation resta instable jusqu'à la fin du ministère de Mazarin (1661). De sorte qu'au moment où commence le règne personnel de Louis XIV, le pays aspirait profondément à la paix. C'est dans ce contexte que le nouveau roi put imposer une pratique du pouvoir plus absolue que jamais auparavant, inaugurant le « régime absolutiste » proprement dit qui devait caractériser le dernier siècle de la monarchie française.

Mais l'affermissement de l'absolutisme en France a été également le fruit d'une évolution idéologique originale, qui s'étend du XVIe au XVIIIe siècle et à laquelle nous devons consacrer une étude spéciale. Présentons d'abord rapidement quelques-uns des penseurs, juristes et hommes politiques qui sont responsables de cette évolution[1].

— *Cardin Le Bret*. Il est de ces « grands commis de l'État » qui, comme les Tillet, Talon, Séguier, Du Harlay, Molé, membres de « dynasties » de hauts fonctionnaires, ont, sous les rois et ministres successifs (Henri III, Henri IV, Louis XIII, Louis XIV, Sully, Richelieu, Mazarin...), pour le meilleur et le pire, fait tenir, malgré guerres civiles, séditions et frondes, le royaume et son appareil d'État naissant.

Le Bret a eu une vie exceptionnellement longue : il est né en 1558, mort en 1655. Sa famille est originaire de Normandie, d'une noblesse récente (elle date d'Henri II) mais d'épée. Le Bret est d'abord avocat général à la Cour des aides puis au Parlement de Paris[2]. De 1623 à la parution de la *Souveraineté du roy* (1632), il occupe diverses charges politiques ou « gouvernementales ». Il est notamment, sous Richelieu, intendant des Trois-Evêchés[3], où il tranchera les conflits entre le duc de Lorraine et le roi en faveur de ce dernier. Il fait prévaloir également les droits du roi contre ceux des États provinciaux de Bretagne. Il est nommé, en 1633, premier président du Parlement de Lorraine qu'on vient de créer, mais il n'occupera pas cette charge. De même que les provinces, les cours doivent s'incliner devant la volonté du roi. Ainsi Le Bret accepte

1. D'après : Joseph Hitier, *L'absolutisme*, 1903 ; François Olivier-Martin, *L'absolutisme français*, 1951 ; *Les Parlements contre l'absolutisme traditionnel au XVIIIe siècle, reprint* LGDJ, 1997 ; *Les lois du Roi, reprint* LGDJ, 1997 ; *Histoire du droit français*, Éditions du CNRS, 1988 ; Richard Bonney, *L'absolutisme*, PUF, coll. « Que sais-je ? », 1989 ; Gilbert Picot, *Cardin Le Bret (1558-1665) et la doctrine de la souveraineté*, Nancy, Société d'impressions typographiques, 1948 ; Pierre Mesnard, *L'essor de la philosophie politique au XVIe siècle* [1935], Vrin, 1977 ; James Henderson Burns (dir.), *Histoire de la pensée politique moderne* [1991], trad. fr., PUF, 1997 ; Roland Mousnier, *Les institutions de la France sous l'Ancien Régime*, 2 vol., PUF, 1974 et 1990.
2. Les Parlements d'Ancien Régime en général, et le Parlement de Paris en particulier, sont les hauts lieux où fleurissent les théories absolutistes et gallicanes.
3. Nom donné à Metz, Toul et Verdun, qui furent annexés par Henri II en 1552. Leur possession fut définitivement reconnue à la France par les traités de Westphalie (1648).

de juger les affaires relevant de la Cour des aides, pendant que celle-ci, en conflit avec le roi, est provisoirement interdite (1631). Enfin, Le Bret a été nommé co-intendant de Normandie. On a bien fait, dit-il, de révoquer les privilèges de la ville de Rouen « pour avoir souffert sans y remédier une éfrénée émotion du menu peuple » (*De la Souveraineté du roi,* III, X). Dans la dernière période, Le Bret siège continuellement au Conseil d'État, conseil privé du roi, en rivalité avec le Parlement. À ce poste, il sera membre de plusieurs commissions extraordinaires devant juger des opposants[1]. Avant de mourir à l'âge de 97 ans, Le Bret a le temps de se réjouir du succès du Roi contre la Fronde.

Le Bret est essentiellement l'auteur de *De la souveraineté du Roy* (1632), manifeste intransigeant, et parfois outrancier, de l'absolutisme (noté ci-après *DLS*), et de nombreux arrêts et commentaires juridiques qui ont été réunis en recueils. *Les œuvres de Messire Cardin Le Bret,* Paris, 1689, contiennent l'ensemble de ces textes.

— *Richelieu.* La *Correspondance* de Richelieu couvre 7 000 pages ; mais il a laissé en outre un *Testament politique,* rédigé de 1635 à 1640 et publié en 1688 à Amsterdam.

L'ouvrage est écrit à l'intention de Louis XIII (qui devait être son seul lecteur). Richelieu soupçonne ce roi d'être ce que nous appellerions un « mou », par caractère et aussi du fait de sa grande piété ; il entreprend donc de le corriger de ses mauvaises habitudes et de le rendre, si possible, plus absolutiste, en lui donnant quelques bonnes raisons de l'être[2].

---

1. Le même genre de tribunaux d'exception, au service de l'arbitraire royal, qui, à la même époque, révoltent les Anglais (la *Star Chamber* des rois Stuarts) et suscitent chez eux les réflexions qui vont conduire à l'élaboration des doctrines de la *rule of law.* Un fait antérieur de la vie de Le Bret peut d'ailleurs être signalé ici, car il est significatif du rôle que le régime entend faire jouer à ses grands commis, et que ses grands commis acceptent de jouer. En 1617, le ministre Concini est tué sur l'ordre du jeune roi Louis XIII. Or il est « politiquement nécessaire » d'éliminer aussi sa femme, la Maréchale d'Ancre. On monte de toutes pièces contre elle, dans ce but, un procès de sorcellerie. Le Bret refuse de requérir sa mort, mais Richelieu l'y oblige, et il s'incline. Molé raconte ainsi l'affaire : « Il ne faut point outrepasser la ligne de la droiture dans les jugements, car l'avocat général Le Bret m'a dit que les imputations qu'on faisait à la défunte étaient si frivoles, et les preuves si faibles, que quelques sollicitations qu'on lui fit qu'il était nécessaire pour l'honneur et la sûreté de la vie du Roi qu'elle mourût, il ne voulut jamais donner ses conclusions à la mort que sur l'assurance qu'il eut, par la propre bouche de Luynes (le nouveau favori de Louis XIII), qu'étant condamnée, le Roi lui donnerait sa grâce, et si Le Bret a été trompé sur cette fausse promesse, il est bien croyable que plusieurs autres juges l'ont été par la même voie » (*Mémoires* de Mathieu Molé, t. II, p. 219, Éd. de la Société de l'Histoire de France, 1858). Mais Le Bret, constatant que Richelieu l'a trompé, se garde de toute protestation ou démission. La conscience du juge cède devant les devoirs du fonctionnaire de l'État absolutiste.

2. Cf. Richelieu, *Testament politique ou les Maximes d'État de Monsieur le Cardinal de Richelieu,* Présentation de Daniel Dessert, Éditions Complexe, 1990 ; *Testament politique de Richelieu,* éd. de Françoise Hildesheimer, Société de l'Histoire de France, 1995. Sur Richelieu, voir la biographie de Michel Carmona, *Richelieu,* Fayard, 1983.

— *Louis XIV*. Le Roi-Soleil a laissé, lui aussi, plusieurs écrits de valeur politique, qu'il a vraiment rédigés lui-même ou directement dictés : *Mémoires* (1661), *Instructions politiques et morales, Réflexions sur le métier de roi* (1679).

— *Bossuet*. Avec Bossuet, nous rencontrons une pensée plus modérée sur le fond que celle de Richelieu ou de Louis XIV, mais beaucoup plus importante, puisqu'établie en doctrine développée, avec une théologie et une philosophie de l'histoire.

Jacques Bénigne Bossuet est né en 1627, mort en 1704. Prêtre en 1652, il est orienté vers la prédication par saint Vincent de Paul. Il est l'auteur de splendides *Sermons* (notamment ceux du carême du Louvre en 1662 devant le roi), d'*Oraisons funèbres* de 1667 à 1687. Il devient évêque de Condom en 1669. Puis il est appelé comme précepteur du Grand Dauphin, âgé alors de 9 ans, de 1670 à 1680. Pour son élève, il se fait historien et écrit le *Discours sur l'histoire universelle* (1681). Nommé évêque de Meaux, il devient l'apologiste officiel du régime. C'est à lui que revient de polémiquer avec les protestants Jurieu et Jean Claude. Il est le véritable chef de l'Église de France. Il rédige la *Déclaration du clergé de France* (1682), manifeste gallican (ménageant cependant le pape). Il continue les combats contre les protestants, puis contre le quiétisme. Ce dernier combat l'oppose à Fénelon, jusqu'à la condamnation de Mme Guyon par Rome en 1698. Il lutte aussi contre Richard Simon, le savant qui conteste que le Pentateuque ait été composé par le seul Moïse.

Les idées politiques de Bossuet sont exposées dans un autre ouvrage écrit à l'intention du Dauphin, la *Politique tirée des propres paroles de l'Écriture sainte,* dont la première version date de 1679. Notons dans ce titre même un relent de protestantisme. Insister ainsi sur la *Sola Scriptura,* cela revient en effet à récuser implicitement l'héritage de la théologie scolastique et des droits publics romain et canonique. Le sujet de Louis XIV qu'est Bossuet se sent plus proche de l'absolutisme luthérien que du « libéralisme » thomiste. La tradition juridique n'est plus là pour opposer une limite à l'absolutisme[1].

— *Les déclarations royales du XVIIIe siècle*. Les déclarations royales, ou émanant de représentants royaux, se multiplient au XVIIIe siècle, quand l'autorité monarchique commence à être gravement mise en cause. Elles deviennent alors de plus en plus nettement absolutistes. Nous en citerons quelques-unes (d'après François-Olivier Martin).

— *Une synthèse tardive : Merlin de Douai*. Un dernier exposé synthétique de la doctrine absolutiste française est réalisé à la veille de la Révolution par un juriste, Merlin (1754-1838)[2], dans un ouvrage collectif intitulé *Traité des Offices,* édité par Guyot.

---

1. Cf. Jacques-Bénigne Bossuet, *Politique tirée des propres paroles de l'Écriture sainte,* édition Jacques Le Brun, Genève, Librairie Droz, coll. « Les classiques de la pensée politique », 1967.
2. Ce personnage, pendant la Révolution, sera régicide et deviendra l'un des jacobins les plus radicaux (c'est à cette époque qu'il fut surnommé Merlin « de Douai »).

Cet ouvrage est peu connu, et la tempête révolutionnaire l'a empêché, de toute façon, de jouer un rôle réel dans l'évolution des idées. Mais, comme il se veut un ouvrage de formation pratique des juristes de droit public dans la décennie 1780, où l'on essaie d'expliquer la logique interne du droit et des institutions politiques alors en vigueur, le texte reflète bien ce qu'était l'absolutisme dans l'esprit des « constitutionnalistes » français de la fin du XVIIIe siècle. Nous en citerons quelques idées recueillies par François Olivier-Martin.

Examinons les points les plus significatifs de la doctrine absolutiste française en sa maturité.

I — L'UNITÉ ET L'INDIVISIBILITÉ DU POUVOIR

L'idée de Bodin, selon laquelle la souveraineté est, par essence, indivisible et cesse d'être la souveraineté dès qu'elle se morcelle, séduit ses successeurs. Il faut, dit Richelieu,

« qu'un seul pilote soit au timon de l'État. Rien de plus dangereux que diverses autorités égales en l'administration des affaires. Un corps... ayant plusieurs têtes ne peut avoir un même esprit. Il ne peut souvent être porté ni à connaître ni à souffrir, son propre bien étant composé d'autant de divers mouvements qu'il est composé de divers sujets. »

D'où, pour Richelieu, la nécessaire réduction ou l'élimination de toutes les forces sociales autres que le roi et son ministre. Il faut, dit, au XVIIIe siècle, le président Hainault, une « volonté suprême », une instance dernière, si l'on veut éviter de tomber dans le désordre : « Il faut que le droit demeure à quelqu'un » (cité par Olivier-Martin, p. 116).

À noter que le peuple a souvent souhaité que le roi agisse par lui-même. Il veut que le roi Louis XIII, trop soumis à Concini, « fasse le roi ». De même, les troubles de la Fronde font souhaiter un gouvernement autoritaire. Omer Talon dit au jeune Louis XIV : « Usez, Sire, de l'autorité tout entière que Dieu vous a donnée sur l'héritage des fleurs de lis ; tous vos sujets la reconnaissent légitime, mais usez-en royalement et par vous-même ! Que nous honorions la royauté dans son centre et dans le point véritable de son exaltation ! » (cité par Olivier-Martin, p. 278-279).

Les évêques, dans une déclaration de 1654, approuvent cette vue : soucieux que le roi prenne des décisions fermes contre les protestants, ils distinguent ce que le roi fait par ses conseillers et ce qu'il fait par lui-même après avoir pris connaissance du problème, « parce que Dieu donne une plus grande lumière aux rois qu'aux juges dont ils se servent ; de sorte que, quand leurs bouches royales ont prononcé sur ce qu'elles ont vu, il n'y a rien qui doive être plus ferme ni plus inébranlable ». Déjà Catherine de Médicis exhortait ses enfants à gouverner seuls en écartant les favoris.

La même idée est réaffirmée au XVIIIe siècle quand progressent les idées constitutionnelles.

Un arrêt du Conseil du roi de 1730, dans le contexte de la lutte parlementaire contre l'absolutisme, condamne un Mémoire rédigé par 40 avocats, au motif qu'il tend à altérer « cette unité du gouvernement *qu'on ne peut partager sans la détruire* » (Olivier-Martin, p. 112). Lors de la fameuse « séance de la Flagellation » du 3 mars 1766, Louis XV fait lire devant le Parlement de Paris la déclaration suivante : « En ma personne seule réside la puissance souveraine, dont le caractère propre est l'esprit de conseil, de justice et de raison. [...] C'est de moi seul que mes cours tiennent leur existence et leur autorité... La plénitude de cette autorité que les cours n'exercent qu'en mon nom demeure toujours en moi, et l'usage n'en peut jamais être tourné contre moi » (cité par Olivier-Martin, p. 487).

C'est là un aspect « mystérieux » (le mot est employé) de la fonction royale. Tout cela est redit une dernière fois par Merlin :

« Ainsi un seul Roi, indépendant, absolu, qui ne tienne que de Dieu un pouvoir dont il ne doit compte qu'à lui seul ; pouvoir qu'il ne peut ni diviser ni détruire, et qu'il transmet nécessairement à son successeur légitime dans toute sa plénitude, comme il l'a reçu de ses ancêtres, pouvoir qui soumet indistinctement et également à son autorité le premier prince de son sang[1] et le dernier de ses sujets ; pouvoir dont il doit à la vérité, pour les besoins de l'État, communiquer une portion à ceux qu'il honore de sa confiance, mais dont la plénitude réside toujours dans sa personne ; pouvoir qui ne peut être restreint que par lui-même, sans qu'aucune volonté particulière ou générale ait le droit d'en arrêter le cours. Telle est la constitution d'une monarchie, tel est le gouvernement français. [...] Nous avons un roi, c'est-à-dire nous sommes soumis à la volonté d'un seul. Cette volonté ne doit pas être arbitraire, mais elle doit être suprême ; le pouvoir qui en résulte ne doit pas être despotique, mais il ne peut être partagé ; et, s'il est utile de ralentir son action pour l'éclairer, il n'est jamais permis de la suspendre pour l'intercepter et pour l'éteindre » (*Droit des Offices*, cité par Olivier-Martin, p. 115).

II — LA DOCTRINE DU « DROIT DIVIN » DES ROIS ET LE QUASI-CULTE ROYAL

Ceci implique une survalorisation du personnage royal, à laquelle on va assister effectivement à partir surtout du règne de Louis XIV. Depuis Pépin le Bref, certes, le roi est sacré et porteur de

---

1. Il n'est décidément plus accepté, en cette fin du siècle des Lumières, que le pouvoir royal puisse être « clanique », partagé à quelque degré entre les différents membres de la famille royale, comme il l'était sous les premières dynasties et en pratique encore largement sous les premiers Bourbons.

pouvoirs miraculeux. Mais il est essentiel de comprendre que la doctrine nouvelle du « droit divin des rois » est d'un esprit complètement différent de celui de la vieille royauté sacrée. D'ailleurs elle *n'émane pas de théologiens, mais de juristes de droit public* ; en fait, elle est une idée fort peu catholique, et même tout à fait laïque, pour ne pas dire athée. Elle est une des sources du laïcisme et de l'étatisme français, et c'est pourquoi il vaut la peine de suivre le développement de la doctrine et d'évoquer quelques-unes des querelles auxquelles elle a donné lieu, qui occupent le devant de la scène politique intérieure tout au long du XVIIᵉ siècle.

L'idée même remonte loin. Contre les prétentions des *Dictatus papæ,* les rois de France, comme les empereurs d'Allemagne, avaient protesté et, invoquant la doctrine des Deux Glaives[1], avaient soutenu que le glaive temporel leur avait été donné par Dieu en même temps que le glaive spirituel était donné au pape. Philippe Auguste avait écrit en ces termes à Innocent III : *« Innocentio Dei gratia sanctæ Romanæ Ecclesiæ summi et universali pontifici, Philippus EADEM GRATIA Francorum Rex »,* « À Innocent, souverain et universel pontife de la sainte Église romaine, Philippe, roi des Francs PAR LA MÊME GRÂCE ». Lors des premiers États généraux, sous Philippe le Bel, le roi avait dit qu'il ne devait son trône qu'à Dieu et non au pape, et qu'il n'était pas soumis à la juridiction de l'Église, malgré le sacre : « Nos prédécesseurs, avec la grâce de Dieu, ont conquis [ce royaume de France] sur les barbares par leur propre courage et la vaillance de leur peuple, ils ont su [le] gouverner ensuite avec fermeté, ils ne [l']ont jamais tenu de personne que de Dieu... »[2]

L'idée est radicalisée, nous l'avons vu, par les juristes royaux de l'époque de la guerre de Cent ans. Puis elle est réaffirmée à l'occasion de la grave querelle qui oppose le pape Jules II au roi Louis XII. Le Concordat de Bologne de 1516 règle le problème en scellant l'égalité des deux puissances. Mais le feu se rallume à la fin du XVIᵉ siècle dans le contexte des guerres de religion. Le problème qui se pose alors aux juristes est de mettre le roi à l'abri des menaces émanant tant des anti-absolutistes protestants que des théologiens de la Contre-Réforme qui argumentent en faveur du droit de déposition des rois par le pape, et même du « tyrannicide ».

Henri III avait fait exécuter le duc et le cardinal de Guise en 1588, après la journée des Barricades et la naissance de la deuxième Ligue. Le pape Sixte Quint l'avait alors excommunié (1589). Le roi avait été, aussitôt après, assassiné par le moine ligueur Jacques Clément. Ensuite, Grégoire XIV avait refusé de

---

1. Cf. *HIPAMA,* p. 621-627.
2. Qui est donc présenté comme le maître des batailles : le Dieu chrétien est ravalé au rôle païen de l'antique Fortune. Les rois de France devraient leur trône au même type de légitimité que les rois hellénistiques (cf. *HIPAMA,* p. 355-357). On s'éloigne certes de l'idée augustinienne du pouvoir royal comme « service ». D'autres textes royaux formulent des prétentions analogues.

reconnaître Henri IV, l'avait déclaré hérétique relaps[1] et incapable d'accéder au trône de France, et il avait relevé les sujets du devoir de fidélité. Moyennant quoi Henri avait déclaré dès 1589 : « Les souverains ne rendent *qu'à Dieu seul* compte de leur sceptre » (Olivier-Martin, p. 75-76). Même si la question avait été réglée en pratique par l'ultime conversion d'Henri IV (1594), le contentieux né de tous ces événements n'était nullement éteint du côté des parlementaires et des juristes. D'autant qu'Henri IV lui-même, avant d'être effectivement tué par Ravaillac en 1610, dut subir une dizaine d'attentats – dont celui de Chatel, élève des jésuites – inspirés par les fanatiques catholiques et parfois manipulés par l'Espagne. La défense du roi devint alors une affaire non plus seulement de religion, mais de politique nationale.

1) *La polémique entre les propagandistes royaux et les ultramontains*

C'est alors que de nombreux ouvrages entreprennent de justifier et, en fait, de durcir la thèse selon laquelle le roi de France tient son pouvoir directement de Dieu (Pierre de Belloy, *Apologie catholique*, 1585 ; *De l'autorité du Roi*, 1587 ; William Barclay[2], *De regno et regali potestate*, 1600...). Il s'agit, par tous ces ouvrages, de protéger le roi contre les « monarchomaques » (« ceux qui combattent les rois », expression forgée par Barclay), les tyrannicides et les ultramontains.

Antoine Loisel dit à présent : « Le Roi ne tient que de Dieu et de l'épée », c'est-à-dire de la légitimité dynastique et du droit de conquête, et non pas de l'Église, pas plus que du consentement du peuple, ni de celui des États. Lui désobéir, c'est désobéir à Dieu. Le Bret dit de son côté : comme Saül, les rois de France sont choisis directement par Dieu.

Inversement, plusieurs ouvrages émanant des thomistes de la Contre-Réforme affirment que le pouvoir royal résulte d'une délégation du peuple et soutiennent le « pouvoir indirect du pape » (cf. *infra*, p. 189-191). Commence alors une guerre idéologique qui durera des décennies. Les ouvrages en question sont condamnés par le Parlement de Paris et brûlés en place de Grève (celui, par exemple, du cardinal jésuite Bellarmin, *Tractatus de potestate Summi pontificis*, condamné le 16 novembre 1610, ou celui d'un autre jésuite, Mariana, qui défend la légitimité du tyrannicide dans un certain nombre de cas, condamné en 1613[3]).

1. Henri IV, élevé dans la religion protestante, s'était en effet converti lors de son mariage avec la reine Margot, puis était revenu au protestantisme (avant de se convertir à nouveau au catholicisme en 1594).
2. Écossais, mais docteur en droit de Bourges, professeur à Pont-à-Mousson, célèbre faculté de droit de cette époque.
3. Sur Bellarmin et Mariana, cf. *infra*, p. 177-179.

La polémique ne se limite pas à la France et prend une dimension européenne. Jacques Ier d'Angleterre[1] exige de ses sujets catholiques, en 1606, un serment d'allégeance (*juramentum fidei*, le « serment d'Angleterre ») qui porte atteinte aux droits du pape. Il justifie cette décision par une *Apologie* adressée à tous les princes chrétiens (1609), dans laquelle il soutient qu'ayant été choisis directement par Dieu, les rois n'ont de comptes à rendre qu'à lui et ne sont soumis à aucune autorité terrestre. Bellarmin et Suarez lui répondent. Mais la *Defensio fidei catholicæ* de ce dernier est condamnée à son tour par le Parlement de Paris en 1614.

2) *La demande du cahier du Tiers État aux États généraux de 1614*

Aux États généraux de 1614, Jean Savaron[2] veut à son tour « arrêter le cours de la pernicieuse doctrine [celle de Bellarmin] qui s'introduit depuis quelques années contre les rois et puissances souveraines établies de Dieu ».

Le Tiers État de l'Île-de-France avait, dans son cahier de doléances, exprimé une revendication inspirée d'un ouvrage d'Edmond Richer, syndic de la Sorbonne, paru en 1611. Cette revendication est reprise par le cahier commun du Tiers État, qui demande au roi « de faire arrêter en l'assemblée de ses États pour loi fondamentale du royaume, qui soit inviolable et notoire à tous, que, comme *il est reconnu souverain en son État, ne tenant sa couronne que de Dieu seul,* il n'y a puissance en terre, quelle qu'elle soit, spirituelle ou temporelle, qui ait aucun droit sur son royaume, pour en priver les personnes sacrées de nos rois, ni dispenser ou absoudre leurs sujets de la fidélité et obéissance qu'ils lui doivent, pour quelque cause ou prétexte que ce soit » (cité par Olivier-Martin, p. 78). Cette loi fondamentale devra être jurée par tous les officiers du roi et les prédicateurs, et ceux qui refuseront seront déclarés coupables du crime de lèse-majesté. C'est l'équivalent du « serment d'Angleterre ».

Mais la délégation du clergé, présidée par le cardinal Du Perron, exprime une opinion contraire : tout en admettant que le roi n'a pas de supérieur temporel, elle soutient que les sujets peuvent être déliés du serment de fidélité à un roi déclaré hérétique. Certes, il pourrait arriver qu'un pape lui-même hérétique veuille excommunier un roi qui ne l'est pas. Mais, dans ce cas, le royaume n'est pas désarmé : le clergé du royaume et les autres ordres diront la vérité, et la condamnation papale restera sans effets. La proposition du Tiers est donc, au

---

1. Ce roi, avant de régner sur l'Angleterre à partir de 1603, était roi d'Écosse et avait utilisé ses loisirs à l'étude. « Roi docteur », ce qui est un cas presque unique, il prit lui-même la plume pour polémiquer avec les anti-absolutistes dans son propre pays et de l'étranger. Nous reparlerons des idées politiques de Jacques Ier dans le chapitre sur la Révolution anglaise.

2. Lieutenant de la sénéchaussée d'Auvergne (Clermont), Savaron est l'auteur de *De la Souveraineté du roi et de son royaume* (1615), et de deux autres traités. Il est de ceux qui ont formulé le plus complètement la doctrine gallicane du droit divin.

mieux, inutile, au pire elle est elle-même condamnable théologiquement. Ce qu'on pourrait appeler, avant la lettre, son « laïcisme », est inadmissible. Notons donc que le clergé, à cette date, est encore relativement indépendant du pouvoir royal. Le roi[1], se rangeant aux objections de Du Perron, est obligé de rejeter la proposition du Tiers et interdit même aux États de discuter de la question de l'origine du pouvoir, afin de pacifier les esprits.

La doctrine du droit divin est à nouveau soutenue par Le Bret, par Dupuy[2]. En 1625, l'affaire des *Deux Libelles*[3] et, en 1626, celle de Santarelli[4], sont des flambées « nationalistes » que Richelieu s'efforce de calmer. Richelieu inspirera néanmoins lui-même, en 1641, le traité de Marca, évêque de Paris, sur l'origine du pouvoir, le *De Concordia* (mis à l'Index par Rome) où Marca entend démontrer l'identité d'origine de la puissance séculière et de la puissance spirituelle. C'est le signe d'une nette évolution du clergé en faveur du nouveau régime.

3) *Louis XIV. L'Assemblée du clergé de 1682.*
La déclaration des Quatre Articles

Cette évolution est renforcée sous Louis XIV qui, dès le début de son règne personnel en 1661, s'en prend aux prérogatives traditionnelles du clergé et asservit délibérément l'Église gallicane afin d'étendre l'absolutisme. L'asservissement est accompli en 1682 avec la fameuse déclaration du clergé dite « des Quatre Articles », où Bossuet a joué le premier rôle. Les trois derniers articles, qui concernent le problème de la « Régale »[5], sont âprement débattus, mais le premier article est adopté, semble-t-il, sans discussion. Or il énonce :
« que saint Pierre et ses successeurs, vicaires de Jésus-Christ, et que toute l'Église même n'ont reçu de puissance de Dieu que sur les choses spirituelles et qui concernent le salut et non point sur les choses temporelles... Nous déclarons en conséquence que les rois et souverains ne sont soumis à aucune puissance ecclé-

1. Louis XIII, âgé de 13 ans, vient d'être déclaré majeur.
2. Auteur de *Les preuves des libertés de l'Église gallicane,* 1639 ; à la demande de Rome, le livre est condamné par l'assemblée du clergé.
3. Richelieu, pendant un épisode de la guerre franco-espagnole, l'affaire de la Valteline, ayant soutenu le canton protestant des Grisons contre le roi d'Espagne, est pris à partie dans deux libelles qui menacent le roi de sanctions religieuses. Ces libelles, qu'on suppose écrits par des jésuites, sont aussitôt condamnés par la Sorbonne et par une assemblée du clergé, dans une atmosphère de brûlante polémique.
4. Jésuite italien, auteur d'un livre qui soutient le pouvoir indirect du pape et dont on a saisi à Paris quelques exemplaires.
5. C'est-à-dire le droit du roi de nommer aux bénéfices ecclésiastiques dans certains évêchés (régale spirituelle) : Louis XIV voulut, en 1673, étendre ce droit à tous les évêchés de France, et il en résulta une longue crise avec Rome qui ne prit fin qu'en 1693.

siastique, par l'ordre de Dieu, dans les choses temporelles, qu'ils ne peuvent être déposés ni directement ni indirectement par l'autorité des chefs de l'Église, que leurs sujets ne peuvent être dispensés de la soumission ou de l'obéissance qu'ils leur doivent ou absous du serment de fidélité ».

Le clergé vote le texte, se déjugeant ainsi de ses positions de 1614. C'est que ses membres ont fait leurs études en Sorbonne, où l'on professe depuis longtemps des idées gallicanes, et qu'ils se sont faits à l'absolutisme louis-quatorzien. Le clergé est, de toute façon, à cette date, depuis longtemps, exclusivement nommé par le pouvoir ; il ne compte plus guère d'hommes indépendants.

Ces événements, qui peuvent paraître anecdotiques, sont en réalité très importants en ce qu'ils marquent les étapes de ce qu'on peut appeler la sacralisation de l'État en France et permettent de comprendre les sources de l'étatisme français. En effet, le régime est parvenu à faire nier par la Faculté de théologie (la Sorbonne) et l'Assemblée du clergé elles-mêmes – c'est-à-dire les institutions intellectuelles en principe les plus indépendantes – leurs droits de critique. Le contraire se passe au même moment outre-Manche et outre-Atlantique, avec l'épopée du *May Flower*, l'établissement des théocraties du Massachusetts et de la Pennsylvanie, et d'autres sociétés où les pouvoirs spirituels sont forts et où l'État, ainsi, est soumis à la surveillance et au jugement de la société civile.

Face à un roi ainsi quasi divinisé, l'opposition s'assimile à l'hérésie. Le Bret retrouve les accents de Luther :

« Dieu nous a tellement obligés à nous soumettre aux volontés de nos princes, qu'il ne nous est pas permis, pour quelque occasion que ce soit, de nous révolter et de prendre les armes contre eux ; s'ils nous chassent de nos maisons, s'ils pillent nos biens, nous devons lever les mains vers le ciel et prier pour leur prospérité ; s'ils nous font quelque notable injustice, nous devons admirer le jugement de Dieu, qui ne permet jamais aucun mal sans quelque juste occasion ; s'ils usent de toutes sortes de violences et de cruautés contre nous, les seules armes qui nous sont permises pour nous en défendre, c'est la patience. *Principi collo non bello, patientia non violentia, patiendo non agendo resistendum est, si quando resistendum*[1], dit saint Ambroise » (*Remontrance 10ᵉ, faite à l'ouverture du Parlement à Pâques 1614, in Recueil de plusieurs Remontrances de M. Le Bret, Œuvres de Messire Cardin Le Bret, 1689, p. 399*).

Dans ces conditions, la survalorisation de la personne royale dont nous parlions en commençant peut dépasser la mesure. Louis XIV est intimement persuadé qu'il est d'une essence différente des autres hommes. Face au roi, écrit-il,

« tout le reste est rampant, tout le reste est impuissant, tout le reste est stérile. On ne poursuit, on n'attend, on ne fait rien que par lui seul... On regarde sa

---

1. « À supposer qu'il faille résister au prince, il faut lui résister en se soumettant et non en lui faisant la guerre, par la patience et non par la violence, passivement et non activement. »

bonne grâce comme la seule source de tous les biens... On ne croit s'élever qu'à mesure qu'on s'approche de sa personne et de son estime » *(Supplément aux Mémoires)*.

D'où le faste inouï de la Cour : ce faste est voulu, il n'est pas seulement un attribut d'un « rituel royal » archaïque, il s'inscrit dans une politique délibérée elle-même fondée en doctrine explicite.

III — LA NEUTRALISATION DES ASSEMBLÉES REPRÉSENTATIVES

Pour Le Bret comme pour Bodin (cf. *supra,* p. 87-88), il n'y a, entre le roi et ses sujets (quels qu'ils soient, famille, vassaux, conseils, cours souveraines, officiers ou peuple), aucun contrat synallagmatique, malgré les serments du sacre. Il ne saurait donc y avoir de contrôle de l'exécution d'un contrat qui n'existe pas. En doctrine, l'absolutisme refuse donc tout partage du pouvoir royal avec des assemblées quelconques, en particulier les *États généraux* et les *Parlements*.

1) *Justification de la non-réunion des États généraux*

On a vu que les États généraux ne sont plus jamais réunis en France après 1588 (sauf en 1614 pendant la régence de Marie de Médicis : c'est l'exception qui confirme la règle).

Richelieu ne veut pas d'États généraux. Selon lui, le bilan des États de 1614 est nul, si ce n'est qu'il a fallu augmenter les impôts des provinces pour... payer leurs députés. Il écrit dans le *Testament* :

« Dans une communauté, le nombre des fous est plus grand que celui des sages et, comme dit Sénèque, les esprits ne sont pas si bien disposés que les meilleures choses plaisent à la plus grande part. »

Le pouvoir doit donc rester concentré entre les mains du petit nombre de sages que comporte le gouvernement.

De même, Louis XIV ne veut pas d'États ni d'assemblées légiférantes, comme en Angleterre :

« Cet assujettissement qui met le souverain dans la nécessité de prendre la loi de ses peuples est la dernière calamité où puisse tomber un homme de notre rang » *(Supplément aux Mémoires)*.

Le Tiers-État est représenté aux États généraux. Or Richelieu méprise le peuple et ne veut surtout pas qu'il puisse dire son mot sur les impôts :

> « Il serait impossible de contenir les peuples dans les règles des devoirs s'ils étaient trop à leur aise. Ils doivent être retenus par quelque nécessité dans les règles qui leur sont présentées par la raison et par les lois. Ils penseraient être libres de l'obéissance s'ils étaient libres des tributs. Il faut les comparer aux mulets qui, étant accoutumés à la charge, se gâtent par un trop long repos plus que par le travail. »[1]

Louis XIV lui fait écho :

> « Le peuple est insatiable dans ses réclamations ; plus vous le caressez, plus il vous méprise. »

Pas question, donc, de le « caresser » en lui donnant occasion de parler dans des États.

2) *Justification de l'asservissement des parlements*

La doctrine et la pratique de l'absolutisme vont tendre également à nier le *droit de remontrances* des parlements.

Précisons l'origine et les raisons d'être de ce droit traditionnel. Les parlements, tribunaux et organes administratifs suprêmes de chaque grande circonscription du royaume, doivent faire respecter la loi du souverain. Il faut donc qu'ils en tiennent registre. C'est eux qui assureront ensuite la diffusion du texte, augmenté des explications ou modalités d'application nécessaires, dans les juridictions inférieures, dans toute l'arborescence de l'administration du royaume. Ils en communiqueront des copies authentiques à tous les requérants. Il faut donc que les textes soient d'abord « enregistrés » par les cours, dont, concrètement, les greffiers recopieront les textes reçus de la chancellerie royale. Mais le greffier n'agit pas de sa propre initiative : il reçoit ses instructions de la Cour, qui vérifie préalablement le texte. De quelle nature est cette « vérification » ?

— *Le roi protégé contre lui-même.* D'abord il s'est agi de vérifier si des mesures obtenues du roi à la requête de particuliers ne portaient pas grief à des tiers, ou si ces mesures n'étaient pas contraires à des ordonnances générales promulguées par ailleurs par le pouvoir royal. Le roi, dans ce cas, demande à être protégé contre les erreurs intéressées des requérants, qui ont pu lui présenter une version « subreptice » (= qui ne dit pas tout) ou « obreptice » (= qui est contraire aux faits) de l'affaire, ou contre ses propres oublis. Cette demande du roi aux cours souveraines est normale, puisqu'il considère les membres de ses cours comme ses conseillers tout dévoués. Si ceux-ci découvrent un problème, ils feront au roi des « remontrances » (de « très humbles et très respectueuses remontrances » ; selon la formule effectivement employée jusqu'à la Révolution), et l'enregistrement sera suspendu jusqu'à ce que la cour ait reçu une réponse du roi.

---

1. Nous avons déjà rencontré cette plaisanterie douteuse chez Machiavel et Luther.

Un corollaire devrait être que, quand le roi déclare agir, non « sur requête », mais « de son propre mouvement », il n'y ait pas lieu de discuter le texte. En fait, il semble que le roi ait admis, même dans ce cas, que les cours lui fassent des objections, non pas seulement de forme, mais de fond. Les magistrats sont en effet les conseillers du roi, même s'ils appartiennent désormais à un « deuxième cercle ». « Nous avons l'honneur d'être tous officiers de Sa Majesté pour délibérer en toute liberté sur les affaires qui se présentent et dire notre avis suivant les mouvements de nos consciences » (texte de 1718, cité par Olivier-Martin, p. 421).

— « *Lettres de jussion* », « *lits de justice* ». Si le roi ne tient pas compte des objections, les conseillers pourront faire encore d'autres remontrances (appelées « itératives remontrances »). Si le roi veut passer outre, il ordonnera qu'on enregistre le texte par une « lettre de jussion ». Si la cour n'obtempère toujours pas, le roi viendra en personne au Parlement de Paris (pour les cours souveraines parisiennes de second rang ou les parlements de province, il enverra un représentant, un prince du sang, le lieutenant général, ou un gouverneur), il siégera sur le trône qui lui est réservé dans la salle des sessions (le « lit de justice », d'où le nom donné à la procédure) et il ordonnera lui-même au greffier de recopier le texte en litige. Les magistrats pourront alors inscrire en marge du texte qu'il est enregistré contre leur consentement.

Toute la question est évidemment de savoir si le droit de faire des remontrances et des itératives remontrances peut aller jusqu'à un véritable droit de *veto* et, par voie de conséquence, *si le processus législatif est ou non partagé entre le roi et ses cours*[1].

Le triomphe de l'absolutisme louis-quatorzien se marque, de fait, par la suppression – par étapes, mais presque totale – du droit de remontrances, c'est-à-dire par l'affirmation du droit absolument exclusif du roi de faire la loi, conformément à la doctrine de Bodin.

En 1648[2], l' « arrêt d'Union », par lequel le Parlement et les autres cours souveraines de Paris avaient déclaré ne constituer qu'un seul corps, avait marqué le début de la Fronde. C'était un acte nettement anti-absolutiste, puisqu'il constituait une référence au moins implicite à la fameuse assemblée primitive gauloise et franque célébrée par Hotman[3], censée représenter le peuple. Les différentes cours prétendaient parler d'une seule voix, non en conseillers du prince, mais en porte-parole d'un peuple partageant avec lui la souveraineté. C'était aussi une tentative de s'aligner sur le Parlement anglais, qui était en guerre à ce moment avec les Stuarts et élevait des prétentions similaires[4].

Aussi le pouvoir royal se décide-t-il à sévir. Dès 1653, une ordonnance du roi interdit au Parlement « de prendre connaissance des affaires de notre État et

---

1. Au XVI⁰ siècle et encore au début du XVII⁰ siècle, les refus d'enregistrer sont très nombreux (par exemple à l'occasion de la guerre menée par l'Université, le Parlement et l'évêché de Paris contre les jésuites, cf. Aristide Douarche, *L'Université de Paris et les jésuites* [1888], Genève, Slatkine Reprints, 1970).
2. Nous résumons les exposés de François Olivier-Martin, *Les Lois du Roi*, p. 324-370 ; *Les Parlements contre l'absolutisme traditionnel au XVIIIⁱ siècle*, p. 403-418.
3. Sur Hotman, cf. *infra*, p. 203 sq.
4. Cf. *infra*, p. 269-270.

de la direction de nos finances ». Quand Louis XIV entame son règne personnel, il renouvelle et aggrave ces interdictions, en 1661, en 1665, puis en 1667
où une ordonnance civile réglemente l'usage des remontrances. Elles devront
être présentées au roi sous huitaine ou sous six semaines, selon que le souverain
est présent ou non dans la ville de la cour. Ce délai écoulé, les lettres seront
réputées publiées, ce qui veut dire que le roi se chargera lui-même de les transmettre aux baillages et autres autorités locales du ressort de la cour pour exécution. Les remontrances itératives sont supprimées. L'article 6 interdit de modifier ou de modérer les lois. L'article 7 réserve au roi l'interprétation des lois.
L'article 8 annule tous arrêts et jugements qui leur seraient contraires. Ces dispositions sont encore durcies en 1673 par une nouvelle déclaration.

Mais, blessées, les cours décident de ne plus envoyer du tout de remontrances. L'enregistrement des lois devient à partir de cette date une formalité mécanique. On entre dans la nuit noire de l'absolutisme. Les cours ne sortiront de leur
mutisme qu'en 1714, lorsqu'elles formuleront des réserves à propos de la bulle
Unigenitus contre le jansénisme. Mais ce sera au moment où le roi est mourant.

En 1715, le Régent Philippe d'Orléans, ayant besoin du Parlement pour faire annuler certaines dispositions du testament de
Louis XIV (celles relatives au droit de succession des bâtards), res-
titue aux cours leur droit de remontrances. Les cours vont user
abondamment de ce droit tout au long du XVIIIᵉ siècle (cf. *infra*,
p. 455-461). Mais la doctrine louis-quatorzienne du passer outre sera
réaffirmée tout au long du siècle.

Le 7 décembre 1770, le chancelier Maupeou, nommé par le roi Louis XV
pour mettre un terme à la fronde parlementaire, met ainsi les points sur les *i* à
l'intention du Parlement : « Quand le législateur veut manifester ses volontés,
vous êtes son organe, et sa bonté permet que vous soyez son conseil. Il vous invite
à l'éclairer de vos lumières et vous ordonne de lui montrer la vérité. Là finit votre
ministère. Le roi pèse vos observations dans sa sagesse, il les balance avec les motifs
qui le déterminent ; et, de ce coup d'œil qui embrasse l'ensemble de la
monarchie, il juge les avantages et les inconvénients de la loi. S'il commande
alors, vous lui devez la plus parfaite soumission. Si vos droits s'étendaient plus
loin, si votre résistance n'avait pas un terme, vous ne seriez plus ses officiers, mais
ses maîtres ; sa volonté serait assujettie à la vôtre ; la majesté du trône ne résiderait
plus que dans vos assemblées ; et, dépouillé des droits les plus essentiels de sa couronne, dépendant dans l'établissement des lois, dépendant dans leur exécution, le
roi ne conserverait que le nom et l'ombre vaine de la souveraineté » (cité par Olivier-Martin, *Les lois du roi, op. cit.,* p. 363).

IV — L'ÉLIMINATION DES POUVOIRS LOCAUX
OU CORPORATIFS

Au pouvoir absolu du roi font encore obstacle les pouvoirs
locaux ou corporatifs. Le Bret reprend à ce sujet, en l'aggravant, la

doctrine de Dumoulin et de Bodin selon laquelle les puissances féodales et communales étant de pures et simples usurpartions, il
convient de reconquérir l'intégralité des droits de la Couronne à
leurs dépens. Sont visés les seigneurs hauts justiciers et les seigneurs
ecclésiastiques qui gardent des activités administratives, et les titulaires d'offices, jugés trop indépendants. Le Bret justifie donc en stricte
doctrine le remplacement progressif des autorités locales dotées de
quelque autonomie par cette pyramide administrative entièrement
dépendante de l'État centralisé en laquelle Tocqueville verra
l'origine du jacobinisme et du bonapartisme, et qui sera attaquée,
dès le XVIIIᵉ siècle, tant par la « réaction nobiliaire » (Saint-Simon,
Boulainvilliers, Montesquieu...) que (pour des raisons différentes)
par les libéraux.

Typique de cette volonté de renforcer quoi qu'il advienne la puissance du
roi est l'hésitation de Le Bret au sujet de l'origine, seigneuriale (féodale) ou
souveraine (étatique), de cette puissance. Là où le droit de la seigneurie est douteux, il invoque le droit du roi, et *vice versa*. L'idée est que « sur toutes les terres
que le roi pourra se voir attribuer comme suzerain, soit par achat, soit par
confiscation, soit par réversion, il va s'y faire reconnaître comme souverain[1]. Il
ne faut donc pas s'étonner de voir Le Bret se préoccuper d'établir, avant la
souveraineté du roi, sa suzeraineté sur l'essentiel du territoire » (Picot, *op. cit.,*
p. 118), y compris les terres allodiales. L'enjeu est que, si le roi est à la fois souverain et seigneur, il cumulera *imperium* et *dominium,* juridiction et propriété,
du moins propriété « éminente », ce qui a son intérêt, nous le verrons plus
loin, lorsqu'il s'agit de justifier les abus de la fiscalité et les expropriations (ce
droit « seigneurial » sera assumé plus tard sans complexe par l'État jacobin et
républicain).

La lutte contre les pouvoirs locaux s'accentue sous Richelieu et
surtout sous Louis XIV, qui met définitivement en place le fameux
système des « intendants », commissaires nommés et contrôlés étroitement depuis Paris par le Contrôleur général, doublant et remplaçant systématiquement les officiers que sont les anciens gouverneurs. La période voit aussi la diminution du nombre des « pays
d'États », c'est-à-dire des provinces où il existe des assemblées
représentatives.

Ces mesures de centralisation administrative et fiscale ne sont
possibles que par un abaissement symétrique du pouvoir de la
noblesse, ou du moins par un changement notable de son statut

---

1. C'est le problème qui se pose pour les Trois-Évêchés (dont Le Bret, rappelons-le,
a été intendant), et plus généralement à l'occasion des « réunions », c'est-à-dire de
l'extension du royaume de France vers les territoires de l'ex-Lotharingie où le roi n'est
assurément pas, d'emblée du moins, souverain. On se souvient des réflexions de Bodin à
ce sujet (cf. *supra,* p. 84-85).

social et politique : elle est attirée à la cour où elle est politiquement neutralisée, et elle tend à être exclue systématiquement de la direction des affaires publiques au profit du Tiers État et de la robe.

Richelieu appartient à la noblesse d'épée. Socialement, il n'est pas hostile à cette catégorie sociale et veut lui réserver le maximum d'emplois. Mais il cherche à la canaliser sur de nouvelles activités qui soient en phase avec le pouvoir royal au lieu de lui être antagoniques. La guerre chronique où est plongée la France lui en fournit l'occasion. Il faut désormais une armée et une flotte permanentes, ce qui fournit un nouveau champ d'activité aux nobles : privés, désormais, de toute possibilité de faire la guerre pour leur propre compte, ils se reconvertissent dans la carrière militaire d'État[1]. Inversement, Richelieu méprise les nobles qui ne prennent pas leur part des charges civiles et militaires de l'État. Louis XIV a une attitude similaire à l'égard de la noblesse. Il avait reçu, au moment de la Fronde, des impressions cuisantes de la puissance de ce groupe social. Il ne respecte d'ailleurs pas plus la noblesse de robe, bien qu'il l'utilise. Il n'aime pas les « cours souveraines », dont il voudrait qu'elles ne donnent jamais d'avis différents de ceux de son conseil. Tout doit être « rampant ».

Louis XIV supprime aussi les autonomies municipales. Il met en place une tutelle administrative sur les villes, supprime le régime électif pour la désignation des maires. Pour ces mesures, il est guidé en particulier par des soucis fiscaux.

Mais l'État ne peut être parfaitement sûr si le principe de l'autorité pyramidale ne s'applique pas aussi à toutes les collectivités locales et aux associations. Aussi Le Bret pose-t-il en principe que « nul ne peut faire aucune assemblée, ni ériger aucune compagnie, pour faire un corps, sans l'autorité du prince » (*DLS,* IV, XIV, p. 172). Cela vise – au-delà des États généraux dont le sort est, nous l'avons vu, réglé de longue date – les *corporations, universités, congrégations,* et même les *foires.*

Le Bret refuse à cette occasion la *liberté d'enseignement.* Il se prend à rêver d'une Éducation nationale qui permettrait d'éviter, dit-il, que l'on « infecte » l'esprit des enfants par quelque mauvaise doctrine : « Les écoliers étant enseignés par de mêmes précepteurs sous de même lois et de mêmes maximes, il s'ensuivrait partout une conformité de doctrine qui est la chose qu'on doit le plus désirer en toutes sortes de professions et de sciences » (*DLS,* IV, XIII, p. 171)[2].

---

1. Situation qui se prolongera jusqu'au XIXe siècle, même sous la République.
2. Ce droit absolu de l'État sera exercé par Louis XV après l'expulsion des jésuites (création du concours d'agrégation en 1766), puis par Napoléon Ier qui créera l'Université monopolistique à laquelle notre « Éducation nationale » a succédé sans solution de continuité. Faisons remarquer à cette occasion que l'idée d'Éducation nationale a une origine, et obéit à une logique, absolutiste, et non démocratique comme on a essayé de le faire croire.

V — « NÉCESSITÉ » ET « RAISON D'ÉTAT »

Le pouvoir royal des derniers Bourbons, plus indivis et centralisé que la monarchie traditionnelle, tranche également avec elle par des traits moraux nouveaux.

D'abord le *pessimisme*, que paraissent accréditer les troubles de l'époque et dont l'apparition et la fortune du jansénisme sont des signes. Alors que Bodin disait encore : « Le bien en tout ce monde [est] plus fort et plus puissant que le mal » (*République,* Préface), un pessimisme foncier l'emporte avec Richelieu : « Il n'y a point de communauté où l'on ne trouve *beaucoup plus de mauvais sujets que de bons* » *(Testament politique).* Or, parce qu'ils sont prisonniers du péché, les hommes sont incapables de se gouverner eux-mêmes : nous retrouvons la vieille logique augustinienne remise en honneur par l'absolutisme luthérien.

Si le roi doit nommer lui-même aux bénéfices ecclésiastiques, c'est parce que des élections libres au sein des communautés ou des chapitres ne peuvent décidément se faire qu'avec « brigue ». Le roi doit utiliser les sceaux, car « les parjures et les perfidies ont banni de la terre la candeur, la franchise et la fidélité ». Le Bret : « Il n'est rien de plus muable et de plus inconstant que l'esprit de l'homme, ni sur quoi on puisse moins asseoir un solide fondement » (*Remontrances,* I, p. 341).

Toute démocratie serait fondamentalement irrationnelle, comme le dit Corneille :

> « Mais quand le peuple est maître ou n'agit qu'en tumulte,
> La voix de la raison jamais ne se consulte ;
> Les honneurs sont vendus aux plus ambitieux,
> L'autorité livrée aux plus séditieux. [...]
> Le pire des États, c'est l'État populaire » (*Cinna,* II, II).

Aussi les jansénistes, avant d'être persécutés par le régime, vont-ils le soutenir. Un régime autoritaire leur paraît inévitablement appelé par la nature pécheresse et insociable de l'homme. Pascal ne contestera pas les « grandeurs d'établissement ».

Autant que par ce demi-luthéranisme, le personnel politique de l'époque est marqué par le *machiavélisme.* On utilise couramment la notion de « nécessité », autre nom de la « raison d'État ». On cite la maxime romaine : *« salus populi suprema lex esto », «* que le salut du peuple soit la loi suprême ».

Le Bret, par exemple, inquiet des « émotions » de la populace, recommande, au nom de « la raison d'État et [de] la souveraine autorité », d'écraser les émeutes, de confisquer les biens, d'exercer des représailles, de prendre des mesures d'exil, de procéder à des mises à mort « exemplaires » (qui ne relèveront donc pas de la justice pénale, mais seront purement et simplement un acte de gouvernement). Il ne faut « point entrer en discours », dit-il, pour savoir si ces actes sont « fondé sur la justice » (*DLS*, III, XII, p. 124), puisqu'ils sont « nécessaires ». La nécessité a « le privilège de rendre justes et légitimes les actions qui, d'ailleurs, seraient injustes » (*DLS*, II, XIII, p. 73). « Aussi nous voyons qu'elle maîtrise et domine souvent sur les meilleures règles et maximes de l'État, les change et les varie ainsi que bon lui semble » (*Actions*, 20, p. 488). Il faut un arbitraire, précisément parce que l'arbitraire *fait peur.*

Le machiavélisme de Richelieu est encore plus accentué. Richelieu professe un mépris marqué pour les formes de droit. Parce que la « raison d'État » l'exige, le ministre exerce le pouvoir par des moyens largement extra-légaux.

L'ordre social n'est pas spontané. Les gouvernants sont toujours exposés aux risques de complots et séditions, et ils y font face pour le bien du peuple : « Il faut dormir, comme le lion, *sans fermer les yeux,* qu'on doit avoir continuellement ouverts pour prévoir les moindres inconvénients qui peuvent arriver, et se souvenir ainsi que la phtisie ne rend pas le pouls ému bien qu'elle soit mortelle, aussi arrive-t-il souvent dans les États que les maux, qui sont imperceptibles de leur origine et dont on a le moins de sentiment, sont les plus dangereux et ceux qui viennent enfin à être de plus grande conséquence » (*Testament politique,* p. 40-41).

Il faut donc agir préventivement, c'est-à-dire susciter la crainte. Or le problème est que la justice n'en inspire pas assez. Si l'on veut être craint, on n'hésitera donc pas à traiter les personnes par des moyens extra-judiciaires et, plus généralement, à user de moyens discrétionnaires et de voies de fait. Dans les affaires d'État, on se gardera de tout « juridisme »[1] :

« Les conjectures doivent souvent tenir lieu de preuves. [...] Bien qu'au cours des affaires ordinaires, la justice requiert une preuve authentique, il n'en est pas de même en celle qui concerne l'État, parce qu'en tel cas ce qui paraît par des conjonctures pressantes doit quelquefois être tenu pour suffisamment éclairci, d'autant que les partis et monopoles qui se forment contre le salut public se traitent d'ordinaire avec tant de ruses et de secret qu'on n'en a jamais de preuve évidente que par leur événement, qui ne reçoit plus de remède. Il faut [donc], en telle occasion, *commencer quelquefois par l'exécution,* au lieu qu'en toute autre, il faut avoir l'éclaircissement du droit par témoins ou par pièces irréprochables » (*Testament politique,* p. 47-48)[2].

---

1. Si la police ne faisait jamais de « bavures », si elle agissait toujours dans le strict respect des règles, si les délinquants (ou opposants) n'avaient jamais à redouter ses brutalités et son arbitraire, parviendrait-elle à tenir en respect la « bête » sociale ?
2. Richelieu argumente en faveur de ce contre quoi les Anglais luttent au même moment par leurs grands textes : *Petition of Rights, Habeas Corpus, Bill of Rights...* (cf. *infra*, p. 256 sq).

Richelieu expose donc la théorie qu'il faut appliquer dans la gestion de la *politique intérieure* les règles mêmes de l'*état de guerre*.

Les constitutionnalistes ont toujours prévu des pouvoirs extraordinaires – recours au « dictateur » ou au « sénatus-consulte suprême » à Rome, « état d'urgence », « état de siège », « article 16... » dans les constitutions modernes – pour permettre aux gouvernements de faire face à ces situations d'insurrection, de subversion, de « complot contre la sûreté de l'État », de guerre civile. Il n'est pas douteux qu'à l'époque de Richelieu de telles situations aient été fréquentes. Mais ce qui frappe, c'est que Richelieu *généralise ces principes* et pose en thèse – cela est dit explicitement – que les droits des individus ne comptent pas face à l'État et à la collectivité que l'État représente : « Être *rigoureux envers les particuliers,* qui font gloire de mépriser les lois et les ordres de l'État, c'est être *bon pour le public,* et on ne saurait commettre un plus grand crime contre les intérêts publics qu'en se rendant indulgents envers ceux qui les violent » (*Testament politique,* p. 44-45)[1]. Naturellement, de ces « intérêts publics », Richelieu se croit seul bon juge.

D'où une sévère réprimande à Louis XIII, décidément mauvais élève, puisque de précédentes leçons ne l'ont pas corrigé :

« Je l'ai souvent représenté à Votre Majesté et la supplie encore de s'en ressouvenir soigneusement, parce qu'ainsi qu'il se trouve quantité de princes qui ont besoin d'être détournés de la sévérité pour éviter la cruauté, à laquelle ils sont portés par leur inclination, Votre Majesté a besoin d'être divertie d'une fausse clémence, *plus dangereuse que la cruauté même,* puisque l'impunité donne lieu d'en exercer beaucoup, qu'on ne peut empêcher que par le châtiment. [...] En matière de crime d'État, il faut fermer la porte à la pitié, mépriser les plaintes des personnes intéressées et les discours d'une populace ignorante, qui blâme quelquefois ce qui est le plus utile et souvent tout-à-fait nécessaire » (*Testament politique,* p. 45-47).

Pour Louis XIV aussi, l'État *ne peut pas* pratiquer la morale chrétienne ; politique et morale ne se rencontrent pas, elles ne sont pas sur le même registre. Ici Louis XIV se fait mystérieux :

« La raison d'État est la première des lois par le consentement de tout le monde, mais la plus inconnue et la plus obscure à tous ceux qui ne gouvernent pas. »

Au XVIIIᵉ siècle, cette doctrine s'atténuera. Merlin dira que le roi n'est jamais « dispensé de faire connaître les raisons de sa conduite ou même d'en avoir » (on n'admet donc plus la maxime *pro ratione voluntas*). En 1782, Louis XVI répudiera solennellement la raison d'État entendue au sens de Machiavel.

Notons que, comme on pouvait s'y attendre, le droit perd son prestige auprès de ces « politiques ». Pour eux, l'« individualisme » du droit romain est

---

1. On se souvient que cette thèse était exprimée par Machiavel et par Bodin.

criticable. Les Romains « n'avaient rien en plus singulière recommandation que l'accomplissement des volontés des particuliers... au lieu que la plupart des lois et des coutumes générales du royaume de France n'ont d'autre but ni d'autre fondement que le bien de l'État et l'entretenement des familles » (Louët, *Recueil d'anciens notables arrests,* Paris, 1620, cité par Picot). Les publicistes français, qui ont trouvé leur bonheur dans le droit romain *public,* rechignent devant les implications libérales du droit romain *privé.* Ils préfèrent le droit de l'Empire à celui de la République.

VI — LES ACTES DE « PUISSANCE ABSOLUE »

Ces positions doctrinales autorisent un certain nombre de pratiques autoritaires, d'actes de « puissance absolue ».

1) *La théorie de la « justice retenue »*

Une large indépendance de la justice était devenue traditionnelle avec l'affirmation des principes d'inamovibilité puis de vénalité des offices de juges. Les gens du roi vont s'efforcer de reconquérir la justice ainsi déléguée. Les juges étant réputés n'avoir pas d'autorité propre, puisqu'ils jugent au nom du roi, on prétend que le roi peut, à tout moment, reprendre, « retenir » une justice qui est essentiellement sa prérogative personnelle[1].

Un juriste, Guillard, dit que les rois de France, « en qui réside toute la puissance de l'État et de sa juridiction », ne se sont nullement, en créant des tribunaux distincts de leur conseil, « dépouillés de cette autorité qui fait l'essence même de la royauté, inséparable de leur personne sacrée pour faire des magistrats indépendants... Le roi ni son conseil n'ont les mains liées par rapport aux cours que par des raisons de convenance et de bienséance » (cité par Olivier-Martin, *L'Absolutisme français,* p. 139). Merlin de Douai : dans le roi « demeure la plénitude de l'autorité qu'il a confiée à ses juges ». Il est vrai que c'est le principe même des « lits de justice » (en la grande Chambre du Parlement de Paris, il y a une sorte de grand divan installé tout en haut, sous le crucifix, destiné au roi, absent d'ordinaire, mais qui vient parfois s'y installer en personne ; lorsque cette circonstance survient, c'est le roi seul qui prend la décision). De ce principe traditionnel, on tire cependant des conséquences nouvelles.

La justice devient un instrument politique. Le roi peut « évoquer » des affaires, dessaisir un tribunal. Il peut s'emparer de certaines

---

1. Voir les détails de la théorie de la « justice retenue » dans François Olivier-Martin, *Histoire du droit français, op. cit,* n° 387-392.

affaires intéressant ses proches, confier à des commissions temporaires de juges le traitement de certains dossiers politiques, financiers ou fiscaux. Richelieu juge tous ces tribunaux *ad hoc* utiles « pour éviter les épines des Parlements ». Fouquet, par exemple, a été jugé par des commissaires.

Les « lettres de justice » sont des ordres du roi adressés aux cours à propos d'une affaire. Les juges doivent se souvenir des intérêts supérieurs dont le roi a la charge[1]. Si, par exemple, une des parties a agi dans le cadre du service du roi, les cours devront surseoir à statuer. Par ses lettres, le roi introduit aussi de nouveaux principes comme l'équité, et les cours alignent leur jurisprudence sur les principes suggérés ; en fait, comme jadis l'Empereur romain par ses « rescrits », le roi légifère indirectement par cette voie (cf. Olivier-Martin, *L'Absolutisme français,* p. 142-143).

2) *Les grâces*

Le roi délivre encore des *lettres de grâce.* Il est important de comprendre que le concept de « grâce », sous l'absolutisme, dépasse de beaucoup le droit pénal. En réalité, les grâces permettent que le pouvoir du roi s'exerce discrétionnairement et échappe aux contraintes du droit commun ; elles sont un véritable moyen de gouvernement discrétionnaire.

On peut, par exemple, faire grâce de certains *impôts.* Les *privilèges de librairie* sont, dans la forme, des grâces (ils ne sont donc pas des droits). Il y a aussi des lettres améliorant la *situation des personnes* : légitimation des bâtards, affranchissement des serfs, anoblissement des roturiers, concession de titres nobiliaires, érection de terres en seigneuries titrées, décorations (ordres de Saint-Michel et du Saint-Esprit, Mérite militaire), naturalisation des étrangers. Par la voie des grâces, le roi accorde des dispenses pour passer outre au droit commun : *dispenses d'apprentissage* pour exercer un métier (elles se multiplient sous Louis XVI, au moment où l'on demande l'abolition des corporations). Les confirmations de *privilèges de villes et de communautés d'habitants* sont, en droit, des grâces. De même, les *nominations à certains emplois* sont des grâces, par exemple les « lettres de provision » qu'on accorde à un officier proposé par l'ancien titulaire de la charge, et les nominations à certains offices particulièrement importants, comme les premières présidences des cours. Le bénéficiaire demande son poste par un « placet ». Le roi accorde des lettres patentes ou des « brevets », procès-verbaux de décisions prises par le roi devant un secrétaire.

---

1. Les juges du régime absolutiste sont censés tenir compte, dans leurs jugements, de la politique du gouvernement autant et plus que du droit ; principe fondamentalement contraire à l'idée de la *rule of law,* et qui sera formellement condamné par les juristes anglais du XVIIIᵉ siècle, cf. *infra,* p. 333-334.

Les grâces peuvent aussi avoir pour objet des libéralités, terres ou argent. Les cours, et surtout la Chambre des comptes, ont lutté contre ces libéralités appauvrissant le public, mais le roi n'y a jamais renoncé (les abus les plus graves ont lieu lors des règnes des derniers Valois). Sous Louis XIV, les dons en terres deviennent très rares, mais le roi accorde nombre de gratifications, qui peuvent être renouvelées, et des pensions servant à récompenser de bons courtisans (et les gens de lettres) et, de plus en plus souvent, des pensions de retraite, par exemple à de vieux serviteurs, mais aussi à des commissaires comme des ingénieurs des Ponts et Chaussée qui, à la différence des titulaires d'offices, n'avaient pas de charges dont ils puissent retirer des profits. Necker a réagi contre ces pensions, très lourdes et accordées selon un système rendu opaque à dessein.

Dans tous ces cas, qu'il s'agisse de grâces en matière pénale, en matière fiscale et financière, en matière de promotions individuelles, l'instrument discrétionnaire dont dispose ainsi le pouvoir royal lui permet de peser directement sur les vies des sujets.

3) Les lettres de cachet

Le contrôle des personnes est facilité par l'institution des fameuses « lettres de cachet », par lesquelles le roi et son entourage peuvent, sans l'intervention de la justice, éloigner quelqu'un d'un certain lieu, l'assigner à résidence, enfin l'emprisonner.

Si les révolutionnaires de 1789 ont voulu prendre la Bastille, c'est parce que cette forteresse symbolisait cette prérogative royale. Il faut lire dans Sainte-Beuve le récit de l'emprisonnement à Vincennes, entre 1638 et 1643, de Saint-Cyran, le fondateur du jansénisme, qui avait pour seul tort de porter ombrage, par sa notoriété naissante, à la popularité déclinante de Richelieu. Il fut envoyé un beau matin à Vincennes, sans motif, sans jugement, ayant été pris à son domicile par des « messieurs » (annonciateurs, il est difficile de le nier, des hommes en gabardine des polices politiques modernes...). Il passa cinq ans dans son cachot, mais il aurait pu y passer, tout aussi bien, vingt ou quarante, si la mort inopinée du ministre n'avait permis à ses amis de le faire libérer.

Au XVIIIᵉ siècle, le roi aurait usé de ce droit avec modération. Il n'en est pas moins terrifiant dans son principe, et de plus en plus mal supporté par l'opinion éclairée.

Les lettres « de cachet » sont une variante des lettres « closes » (par opposition à « patentes »). Elles sont des « ordres du roi ». Or nul tribunal n'a le droit de connaître de ces ordres. Le 26 juin 1759, Louis XV dit aux représentants du Parlement de Paris :

« Par des considérations ou des raisons d'État *dont les magistrats ne peuvent être juges*, le roi peut, sans donner atteinte aux lois, user du pouvoir qui réside en sa personne par des voies d'administration dont qui que ce soit ne doit se dire exempt dans son royaume. »

Il y a plusieurs catégories de lettres de cachet (cf. Olivier-Martin, *Les Parlements* contre *l'absolutisme traditionnel au* XVIIIe *siècle, op. cit.*, p. 463-465).

En droit pénal, on peut délivrer une lettre de cachet contre quelqu'un sur qui pèsent de graves soupçons ; quand le juge ordinaire aura traité le dossier et lancé un mandat d'arrêt régulier, la lettre de cachet sera levée. La lettre de cachet est, dans ce cas, un moyen de police. L'évêque ou le supérieur peut obtenir des lettres de cachet contre des prêtres ou religieux suspectés d'indiscipline (par exemple de jansénisme), pour contourner l'impuissance de l'officialité[1] paralysée par l' « appel comme d'abus » souvent interjeté par l'inculpé. Il existe des lettres de cachet « dans l'intérêt des familles », qui permettent de mettre à l'ombre « les fols, les prodigues, les fils et filles de famille de mauvaise conduite et même des délinquants primaires à qui, d'accord très souvent avec les juges de droit commun, on [veut] éviter une condamnation infamante » (Olivier-Martin, p. 464-465)[2]. On use enfin des lettres de cachet pour réprimer les comportements jugés incorrects des gens de lettres[3], ou pour faire taire les opposants politiques, ceux qui critiquent trop ouvertement les décisions royales, en premier lieu les parlementaires. En 1559, six conseillers au Parlement de Paris sont embastillés ; en 1597, un conseiller au même Parlement, Jacques Rivière, est exilé pour six mois ; de nombreuses sanctions de ce type sont prises sous Louis XIII et Richelieu ; le conseiller Broussel est emprisonné pendant la Fronde par une lettre de cachet. Les protestants ont été très souvent victimes de ces actes de « puissance absolue ».

4) *Liberté de conscience, de culte, d'opinion, d'expression*

La liberté de conscience et de culte n'existe pas et ne saurait exister sous l'Ancien Régime : les hérétiques, conformément au serment du sacre, doivent être « exterminés » (entendons : rejetés hors des limites du royaume, *ex-terminare*). L'édit de Nantes est révoqué par l'édit de Fontainebleau de 1685 : toute liberté de culte est abolie, les églises sont détruites, ceux qui ne se convertissent pas sont bannis. Les juifs, bannis en principe du royaume en 1615, ne font pas partie de la communauté française, pas plus que les protestants.

De même, la liberté d'expression est restreinte. Il faut un privilège spécial pour imprimer des livres, et les privilèges ne sont accordés qu'après examen attentif par la censure. Les imprimeries sont

---

1. Tribunal ecclésiastique.
2. Cette procédure est souvent employée. Elle l'a été, par exemple, contre le jeune Mirabeau, persécuté par son père, ou contre le jeune Saint-Just. Ni l'un ni l'autre n'oublieront ces leçons de justice expéditive et ils les feront payer cher au régime.
3. Celui, par exemple, du jeune Voltaire qui avait écrit une pièce de vers pornographique contre le Régent, ou, en 1776, des physiocrates, Baudeau et Roubaud, qui s'étaient exprimés sur la liberté du commerce des grains...

étroitement surveillées. Il existe à la Chancellerie un collège de censeurs, placé sous l'autorité d'un directeur de la librairie.

Il y a quatre censeurs en 1624, 178 à la veille de la Révolution. Ils sont souvent membres de l'Université, laquelle peut aussi d'elle-même censurer un livre (par exemple *L'Esprit des lois* de Montesquieu). Le Conseil du roi lutte contre les livres clandestins (mais il y a des livres tacitement autorisés, ce qui permet de parler d'un certain « libéralisme » du régime au XVIIIᵉ siècle[1]).

Il y a aussi, sous l'autorité du lieutenant de police de Paris, une police des théâtres, des gazettes, journaux et libelles. Le lieutenant de police a une autorité discrétionnaire.

VII — LA DIRECTION DE L'ÉCONOMIE

L'absolutisme a contribué à donner à l'économie française certains des traits étatistes et interventionnistes qu'elle présente encore aujourd'hui, alors qu'au même moment les pays anglo-saxons ou la Hollande connaissaient des évolutions différentes.

— *Les atteintes au principe de la propriété. La théorie du « domaine éminent ».* Les avertissements de Bodin et des juristes de son époque, attachés à la propriété privée « romaine », sont vite oubliés. Si l'appareil d'État croît, si la pression fiscale augmente, ce n'est pas seulement parce que le pouvoir est entraîné dans la dynamique de ses guerres. L'idéologie propre du régime joue son rôle dans ces pratiques abusives.

Le Bret tenait encore que le roi ne peut disposer à son gré des propriétés des particuliers : « Le prince a bien la juridiction sur tous les biens de ses sujets, mais non pas la propriété[2], pour en disposer contre leur consentement » (*DLS*, IV, X, p. 160). Il admettait qu'en cas de « nécessité », par exemple en cas de guerre, il y eût des réquisitions ou des expropriations, car dans ces cas, qui relèvent de l'*imperium*, « la raison naturelle veut que le public soit préféré au particulier ». Mais le roi ne pouvait se prévaloir d'un quelconque *dominium* sur la propriété des particuliers.

---

1. Malesherbes est représentatif de ce libéralisme et des hésitations du régime : fils du chancelier Lamoignon, condisciple de Turgot au sein du groupe de Vincent de Gournay (cf. *infra*, p. 439-442), ami des encyclopédistes, futur défenseur de Louis XVI avant d'être lui-même guillotiné, Malesherbes a été directeur de la Librairie.

2. Référence à la distinction *imperium/dominium* et à la formule de Sénèque mentionnée plus haut (p. 90) : *rex omnia possidet imperio, singuli dominio*.

Ce n'est plus l'opinion de Louis XIV, qui écrit tranquillement que « les rois sont seigneurs absolus et ont naturellement la disposition pleine et libre de tous les biens tant séculiers qu'ecclésiastiques » du royaume *(Mémoires)*. Cette doctrine du « domaine éminent » ou « direct » du roi, qui implique que les particuliers ne possèdent leur propriété qu'à titre précaire, explique que le pouvoir royal intervienne sans cesse dans l'économie, par la fiscalité, la monnaie, l'administration économique (dont le « colbertisme » n'est que l'aspect le plus connu).

Les modernes sont allés bien plus loin avec les droits de « nationalisation ». Mais, avant même que le socialisme fournisse des justifications idéologiques *sui generis* à ces actions spoliatrices de l'État, il est intéressant de noter que certaines utopies « présocialistes » du XVIIIe siècle, ainsi que des propositions de nationalisation du sol pendant l'époque révolutionnaire, ont pris argument de la doctrine absolutiste, bien connue de l'opinion à cette date, du « domaine éminent ». Si le roi est l'unique propriétaire du royaume, *a fortiori* l'est la République, dirigée par les représentants du « peuple souverain ».

— *L'impôt*. Nous avons vu l'opposition formelle de Bodin aux prétentions du roi de créer des impôts de façon unilatérale, prétentions qu'il jugeait contraires au droit naturel (cf. *supra,* p. 90-91). Loyseau, cependant, comprend qu'un droit de consentir à l'impôt ouvrirait une brèche dans la théorie de la souveraineté indivisible, et donc il estime que le roi a acquis par prescription le droit de lever des deniers sans le consentement des états. Le Bret, à son tour, dit carrément que « les monarques absolus » peuvent, de leur seule autorité « et sans le consentement de leurs sujets, imposer des tailles et lever des subsides lorsqu'ils le jugent être nécessaire pour le bien de leurs affaires » (*DLS*, III, VI, p. 109). Il semble que Le Bret soit le premier à avoir considéré le droit de lever des deniers comme partie intégrante de la souveraineté. Louis XIV va plus loin encore avec la formule citée plus haut.

— *La monnaie*. Comme on pouvait s'y attendre, Le Bret reconnaît à l'État le droit de manipuler la monnaie.

« Puisque la monnaie ne reçoit son prix que de la loi... et qu'elle devient par ce moyen non seulement l'âme du commerce, mais aussi la règle et la mesure du revenu des rois, n'est-il pas juste que sa fabrique, sa valeur et son cours ne dépendent que de la volonté du prince qui est la loi de son État, et qui donne l'être et l'autorité à toutes les autres lois ? » (*DLS*, II, XIII, p. 72).

Du coup, Le Bret réfute la théorie selon laquelle la monnaie aurait pour valeur celle des métaux précieux qu'elle contient.

« Ne doit-on pas considérer en la monnaie la valeur que le roi lui donne par la loi, non sa substance et sa matière ? »

Il en résulte que l'État peut baisser et hausser la valeur de la monnaie comme il lui plaît.[1]

— *Une économie administrée*. Le pouvoir de l'État entrave, ou du moins encadre, le droit qu'ont les sujets de disposer librement de leur propriété. À la différence de ce qui se passe au même moment en Hollande et en Angleterre, l'économie française est soumise à un régime d'autorisation. La liberté n'est pas la règle, mais l'exception. Seul le roi peut autoriser la création de banques, ériger des métiers en corps et leur donner des statuts, autoriser ou interdire les sorties de marchandises. Il impose, en particulier, la fameuse « police des grains », dont nous aurons à reparler à l'occasion de la critique qui en sera faite par les économistes[2].

Les corporations ont le monopole de leurs activités respectives ; pour exercer celles-ci, il faut adhérer à la corporation et respecter ses règles, par exemple le temps d'apprentissage. Donc il n'y a pas de liberté du travail. Celle-ci sera établie par un célèbre édit de février 1776 dû à Turgot, qui l'établit sur la base de la liberté naturelle. Mais l'édit sera rapporté après la disgrâce du ministre[3].

Tel est le corps de doctrines de l'absolutisme français. Le régime lui-même reste modéré, parce que nombre de traits traditionnels du royaume subsistent : le roi est chrétien, il respecte les « lois fondamentales », il a un « esprit de justice, de conseil et de raison », la société comporte encore des ordres, des corporations, des « pays » qui ont des droits propres dont le régime est obligé de tenir compte. D'ailleurs, le royaume est grand et incomplètement contrôlé. Mais ces éléments de modération sont étrangers à la doctrine absolutiste proprement dite. Quand le régime s'effondrera, ils disparaîtront. Le jacobinisme pourra alors hériter des pouvoirs d'État illimités qu'ont élaborés les théoriciens absolutistes.

---

1. On se souvient que Bodin était formellement opposé à cette idée (cf. *supra*, p. 90). Cette doctrine que la valeur des choses dépend du seul pouvoir « absolu » de l'État aura, bien que largement réfuté par l'économie réelle, un long succès en France.
2. Cf. *infra*, p. 437-439.
3. Sur ces épisodes, cf. *infra*, p. 453-455.

Chapitre 6

Hobbes.
L'État illimité

En Angleterre, les rois Stuarts ont voulu marcher sur les traces des rois absolus français. Au moment où leur pouvoir est contesté par les révolutionnaires puritains, un grand théoricien prend la défense de l'absolutisme : Thomas Hobbes. Les points de départ philosophiques de Hobbes sont aussi différents que possible de ceux des auteurs absolutistes précédemment étudiés. Chez lui, pas de « droit divin », pas de référence au droit impérial romain ni à l'augustinisme. Il va parvenir cependant à des résultats comparables et, en vérité, sensiblement plus durs, en prenant pour base une conception matérialiste de l'homme.

Vie

La vie et l'œuvre de Hobbes (1588-1679) se situent dans le contexte de la première Révolution anglaise[1]. Fils d'un desservant de paroisse peu cultivé, Thomas Hobbes reçoit de son oncle les moyens nécessaires pour faire des études, qu'il achève à l'Université d'Oxford. Il entre au service – comme c'était alors fréquent pour un jeune lettré – d'une grande famille noble, la maison des Cavendish (plus tard comtes puis ducs de Devonshire). Il est, selon les temps, précepteur de membres de la famille, ou simplement nourri par celle-ci. Il semble qu'il ait été secrétaire du chancelier Francis Bacon, le « premier ministre » de Charles Ier. Au moment où s'aigrissent les rapports entre le roi et le Parlement, il prend fait et cause pour la thèse absolutiste et écrit, en sa faveur, les *Elements of law* (non publié tout de suite). En 1640, il fuit la guerre civile en se rendant en France, où il demeurera jusqu'en 1651 et où il fréquentera les milieux savants, Mersenne, Gassendi, Descartes. Il sera à Paris le précepteur (ou l'un des précepteurs) du fils de Charles Ier, le futur Charles II. C'est lors de cet exil français qu'il écrit ses deux principales œuvres politiques, le *De Cive* (1642) et le *Léviathan* (1651).

---

1. Voir un résumé de l'histoire de cette Révolution, *infra*, p. 253-263.

Il revient alors en Angleterre, peut-être parce que la suspicion d'athéisme dont il est l'objet rend difficile la prolongation de son séjour en France. Ce retour fait dire à ses ennemis qu'il est rallié au Commonwealth de Cromwell, régime conforme en effet, en un sens, à la thèse fondamentale du *Léviathan,* selon laquelle ce qui légitime un régime politique est sa capacité à assurer l'ordre. De fait, ses relations avec les milieux entourant le prince de Galles se refroidissent. Lors de la Restauration de 1660, Hobbes ne sera pas directement inquiété, mais Charles II lui interdira néanmoins de publier tout écrit politique (essentiellement à cause de sa réputation d'irréligion). La fin de la longue vie de Hobbes, qu'il passe auprès des Devonshire, est néanmoins paisible et honorée. Il complète son œuvre philosophique, tournée désormais surtout vers les questions de mathématiques et de sciences de la nature, et traduit Homère.

Œuvres
— Politiques : *Elements of Law* (en anglais, 1640 ; imprimé en 1650) ; *De Cive* (« Du citoyen », en latin, 1642) ; *Léviathan* (en anglais, 1651 ; version corrigée, en latin, 1668).
— Philosophiques : *De Corpore* (1655) ; *De Homine* (1658) (Le *De Cive* de 1642 était, avec ces deux ouvrages, une des trois sections d'une même grande œuvre philosophique, les *Elementa philosophica*) ; troisièmes *Objections* aux *Méditations* de Descartes (1641).
— Historique : *Behemoth*[1]*, or the Long Parliament* (ou *Dialogue of the Civil Wars of England,* vers 1668, non publié du vivant de Hobbes : c'est son récit de la Révolution anglaise).
— Scientifiques : traités d'optique, de mathématiques (il prétend avoir résolu la quadrature du cercle).

Le *Léviathan*[2] se présente comme une grande somme philosophique. Une longue première partie traite de l'homme, de sa nature, de son esprit, de ses manières de connaître, de la science. Une seconde partie est consacrée à la « République », c'est-à-dire à l'État. Une troisième et une quatrième aux questions religieuses. Le résumé qui suit porte sur les deux premières parties.

— *Le mécanisme.* Hobbes est matérialiste. Il croit que l'être est fait de matière et que cette matière est animée uniquement par les lois mécaniques du mouvement, lesquelles expliquent seules tous les faits de la nature. Comme les êtres vivants en général, et l'homme en particulier, appartiennent à la nature, leur comportement pourra être expliqué par ces seules lois. On expliquera d'abord l'homme individuel et sa psychologie, puis la société, résultat de l'interaction des hommes individuels.

1. Behemoth est, avec Léviathan, un des deux monstres dont il est question dans le *Livre de Job* de la Bible.
2. Cf. Thomas Hobbes, *Léviathan, Traité de la matière, de la forme et du pouvoir de la république ecclésiastique et civile,* traduit de l'anglais, annoté et comparé avec le texte latin par François Tricaud, Sirey, 1971.

Hobbes traite donc d'abord des corps en général (géométrie, mécanique, physique), puis des corps vivants (physiologie), puis de cet être vivant particulier qu'est l'homme (psychologie), enfin de ce corps qui est le plus complexe de tous, le corps « artificiel » qu'est la société.

— *La psychologie*. Le comportement humain, la sensation, le sentiment, la pensée même sont les produits des lois du mouvement, lesquelles valent pour tous les êtres de la nature. Il n'y a donc pas, en l'individu humain ni en aucun être vivant, de finalisme ; seulement des mécanismes. Lorsque nous percevons une sensation, c'est qu'un corps extérieur a heurté notre corps, que cette commotion a été transmise au système nerveux central, où est « apparue » une sensation. Cette sensation accélère ou ralentit notre « mouvement vital », provoquant respectivement ces deux types primitifs de sentiments que sont le désir et l'aversion. Les autres sentiments et émotions sont des composés plus complexes de ces sentiments primitifs. La volonté n'est pas autonome, elle est simplement le « dernier appétit ». La psychologie mécaniste de Hobbes est donc une sorte de « béhaviorisme » avant la lettre, posant que l'homme est gouverné par des mécanismes du type « stimulus-réponse ».

Le principe fondamental de ce behaviorisme est que chaque organisme vivant fait spontanément ce qui favorise sa force vitale ; il est essentiellement mû par un principe d'autoconservation, d'origine directement physiologique. L'exigence vitale de préserver son propre être est donc le moteur qui explique tous les comportements, et cela aussi longtemps que dure la vie même.

Que se passe-t-il quand on met ensemble tous ces « corps » que sont les hommes, chacun étant animé de sa tendance propre à conserver sa force vitale ?

I — L'ÉTAT DE NATURE

1) *La guerre de tous contre tous*

Il en résulte un état fort peu enviable, la « guerre de tous contre tous », dont Hobbes explicite comme suit la logique.

(a) « La nature a fait les hommes égaux »...

Il y a certes entre les hommes des différences de force physique et d'intellect, mais elles ne sont pas telles qu'elles justifient des inégalités permanentes. Un faible, dit Hobbes, est toujours assez fort pour tuer un fort, s'il s'y prend bien, de sorte que les différences physiques peuvent devenir négligeables. Quant aux différences intellectuelles, elles sont largement illusoires : chacun se croit plus intelligent que tous les autres moins un petit nombre, et cette idée avantageuse de soi est justement ce qui est le mieux partagé parmi les hommes.

(b) « ... De l'égalité procède la défiance... »

L'égalité même permet à chacun de croire qu'il peut vaincre l'autre, ou être vaincu par lui, de façon largement aléatoire ; donc l'égalité, contrairement à ce qu'on croit souvent, n'engendre pas la concorde, mais son contraire, la défiance[1].

(c) « ... et de la défiance, la guerre »

Du fait de cette défiance, il est rationnel pour l'homme de ne pas attendre qu'on l'attaque, mais de prendre les devants et de mettre hors d'état de nuire l'adversaire potentiel, jusqu'à ce qu'il n'y ait plus personne qui puisse le menacer.

Il est essentiel de comprendre que l'homme va faire cela *uniquement pour se conserver lui-même* (et non par agressivité, cruauté, goût morbide du sang ou convoitise des biens). Car il a, en tant qu'être naturel, le droit le plus absolu de persévérer dans son être, de se maintenir en vie (Hobbes établit ailleurs ce droit des êtres de nature[2]). Or il dispose de la raison, cette raison lui permet d'anticiper (c'est le propre de la raison) ; il comprend que s'il veut rester en vie, il doit prévenir toute attaque intempestive d'autrui qui le surprendrait en posi-

---

1. De même que l'inégalité ne produit pas *de soi* la discorde, mais peut constituer au contraire une des conditions d'un ordre social stable, comme le montre le fait que les sociétés traditionnelles, souvent très stables, sont toutes des sociétés inégalitaires. Cette idée, clairement aperçue ici par Hobbes, avait été vue non moins clairement par Bodin (cf. *supra*, p. 105) et sera encore développée par Tocqueville (cf. *infra*, p. 1105). Elle a été expliquée en profondeur, plus récemment, par l'anthropologue René Girard qui montre que les rivalités qui provoquent les crises sociales supposent un rapport « mimétique » (d'imitation) qui se noue d'autant plus facilement que les hommes sont plus égaux. Les sociétés modernes, égalitaires, seraient en ce sens virtuellement plus instables et plus violentes que les sociétés traditionnelles dans lesquelles le mythe justifie de très grandes inégalités sociales qui mettent l'homme du bas de l'échelle hors de portée de seulement se penser ou se vouloir rival de l'homme des catégories supérieures (songeons au système indien des castes). Hobbes écrit à une époque où les hiérarchies traditionnelles du Moyen Âge sont, implicitement mais réellement, rejetées par une large fraction de la population, notamment la *middle class* commerciale et industrielle néerlandaise ou anglaise.
2. Cf. chap. XIV : « Le droit de nature, que les auteurs appellent généralement le *jus naturale*, est la liberté qu'a chacun d'user comme il le veut de son pouvoir propre, pour la préservation de sa propre nature, autrement dit de sa propre vie, et en conséquence de faire tout ce qu'il considérera, selon son jugement et sa raison propres, comme le moyen le plus adapté à cette fin. [...] Une loi de nature est un précepte, la règle générale, découverte par la raison, par laquelle il est interdit aux gens de faire ce qui mène à la destruction de leur vie ou leur enlève le moyen de la préserver » (p. 128).

tion de faiblesse. Il en déduit qu'il faut qu'il attaque lui-même en position de force, c'est-à-dire sans attendre que l'adversaire l'ait attaqué ou se soit mis en défense. C'est donc par l'application d'un raisonnement parfaitement rigoureux, et nullement par passion aveugle, que l'homme déclenche la guerre, et pour aucune autre raison que pour protéger la paix.

Ainsi, point n'est besoin, pour expliquer le comportement agressif des hommes et les troubles sociaux qui s'en ensuivent, d'invoquer, comme le font tous les théologiens politiques chrétiens (depuis saint Paul et saint Augustin, et récemment les protestants et les jansénistes), une propension au mal qui serait inscrite dans la nature de l'homme depuis la Chute, le « péché originel » ; ou encore la tendance à la démesure, l'*hybris* des Grecs ; ou même les « passions » des moralistes. Les hommes vont entrer en lutte uniquement parce qu'ils veulent *vivre*. Ces luttes engendreront peut-être des haines, mais la haine n'est pas première. Au début, il n'y a que la vie, et des individus parfaitement « sains ». C'est le mécanisme des rivalités sociales qui engendre par lui-même le désordre et la guerre. On reste situé, dans tout ce raisonnement, sur le seul plan d'une *physique sociale,* faisant l'économie de toute théologie ou de toute métaphysique. Hobbes le souligne fort clairement :

« Je mets au premier rang, à titre d'inclination générale de toute l'humanité, un désir perpétuel et sans trêve d'acquérir pouvoir après pouvoir, désir qui ne cesse qu'à la mort. La cause n'en est pas toujours qu'on espère un plaisir plus intense que celui qu'on a déjà réussi à atteindre, ou qu'on ne peut pas se contenter d'un pouvoir modéré ; mais plutôt qu'on ne peut pas rendre sûrs, sinon en acquérant davantage, le pouvoir et les moyens dont dépend le bien-être qu'on possède présentement » (I, chap. 11, p. 96).

L'homme attaquera ses semblables, ajoute Hobbes, même en l'absence de menace *réelle* de la part d'un adversaire. Car les hommes ne veulent pas seulement posséder des biens, ils veulent aussi être *reconnus* par leurs semblables et être jugés par eux au moins aussi avantageusement qu'ils se jugent eux-mêmes. Ils ne peuvent s'empêcher de se regarder avec les yeux d'autrui. Donc ils interpréteront comme une agression violente et insupportable le moindre signe, chez autrui, de dédain ou de mésestime à leur égard, et ils déclencheront les hostilités pour cette seule raison.

Dans ces conditions, on comprend que la société, à l'état de nature, soit extrêmement instable ; dans cet état, les hommes « sont dans cette condition qui se nomme guerre, et cette guerre est guerre de chacun contre chacun[1] » (p. 124).

---

1. Hobbes dit ailleurs : guerre *de tous contre tous*. Et c'est dans la *Préface* au *De Cive* qu'il emploie la formule, d'origine antique, *homo homini lupus,* « l'homme est un loup pour l'homme ».

Par « guerre », Hobbes n'entend pas nécessairement un combat réel ; il suffit qu'il y ait une *disposition permanente au combat,* qui revient au même que le combat proprement dit (de même que, pour qu'on dise qu'il fait mauvais temps, il n'est pas nécessaire qu'il pleuve, il suffit que le ciel soit plein de nuages et que, de ce fait, « l'orage menace »). En effet, aussi longtemps que l'humanité est dans cet état d'expectative, il ne peut y avoir aucune activité sociale productive, aucune « activité industrieuse », car il est clair que le « fruit » de cette activité ne serait pas « assuré ». La perspective de la guerre, des déprédations, des vols, etc., fera qu'il ne sera rationnel pour personne d'entamer des processus productifs impliquant temps et coopération pacifique entre les hommes. Par conséquent, dans l'état de nature, il n'y aura ni agriculture, ni navigation, ni constructions, pas de développement des sciences, des techniques, des lettres, des arts, bref pas de société.

« Et ce qui est pire que tout, la crainte et le risque continuel d'une mort violente ; la vie de l'homme est alors solitaire, besogneuse, pénible, quasi animale et brève » (p. 125).

2) L'état de nature a-t-il réellement existé ?

Cet état a-t-il réellement existé ? Hobbes répond qu'il n'y a jamais eu un moment où toute l'humanité ait vécu réellement dans l'état de nature. En revanche, il existe des *zones* où cet état prévaut (par exemple en Amérique où les sauvages vivent une vie que Hobbes qualifie de « quasi animale »), et aussi des *périodes* (on voit, en effet, des sociétés retomber à l'état de nature à l'occasion de guerres civiles). L'état de nature existe encore *entre* les nations : la preuve en est que tous les États entretiennent des armées permanentes, construisent des fortifications, envoient des espions à l'étranger...

Enfin — et cette dernière preuve est la plus impressionnante — l'état de nature et de guerre *existe encore en permanence « sous »* l'état policé lui-même, menaçant à tout instant de reparaître au grand jour.

Songeons en effet au fait que, quand on voyage, on est (au temps de Hobbes) armé ; ou que, chez soi, on verrouille les portes, on ferme à clef ses coffres. Cela ne revient-il pas à reconnaître que l'on ne croit guère que l'état de nature ait disparu ? L'État existe, certes, mais il n'est pas et ne peut être présent partout, être averti de toutes les menaces, intervenir efficacement contre toutes les délinquances. L'état de nature, pour ainsi dire, se laisse deviner partout sous le mince vernis de la civilisation, vernis susceptible à tout instant de se déchirer.

Ainsi, dans l'esprit de Hobbes, s'il est faux que l'état de nature soit une phase réelle de l'histoire de l'humanité, il est non moins faux qu'il ne soit, comme on l'a prétendu, qu'une « fiction théorique ». Virtuel la plupart du temps, il n'en est pas moins réel.

3) *Il n'y a pas de justice à l'état de nature*

Hobbes tire de cette analyse des conséquences fondamentales. Dans une guerre, « la violence et la ruse sont les deux vertus cardinales », et il n'y a pas de sens à parler de justice et d'injustice, seuls comptent les rapports de force. L'état de nature étant un état de guerre, on peut donc dire que *la justice et l'injustice n'y existent pas* et que, partant, il n'y a pas de *droit* naturel : « Justice et injustice ne sont en rien des facultés du corps ou de l'esprit. Si elles l'étaient, elles pourraient appartenir à un homme qui serait seul au monde » (p. 126).

D'où Hobbes conclut en toute logique que, si droit il doit y avoir malgré tout, il ne pourra être qu'une création *ex nihilo* des hommes. Ce qu'il exprime dans ces formules célèbres qui définissent le *positivisme juridique* (c'est-à-dire la doctrine selon laquelle il n'existe de droit que créé – « posé » – artificiellement par les hommes) :

« [Dans l'état de nature] *rien ne peut être injuste.* Les notions de légitime et d'illégitime, de justice et d'injustice, n'ont pas ici leur place. *Là où il n'est pas de pouvoir commun, il n'est pas de loi ; là où il n'est pas de loi, il n'est pas d'injustice* » (p. 126).

Pour les mêmes raisons, il n'y a pas, dans l'état de nature, de *propriété*. Tout ce dont je peux me saisir est mien par cela même, et, de rien de ce que je possède, je ne suis véritablement « propriétaire ». Ces notions ne prendront sens que postérieurement, par le droit positif, qui pourra établir, selon ce que le législateur jugera le plus opportun, des propriétés privées, mais aussi des propriétés collectives, le tout dépendant de la seule volonté du législateur. Hobbes refuse ainsi ce qui est au contraire un des postulats fondamentaux des doctrines libérales, le caractère *naturel, antérieur à l'État,* de la propriété privée.

4) *Le problème des conventions*

L'état de nature n'étant pas viable, il faut en sortir. Mais comment ? Pour répondre, il faut préalablement éclairer une notion, celle de *convention* ou de *contrat*.

La première loi de nature, nous l'avons vu, est de se conserver ; et c'est pour se conserver que l'homme trouve expédient de faire la guerre. Mais, s'il peut obtenir cette même fin avec un moyen moins coûteux, ce sera pour lui une loi naturelle de la raison de préférer ce dernier moyen. Or ce moyen existe, c'est de passer un *contrat* consistant à :

« consentir, quand les autres y consentent aussi, à se dessaisir, dans toute la mesure où l'on pensera que cela est nécessaire à la paix et à sa propre défense, du droit que l'on a sur toutes choses, et [se contenter] d'autant de liberté à l'égard des autres qu'on en concéderait aux autres à l'égard de soi-même ».

Malheureusement, pour passer un contrat, il faut impérativement – du moins pour Hobbes qui refuse les traditionnelles idées de « sociabilité naturelle », de conscience morale et de « bonne foi », présentes dans les théories traditionnelles du droit naturel – que le contrat puisse être garanti par un *arbitre*. Car, pense Hobbes, bien qu'il faille, pour contracter avec autrui, lui parler (on ne contracte pas avec des bêtes, ni d'ailleurs avec Dieu), les paroles ne suffisent nullement, elles ne sont, en elles-mêmes, que du vent.

Mon intérêt est de me conserver. S'il faut, pour écarter un moment la menace d'autrui, promettre quelque chose, je promettrai tout ce qu'on voudra ; mais si, l'instant d'après, je juge de mon intérêt d'agir contrairement à la parole que j'ai donnée, quelle importance ? Une simple parole ne coûte ni ne vaut rien, elle est incommensurable à la vie, elle n'est, *stricto sensu,* rien. Une parole de promesse, qu'elle vienne de moi ou d'autrui, ne saurait ainsi prendre pour moi dans l'état de nature un sens *rationnel.*

« Les conventions, sans le glaive, ne sont que des mots, incapables d'assurer aux gens la moindre sécurité » (II, chap. 17, p. 173)[1].

Sauf, toutefois, si l'on sait qu'il y a une *force coercitive* qui sera en mesure de *punir le non-respect* des contrats par les contractants, et de le faire dans tous les cas, sans que personne puisse espérer lui échapper. Dans ce cas, et dans ce cas seulement, on pourra escompter que les contrats seront respectés, et donc il sera rationnel de s'y engager.

Supposé que ce « glaive », cette force coercitive, cette autorité publique puissent être établis, tous les problèmes seront résolus,

---

1. C'est la thèse de Machiavel, et en fait celle, sous une forme explicite ou implicite, de toute la tradition absolutiste depuis l'Antiquité.

puisque tout le monde ayant une garantie rationnelle que les contrats seront respectés, et tout le monde devant rationnellement préférer le contrat à la lutte, tout le monde s'engagera effectivement dans des relations contractuelles (Hobbes suppose cette rationalité chez tous les hommes), et un terme définitif sera mis à la guerre de tous contre tous.

5) *Viabilité d'une société où les contrats seraient garantis*

Avant même de se demander si et comment une telle force arbitrale pourra être établie, Hobbes fait un tableau avantageux de ce que serait une société ainsi sortie de l'état de nature. Les notions de justice et d'injustice y auraient tout leur sens, et les mêmes lois naturelles qui, l'instant d'avant, rendaient inéluctable la guerre, rendront pacifique et féconde la coopération entre les hommes.

Il y a toutes les chances du monde, d'abord, pour que l'homme respecte ses engagements. Car s'il acquerrait auprès de ses confédérés la réputation qu'il juge raisonnable de les tromper, il ne pourrait raisonnablement espérer que les autres continueraient à lui fournir l'aide dont il a besoin. D'autre part, cet ordre sera stable. Car celui qui brisera l'ordre établi saura qu'il risque d' « enseigner aux autres à montrer la même audace à son encontre » (p. 147) ; il s'en abstiendra donc. Même les troubles d'origine religieuse seront improbables. Car celui qui se rebellerait contre l'ordre civil en invoquant un ordre éternel qu'il accuse l'ordre civil de violer saurait qu'il risque de lâcher la proie pour l'ombre, c'est-à-dire d'échanger quelque chose que l'on connaît de façon rationnelle et certaine contre quelque chose que l'on connaît de façon irrationnelle et incertaine.

Hobbes énumère une quinzaine d'autres règles qui seront des « lois de nature » certaines comme la raison naturelle même. Dans l'état civil, l'homme devra faire preuve de *gratitude,* de *bienveillance,* de *pardon,* s'abstenir d'appliquer la *loi du talion* (« dans les vengeances il ne faut pas regarder la grandeur du mal passé, mais la grandeur du bien qui doit s'ensuivre »), il devra éviter les *outrages,* l'*orgueil,* l'*arrogance,* s'efforcer à l'*impartialité,* au *partage égal des biens communs,* accepter les règles du *tirage au sort,* du *droit de primogéniture,* du *droit du premier occupant,* du recours à l'*arbitrage* en cas de litige – tous comportements qui ne sont que des variantes de cette règle fondamentale : « Ne pas faire à autrui ce que tu ne voudrais pas qu'on te fît à toi-même. »

Seulement, répétons-le, cela ne sera vrai qu'une fois qu'aura été établie la force coercitive seule capable de garantir les conventions. Sans cet établissement, toutes les lois de la nature dont Hobbes vient de faire l'exposé succinct seront, en réalité, invalides, puisque que, s'il est vrai qu'elles « obligent la conscience en tout temps », elles ne l'obligent que dans le « for intérieur », non *in foro externo,* c'est-à-dire réellement.

« Car celui qui serait mesuré et accommodant, et qui exécuterait toutes ses promesses, en un temps et en un lieu où nul autre n'agirait de même, celui-là ferait de lui-même la proie des autres, et provoquerait avec certitude sa propre ruine, contrairement au fondement de toutes les lois de nature, qui tendent à la préservation de la nature » (I, chap. XV, p. 158).

Reste donc à examiner la possibilité et les modalités de l'établissement de la force arbitrale dont l'existence changera du tout au tout, par un véritable renversement de signe algébrique, l'issue de la confrontation des hommes faisant égal usage des lois de la raison et de la nature. C'est dans la deuxième partie du *Léviathan,* intitulée *De la République,* que Hobbes procède à cet examen.

II — LE CONTRAT SOCIAL HOBBESIEN

1) *Préalables*

La force arbitrale sera créée par un contrat ou une « association », mais un contrat unique en son genre, qui n'aura pas besoin, lui, de garant, puisque, son objet étant précisément d'établir un garant, il sera garanti par le fait même qu'il sera passé. Il s'agira, par un tel contrat, d'établir un « pouvoir visible » capable de :

« tenir en respect [les hommes], et de les lier, par la crainte des châtiments, tant à l'exécution de leurs conventions qu'à l'observation des lois de nature » (II, chap. XVII, p. 173).

Hobbes précise certains points préalables.

1 / Il faudra que la force arbitrale qu'on va créer soit *unique* pour tous les hommes d'un pays, pour qu'il n'y ait pas de recours arbitral imaginable contre l'arbitre.

Il ne suffira donc pas que se réunissent un *petit nombre* d'hommes ou de familles. Il ne suffira même pas qu'un *grand nombre* se réunissent, il faudra que ce soient *tous.* Et non pour une *durée déterminée,* mais pour *toujours,* car si un pacte à durée déterminée était conclu, Hobbes voit bien qu'en prévision de la sortie du pacte les parties contractantes anticiperaient une initiative hostile de leurs partenaires et prendraient les devants en rompant unilatéralement le pacte avant terme, provoquant le retour immédiat à la guerre, de sorte que le pacte serait caduc à peine conclu. La convention fondatrice devra être universelle et permanente, c'est là sa condition logique de validité (la preuve *a contrario* est que les États indépendants, qui ne passent que des contrats bi- ou multilatéraux, et pour des durées déterminées, et qui ne reconnaissent donc pas une force arbitrale universelle et permanente, conservent leurs armées et leurs forteresses, ce qui signifie qu'ils savent bien que l'état de guerre virtuelle subsiste entre eux).

2 / Bien qu'il soit déjà établi par ce qui précède qu'il n'y a pas de justice ou de sociabilité naturelles, Hobbes tient à répondre explicitement à la thèse d'Aristote selon laquelle il existe une harmonie spontanée ou naturelle des hommes, et que le contrat n'est pas nécessaire. Les abeilles et les fourmis ne vivent-elles pas *naturellement* en société, sans contrat social ? Voici les réponses de Hobbes.

— Les animaux ne sont pas, comme l'homme, en rivalité d'honneur et de dignité, en ce sens qu'ils ne se voient pas, comme l'homme, par le regard d'autrui, et ne se comparent pas aux autres dans un « jeu de miroirs » infini (cf. *supra*). Ils sont donc moins en danger d'entrer en conflit pour un « rien », et en ce sens leur instinct groupal peut suffire à les maintenir en société. Mais à l'homme, doué de raison, il faut un lien plus solide, et qui tienne à la raison elle-même, non à l'instinct.

— « Chez ces créatures [les bêtes], *le bien commun ne diffère pas du bien privé* ; portées par nature vers leur bien privé, elles servent du même coup l'intérêt commun. Alors que l'homme, dont la joie consiste à se comparer aux autres, ne peut vraiment savourer que ce qui est au-dessus du sort commun. » En travaillant *pour lui*, l'homme travaillera nécessairement *contre tous*, et Aristote a donc tort de poser qu'il y a harmonie naturelle des intérêts. Il ne peut y avoir de bien commun, dans le genre humain, qu'*au détriment* des biens privés, donc il ne peut y avoir de société que si une force coercitive est exercée contre les intérêts naturels ou spontanés des individus[1].

Ces préalables étant réglés, on en arrive aux conditions de passation du contrat social[2].

1. Hobbes se sépare ici on ne peut plus radicalement de la tradition aristotélicienne et stoïcienne reprise par la scolastique, et il n'aperçoit rien de ce que comprendront Nicole, Boisguilbert, et après eux Mandeville, les économistes français du XVIIIᵉ siècle ou Adam Smith : que l'homme peut construire un ordre *social* profitable tout en travaillant à satisfaire son *propre* intérêt, et même que ce n'est que si l'homme est laissé libre de poursuivre ses propres intérêts qu'il satisfera les intérêts d'autrui et que se tissera le lien social dans le cadre d'une économie d'échanges — pourvu toutefois qu'existent les règles de droit et les institutions politiques qui permettent cette économie. Pour Hobbes, au contraire — comme pour tous les absolutistes, de Sénèque et Tacite jusqu'à Machiavel et Richelieu, et plus tard les socialistes — seule la lourde main du Léviathan peut établir l'ordre social. Celui-ci s'établit de haut en bas, « verticalement », et non par les règles qu'observent les uns par rapport aux autres, « horizontalement », au sein de la société civile, les simples citoyens. On peut estimer que la position de Hobbes est faible moralement, en ce que le despotisme fait violence aux libertés individuelles, mais qu'elle l'est plus encore intellectuellement : car on ne peut escompter que l'ordre social soit assuré « verticalement » par le pouvoir que si l'on pense que celui-ci est omniscient, qu'il connaît tous les éléments à mettre en ordre, hypothèse fondamentalement irréaliste ; alors que la position libérale suppose seulement, comme nous le verrons, une connaissance, par chacun, des besoins et des ressources de ses partenaires immédiats. Cette attention moins grande prêtée par Hobbes que par les libéraux aux conditions *cognitives* réelles de la vie sociale marque sans doute le caractère fort peu « moderne » du premier, malgré tout ce qu'on a pu écrire à ce sujet.

2. Hobbes est ici tributaire d'une problématique du contrat social déjà établie, sinon classique, à son époque (cf. *infra*, p. 188-189), mais que, comme nous allons le voir, il modifie sur un point capital.

2) *La création du* commonwealth

Ce qu'il faut, c'est que tous les hommes

« confient tout leur pouvoir et toute leur force à un seul homme, ou à une seule assemblée qui puisse réduire toutes les volontés, par la règle de la majorité, à une seule volonté [...] et que chacun s'avoue et se reconnaisse comme l'auteur de tout ce qu'aura fait ou fait faire, quant aux choses qui concernent la paix et la sécurité commune, celui [ou ceux] qui a [ont] ainsi assumé leur personnalité » (II, chap. XVII, p. 177).

Ce qui se fera

« par une convention de chacun avec chacun passée de telle sorte que c'est comme si chacun disait à chacun : j'autorise cet homme ou cette assemblée, et je lui abandonne mon droit de me gouverner moi-même, à cette condition que tu lui abandonnes ton droit et que tu autorises toutes ses actions de la même manière » *(ibid.).*

Il est essentiel de noter que le contrat n'est pas passé entre les citoyens et le souverain, mais « entre chacun et chacun ». Chaque partie prenante, dans son contrat avec les autres, fait référence au souverain comme à un *tiers, extérieur* au contrat (« cet homme »). *Le souverain n'est donc pas partie prenante au contrat.* Celui-ci consiste à *mettre à part* un homme (ou une assemblée) ; cela fait, tous les autres contractent *entre eux.* Lui, de ce fait, n'est lié par rien. Il ne promet rien aux contractants et, par conséquent, ne peut être accusé d'aucun manquement à un engagement, quel qu'il soit[1]. C'est évidemment la force singulière et l'originalité de la conception de Hobbes. On peut représenter la situation par le schéma ci-après.

Le cercle des contractants est refermé sur lui-même. Le souverain est un être d'une autre nature que chacun d'entre eux, il n'y a plus entre eux l'égalité qu'il y avait à l'état de nature.

Les contractants et le souverain n'en constituent pas moins un être unique, la république (*commonwealth,* ou en latin *civitas*). Car Hobbes précise que, par ce transfert des volontés à une volonté unique qui les représente toutes, est réalisé beaucoup plus qu'un « consensus ». Ce qui est réalisé est une unité réelle, une « personne

---

1. C'est bien ce qui importe à Hobbes : on a accusé le roi d'Angleterre d'avoir rompu un prétendu « pacte originaire » qu'il aurait passé jadis avec le peuple anglais (cf. *infra,* p. 268-269). Mais comme personne ne connaît précisément les clauses de ce pacte, on ne peut les interpréter sans ambiguïté. Fonder sur lui un ordre social, c'est bâtir sur du sable, c'est une source infinie de désordres. C'est pourquoi l'*absence* de pacte entre le souverain et le peuple est, aux yeux de Hobbes, la seule garantie rationnelle que le premier pourra effectivement arbitrer *tous* les conflits au sein du second (Hobbes retrouve ici la thèse de Bodin, cf. *supra,* p. 86-88).

Souverain

Contractants

unique ». Le dépositaire de cette personnalité est appelé *souverain,* tout autre homme est *sujet.*

Puisqu'il représente le groupe, et que c'est ce contrat de représentation qui fonde le groupe, le souverain *est* le groupe. Il n'y a pas le groupe d'une part, le souverain d'autre part ; le groupe n'est tel que parce que ses membres aliènent leur personnalité dans le représentant unique qu'est le souverain. S'ils cessaient un instant de se représenter en lui, ils se re-disperseraient en une multitude en état de guerre, ils cesseraient, tout simplement, d'être groupe.

Il n'y a aucune distinction à faire entre la société *et* l'État ; ils sont un. La société *est* l'État, l'État *est* la société. Parce qu'il n'y a pas eu de contrat entre le Léviathan et le peuple, il n'y a pas de place, dans la théorie hobbesienne, pour l'idée libérale d'une « société civile » distincte de l'État, qui pourrait établir l'État, le mandater pour telle

ou telle tâche, le contrôler et le juger, et aurait une existence relativement autonome. La société n'étant unie que dans et par le souverain, elle n'a qu'une tête, qu'une voix, celles du souverain ; si elle refuse ou marchande son pouvoir, elle cesse d'exister. Le souverain est comme la pointe d'un cône qui est le peuple (second schéma). Si la pointe disparaît, le cône lui-même disparaît, et le cercle du peuple se défait.

On pourrait certes imaginer qu'un autre cône se forme avec un autre souverain, mais cela dessinerait aussi un autre cercle. Le peuple n'existe pas par soi, prêt à contracter successivement avec plusieurs souverains. S'il se rebelle contre le souverain par et avec qui il a été fait peuple, il retombe à l'état de nature, c'est-à-dire dans la dispersion et la guerre. Il a tout à perdre à cette crise.

Hobbes précise qu'une situation d'union entre un peuple et un souverain peut être créée de différentes façons. Par la conquête : un homme laisse la vie sauve à ses ennemis à cette seule condition qu'ils le reconnaissent souverain (et il y a alors un contrat tacite entre les survivants, au profit du conquérant). C'est ce que Hobbes appelle les « républiques d'acquisition » *(commonwealths by acquisition)*. Ou bien « des hommes s'entendent entre eux pour se soumettre à tel homme ou à telle assemblée volontairement ». Dans ce cas, c'est un *political commonwealth*, ou *commonwealth by institution*.

3) *Le Léviathan*

Quelle que soit la manière dont il est créé, l'État est un être singulièrement fort. Hobbes le gratifie d'un nom étrange, « grand Léviathan », nom d'un redoutable monstre biblique qui, bien qu'il soit moins qu'un Dieu, est plus qu'un homme. C'est à cet être, qu'Hobbes appelle un « Dieu mortel », que :

« nous devons, sous le Dieu immortel, notre paix et notre protection »[1].

Hobbes formule alors plusieurs propositions qui constituent sans doute une des théories les plus extrêmes jamais conçues au sujet de l'État et de ses pouvoirs sur les individus.

---

1. On voit que Hobbes *divinise l'État*. Il va plus loin à cet égard que les juristes français du « droit divin », qui voulaient surtout faire échapper l'État à la juridiction morale de l'Église, mais qui ne conféraient pas explicitement à l'État, comme nous allons voir que le fait Hobbes, des attributs divins. C'est que Hobbes fait partie de ces « modernes », ou prétendus tels, qui ont « tué Dieu ». Il doit donc investir une instance quelconque d'un potentiel d'infinité. Ce geste sera réitéré par nombre de ces penseurs « modernes », de Hobbes à Robespierre, à Hegel, au léninisme et au nazisme, qui tous, ayant prétendument « libéré » l'homme de la religion, le soumettront à une instance pseudo-transcendante (mais moins charitable) : l'État, la Nation, la Classe, le Parti.

Le Léviathan va faire la loi (juridique et morale : il s'agit de toutes les normes obligeant à un titre ou un autre les individus). La loi, dit Hobbes en des formules frappantes (qui rejoignent, dans la forme, les formules absolutistes que nous avons citées, mais les dépassent sur le fond, puisque ni les publicistes médiévaux ni Bodin n'avaient en vue la loi morale), n'est rien autre chose que la *volonté* du souverain. La loi, au sens propre du terme, est le « commandement de la personne... dont le précepte contient en lui la *raison* de l'obéissance » (*De Cive,* chap. 14, 1). La loi est :

« pour chaque sujet, l'ensemble des règles dont la République, par oral, par écrit, ou par quelque autre signe adéquat de sa volonté, lui a commandé d'user pour distinguer le correct et l'incorrect *(right... wrong),* c'est-à-dire ce qui est contraire à la règle et ce qui ne lui est pas contraire » (*Léviathan,* II, chap. XXVI, p. 282)[1].

L'erreur des doctrines parlementaristes est de croire que le consentement d'un corps représentatif ajoute quelque chose à la loi. Celle d'un praticien de la *common law* comme Sir Edward Coke (cf. *infra,* p. 264-268) est de croire que la loi a de la valeur par son contenu, dès lors que ce contenu est le produit d'une longue jurisprudence. Le roi peut bien permettre au Parlement de discuter la loi, ou s'inspirer de la jurisprudence ; il n'en est pas moins vrai que ce qui, en définitive, fera que la loi sera une loi, ce sera le fait même, le fait seul, qu'elle puisse être mise à exécution (en anglais : *enforced)* par une force coercitive.

Le pouvoir du souverain est *illimité.* Il n'a pas de droit ou de morale au-dessus de lui, puisque c'est lui qui définit le droit et la morale, expression de sa volonté. Son pouvoir ne peut être limité non plus par d'autres pouvoirs, puisqu'il n'est de pouvoirs dans l'État que conférés par lui.

De même, sa souveraineté est *indivisible* (ici encore, Hobbes reprend, en les durcissant, les positions de Bodin). Tous les pouvoirs sont concentrés en la seule personne du souverain (même s'il les délègue). Il ne doit rencontrer devant lui aucun autre pouvoir qui le bride. Car s'il cédait, par exemple, la force militaire, il ne pourrait rendre la justice, s'il cédait la justice, il ne pourrait gouverner, etc. Tous les malheurs de l'Angleterre tiennent précisément, selon Hobbes, à ce que l'opinion publique a cru que le pouvoir souverain pouvait être partagé entre le roi, les lords et la Chambre des Communes[2].

---

1. Ainsi Hobbes retrouve par la démonstration l'adage *pro ratione voluntas* des absolutistes médiévaux (cf. *supra,* p. 37). Et les dernières barrières mises par Bodin à la souveraineté, « la loi de Dieu et de nature », sautent.

2. Nous verrons en effet que c'était là la conviction commune des révolutionnaires anglais (cf. *infra,* p. 269-270).

Le souverain *ne peut être déchu*. Car il n'a pas, nous l'avons dit, contracté avec le peuple ; c'est le peuple qui a contracté en vue de reconnaître son pouvoir. Il n'a donc aucune obligation dont on pourrait constater la transgression, en vertu de quoi on pourrait proclamer sa déchéance.

Nul ne peut sans injustice *protester* contre l'institution du souverain reconnu par la majorité, ni incriminer les actions du souverain. Car chacun est réputé avoir voulu tout ce que veut le souverain ; rien de ce que fait le souverain ne saurait être sanctionné par un sujet, car on le sanctionnerait pour une action qu'on a faite soi-même. D'autre part, en persistant dans son désaccord, le sujet récalcitrant resterait dans l'état de guerre : « il [pourrait] donc sans injustice être détruit par n'importe qui », *a fortiori* par le souverain lui-même.

Le souverain est juge de ce qui est nécessaire pour la paix et la défense de ses sujets (car quiconque a droit à la fin a droit aux moyens). Il est également juge des doctrines qu'il convient de leur enseigner : « Sans doute, concède Hobbes, en matière de doctrines, ne doit-on avoir égard qu'à la vérité. » Il n'en demeure pas moins qu' « une doctrine incompatible avec la paix ne peut pas davantage être vraie que la paix et la concorde ne peuvent être contraires à la loi de la nature ». Donc il n'y aura pas d'opposition entre la science et le pouvoir souverain de l'État, et nul besoin de protéger la première contre le second (ici, Hobbes se montre singulièrement infidèle à son maître Bacon, et il se démarque du grand mouvement critique de la science européenne de son époque).

Le souverain a le droit d'édicter des règles telles que chaque sujet sache ce qui lui appartient en propre. Le souverain institue donc la propriété (avant cette institution légale, tout est à tous). Le souverain possède toutes les « marques de souveraineté » : il rend la justice, décide la guerre et la paix, choisit conseillers et ministres, châtie et rétribue à discrétion, distribue les honneurs et les rangs.

Conséquence capitale de ce dernier principe : il ne faut pas considérer les députés comme des « représentants » du peuple, ils sont les simples mandataires du souverain. Car le seul « représentant » du peuple, c'est le souverain lui-même. Les députés sont simplement des personnes qui, sur l'ordre des rois, transmettent les suppliques des sujets (Bodin exprimait une idée similaire, cf. *supra,* p. 91-92).

Fort de cette théorie, Hobbes peut répondre à tous les « démocrates » de son temps qui disent, reprenant des formules médiévales, que les rois sont *singulis majores* (plus grands que les individus) mais *universis minores* (plus petits que les citoyens pris en corps) qu'ils profèrent une absurdité. Car les rois *sont* le corps.

Quant à la religion, elle est entièrement soumise à l'État. Pas question qu'une puissance entre en concurrence avec celle de l'État. Donc, pour tout ce qui dans la religion peut avoir un effet extérieur sur le comportement des citoyens, elle doit être contrôlée par l'État. Le culte, l'entrée dans les ordres, les livres religieux, les catéchismes, le gouvernement des Églises, tout cela doit être dûment autorisé par le gouvernement.

En définitive, le souverain est tout et peut tout, les sujets rien. Certes, c'est là, pour les sujets, Hobbes l'admet, une situation misérable ; mais il faut comparer cette situation à celle de la guerre civile. Les fardeaux imposés par le souverain aux sujets n'ont pas pour raison d'être le plaisir du souverain, mais l'évitement du fardeau infiniment plus lourd qui pèserait sur les sujets si le souverain n'existait pas.

4) *La monarchie*

La théorie de la souveraineté de Hobbes, comme celle de Bodin, est compatible avec plusieurs types de régime. Car il peut y avoir plusieurs incarnations du souverain, celles mêmes que distingue la classification traditionnelle des régimes : monarchie, aristocratie, démocratie. Cependant, comme on s'en doute, Hobbes a une préférence marquée, parmi les diverses incarnations de la souveraineté, pour la monarchie. Nous n'insisterons pas sur les raisons qu'il en donne, puisqu'il reprend à cet égard les arguments les plus traditionnels, si bien résumés déjà chez Bodin. L'important, dans sa théorie, n'est pas l'argumentation en faveur de la monarchie en tant que telle, mais l'argumentation en faveur du pouvoir absolu de l'État, affranchi de tout contrôle démocratique et de la contrainte de toutes normes morales ou juridiques. Les étatismes ultérieurs, même et surtout « républicains », sauront se souvenir de cet éloge inconditionnel d'un État ayant tous les droits.

CONCLUSION
SUR L'ABSOLUTISME

Nous avons vu que l'absolutisme a ses sources dans le droit impérial romain remis au goût du jour par la papauté puis par les États séculiers qui s'en servent dans leur lutte contre la féodalité dans les derniers siècles du Moyen Âge. Cependant, aussi longtemps que l'Église et l'État sont des puissances globalement équivalentes,

aucune ne peut soumettre l'autre et constituer un pouvoir véritablement absolu.

La digue du contre-pouvoir ecclésiastique tombe avec la théologie de la Réforme, et nous avons vu que Luther est suivi en partie
sur ce terrain par des théologiens gallicans comme Bossuet. D'autres
théoriciens mettent à bas (ou à mal) les autres digues opposables au
pouvoir absolu, celles de la morale et du droit. Ils le font soit par
cynisme (Machiavel), soit du fait de la promotion d'une métaphysique (le mécanicisme et le matérialisme de Hobbes) qui fait perdre
leur statut ontologique privilégié au droit et à la morale. C'est alors
qu'un espace est constitué pour la montée en puissance de l'État
absolu. Ce mouvement est favorisé par le développement irrésistible
des nationalismes, qui justifient qu'on fasse corps autour de l'État et
de son chef.

Les instances participatives (États généraux, parlements) et les
restes de structures sociales féodales (corps, ordres, seigneuries...)
perdent leur légitimité par rapport à l'État – du moins dans les pays
comme la France où l'unité nationale est ancienne et les forces cen-
trifuges relativement faibles. S'impose la doctrine selon laquelle il
faut une *unité de commandement* pour résister aux tempêtes des passions sociales, accusées de provoquer divisions, factions et désordres.
Cette doctrine de la souveraineté indivisible est formulée par Jean
Bodin, suivi par la majorité des juristes français de droit public. Elle
n'en est pas moins révélatrice d'une vision épistémologique singulièrement restrictive, que la naissance des sciences sociales va bientôt
remettre en cause.

DEUXIÈME PARTIE

La tradition démocratique et libérale

Chapitre 1

Le XVIe siècle : « Seconde scolastique », « Monarchomaques » et constitutionnalismes calvinistes

En opposition à la montée de l'absolutisme, et dans le contexte tragique des guerres de religion, le XVIe et le début du XVIIe siècle voient se formuler des doctrines « démocratiques » (doctrines du partage du pouvoir, dans l'État, entre le roi et des assemblées) et « libérales » (doctrines des limites du pouvoir de l'État). Elles bâtissent sur un matériau intellectuel ancien : le droit romain, le droit canonique, la scolastique ; le conciliarisme ; le républicanisme italien ; les traditions municipales du Moyen Âge ; l'humanisme, et notamment le goût nouveau qu'il inspire pour l'histoire ; elles sont animées par le souffle eschatologique du christianisme épuré de la Réforme et de la Contre-Réforme.

D'où une remarque importante. On dit souvent que les idées démocratiques et libérales sont « modernes ». Certes, elles ont connu leur expression doctrinale complète aux Temps modernes et contemporains. Cependant, elles n'ont pas surgi d'un coup après la « nuit » qu'aurait été le Moyen Âge. De l'Antiquité et du Moyen Âge aux démocraties libérales modernes, il y a beaucoup moins de discontinuité qu'on ne le pense couramment. La « Révolution papale » des XIe-XIIIe siècles avait retrouvé les doctrines civiques venues de l'Antiquité et les avait infléchies dans le sens du messianisme chrétien appelant au progrès social et intellectuel. Ces germes se développent ensuite sans véritable solution de continuité. Ce qui sera fait au XVIe, XVIIe et XVIIIe siècles sera, dans une large mesure, la continuation de la première mise en forme réalisée à l'époque scolastique. Il est vrai que des auteurs comme Machiavel ou Hobbes constituent une rupture (le fameux « Machiavellian moment » évoqué par un auteur anglais, P. A. Pocock). Mais toute rupture n'est pas progrès. La question est précisément de savoir si et dans quelle mesure la prétendue « nouveauté » machiavélienne, cette mise de côté de tout souci religieux, moral et juridique, est véritablement moderne. Car, d'une part, rien n'est plus traditionnel que l'attitude consistant à refuser les normes et à tenter de s'en affranchir : cette attitude prend une forme philosophique dès l'époque du cynisme grec (cf. *HIPAMA*, p. 216-218) et se retrouve à toute époque, par exemple au Moyen Âge, dans les mouvements millénaristes tels les « Frères du Libre Esprit » (cf. *HIPAMA*, p. 733-735). On ne voit pas en quoi ce nihilisme serait, en soi, porteur de progrès. D'autre part, si l'on s'interroge sur ce qui a rendu possible l'éclosion effective du monde scientifique et industriel et des économies productives des deux derniers siècles – c'est-à-dire ce qui a apporté vraiment du « nouveau » sur la Terre – on constate que c'est essentiellement la mise en place d'institutions juridico-politiques inscrivant le fait du *pluralisme* dans l'État et la société : laissant se déployer la *critique* dans le domaine intellectuel, la *participation* dans le domaine politique, la *libre initiative* dans le domaine économique. Les hommes qui ont mis en place ces institutions, et qui avaient donc une compréhension de principe de ce que Michæl Polanyi appelera bien plus tard la « logique de la liberté », se sont nourris – nous allons en avoir des preuves abondantes dès le présent chapitre – de la tradition bi-millénaire du civisme gréco-romain et de la morale biblique, bien plus que des théories de Machiavel ou de Hobbes.

Nous allons constater, de fait, que la route est directe du conciliarisme médiéval au constitutionnalisme moderne, « de Gerson à Grotius »[1], « de Constance à 1688 »[2].

§ 1

La persistance des traditions médiévales

Nous avons vu que, dès le renouveau de l'étude du droit romain aux XIᵉ-XIIIᵉ siècles, et surtout ensuite – à mesure que les États européens, se dégageant du féodalisme, devenaient plus grands, puissants et centralisés – de nombreux juristes avaient essayé de justifier cette évolution en mettant en relief avec prédilection les aspects impériaux et absolutistes présents dans le *Corpus* de Justinien. Mais nous avons vu également que d'autres juristes, résistant à cette montée de l'absolutisme, avaient souligné, au contraire, les aspects républicains et démocratiques de ce même droit romain. Nous avons noté qu'une césure analogue avait existé parmi les canonistes, les uns cherchant à étayer l'absolutisme pontifical, les autres soulignant les traditions « démocratiques » de l'Église jusqu'à constituer ce qu'on peut consi-

---

1. L'expression figure dans le titre d'un livre de John V. Figgis, *Studies of Political Thought from Gerson to Grotius*, Londres, 1907. Gerson (1363-1405) est l'un des principaux théoriciens du conciliarisme (cf. *HIPAMA,* p. 710-713). Grotius (1583-1645) est un auteur hollandais, un des premiers à avoir formulé, aux Temps modernes, une théorie du droit naturel opposable à l'État. Nous l'étudierons plus loin, p. 229 sq.

2. « Constance » : le Concile de Constance (1414-1418), où furent affirmées les idées conciliaristes. « 1688 » : date de la seconde Révolution anglaise, créatrice du régime constitutionnel. Dans tout le chapitre, nous suivons surtout l'indispensable livre de Quentin Skinner, *The Foundations of Modern Political Thought, op. cit,* également Pierre Mesnard, *L'Essor de la philosophie politique au XVIᵉ siècle* (1935), Vrin, 1977, et James Henderson Burns (dir.), *Histoire de la pensée politique moderne,* PUF, coll. « Léviathan », 1997.

dérer comme la première doctrine démocratique élaborée, le conciliarisme[1].

De même qu'au début de notre étude de l'absolutisme, nous
avons résumé à grands traits les arguments des absolutistes médiévaux[2], il nous faut résumer ici les arguments de l'autre « camp », car
nous allons constater que les idées de ces légistes et canonistes
médiévaux favorables au pluralisme sont constamment réutilisées par
les auteurs constitutionnalistes du XVIe siècle.

I — LES INTERPRÉTATIONS MÉDIÉVALES
NON ABSOLUTISTES
DES DROITS ROMAIN ET CANONIQUE

— *L'interprétation anti-absolutiste de « Quicquid principi placuit... » et de
« Princeps legibus solutus » ; le recours à « Quod omnes tangit... » et à « Digna
vox... »*

Certains légistes et canonistes opposent au concept de « pouvoir absolu »
une maxime qu'ils trouvent dans le droit civil, quitte à la détacher de son
contexte (rapports entre tuteur et pupille) et à l'étendre aux communautés plus
larges : *Quod omnes tangit ab omnibus approbari debet*, « ce qui concerne tout le
monde doit être approuvé par tout le monde ».

Ils mettent en relief une autre maxime du Digeste : « Il est digne de la
majesté d'un chef d'État que le prince se déclare lui-même soumis aux lois »
(Constitution *Digna vox*, Code, 1, 14, 4, Théodose et Valentinien).

Accurse[3] fait le commentaire suivant sur la formule *legibus solutus* : « Le
prince est délié des lois, c'est-à-dire des lois faites par un autre, ou par
lui-même. *Néanmoins, de sa propre volonté, il s'y soumet.* » Et sur *quicquid placuit
principi legis vigorem habet* : « Lorsqu'il s'agit de faire une loi générale et commune... toute déclaration du juge n'est pas un jugement ; de même toute déclaration du prince n'est pas une loi. »

Au XIIIe siècle, Bracton[4] affirme que l'application du principe *quod principi placuit...* suppose une consultation du prince avec ses sujets : « [Ce qui plaît au prince
est loi] — c'est-à-dire non ce que, par sa volonté personnelle, le roi a décidé à la
légère, mais ce qui a été décidé après réflexion par le consilium des grands, avec
autorisation du roi et après délibération et discussion de la question. »[5]

— *La question de l'Empire, de la querelle Azon-Lothaire à la Bulle d'Or. Apparition du thème du « magistrat inférieur ».*

Il y a eu au Moyen Âge, entre les deux légistes Azon (1198-1230) et

---

1. Sur le conciliarisme, cf. *HIPAMA*, p. 710-713.
2. *Supra*, p. 33-37.
3. François Accurse (v. 1191-1263), jurisconsulte italien qui interpréta le droit
romain.
4. Juriste et juge royal anglais, mort en 1268.
5. Cité par Bonney, *op. cit.*

fameuse querelle, qui va fournir aux auteurs du XVIᵉ siècle le ... la théorie des « magistrats inférieurs ».

...ode de Justinien dit à plusieurs endroits que l'empereur a seul le ...*imperium,* le droit de commander les armées et de faire la loi. Mais des ...mentateurs ont objecté que l'*imperium* appartient aussi à des « magistrats ...érieurs »[1]. Azon soutient cette idée. Lothaire la combat. Ils décident de prendre comme arbitre l'empereur (romain-germanique), lequel, comme on peut s'y attendre, tranche en faveur de Lothaire, qui gagne le cheval enjeu du pari. Mais les autres juristes donnent raison à Azon et plaisantent : Lothaire *equum tulerat,* Azon *æquum,* le lot de Lothaire a été le cheval, celui d'Azon la justice.

Bodin pensait qu'Azon avait tort et que le souverain seul avait le *jus gladii.* C'est qu'Azon n'a évidemment pas le point de vue qu'aura Bodin. Si Azon veut que les pouvoirs de l'empereur soient partagés, c'est parce qu'il soutient en fait la conception féodale de l'Empire : l'empereur n'est pas le souverain, il n'est qu'un élu lié par contrat aux seigneurs territoriaux. Dès lors, en effet, il n'est pas *legibus solutus.* Et puisque des seigneurs ont une part du *jus gladii,* ils peuvent lever le glaive contre l'empereur lui-même lorsqu'il est violateur du contrat et de son serment. De fait, Wenceslas a été déposé en 1400 par les Électeurs. Plus généralement, l'Empire est une *universitas,* une corporation organique dont chaque membre a le droit et le devoir, par droit naturel autant que positif, de maintenir l'unité et la justice. Donc les magistrats inférieurs peuvent déposer l'empereur au nom même de l'Empire. Ockham[2] : l'Empire est un « corps mystique », et « de même que dans un corps naturel, quand un membre devient défectueux, le reste remédie à cette déficience autant qu'il le peut », de même, dans une *universitas,* « quand une partie devient défectueuse, les autres parties, si elles ont le pouvoir naturel, devraient remédier à cette déficience » (Guillaume d'Ockham, *Huit questions sur le pouvoir du pape,* cité par Skinner, p. 128). La tête peut être déposée par les membres du corps, spécialement les princes-électeurs.

Cette idée a été retranscrite dans cette charte officielle de l'Empire (une quasi-constitution) qu'est la *Bulle d'Or* (promulguée par Charles IV en 1356) : les princes-électeurs, est-il dit dans l'exorde, sont les « colonnes » qui soutiennent l'Empire, les principaux membres de son « corps mystique » ; et leur « volonté concordante » est essentielle à l'unité et à l'honneur de l'Empire.

— *La théorie corporative canonique. Visions « holiste » ou « individualiste » de la communauté, positions à cet égard des nominalistes, statut de la « représentation »*[3].

Dans la théorie canonique de la « corporation » (évêchés, couvents ; mais la

---

1. Sous la République romaine, l'*imperium* n'appartient pas aux seuls consuls, mais aux dictateurs, interrois, et surtout – c'est le point important, puisqu'il s'agit de magistrats par ailleurs subordonnés – aux préteurs et aux promagistrats des provinces (propréteurs, proconsuls), cf. *HIPAMA,* p. 259-260.

2. Sur Guillaume d'Ockham, cf. *HIPAMA,* p. 683-686.

3. Cf. *HIPAMA,* p. 701-710, et Martin Van Gelderen (ed.), *The Dutch Revolt,* Cambridge University Press, 1993, p. xxix-xxxii.

théorie fut appliquée aux communautés séculières, royaumes, seigneuries), il y avait eu deux tendances : l'une consistait à dire que les personnes importantes de la corporation (la « tête », l'évêque, l'abbé, et plus généralement la *sanior pars*) pouvaient d'emblée parler pour elle, sans la consulter, comme la tête parle pour le corps, le père pour la famille : ainsi l'abbé « représente »-t-il le couvent, le seigneur ses tenanciers. L'autre tendance, se nourrissant du droit civil romain et de sa théorie de la « procuration », disait que les chefs représentaient le groupe en fonction d'un mandat exprès. Il fallait donc qu'ils fussent élus par une procédure où ne s'exprimeraient pas seulement « tous » les membres de la communauté, mais « chacun » d'eux (la *Règle* de saint Benoît observait que la vérité peut être dite par le plus humble des frères). Les commentateurs et les décrétalistes, glosant une formule d'Innocent IV qui avait dit qu'une corporation était une *persona ficta,* soulignaient que *populus* était donc à la fois un « tout » et « une pluralité d'êtres humains ». Les nominalistes, comme Duns Scot ou Ockham, avaient insisté sur ce point : le tout, qui n'est qu'un « nom » et un « concept dans l'esprit » et non une réalité, ne doit pas écraser l'individu, dont la voix doit toujours pouvoir se faire entendre. Cela préfigurait les théories modernes des assemblées « représentatives ».

— *Bartole et la souveraineté populaire.*

Il y avait eu aussi, au XIVᵉ siècle, l'interprétation « populiste » de la *lex regia* par Bartole (1313-1347)[1]. Rappelons que la *lex regia* ou *lex curiata de imperio* est l'antique loi, votée par les comices curiates, qui conférait l'*imperium* aux magistrats républicains rentrant en charge. Or le premier empereur, Auguste, avait dit solennellement qu'il tenait lui aussi son pouvoir de cette loi, laquelle avait encore été invoquée au temps de Vespasien. Elle signifiait que le peuple ne faisait que déléguer l'exercice de la souveraineté à un homme ou à un corps élu, et que la souveraineté même demeurait dans le peuple. Bartole, dans le contexte de la recherche de l'indépendance des cités d'Italie du Nord par rapport à l'Empire, avait soutenu que, du fait de la désuétude du pouvoir impérial, et compte tenu du principe tiré de la *lex regia* que la souveraineté appartient originellement au peuple, les cités étaient redevenues « leur propre prince » *(sibi princeps).*

— *Le conciliarisme. Gerson*

Puis il y avait eu, dans le contexte du Grand Schisme (1378-1417), l'éclosion des idées *conciliaristes,* où les théologiens et les canonistes, Pierre d'Ailly, Francisco Zabarella, Jean Gerson, Nicolas de Tudeschis, Nicolas de Cuse, avaient joué les premiers rôles[2]. La thèse conciliariste fondamentale, suite des théories de la corporation et de la représentation évoquées plus haut, est la supériorité du concile sur le pape. C'est donc une thèse « démocratique ». Gerson avait fondé cette position, notamment, sur la considération suivante. Dans l'Église comme dans l'État, l'autorité suprême appartient à l'assemblée représentative de tous les membres. Aucun chef, même s'il est par définition *major singu-*

---

1. Cf. *HIPAMA,* p. 374-375 (la *lex regia*) et 688-690 (Bartole).
2. Cf. *HIPAMA,* p. 710-713.

lis, « plus grand que les particuliers », ne peut être *major universis,* « plus grand que la communauté ». Il ne peut être que son recteur ou son ministre, et le pouvoir ultime demeure en elle. Un gouvernant digne de ce nom n'est pas propriétaire des sujets et des biens ; il n'est pas au-dessus de la communauté, mais en fait partie. Il est tenu à ses lois et il doit viser son bien.

— *La Décrétale sur le « juge injuste ». La maxime* vim vi repellere licet[1]

Comme dans le cas de *Quod omnes tangit...,* les anti-absolutistes médiévaux savent adapter au problème politique d'autres arguments empruntés au droit privé. Des canonistes pro-conciliaristes comme Nicolas de Tudeschis (1386-1445) étendent au droit public, notamment, les positions des juristes romains sur la violence légitime (c'est-à-dire les cas où le recours aux voies de droit n'est plus possible). En traitant la question « est-il légitime de résister à un juge qui procède illégalement ? », cet auteur avait invoqué plusieurs opinions (dont un commentaire du pape canoniste Innocent IV) et avait choisi, pour son compte, la solution la plus radicale : on peut impunément résister par la violence à un juge injuste. On comprend l'importance de cette position, virtuellement hostile à toute doctrine absolutiste de la « justice retenue » et du roi jugeant en dernier appel. Même le souverain n'est pas au-dessus de la justice.

D'autre part, dans le droit civil, il y a plusieurs cas où le droit de nature peut combler les lacunes du droit positif. Certains cas d'adultère (on a le droit de résister les armes à la main à celui qui s'en prend à sa femme, cet homme fût-il le Consul, qui dispose pourtant de l'*imperium...*) et surtout la légitime défense : « On peut résister à la violence par la violence *[vim vi repellere licet],* car ce droit est conféré par la loi de nature » (Digeste, XLIII, XVI, 27). Si je tue un voleur qui use de violence, je ne suis pas responsable « car la raison naturelle permet qu'un homme se protège du danger », et cela même si le voleur n'en veut pas à ma vie mais seulement à ma propriété (à condition, dans ce cas, que je l'avertisse).

L'application de ce principe au champ politique se trouve déjà chez Guillaume d'Ockham (*Huit questions sur le pouvoir du pape,* début des années 1340). Dans des circonstances exceptionnelles, un roi peut être déposé et emprisonné par ses sujets, car, dit Ockham, il est écrit dans le *Digeste* qu'on peut *vim vi repellere.* Cela est repris par Gerson au sujet de la résistance de l'Église au pape. Dans la septième des *Dix considérations hautement utiles pour les Princes et les Gouverneurs,* il dit que « c'est une erreur de prétendre que les rois sont déliés de toute obligation envers leurs sujets », puisqu' « ils leur doivent justice et protection par le droit divin et le droit de nature ». Et il avertit que « s'ils manquent à le faire, s'ils agissent injustement contre leurs sujets, et s'ils continuent dans leur mauvais comportement, alors le moment est venu de leur appliquer cette *loi de nature* qui dit que l'on est fondé à *résister à la violence par la violence* » (cité par Skinner, p. 126-127).

1. D'après Skinner, *op. cit.*

II — LA RÉAFFIRMATION DES IDÉES CONCILIARISTES ET DES PRINCIPES LIBÉRAUX DU DROIT ROMAIN ET DU DROIT CANONIQUE

Au début du XVIe siècle, ces idées, notamment celles de Gerson et d'Ockham sur la source du pouvoir, sont reprises et radicalisées par deux savants de la Sorbonne, l'Écossais John Mair[1] et son élève français Jacques Almain[2].

1) Mair et Almain : le pouvoir politique est créé par le peuple et il demeure le « ministre » du peuple[3]

John Mair, dans ses *Questions sur le IVe livre des Sentences* (1519), accepte la thèse de Gerson selon laquelle le pouvoir d'Adam était *paternel,* et non *politique.*

Il rappelle d'abord l'idée patristique, banale en soi, selon laquelle il n'y avait pas besoin de coercition dans un monde sans péché, alors qu'après la Chute, il a fallu un pouvoir politique. Puis il formule l'idée plus originale selon laquelle ce pouvoir a été *constitué par les hommes,* qui *se sont donné* des chefs, en usant de la *raison* donnée par Dieu et en « consentant » à l'établissement des pouvoirs — idée qui, relayée et développée par les auteurs de la Seconde Scolastique, sera à la base des idées politiques fondamentales de toute la pensée politique moderne, les idées d' « état de nature » et de « contrat social ».

Saint Thomas avait admis que l'origine du pouvoir était dans le peuple. Mais il avait posé que le pouvoir politique, une fois constitué, était « au-dessus » du peuple, sans quoi il n'aurait pu punir le crime ; et cela impliquait que lui-même ne pouvait être jugé. À quoi Almain réplique que le peuple ne peut transférer un pouvoir qu'il n'a pas. Si le pouvoir politique a le droit de punir (*jus gladii,* « droit du glaive »), il faut en déduire que l'homme l'avait déjà à l'état de

---

1. Né vers 1468, mort en 1550. Diplôme de théologie à la Sorbonne en 1506. Il y enseigne jusqu'en 1518, date à laquelle il revient en Écosse pour enseigner à Glasgow puis à Saint-Andrews. Il repart à Paris, où il séjourne de 1526 à 1531. Il revient définitivement à Saint-Andrews, au collège Saint-Sauveur. Son œuvre est considérable. Parmi ses ouvrages : *Commentaires sur les Sentences, Commentaires sur l'Évangile de saint Matthieu, Histoire de la Grande-Bretagne (Historia Majoris Britanniæ)* (Source : Burns).

2. Vers 1480-1515, originaire du diocèse de Sens. Docteur en théologie en 1512. Il est l'auteur du *Libellus de auctoritate Ecclesiæ,* où il répond, pour le compte de la Sorbonne, aux thèses anticonciliaristes de Cajetan (formulées à l'encontre des prétentions du concile de Pise-Milan, 1511-1512). Il écrit aussi l'*Expositio circa decisiones quæstionum M. Guillermi Ockham super potestate summi Pontificis* (Source : Burns).

3. D'après Skinner, *op. cit.,* p. 114 sq.

nature. Le pouvoir a été « concédé » par le peuple au gouvernant dans le but de mieux le protéger. Et le peuple a pu faire cela de par la « droite raison » que Dieu a donnée aux hommes[1].

Si le peuple peut « déléguer » son *jus gladii* au prince, il ne peut jamais le lui « aliéner ». En conséquence, un souverain n'est jamais absolu, il n'est que le « ministre » de la communauté. On voit que sont réfutées par avance toutes les théories absolutistes qui vont s'affirmer dans le siècle et ultérieurement.

L'argument principal (qu'on trouve dans la *Reconsidération* d'Almain et les *Questions* de Mair) est que, en aliénant son pouvoir, la communauté compromettrait sa propre survie, ce qu'elle ne peut pas plus faire que ne le peut, de par la loi naturelle, un individu. Certes, elle ne peut se réunir en permanence ; c'est pourquoi elle peut charger une ou plusieurs personnes de la réunir. Mais ces personnes ne seront jamais que des délégués.

Mair et Almain, plus radicalement que Gerson et Ockham, tirent la conséquence logique de cette analyse, à savoir qu'un gouvernant qui ne gouverne pas correctement *peut être déposé*.

Mair, auteur d'une *Histoire de Grande-Bretagne,* en trouve des exemples dans cette histoire. Le problème est de savoir *qui* peut prendre une telle décision. Mair et Almain restent vagues à ce sujet. Cependant Mair semble penser qu'il en va ici des communautés politiques comme de l'Église lorsqu'elle doit déposer un pape indigne. De même qu'un *concile* représente les fidèles, de même l'*Assemblée des Trois États* représentera les membres d'une communauté politique.

2) *Ulrich Zasius*[2]

Au début du XVIᵉ siècle, sous l'influence de l'humanisme, les juristes s'intéressent à l'histoire du droit et étudient les coutumes féodales. Cela les conduit à réfléchir à nouveau sur le statut « constitutionnel » de l'Empire romain-germanique et à identifier des limites aux prétentions absolutistes des souverains.

Ulrich Zasius[3] dit que l'empereur a moins de pouvoirs qu'un roi,

---

1. C'est ce que dira Locke : l'homme a déjà, à l'état de nature, le droit de juger, de prévenir les attaques et de punir, non moins que le droit de conserver sa propriété ; par le contrat social, il transfère les premiers de ces droits à l'État, pour mieux conserver le second. D'après Skinner, Locke se serait donc inspiré, en cela, d'Almain. Mais, d'Almain à Locke, il y aura eu bien d'autres élaborations intermédiaires de ces thèmes.
2. D'après Skinner, *op. cit.*
3. 1461-1535. Avocat, professeur de droit à Fribourg, principal juriste allemand de son temps. Juriste humaniste comme André Alciat (cf. *infra*) et Guillaume Budé, il est l'ami d'Érasme. Il combine la tradition juridique scolastique avec les méthodes nouvelles de l'érudition historique. Il est l'auteur d'ouvrages sur le droit féodal et sur le droit romain (Source : Burns).

parce qu'il est élu. D'autre part, l'empereur est le sommet de la pyramide féodale. Il est lié à ses vassaux par un contrat féodal d'hommage, lequel est « réciproque par nature » (en effet, nous l'avons vu, le contrat de vasselage est un contrat synallagmatique)[1].

Par suite, Zasius peut critiquer, par exemple, l'attitude de Maximilien[2] qui a cassé un jugement d'une cour en vertu de son pouvoir absolu. Il n'y avait pas de tel pouvoir absolu chez l'empereur de Rome, dit d'abord Zasius contre les interprétations habituelles. Ensuite, l'empereur germanique a promis de respecter la justice, donc il ne peut nuire aux droits de quiconque. Enfin, Maximilien lui-même s'est engagé, il y a quelques années, à ne pas interférer avec les jugements des tribunaux ; or il est évidemment lié, de droit positif, par les contrats qu'il fait ; donc il a abusé de son pouvoir.

3) *Réflexions humanistes sur la* lex regia : *Salamonio*[3]

À la fin du XVe siècle et, là encore, sous l'influence des humanistes férus d'histoire, on revient aux analyses de Bartole sur la *lex regia* et la souveraineté populaire. *Mario Salamonio*[4] s'intéresse à la délégation des pouvoirs à Auguste et l'interprète dans un esprit constitutionnaliste. Dans son dialogue sur *La Souveraineté du Patriciat romain,* il exprime sa foi en la liberté naturelle du peuple. « Dieu a créé tous les hommes libres et égaux », et « aucun homme n'est naturellement sujet à un autre »[5]. De là que tout *imperium* doit avoir pour origine un contrat, fait par la libre décision des citoyens contractant avec un dirigeant et élaborant une *lex regia.*

Il y a accord entre deux personnages du dialogue, le juriste et le philosophe, sur ce point. Ils ne sont pas d'accord, en revanche, quant à la nature du pouvoir ainsi établi. Pour le juriste, le peuple « n'a absolument aucun droit de contrôler » le pouvoir, parce que « la *lex regia* lui donne une autorité absolue », alors

---

1. Cf. *HIPAMA,* p. 568-569.
2. 1459-1519, empereur germanique à partir de 1493. C'est lui qui, ayant épousé Marie de Bourgogne, la fille de Charles le Téméraire, fit passer la Bourgogne et les Pays-Bas dans l'héritage des Habsbourg.
3. D'après Skinner, *op. cit.*
4. Vers 1450-vers 1532. Il étudie puis enseigne le droit civil à l'Université de Rome, où il exerce des fonctions publiques. Il écrit en 1514 des dialogues intitulés *Patricii Romani de Principate, La Souveraineté du Patriciat romain* (publiés seulement en 1544). Autre œuvre : *Commentaires du Digeste* (1525).
5. C'est toujours la thèse selon laquelle il n'y a pas de subordination politique entre les hommes au paradis terrestre, qui offre l'image de la pure nature créée par Dieu avant qu'elle ne soit altérée par la Chute. Le pouvoir d'Adam sur ses enfants est seulement paternel, avec vocation à cesser quand les enfants deviendront adultes. Par ailleurs, en relisant la littérature antique païenne, les humanistes redécouvrent une nature humaine sans Chute, donc inaltérée : les hommes, du moins les hommes libres, les citoyens au sens d'Aristote, y sont égaux.

que le philosophe adopte l'idée bartolienne que la souveraineté demeure dans le peuple. Salomonio pense que la manière même dont le pouvoir a été donné à Auguste montre qu'il a été donné *par* le peuple, qu'il est *limité à ce que le peuple a concédé,* et que l'empereur est *responsable* devant le peuple.

On en revient aux formulations conciliaristes : le prince n'est jamais *major universis,* il n'est qu'un « ministre » de la communauté. Ce qu'il fait est légitime dans l'unique mesure où c'est censé avoir été voulu par tout le peuple. Le prince « n'est réellement rien de plus qu'un magistrat perpétuel », qui a autorité « par le consentement de tout le peuple ». Celui-ci est « créateur du prince », il est « plus grand que le prince qu'il crée ».

Autre corollaire : aucun prince ne peut être dit *legibus solutus.* Tout gouvernant est dans une obligation perpétuelle de gouverner « d'une manière juste et honnête conformément aux lois de la nature et aux coutumes du pays ». Ainsi le peuple – dit le philosophe, malgré les protestations du juriste – pourra « abroger au nom de la justice » une loi qui a été proposée par le prince, mais que le « peuple souverain » découvre ensuite « être nuisible à la stabilité et au bien de la communauté ».

Il est frappant que toutes ces thèses aient été pensées, dûment argumentées, clairement formulées, bien avant que l'absolutisme s'affirme. Elles sont d'ailleurs bien connues en France.

III — LA TRADITION FRANÇAISE ANTI-ABSOLUTISTE[1]

Nous avons vu qu'en France, jusqu'au deuxième tiers du XVIe siècle, les positions au sujet de l'étendue légitime du pouvoir royal ont été modérées ou plus exactement partagées, certains intellectuels approuvant l'absolutisme, d'autres le contestant, d'autres entendant le mitiger.

Plusieurs catégories de juristes sont attachés à l'équilibre des pouvoirs : les commentateurs du droit civil, les « Antiquaires ».

1) *Les commentateurs du droit civil*

Guillaume Budé, dans ses *Annotations au Digeste,* compare le Parlement au Sénat de Rome dans la période républicaine.

---

1. D'après Julian H. Franklin, *Jean Bodin et la naissance de la théorie absolutiste,* 1973, trad. fr. par Jean-Fabien Spitz, PUF, 1993.

« Exactement de la même manière que lorsque le peuple avait approuvé une décision (raison pour laquelle on appelle cela un *plébiscite*), on faisait appel au Sénat pour la garantir *(senatorem auctorem fieri oportebat)*, procédure que nous désignons maintenant par son dérivé grec *homologuer*, il en est de même des ordonnances des princes si l'on veut qu'elles soient revêtues d'une vigueur inviolable *(ut vim sanctionum habeant)*... Par l'autorité [du Parlement], les actes du prince reçoivent ou non confirmation, afin que soient prévenues les objections qui peuvent leur être opposées. C'est l'unique cour dont les princes absolus reçoivent les lois lorsqu'ils ont une disposition d'esprit civile, et dont ils veulent avoir la garantie dans la ratification et la promulgation des décrets. Ils ne souhaitent pas que leurs ordonnances soient exemptées de l'examen par ce conseil, mais ils veulent bien plutôt voir leurs décisions sanctifiées pour l'éternité par ses décrets » (Guillaume Budé [1507], cité par Franklin, p. 19-20).

Nicolas Bohier (vers 1510) dit que le roi « ne fait rien sans son Grand Conseil ».

« Toutes les fois que mon très chrétien maître et souverain est appelé à statuer sur une matière, il convoque en grand nombre prélats et gouverneurs, ainsi que des conseillers des Parlements de son royaume pour qu'ils s'assemblent avec lui et son Grand Conseil... Dans cette assemblée, présidée par le très illustre et très éminent chancelier de France, il fait, promulgue et édicte les propositions, les lois et les constitutions que nous appelons royales, comme cela s'est fait dans la présente année 1510 pour les ordonnances qu'il a édictées dans la ville de Lyon. Et nous voyons que cela a été observé par tous les autres rois qui l'ont précédé sur le trône de France dans toutes les ordonnances qu'ils ont édictées. Cela est également approuvé dans le *Præmium* de la Pragmatique Sanction » (cité par Franklin, p. 20-21).

Gaguin, dès 1491, avait écrit une *Histoire de France* dans laquelle était expliquée l'histoire du Parlement de Paris (cet intérêt pour l'histoire, on l'a dit, est un trait propre à l'humanisme, qui faisait alors son apparition en France). Ce Parlement a pour origine, selon Gaguin, un conseil institué dès Charles Martel. Il a toujours existé depuis lors, sous des formes diverses, et son consentement a toujours été nécessaire pour les lois et l'administration.

« L'autorité du Parlement fut toujours si grande parmi les Français que les décisions du roi lui-même, touchant les affaires publiques, la loi et les finances du royaume, ne pouvaient s'accomplir sans les décrets de ce Sénat » (cité par Franklin, p. 21-22).

Il existait des formules – qui semblent avoir été inventées par les canonistes en faveur de l'absolutisme papal – que le roi pouvait employer lorsqu'il voulait absolument être obéi, la *clausula ex motu proprio* (le roi agit de son propre mouvement, non sur requête), la *clausula ex certa scientia* (le roi a étudié la question à fond, il a réfléchi avec ses conseillers, et néanmoins il persiste et signe, ce n'est donc pas la peine de lui donner de nouveaux conseils), la *clausula non obstante* (le roi veut voir son mandement obéi nonobstant la législation antérieure, et il cite les lois dont il veut qu'on ne tienne pas compte). Or les juristes français comme Chasseneuz (auteur des *Consuetudines Ducatus Burgundiae*) refusent ces voies. Ils pensent que le prince ne peut déroger « à une règle de droit acceptée par le peuple et confirmée par le prince » et ne doit pas utiliser toute sa *plenitudo potestatis* (dont on ne conteste cependant pas le principe).

2) *Seyssel*[1]

Claude de Seyssel (c. 1450-1520), auteur de *La Monarchie de France* (1515), est le fils naturel d'un noble savoyard, qui a fait des études de droit à Turin et à Pavie. Il vient en France pour se mettre au service de Charles VIII, puis de Louis XII. Il occupe de hauts postes administratifs et diplomatiques. Il envoie son ouvrage, qui témoigne de son expérience autant que de sa culture juridique, au jeune François Ier qui vient de monter sur le trône.

Contrairement à d'autres humanistes séduits par le républicanisme de Cicéron, Seyssel admet que la monarchie est le meilleur régime. Contrairement à Platon, qui veut que le mérite seul préside aux choix des magistrats, Seyssel admet le principe d'une structure sociale inégalitaire, immuable parce que reflétant la structure même du *cosmos* créé par Dieu. Mais il entend « réfréner » le pouvoir absolu des rois. Il y a, selon lui, trois « freins » : la religion, la justice, la « police ». Ces freins constitutionnels relèvent du droit naturel ou, dans le cas de la police, sont le fruit de

« plusieurs ordonnances qui ont été faites par les rois mêmes, et après confirmées et approuvées de temps en temps, lesquelles tendent à la conservation du royaume en universel et particulier ».

La « constitution » est donc coutumière, mais cela ne veut pas dire qu'elle soit faible, bien au contraire. Ce qui a été dit par le roi, accepté sans être contesté par le peuple, puis redit, à nouveau accepté, etc., vient se placer hors de l'atteinte arbitraire d'une des parties. Bien que jamais promulguée en tant que telle, cette législation est rendue transcendante par le temps et s'impose aux parties. Cette œuvre du temps est meilleure que toute mesure que pourrait prendre une volonté ponctuelle, l'équilibre trouvé comporte une sagesse que la volonté du roi ne doit pas détruire.

---

1. Cf. Julian Franklin, *op. cit.*, et Brendam Bradshaw, « L'Humanisme transalpin », *in* Burns, *op. cit.*, p. 116-118.

« Comme cette modération et réfrénation de la puissance absolue des rois est à leur grand honneur et profit... la puissance absolue des rois... n'en est pour ce moindre, mais d'autant est plus digne qu'elle est mieux réglée. Et si elle était plus ample et absolue, en serait pire et plus imparfaite. »[1]

a) La religion

Le frein de « religion » est celui-même que, quelques années après Seyssel, voudront enlever – pour des raisons diamétralement opposées, nous le savons, mais, en l'occurrence, convergentes – Machiavel ou Luther. Il consiste en l'obligation où est le prince de respecter l'autonomie du pouvoir spirituel et les valeurs prêchées par lui.

b) La justice

Seyssel définit comme suit le frein de « justice » :

« Le second frein est la justice, laquelle, sans point de difficulté, est plus autorisée en France qu'en nul autre pays du monde que l'on sache, mêmement à cause des parlements, qui ont été institués principalement pour cette cause et à cette fin de réfréner la puissance absolue dont voudraient user les rois. Et furent, dès le commencement, établis de si grands personnages, et en si grand nombre, et avec un tel pouvoir, que les rois y ont, quant à la justice distributive, toujours été sujets ; tellement que l'on a raison et justice à l'encontre d'eux aussi bien qu'à l'encontre des sujets en matière civile ; et entre les parties privées, leur autorité ne peut préjuger au droit d'autrui, ainsi sont leurs lettres et rescrits sujets au jugement desdits Parlements en tels cas, non pas touchant obreption et subreption[2] seulement (comme sont ceux des autres princes selon les lois romaines), mais encore touchant la civilité et incivilité [c'est-à-dire en raison de leur compatibilté ou incompatibilité avec une loi bien établie] » (cité par Franklin, p. 27-28).

Ce qui signifie que le roi ne peut léser un particulier en matière civile, *il ne peut accorder un privilège qui porterait tort à un tiers.* Sur quoi insiste le juriste Grassaille (*Regalium Franciæ libri duo,* 1538) :

« Les lettres et rescrits qui émanent des rois peuvent être publiquement attaqués en justice et déclarés nuls, injustes ou frauduleux par un jugement » (cité par Franklin, p. 29)[3].

---

1. Cité par Bonney, *op. cit.,* p. 21.
2. Sur ces notions, cf. *supra,* p. 121.
3. On voit donc qu'en France, sous le règne de François Ier, le principe même du règne du droit est reconnu : même le roi est soumis aux lois, et il existe des juges indépendants qui peuvent constater qu'il a enfreint le droit et, le cas échéant, le forcer à réparer les

Seyssel comprend que, pour que ce principe ait des chances d'être respecté, il faut que les juges soient inamovibles. Les parlements « ont été principalement établis dans le but de vérifier le pouvoir absolu que les rois pourraient, sinon, chercher à exercer » ; donc ils doivent pouvoir s'opposer aux ordonnances du roi si elles portent tort aux sujets ; dans ce but, il est nécessaire que « les officiers qui ont vocation à administrer la justice soient perpétuels, de sorte qu'il est au-delà du pouvoir du roi de les déposer ».

c) La « police »

« Le tiers frein est celui de la police ; c'est à savoir de plusieurs ordonnances qui ont été faites par les rois mêmes, et après confirmées et approuvées de temps en temps, lesquelles tendent à la conservation du royaume en universel et en particulier. Et si ont été gardées par tel, et si longtemps que les princes n'entreprennent point d'y déroger ; et quand ils voudraient faire, on n'obéit point à leurs mandements, mêmement quant au fait de leur domaine et patrimoine royal, qu'ils ne peuvent aliéner sans nécessité ; et si il faut qu'elle [la nécessité] soit connue et approuvée par les cours souveraines du Parlement et par celles des comptes, lesquelles y procèdent si mûrement et par une si grande difficulté et discussion que peu de gens s'y trouvent qui pourchassent [achètent] leurs aliénations, sachant qu'elles ne seraient ni valables ni assurées » (cité par Franklin, p. 26).

La « police » comporte plusieurs éléments. D'abord les deux *lois fondamentales,* l'inaliénabilité du domaine royal et la loi salique. Ensuite la *coutume,* que l'autorité royale respecte.

Le respect de la coutume implique en particulier que le roi ne cherche pas à changer le « bon ordre et harmonie des classes du royaume », c'est-à-dire sa structure sociale. Or c'est bien ce qu'il est en train de faire en créant une noblesse de robe, en nommant de nouveaux officiers et en rabaissant la vieille noblesse d'épée.

---

torts qu'il a commis contre des particuliers. Des particuliers ou des corps peuvent faire opposition aux actes du roi. Le cas le plus fréquent est celui de la remise en cause des lettres patentes expédiées « sur requête », et que les personnes lésées feront annuler par les Parlements. Des procureurs généraux peuvent faire opposition même aux lettres de propre mouvement ; on peut s'opposer aux arrêts du conseil, à des lettres de brevets (cf. François Olivier-Martin, *L'Absolutisme français, op. cit.,* p. 318-325). Même si ce principe a été oublié, ou du moins victorieusement combattu, par les décennies d'absolutisme qui viennent ensuite, il est clair qu'il n'aura pas à être *introduit* en France à l'époque des Lumières en référence à l'exemple anglais. Il aura seulement à y être dûment *restauré.* Ce grand principe de droit administratif reconnu aujourd'hui selon lequel l'État ne peut prendre de décisions qui « font grief », qui portent tort à un particulier, date de la monarchie.

Enfin, la police comporte l'obligation pour le roi de *prendre conseil,* donc de discuter de la politique du pays avec sa cour, c'est-à-dire principalement le Parlement (ce qui implique qu'il ne lui impose pas unilatéralement ses décisions).

Dernier élément de modération chez Seyssel, spécifiquement lié à sa culture humaniste : le roi ne doit pas user volontiers de coercition. Il doit manifester son *humanitas,* en ayant réellement les vertus réclamées des princes par les traités antiques sur la royauté : libéralité, clémence, honneur, préférence pour la raison aux dépens de la force... C'est vrai aussi, à leur niveau, des nobles (ce qui justifie qu'ils reçoivent l'éducation humaniste adéquate).

Ainsi la doctrine de Seyssel est bien, tôt dans le siècle, une véritable doctrine « constitutionnelle ». Elle comporte récusation de l'absolutisme et affirmation du pluralisme, dans les deux registres du partage du pouvoir dans l'État entre le roi et les assemblées et de la limitation du pouvoir de l'État par les droits individuels. Elle est à la fois « pré-démocratique » et « pré-libérale ».

3) Les « Antiquaires »

Les « Antiquaires » sont des juristes de la génération suivante, qui ne s'inspirent plus seulement du droit romain, mais de la coutume française et de l'histoire de cette coutume, et contestent souvent le premier au nom des secondes. Ils vont s'opposer à l'absolutisme, non par attachement irrationnel au féodalisme, mais, au contraire, par esprit de science. Ils se nourrissent en effet, comme les absolutistes, du droit romain, mais selon une méthode plus élaborée.

Les absolutistes suivent la méthode scolastique : le droit romain est *ratio scripta,* « raison écrite », et doit être appliqué tel quel. La France est un Empire romain, ce n'est que c'est le roi qui est empereur. Au contraire, les humanistes, férus d'érudition et d'histoire, suivent de tout autres méthodes, d'abord apportées d'Italie en France puis améliorées en France même. *André Alciat*[1], humaniste, ami d'Érasme, a été professeur de droit aux Universités d'Avignon, Pavie, Bologne, Ferrare et enfin Bourges. Il est l'inventeur d'une méthode d'étude du droit combinant la tradition bartoliste avec le goût humaniste pour l'érudition et un sens nouveau du relativisme historique, méthode qu'on

---

1. 1492-1550. C'est un Italien ayant vécu en France, où son nom (Andrea Alciato) a été francisé. Œuvres : *De verborum significatione ;* divers travaux historiques sur le droit : *Parerga Prætermissa Paradoxa, Disputationes* [Source : Burns].

appellera *mos gallicus juris docendi*. C'est dans ce nouvel état d'esprit qu'ont été formés Cujas[1], Hotman[2] et Pasquier[3].

Le Code de Justinien, disent-ils, est un ouvrage hâtivement fait, en un temps, en outre, de décadence de l'Empire. Il ne faut donc pas appliquer à la lettre ce qui est dit dans le Code, mais il faut, quand on enseigne le droit, savoir tenir compte des coutumes de chaque pays. D'où l'intérêt que cette école éprouve pour les histoires nationales.

Étiennne Pasquier est un des pionniers de cette approche, suivi par Charles Du Haillan (*De l'état et succès des affaires de France,* 1570 ; *Histoire générale des rois de France,* 1576), puis par le premier Bodin, dans la *Methodus* (1566) (la « méthode » de Bodin consiste, précisément, à se débarrasser de l'an-historisme des scolastiques, et à prendre conscience des différences historiques et géographiques ; il convient de promouvoir une étude comparative du droit et des institutions politiques).

Certes, ces nouveaux auteurs conservent certaines thèses absolutistes, mais ils exigent plus de modération. Il doit y avoir une « police » et des « freins » constitutionnels. Si une coutume est ancienne, on ne peut la supprimer sans précautions. On se met donc à examiner de près l'histoire ancienne et médiévale de la France. On met en évidence les freins de justice et de religion qui y existaient. On va même au-delà de Seyssel, en valorisant, ce que ne faisait pas ce dernier, les institutions représentatives.

a) *Les États généraux*

Chez Pasquier et Du Haillan est menée une réflexion sur les États généraux, consultés pour des matières fiscales, mais dont le rôle pourrait s'élargir. Du Haillan pense que la création du Parlement par Philippe le Bel, qui a voué cette cour aux seules « causes civiles et criminelles en dernier ressort sans appel », impliquait le transfert au Grand Conseil ou aux États généraux de la fonction politique de l'ancienne *curia regis*.

1. Jacques Cujas (1520-1590), le « prince des romanistes », enseigne le droit à Toulouse, Bourges et Valence. Il réexamine tout le droit romain selon la méthode d'Alciat, montrant le lien des lois avec le contexte historique. Il a eu pour élève Pierre Pithou.
2. Un des principaux constitutionnalistes protestants, cf. *infra,* p. 203-204. Hotman croira avoir retrouvé une vieille tradition, à la fois gauloise et franque, de partage du pouvoir, dont les rois capétiens se seraient indûment affranchis.
3. Étienne Pasquier (1529-1615) a été l'élève de Ramus, Hotman, Cujas et Alciat, dont il suit les cours à Bourges. Il devient avocat dès 1549 (il défendra l'Université de Paris contre les jésuites lors d'un procès retentissant en 1565). Il est avocat général à la Cour des Comptes en 1585. Il est ami des poètes de la Pléiade et de Montaigne. Parmi ses œuvres, les *Recherches de la France* (1560) [Source : Burns]. Notons que c'est également à Bourges, un peu plus tard et sous la houlette de Cujas, que sera formé Johann van Oldenbarnevelt, un des créateurs de la république hollandaise, cf. *infra,* p. 219-221.

« Après que la convocation des États eut été instituée, nos rois prirent une coutume de les tenir souvent, et ne faisaient aucune grande entreprise sans les appeler, à l'imitation des premiers rois qui, pour la résolution des affaires de conséquence, assemblaient les Parlements. Tenir les États est ce même qu'était jadis tenir le Parlement, et n'est autre chose que communiquer le roi avec ses sujets de ses plus grandes affaires, prendre leur avis et conseil, ouïr leurs plaintes et doléances et leur pourvoir ainsi que de raison » (cité par Franklin, p. 35).

Les Trois États sont dans la continuité des assemblées carolingiennes (idée qui sera développée dans la *Franco-Gallia* de Hotman). Bodin et Du Haillan disent que le roi ne peut pas supprimer les États généraux.

b) *Les parlements*

De même, les serments du sacre sont incompatibles avec une totale main-mise sur la justice. Le serment, dit Bodin, oblige le roi à « juger avec intégrité et scrupule religieux » et à « donner lois justes et justice à toutes les classes du peuple ». Mais le frein principal est l'indépendance des tribunaux et en particulier du Parlement de Paris. Le roi *doit* prendre conseil de son Parlement, qui, dit Pasquier, repris *texto* par Du Haillan, est un intermédiaire obligé, un « alambic » permettant de réduire la volonté du roi en actes de vraie justice. Le Parlement de Paris a même un droit de *veto* : « Quand le Parlement a été créé, il fut jugé qu'il était correct que les volontés de nos rois ne pussent en aucun cas avoir le statut d'édits avant qu'ils aient été vérifiés et ratifiés par le Parlement » (Pasquier, cité par Skinner, p. 274). Des princes sont « passés outre », reconnaît Pasquier, mais cela est une pratique récente : le duc de Bourgogne, au XVe siècle, a été le premier à agir de la sorte. Et Pasquier comme Du Haillan reviennent, malgré les objections de Dumoulin, qu'ils connaissent, au principe de l'inamovibilité des juges posé par Seyssel.

c) *Le roi est tenu par la loi* (Digna vox)

Pasquier rappelle souvent la constitution *Digna vox* : « C'est une parole digne de celui qui dirige d'avouer qu'il est lié par la loi »[1], et il commente :

« Grande chose, et véritablement *digne* de la majesté d'un prince, que nos rois (auxquels Dieu a donné toute puissance absolue) aient d'ancienne institution voulu réduire leurs volontés sous la civilité de loi ; et en ce faisant, que leurs édits et décrets passassent par l'alambic de cet ordre public. Et encore chose pleine de merveille que dès que quelque ordonnance a été publiée et

---

1. Sur la constitution *Digna vox,* cf. *supra,* p. 159, et *HIPAMA,* p. 404 et 628.

vérifiée au Parlement, soudain le peuple français y adhère sans murmure : comme si telle compagnie fût le lien qui nouât l'obéissance des sujets avec les commandements de leur prince » (cité par Franklin, p. 31).

Pasquier regrette l'existence des lettres de jussion et des évocations[1] ; il ne conteste pas, dans le principe, ces deux manifestations de la puissance absolue, mais il dit qu'elles sont récentes et utilisées de manière abusive (d'après Isambert, la première lettre de jussion daterait en effet de 1392).

d) *La question du droit de remontrances*

Du Haillan suggère que le Parlement peut réitérer ses remontrances jusqu'à ce que le roi cède, soit qu'il change d'avis, soit que ses mauvais conseillers soient « punis », ce qui dissuadera leurs successeurs d'oser des choses déraisonnables (cf. Franklin, p. 33). Les parlements ont donc, dans son esprit, un réel droit de veto.

En conclusion, on voit donc qu'en France, avant 1572, la tendance dominante était au constitutionnalisme. Tout le matériau intellectuel d'une évolution démocratique et constitutionnaliste comparable aux scénarios hollandais, anglais, américain, existait dans la classe cultivée. Il semble bien que ce soit le déchaînement des Guerres de Religion et de leurs atrocités qui, par réaction et peur, ait fait pencher le peuple français du côté du césarisme (et encore la victoire de celui-ci n'a-t-elle été acquise qu'après les dernières épreuves, celles de la Fronde). Mais dans d'autres pays européens, c'est sur les pierres d'attente ainsi léguées par les juristes, canonistes et théologiens médiévaux que les penseurs vont pouvoir bâtir des doctrines démocratiques et libérales modernes.

§ 2
À l'origine des doctrines libérales : la Seconde Scolastique, l'école de Salamanque

Au XVIᵉ siècle, nous voyons en effet éclore dans d'autres pays d'Europe les germes médiévaux des doctrines démocratiques et libérales. Commençons par étudier la genèse des doctrines « libérales ».

1. Sur ces procédures, cf. *supra*, p. 122 et 129-130.

L'élément intellectuel fondamental en est la renaissance du *thomisme,* d'abord à Paris puis en Espagne.

À Paris, au début du XVIᵉ siècle, un disciple de John Mair, Pierre Crockaert (c. 1450-1514), qui sera lui-même le maître de Francisco de Vitoria, se détache de Mair et de la *via moderna*[1] pour entrer chez les dominicains du collège Saint-Jacques. À partir de 1509, il choisit, comme manuel de base de son enseignement de théologie, la *Somme théologique* de saint Thomas d'Aquin en lieu et place du manuel traditionnel, les *Sentences* de Pierre Lombard. Ce devait être la souche de la grande renaissance du thomisme au XVIᵉ siècle.

Nous présenterons d'abord les principaux auteurs de ce courant (I), puis caractériserons les points communs de leur méthodologie (II), leurs thèses politiques (III) et leurs thèses économiques (IV).

I — LES AUTEURS

Avec l'avènement de l'humanisme, la scolastique, pensée traditionnelle des Universités du Moyen Âge, tend à devenir obsolète. Dans les pays de la Contre-Réforme, cependant, et singulièrement en Espagne, elle connaît au XVIᵉ siècle un dernier − et brillant − renouveau. C'est ce qu'on appelle la « Seconde Scolastique ». Les auteurs dont nous allons parler sont des maîtres de cette nouvelle école. Comme beaucoup d'entre eux ont été professeurs, ou ont fait leurs études, à l'Université de Salamanque, la première d'Espagne et l'un des principaux foyers culturels de l'Europe, on parle également d'une « école de Salamanque »[2].

---

1. La *via moderna* était une vive réaction au thomisme qui s'était affimée au début du XIVᵉ siècle. Ses représentants avaient été Duns Scot, Guillaume d'Ockham, leurs disciples Robert Holcot, Grégoire de Rimini, Pierre d'Ailly, Jean Gerson, puis, dans la seconde moitié du XVᵉ siècle, Gabriel Biel (Frère de la Vie commune, puis professeur, à partir de 1484, à l'Université de Tübingen, laquelle devient un centre de la pensée nominaliste) et finalement John Mair. La *via moderna* entend revenir à la conception augustinienne de la Chute. La grâce, si elle survient, agit en se substituant à la nature, non en guérissant celle-ci. On conteste aussi les pouvoirs de la raison. La raison ne peut fonder l'éthique. Les dogmes de la religion révélée ne peuvent être connus avec évidence par la raison, et si l'on peut « prouver » quelque chose en théologie, c'est à condition d'avoir d'abord la foi. La sagesse de Dieu est impénétrable. Le salut est indépendant du mérite.

2. Cette expression a été introduite par des historiens de la pensée économique, notamment José Larraz et et Marjorie Grice-Hutchinson, qui ont attiré l'attention sur les contributions économiques de premier plan réalisées par les scolastiques espagnols du XVIᵉ siècle. On avait longtemps ignoré ces contributions, parce qu'on avait cru que la science économique n'avait commencé vraiment qu'avec les mercantilistes anglais du XVIIᵉ siècle. On n'avait pas eu l'idée de chercher des idées économiques élaborées un siècle plus tôt chez des penseurs écrivant en latin sur des sujets juridiques, moraux et théologiques.

L'école – car « école » il y a : tous ces maîtres ont en commun la référence au thomisme, beaucoup se sont succédé à Salamanque en une tradition continue, beaucoup se sont personnellement connus – commence avec Francisco de Vitoria et compte ensuite parmi ses membres Luís Saravia de la Calle, Domingo de Soto, Martín de Azpilcueta, Tomás de Mercado, Francisco García, Martín Gonzales de Cellorigo, Pedro de Valencia. On peut y associer les jésuites thomistes de la fin du siècle, Luís de Molina, Francisco Suarez, qui ont fait leurs études (et, pour Suarez, enseigné) à Salamanque. D'autres jésuites, Juan de Mariana ou l'Italien Robert Bellarmin, n'ont pas de lien direct avec Salamanque, mais doivent être associés intellectuellement aux précédents nommés.

1) *Vitoria*[1]

Né (probablement) en 1492[2], mort en 1546, Francisco de Vitoria reçoit l'habit dominicain dès 1505 au couvent de Burgos et il est envoyé au collège dominicain Saint-Jacques à Paris en 1509 pour y achever ses études. Il devient docteur en Sorbonne en 1523. Il est nommé professeur de théologie au *studium* dominicain de Valladolid. Trois ans plus tard, en 1526, ses qualités pédagogiques lui valent l'obtention de la « chaire de prime » (= du matin) de l'Université de Salamanque. Vitoria y enseignera jusqu'à sa mort. Il y aura de nombreux disciples, parmi lesquels Melchior Cano, Fernando Vasquez et Domingo de Soto. Ses œuvres ont été conservées seulement par les notes prises par ses élèves à ses cours. Perpétuant en Espagne la récente tradition parisienne de Crockaert, il substitue, lui aussi, la *Somme* de saint Thomas d'Aquin aux *Sentences* de Pierre Lombard comme livre de base de l'enseignement de la théologie.

Vitoria prend position sur plusieurs problèmes délicats de l'actualité politique. Il soutient la thèse du pouvoir indirect de la papauté sur l'autorité temporelle des souverains, y compris avec droit de déposition des rois s'ils menacent gravement les fins spirituelles (c'était la thèse même de saint Thomas). Il s'intéresse au monde économique et aux questions de monnaie et de prix. Mais c'est sur la question de l'attitude à adopter à l'égard des indigènes d'Amérique que Vitoria a formulé ses thèses les plus originales (cf. *infra,* p. 184-185).

C'est pourtant ce manque de curiosité qui était absurde : comment supposer qu'entre saint Thomas et le XVIIe ou le XVIIIe siècle, personne n'eût réfléchi aux principes de la production et de la distribution des richesses, singulièrement dans l'Espagne du Siècle d'Or ? Cf. Marjorie Grice-Hutchinson, *The School of Salamanca : Readings in Spanish Monetary Theory 1544-1605* (1952) ; *Early Economic Thought in Spain : 1177-1740* (1978) ; *Economic Thought in Spain,* selected essays edited with an introduction by Laurence S. Moss and Christopher K. Ryan, Edward Elgar, Aldershot (RU)-Vermont (États-Unis), 1993.

1. Cf. Francisco de Vitoria, *Leçons sur les Indiens et sur le droit de guerre,* introduction de Maurice Barbier, o.p., Genève, Librairie Droz, coll. « Les classiques de la pensée politique », 1966.

2. D'autres auteurs disent 1486.

2) *De Soto*

Né en 1494, mort en 1560, Domingo de Soto est un élève de Vitoria à Paris puis à Salamanque. Il enseigne lui-même à Salamanque jusqu'à sa mort en 1560, sauf les années où il participe comme théologien au Concile de Trente, où il exerce une grande influence. Il est l'auteur des *Dix livres sur la justice et le droit,* dont il y aura une trentaine d'éditions avant la fin du siècle.

Il joue un rôle-clef dans l'élaboration de la doctrine de l' « état de nature » et du « contrat social » (cf. *infra,* p. 185-189).

À partir du milieu du siècle, les *jésuites*[1] concurrencent fortement les dominicains, y compris dans les études thomistes, en France, en Espagne et en Italie. Comme les jésuites ont investi les universités espagnoles (en y créant huit collèges), ils y ont bientôt une cohorte de savants, théologiens et philosophes politiques, dont l'influence l'emporte peu à peu sur celle des dominicains. Les grands jésuites italiens sont *Antonio Possevino* [Possevin] (1534-1611) et le cardinal *Robert Bellarmin* (1542-1621) ; les grands jésuites espagnols sont *Luis de Molina* (1535-1600), *Juan de Mariana* (1535-1624) et *Francisco Suarez* (1548-1617).

3) *Bellarmin*

Saint Robert Bellarmin entre chez les jésuites à l'âge de 18 ans, enseigne à Louvain (dans les années 1570), puis, à partir de 1576, au Collège romain, l'université jésuite qui vient d'être réformée par le pape Grégoire XIII. Il sera, toute sa vie, le propagandiste de l'autorité pontificale.

Il revient à la thèse de Vitoria sur le pouvoir indirect du pape. Dans le *De potestate summi pontificis in rebus temporalibus* (Cologne, 1610) il répond au *De Regno* du protestant Barclay et affirme que le pape est compétent sur les choses temporelles de façon très spéciale et hors de l'ordinaire, dans le cas où le pouvoir temporel devient un obstacle pour le salut des âmes. Car l'esprit domine sur la chair, et le pouvoir qui règne sur la chair doit être subordonné au pouvoir qui règne sur l'esprit. Avec les ménagements et avertissements nécessaires, le pape peut aller jusqu'à déposer un souverain et à délier ses

1. La Compagnie de Jésus a été fondée en 1540 par saint Ignace de Loyola.

sujets de toute allégeance. Cette thèse semble autoriser, par extension, le « tyrannicide », l'assassinat d'un roi hérétique.

Or, le 14 mai 1610, Ravaillac tue Henri IV. Par arrêt du Parlement de Paris, le *De Potestate* est brûlé par la main du bourreau le 26 novembre de la même année.

D'autre part, sur l'origine du pouvoir, Bellarmin pense, comme saint Thomas, que le pouvoir vient de Dieu, mais par l'intermédiaire du consentement populaire, *mediante consensu hominum* (cf. *infra,* p. 185 sq.). Donc il n'existe aucun « droit divin » au sens où l'entendent les absolutistes français ou anglais, qui mettrait les souverains au dessus de tout jugement humain et interdirait de les déposer pour de justes motifs. Nous avons vu (*supra,* p. 116 sq.) le rôle de ces polémiques dans la naissance de l'absolutisme.

4) *Mariana*[1]

Le 8 juin 1613 sera brûlé de la même façon le livre d'un autre jésuite, espagnol celui-là, Juan de Mariana.

Juan de Mariana (1535-1623) fait ses études (humanités, théologie) à l'Université d'Alcalá. Il entre chez les jésuites en 1554, et il est nommé, très jeune, professeur au Collège Romain (1561). Il est envoyé en Sicile, puis à Paris où il assiste à la Saint-Barthélémy. Il revient en Espagne en 1574 et s'installe à Tolède, où il passera l'essentiel de sa carrière. Censeur des ouvrages d'exégèse, prenant part à l'*Index* et au *Catalogus librorum prohibitorum,* il peut se livrer à l'érudition. Il édite les œuvres d'Isidore de Séville, puis écrit sa monumentale *Histoire d'Espagne* (25 livres, publiés en 1592 et 1598) et son *De rege et regis institutione* (Tolède, 1599, réimprimé en 1605 à Mayence), traité qui a pour objet l'éducation *(institutio)* du prince Philippe, le futur Philippe III d'Espagne. Il écrit encore les *Septem Tractatus* (Cologne, 1609), dont l'un est un traité économique consacré au problème de la monnaie, enfin les *Scolies de l'Ancien et du Nouveau Testament* (1620).

La pensée politique de Mariana est riche et ne se limite nullement à la thèse du tyrannicide par laquelle seule il a été longtemps connu en France. Il hérite du thomisme de l'École, mais appartient aussi à la tradition humaniste érasmienne, avec un goût particulier pour la pensée (et la langue) de Cicéron. Son œuvre, « plus ingénieuse que cohérente » (Mesnard), présente des contradictions (qui sont celles, pensons-nous, d'une doctrine « libérale » dans ses fonde-

1. Cf. Pierre Mesnard, *op. cit.,* p. 549-566.

ments, mais trop anti-démocratique pour que son libéralisme n'en souffre pas irrémédiablement).

Dans le *De Rege et regis institutione,* qui est l'œuvre qui nous importe le plus ici[1], il pose en thèse, dans la ligne de Mair et Almain, que le pouvoir royal a été institué par les hommes, se sentant fragiles et sans défense à l'état primitif. Donc, si le roi est bien au-dessus de chacun des citoyens considérés individuellement, il n'est pas au-dessus de la communauté des citoyens. Il n'est pas non plus au-dessus des lois fondamentales. Il ne lui est permis d'amender celles-ci que par le consentement « manifeste et unanime » de la communauté. Mariana veut donc augmenter le pouvoir des « États », ou *Cortès,* ainsi que les franchises provinciales. Il souhaite un rôle plus grand des évêques auprès du Roi et veut que les princes chrétiens soient soumis au jugement de l'Église.

Mariana fait un vibrant éloge de Jacques Clément, l'assassin d'Henri III, qu'il présente comme un jeune moine d'esprit simple et de corps faible, mais dont il affirme qu'il était « fortifé par une vertu plus haute » et qu'il sera « l'éternel honneur de la Gaule ». Mariana pense que la doctrine de la légitimité du tyrannicide peut avoir des effets préventifs sur les velléités despotiques des rois. C'est évidemment cette thèse qui motive la condamnation française de 1613.

5) *Molina*

Luís de Molina (1535-1600) est étudiant à Salamanque, puis à Alcalá. Il entre dans la Compagnie de Jésus en 1553, et se rend au Portugal. En 1571, il est nommé à la chaire principale de théologie de l'Université d'Evora.

Il est l'auteur des *Six livres sur la justice et le droit* (1677-1582), d'un *Commentaire* sur la *Prima Secundæ*[2] de saint Thomas, d'une *Somme théologique* inachevée, d'une *Concordia* où il aborde, de façon hétérodoxe, les questions de la grâce divine et du libre arbitre de l'homme (il sera la cible principale des *Provinciales* de Pascal).

6) *Suarez*

Un troisième livre de jésuite est brûlé à Paris le 26 juin 1614, la *Defensio Fidei* de Francisco Suarez, un des plus grands penseurs du XVIe siècle.

---

1. Cette œuvre, avec celles de Bodin, Suarez et d'Althusius, est une des grandes synthèses de la philosophie politique de la fin du XVIe siècle.
2. « Première partie de la seconde partie » de la *Somme théologique.*

Francisco Suarez (1548-1617), né à Grenade, étudie le droit canon à Salamanque, et la théologie chez les jésuites. Il enseigne la théologie en divers endroits, dont le Collège Romain, puis en Espagne, à Alcalá et Salamanque, puis au Portugal, à Coïmbre, où il est nommé en 1593 par Philippe II[1] à la chaire de théologie.

Il est l'auteur d'une œuvre philosophique et théologique immense et, sur le plan des idées politiques, outre de la *Defensio Fidei* (Coïmbre, 1613), du *De legibus ac Deo legislatore (Des lois et du Dieu législateur)*, enseigné à partir de 1596 et publié en 1612. Suarez est, avec De Soto, l'un des deux créateurs de la doctrine du contrat social. Il renouvelle la thèse thomiste de la souveraineté populaire, mais il ne développe pas ses conséquences démocratiques.

II — LES RÉFÉRENCES DE L'ÉCOLE : UN THOMISME RENOUVELÉ

Si ces auteurs font dans une large mesure « école », c'est qu'ils ont les mêmes adversaires et que, pour leur répondre, ils adoptent les mêmes options philosophiques et théologiques fondamentales, à savoir le thomisme, mais un thomisme singulièrement renouvelé.

1) *Les adversaires visés*[2]

Les auteurs de l'École vont tous attaquer les *luthériens* et les partisans *machiavéliens* de la Raison d'État, donc en fait combattre dans l'œuf, avant même qu'elles aient atteint tout leur développement, les doctrines absolutistes.

a) *Contre les luthériens*

Ils s'en prennent à la racine de la théologie luthérienne, c'est-à-dire à l'idée que la nature humaine est entièrement détruite par la Chute et que l'homme est justifié par la foi seule. Le *Décret sur la justification* du Concile de Trente sera conçu comme une réfutation de cette erreur. Suarez et Bellarmin entendent, de même, réfuter le corollaire de cette dernière, à savoir que tout

---

1. Qui avait annexé le Portugal en 1580.
2. D'après Skinner, *op. cit.*

prince règne en vertu de la seule grâce. En réalité, il y a une justice immanente à la nature humaine, que les hommes peuvent connaître. Donc « le fondement du pouvoir politique est dans la nature, non dans la grâce » (Bellarmin, cité par Skinner, p. 167), principe dont nos auteurs vont tirer des conséquences de la première importance.

Les auteurs de l'École attaquent les luthériens sur d'autres points, liés de près à celui-ci. (1) Ils combattent l'idée luthérienne de la *Sola Scriptura*, qui revient à nier la tradition de l'Église. (2) Ils combattent également l'idée luthérienne selon laquelle l'Église n'est qu'une *congregatio fidelium* sans existence politique propre. En réalité, l'Église visible doit être un corps législatif indépendant qui produit son propre droit canonique en parallèle au droit civil et non soumis à lui, car ce droit est indispensable pour que l'Église conduise les hommes à leurs fins surnaturelles. (3) Ils combattent enfin les théories révolutionnaires des luthériens (cf. *supra*, p. 75) qui affirment que le pouvoir d'un dirigeant impie n'a aucune force obligatoire en conscience. C'est faux, répond l'École. Si le gouvernant gouverne conformément au droit naturel, il faut lui obéir, fût-il impie ; s'il viole le droit naturel, il faut le combattre, fût-il catholique. Tout le problème se concentre donc sur cette notion de « droit naturel ».

b) *Contre les machiavéliens*

Nos auteurs combattent également les *machiavéliens* et leurs disciples français, les « Politiques ». Ces attaques sont formulées notamment par Possevin, Ribadeneyra ou Suarez. Machiavel croit que l'État en tant que tel n'est pas censé se comporter conformément à la justice. Mais cela revient à nier que les esprits des dirigeants soient éclairés par une lumière divine et naturelle venant de Dieu. Machiavel ne voit pas que « les lois civiles ne doivent être construites qu'avec un matériau honnête », et qu'elles doivent être « limitées par les exigences de la justice, et non par celles de l'utilité politique » (Suarez). Même du point de vue de l'utilité politique, d'ailleurs, les thèses de Machiavel vantant l'hypocrisie et la duplicité des princes sont absurdes et contraires à l'expérience des États.

2) *Les bases philosophiques et théologiques des réponses de l'École*

Les Contre-Réformateurs, pour répondre à ces adversaires, vont préciser certains points philosophiques et théologiques de grande importance.

Ils rejettent le nominalisme et le scepticisme (ou du moins le relativisme) d'Ockham, en la philosophie de qui ils voient une des sources des hérésies luthériennes. Ils pensent que l'homme peut bâtir un ordre politique sur la raison, car, revenant de la *via moderna* à la *via antiqua,* ils retrouvent l'idée thomiste selon laquelle l'univers est objectivement régi selon une hiérarchie de lois, toutes saisissables par la raison, la *lex æterna,* la *lex divina,* la *lex naturalis* (ou *jus naturale*), enfin la *lex humana (jus positivum)*[1]. Le but des lois humaines est simplement de donner force dans le monde extérieur *(in foro externo)* à une loi supérieure que chaque homme connaît par sa conscience morale *(in foro interno).*

De Soto et Suarez répètent la thèse thomiste qu'une loi humaine qui ne correspond pas à une loi naturelle et qui, par suite, n'est pas objectivement juste, n'est tout simplement pas une loi, n'a pas de force contraignante et ne doit pas être obéie.

Certes, il y a un problème spécifique si l'on veut faire une philosophie chrétienne du droit naturel, et les Contre-Réformateurs ne peuvent, face au fidéisme des protestants, ignorer ce problème et s'aligner purement et simplement sur le jusnaturalisme des philosophes et juristes gréco-romains. C'est que, alors que le monde des Anciens est *éternel,* le monde des chrétiens est *créé.* La loi naturelle, par conséquent, n'est pas une essence subsistant en soi et par soi, mais elle résulte manifestement de la *volonté* du Créateur. Autant qu'un *intellectus* intrinsèquement juste et raisonnable, elle est une *voluntas,* celle de Dieu. D'où l'élaboration d'une « voie moyenne », renvoyant dos à dos réalistes et nominalistes, les penseurs comme Grégoire de Rimini qui croyaient que la loi naturelle était objective, qu'elle régissait le monde et la conscience et pouvait être saisie par la raison, et les penseurs comme Ockham et ses disciples Mair et Almain qui pensaient qu'elle n'était que la volonté de Dieu arbitraire et impénétrable (sinon par la révélation positive). En réalité, la loi est l'une *et* l'autre. Elle est à la fois un « indicatif », c'est-à-dire un contenu objectif intrinsèquement juste, et un « impératif », le fruit d'une volonté. Or la philosophie politique des protestants privilégie indûment le second aspect. Pour Luther, la justice apportée par la Bible est une innovation absolue par rapport à la loi naturelle, et celle-là rend celle-ci, pour ainsi dire, nulle et non avenue. D'où l'aventurisme politique des protestants : ils sont prêts à prôner ou à accepter n'importe quelle formule politique, même la plus folle, dès lors qu'ils la croient voulue par la Providence. À quoi les Contre-Réformateurs rétorquent que la loi naturelle garde toute sa valeur ; qu'il ne saurait y avoir de contradiction entre le droit naturel et la loi positive divine[2], tant nouvelle qu'ancienne, puisque

---

1. Cf. le résumé de la théorie thomiste des lois dans *HIPAMA,* p. 638-656.
2. C'est-à-dire les préceptes moraux et politiques contenus dans la Bible.

c'est Dieu qui est l'auteur des unes et des autres. De Soto dit que les lois du Nouveau Testament ont pour seul but d' « imprimer plus puissamment sur nous les impératifs de la loi de nature », qui ont déjà été « inscrits dans notre cœur » par Dieu, mais auxquels, à cause de la dégradation de notre nature depuis la Chute, nous avons du mal à obéir. Lainez ira jusqu'à dire, au Concile de Trente, que « nous possédons déjà la justice du Christ dans notre sens inné de la justice ». Le péché ne change rien à l'affaire : tous les hommes sont soumis à la jurisdiction du droit naturel, qu'ils peuvent connaître par la raison. Bellarmin, dans son traité sur *Les Membres de l'Église,* dit − anticipant donc de façon frappante la célèbre formule dont usera Grotius dans les Prolégomènes du *Droit de la Guerre et de la Paix* − que « même si *par impossible* l'homme n'était pas créé par Dieu », il serait encore capable d'interpréter la loi de nature, puisqu'il « serait encore une créature rationnelle ». Le droit naturel et la raison naturelle sont donc les fondements indubitables de la construction d'un ordre politique universel, et toute politique, tout État peuvent et doivent être jugés à cette aune. C'est évidemment un coup nettement porté, sur des bases doctrinales claires, à la fois à l'idée protestante que les pouvoirs temporels, ne gouvernant que par « grâce », peuvent faire les lois les plus arbitraires et incompréhensibles, et à la thèse absolutiste, « politique » et machiavélienne, du *pro ratione voluntas.*

Comprenons que toutes ces considérations, sous leur apparence un peu byzantine, ont pour raison d'être d'armer la tradition politique occidentale contre le *fanatisme.* Depuis la Révolution papale, tout un appareil d'institutions juridico-politiques modérées s'est constitué en Occident, par l'intégration à la société chrétienne d'une grande part du legs civique et scientifique de l'Antiquité païenne. Or les protestants (du moins les fondateurs, Luther et Calvin) rejettent ce legs, tandis que les partisans cyniques de l'absolutisme étatique et les machiavéliens l'ignorent. En légitimant, elle, cette tradition, la Contre-Réforme sauvera les droits de la raison et ceux de la cité. C'est à ce prix qu'elle pourra récuser le fanatisme, tant celui du millénarisme que celui de ses héritiers révolutionnaires, et promouvoir une politique équilibrée.

Nous pouvons maintenant étudier les thèses proprement dites de nos auteurs. Elles sont d'une importance fondamentale pour l'émergence des théories constitutionnalistes modernes, puisque, sur le plan politique, il ne s'agit de rien de moins que de la doctrine du *contrat social,* et, sur le plan économique, de celle de la supériorité de la *liberté* sur la contrainte étatique.

III — LES THÈSES POLITIQUES

1) *Le droit des Indiens*

Les conquêtes espagnoles dans le Nouveau Monde avaient donné lieu à des exactions terribles à l'encontre des populations indigènes, Aztèques, Incas, etc. — massacres, confiscation des terres, réduction en esclavage par le système de l'*encomienda*. Ces exactions avaient été très tôt dénoncées par des missionnaires, notamment dominicains, comme *Antoine de Montesinos* (1511), puis, surtout, *Bartolomé de Las Casas*.

Certains auteurs espagnols, comme *Sepulveda*, soutenaient que les Indiens étaient naturellement esclaves et que l'entreprise d'évangélisation justifiait la conquête. Leur raisonnement était le suivant. Les Indiens ne sont pas chrétiens. Mais si l'on n'est pas chrétien, on ne peut être sauvé. Si donc Dieu a relégué les Indiens dans une partie éloignée et perdue du monde où ils n'ont pu connaître l'Évangile, c'est qu'il a délibérément voulu qu'ils ne fussent pas sauvés. Cela même prouve qu'ils ont dû commettre jadis des fautes extrêmement graves. Il n'y a donc pas lieu de les ménager. On ne peut être plus miséricordieux que Dieu lui-même...

À quoi Vitoria[1] oppose que les Indiens ont au moins, simplement en tant qu'hommes, des droits *naturels*, attachés à tout homme, et qu'ils bénéficient également, en tant que *peuple*, du « droit des gens » attaché à tout peuple. Vitoria pense que les Indiens font partie intégrante de la société humaine universelle.

À l'occasion des discussions ayant entouré les « lois de Burgos » (1512) et les « ordonnances de Valladolid » (1513), premières législations protectrices des Indiens, des auteurs comme le juriste Palaccios Rubios *(Des Îles océanes)* ou le dominicain Matias de Paz *(Du pouvoir des rois d'Espagne sur les Indiens)* avaient adopté une position moyenne : ils affirmaient la liberté personnelle des Indiens, donc condamnaient leur réduction en esclavage, mais ils admettaient la légitimité de la conquête espagnole, parce qu'ils donnaient raison au pape Alexandre VI Borgia d'avoir « donné », en vertu de son pouvoir politique suprême sur la Terre, et en vue de l'évangélisation, toutes les terres à l'ouest d'un certain méridien au roi d'Espagne. Du fait de ce « don », ce roi était donc souverain légitime des Indiens. Il exerçait sur eux la plénitude du pouvoir politique, pouvait déposer leurs chefs et détruire leurs structures sociales — même s'il était vrai qu'il ne pouvait exercer sur chacun d'entre eux, individuellement, pas plus que sur ses autres sujets, un pouvoir *despotique*, c'est-à-dire celui qu'un maître exerce sur un esclave.

Vitoria, de même que Las Casas, refuse cette thèse « moyenne ». Pour lui,

---

1. Cf. Francisco de Vitoria, *Leçons sur les Indiens et sur le droit de guerre, op. cit.*

les Indiens ont des droits personnels, mais aussi collectifs. Cela le conduit, en bonne logique, à refuser la thèse du pouvoir temporel direct du pape sur laquelle elle est fondée, ainsi que celle du pouvoir universel de l'empereur (ce qui ne va pas sans un certain courage, puisque l'empereur est en même temps, à cette époque, le roi d'Espagne).

Vitoria fonde toutes ces thèses sur saint Thomas. On ne peut justifier la conquête par la perspective de l'évangélisation, car il est dit dans la *Somme* (IIa IIæ, qu. 10, a. 8, Traité de la foi) qu'il est absurde et impie de forcer quelqu'un à croire, et saint Thomas a même ajouté qu'on ne pouvait baptiser les enfants des juifs ou des infidèles sans le consentement de leurs parents.

Il faut, certes, empêcher les infidèles d'acquérir un pouvoir politique sur les chrétiens ; par contre, on ne peut, pour la seule raison qu'ils sont infidèles, leur enlever le pouvoir politique qu'ils ont déjà. En effet, le pouvoir politique relève du droit naturel et du droit des gens, il n'est pas conféré pour des motifs spirituels. Le droit des gens est établi par un contrat entre tous les hommes ; pour l'abolir, il faudrait donc le consentement de tous les peuples. Enfin, le droit naturel prohibe le vol ; on ne peut donc dépouiller les Indiens.

2) L' « état de nature » et l'établissement des sociétés politiques par « consentement »[1]

Au-delà du cas particulier du droit des Indiens, les Contre-Réformateurs pensent que tous les peuples doivent, par principe, être protégés des actes arbitraires, contraires au droit naturel, des gouvernements. Ceux-ci sont établis en effet par le « consentement » des peuples qui n'est accordé que sous conditions. D'où la reprise des intuitions de Mair et Almain et la formulation d'une problématique d'un grand avenir, le passage de l' « état de nature » à l' « état civil » par un « contrat social ».

a) L' « état de nature »

Les Contre-Réformateurs entendent, on l'a dit, réfuter la thèse luthérienne selon laquelle l'État est l'œuvre directe de la Providence divine. Mais on ne peut réfuter cette thèse que si l'on montre que les hommes peuvent construire par eux-mêmes l'État, ou même qu'ils doivent nécessairement le construire, donc que tout État qui

1. D'après Skinner, *op. cit.*

existe *a été* construit, après que les hommes eurent quitté l'état de nature.

Nos auteurs n'emploient pas exactement en général l'expression « état de nature ». Suarez parle de « ce qui existe immédiatement de par la nature même des choses » *(immediate existat in natura rei)* (*De legibus*, III, 11), et il emploie à maintes reprises cette expression, « par » ou « dans la nature des choses », que l'on peut traduire plus simplement « par nature ». Cependant l'expression même *status naturæ* se trouve plusieurs fois sous la plume de Molina : c'est l'état où les hommes sont censés se trouver après la Chute et avant l'instauration des sociétés politiques.

Or cet état est décrit comme un état de *liberté* et d'*égalité,* et d'autre part comme un état *déjà social* (c'est-à-dire où les hommes connaissent des lois et leur obéissent spontanément).

Vitoria : « L'homme a été créé libre »[1] Et il précise : avant que les hommes ne se réunissent en communautés politiques, « aucun n'était le supérieur d'un autre »[2]. De Soto : « Tous les hommes naissent libres par nature. » Pour Suarez, la difficulté de rendre compte des sociétés politiques, où il y a des relations de sujétion, est précisément que « par la nature des choses tous les hommes naissent libres », et qu' « aucun homme ne peut jamais être dit posséder selon la nature des choses un plus grand pouvoir qu'aucun autre ». En effet, aucun homme n'est encore tenu d'obéir à aucune loi positive. Le *status naturæ,* dit Molina, ne comporte aucune propriété ou domination.

Les thomistes prennent pour cible à cet égard ce qu'on peut appeler le patriarcalisme, c'est-à-dire la thèse selon laquelle, puisque toute l'humanité sort d'Adam, la monarchie serait le régime primitif et légitime[3]. Cette thèse est fausse, car le pouvoir paternel d'Adam n'a rien à voir avec un pouvoir royal, c'est-à-dire politique.

Pour De Soto, les « droit et autorité paternels » sont entièrement différents d'une « juste autorité politique ». Suarez reprend la problématique. La thèse patriarcaliste, exprimée par saint Jean Chrysostome, se résume ainsi : « Puisque tous les hommes ont été formés et procréés par Adam seul, cela paraît établir l'argument d'une subordination originelle à un unique dirigeant. » À quoi l'on doit répondre que le pouvoir d'Adam était « domestique », mais non « poli-

---

1. Formule reprise par Locke, et qui sera celle des « Déclarations des droits de l'homme » du XVIIIe siècle, spécialement des textes américains, cf. *infra*, p. 400, 404. Remarquons au passage qu'elle n'a donc nullement pour origine la philosophie des Lumières.
2. L'homme à l'état de nature est « libre », non pas au sens général où il pourrait faire tout ce qu'il veut, mais au sens restreint, politique, qu'il n'est pas soumis à autrui.
3. Thèse qui sera à nouveau formulée au milieu du XVIIe siècle par le fameux Robert Filmer, que Locke prendra comme tête de Turc, cf. *infra*, p. 308 (et plus tard encore par la « droite », mais par une droite pas très catholique, allant de Louis de Bonald [*infra*, p. 1055] à Charles Maurras [*infra*, p. 1215]).

tique ». Donc il avait pouvoir sur sa femme et sur ses enfants, mais aussi longtemps seulement que ceux-ci n'étaient pas devenus adultes et indépendants. Le
droit naturel n'implique pas qu'un père soit le roi de ses enfants majeurs.

Mais si, dans l'état de nature, il n'y a pas de lois positives, cela
ne signifie pas qu'il n'y ait pas de lois du tout. En effet, disent
Molina et Suarez, les hommes connaissent d'emblée le droit naturel, du seul fait qu'ils sont hommes, qu'ils ont la nature d'hommes.
Or, pour Vitoria, « il est de l'essence de l'homme de ne pas vivre
seul ».

Bellarmin nie qu'il ait existé un temps où les hommes vivaient isolés
comme des bêtes sauvages. La même idée est reprise par Suarez, qui voit bien ce
qu'impliquerait que l'état primitif soit un état non-social où les individus pourraient exister seuls : c'est que l'état social, ensuite, devrait être fondé sur des
bases individualistes, ce qui ne pourrait déboucher que sur ces deux extrêmes
inacceptables que sont le despotisme ou l'anarchie.

Dès lors se posent deux questions cruciales (que tous les théoriciens ultérieurs du contrat social rencontreront et que chacun résoudra à sa manière) : pourquoi les hommes vont-ils sortir d'un état de
liberté somme toute viable ? La situation nouvelle ainsi créée
sera-t-elle légitime ?

b) *Raisons de sortir de l'état de nature*

La raison pour laquelle on ne peut rester dans l'état de nature,
c'est que cet état est fondamentalement incertain et comporte des
risques d'injustice.

Ici l'optimisme thomiste de nos auteurs (l'homme peut connaître par sa raison les lois de nature) est contrebattu par un reste de pessimisme augustinien
(l'homme, du fait de la Chute, est pécheur et agressif). Suarez déduit la « nécessité
des lois » de ce que « la paix et la justice ne peuvent jamais être maintenues sans
lois appropriées », puisque « les hommes individuels ordinaires ont des difficultés
à comprendre ce qui est nécessaire pour le bien commun et tentent bien rarement
de le réaliser eux-mêmes » (*De legibus,* cité par Skinner p. 160). L'homme est
porté à l'égoïsme, et sa volonté morale est faible. Moyennant quoi la poursuite de
la vie humaine dans l'état de nature est à peine possible, et en tout cas elle
empêche l'humanité de prospérer. La vie, dit Suarez, serait primitive si l'homme
choisissait de demeurer dans l'état de nature, car nombre « des offices et des arts
nécessaires à la vie humaine » feraient défaut, nous n'aurions « aucun moyen
d'obtenir la connaissance de ce que nous avons besoin de comprendre ». « Les
familles se diviseraient contre elles-mêmes », et « la paix pourrait à peine être préservée parmi les hommes ». La vie serait courte, car, sans un pouvoir capable
d'imposer la loi de nature, aucune violation de cette loi « ne pourrait être
empêchée ou châtiée ». Sans un pouvoir politique, il y aurait une situation de
« totale confusion ».

Donc la décision des hommes d'abandonner leur liberté naturelle est le fruit d'un calcul d'intérêts. Il est « préférable » de changer notre condition, « simplement du point de vue de notre bien-être ». Il est de notre intérêt d'accepter la formation d'une communauté politique, afin de « créer quelque autorité publique dont le rôle sera de maintenir et de promouvoir le bien commun ».

Néanmoins, Vitoria répugnait à cette conclusion que les hommes construisent l'État eux-mêmes en fonction de leurs seuls besoins pratiques. Il admettait bien, dans ses *Leçons sur le pouvoir civil,* que « si les hommes restaient égaux, et si personne n'était soumis à aucun pouvoir, chaque individu suivrait simplement sa propre volonté et son propre plaisir dans des directions complètement différentes », ce qui aurait comme résultat que « la société volerait nécessairement en éclats ». Mais il pensait que la solution de ce problème était l'œuvre de la Providence : de Dieu seul vient tout pouvoir. Et Vitoria condamnait l'idée que « les républiques et communautés politiques » ont pour origines des « inventions humaines ». Suarez critique Vitoria sur ce point. Ce sont les hérétiques protestants qui disent que les États sont établis *directement* par Dieu. Cette thèse revient à prendre Dieu comme cause à la fois efficiente et matérielle de la société politique, alors qu'il est faux que Dieu crée la société politique par un acte spécial, distinct de la Création tout court. La vérité est que Dieu *crée des hommes capables de créer à leur tour des sociétés politiques.* Il leur donne des facultés telles, et les place dans une situation telle, qu'il leur est, ensuite, à la fois possible et nécessaire de créer eux-mêmes les sociétés politiques désirées.

c) *Légitimité de la nouvelle situation. Le « contrat social »*

La situation ainsi créée est légitime, tout simplement parce que les hommes reconnaissent qu'elle est rationnellement préférable ; ils sentent que rester dans l'ancien état aurait été impossible ou dommageable. Ils admettent donc que leur liberté soit limitée, ou plus précisément chacun admet que sa liberté soit limitée dans la mesure où il peut être certain que chacun des autres l'admettra aussi et que, par conséquent, nul ne sera unilatéralement désavantagé par ce sacrifice qu'il aura fait de sa liberté naturelle. Donc c'est le *consentement* de tous qui crée l'État (cf. Skinner, p. 161-162).

Vitoria, déjà, exige le « consensus » chaque fois que le peuple « donne mandat à quelqu'un d'exercer ses pouvoirs pour le bien de la communauté ». De Soto, lui aussi, parle de « la nécessité que le peuple donne son consentement *(consentiat)* » avant qu' « aucun dirigeant puisse être institué ». Pour Molina, le dirigeant doit s'aligner sur « la volonté et l'approbation *(arbitrio ac beneplacito)* du peuple ». Enfin Suarez, qui reprend l'idée que les hommes ont d'excellentes raisons de quitter l'état de nature, pense néanmoins qu'ils n'y sont pas forcés, qu'ils ont le choix[1]. Ce choix, la communauté peut le faire ou ne pas le faire ; elle ne le fait que

---

1. Ce sera la position de Locke. L'existence d'un choix, d'une « position de repli », est stratégique pour la conception qu'on se fait du contrat social. Si l'on peut ne pas entrer dans

s'il y a consentement. Ainsi « le pouvoir d'instaurer la cité repose par nature immédiatement dans la communauté », d'où « il suit que pour qu'il soit à juste titre attribué à une personne quelconque, telle qu'un prince suprême, il est essentiel qu'il lui soit donné par le consentement de la communauté *(ex consensu communitatis)* ».

Conséquences : « Le droit de succession n'est pas *par lui-même* la source principale du pouvoir royal. »[1] Et Suarez s'oppose aussi à la thèse impérialiste selon laquelle il y aurait un seul pouvoir temporel sur toute la Terre, celui de l'empereur. Elle comporte « une impossibilité morale ». Comme il faut que les sujets consentent à un pouvoir, et qu'il n'y a jamais pu y avoir unanimité parmi tous les hommes, il n'a jamais pu exister un unique pouvoir temporel sur toute la Terre. Si un tel Empire mondial se constituait à la suite de quelque conquête, il serait illégitime *(De legibus,* cité par Skinner, p. 164). Les communautés politiques sont nécessairement diverses.

3) *Les droits de résistance, de déposition ou de « tyrannicide » ; le « pouvoir indirect » du pape*

Ayant posé ce qui précède, les auteurs de l'École peuvent donner des réponses précises aux questions si souvent posées au moment des Guerres de Religion : peut-on résister au tyran, le déposer, le tuer ? Le pape a-t-il pouvoir sur les rois ?

Une polémique s'était engagée, nous l'avons vu[2], entre les théologiens catholiques et le roi d'Angleterre Jacques Ier qui avait exigé de tous ses sujets un « serment d'allégeance » qui prétendait l'emporter en valeur sur tout ce que pouvait dire le pouvoir spirituel. Un écrit de Bellarmin de 1607 avait critiqué cette exaltation outrancière de la personne du roi et de sa souveraineté. Jacques Ier avait répondu, d'abord anonymement, puis sous son propre nom en 1609. Suarez répond à son tour par la *Défense de la foi catholique et apostolique contre les erreurs de la secte anglicane [Defensio fidei catholicæ et apostolicæ adversus Anglicanæ sectæ errores].*

Il essaie de déterminer, une fois pour toutes, quels doivent être les rapports entre ces deux sociétés « parfaites » en leur ordre que sont l'Église et l'État. L'Église est « un corps mystique parfait et un, comme un royaume unique diffus dans l'univers ». Elle est immuable, universelle, vouée aux fins surnaturelles, supérieure en ces trois points aux royaumes humains changeants, particuliers et voués aux fins naturelles. Elle a une origine directement divine, alors que les gouvernements politiques relèvent du droit humain.

---

l'état politique, on pourra mettre des conditions à une telle entrée ; si c'est une question de vie ou de mort, comme chez Hobbes, on ne pourra s'offrir le luxe de poser des conditions : pour ne pas périr, on acceptera tout ce qu'exige le Léviathan.

1. C'est bien la position de l'augustinisme politique, qui a justifié la déposition par l'Église de Childéric III, de Louis le Pieux, etc. ; et c'est bien ce que ne peuvent ou ne veulent admettre les partisans français de l'absolutisme.

2. Cf. *supra,* p. 116-117.

Le pouvoir de l'Église sur les États n'est certes qu'indirect. Il ne vise pas à gérer l'État, il vise essentiellement à empêcher le pouvoir séculier de compromettre le salut des âmes et de gêner l'action de l'Église. Indirect, ce pouvoir de l'Église ne se limite cependant pas à de simples préceptes moraux. Il peut consister à délier les sujets de leur serment de fidélité. Un roi ainsi désavoué par l'Église peut-il être déposé, ou même mis à mort, par ses sujets ? Jacques Ier voulait que cette idée fût considérée comme particulièrement impie et hérétique. Suarez examine avec soin la question et reprend les arguments traditionnels sur le tyrannicide, avec les distinctions entre « tyran d'origine » et « tyran d'exercice »[1]. Il est vrai, dit-il, que toute personne privée a implicitement reçu un tel mandat s'il s'agit d'un tyran d'origine. En revanche, s'il s'agit d'un tyran d'exercice, le peuple doit le déposer selon des voies constitutionnelles, avec avis favorable du pape, ou le pape lui-même doit le déposer comme hérétique.

C'est en visant à réfuter les arguments de Jacques Ier qui, pour justifier le serment d'allégeance, avait fait une théorie de la souveraineté selon laquelle le peuple lui a, à lui le roi, « transféré » tous ses pouvoirs, que Suarez précise sa propre théorie de la souveraineté. La souveraineté a certes été « transférée » par le peuple au roi, mais ce n'est pas pour autant qu'elle lui a été « aliénée » Le peuple « conserve le droit de se préserver lui-même » *(jus suum conservare)*. Donc il est vrai qu'en vertu de son droit naturel *(ex vi juris naturalis)* un peuple peut légitimement résister et déposer son roi. Car le droit d'autodéfense ou de préservation de soi, étant un droit naturel, ne peut être abandonné à quiconque par aucun contrat, il est inaliénable. Cependant, alors que Mair et Almain avaient parfois laissé entendre que le peuple peut exiger à tout moment le respect de ce droit, Suarez, hostile aux conséquences démocratiques de cette idée, prétend que le droit en question ne peut être exercé que par une assemblée représentative du peuple et après les délibérations les plus mûries.

Le travail des théoriciens espagnols et italiens aboutit ainsi à des résultats contrastés (c'est pourquoi ils sont souvent mal compris). Dans le cadre général de la Contre-Réforme et de l' « alliance du trône et de l'autel » qui en est la suite pour quelque trois siècles dans toute l'Europe du Sud, il est vrai qu'ils ont soutenu les monarchies et non les positions démocratiques[2]. En revanche, en mettant en évi-

---

1. Rappelons que le principe du tyrannicide avait été admis par saint Thomas dans le *De regimine principum,* cf. *HIPAMA,* p. 668-669. Rappelons également que le « tyran d'origine » est un usurpateur, le « tyran d'exercice » un gouvernant parvenu régulièrement au pouvoir (par hérédité, élection, etc.), mais qui exerce tyranniquement son mandat.

2. Position ainsi argumentée chez Suarez : la souveraineté est d'origine populaire, et le roi ne la possède que par délégation du peuple, mais cette délégation est plus ou moins irrévocable en pratique. Quand une communauté qui est un simple « agrégat » inorganisé confère ses pouvoirs à un roi, il y a en effet coïncidence temporelle entre l'organisation en corps de cette communauté et la naissance du pouvoir, de sorte que le dirigeant détient des pouvoirs (par exemple le *jus gladii*) qu'aucun individu ne possédait à l'état de nature. Il est donc en ce sens *major universis.* « Quand une communauté transfère son pouvoir à un prince », ce prince « est alors capable de faire usage de ce pouvoir comme étant le sien propre », et doit être en conséquence considéré comme étant « au-dessus » et « plus grand que » le corps entier du peuple *(De Legibus,* III, IV). En d'autres termes, le transfert de la

dence les droits naturels de l'homme, en montrant qu'ils sont sacrés par leur origine même, qu'ils ne sont pas détruits par la Chute, qu'aucun pouvoir séculier n'est légitimé à les enfreindre, et qu'il doit y avoir des mécanismes constitutionnels qui permettent de sanctionner les pouvoirs d'État qui se rendraient coupables d'un tel empiétement, mécanismes actionnés par des « pouvoirs spirituels » eux-mêmes indépendants de l'État, à tous ces points de vue les scolastiques de la Contre-Réforme ont joué un rôle éminent dans la genèse du *libéralisme*.

IV — LES THÈSES ÉCONOMIQUES

D'autant que les auteurs de l'école de Salamanque ont également apporté des contributions importantes sur le plan économique qui, elles aussi, concourent à l'élaboration des futures doctrines libérales.

Ils réaffirment d'abord, contre le communisme des Anabaptistes et autres millénaristes, auquel fait écho, au sein même de l'Église, le communautarisme des franciscains, le principe même de la propriété privée.

La propriété privée est-elle de droit naturel, ou bien est-elle une création humaine contingente ? La solution de nos auteurs consiste à revenir à la distinction faite par saint Thomas entre les injonctions « positives » et « négatives » du droit de nature, c'est-à-dire respectivement, selon le vocabulaire de Suarez, ses aspects « prescriptifs » et « permissifs ». Si le droit de nature ne *prescrit* pas la propriété privée, il la *permet* (ou ne l'interdit pas). C'est de cette « permission » que les hommes ont profité pour la créer en droit positif. En ce sens, la propriété privée, *œuvre* du droit humain, est *conforme* au droit naturel.

Sur cette base, la pratique du libre marché est légitimée. Les auteurs vont plus loin sur ce plan que saint Thomas.

Molina, reprenant une suggestion ancienne de Buridan (1300-1366), entend délégitimer l'intervention politique sur le marché en montrant que les prix de marché, si aberrants qu'ils paraissent, et bien que les volontés des hommes interviennent dans leur formation, sont voulus par Dieu et ne sont donc pas un fait délibéré dont on pourrait rendre responsable tel ou tel marchand spéculateur. La justice ne peut se définir que négativement, comme ensemble de comportements « dénués de fraude, de monopole ou de violence », quel que soit le résultat particulier de ces comportements. C'est à partir de cette tradition scolastique tardive, dira Friedrich Hayek, que « Locke et ses contempo-

souveraineté du peuple au prince n'est pas une simple délégation, telle que le pouvoir demeurerait dans le peuple et pourrait à tout moment être repris, c'est plutôt une « sorte d'aliénation », *non est delegatio sed quasi alienatio*, en pratique sinon en principe.

rains ont formé la conception libérale classique selon laquelle... ce qui peut être juste ou injuste, c'est seulement la façon dont la concurrence est pratiquée, et non pas ses résultats »[1]. Molina définit en effet ainsi le juste prix : « Si, sans fraude, monopole ou autres irrégularités, une chose s'est trouvée être communément vendue dans une certaine région ou localité à un certain prix, ce prix doit être considéré comme mesure et règle pour estimer le prix juste de cette chose dans cette région. »[2] Donc c'est la coutume qui crée et légitime le prix, non l'autorité politique.

Au siècle suivant, un lointain successeur de l'École, Jean de Lugo, auteur de *Disputationes de justitia et jure* (1643), dira de même : « Le prix mathématiquement juste, il est permis à Dieu seul de le connaître », ce qui est une manière, fût-elle paradoxale, de préparer la voie à l'économie scientifique. Car mettre « Dieu » dans la partie, cela revient : 1) polémiquement, à en exclure toute autorité humaine ; 2) plus fondamentalement, c'est-à-dire sur le plan ontologique, à dire que les phénomènes économiques sont le fruit d'un mixte (et d'un mixte insondable, comme « Dieu » même) de « raison » et de « volonté », et pas seulement, comme la nature fixiste des Anciens, de « raison » (cf. *supra*). Les phénomènes économiques comportent complexité et évolutivité.

L'attention portée par les auteurs de l'école de Salamanque aux mécanismes spontanés du marché leur permet d'élaborer des théories économiques avancées. Une première version de la « théorie quantitative de la monnaie » est formulée par Azpilcueta, probablement avant la *Réponse au paradoxe de M. de Malestroit* de Bodin à qui on attribue généralement cette découverte. Les scolastiques espagnols élaborent également une théorie des taux de change (selon laquelle la valeur relative des monnaies est déterminée par la parité des pouvoirs d'achat), ainsi qu'une théorie du prêt à intérêt[3].

En conclusion, on peut constater le bien-fondé de la formule de Figgis citée au commencement de ce chapitre : il y a un cheminement intellectuel continu de Gerson et de la Seconde Scolastique à Grotius et Locke. Les thèses libérales sont « modernes », mais elles sont l'éclosion de germes présents dans la pensée médiévale, en particulier le thomisme qui avait intégré à la théologie de la Création et de la Chute les aperçus antiques (droit romain et philosophie grecque de la nature) sur l'égalité native des hommes, leur liberté et leur propriété. Les thomistes de la Contre-Réforme ont eu le mérite de reformuler et de préciser ces aperçus contre le fanatisme potentiel du néo-augustinisme protestant et contre l'arbitraire des tenants absolutistes de la pure « volonté » humaine prétendant s'affranchir de la raison et des lois de la nature.

---

1. Friedrich August Hayek, *Droit, Législation et Liberté,* PUF, t. II, 1981, p. 89.
2. Cité par Hayek, *op. cit.,* p. 206.
3. Cf. *Economic Thought in Spain, op. cit.*

§ 3
# À l'origine des doctrines démocratiques :
la théorie des magistrats inférieurs,
la théologie du « covenant », les « monarchomaques »

Les premières idées politiques de Luther et de Calvin allaient dans le sens de l'absolutisme. Cependant, en raison des conflits avec les puissances catholiques, elles s'infléchissent dans le sens d'un *droit de résistance* et finalement d'une véritable *théorie de la révolution,* théorie qui se développe en Angleterre avec la théologie du « covenant » et rencontre son premier succès en Écosse (I). Par la suite, ce révolutionnarisme radical va s'assagir, devenir moins « fanatique » et donner lieu à l'émergence de *théories constitutionnalistes,* celles des Huguenots français, élaborées dans le contexte des Guerres de Religion qui durent de 1562 à 1598 (II).

I — LA RADICALISATION DU LUTHÉRANISME
ET DU CALVINISME
SUR LE CONTINENT, EN ANGLETERRE ET EN ÉCOSSE

Dès 1529, les luthériens avaient dû remettre en cause leurs thèses absolutistes et trouver des arguments en faveur de la résistance aux pouvoirs établis. À cette date, en effet, Charles Quint, libéré de la menace française (paix de Cambrai) et turque (échec des Turcs devant Vienne), avait convoqué la Diète de Spire où, malgré la protestation solennelle des réformés (qui leur valut le nom de « Protestants »), les concessions précédemment faites au nouveau culte avaient été rapportées. Par la suite, le clivage entre les deux camps ne cessant de s'approfondir, les idées révolutionnaires des protestants se précisent et se radicalisent. Plutôt que de suivre en détail cette évolution idéologique qui colle de près aux événements politiques[1], nous résumerons les principales thèses alors mises en avant par les protestants. Il y en a quatre.

---

1. Cette histoire est remarquablement retracée par Quentin Skinner, *op. cit.*

1) *L'argument tiré du droit privé*

Certains luthériens entendent justifier la résistance armée sur la base du *droit privé* tel qu'interprété par les canonistes : on peut résister par la force *(vim vi repellere licet)* à un juge qui a jugé selon une procédure illégale ou injustement, car alors il cesse d'être un juge et devient une personne privée[1].

Luther, d'abord réticent, finit par accepter l'argument. Certes, l'Évangile demande en général de « tendre l'autre joue », mais il peut être légitime de « résister à la force par la force » dans le cas d'une « injustice notoire ». Si les catholiques font la guerre, ils ne seront tout simplement plus des dirigeants légitimes, ils ne seront plus que « des assassins et des traîtres » (Luther, *Avertissement à son cher peuple allemand,* cité par Skinner, p. 201). À quoi fait écho Melanchton : « Dieu a donné aux hommes aussi bien qu'aux bêtes un instinct *naturel* de préservation de soi », qui « les conduit à repousser une injuste violence », et dans ce cas « la nature permet de résister à la force par la force ». Cependant, Melanchton ne répond pas nettement à la question de savoir qui, des pouvoirs établis ou des personnes privées, peut prendre l'initiative d'une telle résistance.

2) *La théorie des « magistrats inférieurs »*

D'autres luthériens, comme Osiander en 1529 ou Martin Bucer en 1530, peu satisfaits de ce recours au droit romano-canonique dont toute la théologie de la Réforme tend à contester la valeur, cherchent des arguments bibliques. Ils observent que saint Paul ordonne d'obéir aux « magistrats », sans préciser s'il s'agit de magistrats « supérieurs » ou « inférieurs ». Or les uns et les autres sont « ordonnés par Dieu », qui leur confie leurs pouvoirs dans un but bien précis, « vivre et gouverner selon la volonté de Dieu en toutes choses ». Par suite, si un pouvoir supérieur manque à son devoir, les magistrats inférieurs peuvent se substituer à lui et, le cas échéant, utiliser « la force des armes ».

Cet argument, dont nous allons voir la grande fortune dans la genèse des théories constitutionnelles, avait été mis en avant par les juristes médiévaux (cf. *supra,* p. 159-161). Remarquons qu'il est autant « romain » que « biblique », puisque tout repose sur le fait qu'à Rome les consuls ne sont pas les seuls à être revêtus de l'*imperium*, mais aussi d'autres magistrats au-dessous d'eux. Saint Paul, en somme, est convié à approuver les principes... de la République romaine.

Une quinzaine d'années plus tard, alors que les contre-offensives catholiques se précisent partout en Europe du Nord et que la survie

---

1. Cf. *supra,* p. 162.

même du protestantisme paraît en jeu[1], l'argument est repris par les pasteurs luthériens de la ville de Magdebourg.

> « Chaque fois qu'un *magistrat supérieur* persécute ses sujets, alors, par la loi de nature, par la loi divine et conformément à la vraie religion et au vrai culte de Dieu, le *magistrat inférieur* est mandaté par Dieu pour lui résister » (cité par Skinner, p. 208).

Observons que ces deux premiers arguments n'ont pas les mêmes implications pratiques. Celui des « magistrats inférieurs » donne une prime aux pouvoirs établis, corps constitués, grands officiers du royaume, noblesse. Eux seuls pourront provoquer la révolte, et ils pourront s'opposer aux manifestations populaires spontanées, comme celle qui avait tant inquiété Luther, la Guerre des Paysans, où celles qui inquiètent toute l'Europe continentale jusqu'à Genève, les agitations des Anabaptistes. L'argument tiré du droit civil, en revanche, donne plus de place à la révolte individuelle et débouche plus naturellement sur les idées « démocratiques ». En effet, si c'est la nature qui confère un droit de résistance, tout individu est fondé à résister ; si tout individu est fondé à résister, un groupe d'individus, même inorganisés, l'est également. Donc le peuple peut agir, et pas seulement les « magistrats ».

Le bien-fondé d'une résistance populaire est conforté par les deux autres thèses : la théorie des « éphores » et la théologie du « covenant ».

Celles-ci sont spécialement développées par le calvinisme anglais et écossais, dont les penseurs importants sont *Knox, Ponet* et *Goodman*. Le prêtre écossais *John Knox,* né en 1505 ou en 1513, mort en 1572, est passé à la Réforme en 1546. Il est prédicateur en Angleterre. Mais, en raison des persécutions de la *Bloody Mary*[2], il

---

1. En Allemagne, Charles Quint, pour venir à bout de la Ligue de Smalkade, a établi un traité secret avec François Ier et le pape, et a neutralisé Maurice de Saxe en lui promettant les terres de Jean-Frédéric. Les Impériaux sont victorieux à Mühlberg en 1547. De même, en Angleterre, où le roi réformateur Henri VIII a régné jusqu'en 1547 et où Edouard VI a mené une politique favorable aux protestants jusqu'à sa mort en 1553, arrive sur le trône Marie Tudor (la « *Bloody Mary* », cf. note suivante) qui persécute les protestants, jusqu'à sa propre mort en 1558. En Écosse, dans la décennie 1540, il y a eu une réforme, sous l'influence anglaise. Mais, après 1547, l'Écosse se rapproche de la France, l'héritière Marie est fiancée au Dauphin, cependant que la reine mère Marie de Guise devient régente et procède, comme en Angleterre, à des persécutions. Enfin, en France, François Ier, qui avait eu, au début de son règne, des sympathies pour les nouvelles idées, favorise l'orthodoxie, et Henri II, qui lui succède en 1547, durcit la répression. Il institue la « Chambre ardente » qui prononce plus de cinq cents condamnations en trois ans. À sa mort en 1559, pendant la minorité de François II, les Guises deviennent régents et provoquent de nouvelles persécutions. La situation devient alors critique pour les protestants.
2. Marie Ier Tudor (1516-1558), « Marie la Catholique », « Marie la Sanglante » (*Bloody Mary*), fille d'Henry VIII et de Catherine d'Aragon, règne en Angleterre de 1553 à 1558. Elle a succédé à Edouard VI, bien que sa mère ait été répudiée, et qu'Ann Boleyn la déteste. Elle rétablit le catholicisme et épouse Philippe II d'Espagne.

doit s'exiler en France, puis à Genève où il se lie avec Calvin. Il réalise une traduction anglaise de la « Bible de Genève ». De retour en Écosse, il y fonde le *presbytérianisme*[1], écrit la *Confessio scota* et contribue au *Book of Discipline*. Lorsque
Marie de Lorraine, sœur du duc de Guise, devient régente en Écosse pour sa fille
Marie Stuart[2], Knox fulmine contre le pouvoir de toutes ces femmes *(The first
Blast of the Trumpet*[3] *against the Monstrous Regiment of Women)*. En bon protestant, il
cherche des leçons politiques dans l'Écriture. Il qualifie Marie Tudor de « Jézabel »[4]. Il dit qu'elle doit, comme Jézabel, être châtiée, en tant qu'idolâtre, par des
personnes privées aussi bien que publiques. D'autres auteurs anglais énoncent des
idées comparables : l'évêque anglican exilé *Ponet*, qui justifie le tyrannicide par la
loi naturelle, ou le calviniste anglais *Christopher Goodman* qui précise que le meurtrier du tyran peut ne pas être un magistrat mandaté, mais un simple homme du
peuple.

3) *La théorie des « éphores »*

Calvin, dans l'édition latine de 1559 de son *Institution de la religion
chrétienne,* avait parlé des « magistrats populaires [et non "inférieurs"]
établis pour restreindre la volonté des rois », et il avait cité explicitement comme exemples les éphores de Sparte, les tribuns de la plèbe
de Rome et les démarques d'Athènes. Ceux qui leur ressemblent le
plus dans le monde moderne sont, disait-il, « les trois états de chaque
royaume quand ils sont réunis » (cité par Skinner, p. 232). Or, dans
ces exemples antiques et modernes, il s'agit de magistrats *élus*. Calvin,
à la différence de Zwingli[5], songeait donc à une élection formelle, non

---

1. Cf. *infra,* p. 254.
2. Marie de Lorraine, fille de Claude de Lorraine, duc de Guise, a épousé Jacques V
d'Écosse après un premier mariage avec Louis II d'Orléans, duc de Longueville. À la mort
de Jacques V en 1542, elle devient régente d'Écosse. « Nationaliste » et catholique, elle
lutte contre le parti favorable à la Réforme et à l'Angleterre. Sa fille Marie Ier Stuart,
1542-1587, reine d'Écosse, est fiancée au dauphin de France, futur François II et, l'ayant
épousé, elle deviendra reine de France en 1559-1560, simultanément à son règne en
Écosse. Mais après la mort prématurée de François II en 1560, elle doit regagner l'Écosse.
Une révolte nobiliaire et presbytérienne la force à abdiquer en 1567 en faveur de son fils,
Jacques VI (le futur Jacques Ier Stuart d'Angleterre). Elle passe alors dix-huit ans dans les
prisons anglaises, mais devient le point de ralliement des catholiques d'Écosse et
d'Angleterre. Ayant encouragé un complot catholique contre Élisabeth Ire, elle est finalement condamnée à mort et exécutée en 1586.
3. Les éclats de trompette sont un thème biblique d'une certaine importance. La ville
cananéenne de Jéricho tombe de par les éclats des trompettes (Jos 6). Ces mêmes éclats,
dans l'Apocalypse, annoncent l'arrivée des Temps (Ap 8-11). L'image des trompettes est
omniprésente dans la littérature millénariste de l'époque.
4. Princesse tyrienne, épouse d'Achab, roi d'Israël. Le prophète Élie l'accuse de despotisme et d'idolâtrie. Le roi Jéhu la fait défenestrer (cf. I Rois, 16-21 ; II Rois, 9).
5. Qui avait parlé dès 1523 de l'autorité « éphorale » des pasteurs, mais en précisant
que ceux-ci étaient « donnés par Dieu » pour défendre le peuple, comme les prêtres et
prophètes de l'Ancien Testament étaient envoyés par Dieu pour se faire les porte-parole
du peuple face à l'iniquité des rois. Ce n'étaient pas des magistrats élus.

à des prophètes autoproclamés. Le peuple de la « base » se voyait reconnaître un rôle.

Cette référence introduisait un élément séculier et constitutionnel tranchant avec le biblisme quasi-exclusif des luthériens. Calvin avait été étudiant en droit à l'Université de Bourges de 1529 à 1521 où il avait eu pour maître André Alciat (cf. *supra*). Cette même osmose entre humanisme juridique français et pensée protestante se retrouvera plus tard chez un François Hotman.

Ponet précise ainsi les conditions dans lesquelles la révolte peut être déclenchée : de même que le pape peut être privé de son pouvoir par le corps de l'Église, de même

« par une argumentation, des raisons et une autorité similaires, les empereurs, rois, princes et autres gouvernants abusant de leur charge peuvent être déposés et chassés de leurs places et charges » par « le corps de la congrégation ou communauté tout entière *(the body of the whole congregation or commonwealth)* » (cité par Skinner, p. 235).

Goodman en arrive à la même thèse révolutionnaire. Le gouvernant qui abuse de sa charge est redevenu un simple citoyen privé. Aussi peut-il être pris à partie par n'importe quel citoyen, individuellement ou en corps, puisque, dans ce cas, Dieu « place le glaive dans la main du peuple ». Certes, à première vue, cela peut apparaître comme une cause de désordre de ne pas attendre l'intervention des magistrats réguliers, mais s'ils n'agissent pas contre l'hérésie,

« il est légal *(lawful)* pour les gens, et c'est en réalité leur devoir, de le faire eux-mêmes », de « couper les membres gangrenés » et d'imposer les lois de Dieu « aussi bien à leurs propres gouvernants et magistrats qu'au reste de leurs frères » (cité par Skinner, p. 235).

4) *La théologie du « covenant »*

L'idée est décisivement confortée par un dernier argument, entièrement différent du précédent quant à son inspiration, même s'il converge avec lui en pratique : celui du « covenant ». Nous verrons reparaître cet argument jusqu'en pleine Révolution américaine.

Dans le livre II de l'édition latine de l'*Institution de la religion chrétienne,* Calvin avait énoncé la thèse qu'il existe en permanence un « traité » ou une « alliance » *(foedus,* que les Anglais traduisent par *covenant)* entre Dieu et l'homme.

C'est une conséquence de la Chute. Adam ayant désobéi, il a fallu renouveler l'alliance entre Dieu et l'homme par un contrat formel, et même, puisque l'homme a recommencé à pécher, par une série de contrats successifs (Dieu et

Adam, puis Dieu et Noé, Dieu et Abraham, Dieu et Moïse[1], Dieu et Asa[2]). La Nouvelle Alliance que le Christ offre à l'humanité n'est que l'ultime version de cette démarche récurrente dans la Bible. Dans chaque cas, l'essence du contrat consiste dans le renouvellement de l'adhésion humaine aux commandements de Dieu, spécialement les Dix Commandements. À tout moment, un groupe humain peut et doit renouveler cet engagement. Première application à Genève en 1537, quand tous les citoyens genevois ont juré de respecter les Dix Commandements. Calvin insiste sur le fait que *chaque* conscience chrétienne doit faire ce serment individuellement ; chaque chrétien est personnellement « signataire ».

L'idée est reprise par les calvinistes anglais. Les *Superior Powers* de Goodman citent le *covenant* de Moïse, que l'auteur dit être toujours un modèle valable pour fixer « ce que Dieu demande à son peuple et ce que son peuple lui a promis ». Tout citoyen individuel, en tant que « signataire » du *covenant,* est personnellement responsable du respect des lois de Dieu par la communauté où il vit.

La même idée revient dans deux textes majeurs de Knox, l'*Appel à la noblesse* et la *Lettre adressée à la Communauté d'Écosse*. Knox cite « the solemn oath and covenant » conclu entre Dieu et Moïse ou Asa, qui a eu pour effet que c'est désormais le « devoir de tout homme » de « se déclarer lui-même ennemi de ce qui provoque à un si haut degré la colère de Dieu ». Tous les chrétiens d'aujourd'hui sont liés par « the same league and covenant » que Dieu a conclu avec « son peuple Israël », d'où il suit qu'ils ont le devoir le plus absolu de « retrancher de leur sein les énormités dont ils savent qu'elles sont abominables aux yeux de Dieu » (cité par Skinner, p. 237). Chaque chrétien a une responsabilité personnelle dans l'avenir du monde, dit Goodman, puisqu'il a promis d' « arracher le mal du monde » *(root out the evil)*. Il ne peut donc se montrer indifférent à la politique. Il doit intervenir dans l'État, il ne saurait accepter n'importe quoi de ses dirigeants. Face aux pouvoirs séculiers de son temps, il doit être ce que les prophètes d'Israël ont été face aux rois, et nulle loi positive ne doit pouvoir faire obstacle à cette attitude éthique fondamentale[3].

1. Moïse, ayant reçu la Loi au Sinaï, fait en effet jurer le peuple : « [Moïse] prit le livre de l'Alliance et il en fit la lecture au peuple qui déclara : "Tout ce que Yahvé a dit, nous le ferons et nous y obéirons." Moïse ayant pris le sang [des jeunes taureaux sacrifiés] le répandit sur le peuple et dit : "Ceci est le sang de l'Alliance que Yahvé a conclue avec vous moyennant toutes ces clauses" » (Ex, 24, 7-8).
2. Troisième roi de Juda (911-870), qui règne quarante et un ans. Il renouvelle l'Alliance : « Le troisième mois de la quinzième année du règne d'Asa, [les Judéens et des Israélites ralliés] se réunirent à Jérusalem. Ils offrirent en sacrifice à Yahvé, ce jour-là, une part du butin qu'ils rapportaient, sept cents bœufs et sept mille moutons. *Ils s'engagèrent par une alliance à chercher Yahvé, le Dieu de leurs pères, de tout leur cœur et de toute leur âme* ; quiconque ne chercherait pas Yahvé, Dieu d'Israël, serait mis à mort, grand ou petit, homme ou femme. *Ils prêtèrent serment à Yahvé à voix haute et par acclamation, au son des trompettes et des cors* ; tous les Judéens furent joyeux de ce serment, qu'ils avaient prêté de tout leur cœur. *C'est de plein gré qu'ils cherchèrent Yahvé. Aussi se laissa-t-il trouver par eux...* » (2 Ch, 15, 12-15).
3. C'est, selon le point de vue qu'on adopte, une magnifique leçon de responsabilité et de liberté, ou, dans la mesure où aucune loi n'est fondée à limiter l'action des croyants, du fanatisme. C'est pourquoi, avant que cette inspiration puisse aboutir aux démocraties

Cette théologie confirme l'idée biblique « classique » de la supériorité du pouvoir spirituel sur le pouvoir temporel, mais elle la renouvelle et l'enrichit, puisque, désormais, l'organe de l' « esprit » qui juge de la situation et agit sur le monde n'est plus le seul prophète et le seul prêtre, mais la conscience individuelle, le citoyen de base. C'est ce que dit Goodman : si les magistrats « méprisent entièrement et trahissent la justice et les lois de Dieu », c'est le devoir sacré de « toute personne, qu'elle soit haut placée ou d'humble condition *(both high and low)* », et donc de « la multitude entière », à qui « une partie du glaive de justice est confiée », de « maintenir et défendre ces mêmes lois » contre les magistrats (cité par Skinner, p. 237). De même Knox, à la fin de son *Appel à la noblesse* : « Ce ne sont pas seulement les magistrats, mais c'est aussi aussi le peuple, qui sont liés par ce serment qu'ils ont fait à Dieu » de faire respecter les lois de Dieu ; là est la « vocation » *(vocation)*[1] du peuple.

Ainsi, par rapport à la première Réforme, et spécialement par rapport à l'absolutisme luthérien, on assiste à un renversement quasi-complet. Les calvinistes « ne disent pas aux gens qu'ils seront damnés s'ils résistent aux pouvoirs établis, mais, au contraire, qu'ils seront damnés s'ils s'abstiennent d'une telle résistance » (Skinner), car, s'ils ne font rien, ils trahiront le serment qu'ils ont fait à Dieu de *root out the evil*.

À noter cependant qu'à ce stade de la réflexion politique des protestants, la défiance à l'égard du peuple et de la démocratie subsiste (nous allons d'ailleurs la retrouver chez les huguenots français). Ponet, Goodman et Knox, s'ils pensent que des éléments inorganisés du peuple peuvent prendre l'initiative de la révolte, ne croient pas pour autant que le peuple en tant que tel puisse faire le droit. La raison fondamentale de cette défiance est que le peuple est pécheur, et qu'il l'est manifestement en majorité, étant donné que la théologie calviniste dit, au plus

---

libérales modernes, il faudra qu'elle soit tempérée par beaucoup de droit romain et de civisme, ce qui sera fait à l'épreuve de la révolte des huguenots français, puis des révolutions hollandaise, anglaises et américaine, toutes « calvinistes », mais toutes nourries aussi de culture antique et situées dans un terreau juridique (et moins éloignées du catholicisme de la Contre-Réforme, de ce fait, qu'on le croit ordinairement). Ainsi l'incontestable fanatisme des Guerres de Religion pourra-t-il finalement être dépassé.

1. Depuis la « vocation » d'Abraham, le chrétien sait que l'humanité élue est « appelée » par Dieu à une certaine tâche. Depuis que Luther, dans sa traduction allemande de la Bible, avait traduit le mot hébreu correspondant par *Beruf,* métier, occupation professionnelle, cette tâche est sécularisée et universalisée : Dieu appelle tous les hommes, et non pas seulement les religieux ; il les appelle à agir concrètement sur la terre, et non pas seulement, comme les moines, à contempler. Pour Goodman et Knox, il appelle tout vrai chrétien, et non pas seulement l'*establishment* nobiliaire, à se révolter contre l'État impie, contre « Babylone ». Mais seule une poignée d'élus peuvent répondre à cet appel (cf. ci-après).

près de la Bible, que les « élus » sont un petit nombre[1]. Pour que la doctrine démocratique puisse parvenir à maturité et qu'on puisse proposer son dogme essentiel, le suffrage universel, il faudra donc que cette objection théologique dirimante soit levée.

II — LES HUGUENOTS FRANÇAIS.
LES « MONARCHOMAQUES »

Les idées protestantes pré-démocratiques s'affirment ensuite avec les *huguenots* français, qui leur font subir cependant des transformations considérables. Le contexte idéologique et politique français, en effet, présente des traits spécifiques.

1) *La spécificité du contexte français*

— Il existe en France, nous l'avons vu, actualisés notamment par l'humanisme juridique et l'école de Bourges, tous les matériaux intellectuels nécessaires pour la construction d'un droit constitutionnel « laïc » allant dans le sens d'une monarchie participative.

— Les huguenots français ne peuvent avoir l'intransigeance des Anglais et des Écossais en raison de la situation critique qui est la leur. Étant minoritaires (de 1/50e à 1/20e de la population totale), ils ne sauraient, comme Knox en Écosse, en appeler à « *the whole body of commonwealth* ». La raison les pousse à demander seulement un droit à l'existence, parallèlement à l'existence des catholiques, et à chercher des formules constitutionnelles *pluralistes*.

— Depuis des années déjà, les humanistes avaient affirmé les droits, l'inviolabilité de la conscience. *Jean Pic de la Mirandole* (1463-1494) pensait qu'il doit y avoir une même vérité universelle sous-jacente à toutes les grandes religions du monde. L'idée fut formulée par *Guillaume Postel* dans la *Concorde du monde* : le christianisme consiste en vérités morales universelles auxquelles tout

---

1. C'est le thème du « reste d'Israël » (Gn 18, 22-32 [l'existence de quelques justes en son sein, fussent-ils seulement cinquante, voire quarante, trente, vingt, dix..., peut valoir à la pécheresse Sodome de ne pas être exterminée par la colère divine] ; Is 1, 9 [« Si le Seigneur, le tout-puissant, ne nous avait laissé *quelques réchappés,* nous serions comme Sodome... »] ; 1 R 19, 18 [« Je laisserai en Israël un *reste...* »] ; Is 17, 6 [« Il ne restera... au gaulage de l'olivier, que deux ou trois olives tout en haut, à la cime... »] ; cf. aussi Ez 5, 3 ; 9, 4 et 8 ; Am 1, 8 ; 5, 15 ; Mi 5, 7 ; Ag 1, 12, etc.). Les élus ne sont qu'une poignée.

homme doit croire dès qu'il en a pris connaissance ; il est donc inutile et absurde de forcer sa conscience. L'idée est passée à d'autres humanistes convertis au protestantisme, comme *Sebastien Castellion,* qui prend position contre le supplice de Michel Servet à Genève[1] en écrivant l'ouvrage *Sur les hérétiques : doivent-ils ou non être persécutés ?* (1554). Son argument est qu'il existe, sous les confessions diverses, une même foi fondamentale, de même que, dans les monnaies de diverses frappes extérieures, il existe un même or.

Dans cet ordre d'idées, il faut citer le *Colloque des Sept Savants,* la dernière œuvre de Jean Bodin, publiée longtemps après sa mort. Le dialogue met en scène un luthérien, un zwinglien, un juif, un musulman, un partisan de la religion naturelle, un sceptique ; ils se rencontrent à l'invitation d'un catholique libéral vénitien, Coronæus. Tous admettent une certaine convergence de leurs religions : « Dieu est le parent de tous les dieux ». Donc l'intolérance, *a fortiori* la persécution, sont absurdes. Mais Bodin, comme Castellion, met en avant un argument beaucoup plus fort : l'inévitable *incertitude* de chaque croyance religieuse. Castellion avait dit que nous appelons « hérétiques », simplement, « ceux qui ne pensent pas comme nous » (cité par Skinner, p. 247). Et il avait ajouté au sujet des différences de dogmes entre protestants et catholiques : « Si ces matières étaient aussi évidentes que le fait qu'il y a un seul Dieu, tous les chrétiens se mettraient d'accord aussi facilement que toutes les nations confessent que Dieu est un ». Mais, justement, ces points ne sont pas clairs, ils sont obscurs et incertains : « Juger de la doctrine n'est pas aussi simple que juger des actes »[2]. Donc forcer une conscience est une preuve d'ignorance, car « celui qui condamne autrui à la légère montre par là même qu'il ne sait rien lui-même avec précision ». La même position se retrouve dans la *République* de Bodin : les dogmes religieux « ne sont pas tant basés sur des démonstrations ou sur la raison que sur l'assurance de la foi et des croyances seulement ». Bodin, cependant, ne conclut pas positivement dès ce moment à la tolérance : il franchira ce pas seulement dans le *Colloquium,* sous l'influence de Castellion. Bodin, en effet, a pour porte-parole personnel dans le dialogue le sceptique Senamus, or c'est sur la position de ce dernier que tous finissent par tomber d'accord. Ils constatent qu'ils ne sont pas parvenus à se convaincre mutuellement, qu'ils doivent donc se tolérer, comme si, en fait, aucune de leur position n'était certaine et en tout cas démontrable[3].

1. En 1553, Calvin fit condamner au bûcher un théologien espagnol de passage, Miguel Serveto, qui avait exprimé sur la Trinité des opinions contraires au dogme admis à Genève.
2. Ce qui est la position exprimée par Abélard dès le XIIe siècle, cf. *HIPAMA,* p. 619-620.
3. Cette réflexion sur la tolérance et sur le scandale qu'il y a à s'entretuer au nom d'un même Dieu a déjà, à cette date, un long passé (cf. l'article de Pierre Magnard, « Le *Colloquium heptaplomeres* et la religion de la raison », *in* Ch. Y. Zarka, *Jean Bodin. Nature, histoire, droit et politique, op. cit.*) : on peut remonter au *Dialogue entre un philosophe, un juif et un chrétien,* de Pierre Abélard (XIIe siècle) ; au *Livre du gentil et des trois sages* de Raymond Lulle (vers 1270) ; au *De pace fidei* de Nicolas de Cuse (1453), aux *Essais* de Montaigne. La discussion se poursuivra avec Juste Lipse, Grotius, Spinoza, puis Locke, Bayle... et tout au long du XVIIIe siècle. Le théologien sait d'ailleurs que la thèse de la docte ignorance, et

Dans ce contexte si particulier, les protestants français doivent formuler une théorie politique qui soit de nature à leur valoir non seulement le soutien de leurs coreligionaires, mais, si possible, celui des catholiques mécontents de l'absolutisme des Valois, en particulier de la grande noblesse. Ils sont contraints de déboucher sur une opposition « non pas seulement sectaire, mais constitutionnelle » (Skinner).

2) Les livres des huguenots français

De fait, dans les mois et les années qui suivent la Saint-Barthélémy paraît une floraison d'ouvrages et de pamphlets émanant du parti protestant :

— Le Réveille-Matin des Français et de leurs voisins, composé par Eusèbe Philadelphe Cosmopolite, en forme de Dialogues (1573-1574).

— La Franco-Gallia, de François Hotman (1573)[2].

— Du Droit des Magistrats sur leurs sujets, de Théodore de Bèze (1574)[3].

— Vindiciae contra Tyrannos, De la puissance légitime du prince sur le peuple et du peuple sur le prince, de « Étienne Junius Brutus », alias Duplessis-Mornay et Hubert Languet (1579)[4].

l'anti-dogmatisme qu'elle implique, sont représentés au sein des théologies juive et chrétienne les plus orthodoxes et les plus anciennes : c'est toute la tradition de la « théologie négative », qui remonte à Denys l'Aréopagite et, au-delà, à Grégoire de Nysse, à Philon d'Alexandrie et à la Bible elle-même. Quels qu'en soient les auteurs, la thèse en elle-même est évidemment un point fondamental pour la pensée politique. La vraie raison d'être des institutions porteuses de pluralisme – démocratie, libéralisme – est l'impossibilité épistémologique où est un pouvoir politique ou intellectuel quelconque de prétendre détenir seul la vérité. Son ignorance n'est pas grave, pourvu qu'elle soit, comme le dit Montaigne, une ignorance « qui se sait, qui se juge et qui se condamne » (Essais, II, 12), et que par conséquent, le pouvoir admette d'être contredit et veille à ce qu'il existe des institutions où l'on puisse lui porter la contradiction. Nous retrouverons cette problématique fondamentale dans les chapitres suivants.

2. Cf. François Hotman, La Gaule française, Corpus des œuvres de philosophie en langue française, texte revu par Christiane Frémont, Fayard, 1991.

3. Cf. Théodore de Bèze, Du Droit des Magistrats, Introduction, édition et notes par Robert M. Kingdon, Les classiques de la pensée politique, Genève, Librairie Droz, 1970.

4. Cf. Étienne Junius Brutus, Vindiciæ contra tyrannos, traduction française de 1581, Introduction, notes et index par A. Jouanna, J. Perrin, M. Soulié, A. Tournon et H. Weber, coordinateur, Les classiques de la pensée politique, Genève, Librairie Droz, 1979. Le mot latin vindiciae signifie la revendication contradictoire, devant le préteur, d'un objet ou d'une chose (dare, dicere vindicias : accorder l'obtention de la chose demandée pendant la durée du procès) ; le titre signifie donc à peu près : « Contestation de la légitimité des tyrans ». Duplessis-Mornay (1549-1623) est l'un des principaux collaborateurs du chef du parti protestant, Henri de Navarre. Il le sera encore quand Henri se sera converti au catholicisme et sera devenu roi de France. Il est l'auteur d'un Traité de l'eucharistie et de Mémoires. Hubert Languet (1518-1581), forcé de s'exiler en Allemagne, a été un proche de Melanchton et a été diplomate au service de l'Électeur de Saxe. Enfin, le pseudonyme est évidemment un rappel du Brutus qui voulut rétablir la République et tuant le tyran César.

Dans tous ces ouvrages, il s'agit de fonder un « droit divin de rebellion » contre le roi de France. Les huguenots étoffent cette idée en remettant en valeur les théories médiévales sur la suprématie de la communauté et de la loi, sur la réciprocité d'obligations entre le peuple et le roi, sur la légitimité de la résistance au tyran, tant d'« origine » que d'« exercice ». Ils puisent aussi dans le *Contr'Un* ou *Discours de la servitude volontaire* qu'avait écrit, vers 1550, un jeune humaniste ami de Montaigne, Étienne de la Boétie, qui exaltait la liberté antique contre le pouvoir d'un seul[1].

« Pauvres et misérables peuples, aveugles en votre bien ! Celui qui vous maîtrise tant n'a que deux yeux, deux mains et qu'un corps ; c'est vous seuls qui lui donnez sa force ; c'est de vous qu'il prend les mains dont il vous frappe et les pieds dont il vous foule ; votre servitude est purement volontaire ; cessez seulement de la vouloir, soyez résolus de ne servir plus et vous voilà libres ; je ne veux pas que vous le poussiez ou l'ébranliez, mais seulement ne le souteniez plus, et vous le verrez, comme un grand colosse à qui on a dérobé sa base, de son poids même fondre en bas et se rompre ».

a) *François Hotman*

La *Franco-Gallia* de Hotman oppose l'élection à l'hérédité ; les lois à l'arbitraire ; les États généraux à la tyrannie. Un roi peut toujours être déposé par les États. Pour étayer ces thèses, Hotman, qui a été étudiant à Bourges et a été formé au *mos gallicus,* a recours à l'histoire.

Il évoque une histoire « nationale » qu'il n'hésite pas à faire remonter, par-delà les trois dynasties franques et le passé gallo-romain, à la Gaule originaire. Or on lit dans César que les Gaulois n'avaient pas de monarchie centralisée, encore moins absolue. Les chefs étaient élus, contrôlés et déposés par les assemblées des villes ; le pouvoir souverain appartenait donc au peuple. Ensuite, il est vrai, la Gaule a connu une monarchie autoritaire. Mais c'était sous l'Empire romain, donc sous une domination étrangère ; bien que celle-ci ait duré cinq siècles, ce n'est qu'une parenthèse dans l'histoire du pays. Ensuite les Gaulois ont convaincu les Francs de venir les délivrer de l'occupation romaine. De cette alliance sacrée entre les Gaulois et les Francs est née la France (d'où le titre : la « Franco-Gallia »). Mais les Francs, eux non plus, ne connaissaient pas de monarchie absolue. Leurs rois étaient certes choisis dans certaines familles, mais ils n'entraient en fonction qu'après avoir été élus (acclamés et « hissés sur le pavois »). C'est bien la preuve, dit Hotman, que le pouvoir souverain appartenait, chez les Francs, aux *assemblées représentatives*. Celles-ci pouvaient récuser, à chaque fin de règne, tel fils aîné leur paraissant incapable à la guerre. Elles pouvaient aussi, en cours de règne, critiquer le roi et le déposer (Hotman trouve des

---

1. Sur La Boétie, cf. Pierre Mesnard, *op. cit.,* p. 388-406 ; Étienne de La Boétie, *Le Discours de la servitude volontaire,* texte établi par P. Léonard, Payot, 1976.

exemples de telles dépositions dans l'*Histoire des rois francs* de Grégoire de Tours[1]). Par la suite, sous les Carolingiens et même les premiers Capétiens, les rois ont été formellement élus, même si l'hérédité directe devenait peu à peu la norme. Cette formalité signifiait du moins que la vraie souveraineté était censée reposer dans l'assemblée. De plus, des rois carolingiens ont encore été déposés par des assemblées, comme Louis le Pieux en 832.

De tous ces précédents historiques, Hotman conclut que la souveraineté absolue des rois est en réalité *une innovation des temps modernes, qu'on peut et doit remettre en cause*. Hotman se montre partisan des États généraux, forme moderne d'assemblée représentative. Il leur attribue presque exactement les « marques de souveraineté » que Bodin attribue au roi.

b) *Théodore de Bèze*

Théodore de Bèze est le successeur de Calvin comme chef de l'Église réformée de Genève. C'est un grand théologien, et il n'a consacré à la politique qu'une part mineure de son œuvre. Pourtant, c'est lui qui, après la Saint-Barthélemy, doit accueillir et protéger à Genève les protestants réfugiés de France. Il contribue à leur donner une doctrine. Sa position est délicate, car le conseil de Genève ne tient pas à provoquer ouvertement son grand voisin et rappelle plusieurs fois Bèze à l'ordre.

Bèze privilégie la théorie des « magistrats inférieurs ». La résistance doit être menée non par le peuple, mais par une classe de notables.

c) *Les* Vindiciæ contra tyrannos

Le traité est spécialement dirigé contre les « machiavellistes ». Il cite d'emblée la Constitution *« Digna vox »*, selon laquelle le prince, de lui-même, se soumet aux lois[2]. Il pose que le peuple et les princes ont des « devoirs mutuels et réciproques », car « Dieu, nature et les coutumes des peuples ont posé des bornes au prince et au peuple », et celui qui les outrepasse est responsable des désordres et séditions.

Plus originale est l'idée des *Vindiciæ* selon laquelle il y a deux contrats fondateurs de la société politique :

— Entre Dieu, d'une part, et l'ensemble roi-peuple de l'autre, conformément au modèle biblique de l'alliance entre Yahvé et le peuple hébreu (argu-

---

1. Grégoire de Tours, 538-593. Son *Histoire des rois francs* est la source de presque toutes nos informations sur les Mérovingiens.
2. Cf. *supra*, p. 159 et 173.

ment du *covenant,* cf. *supra*). Comme dans la Bible, Dieu est lui-même le vengeur en cas de rupture du contrat.

— Entre le roi et le peuple. Le peuple s'engage à obéir fidèlement à celui
qui lui commandera justement. Si le roi ne respecte pas sa promesse, le peuple
sera délié de plein droit de toute obligation. La répression du roi défaillant
appartient « à tout le peuple ou aux États qui le représentent et le doivent maintenir ».

Le *Droit des Magistrats* comme les *Vindiciæ,* sans nier tout-à-fait
les droits du « peuple »[1], privilégient donc le rôle des magistrats inférieurs.

Les deux ouvrages précisent ce qu'il faut appeler « magistrats inférieurs »
dans le contexte français. Ce seront, par opposition aux « officiers du Roi » qui
dépendent directement de sa personne, les « officiers du royaume », en charge
du royaume ou de l'État « universellement » : le connétable, les maréchaux,
pairs et seigneurs, également les ducs, marquis, comtes dans les provinces, les
maires, viguiers, Consuls dans les villes, c'est-à-dire les pouvoirs locaux. Ces
magistrats sont associés au roi dans la promesse de promouvoir le bien commun,
ils détiennent donc une part de la souveraineté (le roi n'ayant que la souveraineté suprême). Selon les *Vindiciæ,* ils représentent *ordinairement* le peuple, que
les États ne représentent qu'*extraordinairement.*

Si le roi manque à sa promesse, ces magistrats inférieurs doivent
« garder d'autant mieux la leur ». Ils ont mandat d'agir, en tant que
sanior pars, partie « la plus saine », ou principale, du peuple[2]. Ils ont le
droit de « courir sus avec les armes » contre le roi devenu « tyran
d'exercice » et contrevenant aux « conditions » auxquelles il a été fait
roi. Ils peuvent même, dans ce cas, avoir recours à l'étranger, faire
appel aux « amis et alliés du Royaume ».

Les États généraux, plus particulièrement, sont « par-dessus le
Prince ». Ils peuvent seuls nommer ou déposer les officiers, lesquels
ne dépendent pas du souverain mais de la souveraineté *(Droit des
Magistrats).* Le roi lui-même n'est qu'un « ministre », un « agent »
du peuple, en fait il n'est pas « souverain » au sens où l'entend
Bodin, il est *servus reipublicae,* serviteur de la République, et en ce
sens il ne saurait être « délié des lois » de celle-ci. À noter que les

---

1. Contre lequel la défiance demeure vive : « Faudra-t-il que toute une populace,
cette bête qui porte un million de têtes, se mutine et accoure en désordre pour donner
ordre à ce que dessus ? Quelle adresse y a-t-il en une multitude débridée ? Quand nous
parlons de *tout le peuple,* nous entendons par ce mot ceux qui ont en main l'autorité de par
le peuple, à savoir les Magistrats qui sont inférieurs au Roi, et que le peuple a délégués, ou
établis... comme consorts de l'empire et contrôleurs des Rois, et qui représentent tout le
corps du peuple. Inférieurs, si on les considère un à un, ils sont ensemble et en corps
par-dessus le prince » *(Vindiciae).*

2. Sur la notion de *sanior pars,* cf. *HIPAMA,* p. 703, 712.

deux livres font moins de place aux parlements (qui, il est vrai, sont tous, à cette époque, gallicans, « nationalistes » et – plus ou moins – absolutistes) qu'aux États généraux (auxquels, cependant, ils n'attribuent pas le même rôle exclusif que leur attribue Hotman). La vérité est que, pour les huguenots français de cette période, la force de résistance principale est la *noblesse,* catholique autant que protestante.

On trouve, sous la plume de Languet et Duplessis-Mornay, des affirmations, tant « démocratiques » que « libérales », vraiment modernes, où il est probable que les révolutionnaires anglais puis Locke ont puisé (en effet, ces livres seront traduits en anglais pendant la décennie 1640, cf. *infra,* p. 261).

Les peuples ne sont pas créés par les magistrats, mais les magistrats par le peuple. « Personne ne naît roi, et personne n'est roi par nature ». « Un roi ne peut régner sans un peuple, alors qu'un peuple peut se gouverner lui-même, sans un roi » (théorie du *self-governement*). Une théorie des droits de l'homme semble être présente chez Duplessis-Mornay (le terme même y est, à savoir dans la *Déclaration* publiée après la Saint-Barthélémy en 1572, cf. Skinner, p. 329), ainsi qu'une théorie du droit de résistance.

Remarquons pour conclure que, des quatre grandes thèses protestantes contre l'absolutisme, seule la théologie du « covenant » est un élément spécifiquement *biblique.* Les autres empruntent toutes, directement ou indirectement, au droit civil ou canonique légué par le Moyen Âge. Comme si les protestants avaient fini par se détourner plus ou moins de l'idée paulinienne et augustinienne que Dieu soumet l'homme à un pouvoir injuste en raison de ses péchés et avaient redécouvert les mérites des thèses classiques du civisme antique rajeunies par la scolastique[1]. Ce qui confirme ce que nous suggérions plus haut : les protestants retrouvaient des idées similaires sur le fond à celles que leurs adversaires, les Contre-Réformateurs de la Seconde Scolastique, développaient au même moment en Italie et en Espagne (cf. *supra*). Ainsi, les Guerres de Religion avaient coupé l'Europe en deux, mais des deux côtés de ce « rideau de fer » avant la lettre, c'était sur le même *humus,* à la fois chrétien et gréco-romain, que se développaient les germes des théories politiques modernes.

---

1. Duplessis-Mornay écrit cette phrase qu'on dirait tout droit sortie du *De Officiis* de Cicéron : « Tout le monde hait la servitude naturellement et préfère commander qu'obéir. » S'inspirant de Gerson et de Mair, il établit même une théorie pré-lockéenne de la propriété, qui est ce qu'il faut défendre, dit-il, quand on passe de l'état de nature à l'état politique. Les Huguenots s'inspirèrent de la scolastique y compris dans la méthode : non plus des « prêches » à la Knox, mais des *quæstiones.*

De la France, les théories constitutionnelles des huguenots passent aux Hollandais dans les années 1570-1580, puis aux Anglais du XVIIᵉ siècle. Avant d'étudier ces développements dans les chapitres suivants, nous devons nous arrêter sur un mouvement d'idées proche à maints égards de celui des huguenots, même s'il est, lui, catholique : la *Ligue*.

Appendice
La Ligue et les « monarchomaques » catholiques[1]

Les idées « démocratiques » des huguenots vont être paradoxalement reprises à leur compte, et même accentuées, par les catholiques de la Ligue.

C'est là un épisode de l'histoire des idées politiques peu connu et peu valorisé en France, où tout ce qui est catholique est réputé être anti-démocratique, et où tout ce qui est démocratique est réputé être « laïque ». Pourtant, en ces années, Paris, où furent érigées les premières « barricades » d'une longue tradition révolutionnaire, fut appelée « Nouvelle Jérusalem » par les premiers véritables démocrates qu'aient connus le pays. C'est au nom du Pape, et sous l'influence des sermons enflammés des curés et des moines, que l'on attaqua les rois et qu'on magnifia le principe des libres élections...

1) *La Ligue ou les « monarchomaques » catholiques*

La « Ligue » est le parti des extrêmistes catholiques pendant les Guerres de Religion.

Elle existe depuis 1576 et a pour chefs les Guises. Dès ce moment, elle a pour slogan « la Foi, le Roi, la Loi ». Par ce dernier terme, les ligueurs entendent ce qui limite l'arbitraire royal, les serments du sacre où le roi a promis d' « exterminer » les hérétiques, et « les droits, prééminences, franchises et libertés anciennes, telles qu'elles étaient au temps du roi Clovis ». Henri III a tenté de prendre lui-même la tête de cette première Ligue, mais il a échoué aux États généraux de Blois de 1576.

En 1584, le dernier héritier Valois, le duc d'Anjou, meurt[2]. Le huguenot Henri de Navarre devient, conformément à la loi salique, et bien que cousin fort éloigné (il descend de saint Louis), l'héritier légitime de la couronne de

---

1. D'après Pierre Mesnard, *L'Essor de la philosophie politique au XVIᵉ siècle, op. cit.,* p. 371-385 ; Jean-Marie Constant, *La Ligue,* Fayard, 1996.
2. Il était le dernier des fils de Catherine de Médicis, donc le frère d'Henri III, et celui-ci n'avait pas d'enfants.

France. Alors commence la Seconde Ligue. Les princes de Guise, par le traité de Joinville, reçoivent l'appui du roi d'Espagne Philippe II. La Ligue parisienne est fondée.

La Ligue retourne contre Henri III et son inacceptable héritier Henri de Navarre les théories anti-absolutistes des huguenots[1] : la loi salique vaut moins que le droit populaire, on peut même *élire* un roi de son choix, et pourquoi pas le chef même de la Ligue, Henri de Guise ? Un manifeste, la « Déclaration des causes qui ont mû Monseigneur le Cardinal de Bourbon, et les Princes, Pairs, Prélats, Seigneurs, Villes et Communautés catholiques de ce Royaume de France, de s'opposer à ceux qui veulent subvertir la Religion de l'État », est publié en 1585. Les conjurés, Charles de Bourbon, premier prince du sang, accompagné de plusieurs princes, cardinaux, pairs, prélats, gouverneurs, seigneurs, « gentilshommes de beaucoup de bonnes villes et communautés, et d'un grand nombre de bons et fidèles sujets, faisant la meilleure et plus saine partie de ce royaume » (allusion, une fois encore, à la doctrine canonique de la *sanior pars*), sont fondés à prendre des mesures extrêmes pour le salut du royaume. C'est l'affirmation de la souveraineté, non seulement des « magistrats inférieurs », mais d'un groupe où figurent de simples membres du Tiers État.

On abolira tous les impôts créés depuis Charles IX, on garantira les charges et offices de tous les magistrats subalternes, on rendra aux parlements « la plénitude de leur connaissance[2] et leur entière souveraineté de jugement » (textes cités par Mesnard, p. 373-374). Cette publication est suivie de toute une guerre de pamphlets, comme il y en avait eu après la Saint-Barthélémy.

En 1587, les « Seize », le groupe qui détient le pouvoir dans la Ligue parisienne, publie à son tour un manifeste où il est dit que toutes les charges militaires seront confiées aux seigneurs membres de la Ligue, et que le pouvoir local sera détenu par des conseils ; le cardinal de Bourbon sera élu roi, « non comme héritier et successeur, étant trop éloigné en degrés, mais capable d'élection et d'honnête préférence pour sa religion et ses vertus » (cité par Mesnard, p. 376). Un Discours sur les États de France reprend, pour le compte des ligueurs, la théorie « gauloise » de l'élection des rois et des principaux officiers, ducs et comtes, par le peuple, qu'avait exposée Hotman pour le compte des huguenots. La vénalité des charges doit être

---

1. Des huguenots français, mais aussi, à cette date, des protestants néerlandais : la répudiation de Philippe II par les États Généraux des Pays-Bas date de 1581 (cf. *infra*).

2. C'est-à-dire de leur compétence : ce qui est visé ici est la théorie de la « justice retenue » (cf. *supra*, p. 129-130).

supprimée et remplacée par l'élection. Enfin, le Conseil de la Ligue (qui comprend les Guises et Bourbons) montre bien, par ses « remontrances » au roi, qu'il entend partager avec lui la souveraineté.

Mais la Ligue elle-même est partagée entre les princes, d'un côté, les conseils « bourgeois » qui administrent Paris et les dizaines d'autres villes ligueuses, de l'autre. Leurs intérêts, leurs discours ne sont pas convergents. Les « bourgeois » vont plus loin dans le sens de la démocratie et d'un contrôle strict de la fiscalité. Dans les villes, il y a un démocratisme clérical enflammé, de style presque millénariste, emmené par des curés et des moines. À Paris, le curé de Saint-Eustache, René Benoist (le « roi de la Halle »), prononce en 1587 une *Exhortation chrétienne aux fidèles et élevés de Dieu, de batailler par tous moyens possibles pour le grand Seigneur contre l'Antéchrist* et d'autres sermons de ce style. Même la Sorbonne déclare, le 16 décembre 1587, qu'on peut déposer un mauvais roi.

La conséquence de toute cette agitation est la « Journée des Barricades » du 12 mai 1588, ou le roi doit fuit Paris et s'installer à Chartres, tandis que Guise entre dans la capitale en triomphateur. Assisté des Seize, ayant fait élire un « bureau de ville », ayant désigné des « colonels » de quartier, il contrôle la ville et toute la région avoisinante.

De nouveaux pamphlets paraissent alors. On exige une démocratie municipale. Il faut que le roi accepte « que les habitants de la ville puissent, avec toutes les libertés et par les formes accoutumées, *élire* leurs échevins et magistrats, ce qui sera le vrai moyen de contenir ce peuple en union et repos, quand ses magistrats auront été choisis par eux ». Quand des offices deviennent libres, que le roi ne les vende pas, mais « qu'il y soit pourvu par élection pour en jouir par lesdits élus durant deux ans ou tel autre temps qu'il sera avisé pour le mieux » (textes cités par Mesnard, p. 378). Et la campagne pour l'accès au trône du cardinal de Bourbon reprend de plus belle.

Henri III est obligé de réunir à nouveau les États généraux. Mais ces seconds États de Blois, de 1588, ne sont plus, comme ceux de 1576 auxquels Bodin avait pris part, dominés par les « Politiques ». Ce sont les ligueurs qui y sont les maîtres. Ils imposent, entre autres dispositions favorables à leur cause, une véritable réforme ou plutôt révolution constitutionnelle : le principe de la *réunion fréquente des États généraux*, c'est-à-dire une situation proche de celle de l'Angleterre. « Car, disent-ils, bien que le roi soit auteur de la loi, le peuple, cependant, se rend plus obéissant à ce qui est fait aux États ». Les édits seront préparés de concert entre ceux-ci et le roi, et leur application sera, de même, coorganisée par ces deux pouvoirs, puisqu'il y aura, dans chaque province, des syndics élus qui recevront communication de tous les édits. C'était tuer dans l'œuf l'évolution absolutiste du royaume. Les Ligueurs français allaient aussi loin qu'iraient les révolutions anglaises du siècle suivant.

2) *La radicalisation de la Ligue après l'assassinat des Guises*

Du coup, Henri III, se souvenant des leçons de Machiavel et de l'exemple du traquenard dans lequel César Borgia a attiré ses opposants pour les tuer (*supra,* p. 67), fait assassiner les Guises les 23-24 décembre 1588 (le troisième duc de Guise, Henri Ier de Lorraine, puis son frère Louis, cardinal de Lorraine). La Ligue réagit immédiatement : Paris se soulève. Une assemblée révolutionnaire se réunit à l'Hôtel de ville. Des conseils de quartier se créent. Lyon, après une journée de « barricades », passe à la Ligue, suivie d'Orléans, du Mans et de Chartres, tandis que Saint-Malo proclame une quasi-indépendance (mais la Ligue échoue à Angers et à Tours). Le duc de Mayenne, qui a succédé à Guise à la tête de la Ligue, sans en avoir l'*aura,* se proclame Lieutenant général du royaume de France, qui est devenu une sorte de république de villes et provinces libres[1].

La réaction n'est pas moins virulente sur le plan idéologique. Une « déclaration » est signée par « les princes catholiques, villes et communautés unies avec les trois états du royaume pour la conservation du royaume et la liberté du peuple ». Elle interdit de payer l'impôt aux officiers du roi. Le Parlement, épuré par les Seize, s'en prend à ceux qui ont rompu « l'édit et union, franchises et libertés des États de ce royaume » et entame le procès d'Henri III. La Sorbonne va jusqu'à relever les sujets du serment de fidélité[2] et autorise à prendre les armes contre le tyran (janvier 1589). Et la guerre des pamphlets s'enflamme à nouveau.

Il faut notamment citer les interventions fanatiques de *Jean Boucher*, docteur en théologie de Paris et prieur de Sorbonne, curé de Saint-Benoît. Il publie *De justa abdicatione Henrici Tertii* (1589) au moment même de l'assassinat du roi, et des *Sermons* (publiés en 1594). Il défend les thèses monarchomaques les plus radicales, notamment celles des *Vindiciæ contra tyrannos*. La déposition d'un roi

---

1. Scénario qui rappelle, mais à religions inversées, celui par lequel Guillaume le Taciturne, lui aussi lieutenant général *(stathouder),* dirige les Pays-Bas qui ont récusé leur roi.
2. C'est là, en effet, une mesure religieuse (rappelons que la Sorbonne est la faculté de théologie de l'Université de Paris).

est justifiée dans deux cas, trahison de la religion, et c'est alors le
pape qui en décide, ou trahison de l'État, et c'est alors le « peuple ».
Or les deux chefs d'accusation s'appliquent à Henri III. Boucher
s'oppose également au droit héréditaire absolu de la couronne : c'est
le peuple qui constitue le roi et peut légitimement le déposer. La
puissance et majesté publiques résident « naturellement et originairement » dans les États généraux. Il s'en prend, surtout, à la doctrine
du « droit divin » des rois mise en avant par les juristes absolutistes. Il
raille ces « discoureurs [qui] nous veulent mettre les rois par-dessus
les États comme venant immédiatement de Dieu et n'ayant à satisfaire que Dieu, voire comme étant Dieu en terre et par-dessus toute
loi... regrattant les vieilles friperies de Guillaume d'Occam » (cité par
J. J. Chevallier). Boucher reconnaît par ailleurs, comme les jésuites,
le pouvoir politique indirect du pape sur les rois.

3) L'échec final de la Ligue. Le rejet de l'ultramontanisme

L'assassinat d'Henri III par le moine ligueur Jacques Clément le
1er août 1589 ne va pas empêcher l'échec final de la Ligue. Celle-ci est trop
proche des Espagnols, dont une garnison occupe Paris. Le prestige et la force
militaire d'Henri IV, la faiblesse du duc de Mayenne, nouveau chef de la
Ligue, la présence des étrangers, surtout la conversion du roi au catholicisme
en 1594 vont affaiblir inexorablement le parti ligueur.
D'autant que les auteurs ultramontains qui le défendent, comme Bellarmin
qui, en 1587, proclame les droits du pape sur la couronne de France (cf. supra),
et d'autres contribuent à discréditer la Ligue comme le « parti de l'étranger ».
Les parlements, des auteurs comme Du Belloy, Servin (Vindiciæ secundum liberta-
tem ecclesiæ gallicæ, Tours, 1590), Guy Coquille (Institution du droit français, 1590),
se rebiffent au nom du gallicanisme et prennent le parti d'Henri IV. Mais le
comble de ce rejet de l'ultramontanisme est atteint lorsque le pape lui-même
publie les deux célèbres Bulles de N. S. Père Grégoire XIV, l'une contre toutes personnes ecclésiastiques suivant le parti d'Henri de Bourbon, jadis roi de Navarre. L'autre
aux princes, seigneurs, nobles et autres personnes laïques suivant le même parti. Les
clercs sont suspendus « a divinis », les laïcs subissent l'excommunication
majeure. Le pape, en outre, annonce l'envoi de troupes italiennes et suisses.
Quand le légat du pape veut occuper le siège vacant du roi aux États généraux
convoqués à Paris par Mayenne en 1593, il se heurte à l'opposition véhémente
des parlementaires. Seuls des gens d'Église siègent, et la plus grande partie du
pays n'est pas représentée. Aussi la Satire Ménippée de 1594, ouvrage collectif
écrit par des juristes, Pierre Pithou, Nicolas Rapin, ou des humanistes comme
Jean Passerat, n'a pas de peine à ridiculiser la cause de la Ligue, au nom d'Henri,
roi légitime et français.

En conclusion, on peut dire que l'anti-absolutisme de la Ligue a
trois dimensions : 1) le droit religieux contre le droit du roi

d'imposer sa religion ; ce droit s'affaiblira, par définition, quand Henri IV se convertira au catholicisme ; 2) le principe de la souveraineté populaire, incarnée par les États généraux ; la Ligue put les faire réunir trois fois, mais sans que les États prennent des décisions radicalement anti-monarchiques ; 3) le principe des franchises municipales, c'est-à-dire du droit des communautés territoriales à élire leurs dirigeants et administrateurs ; la Ligue a très bien réussi sur ce plan, puisque pendant quelque neuf ans, elle a tenu des dizaines de villes françaises. Mais elle était en concurrence mortelle à cet égard avec son alliée, la noblesse. Mayenne fut en conflit constant avec les Seize de Paris, exactement comme, au même moment, les nobles protestants comme Condé l'étaient avec les municipalités bourgeoises de La Rochelle et du Midi. Un libelle anti-ligueur de l'époque, le *Manifeste de la France aux Parisiens et à tout le peuple français,* met bien en évidence cet aspect populaire inquiétant du mouvement :

« Car sans doute, et tout le monde y voit clair, vos vrais desseins sont de *vous affranchir en démocratie,* être régis par tribuns et magistrats populaires, usurper une puissance sur toutes les autres villes de la France, exterminer toute la noblesse et vous emparer de tous leurs biens » (cité par Mesnard, p. 384).

Prise de peur, la noblesse finira par se rallier au pouvoir royal (c'est la grande différence avec l'Angleterre, où noblesse et bourgeoisie surent s'unir durablement pour brider les pouvoirs du roi).

La démocratie, décidément, n'avait pas de chance en France. Identifiée au parti des catholiques du Sud après l'avoir été à celui des protestants du Nord, elle était définitivement discréditée comme parti de l'étranger. La propagande absolutiste saura faire vibrer cette fibre « nationaliste » au profit durable de la monarchie absolue.

Chapitre 2

Les idées politiques
des Républiques hollandaises

Les Pays-Bas, dont les provinces septentrionales passent au calvinisme, héritent à leur tour des théories « démocratiques » des protestants allemands, anglo-saxons et français que nous venons de présenter. La révolte des Pays-Bas contre l'Espagne de Philippe II va aboutir à leur indépendance et à la création du premier grand État démocratique de l'Europe moderne, une république marchande d'une puissance économique, militaire et coloniale singulière, disproportionnée à l'étendue de son territoire et au nombre de ses habitants.

Nous présenterons d'abord le cadre historique (I), puis les idées de la révolte elle-même (II), enfin celles des grands théoriciens politiques des deux républiques issues de celle-ci, Grotius (III), Pieter de La Court (IV) et Spinoza (V).

I — LE CADRE HISTORIQUE[1]

1) *L'unité du pays. Le « cercle de Bourgogne »*

Dans le mouvement de création des pays européens au Moyen Âge, les Pays-Bas (Benelux actuel) occupent une place à part. À la suite des partages de Verdun (843) et de Mersen (870), ils sont (à part la Flandre qui échoit à la Francie occidentale, futur royaume

---

1. D'après Christophe De Voogd, *Histoire des Pays-Bas,* Hatier, 1992 ; Martin Van Gelderen (ed.), *The Dutch Revolt,* Cambridge University Press, 1993 ; tous les détails dans Jonathan I. Israel, *The Dutch Republic. Its Rise, Greatness and Fall, 1477-1806,* Oxford, Clarendon Press, 1995, 1 231 p.

de France) situés dans la « Lotharingie ». Mais Henri l'Oiseleur et ses successeurs empereurs romains-germaniques parviennent à en intégrer la plus grande partie dans la Germanie : Henri crée le duché de Basse-Lorraine (dont le duc le plus célèbre sera Godefroi de Bouillon), intégré à l'Empire par Othon Iᵉʳ en 962. Cette intégration à l'Empire limite, à l'est et au nord des Pays-Bas, le morcellement féodal, encouragé au contraire dans les provinces proches de la France. Quand celle-ci commence à être réunifiée par la dynastie capétienne et que l'Empire, au contraire, est définitivement affaibli à la suite de sa lutte avec la papauté, c'est l'inverse qui se produit : la Flandre, le Hainaut deviennent de grandes entités centralisées, cependant que le Nord-Est se morcelle et prend l'habitude de l'autonomie, avec l'évêché d'Utrecht, la Frise, Groningue, la Drenthe et surtout, les comtés de Hollande et de Zélande.

Dès ce moment, on assiste à un développement remarquable des *villes,* dont l'activité commerciale et industrielle est intense. Elles obtiennent des franchises des différents seigneurs séculiers (ducs, comtes) et ecclésiastiques ; elles s'habituent à avoir des gouvernements urbains plus ou moins autonomes, « républicains », dominés par des bourgeois.

Une unité va être donnée à cette mosaïque d'entités politiques par les ambitions des ducs de Bourgogne, cadets des Valois que leurs aînés ont « apanagés » en leur donnant la Bourgogne et qui rêvent de former un État indépendant qui reconstituerait à leur profit le royaume de Lotharingie. Par les moyens les plus divers, dans le style « machiavélique » des Princes de la Renaissance − mariages, héritages, mais aussi corruption[1] et invasions militaires − ils deviennent seigneurs directs ou indirects de l'ensemble du futur « Benelux ». Cette entreprise se déroule aux XIVᵉ et XVᵉ siècles. Le rêve tourne court avec la mort du duc Charles le Téméraire devant Nancy en 1477, mais, à cette date, l'unité est, pour l'essentiel, réalisée. Elle sera complétée par l'héritier Habsbourg du duché, Charles Quint, qui intègre la Gueldre (et récupère l'Overijssel et la Frise) et en outre crée, au sein de l'Empire, en 1548, un « cercle de Bourgogne »[2] comprenant 17 provinces[3].

---

1. Notamment la nomination aux évêchés, comme Utrecht et Liège, de parents ou de créatures des ducs.
2. Comparable aux neuf autres « cercles » créés précédemment pour faciliter le gouvernement de l'Empire : Autriche, Bavière, Souabe, Franconie, Haut-Rhin, Bas-Rhin, Westphalie, Haute-Saxe, Basse-Saxe. Une « Pragmatique Sanction » (loi) de 1549 déclare les Pays-Bas « uns et indivisibles ».
3. Dont ne fait pas partie, naturellement, la « Bourgogne ducale » récupérée par Louis XI à la suite de sa victoire sur le Téméraire. Les 17 provinces du « cercle de Bour-

Les ducs ont voulu cristalliser l'unité de l'État en installant leur cour et leur gouvernement (le « Conseil d'État ») à Bruxelles et en créant dans cette même ville des États généraux où sont représentées toutes les parties composantes des Pays-Bas. Cette centralisation (qui date du XVᵉ siècle) est destinée à faciliter le gouvernement du pays et en particulier le drainage fiscal ; mais elle va se retourner contre les ducs, parce que les États généraux seront utilisés, en même temps et symétriquement, par les provinces, comme une sorte de syndicat antiducal[1]. Les États généraux pratiquent le mandat impératif. Toute décision doit être rapportée aux États locaux avant d'être adoptée par l'assemblée centrale. En fait, ce sont les États locaux qui ont le pouvoir. Les ambitions absolutistes des ducs se heurtent à ce verrou.

Il existe en effet aux Pays-Bas de fortes traditions de franchises locales, liées au caractère marchand des villes. Si les institutions représentatives ont cédé ailleurs sous la poussée de l'État-nation, elles ont subsisté ici : on cite, comme exemples particulièrement représentatifs, mais non isolés, le « Grand Privilège » de 1477[2], ou la « Joyeuse Entrée » de Brabant. Ce dernier texte est une véritable constitution que les ducs doivent jurer en entrant en charge, et qui a été confirmée à maintes reprises.

2) *La montée des griefs*

La situation va changer au milieu du XVIᵉ siècle lorsque apparaissent plusieurs facteurs de friction entre les Pays-Bas et leurs maîtres désormais royaux. Charles Quint, bien qu'il soit originaire de Gand et parle français et néerlandais, s'est décentré sur l'Empire et sur l'Espagne et il est devenu peu à peu un étranger. Un éloignement définitif est accompli avec son fils Philippe II, Espagnol de la Contre-Réforme, catholique intransigeant et quelque peu fanatique, qui ne reviendra d'ailleurs plus jamais aux Pays-Bas après 1559.

Les Pays-Bas ont été fiscalement pressurés, comme toutes les sociétés européennes à cette époque de croissance des grands États, pour financer les guerres de leurs seigneurs et maîtres. Ils pourraient, en tant que chrétiens, se sentir solidaires de celles menées par les Hasbsbourg contre les Turcs (victoire de la Sainte

gogne » sont donc à peu près exactement le Benelux actuel, si ce n'est que celui-ci ne comporte plus les parties de la Flandre et de l'Artois conquises de haute lutte au XVIIᵉ siècle par la France en guerre avec les Espagnols (mais ces fiefs faisaient nominalement partie du royaume de France depuis l'origine).

1. Voir ci-dessous, dans les pages consacrées à Althusius (cf. *infra*, p. 489-499), un écho des conflits récurrents entre les « États » et les princes dans les « cercles » de l'Empire allemand des XVᵉ et XVIᵉ siècles.

2. Accordé aux parties composantes des Pays-Bas par Marie de Bourgogne, fille de Charles le Téméraire, au lendemain de la mort de celui-ci : c'est le prix qu'elle doit payer pour maintenir son pouvoir.

Ligue à Lépante, 1571). Mais celles des ducs de Bourgogne, puis des Habsbourg et de l'Espagne de Philippe II, contre la France, ne sont certes pas les leurs, elles nuisent au contraire directement à leurs intérêts en attirant le fer et le feu sur leur sol et en compromettant gravement leur commerce. D'où les résistances des États généraux aux demandes incessantes de nouveaux impôts, ce qui irrite Philippe II qui décidera de ne plus réunir les États, aggravant encore la querelle.

Mais le grand sujet de discorde est la répression religieuse contre tous les dissidents, d'abord les Anabaptistes[1], puis, dès la fin des années 1550, les calvinistes. Marguerite de Parme, la Gouvernante, et le cardinal Granvelle (un Bourguignon) sont chargés d'appliquer les mesures retenues. La bulle *Super universas* de 1559 autorise le roi à réorganiser les évêchés des Pays-Bas, à y nommer les évêques (or ces créatures du roi deviendront ensuite membres influents des États, ce qui est de nature à déséquilibrer le système antérieur). La répression antiprotestante, d'autre part, utilise les méthodes de l'Inquisition qui choquent les compatriotes, même catholiques, d'Érasme. La justice inquisitoriale outrepasse le *jus de non evocando* par lequel les villes avaient de longue date obtenu de rendre elles-mêmes la justice[2]. L'intransigeance avec l'hérésie nuit enfin aux intérêts des marchands qui entendent avoir des relations commerciales normales avec tout le monde.

3) *Guillaume le Taciturne*

Pour qu'une révolte éclate, il ne manque plus qu'un chef. La noblesse néerlandaise va le trouver en la personne de *Guillaume d'Orange-Nassau*, « Guillaume le Taciturne ».

Âgé de 22 ans lors de l'abdication de Charles Quint, il est le principal seigneur du pays, parce qu'il est marquis d'Anvers, seigneur de Breda et d'autres lieux aux Pays-Bas, ainsi que, à l'extérieur du Cercle de Bourgogne, comte de Nassau et prince d'Orange[3] (il augmentera encore ce domaine par trois mariages successifs). Il est *stadhouder* de Hollande, Zélande et Utrecht[4].

---

1. Même les Anabaptistes de Menno Simons ou « mennonites », bien assagis par comparaison avec les communistes fanatiques qui avaient gouverné la ville de Müntzer (cf. *HIPAMA*, p. 726-728).
2. On voit la similarité du problème avec celui que pose en France la doctrine de la « justice retenue » du roi (cf. *supra*, p. 129-130).
3. La principauté d'Orange ne sera réunie à la France qu'en 1702.
4. Le stadhouder est le « gouverneur » ou « lieutenant général » représentant sur place, dans chaque provinces, le seigneur de celle-ci absent qui, nous l'avons vu, cumule sur sa tête la plupart des titres seigneuriaux des 17 provinces). Guillaume dispose de ces trois stadhoudérats parce qu'il a été nommé par Philippe II. Du fait de sa révolte, il sera démis de ces fonctions par le roi. Mais il les retrouvera lorsqu'elles lui seront confiées par les États de plusieurs provinces, considérant qu'ils disposent de la souveraineté, Philippe ayant été déchu.

Élevé dans la religion protestante, il a été « rééduqué » dès l'âge de 11 ans à la cour catholique de Charles Quint en prévision de ses responsabilités futures. Il reviendra ensuite au protestantisme, successivement luthérien et calviniste. Il lui restera de ces conversions successives une mentalité que l'on a pu comparer à juste titre à celle d'Henri IV (il est un chrétien sincère, mais antifanatique : il aurait été scandalisé par une conversation entendue en 1559 entre Henri II de France et le duc d'Albe, qui parlaient d'exterminer les hérétiques). Il lui en restera aussi un art de la dissimulation qui lui a valu le surnom de « Taciturne » (ce qui veut dire en fait le « Silencieux »). Mais il a surtout une énergie indomptable qui lui permettra de faire face aux pires revers, quand tout semblera perdu pour les révoltés. C'est lui qui aurait prononcé la phrase fameuse : « Il n'est pas nécessaire d'espérer pour entreprendre, ni de réussir pour persévérer. »

La rupture est consommée lorsque Guillaume, chargé d'appliquer les mesures de répression religieuse, s'y refuse.

4) *La révolte*

La guerre des Néerlandais révoltés contre l'Espagne est réputée avoir duré quatre-vingts ans, jusqu'aux traités de Westphalie (1648). En réalité, les événements essentiels se situent entre 1565 et 1590, date à laquelle l'existence et l'indépendance des Provinces-Unies sont assurées. On la découpe traditionnellement en quatre phases, que nous devons nous contenter de caractériser en quelques mots.

— *Première phase (1565-1568).* En 1665, Philippe envoie les « lettres de Ségovie », qui interdisent toute réunion des États généraux et annoncent l'arrivée des troupes du duc d'Albe. Un synode réuni à Anvers en 1566 prend la décision de défendre la religion réformée les armes à la main (c'est là qu'interviennent pour la première fois les théories néo-calvinistes justifiant la révolte). Le duc d'Albe et la redoutable infanterie espagnole des *tercios* se livrent à une terrible répression : un « conseil des troubles » (appelé « conseil du sang ») prononce douze cents condamnations à mort. Orange doit partir en exil dans sa famille en Allemagne. De nombreux textes discutent la question des limites de l'obéissance et de la légitimité du droit de résistance.

— *Deuxième phase (1572-1576).* Les exigences fiscales de l'Espagne, qui doit payer ses guerres contre les Turcs et la guerre aux Pays-Bas mêmes, provoquent une nouvelle révolte, avec l'entrée en scène, pour la première fois, des provinces du Nord, Zélande et Hollande, dont l'économie marchande est touchée de plein fouet. Vingt-quatre villes se soulèvent. Albe réagit de nouveau avec brutalité, exterminant les populations des villes qu'il reprend. Il est cependant arrêté à Alkmaar, puis à Leyde, et ses troupes, impayées, se mutinent. Orange, dont les fonctions de *stadhouder* de Hollande avaient été révoquées par Philippe II en 1567, a été à nouveau proclamé *stadhouder* par les insurgés. Comme le *stadhouder* est le lieutenant général du souverain, c'est le signe que les insurgés ont adopté la thèse de la souveraineté populaire.

— *Troisième phase (1576-1584)*. Malgré la signature d'une sorte de trêve (« Pacification de Gand », 1576), l'unité des Pays-Bas se brise alors. De grands seigneurs du Sud (comme le duc d'Aerschot) sont en désaccord avec Guillaume qui s'est allié *de facto* avec les bourgeois du Nord et a, en ce sens, trahi le camp nobiliaire. Leur crainte est renforcée lorsqu'ont lieu en 1577 des « coups d'État municipaux » calvinistes à Bruxelles, Anvers et Gand : cette dernière ville constitue même une sorte de république calviniste, une « Genève du Nord »[1]. Les Espagnols, représentés par un nouveau gouverneur, Alexandre Farnèse, exploitent habilement ce clivage et parviennent à provoquer la création (6 janvier 1579) de l'*Union d'Arras* entre les provinces du Sud qui affirment leur obédience catholique. À ce défi, les provinces du Nord répliquent quelques jours plus tard (23 janvier) en créant l'*Union d'Utrecht*, qui regroupe la Hollande, la Zélande, Utrecht, la Frise, la Gueldre et les pays autour de Groningue. Paradoxalement, le calvinisme est moins développé à cette date dans ces régions du Nord, mais il y a touché l'élite bourgeoise qui domine les villes et exerce le pouvoir politique, détenu au Sud par les grands seigneurs catholiques.

Cette situation nouvelle de division expose plus que jamais les protestants. Ils font alors appel à la France, où Henri III semble avoir une politique religieuse modérée. Aussi les États généraux, sous l'influence de Guillaume, proposent-ils la souveraineté sur les Pays-Bas au frère cadet d'Henri III, le duc d'Anjou. Mais, pour cela, ils doivent d'abord répudier Philippe II, ce qui est fait solennellement par les États en 1581. Le duc d'Anjou, cependant, catholique et imbu des principes de l'absolutisme, ne s'entend pas avec les Hollandais ; il essaie de s'emparer d'Anvers en 1583, échoue et, pour finir, meurt inopinément (1584). C'est alors que Philippe II, après plusieurs tentatives, parvient à faire assassiner Guillaume à Delft. Tout paraît perdu pour la révolte.

— *Quatrième phase (1585-1588)*. Élisabeth Iʳᵉ d'Angleterre, inquiète des progrès espagnols, envoie alors aux Pays-Bas le comte de Leicester, son favori, avec des troupes (fin 1585). Mais, imbu lui aussi d'idées absolutistes, ce prince entend exercer seul tous les pouvoirs et conteste même la légitimité des États. Il se heurte alors au nouveau « conseiller pensionnaire » des États de Hollande, *Johann van Oldenbarnevelt*, ainsi qu'à *Maurice de Nassau*, fils du Taciturne, et doit finalement regagner l'Angleterre en 1587. Ce conflit, venant après les précédentes tentatives malheureuses, a persuadé les États que tout recours à un prince étranger était un leurre, et qu'il faut désormais que les Pays-Bas se gouvernent eux-mêmes. L'échec de l'*Invincible Armada* envoyée par Philippe II en Angleterre (1588) est alors la grande chance de la révolte des Pays-Bas. En effet, Philippe II, affaibli et appauvri, ne peut plus faire simultanément la guerre aux Pays-Bas et en France ; il choisit de la faire dans ce dernier pays, où il envoie Farnèse qui y mourra en 1592. Le répit dont jouissent alors les rebelles se révélera définitif. Reste pour eux à s'organiser politiquement.

---

1. C'est, au sein du camp calviniste, à peu près le même clivage social et politique que celui que nous avons observé au sein du camp catholique de la Ligue (cf. *supra*, p. 209).

5) La première « République » des Provinces-Unies (1588-1621)

Quel peut être le statut constitutionnel du nouveau pays ? Sa base reste l'Union d'Utrecht de 1579, qui avait créé une confédération de provinces, complétée par un accord personnalisé des États avec Guillaume d'Orange. Une résolution de 1590 déclare que les États généraux sont la « souveraine institution » du pays.

Eux-mêmes sont mandatés par les États des provinces, du moins de celles qui ont pris part à l'Union. Mais cela ne concerne pas les provinces qui ont été acquises à la rébellion après l'Union d'Utrecht, à savoir la Drenthe, la Flandre zélandaise, le Brabant et le Limbourg (région de Maastricht). Ces pays sont sous la seule autorité souveraine des États généraux. Ces « pays de la généralité » sont donc des sortes de colonies de l'intérieur, dont la subordination fait de la « polysynodie » néerlandaise un système de « hiérarchie enchevêtrée » qui aurait fait dresser les cheveux sur la tête de Bodin.

Concrètement, les États généraux sont composés d'une dizaine de membres siégeant en permanence à La Haye. Pour les affaires importantes, il faut un accord unanime des provinces. Mais cet accord n'est pas décidé par les délégués. Ceux-ci doivent demander l'accord exprès des États provinciaux, selon le traditionnel système de « mandat impératif » (sauf pour la Frise).

Les États provinciaux diffèrent notablement entre eux : l'influence nobiliaire est prépondérante en Gueldre, les États d'Utrecht reflètent l'ancienne structure cléricale, les députés de Frise sont élus au suffrage indirect par les propriétaires terriens (sorte de démocratie rurale héritée du Moyen Âge). La Hollande, qui représente 50 % de la population et du budget de l'Union, a voix prépondérante aux États généraux. Or ses propres États provinciaux sont absolument dominés par les villes (18 députés sur 19), dont les municipalités sont désignées par cooptation au sein d'une élite marchande, les régents, composée de 700 personnes environ. C'est donc une oligarchie, où les mêmes familles dominent la scène pendant des décennies[1]. Le président des États de Hollande porte le titre d' « avocat », puis « conseiller pensionnaire » (ou simplement « Pensionnaire »), et c'est lui qui joue le premier rôle aux États généraux eux-mêmes.

En face, les Orange. Maurice est devenu stadhouder d'Utrecht, Gueldre, Overijssel, alors qu'un cousin est stadhouder de Frise. Le pouvoir militaire, terrestre et maritime, appartient donc aux Orange-Nassau[2]. Au début de la période, le couple composé de Maurice et du Pensionnaire Jean d'Oldenbarnevelt fonctionne bien.

---

1. Un peu comme à Venise et, dans une moindre mesure, à Florence.
2. C'est auprès de Maurice que vient se former à l'art de la guerre un jeune gentilhomme français, un certain René Descartes.

Oldenbarnevelt, né en 1547, a fait des études de droit à Bourges, où il a subi l'influence des juristes humanistes de l'école de Cujas[1]. Compagnon du Taciturne dès le début de la révolte, il est devenu Pensionnaire de Rotterdam dès 1570, puis, plus tard, avocat et Pensionnaire des États de Hollande. Il est un « typique représentant de la classe dirigeante plus érasmienne que calviniste » (De Voogt). Notons qu'il prend dans son « cabinet » le jeune *Grotius,* intellectuel de premier plan dont nous aurons à reparler longuement dans la suite.

Cependant, les rapports entre Maurice de Nassau et Oldenbarnevelt, déjà tendus au moment de la conclusion de la « trêve de douze ans », vont se tendre encore et finalement se rompre à l'occasion de la *crise arminienne,* la grande querelle sur la prédestination.

Une controverse s'est en effet élevée entre deux professeurs de l'Université de Leyde, François Gomar (Gomarus) (1563-1641) et Jakob Hermannszoon ou Harmensen (Arminius) (1560-1609). Le premier tient pour l'orthodoxie calviniste, qui pose le principe de la prédestination et écarte tout rôle de la liberté humaine dans le salut ; Arminius tient pour le libre-arbitre de l'homme, que le sacrifice du Christ a rétabli[2].

L'Union d'Utrecht avait été vague sur la question religieuse. Du moins cette discrétion même impliquait-elle une certaine tolérance. Celle-ci leur étant déniée en l'occurrence par les Gomaristes, les Arminiens, minoritaires, présentent des « remontrances » (d'où leur nom de « Remontrants ») aux États de Hollande, qui leur donnent raison. Mais cette position de tolérance apparaît, aux calvinistes orthodoxes, pro-catholique, donc pro-espagnole. Or la situation internationale s'aggrave à nouveau (on approche de la guerre de Trente ans). Maurice de Nassau prend alors parti pour les Gomaristes. Oldenbarnevelt, qui considère que la position prise par les États de Hollande est ainsi défiée, prend la tête du parti adverse. Mais il est arrêté en août 1618 et, ayant été condamné par un tribunal d'exception, exécuté en mai 1619. Un synode réuni à Dordrecht exclut les Remontrants (Grotius, arrêté lui aussi, parvient à fuir en

---

1. Cf. *supra*, p. 171-172.
2. C'est donc une position « érasmienne », mais cela renvoie, plus anciennement, à la « Révolution papale », à la doctrine anselmienne de l'expiation, toute cette refonte intellectuelle qui a eu lieu aux XIe-XIIIe siècles et a eu pour résultat, en dégageant la chrétienté médiévale de l'emprise du pessimisme augustinien, de lui donner un élan eschatologique, juridique et scientifique décisif (cf. *HIPAMA,* p. 615-617 ; cf. aussi notre article, *The Invention of Western Reason, op. cit.*). Il est certain que le retour des luthériens et des calvinistes à l'augustinisme pouvait compromettre cet élan. Il est remarquable que les productions idéologiques les plus fécondes sur le plan politique de l'Europe du temps de la Réforme aient eu pour auteurs non des protestants « purs », mais des protestants férus de droit romain et canonique, d'humanisme (et donc, dans une certaine mesure, de... catholicisme), comme Arminius et Grotius.

France où il écrira l'essentiel de son œuvre). La « fermeté » de Maurice a permis au pays d'échapper à la guerre civile, mais au prix de l'échec d'un certain idéal républicain.

6) La deuxième « République » (1650-1672). Jean de Witt

Une nouvelle expérience républicaine, suivie d'un similaire échec, a lieu quelques années plus tard.

La guerre de Trente ans (1618-1648) atteint les Provinces-Unies. Elles sont, dans la guerre, ennemies de l'Espagne et de l'Empire, mais alliées à la France, au Danemark, à la Suède et aux protestants allemands. La guerre aurait pu être une occasion de réunification du pays, mais les États de Hollande ne sont pas désireux qu'Anvers, dont le port a été étouffé par la fermeture de l'Escaut, reprenne sa place au détriment d'Amsterdam. D'autre part, le pays réunifié l'aurait été sous la poigne de fer du nouveau *stadhouder,* Frédéric-Henri. D'importantes victoires navales étant remportées sur les Espagnols, le parti des régents, satisfait du statu quo en Europe et tourné désormais vers la mer[1], décide de faire la paix, en traitant d'abord avec la France (qu'on laissera s'emparer, si elle le peut, du sud des Pays-Bas espagnols), puis, Frédéric-Henri étant mort en 1648, avec l'Espagne : le roi renonce définitivement à toute souveraineté sur les Provinces-Unies.

Le conflit entre les régents et la famille d'Orange dure toujours. Frédéric-Henri, frère de Maurice qui était mort en 1625, s'est emparé des stadhoudérats de Groningue et de la Drenthe, en plus de ceux qu'il détient déjà. Il est filleul d'Henri IV, petit-fils de Coligny, et il a des tendances monarchiques marquées. Il fait épouser à son fils, qu'il désigne comme successeur comme s'il y avait une hérédité des stadhoudérats, la fille de Charles Ier d'Angleterre, Henriette-Marie Stuart. Il se bâtit des palais royaux jurant avec la modestie des demeures bourgeoises[2]. Cela suscite une réaction des États généraux, qui empêchent Frédéric-Henri d'acquérir le stadhoudérat de Frise et reprennent en main les affaires étrangères. La situation s'aggrave brusquement quand Guillaume II succède à son père en 1648. Mais lui-même meurt en 1650, ne laissant qu'un fils posthume, le futur Guillaume III.

En attendant la majorité de Guillaume, un espace de temps d'une vingtaine d'années s'ouvre pour une nouvelle expérience républicaine. Une véritable réforme constitutionnelle a lieu. On décide que les États généraux pourront nommer eux-mêmes, ou plus exactement soumettre à cooptation, les magistrats jusque-là désignés par le stadhouder. Ainsi une république s'établit-elle, qui durera jusqu'en 1672. Elle est animée par le jeune Pensionnaire, *Jean de Witt,* mathématicien et républicain de doctrine. Elle entretient des liens étroits avec cette

---

1. Les Provinces-Unies sont devenues un grand pays colonial : une expédition a été menée en Indonésie en 1595, et la nouvelle Compagnie des Indes orientales a fondé, en 1619, Batavia (l'actuelle Jakarta).
2. Dont celui encore occupé par la famille royale néerlandaise, la « Maison au Bois ».

république sœur qu'est le *Commonwealth* calviniste de Cromwell. De Witt essaie d'affermir le régime en diminuant l'influence des Orange par une série de mesures, dont l'abolition du stadhoudérat pour la Hollande (« édit perpétuel »). Il est vrai que les milieux populaires et l'armée restent favorables aux Orange, mais il se trouve qu'on a peu besoin de l'armée tant que la paix prévaut (du fait de la fin de la guerre de Trente ans et de la persistance de l'alliance française). Il n'y a de conflit, pendant cette période, que maritime avec l'Angleterre.

Les deux puissances sont en rivalité sur les mers lointaines ; d'autre part, Cromwell n'a pas hésité à édicter en 1651 un « Acte de navigation » qui crée un monopole des navires anglais pour le commerce avec l'Angleterre. Quand les Stuarts sont rétablis (1660), le conflit s'aggrave et a lieu alors une véritable guerre anglo-hollandaise (1665-1667), achevée par un traité qui donne aux Anglais les territoires néerlandais d'Amérique du Nord, dont la Nouvelle Amsterdam, future New York, les Hollandais concentrant alors leurs efforts coloniaux sur le seul Extrême-Orient.

Mais la paix sera finalement compromise sur le Continent même, ce qui sera fatal à la République de Jean de Witt.

Louis XIV a inauguré en 1661 son règne personnel, et il manifeste rapidement son caractère belliqueux. On parle de la « guerre de Quarante ans » pour désigner les hostilités qui commencent en 1672 et durent jusqu'à la fin de la guerre de Succession d'Espagne (traité d'Utrecht, 1713). Dès 1667, la France, gouvernée par le « mercantiliste » Colbert, engage avec les Hollandais une guerre des tarifs douaniers. Mais le grand responsable de la guerre est Louis XIV lui-même, homme de la France absolutiste, militaire, agraire, dirigiste, catholique, qui ne peut comprendre une république marchande calviniste, et se sent personnellement humilié que ces roturiers accumulent tant de richesses, de pouvoirs, de colonies et une marine dépassant de loin la sienne (le contentieux s'aggravera encore après que la Révocation de l'édit de Nantes, en 1685, aura chassé vers les Provinces-Unies un flot de Huguenots français). Louis XIV entreprend d'envahir les Provinces-Unies en 1672 et prend Utrecht.

Dès lors qu'existe sur le pays cette nouvelle menace d'anéantissement, et qu'on se trouve comme ramené un siècle en arrière au temps du duc d'Albe, le système « civil » de De Witt paraît inadapté. Le pays, pour assumer l'effort de guerre, a besoin d'un militaire. Ce sera Guillaume d'Orange, alors parvenu à l'âge d'homme. Une émeute populaire, téléguidée par les orangistes, aboutit à l'assassinat des frères De Witt (Jean et Corneille) le 20 août 1672[1].

---

1. Les grands hommes des républiques démocratiques néerlandaises, Oldenbarnevelt et De Witt, sont donc morts de mort violente, tués non par des étrangers, mais du fait d'une opposition politique interne. Il est vrai que les républicains anglais échoueront eux aussi, comme avait échoué la Ligue. Les principes républicains ne triompheront durablement qu'avec la création des États-Unis.

L' « édit perpétuel » fut aboli, Guillaume III nommé stadhouder, amiral et capitaine général. Il épura aussitôt l'administration. Il eut des succès militaires, s'allia avec Charles II et tous les pays européens effrayés par l'expansionnisme français (Empire, Espagne, Lorraine, Danemark). Étant petit-fils de Charles Ier par sa mère, et ayant épousé Mary, fille du futur Jacques II d'Angleterre, il deviendra roi d'Angleterre en 1688 lorsque Jacques II sera détrôné par la « Glorieuse Révolution »[1]. Même avant cette date, Guillaume sera l'âme de toutes les coalitions européennes contre la France de Louis XIV, les Provinces-Unies étant les banquières de ces coalitions (leur budget est aussi important que celui de la France, alors qu'elles ont deux millions d'habitants, la France plus de vingt). Mais la guerre profitera surtout aux Anglais. On a donc pu dire que c'est en partie aux frais des Hollandais que l'Angleterre est devenue, à partir du XVIIIe siècle, la nouvelle puissance hégémonique de l'Europe.

II — LES IDÉES POLITIQUES DE LA RÉVOLTE NÉERLANDAISE[2]

Quelles étaient les idées politiques des acteurs de la révolte hollandaise et des personnels des deux Républiques ? On a recensé, seulement entre 1555 et 1590, plus de 2 000 publications[3] liées à la révolte ; c'est dire si ce fut l'occasion d'un débat intellectuel intense.

1) L'ancienne liberté

À la fin des années 1560, les publications qui paraissent aux Pays-Bas reprochent au gouvernement de Bruxelles de porter atteinte à la liberté qu'il devrait défendre. Les Néerlandais ont joui de « libertés » depuis des siècles, d'une « ancienne liberté », de « la liberté dont, avec une assiduité exceptionnelle et extrêmement intense, ils ont été de grands amants, défenseurs et avocats », dit par exemple Jacob van Wesembecke. Or il y a un lien étroit entre cette liberté et la prospérité des Pays-Bas — cette idée avait déjà été mise en avant dans les siècles précédents lors des discussions avec le pouvoir central. Un texte en français de 1568, la *Complainte de la désolée terre du Pays-Bas,* dit que « marchandise », « manufacture » et « négociations » sont les sœurs de « liberté », qui est elle-même fille des Pays-Bas (cité par Van Gelderen, p. XIII).

---

1. Cf. *infra*, p. 305-306.
2. D'après Van Gelderen, *op. cit.*
3. À une époque où la « presse » n'existait pas. Ce sont donc des livres et des brochures. Même phénomène en France au même moment (guerres de Religion, Ligue), et au siècle suivant avec la Révolution anglaise.

On soutient que l'ordre politique a pour finalité de défendre la liberté ; ce but est atteint par des moyens tels que des lois fondamentales, des privilèges, droits, libertés et anciennes coutumes, et des institutions telles que les États. Les chartes ont été acquises ou arrachées aux princes impériaux, aux ducs et aux comtes, par les villes, les guildes, les artisans, le clergé et la noblesse. Cela a été fait de plus en plus dans les derniers temps du Moyen Âge et a culminé avec le *Grand privilège* de 1477 et la *Joyeuse Entrée de Brabant* (dont la première version date de 1356). Ces deux textes comportent d'ailleurs une clause de désobéissance, qui prévoit que, si le prince viole les privilèges, les sujets, collectivement, mais même (d'après une clause du Grand Privilège) individuellement, ont le droit de désobéir. Les deux textes prévoient en outre une participation des habitants dans le processus de prise de décision. Le privilège de 1477 établit une décentralisation de l'administration de la justice, un renforcement du pouvoir des provinces sur la politique centrale, ainsi qu'un renforcement du rôle des États généraux. La conception générale de l'ordre politique du pays qui ressort du texte est que le pays est un ensemble de villes-républiques qui s'autogouvernent, et qui sont représentées avec voix délibérative dans l'organe central prenant les décisions dans les affaires d'intérêt commun. Par rapport à cette situation traditionnelle, ce sont donc les prétentions absolutistes des Habsbourg qui sont une choquante et incompréhensible innovation.

2) L'inacceptable destin d'être « réduits en royaume »

Ce sentiment que l'absolutisme est une nouveauté indésirable aura d'autres occasions de s'exprimer. Contraint à l'exil par le duc d'Albe, le Taciturne cherche l'aide des Huguenots français, et aussi des princes protestants allemands. Un proche de Guillaume, *Marnix de Sainte-Aldegonde*, rédige alors une *Défense et vraie déclaration des événements qui ont eu lieu récemment dans le Pays-Bas,* publiée en anglais à Londres en 1571.

Les événements sont présentés comme l'aboutissement d'une entreprise de despotisme commencée plus de cinquante ans plus tôt : on a voulu transformer le pays en un royaume, le « réduire en un seul corps, l'assujettir à une unique forme de lois et de juridiction et l'amener au nom et au titre de royaume ». Les conspirateurs, en tête desquels Granvelle, ont compris qu'ils ne parviendraient à leurs fins que s'ils détruisaient systématiquement les lois fondamentales, institutions et privilèges du pays, à commencer par les États généraux. Or, loin que les États généraux puissent être soumis au prince, la vérité est que « les princes ont de tout temps été sujets régulièrement au pouvoir des Parlements généraux *(general Parliaments),* ont été élus par eux et confirmés par eux, sans le consentement et l'autorité de qui ils ne voudraient jamais rien décréter, et il est manifestement pourvu et établi par les privilèges de Brabant et les coutumes de Flandres qu'ils n'ont jamais autorité de le faire dorénavant » (cité par Van Gelderen, p. XVII). Le texte se réfère à Bartole et Balde, ce qui est une des premières occasions où l'on voit les révoltés situer leur démarche dans un contexte européen et historique élargi. Le texte réfute l'idée que le comportement des révoltés serait illégal : il est justifié par la « clause de désobéissance » de la Joyeuse Entrée de Brabant.

On voit que, dans cette argumentation, la religion n'est pas spécialement mise en avant. Il s'agit essentiellement de préserver les libertés néerlandaises et d'empêcher les conspirateurs de transformer les Pays-Bas en royaume. La résistance à tout absolutisme à la française est consciente et délibérée.

3) *La légitimité des États généraux*

En 1576, les États provinciaux de Flandre, Hainaut et Brabant veulent négocier avec la Hollande et la Zélande pour aboutir à une paix générale qui comporterait à la fois une réconciliation avec le roi, le retrait des troupes espagnoles et un minimum de tolérance religieuse (ce sera la « Pacification de Gand » du 8 novembre 1576). On décide que ce seront les États généraux qui prendront langue dans ce but avec les États des provinces rebelles. Il s'agit donc, pour les partisans de la paix, de magnifier les droits et l'importance des États généraux. C'est ce que fait un texte rédigé entre mars et juillet 1576, *Adresse et Ouverture pour conclure une paix générale, bonne et bénie aux Pays-Bas* (à ce moment, les grands ouvrages des Huguenots français sont déjà parus).

Les Pays-Bas, y lit-on, n'ont jamais été gouvernés sur un mode monarchique, mais « avec droit et justice, selon une politique *civique républicaine* ou *rationnelle* » (cité par Van Gelderen, p. XIX). Dans cette république, le prince n'a jamais été autre chose qu'un « serviteur et un professeur des droits et des lois ». Les États généraux ont été « élus par la généralité tout entière... pour représenter le corps entier », raison pour laquelle ils ont à la fois le droit et le devoir de protéger les droits, la paix et l'unité du pays, contre qui que ce soit qui y porterait tort, y compris le prince. De nouveau, le texte fait une longue liste des chartes médiévales et montre que toutes les institutions politiques du pays ont été érigées pour protéger les droits des parties composantes, à commencer par les villes.

Il est évident, dans ces conditions, que les États généraux ont un droit de résistance. Le texte ajoute que les princes sont « sous la loi » : ils ont été mandatés pour faire respecter les lois existantes de la communauté, dont le bien-être est l'unique raison d'être du gouvernement ; la communauté « n'a pas été créée pour les princes, mais les princes pour la communauté »[1]. Donc, en cas de conflit entre le pays et le prince, il vaut mieux se débarrasser du tyran que « dépouiller, contre le droit et la raison, sa propre patrie et encourir la malédiction de la commmunauté opprimée et la colère de Dieu » (textes cités par Van Gelderen, p. XX). Le traité donnait ainsi une base constitutionnelle claire aux demandes des États de Flandre, Hainaut et Brabant.

4) *La souveraineté populaire*

Au moment de la création des Unions d'Arras et d'Utrecht, qui devait conduire à la division définitive du pays, une ultime tentative de conciliation commence à Cologne en mai 1579 sous les auspices de l'empereur germanique (Rodolphe II). Les envoyés de l'empereur proposent un terrain d'entente : le roi d'Espagne reconnaîtra la Pacification de Gand, les États généraux reconnaîtront l'autorité du roi ; quelques concessions seront faites aux protestants, auxquels seront accordées des places de sûreté en Hollande et Zélande ; mais la prédominance de la religion catholique sera réaffirmée.

Ces propositions suscitent une vive opposition, notamment un opuscule intitulé *Bref discours sur les négociations de paix qui ont lieu en ce moment à Cologne*. Le traité reprend les arguments en faveur du droit de résistance, mais il innove en se référant à cet égard, non aux vieux privilèges, mais à la notion de souveraineté. Il affirme que la souveraineté est détenue par les États, non par le roi. Les États « se sont réservé à eux-mêmes le pouvoir de décider sur toute matière touchant à la souveraineté » (et comme il est dit que les États sont représentatifs du peuple, c'est la thèse de la souveraineté *populaire* qui est clairement affirmée ici). Par suite, les États n'ont pas seulement le droit de résister au prince tyrannique, mais ils ont le droit de le répudier et de le remplacer.

C'est, on le sait, ce qui sera fait en 1581 quand Philippe II sera déchu. D'autres ouvrages justifient alors cet acte insolite. L'un d'eux, le traité de *L'éducation politique* publié anonymement à Malines en 1582, retient l'attention par les références sur lesquelles il s'appuie, qui situent la révolte hollandaise dans le contexte de la meilleure et plus ancienne pensée européenne.

Le traité cite les humanistes antiques, Sénèque et surtout le *De Officiis* de Cicéron, qui montrent que le but du gouvernement est seulement de servir le bien-être et la prospérité de la communauté des sujets, et que le rôle des princes est de faire respecter le droit. Puis Bartole et son *De Tyranno* : le comportement de Philippe II correspond exactement aux critères de la tyrannie énoncés par

---

1. Écho d'une formule de Duplessis-Mornay et Languet dans les *Vindiciæ contra tyrannos*, glosant eux-mêmes Bracton et un thème classique du conciliarisme.

Bartole. Et encore saint Thomas, et les thomistes du siècle, De Soto et l'école de Salamanque : ce qu'ont fait les États généraux, et la manière dont ils l'ont fait, correspond exactement à ce que l'École a prévu en cas de « tyrannie d'exercice ». Le serment de fidélité exigé par les États est conforme à l'idéal républicain et civique de Cicéron, ainsi qu'à l'idéal de concorde civique exposé par Salluste, Tite-Live ou Sénèque.

Un autre traité anonyme paru à la même époque, l'*Avertissement véritable* (Anvers, 1581), se réfère explicitement aux théories des Huguenots français. Comme « Dieu a créé les hommes libres », et qu' « ils ne peuvent être asservis par des gens qui n'ont aucun pouvoir sur eux, si ce n'est celui qu'ils ont eux-mêmes consenti à leur donner », il en résulte que ne sont gouvernants légitimes que ceux qui sont « choisis et installés » par ceux qui représentent le corps de la communauté (textes cités par Skinner, *op. cit.*, p. 337). Donc, si le gouvernant nommé rompt son contrat, les mandants sont délivrés de toute obéissance. C'est ce que dit Guillaume d'Orange lui-même dans l'*Apologie* aux États généraux de décembre 1580, sans doute rédigée sur la base d'un brouillon de Languet et Duplessis-Mornay. Le texte officiel de l'édit des États généraux de juillet 1581 qui répudie Philippe II reprend la même thèse : « Le roi d'Espagne est déchu de sa souveraineté », ceci étant fait « en conformité avec la loi de nature », qui permet de résister au pouvoir d'un tyran.

5) *Les États sont-ils les seuls représentants du peuple souverain ?*

Un épisode de la guerre va permettre de préciser un autre point de doctrine. Ayant été envoyé aux Pays-Bas par Élisabeth Ire pour rétablir la situation militaire des Protestants, le comte de Leicester s'aperçoit bientôt qu'il ne peut agir à sa guise et doit compter avec les États. Lui, ou plutôt son conseiller anglais Thomas Wilkes, auteur d'une *Remontrance* aux États de Hollande en 1587, opposent alors à la légitimité des États un argument déroutant : certes, il est vrai que la souveraineté appartient au peuple (« Faute d'un prince légal, la souveraineté appartient à la communauté »), mais les États ne sont que les « serviteurs, ministres et députés » de cette communauté souveraine. Celle-ci n'a pas aliéné tous ses pouvoirs au profit des seuls États, car « la souveraineté n'est limitée ni en puissance, ni en charge, ni à certain temps »[1]. Donc les décisions des États ne peuvent être réputées être toujours celles de la communauté souveraine. En réalité, c'est le gouverneur général, c'est-à-dire Leicester,

---

1. Ce qui est une citation littérale de Bodin, cf. *supra*, p. 85.

et non les États, qui est « dépositaire ou gardien de la souveraineté jusqu'à ce qu'il plaise au prince ou au peuple de le révoquer... ».

Les États ne pouvaient laisser cet argument sans réponse. La réplique vint du Pensionnaire de Gouda, François Vranck, auteur en 1587 de la *Courte exposition du droit exercé de tout temps par la chevalerie, les nobles et les villes de Hollande et de Frise pour le maintien des libertés, droits, privilèges et louables coutumes du pays.*

Vrank commence par dire que le pouvoir des États, ainsi que leur supériorité sur le prince datent de quelque huit siècles. Les États ne se composent nullement de leurs trente ou quarante membres individuels, mais ils sont les députés de ces deux corps que sont les nobles et les villes, et ils opinent sur « commission » de ces corps. Dire que la souveraineté réside dans les États, cela ne veut donc pas dire, comme le soutient Wilkes, qu'elle aurait été confisquée par les particuliers qui y siègent, mais qu'elle appartient aux corps dont ces particuliers sont les commissaires. Par ces « administrateurs » que sont les députés, c'est bien le peuple qui veut et agit.

Cette controverse touche à un problème crucial, ainsi résumé par Van Gelderen :

« On a souvent soutenu que les grands plaidoyers du XVIe siècle en faveur de la souveraineté populaire, ceux des *Vindiciæ contra tyrannos* ou de Johannes Althusius[1], étaient formulés en référence à une notion corporatiste et "holiste" de la communauté, et ainsi s'inscrivaient dans la continuité de la pensée politique du Moyen Âge tardif. Ainsi le terme "populaire" ne devait pas être compris en référence "à un groupe d'individus indépendants, qui à un moment donné avaient formé un ensemble" , mais plutôt "à la structure sociale permanente par laquelle ils étaient unis" [E. H. Kosmann]. La souveraineté n'appartenait donc pas, conformément à la conception moderne, à "un ensemble quantifiable d'êtres vivants réels", mais à "un réseau d'institutions antiques, de conseils, de parlements, de collèges et d'États, et seulement en second lieu aux individus qui en font partie". Par ailleurs, quand Althusius, ou des auteurs comme Wilkes et Vranck, se référaient à certains collèges tels que les États, en termes d'institutions représentatives, ceci ne "signifiait pas que ces assemblées étaient nommées par le peuple pour donner une expression à la volonté populaire". Bien plutôt, cela signifiait que de telles institutions personnifiaient plus ou moins le peuple, incarnant "le lien social qui unit les hommes en une société" » (Van Gelderen, p. XXX)[2].

Il est clair qu'avec les textes néerlandais que nous venons de mentionner, nous sommes à une phase de transition entre les deux conceptions. Déjà les légistes et les canonistes médiévaux avaient pris

1. Sur Althusius, cf. *infra,* p. 489-499.
2. Certains textes de la révolte néerlandaise témoignent indiscutablement de la prégnance de cette vieille conception médiévale « holiste ». Dans l'*Adresse* de 1576, par exemple, il est dit que les États représentent le « corps entier », et qu'ils font « au nom de ce corps ce que la généralité du corps aurait fait ». C'est la vieille image de la tête et du corps : de même disait-on, au Moyen Âge, que l'évêque parle valablement au nom de l'évêché, l'abbé au nom du couvent, même sans qu'il y ait eu consultation explicite des membres.

conscience de ce que le peuple était simultanément un « tout » et des « individus » séparés, et, en commentant la maxime *Quod omnes tangit...*, ils avaient bien souligné que *chaque* voix individuelle devait compter dans la représentation du tout. Ce point avait surtout été soulevé par les nominalistes comme Guillaume d'Ockham, qui avait dit que « le peuple n'est pas un individu, mais une agrégation d'individus », d'où il s'ensuivait qu'il n'y avait de représentation valable que quand tous les membres de la communauté avaient individuellement participé au choix des représentants[1].

C'est peut-être sous l'influence de la théologie calviniste du « covenant », qui magnifie la responsabilité individuelle de chaque croyant « signataire » du contrat selon Calvin (cf. *supra*, p. 197-200), qu'aux Pays-Bas la *représentation* fut de plus en plus interprétée en termes de *délégation* – même si, là encore, il y eut des transitions : par exemple, pour Vrank, les députés des États sont délégués par des mandants, mais ceux-ci sont eux-mêmes des corps non élus, à savoir la noblesse et les villes. D'autres textes disent bien cependant que les États « représentent le peuple tout entier et tous les habitants du pays », et qu'il est donc « raisonnable » qu'ils « se conforment aux dispositions et désirs des habitants » (textes cités par Van Gelderen, p. XXXI). De toute façon, quand bien même les « corps » de la noblesse et des villes, qui envoient des députés aux États généraux, n'auraient été élus par rien qui ressemble au futur suffrage universel, le gouverneur Leicester l'a été bien moins encore ; il n'y a donc pas de doute qu'il est bien moins représentatif que les États.

Ainsi, la tendance idéologique des écrits de la Révolte est de transformer les États provinciaux et généraux en organes réellement représentatifs et souverains, préfigurant les assemblées démocratiques modernes.

III — GROTIUS[2]

Grotius est le grand penseur juridico-politique de l'époque de la première République hollandaise. Nourri de culture ancienne, il fait

---

1. Cf. *HIPAMA*, p. 709-710.
2. Cf. Peter Haggenmacher, *Grotius et la doctrine de la guerre juste*, PUF, 1983 ; Richard Tuck, « Grotius et Selden », *in* Burns, *op. cit.* Œuvres de Grotius en français : *Le droit de la guerre et de la paix*, traduit par P. Pradier-Fodéré, édité par D. Alland et S. Goyard-Fabre, PUF, coll. « Léviathan », 1999 ; *Le droit de la guerre et de la paix*, traduction [et annotations] de Jean Barbeyrac [1724], *reprint* par le Centre de philosophie politique et juridique, Université de Caen, 1984 ; *Mare liberum. De la liberté des mers* [1609], Centre de philosophie politique et juridique, Université de Caen, 1990.

le pont entre le meilleur de la tradition civilisée de l'Antiquité et du Moyen Âge et la pensée politique moderne. Reprenant et intégrant l'acquis de la Seconde Scolastique, de Vitoria à Suarez, il rétablit également un lien entre l'Europe du Sud et celle du Nord. Il met tous ces acquis civiques et humanistes des différentes traditions européennes au service d'une politique modérée et de certaines idées de liberté intellectuelle et économique qui, transmises aux révolutionnaires anglais (en particulier à Locke), à Pufendorf, Burlamaqui, Barbeyrac et aux protestants français du Refuge, seront un des matériaux de base des doctrines libérales modernes.

Vie

Huigh de Groot (1583-1645) est né à Delft, d'une famille de hauts magistrats de la ville, cette aristocratie bourgeoise des « régents » qui domine la jeune République. Son père est ami d'intellectuels comme Juste Lipse et d'hommes politiques comme Johann van Oldenbarnevelt, le Grand Pensionnaire des États généraux qui est en fait, nous l'avons vu, le Premier ministre (civil) de la première république néerlandaise. Dès l'âge de 11 ans, Grotius étudie à l'Université de Leyde. À 15 ans, il est jugé capable d'accompagner Oldenbarnevelt pour une importante ambassade à Paris auprès d'Henri IV. Puis, devenu avocat, il entre au service direct d'Oldenbarnevelt. Il participe à la propagande du régime (il reçoit mission d'écrire une histoire de la révolte néerlandaise), exerce des fonctions administratives, exécute certaines missions (en Angleterre). Son poste politique le plus élevé sera d'être Pensionnaire de la ville de Rotterdam et membre, en tant que tel, des États de Hollande. Mais, quand Oldenbarnevelt est pris dans la tourmente de la crise arminienne, Grotius (qui ne semble pas lui-même avoir adopté la position arminienne ; il était seulement conciliateur) tombe avec lui. Tandis que son patron est exécuté, lui-même est emprisonné pendant deux ans. Il parvient à s'échapper dans des circonstances romanesques (caché dans une caisse à livres). Il fuit alors en France où il passe dix années fécondes (puisque c'est pendant cette période qu'il écrit son Droit de la guerre et de la paix). Lorsque Richelieu veut se servir de lui contre les Hollandais, il quitte Paris et tente, en 1631-1632, de se faire accepter à nouveau dans son pays natal, mais en vain. Il se rend alors en Suède où il acquiert la nationalité suédoise, puis est employé par le chancelier Oxenstiern (qui gouverne le pays pour le compte de la jeune reine Christine) comme ambassadeur de Suède à Paris, où il passe dix nouvelles années. En 1645, jeté par une tempête sur la côte poméranienne, il y tombe malade et meurt à Rostock.

Œuvres

Parallelon rerumpublicarum [Parallèle des républiques] (1601-1602) (le texte de cette comparaison entre Pays-Bas, Venise, etc., est maintenant perdu) ; Commentarius de jure prædæ [ou De Indis] écrit en 1605 sur commission de la Compagnie des Indes orientales, pour justifier le droit de prise, et resté à l'état de manuscrit jusqu'à une édition moderne en 1864 ; Mare liberum (1609), impression d'un chapitre de ce dernier ouvrage ; De Antiquitate Reipublicæ

Batavicæ [De l'ancienneté de la République des Pays-Bas] (1610) ; *Annales et Histoires* [titres repris de Tacite], œuvre commandée à Grotius en tant qu'historiographe officiel des États de Hollande ; *De Imperio summarum potestatum circa sacra* [Du pouvoir des autorités supérieures en matière sacrée] (1614) ; *Defensio fidei Catholicæ de Satisfactione Christi* [Défense de la théorie orthodoxe du rôle du Christ comme médiateur pour nos péchés][1] (1617) ; *De la vérité de la religion chrétienne*, écrit en hollandais quand Grotius était en prison, publié en 1622 ; une traduction latine, *De Veritate religionis christianæ*, paraîtra en 1627 ; *Introduction au droit hollandais*, écrit en 1620 et publié en 1631 ; puis le grand ouvrage, le *De jure pacis ac belli* [Du droit de la guerre et de la paix] (1625) ; enfin, entre 1638 et 1645, Grotius écrit encore une série d'ouvrages religieux plaidant pour la tolérance et un *Commentaire* détaillé du Décalogue.

1) *Pour un pouvoir civil neutre*[2]

Un même problème se posait à tous les dirigeants européens vers la fin du XVIᵉ siècle : comment empêcher le pluralisme irréductible des conceptions théologiques et morales de déboucher sur la guerre civile ? Juste Lipse, l'ami du père de Grotius, avait trouvé une solution dans le scepticisme[3]. Sur la porte de la maison d'Oldenbarnevelt était écrite la devise : *nil scire tutissima fides,* « ne rien savoir, c'est ce qu'il y a de plus sûr en matière de foi ». Mais cette solution, toute négative, ne pouvait suffire pour Grotius. Il fallait une base positive de vérité pour fonder le droit et la politique. Ce sera le *droit naturel* – à condition de concevoir ce droit de façon indépendante de toute théologie.

2) *L'état de nature*

Dès ses premiers écrits, Grotius remet sur le chantier la grande discussion, entamée dans les écrits des thomistes de la Seconde Scolastique, sur l'état de nature, le contrat social et les pouvoirs exacts de l'autorité politique ainsi établie par les hommes.

---

1. Grotius y attaque le *socinianisme*, doctrine fondée par un protestant italien, Lelio Socini (1525-1562), qui nie la Trinité et la divinité du Christ. Le simple fait que Grotius traite de la « satisfactione Christi » montre sans doute qu'il est peu attiré par la théologie augustinienne et luthérienne qui met l'accent sur la faute de l'homme et minore les effets du rachat de l'humanité par le Christ.
2. D'après Richard Tuck, *op. cit.*
3. Nous avons vu qu'il y avait de longue date une discussion à ce sujet dans les milieux humanistes, de Pic de La Mirandole et Guillaume Postel à Sébastien Castellio, Bodin et Montaigne (cf. *supra*, p. 201, et *infra*, p. 270-275).

Le *De jure prædæ* traite des conflits qui opposent, en Indonésie, les Hollandais aux Portugais et aux Espagnols, notamment sur les problèmes de navigation et sur le droit de prise de navires (beau cas de réflexion sur le « droit naturel » et le « droit des gens » applicables dans des zones sans droit positif). La question concrète sera finalement réglée par des accords bilatéraux, mais le propos de Grotius dans le *De Jure prædæ* a une portée beaucoup plus générale.

Grotius exclut le recours au droit positif, ainsi que l'exégèse directe des textes bibliques, et il dit qu'il faut, comme les anciens juristes, « ramener l'art du gouvernement à la source même de la nature » (cité par Tuck, p. 458). Contestant la division aristotélicienne entre science théorique et pratique, il pense qu'on peut, en droit comme en mathématiques, partir d'axiomes « sur lesquels tous tombent facilement d'accord », puis, à partir de ce « point fixe », déduire de façon logique les conclusions. Il part de neuf « règles » fondamentales et de treize « lois ». Parmi les lois de base, l'idée que la force principale qui dirige les affaires humaines est la *conservation de soi* : « L'amour, dont la force et l'action principales sont orientées vers l'intérêt propre, est le premier principe de tout l'ordre naturel. » D'où l'on peut tirer d'autres propositions de base : « Il sera permis de défendre sa propre vie et de fuir ce qui menace d'être nuisible » et « il sera permis d'acquérir pour soi-même et de garder des choses qui sont utiles à la vie ».

Cependant, il existe un autre principe, selon lequel les hommes éprouvent un certain sentiment de parenté les uns envers les autres. De ce principe, l'on peut tirer les propositions suivantes : « Que personne ne nuise à son semblable » et « Que personne ne s'empare de ce qui est passé en la possession d'un autre ». Ce second groupe de principes ne veut pas dire qu'on ait l'obligation d'aider autrui ; simplement, on ne doit pas lui nuire. Ce n'est qu'au niveau de l'association civile, l'État, qu'il peut exister des devoirs positifs d'entraide.

Du second groupe de principes, il est clair qu'on peut déduire le *droit de propriété*, celui des individus comme celui des collectivités. Certes, nul ne peut décréter à volonté que n'importe quelle partie de la terre lui appartient ; on n'a, sur les biens de la nature, qu'un *quoddam dominium,* un certain genre de propriété. Néanmoins, avec le développement de l'agriculture, il apparaît que nul ne peut jouir de la moisson du champ qu'il a cultivé si la terre de ce champ ne lui appartient pas, ce qui justifie le développement d'un système de conventions de droit positif qui sanctionne cette propriété (c'est ce que développera Locke).

Des principes concernant le droit à la vie et à la propriété, on peut également déduire que l'homme a le droit de se défendre et de récupérer ce qu'on lui a pris, et même de punir celui qui a fait tort à un autre que lui («un tort infligé même à un seul individu les concerne tous... principalement en raison de l'exemple donné»).

Nous avons vu (*supra,* p. 163-164) que c'était là un point flottant de la discussion des scolastiques sur la nature de l'autorité. L'individu, à l'état de nature, a-t-il déjà le *jus gladii,* ou ce droit naît-il avec la communauté politique ? Selon la réponse qu'on donne à cette question, les droits de l'État diffèrent considérablement. Si ce dernier détient un *jus gladii* que les individus ne détenaient pas à l'état de nature, le prince sera *major universis,* sinon, *minor.* Donc dire, comme Grotius, qu'un tel droit existe déjà à l'état de nature, cela revient à opter pour l'idée que le pouvoir coercitif de l'État est délégué ; or s'il l'est, il l'est sous conditions. C'est donc fonder le principe libéral. Grotius, en adoptant cette thèse, prépare la théorie lockéenne de l'État.

Tuck : « Ce que Grotius édifia sur ce fondement fut la demeure commune de ses successeurs. L'idée que la société civile est le produit d'individus concédant des droits ou des ensembles de biens, et que les États ne possèdent aucun droit que ces individus ne possédaient pas, est le présupposé principal de tous les grands théoriciens des XVIIᵉ et XVIIIᵉ siècles » (p. 462)[1].

3) *La querelle arminienne et la question de la tolérance*

Dès lors que Grotius avait pris ces positions sur le droit naturel et sur les limites de l'autorité étatique, il ne pouvait qu'être en désaccord avec la théocratie gomariste qui posait que l'autorité séculière – en l'occurrence les États de Hollande – était fondée à interdire l'expression d'opinions théologiques différentes de celles de l'Église. Grotius travailla sur ces questions pendant presque toute la décennie allant de 1610 (date de la « Remontrance » des Arminiens) à 1619. Il prépara une nouvelle résolution de tolérance adoptée de justesse en 1614 par les États, mais refusée par la ville d'Amsterdam.

La question n'était pas encore explicitement celle de l'indifférentisme de l'État en matière religieuse : elle était de savoir si l'État pouvait se substituer à l'Église pour décider ce qu'on peut ou ne peut pas enseigner. Il s'agissait donc de montrer qu'il n'y a tout simplement pas de pouvoir coercitif de l'Église. Seules les lois de la nature peuvent servir de terrain d'entente. Or seul doit être retenu comme de droit naturel ce qui découle d'une nécessité logique. Donc, s'il est vrai qu'il est « logique » de dire, par exemple, qu'il existe un Dieu et qu'il doit être adoré, il est moins « logique » et moins certain de dire que les Dix

---

1. Observons toutefois qu'en substance, les principes dont part Grotius sont exactement les mêmes que ceux du droit naturel ancien, tels que formulés par exemple par Cicéron (cf. *HIPAMA,* p. 311-313). La rupture avec l'aristotélisme, si rupture il y a, n'est que méthodologique (il adopte une structure de démonstration « mathématique » consistant à partir d'axiomes « évidents » et explicites). Nous aurons à faire plus loin des remarques similaires. La théorie juridique et politique du protestant Grotius est en parfaite continuité avec le civisme antique et – sur ce plan, en tout cas – avec le thomisme et la scolastique ancienne et nouvelle.

Commandements, et en général la loi divine positive, s'imposent en tout temps et à tous les hommes. Donc on ne peut *forcer* des hommes à y croire. Grotius, dans la *Defensio Fidei Catholicæ,* écrit : « Comme en physique, ainsi dans les questions morales quelque chose est appelé "naturel", soit à proprement parler, soit à parler moins proprement. En physique, "naturel" est utilisé au sens propre pour parler de l'essence nécessaire de toutes choses – comme lorsque nous disons qu'une créature vivante doit avoir des sensations. Il est utilisé en un sens moins propre pour parler de quelque chose qui convient et est approprié, comme lorsque nous disons qu'il est naturel pour un homme d'utiliser sa main droite. De même, en matière de morale, ces choses sont naturelles au sens propre qui découlent nécessairement d'un rapport entre ces choses mêmes et une nature rationnelle – ainsi en est-il de l'immoralité du mensonge. D'autres utilisations sont faites en un sens moins propre, comme lorsque nous disons qu'un fils doit succéder à son père » (cité par Tuck, p. 465). Or les questions théologiques débattues dans la querelle entre Arminiens et Gomaristes appartiennent à cette dernière catégorie. L'État n'est donc pas fondé à imposer telle ou telle réponse déterminée à ces questions.

Les implications libérales de cette position étaient évidentes. Elle était en progrès, en particulier, sur les thèses anciennes d'Abélard distinguant « for interne » et « for externe » et réservant l'action juridictionnelle coercitive aux actes extérieurs[1]. Car Abélard n'avait pu certes fonder, sur cette base, un droit d'hérésie ; pour ses contemporains médiévaux, il était évident que les hérésies, dès lors qu'elles paraissaient sur la place publique, troublaient l'ordre social et justifiaient l'action du tribunal ecclésiastique. Alors que ce qui est dit ici par Grotius, c'est qu'il n'existe simplement pas de fondement naturel et universel pour établir les vérités de foi, donc qu'il n'existe pas, pour l'Église, un « domaine réservé » où elle puisse exercer une autorité coercitive par-dessus la tête de l'État qui a en charge de garantir l'ordre social pour tous.

Les questions religieuses se trouvent donc ramenées au statut de n'importe quelle question intellectuelle. Par exemple (suggère Tuck) la médecine : il est bien vrai que l'État n'est pas compétent en médecine et n'est pas en position de dire le vrai et le faux dans cette science ; donc nulle chapelle médicale n'est fondée à lever le bras séculier contre une autre chapelle. En revanche, s'il se pose un problème d'ordre public du fait de l'exercice de la médecine, cela relève du droit de l'État et des tribunaux civils et pénaux, et d'eux seuls. De même, l'Église gomariste ne peut prétendre exercer une coercition sur les théologiens arminiens[2].

---

1. Cf. *HIPAMA,* p. 619-620.
2. Redisons que la question de la tolérance est discutée par un grand nombre de penseurs en ces temps agités, avant et après Grotius, et dans presque tous les pays européens, comme nous le verrons plus loin.

4) « Le Droit de la guerre et de la paix »

L'objet du *De jure pacis et belli,* malgré le titre, n'est pas le seul « droit de la guerre ». Il est d'étudier les droits de la nature et des gens et de montrer en quoi ces droits s'imposent aux autorités politiques comme une norme transcendante. Certes, il est plus facile de le montrer dans les matières où n'existe pas de droit civil déjà installé, c'est-à-dire, précisément, dans les matières internationales, et c'est pourquoi Grotius, comme il le faisait déjà dans le *De jure prædæ,* étudie de préférence celles-ci. Son propos n'en est pas moins de portée générale et touche aux problèmes de base de toute philosophie politique. Dans l'ensemble, dans le *De jure pacis et belli,* Grotius prolonge et confirme les thèses « libérales » du *De Jure prædæ.*

N'oublions pas que ce qui est en jeu dans tout ceci, c'est de trouver un moyen de surmonter les clivages religieux fanatiques dont l'Europe est témoin, acteur et victime depuis près d'un siècle. Il s'agit donc de trouver une base de la vie sociale, du droit et de la politique que tous puissent accepter. Comment faire ? Comme dans *La République* de Platon ou celle de Cicéron[1], il s'agira de réfuter ceux qui disent que seule la force, ou seule l'utilité, mène le monde, et que le droit n'est qu'une illusion sans cesse changeante selon les temps et les lieux, et une folie pour ceux qui y croient puisqu'ils renoncent à leur intérêt naturel, qu'en résumé « la nature ne peut distinguer ce qui est juste et injuste »[2]. C'est faux : « L'affirmation que la nature n'entraîne tout animal que vers sa propre utilité ne doit pas être concédée » (*Le Droit de la guerre et de la paix, Prolégomènes,* § VI), car il y a une nature sociable de l'homme − et Grotius de

---

1. Dont Grotius ne pouvait connaître que les passages recueillis dans Lactance ; nous savons que le texte complet de *La République* de Cicéron n'a été retrouvé qu'en 1820 dans un palimpseste (cf. *HIPAMA,* p. 310). Mais peu importe : Grotius avait intimement compris l'esprit du stoïcisme ancien. Dans *Mare liberum,* il fait preuve, alors qu'il n'a que 22 ans, d'une érudition éblouissante : il cite d'abondance le *Code,* le *Digeste,* Papinien, Paul et Ulpien, la glose d'Accurse et les commentaires des juristes, Bartole, Balde, Alciat, etc., Cicéron presque à chaque page (surtout le *De Officiis*), de nombreux autres historiens et poètes antiques, les Pères de l'Église (saint Ambroise, saint Augustin, Grégoire de Naziance...), saint Thomas et les thomistes modernes, Vitoria, Vasquez, Covarruvias, le droit canonique et ses commentateurs, enfin les théoriciens politiques modernes comme Guichardin ; cette érudition ne pourra évidemment que croître avec l'âge. Grotius connaît le latin, le grec, l'espagnol, le français, et sans doute le suédois. La force intellectuelle, la culture, l'extrême clarté d'exposition de Grotius font songer à celles d'un saint Thomas et dépassent celles d'Érasme.

2. Grotius attribue cette opinion à Horace, mais nous savons qu'elle est déjà celle des sophistes du Ve siècle, et plus particulièrement d'Archélaos le physicien, disciple d'Anaxagore (cf. *HIPAMA,* p. 73).

reprendre toute la théorie aristotélicienne, stoïcienne, cicéronienne, humaniste, de la nature humaine. Déjà les animaux sont sociaux, ils « modèrent leurs instincts égoïstes, soit en faveur de leur progéniture, soit au profit des êtres de leur espèce » (§ VII)[1], déjà les enfants le sont, mais *a fortiori* les hommes adultes, possédant la plénitude de la nature humaine. Cette nature a des traits qui lui sont propres, des traits spécifiquement humains, la parole, attribut social par excellence, et la raison, la « faculté de connaître et d'agir selon des principes généraux »[2].

Il en résulte les premiers principes des droits et devoirs naturels, que Grotius énonce sans la précision illusoire et un peu naïve du *De Jure prædæ* (*neuf* règles, *treize* lois...), mais de manière à la fois plus concise et plus ferme :

> « Le devoir de *s'abstenir du bien d'autrui,* de *restituer* ce qui, sans nous appartenir, est en notre possession, ou le profit que nous en avons retiré, l'obligation de *tenir ses promesses,* celle de *réparer le dommage* causé par sa faute, et la *distribution des châtiments* mérités par les hommes [le "droit de punir" ou *jus gladii*] » (*Prolégomènes,* § VIII)[3].

De ces droits de base se déduisent immédiatement et nécessairement d'autres droits : d'abord la propriété (en tant que distincte de la possession) ; en effet, l'homme, avons-nous dit, est capable de jugement et d'anticipation rationnelle ; il jugera donc que, si un homme ne reconnaît pas à autrui la possession du champ qu'il a travaillé, nul ne sera assuré de jouir de la moisson et il y aura inévitablement conflit. Ensuite la justice distributive, celle qui consiste à répartir des biens en proportion de la sagesse, du lien de parenté, du besoin.

Ensuite encore le *jus gladii*. Ce droit, les hommes le possèdent

---

1. Grotius cite ici des auteurs anciens comme Philon d'Alexandrie et Porphyre, « éthologistes » improvisés, mais fins (et charmants), assurément plus avisés sur ce sujet que le rustre Rousseau (cf. *infra*, p. 807).

2. *Ratio* et *oratio*, disait le Cicéron du *De Officiis*, et ceci correspondait aux deux sens du mot *logos* employé par Panétius, son modèle grec. Dans tous ces passages, Grotius cite d'abondance d'autres auteurs de la tradition stoïcienne et humaniste, Sénèque, Marc-Antoine, le *De Officiis* de saint Ambroise...

3. C'est, à d'infimes nuances près, la même liste des « droits naturels » de base que chez Cicéron (*De Officiis*, I, IV et V, cf. *HIPAMA*, p. 311-312 et 317), chez saint Thomas (*Somme théologique*, II a II ae, qu. 94, a. 2, concl., cf. *HIPAMA*, p. 642), et, plus tard, chez Locke, Hume et les « déclarations des droits de l'homme » américaines et française. Cette liste est acceptée telle quelle par tous les auteurs libéraux ultérieurs jusqu'à Hayek qui, même s'ils ne pensent plus qu'il existe une « nature » fixe comme la concevaient les Anciens ou Grotius et croient plutôt en l'existence d'une « culture » évolutive, conservent l'idée que ces droits ne sont pas artificiels, créés par l'État, et qu'ils ne peuvent être accordés ou refusés discrétionnairement par lui. Ils préexistent à tout droit positif, ils sont connus par la conscience humaine, et ils sont opposables à l'État, ils sont une limite à son pouvoir.

déjà à l'état de nature, puisque la nature leur a donné les forces nécessaires :

> « Parmi les principes naturels primitifs, il n'en est pas un qui soit contraire à la guerre ; bien plus, ils lui sont tous plutôt favorables, car le but de la guerre étant d'assurer la conservation de sa vie et de son corps, de conserver ou d'acquérir des choses utiles à l'existence, ce but est en parfaite harmonie avec les principes premiers de la nature. Que s'il est besoin d'employer la violence en vue de ces résultats, cela n'a rien d'opposé à ces principes primitifs, puisque la nature a doté chaque animal des forces physiques suffisantes pour qu'il puisse se défendre et se procurer ce dont il a besoin » (*Le Droit de la guerre et de la paix,* livre I, chap. II, § 4, éd. Alland et Goyard-Fabre, p. 51) [et Grotius de citer Xénophon, Horace, Lucrèce, Galien, Aristote, Cicéron...].

Certes, ce droit d'utiliser la force pourra et devra être transféré à l'État, soit pour défendre les intérêts des individus à l'intérieur contre les délinquants, soit pour les défendre contre un ennemi extérieur, par une guerre juste. Mais, comme il s'agit d'un droit naturel premier, il ne sera certes pas transféré inconditionnellement, il ne sera jamais aliéné. Un droit de résistance à tout État qui nuirait à la vie ou à la propriété de l'individu subsistera nécessairement.

5) « Droit naturel » et « droit divin volontaire »

Mais Grotius est informé des problèmes soulevés au sujet du droit naturel par les nominalistes médiévaux : la nature est *créée* par Dieu, donc elle résulte de sa volonté, laquelle s'exprime aussi par la loi divine positive, qui doit prévaloir contre des préceptes prétendument tirés de la nature par la seule raison humaine. La raison humaine est, en effet, infirme ; les mystères de la Création et de l'eschatologie la dépassent. N'y a-t-il pas là de quoi ébranler la confiance que Grotius place en un droit naturel donné comme entièrement rationnel et universel, alors que la vraie loi divine n'est accessible qu'à ceux-là seuls qui ont la vraie foi ?

La solution que Grotius donne à ce problème est fort proche de celle que lui donnaient les thomistes de l'École de Salamanque (cf. *supra,* p. 182-183). Les droits énoncés ci-dessus, inhérents à la nature humaine, ne sauraient être contraires à la volonté de Dieu, puisque la nature a été créée par Dieu. En réalité, ils existent « quand même nous accorderions, ce qui ne peut être concédé sans un grand crime, qu'il n'y a pas de Dieu » (*Prolégomènes,* § XI, p. 12). Il faut certes reconnaître « une autre source de droit... celle qui provient de la libre volonté de Dieu » (§ XII) et qui est contenue dans l' « histoire sacrée » (§ XIV). Cependant, la loi ancienne n'a été donnée qu'aux juifs, comme le montre l'expression « Écoute, Israël ». Quant à la loi nouvelle, elle n'a été donnée qu'aux chrétiens, à qui il est plus demandé qu'à l'homme naturel (« une loi si sainte nous impose une pureté supérieure à celle que le droit naturel, réduit à lui-même, exige de nous », *Prolégomènes,* § L, p. 26). Ce qu'elle ajoute à la loi naturelle connue par la raison est seulement une « demande » ou un « conseil », ce n'est pas un commandement à proprement parler. Il existe certes des idées évidentes par elles-mêmes pour la raison naturelle et qu'on n'a pas le droit de nier, comme le fait qu'il y a une divinité et qu'elle prend soin des choses humaines. En revanche, d'autres idées apportées par la foi chrétienne, par exemple

« qu'il n'y a pas plus d'un Dieu ; que Dieu n'est rien de ce que nous voyons, qu'il n'est ni le monde, ni le ciel, ni le soleil, ni l'air ; que le monde n'est pas de toute éternité, ni même sa matière, mais que ces choses ont été faites » (*Le Droit de la guerre et de la paix,* livre II, chap. XX, § XLVI, p. 499)

« ne sont pas également évidentes ». Or on ne peut imposer à l'esprit d'autrui ce qui n'est pas évident pour tous. Il y a encore moins de raisons – Grotius reprend ses idées antérieures – pour imposer par la loi une certaine interprétation des vérités de la foi chrétienne.

« En ce qui concerne les choses habituellement professées par les chrétiens avec rigueur, mais qui sont douteuses ou erronées sur certains points qui ne sont pas exprimés dans l'Écriture sainte ou ne le sont pas si clairement qu'ils ne soient susceptibles d'interprétations diverses... elles sont indubitablement injustes... Mais supposons que l'erreur puisse être plus facilement discernée et qu'elle soit telle qu'on puisse en être facilement convaincu devant des juges équitables à partir de la Sainte Écriture et des opinions concordantes des Pères anciens ; même, dans ce cas, il est nécessaire de prendre en compte la force prépondérante d'une opinion depuis longtemps partagée... De plus, pour déterminer jusqu'à quel point celle-ci est criminelle, il est nécessaire d'être familiarisé avec les degrés de connaissance des hommes et avec les autres dispositions intérieures de l'esprit qu'il est impossible à l'homme de comprendre » (II, XX, L, p. 504-506, cité par Tuck, p. 469-470)[1].

L'unique base possible du consensus politique, tant entre les citoyens qu'entre les nations, sera donc en définitive le seul droit naturel, tel qu'exposé plus haut en ses principes fondamentaux, et tel qu'il est connu par la lumière naturelle. Car ce droit, lui, est sûr et certain, et il est absolument universel.

---

1. En langage moderne: il faut tenir compte de la diversité culturelle des temps et des lieux. Autrui n'est pas un criminel du seul fait qu'il ne partage pas nos « valeurs » et n'a pas les mêmes « catégories mentales » que nous. Il faudra sans doute tenter de le convaincre de ce qui est vrai, mais il faudra prendre tout le temps nécessaire et ne pas violer sa conscience. Ces idées de Grotius se retrouvent dans la théorie de la tolérance de Pierre Bayle (cf. *infra,* p. 414-420).

6) *Un dépassement de l'aristotélisme ?*

Il est vrai que Grotius, s'il s'inscrit ainsi dans la tradition ancienne du droit naturel, paraît s'en démarquer quelque peu sur le plan méthodologique. La manière ancienne de traiter des questions de justice et, plus généralement, de morale repose en effet sur la science du juste milieu, la sagesse, l'intuition, le « syllogisme pratique » qui exclut la certitude mathématique. Or Grotius a l'air de prendre à cet égard le contre-pied d'Aristote, explicitement cité et critiqué (*Prolégomènes*, § XLIII et XLV), puisqu'il s'exclame : « De même que les mathématiciens considèrent les figures abstraites des corps, de même, en traitant des droits, j'ai abstrait mon esprit de tous les faits particuliers. » Des commentateurs ont voulu déduire de cette déclaration de principe que le « droit de la nature et des gens » de Grotius était entièrement différent du droit naturel ancien, que Grotius voulait construire un droit entièrement rationnel, et que, leibnizien avant la lettre, il entendait que la concorde entre citoyens fût obtenue sur le mode même du *calculemus* leibnizien, censé mettre un terme définitif à toute controverse, puisqu'il n'y a qu'une et une seule solution à un problème mathématique bien posé.

L'enjeu de cette question, en dépit de ses apparences techniques, est grand. On peut le résumer ainsi : par quoi le fouillis et l'irrationalité du féodalisme doivent-ils être remplacés ? Par un État qui se réclamera d'une Raison unitaire et qui prétendra l'imposer à tous ? Ou par un État conscient des limites de la connaissance humaine et laissant, en conséquence, à la société civile la liberté de ses pensées et de ses actes ? On sait que la première réponse, faisant fonds sur les pouvoirs illimités de la raison logico-déductive, conduira à ce que Hayek appelle le « constructivisme rationaliste », dont les avatars politiques sont, aux XVIIᵉ et XVIIIᵉ siècles, l'absolutisme et le « despotisme éclairé » et, ultérieurement, le socialisme prétendument « scientifique » ; alors que la seconde débouche sur la démocratie libérale, dont toutes les institutions ont pour raison d'être de transformer le handicap que constituent les limites de la raison individuelle en chance pour la collectivité, rendue capable, par les institutions pluralistes, de faire s'additionner et s'interféconder ces raisons individuelles limitées.

Grotius opte pour la seconde réponse, puisqu'il apparaît, à la lecture du *Droit de la guerre et de la paix* – si l'on veut bien, du moins, pousser cette lecture au-delà des *Prolégomènes* – que son usage de la raison, loin d'être celui d'un « rationalisme » étroit, est celui même de l'herméneutique juridique traditionnelle. Ayant, dans les premières pages de son ouvrage, salué les vertus de rigueur des mathématiques, il procède ensuite, quand il passe aux choses sérieuses et entre concrètement dans la matière des questions juridiques, de la même manière que tous les scolastiques, les juristes et les canonistes de la tradition, à savoir en citant des autorités, des précédents et des faits, et en raisonnant prudentiellement à partir de ces éléments, lesquels ne sont nullement des « idées claires et distinctes » dont on pourrait tirer tout le système du droit uniquement par une déduction logique formelle, comme Spinoza tirera le système de l'éthique d'un petit nombre d'axiomes et de définitions. Quand Grotius dit que

« le droit naturel est une règle que nous suggère la *droite raison* qui nous fait connaître qu'une action, suivant qu'elle est ou non conforme à la nature raisonnable, est entachée de difformité morale ou est moralement nécessaire et que, en conséquence, Dieu, l'auteur de la nature, l'interdit ou l'ordonne » (I, I, § X, p. 38),

il cite en note, comme exemples d'auteurs ayant parlé selon la *droite raison,* non quelque mathématicien moderne, mais Philon d'Alexandrie, Tertullien, Marc Aurèle, Cicéron, saint Jean Chrysostome ; il ajoute qu' « il ne faut pas dédaigner non plus ce que disent Thomas d'Aquin et Scot » *(ibid.).* Il dit ailleurs qu'il partira des « histoires », qui comportent des faits particuliers et des jugements ou opinions, or

« le droit naturel... se prouve en quelque sorte par là, et pour le droit des gens, il n'y a pas d'autre moyen de l'établir » (§ XLVI, n.s.).

Nous sommes loin des définitions et axiomes spinozistes ou hobbesiens et du projet de construire tout le droit *more geometrico.* La manière réelle d'argumenter de Grotius plaide à l'évidence en faveur d'un développement et d'un progrès *continus* de la tradition juridico-politique occidentale et contre l'idée d'une solution de continuité (le « saut épistémologique » qui consisterait à abandonner la référence aux savoirs incorporés de la tradition pour passer subitement à une méthode « moderne », les mathématiques). Grotius, par toute sa culture, ne sent que trop bien ce qu'un tel passage aurait de réducteur. C'est un réformiste, non un révolutionnaire.

7) *La question du régime politique*

La question des limites du pouvoir *de* l'État est entièrement différente, nous le savons, de celle de la disposition des pouvoirs *dans* l'État, c'est-à-dire de la nature des régimes politiques. Aussi Grotius, qui donne à la première question une réponse de type libéral, laisse-t-il ouverte la seconde :

« De même qu'il y a plusieurs genres de vie, les uns meilleurs que les autres, et que chacun est libre de choisir entre tous celui qui lui convient, de même un peuple peut faire le choix de la forme de gouvernement qu'il veut » (I, III, § VIII, p. 99-100).

Le droit naturel autorise toutes ces formes. Un peuple peut donc, s'il le souhaite, confier tous les pouvoirs à un roi et à sa dynastie[1]. Grotius pour sa part, on s'en doute – bien qu'il ait été conduit à vivre en paix avec une monarchie, celle de France, puis à se mettre au service d'une autre, celle de Suède –, accorde ses faveurs à un régime du type de la première république néerlandaise.

Il refuse absolument l'idée de régime « mixte » ; il refuse également la démocratie (et nie que Rome, comme l'avait soutenu Bodin, ait été une démocratie). Il faut que la république néerlandaise soit une *aristocratie,* comme Rome et Venise. D'ailleurs elle l'a toujours été, depuis les « Bataves » de l'époque romaine décrits par Tacite, même si elle a eu des ducs, comtes, princes divers ; car ceux-ci ont toujours été des présidents ou directeurs des oligarques. Il faut que ces oligarques – en l'occurrence ceux des États généraux – soient, non élus, mais cooptés, comme les régents des villes.

Le fait est qu'il y a plusieurs régimes possibles, dès lors que le droit naturel est respecté. En matière de choix de régimes, comme de choix confessionnels, il n'y a pas de vérité unique, dès lors qu'on est d'accord sur les principe de base qui se déduisent de la nature.

Les liens entre les Pays-Bas et l'Angleterre sont fréquents dès la première moitié du XVIIᵉ siècle. John Selden (1584-1654) est un contemporain exact de Grotius, il l'a lu et a polémiqué avec lui (c'est lui qui est l'auteur du traité *Mare clausum* auquel répondit le *Mare liberum* de Grotius). La pensée de Grotius sera connue en Angleterre et influera sur les débats anglais, de Milton à Locke.

IV – PIETER DE LA COURT[2]

Lorsque Jean de Witt organisa une vigoureuse propagande républicaine, il eut pour soutiens idéologiques les frères *Pieter* et *Johan de la Court* et *Spinoza.* Les uns et les autres se réclamaient, du moins à

1. Opinion qui vaudra à Grotius les injures de Rousseau qui le croira l'esclave des « tyrans » ; mais c'est que Rousseau ne distingue pas les deux questions. Rousseau préfère la démocratie non seulement à la monarchie, mais, comme nous le verrons, à la liberté même.
2. Cf. Pieter de La Court, *Considérations sur l'État, ou l'équilibre politique* (extraits), traduction anglaise par le Pʳ Hans W. Blom, de l'Université Erasmus de Rotterdam ; *L'Intérêt véritable et les maximes politiques de la République de Hollande et de Frise occidentale* (extraits), traduction anglaise de 1702, communiquée par le Pʳ Hans W. Blom [ces deux textes sont disponibles en ligne sur le site du Centre de philosophie économique de l'ESCP-EAP (http://www.escp-eap.net/crephe.html)] ; Noel Malcolm, « Hobbes et Spinoza », *in* Burns, *op. cit.*

certains titres, de la tradition cartésienne existant depuis quelques dizaines d'années dans le pays.

Descartes avait en effet longtemps vécu en Hollande et il y avait été très connu. Il s'était créé une école cartésienne dans les Universités d'Utrecht et de Leyde. Henricus Regius et son élève Gerard Wassenaar avaient adopté le mécanicisme cartésien, en rupture avec les idées aristotéliciennes traditionnelles. Tout naturellement, ces cartésiens hollandais se passionnèrent pour Hobbes, qui prolongeait le cartésianisme dans le domaine politique, aussitôt que les œuvres de cet auteur furent connues dans le pays (la seconde édition du *De Cive* y est imprimée en 1647 ; une traduction hollandaise du *Léviathan* paraît en 1667, un recueil des écrits de Hobbes, et la version latine du *Léviathan*, en 1668).

Vie et œuvres

Pieter de La Court (1618-1685) et Johan de La Court (1622-1660) sont les fils d'un commerçant venu de Flandres. Pieter et Johan étudient à Leyde, Pieter étudie ensuite la médecine à Utrecht sous Regius de 1645 à 1648. Puis les frères travaillent dans l'entreprise familiale de commerce de vêtements, tout en participant avec passion aux débats politiques de la jeune République. Les principaux ouvrages parus sous le nom de Pieter de La Court sont : *Considérations sur l'État, ou l'équilibre politique* (5 éditions, chaque fois augmentées, de 1660 à 1662) et *L'Intérêt véritable et les maximes politiques de la République de Hollande et de Frise occidentale* (1662 et 1669). Ils semblent n'être pas entièrement de sa main : les *Considérations* reprendraient la substance d'un manuscrit de Wassenaar, ainsi que de notes de Johan de La Court ; *L'Intérêt de la Hollande* comporterait deux chapitres de la main même de Jean de Witt. Ces textes n'en expriment que mieux l'idéologie commune des milieux dirigeants de la République.

On s'y meut dans l'univers de la psychologie mécaniste hobbesienne. L'homme est guidé par l' « amour de soi » : « L'amour de soi est l'origine de toutes les actions humaines », « la conservation de soi est la loi suprême de tous les individus » (cité par Noël Malcolm, *op. cit.*, p. 497). Cet amour de soi conduit l'homme à porter toujours des jugements partiels en faveur de sa propre cause, ce qui ne peut qu'aboutir à la guerre de tous contre tous, à laquelle l'État, création artificielle des hommes, met un terme.

1) *Les Considérations sur l'État ou l'équilibre politique*

Mais les républicains hollandais se tirent pas de ce raisonnement la même conclusion que Hobbes, à savoir le bien-fondé de la monarchie absolue. Pieter de La Court souligne, en effet, que les dirigeants politiques eux-mêmes ont des intérêts et des passions. Dans les régimes monarchiques et aristocratiques, ils travaillent à satisfaire ceux-ci, et ils ne sont pas incités à s'occuper des intérêts des gens ordinaires, dont ils n'ont même pas connaissance. Ce sont des gouvernements de « force pure » et de « fraude ». Le problème d'accorder les intérêts de tous ne peut être résolu que par un régime républicain. Dans un tel régime, en effet, « tous les citoyens ont leur part dans le gouvernement ». Dans les assemblées de la république[1], « l'intérêt du pays est la loi suprême, que recherchent en commun tous les membres. Il est clair aussi que cette assemblée populaire souveraine ne peut rien décider ou exécuter qui soit contre l'intérêt du pays, sauf par ignorance ».

Il est vrai que les régimes populaires ont de graves défauts. La Court les décrit en détail (il en dénombre 13), retrouvant des thèmes classiques de la tradition politique : manque d'instruction du peuple, hâte et arrogance dans ses manières de juger, fondamentale inconstance et injustice de l'opinion populaire, vulnérabilité du régime aux entreprises des démagogues, tendance à préférer l'impôt direct sur les riches à l'impôt indirect sur la consommation, difficulté à avoir une politique étrangère continue et à prendre de bonnes décisions militaires, contradiction insurmontable entre la nécessité d'établir la démocratie dans une ville unique où tout le peuple peut être assemblé, et celle d'être allié à d'autres villes pour éviter une excessive fragilité stratégique...

Malgré tout, le gouvernement populaire, avec ses défauts, reste le meilleur au sens, tout simplement, où il est le *moins mauvais*. En effet, s'il est vrai qu' « en mathématiques, physique et métaphysique » on peut faire des démonstrations parfaites, en matière morale on ne peut viser que le moindre mal.

« Il est très clair que, dans les affaires politiques, on ne pourrait trouver une seule personne, et encore moins une grande société humaine, qui n'ait pas de défauts ; et que, dans ces conditions, de même qu'on appelle le meilleur celui qui a les défauts les moins graves, nous devons aussi, dans ce monde mauvais, appeler bons tous ces défauts et imperfections d'un gouvernement qui évitent des défauts et imperfections pires. Et donc j'ajoute qu'il est évident que dans toutes les autres formes de gouvernement les habitants sont accablés d'inconvénients bien plus nombreux que dans le cas du gouvernement populaire, et qu'inversement ils ne jouissent, dans aucune autre forme de gouvernement que ce dernier, d'autant de liberté pour faire prévaloir leurs propres intérêts et ceux de leurs familles. Donc le gouvernement populaire doit être appelé le meilleur. »

On trouverait aisément des précédents à cette idée chez les moralistes anciens et modernes (par exemple chez Montaigne, ou chez La Rochefoucauld), et, bien entendu, chez les théologiens

---

1. Les citations suivantes sont tirées des textes communiqués par Blom et sont traduites de la traduction anglaise.

(tous les hommes sont pécheurs), mais ce qui est nouveau, ici, c'est le fait qu'elle soit établie en axiome de base d'une théorie politique générale. La Court annonce même de façon étonnante Mandeville (qui connaîtra sans doute ses théories). Les hommes ne sont pas des anges, mais qui veut faire l'ange fait la bête, et ceux qui se croient meilleurs que les autres et pensent même être des saints sont ceux par qui arrivent aux autres les pires malheurs. La Court attaque ici très précisément (comme les néo-thomistes espagnols) les absolutistes et les fanatiques religieux,

« les zélotes qui ne parlent que se servir la patrie, les Saints Frères qui ont constamment à la bouche les mots de "conscience", "Dieu" et sa "sainte Parole" ; ceux qui ne se contentent pas d'être appelés sages, vertueux, honnêtes et sincères, mais aspirent à être appelés des saints. Mais les hommes ne sont pas des anges, et du saint présomptueux ne sortent ordinairement que des escroqueries. Tous ces Frères délicats apparaîtront à la fin comme étant, au lieu des jeunes anges qu'ils voulaient être, de vieux démons qui auront caché leurs affreuses ruses sous la Conscience, l'honneur de Dieu et le service de la Patrie. Ils auront joué les hypocrites, les uns en prétendant avoir pris pour loi suprême le bien du Pays *(salus populi)*[1], les autres la Conscience et la Parole de Dieu, alors qu'ils trompaient en réalité le simple peuple »[2].

De toute façon, il faut distinguer « peuple » et « foule » *(populus/multitudo)*[3]. La plupart des défauts du gouvernement populaire rappelés ci-dessus sont le fait de la foule inorganisée, des « assemblées illégitimes du commun », ces foules insurrectionnelles qui sont un danger pour tous les régimes, alors qu'on les reproche fort injustement aux seules républiques. Elles n'ont rien à voir avec

« l'assemblée légitime des citoyens, rassemblée en un temps et un lieu prescrits, pour traiter d'affaires annoncées à l'avance et bien définies, et à laquelle assistent des personnes très modérées, bien intentionnées et prudentes, dans le but de promouvoir de toutes les manières possibles le bien-être du pays et de prévenir les mauvaises intentions des méchants en donnant tous les bons conseils nécessaires ».

2) « L'Intérêt de la Hollande »

Au livre I de *L'Intérêt de la Hollande*, La Court établit que « le bien-être des habitants de Hollande est fondé sur la préservation et l'amélioration des pêcheries, des manufactures, du commerce et de

---

1. Allusion à la maxime absolutiste *salus populi lex suprema esto,* « que le salut du peuple soit la loi suprême ».
2. La Court s'en prend donc aux mêmes adversaires que les Seconds Scolastiques : d'une part les absolutistes machiavéliens, d'autre part les fanatiques protestants.
3. Distinction déjà faite par Cicéron, cf. *HIPAMA*, p. 344.

la navigation », ainsi que sur la tolérance de toutes les religions, dont les fidèles doivent pouvoir pratiquer en Hollande leur commerce sans subir de vexations quelconques ni avoir à payer des taxes spéciales. Le droit devra être de nature à favoriser le commerce. Au livre II, il montre que la paix doit être établie avec tous, que la Hollande ne doit pas nouer d'alliances stratégiques qui nuiraient à ses bonnes relations avec ses voisins, que la mer doit être libre et sans pirates. Au livre III, il va rechercher quel régime politique est préférable pour garantir « de tels intérêts » le mieux possible. Il ne lui suffit pas d'avoir déjà dit que le meilleur régime était un « gouvernement républicain libre », il lui faut étayer cette thèse.

La première raison est cette idée répétée presque à chaque page des écrits des républicains : tout gouvernant, quel qu'il soit, recherche d'abord son propre intérêt, y compris au détriment du bonheur public, donc il faut que le régime soit tel que le gouvernant ne puisse satisfaire cet intérêt sans satisfaire en même temps les intérêts du peuple, qui sont, en Hollande, des intérêts économiques.

> « Des deux gouvernements envisagés [république ou monarchie], celui-là sera le meilleur pour la Hollande dans lequel le bien-être ou les désavantages des gouvernants dépendra du bien-être et des désavantages des pêcheries, des manufactures, du commerce et de la navigation, ou sera lié à eux. »

Or en république – à Venise, Gênes, Raguse, Lucques, Milan, Florence... – les magistrats ne peuvent s'enrichir aux dépens du peuple comme le font les Grands, et en outre, en Hollande, la religion réformée a prohibé les monastères et les bénéfices ecclésiastiques. Les gouvernants républicains sont donc obligés de gagner leur vie en faisant des « pêcheries, manufactures, commerce ou navigation », ou en revenant très vite à ces activités après avoir quitté leurs charges.

> « Et de là vient que tous les gouvernants de Hollande ont des parents qui ont vécu par les pêcheries, manufactures, commerce ou navigation, ainsi que leurs enfants après eux ; et que lesdits gouvernants, pour assurer le quotidien de leurs familles, marient leurs enfants à de riches marchands ou aux enfants de ceux-ci. De sorte que de tels gouvernants, si on les considère par leurs parenté ou leurs relations, sont à tous égards *intéressés* par le bien-être ou le mal-être des pêcheries, manufactures, commerce ou navigation de ce pays. »

Comme ils ne restent pas longtemps en charge et qu'il y a parmi eux un renouvellement continuel, les magistrats savent qu'ils ne peuvent garantir à leurs proches et familiers des emplois publics durables. Donc, de par leur intérêt personnel même, ils doivent continuer à participer à la vie économique.

D'où l'intérêt personnel qu'ils ont à ce que leur politique favorise cette vie économique et tout ce qu'elle implique : liberté de religion, liberté des mers, droit d'aller aux colonies, respect des droits civils, justice non corrompue, absence de monopoles, modération des impôts, préférence pour la paix — tous points que Pieter de La Court va analyser en détail.

— *Tolérance religieuse.* Elle est nécessaire pour le commerce. Chacun doit pouvoir s'établir en Hollande et vivre en paix sa religion. Il est vrai que les catholiques posent un problème particulier : ils sont gouvernés, dans leur religion, sur un mode monarchique, aussi risquent-ils, s'ils acquièrent trop de pouvoir, de se montrer intolérants avec les autres sectes. Eh bien, il suffira de se tenir sur ses gardes. Puisqu'ils sont en Hollande une petite minorité, il sera facile de mobiliser contre elle, le cas échéant, 4/5 de la population pour soutenir le gouvernement civil. Plus généralement, il faut combattre la puissance humaine du clergé, qui abuse de la parole de l'Écriture selon laquelle « il faut obéir à Dieu plutôt qu'aux hommes »[1]. Le pouvoir civil doit être le seul à tenir le glaive. Au fond, la clef de cette question est que le clergé partage la commune condition humaine, qui est d'être mû par l'amour de soi et l'ambition. Ni chez les païens ni chez les juifs les prêtres n'ont eu un pouvoir aussi menaçant pour les autorités civiles. Seuls les prêtres chrétiens se sont toujours opposés à la Couronne. Ils n'ont jamais pu s'emparer directement du pouvoir, mais ils ont toujours été en mesure de susciter tumultes et dissensions. Les ministres de la religion réformée ne sont pas des saints, malgré ce qu'ils prétendent, et ils pourraient devenir aussi intolérants et abusifs que les prêtres d'autres pays, comme le prouvent maints épisodes de l'histoire récente de la Hollande.

« Aussi est-il nécessaire que les gouvernants dirigent l'État de telle manière que des prédicateurs fiers et séditieux ne puissent subvertir la République et ruiner la prospérité du pays. Et donc nous pouvons présumer que nos sages et libres dirigeants continueront toujours à autoriser les assemblées religieuses des sectes dissidentes, et même à inviter en Hollande toujours plus de dissidents ; et qu'ils installeront et feront progresser la religion réformée non par obligation mais en traitant de manière douce et modérée leurs bons habitants dissidents, et qu'ils maintiendront de cette manière notre actuel culte public, sans jamais admettre une autorité épiscopale, ou toute autre autorité spirituelle coercitive. »

Non seulement le pouvoir temporel doit être tolérant, mais il doit aller jusqu'à encourager l'installation de sectes dissidentes, puisque cela aboutira à diviser le pouvoir spirituel et facilitera donc sa tâche.

— *Les droits civils.* Parce que ce sera leur intérêt d'avoir une population nombreuse et une économie prospère, les gouvernants

---

1. Pierre devant le Sanhédrin, Ac 5, 29 ; cf. 4, 19-20.

républicains protégeront encore les droits civils ou « droit de bourgeoisie », et ils les accorderont aux étrangers. Ici Pieter de La Court retrouve les accents de Xénophon dans la *République des Athéniens* (cf. *HIPAMA*, p. 186-187), mais en allant plus loin que l'auteur antique. Il prône en effet – les termes qu'il emploie sont singulièrement originaux dans l'Europe du temps – que le pays et les cités de Hollande soient « ouverts », qu'on y trouve « diversité de religions, de nations, de langues et de métiers ». Cette politique d'ouverture et de respect des droits favorisera l'accroissement de la population, créera des opportunités pour les affaires et assurera la prospérité du pays.

— *Les impôts, la justice, les colonies.* Des gouvernants républicains ne peuvent s'enrichir directement par les impôts ; en revanche, ils peuvent souffrir d'une fiscalité excessive puisqu'eux-mêmes ou leurs proches sont marchands. On peut donc raisonnablement escompter la modération fiscale d'une république. De même, des gouvernants républicains feront prévaloir la justice, le respect des propriétés, parce qu'ils y sont eux-mêmes intéressés. Ils encourageront enfin les colonies parce qu'ils pourront y envoyer leurs relations pauvres.

— *La préférence pour la paix.*

« Enfin, il est certain que les gouvernants de la Hollande, et tous leurs sujets qui font du commerce, s'accommoderont bien mieux d'un temps de paix que d'un temps de guerre, parce que alors ils seront respectés et obéis sans opposition. En outre, nos magistrats civils ne peuvent recevoir aucun profit considérable du fait de la guerre, tant terrestre que maritime, mais au contraire ils doivent supporter toutes les nouvelles charges et taxes qui surgissent alors, aussi bien que les autre habitants, et ils ne peuvent s'en exempter comme le faisaient nos anciens dirigeants. »

Au contraire, l'intérêt des « sots » militaires, « qui jugent toujours des choses par le succès », est de faire des séditions, avec l'aide d'une population débauchée, pour obtenir en cas de succès des positions brillantes pour les petits chefs, et la monarchie pour le Capitaine général. C'est là une raison supplémentaire pour que les gouvernements républicains s'abstiennent d'une politique belliqueuse : ils ne voudront pas mettre en selle de tels aventuriers militaires qui leur arracheraient ensuite le pouvoir.

Donc Pieter de La Court a bien prouvé son argument. À tous égards, comme c'est l'*intérêt personnel* même des gouvernants républicains de maintenir une république marchande prospère et pacifique, il est rationnel d'escompter qu'ils agiront dans le sens du maintien de la république, laquelle protège le moins mal possible les *intérêts personnels* de tous les citoyens. La république est donc le meilleur régime.

V — SPINOZA

Vie et œuvres

Baruch Spinoza, fils de commerçants d'origine juive portugaise, naît à Amsterdam en 1632. Exclu en 1656 de la communauté juive d'Amsterdam, il fréquente, à Leyde et à La Haye, les milieux scientifiques, où l'on travaille la physique galiléenne ; lui-même s'intéresse plus particulièrement à l'optique. Il écrit le *Traité théologico-politique* (1670), le *Traité de la réforme de l'entendement* (inachevé), l'*Éthique,* le *Traité politique* (écrit pour soutenir la politique républicaine de Jean de Witt, mais, lui aussi, inachevé), de nombreuses *Lettres*. Il meurt en 1677[1].

On trouve chez Spinoza des idées comparables à celles des frères de La Court. Mais cet auteur pose un problème particulier. Il est républicain en pratique, et « compagnon de route » des républicains hollandais. Mais sa métaphysique supprime toute base ontologique au pluralisme. Ce qui fait que la métaphysique spinoziste pourra être invoquée plus tard en faveur de théories très antilibérales.

1) *Le pluralisme exclu de la métaphysique spinoziste*

Le fonds *antilibéral* de la pensée politique de Spinoza se comprend en référence à l'*Éthique* et à la théorie de la liberté qui y est exposée. Il y a une seule Substance, avec ses deux attributs, pensée et étendue. Tout l'enchaînement causal de ce qui arrive au corps a son parallèle dans les enchaînements de la pensée. Si, par faiblesse, « diminution de sa puissance d'agir », l'homme ne comprend pas « adéquatement », au plan de la pensée, ce qui arrive à son corps, il subit ce qui lui arrive, et cela est la source des *passions*. Au contraire, quand il comprend « adéquatement » ce qui arrive à son corps, il ne peut qu'y adhérer, puisqu'il ne s'agit de rien de moins que la Substance divine. En cet « amour intellectuel de Dieu » consiste la « liberté » de l'être humain.

Ce n'est pas ici le lieu de commenter cette métaphysique, mais on observera qu'en tout cas la liberté créatrice – tant chez l'homme que chez Dieu – n'y a pas de place. D'autre part, si Spinoza se montre sévère, dans le *Traité théologico-politique,* à l'égard des superstitions et de l'imagination, dont les illusions doivent être dissipées par la raison, il ne l'est pas à l'égard de la raison elle-même. Il

---

1. Cf. Spinoza, *Traité théologico-politique, Traité politique,* in *Œuvres,* Garnier-Flammarion (trad. Appuhn).

croit que tout peut être démontré, en matière morale et humaine comme en mathématiques, *more geometrico*. Il ne semble pas avoir eu ce sens *critique* que nous avons rencontré et rencontrerons encore chez les humanistes et les principaux fondateurs de la tradition démocratique et libérale.

La suite du raisonnement est claire. La raison *unit,* puisqu'elle fait converger les esprits vers la Substance unique. Les passions *divisent,* puisqu'elles en font diverger. « Les hommes sont opposés les uns aux autres dans la mesure où ils sont affligés d'émotions qui sont des passions » (*Éthique,* IV, prop. 34), alors que « les hommes sont nécessairement d'accord les uns avec les autres dans la mesure où ils vivent selon les préceptes de la raison » (prop. 35).

La République doit donc éliminer les passions. Bien plus, en toute rigueur, la République devra considérer comme passionnelle toute manifestation de divergence. On ne peut donc certes dire que Spinoza approuve le pluralisme démocratique ou libéral, qu'il y voie un élément de fécondité, encore moins, comme chez son contemporain John Milton, une condition indispensable de la manifestation de la vérité. Le pluralisme est, par soi, un symptôme de « faiblesse ». Il en résulte que l'unité doit prévaloir sur le pluralisme.

« Lorsque je dis que le meilleur État en est un où les hommes vivent harmonieusement ensemble, je veux parler d'une forme de vie... qui est définie avant tout par la raison, la véritable vertu et la vie de l'esprit » (*Traité politique,* V, 5)[1].

Et Spinoza d'annoncer les formules liberticides de Rousseau :

« L'homme est plus libre dans la cité où il vit selon le décret commun que dans la solitude où il n'obéit qu'à lui-même » (*Éthique,* IV, prop. 73).

Or la « raison » ici visée est la raison cartésienne : celle qui réduit le rationnel à ce qui est clair et distinct, à l'évidence. La raison critique, la raison consciente de ses limites, qui seule justifie la démocratie, est exclue. Devant le dilemme qu'affrontait Grotius dès lors qu'il prônait le « droit naturel » – le droit peut-il être connu « mathématiquement » et les questions politiques n'admettent-elles que des solutions uniques, ou bien le droit est-il connu par une raison critique, tenant compte des précédents et de la complexité des faits ? – Spinoza fait le choix opposé à celui de Grotius.

2) *La souveraineté illimitée de l'État*

Pour Spinoza comme pour Hobbes, il n'y a ni morale, ni sens de la justice, ni responsabilité immanents à la nature humaine. Par suite, tant que l'État n'existe pas, tout est permis, chaque être vivant,

---

1. Nous citons la trad. Appuhn.

homme ou animal, a exactement autant de « droits » qu'il a de
« puissance d'agir ». La passion et le vice ont autant de droit, ou aussi
peu, que la raison ou la vertu :

> « Le droit et la règle de nature sous lesquels naissent tous les hommes et sous
> lesquels ils vivent, la plupart du temps, n'interdisent rien sinon ce que nul n'a le
> désir ou le pouvoir de faire : ils ne sont contraires ni aux luttes, ni aux haines, ni
> à la colère, ni à la tromperie, ni à rien absolument de ce que l'appétit conseille »
> (*Traité politique,* II, § 8).

Mais, comme cela conduit nécessairement à la guerre de tous
contre tous, les hommes sont poussés à établir des sociétés politiques
par leur propre « intérêt » (*Traité politique,* II, § 15). En bonne logique,
Spinoza retrouve alors le positivisme moral et juridique hobbesiens.
La justice et l'injustice ne peuvent se concevoir que dans un État,
donc c'est l'État qui décide de ce qui est juste et injuste (cf. *Traité politique,* II, § 19). Si l'individu doit avoir des droits, ce ne seront que
ceux qui lui auront été discrétionnairement conférés par la loi civile :

> « Chaque citoyen ou sujet a d'autant moins de droit que la Cité l'emporte
> sur lui en puissance, et en conséquence chaque citoyen ne peut rien *faire* ni *pos-
> séder* selon le droit civil, que ce qu'il peut revendiquer en vertu d'un décret de la
> Cité » (*Traité politique,* III, § 2).

En particulier, chacun n'aura de propriété que ce que voudra
bien lui en reconnaître l'État :

> « La loi commune décide de ce qui est à l'un et de ce qui est à l'autre »
> (*Traité politique,* II, § 23).

D'une façon générale, ajoute Spinoza,

> « on ne peut en aucune façon concevoir que la règle de la Cité permette à
> chaque citoyen de vivre selon sa propre complexion » (*Traité politique,* III, § 3).

On tombe du « tout est permis », même les pires perversions, de
l'état de nature, au « rien n'est permis » de l'état politique. La raison
en est claire : « Le corps de l'État doit être conduit en quelque sorte
par une seule pensée », et donc tout ce que la Cité décrète être juste et
bon, « chacun doit aussi le décréter tel. *Si donc le sujet juge iniques les
décrets de la Cité, il est néanmoins tenu de s'y soumettre* ». On n'est libre
qu'en suivant la raison, or l'État c'est la raison, donc on sera d'autant
plus libre qu'on sera plus complètement soumis à l'État.

3) *Républicanisme et polysynodie*

On pourrait donc tomber dans la tyrannie de la majorité,
puisque la seule chose contre laquelle l'État ne peut rien, c'est juste-

ment la masse et l'opinion de la masse : « Le droit de la Cité se définit par la puissance commune de la masse » (*Traité politique,* III, § 9).
Spinoza refuse cependant cette conséquence de ses propres principes. Il n'écrira pas la troisième partie du *Traité politique* qui, après les
deux premières consacrées à la monarchie et à l'aristocratie, devait
l'être à la démocratie. On peut penser que s'il n'est pas parvenu à
écrire cette partie, c'est qu'il voyait bien que, ayant réduit le droit à
la « puissance d'agir », il ne pouvait plus empêcher un État où tout le
pouvoir appartient au peuple d'être absolument tyrannique. Aussi se
tourne-t-il dans une autre direction : n'ayant pas limité le pouvoir *de*
l'État, il va diviser le pouvoir *dans* l'État. En d'autres termes, précisément parce que sa métaphysique est antilibérale, ses formules politiques concrètes devront être prorépublicaines.

Il y aura une structure constitutionnelle telle que les pouvoirs se
feront mutuellement équilibre. Toute la science politique consistera
à agencer ces pouvoirs de telle manière qu'aucun d'eux ne puisse
s'étendre aux dépens des autres. Il y aura, comme chez le républicain
anglais Harrington (cf. *infra,* p. 296 sq.), un système d'élections, de
tirages au sort, de mandats brefs et non immédiatement renouvela-
bles, de magistratures collégiales.

En effet, la seule limite au pouvoir du souverain, c'est qu'il ne peut faire ce
qui le détruirait. Car il faut que le peuple craigne le pouvoir, mais il ne faut pas
qu'il soit indigné par lui ou qu'il le méprise ; « Mettre à mort les sujets, les
dépouiller, user de violence contre les vierges, et autres choses semblables, c'est
changer la crainte en indignation et conséquemment l'état civil en état de
guerre » (*Traité politique,* IV, § 4). L'État est donc tenu dans certaines limites,
peu contraignantes en vérité, puisqu'il lui est seulement recommandé de ne pas
être fou ou monstrueux (c'est ce que disait déjà Machiavel, d'ailleurs cité avec
faveur par Spinoza : « le très pénétrant Machiavel », ce « très habile auteur » qui
« a donné des avis très salutaires » [*Traité politique,* V, § 7]).

Ce qui justifie cette *polysynodie,* l'existence de ces nombreuses
assemblées dont les nombreux membres discuteront publiquement
des affaires, c'est que

« l'esprit des hommes est trop obtus pour pouvoir tout pénétrer d'un coup ;
mais en délibérant, en écoutant et en discutant, il s'aiguise, et, à force de tâton-
ner, les hommes finissent par trouver la solution qu'ils cherchaient et qui a
l'approbation de tous, sans que personne s'en fût d'abord avisé » (*Traité politique,*
IX, § 14).

Ainsi est empêchée la tyrannie d'un seul ou de quelques-uns.

« Dans une République telle que celle que nous avons décrite [la République fédérale et sa polysynodie, c'est-à-dire le régime de Jean de Witt], il ne
peut arriver qu'un seul homme ou deux aient un renom si éclatant que tous se
tournent vers lui. Ils auront nécessairement plusieurs émules ayant un certain
nombre de partisans » (X, § 10).

En résumé, seul un mécanisme constitutionnel adéquat, construit par la raison de telle sorte qu'il *force* les dirigeants à être loyaux, pourra avoir pour effet qu'ils le soient ; on ne comptera jamais sur la conscience et la liberté des hommes, mais seulement sur des contraintes mécaniques (cf. *Traité politique*, I, § 6).

« L'État doit être réglé de telle sorte que tous, aussi bien ceux qui gouvernent que ceux qui sont gouvernés, fassent *de bon ou de mauvais gré* ce qui importe au salut commun, c'est-à-dire que tous, de leur volonté ou par force ou par nécessité, soient contraints de vivre selon les préceptes de la raison » (*Traité politique*, VI, § 3).

Bilan ambigu, donc, de la pensée de Spinoza. On peut, en un sens, l'inclure dans la « tradition démocratique et libérale » en raison de sa dimension républicaine et « modérée », naturelle chez ce philosophe jaloux de sa liberté de recherche et redoutant tous les dogmatismes, celui de la Synagogue comme celui des Églises. Mais, en même temps, son positivisme moral et juridique rapproche Spinoza de Machiavel et de Hobbes. Alors que les pensées de ces derniers débouchent sur l'absolutisme proprement dit, Spinoza aura été un des pères de cette variante de l'absolutisme qu'on pourrait appeler « absolutisme démocratique », dont un autre grand représentant sera Jean-Jacques Rousseau.

Les événements de Hollande, premier exemple moderne de création d'une république dépassant le cadre territorial d'une ville, allaient frapper durablement l'Europe. Les principes sur lesquels le nouvel État était fondé – l'anti-absolutisme, la souveraineté du peuple ou du moins de ses élites, un gouvernement d'assemblées, la tolérance, les libertés économiques – allaient avoir d'autant plus de crédit à l'étranger que les Pays-Bas connaissaient une réussite économique et politique exceptionnelle. En outre, ces principes étaient enracinés dans une culture autant humaniste et juridique que calviniste, héritage commun de toute l'Europe occidentale moderne. Tous pouvaient donc s'y reconnaître. Le nouveau pays, riche, pacifique et ouvert, serait le refuge et le point de rencontre de nombreux intellectuels et savants européens, de Descartes à Locke et Bayle.

Le premier pays influencé par le modèle hollandais fut l'Angleterre.

Chapitre 3

Les idées politiques
de la première révolution anglaise

L'Angleterre du XVIIᵉ siècle, qui hérite de toutes les élaborations doctrinales étudiées dans les chapitres précédents, enrichit à son tour la tradition démocratique et libérale de doctrines essentielles : l'idée que « le droit est plus ancien que la législation » et contient une sagesse qu'aucune rationalité de type « cartésien » ne peut remplacer, les notions de *rule of law,* de constitution écrite, de séparation des pouvoirs, de suffrage universel, de responsabilité du gouvernement devant une Assemblée représentative, de périodicité régulière des sessions du Parlement...

Toutes ces idées étant conçues dans le contexte tourmenté des deux révolutions anglaises, il est indispensable d'avoir présents à l'esprit ces événements politiques.

§ 1
Le cadre historique.
La première révolution anglaise[1]

Il convient de remonter au règne d'Élisabeth Iʳᵉ, puisque c'est à cette époque que se constituent les forces politiques qui vont s'affronter pendant le siècle des révolutions anglaises.

1. D'après Roland Marx, *Histoire de la Grande-Bretagne,* Armand Colin, 1980 ; *L'Angleterre des Révolutions,* Armand Colin, 1971 ; Barry Coward, Chris Durston, *The English Revolution,* London, John Murray, 1997. Nous traiterons de la seconde révolution anglaise (1688) au début du chapitre suivant, consacré à Locke.

I — D'ÉLISABETH Ire À CHARLES Ier

1) Le rétablissement du protestantisme sous Élisabeth Ire

Élisabeth a succédé en 1558 à la catholique Marie Tudor qui avait durement persécuté les protestants. Fille d'Ann Boleyn, elle ne serait pas reine sans la rupture qu'Henry VIII a accomplie avec Rome ; il est donc compréhensible qu'elle souhaite revenir au protestantisme. Mais elle est de sentiment religieux modéré et se défie des extrémistes comme John Knox. D'où une politique mesurée qui va conduire, en quelques années, à l'établissement d'une *Église anglicane* solide.

En avril 1559, un *Acte de Suprématie* confirme la reine comme chef spirituel de l'Église, puis un *Acte d'Uniformité* rétablit le *Prayer Book* de 1552 et rend de nouveau obligatoire le serment au souverain. Comme les évêques refusent de prêter serment, on remplace d'un coup tout l'épiscopat. Les nouveaux évêques, dont le chef est Parker, fixent la doctrine à suivre : la *Convocation de Londres* de 1563, ratifiée de nouveau en 1571, établit *XXXIX Articles* qui marquent l'adhésion quasi complète de l'Église d'Angleterre au calvinisme, sauf les apparences extérieures et l'organisation interne (qui reste épiscopale).

Mais tous les Réformés anglais n'acceptent pas la formule élaborée par Élisabeth et ses conseillers.

2) Les Puritains

On appelle « Puritains » ces mécontents. Ils rejettent l'Église anglicane, soit qu'ils la trouvent encore trop ressemblante au catholicisme par les aspects extérieurs (les vêtements sacerdotaux par exemple), soit pour des raisons touchant à la doctrine. Au début, ils ne sont pas organisés, mais ils vont l'être à mesure que, réfugiés en Suisse, en Allemagne, aux Provinces-Unies, ils mûrissent leurs doctrines au contact des mouvements réformés radicaux.

Il y a d'abord les *Presbytériens*[1], dont un des principaux leaders est *Thomas Cartwright*. Ils s'implantent dans les comtés du Sud-Est.

---

1. Rappelons qu'en Écosse, une autre forme de calvinisme, le *presbytérianisme,* avait été établie sous l'influence de Knox (réforme votée par le Parlement écossais en 1560). L'Église écossaise est proche de celle de Genève par le dénuement et l'austérité extérieures, et surtout par l'organisation. Il n'y a pas d'évêques, mais une hiérarchie d'assemblées, depuis le « consistoire » local jusqu'à l'assemblée générale. Le monarque n'y a pas le pouvoir qu'a Élisabeth en Angleterre.

Puis les *Indépendants*, menés par *Robert Browne*, qui, au retour des Pays-Bas, écrit *The Life and Manners of All True Christians*. Il critique les liens entre Église et État et veut que l'Église soit organisée en congrégations locales autonomes (d'où le nom de « congrégationnalisme » parfois donné à ce mouvement).

À partir de 1572, le pouvoir royal réagit vigoureusement. Les universités, les imprimeries sont surveillées. Browne doit s'exiler. Le clergé est épuré par une cour spéciale, la *High Commission* (1585), composée de douze évêques. À la fin du règne, le puritanisme est très affaibli. L'opinion ne soutient pas les Puritains car, s'il est vrai qu'elle est antipapiste, elle est satisfaite dans l'ensemble des solutions doctrinales élaborées et diffusées par l'Église anglicane auxquelles elle reconnaît le mérite d'avoir assuré la paix religieuse. D'autre part, nous sommes à une époque de prospérité et de puissance pour l'Angleterre (1588, défaite de l'*Invincible Armada* espagnole devant les côtes anglaises).

3) *Le Parlement*

Depuis leur avènement en 1485, les Tudors ont fait évoluer la monarchie anglaise dans le sens de l'absolutisme. Tous les pouvoirs sont détenus par le roi (et son Conseil d'une vingtaine de personnes) qui exerce l'autorité gouvernementale, législative (il faut cependant que les arrêts du Conseil ne soient pas contraires aux *statutes* votés par le Parlement) et judiciaire (les membres du Conseil peuvent se réunir en un tribunal spécial, la *Star Chamber*, qui juge arbitrairement les opposants ; nous avons vu qu'il existait d'autres tribunaux d'exception comme la *High Commisssion* ecclésiastique).

Cependant, à la différence de ce qui se passe en France au même moment, le régime ménage le Parlement. Celui-ci est réuni fréquemment (mais pas à intervalles réguliers) depuis 1529. Pendant les quarante-cinq années du règne d'Élisabeth, dix Parlements sont réunis pour treize sessions. Les souverains contrôlent complètement la Chambre des Lords et, en principe, celle des Communes, dont ils nomment le *Speaker* et surveillent de près les élections (avec un succès variable, car de grandes familles aristocratiques font aussi élire des hommes qui leur sont dévoués). Ils peuvent opposer leur *veto* à toute décision des assemblées, dont ils déterminent l'ordre du jour. En tout cas, il y a toujours parmi les orateurs des Communes des hommes totalement dévoués à la Couronne.

Plusieurs raisons expliquent que les Tudors, tout en établissant un régime largement absolutiste, aient ainsi ménagé l'institution parlementaire. Ils ont besoin du Parlement, d'abord, pour assurer leur légitimité. C'est le Parlement qui a décidé des règles de succession qui ont permis l'accès au trône de trois enfants d'Henri VIII dont la légitimité était problématique. D'autre part, dès lors qu'Henri VIII se lançait dans une politique de rupture avec Rome, lui et ses successeurs avaient besoin du Parlement pour faire avaliser les réformes religieuses, les actes successifs de « suprématie » et d' « uniformité ». Enfin, les souverains ne pouvaient sans danger se passer de l'accord du Parlement pour obtenir des moyens fiscaux nouveaux.

4) L'aggravation des conflits entre le roi, le Parlement et les Puritains sous Jacques Ier et Charles Ier

Jacques Ier monte sur le trône en 1603, inaugurant, après celle des Tudors, la dynastie des *Stuarts*[1]. Son fils Charles Ier lui succède en 1625. Parce que tous deux entendent renforcer l'absolutisme, ils se heurtent au Parlement. D'autre part, en tant que chefs de l'Église anglicane, ils entrent également en conflit avec les Puritains. Les deux problèmes vont s'additionner jusqu'à créer un insoluble conflit.

Nous savons que Jacques Ier est un « roi docteur », un intellectuel. En 1599, alors qu'il n'était encore que roi d'Écosse, il avait écrit un traité, *The Trew Law of Free Monarchies*[2], où il affirmait la nécessité d'une source unique d'autorité et la légitimité du droit de vie et de mort du roi sur les sujets. C'est lui encore qui polémique avec les ultramontains comme Suarez pour défendre les thèses absolutistes (cf. *supra*, p. 116-117). Il croit que les rois sont des personnages quasi divins, que les opposants sont des pécheurs. Il dit à son fils Charles de se souvenir que « Dieu a fait [de lui] un petit dieu ». Il s'adresse au Parlement sur un ton paternaliste qui montre bien qu'il se considère comme situé au-dessus de cette institution. Il fait savoir au Parlement, en 1609, que « c'est le fait de sujets séditieux de discuter de ce qu'un roi peut faire dans la plénitude de son autorité : mais des rois justes seront toujours disposés à dire ce qu'ils ont l'intention de faire, s'ils ne veulent pas encourir la malédicton divine. Je serai toujours fort mécontent de voir discuter mon pouvoir : mais je serai toujours prêt à faire apparaître la raison de mes actes » (cité par Marx, p. 124). Jacques Ier prend comme proches conseillers *Salisbury*, puis *Francis Bacon*, partisan de l'absolutisme (le jeune Hobbes sera son secrétaire), puis, après 1615, *Buckingham*.

Son fils Charles Ier est moins original. Il est absolutiste parce que les rois le sont à son époque. Époux d'Henriette de France, sœur de Louis XIII, il est

---

1. C'était le roi d'Écosse, Jacques VI Stuart, fils de Marie Stuart et lointain descendant d'Henri VII. Il héritait de la couronne d'Angleterre parce qu'Élisabeth était morte sans enfant. Cet avènement était le premier pas vers l'union de l'Écosse et de l'Angleterre, qui eut d'abord une union personnelle, jusqu'à ce que l'Acte d'Union de 1707 créât le « Royaume-Uni ».

2. Extraits dans David Wootton, *Divine Right and Democracy, An Anthology of Political Writing in Stuart England,* edited by David Wooton, Penguin Books, 1986, p. 99-109.

influencé par l'absolutisme français, par les idées de Bodin, Loyseau, Guez de Balzac, par l'exemple du gouvernement de Richelieu. Il y est encouragé, dans son propre pays, par ses ministres *Strafford* et *Laud*, et, sur le plan intellectuel, par *Robert Filmer*, auteur de la *Patriarcha* vers 1640, ou par *Thomas Hobbes,* auteur du *De Cive* dès 1640 (même si le *Léviathan* ne paraît qu'en 1651, après la mort du roi).

Les deux premiers Stuarts gouvernent donc avec leur conseil. Ils n'hésitent pas à employer les moyens les plus répressifs contre les divers opposants. Sur le plan fiscal, Jacques Iᵉʳ exige des dons gratuits de ses sujets à trois reprises, et il accorde *privilèges* et *monopoles,* heurtant ainsi les principes de liberté du commerce déjà entrés dans les mœurs[1]. Charles Iᵉʳ ressuscite de vieilles taxes, étend à tout le pays le *ship-money,* impôt qui ne pesait que sur les villes côtières, augmente diverses amendes. Lui aussi accorde privilèges et monopoles[2].

Jacques Iᵉʳ omet de réunir le Parlement entre 1614 et 1621. D'où la constitution progressive de deux camps opposés : d'un côté le roi, l'épiscopat et les universités, de l'autre le Parlement et les Puritains.

Cette lutte se prolonge sous Charles Iᵉʳ, à partir de 1625. Le roi est contraint d'accepter la *Pétition des droits* en 1628 (sous l'influence de Sir Edward Coke, cf. *infra,* p. 264-268). Depuis la Grande Charte *(Magna Carta)* de Jean sans Terre en 1215, c'est le premier texte de type constitutionnel qui vise à garantir les libertés individuelles contre l'arbitraire. La Pétition[3] comporte cinq résolutions : les arrestations arbitraires sont interdites ; tout détenu bénéficie de garanties juridiques ; un détenu irrégulièrement emprisonné doit être immédiatement libéré ; la Couronne doit renoncer à tout emprunt et à

---

1. Il se heurte déjà à cette occasion aux juges de son royaume. Dans l'*affaire des monopoles* de 1603, un tribunal décide que le fait d'accorder des monopoles pour certains types de produits est « *against the common law and the liberty of the subject* ».
2. La pratique du pouvoir royal consistant à octroyer contre argent des monopoles à des particuliers, individus ou corporations, va ainsi se développer, contribuant à créer les conditions de la première révolution anglaise. Aux alentours de l'avènement de Charles Iᵉʳ, vers 1628, cette pratique « atteint des proportions inouïes et revêt de plus en plus souvent le caractère d'une véritable exaction fiscale : des compagnies de commerce, des guildes, des courtisans reçoivent, contre le versement de droits élevés, la suprématie sur un domaine de la production, la fabrication de savon, le transport de charbon, la vente du sel, du vinaigre, l'imprimerie, etc. (on dénombrait quelque 700 monopoles à l'avènement de Charles Iᵉʳ) ; ces monopoles se traduisent à leur tour soit par la ruine des récalcitrants, soit par leur intégration dans les sociétés nouvelles, soit aussi par une simple rente obtenue sur les véritables producteurs ; on conçoit la gêne apportée à l'essor économique, et qu'accentuent souvent des raréfactions artificielles, l'augmentation du coût de la matière première ou du produit semi-fini » (Roland Marx, *L'Angleterre des révolutions,* op. cit., p. 95-96).
3. Texte dans David Wootton, *Divine Right and Democracy,* op. cit., p. 168-171.

toute taxe qui n'auraient pas été approuvés par le Parlement ; la population ne sera plus obligée de loger les gens de guerre.

Mais, se ravisant, Charles Ier fait arrêter en 1629 les principaux responsables de la Pétition. Puis il gouverne pendant onze ans sans convoquer le Parlement, ce que les Anglais appellent la « dictature de onze ans », le *thorough system* ou « système du passer outre », autrement dit la monarchie absolue à la française.

Les Anglais vont résister à cette évolution avec plus de succès que les anti-absolutistes français.

Les circonstances, en effet, ne favorisent pas le camp royal. On ne peut invoquer des dangers extérieurs comparables à ceux du temps d'Élisabeth. La politique extérieure de Charles Ier, plutôt favorable aux puissances catholiques, est de nature à lui aliéner les calvinistes (même si, en 1629, le roi tente, sans succès, d'aider les protestants de La Rochelle). La politique de paix avec l'Espagne enlève aux Anglais des opportunités de développement colonial. D'autre part, de larges fractions de la société anglaise sont lésées par la politique royale de trafic des privilèges. Le mouvement des *enclosures* enrichit certains, mais ruine les autres. L'aggravation de la fiscalité suscite, comme en France, des résistances nobiliaires. Cela fait beaucoup de mécontents. Or ils sont bien représentés au Parlement, d'autant que les Stuarts n'ont pas su perpétuer l'habile politique électorale des Tudors, et le roi est souvent confronté à de vives oppositions parlementaires. Les députés réclament l'*immunité parlementaire,* jamais reconnue par le roi, qui envoie régulièrement à la Tour de Londres – l'équivalent anglais du donjon de Vincennes ou de la Bastille – les opposants les plus bruyants.

Cette opposition politique se nourrit de l'opposition religieuse. Les monarques sont les chefs de l'Église anglicane, qui conserve les pompes extérieures du catholicisme. De plus, avec Charles Ier, cette Église est devenue *arminienne*[1]. Or l'arminianisme, au-delà de ses positions dogmatiques sur la prédestination, reconnaît à nouveau la légitimité des évêques et de certains rites catholiques ; l'on craint une évolution ultérieure vers un « anglo-catholicisme ». Les protestants radicaux vont donc, sous le règne des deux premiers Stuarts, faire sécession de cette Église, et leurs « sectes » vont croître et prospérer. Elles seront particulièrement bien représentées au Parlement.

La première Église *baptiste* anglaise est fondée en 1612 par *Thomas Helwys* (les *General Baptists* croient que la mort du Christ rachète les péchés de tous les hommes, les *Particular Baptists* que seule une minorité est rachetée ; tous demandent la séparation de l'Église et de l'État). Quant aux *Presbytériens* et aux *Indépendants*, ils durcissent leur opposition en réaction à l'évolution du clergé anglican.

De fait, la répression s'aggrave. L'épiscopalisme est imposé en Écosse, berceau du presbytérianisme. La *High Commission* et la *Star*

---

1. Cf. *supra*, p. 220.

Chamber sévissent[1], des Puritains sont condamnés au bûcher ou gravement punis, surtout à partir de l'arrivée à l'archevêché de Cantorbéry, en 1633, du ministre de Jacques Ier, *Laud,* arminien convaincu, ancêtre des « anglo-catholiques ». D'où plusieurs conséquences : l'accroissement du sentiment général de révolte et la fuite de Puritains en terre calviniste (Pays-Bas) ou dans les terres nouvelles des colonies (en 1620, le *Mayflower* quitte Plymouth pour aller fonder une Nouvelle Jérusalem en Amérique)[2]. L'exemple des petites communautés de Nouvelle-Angleterre, qui sont des modèles de liberté religieuse, de constitutionnalisme, de régime de séparation des pouvoirs, sera, en retour, un motif d'encouragement pour les Puritains restés en métropole. Un certain nombre de personnages vont traverser l'Atlantique dans les deux sens, multipliant les interférences.

L'agitation antianglicane, qui va bien plus loin qu'au temps d'Élisabeth, est particulièrement nette dans les milieux des classes moyennes et de la *gentry,* milieux de commerçants et de manufacturiers, gens fiers et habitués à gérer eux-mêmes leurs affaires, qui supportent mal l'autoritarisme du gouvernement. Les régions les plus touchées par le puritanisme sont d'ailleurs les régions de plus grand dynamisme économique.

Un incident peut désormais mettre le feu aux poudres. Il se produit en 1638.

II — LA RÉVOLUTION

À cette date survient en Écosse une révolte des Presbytériens contre l'anglicanisme. Le roi est obligé, cette fois, de convoquer le Parlement afin d'obtenir les impôts nécessaires pour réprimer la révolte. Aussitôt réuni, le 13 avril 1640, ce Parlement commence une fronde qui ne s'achèvera que vingt ans plus tard.

On distingue :

— Le *Court Parlement,* où la plupart des meneurs de 1628 sont réélus. Ce Parlement, pour cette raison, et parce qu'il a acclamé un discours de Pym où il était dit que « le Parlement est au Commonwealth ce que l'âme est au corps », est dissous après trois semaines.

— Le *Long Parlement,* réuni en novembre 1640. Bon nombre des députés du Court Parlement y ont été réélus, cependant que les candidats officiels subis-

---

1. À partir de 1622, la *Star Chamber* peut connaître de tous les actes contraires à l'ordre public, des écrits séditieux ou hérétiques, et elle peut juger les juges et même les jurés dont les décisions ont déplu au pouvoir.

2. Cf. *infra,* p. 368-369.

saient de sévères échecs. De nombreux députés sont presbytériens, indépendants ou baptistes (ce Parlement est appelé « long » parce que, aucune élection légitime n'ayant eu lieu dans l'intervalle, c'est la même assemblée qui sera reconvoquée lors de la Restauration de 1660).

À partir de là se déroule un scénario tragique dont voici les principales étapes :

— Le Parlement supprime les instruments de l'absolutisme, la *Star Chamber*, la *High Commission* et le *Ship Money*. Il fait arrêter les ministres de Charles Iᵉʳ, Strafford (qui est exécuté) et Laud (qui le sera en 1645). Le roi ne peut rien faire.

— En décembre 1641, le Parlement vote une Pétition et une « Grande Remontrance ». Il s'agit d'épurer le clergé et le Conseil, suspectés d'encourager un « parti papiste » et, par ailleurs, d'imposer au roi ses conseillers et ses ministres. Le roi doit prendre comme conseillers et ministres les personnes que lui propose le Parlement (ce principe de *responsabilité du gouvernement devant une Assemblée représentative* était appelé à un grand avenir). Mais le roi refuse et tente de faire arrêter les cinq meneurs qui ont proposé le texte au Parlement, dont Pym. Or le rapport des forces n'est plus en sa faveur. Londres étant dominée par Pym et les milices urbaines, c'est le roi qui doit fuir.

— Commencent alors *sept ans de guerre civile*. Les parlementaires, au début, ne veulent nullement la suppression de la monarchie, mais son rééquilibrage. La guerre entre l'armée royale et l'armée du Parlement – le *New Model*, organisée sur le modèle suédois[1] et dirigée par les généraux *Fairfax* et *Cromwell* – traîne en longueur parce que les deux parties tentent d'ultimes négociations.

Par ailleurs, sur le plan religieux, à la faveur d'un « *solemn League and Covenant* »[2] des antiépiscopaliens d'Angleterre et d'Écosse, le système épiscopalien est aboli, les vêtements et ornements du culte sont supprimés, ainsi que le *Prayer Book*. Une commission spéciale, qui travaille de 1643 à 1648, formule de nouveaux articles de foi étroitement calvinistes. L'Église est organisée sur un principe presbytérien, mais elle reste liée à l'État. Cette réforme ne peut être acceptée par les Indépendants et les membres des sectes issues du brownisme, tel *John Milton*. Or ces derniers Puritains sont nombreux dans l'armée cromwellienne du *New Model*. D'où l'exigence, qui sera finalement satisfaite, qu'on mette fin à l'Église d'État et qu'on accorde la liberté aux sectes. La tolérance ne s'étend pas aux catholiques et, par ailleurs, toutes les sectes ne sont pas autorisées à prêcher (une commission composée de représentants de plusieurs mouve-

---

1. L'armée suédoise avait été entièrement réorganisée par le roi Gustave II Adolphe (1594-1632). Or cette armée avait été le fer de lance du camp protestant lors de la guerre de Trente Ans et avait acquis un grand prestige.
2. Sur le sens théologique de ces expressions, cf. *supra*, p. 197-200.

ments doit examiner tout postulant aux fonctions de pasteur d'une paroisse). Malgré ces restrictions, de nouvelles sectes peuvent se créer, en plus des Presbytériens, des Indépendants et des Baptistes. On voit apparaître ainsi les *Levellers*, dont le principal leader est *John Lilburne* ; les *Diggers* de *Gerard Winstanley* ; les *millénaristes* ou hommes de la *Cinquième Monarchie ;* les *Quakers* de *George Fox* et de *William Penn* (le futur fondateur de la Pennsylvanie). Ainsi le protestantisme anglais s'émiette-t-il. Seule l'Écosse reste fidèle au presbytérianisme.

— Le roi est finalement livré à Cromwell par les Écossais dont il n'a pu payer l'armée. Retenu prisonnier pendant deux ans, au long desquels il tente encore de négocier, il est finalement, à la demande du Conseil des Officiers de l'armée, jugé et, le 30 janvier 1649, exécuté.

Les années de guerre civile ont été propices à l'apparition et à la diffusion d'idées nouvelles, démocratiques et/ou républicaines. La littérature politique est foisonnante en cette période de crise aiguë. Ces idées nouvelles se cristallisent dans la force politique montante, l'armée. Celle-ci instaure un *Conseil général de l'armée,* formé par les généraux et des *agitators* élus par les divers régiments. Le 6 août 1647, alors que l'armée a occupé Londres « pour protéger la liberté du Parlement », ce Conseil publie un manifeste, les *Heads of the Proposals,* qui exige une constitution écrite, la diminution du pouvoir royal, la suppression de la Chambre des lords et, sur le plan religieux, la liberté des sectes. Quelques délégués *Levellers* des régiments prolongent ce texte en octobre par un nouveau manifeste, l' « Accord du peuple », qui demande le suffrage universel et l'égalité civique. Une discussion a lieu à l'église de Putney entre ces délégués et les généraux. Finalement, un *Conseil des officiers* succède au Conseil général de l'armée. Bien que ne reprenant pas les propositions des démocrates, il n'en est pas moins hostile à la monarchie.

À ce moment sont répandus des textes pro-« démocratiques » pourtant anciens, mais peu connus jusque-là en Angleterre : ceux de Huguenots français comme les *Vindiciæ contra tyrannos* de Duplessis-Mornay et Languet, ou les œuvres de George Buchanan (*De jure regni apud Scotos,* 1579). Mais il y a aussi des contributions entièrement nouvelles, comme les pamphlets du *Leveller* John Lilburne et ceux de John Milton et James Harrington, qui sont explicitement républicains. Le succès de ces idées dans l'opinion est mitigé. Mais la force appartient à l'armée, qui épure le Parlement le 6 décembre 1648 (il avait été progressivement privé, de toute façon, dès 1642, de ses éléments les plus royalistes, en particulier les lords temporels et spirituels ; il y avait eu des élections partielles en 1646 et c'est ce « Parlement-Croupion » *(Rump-Parliament)* de 60 membres ayant survécu aux épurations successives qui vote le procès du roi.

— La monarchie et la Chambre des lords sont abolies et le *Commonwealth and Free State* est créé le 19 mai 1649 (on a évité le mot de « République »).

— Suit une période incertaine de 1649 à 1653. Pendant presque quatre ans, un gouvernement civil, émanant de la Chambre, est censé diriger le pays. Mais il est contrôlé par les officiers.

— Finalement, en avril 1653, après avoir expulsé les députés, l'armée de Cromwell prend le pouvoir, nomme elle-même un parlement fantoche (le *Barebone's Parliament,* du nom d'un de ses membres). Une constitution écrite, l'*Instrument de gouvernement,* est établie. Le pouvoir appartiendra à un Lord Protecteur du Commonwealth d'Angleterre, d'Écosse et d'Irlande, à un Conseil de 26 membres, et à un Parlement de 460 députés élus au suffrage censitaire (il faut, pour être électeur, être propriétaire d'un bien foncier ou immobilier d'une valeur d'au moins 2 000 livres).

Olivier Cromwell est nommé Lord Protecteur. Il a alors 54 ans. Il a été député aux Communes depuis 1628. Il est un représentant typique de la *gentry* puritaine. Entre 1649 et 1653, il a réprimé très durement une révolte des Irlandais, puis il a vaincu les derniers partisans écossais de Charles Ier. Sur le plan religieux, c'est un protestant convaincu et même mystique, acquis aux idées millénaristes, néanmoins tolérant, très « puritain » sur le plan des mœurs qu'il essaie de surveiller et de réformer. Il comprend et encourage le commerce, il est partisan d'une politique extérieure vigoureuse. Tout cela lui vaut le soutien d'une majorité du peuple anglais.

Le Parlement issu de la nouvelle constitution se montre peu docile. Il faut l'épurer plusieurs fois.

— Pour obtenir du Protecteur plus de respect de leur institution – plus précisément, un accroissement de l'autonomie de la Chambre et l'instauration d'une régularité (triennale) des sessions – les parlementaires finissent par offrir à Cromwell le titre royal et le droit de désigner son successeur. Pressé par ses officiers, Cromwell doit refuser le titre de roi, mais il accepte le caractère héréditaire de la charge de Lord Protecteur.

— Après la mort d'Olivier Cromwell en 1658, son fils Richard lui succède donc, mais il n'a pas l'autorité de son père et doit céder la place quelques mois plus tard. On assiste alors à la rivalité de deux généraux, *Lambert* et *Monk.* Ce dernier fait finalement rappeler Charles II – le fils de Charles Ier, réfugié en France depuis 1640 – qui fait son entrée à Londres le 29 mai 1660, restaurant la monarchie traditionnelle.

Le volume des pamphlets et des écrits polémiques a été énorme pendant toute la période révolutionnaire, plus grand qu'il ne l'avait été pendant les guerres de Religion en France. L'imprimerie permet d'étendre ces discussions à de larges couches de la population. On a discuté de tout : de la religion, de la morale, de l'État, de la tolérance, de la liberté... Dans cette discussion apparaissent pour la première fois un grand nombre d'idées démocratiques et libérales appelées à devenir classiques dans l'Europe moderne.

Les apports de la Révolution anglaise à l'histoire des idées politiques se structurent en *trois vagues* qui se succèdent chronologiquement et dont chacune est porteuse d'une innovation idéologique importante.

— Sous Jacques Ier et Charles Ier, la résistance parlementaire s'articule autour des idées de *Common law* et d' « ancienne constitution d'Angleterre », d'où l'on conclut à l'idée (« démocratique ») d'un *partage du pouvoir* entre le roi et les assemblées et à l'idée (« libérale ») de *limitation du pouvoir de l'État* par un droit historique situé hors de portée des manipulations de la législation, aussi bien parlementaire que royale (§ 2).

— Pendant la guerre civile (1640-1649), les *sectes indépendantes* et spécialement les *Levellers* énoncent l'idée (« démocratique ») de *suffrage universel* (§ 3).

— Sous Cromwell (1649-1660), les *Républicains* développent les idées (« libérales ») de *rule of law*, de *séparation des pouvoirs* et de *constitution écrite* (§ 4).

§ 2
Common law et « ancienne constitution d'Angleterre »

L'histoire anglaise présente une particularité qui explique que le problème des libertés politiques et du droit civil se pose dans ce pays d'une manière différente de ce qu'on observe sur le Continent.

1) *Normands et Saxons*

L'Angleterre avait été prise en 1066 par Guillaume le Conquérant, puis gouvernée par les successeurs de Guillaume et une caste de barons normands qui furent longtemps ressentis comme des étrangers (ils continuèrent à parler français pendant quelque deux siècles). Ce qui eut deux conséquences :

— Les rois normands furent obligés de laisser subsister le *droit coutumier saxon* et les *tribunaux* qui l'administrait, et ils ne purent jamais imposer, comme sur le Continent, le droit romain avec ses connotations absolutistes. La Couronne n'intervint dans l'élaboration du droit que de manière indirecte, par la jurisprudence de ses tribunaux jugeant en appel des tribunaux coutumiers : ainsi naquit ce qu'on appelle le « droit commun » *(Common law)*[1].

— D'autre part, alors que dans un pays continental comme la France, les Capétiens, rois « autochtones », pouvaient instaurer, surtout à partir du XIIIe siècle, un pouvoir royal de plus en plus puissant et centralisé, les rois d'Angleterre durent toujours compter avec les assemblées de leurs sujets. Après que le roi Jean Sans Terre eut été obligé d'accorder à ses barons en révolte, en 1215, la fameuse Grande Charte *(Magna Carta),* confirmée par ses successeurs, les rois anglais ne purent empêcher que l'assemblée de « parlement », qui en France restait un organe judiciaire soumis au roi, s'emparât d'une partie du pouvoir législatif, fiscal et même politique.

1. Cf. René David, *Le droit anglais,* PUF, coll. « Que sais-je ? », 9e éd., 2001.

Quand le conflit entre le roi et le Parlement éclata au début du
XVIIᵉ siècle, cette particularité de l'histoire anglaise fut rétrospectivement interprétée par les deux camps en présence de façon
diamétralement opposée. Du côté royaliste, on soutint que les souverains anglais détenaient leur pouvoir par *droit de conquête*,
c'est-à-dire inconditionnellement : il était absurde de leur demander
des comptes quant à l'exécution d'un « contrat » entre le roi et ses
sujets qui n'avait jamais été conclu. Dans le camp parlementaire, de
nombreux polémistes, comme sir Edward Coke, rappelaient à tout
moment, au contraire, les *anciennes libertés anglo-saxonnes*. Et la *Magna
Carta* fut présentée rétrospectivement comme l'ancêtre et le symbole
même des documents constitutionnels protégeant les libertés individuelles et les droits du Parlement contre les abus du pouvoir royal.

2) *Sir Edward Coke*

Vie et œuvres[1]

Né en 1552, mort en 1634, Edward Coke fait des études à Cambridge et au
Inner Temple. Il devient avocat en 1578, puis juge, président de la Chambre
des communes et procureur général sous Élisabeth, et, sous Jacques Iᵉʳ, *Chief Justice* des Plaids communs en 1606 et du Banc du Roi en 1613. Il est démis de ses
fonctions en 1616. Il devient député aux Communes dans les années 1620, au
moment de la *Protestation* de 1621 et de la *Pétition des droits* de 1628. Ses manuscrits sont confisqués par Charles Iᵉʳ en 1628. Ils seront remis en circulation par
ordre du Long Parlement. Coke est l'auteur des *Reports* (11 parties, publiées
entre 1600 et 1615) et des *Institutes of the Laws of England* (1628-1644), qui
visent à lier *Common law* et « ancienne constitution ».

Le droit, pour Coke, comporte deux formes : *statutes* (c'est-à-dire
lois posées un jour donné par l'autorité) et *Common law*. Or ce dernier
droit, le plus important et qui concerne à la fois le droit civil et le droit
« constitutionnel », c'est-à-dire les rapports entre pouvoir royal et
Parlement, a une origine coutumière et son ancienneté lui vaut d'être
« prescrit », c'est-à-dire non modifiable, ni par le roi, ni même par le
Parlement, en réalité par aucune *volonté* humaine.

L'idée qu'un droit est créé lorsqu'une règle existe depuis très longtemps
sans avoir été contestée est partie intégrante des doctrines romaine et canonique
de la *coutume* (cf. *HIPAMA*, p. 295 et 611 ; une théorie explicite est élaborée à
ce sujet par saint Thomas d'Aquin, cf. *HIPAMA*, p. 646-647). Les juristes

---

1. D'après Corinne C. Weston, « L'Angleterre : l'ancienne constitution et le droit
commun », *in* James Henderson Burns, *Histoire de la pensée politique moderne, op. cit.* ;
George H. Sabine, Thomas L. Thorson, *A History of Political Theory*, Holt, Rinehart
& Winston, 1973.

anglais praticiens de la *Common law,* en référence ou non à ces doctrines continentales, parlent de création du droit par « prescription ». Par exemple, au
XVe siècle, *Sir Thomas Littleton* dit que certains juristes reconnaissent qu'une
règle est établie selon le droit commun « lorsqu'une coutume, un usage ou autre
chose ont été en vigueur depuis un temps assez long pour que la mémoire des
hommes ne se souvienne pas du contraire » *(a tempore cujus contraria memoria
hominum non existit)* (cité par Corinne C. Weston, p. 342).

Coke développe ce thème. Si la *Common law* et l'ancienne constitution sont opposables à la volonté politique du moment, c'est
qu'elles contiennent une *sagesse supérieure,* elles sont *une incarnation de
la raison elle-même.*

Coke, anticipant certaines théories modernes de l'évolution culturelle, pose
que le droit incorpore un ensemble de connaissances qui sont le fruit de la tradition, c'est-à-dire d'une collectivité d'hommes et de générations qui accumulent
expériences, essais et erreurs, et retiennent, comme à travers un filtre, celles des
règles de comportement qui se sont révélées provoquer le moins de litiges et
servir le mieux la coopération sociale. La tradition remédie ainsi aux limites de
la raison humaine. Les règles de droit sont estimées bonnes, non pas parce que
quelqu'un pourrait donner une explication complète de la manière dont elles
fonctionnent et s'insèrent dans l'ensemble des autres règles en vigueur ; elles
sont estimées bonnes parce que l'on ne garde pas mémoire de blocages de la
coopération sociale qu'elles auraient provoqués. C'est l'expérience des essais et
erreurs, sur une longue suite de générations, qui sélectionne les « bonnes »
règles. Ainsi, la tradition juridique contient un *savoir* qui dépasse tout ce qu'un
esprit individuel pourrait découvrir par sa seule raison, et c'est *épistémologiquement* une folie que de vouloir légiférer par la décision solitaire et arbitraire d'un
homme, cet homme fût-il le roi.

Coke a fait lui-même le récit de la conversation extraordinaire
qu'il eut à ce sujet avec Jacques Ier.

« Alors le roi dit qu'il pensait que la loi était fondée sur la raison, et que lui
et d'autres possédaient la raison aussi bien que les juges. À quoi je répondis qu'il
était vrai que Dieu avait donné à sa Majesté une excellente science et de grands
dons naturels ; mais que *sa Majesté était un amateur* en ce qui concernait les lois
de son royaume d'Angleterre et que les points de droit touchant aux vies, aux
héritages, aux biens ou aux fortunes de ses sujets ne devaient pas être décidés par
la raison naturelle, mais par la raison artificielle[1] et le jugement du droit. Or il

---

1. *Artificial.* On voit que si Coke pense déjà dans le cadre du paradigme de l' « ordre
spontané » que nous étudierons chez des penseurs libéraux ultérieurs (cf. *infra,* chap. 5), il
n'en possède pas encore le concept explicite et le vocabulaire. Pour lui, ce qui est le fruit
de l'histoire et de la tradition n'est pas naturel et ne peut être, par cela même, qu' « artificiel ». Mais, par ce dernier mot, Coke n'entend pas quelque chose de « construit » par une
raison logico-déductive de type cartésien, puisque, précisément, le temps de l'histoire est
indispensable à la constitution de ce savoir juridique. Il faudra attendre le XVIIIe siècle
pour que la notion d' « ordre spontané », ordre qui n'est ni naturel ni artificiel, soit mieux
élucidée.

faut de longues études et de l'expérience pour parvenir à la connaissance du droit. Ce dont le roi fut grandement offensé, disant que si c'était le cas, il serait soumis au droit *(under the law)*, ce que c'était une trahison de prétendre. À quoi je répliquai par ces mots de Bracton[1] : *quod rex non debet esse sub homine, sed sub Deo et lege*[2] » (cité par George H. Sabine and Thomas L. Thorson, *A History of Political Theory,* Holt, Rinehart & Winston, 1973, p. 418).

Common law et ancienne constitution ne seront donc pas manipulables et changeables à volonté par le roi.

« Le roi, dit Coke dans une célèbre décision au sujet de la limitation de la prérogative royale en 1610, ne peut, par aucune prohibition ou proclamation [c'est-à-dire par décret], décider que soit un délit un acte qui n'en était pas un auparavant. »

De même, Coke s'opposa énergiquement aux tentatives du roi de distraire certains procès des tribunaux ordinaires et de les évoquer à lui ou à des commissions spéciales créées par le pouvoir royal (comme la *High Commisssion*).

Mais Coke va plus loin et établit un principe politique que les constitutionnalistes protestants antérieurs, tout occupés à faire valoir les droits des assemblées représentatives envers et contre ceux des monarques, n'avaient pas soupçonné. Il s'oppose, pour les mêmes raisons épistémologiques fondamentales, aux prétentions *du Parlement lui-même* de changer le droit et d'agir comme un corps législatif souverain. La *Common law* et l'ancienne constitution, parce qu'elles sont « prescrites », s'imposent au Parlement autant qu'au roi.

« Il apparaît dans nos livres que dans beaucoup d'affaires la *Common law* prévaut sur les textes votés par le Parlement *(the Common law will control acts of Parliament)* et dans quelques cas même les rend complètement nuls. Car quand un acte du Parlement est opposé à la *Common law* et à la raison, ou incompatible avec elles, ou d'application impossible, la *Common law* prévaudra sur lui et l'entachera de nullité » (cité par Sabine, *op. cit.,* p. 419).

On voit que l'on est aux antipodes de l'idée bodinienne de souveraineté, même appliquée à une assemblée parlementaire. Pour Coke, ce n'est pas le pouvoir du roi qui doit être limité, c'est la souveraineté elle-même, qui que ce soit qui la détienne, et qu'elle soit ou non partagée. C'est l'inverse même du *pro ratione voluntas* : la « raison » du droit étant un fruit de la tradition, aucune volonté momentanée ne saurait prévaloir sur elle. Le droit s'impose à toutes les puissances « souveraines », qu'elles soient monarchiques ou

---

1. Juriste anglais du XIIIᵉ siècle.
2. « Que [certes] le roi ne doit pas être soumis aux hommes, mais [qu'il doit l'être] à Dieu et au droit. »

démocratiques ; il n'y a aucune « souveraineté » autre que celle du droit lui-même. Au fond, Coke (comme, plus tard, Hume ou Smith) ne considère pas qu'il soit du ressort de l'État de « faire » des lois. « Il n'y a aucun sens intelligible dans lequel on puisse dire que la loi est fabriquée » (made, Sabine, p. 419).

Le droit est un ordre *historiquement* formé pour Coke, un ordre *naturel* pour un autre auteur du temps, *Hooker* : il se trouve qu'il n'y a pas grande différence en pratique, puisque, dans les deux cas, il est une norme transcendante qui interdit qu'on puisse faire du droit, à un moment donné, comme si rien n'avait existé avant, comme si l'on bâtissait sur une *tabula rasa*. La loi résulte de la jurisprudence des tribunaux de *Common law* qui jugent toujours d'après des *précédents*. Elle est donc seulement *déclarée* par les juges, jamais *créée*, ou, si l'on préfère, elle est déjà ancienne quand elle est déclarée ; œuvre du temps, elle ne résulte pas de la volonté d'un législateur. C'est pourquoi, quand un législateur voudra une loi, les tribunaux pourront – sous certaines conditions – décider de ne pas l'appliquer, parce qu'ils l'estimeront contraire à la *Common law,* donc déraisonnable. L'idée mettra du temps à faire son chemin, mais elle débouchera sur la notion américaine du contrôle judiciaire des actes du Parlement (*judicial review of law*) (cf. *infra*, p. 393-395)[1].

Ces thèses de Coke au sujet du droit[2] valent pour toute la *Common law,* c'est-à-dire non seulement le droit privé, mais aussi le droit public, l'organisation des pouvoirs dans le royaume d'Angleterre, la répartition des pouvoirs entre le roi, les Lords, les Communes, toute cette « ancienne constitution d'Angleterre » que les innovations absolutistes des Stuarts ont mise gravement en cause.

Il y a eu à ce sujet une querelle d'érudits entre « tories » et « whigs », qui s'est prolongée pendant plus d'un siècle. Coke avait proposé le critère de Littleton pour pouvoir dire qu'une règle juridique est « prescrite » : il fallait qu'elle eût existé « avant une époque dont on garde mémoire » (qu'elle soit « immémoriale »). Tout ce qui est postérieur à 1189, date du couronnement de Richard Cœur de Lion, était réputé faire partie du « temps couvert par la mémoire ». Or la *Magna Carta,* sur laquelle s'appuyaient les signataires de la *Pétition des droits* de 1628, était postérieure à 1189. Les adeptes de l'ancienne constitution furent donc obligés d'affirmer que cette charte n'était elle-même que la réaffirmation d'un droit plus ancien, antérieur à la conquête normande, remontant au roi anglo-saxon *Édouard le Confesseur* (1042-1066) (ces « lois d'Édouard » avaient été publiées par des érudits dès le XVIᵉ siècle : Lambarde, *Archaionomia, sive De Priscis Anglorum legibus,* « Des anciennes lois d'Angleterre », 1568). Ainsi la validité de la substance, sinon de la lettre, de la *Magna Carta,* était-elle indubi-

---

1. L'idée de la transcendance relative du droit par rapport à la volonté du souverain, ainsi mise en pleine lumière par Coke, est le vrai fondement du principe d'*égalité devant la loi.* C'est parce qu'aucun homme ne *fait* (même s'il la *proclame*) la loi pour d'autres hommes, que tous les hommes, même les législateurs, peuvent et doivent être soumis à un même droit. Là est la grande idée nouvelle. Nous la verrons explicitée chez Locke.

2. Relayées un peu plus tard par un autre auteur, le *Chief Justice Mathew Hale.*

tablement acquise par prescription. De même, bien qu'on ne retrouvât pas de registres du Parlement antérieurs au XIIIᵉ siècle, Coke avait cru qu'ils avaient été simplement perdus et que l'institution même du Parlement, avec ses deux chambres, remontait au passé anglo-saxon de l'Angleterre et même aux anciens Germains décrits par Tacite (il démarquait ainsi l'argumentation de Hotman au sujet des assemblées « gauloises » et « franques »). Quand les érudits « tories » réussirent à prouver que c'était faux, qu'il n'y avait jamais eu de « Parlement » sous les rois anglo-saxons (d'ailleurs le mot lui-même, d'origine française, n'est attesté qu'au XIIIᵉ siècle)[1], que d'ailleurs il ne pouvait pas y avoir de *Common law* antérieure à la conquête normande, pour la bonne raison que la *Common law*, comme on l'a dit, n'est pas autre chose que la jurisprudence des tribunaux royaux jugeant en appel des tribunaux anglo-saxons coutumiers, on était au XVIIIᵉ siècle et les deux révolutions anglaises étaient accomplies... (voir l'exposé détaillé de Corinne C. Weston, *op. cit.*). La thèse de Coke était-elle fausse pour autant ? Nullement. Il avait eu le tort, simplement, de mettre sur le même plan le droit civil et le droit constitutionnel. C'est dans le droit civil surtout que s'incorpore, au fil de l'évolution culturelle, l'expérience de l'interaction sociale, et c'est le droit civil surtout qui doit donc être protégé de l'action législative intempestive des États si l'on ne veut pas bloquer la coopération sociale. En revanche, la « superstructure » constitutionnelle, moins complexe, offre plus de prise aux volontés et aux créations intellectuelles des réformateurs.

3) *Conséquences politiques de la doctrine de l'ancienne constitution*

En tout cas, pour qui acceptait les aspects philosophiques et historiques de la thèse de l'ancienne constitution, des conséquences capitales s'ensuivaient.

a) *Le « contrat originel »*

Une loi d'Édouard le Confesseur recueillie dans le *De priscis legibus* débute ainsi :

« Le roi, parce qu'il est le vicaire du Grand Prêtre, est désigné pour cette raison : gouverner le royaume terrestre et le peuple du Seigneur, et surtout révérer la sainte Église, la gouverner et la défendre contre toute atteinte, extirper les malfaisants et les détruire complètement. S'il n'accomplit pas cela, le nom de roi ne lui convient pas, mais il perd le nom de roi » (cité par Corinne C. Weston, p. 351).

Le texte enchaîne en énumérant les devoirs du roi : conserver les terres et libertés de la Couronne, rendre la justice avec ses conseillers (*proceres*, où l'on veut voir les Lords et les Communes). Les hommes du XVIIᵉ siècle interprètent ce texte comme un précieux témoignage de ce que le roi doit son pouvoir à un « contrat originel ».

---

1. Cf. à ce sujet *HIPAMA*, p. 701.

« Cette noble transcription du *contrat originel,* la loi du Confesseur [...] montre que si un roi ne répond pas à la véritable fin pour laquelle il a été choisi, il perd son nom ou cesse d'être roi » (Atwood, à l'époque où il s'agit de remplacer Jacques II).

Un *whig* radical dira de même :

« Les Anglais n'ont jamais cru que le roi d'Angleterre pût enfreindre les lois et bouleverser l'État selon son bon plaisir, sans se rendre ainsi lui-même passible de châtiment. [Ceci] est clairement démontré par les lois de saint Édouard » (textes cités par Corinne C. Weston, p. 352).

Nous avons là une version nouvelle du « contrat social » (qui, nous le savons, avait été pensé quelques années auparavant, par les antiabsolutistes ultramontains). L'important est l'idée que le roi n'étant à son poste que sous conditions, il doit être possible constitutionnellement de l'en déloger lorsqu'il ne remplit plus lesdites conditions. C'est ce qui sera fait deux fois, lors du procès de Charles Ier (dans des circonstances trop dramatiques pour que cela prenne une signification constitutionnelle exemplaire) et, surtout, lors du détrônement de Jacques II.

b) *Les privilèges du Parlement*

Sur la base des textes de l'ancienne constitution, les parlementaires de 1628 pouvaient contester bien des pratiques instaurées aux XVIe et XVIIe siècles par les Tudors et les Stuarts, celles des prêts forcés, de l'emprisonnement arbitraire des opposants ou du logement obligatoire des gens de guerre. Et ils pouvaient revendiquer, positivement, deux droits importants : droit à la représentation parlementaire des communes d'Angleterre, droit de la Chambre des communes d'exercer le pouvoir législatif à part égale avec le roi et la Chambre des lords.

· On peut citer deux circonstances où le concept de « prescription » joua un rôle politique crucial : la déclaration « *Form of Apology and Satisfaction* » (1604) et la « *Protestation* » de 1621, où il était question, respectivement, des privilèges parlementaires et de la liberté de parole au Parlement. Jacques Ier prétendait que les privilèges avaient été accordés par lui et ses ancêtres, les parlementaires disaient que c'était un droit ancien et indépendant de la volonté du roi (donc qu'il ne pouvait les remettre en cause) (cf. Corinne C. Weston, p. 343).

c) *Le principe de « coordination »*

C'est encore au nom de l'ancienne constitution d'Angleterre que certains auteurs (en 1642, Charles Herle ; en 1643, William Prynne) formulèrent le « principe de coordination en matière législative ». Le pouvoir souverain du royaume est constitué de trois éléments « coordonnés », le roi, les Lords et les Communes. En outre, si l'on admet la parité entre ces éléments, comme deux sont plus qu'un, on doit conclure que le roi est *subordonné* aux Chambres lorsque celles-ci sont réunies. La question de la souveraineté était ainsi définitivement fixée en Angleterre dans un sens non absolutiste.

§ 3
Les Indépendants et les *Levellers*[1]

Dans la décennie 1640, d'autres idées apparaissent, soutenues par les sectes indépendantes et notamment par les *Levellers*. Est réaffirmée l'idée de *tolérance*, qui prépare celle d'une séparation des Églises et de l'État et, plus lointainement, le principe de la liberté de penser. Les *Levellers* proposent des idées constitutionnalistes nouvelles, plus avancées que celles des Huguenots ou des premiers Républicains hollandais.

I — SECTES INDÉPENDANTES ET IDÉE DE TOLÉRANCE

La question de la tolérance est un thème déjà ancien des polémiques religieuses des XVIe-XVIIe siècles, que nous avons déjà rencontré à plusieurs reprises. Donnons ici un aperçu rapide de ses principales occurrences antérieures à la période de la Révolution anglaise[2].

1) *Origines des débats sur la tolérance*

Le thème remonte à l'Antiquité. Il a été réaffirmé au Moyen Âge, au moment même où se met en place le dispositif de lutte contre les hérésies, par

---

1. D'après Andrew Sharp (ed.), *The English Levellers,* Cambridge University Press [Cambridge Texts in the History of Political Thought], 1998 ; George H. Sabine, *A History of Political Theory, op. cit.* ; David Wootton, « Les Niveleurs », *in* James Henderson Burns, *Histoire de la pensée politique moderne, op. cit.* ; David Wootton (ed.), *Divine Right and Democracy, op. cit.*
2. Cf. Joseph Lecler, s.j., *Histoire de la tolérance au siècle de la Réforme* [1953], Bibl. « L'évolution de l'humanité », Albin Michel, 1994 ; Jean-Fabien Spitz, Introduction à son édition de la *Lettre sur la tolérance* de Locke, Garnier-Flammarion, 1992.

des penseurs isolés comme Pierre Abélard ou Raymond Lulle. Saint Thomas souligne que nul ne peut être converti de force (même si un homme déjà converti, mais devenu hérétique, peut être ramené à la foi orthodoxe).

À partir de la Réforme, le thème passe au premier plan, puisqu'il y a désormais en Europe *de facto* un pluralisme religieux. Il ne cessera d'être débattu, de nouvelles thèses étant avancées à chaque étape, certaines devenant des acquis irréversibles dans l'opinion éclairée.

Aux XVe et XVIe siècles, c'est l'humanisme qui fournit des arguments à la tolérance : Nicolas de Cuse, Marsile Ficin, Pic de la Mirandole, Érasme, Thomas More, Guillaume Postel, La Boétie, Montaigne... L'idée générale est la fragilité des connaissances humaines, qui interdit de se déchirer sur des choses incertaines et invite à s'accorder sur un *credo* humaniste minimum. Sébastien Castellion polémique contre Calvin après le supplice de Michel Servet, dans le *Traité des hérétiques* (1554).

Puis le refus du fanatisme devient un principe politique, en Allemagne où l'humanisme inspire la politique des « colloques », et en France où émerge le parti des « Politiques », inspiré par des hommes d'État comme le chancelier Michel de L'Hospital ou par des théoriciens comme Jean Bodin. L'idée est que seul un État fort peut mettre un terme aux violences inspirées par des motifs religieux. Cette philosophie aboutit à l'édit de Nantes de 1598.

À la fin du XVIe et au début du XVIIe siècle, tandis que les Pays-Bas espagnols reviennent à l'unité religieuse, les Provinces-Unies sont confrontées à une situation de pluralisme religieux durable. Nombre d'intellectuels, clercs et laïcs, en tirent les conséquences. On peut citer des hommes d'Église libéraux (« libertins spirituels » ou, comme on les appellera un peu plus tard en Angleterre, « latitudinaires »), comme Pierre de Zuttere à Gand[1], Herbert Duifhuis à Utrecht ou Caspar Coolhaes (1536-1615) à Leyde. Il faut citer surtout le grand apologiste laïque de la tolérance, *Dirk Coornhert* (1522-1590) – qui polémique avec l'humaniste sceptique Juste Lipse bizarrement adepte de l'intolérance civile – et d'autres « bourgeois libéraux » comme C. P. Hooft, bourgmestre d'Amsterdam. Puis vient la grande controverse entre Arminiens et Gomaristes, qui donne lieu aux contributions de Grotius dont nous avons parlé plus haut (cf. *supra*, p. 233-234). Là encore, l'accent est mis sur la limitation constitutive de la connaissance humaine, sur la possibilité de s'accorder sur des principes minimaux, sur le droit naturel, sur la paix civile qu'il rend possible.

Des sectes particulièrement persécutées et qui ne sont majoritaires nulle part, comme les antitrinitaires, unitariens ou « sociniens »[2], jouent également également un rôle important dans la maturation du thème de la tolérance. Le socinien polonais Jean Crell, dans les *Vindiciæ pro religionis libertate* (1637), avance des arguments très élaborés. Il rejette entièrement les arguments que les partisans de l'unité de religion tiraient traditionnellement de l'Ancien Testament. Il est vrai que les législations mosaïques justifient l'emploi du bras séculier contre les

1. Dans la période où cette ville a fait partie de l'Union d'Utrecht.
2. Cette secte, qui nie la trinité et la divinité du Christ, a été fondée par un protestant siennois, Lelio Socini (1525-1562), et développée par son neveu, Fausto Socini (1539-1604), émigré à Cracovie.

idolâtres, mais ces législations ont été abrogées par le Christ lui-même, la Loi nouvelle a aboli la Loi ancienne. En outre, l'usage de la force invalide la religion : « Ceux qui tentent d'opprimer une autre religion rendent du même coup suspectes leur cause et leur religion... Car en s'abaissant à des procédés violents, ils semblent montrer qu'ils n'ont pas confiance en la bonté de leur cause ; qu'ils désespèrent de la victoire, si la lutte se poursuit avec des arguments » (cité par J. Lecler, *op. cit.,* p. 394). L'intolérance est à la fois inefficace et coupable, parce qu'elle heurte les droits de la conscience : « Une conscience, quoique erronée, oblige toujours sans qu'il soit permis d'aller contre elle [...]. Si je contrains autrui, je le force à commettre un péché[1] ; or qui force autrui à pécher ne peut manquer de commettre soi-même le péché » (cité par Jean-Fabien Spitz, *op. cit.,* p. 221). Du caractère condamnable de la contrainte, Crell passe à la thèse positive de la tolérance : le magistrat civil doit tolérer toute religion qui ne nuit pas à l'ordre civil, comme les Turcs eux-mêmes le font. Enfin c'est l'unité forcée, non le pluralisme, qui crée le désordre civil.

2) *Les apports anglais*

L'Angleterre réformée reçoit les échos de toute cette polémique européenne et l'enrichit, à son tour, de nombreuses contributions. La tolérance est défendue tant par les catholiques anglais comme William Allen et Robert Persons persécutés par les protestants, que par les puritains persécutés par l'épiscopalisme anglican, qu'il s'agisse des presbytériens (Thomas Cartwright), des Indépendants (Robert Browne, Henry Barrowe, Robert Harrison), des *Levellers* (Walwyn, Overton), ou des baptistes (Roger Williams).

On peut distiguer plusieurs étapes. Avec les *presbytériens* est critiqué l'« érastianisme », c'est-à-dire la thèse de la compétence exclusive du prince en matière de police religieuse (incarnée par les règnes d'Henri VIII, Édouard VI et Élisabeth Ire). L'Église doit être entièrement indépendante du prince, et c'est pour cela qu'elle doit être démocratiquement élue à partir de la base, ce qui est le principe même du presbytérianisme. Ceci étant, pour les presbytériens, l'idée même de crime religieux subsiste. C'est pourquoi, alors qu'ils sont partisans de la tolérance lorsqu'ils sont dans l'opposition sous les premiers Stuarts, ils reprennent goût au monopole lorsqu'ils ont à leur tour le pouvoir politique après 1640. Ce sont eux qui proposent le rétablissement de la censure, contre laquelle Milton aura à combattre (cf. *infra*).

---

1. Saint Paul a dit en effet : *omne quod non est ex fide peccatum est,* « tout ce qui ne vient pas de la foi est péché » (Rom 14, 23), argument souvent repris dans les controverses du temps.

La position des *Indépendants* est plus avancée. Cette fois, c'est l'idée même que les opinions religieuses puissent donner lieu à une sanction pénale qui est critiquée, que cette sanction émane de l'État, d'une Église nationale établie ou de n'importe quelle Église dissidente. Pour les Indépendants, l'État et les Églises doivent devenir des sociétés entièrement séparées, l'État n'usant de ses pouvoirs de coercition que dans les matières propres au gouvernement séculier.

Le *Leveller* William Walwyn, dans *The compassionate Samaritane : Liberty of conscience asserted and the separatist vindicated* (1644)[1], présente quatre arguments : 1 / Nul n'est maître de ses opinions, il croit vrai ce qu'il voit tel ; or on ne saurait punir quelqu'un pour quelque chose qui ne dépend pas de sa volonté ; 2 / il y a incertitude fondamentale en cette vie, et le persécuteur risque donc de persécuter, sans le savoir, la vraie religion ; il risque d'être un « théomaque » ; 3 / tout ce qui ne vient pas de la foi est péché, donc le persécuteur force à pécher et commet lui-même, en cela, un péché ; 4 / c'est l'uniformité, et non le pluralisme, qui est par elle-même cause de désordre[2].

Un autre *Leveller*, Richard Overton, écrit en avril 1649 que les « fautes et transgressions personnelles » sont une affaire qui ne concerne que le croyant et son Dieu ; la communauté n'a pas à en connaître. Elle n'a à connaître que des crimes et des délits qui l'affectent elle-même. Corollaire : on ne peut prétendre que Dieu tient rigueur à toute une communauté des fautes d'un petit nombre ; il est donc faux que le magistrat soit obligé de punir les pécheurs pour protéger la communauté[3].

Un autre Indépendant, John Goodwin (1594-1665), reprend plusieurs idées déjà bien admises à cette date : que les hommes sont ignorants de la vérité, que les préceptes de la Loi juive, où les adversaires de la tolérance puisent leurs arguments, ont été abolis par le Christ, que le magistrat civil ne doit punir que les délits civils. Il ajoute un autre argument : si l'on autorise un magistrat chrétien à persécuter les païens ou en général les dissidents, au nom de quel principe général reprochera-t-on aux magistrats non chrétiens de persécuter des chrétiens ?

Une nouvelle étape est franchie avec le baptiste Roger Williams (1603-1684) qui est à la fois un théoricien et un praticien de la tolérance.

Williams est l'auteur de livres aux titres significatifs, *La Doctrine sanguinaire des persécutions pour cause de conscience* [*The bloudy Tenant of persecution for cause of conscience*] (1644)[4], *La Doctrine de M. Cotton rendue plus sanguinaire encore par sa*

1. Texte dans David Wootton (ed.), *Divine Right and Democracy, op. cit.,* p. 247-272.
2. Idée déjà présente chez Jean Crell (cf. ci-dessus) et qui sera réaffirmée avec vigueur par Bayle (cf. *infra,* p. 417).
3. C'est ce qu'avaient répondu les États de Hollande aux Gomaristes.
4. Extraits dans David Wootton (ed.), *Divine Right and Democracy, op. cit.,* p. 238-247.

tentative de la laver dans le sang de l'Agneau (1652), ou *Le ministre mercenaire n'a rien à voir avec le Christ*. Il renouvelle les arguments traditionnels en faveur de la tolérance et en élabore de nouveaux.

Si l'on veut déterminer les liens souhaitables entre les Églises et l'État, dit-il, il est essentiel de déterminer les statuts respectifs des « Lois » ancienne et nouvelle. Sous le régime de la Loi ancienne, il n'y a certes pas liberté : le magistrat ne peut qu'appliquer la Loi divine, comme faisait le Sanhédrin. Mais l'Ancien Testament n'est que le « type » du Nouveau Testament et, par conséquent, l'organisation politique des Juifs n'a plus lieu d'être chez les chrétiens. À ce titre, l'idée que la société doit être une théocratie où la religion a force de loi perd toute légitimité. Une fois nouée la Nouvelle Alliance, l'Église et l'État doivent être totalement séparés. L'État a vocation à gérer seulement les affaires du monde à l'aide de la seule raison naturelle, il n'est responsable que de la « paix de la cité ». Cette paix de la cité, qui existe même chez les païens[1], doit être protégée. Les Églises ne sauraient songer à la détruire, pas plus que ne font les autres associations existant dans la société civile comme les compagnies commerciales. L'intolérance est la conséquence d'une confusion indue entre les deux sociétés religieuse et civile. Elle ne peut que provoquer la discorde civile, ce qui est contraire au but même qui est recherché par le magistrat. Le principe *cujus regio, ejus religio* aurait pour conséquence que le salut d'un homme dépendrait du seul fait contingent qu'il est né dans un certain pays, ce qui est absurde ; et il permettrait au magistrat païen de persécuter les fidèles chrétiens.

Du coup, pour Roger Williams (et c'est une position extrêmement avancée), le catholicisme comme l'athéisme doivent bénéficier de la tolérance dès lors qu'ils ne nuisent pas à la paix de la cité. Et il emploie l'image remarquable du navire : la cité est un navire, les croyants sont les passagers ; le capitaine n'a pas plus de droit à déterminer le cap qu'un passager ordinaire ; en revanche, quand le cap lui est donné par la communauté, il doit être seul à s'occuper de la manœuvre. Il peut y avoir de bons pilotes de toutes religions, et même de bons pilotes païens, peu importe, dès lors qu'ils ne prétendent pas diriger l'âme et la conscience des passagers. L'idée de l'État « laïc » est là presque tout entière, et Locke aura peu de choses à y ajouter.

Ayant émigré en Amérique, Roger Williams fonde et gouverne l'État de Rhode Island. Il lui donne une constitution particulièrement libérale sur le plan religieux, très en avance sur celle des autres colonies (les *quakers*, chassés de partout ailleurs, y seront accueillis).

Ainsi répandue en Hollande et en Angleterre au XVIIe siècle, l'idée de tolérance n'est pas pour autant, à beaucoup près, admise par tous. Si la pratique de la tolérance s'acclimate peu à peu en Hollande, comme nous l'avons vu, en Angleterre la Restauration ramènera l'épiscopalisme sans coup férir, et il faudra attendre le *Toleration Act* de 1689 pour que les sectes dissidentes obtiennent définitive-

---

1. C'est la réfutation de la thèse de saint Augustin dans la *Cité de Dieu*, d'où est sorti l' « augustinisme politique » (cf. *HIPAMA*, p. 527-528).

ment droit de cité, lequel sera encore refusé aux catholiques. Quant au reste de l'Europe, il est très en retard par rapport à ces évolutions anglo-hollandaises.

II — LES IDÉES CONSTITUTIONNELLES DES *LEVELLERS*

La réflexion politique des *Levellers* dépasse de beaucoup la seule question de la tolérance. Ce groupe n'a pas eu un rôle très important en pratique dans le déroulement de la Révolution, puisque les quelques mutineries qu'il a organisées parmi les soldats de l'armée du *New Model* dans la période 1646-1649 ont toutes tourné court. En revanche, son apport idéologique est fondamental et même « prophétique ».

Les *Levellers* se recrutent parmi les petits commerçants, les artisans et les paysans et sont nombreux parmi les soldats de l'armée de Cromwell. Leurs idées politiques sont connues par les écrits de leurs trois principaux leaders, *John Lilburne* (1615-1657), *William Walwyn* (vers 1600-1680) et *Richard Overton* (vers 1631-1664) ; par un manifeste, l' « Accord du peuple » *(Agreement of the People)* (1647), présenté aux officiers de l'armée cromwellienne ; par les transcriptions des débats du Conseil général de l'armée ayant eu lieu à l'église de Putney en octobre 1647 *(The Putney Debates)*[1].

Les *Levellers* sont, comme leur nom l'indique, des « niveleurs » : ils revendiquent l'égalité politique, mais entendue au sens d'une *égalité en droits,* non d'une égalité des conditions (celle-ci sera réclamée par une de leurs branches dissidentes, les *Diggers,* dont nous parlerons lorsque nous aborderons l'histoire des doctrines socialistes). Ils pensent que tous les hommes étant fils d'Adam, et ayant hérité de lui une nature identique, ils sont égaux et doivent également bénéficier de la liberté et du droit de propriété. Les rangs sociaux actuels n'ont pas de raison d'être : les nobles n'ont pas plus de droits que les roturiers. Un de leurs adversaires leur prête ce *credo* :

« Par naissance et par nature tous les hommes, tous autant qu'ils sont, aiment, en venant au monde, pouvoir jouir de propriétés et de libertés ; et étant donné que nous sommes installés, par Dieu et la main de nature, dans ce

1. L'*Agreement* est reproduit dans Wootton (ed.), *Divine Right and Democracy, op. cit.,* p. 283-285 ; extraits des *Putney Debates, ibid.,* p. 285-317 et dans Sharp (ed.) *The English Levellers, op. cit.,* p. 102-130.

monde, chacun avec un sens inné de la propriété et de la liberté, c'est de même que nous devons vivre ensuite, tous également et de la même manière, pour jouir de notre droit et privilège de naissance » (Thomas Edwards, s'en prenant à Richard Overton ; cité par Sabine, *op. cit.,* p. 445).

Cette intuition fondamentale se décline en plusieurs principes, à la fois « démocratiques » et « libéraux » :

1) *Le pouvoir d'État est établi par consentement*

Toute autorité civile, dit Lilburne, est exercée « seulement par institution, ou donation, c'est-à-dire par accord et acceptation mutuels, donnés... pour le bénéfice et sécurité des uns et des autres ». Lors des *Putney Debates,* l'un des représentants des régiments, le colonel Thomas Rainborough, s'écrie :

> « Réellement je pense que l'homme le plus pauvre d'Angleterre a une vie à vivre, tout comme l'homme le plus considérable ; et donc, Monsieur [il s'adresse à Ireton, le neveu de Cromwell], je pense véritablement qu'il est clair que tout homme qui doit vivre sous un gouvernement doit commencer par *se placer lui-même, de son propre consentement,* sous l'autorité de ce gouvernement ; et je pense donc que l'homme le plus pauvre d'Angleterre n'est pas le moins du monde obligé à l'égard d'un gouvernement sous l'autorité duquel il ne se serait pas placé lui-même, et auquel il aurait été soumis sans avoir eu voix au chapitre » (*The English Levellers, op. cit.,* p. 103).

2) *Le suffrage universel*

Il résulte de ce principe que tous les citoyens doivent pouvoir également participer à la vie politique par le *suffrage universel* (ou quasi universel)[1], et que le Parlement doit être une assemblée représentative des citoyens individuels de base. Cette conception est révolutionnaire (même si elle a été anticipée en Hollande, comme nous l'avons vu). Elle se heurte tant à la vieille conception médiévale des « États généraux » qu'à l' « ancienne Constitution d'Angleterre » (dont sont partisans les officiers avec lesquels discutent les délégués des *Levellers*). Traditionnellement, le royaume est une organisation d'intérêts collectifs permanents, d'ordres et de classes disposant de droits coutumiers propres, structure organique que les institutions politiques doivent refléter. En Angleterre, par exemple, il y a le roi

---

1. Les *Levellers* excluent en effet du droit de suffrage « serviteurs » et « mendiants », ainsi que ceux qui ne sont pas chefs de famille, ce qui soustrait du suffrage environ une moitié de la population masculine.

et deux Chambres, celle des Lords et celle des Communes, de composition et de rôles distincts. Pour les *Levellers,* au contraire, dès lors que nul homme n'est censé obéir à une loi à l'élaboration de laquelle il n'a pas participé par lui-même ou par ses représentants, il ne peut y avoir qu'une seule Chambre représentant le peuple, et qui sera élue selon le strict principe « un homme, une voix ». L'assemblée représente une nation conçue comme une masse d'individus libres, et non plus comme un ensemble organique d'ordres et d'états.

Cette adhésion des *Levellers* au suffrage universel, qui tranche avec l'attitude des autres groupes puritains, pose une intéressante question d'histoire des idées. Nous savons déjà que les premiers calvinistes anglais et écossais, les Ponet, les Goodman et les Knox, se méfiaient de la démocratie, règne du grand nombre, qui ne peut qu'aboutir à la domination de la masse des réprouvés sur le petit reste des « saints » (cf. *supra,* p. 199). Si les *Levellers* peuvent se déclarer si nettement en faveur du suffrage universel, c'est donc, soit qu'ils sont, en fait, des rationalistes et des sceptiques indifférents aux questions religieuses, soit qu'ils disposent d'une solution théologique satisfaisante au problème du péché originel. De fait, il semble que Walwyn et Lilburne aient été adeptes de la théologie de la libre grâce, l'*antinomianisme,* qui affirme que le Christ est mort pour tous et que tous, pas seulement une poignée d' « élus », sont sauvés, nonobstant leurs péchés[1]. C'est au nom de cette théologie que Lilburne niait l'idée augustinienne que la Chute a mérité à l'homme d'être asservi par le pouvoir politique et critiquait donc toutes les inégalités de droits et sujétions féodales : « De même que Dieu a créé chaque homme libre en Adam, de même tous sont également nés libres, et ils sont depuis *libérés dans la grâce par le Christ, aucune faute des parents ne suffisant à priver l'enfant de cette liberté.* Et bien que cette coutume mauvaise et non chrétienne de la servitude [féodale] ait été introduite par le Conquérant normand, elle n'était qu'une usurpation violente de la loi sous laquelle nous avons été créés, de la nature..., et elle est maintenant, depuis que la lumière de l'Évangile a brillé..., totalement abolie comme étant une chose odieuse au regard de Dieu, comme au regard de l'homme... » (cité par Wootton, « Les Niveleurs », *op. cit.,* p. 398). Lilburne condamnait donc la société féodale d'ordres comme païenne par essence et promouvait *a contrario* l'idée qu'une société chrétienne authentique ne peut être que démocratique.

Le Parlement, pour les *Levellers,* devra être élu tous les deux ans ; on supprimera le système des « bourgs pourris », c'est-à-dire des circonscriptions électorales inégales, par une réforme électorale immédiate. L'assemblée prévaudra sur tout autre pouvoir du

---

1. L'hérésie antinomienne (= hostile à la Loi) est due à Johannes Agricola, un disciple de Luther. De la doctrine luthérienne de la « justification par la foi », Agricola tirait la conclusion que les actes humains, qu'ils soient conformes òu non à la loi, sont indifférents pour le salut, dès lors que l'on croit en Dieu. L'idée elle-même remonte au gnosticisme antique. L'antinomianisme fut prêché en Angleterre dès le début du XVIIe siècle, ainsi que dans les colonies américaines où il aura des prolongements au XVIIIe.

royaume, y compris le roi, en matière de législation, de politique étrangère, de désignation des magistrats (*Agreement of the people*, art. III).

3) *L'idée de constitution écrite*

Sans doute préoccupés par les pouvoirs grandissants du Parlement où règne une catégorie sociale différente de la leur, les *Levellers* mettent également au point l'idée moderne de constitution écrite, susceptible de canaliser et de limiter les pouvoirs de l'État, ainsi qu'une première ébauche de « déclaration des droits de l'homme ». L'*Agreement of the people* énonce en effet « noir sur blanc » les pouvoirs des différentes instances de l'État qu'on est en train de créer, ainsi que les droits fondamentaux que les citoyens déclarent garder pour eux-mêmes et ne pas déléguer à leurs députés. Ainsi, le Parlement ne pourra faire certains types de lois que le texte énumère. Il ne devra pas légiférer en matière de religion (« les matières de religion et de culte ne sont confiées par nous à aucun pouvoir humain... »), il ne pourra déclarer la guerre (« forcer n'importe lequel d'entre nous à servir à la guerre est contre nos libertés... »), il ne pourra faire de lois qui compromettent l'égalité devant la loi (« aucune tenure, propriété, charte, rang hiérarchique, naissance ou fonction ne doit dispenser de l'observation normale des lois auxquelles les autres sont tenus », « toutes les lois doivent être égales, elles doivent être bonnes et ne pas être manifestement destructrices de la sûreté et du bien-être des gens »). Dans d'autres textes, les *Levellers* disent que le Parlement ne peut faire de lois contre la propriété, ni remettre les dettes. Le texte constitutionnel devait, dans leur esprit, être contresigné et approuvé par chaque électeur et chaque candidat à chaque élection, comme un véritable contrat social.

Les *Levellers* contribuaient ainsi à faire avancer l'idée de *droit constitutionnel* supérieur à la loi et limitant la souveraineté du Parlement. Cette idée devait déboucher sur l' « *Instrument of Government* », première constitution anglaise écrite qui sera effectivement promulguée en 1653. L'idée d'une protection constitutionnelle des droits fondamentaux de l'homme ne parviendrait à maturité, en revanche, que lors de la Révolution américaine.

Ces idées se retrouvent, et d'autres idées libérales fondamentales apparaissent, dans les doctrines des *républicains*.

§ 4
Les républicains

Il y a trois périodes où le républicanisme anglais est idéologiquement productif, avec, pour chaque période, les auteurs principaux suivants :

1649-1660	Marchmont Nedham
	John Milton
	James Harrington
1675-1683	Henry Neville
	Algernon Sidney
Après 1690	Robert Molesworth
	Walter Moyle
	John Trenchard
	John Toland
	Andrew Fletcher

Nous caractériserons d'abord leurs thèmes communs : les idées de régime mixte, de *rule of law,* de constitution écrite, de séparation des pouvoirs (I) ; puis nous étudierons de plus près les œuvres de John Milton (II) et de James Harrington (III) ; enfin nous dirons un mot des républicains des deuxième et troisième périodes (IV).

I — LES THÈMES COMMUNS

— *Le régime mixte.* Le problème de la forme monarchique ou républicaine du gouvernement n'avait jamais été au premier plan pendant la Révolution puritaine, c'est-à-dire jusqu'en 1649. Les officiers de l'armée de Cromwell avaient fait exécuter Charles Ier non par républicanisme, mais en raison de leur conviction qu'aucun arrangement durable ne pourrait être trouvé avec ce roi. Mais lorsque, après l'élimination de Charles Ier, il devint indispensable de trouver une nouvelle formule politique, une réflexion sur le républicanisme se fit jour. Les républicains anglais cherchèrent des modèles dans les républiques contemporaines que certains d'entre eux connaissaient directement par les voyages effectués sur le Continent : Venise, la Suisse, les Provinces-Unies... L'idéal qu'ils reprenaient à ces différents modèles était le *régime mixte* plutôt que la démocratie. C'est ce régime (« monarchie mixte », « régulière », « réglée », « limitée » ou encore « légale ») qu'ils opposaient à la monarchie absolue, régime pur, mais, par cela même, déréglé.

— *La* rule of law. Un thème revient constamment chez les républicains anglais et tend à se transformer chez eux en une véritable doctrine politique, dont nous trouverons la forme achevée chez Locke : c'est celui de la *rule of law,* le « règne du droit », ou du *government of laws, not of men,* « un gouvernement de lois, non d'hommes ». L'idée est que loi et liberté se conditionnent mutuellement ; il n'y a pas de liberté sans loi égale pour tous. La question du régime est certes importante, mais elle est subordonnée à celle de l'établissement de cette situation de « liberté sous la loi » : si la République est le meilleur régime, c'est précisément parce que c'est celui qui garantit le mieux l'établissement et le maintien de cette situation.

Il est vrai que le thème de la *rule of law* se rencontre bien avant la période cromwellienne. Déjà, dans la *Pétition des Griefs* de 1610 contre Jacques Iᵉʳ, on trouvait ce texte remarquable :

> « Parmi les nombreux éléments de bonheur et de liberté dont les sujets de Votre Majesté ont joui sous vos royaux ancêtres, rois et reines de ce royaume, il n'y en a aucun qui leur soit aussi cher et précieux que celui-ci : *être guidé et gouverné par la règle certaine de la loi (to be guided and governed by the certain rule of law),* qui donne à la tête et aux membres ce qui de droit leur appartient, *et non par quelque forme de gouvernement incertaine et arbitraire.* Tel est l'état d'esprit de l'État depuis sa constitution même, et tel est le principal moyen par lequel il s'est maintenu depuis lors, ce qui a fait que ses rois ont été justes, aimés, heureux et glorieux, et que le royaume lui-même a été pacifique, prospère, durable à travers les âges... Sur cette racine s'est greffé le droit indubitable des habitants de ce royaume de ne pas être soumis à des châtiments portant sur leurs vies, leurs terres, leurs corps, ou leurs biens, qui seraient autres que ceux ordonnés par les lois communes de ce territoire ou par les actes législatifs approuvés d'un commun accord en Parlement » (cité par Friedrich August Hayek, *The Political Ideal of the Rule of Law,* National Bank of Egypt, Fiftieth Anniversary Commemorative Lectures, Cairo, 1955, p. 9-10).

À mesure qu'on avance dans le siècle, les Anglais redécouvrent tout l'idéal civique des républiques antiques et l'idée de *rule of law* se précise au contact de ces modèles, puisqu'elle est présente, à des degrés divers, chez Aristote, Polybe, Cicéron, Salluste, Tite-Live, Tacite, Plutarque, Quintilien... D'ailleurs, les expressions mêmes de *rule of law* et de *government of laws, not of men,* ne sont pas autre chose que la traduction anglaise d'une formule de Tite-Live, *imperia legum potentiora quam hominum*[1].

Hobbes, l'adversaire par excellence de toute idée de *rule of law,* se plaindra, en bonne logique, de cette influence de l'Antiquité sur ses contemporains et

---

1. Dans *The Constitution of Liberty* (London and Henley, Routledge & Kegan Paul, 1960), Hayek a recensé les passages principaux d'Aristote, de Cicéron, et de Tite-Live auxquels les républicains anglais se sont référés pour fonder la doctrine et le vocabulaire de la *rule of law.*

ARISTOTE

« Dans la *Politique,* Aristote met l'accent sur le fait qu' "il est plus approprié que la loi gouverne que n'importe lequel des citoyens", que les personnes exerçant le pouvoir suprême "devraient être établies seulement comme gardiens et ministres des lois", et que "vouloir le règne de la loi, c'est vouloir le règne exclusif de Dieu et de la raison" (*Politique,* 1287 *a*). Il condamne le type de gouvernement dans lequel "les masses gouvernent et non la loi". [Aristote ajoute : "Et cela a lieu quand ce sont les décrets qui décident souverainement et non la loi. Pareil état de choses est dû aux démagogues... Un peuple de ce genre, en monarque qu'il est, veut porter le sceptre du fait qu'il n'est plus sous l'empire de la loi, et devient un despote, de sorte que les flatteurs sont à l'honneur et que cette sorte de démocratie est aux autres démocraties ce que la tyrannie est aux autres formes de monarchie".] Un tel gouvernement n'est pas pour lui celui d'un État libre, car "là où les lois n'ont aucune autorité, il n'y a pas de constitution du tout : il est essentiel en effet que la souveraineté de la loi s'étende à toutes choses". Une organisation politique "dans laquelle tout se règle à coups de décrets n'est pas même une démocratie à proprement parler, puisqu'un décret ne peut jamais avoir une portée générale" [*Politique,* 1292 *a*] » (F. A. Hayek, *The Constitution of Liberty, op. cit.,* p. 165).

Hayek cite aussi ce fameux passage de la *Rhétorique* (1354 *ab*) qu'il estime être « une formulation à peu près complète de l'idéal du gouvernement par la loi » : « Il convient, par-dessus tout, que les lois, établies sur une base juste, déterminent elles-mêmes tout ce qui est permis et qu'elles laissent le moins possible à faire aux juges. [...] La principale raison est que le jugement du législateur ne porte pas sur un point spécial, mais sur des cas futurs et généraux, tandis que les membres d'une assemblée et le juge prononcent sur des faits actuels et déterminés, sans laisser d'être influencés, souvent, par des considérations d'amitié, de haine et d'intérêt privé, ce qui fait qu'ils ne peuvent plus envisager la vérité avec compétence, mais que des sentiments personnels de joie ou de peine viennent à offusquer leurs jugements. »

Hayek ajoute (p. 461) qu'Aristote mentionne [*Politique,* 1317 *b*] comme une condition de la liberté « qu'aucun magistrat n'ait de pouvoirs discrétionnaires excepté dans un petit nombre de cas ». Aristote a également dit que le juge, s'il est amené à combler une lacune du droit, doit le faire « en se faisant l'interprète de ce qu'eût dit le législateur lui-même s'il avait été présent à ce moment, et de ce qu'il aurait porté dans sa loi s'il avait connu le cas en question » (*Éthique à Nicomaque,* 1137 *b*).

Ainsi, Aristote a grandement contribué à faire comprendre le lien existant entre loi et liberté, et la nature même de la loi, dont il a montré qu'elle devait être une règle absolument générale, s'appliquant de façon anonyme à tous et portant sur des situations typiques, abstraites, et non sur des cas particuliers.

CICÉRON

« Cicéron est devenu véritablement la principale autorité pour le libéralisme moderne, et nous lui devons beaucoup des formulations les plus décisives de ce qu'est la liberté sous la loi » (*The Constitution of Liberty, op. cit.,* p. 160). Par exemple : la conception selon laquelle la législation elle-même doit être soumise à des règles supérieures, les *legum leges* ou « lois des lois » (*De legibus,* II, VII, 18) ; l'idée que le fait d'être soumis aux lois

incriminera tout le mouvement de l'humanisme : « Une des causes les plus fréquentes de [l'esprit de rebellion de la période] a été la lecture de livres politiques et historiques des anciens Grecs et Romains ». Pour cette raison, « le fait que les pays occidentaux aient appris les langues grecque et latine a été payé du prix le plus cher. »[1]

Avec les républicains, deux autres idées fondamentales atteignent leur maturité : celle de *constitution écrite* et de *séparation des pouvoirs*.

— *L'idée de constitution écrite.* Olivier Cromwell lui-même, faisant écho aux idées des *Levellers*, appelle de ses vœux un texte qui constitue la base fixe du système de gouvernement :

> « Dans tout État il doit y avoir quelque chose de fondamental, quelque chose du genre de la *Magna Carta*, qui reste fixe et inaltérable. »

— L'idée de *séparation des pouvoirs.* Cette idée, qu'on attribue si souvent en France à Montesquieu, semble être apparue pour la première fois dans un écrit du *Leveller* John Lilburne en 1645. Peu de temps après, elle est souvent reprise, par exemple dans l'*Eikonoclastes* de John Milton (1649) ou les *Rights of the Kingdom* de John Sadler (1649) (« On peut soutenir que, par droit de nature, les pouvoirs législatif, judiciaire et exécutif doivent être dans les mains de différents sujets »), et elle est pleinement développée dans *An Examination of the Political Part of Mr. Hobbes, His Leviathan,* de G. Lawson (1657). Un

---

nous permet d'être libres, cf. *Pro Cluentio*, 53 : *omnes legum servi sumus ut liberi esse possumus* ; l'idée que le juge devrait être seulement la bouche par laquelle la loi parle : *magistratum legem esse loquentem* (*De legibus*, III, 122). Cette formule sera répétée maintes et maintes fois par les auteurs anglais.

TITE-LIVE

Tite-Live est l'auteur de la formule *imperia legum potentiora quam hominum* (II, 1, 1), « le gouvernement des lois est plus fort que celui des hommes », fameuse formule qu'on retrouve, transformée en « *government of laws, not of men* » sous la plume de tous les républicains, Algernon Sidney, James Harrington (cf. *infra*)... Une traduction de Tite-Live datant de 1600 serait, selon Hayek, à l'origine de la première occurrence connue de la formule anglaise [*rule of law* = *imperia legum*] (cf. *The Constitution of Liberty, op. cit.,* p. 462).

« Le mot *isonomia* apparaît en Angleterre à la fin du XVIᵉ siècle dans un dictionnaire comme un mot italien, signifiant "equality of lawes to all manner of persons" et peu après, en 1600, il est déjà librement utilisé dans sa forme anglaise *isonomy* dans une traduction de Tite-Live pour exprimer la description par cet auteur d'une situation où les lois sont égales pour tous et où les magistrats sont responsables. Il a continué à être utilisé fréquemment tout au long du XVIIᵉ siècle » (F. A. Hayek, *The Political Ideal of Rule of Law, op. cit.,* p. 6-7).

1. *Léviathan*, II, 29, cité par F. A. Hayek, *The Constitution of Liberty, op. cit.,* p. 458, n. 9. Hobbes, que certains créditent d'être fondateur de la « modernité », inaugure donc cette dernière par un rejet de l'héritage humaniste et civique. On voit que la modernité à laquelle il ouvre n'est donc pas celle de l'État de droit, mais une société du genre de celles qu'ont produites les héritiers politiques de Marx et de Nietzsche, autres contempteurs des classiques.

argument original est présenté en sa faveur dans l'*Océana* (1656) d'Harrington (cf. *infra*, p. 293-294). Dans la « Déclaration du Parlement assemblé à Westminster », qui date de 1660 (juste avant la Restauration), on peut lire :

> « Rien n'étant plus essentiel pour la liberté d'un État que le fait que le peuple soit gouverné par des lois et que la justice soit rendue par ceux-là seuls qui peuvent répondre d'une mauvaise administration de celle-ci, il est ici déclaré que toute poursuite judiciaire touchant aux vies, aux libertés et aux propriétés de toutes les personnes libres de cette république, doit être intentée conformément aux lois du territoire, et que *le Parlement ne se mêlera pas de l'administration ordinaire ou des voies d'exécution du droit.* En effet, le rôle principal du Parlement est et a toujours été de protéger les libertés contre l'arbitraire du gouvernement » (cité par F. A. Hayek, *The Constitution of Liberty, op. cit.,* p. 169-170).

En d'autres termes, les révolutionnaires républicains ont parfaitement compris, dès cette période, qu'il ne peut y avoir de situation de *rule of law* (« règne du droit ») si ceux qui exécutent la loi, soit comme gouvernants, soit comme juges, peuvent aussi la faire, ou si ceux qui la font peuvent aussi se mêler de gouverner ou de juger. Car alors la volonté des juges ou des gouvernants n'est pas encadrée par une loi qui leur soit extérieure ; la volonté des législateurs peut être dirigée, non par le souci d'établir des règles permanentes de justice, mais par celui d'atteindre les buts particuliers des gouvernants ; celle des juges, par le désir de porter tort à des adversaires ou d'exonérer des amis ; dans les deux cas, la volonté des hommes concernés est arbitraire, c'est elle qui règne et non le droit.

II — JOHN MILTON[1]

Milton est bien représentatif de ces idées des républicains, puisqu'il veut que l'Angleterre soit « une nouvelle Rome en Occident ».

Vie et œuvres

John Milton naît en 1608. Il fait ses études à Cambridge. Dès 1637, il publie un texte littéraire où il critique l'Église anglicane. Il voyage en Italie, où

---

1. Cf. John Milton, *Écrits politiques* [dont l'*Areopagitica* et l'*Eikonoclastes*], traduits par Marie-Madeleine Martinet, suivis de *La liberté à double tranchant,* par Marie-Madeleine Martinet, Belin, 1993. L'*Areopagitica* a été traduite, à la veille de la Révolution française, par Mirabeau : nous aurons à faire certaines observations sur cette traduction.

il rencontre Galilée. Au début de la Révolution, il soutient les presbytériens, avec lesquels il rompt ensuite pour se rapprocher des Indépendants. En 1644, il écrit, contre la censure exercée par les presbytériens, l'*Areopagitica* (ce qui n'est pas sans rapports avec le fait que son livre en faveur du divorce n'a pas été autorisé). À partir de 1649, il fait partie du personnel politique du nouveau régime, en faveur duquel il écrit plusieurs ouvrages : *Tenure of Kings and Magistrates* (1649) où il justifie l'exécution du roi, l'*Eikonoclastes* (1649) où il polémique contre les royalistes qui avaient écrit l'*Eikon basilikè* (« *L'Image royale* »), la *Defensio pro populo anglicano* (1651) où il répond au protestant français Saumaise qui avait critiqué le régicide. Il écrira ensuite *The History of Britain* (1670), et de grands poèmes qui font de lui un des plus grands écrivains classiques anglais, *Paradise Lost* (1667) et *Samson Agonistes* (1671). Il meurt en 1674. Il était aveugle depuis le début des années 1650.

Dans l'*Areopagitica* (1644), Milton présente un des premiers arguments explicites qui aient été jamais conçus en faveur de la *liberté de pensée* et spécialement de publication, et de ce qu'on pourrait appeler le caractère constructeur, et non destructeur, du pluralisme des idées. Il innove donc sur tout ce qui avait été dit auparavant de la simple « tolérance ».

On peut soutenir que l'*Areopagitica* de Milton est l'un des trois livres les plus importants qui aient été écrits en langue anglaise sur la question de la liberté d'expression dans la tradition libérale, les deux autres étant le *On liberty* de John Stuart Mill et *Conjectures and Refutations* de Karl Popper.

1) *Les circonstances de la rédaction de l*'Areopagitica

Parmi les institutions du régime quasi absolutiste des Stuarts, il y avait évidemment, comme en France, la censure des livres. Au début de la Révolution (1640), cette censure ne fut plus exercée en raison des désordres. Pamphlets et publications politiques et religieuses diverses purent donc paraître en abondance. Or, quand le Parlement devint maître de Londres, il lui vint à l'idée de rétablir par décret la censure, cette fois au profit du parti au pouvoir. C'est alors que s'éleva la protestation de Milton.

Milton, comme plus tard Harrington, commence par opposer deux cultures, celle des Anciens et celle des Modernes, le civisme antique des Grecs et des Romains à la barbarie féodale apportée par les peuplades ayant envahi l'Angleterre : il adjure le Parlement, « Lords et Communes », de

« préférer imiter l'humanité antique et cultivée de la Grèce, plutôt que l'orgueil barbare d'un apparat de Huns et de Norvégiens » (*Écrits politiques, op. cit.*, p. 69),

ou autres Goths et Jutes. Lui-même, Milton, supposant que les membres du Parlement sont civilisés, fera comme Dion Chrysostome[1] écrivant aux Athéniens : il ne craindra pas de leur donner un conseil avisé et de leur demander de revenir sur l'édit qu'ils viennent de promulguer par lequel est rétablie la censure.

2) *La censure ne sert à rien*

Les reproches principaux de Milton sont les suivants : la censure émane du même esprit qu'a combattu, depuis le début, la Révolution ; elle n'aboutira à aucun des buts qu'elle poursuit et, finalement, « elle aboutira principalement à décourager tout savoir et à arrêter le cours de la vérité, non seulement en émoussant nos talents par manque d'exercice dans ce que nous connaissons déjà, mais en empêchant et mutilant les découvertes qui pourraient encore être faites en matière de sagesse civile et religieuse. [...] Car un livre n'est point une chose absolument inanimée. Il est doué d'une vie active comme l'âme qui le produit. [...] Tuer un homme, c'est détruire une créature raisonnable, l'image divine *(who kills a man kills a reasonable creature, God's image)* ; mais étouffer un bon livre c'est tuer la raison elle-même, c'est tuer l'image de Dieu, pour ainsi dire dans son regard *(but he who destroys a good book kills reason itself, kills the image of God as it were in the eye)*[2]. La perte de la vie, quoique irréparable, peut quelquefois n'être pas un grand mal ; mais il est possible qu'une vérité qu'on aura rejetée ne se représente plus dans la suite des temps et que sa perte entraîne le malheur des nations » (p. 71).

La censure était inconnue des Anciens, qui ont seulement réprimé l'irréligion et la diffamation ; elle est l'invention de l'Inquisition, des prélats anglicans et des presbytériens.

Athènes n'a pas interdit l'épicurisme ni le cynisme ni le théâtre, ni en général l'ironie. La censure est revenue au siècle de Tacite, et elle fut le prélude à la décadence de Rome. Ensuite, ni les empereurs romains chrétiens, ni l'Église jusqu'à Martin V et au XVe siècle à l'époque de Wyclif, ne furent très répressifs ; ils

---

1. Sur Dion Chrysostome, cf. *HIPAMA*, p. 415-422.
2. Il est stupéfiant que Mirabeau, dans sa traduction, ait sciemment supprimé, dans le passage qu'on vient de lire, les deux membres de phrase faisant référence à Dieu. Ce n'est nullement un cas isolé : tout au long de sa traduction, Mirabeau opère un « toilettage » systématique du texte allant toujours dans le même sens, à savoir l'effacement de toute trace du christianisme de Milton, plus encore de son protestantisme. Ceci doit plonger l'historien des idées et le philosophe dans des abîmes de réflexion (et de tristesse). Censurer un livre est déjà condamnable, mais *censurer le livre qui dit que la censure est condamnable, et le faire dans la phrase même qui le dit,* c'est fort... Cela prouve à quel point la vérité est pénible à supporter quand on a des croyances contraires. Mirabeau, homme des Lumières françaises, voltairiennes, anticléricales et antichrétiennes, opposant la raison à la religion, ne peut supporter que ce soit au nom de Dieu qu'on exige la liberté, ni qu'on présente la raison et Dieu comme étant apparentés et non antithétiques. Hélas, ce fanatisme d'un des moins fanatiques de nos révolutionnaires va déterminer les cécités de l'univers idéologique français pour des lustres. Jamais les « laïcs » français, pour qui il est évident que la liberté et le progrès ne peuvent être que le fruit d'un rejet total de la religion, ne comprendront le vrai caractère des révolutions démocratiques protestantes, hollandaise et anglo-saxonnes, d'avoir été démocratiques *parce que* religieuses.

condamnaient des livres, mais les laissaient exister. Tout a changé quand l'Inquisition et le Concile de Trente « se sont accouplés ensemble ». Depuis lors, il faut une autorisation préalable pour être imprimé *(imprimatur, nihil obstat...)* (cf. p. 72-77), et c'est là le « fruit du concile le plus antichrétien et de l'Inquisition la plus tyrannique », calamité inconnue dans les pays réformés.

Ce ne sont pas les livres qui nuisent, ce sont les dispositions intérieures dans lesquelles on les lit. Aux purs tout est pur.

> « La connaissance ne peut souiller, ni en conséquence les livres, si la volonté et la conscience ne sont pas souillées » (p. 82).

Bien loin de nuire, les opinions erronées servent à établir plus sûrement et finement la vérité. En effet,

> « le bien et le mal ne croissent pas séparément dans le champ fécond de la vie ; ils germent l'un à côté de l'autre, et entrelacent leurs branches de manière inextricable. La connaissance de l'un est donc nécessairement liée à celle de l'autre. [...] Peut-être même, dans l'état où nous sommes, ne pouvons-nous parvenir au bien que par la connaissance du mal ; car comment choisira-t-on la sagesse ? Comment l'innocence pourra-t-elle se préserver des atteintes du vice, si elle n'en a pas quelque idée ? [...] Assurément, nous n'apportons pas l'innocence dans le monde, nous apportons bien plutôt l'impureté ; ce qui nous purifie est l'épreuve, et *l'épreuve se fait par la contradiction* » (p. 85, n.s.).

Interdire les mauvais livres est, pour le moins, inutile, car les mauvaises idées arrivent par d'autres voies ou sont produites spontanément par les fous.

> « Ceux qui [pratiquent la censure] dans l'espoir d'élever une barrière contre le mal, on pourrait les comparer à ce bonhomme qui croyait retenir les corneilles en fermant la porte de son parc. [...] [Les fous], avec ou sans livres, n'en extravaguent pas moins » (p. 88).

D'ailleurs, à ce compte, il faudrait tout censurer, les mœurs, les conversations, l'habillement, la table, et tout le « livre » du monde, et pas seulement les livres proprement dits (cf. p. 95). Or ce serait aussi odieux qu'impossible, puisque ce n'est pas en vain que Dieu a créé l'homme libre :

> « Dieu créa le premier homme libre, et il lui mit un objet de tentation toujours sous les yeux[1] : c'était le seul moyen de rendre son abstinence méritoire. Et pourquoi a-t-Il[2] mis le siège des passions en nous, et la foule des plaisirs autour de nous, si ce n'est afin que, modérés par nous, ils devinssent l'assaisonnement de la vertu ? » (p. 93).

1. Membre de phrase supprimé par Mirabeau. L'homme des Lumières françaises n'est pas pécheur.
2. Mirabeau : « l'Être suprême ».

D'ailleurs, nul esprit supérieur n'acceptera d'être censeur ; les difficultés pratiques seront innombrables s'il faut faire vérifier chaque ouvrage, chaque feuille de presse, chaque correction ; il y aura un retard insupportable[1]. Et surtout, la main du censeur sera arbitraire. Nul ne parlera plus en maître, alors que la parole responsable est le propre de l'enseignement. L'ignorant fera la loi au savant, ce qui est ridicule et honteux, même et surtout si le censeur est l'État.

« Je ne connais rien du censeur, je ne vois que sa main, signe d'arrogance : qui me garantira son jugement ? – L'État, Monsieur, répond l'éditeur. Mais la réplique vient aussitôt : *l'État me gouvernera, mais ne sera pas mon critique (the State shall be my governors, but not my critics)*. L'État peut se tromper sur le choix d'un censeur, aussi aisément que le censeur peut se tromper sur un auteur » (p. 99)[2].

3) *Interdire l'erreur empêche la vérité d'émerger*

Mais Milton a des arguments beaucoup plus profonds que ce simple constat empirique de l'inefficacité de la censure. Si la censure est mauvaise, c'est que la liberté est bonne, et elle l'est parce qu'*elle est la condition du progrès des connaissances*. Il vaut mieux laisser apparaître le vrai, quitte à laisser apparaître aussi beaucoup de faux, que, sous prétexte de supprimer toutes les erreurs, empêcher la vérité d'apparaître.

« Si j'avais à choisir, la moindre somme de bien me paraîtrait préférable à la suppression forcée de la plus grande quantité de mal, car le libre développement d'un être vertueux est sans doute plus agréable à Dieu que la contrainte de dix êtres vicieux » (p. 94).

La censure, en effet, ne laisse passer que ce qui est conforme aux « idées les plus communes »[3], et donc elle supprime les idées les plus neuves et les plus fécondes, et ceci – un comble – même dans les œuvres classiques du passé. À l'aune qu'on utilise aujourd'hui, John Knox, par exemple, serait censuré, alors qu'il a été le « réformateur

---

1. Cet argument sera repris ou retrouvé par Malesherbes dans ses *Mémoires sur la librairie* (1758).
2. Texte intégralement censuré par Mirabeau. Il ne s'agit pas, en France, de protéger la pensée contre l'État, mais, seulement et obsessionnellement, l'État contre l'Église. À l'époque où écrit Mirabeau, l'État, incessamment sacralisé, se prépare à s'ériger en maître du Vrai et du Faux et à organiser tout enseignement et toute recherche.
3. Milton cite Bacon : « Les livres autorisés ne sont rien d'autre que le langage du temps » (p. 99).

d'un royaume » [l'Écosse][1]. Le résultat du filtre de la censure sera que

« l'ignorance, la paresse, la sottise deviendront les qualités les plus désirables et les seules qui pourront assurer le bonheur et la tranquillité de la vie » (p. 101).

Mais il y a un argument plus fondamental que cette dénonciation de la « pensée unique ». Dénoncer l'erreur des citoyens n'a de sens, pour l'État, que s'il peut prétendre détenir, lui, la vérité. Or c'est cela précisément qui est problématique :

« Il m'est impossible de comprendre par quelle adresse on pourrait renfermer dans vingt têtes, quelque bonnes qu'on les suppose, le jugement, le savoir, l'esprit et l'érudition de tout un peuple » (p. 101).

Il y a une irrémédiable *disproportion* entre le savoir détenu par la collectivité humaine – celle des vivants comme celle des morts – et celui que peut prétendre posséder le censeur.

4) *La vérité en devenir ; le pluralisme nécessaire à la réalisation des fins eschatologiques de l'humanité*

Le fond du problème est que la vérité n'est pas achevée. Ici Milton formule un argument qui associe curieusement théologie et épistémologie. Éclatée en morceaux lors de la Chute, la vérité ne sera rassemblée que lors de la Parousie. En attendant, nous devons la redécouvrir pas à pas par le progrès des connaissances. Or c'est ce que rend impossible la censure, puisque agissant comme un blocus maritime, elle

« entrave et retarde l'importation de notre marchandise la plus riche, la Vérité » (p. 110).

Aucune vérité n'a de valeur si elle ne sert pas à accéder à la vérité suivante, à rassembler progressivement les morceaux de vérité que la Chute a fait éclater en un *puzzle* ; dès lors, s'arrêter aux vérités aperçues à *une* étape de l'Histoire, ce que fait par définition la censure qui ne peut que se référer à un *corpus* fixe de vérités officielles acquises, c'est arrêter cette œuvre de reconstitution, c'est interrompre le voyage de l'humanité vers son destin surnaturel. Comme de regarder fixement le soleil, cela rend aveugle.

« La lumière que nous avons acquise nous fut donnée, non pour la regarder toujours fixement, mais pour découvrir plus avant de nouvelles connaissances plus éloignées de notre science actuelle » (p. 112).

---

1. L'allusion au Réformateur calviniste Knox est gommée par Mirabeau...

Ceci durera « jusqu'à ce que nous arrivions à la vision béati-fique » (p. 111), qui fera voir toutes choses en pleine lumière. Et Milton achève le raisonnement : bien loin que les partisans de la libre pensée et du pluralisme apportent la division comme on le leur reproche, c'est eux, au contraire, et eux seuls, qui préparent le rassemblement de la Vérité et, par lui, l'unité des hommes. Et ce sont, à l'inverse, ceux qui ne supportent pas les idées nouvelles qui « troublent et divisent l'unité », en ce qu'ils « négligent d'unir ces morceaux séparés manquant encore au corps de la Vérité » (p. 112).

« Pourtant ce sont ces hommes [les libéraux] qu'on dénonce comme schis-matiques et sectaires, comme si, tandis que le Temple du Seigneur est en cons-truction, certains taillant, d'autres équarrissant le marbre, d'autres découpant les cèdres, il y avait une sorte d'hommes irrationnels qui ne pouvaient pas consi-dérer qu'il doit y avoir beaucoup de coupures et beaucoup de dissections à faire dans la carrière et dans la charpente, avant qu'on puisse bâtir la maison de Dieu. Et quand chaque pierre est placée habilement avec les autres, elle ne peut pas être unie aux autres d'un seul tenant, elle ne peut qu'être contiguë dans ce monde ; et toutes les parties du bâtiment ne peuvent être du même modèle ; la perfection consiste plutôt en ce que, à partir de maintes variations modérées et de fraternelles différences qui ne sont pas grandement dispro-portionnées, s'élève la belle symétrie gracieuse qui ordonne tout le bâtiment et la construction[1]. Soyons donc des bâtisseurs plus réfléchis, plus sages dans l'édification spirituelle, quand on attend une grande Réforme. Car maintenant le temps semble venu où Moïse le grand prophète peut siéger au ciel, se réjouissant de voir son vœu mémorable et glorieux s'exaucer quand, en plus de nos 70 anciens, *tout le peuple du Seigneur est fait de prophètes... »*[2] (p. 115-116, n.s.).

---

1. La science est une œuvre collective (comme le Temple), mais qui n'est pas menée sous la direction d'un unique architecte : l'œuvre se perfectionne progressivement grâce aux libres initiatives individuelles des artisans/intellectuels, agissant de manière indépen-dante et non concertée, secrètement ordonnée néanmoins. Vision qui anticipe les théories de l'ordre spontané qui seront élaborées au XVIIIe siècle (cf. *infra*, chap. 5).
2. Les Anglais sont le nouveau peuple élu puisqu'ils ont été à l'origine de la Réforme (par Wyclif, de qui sont tributaires Hus, Luther et Calvin) (cf. p. 113). On retrouve l'accent de Luther sur le sacerdoce universel, celui de Calvin sur la responsabilité person-nelle de chaque chrétien dans le devenir du monde. Pas plus que le citoyen de base ne peut abandonner la conduite de l'État aux seuls magistrats, l'intellectuel, le savant, l'homme qui réfléchit par lui-même, ne peut abandonner la science aux seules institutions officielles. Est-il utile de préciser que tout ce long passage sur la Vérité éclatée du fait de la Chute et messianiquement réunie par la science pluraliste et critique pratiquée par le nou-veau peuple élu est éliminé par Mirabeau ?

5) *Quand la critique est libre,* *la vérité ne peut que triompher de l'erreur*

Milton ajoute une nouvelle idée : dès lors, dit-il, que la vérité peut paraître, elle ne peut que triompher de l'erreur.

« Même si l'on laissait souffler sur la terre tous les vents des doctrines contraires (Eph 4, 14), dès lors que la vérité aussi se trouve parmi elles, on aurait grand tort de permettre et d'interdire, car cela reviendrait à jeter un doute sur la force propre de la vérité. Laissez-la s'empoigner avec l'erreur. Qui a jamais vu la vérité avoir le dessous dans une controverse libre et ouverte ? Réfuter librement l'erreur est le plus sûr moyen de la détruire [...]. Lorsqu'un homme a creusé la profonde mine des connaissances humaines, lorsqu'il en a extrait les découvertes qu'il veut mettre au grand jour, il arme ses raisonnements pour leur défense ; il éclaircit et discute les objections. Ensuite, il appelle son adversaire dans la plaine, et lui offre l'avantage du lieu, du vent et du soleil. Car se cacher, tendre des embûches, s'établir sur le pont étroit de la censure, où l'agresseur est nécessairement obligé de passer, quoique toutes ces précautions puissent s'accorder avec la valeur militaire, c'est toujours un signe de faiblesse et de couardise dans la guerre de la vérité. »

Ainsi, un des rares de son temps, Milton fait de la liberté intellectuelle un principe positif et non une simple affaire de « tolérance ». Le constat des limites de la connaissance humaine actuelle n'implique pas seulement, comme encore chez Juste Lipse, Grotius ou les *Levellers*, que l'on renonce à utiliser le bras séculier contre les dissidents ; il implique qu'on encourage positivement ceux-ci à exprimer leurs idées, dans l'idée que, sans cela, jamais la vérité n'émergera. Il faut passer de l'idée de *tolérance* à celle de *pluralisme*, dont dépend le progrès spirituel de la collectivité. Nous ne retrouverons une problématique aussi avancée, ensuite, que chez Pierre Bayle.

Milton a développé d'autres thèses politiques, qui sont moins originales et que nous ne pouvons qu'évoquer brièvement ici. Dans la *Tenure of Kings and Magistrates* (1649), il dit que les hommes sont naturellement libres et ne fondent des États que pour assurer mutuellement leur défense. L'autorité publique se substitue au droit qu'a chacun, par nature, d'assurer lui-même sa défense (idée formulée par la Seconde Scolastique et Grotius, et que nous verrons développée chez Locke) ; mais elle doit agir conformément aux limites posées par la loi. Le pouvoir politique vient du peuple, et c'est pourquoi, s'il est détourné à son profit par un tyran, le peuple peut le reprendre. Le roi peut être déposé autant de fois que le peuple le juge nécessaire. Le tyrannicide est justifié. Milton reprend à cet égard les arguments des « monarchomaques » protestants, Knox et Buchanan, et approuve, contre les Presbytériens, l'exécution de Charles Ier. Dans l'*Eikonoclastes* et la *Defensio pro populo anglicano,* il reprend l'idée de la légitimité de la peine de mort contre un tyran, en s'appuyant sur le droit naturel, les Écritures et le droit anglais.

III — JAMES HARRINGTON[1]

Les idées républicaines prennent une forme systématique avec *James Harrington,* auteur d'un chef-d'œuvre de la littérature politique, l'*Océana* (1656).

Vie et œuvres

Né en 1611, Harrington est issu de la *gentry*. Il fait des études à Oxford et, brièvement, au Middle Temple. Il voyage ensuite aux Provinces-Unies, puis, semble-t-il, au Danemark, en Allemagne, en France et en Italie. Les années suivantes sont mal connues. Mais il semble qu'il ait été, à partir de fin 1646, gentilhomme attaché à la maison de Charles Ier, auquel l'aurait lié une certaine sympathie, cette situation durant jusqu'au début 1649. L'*Océana,* peut-être commencée avant la mort de Charles Ier, est publiée en 1656, au moment où, parmi certains officiers, une vive opposition à Cromwell, soupçonné de vouloir instaurer une tyrannie, se fait jour, inspirée soit par le républicanisme, soit par l'apocalyptisme des hommes de la Cinquième Monarchie. Harrington écrit ensuite *The Prerogative of Popular Government* (1657), *The Art of Lawgiving* (1659), *A System of Politics* (1661). Harrington est brièvement emprisonné lors de la Restauration. Il meurt en 1677.

1) *Prudence ancienne et prudence moderne*

À l'auteur italien Donato Gianotti, Harrington reprend l'idée que l'Histoire se divise en deux âges, ceux de l' « ancienne » et de la « nouvelle » « prudences ». Le premier est l'âge des républiques antiques, représenté par les Aristote, les Cicéron, les Tite-Live ; il survit dans le moderne gouvernement de Venise. C'est un « empire de lois, non d'hommes » (cf. *supra*). Fait brutalement contraste avec lui le monde de la nouvelle prudence, qui est un « empire d'hommes, non de lois ». Ce dernier empire a été historiquement incarné par les peuplades qui ont détruit l'empire romain, les Huns, les Goths, les Vandales, les Lombards, les Saxons, et, après eux, il l'a été par la féodalité et par tous les gouvernements monarchiques de l'Europe moderne jusqu'aux Stuarts (*Océana, op. cit.*, p. 229). Il a eu récemment un défenseur, Hobbes. L'opposition des deux prudences

---

1. Cf. James Harrington, *Océana,* précédé de *L'œuvre politique de Harrington* par J. G. A. Pocock, traduit par Claude Lefort et Didier Chauvaux, Belin, 1995 ; *The Commonwealth of Oceana* and *A System of Politics,* edited by J. G. A. Pocock, Cambridge University Press, 1992.

revient à l'opposition loi/tyrannie, raison/passions, civilisation/barbarie.

Harrington voit en Hobbes le principal théoricien de la « prudence moderne », mais il paraît estimer fort, paradoxalement, Machiavel, dont nous avons vu que la doctrine n'est certes pas celle de la *rule of law* : « Machiavel, dit-il, le seul restaurateur de l'ancienne prudence » (p. 253), « l'auteur moderne le plus familiarisé avec les écrivains romains » (p. 377). L'ambiguïté s'explique par le fait qu'Harrington paraît être entré en contact avec l'Antiquité surtout par l'intermédiaire de Machiavel, auquel il attribue donc en partie les mérites de l'ancienne prudence. Cependant, dès que les questions de principe se présentent et que la logique immanente de la pensée de Machiavel apparaît clairement à Harrington, il critique sévèrement le Florentin (et lui préfère Grotius, qu'il connaît et cite). Par exemple, Machiavel a tort de croire l'existence d'une noblesse incompatible avec l'État populaire (p. 237, 259 et 284-285), ou encore il n'a rien compris aux institutions de Sparte (p. 374), de Venise (p. 376), aux lois agraires et au principe de la « rotation » (p. 378). Il s'est trompé en parlant d'une prétendue « corruption » du peuple, sans comprendre les phénomènes historiques sous-jacents (« il s'est embarrassé dans un labyrinthe où il m'a plongé moi-même », p. 285). Généralement parlant, « Machiavel ne comprenait pas entièrement ce qu'était une république » (p. 433).

Quand et comment est-on passé de la prudence ancienne à la moderne ? Reprenant à son compte la thèse de Bruni[1], Harrington pense que le mal a commencé à la fin de la République romaine quand a été instauré l'Empire (cf. p. 266-267).

Les dirigeants romains ont négligé les lois agraires, ce qui a fait s'effondrer la République. Les empereurs, à commencer par Auguste, ont perpétué l'exemple de Sylla qui avait distribué les terres des citoyens aux militaires. Du coup, la monarchie romaine s'est mise peu à peu à ressembler à celle des Turcs d'aujourd'hui, avec ses janissaires et ses spahis. Ensuite, Constantin ayant chassé la garde prétorienne, les empereurs ont fait appel aux barbares Goths, qui préparèrent la voie aux autres barbares, Francs, Vandales, Saxons... Les barbares se faisant rois, on put passer à la féodalité et à la création de la « noblesse titrée », seconde figure (« gothique ») de la nouvelle prudence (p. 268-269), encore dominante dans l'Angleterre des Stuarts.

Il est intéressant que Harrington, comme Milton, et contrairement aux partisans de l'ancienne Constitution (et à François Hotman), ne se montre pas particulièrement fier d'une ascendance anglo-saxonne (ou, respectivement, gauloise) de son peuple. Il est cohérent avec lui-même : ce qui compte, ce n'est pas l'ethnie, mais la culture, et la culture des Anciens, grecs et romains, était supérieure à celle des barbares gaulois ou germaniques. Harrington

---

1. Cf. *HIPAMA*, p. 715.

revendique hautement la romanité de l'Angleterre en lieu et place de son « anglo-saxonité », une hérédité culturelle et non biologique.

> « Si nous avons cessé de courir nus, si nous avons appris à lire et à écrire, si nous avons été instruits dans les arts utiles, nous en sommes redevables aux Romains par le moyen médiat ou immédiat des Teutons : il est visible par la langue de ceux-ci qu'ils ne tiennent pas les arts d'une autre main, puisque leurs mots, pour exprimer l'art d'écrire ou de lire, sont dérivés du latin. Nous avons été de plus, par le secours de ces arts, capables de recevoir la religion que nous professons depuis longtemps : en conséquence, il me semble que nous ne devons pas tant déprimer la mémoire de ces Romains, par qui nous sommes devenus des hommes, de demi-brutes que nous étions, par qui, d'obscurs et ignorants que nous étions, nous sommes devenus (si nous ne présumons pas trop de nous-mêmes) une grande et sage nation » (p. 271).

Tout le programme de Harrington va donc consister à *faire triompher à nouveau l'ancienne prudence dans les Temps modernes,* par-delà des siècles de barbarie et de régression. L'Occident doit redécouvrir l'ordre civique antique qu'il n'aurait dû jamais abandonner ; la révolution anglaise sera l'occasion de cet *aggiornamento.*

2) L'essence de la prudence ancienne : un « gouvernement de lois, non d'hommes »

Harrington précise l'essence de la prudence ancienne : c'est le « gouvernement de lois, non d'hommes ». Sa réflexion le conduit à repenser de façon originale le problème que ces expressions reflètent et à accomplir un nouveau pas en avant dans l'élaboration du concept de *rule of law*. Il cite Hooker[1], qui avait dit que l'idée de Hobbes selon laquelle l'intérêt particulier s'oppose par principe à l'intérêt général est fausse. En fait, dit-il, *l'intérêt commun, c'est que tout le monde observe une même règle.* Harrington le montre par l'histoire des deux petites filles.

> « On a donné à deux petites filles un gâteau à partager entre elles ; afin donc que chacune puisse avoir ce qui lui revient, l'une dit à l'autre : "Partagez et je choisirai, ou je partagerai et vous choisirez." Ce point une fois convenu entre elles, c'en est assez : car si celle qui partage le fait inégalement, elle y perd, en ce que l'autre prend la meilleure part ; c'est pourquoi elle divise également, et elles ont toutes deux ce qui leur appartient. Ô profondeur de la sagesse de Dieu, qui sait s'énoncer avec la plus grande force, par la bouche de deux faibles enfants !

---

1. Richard Hooker (1554-1600), auteur des *Laws of Ecclesiastical Policy*. Il défend une position antiabsolutiste modérée, selon laquelle la souveraineté est partagée entre le roi et le Parlement.

Deux petites filles paisibles découvrent ce qui fait le sujet des disputes des plus grands philosophes ; et même tout le mystère d'une république, qui ne consiste qu'à faire les parts ou qu'à choisir » (p. 245).

Cette argumentation lie – assez subtilement – le principe de la *rule of law* à celui de la *séparation des pouvoirs*. Les petites filles ont résolu le problème des conflits d'intérêts : l'une partagera, l'autre choisira, ou l'inverse, mais *ce ne sera pas la même* qui partagera *et* choisira sa part. Celui qui formule la règle doit la formuler sans connaître *a priori* les résultats du jeu : s'il veut avoir la meilleure chance d'obtenir de bons résultats *pour lui,* il doit donc choisir une règle qui optimise les chances *pour tous.* Celui qui agit cherchera sans doute à maximiser son résultat, mais il ne peut plus changer la règle, il devra agir dans son cadre. En d'autres termes, quand il y a conflit entre des intérêts, un consensus ne peut s'établir que sur une règle qui rende égales *a priori* les chances de chacun. Le « consensus sur la règle abstraite » se révèle la seule forme que peut revêtir le consensus social dans une société pluraliste où l'on doit renoncer à l'unanimité idéologique et à un accord général au sujet des positions sociales et des revenus économiques de chacun[1].

3) *Infrastructures économiques et superstructures politiques*

Pour faire comprendre en quoi la Révolution anglaise constitue une chance de restauration de la prudence ancienne, Harrington analyse les causes de la Révolution et montre qu'elle n'est nullement un phénomène ponctuel et contingent, mais *le fruit d'un processus de longue durée* qu'il convient seulement de faire parvenir à son terme.

Harrington se livre ici à une analyse fort originale des phénomènes sociopolitiques. Il distingue ce qu'on appellera plus tard insfrastructure sociale et superstructure politique et soutient que ce sont les changements profonds survenus dans la première qui ont provoqué les ébranlements dans la seconde, même si les acteurs n'en ont pas été pleinement conscients (on a pu voir dans cette analyse harringtonienne une des premières manifestations de l'esprit des « sciences sociales » naissantes).

Seul peut exercer le pouvoir politique celui qui dispose durablement de la force. Or, pour avoir la force, il faut avoir des richesses

---

1. Comme le dira Hayek, la société démocratique et libérale est celle où un « consensus sur les moyens » a remplacé l'impossible et indésirable « consensus sur les fins ». Cf. l'analyse classique de *Droit, législation et liberté,* t. 2, PUF, 1981, p. 131-135.

(l'armée est « un animal qui mange beaucoup »). Il y a donc un lien précis entre répartition de la propriété et structure du pouvoir. Le fonctionnement politique des États est déterminé par les forces sociales et économiques sous-jacentes.

Précisément, les Tudors, depuis plus d'un siècle, ont profondément modifié la répartition de la propriété en Angleterre. Henri VII a réduit à rien la noblesse et a permis qu'apparaisse une *yeomanry*, une classe de petits propriétaires qui ont servi dans son infanterie. Les seigneurs n'eurent plus de troupes dévouées à eux seuls et ils devinrent de simples courtisans. Bientôt couverts de dettes, ils vendirent leurs terres, ce que des innovations juridiques facilitèrent. Ce mouvement s'accéléra lorsque Henri VIII vendit les biens du clergé, rachetés par la classe moyenne montante. Élisabeth enregistra cette évolution en accordant beaucoup plus d'attention à la Chambre des communes et en « négligeant totalement la noblesse ». Les lords n'étant plus en mesure de constituer un tampon entre le roi et les Communes, Jacques Ier et Charles Ier ont perpétuellement perdu du terrain devant celles-ci, jusqu'à la chute finale de la monarchie sous les coups d'une armée relevant de la seule seconde chambre. D'où la thèse fondamentale :

« Partout où il y a égalité de biens, il faut qu'il y ait égalité de pouvoir, et où il y a égalité de pouvoir, il ne peut exister de monarchie » (p. 284).

4) *L'Angleterre doit devenir une République*

Si l'on veut que la superstructure juridico-politique corresponde à la nouvelle structure sociale, il faut donc faire de l'Angleterre, désormais, une République, c'est-à-dire un régime d'égalité devant la loi.

Cette égalité devant la loi n'empêchera pas que, dans la nouvelle République, il y ait une élite. Ce ne sera plus la noblesse « titrée », « gothique », de l'Ancien Régime, mais ce n'en sera pas moins une aristocratie, qui sera fondée sur le mérite.

« Athènes a succombé pour avoir manqué d'une bonne aristocratie » (p. 355). Athènes a été solide aussi longtemps qu'elle a gardé les classes censitaires de Solon, et Rome l'a été aussi longtemps qu'elle a gardé les classes censitaires de Servius Tullius (mais les Romains ont eu le tort de rendre ensuite leur aristocratie héréditaire, ce qui ne sera pas le cas à Océana). Inversement, Harrington trouve dans l'histoire de quoi étayer la thèse qu'une démocratie sans aristocratie ne peut que conduire à la tyrannie et à l'absolutisme.

Il y aura donc à Océana une aristocratie, mais elle sera essentiellement une aristocratie de l'esprit, c'est-à-dire une méritocratie, qui devra et pourra recevoir l'onction du vote populaire puisque le peuple comprendra qu'il est de son intérêt d'avoir des hommes compétents dans le gouvernement, l'administration et l'armée[1].

D'ailleurs tous les leaders populaires étaient d'origine noble. La Hollande, « malgré ses vices intérieurs, a emprunté des princes pour généraux, et des gentilhommes de diverses nations pour commandants » (p. 260). Cromwell lui-même, le « seul législateur de la république d'Océana », n'est-il pas « d'une famille noble » ?

La société étant ainsi constituée selon des principes fondamentalement égalitaires, non au sens de l'égalité des conditions, mais au sens où les distinctions sociales ne sont plus fondées que sur le mérite et l'utilité commune, on peut en venir à décrire avec précision la « superstructure » politique souhaitable pour l'Angleterre.

5) *La Constitution*

Harrington énumère les modèles sur lesquels il forge la république d'Océana. Ce sont Israël, Athènes, Lacédémone, Carthage, la république des Achéens, celle des Étoliens, celle des Lyciens, la Suisse, la Hollande, Rome, Venise... On peut prendre ce qu'il y a de bon en chacun de ces modèles, puisque « ces lots renfermaient toutes les perfections dont une république est susceptible ». Aussi « chaque pierre du nouveau bâtiment » sera tirée « des carrières de l'ancienne prudence » (p. 294-295). « N'est-ce pas Athènes sortant de son tombeau d'airain où elle fut pendant si longtemps piétinée par les armées des janissaires ? » (p. 321).

Nous ne pouvons ici donner qu'une idée rapide de la Constitution d'Océana, qu'Harrington décrit avec un grand luxe de détails.

L'ouvrage se présente comme une « utopie » (facilité qu'Harrington se donne parce qu'il ne sait à quoi s'en tenir avec les réactions de Cromwell et de ses partisans : d'où un style crypté où perce souvent l'ironie). Océana, comme c'est le cas dans tant d'autres utopies des XVIᵉ-XVIIIᵉ siècles depuis l'*Utopie* de More (cf. *infra*, p. 785-786) est une île imaginaire, mais qui symbolise sans ambiguïté l'Angleterre. Elle est d'ailleurs jouxtée de deux autres pays imaginaires où il est tout aussi facile de reconnaître l'Écosse et l'Irlande. Il y a environ (comme en Angleterre) cinq millions d'habitants, soit un million de chefs de famille. Ce million d'hommes est divisé en 50 « tribus » (correspondant, en gros, aux comtés de l'Angleterre réelle). Chaque tribu est divisée en « cantons », chaque can-

---

1. Même raisonnement, donc, que chez Pieter de La Court : c'est l'intérêt bien compris des gouvernants et des gouvernés qui doit déterminer les structures sociales.

ton en « paroisses » (il y a 10 000 paroisses). Il y a deux classes socia-les : le peuple et les « chevaliers ».

— *Principes de base.* La Constitution garantit ce qu'on appellerait aujourd'hui les droits de l'homme et ceux du citoyen, c'est-à-dire, respectivement, la *propriété* des citoyens et les moyens constitution-nels de protéger cette propriété (*dominium* et *imperium,* précise Har-rington). Il y aura donc deux grandes catégories de règles constitu-tionnelles, celles qui répartissent la propriété : les *lois agraires* et les *lois sur l'héritage,* et celles qui conditionnent la vie politique : les *lois du suffrage.*

« Les lois fondamentales d'Océana, ou le centre de cette République, sont la *division de ses terres* et sa *ballotte*[1] : cette division conserve l'égalité dans ses raci-nes ; et la ballotte, par une rotation[2] égale, la [sc. l'égalité] conduit jusque dans ses branches » (p. 323).

— *Les lois agraires et les lois sur l'héritage.* Les lois agraires visent à ce qu'on ne puisse posséder un lot excédant une certaine limite (200 000 livres de rente) (cf. *Océana,* p. 323). Les lois sur l'héritage visent à assurer des partages égaux (pour contrer les effets inégalitai-res du droit d'aînesse). Il s'agit de supprimer les 300 plus grosses fortunes du pays.

— *Les lois du suffrage.* Un des intérêts du gouvernement popu-laire est de permettre le principe de « rotation » : nul n'exerce un emploi public à vie, toutes les fonctions sont accessibles à tous. La République, c'est le « peuple-roi » (*this free-born nation is herself king-people,* p. 321), ou le « peuple souverain » (*people... sovereign,* p. 345). Il y aura donc des élections à tous les niveaux de l'organisation de l'État : charges ecclésiastiques, justice, police, armée ; même les amabassadeurs seront élus (p. 309 sq. ; Harrington s'inspire des lois électorales de Venise).

— *Les deux chambres du Parlement.* Il y a deux chambres : un « Sénat », élu par les chevaliers de chaque tribu (deux sénateurs par tribu) et une assemblée qu'Harrington appelle la « tribu préroga-tive[3] », ou encore simplement « le peuple » (sept députés par tribu).

1. Une « ballotte » est une boule pour voter (le mot est d'origine italienne). Ballotte, en français ancien, et *ballot,* en anglais (ancien et moderne), veulent donc dire, par méto-nymie, le vote lui-même, le suffrage.
2. C'est-à-dire le principe selon lequel les magistrats cèdent leur poste, après une période donnée, aux nouveaux élus, personne n'exerçant de magistrature à vie.
3. Harrington lui donne ce nom en référence à l'institution romaine de la « tribu pré-rogative » qui, aux comices tributes, s'exprimait avant les autres. C'était, pour elle, un privi-lège, mais elle n'était pas différente des autres tribus par ailleurs. L'idée est que les députés de la deuxième assemblée sont véritablement pris dans le peuple, représentatifs du peuple.

Les sénateurs et les députés étant élus pour trois ans, et des élections ayant lieu chaque année, le Sénat a donc 300 membres et la Tribu prérogative 1 050.

Les deux chevaliers et les sept députés de chaque tribu constituent en outre la « galaxie » (l'organe dirigeant) de cette tribu.

— *Le Sénat et les Conseils.* Le Sénat siège tous les lundis. Il est présidé par le « lord stratège » et le « lord orateur » (disposition qui entend rappeler les deux consuls romains), revêtus d'une robe d'écarlate comme les ducs sous l'ancienne aristocratie, et assis sur un trône placé sous un dais. Près d'eux prennent place trois commissaires du Grand Sceau et trois commissaires de la Trésorerie, soit six magistrats qui portent des habits semblables à ceux que portaient jadis les comtes. Au total, ces huit magistrats constituent la « Seigneurie »[1].

Il y a quatre « Conseils » – d'État, de Guerre, de Religion, de Commerce – dont la fonction est de « faire dériver le courant des affaires vers le Sénat » (p. 350), c'est-à-dire de préparer les travaux du Sénat.

Les décrets votés par le Sénat sont ensuite proposés au « peuple », c'est-à-dire à la Tribu prérogative, qui les accepte ou les refuse. S'il les accepte, ils deviennent les « lois de la République », « *the law of Oceana* » (cf. p. 354).

— *La Tribu prérogative.* Elle a deux rôles : 1 / de « décision », 2 / de Cour suprême, dernier appel des tribunaux (p. 382). Par « décision » il faut entendre le vote des lois (par « oui » ou par « non »), mais aussi la guerre et la paix, la conscription et les impôts. La Cour suprême juge en appel des tribunaux et connaît directement des crimes contre la sûreté de l'État.

Il y a une dimension pédagogique de la République : quand la Tribu prérogative n'aura pas de loi à voter ou de jugement à rendre, elle entendra des discours, qui pourront porter sur différents sujets civiques, par exemple tel ou tel point de la constitution. Ces discours, préalablement visés par le Conseil d'État, seront ensuite « imprimés » et affichés « en vue d'une diffusion plus large auprès du peuple (p. 385). D'ailleurs l'éloquence jouera un grand rôle dans la République (p. 388).

— *Le pouvoir exécutif.* Il est composé du lord stratège[2], de la seigneurie et des juges (p. 388).

---

1. À noter en effet qu'Harrington, dans tous ces développements, utilise systématiquement les termes antiques *(stratège, polémarque, dictateur...)*, ou ceux des républiques italiennes *(seigneurie* de Venise ou de Florence...). Redisons que sa constitution se veut délibérément un manteau d'Arlequin fait de pièces empruntées à toutes les Républiques où a été mise en œuvre l'ancienne prudence.

2. Harrington paraît donc réserver par avance cette fonction à Cromwell, général (« stratège ») de l'armée du New Model.

— *La fonction publique.* Le projet de Harrington comporte la mise en place d'un important « appareil d'État ». Ces fonctionnaires constitueront un salariat public qui sera financé exclusivement par les impôts, puisqu'on aura supprimé l'aristocratie traditionnelle et les plus grandes fortunes. Harrington voit bien que c'est là une innovation qui pourra sembler dangereuse aux contribuables. Il souligne donc que, finalement, dans son système, les coûts de l'entretien des fonctionnaires seront faibles relativement à la richesse du pays et aux services que les fonctionnaires rendent. En effet,

« le revenu de cette nation, outre celui de son industrie, se monte... à dix millions de livres et les traitements annuels de tous les magistrats ne s'élèvent pas à plus de trois cent mille livres[1] ; la beauté qu'ils ajouteront à la République sera extraordinaire et le peuple se réjouira de la beauté de sa République ; les magistrats encourageront l'enseignement public d'une façon très profitable, et le peuple procurera aux magistrats des facilités et des ressources honorables. Et quand cette somme, ou deux fois plus, était dépensée pour la chasse et pour l'économie domestique, elle ne faisait l'objet d'aucun grief de la part du peuple. J'ai honte de ce marchandage sordide... » (p. 398).

— *L'éducation publique.* La République doit prendre en charge l'éducation. Harrington, sur ce point, n'est guère libéral, et il partage les projets des absolutistes français précédemment évoqués. Il s'agit en effet de s'assurer que la population se rallie durablement au nouveau régime.

« Une expérience aussi funeste que souvent répétée a prouvé qu'un grand nombre d'enfants n'ont dû leur perte qu'à leurs propres parents : et la République alors, en chacun d'eux, perd un citoyen. C'est pourquoi les lois d'un gouvernement, quelque saines qu'elles soient en elles-mêmes, sont trouvées désagréables, si ceux qu'elles doivent alimenter n'ont pas été élevés à y prendre du goût. L'éducation des enfants d'un citoyen ne doit pas être entièrement confiée à ses soins. On voit dans Tite-Live que les fils de Brutus, ayant été nourris à la cour d'un monarque, trahirent la République... » (p. 404)

Il y aura donc une éducation obligatoire de 9 à 15 ans, gratuite pour les pauvres (p. 411). La plupart des enfants se consacreront ensuite aux arts mécaniques, agriculture, manufactures et commerce. Mais d'autres jeunes gens iront à l'Université, car il faut donner leurs cadres à la religion, à la justice, à l'armée et à la science. Harrington, inaugurant une longue tradition républicaine, fait un plaidoyer pro-intellectuel :

« On ne peut atteindre à la perfection d'une république sans la connaissance de l'ancienne prudence, ni à celle-ci sans la science ; et à la science sans des éco-

---

1. Ce qui fait un taux de dépenses publiques de 3 % de la richesse nationale.

les de bonne littérature, qui sont ce que nous nommons universités. [...] [Comme dit Bacon,] "les hommes d'expérience savent exécuter et peut-être juger des détails ; mais les avis généraux, les plans, et la conduite des affaires relèvent surtout de ceux qui sont instruits" » (p. 413).

— *Le service militaire.* Il y aura, par ailleurs, un enrôlement militaire de la jeunesse, une armée de conscription comparable à la milice souhaitée par Machiavel (p. 405-410).

Cependant, on prévoiera des sursis pour raisons d'études ou de voyages[1]. Les récalcitrants au service miltaire deviendront « hilotes ou esclaves publics » et paieront un cinquième de leurs revenus en taxes, soit leur quote-part pour être protégés puisqu'ils ne portent pas eux-mêmes les armes. Est enrôlé chaque année dans chaque paroisse un cinquième des hommes de 18 à 30 ans, qui sont tirés au sort. Ceci permet que l'État dispose, selon les calculs d'Harrington, d'une armée permanente de 10 000 « cavaliers » et 30 000 « fantassins » (on est intégré dans l'une ou l'autre de ces catégories selon sa fortune, souvenir des classes de Solon ou de Servius Tullius). On peut être tiré au sort plusieurs fois (mais avec un an d'intervalle).

— *Expansionnisme et impérialisme.* Un trait, relevant à la fois du millénarisme traditionnel et du révolutionnarisme moderne, est à noter. La république d'Océana n'est pas destinée à rester dans ses frontières, mais à s'agrandir et à faire du prosélytisme auprès des peuples voisins. Elle sera expansive et elle donnera la liberté aux autres peuples, « comme fit Flaminius aux Grecs, et Paul-Émile aux Macédoniens » (p. 442).

L'idée a des connotations concrètes pour les lecteurs du temps. Elle signifie que l'Angleterre est fondée à étendre aux provinces conquises (comme l'Écosse) l'État populaire, et à y imposer les lois agraires. Elle doit même viser plus loin, sur le Continent, et prendre la tête des nations calvinistes républicaines, comme Athènes a pris la tête de la Ligue de Délos. Le caractère millénariste de l'idée est confirmé par une remarque d'Harrington : si l'Angleterre doit mener cette politique interventionniste, c'est qu'elle a reçu la charge de propager la liberté civile et la liberté de conscience, donc d'établir le royaume du Christ (p. 444). En ceci l'Angleterre est le nouvel Israël, l'épouse du *Cantique* (p. 445).

— *La liberté de conscience.* Le principe de la liberté de conscience est affirmé quand est précisé le rôle du Conseil de Religion :

« Le Conseil [de Religion], en ce qui concerne la protection de la liberté de conscience *(the liberty of conscience),* ne souffrira pas qu'aucune coercition *(coercive power)* soit exercée en matière de religion dans cette nation. Seuls enseigneront la religion nationale ceux qui auront volontairement choisi cette vocation et, de même, seuls entendront leurs enseignements ceux qui le voudront. De même,

---

1. Ces voyages ne sont pas de nature touristique : on sait qu'ils étaient partie intégrante de l'éducation aristocratique anglaise du temps.

aucune congrégation organisée (à l'exception des juifs et les idolâtres) ne sera inquiétée ni son culte interdit, au contraire on veillera à protéger la libre jouissance, la pratique et l'affirmation des cultes des congrégations. Si ces congrégations désignent quelques officiers pour porter des causes devant le Conseil de Religion, toutes ces causes seront reçues, entendues et jugées par ce Conseil (qui en référera, le cas échéant, au Sénat) » (p. 348, trad. modifiée).

Les croyants doivent avoir à l'égard des pouvoirs civils la même attitude qu'Élie à l'égard du roi d'Israël ou que saint Jean-Baptiste à l'égard des autorités juive et romaine. Le Christ, quand il commença à enseigner et à recruter des disciples, prit-il la peine de demander leur avis aux magistrats ? Harrington retrouve les arguments et adopte le ton des *Levellers* et des auteurs hollandais :

« C'est une faiblesse pitoyable de la prudence moderne, préjudiciable non seulement au gouvernement civil, mais encore à celui de la religion elle-même, de forcer un homme, en matière de religion, qui n'admet aucune démonstration sensible, de croire tout ce que croit monseigneur l'évêque ou le bonhomme de curé. Le pédantisme a mis une verge de fer entre les mains des théologiens ; cela fut cause que la religion chrétienne, qui de toutes est celle qui abhorre le plus le sang, produisit les pernicieuses guerres de religion. [...] [Il convient d']enseigner au peuple une autre manière de voir » (p. 264).

Harrington est persuadé que la constitution républicaine proposée, véritable « gouvernement de lois, non d'hommes », réunit en elle l'ancienne prudence des républiques antiques et l'idéal biblique :

« Une République est une monarchie où Dieu est roi, dans la mesure où la raison, sa loi, y est le pouvoir souverain » (p. 453).

§ 4
Les républicains anglais après 1660[1]

La Restauration de 1660 causa un relatif assoupissement de la pensée politique anglaise. Mais les choses changèrent lorsque, vers la fin du règne de Charles II, il apparut que son seul successeur possible était son frère, le duc d'York, qui était catholique. La polémique s'enflamma à nouveau. Les royalistes eurent l'idée de publier, en 1680, un essai écrit trente ans plus tôt, lors de la Première Révolution, mais resté alors inédit, la *Patriarcha or the natural power of kings,* de Sir Robert Filmer. Ce livre énonçait une thèse très faible : les rois

1. D'après Blair Worden, *op. cit.*

le sont de droit naturel, puisqu'ils sont les héritiers légitimes du premier roi de l'humanité, Adam, mais aussi des arguments plus solides contre l'idée de contrat social. Il suscita deux réponses célèbres : les *Two Treatises on Civil Government* de John Locke dont nous parlerons au chapitre suivant, et les *Discourses Concerning Government* de *Sidney* (écrits entre 1680 et 1683 et publiés en 1698).

Algernon Sidney (1623-1683), d'origine aristocatique, combat pour le Parlement pendant la guerre civile. Il devient lui-même ensuite membre du Parlement, puis du gouvernement républicain en 1652-1653. Mais il rompt avec Cromwell. Il revient aux affaires en 1659. Après 1660, il est en exil, et complote contre l'Angleterre avec Français et Hollandais en 1664-1665. Revenu en Angleterre en 1677, il est exécuté en 1683 pour avoir pris part à un complot contre Charles II. Ses principales œuvres sont les *Court Maxims* (écrites en Hollande au milieu des années 1660, dans l'espoir de susciter une alliance des Républicains anglais avec le parti de Jean de Witt)[1] et les *Discourses concerning Government*[2].

Le livre de Sidney, qui réfute Filmer page par page, réaffirme le droit de résistance à l'oppression et la légitimité du tyrannicide. Il manifeste un attachement profond aux modèles républicains antiques : « Tout ce qui fut jamais désirable ou digne de louange et d'imitation dans Rome venait de sa liberté. » Sidney reprend les idées déjà traditionnelles des républicains, à savoir que « tous les peuples ont un droit naturel à se gouverner eux-mêmes ; qu'ils peuvent choisir leurs dirigeants ; que le gouvernement dérive son pouvoir du peuple, existe pour la sauvegarde et le bien-être de celui-ci et peut en être tenu pour responsable » (Sabine). Sidney insiste, comme Milton ou Harrington, sur la supériorité du système des élections. Il pense que l'élection révèle les supériorités naturelles des *best men,* et il soutient que les cours sont *a contrario* emplies d'hommes dépravés qui n'ont atteint le degré de pouvoir où on les voit que par la faveur des princes et par l'intrigue.

Sidney, héros et martyr du parti *whig,* aura une image de légende au long du XVIIIe siècle, et ses œuvres, plus accessibles que celles de Harrington, exerceront une grande influence[3].

1. Cf. Sidney, *Court Maxims,* edited by Hans W. Blom, Eco Haitsma Mulier, Ronald Janse, Cambridge University Press, 1996.
2. Cf. Algernon Sidney, *Discourses concerning Government,* edited by Thomas G. West, Liberty Classics, Indianapolis, 1990.
3. Hayek a relevé des formules de Sidney qui montrent à quel point l'idéal de la *rule of law* est, à cette date, pleinement élaboré chez les théoriciens anglais. *« Liberty solely consists in an independancy upon the will of another »* ; *« Laws that aim at the public good make no distinctions of persons »* ; les lois sont faites *« because nations will be governed by rule and not arbitrarily »* ; enfin, les lois *« ought to aim at perpetuity »* (textes cités par Hayek, *The Constitution of Liberty, op. cit.,* p. 464, n. 59). Nous n'insistons pas ici sur ces traits de la « liberté sous la loi » parce que nous les retrouverons, à l'état pleinement développé et systématique, chez Locke.

Après la Seconde Révolution de 1688, les républicains continuent à s'exprimer, et ils sont opposés au régime nouvellement mis en place, alors même qu'il s'agit d'une monarchie constitutionnelle qui réalise une partie de leur programme.

Robert Molesworth publie en 1694 *An Account of Denmark,* où, prenant occasion de son analyse de la monarchie danoise, il rappelle avec force les principes républicains (il traduira d'ailleurs, en 1711, la *Francogallia* de Hotman).

Les républicains combattent aussi le principe des *armées permanentes* (écrits de Moyle, Trenchard, Toland [*The Militia Reformed,* 1698] et Fletcher [*Discourses concerning Militias,* 1697]). Pourquoi l'Angleterre conserve-t-elle une armée alors qu'a été conclue la paix de Ryswick avec la France ? Les armées permanentes coûtent cher, justifient une fiscalité élevée et agmentent le pouvoir royal. Ces « soldats mercenaires » sont à l'opposé de l'armée populaire de conscrits voulue par les républicains.

Par armée « populaire », cependant, les républicains n'imaginent pas une troupe de prolétaires, mais plutôt – le modèle étant ici l'armée féodale, qu'ils idéalisent – des milices conduites par la *gentry* et les propriétaires. En réalité, les républicains de cette époque, plus favorables à l'aristocratie que ne l'avaient été ceux de la Révolution, Needham ou Harrington, hésitent sur la forme d'égalité qu'il convient d'instaurer. Est-ce une égalité de condition, ou une égalité devant la loi civile et la loi politique (c'est-à-dire l'égalité d'accès aux charges publiques) ? Ils ne tranchent pas. En faveur de l'égalité réelle, Moyle ou Fletcher avancent l'argument que de trop grandes disparités de richesse et de pauvreté rendent la société instable et sont contraires à la vertu. Moyennant quoi il faut souhaiter une société où il existe de nombreux francs-tenanciers. Comme d'autres Anglais de l'époque, les républicains sont persuadés que c'est l'existence d'une classe nombreuse de franc-tenanciers en Angleterre qui vaut à ce pays sa supériorité sur ses voisins.

Les républicains publient ou rééditent, autour de 1700, une série d'ouvrages qui vont former la base idéologique du parti *whig* du XVIIIe siècle : *Memoirs* d'Edmund Ludlow (un régicide de la guerre civile), *Historical and Political Works* de Milton, les *Discourses* de Sidney, *Plato redivivus* de Neville et les ouvrages de Harrington (réédités par Toland en 1700). De nouveaux auteurs s'affirment, comme *John Trenchard*, coauteur, avec *Thomas Gordon,* de *The Independant Whig* et des *Cato's Letters* qui auront une audience immense en Amérique. À noter que l'Écossais Fletcher, qui répandit les idéaux de l'humanisme civique en Écosse, eut peut-être une influence sur David Hume et Adam Smith.

Le républicanisme anglais n'eut pas d'effets politiques immédiats, parce que l'idée même de république avait été discréditée en Angleterre par la dictature de Cromwell. Quand il fut question de chasser Jacques II, les Anglais, au lieu de songer à recommencer l'expérience républicaine du Commonwealth, cherchèrent seulement un autre roi qui accepterait, lui, le régime constitutionnel. De sorte que l'idée de république ne fera à nouveau surface qu'au siècle suivant en Amérique.

Cependant, comme nous l'avons dit, la forme républicaine du régime n'était qu'un aspect de la pensée des révolutionnaires anglais ; l'autre était la « liberté sous la loi », la *rule of law,* situation de liberté civique compatible avec d'autres régimes, en particulier avec une monarchie constitutionnelle. L'examen de la logique profonde d'un régime de *rule of law* pouvait donc être repris, et la doctrine être conduite à son achèvement, par un auteur non républicain, *John Locke.*

Chapitre 4

Locke.
La doctrine de la *rule of law*

Locke est le principal théoricien de la « Glorieuse Révolution » de 1688, celle qui a instauré définitivement en Angleterre la monarchie constitutionnelle et le libéralisme économique. De nouveau, avant d'exposer sa doctrine, nous devons donner quelques précisions indispensables sur le contexte historique.

I — LE CONTEXTE HISTORIQUE.
LA SECONDE RÉVOLUTION ANGLAISE
OU « GLORIEUSE RÉVOLUTION »

En 1685, le frère de Charles II, le duc d'York, lui succède sous le nom de Jacques II. Or il est catholique et il est immédiatement soupçonné de vouloir rétablir en Angleterre, en même temps que le catholicisme, l'absolutisme. Il prend, de fait, dès son avènement, des mesures autoritaires, dont les Anglais étaient déshabitués depuis la première révolution. Beaucoup songent à le déposer en rompant avec l'ordre normal de succession. En 1688, certains d'entre eux font appel à Guillaume d'Orange, le « stadthouder » des Provinces-Unies, qui avait épousé Marie, la fille de Jacques II[1]. Guillaume débarque avec une armée, et Jacques II, sans combattre, renonce au trône (c'est le fait qu'il n'y ait pratiquement pas eu de violences qui vaut à cet événement d'être appelé par les Anglais la « Glorieuse Révolution »). Guillaume et Marie deviennent alors roi et

1. C'est pour sceller l'alliance avec l'Angleterre protestante et conjurer le danger français que Guillaume avait épousé Marie et qu'il accepta ensuite les offres anglaises.

reine[1], à la suite d'un vote des deux chambres du Parlement (13 février 1689). Le Parlement leur fait approuver un texte fondamental, le *Bill of Rights* (1689), qui renferme les principes du régime nouveau : reconnaissance de certains *droits fondamentaux* et nature *constitutionnelle*[2] du régime.

Le *Bill of Rights* dit notamment :

« Que le prétendu pouvoir de suspendre les lois ou l'exécution des lois en vertu de l'autorité royale est illégal.

« Que le prétendu pouvoir de dispenser des lois ou de l'exécution des lois en vertu de l'autorité royale tel qu'il a été pris et exercé récemment est illégal.

« Que le fait de percevoir de l'argent pour la Couronne ou à son usage sous prétexte de prérogative sans le consentement du Parlement pour une période plus longue ou d'une autre manière que celui-ci n'y a ou n'y aura consenti est illégal ».

Donc c'est un vrai *contrat* entre le Parlement et le nouveau roi, diamétralement opposé aux principes de Hobbes. Le peuple anglais existe, il est représenté par le Parlement : il ne doit pas son existence au roi. Le peuple se choisit, parmi plusieurs « candidats » possibles, le roi qui est prêt à s'engager vis-à-vis du peuple à respecter une constitution (le *Bill of Rights*), aux clauses nettement définies, offrant prise à des réclamations en cas d'abus.

La philosophie politique de ce système a été formulée par *John Locke,* qui a fait circuler, depuis 1680, dans les milieux *whigs,* ses deux *Traités sur le gouvernement civil*[3].

II — LOCKE. PRÉSENTATION

Vie

John Locke naît en 1632. Il passe son enfance près de Bristol. Il est fils d'un homme de loi, petit-fils d'un commerçant. Il fait des études littéraires et de médecine à Oxford, où il enseignera le grec. Il devient médecin personnel du comte de Shaftesbury, dont il accompagne toute la carrière. Il fait un long séjour en France (de 1672 à 1679), où il fréquente notamment la célèbre Faculté de médecine de Montpellier. Lord Shaftesbury ayant été accusé d'une

---

1. Guillaume n'est pas « prince consort », mais roi. C'est une monarchie à deux têtes. Guillaume était également petit-fils de Jacques Ier par sa mère. Il avait donc une apparence de légitimité, comme plus tard les Orléans en France (la comparaison sera faite).

2. Mais pas encore *parlementaire,* au sens où il existerait une responsabilité du gouvernement devant le Parlement : cela viendra au XVIIIe siècle.

3. Le nouveau régime adopte également une législation sur la tolérance (*Toleration Act* de 1689) qui consacre la liberté de toutes les sectes protestantes, même s'il y a une Église anglicane établie, et qui écarte, en revanche, les catholiques de toutes fonctions publiques (les catholiques anglais ne seront affranchis qu'en 1829). Cette législation est également inspirée par les écrits de Locke sur la tolérance (cf. *infra*).

intrigue visant à modifier l'ordre de succession au trône pour écarter le futur Jacques II et ayant été exilé (1683), Locke est inquiété à son tour et privé de son enseignement à Oxford. Il doit passer en Hollande (1683), où il vit jusqu'en février 1689 et où il rencontre Guillaume d'Orange. De retour en Angleterre, il sera commissaire royal (c'est-à-dire ministre) au Commerce et aux Colonies, mais il se retirera rapidement, afin de pouvoir poursuivre son œuvre intellectuelle. Il meurt en 1704.

Œuvres

1667 : *Essai sur la tolérance* ;
1669 : les *Constitutions fondamentales de Caroline* (texte collectif auquel Loke a contribué) ;
1674 : *Sur la différence entre pouvoir ecclésiastique et pouvoir civil* ;
1686 : *Lettre sur la tolérance* (publiée en 1689) ;
1686 : *Pensées sur l'éducation* (publiées en 1693) ;
1690 : *Essai concernant l'entendement humain* (nouv. éd. amplifiées et corrigées en 1694, 1697, 1699, 1705) ;
1690 : parution, sans nom d'auteur, des deux *Traités sur le gouvernement civil* écrits en 1680[1] ;
1690 : seconde *Lettre sur la tolérance* (répondant aux objections faites à la première) ;
1692 : un ouvrage sur les taux d'intérêt et la monnaie ;
1695 et 1697 : textes sur l'accord entre le christianisme et la raison ;
1704 : *Histoire de la navigation*.

Dans son *Essai sur l'entendement humain,* Locke critique l'innéisme de Descartes et pose le problème de l'origine et des limites de la connaissance. Il se montre empiriste, sans aller jusqu'au sensualisme, puisque, si les idées simples sont bien fournies passivement à l'entendement par la sensation, les idées complexes, elles, sont construites par la raison. Cet équilibre entre empirisme et rationalisme se retrouve dans son œuvre politique.

Celle-ci comporte deux principaux volets, les écrits sur la tolérance[2] et les deux *Traités du gouvernement civil*[3].

---

1. Locke niera en être l'auteur jusque sur son lit de mort.
2. Dont nous ne parlerons pas longuement ici, parce que nous avons déjà évoqué les débats sur la tolérance, largement antérieurs à Locke (cf. *supra,* p. 201 et 270-275) et que nous aurons encore à en parler à propos de Pierre Bayle (cf. *infra,* p. 414-420). Contentons-nous des brèves indications suivantes. Locke, qui était anglican, a d'abord, dans des écrits de la période de la Restauration, approuvé la répression des sectes dissidentes : le magistrat civil peut imposer une unité de culte, dès lors qu'il ne touche qu'à des choses « indifférentes » au salut (le culte extérieur, les vêtements sacerdotaux...). Puis, à mesure que sa théorie de la connaissance s'affine, Locke découvre qu'on ne peut tracer une frontière claire entre les choses « nécessaires » et « indifférentes » en matière de foi. La connaissance humaine est fondamentalement limitée. Locke, dans la *Lettre* de 1686 (écrite simultanément à la rédaction par Bayle de son *Commentaire philosophique* : mais il semble qu'il n'y ait eu influence, ni de Bayle sur Locke, ni l'inverse), reformule avec une netteté

Locke, dans le premier *Traité,* réfute les thèses monarchistes de Robert Filmer disant que le pouvoir politique ne peut être que-royal et que le « pouvoir paternel » des rois est fondé à la fois en nature et selon la Révélation, les rois étant les successeurs d'Adam[1].

Mais, si cette théorie est fausse, « il faut nécessairement découvrir une autre genèse du gouvernement ». Pour cela, il faut remonter à l'*état de nature.*

remarquable les grandes thèses élaborées dans les décennies précédentes en faveur de la tolérance. Il est à la fois injuste, inefficace et impie d'user de contrainte en matière de foi. Le magistrat civil n'a rien à dire sur la religion. Il n'est responsable que de l'ordre public, et il ne peut limiter la liberté religieuse des sujets que si elle menace cet ordre, et à ce titre seulement. C'est le cas des catholiques, lorsqu'ils disent par exemple qu'on n'est pas tenu aux promesses faites à des hérétiques, qu'on peut détrôner un roi qui n'est pas de la vraie religion, et qu'on doit obéir à un souverain étranger (et Locke est un des inspirateurs du *Toleration Act*).

3. Cf. John Locke, *Deuxième Traité sur le gouvernement civil,* Résumé du *Premier traité sur le gouvernement civil,* introduction, traduction et notes par Bernard Gilson, Vrin, 1985 ; *Traité du gouvernement civil,* trad. de David Mazel, éd. de Simone Goyard-Fabre, Garnier-Flammarion, 1984. En anglais : *Two Treatises of Governement,* Introduction by W. S. Carpenter, Dent, London and Melbourne, Everyman's Library, 1984.

1. La *Patriarcha* de Filmer (cf. *supra,* p. 257) avait été rééditée en 1680 (d'autres essais du même auteur avaient été publiés dès 1679, dont *Remarques sur Hobbes, Milton*). Filmer était mort en 1653 ; à peine connu de son vivant pour une série de pamphlets proroyalistes, il avait été complètement oublié depuis. Nous avons vu que le regain d'intérêt pour son œuvre était lié à la renaissance des controverses politiques à l'approche de la probable montée sur le trône de Jacques II. Alors que Sidney fut exécuté, Locke, qui écrivait dans le même sens, put échapper à la répression parce qu'il vivait aux Pays-Bas (refuge d'ailleurs imparfait, puisqu'il faillit y être assassiné par la police secrète anglaise). Les arguments de Locke pour réfuter Filmer sont classiques. Il se réfère à la distinction, formulée par Aristote et connue de tous les scolastiques médiévaux et modernes, entre pouvoir politique et pouvoir domestique. Le pouvoir du père sur les enfants est domestique, non politique ; donc le pouvoir politique des rois ne saurait se déduire du pouvoir paternel d'Adam. De toute façon, le pouvoir paternel n'est pas absolu. Donc la monarchie absolue n'est pas fondée en droit naturel. Locke ajoute tout de même un argument propre, qui n'est pas sans intérêt. Il y a bien un pouvoir des parents sur les enfants, et ce pouvoir n'est certes pas contractuel ou consenti par les enfants ; mais il ne dure qu'aussi longtemps que les enfants ne sont pas capables de connaître la loi, tant celle de la nature que la loi positive, c'est-à-dire tant que l'enfant n'a pas atteint sa majorité (*Deuxième Traité sur le gouvernement civil,* § 62). Un enfant, tant qu'il est mineur, n'est donc pas libre. S'il perd ses père et mère, il est mis en tutelle auprès de personnes qui n'ont avec lui aucun lien de filiation. Ce qui prouve bien que le fondement de la sujétion n'est pas la *filiation* en tant que telle, mais l'incapacité *actuelle* du mineur à se gouverner. De même, les personnes incapables de se gouverner, fous ou débiles mentaux, restent en tutelle même après qu'elles ont atteint l'âge adulte (§ 59-60). Même les fils de roi, qu'on dit pères universels, sont mis en tutelle quand leur père meurt et ils doivent attendre leur majorité pour régner (§ 61).

III — L'ÉTAT DE NATURE

L'état de nature est un état de liberté et d'égalité, puisqu'il n'y existe pas de subordination entre les hommes, qui sont « d'une même espèce et d'un même ordre », sont « nés sans distinctions » et ont « les mêmes facultés ».

Thèse déjà classique à l'époque de Locke : d'origine antique, elle a été reformulée par la Seconde Scolastique (cf. *supra*, p. 186), par Grotius, puis exprimée sous diverses formes pendant la Révolution anglaise, en dernier lieu par les *Levellers* (cf. *supra*, p. 275-276).

La liberté naturelle, cependant, n'est pas illimitée. Elle est bornée par « la loi de nature » elle-même, laquelle se confond avec la raison, qui « enseigne à tous les hommes qu'étant tous égaux et indépendants, nul ne doit nuire à un autre quant à sa vie, sa santé, sa liberté, son bien ». La même logique du droit de nature implique que je puisse punir celui qui me nuit et qui, ce faisant, viole la loi de nature. Et tout le monde, dans l'état de nature, possède ce droit, qui a deux aspects : *empêcher de nuire, obtenir réparation des dommages*. Ce droit de défense et de châtiment est d'ailleurs lui-même limité ; on ne peut pas faire n'importe quoi d'un coupable, on ne peut que

« lui infliger les peines que la raison tranquille et la pure conscience dictent, peines proportionnées à sa faute, et qui ne tendent qu'à réparer le dommage qui a été causé, et qu'à empêcher qu'il en arrive un semblable à l'avenir. [...] En cette occasion et sur ce fondement, chacun a le droit de punir le coupable et d'être l'exécutant de la loi de nature » (§ 8)[1].

On dira qu'il est absurde de poser que l'homme puisse être lui-même exécutant de la loi en ses propres intérêts, car l' « amour-propre *(self-love)* rend les hommes partiaux en leur propre faveur et en faveur de leurs amis ». Certes, et c'est bien pourquoi nous verrons qu'il sera avantageux de sortir de l'état de nature : dans l'État pourront être érigés des juges véritablement impartiaux. Mais, inversement, il ne suffit pas que les hommes s'associent et créent un État pour qu'ils soient délivrés *ipso facto* de leurs passions et de leur partialité.

« Les monarques absolus, en particulier, ne sont que des hommes. [...] Et je voudrais savoir quelle sorte de gouvernement est celui où un seul homme, commandant à une multitude et ayant la liberté d'être juge en sa propre cause,

---

1. Sur ces derniers points encore, la conception lockéenne des droits naturels est traditionnelle ; nous en avons vu chez Grotius la même liste que chez Locke : propriété, respect des contrats, réparation des torts, *jus gladii* (cf. *supra*, p. 232-233 et 236-237).

peut faire à tous ses sujets tout ce qu'il lui plaît sans la moindre question ou le moindre contrôle de ceux qui exécutent ses volontés. En quoi un tel gouvernement est-il supérieur à l'état de nature ? » (§ 13).

On voit ainsi que, pour Locke (qui, là encore, s'aligne sur la vieille tradition venant d'Aristote, saint Thomas, De Soto, Suarez ou Grotius...), l'état de nature est déjà un état *social* (même s'il n'est pas un état *civique* ou *politique*). Déjà, à l'état de nature, les hommes *sont obligés de faire ou de ne pas faire certaines choses les uns à l'égard des autres,* alors même qu'il n'y a eu entre eux aucune convention expresse.

L'homme à l'état de nature est à ce point un être social que Locke observera plus loin (§ 128) que les hommes à l'état de nature forment *une communauté unique pour toute l'humanité*. La constitution de corps politiques séparés doit être interprétée, de ce fait, comme une dé-socialisation autant que comme une socialisation, puisque l'institution d'États aboutit à un morcellement de la communauté humaine originaire. Une communauté politique, c'est une communauté *dissidente* par rapport à la communauté naturelle universelle du genre humain. Ce qui paraît ouvrir au moins la perspective (ou plus exactement retrouver la perspective, stoïcienne et chrétienne) qu'on puisse viser à créer une société politique universelle, adéquate à la société naturelle universelle – voie que, nous le verrons, Kant explorera un siècle plus tard.

Au nombre des règles qui existent déjà à l'état de nature, il convient de compter le *respect de la propriété privée*.

IV — DOCTRINE DE LA PROPRIÉTÉ

Nous savons, tant par la raison naturelle que par la Révélation, que la terre appartient aux hommes[1]. Mais de ce que la terre, dans son ensemble, appartient à la collectivité humaine, il ne résulte pas encore que l'homme *individuel* puisse s'approprier des *fractions* de la terre[2]. La thèse que Locke va développer est que l'homme peut *s'approprier légitimement par son travail des fractions de la nature*. Son raisonnement est remarquable.

1) *Le travail, prolongement du corps, légitime la propriété privée*

Si l'on admet que tout appartient à tous, et qu'on l'admet sur le fondement du droit naturel qu'a un être de nature d'avoir de quoi

---

1. Par la raison naturelle : puisqu'il est de droit naturel de conserver sa vie, il l'est de se procurer de quoi manger, boire, se vêtir, se loger, etc. Par la Révélation : Dieu, dans la *Genèse,* soumet explicitement la nature à l'homme.
2. Même mouvement argumentatif que dans la célèbre question sur la propriété de la *Somme théologique* de saint Thomas d'Aquin, cf. *HIPAMA,* p. 658-661.

subsister conformément aux besoins de sa nature, on admet qu'un homme puisse cueillir, par exemple, des glands ou des pommes. Mais, quand il les aura digérés, personne ne songera à les lui redemander. Ce serait contraire au droit de nature : car ils seront devenus une partie de son corps, qui lui appartient et dont il a le droit de protéger l'intégrité contre toute attaque et même contre toute menace. Locke demande alors : « Quand est-ce que ces choses que [l'homme] mange *commencent* à lui appartenir en propre ? Lorsqu'il les digère, ou lorsqu'il les mange, ou lorsqu'il les cuit, ou lorsqu'il les porte chez lui, ou lorsqu'il les cueille ? » En fait, elles lui appartiennent dès qu'il commence à *prendre du soin et de la peine pour les tirer de la nature.*

« Ce travail *distingue* ces fruits des autres biens qui sont communs ; il *y ajoute quelque chose de plus* que la nature, la mère commune de tous, y a mis ; et par ce moyen, ils deviennent son bien particulier. »

Le travail est lui-même un prolongement du corps, de sorte que, de proche en proche, à partir de l'idée d'une possession par chacun de son propre corps, on peut justifier que chacun possède les biens extérieurs modifiés par son corps. « C'est le *travail* qui met différents *prix* aux chose*s* » (§ 40).

Ceci s'applique aux fruits de la terre, mais aussi à la terre elle-même.

« Autant d'arpents de terre qu'un homme peut labourer, semer, cultiver, et dont il peut consommer les fruits pour son entretien, autant lui en appartient-il en propre » (§ 32).

Ceci est vrai, Locke y insiste, sans que personne ait eu besoin de donner quelque *consentement* que ce soit : la propriété privée est fondée en droit naturel avant toute reconnaissance par la société.

« Il ne sert à rien d'alléguer que chacun a autant de droits que lui [à ces arpents de terre] et que, pour cette raison, il ne peut les fermer d'une clôture sans le consentement de tous les autres hommes, lesquels ont part, comme lui, à la même terre commune. Car, lorsque Dieu a donné en commun la terre au genre humain, il a commandé en même temps à l'homme de travailler[1] » *(ibid.).*

Ce n'est pas le droit positif, le législateur, qui instaure la propriété (et distribue alors à son gré les parts de chacun, arbitrant comme il lui plaît entre propriété collective et propriété privée, donnant et retirant à chacun ses parts en fonction de ce qu'il juge être l'intérêt général), c'est la nature elle-même ; le droit positif ne pourra que sanctionner *a posteriori* ce droit.

---

1. Cf. la *Genèse* : « Tu gagneras ton pain à la sueur de ton front » (*Gen.* 3, 19).

2) *Il ne faut pas gâcher les ressources naturelles*

Cependant, comme ce qui justifie l'appropriation privée de biens naturels, ce sont les besoins naturels de l'individu, *ces besoins mêmes limiteront l'appropriation*[1]. Si je prends plus de fruits que je ne peux en manger et qu'ils pourrissent, cependant qu'un autre homme meurt de faim, ces fruits auront été détournés de leur destination naturelle et ce sera un abus manifeste.

« Si l'on passe les bornes de la modération et que l'on prenne plus de choses qu'on en a besoin, on prend, sans doute, ce qui appartient aux autres. Dieu n'a rien fait et créé pour l'homme, qu'on doive laisser corrompre et rendre inutile » (§ 31).

Locke n'a d'ailleurs pas le même sentiment que les modernes au sujet de la rareté des terres. Il pense qu'un homme qui se voit refuser l'accès à une terre peut toujours aller plus loin. La Terre est vaste et la nature a bien fait les choses : nul ne peut travailler et s'approprier tant de terres qu'il n'en reste pas pour autrui. Quand Abraham et Lot se gênent, ils décident de se séparer, l'un allant à droite avec ses troupeaux, l'autre à gauche[2]. La colonisation des immensités américaines renforce encore ce sentiment chez les contemporains de Locke.

Locke voit bien, cependant, que ce qui s'est passé au commencement du monde et se passe encore dans quelques coins reculés de la Terre ne peut continuer tel quel avec l'augmentation de la population, les progrès de l'industrie et l'invention de l'argent. D'où un second moment du raisonnement.

3) *La part du travail est prédominante dans la valeur des biens résultant d'une coopération sociale*

Si c'est le travail qui approprie les biens à chacun, il suit de là qu'autant le travail aura de part dans la production des biens, autant la propriété privée prévaudra par rapport à la propriété collective. Certes, la nature, en tant que telle, reste propriété indivise de l'humanité. Mais, dans la société moderne, dit Locke, il n'y a peut-être pas un centième des biens effectivement utilisés qui vienne *directement* de la nature. 99 % des biens, désormais, sont le fruit du travail (§ 40) ; ils doivent donc appartenir, d'après les prin-

---

1. On retrouve le principe du raisonnement d'Aristote, cf. *HIPAMA,* p. 144.
2. *Gen.* 13, 5 ; 36, 6.

cipes retenus, à des propriétaires privés, aucune prétention à la propriété collective ne pouvant être élevée sur les biens qui n'existent que par le travail de quelqu'un en particulier.

Ceci n'est pas vrai seulement des biens manufacturés, mais des produits agricoles eux-mêmes : « Les effets du travail font la plus grande partie de la valeur de ce qui provient des terres » *(ibid.).*

Exemple frappant, aux yeux de Locke, de cette vérité. Les Américains (entendons par là les sauvages d'Amérique) ont autant de terres qu'ils veulent et même plus qu'ils n'en pourront jamais cultiver. Cependant, ils sont extrêmement pauvres par comparaison aux colons. La raison en est que ceux-ci travaillent beaucoup le peu de terre qu'ils ont et qu'ils appartiennent à une société de forte division du travail où existe une grande variété d'industries, alors que les sauvages travaillent très peu et isolément. D'où le constat qu' « un roi en Amérique, qui possède de très amples et fertiles districts, est plus mal nourri, plus mal logé et plus mal vêtu que n'est en Angleterre et ailleurs un ouvrier à la journée » (§ 41). Une terre non cultivée est un « désert », elle ne produit « rien ».

« La nature et la terre fournissent presque les moins utiles matériaux, considérés en eux-mêmes ; et l'on pourrait faire un prodigieux catalogue des choses que les hommes ont inventées, et dont ils se servent, pour un pain, par exemple, avant qu'il soit en état d'être mangé, ou pour la construction d'un vaisseau, qui apporte de tous côtés tant de choses si commodes et si utiles à la vie ; je serais infini, sans doute, si je voulais rapporter tout ce qui a été inventé, tout ce qui se fabrique, tout ce qui se fait, par rapport à un seul pain, ou à un seul vaisseau[1]. Tout cela montre évidemment que bien que la nature ait donné toutes choses en commun, l'homme néanmoins, étant le maître et le propriétaire de sa propre *personne,* de toutes ses *actions,* de tout son *travail,* a toujours en soi le grand fondement de la propriété ; et que tout ce en quoi il emploie ses soins et son industrie pour le soutien de son être et pour son plaisir, surtout depuis que tant de belles découvertes ont été faites, et que tant d'arts ont été mis en usage et perfectionnés pour la commodité de sa vie, lui appartient entièrement en propre, et n'appartient point aux autres en commun » (§ 43-44, n.s.).

Comme c'est le travail qui crée la plupart des richesses, et que ses fruits doivent toujours légitimement appartenir à des propriétaires privés, la plupart des biens existant dans les sociétés modernes relèveront du régime de la propriété privée (même s'il reste vrai que la nature, en tant que telle, doit rester propriété indivise de la collectivité humaine).

---

1. Ce caractère de la division du travail, qui dépasse vite l'imagination, sera remarqué à nouveau par Adam Smith dans les célèbres premières pages de *La Richesse des nations,* où est dressé le « prodigieux catalogue » évoqué par Locke.

4) *Échange et monnaie*

Ceci étant, l'*échange* et la *monnaie* ont quelque peu modifié les termes du problème.

Puisque ce qui légitime l'arrachement à la nature de ses fruits, c'est la satisfaction des besoins naturels des hommes, Locke pose que, tant que ce qu'un individu puise dans la nature sert à des hommes, même autres que le producteur, l'emprunt reste légitime puisque les biens ne sont pas détournés de leur destination. Ceci fonde le principe de l'échange : si j'obtiens à partir de la nature, par mon travail, une quantité d'un bien supérieure à ce que nécessite ma consommation personnelle, et si je fais en sorte que ce supplément soit consommé par autrui, la parcelle de la nature que j'aurai prélevée sera bien utilisée selon sa destination naturelle, elle ne sera pas gâchée ; et j'ai le droit d'exiger, en échange du fruit de mon travail, celui du travail d'autrui, qu'il aura obtenu, de son côté et tout aussi légitimement que moi, en s'arrangeant pour se procurer une quantité de biens naturels plus grande que ce qui aurait été nécessaire pour sa consommation individuelle.

Cette faculté d'échange reste cependant limitée aussi longtemps qu'il n'y a pas de monnaie pour la médiatiser. En effet, les fruits de la nature ont en général une durée de vie limitée. Il ne servirait donc à rien d'en prélever une quantité telle que ni moi ni mon partenaire dans l'échange ne pourrait la consommer avant qu'elle ne se gâte. Il ne me servirait à rien, par exemple, de cueillir une tonne de pommes, parce que j'ai peu de chances de pouvoir échanger *immédiatement* la différence entre cette récolte et ma consommation personnelle contre des biens pouvant me servir *immédiatement*. Si un partenaire me donne en échange 100 kg de gibier, tant le gibier que les pommes seront corrompus avant que moi-même et mon partenaire puissions consommer nos parts respectives, et par conséquent, en droit naturel, tant l'appropriation du gibier que celle des fruits seront illégitimes. L'on pourra soutenir que ces biens, ayant été gâchés, ont été arrachés à la nature sans raison et au détriment d'autres hommes (cf. § 37).

En revanche, la monnaie est un bien inaltérable, auquel les hommes s'accordent pour conférer une valeur permanente. Aussi permet-il de *différer la consommation* des choses échangées. Contre ma tonne de pommes, j'obtiens non du gibier périssable, mais une certaine quantité de métal précieux inaltérable ; je peux donc garder celui-ci aussi longtemps que je veux, et ne dépenser cette somme, qui au reste est indéfiniment divisible, qu'au fur et à mesure que j'aurai besoin de gibier ou de n'importe quels autres biens plus ou moins périssables. Cela change tout, car

« si l'homme dont nous parlons a pris, à la vérité, plus de fruits et de provisions qu'il ne pouvait en utiliser, mais qu'il en ait donné une partie à quelque autre personne, en sorte que cette partie ne se soit pas pourrie en sa possession, elle aura aussi été utilisée. Aussi [...] *il ne fait nul tort à qui que ce soit* [...], l'excès d'une propriété ne consistant point dans l'étendue d'une possession, mais dans la pourriture et dans l'inutilité des fruits qui en proviennent » (§ 46).

C'est ici que Locke se démarque du raisonnement conservateur d'Aristote. La nature limite bien la propriété : une propriété excédant les besoins naturels est illégitime. Mais, pour juger de ces besoins naturels, il ne faut pas se référer au producteur *individuel,* il faut considérer les besoins *sociaux.* Tant que la société consomme tout ce qui est produit, il n'y a nul excès, nul gâchis, nulle atteinte aux lois de la nature, bien au contraire, puisque cela contribue au bonheur de l'humanité (nul « écologisme » chez Locke, qui s'en tient à la doctrine biblique : Dieu a soumis à l'homme la nature minérale, végétale et animale). Le fait que quelques producteurs puissent alors devenir plus riches que d'autres ne change rien à l'affaire. La nature n'est un principe de limitation qu'en ce qu'elle interdit tout *gâchis* ; elle ne prescrit rien quant à la *répartition* des richesses. Les hommes sont égaux en droits, ce qui exclut donc qu'il y ait des riches qui le soient *aux dépens* des pauvres. En revanche, celui qui travaille plus ou mieux ne nuit évidemment en rien à autrui et, par suite, s'il est plus riche, cela n'est nullement condamnable (même si cela provoque l'*envie* : mais Locke ne tient pas compte de ce sentiment ; ce qui est immoral aux yeux de Dieu, il l'a rappelé, c'est de *ne pas travailler*).

En résumé, la possession de richesses, même inégales, est juste, dans la mesure où elle résulte d'un processus qui n'a pas nui aux droits naturels d'autrui et où ces richesses sont les fruits du travail et de l'échange (§ 50)[1].

5) *La* property *ou « domaine propre »*

Dans l'état de nature, l'homme est à la fois libre et engagé dans des liens de société. Il a des droits naturels : conserver sa vie, son

---

1. C'est ce que disait, on s'en souvient, Luis de Molina (1535-1600) : la justice est dans les procédures, non dans le résultat (cf. *supra,* p. 192). La valeur attachée à la justice des procédures d'échange ou justice « procédurale » plutôt qu'à la justice de la répartition finale des richesses est une constante de la tradition libérale (elle sera affirmée par exemple par Hume, cf. *infra,* p. 350-351).

corps, les fruits de son travail, le fruit de ses échanges avec autrui ; les défendre contre toute menace ; obtenir réparation des dommages. Tout ceci se résume en un mot : il a une *property,* une « propriété ».

Il est essentiel de comprendre que Locke, par ce mot, n'entend pas seulement la propriété *des biens,* mais tout ce qui « appartient en propre » à l'individu à l'état naturel, à savoir, certes, ses *biens,* mais d'abord sa *liberté* et sa *vie* (§ 123). Cette liste – « la vie, la liberté, les biens », constituant ensemble la « propriété » – revient textuellement une dizaine de fois dans l'ouvrage : c'est donc, chez Locke, un concept soigneusement construit. La traduction la plus satisfaisante de *property* semble être « domaine propre »[1]. Est désigné par là un tout indissociable. C'est en fait *la personne humaine elle-même* dans son acception la plus large. On ne peut, comme Hobbes, comme Rousseau ou comme Marx (ou comme les communistes antiques que réfutait déjà Aristote), distinguer l' « homme », censément réduit à son corps matériel, de son domaine propre. L'homme ne se réduit pas à son corps, il *est* aussi ce qu'il *fait* avec ce corps, ce qu'il *produit,* ce qu'il *invente,* et plus généralement ce qu'il *a* et ce qu'il *a obtenu en échange de ce qu'il a,* il est la somme des résultats de ses libres actions. Par suite, on n'est pas plus fondé à attenter à quelque élément de son domaine propre autre que son corps, qu'on ne le serait à lui couper un bras ou une jambe de ce corps. La communauté des biens n'est pas seulement une atteinte directe, flagrante, au droit naturel, elle est contraire à toutes les valeurs de l'humanisme.

V – LE PASSAGE DE L'ÉTAT DE NATURE À L'ÉTAT POLITIQUE

1) *Difficultés inhérentes à l'état de nature*

Il faut ajouter maintenant que la *property* de l'homme, à l'état de nature, est exposée à une grande précarité – Locke retrouve la ligne d'argumentation des thomistes de la Seconde Scolastique, De Soto ou Suarez.

« Si l'homme est aussi libre qu'on l'a dit dans l'état de nature, s'il est le maître absolu de sa personne et de ses biens [...], il n'en a qu'une jouissance très précaire et constamment exposée aux empiétements d'autrui. Tout le monde

---

1. Ou « ce qui appartient en propre », périphrase par laquelle le traducteur de 1795, Mazel, traduit *property.* Le mot français « propriété » est manifestement trop restrictif.

est roi autant que lui, chacun est son égal, et la plupart ne respectent strictement ni l'équité, ni la justice, ce qui rend la jouissance de la propriété qu'il a dans cet état très dangereuse et très incertaine » (§ 123).

En effet, les lois de nature, bien que « claires et intelligibles à toutes les créatures raisonnables », ne sont pas observées dans l'état de nature, en raison de la force des intérêts et de « l'ignorance qui résulte du manque d'étude » (§ 124). À cette précarité, il faut trouver un remède.

2) On ne saurait quitter l'état de nature pour un état qui serait pire

Il faudra prendre garde à ce que ce remède ne soit pas pire que le mal, puisqu' « on ne saurait prêter à une créature raisonnable l'intention de changer d'état pour être plus mal » (§ 131).

Or l'état de nature, même s'il est précaire, n'est pas chez Locke, comme il l'est chez Hobbes, mortel. Chez ce dernier, on était prêt, pour sauver sa vie, à sacrifier sa liberté ; étant donné que, chez Locke, il n'y va pas à proprement parler de la vie, mais seulement de la tranquillité et de la prospérité, on n'est certainement pas prêt à payer le même prix pour passer à l'état politique. On ne changera d'état qu'à la condition de conserver, au minimum, ce qu'on avait déjà dans l'état de nature. Bien plus, l'entrée dans l'état politique ne sera pas irréversible. On pourra, le cas échéant, dénouer les liens qui ont été liés et revenir à l'état de nature, puisqu'on sait que celui-ci, bien que difficile à vivre, est tenable, au moins le temps nécessaire pour rebâtir une société civile plus satisfaisante. Il y aura donc un droit de *dissidence* pour l'individu, de *résistance à l'oppression* pour les peuples.

Cette perspective était impensable chez Hobbes, pour qui remettre en cause l'État, c'était se vouer *ipso facto* à la mort. Le contrat social était conçu comme un « mouvement de panique » aboutissant à une situation irréversible. Il sera, chez Locke, une décision réfléchie et volontaire, et qui reste soumise à critique à tout moment. Locke s'en remet ici à l'autorité de Hooker[1], qui dit que ce n'est que pour « suppléer à ce qui nous manque » que nous sommes portés à rechercher la société d'autrui.

1. Richard Hooker (1554-1600).

3) *Pour mettre fin à la précarité de la vie naturelle,*
il est avantageux de se réunir
et d'abandonner à la collectivité ainsi constituée
certains droits de nature

Pour mettre fin à la précarité de la vie naturelle, l'homme « solli-cite et consent à prendre pour associés d'autres hommes, qui se sont déjà réunis, ou projettent de se réunir, afin de sauvegarder mutuelle-ment leurs vies, leurs libertés et leurs biens, ce que je désigne sous le nom général de *property* » (§ 123).

Pour que cela soit possible, il faut et il suffit que chacun d'entre eux *renonce à exercer lui-même son droit naturel de punir les offenses,* et l'aliène à la collectivité. Ce droit consistait tant à *juger* des offenses commises qu'à obtenir soi-même *vengeance* et *réparation.* Il faudra donc que la collectivité possède des *lois,* qu'elle *juge* conformément à ces lois, puis *exécute* le jugement : à ce prix, le droit naturel de punir sera assuré valablement par la collectivité en lieu et place de chacun, et il sera raisonnable, pour l'individu, de s'en dessaisir.

Se déduisent de là les trois caractères essentiels de l'association politique. Elle possédera (§ 124-126) :

— des *lois* « établies, connues, reçues et approuvées d'un commun consente-ment », ce qui sera possible dans la mesure où elles reproduiront, en subs-tance, la justice naturelle ;
— un *arbitre* appliquant les lois d'une manière impartiale et objective, ce qui sera possible puisqu'il ne sera pas personnellement impliqué dans les causes et sera donc exempt des passions et des intérêts qui troublent le jugement dans l'état de nature ;
— un pouvoir capable d'*exécuter* les sentences de ce juge, ce qui sera possible parce que le pouvoir pourra disposer, pour ce faire, de la force coalisée de tout le corps social.

En contrepartie de cette protection, celui qui veut les avantages de l'État devra respecter ses lois, qui « resserrent en plusieurs choses la liberté qu'on a par les lois de la nature » : la liberté sera canalisée (§ 129). D'autre part, il devra renoncer à son droit naturel de punir au profit de l'autorité (sauf en cas de légitime défense, où l'urgence ne permet pas à l'État d'intervenir) (§ 130).

Avec un contrat social ainsi conçu, on n'aura pas perdu au change, car :

— sera conservée la *property,* donc l'essentiel des droits naturels ;
— seront aliénés des droits – juger de ses différends avec autrui, se venger – qui ne sont que des conditions d'exercice des premiers, et qui, précisément, seront mieux exercés par l'État qu'ils ne l'étaient par l'individu.

Ces définitions permettent de voir que la monarchie absolue « est, à vrai dire, *incompatible avec la société civile* » (§ 90). En effet, sous l'absolutisme, il n'y a personne qui puisse arbitrer les conflits qu'on a avec le monarque. Celui-ci est donc encore, au sens strict, dans l'*état de nature* avec la société sur laquelle il règne, et il est exposé à toutes les barbaries de cet état, de même qu'il y expose ses sujets (§ 90-94). L'erreur de Hobbes – auquel Locke se réfère implicitement – est précisément de n'avoir pas vu que, dès lors que quelqu'un était *exclu* du contrat social, il restait dans l'état de nature, et que tous les autres gardaient par rapport à lui leur droit naturel de venger eux-mêmes leurs offenses (cf. § 87).

À noter que l'analyse lockéenne qui déduit rigoureusement les fonctions régaliennes de l'État de l'existence de certains droits naturels de l'homme, les uns (la *property*) qui sont conservés par l'homme quand il passe à l'état politique, les autres (le droit de juger des torts d'autrui et de venger ces torts) étant aliénés à l'État, permet de donner un fondement rationnel à la division traditionnelle des pouvoirs de l'État en trois niveaux, législatif, judiciaire et exécutif.

Le contrat social lockéen

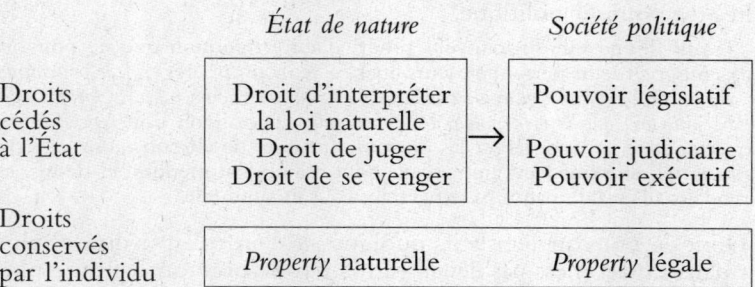

4) *La seule fin des associations politiques est de protéger la* property

La sortie de l'état de nature n'a de sens, avons-nous dit, que si elle aboutit à mieux protéger la *property* que l'homme possède à l'état naturel. Il en résulte que l'État *n'a pas d'autre raison d'être que celle-là* et que toute autre fin qu'on prétendrait lui donner irait au-delà du mandat qui le constitue.

« La fin capitale et principale, en vue de laquelle les hommes s'associent dans des républiques et se soumettent à des gouvernements, c'est la conservation de leur *property* » (§ 124).

L'État, par suite,

« ne doit utiliser la force de la communauté, à l'intérieur, que pour assurer l'application [des] lois et, à l'extérieur, que pour prévenir ou réparer les atteintes de l'étranger, et mettre la communauté à l'abri des incursions et de l'invasion » (§ 131).

Pas de guerres de conquêtes, ou pour assurer les intérêts dynastiques des rois. Et, à l'intérieur, l'État ne sera pas fondé à user de coercition pour faire advenir des prétendues « finalités collectives », de « grands desseins » justifiant le mépris des finalités individuelles. L'association a pour seule fin de créer un cadre dans lequel les individus puissent poursuivre pacifiquement leurs propres fins.

« [L'emploi des pouvoirs coercitifs de l'État à l'intérieur comme à l'extérieur] ne doit tendre à aucune autre *fin* que la *paix*, la *sûreté* et le *bien public du peuple* » (§ 131).

5) *Les limites de la souveraineté*

De ce que la préservation du « domaine propre » est la seule fin de la société politique résulte une autre conséquence majeure : les limites du pouvoir politique.

« [Étant donné que les citoyens n'ont] d'autre intention que de pouvoir mieux conserver leurs personnes, leurs libertés, leurs propriétés [...], *le pouvoir de la société ou de l'autorité législative établie par eux ne peut jamais être supposé devoir s'étendre plus loin que le bien public ne le demande.* Ce pouvoir doit se réduire à mettre en sûreté et à conserver les domaines propres de chacun *(to secure every one's property),* en remédiant aux défauts dont il a été fait mention ci-dessus, et qui rendaient l'état de nature si dangereux et si incommode. »

Donc le pouvoir législatif, quoique *suprême* (c'est-à-dire le plus haut dans l'État) n'est pas *absolu* (il n'a pas de pouvoir légitime plus grand que celui qu'a l'État même) : il est limité, comme l'État lui-même, *par les droits naturels.*

« C'est un pouvoir qui n'a pour fin que la conservation et qui, par conséquent, ne saurait jamais avoir droit de détruire, de rendre esclave, ou d'appauvrir à dessein aucun sujet [...]. La loi de nature subsiste toujours comme une règle éternelle pour tous les hommes, *pour les législateurs aussi bien que pour les autres...* [Les lois du législateur] doivent être conformes à celles de la nature, c'est-à-dire à la volonté de Dieu, dont elles sont la déclaration » (§ 135). « Sinon, cela supposerait que [les hommes] perdent, quand ils s'associent, ce qu'ils voulaient obtenir en s'associant » (§ 138). L'État, « quelle que soit la personne entre les mains de qui le gouvernement a été placé », ne détient de pouvoir que celui « qui lui a été confié *sous condition* et *pour une fin précise,* à savoir que les hommes puissent rester maîtres de leurs biens en toute sécurité » (§ 139).

Locke formule ici ce qui deviendra le cœur de la doctrine des *droits de l'homme*, que toutes les démocraties libérales modernes reconnaissent comme leur fondement, puisqu'elles ont toutes des constitutions qui font de ces droits *des principes supérieurs au pouvoir même de la loi* (celle du *constituant* comme celle du *législateur*).

Locke insiste : l'État ne se saisira d'aucune partie des biens propres d'un particulier sans son consentement (§ 138)[1]. En particulier, *il ne lèvera pas d'impôts sans le consentement de la majorité* (§ 140). Cela arrive peu souvent lorsque les lois sont faites par des assemblées dont les membres redeviennent, après la fin de leur mandat, des hommes ordinaires soumis aux lois. Mais cela a toutes les chances d'arriver lorsque le législateur est un monarque.

VI — LES CONDITIONS D'ÉTABLISSEMENT ET DE RENOUVELLEMENT DU CONTRAT SOCIAL

La conception que Locke se fait du « contrat social » n'est nullement utopique. Il n'imagine pas que les hommes se réunissent un beau jour et créent l'État par un vote formel. Il conçoit le contrat comme pouvant être *successif* et *implicite*. Il a le mérite de pousser la réflexion à ce sujet plus loin que Hobbes, plus loin également que ne le fera Rousseau dans le *Contrat social*.

1) *Nécessité d'une adhésion volontaire*

Il est certain que la *volonté* est exigible, dans tous les cas, pour qu'un contrat social soit valide.

« Nul ne peut être tiré de l'état de nature et soumis au pouvoir politique d'autrui *sans son propre consentement* » (§ 95).

Mais la volonté pourra être, soit formellement exprimée, soit déduite de certains comportements dénués d'ambiguïté.

« Au nombre des membres [de la société politique], doivent être mises non seulement les diverses personnes qui, étant dans l'état de nature, ont *voulu* entrer en société pour composer un peuple et un corps politique, sous un gouvernement souverain, mais aussi tous ceux qui *se sont joints ensuite* à ces gens-là, qui se sont incorporés à la même société, qui se sont soumis à un gouvernement déjà établi » (§ 89).

---

1. Situation de droit que Locke éclaire par un exemple saisissant : un officier peut, dans certaines circonstances, faire mettre à mort un soldat indiscipliné. Mais il ne peut pas lui prendre un centime de son argent ou une fraction quelconque de ses biens. « La raison de cela est que l'obéissance aveugle [du soldat à l'armée] est nécessaire pour la fin pour laquelle un général ou un commandant a reçu un si grand pouvoir, c'est-à-dire pour le salut et l'avantage de l'armée et de l'État ; alors que disposer, d'une manière arbitraire, des biens et de l'argent des soldats n'a nul rapport avec cette fin » (§ 139).

2) *Historicité du contrat social*

Certes, on fait deux objections à l'idée de contrat social volontaire (§ 100) : 1) il n'y a pas d'*exemple historique* d'une communauté politique ayant effectivement commencé par un contrat ; 2) ceci est d'ailleurs impossible, puisque tout homme *naît* dans un État ; de ce fait, sa liberté est déjà aliénée, il n'est pas libre de dénouer le lien où il est pris et d'en nouer un autre avec d'autres ou ailleurs.

En ce qui concerne l'absence d'exemple historique, Locke avoue son embarras ; nous ne connaissons que les sociétés qui ont écrit leur histoire, et elles l'ont fait longtemps après avoir été constituées en corps politiques. Le passage de l'état de nature à l'état social se perd donc dans les brumes du passé. Malgré tout, Locke pense que les gouvernements monarchiques primitifs, ceux-là mêmes qu'invoquent les absolutistes à l'appui de leur thèse d'un caractère naturel de la monarchie, étaient déjà le fruit d'un contrat, d'un consentement, même si celui-ci était souvent tacite (§ 106).

En effet, le roi était surtout un chef de guerre (cf. § 108 sq.), qui ne songeait pas à faire des lois, ni à gérer les propriétés de ses sujets. Respectant les coutumes, ne commandant autoritairement que pour les nécessités de la guerre, les anciennes monarchies bénéficiaient réellement du consentement des peuples, et c'est pourquoi ces « contrats tacites » duraient. « Tous les commencements paisibles[1] des États ont eu pour cause le consentement des peuples » (§ 112).

Donc l'idée de monarchie absolue, autoritaire, gouvernant à l'encontre de l'opinion générale du peuple sur ce qui est juste, est une *nouveauté* dans l'histoire :

« Il n'était jamais monté dans l'esprit [des hommes naturellement libres du passé] que la monarchie fût *jure divino,* de droit divin ; on n'avait jamais entendu parler de rien de semblable avant que ce grand mystère eût été révélé par la théologie des derniers siècles » (§ 112).

En ce qui concerne la deuxième objection, Locke répond que cet argument se détruit de lui-même. Car s'il était vrai que l'on ne peut se déprendre des liens où l'on s'est trouvé pris en naissant, alors les États monarchiques eux-mêmes n'auraient jamais pu s'établir. S'il existait une seule monarchie dans le monde, elle pourrait être réputée continuer celle d'Adam. Mais il existe une multiplicité de monarchies. Elles ont donc été établies. Si elles l'ont été, c'est que les hommes étaient capables de *se donner* des liens[2]. S'ils en ont été

---

1. Il peut y avoir des commencements non paisibles, par conquête, qui posent un autre problème (cf. § 175 sq.).

2. Locke retrouve sur ce point encore des arguments soutenus par les néo-thomistes du XVIe siècle (cf. *supra,* p. 188).

capables, ils le sont aussi de se donner d'autres liens que des liens monarchiques et, généralement parlant, de se donner les gouvernements qui leur conviennent.

Par ailleurs, l'histoire fournit maints exemples d'hommes ayant rompu les liens politiques où ils étaient pour en contracter d'autres. Petites sociétés s'agglutinant pour en former de grandes, ou grands empires décadents s'émiettant en de multiples petites sociétés, ou choix individuels d'émigrés quittant leur pays et devenant citoyens d'autres pays, ces mouvements sont perpétuels dans l'histoire. Chaque fois, le rôle joué par la volonté est patent.

Cela est si vrai qu'un homme qui se lie à une société politique par adhésion volontaire ne peut « lier ses enfants ou sa postérité » (§ 116), ceux-ci ayant, une fois majeurs, leur liberté naturelle de revenir dans l'état de nature ou de créer d'autres liens sociaux.

Il est vrai qu'en faisant cet acte de dissidence, l'enfant perd ses droits à l'*héritage,* puisque le patrimoine de ses ancêtres a été protégé par la société civile. Si l'on s'en va, il faut s'en aller nu. « Les communautés ne permettant point qu'aucunes de leurs terres soient démembrées, et voulant qu'elles ne soient toutes possédées que par ceux qui sont de la communauté, un fils ne peut d'ordinaire jouir des possessions de son père, que sous les mêmes conditions sous lesquelles son père en a joui, c'est-à-dire qu'en devenant membre de la même société » (§ 117). C'est ce qu'il fait la plupart du temps et, par là même, il souscrit au contrat fondateur de la communauté.

En résumé, les États sont réellement constitués par un contrat social volontaire, même si ce contrat est le plus souvent implicite et fait d'une *succession d'adhésions individuelles* (ayant lieu chaque fois qu'un homme devient majeur).

Locke évoque les problèmes d'acquisition ou de perte de nationalité, qui mettent en relief ces principes. L'enfant d'un couple anglais qui naît en France n'est *a priori* ni français ni anglais. Il n'est pas anglais, puisqu'il n'est pas inscrit à l'état civil (ou l'équivalent paroissial) anglais et, s'il rentre en Angleterre, il devra demander au roi que sa citoyenneté anglaise soit reconnue. Il n'est pas français, car si ses parents veulent l'emmener vivre en Espagne ou en Italie, personne ne considérera cela, en France, comme une « désertion ». En fait, son appartenance à une communauté politique dépendra bien, alors, de sa seule volonté libre. Lorsqu'il sera majeur, il optera pour une nationalité et passera formellement un contrat avec le pays qu'il aura choisi[1].

---

1. Ainsi, la citoyenneté ne dépend ni de la race ni de l'ethnie ; Locke récuse tout « droit du sang » (et d'ailleurs aussi tout « droit du sol »). Sa conception de la nation, si l'on se réfère à la fameuse opposition faite par Renan entre la conception « française » de la nation qui serait fondée sur la volonté, et la conception « allemande », qui le serait sur l'appartenance à une communauté raciale, ethnique, historique et culturelle, ressemble à s'y méprendre à la conception française : de ce fait, celle-ci est-elle si « française » que le pensait Renan ?

VII — DOCTRINE DE LA LIBERTÉ SOUS LA LOI (*RULE OF LAW*)

Nous avons vu que, dans l'association politique, les lois de la nature s'incarnent dans les lois civiles. C'est à ces lois que le juge se réfère. C'est seulement à l'encontre de ceux qui transgressent les lois que la force publique peut être légitimement employée. L'État de Locke est ainsi « un gouvernement de lois, non d'hommes », une situation de règne du droit, de *rule of law*. De ce concept, qui était apparu déjà, nous le savons, chez de nombreux auteurs anglais du XVIIᵉ siècle, Locke donne une analyse exceptionnellement claire et profonde. Il montre que *rule of law* et liberté sont indissociables, que l'une est la condition de l'autre. Cette doctrine sera le cœur du libéralisme moderne.

1) *L'essence de la liberté*

Il faut d'abord comprendre que la liberté ne consiste pas à *pouvoir tout faire*. Elle n'est pas

« une liberté pour n'importe qui de faire ce qu'il veut, de vivre comme cela lui plaît » (§ 22).

Elle est tout autre chose, à savoir une situation où l'on n'est pas soumis *au pouvoir arbitraire d'autrui*[1].

« La liberté *naturelle* de l'homme consiste à *n'être soumis à aucun pouvoir* sur terre [...]. La liberté de l'homme, dans la société, consiste à *ne pas être soumis à la domination de quelque volonté* (§ 22, n.s.). » La liberté consiste à être *exempt de gêne et de violence* de la part d'autrui [...]. Car qui peut être libre lorsque l'humeur fâcheuse de quelque autre pourra dominer sur lui et le maîtriser ? Mais on jouit d'une véritable liberté quand on peut disposer librement, et comme on veut, de sa personne, de ses actions, de ses possessions, de toute sa *property* « (§ 57, n.s.).

En d'autres termes, la liberté n'est pas un pouvoir, mais un *rapport social* ; et le contraire de la liberté n'est pas la nécessité, mais la *coercition* (ce dernier concept voulant précisément dire : soumission d'un homme à la volonté arbitraire d'un autre homme)[2].

---

1. Ce point est mis en relief également par Sidney. Cf. *supra,* p. 302.
2. Cette définition de la liberté est celle qui intéresse la théorie politique et juridique *stricto sensu*. Car la notion de « liberté » peut s'entendre en d'autres sens – métaphysique, religieux, psychologique... – relevant d'autres types d'analyses.

La situation de liberté existe dans l'état de nature, où nul n'est soumis à personne et, si les droits naturels doivent êtres conservés dans l'état politique, une situation de liberté doit également exister dans ce dernier état. Or on risque toujours, en société, d'être sujet à la coercition d'autrui, puisque les occasions de conflits y sont nombreuses. Locke pose que c'est en fixant de manière rigoureuse et incontestable les *limites des domaines propres* de chacun qu'on a la meilleure chance d'éviter de tels conflits. C'est ce qu'accomplit la *loi* ; et c'est pourquoi la loi est essentielle à la liberté.

2) L'essence de la loi

Locke établit cette thèse avec précision. Il montre que, si la loi peut jouer ce rôle, c'est qu'elle a essentiellement une valeur *cognitive* : elle est en effet, au premier chef, la *connaissance* de ce que nous devons faire et ne pas faire si nous ne voulons pas empiéter sur la *property* d'autrui. Elle nous donne donc le moyen intellectuel d'éviter tout litige avec lui et elle donne à autrui le même moyen par rapport à nous.

Cette conception de la loi est, on le voit, aux antipodes de celle de Bodin, de Hobbes et de l'école absolutiste (jusqu'à Carl Schmitt au XXe siècle) qui ne voient la loi que sous son aspect d'*impératif*. Pour eux, la loi n'est pas une connaissance, mais une force. Elle touche l'homme non par la raison, mais par la crainte qu'elle inspire. Pour Locke (et toute la tradition de la *rule of law*), la loi peut certes être une force, mais elle ne l'est qu'exceptionnellement, à savoir contre les délinquants qui sont, par définition, une catégorie marginale. Les autres citoyens observent la loi spontanément dans la mesure où ils comprennent son rôle et ont avec elle une relation essentiellement rationnelle[1].

3) Le lien entre loi et liberté

Il est capital de voir que la *loi* ainsi conçue rend possible la *liberté*. « *Là où il n'y a pas de loi, il n'y a pas de liberté* » (§ 57).

Sous le règne de la loi, en effet, notre *pouvoir d'agir* est limité,

---

1. Il n'y a aucun angélisme dans cette position : les libéraux comprennent bien que tous les hommes n'observent pas la loi d'eux-mêmes et qu'il faudra user, contre ceux qui la transgressent, de la coercition et de la crainte. Le point sur lequel ils diffèrent des absolutistes est que ces derniers, comme nous l'avons déjà noté, tendent à considérer *tous* les citoyens comme des délinquants. Au fond, les deux conceptions sont très profondément disparates, l'une « optimiste », l'autre « pessimiste », l'une humaniste, l'autre antihumaniste (que ce soit par radicalisme chrétien « augustinien » ou, comme chez Machiavel, Hobbes et leurs disciples modernes, par matérialisme).

puisqu'il nous faut nous abstenir de faire ce qu'interdit la loi, à savoir empiéter sur la *property* d'autrui. En revanche, notre *liberté* est illimitée, pour la bonne raison que nous ne sommes exposés à rien de ce qui limite la liberté, c'est-à-dire à aucune coercition. Nous pourrons, dès lors, agir librement, c'est-à-dire poursuivre nos propres buts, sachant que, si nous agissons conformément à la loi, personne – ni les citoyens privés, ni l'État – ne sera fondé à venir contrecarrer nos plans. Ce qui ne signifie pas que ceux-ci pourront être réalisés ; mais que, s'ils doivent finalement échouer, ce sera du fait d'obstacles ou d'impossibilités objectifs et non parce que la volonté arbitraire de quiconque s'y sera opposée.

« On jouit d'une véritable liberté quand on peut disposer librement, et comme on veut, de sa personne, de ses actions, de ses possessions, de tout son bien propre, suivant les lois sous lesquelles on vit, et qui font qu'on n'est point sujet à la volonté arbitraire des autres, mais qu'on peut librement suivre la sienne propre » (§ 57).

La force de l'État, dans un « gouvernement de lois, non d'hommes », ne peut être appliquée qu'en fonction de la loi, le juge ne peut juger que selon la loi, le pouvoir exécutif ne peut s'en prendre qu'à ceux qui transgressent la loi. Donc la contrainte exercée contre un individu ne résulte jamais de la *volonté* du pouvoir de lui nuire. La *liberté sous la loi* consiste à pouvoir

« suivre ma propre volonté dans toutes les choses où [la loi] ne prescrit rien, sans être soumis à la volonté inconstante, incertaine, inconnue et arbitraire d'un autre homme, de même que la liberté de nature consiste à n'être contraint par rien d'autre que par la loi de nature » (§ 22).

Il ne faut pas dire que, dans l'État créé par le contrat social lockéen, la coercition étatique est réduite à un « minimum », celui qui serait nécessaire pour rendre possible le « maximum » de liberté ; ces formules sont inadéquates et manquent le point théorique essentiel. Ce qu'il faut dire, c'est que le citoyen est libre totalement, intégralement, sans restriction, puisque, soumis à des contraintes, il ne l'est à aucune coercition. Les seuls cas où il pourra s'y trouver exposé sont ceux *où il se sera placé de lui-même, et le sachant, hors la loi*. Or on n'est jamais *obligé* de se mettre dans une telle situation. Il ne dépend donc que de moi, être rationnel et de bonne volonté, de ne jamais me trouver en situation d'être exposé à la coercition de l'État. Je dirige seul ma barque. Dès lors que je ne peux être exposé à la coercition de l'État que si je fais sciemment un usage illégal de ma liberté, l'existence de l'État n'est pas une limite de ma liberté.

Ceci n'est vrai, cependant, qu'à condition que la loi possède certains *attributs*.

4) Les *attributs de la loi*

Pour que la loi puisse jouer le rôle que Locke lui assigne, il faut qu'il n'y ait aucune *incertitude* sur ce qu'elle prescrit. Toute incertitude à son sujet diminuerait d'autant sa valeur cognitive. Suivent de là plusieurs attributs essentiels de la loi (ils avaient été identifiés dans le précédent demi-siècle de réflexion doctrinale anglaise, dans le contexte de la polémique contre l'arbitraire de l'absolutisme, mais Locke a le mérite de les formuler clairement et synthétiquement). La loi doit être *claire, générale, publique, non rétroactive, stable, égale pour tous.*

Il faut que les lois soient « établies, connues, reçues et approuvées d'un commun consentement » (§ 124). « La liberté des hommes dans une société où existe un État *(freedom of men under government)* est d'avoir une *règle stable* d'après laquelle vivre *(to have a standing rule to live by)* (§ 22). Il faut "des lois *stables* par lesquelles les biens propres soient déterminés et que chacun reconnaisse ce qui est sien", non "des lois muables et variables suivant les cas particuliers" (§ 136). Ces lois seront *"communes à chaque individu de cette société",* il n'y aura pas de *"règlements différents"* pour le riche et pour le pauvre...

— *Clarté.* La loi est incertaine si elle est confuse. Nous savons que, depuis les Romains, tout le progrès du droit a consisté à rechercher des outils intellectuels permettant de diminuer l'ambiguïté des lois.

— *Généralité.* La généralité de la loi découle immédiatement de son concept. Il faut que la loi n'émane de personne et ne vise personne, qu'on ne puisse y déceler la volonté arbitraire de quiconque envers quiconque. La loi civile doit être universelle comme le sont les lois de la nature.

— *Publicité.* La loi ne doit pas seulement être connue, elle doit être publique. Est « publique » une connaissance dont tout le monde sait que tout le monde la sait[1]. Que la loi soit publique signifie donc que je sais les obligations que j'ai à l'égard d'autrui, qu'autrui sait celles qu'il a à mon égard, mais aussi que je sais qu'il le sait, etc. Ainsi la loi constitue-t-elle entre tous les citoyens un médium de communication qui leur permet d'adapter mutuellement leurs comportements.

---

1. Il est des choses que seuls certains savent (par exemple qu'a eu lieu un événement dont j'ai été témoin) ; d'autres que tous savent, mais sans savoir que tout le monde les sait (les « secrets de Polichinelle ») ; il en est d'autres enfin que tous connaissent et dont tous savent que tous les connaissent (par exemple un événement dont ont parlé les journaux). La loi relève ou doit relever de ce dernier type de connaissance *publique.*

Hayek, commentant dans *The Constitution of Liberty* ces pages de Locke, dira que la loi permet le *matching of expectations,* l' « ajustement mutuel des anticipations », puisque, grâce au fait qu'elle est claire et publique, chacun sait à quel type de comportement il peut s'attendre de la part de la plupart des autres citoyens. Ainsi peut-il prévoir non seulement ses propres comportements, ceux qui ne dépendent que de sa propre liberté, mais il peut faire des plans rationnels d'action qui impliquent d'interagir avec autrui, puisqu'il sait que la liberté d'autrui ne pourra s'exercer que dans le cadre connu des lois. Il reste certes, dans la vie sociale, des contingences : je ne sais pas si autrui, par exemple, voudra acheter ce que je vends. Mais je sais qu'il sait qu'il devra payer ce qu'il achètera. Je sais également qu'avec les bénéfices je pourrai moi-même acheter ce que je veux. Sans éliminer la contingence et la complexité sociale, la loi « simplifie » la réalité, elle rend la société plus transparente et permet aux individus d'avoir des comportements plus rationnels.

— *Non-rétroactivité.* C'est un corollaire immédiat de l'attribut précédent. Si une loi pouvait être rétroactive, cela signifierait qu'il y aurait eu un temps pendant lequel elle n'était pas publique, donc pendant lequel nul citoyen ne pouvait savoir qu'il y était tenu. Le mettre en cause au nom de cette loi c'est donc, de la part du gouvernement, une action hors la loi, une voie de fait.

Tout le monde avait en mémoire la *Star Chamber* et ses pratiques : elle décrétait des peines qui n'avaient pas été fixées au préalable, en punition de délits qui n'avaient pas été définis au préalable. Inutile de préciser que les pratiques de l'absolutisme français prêtent le flanc aux mêmes critiques.

— *Stabilité.* Dès lors que la loi doit être publique, cela oblige à ne faire évoluer la législation qu'avec une certaine lenteur. Une législation qui change continuellement n'a pas le temps de jamais devenir publique ; elle ne peut donc constituer une base ni pour la coopération des citoyens entre eux, ni pour la préservation de leurs libertés par rapport au pouvoir.

— *Égalité.* L'idée d'égalité devant la loi est aussi ancienne que l'*isonomia* grecque[1], mais la doctrine lockéenne de la loi l'éclaire d'un jour nouveau. La raison pour laquelle la loi doit être égale pour tous est *cognitive* et non *morale :* s'il faut que les lois soient égales pour tous, c'est parce que c'est le seul moyen pour que chacun *sache* à quoi s'en tenir quelle que soit la personne avec laquelle il interagit. Si autrui n'a pas les mêmes droits que moi (s'il jouit de privilèges ou obéit aux lois d'une autre communauté), je ne saurai pas exactement à quoi m'en tenir dans mes interactions avec lui. J'ignorerai les obligations auxquelles il se croit soumis à mon égard, celles auxquelles il croit que je suis soumis à son égard, ou je ne le saurai qu'au prix

1. Cf. *HIPAMA,* p. 57-59.

d'un apprentissage coûteux en temps et en efforts et aux résultats aléatoires. Le risque de conflit sera élevé, ce qui incitera à réduire autant que possible nos relations. L'égalité devant la loi est donc une base essentielle de la vie sociale et économique de la nation, où tout le monde doit pouvoir participer au même « jeu ».

Si la loi doit avoir ces différents attributs, cela revient à condamner toute politique usant de *décrets*, d'*arrêts intempestifs*, de lois de circonstances, de lois votées par une majorité et qui ne concerneraient qu'une minorité.

« Qui que ce soit qui a le pouvoir législatif ou souverain d'une communauté est obligé de gouverner suivant les lois établies et stables, publiées et connues du peuple *(established standing laws, promulgated and known to people)*, non par des décrets arbitraires et formés sur-le-champ *(extemporary decrees)*, d'établir des juges désintéressés et équitables qui décident les différends par ces lois ; d'employer les forces de la communauté au-dedans, seulement pour faire exécuter ces lois, ou au-dehors pour réprimer les injures étrangères, mettre la communauté à couvert des courses et des invasions ; et en tout cela de ne se proposer d'autre fin que la tranquillité, la sûreté, le bien du peuple » (§ 131). « Celui-là, quelque titre qu'on lui donne, et quelques belles raisons qu'on allègue, est véritablement tyran, qui propose, non des lois, mais sa volonté pour règle » (§ 199). « Partout où les lois cessent ou sont violées au préjudice d'autrui, la tyrannie commence » (§ 201).

Si cela arrive, mieux vaut encore revenir à l'état de nature :

« S'il y a [...] incertitude et que le pouvoir peut enlever arbitrairement sa propriété à quelqu'un, l'état politique devient pire que l'état de nature – puisque, au moins, dans celui-ci, chacun peut défendre sa propriété les armes à la main. »

VIII – LE DROIT DE RÉSISTANCE À L'OPPRESSION

Ce qui fonde le consensus des citoyens, c'est la volonté de préserver le droit naturel. Celui-ci est incomplètement connaissable et ne peut jamais être pleinement explicité dans un code, c'est pourquoi la loi positive est toujours décalée par rapport à lui. Elle est donc toujours virtuellement illégitime, et il est impératif, si la société doit rester juste, qu'il existe un mécanisme de critique qui oblige le *légal* à rejoindre le *légitime*.

De fait, le peuple voit intuitivement ce qui est juste et ce qui ne l'est pas. Il regarde silencieusement ce que fait le gouvernement, il l' « accepte tacitement » (§ 164), jusqu'au moment où il sent que les limites ont été dépassées. À ce moment, il se révolte, ou du moins il fait quelque action extraordinaire. C'est donc que Locke lui suppose un sens implicite de la justice, capable de prendre en défaut les actions en apparence – mais en apparence seulement – régulières du pouvoir.

Doté de ce sens, le peuple contrôle continûment l'État. Sa connaissance de la justice étant principalement implicite, son silence sera la règle, sa prise de parole l'exception ; cela n'empêchera pas le contrôle d'être permanent.

Parce que le souverain est seul à parler, on croit qu'il fait seul la loi. En réalité, il ne se maintient au pouvoir, et n'est reconnu comme légitime, que parce que et aussi longtemps que la loi qu'il promulgue rentre dans les catégories de justice présentes dans le peuple. S'il ne promulgue que des lois que le peuple reconnaît comme justes, le peuple ne dit rien, et n'éprouve le besoin, ni de se révolter, ni même d'expliciter le droit et de canaliser l'action du gouvernement dans des textes contraignants.

Le besoin croissant qu'a éprouvé le peuple anglais de faire fixer des lois par le Parlement et de veiller à ce que le roi n'agisse que dans le cadre de ces lois a été la conséquence de la tendance croissante du roi lui-même à exiger des choses nouvelles, contraires aux coutumes que le peuple estimait justes et équitables et sur lesquelles il y avait un consentement tacite. Les royalistes ont alors dit que le peuple portait atteinte à la « prérogative », aux droits propres du roi. C'est qu'ils n'ont pas vu que le roi n'avait jamais eu le droit de *faire* la loi. Il avait seulement eu le droit de la formuler, de la préciser, de la mettre à jour, et d'user de sa prérogative pour imposer éventuellement le légitime contre le légal, l'esprit de la loi contre sa lettre. Dès que le souverain use autrement de la prérogative, le peuple peut et doit sortir de sa réserve et exiger que ses droits traditionnels soient formellement rappelés.

Cependant, cela peut ne pas suffire. En ce cas, comment trancher entre le roi et le peuple ? Comment surmonter le décalage entre légalité et légitimité ? Par quel critère rationnel décider qui a raison, d'un État (le roi, ou même, précise Locke, le Parlement éventuellement ligué avec l'exécutif contre le peuple) qui a pour lui la légalité, ou d'un peuple persuadé qu'on commet contre lui des injustices ?

« Je réponds qu'entre [eux] il ne peut exister aucun juge sur terre. [...] Le seul recours du peuple en ce cas comme chaque fois qu'il n'a pas de juge sur terre, c'est d'en appeler au Ciel [c'est-à-dire de se révolter les armes à la main] » (§ 168).

En cela consiste le droit de « résistance à l'oppression », auquel Locke consacre le dernier chapitre du *Traité*. La violence, le retour à l'état de nature et donc à un état de non-droit, doivent eux-mêmes être conçus – dans ce seul cas extrême, naturellement –

comme un droit. La cohérence de cette proposition paradoxale est assurée par le fait que l'état de nature est déjà, pour Locke, nous le savons, un état où règne le droit, en l'occurrence la loi naturelle. Si l'état politique devient lui-même intenable à force d'injustice, le peuple peut se révolter, parce qu'alors il revient sur sa « base de départ », l'état de nature, qui, même précaire, est viable ; il y restera le temps qui lui sera nécessaire pour qu'il puisse rebâtir un État plus juste.

« Quand un individu ou plusieurs prennent sur eux de légiférer sans que le peuple les en ait chargés, ils font des lois sans autorité et le peuple n'est pas tenu d'obéir ; par suite, le peuple *se retrouve en dehors des liens de toute sujétion* et *il peut mettre à sa tête un nouveau pouvoir législatif,* comme bon lui semble, car il est libre de résister aux individus qui emploient la force pour lui imposer quoi que ce soit sans autorité. Chacun retrouve la pleine disposition de sa volonté personnelle... » (§ 212).

Dans le cas de l'Angleterre, où il y a un roi héréditaire et un Parlement composé de deux chambres, cette situation peut survenir : 1) quand le roi « établit l'arbitraire de sa volonté personnelle aux lieu et place des lois » ; 2) quand il « interdit à la législature de s'assembler en temps voulu, ou d'agir librement » ; 3) quand il « se sert de son pouvoir arbitraire pour changer la désignation des électeurs, ou le mode d'élection sans le consentement du peuple » ; 4) quand le roi ou le pouvoir législatif « livrent le peuple à la domination d'une puissance étrangère[1] », enfin 5) quand le pouvoir législatif, ou le prince, ou les deux, agissent au mépris de la mission qu'ils ont reçue, c'est-à-dire protéger la *property*. Car alors

« en aucun cas on ne saurait imaginer que la société veuille habiliter le pouvoir législatif à détruire l'objet même que chacun se proposait de sauvegarder quand il s'est joint à elle et que le peuple avait en vue quand il s'est donné des législateurs de son choix » (§ 222).

Dans tous ces cas[2], le peuple possède un *droit de résistance à l'oppression,* c'est-à-dire qu'il peut déposer le gouvernement par la

---

1. Potentiellement la France, alliée de Jacques II.
2. Auxquels Locke ajoute le cas où le pouvoir exécutif « néglige sa charge », et se montre incapable de faire respecter les lois et d'assurer l'ordre. Cette simple *carence* de l'État le délégitime aussi bien que les diverses sortes envisagées de tyrannie. « Puisqu'on ne fait pas de lois pour elles-mêmes, mais pour que leur exécution enserre la société dans des liens qui empêchent chaque élément de sortir de sa place et de sa fonction, si cet état de choses vient à disparaître, il est clair que le gouvernement disparaît aussi et que le peuple se change en une foule confuse, sans ordre et sans cohésion. Là où il n'y a plus personne qui rende la justice pour garantir aux gens leurs droits, ni aucune autorité instituée par la communauté qui commande la force publique et expédie les affaires d'intérêt général, *il ne reste assurément pas de gouvernement* » (§ 220).

force et créer un nouveau régime politique, en commençant par le nouveau pouvoir souverain qui en sera la base, un nouveau pouvoir législatif[1].

Et il a le droit de le faire avant même que l'autre pouvoir se soit totalement effondré. Car, s'il n'avait le droit d'« anticiper », le pouvoir illégitime aurait tout le temps d'instaurer une tyrannie et d'étouffer la révolte dans l'œuf.

En résumé :

« Si ceux qui suppriment le pouvoir législatif par la force sont des rebelles, [...] les législateurs ne méritent pas moins ce nom, lorsque, au lieu de protéger, comme leur charge les y obligeait, le peuple, ses libertés et ses biens, ils usent de la force pour leur porter atteinte et les détruire ; comme ils se placent ainsi dans l'état de guerre vis-à-vis de ceux qui les avaient choisis comme protecteurs et comme gardiens de leur repos, ils sont, au sens propre, et avec la plus terrible des circonstances aggravantes, *rebellantes*[2], des rebelles » (§ 227).

Locke élabore ici, on le voit, une véritable théorie complète de la *révolution,* justifiant à l'avance la Révolution *whig* de 1688, mais aussi les révolutions futures, américaine et française. En un sens, cette théorie ne fait que reprendre les vieux arguments des monarchomaques qui remontent eux-mêmes à la théorie thomiste du tyrannicide : on a le droit de résister par la force à un pouvoir politique tyrannique. Cependant, l'originalité de Locke est de présenter le droit de résistance à l'oppression comme un *principe constitutionnel,* organiquement intégré, pour ainsi dire, à la Constitution elle-même. Le sens et la valeur de ce principe sont moins de justifier une révolution réelle que de rendre la révolution inutile en forçant d'avance le gouvernement à se tenir dans de justes limites :

« Cette doctrine du pouvoir qu'a le peuple de restaurer sa sécurité en instaurant une autre législature quand ses législateurs portent atteinte à sa propriété, contrairement à sa mission, constitue *le meilleur rempart contre la révolte* et *le moyen le plus efficace de l'empêcher.* [...] [Car] le meilleur moyen de prévenir le mal, c'est d'en montrer le péril et l'injustice à ceux qui sont le plus exposés à s'y laisser entraîner » (§ 226).

---

1. Qui, précise Locke, pourra différer de l'ancien « par un changement de personnes, ou de formes, ou les deux, de la manière qui semble la plus avantageuse et la plus conforme aux exigences de la sécurité publique » (§ 220). Locke songe aux différentes manières de se débarrasser de Jacques II et de son régime.
2. *Re-bellare,* littéralement « rallumer la guerre » (*bellum* = guerre).

Il y a encore, dans ce livre si riche de Locke, d'autres réflexions d'ordre constitutionnel dont certaines sont classiques[1], d'autres plus originales[2].

Appendice.
Les progrès de la *rule of law*
en Angleterre au XVIIIᵉ siecle[3]

Le doctrine juridique anglaise de la *rule of law* allait évoluer au XVIIIᵉ siecle dans le sens voulu par Locke.

1) *L'indépendance de la justice*

L'*Act of Settlement* de 1701 affirma le principe d'*indépendance de la justice*. Le juge, en rendant sa sentence, n'a pas à tenir compte de l'opinion de l'exécutif ni à se faire l'agent de celui-ci ; il doit juger selon le droit seul, indépendamment des conséquences heureuses ou fâcheuses que le jugement peut avoir sur la politique qu'est en train de mener le gouvernement. Principe difficile à admettre, puisqu'il dut

---

1. Par exemple la distinction entre les trois grands types de régime, que Locke admet tous trois, puisque l'essentiel à ses yeux n'est pas la forme du gouvernement, mais le rapport entre l'État et la société civile ; dès lors qu'il y a une *rule of law*, tout régime est admissible, en particulier la monarchie. Ou la réflexion sur la nécessaire périodicité des réunions du Parlement, seule manière d'empêcher une emprise indue de l'exécutif sur le législatif : cette mesure sera incluse dans toutes les constitutions modernes, mais elle était encore discutée au temps de Locke, après avoir été proposée pendant la Révolution *(Triennal Act)*.

2. Comme la distinction, au sein de ce que nous appelons le gouvernement, entre un « pouvoir exécutif » au sens propre, qui consiste à veiller à l'application des lois *à l'intérieur* de la communauté où elles sont reconnues, et en particulier à exécuter les décisions des tribunaux, et un « pouvoir fédératif » qui est le pouvoir par lequel la communauté politique se dirige *vis-à-vis de l'étranger,* donc le pouvoir de diriger la diplomatie, l'armée, le commerce extérieur... En effet, les États sont, entre eux, dans l'état de nature. Leurs relations ne relèvent donc pas de lois positives et de l'arbitrage d'un juge. Le pouvoir de diriger la diplomatie et l'armée n'est donc « exécutif » d'aucune loi. Il est d'une autre nature que le pouvoir exécutif proprement dit. Mais Locke pense qu'il doit être attribué aux personnes mêmes auxquelles celui-ci est attribué. La raison en est que, dans les deux cas, qu'il s'agisse d'appliquer les lois à l'intérieur ou d'assurer les droits naturels de l'État à l'extérieur, il faudra mobiliser les forces de tout le corps politique. Si ces forces étaient dirigées par deux pouvoirs indépendants, elles risqueraient d'être soumises à des injonctions contradictoires.

3. D'après F. A. Hayek, *The Constitution of Liberty, op. cit.,* p. 170 sq.

être réaffirmé à plusieurs reprises au long du siècle, et en dernier lieu à l'occasion de l'Affaire Wilkes.

John Wilkes (1727-1797) avait critiqué sévèrement George III dans un journal fondé en 1762, *The North Briton,* et il avait été plusieurs fois emprisonné.

Lord Camden, à l'occasion de cette affaire, énonce le principe selon lequel

« les tribunaux ne doivent prendre en compte que les règles générales et non les buts particuliers du gouvernement. [...] La politique du gouvernement n'est pas un argument recevable devant un tribunal jugeant selon le droit ».

Il commente ainsi sa déclaration :

« En ce qui concerne l'argument de la nécessité d'État, ou la distinction qu'on a voulu faire entre les offenses à l'État et les autres, le droit commun ne comprend pas ce type de raisonnement, et on ne trouvera rien dans nos livres concernant de telles distinctions. »

C'est une rupture totale avec les doctrines de la « raison d'État » et de la « justice retenue ».

2) *Le principe* : « Nulla pœna sine lege »

Un député, Campbell, déclara en 1740 devant la Chambre des communes :

« Que là où il n'y a pas loi, il n'y a pas transgression, est une maxime établie non seulement par le consentement universel, mais évidente par elle-même et indubitable. Et il n'est pas moins certain, Messieurs, que là où il n'y a pas transgression, il ne saurait y avoir châtiment. »

C'est la logique de la *rule of law* qui a conduit des Anglais à forger en latin juridique la formule : *ubi non est lex ibi non est transgressio* (« là où il n'y a pas de loi, il n'y a pas de transgression ») ; cette formule n'existe pas dans le droit romain. Il en va de même, à la fin du siècle, pour cette autre formule célèbre : *nullum crimen, nulla pœna sine lege* (« pas de crime, pas de châtiment sans loi »). Corollaire : dans l'État de droit, il ne doit pas exister de *tribunaux d'exception* ou *tribunaux politiques.*

3) *L'inclusion de la* rule of law *dans la doctrine* tory

L'ouvrage de Henry Saint-John Bolingbroke, *A Dissertation upon Parties* (1734), qui souligne le contraste entre un « gouvernement par la constitution » et un « gouvernement par la volonté », a probablement décidé de l'incorporation de la *rule of law* dans la doctrine du parti *tory* (alors qu'elle était jusque-là défendue surtout par des *whigs,* à la suite des républicains et de Locke). De ce fait, elle est devenue depuis lors une idée ne donnant plus lieu à polémiques en Angleterre, c'est-à-dire un arrière-fond doctrinal commun à toutes les familles politiques de ce pays.

4) *Les effets d'une loi sur des personnes particulières ne doivent pas être connus*

C'est à l'archidiacre Paley qu'on devrait, selon Hayek, la première formulation d'un attribut fondamental de la loi dans l'État de *rule of law,* à savoir l' « imprévisibilité de l'incidence des effets de la loi sur des personnes particulières » *(the unforeseeability of the incidence of the effects of a law on particular people).* En effet, si on peut prévoir les effets de la loi sur un citoyen particulier, cela donne des motifs de penser que la loi a été promulguée *pour* produire de tels effets, donc qu'il ne s'agit pas d'une vraie loi, mais d'un acte arbitraire accompli par le pouvoir. Certes, on sait depuis le droit romain que la loi doit être générale, et ne pas viser expressément des personnes ; mais l'expérience a montré que la superposition habile de catégories générales peut aboutir à concerner en fait un très petit nombre de citoyens, voire un citoyen unique. Le critère de Paley permet de pallier ce risque.

Chapitre 5

La tradition de l'ordre spontané en Angleterre au XVIIIᵉ siècle
Mandeville, Hume, Smith, Ferguson, Burke

La théorie lockéenne de la « liberté sous la loi » reposait sur un présupposé que Locke lui-même n'avait pas pleinement explicité : pour que l'état de *rule of law* soit viable, il faut que l'interaction des libres actions que permet le règne de la loi produise effectivement un *ordre* social. Or les contemporains de Locke ne possédaient pas — sinon de façon confuse, entrevue par les premiers économistes, notamment, en France, Boisguilbert dont nous parlerons plus loin — le concept d'un ordre social qui se crée de lui-même grâce aux libres initiatives des agents économiques agissant dans le cadre des règles de droit sans intervention d'une autorité centrale. Ce concept va émerger peu à peu au siècle suivant, notamment en Angleterre et en Écosse, où s'affirme cette philosophie que Norman Barry, commentant les contributions de Hayek à cet aspect de l'histoire européenne des idées, a appelée la « tradition de l'ordre spontané »[1].

I — LA TRADITION DE L'ORDRE SPONTANÉ[2]

Il s'agit d'une tradition intellectuelle opposée au cartésianisme, qui développe les idées ou intuitions suivantes : la raison humaine est fondamentalement *limitée* ; le fonctionnement de la société repose sur des pratiques et des institutions *que nous ne pouvons com-*

---

1. Cf. Norman Barry, « The Tradition of Spontaneous Order », *Literature of Liberty,* vol. V, n° 5 (Summer 1982).
2. F. A. Hayek ayant particulièrement bien étudié cet aspect de l'histoire des idées, nous le prenons ici pour guide. Cf. en particulier F. A. Hayek, « The Result of Human Action but not of Human Design », in *Studies in Philosophy, Politics and Economics,* London and Henley, Routledge & Kegan Paul, 1967, p. 96-105. Nous reprenons ici certains éléments de notre *Société de droit selon F. A. Hayek,* PUF, 1988, p. 377-395.

prendre intégralement, mais qui sont néanmoins *extrêmement efficaces et fécondes* et expliquent même seules le degré de développement économique et scientifique atteint par les sociétés modernes ; ces pratiques et institutions ont pris forme à la faveur d'un *processus évolutif,* par initiatives multiples, essais et erreurs, et – les auteurs dont nous allons parler entrevoient l'idée bien avant Darwin, qui la leur doit peut-être – stabilisation sélective des structures adaptées. Dès lors, les auteurs de cette tradition vont fonder la liberté sur des arguments non plus métaphysiques, mais positifs, relevant de ce qu'on appelle aujourd'hui les sciences sociales. Ils défendent la thèse que, étant donné la complexité sociale, il est impossible à un gouvernement d'administrer la société de façon autoritaire sans créer plus de désordre que d'ordre, et que, dès lors, les institutions démocratiques et libérales sont la seule manière *rationnelle* de gérer ladite complexité sociale.

Il convient de noter que ces auteurs sont représentatifs d'une tendance spécifique du mouvement des « Lumières ». Le « siècle des Lumières », en effet, est divers selon les pays ; à côté des Lumières françaises, largement marquées, selon Hayek, par un rationalisme de type cartésien, confiant dans les pouvoirs de la raison claire et distincte, il y a des Lumières écossaises *(Scottish Enlightenment)* ou anglo-écossaises qui représentent presque la tendance intellectuelle opposée, c'est-à-dire également un rationalisme, mais qui tient compte des limites de la raison, de la complexité du social et du rôle que jouent, dans la connaissance des faits sociaux, les savoirs implicites, les valeurs, les coutumes et même les « préjugés ». Les Lumières françaises seraient, selon Hayek, la version de l'esprit de la modernité qu'aurait produite un peuple soumis depuis plus d'un siècle à l'absolutisme ; l'ordre spontané aurait été mieux compris par des intellectuels anglais qui, eux, n'auraient eu qu'à décrire ce qu'ils avaient déjà sous les yeux, à savoir une société civile et économique fonctionnant largement par ses propres forces autonomes. Ceci étant, la coupure établie par Hayek est trop schématique : nous verrons qu'il y a, dans le mouvement encyclopédiste français et les « Lumières » françaises, des auteurs fort peu cartésiens, non moins avertis que les Anglais du phénomène de la complexité sociale et raisonnant tout aussi bien qu'eux sur l'irrationalité du dirigisme.

Signalons aussi que le concept d' « ordre spontané de société » avait été anticipé de façon confuse par des auteurs utilisant des notions telles que « nature », « organisme », « providence ». « Il est important de se souvenir que, jusqu'à l'apparition de la théorie sociale moderne au XVIIIe siècle, le seul terme universellement compris à travers lequel on pouvait exprimer le fait que certaines régularités observées dans les phénomènes humains n'étaient pas le produit d'un dessein délibéré était le terme "naturel". Jusqu'à la réinterprétation rationaliste de la loi de nature au XVIIe siècle, ce terme fut utilisé pour décrire une régularité ou un ordre qui n'était pas le produit d'une volonté humaine délibérée. Avec celui d' "organisme", il fut un des deux termes par lesquels on entendait se référer à ce qui croît spontanément, par opposition à ce qui est inventé ou délibéré. Son utilisation dans ce sens vient de la philosophie stoïcienne, a été renouvelée au XIIe siècle, et ce fut finalement sous sa bannière que les derniers scolastiques espagnols développèrent les principes de la genèse et du fonctionnement d'institutions sociales spontanément formées » (F. A. Hayek, *Studies...*, *op. cit.*, p. 97-98).

Le point de départ de la tradition de l'ordre spontané aux Temps modernes est la réaction contre l'idée que le droit et les institutions peuvent être le produit de la seule volonté humaine. Parmi les auteurs qui entament les premiers cette réflexion, nous avons déjà signalé les noms d'Edward Coke et de Matthiew Hale[1], pour qui la *common law* possède, en tant qu'élaborée par une longue tradition, une sagesse et une rationalité intrinsèques plus grandes que celles des théories délibérément construites. Ensuite, diverses réactions au hobbesisme vont dans le même sens. Le grand débat anglais sur la liberté de la presse et sur la tolérance – auquel Locke lui-même a contribué par son épistémologie – encourage aussi la prise de conscience des limites de la connaissance du social par la raison humaine, de la valeur des institutions construites par la simple tradition, de l'utilité de la démarche critique. Mais une nouvelle étape est franchie avec l'œuvre de *Bernard Mandeville*.

II — MANDEVILLE

Vie et œuvres[2]

Bernard Mandeville (1670-1733) naît à Rotterdam d'une famille qui était probablement d'origine française. Il est arrière-petit-fils, petit-fils et fils de médecin. Il fait ses études à l'école Érasme de Rotterdam, puis à l'Université de Leyde (philosophie et médecine). Il pratique la médecine en se spécialisant dans les maladies nerveuses. Il vient ensuite à Londres où il se fixe, s'y étant marié en 1699. Il y exercera la médecine jusqu'à sa mort, parallèlement à sa carrière philosophique et littéraire. Il traduit en anglais, en 1703, 27 *Fables* de La Fontaine. En 1704, il publie *Typhon, ou la guerre des dieux et des géants, poème burlesque imité de Monsieur Scarron, poète comique*. En 1705, *The Grumbling Hive, or Knaves Turn'd Honest* (« La ruche mécontente, ou les coquins devenus honnêtes »). En 1709, *The Virgin Unmask'd,* ou « Conversations féminines entre une demoiselle d'âge mûr et sa nièce ». Il contribue au journal *The Female Tatler* de 1709 à 1710. Revenant à la psychiatrie, il publie en 1711 un *Traité des passions hypocondriaques et hystériques*. En 1714 paraît *La Fable des abeilles,* qui est une réédition du poème de 1705 augmentée de substantiels commentaires en prose. En 1720, *Pensées libres sur la religion, l'Église, le gouvernement et le bonheur de la*

----

1. Cf. *supra*, p. 264-267.
2. Cf. Bernard Mandeville, *La Fable des abeilles, ou les vices privés font le bien public,* Introduction, traduction et notes par Lucien et Paulette Carrive, Vrin, 1985.

nation. En 1723, deux nouveaux ajouts à *La Fable des abeilles* : *An Essay on Charity and Charity-Schools* et *A Search into the Nature of Society*. En 1724, une défense des maisons closes : *A Modest Defence of Publick Stews,* traduite peu après (1727) en français sous le titre *La Vénus populaire*. En 1729, il ajoute une seconde partie à *La Fable des Abeilles,* constituée de six dialogues, puis une troisième partie, *An Enquiry into the Origin of Honour and the Usefulness of Christianity in War*. Le dernier ouvrage de Mandeville sera, en 1732, une réponse aux objections publiées par Berkeley contre *La Fable*.

C'est *La Fable* surtout qui intéresse l'histoire des idées sociales et politiques.

1) *La Fable des abeilles*

Une « vaste ruche bien fournie d'abeilles », où les individus se comportent de façon peu morale, vit « dans le confort et le luxe ». Mais certaines abeilles disent ne plus supporter la corruption régnante. Jupiter décide alors de les exaucer. De par l'intervention divine, tout le monde devient moralement irréprochable. Aussitôt, la ruche dépérit, la pauvreté s'installe et, finalement, le pays, affaibli, devient la proie de l'étranger. Le thème est donc que les prétendus « vices » dont se plaignaient les belles âmes étaient les ressorts mêmes de la prospérité, de la puissance et du bonheur communs.

Quels sont ces vices ? Mandeville les détaille. La ruche foisonne de travail, mais, tandis que les uns gagnent à peine de quoi vivre en suant et soufflant, d'autres, avec du capital, font des profits faciles, d'autres enfin pratiquent des métiers malhonnêtes, ou pratiquent malhonnêtement leur métier. Les avocats multiplient artificiellement des procès. Les médecins, qui ne pensent qu'à l'argent, ne s'intéressent ni à leurs patients ni à leur science. Les prêtres, sauf rares exceptions, sont paresseux, luxurieux, orgueilleux et cupides. Les soldats, à l'exception d'une poignée, sont des couards. Les ministres pillent effrontément le roi et l'État. Les petites gens ne sont pas plus honnêtes : ils trompent sur les poids et mesures et la qualité des marchandises dont ils trafiquent. Enfin, les juges se montrent durs pour les seuls pauvres, indulgents pour les riches et les puissants.

Ces motivations et ces comportements, discutables quand on les considère individuellement, n'en produisent pas moins la prospérité de la ruche prise comme un tout (d'où le sous-titre de *La Fable* : « Vices privés, vertus publiques »).

« Chaque partie étant pleine de vice, le tout était pourtant un paradis [...]. Les crimes [des citoyens] conspiraient à leur grandeur / Et la vertu, à qui la politique avait enseigné mille ruses habiles / Nouait, grâce à leur heureuse influence, amitié avec le vice. Et toujours depuis lors / Les plus grandes canailles de toute la multitude / Ont contribué au bien commun. »

Mandeville essaie de donner une explication de principe de ce scandaleux paradoxe. C'est que la diversité et l'excès des passions promeuvent la *division du travail*. La cupidité des uns peut se satisfaire en satisfaisant la prodigalité, la gourmandise ou le goût du luxe des autres.

« Le luxe donnait du travail à un million de pauvres gens / Et l'odieux orgueil à un million d'autres. »

La mode, la vanité des goûts, l'inconstance, « ce vice bizarre et ridicule », incitent à un renouvellement rapide des objets de consommation, donc font travailler les producteurs et suscitent l'esprit d'invention, ce qui permet un progrès rapide et général. Mandeville remarque que, dès lors que ce mécanisme d'entraînement fonctionne, le progrès qu'il permet est tel « que les pauvres eux-mêmes [vivent] mieux que les riches auparavant ». En ce sens, l'odieux des inégalités est compensé par l'amélioration du sort des plus défavorisés.

Inversement, aussitôt que Jupiter a rendu toutes les abeilles honnêtes, s'installent la récession et le chômage, qui s'auto-alimentent et aboutissent à une paralysie et une pénurie générales : les vertus privées ont ramené les malheurs publics.

2) *Analyse*

Mandeville tire alors les leçons de la *Fable* en développant plusieurs grandes idées :

— le rôle de l'*intérêt personnel* comme moteur réel tant de la production que de la consommation ;
— le fait que l'intérêt personnel, en travaillant pour lui, travaille à produire des *effets collectifs bénéfiques* ;
— plus généralement, puisque l'intérêt collectif n'est décidément pas la motivation qui pousse les hommes à agir, *les effets de ce que les hommes font diffèrent des fins qu'ils visent en le faisant* ; il y a une discordance irrémissible, un décalage de principe entre l'idée que chacun a de son « mérite » ou des « mérites » d'autrui, et la valeur réelle du travail de chacun pour la société ;
— l'entraînement de l'économie, sa surchauffe, une certaine surproduction et une certaine surconsommation, autrement dit un certain *gâchis* et une certaine *irrationalité,* sont des ingrédients indispensables de la dynamique économique.

Ainsi, la société marche sans que personne ait une idée exacte de ce qui s'y passe ; en son sein agissent des forces et des structures qui sont efficaces bien que la plupart des hommes ne comprennent pas leur *modus operandi* ; la société, en d'autres termes, « marche toute seule ». À quoi s'ajoute le fait préoccupant que les catégories morales traditionnelles sont inadaptées ou décalées par rapport au fonctionnement économique réel et risquent de lui nuire si on les prend trop au sérieux.

Certes, le paradoxe qu'il arrive qu'on fasse du bien alors qu'on a eu des intentions peccamineuses avait été remarqué depuis longtemps, y compris par saint Thomas[1] ; il est présent chez La Rochefoucauld et chez Bayle[2]. Mais, alors que ces auteurs en sont restés au stade du paradoxe, Mandeville, lui, passe, pour ainsi dire, du paradoxe au concept, en posant que ce phénomène n'est qu'un aspect particulier de la loi plus générale selon laquelle les actions intentionnelles des hommes produisent en société des résultats différents de ceux qui ont été visés. Ce qui excite la sagacité du psychologue Mandeville, c'est l'abîme existant entre les motivations des hommes et l'effet réel de leurs actes ; ils se conforment à certaines règles, par exemple celles de l'honneur, par fierté, volonté de plaire, ou de nuire, mais, ce faisant, ils participent à un ordre social auquel ils n'ont nullement pensé au moment où ils agissaient.

Mandeville s'est, de ce fait, de plus en plus intéressé à l'origine de la morale et du droit, où il voit une œuvre collective, étalée dans le temps, opérée par une multiplicité d'individus dont aucun n'a une vision synthétique de la structure qui se construit. On lit dans la seconde partie de *La Fable* (1729) :

« Nous attribuons souvent à l'excellence du génie de l'homme et à la force de sa pénétration ce qui en réalité est dû à la longueur du temps et à l'expérience de nombreuses générations, dont chacune diffère fort peu des autres quant à la constitution physique et à la sagacité. [...] Il y a très peu [de lois] qui soient l'œuvre d'un seul homme, ou d'une seule génération ; la plus grande partie des lois sont le produit du travail accumulé de plusieurs époques... La sagesse dont je parle n'est pas le produit d'un entendement subtil, ou d'une pensée intense, mais d'un jugement sain et pesé, acquis par une longue expérience pratique et par de multiples observations. Grâce à cette sorte de sagesse[3]

1. Cf. *Somme théologique*, IIa, IIae, q. 78 (consacrée à l'usure), a. 1, *ad tert.* : « Les lois humaines laissent certains péchés impunis en raison de l'imperfection des hommes ; elles priveraient, en effet, la société de nombreux *avantages*, si elles réprimaient sévèrement tous les *péchés* en appliquant des peines. C'est pourquoi la loi humaine tolère l'usure, non qu'elle estime qu'elle soit conforme à la justice, mais *pour ne pas porter tort* au grand nombre. » On ne saurait mieux anticiper la formule de Mandeville : *vices privés, bienfaits publics,* et, en même temps, on ne saurait révéler plus ingénument la présence d'un « obstacle épistémologique » empêchant de conclure un argument déjà bien entamé.
2. L'idée est également présente chez les jansénistes Nicole et Boisguilbert qui, *avant* Mandeville, ont constaté que c'est le péché humain qui est le moteur de l'économie et que donc les « vices privés » produisent des « bienfaits publics ». Sur ces réflexions économiques et morales françaises qui se déploient en parallèle aux développements anglais, cf. *infra*, p. 433-435.
3. Qui est une rationalité, mais une rationalité non cartésienne, irréductible à la déduction logique, un mélange de réflexion et d'intuition comparable à la raison pratique

et à la longueur du temps, il peut bien s'avérer qu'il ne soit pas plus difficile de gouverner une grande cité que (pardon de cette comparaison grossière) de tisser des bas. »[1]

Des institutions bien ouvrées et agencées par l'épreuve du temps finissent par marcher « toutes seules », et, bien que la sagesse incorporée dans les institutions soit une sagesse supérieure, celle des hommes qui les font vivre dans l'instant présent est ordinaire. Ils héritent d'un savoir qui les dépasse, parce que ce savoir est la somme des savoirs de tous les hommes qui ont participé au processus tout au long du temps. Mandeville applique ce modèle – c'est sa supériorité sur Edward Coke ou Matthiew Hale qui songeaient seulement au droit – à l'ensemble de ce qui est transmis dans la culture, aux institutions et aux comportements économiques et aussi aux techniques. Celles-ci ont été portées

« à une prodigieuse hauteur... par le labeur ininterrompu et l'expérience accumulée de nombreuses générations, bien que seuls des hommes de capacité ordinaire y soient employés »[2].

De même, le langage est venu au monde « lentement et par degrés, comme tous les autres arts et sciences ». Ici, Mandeville semble avoir été un pionnier dans la riche réflexion du XVIIIe siècle sur le langage (Locke croyait encore à l'invention arbitraire des signes linguistiques). Mandeville conçoit sur le même modèle évolutionnaire l'origine des valeurs morales.

Il en résulte que l'esprit humain est *à la fois limité et tout-puissant* : aucune intelligence individuelle ne comprend intégralement la raison d'être des valeurs et institutions sociales au sein desquelles elle se meut ; mais l'évolution spontanée d'une collectivité d'hommes est capable de bâtir des valeurs et des institutions d'une complexité et d'une efficacité prodigieuses, dépassant tout ce qu'un esprit « cartésien » pourrait construire par une démarche logico-déductive. C'est pourquoi ce qu'on a appelé à tort l'anti-rationalisme du XVIIIe siècle, cette reconnaissance d'une certaine légitimité des traditions et des « préjugés » (si détestés en général des hommes des Lumières françaises), peut être considéré, au contraire, comme une *forme supérieure du rationalisme*. Mandeville a incontestablement joué un rôle important dans l'explicitation de ce nouveau rationalisme critique. Il ouvrait la voie, ce faisant, à Hume et à Ferguson.

d'Aristote ou à la *sapientia* et à la *conscientia* de Cicéron. C'était bien cette sagesse qu'Edward Coke cherchait à protéger des innovations législatives intempestives des premiers Stuarts.
1. Cité par Hayek, *New Studies in Philosophy, Politics, Economics and the History of Ideas*, London and Henley, Routledge & Kegan Paul, 1978, p. 260-261.
2. Cité par Hayek, *New Studies..., op. cit.*, p. 262.

III — HUME

Vie et œuvres[1]

David Hume naît en 1711 à Édimbourg, d'un milieu de petite bourgeoisie (apparenté à la petite noblesse, dit-il). Il fait ses études au collège d'Édimbourg et se passionne très jeune pour les sciences naturelles. Ne voulant pas embrasser la carrière juridique et commerciale qu'entend lui imposer sa famille, il se rend en France, à l'âge de vingt-trois ans. Il y reste trois ans et c'est à Reims, puis à La Flèche, qu'il écrit son *Traité de la nature humaine*. Il se rend ensuite à Londres en 1737 et publie en 1739 le *Traité* qui « tomba mort-né des presses ». En 1742, après s'être « retiré à la campagne », Hume publie ses *Essais politiques et moraux* qui, eux, rencontrent un certain succès. Sa candidature de professeur de philosophie à l'Université de Glasgow n'ayant pas été retenue, il doit, pendant deux ans, se mettre au service du marquis d'Annandale, puis du général Saint-Clair. Il participe avec ce dernier à une mission diplomatique qui le mène en Allemagne et jusqu'à Vienne, puis en Italie.

Il publie, en 1749, l'*Enquête sur l'entendement humain,* nouveau développement d'une partie du *Traité,* puis, en 1752, les *Discours politiques.* Il écrit aussi l'*Enquête sur les principes de la morale.* En 1751, il « quitte la campagne pour la ville, la véritable place d'un homme de lettres », en l'occurrence Edimbourg. Mais, ayant échoué une nouvelle fois à obtenir une chaire à Glasgow (car il est suspecté d'athéisme, ou du moins d'hétérodoxie religieuse), il devient conservateur de la bibliothèque des avocats. Il commence alors ce qui deviendra un immense ouvrage, l'*Histoire d'Angleterre* (en commençant par l'*Histoire des Stuarts*). Comme il y manifeste son penchant pour les *tories,* le livre suscite des attaques virulentes de la part des *whigs.* Hume interrompt ce travail pour publier à Londres l'*Histoire naturelle de la religion.* Un second volume de l'*Histoire d'Angleterre* (fin de l'*Histoire des Stuarts*) paraît en 1757, un troisième (l'*Histoire des Tudors*) en 1759, un dernier *(Histoire d'Angleterre de l'invasion de Jules César à l'avènement d'Henry VII)* en 1762. Cette fois, le succès est grand, ainsi que celui des ouvrages précédents. Hume est maintenant riche et célèbre. Il commence à écrire ses *Dialogues sur la religion naturelle* qui, en raison de leurs audaces, ne paraîtront qu'après sa mort.

En 1763, il se rend à Paris comme secrétaire auprès de l'ambassadeur, Lord Hertford. L'accueil qu'il y reçoit contraste avec l'attitude gênée et méfiante de ses compatriotes écossais. « Ceux qui n'ont jamais connu l'étrange effet des modes ne pourront jamais s'imaginer l'accueil que je reçus à Paris de la part d'hommes et de femmes de toutes conditions et de toutes positions [...]. On retire, en vivant à Paris, une satisfaction bien réelle de la société d'un grand nombre de personnes intelligentes, instruites et policées, dont cette ville abonde plus que tout autre lieu de l'univers. J'ai une fois songé à m'y établir pour la

---

1. D'après « Ma vie », publiée en tête de David Hume, *Discours politiques,* Trans-Europ-Repress, Mauvezin, 1993, et André-Louis Leroy, *David Hume,* PUF, 1953.

vie. » Hume reste à Paris jusqu'au début de 1766. Il s'y lie avec beaucoup d'écrivains et de savants, d'Alembert, Buffon, Marmontel, Diderot, Duclos, Helvétius, d'Holbach, et fréquente les salons de Mme du Deffand, de Julie de Lespinasse, de Mme Geoffrin. À la demande de ses amis français, il obtient une retraite pour Rousseau en Angleterre. Mais les deux hommes se brouilleront vite, par la faute du caractère de Rousseau, semble-t-il.

À son retour en Grande-Bretagne, Hume est, pendant un an, en 1767, sous-secrétaire d'État (pour les affaires nordiques et les affaires intérieures) auprès du général Conway. Il se retire à Édimbourg en 1769 et meurt en 1776.

Bien que les idées politiques concrètes de Hume se révèlent surtout dans les *Discours politiques* et l'*Histoire d'Angleterre,* son apport théorique le plus original est constitué par les parties du *Traité de la nature humaine* traitant de la justice[1].

1) *La morale ne se réduit pas à la raison*

Conformément à l'épistémologie et à la psychologie empiristes qu'il a exposées dans les deux premières parties du *Traité,* Hume établit tout d'abord un principe général qui rejoint, sous un autre angle, les thèses de Mandeville que nous avons présentées : « Les règles morales ne sont pas des conclusions de notre raison » (p. 572). La raison, en tant que telle, est en effet incapable d'*agir* sur quoi que ce soit ; or les règles (ou « valeurs ») morales ont une *force,* elles *déterminent en pratique* nos comportements. C'est donc qu'elles ont une autre origine que la raison déductive (et Hume de critiquer les philosophes comme Spinoza qui ont essayé de démontrer la morale *more geometrico*).

Hume pose que les règles morales *ne sont pas naturelles* (et que les Anciens, en conséquence, ont eu tort de vouloir fonder la morale sur la nature). Il va le démontrer en premier lieu sur le cas de la justice.

2) *La justice a pour origine une convention*

Voici son raisonnement. L'homme est la plus démunie des créatures. À l'état de nature se constate en lui « l'union monstrueuse de la faiblesse et du besoin ». Par la société seule il peut résoudre les problèmes vitaux qui se posent à lui. En effet, la société permet l'union des forces, la division du travail et l'aide mutuelle. « L'union des forces accroît notre pouvoir ; la division des tâches accroît notre

---

1. Cf. David Hume, *Traité de la nature humaine,* trad. André Leroy, Aubier, 1968.

capacité ; l'aide mutuelle fait que nous sommes moins exposés au sort et aux accidents » (p. 602). Mais le problème est de savoir comment l'homme entre en société. Heureusement, la nature lui a déjà fourni la base d'une première société, la *famille*. C'est sur cette base que peut naître graduellement la conscience de l'intérêt qu'il y a, pour les êtres humains, à s'unir.

> « En peu de temps, la *coutume* et l'*habitude* agissent sur les tendres esprits des enfants, leur donnent conscience des avantages qu'ils peuvent retirer de la société et, en même temps, les adaptent *graduellement* à la société en limant les angles rudes et les affections contraires qui s'opposent à leur union » (p. 603, n.s.).

La passion de l'égoïsme, certes, travaille contre l'union, mais cette passion est contrebattue par des passions altruistes, de force égale (p. 604).

Cependant, quand on dépasse le stade de la famille et qu'il s'agit d'établir de grandes sociétés, l'union ne peut plus reposer sur ce seul équilibre des passions naturelles. À cette échelle, en effet, les passions, surtout celles qui attachent l'homme aux biens extérieurs, vont devenir une source de désordre social. Car les biens extérieurs sont *rares,* d'autre part leur possession est fondamentalement *instable,* enfin les êtres humains auxquels nous sommes confrontés ne sont plus nos femmes et nos enfants, mais des *étrangers*. D'où d'inévitables inimitiés qui ne sont plus compensées par un lien social quelconque, puisqu'

> « il apparaît que, d'après la structure primitive de notre esprit, notre plus forte affection se limite à nous-mêmes ; le degré suivant de notre attention s'étend à nos parents et connaissances ; et c'est seulement le plus faible degré qui atteint les étrangers et les personnes indifférentes ».

Comment donc dépasser cette « partialité » constitutive de nos passions naturelles ? Il va falloir l'intervention d'un élément non naturel, « artificiel » (dit Hume : mais nous verrons que ce vocable est inadéquat), à partir duquel puissent se constituer de véritables règles de la vie sociale. Nous savons qu'il ne peut s'agir d'idées de la raison abstraite, incapables de créer des normes. Hume dit que ce sont des « conventions », c'est-à-dire des règles instituées, mais qui ne le sont pas de façon délibérée, comme un contrat pleinement explicite.

> Pour faire comprendre ce qu'elles peuvent être, Hume prend l'exemple de deux hommes qui rament sur une barque, tenant chacun un aviron. Ils « s'entendent » pour ramer de façon coordonnée, mais sans avoir eu besoin pour cela de se parler et d'établir un contrat au sens propre. Ils ont simplement, chacun, « reconnu » que c'était comme cela qu'il fallait agir pour aboutir au bon résultat, et ils ont « reconnu » que l'autre le « reconnaissait », ce qui les a confirmés qu'il fallait bien agir ainsi, etc., selon un processus de « résonance » qui finit par fixer un certain type stable de comportement (cf. p. 607).

La « convention » humienne est donc à la fois consciente et intuitive[1], ou plutôt successivement consciente et intuitive, conforme à ce mouvement de va-et-vient entre conscient et inconscient que les psychologues modernes repèrent en tout phénomène d'*apprentissage*. Peu à peu, par un apprentissage qui est aussi bien celui de l'individu (passant des relations familiales aux relations sociales) que celui de la société (passant de l'enfance de la civilisation à sa maturité), chacun en vient à juger que, pourvu qu'il laisse autrui jouir tranquillement de ce qu'il possède, autrui le laissera lui aussi jouir en paix de ses propres possessions, et que, par conséquent, les avantages à long terme qu'il retire du fait qu'il respecte la possession d'autrui compensent, et au-delà, les avantages immédiats qu'il aurait retirés du fait qu'il s'en empare. Ensuite, la règle ainsi établie se renforce par l'expérience. Le premier « jugement » implicite incite à respecter la possession d'autrui, mais ce respect même produit des avantages qui augmentent le sentiment d'attachement à la règle. Hume suggère donc un *processus évolutif,* dans lequel il évoque les traits qui seront mieux précisés plus tard par les théoriciens des « systèmes auto-organisés » : *causalité circulaire, stabilisation sélective,* mémoire générique des comportements qui se sont révélés bénéfiques et de ceux qui se sont révélés porteurs de conflits.

« La règle [...] *naît graduellement* et [...] acquiert de la force par une *lente progression* et *par la répétition de l'expérience des inconvénients qu'il y a à la transgresser* » (p. 607-608).

L'*imitation* joue également un grand rôle dans ce processus :

« Chaque membre de la société a conscience de l'intérêt [qu'il y a à respecter les règles] : chacun exprime ce sentiment à ses compagnons, en même temps que la résolution qu'il a prise de régler ses actes sur cet intérêt à condition que les autres agissent de même. Il ne faut rien de plus pour engager l'un d'eux à accomplir un acte de justice à la première circonstance opportune. Cet acte devient un exemple pour les autres ; ainsi la justice s'établit par une sorte de convention ou d'accord, c'est-à-dire par un sens de l'intérêt supposé commun à tous et où tout acte isolé s'accomplit dans l'attente que les autres hommes en accompliront de semblables. [...] C'est seulement par la supposition que d'autres vont *imiter* mon exemple que je suis amené à suivre la vertu [de justice] » (p. 616).

3) *Les conventions réorientent les passions*

Les « conventions » s'opposent aux « mouvements irréfléchis et impétueux » des passions, c'est-à-dire réorientent les passions sans

1. Hume parle de « connaissance implicite » (p. 693).

brimer l'*intérêt* même qui les motive. Les conventions sont, en effet, conformes à nos intérêts :

> « Loin de négliger notre intérêt personnel ou celui de nos plus proches amis en nous abstenant de toucher aux biens d'autrui, nous ne pouvons pas mieux prendre en considération ces deux intérêts que par une telle convention ; car c'est par ce moyen que nous conservons la société qui est si nécessaire à leur bien-être et à leur conservation, aussi bien qu'aux nôtres propres »[1] (p. 607).

Ainsi, c'est la passion même qui, *réorientée* par les règles de justice, combat la passion. L'intérêt que présente cette vue est de donner une intelligibilité réaliste de la naissance des règles de justice. L'homme n'est ni ange ni bête : il invente les règles de juste conduite en raison d'un élément subjectif, le fait qu'il soit structurellement attaché par ses passions à ses biens propres, et d'un élément objectif, la rareté des biens et l'instabilité de leur possession. Aucun élément « métaphysique » ou « religieux » (péché originel...) n'entre ici en ligne de compte.

> « C'est uniquement de l'égoïsme de l'homme et de sa générosité limitée, en liaison avec la parcimonie avec laquelle la nature a pourvu à la satisfaction de ses besoins, que la justice tire son origine » (p. 613). « La question de la méchanceté ou de la bonté de la nature humaine n'entre pas le moins du monde dans [la] question de l'origine de la société ; il n'y a rien d'autre à considérer que *le degré de sagacité* ou de *folie* des hommes » (p. 610).

Car, ajoute Hume, résolvant en ce sens le paradoxe de Mandeville :

> « que la passion de l'intérêt personnel soit estimée vicieuse ou vertueuse, cela revient au même, puisque c'est elle seule qui se réprime ; si bien que, si elle est vertueuse, les hommes deviennent sociaux par leur vertu ; et si elle est vicieuse, c'est leur vice qui a ce même effet » *(ibid.)*.

La morale et le droit ont été inventés par les hommes parce qu'ils sont *utiles* : Hume inaugure, à cet égard, la tradition « utilitariste » des penseurs anglo-saxons[2].

---

1. La convention maximise *a priori* nos chances de satisfaire nos intérêts. Hume retrouve donc la sagesse des petites filles d'Harrington (cf. *supra*, p. 293-294), mais, pour ainsi dire, par l'autre face. Chez Harrington, il s'agissait de montrer l'intérêt d'une « règle du jeu » que les petites filles ont consciemment vu et suivi ; Hume vise exactement le même mécanisme, mais en supposant que sa genèse est inconsciente et progressive.

2. Est donc ici exprimée en langage non religieux la solution même que, quelques années auparavant, avaient donnée au problème de la nature antisociale du péché ou de l' « égoïsme » un Boisguilbert ou un Mandeville. Il ne s'agit pas d'écraser le péché ou l'égoïsme sous la violence d'un Léviathan absolutiste, mais de faire en sorte que les intérêts

4) *La convention sur la stabilité de possession est la source de toutes les autres règles de droit*

« Dès l'établissement de la convention sur l'abstention des biens d'autrui et la stabilisation de chacun dans ses biens naissent immédiatement les idées de justice et d'injustice ; également celles de *propriété*, de *droit* et d'*obligation* » (p. 608).

Tout commence par la convention de s'abstenir de la possession d'autrui. C'est seulement l'établissement de cette norme implicite qui donne sens aux *idées* de justice et d'injustice ; car dès que quelqu'un portera atteinte à la possession de quelqu'un d'autre, ceci éveillera un sentiment de défiance, et l'on saura intuitivement de quoi on parle quand on discutera de justice et d'injustice. Les

personnels soient canalisés et rendus complémentaires par l'émergence d'un corps de règles de juste conduite permettant des échanges pacifiques et féconds. C'était bien aussi l'idée des théoriciens hollandais comme Pieter de La Court, à savoir qu'une société libérale accorde les « intérêts ». Mais cette idée, chez La Court, était bien vague et abstraite. Avec Hume, elle se précise : ce sont les règles de *justice* et de *droit*, sélectionnées par l'évolution, qui accordent, rendent complémentaires et maximisent les intérêts des individus. Avec les économistes, cette complémentarité des intérêts sera analysée avec plus de précision encore, puisque le formalisme économique permettra d'en expliciter pleinement les mécanismes (par exemple, chez Boisguilbert, puis chez les Physiocrates ou Turgot, comment la liberté du commerce des grains permet de faire à la fois baisser les prix pour les consommateurs et augmenter les profits pour les agriculteurs. L'essor de la science économique, du XVIIIᵉ au XXᵉ siècle, tendra à montrer que les comportements réputés peccamineux des hommes qui ne sacrifient pas leurs intérêts sont en réalité altruistes, puisqu'ils aboutissent à accroître la prospérité générale et à nourrir les pauvres mieux qu'une charité chrétienne non éclairée. Mais les économistes n'auraient pu développer cette ligne de pensée si des hommes comme Mandeville ou Hume (précédés dans cette voie, redisons-le, par d'autres, comme Nicole et Boisguilbert : cette « préhistoire » de l'économie est encore mal connue) n'avaient pas fait sauter l' « obstacle épistémologique » qui empêche de voir une vertu dans un comportement que la morale traditionnelle décrit comme un vice.

Il est frappant que Hume, qui, comme Mandeville, a manifestement identifié un nouveau type d'ordre social, qui n'est *ni* naturel puisqu'il est institué par les hommes, *ni* artificiel puisqu'on ne peut le créer ou le changer arbitrairement par la seule volonté, ne parvienne pas à en parachever le concept. Il se débat, comme Mandeville, contre un autre « obstacle épistémologique » qui lui barre même le chemin d'un *nom* adéquat pour désigner ce nouveau type d'ordre. Il emploie à quelques pages de distance, pour qualifier les conventions de justice, les adjectifs « naturel » et « artificiel », mais en soulignant chaque fois le caractère inapproprié de chacun de ces vocables. L'expression à laquelle il parvient, comme étant la moins éloignée de ce qu'il veut dire, est « seconde nature ». Expression inaboutie, certes, puisqu'elle était déjà employée par Aristote pour désigner les *hexei* (c'est-à-dire le genre dont les vices et les vertus sont les espèces, cf. *HIPAMA*, p. 135-136). Or Aristote, qui avait le sens de l'apprentissage individuel (par lequel s'instituent en effet les *hexei*), n'avait pas le sens de l'apprentissage collectif ou évolution culturelle. L'dée d'ordre spontané de société ne pourra être érigée en concept scientifique, et donc adéquatement baptisée, que par des penseurs ultérieurs du *Scottisch Enlightenment*.

notions de droit positif comme *propriété, droit, obligation* pourront à leur tour prendre consistance. La position de Hume est donc diamétralement opposée, on le voit, à celle de Hobbes et du « positivisme juridique », et elle rejoint la tradition aristotélicienne-stoïcienne, prolongée dans la scolastique et l'École de Salamanque : le sens de la justice *précède* l'État, le sens du droit *précède* la législation, au sens où ils en sont la condition à la fois logique et historique.

Parmi toutes les règles de justice que Hume va examiner, celle concernant la *stabilité de possession* est nécessairement la première et la plus importante :

> « Personne ne peut douter que la convention pour la distinction des propriétés et pour la stabilité de leur possession soit, de toutes les circonstances, la plus nécessaire à l'établissement de la société humaine et qu'une fois réalisé l'accord pour fixer et observer cette règle, il reste peu, ou il ne reste rien, à faire pour établir une harmonie et une concorde parfaites » (p. 609).

Quand les propriétés sont distinctes et stables, une coopération sociale pacifique devient possible. Les passions peuvent bien se déchaîner, elles ne risquent plus de conduire à l'éclatement de la société.

À la règle de *stabilité de possession*, Hume ajoute cependant deux autres règles fondamentales de justice, le *transfert de la propriété par consentement*, le *respect des promesses*. Il reprend cette liste d'une tradition jusnaturaliste bien établie et qu'il connaît[1]. Cependant, Hume pose que les deux dernières, pas plus que la première, ne sont « naturelles ». Ce sont elles aussi des conventions progressivement élaborées par la société.

5) *Une justice procédurale*

Bien qu'il ne possède pas la théorie du marché pleinement développée qu'on trouve déjà chez certains économistes du temps, Hume pose nettement que, lorsque chacun respecte la propriété d'autrui, il en résulte un ordre global favorable.

La « justice » ainsi produite permet de protéger le *mien* et le *tien,* un domaine propre dont on sait avec certitude qu'on pourra jouir en paix parce qu'on peut anticiper que les autres ne chercheront pas à empiéter sur lui. L'expérience acquise « nous donne confiance en la régularité de la conduite [de nos compagnons] pour l'avenir ; c'est seulement sur l'attente d'une telle conduite que se fondent notre modération et notre abstention » (p. 608). Ainsi sont prévenus les conflits. Les actions des uns peuvent être ajustées par avance

---

1. Cf. *supra*, p. 309. Rappelons qu'on trouve cette liste chez Grotius, qui les reprend lui-même des Stoïciens, de Cicéron, des formules d'Ulpien rapportées dans le *Digeste* : *honeste vivere, alterum non lædere, suum cuique tribuere* (*Dig.* 1, 1, 10).

aux actions des autres. « [Par le respect des règles de justice], les différentes passions intéressées sont obligées de *s'ajuster entre elles* de manière à *concourir en un système* de conduites et d'actions[1]. Ce système [...] est *avantageux au public,* bien que ses inventeurs n'aient pas *visé cette fin* » (p. 649).

Cet ordre, à son tour, favorise les actions des individus. De sorte qu'au total, le respect des règles de justice est utile à l'individu par la médiation de l'avènement d'un ordre social global favorable.

Hume voit fort bien que le respect des règles peut produire *directement* sur l'individu, au contraire, non une utilité, mais une désutilité. Il n'en maintient pas moins que le respect des règles s'impose en vertu d'un calcul des avantages et des désavantages prenant suffisamment en compte le long terme. L'administration de la justice sera fréquemment « dure », voire contraire à l'équité apparente ; cette dureté et cette « injustice » n'en sont pas moins dans l'intérêt de tous. La position de Hume est donc celle d'une « justice procédurale » qui va devenir typique de la tradition libérale[2]. Cette conception consiste à estimer satisfaisant et juste tout résultat concret du jeu social, dès lors que, dans le jeu, les règles de justice ont été scrupuleusement respectées. La justice est *dans les règles abstraites,* non *dans tel ou tel résultat concret.*

« Aussi contraires à l'intérêt public ou privé que puissent être des actes isolés de justice [...], *ce mal momentané est amplement compensé par l'observation constante de la règle et par la paix et l'ordre que celle-ci établit dans la société.* Et même chaque individu se trouve gagner à la balance du compte ; car, sans justice, la société doit immédiatement se dissoudre et chaque individu doit tomber dans cette condition inculte et solitaire, qui est infiniment pire que la pire des situations que l'on puisse supposer dans la société. Donc, quand les hommes ont eu assez d'expérience pour observer que, quelle que soit la conséquence d'un acte isolé de justice accompli par une personne isolée, pourtant l'ensemble du système des actions concourantes de l'ensemble de la société est infiniment avantageux pour l'ensemble et chaque élément de la société, il ne faut pas longtemps pour qu'apparaissent justice et propriété » (p. 615-616).

6) *Principes et expédients*

Hume insiste sur l'illusion d'optique qui risque toujours de faire qu'un individu privé ou le gouvernement d'un État préfèrent un *expédient* — c'est-à-dire une infraction, au nom du pragmatisme ou de l'équité, à la stricte règle de justice — au respect d'un *principe.* Quand on sacrifie les principes à des expédients[3], on sait ce qu'on gagne, on

---

1. L'idée était formulée (moins nettement, peut-être) par Locke, cf. *supra,* p. 325.
2. Nous en avons rencontré déjà des expressions chez Molina (cf. *supra,* p. 191-192) et chez Locke (cf. *supra,* p. 315).
3. Ce qui définit le « pragmatisme ».

ne sait pas ce qu'on perd, c'est-à-dire les bienfaits de l'ordre général. On voit l'intérêt immédiat qu'il y aura à recourir à l'expédient, on ne voit pas le désavantage qui résultera du fait que des ressources ou des opportunités d'action ne surviendront pas comme elles seraient survenues si la société était restée ordonnée et que l'ordre habituel des échanges pacifiques et féconds se fût perpétué. D'autre part, si l'on accepte qu'une infraction soit faite aux règles, on justifie les violations ultérieures des mêmes règles, et l'ordre social s'effondre de proche en proche comme un château de cartes. Hume remarque que le danger d'une telle illusion d'optique croît avec la taille de la société.

« Les hommes agissent souvent en contradiction avec leur propre intérêt ; en particulier, ils préfèrent un avantage banal, mais présent, au maintien de l'ordre dans la société qui dépend à un tel degré de l'observation de la justice. Les conséquences de chaque atteinte portée à l'équité sont, semble-t-il, très éloignées et elles ne sont pas de nature à contrebalancer un avantage immédiat qu'on peut recueillir de cette injustice. Elles ne sont pourtant pas moins réelles pour être éloignées ; et, comme tous les hommes sont, à quelque degré, sujets à la même faiblesse, il arrive nécessairement que les violations de l'équité doivent devenir très fréquentes dans la société et le commerce entre les hommes est, par ce moyen, rendu très incertain. Vous avez la même tendance que moi à considérer le contigu comme supérieur au lointain. Vous êtes donc naturellement porté à commettre aussi bien que moi des actes d'injustice. Votre exemple me pousse en avant dans cette voie par imitation et m'apporte à la fois une nouvelle raison pour transgresser l'équité en me montrant que je serai la dupe de mon intégrité, si j'étais seul à m'imposer une contrainte sévère au milieu des licences d'autrui » (p. 656).

Ce qu'il faut combattre par avance par une stricte application des règles. L'optimum social s'obtient *au prix d'une véritable répression de certains instincts naturels,* non seulement des instincts de prédation, mais aussi, en toute rigueur, certains instincts d'altruisme et de compassion. Nous devons vouloir le maintien d'un ordre *général* favorable à tous et non que telle personne *concrète* possède telle propriété *concrète.* Nous devons vouloir un ordre abstrait, non concret.

« La justice, dans ses décisions, ne regarde jamais si des objets sont, ou non, adaptés à des personnes particulières ; mais elle se conduit par des vues plus étendues. Qu'un homme soit généreux ou avare, il est également bien accueilli par elle et obtient avec la même facilité une décision en sa faveur, même pour ce qui lui est complètement inutile » (p. 620-621)[1].

La justice, en ce sens, paraît bien être « aveugle ». Mais la société, qui a créé les conventions de justice par essais et erreurs, n'en sait pas moins où elle va.

---

1. La justice, puisqu'elle protège *par principe* la propriété, semble parfois donner raison aux riches *contre* les pauvres. Mais c'est une illusion d'optique : elle favorise autant la *future* propriété des pauvres que la propriété *actuelle* des riches.

À partir du moment où existent les trois conventions citées plus haut, propriété, transfert de la propriété par consentement, respect des contrats, un ordre de société devient possible. Que cet ordre soit « spontané » se marque par deux affirmations essentielles, qu'on va retrouver dans toute la suite de la tradition démocratique et libérale : *la société peut se passer, au moins provisoirement, de l'État ; le droit précède la législation.*

7) *La société peut se passer, au moins provisoirement, de l'État*

« Bien que le gouvernement [= l'État] soit une invention très avantageuse et même, dans certaines circonstances, absolument nécessaire, l'invention n'en est pourtant pas nécessaire dans toutes les circonstances ; et il n'est nullement impossible aux hommes de maintenir quelque temps la société, sans recourir à une telle invention. [...] Je suis si loin de penser, avec certains philosophes[1], que les hommes sont absolument incapables de vivre en société sans gouvernement, que j'affirme que les premiers rudiments de gouvernement naissent des querelles, non pas entre les hommes de la même société, mais entre ceux de sociétés différentes » (p. 660-661).

L'État ne serait donc apparu qu'à cause des guerres ; la vie sociale peut se concevoir sans lui. L'État améliore la justice, il ne la crée pas (c'était la thèse de Locke).

8) *Le droit est antérieur à la législation*

De même et pour les mêmes raisons, le droit est antérieur à la législation, et l'État, bien loin de fonder le droit comme le croit Hobbes, tire sa légitimité de ce qu'il fait respecter un droit qui lui préexiste.

« Bien que les hommes puissent maintenir une petite société inculte sans gouvernement, ils ne peuvent maintenir de société d'aucune sorte sans justice, sans observer les trois lois fondamentales sur la stabilité de possession, sur son transfert par consentement et sur l'accomplissement des promesses. *Ces lois sont donc antérieures au gouvernement* et elles imposent une obligation, suppose-t-on, avant qu'on n'ait jamais pensé au devoir de loyalisme envers les magistrats civils. Mieux, j'irai plus loin et j'affirmerai que le gouvernement, *à sa première institution,* tire son obligation, peut-on naturellement supposer, de ces lois de nature et, en particulier, de celle qui se rapporte à l'accomplissement des promesses. Une fois que les hommes auront vu la nécessité d'un gouvernement pour maintenir la paix et exécuter la justice, naturellement ils s'assembleront, choisiront les magistrats, délimiteront leur pouvoir et leur promettront obéissance » (p. 662-663).

---

1. Cf. par exemple Hobbes, *Léviathan,* part. II, chap. XVIII, fin [note de Hume].

L'État, ainsi, n'*établit* pas la justice, mais sert à une « *plus stricte application* de la justice » qui permet de « conserver les anciens avantages ou d'en acquérir de nouveaux » (p. 665). Il est spécialement nécessaire à la justice dans les « sociétés étendues » (p. 666). Hume retrouve donc encore Locke sur ce point, mais il ajoute un complément essentiel à la doctrine lockéenne de l'État libéral.

9) *Les deux fonctions de l'État*

Hume est en effet l'un des premiers penseurs politiques à avoir attribué explicitement à l'État *deux* rôles légitimes, dont il a parfaitement vu la différence de nature et l'importance inégale. Le premier rôle est celui qu'on vient d'analyser : faire mieux respecter les lois de justice, servir d'arbitre aux conflits. Le second est de *fournir des biens et services collectifs*.

« L'exécution de la justice n'est pas le seul avantage du gouvernement, bien qu'elle en soit le principal. [...] Le gouvernement étend plus loin son influence bienfaisante ; non content de protéger les hommes dans les conventions que ceux-ci ont faites dans leur intérêt mutuel, il les oblige souvent à faire de telles conventions et les force à chercher leur propre avantage en les faisant concourir à une fin commune ou à un dessein commun. Il n'y a pas de qualité dans la nature humaine qui produise plus d'erreurs fatales dans notre conduite que celle qui nous porte à préférer un objet présent à un objet distant et éloigné et nous fait désirer les objets plus d'après leur situation que d'après leur valeur intrinsèque. Deux voisins peuvent s'entendre pour drainer une prairie qu'ils possèdent en commun : car il leur est facile de connaître l'un l'autre leur pensée ; et chacun perçoit nécessairement que la conséquence immédiate de tout manquement de sa part, c'est l'abandon de l'ensemble du projet. Mais il est très difficile, et certes impossible, que mille personnes s'entendent pour une telle action ; car il leur est difficile de se concerter sur un dessein aussi complexe et plus difficile encore de l'exécuter ; alors que chacun cherche un prétexte pour se libérer du trouble et de la dépense et laisserait volontiers aux autres tout le fardeau[1]. La société politique remédie aisément à ces deux inconvénients. [...] C'est ainsi que, partout, se construisent les ponts, s'ouvrent les ports, s'élèvent les remparts, se creusent les canaux... » (p. 659-660).

---

1. Hume anticipe nettement – le vocabulaire technique en moins – les arguments des économistes modernes au sujet des biens ou des services qui, étant producteurs d' « externalités », ne peuvent être adéquatement fournis par le marché *(market failures),* ce qui justifie l'intervention de la puissance publique, ainsi que la théorie du « passager clandestin ».

IV — FERGUSON

D'autres auteurs moins connus du *Scottish Enlightenment* ont apporté leur contribution à la « tradition de l'ordre spontané ». Ce sont, par exemple, Josiah Tucker (1712-1799), Thomas Reid (1710-1796), Dugald Stewart, William Paley, Adam Ferguson.

Adam Ferguson (1723-1816), né dans les *Highlands* d'Écosse, fait des études de théologie à l'Université d'Édimbourg. Il est chapelain dans l'armée britannique pendant neuf ans, puis professeur, d'abord de philosophie naturelle, puis de philosophie morale dans la même Université d'Édimbourg. Il est l'auteur de nombreux ouvrages dont les deux principaux sont l'*Essai sur l'histoire de la société civile* (1767) et les *Principes des sciences morales et politiques* (1792)[1].

Ferguson est un auteur complexe, qui traite de thèmes variés relevant aussi bien de l'histoire de la sociologie, de l'anthropologie et de la littérature que de la philosophie morale et politique proprement dite. Il n'est d'ailleurs pas spécialement libéral.

Marqué par la culture des « clans », Ferguson est attaché à la « communauté » traditionnelle tout autant qu'à la nouvelle « société » commerciale. Il estime que les valeurs traditionnelles sont supérieures : il est absolument impossible, soutient-il, de concilier les « vertus » et le « commerce ». À la différence de Hume, il ne se satisfait guère du régime libéral et de la « société commerciale civile » auxquels est parvenue l'Angleterre après un siècle de luttes politiques. Cette société se vante d'avoir apporté paix et prospérité, mais le pire des dangers, pour l'homme, est l'absence de danger et, d'autre part, l'homme, quand il fait des actions véritablement grandes, ne se soucie guère des biens matériels : ni la paix ni la prospérité ne sont des buts en soi. La société libérale de Hume appelle « modération » le comportement commercial qui consiste à se désintéresser des affaires publiques et à gérer ses affaires privées. Mais faire cela manifeste une « réelle indifférence à l'humanité », c'est le contraire même de la « sagesse » (Ferguson est du même avis à cet égard que Machiavel ou Rousseau). D'autant que la division du travail propre à la société commerciale augmente les inégalités sociales, la spécialisation diminue et mutile l'homme. Ferguson condamne la recherche de la richesse et déplore amèrement le fait que les hommes soient estimés désormais à l'aune de ce qu'ils possèdent. Il regrette que la mode soit à une littérature antihéroïque. Tout ceci, conclut-il, est une « décadence ». En un mot, les thèmes concrets développés par Ferguson font forte-

---

1. Cf. Adam Ferguson, *Essai sur l'histoire de la société civile* [1767], trad. de M. Bergier, révisée, annotée et introduite par Claude Gauthier, PUF, coll. « Léviathan », 1992 ; *An Essay on the History of Civil Society,* edited, with an Introduction, by Duncan Forbes, Edinburgh University Press, 1966.

ment songer à ceux qui seront défendus plus tard par le romantisme, par Hegel, par Marx, par Carlyle, voire par Nietzsche, plutôt qu'aux thèmes classiques de la tradition démocratique et libérale.

Aussi bien, ce qui nous intéresse dans la pensée de Ferguson est sa méthode plutôt que ses thèses. Le propos de l'*Essai* est de rendre compte de l'histoire des sociétés humaines, depuis les sociétés « sauvages » ou « barbares » jusqu'à la société « commerciale » du Royaume-Uni contemporain. Or, dans le contexte de cette problématique, Ferguson est conduit à formuler certaines hypothèses très originales quant à la logique de l'évolution des sociétés humaines. Cette évolution, dit-il, est essentiellement progressive et cumulative, lente et complexe, provoquée par les hommes sans que, pourtant, aucun d'eux ne puisse prétendre la conduire.

« L'espèce, aussi bien que l'individu, construit pour le futur sur les acquis du passé ; et successivement, elle parvient à un degré de perfection dans l'usage de ses facultés qui ne peut être que le produit d'une *longue expérience* et des *efforts combinés de plusieurs générations* » (trad. fr., p. 110).

À la différence de Rousseau qui imagine qu'il y a eu pour l'homme un état de nature et que toutes les inventions sociales sont des artifices étrangers à cette nature, Ferguson nie que l'on puisse même, en l'homme, distinguer nature et artifice. Même chez l'homme sauvage, il y a déjà de l'artifice, puisqu'il fait déjà usage de sa raison, de sa volonté, de sa liberté, de son génie d'invention ; et chez l'homme civilisé, il y a encore de la nature. En réalité, l'humanité est un mixte indiscernable de nature et d'artifice ; elle est une réalité *sui generis* que Ferguson tente de cerner en l'appelant « société civile », mais ce qui semble bien correspondre étroitement à ce que les Modernes appelleront « culture ». En tout cas, Ferguson essaie de concevoir un *ordre intermédiaire* entre l'ordre naturel et l'ordre artificiel.

C'est dans le cadre de cette problématique de l'évolution culturelle que Ferguson attaque durement les théories classiques, encore dominantes au XVIIIe siècle, selon lesquelles les sociétés sont forgées par de grands « Législateurs » ou « Fondateurs d'État » comme Solon, Lycurgue ou Romulus. En réalité, ces personnages ne font que cristalliser et accélérer une évolution qui est antérieure à leur action, et qui est un processus de très long terme où interviennent une multiplicité d'initiatives individuelles.

Cherchant à cerner la nature de ce phénomène d'évolution culturelle, Ferguson trouve une expression extrêmement éclairante qui va contribuer à lever l'obstacle épistémologique, signalé plus haut, qui empêchait de distinguer le concept d'ordre spontané de société de ceux d'ordre naturel ou d'ordre artificiel : l'évolution culturelle forge, dit-il, des « ordres *qui dépendent de l'action des hommes, non de leurs intentions* ».

Nous reproduisons ci-après l'argumentation qui aboutit à cette formule appelée à devenir célèbre.

« Les hommes, en suivant l'impulsion du moment, en cherchant à remédier aux inconvénients qu'ils éprouvent, à se procurer les avantages qui sont à leur portée, *parviennent à des fins qu'ils n'auraient pu prévoir et imaginer.* Et comme tous les autres animaux, ils suivent le mouvement de leur nature sans en percevoir les fins. Le premier qui dit : "Je veux m'approprier ce terrain, je veux le transmettre à mes héritiers" ne voyait pas qu'il était en train d'établir le fondement des lois civiles et de l'établissement politique. Celui qui, le premier, se rangea sous les ordres d'un chef, ne soupçonnait pas qu'il donnait l'exemple de la subordination permanente qui allait permettre à l'homme avide de s'emparer de ses possessions, à l'homme arrogant d'exiger de lui ses services. Les hommes, en général, sont assez naturellement portés à faire des projets et à élaborer des systèmes, mais celui qui s'aviserait d'en établir un pour les autres rencontrerait une opposition de la part de tous ceux qui veulent en faire pour eux-mêmes. Semblables aux vents qui viennent on ne sait d'où et qui soufflent où il leur plaît, *les formes de la société ont une origine obscure* : elles se constituèrent longtemps avant la naissance de la philosophie, et l'instinct y eut plus de part que la raison. La multitude est orientée, dans les institutions et les mesures qu'elle adopte, par les circonstances dans lesquelles elle se trouve. Et il est rare que celles-ci aient été transformées pour adopter le projet d'un seul.

« Toute étape et tout mouvement en avant de la société, même dans les âges qu'on appelle éclairés, sont accomplis dans une égale cécité à l'égard du futur ; et les nations tombent par hasard sur *(stumble upon)* des institutions qui sont à vrai dire *le résultat de l'action humaine, mais non l'exécution d'un dessein humain (the result of human action but not the execution of human design).* Cromwell disait que jamais un homme ne s'élevait si haut que lorsqu'il ne savait pas où il allait ; la même chose peut être dite, avec plus de raison encore, à propos des sociétés. Elles admettent les plus grandes révolutions, lors même qu'elles n'ont pas l'intention de faire le plus petit changement. Et les hommes politiques les plus déliés perçoivent rarement jusqu'où l'État peut être conduit, conséquement à la réalisation de leurs projets. [...] *Nous ne voyons pas de constitution qui ait été formée par un plan délibéré,* aucun gouvernement copié d'après un plan préétabli » (p. 220-221, tr. mod.).

Ferguson fournit ainsi une explication de principe de l'évolution spontanée de la *culture* ou de l'*histoire*, processus qui n'est planifié ni décidé par personne, tout en étant provoqué par une multiplicité d'actions humaines ayant chacune un but singulier, celles des membres des collectivités humaines qui se succèdent dans le temps. Ces initiatives dispersées n'aboutissent pas à un désordre, mais à des institutions, des valeurs, des savoirs et des savoir-faire cohérents et efficaces. Or, par principe, ce qui n'a pas été fait délibérément par les hommes n'est pas transparent à leur esprit. Comme Mandeville, comme Hume, comme Smith, comme plus tard Burke, Ferguson formule clairement l'idée que nous nous mouvons au sein d'une organisation sociale dont la complexité nous dépasse.

   « Les institutions sont nées d'*améliorations successives qui furent faites sans qu'on ait la moindre notion de leur effet général* ; et elles ont porté les affaires humaines à un état de *complexité* que même l'homme doué de l'esprit le plus capable qui soit compatible avec la nature humaine n'aurait jamais pu anticiper ; d'ailleurs, même quand l'institution est complètement formée, *personne ne peut comprendre exhaustivement son fonctionnement.* »

   S'il en est ainsi, toute tentative de reconstruire l'ordre social sur une table rase n'est pas seulement odieuse par les violences qu'une telle transformation révolutionnaire impliquerait, elle n'est pas seulement risquée en pratique, elle est *épistémologiquement absurde* et ne peut conduire qu'à une *régression* de la « société civile ». Le *Scottish Enlightenment* se démarque nettement à cet égard de la face cartésienne des Lumières françaises : ces traditions, ces « préjugés » que les Français attaquent si amèrement, ont une valeur *scientifique* irremplaçable.

   Ferguson aura ainsi mis en lumière la logique auto-organisatrice de l'évolution de la culture. La culture n'est cependant pas le seul domaine où une logique de ce type soit à l'œuvre. Du processus par lequel se forgent les institutions et les règles morales et juridiques, qui est essentiellement diachronique et s'étend sur le long terme, on peut distinguer un autre processus d'auto-organisation qui se situe, lui, sur le court terme, c'est-à-dire dans un cadre donné d'institutions et de règles. C'est celui par lequel les initiatives des agents économiques s'ajustent les unes aux autres et aboutissent à créer et à maintenir une certaine structure de la division du travail et de la production. Il revenait à un autre auteur, d'ailleurs un homme proche de Ferguson, *Adam Smith,* de mettre à son tour en lumière ce second type, synchronique, d'ordre auto-organisé qu'est le *marché*[1].

V — SMITH[2]

   Notre propos n'étant pas l'histoire des idées économiques en tant que telles, nous parlerons ici d'Adam Smith (1723-1790) en fonc-

---

   1. Sur la distinction entre ces deux types d'ordres spontanés, cf. notre *Société de droit selon F. A. Hayek, op. cit.,* p. 71-72.
   2. Cf. Adam Smith, *Recherches sur la nature et les causes de la richesse des nations,* trad. de Germain Garnier revue par Adolphe Blanqui, introd. et notes par Daniel Diatkine, 2 vol., Garnier-Flammarion, 1991 ; Adam Smith, *An Inquiry into the Nature and Causes of the Wealth of Nations,* general editors R. H. Campbell and A. S. Skinner, textual editor W. B. Todd, 2 vol., Indianapolis, Liberty classics, 1981.

tion surtout de son rôle dans l'élaboration de ce dernièr concept. Avec sa fameuse image de la « main invisible », Smith a pensé explicitement le marché comme un ordre qui s'auto-organise. L'émergence de la division du travail, dit-il, n'est pas

« originellement l'effet d'une *sagesse* humaine, qui *apercevrait à l'avance* et *voudrait intentionnellement* l'opulence générale dont la division du travail est l'occasion. C'est la *conséquence nécessaire, bien que très lente et graduelle,* d'une certaine propension de la nature humaine qui n'a pas en vue une utilité aussi étendue : la propension au troc, au commerce et à l'échange ».

Les initiatives des agents économiques animés par cette propension, montre Smith, sont gouvernées non par la connaissance qu'ils auraient des besoins et capacités concrets de leurs partenaires immédiats ou lointains, mais par les *signaux abstraits des prix* auxquels les choses sont demandées et offertes sur le marché. Se guidant sur ces signaux pour acheter leurs biens de production et de consommation ou pour vendre leurs produits, et recherchant chaque fois leur propre intérêt, ils s'insèrent par le fait même, sans en être conscients, dans le réseau complexe de la division du travail. Et c'est ainsi que fonctionne la « grande société », c'est-à-dire la société industrielle moderne.

L'homme, s'il est laissé libre de « poursuivre ses propres intérêts selon ses propres voies », et dès lors, du moins, qu'il respecte des règles d'égalité, de liberté et de justice, est conduit à *satisfaire des besoins qu'il ne connaît pas d'hommes qu'il ne connaît pas* ; il contribue par là au fonctionnement d'une société qui s'étend bien au-delà de ce que peut saisir son intelligence limitée.

Smith ne pouvait, et pour cause, argumenter contre le socialisme, doctrine qui ne sera constituée comme telle que quelques dizaines d'années plus tard. Il dénonce cependant les prédécesseurs du socialisme, ces rationalistes qu'il appelle « hommes de système ». L'image de la *main invisible* est en effet conçue par contraste avec l'image d'une *main visible,* c'est-à-dire une main qui serait commandée par une tête elle-même visible, c'est-à-dire par l'État doté d'une intention et de pouvoirs organisateurs.

« L'homme de système semble imaginer qu'il peut disposer des différents membres d'une grande société aussi aisément que sa main dispose des différentes pièces d'un échiquier. Mais il ne lui vient pas à l'esprit que les pièces sur l'échiquier n'ont d'autre principe de mouvement que celui que la main leur confère ; alors que, dans le grand échiquier de la société humaine, chaque pièce singulière a son propre principe de mouvement, entièrement différent de ce que la législation pourrait choisir de lui imprimer. Si ces deux principes coïncident et agissent dans la même direction, le jeu de la société humaine sera joué avec facilité et harmonie, et il y a de bonnes chances pour qu'il soit heureux et réussi. S'ils sont opposés, ou différents, le jeu se poursuivra de façon misérable et la société humaine ne pourra manquer d'être dans un perpétuel état de désordre. »[1]

Ainsi, Smith a clairement vu l'opposition entre deux modes d'organisation économique, le « plan » et le « marché », l'ordre organisé et l'ordre spontané, et il a non moins clairement vu que ces deux options n'étaient pas de valeur équivalente, mais que la société moderne ne pouvait s'organiser *que* selon la seconde modalité. Qu'il en était ainsi à cause de la *complexité* de la grande société, correspondant à la *rationalité limitée* des acteurs : je ne sais pas quels sont les besoins des partenaires de mes échanges, je sais seulement qu'ils veulent bien m'acheter, ou me vendre, quelque chose à un certain prix. Et cela suffit pour engendrer une division du travail efficace, une harmonie ou un équilibre, capable en outre de se rétablir de lui-même au fur et à mesure qu'un changement survient dans les besoins ou les ressources, puisque ces changements se traduisent par des variations de prix qui inciteront les agents à faire les adaptations nécessaires. Or cette régulation est essentiellement décentralisée, polycentrique, puisqu'elle est accomplie par les seuls agents économiques qui « poursuivent leurs propres intérêts selon leurs propres voies ». Elle se fait donc sans l'intervention de quelque pouvoir central qui, de toute façon, ne pourrait l'assumer, puisqu'il ne dispose pas de l'information nécessaire.

Les socialistes du XIXe siècle, en particulier Marx, n'ont jamais compris ou admis cette idée. Comment un ordre créé par les hommes pourrait-il fonctionner « tout seul », indépendamment de la volonté des hommes ? Et, dès lors qu'il y a au jeu économique des gagnants et des perdants, comment ne pas soupçonner les gagnants d'avoir *voulu* cette situation, d'être des *oppresseurs* ? En disculpant, par ses notions de main invisible et de mécanismes anonymes de marché, les acteurs économiques, Smith paraissait être à la fois dans l'erreur (puisqu'il croyait à ce « conte de fées » d'un système qui marche tout seul) et dans l'ignominie morale. Pourtant, la science et l'expérience ont montré que c'étaient les socialistes qui étaient dans l'erreur. Croire que tout phénomène social est intentionnel, ne pas vouloir admettre qu'il puisse résulter de processus anonymes tenant à la nature des choses, cela relève d'une mentalité aussi primitive que de croire que, derrière chaque coup de tonnerre, il y a un Jupiter en colère et, en général, dans chaque phénomène naturel, une intention. La paranoïa marxiste au sujet des classes exploiteuses est un *animisme*. Au contraire, en mettant en évidence les mécanismes autorégulateurs du marché, et le fait qu'aucun acteur ne domine à lui seul ces mécanismes en raison de la com-

---

1. Cité par Hayek, *New Studies...*, p. 269. Il n'est pas impossible que Smith soit redevable de cette idée à ses contacts, en France, avec les Physiocrates et Turgot. À notre connaissance, cette question est encore débattue par les spécialistes.

plexité sociale, Smith faisait comme les physiciens qui recherchent les lois objectives et impersonnelles de la nature ; il faisait preuve d'un véritable esprit scientifique.

Cependant, dire que le marché s'auto-organise, cela ne signifie nullement que la société fonctionne de manière totalement indépendante de la volonté et de l'intelligence humaines. Smith a bien vu, comme Hume, que le marché ne pouvait exister qu'*encadré par des règles de morale et de droit et par des institutions politiques*. Or celles-ci ne sont nullement « naturelles » : ce sont des « conventions » *construites* par l'histoire. La volonté et l'intelligence jouent un rôle dans leur élaboration, même si elles n'agissent pas, en l'espèce, de la même manière qu'un ingénieur construisant un artefact, puisqu'elles ne peuvent agir qu'en accompagnement d'un processus évolutif auquel elles ne sauraient se substituer. Par conséquent, croire en l'auto-organisation du marché ne revient nullement à croire en une « harmonie naturelle » des intérêts. Les railleries de Marx, qui souligne que, partout et en tout temps, la tendance naturelle des intérêts est plutôt de s'opposer et de déboucher sur des violences, sont donc sans objet. L'harmonie des intérêts envisagée par Smith est une harmonie « spontanée » mais non « naturelle », une adaptation réciproque qui ne peut se réaliser que *dans le cadre d'institutions humaines adéquatement construites*. C'est parce que Marx, ni aucun socialiste (sans quoi ils ne le seraient pas) ne possèdent le concept d'ordre spontané de société, qu'ils perçoivent comme « naturel » tout ce qui n'est pas délibérément construit. Ils sont enfermés dans la dichotomie antique du naturel et de l'artificiel, alors que la modernité, de leur temps même, était en train de découvrir un *troisième* type d'organisation sociale.

Dès lors que Smith montrait que laisser fonctionner ce système de libre initiative et de libre-échange est la seule méthode adéquate pour accroître la « richesse des nations » – pour produire ce qu'on appellera plus tard l'optimum économique – il donnait, à la question que Locke avait laissée en suspens, une réponse en parfaite résonance avec la philosophie juridico-politique lockéenne : *rule of law* et marché sont les deux faces d'un seul et unique phénomène, l'ordre spontané de société. La *loi* n'est pas autre chose que la *règle du jeu des échanges,* des échanges économiques pacifiques et efficients ne sont possibles que là où règne la loi. S'il faut que la loi soit publique, claire, stable, abstraite, la même pour tous, c'est afin que les échanges puissent être réguliers, de bonne foi, rationnels, que les agents économiques sachent à quoi s'en tenir sur le comportement de leurs partenaires, qu'ils puissent anticiper, bâtir des plans, des stratégies industrielles complexes sans craindre qu'un pouvoir politique vienne changer les règles du jeu au milieu de la partie. Avec Smith, donc, la tradition de la *rule of law*, illustrée par les révolutionnaires anglais puis par Locke, et la tradition de l'ordre spontané, peu à peu ébauchée dans l'Angleterre du XVIIIᵉ siècle, se rejoignaient. Les bases de la doctrine *libérale* proprement dite étaient maintenant fondées – même si Smith lui-même n'était pas encore en mesure d'en parachever la synthèse.

VI — BURKE

En réagissant violemment contre la Révolution française et sa prétention à tout reconstruire artificiellement sur une table rase à partir d'idées abstraites, *Edmund Burke* s'inscrit à son tour dans la « tradition de l'ordre spontané ».

Edmund Burke (1729-1797) est Irlandais. Il est député aux Communes de 1756 à 1797. Un des chefs du parti *whig,* il défend les libertés américaines, les droits des Irlandais, ceux également des Indiens. Il s'oppose durement à William Pitt (le fils, au pouvoir de 1783 à 1801). Cela ne l'empêche pas d'attaquer, quand elle survient, la Révolution française, par l'ouvrage *Réflexions sur la Révolution de France* (1790) qui connaît immédiatement un immense succès[1].

1) *L'idée de tradition*

Burke s'oppose absolument à l'idée qu'on puisse créer *ex nihilo,* par les décrets d'une assemblée prétendument « souveraine » et « constituante », une société, sa morale, son droit et ses mœurs. Il pense en effet que « les institutions politiques forment un vaste système compliqué de droits et de coutumes ; que ces institutions sont apparues progressivement dans le passé et qu'elles se sont adaptées au présent sans solution de continuité ; que la tradition de la constitution et de la société en général devrait être l'objet d'un respect apparenté à celui qui est dû à la religion, parce qu'elle est le conservatoire d'une intelligence et d'une civilisation collectives » (George H. Sabine, *A History of Political Theory, op. cit.,* p. 558).

« Notre constitution est consacrée par l'usage *(prescriptive)* ; c'est une constitution dont la seule autorité est qu'elle existe depuis des temps immémoriaux[2] [...]. Votre roi, vos seigneurs, vos juges, vos jurys, grands et petits, sont tous consacrés par l'usage [...]. L'usage *(prescription)* est le plus solide de tous les titres, non seulement à la propriété, mais à ce qui a pour fonction de protéger la propriété, le gouvernement [...]. C'est une présomption en faveur de n'importe quelle formule de gouvernement, par opposition à tout projet non encore essayé, qu'une nation ait longtemps existé et prospéré avec cette formule. C'est une présomption meilleure même que le *choix* d'une nation, bien meilleure que

---

1. Cf. Edmund Burke, *Réflexions sur la Révolution de France,* Préface de Philippe Raynaud, Hachette, coll. « Pluriel », 1989.
2. Par ces deux adjectifs, *prescriptive, immemorial,* Burke se rattache explicitement à la théorie de l' « ancienne constitution », cf. *supra,* p. 263-270.

tout arrangement soudain et temporaire résultant d'une élection. Il en est ainsi parce qu'une nation n'est pas une idée qui soit seulement d'une portée locale et un agrégat individuel et momentané ; mais c'est une idée continue, qui s'étend dans le temps aussi bien que dans l'espace et le nombre. Elle est un choix non d'un seul jour, ou d'un seul corps de personnes, ni un choix agité et étourdi ; elle est le choix délibéré des époques et des générations successives ; c'est une constitution faite par ce qui vaut dix mille fois mieux qu'un choix, faite par les circonstances particulières, les occasions, les tempéraments, les dispositions, et les habitudes morales, civiques et sociales des gens, qui se révèlent seulement en un grand espace de temps [...]. L'individu est fou ; la multitude, sur le moment, est folle, quand elle agit sans délibération ; mais l'espèce est sage et, pourvu qu'elle dispose de suffisamment de temps, en tant qu'espèce elle agit toujours correctement » (*Reform of Representation in the House of Commons*, 1782, cité par Sabine, p. 559).

C'est donc bien la thèse désormais constituée de l'ordre spontané de société : la tradition contient une « sagesse » par rapport à laquelle tout savoir d'un moment, que ce soit celui d'un roi, d'un petit groupe de dirigeants, ou même de la « multitude », est « folie ». La tradition incorpore et filtre un savoir subtil, fruit du temps et du nombre, que ne peut posséder aucun esprit « cartésien » et qu'ignore tout absolutisme, celui d'une assemblée comme celui d'un monarque.

2) *Critique de l'idée de constitution artificielle*

Il résulte de cette thèse sociohistorique fondamentale une défiance de principe pour la démocratie d'assemblée. Bien que, en tant que *whig,* Burke défende les droits du Parlement face au roi, il se défie du Parlement lui-même. Il ne pense pas que l'opinion profonde du pays soit équivalente à ce que décide une *majorité d'individus* mis sur le même plan, ni que, par conséquent, un Parlement qui représente des citoyens *individuels* et cherche à défendre leurs intérêts du moment soit représentatif du pays réel. Le Parlement doit plutôt être constitué des leaders de la minorité éclairée, qui se critiquent et s'éclairent mutuellement par leurs débats[1].

Les révolutionnaires français, qui se réclament de l'exemple anglais et particulièrement de la doctrine *whig,* les ont donc bien mal compris. Leurs slogans politiques tels que l'égalité naturelle des hommes ou la loi de la majorité sont abstraits et destructeurs quand ils impliquent qu'on court-circuite le processus temporel par lequel

---

1. Retour, donc, à la théorie de la *sanior pars.*

se constituent les traditions. Les constitutions qu'ils feront ainsi seront toujours décalées de la vraie constitution d'un peuple, qui est forgée par les siècles, qui enregistre et incorpore ce qui a été fait par chacune des catégories sociales, par l'action des plus instruits et des plus riches qui ont éclairé et protégé les plus faibles, et qui comporte donc des coutumes, des hiérarchies, des structures organiques que les révolutionnaires français rejettent, mais qui n'en font pas moins du peuple français une « vraie personne politique », que le volontarisme des révolutionnaires ne peut que détruire[1].

3) Le vrai « contrat » social est celui qui est passé entre les différentes générations d'une nation

Plus généralement, Burke s'en prend à la glorification de la « raison » par les révolutionnaires. La société repose sur des « préjugés » bien plus que sur la « raison » consciente. Les préjugés, tels que Burke les entend, ce sont les sentiments, ancrés profondément dans les esprits, d'amour et d'attachement, naissant dans la famille et dans l'environnement social immédiat, puis dans le pays tout entier. Ils constituent le soubassement non conscient de la personnalité, par rapport à quoi la raison et l'intérêt personnel conscient sont peu de choses[2]. Ce qui forge ainsi les communautés, ce sont ces sentiments d'appartenance et de devoir, et non un calcul conscient du *self-interest* tel que le décrivent les théories modernes du contrat social. Ce dernier ne peut former que des groupes essentiellement instables.

« Nous avons peur de lancer les hommes dans la vie et dans le commerce en comptant sur leur seul *stock* privé de raison ; parce que nous suspectons que ce *stock,* en chaque homme, est petit, et que les individus feraient bien mieux de se servir de la *banque* et du *capital* généraux des nations et des siècles » (*Réflexions sur la Révolution en France,* cité par Sabine, p. 563).

Si l'on tient absolument à considérer la société comme un contrat, il faut concevoir celui-ci, non pas comme un accord entre des volontés contemporaines les unes des autres, portant sur des intérêts délimités et clairement visibles – ce qu'est un contrat commercial – mais comme un accord beaucoup plus global.

« L'État ne doit pas être considéré comme n'étant rien de mieux qu'un accord de partenariat en vue de faire commerce de poivre et de café, de calicot ou de tabac, ou quelque autre objet d'importance secondaire, devant être con-

---

1. L'argument sera repris et développé par Joseph de Maistre, cf. *infra,* p. 1070-1073.
2. Un rapprochement vient ici à l'esprit avec ce que Maurice Barrès écrira, trois quarts de siècle plus tard, sur la petitesse du moi et de sa « pauvre raison » par rapport à l'ensemble du groupe des « ancêtres », cf. *infra,* p. 1178-1181.

clu pour un petit intérêt temporaire. Il doit être considéré avec beaucoup plus de révérence. Car il n'est pas un partenariat portant sur des choses utiles seulement à la grossière existence animale d'une nature temporaire et périssable. C'est un partenariat pour toute science ; un partenariat pour toute vertu et pour toute perfection. Étant donné que les fins d'un tel partenariat ne peuvent être obtenues en de nombreuses générations, il devient *un partenariat non seulement entre les vivants, mais entre les vivants, les morts, et ceux qui vont naître*. Et chaque contrat de chaque État particulier n'est qu'une clause dans le grand contrat primitif de la société éternelle, liant les natures les plus basses avec les plus hautes, mettant en relation le monde visible et le monde invisible, selon un pacte sanctionné par le chêne inviolable qui supporte toutes les natures physiques et morales, chacune à sa place assignée » (*Réflexions sur la Révolution française*, cité par Sabine, p. 565).

Donc l' « État » abstrait des révolutionnaires français, bon seulement à gérer un « commerce de poivre et de café », risque de détruire l'État au sens fort de « société » et de « nation ».

Burke se démarque ici, dans une certaine mesure tout au moins, de Hume comme de Locke. Les intérêts vrais de l'individu ne se ramènent pas à ses intérêts individuels et conscients, à la gestion rationnelle de sa *property*. L'individu participe à une réalité qui le dépasse. Pour cette réalité transcendante, Burke professe, de fait, un respect « religieux ». On ne peut, par des décrets intempestifs, bouleverser ce qui a été fait par les siècles. Si on le fait, et même si l'on croit le faire sagement, on présume de sa propre raison, et l'on provoque des catastrophes. Les révolutionnaires français ont été aussi imprudents – au sens fort de ce mot – avec la société française que la Compagnie des Indes l'a été avec la société hindoue (Burke avait reproché avec véhémence à cette Compagnie d'avoir exploité cyniquement, méprisé et abîmé une vieille civilisation qui devait être gouvernée « selon ses propres principes et non selon les nôtres »).

Notons qu'en réagissant à l'artificialisme révolutionnaire jusqu'à l'excès inverse, c'est-à-dire un esprit de *conservation*, Burke, tout en restant fidèle pour l'essentiel aux principes de ce que nous appelons la tradition démocratique et libérale, a donné aussi des arguments aux penseurs de *droite* que sont ses lecteurs Joseph de Maistre et Louis de Bonald.

Jusqu'aux auteurs dont nous venons de résumer succinctement les idées, les phénomènes de rencontre heureuse d'initiatives humaines disparates, lorsqu'ils avaient été identifiés comme tels, avaient toujours été attribués, nous l'avons vu, à la « nature », ou à une puissance surnaturelle comme la « Providence », c'est-à-dire, dans les deux cas, à une réalité qui *dépasse* l'homme. Bien plus, cette évidence de l'opération d'une Providence dans les affaires humaines et sociales était pour la plupart des hommes la preuve la plus manifeste de l'existence de Dieu. Ainsi l'idée de Mandeville, de Hume, de Ferguson que les hommes peuvent, par leur nombre et le temps, produire *par eux-mêmes* des ordres aussi « miraculeux » que les ordres providentiels était une rupture, un *saut épistémologique* de première importance.

« Il semble que le choc causé par la découverte que le *kosmos* moral et politique était le résultat d'un processus d'évolution et non d'un dessein contribua tout autant [que la découverte des vraies lois du *kosmos* naturel, physique avec Kepler et Newton, biologique avec Darwin] à produire ce que nous appelons l'esprit moderne » (F. A. Hayek, *New Studies...*, *op. cit.*, p. 266).

Cette découverte inaugurait en propre les *sciences sociales,* dont on peut soutenir que la formule de Ferguson définit l'objet spécifique, à savoir les phénomènes « qui dépendent des actions des hommes, non d'un dessein humain ». Parce que l'origine de ces phénomènes ne se perdait plus dans quelque mystère divin par définition insondable, ils pouvaient être éclairés par les disciplines qui allaient s'épanouir à partir de cette date, l'économie et la sociologie. Mais, d'autre part, parce qu'on les savait constitutivement complexes, fruit d'un temps opaque et de l'action non coordonnée d'une multiplicité d'hommes, on se doutait qu'ils ne pourraient être éclairés qu'en partie par ces sciences.

Les hommes les plus conscients de la fin du XVIIIe siècle étaient donc partagés entre deux sentiments. Ils savaient qu'ils étaient, désormais, seuls responsables de leur destin humain. Mais ils savaient aussi que, s'ils voulaient exercer cette responsabilité rationnellement et sans provoquer de graves dysfonctionnements sociaux, il leur fallait tenir compte des limites indépassables de leur connaissance du social. Pendant que les Saint-Just, les Robespierre et les autres révolutionnaires français saisis de l'*hybris* de l'action organisatrice de l'État défraieraient la chronique européenne, l'élite intellectuelle de ce continent aurait la conviction intime que les voies de l'avenir consistent à limiter drastiquement, au contraire, les pouvoirs interventionnistes de l'État, à laisser jouer les libertés intellectuelles, économiques et politiques des individus, seule manière, pour la collectivité, de contourner les limites infranchissables de la raison individuelle. Elle penserait désormais surtout à consolider les institutions de nature à garantir ces libertés et à faire prévaloir le pluralisme sur tout dogmatisme ou dirigisme. Une *philosophie politique libérale* était née.

Si les penseurs anglais de la *rule of law* et de l'ordre spontané de société que nous venons d'étudier avaient joué un rôle important dans sa genèse, elle avait eu d'autres foyers tout aussi vivaces – et précoces – en Amérique, en France et en Allemagne.

Chapitre 6

Les idées politiques
de la révolution américaine

La fondation de la République américaine est le fruit d'une circonstance exceptionnelle : le fait que des hommes porteurs d'un idéal politique élevé, produit ultime de la pensée politique occidentale, aient trouvé une terre presque vide sur laquelle ils pussent mettre en pratique cet idéal en créant *ex nihilo* un nouveau pays. Selon la fameuse image reprise par Tocqueville aux pamphlétaires américains, la démocratie, semence dont la croissance était entravée dans le taillis européen où elle était inextricablement mêlée à une vieille végétation féodale, a trouvé en Amérique une terre vierge où elle a pu pousser sans entraves.

Cependant, l'essentiel n'était certes pas le terrain, mais le plant lui-même, l'idéal politique des « Pères fondateurs » de l'Amérique. Nous connaissons sa genèse, retracée dans les chapitres qui précèdent. La continuité intellectuelle des idéologues de la révolution américaine avec le *républicanisme anglais* est, comme nous allons le voir, patente. Elle ne l'est pas moins, par l'intermédiaire de cette école, avec toute la tradition de droit et de liberté produite par l'Occident depuis la « révolution papale » et ses sources antiques et bibliques. Il y a, néanmoins, un apport pleinement original des penseurs de la période révolutionnaire américaine (et de celle qui suit immédiatement, c'est-à-dire les premières années de la République américaine), qu'on peut ramener aux points suivants :

— une réflexion substantielle sur les problèmes de la *représentation* ;
— la mise au point définitive du concept de *constitution écrite* ;
— le concept de *déclaration des droits de l'homme* devant précéder toute constitution ;
— le concept de *contrôle judiciaire des lois* ;

— le concept de *fédéralisme* comme moyen de limiter les pouvoirs de l'État ;

— le principe de neutralité religieuse de l'État.

Avant d'exposer ces apports doctrinaux, nous devons, étant donné l'étroite imbrication, ici comme ailleurs, de la genèse des idées avec les événements politiques, présenter brièvement le cadre historique dans lequel ils se sont formés[1].

§ 1
Le cadre historique. La révolution américaine

1) *Les treize colonies*

Francis Drake en 1579, Sir Walter Raleigh en 1595 ont, au nom de la reine Élisabeth Iʳᵉ d'Angleterre, pris possession de l'Amérique du 34ᵉ au 45ᵉ parallèle. Du début du XVIIᵉ au premier tiers du XVIIIᵉ siècles, treize colonies sont fondées sur la côte Est.

On distingue traditionnellement trois groupes de colonies, celles de *Nouvelle Angleterre* (New Hamphire, Massachusetts [dont le futur Maine], Rhode Island, Connecticut), industrialisées (vers 1760, elles comptent quelque 500 000 colons, et seulement 15 000 esclaves) ; *les colonies du Sud* (Maryland, Virginie, Carolines du Nord et du Sud, Géorgie), principalement agricoles, avec régime de grande propriété et fort esclavagisme (la population y est estimée à 700 000, dont près de 300 000 esclaves) ; enfin *les colonies du Centre* (New York, New Jersey, Delaware, Pennsylvanie), qui comptent 400 000 habitants, dont un dixième d'esclaves.

Les institutions de chacune des colonies comportent, à des degrés et des titres divers, des éléments démocratiques et libéraux contrastant avec les institutions politiques de la vieille Europe. Elles s'appuient souvent sur des *chartes* ou *pactes,* textes écrits définissant

---

1. D'après Franck L. Schoell, *Histoire des États-Unis,* 1965, Petite Bibliothèque Payot, 1980, et Bernard Vincent, *La révolution américaine 1775-1783,* Histoire documentaire des États-Unis, t. 2, Presses Universitaires de Nancy, 1985. Cf. aussi André Kaspi, *Les Américains,* 1 : *Naissance et essor des États-Unis 1607-1945,* Seuil, coll. « Points » , 1986 ; Jean-Michel Lacroix, *Histoire des États-Unis,* PUF, coll. « Premier Cycle » , 1996. Pour un récit détaillé des différents épisodes de la révolution, *The Blackwell Encyclopedia of the American Revolution,* edited by Jack P. Greene and J. R. Pole, Cambridge (MA) and Oxford, Basil Blackwell Ltd, 1991, 1994 ; voir encore Daniel Boorstin, *Histoire des Américains,* 1958, Laffont, coll. « Bouquins » , 1991.

explicitement les pouvoirs des organes publics et la limite de ces pouvoirs. C'est parce qu'ils furent habitués dès l'origine à se gouverner en référence à des textes de cette nature que les Américains purent, dans la période révolutionnaire, perfectionner le concept et la pratique du *constitutionnalisme*[1].

2) *Les premières tensions avec l'Angleterre*

Les colonies ont bénéficié d'une relative abstention de l'Angleterre lors des longues crises que la métropole a traversées au XVIIᵉ siècle : première révolution, république cromwellienne, Glorieuse Révolution. Mais, au XVIIIᵉ, les colonies sont gravement menacées par les avancées de la France en Amérique, auxquelles elles ne peuvent faire face militairement par leurs propres forces. L'Angleterre intervient donc et elle mène contre la France la « guerre de Sept ans », gagnée en 1763. Mais, ceci fait, elle entend « faire payer la note » aux colons par des impôts et une administration plus directe. On voit alors apparaître des divergences d'intérêt, sur les plans économique, religieux, fiscal, politique. À mesure que ces conflits s'aigrissent, une prise de conscience politique a lieu.

Le Parlement de Westminster, où les Américains ne sont pas représentés, a-t-il le droit d'imposer des taxes aux colonies sans leur consentement ? Le gou-

---

1. Le texte le plus célèbre est la charte établie en 1620 par les « Pèlerins du *Mayflower* ». Des Puritains séparatistes, dont une partie avait déjà tenté d'émigrer en Hollande, obtiennent une patente de la Compagnie de Virginie et une avance de fonds d'un groupe de marchands de Londres. Mais c'est au Massachusetts qu'ils vont débarquer. Le *Mayflower* quitte Plymouth en septembre 1620. Il est déporté par les vents bien loin au nord de la Virginie, vers le cap Cod. Les passagers débarquent le 21 décembre. Étant involontairement dans l'illégalité, ils décident d'organiser leur communauté conformément à un « pacte » *(compact)* que signent 41 d'entre eux. Voici ce texte historique : « Au nom de Dieu, Amen. Nous, les soussignés, loyaux sujets de notre redouté Seigneur Souverain le Roi Jacques, par la grâce de Dieu Roi de Grande-Bretagne, de France et d'Irlande, Défenseur de la Foi, etc. Ayant, pour la gloire de Dieu, l'avancement de la Foi chrétienne, et l'honneur de notre Roi et de notre Pays, entrepris un voyage afin d'implanter la première colonie dans les parties septentrionales de la Virginie, en présence de Dieu et en notre mutuelle présence, nous nous combinons par le présent Pacte en un corps civil et politique tant pour nous assurer un ordre meilleur que pour préserver et favoriser les fins susmentionnées ; et en vertu de ce qui précède, nous instituons, établissons et promulguons les lois, ordonnances, actes, constitutions et offices justes et égaux qui, de temps à autre, seront jugés être les plus idoines et convenir le mieux au bien général de la Colonie ; à quoi nous promettons tous de nous dûment soumettre et d'obéir. En foi de quoi nous avons ci-dessous apposé notre signature au Cap Cod, le 11 novembre de la dix-huitième année du règne de notre Seigneur Souverain Jacques, Roi d'Angleterre, de France et d'Irlande et en la cinquante-quatrième de celui du Roi Jacques d'Écosse. Ann. Dom. 1620. » Suivent les noms de 41 des 101 Pèlerins (cité par Schoell, *op. cit.*, p. 357). Plus loin, nous citerons d'autres chartes américaines primitives tout aussi importantes à divers titres.

vernement peut-il empiéter sur les droits naturels des citoyens ? La liberté de conscience n'interdit-elle pas qu'il y ait une Église établie ? Que deviennent les idéaux des révolutions anglaises ? L'Angleterre n'est-elle pas en train de revenir au despotisme ? Ces idées sont défendues par un nombre croissant d'hommes instruits – les Benjamin Franklin, James Otis, John Adams, Thomas Jefferson, James Madison, Alexander Hamilton, Patrick Henry... qui deviendront les « Pères fondateurs » de la révolution américaine[1]. Chaque nouvelle mesure prise par l'administration royale, chaque nouvel incident, contribue à cristalliser ces idées, leur permet de prendre forme et de s'exprimer dans des cercles toujours plus larges jusqu'à convaincre une large majorité de colons de provoquer une rupture définitive avec la Métropole.

Les principaux griefs des Américains portent sur *l'arrêt de l'expansion vers l'Ouest* des colonies américaines décidé par le gouvernement britannique qui entend, après la paix franco-anglaise de 1763 qui lui a livré les terres situées au-delà des Appalaches, gérer lui-même la colonisation dans ces régions ; sur les *mesures contre la contrebande* et le *Sugar Act* de 1764 ; sur *l'interdiction d'émettre du papier-monnaie* (1764) ; sur le *Stamp Act* de 1765 qui crée un lourd impôt indirect ; sur la *loi Townshend* de 1767 qui taxe les importations d'Angleterre, notamment des marchandises indispensables comme le thé, le papier, le verre ou les peintures.

La réaction des colonies à ces différentes mesures est violente, concertée par des groupes organisés de plus en plus nombreux et en liaison les uns avec les autres. Un *boycott* des produits anglais est mis en place. Puis des incidents particulièrement graves surviennent au début des années 1770, le *Massacre de Boston* (5 mars 1770), *l'atteinte à l'indépendance des tribunaux du Massachusetts* (1772), la *« Boston Tea party »* (16 décembre 1773), enfin les *« lois intolérables »* de 1773 par lesquelles le gouvernement anglais prend de dures mesures répressives.

Les incidents avec la puissance coloniale, et les débats auxquels ils donnent lieu, contribuent alors alors à forger dans l'esprit des Américains une image négative, presque diabolique, de l'Angleterre.

Si l'Angleterre est aussi hostile aux libertés américaines, contrairement à ses propres idéaux, c'est qu'elle a changé, qu'elle est circonvenue par un complot ultra-royaliste. Il faut croire qu'il s'y trouve encore des Jacobites[2]. La société anglaise est efféminée par le luxe, affaiblie par la corruption. Le Parlement est asservi par la « Prérogative » royale. L'Église anglicane cherche à regagner le terrain perdu dans les colonies. Les mesures visant à augmenter indûment les recettes publiques semblent confirmer ce diagnostic. L'argent servira à acheter les

---

1. Voir leurs biographies *infra*, p. 407 sq.
2. Partisans du retour sur le trône anglais des princes de la lignée de Jacques II, ce qui aurait signifié le rétablissement du catholicisme et de l'absolutisme en Angleterre.

électeurs, comme en métropole, en leur faisant miroiter avantages, postes et pensions. Cela a d'ailleurs déjà commencé. Le nombre de fonctionnaires, spécialement dans les douanes, n'a cessé d'augmenter depuis la guerre de Sept ans et ce sont des Anglais dépourvus de tout lien avec les colonies, aventuriers de bas étage qui sont venus seulement pour gagner de l'argent le plus vite possible. Or, plus il y aura de ces gens habitués à la servitude à l'égard des pouvoirs, plus il sera facile d'en envoyer d'autres. L'équilibre entre les législatures coloniales et les exécutifs nommés par Londres sera irrémédiablement détruit. Il en va de même pour les personnels judiciaires. Alors que l'inamovibilité des juges a été acquise en Angleterre depuis 1701, elle n'a pas été accordée aux colonies. Les craintes sont encore avivées par des attaques contre le *système du jury* – Londres décide que les jugements des jurys seront susceptibles d'appels au gouverneur et à son Conseil – et par l'importance nouvelle donnée par Londres aux tribunaux de la Vice-Amirauté, où il n'y a pas de jurys et dont les juges sont étroitement dépendants de la Couronne. Or ces tribunaux sont compétents dans des matières qui importent au plus haut point aux colons, les questions de commerce et de navigation, questions rendues brûlantes par les dernières mesures prises par le Parlement.

Tout ceci convainc les colons qu'un *complot* est dirigé contre eux depuis Londres[1].

3) *Les deux premiers Congrès continentaux (1774-1775)*

C'est alors que commence la Révolution américaine proprement dite.

L'initiative vient de Virginie. La « Chambre des Bourgeois » de cette colonie invite les douze autres à envoyer des représentants à un « Congrès continental ». Toutes acceptent sauf la Géorgie.

Le *premier Congrès continental* se réunit donc à Philadelphie le 5 septembre 1774. Y participent 56 délégués, élus soit par des assemblées populaires *ad hoc,* soit par les « législatures » officielles des provinces. Il institue, le 20 octobre, une « Association » des colonies, préfiguration de l'Union américaine. Cependant, les radicaux du Massachusetts qui, dès cette date, souhaitent une rupture complète avec Londres, ne peuvent imposer d'emblée leurs vues. Le Congrès se contente donc de publier une « Déclaration des droits et des griefs » *(Declaration of Rights and Grievances),* de revendiquer pour les colonies le droit de voter l'impôt, et adresse au Roi une pétition lui demandant de donner satisfaction à ces revendications. En attendant, pour faire pression, on organisera un nouveau *boycott* général des produits anglais.

---

1. On vérifiera, en lisant dans l'Appendice I le texte complet de la Déclaration d'Indépendance, que la théorie du complot inspire plus de la moitié de ce document.

Le roi n'ayant pas cédé, le choc est inévitable. Il va avoir lieu d'abord au Massachusetts, où les radicaux sont particulièrement nombreux et se savent épaulés désormais par l'opinion.

Les troupes anglaises occupent Boston. La chambre basse du Massachusetts s'érige en « Congrès provincial insurgé », se donne un organe exécutif, le « Conseil de sécurité », dont le premier acte est de constituer une milice provinciale, qu'on pourvoit d'armes et pour laquelle on établit des dépôts de munitions et des arsenaux clandestins. Un détachement anglais veut alors s'assurer d'un de ces arsenaux, mais se heurte à la milice. Il perd 250 hommes dans les batailles de *Lexington* et de *Concord* (19 avril 1775) qui marquent le début des hostilités ouvertes.

Réuni à Philadelphie le 10 mai 1775, un *second Congrès continental* organise alors l' « Armée continentale américaine », à la tête de laquelle il nomme le Virginien *George Washington*.

La population se scinde en « patriotes » et « loyalistes », sans oublier les nombreux « attentistes »[1]. Mais les premiers sont conduits et organisés, on l'a vu, par une élite intellectuelle et politique remarquable, sachant ce qu'elle veut et où elle va, ce qui n'est pas le cas de leurs adversaires. D'autant qu'en Angleterre, les controverses se déchaînent. La position royale est soutenue par les Universités d'Oxford et de Cambridge. Mais la cause américaine l'est par le maire et les échevins de Londres, qui font valoir les « droits naturels » des Américains. Aux Communes, des orateurs prestigieux donnent raison aux insurgés : le *whig* William Pitt[2], qui réclame à la Chambre des lords, le 20 janvier 1775, l'abrogation des « lois intolérables », mais aussi Burke, Wilkes ou Camden.

Alors qu'en 1775 encore, seule une poignée de radicaux, au sein du Congrès, soutient la thèse de l'indépendance totale, le gouvernement anglais commet une série d'erreurs qui vont finir de mettre le feu aux poudres. Il rejette d'ultimes propositions des modérés, décide de rétablir l'ordre par la force et, pour ce faire, n'ayant pu trouver en Angleterre même suffisamment de conscrits motivés, il engage 30 000 mercenaires allemands dont 20 000 Hessois[3].

---

1. Peut-être chacune des trois catégories représente-t-elle un tiers de la population. La répression antiloyaliste est très dure : des « comités de surveillance » dénoncent les suspects, qui sont condamnés à de lourdes peines, y compris la peine infamante du goudron et des plumes. Les terres des loyalistes, souvent grands propriétaires, sont confisquées et loties. 50 000 loyalistes prennent part aux opérations militaires du côté des Anglais. 80 000 personnes environ (soit 1 famille sur 30) s'exilent, soit en Angleterre, soit aux Antilles anglaises, soit, surtout, au Canada, notamment en Ontario et au Québec, apportant une contribution non négligeable à l'anglophonie de ces régions.

2. Le premier William Pitt (1708-1778), le père de l'adversaire de Burke dont nous avons parlé plus haut.

3. Le roi d'Angleterre est encore, à cette date, souverain du Hanovre, d'où ses liens avec l'Allemagne. Notons que la décision inadaptée du roi n'est pas une simple erreur d'appréciation psychologique, mais traduit la lutte de deux mondes, le monde « féodal » finissant et le monde « national » naissant. Une erreur du même type sera commise quelques années plus tard par LouisXVI qui rassemblera des troupes étrangères autour de Paris.

4) La Déclaration d'indépendance (4 juillet 1776)

Les esprits mûrissent alors de façon incroyablement rapide. Dans une période très courte, entre janvier et juillet 1776, l'opinion de l'ensemble des colonies se retourne en faveur de l'indépendance, sous l'effet combiné des événements et des brochures innombrables qui en fixent le sens.

Parmi ces dernières, le Common Sense[1] de Thomas Paine (janvier 1776). C'est le « bon sens » pour les colons, dit Paine, de réclamer l'indépendance complète et de bâtir une nouvelle société de liberté : « 'Tis time to part ». La brochure se vend aussitôt à quelque 120 000 exemplaires, chiffre énorme pour l'époque.

Dès le mois de mars, la Caroline du Sud se dote d'une Constitution, par laquelle elle passe du statut de province anglaise à celui d'État indépendant. En avril, la Caroline du Nord, bientôt suivie par le Rhode Island, donne mandat à ses délégués au Congrès de soutenir la thèse de l'indépendance. Le 10 mai, le Massachusetts consulte la population à ce sujet et obtient un « oui » massif. Le 15, la Virginie invite le Congrès à déclarer « les Colonies Unies libres et indépendantes ». Finalement, le Congrès vote une résolution « recommandant » à chaque ex-colonie de s'ériger en État, de se donner des autorités politiques propres et, pour cela, de mettre sur pied des Constitutions (qui seront toutes précédées, à l'exemple de la Virginie, aussitôt suivie du Massachusetts, de « Déclarations des droits » ou Bills of Rights). En parallèle, l'Union se déclarera elle-même indépendante.

La proposition est appuyée par le délégué du Massachusetts, John Adams, puis acceptée par le Congrès, qui charge un comité de cinq membres, présidé par Thomas Jefferson, de rédiger un texte. Ce travail est aussitôt réalisé et la Déclaration d'indépendance peut être adoptée par le Congrès le 2 juillet 1776 et proclamée solennellement le 4[2].

Le texte se présente comme un syllogisme : il existe certains droits fondamentaux de l'homme ; ces droits ont été gravement bafoués par le roi d'Angleterre, qui n'a tenu compte d'aucune des protestations qui lui ont été adressées ; il faut donc se rendre indépendant de ce roi et de son État (voir texte en Appendice I de ce chapitre).

---

1. Cf. Thomas Paine, Le sens commun. The Common Sense, éd. bilingue, intr. et tr. de Bernard Vincent, Aubier, 1983. Paine (1737-1809) soutiendra, plus tard, la Révolution française et essaiera, dans les Droits de l'homme (1791 et 1792), de réfuter l'essai écrit par Burke contre celle-ci.
2. Le 4 juillet est, depuis lors, la fête nationale des États-Unis (Independance Day).

5) *La guerre d'Indépendance (1776-1783)*

L'indépendance ne pouvait devenir réalité que par une guerre. Celle-ci ne dura pas moins de six années après la Déclaration[1]. Elle fut gagnée, en grande partie, grâce à l'*intervention de la France* en 1778.

L'on suivait passionnément à Paris l'évolution de la situation. La cause des insurgés y bénéficiait de nombreux soutiens, tant en raison de la volonté de revanche des Français après leur défaite de 1763 devant l'Angleterre qu'en raison de la sympathie que les hommes des Lumières éprouvaient pour les idées réformatrices des Américains. La France commença à aider clandestinement les insurgés (envoi par Vergennes du baron de Kalb dès 1767, puis, en 1775, d'Achard de Bonvouloir ; il y eut aussi les initiatives de Beaumarchais, l'auteur du *Barbier de Séville* et du *Mariage de Figaro,* qui, dès septembre 1775, avait convaincu Louis XVI et Vergennes d'aider économiquement les rebelles et leur avait fait parvenir de quoi équiper 25 000 hommes pour une valeur de 3 millions de livres, ce qui joua un rôle décisif dans plusieurs victoires américaines. Un traité d'alliance avec la France fut défendu auprès de Louis XVI par Choiseul puis par Vergennes, qui discutaient avec l'émissaire américain Benjamin Franklin. Il fut signé le 6 février 1778. La France apporta sa flotte (amiraux d'Estaing et De Grasse), 6 000 hommes de troupe (marquis de Rochambeau). En outre, de nombreux volontaires s'enrôlèrent dans l'armée des insurgés (Lafayette, général Louis Duportail, commandant Pierre l'Enfant).

Après une série confuse de succès et de revers des deux camps, la bataille de *Saratoga,* dans la vallée de l'Hudson (17 octobre 1777), avait déjà marqué une inflexion en faveur des Américains. Après une nouvelle suite incertaine d'opérations, l'armée anglaise du général Cornwallis dut capituler devant 6 000 Américains de Washington, 5 000 Français de Rochambeau et la flotte française de De Grasse, le 19 octobre 1781, à *Yorktown* (Virginie, au sud de la baie du Chesapeake). La guerre dura encore un an. George III, de dépit, faillit abdiquer (mars 1782). Puis il y eut des négociations bilatérales entre Lord Rockingham, successeur de North, et les délégués américains Franklin, Adams et Jay, aboutissant au traité du 30 septembre 1782 (ceci en violation des accords passés avec la France : les Américains se méfiaient des ambitions de celle-ci dans la vallée du Mississippi). Enfin, des traités multilatéraux (Angleterre, Amérique, France, Espagne, Pays-Bas), signés à Paris le 3 septembre 1783, mirent un point final au conflit. L'Angleterre reconnaissait l'indépendance complète des États-Unis et lui cédait les

---

1. Et si l'on part des batailles de Lexington et Concord, la guerre dura huit ans jour pour jour (du 19 avril 1775 au 19 avril 1783, annonce du traité de paix).

territoires de l'Ouest, du Canada à l'embouchure du Mississippi. Différentes compensations, sur d'autres continents, étaient convenues entre les puissances coloniales.

6) *Les Articles de Confédération (1777)*

Les Américains avaient pu faire l'expérience, pendant la guerre, des dangers mortels que leur faisait courir leur désunion, de l'absurdité qu'il y avait à ce que chaque colonie entendît rester, en toute circonstance, indépendante et souveraine. Les tiraillements entre le sud « aristocrate » et le nord « plébéien » avaient ajouté à cette confusion. C'est pourquoi le Congrès, poussé par la nécessité, posa les germes d'un État unitaire en votant, en 1777, les « Articles de Confédération et d'union perpétuelle entre les États » (texte rédigé par *John Dickinson*). Cette confédération était officiellement appelée « États-Unis d'Amérique ». Les Articles furent ratifiés par les États en 1781 et entrèrent en vigueur le 1er mars. Mais c'est dans la période suivante que devait véritablement prendre forme une république américaine.

Les Articles, âprement discutés et ratifiés de justesse, n'accordaient qu'un pouvoir très limité aux instances fédérales. Celles-ci pouvaient conduire la guerre et la diplomatie, mais non percevoir l'impôt (elles devaient demander des fonds aux États), ni réglementer le commerce entre États. Il fallait 9 voix sur 13 pour prendre les décisions. C'était une « ligue » plus qu'une « confédération » (Schoell).

Un des principaux problèmes divisant les confédérés était la prise de possession des nouveaux territoires de l'Ouest. Chaque État pouvait-il repousser sa frontière comme il l'entendait, au risque d'entrer en conflit avec ses voisins (le droit des Indiens étant de toute façon sacrifié) ? Sous l'influence notamment de *Jefferson,* des règles furent adoptées, entre 1784 et 1787, qui devaient permettre la création, au fur et à mesure de l'avancée des Américains vers l'Ouest, d'États de taille à peu près égale. Ces règles furent peu ou prou respectées jusqu'à l'organisation complète du territoire en 50 États.

Les années qui suivirent la guerre furent relativement prospères, et l'union aurait peut-être pu s'en tenir à la forme définie par les Articles. Cependant, des conflits mineurs, mais fréquents et assez absurdes, se faisaient jour entre les États (entre Virginie et Maryland pour la navigation sur le Potomac, entre États de Nouvelle Angleterre au sujet de l'actuel territoire du Vermont...). Mais ce furent les problèmes de la *dette publique* et de la *monnaie* qui jouèrent de manière décisive en faveur des thèses des partisans d'une unité étatique forte, les « fédéralistes ».

7) *Le parti des Fédéralistes et le vote de la Constitution fédérale*

C'étaient des hommes jeunes, intelligents, qui avaient, pendant la guerre, beaucoup réfléchi aux conditions de vie et d'expansion de la nouvelle entité politique, et qui observaient qu'aussi longtemps que les États-Unis n'auraient pas une structure unitaire suffisamment forte, ils seraient traités en quantité négligeable par les puissances étrangères. À leur tête, le Virginien *James Madison* (ami et disciple de Jefferson) et le New-Yorkais *Alexander Hamilton*.

La Virginie, en 1786, invita les douze autres États à tenir à Annapolis (Maryland) une « convention » destinée à mettre un peu d'ordre dans les relations entre les États coalisés en établissant une *constitution fédérale* définitive. Après divers retards, la convention se réunit effectivement en mai 1787. Les discussions durèrent quatre mois (jusqu'au 17 septembre 1787), les séances ayant lieu à huis clos.

Les délégués étaient d'accord pour créer un *système bicaméral*. Ce bicamérisme permettrait de résoudre la question des deux représentations à assurer, celle des États et celle de la population. Les États furent représentés au *Sénat,* où chaque État disposerait de deux voix quelle que soit sa taille, et la population à la *Chambre des représentants,* où chaque État disposerait d'un nombre de sièges proportionnel au nombre de ses habitants (dans les États où l'esclavage existait, on prendrait en compte dans ce calcul la population servile, mais selon une règle singulière, cinq Noirs étant réputés « valoir » trois Blancs !). On se mit également d'accord sur la question des compétences de la Confédération en matière de réglementation du commerce et des taxes à l'importation et à l'exportation.

La Convention put donc adopter la Constitution, qui devait ensuite être ratifiée, dans chaque État, par une Convention spécialement élue dans ce but. Dès que neuf États auraient ratifié le texte, la Constitution entrerait en vigueur.

La constitution américaine est justement célèbre, par la solidité des institutions qu'elle met en place (c'est la plus ancienne constitution actuellement en vigueur). Elle instaure un *régime républicain* : écho manifeste des thèses des républicains anglais. Elle définit des *compétences fédérales,* pour lesquelles la Fédération légifère. Les citoyens des États sont liés par ces lois et les autorités de États doivent les appliquer. En revanche, dans les autres domaines, les États restent souverains. Le gouvernement fédéral est compétent pour la *défense* et la *diplomatie,* comme l'était le Congrès continental, mais en outre il acquiert le droit de *percevoir l'impôt* et de *réglementer le commerce,* tant entre États qu'entre les États-Unis et l'étranger. Les États n'ont plus droit de battre monnaie, ni de voter des lois « portant atteinte aux obligations des contrats ». Le Sénat n'est pas élu au suffrage direct, mais par les « législatures » des États. Le *Président* est élu, pour un mandat de quatre ans renouvelable une fois, selon un système indirect assez compliqué, qui remet la décision ultime, le cas échéant, à la Chambre des représentants. Les juges fédéraux sont nommés à vie par le Président, sur avis et avec le consentement du Sénat. Un sytème de *checks and balances* (« freins et contrepoids ») permet de limiter le risque que le Sénat, la Chambre des représentants ou le Président fassent adopter seuls une loi. En fait, une loi ne peut passer que si ces trois instances sont d'accord. La Chambre des représentants étant seule élue au suffrage universel direct, le pouvoir législatif échappe dans une certaine mesure à la démocratie d'assemblée.

Une lacune toutefois dans ce dispositif : l'inexistence d'une issue s'il y a opposition entre le Président et le Congrès. Si cette circonstance survient, tout est bloqué jusqu'aux prochaines élections.

Dans le long processus de ratification qui commença après l'adoption du texte par la Convention, l'opposition entre « fédéralistes » et « antifédéralistes » prit une nouvelle ampleur. Les premiers l'emportèrent finalement grâce aux efforts de Madison, Hamilton et Jay, qui publièrent une série d'articles dans l'*Independant Journal* de New York sous le titre *The Federalist,* articles ensuite réédités en recueil[1]. Finalement, la Constitution fut ratifiée par neuf États en juin 1788 et entra aussitôt en vigueur. Mais, pour obtenir ce résultat, les fédéralistes avaient dû faire à leurs adversaires une concession majeure.

8) *Les dix premiers amendements (1791)*

Comme les antifédéralistes redoutaient que l'État ne se donnât des pouvoirs croissants que rien n'empêcherait de devenir despotiques, cinq États avaient en effet exigé, avant de ratifier le texte, qu'on ajoutât à la Constitution un « *Bill of Rights* » dans lequel seraient mentionnés explicitement les droits du peuple qui seraient déclarés « inaliénables » et sur lesquels la législation de l'État fédéral n'aurait pas le droit d'empiéter.

Comme promis, un bloc de dix amendements fut donc, en 1791, ajouté à la Constitution. Il était conçu sur le modèle du *Bill of Rights* de la Virginie, rédigé par *George Mason* – qui est aussi la source quasi directe de la Déclaration française de 1789.

Mason avait pu s'appuyer lui-même sur toute une série de précédents, tant anglais – *Petition of Rights* de 1628, *Habeas Corpus* de 1679, *Bill of Rights* de 1689, pour ne pas remonter à la *Magna Carta* de 1215 – qu'américains : le

---

1. Dont il existe une traduction française : Alexander Hamilton, John Jay, James Madison, *Le Fédéraliste,* Préface d'André Tunc, Nouveaux Horizons, Economica, 1988.

Body of Liberties du Massachusetts de 1641, les *General Fundamentals* de la colonie de Plymouth (même époque), les *Fundamental Laws* du New Jersey de 1676, la *Pennsylvania Charter of Privileges* de 1701...

(Voir texte complet de la Déclaration des droits de Virginie en Appendice II.)

Le *Bill of Rights* fédéral comporte quelques différences par rapport au texte de Mason (voir également le texte complet en Appendice III).

En 1789, George Washington fut élu premier président des États-Unis ; il exerça ce mandat jusqu'en 1797. Puis ce furent *John Adams* (1797-1801), *Thomas Jefferson* (1801-1809), *James Madison* (1809-1817)... (Voir en Appendice IV un tableau présentant les *Founding Fathers* ou « Pères de la révolution américaine ».) Et la République commença son existence.

§ 2
Les idées politiques de la révolution américaine[1]

Pendant la quinzaine d'années qui précèdent la révolution, c'est-à-dire de 1760 à 1775, paraissent en Amérique une quantité étonnante d'écrits les plus divers, journaux, almanachs, lettres, documents officiels, extraits de discours et de sermons, traités et surtout pamphlets. C'est cette littérature qui nourrit, motive, légitime les acteurs de la révolte et donne figure à leur projet de créer une nouvelle république. De quelles sources intellectuelles et spirituelles s'inspire-t-elle ?

I — LES SOURCES INTELLECTUELLES ET SPIRITUELLES
DE LA RÉVOLUTION AMÉRICAINE

Bernard Baylin, qui a recensé l'ensemble de cette littérature et en a édité un recueil, les range dans plusieurs catégories, les unes relevant de l'histoire des idées politiques au sens propre, les autres étant de nature religieuse.

1. D'après Bernard Baylin, *The Ideological Origins of the American Revolution,* Cambridge, Massachusetts, and London, England, The Belknap Press of Harvard University Press, 1967 ; John Phillip Reid, *Constitutional History of the American Revolution,* Abridged Edition, The University of Wisconsin Press, 1995. Nous utilisons enfin, ici comme pour les autres moments clés de l'élaboration des doctrines de la *rule of law,* les indispensables repères conceptuels donnés par Hayek dans *The Constitution of Liberty* et *The Political Ideal of the Rule of Law, op. cit.*

1) *Le patrimoine civique et républicain*

Les auteurs des pamphlets puisent dans les grands *corpus* où s'est constituée la tradition civique de l'Occident :
— *L'Antiquité classique.* Thomas Jefferson ou James Otis connaissaient bien les classiques. John Adams[1], âgé de 23 ans, déclamait seul, la nuit, les *Catilinaires* de Cicéron...

On admirait surtout les auteurs de la république romaine comme Cicéron, ou ceux du début de l'Empire comme Tacite. On voyait en eux des proches, dotés, comme les *Pèlerins* américains, de vertus de simplicité, de patriotisme, d'intégrité, amoureux de la justice et de la liberté, mais exposés, toujours comme les Américains, aux vices d'une société impériale devenue corrompue, vénale et oppressive.

— *Le mouvement européen des Lumières.* Les pamphlets citent couramment Grotius, Pufendorf, Burlamaqui, Vattel, Montesquieu, Hume, Voltaire, Beccaria, et même Rousseau, mais surtout Locke, omniprésent. Le thème qu'ils retiennent préférentiellement dans cette littérature européenne est celui des *droits naturels,* qui doivent recevoir une sanction légale.
— *La tradition anglaise de la* common law. Sir Edward Coke et Sir Matthiew Hale sont très souvent cités et, plus en arrière, Bracton, Fortescue, ainsi que des traités universitaires portant sur l'ancien droit anglais et sur l'histoire du droit (Robert Brady, William Petyt).
— *La pensée révolutionnaire anglaise et le républicanisme.* C'est ce dernier *corpus* qui est le plus important, car les pamphlétaires peuvent y puiser des mots d'ordre applicables presque tels quels à la situation américaine. Les auteurs classiques les plus cités sont Milton, Harrington, Neville, Sidney, et aussi les républicains anglais tardifs comme *John Trenchard* et *Thomas Gordon.*

Bien que ces derniers auteurs soient un peu oubliés aujourd'hui, ils auront donc été un relais essentiel dans la transmission des idées entre les républicains anglais et américains. Trenchard[2], déjà âgé, vétéran de la seconde révolution anglaise, avait rencontré en 1719 Gordon, alors jeune étudiant écossais plein d'enthousiasme, frais émoulu de l'Université d'Aberdeen, et lui avait transmis, pour ainsi dire, le flambeau des idées républicaines. Tous deux avaient fondé ensemble un journal hebdomadaire, *The Independant Whig,* dans lequel ils attaquaient l'Église anglicane et l'idée même d'Église établie (les articles furent publiés en recueil en 1721). Puis, dans *The London Journal,* ils publièrent les

---

1. John Adams (1735-1826), qui sera le second président des États-Unis, ne doit pas être confondu avec Samuel Adams (1722-1803), autre révolutionnaire important et originaire, lui aussi, du Massachusetts.
2. Sur Trenchard (1662-1723), cf. *supra*, p. 303.

Catos' Letters[1], elles aussi réunies en recueil, dans lesquelles ils s'en prenaient au régime anglais, cristallisant les idées de l'opposition sous Walpole[2] et diffusant des thèmes libertaires, comme la *condamnation des armées permanentes*, analysées comme des instruments permettant d'établir le despotisme des États sur la société civile. Or les *Cato's Letters* furent éditées et rééditées maintes fois en Amérique, en partie ou en totalité[3], et citées continuellement dans les journaux. Gordon, par ailleurs, traduisit Salluste et Tacite en faisant précéder ces œuvres de longues préfaces où il présentait ces auteurs comme des précurseurs des *whigs*.

D'autres opposants *whigs* radicaux sont à citer : *Benjamin Hoadly*, ce curieux évêque anglican non conformiste, s'opposant aux privilèges de son Église et prêchant la tolérance, tout en défendant, sur le plan politique, des idées *whigs* radicales ; *Molesworth*, un ami de Trenchard et Gordon ; Henry St John, vicomte *Bolingbrocke*, auteur du *Craftsman* (paru en feuilletons de 1726 à 1736), opposant à Walpole, dénonçant la corruption du temps et avertissant que l'absolutisme était en train de revenir en Angleterre. Au temps même de la révolution américaine, cette tradition d'opposants *whigs* radicaux se prolongeait en Angleterre avec *Richard Baron,* qui rééditait les grands textes de la révolution anglaise (Milton, Sidney...), avec des auteurs radicaux plus récents comme *Jonathan Mayhew,* et avec des historiens qui rendaient compte de l'histoire d'Angleterre de façon à lui faire illustrer la validité des thèses *whigs* politiquement radicales et religieusement anticonformistes ; parmi eux, un huguenot français exilé, Paul de *Rapin-Thoyras,* auteur d'une *Histoire d'Angleterre* (1725-1735).

Toute cette littérature était dévorée aux colonies au rythme même des parutions. De sorte que la continuité entre la pensée des révolutionnaires américains et la tradition républicaine anglaise est évidente. Elle est parfois explicitement revendiquée,

« comme quand Jonathan Mayhew écrivait que, ayant été "initié, dans sa jeunesse, aux doctrines de la liberté civile, telles qu'elles étaient enseignées par des hommes comme Sidney et Milton, Locke, et Hoadly, parmi les modernes, [il] les aimait, elles [lui] semblaient rationnelles" ; ou quand John Adams affirmait avec insistance, contre ce qu'il pensait être l'opinion dominante parmi les Anglais éclairés, que les principes fondamentaux du bon gouvernement ne pouvaient être trouvés que dans "Sidney, Harrington, Locke, Nedham, Neville, Burnet et Hoadly" ; ou encore, quand il dressait cette liste des grands penseurs politiques de 1688 : Sidney, Locke, Hoadly, Trenchard, Gordon, *Plato Redivivus* [Neville] ; ou enfin quand Josiah Quincy, Jr[4], léguait à son fils, en 1774, "les

---

1. Le Caton dont Trenchard et Gordon revendiquent le parrainage est Caton d'Utique, le républicain incorruptible qui se donna la mort quand la dictature de César s'étendit sur Rome.
2. Premier ministre anglais de 1720 à 1742.
3. Jusqu'à nos jours. Cf. John Trenchard and Thomas Gordon, *Cato's Letters, or Essays on Liberty, Civil and Religious, and Other Important Subjects,* four volumes in two, edited and annotated by Ronald Hamowy, Indianapolis, Liberty Classics, 1995.
4. Avocat, proche de John Adams.

œuvres d'Algernon Sidney, les œuvres de John Locke, les œuvres de Lord Bacon, le *Tacite* de Gordon, et les *Cato's Letters"* et exprimait ce vœu : "Que l'esprit de liberté soit sur lui !" » (Baylin, p. 45).

2) *Le messianisme américain*

La référence aux doctrines civiques et républicaines fournissait surtout une motivation négative à la révolte : il convenait de rejeter une Angleterre corrompue et redevenue absolutiste. Peut-être est-ce un autre élément, d'ordre spirituel et moral plus qu'idéologique, qui donna la motivation décisive parce que positive : la conviction que l'Amérique, si elle devenait indépendante, pourrait enfin accomplir la mission providentielle qui lui avait été dévolue.

Dans la ligne de la théologie du « covenant », développée par les calvinistes anglais du XVIᵉ siècle[1], les Puritains venus en Amérique avaient en effet pensé sincèrement que cette terre était providentiel-lement désignée comme une *nouvelle Jérusalem*, les Américains comme le *nouvel Israël* à qui revenait de transformer le monde.

Ce courant s'était continuellement enrichi depuis l'arrivée des premiers pélerins de Plymouth, et ses thèmes, diffusés jour après jour par une armée de prédicateurs, étaient quasiment devenus des dogmes. L'Amérique était le lieu d'un nouveau « covenant » avec Dieu, après que les précédents eurent été trahis par les Anglais. C'était en Amérique qu'adviendrait « le principal siège de ce glorieux royaume que le Christ érigera sur la terre dans les derniers jours », autrement dit le *millenium* des millénaristes. L'Amérique offrirait « une nouvelle époque à l'histoire du monde » (Ebenezer Baldwin, *The Duty of Rejoicing under Calamities and Afflictions*..., cité par Baylin, p. 141). C'était d'ailleurs sur les épaules des seuls Américains, désormais, que reposait le salut du monde. L'Asie, l'Afrique, et désormais toute l'Europe à l'exception de la Suisse, avaient perdu toute notion de liberté. Seule l'Amérique pouvait être le refuge des hommes libres, elle était le « petit reste » d'où l'humanité refleurirait comme après le Déluge. Samuel Williams écrivait en 1775 : « Les arts fatals du luxe et de la corruption ne font qu'apparaître parmi nous... La corruption, de même, n'est pas encore devenue le principe général dans les affaires publiques. Nos représentants ne sont pas déterminés par l'achat et la corruption du vote des électeurs. L'entretien de sa Chambre des communes ne coûte pas encore à la province la moitié de ses revenus. Nous sommes encore à l'abri de la charge et du danger d'une armée permanente. Notre défense est l'affaire de notre milice... La marche générale des choses chez nous montre *de fortes tendances vers un état de plus grande perfection et de plus grand bonheur que tout ce que l'humanité a vu jusqu'à présent.* » Ainsi, la cause de l'Amérique n'était pas celle d'un parti ou d'une fac-tion, c'était celle « *des libertés de l'humanité... Si nous sommes détruits, c'est la liberté elle-même qui expirera,* et la nature humaine devra désespérer de jamais retrouver sa dignité originaire » (cité par Baylin, p. 140).

---

1. Cf. *supra*, p. 197-200.

Ajoutons que les sermons nourris d'Ancien Testament entretenaient dans la masse de la population un état d'esprit qui ne pouvait que faciliter l'émergence de théories et d'institutions libérales : une défiance systématique à l'égard de l'État, désigné comme une Babylone de péché.

Les calvinistes américains n'aiment pas le pouvoir, qui a pour eux, a-t-on pu dire, des « relents de sado-masochisme » (K. R. Minogue). Le pouvoir a une tendance illimitée à s'étendre et s'augmenter au-delà des limites légitimes, et c'est pourquoi ses victimes désignées sont la liberté et le droit. Ce n'est pas qu'il soit un mal en lui-même, car il existe un bon pouvoir, celui qui est créé « par contrat et consentement mutuel ». Mais il peut à tout moment devenir mauvais parce qu'il est exercé par des pécheurs. On répète, dans les sermons, qu'il y a une « propension des hommes au pouvoir à opprimer le peuple ». D'après les *Cato's Letters,* il est douteux « que le bénéfice que le monde retire du gouvernement soit suffisant pour compenser les calamités qu'il souffre des folies, des erreurs et de la mauvaise administration de ceux qui le dirigent » (cité par Baylin, p. 59 n.). Et Samuel Adams affirme devant le *town meeting* de Boston : « Telle est la dépravation de l'humanité, que l'ambition et le désir d'un pouvoir excédant la loi sont... des passions prédominantes dans le sein de la plupart des hommes » (cité par Baylin, p. 60). S'il en est ainsi, il convient que les hommes au pouvoir n'aient pas les moyens matériels et humains de mal faire. Il faut, par exemple, qu'ils ne disposent pas de forces armées permanentes, et il faut que le pouvoir militaire soit étroitement soumis au pouvoir civil.

À défaut, les colons évoquaient des horreurs comme le despotisme turc, ou français, ou encore polonais, espagnol ou russe, sans oublier les cas de pays traditionnellement libres mais qui avaient été asservis à un certain moment par un pouvoir militaire, Venise, la Suède et surtout le Danemark, sur lequel Molesworth avait publié un pamphlet, *An Account of Danemark* (1694), et dont on pensait qu'il avait perdu sa liberté faute de « vigilance » à l'égard des abus croissants du pouvoir. On opposait à ces exemples le cas des Suisses, montagnards simples et rustiques, celui des Hollandais, calvinistes ayant jeté hors de leurs frontières la papiste et absolutiste Espagne, enfin celui des Corses qui, à l'époque du *Stamp Act,* jouissaient de leur jeune et fragile indépendance sous la conduite de Paoli.

C'est pour toutes ces raisons que les Américains ne devaient pas se contenter de résister passivement au despotisme anglais, mais devaient et pouvaient faire du neuf, construire un pays exemplaire. Mais cela supposait que fût résolu un large éventail de problèmes doctrinaux laissés en friche par la tradition démocratique et libérale antérieure.

II — LE PROBLÈME DE LA REPRÉSENTATION

Le problème de la *représentation* fut mis au premier plan de la controverse dans les deux années qui suivirent le *Stamp Act*.

1) *Position du problème : les Américains peuvent-ils se satisfaire d'une « représentation virtuelle » ?*

Les Américains s'avisèrent en effet qu'ils n'étaient tout simplement pas représentés au Parlement de Westminster qui décidait des nouveaux règlements et taxations. Devaient-ils alors se sentir liés par les décisions de cette lointaine assemblée ?

Les Anglais disaient aux Américains : contrairement à ce que vous prétendez, vous êtes représentés au Parlement de Westminster. Certes, il est vrai que vous ne votez pas en personne, mais votre cas n'est pas isolé, c'est celui de la plupart des sujets britanniques (en effet, si l'on ajoute les effets du cens et ceux du découpage électoral, le fameux système des *burren boroughs* ou « bourgs pourris », très peu nombreux étaient les sujets britanniques prenant part au vote). Or ceci n'empêche nullement que les députés élus prennent en considération les intérêts de *toute* la communauté, et pas seulement ceux des votants effectifs.

Cette « représentation virtuelle », rétorquaient les Américains, avait à la rigueur un sens dans l'île de Grande-Bretagne. En effet, là-bas, les intérêts des non-électeurs, des électeurs et de leurs représentants sont, par nature, proches et solidaires les uns des autres. Une mesure faisant tort aux non-électeurs fait tort également aux électeurs et à leurs représentants. Il est donc peu probable que ceux-ci y consentent. Or ce n'est nullement le cas pour l'Amérique. Le Parlement anglais peut fort bien taxer les Américains sans que ceci pèse en rien sur eux-mêmes, leurs électeurs ou les autres Anglais métropolitains. Les conditions du despotisme, de la prédation fiscale pure et simple sont donc réunies. D'ailleurs, avec cette notion de « représentation virtuelle », raillait James Otis,

« on pourrait tout aussi bien prouver que la Chambre britannique des communes représente tous les peuples du globe » (cité par Baylin, p. 168).

Les Américains ne connaissaient pas leur « représentant virtuel », pas plus que celui-ci ne les connaissait, ni eux ni leurs problèmes ; ils ne pouvaient rien exiger de lui. Le résultat était clair : toujours plus d'impôts, pas de limite aux exactions fiscales. De plus, si l'idée était absurde en Amérique, elle l'était également, tout bien réfléchi, en Angleterre même, où des villes aussi importantes que Manchester, Birmingham ou Sheffield n'étaient représentées que « virtuellement ».

2) *La nature exacte de la « représentation »*

Du coup, on se mit à réfléchir sur la nature exacte de la « représentation ». Les représentants devaient-ils être liés par des instructions précises des mandants ? Certains, comme Blackstone ou Burke, soutenaient qu'un représentant, une fois élu, cesse d'être le porte-parole direct de ses électeurs et doit adopter le seul point de vue de l'intérêt général. C'est un « sophisme », répondaient les Américains. Les députés doivent être les « créatures » de leurs mandants et « répondre devant eux de l'usage qu'ils font du pouvoir qui leur a été confié ». Pour le moins, une assemblée de représentants doit être « un exact portrait du peuple ». Ce qui implique que, quand le peuple change (dans sa composition, sa quantité), la composition de l'assemblée évolue en parallèle. Le peuple anglais a changé, puisque plusieurs millions d'Anglais vivent maintenant en Amérique. Ces citoyens doivent donc être représentés au Parlement de Westminster, sinon, aucun gouvernement n'étant légitime que par le consentement des gouvernés (on se souvient que c'était la thèse des *Levellers*, puis celle de Locke), ils ne se sentiront pas liés par les décisions du Parlement.

Les *Tories* (les loyalistes), découvrant cet argument, le déclarèrent nouveau. Un ministre anglican, Samuel Seabury, écrivait en 1774 :

> « La thèse selon laquelle nous ne sommes pas liés par des lois auxquelles nous n'avons pas consenti par nous-mêmes ou par nos représentants est une thèse nouvelle qui ne peut se recommander d'aucune autorité dans la constitution britannique, ancienne ou moderne. Elle est républicaine par sa nature même, et tend à la subversion complète de la monarchie anglaise » (cité par Baylin, p. 174-175).

Elle n'en devait pas moins triompher. Le principe du gouvernement par consentement, et de la manifestation de ce consentement par une assemblée élue, fut inscrit dans les constitutions des États avant même la Déclaration d'indépendance. Certes, on ne retint pas l'idée de « mandat impératif ». Mais les constitutions d'État et la constitution fédérale instaurèrent partout les principes de suffrage très élargi, sinon quasi universel, d'élections à périodes régulières et rapprochées, de circonscriptions électorales équilibrées rompant avec l'inégal système électoral anglais, toutes procédures qui donnaient une valeur certaine, quoique relative, à chaque voix d'électeur. Ces principes, rompant avec la vieille théorie aristocratique de la *sanior pars*, devaient se retrouver à terme dans toutes les démocraties occidentales modernes[1].

III — LES CONCEPTS DE CONSTITUTION ÉCRITE ET DE DROITS DE L'HOMME

Ce sont les révolutionnaires américains qui ont donné leur forme moderne aux concepts de *constitution écrite* et de *droits de l'homme*.

Quand le conflit s'éleva avec l'Angleterre, les colons s'aperçurent, à leurs dépens, qu'ils ne disposaient pas d'un instrument juridique pouvant donner une base précise à leurs protestations, puisque le principe selon lequel la loi faite par le Parlement doit être limitée par des lois supérieures n'était pas écrit. Le problème avait été clairement aperçu en Angleterre par les républicains et par les Puritains indépendants défiants à l'égard du Parlement presbytérien de l'époque révolutionnaire (singulièrement les *Levellers*, cf. *supra*, p. 278). Mais il revenait maintenant au premier plan, puisque le Parlement de Westminster était perçu comme non représentatif, et l'État anglais en général comme lointain et hostile.

1. Donnons quelques précisions à ce sujet. En Angleterre, le suffrage était censitaire ; on estime à 1/5 des hommes adultes le nombre des électeurs de la Chambre des communes au XVIIIᵉ siècle. Dans les colonies américaines, on avait repris le même principe censitaire, calculé sur les revenus de la propriété foncière. Mais, comme les terres, en Amérique, étaient bien plus abondantes et meilleur marché qu'en Angleterre et que quasiment tous les citoyens américains étaient propriétaires, la proportion des personnes titulaires du droit de vote dans les colonies est estimée, juste avant la révolution, entre 50 et 80 % des hommes blancs. Ces restrictions furent remises en cause pendant la période révolutionnaire. Des États comme le New Hampshire ou le Maryland abaissèrent sensiblement le cens, d'autres, comme le New York ou la Caroline du Nord, instaurèrent des cens différents pour l'élection des différentes chambres, et donc un cens faible au moins pour la Chambre basse. La Pennsylvanie institua le suffrage de tous les hommes assujettis à l'impôt. Ce fut le Vermont qui, le premier, en 1777, institua le suffrage universel (à l'exclusion des femmes). La Constitution fédérale ayant abandonné aux États la compétence en matière de droit de suffrage, les autres États agirent ensuite en ordre dispersé, mais il advint qu'ils s'alignèrent progressivement sur la Pennsylvanie ou le Vermont. L'évolution aboutit en 1824 au suffrage universel dans presque tous les États, sauf le Rhode Island, la Virginie et la Louisiane). Ajoutons que, dans quelques États (New York, Pennsylvanie, Caroline du Nord), les Noirs libres avaient été autorisés à voter dans les mêmes conditions que les Blancs ; et que les femmes avaient reçu en 1776, puis perdu en 1807, le droit de vote. Enfin, en 1870, le XIVᵉ Amendement donna le droit de vote aux Noirs, et le XIXᵉ Amendement, en 1920, le donna aux femmes (d'après *The Blackwell Encyclopedia of the American Revolution, op. cit.*, p. 652-653).

1) *La hiérarchie des normes*

Les Américains — ayant en modèle toujours présent à leur esprit les chartes de fondation de leurs colonies — prirent donc conscience du fait qu'il fallait impérativement une constitution écrite formulant expressément les principes supérieurs opposables non pas à tel ou tel pouvoir au sein de l'État, législatif ou éxécutif, mais *à l'État en tant que tel, exécutif et législatif confondus.*

Ils comprirent aussi qu'étant donné que les normes ainsi distinguées des lois ordinaires devaient être reconnues pour telles et approuvées par toute la population, les constitutions devaient être élaborées par une assemblée représentative *ad hoc,* différente de celle qui élaborait la législation ordinaire. Une résolution du *town meeting* de Concord, Massachusetts, le 21 octobre 1776, dit que le corps législatif n'est pas le corps approprié pour former la constitution. La raison de cette thèse est qu'on doit appliquer à la constitution le principe même qui justifie la séparation des pouvoirs. Si un acte doit être conforme à des principes, la personne compétente pour décider l'acte ne doit pas avoir compétence pour établir et changer le principe. En l'occurrence, si la constitution énonce des lois supérieures auxquelles les lois ordinaires doivent se conformer, il doit y avoir un corps différent pour formuler la constitution et pour formuler les lois.

En réfléchissant sur l' « ancienne constitution d'Angleterre » et la *common law*, les révolutionnaires américains s'aperçurent qu'une autre distinction s'imposait, au sein même, cette fois, de la constitution. « Ancienne constitution » et *common law* étaient certes un corps de droit supérieur non manipulable à volonté par le gouvernement et le Parlement. Mais on savait que c'était quand même un droit historique, qui avait été construit d'étape en étape par des gouvernements anglais dont, malgré l'idée de « prescription », on gardait peu ou prou mémoire. Ce droit créé à un certain moment n'était donc pas à l'abri des initiatives d'une assemblée législative qui aurait des visées despotiques. Après tout, si c'était seulement le fait qu'une loi ait été votée à un certain moment qui lui valait d'avoir été incorporée dans l' « ancienne constitution », n'importe quel Parlement pourrait peut-être décider de voter une nouvelle loi et de l'imposer par force un temps suffisamment long pour qu'elle fût réputée « prescrite ». On prit donc conscience qu'il devait y avoir *un ensemble de principes encore supérieur,* complètement intangible, lui, parce que constitué des seules règles universelles et éternelles du « droit naturel ». Ces règles devraient être rédigées dans un texte à part, extérieur à la constitution proprement dite, qu'on appellerait « déclaration des droits » pour souligner que ces règles-là n'avaient jamais été *instituées* par aucun roi ou Parlement du passé et qu'elles pouvaient seulement être solennellement *reconnues* par les institutions politiques. Il fallait pouvoir soumettre tous les actes contingents de l'État, constitutionnels autant que légaux, à une norme *idéale*.

Ces idées mûrirent tout au long de la période révolutionnaire. Dès 1764, John Dickinson, en défendant la charte de Pennsylvanie contre les attaques royales, avait spécifié que les droits qu'il défendait n'avaient nullement été octroyés par la charte selon le bon plaisir du roi, mais étaient « fondés sur les droits reconnus de la nature humaine ». L'intérêt d'une charte comme celle de Pennsylvanie était qu'elle énonçait noir sur blanc ces libertés, de façon à rendre tout malentendu impossible. Ce n'était pas elle qui les *créait*. Ce qu'il exprimait plus clairement encore deux ans plus tard dans son *Address to the Committee of Correspondence in Barbados* (1766) : les chartes sont des *déclarations*, et non des *octrois (gifts)* de libertés ; elles ne sauraient être « données » ni par les rois, ni par les Parlements, puisque les droits qu'elles énoncent ne peuvent l'être que par « le Roi des rois et le Seigneur de toute la terre », par des « décrets de la Providence qui établissent les lois de notre nature ». « Ils naissent avec nous ; existent avec nous ; et ne peuvent nous être enlevés par aucun pouvoir humain sans que nous soient enlevées en même temps nos vies » (cité par Baylin, p. 187).

James Otis déclara de même qu'il existait des « *inherent, indefeasible rights of the subject* » résidant « dans la loi de nature et son auteur ».

En 1776 parurent en Pennsylvanie deux pamphlets qui ajoutaient de nouveaux arguments à la thèse.

Le premier s'intitulait *Four Letters on Important Subjects*. Pour contenir les actions de l'État dans de justes limites, la constitution doit puiser dans quelque source fondamentale d'autorité, « une autorité plus haute que celle en vertu de laquelle sont données des lois temporaires ». C'est d'ailleurs parce qu'il n'y a pas en Angleterre de vraie constitution conforme à cette définition qu'il n'y a pas non plus, dans ce pays, de limites au pouvoir de l'État (à l'exception de l'institution du jury). Cette autorité suprême serait obtenue si elle était créée par « un acte de tous », et elle acquerrait une permanence si elle était incarnée « dans quelque charte écrite ». Cette charte, certes, pourrait être modifiée : il suffirait de prévoir une procédure de révision. Mais, hors cette procédure où, de nouveau, on s'assurerait de l'accord de tous, il n'y aurait aucun moyen de s'écarter de la charte. Par celle-ci, le peuple dirait clairement « quelle part de sa liberté » il accepte de sacrifier afin d'avoir un État. Il le dirait par la réponse qu'il donnerait « aux deux questions suivantes : d'abord, quelle doit être la forme de l'État (*government*) ? Ensuite, quel doit être son pouvoir ? »[1]. C'était une manière de dire que devaient être retenus par les contractants, et non accordés à l'État, certains droits inhérents à la nature humaine (conformément à la thèse fondamentale de Locke disant que, lors du passage de l'état de nature à l'état civil, une partie seulement des droits naturels est aliénée à l'État). Droits qui, par conséquent, ne sont pas créés par la constitution, mais dont la constitution doit dire explicitement que l'État les reconnaît. « Tous les grands droits que l'homme n'a jamais entendus et ne devrait jamais perdre devraient être *garantis,* et non *concé-*

---

1. Ce sont les deux questions dont Lord Acton montrera qu'elles sont les deux lignes autour desquelles se structure toute théorie politique : les pouvoirs *dans* l'État, le pouvoir *de* l'État.

dés, par la constitution, car, en formant la constitution, on devrait avoir à l'esprit que tout ce qui est assuré seulement par la loi pourra être altéré par une autre loi » (cité par Baylin, p. 182-183).

Le second pamphlet, *The Genuine Principles of the Ancient Saxon or English Constitution,* était largement composé d'extraits de *An Historical Essay on the English Constitution* d'Obadiah Humes (publié à Londres en 1771, mais reflétant les débats américains). La constitution y était définie comme un « ensemble de règles fondamentales par lesquelles le pouvoir suprême de l'État doit être lui-même gouverné » et qu'il est absolument interdit au pouvoir législatif d'altérer. Le pamphlet précisait en outre que des textes de ce genre devaient être rédigés par « une convention de délégués du peuple nommés expressément dans ce but »[1].

Ainsi les analystes américains dessinaient-ils le schéma d'une *hiérarchie des normes* à trois niveaux, qui devait se retrouver dans tous les droits constitutionnels modernes :

(1) au sommet, les *droits naturels de l'homme,* affirmés dans une « déclaration » solennelle ;

(2) au-dessous, la *constitution* proprement dite, ensemble des règles fixant la nature et le mode de fonctionnement des pouvoirs publics ;

(3) enfin les *lois ordinaires,* établies par le pouvoir législatif ordinaire en conformité tant avec la constitution qu'avec la déclaration des droits de l'homme.

---

1. Les Américains, en dégageant l'idée de droits inhérents à l'homme et résidant « dans la loi de nature et son auteur » résumaient, qu'ils le sachent ou non, toute la tradition scolastique et les développements de l'École de Salamanque parvenus jusqu'à eux par les médiations d'un Grotius, d'un Pufendorf et d'autres savants (Burlamaqui, Vattel...), et bien entendu de Locke. Mais il y a dans cette doctrine, comme dans toutes celles du « droit de la nature et des gens », un impensé – qui, précisément, commençait à être pris en vue, dès cette époque, par Mandeville, Hume, Ferguson et le *Scottish Enlightenment,* à savoir qu'il peut très bien exister des droits qui ne sont pas *créés,* au sens d'une construction délibérée *(design)* par l'homme, et qui sont cependant le fruit d'une *histoire* humaine, des droits dont il est faux, par conséquent, qu'ils aient toujours existé et qu'ils existent partout. Pour la tradition libérale, ce problème peut être résolu : ces droits, inhérents à la *culture* et non à la *nature* humaines, n'en doivent pas moins être tenus hors de portée de la manipulation d'un gouvernement ou d'une législature. La culture est ce qui permet la vie même de la société, et sa complexité interdit qu'on prétende la reconstruire artificiellement. Néanmoins, cet accent mis par les premières doctrines des droits de l'homme sur l'origine *naturelle,* donc intangible et transhistorique, des droits opposables à l'État, sera un élément de fragilité qui permettra aux « philosophies de l'Histoire » apparues au XIXe siècle dans le sillage des sciences humaines qui découvraient précisément le caractère historique et évolutif de la culture humaine de déclarer que ces droits étaient des illusions métaphysiques, des idées d'un moment et d'une classe sociale, une « idéologie » au sens précis que Marx donne à ce concept (cf. *infra,* p. 924-926). Il reviendrait au libéralisme moderne de fonder la doctrine de la nécessaire limitation constitutionnelle des pouvoirs de l'État sur des arguments empruntés à leur tour aux sciences humaines (mais à des sciences humaines perfectionnées) (cf. *infra,* V[e] partie, chap. 1 et 2).

Quel est l'avantage qu'on peut attendre de cette hiérarchie pour la protection des libertés ? Pas seulement de rendre plus difficile, ou plus lent, le processus de modification législatif.

« L'expression "un appel du peuple ivre au peuple sobre", qu'on utilise souvent dans ce contexte, met l'accent seulement sur un aspect d'un problème beaucoup plus large et, par la légèreté de sa formulation, a probablement plus voilé que clarifié les points très importants qui sont ici en jeu. Le problème n'est pas seulement de laisser passer le temps nécessaire pour que les passions se refroidissent », ni d'opposer une limite absolue à la volonté du peuple, mais de permettre au peuple « d'ordonner ses objectifs *immédiats* à ses objectifs *de long terme* ». « Ou, pour le dire différemment, cela signifie qu'on n'acceptera de se soumettre à la volonté d'une majorité temporaire sur des sujets particuliers que s'il reste bien entendu que cette majorité respectera des principes plus généraux préalablement posés par un corps politique plus large » (F. A. Hayek, *The Constitution of Liberty, op. cit.*, p. 180).

2) *Les déclarations de droits* (Bills of Rights)

Mais qu'étaient, en substance, ces droits « naturels » de l'homme ? Pouvait-on, devait-on en faire une liste précise ?

Les philosophes politiques des Lumières avaient donné une définition très abstraite des « lois de nature ». Locke avait formulé sa triade « vie, liberté, biens ». Hume avait affirmé trois lois, propriété, transfert de la propriété par consentement, respect des promesses. Cette liste, nous le savons, remontait, par l'intermédiaire de la Seconde Scolastique et de Grotius, aux doctrines antiques du droit naturel.

Mais, dans les discussions constitutionnelles américaines, un élément spécifiquement anglo-saxon intervint. Dans les premières chartes des colonies, il y avait eu des listes détaillées des droits détenus par les sujets, sans doute parce que c'étaient, au début, des chartes de commerçants à fort contenu concret et pragmatique, comme celle de la colonie de la Baie du Massachusetts. Dès les premiers codes de lois réalisés par les Pélerins et les Puritains, on trouve ainsi de véritables *bills of rights* qui servirent ensuite de modèle, au Massachusetts même, pour les *Laws and Liberties* de 1648, puis pour des textes similaires dans d'autres colonies.

Celles-ci firent aussi œuvre originale, comme la *Charter of Liberties and privileges* de l'Assemblée générale du New York en 1683, à la fois *Bill of Rights* et constitution de la colonie ou, émanant de la même assemblée, en 1691, les *Rights and Privileges of the Majesty's Subjects,* premier texte américain à dresser une liste des droits individuels, sous la forme d'une *série d'interdictions formelles faites au gouvernement d'accomplir certains actes* : l'individu sera préservé d'arrestations et d'emprisonnement illégaux, d'imposition arbitraire, d'obligation de cantonnement de troupes en temps de paix, de droits féodaux à payer ; il lui sera garanti un « *due process of law* » et un « procès par jury » en cas de poursuites, ainsi que la liberté de culte s'il est Protestant.

Ce fut William Penn qui alla le plus loin avec ses *Laws, Concessions and Agreements* pour le New Jersey de l'Ouest en 1677, texte qui précisait l'organisation des pouvoirs publics, mais qui comportait aussi une liste des « lois communes ou droits et privilèges fondamentaux » des habitants. Penn rédigea des textes similaires pour la Pennsylvanie elle-même. Les droits en question étaient présentés simplement comme les droits possédés par les sujets anglais, et pas encore comme des droits naturels et imprescriptibles antérieurs à l'État, selon la métaphysique du XVIIIᵉ siècle. Mais Penn innovait en les rendant accessibles, facilement connaissables par le plus grand nombre, et en y fixant sans ambiguïté les obligations de l'État. Par exemple : « Aucun homme ou groupe d'hommes sur la terre n'a le pouvoir de gouverner la conscience des hommes en matière religieuse », ou : « Personne ne sera privé de la vie, d'un membre, de sa liberté, de sa propriété *(estate or property)* sans un procès et un jugement réguliers *(due trial and judgment)* par douze bons et justes hommes de son voisinage » [le jury][1] (Baylin, p. 197), formules qu'on retrouvera presque mot pour mot dans les *Bills of Rights* de Virginie ou de la Fédération plus d'un siècle plus tard (et dont on trouve des équivalents dans les textes anglais du XVIIᵉ siècle, la Pétition des droits de 1628, l'Habeas Corpus de 1679, le *Bill of Rights* de 1689).

Le prestige de ces textes n'avait fait qu'augmenter avec le temps, car les tenants de la théologie du *covenant* pensaient que toutes ces chartes avaient été sanctionnées par Dieu lui-même. « Notre charte... fut une Alliance *(covenant)* solennelle entre le Roi et nos pères », un accord « sacré » que le roi avait passé avec un peuple moralement régénéré afin de garder leurs « droits, libertés et privilèges... fermes et inviolables et de les préserver des moindres innovations, de la même manière que le roi David s'était trouvé fermement engagé par le contrat qu'il avait passé avec le peuple ». La charte était une sorte de nouveau Décalogue, une norme transcendante voulue ou agréée par Dieu. On pouvait donc exiger de George III qu'il respectât les droits évoqués dans les chartes. Il devenait naturel d'écrire la déclaration des droits comme une sorte d'annexe à la Bible[2].

Aussi, lorsque, en 1776, la première constitution écrite américaine fut promulguée en Virginie, avec son *Bill of Rights,* et que le

---

1. Cf. aussi l'*Act Declaring What Are the Rights and Privileges* de New York, qui garantit un *due course of law,* un procès par jury, et la non-obligation de loger des troupes.
2. La présentation matérielle classique du texte de la Déclaration française, à l'époque révolutionnaire, dans un graphisme rappelant les tables mosaïques de la loi vient probablement de là. Les droits de l'homme émanent de Dieu. Nous verrons que les contre-révolutionnaires catholiques français dénonceront la Déclaration des droits de l'homme de 1789, au contraire, comme un texte impie, faisant injure aux droits de Dieu énoncés dans le Décalogue. C'est qu'ils connaîtront les droits de l'homme par la version laïque et jacobine des révolutionnaires français. S'ils avaient moins méconnu et moins méprisé le protestantisme, ils auraient discerné la théologie sous-jacente à la doctrine des droits de l'homme et leur auraient été moins hostiles.

Congrès généralisa la procédure à tous les États, les rédacteurs des différents textes n'avaient certes pas le sentiment d'innover totalement par rapport à la tradition des colonies. La formulation seule avait changé, gagnant en netteté et en force.

« Chacun de ces instruments déclara que personne ne pouvait être privé de sa liberté sinon en vertu d'une loi ou par un jugement de ses pairs ; que toute personne poursuivie avait le droit d'obtenir un exemplaire de l'accusation portée contre elle, ainsi que d'avoir un avocat et des témoins ; et que personne ne pouvait être forcé de témoigner contre lui-même. Ils ne manquèrent pas de reprendre le principe du jugement par jury ; de garantir la liberté de la presse et le libre suffrage. Ils interdirent les mandats d'amener non nominatifs (general warrants) et les armées permanentes en temps de paix ; ils interdirent l'octroi de titres de noblesse, les honneurs héréditaires et les privilèges exclusifs. Tous ces instruments, sauf ceux de Virginie et du Maryland, garantirent les droits de réunion, de pétition, et de donner des mandats aux représentants. Tous, sauf ceux de Pennsylvanie et du Vermont, interdirent d'exiger des cautionnements excessifs et des amendes excessives, d'infliger des châtiments inaccoutumés, de suspendre les lois autrement que par une décision de la législature elle-même, de créer des impôts sans le consentement de représentants (Daniel Webster, cité par Hayek, *The Constitution of Liberty, op. cit.*, n. 26, p. 473).

3) Le problème des « règles de juste conduite » implicites

Était-il possible, cependant, d'améliorer ces textes traditionnels et de rédiger une liste parfaitement exhaustive et inambiguë des droits de l'homme ? En réfléchissant sur cette question, les Américains découvrirent quelque chose de plus important encore que l'idée de constitution écrite, à savoir l'idée qu'une vraie constitution *ne peut être entièrement écrite* – et que ce fait, qu'elle ne puisse être écrite, *doit être, lui, formellement inscrit dans le texte.*

La raison en est que les règles supérieures qu'un peuple compte fermement que l'État respectera ne sont pas et ne peuvent être intégralement explicitées. Le peuple escompte que l'État sera « juste », mais le sens de la justice existant au sein d'une communauté résulte de l'ensemble de ses mentalités et de sa culture, dans lesquelles la communauté est immergée. Il est un héritage que tout le monde partage et que tout le monde sait que tous les autres partagent, mais qui conserve, pour chacun, une forme largement intuitive. Seules sont explicitées, en général, les règles au sujet desquelles il y a eu, dans le passé, des tentatives de transgression, et qui ont donc donné lieu à débat. D'où la thèse que les règles non encore explicitées sont peut-être celles sur lesquelles il y a le plus fort consensus ; il serait donc paradoxal qu'elles soient réputées n'être pas constitutionnellement garanties pour le seul motif qu'elles n'ont pas été écrites[1].

---

1. C'est l'erreur de Hans Kelsen d'avoir cru que tout le droit pouvait se déduire logiquement d'un ensemble de normes fondamentales et donc pouvait être entièrement explicité. Depuis les théories antiques et médiévales et les auteurs anglo-écossais consti-

De fait, lors de la discussion des amendements qui furent ajoutés à la constitution fédérale au titre de *Bill of Rights*, certains analystes soulevèrent le problème suivant : les droits de l'homme seront-ils mieux ou moins bien garantis s'ils sont explicitement écrits sur une liste ? Il y avait des arguments en faveur de l'une et l'autre solutions. Si les droits ne sont pas énumérés, il n'y aura pas de base solide pour les défendre au cas où ils seraient grignotés par l'État. S'ils sont énumérés, ceux qui ne le seront pas seront réputés ne pas exister, alors que nous venons de voir que la constitution est destinée à protéger un ensemble de droits individuels beaucoup plus large que ce que n'importe quel document peut énumérer exhaustivement. En outre, comme Hamilton l'écrit dans *Le Fédéraliste* :

« [Les déclarations de droits] ne sont pas seulement inutiles dans la constitution proposée, mais *seraient même dangereuses*. Elles spécifieraient diverses limitations à des pouvoirs qui n'ont pas été accordés à l'État, et constitueraient donc pour celui-ci un titre plausible pour prétendre à plus de pouvoirs qu'il n'en a. Car pourquoi déclarer que ne doivent pas être faites des choses qu'en principe on n'a pas le pouvoir de faire ? »

Finalement, on se décida pour une solution double. D'une part, on énumérerait les droits, conformément à la tradition des chartes, et parce que, comme le dira Madison,

« les vérités politiques proclamées de cette manière solennelle acquièrent par degrés le caractère de maximes fondamentales de l'État libéral *(free Government)* et, dans la mesure où elles s'incorporent au sentiment national, elles peuvent faire pièce aux impulsions de l'intérêt et de la passion » (cité par Hayek, *The Constitution of Liberty,* n. 39, p. 475).

D'autre part, un IXe Amendement serait ajouté à la constitution, disposant que « le fait que certains droits soient énumérés dans la constitution ne doit pas être interprété comme voulant dire que le peuple n'a pas retenu d'autres droits, ou qu'il leur accorde moins d'importance » *(the enumeration of certain rights in the Constitution shall not be construed to deny or disparage others retained by the people).*

---

tuant la tradition anglaise de l'ordre spontané, on sait que le droit est antérieur à la législation : il n'est explicité qu'à l'occasion de litiges, et donc, paradoxalement, ce sont les règles les plus consensuelles et les plus fondamentales qui ont le moins de chances d'être codifiées. À chaque époque, le fonctionnement d'une société repose donc sur le fait que chacun observe, et anticipe qu'autrui observe, un trésor de normes non encore inscrites dans le droit positif. Voilà pourquoi aucun *corpus* de droit positif ne peut être exhaustif. Mais il faut que ce caractère incomplet de la constitution soit affirmé quelque part dans la constitution même, c'est-à-dire qu'une « place en creux » soit ménagée dans la constitution aux normes implicites, si l'on veut qu'elles puissent être invoquées lorsqu'un pouvoir politique les mettra en cause. Sur tout ceci, cf. notre *Société de droit selon F. A. Hayek, op. cit.,* p. 111-117, 147-158, 344-347.

IV — LE CONTRÔLE JURIDICTIONNEL DES LOIS

Cependant, il apparut bientôt qu'il ne suffisait pas d'écrire et de proclamer un *Bill of Rights* et une constitution pour empêcher réellement les dérives despotiques de l'État. Car, dès les premières années d'existence des États américains, les législatures avaient eu tendance à empiéter sur les pouvoirs qui leur avaient été dévolus par les textes constitutionnels. Dans la moitié des États, aucun mécanisme constitutionnel n'empêchait les législatures d'altérer la constitution par la procédure législative ordinaire. Il était donc nécessaire de mettre sur pied une « machinerie explicite » qui pût faire respecter les droits de l'homme dans toute leur étendue. Le *contrôle juridictionnel des lois* fut le premier des mécanismes mis au point dans ce but (un autre sera le *fédéralisme*).

Les principaux contributeurs au débat sur le contrôle juridictionnel des lois furent Hamilton, Madison, James Wilson, John Marshall, Joseph Storey, James Kent et Daniel Webster. Hamilton énonce ainsi le principe :

« Chaque fois qu'une loi *(statute)* particulière contredit la constitution, ce sera le devoir des tribunaux judiciaires de ce conformer à celle-ci et de ne pas tenir compte de celle-là. »

Madison renchérit. Les tribunaux doivent

« se considérer comme ayant spécialement la vocation d'être les gardiens desdits droits [de l'homme] ; ils seront les remparts indéfectibles s'opposant à tout empiétement du pouvoir législatif ou exécutif ».

Enfin le *Chief Justice* Marshall :

« Il n'y a pas le moindre doute qu'il est de la compétence du département judiciaire, et que c'est son devoir, de dire le droit *(to say what the law is)*. Ceux qui appliquent la règle aux cas particuliers doivent de toute nécessité expliciter et interpréter cette règle. Si deux lois sont en conflit l'une avec l'autre, les tribunaux doivent décider de la portée à accorder à chacune d'elles » (textes cités par Hayek dans *The Constitution of Liberty,* n. 46 et 48, p. 475-476).

Telle est la pratique institutionnelle qui a été adoptée aux États-Unis. Quand quelqu'un est accusé au nom d'un texte légal (émanant d'une législature d'État ou du Congrès fédéral) qu'il estime être contraire à la constitution et en particulier à son *Bill of Rights,* un tribunal ordinaire peut constater cette non-conformité du texte à la constitution et relaxer le prévenu. Si l'État fait appel et que l'affaire aboutit au tribunal jugeant en dernière instance, la Cour suprême, celle-ci peut de nouveau constater la non-conformité, et son arrêt fait alors jurisprudence : la loi est annulée. Ce mécanisme est donc extrêmement efficace.

Pendant la première moitié du XIXᵉ siècle, seuls les tribunaux d'États eurent l'opportunité de réviser des lois selon ce mécanisme. Quand la Cour suprême fut confrontée pour la première fois au problème, au milieu du siècle, le mécanisme ne put jouer d'emblée, parce que l'idéal de la souveraineté populaire avait, à cette date, tellement gagné en influence que, si l'opinion publique pouvait encore accorder à la Cour le droit d'annuler une loi qui fût contraire à la *lettre* du *Bill of Rights,* la même opinion ne comprenait plus que la Cour pût s'arroger le droit de déclarer que telle ou telle loi était contraire à l'*esprit* de la constitution. Autrement dit, ce que les opposants à une énumération explicite des droits avaient craint s'était produit. Alors qu'étaient précisément votées à cette époque des lois empiétant sur les droits de propriété, les seules clauses qui, dans la constitution, mentionnassent explicitement la propriété étaient celles des Vᵉ et XIVᵉ Amendements : « [Aucun État] ne privera une personne de sa vie, de sa liberté ou de sa propriété sans procédure légale régulière *(without due process of law).* » Était-ce une base suffisante pour annuler les lois en cause ?

La Cour suprême, se contentant des formules citées ci-dessus, « tira ce fil », dit Hayek, et « interpréta cette règle qui ne visait qu'une *procédure* [le *due process of law*] comme si elle visait un contenu *substantiel* ». Sur ce fondement discutable, elle élabora une doctrine de nature à faire obstacle à la politique économique socialisante du Congrès. Cette démarche devait soulever incompréhension et polémiques.

« Ne pouvant [en effet] se prévaloir que de cette autorité bien vague, la Cour fut inévitablement conduite à statuer, non sur la question de savoir si une loi particulière allait au-delà des pouvoirs précisément conférés aux législatures, ou si la législation violait les principes généraux, écrits ou non écrits, que la constitution avait été établie pour sauvegarder, mais sur la question de savoir si les buts pour lesquels la législature usait de ses pouvoirs étaient ou non opportuns. Le problème se ramena ainsi à la question de savoir si les buts qu'on invoquait pour mettre en œuvre certains pouvoirs étaient "raisonnables", ou si le besoin était insuffisant pour justifier l'usage de ces pouvoirs dans tel cas particulier, étant entendu que, dans d'autres cas, il pouvait l'être. Il était clair, dès lors, que la Cour outrepassait ses pouvoirs proprement juridictionnels en s'arrogeant ce qui revenait à des pouvoirs législatifs. Ceci conduisit finalement à des conflits avec l'opinion publique et avec l'exécutif, dans lesquels l'autorité de la Cour eut quelque peu à souffrir » (F. A. Hayek, *The Constitution of Liberty, op. cit.,* p. 189-190).

On reprocha en effet à la Cour d'être un « gouvernement des juges ». Une juridiction ne doit-elle pas seulement juger de la conformité d'une politique au droit, et juger de l'*opportunité* de celle-ci n'est-il pas l'apanage du gouvernement ? Il s'agissait donc d'une dérive, mais d'une dérive que les juges de la Cour pouvaient difficilement éviter. Le problème était venu de l'imprudence des Pères fondateurs qui, en énumérant explicitement les droits de l'homme, étaient parvenus à ce résultat si bien dénoncé à l'avance par les adversaires de l'énumération, que soient réputés non protégés les droits qui n'avaient pas été écrits (et ce nonobstant le IXe Amendement). Il aurait mieux valu inventer une formule beaucoup plus abstraite évitant ce piège[1].

Quoi qu'il en soit, prenant prétexte de cette dérive, les socialistes ont prétendu que ce « gouvernement des juges » usurpait les droits du peuple souverain. On a demandé « qui avait élu » ces juges qui prétendaient ainsi s'opposer à la représentation nationale. On ne comprenait donc pas (mais ce n'est pas étonnant pour les socialistes, dans la doctrine de qui, comme nous le verrons plus loin, les notions mêmes de *rule of law* et d' « État de droit » n'ont pas de place, puisque la *rule of law* protège un ordre spontané de société, alors que, pour les socialistes, la société peut et doit être délibérément organisée) que la souveraineté nationale a voté une constitution qui comporte le respect de certains principes de justice, et que, si le pouvoir politique souhaite enfreindre ces principes, il lui revient de faire voter une constitution nouvelle. Faute de quoi c'est le Parlement, non le juge constitutionnel, qui viole les droits du peuple[2].

V — LE FÉDÉRALISME

Le *fédéralisme* fut l'autre mécanisme mis au point pour garantir que le pouvoir de l'État ne pourrait outrepasser certaines limites et respecterait les droits fondamentaux des citoyens. On parvint à cette solution par étapes.

1. C'est ce que Hayek a tenté de faire dans son propre projet de constitution libérale exposé dans le t. III de *Droit, Législation et Liberté*.
2. Hayek cite encore le rapport que le Comité judiciaire du Sénat américain a publié lors du fameux conflit survenu entre la Cour suprême et le président Franklin D. Roosevelt en 1937 au sujet du *National Recovery Administration Act*. Ce rapport, dit-il, est une « brillante reformulation » de la raison d'être profonde du *judicial review of law*. Le rapport affirme que la préservation du système constitutionnel américain est « incomparablement plus important [...] que l'adoption de n'importe quelle législation momentanée, si avantageuse qu'on l'estime ». Il se déclare partisan de « la conservation et la perpétuation du gouvernement de loi, par opposition au gouvernement d'hommes *(continuation and perpetuation of government and rule by law, as distinguished from government and rule by men)* », et en ceci, dit-il, « nous ne faisons que réaffirmer les principes qui sont à la base même de la Constitution des États-Unis » (cité par Hayek, *The Constitution of Liberty, op. cit.*, p. 191).

Pendant la phase de montée de la révolte, les Américains avaient envisagé, un moment, de constituer une confédération avec les autres pays dépendant du roi d'Angleterre, l'Angleterre elle-même, mais aussi l'Écosse, l'Irlande, les îles de Man, Jersey, Guernesey, Gibraltar, Minorque, le Sénégal, Bombay, le Canada... (ce que devait être un jour le *Commonwealth*). L'intérêt de cette formule, dans leur esprit, était de *diviser les pouvoirs* : le roi restait le souverain, fondé à imposer à l'ensemble de la confédération les régulations nécessaires pour le bien commun de cet ensemble, mais chaque partie du royaume aurait son Parlement et aucun de ces Parlements locaux, à commencer par celui de Westminster, n'aurait de pouvoirs confédéraux. La souveraineté, ainsi divisée, était par là même limitée.

Puis les théoriciens américains eurent l'idée d'appliquer ce même principe de division à l'organisation *interne* des États-Unis. En effet, ils comprirent que c'était là le moyen le plus sûr − plus sûr que tout avertissement verbal, que toute solennelle déclaration de droits − d'empêcher une instance quelconque du pouvoir d'État d'augmenter peu à peu ses pouvoirs jusqu'au despotisme. Surmontant la défiance qu'ils avaient du gouvernement central, ils comprirent qu'un gouvernement national renforcé pouvait être un contre-poids efficace contre les prérogatives usurpées des législatures d'États. Comme l'explique encore Hayek,

« la raison pour laquelle une division des pouvoirs entre différentes autorités réduit le pouvoir que chacune d'elles peut exercer [...] n'est pas seulement que les autorités séparées, du fait de leurs rivalités et de leurs jalousies, s'empêchent mutuellement d'augmenter indûment leurs pouvoirs. Elle est, et c'est beaucoup plus important, que certains types de coercition étatique requièrent l'usage simultané et coordonné de différents pouvoirs, ou l'usage de plusieurs ressources, et que, si ces ressources sont dans des mains différentes, personne ne peut de sa seule initiative exercer ce type de coercition » (*The Constitution of Liberty,* p. 185).

Cette formule fournissait la solution d'un épineux problème. Le Parlement devait-il être monocaméral ou bicaméral ? On sentait bien qu'un Parlement monocaméral serait difficile à brider, qu'il aurait tendance à augmenter sans cesse ses pouvoirs et à modifier peu à peu les institutions. On avait présents à l'esprit les avertissements des penseurs politiques qui avaient montré que les régimes dirigés par des assemblées populaires amenaient le règne de la foule, des démagogues, l'instabilité et, finalement, la dictature. John Dickinson, Andrew Oliver, John Adams craignaient un « despotisme démocratique ».

Il est vrai que Thomas Paine, dans le *Common Sense,* avait défendu le monocamérisme, qui lui semblait nécessaire dans un pays où il n'y avait ni roi ni nobles. Les éléments de monarchie et d'aristocratie qui existent dans la démocratie anglaise, argumentait-il, ne sont pas les parties intégrantes et indispensables de l'ordre politique, mais les restes fossiles de deux tyrannies historiques, la tyrannie monarchique et la tyrannie féodale. Il s'agissait maintenant de créer un régime, non avec des débris d'histoire, mais avec « les vrais principes de la liberté humaine ». La liberté ne pouvait résulter de l'équilibre de forces sociales collectives, mais des vertus individuelles des gens du peuple représentés au Parlement. Ces vertus étant plus fortes en Amérique que partout ailleurs, on pouvait parfaitement avoir dans ce pays une république avec un Parlement monocaméral, élu parmi la masse du peuple, et qui serait présidé à tour de rôle par des gens de même niveau social que ses membres, comme ses membres seraient de même niveau social que leurs électeurs.

Cependant, le pamphlet de Paine fut attaqué de toutes parts. John Adams, dont les *Thoughts on Government* circulaient en manuscrit parmi les rédacteurs des constitutions de plusieurs États au printemps 1776, dénonça le danger d'un Parlement monocaméral qui ne serait retenu par aucun contre-pouvoir, situation d'où ne pourrait résulter, disait-il, que de la « confusion » et du « mauvais travail ». Paine avait certes raison de dire que l'équilibre, dans une démocratie, ne devait pas résulter d'un système de *checks and balances* entre forces sociales constituées. Mais il devait néanmoins y avoir équilibre et, puisque l'État était « un empire de lois, non d'hommes », cet équilibre serait réalisé dans la structure même des lois constitutionnelles. C'était à ce problème que le fédéralisme apportait une solution satisfaisante. Le Parlement serait bicaméral. Une des deux assemblées représenterait les individus, l'autre les États. Pour faire des lois, il faudrait l'accord des *deux* Chambres. On obtenait ainsi un dispositif de limitation des pouvoirs sans toucher en rien à l'égalité des citoyens devant la loi.

VI — LIBERTÉ DE CONSCIENCE
ET NEUTRALITÉ RELIGIEUSE DE L'ÉTAT

Dans les colonies américaines, il y avait eu en général, en matière religieuse, une situation de liberté, d'abord seulement en pratique, puis, dans la plupart des colonies, en droit : même si l'Église anglicane était « établie » en Virginie, et si, ailleurs, des Églises protestantes bénéficiaient d'un statut et de revenus publics, les sectes dissidentes étaient libres d'exister et de pratiquer leur culte.

Mais certains, avant même la Révolution, avaient voulu aller beaucoup plus loin. Ils affirmaient que la liberté de conscience était un absolu. Ils refusaient de payer quelque impôt que ce fût à une Église établie dès lors qu'ils ne partageaient pas son *credo*. Ils vou-

laient donc une « séparation des Églises et de l'État ». Mais, jusqu'aux années 1750, ces revendications étaient restées épisodiques.
C'est lorsque se précipitèrent les événements révolutionnaires et que
les pamphlétaires américains, en particulier, contestèrent les taxes
que l'Angleterre voulait leur imposer, que le conflit mûrit.

1) Les protestations contre l' « établissement » des Églises majoritaires

Les controverses se multiplièrent, comme celle au sujet du *Two
Penny Act* et l'affaire Parsons en Virginie (cf. Baylin, p. 257). Les
Américains protestants, d'abord, devaient se défendre contre les
tentatives hégémoniques de l'Église anglaise officielle.

Celle-ci avait créé une « Société pour la propagation de l'Évangile » destinée officiellement à convertir les Indiens, Africains et autres païens, mais qui
s'installait en fait dans les villes de la Nouvelle-Angleterre où il n'y avait ni
Noirs, ni Indiens, ni païens, et dans laquelle, par conséquent, les
non-conformistes voyaient le bras armé d'une reconquête anglicane-royale
par-dessus tout redoutée.

Mais on ne pouvait s'en tenir là. Il fallait que les sectes minoritaires se garantissent tout autant contre d'autres Églises, presbytériennes
ou congrégationnalistes.

Les mêmes principes mis en avant par les leaders indépendantistes, selon lesquels on ne doit payer que l'impôt auquel on a consenti par soi-même ou par
ses représentants, devaient s'appliquer en matière religieuse. Des minoritaires,
comme les *New Light Presbyterians,* les *Separate Baptists,* ou les *Strict Congregatio-
nalists,* ne devaient pas être tenus de payer l'impôt ecclésiastique aux tenants de
sectes jouissant d'un statut plus officiel.

2) De la « tolérance » au « pluralisme »

C'est ainsi que le premier Congrès continental de Philadelphie
eut à faire face, le 16 octobre 1774, à une manifestation de baptistes
et de quakers exigeant la fin de l' « établissement » des Églises majoritaires.

Les délégués du Massachusetts avaient bonne conscience, en ce sens qu'il
était vrai qu'il n'y avait dans leur province aucune « persécution » contre les
baptistes. Une communauté de baptistes était libre de choisir son pasteur, et,
sitôt que les croyants fournissaient aux autorités des certificats prouvant cette
affiliation religieuse, ils étaient dispensés de payer l'impôt ecclésiastique. Mais les
protestataires disaient que c'était trop encore d'avoir à se justifier de n'être pas
comme les autres chrétiens. « Tolérance » n'était pas « liberté ». Quand une

majorité s'arroge le pouvoir de dire ce qui est normal et ce qui ne l'est pas, il n'y a pas égalité devant la loi.

Et les protestataires, hommes quotidiennement nourris de culture biblique, de soutenir l'idée suivante. L'État ne peut gouverner la pensée, car l'État, c'est la majorité, or seule une « porte étroite » mène à la vérité. Si c'est donc la majorité qui décide quelles minorités pourront être ou non tolérées, le despotisme est là, la vérité est irrémédiablement perdue.

C'était une reformulation paradoxale de la vieille problématique qui avait opposé au XVIIᵉ siècle calvinistes orthodoxes, d'une part, Arminiens et *Levellers*, d'autre part (cf. *supra*, p. 199-200 et 277). Les orthodoxes disaient : si le salut vient d'une poignée d'élus, par définition minoritaires, on doit refuser la démocratie qui, étant le règne de la majorité, soumettra les hommes de Dieu à la masse des réprouvés et les empêchera d'accomplir le salut. Arminiens et *Levellers*, pour sauver l'idée de démocratie, étaient donc obligés de remettre en cause la doctrine même de la prédestination : tous sont ou peuvent être sauvés et, de toute façon, nul ne peut s'autoproclamer élu, donc tout le monde doit avoir droit à la parole. Cette problématique est maintenant déplacée, et l'on va faire servir la doctrine de la prédestination elle-même à la cause du pluralisme. On peut et on doit admettre que la majorité ait le pouvoir temporel, dès lors qu'elle n'a pas le pouvoir spirituel. Parce que la démocratie risque d'être le règne des réprouvés, il faut que les élus puissent échapper à la chape de plomb que les réprouvés feront peser sur les hommes s'ils s'emparent du pouvoir de Babylone. En d'autres termes, la vraie garantie de la liberté et de la vérité n'est pas dans la *démocratie*, c'est-à-dire dans la participation de tous au pouvoir de l'État, mais dans le *libéralisme*, c'est-à-dire dans l'indépendance de tous par rapport à l'État, pour toutes les questions qui ne sont pas strictement de la compétence de ce dernier[1].

Ainsi, ce qui était condamné, c'était l'uniformité en tant que telle et la prétention de l'État d'imposer une idéologie unique. Samuel Williams écrivait, dans ses *Discourses on the Love or Our Country* (1775) :

« [Nos ancêtres ont appris par leurs propres souffrances et par l'exemple de l'Angleterre] ce que doivent être les résultats des efforts pour imposer l'uniformité dans la doctrine ou la discipline. Ceci, avec l'amélioration graduelle de l'esprit humain qui a eu lieu depuis, a conduit ces colonies vers ce principe véritablement juste et catholique, la *tolérance universelle* et la *liberté de conscience* ; si nous n'y sommes pas encore parfaitement parvenus, nous sommes sur le bon chemin » (cité par Baylin, p. 271).

Ceci aboutit à la clause célèbre du *Bill of Rights* de la constitution de Virginie rédigé par James Madison, disant que la religion « ne peut être dirigée que par la raison et la conviction » et que « tout

---

1. Position formulée dès la fin du XVIIᵉ siècle par Pierre Bayle, cf. *infra*, p. 417-419.

homme a également droit au libre exercice de sa religion conformément aux impératifs de sa conscience ». Finalement, ceci devait
aboutir — même s'il fallut plusieurs décennies dans certains États — à
la notion d'une *séparation totale des Églises et de l'État*.

APPENDICES

I
LA DÉCLARATION D'INDÉPENDANCE

4 juillet 1776[1]

« Lorsque, dans le cours des événements humains, un peuple se voit
dans la nécessité de rompre les liens politiques qui l'unissent à un autre, et
de prendre parmi les puissances de la terre le rang égal et distinct auquel les
lois de la nature lui donnent droit, un juste respect de l'opinion des hommes exige qu'il déclare les causes qui l'ont poussé à cette séparation.

[Première Partie]

« Nous tenons ces vérités pour évidentes en elles-mêmes : que tous les
hommes sont créés égaux ; que leur Créateur les a dotés de certains droits
inaliénables *(unalienable)*, parmi lesquels la vie, la liberté *(Liberty)* et la
recherche du bonheur *(the pursuit of Happiness)* ; que, pour garantir ces
droits, les hommes instituent entre eux des gouvernements, qui tirent leurs
justes pouvoirs du consentement des gouvernés ; que chaque fois qu'un
gouvernement, quelle qu'en soit la forme, menace ces fins dans leur existence même, c'est le droit du peuple que de le modifier ou de l'abolir, et
d'en instituer un nouveau qu'il fondera sur les principes, et dont il organisera les pouvoirs selon les formes, qui lui paraîtront les plus propres à assurer sa sécurité et son bonheur. La prudence recommande sans doute de ne
pas renverser, pour des causes légères et passagères, des gouvernements établis depuis longtemps ; aussi a-t-on toujours vu les hommes plus disposés à
souffrir des maux, autant qu'on puisse les souffrir[2], qu'à se faire justice en
abolissant les formes auxquelles ils étaient accoutumés. Mais lorsqu'une
longue suite d'abus et d'usurpations, invariablement tendus vers le même
but, marque le dessein de les soumettre à un despotisme absolu[3], il est de
leur droit, il est de leur devoir de renverser le gouvernement qui s'en rend
coupable, et de rechercher de nouvelles sauvegardes pour leur sécurité
future. — Telle fut la longue patience de ces colonies, et telle est

---

1. Texte repris de Jean-Michel Lacroix, *op. cit.*, p. 527-529. Texte anglais dans
Bernard Vincent, *op. cit.*, p. 72-76.
2. Trad. modifiée.
3. Théorie du « complot » anglais, cf. p. 370-371.

aujourd'hui la nécessité qui les contraint à changer leur ancien système de gouvernement. L'histoire de celui[1] qui règne aujourd'hui sur la Grande-Bretagne est une histoire d'injustices et d'usurpations répétées ayant toutes pour direct objet l'établissement d'une tyrannie absolue sur nos états. Pour en apporter la preuve, il suffit de soumettre les faits au jugement d'un monde impartial *(candid)*.

[Seconde Partie][2]

« Il a refusé son assentiment aux lois les plus salutaires et les plus nécessaires au bien public.

« Il a interdit à ses gouverneurs d'édicter des lois d'un intérêt immédiat et urgent, sauf à différer leur application jusqu'à ce qu'on obtienne son assentiment ; les ayant ainsi différées, il a entièrement négligé de s'y intéresser.

« Il a refusé d'édicter d'autres lois utiles à certaines circonscriptions importantes, à moins que la population ne renonce à son droit de représentation dans le corps législatif *(legislature)*, droit inestimable et que seuls les tyrans redoutent.

« Il a convoqué des assemblées en des lieux peu usuels, inconfortables et loin de l'endroit où leurs documents étaient en dépôt, dans le seul but de les contraindre à se plier, de guerre lasse, à ses mesures[3].

« Il a dissous, en plusieurs occasions, des chambres qui s'étaient prononcées avec fermeté contre les atteintes aux droits du peuple.

« Il a refusé pendant longtemps, après de semblables dissolutions, de faire élire d'autres corps législatifs, de sorte que l'exercice des pouvoirs législatifs, par nature indestructibles *(the legislative powers incapable of annihilation)*, est retourné au peuple ; dans le même temps l'État demeurait exposé à tous les dangers d'envahissement de l'extérieur et de perturbations à l'intérieur.

« Il a résolument empêché l'accroissement de la population de nos États, faisant obstacle dans ce but aux lois sur la naturalisation des étrangers, refusant d'en adopter d'autres qui auraient encouragé l'immigration, multipliant les obstacles à l'appropriation de terres nouvelles.

« Il a entravé l'administration de la justice en refusant sa sanction à des lois visant à établir des pouvoirs judiciaires.

« Il a soumis les juges à sa seule volonté pour ce qui concerne la durée de leur charge, le montant et le mode de paiement de leurs traitements.

---

1. George III.
2. Le texte qui suit est construit comme un relevé d' « attendus » dans un jugement de tribunal, qui doit être dûment motivé et détaillé ; on note ainsi la culture fondamentalement juridique des rédacteurs. À noter aussi que ce qui est visé, comme il est normal dans un procès, ce n'est pas un peuple, une classe ou une idéologie, mais une personne individuelle, celle du roi George III. On répète, en fait, le procès que, jadis, le Parlement anglais avait fait au roi Charles Ier.
3. Moyens dilatoires que les « fins politiques » habitués aux pratiques des absolutismes estiment normaux et justifiés par les intérêts supérieurs et la « raison d'État ». Ils sont ici identifiés, analysés et récusés.

« Il a créé une multitude d'emplois nouveaux et envoyé sur notre sol des hordes d'officiers qui harcèlent notre peuple et dévorent ses biens[1].

« Il a maintenu chez nous, en temps de paix, des armées permanentes[2], sans le consentement de nos législatures.

« Il a prétendu rendre le pouvoir militaire indépendant et supérieur au pouvoir civil.

« Il s'est joint à d'autres[3] pour nous soumettre à une juridiction étrangère à notre constitution et non reconnue par nos lois, donnant son assentiment à leurs prétendus actes de législation qui :

— autorisent le cantonnement sur notre sol de troupes en nombre important ;
— leur épargnent, par des simulacres de procès, toute punition pour les meurtres qu'elles pourraient commettre parmi les habitants de nos États[4] ;
— étouffent notre commerce avec toutes les parties du monde ;
— nous imposent des taxes sans notre consentement ;
— nous privent, dans beaucoup de cas, des garanties du jugement par jury ;
— permettent de nous faire transférer outre-mer, et de nous y faire juger pour de prétendus délits ;
— abolissent le libre système des lois anglaises *(abolishing the free system of English laws)* dans une province voisine[5], établissant un gouvernement arbitraire, repoussant les frontières de ladite province de façon à en faire un exemple aussi bien qu'un instrument destiné à introduire dans nos colonies le même régime despotique ;
— suppriment nos chartes, abolissent nos lois les plus précieuses et modifient dans leurs principes fondamentaux la forme de nos gouvernements ;
— suspendent nos propres Assemblées et se déclarent eux-mêmes investis du pouvoir de légiférer à notre place dans quelque cas que ce soit.

« Il a abdiqué le droit qu'il avait de nous gouverner, en nous déclarant hors de sa protection et en faisant la guerre contre nous.

« Il a pillé nos mers, dévasté nos côtes, brûlé nos villes et anéanti la vie de notre peuple.

« Il achemine présentement des armées importantes de mercenaires étrangers pour achever son œuvre de mort, de désolation et de tyrannie, qui a débuté dans des circonstances de cruauté et de perfidie dont on trouve à peine l'équivalent dans les âges barbares, et totalement indignes du chef d'un État civilisé.

---

1. Cf. *supra*, p. 371.
2. Grief républicain traditionnel, cf. *supra*, p. 303.
3. Le Parlement de Westminster.
4. Allusion à l'acquittement de l'officier responsable du « massacre de Boston ».
5. Le Canada.

« Il a contraint nos compatriotes capturés en pleine mer à porter les armes contre leur pays, à devenir les bourreaux de leurs amis et de leurs frères, ou à tomber eux-mêmes sous leurs coups.

« Il a provoqué des révoltes intestines et tâché de soulever contre les habitants de nos frontières les sauvages et impitoyables Indiens *(the merciless Indian savages)* dont la règle de guerre bien connue est de détruire sans distinction les êtres de tous âges, sexes et conditions.

« À chaque étape de l'oppression, nous avons réclamé justice *(we have petitioned for redress)* dans les termes les plus humbles ; à nos pétitions répétées, il ne fut répondu que par des injustices répétées. Un prince dont le caractère s'affirme ainsi, en des actes qui, tous, caractérisent un tyran, ne peut prétendre gouverner un peuple libre.

« Nous n'avons pas davantage réussi à capter l'attention de nos frères britanniques. Nous leur avons représenté périodiquement que leur corps législatif tentait d'étendre illégalement sa juridiction jusqu'à nous. Nous leur avons rappelé les circonstances dans lesquelles nous avons émigré et fondé ici des colonies. Nous avons fait appel au sens inné de la justice et à la grandeur d'âme qui sont censés les habiter, et nous les avons conjurés au nom des liens de parenté qui nous unissent de désavouer ces usurpations qui conduiraient inévitablement à la rupture de nos liens et de nos rapports. Eux aussi sont restés sourds à la voix de la justice et de la consanguinité. Nous devons donc nous incliner devant la nécessité et proclamer la séparation. Nous devons, comme nous le faisons pour le reste de l'humanité, les considérer dans la guerre comme des ennemis, dans la paix comme des amis.

[Troisième Partie]

« En conséquence, nous, représentants des États-Unis d'Amérique, réunis en Congrès plénier *(General congress),* prenant le juge suprême du monde à témoin de la droiture de nos intentions, au nom et par délégation du bon peuple de ces colonies *(in the name, and by the authority of the good people of these colonies),* affirmons et déclarons solennellement :

« Que ces colonies unies sont et doivent être en droit des États libres et indépendants ; qu'elles sont relevées de toute fidélité à l'égard de la Couronne britannique, et que tout lien entre elles et l'État de Grande-Bretagne est et doit être entièrement dissous ; et qu'elles ont, en tant qu'États libres et indépendants, plein pouvoir de faire la guerre, de conclure la paix, de contracter des alliances, d'établir des relations commerciales, d'agir et de faire toutes autres choses que les États sont fondés à faire *(may of right do).* Et, pour le soutien de cette Déclaration, mettant notre confiance dans la protection de la divine Providence, nous donnons en gage les uns et les autres nos vies, nos fortunes et notre honneur sacré *(we mutually pledge to each other our Lives, our Fortunes and our sacred Honor).* »

II
LA « DÉCLARATION DES DROITS » DE VIRGINIE

(12 juin 1776)[1]

Déclaration des droits faite par les représentants du bon peuple de Virginie, assemblés en une libre convention. Lesquels droits lui appartiennent vraiment, à lui et à sa postérité, et constituent la base et le fondement de l'État *(government)*.

1. Tous les hommes sont par nature également libres et indépendants et possèdent certains droits propres *(inherent rights)* dont, quand ils entrent en société, ils ne peuvent être privés par aucun contrat, ni ne peuvent déposséder leur postérité, à savoir : la jouissance de la vie et de la liberté, avec les moyens d'acquérir et de posséder la propriété et de poursuivre et d'atteindre le bonheur et la sécurité *(namely, the enjoyment of life and liberty, with the means of acquiring and possessing property, and pursuing and obtaining happiness and safety)*.

2. Tout pouvoir appartient au peuple, et est par conséquent dérivé du peuple ; les magistrats sont ses commissaires et serviteurs *(trustees and servants)*, et sont en tout temps responsables devant lui.

3. L'État *(government)* est ou doit être institué pour le bénéfice, la protection et la sécurité communs des citoyens *(people)*, de la nation ou de la communauté ; des divers formes et modes d'État, le meilleur est celui qui est de nature à produire le plus grand degré de bonheur et de sécurité, et est le plus efficacement garanti contre le danger d'une mauvaise administration ; et quand il se trouvera qu'un État est inadéquat ou contraire à ces buts, une majorité de la communauté aura un droit indubitable, inaliénable et indestructible de le réformer, le changer ou l'abolir, de la manière qui paraîtra la plus propre à produire le bien commun *(public weal)*.

4. Aucun homme ou groupe d'hommes n'a de titre à recevoir des rémunérations ou des privilèges émanant de la communauté qu'en considération des services qu'il lui rend ; étant donné que ceux-ci ne sont pas héritables, les offices de magistrat, de législateur ou de juge ne sauraient être héréditaires.

5. Les pouvoirs législatif et exécutif de l'État *(state)* doivent être séparés et distincts du judiciaire ; et afin que les membres des deux premiers pouvoirs soient empêchés, par un sentiment des charges et une participation aux charges qui pèsent sur les citoyens, de devenir oppresseurs *(restrained from oppression)*, ils doivent, à des périodes fixées, être réduits au statut de citoyens privés, et les postes vacants doivent être pourvus par des élections fréquentes, certaines et régulières, dans lesquelles tout ou partie des anciens membres seront rééligibles ou inéligibles, selon ce que disposeront les lois.

6. Les élections des membres de l'assemblée des représentants du peuple doivent être libres ; et tous les hommes dont il y a une preuve suffisante qu'ils ont un intérêt commun permament avec la communauté et lui

---

1. Texte anglais dans Bernard Vincent, *op. cit.*, p. 157-160. Nous traduisons.

sont attachés, doivent avoir le droit de suffrage ; ils ne peuvent être imposés, ni privés de leur propriété pour nécessité publique sans leur propre consentement ou celui de leurs représentants ainsi élus, ni être tenus par aucune loi à faire ce à quoi ils n'ont pas, de la même manière, consenti pour le bien public.

7. Tout pouvoir d'une autorité quelconque de suspendre les lois, ou l'exécution des lois, sans le consentement des représentants du peuple, fait injure aux droits de celui-ci et ne doit pas être exercé.

8. Dans toutes les poursuites criminelles ou capitales, un homme a le droit de connaître la cause et la nature de ce dont il est accusé, d'être confronté avec les accusateurs et les témoins, de faire appel à des témoignages en sa faveur. Il a droit à un jugement rapide par un jury impartial de son voisinage, sans le consentement unanime duquel il ne peut être déclaré coupable. Et il ne peut être obligé de témoigner contre lui-même. Nul ne peut être privé de sa liberté que conformément à la loi du pays et au jugement de ses pairs.

9. On ne doit pas demander des cautions excessives, imposer des amendes excessives, infliger des châtiments cruels et inusités.

10. Des mandats anonymes commandant à un agent public ou un envoyé de faire des recherches en un lieu suspect sans qu'il y ait une preuve qu'un fait y ait été commis, ou de s'assurer d'une personne ou de personnes non nommées, ou dont la contravention n'est pas décrite en termes précis ni étayée par des preuves, sont des torts et des oppressions et ne doivent pas être délivrés.

11. Dans les controverses concernant la propriété, et dans les poursuites d'un particulier contre un autre, l'antique jugement par jury est préférable à tout autre, et doit être considéré comme sacré.

12. La liberté de la presse est un des grands remparts de la liberté *(bulwarks of liberty)* et ne peut être restreinte que par des gouvernements despotiques.

13. Une milice bien réglée, composée du corps des citoyens entraînés aux armes, est la défense appropriée, naturelle et sûre d'un État libre ; les armées permanentes en temps de paix doivent être prohibées comme dangereuses pour la liberté ; en toute hypothèse l'autorité militaire doit être placée sous la stricte subordination et sous le strict gouvernement du pouvoir civil.

14. Le peuple a droit à un État uniforme ; et donc aucun État séparé de l'État de Virginie et indépendant de lui ne saurait être érigé ou établi à l'intérieur des mêmes limites territoriales.

15. Un État libre et les bienfaits de la liberté ne peuvent être conservés à aucun peuple si ce n'est par un ferme attachement à la justice, par la modération, la tempérance, la frugalité et la vertu, et par un fréquent recours aux principes fondamentaux.

16. La religion, ou le service que nous devons à notre Créateur, et la manière de s'en acquitter, ne peuvent être dirigés que par la raison et la conviction, non par la force et la violence ; il s'ensuit que tout homme a un droit égal au libre exercice de la religion, conformément à ce que lui dicte sa conscience ; et c'est le devoir de tous de pratiquer les uns à l'égard des autres la patience *(forbearance)* chrétienne, l'amour et la charité.

III
LA « DÉCLARATION DES DROITS » DES ÉTATS-UNIS

(Bill of Rights)[1]

Article 1. Le Congrès ne fera aucune loi qui touche à l'établissement ou interdise le libre exercice d'une religion, ni qui restreigne la liberté d'expression, ou celle de la presse, ou le droit qu'a le peuple de s'assembler paisiblement et d'adresser des pétitions au gouvernement pour la réparation des torts subis.

Article 2. Une milice bien ordonnée étant nécessaire à la sécurité d'un État libre, le droit qu'a le peuple de détenir et de porter des armes ne sera pas restreint.

Article 3. Aucun soldat ne sera, en temps de paix, logé dans une maison sans le consentement du propriétaire, ni en temps de guerre, si ce n'est de la manière prescrite par la loi.

Article 4. Le droit des citoyens d'être garantis dans leurs personne, domicile, papiers et effets, contre les perquisitions et saisies déraisonnables ne sera pas violé, et aucun mandat ne sera délivré, si ce n'est pour un motif plausible, corroboré par un serment ou une déclaration solennelle, ni sans qu'il décrive précisément le lieu à fouiller et les personnes ou les choses à saisir.

Article 5. Nul ne sera mis en jugement pour un crime capital ou autrement infamant si ce n'est sur déclaration de mise en accusation (presentment) ou acte d'accusation (indictment) présentés par un grand jury, sauf en cas d'actes commis dans l'armée de terre ou de mer ou dans la milice, en temps de guerre ou de péril public. Nul ne pourra pour le même délit être deux fois menacé dans sa vie ou dans sa personne. Nul ne sera tenu de témoigner contre lui-même dans une affaire criminelle. Nul ne sera privé de vie, de liberté ou de propriété[2] sans procédure légale régulière (without due process of law). Nulle propriété privée ne sera expropriée pour un usage public sans une juste indemnité.

Article 6. Dans toutes les poursuites criminelles, l'accusé aura le droit d'être jugé promptement et publiquement par un jury impartial de l'État et du district où le crime aura été commis – le district ayant été préalablement délimité par la loi –, d'être instruit de la nature et de la cause de l'accusation, d'être confronté avec les témoins à charge, d'exiger par des moyens légaux la comparution de témoins à décharge et d'être assisté d'un conseil pour sa défense.

Article 7. Dans les procès de common law où la valeur en litige excédera vingt dollars, le droit au jugement par jury sera observé, et aucun fait jugé

---

1. Les articles ci-dessous sont encore appelés les « Amendements » de la Constitution américaine. Texte français emprunté à Jean-Michel Lacroix, op. cit., p. 541-542.
2. La triade lockéenne, cf. supra, p. 316.

par un jury ne sera examiné à nouveau dans une cour des États-Unis autrement que selon les règles de la *common law*.

Article 8. Des cautions excessives ne seront pas exigées, ni des amendes excessives imposées, ni des châtiments cruels et inusités infligés.

Article 9. L'énumération, dans la Constitution, de certains droits ne sera pas interprétée comme déniant ou dépréciant les autres droits que le peuple aura gardés par-devers lui[1].

Article 10. Les pouvoirs qui ne sont pas délégués aux États-Unis par la Constitution, ni refusés par elle aux États, demeurent l'apanage respectif des États, ou du peuple[2].

1. Clause extrêmement importante du point de vue de la philosophie du droit, cf. *supra,* p. 391-392.
2. La Constitution actuelle des États-Unis comporte 16 autres amendements, ajoutés de 1798 à 1971.

IV
LES PÈRES FONDATEURS DE LA RÉVOLUTION AMÉRICAINE[1]

John Adams (1735-1826). Une personnalité du Massachusetts, avocat, écrivain, homme politique et diplomate. Il est l'un des principaux artisans de la Déclaration d'indépendance et il est l'auteur des *Thoughts on Government* (1776). Il dénonce la politique fiscale du Parlement anglais comme inconstitutionnelle et plaide pour une forme républicaine des gouvernements d'États (à une époque où l'on soupçonnait les colonies du Sud de vouloir adopter des formes aristocratiques ou même monarchiques). Il participe à tous les comités du Congrès continental, en plus de son travail au Congrès provincial du Massachusetts. Il rejoint Franklin en France en 1778 et s'occupe des relations avec les Pays-Bas. Il sera ambassadeur en Angleterre de 1785 à 1788. Il fait le brouillon de la constitution de l'État du Massachusetts, et plaide pour le bicamérisme dans *A Defence of the Constitutions* (1787-1788). Il est vice-président sous Washington, avant de devenir lui-même le second président des États-Unis (1797-1801).

Samuel Adams (1722-1803). Un des principaux leaders de la révolte à Boston. Admirateur de Locke, partisan de la théorie des droits naturels, il est aussi un champion de l'austérité calviniste (il veut que l'Amérique soit une « Sparte chrétienne »). Il est un de ceux qui mettent en forme la théorie du complot anglais. Il défend ces idées à la Maison des représentants du Massachusetts, dont il inspire les textes et proclamations. Il joue le principal rôle lors des grandes affaires (« Massacre de Boston », création des comités de correspondance, *Boston Tea Party*...). Son rôle est moins important après 1774, mais il participe à la rédaction des textes constitutionnels.

1. D'après *The Blackwell Encyclopedia of the American Revolution, op. cit.*

Il plaide pour le suffrage censitaire (le destin de la république doit être confié à ceux qui ont une propriété) et pour l'existence d'un Sénat d'État qui représenterait explicitement les possédants. Il sera Lieutenant gouverneur, puis Gouverneur du Massachusetts de 1789 à 1797. Il se rallie au fédéralisme et se rapproche du Parti républicain de Jefferson.

John Dickinson (1732-1808). Originaire du Maryland et du Delaware, avocat puis homme politique, il est l'auteur des *Letters from a Farmer in Pennsylvania* qui replacent les problèmes américains dans le contexte de l'histoire anglaise. Il joue un rôle dans la rédaction de la *Declaration of the Causes and Necessity of Taking up Arms*. Il s'oppose cependant d'abord à l'indépendance, car il pense que le défaut d'union des colonies et le manque d'alliance diplomatique sérieuse sont des causes de faiblesse. Il a dit : « Notre seul guide doit être l'expérience, car la raison peut tromper. » Il rédige, en 1777, les *Articles de Confédération*. Il est délégué du Delaware au Congrès en 1779, puis gouverneur de cet État, enfin président de la Pennsylvanie en 1783. Il prend part aux discussions sur la Constitution fédérale et plaide en faveur d'une bonne représentation des petits États.

Benjamin Franklin (1706-1790). Né à Boston et ayant vécu à Philadelphie, il est d'abord imprimeur et éditeur, puis se consacre à ses travaux scientifiques (sur l'électricité) et à la politique. Il est l'un des premiers propagandistes de l'indépendance (dès le début des années 1750). De 1757 à 1775, il défend la cause américaine à Londres, pour le compte de la Pennsylvanie, du New Jersey, de la Géorgie et du Massachusetts. Après un bref retour à Philadelphie, il est envoyé par le second Congrès continental en France, où il sera le plus actif et efficace diplomate américain pendant la guerre. Il est proche de Vergennes et de Turgot. Il négocie le traité de Paris, puis revient à Philadelphie où il contribue à faire adopter la Constitution fédérale. Il est gouverneur de Pennsylvanie de 1785 à 1788.

Alexander Hamilton (1757-1804). Élève du King's College de New York (aujourd'hui Université Columbia), il écrit des pamphlets patriotiques dès 1774-1775, rejoint l'armée en 1776 et devient aide de camp et secrétaire de Washington en 1777. Il se montre partisan, dès 1780, d'un pouvoir fédéral fort. Il revient à la vie civile et devient avocat, puis il est élu au Congrès en 1782-1783 et milite pour l'augmentation des pouvoirs fiscaux de l'Union. À Annapolis, il est l'un des principaux artisans de la décision de réunir la Convention de Philadelphie. Il est alors, dans le contexte du combat pour la ratification de la Constitution fédérale, le principal auteur des articles qui devaient devenir *Le Fédéraliste*. Il parvient à faire adopter le texte à New York, malgré une forte opposition initiale (juin 1788). En 1789, Hamilton est nommé secrétaire au Trésor par le président Washington. Il règle le problème de la dette. Il sera tué en duel en 1804. À noter que Hamilton fut explicitement « élitiste », parce qu'il pensait que le rôle des élites était absolument indispensable dans le développement politique et économique du pays ; mais il condamnait l'aristocratisme.

John Jay (1747-1829). De formation juridique, modéré de tempérament, il fut d'abord opposé à la thèse de l'indépendance, puis il s'y rallia et participa à la rédaction de la constitution de l'État de New York en 1777. Il est président du Congrès continental (fin 1778 - fin 1779), puis, à un moment où ce poste est d'une importance cruciale, ambassadeur en

Espagne (jusqu'en 1782). Il participe ensuite, avec Franklin et John Adams, aux règlements de paix avec les Anglais. Il sera secrétaire aux Affaires étrangères. Il quitte le gouvernement quand la Constitution fédérale est promulguée, et il devient le premier *Chief Justice* des États-Unis. Il sera encore ambassadeur en Angleterre et gouverneur de l'État de New York. Il est, avec Hamilton et Madison, l'un des auteurs du *Fédéraliste*.

Thomas Jefferson (1743-1826). Auteur, à l'âge de 33 ans, de la Déclaration d'indépendance du 4 juillet 1776. Il mourra 50 ans plus tard jour pour jour, dans son beau domaine de Monticello. Entre-temps, il aura été, pour son État natal, la Virginie, gouverneur (1779-1781), délégué au Congrès continental (1783-1784), fondateur de l'Université de Virginie ; et, pour les États-Unis, ambassadeur en France (1785-1789), secrétaire d'État (1789-1793), vice-président (1797-1801) et enfin président (1801-1809). Il incarne les idéaux de la république américaine (cf. le texte de la Déclaration d'indépendance). Pensant que les hommes ont un devoir de changer le monde, Jefferson remettra sur le chantier les lois de Virginie après l'Indépendance afin de mettre en œuvre toutes les idées de réformes conçues au siècle des Lumières. Il travaillera, avec son jeune collaborateur James Madison, à l'établissement de la liberté religieuse en Virginie (1786), et à la création de l'État fédéral. C'est de Virginie, et sous son influence, qu'est venue l'initiative de transformer la faible alliance des Articles de Confédération en un État fédéral fort (quatre des cinq premiers présidents des États-Unis seront d'ailleurs des Virginiens). En réaction aux tendances élitistes d'Alexander Hamilton, Jefferson créa avec Madison le premier parti politique américain, de tendances démocratiques, le Parti républicain (futur Parti démocrate). Sous sa présidence, il a interprété strictement la Constitution et mis en œuvre les principes du gouvernement limité. Jefferson est un vrai intellectuel, amateur talentueux en botanique, paléontologie, musique, linguistique et architecture, et un professionnel accompli en matière de droit, de politique et d'administration. Lui et d'autres « Pères fondateurs » ont été à la fois des théoriciens et des praticiens, des hommes capables de penser et d'expliquer ce qu'ils faisaient, et de réaliser, avec persévérance et une vraie sagesse pratique, les idéaux formulés dans leurs écrits. On lui reproche aujourd'hui d'avoir, dans son œuvre de réformateur, peu pensé aux Noirs (il fut propriétaire d'esclaves en Virginie) et aux Indiens. Il était, de fait, persuadé de la supériorité de la race blanche et de la culture européenne[1].

James Madison (1751-1836). Virginien lui aussi, il fut le quatrième président des États-Unis. Dès 1774, il prend la défense de dissidents protestants persécutés dans son pays. Il est élu en 1776 à la Convention de Virginie, au moment où cet État élabore sa fameuse constitution, précédée d'un *Bill of Rights*. C'est lui qui suggère que l'expression « tolérance religieuse » soit remplacée par « libre exercice du culte » : mutation en effet capitale dans l'histoire des libertés. Il rencontre Jefferson, avec qui il aura une longue et exemplaire amitié. Ayant pris conscience de l'insuffisance

---

1. Sur Jefferson, cf. Claude Fohlen, *Thomas Jefferson,* Presses Universitaires de Nancy, 1992 ; *The Life and Selected Writings of Thomas Jefferson,* edited by Adrienne Koch and William Peden, New York, The Modern Library, 1944 et 1972.

tragique des Articles de Confédération, il joue un rôle clef dans la maturation des idées fédérales au Congrès continental de 1780 à 1783, puis
– après un retour en Virginie où il est membre de la législature de l'État – à
la Convention d'Annapolis et à celle de Philadelphie en 1786-1787 où il
travaille avec Hamilton. Madison est l'auteur de la première esquisse de la
Constitution fédérale. C'est lui, en particulier, qui proposa un Parlement
bicaméral, une forte séparation des pouvoirs, un système fédéral d'imposition. Madison se battit ensuite pour faire ratifier la Constitution (d'où
sa participation, avec Hamilton et Jay, à la rédaction des articles réunis plus
tard sous le titre *Le Fédéraliste*). Il eut affaire, en Virginie, à la forte opposition de Patrick Henry, et dut promettre la promulgation ultérieure d'un
Bill of Rights (les futurs dix Amendements). Il est membre du Congrès
de 1789 à 1797, puis, brouillé avec Hamilton, il se retire de la vie politique. Mais, quand Jefferson devient président, il est rappelé auprès de lui
comme secrétaire d'État. Les deux hommes feront donc de nouveau
équipe, cette fois à la tête de l'État, et pendant pas moins de huit ans.
Madison dirige la politique étrangère au moment du conflit mortel entre la
France napoléonienne et l'Angleterre, et parvient à maintenir la neutralité
du pays. De 1809 à 1817, il est, à son tour, président des États-Unis.

George Mason (1725-1792). Un *gentleman* virginien typique,
membre d'une famille éminente, éduqué par des précepteurs privés, propriétaire terrien aisé, trésorier de la *Ohio Company*. Il est membre de la
Convention de Virginie depuis 1775, délégué à la Convention de Philadelphie de 1787. Intellectuel plus qu'homme politique actif, il est l'auteur
de nombreux pamphlets et textes de principe, dont le plus célèbre est le
Bill of Rights précédant la Constitution de Virginie en 1776 (il a publié une
analyse de la charte de Virginie en 1773).

James Otis (1725-1783). Cet homme du Massachusetts est l'un des
principaux leaders de la première phase de la révolte. Fils d'un juriste, il est
lui–même diplômé d'Harvard dès 1743 et devient avocat cinq ans plus
tard. Il assiste les marchands de Boston dans leurs procès liés aux *writs of
assistance*. Il est l'auteur de *A Vindication of the Conduct of the House of Repre-
sentatives of the Province of Masschussets Bay* (1762), *Rights of the British Colonies Asserted and Proved* (1764), *A Vindication of the British Colonies against the
Aspersions of the Halifax Gentleman* (1765). Il est membre actif des *Sons of
Liberty*. Il devient plus modéré dans les années suivantes, mais, frappé à la
tête par un agent des douanes en 1769, il devient progressivement fou et
meurt d'un coup de foudre en 1783, sans avoir joué de rôle pendant les
événements révolutionnaires.

George Washington (1732-1799). Virginien, Washington est
volontaire lors de la guerre de Sept ans et acquiert une bonne expérience
militaire. Après 1758, il s'occupe d'une grande plantation, tout en devenant membre de la législature de la province de Virginie. Après les batailles
de Lexington et Concord, le Congrès continental, dont il est membre, le
nomme Commandant en chef de l'armée continentale : il le restera jusqu'à
la victoire finale. Il préside la convention de Philadelphie en 1787 : il est
partisan de la création d'un État fédéral fort. En 1789, il est élu premier
président des États-Unis et exerce ce mandat jusqu'en 1797.

Chapitre 7

Démocrates et libéraux en France aux XVIIᵉ et XVIIIᵉ siècles

Parallèlement aux développements anglo-saxons que nous venons d'étudier longuement, une réflexion contestataire se poursuit en France aux XVIIᵉ et XVIIIᵉ siècles contre l'absolutisme. Elle est antérieure au phénomène encyclopédiste et ne se limite pas, comme on le pense trop souvent, à cette dernière mouvance. Il y a les réflexions de l'*intelligentsia* protestante, Jurieu, Bayle, dans le contexte de la révocation de l'édit de Nantes (§ 1) ; il y a les protestations contre le régime louis-quatorzien de l'auteur des *Soupirs de la France esclave* (§ 2) et de Fénelon (§ 3) ; il y a une résistance plus spécifiquement économique au colbertisme, qui se fait jour parfois au sein même de l'administration française, avec Boisguilbert, Vincent de Gournay, les Physiocrates et Turgot, mouvement d'idées qui constitue l'aile libérale de l'encyclopédisme (§ 4) ; il y a le vieil esprit juridique conservé dans les parlements, jamais éteint, et qui n'attend que d'être réveillé par l'exemple anglais (§ 5) ; enfin, à l'approche de la Révolution, les idées démocratiques et libérales cristallisent rapidement avec Siéyès (§ 6) et, nourries de l'exemple américain, parviennent à maturité avec la *Déclaration des droits de l'homme et du citoyen* d'août 1789 (§ 7)[1].

---

1. Dans le présent chapitre, nous évoquons celles des résistances à l'absolutisme qui se rattachent philosophiquement à la tradition démocratique et libérale. Mais il y en eut d'autres : la poursuite, sous une forme renouvelée, de la *fronde aristocratique,* avec Boulain-villiers, Saint-Simon et – dans un genre un peu différent – Montesquieu ; à l'autre extrême, les pensées utopistes et présocialistes, parmi lesquelles on peut ranger Rousseau. Conformément aux principes de classification qui guident notre exposé, nous étudierons ces auteurs, respectivement, dans les parties consacrées à la « droite » et à la « gauche ».

§ 1
Jurieu et Bayle. La question de la tolérance

La révocation de l'édit de Nantes par l'édit de Fontainebleau du 17 octobre 1685 jeta hors de France quelque 200 000 protestants qui n'y revinrent plus jamais. Ce traumatisme national devait être l'occasion de réflexions politiques approfondies et de polémiques intenses qui opposèrent, aux partisans de l'absolutisme comme Bossuet ou Arnault, les protestants du Refuge, spécialement ceux ayant trouvé asile en Hollande, comme Pierre Jurieu et Pierre Bayle.

La Révocation[1] était l'aboutissement d'une longue persécution qui avait commencé dès le début du règne personnel de Louis XIV et dont les temps forts furent les « dragonnades ». La répression antiprotestante fut terrible : galères, prison ou mort pour ceux qui tentaient de fuir le territoire ou ceux qui les aidaient ; *jus emigrandi* accordé aux seuls pasteurs (dont on voulait se débarrasser), mais avec confiscation de leurs biens et interdiction d'emmener leurs enfants de plus de 7 ans ; brimades diverses envers les NC (nouveaux convertis), comme l'exposition du cadavre et la confiscation de l'héritage de ceux qui avaient refusé l'extrême-onction, les communions forcées (entre deux dragons tenant les bras des gens pendant qu'un prêtre leur faisait ingurgiter l'hostie), l'enlèvement des enfants, éduqués de force dans des collèges ou hôpitaux tenus par les convertisseurs. Ces mesures, où est à l'œuvre un appareil répressif d'État déjà nombreux et efficace, font présager celles que prendront les Jacobins sous la Terreur, eux aussi pour imposer au pays une unité idéologique. D'où la haine et le mépris des protestants pour le clergé et l'État français. La répression antiprotestante par l'absolutisme est sans doute la principale source de la tournure exceptionnellement aigre et radicale qu'a prise historiquement l'anticléricalisme en France. « Le mot voltairien "écrasons l'infâme" est une réponse à la Révocation » (Élisabeth Labrousse).

Ceux qui peuvent partir gagnent le « Refuge », c'est-à-dire les pays européens protestants voisins, Suisse, Angleterre, Hollande et Allemagne. Il s'agit d'une élite, hommes de métier qualifiés, militaires (qui serviront dans les armées protestantes, y compris contre la France), enfin un grand nombre d'intellectuels, puisqu'il y a de nombreux ministres calvinistes dans cette *diaspora*. La Hollande, où l'on peut imprimer les livres librement, devient le « paradis de la librairie ». On y voit naître une riche littérature d'opposition, destinée d'abord aux huguenots demeurés au pays, mais qui touche aussi maints catholiques français hostiles à la politique de Louis XIV, ainsi que toute l'Europe éclairée, souvent francophone à cette date. On a pu dire que c'est au Refuge, parmi tous ces émigrés lettrés, dégoûtés de l'intolérance religieuse,

---

1. Cf. Élisabeth Labrousse, *La révocation de l'édit de Nantes* (1985), Payot, 1990.

distancés, par l'épreuve de l'exil, des structures hiératiques de la vieille société, européens d'expérience et de langues, amis des sciences, qu'est apparu ce nouveau type humain que fut l'homme des Lumières.

Les débats sont particulièrement vifs en Hollande dans les années qui suivent 1685, date de la Révocation, mais aussi de l'arrivée sur le trône d'Angleterre du catholique Jacques II. S'y rencontrent les Français réfugiés comme Jean Claude[1], Pierre Jurieu ou Pierre Bayle, mais aussi les Anglais menacés par la police de Jacques II comme John Locke[2].

I — LA CONTESTATION DE L'ABSOLUTISME DE DROIT DIVIN PAR PIERRE JURIEU

Vie et œuvres

Pierre Jurieu (1637-1713) est né près de Blois et fait des études à l'Académie réformée de Saumur. Après un séjour en Angleterre, il devient pasteur à Vitry-le-François, puis professeur à l'Académie réformée de Sedan, où il aura comme collègue Pierre Bayle, son cadet de dix ans. Il s'exile à Rotterdam (comme Bayle) où il vivra jusqu'à sa mort, en 1713. En Hollande, où il est proche de Guillaume III, il devient le principal animateur de la résistance calviniste à Louis XIV. Il est l'auteur des *Lettres pastorales adressées aux fidèles de France qui gémissent sous la captivité de Babylone* (1686-1689)[3].

Jurieu, faisant siennes les thèses des révolutionnaires hollandais et anglais, attaque de front la doctrine clé de l'absolutisme français, le droit divin des rois. « Nous nions que l'origine des souverainetés soit de droit divin » (p. 366). La source de l'autorité est dans le peuple : « Le peuple fait les souverains et donne la souveraineté » (p. 367). Il peut confier le pouvoir à qui il veut, une monarchie, une aristocratie ou une démocratie, et il le fait par un libre contrat. Or Jurieu souligne que, dès lors que le peuple peut ne pas créer l'État quand il n'en n'a pas besoin (par exemple, quand il est dans la situation où étaient les Hébreux au temps des Juges), il n'établit de contrat avec un souverain que conditionnel et limitatif. « Il n'y a aucune souve-

1. Jean Claude (1619-1687), un des leaders des protestants français, ancien pasteur de Charenton, avait polémiqué contre Bossuet, Nicole, Arnault. Arrivé en Hollande, il publie, dès 1686, les *Plaintes des protestants cruellement opprimés dans le royaume de France*.
2. Réfugié en Hollande de 1683 à 1688. Il vient d'écrire ses *Traités sur le gouvernement civil*, et c'est en Hollande, en 1686, qu'il écrit sa *Lettre sur la tolérance*.
3. Cf. Pierre Jurieu, *Lettres pastorales XVI-XVII-XVIII*, suivies de la réponse de Bossuet, *Cinquième avertissement aux protestants* (1690), *reprint* avec une introduction de Simone Goyard-Fabre, Centre de philosophie politique et juridique, Université de Caen, 1991.

raineté qui n'ait des bornes » (p. 375). Si le souverain les franchit, on sera justifié de s'opposer à lui, y compris par les armes. Jurieu retrouve donc la tradition protestante des monarchomaques et de leurs continuateurs hollandais et anglais, avec d'ailleurs les mêmes garde-fous antipopulaires : le peuple sera représenté par les magistrats inférieurs, parlements, États généraux et villes, et n'aura pas d'expression directe.

S'agissant de trouver une issue à la situation intolérable des protestants en France, la solution de Jurieu est donc similaire à celle adoptée par les Hollandais et les Anglais : les Français doivent se débarrasser de leur régime absolutiste. L'alliance anglo-hollandaise les y aidera. En revanche, Jurieu n'est pas partisan de la tolérance religieuse, si ce n'est au sein même du camp protestant (cf. *infra*). Il est donc « démocrate » et « antilibéral ». La position de Bayle est exactement inverse.

II — LA DOCTRINE DE LA TOLÉRANCE CIVILE CHEZ PIERRE BAYLE

Vie et œuvres[1]

Fils de pasteur, né en 1647 dans le comté de Foix, Pierre Bayle étudie le latin et le grec chez lui et suit (brièvement, car la famille est pauvre) des classes d'un collège réformé de Montauban, puis ceux du collège des jésuites de Toulouse. Il se convertit alors sincèrement au catholicisme, qu'il abjurera un an plus tard, en 1670, étant, de ce fait, obligé de fuir à Genève. Il fait ses études de théologie dans cette dernière ville. D'abord précepteur dans des familles aristocratiques, il est nommé, en 1675, professeur de philosophie à l'Académie réformée de Sedan, où il a pour collègue Pierre Jurieu. L'académie ayant été supprimée par le roi en 1681 (c'est une des mesures de répression antiprotestante annonciatrices de la Révocation), Bayle doit s'exiler à nouveau. Il s'installe à Rotterdam où il vit de 1681 à sa mort, en 1706.

Principales œuvres : *Pensées diverses sur la Comète* (1682-1683) ; *Critique générale de l'histoire du calvinisme de M. Maimbourg* (1682) ; *Ce que c'est que la France toute catholique sous le règne de Louis-le-Grand* (1686)[2] ; *Commentaire philosophique sur ces paroles de Jésus-Christ « Contrains-les d'entrer »*, paru à Amsterdam en 1686 (t. I et II), 1687 (t. III), 1688 *(Supplément)*[3] ; *Dictionnaire historique et cri-*

---

1. D'après Élisabeth Labrousse, *Pierre Bayle* (1964), Albin Michel, 1996.
2. Cf. Pierre Baye, *Ce que c'est que la France toute catholique sous le règne de Louis-le-Grand*, texte établi, présenté et annoté par Élisabeth Labrousse, Vrin, 1973
3. Cf. Pierre Bayle, *De la tolérance. Commentaire philosophique sur ces paroles de Jésus-Christ « Contrains-les d'entrer »*, préface et commentaires de Jean-Michel Gros, Presses Pocket, 1992.

tique, Rotterdam, 1696 (c'est le chef-d'œuvre de l'auteur, le livre qui est donné pour le coup d'envoi du mouvement des Lumières, et qui connut un prodigieux succès de librairie tout au long du XVIIIe siècle).

1) *L'absolutisme de Bayle*

Bayle est un partisan décidé de l'absolutisme et maintient son appui à ce régime depuis le cœur du Refuge, quitte à scandaliser ses coreligionaires et en premier lieu son voisin Jurieu. Mais s'il est absolutiste, c'est précisément parce qu'il juge que seul un régime fort peut établir et garantir la *tolérance civile,* au sujet de laquelle il bâtit une doctrine remarquable qui va plus loin que celle de Locke puisqu'elle débouche sur une véritable doctrine du pluralisme, annonciatrice des Lumières et des doctrines libérales modernes de la liberté de penser. Bayle est « antidémocratique » et « libéral ».

La fidélité de Bayle à l'absolutisme s'explique par plusieurs raisons. D'abord, c'est la tradition calviniste française depuis l'édit de Nantes, législation où s'incarne l'esprit des « Politiques ». Seul un roi absolu a pu imposer aux catholiques français la paix accordée aux protestants. Plus généralement, l'ordre public ne peut être maintenu en France que s'il existe un pouvoir suffisamment fort pour terrifier tous les factieux. Enfin, il y a sans doute une motivation « sociale » à l'adhésion de Bayle à l'État royal centralisé : d'origine modeste, Bayle a un souvenir cuisant des abus des pouvoirs féodaux dans les provinces : il pense que le tiers état français a intérêt à passer alliance avec le roi contre les Grands, et non, comme en Angleterre, avec les Grands contre le roi. Bayle retrouve donc les accents de Bodin, et même, parfois, de Richelieu[1].

2) *Les droits de la conscience*

Mais ce n'est que pour mieux faire triompher le principe de la tolérance civile. Les principaux ouvrages dans lesquels Bayle défend celle-ci sont ceux qu'il écrit peu après la Révocation, *Ce que c'est que la France toute catholique sous le règne de Louis le Grand* (qui est un texte polémique), et surtout le *Commentaire philosophique sur ces paroles de Jésus-Christ « Contrains-les d'entrer »*[2].

1. Cf. les textes édifiants (principalement tirés du *Dictionnaire*) réunis par Élisabeth Labrousse, *Pierre Bayle, op. cit.,* p. 474-496.
2. Une parabole racontée par Jésus (Lc 14, 16-24) évoque un homme qui a préparé un festin, auquel les invités ne viennent pas, s'excusant sous divers prétextes. L'homme envoie son serviteur chercher des pauvres, qui ne sont pas assez nombreux, toutefois, pour

Le fond de l'argumentation de Bayle est classique : il reprend les thèmes que nous avons rencontrés chez les partisans de la tolérance des XVIe et XVIIe siècles (cf. *supra*, p. 270-275) : il est à la fois inique, impie et inefficace de tenter de convertir par la force ceux qu'on appelle hérétiques. Confesser extérieurement une foi qu'on n'éprouve pas intérieurement est un péché ; celui qui force autrui à pécher est lui-même pécheur. Le persécuteur n'obtient pas ce qu'il souhaite : il crée la discorde civile et non la concorde. Mais Bayle ajoute un argument de grande portée.

Tous les théologiens concèdent que « l'ignorance invincible disculpe », même s'ils prétendent qu'il n'y a presque pas d'ignorance invincible. Bayle s'engouffre dans cette brèche. En fait, ce qui est « ignorance » pour l'observateur extérieur est « savoir autre » pour le sujet. En effet, l'esprit d'un adulte n'est jamais une « table rase ». Le fait que quelqu'un croie quelque chose dépend de l'éducation qu'il a reçue dans sa jeunesse, pendant laquelle il n'a eu « aucune raison, ni aucune force de discerner le vrai d'avec le faux ». « Les passions et les habitudes de l'enfance, les préjugés de l'éducation, s'emparent de nous avant que nous ayons le temps de savoir ce que c'est que nous laissons entrer dans notre esprit ». L'âme d'un enfant

« reçoit toutes les doctrines de religion qu'on lui enseigne [...] comme une planche de cuivre reçoit indifféremment toutes les gravures qu'on y fait, non moins les canons du Concile de Trente que ceux du Synode de Dordrecht. Le péché originel n'a que faire là ; il pourra bien faire que vous abusiez des opinions que vous aurez sucées avec le lait ; mais il ne sera point cause que vous les aurez sucées et adoptées » (*Supplément* au *Commentaire,* cité par É. Labrousse, p. 363).

Bayle lui-même a été *sincèrement* converti au catholicisme, puis, non moins sincèrement, reconverti au calvinisme. C'est que, à chaque étape de ce cheminement, il avait été persuadé par les raisons qu'il apercevait, mais n'apercevait pas les raisons qui, plus tard, le persuaderaient du contraire. Nous devons donc prendre conscience du fait que nous sommes essentiellement *faillibles,* que ce que nous croyons n'est pas définitivement établi, ni vraiment démontrable à quelqu'un qui n'a pas eu la même éducation que nous ; par suite, nous devons « traiter avec l'homme sur le pied d'un être qui a des *obstacles involontaires* » (*Commentaire,* II, X, IV, éd. Gros, p. 333). En termes modernes, on dirait qu'il existe un *inconscient* humain, qui fournit des cadres de pensée, des préjugés, des valeurs, des convic-

occuper toutes les places. Alors l'homme demande au serviteur de se saisir de tous les passants qu'il trouvera et de les « contraindre d'entrer ». Le texte a été interprété par saint Augustin comme signifiant que le Christ approuve l'usage de la contrainte en matière religieuse.

tions, toute une *culture*. Aucun critère interne à une culture ne peut discerner les cultures vraies des cultures fausses. Toutes se jugent par leurs propres critères. C'est pourquoi « les plus fausses religions ont leurs martyrs ». La connaissance humaine est fondamentalement *limitée* et *divisée*, thèse fondamentale de toute philosophie libérale.

Il en résulte que la conscience, même erronée, doit être libre. Tout ce qu'on peut demander à un homme, c'est qu'il examine les questions le plus attentivement et honnêtement, et après cela, « qu'il suive sa persuasion », qu'il sera moralement *obligé* de suivre.

> « Un homme n'est pas moins obligé d'agir selon les motifs de sa conscience erronée que selon les motifs de sa conscience bien éclairée. C'est la force de la persuasion qui nous fait agir, et non pas les raisons que nous avons d'être fortement persuadés. Si une raison peu solide me frappe et me convainc aussi pleinement qu'une raison démonstrative convainc un autre, ma persuasion étant aussi forte que la sienne, je suis obligé d'avoir autant de zèle que lui ; autrement, il faudrait dire qu'un paysan qui croit fermement en Dieu sans savoir pourquoi et sans jamais avoir raisonné sur cela n'est point obligé d'aimer Dieu ni de souffrir pour son nom autant qu'un savant théologien » (*Critique générale de l'histoire du calvinisme de M. Maimbourg,* cité par É. Labrousse, p. 578).

3) *De la tolérance au pluralisme*

Bayle tire de ces considérations une conclusion proprement politique en faveur, non pas seulement de la *tolérance*, mais du *pluralisme* religieux :

> « Il n'y a pas, dit-on, de plus dangereuse peste dans un État que la multiplicité de religions, parce que cela met en dissension les voisins avec les voisins, les pères avec les enfants, les maris avec les femmes, le prince avec ses sujets. Je réponds que, bien loin que cela fasse contre moi, c'est une très forte preuve pour la tolérance ; car si la multiplicité de religions nuit à un État, c'est uniquement parce que l'une ne veut pas tolérer l'autre [...]. Si chacun avait la tolérance que je soutiens, il y aurait la même concorde dans un État divisé en dix religions, que dans une ville où les diverses espèces d'artisans s'entre-supportent mutuellement » (*Commentaire,* II, VI, p. 256).

Bayle ne se contente pas de l'idée – déjà formulée, nous le savons, par de nombreux apologistes de la tolérance avant lui – que la tolérance assure la paix civile alors que l'intolérance engendre la guerre. Il dit qu'elle produira des fruits spécifiques : la concurrence des idées et des mœurs poussera vers l'émergence de *meilleures* idées et de *meilleures* mœurs. Le pluralisme créera un ordre sociopolitique d'une efficacité supérieure, alors que le désordre résultant de l'intolérance était stérile.

> « [Si l'on accordait la liberté religieuse,] tout ce qu'il pourrait y avoir, ce serait une *honnête émulation* à qui plus se signalerait en piété, en bonnes mœurs, en

science ; [chaque religion] se piquerait de prouver qu'elle est la plus amie de Dieu, en témoignant un plus fort attachement à la pratique des bonnes œuvres ; elles se piqueraient même de plus d'affection pour la patrie, si le souverain les protégait toutes, et les tenait en équilibre par son équité : or il est manifeste qu'une si belle émulation serait cause d'une infinité de biens, et par conséquent la tolérance est la chose du monde la plus propre à ramener le siècle d'or... » (p. 257).

Bayle conçoit ainsi explicitement la problématique de l' « ordre par le pluralisme », d'autant que, faisant un pas en avant conceptuel par rapport à l'ironie ou au scepticisme de Montaigne (« vérité en deçà des Pyrénées, erreur au-delà »), Bayle demande que l'on adopte délibérément la tolérance comme un « droit des gens entre tous les religions », c'est-à-dire comme une *règle générale* que l'on s'imposera à soi-même comme à ses adversaires.

En suivant cette idée, Bayle fait une distinction de grande portée entre « tolérance civile » et « tolérance ecclésiastique ». La première, redisons-le, s'impose : aucune opinion religieuse ne doit être passible des « lois pénales ». En revanche la seconde, c'est-à-dire ce qu'on appellerait aujourd'hui l'œcuménisme, est inutile et même détestable. Quel est en effet le prix à payer ? Il faut s'efforcer de dégager un socle commun de croyances et renoncer à se disputer sur des points de doctrine ou de culte qu'on qualifiera d' « indifférents », les *adiaphora*. Or, soutient Bayle, ces prétendus *adiaphora* sont justement ce qu'il y a de plus précieux dans la doctrine, dont ils représentent la pointe avancée. Chaque école de pensée doit pouvoir aller au bout de sa réflexion, et il est réducteur de les forcer à s'accorder.

Il faut donc qu'il y ait tolérance civile et, si l'on peut dire, intolérance idéologique, refus de laisser réduire sa pensée à un commun dénominateur appauvrissant. Bayle *ne cherche donc plus l'unanimité,* dont il remarque à maintes reprises qu'elle est le propre de sociétés tribales archaïques (les persécuteurs modernes sont, dit-il, comme les prêtres de Carthage qui pratiquaient les sacrifices humains). Il admet même le droit d'excommunication. Si le *compelle intrare* (« contrains-le d'entrer ») est haïssable, le *compelle exire* (« contrains-le de sortir ») est sain et doit être autorisé. Peu importent les divisions entre groupes idéologiques, dès lors que tous respectent la paix civile et qu'aucun ne prétend recevoir l'appui du bras séculier. Tolérance civile et intolérance idéologique sont non seulement compatibles, mais complémentaires.

Inversement, l'œcuménisme a partie liée avec l'intolérance civile : si Jurieu[1] rêve d'accorder les réformés, les luthériens, les anglicans et les arminiens sur un *credo* commun minimum, ce n'est pas par goût de la paix universelle, mais pour

_____

1. Avec qui Bayle mène une guerre de pamphlets en 1691, entre la parution du *Commentaire* et celle du *Supplément*.

renforcer le camp protestant face au camp catholique, jusqu'à ce qu'il soit assez fort pour pouvoir espérer régler la querelle par les armes. La recherche de l'unanimité n'est donc pas politiquement innocente, et surtout elle est contraire à la logique véritable de la vie intellectuelle.

4) La « République des Lettres » et l'esprit des Lumières

Bayle est ainsi conduit à promouvoir une forme moderne de l'*agora* grecque, un nouveau type d'espace public où les idées puissent librement se confronter. Il anime pendant plusieurs années (de mars 1684 à février 1687) en Hollande un périodique (mensuel) intitulé les *Nouvelles de la République des Lettres,* consistant en comptes rendus d'ouvrages publiés par des savants européens (fonction « médiatique » qui vaut à Bayle une grande notoriété à l'échelle du continent). Ce travail se poursuit avec la rédaction du *Dictionnaire historique et critique,* qui occupe toute la fin de sa vie. Bayle y fait preuve d'une érudition éblouissante qui lui permet de faire jouer à plein le sens du relativisme culturel et historique, de constater les divergences de vue entre intellectuels, les doutes des savants, le caractère incomplet et évolutif de toute science. Il contribue ainsi à créer l'esprit des Lumières, c'est-à-dire l'esprit de la recherche critique, où les savants et intellectuels ne se réfèrent plus à une communauté idéologique fermée et structurée autour d'un Magistère (ecclésiastique ou civil), mais à une opinion internationale ouverte. L'intellectuel qui s'adresse à cette opinion anonyme n'est plus le membre d'une communauté organique où règnent l'unanimisme et le conformisme ; il n'est pas non plus enfermé dans le solipsisme d'une conscience monadique. En réalité, il est en contact avec le monde universel de l'esprit. Bayle se réfère à Marc Aurèle : l'esprit du chercheur est comme l'âme stoïcienne qui communique avec le *Logos* divin, feu dont elle est un fragment.

Bayle, pour autant, a-t-il viré dans le déisme, voire l'athéisme, comme le lui reproche Jurieu, ou dans le scepticisme, comme s'en réjouira Voltaire ? Il semble bien que non. En effet, si la vie intellectuelle est irréductiblement pluraliste, il peut y avoir convergence de tous les chrétiens sur les questions morales. C'est ce qui permet de répondre à l'objection, qu'on avait faite à Bayle, que sa théorie de la tolérance devrait le conduire à tolérer la conscience errante des persécuteurs. Non, répond-il, il est des hérésies universellement condamnables, les « hérésies dans la morale »[1]. Le fanatisme, la croisade, la guerre sainte ne sont

---

1. À la suite d'un sermon belliqueux de Jurieu, Bayle publie en 1694 un pamphlet intitulé : « Nouvelle *hérésie dans la morale* touchant la haine du prochain, prêchée par M. Jurieu ».

pas défendables devant la conscience morale universelle. La « lumière naturelle », dit magnifiquement Bayle au début du *Commentaire,* nous prouve invinciblement « que tout sens littéral [de l'Écriture] qui contient l'obligation de faire des crimes, est faux » (p. 85).

§ 2
« Les soupirs de la France esclave »

En 1689 paraît à Amsterdam, en plusieurs livraisons s'échelonnant du 1ᵉʳ septembre 1689 au 1ᵉʳ octobre 1690, un ouvrage très critique à l'encontre du régime absolutiste français de Louis XIV, *Les soupirs de la France esclave, qui aspire après la liberté*[1].

Il fut longtemps attribué à Jurieu. L'incertitude prévaut aujourd'hui au sujet du véritable auteur[2]. Quel que soit celui-ci, le contenu est remarquable : il témoigne de ce qu'en France, nonobstant l'appesantissement de l'absolutisme, l'étouffement de toute opposition publique, tant parlementaire qu'émanant du clergé, les seuls persiflages admis étant ceux de la littérature (les *Fables* de La Fontaine, les *Caractères* de La Bruyère, les comédies de Molière...), la liberté n'est nullement oubliée.

1) *« La cour est turque »*

L'auteur attaque brutalement l'absolutisme, non seulement à cause de son despotisme, de son arbitraire, qui atteint tout le monde, y compris le clergé et les privilégiés, non seulement à cause de comportements malhonnêtes (« le roi est un voleur », p. 31), mais pour une raison de fond : « La cour est *turque* et non chrétienne dans ses maximes » (p. 29).

Le roi est plus arbitraire que le Grand Turc : la cour étend son absolutisme à toutes les provinces, dont le roi devient seigneur direct sans tenir compte des coutumes et des libertés locales ; le roi peut envoyer au cachot, aux galères, en exil, etc., donc faire mourir, sans aucune forme de justice (il n'a qu'à faire des lois dont il sait qu'elles ne pourront être obéies) ; Louis XIV n'a jamais consulté personne, ni les grands ni les petits : or ni l'État ni les peuples n'ont de raison de faire leurs les intérêts particuliers des rois (p. 36-37). Quelle diffé-

---

1. Réédition en fac-similé, EDHIS (Éditions d'Histoire sociale), 1976.
2. C'est d'après une indication de Pierre Bayle qu'on a longtemps cru que les *Soupirs de la France esclave* avaient été écrits par Pierre Jurieu. Aujourd'hui on attribue ce pamphlet plutôt à un oratorien, Michel Le Vassor, dont Jurieu aurait corrigé et publié le manuscrit.

rence avec l'esclavage ? Tout cela est non-chrétien : on n'en trouve le modèle que « chez les Turcs, les Perses, les Tartares, les Mongols », encore le Grand Seigneur doit-il, là-bas, rendre des comptes « au grand Mufti qui est le chef de la Religion », ce que ne fait pas Louis XIV qui a muselé et asservi le clergé. En un mot, ce qu'a fait Louis XIV, c'est

« s'élever au-dessus des lois, n'avoir pour règle que sa volonté même, faire tout son intérêt, tenir en sa main la vie des hommes, et la leur ôter sans forme de justice, ravir leurs biens et s'en rendre maître ; exercer sur des personnes libres un empire sans borne, et les réduire en esclavage. Tout le monde frémit de cette idée, les rois chrétiens ne la peuvent souffrir » (p. 37).

Et l'auteur de contester le principe même de l'absolutisme. Le fait que chaque roi hérite du précédent sans passer aucun pacte, sans contracter aucun engagement avec ses sujets, est contraire à toute justice. La théorie du droit divin des rois n'est pas admissible, non plus que la vieille thèse augustinienne sur laquelle certains entendent la fonder, disant que les princes ne sont que les verges par lesquelles Dieu punit le peuple pécheur (p. 43)[1].

L'auteur regrette la disparition de toute assemblée représentative, la non-réunion des États généraux, la mise au pas des parlements, l'abaissement du clergé[2]. Il reprend à cet égard tous les arguments constitutionnalistes des huguenots et des révolutionnaires hollandais et anglais, qu'il expose avec précision et avec toute la verve de l'indignation, mais, il est vrai, sans y ajouter grand-chose. Ce qui suit rend un son plus nouveau.

2) *L'instabilité des régimes violents.*
Contre le bellicisme louis-quatorzien

Compte tenu de tout ce qui a été dit, l'auteur pense qu'une révolution est inéluctable en France et qu'elle se fera sur les modèles hollandais et anglais.

Le régime absolutiste finira par tomber, car « les choses violentes ne peuvent être de durée » (p. 182). Peu de gens ont intérêt à son maintien, la majorité du peuple parce qu'elle est ruinée, et même les proches du roi qui s'enrichissent (le roi se rend maître sans cesse, en effet, de nouvelles provinces, la Lorraine, la Franche-Comté, les

---

1. Cette affirmation semble indiquer que l'auteur n'est ni protestant ni janséniste.
2. Il rappelle la Déclaration du clergé de 1682 (cf. *supra*, p. 118-120), dont l'opinion éclairée a bien vu la portée symbolique.

Pays-Bas...) parce que ces enrichissements sont instables. Il suffit de considérer la succession rapide des empires antiques, chaldéen, perse, grec, romain, pour avoir une preuve de l'instabilité des régimes despotiques et arbitraires que les peuples ne veulent conserver et défendre.

Un Hollandais, citoyen libre d'un petit État, est plus heureux qu'un Français, esclave dans un grand.

« Les politiques [disent] que le gouvernement arbitraire est infiniment plus propre pour la gloire de la nation ; que les particuliers en souffrent, mais qu'il est plus propre à faire des conquêtes et à les conserver. Mais je dis premièrement là-dessus, que cette gloire de la nation et cette réputation de la monarchie est une vraie chimère. Supposé que la terreur qu'une nation imprime dans les esprits de ses voisins, et la facilité qu'elle trouve de les soumettre quand son ambition le veut, soit la gloire et le bien de quelqu'un ? En vérité ce n'est ni le bien, ni la gloire du peuple et des particuliers, c'est uniquement le bien et la gloire du monarque, qui par ce moyen règne sur ceux qui ne sont pas ses sujets, et qui agrandit les bornes de la domination, et se rend maître du bien d'autrui. Mais, je vous prie, qu'en revient-il au peuple ? En est-il moins misérable ? Son joug en est-il moins pesant ? En a-t-il plus de biens et plus d'honneurs ? Ne languit-il pas dans la misère et dans la bassesse, et par conséquent dans la honte ? Pour moi je n'ai pas encore compris qu'un Hollandais honnête homme, riche et vivant dans la jouissance de sa liberté fût moins heureux et dans un état moins glorieux, qu'un Français misérable et esclave : à cause que le souverain du Hollandais se contente de conserver l'État, et que celui des Français fait des conquêtes, et se pique d'être la terreur de ses voisins » (p. 188).

Le bellicisme, annonciateur des nationalismes modernes, qui commence à poindre dans les guerres de Louis XIV est, dit l'auteur, « une maladie des petits esprits », dont « les gens sages se doivent garantir » (p. 188-189). Pire, c'est une « vraie folie » pour les sujets qui se glorifient des victoires de leur prince et ne se rendent pas compte du prix dont ils les paient, leur propre esclavage.

D'ailleurs, une république, ou du moins une monarchie sans pouvoir arbitraire peut être aussi puissante qu'une monarchie absolue (l'auteur se réfère à la République romaine, à Venise, à Guillaume d'Orange, au Commonwealth de Cromwell...). Guillaume « a porté la réputation de la république de Hollande [en repoussant les armées françaises] plus loin que notre monarchie n'a porté la sienne par ses conquêtes depuis vingt-cinq ans » (p. 191). La force n'est légitime que pour se défendre (l'auteur justifie cette opinion par des exemples tirés de l'Ancien Testament). Toutes les conquêtes de Louis XIV sont contraires à la morale et à la justice. Même « les plus relâchés machiavélistes » avouent que, bien que la seule religion valable soit l'intérêt de l'État, il faut au moins paraître vertueux. C'est ce que n'a pas fait le roi de France. Résultat :

« Aujourd'hui un Français et un cannibale, c'est à peu près la même chose dans l'esprit des voisins » (p. 194).

§ 3
Fénelon

Bien que Fénelon partage certaines thèses de la « réaction nobiliaire » qui caractérise la fin du règne de Louis XIV et la Régence (cf. *infra*, p. 1011-1018), l'esprit de sa pensée politique est plus proche encore de la tradition démocratique et libérale naissante.

Vie et œuvres

François de Salignac de La Mothe-Fénelon est né en 1651. Il fait des études à l'Université de Cahors et est ordonné prêtre en 1677. Il se fait connaître comme prédicateur, spécialement dans le contexte de la croisade antiprotestante qui précède et suit la révocation de l'édit de Nantes. Il écrit divers ouvrages de théologie et de spiritualité. Membre du « parti dévot » qui entoure Mme de Maintenon, il est nommé précepteur du duc de Bourgogne, le petit-fils de Louis XIV. Il occupera ces fonctions de 1689 à 1694. Il écrit à l'intention de son élève le *Dialogue des morts* (publié en 1712) et *Les aventures de Télémaque* (publié en 1699). Ce dernier ouvrage mentionne en bonne part plusieurs sociétés communisantes, la Bétique ou Salente ; mais il en mentionne un plus grand nombre qui sont des monarchies modérées, gouvernées par un roi dont les vertus sont chrétiennes, et pratiquant plus ou moins la liberté économique. Fénelon est élu à l'Académie française en 1693. Mais, pour défendre le quiétisme de Mme Guyon, il écrit l'*Explication des maximes des saints* (1696), ce qui suscite un conflit avec le roi et Bossuet, en attendant la condamnation romaine. Fénelon, qui a été nommé archevêque de Cambrai en 1695, doit se retirer dans cette ville. Avant, pendant et après sa disgrâce, Fénelon a écrit d'autres textes où s'exprime son message politique : la *Lettre à Louis XIV* (1694), l'*Examen de conscience sur les devoirs de la royauté* et le *Supplément* à cet ouvrage (1711), ou *Les Plans de gouvernement concertés avec le duc de Chevreuse pour être proposés au duc de Bourgogne* ou *Tables de Chaulnes*, rédigé pendant les quelques mois où la montée du duc de Bourgogne sur le trône est apparue imminente, entre la mort de son père qui le faisait Dauphin (14 avril 1711) et sa propre mort (18 février 1712), enfin une série de *Mémoires sur la guerre de Succession d'Espagne* s'échelonnant de 1701 à 1712. Fénelon meurt en 1715, la même année que Louis XIV[1].

1) *Critique du machiavélisme louis-quatorzien*

Fénelon est non moins critique à l'égard de Louis XIV, de sa brutalité et de son bellicisme, de ses prédations fiscales, de sa main-

---

1. Cf. Fénelon, *Œuvres*, éd. établie par Jacques Le Brun, 2 vol., Gallimard, « Bibl. de la Pléiade », 1983 et 1997. Le premier volume contient la *Lettre à Louis XIV*, le vol. 2 le *Télémaque*, l'*Examen de conscience sur les devoirs de la royauté* et les autres *Mémoires politiques*.

mise sur tous les pouvoirs, de la suppression par lui et ses ministres de toutes les libertés locales et corporatives, que Claude Joly, Jurieu ou l'auteur des *Soupirs de la France esclave*.

Cette critique s'exprime de manière singulièrement vigoureuse dans la *Lettre à Louis XIV* (qui fut envoyée, semble-t-il, à Mme de Maintenon) et dans l'*Examen de conscience sur les devoirs de la royauté* (adressé au duc de Bourgogne, qui le cacha dans une cassette). Ces textes auront une certaine influence lorsqu'ils seront connus au XVIIIe siècle, et il est à noter qu'ils furent publiés par des milieux anti-absolutistes, l'*Examen,* en 1747, par un homme politique anglais, Granville (Lord Carteret) (une traduction anglaise parut à Londres la même année), la *Lettre* par d'Alembert (dans son *Histoire des membres de l'Académie française,* parue après sa mort, en 1785).

Louis XIV a été formé par des gens acquis à une sorte de machiavélisme :

« Ceux qui vous ont élevé ne vous ont donné pour science de gouverner que la défiance, la jalousie, l'éloignement de la vertu, la crainte de tout mérite éclatant, le goût des hommes souples et rampants, la hauteur, et l'attention à vos seuls intérêts » (*Lettre à Louis XIV, Œuvres,* vol. 1, p. 543).

Louis XIV n'est donc pas un vrai chrétien :

« Vous avez passé votre vie entière hors du chemin de la vérité et de la justice et par conséquent hors de celui de l'Évangile » (p. 545). « Vous n'aimez point Dieu. Vous ne le craignez même que d'une crainte d'esclave. C'est l'Enfer et non pas Dieu que vous craignez. Votre religion ne consiste qu'en superstitions... » (p. 549).

Le roi a fait des guerres injustifiées qui sont les vraies causes de la ruine actuelle de la France, et la moins justifiée de toutes est celle faite à la Hollande :

« Tant de troubles affreux qui ont désolé toute l'Europe depuis plus de vingt ans, tant de sang répandu, tant de scandales commis, tant de provinces ravagées, tant de villes et de villages mis en cendre sont les funestes suites de cette guerre de 1672 entreprise pour votre gloire... » *(ibid.).*

Louis XIV a obtenu des traités de paix à la suite de ces guerres ; mais il les a violés en annexant purement et simplement les territoires de l'Est : « C'était ajouter l'insulte et la dérision à l'usurpation et à la violence » (p. 546). Ce faisant, le roi a épuisé le pays :

« Vous avez détruit la moitié des forces réelles du dedans de votre État, pour faire et pour défendre de vaines conquêtes au-dehors [...]. La France entière n'est plus qu'un grand hôpital désolé et sans provision », moyennant quoi « le peuple même, qui vous a tant aimé, qui a eu tant de confiance en vous, commence à perdre l'amitié, la confiance, et même le respect. Vos victoires et vos conquêtes ne le réjouissent plus. Il est plein d'aigreur et de désespoir. La sédition s'allume peu à peu de toutes parts » (p. 547).

Louis XIV est ridiculement imbu de sa personne :

« Vous n'aimez que votre gloire et votre commodité. Vous rapportez tout à vous comme si vous étiez le Dieu de cette terre, et que tout le reste n'eût été créé que pour vous être sacrifié. C'est au contraire vous que Dieu n'a mis au monde que pour votre peuple. Mais hélas vous ne comprenez point ces vérités » (p. 549).

Quelques années plus tard, les mêmes reproches lancinants reviennent (indirectement cette fois, puisque l'auteur s'adresse au petit-fils et sur le mode d'un « examen de conscience »). Fénelon critique de nouveau le machiavélisme, dont il était bien placé pour savoir que c'était un discours courant à la Cour :

« Ne vous êtes-vous point imaginé que l'Évangile ne doit point être la règle des rois comme celle de leurs sujets, que la politique les dispense d'être humbles, justes, sincères, modérés, compatissants, prêts à pardonner les injures ? Quelque lâche et corrompu flatteur ne vous a-t-il point dit, et n'avez-vous point été bien aise de croire que les rois ont besoin de se gouverner pour leurs États par certaines maximes de hauteur, de dureté, de dissimulation, en s'élevant au-dessus des règles communes de la justice et de l'humanité ? » (*Examen de conscience sur les devoirs de la royauté, Œuvres,* vol. 2, p. 974).

2) *Le roi absolu, chef de bande*

Comme l'auteur des *Soupirs*..., Fénelon constate avec effroi que le roi n'est pas juste, qu'il ne respecte ni la liberté ni la propriété. Voleur d'un nouveau genre, il exproprie sans indemnité, il écrase d'impôts le peuple.

« N'avez-vous rien pris à vos sujets par pure autorité et contre les règles ? L'avez-vous dédommagé comme un particulier l'aurait fait, quand vous avez pris sa maison, ou enfermé son champ dans votre parc, ou supprimé sa charge, ou éteint sa rente ? Avez-vous examiné à fond les vrais besoins de l'État, pour les comparer avec l'inconvénient des taxes, avant que de charger vos peuples ? » (p. 982).

Lorsque l'État exproprie, il ne paie pas, ou paie mal, ou paie en retard, ou en monnaie de singe :

« N'avez-vous jamais toléré et voulu ignorer que vos ministres aient pris le bien des particuliers pour votre usage, sans le payer à sa juste valeur, ou du moins retardant le paiement du prix, en sorte que ce retardement a porté dommage aux vendeurs forcés ? [...] Ne donnez-vous pas souvent à l'homme avec qui vous contractez des dédommagements en rentes, en engagements sur votre domaine, en charges de nouvelles créations, qu'un coup de plume de votre successeur peut lui retrancher ? »

Il n'en allait pas ainsi dans le passé.

« Vous savez qu'autrefois le roi ne prenait jamais rien au peuple par sa propre autorité. C'était le Parlement, c'est-à-dire l'assemblée de la nation, qui lui accordait les fonds nécessaires pour les besoins extraordinaires de l'État. Hors de ce cas, il vivait de son domaine. Qu'est-ce qui a changé cet ordre, sinon l'autorité absolue que les rois ont prise ? » (p. 984-985).

Le roi est devenu un chef de bande. Car il ne pourrait jamais exercer ce type nouveau de pouvoir spoliateur s'il ne laissait pas ses agents se servir eux-mêmes sur la bête. L'enrichissement rapide et spectaculaire des proches du roi et des proches des ministres scandalise Fénelon.

3) L'antibellicisme de Fénelon

Fénelon voit bien que les guerres de Louis XIV sont d'un genre nouveau, parce qu'elles sont délibérément des guerres de conquête, motivées par la seule « gloire » du roi et de la nation ; elles ne s'embarrassent même plus de motifs de justice.

« Avez-vous étudié sérieusement ce qu'on nomme le droit des gens ? » (*Examen de conscience...*, p. 976).

Pour se livrer à ce brigandage international, Louis XIV a créé une armée d'un nouveau genre, composée de pauvres gens qu'on a enrôlés de force et qu'on traite de façon inhumaine. Dans un autre texte portant sur la guerre de Succession d'Espagne, Fénelon décrit la misère des armées, qui n'ont pas le strict nécessaire et qui, par suite, brutalisent et dépouillent les populations civiles. Il dépeint le malheur des blessés, abandonnés sans soins, l'absence totale d'hôpitaux, la cruauté des traitements réservés aux soldats indisciplinés, à qui l'on « casse la tête » ou « coupe le nez ». Or ces guerres menées par le roi sont entièrement étrangères aux intérêts du peuple ; celui-ci aiderait de bon cœur le roi s'il s'agissait de le défendre ou si, à plus forte raison, c'était le peuple lui-même qui était en danger. Mais le roi utilise les voies de la guerre pour satisfaire sa seule ambition et son seul intérêt : « Qu'importe [aux peuples] que vous ayez une province de plus ? » (p. 991). En outre, il fait la guerre à tort et à travers, là où la négociation, l'habileté, d'opportunes alliances auraient pu économiser le sang.

4) Une formulation française de la rule of law

Fénelon n'a pas besoin de se référer aux formulations révolutionnaires anglaises (« gouvernement de lois, non d'hommes », *rule of law*...) par lesquelles a été à remis au goût du jour, à rebours de l'esprit de la féodalité, le sens antique de la primauté de la loi pour rappeler, dans son propre langage venu du droit canonique et des traditions juridiques françaises, cette même primauté de la règle. Le roi, aussi bien à l'intérieur, lorsqu'il traite de quelque affaire économique avec ses sujets, qu'à l'extérieur, quand il conclut des traités avec l'étranger, doit être soumis à la loi, nonobstant son rôle propre.

« Un prince qui joue avec un bourgeois ne doit pas moins observer que lui toutes les lois du jeu ; dès qu'il joue avec lui, il devient son égal pour le jeu seulement. Le prince le plus élevé et le plus puissant doit se piquer d'être le plus fidèle à suivre toutes les règles... » (p. 993).

Cela est vrai même quand la tentation de passer outre est la plus forte, à savoir à la guerre. La maxime machiavélienne selon laquelle on peut et on doit faire tout ce que commande la force compromet tout avenir et est porteuse de barbarie (Fénelon ne fait ici qu'exprimer la vieille doctrine de la guerre de Cicéron, reprise et bonifiée par le droit canonique et par Grotius, que reformulera Kant, et avec laquelle rompront les prétendus « modernes », de Machiavel et Hobbes à Hegel, Marx ou Nietzsche) :

« Il y a des lois de la guerre, qu'il ne faut pas garder moins religieusement que celles de la paix. Lors même qu'on est en guerre, il reste un certain droit des gens qui est le fonds de l'humanité même. C'est un lien sacré et inviolable entre les peuples que nulle guerre ne peut rompre. Autrement la guerre ne serait plus qu'un brigandage inhumain, qu'une suite perpétuelle de trahisons, d'assassinats, d'abominations et de barbaries » (p. 993).

En violant les traités, en finassant sur leur sens, en remettant en cause plusieurs années après ce qui avait été clairement établi à la fin des hostilités, Louis XIV s'est comporté comme un brigand. D'ailleurs, il est perdu de réputation, et les Français avec lui.

« Si une fois on se permet, sous aucun prétexte si spécieux qu'il puisse être, même des lois particulières, d'ébranler les traités de paix, on trouvera toujours des subtilités de jurisprudence pour annuler tous les échanges, cessions, donations, compensations et autres pactes, sur lesquels la sûreté et la paix du monde sont fondées. La guerre deviendra un mal sans remède. Les traités ne seront plus des actes valides, que jusqu'à ce qu'on ait une occasion avantageuse de recommencer la guerre. La paix ne sera plus qu'une trêve... » (p. 995).

5) Le « système général de l'Europe »

De là, Fénelon passe à l'idée même qui sera développée par Kant, l'idée d'une paix perpétuelle et d'une « république universelle ».

« Les États voisins les uns des autres ne sont pas seulement obligés à se traiter mutuellement selon les règles de justice et de bonne foi ; ils doivent encore, pour leur sûreté particulière, autant que pour l'intérêt commun, faire une espèce de société et de république générale » (*Supplément* à l'*Examen de conscience*..., p. 1003).

En effet,

« toutes les nations voisines et liées par le commerce font un grand corps et une espèce de communauté. Par exemple, la chrétienté fait une espèce de république générale qui a ses intérêts, ses craintes, ses précautions à observer : tous les membres qui composent ce grand corps se doivent les uns aux autres pour le bien commun, et se doivent à eux-mêmes, pour la sûreté de la patrie, de prévenir tout progrès de quelqu'un de ses membres qui renverserait l'équilibre et qui se tournerait à la ruine inévitable de tous les autres membres du même corps. Tout ce qui change ou altère ce système général de l'Europe est trop dangereux, et traîne avec soi des maux infinis » (p. 1005).

À cette exigence du droit naturel et du droit des gens, aucun acte de droit positif ne saurait déroger. C'est ainsi que Fénelon condamne le principe même des guerres féodales, dont celles de Louis XIV sont le dernier avatar. Car les droits de succession par lesquels on essaie de les justifier ne valent que pour les particuliers. Anticipant les développements de Sieyès et des révolutionnaires français sur la « nation », Fénelon pose qu'on ne peut hériter d'une nation comme on hérite, en droit privé, d'une maison ou d'un pré. Tel est le fond de son argumentation dans les traités consacrés à la guerre de Succession d'Espagne.

Le fils de Louis XIV ayant épousé une Infante espagnole, l'enfant du couple, « Philippe V », a prétendu hériter de la couronne de son grand-père. L'Infante Marie-Thérèse avait pourtant, en épousant le Dauphin, renoncé expressément à ses droits à la couronne d'Espagne : c'était la condition pour que le mariage eût lieu. Les partisans des Bourbons mettent maintenant en avant le droit patrimonial, selon lequel cette renonciation serait nulle ou aurait dû être compensée par une dot importante, jamais payée. À quoi Fénelon répond que le bonheur ou le malheur d'une nation et de toute l'Europe ne saurait dépendre du droit privé. « Une nation entière n'appartient pas en propre à une fille, comme un pré ou comme une vigne, en sorte que la propriété puisse en être transférée, comme une dot, à des étrangers. Si cet abus est autorisé, du moins faut-il l'adoucir et le rectifier en subordonnant de telles successions aux intérêts manifestes de chaque nation, et encore plus à l'intérêt général de l'Europe entière, pour conserver son équilibre, qui est le fondement de son repos et de sa sûreté. Ainsi, le contrat de mariage de la reine est l'accessoire, et le traité de paix est le principal. La paix elle-même se trouve fondée sur la renonciation. Il faut donc que l'accessoire s'accommode du principal, et que toutes les lois alléguées par les jurisconsultes pour les familles particulières, cèdent en cette occasion à la règle supérieure, qui est d'assurer la paix et la liberté des nations qui composent l'Europe » (*Examen des droits de Philippe V, Œuvres, op. cit.*, vol. 2, p. 1069-1070).

Mais on est passé outre, et il en a résulté une guerre terrible qui a mis la France au bord de la ruine[1].

En définitive, ce qu'il faut parmi les nations civilisées (la « chrétienté »), c'est une république universelle où tous les États seront à peu près égaux et se feront mutuellement « équilibre » en vue de la « sûreté générale ».

« Être dans cet état, et n'en vouloir point sortir par ambition, c'est l'état le plus sage et le plus heureux. Vous êtes l'arbitre commun ; tous vos voisins sont vos amis, du moins, ceux qui ne le sont pas se rendent par là suspects à tous les autres. [...] Il faut toujours se souvenir [...] de la vanité, de l'inutilité, du peu de durée des grands empires, et des ravages qu'ils causent en tombant » (p. 1008).

6) Propositions de réformes. Les « Tables de Chaulnes »

En 1711, à la mort du grand Dauphin, et alors que Louis XIV est très âgé et malade, il semble que le duc de Bourgogne, l'ancien élève de Fénelon, soit appelé de façon imminente à régner. Ce sera le triomphe de Mentor. Fébrilement mais méthodiquement (à en juger par l'aspect du manuscrit), Fénelon travaille avec le duc de Chevreuse dans un des châteaux de ce dernier, à Chaulnes (près de Cambrai). Tous deux mettent au point un véritable programme de gouvernement, portant sur la constitution même du royaume, son administration, son économie, sa défense et sa diplomatie.

Quelque paradoxe qu'il y ait à le dire, et malgré l'accent qui est mis sur le rôle social primordial de la noblesse, ce programme royal comporte des éléments d'inspiration largement démocratique et libérale, qui correspondent *grosso modo* à ce qui est mis en œuvre au même moment de l'autre côté de la Manche.

— *Diplomatie et défense*. On fera la paix et on s'efforcera de la rendre permanente. « Jamais de guerre générale contre l'Europe », ni contre l'Angleterre (« rien à démêler avec les Anglais »), ni contre la Hollande (« facilité de paix avec les Hollandais »), ni contre l'Allemagne (il sera facile d'être allié « avec la moitié de l'Empire »). On aura une armée régulière, bien organisée, qu'on paiera bien pour qu'elle ne se comporte pas mal avec les populations (p. 1087-1088).

— *Réduction des dépenses de la Cour et de l'État*. On diminuera les pensions et les appointements des gens de cour, on mettra un terme aux dépenses somptuaires en « bâtiments et jardins », « meubles, équipages, habits, tables » (d'ailleurs on fera des lois somptuaires et l'on

---

1. Cette ruine est décrite en termes éloquents dans le *Mémoire sur la situation déplorable de la France en 1710* (*Œuvres, op. cit.*, vol. 2, p. 1034-1044).

procédera à l' « exclusion de toutes les femmes inutiles »), on diminuera le train de la maison du roi. On apurera peu à peu la situation financière de ce dernier, en remboursant ses dettes et en diminuant ses dépenses. On réformera la fiscalité de manière à ce qu'elle ne nuise pas à l'économie (p. 1089).

— *Rétablissement d'une certaine « démocratie »*. On rétablira les États généraux. Ils se réuniront, de droit, tous les trois ans (écho du « triennal act » des révolutionnaires anglais). Ils seront libres de leurs délibérations (ils pourront les « continuer aussi longtemps qu'ils le jugeront nécessaire »), ils pourront traiter de tous les sujets politiques, « étendre leurs délibérations sur toutes les matières de justice, de police, de finance, de guerre, d'alliances et négociations de paix, d'agriculture, de commerce » (p. 1091). Ils seront composés de députés des trois ordres librement élus (sans « nulle recommandation du roi, qui se tournerait en ordre... nul député ne recevra un avancement du roi, avant trois ans après sa députation finie »).

Au-dessous des États généraux, il y aura des États provinciaux ; on supprimera donc les « pays d'élection » (administrés par les seuls délégués royaux) et on généralisera le système des « pays d'états », « affectionnés comme ceux de Languedoc, Bretagne, Bourgogne, Provence, Artois, etc. ». Ce seront ces assemblées locales qui établiront le rôle de l'impôt, car cet « ordre des états [est] toujours plus soulageant que celui des fermiers du roi ou traitants, sans l'inconvénient d'éterniser les impôts ruineux [et] de les rendre arbitraires ».

— *Le commerce*. On le libérera (tout en contrôlant la banque). Fénelon s'attaque au mercantilisme de Colbert. Il veut une liberté des échanges, notamment avec la Hollande et l'Angleterre, liberté dont il estime que la France a tout à gagner. Il veut surtout que les commerçants aient ce qu'on appellerait aujourd'hui une sécurité juridique suiffisante. Il faut

« que la règle [soit] constante et uniforme, pour ne vexer ni chicaner jamais les étrangers, pour leur faciliter achat à prix modéré, laisser aux Hollandais profit de leur austère frugalité et travail, du péril d'avoir peu de matelots dans leurs bâtiments, de leur bonne police dans le commerce, de l'abondance de leurs bâtiments pour le fret » (p. 1104).

On facilitera le prêt pour la création d'entreprise, en créant une « espèce de Mont-de-piété pour ceux qui voudront commercer, et qui n'ont de quoi avancer ».

— *Relations entre l'Église et l'État*. On séparera radicalement les puissances temporelle et spirituelle. Fénelon, qui, nous l'avons vu, a prêché contre les protestants, leur reconnaît du moins un mérite :

leurs Églises, ne pouvant compter en France sur l'appui du pouvoir séculier, se sont habituées à ne compter que sur elles-mêmes, elles ont nommé et déposé leurs pasteurs, leurs délégués aux synodes. Il faut « mettre l'Église en France dans le même état », qui est aussi celui des chrétiens chez le « Grand Turc », alors que Louis XIV, prétendument roi très chrétien, a asservi l'Église de France. La protection du prince doit « appuyer, faciliter, etc., non gêner et assujettir », il faut une « indépendance réciproque des deux puissances », dont nulle ne doit avoir prééminence sur l'autre.

En effet, chacune des deux puissances, dit Fénelon dans une forte formule, est « plus ancienne » que l'autre. La nature est plus ancienne que la Révélation, moyennant quoi le pouvoir temporel vient de la communauté des hommes et « reçoit librement » la foi ; mais la Création est plus ancienne que la nature, moyennant quoi le « culte du Créateur » passe avant celui des « institutions de lois humaines ». De sorte que la querelle des deux institutions ne peut être résolue par la prééminence de l'une sur l'autre ; elle ne peut l'être que dans le respect, par chacune, de la sphère propre de l'autre. Ainsi les Princes ne pourront-ils « rien sur les fonctions pastorales de décider foi, d'enseigner, administrer sacrements, faire pasteurs, excommunier », pas plus que les pasteurs ne pourront « contraindre pour la police temporelle ».

Dans cet esprit, Fénelon récuse absolument (sans la nommer) la théorie absolutiste du « droit divin » des rois. Les rois tiennent leur sceptre du sacre. La « religion chrétienne et catholique » est certes « moins ancienne que l'État », mais elle est « plus ancienne que [l'actuelle] race royale ». C'est la religion catholique qui a « reçu et autorisé » les dynasties françaises, celle de Pépin le Bref, celle d'Hugues Capet. D'ailleurs, les rois ont été sacrés du vivant de leur père jusqu'à saint Louis, preuve que l'hérédité seule ne suffisait pas, et il y a eu toujours « reste ou image d'élection ». Enfin, le pouvoir royal n'est pas absolu, à cause du « contrat ou serment dont la formule reste encore ». Moyennant quoi, pas plus qu'un pape hérétique ne peut rester pape, un roi qui n'est pas dans la communion du Siège romain ne peut rester roi. La puissance de l'Église sur le temporel est « absurde et pernicieuse » quand elle est « directe », mais, quand elle est « indirecte », elle est « évidente, quoique faillible ». L'Église ne peut déposer un roi, mais elle peut constater qu'un roi a manqué à ses serments : les sujets feront le reste. Inversement, l'État peut dépouiller l'Église de ses biens temporels ; elle se retrouverait alors dans la situation de l'Église primitive, avant Constantin.

Fénelon refuse donc le césaro-papisme louis-quatorzien qu'avait approuvé Bossuet. Le pouvoir spirituel doit rester autonome, soumis aux seules exigences de la vérité, et fournissant aux âmes l'outil de leur liberté face aux princes de ce monde. Certes, pour Fénelon, le pouvoir spirituel se confond plus ou moins avec l'Église romaine. La prétention de l'État à régenter l'esprit n'en est pas moins condamnée dans le principe.

§ 4
Les économistes : Boisguilbert, Vincent de Gournay, les Physiocrates, Turgot

Les idées économiques de *Boisguilbert,* de *Vincent de Gournay,* des *Physiocrates* et de *Turgot* constituent des arguments intellectuels de fond à l'encontre de l'économie administrée et en faveur de la suppression des ordres, privilèges et corporations de la vieille société médiévale. Cette libération du marché implique une régulation par une loi stable et sûre, ainsi qu'une véritable et totale égalité devant la loi. La naissance de la science économique a donc procuré un fondement nouveau, scientifique, et non plus seulement métaphysique comme chez les thomistes jésuites ou les juristes de l'école du droit de la nature et des gens, ou même les républicains anglais et américains, à la doctrine de la « liberté sous la loi ».

I — LA NAISSANCE DU LIBÉRALISME ÉCONOMIQUE AU TOURNANT DES XVIIe ET XVIIIe SIÈCLES

Bien que les idées de libre marché, d'établissement spontané des prix, de non-intervention de l'État en matière économique, soient formulées dès l'Antiquité[1] et le Moyen Âge[2], bien que la réflexion de l'École de Salamanque du XVIe siècle retrouve et accentue ces idées[3], on peut dire que c'est seulement dans la seconde moitié du XVIIe siècle qu'apparaît, avec Boisguilbert — donc bien avant Adam Smith ! — une doctrine économique proprement « libérale ».

---

1. Voir le chapitre sur Xénophon dans *HIPAMA,* en partic. p. 184-187.
2. Voir le chapitre sur saint Thomas, *HIPAMA,* en partic. p. 661-666.
3. Cf. *supra,* p. 191-192.

A / Boisguilbert[1]

Vie et œuvres

Né en 1646, mort en 1714, Pierre de Boisguilbert a fréquenté les Petites écoles de Port-Royal et a été influencé par le jansénisme, en particulier celui du moraliste et logicien Pierre Nicole (1625-1695) et du juriste Jean Domat (1625-1696). Il devient magistrat. Il est l'auteur de : *Détail de la France* (1695), *Dissertation de la nature des richesses, de l'argent et des tributs, Traité de la nature, culture, commerce et intérêts des grains, Factum de la France*. Il est bouleversé par la détresse économique et sociale du royaume lors de la seconde partie du règne de Louis XIV, mais échoue à persuader les contrôleurs généraux successifs (Pontchartrain de 1689 à 1699, Chamillart de 1699 à 1708, Desmaretz à partir de 1708) de faire les réformes nécessaires, notamment fiscales.

1) Le marché comme lien social

Boisguilbert a adopté le « pessimisme » augustinien qui est commun aux jansénistes et aux calvinistes. C'est de là que va sortir, par une curieuse alchimie, une des principales idées du libéralisme économique, *le marché comme lien social,* idée attribuée à tort à des auteurs postérieurs comme Bernard Mandeville ou Adam Smith et jugée par suite, non moins à tort, avoir été une invention anglo-saxonne.

Après la Chute, l'homme est condamné au travail, obligé de coexister avec autrui ; son amour-propre est confronté à l'amour-propre d'autrui en une lutte pour la vie. Nicole : « L'amour-propre des autres hommes s'oppose à tous les désirs du nôtre. » C'est donc la guerre hobbésienne, mais pensée d'un point de vue théologique. Comment échapper à la destruction de la société qu'elle paraît appeler inéluctablement ?

Réponse de Senault : la raison commandera aux passions. Réponse « augustinienne » de Nicole : la raison humaine est trop infirme après la Chute pour jouer complètement ce rôle ; heureusement, il en subsiste quelques parcelles qui suffisent à ce que l'homme utilise la raison pour mieux satisfaire ses passions. « Ce n'est pas la raison qui se sert des passions, mais les passions qui se servent de la raison pour arriver à leur fin » (cité par Faccarello, 1992, p. 162). Ce comportement est appelé par Nicole « amour-propre éclairé » ; il permet que la société, où il n'y a plus en réalité de charité, paraisse en avoir : « Il faut considérer que les hommes

---

1. D'après Gilbert Faccarello, *Aux origines de l'économie politique libérale : Pierre de Boisguilbert*, Éditions Anthropos, 1986 [nouvelle édition de ce livre, en anglais : Gilbert Faccarello, *The Foundations of* Laissez-faire. *The Economics of Pierre de Boisguilbert*, Londres et New York, Routledge, 1999] ; Gilbert Faccarello, « Les fondements de l'économie politique libérale : Pierre de Boisguilbert », *in* Alain Béraud et Gilbert Faccarello (dir.), *Nouvelle histoire de la pensée économique*, t. 1, 1992, La Découverte.

étant vides de charité par le dérèglement du péché, demeurent néanmoins pleins de besoins, et sont dépendants les uns des autres dans une infinité de choses. La cupidité a donc pris la place de la charité pour remplir ces besoins, et elle le fait d'une manière que l'on n'admire pas assez ; et où la charité commune ne peut arriver. On trouve, par exemple, presque partout en allant à la campagne, des gens qui sont prêts à servir ceux qui passent, et qui ont des logis tout préparés à les recevoir. On en dispose comme on veut. On leur commande ; et ils obéissent. [...] Qu'y aurait-il de plus admirable que ces personnes s'ils [sic] étaient animés de la charité ? C'est la cupidité qui les fait agir. » (Nicole, *De l'éducation d'un prince,* 1670, cité par Faccarello, p. 162). Mais Nicole, en augustinien « pessimiste », débouchait sur les mêmes conclusions absolutistes que les luthériens. C'est l' « ordre politique » seul qui reconstitue le lien social dissous par l'amour-propre, et c'est un ordre essentiellement autoritaire et inégalitaire : « Car comme l'état d'innocence [sc. avant la Chute] ne pouvait admettre d'inégalité, l'état du péché ne peut souffrir l'égalité. Chaque homme voudrait être le tyran de tous les autres : et comme il est impossible que chacun réussisse dans ce dessein, il faut, par nécessité, ou que la raison y apporte quelque ordre, ou que la force le fasse, et que les plus puissants devenant les maîtres, les faibles demeurent assujettis. La raison ne reconnaît pas seulement que cet assujettissement des hommes à d'autres hommes est inévitable, mais aussi qu'il est nécessaire et utile. » (Nicole, *De l'éducation d'un prince...,* cité par Faccarello, p. 162-163). L'égoïsme trouve bien son remède dans les activités de marché, mais par la médiation d'un ordre imposé « verticalement » sur des acteurs « assujettis ».

Boisguilbert, partant des mêmes prémisses, va déboucher sur des conceptions réellement libérales. Il va montrer que le marché, qui met en relation « horizontale » producteurs et consommateurs, est *par lui-même* un lien social.

Le concept clé est ici celui d'intérêt personnel. Tous les hommes, que ce soient ceux de la classe productive ou les « rentiers », et qu'ils soient producteurs ou consommateurs, sont poussés par leur amour-propre même à une attitude maximisatrice : « Chacun songe à se procurer son intérêt personnel au plus haut degré et avec le plus de facilité qu'il lui est possible » (cité par Faccarello, p. 163)[1]. Or, puisqu'il existe un système de communication – les prix – entre tous les agents, cette recherche aboutit à un équilibre : « Il faut que toutes choses et toutes les denrées soient continuellement dans un équilibre, et conservent un *prix de proportion* par rapport entre elles et aux frais qu'il a fallu faire pour les établir. » Ce « prix de proportion » est celui qui engendre, entre les particuliers qui procèdent aux transac-

---

1. Peut-être Boisguilbert a-t-il connu les discussions hollandaises et les écrits de Pieter de La Court sur l'ajustement mutuel des intérêts comme base de la paix et de la prospérité sociales. Mais les concepts économiques qu'il forge lui permettent de donner à cette idée une forme plus précise. Nous avons vu que des efforts similaires seront faits peu après en Angleterre, avec Mandeville et Hume.

tions, une « utilité réciproque » ou « profit partagé ». Mais cela suppose, comme « condition tacite », une totale liberté des échanges. Il faut en effet qu'il y ait égalité de l'offre et de la demande, donc que rien, ou du moins rien d'artificiel n'empêche une demande de trouver une offre, une offre de rencontrer une demande. Chacun, animé par son amour-propre, essaiera de vendre le plus cher possible, ou d'acheter, s'il le peut, « pour rien ». Encore faut-il qu'il trouve le partenaire pour lequel ce sera précisément son intérêt réciproque de procéder à l'échange à ce prix, et le sera pour les mêmes raisons symétriques. Il ne le peut que s'il n'y a pas d'entraves aux échanges, que si règne la libre concurrence. Cela se fait, on le voit, sans que l'homme ait besoin d'être « éclairé », sans présumer une portée trop grande de sa raison ; et ainsi « l'amour-propre, de force dissolvante qu'il était, devient une force agrégatrice s'il se trouve inséré dans un environnement économique de libre concurrence » (Faccarello).

Boisguilbert en tire la conclusion politique suivante : « Il n'est pas question [pour le pouvoir politique] d'*agir*, il est nécessaire seulement de *cesser d'agir* avec une très grande violence que l'on fait à la nature, qui tend toujours à la liberté et à la perfection » (cité par Faccarello, p. 165).

Boisguilbert cite les propos d'un négociant qui, à Colbert lui demandant ce qu'il fallait faire pour rétablir le commerce, répondait qu'il fallait seulement « que lui [Colbert] et ses semblables *ne s'en mêlassent point* ». C'est donc le « laissez faire, laissez passer ». À cette condition, on obtiendra un « état d'opulence », c'est-à-dire, en termes modernes, un optimum économique (que Boisguilbert appelle « harmonie »).

2) Les causes respectives de l' « harmonie » économique et des crises économiques. Les méfaits de la « classe oisive »

La proportion ou « harmonie » ainsi créée entre les intérêts est un véritable lien social, ou même le seul lien qui puisse rendre solidaire un ensemble aussi vaste et disparate que le « royaume de France » (en cela, Boisguilbert se démarque totalement de Nicole) : « Un royaume comme la France *est* un marché général de toutes sortes de denrées » (cité p. 167)[1]. Certes, il y a en France un État. Mais ce n'est pas l'État, en tant que tel, qui crée et maintient le lien social,

---

1. Faccarello remarque que Turgot, plus tard Walras feront la même réflexion au sujet du « monde » (et non plus seulement du « royaume de France »). Ils diront en effet que l'humanité ne constitue une société qu'au sens où il existe un marché mondial ; sinon, elle n'est faite que d'univers juxtaposés. La portée de cette thèse est mise en valeur par Hayek, cf. *Droit, Législation et Liberté, op. cit.*, t. 2, p. 135-137.

comme le croient les absolutistes. Son rôle est seulement de veiller au respect des règles de la concurrence. Il doit seulement, dit Bois-guilbert, « procurer de la protection et empêcher la violence ».

Corollaire : les entraves à la concurrence vont être autant de causes de *désordre*. D'abord, il existe une « classe oisive » qui n'est pas obligée de produire et de vendre des biens et des services, mais « ne fait que recevoir » : sa seule existence est une menace. Pour que cette classe ne nuise pas à l'harmonie, il faudrait, au minimum, qu'elle comprenne et admette les règles sur lesquelles celle-ci repose. Hélas, comme la logique du comportement des rentiers – parmi lesquels il faut compter le gouvernement lui-même – est complètement différente de celle du comportement des produc-teurs, il y a toutes les chances pour qu'ils prennent des décisions directement nuisibles à l'harmonie. C'est là l'origine des crises éco-nomiques.

D'abord le rentier thésaurise au lieu de remettre en circulation son argent ; ensuite, ignorant que la monnaie n'est qu'un médiateur des échanges, il croit qu'elle a de la valeur en elle-même. En ces deux sens, il enfreint les « conditions tacites » des échanges. Les rentiers agissent conformément aux règles de la « politesse », et non pas à celles du marché : leur seul souci est de vivre magnifi-quement, en se réglant sur les plus riches d'entre eux, et non pas de produire ; mais alors, il leur faut financer la magnificence. Ce souci gouverne seul leurs attitudes concernant la fiscalité ou la réglementation du commerce, et ils ont tous les moyens de peser sur les décisions. En réalité, producteurs et rentiers ont deux cultures différentes, comme s'ils vivaient dans deux pays sans relation entre eux, le « pays du peuple » et la « contrée polie ». Les seconds ne savent pas et ne comprennent pas ce que pensent et font les premiers[1]. Il y a, d'ailleurs, défaut de communication au sein même de la classe oisive où règnent, comme l'ont mon-tré tous les moralistes du Grand Siècle, hypocrisie et flatterie de courtisans. Comment, dans ces conditions, les dirigeants politiques et administratifs du règne de Louis XIV seraient-ils assez bien formés et informés pour prendre des décisions judicieuses en faveur de l' « opulence » ? Aussi n'en prennent-ils pas, et cela se paie par les pénuries tragiques que connaît la France du temps.

Boisguilbert, qui dit que les deux « pays » du peuple et des ren-tiers sont aussi éloignés, sur le plan de la communication, que la France et la Chine le sont sur le plan géographique, se proposera donc d'être l'ambassadeur du premier auprès des seconds. Il faut, pour le moins, que le roi soit conseillé par des membres de la classe productive, de préférence aux « grands », étrangers à la vie écono-mique. Il faut, d'autre part, que les parlements et les États généraux soient restaurés dans leurs droits. Boisguilbert justifie le recours à ces

---

1. C'est la situation exactement inverse de celle que décrivait Pieter de La Court pour la Hollande, où dirigeants et citoyens vivent dans le même monde et ont des intérêts et une culture communs, cf. *supra*, p. 245.

institutions « démocratiques » d'une manière singulièrement renouvelée par rapport aux thèses constitutionnalistes classiques. Il met en avant un argument d'*efficacité organisationnelle* : il s'agit de *favoriser information et communication,* il faut que la cour sache ce qu'on pense dans les autres milieux sociaux, au lieu de rester enfermée dans sa tour d'ivoire.

L'argument est donc épistémologique, et non plus moral : la démocratie n'est pas nécessaire pour brider les passions des gouvernants ou satisfaire celles des gouvernés. Ce qui fait sa valeur, c'est le pluralisme, la démultiplication de l'information qu'elle autorise. Ce que Boisguilbert pressent ici, c'est l'argumentation même en faveur de la démocratie qui sera développé par des penseurs libéraux bien postérieurs comme J. S. Mill ou Karl Popper.

3) *La nécessaire liberté du commerce des grains*

En quoi consistent plus précisément les désordres ou « crises » induits par l'action de l'État ? Les crises sont d'abord provoquées par une mauvaise fiscalité. À supposer que le roi ait besoin de plus d'argent que ce que lui rapporte son domaine[1], il devrait imposer le pays d'une manière qui ne l'empêche pas d'atteindre l'état d'opulence, donc qui ne vicie pas le « prix de proportion ». Il faudrait, en particulier, empêcher tout dérèglement du marché agricole.

Ce marché est premier dans la consommation, et c'est lui qui détermine pour l'essentiel les revenus de la classe oisive ; les perturbations qui le touchent se répercutent donc de proche en proche sur tout le système économique. Alors qu'on croit que les perturbations en matière agricole sont constituées par les fluctuations des récoltes, Boisguilbert montre que tout dépend de l'environnement réglementaire. Était déjà en place, de son temps, le système que combattront les Physiocrates et Turgot : les fermiers étaient obligés de vendre après un certain délai, les marchands devaient tout apporter au marché, et le commerce des grains entre provinces et avec l'étranger était étroitement réglementé. Dans ces conditions, que se passe-t-il s'il y a une mauvaise récolte ? Une simple rumeur de pénurie de grains suffit à provoquer une cascade d'effets : les acheteurs, prévoyant une hausse des prix, cherchent à constituer des stocks ; les vendeurs, qui attendent de pouvoir vendre plus cher, ne fournissent plus les marchés autant qu'auparavant. Cette rencontre d'une demande augmentée et d'une offre réduite multiplie les prix par des coefficients énormes (7 ou 10). Inversement, en cas de bonne récolte, le même mécanisme d'anticipation provoque un effondrement des prix et la ruine des cultivateurs.

---

1. Il devrait cependant s'en contenter ; Boisguilbert fait les mêmes préconisations que Bodin un siècle plus tôt (cf. *supra*, p. 90), ou qu'au même moment l'auteur des *Soupirs de la France esclave.*

Or, dans les deux cas, les crises s'auto-alimentent, parce que le blé n'est pas donné par la nature, mais, en grande partie, produit par le travail. Si une bonne récolte fait effondrer les profits du cultivateur, il abandonnera les moins bonnes terres et n'aura pas tout l'argent nécessaire pour cultiver correctement les bonnes ; donc la récolte suivante ne sera pas ce qu'elle aurait pu être techniquement ; donc il y aura, cette fois, hausse des prix et ruine des consommateurs. Vendeurs et acheteurs sont tour à tour ruinés, selon des cycles qui vont s'aggravant. La baisse des prix n'est pas plus favorable que leur montée : « Si l'une poignarde, l'autre empoisonne » (cité par Faccarello, p. 172)[1].

En revanche, en situation de liberté du commerce, les mêmes fluctuations naturelles ne provoquent nullement les mêmes cycles. En effet, s'il y a, par exemple, rumeur de mauvaise récolte en un lieu donné, le simple fait de savoir qu'on pourra se fournir ailleurs diminue pour les consommateurs la nécessité de se prémunir en faisant des stocks ; pour la même raison, les vendeurs sont dissuadés de constituer des stocks spéculatifs. Du coup, les prix fluctuent peu, restent des « prix de proportion », qui permettent de maintenir la production et donc d'empêcher des fluctuations ultérieures. Boisguilbert précise que cet effet stabilisateur est produit par les simples anticipations, donc par le simple fait qu'on *sache* que le commerce est libre, même en l'absence d'importations *réelles*. Il faut et il suffit qu'on ait ce qu'on appellerait aujourd'hui une sécurité juridique (et politique) quant au fait qu'on pourra importer.

Mais, pour comprendre comment les fluctuations agricoles vont se répercuter sur l'ensemble de l'économie, il faut tenir compte des autres types de marchés et, là encore, des réglementations, adéquates ou inadéquates. Ce qui va compliquer le problème, en particulier, c'est la *rigidité à la baisse* des prix des biens manufacturés et du travail. À la baisse de ses revenus d'origine agricole, le rentier réagit en dépensant moins. Il dépense moins et thésaurise, également, si, avant même que ses revenus aient effectivement baissé, il anticipe cette baisse (croyant aux prévisions pessimistes de ses fermiers, lesquels, de leur côté, ont intérêt à noircir la situation afin de diminuer les rentes qu'ils auront à verser). Dans tous les cas, il restreint ses dépenses, en commençant par les moins nécessaires, et il contribue, tout à la fois, à faire régresser quantitativement et à rendre plus fruste qualitativement l'activité économique, les métiers nou-

---

1. Boisguilbert énonce ainsi une thèse profonde : il n'y a pas de *mauvaises* récoltes, il n'y a que des récoltes *rendues* mauvaises par un mauvais système économique. La société n'est pas nature, mais culture. Elle n'est pas tributaire d'événements extérieurs auxquels on ne peut rien, c'est elle qui engendre ces événements qu'elle ne croit extérieurs à elle que par une illusion d'optique. Il est frappant que cette vision critique et cet anti-idéalisme précèdent Marx de quelque cent cinquante ans.

veaux que la croissance avait créés (luxe, spectacles...) tendant maintenant à disparaître. La réticence des rentiers à acheter est aggravée par la réticence des artisans à baisser leurs prix et celle des ouvriers à accepter une baisse de leurs salaires (comportement auquel les incitent les coalitions d'ouvriers) ; car en agissant ainsi, les premiers ne vendent rien, puis font faillite, de sorte que les prix s'effondrent ; et les seconds se condamnent au chômage. Finalement, tout le monde est ruiné et la crise se précipite. Boisguilbert conclut de tous ces raisonnements que la meilleure politique d'un État qui veut assurer le bien-être de sa population est de se borner à maintenir l'ordre par la police, la justice et la défense, sans réglementer l'économie elle-même[1].

Nous avons présenté plus haut les auteurs anglo-écossais de la « tradition de l'ordre spontané », qui sont tous postérieurs à Boisguilbert. On ne peut s'empêcher de noter que Boisguilbert a lui aussi clairement en vue, en filigrane des argumentations qu'on vient de présenter, le principe d'*auto-organisation du marché* ou *ordre spontané,* même si l'on ne peut affirmer qu'il dispose vraiment du concept, puisqu'il ne désigne pas d'un mot spécifique cette modalité d'organisation sociale. Admettons, cependant, qu'avec les mots d' « équilibre », « concurrence », « prix de proportion », « harmonie », il a pour ainsi dire le concept d'auto-organisation sur le bout de la langue, d'autant qu'il présente les règlements et interventions de l'État en ces matières comme des causes de *désordre.* C'est donc que, fût-ce sous la forme d'une esquisse encore incomplète, il raisonne d'ores et déjà dans le cadre du « paradigme » de l'ordre polycentrique, et non dans celui de l'ordre « naturel » ni de l'ordre « artificiel ». Il prépare le terrain intellectuel d'une véritable tradition libérale française, largement sous-estimée sinon méconnue, qui va s'épanouir au XVIIIᵉ siècle avec Vincent de Gournay, les Physiocrates et Turgot.

B / *Vincent de Gournay*[2]

On cite toujours, comme chef de l'école physiocratique, François Quesnay. Il fut précédé, cependant, de l'aveu même de Dupont

---

1. Boisguilbert admet toutefois qu'en certains cas exceptionnels, comme la guerre, où précisément le libre-échange ne peut prévaloir et où donc les anticipations des acteurs pourraient conduire à des crises, l'État est fondé à agir de manière à contrer les anticipations fâcheuses des acteurs, stocks de précaution ou stocks spéculatifs, en achetant ou en vendant lui-même des produits sensibles comme le blé. Mais l'exception confirme la règle. Le débat deviendra central au XVIIIᵉ siècle. Cf. Philippe Steiner, *Le débat sur la liberté du commerce des grains. 1750-1755,* avril 2002, travaux du Centre de recherche en philosophie économique de l'ESCP-EAP, disponible sur le site www.escp-eap.net/crephe.html.

2. D'après Antoin Murphy, « Richard Cantillon et le groupe de Vincent de Gournay », in *Nouvelle histoire de la pensée économique, op. cit.* ; et Jean-Pierre Poirier, *Turgot,* Perrin, 1999 ; cf. aussi Loïc Charles, *L'économie politique française et le politique dans la première moitié du XVIIIᵉ siècle,* avril 2002, travaux du Centre de recherche en philosophie économique de l'ESCP-EAP, disponible sur le site www.escp-eap.net/crephe.html.

de Nemours – l'un des principaux membres de la « secte » des « économistes » et le créateur des termes « physiocratie » et « physiocrates » – par Vincent de Gournay, animateur d'un groupe où le jeune Turgot fit ses classes. Or, si Quesnay est célèbre pour avoir privilégié l'agriculture par rapport à l'industrie, ce n'est pas le cas de Gournay, qui s'intéresse au « commerce » en général.

Vie et œuvres

Jacques Claude Marie Vincent (1712-1759), qui prendra le nom de Vincent de Gournay quand il aura acquis une terre portant ce nom, est originaire de Saint-Malo. Il appartient à une famille de riches armateurs. Il prend part aux affaires familiales en Espagne (il se rend dès l'âge de dix-sept ans à Cadix, principal port pour l'Amérique, pour gérer les affaires de son père ; il sera polyglotte). Il acquiert une grande culture économique, en lisant Locke, Joshua Gee, Charles Davenant, Josiah Child, Josiah Tucker. Il entre au service de Maurepas, alors ministre de la Marine, fait venir des métaux précieux d'Amérique latine en 1744, est chargé par Maurepas de diverses missions en Angleterre, en Hollande, en Allemagne et à Vienne. Il devient intendant du Commerce[1] en 1751. Il rassemble autour de lui de jeunes administrateurs comme Malesherbes, Turgot[2], Trudaine de Montigny, Morellet, Véron de Forbonnais, Plumard de Dangeul, qu'il convainc des méfaits du colbertisme et de l'interventionnisme ; il correspond avec des étrangers comme Beccaria, Hume ou Josiah Tucker.

Le groupe lit l'*Essai sur la nature du commerce en général* de Cantillon et le fait paraître en 1755, traduit des ouvrages étrangers, écrit des ouvrages sur les expériences étrangères[3]. Il contribue à faire connaître en France la pensée économique anglo-écossaise (Locke, Hume), mais aussi l'économie réelle et les pratiques commerciales d'outre-Manche. Il participe à l'Encyclopédie (art. « Commerce »[4] de Forbonnais ; articles de Turgot). Les travaux du groupe sont amplement commentés dans les journaux littéraires de l'époque : en ce sens, l'action de Gournay fut un succès.

---

1. Il y a plusieurs intendants du commerce qui se partagent le royaume en vastes circonscriptions.

2. Qui accompagne Gournay dans ses tournées provinciales pendant trois ans, de 1753 à 1756. Les deux hommes seront très proches.

3. Morellet traduit les œuvres économiques de Jonathan Swift ; Véron de Forbonnais celles de Geronimo Ustariz sur la décadence de l'Espagne, et *Le négociant anglais* de Gregory King ; l'abbé Le Blanc traduit les *Discours politiques* de Hume (1754) ; Gournay lui-même traduit les *Traités sur le commerce et sur les avantages qui résultent de la réduction de l'intérêt de l'argent* de Josiah Child, et le *Petit Traité sur l'usure* de Thomas Culperer (qui retient spécialement l'attention de Turgot), etc. (d'après Jean-Pierre Poirier, *Turgot, op. cit.*, p. 64-67).

4. C'est-à-dire, en fait, « économie », puisque, à l'entrée « Économie politique », Rousseau parlera de tout autre chose (cf. *infra*, p. 818-820).

C'est Gournay qui serait l'auteur de la fameuse formule « Laissez faire, laissez passer », emblématique du libéralisme économique[1]. Il est partisan de la liberté du commerce, tant à l'intérieur des frontières nationales, avec la suppression du contrôle sur la circulation et le stockage des grains, qu'à l'extérieur, avec la suppression des privilèges exclusifs, notamment celui de la Compagnie des Indes[2], et à l'exception du régime de préférence nationale appliqué aux Antilles. Il est partisan de la liberté de produire, laquelle implique la liberté du travail, la suppression des guildes et corporations, avec leur long temps d'apprentissage.

« Si un homme n'est pas capable, il sera écarté tout naturellement, par la concurrence, d'un travail qu'il ne peut faire » (cité par Murphy, p. 201).

Il est opposé à l'intervention directe dans l'économie, au subventionnement des activités non rentables :

« Les sommes employées à les soutenir malgré le cours naturel du commerce sont un impôt mis sur la nation en pure perte » (cité par Poirier, p. 63).

L'État ne doit pas assurer lui-même la satisfaction des besoins de chacun, ni chercher à prévenir la disette ; la liberté économique y pourvoira. L'État doit seulement assurer l'ordre public, à l'intérieur et à l'extérieur, et agencer les « ressorts » d'un système qui, dans l'ensemble, fonctionne spontanément.

Parmi ces ressorts sur lesquels l'administrateur agit, Gournay a pensé, au moins provisoirement, qu'il y avait la monnaie, et que, la thésaurisation nuisant à la demande, il revenait à l'État de contrecarrer ce phénomène en augmentant la quantité de monnaie disponible. Mais il semble s'être rendu compte que cet interventionnisme, même limité, était contradictoire avec le principe général de liberté économique.

---

1. Turgot écrira ceci à propos de son maître : « M. de Gournay, fils de négociant et ayant longtemps été négociant lui-même, avait reconnu que les fabriques et le commerce ne pouvaient fleurir que *par la liberté et la concurrence,* qui dégoûtent les entreprises inconsidérées et mènent aux spéculations raisonnables, qui préviennent les monopoles, qui restreignent à l'avantage du commerce les gains particuliers des commerçants, qui aiguisent l'industrie, simplifient les machines, qui diminuent les frais onéreux de transport et de magasinage, qui font baisser les taux des intérêts ; et d'où il arrive que les productions de la terre sont à la première main achetées le plus cher qu'il soit possible au profit des cultivateurs, et revendues en détail le meilleur marché qu'il soit possible au profit des consommateurs, pour leurs besoins et leur jouissance. Il en conclut qu'il ne fallait jamais rançonner ni réglementer le commerce. Il en tira cet axiome : "Laissez faire et laissez passer" » (cité par Poirier, p. 63).

2. Cf. *infra*, p. 453.

Dernière thèse, d'importance programmatique : si l'État adopte cette politique, il en résultera un véritable *progrès social* :

« Ce que [Vincent de Gournay] reprochait le plus aux principes qu'il attaquait, c'était de favoriser la partie riche et oisive de la société au préjudice de la partie pauvre et laborieuse » (Turgot, cité par Poirier, p. 64).

Turgot retiendra la leçon.

II — LES PHYSIOCRATES[1]

Au-delà de Gournay et de son groupe, il y a de nombreuses publications sur le « commerce » dans la décennie 1750. Un intérêt nouveau pour l'agriculture se fait jour, tant du point de vue économique que technique. L'agitation des parlements favorise indirectement le débat. Un théoricien original se fait alors connaître, *François Quesnay*.

Vie et œuvres

Né en 1694, mort en 1774, Quesnay est médecin (il sera médecin du roi en 1749). À partir des années 1750, il s'intéresse aux questions sociales et rédige divers articles pour l'*Encyclopédie* : « Fermiers », « Grains », « Impôts », « Hommes » (démographie), fortement liés entre eux, et finissant par constituer un système qui va être exposé dans le *Tableau économique* (1758). Quesnay a très vite des disciples : d'abord Victor Riqueti, marquis de Mirabeau (père du Mirabeau révolutionnaire), qui était déjà connu comme l'auteur de *L'Ami des hommes* ; puis Dupont de Nemours, Abeille, Le Trosne, Guérineau de Saint-Péravy, Le Mercier de La Rivière, l'abbé Nicolas Baudeau. La nouvelle école publie *La Théorie de l'impôt* (1760), *La Philosophie rurale* (1764). Les *Éphémérides du citoyen* de l'abbé Baudeau deviennent en 1767 l'organe officiel de l'école, qui désormais s'appelle « Physiocratie »[2], et cristallise ses positions en polémiquant avec des « présocialistes » comme Graslin ou Mably[3].

---

1. D'après Philippe Steiner, « L'économie politique du royaume agricole. François Quesnay », in *Nouvelle histoire de la pensée économique, op. cit.* ; François Quesnay, *Physiocratie, Droit naturel, Tableau économique et autres textes,* édition établie par Jean Cartelier, Garnier-Flammarion, 1991.

2. On appelle aussi ses membres les « économistes », et l'on qualifie volontiers le groupe, à mesure que la doctrine se cristallise et parfois se durcit, de « secte ».

3. Sur ces auteurs, cf. *infra*, p. 798 et 796-797.

1) *Ordre naturel, propriété*

Quesnay pense que la « raison éclairée », capable de se débarrasser des « préjugés », peut connaître l'ordre naturel. Or cet ordre veut que l'homme soit propriétaire. L'État aura donc pour mission de protéger la propriété. Quesnay retrouve Locke :

« Que la propriété des biens-fonds et les richesses mobilières soit assurée à ceux qui en sont les possesseurs légitimes ; car la sûreté de la propriété est le fondement essentiel de l'ordre économique de la société » (cité par Steiner, *op. cit*, p. 230).

On a parlé de « despotisme légal » pour désigner cette thèse des Physiocrates selon laquelle l'État a pour rôle de faire respecter l'ordre naturel : l'expression est, comme on le voit, fort inappropriée, puisque ce « despote », bien loin d'agir positivement, doit connaître et « laisser être » l'ordre naturel. Sa tâche

« exige beaucoup d'attention et de discernement, et fort peu d'*action* ou de *procédés* » (cité par Steiner, p. 230).

2) *L'agriculture et le « produit net »*

Quesnay distingue *petite culture* (avec les bœufs) et *grande culture* (avec les chevaux). Seule la seconde est réellement productive. Le fermier y est « un entrepreneur qui gouverne et fait valoir son entreprise par son intelligence et par ses richesses ». Il avance un capital ; il est libre de ses choix techniques et commerciaux. Il emploie des salariés. Il commercialise sa production, ce qui fait que sa situation dépend essentiellement du marché. La thèse fondamentale est alors que *seule l'agriculture est réellement productive*.

La raison en est que la production agricole est « génération », alors que la production artisanale est seulement « transformation ». La valeur d'un bien manufacturé est égale à la somme de la valeur des matières premières et de celle des biens consommés par l'artisan qui le fabrique ; et la concurrence oblige les artisans à offrir leurs produits au prix qu'a coûté leur production, et rien de plus. Donc il n'y a pas de « produit net ». Il n'y a un tel produit que dans l'agriculture, parce que la terre crée plus de valeur que son travail n'en dépense, et que la demande de biens agricoles est toujours supérieure à l'offre, ce qui empêche les prix de vente de s'aligner sur les prix de production. L'agriculture a donc un statut à la fois distinct et privilégié dans l'économie.

3) *Les trois classes*

Il y a en fait, dans celle-ci, trois grandes classes : la *classe productive* (fermiers et commerçants de première main, car c'est seulement par

ces derniers que les productions des agriculteurs acquièrent véritablement leur valeur), la *classe stérile* (les artisans), ainsi appelée parce
qu'elle ne fait que transformer des richesses, enfin, la *classe des propriétaires* (propriétaires fonciers, clergé, gouvernement), qui aura du
moins un rôle dans la circulation des richesses.

Quel est l'impact des prix agricoles et de leurs variations sur le
produit net ? Les variations sont évidemment liées aux bonnes et aux
mauvaises récoltes. Mais Quesnay, comme Boisguilbert, observe que
les variations des prix sont plus que proportionnelles aux variations
des quantités, ensuite que le fermier perd lors des bonnes récoltes et
gagne en revanche lors des mauvaises récoltes. En effet, bien que
dans tous les cas il dégage un produit net (le prix de la production est
supérieur à son coût, c'est-à-dire aux frais investis), ce n'est que si les
prix sont élevés qu'il peut payer, en outre, la rente fixe et l'impôt.
Conclusion paradoxale : le fermier a intérêt... à faire de mauvaises
récoltes. Son intérêt est contraire à celui des consommateurs, également à celui des propriétaires (car leur revenu, qui est fixe, a un
pouvoir d'achat inférieur quand le prix du blé monte).

On voit que le fond du problème est l'extrême disproportion
existant entre la variation des quantités, qui est due aux accidents climatiques auxquels on ne peut rien, et la variation des prix qui la suit.
Si les deux étaient proportionnelles, les effets pervers identifiés
ci-dessus n'auraient pas lieu. Or cette disproportion est entièrement
artificielle et évitable : elle est due à la politique économique antilibérale du gouvernement. En effet, si le commerce est enfermé au niveau
local, les prix sont tributaires de la production locale et de ses variations, alors que, s'il y avait un commerce interrégional et international
des grains, les prix tendraient à s'aligner (car, s'il y a mauvaise récolte
quelque part, il y aura forcément une autre région du monde où il y
aura de bonnes récoltes). Quesnay pense donc qu'en régime de liberté
du commerce le prix pourrait être stable autour de ce qu'il appelle le
« bon prix ». À ce prix, le fermier aura toujours un profit, donc il sera
incité à produire plus et, pour cela, à améliorer sans cesse les méthodes
de culture, ce qui sera profitable pour toute la nation.

4) *Les réformes proposées*

Actuellement prévaut en économie une situation de *désordre*.
Étant donné les contraintes pesant sur l'agriculture, l'impossibilité
d'y obtenir des profits suffisants, les paysans fuient la campagne et
vont dans le commerce où, de ce fait, les capitaux surabondent. Il
faut donc faire des réformes telles que l'intérêt même des agriculteurs soit de revenir à l'agriculture. Ces réformes permettraient de

quitter l'état actuel de l'économie, qui est insatisfaisant, pour arriver à un « état d'abondance » :

« Si les règles [concernant l'impôt] étaient constamment et exactement observées, si le commerce des grains était libre, si la milice épargnait les enfants des fermiers, si les corvées étaient abolies, grand nombre de propriétaires taillables, réfugiés dans les villes sans occupation, retourneraient dans les campagnes faire valoir paisiblement leurs biens et participer aux profits de l'agriculture. C'est par ces habitants aisés qui quitteraient les villes avec succès, que la campagne se repeuplerait de cultivateurs en état de rétablir la culture des terres. [...] L'intérêt fait chercher les établissements honnêtes et lucratifs. Il n'y en a point où le gain soit plus certain et plus irréprochable que dans l'agriculture, si elle était protégée : ainsi elle serait bientôt rétablie par des hommes en état d'y porter les richesses qu'elle exige. » « Les fonds manquent dans les campagnes parce qu'on les a attirés dans les grandes villes. Le gouvernement, qui fait mouvoir les ressorts de la société, qui dispose de l'ordre général, peut trouver les expédients convenables et intéressants pour les faire retourner d'eux-mêmes à l'agriculture où ils seraient plus profitables aux particuliers, et beaucoup plus avantageux à l'État »[1] (textes cités par Steiner, p. 237-238).

Il faut, en outre, tout en laissant libre le taux d'intérêt pour les opérations entre particuliers, fixer un taux plafond pour la rente d'État qui ne soit pas supérieur au taux de la rente foncière, afin de ne pas détourner au profit de l'État les capitaux susceptibles de se diriger vers l'agriculture.

5) *L'impôt unique*

L'analyse de Quesnay se poursuit par la mise au point (en plusieurs versions successives) du « Tableau économique », une des premières approches « macro-économiques » qui aient été faites (il s'agit de comprendre les flux économiques permanents entre les diverses catégories d'agents). Nous évoquerons un des aspects de cette analyse qui a une incidence politique directe. Étant donné que, pour Quesnay, seule l'agriculture dégage un « produit net », il convient que les seuls propriétaires fonciers – qui, d'après le *Tableau,* sont et demeurent seuls détenteurs d'un produit net – soient imposés. En effet, l'impôt pesant sur les autres activités, en particulier s'il est indirect, empêchera les contribuables de payer intégralement leurs coûts – matières premières, investissements, salaires, consommation de l'artisan... – et entravera donc la repro-

---

1. Il s'agit donc bien d'une intervention de l'État, mais diamétralement opposée au dirigisme : c'est une intervention régulatrice qui n'agit pas *dans* le jeu, mais au niveau des *règles du jeu,* et qui vise à ce que le jeu puisse *se jouer de lui-même.*

duction normale de ces activités. C'est seulement sur les propriétaires fonciers qu'il n'aura pas cet effet : pour eux, l'impôt se déduira simplement du produit net. La conséquence politique est très importante et « révolutionnaire », puisque la plupart des propriétaires fonciers sont justement, sous l'Ancien Régime, dégrevés d'impôts. D'autre part, la condamnation des impôts indirects, qui empêchent la reproduction à l'identique des activités et enrichissent la classe des financiers à qui la perception de ces impôts est affermée, remet sévèrement en cause, elle aussi, la structure de la société d'Ancien Régime[1].

6) *Le rôle de la Physiocratie dans l'émergence d'une pensée libérale en France*

Ainsi, à bien des égards, les Physiocrates, dans la ligne de Boisguilbert et de Vincent de Gournay, préparaient la prise de conscience, par les élites françaises, des structures et des modes de fonctionnement de l'économie moderne, ainsi que de ses liens nécessaires avec une société de « liberté sous la loi ». L'influence des Physiocrates fut très grande dans les deux décennies 1750-1770, et resta vivante jusqu'à l'époque révolutionnaire. Elle explique sans doute un certain nombre de mesures libérales prises par l'Assemblée constituante, dont de nombreux membres avaient été formés ou influencés par l'école. Ces mesures furent rapportées ensuite lors du déchaînement du jacobinisme, mais leur esprit se retrouve dans la période napoléonienne, et surtout sous la Restauration et la monarchie de Juillet.

1. On peut faire la remarque suivante aux sujet de ces projets réformateurs de Quesnay. Quesnay veut que le gouvernement *fasse des réformes* qui aboutissent à mettre (enfin) en ordre de marche l'ordre *naturel*... Il ne croit donc pas que l'économie de marché soit un ordre automatique : elle suppose certaines institutions, qu'il faut délibérément mettre en place. Nous retrouvons sur cet exemple le problème que nous avions déjà signalé à propos de Smith. Étant donné que les premiers libéraux eux-mêmes, faute de disposer des concepts vraiment adéquats comme « ordre spontané » et « auto-organisation », emploient le vieux vocabulaire de la « nature » et de l' « ordre naturel », les adversaires du libéralisme (ou ceux qui ne comprennent pas sa logique) ont cru pouvoir valablement conclure que les libéraux étaient hostiles à toute intervention humaine dans l'économie et étaient partisans du retour à quelque « loi de la jungle ». C'est évidemment faux. Les théoriciens libéraux ont montré que la liberté économique n'était féconde que *dans un certain cadre de règles d'échange*. Ce contexte institutionnel et juridique n'est certes pas naturel, il doit être, au moins en partie, construit. Il l'a été par l'Histoire, d'abord par la coutume, puis, à certaines étapes essentielles, lorsque son *modus operandi* a été intellectuellement élucidé par les sciences politique et économique, délibérément perfectionné et généralisé (droit commercial, droit des sociétés, accords de libre-échange...).

Il est vrai que, des deux facettes de la pensée physiocratique, l'intérêt exclusif porté à l'agriculture, et les thèses libérales, la première est devenu rapidement obsolète (et a servi aux adversaires à ridiculiser l'École). Mais elle ne doit pas faire oublier la seconde, que devait de nouveau mettre en relief un disciple très indépendant, Turgot.

III — TURGOT[1]

Turgot est l'une des figures les plus remarquables du siècle des Lumières. Il est, d'abord, un des grands économistes théoriciens de ce siècle ; d'autre part, « Premier ministre » de Louis XVI pendant deux brèves années, il a appliqué un programme libéral qui avait été médité au long d'une vie consacrée à l'étude et qui incarne en partie les espoirs des « philosophes ».

Vie

Turgot naît en 1727, d'une famille de petite noblesse de robe. Son père sera prévôt des marchands de Paris. Cadet, il est destiné à entrer dans les ordres. Il fait des études brillantes au séminaire de Saint-Sulpice puis à la Sorbonne, avec un petit groupe d'étudiants dont beaucoup joueront un rôle important au long du siècle. Finalement, il renonce à la prêtrise et devient magistrat. Il fait partie des jeunes administrateurs qui entourent l'intendant du Commerce, Vincent de Gournay (cf. *supra*). Dans les conflits du pouvoir royal avec le Parlement, Turgot se range du côté de l'administration, ce qui lui vaut une rancune tenace des milieux parlementaires. En 1755, il traduit et annote, à la demande de Gournay, les *Questions importantes sur le commerce à l'occasion des oppositions au dernier* bill *de naturalisation des protestants étrangers* de Josiah Tucker. Il écrit les articles « Étymologie », « Existence », « Expansibilité », « Foire », « Fondation » de l'Encyclopédie, et en aurait écrit d'autres si l'entreprise n'avait pas été censurée. Il fréquente le fameux « entresol » de Quesnay à Versailles, où se discutent les questions économiques.

En 1761, Turgot est nommé Intendant du Limousin, une des généralités les plus pauvres du pays. Il occupe ce poste pendant treize ans. Il y accomplit une œuvre administrative considérable (réformes fiscales, suppression des corvées, développement de l'agriculture et de l'industrie...), mais il a aussi suffisamment

---

1. D'après Jean-Pierre Poirier, *Turgot*, Librairie académique Perrin, 1999 ; Gilbert Faccarello, « Turgot et l'économie politique sensualiste », in *Nouvelle histoire de la pensée économique, op. cit.* ; Condorcet, *Vie de Monsieur Turgot*, Association pour la diffusion de l'économie politique (ADEP), 1997. Un choix significatif de textes de Turgot est disponible dans Turgot, *Formation et distribution des richesses,* textes choisis et présentés par Joël-Thomas Ravix et Paul-Marie Romani, Garnier-Flammarion, 1997 ; *Turgot,* anthologie réalisée par Alain Laurent, Belles-Lettres, 1998.

de loisirs pour y continuer ses recherches et écrire l'essentiel de son œuvre de théorie économique.

En 1771 a lieu la grande crise des parlements : le Parlement de Paris est exilé et le « triumvirat » Terray, Maupeou, d'Aiguillon se met en place. Mais en 1774, Louis XVI succède à son grand-père et décide de changer le ministère : après bien des hésitations, il nomme Turgot ministre de la Marine puis Contrôleur général (« Premier ministre »). Ce ministère dure d'août 1774 à mai 1776. Turgot prend de grandes mesures : rétablissement de la liberté du commerce des grains, même à Paris, abolition des corvées, suppression des corporations... Après sa disgrâce, Turgot reprend ses travaux scientifiques. Il meurt en 1781, à l'âge de 54 ans.

Œuvres

La grande œuvre économique de Turgot est le traité *Formation et distribution des richesses* de 1766, publié dans les *Éphémérides du citoyen* en 1769. On doit citer aussi, au milieu d'une œuvre assez importante quantitativement mais qui ne contient pas d'autre traité complet, les *Observations sur les mémoires récompensés par la Société d'agriculture de Limoges* [Guérineau de Saint-Péravy, Graslin] de 1767, le projet d'article de 1769 sur les *Valeurs et Monnaies,* les *Lettres au Contrôleur général* [Terray] *sur le Commerce des grains* (1770)[1].

1) *La pensée économique de Turgot*

Gilbert Faccarello rappelle que Turgot a lui-même nié avoir fait œuvre théorique originale sur la question de la liberté du commerce des grains. Il a adhéré aux idées en la matière de Boisguilbert, de Vincent de Gournay et des Physiocrates, qu'il a simplement reformulées avec quelques nuances. En revanche, il aura vraiment été créateur sur trois points extrêmement importants de théorie économique : la *théorie du capital,* la *théorie de la valeur,* la *théorie de l'intérêt.*

a) *La théorie du capital*

On présente souvent Turgot comme un quasi-physiocrate, qui aurait simplement mis l'accent plus que ses amis sur le rôle de l'industrie (il refuse, de fait, pour parler de cette dernière, le vocable de classe « stérile » et préfère parler de classe « stipendiée » ou « industrieuse »). La réalité est qu'il généralise les idées physiocratiques jusqu'à opérer une vraie et fondamentale mutation conceptuelle. Les Physiocrates avaient parlé des « avances » faites chaque année par la classe des propriétaires, et montré que ces « avances »

---

1. Tous ces textes sont disponibles dans l'édition Garnier-Flammarion citée dans la note précédente.

seules rendaient possible le fonctionnement du système économique. Turgot construit le concept plus abstrait et plus général de
« capital ».

Il est faux que seule l'agriculture produise un revenu disponible, un produit
net ; en fait, on peut s'enrichir dans l'industrie, dans le prêt d'argent, etc.[1]. Ce
qu'on accumule alors, c'est une réserve de valeur, un « capital », qui peut ensuite
s'investir dans la terre, ou dans de nouveaux équipements industriels, ou être
prêté contre intérêt. La terre n'est donc pas la seule forme de capital. « Quiconque
[...] reçoit chaque année plus de valeurs qu'il n'a besoin d'en dépenser peut
mettre en réserve ce superflu et l'accumuler : ces valeurs accumulées sont ce
qu'on appelle un "capital" »[2] (cité par Faccarello, p. 263).

Le concept de « capital », plus abstrait que celui d' « avance », permet de
mieux comprendre la circulation de l'argent et le principe même d'une économie de marché : la *rente* du propriétaire foncier, le *profit* du capitaliste industriel, l'*intérêt* du prêteur ne sont que différentes formes de revenus du capital.
Or, *si la liberté économique existe, ces formes pourront se convertir l'une dans l'autre,* et
cela ira dans le sens d'une augmentation de la richesse générale. En effet, quand
les capitaux s'accumulent et peuvent se transformer en liquidités, cela fait nécessairement baisser le loyer de l'argent, cela favorise donc les investissements (à
condition, naturellement, que les capitalistes puissent escompter un profit plus
grand que la simple rente qu'ils auraient eue s'ils avaient acheté des
biens-fonds).

Or les investissements sont *productifs* parce que, en chaque genre
de production, à commencer par l'agriculture, on peut, en immobi-
lisant un capital, mettre en œuvre des techniques plus efficaces. Une
même terre, cultivée avec 1, 2, 3, *n* unités de capital, donnera des
quantités croissantes de produits (preuve, une fois encore, que la
productivité n'est pas naturelle, liée uniquement à la terre, mais
œuvre de l'industrie humaine). Certes, ce rendement n'est pas proportionnel. Turgot est même le premier économiste à avoir formulé
une « loi des rendements non proportionnels ». Cependant, à supposer qu'il existe des limites (par exemple, pour la fécondité d'une
terre donnée), elles sont loin d'être actuellement atteintes en

---

1. On le fait par l'épargne, possible même pour les travailleurs de la classe laborieuse,
dont les revenus ne s'ajustent pas exactement à leurs dépenses de subsistance. Turgot
remarque que, bien que les propriétaires fonciers aient en général plus de revenus, ils
épargnent paradoxalement moins, parce qu' « ayant plus de loisir, ils ont plus de désirs » et
dépensent plus ; alors que le travailleur industrieux qui a des revenus n'a pas le temps de
les dépenser, il les épargne et les réinvestit. Turgot, en cette France catholique, comprend
la nature et l'intérêt de cet « ascétisme » capitaliste dont on a trop cru, à la suite de Max
Weber, qu'il était propre aux pays calvinistes.

2. Deux disciples de Turgot, Condorcet et surtout Rœderer, étendront ensuite le
concept de capital au « capital humain » : la formation qu'on peut acquérir dans un métier
constitue un « investissement » qui aura titre à demander ensuite une rémunération spécifique, laquelle constituera une partie des salaires ou honoraires perçus dans le métier en
question (Faccarello, p. 269).

France ; l'idée de Turgot est qu'il existe dans l'agriculture et l'industrie françaises des réserves quasi infinies de productivité. Ces réserves actuellement dormantes, les capitaux investis les réveilleront. Or, ce faisant, le capitalisme *augmentera la richesse générale, donc le sort des plus pauvres*. Voilà pourquoi les modifications juridiques et réglementaires que Turgot prône ont une raison d'être essentiellement *morale* – et il se désolera qu'elles ne soient pas comprises, par exemple lors de la « guerre des farines », par les populations encore ignorantes, non éclairées, et en outre cyniquement trompées et manipulées par ceux qui ont intérêt au maintien des monopoles[1].

b) *La théorie de la valeur*

Par ce qui précède, Turgot anticipe manifestement les idées d'Adam Smith et des économistes dits classiques. Mais il est remarquable qu'il ait également anticipé les néo-classiques par sa *théorie de la valeur*. Alors que, de Smith à Ricardo et à Marx s'impose la théorie de la valeur-travail, Turgot (qui sera suivi aussi sur ce point par ses disciples, Condorcet et Rœderer) développe une théorie « subjective » de la valeur. Dès 1754, il écrit :

« Commercer, c'est échanger, c'est donner ce qu'on a pour ce qu'on n'a pas. La propriété, d'une part, le désir, de l'autre, voilà les deux éléments du commerce. [...] La propriété de part et d'autre est la base de l'échange ; sans elle, il ne peut y en avoir ; le désir de part et d'autre est le motif de l'échange, et c'est de la comparaison des désirs réciproques que naît l'évaluation ou l'appréciation des choses échangées, car le prix d'une chose, le motif qui engage le possesseur à s'en défaire [...] ne peut être qu'un avantage équivalent ; et il ne juge que cet avantage est équivalent que par le désir qu'il peut en avoir » (cité par Faccarello, p. 269).

Le prix va donc se déterminer en fonction de l'offre et de la demande. L'intensité de la demande dépend de l'utilité de la chose, laquelle à son tour comporte plusieurs paramètres, les qualités intrinsèques de la chose, certes, mais aussi sa rareté et l'anticipation qu'on fait de la difficulté qu'on aura à se la procurer. Or cette évaluation est complexe et différente pour chacun : Turgot voit bien qu'il n'y a pas de mesure commune qui permettrait de fixer une valeur « objective » :

« Il est impossible d'exprimer *la valeur en elle-même* ; et tout ce que peut énoncer à cet égard le langage humain, c'est que la valeur d'une chose égale la valeur d'une autre. L'intérêt apprécié ou plutôt senti par deux hommes, établit

---

1. On appelle « guerre des farines » les émeutes qui eurent lieu sous le ministère de Turgot à la suite de la libéralisation du commerce des grains.

cette équation dans chaque cas particulier, sans qu'on ait jamais pensé à sommer les facultés de l'homme pour en comparer le total à chaque objet de besoin » (cité par Faccarello, p. 274).

L'échange se fera si chacun préfère donner ce qu'il a que de ne pas acquérir ce qu'a autrui ; ce qui implique que, sur une *même* chose, chaque partenaire de l'échange ait une évaluation *différente*. Loin que la coopération économique puisse reposer sur un quelconque consensus, le consensus la rendrait impossible ; il y a un pluralisme immanent à l'échange. Et après l'échange, les deux partenaires seront plus « riches », plus pourvus de valeur qu'avant (bien que rien n'ait été changé ni ajouté objectivement à l'état du monde). Le prix auquel se fait l'échange dépend donc « uniquement de l'opinion des deux contractants sur le degré d'utilité des choses échangées pour la satisfaction de leurs désirs et de leurs besoins » (cité p. 275), et il se fixe comme étant la situation où « pour chacun des contractants, la valeur estimative de la chose donnée est plus faible que celle de la chose reçue » et où « cette différence est précisément égale de chaque côté », c'est-à-dire où il y a, de part et d'autre, *égalité de la « satisfaction »*.

« Car, si elle n'était pas égale, l'un des deux désirerait moins l'échange et forcerait l'autre à se rapprocher de son prix par une offre plus forte » (*Formation et distribution des richesses*, cité par Faccarello, p. 275)[1].

De là résultent les *prix,* non pas, d'ailleurs, de la seule confrontation entre un offreur et un demandeur individuels, mais de la confrontation entre la collectivité des offreurs et la collectivité des demandeurs de chaque bien.

---

1. D'apparence philosophique, cette discussion n'en a pas moins un enjeu politique capital. Si le prix n'est pas connaissable objectivement, indépendamment des désirs, besoins, projets, arbitrages des contractants, il ne saurait y avoir de fixation administrative des prix. S'il y en a une, elle sera nécessairement arbitraire et nuira à l'équilibre économique. La liberté des contrats et du commerce n'est pas une revendication indue, elle est justifiée par la nature des choses. Incidemment, cela prouve aussi, un siècle à l'avance, l'absurdité de la théorie marxienne de l'exploitation, qui pourra faire fonds en partie sur la théorie smithienne et ricardienne de la valeur-travail : s'il n'y a pas d'étalon travail de la valeur, il ne saurait y avoir de « plus-value », différence entre la valeur-travail cédée à l'employeur et le salaire versé par lui à l'ouvrier. Il y a seulement une faible valeur du travail de certains hommes pour certains autres, dans un état donné de l'économie ; mais si employeurs et employés sont parvenus à fixer un prix du travail par une libre négociation, sans qu'aucun des deux soit contraint par quelque réglement, et si tous deux ont pris librement leur décision, c'est donc bien qu'il y avait « égalité de satisfaction » de part et d'autre, et ce quand bien même les revenus de l'employeur et de l'employé seraient fort inégaux. On comprend que, dans certaines situations de l'économie où il y a abondance d'offre de travail et rareté de la demande, un travailleur accepte un salaire très faible : c'est qu'il préfère toucher un faible revenu que de mourir de faim, il est donc aussi « satisfait » de l'échange que l'est son riche employeur.

452 LA TRADITION DÉMOCRATIQUE ET LIBÉRALE

Comme on ne peut offrir durablement quelque chose à un prix inférieur aux coûts de production, il y aura un prix plancher que Turgot appelle « prix fondamental » (ce qu'on appellerait aujourd'hui prix de longue période)[1]. Les prix « courants » peuvent différer de ce prix fondamental, en étant soit moins élevés (mais cette situation est par définition, redisons-le, non durable) soit plus élevés, mais dans ce cas ils tendent toujours à se rapprocher du prix fondamental et donc à baisser s'il y a concurrence (car si les prix de marché sont supérieurs aux coûts de production, de nouveaux producteurs auront intérêt à offrir le bien). La concurrence a ainsi pour effet de faire baisser les prix, et, de ce point de vue encore, si Turgot milite pour la liberté économique, c'est qu'il a en vue l'intérêt général, l'enrichissement de la nation et l'amélioration de la situation des plus pauvres.

c) La théorie de l'intérêt

Enfin, Turgot a contribué à donner une solution générale et définitive à la fameuse question du prêt à intérêt.

Le prêt à intérêt était traditionnellement condamné par l'Église[2], et cette condamnation, encore en vigueur au XVIIIe siècle, même si elle ne gênait plus trop en pratique (parce qu'on voyait bien que le prêt d'argent n'était plus en général un « prêt de consommation » comme dans l'Antiquité, mais permettait à l'emprunteur de gagner de l'argent alors même qu'il payait un intérêt), embarrassait toujours les théoriciens.

Turgot montre que l'intérêt est seulement l'une des formes des revenus du capital. Le crédit sert donc la production, et « quel homme raisonnable et religieux à la fois peut supposer que la divinité ait interdit une chose absolument nécessaire à la prospérité des sociétés ? » (cité par Faccarello, p. 278). Le tout est que la transaction ait été accomplie de manière libre et conformément à l'intérêt réciproque des parties, comme tout échange. Quand j'emprunte de l'argent, je n'emprunte pas seulement une quantité de métal que je devrai rendre à l'identique, j'emprunte une valeur, un flux d'utilité ; si j'estime que ce flux me sera plus utile, pendant la durée du prêt, que ne me le sera, à terme, le principal et l'intérêt que je devrai payer, libre à moi d'accepter la transaction ; et de même, le prêteur ne se dessaisira de son capital, qu'il aurait pu investir en terres ou en industrie, auquel cas il aurait eu une rente ou un profit, que s'il peut

---

1. Ce prix, toutefois, n'est pas le prix « naturel » de Smith et de Ricardo, grandeur « intrinsèque » qui dépendrait du travail qui a été incorporé dans la chose et qui pourrait se mesurer objectivement ; c'est un prix social, qui dépend de la structure objective de l'offre et de la demande.

2. Cf. *HIPAMA,* p. 617 et 663-664.

escompter un intérêt supérieur à ceux-ci. Turgot, là encore, fait preuve de la puissance d'abstraction nécessaire pour ramener au commun dénominateur de l'échange mutuellement profitable et du contrat entre deux propriétaires libres d'utiliser leur bien à leur gré, la pratique jusque-là étrange, opaque et symboliquement chargée de l' « usure ». Par le fait même, il a les idées plus claires que la plupart de ses collègues ministres pour procéder aux grandes réformes qu'il juge nécessaires en matière financière et bancaire.

2) *Le programme du ministère Turgot*

Turgot n'a certes pas formulé son programme politique, comme on le fait aujourd'hui, dans une « déclaration » formelle ; mais il est possible de reconstituer ce programme en rapportant les décisions prises pendant son ministère aux textes antérieurs de Turgot où elles étaient par avance envisagées et justifiées. Il s'agit de[1] :

— *Créer une économie de marché,* et pour cela : abolir monopoles et privilèges, alléger la fiscalité sur les profits des entrepreneurs, encourager les investissements en œuvrant à la baisse des taux d'intérêts, par la légitimation et l'encouragement du prêt à intérêt, par l'accroissement de la masse monétaire, par le développement d'un crédit d'État.

— *Libérer le travail* par la suppression des jurandes et corporations, et aussi par la suppression des corvées, gabelles et autres contraintes pesant sur la population active.

— *Libérer le commerce,* tant à l'intérieur (libéralisation du commerce des grains, encouragement de la concurrence entre producteurs et entre consommateurs) qu'à l'extérieur (privatisation de la Compagnie des Indes[2], suppression des privilèges exclusifs).

— *Limiter le rôle de l'État* aux fonctions « régaliennes » : police, justice, défense. À quoi s'ajoutera la fourniture de services publics essentiels : infrastructures routières, voies de navigation[3], moyens de transport[4] et de communica-

---

1. D'après Jean-Pierre Poirier, *op. cit.,* p. 184–187.
2. Vieille question : les libéraux de l'école de Gournay et les Physiocrates réclamaient la liberté du commerce dans les Indes et avaient plusieurs fois déjà, lorsqu'ils étaient proches du gouvernement, cherché à liquider la Compagnie des Indes, création de Colbert en 1664, typique de ce qu'on appellerait aujourd'hui une économie mixte. L'abbé Morellet, disciple de Gournay, ami de Turgot et porte-parole, en la circonstance, du contrôleur général Maynon d'Invau, avait, en 1669, attaqué la Compagnie dans un mémoire, auquel Necker (qui était actionnaire de la Compagnie) répondit.
3. Turgot avait déjà agi en ce sens dans le Limousin ; l'abolition des corvées n'a pas seulement une signification philanthropique et de justice fiscale, elle a pour but de permettre une gestion plus efficace des Ponts et Chaussées.
4. Turgot a favorisé la mise au point de diligences plus rapides, les « turgotines ».

tion, uniformisation des poids et mesures[1], création d'ateliers de charité et de grands chantiers nationaux comme remèdes d'urgence au chômage.

— *Rétablir les finances de l'État :* c'est un point crucial, car le déficit contribue au niveau anormalement élevé des taux d'intérêt, dont la baisse conditionne la relance économique et donc tout le projet de Turgot. Il faut absolument que l'État équilibre ses dépenses et ses recettes. Les recettes seront gonflées par la croissance économique. Les dépenses seront diminuées par le rachat des fermes abandonnées aux financiers (Hypothèques, Domaines, Postes, Poudres et Salpêtres, Ferme générale qui perçoit les impôts indirects) qui s'enrichissent indûment sur le dos du public[2], et par l'abstention de dépenses militaires de prestige[3].

— *Réformer la fiscalité,* par la suppression des impôts en nature comme la corvée, la diminution des impôts indirects, l'imposition des grands propriétaires oisifs, et non pas seulement des entrepreneurs. L'impôt sera plus juste, plus rationnel.

— Des *réformes politiques* sont également prévues, allant dans un sens « démocratique » : on redonnera la parole aux citoyens en créant des assemblées représentatives locales qui puissent éclairer l'administration. On accordera la liberté de conscience et de culte[4], on donnera la citoyenneté aux minorités confessionnelles (protestants et juifs). Un plan d'éducation nationale est également tracé.

On peut dire que le but de toute cette politique est le *progrès social :*

« On peut espérer de parvenir par l'amélioration de la culture, par la suppression des abus dans la perception, et par une répartition plus équitable des impositions, à soulager sensiblement le peuple sans diminuer beaucoup les revenus publics » (cité par Poirier, p. 186).

Turgot, au début, est approuvé par les « philosophes », au premier rang desquels le patriarche Voltaire, et par la « secte » des économistes, l'abbé Baudeau et l'abbé Roubaud assurant même la « communication » du ministère dans leurs journaux, les *Nouvelles Éphémérides* et le *Journal de l'agriculture, du commerce et des finances.* Il

1. Cette réforme n'ira pas à son terme sous Turgot ; mais la création du système métrique sous la Révolution est la suite directe de sa politique.
2. C'est donc, dans ces matières, un programme de « nationalisations » et non de « privatisations » : mais il s'agit en l'occurrence de nationaliser une fonction « régalienne » de l'État indûment privatisée par les rois précédents toujours en manque d'argent frais.
3. Y compris l'intervention française en Amérique, à laquelle Turgot s'est opposé (mais, en tant que Contrôleur général, il ne décidait rien en matière de défense et de diplomatie).
4. Lors du sacre de Louis XVI, Turgot voulut faire supprimer la formule du serment du sacre engageant le roi à « exterminer les hérétiques ». Le clergé et Maurepas s'y opposèrent. Turgot entendait également rendre aux protestants leurs droits religieux (liberté du culte) et civiques (mariage, état-civil, accession aux charges publiques...).

est aidé par ses amis, les abbés Morellet et de Véri, ses jeunes collaborateurs, Condorcet, Dupont de Nemours, Bouvard de Four-
queux, Trudaine de Montigny[1] (qui s'occupe de l'administration du
commerce et des manufactures), il est relayé dans l'administration
par des hommes comme Jean de Vaines, son ancien directeur des
Domaines à Limoges, il est conseillé par des groupes d'experts.

Les réformes vont se faire en deux grandes vagues : lors des trois premiers
mois, la liberté du commerce des grains, le rappel des parlements, la transformation des fermes en régies ; puis ce seront, à la fin du ministère, les fameux « six
édits » entérinés lors du « Lit de Justice » du 12 mars 1776 (les principaux, et les
plus sensibles, sont l'édit sur les corvées et l'édit sur les jurandes et maîtrises ; les
autres sont des mesures administratives d'accompagnement).

Turgot va finalement échouer, vaincu par la coalition des intérêts
et opinions hostiles, et d'abord par la faiblesse du jeune Louis XVI
(qui avait entre 20 et 22 ans pendant le ministère de Turgot).

En conclusion, notons que les idées des Physiocrates et celles de
Turgot restent présentes, et pour ainsi dire dominantes, du moins
parmi les intellectuels, jusqu'à l'époque de la Révolution française et
au-delà (Destutt de Tracy, J.-B. Say...). Il y a par ailleurs une
influence réelle des idées physiocratiques à l'extérieur de la France.
Des « despotes éclairés » veulent les appliquer en Russie, Pologne,
Autriche, etc.

§ 5
La résistance des parlements[2]

Depuis les déclarations de 1673[3], les parlements étaient matés. Ils
se réveillent au XVIIIᵉ siècle, et avec eux les vieux principes juridiques
français dont nous avons vu la vigueur jusqu'aux temps de Bodin. Il
faut évoquer cette source intellectuelle de l'État de droit en France,
en général injustement négligée aux profit des seuls apports des penseurs des « Lumières ».

---

1. Il y a deux Trudaine, le père et le fils. Daniel Charles Trudaine (1703-1769) a été
intendant d'Auvergne, puis directeur des Ponts et Chaussées et créateur, avec Perronet,
en 1747, de l'école de ce nom. Jean Charles Philibert Trudaine de Montigny (1733-1777)
est lui aussi administrateur.

2. D'après François Olivier-Martin, *L'absolutisme français. Les Parlements contre
l'absolutisme traditionnel au XVIIIᵉ siècle*, LGDJ, coll. « Reprint », 1997.

3. Cf. *supra*, p. 123.

1) *Une guerre d'escarmouches, 1718-1768*

Le réveil des parlements commence avec la Régence en 1715. En effet, Philippe d'Orléans, qui a besoin du Parlement de Paris pour faire annuler certaines dispositions du testament de Louis XIV, rend en échange aux parlements leur droit de remontrances. Ils vont en faire usage jusqu'à prétendre partager le pouvoir législatif avec le souverain, au prix d'une longue guerre, alternativement sourde et ouverte, qui ne cessera qu'avec la Révolution. Dès 1718, le Régent doit sévir et interdire la réunion simultanée des cours souveraines de Paris. Le Parlement se soumet jusqu'en 1730, date à laquelle une quarantaine d'avocats au Parlement de Paris publient, dans le contexte de la lutte contre le jansénisme et de la bulle « Unigenitus », un « Mémoire à consulter » dans lequel ils affirment que les parlements sont « le Sénat de la nation » et que les lois « sont de véritables conventions entre ceux qui gouvernent et ceux qui sont gouvernés ». Les édits doivent être « formés par le vœu de la nation dans l'assemblée des états » (textes cités par Olivier-Martin, *op. cit.*, p. 358-359). Une polémique s'ensuit, qui contribue à acclimater l'idée qu'il existe, contre les ultramontains certes, mais implicitement contre un roi qui ne serait pas assez gallican et serait trop antijanséniste, des « droits de la nation ». En 1750, la querelle s'envenime lorsque des curés de Paris, obéissant à leur archevêque, refusent les derniers sacrements à des jansénistes (un conseiller du Châtelet qui ne voulait pas reconnaître la Bulle, puis la fameuse sœur Perpétue, et d'autres). Les parlements (de Paris et de Rouen) font arrêter des curés, que le roi défend, en cassant les arrêts des parlements, lesquels répliquent en adressant au roi de « grandes remontrances ». D'autres incidents éclatent à partir de 1756 sur d'autres sujets.

Le ton monte à mesure que les grands enjeux apparaissent. Le roi veut bien qu'on lui fasse des remontrances, mais il entend qu'elles restent une affaire privée entre ses fidèles conseillers et lui. Et il entend, en outre, avoir le dernier mot, y compris par des mesures de force : lettres de cachet contre les meneurs, mesures contre tout le corps. Les parlements, au contraire, veulent que leurs remontrances soient rendues publiques, car ils en appellent à l'opinion de la « nation ». Dans le feu des polémiques, ils « remettent à plat » les grands problèmes constitutionnels du royaume, nature et origine de la loi, souveraineté, droits naturels des sujets.

De 1750 à 1770, leur pensée évolue (notamment sous l'influence de l'*Esprit des lois* de Montesquieu, paru en 1748, puis sous celle des philosophes, du mouvement encyclopédiste et des « économistes »). Ils énoncent que la « loi établie », civile, et pas seulement la loi divine ou la loi naturelle, s'impose au roi. Le Parlement de Bretagne dit par exemple, le 26 février 1756, que partout, dans les annales de la nation, « on verra la loi au-dessus des rois ; qu'on renverse cet ordre salutaire... qu'on soumette la loi à l'arbitraire absolu... les fondements de la monarchie sont ébranlés » (cité par Olivier-Martin, p. 363).

Les parlements affirment qu'ils ont reçu les lois en « dépôt ». Ils prétendent contrôler non seulement les mesures du roi prises sur requête (ce que, on s'en souvient, le roi lui-même attendait d'eux), mais même les mesures prises par le roi à sa propre initiative, *motu proprio*, ce qui revient à contester formellement la thèse selon laquelle que le roi aurait l'exclusivité du pouvoir souverain. Et les cours, à partir des années 1750, prétendent exercer une cosouveraineté au nom de la « nation » dont elles se disent l' « organe ». La nation est maintenant distinguée du roi (on disait autrefois « vos sujets », « vos peuples »). Le Parlement de Normandie dit même, en 1766, que le roi a prêté serment à la « nation » lors de son sacre (ce que le roi relève immédiatement, disant qu'il n'a prêté serment qu'à Dieu).

Mais, si elles parlent au nom de la nation, les cours, comme l'assemblée primitive que consultaient les rois des Francs, doivent parler d'une seule voix. Or elles sont dispersées, à la fois géographiquement et par fonctions. Elles ont déjà prétendu, lors de la Fronde, ne former qu'un seul corps, tentative restée sans suite ; puis elles ont tenté, en 1718, de reformer cette unité. Y parvenir enfin va être l'objet principal de leurs efforts à partir de 1750.

Le Parlement de Toulouse, en 1755, dit que « le Parlement est un corps qui, par ses différentes classes[1] dispersées dans l'État, est présent dans toutes les parties de l'État », et celui de Rouen parle du « Parlement de France », qui est « toujours unique par l'unité des principes, par l'unité de correspondance, par l'unité des rapports qui réunissent les différents membres de ce corps universel de la magistrature » (textes cités par Olivier-Martin, p. 364-365). Et l'on répète les arguments venus du temps d'Hotman et jamais oubliés depuis : tous les Francs étaient « pairs et juges, en même temps que guerriers », ils constituaient tous ensemble l' « assemblée générale » de la « nation », et, bien que le recrutement de cette assemblée ait été ensuite restreint par la féodalité, il n'y a pas de solution de continuité entre elle, le « placite général » sous les deux premières races, la « cour du roi » sous les Capétiens, les parlements et enfin l'actuel « Parlement de France »[2]. Le Parlement est constitutif du royaume autant que le roi, il fait partie de la « constitution » du royaume, et c'est l'absolutisme qui est moderne et inconstitutionnel.

C'est une véritable théorie de la souveraineté nationale, manifestement reprise des vieilles discussions constitutionnelles des XVIe et XVIIe siècles.

---

1. C'est-à-dire les diverses cours souveraines réparties entre les provinces.
2. Il est clair qu'il s'agit là, comme le dit F. Olivier-Martin, d'un « roman », on dirait aujourd'hui d'un « mythe rétrospectif ». Mais il n'en avait pas moins un fond de vérité, et c'était un autre « roman », de la part, cette fois, des agents du roi, de dire que la monarchie française avait toujours été absolue.

À partir de 1753, les parlements attaquent pour la première fois les *lettres de cachet* – dont les parlementaires, il est vrai, sont souvent victimes – et en général les « ordres particuliers » du roi, « voies d'autorité » qui menacent la liberté des sujets et dont on dit que le roi ne devrait pas les employer. Mais, bientôt, on va jusqu'à en remettre en cause le principe.

En 1759, le Parlement de Paris dit que les « ordres particuliers » sont « des voies irrégulières du pouvoir absolu et portent atteinte au droit de la nation ». En 1756, les parlements de Guyenne, de Normandie, de Paris, condamnent les « volontés arbitraires » du roi, qui ne devrait avoir que des « volontés légales » ; ils demandent l'« inviolablité de la magistrature ». En 1764, la notion de « droits inviolables en eux-mêmes », opposables au roi lui-même, est enfin mise en avant par le Parlement de Paris. Tout sujet a droit à la liberté légitime et « à la propriété de sa fortune et de son état ». L'audace du Parlement se mesure au fait que la première attaque des lettres de cachet par la littérature est postérieure (*L'Ingénu* de Voltaire date de 1767) (textes cités par Olivier-Martin, p. 367).

Le roi répond plusieurs fois, et par le fait même il est conduit à exprimer, plus clairement que jamais auparavant, la pure doctrine absolutiste, notamment lors de la célèbre « séance de la flagellation » du 3 mars 1766 (nous avons fait allusion à ces mises au point doctrinales, cf. *supra*, p. 112). Mais rien n'y fait, les esprits ont irréversiblement évolué.

2) *La suspension des Parlements sous Maupeou et les « Maximes du droit public »*

L'étape suivante est celle de la guerre ouverte entre le chancelier Maupeou et les parlements.

Les parlements ayant continué à communiquer entre eux et à faire front commun, le roi nomme chancelier, en 1768, Maupeou, Premier président du Parlement de Paris, avec pour mission de mettre définitivement au pas ses collègues. En 1770, Maupeou fait prendre par Louis XV un édit rappelant les principes de l'abolutisme, édit qu'il doit faire enregistrer en lit de justice. Mais, comme les magistrats se mettent en grève, ils sont dispersés en province *manu militari*, leurs offices sont confisqués et les parlements qui prennent la défense des magistrats parisiens sont dissous. La justice sera rendue par des « conseils supérieurs » à la discrétion du roi. Cette situation durera jusqu'à la mort de Louis XV, en 1774.

C'est au milieu de cette crise que paraissent les *Maximes du droit public* (1772), publiées anonymement en France et en Hollande, mais qui semblent avoir pour auteurs quatre avocats au Parlement de Paris, l'*abbé Mey*, *Maultrot*, *Aubry* et *Blonde*. Ce gros traité érudit vise essentiellement à établir les droits législatifs et fiscaux des cours souveraines. Mais il est précédé d'un traité complet de philosophie politique. Or cette philosophie est à peu près celle de Locke. Tous les auteurs de la théorie moderne du droit naturel sont cités, de Grotius et Pufendorf (et leur traducteur en français, Barbeyrac) à Vattel[1] et à Burlamaqui[2] (et Hobbes est réfuté). Les hommes, en fondant l'État, ne lui ont consenti qu'une partie de leurs droits naturels ; ils ont gardé pour eux la liberté et la propriété, et l'État a pour seule raison d'être de protéger ces droits mieux qu'ils ne peuvent l'être à l'état de nature. D'où le droit de la nation de consentir aux lois et à l'impôt, droit qui, quand bien même il n'aurait plus été exercé depuis un siècle ou plus en France, ne saurait, contrairement à ce que soutiennent les propagandistes royaux, être prescrit. La nation s'exprimera par la voix des États généraux et, dans l'intervalle de leur réunion, par celle des parlements. Non seulement la nation a ce droit collectif de consentir à la loi, mais les hommes qui la composent ont, individuellement, le droit de disposer comme ils l'entendent de leur personne et de leurs biens. Les *Maximes* attaquent donc longuement les lettres de cachet, en reprenant les formules des diverses remontrances antérieures des parlements ; et elles attaquent le « machiavélisme » et la théorie de la « raison d'État » mis en avant pour les justifier.

Enfin, les *Maximes* préparent l'idée d'une constitution pour la France. Elles font une liste copieuse des « lois fondamentales » du royaume (auxquelles elles joignent l'inamovibilité des offices). D'ailleurs, reprenant à leur compte les thèses des révolutionnaires anglais comme Locke et Sidney, les auteurs adoptent le principe de la *résistance à l'oppression* : le peuple peut renverser les gouvernements qui ont agi « d'une manière contraire à la fin pour laquelle ils avaient été revêtus d'autorité », comme cela vient d'être fait en Suède (1772). *A fortiori,* la nation peut choisir son roi, comme cela a eu lieu en Angleterre : la règle de succession automatique par hérédité (« le mort saisit le vif ») est une innovation des Temps modernes. Concrètement, les lois fondamentales et la forme même du gouvernement seront changés par les États généraux. Et l'on cite Vattel, disant que la souveraineté appartient en propre à la nation. Celle-ci peut déléguer la souveraineté, non l'aliéner. C'est si vrai que les États généraux, qui représentent la nation, doivent pouvoir s'assembler d'eux-mêmes : car s'ils ne le pouvaient, il n'y aurait pas de recours

---

1. Le Neuchâtelois Emmerich de Vattel (1714-1767) est l'auteur d'une *Défense du système de Leibniz* et surtout du *Droit des gens* (1758).
2. Le Genevois Jean-Jacques Burlamaqui (1694-1748) est l'auteur des *Principes du droit naturel* (1751).

contre un roi qui ne voudrait pas les réunir, et la souveraineté nationale ne serait qu'un vain mot. Les auteurs donnent aux États généraux ainsi conçus des noms — « Diète nationale », « Assemblée générale de la nation » — qui font augurer de la future « Assemblée
nationale ».

3) *La crise finale*

Ces idées continuent de mûrir sous l'influence des philosophes,
des salons, des femmes, de ce que François Olivier-Martin appelle
un véritable snobisme d'innovation. Benjamin Franklin arrive à
Paris en 1776 et les idées américaines (théorie des « droits de
l'homme », nécessité d'avoir une constitution écrite, possibilité
d'instaurer une république dans un grand État moderne...), relayées
par des grands seigneurs comme les La Rochefoucauld[1] ou les
Noailles, sont de mieux en mieux connues.

À son avènement en 1774, Louis XVI rappelle les parlements.
Mais dès lors qu'il réaffirme, dans un « édit de discipline » de cette
même année, les principes absolutistes formulés par Louis XV, il est
immédiatement confronté à des remontrances du Parlement de
Paris, dont les positions de fond, loin de changer, se sont encore
durcies dans le contexte idéologique général des Lumières. La
guerre recommence donc, modérée toutefois sous le ministère
Turgot.

Il est vrai que les parlements n'œuvrent pas toujours, dans cette guerre, en
faveur des libertés publiques : ils empêchent le roi d'être trop tolérant avec les
protestants ; ils condamnent des livres ; ils opposent, à la tentative de Turgot
de supprimer jurandes et communautés de métier, la « structure corporative du
royaume » dont ils se veulent conservateurs. Ils s'opposent à des réformes fiscales remettant en cause les privilèges (c'est pour contourner cette opposition
que Calonne convoque en février 1787 une « assemblée des notables »). Ce qui
est significatif, néanmoins, ce sont les motifs invoqués en juillet 1787 par le
Parlement pour refuser d'enregistrer un « édit sur le timbre » (un nouvel
impôt) : la Cour se réfère aux « droits de l'homme ». Le Parlement, à cette
date, est de plus en plus investi par les « patriotes », conduits par le duc
d'Orléans, et dans la circonstance précise il a été influencé sans doute par deux
jeunes conseillers, Préteau et Adrien Duport, proches de La Fayette et membres de la « faction américaine ». Le roi exile alors le Parlement à Troyes, puis
lui permet de revenir. Il promet que seront prochainement réunis des États
généraux (novembre 1787).

---

1. Le duc de La Rochefoucauld d'Enville a traduit la Déclaration d'indépendance de
Jefferson.

Le Parlement publie peu après (en mars, avril, puis mai 1788) une série de remontrances qui sont un véritable programme politique, dont tout le monde compte qu'il sera mis en œuvre par les États généraux. Les thèses de Locke, celles des *Maximes du droit public,* y sont réaffirmées. Il existe des « droits de l'homme » antérieurs à l'État et aux lois, imprescriptibles. Comme le roi a assigné à résidence le duc d'Orléans et fait emprisonner deux conseillers, le Parlement, réclamant leur libération, explique à Louis XVI : « Ce n'est plus un prince de votre sang, ce ne sont plus deux magistrats que votre Parlement réclame au nom des lois et de la raison : ce sont trois hommes ! » D'autre part, la loi n'est pas identique à la volonté du roi ; pour qu'une loi en soit véritablement une, il faut qu'elle ait pu être librement vérifiée par le Parlement. Le roi s'obstine dans ses conceptions : « Si la pluralité dans mes cours forçait ma volonté, la monarchie ne serait plus qu'une aristocratie de magistrats » (textes cités par Olivier-Martin, p. 389). La Cour n'en affirme pas moins (en mai) les principes de libre vérification des édits, de consentement des États à l'impôt, d'illégalité des lettres de cachet, et même l'inclusion des statuts particuliers des provinces dans les lois fondamentales du royaume.

Une série de nouveaux incidents, de plus en plus rapprochés, aboutira à la crise finale de 1789, où les parlements seront « doublés » par le parti patriote, qui place ses espoirs, désormais, dans les États généraux et se donne pour mots d'ordre le doublement du Tiers et le vote par tête. Les positions de ce parti sont alors formulées avec précision par l'abbé *Sieyès.*

§ 6
Sieyès

Emmanuel Sieyès (1748-1836), homme politique important de la Révolution française, en est aussi un des théoriciens. Il a contribué à acclimater en France trois idées essentielles de la tradition démocratique et libérale : l'égalité devant la loi, la souveraineté populaire ou « nationale » par la médiation parlementaire, la nécessité absolue que les principes du fonctionnement de l'État soient formulés dans une claire constitution.

Vie[1]

Issu d'une famille de petite bourgeoisie de Fréjus, Emmanuel Sieyès entre au séminaire de Saint-Sulpice à Paris, plutôt par ambition sociale que par vocation. Il est ordonné prêtre, mais, intellectuellement, c'est un homme des

1. D'après Jean-Denis Bredin, *Sieyès,* Éditions de Fallois, 1988, rééd. Livre de Poche, 1990.

Lumières. Il devient grand vicaire de l'évêque de Chartres, poste administratif important.

Lorsqu'il écrit, fin 1788 et début 1789, l'*Essai sur les privilèges,* puis *Qu'est-ce que le tiers état ?,* il devient immédiatement célèbre. Il participe au « club de Valois » fondé par le duc d'Orléans, où il rencontre La Fayette, Talleyrand, Chamfort, Condorcet (et sa femme, qui animera le cercle des Idéologues après la mort de son mari). Il fréquente aussi Dupont de Nemours, Mirabeau, et le salon de Mme Necker (où il a dû rencontrer la jeune Mme de Staël). Tout ce monde est le personnel agissant et pensant de la Révolution française libérale, celle de 1789.

Sieyès est élu député du tiers état (et non du clergé) de Paris aux États généraux et sera un membre important de l'Assemblée constituante. Il participe activement au serment du Jeu de paume, à la « nuit du 4 août », à la rédaction de la Déclaration des droits de l'homme. Il jouera un rôle moteur dans la création de la Garde nationale, dans la division de la France en départements. En revanche, il proteste contre la suppression sans indemnité de la dîme ecclésiastique (et sera tacitement opposé à la nationalisation des biens du clergé). Au-delà de l'intérêt de caste, il est hostile à ces mesures, par principe, car il les perçoit comme un vol pur et simple. Il s'écrie : « Ils veulent être libres, et ne savent être justes. » Il s'opposera aussi à la constitution civile du clergé, qui lui paraît contraire aux libertés religieuses, et réussira même à faire voter par l'Assemblée un décret dit de tolérance (mai 1791), qui autorise le clergé réfractaire à pratiquer le culte dans des lieux privés (décret sans lendemain, comme on sait). Sieyès est l'auteur de la distinction entre citoyens « actifs » (cinq à six millions) et « passifs » (qui ne votent pas, en attendant qu' « une éducation nationale et de nouveaux intérêts [aient] amélioré l'espèce humaine en France »)[1]. Il défend la liberté de la presse (l'imprimerie « changera la face du monde »), tout en essayant de limiter les délits de presse. Il prône (avril 1790) l'instauration de l'institution anglaise du jury, tant dans les procès civils que dans les procès criminels. Il vote les mesures d'intégration civique des protestants (septembre 1789) et des juifs (septembre 1791).

N'étant pas membre de l'Assemblée législative, il se retire, de l'été 1791 à l'été 1792, à Auteuil, tout en continuant à fréquenter les salons parisiens. Au moment des journées d'août 1792, quand la Commune de Paris prend le pouvoir et commence à faire régner l'arbitraire et la terreur, Sieyès, constatant que Louis XVI est incapable de jouer le jeu de la monarchie constitutionnelle, a peut-être songé à changer de dynastie, comme les Anglais en 1688[2]. Mais il ne peut même tenter un début d'exécution. En tant qu' « immortel auteur de la Déclaration des droits de l'homme », il est élu à la Convention (par les départements de la Gironde, de la Sarthe, de l'Orne). Il y est proche des Girondins

---

1. Même au moment de la création de la République, en août 1792, où sera décrété le suffrage universel, les domestiques seront exclus de celui-ci.
2. Beaucoup, anticipant le scénario qui se réalisera effectivement en 1830, ont songé au duc d'Orléans. D'autres au duc d'York, second fils du roi d'Angleterre, ou encore au prince de Brunswick, ami des philosophes, général de l'armée prussienne, discrédité cependant par son fameux « Manifeste » de Coblence du 25 juillet 1792, une des causes de la journée du 10 août.

(dont fait partie son ami Condorcet), sans faire formellement partie de leur groupe. Il se retrouve dans la « Plaine » ou « Marais » avec les anciens constituants, Lanjuinais, Barère, ou l'abbé Grégoire, attachés à la liberté et à la propriété[1]. La royauté ayant été abolie et la république proclamée, Sieyès est nommé membre du nouveau comité de constitution et du comité de défense. Il vote contre le procès du roi, soit qu'il ait voulu, comme Robespierre et Saint-Just, que le roi soit exécuté sans jugement, soit qu'il ait été réellement hostile à l'idée du régicide, hypothèse contredite par le fait qu'il vote contre l'appel au peuple proposé par les Girondins, et surtout, lors du vote décisif, pour « la mort, sans phrase »[2] (alors que Daunou, Lanjuinais, Condorcet, la majorité des Girondins, ont voté contre).

Commence alors, semble-t-il (l'activité de Sieyès pendant cette période est très mal connue), une sorte de compagnonnage de route avec les Montagnards : Sieyès ne s'oppose pas à eux, probablement par peur (« J'ai vécu », répond-il quand on lui demande ce qu'il a fait pendant la Terreur). Il échoue dans un projet de réforme de l'armée, il échoue également à faire adopter un projet de constitution conçu selon le principe représentatif. Il ne refait surface qu'après Thermidor. Il devient alors membre du Comité de salut public, et recommence à jouer un rôle politif crucial jusqu'au début de l'Empire. Chargé de la politique étrangère, il mène notamment les négociations établissant l'annexion de la Belgique et l'établissement de la « République batave » comme « alliée » de la France. Il participe à la discussion qui mène à la Constitution de l'An III, celle qui établit le Directoire, votée le 22 août 1795. Conscient de ce que la Constitution du Directoire est instable, et tenant compte du fait qu'elle ne peut être révisée avant dix ans, Sieyès pense qu'il faut un nouveau coup d'État. Pour cela, il faut un « sabre ». Ce sera Bonaparte. Mais celui-ci, après le 18 brumaire, vivra son propre destin. Sieyès, nommé d'abord consul, sera très vite éliminé de la vie politique. Exilé sous la Restauration, il mourra, complètement oublié, en 1836.

Œuvres

Sieyès a beaucoup écrit, sur la politique, mais aussi sur l'économie, la musique, la langue, la philosophie. Principaux écrits politiques : *Essai sur les privilèges* (novembre 1788), *Qu'est-ce que le tiers état ?* (janvier 1789, quatre éditions successives cette même année)[3]. Ensuite viennent de très nombreux textes de circonstance, projets de loi ou de constitution, discours, brochures présentant des commentaires sur des projets ou événements politiques. Il existe aussi une *Notice sur la vie de Sieyès, membre de la première Assemblée nationale et de la Convention* (juin 1794), dont il est lui-même en partie l'auteur.

1. Sieyès déteste la Montagne. Et il dit, généralement parlant, de la nouvelle assemblée, que tout y est changé par rapport aux deux assemblées précédentes, les costumes, les mœurs, le langage : « Partout les formes sales, les mœurs abjectes, le langage corrompu, les appétits brutaux sévissent et sont tenus pour des marques de patriotisme » (cité par Bredin, p. 325).
2. Formule tristement célèbre, dont il n'est pas sûr, cependant, que Siéyès l'ait effectivement prononcée (cf. Bredin, p. 345).
3. Cf. Emmanuel Sieyès, *Qu'est-ce que le tiers état ?*, PUF, coll. « Quadrige », 1982 (ce vol. contient également l'*Essai sur les privilèges*).

I — *L'ESSAI SUR LES PRIVILÈGES*

Sieyès commence par formuler l'idéal libéral « classique » du XVIIIᵉ siècle :

> « L'objet de la loi... est d'empêcher qu'il ne soit porté atteinte à la liberté ou à la propriété de quelqu'un » (p. 2).

qu'il explicite ainsi :

> « Le peuple croit presque de bonne foi qu'il n'a droit qu'à ce qui lui est permis par des lois expresses. Il semble ignorer que la liberté est antérieure à toute société, à tout législateur ; que les hommes ne sont réunis que pour mettre leurs droits à couvert des entreprises des méchants et pour se livrer, à l'abri de cette sécurité, à un développement plus étendu, plus énergique et plus fécond en jouissance de leurs facultés morales et physiques. Le législateur est établi, non pour accorder, mais pour protéger nos droits. S'il borne notre liberté, ce ne peut être que pour les actes qui seraient nuisibles à la société, et, par conséquent, la liberté civile s'étend à tout ce que la loi ne défend pas » (p. 2).

C'est en référence à ces principes fondamentaux qu'il faut examiner la question des « privilèges ».

1) *L'égalité*

Les privilèges, d'abord, dispensent des lois. Si la loi empêche de faire tort à autrui, le privilège autorisera donc le privilégié à lui faire tort, ce qui est inadmissible. D'autre part, les privilèges donnent à certains des droits qu'ils ne donnent pas aux autres : c'est donc enlever à ces derniers une part de leur liberté naturelle. Par conséquent,

> « tous les privilèges sont, par la nature des choses, injustes, odieux et contradictoires à la fin suprême de toute société politique » (p. 3).

Même les privilèges simplement « honorifiques » sont condamnables, car « il ne faut pas récompenser quelqu'un aux dépens d'un autre », et surtout de la grande masse ; or, c'est ce que font les privilèges honorifiques en réputant vils ceux qui ne sont pas honorés.

Il faut certes récompenser les mérites, mais cela est bien différent de leur accorder des privilèges : le salaire, l'avancement rapide, des pensions sont des récompenses appropriées. Si l'on objecte que le mérite doit être récompensé aussi par l'estime publique, la réponse est que celle-ci ne se décrète pas et que le seul honneur qui vaille est celui qui s'attache spontanément à quelqu'un en raison de ce qu'il a fait.

En réalité, la raison d'être des privilèges est une inavouable vanité, d'ailleurs facile à mettre au jour :

« Je le vois, vous demandez moins à être distingué *par* vos concitoyens, que vous ne cherchez à être distingué *de* vos concitoyens » (p. 8).

Le caractère *héréditaire* des privilèges est encore plus condamnable, puisqu'il revient à reconnaître que ce n'est pas le mérite que le privilège récompense. Aussi,

« faire d'un privilège une propriété transmissible, c'est vouloir s'ôter jusqu'aux faibles prétextes par lesquels on cherche à justifier la concession des privilèges » (p. 15).

Mais les privilèges ne sont pas seulement injustifiés, ils sont *nuisibles*. Le privilégié se sent membre d'une caste et ne songe plus qu'aux intérêts particuliers de cette caste : « On voulait l'encourager à mieux faire ; on n'a réussi qu'à le dépraver » (p. 9). On lui a fait croire qu'il était fait d'une étoffe différente de celle dont est fait le peuple :

« Le faux sentiment d'une supériorité personnelle est tellement cher aux privilégiés, qu'ils veulent l'étendre à tous leurs rapports avec le reste des citoyens. Ils ne sont *point faits* pour être *confondus*, pour être *à côté*, pour se trouver *ensemble, etc.* C'est se *manquer* essentiellement, que de disputer, que de paraître avoir tort quand on a tort ; c'est se *compromettre* même que d'avoir raison avec, etc. Mais il faut voir surtout dans les campagnes éloignées, dans les vieux châteaux, comment le sentiment se nourrit et s'enfle au sein d'une orgueilleuse oisiveté... quoique tout l'effort d'une telle superstition ne puisse donner à une aussi ridicule erreur le moindre degré de réalité... » (p. 10).

Pour maintenir sa « chimère », pour accroître son « odieuse prérogative », le privilégié est prêt à tout sacrifier, à mener une guerre civile contre le peuple. La fameuse « politesse » française est un mensonge, une véritable imposture morale (Sieyès a lu les moralistes français, La Rochefoucauld, La Bruyère, les jansénistes) : le privilégié est « poli » avec tout le monde, mais il n'est pas poli « parce qu'il le doit aux autres, mais parce qu'il croit *le devoir à lui-même* » (p. 12-13). En définitive, les privilégiés sont malheureux, juste punition de leur vie non conforme aux lois de la nature :

« Les droits de citoyen embrassent tout ; les privilèges gâtent tout et ne dédommagent de rien » (p. 14).

2) *Il ne doit y avoir de hiérarchie qu'entre les agents de l'État*

Il est vrai que les privilégiés prétendent avoir une fonction sociale : ne sont-ils pas les appuis naturels du trône contre le peuple, en même temps qu'ils sont, à l'inverse, les remparts protégeant le peuple contre le despotisme toujours possible du roi ? Sieyès le nie. Il est vrai qu'il doit y avoir des hiérarchies dans la société, puisque la hiérarchie est inséparable de toute organisation ; mais cette hiérarchie ne doit exister qu'entre les agents de l'État. Le pouvoir que certains exercent alors sur les autres n'est pas lié à leur personne, il est une délégation du seul pouvoir légitime, la souveraineté, et il résulte de la loi qui, elle-même, émane de la souveraineté. Lorsque les agents de l'État obéissent à leurs supérieurs, ils n'obéissent donc qu'à la loi, et le principe hiérarchique au sein de l'appareil d'État est ainsi parfaitement cohérent avec le principe selon lequel tous les citoyens sont également soumis à la loi.

« La seule hiérarchie nécessaire est celle qui s'établit entre les agents de la souveraineté ; c'est là qu'on a besoin d'une gradation de pouvoirs, c'est là que se trouvent les vrais rapports d'inférieur à supérieur, parce que la machine publique ne peut se mouvoir qu'au sein de cette correspondance. Hors de là, il n'y a que des citoyens égaux devant la loi, tous dépendants, non les uns des autres, ce qui serait une servitude inutile, mais de l'autorité qui les protège, qui les juge, qui les défend » (p. 16).

Quant aux simples citoyens, ceux qui n'appartiennent pas à la hiérarchie de l'État, il y a entre eux égalité réelle, qu'ils soient riches ou pauvres :

« Celui qui jouit des plus grandes possessions n'est pas *plus* que celui qui jouit de son salaire journalier. Si le riche paye plus de contributions, il offre plus de propriétés à protéger. Mais le denier du pauvre serait-il moins précieux, son droit moins respectable ? » (p. 16).

3) *Une critique économique des privilèges*

Sieyès montre « en creux », mais fort nettement, qu'il comprend l' « ordre spontané » ou main invisible des économistes, en tant qu'opposé à l'ordre organisé administratif. Il ajoute en effet : « L'esprit militaire veut juger des rapports civils et ne voit une nation que comme une grande caserne. » Il ne voit de l'ordre que là où les hommes sont « soumis à des règlements ». C'est une erreur : « Toutes ces vues ne peuvent appartenir qu'à des gens qui ne connaissent rien aux vrais rapports qui lient les hommes dans l'état social », lesquels sont des « rapports libres ».

« L'un donne son temps ou sa marchandise, l'autre rend en échange son argent ; il n'y a point là de subordination, mais un échange continuel » (p. 17).

Ainsi, il faut une loi, il faut un État qui la garantisse ; cet État doit avoir une hiérarchie interne pour fonctionner correctement ; mais en dessous de l'appareil d'État, il y a la société civile où des citoyens égaux devant la loi échangent librement des biens et des services. Tout autre « corps intermédiaire » n'est donc qu'une « masse étrangère, nuisible », qui « intercepte les rapports directs entre gouvernants et gouvernés », ou « presse sur les ressorts de la machine publique » et, ainsi, devient « un fardeau de plus pour la communauté » (p. 18).

Le privilège donne lieu à des anomalies économiques. Le privilégié a plus besoin d'argent que les autres citoyens puisqu'il croit devoir tenir son « rang » ; mais il s'interdit les « activités honnêtes » qui pourraient lui en procurer ; il n'a dès lors que deux recours, l' « intrigue » et la « mendicité », qui deviennent *de facto* les « industries » particulières de cette classe.

« L'économie publique [...] a beau prescrire de préférer, en toutes choses, les serviteurs les plus habiles et les moins chers : le monopole [des privilégiés] commande de choisir les plus coûteux et les moins habiles, puisque le monopole a pour effet connu d'arrêter l'essor de ceux qui auraient pu montrer des talents dans une concurrence libre » (p. 19-20).

La « mendicité » sévit plus particulièrement à la cour : recherche de pensions, de gratifications, création de postes administratifs sans aucune utilité, bénéfices ecclésiastiques, prébendes, commanderies... Elle est moins dangereuse, en soi, que l'intrigue, puisqu'elle n'entrave pas la production, se contentant de la taxer. Le problème est que, comme elle émane de privilégiés, elle est réputée honorable et elle est prise comme modèle. Jusqu'au fond des provinces, on aspire à « vivre dans l'oisiveté et aux dépens du public ».

Le problème profond est ainsi que le travail est devenu en France, sous l'influence culturelle des castes privilégiées, une honte ; le pays rejette la « loi commune de travailler pour vivre » (p. 21)[1]. Et ceux mêmes qui travaillent participent à cette folie, puisqu'ils sont prêts à « payer pour se faire insulter », en donnant leur fille en mariage à des privilégiés qui redorent leur blason tout en disant bien haut qu'ils se « mésallient ». En raison de ces mentalités dominantes, toute la richesse créée dans la société civile française est « aspirée » de bas en haut par la classe privilégiée qui l' « engloutit » et la stérilise.

« Un temps viendra où nos neveux indignés resteront stupéfaits à la lecture de notre histoire, et donneront à la plus inconcevable démence les noms qu'elle mérite » (p. 24). En attendant, Sieyès appelle à l'action. Pendant longtemps, des « gens de lettres » se sont contentés de protester verbalement. Aujourd'hui, le temps des « patriotes » est venu.

---

1. « Quel pays, que celui où le travail fait *déroger*, où il est honorable de consommer et humiliant de produire, où les professions pénibles sont dites *viles*... » (*Qu'est-ce que le tiers état ?*, p. 57).

II — QU'EST-CE QUE LE TIERS ÉTAT ?

1) *Le rôle prophétique des « intellectuels »*

Sieyès sait que ce qu'il va proposer ne pourra être d'emblée compris et admis de tous. Il croit cependant de son devoir de le suggérer. Cela lui donne l'occasion — dans un beau passage qu'on peut considérer comme une explication rétrospective du rôle joué par les philosophes aux XVIIIe siècle — de formuler une véritable théorie du rôle des intellectuels et de l'idéologie dans les transformations sociales :

« Il faut avoir une pauvre idée de la marche de la raison pour imaginer qu'un peuple entier doit rester aveugle sur ses vrais intérêts, et que les vérités les plus utiles, concentrées dans quelques têtes seulement, ne doivent paraître qu'à mesure qu'un habile administrateur peut en avoir besoin pour le succès de ses opérations. D'abord cette vue est fausse, parce qu'elle est impossible à suivre. En second lieu, ignore-t-on que la vérité ne s'insinue que lentement dans une masse aussi grande que l'est une nation ? Ne faut-il pas laisser aux hommes qu'elle gêne le temps de s'y accoutumer, aux jeunes gens qui la reçoivent avidement, celui de devenir quelque chose, et aux vieillards celui de n'être plus rien ? En un mot, veut-on attendre, pour semer, le moment de la récolte ? Il n'y en aurait jamais. La raison, d'ailleurs, n'aime pas le mystère ; elle n'agit que par une plus grande expansion ; ce n'est qu'en frappant partout, qu'elle frappe juste, parce que c'est ainsi que se forme cette puissance d'opinion à laquelle on doit peut-être attribuer la plupart des changements vraiment avantageux aux peuples. Les esprits, dites-vous, ne sont pas encore disposés à vous entendre, vous allez choquer beaucoup de monde. Il le faut ainsi : la vérité la plus utile à publier n'est pas celle dont on était déjà assez voisin, ce n'est pas celle que l'on est disposé à accueillir. Non, c'est précisément parce qu'elle va irriter plus de préjugés et plus d'intérêts personnels, qu'il est plus nécessaire de la répandre. On ne fait pas attention que le préjugé qui mérite le plus de ménagement est celui qui est joint à la bonne foi, que l'intérêt personnel le plus dangereux à irriter est celui auquel la bonne foi prête toute l'énergie du sentiment que l'on a pour la justice. Il faut leur ôter cette force étrangère ; il faut, en les éclairant, les réduire aux seuls expédients de la mauvaise foi » (p. 92).

2) *Le tiers état est la nation*

Le début de la brochure est célèbre :

« Nous avons trois questions à nous faire : 1 / Qu'est-ce que le tiers état ? Tout. 2 / Qu'a-t-il été jusqu'à présent dans l'ordre politique ? Rien. 3 / Que demande-t-il ? À y devenir quelque chose » (p. 27).

— *Le tiers état est tout.* Pour qu'une nation « subsiste » et « prospère », il faut des travaux « particuliers » et « publics ». Les premiers sont entièrement supportés par le tiers état (en particulier par les quatre grandes classes de citoyens que sont les paysans, les ouvriers et artisans, les commerçants, et les prestataires de services). Les seconds (fonctions d'épée, de robe, d'Église, d'administration) sont également assurés, pour « les dix-neuf vingtièmes », par le tiers état. Celui-ci est seulement exclu des places les plus honorifiques dans les conditions scandaleuses et insultantes que Sieyès a déjà dénoncées dans l'*Essai sur les privilèges.* On peut conclure de cela que le tiers état

« a en lui tout ce qu'il faut pour former une nation complète. Il est l'homme fort et vigoureux dont un bras est encore enchaîné. Si l'on ôtait l'ordre privilégié, la nation ne serait pas quelque chose de moins, mais quelque chose de plus » (p. 30).

Sieyès promeut ainsi le concept de « nation », conçu comme l'ensemble des citoyens égaux devant la loi, et produisant par eux-mêmes la vie et la prospérité de la communauté. Les privilégiés, quant à eux, sont des ordres inutiles, « fainéants », extérieurs à la nation puisqu'ils ne vivent pas sous la « loi commune ».

— *Le tiers état n'a rien été jusqu'à présent.* Le tiers état n'est rien politiquement parce que les nobles prétendent avoir tous les droits en vertu de la conquête germanique[1]. Mais Sieyès retrouve contre cette prétention l'argument des républicains anglais :

« Pourquoi [le tiers] ne renverrait-il pas dans les forêts de Franconie toutes ces familles qui conservent la folle prétention d'être issues de la race des conquérants et d'avoir succédé à leurs droits ? La nation, alors épurée, pourra se consoler, je pense, d'être réduite à ne se plus croire composée que des descendants des Gaulois et des Romains. En vérité, si l'on tient à vouloir distinguer naissance et naissance, ne pourrait-on révéler à nos pauvres concitoyens que celle qu'on tire des Gaulois et des Romains vaut au moins autant que celle qui viendrait des Sicambres, des Welches et autres sauvages sortis des bois et des étangs de l'ancienne Germanie ? » (p. 32).

D'ailleurs, si droit de conquête il y a, il se trouve que le tiers est aujourd'hui plus fort que les nobles : il n'a donc qu'à reconquérir par sa force ce qu'il a jadis perdu par sa faiblesse.

Mais le tiers état n'est-il pas représenté aux États généraux ? Non, car il y est représenté essentiellement par des nobles de robe. Or ceux-ci, quoi qu'ils disent, défendent leurs intérêts particuliers et leur désir secret serait de siéger avec l'assemblée de la noblesse, si les

1. Thèse répandue au XVIIIᵉ siècle après les travaux de Boulainvilliers, cf. *infra,* p. 1011-1013.

nobles d'épée leur en ouvraient l'accès. En conséquence, « les droits politiques [du tiers état] sont nuls ».

— *Le tiers état demande à devenir quelque chose.* Il veut d'abord être représenté par des députés tirés de son sein. Il ne peut pas accepter de n'avoir qu'une voix sur trois aux États généraux, auquel cas il ne pourra défendre ses intérêts, mais servira seulement de caution aux privilégiés. Donc il veut une influence au moins égale à la leur, d'où l'exigence du doublement de son nombre et du vote par tête.

Mais même cela ne suffira pas pour que le tiers devienne « quelque chose », car les députés du tiers étant largement dépendants, économiquement, des privilégiés, il y a toutes les chances pour qu'ils ne s'affranchissent pas mentalement de l'influence de ceux-ci. Le seul principe juste est donc une représentation proportionnelle : comme le tiers est beaucoup plus nombreux que les privilégiés, il devrait avoir des députés beaucoup plus nombreux que ceux du clergé et de la noblesse. Il faut en effet, pour résoudre cette question, non pas invoquer l' « usage », mais « remonter aux principes ». Or le seul principe valide en ce cas est que

« les droits politiques, comme les droits civils, doivent tenir à la qualité de citoyen. Cette propriété légale est la même pour tous, sans égard au plus ou moins de propriété réelle dont chaque individu peut composer sa fortune ou sa jouissance. Tout citoyen qui réunit les conditions déterminées pour être électeur[1] a droit de se faire représenter, et sa représentation ne peut pas être une fraction de la représentation d'un autre » (p. 44).

L'égalité devant la loi implique à la fois que tous y soient également soumis et que tous concourent à part égale à son élaboration. Or l'inégalité de représentation du tiers et des ordres privilégiés revient à faire faire la loi par une minorité, ce qui est en contradiction avec ce principe.

Sieyès se livre à des estimations démographiques (en l'absence de statistiques de type moderne). Il conclut que le clergé compte quelque 80 000 personnes, la noblesse 110 000, l'ensemble des privilégiés moins de 200 000, contre « 25 à 26 millions d'âmes » pour le tiers état ! Dans ces conditions, non seulement la demande du tiers est insuffisante, mais il est probable que, « dans quelques années », on ne voudra pas croire que le tiers ait fait une demande aussi ridiculement timide, de même qu'on ne comprendra pas l' « intrépide iniquité » avec laquelle les privilégiés ont osé s'opposer à cette demande minimaliste.

Des considérations historiques viennent étayer les conclusions que Sieyès a tirées de ses principes. Le tiers et la noblesse ne sont plus ce qu'ils étaient. Le tiers était serf et pauvre ; désormais, son

---

1. Nous savons en effet que Sieyès est partisan d'un vote censitaire.

« industrie » lui a permis de l'emporter sur la « force » des nobles, et il est devenu libre et riche. La noblesse, quant à elle, ne joue plus le rôle social qu'elle jouait aux temps « gothiques », elle n'est plus que l'ombre d'elle-même. Comment cette ombre prétendrait-elle « épouvanter une nation entière » ?

3) *La philosophie constitutionnelle de Sieyès*

S'il est si nécessaire que la voix de la « nation » se fassent entendre aux États généraux, c'est que cette assemblée a pour vocation réelle – Sieyès ne s'arrête pas à la tâche immédiate, le règlement de la question budgétaire – de donner une constitution à la France. Cette question est l'objet de la suite de la brochure.

Tout au long de la tourmente révolutionnaire et jusque sous le Directoire, le Consulat et même l'Empire, Sieyès ne cessera de s'occuper de questions constitutionnelles. Il rédigera personnellement nombre de projets de constitution. Il est l'auteur, en particulier, des constitutions du Consulat et de l'Empire (même si Napoléon en a complètement changé l'esprit), avec leur multicamérisme complexe essayant de décliner les principes de séparation des pouvoirs, de représentation, de contrôle de l'exécutif. Nous ne pouvons étudier ici dans le détail ces théories constitutionnelles de Sieyès (on peut se reporter au livre de Jean-Denis Bredin). La brochure *Qu'est-ce que le tiers état ?* pose seulement les principes les plus généraux.

a) *L'exemple de la Constitution anglaise est-il à suivre ?*

On vante partout la Constitution d'Angleterre[1]. Des nobles l'accepteraient, puisqu'il y a là-bas une Chambre haute. Sieyès refuse de se « prosterner » devant ce modèle (« Ne peut-on accueillir le bien, sans épouser le mal ? », p. 79). Il pose deux questions : la Constitution d'Angleterre est-elle bonne en elle-même ? Convient-elle à la France ?

Il soutient qu'elle n'est pas bonne, d'abord pour une raison de méthode (elle est « le produit du hasard et des circonstances, bien plus que des Lumières »[2], p. 61), ensuite pour plusieurs raisons de fond. Le pouvoir législatif est, en Angleterre, séparé en trois parties (le roi et les deux chambres du Parlement). Or seule l'une d'entre elles, la Chambre des Communes, représente la

---

1. La Constitution américaine, trop récente, et plus généralement les débats constitutionnalistes américains ne sont alors connus en France que d'une petite minorité (autour de La Fayette et des représentants du Congrès à Paris, Franklin et Jefferson).
2. « Cartésianisme » de Sieyès, qui ne comprend pas la logique évolutionniste des Hume, des Ferguson et des Burke. Il éprouve le mépris habituel des Français à l'égard de l' « empirisme » anglais.

« nation ». Mais la loi doit exprimer la volonté générale. Il y a donc contradiction. « Si les seigneurs et le roi ne sont pas des représentants de la nation », ce
qui est bien le cas puisqu'ils ne sont pas désignés par une « élection libre et
générale », ils doivent n'être « rien » dans le pouvoir législatif.

Certes, cette constitution est « un ouvrage étonnant pour le
temps où elle a été fixée ». Mais la France, qui bénéficie d'un siècle
de nouveaux progrès des Lumières, va faire mieux (« Élevons-nous
tout d'un coup à l'ambition de vouloir nous-mêmes servir
d'exemples aux nations... Les Anglais n'ont pas été au-dessous des
Lumières de leur temps : ne restons pas au-dessous des Lumières du
nôtre », p. 64). La Constitution anglaise est compliquée, la Constitution française sera simple.

Le vice essentiel de la Constitution anglaise (sur lequel Sieyès
reviendra lors des discussions sur les constitutions ultérieures, notamment à l'occasion de l'élaboration de la constitution de l'an III), est
qu'elle organise un *équilibre,* et non une *hiérarchie,* des pouvoirs.

Il y a des gens qui – suivant les leçons de Montesquieu – sont « épris de l'idée
de *balancer* les parties du pouvoir législatif » (p. 79). Or « une constitution n'est
point une transaction entre des volontés arbitraires. Tout découle des droits de
l'homme et y aboutit par un enchaînement de vérités nécessaires. Hors de cela, il
ne peut y avoir, au lieu de véritable ordre social, que théocratie, machiavélisme
ou brigandage » (manuscrit de 1795, cité par Bredin, *op. cit.,* p. 509). « Ne donnons plus deux ou trois têtes au même corps, afin de corriger par les défauts de
l'une le mauvais effet des défauts de l'autre » (Discours de Sieyès à la Convention
du 20 juillet 1795, 2 thermidor An III, cité par Bredin, *op. cit.,* p. 510). Ce qu'il
faut, c'est une « unité de volonté ». « On peut appeler improprement "pouvoirs"
au pluriel les différentes procurations que ce pouvoir unique donne à ses divers
représentants », mais ils découleront tous de l'unique volonté de la nation.

b) *Ce que doit être une constitution*

Sieyès formule alors une philosophie constitutionnelle en raccourci. Il y a plusieurs étapes (logiques et chronologiques) dans la
naissance des sociétés politiques. D'abord, les hommes sont isolés et
les « volontés individuelles » dominent. Ensuite l'union se fait, et,
pour agir et atteindre leurs buts, les citoyens acceptent de se soumettre à une « volonté commune ». Enfin, ils acceptent que cette
volonté commune soit incarnée dans un « gouvernement ». Mais ce
gouvernement n'est que le procureur de la communauté ; ne déte-
nant pas d'autorité illimitée, il dispose seulement de l'autorité que la
communauté lui a confiée. En effet,

« la communauté ne se dépouille pas du droit de vouloir. C'est sa propriété inaliénable. Elle ne peut qu'en commettre l'exercice... Le corps des délégués ne
peut pas même avoir la plénitude de cet exercice. La communauté n'a pu lui

confier de son pouvoir total que cette portion qui est nécessaire pour maintenir le bon ordre... Il n'appartient donc pas au corps des délégués de déranger les limites du pouvoir qui lui a été confié... Les délégués n'exercent point [la volonté commune représentative] comme un droit propre, c'est le droit d'autrui ; la volonté commune n'est là qu'en commission » (p. 66).

C'est cette hiérarchie des pouvoirs de la communauté à l'assemblée représentative et de celle-ci aux autres pouvoirs de l'État qui doit être formellement définie par une « constitution » :

« Il est impossible de créer un corps pour une fin, sans lui donner une organisation, des formes et des lois propres à lui faire remplir les fonctions auxquelles on a voulu le destiner. C'est ce qu'on appelle la constitution de ce corps. Il est évident qu'il ne peut exister sans elle. Il l'est donc aussi, que tout gouvernement commis doit avoir sa constitution... Le corps des représentants, à qui est confié le pouvoir législatif ou l'exercice de la volonté commune, n'existe qu'avec la manière d'être que la nation a voulu lui donner. Il n'est rien sans ses formes constitutives ; il n'agit, il ne dirige, il ne commande que par elles. À cette nécessité d'organiser le corps du gouvernement, si l'on veut qu'il existe ou qu'il agisse, il faut ajouter l'intérêt qu'a la nation à ce que le pouvoir public délégué ne puisse jamais devenir nuisible à ses commettants. De là une multitude de précautions politiques qu'on a mêlées à la Constitution, et qui sont autant de règles essentielles au gouvernement, sans lesquelles l'exercice du pouvoir deviendrait illégal. On sent donc la double nécessité de soumettre le gouvernement à des formes certaines, soit intérieures, soit extérieures, qui garantissent son aptitude à la fin pour laquelle il est établi et son impuissance à s'en écarter » (p. 67)[1].

c) *La nation, origine de tout droit positif*
   et arbitre des conflits constitutionnels

Le gouvernement est l'œuvre de la Constitution, mais pas la nation. Celle-ci, Sieyès y insiste dans des pages vigoureuses, « existe avant tout », est « l'origine de tout ». La nation n'a été créée par personne.

« De qui, en effet, aurait-elle pu recevoir une forme positive ? Est-il une autorité antérieure qui ait pu dire à une multitude d'individus : "Je vous réunis sous telles lois ; vous formerez une nation aux conditions que je vous prescris ?" Nous ne parlons pas ici brigandage ni domination, mais association légitime, c'est-à-dire volontaire et libre » (p. 69).

---

1. Développement purement conforme à la doctrine libérale lockéenne et à ses prolongements américains. La Constitution sera « double » en ce qu'elle comportera, d'une part, des règles fixant la nature et les relations des différents pouvoirs de l'État et, d'autre part, des règles spécifiant les limites du pouvoir de l'État et les moyens permettant de constater qu'il « s'en écarte », donc une Déclaration des droits de l'homme et des mécanismes de contrôle constitutionnel des lois.

C'est de la volonté nationale qu'émanera tout le droit positif, d'abord la Constitution même, puis les lois faites par les pouvoirs et selon les modalités que celle-ci aura établis. Tout le droit découlera de cette source unique, la volonté de la nation (au-dessus de laquelle, toutefois, il y a le « droit naturel »), et aucun pouvoir de l'État ne pourra aller contre cette volonté originaire, pas plus qu'un fleuve ne peut submerger sa source. D'où la nécessaire distinction entre le « pouvoir constituant » et le « pouvoir constitué ». Les organes de l'État instaurés par la Constitution sont et restent toujours dépendants du pouvoir constituant, c'est-à-dire de la volonté nationale. En particulier, « aucune sorte de pouvoir délégué ne peut rien changer aux conditions de sa délégation ».

Sieyès dit cela dans un but précis. Le problème du jour est la réunion des États généraux. Il est évident, pour Sieyès comme pour Mirabeau et maints autres leaders politiques du moment, que cette assemblée ne devra pas se borner à régler les questions budgétaires, comme le ministère le lui demande, mais que, étant le premier corps représentatif de la nation à se réunir depuis 175 ans, elle devra saisir cette occasion pour réformer la monarchie. Or cela pose un redoutable problème de principe. Une assemblée, comme n'importe quelle institution de l'État, est réunie conformément à la Constitution *existante* de l'État ; elle n'a de pouvoirs que ceux qui lui sont fixés par cette constitution ; en l'occurrence, les États généraux du royaume de France sont convoqués dans le cadre de la Constitution de l'ancienne monarchie qui est une société d'ordres et où la souveraineté est détenue par le roi seul, les États généraux n'ayant qu'un rôle de conseil. Comment l'assemblée pourrait-elle sortir de son rôle, outrepasser ses pouvoirs et changer la Constitution même en fonction de laquelle elle a une existence légale ? Il y a là un paralogisme[1].

La solution consiste à dire que l'assemblée *représente la nation,* et que la nation étant le « pouvoir constituant », elle n'est tributaire d'aucune constitution donnée, puisque c'est elle qui les crée toutes.
La nation, dit Sieyès, n'est liée par aucune constitution antérieure, car 1 / elle ne pouvait s'engager envers quiconque d'extérieur à elle, roi ou classe de privilégiés dont on a vu qu'ils sont minoritaires et ne sont donc pas fondés à lui imposer quoi que ce soit, et 2 / elle ne pouvait s'engager, par définition, avec elle-même, car « qu'est-ce qu'un contrat avec soi-même ? » (p. 69). Elle est et demeure perpétuellement libre de vouloir.

« Une nation est indépendante de toute forme ; et de quelque manière qu'elle veuille, il suffit que sa volonté paraisse, pour que tout droit positif cesse devant elle, comme devant la source et le maître suprême de tout droit positif » (p. 70).

---

1. Sur lequel butera aussi Kant, cf. *infra,* p. 540-541.

Du coup, la nation va être pour Sieyès l'arbitre suprême de tous les débats constitutionnels, comme le juge est l'arbitre des litiges entre particuliers, le pouvoir législatif l'arbitre des conflits de compétences entre les diverses parties du pouvoir exécutif. Pour tout conflit, il doit y avoir possibilité d'arbitrage, et en matière constitutionnelle l'arbitre n'est autre que la nation.

De fait, en ce début de 1789, il n'y a de consensus sur rien, ni sur la légitimité de la division de la société en trois ordres, ni sur les pouvoirs du roi, ni sur les modes de représentation des sujets, ni sur les procédures électorales, ni sur le mandat possible de l'Assemblée qu'on va réunir. « À qui donc appartient-il de décider ? À la nation, indépendante, comme elle l'est nécessairement, de toute forme positive » (p. 70).

d) *Pouvoirs ordinaires et extraordinaires*

Mais Sieyès ne nie pas purement et simplement la difficulté juridique et logique soulevée. L'Assemblée n'est pas exactement la nation. Elle existe de par un mandat défini par la Constitution actuelle, et elle ne peut décider que ce pour quoi elle a été mandatée. Ce n'est donc pas « à ce corps constitué à prononcer sur un différend qui touche à sa constitution. Il y aurait à cela une pétition de principes, un cercle vicieux » (p. 70-71). La solution de ce dilemme consiste à distinguer, dans les pouvoirs que peut exercer une Assemblée, un pouvoir *constitué et ordinaire,* et un pouvoir *constituant* et *extraordinaire* :

« Les représentants *ordinaires* d'un peuple sont chargés d'exercer, dans les formes constitutionnelles, toute cette portion de la volonté commune qui est nécessaire pour le maintien d'une bonne administration. Leur pouvoir est borné aux affaires du gouvernement. [En revanche], des représentants *extraordinaires* auront tel nouveau pouvoir qu'il plaira à la nation de leur donner. Puisqu'une grande nation ne peut s'assembler elle-même en réalité toutes les fois que des circonstances hors de l'ordre commun pourraient l'exiger, il faut qu'elle confie à des représentants extraordinaires les pouvoirs nécessaires dans ces occasions. Si elle pouvait se réunir devant vous et exprimer sa volonté, oseriez-vous la lui disputer, parce qu'elle ne l'exerce pas dans une forme plutôt que dans une autre ? Ici, la réalité est tout, la forme n'est rien. »

C'est bien ce qui a été fait en Amérique (Sieyès ne le dit pas dans le texte même de *Qu'est-ce que le tiers état ?,* mais il est hautement probable qu'il a en tête ce précédent). Lorsqu'il s'est agi de faire des constitutions, soit d'États soit fédérale, on n'a pas cru que les assemblées existantes avaient une légitimité suffisante pour cette tâche. On a réuni des « conventions » à qui l'on a donné expressément ce mandat spécial et qui ont pu, mais à cette condition seulement, se comporter en « pouvoirs constituants » (cf. *supra*, p. 376 et 388).

Du coup, le problème français se resserre, il devient de savoir si un tel mandat « extraordinaire » a bien été confié par la nation aux États généraux de 1789. Siéyès, sur ce point, hésite, puisqu'il dit quelques pages plus loin :

> « On ne niera pas que la chambre du tiers aux prochains États généraux ne soit très compétente assurément à convoquer le royaume en représentation extraordinaire... Jusque-là, l'ordre du tiers suspendra, non pas ses travaux prépara-toires, mais l'exercice de son pouvoir ; il ne statuera rien définitivement ; il attendra que la nation ait jugé le grand procès qui divise les trois ordres »[1] (p. 84).

Le schéma idéal serait que les États généraux se réunissent, exercent alors leurs seuls pouvoirs ordinaires, mais décident de convoquer d'autres États généraux qui, eux, auraient le mandat extraordinaire de donner une nouvelle constitution à la France. Mais Sieyès sait bien que le pouvoir royal n'a pas l'intention de suivre ce schéma. Il pressent qu'il faudra donc le court-circuiter ou, plus exactement, adopter un schéma inverse. Si le vote par tête est acquis, les États généraux seront incontestablement la nation rassemblée. Ce seul fait suffira pour que, bousculant les formes préexistantes, ils se comportent en pouvoir constituant. En revanche, ils ne pourront se comporter également en pouvoir constitué, c'est-à-dire en assemblée législative ordinaire. Il faudra, à cette fin, qu'ils décident de faire élire une seconde assemblée qui tiendra son mandat de la constitution adoptée par la première et devra, elle, se tenir strictement à l'intérieur de ce cadre. Ainsi, plusieurs mois avant le serment du Jeu de paume et la précipitation des événements de mai 1789, Sieyès anticipe l'autoproclamation des États généraux en Assemblée nationale constituante, suivie de l'élection, deux ans plus tard, de l'Assemblée législative.

e) *Une représentation des individus, non des corps*

Sieyès entend, par ailleurs, que la représentation politique de la nation soit une représentation des *individus,* non des divers *corps* qui composent la société. Il ne vise plus seulement les ordres privilégiés

---

1. Sieyès aura l'occasion, les années suivantes, à ses dépens, d'avoir la même hésita-tion et d'éprouver les mêmes doutes. La Convention, par exemple, a-t-elle vraiment reçu le mandat « extraordinaire » de changer la constitution à son gré ? Y a-t-il eu harmonie des volontés entre représentés et représentants ? Ce ne fut certes pas le cas sous les Giron-dins qui ont « opprimé le peuple par la Convention asservie », et moins encore sous les Montagnards qui ont « opprimé la Convention par le peuple trompé » (cité par Bredin, *op. cit.,* p. 472 et 475-476). Dès *Qu'est-ce que le tiers état ?,* Sieyès anticipait les risques d'usurpation : « Un corps soumis à des formes constitutives ne peut rien décider que d'après sa constitution. Il ne peut pas s'en donner une autre. Il cesse d'exister dès le moment qu'il se meut, qu'il parle, qu'il agit autrement que dans les formes qui lui ont été imposées » (p. 73).

dont le sort a été réglé dès le début de l'ouvrage, mais tous les « corps intermédiaires », c'est-à-dire les collectivités locales ou professionnelles. Il donne de cette exclusion une justification théorique précise :

« Nous connaissons le véritable objet d'une assemblée nationale ; elle n'est point faite pour s'occuper des affaires particulières des citoyens, elle ne les considère qu'en masse et sous le point de vue de l'intérêt commun. Tirons-en la conséquence naturelle que le droit à se faire représenter n'appartient aux citoyens qu'à cause des qualités qui leur sont communes, et non pas celles qui les différencient. Les avantages par lesquels les citoyens diffèrent entre eux sont *au-delà* du caractère de citoyen. Les inégalités de propriété et d'industrie sont comme les inégalités d'âge, de sexe, de taille, etc. Elles ne dénaturent point *l'égalité* du civisme. [...] Je me figure la loi au centre d'un globe immense ; tous les citoyens, sans exception, sont à la même distance sur la circonférence et n'y occupent que des places égales ; tous dépendent également de la loi, tous lui offrent leur liberté et leur propriété à protéger ; et c'est ce que j'appelle les *droits communs* des citoyens, par où ils se ressemblent tous. [...] Les intérêts par lesquels les citoyens se ressemblent sont les seuls qu'ils puissent traiter en commun, les seuls par lesquels, et au nom desquels ils puissent réclamer des droits politiques, c'est-à-dire une part active à la formation de la loi sociale, les seuls par conséquent qui impriment aux citoyens la qualité représentable. Ce n'est donc pas parce qu'on est privilégié, mais parce qu'on est citoyen, qu'on a droit à l'élection des députés et à l'éligibilité. Tout ce qui appartient aux citoyens, je le répète, avantages communs, avantages particuliers, pourvu que ceux-ci ne blessent pas la loi, ont droit à la protection, mais *l'union sociale n'ayant pu se faire que par des points communs, il n'y a que la qualité commune qui ait droit à la législation*. Il suit de là que l'intérêt de corps, loin d'influer dans la législature, ne peut que la mettre en défiance : il est aussi opposé à l'objet qu'étranger à la mission d'un corps de représentants » (p. 88-89).

Mais égalité devant la loi ne signifie pas égalité réelle : Sieyès marque très clairement la différence. L'inégalité réelle est parfaitement compatible avec l'égalité devant la loi, et l'État n'est garant que de cette dernière.

Avec de tels principes, la voie est tracée vers la Déclaration des droits de l'homme et du citoyen d'août 1789.

§ 7
La Déclaration française
des droits de l'homme de 1789

Les principes des « droits de l'homme » que l'on a vu s'élaborer, dans la continuation de la tradition du droit naturel, chez les révolutionnaires anglais et américains s'incarnent en France dans la fameuse Déclaration des droits de l'homme et du citoyen, votée par l'Assemblée nationale le 26 août 1789.

Ont notamment participé à son élaboration Mirabeau, Sieyès, La Fayette. Ces hommes connaissent parfaitement les précédents américains et en ont discuté dans les cercles que Benjamin Franklin réunit autour de lui à Paris. Bien qu'elle soit directement inspirée de ces précédents et que la philosophie politique qu'elle reflète — la *démocratie libérale* — soit essentiellement la même, elle comporte certains aspects originaux de fond et de forme.

En voici le texte[1] :

Déclaration des droits de l'homme et du citoyen de 1789

Les représentants du peuple français, constitués en Assemblée nationale, considérant que l'ignorance, l'oubli ou le mépris des droits de l'homme sont les seules causes des malheurs publics et de la corruption des gouvernements, ont résolu d'exposer, dans une déclaration solennelle, les droits naturels, inaliénables et sacrés de l'homme, afin que cette déclaration, constamment présente à tous les membres du corps social, leur rappelle sans cesse leurs droits et leurs devoirs ; afin que les actes du pouvoir législatif et ceux du pouvoir exécutif, pouvant être à chaque instant comparés avec le but de toute institution politique, en soient plus respectés ; afin que les réclamations des citoyens, fondées désormais sur des principes simples et incontestables, tournent toujours au maintien de la Constitution et au bonheur de tous.

En conséquence, l'Assemblée nationale reconnaît et déclare, en présence et sous les auspices de l'Être suprême, les droits suivants de l'homme et du citoyen.

Article 1er

Les hommes naissent et demeurent libres et égaux en droits. Les distinctions sociales ne peuvent être fondées que sur l'utilité commune.

Article 2

Le but de toute association politique est la conservation des droits naturels et imprescriptibles de l'homme. Ces droits sont la liberté, la propriété, la sûreté et la résistance à l'oppression.

---

1. Sur l'histoire de l'élaboration de ce texte, voir Stéphane Rials, *La Déclaration des droits de l'homme et du citoyen,* Hachette-Pluriel, 1989. Pour son analyse, Jean Rivero, *Les libertés publiques,* PUF, coll. « Thémis », t. 1 : *Les droits de l'homme,* 1981. Le texte de la Déclaration est donné par Rials, *op. cit.,* p. 21 sq. Il s'agit d'une version de 1791, réimprimée en préambule de la Constitution de 1791. Il diffère de celui de 1789 sur des points mineurs, mais il se trouve que c'est ce texte de 1791 que le *Journal officiel* a publié en 1958 comme étant celui auquel renvoie le préambule de la Constitution de la Ve République.

Article 3

Le principe de toute souveraineté réside essentiellement dans la nation. Nul corps, nul individu ne peut exercer d'autorité qui n'en émane expressément.

Article 4

La liberté consiste à pouvoir faire tout ce qui ne nuit pas à autrui. Ainsi, l'exercice des droits naturels de chaque homme n'a de bornes que celles qui assurent aux autres membres de la société la jouissance de ces mêmes droits. Ces bornes ne peuvent être déterminées que par la loi.

Article 5

La loi n'a le droit de défendre que les actions nuisibles à la société. Tout ce qui n'est pas défendu par la loi ne peut être empêché, et nul ne peut être contraint à faire ce qu'elle n'ordonne pas.

Article 6

La loi est l'expression de la volonté générale. Tous les citoyens ont droit de concourir personnellement, ou par leurs représentants, à sa formation. Elle doit être la même pour tous, soit qu'elle protège, soit qu'elle punisse. Tous les citoyens étant égaux à ses yeux sont également admissibles à toutes dignités, places et emplois publics, selon leur capacité, et sans autre distinction que celle de leurs vertus et de leurs talents.

Article 7

Nul homme ne peut être accusé, arrêté ni détenu que dans les cas déterminés par la loi, et selon les formes qu'elle a prescrites. Ceux qui sollicitent, expédient, exécutent ou font exécuter des ordres arbitraires doivent être punis ; mais tout citoyen appelé ou saisi en vertu de la loi doit obéir à l'instant : il se rend coupable par la résistance.

Article 8

La loi ne doit établir que des peines strictement et évidemment nécessaires, et nul ne peut être puni qu'en vertu d'une loi établie et promulguée antérieurement au délit, et légalement appliquée.

Article 9

Tout homme étant présumé innocent jusqu'à ce qu'il ait été déclaré coupable, s'il est jugé indispensable de l'arrêter, toute rigueur qui ne serait pas nécessaire pour s'assurer de sa personne doit être sévèrement réprimée par la loi.

Article 10

Nul ne doit être inquiété pour ses opinions, même religieuses, pourvu que leur manifestation ne trouble pas l'ordre public établi par la loi.

Article 11

La libre communication des pensées et des opinions est un des droits les plus précieux de l'homme : tout citoyen peut donc parler, écrire, imprimer librement, sauf à répondre de l'abus de cette liberté dans les cas déterminés par la loi.

Article 12

La garantie des droits de l'homme et du citoyen nécessite une force publique : cette force est donc instituée pour l'avantage de tous, et non pour l'utilité particulière de ceux auxquels elle est confiée.

Article 13

Pour l'entretien de la force publique, et pour les dépenses d'administration, une contribution commune est indispensable : elle doit être également répartie entre tous les citoyens, en raison de leurs facultés.

Article 14

Tous les citoyens ont le droit de constater, par eux-mêmes ou par leurs représentants, la nécessité de la contribution publique, de la consentir librement, d'en suivre l'emploi, et d'en déterminer la quotité, l'assiette, le recouvrement et la durée.

Article 15

La société a le droit de demander compte à tout agent public de son administration.

Article 16

Toute société dans laquelle la garantie des droits n'est pas assurée, ni la séparation des pouvoirs déterminée, n'a point de constitution.

Article 17

La propriété étant un droit inviolable et sacré, nul ne peut en être privé, si ce n'est lorsque la nécessité publique, légalement constatée, l'exige évidemment, et sous la condition d'une juste et préalable indemnité.

1) *Une « déclaration »*[1]

Il s'agit d'une *déclaration* : les représentants du peuple français n'*instituent* pas les droits de l'homme, le texte est net et dit — conformément aux thèses explicitées par les théoriciens américains (cf. *supra*, p. 385-392) — qu'ils les « exposent », les « déclarent », les « rappellent ». Les droits existent déjà, puisqu'ils sont inhérents à la nature humaine. Il s'agit seulement d'en

---

1. Nous suivons l'exposé de Jean Rivero, *op. cit.*

prendre acte. Mais les droits ont été « oubliés » ou « ignorés ». Il faut donc les rendre désormais « incontestables ». Et pour cela, il faut non seulement les énoncer, mais les présenter en un exposé articulé, où les rapports entre l'homme et la société seront pleinement explicités (la déclaration française a un caractère plus doctrinal et systématique que ses modèles américains).

D'autre part, une fois les droits « déclarés », il faut les « garantir ». Mais les deux opérations sont disjointes : l'organisation de la garantie incombe à la Constitution qui doit suivre.

Cf. article 16 : « Toute société dans laquelle la garantie des droits n'est pas assurée... n'a point de constitution. » De fait, le Titre Iᵉʳ de la Constitution du 3 septembre 1791 est consacré à cette garantie. On ne saurait donc reprocher aux auteurs de la Déclaration d'avoir ignoré l'aspect pratique de la protection des droits. Du moins peut-on noter l'optimisme qui leur fait espérer une adhésion immédiate et totale des esprits aux « principes simples et incontestables » qu'ils énoncent.

2) *Une déclaration de droits « naturels »*

Le fait que les droits soient dits « naturels » entraîne des conséquences fondamentales. Puisqu'ils appartiennent à la nature même de l'homme, l'homme ne peut y renoncer, fût-ce volontairement ; il cesserait *ipso facto* d'être homme. Les droits seront donc « inaliénables » (Préambule)[1]. D'autre part, tous les hommes ayant même nature, les droits naturels seront « égaux » pour tous les hommes (Article 1 : « Les hommes naissent et demeurent égaux en droits »). Ils seront, en tant que naturels, universels : dans tous les pays, à toutes les époques, quelles que soient la race, la condition sociale, etc., la nature humaine demeure une et identique. Les discriminations de toutes sortes sont incompatibles avec l'affirmation des droits (le texte affirme implicitement l'universalité des droits en parlant de l' « Homme »)[2].

Les deux derniers attributs, égalité et universalité, sont logiquement distincts ; ils portent respectivement sur la compréhension et sur l'extension du concept. L'égalité veut dire que les droits de l'homme ont *même contenu* pour tous les hommes. L'universalité veut dire que les droits appartiennent à *tous* les hommes.

---

1. Et « imprescriptibles », terme juridique qui signifie que les droits ne sont jamais caducs ; qu'on n'est jamais « forclos » de ces droits pour n'en avoir pas usé dans un certain délai. Ce sont des droits permanents, « éternels », comme la nature elle-même.

2. Universalisme que les contre-révolutionnaires comme Joseph de Maistre lui reprocheront (cf. *infra*, p. 1078).

Enfin, puisque les droits sont naturels, ils sont *antérieurs à la société politique* ; il en résulte qu'ils ne sauraient consister en *créances* sur celle-ci, c'est-à-dire en exigences que la société politique procure aux hommes certaines *prestations positives* (à l'emploi, au logement, etc., tout ce qu'on appellera plus tard les « droits économiques et sociaux »). Comment cette exigence aurait-elle un sens, puisqu'à l'état de nature la société, seule entité dont on puisse exiger de telles prestations, n'existe pas encore ?

Les droits ne sauraient consister qu'en *obligations négatives*. Il faut que la société, en se constituant, s'engage à *ne pas supprimer* les droits qui existaient à l'état de nature. Les droits de l'homme sont essentiellement des *libertés,* ils définissent la sphère d'autonomie de l'individu dans laquelle la société ne peut s'immiscer (la *property* ou « domaine propre » de Locke).

La distinction entre les « droits-libertés » et les « droits-créances » est fondamentale et de grande conséquence pour la pensée politique ultérieure.

Droits de l'homme de 1789	Droits « économiques et sociaux »
Droits-libertés Pouvoirs de faire Droits « de » Droits négatifs Droits « formels »	Droits-créances Pouvoirs d'exiger Droits « à » Droits positifs Droits « réels »

Quoi qu'on pense de la légitimité des « droits économiques et sociaux » revendiqués plus tard, créances dont la société se reconnaît redevable à l'égard de tout citoyen : droit à l'assistance, à l'emploi, au logement, à l'éducation, à la santé, etc., il est essentiel de reconnaître qu'ils sont des droits *d'une autre nature* que les droits-libertés reconnus en 1789, lesquels supposent seulement le respect de la sphère d'autonomie des individus. La différence tient à ce que, les droits-libertés étant naturels et ne tenant pas à l'organisation politique, ils n'exigent, pour être respectés, que la pure et simple *abstention* de l'État, et en ce sens la seule *bonne volonté* des gouvernants. Rien ne peut jamais *forcer* – au sens d'une contrainte matérielle – un État à mettre quelqu'un en prison, à le torturer, à le voler, à l'empêcher de s'exprimer, etc. Ne supposant rien de matériel pour être respectés, les droits-libertés sont donc des « absolus », qui ne sont pas susceptibles de *plus* et de *moins :* l'État doit les accepter tels quels. En revanche, pour s'acquitter des droits-créances, la société politique doit disposer des biens et services correspondants ; si elle ne les a pas, elle sera *matériellement forcée* de ne pas les donner à qui les demande. Or il peut fort bien arriver, et il arrive souvent, que l'État n'ait pas de logement, d'emploi, de nourriture, etc., à distribuer.

Dès lors, il est dommageable de confondre les deux types de droits et de les mettre juridiquement sur le même plan. En effet, le respect des droits-créances étant subordonné à des conditions qui ne sont pas toujours réalisées, on s'habitue à les considérer comme *relatifs,* comme n'étant pas vraiment *obligatoires,* et l'État comme excusable de ne les respecter qu'à moitié. Nous vivons aujourd'hui en France sous une Constitution qui affirme solennellement le droit à l'emploi, et nous avons un très grand nombre de chômeurs. Si les deux types de droit ont même valeur constitutionnelle, cette relativité des droits-créances ne peut que déteindre sur les droits-libertés, la mauvaise monnaie chassant la bonne. Puisque le droit au travail n'est qu'imparfaitement satisfait, pourquoi se scandaliserait-on que les libertés publiques subissent elles aussi des atteintes ? Le gouvernement ne fait-il pas, dans les deux cas, tout ce qu'il peut ? Les libertés seront d'autant plus affaiblies si, en outre, comme cela a été le cas dans les pays socialistes, on peut présenter les limitations des droits-libertés comme la condition nécessaire d'une réalisation plus rapide et plus complète des droits-créances (c'est le raisonnement qui a été tenu à ce sujet en Union soviétique).

Cela étant, les constituants de 1789 eux-mêmes reconnaissent l'obligation, *pour la société,* de pourvoir à certains besoins fondamentaux. Seulement, ils font explicitement la distinction rappelée ci-dessus puisqu'ils renvoient au corps de la *constitution,* en l'excluant de la *déclaration* des droits de l'homme, la formulation de ces devoirs que la société politique s'impose à elle-même.

Cf. Constitution de 1791, Titre Ier : « Il sera créé et organisé un établissement général de secours publics pour élever les enfants abandonnés, soulager les pauvres infirmes, et fournir du travail aux pauvres valides qui n'auraient pu s'en procurer... Il sera créé et organisé une Instruction publique, commune à tous les citoyens, gratuite à l'égard des parties d'enseignement indispensables pour tous les hommes, et dont les établissements seront distribués dans un rapport combiné avec la division du Royaume » (cité par Rivero, p. 61).

3) *Une Déclaration des droits de l'homme « et du citoyen »*

L' « homme » et le « citoyen » ne sont pas la même chose. Les droits du citoyen ne se conçoivent qu'une fois que la Cité est fondée. Il y a donc une différence de nature. Ce sont des « droits politiques ». En fait, dans l'esprit des auteurs, les deux sortes de droits sont liés : les libertés individuelles ne peuvent se conserver durablement dans la Cité que si celle-ci est gouvernée d'une certaine façon, celle qui est conforme aux « droits du citoyen ».

Les droits du citoyen sont des pouvoirs : pouvoir de concourir à la formation de la volonté générale (art. 6), de discuter des impôts (art. 14), d'accéder à toutes les fonctions publiques (art. 6), c'est-à-dire les principes essentiels de la *démocratie.*

4) *Caractère concret de la Déclaration*

On a reproché à la Déclaration de 1789 son « abstraction » (cf. le vocabulaire employé : l' « Homme », le « Citoyen », la « Société », la « Volonté générale », etc.). Mais cette abstraction ne doit pas tromper. Les articles se réfèrent *a contrario* à des soucis très concrets que les contemporains avaient tous à l'esprit. Chacun des droits abstraits proclamés apparaît comme la condamnation d'un abus précis de l'absolutisme.

— Les affirmations sur les caractères de publicité, de non-rétroactivité (art. 6 et 8), etc., que doit avoir la loi, et sur le fait que toute autorité publique doit emprunter des formes légales strictes (art. 7, 9, 17, etc.), reviennent à condamner les habitudes de *secret* et d'*arbitraire* des gouvernements d'Ancien Régime ;

— Le droit abstraitement qualifié de « sûreté », explicité à l'art. 7, met hors la loi des pratiques d'arbitraire administratif courantes avant la Révolution, telles les *lettres de cachet* ;

— La récusation de toutes « rigueurs qui ne seraient pas nécessaires » (art. 9) vise la *torture* ;

— Le « droit d'imprimer » (art. 11) vise la *censure*, royale ou ecclésiastique ;

— L'affirmation de la liberté des « opinions, même religieuses » (art. 10) met hors la loi les *persécutions contre les protestants,* qui s'étaient poursuivies presque jusqu'à la fin du XVIII\ e siècle, et prépare l'*émancipation des juifs.*

— L'affirmation que les doits de l'homme sont « inaliénables » (Préambule) vise clairement, pour les contemporains, les *vœux monastiques.* Sous l'Ancien Régime, ces vœux (pauvreté, chasteté, obéissance), une fois prononcés, avaient une valeur juridique : le supérieur d'un couvent pouvait demander l'appui de la force publique pour faire revenir au couvent un moine fugitif. Or la liberté et la libre disposition de son corps sont des droits inaliénables, donc aucune loi sanctionnant leur aliénation à un supérieur n'est légitime. On peut donc prononcer des vœux, mais l'État ne sera pas tenu de les faire respecter. La Déclaration réalise en ce sens une vieille aspiration des anticléricaux de l'*Encyclopédie*[1].

— L'article sur le caractère « inviolable et sacré » de la propriété, qui ne peut être retirée à quiconque sans une « juste et préalable indemnité » (art. 17), vise à mettre fin aux *expropriations arbitraires,* qu'autorisait la théorie absolutiste du « domaine éminent » du roi sur l'ensemble du royaume (cf. *supra*, p. 133-134).

— L'article sur l'égalité d'accès aux fonctions publiques (art. 6) vise le *privilège d'accès à certaines charges publiques,* notamment militaires, possédé par la noblesse.

---

1. Que met en scène le roman de Diderot, *La Religieuse*. Nous savons que cette laïcité de l'État est un point acquis à cette date en Amérique (cf. *supra*, p. 397-400).

5) *L'individualisme*

Les droits que la Déclaration affirme sont *individuels* (à l'exception des droits de la « nation » en tant que telle). Cet individualisme affecte à la fois le sujet des droits, leur objet, et la vision d'ensemble de la société. Le sujet de droit, c'est essentiellement l'individu. Pas de droit naturel, par contre, pour la famille, pour la collectivité locale ou pour la collectivité professionnelle. Toutes les libertés reconnues ont pour caractère commun de pouvoir être mises en œuvre par la volonté d'un seul. Les libertés des associations et groupements divers ne sont pas mentionnées. La liberté de réunion n'apparaîtra – et encore timidement – que dans le Titre Iᵉʳ de la Constitution, comme si l'on n'avait pas cru pouvoir reconnaître en elle, vu son caractère collectif, un droit « naturel ».

Cela s'explique par l'intention d'ensemble, qui est de ne pas fausser l'élaboration de la « volonté générale ». Sieyès a dit que les individus devaient être représentés en tant que tels[1]. Et il y a aussi l'influence libérale des Physiocrates et de l'école de Turgot : on pense que les corporations nuisent à la liberté du commerce, à la mobilité du travail, et jouent contre la croissance économique. On n'accepte donc aucun « corps intermédiaire », ou du moins on n'accepte pas de donner à ces corps un statut constitutionnel. Le préambule de la Constitution de 1791 affirme : « Il n'y a plus de jurandes ni corporations de professions, arts et métiers. » Le décret d'Allarde de mars 1791 reconnaît la liberté d'exercer tout négoce, profession ou métier. Et la fameuse loi Le Chapelier du 14 juin 1791 interdit les groupements professionnels, car elle refuse que les « intérêts communs » des « gens de métiers » puissent jouir d'un statut légal opposable aux libertés individuelles des tiers. Ces textes prolongent l'esprit de la Déclaration.

6) *La liberté dans la Déclaration*

La liberté est le thème fondamental de la Déclaration. Elle est en tête de la liste des droits de l'article 2.

La liberté est un droit naturel. Les hommes *naissent* libres. La liberté est donc *initiale*, antérieure à toute action d'un pouvoir politique quelconque (c'est une différence essentielle avec le marxisme, qui fera de la liberté un but à atteindre à la suite d'un processus his-

---

1. Cf. *supra*, p. 476-477 ; cf. aussi la condamnation des « factions » par Rousseau, *infra*, p. 831-833. On constate, au passage, le peu d'influence de Montesquieu et de sa théorie des « corps intermédiaires » sur les constituants.

torique à peine entamé). Une définition de la liberté est donnée à l'article 4 : elle consiste à « pouvoir faire tout ce qui ne nuit pas à autrui ». Et l'article 5 affirme la thèse essentielle : « Tout ce qui n'est pas défendu par la loi ne peut être empêché » − idée qu'avait défendue Sieyès (cf. *supra,* p. 464) et qui définit parfaitement la société libérale : la liberté est le principe, ce sont les interdits qui sont des exceptions et doivent être justifiés.

Dans les sociétés traditionnelles, y compris l'Ancien Régime, sans parler des sociétés totalitaires, c'est l'interdiction, et plus généralement l'action conforme aux indications expresses de la coutume ou de l'autorité, qui est la norme, et la liberté l'exception qu'il faut justifier : il faut un « privilège du roi » pour imprimer, des « franchises » ou des « brevets » pour créer une entreprise, etc. La Déclaration manifeste donc *a contrario* l'adhésion de ses rédacteurs à la vision de l'ordre social comme « ordre spontané », polycentrique, que l'autorité régule mais ne dirige pas.

La définition de la liberté comme le fait de pouvoir faire « tout ce qui ne nuit pas à autrui » est cependant une maladresse. Quand je vole quelqu'un, je lui nuis. Mais, quand je lui fais concurrence ou quand je cesse de lui acheter ou de lui fournir un bien économique, je lui nuis également, sans nuire à l'intérêt général et sans porter atteinte aux droits de l'homme.

Ensuite, la Déclaration explicite les libertés particulières :

— liberté individuelle ou « sûreté » (art. 7, 8, 9) ;
— liberté d'opinion (art. 10) ;
— liberté d'expression (art. 11).

On précise donc ce que doit être la liberté dans les domaines où elle apparaît soit particulièrement importante, soit particulièrement menacée. Ce sont ces libertés nommées ou définies qui sont à l'origine de la liste des *libertés publiques* au sens du droit positif.

7) *L'association politique*

Le but de l'association politique est « la conservation des droits naturels et imprescriptibles de l'homme » (art. 2). Donc la société n'a pas de fins propres auxquels les droits de l'homme individuel devraient être assujettis, *a fortiori* sacrifiés. C'est elle, au contraire, qui est un instrument au service de l'homme et de son « bonheur » (comme dit le Préambule, qui reflète à cet égard les déclarations américaines).

La structure de l'État est commandée par cette fin même. L'État, le gouvernement, le droit ne sont pas des puissances extérieures à l'homme, écrasantes, tutélaires. Il n'est admissible d'obéir à la loi que si obéir à la loi, c'est, d'une certaine façon, s'obéir à soi-même. Le principe de toute souveraineté réside donc dans la nation (art. 3), et la loi est l'expression de la volonté générale (art. 6). De même, les impôts (art. 14), la fonction publique (art. 6 et 15), la force publique (art. 12), ne trouvent leur justification que dans l'utilité commune.

8) *La loi*

Elle est omniprésente dans le texte ; on la trouve à tous les articles ou presque.

Elle détermine les « bornes » que l'exercice des droits naturels de chaque homme trouve dans les droits d'autrui (art. 4). Elle seule peut défendre, ordonner et fonder la répression et la contrainte (art. 5, 7, 8 et 9). Elle assure l'égalité (art. 6). Elle précise où commence et où finit l'ordre public (art. 10 et 11).

S'agit-il d'une dictature de la loi ? Rousseau avait prétendu qu'une telle dictature était impossible, puisque la volonté générale ne saurait « errer ». De fait, la Déclaration manifeste une grande confiance en la loi, conforme à la tradition du droit public français. Elle formule cependant quelques réserves. La loi « n'a le droit de défendre que les actions nuisibles à la société » (art. 5), et « elle ne doit établir que des peines strictement et évidemment nécessaires ». Le Titre Ier de la Constitution de 1791 manifestera une défiance plus grande encore puisqu'il interdira au pouvoir législatif de « faire aucunes lois qui portent atteinte et mettent obstacle à l'exercice des droits naturels et civils »[1].

9) *L'égalité*

Du principe de l'égalité native des hommes découlent plusieurs conséquences. Le droit positif devra supprimer les inégalités juridiques liées à la naissance, qu'il s'agisse de l'accès aux emplois publics (art. 6) ou de la contribution aux charges (art. 13). Tout privilège est condamné (le vœu de Sieyès est exaucé). « La loi doit être la même pour tous » (art. 6). C'est toute l'armature juridique de l'Ancien Régime qui s'écroule.

L'idée d'égalité est sous-jacente à tout le texte : la liberté de chacun trouve ses bornes dans les droits égaux de tous les autres

---

1. Interdiction dont les assemblées révolutionnaires n'auront cure. Les assemblées françaises ultérieures seront plus soucieuses des droits de l'homme, mais elles ne seront contrôlées à cet égard par aucun mécanisme institutionnel précis jusqu'à l'évolution récente du rôle du Conseil constitutionnel.

(art. 4) ; tous les citoyens concourent également à la formation de la loi (art. 6). Ce principe est demeuré présent dans tout le droit public français ultérieur (règles d'accès à la fonction publique, fiscalité...), et la jurisprudence le considère comme un des « principes fondamentaux reconnus par les lois de la République ».

Mais il s'agit d'une égalité de nature, donc d'une égalité en *droits*. L'égalité des *situations* n'est pas, elle, dans la nature, laquelle consacre au contraire l'inégalité des « capacités », des « vertus » et des « talents »[1] (art. 6).

Ainsi, la Déclaration de 1789 reprend, en un raccourci d'une rare densité, les principes essentiels de la démocratie libérale. Si ces principes ont pris peu auparavant dans les pays anglo-saxons une forme particulièrement claire qui a pu être adoptée presque telle quelle par les hommes de 1789, dont beaucoup ont suivi de près les événements américains, nous savons qu'ils correspondent manifestement, en France, à une longue maturation autochtone, qui avait touché toutes les couches de l'opinion éclairée. Certes, les « hommes de 89 » vont perdre pied devant la violence révolutionnaire. Cependant, la tradition libérale, les idées des économistes, les représentations précises de ce que doit être un « État de droit » sont dès ce moment un acquis profond des mentalités, qui refera surface aussitôt passée la tourmente.

La doctrine des droits de l'homme, quant à elle, connaîtra une évolution par vagues successives, avec l'introduction des « droits économiques et sociaux » dans différentes constitutions françaises à partir de 1848. On finira par inclure dans le Préambule de la Constitution de 1946, ainsi que dans la « Déclaration universelle des droits de l'homme » de l'ONU de 1948, une série de droits-créances de nature socialiste, mis sur le même plan que les droits-libertés et inconciliables avec eux. Le poids politique des communistes, dans la France et le monde de cette époque, explique ces compromis porteurs de confusion ou même d'insignifiance intellectuelles.

---

1. Sieyès vient de le rappeler (cf. *supra*). Mirabeau lui fait écho dans un discours électoral à Aix-en-Provence du 7 avril 1789 montrant le caractère inéluctable des inégalités de situations (cité par le duc de Castries, *Mirabeau*, Fayard, 1986, p. 303).

Chapitre 8

Démocrates et libéraux en Allemagne
Althusius, Pufendorf, Kant, Humboldt

Les Allemands ont apporté des contributions intellectuelles de premier plan aux doctrines démocratiques et libérales. On peut citer, au XVIIe siècle, les œuvres d'*Althusius* et de *Pufendorf* ; à la fin du XVIIIe siècle, celles de *Kant* et de *Wilhelm von Humboldt*.

§ 1
Althusius[1]

La *Politica methodice digesta* (1603) du juriste Johannes Althusius mérite qu'on s'y arrête pour plusieurs raisons. D'abord, comme ceux de Buchanan, de Mariana ou de Suarez, ce livre constitue une synthèse de la pensée constitutionnelle du XVIe siècle, où l'on retrouve des éléments de la pensée d'Hotman, de Bodin et du droit allemand, fondus en un système original puissamment cohérent. D'autre part, bien que les motifs religieux soient présents chez Althusius et que son calvinisme ne soit pas particulièrement tolérant, sa pensée est dans l'ensemble « laïque » et se présente comme valable pour les croyants de toute religion ; elle est donc très « moderne » en ce sens. Mais l'intérêt principal, pour nous, est qu'elle est représentative d'une forme de pensée « corporative » entièrement étrangère à la

---

1. D'après Pierre Mesnard, *L'Essor de la philosophie politique au XVIe siècle, op. cit.* [(1935), Vrin, 1977], p. 567-616 ; cf. Johannes Althusius, *Politica,* an abridged translation of *Politics Methodically Set Forth and Illustrated with Sacred and Profane Examples,* edited and translated, with an Introduction, by Frederick S. Carney, Liberty Classics, Liberty Fund, Indianapolis, 1995.

tradition française, mais qui a eu une grande importance dans la genèse des démocraties de l'Europe du Nord. Nous touchons du doigt ici une assez mystérieuse différence de mentalités juridico-politiques entre le monde germanique et le monde latin.

Vie

Johann Althaus[1] est né (probablement) en 1557 en Westphalie, région calviniste. La jeunesse d'Althusius correspond à la période de paix relative qui suit la paix d'Augsbourg. La prédication de Laski a abouti à la création d'une sorte de « couloir calviniste » à l'ouest de l'Empire, entre Genève et la mer du Nord[2]. Althusius fait des études à Cologne, puis à Bâle où il devient docteur *in utroque jure* en 1586. Il est appelé aussitôt à enseigner à la toute nouvelle Université calviniste d'Helborn, dans le comté de Nassau. Il y passera dix-sept ans, étudiant en parallèle la théologie. En 1603, étant devenu le juriste le plus en vue des provinces calvinistes rhénanes, réputation qui vient d'être renforcée par la parution de la première édition de la *Politica methodice digesta,* il se voit proposer le poste de *syndic,* c'est-à-dire de conseiller juridique, d'Emdem, ville calviniste à la frontière des Pays-Bas et de l'Empire allemand (face à Groningue, sur l'autre rive de l'Ems), en liaison directe avec l'Angleterre, une véritable « Genève » ou « La Rochelle » nordique, alors en conflit avec le comte Enno de Frise orientale. Althusius accepte et devient vite l'un des principaux magistrats et aussi l'une des principales autorités morales de cette cité (à laquelle il sera un peu ce que Calvin ou Théodore de Bèze ont été à Genève). Il y reste jusqu'à sa mort en 1638 (à l'âge de 81 ans), augmentant, par deux nouvelles éditions, en 1610 et 1614, son grand ouvrage et réalisant en outre une grande compilation juridique, les *Dicœlogicœ* (1617).

L'idée de base du système d'Althusius est la *consociatio symbiotica.* C'est une idée propre à l'auteur, mais qui a ses racines dans le droit germanique, ou plus exactement dans l'interprétation germanique d'une notion capitale du droit public romain, la théorie des « collèges »[3].

1) *Les collèges en droit romain et le destin de cette notion dans le monde germanique médiéval*

Avant Auguste, les collèges, d'après Gaïus, avaient une certaine personnalité, ils avaient le droit d'édicter librement leurs statuts et de posséder un patrimoine collégial. Mais une *lex Julia de collegiis,* sous l'Empire, décrète que l'autorité publique sera seule compétente pour fonder des associations, qui

---

1. Dont le nom fut latinisé, selon l'usage de l'époque, en Johannes Althusius (cf. De Groot qui devient Grotius, Hermannszoon qui devient Arminius, Gomar qui devient Gomarus...).
2. Il comporte le Palatinat, la Hesse-Anhalt, le duché de Clèves et Juliers, le comté de Nassau, la Frise orientale, Brême. Même à Cologne, principale ville catholique des pays rhénans, il y a quatre communautés calvinistes, deux allemandes, une française, une néerlandaise.
3. Nous résumons ci-après l'exposé de Pierre Mesnard, *op. cit.*

seront donc des collectivités de droit public, gérées par des quasi-magistrats, qui portent d'ailleurs des noms de magistrats, *duumvirs, questeurs, curateurs*... De même qu'au sommet du droit public il y a une *respublica,* un État, de même les collectivités locales sont subsumées sous différents concepts de droit public, cités, municipes, colonies, enfin les collèges et associations privées sont subsumées sous le concept d'*universitas.* Ce concept se distingue de celui de *societas,* qui relève, lui, du seul droit privé. La *societas* est le fruit d'un contrat privé entre les sociétaires, alors que l'*universitas* est un sujet de droit public à part entière. Des virtualités juridiques et politiques très différentes sont impliquées dans ces deux concepts, le premier plus « individualiste », le second plus « holiste ».

Lorsque l'Empire romain s'effondre sous les coups des invasions, puis de par l'éclatement féodal, toutes les institutions politiques, qui n'ont plus d'État sur lequel s'étayer, tendent à se désagréger. Mais il semble que des collectivités publiques inférieures aient subsisté en Allemagne : les communautés agraires, les marches, *Mark, Land,* ou *Dorfgenossenschaften,* et avec elles les *universitates,* associations à vocation économique et sociale, guildes, sociétés de commerce, sociétés coopératives et même sociétés de bienfaisance. La spécificité de ces entités est que, bien qu'elles soient formées de citoyens particuliers et soient vouées à des intérêts particuliers, elles continuent à avoir un statut de droit public. Elles ont une propriété indivise « en main commune » *(Gesamte Hand),* mais, étant gérées *pariter, communi consilio,* par tous les propriétaires indivis, elles ont une dimension nettement « démocratique ». Lorsqu'ultérieurement, les juristes et les canonistes du Moyen Âge construiront une notion différente, celle de « corporation », où les droits individuels auront moins d'importance, parce que la corporation sera censée avoir sa vie propre, sa permanence, indépendante de ses membres, ce nouveau type de communauté pénétrera en Allemagne sous le nom de *Körperschaft,* mais il ne parviendra pas à supplanter entièrement la vieille *Genossenschaft* qui subsistera, notamment, dans le domaine des groupements à vocation économique.

Le but d'Althusius, en proposant son propre concept de *consociatio symbiotica,* aurait donc été de concilier ces deux concepts de communauté, afin de pouvoir penser la politique de manière à la fois « démocratique » et « monarchique », « individualiste » et « holiste », conformément à un certain esprit allemand traditionnel.

2) *Définition de la* consociatio symbiotica

On peut traduire *consociatio symbiotica* par « société symbiotique », « communauté symbiotique » ou « vie commune ». En tout cas, l'image est explicitement biologique et organique. L'intention est de promouvoir une communauté « à la fois unitaire et individualiste, où le point de vue organique exige une coopération étroite des parties, mais *où la volonté générale ne peut jamais détruire les droits des contractants* » (Mesnard, p. 611). D'emblée, nous excédons le domaine de la politique, science de la cité : la *Politique* d'Althusius, à la différence de celle d'Aristote, sera une théorie sociale intégrale ; elle étudiera une gamme complète d'organismes sociaux allant de la famille à l'Empire, avec l'idée qu'ils manifestent tous, chacun à son niveau, les mêmes « lois essentielles de l'association organique dans toute société humaine », la même « physiologie générale » (Mesnard).

Il est intéressant de comparer ce paradigme biologisant avec le « droit naturel » d'Aristote et de Cicéron, remis au goût du jour par les thomistes du siècle jusqu'à Suarez. Il y a ressemblances *et* dissemblances. Dans l'une et l'autre conception, il y a l'idée que l'homme est un être de besoin, que sa vie ne peut être parfaite que quand elle ne manque de rien ; or c'est seulement dans la communauté avec les autres hommes que l'individu trouve ce qui lui manque.

Dès lors, entre ceux qui ressentent des besoins complémentaires va s'établir un lien, qui ne peut être considéré comme seulement volontaire, puisque, sans lui, il ne saurait y avoir de vie. Ils vont alors devenir *symbiotes* (« convives ») au sein d'une *communio, consociatio,* ou encore *communicatio* ou *mutua communicatio,* où ils mettent en commun leurs biens, leurs œuvres, leurs règles de vie *(res, opera, jus).* La « physiologie » commune à toutes les communautés symbiotiques est que, tout en constituant un tout, elles sont composées de parties *différenciées.* Il y aura des gouvernants et des gouvernés, qui seront, dans la société, ce qu' « âme » et « corps » sont dans l'individu. La communauté symbiotique vivra bien quand il y aura *consensus* entre les uns et les autres, que les gouvernés seront disciplinés et que les gouvernants auront la sagesse et exerceront la protection nécessaire.

Il y a toute une échelle de communautés symbiotiques, de la plus petite, la famille, à la *consociatio symbiotica universalis,* la communauté « intégrale »[1], l'État. On peut distinguer deux catégories de communautés : (1) simples ou privées (famille, corporation ou collège) et (2) mixtes ou publiques (communes, provinces, État). Chaque communauté a pour membres les communautés de niveau immédiatement inférieur, et jamais les individus directement.

3) *La famille, le collège*

La famille, père, mère, enfant, est évidemment la base ; c'est l'école même de la sociabilité.

---

1. Meilleure traduction que « universelle », car l'universalité visée ici est une universalité de compréhension et non d'extension.

Le *collegium* est le groupement professionnel où entre le père de famille par une adhésion délibérée. Ce n'est donc pas exactement une « communauté naturelle », et néanmoins ce n'est pas non plus un groupement purement artificiel, puisque, nous l'avons dit, il correspond à un besoin, lequel est naturel ; on dira donc que le collège est naturel sur le fond, artificiel dans ses modalités. Les *collegæ* ou *socii* ont à leur tête un *superior, præfectus, princeps* ou *præses collegii*, donc un « chef ». Mais ce chef, s'il a autorité sur chacun des membres, est lui-même désigné par le collège. Il est « supérieur à chacun des compagnons et inférieur à la compagnie qu'il préside et dont les avis l'obligent » (*Politica,* IV, 7, cité p. 584)[1]. C'est là un point absolument essentiel que nous retrouverons du bas en haut de l'échelle des communautés symbiotiques : même le roi ou l'Empereur seront des « ministres » de la communauté.

Au sein de la compagnie, il y a communication des biens (il y a une propriété ou fortune collégiale, constituée par cotisations, donations et usufruits), des services (ce sont les fonctions complémentaires des divers membres), du droit (le collège est une personne morale, avec volonté unitaire et capacité d'édicter et de faire respecter des règles propres, ses « statuts », fixés et acceptés par consentement général ou accordés par l'autorité supérieure). Dans les délibérations du collège prévaut la règle de la majorité. Althusius, à titre d'exemples, énumère les compagnies, corps écclésiastiques ou laïques, corporations diverses du commerce et de l'industrie.

4) *La cité, la province*

« La communauté publique est formée par la coalescence de plusieurs communautés privées en *politeuma*. On peut l'appeler *universitas* » (*Politica,* V, 1, cité par Mesnard, p. 585). Althusius reprend donc ici la notion romaine d'*universitas,* personne de droit public. Mais il conçoit ces personnes non comme des entités abstraites et désincarnées, des *personæ fictæ,* mais comme d'authentiques « communautés symbiotiques ». En leur sein comme en celui de la famille ou de la compagnie professionnelle, il y aura « le droit pour les membres de ces communautés publiques de posséder et d'administrer en commun les choses utiles et nécessaires à sa conservation et à son développement » *(Politica,* V, 12). De même, si le membre de la famille et de la compagnie qui entre dans une cité devient un

---

1. Il est *major singulis, minor universis,* conformément à la vieille idée des canonistes développée par les conciliaristes et devenue classique dans la tradition constitutionnelle.

« citoyen », ce terme n'est pas à prendre en un sens abstrait. En devenant citoyen, le membre de la compagnie ne cesse pas d'être un compagnon. Il reste tout ce qu'il était dans les communautés antérieures, un père, un homme de métier. Il reste tenu par ses devoirs à l'égard de chacune des communautés naturelles[1].

Dans le village, la paroisse, le bourg, il y aura une autorité municipale, librement élue et révocable, composée de quelques magistrats ; dans les communes urbaines (pensées comme une coalescence de bourgs), il y aura en outre un sénat, qui prendra certains décrets, tandis que les lois les plus importantes nécessiteront la réunion de l'assemblée primaire des citoyens. Citoyens et autorités prêteront toujours un serment de fidélité réciproque et d'obéissance aux lois de la cité. Celles-ci (relevant de la *communicatio juris*) dépendent du type de la cité : les hameaux n'ont de compétence qu'en matière de voirie et d'hygiène, par exemple, alors que les villes libres pourront édicter quasiment toutes sortes de lois. Althusius se réfère ici au droit germanique en vigueur. Les villes ont aussi leurs biens communs, leurs fonctions communes (avec les fonctionnaires correspondants). Mais il n'y a pas que les fonctionnaires qui participent à la *communicatio operarum* : en réalité, tous les citoyens y participent, par exemple les corporations de métiers en décorant la cité, mais surtout en travaillant, car la division du travail au sein de la cité est le propre de la « symbiose ». La cité coordonne cette division du travail, sans l'organiser (au sens d'une planification). De tout cela résultent sociabilité, *communicatio concordiæ* ou *benevolentiæ* qui aboutit à ce que soit reconnu à chacun, en toute circonstance, « le droit, la liberté et l'honneur dû à son *état*[2] » (*Politica*, VI, 47, cité par Mesnard p. 589).

La *province* n'est pas seulement une coalescence de villes, mais une coalescence de groupes sociaux (par exemple : les ecclésiastiques, les chevaliers, les paysans, les artisans...) qui peuvent être répartis sur tout le territoire : le principe de la composition organique de la province n'est donc pas seulement territorial, mais social. Chaque groupe aura son collège de représentants, et ce sont tous ces collèges qui constitueront la « diète plénière » de la province, laquelle votera par ordres et à la majorité des suffrages[3].

---

1. On est donc bien loin du citoyen abstrait de l'État jacobin, ainsi d'ailleurs que du citoyen, libre de toutes attaches autres que volontaires, de l'État libéral.

2. Car chacun a un « état » *(Stand)* et est censé le conserver sa vie durant : c'est là que le bât blesse. Dans un organisme, il ne s'agit pas que le foie ou la rate s'amusent à vouloir jouer le rôle d'intestin, de cœur ou de cerveau. De même, dans la communauté organique, il ne faut pas que le cordonnier quitte son *Stand* pour devenir boulanger ou boucher. La fixité des « états », constitutive de la justice selon Platon, chère au cœur des hommes de la droite corporatiste du XIXᵉ siècle comme La Tour du Pin, est encore estimée normale par Althusius, ou plus exactement elle n'est simplement pas mise en question. Nous sommes loin encore du libre « marché du travail », condition de la transformation sociale et du progrès.

3. La démocratie althusienne sera donc, en toute cohérence avec la philosophie d'ensemble du sytème, une représentation des groupes organiques qui composent la société politique, et non une représentation des citoyens individuels. Cette idée de la

Au-dessus de celle-ci, le comte, chef de la province, *præses provincii,* qui administre la province, nomme les fonctionnaires, assure la défense, veille à la vie économique, à l'éducation nationale, à l'assistance publique, convoque et renvoie les États, exécute leurs décisions, mais ne peut prendre lui-même aucune mesure importante sans leur concours. Il est dit expressément que les États peuvent révoquer un seigneur et s'en choisir un autre (*Politica,* VIII, 92 ; l'idée était réaliste, sinon familière, depuis la révolte des Pays-Bas et en référence à la situation que connaissait directement Althusius en Frise orientale où les États étaient en conflit chronique avec le comte[1]). En réalité, dans cette région de l'Empire et à cette date, il y avait un véritable dualisme des pouvoirs, une co-souveraineté du comte et des États, l'un et l'autre également « souverains » et reconnus tels, également légitimes, et contraints, par conséquent, à travailler ensemble et à trouver des compromis.

5) *L'État*

L'État *(respublica, regnum, major consociatio)* constitue la « communauté symbiotique intégrale *[universalis]* ». Ses membres sont les provinces et les villes.

« Le lien social entre les membres de ce corps politique est l'accord *(consensus)* et la foi jurée[2] entre les parties, c'est-à-dire la promesse tacite ou expresse d'une communication des biens et des services, d'aide, de conseil, dans le droit commun requis pour l'utilité et les besoins de la vie sociale intégrale dans l'État » (*Politica,* IX, 7).

représentation, qui est à la base de la notion même d' « États » provinciaux ou généraux au Moyen Âge et sous les anciens régimes, sera remplacée, nous l'avons vu dans les chapitres précédents, par une autre, purement individualiste, d'abord en Angleterre et aux États-Unis, puis en France et finalement partout au XIXe siècle dans les pays occidentaux. Mais l'idée d'une représentation des collectivités comme telles survivra longtemps encore.

1. Depuis la division de l'Empire en dix « cercles » (cf. *supra,* p. 214), le seigneur de la province la plus importante de chaque cercle, présidant la Diète du Cercle et étant en position d'arbitrer les conflits locaux, tendait par le fait même à se comporter en « prince de la Renaissance » avec vocation au pouvoir absolu. Les diètes, provinciales ou « circulaires », cherchaient à réagir à cette innovation. Le mouvement était mené par les bourgeois des villes, très représentés dans ces diètes, et d'autant plus puissants qu'il s'agissait de riches villes marchandes (c'est la configuration que nous avons constatée aux Pays-Bas où, par exemple, les États de Hollande, dominés par les « régents » d'Amsterdam, tenaient tête au *stadthouder*). La virulence des troubles religieux liés à la Réforme s'explique en partie parce que les nouveaux clivages religieux se sont additionnés aux conflits chnroniques et souvent violents opposant bourgeois, d'une part, barons, comtes et ducs de l'Empire d'autre part, la paysannerie et la petite noblesse étant spectateurs passifs (Mesnard, p. 591).

2. Reliquat féodal, qui donne à l'État althusien un caractère en partie contractuel. Il en résulte qu'une rupture du contrat fondateur de l'État, c'est-à-dire un retour à l'indépendance des villes et provinces qui le constituent, est en principe toujours possible (alors qu'elle ne l'est pas dans la « République une et indivisible » des révolutionnaires français, héritière de l'État souverain de Bodin).

Qu'il y ait *un* droit commun n'implique pas que *tout* le droit soit commun. Il y aura des règles communes pour les seules matières d'intérêt effectivement commun (ce que retrouve le moderne « principe de subsidiarité »).

À noter qu'il n'est pas nécessaire qu'il y ait continuité territoriale entre les parties constitutives de l'État (même si c'est souhaitable pour des raisons pratiques) : c'est cohérent, puisque l'État étant en partie contractuel, l'idée que des frontières « naturelles » pourraient empêcher quelque province éloignée d'entrer dans la « foi jurée », ou obliger quelque autre, incluse dans cet espace, à y entrer contre son gré, serait contradictoire avec la théorie d'Althusius (cf. *Politica*, VI, 9 et 14, Mesnard p. 594).

Même ainsi construit, sur la base des organes déjà constitués et qui poursuivent en son sein leur propre vie particulière, l'État a une unité, « les membres du royaume sont comme un seul peuple, associés et liés en un seul corps et sous une seule tête » (*Politica,* IX, 12). L'État réalise l'unité d'une « nation ». Son droit, « droit de majesté », a une valeur supérieure aux droits des régions (les occasions de conflit seront rares, exceptionnelles, puisque les droits des différents niveaux régulent chacun une sphère différente d'activités ; mais il est entendu que le droit régional ne doit pas faire obstacle aux prescriptions du droit de l'État quand ce droit est nécessaire pour le bien propre de l'État).

L'État est « autarcique », c'est-à-dire qu'il se suffit entièrement à lui-même ; c'est une communauté « parfaite » (Althusius reprend ici les vieilles catégories aristotéliciennes couramment utilisées par la scolastique). Il ne doit manquer de rien, ni ne rien devoir à personne, ce qui l'obligerait à se tourner vers une entité extérieure ou supérieure. Cela est vrai – Althusius est évidemment anti-papiste – même sur le plan spirituel : « La *majesté,* c'est la puissance prééminente, suprême et universelle, de disposer de tout ce qui est nécessaire pour le salut spirituel et corporel des membres de l'État ou de la République » (IX, 26). Mais cette « majesté » n'appartient pas, comme chez Bodin, à un souverain séparé de la nation. Elle est détenue par la nation elle-même. « Le peuple en est propriétaire, le roi simple administrateur » (Mesnard). Le peuple ne saurait, comme chez Suarez, « aliéner » sa souveraineté. Les rois ne sont donc pas *legibus soluti.*

6) *Renouvellement de la théorie des éphores*

Nous savons que, dans toute communauté symbiotique, l'autorité réside et demeure dans le corps même de la communauté et n'est qu' « administrée » par le magistrat. Ce schéma demeure valable pour l'État intégral. Mais Althusius innove à cet égard en distinguant deux types de « magistrats souverains », d'une part le « magistrat suprême » *(summus magistratus)*, c'est-à-dire le roi et autres princes, d'autre part les « éphores ». Nous retrouvons donc ce terme qui, employé d'abord par Calvin (cf. *supra*, p. 196-197), était devenu familier dans les pays protestants (on l'évoquait à propos des États généraux de France, du Parlement d'Angleterre ou des diètes germaniques). Mais Althusius lui donne un sens plus précis :

> « Les *éphores* sont ceux à qui le consentement du peuple constitué en corps politique a confié l'ensemble de la République ou de la communauté intégrale, pour la représenter, exercer son pouvoir et son droit dans l'érection du magistrat suprême, pour assister celui-ci de leur aide et de leur conseil dans les affaires de la communauté, pour mettre un frein à sa licence dans les causes injustes et dommageables à la république, pour le maintenir dans les limites de sa charge, enfin pour veiller et pourvoir de toute façon à ce que la République ne reçoive aucun dommage des cabales privées ni des inimitiés dues à l'action, à l'omission ou à la démission du magistrat suprême » (*Politica,* XVIII, 48, cité par Mesnard, p. 599).

Donc les éphores ne sont pas seulement des « magistrats inférieurs » qui, lorsque le roi devient tyran, c'est-à-dire en cas de crise, peuvent ressaisir l'autorité et constituer un recours extraordinaire. Ce sont des gérants ordinaires de la souveraineté de l'État, qui collaborent régulièrement avec le prince, l'élisent, éventuellement le censurent, le remplacent, gouvernent avec lui.

Il convient de préciser que les éphores ont cette autorité souveraine, non pas en tant que chefs des communautés inférieures (provinces, villes), mais en tant que membres d'un collège *sui generis* qui représente « les suffrages du peuple entier » et qui veille aux intérêts indivis de ce peuple. Certes, ils continuent à jouer leur rôle de chefs des communautés symbiotiques de rang inférieur, c'est-à-dire de comtes, ducs ou princes, et à cet égard ils sont eux-mêmes soumis au collège qui représente ladite communauté, diète provinciale, sénat de ville, qui peut en appeler contre eux, le cas échéant, au chef de l'État. Ils sont ministres de la communauté locale, mais le roi est leur ministre. De sorte qu'à la différence de ce qui se passe dans la république bodinienne où le pouvoir va strictement de haut en bas, il y a ici un système de « hiérarchie enchevêtrée », de dépendance mutuelle où l'autorité va de haut en bas *et* de bas en haut, qui favorise la stabilité de l'ensemble organique qu'est l'État et la communication de ses différents niveaux.

Les références historiques sont ici principalement germaniques. Le modèle du collège d'éphores est la Diète des Sept Électeurs de l'Empire qui, selon la Bulle d'Or, « représentent absolument » *(omnino repræsentant)* la volonté de l'Empire.

7) *Le roi ou empereur*

Le roi est élu par le collège des éphores.

Althusius n'appartient pas aux premières générations de calvinistes qui ne concevaient de roi que choisi directement par Dieu, selon le modèle biblique (Barclay). Il a retenu la leçon constitutionnelle des huguenots français et des républicains hollandais. L'important, c'est le contrat entre Dieu et le peuple pris comme un tout. Le peuple, ayant conclu ce contrat, se chargera lui-même de se trouver un roi en le choisissant en son propre sein par une procédure appropriée.

Cette procédure sera une forme quelconque d'*élection,* forme qui dépendra des traditions de chaque pays (dans certains pays, on pourra être obligé de choisir le prince dans une certaine famille ; ce n'est cependant pas l'hérédité, encore moins la rigide loi Salique, qui fait la légitimité du roi). En tout cas, il devra y avoir une inauguration solennelle au cours de laquelle l'élu prêtera serment aux lois fondamentales du pays (ce qui fournira une base légale, ensuite, pour constater ses abus de pouvoir et décréter sa déchéance : tout ce que Bodin et Hobbes ont en horreur). C'est alors, et alors seulement, que l'homme ainsi désigné recevra les insignes de la majesté ; l'onction religieuse ne sera qu'un signe supplémentaire, sans valeur instituante (« Un magistrat suprême ainsi élu et intrônisé n'a pas besoin de l'approbation et de la confirmation du Souverain Pontife », XIX, 97). Puis il y aura le serment d'obéissance de la part des sujets, qui est fait cependant « sous la condition tacite ou explicite que le magistrat commandera de façon juste et pieuse » (XX, 2). Si le prince gouverne mal, ou excède les pouvoirs qui lui sont impartis, les sujets seront *ipso facto* délivrés de leur serment et pourront nommer un autre prince (Althusius renvoie à Junius Brutus, Hotman, Buchanan...).

À noter que le magistrat suprême peut être une personne morale aussi bien que physique. Il y aura donc des polyarchies, des aristocraties, des démocraties. Mais ce problème traditionnel de la théorie politique est traité en quantité presque négligeable, puisque l'essentiel a déjà été dit, à savoir que la souveraineté appartient au peuple, dont le magistrat suprême est le ministre : restent des variantes pratiques qui touchent à l'administration plus qu'au principe même du pouvoir de l'État. Chaque formule a ses avantages et ses inconvénients, une monarchie risque de favoriser le pouvoir personnel, une démocratie les brigues, une aristocratie les divisions.

Il y a enfin un chapitre sur la *tyrannie*, où Althusius reprend, mais en y mettant de l'ordre, les thèses classiques des monarchomaques. Le plus intéressant est ce qu'il dit du cas où aucun accord ne peut être trouvé, où le tyran n'accepte pas sa déposition par les éphores, et où aucun espoir de solution n'existe. Dans ce cas, il faut considérer que la communauté symbiotique a vécu, et que chaque membre, reprenant sa liberté, peut former avec d'autres membres un autre État.

Où l'on voit que celui-ci n'a pas d'existence « éternelle », surplombante à la vie des communautés et des citoyens qui en sont membres. Il n'est pas une fin en soi, il est un moyen pour cette fin qu'est la vie des membres. Cet outil peut, le cas échéant, être refaçonné, remis sur le chantier...[1]

8) *Un césaro-papisme calviniste ?*

Si cet aspect de la pensée d'Althusius est assurément anti-étatiste et « libéral », un dernier aspect l'est moins. L'État séculier ne laisse comme pouvoir propre au clergé que la « censure » et l' « admonition » et confisque à son profit tout le pouvoir spirituel : la doctrine, les mœurs, *a fortiori* le culte et la discipline des Églises. L'État reconnaît la foi véritable et pourchasse l'hérésie. Cela va très loin, puisque l'État est censé veiller aux progrès de la religion approuvée, donner une sanction légale aux canons de l'Église, organiser sa hiérarchie, veiller à l'élection des ministres, surveiller les écoles, réserver l'intégralité des emplois publics à ceux qui professent la vraie foi, censurer les écrits hérétiques, emprisonner ou exiler les fidèles des autres cultes. Nous retrouvons la théologie du « covenant ». Emden, entre Genève et le Massachusetts, reste une théocratie calviniste. Le temps de la tolérance n'est pas encore venu.

§ 2
Pufendorf

Pufendorf, qui fut célèbre de son temps, est un peu oublié aujourd'hui parce qu'il passe pour un auteur éclectique, voire contradictoire. N'est-il pas partisan du pouvoir absolu des rois, presque

---

1. Ces schémas de pensée se retrouvent manifestement, bien que l'écho soit évidemment lointain, dans la manière dont les Allemands d'aujourd'hui pensent la construction européenne. Leur État étant fédéral (et récent), ils imagineraient assez bien que leurs *länder* deviennent les membres directs d'une grande Europe fédérale, sur le même plan que des régions issues des autres États européens également démembrés. La tradition française paraît s'opposer à cette épure – et pas seulement la tradition jacobine, puisque l'État-nation vient chez nous de plus loin, étant le fruit de toute l'histoire du royaume et de la dynastie capétienne. L'avenir dira si et comment ces cultures nationales peuvent se concilier. Retenons d'Althusius cette idée que la « communauté intégrale » est une construction qui doit servir la vie des communautés de base, un instrument au service des différentes communautés de la société civile, et non un Léviathan auquel tout devrait être sacrifié.

au sens de Hobbes, tout en défendant le « droit de la nature et des gens » au sens de Grotius ? La contradiction n'est qu'apparente. En réalité, Pufendorf a donné une réponse absolutiste à la question des pouvoirs *dans* l'État et une réponse libérale à celle des pouvoirs *de* l'État (prenant ainsi le contre-pied exact de Spinoza, qui est, lui, un républicain anti-libéral).

Vie[1]

Samuel Pufendorf est né en 1632 (même année que Locke et Spinoza), en Saxe, en pleine guerre de Trente Ans. Il est fils et petit-fils de modestes pasteurs luthériens. Recevant une bourse du seigneur du lieu pour son mérite scolaire, il étudie à l'école princière de Grimma, puis à l'Université de Leipzig, d'abord en théologie, puis en droit, et ensuite, en 1656, à l'Université d'Iéna, en droit et en philosophie, sous la direction du cartésien Weigel. Celui-ci le convainc de la fécondité de la méthode cartésienne et lui suggère d'aborder les questions de droit selon cette méthode. Pufendorf lit aussi Grotius et Hobbes. Engagé dans la diplomatie et emprisonné au Danemark au cours de la guerre opposant ce pays à la Suède, il y écrit les *Éléments de jurisprudence universelle*. Il expose déjà dans ce livre les principes du droit naturel. L'Électeur palatin lui propose alors, malgré son jeune âge, une chaire à Heidelberg. Il y enseignera le droit naturel « moderne » en lieu et place du classique droit romain. Ayant suscité d'âpres polémiques en publiant, en 1667, un livre virulent sur l'état ou la constitution de l'Empire germanique, il accepte en 1668 la proposition du roi de Suède de venir enseigner à Lund, université nouvellement fondée dans la province de Scanie qui vient d'être conquise sur le Danemark. Il y enseignera encore le « droit naturel » pendant neuf ans. C'est là qu'il compose ses œuvres principales, notamment le *Droit de la nature et des gens (De jure naturæ et gentium)* (1772), aussitôt répandu par de multiples éditions, et qui suscite une controverse sévère, le livre étant attaqué par les théologiens et soutenu par le roi de Suède Charles XI. Celui-ci finit par nommer Pufendorf historiographe officiel de la cour de Stockholm. En 1688, Pufendorf répond à l'invitation du grand Électeur de Brandebourg de venir occuper à Berlin la même charge ; il poursuivra sa tâche sous le successeur de Frédéric-Guillaume, le roi Frédéric Ier de Prusse. Il avait écrit, en 1687, *Sur le rapport entre la religion chrétienne et la vie civile,* grande question de l'Europe de ce temps. Il eut la satisfaction, juste avant de mourir en 1694, d'être fait baron suédois.

Œuvres

Éléments de jurisprudence universelle, 1660 ; *La constitution de l'Empire germanique,* 1667 ; *Le droit de la nature et des gens,* 1672[2] ; *Le devoir de l'homme et du citoyen selon la loi naturelle,* 1673 ; *La république irrégulière,* 1677 ; *Les systèmes des États,* 1677 ; *Introduction à l'histoire des principaux royaumes et États d'Europe,*

---

1. D'après Simone Goyard-Fabre, *Pufendorf et le droit naturel,* PUF, coll. « Léviathan », 1994.
2. Samuel Pufendorf, *Du droit de la nature et des gens,* traduction Barbeyrac, fac-similé de l'édition de 1732, Centre de Philosophie politique et juridique de l'Université de Caen, 1987.

1682 ; *La Querelle suédoise,* 1686 ; *Sur le rapport entre la religion chrétienne et la vie civile,* 1687 ; Deux *Histoires de la Suède,* 1695 et 1696 ; Deux *Histoires des Électeurs de Brandebourg,* 1695 et 1734.

1) Les « réalités morales »

Dans les débats sur le droit naturel, Pufendorf a une position originale. Il refuse les positions du « droit naturel ancien », c'est-à-dire de l'aristotélisme et de la scolastique, dont il s'écarte d'abord par sa méthode, qu'il veut mathématique (nous avons vu qu'il a appris le cartésianisme auprès du professeur cartésien d'Iéna, Weigel), ensuite par son ontologie, puisqu'il est nominaliste : il ne croit pas qu'il existe des essences fixes ; il pense que Dieu est autant « volonté » que « raison »[1]. L'état de nature est *voulu* par Dieu et il est donc, en un sens, contingent. La nature humaine n'est pas une réalité éternelle et immuable.

De fait, comme ses contemporains anglais ou français qui sont en train de forger les concepts qui conduiront aux notions modernes d' « histoire » et de « culture », Pufendorf est conduit à poser que l'humanité est capable de créer, en supplément de sa nature, des *réalités morales* spécifiques. Ces *entia moralia* – par exemple les institutions, les qualités morales, les « personnes morales », « simples », comme les magistrats, ou « composées », comme les familles, les corporations ou l'État – n'appartiennent pas à l'état de nature pure ; ils sont établis par la volonté humaine et supposent, pour s'établir, un « accord », un « libre consentement » entre les hommes, un « contrat social ». Cependant, une fois créées, les *entia moralia* deviendront autonomes.

C'est ainsi que la *civitas,* « personne morale composée » formée par le contrat social, aura une volonté propre, la « souveraineté » ; elle s'exprimera dans un appareil d'État centralisé et unifié, prenant son autonomie par rapport à la société civile. Et elle aura sur les individus qui ont contracté pour la former un droit de commandement, le droit de disposer de leurs biens, et même le droit de vie et de mort. Position autoritaire, donc, sinon absolutiste, mais que Pufendorf comprend d'une manière fondamentalement différente de celle de Hobbes ou de Spinoza, parce qu'il est évident pour lui que le souverain lui-même respectera le *droit de la nature et des gens.*

---

1. Cf. *supra,* p. 181-183.

2) *Le droit de la nature et des gens*

Pufendorf affirme le principe du règne du droit : il cite (p. 109[1]) la formule de Tite-Live (II, 1) bien connue des révolutionnaires anglais, *imperia legum potentiora quam hominum,* « le pouvoir des lois est plus grand que celui des hommes », origine des formules anglo-saxonnes *governement of laws, not of men* et *rule of law* (cf. *supra,* p. 280-282).

Il déclare son adhésion aux principes traditionnels du droit naturel. L'homme, à l'état de nature, présente deux traits : il veut se conserver, mais il est également sociable. Il n'y a pas nécessairement guerre à l'état de nature, où il peut même se faire du « commerce » : « La paix universelle ne doit son origine à aucune convention » (*Le droit de la nature et des gens,* II, 2, § 11, p. 166). Pufendorf reprend à son compte les principes fondamentaux et traditionnels du droit naturel (ceux qu'on trouve chez Cicéron, dans le *Digeste* et chez Grotius, et qu'on retrouvera un peu plus tard chez Locke, Hume, etc.) :

> « L'état de nature, par rapport à ceux mêmes qui vivent hors de toute société civile, n'est point la guerre, mais la paix, dont les principales lois se réduisent à ceux-ci : de *ne faire aucun mal à ceux qui ne nous en font point* ; de *laisser chacun dans une paisible jouissance de ses biens* ; de *tenir ponctuellement ce à quoi on s'est engagé* ; enfin, d'*être porté à rendre service à notre prochain,* autant que des obligations plus étroites et plus indispensables nous le permettent. En effet, l'usage de la raison étant inséparable de l'état de nature, on ne peut ni on ne doit non plus en détacher les obligations que la raison vient de temps en temps nous mettre devant les yeux » (II, 2, § 9, p. 165). Appartiennent également à la nature humaine la *préférence pour la vérité* et la *bonne foi*.

Ces principes sont développés au livre III, chapitre 1 (« Ne faire de mal à personne et réparer les dommages »), chapitre 2 (« L'obligation où sont les hommes de se regarder les uns les autres comme naturellement égaux »), chapitre 3 (« Devoirs communs de l'humanité », à savoir qu' « on doit travailler à procurer l'avantage les uns des autres », se rendre les « bons offices » d'une « utilité innocente », comme de laisser autrui passer sur sa propriété, recevoir honnêtement les étrangers, faire preuve de gratitude), chapitre 4 (qui porte sur le respect des contrats : l'usage des conventions ou engagements volontaires est absolument nécessaire à la société humaine, il faut tenir religieusement ce à quoi on s'est engagé, ce que compro-

---

1. Pagination de la traduction Barbeyrac.

met l'athéisme[1]), chapitre 6 (le consentement n'est valable que si l'on a l'usage de la raison et une connaissance suffisante de la chose, s'il n'y a ni dol ni mauvaise foi, et si le consentement est vraiment libre), chapitre 7 (qui porte sur la matière des promesses et conventions : on n'est tenu qu'à ce qui est possible et licite).

S'agissant de la question de la propriété, Pufendorf reprend, dans l'ensemble, comme le fera Locke, les positions de Grotius. Il est vrai que la propriété n'existe pas telle quelle à l'état de nature (elle n'est pas dans les choses), mais ce qui existe à l'état de nature, c'est la raison naturelle, qui montre à l'évidence que la propriété est utile pour la société (IV, 4, § 14, p. 510).

« La sociabilité étant le fondement du droit naturel, et les hommes étant faits de telle manière qu'ils n'auraient pu, sans la propriété des biens, vivre ensemble dans une société honnête et paisible, depuis qu'ils se furent multipliés, et qu'ils eurent commencé à inventer divers arts pour rendre la vie plus commode et plus agréable : la constitution des choses humaines et le but du droit naturel demandaient alors un tel établissement. Après quoi la même loi de nature prescrit positivement tout ce qui a quelque rapport aux vues que l'on s'est proposées en établissant la propriété des biens. Mais il ne faut pas s'imaginer qu'il y ait une maxime formelle du droit naturel, en vertu de laquelle on ait dû, dès le commencement du genre humain, ou par tout le monde, assigner chaque chose en propre à quelqu'un : il suffisait pour cela que cela se fît selon que la paix et l'avantage de la société humaine paraissaient le demander. Ainsi la maxime du droit naturel qui défend de prendre le bien d'autrui ne commença d'avoir lieu que quand les hommes eurent réglé entre eux, par des conventions, ce qui appartenait ou n'appartenait pas à chacun : avant cela, elle était renfermée et comme cachée dans la loi générale qui prescrit de tenir ce à quoi on s'est engagé, et de ne donner

---

1. Ici Pufendorf critique Hobbes qui a dit que l'athéisme n'était qu'une erreur et non une faute, puisqu'on ne peut reprocher à l'athée, qui ne croit pas en Dieu, de ne pas reconnaître les commandements de Dieu. On n'est soumis qu'à un gouvernement auquel on consent. Ce contre quoi Pufendorf proteste : il est vrai qu'on n'est soumis qu'aux gouvernements *humains* auxquels on consent, mais on l'est, qu'on y ait consenti ou non, au gouvernement divin. L'enjeu de cette question est capital : pour Hobbes, les commandements de Dieu ne sont pas sérieux, seul compte l'État. Pour le droit naturel, les commandements de Dieu (c'est-à-dire les préceptes du droit naturel) valent contre tout État. « Il est très faux que tout Empire dépende du consentement de ceux sur qui on l'exerce. Cela n'a lieu qu'à l'égard de l'autorité humaine qui, étant établie entre des créatures naturellement égales, n'est légitime qu'autant qu'elle est fondée sur une convention, par laquelle ceux qui en dépendent se sont dépouillés du droit et du pouvoir qu'ils avaient de résister à quiconque voudrait les réduire sous son obéissance. Mais osera-t-on soutenir que Dieu n'a aucun droit de commander à sa créature, à moins qu'elle ne se soumette volontairement à son empire ? » (III, 4, § 4, p. 351). Pufendorf critique Spinoza pour le même motif, d'avoir dit qu'il n'y a pas de religion ni de loi dans l'état de nature (p. 353). Les obligations naturelles sont sanctionnées par des remords de conscience (et Pufendorf de citer Cicéron) (p. 335). Tout cela, malgré le vocabulaire théologique qu'emploie encore Pufendorf, prélude à l'idée, qui sera développée au siècle suivant, qu'il existe des « droits de l'homme » qui s'imposent à tout État et que tout État doit donc, au moment même où il se forme, reconnaître explicitement.

aucune atteinte aux droits d'autrui. On peut dire néanmoins sans absurdité que l'obligation d'observer la loi qui défend de prendre le bien d'autrui est aussi ancienne que le genre humain, quoique la distinction du Mien et du Tien n'ait été introduite qu'avec le temps. Car il arrive souvent qu'on soit obligé en général d'obéir à tout ce qu'une certaine personne nous commandera, ou qu'un précepte général en renferme plusieurs particuliers qui peuvent en être déduits par des conséquences nécessaires ; et alors on se trouve dans l'obligation d'obéir, avant que de savoir ce qui nous sera prescrit » (IV, 4, p. 511).

En un mot, la popriété a bien été *introduite,* mais elle l'a été par une suite nécessaire des attributs présents dès l'origine dans la nature humaine ; elle n'a donc pas été seulement introduite, comme le droit civil, pour le bien d'un État, mais pour celui de la société humaine en général. L'État doit donc la respecter.

Ayant affirmé ces principes, Pufendorf critique durement, par les faits comme par le raisonnement, les thèses de Hobbes et de Spinoza sur l'inexistence d'un sens naturel de la justice (p. 154-163).

3) *Le contrat social pufendorfien*

Mais il est vrai que « la paix de l'état de nature est assez faible et assez mal assurée » (II, 2, § 12, p. 168). Il faudra donc fonder des sociétés politiques, et cela se fera par un contrat social, qui se décompose, pour Pufendorf, en trois moments : un contrat d'association *(pactum associationis),* une décision *(decretum)* instaurant l'autorité légitime, enfin un contrat de sujétion *(pactum subjectionis)* du peuple à cette autorité *(Du droit de la nature et des gens,* II, 6, § 7).

— Le contrat d'association *(pactum associationis)* : tous et chacun doivent y donner leur consentement.

« Les volontés de plusieurs ne peuvent être unies autrement que si chacun soumet sa volonté à la volonté d'un seul ou d'un conseil, de sorte que, par la suite, tout ce que celui-ci voudra au sujet des choses nécessaires à la sécurité commune doive être considéré comme la volonté de tous, pris collectivement et un à un... Lorsqu'une union des volontés et des pouvoirs a été réalisée, alors une multitude d'hommes est finalement stimulée [à établir] le plus fort des corps, un État » (II, 6, § 5-6).

— La décision *(decretum)* instaurant l'autorité légitime : la communauté décide si elle veut que l'autorité de l'État soit monarchique, aristocratique ou démocratique.

— Le contrat de sujétion *(pactum subjectionis)* : c'est la constitution proprement dite, qui définit les obligations réciproques des gouvernants et des gouvernés.

« Les dirigeants s'obligent à veiller à la sécurité et à la sûreté communes, et les autres à leur accorder l'obéissance » *(Du Droit de la nature et des gens,* VII, 1, § 8).

Comme nous l'avons dit, Pufendorf pense la *civitas* ainsi créée comme une réalité morale autonome, dotée de droits considérables. Mais il est évident, pour lui, que les personnes détentrices de la souveraineté seront toujours des hommes civilisés, qui respecteront les droits naturels des sujets. À la différence de Hobbes, il tient que le souverain, même sans contrat, aurait des devoirs envers ses sujets, ceux mêmes du droit naturel ; il n'a la souveraineté que *pour* créer la paix et l'harmonie entre les hommes conformément au droit naturel. *A fortiori* en a-t-il dans le cadre du contrat pufendorfien, qui a été passé en bonne et due forme entre le prince et les sujets, et, qui comporte des obligations de part et d'autre.

« Le souverain, et les sujets, sont également soumis aux lois naturelles [...]. Les *devoirs du prince en tant que souverain* regardent ou tous les sujets en général, ou chacun en particulier [...]. Les souverains commettent des injustices envers le peuple, lorsqu'ils renversent, malgré lui, et sans une nécessité pressante, les lois fondamentales de l'État ; ou qu'ils veulent changer la manière dont ils ont revêtu la souveraineté, c'est-à-dire régner sur un autre pied, et avec plus de pouvoir qu'ils n'en ont reçu ; lorsqu'ils dissipent les biens et les revenus de l'État, ou qu'ils épuisent les finances en dépenses inutiles, ou qu'ils les transportent hors du royaume ; et autres choses semblables. Pour ce qui regarde les particuliers, le prince, en tant que souverain, est tenu envers chacun de le laisser jouir paisiblement des mêmes droits et des mêmes avantages que les autres de son rang et de sa condition ; de le protéger et de le défendre ; et d'administrer en sa faveur la justice : autant que tout cela se peut sans préjudice du bien public. Si donc il ne s'acquitte pas envers chacun de ces devoirs indispensables, lorsque le salut de l'État le lui permet, il fait sans contredit du tort à ceux envers qui il les viole. Les *devoirs du prince en tant qu'homme* peuvent être violés en diverses manières. Par exemple, s'il flétrit l'honneur d'un honnête homme, qui n'a point mérité cet indigne traitement ; s'il refuse de donner une récompense qu'il a promise, ou de payer ses dettes, ou d'exécuter quelque autre sorte de contrat, ou de réparer les dommages qu'il a causés par sa faute ; s'il débauche les filles et les femmes de ses sujets ; s'il maltraite quelqu'un en sa personne ; s'il enlève ou détruit les biens d'autrui, s'il fait mourir les innocents, ou sans autre forme de procès, ou en subornant des calomniateurs, ou en obligeant les juges par des menaces, ou par des promesses, à prononcer une injuste sentence de condamnation ; et autres choses de cette nature » (VII, 8, § 4, t. 2 p. 327).

Les personnes en charge de la souveraineté s'abstiendront de tels abus.

4) *L'absolutisme de Pufendorf*

Pufendorf en est tellement convaincu qu'il ne juge pas utile de fonder, comme le fera Locke, un droit de résistance à l'oppression. D'abord, dit-il, « on doit souffrir patiemment les injustices légères d'un souverain, en considération de l'emploi pénible et relevé dont

il est revêtu pour notre conservation » (VII, 8, § 5, t. 2 p. 328).
Ensuite, « il y a toujours une présomption de justice en faveur du
prince ». En effet, le peuple ne peut juger des affaires publiques qui
sont, la plupart du temps, « obscures » et « délicates » : si on l'autorise
à juger tyranniques des mesures qui sont simplement nécessaires, il y
aura des désordres sans fin.

Mais que se passe-t-il si une loi civile est manifestement injuste ?
Ou si le souverain donne un ordre manifestement contraire au droit
naturel, ou décide d'une guerre arbitraire ? Après bien des hésitations, Pufendorf estime qu'il faut obéir. Simplement, on n'y mettra
pas de zèle, on s'abstiendra en particulier d'approuver explicitement
le prince. On fera ce qu'il demande comme une chose dont il est
seul responsable et dont il aura à rendre compte à Dieu. Il n'y aura
aucun droit de résister, même dans des situations extrêmes où le
prince se comporte comme un ennemi des citoyens : tout ce qu'on
pourra faire en tel cas sera de se réfugier à l'étranger (« quiconque
trouve le fardeau insupportable peut toujours aller ailleurs », VII, 8,
§ 6). Si on ne le peut, on se laissera tuer plutôt que de tuer,

> « non pas tant en raison de la personne du prince que pour le bien de toute la
> communauté, qui est habituellement menacée de graves perturbations dans de
> telles circonstances » (VII, 8, § 5, t. 2 p. 329).

C'est seulement si le prince devient l'ennemi de *tout* le peuple
qu'on pourra admettre la révolte (« si elle réussit », dit curieusement
Pufendorf, qui, de fait, approuvera, plus tard, la Glorieuse Révolution d'Angleterre).

Aussi Pufendorf rejette-t-il avec effroi le tyrannicide et les thèses
huguenotes :

> « On ne saurait approuver l'opinion de ceux qui disent tout crûment
> qu'aussitôt qu'un roi a dégénéré en tyran, il peut être détrôné et puni, même
> par le peuple » (VII, 8, § 6, t. 2 p. 330).

5) L' « État de droit »

Ayant ainsi assumé la monarchie absolue comme forme de gouvernement, Pufendorf peut continuer son exposé sur l' « État de
droit », et tout ce qu'il dit est raisonnable, nuancé, modéré. Il examine avec soin les questions de droit pénal. Toutes les peines doivent avoir pour but quelque utilité — corriger le coupable, pourvoir
à la sécurité de la personne lésée, pourvoir à la sûreté et à l'utilité
publiques — et non la pure vengeance. On ne peut pas punir dans les
tribunaux humains toutes sortes de péchés et, par conséquent, il faut
tolérer les fautes seulement morales, celles qui ne troublent pas

l'ordre public (VIII, 3, § 14, t. 2 p. 388). L'idée de responsabilité collective d'un corps ou d'une communauté est condamnable (« Jamais les enfants innocents ne doivent être punis pour les crimes de leurs pères ou de leurs ancêtres », VIII, 3, § 33, t. 2 p. 413), il ne doit donc y avoir de responsabilité pénale qu'individuelle.

Généralisant ce dernier principe, Pufendorf condamne (prudemment) le système féodal, le fait que les distinctions sociales soient fondées sur l'hérédité (VIII, 4, § 31, t. 2 p. 439-440). Les distinctions devraient être liées aux mérites individuels et aux fonctions remplies dans l'État.

Sauf si les sujets ne possèdent leurs biens que par la libéralité du souverain, celui-ci n'a aucun droit sur les biens de ses sujets. « Car, quoiqu'en dise Hobbes, il est très certain que l'on peut avoir quelque chose en propre, hors même de toute société civile », VIII, 5, § 2, t. 2 p. 443. Cependant, le souverain peut « régler par des lois l'usage que chacun doit faire de ses biens, conformément à la conservation et à l'avantage de l'État » (par exemple en faisant des lois somptuaires, des lois contre le jeu, en contrôlant les mouvements de capitaux, et même des lois « pour régler la quantité et la qualité des choses que chacun peut posséder », ou des lois « qui prescrivent des bornes aux donations, aux legs, et au pouvoir de faire testament, comme aussi aux choses que l'on consacre aux usages de religion », ou encore des lois qui défendent de posséder ou d'acquérir certaines choses, réservées au roi). Il peut, d'autre part, « exiger des impôts et des subsides » et « user des droits du domaine éminent » (Pufendorf reprend la vieille distinction *imperium-dominium*, et c'est pourquoi il concède que l'expression « domaine éminent » est inadéquate : le roi n'a pas le *dominium* sur les biens des sujets comme le pense Louis XIV, mais, du fait de son *imperium,* il peut s'en emparer quand le salut de l'État l'exige, avec cependant une indemnisation, VIII, 5, § 2-7, t. 2 p. 443-450). Le roi ne peut engager le domaine de l'État ou de la Couronne.

La paix est l'état naturel et ordinaire des hommes. A partir de là, Pufendorf suit en gros Grotius. Il y a des guerres injustes (faites par « avarice », « ambition », désir d'acquérir de la gloire par des conquêtes ; de même, les guerres faites en fonction de ce qu'on appellerait aujourd'hui le droit d'ingérence sont à ses yeux illégitimes : Pufendorf ne pense pas qu'on ait le droit de faire la guerre aux Indiens uniquement parce qu'ils pratiquent des sacrifices humains ou sont anthropophages) et des guerres justes. Dans celles-ci, on peut faire usage de ruses et stratagèmes, mais pas de « crimes de guerre » (on doit faire subir à l'ennemi seulement le genre de peines que les tribunaux font subir aux criminels, p. 460).

Autre exemple de la modération (ou des hésitations) de Pufendorf : un roi doit respecter les contrats qu'il passe ; mais un sujet ne peut l'y contraindre par voie de justice. Si le roi admet que des affaires où il est lui-même en cause du fait d'un contrat passé soient évoquées devant ses propres tribunaux, c'est uniquement afin de clarifier la situation. C'est, de sa part, une sorte de civilité. Mais il doit pouvoir ne pas la pratiquer si l'*imperium* l'exige.

L'éclectisme, la richesse des analyses de détail, la modération de Pufendorf plurent à ses contemporains. Il y eut de multiples éditions de ses principaux ouvrages et des traductions dans toutes les langues européennes importantes, notamment celle, en français, de Barbeyrac (1674-1744) et la compilation du Genevois Burlamaqui (1694-1748). Les ouvrages de Pufendorf ont servi de manuels pour l'étude du droit dans de nombreuses universités protestantes ; ils ont joué un rôle dans la formation de Frédéric II ou de Joseph II. On les cite dans l'*Encyclopédie*. Ils sont lus par les révolutionnaires américains (mais on n'en repère pas bien l'influence réelle). En tout cas, ils ont contribué à diffuser dans toute l'Europe moderne les idéaux de l'État de droit. Idéaux qu'allait encore illustrer, un siècle plus tard, avec une autre radicalité philosophique, l'œuvre d'Emmanuel Kant.

§ 3
Kant

En prolongement plus ou moins direct de sa philosophie de la connaissance et de sa philosophie morale, Kant a laissé des écrits portant sur le *droit,* la *politique* et l'*histoire* qui argumentent en faveur des grandes thèses de la tradition démocratique et libérale : la valeur incomparable de la liberté et de la responsabilité individuelles, la complémentarité de la liberté et de la loi, la valeur du pluralisme et de la concurrence, celle des « Lumières » et de la liberté de penser, le républicanisme et la condamnation de la « raison d'État ». Mais la plus grande originalité de Kant est sans doute d'avoir montré le lien intime des valeurs démocratiques et libérales avec une certaine conception biblique du temps de l'Histoire, dans la mesure où il a élaboré une version non violente, non irrationnelle, non-millénariste de l'*eschatologie.*

Vie

Né en 1724 à Königsberg[1], Emmanuel Kant y meurt en 1804. Il passe pratiquement toute sa vie dans cette ville. Il y fait des études à l'Université. Puis, pour gagner sa vie, il devient précepteur dans des familles aristocratiques. Ayant passé sa thèse d'habilitation, *Nouvelles explications des premiers principes métaphysiques,* il devient, en 1755, assistant *(Privät-Dozent)* à l'Université de sa ville natale, puis, en 1772, deux ans après sa grande thèse, *De la forme et des principes du monde sensible et du monde intelligible,* professeur ordinaire (il enseignera les mathématiques, la physique, la logique, la métaphysique, la morale, la géographie, l'anthropologie, la pédagogie). Les seuls événements marquants de la vie très régulière de Kant sont désormais ses œuvres.

Deux circonstances politiques ont joué cependant un rôle particulièrement important dans le développement de la réflexion kantienne sur la politique : 1) Au roi de Prusse « éclairé » Frédéric II, ami des encyclopédistes et de Voltaire, qui meurt en 1785, succède Frédéric-Guillaume II, avec qui Kant a directement et indirectement maille à partir. L'enseignement de la philosophie kantienne est temporairement interdit. Quand J. F. Wöllner accède au ministère de la Justice et des Cultes, la censure est rétablie (décembre 1788 ; cette politique sera encore durcie en octobre 1791). C'est dans ce climat que paraissent plusieurs des textes « libéraux » de Kant, qui sont donc des actes oppositionnels. 2) La Révolution française, que Kant a suivie avec passion et sur laquelle il a porté des jugements contradictoires.

Œuvres

De la forme et des principes du monde sensible (1770) (« Dissertation de 1770 ») ; *Critique de la Raison pure* (1781 et 1787) ; *Prolégomènes à toute métaphysique future qui voudra se présenter comme science* (1783) ; *Fondements de la Métaphysique des mœurs* (1785) ; *Premiers principes de la science de la nature* (1786) ; *Qu'est-ce que s'orienter dans la pensée ?* (1786) ; *Critique de la raison pratique* (1788) ; *Critique de la faculté de juger* (1790) ; *La Religion dans les limites de la simple raison* (1793) ; *Métaphysique des mœurs* (Première partie : Doctrine du droit [1796] ; Seconde partie : Doctrine de la vertu [1797]).

Œuvres intéressant spécialement la politique :

Des différentes races humaines, première version (1775) ; *Qu'est-ce que les Lumières ?* (septembre 1784) ; *Idée d'une histoire universelle au point de vue cosmopolitique* (novembre 1784) ; *Définition du concept de race humaine* (novembre 1785) ; *Conjectures sur les débuts de l'histoire humaine* (1786) ; *Vers la paix perpétuelle* (1795) ; *Doctrine du droit* (1796) ; *Conflit des facultés,* 2ᵉ section (1798) ; *Anthropologie d'un point de vue pragmatique* (1798).

---

1. En Prusse orientale, actuellement enclave russe (Kaliningrad) entre la Pologne et les pays baltes.

I — LES GERMES D'UNE PENSÉE POLITIQUE LIBÉRALE
DANS LA PHILOSOPHIE THÉORIQUE
ET PRATIQUE DE KANT

1) *La philosophie critique*

La philosophie kantienne est un cadre intellectuel naturel des thèses libérales par sa dimension *critique*. La *Critique de la raison pure* a montré que nous ne connaissons le réel qu'à travers les formes *a priori* de la sensiblité et les catégories de l'entendement ; nous ne connaissons donc que les « phénomènes », c'est-à-dire le réel qui apparaît à travers ces prismes, et non les « choses » telles qu'elles sont « en soi ». Celles-ci ne sont pour nous que des « noumènes », c'est-à-dire des objets que nous pouvons seulement penser. La réalité ultime du monde nous échappe. Par conséquent, le déterminisme des phénomènes n'est pas un argument contre la liberté humaine. Les grandes idées de la raison, l' « âme », le « monde » et « Dieu », si elles ne sont pas accessibles à des démonstrations scientifiques, le sont aux spéculations de la « raison », spécialement lorsqu'elles sont impliquées par les « postulats de la raison pratique » et par les perspectives de l'Histoire. Nulle « conception du monde » que peut se faire l'homme arguant d'une science politique, sociale ou économique, n'est complète ; par suite, il reste toujours un inconnu, un objet « X » de la connaissance, et, pour que le nouveau apparaisse, il est indispensable de lui réserver explicitement une place dans l'organisation de la société humaine. Les institutions devront être libérales au moins en ce sens.

2) *Nature et Histoire*

Kant a affirmé le primat de la loi morale, que l'homme s'impose à lui-même en tant qu'être de raison, ce qui peut le conduire à forcer sa nature (« tu peux parce que tu dois »). En ce sens, la philosophie pratique de Kant est dans l'esprit même de la révolution éthique et eschatologique de la Bible. Elle est en accord avec la définition que saint Augustin donne de l'homme comme un *irrequietum cor,* un cœur essentiellement insatisfait, qui n'accepte pas le mal, qui ne peut laisser le monde en l'état et ne saurait tirer argument de l'existence de lois dans la nature empirique pour juger irréalisable un idéal moral. Dès lors qu'il a cette position, Kant conçoit l'homme comme un être essentiellement en devenir et dont l'histoire *doit* être orientée dans l'ensemble vers le mieux (nous ne pouvons agir moralement en elle, en effet, que si nous pensons qu'elle l'est). D'où l'existence d'une morale et d'une eschatologie kantiennes qui culminent dans les idées (à bien des égards, et au sens fort du terme, messianiques) de la « république » et de la « paix perpétuelle ».

3) *Le règne des fins*

La morale de Kant pose que l'homme ne doit jamais être considéré par ses semblables simplement comme un moyen, mais aussi comme une fin ; chacun doit faire siennes, d'une certaine manière, les fins d'autrui. Certaines propositions politiques libérales découlent de là par une logique profonde.

Il faut une stricte égalité devant la loi. Dans ce « royaume des fins » qu'est le royaume des hommes, seul le roi, à savoir Dieu, est au-dessus de la loi ; tous les autres hommes, sans aucune exception, lui sont soumis. Il faut donc un régime « républicain » (par quoi Kant n'entend pas une forme particulière de gouvernement, comme nous le verrons plus loin, mais un « État de droit » qui peut s'accommoder de diverses formes de gouvernement, y compris monarchique).

Ensuite, on ne pourra soumettre les citoyens de cet État à aucun projet collectif qui ferait violence à leurs choix individuels ; la liberté individuelle est indépassable, la pensée morale de Kant exclut tout « holisme ».

Enfin, respecter autrui comme fin, c'est juger légitime qu'il poursuive des fins qui lui sont propres, que je n'ai pas décidées et que, le cas échéant, je ne comprends pas, mais respecte en tant qu'elles sont visées par cet être libre. Faire miennes les fins d'autrui, comme Kant le demande, c'est lui fournir les moyens nécessaires pour qu'il les atteigne. Or c'est exactement ce que fait un régime libéral d'échange des biens, des services et des savoirs. On peut penser que Kant, sans avoir positivement élaboré une théorie économique de la supériorité du libre-échange, l'a du moins soutenue *a contrario,* en excluant formellement, par sa philosophie pratique, tout projet de société dirigée où les hommes seraient traités comme de simples moyens de l'État ou d'une classe sociale, sans égard à leurs fins librement choisies[1].

---

1. Cf. sur ce point notre préface à la traduction française de la *Constitution de la Liberté* de Friedrich August Hayek, Litec, coll. « Liberalia », 1994.

II – LA CONCEPTION KANTIENNE DE L'HISTOIRE (L'ESCHATOLOGIE KANTIENNE)

1) *L'unité de l'espèce humaine*

Kant pense qu'il y a une unité de l'espèce humaine malgré la diversité des races. Contre l'eugénisme de Maupertuis, il pose que la diversité de l'humanité est en soi un élément de « force créatrice » pour le développement de l'espèce (cf. « *Des différentes races humaines* », in *Opuscules sur l'histoire,* p. 50[1]).

La diversité des races humaines s'explique suffisamment par les différences de climat et de sol, avec les évolutions divergentes qu'elles commandent, sans qu'il soit besoin de supposer des origines distinctes. Il y a bien un seul genre humain (et Kant critique Voltaire à ce sujet) (cf. « Des différentes races humaines », p. 62).

2) *L'historicité intrinsèque de l'espèce humaine*

Cette espèce a un rôle privilégié dans le mouvement général de l'Histoire – c'est la thèse que développe l'opuscule « Idée d'une histoire universelle d'un point de vue cosmopolitique » (1784).

Il y a certes un paradoxe : alors que la nature est soumise au déterminisme, ce qui rend plausible qu'elle soit emportée dans un mouvement d'ensemble, l'homme est libre et, par conséquent, il paraît échapper à toute loi et être irrémédiablement condamné à un destin « embrouillé et irrégulier ». Néanmoins, Kant pense que, de même que Kepler et Newton ont montré que le cours apparemment capricieux des astres obéissait en fait à des lois, on doit pouvoir montrer que le cours apparemment capricieux de l'histoire humaine obéit, lui aussi, à un dessein général. Certes, l'histoire apparaît désordonnée si l'on considère les seules vies humaines individuelles, puisque aucun individu ne peut, à lui seul, faire parvenir à leur plein développement toutes les virtualités de la nature humaine. En revanche, à l'échelle de l'humanité tout entière et de la suite indéfinie des générations, on peut repérer « un développement continu, bien que lent, des dispositions originelles [de l'espèce] ».

---

1. Cf. Emmanuel Kant, *Opuscules sur l'histoire,* traduction de Stéphane Piobetta, Introduction, notes, bibliographie et chronologie par Philippe Raynaud, Garnier-Flammarion, 1990.

La nature, en effet, ne fait rien en vain. Or elle a donné à l'homme liberté et raison. Et celles-ci ont permis à l'homme de se faire ce qu'il est devenu aujourd'hui, elles l'ont rendu capable de *créer* son histoire.

« *La nature a voulu que l'homme tire entièrement de lui-même tout ce qui dépasse l'agencement mécanique de son existence animale, et qu'il ne participe à aucune autre félicité ou perfection que celle qu'il s'est créée lui-même, indépendamment de l'instinct par sa propre raison.* – En effet la nature ne fait rien en vain, et elle n'est pas prodigue dans l'emploi des moyens pour atteindre ses buts. En munissant l'homme de la raison et de la liberté du vouloir qui se fonde sur cette raison, elle indiquait déjà clairement son dessein en ce qui concerne la dotation de l'homme. Il ne devait pas être gouverné par l'instinct, ni secondé et informé par une connaissance innée ; il devait bien plutôt tirer tout de lui-même. Le soin d'inventer ses moyens d'existence, son habillement, sa sécurité et sa défense extérieure (pour lesquelles elle ne lui avait donné ni les cornes du taureau, ni les griffes du lion, ni les crocs du chien, mais seulement les mains), tous les divertissements qui peuvent rendre la vie agréable, son intelligence, sa sagesse même, et jusqu'à la bonté de son vouloir, devaient être entièrement son œuvre propre » (« Idée d'une histoire universelle d'un point de vue cosmopolitique », in *Opuscules sur l'histoire, op. cit.,* p. 72-73).

En d'autres termes, l'homme, qui n'a d'autre « nature » que d'avoir raison et liberté, crée, par ces instruments, la culture et l'histoire, et ce processus se poursuit sous nos yeux. L'homme est donc un être intrinsèquement historique, en perpétuel devenir. La question est certes de savoir vers où ce processus le mène, mais Kant rejette absolument l'idée qu'il ne le mènerait nulle part et que le destin de l'humanité serait chaotique et insensé. Car si l'histoire humaine n'était qu'une agitation vaine et stérile, « la nature serait suspecte d'un jeu puéril en l'homme seul » ; sans la visée d'un « but » de l' « effort à fournir », « les dispositions naturelles [de l'homme, à savoir sa raison et sa liberté] devraient être considérées comme vaines et sans raison d'être » et la loi morale, qui nous pousse à développer toutes nos facultés, serait irrationnelle. C'est donc un postulat de la raison pratique qu'il existe un progrès dans l'Histoire.

3) L' « insociable sociabilité »

Bien que ce développement soit l'œuvre collective du genre humain, Kant énonce la thèse qu'il opère essentiellement par l'*initiative individuelle*. Les hommes sont liés en effet les uns aux autres par ce qu'il appelle – la formule est restée célèbre – une « insociable sociabilité » : ils ont, d'une part, une sociabilité naturelle qui les pousse à s'unir comme l'a toujours reconnu la tradition du droit naturel ; mais ils ont tendance, non moins spontanément, à se faire concurrence, à s'opposer les uns aux autres par la jalousie, l'ambition, la violence. Or,

« sans ces qualités d'insociabilité, peu sympathiques certes par elles-mêmes, source de la résistance que chacun doit nécessairement rencontrer à ses prétentions égoïstes, *tous les talents resteraient à jamais enfouis en germes,* au milieu d'une existence de bergers d'Arcadie, dans une concorde, une satisfaction, et un amour mutuel parfaits ; les hommes, doux comme les agneaux qu'ils font paître, ne donneraient à l'existence guère plus de valeur que n'en a leur troupeau domestique ; ils ne combleraient pas le néant de la création en considération de la fin qu'elle se propose comme nature raisonnable. Remercions donc la nature pour cette humeur peu conciliante, pour la vanité rivalisant dans l'envie, pour l'appétit insatiable de possession ou même de domination. Sans cela toutes les dispositions naturelles excellentes de l'humanité seraient étouffées dans un éternel sommeil » (« Idée d'une histoire universelle d'un point de vue cosmopolitique », p. 75).

C'est donc – nouvelle thèse libérale – un éloge de l'*initiative individuelle* et de la *concurrence* comme moteurs essentiels du progrès, et d'un progrès *commun,* bon, par conséquent, non pas pour l'égoïsme de chacun des hommes en concurrence, mais, qu'ils le sachent ou non, pour l'intérêt général, processus véritablement providentiel[1].

« Les ressorts naturels qui poussent [l'homme à » se jeter dans le travail et dans la peine «], les sources de l'insociabilité et de la résistance générale d'où jaillissent tant de maux, mais qui, par contre, provoquent aussi une nouvelle tension des forces, et par là un développement plus complet des dispositions naturelles, décèlent bien l'ordonnance d'un sage créateur, et non pas la main d'un génie malfaisant... » (p. 75-76).

Kant avance en outre, en faveur de la concurrence, un argument quasi-« darwinien » :

« Dans une forêt, les arbres, du fait même que chacun essaie de ravir à l'autre l'air et le soleil, s'efforcent à l'envi de se dépasser les uns les autres, et par suite, ils poussent beaux et droits. Mais au contraire, ceux qui lancent en liberté leurs branches à leur gré, à l'écart d'autres arbres, poussent rabougris, tordus et courbés. Toute culture, tout art formant une parure à l'humanité, ainsi que l'ordre social le plus beau, sont les *fruits de l'insociabilité,* qui est forcée par elle-même de se discipliner et d'épanouir de ce fait complètement, en s'imposant un tel artifice, les germes de la nature » (p. 77).

Par conséquent, la société, si elle doit être en mesure d'assumer le perfectionnement dont la nature a rendu l'humanité capable,

---

1. Le progrès de l'humanité est, paradoxalement, une œuvre *collective* qui ne se construit que par des *avancées individuelles,* non par les actions « solidaires » de la communauté. Il est vrai qu'aucun individu ne peut mener à bien à lui seul l'entreprise du progrès (cf. « Idée d'une histoire universelle d'un point de vue cosmopolitique », p. 78, note) ; ses initiatives ne sont fécondes que si elles sont entrecroisées avec celles d'autres individus ; mais coopération n'est pas fusion. Nous retrouverons la même idée chez Guillaume de Humboldt. C'est, au vrai, l'idée clé qui commande toute la réflexion sur l'ordre spontané de société.

devra être une société *pluraliste* où les libertés coexistent pacifiquement et coopèrent, où chacun peut « chercher son bien-être par tous les moyens qu'il lui plaît, avec la seule réserve que ces moyens soient compatibles avec la liberté d'autrui », ce que permet le droit. Elle devra être une « société civile administrant le droit de façon universelle ». Construire une telle société est la tâche que doit se donner l'humanité, car « elle ne pourra atteindre ses autres desseins qu'après avoir réalisé cette tâche » (p. 76).

Il est vrai que celle-ci semble une gageure. Le droit implique l'égalité, alors que les hommes, qui sont des sortes d'animaux sujets à la brutalité et à la démesure et que seule peut arrêter la peur d'un animal plus violent encore, paraissent ne pouvoir se passer de maîtres. Comme il *faut* néanmoins réaliser cette société de droit, on ne se laissera pas arrêter par cet état de fait actuel ; on réalisera la société de droit progressivement, par « approximations » successives.

Réaliser cette tâche semble être plus particulièrement l'affaire des *Temps modernes* et spécialement en *Europe* (cf. p. 78). La modernité diffère des époques précédentes en ce qu'elle a apporté une réflexion politique mûrie par rapport aux temps anciens ; et les Occidentaux, par leurs voyages, ont découvert des civilisations autres, ce qui les a persuadés de la spécificité de leur propre civilisation de droit, et que le fil conducteur suivi chez eux était celui qui menait le plus loin non seulement eux, mais l'humanité tout entière. En Europe, et en Europe seulement, on voit un progrès continu des idées politiques et juridiques dirigées vers l'État de droit et la Société des Nations. Le point crucial, ici, n'est pas que les autres civilisations n'aient rien apporté à l'Histoire, mais qu'elles ne peuvent mener celle-ci vers ses étapes ultérieures autant que le peut l'Europe parce que, à la différence de cette dernière, elles ne sont même pas encore conscientes de l'existence même d'une Histoire universelle. « L'histoire des peuples qui vécurent en marge [de notre continent] ne peut être entreprise qu'à partir du moment où ils sont entrés [en contact avec lui] » (p. 87) Les Grecs et les Romains, leurs écrivains et le « public cultivé » qui existaient chez eux, ont été les premiers à parler de ces civilisations autres et, ainsi, à les faire entrer dans une histoire générale. Même la Bible, observe Kant, n'a été « connue » qu'à partir du moment où elle a été traduite en grec[1].

4) Le « plan caché de la nature »

L'histoire ainsi conçue manifeste un « plan caché de la nature ». En effet, la nature devait absolument produire des constitutions civiles et une société des nations si elle voulait « développer complètement tou-

---

1. Allusion à la traduction dite des « Septante » à Alexandrie (vers 300 av. J.-C.), cf. *HIPAMA*, p. 462. Cette dernière remarque de Kant est discutable : l'idée même d'une Histoire universelle est plutôt biblique que gréco-romaine, ou, du moins, elle n'a été élaborée par les penseurs européens que postérieurement à la fusion des deux traditions.

tes les dispositions qu'elle a mises dans l'humanité » (p. 83). Ce « plan caché » est-il celui de la Providence ?

Nous n'en sommes pas loin, même si Kant, par des distinctions subtiles, sépare les concepts d'Histoire et de Providence (tout en employant souvent, au fil des pages, des expressions qui suggèrent que, dans sa pensée, les deux concepts jouent un rôle plus ou moins équivalent, par exemple « la nature *ou mieux* la Providence », p. 88). En tout cas, Kant rapproche son concept de l'histoire de l'eschatologie biblique. Certes, sous la forme imagée qu'il a dans la Bible, le thème des derniers temps risque de n'être qu'une « rêverie de visionnaire ». Ce n'est pas le cas du concept philosophique d'une histoire orientée vers des fins dernières que Kant construit, concept qui peut parfaitement être justifié, lui, par la raison et l'expérience. Il est vrai qu'une telle démonstration est difficile parce que l'histoire de l'humanité n'a, à l'évidence, parcouru encore qu'une « portion infime » de son « circuit ». Mais, de même que le système solaire n'a accompli qu'un court segment de sa révolution cosmique et que cela n'empêche pas les astronomes d'être certains de la réalité de cette révolution, de même l'histoire humaine accomplie est suffisante pour que nous puissions avoir une idée adéquate de son mouvement d'ensemble.

Kant ajoute une idée capitale. *Le fait même que nous ayons désormais une certaine idée de l'Histoire va contribuer à ce que l'Histoire s'accomplisse.* A partir du moment, en effet, où nous savons que nous pouvons atteindre ces deux étapes que sont la « république » et la « société des nations », nous pouvons en accélérer l'avènement « par notre propre disposition raisonnable » (« Idée d'une histoire universelle d'un point de vue cosmopolitique », p. 84).

Dès lors, ce qui compte, c'est de guetter les « signes » de ce que le processus est effectivement en cours. Un de ces signes est qu'on ne peut revenir en arrière quant aux libertés individuelles une fois que celles-ci sont entrées dans les mœurs. En effet, on ne pourrait les supprimer à l'initiative, par exemple, d'un despote désireux de faire la guerre, sans nuire à l'efficacité économique et, par le fait même, sans nuire... aux ambitions guerrières mêmes du pouvoir qui les abrogerait (cf. p. 84)[1]. De même, on ne peut dépenser tout l'argent pour la guerre en sacrifiant l'éducation ; car, sans éducation, pas de victoire à la guerre[2].

Une remarque de grande importance : puisque les chefs d'État ont l'ambition de demeurer éternellement dans la mémoire des hommes

---

1. Anticipation remarquable de l'échec militaire « fatal » des entreprises napoléonienne, prussienne, nazie ou soviétique (il est vrai qu'il est plus facile de le dire après-coup). Ces despotismes militaristes, d'abord triomphants de par leur brutalité même et leur capacité à mobiliser une grande partie des énergies d'une nation, ont été submergés, à moyen terme, par la supériorité scientifique et économique des nations plus libérales.

2. Benjamin Constant retrouvera cette idée.

par leurs exploits glorieux, il faut qu'ils comprennent qu'ils n'y parviendront qu'en accomplissant des choses qui jouent un rôle dans le processus du progrès humain qu'on vient de définir. Car les choses qui ne jouent pas un tel rôle, quelque grandioses qu'elles soient et de quelque « bruit et fureur » qu'elles emplissent le monde, seront tôt oubliées, en tant qu'essentiellement banales et semblables à d'innombrables errances humaines du même type ayant eu lieu dans le passé. Les actions des hommes sont retenues par l'Histoire, au contraire, dans l'unique mesure où elles ont une signification, et cette signification tiendra au fait seul qu'elles auront approché ou éloigné l'humanité de son but eschatologique. C'est l'Histoire, et l'Histoire orientée vers sa fin, qui seule donne *sens* à toute action humaine, individuelle ou collective.

Kant souligne le paradoxe que, dans le processus historique ainsi décrit, l'humanité semble se hisser d'elle-même au-dessus d'elle-même :

> « C'est un projet à vrai dire étrange, et en apparence extravagant, que de vouloir composer une *histoire* d'après l'idée de la marche que le monde devrait suivre, s'il était adapté à des buts raisonnables certains ; il semble qu'avec une telle intention, on ne puisse aboutir qu'à un roman » (p. 86).

Comment le devoir-être peut-il forger l'être, comment l'imagination peut-elle être cause de la réalité ? Il nous faut pourtant admettre cette possibilité. Car Kant refuse, comme étant en somme encore plus extravagante, l'idée que l'histoire humaine ne serait que le fruit du hasard et de la nécessité et ne pourrait aboutir qu'à un simple « agrégat » d'événements sans liens, toujours recommencés et toujours insensés (il critique d'ailleurs explicitement à cet égard la conception de l'histoire de l'épicurisme[1]).

La première condition pour que l'humanité puisse produire ainsi d'elle-même son histoire est qu'elle fasse un *libre usage de sa raison*.

III — LA LIBERTÉ DE PENSER

Dans un texte de 1784, « Réponse à la question : Qu'est-ce que les Lumières ? »[2], Kant a mis l'accent sur les libertés de penser et de s'exprimer et apporté quelques arguments originaux en leur faveur.

1. Cf. *HIPAMA*, p. 349.
2. Cf. Kant, *Vers la paix perpétuelle, Que signifie s'orienter dans la pensée ?, Qu'est-ce que les Lumières ? et autres textes,* Introduction, notes, bibliographie et chronologie par Françoise Proust, Garnier-Flammarion, 1991.

« *Les Lumières, c'est la sortie de l'homme hors de l'état de tutelle dont on est soi-même responsable.* L'*état de tutelle* est l'incapacité à se servir de son entendement sans la conduite d'un autre. On est *soi-même responsable* de cet état de tutelle quand la cause tient non pas à une insuffisance de l'entendement, mais à une insuffisance de la résolution et du courage de s'en servir sans la conduite d'un autre. *Sapere aude !* Aie le courage de te servir de ton *propre* entendement. Voilà la devise des Lumières » (*Qu'est-ce que les Lumières ?*, p. 43).

Plusieurs choses sont ici en jeu : des éléments extérieurs, institutionnels, la censure et autres restrictions aux libertés intellectuelles, la volonté délibérée de certains hommes de contrôler l'information, les pensées et l'éducation d'autrui ; une attitude intérieure, la volonté de rejeter ces prétentions d'autrui et de se mettre à penser par soi-même ; et aussi une thèse épistémologique : l'absence de valeur intellectuelle des « préjugés », de ces savoirs ou convictions qu'on croit vrais parce qu'on les a reçus d'autrui, mais qu'on n'a pas soi-même établis de par son propre entendement.

Kant souligne qu'on s'habitue à être intellectuellement sous tutelle, qu'on y trouve d'ailleurs certains avantages. Que donc la liberté demande un *effort,* et même comporte des *risques.* Néanmoins, même si c'est toujours seulement une minorité d'hommes qui sont prêts à faire ces efforts et à prendre ces risques, ils finissent par éclairer, fût-ce lentement, tout le « public ».

Pour se délivrer de la tutelle et des préjugés, il ne suffit pas d'avoir la simple liberté de penser, il faut, en outre, avoir la liberté de « faire un usage *public* de sa raison sous tous les rapports » (p. 45). Par « usage public de sa raison », Kant entend l'usage « qu'en fait quelqu'un, en tant que *savant,* devant l'ensemble du public *qui lit* » (p. 45). « En tant que savant » est restrictif : car celui qui s'exprime devra par ailleurs, en tant que citoyen, que soldat, fonctionnaire, etc., se conformer à ce qu'indique l'autorité, il ne pourra se considérer comme tout-à-fait libre qu'en tant que savant. Par exemple, il devra payer ses impôts même s'il les juge iniques.

« Néanmoins, il ne contreviendra pas au devoir d'un citoyen s'il exprime publiquement, en tant que savant, ses pensées contre l'incongruité ou l'illégitimité de telles impositions » (p. 46).

La même distinction se retrouve (et c'est un peu plus subtil) pour un prêtre qui, en tant que *prêtre,* devrait enseigner et prêcher le catéchisme de l'Église dont il est membre, mais qui, en tant que *théologien,* pourra non seulement dire, mais publier, à l'usage du public savant, des opinions différentes. Il doit jouir alors « d'une liberté illimitée de se servir de sa propre raison et de parler en son propre nom » (p. 47).

La liberté d'utiliser la raison est tellement précieuse qu'elle ne peut être interdite par aucun pouvoir, fût-ce « les diètes du Reich » ou les « traités les plus solennels ». Même si le peuple d'une certaine époque était unanime pour interdire à ses membres l'expression d'une idée, il n'aurait pas le droit de promulguer une telle interdiction, pour la raison qu'on ne peut « anéantir une époque dans l'amélioration progressive de l'humanité ». « Une époque ne peut se liguer et jurer de mettre la suivante dans un état où il lui sera nécessairement impossible d'étendre ses connaissances [...], d'en éliminer les erreurs, et en général de progresser dans les Lumières. Ce serait un *crime contre la nature humaine, dont la destination originelle consiste précisément en cette progression* » (*Qu'est-ce que les Lumières ?*, p. 47-48, n.s.). De la liberté d'expression dépend l'avenir même de l'humanité, et nous savons que sans la perspective d'un avenir différent, l'humanité n'est pas l'humanité. Ainsi la liberté d'expression est-elle un « droit de l'homme », un droit qui n'est pas instauré par l'État et que l'État ne saurait restreindre.

Enfin, Kant précise que la liberté de penser et de s'exprimer doit s'étendre à tous les domaines : les sciences, mais aussi la religion, si sensible que le sujet soit politiquement, ainsi que la législation et l'activité ordinaire de l'État. Quand bien même l'État n'accorderait que cette liberté d'opinion et exigerait l'obéissance sur tous les autres plans, peu importe, puisque, dès lors que la pensée est libre, tout le reste ne peut que devenir libre à terme.

Dans l'Annexe II de l'opuscule *Vers la paix perpétuelle* (1795), Kant, avec une prudence qui nous étonne aujourd'hui – mais qui se comprend étant donné le contrôle idéologique étroit exercé alors par l'absolutisme prussien, et apparemment accepté encore par une large partie de l'opinion, qu'il fallait donc essayer de convaincre par des arguments rationnels – réclame pour les « philosophes » le droit de s'exprimer en public et, sans demander que les rois soient philosophes ou les philosophes rois (« parce que, dit Kant, le pouvoir corrompt inévitablement le jugement libre de la raison », p. 109), il exige du moins que les rois *écoutent* les philosophes. Retranscrite en termes plus modernes, c'est l'exigence que le pouvoir soit mis sur la place publique, sur l'*agora,* qu'il cesse d'être secret, que les affaires *collectives* puissent, par principe, devenir *publiques,* et que les dirigeants dialoguent avec l'opinion publique, à défaut de lui « rendre des comptes » au sens de la démocratie parlementaire. Même avec retard, voilà ce principe républicain fondamental formulé en Allemagne, et d'une manière particulièrement nette et démonstrative.

Si l'avancée de l'Histoire suppose les Lumières, un autre instrument de cette avancée est le *droit,* dont il convient maintenant d'élucider le concept. Kant étudie successivement le droit *privé* et le droit *public* et *constitutionnel.*

IV — LE DROIT PRIVÉ

A / *Le concept de droit*

La *Doctrine du droit* (1796) est une partie de la *Métaphysique des mœurs*[1]. En effet, les questions « Qu'est-ce que le droit ? », « En quoi diffèrent le juste et l'injuste ? » sont des questions *métaphysiques* en ce sens qu'elles n'ont pas de réponse *empirique*. Le droit doit être pensé selon des principes *a priori* (*Doctrine du droit*, Introduction, § B et C).

Il se déduit analytiquement de l'idée même du droit, par exemple, qu'il n'y a pas de droit sans contrainte, ce qui distingue le *droit* de la *morale* (§ D). De même, c'est la raison qui montre que, pour que les hommes puissent coexister en paix, il faut et il suffit que le droit, quant au contenu, fasse valoir les principes du *droit naturel* (en effet, « le droit naturel repose uniquement sur des principes *a priori* » alors que tout droit positif « procède de la volonté d'un législateur » [p. 25]). Kant se réfère ici aux célèbres formules du *Digeste* qu'il glose de manière à montrer leur résonance fondamentale avec sa propre philosophie pratique. Le droit naturel se résume aux principes suivants :

(1) « Sois un honnête homme » *(honeste vivere)*, donc « ne fais pas de toi-même pour autrui un simple moyen, mais sois pour eux en même temps une fin » ; (2) « Ne fais de tort à personne *(neminem læde)*, même si tu dois pour cela t'arracher à tout lien avec d'autres hommes et t'écarter de toute société[2] » ; (3) « Entre avec d'autres dans une société où chacun puisse obtenir ce qui lui revient *(suum cuique tribuere)* [...] [c'est-à-dire] où chacun peut voir ce qui est sien garanti à l'égard de tout autre » (*Doctrine du droit*, Introduction, Appendice, p. 24-25)[3].

---

1. Cf. Kant, *Métaphysique des mœurs*, II : *Doctrine du droit. Doctrine de la vertu*, traduction, présentation, bibliographie et chronologie par Alain Renaut, Garnier-Flammarion, 1994.

2. De toute société tribale ou communautaire, à laquelle l'homme devra préférer l'humanité conçue comme une société d'êtres de raison, une « société de droit ».

3. Même si on les trouve, sous cette forme, dans le *Corpus juris civilis* de Justinien qui les attribue à Ulpien, nous savons que ces trois maximes, qui sont en effet le socle essentiel du *droit naturel*, viennent en substance de la philosophie grecque, aristotélicienne et stoïcienne (cf. *HIPAMA*, p. 311-313 et 316-325). Elles seront réaffirmées, avec quelques variantes, tout au long du Moyen Âge, par le droit canonique, par saint Thomas (cf. *HIPAMA*, p. 641-643 et 657), et par les doctrines modernes du droit naturel, chez Grotius, Locke et Hume notamment (cf. *supra*, respectivement p. 232 et 236, 309, 350), par les *Bills of Rights* américains (cf. *supra*, p. 400, 404, 406), par la Déclaration française des droits de l'homme de 1789, plus tard encore, sous une forme renouvelée, chez les libéraux des temps contemporains, de Benjamin Constant à Friedrich Hayek (cf. *infra*,

Ces différents droits naturels de l'homme sont des aspects indivis de la *liberté,* qui est le « seul et unique droit inné » :

« La *liberté* (comme indépendance vis-à-vis de l'arbitre contraignant d'un autre individu[1]), dans la mesure où elle peut coexister avec la liberté de tout autre suivant une loi universelle, est cet *unique droit originaire qui appartient à tout homme en vertu de son humanité* » (p. 26).

S'en déduisent l'*égalité* innée, « c'est-à-dire l'indépendance qui consiste à ne pas être obligé par les autres à davantage que ce à quoi on peut aussi réciproquement les obliger », et par conséquent aussi « la qualité de l'être humain qui réside dans le fait d'être *son propre maître* », ou encore la notion d'*intégrité,* c'est-à-dire le droit de faire à autrui tout ce qui ne nuit pas à son droit, quand bien même on ne lui ferait pas tout le bien qu'on peut lui faire[2]. Ce droit, en tant qu'inné, est imprescriptible, et il est *opposable* à autrui, qu'il s'agisse de personnes privées ou de l'État.

B / Le mien et le tien.
La doctrine kantienne de la propriété

Pour Kant, la propriété privée est fondée en droit naturel. Elle n'est pas produite par le droit positif (« statutaire »), et l'État n'a pas le droit de s'emparer des propriétés des individus ou de les répartir et les redistribuer de façon arbitraire. Kant adopte ici les vues « libérales » déjà classiques en les reformulant dans le langage de sa doctrine rationnelle du droit.

1) *La propriété, droit inné de l'homme*

Kant pose que la *propriété* est *inséparable de la liberté* :

« Un objet de mon arbitre est quelque chose qu'il est *physiquement* en mon pouvoir d'utiliser. Or si *juridiquement* il devait cependant n'être absolument pas en mon pouvoir d'en faire usage, c'est-à-dire si cela ne pouvait pas être compatible avec la liberté de chacun selon une loi universelle (si un tel usage devait

p. 625 et 1330 sq.). Il est frappant que Kant s'inscrive délibérément dans cette tradition. Ces mêmes règles fondamentales de l' « honnêteté » ou « beauté morale » humaines, en revanche, déjà ignorées ou contestées par un Machiavel, un Hobbes ou un Rousseau, seront, après Kant, durement critiquées par Hegel et toute sa descendance intellectuelle.

1. Définition lockéenne : la liberté est l'absence de *coercition,* le fait de ne pas être soumis à la *volonté arbitraire d'autrui* (cf. *supra,* p. 324-325).

2. On ne fait pas tort à autrui, juridiquement parlant, quand on ne lui fait pas tout le bien qu'on pourrait lui faire (cela est peut-être une obligation *morale,* mais ce n'est pas une obligation *juridique*). La notion d'intégrité fonde, juridiquement, la possibilité de la concurrence et, plus généralement, de la non-coopération, de l'indépendance, de la « vie privée ».

être injuste), *la liberté se priverait alors elle-même de l'usage de son arbitre en ce qui concerne un objet de celui-ci*, dans la mesure où elle situerait des objets *utilisables* comme en dehors de tout *usage* possible, c'est-à-dire les anéantirait du point de vue pratique... » (*Doctrine du droit*, § 3).

La propriété est ainsi un « postulat de la raison pratique ». Il n'y a pas de liberté si on ne postule un libre usage des choses qui appartiennent à chacun. Nous avons donc

« la faculté [...] d'imposer à tous les autres une obligation que, sinon, ils n'auraient pas : l'obligation de s'abstenir d'utiliser certains objets de notre arbitre, parce que c'est nous qui les avons d'abord pris en possession » (*Doctrine du droit*, § 3).

Cela n'est pas vrai seulement de ce que je détiens (une pomme que j'ai à la main, le sol sur lequel je suis couché), mais d'une possession « simplement juridique, intelligible », « abstraction faite de toutes les conditions de la possession empirique dans l'espace et le temps » (§ 6). La propriété privée du sol, par exemple, est légitimée par le fait que le sol appartient à tous, donc à moi, et que, dès lors que j'ai été le premier à en prendre possession, si autrui me conteste cette possession, il me fait violence et je suis fondé à lui résister.

On ne peut opposer à cela que le sol serait « libre » au sens d'une propriété « publique » sur laquelle les particuliers ne peuvent élever de prétentions. S'il y a « possession collective originaire », c'est au sens où la nature appartient à tous, donc à chacun, et où tout le monde a le droit de s'en approprier des fractions. Cela ne dure cependant qu'aussi longtemps que ces fractions ne sont utilisées par personne. Dès que cela a lieu, il y a un propriétaire, et le public ne peut plus élever de prétentions sur ce bien. Il n'y a donc rien de tel qu'un « communisme primitif » où tout serait à tous. Un tel communisme est certes concevable, mais à condition d'avoir été délibérément *institué* à l'occasion d'un contrat social ; il n'existe pas *à l'état de nature*. Dans les tribus où les anthropologues constatent la communauté des biens, celle-ci est historique et dérivée, si anciens que soient les exemples qu'on nous en présente (cf. *Doctrine du droit*, § 6, Remarque)[1].

---

1. C'est pourtant une question bien intéressante (au moins à titre théorique) de savoir si l'homme des sociétés primitives a pu réellement penser la propriété privée comme étant son droit naturel, et la propriété collective comme le fruit d'un contrat auquel il aurait délibérément consenti, ou si, bien plutôt, il n'a même pas eu l'idée qu'il pourrait avoir une propriété privée. Car il n'est de propriété privée que de personnes privées ; or la responsabilité personnelle, ainsi que l'*ego* psychologique, semblent être des produits tardifs de la civilisation, tant biblique que romaine. Donc tout le droit privé lui-même est un produit culturel. On touche ici aux limites du transcendantalisme kantien : pour Kant, ce qui est *a priori* est non-empirique et, en ce sens, intemporel. Si l'homme des cavernes était un homme, il devait avoir déjà douze catégories de l'entendement (pas une de plus, pas une de moins) et la loi morale en lui, tout autant que le ciel étoilé au-dessus de sa tête. Cette anhistoricité de l'apriorisme kantien exposait le kantisme aux critiques d'un Hegel ou d'un Marx (voir la polémique de celui-ci contre la théorie de l' « essence générique de l'Homme » selon Feuerbach, *infra*, p. 922), ou à celles de l'évolutionnisme.

Comme Locke, Kant insiste sur le fait que le droit naturel du premier occupant est acquis sans qu'un *acte* d'une quelconque autorité soit nécessaire[1].

2) *La garantie de l'État*

Cependant, la propriété, si elle est ainsi *fondée* en droit naturel, doit être *garantie* par l'État.

En effet, je ne peux prétendre qu'on ne touche pas à ma propriété que si j'admets, réciproquement, que je ne suis pas autorisé à toucher à la propriété d'autrui. Mais des volontés particulières contingentes ne peuvent « servir de loi de contrainte pour chacun ». La propriété ne sera donc garantie que si tous peuvent être contraints par « une volonté obligeant tout individu, donc collective et universelle (commune), ainsi que toute-puissante » (*Doctrine du droit,* § 8), c'est-à-dire si le respect de la propriété devient une *loi universelle.*

Cependant, Kant insiste bien sur le fait que le fondement de la propriété n'en est pas moins le droit naturel, de sorte que « dans l'état de nature, il peut y avoir un *mien* et un *tien* extérieurs réels », fussent-ils seulement « provisoires » : « Le *droit naturel,* dans la situation définie par l'existence d'une constitution civile (c'est-à-dire le droit qui, pour ce qui concerne cette dernière, peut être dérivé de principes *a priori*[2] *ne saurait souffrir aucune atteinte de la part des lois statutaires*[3] *de cette constitution,* et en conséquence ce principe juridique reste en vigueur : "Celui qui agit selon une maxime d'après laquelle il devient impossible d'avoir comme mien un objet de mon arbitre, me lèse" ; car la constitution civile est simplement l'état juridique par lequel est seulement *assuré* à chacun le sien, sans que celui-ci se trouve proprement ni défini ni déterminé. Toute garantie *présuppose* donc le sien de quelqu'un, qu'elle lui *assure.* Par conséquent, force est d'admettre, *avant* la constitution civile (ou *abstraction faite* de celle-ci), un mien et un tien extérieurs comme possibles, et en même temps un droit de contraindre tout individu avec lequel nous pourrions, sur quelque mode que ce soit, être en relation, à entrer avec nous dans une constitution où ce mien et ce tien peuvent être garantis » (*Doctrine du droit,* § 9).

1. Mais il n'attribue pas au travail la valeur légitimatrice que lui reconnaît Locke (ou Fichte). Le travail présuppose la possession, bien loin qu'il la crée (cf. § 15, Remarque, p. 62). En fait, il faut et il suffit que je puisse, au moins potentiellement, défendre ma propriété (par exemple, les eaux proches d'un État sont « territoriales » aussi loin que cet État peut les défendre, la portée du canon étant en l'occurrence un étalon raisonnable, cf. § 17, Remarque, p. 68). Corollaire : le fait de s'approprier les terres des sauvages d'Amérique ou d'ailleurs sous prétexte que ces terres ne sont pas cultivées est une hypocrisie « jésuitique » (§ 15, Remarque, p. 64). Il faut, pour que j'acquière légitimement une propriété par prise de possession, qu'elle soit réellement *res nullius,* la chose de personne.
2. « Par droit naturel, on entend uniquement le droit qui n'est pas statutaire, par conséquent purement et simplement le droit qui est susceptible d'être conçu *a priori* par la raison de tout homme » (§ 36).
3. Les lois « statutaires », comme les *statutes* anglais, sont les lois positives, décidées par le législateur.

Voilà donc fondées en droit naturel, c'est-à-dire *a priori*, et avec la valeur d'un impératif catégorique, la liberté et la propriété privée. Toute la théorie politique de Kant mettra en application ces principes libéraux essentiels.

C / *Propriété, contrats, économie*

Dans les deuxième et troisième sections de la partie de la *Doctrine du droit* consacrée au « droit privé », il est question des manières d'acquérir et de transférer des propriétés, du concept et des espèces du contrat, des droits « personnel » et « réel », du salariat, de l'argent, de l'héritage, de la procédure civile, etc.

Kant a en main des ouvrages de droit civil, notamment celui d'un certain G. Achenwall (1719-1772) dont le *Jus naturæ,* datant de 1750, était couramment répandu à son époque. Aussi bien ne peut-on dire que Kant soit ici très original ; il se place plutôt en position de commentateur critique d'un corps de doctrine qui existe déjà (il adoptera la même démarche pour de nombreux chapitres consacrés au droit public, où, là aussi, il ajoutera commentaires, nuances et objections, du point de vue qui est le sien, la philosophie transcendantale, aux doctrines existantes et déjà courantes du contrat social).

Ce qu'il faut retenir du point de vue de l'histoire des idées politiques, c'est que Kant comprend et approuve la doctrine même du droit privé telle qu'elle a été construite par les Romains et transmise dans la tradition juridique occidentale. Les individus ont le droit de posséder une propriété, de la transférer librement par des contrats, y compris des contrats de salariat. Les relations de travail entre hommes peuvent et doivent se concevoir comme des libres contrats, et des contrats résultant d'une volonté individuelle ; cela fonde l'économie de marché (Kant se réfère d'ailleurs explicitement à Adam Smith et s'abstient, tout Allemand qu'il soit, de se référer aux thèses organicistes d'Althusius ni à aucune autre de ce type). L'argent est pensé comme intermédiaire de ces échanges et n'est pas traité comme une propriété d'essence métaphysiquement différente de la propriété foncière ou en général matérielle. L'État aura essentiellement pour mission de garantir la sécurité et le caractère pacifique de ces libres échanges entre les citoyens individuels. S'il intervient dans les échanges, c'est donc uniquement quant à la forme, non quant à la substance.

Par exemple, Kant approuve le *droit d'héritage* sans suggérer que la propriété d'un mort doive « revenir à la collectivité », ni même que ce transfert puisse être l'occasion d'une confiscation partielle ou d'une taxe.

La doctrine de la propriété a des corrélats essentiels pour la vie économique comme pour la vie intellectuelle.

1) Un « droit personnel d'espèce réelle »

Kant introduit l'idée qu'il existe un « droit personnel d'espèce réelle »[1].

« Ce droit est celui de posséder un objet extérieur comme une chose et d'en user comme d'une personne » (*Doctrine du droit*, § 22), ou encore « le droit que possède l'être humain d'avoir comme étant *le sien* une personne extérieure à lui » (*Doctrine du droit*, Appendice, p. 188),

par exemple le droit, pour le mari, de commander (à certains égards) à sa femme, aux parents de commander (à certains égards) aux enfants, au maître de maison de commander (à certains égards) au domestique (§ 23). Kant prétend que cette catégorie est non seulement cohérente, mais

« nécessaire (donnée *a priori* dans la raison), relevant du concept du mien et du tien extérieur, avec pour signification qu'il existe un droit, non certes de *traiter des personnes* en tous points d'une manière semblable à celle qui s'applique à des choses, mais cependant de les *posséder* et de procéder avec elles, sous bien des rapports, comme si elles étaient des choses » (*Doctrine du droit*, Appendice, p. 187-188).

Que j'aie quelqu'un pour « mien », cela ne signifie pas que j'en sois « propriétaire » (comme dans le cas de l'esclavage), mais que j'aie le droit de

« faire immédiatement un usage de cette personne *tout comme* d'une chose, en tant que moyen en vue de ma fin, sans pour autant porter atteinte à sa personnalité » (*Doctrine du droit*, Appendice, p. 189).

Ce qui suppose que la fin que je me propose, qui implique autrui comme moyen, soit moralement acceptable. Sinon, le droit en question sera illégitime.

Par exemple, un contrat qui aurait pour objet de m'autoriser à jouir du corps d'autrui sans que ce soit dans le cadre du mariage, qui lie nos deux vies et non pas seulement nos deux corps, serait illégitime. De même, « posséder » son enfant, cela ressemble bien à la possession d'une « chose », en ce sens que, par exemple, je peux exiger, y compris en justice, de faire revenir à la maison mon enfant qui en est parti ou que quelqu'un a emmené ; mais cette situation juri-

---

1. Un droit « réel » *(jus reale)* ou droit sur la chose *(jus in re)* est, traditionnellement, le droit dont le propriétaire dispose envers tout possesseur de cette chose (§ 11). Un droit « personnel » est un droit que l'on a de contrôler le libre arbitre de quelqu'un, parce que ce quelqu'un y a consenti : il est créé par un contrat (§ 18). Un « droit réel d'espèce personnelle » ne peut se concevoir, « car on ne peut penser nul droit d'une *chose* envers une *personne* » (Appendice, p. 187). En revanche, on peut concevoir un « droit personnel d'espèce réelle » (§ 22), comme on va le voir.

dique est indissociable de l'obligation que j'ai non seulement de nourrir et protéger l'enfant, mais de l'éduquer[1]. Enfin, l'on peut louer les services de quelqu'un comme domestique, dans le même sens et avec les mêmes restrictions, c'est-à-dire sans que soit en cause sa personnalité (le contrat est pour une durée déterminée, et le domestique demeure libre d'y mettre un terme) : il sera « chose » à un certain point de vue, tout en restant « personne » à un autre[2].

Malgré le caractère quelque peu obscur du langage, l'enjeu est clair. Dès lors qu'on entend supprimer la féodalité où les relations de subordination étaient données comme naturelles ou même providentielles, donc indéfinies et irrévocables (les « seigneurs » ayant « droit » de commander aux « serfs » de leur naissance à leur mort et pour n'importe quelle corvée), la république kantienne de liberté individuelle va-t-elle se trouver dans l'impossibilité d'organiser le travail et la coopération entre les hommes ? Un régime de liberté est-il incompatible avec l'établissement de rapports hiérarchiques stables, garantis par le droit ? La notion de « droit personnel d'espèce réelle » est la solution du problème, car elle fournit la justification philosophique d'un lien professionnel de type nouveau combinant les notions de liberté, d'égalité et de respect humain d'une part, d'organisation hiérarchique du travail d'autre part : le *salariat.*

Dans la mesure où il faut qu'il existe des rapports de subordination dans la société, ils devront résulter d'un libre *contrat,* et d'un contrat aux clauses bien définies.

« Par un contrat, nul ne peut s'obliger à une telle dépendance qu'il cesse d'être une personne ; car c'est uniquement à titre de personne qu'il peut conclure un contrat. Or, certes, il semble qu'un homme puisse s'engager envers un autre, par un contrat où il loue ses services, à accomplir certains services d'une nature permise, mais *indéterminés* quant au degré, cela moyennant salaire, nourriture ou protection, et que par là il devienne seulement sujet, et non pas serf ; simplement n'est-ce là qu'une fausse apparence. Car si le maître est autorisé à utiliser à son gré les forces de son sujet, il peut même les épuiser (comme c'est le cas avec les Noirs dans les îles à sucre) jusqu'à la mort ou jusqu'au désespoir, et dans ce cas le sujet s'est effectivement abandonné à son maître comme s'il constituait sa propriété, ce qui est impossible. Il ne peut donc que se louer pour des travaux qui sont bien *définis* quant à leur qualité et leur degré [...] » (*Doctrine du droit,* § 49, p. 150-151)[3].

---

1. Donc les enfants « ne peuvent jamais être considérés comme une propriété de leurs parents » (§ 29). Le droit des parents « n'est pas un simple droit réel », et c'est d'ailleurs pourquoi il n'est pas « aliénable » (*ibid.*).
2. Kant distingue expressément la situation de domesticité de celle du « journalier » ou de l'« ouvrier ». Le domestique « se prête à tout ce qui est permis » et qu'on lui demande pour le bien du ménage, alors que l'ouvrier s'engage à fournir un travail « commandé et spécifiquement déterminé ».
3. Même si son salaire consiste, non en argent, mais dans le droit d'occuper un sol, il ne se transforme alors en aucun cas en un sujet faisant partie de la propriété (en serf).

Voici fixé le cadre juridique du salariat. Les hommes libres de la république kantienne peuvent louer leurs services tout aussi aussi bien qu'échanger leurs propriétés, en vertu du même droit naturel qui respecte leur liberté et leur personne. Dans la république kantienne, les hommes libres sauront travailler ensemble tout en restant libres et égaux ; la république kantienne sera une communauté de travail. Il est remarquable que Kant, malgré son peu d'intérêt apparent pour l'économie (ou la discrétion de ses références aux travaux des économistes), ait fort bien compris le principe fondamental selon lequel l'économie est un système d'échanges entre des agents libres, et qu'il ait conçu sa doctrine du droit de manière à faire « cadrer » celle-ci avec la logique d'une économie libérale[1].

1. La notion de « droit personnel d'espèce réelle » a suscité une polémique, notamment une critique sévère de Hegel. La colère de Hegel à cet égard ne doit pas faire croire, on s'en doute, à un quelconque goût de ce dernier pour l'anarchie généralisée, une société libertarienne où personne n'obéirait jamais à personne. Simplement, puisque le salarié ne peut être la « chose » (*Sache*) de son patron, c'est, pour Hegel, l'État qui devra distribuer les places, les ordres, et organiser le travail, toute liberté laissée à cet égard aux structures de la « société civile » étant essentiellement déléguée et révocable. La querelle faite à Kant n'est donc pas celle de la liberté à l'aliénation du travail, mais celle de l'étatisme au libre contrat. L'enjeu de ces débats est en définitive celui de l'ordre organisé *versus* l'ordre spontané. Les liens sociaux se nouent-ils *verticalement,* de l'État à l'individu, ou *horizontalement,* d'individu à individu ? La société civile est-elle capable de produire du lien social ? Kant répond dans le même sens libéral que Boisguilbert, Hume et Smith, diamétralement opposé à celui des absolutistes et des socialistes.

S'agissant de la *famille,* l'enjeu est encore plus clair, comme est très claire la signification totalitaire de la critique hégélienne. La famille a toujours été protégée par le droit romain : or son unité implique une certaine autorité du « chef de famille » sur ses membres et, à l'inverse, une situation de sujétion des membres à son égard (dans certaines limites fixées par le droit civil). Sur la question de la tutelle de la femme, tout ce qu'on peut dire, c'est que Kant n'est pas en avance sur son temps, pas plus d'ailleurs qu'il n'est en retard (nous savons que le Code civil français confirmera et même renforcera, par rapport à l'Ancien Régime, cette tutelle). Quant aux enfants, Kant veut dire qu'ils sont en effet mineurs... jusqu'à ce qu'ils soient majeurs. S'ils étaient libres de toute tutelle du chef de famille, ce serait à leurs dépens (car ils ne sont pas encore capables de vivre de façon autonome). Dès lors, la question bien visible en filigrane de cette polémique est celle-ci : si l'on admet que les enfants doivent, dans leur intérêt même, être dirigés, *par qui doivent-ils l'être* ? Si l'on refuse que ce soit par les parents, ce ne pourra être que par l'État. Or, il est bien connu, depuis Platon, que tous les totalitarismes ont toujours voulu détruire la famille en tant que membrane s'interposant entre l'État et les individus et empêchant l'État d'avoir prise directe sur ces derniers ; et qu'inversement la liberté s'est toujours servie de la famille et des autres « communautés naturelles » pour se protéger contre l'emprise totalitaire de l'État. La famille est, en effet, un espace où les individus peuvent bâtir une personnalité et poursuivre un destin privés, singuliers, à partir desquels se tisse un réseau de relations sociales non étatiques, par le mariage, l'association, les églises, les sociétés commerciales où s'investissent les patrimoines. Remplacer les parents dans la tutelle des enfants a été l'ambition de tous les socialismes d'État, de Sparte aux pays fascistes et

2) *La propriété intellectuelle*

Dans le cadre de son analyse de la propriété, Kant examine aussi la question de la propriété intellectuelle. Un livre, bien que rendu public, est adressé à la société par un auteur, qui en est donc propriétaire et a droit à une protection de sa propriété. De même que le droit doit protéger la propriété matérielle et que cette protection conditionne un bon fonctionnement de l'économie, de même, dès lors qu'il existe une propriété de choses immatérielles telles qu'un « discours », le droit doit la protéger, et cette protection conditionne un bon fonctionnement de la vie intellectuelle.

Si donc quelqu'un imprime un livre sans mandat de l'auteur, il le fait contre le droit de l'auteur, d'une part, contre celui de l'éditeur légitime, d'autre part.

L'avancée de l'Histoire, nous l'avons vu, suppose le dynamisme de la vie intellectuelle ; la protection juridique de la propriété intellectuelle est donc une partie essentielle du droit privé.

V — LE RÉGIME « RÉPUBLICAIN »

Le droit doit être protégé. Il le sera, au plan national, par un État qui adoptera une forme « républicaine » ; au plan international, par une « Société des Nations ». Nous abordons ici le volet constitutionnel de la pensée politique de Kant.

1) *Le passage à la société de droit*

Tant qu'on n'est pas sorti de l'état de nature et qu'on n'a pas « limité la liberté extérieure par des lois », des hommes, des peuples, des États isolés demeurent exposés à une violence destructrice. Il convient donc d'établir une société de droit. Cette démarche joue à trois niveaux qui, ensemble, vont constituer le *droit public* : 1 / au niveau de la nation *(gens),* il y aura l'État *(civitas)* ; 2 / au niveau des relations entre les nations, il y aura un « droit des gens » ; 3 / ce droit

---

communistes du XXe siècle. En affirmant que le père de famille a un « droit personnel d'espèce réelle » sur les enfants, Kant ne prône donc pas on ne sait quel esclavagisme domestique, mais il réaffirme simplement, dans son langage un peu indigeste, cette exigence fondamentale de la liberté.

des gens lui-même pourra et devra être institutionnalisé, devenir « droit politique des gens » ou « droit cosmopolitique », dans le cadre d'une « Société des Nations » dont les différents États nationaux seront membres (*Doctrine du droit*, § 43).

Kant, qui sera très original sur le troisième point, ne l'est pas sur les deux premiers : il reprend les théories, déjà classiques en son temps, sinon en son pays, du *contrat social*, non sans fluctuer entre les options de Hobbes, de Locke ou de Rousseau.

2) *Les deux questions de la politique*

Kant distingue la question du pouvoir *de* l'État sur la société de celle des pouvoirs *dans* l'État.

Cette distinction et cette hiérarchisation entre les deux grands types de questions constitutionnelles est fondamentale. Elle a reçu sa forme doctrinale complète chez Lord Acton[1], mais nous savons qu'elle était déjà courante au temps de la Révolution américaine (cf. *supra*, p. 387). Kant, en tout cas, la connaît et il la reformule ici dans une intention précise, à savoir « pour qu'on ne confonde pas, comme cela arrive souvent, la constitution *républicaine* avec la constitution *démocratique* » (*Vers la paix perpétuelle*, p. 86, n.s.). Ce n'est en effet que si l'on distingue clairement entre la question du pouvoir *dans* l'État et celle du pouvoir *de* l'État que l'on peut comprendre que l'alternative démocratie/gouvernement autoritaire est totalement différente de l'alternative libéralisme/totalitarisme et que, par conséquent, il peut parfaitement exister − ce que certes ni Rousseau, ni les jacobins, ni nombre de républicains français ultérieurs jusqu'à nos jours n'ont compris − des régimes démocratiques hostiles aux libertés à différents degrés jusqu'au totalitarisme, ainsi qu'à l'inverse, des régimes monarchiques ou aristocratiques respectueux, à différents degrés, de ces mêmes libertés.

Que les pouvoirs *dans* l'État soient organisés en forme d'autocratie, d'aristocratie ou de démocratie importe moins que la question de savoir si le pouvoir *de* l'État sera arbitraire ou conforme au droit (*Vers la paix perpétuelle*, p. 86-87). Kant définit comme « républicain » l'État dont le pouvoir est « conforme au concept de droit » (p. 88), autrement dit ce que nous appelerions de nos jours l'État de droit, ce que les Anglo-Saxons des XVIIᵉ-XVIIIᵉ siècles appellent un « gouvernement de lois, non d'hommes ». Sera « despotique », au contraire, le gouvernement sans loi, arbitraire ; et il sera *despotique* quand bien même il serait *démocratique*, approuvé par la majorité ou la quasi-unanimité des citoyens.

Il n'y a liberté que si je ne suis tenu d'obéir « à aucune autre loi

1. Voir *Introduction générale, supra*, p. 21 sq.

extérieure que celles auxquelles j'ai pu donner mon assentiment » ; et si « personne ne peut obliger l'autre, de droit, sans que, en même temps, il ne se soumette à la loi qui peut l'obliger réciproquement » (égalité devant la loi) (*Vers la paix perpétuelle*, p. 84). C'est cette situation de participation à la souveraineté et d'égalité devant la loi que promeut la « république » et nul autre régime.

Ces droits (droit à participer à l'élaboration de la loi, droit à l'égalité devant la loi) sont « innés », « inhérents à l'humanité » et « inaliénables » ; leur valeur transcendante tient à ce que l'homme les possède indivisiblement comme citoyen du monde sensible et, « également, citoyen d'un monde suprasensible », ce fameux « règne des fins » dont il est question dans les *Fondements de la métaphysique des mœurs*[1].

3) *La séparation des pouvoirs*

Or le républicanisme ainsi défini suppose la *séparation des pouvoirs*, comme le despotisme leur confusion :

« Le *républicanisme* est le principe politique de la séparation du pouvoir exécutif (le gouvernement) et du pouvoir législatif ; le *despotisme* est le principe selon lequel l'État met à exécution de son propre chef les lois qu'il a lui-même faites, par suite c'est la volonté publique maniée par le chef d'État comme si c'était sa volonté privée (*Vers la paix perpétuelle*, p. 86-87).

La séparation des pouvoirs est pleinement rationnelle et se déduit de l'Idée *a priori* de l'État comme les différents moments du « syllogisme pratique » (*Doctrine du droit*, § 45). De même que, « dans un syllogisme, l'universel de la majeure ne peut en même temps subsumer sous elle le particulier dans la mineure », de même la volonté du législateur doit être distincte de celle de l'exécutant (sans quoi il n'y a pas hiérarchie logique de l'une à l'autre). Un gouvernement donnera des ordres, mais dans le cadre des lois. S'il fait aussi celles-ci, il n'aura plus de règle qui l'oblige, il fera ce qu'il veut, il agira arbitrairement. Par conséquent, « un *gouvernement* qui serait en même temps législateur devrait être nommé *despotique* » (§ 49). Inversement, un législateur qui ferait certains actes, comme de « punir » l'exécutif, se comporterait par là même comme un pouvoir exécutif, mais comme un exécutif qui ne serait pas tenu par la loi : il serait à son tour despotique

---

1. Le règne des fins est une république, puisque, même aux lois divines, je ne dois d'obligation que dans la mesure où « j'ai pu y donner moi-même mon assentiment » et cela « par la seule raison » ; y règne, par ailleurs, l'égalité devant la loi, puisque nul être de ce monde, fût-ce un « grand Éon », n'est délié des lois auxquelles je suis soumis. Une seule exception : Dieu, « seul être pour quoi le concept de devoir cesse de valoir » (*Vers la paix perpétuelle*, p. 84-85, note).

(ibid.). Enfin, ni le souverain ni le gouvernement ne peuvent juger, « ils ont simplement le pouvoir d'installer des juges qui soient des magistrats ». Ces juges seront pris dans le peuple, et spécialement pour chaque jugement. De sorte que le peuple se jugera lui-même, alors que, s'il est jugé par le souverain ou le gouvernement, personnes publiques, il risquerait d'y avoir, là où il s'agit de « rendre à chacun le sien », disproportion, et donc injustice[1].

Cet état de séparation des pouvoirs[2] est la structure rationnelle de l'État, conforme à l'idée *a priori* qu'on doit s'en faire. Un état de nature pourrait être plus heureux, si l'on en croit Rousseau ; selon divers témoignages, même un état despotique peut être préférable. Mais la valeur de la république kantienne n'est pas une affaire de « bonheur » empirique, elle ne tient à aucun « impératif hypothétique », elle est « un état vers lequel la raison, par un *impératif catégorique*, nous oblige à tendre » (*Doctrine du droit,* § 49).

4) *La souveraineté*

Étant donné que, comme nous l'avons vu, une loi ne peut être juste que si celui qui la fait lui est lui-même soumis, « le pouvoir législatif ne peut revenir qu'à la *volonté unifiée du peuple* » (*Doctrine du droit,* § 46).

Il y aura donc, dans l'État, un « souverain », un « chef d'État », qui n'est autre que « la volonté unifiée du peuple ». Mais cette personne en qui viennent « s'inscrire » les trois pouvoirs, pour autant qu'elle « découle *a priori* de la raison », n'est encore qu' « un être de raison ». Reste à savoir quelles « personnes physiques » vont incarner cet être (§ 51). Çe peut être un homme seul, une assemblée, ou le peuple tout entier. Kant retrouve donc la problématique traditionnelle des formes de régime (mais il ne s'intéresse guère aux formes déviées comme l'oligarchie, ni même aux régimes mixtes, ce qui, dit-il, « mènerait trop loin »[3]).

Quelle que soit la personne physique qui incarne la souveraineté, elle ne pourra faire de loi qui ne puisse être voulue par le peuple : « Ce

---

1. Le modèle implicite est ici l'Angleterre et son système de jurys populaires et non-permanents.
2. Dont Kant comprend la logique profonde dans la continuité des révolutionnaires anglo-américains et de Locke, cf. *supra*, p. 282-283, 293-294, 319, et non dans celle de Montesquieu (qui voit, dans la séparation des pouvoirs, un simple *équilibre* entre ceux-ci, cf. *infra*, p. 1037).
3. Kant, qui n'est pas économe ordinairement d'efforts d'approfondissement, baisse donc les bras devant la tâche qu'ont menée à fond, avant lui, tant d'écrivains politiques. C'est un signe du caractère un peu précipité, ou un peu secondaire, dans l'œuvre philosophique de Kant, de la *Doctrine du droit*, ou du moins de la partie de cet ouvrage portant sur le droit public. Ce n'est certes pas dire que Kant serait en philosophie politique un « amateur », mais simplement que son originalité ne réside pas dans ce qu'il dit sur le détail de la doctrine constitutionnelle, mais, comme nous allons le voir tout-à-l'heure, dans l'orientation eschatologique qu'il donne à cette doctrine.

que le peuple (la masse entière des sujets) ne peut décider sur lui-même et sur ses membres, le souverain ne peut pas le décider non plus sur le peuple » (*Doctrine du droit,* § 49, p. 149). C'est là la « norme et la mesure » du pouvoir souverain.

Par exemple, s'agissant de déclarer la guerre, la personne physique du souverain, quelle qu'elle soit, ne pourra pas, en arguant, le cas échéant, du fait que les citoyens sont à quelque degré son « œuvre », procéder comme un homme qui, ayant élevé une meute de chiens, les amènerait à la chasse. Car il se comporterait alors comme s'il était *propriétaire* des citoyens. Or ce principe juridique « ne peut en aucune manière s'appliquer à l'homme, notamment en tant que citoyen, lequel doit toujours être considéré dans l'État comme un membre qui participe à l'activité législatrice (non seulement comme moyen, mais en même temps aussi comme fin en soi) et doit donc donner son libre consentement, par l'intermédiaire de ses représentants, non seulement à la guerre en général, mais aussi à chaque déclaration de guerre particulière – condition limitative sous laquelle seulement l'État peut disposer de lui pour ce périlleux service » (*Doctrine du droit,* § 55).

De la souveraineté du peuple se déduit son droit de voter pour élire des « représentants ».

Cependant il n'y aura pas de suffrage *universel,* car seront considérés comme citoyens « passifs » non seulement les femmes et les enfants, mais aussi les « serviteurs », tous incapables, à divers titres, d'une volonté autonome. Cela ne fait d'ailleurs pas injure à leur dignité d'êtres humains ; les citoyens actifs qui feront des lois pour eux respecteront à leur égard « les lois naturelles de la liberté et de l'égalité », à commencer par leur droit à « travailler à s'élever de cet état passif à l'état actif » (§ 46, Remarque)[1].

5) *Les droits de l'État républicain*

Kant poursuit sa description des fonctions de l'État d'après son « Idée *a priori* ». Il va condamner la société féodale au profit d'une société civique où prévaudra l'égalité devant la loi et où il n'y aura pas d'organisation en ordres hiérarchiques (nous verrons que Hegel, au contraire, défendra l'idée d'une structure « organique » de la société).

---

1. Kant, là encore, n'est ni en avance ni en retard sur son temps. Les républicains anglais les plus radicaux, à savoir les *Levellers,* avaient également exclu les « serviteurs » du suffrage universel. Sieyès venait de proposer en France la distinction entre citoyens « actifs » et « passifs ». Notons cependant que le progressisme de Kant l'incite à penser ces catégories comme essentiellement provisoires, et non comme reflétant une différence de nature entre les hommes. Ainsi Guizot ou Thiers penseront-ils du suffrage censitaire, nécessaire dans le présent, mais appelé à disparaître dans le futur à mesure que les populations seront instruites.

L'État a un *devoir* de sauvegarde du peuple. De ce devoir se déduisent les *droits* de l'État (tout droit de l'État qui ne peut se déduire du devoir de sauvegarde qui est le sien est illégitime) :

— *Répartir la propriété.* L'État est propriétaire de rien ou de tout, selon le point de vue envisagé. L'État, qui a l'*imperium*, n'a le *dominium* de rien, et « la propriété privée n'appartient au contraire qu'au peuple ». Mais l'État est maître du territoire en ce qu'il a la responsabilité de la répartition des propriétés. En ce sens, il n'a aucune raison d'accepter que des « corporations » – sont visés surtout ici la noblesse et le clergé – aient *en tant que telles* la propriété d'une partie du patrimoine national.

« Il résulte [de la théorie de la propriété ci-dessus exposée] qu'il ne peut y avoir dans l'État aucune corporation, aucune condition, aucun ordre qui, en tant que propriétaire du sol, pourrait en transmettre d'après certains statuts la jouissance exclusive aux générations suivantes (à l'infini). L'État peut à tout moment supprimer ces statuts, à la seule condition de dédommager les survivants » (*Doctrine du droit,* § 49, p. 142 ; cf. aussi Appendice, B, p. 203).

Les privilèges des féodaux n'étaient justifiés que par le salut de l'État. Dès lors que celui-ci, étant donné l'évolution de l'opinion, peut s'acquitter par lui-même de la fonction de défense, tout droit spécifique de la noblesse disparaît. Cela est valable également pour le clergé, dès lors que, depuis la Réforme, l'opinion publique ne croit plus que l'existence et les privilèges de l'Église soient nécessaires pour « stimuler les membres de l'État par des messes pour le repos des morts, des prières et une foule d'autres [messes] se souciant du salut des âmes et destinées à les préserver du feu éternel » (p. 143 ; cf. aussi Appendice, B, p. 202). On peut en conclure que le régime de la propriété foncière, dans la république kantienne, sera libéral et dégagé de tout droit féodal, biens de main-morte, etc.

— *Collecter des impôts et exiger des prestations en nature.* L'État ne peut assurer la sauvegarde du peuple qu'en entretenant une armée, des services publics (l'État, dit Kant, doit assurer la *sécurité,* la *commodité*[1] et aussi la *décence*[2] publiques). Cela légitime l'impôt, y compris en nature (le service militaire). Mais Kant insiste sur le fait que les décisions concernant les impôts doivent « passer par le corps des députés du peuple ».

— *Droits de police.* L'État aura un « droit d'inspection » : il empêchera les complots, pourra se faire remettre les statuts de n'importe quelle association. Mais la police ne pourra pas, sans autorisation d'une autorité supérieure, perquisitionner au domicile privé des gens (timide avancée de Kant vers l'*habeas corpus* anglais et américain et la « sûreté » des constituants français).

— *Rôle « social ».* À la différence d'Humboldt (cf. *infra*), qui s'en tient à un « État minimal » chargé des seules tâches de justice et de défense, Kant attribue également à l'État un certain rôle « social ». Les impôts devront servir à sustenter les pauvres, à financer les hospices d'enfants trouvés, et aussi à subventionner l'Église afin de lui permettre de faire vivre les « institutions charitables ou pieu-

---

1. Allusion à des services collectifs, ponts et routes...
2. L'État interdira la mendicité, la prostitution et veillera aussi à la propreté des rues.

ses ». Une certaine solidarité est en effet voulue par le peuple qui, lorsqu'il s'est uni en une société, a entendu « conserver les membres de cette société qui ne sont pas capables eux-mêmes de le faire ». L'État est donc fondé à « forcer les riches à procurer les moyens de leur conservation à ceux qui n'y parviennent pas, ne serait-ce qu'en ce qui concerne les besoins naturels les plus nécessaires » (*Doctrine du droit*, § 49, Remarque générale, C, p. 145).[1]

— *Attitude par rapport à l'Église.* L'État doit-il subventionner l'Église dans son fonctionnement même, et non pas pour faire vivre les institutions charitables ? Kant répond par la négative : « Quant aux frais d'entretien de l'institution cléricale, ils ne peuvent... venir à la charge de l'État, mais il faut qu'ils soient en partie à la charge du peuple qui professe telle ou telle croyance, c'est-à-dire uniquement à la charge de la communauté des croyants » (p. 147)[2].

6) *La fonction publique*

Le chef de l'État nomme les fonctionnaires. Il doit y avoir « garantie de l'emploi » pour eux, le chef de l'État ne pouvant les destituer selon son bon plaisir. Et l'État établit entre les fonctionnaires les hiérarchies nécessaires.

En revanche, l'État ne peut établir de noblesse héréditaire telle que ses membres seraient destinés à commander par naissance et non par leurs mérites personnellement démontrés. Car « "ce que le peuple (la masse entière des sujets) ne peut décider sur lui-même et sur ses membres, le souverain ne peut pas le décider non plus sur le peuple". Or une noblesse héréditaire constitue un rang qui passe avant le mérite et qui ne laisse même à celui-ci aucun espoir qui soit fondé : c'est donc une chimère dépourvue de toute réalité. [...] Parce qu'on ne

---

1. Kant y insiste : ce devoir de protection, les riches ne s'en acquitteront pas seulement par des contributions volontaires, mais par l'impôt obligatoire. Y a-t-il ainsi une dose de « social-démocratie » chez Kant ? Il ne le semble pas, car il ne s'agit pas d'utiliser ces transferts comme un moyen en vue de transformer la société, de la rendre plus égalitaire. Il s'agit de secourir les plus « pauvres », ce qu'a toujours fait l'Église, même dans la société féodale, sans la moindre intention socialisante ; et d'imposer les plus « riches », non de jeter sur toute la société le filet d'une imposition à visée de correction sociale et restreignant de façon générale les libertés. La question n'est pas de peu d'importance, étant donné l'influence qu'aura Kant sur les républicains français, dans l'immédiat et plus tard (sous le Second Empire et la IIIe République). Chez Renouvier, par exemple, la république n'est pas seulement une démocratie libérale, mais comporte une part de redistribution. Il est utile de rappeler, cependant, que Kant ne pouvait imaginer quel niveau les « prélèvements obligatoires » allaient atteindre dans l'État-Providence moderne, niveau qui menace les libertés individuelles. La pensée sociale de Kant ne saurait donc être invoquée pour justifier une évolution manifestement contraire aux autres principes défendus par lui.

2. Propos qui ont plu aux « laïques » de la IIIe République, désireux de parvenir à la séparation de l'Église et de l'État, comme le signale Alain Renaut (n. 86), mais nous savons que ce principe de laïcité, avec son volet fiscal, avait été formulé pour la première fois non par des voltairiens, mais par les Puritains anglais et les sectes protestantes indépendantes d'Amérique (cf. *supra*, p. 272-275 et 397-399).

saurait admettre d'aucun homme qu'il abdique sa liberté, il est impossible que la volonté universelle du peuple consente à une telle prérogative dénuée de tout fondement » (*Doctrine du droit*, § 49, Remarque générale, D, p. 149).

Plus généralement, l'existence d'une classe noble et d'une classe roturière est contraire au droit. Elle est en effet fondée sur le présupposé que les nobles seraient par nature des « maîtres », les autres hommes par nature des « serviteurs », et que ceux-ci seraient donc la « chose » des maîtres, de simples moyens en vue de leurs fins (même compte tenu du fait que, dans le droit féodal, les serviteurs ne sont pas tenus de servir les fins « honteuses » des maîtres, et même si les maîtres n'ont pas le droit de disposer de la vie ou des membres de leurs serviteurs : cela n'empêche pas que la volonté du serviteur est aliénée à celle du maître). Un tel régime social est donc contraire au « règne des fins » et indigne de l'humanité[1].

7) *Le droit de punir et le droit de grâce*

Le système du droit pénal se déduit lui aussi des principes *a priori* de la raison : Kant se refuse à le penser en termes d'utilité pour la société, comme les Anglo-Saxons (Hegel le suivra sur ce point). « La loi pénale est un impératif catégorique » (*Doctrine du droit*, § 49, p. 152). La considération de l'obtention d'aucun avantage, ou de l'évitement d'aucun inconvénient, ne pourrait justifier qu'on changeât d'un *iota* une peine déterminée comme juste par la raison[2].

La peine doit être déterminée par le seul principe rationnel admissible en l'occurrence, le principe d'égalité (la « loi du talion »).

« Ce mal immérité que tu infliges à un autre au sein du peuple, tu le fais à toi-même. Si tu l'outrages, c'est toi-même que tu outrages ; si tu le voles, c'est toi-même que tu voles ; si tu le frappes, c'est toi-même que tu frappes ; si tu le tues, c'est toi-même que tu tues. Seule la loi du talion, à la condition, bien entendu, de s'accomplir à la barre d'un tribunal (et non pas dans un jugement privé), peut indiquer de manière précise la qualité et la quantité de la peine » (*Doctrine du droit,* p. 154).

---

1. L'argumentation de Kant rejoint ici celle de Sieyès condamnant les privilèges (mais cette problématique remonte bien plus loin dans le temps ; on se souvient, par exemple, des réflexions des *Levellers* ou de Pufendorf au XVIIᵉ siècle).

2. Kant imagine un exemple (un peu déroutant) pour illustrer ce point. Un peuple habitant une île et qui déciderait de se disperser devrait, avant de quitter l'île, exécuter le dernier condamné à mort, alors même que, l'instant d'après, il n'y aura plus personne sur l'île que la survie du prisonnier pourrait mettre en danger, ou auprès de qui une mesure de grâce pourrait constituer un mauvais exemple. La peine, dans ce cas, ne *servira* à rien ; l'absence de peine ne *nuira* en rien. Mais cela n'empêche pas qu'il *faille* exécuter la peine (p. 155).

Cela ne doit pas toujours être pris « à la lettre ». Il n'y a que pour le meurtre que la loi du talion doit être exactement appliquée, car « il n'y a ici aucun substitut possible qui doive satisfaire la justice » (p. 154).

Il convient néanmoins de « débarrasser » l'exécution capitale « de tout mauvais traitement qui pourrait faire de l'humanité un objet d'horreur dans la personne du supplicié ».

Kant, comme plus tard Hegel, rejette l'argumentation de Beccaria contre la peine de mort, inspirée, dit-il, par une coupable « sensibilité sympathisante » (entendons que les arguments de Beccaria sont empiriques, non rationnels).

On sait que l'argument de Beccaria était que, dans le contrat social, personne n'a consenti par avance à l'État le droit de le mettre à mort. Cela n'enlève nullement sa légitimité à la peine de mort, rétorque Kant, « car si au fondement du droit de punir il devait y avoir une *promesse* du malfaiteur, par laquelle il dirait qu'il *veut* se laisser punir, il faudrait aussi lui abandonner la tâche de se trouver passible de peine, et le criminel serait son propre juge » (*Doctrine du droit,* p. 158).

Kant admet que le meurtre ne soit pas puni de mort dans deux cas, le *duel* et l'*infanticide maternel* (d'un enfant illégitime). Pour le duel, c'est une concession — toute provisoire — à la barbarie des mœurs sociales qui placent l' « honneur » militaire plus haut que la loi de la République. Le singulier argument que Kant donne pour l'infanticide est fort intéressant, car on y voit bien, en creux, l'idée qu'il se fait du droit naturel :

« L'enfant qui est venu au monde en dehors du mariage est né hors de la loi (laquelle ici se nomme en effet le mariage), par conséquent aussi en dehors de sa protection. Il s'est en quelque sorte introduit dans la république (comme une marchandise interdite) d'une manière telle que celle-ci (dans la mesure où, en toute justice, il n'aurait pas dû venir à l'existence sur ce mode) peut *ignorer son existence, donc aussi son anéantissement* » (*Doctrine du droit,* p. 159, n.s.)[1].

Kant, par ailleurs, admet le droit de grâce, mais avec une extrême réticence, parce qu'il voit bien qu'il « fait courir le plus grand risque de commettre des injustices » (p. 160)[2].

---

1. Pas de « droits de l'homme » pour les enfants illégitimes. Seule la loi confère l'existence et les droits. Que dirait Kant de nos « sans-papiers » ?
2. Nous verrons que Humboldt, pour la même raison, refuse complètement ce droit, cf. *infra,* p. 560.

VI — CONSERVATISME, RÉVOLUTION ET RÉFORME

Dans ce qui précède, Kant reprend *grosso modo* à son compte, et pas toujours avec une parfaite cohérence, les thèses déjà classiques au sujet du contrat social. Plus originale est sa réflexion sur le *changement politique*. Kant entend surmonter la contradiction propre à toute vision eschatologique de l'Histoire : si l'Histoire est orientée vers un « mieux », il est clair qu'elle doit faire place au changement ; mais si le changement est de type révolutionnaire, il aboutit à une situation de non-droit, telle celle dont toute l'Europe vient de constater l'horreur en France, et cela est manifestement une régression. Comment résoudre cette aporie ?

1) *Le refus du conservatisme*

Kant va mettre en évidence qu'il y a, en fait, trois visions possibles de l'Histoire : le refus pur et simple du changement, ou conservatisme ; la recherche d'un changement total et immédiat, la révolution ; enfin la réforme. Il va condamner les deux premières visions, de « droite » et de « gauche », et adopter la troisième, qui est par excellence la vision libérale.

Le conservatisme est associé à un pessimisme foncier, que celui-ci soit lié au paganisme antique (Sénèque ou Tacite), à une certaine théologie chrétienne (l'augustinisme, le luthéranisme...), ou qu'il se prétende rationnel (Machiavel, Hobbes, Spinoza...). Il n'est pas d'autre bien, en politique, qu'un moindre mal. Cela justifie la « raison d'État ». Il faut séparer entièrement morale et politique. Ceux qui veulent les mêler sont des rêveurs, des idéalistes, d'ailleurs dangereux.

Kant refuse cette attitude. Il ne s'arrête pas à la position de Cicéron et de l'humanisme, « l'honnêteté est la *meilleure politique* », mais, en philosophe représentatif de l'esprit « biblique » selon lequel l'homme n'est pas esclave de la nature, il affirme : « l'honnêteté est *meilleure que toute politique* ».

Il résume ainsi l'objection des pessimistes conservateurs. Pour que la République ou l'État de droit soient possibles, il faudrait que l'État fût le fruit d'un consentement unanime. Or, pour pouvoir manifester ce consentement, le peuple devrait être d'abord unifié. Mais nul ne peut unifier un peuple « à partir d'une foule sauvage » sinon un maître usant de violence. Et l'on voudrait qu'après avoir établi son pouvoir à ce prix, un tel maître le rendît au peuple afin que celui-ci pût « réaliser, par une volonté commune, une constitution de droit » ? C'est irréaliste. Nul État ne pratiquera donc jamais le droit. Le raisonnement vaut *a fortiori* pour l'ensemble des dirigeants des États du monde, que personne n'a même tenté jusqu'à présent d'unifier. La force, le fait contingent seront toujours des éléments prépondérants dans toute construction politique. « C'est ainsi que tous les plans théoriques du droit politique, du droit des gens et du droit cosmopolitique[1] se dissipent en idéaux creux et inapplicables ; au contraire, une pratique qui est fondée sur des principes empiriques de la nature humaine et qui ne dédaigne pas de tirer un enseignement pour ses maximes de la manière dont va le monde, pourrait seule espérer trouver un fondement assuré pour son édifice de prudence politique » (*Vers la paix perpétuelle*, p. 112).

L'objection est impressionnante. Il faut « prendre le monde comme il va ». Le conservatisme est la seule attitude rationnelle.

Kant répond que cela n'est vrai qu'aussi longtemps qu'on considère l'homme comme *déterminé*, lié par les lois de la nature telles qu'on les connaît à l'instant *t*. Or l'homme est libre. S'il y a donc, dans les mécanismes de la nature, quelque chose qui paraît empêcher de réaliser ce qui *doit* être, à savoir la République, il faut, tout simplement, « corriger » ce « vice ». Il faut que les hommes d'État soient « attentifs à la manière de le corriger *le plus tôt possible selon le droit naturel*, comme l'idée de la raison nous en présente le modèle sous les yeux, leur égoïsme dût-il être sacrifié » (*Vers la paix perpétuelle*, p. 113, n.s.).

Le plus tôt possible : notons la hâte, typique de l'attente eschatologique ; parce que le sens même de la vie humaine est d'accepter la responsabilité de l'avancée de l'Histoire, « il n'y a pas une minute à perdre ». *Selon le droit naturel* : le droit naturel n'est pas ici principe de conservation (d' « éternel retour » à l'antique), mais de changement, de révolution ; Kant retrouve l'idée de la Révolution papale selon laquelle le droit naturel est un devoir-être, une fin eschatologique, et non une réalité empirique, idée qui a orienté, à bien des égards, toute la pensée juridico-politique de l'Occident depuis cette date[2]. Le *statu quo* n'est rationnel qu'aux yeux de ceux qui identifient le phénomène et le noumène ; il ne l'est pas pour la pensée critique.

2) *Le refus de la révolution*

Mais, s'il doit y avoir changement, comment celui-ci va-t-il se faire, et, plus précisément, s'agissant des institutions politiques, comment l'Histoire va-t-elle accoucher de la République et de la Société des Nations ? Par une révolution comparable à celle qui vient d'avoir lieu en France ? Kant refuse tout autant cette seconde position.

---

1. C'est-à-dire, comme nous l'avons vu, les trois éléments constitutifs du droit public.
2. Cf. *HIPAMA*, p. 620-621.

Il écrit dans la *Doctrine du droit* des pages – souvent citées et commentées – où il paraît condamner l'idée même de « résistance à l'oppression » et soutenir inconditionnellement le pouvoir absolu. On ne peut en effet, dit-il, remettre en cause le contrat social,

« car, dans la mesure où le peuple, pour porter un jugement qui ait une validité juridique sur le pouvoir suprême de l'État *(summum imperium)*, doit déjà être considéré comme uni sous une volonté légiférant universellement, il n'a ni la possibilité ni le droit de juger autrement que ne le veut celui qui est à ce moment le chef suprême de l'État *(summus imperans)* » (*Doctrine du droit*, § 49, p. 135).

En fait, comme Hobbes, et retrouvant même les accents de Luther et de Calvin, Kant pose que la loi suprême de l'État doit être

« représentée comme si elle ne pouvait provenir des hommes, mais uniquement de quelque suprême législateur infaillible, et c'est là ce que signifie la proposition : "Toute autorité vient de Dieu", qui n'énonce pas un fondement historique de la constitution civile, mais une Idée comme principe pratique de la raison – savoir que l'on doit obéir au pouvoir législatif actuellement en place, quelle qu'en puisse être l'origine » (*Doctrine du droit,* § 49, p. 135)[1].

Même si le gouvernement outrepasse la loi, on pourra faire entendre des « doléances », non opposer une « résistance ». En d'autres termes,

« toute amélioration de l'État au moyen d'une *révolution* est injuste, car le fondement n'y réside point dans le droit du régime préexistant, et par conséquent, entre celui-ci et le suivant, intervient un état de nature où il n'existe aucun droit extérieur » (*Réflexion* n° 8045, citée par A. Renaut, p. 385). « Contre le souverain législateur de l'État, il n'y a aucune résistance du peuple qui soit conforme au droit [...]. Il n'y a pas de droit de sédition, encore moins de rebellion » (*Doctrine du droit,* § 49, p. 137),

et encore moins de droit au tyrannicide.

Kant songe aux exécutions de Charles Ier et de Louis XVI. Le problème n'est pas que ces rois aient été destitués. Ils avaient, de toute façon, commis des

---

1. La théorie du contrat social reflète une Idée *a priori*, nous l'avons vu, et non une genèse historique : par conséquent, peu importe l'origine empirique des pouvoirs, qui ne change rien à la question de droit. Il peut y avoir eu effectivement discussion et contrat, et seulement ensuite, sur cette base, création de l'État (comme ce fut plus ou moins le cas en Amérique), ou prise de pouvoir par la force, la loi n'intervenant qu'ultérieurement (comme ce fut le cas partout ailleurs dans l'Europe féodale). Cela n'intervient en rien dans la question de savoir si le pouvoir est ou non conforme à l'Idée. S'il l'est, les discussions sur les conditions historiques de l'établissement du régime sont des « ratiocinations » « entièrement vaines », et c'est « déjà un crime » que « simplement mettre en doute » le « pouvoir législatif actuellement en place ». Ce serait « mettre l'État en péril » (§ 49, Remarque générale, A). La Révolution française a rendu le Kant de la *Doctrine du droit* (1796) moins audacieux qu'il ne l'était à l'époque de l'opuscule *Qu'est-ce que les Lumières ?* (1784).

erreurs[1]. Le problème est que les nouveaux représentants du peuple ont voulu « punir » rétroactivement ces rois pour leur administration *passée*, donc pour avoir été rois absolus : ils n'en avaient évidemment pas le droit. C'est là que commence la « révolution » proprement dite, c'est-à-dire une *solution de continuité dans l'État de droit*.

Kant est précis dans sa condamnation. Les rois eussent-ils été *assassinés*, dit-il, c'eût été évidemment un crime, mais ce crime eût été à la limite excusable par la « nécessité » (si le peuple craignait un coup de force du roi laissé en vie). Ce qui, en revanche, pose un problème radical, c'est le fait que les rois d'Angleterre et de France aient été exécutés *par un acte de justice pénale*. « *L'exécution* dans les formes est ici ce qui saisit d'un frisson d'horreur l'âme remplie des Idées des droits de l'homme, et ce frisson est à nouveau ressenti dès et aussi souvent qu'on imagine cette scène. » C'est là « la subversion complète de tous les concepts du droit. La chose est considérée comme un crime qui reste éternel et ne peut jamais être effacé, et elle ressemble à ce que les théologiens appellent un péché qui ne peut jamais trouver de rémission, ni dans ce monde ni dans l'autre » (*Doctrine du droit*, § 49, p. 138). Car si le *meurtre* est seulement une transgression de la règle, explicable par une inclination sensible irrésistible, l'*exécution dans les formes* prouve une *volonté délibérée de refuser la loi morale elle-même*. Elle est, en ce sens, un « mal radical », par lequel « la violence est élevée, en toute impudence et de manière principielle, au-dessus du droit le plus sacré. [...] [Cet acte] contient un principe qui ne pourrait que rendre impossible le rétablissement d'un État ainsi renversé » (*Doctrine du droit*, § 49, Remarque générale, A, note de Kant, p. 138-139).

Kant fait ici un raisonnement que nous retrouverons dans la discussion au sujet du respect des lois de la guerre : quand la violence sociale atteint à la barbarie, elle *brise la confiance en la nature humaine*, elle rend durablement impossible tout contrat social et, ainsi, elle assassine l'avenir[2].

Du coup, Kant a bien du mal à se faire une opinion sur la Révolution française. Il approuve ses buts, il réprouve ses moyens. Il accepte le principe d'une assemblée de représentants, mais il soupçonne l'Assemblée nationale française de se comporter comme un pouvoir exécutif, de chercher à satisfaire l'appétit de places de ses membres, des familles et des proches de ceux-ci, donc d'être « despotique » au sens précis qu'il a donné à ce mot (confusion des pouvoirs). Mais, en même temps, il ne veut pas qu'elle n'ait pas fait ce qu'elle a fait ! Il énonce à

1. Louis XVI, en particulier, a commis une fatale erreur en réunissant les États Généraux. Il voulait seulement leur demander d'assumer la responsabilité de la dette publique. Mais, en réunissant le peuple dont il était le représentant, il ne pouvait qu'annuler sa propre légitimité, puisqu'en présence du représenté le représentant n'a pas d'autorité. Le roi a renoncé de lui-même ce jour-là à la souveraineté (Kant fait sienne la thèse de Sieyès à cet égard, cf. *supra*, p. 473 sq.). Ce qui s'est passé à partir de là est, à la limite, un simple transfert de souveraineté, non une révolution ; car il n'y a pas eu solution de continuité dans l'état juridique de la France, il y a eu une simple réorganisation ou réforme. Si les contestataires français s'en étaient tenu là, il n'y aurait pas de problème aux yeux de Kant. Mais on a voulu faire un *procès* au roi, et là est la rupture, comme on va le voir.

2. Les Anglais et les Français ont de fait, par cet acte honteux (que les Français ont confirmé en enchaînant sur la Terreur et le génocide vendéen), causé une des premières brèches dans la civilisation, annonciatrice des barbaries totalitaires modernes.

ce sujet une série de thèses peu cohérentes : 1 / Il ne faut pas de révolution, parce que la violence est condamnable ; 2 / mais, si une révolution a lieu par la violence, et qu'elle a instauré un État de droit, il n'est pas « licite » de revenir en arrière, on doit considérer ce qui a été fait comme un acquis irréversible ; 3 / il n'en faut pas moins punir les révolutionnaires comme rebelles ; 4 / d'ailleurs, le roi détrôné est peut-être fondé – il faut consulter à ce sujet le droit des gens – à s'appuyer sur les puissances étrangères pour revenir au pouvoir... (*Vers la paix perpétuelle,* p. 113, et *Doctrine du droit,* § 49 A, p. 140-141). Décidément, avec la notion d' « État de droit », il est bien difficile de penser les ruptures, et plus généralement les genèses et les évolutions.

3) *Le concept de réforme*

Kant va cependant y parvenir. La vraie solution au dilemme du changement est la *réforme*. Kant conserve sa vision eschatologique, mais, contre le « millénarisme » des révolutionnaires, il choisit le « progressisme ».

Son idée est que le temps a une fécondité propre. Il permet que les citoyens « deviennent réceptifs à l'influence de la simple idée de l'autorité de la loi », que la préférence pour les « voies de droit » entre dans les mœurs. Quand un temps suffisant s'est écoulé, vient un moment « où tout aura mûri de soi-même, ou aura été acheminé vers la maturité par des moyens pacifiques jusqu'à un complet renversement » (*Vers la paix perpétuelle,* p. 114). Il faut donc *éduquer* le peuple, et l'éduquer *par la pratique institution-nelle*[1]. C'est bien pourquoi il ne faut pas aller jusqu'à la révolution. Si celle-ci est condamnable, ce n'est pas seulement parce qu'elle use de violence et de moyens illégaux ; c'est, plus fondamentale-ment, parce que, dès lors que la révolution détruit la constitution qui, même mauvaise, même despotique, permet à un peuple de vivre en paix et de façon stable (et, en particulier, de faire face aux dangers extérieurs qui le menacent aussi longtemps que n'est pas établie l'alliance cosmopolitique), *elle rend impossible que l'œuvre du temps s'accomplisse* (*Doctrine du droit,* § 52). Elle brise la marche vers le progrès.

Ainsi, Kant renvoie dos à dos le conservatisme et la révolution. Seule la réforme est morale. Le conservatisme qui, tout à la fois, suppose et prône le non-changement des mœurs est immoral. La révolution, qui veut provoquer leur évolution précipitée par des

---

1. Vieille idée de l'humanisme civique, que nous avons rencontrée chez Cicé-ron. Les professeurs éduquent certes le peuple, mais les magistrats l'éduquent aussi, et plus en profondeur, peut-être, lorsqu'ils créent des institutions qui ont par elles-mêmes un effet formateur (cf. *HIPAMA*, p. 347).

moyens immoraux, est immorale. Il faut donc trouver, pour cet action éminemment morale qu'est le progrès vers le devoir-être, une modalité qui ne soit pas immorale, et c'est la réforme. Kant concède au millénarisme qu'il serait également immoral de perdre un seul instant dans l'œuvre du progrès. Sa conception de la réforme est donc « biblique » : elle admet la tension eschatologique de l'Histoire, mais – fidèle en cela, que le luthérien Kant le sache ou non, à l'esprit de la « Révolution papale » – elle entend organiser le projet historique de l'humanité dans un cadre rationnel et juridique.

Peut-on décrire plus précisément cette logique du progrès ? C'est ce que Kant se propose de faire avec sa théorie de la « paix perpétuelle ».

VII – LA PAIX PERPÉTUELLE

Kant connaît les écrits de l'Abbé de Saint-Pierre, ainsi que le compte rendu qu'en avait donné Rousseau. Dès la fin de *Théorie et pratique* (1793), dans le contexte de la guerre européenne provoquée par la Révolution française, il esquisse le projet d'une « fédération » d'États se garantissant mutuellement la paix. Ses idees mûrissent tout-à-fait avec l'opuscule *Vers la paix perpétuelle* (1795)[1].

1) *Pourquoi la guerre est mauvaise*

« La guerre elle-même n'a pas besoin de motifs particuliers, au contraire elle paraît greffée sur la nature humaine et même passer pour quelque chose de noble auquel l'homme est poussé par la pulsion de l'honneur et non par des mobiles égoïstes. Ainsi le *courage à la guerre* est-il jugé (par les sauvages américains comme par les sauvages européens à l'époque de la chevalerie) comme ayant immédiatement une grande valeur, non seulement *quand* il y a une guerre (comme de juste), mais aussi *pour* qu'il y ait une guerre, et souvent celle-ci est entreprise à seule fin de manifester ce courage ; ainsi la guerre a-t-elle en elle-même une *dignité* intérieure, si bien que même des philosophes en font l'éloge comme d'un certain annoblissement de l'humanité, ignorant la parole de ce Grec : "La guerre est fâcheuse en ce qu'elle fait plus de méchants qu'elle n'en emporte" » (*Vers la paix perpétuelle*, p. 103).

---

1. Cité ci-après d'après Kant, *Vers la paix perpétuelle. Qu'est-ce que s'orienter dans la pensée ? Qu'est-ce que les Lumières ?*, éd. Françoise Proust, *op. cit.*

2) *De la paix des cimetières à la paix des vivants*

Cependant, jusqu'ici, c'est dans les cimetières seulement que règne une *pax perpetua*. Peut-on instaurer un telle paix parmi les vivants ? Cela n'a jamais été fait jusqu'à présent.

Kant remarque que l'état de paix ne peut être qu'une création humaine : « L'état de paix doit être *institué* » (*Vers la paix perpétuelle,* p. 83). En effet, l'homme, à l'état de nature, étant bien plutôt en guerre perpétuelle (qu'elle soit actuelle ou virtuelle), c'est la guerre qui est naturelle à l'homme. Le projet de paix perpétuelle est donc un acte historique tendant à créer délibérément, *contre la nature* (empirique), mais *conformément au droit naturel* (rationnel), quelque chose de *nouveau*. C'est un acte « prophétique ».

3) *Les clauses fondamentales d'un traité de paix perpétuelle*

Pour que cet acte soit accompli, il faut que les États s'unissent en une « Fédération », un « État universel des hommes » dont tous les membres devront se mettre d'accord explicitement sur certains « articles préliminaires » ou clauses fondamentales.

— « *Aucune conclusion de paix ne doit valoir comme telle, si une réserve secrète donne matière à une guerre future* » (p. 76).

Il y a couramment, entre États, des traités de paix. Et puisqu'un traité de paix, par définition, ne prévoit jamais explicitement la reprise ultérieure de la guerre, tout traité de paix est implicitement « perpétuel ». Souvent, néanmoins, il demeure des arrière-pensées, des points litigieux qu'on ne règle pas dans l'immédiat parce qu'on on se réserve d'en faire plus tard un prétexte pour une reprise des hostilités. Aussi Kant estime-t-il que les États devraient s'accorder *explicitement* sur une clause *excluant de telles réserves* (l'effet juridique de la signature d'une telle clause serait que si quelqu'un invoquait plus tard un prétexte de ce genre, il prouverait par là même sa mauvaise foi).

— « *Aucun État indépendant (petit ou grand, cela est indifférent ici) ne doit être acquis par un autre État à la faveur d'un échange, d'un achat ou d'un don.* »

Un des motifs les plus fréquents des guerres est la perspective de faire des conquêtes. Si l'on veut éviter la guerre, il faut donc rendre illégal le principe même de la conquête, fût-ce par des moyens diplomatiques. Ceux-ci, en effet, même sans usage effectif de la force, traduisent des rapports de force : les pays cèdent diplomatiquement quand ils savent qu'ils n'ont pas les moyens de résister à une invasion, et inversement, si l'on admet le principe d'une cession de territoire par la diplomatie, cela sera un motif suffisant, pour chaque pays qui le peut, d'accumuler des forces militaires. Or l'armement, en tant que tel, augmente les risques de guerre (cf. *infra*). Ce qu'il faut pour éviter ceux-ci, donc, c'est condamner le *principe* même d'une annexion d'un État par un autre État. L'argument de Kant est qu'un État n'est pas une *chose* (un simple patrimoine), mais un groupe de *personnes*. Annexer un État, c'est le traiter en chose, donc supprimer la volonté des personnes qui le composent ; or l'État n'existe que de par le « contrat » consenti par ces personnes ; donc annexer un État, c'est le supprimer comme État, c'est une contradiction[1].

— « *Avec le temps, les armées permanentes doivent disparaître totalement.* »

Les armées coûtent cher, de sorte qu'un jour vient où faire la guerre, dont on espère des gains, devient plus économique que de demeurer en paix. L'existence même d'armées permanentes est donc, en tant que telle, une menace contre la paix. D'où cette troisième clause[2]. En outre, le statut même du soldat professionnel, qui est « stipendié » pour « tuer ou être tué », pose problème en ce que cet homme paraît être un simple « moyen » pour l'État, « ce qui ne se laisse pas bien accorder avec le droit de l'humanité dans notre propre personne » (p. 78). Mieux vaut donc une armée de citoyens, s'exerçant régulièrement et gratuitement, en vue seulement de guerres défensives.

— « *On ne doit pas faire de dettes touchant des querelles extérieures de l'État.* »

Le système de crédit international peut être bon lorsqu'il s'agit de financer les dépenses pacifiques de l'État, mais, lorsqu'il n'est pas limité à de tels objets, il peut fournir des ressources potentiellement énormes pour la guerre et augmente donc la facilité, donc la probabilité de l'ouverture des hostilités.

— « *Aucun État ne doit s'immiscer par la violence dans la constitution et le gouvernement d'un autre État.* »

Les États étant autonomes, aucun d'eux ne doit se mêler des affaires intérieures des autres[3].

— « *Aucun État en guerre avec d'autres ne doit se permettre des hostilités telles qu'elles rendraient impossible la confiance réciproque dans la paix future, comme le sont le recrutement d'assassins, d'empoisonneurs, la violation de la capitulation, l'instigation de la trahison dans l'État avec lequel on est en guerre* » (p. 80).

En effet, si l'on emploie de tels moyens, violant tout droit des gens, la guerre tournera à la « guerre d'extermination », situation dont Kant ne tient pas

---

1. L'argument vise non seulement la conquête, mais tout le système féodal (nous l'avons rencontré chez Fénelon, cf. *supra*, p. 427-429). Les pays passaient d'un seigneur ou d'un roi à un autre par le seul jeu des alliances matrimoniales et des héritages. Cela revenait à considérer les personnes habitant ces pays comme un patrimoine, ce qui est contraire aux principes « républicains ». L'argument de Kant, relayé par les kantiens français, servira de base au « principe de nationalité » au nom duquel, en 1918 encore, on démantélera l'Empire austro-hongrois, bâti sur ces principes patrimoniaux (que cette mesure ait été opportune dans le contexte géopolitique de 1918 est une autre question).
2. Qui reprend la thèse de John Trenchard (cf. *supra,* p. 303).
3. C'était la philosophie originelle de l'ONU, mise à mal, depuis quelques années, par le « principe d'ingérence ».

tant à souligner l'horreur intrinsèque que le fait qu'elle *bouche l'avenir* : avec des gens qui ne se comportent pas comme des hommes, nous l'avons vu, on ne peut même pas conclure une paix[1].

4) *La République et la Fédération, conditions préalables d'une paix perpétuelle*

Les États membres qui auront donné leur adhésion formelle à ces six articles préalables pourront envisager l'institution d'une paix définitive. Deux nouvelles conditions sont à remplir pour cela : 1 / que tous ces États aient un régime « républicain » ; 2 / qu'ils constituent une « Fédération ». Ces deux conditions ne peuvent se réaliser qu'à la faveur d'un long processus historique (c'est parce qu'il a cru le processus réalisable rapidement que l'abbé de Saint-Pierre a échoué à convaincre ses contemporains et qu'on a tenu ses projets, bien injustement, pour ridicules). Examinons de plus près ces deux points.

— Nous avons vu ci-dessus ce qu'est, dans l'esprit de Kant, une constitution « républicaine ». Il reste à montrer que *seuls des États ayant adopté cette constitution ont des raisons fondamentales de s'engager dans un traité de paix perpétuelle.*

« Quand (et ce ne peut être autrement dans cette constitution [républicaine]), on exige l'*assentiment des citoyens* pour décider si une guerre doit avoir lieu ou non, il n'y a rien de plus naturel que, étant donné qu'il leur faudrait

---

1. Il faut « mener la guerre selon des principes tels qu'il restera toujours possible [dans l'avenir] pour les États de sortir de cet état de nature... » (*Doctrine du droit*, § 57). « Qu'est-ce donc – d'après les concepts du droit des peuples, où chaque État, comme c'est le cas en général dans l'état de nature, est juge dans sa propre cause – qu'un *ennemi injuste* ? C'est celui dont la volonté publiquement exprimée (que ce soit dans ses paroles ou dans ses actes) trahit une maxime d'après laquelle, si elle était érigée en règle universelle, nul état de paix ne serait possible entre des peuples, mais l'état de nature ne pourrait être qu'éternel » (*Doctrine du droit*, § 60). C'est pourquoi il est licite de « faire accepter » au pays en question, si on le peut (par exemple si on l'a vaincu par les armes), « une nouvelle constitution qui, par sa nature, soit défavorable au penchant à la guerre » (*ibid.*).
Les guerres provoquées par les totalitarismes du XXe siècle ont atteint, de fait, cet état de sauvagerie irrémédiable envisagé ici par Kant. Ce n'est guère étonnant, puisque les idéologies ayant préparé l'avènement de ces régimes avaient récusé comme un non-sens scientifique et une lubie bourgeoise tant la « république » que le « droit des gens » ou le « droit cosmopolitique ». Donnant raison à Kant, les événements ont montré que ce n'est jamais avec ces régimes mêmes que la paix définitive a pu être conclue. Les vainqueurs ont dû attendre ou provoquer l'installation, dans les pays en cause (Allemagne, Japon), de régimes autres, qui pussent être des interlocuteurs valables. Le cas des pays de l'Europe de l'Est est similaire, bien qu'il n'y ait eu, avec eux, qu'une guerre « froide » : les relations n'ont pu se normaliser qu'avec la chute de leurs régimes communistes.

décider de supporter toutes les horreurs de la guerre (comme combattre soi-même ; prendre sur son propre bien pour couvrir les frais de la guerre ; réparer péniblement les dévastations qu'elle laisse derrière elle ; enfin, comble de malheur, prendre en charge un endettement qui rend la paix elle-même amère et qui, parce qu'il y aura toujours de nouvelles guerres, ne s'éteindra jamais), *ils réfléchissent beaucoup avant de commencer un jeu aussi néfaste* ; par contre, dans une constitution où le sujet n'est pas citoyen, qui, par conséquent, n'est pas républicaine, c'est la chose la plus aisée du monde, parce que le chef n'est pas un associé dans l'État, que la guerre n'inflige pas la moindre perte à ses banquets, chasses, châteaux de plaisance, fêtes de cour, etc., qu'il peut donc décider de la guerre pour des raisons insignifiantes comme une sorte de partie de plaisir et par bienséance abandonner avec indifférence sa justification au corps diplomatique qui y est toujours prêt » (*Vers la paix perpétuelle*, p. 85-86, n.s.).

On ne peut attendre une ferme volonté d'aller vers la paix que d'États auxquels on aura d'abord fait adopter une constitution « républicaine ».

— « Le droit des gens doit être fondé sur un fédéralisme d'États libres ». Kant précise bien qu'il s'agit d'instaurer une *fédération* d'États, non un *État universel*.

Un État résulte de ce que les individus d'un peuple ont voulu cesser d'être un danger les uns pour les autres et ont créé « une constitution civique qui assure à chacun son droit ». Les peuples doivent faire de même. Mais, s'ils allaient jusqu'à créer un seul État, cela reviendrait à dire qu'ils seraient devenus un seul peuple, ce qu'ils ne sont pas censés vouloir. *Le fédéralisme satisfait les deux réquisits, assurer la paix, conserver l'identité des peuples.*

Il n'y aura pas de loi commune à la Fédération au sens où il existe une loi à l'intérieur d'un État[1] ; en l'occurrence, la loi commune sera le « droit des gens » (s'il n'y avait pas de règle commune du tout, l'accord n'aurait pas de contenu), dont on aura exclu, cela va sans dire, le « droit de faire la guerre » (qu'il ne sera plus nécessaire de conserver). L'alliance aura ce seul objet (à la différence d'une république mondiale qui, en tant qu'État, serait omnicompétente) ; elle compensera, pour ainsi dire, sa faible compréhension par une extension virtuellement universelle.

Au plan stratégique, c'est-à-dire quant à la manière d'aboutir à une telle alliance, Kant suggère que cela se fasse sous la conduite d' « un peuple puis-

---

1. Et d'ailleurs on aura le droit de *sortir* de la Fédération (droit d'*opting-out*, comme on dirait aujourd'hui en droit constitutionnel européen). Les États n'abolissent pas leur souveraineté en entrant dans la Fédération, laquelle n'a pas de souveraineté propre, s'imposant aux différents peuples contre leur volonté. « L'alliance ne doit contenir en elle aucune puissance souveraine (comme dans une constitution civile), mais uniquement une *association* (fédération) – une coalition *qui peut être dénoncée à tout moment* et qui par conséquent doit être renouvelée de temps en temps » (*Doctrine du droit*, § 54).

sant » qui, étant parvenu à se constituer en république (au sens kantien), voudrait dès lors tout naturellement la paix et servirait de catalyseur auprès des autres[1]. La fédération s'étendrait ensuite de proche en proche jusqu'à « rassembler tous les peuples de la terre ».

Conformément à la ligne constante de sa pensée, Kant souligne aussi que cela *pourra* se faire, même si ce n'est que *progressivement*. Bien que la paix perpétuelle puisse paraître et être réellement irréalisable tout de suite, cela n'empêche pas qu'elle soit réalisable à terme. Il faut et il suffit qu'elle se fasse d'abord entre quelques peuples, qui constitueront « un congrès permanent des États », auquel il restera « loisible à chaque État voisin de venir s'associer » (*Doctrine du droit,* § 61). Ce qu'il faut seulement, c'est que le processus soit sans cesse entretenu dans sa marche par le « devoir » et qu'on ne perde aucune occasion d'avancer[2].

5) *Vers la « mondialisation »*

On proclamera le droit qu'a chaque citoyen de se rendre dans les autres pays (sinon d'y élire résidence) ; c'est pour Kant, encore, une mesure sans grande importance en elle-même, mais de nature à faire évoluer lentement les mentalités :

« De cette manière, les parties du monde éloignées peuvent entrer pacifiquement en relations mutuelles, relations qui peuvent finalement devenir publiques et légales et ainsi enfin rapprocher toujours davantage le genre humain d'une constitution cosmopolitique » (p. 94)[3].

Cela est bien différent du commerce entendu comme « cheval de Troie » pour une conquête militaire.

Kant condamne à cet égard la colonisation, par les Européens (Kant paraît viser surtout les Anglais et les Hollandais), de nombreux pays à la population desquels on a fait honteusement violence (*Doctrine du droit,* § 62).

---

1. Kant a-t-il pensé à la France ?
2. Comme plus tard Jean Monnet, Kant pense qu'on doit prendre d'abord des petites mesures, encore incomplètes, mais qui « font avancer les choses ». Les relations qui ne sont d'abord que commerciales ont la vertu d'être par là même « pacifiques » et de pouvoir amener ensuite l' « amitié » (*Doctrine du droit,* § 62).
3. Le « citoyen de la Terre » possède le droit « de faire la tentative d'une communauté avec tous et, à cette fin, de *visiter* toutes les régions de la terre » (*Doctrine du droit,* § 62). Cela aussi faisait partie du droit naturel selon les Anciens, en vertu de la « communauté du genre humain », cf. HIPAMA, p. 318-320. L'espoir de substituer des relations commerciales pacifiques et mutuellement profitables aux relations guerrières avec les étrangers, en vue d'un progrès commun vers le cosmopolitisme, était déjà, d'une certaine façon, celui de Xénophon (cf. HIPAMA, p. 185-187). C'est la grande thèse du *Mare liberum* de Grotius. La même idée sera reprise peu après Kant, et dans un esprit différent (mettant l'accent sur la diffusion des sciences et des techniques), par les saint-simoniens (cf. *infra,* p. 876).

6) *Paix perpétuelle et Providence*

La paix perpétuelle – qui « constitue, non pas simplement une partie, mais *le but final tout entier de la doctrine du droit* dans les limites de la simple raison, car l'état de paix est seul l'état où le *tien* et le *mien* se trouvent garantis par des lois » (*Doctrine du droit,* Conclusion, p. 183) – est-elle, en définitive, réalisable ? La réponse tient en deux temps :

1 / Nous *devons* poursuivre ce « but final du droit » :

« Agir d'après l'Idée de cette fin [la paix perpétuelle], alors même qu'il n'y a pas la moindre vraisemblance théorique qu'elle puisse être mise en œuvre, bien que toutefois soit tout autant indémontrable, tel est ce à quoi un *devoir* nous oblige. Or la raison moralement pratique exprime en nous son *veto* irrésistible : *il ne doit pas y avoir de guerre,* ni celle qui peut intervenir entre toi et moi dans l'état de nature, ni celle qui peut surgir entre nous en tant qu'États ». Nous devons donc « œuvrer en vue de la constitution qui nous semble à cette fin la plus appropriée (peut-être le républicanisme pour tous les États pris ensemble et en particulier), pour apporter la paix perpétuelle et mettre un terme à la pratique désastreuse de la guerre ». À l'inverse, « admettre que la loi morale en nous est trompeuse, ce serait faire surgir le souhait, qui suscite la répulsion, d'être plutôt privé de toute raison et de se voir rejeté, selon ses propres principes, avec les autres classes d'animaux, dans un même mécanisme de la nature » (*Doctrine du droit,* Conclusion, p. 182-183).

2 / Quelle « garantie » avons-nous que ce projet est réalisable, indépendamment du fait que, de toute façon, nous *devons* le poursuivre ? – Le fait que la Providence, ou du moins la « nature », paraît y travailler : « Elle le fait elle-même, que nous le voulions ou non » (*Vers la paix perpétuelle,* p. 104).

En effet, elle utilise *les mauvais penchants mêmes* des hommes pour les conduire à un stade supérieur de leur évolution. Elle a utilisé la guerre, par exemple, pour répandre l'humanité sur toute la surface de la terre ; et maintenant que la terre est tout entière occupée, il n'y a plus d'espace où fuir, donc les hommes sont *obligés* de s'entendre. De même, bien qu'il puisse sembler que seul un « peuple d'anges » puisse constituer une « république » au vrai sens kantien de « règne des fins », néanmoins la nature s'est servie de l' « égoïsme » même des hommes pour former les républiques existantes, qui peuvent fort bien être formées « par un peuple de démons, pourvu qu'ils aient un entendement ». En effet, l'État de droit résoud le problème de la lutte de tous contre tous. Or résoudre ce problème, cela « ne requiert pas l'amélioration morale des hommes, mais seulement de savoir comment on peut faire tourner au profit des hommes le mécanisme de la nature pour diriger au sein d'un peuple l'antagonisme de leurs intentions hostiles, d'une manière telle qu'ils se contraignent mutuellement eux-mêmes à se soumettre à des lois de contrainte, et produisent ainsi l'état de paix où les lois disposent d'une force. [...] Par conséquent, la raison peut utiliser le mécanisme de la nature, par le biais des inclinations égoïstes qui agissent naturellement les unes sur les autres également extérieurement, comme d'un moyen pour faire place à sa propre fin, à savoir la prescription du droit » (*Vers la paix perpétuelle*, p. 105).

On retrouve la vieille idée de la Seconde Scolastique (De Soto, Suarez), et des républiques hollandaises (De La Court), retravaillée par les jansénistes Nicole, Domat et Boisguilbert, reformulée par Mandeville, Hume et Smith, entrée dans la culture commune des économistes, et parvenue (sans doute par ce dernier intermédiaire) à Kant. Kant a lu *La Richesse des nations* de Smith, parue quelques années auparavant (1776), où il est montré que le mode de fonctionnement du marché consiste à orienter les intérêts « égoïstes » des agents économiques de telle manière qu'ils produisent des effets essentiellement « altruistes », puisque favorisant la division du travail, la production, la fourniture aux agents des moyens nécessaires pour leurs fins, et donc, ultimement, l'intérêt général de l'humanité. Or ce qui est vrai entre les agents économiques d'un même État est vrai entre les agents économiques de tous les États. Là encore, c'est l' « esprit de commerce » qui, par une ruse de la nature, conduit les hommes à chercher à établir des relations pacifiques entre les peuples, alors même qu'ils sont mûs, pour ce faire, non par des mobiles moraux, mais par leur « égoïsme ».

Ensuite, l'État bien constitué, l'Alliance des nations bien constituée favoriseront l'amélioration morale du peuple. *La moralité ne sera pas ici la cause de cette amélioration, mais son résultat.* Telle est la voie inattendue, mais suprêmement efficace, choisie par la nature ou par la Providence. Tout se passe comme si « la nature *voulait* irrésistiblement que le droit obtienne pour finir le pouvoir suprême » (p. 105), quitte à se servir de moyens que l'homme ne peut comprendre qu'après coup[1].

Il se trouve que, comme la pensée de Humboldt que nous allons maintenant étudier, la pensée morale et politique de Kant, dont on vient de constater la singulière ampleur, n'a pas joué un grand rôle dans le devenir politique de l'Allemagne où elle a été submergée par l' « idéalisme allemand » des Fichte, Schelling, Hegel et par le nationalisme naissant. En revanche, elle a joué un rôle-clef en France, où le kantisme a été connu et discuté dès l'époque révolutionnaire et a constitué un des principaux matériaux intellectuels de l'idéologie républicaine française qui se forge tout au long du siècle et atteint sa maturité sous le Second Empire avant de triompher avec la IIIᵉ République. Nous reviendrons, au chapitre 10 sur ce phénomène si singulier qu'est le kantisme républicain français.

---

1. Cette idée kantienne se retrouvera dans la « ruse de la raison » hégélienne.

§ 4
Humboldt

Wilhelm von Humboldt a, lui aussi, enrichi d'un apport intellectuel très original – moins connu et reconnu, certes, que celui de Kant – la tradition démocratique et libérale. Il a montré que la liberté individuelle était indispensable au processus de développement à long terme de la culture humaine et que, par suite, l'État ne devait avoir qu'une possibilité minimale de la restreindre.

Vie et œuvres[1]

Wilhelm von Humboldt est né en 1767 à Potsdam, mort en 1835 au château familial de Tegel, proche de Berlin. Il s'inscrit, avec son frère Alexander, à l'Université de Francfort sur l'Oder en 1787, puis, l'année suivante, à celle de Göttingen (où les contacts avec le monde intellectuel britannique sont nombreux, puisque le Hanovre et le Royaume-Uni ont le même souverain). En 1789, peu après les journées de juillet, il vient à Paris. Il se rend au Pays basque pour en apprendre la langue (il étudiera aussi le sanskrit, le chinois, le hongrois, le birman, le japonais et des langues amérindiennes du Mexique...). Il écrit *Les Limites de l'Action de l'État* en 1793. Il fait un second séjour à Paris de 1797 à 1799, assistant aux séances des assemblées du Directoire et à celles du tout jeune Institut de France. Il commence ensuite une brillante carrière diplomatique : il est représentant de la Prusse au Saint-Siège de 1802 à 1808. En février 1809, il est nommé chef du Département de l'éducation et de l'art au ministère de l'Intérieur de Berlin, et à ce poste il organise l'Université de Berlin (qui porte aujourd'hui son nom). Il occupe d'autres postes diplomatiques à Vienne et à Londres et sera ministre du gouvernement prussien entre 1818 et 1819.

Son œuvre porte sur la philosophie politique, l'esthétique, l'anthropologie comparée et la linguistique (*Sur la différence de structure des langues humaines et son influence sur le développement intellectuel de l'humanité*, 1820). Nous nous intéressons ci-après au seul ouvrage *Les Limites de l'action de l'État, Ideen zu einem Versuch die Grenzen der Wirksamkeit des Staats zu bestimme*, qui est l'œuvre d'un auteur de vingt-quatre ans[2].

Humboldt commence par distinguer les deux grands problèmes politiques, celui du pouvoir *dans* l'État et celui du pouvoir *de* l'État[3].

---

1. D'après J. W. Burrow, *in* Wilhelm von Humboldt, *The Limits of State Action*, ed. by J. W. Burrow, Liberty classics, Indianapolis, 1993. Cf. aussi Wilhelm von Humboldt, *Journal parisien (1707-1799)*, traduit par Élisabeth Beyer, Solin Actes Sud, 2001.

2. Il n'existe pas de traduction française moderne de cet ouvrage. Les extraits cités dans ce chapitre sont traduits de l'anglais.

3. Comme Kant (cf. *supra*, p. 529-530).

Le propos de son ouvrage est de résoudre le second problème, qui est « l'objet ultime de toute science politique » (*The Limits of State Action*, p. 4) D'ailleurs, résoudre le second problème, c'est avoir le fil conducteur permettant de résoudre aussi le premier : le meilleur gouvernement sera celui où le pouvoir de l'État pourra être maintenu dans ses justes limites.

Les révolutions des gouvernements, en effet, ne changent rien, malgré le bruit qu'elles font. Ce qui change les choses en profondeur, ce n'est pas ce que *fait* le gouvernement, c'est la croissance de la société rendue possible par ce que le gouvernement *laisse faire*. La « vraie fin » de l'homme est en effet « le plus haut et le plus harmonieux développement de ses puissances » (p. 10), or la liberté est le moyen « premier et indispensable » par lequel l'homme peut atteindre ce but. Car la liberté, qui développe les individualités, produit la variété ; des individus différenciés voient chacun la nature sous des angles différents ; et c'est le pluralisme de toutes ces visions et actions distinctes, coopérant les unes avec les autres, qui enrichit la connaissance globalement possédée par la collectivité et rend celle-ci féconde. La liberté *individuelle* conditionne ainsi le développement *collectif* de l'humanité.

« D'où je déduis [...] que la raison ne peut désirer pour l'homme aucune autre condition que celle dans laquelle chaque individu [...] jouit de la liberté la plus absolue de se développer par ses propres énergies, dans sa parfaite individualité [...]. [Ce principe] *doit être la base de tout système politique* » (p. 15).

I — L'ÉTAT ENNEMI DE LA LIBERTÉ

Or l'État, s'il est mal conçu, peut étouffer complètement les libertés individuelles. Des deux fonctions envisageables de l'État : 1 / procurer la *sécurité* des citoyens, et 2 / procurer leur *bien-être* (p. 16), Humboldt admet la première, mais condamne la seconde, parce qu'elle ne peut être assurée qu'au détriment de la liberté.

1) *L'État ne doit pas chercher à procurer lui-même le bien-être des citoyens*

L'État ne peut assurer cette fonction qu'en mettant en place des institutions qui « affaiblissent la vitalité de la nation » et « transforment les hommes en machines » (p. 18). En effet, toute intervention de l'État pour assurer le bien-être des citoyens ne pourra s'adresser qu'à la *masse* et ne correspondra donc pas au bien-être et aux facultés de *chaque* individu original (p. 27) ; elle imposera une même « forme » aux différentes « substances » individuelles et, ainsi, elle les appauvrira. D'autre part, on n'a d'enthousiasme et d'énergie que pour ce qu'on fait par soi-même (p. 19) ; donc, si l'État « fait » à la place des gens, il les « annihilera ».

On peut objecter que l'État peut seul réaliser des tâches à grande échelle qui sont hors de portée des particuliers, par exemple organiser la science et donc contribuer à augmenter le savoir. L'objection n'est pas valable, car si le savoir augmente, ce n'est pas par une action menée *en commun* sous la direction d'une autorité, c'est par l'ingéniosité individuelle des savants décidant eux-mêmes quand et comment il convient d'utiliser le savoir découvert par les autres. Les actions collectives organisées par l'État en de tels domaines sont donc le plus souvent vaines. D'autre part, le dirigisme étatique « accoutume les hommes à attendre instruction, direction et assistance de l'extérieur, au lieu de se fier à leurs propres ressources » (p. 19). L'État, tout au plus, peut diriger la première instruction de la jeunesse ; mais il ne doit pas diriger la science.

En outre, la prise en charge par l'État de tâches qu'on pourrait soi-même accomplir va profondément *dégrader les valeurs morales,* car, si l'État organise lui-même l'activité, il rendra à la fois inutiles et impossibles à appliquer les règles de comportement morales et juridiques que chacun respecte librement à l'égard d'autrui. Ainsi disparaîtront les communautés sociales qui subsistent grâce au respect spontané, par tous, de ces règles, à commencer par la famille, mais aussi les groupes professionnels, les entreprises. Tout le monde attendra les instructions d'en haut, tout le monde sera l'esclave de l'État. En tentant d'organiser « verticalement » la société pour mener une action collective, l'État va empêcher que se nouent les liens « horizontaux », contractuels qui tissent les mailles de la société civile, laquelle est beaucoup plus riche et diversifiée que ne peut l'être une armée de fonctionnaires[1].

Le type humain opposé aux esclaves d'un nouveau genre qu'est susceptible de créer une action hiérarchique et uniformisatrice de l'État est le *paysan,* qui assure sa vie par ses propres ressources. Il ne compte que sur lui-même et sur ceux avec qui il échange ses produits, il sait que la manière dont il vivra dépendra de ce qu'il aura ou n'aura pas fait, ainsi que de la Providence. En outre, il n'obtient ce qu'il a que par le travail, et non par la spoliation d'autrui ; en ce sens, il est essentiellement pacifique (p. 23).

---

1. Cette idée, que Humboldt soutient par des arguments originaux, est cependant, en elle-même, une vieille idée libérale que nous avons rencontrée plusieurs fois, notamment chez les économistes.

Voilà donc les maux pour ainsi dire ontologiques que cause-
raient, par elles-mêmes, fussent-elles gratuites, les institutions créées
par l'État pour produire positivement le bien-être des citoyens. Mais
il en est d'autres, provoqués par le *coût* de cette action étatique.

2) *Les conséquences désastreuses de l'augmentation du poids de l'État*

Si celle-ci se développe, il faudra *augmenter sans limites les impôts*.
Il y aura un accroissement des tâches inutiles, redondantes et mal
coordonnées de l'État (p. 29). Il y aura une *augmentation prodigieuse
du nombre des fonctionnaires* que, si l'action de l'État ne doit pas tomber dans une entière confusion, il faudra diriger et surveiller. Du
coup, un grand nombre d'hommes d'élite seront détournés des travaux utiles pour se consacrer à des tâches stériles de contrôle (p. 29).
Les fonctionnaires serviront le pouvoir qui les paie, à savoir le gouvernement en place, et non le peuple[1].

Enfin, dans l'« État-providence » ici décrit par anticipation, la
vie sera sacrifiée à la sécurité. Or l'*insécurité* est indispensable à
l'homme. Seul celui qui sait faire face au malheur est capable de
jouir de la vie. Seul celui que personne ne protège peut en venir

« à sentir ce qui est si rare (sauf pour l'enthousiaste), à savoir que même le
moment de ce qu'il sent être sa propre destruction peut être celui de la plus
haute extase » (p. 31).

D'autant qu'on perd vite l'habitude de la liberté : moins on est
libre, moins on ressent le besoin de l'être, et donc moins on l'est
(p. 32).

3) *Ce qu'on peut attendre, au contraire, de la liberté*

Au contraire, la liberté est conforme à la dignité humaine, et
elle est essentiellement féconde. Elle pourra même produire des
fruits qu'on n'a encore jamais vus et conduire l'humanité à ses fins
les plus hautes, à commencer par l'extinction de la misère. Ici,
Humboldt professe un remarquable *credo* libéral, où il montre comment le progrès vient par la seule liberté, non seulement les progrès
qu'on anticipe et qu'on désire, mais, ce qui est plus remarquable
encore, ceux qu'on ne peut même pas imaginer et qui n'en émer-

---

1. Crainte que nous avons rencontrée chez les révolutionnaires américains, cf. *supra*,
p. 371.

geront pas moins de la poursuite du processus spontané du développement social.

« Je pourrais ici brosser, en contraste [avec les méfaits du socialisme[1]], le
tableau d'un peuple jouissant d'une liberté absolue et sans entraves et de la
diversité la plus riche des relations intérieures et extérieures. Et je pourrais montrer comment, dans cet état de choses, des formes de diversité et d'originalité
plus belles, plus hautes et plus merveilleuses qu'aucune de celles de l'Antiquité
[...] doivent encore apparaître. Je pourrais dépeindre une situation où l'énergie
marcherait de pair avec le raffinement et la richesse du caractère, et où, étant
donné l'interconnection indéfiniment ramifiée entre toutes les nations et
régions du globe, les éléments de base de la nature humaine eux-mêmes sem-
bleraient plus nombreux. »

Si la liberté produit le progrès, c'est parce que la liberté seule
permet la maturation intérieure de chaque individu, et que cette
maturation permet que naissent de nouvelles idées, de nouveaux
arts, de nouvelles sciences, de nouvelles initiatives économiques et
sociales.

« Je pourrais poursuivre en montrant que de nouvelles forces mûriraient
alors, quand chaque être se développerait lui-même spontanément [...]. Je pourrais mettre en évidence la délicatesse et le raffinement avec lesquels la vie intérieure de l'homme déploierait sa force et sa beauté. »

On accuse souvent la liberté individuelle d'être « individualiste » :
laissé libre d'agir par soi-même, l'individu se replierait sur son seul
ego ; par contraste, seule une action collective pourrait forcer
l'homme à sortir de soi, à être altruiste. Rien n'est plus faux :

« [Je pourrais encore montrer] comment, de ce que chacun a gardé fermement en lui la mesure d'énergie qui lui est accordée, il pourrait être, précisément pour cette raison, pris d'un désir encore plus beau de l'employer au bénéfice d'autrui ; comment, quand chacun se développerait dans son individualité,
des modifications plus variées et plus "fines" du beau caractère humain jailli-
raient, et comment l'être unilatéral deviendrait plus rare, puisqu'il est généralement le résultat de la faiblesse et de l'insuffisance ; et comment chaque homme,
dès lors que rien d'autre ne tenterait de faire que les autres s'assimilent à lui,
serait obligé de modifier sa propre nature par la continuelle nécessité de l'union
avec les autres. »[2]

---

1. Humboldt n'utilise évidemment pas le mot (créé seulement au début des
années 1830, cf. *infra,* p. 855), mais il connaît parfaitement la chose, proposée depuis
l'Antiquité, et tout récemment encore par certains révolutionnaires français, et c'est elle
qu'il vise explicitement.
2. C'est en effet par là que la société libérale est fondamentalement « altruiste » : des
liens contractuels libres ne peuvent s'établir qu'entre des hommes dont chacun « fait un
pas vers l'autre ». Dans ce mouvement vers autrui, chacun est incité à comprendre les
besoins, les désirs et les pensées d'autrui, et ainsi à « modifier » sa « nature » prétendument
fixe, à sortir de son individualité monadique.

Le résultat serait un développement sans précédent des forces productives, et notamment cette « extinction du paupérisme » même que certains attendent en vain d'une action autoritaire et tutélaire de l'État.

« [...] Je pourrais alors conclure en montrant comment les conséquences favorables d'une telle constitution, étendues à tous les peuples de toutes les nations[1], supprimeraient une quantité incalculable de cette misère humaine qui n'est jamais totalement éliminable, des dévastations et des destructions de la nature [et] des ravages de la haine humaine » (p. 32-33).

La tradition écossaise de l'ordre spontané avait montré que la liberté produit la prospérité. Comme Kant, Humboldt dépasse cet économisme en envisageant non pas seulement un développement matériel, mais un enrichissement moral et spirituel de l'humanité. Redisons que le cœur de son argument est que le germe de toute innovation est dans la vie intérieure de l'individu ; il y aura donc d'autant plus d'innovations que les individus seront plus libres de poursuivre leurs propres buts en utilisant leurs propres ressources, et ainsi de se construire une personnalité qualitativement différente de celle des autres ; que cette différenciation toujours croissante ne produira pas un éclatement social, mais au contraire une cooopération à une échelle toujours plus large – pourvu, naturellement, qu'il y ait un consensus sur les règles mêmes qui assurent la paix et permettent les échanges.

D'où cette conclusion :

« L'État doit s'abstenir de toute sollicitude pour le bien-être positif des citoyens, et ne pas faire un pas de plus que ce qui est nécessaire pour assurer leur sécurité les uns par rapport aux autres et leur protection contre des ennemis étrangers ; car *il n'est pas d'autres objets pour lesquels il aurait le droit de restreindre la liberté* » (p. 33, n.s.).

4) *Le concept d' « État minimal »*

De ce fait, l'État sera « minimal ». Il se contentera de ses fonctions arbitrales : justice, police, défense, diplomatie. Il ne sera pas un État-Providence ; il ne sera pas même un prestataire de biens et de services collectifs, fonction laissée à des « associations » volontairement formées[2].

---

1. Comme Kant, Humboldt a des vues « cosmopolitiques » et « mondialistes ».
2. Il y a trois fonctions concevables de l'État : l'État-arbitre, l'État fournisseur de services collectifs, l'État médiateur de transferts sociaux au nom de la « justice sociale ». Dans l'histoire des doctrines libérales, on voit très bien se dessiner différentes familles selon

Les principes étant ainsi clairement posés, Humboldt peut brosser un tableau de l'État conforme à ses vœux. Il y aura des choses que l'État doit *faire,* à savoir assurer les fonctions arbitrales ; d'autres qu'il doit *laisser faire,* en laissant à la société civile ses libertés intellectuelles, religieuses, morales, économiques.

II — LES FONCTIONS ARBITRALES DE L'ÉTAT

1) *La sécurité, la protection du droit*

La tâche légitime par excellence de l'État est l'ordre public, ainsi défini :

« Je dis que les citoyens d'un État sont en sécurité quand, vivant ensemble et jouissant pleinement des droits qui protègent leur personne et leur propriété, ils sont hors d'atteinte de tout trouble ayant pour cause d'autres hommes ; et donc j'appelle sécurité, si cette expression ne semble pas trop abrupte pour être claire, l'assurance d'une liberté légale » (p. 84).

C'est la seule tâche légitime de l'État, et lui seul peut l'assumer. Le premier point se déduit de ce principe lockéen selon lequel la seule raison d'être de l'association politique est de favoriser le respect des droits individuels, principe qu'Humboldt formule à son tour en lui ajoutant une nuance anti-sacrificielle : « L'association de l'État n'est rien d'autre qu'un moyen subordonné auquel l'homme, sa vraie fin, ne saurait être sacrifié » (p. 84). Du second point — à savoir que l'État est irremplaçable dans ce rôle — Humboldt donne les raisons suivantes :

« Les conflits humains [...] rendent absolument nécessaire en tout temps l'existence de quelque pouvoir suprême. Car dans ces dissensions, un nouveau conflit jaillit immédiatement d'un autre. Le tort causé exige une revanche ; mais la revanche est un nouveau tort. C'est pour cela qu'il devient nécessaire de

qu'elles reconnaissent la légitimité de telle ou telle fonction. Les « libertariens » modernes les refusent toutes les trois (mais c'est un cas limite). Humbodt n'admet que la première, l'État minimal ; Robert Nozick (*Anarchie, État et utopie,* 1974) est un autre représentant de cette famille. Le libéralisme classique admet les deux premières. Les droites parlementaires de la plupart des pays démocratiques d'Europe admettent aussi une large dose de la troisième. Le socialisme s'est fondé sur la troisième, il admet largement la seconde (qui justifie des services publics lourds), et quant à la première, s'il arrive qu'il y consente en pratique, elle n'est pas dans sa doctrine : Marx a explicitement condamné les « libertés formelles ».

rechercher un type de revanche qui rende impossible une nouvelle revanche – ce sera le châtiment infligé par l'État – ou un réglement de la querelle que les parties soient obligées d'accepter, c'est-à-dire une décision judiciaire » (p. 38-39)[1].

La définition claire de cette tâche légitime de l'État permet de délimiter l'étendue exacte de ses pouvoirs. L'État devra punir le crime et obliger les délinquants à réparer les torts causés. Mais tout ce qu'il fera au-delà sera illégitime (p. 89). Humboldt illustre ce principe par des analyses fournies de ce que doivent être la *législation civile* et le *droit pénal*.

2) *La législation civile*

L'État, par exemple, devra réguler certains contrats, ceux où la liberté des personnes est en cause (mariage, contrats de travail...) ; mais il ne devra pas se mêler des contrats en général, car cela empêcherait la vie des affaires (p. 95-96). De même, l'État sera fondé à veiller à ce que les testaments ne dictent pas aux héritiers ce qu'ils doivent faire de leur vie, par exemple l'emploi qu'ils doivent embrasser ; mais il ne sera pas légitimé à décider lui-même de la répartition de l'héritage (en effet, la liberté de tester nuit à l'ordre public dans le premier cas, pas dans le second). De même encore, l'État pourra instaurer par la loi un contrôle des qualifications des avocats, des médecins, ou de toute autre profession dont l'exercice illégitime risquerait de nuire aux citoyens de façon irréversible sans qu'ils puissent en être informés à l'avance ; en revanche, il ne pourra réserver l'exercice de ces professions à ceux dont il a lui-même assuré la formation ou à qui il a accordé des privilèges ou des monopoles. Enfin, comme Kant, Humboldt pense que la législation doit supprimer les implications anti-libérales de l'ancien droit féodal et corporatiste[2].

---

1. Naturellement, Humboldt n'est pas le premier philosophe politique à avoir justifié les fonctions régaliennes de l'État par la nécessité de mettre un terme à la guerre de tous contre tous. Mais l'argument précis par lequel il rend compte de la capacité de l'État à ramener la paix – à savoir qu'il met un terme au cycle des vengeances et des contre-vengeances par une vengeance elle-même non vengeable – est plus original. On sait quel parti René Girard tire de cet argument dans sa théorie anthropologique (brièvement résumée dans *HIPAMA*, p. 4-5).
2. Dans toutes ces réflexions, Humboldt, qui connaît bien la France, s'inspire visiblement de la grande œuvre par laquelle l'Assemblée Constituante a mis en place dans ce pays les éléments de base de l'État libéral moderne. Il cite Mirabeau à plusieurs reprises.

3) *Le droit pénal*

De ce que « l'État ne doit pas poursuivre d'autre fin que la sécurité des sujets et ne peut donc imposer des restrictions que sur les actions qui sont contraires à cet objectif ultime » (p. 110) résultent d'autres traits libéraux de l'État qui, tous, rompent avec les mœurs de la société traditionnelle.

Par exemple, l'État *dépénalisera la vie sexuelle*. Il ne comptera pas comme crimes ce qu'on appelle les « crimes charnels » (sauf le viol). Il dépénalisera également le *suicide,* et même l'*euthanasie* (c'est-à-dire le fait de donner la mort à quelqu'un qui la demande explicitement ; il faudra, certes, avoir des garanties formelles sur ce point).

Quant à la nature et aux modalités des châtiments judiciaires, elles se déduisent, elles aussi, de l'unique finalité qui est la leur, protéger l'ordre public. Étant donné que les peines ne seront efficaces que dans la mesure où elles produiront un effet positif sur l'esprit du criminel, elles devront d'abord être *modérées*.

« Le système des peines devient plus efficace à mesure qu'il devient plus modéré. Car non seulement des châtiments moins durs sont en eux-mêmes des maux moindres, mais ils détournent les hommes du crime de la manière qui est la plus digne de la nature humaine. Car moins les peines sont physiquement douloureuses et terribles, plus elles deviennent moralement éloquentes ; alors qu'une grande douleur physique atténue le sens de la honte chez celui qui la souffre, et celui de la condamnation chez le spectateur » (p. 111).

D'autre part, ce qui compte, c'est plutôt l'échelle des peines que leur valeur absolue. Ce qu'il faut pour que le système soit efficace, c'est que la plus grave des peines encourues soit plus redoutable que le plus grave des maux que le criminel veut éviter en commettant son crime[1]. Or une société libérale sera de plus en plus prospère ; par conséquent, la peine ultime pourra être de moins en moins dure (p. 112).

Humboldt évoque quelques corollaires à ces principes généraux. Il faut, par exemple, supprimer les peines *infamantes*. En effet, l'honneur n'a de sens que librement reconnu. Or une peine infamante entend commander le déshonneur. D'autre part, ce n'est pas parce qu'un homme a commis à un certain moment de sa vie un certain crime qu'il est désormais, à tout point de vue et définitivement, privé de qualité morale. La peine d'infamie est donc disproportionnée. Humboldt condamne tous les autres emplois disproportionnés de la force, comme la torture (l'Angleterre est donnée comme exemple) (p. 116). Il va de soi, d'autre part (toujours d'après les mêmes principes) qu'aucun châtiment

---

1. Tout cela est en harmonie avec la théorie lockéenne de la loi comme guide *cognitif* des actions, faisant appel à la *raison* des citoyens, non à leurs peurs (cf. *supra,* p. 325).

pénal ne peut dépasser la personne du coupable et s'étendre à ses enfants ou à ses proches (comme c'était encore le cas dans le Code prussien où il était prévu que les enfants de personnes coupables de haute trahison pouvaient être emprisonnés ou bannis). L'individu seul doit être tenu pour responsable des actes qu'il commet.

L'État peut-il restreindre les libertés pour prévenir les crimes ? Peut-il, par exemple, interdire certaines pratiques, au motif qu'elles constitueraient une trop grande tentation pour des délinquants potentiels[1] ? Humboldt le refuse absolument, car cela va contre le principe de *responsabilité* :

« Tout citoyen doit être en situation d'agir sans entraves et comme cela lui plaît, aussi longtemps qu'il ne transgresse pas la loi ; chacun doit avoir le droit de dire, en réplique à ce que les autres peuvent prétendre au sujet de ses probables comportements : "De si près que je paraisse m'approcher de la transgression, je ne succomberai pas." Si on lui retire cette liberté, alors on viole son droit, et la culture de ses facultés – le développement de sa personnalité – ne peut qu'en souffrir » (p. 120).

Si l'on écarte du citoyen la tentation, il demeurera perpétuellement susceptible d'être tenté. Si, au contraire, il est laissé libre, qu'il succombe, et qu'il soit puni, alors seulement il sera guéri et sa personnalité aura accompli un progrès. Le fait de tenir les citoyens en tutelle les maintient dans une perpétuelle minorité. En résumé, « la prévention des actions criminelles est entièrement extérieure à la sphère d'activité propre de l'État » (p. 123)[2].

En revanche, tout crime effectivement commis doit être rigoureusement puni, sans aucune exception, car, comme le dit un texte où Humboldt exprime d'une façon remarquablement nette la logique immanente de la *rule of law*,

« le fait que les citoyens soient convaincus – cette conviction étant renforcée par une expérience uniformément répétée – qu'il leur est impossible de violer les droits d'autrui sans souffrir une diminution équivalente des leurs me semble la seule garantie de la sécurité intérieure, et le seul moyen infaillible de susciter un inviolable respect pour les droits de ses concitoyens. C'est en même temps la seule manière d'agir qui soit digne de l'homme, qui ne doit pas être forcé à accomplir certaines actions, mais seulement être conduit à les accomplir par la

---

1. Par exemple consommer alcools ou drogues, acheter ou vendre certains produits sensibles...

2. On se souvient que c'était l'argument de Milton pour qu'on n'interdise pas les mauvais livres (cf. *supra*, p. 286). Cette position libérale – laisser les gens libres d'agir à leur gré tant qu'ils n'enfreignent pas la loi et les laisser apprendre d'eux-mêmes par leurs essais et leurs erreurs – contraste aussi bien avec le paternalisme de la droite qu'avec la prétention « pédagogique » systématique de la gauche. Elle sera reformulée avec force par Frédéric Bastiat (cf. *infra*, p. 676-677).

connaissance qu'il a des conséquences qui, selon la nature des choses, s'ensuivront inévitablement de sa conduite. Donc, pour détourner l'homme du crime, je ne connais rien de plus efficace, au lieu de moyens plus compliqués et artificiels les uns que les autres, que, d'abord, de bonnes lois bien pensées ; puis des peines adaptées (adaptées, quant à leur nature absolue, aux circonstances locales, et, quant à leur place dans l'éventail pénal, à l'immoralité du crime) ; puis une poursuite aussi minutieuse que possible de toutes les transgressions de la loi ; enfin, la certitude au sujet de la peine qui sera administrée par le juge, dont la sévérité ne devra pas pouvoir être atténuée. Même si ces méthodes, si simples quant à leur mode d'action, doivent être quelque peu lentes à produire leurs effets, ce que j'accorde volontiers, elles sont cependant sûres et infaillibles ; elles n'affectent pas la liberté du citoyen[1], et exercent une salutaire influence sur son caractère » (p. 123).

Il en résulte une conséquence anti-absolutiste caractéristique : il faudra supprimer le *droit de grâce* du souverain, dans la mesure où il bouleverse la logique ci-dessus exposée (cf. p. 124).

Autre aspect fondamental de la *rule of law* réaffirmé par Humboldt : la loi pénale doit être *publique*.

Il y avait en Prusse, apparemment, des gens qui pensaient le contraire – conformément, là encore, à une vieille tradition absolutiste. Ils soutenaient que le criminel ne devait *pas* savoir exactement ce qui l'attendait, hypothèse dans laquelle il pourrait, très immoralement, faire un exact calcul des coûts et des avantages du forfait projeté. Mieux valait qu'il pût redouter *n'importe quelle* réplique de l'État. Humboldt s'oppose à cette idée « terroriste »[2] : « L'État ne doit jamais chercher à agir par la peur », il ne doit faire appel qu'à la raison des citoyens.

4) *La défense*

La même mission de garantir aux citoyens la sécurité implique que l'État assume, à l'encontre des ennemis extérieurs cette fois, une tâche de *défense*. Cependant, là encore, cette finalité même de l'action de l'État détermine les limites de ses pouvoirs.

Par exemple, comme les républicains anglais et comme Kant, Humboldt pense qu'il ne faut pas d'*armées permanentes*, qui asservissent tant les soldats (par la discipline) que les autres citoyens (par l'habitude d'être défendus par autrui). D'autre part, il n'est pas question de faire des *guerres injustes,* dans un but seulement utilitaire. De toute façon, dans la perspective d'un progrès, il est fatal que la guerre reculera peu à peu : « Je crois que, dans le processus de civilisation de la race humaine dans son ensemble, il est vraiment certain que les dernières époques deviendront graduellement plus pacifiques. »

---

1. Puisque la loi est connue à l'avance.
2. Que nous avons rencontrée chez Richelieu, cf. *supra,* p. 127, et qui est sans doute encore aujourd'hui la conviction intime de maints ministres de l'Intérieur et praticiens des opérations de police.

Nous venons de voir ce que l'État doit faire et comment il doit le faire. On pourrait s'arrêter là, mais Humboldt, conscient du caractère déroutant de son analyse pour nombre de ses contemporains habitués aux États tutélaires de la vieille Europe, estime qu'il doit aussi préciser noir sur blanc les tâches que l'État doit *renoncer* à accomplir lui-même.

III — LES GRANDS DOMAINES DE LA LIBERTÉ : ÉDUCATION, RELIGION, PENSÉE, PRESSE, ÉCONOMIE

1) *La liberté de l'éducation*

Toutes les institutions qui obligent les individus à des comportements de masses uniformes ralentissent désormais la marche du progrès. D'où cette thèse :

« Il semble, même à s'en tenir à ces quelques réflexions générales, qu'il s'ensuive que l'*éducation nationale* – ou celle qui est organisée et rendue obligatoire par l'État – soit pour le moins, et à maints égards, hautement problématique. [...] L'éducation nationale, dans la mesure où elle présuppose au moins la sélection et la nomination des professeurs, doit toujours produire une forme définie de développement, quelque soin qu'elle prenne à éviter cette erreur. [...] [Or] s'il y a une chose qui, plus qu'une autre, requiert absolument une activité libre de la part de l'individu, c'est précisément l'éducation, dont l'objet même est de développer l'individu » (p. 48).

Ce qu'il faut, à la rigueur, c'est que l'État finance l'éducation, non qu'il en soit lui-même le prestataire (cf. p. 50).

Humboldt ajoute que les professeurs, ainsi laissés libres d'enseigner comme ils l'entendent, et contraints d'être responsables de ce qu'ils enseignent, tireront de ce régime de liberté les mêmes bénéfices qu'en tirent tous les autres professionnels :

« Parmi des hommes qui sont réellement libres, tous les types d'industrie s'améliorent plus rapidement, tous les arts fleurissent avec plus de grâce, toutes les sciences étendent leur domaine. Dans une telle communauté [d'hommes libres], également, les liens de famille deviennent plus étroits ; les parents sont plus désireux de s'occuper de leurs enfants, et, dans un état de plus grand bien-être, ont plus de possibilités de réaliser les vœux qu'ils forment pour eux. Parmi de tels hommes, l'émulation s'éveille naturellement ; et les professeurs s'éduquent eux-mêmes mieux quand leurs fortunes dépendent de leurs propres efforts que quand leurs chances de promotion reposent sur ce qu'ils sont conduits à attendre de l'État » (p. 51)[1].

---

1. Humboldt cite le plan d'éducation de Mirabeau, effectivement très libéral (on peut le lire dans Bronislav Baczko, *Une éducation pour la démocratie*, Genève, Droz, 2000).

2) *La liberté religieuse*

La religion, à laquelle Humboldt consacre un chapitre particulièrement long, est, dit-il, une affaire essentiellement « subjective » (cf. p. 56, 59, 61). Il faut donc tolérer toutes les options prises par les libres sujets, et l'État doit s'abstenir de toute intervention en ce domaine (p. 63).

Humboldt propose un argument très articulé pour prouver cette thèse libérale ou même permissive. S'il y a une totale liberté religieuse, un individu sera croyant, un autre agnostique ; mais, dans les deux cas, les idées que l'individu aura choisies, il les aura choisies en conformité avec sa nature spirituelle propre. Par conséquent il sera cohérent avec lui-même. Donc il sera stable. Donc il se conformera volontiers aux lois... Au contraire, s'il est soumis par force à un dogme extérieur uniforme – ce qui semble simplifier la tâche de l'État qui doit assurer l'ordre public – il sera, en fait, toujours déterminé intérieurement par sa nature propre, donc non seulement les citoyens ne seront pas uniformes (et les efforts du gouvernement en ce sens auront été vains), mais, en outre, les citoyens seront en guerre avec eux-mêmes, sans harmonie intérieure, et ils seront instables et dangereux pour l'ordre public. Nouvel échec du gouvernement[1].

Conclusion (dans la ligne de la neutralité religieuse de l'État défendue quelques années auparavant outre-Atlantique) :

« *Tout ce qui concerne la religion est au-delà de la sphère de l'activité de l'État* ; et le choix des ministres, aussi bien que tout ce qui a trait au culte religieux en général, devrait être laissé au libre jugement des communautés concernées, sans aucune surveillance spéciale de la part de l'État » (p. 69)[2].

3) *La liberté de penser*

Plus généralement, Humboldt a examiné de très près la logique selon laquelle la liberté se révèle féconde en matière de progrès des connaissances et de la raison. On va voir qu'il va plus loin sur ce sujet que n'était allé Milton, et qu'il ajoute quelque chose de neuf à ce qu'avait dit Kant dans *Qu'est-ce que les Lumières ?*[3]

---

1. « La liberté peut conduire à de nombreuses transgressions, mais elle prête aux vices mêmes une forme moins ignoble. L'homme qui est laissé à lui-même éprouve plus de difficultés pour parvenir aux justes principes ; mais ils sont désormais ineffaçables en lui et en ses actions. Alors que l'homme qui est conduit par une main autoritaire reçoit plus facilement ces principes ; mais ils cèdent encore à ses énergies naturelles, même si on les a affaiblies » (p. 80-81).
2. Il ne faut pas oublier que le roi de Prusse Frédéric-Guillaume II venait de proclamer le luthéranisme religion officielle de l'État (alors que, sous Frédéric II, calvinisme et luthéranisme coexistaient).
3. Cf. *supra,* respectivement, p. 287-290 et 517-519.

« L'importance du libre examen s'étend à toute notre manière de penser, et même d'agir. L'homme qui est habitué à juger de la vérité et de l'erreur par lui-même, et à entendre en même temps les autres les discuter, sans avoir à craindre les conséquences, pèse les principes de son action plus calmement, de façon plus cohérente, et en se plaçant à un point de vue plus élevé que quel-qu'un dont les recherches sont constamment influencées par diverses circons-tances étrangères à l'enquête elle-même. Une recherche, et la conviction qui naît d'une recherche libre sont des choses spontanées ; alors que la croyance consiste à faire confiance à quelque pouvoir extérieur, à quelque perfection morale ou intellectuelle venue du dehors. Ainsi il y a plus de confiance en soi et de fermeté dans le penseur menant lui-même sa recherche, plus de faiblesse et d'indolence dans le croyant confiant en autrui. Il est vrai que, là où la croyance a supprimé toute forme de doute et obtenu la maîtrise totale sur l'esprit, elle crée souvent un courage beaucoup plus irrésistible et une extraor-dinaire endurance, comme nous le voyons dans l'histoire de tous les enthou-siasmes ; mais cette sorte d'énergie n'est désirable que lorsqu'on recherche quelque résultat extérieur bien défini, qui requiert en effet une telle activité mécanique pour être réalisé ; et elle est entièrement inappropriée dans les cas où il s'agit d'aboutir à des décisions individuelles, à des actions délibérées prises conformément à des principes rationnels et où il faut une perfection intérieure. La force qui nourrit un tel enthousiasme s'accompagne de la suppression de toute activité de la raison.

« Le doute n'est une torture que pour le croyant, et non pour l'homme qui suit la marche de ses propres recherches ; car, pour lui, les résultats sont généra-lement beaucoup moins importants. Pendant la recherche, il est conscient de l'activité et de la force de son âme ; il sent que sa perfection, son bonheur dépendent de ce pouvoir ; et loin qu'il se sente oppressé par ses doutes au sujet des propositions qu'il tenait auparavant pour vraies, il se félicite lui-même que ses pouvoirs mentaux croissants le mettent en mesure de voir clairement à tra-vers les erreurs qu'il n'avait, jusque-là, pas encore décelées. Le croyant, au con-traire, ne s'intéresse qu'au résultat même, car, une fois la vérité perçue, il pense qu'il n'y a rien à chercher au-delà. Les doutes qu'élève sa raison l'affligent et le dépriment, faute d'être pour lui, comme ils le sont pour celui qui pense par lui-même, des moyens nouveaux d'arriver à la vérité ; ils lui enlèvent ses certi-tudes sans lui révéler aucune autre méthode pour les retrouver. [...] C'est pour cela que la liberté de penser est si vitale, et tout ce qui la restreint si fatal » (p. 66-67).

Humboldt, dans ce passage, anticipe John Stuart Mill (qui, de fait, s'inspirera de son livre) et les arguments plus récents de Karl Popper. Seule la liberté de recherche donne à l'esprit sa sécurité et son énergie ; et cela non pas en dépit du fait qu'elle peut conduire au doute, mais parce qu'elle y conduit. Car seule la vérité qui a triomphé du doute a de la valeur. Par conséquent, le dogme, loin de rassurer le chercheur, ruine sa foi. Toute recherche scientifique, phi-losophique ou artistique doit donc être autorisée dans l'intérêt com-mun. Aucune prohibition basée sur les croyances de quelques-uns ne doit être imposée aux autres.

Répondant à l'objection de ceux qui redoutent que la liberté de penser soit cause de désordres, Humboldt ajoute que *les Lumières, en tant que telles, sont facteur d'ordre.* Elles sont « le plus efficace des moyens susceptibles de promouvoir la sécurité » (p. 67). Nous en avons vu plus haut la raison : c'est que « plus un homme est *libre,* plus il devient *confiant en lui-même* et *bien disposé envers les autres* » (p. 69). Cela est vrai même et surtout si les masses, et non pas seulement une élite, accèdent aux Lumières : « Il y a quelque chose de dégradant pour la nature humaine dans l'idée de refuser que tout homme ait le droit d'être un homme. Personne n'est si désespérément bas sur l'échelle de la culture et du raffinement qu'il soit incapable de monter plus haut ; et même si les vues les plus éclairées de la philosophie et de la religion ne peuvent pas convaincre immédiatement une grande partie de la communauté, et bien qu'il soit nécessaire d'habiller la vérité de différents vêtements avant qu'elle puisse trouver sa place parmi les idées des gens de la masse, de sorte qu'on doive faire appel à leurs sentiments et à leur imagination plutôt qu'aux froides décisions de leur raison, néanmoins la diffusion de la connaissance scientifique par la liberté et les Lumières descend graduellement jusqu'à eux ; et les résultats bénéfiques de la liberté complète de penser sur l'esprit et le caractère de la nation entière étendent leur influence même sur les individus les plus humbles » (p. 68).

Ainsi, toute espèce de censure des idées est à bannir définitivement.

4) *Contre l' « ordre moral »*

Poursuivant l'examen de cette logique libérale, Humboldt pose que, pour améliorer les mœurs, il faut diminuer la surveillance de la police :

« S'il était possible de faire un bilan exact des maux que la surveillance de la police occasionne, et de ceux qu'elle empêche, le nombre des premiers excéderait de beaucoup, dans tous les cas, celui des seconds » (p. 81)[1].

Retrouvant la veine de Mandeville, Humboldt condamne les *lois somptuaires.* La recherche du luxe est bonne en ce qu'elle oblige à faire des innovations, à explorer des possibilités nouvelles des sens, lesquelles ouvrent elles-mêmes de nouvelles voies à l'esprit et ainsi au progrès général de l'humanité. D'où cet « éloge de l'inégalité » (ou du moins de la différence « qualitative » entre les hommes) :

« Quelque grande et mauvaise que puisse être l'immoralité, nous ne devons pas oublier qu'elle peut avoir des conséquences bénéfiques. C'est seulement en passant par les extrêmes que les hommes peuvent arriver au juste milieu de la

---

1. Arguments qui ressemblent à ce qu'on dira plus tard en faveur de la permissivité : l'interdiction du divorce brise les ménages, la prohibition a développé la consommation d'alcool aux États-Unis, le meilleur moyen de lutter contre les drogues serait de les dépénaliser, l'autorisation des produits pornographiques n'a pas dépravé la société, etc.

sagesse et de la vertu. Les extrêmes, comme de grandes masses brillant de loin, doivent opérer à distance. Afin que le sang soit fourni aux veines les plus étroites de notre corps, il doit y en avoir une grande quantité dans les plus larges » (p. 80).

5) *La liberté économique*

Humboldt avoue son incompétence en économie, mais il ne doute pas que les principes généraux de la liberté qu'il a adoptés ne s'appliquent aussi à ce domaine (cf. p. 35). Ce sont précisément les hommes les plus énergiques et les plus inventifs qui ne feraient plus rien si l'économie était dirigée par l'État. Et « c'est au sens de la *propriété* que nous devons l'activité la plus vigoureuse ».

Pour ce qui est des biens collectifs, action contre les inondations, les famines, etc., il préfère, nous l'avons vu, l'association volontaire des citoyens à une action coercitive du gouvernement. Ici Humboldt distingue la « nation » et l' « État » et remarque, après Hume, que, la première a longtemps existé sans le second, elle peut s'en passer pour beaucoup de formes de coopération sociale (p. 35).

IV — LA RÉFORME CONTRE LA RÉVOLUTION

Enfin, Humboldt propose une théorie délibérément anti-révolutionnaire — qui n'est pas, cependant, contre-révolutionnaire au sens de ses contemporains Burke ou Joseph de Maistre, inquiets, comme lui, des progrès de la Révolution française. C'est une théorie, fort proche de celle de Kant, du *changement par la réforme*. Les grands changements sociaux surviennent progressivement, à mesure qu'évoluent les mentalités des hommes. C'est donc sur celles-ci qu'il faut agir. Les révolutions peuvent changer les choses brutalement, mais alors elles ne changent que le cadre extérieur et, si les mentalités elles-mêmes n'ont pas changé, les nouvelles structures mises en place ne peuvent que disparaître bientôt ou être, d'une manière ou d'une autre, détournées de leur sens.

Or la situation actuelle des mentalités, Humboldt l'avoue à contre-cœur, c'est que les hommes n'aiment pas beaucoup la liberté et lui préfèrent le couple servitude/domination (« l'homme est plus disposé à la domination qu'à la liberté », p. 142).

L'auteur précise cette pensée dans une page remarquable que nous résumerons comme suit. La raison qui fait que l'homme libre est plus rare que l'homme asservi, c'est qu'il faut, pour aimer la société de liberté, avoir atteint un degré singulièrement élevé de réflexion et une vue raffinée du devenir humain. Il faut s'être dépris du goût pour le groupe immédiat et avoir pris conscience de ce que l'humanité est une communauté plus vaste, lointaine et abstraite. Il est parfaitement vrai que la grandeur de la destinée humaine consiste à participer à des œuvres collectives, qui dépassent les intérêts égoïstes et les vues étroites des simples individus : la science, l'art, les progrès technologiques et économiques. Or la société libérale créée pour ses membres, à cet égard, des possibilités infiniment supérieures à ce qu'offraient les sociétés antérieures, puisqu'elle les fait participer à un marché et à une culture sans cesse plus étendus dans le temps et dans l'espace. Mais l'homme libéral ne participe à la vie de ces totalités que de façon indirecte : il livre le fruit de son travail au marché ou à la culture et laisse aux autres hommes la liberté d'en tirer parti à leur rythme et selon leur idée. Il ne participe pas à un groupe « chaud » où tous s'alignent les uns sur les autres et sur le chef. Il ne peut que semer des graines que d'autres récolteront ; il doit consentir à ne connaître que progressivement, et par la pensée seule, le processus d'ensemble auquel il a participé. Au contraire, les hommes impliqués dans des actions de type socialiste, organisées par un État autoritaire et tutélaire, s'il est vrai qu'ils ne peuvent participer qu'à des actions de moindre envergure, ressentent immédiatement la réalité de ces actions. Le groupe « holiste » est visible, et non pas seulement pensable. Voilà, en profondeur, pourquoi le couple servitude/autorité séduit les hommes de peu d'instruction beaucoup plus que ne le fait la liberté : « [L'homme de la société libérale] sème des semences qui poussent spontanément au lieu d'ériger des structures qui montrent directement la trace de ses mains ; or cela demande un plus haut degré de culture de se réjouir d'une activité qui crée seulement des énergies et les laisse produire leurs propres résultats, que d'une activité qui établit immédiatement ces résultats » (p. 143)[1].

En conséquence, l'homme d'État qui entend entreprendre une réforme libérale étudiera attentivement les effets produits par chaque augmentation de liberté avant de passer à l'étape suivante. Il ne devra pas

« toucher aux restrictions à la liberté qui sont profondément enracinées dans le présent état de choses, aussi longtemps que les hommes ne montrent pas, par des signes indubitables, qu'ils considèrent ces restrictions comme des contraintes, qu'ils ressentent leur caractère oppressif, qu'ils sont mûrs pour une avancée de leurs libertés dans le domaine en question ; quand ceci devient manifeste, il devra immédiatement supprimer lesdites restrictions » (p. 143).

La législation libérale sera essentiellement négative, elle consistera à « supprimer les restrictions oppressives » (p. 147), à aménager dans la société des espaces de liberté nouveaux où pourra survenir un processus de développement spontané ; elle ne cherchera pas à orienter ce processus. Humboldt affirme ainsi le principe de « rationalité limitée » qu'on retrouve dans tous les libéralismes. S'il faut des

---

1. Ce n'est donc pas en raison d'on ne sait quel atavisme, qui les pousserait à aimer le fouet pour lui-même et à détester la liberté pour elle-même, que les hommes du peuple rejettent les idées libérales ; c'est parce qu'ils ne sont pas encore suffisamment instruits.

institutions de liberté, en politique, dans la vie intellectuelle, dans la vie économique, c'est pour permettre que soient prises des décisions, tentées des initiatives, poursuivies des recherches dont seuls les individus dispersés ont l'idée et que l'autorité ne peut connaître. L'autorité ne peut donc anticiper dans les détails ce qui sera le fruit de la combinaison de multiples initiatives libres ; elle peut du moins faire vivre les institutions juridiques qui garantissent la possibilité de telles initiatives.

En fondant la légitimité des institutions libérales sur le fait qu'elles permettent un développement de la société plus ample et plus riche que toute action « constructiviste » de l'État, Humboldt retrouve la ligne de pensée des théoriciens de l'ordre spontané. Mais il fait valoir, dans ce petit livre d'une rare profondeur, des arguments nouveaux dont s'inspireront John Stuart Mill et Herbert Spencer (et, bien plus tard, Friedrich Hayek).

Les contributions allemandes modernes aux doctrines démocrates libérales ne se limitent pas aux apports de Kant et de Humboldt. D'autres auteurs et mouvements du XIXᵉ siècle, que nous ne pouvons ici que citer brièvement, développent ces idées, avant que l'unification allemande sous la poigne de fer d'une Prusse nationaliste et socialisante n'étouffe plus ou moins cette tendance idéologique jusqu'à la seconde moitié du XXᵉ siècle.

L'Université de Göttingen, sous l'influence du Hanovre qui était alors en « union personnelle » avec l'Angleterre, avait produit, à la fin du XVIIIᵉ siècle, des libéraux à la mode « *whig* », parmi lesquels, nous l'avons vu, Humboldt. Mais il y en eut d'autres comme August Wilhelm Tehberg et Ernst Georg Brandes, qui critiquèrent le jacobinisme de la Révolution française. Quand le Hanovre devint indépendant de l'Angleterre et que le nouveau prince-électeur imposa une constitution absolutiste, sept professeurs de la même Université (les « Sept de Göttingen »), dont Friedrich Christoph Dahlmann, refusèrent de prêter serment et furent chassés de l'Université. Dahlmann, auteur de *Die Politik* (1834), proche idéologiquement de Burke, et qui a beaucoup fait pour faire connaître les idées constitutionnelles anglo-américaines en Allemagne, a joué un rôle direct dans la Révolution de 1848. Les frères Grimm appartinrent à cette mouvance anti-absolutiste, ainsi que Karl von Rotteck et Theodor Welcker, les directeurs du fameux *Staatslexikon,* l'équivalent allemand de l'*Encyclopédie* française, et August Ludwig von Rochau (mais celui-ci, l'auteur des *Grundsätze der Realpolitik* [1853], devait se rallier à Bismark). Il faudrait citer aussi les économistes qui ont fait connaître en Allemagne les idées d'Adam Smith, comme *Karl Heinrich Rau* (son *Manuel d'Économie Politique,* écrit en 1823, a été utilisé jusque dans les années 1880...), ou *John Price-Smith* (il était d'origine anglaise) qui, député au Landtag de Prusse puis, après 1871, au Reichtag, fut un des leaders du « Congrès des économistes allemands », un des mouvements allemands en faveur du libéralisme économique et du libre-échange.

Les juristes allemands du siècle ont élaboré une doctrine raffinée du *Rechtsstaat* ou « État de droit », résolument libérale, allant même plus loin en théorie que les doctrines anglo-saxonnes ou françaises en ce qui concerne le contrôle des actes des administrations publiques et la protection des libertés individuelles. Précisément parce que l'Allemagne n'était pas une République et qu'on ne pouvait donc se bercer de l'illusion que tout ce que faisait l'État était, en tant que « démocratique », au-dessus de tout souçon, c'est dans ce pays que les juristes dégagèrent avec la plus grande netteté l'idée que tout acte d'une autorité administrative doit être conforme à une loi et que cette conformité doit pouvoir être vérifiée par les tribunaux. *Rudolf von Gneist* est le principal juriste de cette école.

Chapitre 9

Démocrates et libéraux
en Angleterre au XIXe siècle.
Bentham, John Stuart Mill, *p. 1316 p (111)*
le chartisme, Lord Acton, Spencer

Le XIXe siècle anglais voit l'affermissement et la transformation, tout à la fois, du libéralisme économique et de la démocratie parlementaire. L'Angleterre rattrape à cet égard son retard sur les États-Unis. Cela se fait sous l'influence intellectuelle de penseurs « radicaux » et d'économistes, et dans un contexte historique particulier qu'il nous faut brièvement caractériser.

LE CONTEXTE HISTORIQUE[1]

Vers 1815, le système politique est encore presque entièrement dominé par l'aristocratie. Quelque deux mille familles (grande noblesse titrée ou *landlords,* petite noblesse ou *gentry* et gros fermiers) possèdent la moitié de la terre, car le mouvement des *enclosures* a concentré la propriété et réduit le nombre des *yeomen* et *free-holders.* L'administration locale est aux mains des grands propriétaires : le *lord lieutenant* nommé par le roi dans chaque comté est toujours un *landlord,* et les juges de paix, qui ont une double fonction judiciaire et administrative, sont choisis dans la *gentry.* La Chambre des Lords est composée de grands seigneurs et des 26 archevêques ou évêques anglicans. Mais les 658 députés de la Chambre des communes sont également en majorité des membres de l'aristocratie foncière. Le droit de suffrage est réservé aux propriétaires fonciers justifiant d'un certain revenu. D'autre part, la liste des « bourgs » représentés à la Chambre est si ancienne qu'elle ne correspond plus à aucune réalité (sytème des « bourgs pourris »). Certains bourgs n'ont plus aucun habitant. 51 bourgs représentant 1 500 habitants envoient aux Communes

---

1. Cf. Roland Marx, *Histoire de l'Angleterre* ; François Bédarida, « Le socialisme en Angleterre jusqu'en 1848 », *in* Droz (dir.), *Histoire générale du socialisme*, PUF, t. 1, 1974.

100 députés. Par contre, de grande villes nouvelles sont réputées n'être pas des « bourgs » et n'ont donc aucun député (or c'est là que vivent les masses ouvrières et bourgeoises, comme à Birmingham ou Manchester). L'élection elle-même est « pourrie », puisque, pour être élu, la condition nécessaire et presque suffisante est d'être investi par le *landlord* local (nous avons vu que les Américains avaient déjà amèrement protesté contre ce système). *Tories* et *whigs* alternent au gouvernement, mais les chefs du parti *whig* appartiennent, presque autant que les *tories,* aux grandes familles de l'aristocratie foncière. Enfin, la prépondérance de celle-ci est renforcée par ses liens avec l'Église anglicane : les pasteurs sont sous sa dépendance, et les évêques sont choisis dans ses rangs.

La croissance industrielle et démographique spectaculaire des premières décennies du XIXe siècle[1] va rendre intenable ce système. La *middle class* bourgeoise devient de plus en plus nombreuse et puissante économiquement, et le prolétariat urbain se développe rapidement. Ce sont ces deux classes, faisant souvent front uni contre l'*establishment* aristocratique malgré la divergence de leurs intérêts, qui vont exiger et obtenir des réformes.

L'aristocratie foncière, productrice agricole, a intérêt au maintien de droits de douane élevés. Aussi fait-elle promulguer, en 1815, les *Corn Laws* qui la protègent de l'effondrement du prix du blé provoqué par les importations américaines et russes. Mais, du fait des représailles douanières, la bourgeoisie d'affaires est pénalisée pour ses propres exportations industrielles. Ses ouvriers le sont aussi lorsque la mévente oblige à fermer des usines. D'autre part, le prix du pain se renchérit. Tout cela joue en faveur de l'union des libéraux, des radicaux et des leaders ouvriers pour obtenir d'abord l'aménagement (1827) puis la suppression (1846) des *Corn Laws*. Mais, pour obtenir ce résultat, il fallait que les classes lésées obtinssent une représentation politique. D'où le combat, là aussi à front uni, entre milieux bourgeois et ouvriers pour des réformes politiques.

Des lois électorales de plus en plus démocratiques (1832, 1867) conduisent progressivement au suffrage quasi-universel (1885-1886)[2]. On met au point les formules du gouvernement représentatif et de la responsabilité gouvernementale. Le mouvement « radical » joue à cet égard un rôle moteur. Ce mouvement, qui date (sous ce nom, en tout cas) des années 1768-1770, touche le petit peuple urbain des villes industrielles (Londres, Nord, Écosse) et il est animé par des intellectuels des classes moyennes. C'est un mouvement essentiellement politique, qui demande le suffrage universel, une réforme du Parlement, la diminution du pouvoir royal. Il plonge ses racines dans le démocratisme anglais que nous avons étudié, l'affirmation des libertés traditionnelles du peuple anglais qui doivent être recouvrées contre les descendants des conquérants normands, l' « ancienne constitution », puis l'égalité devant la loi, dans la ligne des *Levellers*, des Républicains, de la « Glorieuse Révolution »... Le mouvement est ravivé par les échos qui lui parviennent des révolutions américaine et française. Un de ses premiers représentants a été *Thomas Paine* (1737-1809) qui, actif sur les deux rives de l'Atlantique, a écrit, après le *Common Sense* dont nous avons vu le rôle

---

1. Voir chiffres *infra,* p. 883.
2. Suffrage des hommes. Les femmes n'obtiendront le droit de vote en Angleterre qu'en 1918.

lors de la révolution américaine, les *Droits de l'Homme* (1792) et la *Justice agraire* (1796). Arguant que, bien que la propriété soit un droit de l'homme, il existe des formes illégitimes de propriété, par exemple lorsqu'il y a un monopole foncier, Paine a suggéré qu'un impôt soit levé sur toute propriété foncière, qui servirait à compenser le préjudice que subit celui qui n'a pas de terre. On peut citer aussi la *London Corresponding Society,* contemporaine du jacobinisme puisqu'elle est fondée en 1792, et qui affirme le droit des travailleurs à une existence décente, droit au repos et au loisir, droit à une part des profits patronaux. Cependant, le leader de ce courant, *Thelwall,* refuse l'idée d'une nationalisation du sol ; son idéal est un régime de petits producteurs indépendants.

Nous évoquerons, dans ce chapitre, *Bentham* et les « radicaux philosophiques » (§ 1), les économistes comme *Malthus, Ricardo* et le groupe dit des « ricardiens » (§ 2), *John Stuart Mill* (§ 3). Puis nous parlerons des idées du chartisme (§ 4). Nous évoquerons ensuite deux penseurs dont la maturité se situe dans la seconde moitié du siècle : un catholique libéral, *Lord Acton* (§ 5), et un penseur social et politique original, père de la théorie de l'évolutionnisme social, dont l'importance tient à ce qu'il situe les principes peu à peu dégagés par la tradition démocratique et libérale dans une perspective évolutionniste, *Herbert Spencer* (§ 6).

§ 1
Bentham[1]

Jéremy Bentham (1748-1832) est philosophe et jurisconsulte. Il est le père de l'*utilitarisme,* qui devait influencer James Mill, John Stuart Mill, et constituer tout un courant de la pensée anglo-saxonne.

Œuvres

Fragments sur le gouvernement (1776) ; *Introduction aux principes de morale et de législation* (1789) ; *Traité des peines et des récompenses* (1811) ; *Déontologie* (1834).

1) *L'utilitarisme*

« C'est le plus grand bonheur du plus grand nombre qui est la mesure du bien et du mal. » Bentham attribue ce principe à Hume. De ce fait, l'idée libérale de limiter la souveraineté est mauvaise : la

---

1. D'après George H. Sabine, *History of Political Theory, op. cit.* ; Elie Halévy, *La formation du radicalisme philosophique* [1901-1904], préface de J.-P. Dupuy, 3 vol., 1 : *La jeunesse de Bentham 1776-1789,* 2 : *L'évolution de la doctrine utilitaire de 1789 à 1815,* 3 : *Le radicalisme philosophique,* PUF, 1995.

censure du droit faite par la jurisprudence doit avoir pour principe non l'idée de droits imprescriptibles et inaliénables de l'homme, mais la seule utilité.

Bentham suppose que le plaisir et la peine sont *mesurables* et *commensurables :* une certaine quantité de l'un peut compenser une certaine quantité de l'autre, et des compensations peuvent avoir lieu au sein d'un groupe. Il fait intervenir, dans le calcul, les paramètres suivants : l'intensité du plaisir ou de la peine, leur durée, la certitude qu'on a de ce qu'ils seront la conséquence de tel ou tel type d'action, le délai dans lequel ils surviendront, le nombre de personnes affectées par chaque action...

Même si Bentham admet que ce genre d'algèbre, spécialement celle consistant à compenser la peine de quelqu'un par le plus grand plaisir de quelqu'un d'autre, puisse être illusoire, il pense que c'est « un postulat sans lequel tout raisonnement politique est paralysé ». Il aspire, comme Saint-Simon et Comte, à être le Newton du monde moral, et n'est pas choqué *a priori* par l'idée que le comportement humain puisse s'expliquer de façon mécaniste.

Bentham considère que son principe, qu'il croit fondé sur la psychologie sensualiste et associationniste, a la vertu de délivrer la pensée juridique et politique de ses illusions métaphysiques.

2) *La réforme du droit*

Dès ses *Fragments on Government,* Bentham propose de réformer le droit anglais qu'il juge complexe, obsolète et inefficace, en appliquant les principes utilitaristes.

Au début, il compte, pour réaliser ces réformes, sur le *despotisme éclairé.* C'est seulement plus tard qu'il se ralliera à la démocratie et à l'idée d'un gouvernement responsable devant un Parlement représentatif.

Bentham réexamine le droit anglais dans toutes ses branches : droit civil, droit criminel, procédure, organisation judiciaire. Il pose que les réformateurs ne doivent être limités en rien dans la promulgation de nouvelles lois. Ni la coutume ni les institutions ne constituent des limites absolues, parce que ce sont de simples habitudes, qui sont intellectuellement des non-sens et empêchent le bon ajustement des moyens et des fins.

Par exemple, en droit pénal, il pense qu'on peut fixer les peines de manière à orienter les comportements dans le bon sens. La pénalité judiciaire n'est pas une « punition », terme qui ne signifie rien. Elle est toujours, en elle-même, un mal, qui ne se justifie qu'en tant qu'il permet d'éviter un plus grand mal futur, ou de réparer un mal antérieur. « En général, la règle est que la peine occasionnée par un châtiment doit excéder le profit obtenu par le fait d'avoir commis le crime, mais doit dépasser d'aussi peu que possible le mal causé par le crime » (Sabine, *op. cit.,* p. 619). S'ensuit une classification des châtiments où ceux-ci sont à peu près proportionnels aux torts causés. Du coup, on doit supprimer ce qui subsiste, dans le droit anglais du début du XIXe siècle, de châtiments barbares, disproportionnés et d'ailleurs inefficaces.

En ce qui concerne la procédure et l'organisation judiciaire, Bentham s'attaque au formalisme désuet du droit anglais, en lequel il ne voit que de vaines complications par lesquelles la caste judiciaire entend justifier sa profession et ses gains. « Chacun doit être son propre avocat », dit-il. Par exemple, tout type de preuve doit pouvoir être admis s'il est rationnel, le juge doit avoir à cet égard toute latitude et ne pas être tenu par des textes rigides. Bentham dit que les juges doivent être payés en salaires, non en honoraires. Il veut remédier à la disparité et aux illogismes des jurisprudences des différents tribunaux. Il condamne l'institution du *jury*. Il veut réformer les tribunaux par la législation et réaliser, à l'exemple de la Prusse, une *codification générale du droit anglais*.

De même, en droit civil, il faut prévoir des sanctions telles que l'individu ait plus à redouter de celles-ci qu'à espérer de certains types d'action prohibés. On tiendra compte également du coût des contrôles à opérer. Le droit de propriété est justifié par le besoin de sécurité et par le fait que, grâce à lui, on peut rationnellement anticiper les conséquences de son action, diminuer l'incertitude et les aléas, créer, par conséquent, les meilleures conditions pour un échange économique pacifique et fécond. Pour Bentham, la sécurité de la propriété et le respect des contrats sont essentiels pour le plus grand bonheur de tous.

Les idées de Bentham, de fait, inspireront toutes les réformes du droit anglais au long du XIXe siècle, même si elles n'ont pas été entièrement réalisées (par exemple la codification). On voit que ces idées, « radicales » en effet par l'ampleur des réformes demandées, jouent dans le même sens fondamental que celles des Américains, de Kant, de Humboldt, ou des Français de 1789, malgré les nuances de langage et de références philosophiques : il s'agit d'améliorer les institutions politiques et juridiques dans le sens d'une plus grande rationalité, d'une plus grande lisibilité par les citoyens, afin de rendre plus stable et plus féconde une société de libertés individuelles, et cela dans la conscience d'un « progrès de la civilisation » plus ou moins commun à tous les pays occidentaux.

§ 2
Les économistes

Des économistes plaidaient en Angleterre, à la même époque, pour le même genre de réformes.

Les idées d'Adam Smith et des physiocrates français, favorables au libre marché, avaient été développées par des économistes anglais, parmi lesquels *Robert Thomas Malthus* (1766-1834), auteur de l'*Essai sur le principe de population* (1798) et des *Principes d'économie politique* (1820), et *David Ricardo* (1772-1823), auteur des *Principes d'économie politique* (1817).

Le point de vue de Malthus et de Ricardo différait cependant de celui de Smith sur plusieurs points. Smith avait plaidé pour la liberté économique totale, comptant que, si elle était établie, les initiatives individuelles aboutiraient à l'harmonie sociale. Malthus et Ricardo mettaient en évidence la division des agents économiques en catégories aux intérêts distincts et même antagoniques. En effet, comme les revenus relèvent de types bien tranchés, *rentes, profits* et *salaires,* le système économique doit être analysé comme résultant d'un équilibre non pas entre des *individus,* mais entre des *classes sociales,* à savoir celles qui jouissent respectivement de ces trois types de revenus. Or cet équilibre n'est pas satisfaisant.

Ricardo reprend de Malthus la loi de la population. Toute augmentation de la productivité provoque un accroissement de la population, qui consomme le surcroît de biens produits. Donc le progrès n'est pas possible, contrairement à ce que croient les optimistes, Turgot ou Condorcet. De même, « capital » et « travail » sont pour lui des entités directement concurrentes, le profit variant en fonction inverse du salaire. La rémunération du travail tend vers un « salaire minimal d'existence ». Le rentier, de son côté, est un parasite, puisqu'il ne participe en rien à la production ; or, si la population augmente, le prix des denrées agricoles s'élèvera, donc la rente s'élèvera ; ce surcroît de revenu reviendra au rentier au détriment des salariés et des capitalistes. Toutes ces analyses paraissent démentir l'idée d'un établissement spontané de l'harmonie sociale : il y a des classes privilégiées, d'autres sacrifiées.

Utilisant ces concepts critiques de la science économique et en particulier du ricardisme, d'autres auteurs anglais comme *Charles Hall* (vers 1740-vers 1820), *William Thompson* (1783-1833), *John Gray* (1799-1883), *Thomas Hodgskin* (1787-1869), *John Francis Bray*

(1809-1895) contestent durement, à divers points de vue, l'économie capitaliste de leur temps.

La nature et la portée de ces critiques posent un intéressant problème d'histoire des idées. Soulignant que certains de ces auteurs ont élaboré, avant Marx, bon nombre des idées marxistes fondamentales : lutte des classes, plus-value..., les socialistes revendiquent ces auteurs et leur combat pour leur propre camp[1]. Or, s'il est vrai que certains d'entre eux ont été favorables à des solutions communautaristes proches du modèle owenien[2], ce n'est pas le cas de la plupart d'entre eux, qui ne sont en aucun sens des socialistes. Ce qu'ils veulent, en réalité, en se référant à la théorie du travail chez Ricardo, c'est rendre au travail ce qui lui est dû, face au profit et à la rente. Mais ils entendent le faire *en améliorant l'économie de marché, non en la supprimant.* Ils veulent corriger ses règles du jeu, augmenter sa fluidité, afin que le jeu économique puisse être joué à armes égales par les « pauvres » et les « riches », sans que l'avance en capital de ces derniers, ou des privilèges juridiques indus, aboutissent à ce que le jeu soit truqué. Ils veulent, décidément, favoriser l'essor de la *middle class* face aux privilégiés de l'aristocratie foncière et aux grandes fortunes industrielles déjà constituées.

Prenons l'exemple de Thomas Hodgskin[3]. Approuvant la doctrine du droit naturel de propriété de Locke, il reproche précisément à la propriété actuelle, celle de l'aristocratie foncière et des capitalistes, d'être artificielle et non naturelle. La valeur, en effet, Locke l'admet, est produite par le travail. Les deux autres prétendus facteurs de production, la terre et le capital, ne créent pas par eux-mêmes de richesse et ne sont que le résultat d'un travail accumulé depuis des siècles. Or les travailleurs actuels sont payés au salaire de subsistance. La propriété du propriétaire foncier vient du surproduit des terres les plus fertiles, et celle des capitalistes de la part de valeur produite qui n'a pas été payée aux travailleurs qui en sont la source et est retenue par le capitaliste « sous le nom de profit pour l'emploi de son capital ». De sorte que « tous les effets glorieux [du travail] ont été attribués au capital fixe et circulant », tandis que « l'habileté et l'art du travailleur sont restés inaperçus et on l'a avili pendant que l'œuvre de ses mains [le capital] devenait l'objet d'un culte » (cité par Bédarida, p. 298).

Il faut donc lutter pour obtenir une plus équitable répartition. Malheureusement, l'*establishment* dispose de l'État, de la législation, instruments qu'il faut ressaisir au profit des vrais créateurs de richesses. Lorsque cela sera fait, on pourra déterminer la juste part qui revient à chacun. Hodgskin avoue que celle du travailleur est difficile à déterminer dès lors que, dans les économies modernes complexes, le travail est très divisé, et il laisse le problème sans solution. Il admet aussi que le capitaliste est un entrepreneur, et en tant que tel un travail-

---

1. Par exemple François Bédarida, dans l'étude citée.
2. Sur Owen, cf. *infra*, p. 886-890.
3. Nous suivons ici le bref exposé de Bedarida, *op. cit.*

leur ; si son profit en tant que capitaliste est contestable, il doit aussi, en tant qu'entrepreneur, obtenir une juste rémunération de son travail. D'autre part, Hodgskin éprouve une méfiance instinctive envers l'État et refuse les idéaux communautaires ou coopératifs. Pour lui, « le remède au capitalisme n'est pas dans le socialisme, entendu comme un système de propriété collective, mais dans la restitution au travailleur du produit de son travail » (Bédarida). En définitive, donc, ce que souhaite Hodgskin, c'est une société de producteurs libres et indépendants. Il accepte même la concurrence. Passionnément attaché à l'éducation des ouvriers, il se rallie, à la fin de sa vie, à l'idéal d'une « collaboration entre bourgeois éclairés et ouvriers épris de savoir » (Bédarida). Il finit donc mal pour les socialistes, bien pour les libéraux.

De toute façon, les deux écoles économiques, celle de Smith d'une part, celle des ricardiens de l'autre, convergeaient dans le but pratique d'obtenir la liberté du commerce et l'abrogation des lois sur le blé (puisque les smithiens étaient adversaires, par principe, de toute législation restreignant le commerce, et que les ricardiens considéraient que les *corn laws,* renchérissant le prix des produits agricoles, constituaient un appui légal aux privilèges des titulaires de rentes foncières). De sorte que les idées des économistes jouèrent globalement en faveur de l'adoption d'une législation libérale dans la première moitié du XIXe siècle en Angleterre, malgré les débats internes à la profession. Et l'on peut dire que cette partie du radicalisme anglais a contribué à sa manière à renforcer le consensus de la société anglaise en faveur d'une économie peu étatisée.

§ 3
John Stuart Mill

La pensée des radicaux est prolongée par l'œuvre de *John Stuart Mill.*

Vie et œuvres

Né en 1806, John Stuart Mill ne va pas à l'école, et c'est de son propre père, le philosophe James Mill, qu'il reçoit toute son instruction, en langues anciennes, en mathématiques, en économie politique. C'est seulement entre les âges de quatorze et seize ans que, passant deux ans en France, il subit d'autres influences intellectuelles (il fréquente la Faculté des sciences de Montpellier). Son père étant entré à la Compagnie des Indes, il y est admis à son tour en 1824. Il y occupera des postes importants jusqu'à la disparition de la Compagnie en 1858. Il commence à écrire des articles scientifiques. En 1830, il rencontre Harriet Taylor, sa grande inspiratrice, qu'il épousera vingt-et-un ans plus tard. Il correspond avec Carlyle, Auguste Comte, Tocqueville. Il est député de

Westminster à la Chambre des communes de 1867 à 1868. Dès 1858, il s'était installé à Avignon, où il meurt en 1873. J. S. Mill est l'auteur de : *Système de logique inductive et déductive* (1843) ; *Principes d'économie politique* (1848) ; *De la liberté* (1859)[1] ; *L'utilitarisme* (1861)[2] ; *Du gouvernement représentatif* (1861) ; *De l'assujetissement des femmes* (1869)[3] ; *Trois essais sur la religion* (1874).

1) *La révision de l'utilitarisme*

J. S. Mill réaffirme sans cesse sa fidélité aux principes de base de l'utilitarisme, mais il infléchit celui-ci. Le principe de Bentham selon lequel le but de toute politique doit être « le plus grand bonheur du plus grand nombre », avec compensation des plaisirs et des peines d'un individu à un autre, pouvait conduire à des positions fort peu libérales, à savoir que l'on a le droit (et même le devoir) de *sacrifier* le bonheur de quelques individus si cela doit maximiser le bonheur du plus grand nombre. La misère ouvrière n'est-elle pas justifiée si elle est la voie de passage obligée pour produire un progrès économique général ? Par un singulier paradoxe, les radicaux faisaient peser un soupçon de holisme sur le libéralisme même.

C'est cette inconséquence que John Stuart Mill entend rectifier. Dans *L'Utilitarisme,* il déclare souscrire au principe selon lequel les hommes recherchent le plaisir, mais il soutient que, dans l'algèbre des plaisirs et des peines, tous les plaisirs ne doivent pas peser du même poids, parce qu'ils n'ont pas la même valeur morale. Bentham avait dit que « la punaise vaut autant que la poésie », dès lors que l'une et l'autre procurent un plaisir. John Stuart Mill rétorque qu' « il est mieux d'être un Socrate non satisfait qu'un fou satisfait ». Le « plaisir » d'un homme ne se réduit pas à des plaisirs sensuels ou matériels, car, pour un homme, le plus haut plaisir est la réussite de *toute* sa vie, ce qui peut passer par l'altruisme autant que par l'égoïsme. Or, pour être altruiste, l'être humain a besoin de liberté – que Mill va valoriser bien plus que Bentham, et du point de vue même de l'utilitarisme.

1. Cf. John Stuart Mill, *De la liberté*, trad. Fabrice Pataut, Presses-Pocket, coll. « Agora », 1990.

2. Cf. John Stuart Mill, *L'utilitarisme*, trad. Georges Tanesse, Garnier-Flammarion, 1968.

3. Cf. John Stuart Mill, *On Liberty, Representative Government, The subjection of Women,* regoupés sous le titre *Three Essays*, Oxford University Press, 1975 ; *L'asservissement des femmes*, trad. M.-F. Cachin, Payot, 1975.

2) *La liberté*

Nous avons déjà mentionné que le *On Liberty* de John Stuart Mill est, avec l'*Areopagitica* de Milton et *Conjectures and Refutations* de Popper, un des textes classiques en langue anglaise sur les raisons d'être profondes de la liberté de penser. L'idée maîtresse est que cette liberté n'est pas précieuse pour le seul individu, mais pour la société même qui la tolère ou l'encourage. Tout individu a le droit de penser, de rechercher, de discuter, de juger librement ; il a le droit d'être convaincu, plutôt que d'être forcé à croire. Comme Kant, J. S. Mill estime que *toute* l'humanité n'a pas le droit de faire taire *un seul* dissident. La liberté fait partie de la nature morale de l'homme, et une société libérale est celle qui reconnaît ce fait moral fondamental et forge ses institutions de telle manière qu'il soit protégé. J. S. Mill est favorable à un État libéral, non parce qu'il est le plus efficace possible, mais parce qu'il est le seul à tenir compte de cette dimension essentielle de la nature humaine. La démocratie, qui donne occasion à chacun de prendre part au débat public, d'exprimer des convictions, d'avoir voix aux décisions et de participer de façon responsable à leur mise en œuvre, constitue un environnement favorable pour le développement de libres personnalités, et c'est pourquoi la démocratie est le régime moralement préférable[1].

« Si l'on sentait que le libre développement de l'individualité est un des éléments essentiels du bien-être ; que ce n'est pas seulement un des éléments constitutifs de ce qu'on appelle civilisation, allant de pair avec l'instruction, l'éducation, la culture, mais une part nécessaire et une *condition de toutes ces choses elles-mêmes,* il n'y aurait guère de risque que la liberté fût sous-estimée » (cité par Sabine, p. 642).

L'argument de J. S. Mill porte autant, on le voit, sur la société que sur l'État au sens étroit du terme. Son souci n'est pas tant les limites à la liberté imposées par une minorité gouvernementale, que les limites impliquées par le pouvoir d'une majorité ne supportant pas les dissidents. En ce sens, Mill comprend ce que son père n'avait pas compris, à savoir que, plus la démocratie représentative progresse, plus la liberté est menacée... Et il manifeste sa crainte à l'égard de la tyrannie d'une opinion publique intolérante et sa peur que l'ère des masses ne soit fatale à la liberté individuelle et à l'épanouissement des talents, problème qui ne s'était pas posé, du

---

1. Cette dernière idée est sans doute empruntée aux *Limites de l'action de l'État* de Wilhelm von Humboldt, que Mill cite en exergue de *On Liberty.*

moins aussi clairement, aux générations précédentes de libéraux (Mill et Tocqueville seront en étroite communauté de vue à ce sujet).

Mill essaie de définir ce que doit être la sphère de liberté individuelle dans laquelle l'État ni la société ne doivent interférer. Ce sont les actes d'un individu tels qu'ils ne concernent que lui seul. Comme Mill n'admet pas, en tant qu'utilitariste, l'idée de droits naturels indéfectiblement attachés à l'individu, cette sphère n'est pas très vaste. Par exemple, la prohibition de l'alcool serait attentatoire à la liberté individuelle, alors qu'on peut accepter l'obligation scolaire, puisque l'éducation ou la non-éducation de quelqu'un affecte à l'évidence autrui. La fonction d'un État libéral ne sera pas seulement négative, comme chez Humboldt. La législation peut et doit être utilisée pour augmenter la liberté de ceux qui sont soumis à des coercitions sociales, et J. S. Mill admettra même sur le tard certaines idées socialistes.

§ 4
Le chartisme[1]

Le chartisme est le plus puissant des mouvements ouvriers anglais au XIXe siècle. Mais ce n'est pas un mouvement socialiste (les socialistes owéniens, coopératistes et autres n'y sont qu'une petite minorité). Les chartistes sont des gens qui protestent contre la souffrance, contre l'injustice, qui aspirent à un monde meilleur, mais qui situent les remèdes ailleurs que là où les situe la gauche socialiste, puisqu'ils les voient dans la démocratie politique, dans le travail et non dans les violences révolutionnaires.

S'il est vrai que certains chartistes, comme le leader irlandais O'Connor, militent pour le développement de l'antagonisme de classe *(poverty against property)*, beaucoup d'autres ont prôné, contre la théorie de la lutte des classes, la notion d' « union des sentiments » qui doit pousser les ouvriers à s'allier avec la bourgeoisie radicale, et l'idée qu'il faut employer la seule « force morale » en lieu et place de la « force physique ».

Le chartisme soulève le pays pendant une douzaine d'années, de 1836 à 1848 ; cette période peut se diviser en trois phases.

— *1re phase.* Le mouvement naît de l'opposition à la nouvelle *Poor Law* de 1834 et du refus viscéral des deux « bastilles jumelles », l'usine et l'asile. La *London Working Men's Association* est créée en 1836 par

---

1. Cf. François Bédarida, « Le socialisme en Angleterre jusqu'en 1848 », in *Histoire générale du socialisme, op. cit.*

des artisans londoniens, conduits par William Lovett et Henry Hetherington, qui entament une campagne en faveur du suffrage universel, dans le but de mobiliser la classe ouvrière et de permettre, plus tard, de mener des réformes économiques et sociales. Ils rédigent bientôt, avec Francis Place, la « Charte du Peuple » (1838), comportant six revendications politiques : « 1 / Le suffrage universel (masculin) ; 2 / Le renouvellement annuel du Parlement ; 3 / Le scrutin secret ; 4 / Une indemnité parlementaire pour les députés[1] ; 5 / La suppression du cens pour pouvoir être élu député ; 6 / L'équivalence des circonscriptions électorales » (cf. Bédarida, p. 322)[2].

L'initiative connaît un succès immédiat : des associations se forment partout en Angleterre, de grandes personnalités se rallient au programme de la Charte, comme *Feargus Edward O'Connor,* un des leaders de l'émancipation irlandaise (1794-1855, directeur d'un journal, le *Northern Star,* qui tire à 50 000 ex.), ou *Bronterre O'Brien* (1805-1864) dont on parlera plus loin, ou encore des réformateurs sociaux comme *Fielden* (un cotonier radical), *Oastler* (un patron *tory*), *Stephens* (un prédicateur méthodiste). Cette agitation culmine avec la Convention chartiste (ou « Parlement du peuple ») qui se réunit à Londres en 1839 et présente au Parlement officiel une « Pétition ». Mais les délégués se déchirent quant à la tactique à suivre. Les uns préconisent la grève générale, et même un arrêt total du travail pendant un mois (le *national holiday* ou « mois sacré »), d'autres l'action révolutionnaire violente, d'autres encore le retrait de l'argent des banques. De toute façon, la répression gouvernementale met fin à l'aventure : 500 chartistes sont emprisonnés.

— *2ᵉ phase.* O'Connor et ses partisans créent la *National Charter Association,* qui mène une nouvelle campagne et dépose une seconde pétition au Parlement en 1842. Le Parlement la rejette après un grand débat.

— *3ᵉ phase.* La troisième phase est celle de l'affaiblissement et de la désunion. Beaucoup de chartistes se consacrent au combat pour le libre-échange et rompent leurs liens avec l'agitation ouvrière. O'Connor, de son côté, essaie de fonder des colonies agricoles ; mais les projets fumeux de sa *Chartist Land Society* échouent, et la société fait faillite en 1848. Enfin, une nouvelle Convention chartiste, qui présente une troisième pétition (quelques centaines de milliers de signatures), se réunit en 1848, mais la lassitude et la répression viennent à bout du mouvement.

Celui-ci prend ensuite une direction différente, axée sur les revendications sociales. Mais c'est un autre chartisme.

---

1. Pour permettre à des députés d'origine populaire d'exercer leur mandat.
2. Ce programme, on le voit, correspond intégralement aux principes de la tradition démocratique et libérale et ne doit rien à ceux du socialisme.

Entre-temps, les économistes ont poursuivi leur combat pour l'établissement de règles claires et fiables de l'économie de marché. Il faut signaler, par exemple, l'action de *Richard Cobden* (1804-1865), grand fabricant de cotonnades, qui est un des partisans de l'abolition des lois protectionnistes. Il fonde, avec l'orateur radical et *quaker* John Bright, l'*Anti-corn law association,* qui mène, à partir de 1836, une vaste campagne d'opinion, avec pour slogan : « Paix, économies, libre-échange ». Cobden sera l'ami de Bastiat dont il influencera la pensée économique (cf. *infra,* p. 670), et il sera l'instigateur, avec Michel Chevalier, du traité de 1860 entre la France et l'Angleterre qui instaurera le libre-échange entre les deux pays.

On peut considérer que, pour l'essentiel, le radicalisme, la réflexion des économistes, et le premier chartisme auront obtenu que soient réalisées les grandes réformes démocratiques qui, vers les deux tiers du siècle, font de l'Angleterre victorienne une société comparable, en termes d'émancipation politique et de libertés intellectuelles et économiques, à la société américaine.

Mais, vers la moitié du siècle, une nouvelle idéologie se développe, le socialisme, suscitant en retour (comme en France) une remise sur le chantier des hypothèses de base de la démocratie libérale. Celle-ci est tentée notamment par deux autres penseurs anglais, *Acton* et *Spencer.*

§ 5
Lord Acton[1]

Lord Acton est un catholique libéral dans la lignée de Montalembert[2]. Comme ce dernier et son école, il pense que seule la foi en Dieu donne à la personne humaine une force suffisante pour résister à la montée des États vers le totalitarisme, à laquelle il a pu assister en ces temps de croissance du nationalisme et du socialisme partout en Europe. Les catholiques étant minoritaires dans l'Angleterre victorienne, les compléments que la pensée d'Acton apporte au libéralisme anglo-saxon classique n'en sont que plus curieux et précieux.

---

1. Cf. Lord Acton, *Essays in the History of Liberty*, edited by J. Rufus Fears, Indianapolis, Liberty Classics, 1985 ; *Essays on Church and State*, Introduction by Douglas Woodruff, New York, Thomas Y. Crowell Company, 1968.
2. Cf. *infra,* p. 608-610.

Issu d'une famille de vieille noblesse anglaise catholique du Shropshire (Angleterre de l'Ouest), contrainte depuis des générations d'aller s'employer sur le Continent, John Emerich Edward Dalberg-Acton (1834-1902) naît à Naples où son grand-père a été Premier ministre de Ferdinand IV. Lui-même, qui ne peut être reçu à Oxford ou Cambridge, fait ses études de 1850 à 1857 à l'Université de Munich, où il est l'élève d'un éminent historien allemand, Ignaz von Döllinger. Il retirera de cet enseignement la connaissance approfondie de l'érudition historique allemande dont il rapportera en Angleterre le goût et les méthodes. Acton joue un rôle de premier plan dans le mouvement catholique libéral anglais de 1858 à 1871, en écrivant de nombreux articles et essais dans des revues, celles qu'il dirige, *The Rambler* et *Home and Foreign Review,* ou d'autres comme *The Chronicle* ou la *North British Review*. Il est l'ami et le confident du Premier ministre libéral Gladstone[1]. Il est membre du Parlement de 1859 à 1865. Mais il renonce à soutenir politiquement l'Église après le concile Vatican I et la promulgation de l'infaillibilité pontificale. Il se consacre alors à l'histoire – il est un des fondateurs de l'*English Historical Review* en 1886 – et il sera Professeur à l'Université de Cambridge de 1895 à sa mort en 1902. Il avait été élevé à la pairie en 1869.

Acton croit que l'Église peut et doit militer pour les principes de liberté individuelle, de liberté politique *(self-government)* et de recherche scientifique libre. Il croit que

« la liberté n'est pas un moyen pour une fin politique plus haute. Elle est elle-même la fin politique la plus haute. Ce n'est pas en vue de réaliser une bonne administration publique que la liberté est nécessaire, mais pour assurer la poursuite des buts les plus élevés de la société civile et de la vie privée » (cité par Fears, *op. cit.,* p. XV).

Or la liberté a été révélée à l'humanité par le christianisme, bien plus que par l'univers gréco-romain. Seule la morale chrétienne donne à la liberté une valeur infinie, puisque seule la liberté permet la responsabilité morale. Si la liberté civile et politique est précieuse, c'est uniquement en ce qu'elle permet à l'homme de remplir les devoirs moraux qui lui incombent. Au contraire l'État absolu ou totalitaire détruit l'humain en détruisant la liberté individuelle.

« Par liberté, j'entends l'assurance que chaque homme *pourra sans entraves faire ce qu'il croit être son devoir nonobstant l'influence de l'autorité, des majorités, des coutumes et des opinions.* L'État n'est fondé à assigner des devoirs et à tracer les frontières du bien et du mal que dans sa sphère immédiate » (cité p. XVI).

Ce n'est donc pas par intérêt personnel, goût de sa propre jouissance, solipsisme ou « individualisme », selon le procès que font au

---

1. William Ewart Gladstone (1809-1898), premier ministre de 1868 à 1874, de 1880 à 1885 et de 1892 à 1894, est le grand rival libéral de Disraëli, le leader conservateur de l'époque.

libéralisme ses adversaires de droite ou de gauche, que l'individu est fondé à récuser l'autorité et à exiger d'être seul à décider de sa vie, de ses actions, de l'usage de ses biens. C'est parce que c'est la condition *sine qua non* de l'accomplissement des tâches morales de l'humanité. À cet égard, récusant – conformément à une tradition déjà ancienne dans cette famille idéologique – la « raison d'État », Acton estime qu'il ne faut pas séparer l'action publique, où tout serait permis, et la vie privée qui serait seule soumise à des normes morales. Il cite, en l'approuvant, Burke qui a dit que « les principes de la vraie politique sont ceux de la moralité considérés à plus grande échelle ». Dans le livre qu'il a longtemps projeté, mais dont il n'a écrit que des fragments, *Histoire de la Liberté,* Acton voulait montrer que l'histoire progressait vers plus de moralité par plus de liberté et qu'elle était guidée dans cette voie par l'Esprit[1].

Quitte à choquer le public anglican, Acton soutient que l'Église catholique joue un rôle éminent dans la défense de la liberté, parce que, par sa force institutionnelle, elle est le seul rempart solide pouvant préserver la foi contre les tendances absolutistes de l'État moderne. On comprend donc qu'Acton se soit senti trahi par la proclamation, en 1871, du dogme de l'infaillibilité pontificale qui établissait le principe absolutiste au cœur même du gouvernement de l'Église romaine. Comment pouvait-il continuer à défendre sa cause devant l'opinion britannique ?

§ 6
Spencer[2]

Avec Herbert Spencer, nous changeons d'univers intellectuel ; mais nous retrouvons la même défense de la liberté et la même démonstration de son rôle irremplaçable dans le devenir humain.

---

1. Dans sa méthodologie de l'histoire, Acton a mis systématiquement l'accent sur le rôle de l'élément spirituel. « Les historiens profanes ont une leçon à retenir de la méthode de l'histoire ecclésiastique. L'histoire de la doctrine est l'âme et le centre des événements ; et les pensées de saint Augustin ou de saint Cyrille sont le vrai propos de l'histoire tout autant que les faits et gestes de Constantin ou de Charlemagne. [...] La prise de la Bastille fut un grand signe ; la parution du pamphlet de Sieyès, *Qu'est-ce que le Tiers-État ?,* fut le véritable événement » (*Essays on Church and State, op. cit.,* p. 422).
2. Cf. Herbert Spencer, *On Evolution,* edited and with an Introduction by J. D. Y. Peel, University of Chicago Press, 1972 ; *The Evolution of Society, selections from « The Principles of Sociology »,* edited and with an introduction by Robert L. Carneiro, Chicago and London, Midway Reprint, University of Chicago Press, 1967 ; *The Man versus the State, with six essays on Government, Society and Freedom,* Indianapolis, Liberty Classics.

1) *Origines, formation, premières œuvres*[1]

Herbert Spencer est né en 1820, mort en 1903. Son père est un modeste professeur. Sa famille comprend des *Dissenters* (des membres d'autres Églises que l'Église anglicane) et, politiquement, elle se rattache aux radicaux. Elle appartient à ce milieu du radicalisme de province qui attaque l'*establishment*, l'Église, l'aristocratie, et entend promouvoir la *middle class* industrielle. Spencer devient ingénieur des chemins de fer et s'engage dans la politique radicale, étant membre de l'*Anti-Corn Law League* de Cobden, de la *Complete Suffrage Union,* et de l'*Anti-State Church Association*. Dès 1842, il écrit un essai très libéral et favorable au laissez-faire, *The Proper Sphere of Government*. Il hérite l'idée de l'ordre spontané de société de Ferguson, il est de ceux qui distinguent nettement la *société* de l'*État*.

Spencer s'installe à Londres en 1848. Il écrit dans la revue *The Economist* et publie, en 1850, *Social Statics*. Il s'y révèle comme un penseur libéral original.

Le titre, « Statique sociale », est lié à l'idée d'ordre spontané, d'équilibre naturel des intérêts. Le propos de Spencer est de critiquer l'interventionnisme étatique à la mode de Bentham. Bien mieux que par l'interventionnisme, le plus grand bonheur du plus grand nombre sera assuré par le fait de garantir à chacun le libre exercice de ses facultés. L'État doit être réduit à un strict minimum. Spencer est influencé par William Godwin (*Political Justice,* 1792) qui avait parlé de l'État comme d'une « machine grossière qui a été la seule cause éternelle des vices de l'humanité ». L'État, en se réduisant, permettra à l'humanité de se livrer à une coopération libre et volontaire.

2) *L'évolutionnisme*

D'autre part, Spencer affirme déjà ses vues *évolutionnistes*. Il n'y a pas de « nature humaine » intemporelle. L'histoire humaine est un processus d'adaptation, par lequel l'humanité change progressivement, se rapprochant d'un type de société où tout le monde sera libre parce que tout le monde sera altruiste. Mais ce n'est pas encore le cas, et c'est pourquoi des réalités mauvaises en elles-mêmes, comme l'État, ont existé. A mesure que le temps passe, les institutions coercitives perdent de leur utilité, et à cet égard l'Angleterre est en avance sur les autres nations. Des esprits avancés y font prévaloir l'humanitarisme (les *Quakers*), le pacifisme, le rejet de la peine capitale, la réforme pénale, exigent de plus en plus la liberté, le mar-

1. D'après J. D. Y. Peel.

ché libre, la presse libre, l'abolition de l'Église d'État et de la censure, le suffrage universel. L'État, *in fine,* est appelé à disparaître.

Or l'idée d'évolution biologique, déjà formulée par Lamarck, est dans l'air au moment où Spencer écrit. Aussi conçoit-il les changements sociaux dont il vient de caractériser les tendances et les modalités d'une manière parallèle à l'évolution biologique. Le processus de civilisation est comparé au « développement de l'embryon ou au déploiement d'une fleur ».

Dans *A Theory of Population* (1852), il s'oppose à Malthus et soutient l'idée que la croissance démographique, loin d'être un mal, contribue au progrès, puisqu'elle force l'humanité à trouver des formes plus élaborées et efficientes de coopération. Dans *The Social Organism* (1854), il développe la comparaison entre *sociétés* et *organismes :* tous deux mettent en œuvre la *division du travail,* tous deux progressent en se *différenciant.* L'interventionnisme étatique est condamné au motif qu'il interfère avec le processus « naturel » de la « croissance ». Dans *Progress : its Law and Cause* (1857), Spencer décrit l'évolution comme le passage d'un état de chaos indifférencié à un état d'hétérogénéité ordonnée ; il anticipe les théories modernes des systèmes et de la « causalité systémique » en montrant qu'une seule cause peut produire des effets multiples.

Finalement, en 1858, il conçoit le projet dont toute son œuvre ultérieure sera la réalisation progressive, un « système de philosophie synthétique ». Il en publie, à cette date, le « prospectus ». L'idée directrice est que l'évolution est un phénomène universel commandant toutes les sphères de la réalité et culminant dans l'éthique. Dès 1855, Spencer avait écrit les *Principes de la psychologie,* qui s'intégreront plus tard au Système. Il publie, en 1862, les *Premiers principes,* premier volume de celui-ci.

L'évolutionnisme de Spencer est plus proche de celui de Lamarck (transmissibilité des caractères acquis) que de celui de Darwin (sélection naturelle[1]). Spencer pensait que seule cette version lamarckienne de l'évolutionnisme pouvait être étendue aux phénomènes sociaux ; il était donc nécessaire de l'adopter, croyait-il, pour assurer la cohérence de l'ensemble de son système. Spencer soutient par exemple que l'américanisation des immigrants irlandais est transmise à leurs descendants. Spencer demeurera obstinément lamarckien jusque dans les années 1890, époque à laquelle presque tous les biologistes auront cessé de l'être.

Dans les *Premiers principes,* il soutient une thèse que l'on peut qualifier de positiviste : l'éthique a son fondement dans la nature. Il parle lui-même d'une « sécularisation de l'éthique ». L'éthique traditionnelle est en effet ébranlée par les progrès de la science, et il importe, pour Spencer comme pour Auguste Comte, de trouver à

---

1. *L'Origine des espèces* de Darwin date de 1859 ; Spencer en découvrira les thèses après-coup.

l'éthique de nouvelles bases qui puissent susciter l'assentiment des esprits scientifiques. Or il croit qu'une morale scientifique peut être établie sur la base d'une sociologie qui serait elle-même parvenue à un stade scientifique.

3) La méthodologie des sciences sociales

En 1872-1873, Spencer publie *L'étude de la sociologie,* à titre d'introduction méthodologique aux futurs *Principes de sociologie.* Il y explicite de façon décisive la notion d'ordre spontané de société.

La première idée est que c'est pour une raison épistémologique fondamentale que l'État ne doit pas organiser la société : il est en effet *impossible de prévoir les conséquences éloignées des actions humaines* − même si la science sociologique peut reculer quelque peu ces frontières du savoir. La société croît toute seule, selon des principes immanents. La société *n'est pas une machine, un artefact.* Spencer énonce donc à son tour cette thèse dont nous avons vu les formulations successives chez Coke, Locke, Bayle, Mandeville, Hume, Smith, Humboldt, Kant..., à savoir que la principale raison d'être des institutions libérales est de contourner la limitation de notre connaissance du social. Les connaissances humaines sont irrémédiablement dispersées ; si elles doivent pouvoir être exploitées, il faut donc des procédures pluralistes qui laissent place à l'initiative de chacun. Le marché, la liberté d'expression et la démocratie politique sont les principales de ces procédures.

D'autre part, à la différence de Comte, Spencer adopte le principe de l'*individualisme méthodologique :* quand il s'agit de sociétés humaines, le tout ne devient scientifiquement intelligible que quand on a compris les raisons d'être du comportement des parties, non l'inverse. Spencer est bien conscient que cette option méthodologique est liée à une option libérale en politique : « La société existe pour le bénéfice de ses membres. Les prétentions *(claims)* du corps politique ne sont rien en elles-mêmes ; elles ne sont quelque chose que dans la mesure où elles incorporent les intentions de ses composantes *individuelles* » (cité par Peel p. XXV, n.s.). Néanmoins, Spencer admet une influence en retour de la société et de ses institutions sur les individus dont elles forgent le caractère. En fait, il pose clairement le principe qu'il y a une causalité circulaire de l'individuel sur le collectif et du collectif sur l'individuel. « Le citoyen individuel est intégré dans l'organisme social comme une de ses unités, modelé *(moulded)* par son influence et aidant réciproquement à le remodeler *(remould)* ». Spencer attaque donc les socialistes qui prétendent forger de l'extérieur la société, sans tenir compte de son évolution spontanée.

Spencer a été souvent « réfuté » par les conservateurs faisant un usage différent des mêmes images organicistes. Par exemple, de même que les organismes naturels supérieurs ont un gros cerveau, de même les sociétés modernes, étant plus complexes, ne devraient-elles pas avoir à leur « tête » un État plus volumineux et puissant ? Les conservateurs disent encore que la société libérale est déstructurée, atomisée par la compétition, inférieure en cela à la société traditionnelle qui, elle, est fortement intégrée par le tissu de ses « communautés naturelles », comparables aux organes d'un organisme.

Mais ce sont d'autres aspects de la même analogie organiciste que Spencer entend mettre en valeur : la croissance, signe de vitalité organique, est venue en Angleterre par le laissez-faire, elle n'a pas été organisée par la « tête » (l'*establishment* londonien). Dans la société libérale, une véritable intégration les unes aux autres des parties vivantes de l'organisme social est assurée par la division du travail[1]. De ce fait, la société industrielle est en réalité *plus* intégrée que la société traditionnelle. Elle est la plus organique de toutes, puisque ses parties, qui assument chacune une plus petite part relative du travail, sont plus interdépendantes les unes des autres (la fréquence de la guerre dans les sociétés traditionnelles et inversement son recul au sein des grandes sociétés industrielles, sinon encore, hélas, entre les États industriels, confirment, pour Spencer, ces vues).

D'autant que Spencer souligne explicitement en quoi la société n'est pas un organisme − en ce sens, il est parfaitement conscient de la spécificité de ce que nous appelons aujourd'hui la culture. *Organismes* et *sociétés* sont deux espèces différentes d'un même genre d'organisation dynamique, capable de se comporter, non comme un mécanisme, mais de manière finalisée. En cela « il anticipe la théorie moderne des systèmes qui voit les organismes et les sociétés comme des systèmes ou des structures de fonctions dépendantes, agissant les unes sur les autres de manière à préserver un équilibre avec l'environnement » (Peel, p. XXVI).

4) *Les* Principes de sociologie

Le grand dessein de Spencer prend corps finalement dans The *Principles of Sociology*. Plusieurs volumes sont publiés de 1876 à 1897, exposant d'abord les principes généraux, puis traitant de problèmes particuliers ou de sociétés particulières (avec des contributions d'autres auteurs). Bien que la publication ait été poursuivie après la mort de l'auteur, cette œuvre monumentale n'a jamais été achevée : manquent des développements prévus par Spencer dès le début sur la culture, l'art, le langage, la pensée.

Spencer illustre par de nombreux exemples deux grands processus de changement évolutif.

— La *différenciation* ou *complexification*. La spécialisation procure des avantages adaptatifs, donc les organismes se différencient, et par exemple la société évolue vers une division du travail toujours plus poussée. La complexification sociale prend aussi la forme d'une agrégation d'unités simples formant des unités plus grandes et plus complexes (par exemple à l'occasion de guerres). Il y aura ainsi des sociétés *simples, composées, doublement composées.*

---

1. Idée, que nous avons déjà rencontrée, formulée dans un autre langage, chez Boisguilbert et les économistes ultérieurs : le marché *est* un lien social, il est même le *seul* lien social capable de constituer des rapports sociaux au-delà d'une certaine échelle.

— La tendance à *substituer l'activité industrielle pacifique et libérale aux comportements coercitifs et guerriers.* C'est la conséquence nécessaire de la socialisation graduelle de l'homme.

Les deux tendances se renforcent mutuellement, puisque c'est l'altruisme qui rend possible la coopération et la division du travail, et le succès de la coopération qui acclimate, pour ainsi dire, l'altruisme et discrédite les procédés de prédation. Les comportements guerriers ne sont pas seulement une phase destinée à être bientôt dépassée ; ils jouent un rôle positif dans le schéma de développement, car la coercition est nécessaire pour commencer à socialiser les sociétés les plus primitives.

Cette idée d'une supériorité fondamentale et pour ainsi dire téléologique de l'activité industrielle pacifique sur l'activité grossière de prédation, qui est un des piliers de la pensée d'un Saint-Simon (cf. *infra*) et qui est si étrangère à la pensée d'un Hegel ou à celle d'un Marx, Spencer la reprend aux moralistes écossais, Smith, Ferguson, et aussi aux radicaux porte-parole de la *middle class,* Paine, Cobden, Mackinson, Ure, Smiles, Harrier Martineau, J. S Mill, Buckle. Pour eux, il y a une opposition irréconciliable entre la société industrielle pacifique et la société féodale militaire, qui produit peu et est obligée de se disputer par la force les rares richesses existantes. L'opposition « militaire » / « industriel » résume pour eux le changement social en train de se produire dans l'Angleterre de la fin du XVIIIe et du début du XIXe siècle.

Spencer se rendait compte, cependant, que beaucoup de primitifs étaient fort pacifiques et que, d'autre part, une société comme l'Allemagne a été industrialisée, précisément, à travers la coercition et l'organisation hiérarchique de l'administration bismarkienne. Du coup, il en vient à décrire les deux sociétés comme des *types* différents, représentant des alternatives, plus que comme des *étapes* d'un type unique.

Dans le *type militaire,* la société, « en tant que tournée vers l'extérieur, requiert que les intérêts individuels soient subordonnés à ceux de la collectivité ; en ce qui concerne la forme de la coopération interne, elle repose sur la coercition, et sa structure est un système hiérarchique de rangs ; elle est caractérisée par le *statut,* non par le *contrat* [...] et elle a besoin d'être entretenue par des symboles et des rituels ; le *pouvoir* a la prééminence sur la *richesse ;* de telles sociétés sont conservatrices plutôt que spontanément innovatrices, car la satisfaction des besoins individuels est tenue en bride. Dans les *sociétés industrielles,* en revanche, la coopération repose sur l'*association volontaire* qui a pour raison d'être la satisfaction des besoins individuels ; l'association est tournée principalement vers l'intérieur ; les intérêts de la collectivité passent au second plan. C'est un système de *rôles spécialisés* plutôt que de *rangs hiérarchiques,* et nul, pour tenir son rôle, n'a besoin du support de moyens irrationnels comme les rites [puisque ceux-ci, par définition, sont collectifs et uniformisateurs] ; l'innovation constante est la norme de ce système » (Peel, p. XXXIII).

Les sociétés réelles sont souvent « mixtes » et comportent en leur sein les deux types d'organisation, d'où des conflits ; mais, dans l'ensemble, les sociétés militaires tendent à laisser place aux sociétés industrielles.

5) L'Homme contre l'État

Spencer finit sa vie dans un certain isolement, compte tenu du fait que les idées socialistes avaient une audience croissante parmi les intellectuels. Il publia cependant, en 1884, *The Man versus the State,* où il attaquait le « collectivisme », l'interventionnisme de l'État, sous ses diverses formes : sécurité sociale, éducation, lois du travail... Il interprétait ces mesures comme un retour à la société « militaire », retour dont un autre symptôme était la marée montante de l'impérialisme. D'ailleurs les partisans de l'État-Providence naissant l'étaient aussi des menées impérialistes à l'extérieur, Bismark en Allemagne, Joseph Chamberlain en Angleterre. Un peu plus tard, les leaders travaillistes Sidney et Béatrice Webb ont adhéré à la fois au socialisme fabien à l'intérieur et à l'expansion coloniale.

Spencer tentera de monter une « Ligue contre l'agression » *(Anti-Agression League)* en 1881-1882, et il protestera contre la guerre hispano-américaine de 1898. Nous entrons dans « une ère de cannibalisme social dans laquelle les nations fortes dévorent les faibles », dira-t-il. « Un temps de malheur approche ; l'humanité civilisée sera moralement dé-civilisée *(uncivilized)* avant que la civilisation puisse reprendre sa marche en avant ». Il prophétisait ainsi les totalitarismes et les guerres mondiales du XXᵉ siècle.

Chapitre 10

Démocrates et libéraux
en France au XIXᵉ siècle
Constant, Bastiat, Prévost-Paradol

Écrasée, au début du siècle, entre l'enclume du jacobinisme et le marteau du bonapartisme, profondément incomprise de la droite contre-révolutionnaire, la pensée démocratique et libérale n'en subsiste pas moins en France tout au long du XIXᵉ siècle. Ce courant gagne vite une place significative et, malgré certaines apparences, on peut même dire que c'est lui qui domine la majorité des esprits. C'est la philosophie de la démocratie libérale qui inspire les institutions de la IIIᵉ République. C'est cette République libérale qui triomphe des forces coalisées du socialisme et de l'extrême droite lors de l'échec du coup d'État boulangiste en 1889. Ce sont les idées, les principes et les valeurs de cette famille idéologique qui jouent le rôle principal dans l'industrialisation et la modernisation rapides de la France.

Nous présenterons d'abord un tableau d'ensemble (§ 1), puis consacrerons des chapitres substantiels à trois grands auteurs, *Benjamin Constant* (§ 2), *Frédéric Bastiat* (§ 3) et *Anatole Prévost-Paradol* (§ 4).

§ 1
Des « Idéologues » à la République libérale

A / Les « Idéologues »[1]

Ceux qu'on a appelés les « Idéologues » forment la transition entre la pensée encyclopédiste du XVIIIe siècle et les libéraux de la Restauration. Ils entendent constituer une « science des idées » (« idéologie »), d'où le nom attribué au groupe. Mais, au-delà de cet aspect un peu formel, ils croient dans les progrès des sciences physiques et sociales, c'est leur groupe qui inspire la création des Écoles centrales, des Écoles spéciales et de l'Institut sous la Convention thermidorienne et le Directoire. Le groupe – Condorcet, Cabanis, Destutt de Tracy, Laromiguière, Garat, Dannou, Jean-Baptiste Say... – se réunit à Auteuil autour de Mme d'Helvétius, puis de la veuve de Condorcet. Il constitue l'opposition républicaine (mais non jacobine) sous l'Empire.

Le médecin et physiologiste *Cabanis* (1757-1808) a été proche de Mme d'Helvétius, de Mirabeau, de Condorcet. Il est l'auteur des *Observations sur les hôpitaux* (1789), de *Coup d'œil sur les révolutions et la réforme de la médecine*, du traité *Rapport du physique et du moral* (1802) où il est montré que l'instinct est le lien entre le monde organique et le monde intellectuel.

Antoine *Destutt de Tracy* (1754-1836) est un aristocrate rallié à la Révolution, député aux États généraux et à la Constituante, condamné à mort sous la Terreur et sauvé *in extremis* par Thermidor, puis député aux assemblées du Consulat et de l'Empire. Il est l'auteur des *Éléments d'idéologie* (quatre parties : *Idéologie*, 1801 ; *Grammaire générale*, 1803 ; *Logique*, 1805 ; *Traité sur la volonté*, 1815). Là encore est affirmée une doctrine matérialiste ou sensualiste inspirée de Condillac et d'Helvétius. Il s'agit de libérer la raison du poids des préjugés, grâce à l'éducation. Destutt est également l'auteur d'un manifeste politique et économique, le *Commentaire sur l'Esprit des lois de Montesquieu*, d'abord publié en anglais aux États-Unis en 1811 (il avait été traduit par Jefferson en personne), puis en français à Liège en 1817 et en France en 1819[2]. Les principes libéraux y

---

1. Cf. François Picavet, *Les idéologues*, Hildesheim-New York, Georg Olms Verlag, 1972 [*reprint* de l'édition de 1891] ; François Azouvi (dir.), *L'institution de la raison*, Vrin-EHESS, 1992 ; Marcel Prélot et Georges Lescuyer, *Histoire des idées politiques*, 10e éd., Dalloz, 1990, p. 533 sq.
2. Cf. Antoine Destutt de Tracy, *Commentaire sur l'Esprit des lois de Montesquieu*, Centre de Philosophie politique et juridique, Université de Caen, 1992 (*reprint* de l'édition de 1819).

sont vigoureusement réaffirmés (et Montesquieu est blâmé de n'avoir rien compris à ces principes). Le despotisme napoléonien est insupportable. L'État doit respecter les droits de l'homme, qui sont naturels, et en général il faut laisser faire la nature : si chacun poursuit librement ses intérêts bien compris, il en résultera l'harmonie spontanée des forces sociales.

L'influence des idéologues fut grande en France : Destutt a deux élèves illustres, Stendhal et Sainte-Beuve, et les idées du groupe sur la science et la psychologie se retrouvent en partie chez Auguste Comte ou Maine de Biran, plus tard chez Taine.

B / Mme de Staël et Benjamin Constant.
L'école de Coppet

La fille de Necker, Germaine de Staël (1766-1817), est proche des Idéologues. Elle aussi assure une transition entre les milieux encyclopédistes et le XIXᵉ siècle.

D'abord favorable à la Révolution, elle tient salon à Paris où elle reçoit les intellectuels mécontents de la dérive absolutiste du Consulat. Napoléon l'exile en 1803, et elle partage dès lors son temps entre Coppet, dans le canton de Vaud à 14 km de Genève, où est situé le château acquis par son père (elle y reçoit Constant, Schlegel, Chateaubriand, Byron...), et différents pays d'Europe où elle voyage. Elle a une longue liaison avec Benjamin Constant dont elle a un enfant. Elle est l'auteur de *De la littérature considérée dans ses rapports avec les institutions sociales* (1800), *De l'Allemagne* (1813), de deux romans, *Delphine* (1802) et *Corinne ou l'Italie* (1807). L'ouvrage où elle exprime le mieux ses convictions politiques est : *Considérations sur la Révolution française* (1817)[1].

« Désormais, il faut avoir l'esprit européen », a dit Mme de Staël, qui était elle-même originaire, par famille, de plusieurs pays d'Europe, et européenne par sa propre vie. L'école de Coppet, que l'on a voulu, en France, stigmatiser ou du moins réduire à un phénomène local, suisse et protestant, est européenne et internationale. La littérature, d'abord, doit être envisagée d'un point de vue international : chaque littérature nationale doit se féconder au contact des autres littératures, et la critique doit être comparatiste. D'autre part, le progrès vient de la liberté individuelle, et la liberté est le fruit des institutions libérales qui finiront par s'imposer en Europe sur la ruine des régimes féodaux (« La soumission d'un peuple à un autre est contre nature », donc l'Italie, l'Allemagne se libéreront des dominations étrangères, le principe des nationalités triomphera). La Révolution est critiquée d'abord en raison de son abstraction (elle a été

---

1. Cf. Mme de Staël, *Considérations sur la Révolution française,* présenté par Jacques Godechot (avec une biographie), Tallandier, 1983 et 2000.

faite par des disciples des philosophes éloignés des réalités, dont le type est Rousseau), puis de son démocratisme radical, enfin parce qu'elle a tué la liberté, alors que l'aspiration à la liberté était la dynamique dominante des esprits et de la société en Europe et en France du XVIIIᵉ au XIXᵉ siècles. Finalement, Mme de Staël, comme Benjamin Constant, souhaite pour la France une monarchie constitutionnelle à l'anglaise, régime qui sera établi, si l'on peut dire, en deux étapes, la Restauration puis la monarchie de Juillet.

Cf. ci-après l'étude consacrée à Benjamin Constant (§ 2).

C / Les « Doctrinaires »[1]

Il ne faut pas croire en effet que le régime de la Restauration – premier régime parlementaire français qui tente de concilier, tant bien que mal, la monarchie légitime et les acquis libéraux de la Révolution[2] – soit né de façon purement empirique. Il a sa pensée officielle, une « philosophie de la charte » discutée au sein d'un nouveau groupe qu'on a appelé – sans que l'origine de ce qualificatif soit claire – les « Doctrinaires », et qui est composé de Royer-Collard, Guizot, Broglie, Barante.

— *Pierre-Paul Royer-Collard* (1763-1845) a été membre de la Commune de Paris (jusqu'au 10 août 1792). Il est, de 1797 à 1803, membre du conseil secret royaliste et, dès cette époque, il plaide auprès du prétendant en faveur d'une monarchie constitutionnelle. Il sera député à partir de 1816. Professeur de philosophie à la Sorbonne, il rompt avec le sensualisme des Idéologues au profit d'un « spiritualisme » qui influencera Victor Cousin. Il fait de cette doctrine une arme contre l'écrasement de l'individu par l'État jacobin ou napoléonien et contre la propension française, qui vient de l'absolutisme, à sacraliser l'État : « Nous, personnes individuelles et identiques, véritables êtres faits à l'image de Dieu et doués d'immortalité, nous avons dans nos glorieuses facultés le discernement religieux ; mais Dieu ne l'a pas donné aux États qui n'ont pas les mêmes destinées » (cité par Prélot-Lescuyer, p. 547).

Royer-Collard est légitimiste parce qu'il cherche pour l'État un point fixe incontestable, une ancre capable d'arrêter la dérive des régimes à laquelle on assiste depuis 1789. Son attachement à la royauté restaurée se veut donc rationnel et diffère en profondeur de celui des « contre-révolutionnaires » comme Maistre et Bonald, dont nous parlerons plus loin. Il refuse à la fois que la souveraineté soit détenue par un pouvoir royal personnel, justifié par le prétendu « droit divin », et qu'elle le soit par une assemblée. Car si l'un de ces deux pouvoirs peut prétendre représenter à lui seul le peuple, comme « le peuple ne peut

---

1. D'après Prélot-Lescuyer, *op. cit.,* p. 546 sq.
2. Sur la Restauration, voir G. de Bertier de Sauvigny, *La Restauration* (1955), rééd. Poche, Champs-Flammarion, 1999 ; Isabelle Backouche, *La monarchie parlementaire, 1815-1848*, Pygmalion, coll. « Histoire politique de la France », 2000.

se faire obstacle à lui-même », il en résultera nécessairement une tyrannie. Les Chambres ne doivent pas avoir, comme en Angleterre, tous les pouvoirs, au premier rang desquels le fait de former un gouvernement responsable devant elles. Elles doivent n'être que les « auxiliaires » du roi.

Peu « démocrate » donc sur ce point, Royer-Collard est en revanche « libéral » en ce qu'il estime que l'État doit reconnaître les droits des individus. Comme l'écrira Barante dans *La vie politique de M. Royer-Collard* (1861), il comprend que « la vieille société [a péri] et, avec elle, cette foule d'institutions domestiques et de magistratures indépendantes, vraies républiques dans la monarchie. Pas une n'a survécu, et nulle autre ne s'est élevée à leur place. La Révolution n'a laissé debout que les individus » (cité par Prélot-Lescuyer, p. 549). Il convient donc d'établir un État de droit où les droits de ces individus soient protégés contre les abus de l'État ; où tous les citoyens soient égaux devant la loi et où il n'y ait plus aucune forme de privilège. En disant cela, les « doctrinaires » s'opposent frontalement au courant contre-révolutionnaire qui va occuper le pouvoir sous le règne de Charles X. Le fait qu'ils le disent au nom même de la dynastie légitime a évidemment beaucoup fait pour affermir les libertés politiques et civiques en France. D'autant que Royer-Collard comprend que l'égalité devant la loi engendre aussi, à moyen terme, une certaine égalisation sociale. Il salue – faisant ainsi écho à l'évolution qui a lieu au même moment en Angleterre – l'arrivée des « couches nouvelles » : « Les classes moyennes ont abordé les affaires publiques ; elles ne se sentent pas coupables ni de curiosité ni de hardiesse d'esprit pour s'en occuper ; elles savent que ce sont leurs affaires. *Voilà notre démocratie* ! » (cité par Prélot-Lescuyer, p. 550).

— *Prosper Brugière de Barante* (1782-1866) a connu Mme de Staël à Genève. Il occupe des postes importants sous l'Empire, la Restauration et la monarchie de Juillet (il est nommé pair de France en 1819 et, en 1835, ambassadeur en Russie). Il est historien (*Histoire des ducs de Bourgogne de la maison de Valois*, en 12 vol., 1824-1826), *Études historiques et biographiques*, *Études littéraires et historiques*, *Souvenirs* (8 vol., parus après sa mort, de 1889 à 1891).

— Le duc *Victor de Broglie*[1] (1785-1870), gendre de Mme de Staël, occupe des fonctions diplomatiques sous l'Empire et devient pair de France sous la Restauration. C'est un constitutionnel libéral et modéré qui, assez naturellement, se ralliera à la monarchie de Juillet. Il sera ministre et Premier ministre de Louis-Philippe (1835-1836). Il sera encore député pendant la IIe République, mais refusera de participer à la vie politique sous le Second Empire.

---

1. La famille de Broglie a pour origine un noble piémontais, Francisco Maria Broglia, venu prendre du service en France en 1643. Elle a comporté, au XVIIIe siècle, trois maréchaux de France, ensuite des hommes politiques et, au XXe siècle, des savants célèbres (dont Louis de Broglie, l'un des créateurs de la mécanique quantique). Le nom de Broglie est associé à l'orléanisme et en général à la tradition libérale, et il est représentatif de la noblesse orléaniste plus attachée que la noblesse légitimiste et contre-révolutionnaire à la vie intellectuelle et scientifique. De nombreux Broglie ont été membres de l'Institut.

D / L'orléanisme, Guizot, Thiers

1) L'orléanisme[1]

Avec le duc de Broglie et un autre membre du groupe, François Guizot, le relais des idées libérales venues de l'encyclopédisme passe des Idéologues et des Doctrinaires aux « orléanistes ». On appelle ainsi, au sens propre, les hommes qui ont gouverné la France sous le duc d'Orléans devenu roi des Français en 1830. Mais le sigle désigne, plus largement, la famille politique qui, dans la suite de l'histoire politique française, défendra les principes du parlementarisme et d'une certaine liberté économique et intellectuelle.

L'emploi de ce sigle est un peu paradoxal, puisqu'il n'y a dans cette famille politique aucun attachement passionnel à la dynastie des Orléans, ni même, bien vite, au régime monarchique. Les « orléanistes » se rallieront sans graves états d'âme à l'Empire libéral, puis à la République. Le sigle est pertinent au moins en ceci que Louis-Philippe était authentiquement attaché lui-même à la monarchie parlementaire et au monde nouveau caractérisé par l'égalité civile. Son père, Philippe-Egalité, avait embrassé les principes de 1789[2]. Lui-même s'est battu à Valmy et à Jemmapes (on lui en sait gré en 1830).

L'orléanisme prône :

— La monarchie *constitutionnelle* et *laïque* : le roi prête serment à la charte révisée devant les Chambres ; il n'est plus « roi de France », mais « roi des Français ».

— Le *parlementarisme* : le gouvernement est responsable devant un Parlement élu[3].

— Le *libéralisme* : la charte proclame les droits de l'homme de 1789. Le régime est disposé à favoriser l'éclosion de la société nouvelle de liberté individuelle qui se profilait dès la fin du XVIIIe siècle. Il récuse en revanche tout l'héritage de 1793 et du jacobinisme. L'orléanisme représente en ce sens un parti du « juste milieu ».

Le régime est l'expression politique de ce qu'on pourrait appeler la *classe moyenne*. Mais il y a deux tendances à cet égard dans l'équipe

---

1. Cf. René Rémond, *Les droites en France*, Aubier, 1982 ; Isabelle Backouche, *La Monarchie parlementaire 1815-1848, op. cit.*

2. Il avait même été régicide, d'où la mauvaise réputation de ses descendants dans la droite contre-révolutionnaire du XIXe siècle. Cela ne lui avait d'ailleurs pas porté chance, puisqu'il fut à son tour guillotiné.

3. Ce principe s'impose peu à peu aux esprits sous la Restauration, bien qu'il ne soit pas inscrit dans la Charte ; il n'est mis en œuvre que par la monarchie de Juillet, et encore difficilement, parce que Louis-Philippe ne se résigne qu'à moitié à être un roi « qui règne, mais ne gouverne pas » et entend, après la mort de Casimir Périer en mai 1832, composer lui-même le ministère et présider le Conseil (cf. Backouche, p. 215 sq).

dirigeante. Les anciens doctrinaires (Guizot, de Broglie, Molé...) sont en faveur de la grande bourgeoisie, d'une *upper middle class*. Il est vrai que Guizot considère ce groupe comme essentiellement ouvert (cf. *infra*). L'autre tendance de l'orléanisme se cristallise autour d'hommes comme Odilon Barrot, Laffitte ou Dupont de l'Eure qui veulent satisfaire les aspirations de la petite-bourgeoisie et de l'élite ouvrière, c'est-à-dire de la même *middle class* qui est représentée au même moment en Angleterre par les « radicaux ». Les amis d'Odilon Barrot ne sont d'ailleurs pas très éloignés, politiquement, de ces derniers en ce qu'ils sont partisans d'une monarchie formellement parlementaire (Barrot souhaite « un trône entouré d'institutions républicaines ») et d'une expression politique plus démocratique (ils veulent abaisser le cens). Cette tendance s'exprime notamment dans le journal *Le Siècle,* dont Barrot est l'un des principaux actionnaires et dirigeants. Les tensions entre ces deux tendances affaibliront le régime.

Il est important de noter que le régime favorise et rassemble aussi des *intellectuels,* des *professeurs,* des *érudits.* De grands professeurs – Guizot, Villemain, Cousin... – avaient été suspendus en 1827, sous Charles X (dont le gouvernement était aussi hostile à la liberté de l'enseignement qu'à celle de la presse) ; ils prennent leur revanche en 1830. Il y a alors une osmose entre le monde politique, l'Université, les académies. Le roi élève à la pairie nombre de professeurs : Villemain, Cousin, Sylvestre de Sacy, d'écrivains, d'artistes : on va jusqu'à transgresser, pour cela, les règles du cens. En retour, l'Institut accueille les notables du régime : Guizot, Thiers, Molé, Pasquier, Dupin, Rémusat, Salvandy. Pour un demi-siècle, l'Institut va devenir un « salon orléaniste ». La démocratie libérale est, à cette époque et pour des lustres encore, le parti de l'intelligence (c'est après l'Affaire Dreyfus que ce statut lui sera contesté aussi bien par les maurassiens que par l'extrême gauche).

Arrêtons-nous à deux figures éminentes de l'orléanisme, qui ont en commun de n'avoir pas été seulement des hommes d'action, mais aussi des hommes de doctrine, Guizot et Thiers.

2) *Guizot*[1]

François *Guizot* (1787-1874) est un protestant dont le père, bien que favorable à la Révolution, a été guillotiné comme fédéraliste. Le jeune Guizot est élevé de façon austère à Genève. En 1812, il devient professeur d'histoire à la Sorbonne, et c'est alors qu'il se lie avec Royer-Collard et fonde avec lui le groupe des Doctrinaires. Il devient haut fonctionnaire sous la Restauration, puis reprend sa

1. Cf. Gabriel de Broglie, *Guizot,* Perrin, 2002.

chaire à la Sorbonne, dont il est suspendu en 1822 pour fait d'opposition. Il colla-bore au journal *Le Globe*[1] et préside la société libérale « Aide-toi, le ciel t'aidera »[2]. Sous la monarchie de Juillet, il est ministre pendant treize ans et chef du gouver-nement pendant sept ans. Ministre de l'Instruction publique, il fait adopter en 1833 la loi Guizot qui libère l'enseignement primaire (première brèche dans le monopole napoléonien de l'éducation, avant la loi Falloux de 1850 libérant l'enseignement secondaire, et la loi de 1875 libérant l'enseignement supérieur). Il est ensuite ambassadeur à Londres, puis ministre des Affaires étrangères (1840), et devient alors le véritable chef du gouvernement. Mais son intransigeance, en par-ticulier son refus d'une réforme électorale supprimant le régime censitaire, con-tribuera à l'effondrement du régime orléaniste.

Guizot a écrit une *Histoire des origines du gouvernement représentatif* (1821-1822), une *Histoire de la Révolution d'Angleterre* (1826-1827), une *Histoire de la civilisation en Europe* (1828), une *Histoire de la civilisa-tion en France* (1830) et *Mélanges pour servir à l'histoire de mon temps* (1858-1867)[3].

Guizot veut – le mot est célèbre – que les Français « s'enri-chissent par le travail et l'épargne ». Il est donc un libéral en éco-nomie, mais il a beaucoup fait aussi pour développer les libertés publiques dans la vie politique et administrative du pays. Il a modifié dans un sens systématiquement anti-absolutiste et décentralisateur les institutions créées par le Consulat et l'Empire : l'administration pré-fectorale, les Conseils généraux, le Conseil d'État, les conseils muni-cipaux. Il agit ainsi parce que, intellectuel, connaisseur de l'histoire, en particulier de celle des pays anglo-saxons, il s'est fait une doc-trine, celle du « juste milieu ».

Il est vrai que, par « classe moyenne », il entend essentiellement la bourgeoisie. Mais il pense celle-ci comme étant précisément le « juste milieu » entre l'aristocratie et le peuple. Elle est, dans son esprit, une classe essentiellement ouverte : n'importe quel citoyen français peut la rejoindre dès lors qu'il s'enrichit « par le travail et par l'épargne ». Il croit qu'elle a vocation à rallier également, à l'autre extrémité de l'éventail social, l'ancienne aristocratie et les

---

1. Cette revue sera reprise en 1830 par les saint-simoniens (cf. *infra,* p. 871). Il ne faut donc pas confondre les deux périodes de la revue.
2. Il a fondé cette association en 1827 avec un groupe de jeunes avocats et journalis-tes dans le but d'éclairer les électeurs et de contrecarrer les manœuvres de l'administration de Charles X tendant à truquer les élections. Sont membres de l'association des personnes venues de sociétés existantes comme la « Société de la morale chrétienne » (dont Odilon Barrot) et même d'anciens groupes carbonaristes (cf. Isabelle Backouche, *op. cit.,* p. 130).
3. Cf. François Guizot, *Histoire de la civilisation en Europe*, présenté par Pierre Rosan-vallon, Hachette, coll. « Pluriel », 1985 ; *Des conspirations et de la justice politique. De la peine de mort en matière politique*, Fayard, Corpus des œuvres de philosophie en langue française, 1984.

milieux cléricaux. En effet, selon lui, les valeurs dites « bourgeoises » sont universelles ; l'avènement d'un régime adoptant ces valeurs est le règne de la « souveraineté de la raison ». Cependant, Guizot n'a pas vu que le régime censitaire n'incluait dans la vie civique que la partie supérieure de la « classe moyenne » (il reviendra à la IIe République, puis au Second Empire, enfin à la IIIe République de porter les espoirs et les ambitions de la partie la plus nombreuse de cette classe).

3) Thiers[1]

Ayant été un des principaux fondateurs de la IIIe République après avoir été ministre de Louis-Philippe, Thiers est représentatif de ce personnel orléaniste pour qui la fidélité dynastique, et même la forme monarchique du régime ont moins compté que le fait même d'adopter une structure constitutionnelle parlementaire convenant à un État libéral.

Né à Marseille en 1787, Adolphe Thiers fait des études de droit à Aix-en-Provence et y devient avocat. Monté à Paris en 1821, il fait du journalisme et publie, de 1823 à 1827, une *Histoire de la Révolution française* dont on peut résumer l'esprit en disant qu'il y soutient 1789 par opposition à 1793. Dans l'opposition sous la Restauration, il rallie la monarchie de Juillet. Il est élu député en 1830 et devient aussitôt ministre (il occupera divers postes, Finances, Travaux publics, Intérieur, Affaires étrangères, et sera chef du gouvernement). Éloigné du pouvoir pendant les dernières années de la monarchie de Juillet, il est un des hommes clefs du « parti de l'ordre » qui s'installe aux commandes de la IIe République après l'écrasement des mouvements socialistes violents en juin 1848 (il a écrit un manifeste antisocialiste, *De la propriété,* en 1848). Il condamne le coup d'État de Louis-Napoléon et se trouve à nouveau dans l'opposition (et même, brièvement, en exil) sous le Second Empire. Il écrit alors l'*Histoire du Consulat et de l'Empire,* œuvre monumentale (21 vol.) qui obtient un immense succès. Il retrouve le Palais-Bourbon en 1863 et devient le chef de file de l'opposition libérale. Il réclame, dans un discours à la Chambre, les « libertés nécessaires », et il s'oppose à la politique étrangère de Napoléon III, y compris à la guerre contre la Prusse. Peu de temps après le 4 septembre 1870, il devient « chef du pouvoir exécutif de la République », et c'est à ce titre qu'après avoir conclu la paix avec Bismark, il réprime militairement la Commune de Paris (« Semaine sanglante », 21-27 mai 1871). Premier président de la IIIe République, il est remplacé à ce poste par Mac-Mahon en 1873. S'étant désolidarisé des partisans d'une restauration monarchique, il serait probablement revenu aux premiers rangs après le « coup d'État » du 16 mai 1877, mais il meurt en septembre de la même année.

---

1. D'après Frédérit Martel, *Philosophie du droit et philosophie politique d'Adolphe Thiers,* LGDJ, 1995 ; Pierre Guiral, *Adolphe Thiers,* Fayard, 1986.

Le but politique poursuivi tout au long de la vie de Thiers aura été celui même de Sieyès, à savoir « terminer la Révolution française ». Entendons par là qu'il a voulu, tout à la fois, garder tous les acquis de 1789 et empêcher la Révolution de dépasser ses buts et de déboucher sur le socialisme. Il a cru que le régime de Louis-Philippe réaliserait ce programme.

Thiers, qui a dit souvent qu'il avait voulu toute sa vie établir une « monarchie constitutionnelle à l'anglaise », a fait une comparaison suggestive entre, d'une part, la Première Révolution anglaise de 1640-1649 qui ébranle le régime féodal et qui est suivie, après un intervalle de quelques années, de la Glorieuse Révolution de 1688 qui instaure un régime constitutionnel définitif, et d'autre part, en France, les Révolutions de 1789 et de 1830. « Les espérances de 1789 [ont été] réalisées par la Révolution de 1830 » (elles auraient pu l'être par la Restauration, mais celle-ci a été « dupe de la contre-révolution »). La révolution de Juillet est d'ailleurs l'équivalent de la Révolution whig par ses modalités autant que par ses résultats : elle a causé des violences modérées et n'a pas « élevé un échafaud ».

Thiers défend la Révolution française de 1789 en ce qu'elle a mis fin à l'Ancien Régime et à ses privilèges, et promu « non pas l'égalité des conditions, mais l'égalité des droits ». Celle-ci n'est pas l'antagonique de celle-là, mais elle est, au contraire, un « moyen de [la] conquérir » (Discours parlementaires, cité par Martel, p. 18). On obtiendra une certaine égalité des conditions si l'on inscrit dans la loi l'égalité des droits qui y conduit par une évolution sociale spontanée. Cette position est, chez Thiers, mûrement réfléchie. Dans son De la propriété, ouvrage qui réfute explicitement Proudhon et le socialisme en général, il dit que, si l'on essayait de réorganiser la société sur la base de la communauté des biens, on déboucherait nécessairement sur le despotisme.

Les positions politiques successivement prises par Thiers sont très cohérentes si l'on considère sa doctrine de fond, attachement au parlementarisme d'une part, à la société de droit, de liberté et de responsabilité individuelles d'autre part, et croyance dans les virtualités de progrès d'une société organisée sur de tels principes.

C'est pour cela qu'il reste à l'écart sous l'Empire autoritaire, mais accepte de jouer le jeu parlementaire sous l'Empire libéral. C'est encore par fidélité à ses principes qu'en 1870, constatant le désaccord des monarchistes et l'impossibilité d'une nouvelle Restauration, il opte pour la République (« le régime qui nous divise le moins », dit-il dans une formule qui frappa ses contemporains). Mais il entend que la nouvelle république soit l'État libéral de 89, non un État socialiste. Il lance à l'Assemblée le mot fameux : « Tout gouvernement doit être conservateur, et nulle société ne pourrait vivre sous un gouvernement qui ne le serait point. La République sera conservatrice ou elle ne sera pas. » Il ajoute qu'il faut abattre « ces blanquistes, ces hommes de l'Internationale, avec qui il n'est pas possible de fonder une République modérée », qui risquent non seulement de ramener le pays aux désordres de 1793, mais de rendre à jamais impossible son développement et sa prospérité[1].

Un autre penseur politique important, souvent proche en pratique des orléanistes, *Alexis de Tocqueville*, s'en distingue cependant par la pensée profonde ; nous avons choisi d'en parler dans une autre partie de cet ouvrage (cf. *infra*, IVᵉ partie, chap. 5).

E / La première démocratie chrétienne. Lamennais, Lacordaire et Montalembert

La position des chrétiens dans les grands débats politiques, sociaux et économiques du XIXᵉ siècle est complexe, et pas seulement pour des questions de fait, mais pour une raison fondamentale : le christianisme, en tant que tel, ne peut se réduire à une doctrine politique. Son « socle » idéologique n'est pas une doctrine intellectuelle, mais un message religieux et moral, qui se veut à la fois universel et méta-historique. Cette mystique ne peut s'identifier

---

1. Thiers a évolué, cependant, sur une question fort importante, le suffrage universel. Dans la période 1830-1848, il était partisan, comme Guizot (mais moins sévèrement que lui), d'un suffrage censitaire, parce qu'il avait en mémoire le rôle des assemblées révolutionnaires et pensait, comme Royer-Collard ou Benjamin Constant, que l'absolutisme du « peuple » pouvait être aussi attentatoire aux libertés que celui d'un roi ou d'un César. Cependant, dès cette époque, il pensait que c'était là une situation provisoire et qu'on pourrait élargir le suffrage à mesure que le peuple recevrait une instruction suffisante. Aussi se rallie-t-il, en 1870, au suffrage universel, quitte à équilibrer l'Assemblée élue au suffrage direct par un Sénat élu au suffrage indirect. Notons que les radicaux et les socialistes français, qui ont tant reproché à la monarchie de Juillet son système électoral censitaire, n'ont jamais pratiqué eux-mêmes de bon gré, au XIXᵉ siècle, le suffrage universel, bien au contraire (ils devaient s'en éloigner plus encore quand ils se convertiraient au marxisme, dont la doctrine même présente le suffrage universel comme une illusion bourgeoise ; cf. *infra*, p. 974 sq.). Sous la IIᵉ République, les radicaux et les socialistes cherchent par tous les moyens à renvoyer les élections aux calendes grecques, parce qu'ils en redoutent les résultats ; ils ne reconnaissent pas l'autorité des chambres régulièrement élues. Quant à la « Commune » de 1871, bien loin d'émaner d'une élection populaire, elle est autoproclamée par la poignée de militants qui, selon la vieille habitude qui court de la Révolution française à la révolution bolchevique, a pris le pouvoir par la violence ; puis elle organise un simulacre d'élection municipale ; et elle refuse toute représentativité à l'Assemblée nationale de Versailles régulièrement élue au suffrage universel par toute la France. Si l'on songe que les deux Empires ont fait du suffrage universel un usage essentiellement plébiscitaire, et ont tous deux quasi supprimé la liberté de la presse qui seule donne un sens au vote, on est bien obligé de conclure que la première famille politique française qui ait pratiqué réellement le système des élections libres est la famille orléaniste-libérale. Ce n'est pas étonnant, puisque c'est pour cette seule famille que cette procédure correspond à l'esprit même de la doctrine. Dès lors, on préférera sans doute un Thiers qui n'a admis le suffrage universel que par étapes, comme les Disraëli ou les Gladstone, mais l'a réellement mis en œuvre, aux jacobins qui l'ont admis d'un coup et ne l'ont jamais pratiqué.

avec aucune politique déterminée. L'inspiration charitable et eschatologique du christianisme peut s'exprimer dans un éventail de doctrines fort différentes, voire opposées, selon les outils intellectuels
disponibles à chaque époque, que les chrétiens s'approprient en
fonction de leur discernement et des conditions sociales où ils
vivent.

Quand nous étudierons la « droite » et la « gauche », nous verrons des
chrétiens engagés, au nom de leur christianisme même, dans chacun de ces
deux courants. Comment de nombreux chrétiens ne se seraient-ils pas raccro-
chés à la pensée contre-révolutionnaire, dans la mesure où la Révolution se
voulait athée, anticléricale et usait systématiquement de la violence et du
meurtre ? De fait, dans la période récente (fin XIXᵉ - milieu du XXᵉ siècle), à
cause de l'esprit réactionnaire de Pie IX, auteur du *Syllabus,* et de l'option
prise par Léon XIII en faveur du corporatisme, le catholicisme s'est rangé surtout à droite (nous étudierons la « doctrine sociale de l'Église », de ce fait, au
titre des apports idéologiques de la droite). Mais d'autres chrétiens se sont
reconnus tout autant dans la pensée révolutionnaire, dans la mesure où ils
jugeaient que l'ordre social était dur aux pauvres et aux petits (cf. *infra,* p. 900
et 911). Au sein même de la théologie, il existe de longue date, nous le savons,
un christianisme conservateur, pessimiste, et un christianisme millénariste violent, qui ont trouvé respectivement dans la droite et la gauche extrêmes des
doctrines consonantes avec leurs choix.

Mais le christianisme pouvait, à meilleur droit sans doute, se reconnaître
dans la pensée démocratique et libérale. La démocratie vise en effet à rendre
possible l'expression de chaque individu et à rendre impossible son écrasement ;
les libertés intellectuelles produisent le progrès de la science, les libertés économiques et sociales la prospérité, l'extinction virtuelle du paupérisme. Tout cela
est de nature à réaliser le projet éthique et eschatologique de la Bible, relayé au
Moyen Âge par la « Révolution papale », aux Temps modernes par les formes
modérées de calvinisme qui ont inspiré les révolutions hollandaise, anglaises et
américaine, lesquelles ont été menées, nous l'avons vu, sous l'impulsion de *leaders* et de groupes ardemment chrétiens. Il était somme toute naturel – bien que
la chose impliquât un effort intellectuel nouveau dans cette direction – que
maintenant, dans l'Europe *catholique,* des chrétiens explicitassent la parenté et
l'affinité qu'ils sentaient exister entre les idéaux de 1789 et leur foi. On a parlé
de « catholicisme libéral », de « libéralisme catholique », de « démocratie chrétienne », pour désigner cette tendance. Chacune de ces expressions met l'accent
sur une nuance différente. La première est interne à la théologie et désigne une
certaine prise de liberté de la réflexion théologique vis-à-vis sinon du dogme,
du moins de ses aspects les plus figés[1]. La seconde et la troisième désignent de
vraies doctrines politiques mettant l'accent, respectivement, sur la liberté civile
et sur la liberté politique.

---

1. Tendance théologique vivement combattue par l'école qu'on pourrait appeler
préintégriste. On trouvera un échantillon de leurs arguments dans Louis Veuillot,
L'Illusion libérale (1866), réed. Dimas, Dion-Valmont (Belgique), 1989.

1) *Eckstein*

Autour du premier *Correspondant,* sous la Restauration, se réunissent de jeunes catholiques s'affirmant libéraux, Carné, Cazalès, Foisset, plus tard Montalembert. Il est intéressant qu'ils soient inspirés et encouragés par un personnage d'exception, le baron d'Eckstein, juif danois converti au protestantisme puis au catholicisme, qui a lui-même publié un périodique, *Le Catholique,* prônant la fin des privilèges et des monopoles, la liberté de conscience, un État fort protégeant les libertés individuelles et favorisant la libre association.

2) *Lamennais*[1]

L'étape suivante est marquée par un autre personnage d'exception, *Lamennais.* Cet auteur a eu une influence énorme, y compris hors de France. Mais c'est à son sujet surtout qu'on doit noter le statut singulier de l'inspiration morale chrétienne parmi tous ces débats idéologiques. Lamennais a constaté le paupérisme, il a protesté avec une éloquence enflammée contre lui. Mais il n'a nullement prôné le socialisme.

Félicité de Lamennais (1782-1854) est né à Saint-Malo, d'une famille récemment anoblie. Il a éprouvé des émotions religieuses profondes lorsqu'il a été témoin, dans son adolescence, de la répression antichrétienne de la Terreur et de l'héroïsme des « réfractaires ». Devenu prêtre, il est d'abord royaliste et ultramontain : *Essai sur l'indifférence en matière de religion* (1817-1823). Dans *De la religion considérée dans ses rapports avec l'ordre politique et social* (1825), il prône la subordination du pouvoir temporel au pouvoir spirituel. Mais, à partir de 1830, il pense qu'il faut libérer le christianisme de tout lien trop étroit avec un régime politique et social quelconque et qu'il faut séparer l'Église et l'État. Commence une nouvelle phase de sa vie, celle du catholicisme libéral (on parle d'un « premier » et d'un « second » Lamennais). En 1830, il fonde, avec Lacordaire et Montalembert, le journal *L'Avenir,* condamné par Rome en 1832. Il va alors plus loin dans sa protestation contre l'ordre existant et publie successivement *Paroles d'un croyant* (1834), *Affaires de Rome* (1836-1837) où il rompt avec la papauté, *Le Livre du peuple* (1838), *Le Pays et le gouvernement, Esquisse d'une philosophie* (1841-1846), *La question du travail.* Il est élu député à l'Assemblée constituante en 1848 et fonde le journal *Le Peuple constituant.*

1. Cf. Claude Carcopino, *Les Doctrines sociales de Lamennais* (1942), Slatkine-Reprint, Genève, 1968 ; Charles Chauvin, *Lamennais ou l'impossible conciliation,* Desclée de Brouwer, 1999 ; Félicité de Lamennais, *Paroles d'un croyant,* préfaces et notes d'André Derval, Agora-Pocket, 1996.

Lamennais est donc devenu un « catholique libéral » ; il faut entendre par là qu'il a rompu avec le traditionalisme, l'alliance du trône et de l'autel. Et il a protesté contre la situation faite aux classes laborieuses. Il exprime son « credo libéral » dans un texte de 1835 justifiant *a posteriori* la création de l'*Avenir* :

« Plein de foi dans les vérités qui constituent fondamentalement le christianisme, dans sa puissance morale [...], on pouvait, brisant les liens qui asservissent l'Église à l'État, l'affranchir de la dépendance qui entrave son action, l'associer au mouvement social qui prépare au monde des destinées nouvelles, à la liberté pour l'unir à l'ordre et redresser ses écarts, à la science pour la concilier par une discussion sans entraves avec le dogme éternel, au peuple pour verser sur ses immenses misères les flots intarissables de la charité divine. [...] On le pouvait... Nous le crûmes du moins » (*Nouveaux Mélanges,* 1835, cité par Prélot-Lescuyer, *op. cit.,* p. 581).

Et, de fait, *L'Avenir* fait siennes les revendications des libéraux en ce début de la monarchie de Juillet : liberté de conscience, liberté religieuse, liberté d'enseignement[1], liberté de la presse, liberté d'association, et, au chapitre des libertés politiques, liberté d'élection (« qu'il faut faire pénétrer dans le sein des masses »)[2], liberté des communes et des provinces (antijacobinisme ou « girondisme » commun également parmi les milieux libéraux de l'époque).

Le souci des « immenses misères » du peuple devait-il conduire Lamennais au socialisme ? Il a répondu lui-même à la question.

« On nous a demandé : Êtes-vous ou n'êtes-vous pas socialiste ? Si l'on entend par socialisme quelqu'un des systèmes qui depuis Saint-Simon et Fourier ont pullulé de toutes parts et dont le caractère général est la négation, explicite ou implicite, de la propriété et de la famille, non, nous ne sommes pas socialistes, on le sait. Si l'on entend par socialisme, d'un côté le principe d'association admis comme un des fondements principaux de l'ordre qui doit s'établir, et d'un autre côté la ferme croyance que, sous les conditions immuables de la vie physique et morale elle-même, cet ordre constituera une société nouvelle à laquelle rien ne sera comparable dans le passé, oui, nous sommes socialistes, et plus que qui que ce soit, on le verra bien » (*La question du travail,* 1848, cité par Bruhat, in *Histoire générale du socialisme,* t. 1, PUF, 1974, p. 379).

La condamnation du socialisme – qui se définit en effet, comme le raccourci de Lamennais l'exprime excellemment, par la suppression de la propriété privée et de la famille – est on ne peut plus nette. Les valeurs affirmées ensuite nous paraissent être, non certes celles du socialisme, mais celles mêmes de la société démocratique et libérale, dont le libre contrat et la foi dans le progrès sont les deux piliers.

---

1. Pour laquelle va particulièrement militer Montalembert.
2. Eckstein avait déjà plaidé pour le suffrage universel.

Lamennais, qui a polémiqué avec Dezamy et Cabet, a formellement condamné le communisme, qui est matérialiste et athée, et qu'il considère comme un retour à l'esclavage, « le travail forcé, rétribué au gré de l'État qui l'impose » (encore Lamenais n'a-t-il connu que le communisme des années 1840 : qu'aurait-il dit s'il avait connu le bolchevisme ?).

Le programme de Lamennais est le programme politique des républicains : instruction publique pour tous, législation du travail, liberté d'association.

« Car enfin peuple, il faut que tu saches : les ouvriers n'ont pas le droit de s'entendre même pour améliorer leur sort. On peut, dans l'infâme tripot de la bourse, s'entendre pour dépouiller les rentiers ingénus... Ceci est très permis... Mais que des ouvriers s'entendent, non pour voler, non pour dépouiller, mais pour s'occuper de leurs plus puissants intérêts, pour les discuter avec ceux qui ont des intérêts connexes, quel crime abominable ! Rien que la prison ne le pourrait expier »[1] (*Le pays et le gouvernement,* 1841, cité par Bruhat, *op. cit.,* p. 380).

Sur le fond, à savoir la structure économique, il s'oppose diamétralement au socialisme, puisqu'il veut rendre tout le monde propriétaire en démocratisant le crédit (il élabore un plan à ce sujet dès 1838, et propose en 1848 un « projet de constitution du crédit social »). Lisons ce passage de celui que certains entendent présenter comme le père du « socialisme chrétien » :

« Lorsque toute la terre gémissait dans l'attente de la délivrance, une voix s'éleva de la Judée, la voix de Celui qui venait souffrir pour ses frères, et que quelques-uns appelaient par dédain le Fils du charpentier.

« Le Fils donc du charpentier, pauvre et délaissé en ce monde, disait :

« "Venez à moi, vous tous qui haletez sous le poids du travail, et je vous ramènerai."[2]

« Et depuis ce temps-là jusqu'à ce jour, pas un de ceux qui ont cru en lui n'est demeuré sans soulagement dans sa misère.

« Pour guérir les maux qui affligent les hommes, il prêchait à tous la justice qui est le commencement de la charité, et la charité qui est la consommation de la justice.

« Or la justice commande de respecter le droit d'autrui, et quelquefois la charité veut que l'on abandonne le sien même, à cause de la paix ou de quelque autre bien.

« Que serait le monde, si le droit cessait d'y régner, si chacun n'était en sûreté de sa personne et ne jouissait sans crainte de ce qui lui appartient ?

« Mieux vaudrait vivre au sein des forêts, que dans une société ainsi livrée au brigandage.

1. Lamennais lui-même a fait de la prison pour avoir pris la défense des ouvriers en grève en 1840.
2. Mt 11, 28.

« Ce que vous prendrez aujourd'hui, un autre vous le prendra demain. Les hommes seront plus misérables que les oiseaux du ciel, à qui les autres oiseaux ne ravissent ni leur pâture ni leur nid.

« Qu'est-ce qu'un pauvre ? C'est celui qui n'a point encore de propriété.

« Que souhaite-t-il ? De cesser d'être pauvre, c'est-à-dire d'acquérir une propriété.

« Or celui qui dérobe, qui pille, que fait-il, sinon abolir, autant qu'il est en lui, le droit de propriété ?

« Piller, voler, c'est donc attaquer le pauvre aussi bien que le riche ; c'est renverser le fondement de toute société parmi les hommes.

« Quiconque ne possède rien ne peut arriver à posséder que parce que d'autres possèdent déjà ; puisque ceux-là seuls peuvent lui donner quelque chose en échange de son travail.

« L'ordre est le bien, l'intérêt de tous.

« Ne buvez pas à la coupe du crime : au fond est l'amère détresse et l'angoisse et la mort » (*Paroles d'un croyant*, X, Pocket-Agora, 1996, p. 37-38).

Et cette autre leçon de liberté absolue :

« Vous n'avez qu'un père, qui est Dieu, et qu'un maître, qui est le Christ.

« Quand donc on vous dira de ceux qui possèdent sur la terre une grande puissance[1] : voilà vos maîtres, ne le croyez point. S'ils sont justes, ce sont vos serviteurs[2] ; s'ils ne le sont pas, ce sont vos tyrans.

« La loi de liberté... est la loi de Dieu.

« Car sans la liberté, quelle union existerait-il entre les hommes ? Ils seront unis comme le cheval est uni à celui qui le monte, comme le fouet du maître à la peau de l'esclave » (*Paroles d'un croyant*, XIX).

Et ceci enfin, directement contre la future « dictature du prolétariat » (et contre le futur « grand service public laïc de l'éducation ») :

« Gardez-vous de ceux qui disent : Liberté, Liberté, et qui la détruisent par leurs œuvres.

« Est-ce vous qui choisissez ceux qui vous gouvernent, qui vous commandent de faire ceci et de ne pas faire cela, qui imposent vos biens, votre industrie, votre travail ? Et si ce n'est pas vous, comment êtes-vous libres ?

« Pouvez-vous exercer votre culte sans gêne, adorer Dieu et le servir publiquement selon votre conscience ? Et si vous ne le pouvez pas, comment êtes-vous libres ?

« Pouvez-vous disposer de vos enfants comme vous l'entendez, confier à qui vous plaît le soin de les instruire et de former leurs mœurs ? Et si vous ne le pouvez pas, comment êtes-vous libres ? » (*Paroles d'un croyant*, XX).

Cependant, après la condamnation romaine, et surtout à partir des années 1840, Lamennais va durcir ses positions jusqu'à l'intransigeance. Il va s'opposer violemment à l'Église, rejeter tout

---

1. Que ce soit le patron capitaliste, ou, tout aussi bien, le syndicat, la classe, le Parti, l'État.

2. C'est la doctrine de saint Augustin, cf. *HIPAMA*, p. 528-529.

establishment social, pratiquer l'invective et une sorte de haine sombre et pessimiste, comportements qui reflètent la pathologie de son caractère plus qu'ils ne sont impliqués par la lettre de sa doctrine. Aussi le libéralisme catholique continue-t-il sans lui.

3) *Lacordaire*[1]

Tous deux d'abord disciples enthousiastes de Lamennais et membres de l'équipe fondatrice de *L'Avenir,* Lacordaire et Montalembert prennent vite leurs distances.

Henri Lacordaire (1802-1861), prédicateur d'exception qui enthousiasme la jeunesse au collège Stanislas et un vaste public à Notre-Dame, est le prêtre qui a réintroduit en France l'ordre dominicain (1843). Il ouvre, illégalement, la première école libre de France, entamant ainsi la longue marche qui va conduire à la loi Falloux de 1850. Dans les deux cas, il agit au nom des principes de 1789. La liberté est le droit commun, et le catholicisme doit pouvoir en bénéficier. De même, il estime que la forme du régime politique doit pouvoir être choisie librement par le peuple. La cause de l'Évangile et celle de la monarchie doivent être disjointes. Aussi Lacordaire acceptera-t-il la Révolution de 1848 et sera-t-il même élu député (à Marseille). Il est, en ce sens, l'un des fondateurs de la « démocratie chrétienne », position réellement novatrice à cette époque où la République et l'Église reprennent et aggravent leur lutte séculaire et où le clergé, en majorité, affirmant son attachement à la vieille société d'ordres et au maintien des liens organiques traditionnels entre l'Église et l'État, s'apprête à se rallier au Second Empire.

Les principes de cette démocratie chrétienne sont exposés dans un nouveau périodique, *L'Ère nouvelle,* auquel participent, outre Lacordaire, Frédéric Ozanam, l'abbé Maret, Charles de Coux, Charles de Sainte-Foi, Lorain de Labaume, Frédéric Arnaud, Henri Feugueray (proche de Buchez, cf. *infra,* p. 900), l'abbé Chéruel et d'autres. Le journal demande la liberté d'enseignement, la liberté d'association. Il ne condamne pas, comme certains autres libéraux, l'existence même d'une école d'État (l'Université)[2], mais il n'admet pas son monopole. Sous l'influence de Maret, lui-même influencé par Buchez, il admet le principe d'une certaine redistribution des richesses par l'État.

Frédéric Ozanam (1813-1853), un des fondateurs de la Société Saint-Vincent-de-Paul, est si bien pénétré des principes d'un républicanisme chrétien que, après le coup d'État de Louis-Napoléon Bonaparte, il pourra

---

1. Cf. José Cabanis, *Lacordaire et quelques autres*, Gallimard, 1982 ; Henri-Dominique Lacordaire, *La liberté de parole évangélique*, textes choisis et présentés par André Duval et Jean-Pierre Jossua, Cerf, 1996.
2. D'ailleurs Maret est doyen de la Faculté de théologie de Paris qui appartient à l'Université.

écrire ces phrases « prophétiques » : « La République peut périr par la faute de
ses défenseurs et par l'habileté de ses adversaires. Mais la démocratie est maîtresse et, sous toutes les formes politiques, elle poursuivra ses progrès ; elle finira
par prendre la forme républicaine qui est la plus naturelle et la plus sincère »
(cité par Prélot-Lescuyer, p. 587-588). Le pape Léon XIII, qui préconisera,
en 1893, que les catholiques français se « rallient » à la République plutôt que de
rester dans une stérile opposition monarchique, donnera finalement raison à
Ozanam.

4) Montalembert[1]

Charles de Montalembert (1810-1870), issu d'une grande famille aristocratique, est élevé d'abord en Angleterre (où son père avait émigré et avait épousé
une Écossaise protestante) et voyage également en Suède avant de s'installer
définitivement en France. Il est entraîné vers l'action politique par Lamennais,
puis, après l'encyclique Mirari vos par laquelle, en 1832, le pape Grégoire XVI
condamne le catholicisme libéral, se soumet à la décision de Rome. À la mort
de son père, alors qu'il a 22 ans, il devient pair de France : son premier acte à la
Chambre des pairs sera de défendre la liberté de l'enseignement lors du procès
intenté à l'école illégale de Lacordaire. Il est élu député à la Constituante
en 1848, puis – à la différence de Lacordaire, d'Ozanam et a fortiori de Lamennais – il se rallie à l'Empire, par rapport auquel, cependant, il reprend rapidement ses distances (il est membre du Conseil législatif jusqu'en 1857). Il devient
le directeur du journal du catholicisme libéral, le nouveau Correspondant. Montalembert est l'auteur d'une œuvre importante, dont on peut détacher l'Histoire
de sainte Élisabeth (1836), Les Intérêts catholiques au XIXᵉ siècle (1852), et une
monumentale histoire du mouvement monastique, Les Moines d'Occident depuis
saint Benoît jusqu'à saint Bernard (1860-1867).

Montalembert croit en l'alliance de la liberté et du catholicisme.
Dans les Intérêts catholiques au XIXᵉ siècle, il écrit, contre les catholiques
ralliés à l'Empire :

« L'absolutisme est, de tous les gouvernements, celui qui a toujours exposé
l'Église aux plus grands dangers... On reproche au régime parlementaire
d'avoir laissé gouverner la France par des députés. Mais la France gouvernée
par des sous-préfets en vaudra-t-elle mieux ? Au moins, ce gouvernement des
députés était contenu, éclairé par mille forces pour ainsi dire collatérales, par
leurs électeurs, leurs compétiteurs et leurs successeurs, et surtout par leur
inexorable publicité. Qui contiendra, qui éclairera le gouvernement des
sous-préfets ? »
« Sous le gouvernement libéral, l'Église ne domine pas dans l'ordre politique, et cette domination n'est ni dans ses vœux ni dans son intérêt ; mais elle a
ce qui vaut mille fois mieux que le pouvoir, elle a des droits. Les catholiques ne

---

1. D'après Bernard Cattanéo, Montalembert, un catholique en politique, CLD (Cham-
bray-les-Tours), 1990.

sont pas les maîtres : ils sont obligés de compter avec beaucoup de monde ; mais, en revanche, on compte avec eux ; et ce qui vaut mille fois mieux, ils apprennent à compter un peu sur eux-mêmes. À la longue, comme ce qu'ils réclament est à la fois légitime et sensé, ils finissent par avoir le dessus. Mais il faut savoir discuter, raisonner, combattre, attendre, user à la fois de courage et de patience, tenir tête à de redoutables adversaires... » (cité par Prélot-Lescuyer, p. 590).

Aujourd'hui, étant donné que les structures féodales – villes franches, provinces, corporations – tendent à disparaître, le pouvoir d'État ne peut être contenu dans de justes limites que grâce au parlementarisme, qu'il faut donc accepter.

Ces idées sont diffusées par *Le Correspondant,* dont Montalembert prend la direction en 1855. Collaborent à ce journal des personnalités comme Falloux[1], Albert de Broglie[2], Mgr Dupanloup[3], de Foisset, Augustin Cochin[4], toutes personnalités proches de l'orléanisme. La revue combat l'Empire et sa politique romaine, mais aussi les ultramontains français.

L'opposition à l'Empire est jugée suffisamment dangereuse par le pouvoir pour qu'un éloge du parlementarisme britannique par Montalembert (dans un article de 1858 intitulé « Un débat sur l'Inde au Parlement anglais ») vaille à celui-ci une condamnation à six mois de prison.

L'opposition à l'ultramontanisme, cette fois, vaut à Montalembert, en 1863, sous la forme d'un « blâme secret » transmis par le cardinal secrétaire d'État, une sévère condamnation pontificale. Le pape Pie IX ne s'en tiendra pas là puisqu'il publiera, en 1864, l'encyclique *Quanta Cura* suivie du fameux *Syllabus,* condamnation solennelle par Rome de tout libéralisme, tant politique que théologique et intellectuel[5].

---

1. Le comte Frédéric-Albert de Falloux (1811-1886) a été, comme ministre de l'Instruction publique sous la IIe République, l'auteur de la fameuse loi libérant l'enseignement secondaire du monopole étatique décrété par Napoléon. Il avait été élu député dès 1846, puis de nouveau à l'Assemblée constituante de 1848. Il sera dans l'opposition pendant toute la durée de l'Empire. Il est l'auteur des *Mémoires d'un royaliste* (1888).
2. Le duc Albert de Broglie (1821-1901) est le fils de Victor de Broglie (cf. *supra,* p. 595). Il sera président du Conseil au début de la IIIe République. Il est l'auteur de nombreux ouvrages historiques.
3. Mgr Dupanloup (1802-1878) est lui aussi un artisan de la liberté scolaire, puisqu'il a joué un grand rôle lors de la préparation de la loi Falloux, mais aussi de la loi de 1875 libérant l'enseignement supérieur. Sur le plan religieux, il est le grand adversaire de l'ultramontain Louis Veuillot et de son journal *L'Univers.*
4. Augustin Cochin (1823-1872), journaliste et administrateur, est le père de Denys Cochin, qui fut député de 1893 à 1919 et plusieurs fois ministre sous la IIIe République, et le grand-père d'un autre Augustin Cochin (1876-1916), historien (critique) de la Révolution.
5. La publication de ces textes fut une véritable catastrophe pour les catholiques libéraux. En Angleterre, nous avons vu l'effet que cette évolution de l'Église romaine produisit sur un Lord Acton. La crise fut un peu atténuée en France par l'interprétation concilia-

Les catholiques libéraux se rapprochent du régime impérial lors de la phase libérale de celui-ci, avec le ministère d'Émile Ollivier (janvier-août 1870). À cette date, Albert de Broglie peut enfin publier un livre de son père Victor, qui avait été saisi par la police en 1861, les *Vues sur le gouvernement de la France.* Albert de Broglie est au confluent de trois courants libéraux français du XIXᵉ siècle : le libéralisme classique issu de la tradition encyclopédique et des auteurs anglo-saxons, transmis par l'école de Coppet (rappelons que le duc est le petit-fils de Mme de Staël), le libéralisme catholique du *Correspondant,* le nouveau libéralisme de Laboulaye et de Prévost-Paradol, qui, précisément, adhèrent eux aussi au même moment au « Tiers parti » d'Émile Ollivier[1].

À citer également, parmi ces orléanistes qui analysent les institutions politiques et veulent débarrasser les institutions françaises de leurs structures absolutistes et jacobines : Charles de Rémusat, auteur de la *Politique libérale, ou fragments pour servir à la défense de la Révolution française* (1860)[2].

F / Les « économistes » : Say, Comte, Dunoyer, Bastiat, Molinari

Les libéraux cités depuis le début de ce chapitre sont des hommes politiques ou des penseurs du politique. Mais, simultanément, en France comme en Angleterre, la science économique a continué à s'affirmer et à produire des thèses directement ou indirectement favorables à la démocratie libérale. Pendant la période révolutionnaire, la tradition physiocratique s'est perpétuée par Condorcet, Rœderer, Dupont de Nemours[3]. Des discussions sur les thèses des

---

trice que Mgr Dupanloup donna de l'encyclique. Mais celle-ci avait été approuvée par des centaines d'évêques. Le divorce de l'Église romaine avec le monde moderne était consommé pour longtemps. Désormais, « catholique » voudrait dire, le plus souvent, « réactionnaire », voire « obscurantiste ». D'autant que l'antilibéralisme économique et social de ce catholicisme réactionnaire sera renforcé par le successeur de Pie IX, Léon XIII, auteur de l'encyclique *Rerum novarum* qui fixera la « doctrine sociale de l'Église » sur des bases corporatistes (cf. *infra,* p. 1093). Du corporatisme au syndicalisme et à un socialisme qui serait « à visage humain », le glissement sera ensuite facile. De sorte que, depuis cette date jusqu'à aujourd'hui, les catholiques libéraux, sans cesser d'exister, ont toujours été bien isolés en France.

1. Émile Ollivier (1825-1913) avait fondé le « Tiers parti » dès 1863 (les deux autres partis étant le bonapartisme et le républicanisme). Sur Laboulaye et Prévost-Paradol, cf. *infra.*

2. Charles de Rémusat (1797-1875), collaborateur du *Courrier* et du *Globe,* a été député libéral tout au long de la monarchie de Juillet, ministre du gouvernement Thiers, rallié à la IIᵉ République, dans l'opposition (et même proscrit) sous l'Empire, puis, sous la IIIᵉ République, ministre des Affaires étrangères, toujours auprès de Thiers (1871-1873). Il a participé à la rédaction des lois constitutionnelles de 1875 (la « Constitution » de la IIIᵉ République).

3. Cf. Gilbert Faccarello et Philippe Steiner (dir.), *La pensée économique pendant la Révolution française,* Presses Universitaires de Grenoble, 1990.

« économistes » ont eu lieu dans les cercles proches des Idéologues, de l'école de Coppet et des Doctrinaires. Un grand nom se dégage en cette période, celui de *Jean-Baptiste Say*.

1) *Say*[1]

Jean-Baptiste Say (1767-1832) est issu d'une famille protestante de Nantes. Il est le frère du Léon Say qui devait fonder la célèbre industrie sucrière. Il devient commis de banque, puis séjourne en Angleterre. En 1787, il est à Paris. Il découvre la pensée d'Adam Smith. Au début de la Révolution, il se passionne pour les questions politiques et économiques et fréquente les Idéologues et Sieyès. Il sera membre du Conseil des Cinq-Cents puis du Tribunat, dont il sera écarté (comme Benjamin Constant et pour les mêmes raisons) en 1804, après avoir publié son *Traité d'économie politique* (1803). Il crée alors une entreprise industrielle de textile, qui semble avoir employé plus de 400 ouvriers et avoir été prospère. Après la chute de l'Empire, il se consacre à nouveau à la science. Il enseigne à l'Athénée, un des « temples » du libéralisme d'alors (Constant y fera sa célèbre conférence sur « la Liberté des anciens et des modernes », cf. *infra*, p. 665 sq.), mais institution marginale, puis au Conservatoire des Arts et Métiers et à l'École supérieure de Commerce de Paris que Vital-Roux et Adolphe Blanqui ont fondée en 1819. Ce n'est que sous la monarchie de Juillet qu'il pourra être nommé professeur au Collège de France. Mais il meurt en 1832. Il a publié de nouvelles éditions du *Traité* (1814, 1819, 1826), un *Catéchisme d'économie politique* (1815) et un *Cours complet d'économie politique* (1828-1829).

Say est le plus grand économiste français du groupe (où les Anglais sont majoritaires) des économistes dits « classiques ». Admirateur de Smith, mais aussi héritier de la tradition physiocratique, il défend les principes de l'économie de marché. Il définit la valeur, non par le travail comme Smith et Ricardo, mais par l'utilité. L'économie est essentiellement un réseau d'échanges entre producteurs et consommateurs (qui sont aussi des producteurs). Dans ce processus d'échanges, la monnaie est essentiellement neutre : « Les produits achètent des produits. » Ce dont un pays a besoin, par conséquent, ce n'est pas d'argent, c'est de production. D'où la fameuse « loi des débouchés » : dès qu'un bien est produit, il engendre sa propre demande. En effet, pour le produire, le producteur a dû payer des ouvriers, se payer lui-même, acheter des matiè-

1. Cf. Jean-Baptiste Say, *Cours d'économie politique et autres essais*, présentation, chronologie, bibliographie par Philippe Steiner, Garnier-Flammarion, 1996 ; Alain Béraud, « Ricardo, Malthus, Say et les controverses de la "seconde génération" », *in* Alain Béraud et Gilbert Faccarello (dir.), *Nouvelle histoire de la pensée économique*, t. 1, La Découverte, 1992.

res premières. Il a donc mis dans la main de ces divers fournisseurs un pouvoir d'achat qui permettra, par ces intermédiaires que sont tous les autres partenaires de l'échange économique, d'acheter le produit pour sa valeur exacte. L'accent est donc mis sur ce qu'on appellera plus tard, par contraste avec l'économie de la demande de type keynésien, une « économie de l'offre » : « La demande des produits est en général d'autant plus vive que la production est plus active. » Ce qui compte, c'est que tout le monde produise intensément et que les échanges soient sûrs, et alors la croissance s'auto-entretiendra.

« On ne devrait pas dire : la vente ne va pas, parce que l'argent est rare, mais parce que les autres produits le sont. [...] Un marchand, placé dans une ville industrieuse et riche, vend pour des sommes bien plus considérables que celui qui habite un canton pauvre où dominent l'insouciance et la paresse. La raison en est simple : il est entouré de gens qui produisent beaucoup dans une multitude de genres, et qui font des achats avec ce qu'ils ont produit. [...] Une ville entourée de riches campagnes y trouve de nombreux et riches acheteurs, et dans le voisinage d'une ville opulente, les produits de la campagne ont bien plus de valeur » *(Traité)*.

Mais si les échanges doivent être libres et fluides, il faut bannir tout ce qui peut enrayer ce mécanisme. Le plus dangereux, à cet égard est l'intervention intempestive de l'État dans l'économie.

La manufacture des Gobelins coûte plus qu'elle ne rapporte par ses ventes. La différence est fournie par l'impôt, mais cet impôt enlevé aux citoyens est autant qui ne nourrira pas le circuit normal des échanges[1]. D'autre part, en usant de la contrainte et de l'impôt, l'État, lorsqu'il intervient dans l'économie, peut fournir des biens à un prix inférieur à celui qu'aurait pu proposer un entrepreneur privé, ou inversement, s'il s'arroge un monopole, vendre à un prix supérieur à celui auquel aurait vendu un entrepreneur privé. L'intervention de l'État dérègle ainsi la structure des prix relatifs et nuit à l'équilibre naturel des échanges. Par conséquent, l'État doit s'abstenir de participer à la production, même lorsqu'il s'agit de biens prétendument sensibles, par exemple des armes, des vaisseaux de guerre, de la poudre à canon : en Angleterre, l'État se fournit de ces produits, au meilleur prix, auprès d'entrepreneurs privés. Ceux-ci, en effet, gèrent bien plus rationnellement leurs entreprises.

En revanche, l'État devra créer des conditions favorables au marché en offrant des services publics que le marché lui-même ne peut fournir, c'est-à-dire essentiellement, pour Say, les infrastructures de communication et de transport, mais aussi la recherche scien-

---

1. Say a même montré que, comme le dira la formule ultérieure « l'impôt tue l'impôt », une taxation trop grande pèse sur la production et donc, à taux de taxation égal, diminue les recettes fiscales.

tifique et technique, et la diffusion de l'information par les académies, les bibliothèques, les écoles publiques...

Mais le rôle absolument premier de l'État, « c'est de pourvoir à la sûreté des personnes et des propriétés ».

Say justifie donc les institutions de la démocratie libérale issues de 1789 par des raisons économiques, dans la ligne des libéraux des Lumières, les physiocrates, Turgot. Destutt de Tracy l'a lu attentivement.

L'œuvre de Say se prolonge avec celle de son disciple Adolphe Blanqui, auteur d'un *Précis élémentaire d'économie politique* (1826) et d'une *Histoire de l'économie politique en Europe depuis les Anciens jusqu'à nos jours* (1837), qui connaîtra encore une cinquième édition en 1882[1]. Nous avons vu qu'Adolphe Blanqui est également le fondateur, avec Vital-Roux, de l'École supérieure de commerce de Paris (alors dénommée « École spéciale de Commerce »). Cette école, la première école de commerce d'Europe, visait à donner ses cadres à l'économie de marché en train de s'instaurer sous la Restauration puis la monarchie de Juillet. Les premières promotions de l'École allèrent suivre les cours de Jean-Baptiste Say au Conservatoire des Arts et Métiers jusqu'à ce qu'une chaire d'économie fût fondée au sein même de l'École (le premier titulaire en fut Adolphe Blanqui lui-même). Les idées libérales se répandaient donc aussi par cet intermédiaire.

2) *Dunoyer et Comte. Le* Journal des économistes

Dans le prolongement de Say, deux autres noms sont à citer, Comte et Dunoyer[2].

Charles Comte (cousin d'Auguste Comte et gendre de Say), né en 1782, Charles Dunoyer, né en 1786, ont une vingtaine d'années au début de l'Empire. Comme une grande partie de leur génération, ils ont une perception négative de la Terreur et du jacobinisme ; ils s'intéressent aux idées de Condorcet, des girondins, des Idéologues, et, en faisant leurs études de droit, ils découvrent les penseurs du droit naturel, Grotius, Locke. Ils fréquentent le salon de Destutt de Tracy, suivent les cours de Say à l'Athénée, lisent passionnément Benjamin Constant. À partir de 1810, ils éditent *Le Censeur européen* qui milite pour la liberté d'expression, de la presse, des cultes, l'indépendance de la justice, et pour l'établissement d'un régime constitutionnel véritable. À partir de 1817, ils prennent leurs distances avec les Doctrinaires. En effet, influencés par Say, mais aussi par Saint-Simon, dont ils connaissent la pensée par l'intermédiaire d'Augustin Thierry, le secrétaire du patriarche (qui sera bientôt remplacé à ce

---

1. Adolphe Blanqui est membre d'une famille idéologiquement divisée, puisque son frère n'est autre que le fameux communiste Auguste Blanqui (cf. *infra*, p. 906-907).
2. Cf. Henri Lepage, « Redécouvrir les libéraux de la Restauration : Comte et Dunoyer », *in* Alain Madelin (dir.), *Aux sources du modèle libéral français*, Perrin, 1997.

poste par Auguste Comte), ils prennent conscience de ce que le devenir des sociétés européennnes n'est pas déterminé seulement par les réformes politiques, auxquelles s'intéressent exclusivement les libéraux de la Restauration, mais aussi et plus encore par la naissance de l' « industrialisme », entendons le développement économique. C'est ce développement qui affranchira peu à peu les mentalités et rendra le peuple capable d'assumer pleinement la démocratie politique. Or le développement économique suppose l'abandon des contraintes mercantilistes que l'État fait peser sur la société. Comte et Dunoyer sont allés jusqu'à imaginer une société sans État.

La période 1840-1850 est marquée par la publication du *Journal des économistes* où s'expriment les libéraux, parmi lesquels un météore, penseur aussi profond que son passage dans la vie intellectuelle est rapide, *Frédéric Bastiat* (cf. le § 3 ci-dessous).

Il est à noter qu'ensuite l'école libérale domine un certain temps encore la scène. Ce sont des hommes de cette école qui occupent les chaires du Collège de France après Say (Rossi, Michel Chevalier, H. Baudrillart, Paul Leroy-Beaulieu, préféré en 1879 à Léon Walras) ou sont élus à l'Académie des Sciences morales et politiques.

G / La face libérale de l'idéologie républicaine

Il convient de s'interroger sur le mouvement idéologique complexe qui a abouti à la création de la IIIe République. En effet, on peut dire que c'est ce régime qui a soit définitivement consolidé, soit créé l'essentiel des institutions démocratiques et libérales sur lesquelles la France a vécu pendant plus d'un siècle : parlementarisme, bicamérisme, responsabilité ministérielle, élections libres et régulières à tous les niveaux (en particulier à celui des collectivités locales), neutralité de la justice et de l'administration, économie de marché, libertés religieuses, liberté de la presse, libertés académiques... En réalité, ces institutions ont commencé à être établies avant même le début de la IIIe République, sous l' « Empire libéral ». Puis l'œuvre des proches d'Émile Ollivier a été poursuivie par les modérés (parmi lesquels une bonne moitié d'orléanistes) qui ont dirigé le pays de 1870 à 1879. Enfin les républicains dits « opportunistes », à partir de 1879 (date à laquelle ils eurent la majorité au Sénat), réalisèrent systématiquement le « programme de Belleville » annoncé par Gambetta dès 1869. Par la suite, il est vrai, la IIIe République devait connaître des évolutions beaucoup moins libérales, d'abord sous la République « radicale » à partir de 1898, puis sous le Cartel des gauches en 1924 et le Front populaire en 1936. Il n'en demeure pas moins que la IIIe République a été, pour l'essentiel, une démocratie libérale, et la question est donc, pour nous, d'identifier les sources idéologiques auxquelles les fondateurs de la IIIe République ont puisé leurs principes d'action.

Il y en a eu plusieurs. D'abord les traditions dont l'orléanisme était lui-même précédemment vecteur : la philosophie du XVIIIe siècle, les idées des divers groupes mentionnés ci-dessus, des Idéologues et de l'école de Coppet au catholicisme libéral et aux « économistes ». Ces traditions furent régénérées et synthétisées, dans les années 1860 et 1870, par deux auteurs peu connus mais fort intéressants, *Édouard Laboulaye* et *Anatole Prévost-Paradol*. Mais il y a des sources plus spécifiquement républicaines, comme la pensée du personnel politique de la IIe République, dont il convient de détacher *Lamartine*. Enfin la génération républicaine des années 1870 et 1880, qui s'était formée sous le Second Empire et avait à son tour puisé dans les grands courants libéraux (Jules Ferry a lu attentivement Adam Smith et John Stuart Mill[1]), s'est également nourrie de deux courants idéologiques nouveaux, le *positivisme* et le *kantisme républicain*.

1) *Lamartine*

Alphonse de Lamartine (1790-1869) n'est pas seulement le grand poète romantique français que l'on sait, mais il a été aussi un homme politique et un auteur politique. Il est député de 1833 à 1851, de plus en plus opposé au gouvernement de Louis-Philippe. Sous la IIe République, il est membre du gouvernement provisoire et ministre des Affaires étrangères, puis candidat malheureux à la présidence. Il continuera à prôner une république démocratique dans le mensuel *Le Conseiller du peuple* (1849-1851), puis il sera dans l'opposition sous le Second Empire. Son *Histoire des Girondins* (1847), qui est un grand succès au moment de sa parution, marque bien la filiation qu'il revendique et le type de république auquel il aspire[2].

La société démocratique est pour Lamartine « la plus belle œuvre de la raison depuis l'Évangile » (*Discours au peuple à l'occasion de l'inauguration de la Constitution de 1848,* cité par Prélot-Lescuyer, p. 569). Se détournant du catholicisme contre-révolutionnaire, surtout après l'encyclique *Mirari vos* de 1832, Lamartine n'en estime pas moins que la société démocratique réalise les idéaux mêmes de l'Évangile :

« Cette époque pourra s'appeler l'époque évangélique, car elle ne sera que la déduction logique, que la réalisation sociale du sublime principe déposé dans

---

1. Cf. Jean-Michel Gaillard, *Jules Ferry*, Fayard, 1989. De 1855 à 1862, Ferry étudie l'histoire et les théories économiques en France et en Angleterre du XVIIe au XIXe siècles. « Stuart Mill, un des maîtres favoris de ma pensée », a dit Ferry.

2. Cf. Alphonse de Lamartine, *Histoire des Girondins*, Introduction et notes de Jean-Pierre Jacques, 2 t., Plon, 1984.

le livre divin comme dans la nature même de l'humanité, de l'égalité et de la dignité morales de l'homme, reconnues enfin dans le code des sociétés civiles » (*Sur la politique rationnelle*, 1831, cité par Prélot-Lescuyer, *ibid.*).

En juin 1831, Lamartine se présente aux élections législatives. Il veut « que le pouvoir ne soit que le moyen et que la liberté soit le but de tout gouvernement ». Dès lors que la souveraineté populaire est reconnue, peu importe qu'elle s'incarne dans une monarchie ou une République, et puisqu'un nouveau monarque vient d'être investi, pourquoi pas lui ? Il suffit que le peuple puisse, le cas échéant, en changer. En septembre de la même année, Lamartine précise ses idées dans *Politique rationnelle*.

Que la politique soit « rationnelle » veut dire qu'elle doit se dégager de la vieille fidélité légitimiste, attachée au seul passé – il faut construire le présent et l'avenir – et aussi de l'utopisme rousseauiste des révolutionnaires. Le principe du pouvoir sera le consentement, fruit, lui-même, de la libre discussion suivie d'élections. Cela implique d'une part un large droit de suffrage (universel, mais à plusieurs degrés, ou avec diverses pondérations : Lamartine proposera même le suffrage familial), d'autre part le caractère électif de toutes les fonctions (c'est pourquoi l'idée d'une pairie héréditaire ne lui convient pas), y compris au plan local. Il est partisan, par souci d'efficacité, d'une centralisation administrative, mais, en revanche, l'administration sera commandée par un pouvoir politique à plusieurs voix. Lamartine est partisan de la diffusion de l'enseignement et de sa gratuité, mais il est, comme Montalembert et ses proches, l'adversaire du monopole universitaire napoléonien : le système d'enseignement sera libre et pluraliste, séparé de l'État. Ce sera également le cas de l'Église. En réalité, l'État n'a pas le droit d'exercer de magistère intellectuel. Lamartine est bien en ce sens un libéral, et il refuse qu'on appelle sa position « démocratique », car le régime qu'il appelle de ses vœux ne sera nullement une tyrannie de la multitude, et « démocratie » est un mot « souillé, ensanglanté récemment parmi nous dans les Saturnales de la Révolution française ».

2) *Le positivisme*

Lorsque Auguste Comte, disciple dissident de Saint-Simon, énonce sa fameuse « loi des trois états » selon laquelle l'humanité passe successivement par l'état théologique, l'état métaphysique et l'état positif, cette nouvelle foi scientiste séduit bien des milieux. Elle consonne, dans une certaine mesure, avec la philosophie des Idéologues, avec celle des hommes qui ont fondé l'Institut et celle des autres libéraux, milieux où l'on croit au progrès, aux vertus de l'éducation, à la possibilité d'une science sociale positive (celle même à laquelle Comte donne son nom, la « sociologie ») et à l'idéal d'une politique rationnelle. La devise de la « politique positive » comtienne, « Ordre et Progrès », n'a rien, en soi, qui puisse choquer les libéraux de l'école de Benjamin Constant, qui croient précisément à l'un et à l'autre des termes de la devise.

Pourtant, il apparaît rapidement que l' « ordre » social prôné par Comte n'est pas l'ordre polycentrique des libéraux, mais le même type d'ordre que celui prôné par Saint-Simon, à savoir un ordre centralisé et hiérarchisé, autoritairement mis en œuvre par une élite restreinte disposant sur les autres catégories sociales d'un pouvoir d'État exorbitant, justifié en outre par une nouvelle religion fort peu rationnelle, la « religion positive ». Il apparaît que, pour Comte, la liberté individuelle, loin de coopérer à l'ordre social, est au contraire le principe même du désordre. Il en résulte un certain rapprochement des positivistes avec le Second Empire, accompagné d'une détente de leurs liens avec les républicains.

C'est pourquoi le positivisme a un statut ambigu dans le républicanisme français. Le jeune Jules Ferry étudie de près la philosophie positive, et Gambetta témoigne de l'influence sur lui des idées comtiennes lorsqu'il reproche à ses adversaires de ne tenir compte « ni des faits, ni des principes de l'économie sociale, ni des conquêtes de l'esprit d'examen, ni de celles de la science » (cité par Pierre Barral, *Les fondateurs de la IIIe République,* Armand Colin, 1968, p. 23). Néanmoins, le rapprochement même des comtiens avec le Second Empire éloigne les républicains du positivisme, d'autant qu'ils sont attirés, à cettte date, par une autre philosophie, aussi favorable à la science, mais de saveur plus républicaine.

3) *Le kantisme républicain*

La philosophie de Kant avait été accueillie avec enthousiasme en France dès l'époque révolutionnaire[1]. Puis il y avait eu, sous le Second Empire, une remarquable résurgence du kantisme, qui était le fait d'auteurs comme Jules Barni (traducteur de l'ensemble de l'œuvre de Kant), Étienne Vacherot (1809-1897, auteur de *La Démocratie,* 1859, et du *Nouveau spiritualisme,* 1884) ou Charles Renouvier (1815-1903, auteur des *Essais de critique générale,* 1851-1864, et de *La Science de la morale,* 1869)[2]. Ils mettaient en relief les idées républicaines du maître de Kœnigsberg, dont ils soulignaient à la fois le rationalisme critique, qui faisait de Kant un allié

---

1. Cf. François Azouvi, Dominique Bourel, *De Königsberg à Paris. La réception de Kant en France (1788-1804),* Vrin, 1991.
2. Cf. Marie-Claude Blais, *Au principe de la République. Le cas Renouvier,* Gallimard, 2000.

du progrès scientifique contre la droite, et le « personnalisme », ou l'accent mis sur la responsabilité éthique de l'individu humain, qui faisait de Kant un adversaire, aussi bien du socialisme naissant que de l'ordre autoritaire comtien.

Renouvier pouvait trouver dans la philosophie politique de Kant les germes d'une république « sociale » (cf. *supra*, p. 533-534). Mais il y trouvait aussi des contre-poisons à tout socialisme, étant donné l'anti-holisme de la philosophie kantienne et sa valorisation de la liberté individuelle et de la responsabilité morale.

Le kantisme donnait par ailleurs aux Républicains l'arme idéologique idéale sans laquelle ils n'auraient pu justifier leur lutte contre l'Église et leur promotion d'un enseignement laïc : l'idée qu'on pouvait fonder une authentique *morale laïque,* fondée sur la raison humaine et pouvant entièrement se passer d'une religion révélée ; que, en rejetant celle-ci, on ne tombait donc pas automatiquement, comme le disaient les adversaires de la République, dans le sensualisme, le matérialisme et le nihilisme moral. Cette morale kantienne sera, par la suite, une des bases de l'école de la République, qui tirera également du kantisme son relatif cosmopolitisme, son pacifisme et son progressisme.

Du coup, le kantisme républicain sera la bête noire des nationalistes comme Barrès. Les héros du roman de ce dernier, les *Déracinés* (cf. *infra,* p. 1177) ont tous été les élèves, au lycée de Nancy, d'un professeur de philosophie kantien et stigmatisé comme tel, Bouteiller. C'est ce professeur qui leur a fait perdre leurs « racines » en les convertissant à un humanisme abstrait, universaliste, cosmopolite, pacifiste, responsable – telle est la leçon de ce roman à thèse – des malheurs et dérives des jeunes gens, en attendant de l'être de ceux du pays.

4) *Prévost-Paradol et Laboulaye*

Il faut évoquer enfin deux penseurs du second tiers du siècle qui ont adhéré au « Tiers parti » d'Émile Ollivier. Héritant d'à peu près toutes les familles idéologiques démocratiques et libérales mentionnées dans ce chapitre, ils leur donnent, pour la première fois depuis les ouvrages de Constant, une expression synthétique. Nous consacrerons le § 4 ci-dessous à *Prévost-Paradol*. Disons un mot ici d'*Édouard Laboulaye*.

Édouard Laboulaye (1811-1883) étudie le droit (*Histoire de la propriété foncière,* 1837), puis, après un bref passage dans l'industrie, il devient avocat. Il est élu à l'Institut en 1844, et au Collège de France en 1849 (chaire d'Histoire des législations comparées). Il est l'auteur de nombreux ouvrages de théorie politique et juridique : *Recherches sur la condition civile et politique des femmes* (1843), *Essai sur les lois criminelles des Romains* (1845), *Paris en Amérique* (1863 ; il y marque son admiration pour le système américain, et reviendra sur le sujet dans son *Histoire politique des États-Unis*), *Le Parti libéral, son programme et son avenir* (1863), *L'État et ses limites* (1863) ; *La liberté antique et la liberté moderne* (brochure, 1863) ; *Questions constitutionnelles* (1872)[1].

Laboulaye est d'abord connu comme ayant été l'éditeur de Benjamin Constant. Il est, en outre, un spécialiste des États-Unis. Connaissant aussi l'Allemagne, il a étudié Humboldt[2], ainsi que l' « école historique » de Savigny, dont il utilise les travaux pour critiquer l'idée de « révolution », mais sans adhérer nullement, pour autant, à celle de « contre-révolution », puisque ce dont il s'agit de tenir compte, c'est de l'évolution culturelle et de l'ordre spontané, ignorés tout autant du fixisme contre-révolutionnaire que de l'artificialisme jacobin.

Dans *Le Parti libéral, son programme et son avenir*, Laboulaye entend faire œuvre de synthèse. Il est conscient que, de son temps, les principes fondateurs des démocraties libérales sont déjà classiques, puisqu'il dit exposer « le droit commun des États constitutionnels, le patrimoine commun de la civilisation », et présente son ouvrage comme n'étant « que le commentaire des principes politiques de 1789 »[3]. Il défend, dans la ligne de Benjamin Constant, la liberté individuelle, mais il pense qu'il faut, entre l'individu et l'État, des groupes intermédiaires, tant la coalition professionnelle que la collectivité locale, qui compléteront la justice par la solidarité ou « charité », mais qui auront un fondement associatif, c'est-à-dire libre et volontaire. Sur le plan politique, il donne des arguments originaux en faveur du suffrage universel (qui est instauré en France depuis 1848).

Ce n'est pas seulement une question d'égalité. Le suffrage universel doit être considéré dans sa dimension dynamique, et il a une vertu d'éducation politique. Le régime libéral sera dirigé par l'opinion publique, et celle-ci sera peu à peu instruite par la pratique du suffrage. Il y a là, certes, un risque de division, de rupture du consensus, mais cette division est irrémédiable et bonne en elle-même (Laboulaye plaide donc pour le *pluralisme* en tant que tel). C'est au contraire son opposé, l'uniformité de l'opinion, voulue par tous les régimes antérieurs, depuis l'absolutisme jusqu'à la Restauration en passant par la Con-

---

1. Cf. Édouard Laboulaye, *L'État et ses limites*, Centre de Philosophie politique et juridique, Université de Caen, 1992 (*reprint* de l'édition de 1863) ; *Questions constitutionnelles*, Centre de Philosophie politique et juridique, Université de Caen, 1993 (*reprint* de l'édition de 1872).

2. Qu'il cite au début de *L'État et ses limites* (le titre même est inspiré de Humboldt), ainsi que le *On Liberty* de John Stuart Mill. La tradition libérale est bien établie à cette date.

3. Textes cités par Pierre Bouretz, art. « Laboulaye. Le Parti libéral », *in* F. Châtelet, O. Duhamel, E. Pisier, *Dictionnaire des œuvres politiques*, PUF, 1986.

vention (donc y compris un régime républicain), qui est dommageable. « Cette unité est le contraire de la liberté » et interdit le progrès et la vie même, puisque « le monde ne vit et n'avance que par la diversité des opinions » (cité par Bouretz, p. 613). Le suffrage universel est une « force toute-puissante » qui peut certes s'avérer dangereuse, et qu'on aimerait bien canaliser par le cens et autres restrictions. Ces garanties sont cependant illusoires. Ce qu'il faut, c'est donner au peuple l'éducation, et ensuite entretenir l'esprit public par la libre discussion, le débat contradictoire, la publicité de la vie politique à tous les niveaux. Or c'est le fait même de disposer du droit de suffrage qui donnera à chaque individu du peuple le désir de s'instruire et de comprendre les problèmes en profondeur.

Laboulaye, après s'être rallié, comme Prévost-Paradol, à l'Empire libéral, est élu député en 1871. Il plaide alors pour que la France adopte une constitution du même type que celle des États-Unis. Sénateur en 1875, il est l'un des principaux protagonistes des discussions parlementaires qui aboutiront aux « lois constitutionnelles » de 1875, fondant la IIIᵉ République sur des bases stables.

Après ce tableau d'ensemble de la pensée démocratique et libérale dans la France du XIXᵉ siècle, nous pouvons à présent nous arrêter sur trois penseurs particulièrement importants, *Constant, Bastiat* et *Prévost-Paradol*.

§ 2
Benjamin Constant

Benjamin Constant est le grand libéral de l'époque révolutionnaire et napoléonienne. Avec Mme de Staël, il est un des rares à s'être opposé par un travail doctrinal conséquent, et non pas seulement en pratique, aux monstruosités du jacobinisme et aux abus du bonapartisme. Il aura préparé les élites françaises à établir enfin, un siècle après l'Angleterre, le régime représentatif et l'État libéral dont les premières figures (ou approches) sont la Restauration, où Constant a joué un rôle politique actif, et la monarchie de Juillet, à l'avènement de laquelle il a directement contribué.

Vie[1]

Benjamin Constant naît à Lausanne en 1767, d'une famille de huguenots français émigrés dans ces contrées depuis le XVIIᵉ siècle. Orphelin de mère et suivant son père, militaire de carrière, dans divers lieux (Pays-Bas, Belgique,

---

1. D'après Tzvetan Todorov, *Benjamin Constant. La passion démocratique*, Hachette-Littératures, 1997.

Angleterre), il va avoir très vite une vie européenne. Il étudie à l'Université d'Édimbourg pendant deux ans (1783-1785), puis devient chambellan à la cour du duc de Brunswick (1788-1794). Marié puis séparé de sa femme, il rencontre en Suisse, en 1794, Germaine de Staël, avec qui il vit en Suisse et en France et dont il a une fille. Il écrit dès cette époque des textes politiques et participe à la vie politique française : il fréquente d'anciens Girondins. Il devient même membre du Tribunat après le 18 Brumaire (il y est proche du groupe des Idéologues), mais il en est écarté très vite par Bonaparte. Il suit Mme de Staël en Allemagne, mais il rompra avec elle. Il fait la connaissance de Goethe, de Schiller, des frères Schlegel, de Schelling et de Wieland. Il épouse une Allemande, Charlotte von Hardenberg, et vit avec elle en Allemagne jusqu'en 1814. C'est cette période d' « exil » qui est la plus féconde pour l'écrivain (cf. ci-dessous). Il collabore avec l'empereur pendant les Cent-Jours, puis repart en exil avec Charlotte à Londres, d'où il revient, définitivement cette fois, fin 1816. Il devient alors, sous la seconde Restauration, un des chefs de file de l'opposition libérale. Il est élu plusieurs fois député (il a acquis la nationalité française) et joue un rôle important à la Chambre. Il contribue à l'avènement de la monarchie de Juillet, mais meurt dès décembre 1830.

Œuvres[1]

Constant est l'auteur d'œuvres littéraires : des romans, *Cécile, Adolphe* (1816), un récit autobiographique, *Le Cahier rouge,* des *Journaux intimes,* une riche *Correspondance.* Son œuvre politique n'est pas clairement structurée (ce qui a nui à son influence posthume, alors qu'il avait joui, de son vivant, d'une grande notoriété). La période de mise en forme de ses idées théoriques correspond aux premières années du siècle et à son exil allemand. C'est dans cette période que Constant écrit de nombreux manuscrits, organisés autour de deux projets de livres (qui ont été publiés récemment par les érudits) : *Fragments d'un ouvrage abandonné sur la possibilité d'une constitution républicaine dans un grand pays,* écrit entre Thermidor et l'avènement de l'Empire, et *Principes de politique applicables à tous les gouvernements représentatifs,* terminé en 1806. Les principaux ouvrages politiques publiés par Constant lui-même semblent être des compositions taillées dans ce matériau, sans rien de véritablement nouveau : *De l'esprit de conquête et de l'usurpation dans leurs rapports avec la civilisation européenne* (1814), *Réflexions sur les constitutions, la distribution des pouvoirs et les garanties dans une monarchie constitutionnelle* (1814), *Principes de politique* (1815), *De la liberté des anciens comparée à celle des modernes* (1819), *Cours de politique constitutionnelle* (1818-1819), *Mélanges de littérature et de politique* (1829). Constant aura publié aussi, entre-temps, les *Mémoires sur les Cent-Jours* (1820-1822) où il explique son attitude pendant cet épisode, ainsi que de nombreux articles et brochures, et deux tomes de *Discours de M. Benjamin Constant à la Chambre des députés*

1. D'après Benjamin Constant, *Écrits politiques,* textes choisis, présentés et annotés par Marcel Gauchet, Gallimard, coll. « Folio-Essais », 1997 ; *Principes de politique,* éd. moderne de Hofman, Hachette, coll. « Pluriel » (1997). Voir aussi *Œuvres* dans la Pléiade. Les *Œuvres complètes* sont publiées par l'Institut Benjamin-Constant de l'Université de Lausanne, Niemeyer, Tübingen.

(1827-1828). Enfin, ayant été influencé par le piétisme, il consacrera la fin de sa vie à la rédaction d'un grand ouvrage sur la religion, *De la religion considérée dans sa source, ses formes et ses développements* (cinq volumes, de 1824 à 1830).

Nous allons présenter en détail, dans ce qui suit, les *Principes de politique* (I), *De l'esprit de conquête* (II) et *De la liberté des anciens comparée à celle des modernes* (III), ouvrages qui, tous ensemble, constituent une sorte de synthèse de la doctrine démocrate libérale.

I — LES PRINCIPES DE POLITIQUE

Les *Principes de politique* constituent un traité complet de philosophie politique.

Il est divisé en trois parties correspondant à trois niveaux de réflexion : le niveau préconstitutionnel, à savoir l'affirmation que la souveraineté populaire, pouvoir suprême de l'État, est limitée par les *droits de l'homme* (A) ; l'étage constitutionnel proprement dit, à savoir la question des pouvoirs *dans* l'État (face « démocratique » de la pensée de Constant) (B) ; enfin les libertés de la société civile (face « libérale » de cette pensée) (C).

A / La souveraineté. La critique de Rousseau

Constant affirme, d'une part, que tout régime légitime, et pas seulement la démocratie, repose sur la « souveraineté du peuple », puisque, dans les monarchies ou les aristocraties où le pouvoir souverain appartient formellement à un seul ou à quelques-uns, ce pouvoir ne pourrait s'installer dans la durée sans le consentement de tous. Les constitutions modernes, en affirmant formellement le dogme de la souveraineté populaire, n'ont fait qu'expliciter cette donnée implicite.

1) La souveraineté, même celle du peuple, est limitée

Cependant, Constant voit très bien que, de ce que le pouvoir du peuple est le pouvoir *suprême,* il ne s'ensuit nullement que ce soit un pouvoir *illimité.* Le peuple a le pouvoir suprême dans l'État, mais il ne peut avoir plus de pouvoir sur les hommes que n'en a légitimement l'État lui-même. Toutes les horreurs de la Révolution, et des autres régimes despotiques de l'Histoire, viennent de ce qu'on a méconnu ce principe.

« Lorsqu'on établit que la souveraineté du peuple est illimitée, on crée et on jette au hasard dans la société humaine un degré de pouvoir trop grand par lui-même, et qui est un mal *en quelques mains qu'on le place* » (*Principes de politique,* p. 311, n.s.)[1].

Qui que ce soit qui le détienne, le pouvoir d'État ne peut faire certaines choses. Ce n'est donc pas parce que la *source* du pouvoir est particulièrement autorisée (par exemple des élections au suffrage universel, ou un plébiscite du peuple tout entier) que n'importe quel acte du pouvoir est légitime.

« L'universalité des citoyens est le souverain, dans ce sens que nul individu, nulle fraction, nulle association partielle ne peut s'arroger la souveraineté, si elle ne lui a pas été déléguée. Mais il ne s'ensuit pas que l'universalité des citoyens, ou ceux qui, par elle, sont investis de la souveraineté, puissent disposer souverainement de l'existence des individus. Il y a au contraire une partie de l'existence humaine qui, de nécessité, reste individuelle et indépendante, et qui est, de droit, en dehors de toute compétence sociale. La souveraineté n'existe que d'une manière limitée et relative. Au point où commencent l'indépendance et l'existence individuelle, s'arrête la juridiction de cette souveraineté. Si la société franchit cette ligne, elle se rend aussi coupable que le despote qui n'a pour titre que le glaive exterminateur ; la société ne peut excéder sa compétence sans être usurpatrice, la majorité sans être factieuse. L'assentiment de la majorité ne suffit nullement dans tous les cas pour légitimer ses actes ; il en existe que rien ne peut sanctionner ; lorsqu'une autorité quelconque commet des actes pareils, il importe peu de quelle source elle se dit émanée, il importe peu qu'elle se dise individu ou nation ; elle serait la nation entière, moins le citoyen qu'elle opprime, qu'elle n'en serait pas plus légitime. Rousseau a méconnu cette vérité, et son erreur a fait de son *Contrat social,* si souvent invoqué en faveur de la liberté, le plus terrible auxiliaire de tous les genres de despotisme[2] » (p. 312-313).

La souveraineté, qu'elle soit exercée par tous, quelques-uns, ou, comme chez Hobbes, un seul, n'est fondée à décider que ce qui est juste :

« Le souverain a le droit de punir, mais seulement les actions coupables ; il a le droit de faire la guerre, mais seulement lorsque la société est attaquée ; il a le droit de faire des lois, mais seulement quand ces lois sont nécessaires, et en tant qu'elles sont conformes à la justice. Il n'y a par conséquent rien d'absolu, rien d'arbitraire,

---

1. Nous citons l'édition Gauchet.
2. Constant est revenu à plusieurs reprises sur ce fondamental malentendu au sujet de Rousseau, qui a fait qu'on a été sensible à l'enthousiasme communicatif de ce pré-romantique, et aveugle à son inconsistance intellectuelle : « Rousseau avait le sentiment de la liberté, mais il n'en avait pas la théorie. » Il fut « un ami fougueux mais peu éclairé de la liberté » (Discours à la Chambre des députés en 1820, cité par Gauchet, p. 794). Voir notre chapitre sur Rousseau (*infra,* IIIe partie, chap. 3), où nous aurons l'occasion de confirmer ce jugement de Constant.

dans ces attributions. [...] Le peuple peut se dessaisir de cette autorité en faveur d'un seul homme ou d'un petit nombre ; mais leur pouvoir est borné comme celui du peuple qui les en a revêtus » (p. 316).

Et encore :

« La volonté de tout un peuple ne peut rendre juste ce qui est injuste. Les représentants d'une nation n'ont pas le droit de faire ce que la nation n'a pas le droit de faire elle-même » (p. 319).

2) *La tyrannie exercée par certains au nom du peuple*

La souveraineté populaire est particulièrement dangereuse en ce qu'elle *masque les responsabilités*. On fait au nom du « peuple » ce qui est en réalité la volonté de quelques-uns qui n'assument pas la responsabilité, ni ne prennent les risques, des souverains personnels, et qui font parler le « peuple » comme ils l'entendent.

« Lorsque la souveraineté n'est pas limitée, il n'y a nul moyen de mettre les individus à l'abri des gouvernements. C'est en vain que vous prétendez soumettre les gouvernements à la volonté générale. Ce sont toujours eux qui dictent cette volonté, et toutes les précautions deviennent illusoires. Le peuple, dit Rousseau, est souverain sous un rapport, et sujet sous un autre ; mais dans la pratique, ces deux rapports se confondent. Il est facile à l'autorité d'opprimer le peuple comme sujet, pour le forcer à manifester comme souverain la volonté qu'elle lui prescrit » (p. 316-317).

Le dogme de la souveraineté illimitée du peuple est aussi dangereux que celui du « droit divin » des rois, et en réalité beaucoup plus.

« Dès que la volonté générale peut tout, les représentants de cette volonté générale sont d'autant plus redoutables qu'ils ne se disent qu'instruments dociles de cette volonté prétendue, et qu'ils ont en main les moyens de force ou de séduction nécessaires pour en assurer la manifestation dans le sens qui leur convient. Ce qu'aucun tyran n'oserait faire en son propre nom, ceux-ci le légitiment par l'étendue sans bornes de l'autorité sociale. L'agrandissement d'attributions dont ils ont besoin, ils le demandent au propriétaire de cette autorité, au peuple, dont la toute-puissance n'est là que pour justifier leurs empiétements. [...] Les sophismes les plus grossiers des plus fougueux apôtres de la terreur, dans les conséquences les plus révoltantes, n'étaient que des conséquences parfaitement justes des principes de Rousseau. Le peuple qui peut tout est aussi dangereux, plus dangereux qu'un tyran, ou plutôt, il est certain que la tyrannie s'emparera du droit accordé au peuple. Elle n'aura besoin que de proclamer la toute-puissance de ce peuple en le menaçant, et de parler en son nom en lui imposant silence » (ajout de l'édition de 1818 des *Principes*, p. 795).

3) *Les droits individuels*

Constant fait une liste de ces droits que nulle souveraineté, même populaire, ne peut enfreindre, et par lesquels elle est donc limitée :

> « Les citoyens possèdent des droits individuels indépendants de toute autorité sociale ou politique, et toute autorité qui viole ces droits devient illégitime. Les droits des citoyens sont la liberté individuelle, la liberté religieuse, la liberté d'opinion, dans laquelle est comprise sa publicité, la jouissance de la propriété, la garantie contre tout arbitraire. Aucune autorité ne peut porter atteinte à ces droits sans déchirer son propre titre » (p. 317-318).

Les lois qui empiètent sur ces droits étant nulles et non avenues, *il est légitime de leur désobéir* :

> « Si la loi nous prescrivait de fouler aux pieds ou nos affections ou nos devoirs ; si, sous le prétexte d'un dévouement gigantesque et factice, pour ce qu'elle appellerait tour à tour monarchie ou république, elle nous interdisait la fidélité à nos amis malheureux ; si elle nous commandait la perfidie envers nos alliés, ou même la persécution contre des ennemis vaincus, [il ne faudrait pas commettre ces injustices et ces crimes]. Un devoir positif, général, sans restriction, toutes les fois qu'une loi paraît injuste, c'est de ne pas s'en rendre l'exécuteur. Cette force d'inertie n'entraîne ni bouleversements, ni révolutions, ni désordres. Rien ne justifie l'homme qui prête assistance à la loi qu'il croit inique. La terreur n'est pas une excuse plus valable que toutes les autres passions infâmes. Malheur à ces instruments zélés et dociles... agents infatigables de toutes les tyrannies... » (p. 318-319).

4) *Les bornes de la souveraineté*

Mais comment faire en sorte que le pouvoir souverain de l'État, quel qu'il soit, se tienne en deçà des bornes sus-dites ? Constant refuse la théorie faussement libérale de Montesquieu selon laquelle il suffirait, pour limiter le pouvoir, de le diviser et de faire s'*équilibrer* les différents pouvoirs les uns par les autres. Car cela n'empêchera pas la « somme totale » de ces pouvoirs de rester illimitée. Plus précisément, la solution de Montesquieu aboutit bien à ce que, *dans* l'État, aucun pouvoir ne soit despotique, mais nullement à ce que le pouvoir *de* l'État ne le soit pas.

Il est vrai, concède Constant, qu'il faudra procéder à une division des pouvoirs dans l'État, dont le principe sera de mettre sur pied une mécanique institutionnelle telle qu'il sera de l'intérêt bien compris de chaque pouvoir de ne pas empiéter sur les autres. Mais cela n'aura de sens qu'*après qu'on aura défini les pouvoirs de l'État lui-même* et que ces définitions auront rencontré un assentiment suffisamment large de l'opinion publique. Là sera la vraie garantie. Car,

« sans... exagérer l'influence de la vérité, l'on peut affirmer que lorsque de certains principes sont complètement et clairement démontrés, ils se servent en quelque sorte de garantie à eux-mêmes. Il se forme à l'égard de l'évidence, une opinion universelle qui bientôt est victorieuse » (p. 321).

Les droits seront donc, d'abord et avant tout, garantis par l' « opinion » ; ensuite seulement, si cette première condition est remplie, par la « balance des pouvoirs ». Ce qui place l'accent, et l'urgence, sur les questions d'*éducation* et de « *communication* » : liberté de l'école (et, singulièrement, inexistence d'une école monopolistique qui enseignerait les principes de la prétendue souveraineté illimitée de l'État), liberté de la presse, libertés dont Constant précisera plus loin les conditions d'exercice.

B / *Les pouvoirs* dans *l'État. La monarchie parlementaire*

Constant met au clair ici la doctrine qu'il a défendue toute sa vie, celle de la *monarchie constitutionnelle* et du *régime représentatif*[1].

1) *La monarchie constitutionnelle*

L'idée de base est qu'il faut, en tout régime politique, un pouvoir neutre, « un point fixe, inattaquable, dont les passions ne puissent s'approcher » (p. 332), et qui puisse arbitrer les conflits entre les autres pouvoirs. La meilleure formule sera un *roi héréditaire,* qui est en effet placé au-dessus des circonstances, puisqu'il est désigné par un mécanisme qui échappe à toute incertitude, à toute pression et à toute ambition.

Il faut impérativement « séparer la responsabilité d'avec la puissance ». Car si elles sont confondues, et qu'il y ait quelque chose qui n'aille pas

---

1. Constant va faire les plans d'une monarchie parlementaire idéale, mais il est bien conscient qu'en matière d'institutions, tout ne peut être construit *a priori* par la raison et qu'il faut laisser place au travail de l'expérience et du temps : « Tant qu'on n'a pas essayé d'une constitution par la pratique, les formes sont une lettre morte ; la pratique seule en démontre l'effet et en détermine le sens. Nous n'avons que trop souvent abattu l'édifice sous prétexte de le reconstruire : profitons désormais des lumières qui ne s'acquièrent que par les faits, afin de pourvoir graduellement à tous les besoins partiels, avec mesure, avec sagesse, avec lenteur, à l'aide du temps, le plus doux et le plus puissant des auxiliaires » (p. 385-386). Constant s'inscrit bien dans la « tradition de l'ordre spontané ».

bien dans le gouvernement, les opposants ne pourront changer le gouvernement sans ébranler l'État lui-même, et les gouvernants, arguant de ce risque
même, s'accrocheront indéfiniment au pouvoir. Pour que le gouvernement
puisse être responsable, il faut dans l'État une instance irresponsable, « sacrée »,
inviolable[1].

Cette instance peut-elle être un pouvoir républicain[2] ? Non, car un tel pouvoir, « se renouvelant périodiquement, n'est point un être à part, ne frappe en
rien l'imagination, n'a point droit à l'indulgence pour ses erreurs, puisqu'il a
brigué le poste qu'il occupe, et n'a rien de plus précieux que son autorité, qui
est compromise dès qu'on attaque son ministère, composé d'hommes comme
lui, et avec lesquels il est toujours de fait solidaire » (p. 331).

En outre, s'il ne veut pas être « inutile » et « exposé à ce que ses instruments
deviennent ses rivaux », un président de la République devra exercer un véritable pouvoir ; mais, ce pouvoir étant irresponsable, ou bien il exposera l'État
lui-même chaque fois qu'il heurtera des intérêts, ou bien il ne sera pas obéi,
« car on ne peut se faire obéir des hommes qu'en les garantissant du résultat de
l'obéissance ». En définitive, on aura un pouvoir despotique, car personne,
« pour venger la violation d'une loi particulière », ne voudra « mettre en péril ce
qui sert de garantie à toutes les lois », « la responsabilité sera nulle parce qu'elle
aura été engagée trop haut » (p. 332-333).

C'est pourquoi, il n'y a que le monarque héréditaire qui ait des
intérêts supérieurs, « des biens plus précieux à défendre » que tel ou
tel ministère, et qui puisse donc jouer le rôle de pouvoir suprême
neutre. *En contrepartie, il ne gouvernera pas,* pour ne pas devoir
prendre des attitudes partisanes qui attireraient à lui des passions *pro*
et *contra* et, par suite, lui rendraient impossible de jouer le rôle
d'arbitre qu'on attend de lui.

---

1. En Angleterre, les constitutionalistes disent : *The King cannot do wrong.* Constant
écrit de même : « L'inviolabilité suppose que le monarque ne peut mal faire. Il est évident
que cette hypothèse est une fiction légale, qui n'affranchit pas réellement des affections et
des faiblesses de l'humanité l'individu placé sur le trône. Mais l'on a senti que cette fiction
légale était nécessaire, pour l'intérêt de l'ordre et de la liberté même, parce que, sans elle,
tout est désordre et guerre éternelle entre le monarque et les factions. [...] D'après ce principe, il ne faut jamais envisager dans l'action du pouvoir que les ministres ; ils sont là pour
en répondre. Le monarque est dans une enceinte à part et sacrée ; vos regards, vos soupçons ne doivent jamais l'atteindre. Il n'a point d'intentions, point de faiblesses, point de
connivence avec ses ministres, car ce n'est pas un homme, c'est un pouvoir neutre et abstrait, au-dessus de la région des orages » (p. 401-402). L'existence fréquente, dans les
démocraties modernes, d'un chef de l'État distinct du chef du gouvernement répond à ce
souci (mais ce chef de l'État est souvent un « président de la République » élu, ce que, on
va le voir ci-après, Constant n'approuve pas). Notons que, parmi les démocraties libérales,
il y a aussi bien des républiques (États-Unis, France...) que des monarchies héréditaires
(Royaume-Uni, Pays-Bas...). La question est finalement secondaire par rapport aux autres
enjeux (cf. les réflexions de Prévost-Paradol à ce sujet, *infra,* p. 685-687).

2. Un président de la République, ou le « Grand Électeur » auquel avait songé
Sieyès ?

Il lui restera de « sublimes prérogatives », comme de faire grâce, de nommer les membres de la Chambre héréditaire, de dissoudre l'Assemblée, de nommer les ministres, de conférer les distinctions.

Il est vrai que le roi n'est pas que cela en Angleterre : précisément, c'est un défaut de ce régime qu'il ne faut donc pas imiter aveuglément.

2) *Le droit de dissolution*

Le *droit de dissolution* est un autre mécanisme essentiel pour l'équilibre constitutionnel.

« Toute organisation politique qui ne consacrerait pas cette faculté dans les mains du chef de l'État, deviendrait nécessairement une démagogie effrénée et turbulente, à moins que le despotisme, suppléant par des coups d'autorité aux prérogatives légales, ne réduisît les assemblées au rôle d'instruments passifs, muets et aveugles » (p. 338).

Il s'agit donc, par cette disposition, de sauver le régime parlementaire lui-même. Mais quels sont, plus précisément, les risques encourus lorsque n'existe pas le droit de dissolution ? D'abord l'*inflation des lois*.

« La multiplicité des lois flatte dans les législateurs deux penchants naturels, le besoin d'agir et le plaisir de se croire nécessaire. [...] On peut dire que la multiplicité des lois est la maladie des États représentatifs, parce que, dans ces États, tout se fait par les lois, tandis que l'absence de lois est la maladie des monarchies sans limites, parce que dans ces monarchies tout se fait par les hommes » (p. 339).

Il y a en outre des dangers liés à la *nature même d'une assemblée délibérante*.

« Une assemblée qui ne peut être réprimée ni contenue est de toutes les puissances la plus aveugle dans ses mouvements, la plus incalculable dans ses résultats, pour les membres mêmes qui la composent. [...] Une activité indiscrète sur tous les objets... Le désir de plaire à la partie la plus passionnée du peuple, en s'abandonnant à son impulsion, ou même en la devançant, le dépit que lui inspire la résistance qu'elle rencontre [...]. Tour à tour la témérité ou l'indécision, la violence ou la fatigue, la complaisance pour un seul, ou la défiance contre tous, l'entraînement par des sensations purement physiques, comme l'enthousiasme ou la terreur ; l'absence de toute responsabilité morale, la certitude d'échapper par le nombre à la honte de la lâcheté, ou au péril de l'audace ; tels sont les vices des assemblées, lorsqu'elles ne sont pas renfermées dans des limites qu'elles ne puissent franchir » (p. 340).

Même les meilleurs hommes sont entraînés dans ce *maelström* :

« L'Assemblée constituante était composée des hommes les plus estimés, les plus éclairés de France. Que de fois elle décréta des lois que sa propre raison réprouvait ! Il n'existait pas, dans l'Assemblée législative, cent hommes qui voulussent renverser le trône. Elle fut néanmoins, d'un bout à l'autre de sa courte et triste carrière, entraînée dans une direction inverse de ses désirs. Les trois quarts de la Convention avaient en horreur les crimes qui avaient souillé les premiers jours de la République[1] ; et les auteurs de ces crimes, bien qu'en petit nombre dans son sein, ne tardèrent pas à la subjuguer » (p. 342).

Ces dangers ne sont pas une raison pour renoncer au régime représentatif. En y renonçant, on tomberait dans des dangers opposés et non moins graves. Le « peuple » n'aurait plus d' « organes », la « nation » serait coupée du pouvoir. Il faut au contraire cette communication, cette « vie ».

Unique solution, donc : adopter le système représentatif, mais en conjurant les dangers indiqués. Par quels moyens ? Le droit de *veto* s'est révélé une arme inefficace :

> « Le *veto* est bien un moyen direct de réprimer l'activité indiscrète des assemblées représentatives, mais, employé souvent, il les irrite sans les désarmer » (p. 339).

Reste la *dissolution,* qui
> « n'est point, comme on l'a dit, un outrage aux droits du peuple », mais « au contraire, quand les élections sont libres, un appel fait à ses droits en faveur de ses intérêts. Je dis quand les élections sont libres : car quand elles ne sont pas libres, il n'y a point de système représentatif » (p. 343).

Sans ce « fusible », on en revient toujours, en cas de crise, à l'insurrection ou au coup d'État : « La force vient toujours à l'appui de la nécessité ».

3) *Le parlement*

Le parlement se composera de deux Chambres, une *Chambre haute héréditaire* (la Chambre des Pairs), nommée par le monarque ; une *Chambre des députés,* élue.

a) *La Chambre haute héréditaire*

La justification de la Chambre héréditaire[2] est de conforter l'hérédité de la monarchie, elle-même indispensable, nous l'avons vu, pour créer dans l'État une autorité neutre et hors d'atteinte.

---

1. Les Massacres de septembre (entre autres).
2. À laquelle Constant, cependant, finira par renoncer, non parce qu'il cessera de la croire « nécessaire », mais simplement parce qu'il pensera qu'elle n'est décidément pas « possible », vu l'hostilité de l'opinion française à toute inégalité de droits. Le grand inventeur français de constitutions, Sieyès, avait toujours repoussé le principe d'une Chambre héréditaire pour cette raison, tout en retenant le principe du multicamérisme, mais en organisant celui-ci selon d'autres logiques.

Constant ajoute une autre idée, différente en principe : celle de Montesquieu selon laquelle il faut des « corps intermédiaires » dans toute monarchie.

Il précise les points suivants :

— Le concept même de bicamérisme implique qu'il existe une différence forte entre les deux Chambres ; sinon, il ne sert à rien qu'il y en ait deux.

— Il ne faut pas créer de noblesse qui n'ait pas de fonctions constitution-nelles spécifiques (ni de pairie sans noblesse) : une noblesse qui ne servirait à rien, comme celle de l'Ancien Régime, serait rejetée par l'opinion, comme le fut cette dernière.

— Il faut que la pairie soit héréditaire, et non viagère, sinon elle n'est que le délégué de la Couronne et ne peut jouer le rôle de contre-pouvoir qu'on attend d'elle.

— Il faut que la Chambre des pairs soit indissoluble, mais sans nombre fixe ; ainsi le roi pourra-t-il, en nommant de nouveaux membres, renverser les « fac-tions » qui s'y formeraient.

b) L'assemblée élue

Alors que l'assemblée héréditaire est un facteur d'équilibre, garant des intérêts du pays à long terme, et qui peut l'être parce qu'elle est relativement indépendante tant du monarque que du peuple, l'assemblée élue va représenter l'*opinion* du peuple, ce qui implique qu'elle soit renouvelée à intervalles réguliers et suffisam-ment rapprochés. Mais selon quel système électoral ? Constant consacre toute son attention à ce problème.

Nous allons entrer dans le détail, car nous voyons s'élaborer sous nos yeux un système représentatif qui nous est devenu si habituel que nous ne voyons même plus ses raisons d'être, et dont nous ne comprenons plus qu'il aurait pu être autre. À l'époque de Constant, les diverses options possibles sont discutées avec passion (et un peu à tâtons) par les auteurs politiques du temps, ici par Constant, en Angleterre par des auteurs comme John Stuart Mill... Peu de temps auparavant, on s'en souvient, les mêmes discussions avaient eu lieu en Amérique.

On a, dans le passé (pendant la Révolution, le Consulat et l'Empire ; ce système se prolongera sous la Restauration), pratiqué : la nomination des membres[1], ou l'élection indirecte ; le renouvellement partiel (par tiers ou par cinquièmes). Constant critique ces mécanis-mes et en propose un autre présentant les caractères suivants :

— *L'élection par circonscriptions territoriales.* Constant veut l'*élection,* et plus précisément l'élection *directe* (qui n'interdit pas, pense-t-il en

---

1. Sous le Consulat, par exemple, le Tribunat et le Corps législatif étaient nommés par le Sénat, lui-même à moitié nommé.

citant l'exemple anglais, le succès d'hommes éclairés) et *par circons-criptions territoriales,* en vertu du raisonnement suivant :

« Cent députés, nommés par cent sections[1] d'un État, apportent dans le sein de l'assemblée, les intérêts particuliers, les préventions locales de leurs commet-tants ; cette base leur est utile : forcés de délibérer ensemble, ils s'aperçoivent bientôt des sacrifices respectifs qui sont indispensables ; ils s'efforcent de dimi-nuer l'étendue de ces sacrifices, et c'est l'un des grands avantages de leur mode de nomination. La nécessité finit toujours par les rassembler dans une transac-tion commune, et plus les choix ont été sectionnaires, plus la représentation atteint son but général. [...] Les assemblées, quelque sectionnaire que puisse être leur composition, n'ont que trop de penchant à contracter un esprit de corps qui les isole de la nation. Placés dans la capitale, loin de la portion du peuple qui les a nommés, les représentants perdent de vue les usages, les besoins, la manière d'être du département qu'ils représentent ; ils deviennent dédaigneux et prodi-gues de ces choses ; que sera-ce si ces organes des besoins publics sont affranchis de toute responsabilité locale, mis pour jamais au-dessus des suffrages de leurs concitoyens et choisis par un corps placé, comme on le veut, au sommet de l'édifice constitutionnel ? Plus un État est grand, et plus l'autorité centrale forte, plus un corps électoral unique est inadmissible, et l'élection directe indispen-sable » (p. 355-356).

L'élection directe par circonscription, en outre, « nécessite, de la part des classes puissantes, des ménagements soutenus envers les classes inférieures ». Et ce qui est d'abord intérêt bien compris de l'élu devient une habitude : il est bien obligé de tenir compte des intérêts de ses mandants. D'ailleurs, tant pour se tenir informé de ces intérêts que pour s'efforcer de les satisfaire, l'élu est obligé de vivre souvent sur place. Il ne tient pas son crédit de la cour, mais de sa circonscription ; c'est donc à sa circonscription qu'il fait sa cour.

« L'on a vanté quelquefois les bienfaits de la féodalité, qui retenait le sei-gneur au milieu de ses vassaux, et répartissait également l'opulence entre toutes les parties du territoire. L'élection populaire a le même effet désirable, sans entraîner les mêmes abus » (p. 358)[2].

---

1. Vu le nombre, Constant paraît penser à nos départements.
2. Il y a deux grands principes antagoniques : ou bien les députés représentent vrai-ment leurs mandants, dont ils reçoivent, le cas échéant, un « mandat impératif » ; mais les intérêts particuliers étant toujours à quelque degré concurrents et conflictuels, une telle chambre ne pourra jamais opter pour l'intérêt général et n'aboutira qu'à des compromis boîteux (à supposer qu'elle aboutisse quelque part). Ou bien les députés sont réputés s'abstraire des intérêts locaux et sont considérés comme gestionnaires de l'intérêt indivis de l'État, leur pluralité servant seulement à maximiser les chances que tous les avis soient proposés et discutés, afin d'arriver à la décision finale la plus rationnelle. Mais alors, les députés sont coupés de leur base, ils ne la représentent plus et peuvent éventuellement tromper complètement ses attentes. La seconde option était défendue par Burke , la pre-mière par les Américains qui ne se sentaient pas représentés par le Parlement de West-minster (cf. *supra,* p. 384). Il semble que le débat n'ait jamais été tranché de façon pleine-ment satisfaisante dans les démocraties modernes.

— *Le renouvellement de l'assemblée.* Il ne faut pas de renouvelle-ments partiels (par tiers ou par cinquièmes) de l'assemblée, mais un renouvellement total, à intervalles pas trop rapprochés. En effet, le renouvellement partiel aboutirait à ce que la majorité de l'assemblée serait toujours en décalage avec l'évolution de l'opinion, or cela serait contradictoire avec l'idée même d'une représentation de l'opinion par la chambre élue.

— *La rééligibilité.* La possibilité, pour un député, d'être réélu un nombre indéfini de fois favorise l'émergence de leaders politiques de grande qualité. Il faut que les mêmes hommes puissent être indéfini-ment réélus, car

« autant il y a, dans les assemblées, d'hommes qui ne peuvent pas être réélus, autant il y aura d'hommes faibles qui voudront se faire le moins d'ennemis qu'il leur sera possible, afin d'obtenir des dédommagements, ou de vivre en paix dans leur retraite. [...] Les fonctions à vie, observe Montesquieu, ont cet avantage qu'elles épargnent à ceux qui les remplissent ces intervalles de pusillanimité et de faiblesse qui précèdent, chez les hommes destinés à rentrer dans la classe des simples citoyens, l'expiration de leur pouvoir. La réélection a le même avantage. Elle favorise les calculs de la morale » (p. 362).

L'exemple vient des pays anglo-saxons :

« Suivez de grands exemples : voyez l'Amérique, les suffrages du peuple n'ont cessé d'y entourer les fondateurs de son indépendance ; voyez l'Angleterre, des noms illustrés par des réélections non interrompues y sont devenus en quelque sorte une propriété populaire. Heureuses les nations fidèles et qui savent estimer longtemps ! » (p. 363)

— *La quasi-gratuité des fonctions parlementaires.* La question de la rémunération ou de la non-rémunération des fonctions publiques est aussi ancienne que la démocratie[1]. La Révolution et l'Empire avaient salarié les fonctions parlementaires. Constant condamne ce système :

« C'est en dégageant les fonctions qui exigent le plus de noblesse d'âme de tout calcul d'intérêt qu'on élévera la chambre des représentants au rang qui lui est destiné dans notre organisation constitutionnelle. Tout salaire, attaché aux fonc-tions représentatives, devient bientôt l'objet principal. [...] [Une fois l'élection acquise], il faut conserver ce qu'on a obtenu [...]. La spéculation s'achève par la flexibilité ou par le silence. Payer les représentants du peuple, ce n'est pas leur donner un intérêt à exercer leurs fonctions avec scrupule, c'est seulement les inté-resser à se conserver dans l'exercice de ces fonctions » (p. 363-364).

D'ailleurs les « riches » feront mieux ce travail, car ils ont plus d'instruction, leur esprit est plus libre, alors que « la pauvreté a ses préjugés comme l'ignorance ».

---

1. Sur le *misthos* des assemblées et tribunaux grecs, cf. *HIPAMA*, p. 65.

— *Le régime censitaire.* Seuls doivent avoir les droits de suffrage et d'éligibilité les citoyens « propriétaires ». Constant argumente soigneusement cette position. Déjà, en l'an III, le principe avait été retenu :

> « Dans toutes les associations policées, les propriétaires seuls composent la société. Les autres ne sont que des prolétaires qui, rangés dans la classe des citoyens surnuméraires, attendent le moment qui leur permette d'acquérir une propriété » (*La Gazette de France* du 24 septembre 1795, cité par Gauchet, p. 803).

On a toujours exclu du suffrage les mineurs et les étrangers ; preuve que, pour voter, il faut à la fois des lumières suffisantes (que n'ont pas encore les mineurs) et des intérêts indissolublement liés au salut de la patrie (que n'ont pas les étrangers). Ce même principe doit exclure les prolétaires :

> « Ceux que l'indigence retient dans une éternelle dépendance, et qu'elle condamne à des travaux journaliers, ne sont ni plus éclairés que des enfants, sur les affaires publiques, ni plus intéressés que des étrangers à une prospérité nationale, dont ils ne connaissent pas les éléments, et dont ils ne partagent qu'indirectement les avantages » (p. 367).

Le corollaire évident de ce raisonnement est que, si le droit de suffrage ne peut être accordé à ceux qui ne possèdent pas actuellement propriétés et instruction, il leur sera accordé à mesure qu'ils les acquerront.

Revenons sur les raisons pour lesquelles seul un propriétaire est indépendant. Propriété et liberté sont indissolublement liées. Constant note par exemple dans son *Journal,* le 17 février 1805 :

> « Dîné chez M. Amyot. La qualité de propriétaire donne au caractère une indépendance tout à fait étrangère à l'individu. M. Amyot n'a certainement ni esprit, ni force d'âme ; il a cependant par sa seule qualité de propriétaire un mouvement de résistance à l'oppression, susceptible de produire dans l'occasion des effets qui vaudraient beaucoup mieux que leurs motifs » (cité par Gauchet, p. 803).

Il y a aussi une raison indirecte. On doit évidemment donner à tous, indistinctement, les droits civils, qui permettront précisément aux non-propriétaires de devenir propriétaires par leur industrie. Mais si, en outre, on leur donne tout de suite les droits politiques, quel usage en feront-ils ?

> « Ces droits, dans les mains du plus grand nombre, serviront infailliblement à envahir la propriété. Ils y marcheront par cette route irrégulière, au lieu de suivre la route naturelle, le travail » (p. 368-369).

En d'autres termes, ils voleront la propriété des autres par la loi et par l'impôt. Dans le suffrage universel, accordé hâtivement et sans garde-fous, est contenu en germe le socialisme.

— *Une assemblée délibérante.* Sieyès avait voulu séparer les différentes fonctions du travail législatif : proposition, discussion, décision, et avait attribué chacune de ces fonctions à des assemblées distinctes. Peu désireux d'avoir à compter avec une assemblée unique,
et par là puissante, Bonaparte avait volontiers accepté ce schéma,
d'où les assemblées du Consulat et de l'Empire : Tribunat, Corps
législatif, Sénat, Conseil d'État... La charte n'avait pas pleinement
amendé ce système. Constant propose donc de « revenir à des idées
simples », c'est-à-dire au concept d'une véritable assemblée délibérante qui propose, qui discute et qui vote.

« Nous avons senti que l'on ne s'assemblait que dans l'espoir de s'entendre,
que pour s'entendre il fallait parler » (p. 378).

Dans le même but de favoriser une vraie discussion, il faut interdire que des orateurs lisent des discours tout préparés.

« Quand des orateurs se bornent à lire ce qu'ils ont écrit dans le silence de
leur cabinet, ils ne discutent plus, ils amplifient : ils n'écoutent point, car ce
qu'ils entendraient ne doit rien changer à ce qu'ils vont dire. [...] Les orateurs se
succèdent sans se rencontrer » (p. 379).

Ils sacrifient la discussion, par laquelle des *gentlemen* s'éclairent mutuellement, aux effets rhétoriques qui assureront leur
notoriété.

De même encore, les ministres devront être présents et participer
à la discussion.

Les premières constitutions françaises avaient commis une grave
erreur en rendant incompatibles les fonctions représentatives et les
fonctions ministérielles. Le principe de la séparation des pouvoirs
implique certes qu'on n'exerce pas les deux types de fonctions en
même temps, mais les ministres doivent pouvoir être pris du sein de
l'assemblée, de même que les députés doivent pouvoir espérer devenir ministres :

« Lorsque les représentants du peuple ne peuvent jamais participer au pouvoir, il est à craindre qu'ils ne le regardent comme leur ennemi naturel. Si au
contraire les ministres peuvent être pris dans le sein de l'assemblée, les ambitieux
ne dirigeront leurs efforts que contre les hommes, et respecteront l'institution.
[...] Nul ne voudra briser un instrument dont il pourra conquérir l'usage »
(p. 381-382).

4) *Le gouvernement. La notion de responsabilité de l'exécutif*

La question de la responsabilité du gouvernement était débattue
à l'époque. C'est évidemment un point essentiel, car il détermine le

passage de l'absolutisme à un régime véritablement représentatif, démocratique et, au sens moderne du mot, parlementaire.

Quand il a défini les pouvoirs du monarque constitutionnel, Constant a dit qu'il était « inviolable ». Or, pour qu'il le soit, il faut que le gouvernement ne le soit pas. L'existence d'une responsabilité ministérielle est le corollaire absolu et indispensable de l'irresponsabilité royale. Mais quel genre de responsabilité, et rendue effective par quelle procédure ?

La question n'est pas encore claire pour les esprits du temps. En Angleterre, après la Révolution de 1688 qui consacre la souveraineté du Parlement, le roi n'en a pas moins continué à nommer et à révoquer individuellement les ministres, qui n'ont ainsi été responsables que devant lui. Ce n'est que sur le tard qu'est apparue en Angleterre la notion de responsabilité collégiale du « cabinet » devant le Parlement[1]. En France, sous la Restauration, le gouvernement est encore nommé par le roi et responsable devant lui seul (au moins formellement, car en pratique Louis XVIII et Charles X ont été obligés de tenir compte de l'évolution des assemblées – sauf lorsque Polignac refusa le résultat des élections législatives du 23 juin et du 6 juillet 1830 et promulgua les fameuses « ordonnances » du 26 juillet, dont on sait qu'elles furent fatales au régime). Au moment où Constant écrit *De la Responsabilité des ministres* en 1815, et les chapitres IX et X des *Principes de politique* un peu plus tard, ces notions sont encore en gestation. La notion de responsabilité politique du gouvernement n'est pas encore bien distinguée de celle de leur responsabilité pénale. Ce sont ces notions que l'exposé de Constant vise à éclairer.

Constant évoque d'abord la responsabilité pénale *ordinaire* des ministres.

Elle concerne les délits qu'ils peuvent commettre *étant* ministres, mais non *en leur qualité* de ministres, c'est-à-dire les délits purement privés, mais aussi, ajoute Constant, les actes délictueux accomplis pour des raisons politiques, quand bien même ils l'auraient été à la demande du monarque. Si ces actes sont réellement illégaux, il faut bien les considérer comme des délits passibles d'une sanction pénale, puisqu' « aucune des attributions [d'un ministre] ne lui donne le droit d'attenter illégalement à la liberté ou à la propriété d'un individu » ; lorsqu'il les commet, « il sait qu'il commet un crime », il « rentre donc dans la classe des autres coupables et doit être poursuivi et puni comme eux » (p. 388). Dans des cas de ce genre, le ministre sera donc jugé par des tribunaux ordinaires.

Mais que se passe-t-il si un ministre a mal agi *dans sa tâche même de ministre* ? Là encore, Constant est partisan d'une sanction pénale, et non pas seulement politique, de l'intéressé. Mais il pense qu'il doit être mis en accusation et jugé non par les tribunaux ordinaires,

1. Il semble que Walpole (1676-1745) ait été le premier « Premier ministre » anglais (1720-1742) à avoir été responsable, non devant le roi, mais devant le Parlement.

mais par le Parlement. Il encourra des peines modérées qui, en aucun cas, ne pourront être « infamantes » (p. 400) et qui pourront en outre être commuées par le monarque faisant usage de son droit de grâce (p. 401). La Chambre du Parlement qui aura plus particulièrement vocation à juger de tels actes sera la Chambre des pairs (p. 398).

La raison de l'existence d'une juridiction spéciale dans ce cas est que les juges ordinaires jugent de délits précis, réprimés par des lois précises, alors que le jugement sur les actes d'un ministre relèvent d'une autre logique.

« En effet, les délits dont les ministres peuvent se rendre coupables ne se composent ni d'un seul acte ni d'une série d'actes positifs dont chacun puisse motiver une loi précise ; des nuances que la parole ne peut désigner, et qu'à plus forte raison la loi ne peut saisir, les aggravent ou les atténuent. Toute tentative pour rédiger sur la responsabilité des ministres une loi précise et détaillée, comme doivent l'être les lois criminelles, est inévitablement illusoire ; la conscience des pairs est juge compétent, et cette conscience doit pouvoir prononcer en liberté sur le châtiment comme sur le crime » (p. 399).

Constant donne des précisions qui permettent de mieux distinguer ces deux types de responsabilité pénale des ministres. Le « contrat » qui unit ministres et gouvernés n'est pas le même que le contrat social de base, celui qui unit les citoyens entre eux. Celui-ci implique que chacun respectera les droits de l'autre, qui sont les droits naturels, sécurité, propriété, etc. Il faut bien que la loi énonce précisément quand et en quoi ces droits seront censés avoir été enfreints et quelle sanction précise encourra celui qui aura commis ces actes. Ce dispositif – associant une sanction précise à une infraction précise – est nécessaire pour prévenir autant que possible de tels actes. Tel est le sens de la sanction pénale ordinaire, à laquelle on a dit que le ministre, en tant que citoyen, était exposé s'il commettait des crimes ordinaires. Mais la tâche propre d'un ministre est encadrée par un « contrat » tout différent. En échange des avantages et de la notoriété que lui procurent ses hautes fonctions, le ministre promet de faire ce qu'il peut pour gouverner au mieux le pays. Mais cette tâche est « vaste et compliquée ». Il doit accepter d'être jugé quant à la manière dont il s'en acquitte, mais il ne peut l'être acte par acte, pour les raisons dites plus haut, et par conséquent il ne peut l'être conformément à un Code pénal précis. Le jugement qui sera porté sur lui sera donc « discrétionnaire », apporté par des gens compétents, indépendants et affranchis des passions populaires comme le sont les membres de la Chambre des pairs.

Une fois condamné, et même s'il est gracié, le ministre ne pourra plus gouverner. Il devra rentrer calmement dans la vie privée, sans être persécuté par ses successeurs.

Constant voit bien en effet que partout où des hommes, dès lors qu'ils quittent le pouvoir, peuvent craindre d'être arrêtés, exilés, exécutés, etc., il n'y a pas de régime régulier, puisque ces hommes vont évidemment tout faire pour s'accrocher désespérément au pouvoir. Ce n'est que si l'on peut rentrer dans l'opposition ou quitter la vie politique en toute sécurité qu'il peut y avoir alternance pacifique au pouvoir (cf. p. 407). Le Parlement qui aura sanctionné un ministre coupable devra se contenter de l'avoir écarté du gouvernement et renoncer à autrement le « punir » : « Qu'importe la punition d'un ministre, lorsque, frappé d'un jugement solennel, il est rentré dans la classe vulgaire, plus impuissant que le dernier citoyen, puisque la désapprobation l'accompagne et le poursuit ? » (p. 406)[1].

Enfin vient la *responsabilité politique* proprement dite, celle par laquelle un gouvernement est exposé à être mis en minorité par le Parlement. Cette responsabilité-là se distingue nettement de la responsabilité pénale, non seulement parce que le mal fait par un gouvernement dans l'exercice même de son mandat ne saurait être considéré comme un délit ou un crime, mais parce que, pour y mettre un terme, il faut et il suffit que le gouvernement se démette. Constant, qui se réfère tout au long de ces pages au modèle anglais, conclut donc à la valeur constitutionnelle fondamentale de la responsabilité collective du gouvernement devant la Chambre, et donc, implicitement, aux procédures qui seront formalisées ensuite, l'engagement de responsabilité d'un gouvernement devant une chambre nouvellement élue, ou la censure d'un gouvernement en place par une majorité. Ainsi est fondé – mais on voit à travers quels tâtonnements – le principe qui nous est devenu si familier aujourd'hui dans presque toutes les démocraties modernes (à l'exception des régimes présidentiels), la responsabilité collégiale du gouvernement devant le Parlement représentant la nation.

5) *L'administration nationale*

Constant veut que tout agent de l'État, à l'exception de son chef, soit responsable ; au-delà de la responsabilité politique des élus et du

---

1. C'était déjà l'opinion exprimée par Kant (cf. *supra*, p. 540) : on peut récuser et destituer un gouvernant, on peut même changer un régime, mais on ne peut pas « punir » les anciens gouvernants, car rien ne disait précisément ce qu'ils devaient faire ou ne pas faire, et les punir revient à enfreindre le principe de la non-rétroactivité des lois et à leur imputer une « faute » imaginaire. En revanche, comme Constant l'a expliqué plus haut, il peut arriver que les gouvernants fassent des choses contraires au contrat social de base, attenter à la vie, à la propriété ou à la liberté des citoyens : ils savent alors pertinemment qu'ils commettent un délit, et il est légitime de les mettre en accusation. On ne les autorisera d'ailleurs pas à invoquer des secrets d'État, car l'obscurité est le manteau ordinaire de l'arbitraire ; s'ils savent qu'ils peuvent s'y abriter, ils se croiront assurés de l'impunité, et dès lors, rien ne les empêchera de commettre ces attentats aux libertés, comme c'était le cas sous l'Ancien Régime et plus encore sous la Terreur.

gouvernement, se pose donc le problème de la responsabilité des *fonctionnaires,* et plus précisément des modalités pratiques de mise en œuvre de cette responsabilité (car si ces modalités ne sont pas précisées, si une « route légale » n'est pas « tracée », il n'y a aucune raison pour que les fonctionnaires se comportent correctement).

« Mais, objecte-t-on, si les agents inférieurs peuvent être punis, dans une circonstance quelconque, de leur obéissance, vous les autorisez à juger des mesures du gouvernement avant d'y concourir. Par cela seul, toute son action est entravée. Où trouvera-t-on des agents, si l'obéissance est dangereuse ? » (p. 413).

Constant introduit dans sa réponse à cette objection des éléments originaux sur la responsabilité en général dans une société moderne.

Même à l'armée, la discipline n'est pas et ne peut être absolue.

« On a beau dire que les armées doivent être des machines, et que l'intelligence du soldat est dans l'ordre de son caporal. Un soldat devrait-il, sur l'ordre de son caporal ivre, tirer un coup de fusil à son capitaine ? Il doit donc distinguer si son caporal est ivre ou non ; il doit réfléchir que le capitaine est une autorité supérieure au caporal. Voilà de l'intelligence et de l'examen requis dans un soldat » (p. 414).

De même, un capitaine n'ira pas avec son bataillon arrêter le ministre de la Guerre sur l'ordre de son colonel, ni un colonel, sur l'ordre du ministre de la Guerre, arrêter le chef de l'État. Ces hommes, en effet, réfléchissent, usent de connaissances et mettent en application des principes.

« On ne réfléchit pas, en exaltant l'obéissance passive, que les instruments trop dociles peuvent être saisis par toutes les mains et retournés contre leurs premiers maîtres, et que l'intelligence qui porte l'homme à l'examen lui sert aussi à distinguer le droit d'avec la force, et celui à qui appartient le commandement de celui qui l'usurpe. [...] On ne fera jamais que l'homme puisse devenir totalement étranger à l'examen, et se passer de l'intelligence que la nature lui a donnée pour se conduire, et dont aucune profession ne peut le dispenser de faire usage » (p. 415-416).

Ce qui est vrai de l'armée est vrai à plus forte raison des autres agents de l'État. Il faut qu'ils réfléchissent à ce qu'ils font, si l'on veut que puisse exister et subsister un régime de liberté. Certes, ils éprouveront souvent des incertitudes.

« Il serait plus commode pour eux d'être des automates zélés ou des dogues intelligents. Mais il y a une incertitude dans toutes les choses humaines. Pour se délivrer de toute incertitude, l'homme devrait cesser d'être un être moral » (p. 417).

Il est vrai que, si les fonctionnaires peuvent refuser d'exécuter des tâches qu'ils jugent non réglementaires ou illégales, il existera un risque d'abus. Qui en sera juge ? Ce ne peut être la hiérarchie, qui serait juge et partie. Il y aura en la matière, là encore, jugement par jurys, puisqu'il ne s'agit pas (comme lors de la mise en cause d'un ministre) de juger tel ou tel acte précis d'après la lettre d'un code, mais d'interpréter les actes commis en les référant à tout un contexte.

Mais il y a une raison encore plus fondamentale d'affirmer en principe et d'organiser en pratique la responsabilité personnelle de tous les agents de l'État, au lieu de rêver à leur obéissance passive. C'est qu'un gouvernement libéral est finalement *plus fort* qu'un gouvernement autoritaire. Si les agents sont responsables à leur niveau, la vindicte des victimes ne remontera pas systématiquement jusqu'au niveau gouvernemental. Finalement, tout le monde a intérêt à ce que tous les agents de l'État soient responsables, car c'est la garantie qu'ils agiront tous, autant qu'il est en eux, avec humanité et intelligence (cf. p. 414-419).

6) L'administration locale

Constant veut qu'il y ait un équilibre entre les pouvoirs central et locaux ; il développe donc ce qu'il a déjà dit à ce sujet en discutant de la composition et des méthodes de travail de l'Assemblée nationale.

Les pouvoirs locaux à tous niveaux (commune, arrondissement...) représentent les intérêts particuliers de la communauté considérée, et ceux-ci ne sauraient être sacrifiés aux prétendus intérêts généraux qu'invoque toujours l'autorité centrale. « La volonté générale n'est pas plus respectable que la volonté particulière *dès lors qu'elle sort de sa sphère* ». Constant récuse donc formellement le jacobinisme.

« L'attachement aux coutumes locales tient à tous les sentiments désintéressés, nobles et pieux. C'est une politique déplorable que celle qui en fait de la rébellion[1]. Qu'arrive-t-il aussi ? Que dans les États où l'on détruit ainsi toute vie partielle, un petit État se forme au centre ; dans la capitale s'agglomèrent tous les intérêts ; là vont s'agiter toutes les ambitions. Le reste est immobile. Les individus, perdus dans un isolement contre nature, étrangers au lieu de leur naissance, sans contact avec le passé, ne vivant que dans un présent rapide, et jetés comme des atomes[2] sur une plaine immense et nivelée, se détachent d'une patrie qu'ils n'aperçoivent nulle part, et dont l'ensemble leur devient indifférent, parce que leur affection ne peut se reposer sur aucune de ses parties » (p. 429).

---

1. Cette remarque vise évidemment le jacobinisme et aussi Napoléon, comme le précise une note de 1818.
2. Noter le terme. Le jacobinisme, qui prétend unir la société, l'atomise.

Et Constant cite en l'approuvant ce qu'a écrit un de ses amis[1] :

« Nous craignons ce qui est vague, indéfini à force d'être général. Nous ne croyons point, comme les scolastiques, à la réalité des universaux en eux-mêmes. Nous ne pensons pas qu'il y ait dans un État d'autres intérêts réels que les intérêts locaux, réunis lorsqu'ils sont les mêmes, balancés lorsqu'ils sont divers, mais connus et sentis dans tous les cas... Les liens particuliers fortifient le lien général, au lieu de l'affaiblir. Dans la gradation des sentiments et des idées, on tient d'abord à sa famille, puis à sa cité, puis à sa province, puis à l'État. Brisez les intermédiaires, vous n'aurez pas raccourci la chaîne, vous l'aurez détruite. »

Constant débouche sur ce qu'on appellerait aujourd'hui un « principe de subsidiarité » : le pouvoir central ne doit s'occuper que de ce qui est effectivement commun et laisser régler à l'échelon inférieur ce qui concerne ce seul échelon.

Cependant, la loi doit être la même pour tous et, faite au sommet, elle doit régner sur tout le territoire et descendre dans toutes ses parties : sinon l'individu ne saurait être libre. Ce qui doit demeurer local, c'est seulement la gestion des intérêts, les décisions des exécutifs locaux ne dérogeant pas à la loi nationale. Le modèle de Constant n'est pas l'organicisme d'Althusius ou celui de la droite contre-révolutionnaire, pour qui les « communautés naturelles » et autres « corps intermédiaires », enfermés dans des sortes de membranes, font leurs propres lois, et ne s'unissent que pour régler des problèmes qui leur sont extérieurs. Son modèle est plutôt celui du « girondin » Condorcet (cf. *infra,* p. 1049).

7) *La force armée*

« Il est difficile que les armées, quels que soient leurs éléments primitifs, ne contractent pas involontairement un esprit distinct de celui du peuple » (p. 434).

Constant veut rendre impossible un pouvoir militaire. Cependant, l'État doit disposer de la force armée pour remplir plusieurs tâches parfaitement légitimes. Il se pose donc un problème, qui ne doit pas être résolu seulement de manière empirique, mais conformément à des principes.

Il y a, dit Constant, trois tâches légitimes de la force armée dans un pays libéral : 1 / la défense contre l'ennemi extérieur ; 2 / la police ; 3 / la défense de l'État contre les insurrections et graves troubles intérieurs. Ce qui est dangereux, c'est que l' « armée de ligne », vouée à la première tâche, se mêle des deux autres, car alors il y a dictature militaire (« une grande force militaire menace la liberté, et c'est ce qui a perdu tant de peuples libres », p. 437). Cette armée est disciplinée, mais aussi n'a-t-elle guère de questions de conscience à se poser lorsqu'elle combat une armée étrangère. Qu'elle puisse avoir la même obéis-

---

1. J.-M. de Gérando (1772-1842), philosophe et homme politique.

sance aveugle à ses chefs en opérant à l'intérieur du pays, voilà qui est tout différent et odieux : « Pourquoi des soldats qui marchent contre une armée ennemie sont-ils dispensés de tout raisonnement ? C'est que la couleur seule des drapeaux de cette armée prouve avec évidence ses desseins hostiles, et que cette évidence supplée à tout examen. Mais lorsqu'il s'agit des citoyens, cette évidence n'existe pas : l'absence du raisonnement prend alors un tout autre caractère » (p. 437). Par conséquent, pas question d'employer une telle armée lorsqu'il s'agit de maintenir l'ordre à l'intérieur du pays : « Un moyen qui peut asservir toute une nation est trop dangereux pour être employé contre les crimes des individus » *(ibid).* La solution ne saurait consister à interdire toute armée permanente (idée anglaise et américaine[1] que Constant connaît, mais qu'il qualifie de « chimère » de « rêveurs philanthropes », p. 435)[2].

La solution, c'est que l'armée se concentre près des frontières et soit absente de la plus grande partie du territoire national. Et que les deux autres fonctions de force de l'État soient assumées par d'*autres corps,* bien distincts de l'armée, la police, et les différents corps spécialement voués au maintien de l'ordre intérieur.

En Amérique, la police se confond plus ou moins avec les citoyens eux-mêmes, qui sont tenus de prêter main-forte à toute réquisition de l'autorité quand il s'agit de réprimer crimes et délits. Mais ce qui est possible aux *shérifs* du Far West ne l'est pas dans nos « cités populeuses », car « chaque jour cent citoyens seraient arrêtés pour avoir refusé leur concours à l'arrestation d'un seul », et « il faut donc que des hommes salariés se chargent volontairement de ces tristes fonctions »[3]. Il y aura donc une police professionnelle. Mais ce corps ne pourra être aussi dangereux pour les libertés que l'armée de ligne, car il sera, par définition, disséminé sur tout le territoire, et, militairement, il sera présent en quantité négligeable sur chaque portion de celui-ci. Son esprit sera en outre bien différent, puisqu'il ne sera pas une troupe de conquête et n'aura pas de chefs couverts de gloire à qui les soldats sont tentés d'obéir aveuglément. Enfin, pour réprimer les séditions, plus dangereuses que les délits ordinaires puisqu'elles n'impliquent pas des individus mais des groupes, il faudra une troupe encore autre, « la garde nationale, composée de propriétaires et de citoyens ». On peut escompter que cette troupe sera fermement hostile aux rebelles sans être elle-même tentée d'être rebelle au gouvernement légitime[4].

1. Cf. *supra,* p. 303 et 405.
2. Constant observe cependant que l'Angleterre, étant une île, peut plus facilement se passer d'une grande armée perpétuellement sur pied que ne le peuvent des puissances continentales comme la France.
3. Constant poursuit : « C'est un malheur sans doute que de créer une classe d'hommes pour les vouer exclusivement à la poursuite de leurs semblables ; mais ce mal est moins grand que de flétrir l'âme de tous les membres de la société, en les forçant à prêter leur assistance à des mesures dont ils ne peuvent apprécier la justice » (p. 438).
4. Nous n'avons plus de « garde nationale », mais nos « Compagnies républicaines de sécurité », chargées du maintien de l'ordre, sont en effet distinctes tant de l'armée que de la police ordinaire.

En conclusion, Constant veut renvoyer l'armée napoléonienne à ses foyers. Une armée autonome et menaçante n'a pas sa place dans un « État constitutionnel » :

« Recevons nos défenseurs avec reconnaissance, avec enthousiasme ; mais qu'ils cessent d'être soldats pour nous, qu'ils soient nos égaux et nos frères ; tout esprit militaire, toute théorie de subordination passive, tout ce qui rend les guerriers redoutables à nos ennemis, doit être déposé sur la frontière de tout État libre » (p. 440).

Constant a traité la question des pouvoirs *dans* l'État et décrit un « appareil d'État » idéal. Il l'a fait dans un esprit *démocratique*. Il peut en venir maintenant à la question des pouvoirs *de* l'État sur la société, et plus exactement à la délimitation exacte et restrictive de ces pouvoirs. Ce sera la partie *libérale* de la doctrine.

C / Les pouvoirs de l'État. Les libertés de la société civile

1) Propriété et liberté économique

a) *La propriété, « convention » sociale et non droit « naturel »*

Constant énonce d'abord une thèse très importante, qui reprend les découvertes de la tradition anglaise de l'ordre spontané (ou, avant elles, la thèse de Pufendorf) et qui démarque le libéralisme de la vieille scolastique et de la « droite » : la propriété n'est *pas* un « droit naturel », mais une « convention », un produit de l'histoire. Ce produit a été « trouvé » par la société, au fil du temps en raison de son efficacité sociale supérieure :

« La propriété existe de par la société ; la société a trouvé que le meilleur moyen de faire jouir ses membres des biens communs à tous, ou disputés par tous avant son institution, était d'en concéder une partie à chacun, ou plutôt de maintenir chacun dans la partie qu'il se trouvait occuper, en lui en garantissant la jouissance, avec les changements que cette jouissance pourrait éprouver, soit par les chances multipliées du hasard, soit par les degrés inégaux de l'industrie » (p. 441–442).

Mais Constant, comme Hume, pense que ce n'est pas parce que la propriété est une « convention » créée par l'homme, et non un fait de « nature », qu'on peut la manipuler arbitrairement. Cette institution est entrée, dirons-nous, dans la « culture », laquelle a son poids propre et son autonomie :

« La propriété n'est autre chose qu'une convention sociale ; mais de ce que nous la reconnaissons pour telle, il ne s'ensuit pas que nous l'envisagions comme moins sacrée, moins inviolable, moins nécessaire, que les écrivains[1] qui adoptent un autre système » (p. 442).

La propriété occupe donc dans la hiérarchie des droits de l'homme une place tout à la fois légitime et seconde :

« La propriété, en sa qualité de convention sociale, est de la compétence et sous la juridiction de la société. La société possède sur elle des droits qu'elle n'a point sur la liberté, la vie, et les opinions de ses membres »[2] (p. 443).

Mais tous ces « droits de l'homme », bien que hiérarchisés en théorie, sont *de facto* solidaires :

« La propriété est intimement liée à d'autres parties de l'existence humaine, dont les unes ne sont pas du tout soumises à la juridiction collective, et dont les autres ne sont soumises à cette juridiction que d'une manière limitée. La société doit en conséquence restreindre son action sur la propriété, parce qu'elle ne pourrait l'exercer dans toute son étendue sans porter atteinte à des objets qui ne lui sont pas subordonnés » (p. 443-444).

L'État, s'il agit arbitrairement sur la propriété, se place sur une pente dangereuse qui ne peut que déboucher sur la tyrannie :

« L'arbitraire sur la *propriété* est bientôt suivi de l'arbitraire sur les *personnes*. Premièrement parce que l'arbitraire est contagieux ; en second lieu, parce que la violation de la propriété provoque nécessairement la résistance. L'autorité sévit alors contre l'opprimé qui résiste ; et, parce qu'elle a voulu lui ravir un bien, elle est conduite à porter atteinte à la liberté »[3] (p. 444).

---

1. Les jusnaturalistes.
2. Constant, ici, sépare ou du moins hiérarchise la triade (« la vie, la liberté et les biens ») que Locke unissait indissolublement (cf. *supra*, p. 316). Un corollaire important de cette position : les violations à la propriété ne sont pas des violations de la nature, et c'est pourquoi il est « scandaleux », dit Constant, que le vol puisse être mis sur le même plan que le meurtre et, comme tel, puni de mort. Le second attente à la nature, le premier seulement à une convention sociale (*Annexes* aux *Principes de politique*, in *Écrits politiques*, *op. cit.*, p. 578).
3. Finalement, même conclusion pratique que chez Locke. On ne peut pas plus toucher à la *property* de quelqu'un qu'on ne serait fondé à lui arracher un membre. Son *avoir* est partie intégrante de son *être*, et si l'on prétend que l'état social est fait pour protéger l'individu, cette protection doit envelopper ses propriétés tout autant que son corps. Pourquoi donc Constant ajoute-t-il ces nuances et ces complications qui affaiblissent, en un sens, sa thèse ? C'est parce que, sur un plan plus profond, quasiment métaphysique, il ne comprend pas encore clairement la notion de culture, ni l'idée que l'ordre spontané de société est, tout à la fois, un produit de l'histoire et quelque chose qui ne ressortit pas à l'action arbitraire de la volonté humaine. Il ne veut pas renoncer à l'idée métaphysique de « nature », qui lui paraît garantir le *noli tangere* imposé à l'État, mais, comme il est intellectuellement honnête, et qu'il voit bien que les droits de propriété ont été apportés, et progressivement aménagés, par l'histoire, il trouve cette solution boîteuse de hiérarchiser d'abord, en théorie, les droits de l'homme, quitte à les rendre ensuite solidaires en pratique, puisqu'il voit bien, par l'observation des abus du jacobinisme, qu'ils sont véritablement inséparables dans les institutions et dans la logique politique.

b) *L'efficience économique de la propriété*

Mais en quoi la propriété privée s'est-elle révélée « utile » à l'expérience des siècles ? – En ce qu'elle a rendu possible la *division du travail*, avec la productivité que celle-ci détermine.

« L'abolition de la propriété serait destructive de la division du travail, base du perfectionnement de tous les arts et de toutes les sciences » (p. 443),

dit Constant, qui a lu Adam Smith et Jean-Baptiste Say. Par conséquent, tout collectivisme est un facteur de *régression* civilisationnelle :

« La faculté progressive, espoir favori des écrivains que je combats[1], périrait faute de temps et d'indépendance, et l'égalité grossière et forcée qu'ils nous recommandent mettrait un obstacle invincible à l'établissement graduel de l'égalité véritable, celle du bonheur et des lumières »[2] (p. 443).

c) *Les atteintes à la propriété*

Les atteintes à la propriété perpétrées par l'État peuvent être directes : confiscations, réquisitions... Louis XIV a osé justifier ces actes arbitraires par sa fameuse assertion selon laquelle « les rois sont seigneurs absolus et ont naturellement la disposition pleine et libre de tous les biens de leurs sujets »[3]. Les jacobins, puis Napoléon l'ont suivi sur cette voie. Constant n'en parlera pas longuement, parce qu'il estime que ce sont là, malgré tout, des comportements irréguliers, exceptionnels, et qui, d'ailleurs, ont coûté à leurs auteurs plus qu'ils ne leur ont rapporté. La société en effet, connaissant leurs prétentions, protège et cache ses biens, ce qui fait péricliter l'économie et appauvrit d'autant les prédateurs.

Mais d' « autres espèces de spoliations moins directes » méritent plus d'attention, parce qu'elles risquent de devenir une pratique permanente de l'État. Ce sont :

— les *emprunts aux particuliers,* que l'État se permet de ne pas rembourser, ou de rembourser à une valeur inférieure au taux convenu[4] ;

---

1. Les « socialistes » de l'époque, qui ne comprennent pas que le collectivisme qu'ils prônent est incompatible avec le progrès, qu'ils disent par ailleurs désirer.

2. L'égalité devant la loi prônée par le libéralisme induit un jeu où les gains des uns diffèrent de ceux des autres et donc, d'abord, un développement inégal des fortunes. Ce jeu produit néanmoins, à long terme, une certaine égalisation des conditions, et non l'aggravation des inégalités : autre thèse libérale moderne, peut-être nourrie chez Constant par l'exemple américain, et qui distingue la pensée de cet auteur de toute pensée de « droite » reconnaissant comme une fait providentiel la stratification sociale des fortunes.

3. Cf. *supra,* p. 134.

4. Cette première forme de spoliation indirecte passe par des procédés tels que « banqueroutes, réduction des dettes nationales, soit en capitaux, soit en intérêts, le paiement de ces dettes en effets d'une valeur inférieure à leur valeur nominale » (p. 445-446).

— l'*altération des monnaies,* l'*inflation* par la création abusive de monnaie ;
— une *fiscalité* abusive et/ou injuste ;
— les « *mesures rétroactives* contre les enrichis, les chambres ardentes, l'annulation des contrats, des concessions, des ventes faites par l'État à des particuliers » (p. 446).

La doctrine absolutiste justifie plus ou moins toutes ces formes de prédations. Mais Constant affirme le principe libéral selon lequel l'État, en tant qu'acteur économique, doit se comporter comme une personne morale égale en droit, et non supérieure, aux autres personnes juridiques (cf. p. 450).

Beaucoup d'États modernes pratiquent l'emprunt, soit pour faire face aux dépenses extraordinaires[1], soit, comme en Angleterre, au titre de régime normal de financement, l'impôt servant presque uniquement à payer les intérêts de la dette. Constant n'approuve pas ce système parce qu'il crée, à côté de la propriété foncière et de la propriété industrielle, une nouvelle forme de propriété, la possession de titres sur l'État, qui, entre autres défauts, intéresse les propriétaires à l'augmentation des impôts.

Cela étant, dès lors qu'une telle dette publique existe, comment l'État doit-il se comporter ? Il doit évidemment « la respecter scrupuleusement », seul moyen de lui donner « une stabilité qui l'assimile autant que possible aux autres genres de propriété » (p. 447).

Qu'a-t-on vu dans les temps récents ? Que l'État, par diverses manipulations arbitraires, trahissait ses engagements. Avec comme conséquence que, pour se protéger à l'avance, les prêteurs ont fait payer à l'État une *prime de risque,* c'est-à-dire exigé des taux plus élevés ; ou encore, qu'ils ont négocié les bons du Trésor sur le marché, tout ce qu'on appelle « agiotage », comportement qui est absolument normal si l'on considère que la propriété est légitime[2]. Une trou-

---

1. Pour financer ses guerres, Napoléon a essayé d'éviter d'avoir recours aux banquiers, suspects d'être toujours plus ou moins internationaux et « anglais ». Contradiction déjà notée par Kant (et par bien d'autres depuis le Moyen Âge). L'homme de force ne sait pas produire cet argent dont, par ailleurs, il ne peut se passer. Il s'en procure par les moyens de pression qu'il a sur les producteurs qui créent des richesses, et il espère se refaire sur quelque pays conquis. Quand il n'y arrive pas, il tue ses créanciers pour ne pas avoir à les rembourser (Philippe le Bel et les Templiers ...), sauf quand c'est lui-même qui, ayant perdu cette course de vitesse, disparaît de la scène.
2. Début d'un « cercle vicieux » particulièrement fâcheux : parce qu'il n'espère plus être remboursé au juste prix, intérêt et capital, le prêteur vend son titre sur le marché à un prix inférieur à sa valeur nominale, à un acheteur qui espère être remboursé à terme à cette valeur. Mais l'État prend prétexte de ce que l'effet a été échangé à une valeur inférieure à sa valeur nominale pour n'en rembourser qu'une partie ! Cela ruine évidemment le crédit de l'État emprunteur. Du coup, les autres titres seront vendus à un prix encore plus bas, remboursés à un prix encore plus bas, jusqu'à ce que plus personne ne veuille acquérir de tels titres. Alors l'État, qui a toujours de bonnes raisons pour dépenser plus

vaille encore : les prêteurs étant rendus prudents par l'énormité des dettes que l'État doit déjà rembourser, l'État annule arbitrairement une partie de cette dette, déclare par exemple qu'il n'en remboursera que deux tiers (« banqueroute des deux tiers »). Il s'imagine rassurer les prêteurs éventuels, mais il ne fait évidemment qu'augmenter leur suspicion.

Dès lors qu'il se permet de voler ainsi les citoyens, l'État entre sur la voie de l'irresponsabilité et de la corruption :

« Si l'on réduit la dette d'un quart, qui empêche de la réduire d'un tiers, des neuf dixièmes, ou de la totalité ? Quelle garantie peut-on donner à des créanciers, ou se donner à soi-même ? Le premier pas en tout genre rend le second plus facile. Si des principes sévères avaient astreint l'autorité à l'accomplissement de ses promesses, elle aurait cherché des ressources dans l'ordre et l'économie. Mais elle a essayé celles de la fraude, elle a admis qu'elles étaient à son usage : elles le dispensent de tout travail, de toute privation, de tout effort. Elle y reviendra sans cesse, car elle n'a plus pour se retenir la conscience de l'intégrité » (p. 451).

Le peuple est le premier trompé. D'abord parce qu'à côté d'un petit nombre d'hommes habiles qui se sont enrichis au jeu de l'agiotage, d'autres, bien plus nombreux, sont trompés et ruinés. D'autre part, puisque la corruption et le cynisme de l'État le conduisent à prendre des mesures spoliatrices (annuler les marchés, retarder ou refuser les paiements promis...), il provoque des faillites en chaîne.

« On excite, contre quelques noms odieux ou flétris, l'animadversion du peuple ; mais les hommes que l'on dépouille ne sont pas isolés ; ils n'ont pas tout fait pour eux-mêmes ; ils ont employé des artisans, des manufacturiers qui leur ont fourni des valeurs réelles ; c'est sur ces derniers que retombe la spoliation que l'on semble n'exercer que contre les autres, et ce même peuple qui, toujours crédule, applaudit à la destruction de quelques fortunes, dont l'énormité prétendue l'irrite, ne calcule pas que toutes ces fortunes, reposant sur des travaux dont il avait été l'instrument, tendaient à refluer jusqu'à lui, tandis que leur destruction lui dérobe à lui-même le prix de ses propres travaux » (p. 452-453).

d'argent qu'il n'en gagne, doit, pour trouver malgré tout des fonds, en emprunter à des taux usuraires, ce qui nuit évidemment à l'intérêt public et, par ailleurs, fait détester du public les banquiers et autres hommes suffisamment aisés pour prêter à la collectivité. Le mépris haineux dans lesquels l'opinion les tient justifiera que l'État les vole à nouveau, etc. Constant montre très bien l'enchaînement de cette spirale infernale. Préfigurant les analyses des économistes modernes antikeynésiens sur les « anticipations rationnelles » par lesquelles les opérateurs privés se prémunissent contre la spoliation que provoquera l'inflation organisée par le gouvernement, il souligne que l'opérateur privé, non moins capable de calcul que l' « autorité », mais, dit-il, « plus subtil, plus adroit, plus prompt, plus diversifié », est en mesure de se défendre contre les malhonnêtetés de l'État. Il réagit aux « signaux donnés », par exemple en exigeant des taux excessifs, ou en spéculant sur les titres. « L'autorité qui paie un citoyen en valeurs supposées, le force à des paiements semblables » (p. 449).

Bref l'État, dès lors qu'en manipulant de l'argent il ne se conforme pas aux règles normales de toute activité financière, à savoir le respect des propriétés et des contrats, mais se permet, en usant de ses prérogatives souveraines, des pratiques qui, chez des particuliers, seraient qualifiées de vols, d'escroqueries et de banque-routes frauduleuses, compromet l'économie du pays alors même qu'il prétend représenter l'intérêt général.

d) *Les atteintes à la propriété (suite). Les impôts*

L'impôt aussi, dès lors qu'il n'est pas conçu selon de rigoureux principes de justice et d'efficience, est une atteinte à la propriété.

« Tout impôt inutile est une atteinte contre la propriété, d'autant plus odieuse, qu'elle s'exécute avec toute la solennité de la loi, d'autant plus révol-tante que c'est le riche qui l'exerce contre le pauvre, l'autorité en armes contre l'individu désarmé » (p. 454).

L'impôt est aussi un danger pour l'efficience économique :

« Tout impôt, de quelque espèce qu'il soit, a toujours une influence plus ou moins fâcheuse [Constant cite ici Adam Smith], c'est un mal nécessaire, mais comme tous les maux nécessaires, il faut le rendre le moins grand qu'il est pos-sible. Plus on laisse de moyens à la disposition de l'industrie des particuliers, plus un État prospère. L'impôt, par cela seul qu'il enlève une portion quelconque de ces moyens à cette industrie, est infailliblement nuisible » (p. 454).

En outre, la psychologie des hommes de l'État ne diffère pas de celle des particuliers. De même qu'une richesse excessive risque de faire perdre la tête à ceux-ci, la richesse même de l'État invite ceux-là à dépasser la mesure.

« Ce qui a suggéré aux ministères anglais, depuis cinquante ans, des préten-tions si exagérées et si insolentes, c'est la trop grande facilité qu'ils ont trouvée à se procurer d'immenses trésors par des taxes énormes. Le superflu de l'opulence enivre, comme le superflu de la force, parce que l'opulence est une force, et de toutes la plus réelle ; de là des plans, des ambitions, des projets, qu'un ministère qui n'aurait possédé que le nécessaire n'eût jamais formés. Ainsi le peuple n'est pas misérable seulement parce qu'il paie au-delà de ses moyens, mais il est misé-rable encore par l'usage que l'on fait de ce qu'il paie. Ses sacrifices tournent contre lui. Il ne paie plus ses impôts pour avoir la paix assurée par un bon sys-tème de défense. Il en paie pour avoir la guerre, parce que l'autorité, fière de ses trésors, veut les dépenser glorieusement » (p. 455-456).

e) *Les libertés économiques*

Constant a évolué sur la question des libertés économiques. Il ne les admet pleinement au titre des libertés fondamentales qu'en 1818, peut-être parce qu'il les voit à ce moment-là, mieux qu'avant, produire tous leurs fruits.

« Dans l'énumération qui se trouve au commencement de cet ouvrage [les *Principes de politique*] des droits inaliénables des individus, je n'ai pas placé la liberté d'industrie[1]. Cependant, les philosophes les plus éclairés du siècle dernier[2] ont démontré jusqu'à l'évidence l'injustice des restrictions qu'éprouve cette liberté dans presque tous les pays. Ils ont prouvé de même, et tout aussi évidemment à mes yeux, que ces restrictions n'étaient pas moins inutiles et malentendues que contraires à l'équité. »

Si, pendant un temps, Constant n'a pas voulu mettre sur le même plan les libertés économiques et les autres libertés, c'était parce qu'il ne voulait pas risquer de compromettre le libéralisme tout entier en mettant trop en avant le libéralisme économique, encore mal compris de beaucoup. Il n'est plus contraint à la même réserve sous la Restauration, puisque les libertés civiques et politiques sont acquises et que la France connaît une forte croissance économique. Des arguments tirés « des observations et des faits » lui permettent d'affirmer désormais la nécessité absolue de la liberté « industrielle ». Il a compris, en particulier, que si la propriété foncière exprime la « valeur de la chose », la propriété industrielle exprime, elle, la « valeur de l'homme ».

2) *Libertés d'opinion et de presse*

Constant distingue bien le *délit de presse* du *délit d'opinion* : la dernière notion doit être bannie, puisque l'opinion est libre ; la première pose un vrai problème.

a) *Les délits de presse*

Il existe des *délits* de presse :

« Des provocations au meurtre, et à la guerre civile, des invitations à l'ennemi étranger, des insultes directes au chef de l'État, n'ont été permises dans aucun pays » (p. 458-459).

Selon les conceptions constitutionnelles de Constant, le chef de l'État est neutre. Cette neutralité doit être protégée. Si l'on veut que le pouvoir royal « n'agisse pas contre les citoyens », il faut que les citoyens ne puissent agir contre lui.

---

1. Entendons par-là, plus généralement : les libertés économiques, la liberté du commerce, la liberté d'entreprendre.
2. Les physiocrates, Turgot, Smith...

Il faut établir des règles pénales pour réprimer les délits de presse.

« Que les auteurs soient responsables de leurs écrits, quand ils sont publiés, comme tout homme l'est de ses paroles, quand elles sont prononcées ; de ses actions, quand elles sont commises. L'orateur qui prêcherait le vol, le meurtre ou le pillage, serait puni de ses discours. *Donc l'écrivain qui prêche le vol, le meurtre ou le pillage doit être puni* » (p. 460, souligné par C.).

Constant distingue donc bien l'opinion, qui est pensée pure, et la parole directement productrice d'actes délictueux. L'époque moderne, en adoptant des législations qui consacrent cette distinction, a compris

« qu'il valait mieux, en sévissant contre les délits que la parole pouvait avoir amenés, laisser s'évaporer d'ailleurs ce qui ne produisait point de résultat. [...] L'autorité a consacré une distinction qui rend sa juridiction sur la parole plus douce et plus légitime. La manifestation d'une opinion peut, dans un cas particulier, produire un effet tellement infaillible qu'elle doive être considérée comme une action. Alors, si cette action est coupable, la parole doit être punie. Il en est de même des écrits. Les écrits, comme la parole, comme les mouvements les plus simples, peuvent faire partie d'une action. Ils doivent être jugés comme partie de cette action, si elle est criminelle. Mais s'ils ne font partie d'aucune action, ils doivent, comme la parole, jouir d'une entière liberté » (p. 564).

b) *L'État n'a pas la vérité*

Pourquoi l'opinion seule n'est-elle jamais un délit ? Parce qu'on ne peut condamner pénalement l'erreur. En effet, cela supposerait que les hommes censés porter ce jugement puissent prouver qu'ils détiennent, eux, la vérité.

« Vous ne sortirez jamais de ce cercle. Ces hommes auxquels vous confiez le droit de juger des opinions, ne sont-ils pas aussi susceptibles que les autres d'injustice ou du moins d'erreur ? On dirait que les verbes impersonnels ont trompé les écrivains politiques. [...] [Ils disent :] il ne faut pas abandonner les hommes aux divagations de leur esprit ; on doit préserver la pensée des hommes des écarts où le sophisme pourrait l'entraîner. [...] Toutes ces phrases reviennent à dire : des hommes doivent réprimer les opinions des hommes [...] » (p. 566).

Or les censeurs comme les censurés appartiennent à la même « espèce », l'humanité, qui est intellectuellement faillible. Non contente de produire des injustices, la censure va donc en outre empêcher qu'émerge la vérité :

« L'arbitraire que vous vous permettez contre la pensée pourra étouffer les vérités les plus nécessaires aussi bien que réprimer les erreurs les plus funestes » (p. 566).

c) *La liberté de la presse, loin d'attiser les tensions, les apaise*

À ces arguments classiques depuis Milton, repris au même moment par J. S. Mill, Constant en ajoute d'autres (anticipés, au siècle précédent, par les *Mémoires sur la librairie* de Malesherbes), à savoir que la censure augmente paradoxalement les rumeurs, les calomnies, les libelles, donc joue en faveur de l'irrationalité du débat public :

> « Ce sont ces précautions minutieuses contre les écrits, comme contre des phalanges ennemies... qui, en leur attribuant une influence imaginaire, grossissent leur influence réelle » (p. 567).

Il vaut mieux adopter la logique inverse, laisser se dire le vrai et « s'évaporer » l'opinion fausse. La liberté de la presse et de la communication en général, n'augmente pas les tensions sociales et politiques, mais, au contraire, les apaise. Une régulation spontanée s'établit.

> « La liberté répand du calme dans l'âme, de la raison dans l'esprit des hommes qui jouissent sans inquiétude de ce bien inestimable » (p. 569).

Constant illustre cette idée par des exemples historiques précis. Frédéric II (le roi de Prusse « despote éclairé » ami des philosophes et de Voltaire) avait été libéral, et n'eut pas d'oppositions intérieures. Ses successeurs (dont Frédéric-Guillaume II qui censura Kant) provoquèrent au contraire de vives tensions. De même en France :

> « Ce ne fut point la liberté de la presse qui causa le bouleversement de 1789 ; la cause immédiate de ce bouleversement fut, comme on le sait, le désordre des finances, et si, depuis cent cinquante ans, la liberté de la presse eût existé en France ainsi qu'en Angleterre, elle aurait mis un terme à des guerres ruineuses[1], et une limite à des vices dispendieux. Ce ne fut point la liberté de la presse qui enflamma l'indignation populaire contre les détentions illégales et les lettres de cachet ; au contraire, si la liberté de la presse eût existé sous le dernier règne, on aurait su combien ce règne était doux et modéré ; l'imagination n'aurait pas été frappée par des suppositions effrayantes, dont la vraisemblance n'était fortifiée que du mystère qui les entourait. Les gouvernements ne savent pas le mal qu'ils se font en se réservant le privilège exclusif de parler et d'écrire sur leurs propres actes : on ne croit rien de ce qu'affirme une autorité qui ne permet pas qu'on lui réponde ; on croit tout ce qui s'affirme contre une autorité qui ne tolère point d'examen » (p. 569).

---

1. Notamment celles de Louis XIV.

d) *Liberté de la presse et liberté tout court*

Il est capital de comprendre que, si bonne que soit la Constitution, quelque précises et contraignantes – sur le papier – que soient les formes juridiques qui protègent les libertés, ces garanties ne sont rien sans la *publicité*. Pendant la Révolution,

« l'innocence était plongée dans les fers, mais nulle réclamation n'avertissait les citoyens du danger qui les menaçait tous également, les cachots retenaient impunément leurs victimes, à la faveur du silence universel ; la représentation nationale était mutilée, asservie, calomniée, mais l'imprimerie n'étant qu'un instrument du pouvoir, l'empire entier retentissait de ces calomnies, sans que la vérité trouvât une voix qui pût s'élever en sa faveur » (p. 571).

Aujourd'hui, de même, la liberté de la presse peut seule garantir les libertés des citoyens. Un pouvoir intelligent comprendra que, même à lui, cette liberté peut être de la plus grande utilité, dès lors qu'il sait que ses bonnes intentions peuvent être trahies par les agents inférieurs de l'appareil d'État :

« En comprimant la pensée des citoyens timides et scrupuleux, en environnant d'obstacles les réclamations, l'autorité s'entoure elle-même de ténèbres, elle laisse s'invétérer les abus ; elle consacre le despotisme de ses agents les plus subalternes ; car l'absence de la liberté de la presse a ce danger, que les dépositaires supérieurs de la puissance, je veux dire les ministres, peuvent souvent ignorer les attentats de détail qui se commettent (quelquefois aussi cette ignorance est commode). La liberté de la presse remédie à ces deux inconvénients ; elle éclaire l'autorité quand elle est trompée, et de plus elle l'empêche de fermer volontairement les yeux » (p. 571).

e) *Le jugement des délits de presse par jury*

Constant se flatte que la nouvelle constitution va favoriser décisivement la liberté de la presse, puisqu'elle a établi le principe du jugement par jury des délits de presse (cf. p. 457). Ce point paraissait capital en un temps où l'indépendance des juges était sujette à caution. La plupart des délits de presse étant politiques, il fallait et il suffisait qu'ils fussent jugés par des hommes indépendants du gouvernement.

3) *La liberté religieuse*

La religion a, pour Constant, une immense importance, comme le montre la grande œuvre qui devait occuper toute la fin de sa vie. Or l'époque n'est pas encore, en France, à la vraie liberté religieuse, moins encore à l'indépendance réciproque totale de l'Église et de l'État. On n'a connu que religion officielle ou quasi officielle d'un côté, persécution antireligieuse de l'autre. La protection officielle de la religion aboutit cependant, pour Constant, à sa ruine. Car « l'intolérance, en plaçant la force du côté de la foi, a placé le courage du côté du doute ». D'où l'idée suivante : l'athéisme, par exemple celui de d'Holbach, est si nul et si triste qu'il ne tient debout que par la persécution et le conformisme ; supprimez toute contrainte politique sur la religion, l'athéisme s'effondrera, la religion retrouvera son éternel et universel attrait (cf. p. 470-472).

Cela est d'autant plus vrai que les autorités qui veulent imposer la religion, qu'elles croient nécessaire au peuple, ne sont pas elles-mêmes sincèrement croyantes et, dans ce pays voltairien, « trouvent quelque jouissance à mettre le public dans la confidence de leur arrière-pensée » (p. 472). Inutile de dire que ce jeu est perceptible par ledit peuple et produit le contraire des résultats escomptés.

« On compte trop sur la bonhomie du peuple, lorsqu'on espère qu'il croira longtemps ce que ses chefs refusent de croire » (p. 475).

Il faut donc la liberté. Il ne faut même pas que cette liberté soit organisée, au sens où le gouvernement recenserait toutes les religions et opinions professées par les sujets et leur conférerait un statut officiel. Cela fut fait par Joseph II en Autriche, or

« qu'arriva-t-il ? Un culte qu'on avait oublié vint à se montrer tout à coup, et Joseph II, prince tolérant, lui dit qu'il était venu trop tard » (p. 475).

Donc si l'on « tolère » selon ce mode un nombre donné de croyances, on en oubliera toujours quelques-unes qui seront, elles, persécutées, ce qui sera en contradiction avec le principe de tolérance qu'on aura pourtant professé. En réalité, la liberté religieuse ne peut ni ne doit être enfermée dans aucun genre d'administration.

« Cette multitude des sectes dont on s'épouvante, est ce qu'il y a pour la religion de plus salutaire ; elle fait que la religion ne cesse pas d'être un sentiment pour devenir une simple forme, une habitude presque mécanique, qui se combine avec tous les vices, et quelquefois avec tous les crimes. »[1]

Comme Bayle jadis, Constant juge que la multiplicité inorganisée des « sectes » peut produire une émulation, une « heureuse lutte », favorable et à la doctrine et aux mœurs. « C'est ce qu'on peut remarquer en Amérique, et même en Écosse [...] où le presbytérianisme s'est subdivisé en de nombreuses ramifications » (p. 477).

« L'autorité ne doit jamais proscrire une religion même quand elle la croit dangereuse. Qu'elle punisse les actions coupables qu'une religion fait commettre, non comme actions religieuses, mais comme actions coupables » (p. 479).

---

1. « Nous voyons en Italie la messe précéder le meurtre, la confession le suivre, la pénitence l'absoudre, et l'homme ainsi délivré du remords se préparer à des meurtres nouveaux » (p. 476).

D'où de nouveau la conclusion que la liberté est le meilleur remède aux excès de la liberté :

« Le seul moyen d'affaiblir une opinion, c'est d'établir le libre examen » (p. 479).

Constant va au fond des choses. Le vice de toute censure réside dans le fait que l'autorité est une réalité collective et non individuelle : or seul l'individu *pense*. Donc l'autorité est par elle-même un principe d'erreur.

« Qui dit examen libre dit éloignement de toute espèce d'autorité, absence de toute intervention collective : l'examen est essentiellement individuel » (p. 479)[1].

L'intolérance est également néfaste d'où qu'elle vienne, qu'elle proscrive « au nom de la philosophie la superstition spéculative », ou « au nom de Dieu la raison indépendante ». En définitive, « erreur ou vérité, la pensée de l'homme est sa propriété la plus sacrée », il ne faut pas y toucher.

Cependant, Constant admet que l'État salarie les cultes. Il ne va donc pas aussi loin que les Américains qui refusent d'entretenir par des taxes des religions autres que celles auxquelles croient les contribuables.

4) *La sûreté,* l'habeas corpus

Après la propriété, la liberté d'opinion, la liberté de religion, Constant aborde le dernier aspect de la doctrine de la limitation de l'État par les droits de l'homme : la liberté individuelle ou sûreté et ses garanties judiciaires.

a) *Les atteintes à la sûreté*

L'arbitraire fut paré de toutes les vertus par l'absolutisme, non pas en tant que tel, certes, mais parce qu'il paraissait être un moyen d'efficacité. C'est parce qu'on professe travailler pour l'intérêt général et tenir compte des « nécessités » qu'on préfère systématiquement les expédients aux principes. Or,

« bien qu'en précipitant la marche [du gouvernement], [l'arbitraire] lui donne quelquefois l'air de la force, il ôte néanmoins toujours à son action la régularité et la durée » (p. 485).

---

1. Cf. ce que disait Wilhelm von Humbold sur le même sujet, *supra,* p. 563.

En effet,

« l'arbitraire est l'ennemi de toutes les transactions qui fondent la prospérité des peuples ; il ébranle le crédit, anéantit le commerce, frappe toutes les sécurités. Lorsqu'un individu souffre sans avoir été reconnu coupable, tout ce qui n'est pas dépourvu d'intelligence se croit menacé, et avec raison ; car la garantie est détruite, toutes transactions s'en ressentent, la terre tremble... » (p. 484).

On espère toujours que l'arbitraire frappera le voisin et l'on compte se tirer d'affaire, quant à soi, en se soumettant au gouvernement et en restant dans l'ombre. Vaine illusion : l'arbitraire est (par définition) sans limites.

« Vous vous croyez invulnérable dans votre obscurité volontaire ; mais vous avez un fils, la jeunesse l'entraîne ; un frère moins prudent que vous se permet un murmure ; un ancien ennemi, qu'autrefois vous avez blessé, a su conquérir quelque influence. Que ferez-vous alors ? Après avoir avec amertume blâmé toute réclamation, rejeté toute plainte, vous plaindrez-vous à votre tour ? Vous êtes condamné d'avance, et par votre propre conscience, et par cette opinion publique avilie que vous avez contribué vous-même à former. [...] Les institutions politiques ne sont que des contrats ; la nature des contrats est de poser des bornes fixes ; or l'arbitraire étant précisément l'opposé de ce qui constitue un contrat, sape dans sa base toute institution politique » (p. 485).

Parlant d'expérience, Constant redoute particulièrement les peines d'exil prononcées par tous les régimes depuis la Révolution :

« Nul n'a le droit d'exiler un citoyen, s'il n'est pas condamné par un tribunal régulier, d'après une loi formelle qui attache la peine de l'exil à l'action dont il est coupable[1]. Nul n'a le droit d'arracher le citoyen à sa patrie, le propriétaire à ses terres, le négociant à son commerce, l'époux à son épouse, le père à ses enfants, l'écrivain à ses méditations studieuses, le vieillard à ses habitudes. Tout exil politique est un attentat politique. Tout exil prononcé par une assemblée pour de prétendus motifs de salut public est un crime de cette assemblée contre le salut public, qui n'est jamais que dans le respect des lois, dans l'observance des formes, et dans le maintien des garanties » (*De la liberté des anciens...*, p. 608-610).

Comment se protéger de l'arbitraire ? En développant l'État de droit.

« Ce qui préserve de l'arbitraire, c'est l'*observance des formes*. Les formes sont les divinités tutélaires des associations humaines ; les formes sont les seules protectrices de l'innocence, les formes sont les seules relations des hommes entre eux. Tout est obscur d'ailleurs : tout est livré à la conscience solitaire, à l'opinion vacillante. *Les formes seules sont en évidence,* c'est aux formes seules que l'opprimé peut en appeler » (p. 487, n.s.).

---

1. Condition qui n'était certes pas réalisée dans le cas des exils successifs de Mme de Staël (et qui ne le sera pas non plus, soit dit en passant, dans le cas de l'exil des 150 régicides survivants sous la Restauration, dont Sieyès, pas plus que dans celui des familles royales ou impériale sous la IIIᵉ République...). Les remarques de Constant ne sont donc pas anachroniques, mais correspondent à des situations contemporaines réelles.

La Terreur a supprimé toutes les formes[1]. Napoléon en a supprimé beaucoup[2].

L'arbitraire, c'est la possibilité, pour le pouvoir, d'agir autrement que conformément à une loi établie et publique. Certains, qui veulent la liberté et des tribunaux indépendants, admettent une infraction à ce principe pour les affaires de police. Ils manquent d'imagination en ce qu'ils ne voient pas que, proches aujourd'hui du pouvoir, ils pourraient être persécutés demain par la police d'un pouvoir opposé. En outre, ils ne comprennent pas que, dès lors qu'on a des moyens d'action secrets, on peut contrôler et réduire en servitude toutes les institutions publiques. On ne destituera pas un juge rebelle aux intentions du gouvernement, par exemple, et on n'annulera pas directement ses jugements ; mais on lui cherchera querelle sur ses affaires et sa vie privées, ou sur celles de ses proches ; on inventera tous les prétextes, puisqu'on peut invoquer des « raisons secrètes ». Bientôt, sachant ce qui peut se passer, « tous les tribunaux, tous les juges, tous les jurés, tous les accusés » se coucheront[3].

---

1. « L'affreuse loi qui, sous Robespierre, déclara les preuves superflues, et supprima les défenseurs, est un hommage rendu aux formes. Cette loi démontre que les formes, modifiées, mutilées, torturées en tout sens par le génie des factions, gênaient encore des hommes choisis soigneusement entre tout le peuple, comme les plus affranchis de tout scrupule de conscience et de tout respect pour l'opinion » (p. 499-500).

2. Même pendant les Cent-Jours, et alors même que Constant était du nombre de ses conseillers, Napoléon a révélé sa vraie pensée, qui est celle de tous les absolutistes, à savoir qu'il faut couper court aux formes, et que c'est cela que le peuple veut et qu'il absoudra. Un article de la charte avait interdit les confiscations. Cet article n'avait pas été repris par le projet d'Acte additionnel, et, lors d'une séance au Conseil d'État, de nombreuses voix exigèrent son insertion. Mais Napoléon protesta, dans les termes extrêmement instructifs que rapporte Constant dans les *Mémoires sur les Cent-Jours*. « Alors (et c'est la seule fois, je dois ici le dire, où j'ai vu Bonaparte, impatient du frein que l'opinion lui imposait, s'efforcer de nous réduire au silence et de ressaisir malgré nous la tyrannie), alors il se leva, promenant autour de lui des regards de mécontentement et d'irritation : "On me pousse, s'écria-t-il, dans une route qui n'est pas la mienne. On m'affaiblit, on m'enchaîne. La France me cherche et ne me trouve plus. L'opinion était excellente, elle est exécrable. La France se demande ce qu'est devenu le vieux bras de l'Empereur, ce bras dont elle a besoin pour dompter l'Europe. Que me parle-t-on de bonté, de justice abstraite, de lois naturelles ? La première loi, c'est la nécessité ; la première justice, c'est le salut public. On veut que des hommes que j'ai comblés de biens s'en servent pour conspirer contre moi dans l'étranger. Cela ne peut être, cela ne sera pas ; chaque soldat, chaque patriote aurait droit de me demander compte des richesses laissées à ses ennemis. Quand la paix sera faite, nous verrons. À chaque jour sa peine, à chaque circonstance sa loi, à chacun sa nature. Messieurs, je le répète, il faut qu'on retrouve, il faut qu'on revoie le vieux bras de l'Empereur." » Ce qui est extraordinaire dans ce texte, c'est son accent de sincérité. Les masques de l'Acte additionnel sont brutalement jetés. Napoléon n'avait décidément pas foi dans l' « État de droit ».

3. C'est bien ce qui s'est passé en Europe dans tous les pays anciennement civilisés où il y a eu des régimes autoritaires, fascistes ou communistes. Le maintien, dans beaucoup de cas, de formes extérieures régulières, n'a pas empêché la terreur de produire les effets escomptés par le pouvoir.

« Rien n'est à l'abri de l'arbitraire, quand une fois il est toléré. Aucune institution ne lui échappe. Il les annule toutes dans leur base. Il trompe la société par des formes qu'il rend impuissantes » (p. 489).

b) *Les garanties judiciaires*

C'est pourquoi ce n'est pas tout d'affirmer la liberté individuelle, encore faut-il la garantir. Constant demande pour la France l'*habeas corpus* anglais, avec ses garanties institutionnelles précises.

Premier principe pour garantir l'indépendance de la justice (corollaire strict du principe de *rule of law*) : l'inamovibilité des juges, contrepartie nécessaire de la suppression, par la Révolution, de la vénalité des charges. Deuxième principe : les juges seront nommés par le monarque, et non élus. Troisième principe : ils seront suffisamment payés.

D'autre part, il y aura, en matière criminelle, des jurys. Certes, on peut craindre, au début, que des hommes peu instruits et peu habitués aux affaires judiciaires y soient appelés. Mais l'institution même forgera, avec le temps, un peuple capable de la faire vivre.

Enfin, il y aura un droit de grâce du chef de l'État (« Le droit de faire grâce n'est autre chose que la conciliation de la loi générale avec l'équité particulière », p. 501)[1].

Il y aura des juridictions administratives, qui protégeront les individus contre « les ministres, et surtout leurs agents inférieurs ».

En résumé, l'État démocratique et libéral rend possible ce que Constant appelle la liberté des modernes (cf. *infra*), qui se définit ainsi :

« C'est, pour chacun, le droit de n'être soumis qu'aux lois, de ne pouvoir être ni arrêté, ni détenu, ni mis à mort, ni maltraité d'aucune manière, par l'effet de la volonté arbitraire d'un ou de plusieurs individus. C'est, pour chacun, le droit de dire son opinion, de choisir son industrie et de l'exercer ; de disposer de sa propriété, d'en abuser même ; d'aller, de venir, sans en obtenir la permission, et sans rendre compte de ses motifs ou de ses démarches. C'est, pour chacun, le droit de se réunir à d'autres individus, soit pour conférer sur ses intérêts, soit pour professer le culte que lui et ses associés préfèrent, soit simplement pour remplir ses jours et ses heures d'une manière plus conforme à ses inclinations, à ses fantaisies. Enfin, c'est le droit, pour chacun, d'influer sur l'administration du gouvernement, soit par la nomination de tous ou de certains des fonctionnaires, soit par des représentations, des pétitions, des demandes, que l'autorité est plus ou moins obligée de prendre en considération » (*De la liberté des anciens...*, éd. Gauchet, p. 593-594).

Voilà « ce que de nos jours un Anglais, un Français, un habitant des États-Unis de l'Amérique entendent par le mot de liberté » – Constant, qui a beaucoup voyagé, voit bien que cette civilisation libérale est un patrimoine commun des nations occidentales.

---

1. Principe refusé par Humboldt, partisan plus sévère de la *rule of law*, cf. *supra*, p. 560.

II — DE L'ESPRIT DE CONQUÊTE
ET DE L'USURPATION DANS LEURS RAPPORTS
AVEC LA CIVILISATION EUROPÉENNE[1]

De l'Esprit de conquête est dirigé contre Napoléon et son régime militaire. Certaines des analyses de Constant, ici, anticipent les analyses modernes du totalitarisme.

1) *La préférence pour la paix*

L'idée fondamentale de Constant est que *les peuples modernes préfèrent la paix,* parce qu'ils comprennent que la prospérité et le bonheur, qu'ils cherchaient aux temps barbares par la guerre, ils peuvent l'obtenir maintenant par l'industrie et le commerce[2].

La conquête n'est plus possible de nos jours, parce qu'elle n'est plus dans l'esprit du temps. Napoléon, qui a voulu faire des guerres de conquête, est condamné à l'échec. À lui comme à tous ceux qui essaient de forcer le destin, sont promis les désastres et l'oubli, ou du moins « il ne reste de leurs entreprises que les crimes qu'ils ont commis et les souffrances qu'ils ont causées » (p. 123). En effet,

« la durée de la toute-puissance dépend de la proportion qui existe entre son esprit et son époque... Malheur donc à ceux qui, se croyant invincibles, jettent le gant à l'espèce humaine, et prétendent opérer par elle (car ils n'ont pas d'autre instrument) des bouleversements qu'elle désapprouve, et des miracles qu'elle ne veut pas » (p. 123-124).

Il est exact que la guerre a des vertus. Constant ne veut pas paraître les ignorer, et donc il les énonce – mais c'est sans doute pour renforcer d'autant les thèses « pacifistes » qu'il avancera juste après :

« Il n'est pas vrai que la guerre soit toujours un mal. À de certaines époques de l'espèce humaine, elle est dans la nature de l'homme. Elle favorise alors le développement de ses plus belles et de ses plus grandes facultés. Elle lui ouvre un trésor de précieuses jouissances. Elle le forme à la grandeur d'âme, à l'adresse, au

---

1. Texte publié en 1814, juste avant la Première Restauration.
2. Guerre et production économique s'excluent mutuellement. C'est l'idée formulée au même moment, ou un peu avant, par Saint-Simon, cf. *infra,* p. 863. L'idée biblique et messianique qu'il existe un devoir moral pour l'humanité de faire advenir la paix, ou que la guerre n'est pas une activité normale de l'humanité, est systématisée aux Temps modernes notamment par l'abbé de Saint-Pierre, Condorcet, Kant, Humboldt.

sang-froid, au courage, au mépris de la mort, sans lequel il ne peut jamais se répondre qu'il ne commettra pas toutes les lâchetés et bientôt tous les crimes. La guerre lui enseigne des dévouements héroïques, et lui fait contracter des amitiés sublimes. Elle l'unit de liens plus étroits, d'une part à sa patrie, et de l'autre à ses compagnons d'armes » (p. 127).

Mais cela n'empêche pas que l'humanité ait trouvé mieux que la guerre : le *commerce*.

2) *Guerre* versus *commerce*

On fait parfois remonter l'opposition guerre-commerce à l'*Essai politique sur le commerce* de J.-F. Melon (1734), qui écrivait : « L'esprit de conquête et l'esprit de commerce s'excluent mutuellement dans une nation. »[1] Des auteurs cités par Constant, comme C. de Pauw, auteur des *Recherches philosophiques sur les Grecs* (1787-1788), personnalisent cette opposition en stigmatisant la guerrière Sparte (et généralement parlant les « peuples militaires ») et en louant, par opposition, la commerçante Athènes. Thomas Paine (dans *Droits de l'homme*, 1792) ajoute que guerre et commerce engendrent deux types opposés de pouvoir politique, l'un qui est centré sur lui-même, met la société à son service, la referme sur les « préjugés nationaux », l'autre qui est au service de la société et l'ouvre à l'universel[2].

Voici les arguments que Constant, quant à lui, met en avant :

« Nous sommes arrivés à l'époque du commerce, époque qui doit nécessairement remplacer celle de la guerre, comme celle de la guerre a dû nécessairement la précéder. La guerre et le commerce ne sont que des moyens différents d'arriver au même but : celui de posséder ce qu'on désire. Le commerce n'est autre chose qu'un hommage rendu à la force du possesseur par l'aspirant à la possession. C'est une tentative pour obtenir de gré à gré ce qu'on n'espère plus conquérir par la violence. Un homme qui serait toujours le plus fort n'aurait jamais l'idée du commerce. C'est l'expérience qui, en lui prouvant que la guerre, c'est-à-dire l'emploi de la force contre la force d'autrui, est exposée à diverses résistances et à divers échecs, le porte à recourir au commerce, c'est-à-dire à un moyen plus doux et plus sûr d'engager l'intérêt des autres à consentir à ce qui convient à son intérêt. La guerre est donc antérieure au commerce. L'une est l'impulsion sauvage, l'autre le calcul civilisé. Il est clair que plus la tendance commerciale domine, plus la tendance guerrière doit s'affaiblir » (p. 130).

---

1. Cité par Marcel Gauchet, p. 767. Mais il faut remonter bien plus haut : à Xénophon (cf. *HIPAMA*, p. 187) et même à Hésiode (cf. *HIPAMA*, p. 36). Aux Temps modernes, l'idée que l'échange commercial est une alternative à la prédation, moralement et socialement supérieure à celle-ci même si elle poursuit les mêmes fins « égoïstes », est une idée classique de la tradition libérale : nous l'avons rencontrée chez Pieter de La Court, Boisguilbert, Mandeville, Hume, Smith, etc.
2. Nous avons déjà vu la version que donne de cette opposition Spencer (*supra*, p. 588), et nous verrons une version encore différente chez Saint-Simon (*infra*, p. 864).

Le développement du commerce augmente les résistances à la guerre.

« Le commerce a modifié jusqu'à la nature de la guerre. Les nations mercantiles étaient autrefois toujours subjuguées par les peuples guerriers. Elles leur résistent aujourd'hui avec avantage. Elles ont des auxiliaires au sein de ces peuples mêmes. Les ramifications infinies et compliquées du commerce ont placé l'intérêt des sociétés hors des limites de leur territoire ; et l'esprit du siècle l'emporte sur l'esprit étroit et hostile qu'on voudrait parer du nom de patriotisme » (p. 131-132).

À l'intérieur même des nations, le développement des mœurs commerciales met en échec les manies interventionnistes de l'État et diminue la légitimité de ses interventions parce qu'il crée une véritable sphère de vie sociale autonome :

« Le commerce rend l'action de l'arbitraire sur notre existence plus vexatoire qu'autrefois, parce que nos spéculations étant plus variées, l'arbitraire doit se multiplier pour les atteindre ; mais le commerce rend aussi l'action de l'arbitraire plus facile à éluder, parce qu'il change la nature de la propriété, qui devient, par ce changement, insaisissable » (*De la liberté des anciens*, p. 614).

En effet, il est facile de tenir un propriétaire foncier, alors que la richesse mobilière est, par définition, mobile, y compris à travers les frontières. Or « la circulation met un obstacle invisible et invincible à l'action du pouvoir social ». Les gouvernements despotiques ont besoin, pour faire leurs guerres, de crédit, qu'ils n'obtiennent pas si les gens qui ont de l'argent ne leur font pas confiance, ce qui oblige les gouvernants à les respecter (« Pour obtenir les faveurs de la richesse, il faut la servir »). Voilà, à leur tour, les gouvernements rendus « dépendants » du commerce.

3) *Le militarisme*

La guerre, soutient Constant, est nécessairement immorale et corruptrice. En effet, les valeurs morales sont celles qui permettent à une société de durer. Comme la guerre apporte des changements si radicaux et soudains que rien de ce qu'on connaît ne paraît devoir durer, toute morale devient inutile et dérisoire. Donc toute guerre de pure conquête est, de soi, corruptrice. Ce schéma général s'applique à la guerre napoléonienne, qui ne s'inscrit pas dans une vision durable de la société, qui va de bataille en bataille, sans perspective d'avenir, qui est donc stérile dans la victoire comme dans la défaite.

De plus, cette guerre d'un nouveau genre fait de l'armée un corps « distinct du peuple par son esprit », rendant un culte à la force seule, méprisant les civils. Constant définit comme suit l'esprit « militariste » :

> « La classe désarmée paraît [aux militaires] un ignoble vulgaire ; les lois, des subtilités inutiles ; les formes, d'insupportables lenteurs. Ils estiment par-dessus tout, dans les transactions, comme dans les faits guerriers, la rapidité des évolutions. L'unanimité leur semble nécessaire dans les opinions, comme le même uniforme dans les troupes. L'opposition leur est un désordre, le raisonnement une révolte, les tribunaux des conseils de guerre, les juges des soldats qui ont leur consigne, les accusés des ennemis, les jugements des batailles » (p. 143).

Fort heureusement, les Français, qui se sont battus de façon patriotique au début de la Révolution, quand il leur semblait que leur pays était menacé et qu'ils étaient en état de légitime défense, ont « marché » de moins en moins dans les guerres napoléoniennes, et « malgré tous les efforts de leur chef, [ils] sont restés et resteront toujours loin du terme vers lequel il les entraîne » (p. 138).

4) *Propagande, « langue de bois »*

Comme les peuples modernes ne sont pas spontanément guerriers, Napoléon ne peut se comporter avec ses soldats comme Attila se comportait avec ses Huns, de l' « impulsion » desquels il était l'organe. Napoléon doit, lui, pratiquer la *propagande,* le *mensonge* (et plus précisément, à en juger par les exemples que Constant va donner, le *sophisme* et ce qu'on appellerait aujourd'hui la « langue de bois », typique des totalitarismes) :

> « Tout en s'abandonnant à ses projets gigantesques, le gouvernement n'oserait[1] dire à sa nation : "Marchons à la conquête du monde." Elle lui répondrait d'une voix unanime : "Nous ne voulons pas la conquête du monde." Mais il parlerait de l'indépendance nationale, de l'honneur national, de l'arrondissement des frontières, des intérêts commerciaux, des précautions dictées par la prévoyance ; que sais-je encore ? Car il est inépuisable, le vocabulaire de l'hypocrisie et de l'injustice. Il parlerait de l'indépendance nationale, comme si l'indépendance d'une nation était compromise, parce que d'autres nations sont indépendantes. Il parlerait de l'honneur national, comme si l'honneur national était blessé, parce que d'autres nations conservent leur honneur. Il alléguerait la nécessité de l'arrondissement des frontières, comme si cette doctrine, une fois admise, ne bannissait pas de la terre tout repos et toute équité. Car c'est toujours en dehors qu'un gouvernement veut arrondir ses frontières. Aucun n'a sacrifié, que l'on sache, une portion de son territoire pour donner au reste une plus grande régularité géométrique. [...] Ce gouvernement invoquerait les intérêts du commerce, comme si c'était servir le commerce que dépeupler un pays de sa

---

1. Ce curieux conditionnel est dû à la crainte de la censure. Il est clair que tout ce que dit ici Constant est pensé à l'indicatif.

jeunesse la plus florissante, arracher les bras les plus nécessaires à l'agriculture, aux manufactures, à l'industrie, élever entre les autres peuples et soi des barrières arrosées de sang »[1] (p. 148-149).

N'a-t-on pas dit, cependant, que les guerres de la Révolution et de l'Empire étaient inspirées par un idéal, celui de délivrer les pays voisins de leurs gouvernements féodaux, donnés comme illégitimes et tyranniques ? Constant répond :

> « Avec ce prétexte, on a porté la mort chez des hommes dont les uns vivaient tranquilles sous des institutions adoucies par le temps et l'habitude, et dont les autres jouissaient, depuis plusieurs siècles, de tous les bienfaits de la liberté »[2] (p. 149).

Ici Constant détruit par avance les mythes nationalistes qui séviront pourtant bien plus après lui que de son temps même. Il insiste sur le caractère mythique, irrationnel, sur la *régression intellectuelle* que constitue le discours nationaliste. L'autorité, pour parvenir à ses fins, doit en effet

> « s'efforcer de bannir toute logique de l'esprit des uns, comme elle aurait tâché d'étouffer toute humanité dans le cœur des autres ; tous les mots perdraient leur sens ; celui de modération présagerait la violence ; celui de justice annoncerait l'iniquité. Le droit des nations deviendrait un code d'expropriation et de barbarie »[3] (p. 150).

Ainsi, le mythe militaro-nationaliste compromet « les lumières de plusieurs siècles », fait « reculer » l'humanité « vers ces temps de dévastation qui nous semblaient l'opprobre de l'histoire ».

Comme la propagande ne suffit pas, on emploie l'espionnage et la délation, on fait trahir le père par le fils, le fils par le père, on divise les familles (ressource, en effet, de tous les despotismes), « on lâche des sbires comme des loups féroces dans les cités et les campagnes pour poursuivre et pour enchaîner des fugitifs innocents aux yeux de la morale et de la nature »[4] (p. 152) et, finalement, pour entraîner les troupes, on va jusqu'à les enivrer et à les encourager à se livrer à la débauche dans les pays conquis. « C'est ce qu'on appelle raviver l'esprit public. »

Dernière conséquence désastreuse du développement de ce nouveau genre de discours politique : la corruption des gouvernements corrompt les gouvernés.

---

1. Ici Constant cite Jean-Baptiste Say : « La guerre coûte plus que ses frais : elle coûte tout ce qu'elle empêche de gagner » (*Cours d'économie politique*, V, 8).
2. Constant pense à son pays natal, la Suisse, ainsi qu'à la Savoie, la Belgique, l'Allemagne rhénane, l'Italie, etc., et, à la fin de la phrase, à l'Angleterre, non envahie, mais chez qui aussi on a « porté la mort ».
3. Anticipation des analyses modernes de la «langue de bois», de la «novlangue » (Orwell)...
4. Allusion à la conscription forcée, qui prit des formes policières extrêmement violentes dans les dernières années du règne de Napoléon.

« Des sujets qui soupçonnent leurs maîtres de duplicité et de perfidie se forment à la perfidie et à la duplicité : celui qui entend nommer le chef qui le gouverne un grand politique, parce que chaque ligne qu'il publie est une imposture, veut être à son tour un grand politique dans une sphère plus subalterne ; la vérité lui semble niaiserie, la fraude habileté. Il ne mentait jadis que par intérêt : il mentira désormais par intérêt et par amour-propre. [...] Et si cette contagion gagne un peuple [...] [si chacun craint] par-dessus tout de passer pour dupe, la morale privée tardera-t-elle à être engloutie dans le naufrage de la morale publique ? » (p. 150-151).

5) *L'éducation sacrifiée à la guerre*

D'ailleurs la conscription rend le pays stupide en interrompant le cours normal de l'éducation.

« Condamner, sans une nécessité absolue, à l'habitation des camps ou des casernes les jeunes rejetons de la classe éclairée, dans laquelle résident, comme un dépôt précieux, l'instruction, la délicatesse, la justesse des idées, et cette tradition de douceur, de noblesse et d'élégance qui seule nous distingue des barbares, c'est faire à la nation tout entière un mal que ne compensent ni ses vains succès ni la terreur qu'elle inspire, terreur qui n'est pour elle d'aucun avantage. Vouer au métier de soldat le fils du commerçant, de l'artiste, du magistrat, le jeune homme qui se consacre aux sciences, à l'exercice de quelque industrie difficile et compliquée : c'est lui dérober tout le fruit de son éducation antérieure » (p. 154-155).

6) *La rébellion intérieure du peuple*

Mais le peuple, même abusé par la propagande, comprend un jour que la gloire militaire n'intéresse que les chefs et ne profite qu'à eux. Aussi devient-il intérieurement rebelle et − conséquence horrible, mais à mettre à la charge du despotisme − il va jusqu'à souhaiter la défaite de l'armée nationale.

« Le succès n'est qu'un météore qui ne vivifie rien sur son passage. À peine lève-t-on la tête pour le contempler un instant. Quelquefois même on s'en afflige comme d'un encouragement donné au délire. On verse des larmes sur les victimes, mais on désire les échecs. »

7) *L'uniformité. Critique « épistémologique » du jacobinisme et du bonapartisme*

Jacobinisme et despotisme napoléonien se sont trouvés d'accord sur le principe d'*uniformité* : haine et méfiance à l'égard de tout ce qui dépasse, tout ce qui est singulier, « tout ce qui frappe l'imagination et tout ce qui parle à la mémoire ».

« Les conquérants de nos jours, peuples ou princes, veulent que leur empire ne présente qu'une surface unie, sur laquelle l'œil superbe du pouvoir se promène, sans rencontrer aucune inégalité qui le blesse ou borne sa vue. Le même code, les mêmes mesures, les mêmes règlements, et, si l'on peut y parvenir graduellement, la même langue : voilà ce qu'on proclame la perfection de toute organisation sociale » (p. 162).

Les deux despotismes détestent les « corps intermédiaires » :

« Les intérêts et les souvenirs qui naissent des habitudes locales contiennent un germe de résistance que l'autorité ne souffre qu'à regret, et qu'elle s'empresse de déraciner. Elle a meilleur marché des individus ; elle roule sur eux sans efforts son poids énorme, comme sur du sable » (p. 165).

Or les traditions sont un bien que l'esprit d'uniformité fait perdre :

« *Mais chaque génération,* dit l'un des étrangers qui a le mieux prévu nos erreurs dès l'origine[1], *chaque génération hérite de ses aïeux un trésor de richesses morales, trésor invisible et précieux qu'elle lègue à ses descendants.* La perte de ce trésor est pour un peuple un mal incalculable » (p. 165).

Il y a en effet un « esprit des lois » que le législateur volontariste ne peut supprimer, ni enfreindre, ni remplacer. Constant reprend à son compte l'analyse de Montesquieu et l'essentiel des arguments épistémologiques de Hume ou de Burke en faveur des traditions et des « préjugés ». L'homme, dit-il,

« arrange, d'après les défauts mêmes [des institutions qu'il trouve établies], ses intérêts, ses spéculations, tout son plan de vie. Ces défauts s'adoucissent, parce que toutes les fois qu'une institution dure longtemps, il y a transaction entre elles et les intérêts de l'homme. Ses relations, ses espérances se groupent autour de ce qui existe. Changer tout cela, même pour le mieux, c'est lui faire mal » (p. 167).

Constant énonce à ce sujet des principes très généraux : « La variété, c'est de l'organisation ; l'uniformité, c'est du mécanisme. La variété, c'est la vie ; l'uniformité, c'est la mort » (p. 168).

Reprenant les analyses des *Principes de politique,* Constant oppose jacobinisme à girondinisme :

« On parle sans cesse du grand empire, de la nation entière, notions abstraites, qui n'ont aucune réalité. Le grand empire n'est rien, quand on le conçoit à part des provinces ; la nation n'est rien, quand on la sépare des fractions qui la composent. C'est en défendant les droits des fractions que l'on défend les droits de la nation entière » (p. 169).

---

1. Ce pourrait être Burke, mais Constant pense ici à un certain A. W. Rehberg, un juriste allemand qu'il avait rencontré, auteur d'un livre sur le Code Napoléon paru en 1813. Rehberg était d'ailleurs un émule de Burke (d'après Gauchet, p. 770).

Il s'en prend à l'artificialisme du jacobinisme-bonapartisme :

« Il ne faut pas se le déguiser, les grands États ont de grands désavantages. Des lois partent d'un lieu tellement éloigné de ceux où elles doivent s'appliquer, que des erreurs graves et fréquentes sont l'effet inévitable de cet éloignement. Le gouvernement prend l'opinion de ses alentours, ou, tout au plus, du lieu de sa résidence pour celle de tout l'Empire[1]. Une circonstance locale ou momentanée devient le motif d'une loi générale. Les habitants des provinces les plus reculées sont tout à coup surpris par des innovations inattendues, des rigueurs non méritées, des règlements vexatoires, subversifs de toutes les bases de leurs calculs et de toutes les sauvegardes de leurs intérêts, parce qu'à deux cents lieues, des hommes, qui leur sont totalement étrangers, ont cru pressentir quelques périls, deviner quelque agitation, ou apercevoir quelque utilité » (p. 170).

Le problème ne se limite pas à cette inadaptation des principes artificiellement inventés à la logique immanente du jeu social concret ; il est aussi que le pouvoir, constatant que les mesures décidées ne produisent pas l'effet désiré, va être conduit, par une pente fatale (puisqu'elle est logique de son point de vue) à les imposer par la coercition. L'artificialisme débouche sur le despotisme.

8) *La « niaiserie » du machiavélisme*

Un conquérant moderne n'a aucune chance de conserver ses conquêtes dans la durée. Car il a commencé par violer tous les principes, toutes les valeurs ; donc tous les hommes, tous les peuples se coaliseront tôt ou tard contre lui. Il subira alors un échec que son machiavélisme même ne l'aura pas préparé à comprendre.

« Le conquérant verrait[2] alors qu'il a trop présumé de la dégradation du monde. Il apprendrait que les calculs fondés sur l'immoralité et sur la bassesse, ces calculs dont il se vantait naguère comme d'une découverte sublime, sont aussi incertains qu'ils sont étroits, aussi trompeurs qu'ils sont ignobles. Il riait de la niaiserie de la vertu, de cette confiance en un désintéressement qui lui paraissait une chimère, de cet appel à une exaltation dont il ne pouvait concevoir ni les motifs ni la durée, et qu'il était tenté de prendre pour l'accès passager d'une maladie soudaine. Maintenant il découvre que l'égoïsme a aussi sa niaiserie, qu'il n'est pas moins ignorant sur ce qui est bon que l'honnêteté sur ce qui est mauvais ; et que, pour connaître les hommes, il ne suffit pas de les mépriser. L'espèce humaine lui devient une énigme. On parle autour de lui de générosité, de sacrifices, de dévouement. Cette langue étrangère étonne ses oreilles ; il ne sait pas négocier dans cet idiome. Il demeure immobile, consterné de sa méprise, exemple mémorable du machiavélisme dupe de sa propre corruption » (p. 173-174).

---

1. Constant écrit cela à un moment où l'Empire napoléonien dépasse de loin les limites actuelles de la France.
2. Sur ce conditionnel, cf. *supra,* p. 660, n. 1.

En conclusion, « les nations commerçantes de l'Europe moderne, industrieuses, civilisées, placées sur un sol assez étendu pour leurs besoins, ayant avec les autres peuples des relations dont l'interruption devient un désastre, n'ont rien à espérer des conquêtes » (p. 176). Il faut donc stigmatiser l'irresponsabilité des intellectuels qui, du fond de leurs cabinets obscurs,

« vantent, tantôt la démagogie, tantôt le despotisme, tantôt le carnage, lançant, pour autant qu'il est en eux, tous les fléaux de l'humanité, et prêchant le mal, faute de pouvoir le faire » (p. 177).

Cette exaltation des capitaines et des bellicistes se fait aux dépens du peuple.

« Je me suis demandé quelquefois ce que répondrait l'un de ces hommes qui veulent renouveler Cambyse[1], Alexandre ou Attila, si son peuple prenait la parole, et s'il lui disait : "La nature vous a donné un coup d'œil rapide, une activité infatigable, un besoin dévorant d'émotions fortes, une soif inextinguible de braver le danger pour le surmonter, et de rencontrer des obstacles pour les vaincre. Mais est-ce à nous à payer le prix de ces facultés ? N'existons-nous que pour qu'à nos dépens elles soient exercées ? Ne sommes-nous là que pour vous frayer de nos corps expirants une route vers la renommée ! Vous avez le génie des combats : que nous fait votre génie ? Vous vous ennuyez dans le désœuvrement de la paix : que nous importe votre ennui ? [...] Vous êtes... d'un autre climat, d'une autre terre, d'une autre espèce que nous. Apprenez la civilisation, si vous voulez régner à une époque civilisée" » (p. 177-178).

À ces despotes, qui sacrifient le bonheur et la prospérité des peuples, il convient de résister. L'excuse consistant à dire qu'on a été entraîné n'est pas valable : « Il ne suffit pas de se dire contraint pour être excusable » (p. 174).

III — DE LA LIBERTÉ DES ANCIENS
COMPARÉE À CELLE DES MODERNES[2]

1) *L'absence de « liberté civile » chez les Anciens*

Il y a, dit Constant, une conception « ancienne » et une conception « moderne » de la liberté. La conception moderne est la

---

1. Sur le roi perse fou Cambyse, cf. *HIPAMA*, p. 69.
2. Discours prononcé à l'Athénée royal de Paris, 1819.

conception libérale exposée ci-dessus[1]. Quant aux Anciens, ils avaient seulement une liberté « politique », consistant à

« exercer collectivement, mais directement, plusieurs parties de la souveraineté tout entière, à délibérer, sur la place publique, de la guerre et de la paix, à conclure avec les étrangers des traités d'alliance, à voter les lois, à prononcer les jugements, à examiner les comptes, les actes, la gestion des magistrats... » (*De la liberté des anciens...*, p. 594).

En revanche, ils n'avaient pas la liberté individuelle « civile » des modernes, ni ne sentaient la nécessité de l'avoir :

« Ils admettaient [...] l'assujettissement complet de l'individu à l'autorité de l'ensemble. [...] Toutes les actions privées sont soumises à une surveillance sévère. Rien n'est accordé à l'indépendance individuelle, ni sous le rapport des opinions, ni sous celui de l'industrie, ni surtout sous le rapport de la religion » (*ibid.*).

Constant admet cependant que, de tous les États anciens, Athènes est celui qui a le plus ressemblé aux modernes. Et il cite Xénophon, dont nous avons vu, en effet, les conceptions libérales étonnamment « modernes »[2]. Il n'en persiste pas moins dans son jugement général : même à Athènes, il n'y a pas vraiment de libertés modernes (il n'y a aucune liberté religieuse ; l'esclavage règne ; et c'est à Athènes qu'on a créé l'ostracisme).

Hayek[3] a critiqué cette thèse de Constant. Les Anciens connaissaient, ou ont connu à certaines périodes, un véritable régime de liberté individuelle, ce dont Hayek voit des signes dans maints écrits des théoriciens et, également, dans les données de l'épigraphie (les décrets d'affranchissements d'esclaves, dont on a trouvé de grandes quantités, par exemple à Delphes, leur confèrent la « liberté », c'est-à-dire, est-il explicitement précisé dans les inscriptions, la liberté d'*aller et venir,* de *choisir leur lieu d'habitation,* de *choisir leur activité économique*).

La position de Constant ne va pas sans contradictions. Il admet qu'il y a eu des peuples commerçants dans l'Antiquité classique. C'est donc qu'on a bien dû y pratiquer la liberté individuelle et qu'il y a existé une « société civile » plus ou moins distincte de l'espace public de la Cité et affranchie de ses contraintes et de ses contrôles. Il dit, d'autre part, que les cités antiques sont plus petites que n'importe quel État européen moderne : il oublie seulement Rome, et même les royaumes hellénistiques, grands États pluri-ethniques où le pouvoir était terrible certes, mais lointain et sans grands moyens de contrôle et où, donc, la liberté individuelle a pu être très grande[4]. D'ailleurs ce n'est pas un hasard si,

---

1. Que Constant a résumée par le texte déjà cité, *supra,* p. 656.
2. Cf. *HIPAMA*, p. 166-187.
3. Cf. *The Constitution of Liberty*, Routledge & Kegan Paul, 1960, p. 164 et 459.
4. Voir, dans *HIPAMA*, le chapitre sur Ælius Aristide (p. 407-412), et celui sur les épicuriens affranchis des contraintes de la cité (p. 223-224).

pour prouver l'absence de liberté individuelle chez les Anciens, Constant ne cite, à part l'exemple de la censure romaine, que des exemples spartiates (cf. *De la liberté des anciens...*, p. 594). Or Sparte, nous le savons, est une exception parmi les cités grecques classiques.

Ceci ne diminue pas la valeur des réflexions de Constant sur les libertés *politiques* respectives des États anciens et modernes.

2) *La fatale erreur de Rousseau et de la Révolution française*

La Révolution a voulu donner aux Modernes le même genre de liberté qu'avaient les Anciens, à savoir la liberté politique, et elle n'a pas compris que ce qu'ils voulaient, c'était toujours plus de liberté civile. Les leaders révolutionnaires ont voulu faire une révolution *démocratique,* alors que l'opinion publique voulait une révolution *libérale.* Les révolutionnaires ont tué la liberté des Modernes, qui était en train de se généraliser, par un retour intempestif, anachronique, brutal et artificiel, de la liberté des Anciens ; ce qui revient à dire qu'ils ont tué la liberté par la démocratie.

Les révolutionnaires ont, à cet égard, suivi deux maîtres d'erreur, *Rousseau* et *Mably*, qui avaient, « d'après les anciens[1], pris *l'autorité du corps social* pour la *liberté* ».

« Ils crurent que tout devait encore céder devant la volonté collective, et que toutes les restrictions aux droits individuels seraient amplement compensées par la participation au pouvoir social » (*De la liberté des anciens...*, p. 607-608).

Nous verrons en effet que Rousseau considère les Anglais comme des « esclaves », au motif qu'ils n'ont pas le temps de venir tous les jours à Londres discuter des affaires publiques et voter la loi[2]. Il réduit donc entièrement la liberté à la liberté politique, ce qui veut dire, pour parler clair, que Rousseau n'a aucun sens de la liberté civile, qu'il ne sent pas la nécessité et le prix de l'indépendance individuelle par rapport à l'État. À Mably[3], de son côté,

« tous les moyens paraissaient bons pour étendre l'action de [l'autorité politique] sur cette partie récalcitrante de l'existence humaine dont il déplorait l'indépendance. Le regret qu'il exprime partout dans ses ouvrages, c'est que la loi ne puisse atteindre que les actions. Il aurait voulu qu'elle atteignît les pen-

---

1. Constant, *fair play*, concède en effet aux révolutionnaires d'avoir été abusés par l'excès même de leur culture classique (p. 607). C'est faire preuve de beaucoup d'indulgence, au moins pour les conventionnels montagnards dont fort peu, aux dires de Sieyès, étaient cultivés.
2. Cf. *infra,* p. 837-838.
3. Sur Mably, cf. *infra,* p. 796-797.

sées, les impressions les plus passagères, qu'elle poursuivît l'homme sans relâche et sans lui laisser un asile où il pût échapper à son pouvoir. À peine apercevait-il, chez n'importe quel peuple, une mesure vexatoire, qu'il pensait avoir fait une découverte, et qu'il la proposait pour modèle ; il détestait la liberté individuelle comme on déteste un ennemi personnel ; et dès qu'il rencontrait dans l'histoire une nation qui en était bien complètement privée, n'eût-elle point de liberté politique, il ne pouvait s'empêcher de l'admirer. Il s'extasiait sur les Égyptiens[1], parce que, disait-il, tout chez eux était réglé par la loi jusqu'aux délassements, jusqu'aux besoins ; tout pliait sous l'empire du législateur ; tous les moments de la journée étaient remplis par quelque devoir. L'amour même était sujet à cette intervention respectée, et c'était la loi qui, tour à tour, ouvrait et fermait la couche nuptiale » (*De la liberté des anciens...*, p. 605-606).

Ainsi, Constant a parfaitement démonté l'erreur consistant à confondre la question de la dévolution des pouvoirs *dans* l'État et celle des nécessaires limites du pouvoir *de* l'État. C'est l'erreur de tous les « socialismes démocratiques », qui consiste à croire que, dès lors que chacun participe au pouvoir, il importe peu que le pouvoir lui-même soit illimité et puisse contrôler tous les aspects de la vie sociale.

3) *La solution : le régime représentatif*

Or, loin qu'il faille sacrifier la liberté individuelle à la liberté politique, il faut « apprendre à combiner l'une avec l'autre les deux espèces de liberté » (p. 618), et, plus profondément, il faut comprendre que l'une n'est que le *moyen* de protéger l'autre : la liberté politique est bonne en elle-même, mais elle est seconde, subordonnée à la liberté individuelle comme le moyen à la fin. La défense des libertés civiles est la *raison d'être* de l'État, et s'il faut aussi les libertés politiques, c'est, précisément, pour empêcher que l'État n'abuse de sa force et ne supprime les libertés individuelles fondamentales.

La liberté politique propre aux Modernes prendra la forme du *gouvernement représentatif*.

« [Dans l'Antiquité,] plus l'homme consacrait de temps et de forces à l'exercice de ses droits politiques, plus il se croyait libre ; dans l'espèce de liberté dont nous sommes susceptibles, plus l'exercice de nos droits politiques nous laissera de temps pour nos intérêts privés, plus la liberté nous sera précieuse. De là vient la nécessité du système représentatif » (p. 615).

Grâce à ce système, nous confions aux députés le soin de faire prévaloir nos opinions et de défendre nos intérêts dans la société politique et, pendant ce temps, nous pouvons vaquer librement à

---

1. Comme Platon, cf. *HIPAMA*, p. 119-120.

nos occupations au sein de la société civile. Nous pourrions sans
doute rêver de ne plus avoir du tout à nous occuper de l'État, dès
lors que nos libertés seraient respectées et que l'État accepterait de se
tenir dans les limites que nous avons imparties à son pouvoir. Et,
certes, les dirigeants seraient satisfaits de notre abstention. Mais il y
aurait alors des risques évidents d'abus (notamment fiscaux) compromettant notre bonheur, et, de toute façon, la vie sociale ne se limite
pas à la recherche du bonheur :

« ce n'est pas au bonheur seul, c'est au perfectionnement que notre destin nous
appelle ; et la liberté politique est le plus puissant, le plus énergique moyen de
perfectionnement que le ciel nous ait donné » (*De la liberté des anciens...*, p. 617).

Nous devons donc, même dans les grandes sociétés modernes, ne
jamais nous désintéresser de l'État et ne jamais cesser de participer à
ses décisions. Le système représentatif permet, précisément, de
concilier ces deux exigences, celle de conserver sa liberté civile et
celle de prendre part aux décisions collectives. Il permet de consacrer un minimum de temps aux affaires publiques, un maximum à
une vie libre au sein de la société civile. Les interventions des
citoyens dans la vie de l'État y sont certes discontinues, puisqu'elles
se limitent à la participation aux élections des représentants et à
l'expression des opinions quand le besoin s'en fait sentir, mais ces
interventions ponctuelles suffisent à maintenir l'État en tutelle et à
l'empêcher d'abuser de son pouvoir. Ce modèle des démocraties
parlementaires s'imposera en effet dans les pays occidentaux des XIXe
et XXe siècles, et l'on peut dire que ces régimes doivent beaucoup
aux clarifications doctrinales apportées par Benjamin Constant.

§ 3
Bastiat

L'économiste Frédéric Bastiat (1801-1850) a sa place dans
l'histoire des idées politiques en ce que, encore « classique » en cela,
il ne sépare pas entièrement les problématiques économiques des
problématiques politiques, sociales et même morales. En ce sens, il
n'est pas seulement un « économiste libéral », mais une des sources
de la « vision du monde » libérale au sens large. C'est d'ailleurs à ce
titre qu'il est l'un des premiers auteurs à avoir pu critiquer en profondeur le socialisme, doctrine qui, elle aussi, promeut une vision
globale, et non pas seulement économique ou administrative, de
l'homme et de la société.

Vie[1]

Bastiat naît à Bayonne en 1801, et fait des études de collège à Saint-Sever et à Sorrèze. Destiné par sa famille au commerce, il devient apprenti chez un oncle négociant à Bayonne et commence, dès ce moment, à étudier assidûment l'économie politique. Mais, en 1825, ayant hérité d'une propriété de 250 ha à Mugron, sur les bords de l'Adour, il se consacre à la gestion des fermes de cette terre. Cette occupation, tout en attirant son esprit sur les conditions de la vie économique concrète, lui laisse des loisirs suffisants pour qu'il puisse se livrer aux lectures et à l'étude, en commerce intellectuel étroit avec un voisin, F. Coudroy. On ne sait pas grand-chose de cette période, sinon que Bastiat lit Adam Smith, Destutt de Tracy, Jean-Baptiste Say, tout en étant sensible à la philosophie de Maistre et de Bonald et en cultivant une profonde foi religieuse. Cette situation durera vingt ans, pendant lesquels Bastiat ne publiera presque rien. Il occupe cependant aussi des fonctions officielles : juge de paix, membre du Conseil général des Landes... Puis il apparaît dans la vie publique brusquement et pour une période de seulement cinq ans, entre sa montée à Paris, en 1845, et sa mort, à Rome, en 1850.

L'occasion de sa venue à Paris est la création d'une « Association pour la liberté des échanges ». Bastiat vient d'écrire, pour le *Journal des Économistes* (auquel il collaborera ensuite régulièrement) un article sur le problème douanier, « Sur l'influence des tarifs anglais et français » (1844), et il a eu l'idée de créer en France un mouvement qui serait le pendant de la « Ligue pour la liberté du commerce » créée depuis peu en Angleterre par Cobden[2]. Malgré les difficultés, il mène ce projet à bien, multipliant les conférences, les voyages, les publications dans divers journaux. Il prépare ainsi les esprits au futur traité et, plus généralement, il convainc une partie de l'élite du pays de la supériorité économique du libéralisme, à une époque où les voix, de droite et de gauche, critiquant la démocratie libérale et lui opposant des systèmes autoritaires, corporatistes ou socialistes, commencent à être écoutées par une autre partie de l'élite et à trouver un écho grandissant dans un large public.

La Révolution de 1848, tout à la fois, accélère et infléchit cette action publique de Bastiat. Il est élu député des Landes à la Constituante, puis à la Législative, au moment même où, dans le brouhaha et le désordre des événements, les utopies socialistes sont partout exposées publiquement. Face à elles, il n'y a pas de résistance intellectuelle sérieuse, sinon celle de la droite conservatrice et catholique, dont nous verrons qu'elle ne déteste pas moins les libéraux que les socialistes. Bastiat se lance dans la polémique : il réplique, par des pamphlets argumentés, où il défend les principes de la propriété privée, du libre contrat et du libre-échange, aux principaux écrivains socialistes du temps, Louis Blanc, Victor Considérant, Pierre Leroux, Proudhon, les communistes, les « montagnards ». Il montre que les socialistes, auxquels il reconnaît une aspiration morale élevée, souffrent essentiellement d'un déficit d'instruction économique. Bastiat éprouve

---

1. D'après la « Notice sur la vie et les écrits de Frédéric Bastiat » de R. de Fontenay (1854), reproduite *in* Frédéric Bastiat, *Œuvres économiques*, textes présentés par Florin Aftalion, PUF, 1983.
2. Cf. *supra*, p. 581.

le besoin de rassembler toutes ses idées dans un traité synthétique, qui serait l'équivalent français moderne de la *Richesse des nations*. Il n'aura le temps de réaliser ce projet qu'en partie : ce seront les *Harmonies économiques*. Le livre, trop nouveau, est accueilli froidement, même par les anciens compagnons de l'Association pour le libre échange. De sorte que Bastiat, très connu de son temps, mais qui n'a pas eu le temps de faire école et de former de jeunes universitaires[1], disparaîtra rapidement des mémoires, du moins en France.

Œuvres[2]

Des tarifs français et anglais (1844) ; *L'Angleterre et le libre-échnage* (1847) ; *Sophismes économiques,* publiés en deux séries en 1845 et 1848 (dont : « Abondance, disette » ; « Travail humain, travail national »...) ; *Pamphlets* (1848-1850) (dont : « Propriété et Loi » ; « Justice et Fraternité » ; « L'État » ; « Maudit argent » ; « Protectionnisme et Communisme » ; « La loi ») ; *Ce qu'on voit et ce qu'on ne voit pas* (1850) ; *Harmonies économiques* (1850).

I — UNE THÉORIE DU MARCHÉ

1) *La propriété*

Bastiat comprend le rôle fonctionnel de la propriété privée, qu'il ne défend plus seulement, dans la ligne des juristes, comme un « droit », mais comme un rouage indispensable de la machine sociale. Il est certes vrai que la propriété est un droit naturel, et d'ailleurs elle existe déjà chez les animaux, qui ont des territoires reconnus de leurs congénères. Mais la propriété a une fonction, qui est de coordonner celles des actions humaines qui s'étendent dans le temps. Si l'on déclare la propriété illégitime, et modifiable ou supprimable à volonté par les autres citoyens ou par l'État, personne ne fera de projets d'avenir, n'investira de capital ni même de travail. Les ouvriers, que les doctrines socialistes prétendent défendre, seront les premières victimes de cette désorganisation de la production résultant de l'évaporation de la propriété.

---

1. À l'exception d'un disciple direct, A. de Molinari (voir ci-dessous).
2. Seules certaines sont accessibles. Outre le choix de textes cité à la n. 1, p. 670, cf. Frédéric Bastiat, *Harmonies économiques*, Genève, Slatkine, 1982 ; *Ce qu'on voit et ce qu'on ne voit pas*, Romillat, 1993 ; et les sites http://bastiat.org, et http://aboutleter.chez.tiscali.fr.

2) *Le libre-échange*

Bastiat est partisan du libre-échange, qui augmente l'échelle de la division du travail. Par suite, il est partisan de la paix, il est antinationaliste et anticolonialiste. Les groupes de pression agissent sur l'État pour obtenir des protections tarifaires et non tarifaires. Mais les intérêts de ces groupes sont antagoniques à ceux des consommateurs, et toute protection de ceux-là aboutit à appauvrir ceux-ci. En outre, le protectionnisme est une spirale infernale : il dispense les producteurs d'améliorer la productivité, donc le différentiel de prix avec les produits étrangers (Bastiat pense ici en premier lieu aux produits anglais) augmente, ce qui donne des arguments supplémentaires aux demandeurs de protection, et ainsi de suite, au plus grand désavantage des consommateurs pour qui tout se renchérit, et des travailleurs nationaux privés de travail, parce que les produits nationaux, trop chers, n'ont plus de débouchés. Inversement, il y a un cercle vertueux dans le libre échange : le faible prix des produits fait faire des économies aux consommateurs nationaux, qui ont donc un pouvoir d'achat supplémentaire, constituant un débouché pour de nouvelles productions nationales.

3) *L'économie comme échange de services*

Observateur des révolutions agricole et industrielle anglaises, Bastiat croit au progrès et aux rendements croissants. Il a compris que cette capacité de l'économie du libre-échange de multiplier l'offre et de répondre aux besoins des consommateurs ne se limite pas à l'agriculture et à l'industrie, c'est-à-dire aux produits matériels, mais s'étend à tous les besoins et désirs humains, même immatériels, c'est-à-dire à ce qu'on appellerait aujourd'hui les « services ». À la base de cette analyse, Bastiat place une théorie originale de la *valeur*. A de la valeur pour quelqu'un tout service *qui lui épargne de l'effort*. Même le capital, service financier, répond à ce concept.

> « Bien loin que la Valeur ait ici une proportion nécessaire avec le travail *accompli* par celui qui rend le service, on peut dire qu'elle est plutôt proportionnelle au travail *épargné* à celui qui le reçoit ; c'est du reste la loi des valeurs, loi générale et qui n'a pas été, que je sache, observée par les théoriciens, quoi qu'elle gouverne la pratique universelle » (*Harmonies économiques,* V).

Lorsqu'on se plaint de la cherté d'un bien, la seule question qui vaille est de se demander si, au cas où on aurait dû se le procurer soi-même, il n'aurait pas coûté beaucoup plus cher en termes d'effort et de temps (à supposer qu'on ait pu se le procurer).

Or comment rendre un service, épargner de l'effort à autrui, sans dépenser soi-même un effort équivalent, ce qui serait absurde ? Réponse : en augmentant la productivité, ce qui créera un surplus net de production. Mais il faut, pour cela, que les besoins sociaux soient identifiés, et que les producteurs puissent se spécialiser pour répondre précisément à ces besoins. C'est cette distribution des rôles qu'accomplit le marché, où se confrontent tous les besoins et toutes les ressources.

« Les services s'échangent contre des services. L'équivalence des services résulte de l'échange volontaire et du libre débat qui le précède. En d'autres termes, chaque service jeté dans le milieu social vaut autant que tout autre service auquel il fait équilibre, pourvu que toutes les offres et toutes les demandes aient la liberté de se produire, de se comparer, de se discuter » (*Harmonies économiques*, XVI).

4) *Le rôle de l'État*

L'État doit être conçu d'une manière corrélative à ce fait social fondamental du marché. Sa mission essentielle est donc de faire régner l'ordre public qui permet les échanges. Bastiat, d'accord sur ce point avec la tradition libérale la plus constante, pense que l'État doit, y compris par la « force » (et c'est la seule circonstance où l'emploi de la force étatique soit légitime), faire « régner l'ordre, la sécurité, la justice » (*Harmonies économiques*, p. 13).

La conception que les socialistes se font de l'État est complètement erronée. Comme ils ne comprennent pas le rôle fonctionnel de la propriété et du libre-échange, ils ne comprennent pas non plus que la production s'organise d'elle-même, les offres et les demandes étant spontanément en « harmonie ». Par suite, ils pensent que la société ne peut rester en ordre que si elle est organisée par l'État, et donc, en définitive, ils *confondent la société et l'État*. Penser ainsi revient à la fois à commettre une erreur scientifique sur ce qu'est l'homme et à faire preuve d'une prétention démesurée quant aux capacités organisatrices de l'État.

« [Les socialistes] commencent par supposer que les hommes ne portent en eux-mêmes ni un principe d'action ni un moyen de discernement ; qu'ils sont dépourvus d'initiative, qu'ils sont de la matière inerte, des molécules passives, des atomes sans spontanéité, tout au plus une végétation indifférente à son propre mode d'existence, susceptible de recevoir d'une volonté et d'une main extérieures un nombre infini de formes plus ou moins symétriques, artistiques, perfectionnées. Ensuite chacun d'eux suppose sans façon qu'il est lui-même, sous les noms d'organisateur, de révélateur, d'instituteur, de fondateur, cette volonté créatrice dont la sublime mission est de réunir en société ces matériaux épars, qui sont les hommes » (*La loi,* juin 1850).

II — HARMONIES ÉCONOMIQUES ET MORALITÉ

Dès lors que le système d'échange du marché est un ordre essentiellement spontané, fondé sur la libre volonté et la libre intelligence des individus nouant des contrats, le socialisme n'est pas seulement désorganisateur de l'économie, il est un phénomène profondément *immoral.* De fait, le plus fort, dans la pensée de Bastiat, aura peut-être été d'avoir montré la *moralité supérieure* de la société libérale, c'est-à-dire d'avoir répondu d'emblée au socialisme naissant sur le terrain même où celui-ci se plaçait.

L'éthique immanente du marché est explicitée dans le texte remarquable (« À la jeunesse française ») qui sert d'introduction aux *Harmonies économiques.*

1) *« Tous les intérêts légitimes sont harmoniques »*

« Je voudrais vous mettre sur la voie de cette vérité : *Tous les intérêts légitimes sont harmoniques* » (p. 1).

« Or la solution [du problème social], vous le comprendrez aisément, doit être toute différente selon que les intérêts sont naturellement harmoniques ou antagoniques. Dans le premier cas, il faut la demander à la Liberté ; dans le second, à la Contrainte. Dans l'un, il suffit de ne pas contrarier ; dans l'autre, il faut nécessairement contrarier » (p. 2).

Or cette contrainte ne pourra être qu'arbitraire. La liberté « n'a qu'une forme », alors que la contrainte « peut se manifester par des formes et selon des vues infinies ». La contrainte créera donc un essentiel désordre ; à moins qu'une vue particulière ne prévaille, mais ce ne pourra être que par la violence, et, d'autre part, cette vue correspondra à l'intérêt égoïste de ses auteurs.

« Si vous confiez l'arbitraire à des hommes, prouvez donc que ces hommes sont pétris d'un autre limon que nous, qu'ils ne seront pas mus ainsi par le fatal principe de l'Intérêt ; et que, placés dans une situation qui exclut l'idée de tout frein, de toute résistance efficace, leur esprit sera exempt d'erreurs, leurs mains de rapacité et leur cœur de convoitise » (p. 3).

Les socialistes ne sont pas les seuls à ne pas admettre le principe de l'harmonie économique. Leur fait écho toute une école d'économistes et de sociologues pessimistes ou cyniques, notamment les économistes de l' « école anglaise », qui, ne pensant pas le marché selon un concept suffisamment général, ont segmenté la société en catégories tranchées entre lesquelles ils ont cru découvrir un antagonisme insurmontable : Ricardo, qui a cru pouvoir montrer que les rentiers s'enrichissaient aux dépens des travailleurs et des capitalistes ; Malthus, qui a cru que la population tendait à s'accroître plus rapidement que les subsistances, et que, donc, le paupérisme était inévitable (cf. *supra*, p. 574-576). Il y a encore Tocqueville qui a pensé avoir établi que, si l'on supprime le droit de primogéniture dans le partage des héritages, ce qui paraît inéluctable étant donné les progrès de la démocratie, on aboutira « à la pulvérisation et à l'improductivité du territoire »[1]. Tous ces auteurs, donc, donnent un crédit « scientifique » à la thèse selon laquelle il n'y a pas d'harmonie spontanée des intérêts entre les hommes :

> « L'humanité est fatalement poussée par les lois de la Valeur vers l'Injustice – par les lois de la Rente vers l'Inégalité, par les lois de la Population vers la Misère – et par les lois de l'Hérédité vers la Stérilisation. Il ne faut pas dire que Dieu a fait du monde social, comme du monde matériel, une œuvre harmonique ; il faut avouer, en courbant la tête, qu'il s'est plu à le fonder sur une dissonance révoltante et irrémédiable » (p. 7).

Or le scandale, pour Bastiat, est que ces auteurs, ayant ainsi affirmé ces thèses « tragiques », continuent à plaider, comme si de rien n'était, pour la liberté ! Les socialistes sont plus cohérents, eux qui protestent avec l'énergie du désespoir contre ce prétendu « destin ».

> « Les Socialistes disent : *Les grandes lois providentielles précipitent la société vers le mal* ; il faut les abolir et en choisir d'autres dans notre inépuisable arsenal » (p. 7-8).

Le problème est que la réaction proposée par les socialistes est de supprimer la Liberté et de la remplacer par la Contrainte, sous les « mille formes » qu'ils trouvent dans leur « inépuisable arsenal ». Or c'est là, intellectuellement parlant, une « folie », qui ne peut donc aboutir qu'à empirer la situation sociale qu'ils veulent améliorer. À quoi s'ajoute que la Contrainte est *par elle-même* immorale, pour la double raison qu'elle est une violence, et une violence qui sert toujours en définitive, on l'a dit, les intérêts particuliers des planificateurs sociaux.

La thèse que Bastiat oppose au cynisme des économistes et à l'immorale folie des socialistes est que les intérêts humains *ne sont pas*

---

1. Il est intéressant que, de même que Condorcet et Destutt de Tracy ont critiqué Montesquieu (cf. *supra*, p. 1048 sq.), Bastiat critique Tocqueville comme antilibéral. Ce qui correspond bien aux options prises pour le plan du présent ouvrage.

antagoniques, mais « *harmoniques* ». Le marché, quand on le laisse fonctionner, *accorde les intérêts, au lieu de les opposer,* fait reculer la misère, réalise le progrès social ; et *en cela* consiste sa valeur morale, et non en une prétendue supériorité inconditionnelle de la Liberté qu'il faudrait porter aux nues quels que soient ses effets sociaux.

> « Laissons les hommes travailler, échanger, apprendre, s'associer, agir et réagir les uns sur les autres [...] [Il en résultera] *ordre, harmonie, progrès, le bien, le mieux* » (p. 8).

Mais n'y a-t-il pas, dans le monde actuel, où règne le libre marché, d'effroyables misères ? Bastiat ne songe pas à le nier et à opposer simplement son « optimisme » au « pessimisme » des Malthus et des Ricardo.

> « Voilà bien, direz-vous, l'optimisme des économistes ! Ils sont tellement esclaves de leurs propres systèmes qu'ils ferment les yeux aux faits de peur de les voir. En face de toutes les misères, de toutes les injustices, de toutes les oppressions qui désolent l'humanité, ils nient imperturbablement le mal. L'odeur de la poudre des insurrections n'atteint pas leurs sens blasés ; les pavés des barricades n'ont pas pour eux de langage » (p. 8).

Bastiat voit bien, de fait, la misère qui présentement existe. Mais il pense que si ce mal existe et dans de telles proportions, ce n'est pas à cause de la liberté, c'est au contraire parce qu'il n'y a pas assez de liberté.

2) *Le rôle éducateur du mal*

Bastiat ne nie pas l'existence du mal, mais il en donne une interprétation profonde (et d'un christianisme assez orthodoxe). Il pense, comme Wilhelm von Humboldt, que le mal est la contrepartie de la liberté.

> « La société a pour élément l'homme qui est une force libre. Puisque l'homme est libre, il peut choisir ; puisqu'il peut choisir, il peut se tromper ; puisqu'il peut se tromper, il peut souffrir. Je dis plus : il doit se tromper et souffrir ; car son point de départ est l'ignorance, et devant l'ignorance s'ouvrent des routes inconnues et infinies qui, toutes, hors une, mènent à l'erreur » (p. 9).

La vie humaine va donc consister à essayer, se tromper, souffrir, puis tirer des leçons de l'expérience, apprendre, et, peu à peu, retrouver le chemin des actions qui seront « harmoniques » avec celles d'autrui et réduiront au minimum les souffrances des uns et des autres. Mais cet apprentissage suppose la *responsabilité.* D'où l'immoralité grave et foncière de tout socialisme : en supprimant la liberté, il supprime la responsabilité, donc *il prive les hommes de la possibilité d'apprendre,* de *progresser,* de *s'accorder de mieux en mieux avec autrui,* potentialités pourtant prévues pour lui dans le plan de la création divine. Par conséquent, le socialisme *aggrave et pérennise le mal* individuel et social, au lieu de le corriger.

« Que si les institutions humaines viennent contrarier les lois divines, le Mal n'en suit pas moins l'erreur, seulement il se déplace. Il frappe qui il ne devait pas frapper ; il n'avertit plus ; il n'est plus un enseignement ; il ne tend plus à se limiter et à se détruire par sa propre action ; il persiste, il s'aggrave » (p. 9).

L'interventionnisme d'État ne supprime pas le mal : il faudrait, pour cela, qu'il eût une science parfaite de l'économie. Ce qu'il fait, c'est de le « déplacer » : il est vrai qu'il peut alléger provisoirement certains maux en certains endroits, mais il crée par là même des maux plus graves en d'autres endroits. Surtout, il prépare des maux ultérieurs encore pires, car il *diminue les connaissances de l'homme*. Il prive les hommes libres de la faculté d'apprendre et de s'adapter par leur propre intelligence. En réalité, pour avoir voulu remédier artificiellement et autoritairement au mal, le socialisme crée un mal pire qui, lui-même, va susciter contre lui de nouvelles protestations morales qui justifieront une contrainte toujours plus étendue ou plus violente. De sorte que le reproche le plus grave de Bastiat au socialisme est que, malgré tout ce qu'il peut dire, *c'est lui qui crée la guerre sociale,* et qui la crée pour ainsi dire *ex nihilo,* puisque l'irrationalité du Plan crée des antagonismes artificiels, qui n'existaient pas auparavant à cette échelle. D'une situation d'antagonisme qu'ils auront eux-mêmes créée, les socialistes tireront la conséquence que, décidément, les intérêts humains sont... antagoniques, ce qui justifiera leur doctrine à leurs propres yeux.

« Sous le philanthropique prétexte de développer entre les hommes une Solidarité factice, on rend la Responsabilité de plus en plus inerte et inefficace. On altère, par une interprétation abusive de la force publique, le rapport du travail à sa récompense, on trouble les lois de l'industrie et de l'échange, [...] on occasionne une déperdition inouïe de forces humaines, on déplace les centres de population, on frappe d'inefficacité l'expérience même, bref on donne à tous les intérêts des bases factices, on les met aux prises, et puis l'on s'écrie : Voyez, les intérêts sont antagoniques. C'est la Liberté qui a fait tout le mal. Maudissons et étouffons la Liberté. Et cependant, comme ce mot sacré a encore la puissance de faire palpiter les cœurs, on dépouille la Liberté de son prestige en lui arrachant son nom, et c'est sous le nom de *concurrence* que la triste victime est conduite à l'autel, aux applaudissements de la foule tendant ses bras aux liens de la servitude » (p. 10).

3) L' « *homme de spoliation* »

Il importe de comprendre que le processus d'échange qu'est le libre marché est réellement porteur d' « harmonie », ce qui signifie qu'il est de nature, pourvu qu'on le comprenne adéquatement, à répondre aux vœux les plus légitimes de tous les esprits sincères, inquiets de la situation de l'économie moderne. Aux vœux des économistes, cela va de soi ; mais aussi à ceux des socialistes (puisqu'ils ont foi dans l'association : or le marché est une véritable association), des égalitaristes (car « que les transactions humaines soient libres, et je dis qu'elles ne sont et ne peuvent être autre chose qu'un échange réciproque de services toujours décroissants en valeur, toujours croissants en utilité », ce qui implique que le marché est producteur, à terme, d'égalité sociale), des communistes (car le marché permet à tous les hommes de disposer en frères des biens fournis par la nature, à condition que chacun prenne sa part de la peine du travail), des chrétiens (qui veulent combattre la misère des plus pauvres), des propriétaires, des prolétaires (« car je me fais fort de démontrer que vous obtenez les fruits du champ que vous ne possédez pas, avec moins d'efforts et de peine que si vous étiez obligés de le faire croître par votre travail direct, que si l'on vous donnait ce champ à l'état primitif et tel qu'il était avant d'avoir été préparé, par le travail, à la production » : donc les prolétaires, même pauvres, seraient encore plus pauvres, ou mourraient de faim, ou ne seraient pas nés, si le capitaliste ne leur proposait un travail), aux capitalistes et aux ouvriers (dont Bastiat fixe les relations par la « loi » suivante, qui montre que le libéralisme tend à la fois vers un enrichissement général et vers une réduction des inégalités : « À mesure que les capitaux s'accumulent, le prélèvement *absolu* du capital dans le résultat total de la production augmente, et son prélèvement *proportionnel* diminue ; le travail voit augmenter sa part *relative* et à plus forte raison sa part *absolue*. L'effet inverse se produit quand les capitaux se dissipent »). Les prétendues « lois fatales » sont donc fausses (p. 12).

Finalement, il y a un seul type d'hommes à qui la société libérale soit nuisible, c'est l' « homme de spoliation ». L'homme de spoliation est celui qui gagne des revenus autrement que par le libre échange de services utiles à autrui sur un libre marché. Et Bastiat d'invectiver les hommes de ce type :

> « Hommes de spoliations, vous qui, de force ou de ruse, au mépris des lois ou par l'intermédiaire des lois, vous engraissez de la substance des peuples ; vous qui vivez des erreurs que vous répandez, de l'ignorance que vous entretenez, des guerres que vous allumez, des entraves que vous imposez aux transactions ; vous qui taxez le travail après l'avoir stérilisé, et lui faites perdre plus de gerbes que vous ne lui arrachez d'épis ; vous qui vous faites payer pour créer des obstacles, afin d'avoir ensuite l'occasion de vous faire payer pour en enlever une partie, manifestations vivantes de l'égoïsme dans son mauvais sens, excroissances parasites de la fausse politique [...] ce livre a pour but [...] de sacrifier vos prétentions injustes » (p. 12).

Cet antagonisme-là est irrémédiable en effet. C'est le seul, mais il faut dire qu'il est solidement ancré dans la nature humaine, puisque c'est celui qui préside à toutes les oppressions de l'histoire.

4) L' « eschatologie » de Bastiat

Bastiat a plus que le traditionnel optimisme libéral, il possède la foi eschatologique dans le progrès de l'humanité que nous avons rencontrée chez de nombreux auteurs de la tradition libérale jusqu'à Condorcet, Kant ou Constant. Il demande à la jeunesse non seulement de comprendre les modes de fonctionnement de la société libérale et d'accepter les disciplines qu'elle impose, mais d'y *croire* au sens fort, c'est-à-dire de croire qu'elle a la valeur d'un *idéal*. Il voudrait que le lecteur, après avoir fini le livre, puisse dire :

« Je crois que celui qui a arrangé le monde matériel n'a pas voulu rester étranger aux arrangements du monde social – je crois qu'il a su combiner et faire mouvoir harmonieusement des agents libres aussi bien que des molécules inertes. [...] – Je crois que tout dans la société est cause de perfectionnement et de progrès, même ce qui la blesse. – Je crois que le Mal aboutit au Bien et le provoque, tandis que le Bien ne peut aboutir au mal, d'où il suit que le Bien doit finir par dominer. – Je crois que l'invincible tendance sociale est une approximation constante des hommes vers un commun niveau physique, intellectuel et moral, en même temps qu'une élévation progressive et indéfinie de ce niveau. – Je crois qu'il suffit au développement graduel et paisible de l'humanité que ses tendances ne soient pas troublées et qu'elles reconquièrent la liberté de leurs mouvements » (p. 14).

5) Molinari

Bastiat a eu un disciple, Gustave de *Molinari*[1].

Molinari collabore au *Journal des économistes* et sera rédacteur en chef des *Débats* entre 1871 et 1876. Il prêche pour un libéralisme extrême, anticipant la pensée des « libertariens ». Selon lui, même la fonction de sécurité à laquelle les partisans de l'État minimal, dans la ligne de Humboldt, réduisaient l'État peut être privatisée. L'impôt n'est que le prix de la sécurité arbitrairement fixé par un groupe qui a obtenu et protège jalousement son monopole (par exemple, en Angleterre, ce groupe est la compagnie des aristocrates, avec son directeur, le roi, et un conseil d'administration héréditaire, les lords). Cette situation n'a certes rien de nécessaire. On peut très bien imaginer que, dans l'avenir, il y ait plusieurs « entrepreneurs de sécurité » concurrents sur un même territoire, qui vendront ce bien, la sécurité, au meilleur rapport qualité/coût.

---

1. Cf. Jean-Michel Poughon, « Gustave de Molinari », in *Aux sources du modèle libéral français*, op. cit.

§ 4
Prévost-Paradol

Prévost-Paradol n'est pas un auteur très connu. Mais c'est un auteur important, pensons-nous, en ce qu'il est un des rares auteurs français (avec Édouard Laboulaye) à avoir, au moment où allait se créer la IIIe République, exposé synthétiquement et selon l'ordre des raisons, comme Benjamin Constant l'avait fait quelques décennies auparavant, une philosophie politique démocrate libérale[1].

Vie et œuvres[2]

Né en 1829, mort en 1870, Lucien-Anatole Prévost-Paradol est élève de l'École normale supérieure, puis devient journaliste. Il écrit, tout au long du Second Empire, dans le *Journal des Débats,* puis dans le *Courrier du dimanche,* des articles de vive opposition au régime, où il retrouve l'esprit de Benjamin Constant. Il est élu à l'Académie française en 1865. Il se rallie *in extremis,* en 1870, à Napoléon III, ce qui lui vaut un poste d'ambassadeur aux États-Unis. Mais il se donne la mort peu après son arrivée dans ce pays, à 40 ans. Il avait publié, en 1869, la *France nouvelle*[3].

L'ouvrage est divisé en trois livres : dans le premier, l'auteur montre que le mouvement des pays civilisés vers la démocratie parlementaire est irrésistible et que la France, à son tour, va bientôt se donner un « gouvernement démocratique libre ». Les principes de ce « gouvernement » sont exposés dans le livre II. Le troisième livre est un aperçu de l'histoire politique française depuis la Révolution (nous n'en parlerons pas).

Les sociétés modernes tendent à être démocratiques, et une société démocratique tend à avoir un gouvernement démocratique (p. 7). Cette évolution est « inévitable » et « irrévocable une fois accomplie » (p. 17). Le problème est que la démocratie peut conduire à l'anarchie qui, elle-même, a de bonnes chances de déboucher sur la dictature. C'est ce qui s'est passé en France.

1. Ferry lui-même, Gambetta, Spuller, Thiers et quelques autres ont écrit eux aussi des textes doctrinaux (dont on trouvera un choix dans Pierre Barral, *Les fondateurs de la IIIe République,* Armand Colin, 1968), mais, à notre connaissance, aucune synthèse.
2. Cf. Pierre Guiral, « Prévost-Paradol ou l'apparent désaveu de soi-même », *in* Léo Hamon (dir.), *Les républicains sous le Second Empire,* Éd. de la Maison des Sciences de l'homme, 1993.
3. Cf. Lucien-Anatole Prévost-Paradol, La France nouvelle, présentation de Jean Tulard, Paris-Genève, Éd. Ressources, 1979.

Il est vrai que la dictature bonapartiste s'est voulu elle-même « démocratique », puisqu'elle s'est fondée sur le plébiscite. Ce « despotisme démocratique » (Prévost-Paradol use de la même expression que Tocqueville) n'en est pas moins dictatorial. Le principe du plébiscite remonte à Auguste : le peuple ne croit pas perdre ses libertés dès lors qu'on conserve les formes, « simulacres d'élections et ombres de magistratures ». Peu de gens sont conscients de ce qui se passe, car « distinguer entre la forme et le fond des institutions politiques exige un certain degré de lumières » (p. 34). De plus, la multitude « n'est point avide de libertés politiques, mais de bien-être » (p. 35). Prévost-Paradol souligne d'ailleurs qu'on peut avoir un gouvernement despotique, et une société libre, où les gens font leurs affaires tranquillement : c'est l' « indépendance civile », à bien distinguer de la « liberté politique »[1]. Mais cette situation est instable. Le despotisme est tenté de suspendre les libertés civiles s'il se sent menacé. Les libertés civiles ne sont stables que « sous la protection de la liberté politique ». Tant que cela n'est fait, le despotisme démocratique mène contre l'égalité devant la loi « une sourde guerre » (p. 41). À l'encontre des principes affichés, ce n'est pas le mérite qui détermine l'avancement, mais la faveur du prince, et ceux qui sont au service du prince sont mis à l'abri des atteintes de la justice commune, grâce au fait que les magistrats ne sont pas indépendants. Ils sont exonérés de la peine « et même de la publicité de la faute. Si bien que ce principe, le plus cher de tous aux sociétés démocratiques : que tous les citoyens sont égaux devant la loi et également responsables devant elle, est implicitement aboli et remplacé par cet autre principe : que les lois sont facultatives quant à leur application, et qu'elles obligent ou menacent inégalement les citoyens, selon qu'ils sont réputés amis ou ennemis du pouvoir » (p. 41-42).

Le Second Empire a donc été, malgré certaines apparences, une régression ; en tout cas, ce n'est pas une formule définitive. Si la France veut conserver les acquis du progrès, elle doit impérativement trouver la vraie formule du gouvernement démocratique qu'ont trouvée pour leur part les États-Unis, l'Angleterre, les autres pays anglo-saxons, ou encore la Belgique.

I — LA FORME DU RÉGIME

1) *Le suffrage universel*

Un vrai gouvernement démocratique, d'abord, doit reposer sur le *suffrage universel*. Certes, le suffrage universel, lorsqu'il a été « prématurément accordé ou conquis », présente des « inconvénients trop visibles ». Au moins le peuple apprend-il, par lui, à ne pas utiliser la violence et à se sentir responsable. Il rend aussi les gouvernements

---

1. Cf. nos distinctions à ce sujet, *supra*, p. 24.

responsables, car si le « châtiment » pour avoir déplu aux électeurs est « lent », il est néanmoins certain (il a « l'irrésistible ascendant d'une force de la nature », p. 53) et joue donc un rôle préventif efficace. La démocratie française pratiquera donc le *suffrage universel,* dont on travaillera seulement à corriger les deux grands inconvénients, qui sont « le défaut d'indépendance et le défaut de lumières ».

Au défaut de lumières, on remédiera par une *presse libre,* « sous la seule sanction du jugement par jurés, pour les cas d'appel au désordre matériel, d'outrage aux mœurs et de diffamation » (p. 53), par le *droit de réunion,* et par l'*éducation,* c'est-à-dire une « instruction primaire également accessible à tous » (p. 55). Quant au « défaut d'indépendance », il sera, d'abord, corrigé par l'apport même des lumières à l'électorat ; on rendra ensuite plus indépendant le suffrage en bannissant « dons, violences, menaces et promesses », à commencer par l'intimidation exercée par l'exécutif sur les fonctionnaires. On interdira au pouvoir politique de manipuler à son gré la carte électorale. On interdira enfin la pratique, systématique sous le Second Empire, de la « candidature officielle ». Prévost-Paradol condamne aussi explicitement cette forme particulière de vote, congéniale au bonapartisme, qu'est le *plébiscite* ou le *référendum,* pour cette raison que « le peuple assemblé est moins capable de décider sur des questions que sur des personnes », et il faut donc qu'il élise une assemblée de personnes, ces dernières décidant ensuite sur les questions.

2) *Le mode de scrutin*

Comment faire pour que le Parlement soit véritablement représentatif ? Pour coller de plus près à la structure sociologique, pondérera-t-on les voix (certains électeurs ayant plus de voix que d'autres, par exemple en fonction de leur revenu, ou de leurs diplômes, de leurs fonctions, de leur âge) ? Prévost-Paradol rejette tout cela (non sans une pointe de regret), parce qu'il pense qu'en France le principe d'égalité s'opposerait à toute forme de « suffrage gradué ». On respectera donc scrupuleusement le principe « un homme, une voix ».

Mais il y a un autre problème : comment faire pour éviter que les minorités soient entièrement exclues de l'Assemblée ? Réservera-t-on un certain nombre de sièges à un vote national (et non par circonscription) ? Prévost-Paradol opte pour un système dont il trouve le modèle en Angleterre, le « suffrage accumulé » qui correspond à un suffrage proportionnel aménagé. Cette formule n'empêche pas qu'il y ait des majorités, mais elle permet la présence des minorités dans les instances électives.

3) *L'administration locale*

Depuis la Révolution, on a eu des régimes affirmant au niveau central le principe de la souveraineté populaire, mais, au plan local, la

France a subi un despotisme administratif total. Napoléon III, en supprimant, y compris au niveau central, le régime parlementaire, a eu au moins la franchise de rétablir la symétrie ! Ce qu'il faut, cependant, c'est le *self-government* (p. 79) à tous les niveaux, la démocratie ne pouvant survivre durablement au plan national que si elle s'appuie sur la démocratie locale. Il y aura donc des conseils municipaux élus, qui éliront le maire (pas d'élection du maire au suffrage direct), puis des conseils cantonaux, généraux et régionaux, eux aussi élus. Ces différentes fonctions électives produiront un effet d'éducation politique et permettront de tester un personnel politique nouveau.

4) *La Chambre des députés*

Le système parlementaire sera bicaméral, il y aura une « Chambre basse » et une « Chambre haute ».

« L'expérience est d'accord avec la raison pour recommander aux nations qui veulent se gouverner avec ordre et en liberté l'établissement de deux Chambres, entre lesquelles se partage le pouvoir législatif, tandis que celle de ces deux Assemblées qui représente plus directement le peuple exerce ordinairement une action prépondérante sur la conduite générale des affaires » (p. 105).

Voici les avantages du bicamérisme : il y a une double discussion des lois, la Chambre haute permet l'intervention d'hommes d'expérience, constitue une nouvelle source d'initiatives législatives et un contre-poids par rapport à l'Assemblée lorsque celle-ci se sépare de l'opinion[1].

La Chambre basse aura environ 600 membres.

Notons d'emblée une disposition importante, à la signification libérale appuyée (l'exemple vient, là encore, de l'Angleterre) : les *fonctionnaires,* de même que tous les collaborateurs du chef de l'État et des ministres, *ne seront pas éligibles à l'Assemblée nationale.* En effet, on ne saurait être juge et partie : « Il est excellent, surtout dans une démocratie, qu'aucun fonctionnaire public ne siège dans la seconde Chambre qui doit voter le traitement des fonctionnaires, contrôler leurs actes et rester, en apparence comme en réalité, absolument indépendante du pouvoir exécutif » (p. 87).

Prévost-Paradol déplore « les tristes symptômes de notre inexpérience [sc. par comparaison avec l'Angleterre qui a depuis longtemps sa Chambre des communes] des mœurs parlementaires et de notre peu d'intelligence des institutions libres » (p. 89). Par exemple, les élections législatives ne doivent pas être organisées par le ministère de

---

1. Les discussions sur l'existence et le rôle du Sénat occuperont les premières années de la IIIᵉ République.

l'Intérieur, mais par l'Assemblée elle-même et par les maires des communes. L'Assemblée doit avoir la pleine maîtrise de son règlement, de son budget, de son ordre du jour.

En revanche, parce qu'elle n'a le pouvoir souverain que comme représentante de l'opinion, elle doit pouvoir être dissoute et renvoyée devant le « tribunal suprême » des électeurs s'il apparaît un divorce entre l'opinion et elle. Toutefois, l'exécutif ne pourra dissoudre l'Assemblée qu'une fois ; s'il est désavoué, c'est lui qui devra partir.

Les compétences de l'Assemblée sont le vote du budget, celui des lois, et le contrôle de l'exécutif, contrôle allant jusqu'à la censure et permettant donc le « renouvellement des ministères ». Plus encore que par le vote du budget et des lois, en effet, une assemblée exerce un pouvoir démocratique lorsqu'elle peut faire tomber le gouvernement, puisque les deux premiers droits peuvent être réduits à presque rien en pratique en l'absence du troisième. Prévost-Paradol pense, comme Constant, qu'il ne faut pas se contenter de motions de censure ou votes de défiance sans conséquences formellement obligatoires ; mais il gagne en précision sur Constant quand il dit qu'il faut que le président du Conseil soit d'abord élu par la Chambre, puis qu'il compose librement son gouvernement, enfin qu'un nouveau vote de la Chambre ait lieu pour approuver celui-ci.

5) *La Chambre haute*

Comment la Chambre Haute doit-elle être formée ? Faut-il une noblesse héréditaire, ou des nominations à vie, ou simplement un système électoral différent de celui mis en œuvre pour la Chambre basse ? Seule cette dernière solution est compatible avec l'esprit d'égalité qui règne en France.

Les sénateurs seront donc élus par les conseils généraux réunis au plan régional. Leur mandat sera de dix ans, et il sera renouvelable, « juste mesure entre l'esprit de conservation et l'esprit de progrès », estime Prévost-Paradol. Sur 300 sièges environ, 50 seront cependant soustraits à l'élection et occupés par des *membres de droit,* hauts magistrats, maréchaux de France, et il y aura, parmi ces 50, 10 membres de l'Institut élus par leurs pairs[1] (mais pas de ministres du Culte).

Les compétences du Sénat seront les mêmes que celles de l'Assemblée, moins le pouvoir de renverser le gouvernement.

---

1. Mesure de saveur « orléaniste », cf. *supra,* p. 597.

6) *La responsabilité ministérielle*

« La *responsabilité du ministère* est indispensable à l'existence d'un gouvernement libre » (p. 115).

Ce système vient de la monarchie constitutionnelle, telle qu'elle est pratiquée depuis longtemps en Angleterre et telle qu'elle a été adoptée dans d'autres royaumes européens.

« Rien de plus simple que la responsabilité ministérielle sous la monarchie constitutionnelle dont elle est le principal ressort, et ce mécanisme est devenu si familier dans notre siècle aux esprits éclairés, que l'expliquer est devenu presque inutile. Tout le monde a vu dans le roi des Belges, Léopold Ier, et tout le monde peut voir encore aujourd'hui dans la reine Victoria l'image accomplie d'un souverain constitutionnel, absolument dégagé de la lutte des partis, uniquement chargé d'enregistrer et de légaliser leurs victoires, en appelant au pouvoir les chefs d'une majorité triomphante, ou renvoyant cette majorité dans le pays, s'il y a lieu de croire qu'elle a cessé de représenter l'opinion générale. Dans ce système de gouvernement, le ministère est homogène en même temps que responsable. Il a pour chef un président du Conseil qui, investi de la confiance de la majorité, a librement choisi ses collègues » (p. 123-124).

L'intérêt de ce système est qu'il permet un changement pacifique des gouvernements chaque fois qu'il y a une évolution notable de l'opinion. Ainsi peut être évitée l'accumulation des mécontentements et des aigreurs jusqu'au point de rupture (danger auquel est inévitablement exposé, en revanche, le « gouvernement personnel »).

Afin que le gouvernement se sache détenteur seulement occasionnel, et non permanent, du pouvoir, Prévost-Paradol aimerait qu'on adopte en France une belle pratique anglaise : il faudrait que les ministres français perdent l'habitude d'aller habiter dans les palais nationaux et se rendent tous les jours dans leurs bureaux pour y travailler comme le font leurs employés.

Prévost-Paradol note que le système de la responsabilité ministérielle devant un Parlement est compatible *et* avec une monarchie *et* avec une république. Lequel de ces deux régimes faut-il donc souhaiter pour la France ?

7) *Monarchie ou république ?*

La réponse est étonnante, mais claire sur le fond et fort bien expliquée par Prévost-Paradol. Sa position est que la question de la forme républicaine ou monarchique du régime, certes importante (on va voir sur quel point constitutionnel précis), est cependant secondaire, dès lors que le régime est une « démocratie libérale[1] », c'est-à-dire un régime parlementaire, avec responsabilité de l'exécutif devant le Parlement.

En fait, les deux régimes ont des avantages et des inconvénients, réels ou d' « imagination » (mais, dit l'auteur, ce que les gens *imaginent,* peurs et aversions ou, au contraire, confiance et espoirs, est, en politique, la *réalité* même). La Ire République, en France, a été si terrible que le seul souvenir de ses désordres et de ses crimes a compromis la survie de la IIe. La monarchie ne suscite pas moins de craintes irrationnelles. Elle ne peut s'établir, en France, qu'au profit de trois familles (car nul ne fondera plus une nouvelle dynastie ; le génie des Bonapartes ne peut se voir deux fois dans le même siècle). Or le seul nom des *Bourbons* fait frémir d'épouvante la moitié de la France, qui associe à ce nom le retour des privilèges et de la théocratie (même l'adoption, par un roi Bourbon, d'un régime parlementaire, à supposer qu'elle règle le problème sur un plan politique, ne suffirait pas à surmonter de tels préjugés sociaux). Les *Orléans* ne sont soutenus que « par la classe la plus éclairée, mais malheureusement la moins énergique de la nation » (p. 137). Les *Bonapartes,* enfin, ne parviendront jamais à convaincre la majorité de l'opinion qu'ils veulent sincèrement la liberté civile et, sur le plan des institutions politiques, « un gouvernement parlementaire dans toute sa plénitude » (p. 137).

Cependant, il faut bien choisir entre les deux régimes, et ce choix doit être rationnel.

La République est apparemment impossible, parce que : 1 / c'est le régime qui provoque le plus de troubles et de rivalités, sans limites et sans remèdes, et 2 / il faut, on l'a vu, que quelqu'un puisse dissoudre la Chambre, quand il y a un divorce entre la majorité parlementaire et l'opinion publique ; or un président de la République ne peut être investi de ce droit, car il est lui-même l'homme d'un parti, qui l'a fait élire et dont il dépend pour sa réélection ; comment pourrait-il désavouer une majorité qui est proche de lui, ou comment pourrait-il passer pour désintéressé s'il dissout une chambre où ses adversaires ont la majorité ?

« Tout au contraire, ce grand service national, qu'on ne peut raisonnablement attendre d'un président de la République, est à nos yeux l'office propre et particulier du monarque constitutionnel. Placé au-dessus des partis, n'ayant rien à espérer ni à craindre de leurs rivalités et de leurs vicissitudes, son unique intérêt, comme son premier devoir, est d'observer avec vigilance le jeu de la machine politique, afin d'y prévenir tout grave désordre » (p. 144-145).

Mais le roi constitutionnel ne devra avoir aucun autre pouvoir. Il sera simplement le « surveillant général de l'État », l' « arbitre des partis ». Non sans quelques ornements complémentaires :

« On doit le trouver à la tête de tout ce qui se fait de bien et de beau, en dehors des luttes de la politique ; il serait excellent qu'il fût un patron éclairé des

---

1. L'expression figure p. 129 ; ailleurs, Prévost-Paradol parle de « démocratie libre ».

arts, un ami intelligent des lettres et des sciences, qu'il se montrât reconnaissant au nom de la nation pour tous les citoyens qui l'honorent et parût sensible à tous les genres de gloire. Il doit être enfin, s'il se peut, ce que les Anglais ont si bien appelé le premier gentilhomme du royaume. Qu'on joigne cette haute fonction sociale à ce contrôle exclusif et suprême que nous réservons au souverain constitutionnel sur les relations du pouvoir parlementaire avec la nation, et l'on reconnaîtra que cette situation peut suffire à l'ambition la plus exigeante, si cette ambition est accompagnée de quelques lumières et échauffée par l'amour du bien. Cette situation est sans analogie avec celle des anciens rois ; elle est originale autant qu'élevée, et c'est, en la considérant de près, la plus noble que l'esprit humain puisse concevoir » (p. 150-151 ; cf. *supra,* p. 628).

Cependant, il se peut qu'aucun des prétendants français ne veuille s'en contenter. Par défaut, alors, on pourra avoir une république, un second choix si l'on veut, et cependant une « forme de gouvernement très acceptable et très digne, une fois qu'elle existe, du concours fidèle et du respect sincère de tous les bons citoyens ».

II — LES LIBERTÉS DE LA SOCIÉTÉ CIVILE

Mais ce qui précède n'est que le faîte de l'édifice constitutionnel. Le plus important est sa base, c'est-à-dire les libertés. Elles doivent être fondées sur l'indépendance de la justice, sur la liberté de la presse, sur celle des cultes, sur la limitation des missions de l'armée et de la police au strict maintien de l'ordre public. Ici, Prévost-Paradol refait le parcours même du Constant des *Principes de politique.* Mais il ajoute des touches originales.

1) *La justice*

Le chapitre sur la justice est un des plus longs et travaillés du livre. Il faut des magistrats éclairés et indépendants. Donc ils doivent avoir fait les études adéquates, et quant à leur indépendance, elle est d'autant plus indispensable que les cas où les procès sont jugés par des jurys sont rares en France. Comment obtenir cette indépendance ?

Aujourd'hui les magistrats sont *nommés* par l'exécutif. Certes, ils sont inamovibles, mais, dit Prévost-Paradol, de ces deux mobiles, la « crainte de descendre » et la « crainte de ne pas monter », le second est souvent le plus fort. Le pouvoir peut donc s'offrir le luxe de renoncer au premier, dès lors qu'il conserve avec soin le second (p. 160). Le système des *élections* n'est guère meilleur, puisqu'il ne peut déboucher que sur une politisation.

Reste une formule : un mélange de *cooptation,* d'*élection* et de *choix par l'exécutif.* L'entrée dans la carrière demeurera entièrement à la discrétion de l'exécutif[1], mais, pour tout avancement, il y aura désignation de noms par des collèges de magistrats, ou élections par des assemblées politiques locales ; le choix final du titulaire sera fait par la hiérarchie. C'est le système qui existe en Belgique et y donne, selon Prévost-Paradol, de bons résultats (p. 166).

Si l'on voulait faire des réformes[2], il en est une qu'on pourrait faire en s'inspirant de l'Angleterre. Dans ce pays, ce sont les meilleurs avocats qui deviennent procureurs, « conseils du roi », alors que le Parquet, en France, est la filière la moins prestigieuse de la magistrature. Il faudrait changer ce système, sinon pour les têtes du Parquet, procureurs généraux et impériaux, du moins pour les « avocats généraux », lesquels pourraient être des avocats (qui n'abandonneraient pas leur fonction au barreau). Ces avocats qui auraient joué à l'occasion un rôle de magistrats du Parquet pourraient être d'excellents candidats pour le système de présentation évoqué tout à l'heure (p. 171).

Prévost-Paradol approuve le système du jugement par jury et voudrait qu'il soit étendu à la juridiction civile, et pas seulement à la juridiction criminelle[3].

« La juridiction du jury, au civil comme au criminel, est certainement le dernier terme vers lequel doivent tendre les efforts du législateur, et c'est seulement lorsqu'une nation s'administre à elle-même la justice sous la direction de ses juges, qu'on peut la considérer comme arrivée à la plénitude de sa liberté et à la possession de tous ses droits » (p. 171-172).

---

1. Prévost-Paradol, curieusement, ignore le système du concours.
2. Mais, à plusieurs reprises, Prévost-Paradol déplore l'inaptitude des Français à faire des « réformes » et leur propension à faire plutôt des « révolutions ». En effet, pour faire des réformes, il faut un consensus minimal, puisqu'il faut supposer que le réformateur travaille au bien général et il ne faut pas qu'on puisse le soupçonner de vouloir profiter du changement pour retourner la situation au profit de son camp. Faute d'en être convaincue, l'opposition bloque, dans la mesure de ses moyens, toutes les initiatives réformatrices du gouvernement ; l'autre camp fait de même quand il est à son tour dans l'opposition. C'est probablement l'état de guerre civile larvée établi en France depuis la Révolution qui a brisé pour longtemps dans ce pays le consensus civique et qui a fait que, depuis 1789, les révolutions sont, en France, une fatalité (cf. p. 253-254).
3. La question avait déjà été âprement débattue en 1789 et 1790 par l'Assemblée constituante : au moment d'instaurer, en raison du prestige acquis par le régime judiciaire anglais, l'institution du jury, de nombreux députés, dont Sieyès et Robespierre, avaient soutenu qu'il n'y avait aucune distinction à faire entre matières civiles et criminelles : le système des jurys était bon pour les deux matières ou pour aucune. Finalement, seuls les jurys des cours d'assises avaient été créés (et récusés pour les délits, jugés dans les « tribunaux correctionnels » uniquement composés de juges professionnels), et c'est la situation qui, on le sait, existe encore aujourd'hui en France. En revanche, les pays anglo-saxons ont également des jurys civils.

2) *Procédure accusatoire et pluralisme*

Prévost-Paradol fait une autre proposition de réforme qui lui tient encore plus à cœur : le remplacement de la procédure *inquisitoriale* par une procédure *accusatoire* comparable à celle qui existe dans les pays anglo-saxons. Il ne fait pas cette proposition par anglomanie, mais parce qu'il a compris que cette dernière procédure est réellement un progrès, un acquis de l'esprit scientifique moderne. Elle seule, en effet, tient compte de cette vérité philosophique fondamentale – mise en lumière par toute la tradition libérale – qui est qu'*on ne parvient à la vérité que par le pluralisme, par le débat contradictoire.*

La procédure française ne fonctionne pas selon cette logique. Les poursuites sont à l'initiative du ministère public. L'instruction est secrète, l'accusé ne peut y être assisté d'un conseil. En fait, on cherche, comme dans l'Inquisition, moins les preuves objectives que l'*aveu* qui simplifiera et légitimera toute la procédure. Et on le cherche par tous les moyens. Quand on en arrive au procès, le même esprit inquisitorial domine : le président « dirige plus qu'il ne préside », il mène les débats à sa discrétion, il interroge l'accusé et cherche à l'embarrasser (son prestige, en tant que président, tient même, bien souvent, à l'habileté qu'il déploie dans cet exercice où il faut faire preuve de ruse, de dissimulation et d'un certain sens théâtral). C'est lui qui interroge les témoins, tant à charge qu'à décharge. Enfin, il résume l'affaire telle que lui la voit. Or le problème n'est pas seulement que, ce faisant, on condamne des innocents, qui ne se sont pas souvenus avec assez de précision de certains faits, de certains chiffres ou de certaines dates, ce qui a donné aux juges l'impression d'un embarras, ou même qui ont avoué pour échapper aux supplices des interrogatoires. Le problème est plus grave. Il est *qu'on n'accède pas à la vérité*. Prévost-Paradol se situe ici sur un plan *gnoséologique,* et c'est sur ce plan qu'il compare les deux procédures, anglo-saxonne et française.

La procédure anglo-saxonne suit une voie correspondant au principe *critique*. Elle ne cherche pas l'aveu, mais uniquement des preuves objectives, qu'elle entend obtenir à la faveur la dialectique des débats. Devant les juges, les deux parties exposent chacune leur point de vue. Il faut que les témoins soient interrogés non par le président, mais par les conseils des parties, parce que c'est la condition *sine qua non* pour qu'apparaissent véritablement toutes les faces de la vérité. Chaque partie en effet, parce qu'elle *voit* les choses d'une certaine façon et a un *intérêt* à ce que sa version des faits soit prise en compte, est la mieux placée pour mettre en lumière cet aspect de la question.

C'est là une thèse épistémologique de première importance. Le présupposé « français » qui permet au juge d'instruction puis au président du tribunal de conduire seuls les investigations est que ces magistrats sont « neutres ». Or c'est là, pour Prévost-Paradol, un préjugé « dogmatique », non critique. Celui qui organise le débat, même lorsqu'il est impartial au sens où il ne penche pas délibérément pour une partie plutôt que pour une autre, n'est pas « neutre » pour autant. En effet, qu'il le veuille ou non, il a nécessairement *une certaine vision,* la sienne, qui, en tant que subjective, ne peut être que partielle. À cette vision partielle (même si, répétons-le, elle n'est pas partisane) échapperont nécessairement certains aspects de la réalité qu'on tente d'appréhender. La raison d'un magistrat autorisé à mener l'enquête ou le débat de façon discrétionnaire est, comme toute raison humaine, limitée. Pour les Anglo-Saxons, le seul moyen de dépasser cette limite, c'est de laisser s'opérer un *processus intersubjectif,* un *débat contradictoire* où toutes les visions pourront se déployer jusqu'au bout, processus tel que, par conséquent, tous les éléments significatifs, à un moment ou à un autre, auront chance d'émerger. Dans cette logique, le président ne doit pas mener lui-même les interrogatoires. Il doit laisser les parties débattre devant lui, soulever tous les aspects de la question qu'elles jugent, de leur point de vue à elles, déterminants. Ainsi, toutes les faces de la réalité pourront se présenter à un moment ou à un autre.

« La supposition qui sert de base [au] système [français] est [...] l'idée, éminemment fausse, qu'un interogatoire peut être conduit par la même personne, tant à charge qu'à décharge, avec une impartialité parfaite. Rien n'est moins conforme que cette supposition à la nature humaine et à la nature des choses. Un interrogatoire est toujours et nécessairement partial, parce qu'il suppose chez celui qui y procède une opinion acquise sur la vérité, et le dessein bien naturel de la mettre en lumière. La nature des questions, l'ordre qu'on leur donne, le but vers lequel on les fait tendre impliquent nécessairement, chez celui qui les pose, l'adoption préalable d'un système, et il faut bien que ce système domine l'interrogatoire, qui sera d'autant plus parfaitement conduit que la bonne foi de l'auteur des questions sera plus entière. En conséquence, lorsque nous donnons au président le principal rôle dans l'interrogatoire des témoins, nous ne faisons pas autre chose que de *le convier à exprimer son opinion sur le fond de l'affaire,* et, pour qui connaît la nature humaine, nous l'invitons de la sorte à faire triompher cette opinion en même temps qu'il la fait connaître. C'est aussi ce qui arrive, et dans le plus grand nombre de ces débats on voit nos présidents prendre honnêtement et ouvertement parti pour le système de l'accusation dès le début de ces interrogatoires ; sans parler de ceux de ces magistrats qui, s'échauffant sous le harnais, poussent jusqu'à l'excès cette partialité inévitable, entrent en lutte ouverte avec les témoins, et les malmènent avec violence lorsqu'ils ne peuvent tirer d'eux ce qu'ils veulent » (p. 190-192).

La procédure anglo-saxonne n'a pas ces défauts. Conformément à l'esprit anglais qui a produit tant d'autres institutions libérales, à savoir l'esprit de défiance à l'égard du rationalisme, la conscience des limites de la raison humaine, elle reconnaît explicitement que l'interrogatoire d'un témoin ne peut être que partial. Par suite,

« acceptant franchement cette partialité inévitable, elle en tire ingénieusement profit pour faire jaillir, de ce conflit des intérêts et des opinions dans l'interrogatoire, la manifestation de la vérité. Elle livre en effet le témoin aux représentants des deux parties qui l'interrogent tour à tour, et arrachent de lui tout ce qu'elles peuvent à l'appui des deux hypothèses de la culpabilité de l'accusé et de son innocence » (p. 199).

Les Anglo-Saxons appliquent ainsi au problème de la justice les principes qui ont montré leur fécondité pour la science et les débats démocratiques, à savoir l'antidogmatisme et la critique, et spécialement ce principe selon lequel nul ne peut se mettre intégralement à la place d'un autre, que les « visions du monde » sont irréductibles les unes aux autres, même si, étant donné que nous vivons tous dans le même monde, il faut bien, en définitive, s'arrêter à une hypothèse (en science), à une décision (en politique) ou à un jugement (au tribunal). On voit aussi en filigrane la théorie de l'État-arbitre qui est suggérée ici par Prévost-Paradol : étant donné que c'est le jury, donc « la société », qui juge, l'État, en la personne du magistrat, aura été, de bout en bout, un simple arbitre qui aura aidé à mettre en œuvre la procédure, et non une puissance qui aura décidé discrétionnairement.

Les Français ne sont nullement incapables d'adopter ces institutions qui correspondent, bien mieux que celles léguées par l'absolutisme, à leur génie véritable, à savoir leur sens profond du droit :

« Lorsqu'on songe que nos lois civiles sont en général plus claires et plus équitables que celles de nos voisins d'outre-Manche, comment ne pas nous réjouir d'avance de la supériorité que nous aurons conquise, le jour où nous les aurons égalés pour tout le reste, en nous appropriant ces grands traits de leur procédure et de leur organisation judiciaire ? » (p. 203).

3) *La liberté de la presse*

La presse a, elle aussi, une vertu de contrôle critique, qui permet que soient respectés de grands principes, quand bien même les individus ne les respecteraient pas par leur propre vertu. Le pluralisme de la presse les oblige, par effet de structure, à s'acheter une conduite :

« La crainte que nous inspirent le contrôle et le jugement de nos semblables a sur nos actions un pouvoir au moins égal à celui de notre conscience ; il est même un grand nombre d'hommes à qui cette crainte salutaire tient lieu du sentiment du devoir, imparfaitement développé par l'éducation ou amorti par les difficultés de la vie. La presse n'est autre chose que ce contrôle et ce jugement public, se produisant avec une puissance et une continuité inconnues aux générations qui nous ont précédés dans ce monde. Elle tend à rendre, par le fait seul de son existence, les crimes des particuliers plus rares, les grandes iniquités de l'État plus difficiles, les dénis de justice en matière criminelle et l'inégalité des citoyens devant la loi pénale presque impossibles. Enfin on ne peut juger équitablement la presse si l'on n'a point présent à l'esprit, en regard du mal qu'elle fait trop souvent, le mal qu'elle prévient ou réprime tous les jours » (p. 206-207).

Il faut certes limiter la liberté de la presse, en ce sens que nul ne doit pouvoir commettre impunément ces délits que sont la diffamation ou l'appel à l'insurrection (ils sont punis quand ils sont commis en un point du territoire par une personne isolée, il serait paradoxal qu'ils ne le soient pas quand leurs conséquences sont étendues au pays entier par la feuille imprimée).

Cependant, un danger bien pire est le danger inverse, à savoir que la presse soit aux mains du pouvoir. Car celui-ci peut alors empêcher toute publicité sur les affaires qui le gênent, ou, au contraire, attiser les passions du peuple sur les objets qu'il souhaite, par exemple pour justifier à l'avance telle aventure militaire dangereuse pour le bien public (même si, apprenti sorcier, il ne sait plus ensuite comment éteindre l'incendie qu'il a allumé)[1].

On dira qu'il est contradictoire de vouloir, d'une part, rendre la presse indépendante du pouvoir, et, d'autre part, empêcher les délits de presse. C'est faux, comme le montre ici encore l'exemple des pays anglo-saxons. Le tout est de mettre en place le dispositif légal adéquat. Il faut « une loi et un juge », mais « la loi a bien moins d'importance en matière de presse que la juridiction » (p. 216), puisque les formules de la loi ne peuvent être ici que larges et vagues, et que tout le sens de la répression dépend de l'interprétation donnée par le juge. La loi de 1822 a établi un délit d' « excitation à la haine et au mépris du gouvernement », ce qui, interprété à la lettre, pouvait faire que, plus le gouvernement faisait des choses « en effet méprisables et haïssables », plus il était sûr de pouvoir obtenir la condamnation de ses opposants.

Il faut donc un juge indépendant. Ce ne peut être le juge de première instance, trop dépendant du pouvoir pour son avancement ; ni la cour d'appel, qui, chaque fois qu'elle acquitterait un inculpé, donnerait le sentiment de porter un rude coup au pouvoir. Le meilleur juge est donc, ici encore, un *jury* : « Les acquittements répétés du jury sont un signe salutaire de quelque malentendu entre l'opinion de la classe éclairée et le pouvoir, et avertissent en temps opportun d'y mettre un terme. [...] Avec le verdict souverain du jury en perspective, aucune loi répressive sur la presse n'est mauvaise, car les inévitables défauts de la loi sont corrigés par l'absolue liberté du juge ; sans le jury, au contraire, il n'est point de bonne loi sur la presse, car l'application littérale de ces lois fait bientôt paraître absurdes et intolérables les définitions qu'on a crues les plus sages » (p. 222-223).

---

1. Prévost-Paradol a évidemment ici à l'esprit les guerres du Second Empire.

Quant à la loi, la seule formule convenable serait qu'elle condamne toute « provocation à commettre un acte qualifié crime ou délit par la loi » (p. 224).

Enfin, c'est l'auteur de l'article et l'éditeur qui devront être poursuivis, non l'imprimeur (sauf en certains cas). Il faut supprimer la « censure préventive des imprimeurs » pratiquée par tous les absolutismes français jusqu'à Napoléon III compris[1].

4) *La liberté des cultes. La question de la séparation de l'Église et de l'État*

Les relations entre l'État et l'Église catholique sont dominées en France par une logique véritablement passionnelle :

« L'Église catholique recherche volontiers la domination, dont elle se croit seule capable de bien user, et ne fuit point la persécution qui lui élève l'âme ; ce qu'elle déteste et redoute le plus, c'est l'indifférence. Comme une mère tendre ou comme une épouse passionnée, elle dit à l'État depuis qu'elle existe : "Aime-moi et obéis-moi si tu peux, frappe-moi si tu veux, mais ne me quitte jamais" » (p. 235).

À quoi il faut ajouter une dissymétrie, lourde de malentendus, dans les relations des deux institutions. Du fait du Concordat, l'État a tous les droits, mais l'Église, qui dirige les consciences, peut « porter un trouble profond dans la société politique » et se donner le beau rôle en se posant en victime :

« Elle peut, sans commettre aucune violence matérielle, réduire les pouvoirs publics à user de violence à son égard, ce qui soulève aussitôt tous les cœurs » (p. 237).

Étant donné ces relations passionnelles, l'État est obligé de prendre parti dans la « lutte historique entre la Révolution et l'Église ».

« Il n'est pas un de nos gouvernements depuis 89 qui n'ait été contraint de choisir ou du moins d'osciller entre l'Église catholique et la Révolution française, ennemies jalouses et le plus souvent injustes l'une pour l'autre, mais jusqu'à ce jour irréconciliables et surtout implacables à l'égard du pouvoir qui n'embrasse pas leur cause et n'adopte point leur drapeau » (p. 238-239).

Seule solution, donc : il faut que l'État « prenne le grand parti d'ignorer l'Église et de la traiter simplement comme une association libre », c'est-à-dire qu'il faut accomplir, comme en Amérique, la séparation des Églises et de l'État.

---

1. Ces principes seront mis en œuvre dans la loi de1881 sur la presse.

Autre raison, de nature diplomatique : l'actuel Concordat n'a de sens que si le pape conserve son pouvoir temporel et si l'on a à traiter avec lui comme avec un chef d'État. Or la situation à cet égard en Italie est plus qu'incertaine. La séparation de l'Église et de l'État en France permettra de faire face à tous les statuts politiques futurs de l'Église de Rome.

Cette séparation, qui heurte chez les hommes d'Église « une mauvaise habitude enracinée par les siècles », celle de compter sur la force coercitive de l'État pour aider le clergé à faire le salut des âmes, ne heurte pas, en réalité, les doctrines fondamentales de l'Évangile (d'ailleurs l'Église catholique s'est fort bien accommodée de la situation d'association libre à laquelle elle a été réduite en Angleterre et aux États-Unis). En fait, la seule chose dont l'Église ait besoin, c'est de *libertés* : de réunion, d'association, d'enseignement, de prédication.

Dans les premiers siècles du christianisme, ces libertés lui ont été refusées, et elle a subi le martyre ; puis elle les a obtenues, mais l'État lui en a fait un monopole, et elle en a alors « joui sans scrupules, et sans désirer qu'on les étende à d'autres ». Maintenant, il convient que l'Église « reçoive ces libertés en même temps et au même degré que tous les autres cultes, et comme une portion de ce qui lui est dû de la liberté générale » (p. 242).

S'il en est ainsi, il faut impérativement qu'après la séparation, l'Église jouisse effectivement de toutes les libertés dont jouissent les associations libres, y compris celle de gérer sa fortune et même, le cas échéant, de s'enrichir, notamment en recevant sans entraves des héritages. Ce n'est pas là une concession à lui faire, c'est simplement le droit commun. On ne peut, sans injustice, lui reprendre d'une main ce qu'on a lui donné de l'autre.

Tout au plus pourrait-on exiger que la fortune de l'Église soit mobilière, parce que, si elle retrouve une vaste propriété foncière, cela risque de rallumer de vieilles rancunes et de préparer de nouveaux troubles et de nouvelles spoliations. En ce qui concerne les locaux à usage ecclésiastique, l'Église devrait en jouir, mais ne pas en avoir la nue propriété. Celle-ci devrait revenir aux communes afin qu'elles les attribuent éventuellement à d'autres cultes qu'elles entendent favoriser.

On aurait pu accomplir la séparation de l'Église et de l'État dès 1789, mais on a alors préféré sacraliser l'État :

« Ce sera le regret éternel des bons Français (j'entends de ceux qui aiment leur pays avec intelligence), qu'au lieu d'entreprendre la constitution civile du clergé et de resserrer ainsi la chaîne de l'État et de l'Église, notre première Assemblée constituante, qui contenait tant d'amis de la religion et de la liberté, n'ait pas songé à tenter d'*affranchir complètement l'Église* et de *séculariser définitivement l'État*. [...] Les esprits n'étaient pas arrivés alors à concevoir le vrai rôle de l'État moderne, et l'on n'inclinait que trop à *charger l'État de tout*, en le rendant *digne de tout bien conduire* » (p. 254-255, n.s.).

Prévost-Paradol voit bien, ainsi, que le problème n'est pas, en France, que les cultes soient protégés et financés par l'État ; il est au contraire qu'on voue à l'État lui-même un culte. Les pays calvinistes, où par ailleurs la foi est si vive, sont peut-être ceux qui ont su le mieux séculariser vraiment l'État.

5) *Armée et police*

La guerre est toujours présente dans le monde, mais elle est jugée de plus en plus négativement, conséquence du développement économique et « des sentiments d'humanité qui dominent de plus en plus les âmes » (p. 258). Prévost-Paradol, comme Constant, se réjouit de cette évolution historique fondamentale. Mais il se garde de tout pacifisme.

« Qui ne ferait des vœux pour la disparition de la guerre ? Qui ne souhaiterait de voir *inaugurer entre les nations une justice arbitrale* dont les décisions respectées termineraient les différends des États et maintiendraient entre eux la paix, comme les tribunaux le font parmi les citoyens ? » (p. 258).

Mais vouloir cela n'est pas vouloir le pacifisme, car

« comme l'équilibre ne peut subsister que par une certaine balance de forces qui, une fois troublée, ne peut se rétablir que par la guerre, il faut se soumettre à la nécessité », et, sans aimer la guerre, [pouvoir et savoir la faire, et pour cela s'y préparer] » (p. 259).

La guerre d'ailleurs, à la différence des brutalités ordinaires, a une dignité et même une utilité dans le progrès des civilisations. Le progrès, en la matière, consiste, non à vouloir supprimer entièrement la guerre (alors que le médecin ou l'avocat peuvent viser la suppression complète de la maladie ou de la délinquance), mais à la « réduire au minimum », c'est-à-dire aux cas d' « absolue nécessité » (p. 267). Cette raréfaction des cas est fonction des progrès de la sagesse et de la prévoyance des politiques. La même intelligence humaine doit contribuer à « réduire au minimum » l'emploi effectif des armes et à économiser le plus possible les vies humaines.

« De même que le fait de la guerre est un tribut payé à la faiblesse de l'esprit humain et à l'insuffisance du génie politique, de même l'emploi de la force est un tribut payé à l'imperfection du génie militaire, et un aveu implicite de son impuissance » (p. 272-273)[1].

---

1. Prévost-Paradol emploie ici une curieuse, mais suggestive image. Un ouvrier qui ne vient pas à bout de faire faire fonctionner un dispositif mécanique finira par s'énerver et par lui donner des coups. Il « redressera de force quelque ressort faussé, suppléera par la vigueur musculaire au mécanisme en défaut » (p. 269), et sans doute obtiendra-t-il parfois

Il faut donc continuer à être capable de faire la guerre et avoir une armée.

Dans la situation actuelle de l'Europe, il faut à la France une « armée de ligne » de 700 à 800 000 hommes, plus des « gardes mobiles » pour la défense de l'intérieur, et un service de cinq ans. Ceux qui contestent ces chiffres ou le principe même d'une armée permanente ont pour argument que seules les « guerres défensives » sont légitimes, et non les « guerres offensives ». Mais cette distinction est sophistique. Dès lors qu'une guerre est juste, le fait qu'elle soit offensive ou défensive est un choix stratégique, affaire de circonstances. Souvent, il faudra savoir mener une guerre offensive pour défendre un droit légitime menacé (cf. p. 281).

Évidemment, l'armée permanente doit obéir à l'autorité civile, et pour cela il faut développer, dans l'armée même, l'esprit civique.

C'est ce qui justifie la *conscription*. En effet, les conscrits n'étant pas rémunérés, leur seul intérêt à l'emploi de la force ne peut être que l'intérêt civique, et l'on ne voit pas comment un pouvoir pourrait entraîner une armée de conscrits dans des aventures qui n'auraient pour but que des intérêts privés. En souvenir sans doute des actions factieuses de l'armée en 1851-1852, Prévost-Paradol exige que, dans le département de la Seine, l'armée soit à la seule disposition du président de l'Assemblée nationale.

Une dernière question se pose. Dans un « État démocratique et libre », faut-il laisser subsister certains « corps privilégiés », comme les gardes royale ou impériale, et certaines distinctions et décorations, comme le maréchalat ou la Légion d'honneur ? La réponse est évidemment négative pour les corps privilégiés. Pour le maréchalat, elle est négative également en principe, mais il ne faut pas « devancer l'opinion ». Pour la Légion d'honneur, même si, là encore, il faut tenir compte d'un prestige qui sera long à disparaître tout à fait, il convient de supprimer dans l'ordre civil cette institution qui

« n'est pas autre chose [...] qu'un lien de dépendance de plus envers le pouvoir exécutif et qu'un moyen ingénieux, grâce à la hiérarchie des grades, de créer et d'entretenir des solliciteurs » (p. 288)[1].

---

un résultat. Mais il est clair que s'il en est arrivé là, c'est qu'il n'avait pas compris véritablement et en profondeur le dysfonctionnement du dispositif. Son attitude témoigne donc d'une « impuissance relative de l'esprit ». Même aveu d'impuissance spirituelle quand, à la guerre, on « attaque de front une position qu'on peut tourner, emporte une place d'assaut quand on aurait, sans inconvénient pour la marche générale des opérations, le temps de la réduire... » (p. 272). Il en est de même quand les politiques font la guerre alors qu'une politique plus habile aurait pu la rendre inutile. La thèse sous-jacente est que l'intelligence pourra (à terme) faire tout ce que peut faire la force, alors que l'inverse n'est pas vrai.

1. D'ailleurs, elle a été, sous le Second Empire, « répandue avec une prodigalité inouïe jusqu'aux derniers rangs de la médiocrité », si bien qu'elle a perdu l'essentiel de son attrait pour les gens réellement honorables. Prévost-Paradol pense sincèrement qu'un « honnête homme », désormais, devrait la refuser...

En revanche, il est nécessaire, pour des raisons de fond, de conserver les décorations militaires. En effet :

« La belle action du militaire ne ressemble point à la gloire soutenue de l'auteur, du savant ou de l'artiste ; cette action n'a qu'un éclat passager et s'efface promptement du souvenir ; il est juste et humain qu'un signe permanent de la gratitude nationale empêche cet injuste oubli » (p. 289-290).

Pour l'essentiel, le modèle de société politique brossé par Prévost-Paradol sera réalisé, dans l'esprit comme dans la forme, par la IIIe République.

Introduction aux Troisième et Quatrième parties

Les adversaires de la tradition démocratique et libérale

1) « Droite », « gauche » et « néo-absolutisme »

Des objections aux doctrines démocratiques et libérales sont formulées dès que celles-ci apparaissent ; elles parviennent à maturité et prennent la forme de doctrines construites au moment où les régimes démocratiques et libéraux triomphent, c'est-à-dire au début du XIXᵉ siècle. Ces critiques se subdivisent en deux grandes familles, la « gauche » et la « droite ».

Complétons ce que nous avons dit à ce sujet dans l'*Introduction générale,* où nous nous référions à l'analyse de Karl Popper dans *The Open Society and its Enemies.*

Gauche et droite sont deux versions en miroir d'une même incompréhension et d'un même refus de la société pluraliste, critique et de marché.

La *droite* veut échapper à cette société en revenant en arrière, avant le moment où, par une fatale erreur, s'est engagée l'évolution qui y a conduit. Elle est donc « réactionnaire ». Elle se réfère à un ordre « naturel » ou « providentiel » dont on n'aurait jamais dû s'écarter – car tout ce qui s'en écarte ne peut être que désordre – et auquel il convient donc de revenir. Les penseurs de droite sont prêts, pour cela, à renoncer au progrès, et en particulier au progrès scientifique et technique, ainsi qu'à l'abondance qu'il peut procurer. Leurs idéaux politiques mythifient systématiquement les époques lointaines, la société féodale et chevaleresque, la Rome antique ou les peuplades germaniques, et en général la société pré-industrielle, la ruralité, l'artisanat... Ne croyant pas à la fécondité de l'ordre spontané de société rendu possible par l'égalité devant la loi, ils privilégient les hiérarchies, les « communautés naturelles », pays, corporations, à la survie desquelles on pourra sacrifier les voies de droit. Ils ne croient pas que l'histoire offre une alternative à la guerre et, par conséquent, ils mettent l'accent sur la supériorité morale des vertus militaires. Ils développent la mystique du chef et celle de l'homme providentiel.

L'autre famille, la *gauche*, refuse également la société ouverte. Mais elle entend conserver ses acquis scientifiques, techniques et économiques. Elle lui échappera donc, non par une « réaction », mais par une « révolution », une fuite en avant. Elle sera utopique. En vertu d'une option épistémologique dont nous devrons faire l'analyse critique, elle rejette ce qui est porteur de connaissance sans qu'on en puisse donner explicitement les raisons – les valeurs, les institutions, tout ce qu'elle appelle « préjugés » –, qu'elle juge être sources d'irrationalité, de dysfonctionnements et de désordres. Elle pose qu'il n'y a d'ordre que pensé et construit. Pour elle, il faudra, comme le dit l'*Internationale*, « du passé faire table rase », afin de pouvoir instaurer ce qui n'a jamais existé, ce qui rompt tant avec la nature qu'avec la culture, le socialisme organisateur et planificateur.

La droite étant réactionnaire, la gauche étant révolutionnaire, elles paraissent, de ce seul fait, radicalement opposées l'une à l'autre[1]. Cette opposition, réelle, ne doit cependant pas masquer, pour Popper, une similitude encore plus fondamentale, qui est leur refus même de la « société ouverte ». Toutes deux prônent une forme ou une autre de « société fermée », communautariste et « holiste », où le groupe prime l'individu et où les rapports humains sont intangibles, ou du moins ne peuvent varier au gré des libres initiatives des individus. La droite prône le retour aux communautés naturelles et le corporatisme, comme la gauche prône la communauté des biens et l'organisation collective de l'économie. Toutes deux rejettent les principales institutions de la société ouverte, la démocratie et le libéralisme (il y a, en particulier, un anti-capitalisme de droite aussi virulent que l'anti-capitalisme de gauche). Toutes deux, enfin, dès lors qu'elles refusent l'État de droit, l'économie de marché, la liberté de penser et d'expérimenter qui rend possible le progrès scientifique et technique, sont finalement incompatibles avec la poursuite même de l'aventure humaine. La droite refuse l'idée même de progrès, ou du moins de progrès intellectuel et moral, puisque la nature, à commencer par la nature humaine, est fixe ; la gauche se dit progressiste, mais comme elle entend supprimer les structures sociales qui ont réellement permis le progrès, son progressisme est une vaine pétition de principe. De sorte que droite et

---

1. D'autant qu'existe entre elles une autre dissymétrie. L'ordre social jugé bon et désirable par la gauche étant un ordre construit, pensé, la famille de gauche a vocation à produire et à mettre en première ligne des intellectuels, des sytèmes, des idéologies explicites et articulées (et cette démarche d'abstraction peut aller jusqu'à la mise au point de systèmes tellement utopiques qu'ils en deviennent « délirants », sans point de contact avec le réel). A l'inverse, l'ordre dont la droite est nostalgique étant « naturel », cet ordre est censé s'imposer de lui-même, indépendamment du fait qu'on le pense ou qu'on ne le pense pas. Pour la droite, la théorie sera donc soit inutile, soit même nuisible (puisque le fait d'interposer entre l'homme et la « nature » la médiation d'une pensée raisonnée, qui lui est toujours inadéquate, est par lui-même perturbateur). La droite ne mettra pas l'élément intellectuel au premier plan. Elle magnifiera l'homme d'action et l'homme d'intuition, éventuellement l'homme de Parole (le poète, le prédicateur, le chef délivrant des mots d'ordre), plus que l'homme de théorie et d'abstraction. Elle aura cependant aussi ses penseurs et même, le cas échéant, de véritables idéologies construites, comme le verrons, mais il n'y aura jamais symétrie véritable, à cet égard, entre droite et gauche.

gauche, en définitive, compromettent la perspective eschatologique optimiste qui, nous l'avons vu, est en filigrane de toutes les doctrines démocratiques et libérales[1].

Les doctrines de la droite et de la gauche prennent les principaux traits que nous venons de citer avec des œuvres majeures de la période 1795-1850, respectivement, les « théocrates », Joseph de Maistre et Louis de Bonald, pour la cristallisation des idées de « droite », et les premiers socialistes, Babeuf, Saint-Simon, Owen, Fourier ou Marx, pour la cristallisation des idées de « gauche ». Mais l'une et l'autre familles, avant et après ces œuvres constitutives, ont une « préhistoire », puis des développements majeurs qu'il nous faudra retracer. Ce sera l'objet des troisième et quatrième parties de ce livre : « Les adversaires de la tradition démocratique et libérale, I : la Gauche », et « Les adversaires de la tradition démocratique et libérale, II : la Droite ».

L'opposition aux idées démocratiques et libérales peut également s'appuyer sur la tradition absolutiste. Un développement spécial, à cet égard, devra être consacré à Hegel, auteur d'une doctrine absolutiste entièrement renouvelée par rapport à celles des XVIIe-XVIIIe siècles. Adversaire de la tradition démocratique et libérale, Hegel ne saurait être rangé ni (seulement) à gauche ni (seulement) à droite, parce que sa critique se situe en amont, au plan des principes philosophiques les plus radicaux de la démocratie libérale, et contient donc *in ovo* la plupart des critiques qui seront déclinées ensuite à l'encontre de celle-ci par chacune des deux familles. Le mieux sera donc de lui consacrer un chapitre *préliminaire* aux Troisième et Quatrième parties.

---

1. Certes, droite et gauche se sont souvent combattues. Mais on peut être ennemis tout en étant frères, il est même bien connu qu'il n'y a pas de pires ennemis que des frères. La lutte à mort entre l'Allemagne nazie et l'URSS entre 1942 et 1945 ne prouve nullement que les deux systèmes, nazi et communiste, soient fondamentalement opposés, pas plus que la lutte à mort entre « poilus » français et « poilus » allemands dans les tranchées de 1914-1918 ne prouve un décalage de civilisation entre les deux peuples, bien au contraire. Popper ou Hannah Arendt énoncent la thèse de la similitude fondamentale entre gauche et droite aussitôt après l'expérience tragique des totalitarismes qui a montré jusqu'où pouvait aller la similitude entre ces deux refus de la société de droit, à savoir jusqu'à la barbarie des camps. Sans aller jusqu'à ces formes extrêmes que sont les totalitarismes, nous constaterons, dans les chapitres ci-après, que beaucoup de similitudes existent *de facto* entre les pensées de droite et de gauche.

2) La « droite » et la « gauche »
selon la politologie et selon la philosophie politique

Les notions de « droite » et de « gauche » relèvent à la fois de la « philosophie politique » et de la « politologie ». Il en résulte fréquemment une grave confusion que nous devons dissiper avant d'entrer en matière.

Les termes « droite » et « gauche » n'ont pas de sens intrinsèque, ils ne reçoivent leur sens que par métonymie[1] : la gauche est la doctrine des députés qui, dans les assemblées parlementaires, siègent à gauche, la droite celle de ceux qui siègent à droite[2]. Or, pour ne pas parler des cas où cette situation géographique est de pur hasard[3], elle est due le plus souvent à un choix tactique ou stratégique, celui de participer ou de s'opposer à un parti ou à une coalition. Les contraintes de la démocratie parlementaire conduisent donc à siéger ensemble, ou à s'afficher ensemble devant l'opinion, des hommes qui peuvent être très différents sur le plan des valeurs et opinions politiques fondamentales, surtout quand le système électoral est majoritaire et engendre une « bipolarisation » des camps politiques[4].

D'où les risques de confusion que nous devons conjurer.

— Si l'on privilégie l'aspect *politologue et stratégique,* on considérera qu'il y a un seul clivage politique, celui qui oppose les majorités et les minorités élec-

---

1. Cf., par analogie, les « Blancs » et les « Noirs », camps politiques de la Florence médiévale, *HIPAMA,* p. 677.
2. Cette habitude s'instaure définitivement, en ce qui concerne la France, à l'époque de l'établissement d'un régime parlementaire (Restauration et monarchie de Juillet). Le pli semble avoir été pris cependant dès les assemblées révolutionnaires elles-mêmes, où l'on désignait les tendances politiques par le lieu de la salle de séances où leurs partisans s'agglutinaient : la « Montagne » (les rangs du fond, donc du haut), la « Plaine » (rangs de devant et du centre). Au début du régime parlementaire proprement dit, en 1815, il est acquis que les partisans de l'Ancien Régime, de l'ancienne société, de la religion traditionnelle, les ultra-royalistes (cf. *infra*) s'installent à droite, les partisans de tout ou partie des idées de 1789 et les bonapartistes à gauche.
3. Tocqueville, élu député en 1839, s'y prit trop tard pour réserver un siège à gauche auprès de l'administration de l'Assemblée, et se retrouva assigné là où il restait des places, en l'occurrence à droite de la salle, parmi les légitimistes. Il se soucia, dans l'immédiat, de corriger l'effet ainsi produit sur ses électeurs de Valognes, puis, dès qu'il le put, il occupa une place libérée au centre-gauche par le décès d'un député... (cf. André Jardin, *Tocqueville,* Hachette, 1984, p. 285).
4. Benjamin Constant, Tocqueville et toute l'opposition libérale sous la Restauration et sous la monarchie de Juillet, ou Gambetta, Ferry et les autres républicains modérés jusqu'à Poincaré sous la IIIe République, siègent à « gauche » et se disent « de gauche ». Or aucun de ces hommes, y compris les derniers nommés, n'a rien à voir avec le socialisme. Inversement, Lamartine, sous la monarchie de Juillet, siège à droite, et pourtant il n'a rien de commun avec les légitimistes et autres partisans nostalgiques de l'alliance du trône et de l'autel. Sous la Ve République, nombre d'hommes et de partis politiques ont participé aux coalitions de droite sans partager le moins du monde les valeurs de la droite, etc.

torales ; et l'on concluera qu'il y a, dans les démocraties modernes, *deux* grands camps, la « gauche » et la « droite ».

— Alors que, si l'on se situe au plan *idéologique,* on constatera que les clivages sont déterminés par ce que nous avons appelé les grands paradigmes de la pensée sociopolitique, et l'on aura alors, non pas deux, mais *trois* grands camps, la « démocratie libérale », la « droite » et la « gauche ».

Une autre source de confusion est que, chacune des grandes familles idéologiques jugeant que les deux autres ont tort, elle les perçoit comme étant plus ou moins apparentées entre elles ou même, le cas échéant, complices.

Pour la droite, par exemple, tout ce qui a été pensé et fait dans toutes les Révolutions modernes, que ce soit dans les pays anglo-saxons ou en Europe continentale, qu'il s'agisse de 1789, de 1793 ou de 1917, est de « gauche » (et détestable).

Pour la gauche, tout ce qui n'est pas de gauche est de « droite » (et détestable) : les libéraux autant que les royalistes, Thiers ou Guizot autant que Maurras, la « dictature du marché » (presque) autant que le fascisme et le nazisme[1].

Pour les démocrates libéraux, enfin, également, « droite » et « gauche » se ressemblent, pour les raisons que nous avons explicitées plus haut.

Le fait qu'il existe deux logiques déterminant les clivages politiques, une logique stratégique et une logique idéologique, est donc une source permanente de quiproquos par lesquels l'historien des idées ne doit pas se laisser tromper. Par exemple, il sera fréquent que, selon la logique stratégique, des familles politiques fort hétérogènes idéologiquement s'allient entre elles pour vaincre la troisième (ce qui ne peut s'accomplir qu'au prix d'un effacement ou d'un refoulement des différences idéologiques et doctrinales), mais que, dans une autre conjoncture, une autre combinaison se forme. Tous les cas de figure se rencontrent dans l'histoire politique réelle. Au XIXᵉ siècle, en France et en Angleterre, mais surtout en Allemagne ou en Italie, *démocrates libéraux* et *socialistes* ont fait front commun contre l'absolutisme, le cléricalisme et l'aristocratisme. À d'autres moments, la *droite* s'est alliée aux *libéraux* contre le danger socialiste. Hitler et Staline se sont alliés contre les démocraties libérales. Aujourd'hui, en France, droite traditionnelle et gauche jacobine communient dans le même « souverainisme » (dont le vrai nerf est

---

1. Par exemple, René Rémond, dans son célèbre livre *Les droites en France* (cf. *infra,* p. 1081), qualifie la tradition *orléaniste* (qui, pour lui, va, presque sans solution de continuité, de Louis-Philippe à Valéry Giscard d'Estaing) comme l'une des trois familles de la *droite* française. Il la place donc dans le même camp que la droite traditionaliste. Nous ne dirons pas que cette option est vraie ou fausse : nous nous contenterons d'observer qu'elle prouve à elle seule que la « vision du monde » de René Rémond est de gauche. Pour nous, l'orléanisme est une des composantes de la famille démocrate libérale.

l'anti-américanisme et l'anti-capitalisme), sans cesser de s'opposer sur les autres plans[1].

La science politique doit tenir compte, naturellement, des deux sources de clivages, idéologique et institutionnelle, de leur logiques respectives et de leurs interférences. Tant qu'il existera des démocraties, il faudra bien — même là où il existe un suffrage proportionnel — qu'elles soient gouvernées, et donc il y aura toujours une tendance à la bipolarisation et au renvoi au second plan des appartenances idéologiques profondes. Mais cela ne doit pas égarer les observateurs soucieux de comprendre les évolutions de moyen et long terme. Car les choix doctrinaux et de valeurs, qui sont récurrents (permanents ?), sont des clefs plus utiles pour expliquer les événements et l'évolution de la société que les intérêts stratégiques et tactiques, qui sont circonstantiels et peuvent toujours se renverser. Puisque notre propos, ici, n'est pas d'histoire ni de sociologie politique, mais d'histoire des idées, nous ne tiendrons pas compte, sauf occasionnellement, des alliances stratégiques ou tactiques qui peuvent avoir été établies, puis rompues, puis autrement nouées, entre les hommes ou partis, respectivement, de droite, de gauche et démocrates libéraux. Nous nous tiendrons sur le seul plan des doctrines. On va voir que, sur ce plan, les choix et attitudes des trois familles demeurent irréductiblement hétérogènes.

---

1. Un exemple frappant de l'écrasement des réalités doctrinales et comportementales profondes des familles politiques par la mécanique institutionnelle et stratégique du système électoral est l' « UDF » (« Union pour la démocratie française ») créée en France en 1978 par Valéry Giscard d'Estaing et Jean Lecanuet. Voici le mécanisme en cause. Le mode de scrutin des élections législatives, c'est-à-dire le suffrage uninominal majoritaire à deux tours, conduit mécaniquement à une double bipolarisation de l'organisation partisane. En effet, pour être élues au second tour, aussi bien la droite que la gauche doivent réaliser l'union au sein de leur propre camp : une droite désunie perdrait systématiquement devant une gauche unie, et réciproquement. D'où une première bi-polarisation. Mais, pour être élu au second tour, il faut être, au premier tour, le premier de son camp. D'où une seconde bi-polarisation, à l'intérieur, cette fois, de celui-ci. Comme, à droite, il existait un parti important, le parti gaulliste (alors appelé UDR), et une série de partis plus petits, ces derniers ne pouvaient espérer devancer l'UDR au premier tour qu'en s'unissant pour atteindre une taille comparable à la sienne. On créa donc l'UDF. Or les composantes de celle-ci, Parti républicain, Centre des Démocrates sociaux, Parti radical, Parti social-démocrate, clubs Perspectives et Réalités, étaient fort hétérogènes du point de vue idéologique, puisqu'on y trouvait des démocrates chrétiens, des radicaux, des libéraux. Elles n'ont cessé, de fait, de s'opposer sur les options fondamentales (pour ou contre l'économie de marché, pour ou contre la cogestion de l'État avec les organisations syndicales, pour ou contre l'augmentation des prélèvements obligatoires, pour ou contre la décentralisation et la libéralisation de l'enseignement, etc.). Elles n'ont pu maintenir une certaine cohésion dans l'action politique tactique qu'au prix d'aligner leurs discours sur leurs seuls « dénominateurs communs », c'est-à-dire en renonçant, le plus souvent, à tenir un discours politique véritablement déchiffrable.

Chapitre préliminaire
aux Troisième et Quatrième parties

Hegel

Hegel est un adversaire acharné, sur le plan théorique, de la tradition démocratique et libérale. Il ne se contente pas d'avoir des idées politiques différentes, mais, écrivant à une époque où les doctrines de la démocratie libérale ont atteint leur maturité, il peut les réfuter délibérément. Il le fait pour une raison précise, que l'on peut discerner sans peine – car ce grand penseur a su exprimer complètement la logique de ses idées et n'a laissé aucun doute au sujet de ce qu'il voyait et ne voyait pas – à savoir qu'*il a une philosophie de la connaissance pour laquelle le paradigme commun aux doctrines démocratiques et libérales, l'ordre auto-organisé ou ordre par le pluralisme, n'a aucun sens.*

L'idée hégélienne d'un développement de l'Esprit qui se crée lui-même son environnement et se transforme au point d'acquérir « une seconde nature » (*Principes de la Philosophie du droit,* § 4, § 151, etc.), rejoint, à certains égards, l'idée d'ordre spontané. Elle en manque cependant le ressort essentiel, puisque Hegel pose que ce développement est l'œuvre de la Raison, en entendant par « Raison » un processus dominé par un esprit réfléchissant qui peut le comprendre, le récapituler et même l'anticiper. Dans ce processus, les libres initiatives des individus ne jouent pas de rôle constructeur ; l'effet cumulé des initiatives individuelles n'est pas un ordre, mais seulement un « assemblage » (§ 156, add.). La Forme est l'œuvre d'une Raison intégralement pénétrable par la logique hégélienne (donc par Hegel lui-même). Tout le problème, nous le verrons, est dans cette thèse du Savoir absolu – accompagnée du rejet méprisant de l'« empirisme » anglais qui, lui, prend en compte les limitations de notre connaissance, et d'une défiance marquée pour la liberté individuelle, considérée comme « arbitraire », quand elle n'est pas une incarnation, ou même l'incarnation par excellence, du « mal » (§ 139).

Parce que les griefs de Hegel contre la démocratie libérale portent ainsi « en amont », contre le paradigme même qui la fonde, et non « en aval », contre telle ou telle thèse politique concrète de la démocratie libérale que rejetterait, selon le cas, la « gauche » ou la « droite », cet auteur ne peut être classé dans aucune de ces deux familles. Il entend fonder en raison tous les genres de condamnations de la « société ouverte ». En ce sens, Hegel aura fait pont et planche entre les doctrines *absolutistes* des XVIIe et XVIIIe siècles et les doctrines *totalitaires* modernes[1].

En ces temps de déchristianisation du monde occidental, il est le théoricien original d'une opération aux conséquences stratégiques majeures dans toute la pensée politique moderne : la *promotion de l'État comme puissance absolue,* la *quasi-divinisation* de l'État. En ce sens, il ne pouvait être un partisan de la démocratie libérale, si l'on accorde que la genèse de celle-ci, spécialement dans les pays calvinistes, était elle-même la continuation directe de la tradition biblique du dualisme irréductible et fécond entre « pouvoir spirituel » et « pouvoir temporel ». Pour Hegel, dès lors que l'Esprit, c'est l'État, un tel dualisme n'a plus lieu d'être, et toutes les institutions politiques qui sont faites pour le garantir deviennent sans objet.

On ne sera donc pas étonné de trouver chez lui, pour la première fois, nombre d'idées attribuées ensuite à Marx et aux marxistes (la critique de l'économie de marché et de l' « aliénation » qui en résulterait pour la « populace »), aux théoriciens de la droite traditionaliste comme La Tour du Pin ou Maurras (avec leur doctrine de l'organisation corporatiste de l'économie, et de la représentation des corporations, plutôt que des individus, dans les assemblées politiques), à tous les historicismes modernes (puisqu'il est l'auteur d'une philosophie de l'Histoire qui tient les libres personnes individuelles, sauf exception, pour quantités négligeables), à Nietzsche (avec son culte de la guerre), aux nationalistes (puisque le vrai sujet de l'Histoire est pour lui le peuple en qui, à chaque époque, s'incarne l'Esprit ; or il s'agit, en dernier lieu, du peuple allemand). Par la puissance exceptionnelle de sa pensée, capable de tracer des « horizons indépassables »

---

1. Hegel n'est pas, cependant, un absolutiste pratique, au sens où il se serait rallié de façon partisane à la monarchie absolue prussienne de son temps : la biographie de Jacques D'Hondt (*Hegel,* Calmann-Lévy, 1998) a fait justice de cette imputation désobligeante et trop répandue. Il n'est pas non plus un absolutiste « naïf » qui se contenterait de réaffirmer les doctrines absolutistes classiques, puisque, venu plus tard, il « réfute les réfutations » de ces doctrines. Il n'en est pas moins un absolutiste au sens précis que nous avons proposé de donner à ce mot : il prône à la fois un contrôle total du gouvernement monarchique sur l'État et de l'État sur la société. Appelons-le un *néo-absolutiste.* Il est également un *pré-totalitaire,* non certes, là encore, au sens où il aurait prôné toutes les mesures sociales, économiques et politiques concrètes prises par les partis uniques du XXe siècle (il n'en a recommandé que quelques-unes), mais en ce que, comme nous le verrons amplement dans ce chapitre, il a – comme Nietzsche le fera, d'une autre manière, un peu plus tard – réduit à rien, philosophiquement, les valeurs, principes et doctrines de la société de droit, chrétiennes et humanistes, qui auraient pu constituer un obstacle intellectuel aux programmes totalitaires.

(puisque, pour les dépasser, il faudrait « déconstruire » la *Phénoménologie de l'esprit* et l'*Encyclopédie des sciences philosophiques,* ce qui est au-dessus des forces de la plupart des hommes de théorie), Hegel a inspiré, directement ou indirectement, tous ces auteurs et ces courants hostiles à la société ouverte, dont il apparaît à bien des égards comme le chef de file caché. C'est pour ces raisons que nous allons consacrer à la pensée politique de Hegel un chapitre substantiel où les principaux aspects antidémocratiques et anti-libéraux de cette pensée seront dûment mis en relief. Mais la critique de Hegel n'est certes pas un but en soi. L'intérêt de ce chapitre sera qu'en exposant les thèses et argumentations de l'adversaire le plus réfléchi de la démocratie libérale, on touchera du doigt *a contrario,* mieux qu'en commentant beaucoup d'autres auteurs, les avancées spirituelles et civilisationnelles essentielles que celle-ci comporte.

Vie et œuvres[1]

Hegel naît en 1770 à Stuttgart, alors capitale du duché de Wurtemberg, où son père est un haut fonctionnaire des finances. Il est élève au *gymnasium* de la ville, puis, pendant cinq ans, étudiant en théologie à la grande université du duché, Tübingen, dans le célèbre séminaire protestant, le « Stift », où étudient également Schelling et Hölderlin et où se discutent, en cachette de l'autorité, les idées des Lumières. Renonçant à devenir pasteur, Hegel occupe les fonctions de précepteur à Berne puis à Francfort (1793-1800). Ses premiers écrits, non publiés, portent notamment sur le christianisme (*Vie de Jésus,* 1795). Puis il publie *Différence des systèmes de Fichte et de Schelling* (1801) et sa thèse d'habilitation, *De orbitis planetarum,* où il attaque Newton. Il peut dès lors devenir *privat-dozent* (assistant) à l'Université d'Iéna où enseigne déjà Schelling et où il sera, en 1805, professeur « extraordinaire ». En 1806, au moment même où les armées de Napoléon occupent Iéna, il achève la *Phénoménologie de l'esprit.* Ne parvenant pas à être nommé titulaire de chaire, il doit devenir directeur de la *Gazette de Bamberg* (1807-1808), puis directeur du *gymnasium* de Nüremberg en Bavière (1808-1816), où il assure lui-même, pour les classes supérieures, le cours de « propédeutique philosophique » et où il rédige et publie la *Logique* (1812-1816). La notoriété de cet ouvrage vaut finalement à Hegel d'être nommé professeur titulaire à l'Université de Heidelberg (1816). Il y publie l'*Encyclopédie* (1817). Il est enfin nommé à la chaire de Fichte, à Berlin, où, entouré de disciples et considéré – plus ou moins – comme le « philosophe officiel » du régime prussien, il publie ses derniers ouvrages et enseigne jusqu'à sa mort en 1831.

Presque tous les ouvrages de Hegel, à un moment ou à un autre, traitent de politique : la *Phénoménologie de l'esprit,* l'*Encyclopédie des sciences philosophiques,* La *Raison dans l'histoire,* les *Leçons sur*

---

1. Cf. Jacques Dhont, *Hegel, op. cit.* ; André Cresson et René Serreau, *Hegel, sa vie, son œuvre,* PUF, 1961.

la philosophie de l'histoire... Hegel a également écrit des textes portant sur la politique concrète de son temps : *La Constitution de l'Allemagne* (1800-1802) ; les *Actes de l'assemblée du royaume de Würtemberg en 1815 et 1816. Analyse critique ; À propos du « Reformbill » anglais* (1831)[1]. Mais le principal ouvrage théorique de Hegel sur la politique, qui recueille l'essentiel de ce qui est dit ailleurs, est les *Principes de la philosophie du droit* (1821). C'est lui que nous allons surtout analyser[2].

PRÉSENTATION DES *PRINCIPES DE LA PHILOSOPHIE DU DROIT*

Dans l'*Encyclopédie,* Hegel a étudié le processus qui fait passer de l'Esprit subjectif à l'Esprit objectif et de celui-ci à l'Esprit absolu. L'étude du droit se situait dans la partie consacrée à l'Esprit objectif. Les *Principes de la philosophie du droit* sont un nouvel exposé de cette étude, mais considérablement développé. Quand ils sont publiés, en 1821, Hegel est devenu un maître célèbre de l'Université de Berlin. C'est donc une œuvre de la maturité, éditée par Hegel lui-même, dont on peut penser qu'elle représente, sur le fond et dans la forme, la pensée définitive du philosophe sur les questions politiques.

Elle comporte trois parties : le droit abstrait, la moralité *(Moralität),* la vie éthique *(Sittlichkeit).* Pour comprendre cette division, il faut réfléchir sur les concepts de *droit* et de *volonté libre.*

1) *Les trois « moments » de la liberté*

Le droit concerne tous les domaines où est en jeu la liberté humaine. Le concept de droit, en ce sens, va bien au-delà du droit ordinaire ou « droit juridique ».

---

1. Ces trois textes sont disponibles en français dans G. W. F. Hegel, *Écrits politiques,* trad. de Michel Jacob et Pierre Quillet, avec une postface de Kostas Papaioannou, Plon, coll. « 10/18 », 1977. Voir aussi G. W. F. Hegel, *La Raison dans l'histoire,* traduction nouvelle, introduction et notes par Kostas Papaioannou, Plon, coll. « 10/18 », 1965.

2. Nous utilisons G. W. F. Hegel, *Principes de la philosophie du droit, ou Droit naturel et science de l'État en abrégé,* texte présenté, traduit et annoté par Robert Derathé, Vrin, 1982, 1998 ; cf. aussi la traduction Kaan (Gallimard, coll. « Tel », avec une introduction de Jean Hippolyte). Commentaires : Éric Weill, *Hegel et l'État,* Vrin, 1985 ; Eugène Fleichmann, *La philosophie politique de Hegel,* 1964, Gallimard, coll. « Tel », 1992.

« D'une manière générale, le droit fait partie du domaine de l'esprit, mais, au sein même de l'esprit, il a plus précisément sa place et sa base de départ dans la volonté. Or la volonté est libre, à ce point que la liberté constitue sa substance et sa destination. Il s'ensuit que le système du droit est le royaume de la liberté effectivement réalisée, le monde de l'esprit, monde que l'esprit produit à partir de lui-même comme une seconde nature » (*Principes de la philosophie du droit*, § 4, p. 70-71).

Or il y a trois « moments » de la volonté : un premier où la volonté « veut », un second où elle « veut quelque chose », et un troisième, synthétique, où, tout en voulant quelque chose, elle n'en continue pas moins à vouloir l'universel (§ 5). C'est en ce troisième moment que se situera la « philosophie du droit ».

L'homme du « premier moment » ne possède que « la liberté du vide », il refuse tout ordre quel qu'il soit, c'est un « Hindou » recherchant la non-forme du Nirvanna, ou encore un révolutionnaire français fanatique de l'époque de la Terreur détruisant toutes les institutions. Kant et Fichte ont, selon Hegel, privilégié le premier moment. Fichte, en particulier, a posé que le moi illimité seul était l'élément positif. L'homme du « second moment » veut le particulier, mais le problème est qu'il croit devoir renoncer par cela même à l'universel. Il est « entêté » à vouloir uniquement « ceci », sans comprendre que « la volonté n'est pas liée à un contenu restreint », mais « doit aller au-delà » (p. 77). Les deux moments sont ainsi « entièrement abstraits et partiels » *(ibid.)*.

2) *Liberté et droit*

Hegel considère qu'il a accompli, quant à lui, le pas « que la philosophie spéculative avait encore à faire » (p. 75), en reconnaissant que

« la volonté est *l'unité de ces deux moments* ; elle est la particularité réfléchie sur soi et par là ramenée à l'universel ou la singularité. [...] Le Moi [sait que] cette déterminité [est] une simple possibilité par laquelle il n'est pas lié mais dans laquelle il se trouve simplement parce qu'il s'y est placé lui-même. C'est cela qui est la liberté de la volonté et cette liberté constitue le concept ou la substantialité de la volonté, pour ainsi dire sa pesanteur, comme la pesanteur constitue la substantialité des corps » (§ 7, p. 75, n.s.).

Il y a mieux qu'être libre, au sens d'une liberté flottante, un simple « libre-arbitre » subjectif ; c'est de rendre sa liberté « pesante », de s'engager dans la réalité empirique et l'histoire. Certes, alors, on est embarqué dans une *certaine* réalité, mais comme c'est une réalité qu'on a choisie, on se trouve être, dans cette réalité, *à la fois* libre et déterminé. Cet « universel en soi et pour soi », que Hegel appelle la « substance », le « rationnel », l' « Idée », est le domaine du *droit* au sens large défini plus haut, qui recouvre toute la culture et l'histoire humaines, toute cette « existence empirique » où des libertés humaines sont à l'œuvre (§ 29).

Le droit ainsi conçu comporte plusieurs « niveaux » :

> « Chaque niveau du développement de l'Idée de la liberté a son droit propre, parce que ce niveau représente l'existence empirique de la liberté dans une de ses déterminations » (§ 30).

Il y aura le « droit de la personnalité », la « moralité », la « famille », la « société civile », l' « État ». Il y aura une hiérarchie entre eux, puisqu'ils représentent des figures successives du processus de développement dialectique de l'Idée, et que chaque figure est supérieure à la précédente. Ce qui implique que, lorsqu'il semblera y avoir conflit entre eux, ce sera par une illusion d'optique : c'est qu'on n'aura pas tenu compte de la hiérarchie où ils s'inscrivent et qu'on a écrasé les niveaux l'un sur l'autre. La « personnalité », par exemple, n'est pas à bon droit opposable à la « famille », ni la « famille » à l' « État », etc. En cas de litige, il conviendra de trancher en faveur du droit des niveaux supérieurs. Du coup, « seul le droit de l'Esprit du monde est le droit absolu, le droit qui n'a pas de limites » (§ 30)[1].

Voici le plan systématique qui se déduit de ces prémisses, et qu'il faut avoir présent à l'esprit si l'on veut suivre le fil de l'argumentation hégélienne.

La partie I correspond au premier « moment » de la liberté, la liberté « subjective » et « abstraite » : celle qui revendique l'épanouissement de la « personnalité » grâce à la « propriété » et au « contrat ». Seront visées ici les doctrines libérales.

La partie II décrit le conflit de la liberté subjective avec le monde objectif, mais sans synthèse : les cibles seront ici les doctrines du droit de Kant et de Fichte, accusées d'être un simple « moralisme » et de ne pas prendre en compte la « réalité effective » de l'Histoire.

La partie III aborde les vrais « niveaux » de la vie de la « volonté libre en soi et pour soi » que sont la *famille,* la *société civile* et l'*État.*

---

1. On devine que cette affirmation prépare nombre de thèses totalitaires. Envisagées au point de vue suprême de l' « Esprit du monde » et de l' « Histoire », des atteintes au droit des gens, c'est-à-dire des guerres injustes et des conquêtes, ou des atteintes au droit politique et civil, actes arbitraires de l'autorité, vols ou crimes, pourront passer pour des incidents insignifiants et excusables, ou même, le cas échéant, pour des actions nécessaires, louables et « héroïques ».

LES PRINCIPES
DE LA PHILOSOPHIE DU DROIT

I – LE DROIT ABSTRAIT

1. La propriété
2. Le contrat
3. La négation du droit ou l'injustice

II – LA MORALITÉ *(Moralität)*

1. Le projet et la faute
2. L'intention et le bonheur moral
3. Le Bien et la conscience

III – LA VIE ÉTHIQUE *(Sittlichkeit)*

1. La famille

   A. Le mariage
   B. Le patrimoine familial
   C. L'éducation des enfants et la dissolution de la famille

2. La société civile

   A. Le système des besoins
   B. L'administration de la justice
   C. La police et la corporation

3. L'État

   A. Le droit public interne

     I. La constitution sous son aspect purement interne

      a) Le pouvoir du prince
      b) Le pouvoir gouvernemental
      c) Le pouvoir législatif

     II. La souveraineté vis-à-vis de l'extérieur

   B. Le droit public international
   C. L'histoire mondiale

§ 1
Le droit abstrait

Le premier moment de la volonté libre est le « droit abstrait », où la volonté est « immédiate » et est « une réalité négative par rapport au réel... la volonté singulière d'un sujet restant à l'intérieur d'elle-même » (§ 34). Sa première expression est la *propriété*, la seconde le *contrat* (échange volontaire de propriétés), la troisième le *droit pénal* (par lequel sont protégés la propriété et le contrat).

« L'impératif du droit [à ce niveau] sera : sois une personne et respecte les autres comme personnes » (§ 36).

Hegel énonce d'emblée que la propriété et les contrats ne sont jamais des réalités véritablement *sociales,* parce qu'elles concernent toujours une « personne singulière qui n'est en rapport qu'avec soi-même » (§ 40).

Le droit romain et le droit libéral qui en est l'héritier sont ici pris pour cibles. En effet, de par l'accent qu'ils mettent sur la personne, sa propriété et ses contrats, ils ne peuvent pas régir correctement les institutions sociales, famille, société civile ou État, puisque les relations au sein de ces institutions ont « plutôt [leur] fondement dans le *renoncement* à la personnalité » (§ 40, Remarque). Le droit libéral va être discrédité comme fondamentalement naïf et « méprisable ». « C'est l'homme *inculte* qui s'obstine le plus à faire valoir *son* droit ». Un esprit « supérieur », au contraire, « voit les différents aspects d'une situation juridique » (§ 37, addition d'Eduard Gans[1]), il sait replacer sa chétive personne dans un ensemble plus vaste.

I — LA PROPRIÉTÉ

Hegel commence par analyser la propriété, dont il propose une théorie exhaustive, destinée à surpasser les autres théories, romaine, canonique, scolastique, lockéenne...

---

1. Le disciple et éditeur de Hegel, Eduard Gans, a ajouté au texte original, dans son édition de 1833, les commentaires que faisait Hegel à son propre texte écrit, en prenant pour base des notes prises au cours par les étudiants. Ces passages, toujours éclairants, sont traduits par Derathé, qui les considère comme exprimant la pensée authentique de Hegel, mais il est vrai qu'ils ne sont pas de la propre main de celui-ci (nous les notons ci-après « add. »).

La propriété, d'abord, ne se ramène pas à la satisfaction des besoins ; elle a pour raison d'être de faire exprimer la personnalité.

« Le caractère rationnel de la propriété ne réside pas dans la satisfaction des besoins, mais en ceci que la pure subjectivité de la personnalité s'y exprime. C'est seulement dans la propriété que la personne existe comme raison. Même si cette première réalité de ma liberté sous la forme d'une chose extérieure est, dans son immédiateté, une mauvaise réalité... » (§ 41, add.).

1) *Les abus du droit romain concernant les « choses » dont on peut être propriétaire*[1]

Le droit abstrait, c'est-à-dire le droit romain, prétend que n'importe quoi peut être possédé. Il réduit la relation entre l'homme et les « réalités humaines » les plus diverses à un rapport de possession. Ceci est insensé pour Hegel. Le régime de propriété privée et la conception corrélative de l'État de droit hérités des Romains sont donc essentiellement réducteurs et aliénants.

Par exemple, pour le droit romain, les enfants sont la « chose » de leur père.

« Selon les dispositions injustes et immorales du droit romain, les enfants étaient des choses pour le père, qui se trouvait avoir la possession juridique de ses enfants, avec lesquels il avait pourtant aussi une relation morale d'amour (relation qui, assurément, devait être très affaiblie par cette injustice) » (§ 43, Remarque).

Pour le droit bourgeois moderne, il y aurait de même une propriété intellectuelle des œuvres. Ceci est tout aussi réducteur :

« On peut se demander si l'artiste, le savant, le prêtre, etc., a juridiquement la possession de son art, de sa science, de sa capacité à prêcher, de dire la messe, etc., c'est-à-dire si de tels objets sont des choses » (§ 43, Remarque).

De toutes les réalités intermédiaires entre ces deux cas extrêmes, comme une maison, une entreprise, qui, elles non plus, ne sont pas des « choses » purement abstraites, mais, dans une certaine mesure, des créations de l'esprit et des « réalités humaines », le « droit abstrait » a tort de prétendre qu'elles peuvent être la propriété d'une simple personne.

Quelles « choses » peuvent donc être possédées légitimement ? Seulement des choses *naturelles,* et également, avec des réserves, des

---

1. Hegel poursuit ici (en les critiquant) les réflexions de Kant sur la propriété dans la *Doctrine du droit* (cf. *supra,* p. 521 sq.).

êtres vivants autres que l'homme (les animaux), dans la mesure où ni les uns ni les autres n'ont de volonté libre.

En revanche, on ne peut posséder le *corps humain*. Car celui-ci, à la différence de celui des animaux, est, bien que « naturel », quelque chose que l'homme « veut ». La preuve : un homme, quand il cesse de vouloir son corps, peut le mutiler, et quand il cesse de vouloir sa vie, se suicider, ce que ne saurait faire l'animal (§ 47, add.). *A fortiori* ne peut-on posséder des « êtres humains » tout entiers, corps et âme, comme l'enfant ou la femme dont le droit romain fait les « choses » du *paterfamilias,* ni, généralement parlant, aucune « réalité humaine ».

2) *Propriété privée et propriété collective*

Parce que la propriété « romaine » n'exprime que la « personnalité », il faudra que beaucoup de réalités sociales puissent échapper à sa logique réductrice. Il y aura donc d'autres formes de domination légitime que la « propriété privée » romaine. En fait, il y en aura autant qu'il y a de réalités sociales et de droits intermédiaires entre l'individu et l'État.

« Les dispositions qui concernent la propriété privée doivent être subordonnées à des sphères plus hautes du droit, à une collectivité, à l'État » (§ 46, Remarque).

La première collectivité dont le droit l'emporte sur la propriété individuelle est la *famille.* Le droit romain l'a lui-même inopinément reconnu, en instituant par exemple le *fidéicommis* qui assure la pérennité des biens de la famille à travers les générations. Le *fidéicommis* consiste à léguer des biens aux héritiers sous la réserve expresse qu'ils le légueront eux-mêmes à leurs héritiers, et ainsi de suite, sans que les biens soient jamais aliénés. Il est clair que cette disposition limite la liberté individuelle des membres de la famille et manifeste que le patrimoine familial n'est pas la propriété des personnes subjectives qui se succèdent dans la lignée.

De même, il a existé dans le droit occidental[1] des biens de « main-morte » qui sont bien des « propriétés », mais non « privées », puisqu'elles appartiennent à des « personnes morales » qui sont en fait des collectivités, églises, abbayes, couvents, hospices, villes, collèges et associations de tous genres. La vie de ces personnes morales se prolonge au-delà de celle des personnes physiques qui les composent, et les biens de main-morte échappent donc eux aussi à l'arbitraire des décisions individuelles.

De même, l'État peut priver quelqu'un de sa propriété ; celle-ci n'est donc nullement un absolu (Hegel précise toutefois que de telles expropriations doivent être l'exception et n'être pas réalisées de manière arbitraire ; d'ailleurs l'intervention de l'État peut avoir l'intention inverse, celui de rétablir la pro-

---

1. Et particulièrement, nous le savons, dans le droit germanique. Cf. le chapitre sur Althusius, *supra,* p. 490 sq.

priété privée, comme cela a été le cas, dit Hegel, lorsque les États protestants, « à juste titre », ont supprimé les couvents. Que ce soit dans un sens ou dans l'autre, l'État peut subordonner les droits des individus ou des personnes morales à son « droit » propre, qui est supérieur.

Hegel ne prône pas pour autant le communisme, qu'il condamne au contraire formellement, à commencer par le communisme platonicien[1] :

> « L'idée de l'État platonicien contient une injustice à l'égard de la personne en rendant impossible, par un principe général, son accession à la propriété. »

La propriété privée ne doit pas être supprimée ; simplement, c'est un droit subordonné à d'autres, jugés plus importants.

3) L'égalité de droit n'implique pas l'égalité des conditions

Hegel ne condamne d'ailleurs pas seulement le communisme, régime sans propriété privée, mais tout régime qui, tout en reconnaissant la propriété privée, exigerait que tout le monde ait une propriété *égale* (le régime des *Lois* de Platon). Toute personne a droit à être propriétaire, et il doit y avoir égalité devant cette loi. En revanche,

> « la *nature* et la *quantité* de ce que je possède est, pour la personnalité, quelque chose de juridiquement *contingent* » (§ 49, n.s.).

> « L'égalité que l'on a voulu introduire dans la répartition des biens a été détruite au bout d'un court laps de temps, parce que la richesse dépend du zèle. Ce qui ne peut pas être réalisé ne doit pas non plus être réalisé. Certes, les hommes sont égaux, mais ils ne le sont qu'en tant que personnes, c'est-à-dire par rapport à la source de leur propriété. Il s'ensuit que tout homme devrait avoir une propriété. Si l'on veut donc parler d'égalité, c'est cette égalité-là qu'il faut avoir en vue. Mais la détermination de la particularité – la question de savoir combien je possède – reste en dehors de cette forme d'égalité. Il est donc faux d'affirmer que la justice exige que la propriété de chacun soit égale à celle des autres, car ce que la justice demande, c'est seulement que chacun ait une propriété. Bien plus, la particularité est la sphère où l'inégalité a sa place et, dans ce domaine, l'égalité serait une injustice. Il est tout à fait exact que les hommes convoitent fréquemment les biens des autres, mais c'est précisément dans cette convoitise qu'il faut voir l'injustice, car le droit est ce qui reste indifférent à l'égard de la particularité » (§ 49, add.).

---

1. On va voir, sur cet exemple, en quel sens Hegel est à la fois de « droite » et de « gauche » et peut fournir des arguments à l'une ou l'autre forme de critique de la liberté individuelle.

Hegel est partisan de l' « égalité de droit », adversaire de l' « égalité de fait ». Mais l'essentiel de son analyse n'est pas là. Il est dans la thèse que, étant donné que bien des choses qui sont juridiquement possédées dans les sociétés actuelles héritières du droit romain ne sont pas purement naturelles, mais ont été modifiées à quelque degré par l'esprit et sont des réalités humaines, elles ne devraient pas relever du libre usage de la personne individuelle, mais de collectivités plus élevées dans la hiérarchie de l'organisme social. Le droit actuel est donc, pour cette seule raison, fondamentalement anormal et illégitime.

II — LE CONTRAT

Hegel peut passer maintenant à l'analyse des *contrats,* actes volontaires par lesquels on fait usage de sa propriété.

Étant noué, dans le cadre du « droit abstrait », par des sujets particuliers, le contrat exprime leur « volonté commune » et non la « volonté générale » (§ 75). D'autre part, son objet lui-même ne peut être qu'une chose singulière extérieure. De ces deux points de vue, le contrat ne sort pas de la sphère du particulier et c'est là son péché originel.

1) *L'État n'est pas un contrat*

Hegel saisit cette occasion pour soutenir que l'État ne saurait être considéré comme un contrat, contrairement à ce qu'ont prétendu les théories du « contrat social ». En effet, à l'origine du lien social constituant l'État, il ne saurait y avoir le simple libre-arbitre subjectif.

« La nature de l'État n'est pas... le résultat d'un contrat, que l'on comprenne celui-ci comme un contrat de tous avec tous ou comme un contrat de tous avec le prince ou avec le gouvernement. L'immixtion de cette idée de contrat et des relations de propriété privée dans les questions concernant l'État a produit les plus graves confusions dans le droit public et dans la réalité. Il fut un temps où l'on admettait et affirmait, contre les princes et contre l'État, que les droits et offices publics étaient la propriété privée de certains individus particuliers[1]. De

---

1. Cette attaque de l'Ancien Régime et de la féodalité, valable sur un plan général (le lien féodal est réellement un contrat entre des personnes privées, cf. *HIPAMA,* p. 568-569, et l'octroi des « honneurs » comme fiefs a réellement privatisé la vie publique, cf. *HIPAMA,* p. 565-566), a cependant ici, comme le remarque à juste titre Robert Derathé, une motivation plus précise : Hegel pense que si l'Allemagne est, en son temps, éclatée en une poussière d'États et n'est plus un État proprement dit, c'est à cause de l' « immixtion du droit privé dans le droit public ».

même, à une période plus récente, on a considéré que les droits des princes et ceux de l'État faisaient l'objet d'un contrat, qu'ils étaient fondés sur ce contrat, comme nés d'une simple volonté commune, issue elle-même de la volonté de ceux qui s'unissaient pour former un État. Si différents que soient ces deux points de vue, ils ont ce trait commun de transposer les déterminations de la propriété privée dans une sphère qui est d'une nature toute différente et plus éminente » (§ 75)[1].

Hegel, plus loin, réfute explicitement la conception lockéenne et dit le fond de sa pensée :

« L'État n'est pas fondé sur un contrat et son essence substantielle ne consiste pas à assurer inconditionnellement la protection et la sécurité de la vie et de la propriété des individus. Il faut dire, au contraire, que l'État est cette *réalité plus haute* qui *a des droits sur cette vie et cette propriété des individus* et peut en exiger le *sacrifice* » (§ 200, n.s.).

La question de l'État sera traitée plus loin pour elle-même. Mais on voit, dès ici, le « holisme » de Hegel et la place restreinte que pourra occuper dans son système la liberté individuelle.

2) *Les contrats privés débouchent nécessairement sur l'injustice*

Ayant ainsi limité d'emblée la portée des contrats, Hegel, comme le Kant de la *Doctrine du Droit* à qui d'ailleurs il se réfère, en étudie les différents types. Il est guidé, dans cette analyse, par deux soucis, l'un de méthode, l'autre de fond.

Il prétend, d'une part, que la théorie du droit, jusqu'ici abandonnée à l'empirisme des juristes, doit être reprise en main sérieusement par les philosophes, seuls capables de construire une doctrine *rationnelle* du droit.

Les droits romain et anglais sont entachés d'un incurable empirisme. Kant a entamé sur le droit un travail rationnel. Fichte a pris sa suite. Même si Hegel juge « nulles » les classifications proposées par ce dernier, il a du moins le mérite de faire partie de la grande famille des philosophes en ce qu'il a essayé de faire prévaloir le point de vue « rationnel ». Il est singulier de voir cet effort de l'idéalisme allemand pour fonder la science du droit sur des bases entièrement

---

1. Hegel commet une erreur lorsqu'il suggère que les théoriciens du contrat social s'inspireraient des mêmes principes que les hommes de l'époque féodale. La construction du concept de contrat social, tant par la Seconde Scolastique que par les calvinistes (cf. *supra*, p. 188 sq. et 197 sq.), visait au contraire à retrouver, sous les ruines de la société féodale, le vieux socle du civisme antique. Bien que la liberté individuelle soit partie prenante du processus, celui-ci est et se veut d'emblée public, puisqu'il n'a d'autre objet que de créer une personne publique, l'État, à la différence du contrat vassalique qui est une relation entre personnes privées.

nouvelles, en récusant la tradition juridico-politique occidentale dont nous avons vu qu'il y a des arguments épistémologiques sérieux pour soutenir qu'elle contient substantiellement plus de savoir et d'information sur les conditions réelles de la vie sociale que toute construction arbitraire de la « raison ». Hegel se montre ici, du moins potentiellement, un révolutionnaire radical (comme tout-à-l'heure dans son traitement de la propriété).

Sur le fond, Hegel, tout en admettant la légitimité du droit privé dans sa sphère, soutient que cette sphère même n'est pas autonome, que le droit privé n'a de sens que rapporté aux sphères de droit supérieures. En effet, dès lors qu'ils sont fondés sur le seul libre-arbitre individuel, les contrats privés ne peuvent que déboucher sur l'injustice, puisqu'ils seront « nécessairement » instables ou inconsistants.

« Étant une volonté particulière pour soi et différente de la volonté générale, la volonté se manifeste, dans l'*arbitraire* et la *contingence* de son opinion et de son vouloir, contre ce qui est, en soi, le droit, et c'est l'injustice » (§ 81, n.s.).

En effet, s'il est vrai que, par le simple fait de conclure un contrat, le contractant individuel renonce à la particularité arbitraire et contingente de sa volonté, il y renonce « seulement comme libre-arbitre sur une chose singulière, et non comme libre-arbitre et contingence de la volonté elle-même ». Or cette volonté, par cela même qu'elle est et reste « contingente », pourra vouloir n'importe quoi d'autre dans l'avenir. Elle pourra, notamment, s'opposer à l'exécution même du contrat. D'où la fatalité de l'« injustice » des contrats qui ne sont que le fruit de deux volontés privées (Hegel rejoint Hobbes sur ce point). Comment va survenir cette injustice ?

III — LA NÉGATION DU DROIT OU L'INJUSTICE

On peut nier le droit : 1 / « sans fraude et de bonne foi » (le droit se révèle n'être qu'apparence, mais seulement « en soi » et non « pour soi »), 2 / par « fraude » (dans ce cas, « c'est moi qui mets devant autrui une apparence », enfin 3 / par « crime » (dans ce cas, « je veux la négation du droit et je ne cherche pas à me donner l'apparence du droit »). Dans tous les cas, la contrainte ou la violence sont « dans leur concept » contraires au droit, en ce qu'elles sont une volonté qui annule une volonté. Il n'y a pas violation du droit, cependant, quand la contrainte n'est elle-même que la réponse à une contravention, quand elle est une « seconde contrainte », c'est-à-dire une sanction pénale.

1) Le « droit des héros »

Une contrainte *première* peut toutefois être considérée comme légitime dans un cas, celui du « héros ». Quand on fait violence ou contrainte à une brute ou à un enfant, ce n'est pas une atteinte au droit, car « la volonté simplement naturelle est en soi violence contre l'Idée existant en soi de la liberté ; aussi faut-il protéger la liberté contre cette volonté encore inculte ». D'où le fait que si c'est la société tout entière qui est encore inculte, on aura droit de lui faire violence, car « alors, l'Idée fonde contre cet état de nature un *droit des héros (Heroenrecht)* » (§ 93).

Les héros peuvent d'ailleurs être eux-mêmes des demi-brutes, sachant à peine ce qu'ils font. Peu importe, dès lors qu'ils sont guidés par l'Idée et qu'à travers eux c'est l'Idée qui agit :

« Le but [des héros] est un but juridique et politique. C'est un but nécessaire, mais ils le considèrent comme leur affaire personnelle. Les héros qui ont fondé les États, qui ont introduit dans la vie des hommes le mariage et l'agriculture, ne l'ont certainement pas fait avec la connaissance de ce qu'est le droit, et leurs actions apparaissent encore comme leur volonté particulière. Mais, le fait même de cette contrainte exercée par les héros est le droit supérieur de l'Idée qui s'affirme contre l'état naturel de l'homme ; elle est conforme au droit. Car la bonté seule est impuissante contre la violence de la nature » (§ 93, add.).

Ainsi Hegel donne-t-il une justification « rationnelle » à la violence dans l'Histoire. Toute violence ne relève pas de la justice pénale. La violence n'est pas légitime seulement quand elle répond à une violence, selon l'adage romain *vim vi repellere licet,* mais une violence « sans raison », une violence « pure », peut être un acte rationnel et de civilisation, quand elle va dans le sens de ce que doit être l'Histoire, et cela, quand bien même la « demi-brute » qu'est le Héros ne saurait pas lui-même pas ce qu'il fait, et quand bien même la société verrait dans l'action du Héros (à tort, puisqu'elle est « inculte » comme l'enfant) une agression...

Hegel ajoute, il est vrai, qu' « une fois que l'État a été fondé, il ne peut plus y avoir de héros ; ceux-ci n'apparaissent que dans l'état d'inculture » (§ 93, add.)[1].

Passons au cas des violences ordinaires, celles qui donnent lieu à bon droit, dans le cadre de l'État développé, à une sanction pénale.

---

1. Mais il peut y avoir, au stade étatique, à la place des Héros, des « Grands Hommes », dont nous verrons plus loin qu'eux aussi ont le « droit » d'agir contre le droit, si, ce faisant, ils contribuent à réaliser l'Idée. La violence a donc en permanence sa place dans la « philosophie du droit » de Hegel.

2) *Doctrine de la sanction pénale*

Quand il y a eu violation du droit, il y a « modification de quelque chose », désormais quelque chose existe qui ne devrait pas être, qui est donc « nul », mais il faut que cette nullité se manifeste, donc il faut : 1 / un dédommagement, et 2 / une peine. Celle-ci a pour fonction de « léser [la volonté particulière du criminel] comme volonté dans son existence empirique », et ainsi de « supprimer le crime qui, sans cela, resterait valide ». La peine, en définitive, est « négation de la négation » (§ 97, add.) et donc elle « rétablit le droit » (§ 99).

Hegel estime que ses contemporains commettent des confusions dans la théorie de la peine, ceux, par exemple, qui posent qu'il ne s'agit, dans la peine, que de supprimer un mal et de produire un bien. Ils sont à côté de la question, car ce dont il s'agit, dans la sanction pénale, c'est de supprimer le crime « non pas parce qu'il a produit un mal, mais parce qu'il est une violation du droit en tant que droit » (§ 99, Rem.), et la sanction est bonne, non pas parce qu'elle est susceptible de produire un bien (en constituant une menace dissuadant les criminels potentiels), mais parce qu'elle « nie la négation » et rétablit le droit. Le point de vue moral, c'est-à-dire « subjectif », ne doit pas prévaloir. « La menace suppose que l'homme n'est pas un être libre et elle veut le contraindre par la représentation d'un mal. Mais le droit et la justice doivent avoir leur fondement dans la liberté et dans la volonté, et non dans un état de non-liberté, auquel la menace s'applique. [La théorie pragmatique ou utilitariste de la sanction] fonde la peine à la manière d'un maître qui agit un bâton devant son chien et l'homme n'y est pas traité selon sa dignité et sa liberté, mais comme un chien. La menace [...] n'atteint pas la nature du crime lui-même et les Codes pénaux qui sont issus de cette doctrine n'ont pas de fondement véritable » (§ 99, add.).

En commettant le crime, le criminel a agi *rationnellement,* il convient donc de « tirer de cet acte même le concept et la mesure de sa peine » (§ 100) et de comprendre que c'est « faire honneur » au criminel que de le punir comme il convient. Tergiverser à cet égard, supputer l'efficacité pratique de la peine, cela revient à considérer le criminel, non comme un être rationnel, mais comme une bête qu'il faut simplement mettre hors d'état de nuire.

« Compter l'aveuglement momentané, les attraits de la passion, l'ivresse et, en général, ce qu'on appelle la force des impulsions sensibles, [...] considérer ces circonstances comme si elles pouvaient supprimer la responsabilité du criminel, cela équivaut à ne pas considérer le criminel selon son droit et son honneur d'homme. La nature de l'homme consiste, en effet, à être essentiellement un être universel et non un être abstrait, limité à l'instant présent et séparé du savoir. De même que l'incendiaire n'a pas seulement mis le feu au morceau de bois, grand d'un pouce, qu'il a touché avec sa torche, mais à tout l'ensemble, c'est-à-dire la maison, de même, en tant que sujet, il n'est pas seulement l'être limité à cet instant ni ce sentiment isolé éprouvé dans la fureur de la vengeance ;

car, alors, il ne serait qu'une bête à abattre en raison du danger et de l'insécurité qu'elle constitue, lorsqu'elle est sujette à des accès de rage. Prétendre qu'il faut que le criminel se soit, dans le moment même où il a agi, représenté distinctement l'injustice et le caractère punissable de son action, c'est formuler une exigence qui semble préserver le droit de la subjectivité morale, mais qui, en réalité, lui refuse la nature intelligente, immanente en lui » (§ 132, Rem.).

C'est ce que n'a pas compris Beccaria, le fameux auteur du *Traité des délits et des peines* (1764), lorsqu'il s'est opposé à la peine de mort. La raison qu'il donne, c'est qu'on ne pouvait présupposer que le contrat social contînt le consentement des individus à se laisser mettre à mort par l'État. Or, outre que, comme on l'a vu, l'État ne saurait être fondé sur un contrat,

« ce qu'exige Beccaria, à savoir que l'homme doit donner son consentement à sa condamnation, est tout à fait juste, mais le criminel *a déjà donné ce consentement par son acte même* » (§ 100, add., n.s.)[1].

3) La « loi du talion »

La sanction ne doit donc pas être déterminée de façon empirique, mais se déduire du *concept* même du crime. Or ce qui s'en déduit est la *loi du talion*, c'est-à-dire l'équivalence entre crime et peine – même si l'on peut, en fonction d'autres principes, modifier en nature, ou atténuer en quantité, la peine[2]. L'important est qu'il y ait toujours une égalité de *valeur* entre peine et crime :

« La valeur, en tant qu'égalité interne de choses, qui, dans leur existence, sont spécifiquement tout à fait différentes, est une détermination que nous avons déjà vue intervenir dans les contrats [§ 77] et aussi dans l'action civile contre le crime. [...] C'est seulement sous cette forme que le vol, le brigandage d'une part et l'amende, d'autre part, sont des choses absolument inégales, mais, selon leur valeur, leur propriété commune d'être des violations ou des négations, elles sont des choses comparables » (§ 101, Rem.).

Cependant, dans le cas du *meurtre,* il faudra bien que la loi du talion soit intégralement appliquée, « car, du fait que la vie constitue l'ensemble de l'existence empirique, la peine ne peut consister en une valeur équivalente à celle du crime – dans ce cas, il n'y en a pas – mais seulement dans la suppression de la vie » (§ 101, add.)[3].

---

1. Voir *supra,* p. 536, le jugement de Kant sur Beccaria.
2. En ne faisant pas subir au coupable, par exemple, les souffrances physiques mêmes qu'il a infligées à sa victime.
3. C'est sur ce point aussi la thèse de Kant, cf. *supra,* p. 536.

Si cette théorie « rationnelle » de la sanction pénale rompt avec les doctrines machiavélienne et hobbesienne de la loi comme *force*, efficace seulement dans la mesure où elle suscite « crainte » ou « espérance » chez les sujets (cf. *supra*, p. 53,151,325), et si donc, à certains égards, elle renoue avec la thèse scolastique et lockéenne de la loi comme raison, on peut observer que la conception de la raison qu'elle met en jeu est singulièrement limitée. Hegel a mis ici en pratique son programme de produire une analyse intégralement « rationnelle » du droit, rompant avec l'expérience juridique et judiciaire. Disparaît de la théorie de la sanction pénale, toute idée d'efficacité pratique, basée sur la tradition du droit pénal. Tout le savoir juridique sort du *concept*.

Tant que l'État n'existe pas, la loi du talion, bien que juste, émanera toujours d'une volonté particulière, et la vengeance sera ainsi une nouvelle violation du droit, laquelle appellera de nouveau une vengeance, et ainsi de suite. Il faut donc que la vengeance soit appliquée par une volonté générale, celle de l'État. C'est une nouvelle preuve qu'on ne peut en rester à la sphère du « droit abstrait », que celle-ci n'a en elle-même ni stabilité ni autonomie. Mais certains esprits, constatant cet échec du « droit abstrait », entendent, pour sauver la liberté, s'en tenir à la simple « moralité ».

§ 2
La moralité *(Moralität)*

Le second moment de la liberté est en effet celui où la subjectivité, déçue par le monde tel qu'il est, ne s'intéresse plus qu'à elle-même. Elle entend rester pure, n'être que « morale ». Elle refuse le réel, elle ne veut pas « avoir un poids ». Pour elle, seule l'intention comptera (§ 114, add.). Est visé ici, au premier chef, Kant.

1) *Intention et action sur l'Histoire.*
L'immoralisme des grands hommes

Il y a quelque chose de « pernicieux » à valoriser, comme l'a fait Kant, l'*intention* pour elle-même[1], car

« ce qu'est le sujet, c'est la série de ses actions. Si elles sont une série de productions sans valeur, la subjectivité du vouloir sera, elle aussi, sans valeur ; si, au contraire, la série de ses actes est de nature substantielle, la volonté intérieure de l'individu le sera également » (§ 124).

---

1. Kant définit en effet le souverain bien par la seule « bonne volonté » (*Fondements de la métaphysique des mœurs*, trad. Delbos, Delagrave, p. 87).

Ainsi, les *Grands Hommes* qui font quelque chose de substantiellement bon sont moraux quand bien même leurs intentions seraient
peccamineuses.

Le refus de reconnaître la légitimité de l'action des Grands Hommes est venu
d'une mauvaise interprétation du christianisme (celle de Kant, mais aussi celle des
Anglo-Saxons). C'est le christianisme qui, le premier, a promu « le droit du sujet à
trouver sa satisfaction » et a rompu complètement à cet égard avec le fatalisme de
l'univers gréco-romain. Que l'on puisse dépasser la nature, que l'on puisse vouloir l'impossible, c'était quelque chose de bien en soi. Mais, alors que ce moment
devait être dépassé, certains se sont « figés » sur lui et, du coup, ils se sont condamnés à l'impuissance totale, ils se sont privés des moyens d'agir réellement dans
l'Histoire. Comme le dit un texte célèbre de la *Phénoménologie de l'Esprit,* ils ont à
ce point proclamé le « droit de la particularité » qu'ils ont rejeté l'universel au
second plan, ils ont prétendu juger l'universel d'un point de vue particulier, les
« grands hommes » du point de vue de leurs « valets de chambre ». Ils ont rendu
ainsi impossible une véritable compréhension de l'Histoire. Ils ont rapetissé
celle-ci à la psychologie. En prenant le point de vue de la « moralité », voilà comment ils ont raisonné : si un homme a recherché sa gloire personnelle avec pour
résultat de faire la gloire de l'État (ou de sa famille, ou de n'importe quelle collectivité historique dépassant sa personne), ce n'est pas le « bien » que constitue la
gloire de l'État qui doit être le critère pour le juger, mais le « mal » que constitue
son ambition. Inversement, si un homme a fait le malheur de l'État avec les meilleures intentions du monde, son action devra être jugée bonne en raison de sa
moralité intrinsèque, nonobstant ses résultats objectifs désastreux.

Hegel rejette ce point de vue « kantien », qui n'a pas de sens en
politique. La subjectivité morale ne doit pas entraver l'action de l'État.

« Ce qu'on appelle intérêt général, le bien de l'État, c'est-à-dire le droit de
l'Esprit effectif et concret, constitue [en effet] *une sphère entièrement différente,*
dans laquelle le droit formel, tout comme le bien privé et le bonheur individuel,
ne sont que des moments subordonnés. Comme nous l'avons déjà souligné plus
haut (§ 29), c'est une méprise fréquente de la pensée abstraite de donner au
droit privé et au bien privé une valeur en soi et pour soi, par opposition à
l'universalité de l'État » (§ 126, Rem.).

La vie, en effet, est plus précieuse que le droit :

« En tant qu'ensemble des buts, la vie a un droit contre le droit abstrait. Si, par
exemple, le vol d'un pain peut prolonger la vie, c'est manifestement une atteinte
à la propriété d'un homme, mais il serait injuste de considérer cette action comme
un vol ordinaire. Si l'on ne permettait pas à l'homme, dont la vie est menacée,
d'agir de la sorte, on le considérerait comme privé de droits, et on nierait sa liberté
en lui refusant le droit de vivre » (§ 127, add.)[1].

---

1. Saint Thomas n'a pas attendu Hegel pour juger que, dans des cas de ce genre, il
n'y a tout simplement pas vol, parce que le droit positif, ici la propriété, ne doit jamais
faire obstacle au droit naturel, ici le droit d'êtres humains menacés de mourir de faim
(cf. *HIPAMA,* p. 658-661). Cette doctrine est d'ailleurs constante dans la tradition du

La *conscience* n'est pas pour Hegel, comme elle l'est pour Rousseau, un guide infaillible.

« Le bonheur n'est pas un Bien sans le droit. De même, le droit n'est pas le Bien sans le bonheur (*fiat justitia* ne doit pas avoir pour conséquence *pereat mundus*)[1]. C'est pourquoi le Bien, comme réalité qui doit exister nécessairement grâce à la volonté particulière et qui est aussi la substance de celle-ci, a le droit absolu qui prévaut contre le droit abstrait de la propriété et contre les buts particuliers du bonheur. En tant que séparé du Bien, chacun de ces moments n'a de valeur que pour autant qu'il lui est confronté et subordonné » (§ 130).

En clair, on doit pouvoir faire le Bien dans l'histoire nonobstant les exigences de la conscience, les exigences morales. Le « subjectif » ne doit pas prévaloir sur l' « objectif ». De même, le jugement individuel ne doit pas s'autoriser à récuser le jugement rationnel par excellence qui est celui de l'État.

« Au sein de l'État comme objectivité du concept de la raison, lorsqu'il s'agit d'établir juridiquement la responsabilité, il ne faut pas s'en tenir à ce que chacun considère ou non comme conforme à sa raison, à son appréciation du juste et de l'injuste, du bien et du mal, aux exigences que lui impose la satisfaction de sa conviction » (§ 132, Rem.).

Il faudra donc obéir aveuglément à l'État. Car l'État

« supprime l'aspect formel et la contingence liés au sujet, que comporte le droit d'appréciation » (§ 132, Rem.)[2].

---

droit naturel depuis l'Antiquité. Mais, à la différence de Hegel, les juristes ne tirent de ces cas-limites (dont un autre exemple est le fameux principe que nous avons rencontré plusieurs fois : *vim vi repellere licet*) aucune conclusion générale hostile au droit. Bien au contraire, le droit canonique réduit au minimum les cas où les « voies de fait » peuvent être jugées légitimes ; dans tous les autres cas, les « voies de droit » doivent prévaloir (cf. *HIPAMA*, p. 618-619).

1. Ceci aussi est la position de saint Thomas et des Anciens. La morale sert la vie, elle sert le bonheur. Mais la position de Hegel est bien différente de la leur : elle est qu'on peut *sacrifier* la morale au bonheur, et spécialement au bonheur du Tout (ce que Cicéron refusait aussi obstinément que le refusera Kant, bien qu'avec des arguments fort différents, cf. *HIPAMA*, p. 313-316).

2. Que devient alors le « droit d'appréciation » selon sa *conscience*, que Cicéron avait affirmé, et saint Augustin confirmé, en particulier devant les exigences inadmissibles de l'Empereur païen (cf. *HIPAMA*, p. 531), droit d'appréciation que, d'autre part, les prophètes hébreux, Jésus-Christ, les martyrs, les saints, ont tous mis en pratique, refusant d'accepter les « valeurs admises dans le monde » ? Dans ces propos de Hegel, la doctrine biblique de la supériorité du « pouvoir spirituel » sur le « pouvoir temporel » est renversée ; au-delà, l'humanisme stoïcien et romain est également combattu. L'État seul définit les droits. Il est vrai que c'est un État suprêmement rationnel et conscient du « but final de l'Histoire », comme nous le verrons. On devine dès à présent que trouveront difficilement place dans la doctrine politique de Hegel les thèses libérales d'un Milton ou d'un Bayle sur les droits absolus de la conscience, scientifique ou morale, face à l'État.

En résumé, dire que « seule l'intention compte », c'est nier que l'homme soit un être rationnel, capable de voir distinctement la relation existant entre la visée d'une intention et ses effets dans le monde réel.

2) *Critique du critère de non-contradiction de Kant*

Kant a proposé comme critère de la moralité le fait que la maxime de notre action puisse être érigée en loi universelle sans contradiction. À quoi Hegel oppose que le critère de non-contradiction est fondamentalement abstrait et ne permet pas de déterminer des devoirs particuliers.

« Ce qui manque [chez Kant], c'est l'articulation avec la réalité. La proposition "Agis comme si la maxime de ton action devait être érigée en principe universel" serait très bonne si nous possédions déjà des principes de ce qu'il faut faire. Quand nous exigeons, en effet, d'un principe qu'il doive être aussi la détermination d'une législation universelle, nous admettons que cette législation a déjà un contenu et si ce contenu était effectivement présent, l'application serait facile. Mais le principe lui-même fait défaut et le critère selon lequel il ne doit pas y avoir de contradiction ne donne rien, car là où il n'y a rien, il ne peut y avoir de contradiction » (§ 135, add.).

Il faut donc qu'il y ait *quelque chose,* et ce quelque chose ne peut être posé que par l'*Histoire.*

3) *La subjectivité, c'est le mal*

La subjectivité seule, au contraire, conduit au *mal,* plus ou moins nécessairement :

« N'étant que subjectivité formelle, la conscience est finalement toujours sur le point de tomber dans le mal. La moralité et le mal ont leur racine commune dans la certitude de soi-même, qui est pour soi, qui sait pour soi, qui décide pour soi » (§ 139, Rem.).

Le Bien, c'est l'État, le mal, c'est le sujet. Au fond, la *Moralität,* qui met l'accent sur la seule subjectivité, c'est l'immoralité même.

« Se borner à vouloir le bien et, dans une action, à avoir une bonne intention, c'est bien plutôt le mal, dans la mesure où le bien n'est voulu que de cette manière abstraite et où la détermination repose sur la volonté arbitraire du sujet » (§ 140, Rem.).

Tout ceci est lié au « scepticisme » :

« Une telle doctrine est liée immédiatement à la soi-disant philosophie [...] qui nie la possibilité de connaître le vrai – et le vrai de l'Esprit comme volonté, sa rationalité, quand il devient réel (dans l'histoire), ce sont les commandements de la vie éthique » (§ 140, Rem., p. 183).

Celui qui connaît avec certitude les « commandements de la vie éthique » n'hésitera pas, lui, à vouloir le Bien nonobstant les protestations de la conscience.

Un événement contemporain, la conversion récente de protestants allemands à l'Église catholique, fournit fort à propos une illustration de l'idée de Hegel. « Si des protestants ont récemment rejoint l'Église catholique, c'est parce qu'ils trouvaient leur intériorité sans consistance et aspiraient à quelque chose de ferme, ou avaient besoin d'une base solide et d'une autorité... » (§ 141, add.). Ils recherchaient en effet l'*effectivité*, le *déterminé*, la Forme. Ils entrevoyaient dans le fini de la Forme (le culte catholique, les images, etc.)... l'infini véritable. En l'occurrence, pour Hegel, ils le faisaient en aveugles. Mais peu importe, leur démarche est en elle-même légitime, car le Bien a besoin de déterminations.

D'où la troisième partie, la principale et la plus longue, des *Principes de la Philosophie du droit*, celle où ces déterminations du Bien vont être présentées : ce seront les institutions de la « vie éthique » *(Sittlichkeit)*, la famille, la société civile et surtout l'État, qui les dépasse et les conserve toutes.

§ 3
La vie éthique *(Sittlichkeit)*

DÉFINITIONS

1) *Esprit objectif, culture, histoire*

« La réalité éthique [...] est [...] substance concrète. Elle pose en elle-même des différences qui sont déterminées par le concept et grâce auxquelles la réalité éthique a un contenu stable, nécessaire pour soi, qui est quelque chose de fixe et d'éminemment au-dessus des opinions et des préférences subjectives : ce sont les *lois* et les *institutions* existant en soi et pour soi » (§ 144, n.s.).

Tel est l' « esprit objectif », la culture ou l'Histoire, réalisation effective de la liberté humaine, s'opposant aux réalités arbitraires et inconsistantes du libre-arbitre.

L'allemand *Sitte* traduit (Hegel le dit lui-même dans une note marginale) le grec *ethos, sittlich* traduit *ethikos*. Or les *ethoi,* les mœurs ou les coutumes sont des manières d'être habituelles, des *hexei* (ou *habitus*), qu'Aristote qualifiait de « seconde nature ». Hegel reprend à son compte cette idée aristotélicienne, si ce n'est que la « seconde nature », pour lui, est une création de l'Histoire. « L'habitude de cette vie éthique devient une *seconde nature* qui, ayant pris la place de la volonté primitive purement naturelle, est l'âme, le sens et la réalité de l'existence empirique des individus, *l'Esprit vivant et présent comme un monde,* l'Esprit dont la substance est alors pour la première fois Esprit » (§ 151, n.s.).

Cette substance créée par l'Esprit en son développement, cette seconde nature, est plus ferme et solide que la nature même. Le sujet se retrouve, *se reconnaît* dans la substance éthique, alors qu'il ne peut se reconnaître dans la lune et les étoiles (cf. § 146). On comprend donc pourquoi Hegel refuse les théories du *droit naturel,* au profit de ce qu'on pourrait appeler un *droit historique*[1].

2) *L'individu, « accident » de cette « substance »* *qu'est la* Sittlichkeit

Dans l'ordre objectif ainsi créé, les individus ne jouent pas (sauf, nous le savons déjà, les « héros » et les « grands hommes ») de rôle créateur. Ici Hegel affirme en toute netteté son choix, à la fois onto-logique et méthodologique, en faveur du « holisme ». Il dit que les individus ne sont que des « accidents » de cette « substance » qu'est la *Sittlichkeit* (§ 145) :

« Parce qu'elles contiennent le concept de la liberté, les déterminations éthiques sont la substantialité ou l'essence universelle des individus, qui, par rap-port à cette substantialité, ne se comportent que comme des accidents. *Que l'individu existe, cela est indifférent à la vie éthique objective, car elle seule est ce qui demeure, la puissance qui gouverne la vie des individus.* C'est pourquoi la vie éthique se présente pour les peuples sous les traits de la justice éternelle, sous les traits des dieux existant en soi et pour soi, en face desquels l'*agitation vaine des individus* n'est qu'un jeu tumultueux » (§ 145, add., n.s.).

Les individus ne sont que des « accidents » parce que l' « assem-blage » de leurs libres initiatives n'est pas de nature à produire de l' « esprit » :

« Lorsqu'il s'agit de la vie éthique, deux points de vue seulement sont possi-bles : ou bien l'on part de la substantialité, ou bien l'on procède atomistiquement et l'on prend l'individu pour base de l'édifice. Ce second point de vue est *privé d'esprit,* car il ne conduit qu'à un *assemblage* » (§ 156, add., n.s.).

---

1. Que Hegel conçoit à sa manière, toutefois, bien différente de celle de l' « école du droit historique » de Friedrich von Savigny, cf. *infra.*

Les actions individuelles des hommes ne peuvent que se juxtaposer dans le désordre, non se composer en un ordre. L'ordre présent dans la *Sittlichkeit* ne sera apporté que par le « concept », la « substance », l' « Idée »[1].

3) *La discipline (la « probité »)*

À cet ordre objectif des lois et des institutions, l'individu doit donc se soumettre. Elles sont, pour lui, autant de « devoirs », qui, cependant, ne limitent pas sa liberté, puisqu'ils ne limitent que sa *fausse* liberté.

1. On pourrait croire que l' « Esprit objectif » hégélien est une figure de cet ordre *spontané* ou *culturel* dont nous avons vu se constituer la théorie dans la tradition démocratique et libérale, par différence avec l'ordre naturel d'une part, l'ordre artificiel de l'autre. La différence entre les deux écoles est qu'elles ne comprennent pas de la même façon le rôle que joue la *liberté individuelle* dans la construction de cet ordre culturel. Hegel croit que la Forme de cet ordre est apportée par la Raison, puissance transcendante aux hommes individuels, alors que la « tradition de l'ordre spontané », depuis Mandeville, Hume, Ferguson ou Humboldt jusqu'à Popper, Polanyi ou Hayek, montre que les ordres culturels, qui ne résultent certes pas des « intentions » des hommes, résultent cependant de leurs seules « actions ». La morphogenèse des formes culturelles est le fruit de l'interaction des libertés individuelles, des libres initiatives des individus qui ajoutent leur pierre à l'édifice de la culture et de la société, depuis le savant qui crée une nouvelle théorie s'ajoutant aux acquis de la science, ou les restructurant, ou l'artiste dont le chef-d'œuvre enrichit ou infléchit une tradition, jusqu'au juge qui rend une sentence qui fait jurisprudence, ou à l'homme politique qui corrige les défauts d'une loi ou d'une institution, ou à l'agent économique qui crée un bien ou un service qui innovera et changera les habitudes et les mœurs. À ces processus où, chaque fois, une personne humaine agit librement et en pleine conscience du sens général de ce qu'elle fait (même si elle ne peut en comprendre toutes les conséquences particulières à long terme), Hegel substitue le concept d'une autre morphogenèse, celle de cette puissance transcendance que serait la « Raison » œuvrant dans l'Histoire indépendamment des hommes et les emportant comme le courant de la rivière emporte les épaves. Il est vrai que cette autre morphogenèse est adéquatement comprise par *un* homme au moins, à savoir le philosophe Hegel qui a prétendu en avoir intégralement analysé, dans des œuvres singulièrement obscures, la « phénoménologie » et la « logique ». Dès lors que ce Savoir Absolu a été apporté au monde par Hegel, la liberté des autres hommes devient inutile, sans emploi et sans objet, et avec elle les institutions et les lois qui la garantissent. La Raison n'en agira pas moins dans l'Histoire. Voilà l'âme de la philosophie politique de Hegel. C'est le même raisonnement, la même *hybris* que chez un Saint-Simon ou un Auguste Comte. Hegel disait à ses élèves dans le semestre d'hiver 1805-1806 : « Une ère nouvelle a surgi dans le monde. Il semble que l'Esprit du monde ait réussi [...] à se saisir enfin comme Esprit absolu.[...] La conscience de soi finie a cessé d'être seulement finie et ainsi, de son côté, la conscience de soi absolue a acquis la réalité qui lui manquait jusqu'alors » (cité par Cresson et Serreau, *op. cit.*, p. 4). Les élèves étaient censés comprendre que ce miracle, cet événement unique dans l'Histoire et qui était destiné à en constituer désormais le centre, s'était accompli dans et par la venue au monde de la personne de leur professeur, Hegel.

« Le devoir n'est pas une limitation de la liberté, mais seulement une limitation de l'abstraction de la liberté, c'est-à-dire de l'absence de liberté[1]. Par le devoir, nous pouvons atteindre l'être, acquérir la *liberté affirmative* » (§ 149, add.).

Et Hegel de condamner, par suite, toute rébellion (§ 149). L'attitude consistant à se conformer habituellement au devoir est la « probité ». Hegel la célèbre avec un enthousiasme quelque peu « prussien ». L'homme, pour être vertueux,

« n'a rien d'autre à faire qu'à accomplir ce qui lui est indiqué, déclaré et connu dans les circonstances où il se trouve » (§ 150).

Nous verrons que celui qui le lui « indique », ce sont toutes les communautés éthiques supérieures à l'individu, emboîtées les unes dans les autres, famille, corporation, jusqu'à la plus englobante, l'État, dont chacune est porteuse de « devoirs » spécifiques. Les devoirs les plus impératifs (mais qui seront aussi, et par là même, les plus constitutifs de « liberté affirmative ») seront ceux émanant de l'État. Hegel, au passage, déprécie la « vertu » des philosophes politiques et moraux de l'Antiquité comme Aristote. Il n'était si important de faire valoir la vertu individuelle en ces temps-là, dit-il, que parce qu'alors l'État était moins développé (§ 150). Tout est changé maintenant :

« Si, de nos jours, il est beaucoup moins question de vertu, cela tient au fait que la vie éthique ne prend plus tant la forme du comportement de l'individu particulier. Les Français sont le peuple qui parle le plus de vertu, parce que, pour eux, la moralité d'un individu est davantage l'affaire de son caractère spécifique, de la forme naturelle de son comportement. Les Allemands, au contraire, sont plus réfléchis et chez eux, le même contenu prend la forme de l'universalité » (§ 150, add.)[1].

Ces généralités étant posées, on peut passer à l'analyse des différentes figures de la *Sittlichkeit*.

---

1. Et si l'on « limite l'absence» de la liberté, on produit sa présence illimitée. Le devoir d'État, chez Hegel comme chez Rousseau, rendra l'homme libre par cela même qu'il lui fera violence. Hegel ne comprend pas que la liberté est la possibilité de faire ce qu'autrui ne veut ni ne prévoit, afin de pouvoir tirer parti d'une connaissance qu'autrui n'a ni ne peut avoir. Les institutions auxquelles Hegel veut que l'individu soumette la direction de sa conduite, de la famille à l'État, rassemblent certes une connaissance, elles incarnent des traditions ; mais ce sont, par définition, des connaissances *passées ;* or des connaissances *nouvelles* se produisent à chaque instant dans le monde, et c'est dans les psychismes *individuels* qu'elles apparaissent. Soumettre par principe l'individu au groupe, c'est donc interdire l'émergence du Nouveau dans le monde.

1. On lira, dans *La Route de la Servitude* de Hayek (*The Road to Serfdom* [1946], Routledge and Keagan Paul, Ark Paperbacks, 1986 ; trad. fr. *La Route de la Servitude*, PUF, coll. « Quadrige »), le magnifique passage (chap. X) où l'auteur, à propos de l'Allemagne nazie, explique que, dans les sociétés totalitaires où l'ordre social est assuré d'en haut, par un État

I — LA FAMILLE

La première figure de la *Sittlichkeit* est la *famille,* ainsi caractérisée :

« Ce qui détermine la famille, en tant que substantialité immédiate de l'Esprit, c'est son *unité* sous la forme du *sentiment,* l'*amour* » (§ 158, n.s.).

L'amour est un sentiment tel que, plus celui ou celle que j'aime « vaut », plus je « vaux » moi-même. Je deviens donc moi-même si, et seulement si, l'autre devient lui-même (§ 158, add.). « Contradiction » dont la famille donne la solution, puisqu'en son sein ses membres peuvent devenir « essence en soi et pour soi ». C'est en ce qu'elle permet cela que la famille est « unité éthique ».

1) *Le mariage*

La famille commence par le *mariage,* qui devra donner lieu à une *cérémonie,* première manifestation de la vie « objective » du couple. Le mariage n'est pas un contrat. Dans un contrat, deux personnes s'accordent et restent distinctes dans cet accord même, alors qu'ici c'est une nouvelle personne — la famille — qui est créée. Par rapport à elle, l'époux et l'épouse ne seront plus que des « accidents » (§ 163).

Conséquence curieuse, mais logique : l'amour sera le fruit du mariage et non son principe. Ce n'est pas l'amour que se portent deux jeunes gens qui doit

ou un Parti, les « vertus » individuelles n'ont nulle place : non seulement elles ne sont pas requises, mais elles sont des obstacles manifestes à l'action de l'autorité, puisqu'elles obligent les citoyens *les uns par rapport aux autres* (c'est en effet le rôle essentiel de la morale ordinaire) alors qu'ils ne devraient se sentir obligés que *par rapport à l'autorité.* Elles sont absolument indispensables, au contraire, là où l'ordre social n'est pas artificiellement créé de haut en bas, « verticalement », mais où il se crée de lui-même, « horizontalement », grâce au fait que tous observent les mêmes règles de juste conduite. Elles sont alors le maillon même de la chaîne sociale. L'exemple de cette dernière situation est l'Angleterre, société libérale où l'on est libre d'agir sans se soucier de l'autorité pourvu seulement qu'on respecte des règles, et où Hayek souligne l'importance cruciale des attitudes de *fair play.* Il est assez impressionnant que Hegel voie clairement, par la simple puissance de son esprit, que *là où l'État progressera, la morale individuelle régressera,* et qu'il interprète le reste de moralité individuelle qu'il veut bien constater chez les Français comme un archaïsme et un symptôme regrettable d' « irréflexion »... La « probité » (à l'égard des « devoirs » émanant de l'autorité) consistera *a contrario,* pour Hegel, à manquer de « vertu » dans ses rapports directs avec ses semblables (et à en manquer par « devoir »). La leçon a été entendue, si l'on en juge par la suite de l'histoire allemande.

déterminer la conclusion du mariage. S'il en était ainsi, le mariage resterait entaché de subjectivité et de contingence. Hegel prétend que l'arrangement du mariage par les parents demeure le moyen le plus légitime et le plus approprié de créer la nouvelle famille, qui aura ainsi pour origine la substance éthique elle-même (§ 162).

2) *La vie de la famille*

La personne nouvelle créée devra elle-même avoir sa réalité objective extérieure, la maison, les biens, en attendant les enfants (cf. § 164).

L'homme et la femme n'ont pas le même rôle au sein de la famille. Dans la famille, l'homme trouve son « repos », mais son vrai accomplissement est « dans la lutte et le travail qui le mettent aux prises avec le monde extérieur », à savoir « l'État, la science et choses semblables » (§ 166). En revanche, le vrai lieu d'accomplissement des femmes est l'intérieur, le foyer[1].

Il n'y aura pas de divorce, sauf en cas d'adultère. Si, exceptionnellement, un divorce doit être prononcé, il devra l'être par une « autorité éthique, qu'il s'agisse de l'Église ou d'un tribunal » (§ 176, add.).

Hegel ne veut pas de mariage entre collatéraux ou parents proches, pour des motifs « rationnels », et non pour ces motifs seulement empiriques que sont les risques biologiques de la consanguinité. S'il faut se marier hors de sa famille, c'est parce que la famille doit créer *ex nihilo* les liens spirituels qui lui sont propres. Or, si ces liens existent *déjà,* ils ne pourront être *créés,* et la raison d'être éthique du mariage et de la famille sera ainsi déniée, la substance éthique de la famille ne pourra exister.

Hegel est fermement opposé, enfin, à la *liberté de tester,* qui viole les relations éthiques au sein de la famille. Il attaque longuement ici le droit romain de la famille, et il est intéressant de voir à quel chef. Il lui reproche de perpétuer, en fait, sous des formes plus ou moins hypocrites, ou tyranniques, la *gens,* la *stirps,* alors que, selon lui, la bonne famille est la famille nucléaire.

La *gens* est, en effet, de plus en plus « abstraite » à mesure qu'elle s'étend ; mais une abstraction ne peut être source d'amour ; or l'amour est le sentiment que doit créer l'unité éthique de la famille. La *gens* romaine n'est donc pas une

---

1. Et les femmes ne doivent pas, certes, s'occuper de politique : « Si les femmes sont à la tête du gouvernement, l'État est en danger, car elles n'agissent pas selon les exigences de l'universalité, mais au gré des inclinations et des opinions contingentes... » (§ 166, add. ; il faut lire tout ce savoureux paragraphe).

vraie famille (outre le fait que la volonté individuelle arbitraire, la libre disposition des biens, le divorce facile, la liberté absolue de tester, y font des ravages).
Hegel souscrit-il donc au Code Napoléon et se rallie-t-il à la famille « bourgeoise » ? Certes pas. Il y aura, dans l'État prussien, *droit d'aînesse* et *patrimoine
inaliénable,* car ces manières de privilégier certains héritiers ne dépendront pas de
la volonté arbitraire d'un testateur, ni ne constitueront une simple survivance
irréfléchie des coutumes féodales, « mais [seront] issues nécessairement de l'Idée
de l'État (§ 180, Rem.)[1].

II — LA SOCIÉTÉ CIVILE

Mais la famille ne peut répondre adéquatement aux *besoins.*
Ceux-ci seront mieux satisfaits par la division du travail entre les
familles mêmes. L'unité immédiate de la famille doit donc « se scin-
der en une multiplicité » (§ 184, add.), à savoir la *société civile,* forme
de communauté par laquelle les besoins se satisfont mutuellement
par l'échange. Mais Hegel souligne d'emblée l'infirmité constitutive
d'une telle société. Il connaît parfaitement le rôle que joue ce
concept dans les théories libérales, et, comme il entend réfuter celles-ci, il prend soin de détruire celui-là.

1) *La société civile, communauté inconsistante*

Si la « société civile » ou « système des besoins » ne peut être la
forme accomplie de la vie sociale, c'est qu'elle n'est qu'une *médiation entre des intérêts privés* ; au sein de ce groupe, il y a bien une
communication, un élément « universel », mais c'est l'intérêt privé,
« égoïste », qui reste le but poursuivi par tous les membres. Il n'y a
d'universalité qu'au sens d'une dépendance mutuelle, non au sens
d'une communauté substantielle délibérément voulue comme telle.
La société civile n'*unit* donc pas réellement les sujets, mais elle ne
fait que les *juxtaposer* en les laissant subsister à l'état d'atomes séparés

---

1. Certains reproches de Hegel au droit romain de la famille, comme le fait qu'il ait
autorisé, du moins à époque ancienne, un quasi-esclavage des enfants, sont fondés (si l'on
peut reprocher à une époque de n'avoir pas pratiqué des mœurs d'époques postérieures).
Mais il est manifeste que ce que Hegel reproche surtout à la famille romaine, c'est d'être
« un État dans l'État », une cellule à la frontière de laquelle s'arrête réellement le pouvoir
de l'État. Ce qui fait son prix pour des auteurs libéraux comme Constant, ou de droite
comme Bonald, vaut sa condamnation par tous les socialismes et les étatismes depuis
Platon.

(elle est un simple « système atomistique », *Encyclopédie,* § 523). La société civile ressemble donc à l'État, mais c'est un État faux, un « État extérieur » (§ 183).

Au moins pourrait-on espérer que la société civile satisfasse réellement les besoins ; or elle ne le peut parce qu'elle est *inconsistante.* Le fait qu'elle soit abandonnée aux seules fins subjectives la voue au règne de la « contingence », donc au désordre. Elle ne peut que s'autodétruire, et cette dégradation inéluctable ira jusqu'à « la débauche, la misère et la corruption, aussi bien physique que morale » (§ 185).

Il est clair que Hegel vise la société démocratique et libérale de son temps, mais il sait qu'il n'est pas le premier ni le seul à porter ce jugement négatif sur le développement d'une société de liberté individuelle. Platon, par exemple, s'est déjà dressé contre les libertés dissolvantes qu'il voyait s'épanouir dans l'Athènes démocratique et dans le Pirée commercial de son temps à lui. Cependant, Platon n'a su opposer, à la « particularité autonome », qu'un « État seulement substantiel » ; devant sa fureur antilibérale a seul trouvé grâce un État fait tout d'une pièce et devant qui aucun « corps intermédiaire » ne compte. Par la suite, le christianisme et Rome ont encore développé la liberté individuelle, chacun à sa manière (cf. § 185 et *infra,* p. 773-774), ce qui a eu pour effet de parachever la destruction de l' « unité ». Ce n'est pas la nostalgie de celle-ci, la revendication de l'unité sous la forme d'une répression brutale, à la mode platonicienne, de toutes les libertés qui pourra résoudre le problème. Hegel doit donc remettre sur le métier l'imparfait ouvrage de Platon. L'État structuré qu'il va proposer accordera, lui, une place à des corps intermédiaires – famille, corporations, ordres sociaux, assemblées politiques. Ces communautés seront subordonnées à l'État, mais chacune n'en aura pas moins un statut légitime, nécessaire en son genre. Le but de Hegel demeure néanmoins le même que celui de Platon : en finir avec ce qu'il y a de purement « subjectif » dans la liberté individuelle et surmonter l'atomisation de la communauté qu'elle appelle inéluctablement.

L'analyse hégélienne de la société civile comporte trois moments : la description du « système des besoins » lui-même, celle du « droit » qu'elle crée (et qui va se révéler être un faux droit, comme la société civile elle-même est un faux État), enfin l'exposé des remèdes qu'on peut apporter aux défauts de la société civile, à savoir la « police » et la corporation.

2) *Le système des besoins*

Le système des besoins est le phénomène même qu'étudie l'économie politique (Hegel cite Smith, Say, Ricardo...). Cette science

« montre – ce qui est d'un grand intérêt – comment la pensée sait tirer d'une masse infinie de détails qui s'offrent tout d'abord à elle, les principes simples de cette matière, l'entendement qui agit en eux et les régit. Si c'est bien un facteur de conciliation que de découvrir dans la sphère des besoins cette apparence de rationalité, qui existe et agit dans les choses, c'est là, par contre, le terrain où l'entendement des fins subjectives et des opinions morales donne libre cours à son mécontentement et à sa déception morale » (§ 189, Rem.)[1].

Le problème de la société civile, c'est qu'elle produit ce qu'on appellerait aujourd'hui des effets pervers. Alors que son seul but affirmé est la satisfaction des besoins, elle produit des irrégularités, des contingences non maîtrisées qui, précisément, empêchent cette satisfaction. Tout le mal vient de ce qu'ici « c'est la volonté particulière qui reste le principe » (§ 231).

« Dans la société civile, le but est la satisfaction des besoins, et comme, lorsqu'il s'agit du besoin de l'homme, cette satisfaction doit s'effectuer d'une façon stable et générale, le but est donc l'assurance de cette satisfaction. Mais, dans le mécanisme de la nécessité inhérente à la société, la contingence s'introduit de diverses façons dans cette satisfaction, soit en fonction de la variabilité des besoins, qui dépendent, pour une grande part, de l'opinion et du caprice subjectifs, soit en raison des différences locales, des relations d'un peuple avec d'autres, des erreurs et des illusions qui peuvent se glisser dans les rouages de l'engrenage économique et le dérégler, sans parler de la capacité toute relative qu'a l'individu d'obtenir sa part de la richesse générale. Les existences particulières se trouvent ainsi sacrifiées au déroulement de cette nécessité, qu'elles ont pourtant produite, car ce déroulement ne contient pas pour lui-même, comme but affirmé, la garantie que les besoins des particuliers seront satisfaits. Cette satisfaction demeure contingente : elle peut avoir lieu ou ne pas avoir lieu. Et pourtant, les individus (et la satisfaction de leurs besoins) sont ici (dans la société civile) le (seul) but moralement justifié » (*Encyclopédie,* § 533, texte cité par Derathé, p. 246).

Il y a donc plusieurs effets pervers : le système des besoins ne satisfait pas tous les besoins, pas les besoins de tous, et il satisfait de faux besoins. La cause de ces échecs est qu'il n'y a pas de vraie communauté organisée *pour laquelle la satisfaction des besoins soit le but affiché et consciemment poursuivi.* Comme c'est l'intérêt privé qui commande toutes les initiatives, la satisfaction des besoins est commandée, d'une part, par les vœux contingents de ceux qui éprouvent les besoins (ils peuvent se tromper sur leurs « vrais » besoins,

---

1. Comme Sismondi, Saint-Simon, Auguste Comte ou Marx, Hegel croit que le marché décrit par les économistes est fondamentalement un désordre, auquel devra donc remédier l'action, véritablement « rationnelle », elle, de l'État. Pourtant Hegel hésite (§ 189, add.). Il reconnaît que l'économie « est une science qui fait honneur à la pensée », dans la mesure où il découvre les lois qui régissent une foule d'éléments contingents », et « c'est un spectacle intéressant de voir comment toutes ces liaisons se nouent ». Mais, bien que « cet entrelacement [soit] extrêmement remarquable et présente une analogie avec le système des planètes », tout y dépend, en réalité, de l' « arbitraire individuel », raison pour laquelle il ne peut y avoir ici qu'une « apparence de rationalité ».

avoir des « caprices »), d'autre part, selon les vœux non moins porteurs de contingence de ceux qui prétendent les satisfaire (puisqu'en réalité ils ne veulent que s'enrichir). Autant de sources de décalage avec les besoins *réels* de la communauté.

Hegel insiste sur un aspect qui lui paraît particulièrement troublant, à savoir que le système des besoins satisfait non des besoins objectifs et stables, mais *des besoins qu'il crée lui-même*.

« Ce que les Anglais appellent confortable est quelque chose d'inépuisable qui se diversifie à l'infini, car toute commodité présente des inconvénients et cela sans fin. Si le confort devient un besoin pour les hommes, cela provient moins de ceux qui l'ont de façon immédiate que de ceux qui voient là un moyen de s'enrichir » (§ 191, add.).

Les nouveaux objets techniques, les services apportés par la civilisation sont fondamentalement des *créations artificielles et contingentes,* non fondées sur les besoins *réels*. La logique égoïste du système des besoins engendre ainsi une sorte d'emballement de l'économie, favorable aux seuls industriels et marchands[1].

Hegel récuse cependant la forme extrêmiste de l'idée (exprimée par Rousseau), selon laquelle

« l'homme vivrait libre par rapport à ses besoins dans un prétendu état de nature, où il n'aurait eu que des besoins naturels simples, dont la satisfaction n'aurait exigé que des moyens qu'une nature contingente lui aurait octroyés immédiatement » (§ 194, Rem.).

Ceci est une « idée fausse », car l'état en question est « la situation de la spiritualité enfouie dans la nature, donc un état sauvage et sans liberté ». Il faut donc un certain progrès, mais ce progrès doit être maintenu dans des limites précises, car la multiplication et la diversification sans fin des besoins et des biens et services qui y répondent s'accompagnent d'une *diminution corrélative de la satisfaction* (elle augmente en effet les appétits plus vite qu'elle ne les comble), ainsi que d'une *aliénation* (puisque la satisfaction de nos besoins dépend désormais du bon vouloir contingent d'autrui).

« Cette direction – vers le luxe – est une augmentation également infinie de la dépendance et du dénuement qui se trouvent aux prises avec une matière offrant une résistance infinie, à savoir avec des moyens extérieurs, qui ont cette particularité d'être la propriété de la volonté libre, avec, par conséquent, quelque chose d'absolument dur » (§ 195).

---

1. Vieille idée platonicienne et aristotélicienne, récurrente tout au long de l'histoire occidentale, chez de nombreux Pères de l'Église, chez les millénaristes médiévaux, dans les « utopies » des XVIe-XVIIIe siècles. La civilisation pervertit l'homme, car elle va au-delà de ce qui lui est nécessaire, de ses besoins « naturels », fixes et limités.

Plus mes désirs sont forgés par tous ces commerçants et autres producteurs de la société libérale moderne qui augmentent le luxe, plus je suis : 1 / en situation de pénurie (puisque je ne peux acheter tout ce qu'ils vendent), et 2 / dépendant d'eux (puisque je ne puis plus me passer de ce qu'ils offrent, mes désirs ayant été altérés), et, comme la satisfaction de ces nouveaux besoins dépend, non plus de la nature, qui est du moins neutre, mais de la volonté libre d'un très grand nombre de sujets étrangers sur lesquels je n'ai pas de prise, ma situation devient plus « dure » que celle de l'homme des cavernes[1].

La source profonde du mal est la *division du travail* qui fait que, d'une part, la coopération avec autrui devient « nécessaire » et qu'il n'y a plus rien, ou quasi rien (sauf l'eau...) qui puisse, dans la nature, être consommé tel quel (or la nécessité de cette coopération est contraire à la liberté), et que, d'autre part, le travail de chacun est plus « abstrait » et « mécanique ». (cf. § 197-198). En outre, la division du travail produit nécessairement « l'inégalité des fortunes et [même] des aptitudes des individus » (puisque les aptitudes dépendent elles-mêmes du capital précédemment accumulé) (§ 200).

3) *L'apparition de la « populace »*

La société civile chère aux libéraux n'est donc nullement un système cohérent. Bien loin de faire « système », les besoins, dès lors que leur satisfaction est livrée à la « contingence » des intérêts privés,

---

1. L'hésitation de Hegel sur la valeur du progrès, qu'il ne peut condamner entièrement du fait de son historicisme, mais qu'il ne peut non plus approuver parce qu'il voit bien qu'il est l'œuvre d'une société libérale qui le révulse et qui suscite sa xénophobie (le « confort » des « Anglais »), se retrouvera dans toute la tradition de la gauche. Marx, qui croit encore que le socialisme sera plus productif que le capitalisme et pourra donc satisfaire toujours mieux de nouveaux « besoins », prendra en positif l'idée que le progrès ne consiste pas seulement à donner de nouvelles satisfactions aux besoins existants, mais à créer *ex nihilo* des besoins nouveaux. Ce processus, pour lui, est en effet celui-même par lequel l'Histoire crée l'homme (qui n'a pas d'essence éternelle). Mais la gauche moderne, oubliant Marx et retrouvant l'inspiration de la croisade rousseauiste contre le progrès (cf. *infra*, p. 803 sq.), prendra cette même idée en négatif : peut-être le capitalisme satisfait-il mieux que le socialisme nombre de besoins, mais comme ces besoins n'en sont pas, mais sont des désirs artificiellement créés par les capitalistes eux-mêmes, il n'a aucun mérite à les satisfaire, ou même il aggrave son cas en les satisfaisant. En URSS ou en RDA, on n'avait pas de voitures ni d'électro-ménager de qualité, mais on satisfaisait d'autres besoins beaucoup plus fondamentaux : prendre son temps, discuter entre amis des nuits entières... « Âge de pierre, âge d'abondance », a soutenu l'anthropologue Marshall Sahlins, ce qui implique comme corollaire : âge de civilisation, âge de pénurie et d'aliénation. Les penseurs de « droite » auront au moins le mérite d'être plus clairs et moins embarrassés, puisqu'ils idéaliseront le passé et prendront délibérément comme référence la « nature » dont l'historicisme hégélien doit se démarquer : c'est donc sans état d'âme qu'ils refuseront délibérément le progrès et prôneront le retour à la vie rurale, simple mais saine.

engendrent un fondamental désordre. Désordre qui se traduit par les grands maux que' Hegel dénonce dans la société moderne, en premier lieu la formation de ce qu'il appelle la *populace* (que Marx appellera « masses » et « prolétariat »).

« Le glissement d'une grande masse (d'hommes) au-dessous d'un certain niveau de subsistance, qui se règle de lui-même comme la subsistance nécessaire à un membre de la société, et avec cela, la perte du sentiment du droit, de l'honnêteté et de l'honneur de subsister par sa propre activité et son propre travail, mènent à la *production de la populace,* production qui, d'autre part, comporte une facilité plus grande de concentrer en peu de mains des richesses disproportionnées » (§ 244). « Ce n'est pas la misère en elle-même qui engendre la populace, celle-ci implique une disposition d'esprit qui est liée à la misère, c'est-à-dire un esprit de révolte contre les riches, contre la société, contre le gouvernement. À cela s'ajoute que l'homme abandonné à la contingence devient insouciant et a l'horreur du travail [...]. C'est ainsi que se produit dans la populace ce mal qui consiste à ne plus croire à l'honneur d'assurer sa subsistance par son travail et à croire qu'il doit pourtant avoir sa subsistance assurée, comme si c'était son droit. Contre la nature, aucun homme ne peut affirmer un droit, mais dans l'état de société, l'indigence prend la forme d'une injustice dont est victime telle ou telle classe sociale. L'importante question de savoir comment on peut remédier à la misère est devenue une question qui agite et tourmente tout particulièrement les sociétés modernes » (§ 244, add.).

D'autres instabilités non moins graves sont engendrées par la « production de populace ». Elle pousse au *colonialisme*, puisqu'il faut bien trouver des débouchés à l'industrie (on le voit précisément encore par l'exemple de l'Angleterre). Au-delà, et puisque toutes les nations veulent faire du commerce, elle pousse aux rivalités, aux crises et finalement à la *guerre* (§ 246 à 248).

Ces chapitres des *Principes de la philosophie du droit* mettent donc en forme les principales problématiques que les auteurs antilibéraux de droite et de gauche du XIXᵉ siècle opposeront à l' « horreur économique » du capitalisme : instabilité, caractère inéluctable des crises, misère des masses, fatalité de l'augmentation cumulative des inégalités, aliénation du travail, irrémédiable rupture du lien social communautaire.

4) *Le droit créé par la société civile*

Comment ce désordre est-il possible, puisque la société bourgeoise se veut une société de droit, une société policée et organisée, et certes pas une simple réunion empirique d'individus à l'état de nature ? Hegel admet que le système des besoins engendre un « droit », celui-même par lequel se régulent les échanges et se médiatisent les besoins, un droit protégeant la propriété privée et veillant à la régularité des contrats, droit à vocation universelle, puisque les échanges s'internationalisent, et valorisé par la tradition démocratique et libérale que Hegel connaît (Locke, Hume, Smith...). Or il condamne formellement, et en toute connaissance de cause, ce type de droit. Il va lui reprocher, précisément, d'être trop universel, trop *cosmopolite*. Le vice fondamental de ce prétendu droit de la société civile est qu'il est de nature à « s'opposer à la vie *concrète* de l'État » (§ 209, Rem.). Et Hegel de développer, à partir de là, une critique radicale de la « société de droit » telle que l'idéal en a été peu à peu forgé dans l'Europe civilisée depuis le Moyen Âge.

Hegel condamne le « droit bourgeois » à la fois dans sa source et dans sa substance. D'abord ce droit est censé sortir des coutumes établies par le temps. Or il ne faut pas se contenter de recueillir les « coutumes » : cela donnerait une collection « informe, indéterminée et lacunaire » (§ 211, Rem.). Seule une refonte rationnelle du recueil des coutumes par les juristes permet que ce recueil soit un vrai code. Hegel souligne la valeur du formalisme juridique (§ 217, add., et § 222-224) et insiste sur le fait que, « du point de vue du droit de la conscience de soi, l'obligation envers la loi implique la nécessité que les lois soient universellement connues » (§ 215). Tout ceci paraît impliquer que le droit soit « un tout complet et achevé » (§ 216), entièrement explicite[1].

Or que voit-on chez les Anglais ? Le droit n'y est justement pas un « tout complet et achevé ». Les Anglais sont trop tributaires de leur *common law* et de tous les éléments implicites et irrationnels qui subsistent en celle-ci. Leur droit est caractérisé par une « monstrueuse confusion », à cause de cette notion de « lois non écrites » que Hegel ne peut comprendre. Il attaque, de même, Friedrich von Savigny[2] et toute doctrine selon laquelle le droit pourrait ne pas être un « système cohérent » ou devrait même se garder de l'être, « alors que la systématisation, c'est-à-dire l'élévation à l'universel, est précisément l'aspiration infinie de notre époque. De même, on a jugé des recueils de décision, comme il y en a dans le *Corpus juris civilis,* supérieurs à un code élaboré avec un sens universel, et cela, parce qu'il subsiste toujours dans de telles décisions une certaine particularité et des souvenirs historiques que l'on tient à conserver à tout prix. À quel point de telles collections sont pernicieuses, c'est ce que montre suffisamment la pratique du droit anglais » (§ 211, add.). Le droit romain et le droit anglais sont ainsi tous deux rejetés, et tous deux pour la même raison : qu'ils ne se laissent pas ramener au pur Concept[3].

1. Tâche dont, pour cette raison et comme nous l'avons vu, il confie la réalisation aux « philosophes » (cf. *supra,* p. 717-718).
2. Friedrich Karl von Savigny (1779-1861), chef de l' « école historique » allemande du droit et auteur du manifeste *De la vocation de notre temps* (1814) visant à limiter l'emprise du droit artificiel fait par les États modernes, au profit du « droit historique » lentement constitué par la tradition. Savigny est également l'auteur de l'*Histoire du droit romain au Moyen Âge* (1815-1831) et d'un *Traité de droit romain* (1840-1849).
3. Hegel ne s'interroge pas sur les motivations de ces « nostalgiques » qui veulent « conserver à tout prix » les acquis de la tradition juridique. Nous savons que les juristes anglais comme Coke (cf. *supra,* p. 264-268) ont souligné que la formation du droit est et ne peut être qu'un processus d'essais et d'erreur et d'auto-organisation, en raison de fron-

La problématique de Hegel au sujet de la « société civile » est donc claire. Cette prétendue « société » est une illusion inconsistante. Par sa « contingence », elle ne satisfait pas les besoins de façon stable, d'autant qu'elle produit de faux besoins, une aliénation du travail, une rupture du lien social. Elle engendre certes un « droit », celui qui correspond aux règles des échanges ; mais ce droit est aussi « contingent » que les besoins qu'il médiatise, la preuve en est qu'il ne se laisse pas ramener à un système pleinement rationnel. Rome, l'Angleterre, la France, toutes les nations « bourgeoises » se sont laissées engluer dans cet empirisme, et il n'est donc pas étonnant qu'elles soient, maintenant, exposées aux désordres sociaux qu'il détermine, comme des apprentis sorciers qui ont déchaîné des forces qu'ils ne peuvent contrôler. Il faut donc des remèdes, qui seront appliqués, *de l'extérieur* de la société civile, par l'État rationnel hégélien.

Le droit « formel » inventé par les nations bourgeoises ne fait que protéger ce qui existe, sanctionner la contingence. Ce qu'il faut pour que le système des besoins fonctionne réellement, c'est une organisation *positive* des actions qui puisse rendre celles-ci rationnelles et qui puisse redresser ce qui doit l'être. Ce droit d'une autre nature ne se contentera pas de prohiber et de protéger, mais il agira et il réalisera ; il ne se donnera pas pour tâche, comme le droit bourgeois, de « laisser faire » (de laisser les initiatives des uns satisfaire, ou non, les besoins des autres), mais il organisera *directement* la réalisation du « bien-être particulier » des citoyens (cf. § 230). La « police », entendons l'administration économique, sera la forme *corrective* de ce nouveau droit ; la « corporation » en sera la forme *préventive*.

5) *La police*

Hegel, poussé par sa logique, introduit d'abord une notion révolutionnaire : la notion de *crime économique*. C'est en effet à tort que l'État, qui réprime le crime ordinaire, s'abstient de réprimer d'autres manifestations de la volonté particulière qui ne produisent pas moins de mal, puisqu'elles sont la cause des échecs du système des besoins définis plus haut. Quand la liberté économique d'un citoyen, par sa contingence, nuit à un autre citoyen, elle doit pouvoir être déclarée

---

tières épistémologiques insurmontables. Le droit *ne peut donc pas* se ramener à un « unique système cohérent », sauf à le simplifier artificiellement, à l'appauvrir et à créer des effets pervers qui entraveront la sécurité juridique et nuiront à la bonne marche de l'ordre spontané de société. Ramener le droit au pur Concept ne serait pas un *supplément*, mais un *déficit* de rationalité, assurément très « pernicieux ».

illégale et devenir passible d'une sanction pénale. L'État doit créer une nouvelle catégorie de crimes, les *crimes économiques*[1].

Ce nouveau principe de droit légitimera l'action de la « police » ou administration économique : cette administration aura pour mission de réprimer les maux produits par les sujets agissant dans le cadre du simple droit formel. Comme la frontière entre les crimes ordinaires et économiques n'est pas bien nette (§ 234, add.), la « police » devra être omnicompétente. Plus des peuples sont réfléchis, plus « la police tendra à faire entrer dans son domaine le plus de choses possibles ». Il faudra que l'État, « quelque fâcheux que soit cet inconvénient », réglemente *toute* la vie économique et sociale[2].

Hegel fonde ainsi en « raison » le principe même du totalitarisme. Si l'on veut que la vie sociale soit efficiente, il faut qu'elle soit protégée de la « contingence », donc rationnelle ; or, face aux citoyens privés qui ne sont mûs que par leur libre-arbitre subjectif, producteur de contingence, seul l'État est rationnel ; donc il faut que toute la vie sociale soit régie par l'État. La liberté économique de la société civile pourra être suspendue à tout moment quand la raison supérieure de la « police » en décidera ainsi.

« Même si, dans l'ensemble, des relations normales s'établissent d'elles-mêmes entre [producteurs et consommateurs], il faut, pour les harmoniser, une *réglementation* qui se tienne constamment au-dessus des deux parties » (§ 236).

1. On peut évoquer *a contrario* la magnifique démonstration par le jeune Grotius du *Mare liberum* que la concurrence, bien qu'elle puisse assurément nuire à autrui, ne saurait, en aucun sens, être interprétée comme une *injustice* qui lui est faite, encore moins comme un délit ou un crime. Ce en quoi la concurrence peut nuire, c'est en ce qu'elle peut diminuer les bénéfices qu'un producteur avait quand il était seul sur un marché ; mais ce bénéfice n'était nullement un dû ; et le concurrent peut dire au concurrencé : « Ce qui vous reste, ce qui vous restera toujours sauf pour vous, c'est ce dont nous nous contentons nous-mêmes. » La concurrence est conforme à l'égalité naturelle et donc au droit naturel. Elle l'est encore en qu'elle sert le bien commun en diminuant le prix des choses pour le public (Grotius, *Mare liberum*, chap. XII, éd. du Centre de Philosophie politique et juridique de l'Université de Caen, *op. cit.,* p. 710-712).
2. Cette prétendue impossibilité de tracer une « ligne de démarcation » entre ce que l'État a le droit de toucher et ce qui relève de la seule liberté individuelle reflète encore une fois l'épistémologie de Hegel, qui croit que la raison ne peut *rien* contrôler si elle ne contrôle *tout*. Or la « ligne de démarcation » existe bel et bien : selon les libéraux, elle a été tracée au fil des siècles par la tradition juridique. Par une série d'essais et d'erreurs, juges et législateurs ont discriminé *quelles* actions nuisibles à autrui devaient être interdites (par ex. le vol), et *quelles autres* (par ex. la concurrence) devaient être autorisées, parce que, bien que pouvant être nuisibles à certains dans l'immédiat, elles se révélaient favorables à l'intérêt de tous à long terme. Mais, encore une fois, Hegel ignore totalement cette ligne de pensée inaugurée par les jurisconsultes romains et leurs continuateurs médiévaux et, aux Temps modernes, par les Edward Coke, Matthiew Hale, Hume, Ferguson, Burke ou Savigny.

Pour commencer, il y aura une « taxation des articles de première nécessité ». Plus généralement,

« le contrôle des marchandises peut être considéré comme une affaire d'intérêt général et, comme tel, être confié à un organisme public » (§ 236).

Il convient en effet d'opposer, à la « liberté de l'industrie et du commerce qui est de règle dans la société civile », « la prévision et la détermination du travail de *tous*[1] par une institution publique », dont l'exemple — bizarrement affiché par Hegel sans qu'il en paraisse gêné — est la construction des pyramides d'Égypte (cf. § 236).

Les esclaves qui ont réalisé ces travaux étaient certes des esclaves, entièrement voués à la substance, et ni leurs « volontés particulières » ni leur « intérêt particulier » n'intervenaient en rien (c'est-à-dire la situation même qui est souhaitable aux yeux de Hegel). Il est vrai qu'on oppose à cet état d'esclavage à l'égard d'une « réglementation supérieure » un principe de « liberté ». Mais, répond Hegel, « plus [l'intérêt particulier] s'enfonce dans l'égoïsme aveugle, plus il rend nécessaire une telle réglementation pour être ramené à l'universel, pour atténuer les secousses dangereuses et abréger la durée de l'intervalle pendant lequel les conflits doivent être réglés par la voie d'une nécessité inconsciente » (§ 236).

Cependant, l'administration économique, dans l'État hégélien, ne prendra pas la forme de l'assistance pure et simple. En effet, « la subsistance des nécessiteux serait assurée sans être médiatisée par le travail, ce qui irait à l'encontre du principe de la société civile » (§ 245). Mais Hegel est aussi contre le fait de faire travailler les pauvres, comme en Angleterre, car... cela augmenterait les richesses, alors qu'il y en a déjà trop ! La « police » maintiendra donc simplement l'activité économique dans des limites « rationnelles », en réprimant les abus partout où ils se manifestent (elle assurera ce qu'on appellerait aujourd'hui une situation de « croissance zéro »).

La corporation fait mieux encore que la police, puisqu'elle évite l'apparition des maux auxquels la police remédie.

6) *La corporation*

L'intérêt de la corporation, c'est que

« le but égoïste, orienté vers la satisfaction de l'intérêt particulier, s'[y] appréhende lui-même et s'affirme comme but universel. [...] En raison de cette détermination, la corporation a le droit de gérer ses propres intérêts à l'intérieur de sa

---

1. Noter ce *tous* : il n'y aura pas seulement un « secteur public » ; tout le travail sera « prévu » et « déterminé » par la police de l'État.

sphère et sous le contrôle de la puissance publique, celui d'accepter comme membres des individus désignés objectivement par leur habileté et leur honnêteté et en quantité déterminée par la conjoncture générale, enfin celui de protéger ses membres contre les accidents particuliers qui peuvent survenir et de prendre soin de leur formation professionnelle. En résumé, elle a le droit de faire office d'une seconde famille... » (§ 252).

Comme la famille proprement dite, la corporation dispose d'une richesse stable ; en elle, l'état socioprofessionnel (le fameux *Stand* allemand) de chacun est reconnu, de même que l'est, dans la famille proprement dite, le statut spécifique du père, de la mère ou de l'enfant. « Il est également reconnu qu'il appartient à un tout, lui-même membre de la société générale, qu'il s'intéresse et contribue à la réalisation du but non égoïste de ce tout. Aussi a-t-il ainsi dans son *état* son *honneur* » (§ 253).

« S'il n'est pas membre d'une corporation légalement reconnue (car ce n'est qu'en étant légale qu'une collectivité constitue une corporation), l'individu n'a pas d'honneur professionnel, son isolement le réduit à l'aspect égoïste de l'industrie, sa subsistance et sa jouissance ne sont pas assurées. Il cherchera donc à se faire reconnaître par des manifestations extérieures à son activité professionnelle » (§ 253, Rem.).

S'il n'est membre d'une corporation, l'individu n'a pas d' « état ». C'est une situation de véritable détresse métaphysique ou ontologique : s'il n'a pas d'état, l'homme ne pourra vivre « conformément à son état », et par conséquent sa recherche de reconnaissance sera « sans limite »[1]. En revanche, au sein de la corporation,

---

1. L'homme privé de statut corporatif n'a pas d' « honneur », entendons de « beauté morale » (car Hegel ne parle manifestement pas ici de l'honneur aristocratique au sens étroit). En fait, il deviendra « injuste » au sens de Platon, il cherchera à sortir de son rôle, ni lui ni les autres ne sauront plus « qui » il est... Il ne pourra revêtir sa Forme d'homme, il ne sera plus un homme. Notons la condamnation morale radicale de la société libérale que ceci implique (et qui sera confirmée plus loin, quand Hegel dira tout le bien qu'il pense, par contraste, de la « classe substantielle », aristocrates et paysans, et surtout de la classe des fonctionnaires) : celui qui opère dans un marché ouvert et non dans une « corporation », qui trouve seulement un client disposé à acheter librement ce qu'il vend, un fournisseur disposé à lui vendre librement ce dont il a besoin, un employeur qui estime de son intérêt de l'employer, un employé qui estime de son intérêt de se faire employer par lui, n'a pas d' « honneur ». Seul l'homme qui s'identifie corps et âme à son *Stand* a une identité, un statut d'être humain. Le problème est qu'à ce compte, aucun des progrès économiques et techniques réalisés par l'Occident depuis deux siècles n'aurait été possible, parce qu'ils ont été apportés par des initiatives individuelles d'entrepreneurs quittant leur « corporation » et embrassant des occupations professionnelles non préconisées et souvent interdites par celle-ci. La question doit être posée au paysan, ou autre individu de la populace, qui meurt de la faim ou de la peste : préfère-t-il l'honneur d'avoir un *stand* imprenable, ou avoir la vie sauve – et, devant lui, un avenir ouvert – grâce au progrès économique, scientifique et technique ? Aucune des deux réponses ne s'impose *in abstracto*, mais il semble que les populations, quand elles ont la liberté de choisir, préfèrent en général la seconde.

chacun est à sa place. S'il reçoit des secours, par exemple, ce ne sèra pas « humiliant », parce que ce ne sera pas « contingent », ce sera la conséquence du fait qu'il appartient explicitement à une communauté au sein de laquelle tous sont solidaires.

Au passage, Hegel condamne les *associations*. Seule doit exister la corporation, communauté reconnue légalement, et qui doit être

« placée sous la haute surveillance de l'État, parce qu'autrement elle se sclérose, se replie sur elle-même, et dégénère en une misérable caste » (§ 255, add.).

La corporation, en encadrant l'individu, le protège, autant qu'elle protège la communauté :

« Dans la corporation, le droit soi-disant naturel d'exercer son habileté en vue d'en tirer tout le gain qu'il est possible d'obtenir, ne trouve de limite que dans la mesure où la corporation destine cette habileté à la rationalité, la libère de l'opinion individuelle et de la contingence, du danger qu'elle présente pour soi et pour les autres, la reconnaît, lui garantit sa sécurité et l'élève à la dignité d'une activité consciemment exercée en vue d'un but commun » (§ 254).

La corporation « libère » même, en ce sens, l'individu. Car elle lui procure une participation à l'universel que, dans les pays modernes, les individus ont peu d'occasion de cultiver, puisqu'ils ne gèrent pas « les affaires générales des États » (§ 255, add.). Certes, au sein de la société civile, l'individu travaille aussi pour les autres tout en veillant à ses propres intérêts, mais « cette nécessité inconsciente ne suffit pas. Elle ne devient une vie éthique consciente et pensée qu'au sein de la corporation » *(ibid.)*.

Cependant, nous savons déjà que la corporation serait elle-même tentée de faire prévaloir ses fins « contingentes » si elle n'était intégrée dans la communauté supérieure, la seule qui soit vouée véritablement à l'universel et à la Raison, l'État.

Observons pour finir que la théorie hégélienne de la corporation – avec contrôle de l'accès au métier, réglementation du volume de l'offre, juridiction déontologique, protection sociale au sein de la corporation, écoles syndicales, « possession d'état », stabilité de la richesse – contient déjà l'essentiel de la doctrine corporatiste telle qu'elle sera développée plus tard par René de La Tour du Pin, penseur de la droite française monarchiste et catholique (cf. *infra*, p. 1166 sq.), inspirateur de la « doctrine sociale de l'Église » et, plus tard, par le corporatisme mussolinien. Les antilibéralismes de la droite et de la gauche divergeront de plus en plus, au XIXᵉ siècle, par la nature des systèmes que l'on proposera de substituer au libéralisme, collectivismes étatiques ou organisation syndicale-corporative. Dans le stade précoce de l'anti-libéralisme que représente Hegel, on voit que les deux solutions sont prônées simultanément : Hegel veut à la fois la « police » et la « corporation », un remède virtuellement communiste et un remède virtuellement fasciste.

III — L'ÉTAT

Au moment même où le monde calviniste le relativise et le critique comme une Babylone de péché, Hegel divinise-absolutise l'État. Il en donne des définitions hyperboliques :

« L'État est la réalité effective de l'Idée éthique – l'Esprit éthique en tant que volonté substantielle, révélée, claire à elle-même, qui se pense et se sait, qui exécute ce qu'elle sait et dans la mesure où elle le sait » (§ 257). « L'État est le rationnel en soi et pour soi » (§ 258). « C'est la marche de Dieu dans le monde qui fait que l'État existe » (§ 258, add.).

L'État peut commettre des crimes sans que son essence soit altérée :

« L'État n'est pas une œuvre d'art ; il est dans le monde, par suite dans la sphère de l'arbitraire, de la contingence et de l'erreur ; des mesures fâcheuses peuvent le défigurer par plusieurs côtés. Mais l'homme le plus détestable, le criminel, le malade ou l'infirme, n'en est pas moins un homme vivant : le côté affirmatif, la vie, subsiste malgré l'imperfection, et c'est de ce côté affirmatif qu'il s'agit ici » (§ 258, add.).

La vision hégélienne de l'État s'oppose à la vision libérale, qui privilégie la « société civile » et pense l'État comme un simple instrument que celle-ci se donne pour mieux se gérer, étant bien entendu que jamais l'instrument ne devra prendre son autonomie et traiter, à l'inverse, la société civile comme un simple instrument au service de ses propres vues. Hegel, qui connaît bien cette conception libérale, la réfute formellement.

« Si l'on confond l'État avec la société civile et si on lui donne pour destination la tâche de veiller à la sûreté, d'assurer la promotion de la propriété privée et de la liberté personnelle, c'est l'intérêt des individus comme tels qui est le but final en vue duquel ils se sont unis et il s'ensuit qu'il est laissé au bon vouloir de chacun de devenir membre de l'État. Mais l'État a un tout autre rapport avec l'individu ; étant donné que l'État est Esprit objectif, l'individu ne peut avoir lui-même de vérité, une existence objective et une vie éthique que s'il est membre de l'État » (§ 258, Rem.).

L'individu ne peut créer l'État pour la bonne raison que celui-là est le produit de celui-ci. Ne pas l'avoir compris est l'erreur du libéralisme, et en particulier des théories du contrat social.

Rousseau est tombé dans cette erreur. Il est vrai qu'il a eu le mérite de « poser la volonté comme principe de l'État » (§ 258, Rem.), mais, de même que Fichte plus tard, « il n'a conçu la volonté que sous la forme déterminée de la volonté individuelle », et il a supposé que la Volonté générale était quelque chose en quoi pouvaient et devaient se reconnaître toutes les volontés particulières, donc il est retombé dans la conception contractualiste. Or « ce contrat a pour fondement le libre-arbitre des individus, leur opinion, leur consentement libre et explicite. Ce qui, par voie de conséquence logique, a pour résultat de détruire le *divin* existant en soi et pour soi, son autorité et sa majesté absolue » (§ 258, Rem.). D'où la Révolution française et ses terribles résultats, « la tentative de recommencer entièrement la constitution d'un État en détruisant tout ce qui existait et en s'appuyant sur la pensée afin de donner pour fondement à cet État ce que l'on supposait être rationnel. Mais, en même temps, parce qu'il ne s'agissait que d'abstractions sans Idée, cette tentative a entraîné la situation la plus effroyable et la plus cruelle[1] » (§ 258, Rem.).

Il faut abandonner cette vision tout à la fois subjective et abstraite de l'État.

« L'État est le monde que l'Esprit s'est fait lui-même ; sa marche est donc déterminée en soi et pour soi. Que de fois ne parle-t-on pas de la sagesse de Dieu qui se manifeste dans la nature ! Il ne faut pourtant pas s'imaginer que le monde de la nature physique est quelque chose de plus élevé que le monde de l'Esprit. Car, autant l'Esprit est au-dessus de la nature, autant l'État est au-dessus de la vie physique. Il faut donc vénérer l'État comme un être divin-terrestre...[2] » (§ 272, add.).

1. Les révolutionnaires français ne sont donc pas tant critiqués pour avoir fait la Révolution que pour l'avoir faite sans être guidés par une véritable Idée. Nous savons que Hegel n'est pas effrayé par la démarche révolutionnaire en elle-même, puisqu'il a lui-même prôné une refonte totale du droit qui serait conduite par les philosophes (cf. *supra*, p. 717 et 738). Le fait qu'il prenne ici pour cible l' « abstraction » jacobine montre bien, cependant, que sa pensée ne peut être assimilée intégralement au « constructivisme rationaliste » que nous avons dit être le paradigme de la gauche. La raison hégélienne est dialectique.

2. Hegel, retrouvant l'idée et presque la formule du « Léviathan » de Hobbes, identifie le divin et l'État. Mais les libéraux reconnaissent aussi des transcendances, Dieu pour les uns, l'Histoire pour d'autres, pour certains autres encore (comme Spencer) l'Évolution, pour tous la Science, l'Art ou la Culture. Que ces transcendances dépassent l'individu et que la vie de l'individu ne prenne sens qu'en elles, la plupart des grands penseurs de la tradition démocratique et libérale l'admettent. Ils pensent simplement, à la différence de Hegel, que les *personnes* humaines individuelles jouent, dans ces réalités transcendantes, un rôle irremplaçable, parce qu'elles sont *ce par quoi s'élabore* leur Forme. Hegel ne comprend donc pas que, pour les libéraux, traiter l'État comme un simple instrument créé par contrat par les citoyens *ne revient nullement à considérer que la vie humaine doive rester confinée dans l'univers limité de l'individu et de ses volontés contingentes*, mais, au contraire et précisément, à rendre possible le déploiement de ces figures de l'Esprit que sont la Science, l'Art et l'Histoire, déploiement qui ne peut être qu'entravé et stérilisé par l'État totalitaire. Le débat entre libéraux et hégéliens n'est donc pas entre buts « particuliers » et buts « universels », « immanence » et « transcendance » ; il est de savoir si c'est réellement l'État qui représente et incarne la transcendance et l'universel. Est-ce l'État qui *fait* l'Histoire ? Ou est-ce la société, l'humanité ? Et l'humanité est-elle un « être collectif » indivis, ou bien est-elle composée de *personnes humaines*, libres de contribuer au grand œuvre de cette humanité en ajoutant à l'édifice la pierre de leur *vision propre* et de leur *puissance créatrice propre*, irréductibles à celles de n'importe quelle autre personne ? En un mot, la personne humaine est-elle, dans le destin de l'humanité, accident ou essence ? Voilà la vraie querelle philosophique entre, d'une part, Hegel et tous les « holistes » de droite et de gauche qui lui ont emprunté, consciemment ou non, leurs raisons, et, d'autre part, les grands penseurs de la tradition démocratique et libérale, héritiers de l'humanisme antique et de l'éthique et de l'eschatologie bibliques.

A / Le droit public interne,
I. L'État comme « unité organique »

1) L'État concilie le particulier et l'universel, quitte à « briser » le particulier

L'État vise et atteint l'universel, mais par la médiation du particulier. Il y a coexistence et coopération des deux principes, l'État n'écrase pas l'individu :

« L'universalité du but ne peut progresser sans le savoir et le vouloir de la particularité, qui doit conserver son droit. Ce n'est que parce que ces deux moments subsistent dans toute leur force que l'on peut considérer l'État comme un État vraiment bien différencié dans ses parties et véritablement organisé dans son ensemble » (§ 260, add.).

Si l'État n'écrase pas l'individu, il le maintient cependant dans un statut de « subordination », de même que la famille et la société civile. L'œuvre de l'État, en effet,

« consiste en premier lieu à conserver les individus comme personnes, donc à faire du droit une réalité nécessaire, et aussi à promouvoir leur bien – bien que chacun recherche d'abord pour soi-même, mais qui a aussi incontestablement un côté universel – autrement dit à protéger la famille et à diriger la société civile. Elle consiste en second lieu à ramener l'une et l'autre, ainsi que toutes les dispositions d'esprit et les activités de l'individu, qui tend à être pour lui-même un centre, dans la vie de la substance universelle, et en ce sens, à *briser par sa libre puissance la résistance de ces sphères subordonnées* pour les maintenir dans l'unité immanente et substantielle » (*Encyclopédie*, § 537, n.s.).

2) L'État comme « organisme »

L'État hégélien ne sera pas un État jacobin mettant face à face sans médiation l'instance supérieure et les individus atomisés, mais un État corporatif et organique (dans la ligne d'Althusius, si ce n'est que, chez ce dernier, un « principe de subsidiarité » est nettement revendiqué à l'encontre des prétentions de la fédération ; ici, comme nous le verrons, le contrôle de l'État sur chacun des organes inférieurs est total).

L'État a une « vie » par lui-même, relevant d'une des « manières d'être de la nécessité », l' « organisme » ; il est « esprit vivant », « tout organisé et différencié en activités particulières » (*Encyclopédie,* § 539).

« L'État est un organisme, c'est-à-dire le développement de l'Idée selon le processus de différenciation de ses divers moments. Ces différents aspects constituent les différents pouvoirs [...]. Si les différents pouvoirs se rendent indépendants, l'unité qui les produit n'existe plus. La fable des membres et de l'estomac peut ici servir d'illustration. L'organisme est de telle nature que si toutes les parties ne concordent pas dans l'identité, si l'une d'elles se rend indépendante des autres, il en résulte la ruine de tout l'ensemble » (§ 269, add.).

On voit que l'usage de la métaphore organique a un sens théorique précis. Il s'agit de montrer que l'État n'est pas un simple « agrégat » (§ 278), et d'autre part que, puisque, dans un tout organique, l'indépendance des parties est une maladie, ou est même la maladie par excellence (§ 278), on ne saurait admettre dans l'État quelque « séparation des pouvoirs » à la manière de Montesquieu ou des théoriciens anglais.

3) *La « discipline »*

Comme Rousseau, Hegel pense qu'en étant soumis à l'État, je suis libre, parce que l'État « n'est pas un autre pour moi ». Nous devons donc lui obéir, et pas seulement dans des circonstances extraordinaires où il exige le sacrifice de nos vies, mais dans la « vie quotidienne », où nous devons avoir une « disposition d'esprit » (que Hegel appelle « patriotisme » et « discipline ») consistant à être « habitué à considérer la vie en commun comme but et comme fondement substantiel » (§ 268, Rem.).

Il ne faut donc pas critiquer l'État à la légère. « Les débutants sont toujours portés à critiquer tout ; par contre, ceux qui ont une culture achevée voient en toutes choses ce qu'il y a de positif. » Ainsi, alors que nous savons bien que nous devons tout à l'État, « l'habitude nous aveugle au point de rendre pour nous invisible le fondement sur lequel repose toute notre existence », « l'habitude d'être en sécurité est devenue pour nous une seconde nature, et l'on ne se rend pas compte que cette sécurité est uniquement le résultat d'institutions particulières ». On dira que l'État maintient la sécurité par la force ; « mais ce qui maintient l'État, c'est uniquement le sentiment de l'ordre, partagé par tous » (§ 268, add.). L'homme conscient n'oubliera donc jamais que c'est son propre sens de la « discipline », et les réserves qu'il met dans d'éventuelles critiques de l'État, qui assurent véritablement sa sécurité.

4) *L'État, pouvoir spirituel unique*

L'organicité même de l'État implique qu'il n'ait pas plusieurs « têtes ». Il doit être l'unique pouvoir spirituel. Il est seul, désormais, à incarner l'Esprit. Il ne doit admettre rien d'*extérieur* à soi. Il doit même réprimer ce qu'on pourrait appeler l'*indépendance intérieure,* ces réserves mentales que certains mauvais sujets pourraient conserver à son égard, qu'ils soient inspirés par la *religion* ou par la *science*.

a) *L'État remplace l'Église*

Hegel ne critique pas la religion comme les rationalistes le fai-saient au temps des Lumières. La religion doit être mise sous tutelle *non parce qu'elle est irrationnelle, mais parce qu'elle est indépendante.* Comme Rousseau, Hegel pense que c'est la « folie » de notre temps d'avoir séparé l'Église et l'État. Mais, puisque cette séparation a eu lieu, il ne s'agit certainement pas de revenir en arrière, à une « alliance du trône et de l'autel ». Car l'époque de la religion est achevée. La religion n'a été qu'un moment de la vie de l'Esprit, après l'Art et avant la Philosophie. Si l'Église subsiste, ce sera en étant incorporée à l'État ; elle devra perdre toute ambition de *direction* spirituelle. La Philosophie « dépasse et conserve » la Religion, et par suite l'État « dépasse et conserve » l'Église. Tout le contenu subs-tantiel — intellectuel et moral — qu'il y avait dans la religion et que l'Église défendait, mais sous une forme irrationnelle, sera maintenant pris en charge, sous une forme rationnelle, par l'État.

b) *Le statut de l'Église dans l'État*

L'Église n'a maintenant pour domaine propre que le « senti-ment ». Or non seulement le sentiment n'est pas bon en lui-même, mais il est éminemment dangereux. Il est source de superstition, de fanatisme, et surtout d'opposition à l'État, sourde ou violente (§ 270, Rem.).

« De ceux qui cherchent le Seigneur et qui, dans leur opinion fruste, se per-suadent de tout détenir immédiatement, au lieu de s'imposer le travail d'élever leur subjectivité à la connaissance de la vérité, au savoir du droit objectif et du devoir, de ceux-là on ne peut attendre que la destruction de tous les rapports éthiques, niaiserie et abomination » (§ 270, Rem.).

Le fanatisme religieux (et plus spécialement le *millénarisme*, qui a revêtu des formes spécialement sévères en pays germaniques, avec la Guerre des Paysans, les anabaptistes de Münster, etc.[1]), dit en effet : « Pour le juste, il n'y a pas de lois ; soyez pieux, et pour le reste, fai-tes ce que vous voudrez. » Le fanatisme religieux, tout comme le fanatisme politique,

« rejette comme des limites et des entraves inadaptées au caractère *infini* du sen-timent toute *institution* politique, tout ordre légal » et « repousse comme indi-gnes de l'amour et de la liberté du sentiment la propriété privée, le mariage, les situations et les travaux de la société civile, etc. » (§ 270, Rem., n.s.).

---

1. Cf. *HIPAMA*, p. 726-728.

Comme il faut néanmoins « se décider pour une existence réelle », il ne restera plus qu'à s'en remettre à l'opinion, à ce « non-vouloir » qu'est le « libre-arbitre ». Cela conduira aux conséquences catastophiques dont l'Histoire nous a déjà donné l'expérience. C'est de ces folies que l'État nous garde en tenant la religion sous tutelle.

Il est criminel de ne pas adhérer à l'État, mais il est déjà criminel de n'y adhérer que du bout des lèvres. Hegel ne déteste pas seulement les opposants, mais les simples boudeurs, les « émigrés de l'intérieur ». L'attitude d'opposition trouve certes sa forme extrême dans le révolutionnarisme religieux. Mais, pour être condamnable,

« il n'est pas nécessaire qu'une telle attitude aille jusqu'à sa réalisation. Elle peut s'en tenir à une simple *disposition d'esprit intérieure,* tout en conservant son point de vue négatif. Elle peut se plier aux institutions et aux lois et néanmoins en rester au niveau de la résignation, des regrets, ou encore des mépris et des souhaits. Ce n'est pas la force, mais, plutôt, la faiblesse qui, de nos jours, a fait de la religiosité une forme polémique de piété, qu'elle soit liée à un besoin véritable ou corresponde seulement à une vanité insatisfaite. Au lieu de soumettre sa pensée au travail de l'étude, de plier sa volonté à une discipline pour la transformer en une obéissance librement consentie, il est plus facile de renoncer à la connaissance de la vérité objective, de conserver un sentiment d'oppression et, par là, de sauver son amour-propre, de trouver dans la dévotion tous les éléments nécessaires pour examiner la nature des lois et des institutions politiques, pour se prononcer sur elles, pour déclarer enfin comment il faudrait qu'elles soient, et, comme cela vient d'un cœur pieux, l'affirmer d'une manière infaillible et inattaquable... » (§ 270, Rem., n.s.).

La thèse de Hegel est donc diamétralement opposée à celle des Anglo-Saxons, où les « saints » de la société civile se croient parfaitement fondés à juger et, éventuellement, à condamner la Babylone étatique. Pour Hegel, le simple fait d'avoir des opinions sur les affaires publiques, de souhaiter qu'elles aillent autrement qu'elles ne vont, est suspect. D'ailleurs, ceux qui ont des réserves à l'égard du pouvoir sont des gens, dit Hegel, dont la « vanité » est « insatisfaite », de piètres sujets qui n'ont en vue que leur « amour-propre »[1].

Il ne faut pas que la religion adopte « cette attitude négative et polémique à l'égard de l'État ». Au contraire, elle doit le « reconnaître » et le « confirmer ». Il faut une union de l'État et des Églises (au pluriel), et le rôle de la religion sera subordonné à celui de l'État, puisque la religion sera « l'élément qui se révèle capable d'intégrer

---

1. En termes contemporains, ce sont des esprits antisociaux et des psychopathes. Le vocabulaire de la propagande totalitaire se préfigure dans ces pages de Hegel.

l'État au plus profond des âmes individuelles » (§ 270, Rem.) (ce qui est donc, pour Hegel, sa véritable légitimité, et l'ultime raison pour laquelle on la tolère). D'ailleurs, comme n'importe quelle autre « corporation », les Églises seront placées sous la surveillance de l'État (§ 270, Rem.).

c) *Le statut de la Science dans l'État*

Mais Hegel, soucieux de camper l'État en pouvoir spirituel unique, ne peut se satisfaire de la mise sous tutelle de la seule religion. Qu'il connaisse ou non, à cette date, la pensée de Saint-Simon et d'Auguste Comte, il comprend fort bien que la Science a vocation à prendre le relais de l'Église et à jouer à sa place le rôle de « pouvoir spirituel » indépendant de l'État, fondé, par conséquent, à critiquer et à limiter celui-ci.

« La science − ou la connaissance en général − [...] peut se considérer [...] comme habilitée à prendre la place de l'Église. On peut donc réclamer pour la science la même indépendance par rapport à l'État, qui n'aurait plus à se comporter que comme un moyen au service de la science, considérée comme son propre but à elle-même » (§ 270, Rem., p. 276).

Cela ne doit pas être. L'État est son propre but, il ne saurait être réduit au statut d'un simple moyen. Donc il lui faut soumettre la Science non moins que l'Église. La raison de l'État n'est pas moins supérieure à la raison de la Science qu'à la supposée déraison de l'Église.

Cependant, estime Hegel, il ne peut y avoir de vraie querelle entre la Science et l'État, puisque tous deux ont « pour but la connaissance de la vérité objective et de la rationalité » (p. 278) et que, « du fait même que le savoir a sa place dans l'État, la science [y] a aussi sa place » (§ 270, add., p. 343). Il n'y aura conflit que si la science dégénère en « opinion ». Alors

« l'État aura le devoir de *protéger la vérité objective* et les principes de la vie éthique contre cette opinion issue de mauvais principes » (p. 278-279).

Hegel ne doute pas que l'État *possède* la vérité. Il n'envisage pas que ce soit l'État qui défaille quant à la connaissance.

On est loin du principe de *liberté académique* affirmé par Kant. Il est vrai que cette liberté est fondée, comme celle de la presse, sur la philosophie critique selon laquelle la vérité ne peut émerger que par le pluralisme et le débat contradictoire, or toute la philosophie de la connaissance de Hegel proteste contre cette épistémologie.

B / *Le droit public interne,*
II. *La Constitution*

1) *L'organisation de l'État*

Conformément à sa conception organiciste, Hegel propose une structure de l'État telle que les parties et le tout se correspondent étroitement. Ceci implique d'abord de réfuter la thèse libérale de la *séparation des pouvoirs*[1].

« Il ne faut pas tomber dans l'erreur monstrueuse de prendre la distinction [des pouvoirs] comme si chacun d'eux devait subsister abstraitement pour lui-même, étant donné que les pouvoirs ne doivent être distingués que comme des moments du concept. Si les différences se maintiennnent abstraitement pour elles-mêmes, il apparaît au grand jour que deux réalités indépendantes ne peuvent pas former une unité, mais doivent entrer en conflit l'une avec l'autre et qu'il en résultera ou bien la destruction du tout ou sa reconstitution par la force. Sous la Révolution française, ce fut tantôt le pouvoir législatif qui absorba le pouvoir exécutif ou, inversement, tantôt le pouvoir exécutif qui aborba le pouvoir législatif, et, dans ce cas, il est absurde de faire appel à l'exigence morale de l'harmonie » (§ 272, add.).

On lit de même dans l'*Encyclopédie* :

« Vouloir faire du pouvoir législatif un pouvoir indépendant [...] et du pouvoir gouvernemental un pouvoir subordonné, simplement chargé d'exécuter la loi, c'est montrer qu'on ignore que *l'Idée dans sa vérité* et, partant, la *réalité vivante et spirituelle,* est le concept qui s'enveloppe dans son unité et par suite la subjectivité qui ne contient l'universel que comme l'un de ses moments. Dans l'organisation de l'État, l'individualité est la détermination première, la détermination la plus haute, celle qui enveloppe toutes les autres. *L'État n'est un que par le pouvoir gouvernemental*[2], et cela, parce que ce pouvoir comprend en lui toutes les tâches particulières, y compris celle du pouvoir législatif, tâche abstraite pour soi et particulière[3] » (*Encyclopédie,* § 541, Rem.).

1. Rappelons que cette thèse est un point de doctrine fondamental des démocraties libérales. C'est seulement si ce ne sont pas les *mêmes* pouvoirs qui font la loi, qui l'exécutent et qui jugent des entorses particulières qui lui sont faites, qu'il y a chance pour que la loi soit réellement une norme obligatoire pour tous et qu'il puisse donc exister une *rule of law*, un règne du droit.
2. C'est le fond de la conviction de Hegel. Il ne peut y avoir d'ordre par le pluralisme. Seul l'individu concret produit l'un ; aussitôt que le pouvoir est partagé, il est dissous. C'est la thèse absolutiste classique, qu'on trouvait chez Bodin, Le Bret, Hobbes, etc., et qu'on retrouvera chez un absolutiste moderne comme Carl Schmitt.
3. C'est la thèse exactement inverse de celle de la *rule of law* et de tout ce que représente la démocratie grecque, déjà attaquée par Platon, dans la lignée de qui Hegel s'inscrit. Le seul *ruler* qui vaille est le roi. La loi elle-même n'est qu'une mise de son pouvoir en forme d'universel ; elle ne saurait prévaloir contre le pouvoir royal lui-même. *Princeps legi-*

La séparation des pouvoirs détruit l'unité organique de l'État, en faveur d'un simple équilibre qui ne peut être que contingent, jamais adéquat au concept. C'est une « vue partielle » de

« concevoir les rapports entre les pouvoirs comme quelque chose de négatif, comme une limitation réciproque. Selon cette vue, il y a une hostilité, une crainte que chaque pouvoir ressent à l'égard de l'autre comme à l'égard d'un mal, si bien que les pouvoirs s'opposent les uns aux autres et se font mutuellement contrepoids. Ce qui a pour effet de produire un équilibre général, mais pas une unité vivante. Ce n'est que l'autodétermination du concept en soi et non quelque autre fin ou utilité qui contient l'origine des différents pouvoirs. Ce n'est que par elle que l'organisation de l'État est ce qui est rationnel en soi et constitue l'image de la raison éternelle » (§ 272, Rem., n.s.).

Dès lors, comme Platon, Hegel exprime son horreur devant toutes les dispositions constitutionnelles ayant pour but ou pour résultat de *diviser* ou *limiter le pouvoir de l'État,* mesures inspirées par une doctrine littéralement impie :

« Prendre, en général, le négatif comme point de départ, mettre en premier la volonté du mal et la défiance à son égard et, à partir de ces présupposés, imaginer des obstacles avec beaucoup de raffinement, concevoir l'unité comme résultant de ces obstacles s'opposant réciproquement, c'est ce qui du point de vue de la pensée, caractérise l'entendement négatif et du point de vue de la disposition d'esprit (cf. *supra,* § 244), l'attitude de la populace » (§ 272, Rem., p. 282)[1].

---

bus solutus : Hegel retrouve ces vieilles doctrines absolutistes. Or, la liberté individuelle n'ayant de solidité, ou plutôt même n'étant pensable de manière logiquement cohérente, que si l'État est « un gouvernement de lois, non d'hommes », la condamnation de ce système par Hegel ruine le principe même des libertés modernes.

1. Hegel psychologise la doctrine des limites. Il croit qu'elle est inspirée par une « méfiance » (la méfiance de la populace butée), il ne voit pas qu'elle l'est *par le constat épistémologique de la limitation de la connaissance détenue par les pouvoirs.* Il est vrai que, chez les calvinistes des révolutions anglaise et américaine qui ont contribué à fonder la doctrine de la séparation des pouvoirs, un élément moral existe (d'ailleurs fondé en théologie plus qu'en psychologie) : ils croient que tout pouvoir, étant humain et donc pécheur, est mauvais, et, s'il est illimité, peut donner lieu à un mal lui-même sans limites. Mais nous avons vu que, très vite, chez les théoriciens de la démocratie libérale, cette méchanceté de l'homme pécheur n'a plus été donnée comme la cause *première* des méfaits du pouvoir. On a plutôt posé qu'un pouvoir peut *devenir* méchant lorsqu'il constate qu'il risque de perdre son emprise sur la société, que l'action qu'il entreprend sur le réel échoue. C'est alors, s'il veut imposer malgré tout ses vues, qu'il fera le mal. Or l'action du pouvoir dépend de son savoir, et aucune connaissance n'est totale. C'est en ce sens que tout pouvoir est exposé à faire le mal. C'est ce processus dont la tradition démocratique et libérale a peu à peu discerné la logique et qu'elle a entendu prévenir en créant les institutions de l'État de droit. Ces institutions permettent de faire en sorte que le côté de la vérité non aperçu par le pouvoir soit produit, rendu visible et public, par d'autres pouvoirs ou par la société civile. C'est pour cette raison qu'il doit y avoir « indépendance », et non pas « unité organique », des pouvoirs, et qu'il doit y avoir liberté des citoyens, des intellectuels, de la presse, des entreprises, etc., unis certes par les règles mêmes du droit et de la Constitution, mais ayant chacun une « vision du

2) *Le véritable équilibre du pouvoir*

Le pouvoir, dans l'État hégélien, sera donc *un* et *singulier,* même s'il est vrai qu'il devra y avoir, dans l'État, des institutions correspondant à chacun des deux « moments » antérieurs de l'Idée, l'*universel* et le *particulier* :

« a) Le pouvoir de déterminer et d'établir ce qui est universel – c'est le pouvoir législatif ;

« b) La subsomption des sphères particulières et des cas singuliers sous l'universel – c'est le pouvoir gouvernemental ;

« c) La subjectivité, en tant que pouvoir ultime de décision – c'est le pouvoir du prince. Dans ce pouvoir, les différents pouvoirs sont réunis dans une unité individuelle et, par conséquent, ce pouvoir est le sommet et la base du tout – c'est-à-dire la monarchie constitutionnelle[1] » (§ 273).

La monarchie constitutionnelle est l'aboutissement de l' « Idée substantielle » qui y atteint sa « forme infinie ». Elle dépasse et conserve la monarchie, l'aristocratie et la démocratie.

« En partant de ce point de vue, on n'a plus à se poser la question oiseuse de savoir si c'est la monarchie ou la démocratie qui est la meilleure forme de gouvernement. Il suffit de dire que les formes de toutes les constitutions sont incomplètes, si elles ne peuvent plus admettre en elles le principe de la subjectivité libre et ne savent pas se conformer aux exigences d'une raison cultivée » (§ 273, add.).

Hegel détaille ensuite chacun des trois pouvoirs, ou plutôt des trois moments organiques, de la Constitution.

3) *La souveraineté*

Le monarque est celui qui

« met fin à la délibération qui pèse les arguments pour et contre, entre lesquels on ne cesse d'hésiter, et décide par un "je veux", par quoi commence toute action effective » (§ 279, Rem.).

monde » irréductible à celle des autres et dont on ne puisse songer à faire une « synthèse » à la mode hégélienne. Ceci pour la raison épistémologique profonde que, s'il peut y avoir *consensus sur les règles* de la vie commune, il ne saurait y avoir *consensus sur les savoirs*, réunion de tous les savoirs en une seule vision synoptique. Voilà, dans la doctrine démocratique et libérale, la vraie source de la nécessité d'une limitation des pouvoirs. Les pulsions morbides de la « populace » n'ont certes rien à y voir.

1. Et non « parlementaire » (où le gouvernement serait responsable devant l'assemblée).

Il est vrai qu'il ne décide pas selon son « bon plaisir ».

« Il est lié par le contenu concret des conseils et, si la constitution est solidement établie, sa tâche se borne en général à apposer sa signature, à mettre son
nom. Mais ce nom est important, car il est le sommet, au-delà duquel on ne
peut aller » (§ 279, add.)[1].

Des procédures collectives ne peuvent-elles pas aboutir elles aussi
à une décision ? La démocratie grecque, ou plus généralement la
Cité, ne s'inaugurent-elles pas, précisément, de cette substitution
d'une procédure collective à la décision d'un seul homme ? Hegel
nie le fait. En réalité, dit-il, les Grecs, quand ils ont supprimé les rois,
ne les ont pas remplacés par des républiques (où les décisions sont
censées être prises collectivement et de l'intérieur même du groupe),
ils les ont remplacés par un autre souverain, tout aussi extérieur et
supérieur au groupe que ne l'était le roi (et même plus), le *sacré* :

« Les Grecs faisaient dépendre la décision finale de phénomènes purement
extérieurs, comme les oracles, les entrailles des bêtes offertes en sacrifice, le vol
des oiseaux. Ils considéraient qu'ils devaient se comporter à l'égard de la nature
comme à l'égard d'une puissance qui déclare et proclame ce qui est bon pour les
hommes » (§ 279, add.).

Et il insiste : il faut absolument que le « Je veux » soit « appré-
hendé comme une personne ». Dans le monde antique,

« la conscience de soi n'était pas encore parvenue à l'abstraction de la subjectivité, elle n'était pas encore parvenue à comprendre que ce qui décide en dernier
ressort doit être le "Je veux" de l'homme. Ce "Je veux" marque la grande différence qui sépare le monde antique du monde moderne, et doit avoir son existence propre dans le grand édifice de l'État » (§ 279, add.).

Or

« la personnalité de l'État n'est réelle que si elle est une seule personne, une personne physique, le monarque. [...] Une personne morale – une société, une
communauté, une famille – aussi concrète qu'elle puisse être, ne possède la personnalité que comme un moment abstrait » (§ 279, Rem.).

Ainsi, seule la monarchie, dirigée par une personne physique
concrète, est la forme de gouvernement vraiment *moderne*[2].

1. Il faut que puisse être prise une « décision pure et sans mélange », équivalente du
destin antique « qui détermine de l'extérieur et se trouve au-delà de ces instances condition-
nées ». Le souverain doit être, au sens propre, le « sommet » de l'État, situé au-dessus de lui
et extérieur à lui : il doit occuper « la position d'un point culminant, distinct du reste, élevé
au-dessus de toute particularité et de toute condition » (§ 279, Rem., p. 293). Hegel
retrouve cet argument classique de l'absolutisme, cf. *supra*, p. 85 et 113-114.
2. Les révolutions hollandaise, américaine, française, qui ont créé des républiques,
n'auront opéré en cela qu'un retour vers les républiques antiques et n'iront donc pas plus
loin dans l'Histoire que ne sont allées ces dernières. La modernité, c'est le « Je veux », qui
seul peut se libérer de toute limitation et aller de l'avant.

L'idée de monarchie présente des difficultés insurmontables si l'on essaie de la déduire d'autre chose que de ce primat de la volonté singulière de l'homme moderne, libéré des religions et du destin antique.

« Son concept n'est pas quelque chose de dérivé, mais ce qui a absolument son point de départ en lui-même. C'est pourquoi la représentation qui considère le droit du monarque comme fondé sur l'autorité divine est celle qui se rapproche le plus de la vérité, car le caractère inconditionné de ce droit y est contenu. Mais on sait à quels malentendus a donné lieu une telle conception, et la tâche de la recherche philosophique est précisément de saisir ce divin » (§ 279, Rem., p. 291).

Corollaire : la « souveraineté du peuple » est donc une expression absolument dénuée de sens (si ce n'est par rapport aux *autres* peuples).

« C'est en l'opposant à la souveraineté qui existe dans le monarque que l'on s'est mis, à une époque récente, à parler de la souveraineté du peuple. Envisagée selon cette opposition, la souveraineté du peuple fait partie de ces pensées confuses qui ont pour base une représentation grossière du peuple. Sans son monarque et sans l'organisation qui s'y rattache nécessairement et immédiatement, le peuple est la masse informe, qui n'est plus un État » (§ 279, Rem., p. 292)[1].

C'est là le fondement du droit de grâce, puisque le roi est la volonté de l'État, d'un État quasi divin :

« Le droit de gracier les criminels découle de la souveraineté du monarque, car c'est à elle seule que revient la réalisation effective de la puissance de l'Esprit, donc de *rendre non avenu ce qui a eu lieu*, d'anéantir le crime par le pardon et l'oubli. Le droit de grâce est l'une des façons les plus élevées de reconnaître la majesté de l'Esprit » (§ 282, Rem.)[2].

L'acceptation du pouvoir du monarque par des millions d'hommes est le fruit de la « force interne de l'Idée » :

« Les monarques ne se distinguent pas des autres hommes par la force physique ou par leurs qualités d'esprit, et pourtant, des millions d'hommes acceptent d'être soumis à leur autorité. C'est une absurdité de dire que les hommes se laissent gouverner à l'encontre de leurs intérêts, de leurs buts, de leurs projets, car les hommes ne sont pas stupides à ce point. C'est leur besoin, c'est la force interne de l'Idée qui, elle-même, les contraint, même contre leur conscience apparente, à cette soumission et les maintient dans cette sujétion. »

---

1. Hegel se retrouve ici, une nouvelle fois, en plein accord avec Hobbes (cf. *supra*, p. 149-150).
2. Or nous savons que ce droit est contradictoire avec l'Idée (pour parler comme Hegel) de la démocratie libérale, qui est l'égalité devant la loi, comme l'a souligné Wilhelm von Humboldt (cf. *supra*, p. 560). Nous savons aussi que, par ce même droit de grâce, l'administration de la justice, dans les régimes absolutistes, peut être gravement corrompue (cf. *supra*, p. 130-131).

Relation qui n'existe pas, en revanche, entre un conquérant et une province conquise. Dans ce cas, l'obéissance est forcée, ou résulte d'un contrat. Napoléon l'a bien compris, qui a dit aux envoyés d'Erfurt en 1808 : « Je ne suis pas votre prince, je suis votre maître » (cf. § 281, add., p. 296).

4) L'hérédité

L'hérédité par droit de primogéniture, dont Hegel voit bien le caractère archaïque (elle est « historiquement issue du principe patriarcal », § 286, Rem.), se déduit néanmoins, soutient-il, du concept même de la monarchie, comme, dans la preuve ontologique, l'existence de Dieu se déduit de son essence. Il ne s'agit pas seulement de cette propriété empirique de la succession héréditaire – soulignée depuis longtemps par les théoriciens promonarchistes – que la succession soit automatiquement déterminée au moment de la mort du précédent monarque, ce qui tue dans l'œuf contestations et rivalités. Il s'agit, plus profondément, de ce caractère d'un monarque héréditaire de *n'être pas du tout choisi par le peuple,* donc de s'imposer sans argumentation de quelque sorte que ce soit. Cela seul convient à « la nature en soi et pour soi de la majesté », qui ne peut pas être comprise par le « raisonnement abstrait », mais seulement par la « philosophie » entendue comme « recherche spéculative de l'Idée infinie ». Si l'on rejette ce fait naturel inconditionné, c'est la tête de l'État qui devient conditionnée, et par conséquent tout, dans l'État, le devient[1].

On dira qu'un roi héréditaire peut manquer de qualités. Qu'importe, puisqu'il est entendu que les qualités objectives du monarque ne comptent pas, ce qu'on attend de lui n'étant pas le *contenu* des décisions, mais simplement leur *forme,* le « Je veux ».

« Dans une organisation complète de l'État, il est seulement question d'avoir à sa tête un organe de décision formelle et un rempart solide contre les passions. C'est donc à tort que l'on exige d'un monarque des qualités objectives, car il n'a qu'à dire oui et à mettre les points sur les "i" » (§ 280, add.).

---

1. Comme il faut que l'État soit inconditionné-divin, il faut que sa tête le soit (on songe à l' « ancre » de l'État platonicien, cf. *HIPAMA*, p. 127-128). Inversement, la monarchie élective est « contradictoire » avec cette « Idée ». Le roi élu n'aura qu'une souveraineté sous condition ; la « puissance de l'État » sera « livrée à la direction de la volonté particulière » (p. 296), même si cette volonté est présentée comme « générale ».

5) *Le gouvernement*

Il n'y aura pas de responsabilité du « conseil royal » ou gouvernement devant la Chambre. Le gouvernement ne sera responsable que devant le roi (§ 283-284).

Dans le pouvoir gouvernemental est également compris le pouvoir judiciaire, qui n'est pas indépendant (§ 287).

Pour Hegel, le juge n'est qu'une variante du fonctionnaire, situé sur le même plan que d'autres variantes comme l'administrateur ou le policier, tous étant des exécutants des directives gouvernementales. Le juge ne pourra donc certainement pas aller à l'encontre des volontés du gouvernement, départager, lorsqu'ils sont en litige, le particulier et l'État, trancher, le cas échéant, en faveur du particulier contre l'État, puisque, pour Hegel, les intérêts du premier sont toujours particuliers, celui du second toujours général.

Il est d'autres « intérêts communs particuliers » relevant de la société civile et qui, en tant que particuliers, restent donc « en dehors de l'universel en soi et pour soi de l'État » : ce sont ceux des *corporations,* des *communes* et des autres *corps de métiers et d'états (Stände).* À qui appartiendra le pouvoir dans ces organismes ? Il faudra mettre en place un système « mixte », puisque, en tant que groupes privés, les dirigeants doivent bénéficier de la confiance des membres du groupe, mais, en tant que « ces sphères doivent être subordonnées à l'intérêt supérieur de l'État », ils doivent être également approuvés par le gouvernement. Il y aura donc

« une formule mixte : une élection des intéressés, mais confirmée et ratifiée par la sphère supérieure » (§ 288)[1].

Hegel ajoute une idée étrange (significative de la méconnaissance et du mépris des fonctionnaires pour les professions industrielles et commerciales). Les dirigeants des corporations n'ont en général aucun sens des affaires générales. Donc il faut les tenir sous tutelle. On ne les laissera traiter librement que des *petites* affaires, celles dont on jugera que la sphère peut être

« abandonnée au moment de la liberté formelle, dans lequel les qualités de jugement, les désirs, les décisions personnelles, ainsi que les petites passions ou les fantaisies peuvent se donner libre cours » (§ 289, Rem.).

---

1. Ainsi, même les corporations de métiers seront contrôlées par le gouvernement. Napoléon, le créateur des Chambres de Commerce, établissements publics sous tutelle du gouvernement, mais où les dirigeants sont librement élus par les ressortissants, ou La Tour du Pin, auteur de la doctrine corporatiste classique, sont dépassés. Nous sommes plutôt chez Mussolini, promoteur d'un corporatisme d'État où les corporations sont des parties organiques et, en vérité, des administrations déléguées de l'État lui-même.

Il faut bien comprendre d'ailleurs que ce seront là autant d'affaires « gâchées, médiocrement ou maladroitement traitées ». C'est pourquoi ce régime de liberté n'est admissible que pour les affaires de peu d'importance, et seulement par habile et indulgente politique, puisqu'il permet de « satisfaire l'amour-propre de chacun ». En revanche, dans les « grandes » affaires, il est évident que le point de vue des fonctionnaires devra prévaloir.

6) Les fonctionnaires, « classe universelle »

Les fonctionnaires seront nommés en fonction de leurs compétences et non de leur naissance ; c'est le Prince qui effectuera les choix.

La fonction publique n'est pas un contrat. C'est un engagement total de part et d'autre. Le fonctionnaire est mis à l'abri du besoin, ce qui le rend capable de jouer un rôle d'arbitre. Il sera protégé contre « les passions des gouvernés, dont les intérêts privés, etc., sont lésés par la priorité accordée à l'intérêt général » (§ 294, Rem.).

La classe des fonctionnaires est aux yeux de Hegel la « classe universelle », l'équivalent manifeste de la caste des gardiens platoniciens en pureté, en désintéressement et en science.

« C'est dans la classe moyenne dont font partie les fonctionnaires de l'État que l'on trouve la conscience de l'État et la culture la plus éminente. Ainsi constitue-t-elle le pilier principal sur lequel repose l'édifice de l'État, en ce qui concerne l'honnêteté et l'intelligence. L'État dans lequel il n'y a pas de classe moyenne n'est pas encore parvenu à un stade élevé de développement. C'est le cas, par exemple, de la Russie... »[1]

---

1. Hegel, en confondant plus ou moins classes moyennes et fonctionnaires, trahit ici encore les particularités de la situation allemande, par différence avec celle du monde anglo-saxon, où commence à exister dès le XVIe siècle une nombreuse classe moyenne, distincte tant de la grande aristocratie que du monde paysan dépendant. Or ce n'est nullement une classe de fonctionnaires, ce sont des producteurs libres, et qui possèdent très tôt, protestantisme aidant, un certain niveau d'instruction. Ce sont ces praticiens de l'économie de marché, aidés par une poignée d'avocats et de juristes issus des mêmes milieux, qui, constituant tous ensemble la classe éclairée, vont faire les trois révolutions anglo-saxonnes. Dans l'Allemagne moins développée de l'époque de Hegel, où n'existe plus la nombreuse cléricature des pays catholiques, c'est la classe des fonctionnaires (la « classe universelle ») qui tient presque seule le flambeau des Lumières, face à la « classe substantielle » (paysans et aristocratie), recommandable certes pour Hegel sous bien des rapports, mais pas sous celui de l'instruction, de la classe industrielle, dite « réfléchissante » parce qu'elle réfléchit à ses affaires, mais ne s'intéresse qu'à ses intérêts particuliers et égoïstes. Seuls les fonctionnaires ont à la fois le souci de l'intérêt général et l'instruction. On comprend, dans ces conditions, pourquoi, aux yeux de Hegel, les Lumières s'identifient peu ou prou à l'État.

7) *Le pouvoir législatif*

En ce qui concerne le pouvoir législatif, il faut tout de suite noter un trait remarquable. L'Assemblée (les « États » ou « ordres » du royaume) n'en est qu'une composante, la troisième (le « troisième moment ») après le *roi* (auquel « appartient la décision suprême ») et le *gouvernement* (qui « a une connaissance concrète et une vue d'ensemble du tout » ainsi que « la connaissance des besoins de l'État ») (§ 301). Le roi et le gouvernement sont le pouvoir législatif au même titre que l'Assemblée. Cela éloigne encore plus de toute idée de « séparation des pouvoirs » et montre à quel point Hegel est adversaire de la démocratie autant que du libéralisme.

Quel peuple doit-il être représenté aux États ? Il « va de soi » qu'il faut en exclure les mineurs et les femmes. Mais la « masse indéterminée » ne saurait non plus avoir droit au chapitre.

« C'est généralement le cas que le peuple, dans la mesure où ce mot désigne une partie ou un groupe particulier des membres d'un État, représente la partie qui ne sait pas ce qu'elle veut. Savoir ce que l'on veut, et mieux encore, savoir ce que veut la volonté en soi et pour soi, la raison, cela est le fruit d'une connaissance et d'une intelligence profonde, qui ne sont pas l'affaire du peuple » (§ 301, Rem.)[1].

La « connaissance » et l'« intelligence profonde » sont le propre des fonctionnaires.

« Le moindre effort de réflexion montre que la garantie que représentent les États [sc. les États généraux, l'Assemblée] pour le bien commun et la liberté publique ne se trouve pas dans l'intelligence particulière de ces États – car les fonctionnaires d'un rang élevé ont nécessairement une intelligence plus profonde et plus vaste de la nature des institutions et des besoins de l'État. Ayant également une compétence et une habitude plus grande de ces affaires, ils peuvent réaliser le meilleur sans les États » (§ 301, Rem.).

À quoi servent donc les députés ? Ils peuvent faire des critiques utiles, d'abord à l'encontre des fonctionnaires subalternes du terrain, qui échappent à la surveillance des fonctionnaires supérieurs (si ceux-ci pouvaient être présents partout, on pourrait se passer des remarques des députés ; mais, même stupides, ceux-ci ont le mérite d'être sur place ; l'État ne doit pas s'intéresser à leurs pensées, mais il peut tirer parti de leurs yeux), ensuite en relayant les « besoins » des populations locales (là encore, il leur suffit d'avoir des yeux, et une bouche : pas besoin de « raison »).

---

1. Position platonicienne claire et nette... La démocratie est absurde dans son principe.

Mais il va de soi, pour Hegel, qu'il n'y a pas lieu de supposer que les États voudront le bien commun, comme le croit une vaine « populace ». Au contraire, puisqu'ils proviennent « de la singularité, du point de vue privé et des intérêts particuliers », ils auront tout naturellement « tendance à employer leur activité pour ces intérêts au détriment de l'intérêt commun », alors qu'au contraire les fonctionnaires, auxquels on a l'audace de supposer « une volonté mauvaise ou moins bonne », se placent, eux, « d'emblée au point de vue de l'État et se consacrent à la réalisation du but général » (§ 301, Rem., p. 308).

Conclusion : le seul rôle réel de l'Assemblée sera de « mettre en contact » la société civile et l'État, en assurant une *transmission d'information* dans les deux sens. Quant à l'*autorité,* elle demeurera concentrée à la tête de l'organisme, elle ne sera pas partagée par les organes[1].

8) *Les modes de représentation*

Ce n'est pas tout. Comme plus tard La Tour du Pin ou Maurras[2], Hegel ne pense pas qu'il faille une représentation parlementaire des *individus.* Ce qui doit être représenté, ce sont, en tant que tels, les *organes* de l'organisme politique, c'est-à-dire les corporations et les collectivités locales.

« Le plus grand nombre, considéré comme une juxtaposition d'individus isolés – et c'est ce qu'on entend volontiers par peuple – constitue certes un ensemble, mais seulement en tant que foule – une masse informe dont les mouvements et les actions ne seraient qu'élémentaires, dépourvus de raison, sauvages et effrayants. Quand, au sujet de la constitution, on entend encore parler du peuple, ce tout inorganique, on peut savoir d'avance qu'on ne peut s'attendre qu'à des généralités et à des déclamations sans la moindre vérité » (§ 303, Rem.).

L'individu appartient, dans la *Sittlichkeit,* à des familles, à des corporations, à des communes. Ces appartenances le font sortir de la contingence de sa subjectivité, lui donnent une vision plus « substantielle » des choses. Et, quand il vote, il dissoudrait ces liens, il redeviendrait sujet « abstrait » et « contingent » ? Ce serait compromettre l'organicité même de l'État et faire de celui-ci quelque chose

---

1. Ainsi, en définitive, de même qu'on nous disait plus haut que la seule tâche du roi consiste à « signer » les décisions préparées par les fonctionnaires, l'Assemblée ne fera que « voter » ces mêmes décisions. Le vrai pouvoir de conception – tout, dans l'ouvrage de Hegel, converge vers cette conclusion – appartiendra aux fonctionnaires, la classe même de Hegel.

2. Cf. *infra,* p. 1172, 1207, 1221.

de moins « substantiel » que la société civile, ce qui serait absurde. On votera donc, bien plutôt, au sein des corporations et des communes, et c'est d'elles, et non des citoyens individuels, que les députés à l'assemblée des États seront les représentants.

Mais une autre distinction est à faire si l'on veut préserver le caractère « organique » de l'État. Dans l'ensemble des organes de la société civile, il convient de réserver un sort spécial à la *noblesse propriétaire terrienne,* dont l'esprit est fondamentalement différent de celui des autres classes. Elle a une vocation spéciale à exercer une fonction politique :

« Cette classe est spécialement désignée pour occuper une position politique et avoir une importance politique, du fait même que ses biens sont indépendants des biens de l'État, qu'ils ne sont pas non plus soumis aux aléas de l'industrie, de la recherche du profit et des revers de fortune. Elle est à la fois indépendante de la faveur du pouvoir gouvernemental et de la faveur populaire. Elle est, par surcroît, protégée contre son propre arbitraire, du fait que les membres de cette classe appelés à une fonction politique n'ont ni le droit qu'ont les autres citoyens de disposer librement de tous leurs biens ni la certitude que ces biens seront également répartis entre tous leurs enfants, égaux dans leur amour. Dans cette classe, le patrimoine constitue un bien héréditaire, inaliénable et soumis aux règles du majorat[1] » (§ 306). Ainsi, « celui qui possède une fortune indépendante et n'est pas limité dans ses actions par des circonstances extérieures peut de ce fait disposer sans contrainte de lui-même et agir pour le service de l'État » (§ 306, add.).

En conséquence, et pour que cette classe nobiliaire soit adéquatement représentée, il y aura *deux* assemblées (§ 312) :

— une *Chambre haute* (« Première Section » des États) réservée à l'aristocratie, où l'on accédera « par sa naissance et non par les hasards d'une élection », et

— une *Chambre basse* (« Deuxième Section »), qui représentera « le côté mobile de la société civile ».

Les deux chambres délibéreront et voteront séparément. Les avantages de ce système sont qu'il rend

« plus certaine la maturité de la décision, éloigne la contingence d'un vote d'un instant, comme la contingence liée à une décision prise à la majorité des voix[2]. Mais ce n'est pas là l'essentiel. Grâce à cette division en deux chambres, l'élément constitué par les États *a moins l'occasion de s'opposer directement au gouvernement* » (§ 313).

1. Allusion à l'inaliénabilité des patrimoines nobiliaires et au droit d'aînesse dont on a parlé plus haut.
2. Étant donné que ce que veut l'État est la Raison, quand une assemblée ne vote pas ce qu'ont décidé les fonctionnaires, c'est là une « contingence », non une *meilleure raison.*

Étant donné que la Chambre basse doit agir

« non pas en tant qu'agrégat atomistique de ses éléments singuliers, réunis uniquement durant un court laps de temps sans lendemain pour accomplir un acte isolé et limité, mais en tant qu'organisation différenciée comprenant les groupements constitués, les communes et les corporations, qui se trouvent mis en relation avec la vie politique » (§ 308),

sa composition doit être conçue en conséquence. Ses députés ne devront pas être n'importe quels membres de la société civile, mais des hommes qui pourront prouver qu'ils ont

« une disposition d'esprit, une habileté, une connaissance des institutions et des intérêts de l'État et de la société, acquises et confirmées au cours de la *direction effective des affaires,* dans l'exercice de fonctions d'autorité ou de fonctions publiques [...], [ils devront donc prouver] qu'ils ont acquis le sens de l'autorité et le sens de l'État » (§ 310).

Seuls d'anciens fonctionnaires ou ministres, ou des dirigeants de corporations (lesquels, on s'en souvient, sont co-nommés par l'État) auront le droit de briguer les suffrages des corporations et des communes... On ne risque pas de voir surgir dans la vie publique des *homines novi.* Il n'y aura que des gens du sérail. On voit ici que les *représentants* de la société civile ne sont pas des *membres* de celle-ci. Déjà, comme nous l'avons vu, la société civile n'a pas grand-chose à dire dans l'État, mais en outre, ce n'est pas elle qui le dit. Elle est la grande muette de la constitution hégélienne.

Même cela, cependant, ne suffit pas, et Hegel va poursuivre son raisonnement antidémocratique jusqu'à ses dernières conséquences. On a dit que les députés de la Chambre basse devaient représenter les communes et les corporations. Ceci implique qu'ils les connaissent. Mais qui les connaît mieux que leurs dirigeants permanents ? Ce seront donc eux qui seront leurs députés tout désignés, de telle sorte que « les élections deviennent quelque chose de *superflu* » (§ 311). En effet, à bien considérer les choses,

« le sens de la représentation [des intérêts] ne réside pas dans le fait que l'un soit élu à la place de l'autre, mais dans le fait que l'intérêt lui-même soit véritablement présent dans la personne de son représentant, et que celui-ci soit là pour son propre élément objectif ».

Les dirigeants de corporations et de communes ont été co-nommés par le gouvernement, on les connaît, ils ont fait leurs preuves. Pourquoi remettre en cause leur mandat à l'occasion d'élections périodiques, en s'exposant ainsi à la « contingence » d'un rejet par le corps électoral ? Et Hegel de *condamner, finalement, le principe des élections d'une manière générale :*

« Au sujet des élections auxquelles sont appelés un grand nombre d'électeurs, on peut remarquer qu'inévitablement, surtout dans les grands États, se manifeste chez les électeurs une certaine indifférence à l'égard de leur voix, puisque celle-ci n'a qu'un effet insignifiant dans la masse des suffrages, et que, parmi ceux qui ont le droit de vote, certains ne participeront pas au scrutin, même si ce droit leur est présenté et vanté comme quelque chose de très important. Il en résulte que cette institution va plutôt à l'encontre de sa destination et que l'élection tombe sous le pouvoir d'un petit nombre, d'un parti, donc d'un intérêt particulier et contingent, qui, précisément devrait être neutralisé » (§ 311, Rem.)[1].

Au total, *il n'y aura d'élections ni à la Chambre haute, à laquelle on accède par droit de naissance, ni à la Chambre basse, à laquelle on sera, en pratique, nommé à vie.* Le roi, de son côté, étant héréditaire, et le gouvernement et les fonctionnaires étant nommés par le roi, Hegel est ainsi parvenu à *supprimer,* dans son projet de constitution, *tout élément démocratique quel qu'il soit.*

Il n'est pas étonnant que les rousseauistes, qui n'entendent pas faire voter un « mauvais peuple » (cf. *infra,* p. 835), et les marxistes, pour qui le matérialisme historique rend inutile l'élection en désignant d'avance comme uniques titulaires légitimes du pouvoir la classe révolutionnaire et son avant-garde (cf. *infra,* p. 974-975), aient jugé que Hegel était un grand philosophe.

9) *L'opinion publique « contradictoire » en soi.* *La négation du principe critique*

Hegel a évidemment des raisons de fond d'adopter cette attitude. Les parlements des démocraties libérales sont censés refléter l'opinion publique et ses évolutions. Or l'opinion publique ne vaut rien, *elle n'est pas de nature à produire de la vérité.*

« Dans [l']opinion publique, l'universel en soi et pour soi, le substantiel et le vrai, se trouve lié à son contraire, l'élément propre et particulier de l'opinion de la multitude. Cette existence est donc la contradiction d'elle-même... » (§ 316) « Entrent dans l'opinion publique toute la contingence de l'opinion, son manque de savoir, sa façon de voir les choses à l'envers, ses erreurs et ses jugements erronés. Comme on a affaire ici à la conscience du caractère individuel d'une pensée ou d'une connaissance, *une opinion sera d'autant plus individuelle que son contenu sera plus mauvais.* Car ce qui est mauvais est ce qui est tout à fait particulier et individuel dans son contenu. Par contre, ce qui est rationnel est l'universel en soi et pour soi et ce qui est individuel est ce dont l'opinion tire vanité » (§ 317).

Du simple fait que l'opinion est *plurielle,* elle est *erronée* (Hegel ne voit pas ce qu'ont vu Milton, Humboldt, Kant ou Mill – ou Socrate : que de ce pluralisme peut sortir la réfutation de l'erreur).

---

1. L'objection est sérieuse, mais c'est un sophisme d'y remédier, non par une amélioration des mécanismes du scrutin, mais par la suppression du scrutin lui-même.

Le peuple, dont Frédéric II de Prusse demandait s'il était permis de le tromper[1], est en réalité toujours « trompé par lui-même ». Il ne peut connaître le « substantiel », qui

« ne peut être connu d'après l'opinion publique, parce que ce qui est substantiel est ce qui ne peut être connu qu'à partir de lui-même et pour lui-même » (§ 317).

Ainsi, aucun rôle n'est reconnu, dans le processus de découverte de la vérité, à l'échange intersubjectif, au libre débat, où certains avancent des thèses ou affirment des faits, que d'autres peuvent librement critiquer s'ils découvrent une contradiction dans la théorie ou un point aveugle dans l'observation, en un mot, à tout le processus de *rationalité critique* qui commence à apparaître sur l'*agora* grecque, et qui a déjà été mis en relief, au moment où Hegel écrit, par toute une lignée de penseurs.

Ce processus, d'après ces penseurs, est rendu nécessaire par les limites de la raison : il faut pouvoir faire coopérer les différentes raisons individuelles limitées, afin qu'une raison collective moins limitée émerge. C'est par le processus critique que les différentes raisons peuvent additionner leurs pouvoirs, qu'une information irrémédiablement dispersée peut converger vers des connaissances cohérentes. C'est ainsi que progresse la science, c'est ainsi que marchent tant l'État que l'économie. Récusant ce processus, Hegel identifie le rationnel à un mystérieux « substantiel » obscurément présent dans la masse, comme la statue est présente dans le bloc de marbre. De même que c'est le sculpteur qui peut seul faire apparaître la statue, seuls quelques esprits d'élite, ceux du fonctionnaire ou du « grand homme », peuvent discerner le rationnel dans ce mélange « inorganique » de bon sens substantiel et de folies qu'est l'opinion publique.

« Le vrai et le faux se mêlent dans l'opinion publique, mais seul un grand homme est capable de découvrir la part de vérité qu'elle contient. Le grand homme de son époque est celui qui exprime ce que veut son temps et l'accomplit. Par ce qu'il fait, il exprime le fond et l'essence de son temps et les réalise. Celui qui n'est pas capable de mépriser l'opinion publique, telle qu'elle se fait entendre çà ou là, n'accomplira jamais rien de grand » (§ 318, add.). Le processus intersubjectif ne sert de rien au grand homme et au fonctionnaire supérieur, parce que, comme dans l'anamnèse platonicienne, ils connaissent *déjà* le rationnel.

Hegel conclut que le Parlement, décidément, ne peut servir que comme outil de communication, communication du bas vers le haut, les députés faisant connaître au pouvoir les besoins, souhaits et récriminations du peuple, ou de haut en bas, les députés retransmettant au peuple des fragments de la lumière qui émane des fonctionnaires.

« Comme l'institution des États *n'a pas pour destination d'assurer les meilleures délibérations et les meilleures décisions,* son rôle n'étant que d'apporter à ces débats une *contribution supplémentaire* (§ 301), mais que, en raison de leur participation

---

1. Il avait mis cette question au concours de l'Académie de Berlin en 1778.

aux informations, aux délibérations et aux décisions, la destination qui leur est propre consiste à garantir aux membres de la société civile qui ne participent pas au gouvernement le moment de la liberté formelle, le moment de la connaissance pour tous trouvera son application dans la *publicité donnée aux débats des assemblées* des États » (§ 314, n.s.). « Par ce moyen, l'opinion publique deviendra capable d'avoir des pensées vraies [...]. Elle *apprendra* de cette façon à *mieux connaître* et donc à *apprécier* les occupations, les talents, les vertus, les qualités des autorités et des fonctionnaires de l'État » (§ 314, n. s.).

Les fonctionnaires sont les saints de la religion de l'État, proposés par Hegel à l'admiration et à la vénération du peuple.

10) *Les dangers de la liberté de la presse*

Pour des raisons similaires, Hegel entend limiter au maximum la *liberté de la presse.* Il admet une certaine liberté d'expression, mais ce n'est pas pour des raisons de fond, à savoir des raisons intellectuelles (on doit pouvoir discuter publiquement des affaires collectives, si l'on veut que la communauté soit éclairée), mais seulement pour des raisons de tolérance et de prudence politique : il faut bien flatter la bête, satisfaire « ce vil penchant de dire et d'avoir dit son opinion » (§ 319). Il y aura donc une presse, mais tenue très étroitement en tutelle par la censure (qui consistera, d'une part, en « simples mesures de police », d'autre part, en répression judiciaire). Ainsi l'expression de l'opinion publique ne pourra-t-elle nuire à l'action de l'État. On ne pourra exprimer que des opinions sans conséquences pratiques. Et Hegel de se plaindre de ce que les lois ne soient pas assez précises pour permettre toujours de trancher entre les deux cas, moyennant quoi certains, au nom de la liberté d'opinion, en profitent pour gêner le gouvernement :

« En tirant argument de la simple subjectivité du contenu et de la forme, de l'insignifiance et du peu d'importance d'une simple pensée ou d'un simple dire, on exigera d'un seul coup, d'une part, l'impunité pour ces paroles ou ces pensées et, d'autre part, pour cette opinion, en tant qu'elle est ma propriété [...] le plus grand respect et la plus grande considération » (§ 319, Rem.).

Or, malgré ces prétentions des journalistes, il reste que

« les offenses faites à l'honneur des individus, la calomnie, la diffamation, le manque de considération à l'égard du gouvernement, de ses autorités, de ses fonctionnaires et en particulier à l'égard du prince, le fait de tourner les lois en dérision ou d'inciter à la révolte, etc., sont des crimes ou des délits » (§ 319, Rem.).

C'est d'ailleurs surtout le caractère indéterminé (« l'art des tournures, des allusions, des demi-mots, des sous-entendus ») de l'opinion de presse qui la rend méprisable, par contraste avec les thèses de la science, qui, elles, sont parfaitement déterminées (la science utilise une « expression sans équivoque, précise, sincère », elle s'expose). Ainsi, si tolérance il y a, elle ne sera fondée que dans le mépris même qu'inspire l'opinion publique (« ce qu'une expression comporte d'injuste peut être permis ou, tout au moins, toléré, en raison du mépris dans lequel il tombe », § 319, Rem., p. 322).

Il est heureux qu'à cette « dissolution », à cette « manie de raisonner » des sujets qui « cherchent à mettre leur contingence en évidence » (§ 320), la *guerre* vienne bientôt apporter un souverain remède. Après avoir fait subir le sort qu'on vient de voir aux principales institutions politiques de la démocratie libérale, élections, parlementarisme, liberté d'expression, liberté de la presse, Hegel va attaquer, et avec quelle virulence, le dernier article du *credo* démocratique et libéral : la préférence pour la paix.

11) *Théorie hégélienne de la guerre*

C'est une conséquence de tout ce qui précède. Comme l'État, figure la plus haute de la *Sittlichkeit,* de qui toutes les figures inférieures reçoivent leur substance, n'existe que par la guerre, celle-ci acquiert une valeur suprême. Elle cesse d'être seulement, comme dans la tradition civique et canonique, une éventualité à laquelle il faut pouvoir faire face en cas d'attaque extérieure. Elle devient quelque chose que l'on doit faire en toute hypothèse si l'on veut préserver la vie « substantielle » du Tout et qu'il faut donc savoir, le cas échéant, provoquer. À la lumière de cette théorie nouvelle, la vie humaine individuelle, comme si elle n'avait pas sa place au soleil, apparaît comme *devant* être sacrifiée.

Voici le raisonnement.

— On se pose en s'opposant, et c'est donc seulement en s'opposant aux autres États que l'État conquiert son individualité incarnée dans son souverain (§ 312).

— C'est grâce à la guerre qu'est produite et rendue apparente la « nullité » de « tout ce qui est singulier et particulier, [de] la vie, la propriété et les droits, [de] tous les autres cercles » (§ 323). La guerre est, en ce sens, œuvre de *vérité*.

— L'individu, dont la singularité est ramenée par la guerre à son néant, trouve dans la victoire de l'État la condition du maintien de son identité « substantielle », puisque, en tant que singulier, il n'est qu'accident, alors que, en tant que membre de l'État, il est substance (§ 324).

— C'est donc *dans l'intérêt commun des individus et de l'État* que l'État doit provoquer la guerre.

La guerre,

« qui fait de l'intérêt ou du droit des individus un moment destiné à disparaître, est en même temps ce qu'il y a de positif dans leur individualité, non pas certes dans leur individualité contingente et changeante, mais dans leur individualité existant en soi et pour soi. C'est pour eux un devoir [...] de maintenir cette individualité substantielle, l'indépendance et la souveraineté de l'État et cela, sans craindre les dangers et en acceptant de faire le sacrifice de leurs biens et de leurs vies, de leurs opinions et de tout ce qui est compris dans la vie de chacun » (§ 324).

Il ne faut donc pas considérer la guerre comme quelque chose de contingent, comme un accident dû à des causes extérieures évitables. Elle est au contraire nécessaire.

« Il est nécessaire que le fini – la vie et la propriété – soit posé comme contingent, parce que c'est cela qui constitue le concept du fini » *(ibid.)*.

En révélant notre finitude, la guerre révèle notre essence.

« Dans l'état de guerre, la vanité des choses et des biens temporels qui, d'ordinaire, donne lieu à des propos édifiants, est prise au sérieux. C'est pourquoi la guerre est le moment où l'idéalité de ce qui est particulier obtient son droit et devient réalité. Elle a alors cette signification plus haute que, par elle, comme je l'ai dit ailleurs, "se conserve la santé éthique des peuples dans son indifférence vis-à-vis des déterminités et vis-à-vis du processus par lequel elles s'installent comme habitudes et deviennent fixes, tout comme le mouvement des vents préserve les eaux des lacs du danger de la putréfaction, où les plongerait un calme durable, comme le ferait pour les peuples une paix durable et *a fortiori* une paix perpétuelle "[1] » *(ibid.)*.

Dès lors, l'État devra *délibérément* provoquer des guerres :

« Pour ne pas laisser les systèmes particuliers s'enraciner et se durcir dans [l']isolement, donc pour ne pas laisser *se désagréger le tout* et *s'évaporer l'esprit,* le gouvernement doit *de temps en temps* les ébranler dans leur intimité par la guerre ; par la guerre il doit déranger leur ordre qui se fait habituel, violer leur droit à l'indépendance, de même qu'aux individus qui, en s'enfonçant dans cet ordre, se détachent du tout et aspirent à l'être-pour-soi inviolable et à la sécurité de la personne, le gouvernement doit, dans ce travail imposé, *donner à sentir leur maître, la mort.* Grâce à cette dissolution de la forme de la subsistance, l'esprit réprime l'engloutissement dans l'être-là naturel loin de l'être-là éthique ; il préserve le soi de la conscience et l'élève dans la liberté et dans sa force » (*Phénoménologie de l'Esprit,* trad. Hyppolite, II, p. 23, cité par Derathé, p. 324)[2].

---

1. *Des manières de traiter scientifiquement du droit naturel* (1802), trad. B. Bourgeois, Vrin, 1972, p. 55.
2. Hegel écrit dans la même veine : « Certes, la guerre a pour effet d'entraîner une certaine insécurité pour la propriété, mais cette insécurité n'est rien d'autre que le mouvement qui est nécessaire. On n'entend que trop souvent les prédicateurs parler du haut de la chaire de l'insécurité, de la vanité et de l'instabilité des choses de ce monde, mais chacun, si ému soit-il, pense en son for intérieur : je conserverai pourtant tout ce qui

On voit dans l'Histoire que « les guerres dont l'issue est heureuse ont empêché des troubles intérieurs et affermi la puissance interne de l'État ». Inversement, les peuples qui n'acceptent pas la guerre sont condamnés à la servitude :

« Moins ils se sont efforcés de lutter avec succès et avec honneur pour leur indépendance extérieure, moins ils ont été capables d'établir, à l'intérieur, une première institution du pouvoir de l'État (leur liberté est morte de la peur de mourir) » (§ 324, Rem.). « La vie civile prend davantage d'extension en temps de paix. Ses différentes sphères s'installent et à la longue il se produit une sorte d'enlisement de l'homme, car les particularités des différentes sphères deviennent de plus en plus rigides et sclérosées. Mais la santé nécessite l'unité du corps. Lorsque les différentes parties se durcissent, c'est la mort » (§ 324, add.).

Cette doctrine est évidemment la réfutation complète de la thèse libérale selon laquelle l'État a pour raison d'être de protéger la vie et les biens des citoyens. Elle condamne *a fortiori* l'idée kantienne de « paix perpétuelle », et de toute idée d'organisation internationale :

« Kant, par exemple, a proposé une ligue fédérative des princes, confédération qui devrait régler les conflits entre les États, et la Sainte Alliance devait être, dans l'esprit de ses fondateurs, une confédération de ce genre. Mais l'État est une individualité et *la négation est essentiellement contenue dans l'individualité*. Si donc, plusieurs États s'unissaient pour constituer une famille, il faudrait que cette union, en tant qu'individualité, se crée un opposé ou un ennemi » (§ 324, add.),

ce qui ne serait pas possible si *toutes* les nations étaient fédérées.

m'appartient. Mais que cette insécurité se présente effectivement sous la forme de hussards sabre au clair, et que cela doive être pris au sérieux, alors les discours édifiants, qui avaient annoncé ce qui arriverait, se changent en imprécations contre l'envahisseur. Les guerres n'ont lieu que là où le cours des choses les rend nécessaires ; de toute façon, *les semences germent à nouveau* et le bavardage se tait devant le sérieux du *mouvement cyclique de l'histoire* » (*Principes...*, § 324, add.).

La thèse, ainsi, est que seule la guerre ramène l'homme aux choses « sérieuses » ; elle serait « nécessaire » pour qu'apparaisse la vérité de l'existence humaine, son exposition fondamentale au mal. À quoi l'on peut objecter que cette exposition est suffisamment manifestée par « tout ce qui ne devrait pas exister », les injustices, la souffrance et la mort, et que ces figures du mal suffisent certainement à étayer, pour toute l'humanité, l'idée de la fragilité de l'existence (c'est ce que font les prédicateurs). Les massacres supplémentaires que Hegel songe à organiser pour mettre, pour ainsi dire, les points sur les *i*, peuvent donc être considérés comme une redondance qui n'ajoute rien au sens et n'enseigne rien à la philosophie. La vraie motivation de Hegel pour cette propagande du mal se révèle peut-être dans l'aveu qu'il fait (dans le texte cité ci-dessus) que l'Histoire est *cyclique*, qu'elle « tourne » au lieu de « monter », que le mal en fait donc partie intégrante, éternellement. Libre au philosophe, certes, de penser cela. Mais nous pouvons du moins remarquer que Hegel s'écarte ainsi de toute eschatologie biblique (malgré ce qu'il dira sur l'« Histoire mondiale », cf. *infra*), au profit d'une vision purement « tragique » de l'Histoire dont on peut penser qu'elle contribuera à ouvrir le boulevard pour l'Éternel Retour de Nietzsche et la repaganisation de l'Allemagne.

En conséquence de la doctrine hégélienne de la guerre, toute la morale doit s'aligner sur le service inconditionnel de l'État. Le *courage* sera la vertu la plus haute (§ 327) (c'était, chez Aristote, la justice ; dans l'Évangile, l'amour...), suivi de près par la *discipline*, le *sacrifice de la réalité personnelle,* le « *mécanisme du service* — une *obéissance totale,* un renoncement à sa propre opinion et à son propre jugement, l'*absence de son propre esprit* » (§ 328, n.s.).

12) *Une guerre sans haine*

Hegel soutient une dernière idée remarquable. Le monde moderne, dit-il, a donné au courage sa figure la plus haute, en lui fixant pour but suprême la souveraineté de l'État. Aujourd'hui, les guerres sont de peuples à peuples, et non plus de familles à familles ou d'individus à individus. Or ceci comporte un avantage inestimable. Désormais, la « haine » est « indifférenciée », l'acte de courage n'est pas accompli par des personnes considérées individuellement, mais par des « membres du Tout » anonymes. C'est ce principe qui « a contribué à l'invention de l'arme à feu, et ce n'est pas un hasard si l'invention de cette arme a changé l'aspect purement personnel du courage en *un aspect plus abstrait* ».

« La mort se transforme en quelque chose de général, comme elle a sa source dans quelque chose de général. C'est *sans colère* que l'on donne la mort, car si la colère apparaît dans le combat, elle se supprime. L'arme à feu est la découverte de la mort générale, indifférente, impersonnelle, et ce qui pousse à donner la mort, c'est l'honneur national, non le désir de porter atteinte à un individu » (*System der Sittlichkeit,* éd. Lasson, p. 467, cité et traduit par Derathé, p. 328)[1].

1. « La mort se transforme en quelque chose de général, comme elle a sa source dans quelque chose de général. » C'est déjà, au fond des choses, la *même* attaque contre la responsabilité morale que celle qu'on trouvera dans la *Généalogie de la morale* de Nietzsche. Le « grand aigle » qui mange le « petit mouton » le fait lui aussi *sans haine,* simplement parce que c'est sa « nature ». Il ne peut pas s'empêcher de manger le petit mouton, seuls ces avortons que sont les prophètes hébreux (avec leur regard en-dessous) peuvent oser faire reproche à l'aigle de ne pas se comporter comme un aigle, exiger qu'il se sente *responsable,* libre de *forcer sa nature.* Hegel se réfère à l'histoire plutôt qu'à la nature, mais c'est la même démarche antibiblique. Dans la guerre moderne, les États, vraies et uniques « substances », vivent leur « destin » en se faisant la guerre, quitte à sacrifier les individus. Cela est *nécessaire,* et accompli *sans haine* aucune, et avec d'autant moins de haine que les dirigeants des États ont une compréhension plus adéquate des *nécessités* de l'Histoire. Hegel a-t-il eu vent de la formule de Sieyès demandant la « mort sans phrase » pour Louis XVI, une mort « nécessaire » ? Toute l'inhumanité de l'historicisme moderne, de Marx, de Lénine et de leurs continuateurs, Mussolini, Hitler, sont présents ici en filigrane. Et merci au progrès technique qui permet que ces morts nécessaires soient accomplies proprement, à distance. Hegel fournit ici la doctrine (l'Idée ?) de la chambre à gaz.
Un mot encore sur la métaphysique à l'œuvre dans toute cette philosophie de la guerre. Si Hegel était chrétien, au lieu d'opposer l'individu (apparence) à l'État (sub-

C / Le droit public international

Le pouvoir de l'État est « la puissance absolue sur terre », parce qu'il n'est rien d'autre que « l'Esprit dans sa rationalité substantielle et dans sa réalité immédiate » (§ 331). Mais il y a plusieurs peuples, il y aura donc plusieurs États. Quelles seront leurs relations ?

1) L'absurdité de l'idée d'une fédération cosmopolite

Les États doivent avoir entre eux des relations de droit, mais, comme il n'y a pas de tribunal au-dessus des États, ceux-ci ne peuvent conclure de vraies stipulations (contrats). Quand ils le font, ils « n'en restent pas moins supérieurs à ces stipulations » (§ 320, add.). Le droit demeure seulement le devoir-être, et « on voit alterner des rapports conformes à ces traités et la suppression de ces rapports » (§ 333).

Ce qui veut dire en clair : tout État peut rompre tout traité à tout moment – car il poursuit son Bien propre et n'est pas une « providence universelle » (§ 337). De toute façon, comme Hegel veut la guerre, il ne peut pas vouloir, nous l'avons dit, une confédération générale kantienne dont la raison d'être serait de l'interdire, ni en général un vrai droit international. « Le projet kantien d'une paix perpétuelle, réalisable par une fédération d'États – fédération qui réglerait tous les conflits et qui, comme puissance reconnue par chaque État particulier, arrangerait tous les différends, rendant ainsi impossible la décision

stance), il opposerait, au temporel – individus et État confondus, toutes choses humaines qui sont, les unes autant que les autres, vanités de vanités – le spirituel, à savoir les humains et l'humanité sauvés par le Christ. De même, il ne reprendrait pas à son compte l'Amor fati des stoïciens, de Spinoza, de Nietzsche... Dès lors la Terre passe, a dit ce dernier, aimer la Terre, c'est aimer le passage en tant que tel. De l'amour de la Terre et de la joie de vivre une vie pleinement terrestre se déduisent le droit et le devoir d'assassiner son prochain. Cette intégration de la négativité, qui certes n'est pas une pensée banale, fait un violent contraste avec cette autre figure de la négativité qu'est la Croix, où l'homme se sacrifie au lieu de sacrifier autrui, sauve au lieu de tuer. L'homme qui, par charité, combat contre le mal, peut certes accepter de faire la guerre et de mourir, parce que les perspectives éthiques et eschatologiques de ce combat donnent sens à sa propre finitude et justifient qu'il mette sa personne à leur service. Mais l'infini auquel l'homme engagé dans le combat contre le mal confie le sens de sa vie n'est pas quelque État temporel, dans la « substance » de qui il dissoudrait son insignifiante personne (cette « substance » étatique ne retournera-t-elle pas elle-même à la poussière ?). Ce que l'homme d'honneur attend, c'est le Royaume, où il sait que sa personne sera (pour parler comme Kant) une fin et non un simple moyen, dans le recommencement infini de la Création. Telle est la notion chrétienne de la guerre, illustrée par l'idéal chevaleresque. Hegel ignore cet idéal où la guerre vise à la paix et reçoit de la paix sa valeur, et il forge une idéologie de la guerre pour la guerre qui n'est pas autre chose qu'un retour au paganisme germanique – privé de sa poésie par l'inhumaine froideur de l'abstraction.

par la guerre – suppose l'adhésion unanime des États. Mais une telle adhésion repose sur des raisons et des considérations morales, religieuses ou autres, donc en général, toujours sur la volonté particulière souveraine, et demeure ainsi entachée de contingence » (§ 333, Rem.).

Tout ce que peuvent faire les États, c'est de se reconnaître mutuellement, en se promettant de ne pas s'immiscer dans leurs affaires intérieures respectives. « Les États indépendants sont des touts qui subviennent eux-mêmes à leurs besoins » (§ 332). Il n'y aura certes pas de « droit d'ingérence », comme on dirait aujourd'hui. C'est la théorie du nationalisme pur, contre le cosmo-politisme stoïcien et l'universalisme chrétien.

Un droit international peut néanmoins avoir, dans certaines limites, une légitimité. Comme l'état de guerre n'est pas censé durer toujours, il faut qu'au sein même de la guerre « la possibilité de la paix soit sauvegardée », donc qu'on observe des règles du droit des gens telles que le respect de la personne des ambassadeurs, ou que l'armée ne s'en prenne pas, chez l'ennemi, aux person-nes privées (qui auraient ensuite une vengeance privée à exécuter) (§ 338). C'est ce que disait Kant (cf. *supra*, p. 544-545). Évidemment, Hegel ne peut même pas s'imaginer les guerres modernes, qui sont civiles autant que militai-res, ni surtout les guerres menées par les pays totalitaires, qui ne respectent rien de privé en général, ni à domicile ni chez l'ennemi. L'occupation des Français à Iéna ne devait pas encore ressembler à l'occupation nazie en France ou dans l'Europe de l'Est (mais les Français allaient faire des « progrès » à cet égard en Espagne).

2) *La théorie de l'Histoire. L' « Esprit du monde »*

Les États, même conçus comme des touts souverains et autarci-ques, sont malgré tout en relations. Tous ensemble sont entraînés dans le « jeu » de l'Histoire. Ce « jeu » est ce que Hegel appelle l' « Esprit du monde ».

« Dans leurs rapports mutuels, les États se comportent comme des individus particuliers. [...] Leurs destinées et leurs actions dans leurs rapports réciproques sont la manifestation de la dialectique de leur finitude. Au cours de cette dialec-tique se produit l'Esprit universel, l'Esprit du monde, Esprit illimité qui exerce son droit – et ce droit est le droit suprême – sur ces esprits finis dans l'histoire mondiale, qui est aussi le *tribunal mondial* (*in der Weltgeschichte als dem Weltge-richte*[1]) » (§ 340). « [L'esprit d'un peuple particulier] étant un esprit limité, son indépendance est quelque chose de subordonné ; il entre dans l'Histoire mon-diale et celle-ci, dans son déroulement, constitue la dialectique des esprits parti-culiers des peuples, le *tribunal mondial* » (*Encyclopédie*, § 548).

---

1. Formule empruntée à un poème de Schiller.

En d'autres termes, bien que chaque peuple soit indépendant, et qu'on ne puisse concevoir une confédération universelle des peuples, l'histoire de chaque peuple ne s'en inscrit pas moins sur un théâtre universel qui va fixer à la vie de chaque peuple son sens historique.

3) *Peuples dominants et peuples déchus*

Sur cette scène universelle où elle comparaît, l'Histoire a des figures successives, dont chacune abolit l'autre, puisqu'elle représente quelque chose de supérieur.

« Dans ce travail de l'Esprit du monde, les États, les peuples et les individus apparaissent chacun avec leur principe particulier déterminé, qui s'explicite et devient réel dans leur constitution et dans toute l'étendue de leurs situations. Tout en ayant conscience de cette réalité particulière et en étant absorbés par ses intérêts, ils sont néanmoins les instruments et les organes inconscients de cette activité interne de l'Esprit. Au cours de cette activité, ces figures particulières disparaissent, mais l'Esprit en soi et pour soi se ménage et prépare par son travail le passage à son niveau suivant, plus élevé que le précédent » (§ 345).

Lorsqu'elle juge, l'Histoire mondiale se tient en dehors des points de vue limités des individus et des peuples particuliers. Ceux-ci se forgent des opinions sur « la justice et la vertu, la violence et le vice, les talents et leurs œuvres, les petites et les grandes passions, la culpabilité et l'innocence ». L'Histoire mondiale, elle, ne regarde que « le moment *nécessaire* de l'Idée de l'Esprit du monde, qui constitue à chaque période son stade de développement actuel ». Ce moment « obtient son droit absolu » – entendons qu'il représente le seul critère de ce qui est de droit, de ce qui est juste et doit être légitimemement accompli, en prévalant sur ce qui n'est « juste » que du point de vue limité des particuliers. Et comme il est incarné dans *un* peuple, tout genou doit plier devant *ce* peuple à *ce* moment.

« Le peuple à qui échoit un tel élément comme principe naturel a pour mission d'accomplir cet élément au cours du développement de la conscience de soi de l'Esprit du monde. Ce peuple est le peuple dominant pour cette époque de l'histoire mondiale et il ne peut faire époque qu'une seule fois. Vis-à-vis de son droit absolu d'être le représentant et l'agent du stade actuel de développement de l'Esprit du monde, les esprits des autres peuples sont sans droits et, comme ceux dont l'époque est déjà passée, ils ne comptent plus dans l'histoire mondiale » (§ 347).

Il y a donc, à chaque moment de l'Histoire, un « peuple dominant », qui a le droit – le droit supérieur, établi par le « tribunal » suprême de l'Histoire – de dominer, cependant que les autres peuples « ne comptent plus » et n'ont aucun droit.

« L'histoire particulière d'un peuple historique donné comprend, d'une part, le développement de son principe depuis son état d'enfance jusqu'à son épanouissement, où, étant parvenu à la libre conscience de soi éthique, il entre dans l'histoire mondiale, et, d'autre part aussi, la période de son déclin et de sa chute ; car on voit alors apparaître en lui l'émergence d'un principe supérieur à lui, seulement sous la forme d'une négation du sien. Ce qui indique que *l'Esprit passe à ce nouveau principe* et qu'*un autre peuple prend place dans l'histoire universelle* ou annonce une période à partir de laquelle le peuple *déchu*, qui a perdu l'intérêt absolu, intègre en lui de manière positive le principe supérieur et l'assimile, mais sans réussir à se comporter dans ce principe emprunté avec une vitalité et une fraîcheur immanentes. Qu'arrivera-t-il alors ? Peut-être perdra-t-il son indépendance, peut-être aussi parviendra-t-il à subsister et à végéter comme État particulier ou au sein d'un groupement d'États, sans cesser, au hasard des circonstances, d'être aux prises avec un tas de difficultés intérieures et de luttes extérieures » (§ 347, Rem.).

Il ne reste plus qu'à appliquer ce schéma à l'histoire réelle.

4) *Les quatre empires.* *L'Allemagne, figure ultime de l'Esprit* *(le « Livre de Daniel » de Hegel)*

Hegel nomme les principales étapes de cette histoire. Ce sont quatre « empires historiques » qui constituent chacun une figure de l'Esprit, une « Idée concrète » qui représente un stade du « déroulement de la libération de l'Esprit » vers une toujours plus grande connaissance de lui-même. Ces empires se tiennent, autour du « trône » de l' « Esprit du monde », « comme les agents de sa réalisation, comme des témoins et des ornements de sa splendeur » (§ 352). Ce sont les empires : 1 / *oriental* (« l'Esprit substantiel en tant qu'identité ») ; 2 / *grec* (où se déploie « la belle individualité éthique ») ; 3 / *romain* (qui représente l' « universalité abstraite », et devient donc « opposition infinie contre l'objectivité ») ; enfin 4 / *l'empire germanique,* qui est aussi la fin de l'Histoire[1].

Il s'agit de bien comprendre la différence entre les troisième et quatrième figures : c'est là que joue l'opposition absolument radicale de l'Allemand Hegel au monde démocratique et libéral « occidental ».

Rome, nous le savons, est le vieil ennemi de Hegel comme de tout le nationalisme allemand depuis le Moyen Âge et Luther, en attendant le *Kulturkampf* de l'ère bismarkienne et le nazisme. Qu'a donc été Rome, selon Hegel, en termes de civilisation, pour susciter une telle opposition de l'âme germanique ? En inventant le droit privé, Rome a réduit le monde à l'*individualisme*

---

1. On remarque que ce qui s'est passé dans et par la Bible n'a pas la dignité d'être une figure de l'Esprit.

et à l'*égalité devant la loi*. « C'est dans ce monde que s'accomplit jusqu'au déchirement infini la séparation de la vie éthique entre les extrêmes que sont, d'une part, la conscience de soi personnelle privée, et, d'autre part, l'universalité abstraite » (§ 357). L'unité organique de la *Sittlichkeit* en a été brisée. Aristocratie et démocratie se sont livrées à un combat mortel. Les aristocrates, coupés de la substance éthique et méprisant le peuple, ont abusé de leur pouvoir en usant d'une « violence froide et avide », et, sur le plan de l'esprit, en s'abandonnant à la « superstition ». La plèbe, de son côté, abandonnée à ellle-même, n'a plus été que « corrompue ». En outre, en faisant prévaloir un même droit universel abstrait sur toute l'étendue de ses conquêtes, Rome a détruit l'identité ethnique des peuples : « Les individualités des peuples meurent dans l'unité d'un Panthéon. » Il en résulte que « tous les individus sont abaissés au niveau de personnes privées et d'égaux, pourvus de droits formels, droits qui ne sont maintenus que par un arbitraire abstrait, poussé jusqu'à la monstruosité ». Rome n'a donc été que cette destruction, elle a été une puissance de mort.

Le message éthique de la Bible n'a eu de succès que dans la mesure où il venait combler, dans une certaine mesure, le *déficit de substance* créé par cette *séparation romaine entre individu et État* (§ 358). L'individu, privé de la substance parce que coupé de la vie organique de l'État, retrouvait du moins un certain contenu, une certaine valorisation, dans la chaleur et les mystères des religions juive et chrétienne (mais au prix de quitter la scène véritable de l'Histoire, au profit de vains arrière-mondes).

Fort heureusement, le génie germanique, en mettant un terme à cette séparation, va réparer tout ce malheur. L'Esprit germanique va réconcilier subjectivité et objectivité. En mettant un terme à cette « opposition infinie », il se montre

« capable de produire et de connaître sa propre vérité comme pensée et comme monde régi par des lois » (§ 353)[1].

Et qui fait ainsi advenir la figure la plus haute de l'Esprit ? Non pas l'Allemagne tout entière, mais « le *principe nordique* des peuples germaniques », à qui seul « est dévolue la mission de réaliser cette liberté et cette vérité » (§ 358)[2].

1. L'esprit allemand peut seul assumer la science et le droit. C'était déjà la thèse des *Discours à la nation allemande* de Fichte (cf. *infra*, p. 1240 sq.).
2. « Nordique » s'oppose à « romain » : il n'y a pas de problématique raciale chez Hegel, pas plus que chez Fichte, le « mythe aryen » n'étant pas encore apparu à cette date. Néanmoins, les nationalismes fichtéen et hégélien sont bien des rejets de l'élément « occidental » (humaniste et chrétien) de la culture allemande.
De l'« empereur Frédéric » à Luther, et de Luther à Hitler, une certaine Allemagne a rejeté la romanité. Certains de ses penseurs, de Hegel lui-même et Hölderlin à Nietzsche et Heidegger, n'ont tant idéalisé les Grecs que pour pouvoir mieux rejeter le fardeau d'une société de droit dont la Rome, tant païenne et juridique que papale et catholique, était aux yeux des Allemands le symbole. Outre maints textes de la *Philosophie du droit*, voir ce passage des *Leçons sur la philosophie de l'histoire* : « Nous avons vu les Romains partir du principe de l'intériorité abstraite, laquelle maintenant se réalise en personnalité dans le

L'erreur philosophique de Hegel – cette *hybris* du Savoir Absolu qui fait l'impasse sur le processus intersubjectif critique d'émergence de la vérité – devait nécessairement se traduire par des thèses totalitaires. Dès lors en effet que, pour Hegel, les libertés individuelles, loin de contribuer à l'émergence de la Raison, ne manifestent que « subjectivité » et « contingence », elles ne sauraient être opposables à ce qui est la Raison incarnée, l'État. Les institutions démocratiques et libérales sont privées de leur raison d'être. Étant donné que Hegel conférait à cette critique intellectuelle approfondie des libertés modernes tout le prestige de la philosophie, sa leçon allait être entendue de maints théoriciens tout au long des XIXe et XXe siècles.

Il reste que la philosophie politique de Hegel est singulièrement intéressante – « intéressante », le mot est faible. Hegel fait partie de ces très grands esprits dont l'erreur même éclaire l'humanité, car, en montrant, grâce aux ressources exceptionnelles de leur intellect qui leur permettent de gérer de façon cohérente une information exrêmement vaste et complexe où les esprits ordinaires se perdent, *jusqu'où une erreur peut conduire,* ils permettent aux autres esprits de prendre conscience du fait *que c'est une erreur.* Celle-ci, sans eux, serait restée inaperçue ou incomplètement évaluée, et donc, potentiellement, d'autant plus dangereuse. Il convient de saluer ces éclaireurs, mais de savoir s'orienter vers les voies condamnées par eux et dont ils ont contribué à démontrer *a contrario* la valeur.

droit privé. Le droit privé consiste, en effet, en ceci que la personne vaut comme telle dans la réalité qu'elle se donne – dans la propriété. Le corps vivant de l'État et la mentalité romaine qui vivait comme son âme est réduit maintenant à la singularisation du droit privé inanimé. De même que dans la putréfaction du corps physique, chaque point acquiert pour soi une vie propre, qui n'est toutefois que la vie misérable des vers, de même ici l'organisme politique s'est dissous dans les atomes des personnes privées » (*Leçons sur la philosophie de l'histoire,* tr. Gibelin, Vrin, 1945, p. 289). À quoi l'on peut répondre ceci : le fait, pour les Romains, de développer le droit privé n'a certainement pas eu pour raison d'être ultime et pour seul résultat d'enrichir à Rome quelques individus privés au détriment de la collectivité. C'est au contraire parce que les Romains ont développé le droit privé qu'ils ont pu instaurer, entre des millions d'hommes appartenant à des dizaines d'ethnies différentes, une coopération socio-économique et une division du travail à une échelle jamais réalisée jusqu'à eux dans l'Histoire. Cette invention remarquable leur a conféré une richesse incomparablement supérieure à celle de leurs voisins, et c'est ce différentiel de civilisation (comparable à celui qui a existé aux XIXe-XXe siècles entre l'Occident et les sociétés non occidentales) qui leur a permis d'accomplir cette œuvre – assurément collective, et assurément importante pour l'Histoire – de civiliser le monde. Sous cette civilisation, les individus n'étaient certes pas des « vers », mais s'appelaient Scipion, Cicéron, Horace, Virgile, Tacite, Trajan, Marc-Aurèle. Et c'est au contraire quand, au Bas-Empire, les Romains ont pratiqué le premier « socialisme d'État », avec centralisation extrême du pouvoir et atteintes à la propriété privée par la militarisation et l'impôt, qu'ils se sont peu à peu, pour reprendre le charmant langage de Hegel, « putréfiés », pour le plus grand profit de ces « corps vivants » pleins d' « âme » qu'étaient les peuplades germaniques primitives, lesquelles, en sept siècles de barbarie, ont fait faire à l'Histoire les progrès que l'on sait.

Les adversaires de la tradition démocratique et libérale
I – La gauche

Introduction

Le socialisme représente-t-il un progrès ou une régression dans l'évolution culturelle de l'humanité ?

Si l'on entend par « socialisme » une doctrine, ou une famille de doctrines, condamnant la propriété privée, prônant la mise en commun des biens, imposant des conduites normées qui restreignent la liberté individuelle, il est clair – et les premiers socialistes ont explicitement revendiqué cette parenté – que le socialisme peut et doit être rapproché des « communautés primitives » ayant précédé l'émergence de l'État et des sociétés historiques complexes. La question est de savoir si ce rapprochement doit être pris en un sens positif – comme un argument *en faveur* du socialisme – ou négatif – comme une *objection* au socialisme. Le socialisme renouerait-il avec une forme de vie « normale » de l'humanité, après cette monstruosité qu'aurait été la société de liberté individuelle ? Ou le socialisme est-il essentiellement réactionnaire ?

1) *Socialisme et progrès*

La première thèse est celle de Marx et des socialistes progressistes. Marx a dit que le communisme final, société communautaire sans classes et où l'État s'est dissous, retrouvera le « communisme primitif », société communautaire sans classes où l'État n'est pas encore apparu. Il bouclera ainsi l'Histoire qui, définie comme « histoire de la lutte des classes », ne peut durer qu'autant que durent les classes et l'État, instrument de pouvoir de la classe dominante. Avant comme après l'Histoire, il y a absence d'État, de classes, de propriété privée, et situation de communauté des biens.

Marx estime cependant que le pogrès humain est une réalité et qu'il doit être conservé. Déjà Morelly, à la différence des autres auteurs d'utopies comme More, Campanella ou Meslier (cf. *infra*), veut que son socialisme ne se contente pas de restaurer les vertus morales anciennes de l'homme des premières communautés, mais devienne, par la perfection de son organisation, plus productif et plus riche que toute société ayant déjà existé. Même progressisme chez Saint-Simon. Chez Marx et tous les « socialismes scientifiques » à sa suite, le communisme futur n'est pas le même que le communisme primitif : Marx entend dépasser le capitalisme, mais en conservant ce qu'il a apporté, la science, la technique et l'industrie. Le problème est que les « socialismes réels » ont échoué à cet égard et qu'ils ont fini par perdre tout-à-fait la course à la productivité et au progrès scientifique et technique face aux sociétés de liberté et de marché.

2) *Socialisme et régression*

De ce fait, un théoricien libéral comme Hayek soutient la thèse que le socialisme est un phénomène essentiellement *réactionnaire*[1]. En disant qu'ils retrouvent l'état de la société avant le début de la division en classes, les socialistes ne croient pas si bien dire. S'ils suppriment la propriété privée et le système de liberté individuelle régulée par le droit, ils boucleront effectivement la boucle de l'Histoire et retourneront à la communauté primitive, mais il faudra entendre par là le *tribalisme primitif,* les soviets *moins* l'électricité.

En effet, pour Hayek, le socialisme est la situation ancienne de l'humanité, « normale » si l'on veut puisqu'elle a duré des millions d'années, tout le temps que l'espèce humaine a vécu en bandes et groupes tribaux, mais désormais « anormale », puisqu'un événement décisif est intervenu récemment dans l'évolution culturelle de cette espèce vivante : l'invention de la liberté individuelle et des institutions de droit qui permettent la gestion d'*ordres polycentriques* plus efficients que rien de ce qu'avait produit antérieurement l'espèce. Ce sont la personne, la propriété privée, le droit et le marché qui sont une trouvaille tardive de l'évolution culturelle. Les germes en sont apparus dans l'Antiquité biblique et gréco-latine, et ils ont éclos aux Temps modernes avec les révolutions hollandaise, anglaise, américaine, française qui ont permis la « révolution industrielle » et tout ce qu'on appelle société « moderne ». Dès lors, un éventuel succès du socialisme, loin d'ouvrir un avenir nouveau, représenterait au contraire un retour en arrière caractérisé, aux conséquences désastreuses.

Pourquoi ce retour en arrière apparaît-il malgré tout *possible* – pour ne pas dire, comme un analyste « pessimiste », Schumpe-

---

1. Cf. Friedrich August Hayek, *Droit, Législation et Liberté*, t. 2, PUF, 1981, chap. 11 : « La discipline des règles abstraites et les réactions affectives de la société tribale ».

ter, *probable ?* Pourquoi les populations des pays occidentaux développés, premières favorisées par l'éclosion de l'économie de marché, sont-elles manifestement séduites par les perspectives du socialisme, de cette séduction fatale nostalgiquement décrite par Tocqueville ? Parce que, dit Hayek, les valeurs sur lesquelles est fondée la civilisation sont essentiellement fragiles et précaires, précisément parce qu'elles sont une création de la toute dernière période de l'histoire de l'espèce humaine (or que sont quelques siècles devant des millions d'années ?). Dans la culture, elles représentent une dernière « couche », fruit de quelques centaines d'années seulement d'imprégnation, donc mince et superficielle, qui se surajoute à des couches beaucoup plus épaisses et profondes, qui résultent, elles, d'un passé incommensurablement plus long et subsistent inaltérées sous la couche la plus récente. Voilà pourquoi, alors que la civilisation de droit et de marché a assurément changé les conditions matérielles de l'existence sur Terre, elle n'a encore changé que superficiellement la culture humaine. Sous le vernis de la civilisation subsistent des instincts « ataviques », beaucoup plus forts, susceptibles de refaire surface à tout moment, si la couche superficielle se déchire si peu que ce soit, ce qu'elle peut faire en toute occasion de crise où la société de droit et de marché apparaît comme responsable de problèmes inédits. Alors peuvent se réveiller les instincts ataviques des foules – l'envie, le mimétisme, l'instinct grégaire, le mépris du droit et la violence contre des victimes émissaires... – surtout si ces instincts sont polarisés et amplifiés par des idéologies qui leur donnent des justifications pseudo-scientifiques. Tel aurait été, de fait, pour Hayek, le statut du socialisme dans les deux derniers siècles. Le socialisme est une doctrine dont la véritable science peut démontrer la fausseté. Mais elle aura longtemps encore, sur le libéralisme, l'avantage décisif d'être plus facile à comprendre par le grand nombre. Seule une élévation sensible du niveau de formation intellectuelle des populations concernées pourra changer cette situation.

Notre étude de la « gauche » nous donneras plusieurs occasions de vérifier le bien-fondé de cette problématique.

Plan de l'étude

Le socialisme étant enté sur la mémoire la plus vieille de l'humanité, il n'est pas étonnant qu'il ait donné lieu à des élaborations doctrinales aussitôt qu'a existé une pensée politique rationnelle, c'est-à-dire depuis les Grecs. Nous évoquerons ces formulations doctrinales anciennes depuis l'Antiquité jusqu'au XVIIIe siècle (chap. 1 : « Les origines du socialisme »).

Nous nous arrêterons sur une « utopie » de ce dernier siècle particulièrement originale et de grande portée sur la pensée politique ultérieure, celle de Jean-Jacques Rousseau (chap. 2 : « Rousseau »).

Les vieilles « utopies » et les idées de Rousseau donnent lieu à des cristallisa-
tions doctrinales à l'époque de la Révolution française. Nous les présenterons
(chap. 3 : « Jacobinisme et socialisme sous la Révolution française »).

Le premier système socialiste qui ait rassemblé tous les principaux traits de la
gauche, historicisme, foi non critique dans la raison constructiviste, thèse de
l'appropriation collective de tous les biens de production par l'État et planification économique, est celui de Saint-Simon (chap. 4 : « Saint-Simon et le
saint-simonisme »).

Les premières décennies du XIXᵉ siècle voient l'épanouissement des idées
socialistes partout en Europe, notamment en Angleterre, en France et en Allemagne (chap. 5 : « Autres socialismes non marxistes »).

Le socialisme allemand culmine avec l'œuvre de Marx qui, lorsque les partis
marxistes réorganisent autour d'eux l'essentiel du « mouvement ouvrier » à partir des années 1880 (sauf en Angleterre où la tradition travailliste poursuit un
développement *sui generis*), devient la doctrine officielle du socialisme universel
(chap. 6 : « Marx »).

Cette doctrine est ensuite durcie, à la fois quant au fond et à la forme, par
Lénine. A partir du succès des bolcheviks en Russie, elle devient l'idéologie
extraordinairement puissante et rigide, vivante aujourd'hui encore dans bien des
esprits, qu'on appelle le marxisme-léninisme (chap. 7 : « Lénine et le marxisme-léninisme »).

Le marxisme-léninisme est violemment anti-démocratique et anti-libéral.
Devant l'aspect dictatorial et terroriste que prend le bolchevisme de Lénine, une
large fraction des partis marxistes européens fait sécession et, tout en conservant
le but final anti-libéral du socialisme, à savoir l'appropriation collective des
moyens de production et la construction d'une économie planifiée, adhère à la
démocratie politique. Ce sera le « socialisme démocratique » (chap. 8 : « Le
socialisme démocratique »).

Les partis socialistes de l'Europe du Nord et germanique adoptent, après la
Seconde Guerre mondiale, une formule mise au point avant-guerre par le parti
suédois et connue sous le nom de « social-démocratie ». On pourrait croire que
cette nouvelle doctrine marque l'entrée pleine et entière de la gauche dans la
tradition démocratique et libérale, puisqu'elle comporte non seulement l'adhésion à la démocratie parlementaire, mais aussi, dans une certaine mesure, la
reconnaissance de la supériorité du marché sur la planification pour gérer la production économique. Nous verrons cependant qu'elle n'abandonne pas certaines hypothèses fondamentales du socialisme classique (chap. 9 : « La
social-démocratie »).

Chapitre 1

Les origines du socialisme

Des idées de type socialiste sont formulées dès le début de l'histoire des idées politiques et tout au long de l'Antiquité et du Moyen Âge. Nous avons étudié quelques-uns des mouvements en cause dans notre *Histoire des idées politiques dans l'Antiquité et au Moyen Âge,* à laquelle nous renvoyons. Mentionnons seulement ici, pour mémoire, les principaux.

— *En Grèce classique,* au tournant des Vᵉ et IVᵉ siècles avant J.-C., des penseurs prônent les idées – à la fois liées et distinctes – d'égalité des conditions et de mise en commun des biens, en brodant essentiellement autour de deux matériaux, l'un historique, l'existence de cités à organisation fortement collectiviste, comme Sparte ou la Crète, l'autre mythique, le « mythe de l'âge d'or », les « îles fortunées ». Hippodamos de Milet, Phaléas de Chalcédoine, Platon proposent des modèles de sociétés communistes. La démocratie athénienne du IVᵉ siècle, dominée par l'assemblée populaire, comporte des aspects fiscaux « socialisants ».

— *Pendant la période hellénistique,* on peut citer les réformes des rois de Sparte, Agis IV et Cléomène III, par lesquelles sont décidés une remise des dettes et un partage des terres, et l'insurrection d'Aristonicos à Pergame, qui mobilise les paysans pauvres de la campagne, libère les esclaves et crée une ville nouvelle, « Héliopolis », « la Cité du soleil » (sous le soleil, tous les hommes sont égaux). Ces réformes restent sans lendemain.

— *À Rome,* il faut évoquer les réformes sociales des Gracques, où se lit l'influence du philosophe stoïcien Blossius de Cumes (qui chercha refuge ensuite, dit-on, chez Aristonicos de Pergame : première « internationale » socialiste ?), puis les révoltes serviles comme celles de Spartacus. Le césarisme, version romaine de la formule tyrannique grecque, où un membre de l'aristocratie exerce un pouvoir personnel en faisant alliance avec le *démos* ou le *populus,* auquel il accorde une partie de ses revendications, remise de dettes, partage de terres, a également une certaine affinité avec le « socialisme ». Le Bas-Empire connaît une économie de plus en plus fiscalisée et administrée.

— *À l'époque chrétienne,* les révoltes populaires s'emparent de thèmes bibliques en en infléchissant le sens. Dès l'époque inter-testamentaire, un certain syncrétisme s'était opéré entre le messianisme juif et la mystique orientale-hellénistique du roi sauveur et bienfaiteur. Ensuite, le millénarisme violent légitime par le thème du grand combat eschatologique contre les méchants, la jalousie meurtrière contre les riches et les puissants. Vite étouffé à partir du moment où l'Église devient une institution officielle de l'Empire, il resurgit au Moyen Âge, où il sert d'étendard à une série de mouvements populaires qui vont des « croisades des pauvres » au mouvement des Flagellants, au rassemblement de foules de miséreux autour de figures messianiques comme le pseudo-Baudouin de Flandres ou le toujours renaissant « Empereur Frédéric », au taborisme (dans le sillage du mouvement hussite en Bohême), à la guerre des Paysans prêchée en Allemagne par Thomas Müntzer ou à l'anabaptisme de Jean de Leyde. Les mêmes traits reviennent dans tous ces mouvements. On prend pour cible des *boucs émissaires* : l'étranger, c'est-à-dire le juif ou le musulman, et surtout le riche, qu'il soit noble ou prêtre. On prône le partage des biens ainsi que, dans certains cas, celui des femmes. Quand le mouvement prend le pouvoir quelque part, l'élite des « saints » qui le dirige s'empare habituellement des rares biens ayant survécu à l'émeute et à l'interruption du travail et fait régner la terreur[1].

I — LES PREMIÈRES UTOPIES SOCIALISTES AUX XVIe ET XVIIe SIÈCLES[2]

Du XVIe au XVIIIe siècles, cette tradition contestatrice se renouvelle. Alors que l'imaginaire était principalement nourri au Moyen Âge de thèmes millénaristes, il va l'être, à la Renaissance, par les récits antiques ressuscités par l'humanisme ainsi que par les Grandes Découvertes.

1. Insistons sur le fait que les liens avec la Bible des mouvements millénaristes communisants sont largement contingents. À bien des égards, la thématique biblique y sert simplement de support à la cristallisation des mêmes pulsions communautaristes archaïques qui avaient investi, précédemment, des représentations mythologiques païennes comme l'âge d'or ou le roi hellénistique protégé de la Fortune. L'attente enflammée à l'égard d'un chef de guerre « sauveur » qu'on voit se manifester dans nombre des mouvements millénaristes met en jeu à nouveau cette vieille logique anthropologique universelle, absolument indépendante de la Révélation judéo-chrétienne, à savoir celle des foules cherchant la solution de leurs souffrances et de leurs angoisses dans la fusion groupale et le sacrifice d'une victime émissaire, tout en produisant un mythe et une mentalité magico-religieuse qui masqueront et innocenteront ces violences. La promotion de la responsabilité personnelle par l'éthique biblique est aux antipodes de ces débordements de pulsions mimétiques.

2. Cf. Jacques Droz, « Les utopies socialistes à l'aube des temps modernes », in Jacques Droz (dir.), *Histoire générale du socialisme*, 4 vol, PUF, coll. « Quadrige ». Vol. 1 : *Des origines à 1875*, PUF, 1979 ; Jean Delumeau, *Histoire du Paradis*, t. 2 : *Mille ans de bonheur*, Fayard, 1995.

1) *Thomas More*

L'*Utopie* de saint Thomas More date de 1516[1].

Vie et œuvres

Né en 1478 d'un père haut magistrat londonien, More fait des études de droit. Il se passionne pour l'Antiquité et l'humanisme (il se lie d'amitié avec Érasme, de douze ans son aîné). Il devient avocat, puis membre de la Chambre des communes. Après quatre années de retraite à la Chartreuse de Londres, il entre au service d'Henri VIII, accède au conseil privé du roi en 1518 et sera finalement chancelier (premier ministre) en 1529. Mais il a pris position contre le divorce du roi en 1527 et refuse de se rétracter. Lors de la rupture du souverain avec Rome, il est condamné à mort et exécuté (1535). Thomas More sera canonisé par l'Église.

Le mot « utopie », néologisme inventé par More et qui aura une fortune prodigieuse, est forgé d'après le grec : *ou topos,* « non-lieu », « pays de nulle part ».

More se tourne plus vers Platon que vers le millénarisme des Anabaptistes dont il est contemporain. Le pays qu'il imagine est une *île :* c'était une représentation traditionnelle des utopies antiques de l'âge d'or (les « îles des bienheureux » ou « îles fortunées »), mais les premières Grandes Découvertes jouent évidemment ici un rôle.

La société d'Utopie est une sorte d'aristocratie-monarchie élective : un prince à vie est élu par un sénat, lui-même composé de représentants des chefs de famille. Toutes les maisons sont semblables. La production est planifiée. La propriété privée, accusée d'être responsable de la pauvreté, est totalement abolie. En effet, le but est d'arriver à l'égalité ; or, dit More, « l'égalité est impossible dans un État où la possession est individuelle et absolue ». D'ailleurs le sens de la propriété est appelé à disparaître, puisque nul ne possède même sa maison (les logements changent d'occupants tous les dix ans, et c'est un tirage au sort qui décide des affectations). Clergé oisif, nobles et valets n'existent plus. Le luxe est supprimé. Le travail est obligatoire pour tous. Du coup, la journée de travail peut être réduite à six heures, du temps étant ainsi dégagé pour des loisirs (studieux). Pour les travaux les plus durs, il se trouve qu'on dispose d'esclaves temporaires (prisonniers de guerre et criminels). Tout cela suppose une discipline minutieusement réglée : horaires stricts pour tous, repas en commun, interdiction des voyages à l'étranger. Pas de monnaie (il n'en est besoin que pour les échanges extérieurs). Enfin,

---

1. Cf. More, *L'Utopie*, trad. de Marie Delcourt, présentation et notes par Simone Goyard-Fabre, Garnier-Flammarion, 1977.

l'État d'Utopie, bien que pacifique dans l'intention, est idéologiquement expansionniste : le peuple d'Utopie doit aider, y compris par les armes, les peuples voisins à se libérer de leurs tyrans.

L'*Utopie* de More n'est pas encore un programme révolutionnaire ; c'est simplement un idéal, mais qui joue un rôle critique, puisque l'île d'Utopie, qui a 54 cités comme l'Angleterre a 54 comtés, est, pour tout lecteur attentif, une image de ce que l'Angleterre pourrait devenir. Condamner la propriété privée dans une fiction littéraire est une manière pour More de proposer une alternative à la société qui est en train de naître en Angleterre et qu'il réprouve, le capitalisme naissant, les transformations socio-économiques mises en œuvre par les premiers Tudors.

2) *Campanella*

La *Cité du Soleil* de Thomas Campanella date de 1602[1].

Campanella est un moine dominicain né en Calabre en 1568. Il a eu affaire à l'Inquisition plusieurs fois pour affaires de mœurs et de doctrines. Croyant à une proche fin des temps, il provoque une insurrection contre les Espagnols avec l'aide des Turcs : il promet aux insurgés l'avènement d'une société nouvelle, fondée sur l'amour, dans la ligne du millénarisme.

L'État imaginé par Campanella est une *cité du soleil* : on retrouve la thématique antique d'Aristonicos et de certains stoïciens. Il s'agit d'une cité dominée par un grand temple et formée de sept cercles concentriques correspondant aux sept planètes. La science et la technique[2] sont omniprésentes : la cité est entièrement conçue de manière à éduquer et éclairer le peuple, en rupture avec la situation actuelle où les masses populaires sont sciemment maintenues dans l'ignorance par le Pouvoir et l'Argent. L'État est dirigé par un magistrat suprême, le Métaphysicien, aidé de ministres qui incarnent chacun une faculté, Puissance, Sagesse ou Amour. Toute liberté, toute contingence sont exclues de la cité, qui est réglée sur les lois déterministes de l'univers.

Le communisme va plus loin que chez More, puisqu'il comporte la communauté des femmes. La famille est supprimée[3]. Pas

---

1. Cf. Tommaso Campanella, *La Cité du Soleil*, Introd., éd. et notes par Luigi Firpo, trad. fr. par Arnaud Tripet, Librairie Droz, Genève, 1972.
2. Du moins une sorte de science-fiction comme chez Léonard de Vinci : il est question de charrues à voiles, de bateaux à roues et soufflets, etc.
3. Nous retrouverons le mot d'ordre de destruction de la famille − cette cellule qui s'interpose entre la collectivité et l'individu, empêche la première de devenir l'unique famille du second et transmet des valeurs, des identités et des patrimoines sur lesquelles se brisent les pulsions mimétiques du groupe − dans quasiment tous les socialismes ultérieurs, jusqu'aux social-démocraties modernes.

plus que chez Platon, cependant, la sexualité n'est libre : les unions sont soigneusement réglées par les magistrats, avec, comme chez Platon se référant lui-même à Sparte, un souci d'eugénisme. En ce qui concerne la communauté des biens, elle s'étend au-delà des maisons, puisqu'elle inclut les meubles domestiques et les lits. On change de domicile tous les six mois, et cette fois ce n'est pas le hasard qui en décide, mais les magistrats. L'éducation est collective. On pratique le sport collectivement et nu. Le travail est lui aussi collectif et réduit à quatre heures par jour. De la religion, il reste un vague culte déiste, mais aussi la pratique obligatoire de la confession auprès du magistrat. Par rapport à More, l'accent est donc mis sur la caractère autoritaire de la société idéale. Campanella sacrifie délibérément la liberté sur l'autel de l'égalité et ne songe pas à le dissimuler. En réalité, la liberté individuelle, qui s'est affirmée au XVIe siècle dans le sillage de la Réforme, fait peur aux hommes du temps parce qu'elle rompt l'unanimité communautariste. La société moderne en cours d'émergence est perçue fondamentalement comme un désordre et une anomalie. Faute que l'harmonie de la société traditionnelle puisse être reconstituée spontanément, elle doit l'être par l'emprise totalitaire d'une autorité dont Campanella ne songe nullement à borner les pouvoirs.

3) L'Histoire des Sévarambes

L'*Histoire des Sévarambes* de Vairas d'Alais, publiée en 1677, reprend le procédé de More et de Campanella. Le roi Sévarias pense que tous les malheurs de l'homme tiennent à trois vices, orgueil, avarice et oisiveté. Pour supprimer l'orgueil, il abolit les classes sociales ; pour supprimer l'avarice, il abolit la propriété, « toutes les terres et les richesses de la nature » étant attribuées à l'État. Pour abolir l'oisiveté, enfin, il rend le travail obligatoire pour tous. Sévarias invente les « trois huit » : huit heures de travail, huit heures de loisir, huit heures de repos. La population est répartie en groupes de 1 000, habitant de grandes maisons collectives (qu'on a vues en vrai dans certaines sociétés amérindiennes). Rien de bien nouveau, donc, mais il est à noter que l'*Histoire des Sévarambes* n'est qu'un échantillon d'une littérature abondante[1]. Partout l'on

---

1. On peut rapprocher de l'*Histoire des Sévarambes* d'autres utopies plus ou moins contemporaines : *Les aventures de Jacques Sadeur* (1676), l'*Histoire de l'île de Calejava ou de l'île des hommes raisonnables, avec le parallèle de leur morale et du christianisme* de Claude Gilbert (1700), etc.

retrouve le même schéma, celui d'une société idéale située « ailleurs » dans la géographie ou dans l'histoire, critique implicite de ce qu'est en train de devenir la société européenne.

II — LE MYTHE DU BON SAUVAGE[1]

Or ces simples fictions littéraires prennent bientôt une forme nouvelle, délibérément contestataire. Il se trouve que les peuples découverts par les Européens au long de leurs périples outre-mer ressemblent étrangement aux descriptions des utopies. De ce fait, une référence objective est fournie aux critiques de la société européenne : si des sociétés meilleures existent dans la réalité, pourquoi ne pas réaliser une société meilleure ?

1) *Le bon sauvage, miroir critique de l'Europe*

Déjà, pour les premiers religieux venus avec les *Conquistadores,* par exemple les Franciscains millénaristes de la « Custodie de saint Gabriel » dont parle Jean Delumeau[2], les habitants de l'Amérique ont offert l'image d'un peuple innocent, sage, pauvre, austère, infiniment patient, ne connaissant pas les vices liés à l'argent, exempt de la corruption des peuples européens, et dont on dirait qu'il a été préparé tout exprès par Dieu pour constituer le point de départ d'un renouvellement de l'humanité, d'une Nouvelle Jérusalem. Un peu plus tard les Jésuites, par les « relations » systématiques de leurs missions outre-mer (savamment diffusées en Europe), font eux aussi connaître des peuples présentant cet intérêt singulier d'être à la fois « utopiques » et « réels » : les sauvages ressemblent, dans leur candeur, leur innocence, leur acceptation du partage, aux premiers hommes.

C'est le cas, par exemple, des *Hurons,* peuple amérindien du Canada français évangélisés dès le début du XVIIe siècle par les Récollets puis par les Jésuites (dont le plus célèbre fut *saint Jean de Brébeuf*).

Une réflexion sociale critique peut alors se développer en commentaire de tous ces récits. Il suffit d'imaginer qu'un de ces êtres

---

1. D'après Albert Soboul, « Lumières, critique sociale et utopie pendant le XVIIIe siècle français », *in* Droz, *op. cit.*
2. Cf. Jean Delumeau, *op. cit.,* p. 231-235.

humains préservés visite l'Europe pour que soit produite *ipso facto* une critique en miroir de la civilisation européenne, sorte d'utopie inversée. Chez Montaigne (*Essais*), Montesquieu *(Lettres persanes)*, Diderot *(Supplément au voyage de Bougainville)*, ce procédé littéraire est mis au service d'une conscience critique relativiste qui débouchera sur la naissance des sciences sociales. Mais chez d'autres auteurs que frappe surtout, chez les sauvages, la dimension communautariste de leurs sociétés, le même procédé sert à réveiller et à promouvoir le communautarisme toujours présent dans les mentalités profondes des populations européennes. Si les sociétés sauvages sans propriété privée et sans individualisme sont viables et heureuses, on peut se donner pour projet d'en bâtir de telles dans l'Europe chrétienne.

Ainsi, dans les *Dialogues ou entretiens entre un sauvage et le baron de La Hontan,* de Nicolas Gueudeville (1704), un Huron dit que les « lois » des Européens sont trompeuses, puisqu' « elles ne s'imposent qu'aux pauvres tandis que les riches s'en exemptent », alors que les Hurons, « sans lois, sans prisons et sans tortures, passent la vie dans la douceur et la tranquillité et jouissent d'un bonheur inconnu aux Français. Nous vivons simplement dans les lois de l'instinct et de la conduite innocente et sage que la nature nous a imprimée dès le berceau[1] » (cité par Soboul, p. 110). Le même Huron souligne surtout que les gens de son peuple ne connaissent ni *mien* ni *tien*. La Hontan finit par « admirer l'innocence de tous les peuples sauvages » et par reconnaître que « la propriété des biens est la source d'une infinité de passions dont vous êtes exempts ». Dans la même veine, un jésuite, le P. Buffier, dans l'*Examen des préjugés vulgaires* (1732), développe un thème promis à un long avenir : la civilisation crée des besoins nouveaux qui font souffrir, dès lors qu'ils ne peuvent être satisfaits ; donc « les peuples sauvages sont, pour le moins, aussi heureux que les peuples polis ». Le projet de (re)faire de l'Européen moderne un « bon sauvage » sera décliné sous mille formes tout au long du XVIIIe siècle.

---

1. Gueudeville, disant qu'il n'y a pas de « torture » chez les Hurons, ne voit que ce qu'il veut voir. On sait en effet que ces Indiens pratiquaient les uns sur les autres des supplices particulièrement atroces, décrits avec précision dans les « relations » de saint Jean de Brébeuf et des autres voyageurs (cf. *Écrits en Uronie*, présentation de Gilles Thérien, Bibliothèque québécoise, 1996). Gueudeville aurait pu lire ces récits, mais son propos n'est pas le savoir : le thème littéraire du bon sauvage fonctionne manifestement ici comme une idéologie.

2) *La République des Guaranis*

D'autant que de nouveaux témoignages affluent selon lesquels le projet d'une société communautariste, y compris avec la participation d'Européens, est réalisable, comme ceux émanant de l'extraordinaire expérience des « réductions » du Paraguay[1].

L'histoire commence dès 1583. Des communautés chrétiennes isolées — afin qu'elles puissent être préservés de l'influence dépravatrice des Européens — sont créées par les Jésuites en milieu guarani, puis fédérées en 1612 en une « république » directement rattachée à la couronne d'Espagne (donc affranchie des pouvoirs coloniaux locaux, tant séculiers qu'épiscopaux). Cette république regroupera jusqu'à 130 000 personnes, réparties en « réductions » de 4 à 8 000 habitants, et le système durera jusqu'à l'expulsion des Jésuites en 1768. Sur le plan politique et administratif, les communautés sont dominées par les religieux : un Père est le chef de chaque réduction, avec comme auxiliaires des « caciques » ou chefs de clans guaranis, puis des conseils élus. Sur le plan économique, les communautés pratiquent un communisme intégral. Le travail, fixé à huit heures quotidiennes, est obligatoire pour tous. La propriété individuelle est interdite. L'argent n'existe pas (sauf une évaluation fictive en pesos pour les échanges entre réductions). Il existe des magasins généraux où chacun porte le fruit de son travail et d'où l'on tire les produits en fonction des demandes des familles. Une autarcie complète par rapport à l'étranger est organisée afin d'éviter au maximum les contacts corrupteurs. Un enseignement est donné à tous en langue guarani.

III — PREMIÈRES CONSTRUCTIONS DOCTRINALES

Cependant, en ces XVIIe et XVIIIe siècles où la pensée constitutionnelle laïque se développe, on voit apparaître, en marge de la tradition utopique et millénariste, des projets de transformation sociale prenant la forme de véritables doctrines révolutionnaires construites. Évoquons ici les principales d'entre elles, entre la première Révolution anglaise et la veille de la Révolution française — à l'exception de celle de Jean-Jacques Rousseau à laquelle nous consacrerons un chapitre spécial.

---

1. Cf. Jean Lacouture, *Jésuites, une multibiographie*, Seuil, 1991, 2 vol. Cf. vol. 1, chap. XIII : « Une théocratie baroque chez les Guaranis ».

1) *Les* Diggers

Dans la décennie 1640, une dissidence du groupe des *Levellers*, les *Diggers* (« creuseurs » ou « bêcheurs »), adopte l'idéal du partage intégral des biens. À la différence des autres *Levellers*, ils ne s'intéressent pas tant aux réformes politiques qu'aux réformes sociales. Ils ne sont pas nombreux et leurs principaux écrits sont dus à un unique auteur, *Gerrard Winstanley*, venu du Lancashire en 1649. Lui et quelques compagnons se sont emparés d'un terrain en friche dans le but de le cultiver et d'en distribuer les produits aux pauvres ; ils annoncent leur intention de s'emparer d'autres terrains privatisés par les *enclosures*. Leur expérience dure un an, puis est réprimée. Le résultat le plus durable est la publication de plusieurs pamphlets par Gerrard Winstantley, dont un plan de gouvernement communiste de l'Angleterre.

La terre, pour Winstanley, appartient à tous et doit servir à la nourriture de tous. La Révolution anglaise est l'occasion de revenir à l'état naturel communautaire de l'humanité. Dans *La lumière brillant dans le Buckinghamshire,* l'on retrouve les thèmes millénaristes :

> « Oh vous Adams de la terre, vous portez de riches vêtements, vous avez le ventre plein... Mais sachez-le... le jour du jugement est proche... Les pauvres que vous opprimez vont être les sauveurs de la terre. Si vous voulez qu'ils vous épargnent... dégagez-vous de ce commerce oppressif de l'achat et de la vente de terres, de la possession de titres de propriété nobiliaire, de la perception de rentes, et donnez librement votre consentement à ce que la terre devienne un trésor commun » (texte de 1649, cité par Geoge A. Sabine, *A History of Political Theory, op. cit.,* p. 454).

La famille est englobée dans cette diatribe anti-riches :

> « Ils vivent de richesse, d'honneur, de plaisir, de clergé, d'hommes de loi, d'épouses et d'enfants, et toute forme culturelle extérieure... Ils n'osent pas vivre en une vie d'amour universel. »

Les *Diggers* ne s'attaquent pas moins aux juristes et aux clercs qu'aux propriétaires fonciers, ceux-là étant, chacun à sa façon, les suppôts de ceux-ci. La religion officielle et la loi ne sont que des inventions diaboliques pour justifier, enseigner et maintenir l'exploitation du pauvre peuple. On ne sortira de cette situation que par le communisme. Dès 1648, dans *Le Paradis des fidèles,* Winstanley avait écrit :

> « Aussi longtemps que les gouvernements diront que la terre leur appartient, en soutenant ce principe d'une propriété particulière, du "mien" et du "tien", jamais les gens du commun n'auront leur liberté [...]. Qu'on cesse d'enclore et clôturer quoi que ce soit sur terre, en disant : "Ceci est à moi" » (cité par Droz, *op. cit.,* p. 99).

Le programme positif des *Diggers* est formulé dans *L'Avocat du pauvre* de Pierre Chamberlen en 1649, puis dans un plan envoyé à Cromwell, en 1652, par Winstanley lui-même, la *Law of Freedom*. On nationalisera les biens de la couronne, du clergé et des entreprises commerciales, et ces biens seront mis à la disposition de la collectivité. On décrétera un minimum vital. On fera une politique de grands travaux, avec exploitation, sous la direction de l'État, des terres en friche. L'économie sera divisée en deux secteurs, l'un public, l'autre privé, mais, même dans ce dernier, les outils et les équipements seront fournis par l'État. Il y aura des magasins généraux où chacun apportera le produit de son travail et viendra se fournir de ce dont il a besoin, tant pour sa production que pour sa consommation. L'instruction sera généralisée. Le clergé sera réduit au rôle de corps enseignant, qui apprendra au peuple la science rationaliste et naturaliste : car « connaître les lois de la nature, c'est connaître Dieu même ».

L'influence des *Diggers* fut limitée en Angleterre (où il y avait d'autres millénaristes, les hommes de la Ve Monarchie, les *Ranters*...). Mais on trouve trace de leurs idées chez le Hollandais Corbelis Plockhoy (1659), qui propose une sorte de phalanstère, et chez le « quaker » John Bellers (*Proposition pour la création d'un Collège industriel*, 1695, puis, presque un siècle plus tard, chez Robert Wallace, auteur, en 1761, des *Perspectives variées*, qui proposent l'établissement d'un régime collectiviste, projets « tempérés cependant par la crainte pré-malthusienne de la surpopulation » (Droz).

2) *Le curé Meslier*

On peut évoquer ensuite, dans la France de la fin du règne de Louis XIV, l'œuvre du curé Meslier.

Jean Meslier (1664-1729) est curé d'Estrépigny en Champagne. Il ne fait pas parler de lui par une action politique visible extérieurement, mais il écrit secrètement des textes extrêmement radicaux, qui seront publiés seulement après sa mort : le *Mémoire des pensées et sentiments de Jean Meslier*, accompagné des *Lettres aux curés du voisinage* et de notes marginales sur la *Démonstration de l'existence de Dieu*. Ce curé s'y affirme communiste et athée convaincu. L'athéisme de Meslier plut à Voltaire, qui écrivit un *Extrait des sentiments de Jean Meslier* qui valut au curé d'Estrépigny une première notoriété dès le XVIIIe siècle (Diderot aussi le lut). Cependant, Voltaire avait gommé l'aspect social, et ce n'est que lorsque le texte authentique fut publié qu'on put s'intéresser au communisme de Meslier.

Les écrits de Meslier témoignent de la misère des campagnes françaises vers la fin du règne de Louis XIV : famines dues aux mauvaises récoltes, et surtout aux exactions du fisc et des gens de guerre.

Meslier proteste contre cette situation. Il met en cause les riches et les puissants, qui vivent au « paradis » tandis que les pauvres sont en « enfer ». Il n'analyse pas les processus économiques qui produisent cette situation, le prélèvement féodal ou fiscal, par exemple, et il a, à la place, une explication toute simple. Le mal vient de l'inégalité en tant que telle, parce qu'elle est contraire à la loi naturelle, « parce qu'elle n'est nullement fondée sur le mérite des uns, ni sur le démérite des autres ».

« Oui, certainement, [les paysans] mériteraient de ne pas manquer [de pain], et ils mériteraient même d'en manger les premiers et d'en avoir la meilleure part, comme aussi d'avoir la meilleure part de ce bon vin qu'ils font venir encore avec tant de peine et de fatigue... Les riches et les grands de la terre leur ravissent la meilleure part des fruits de leurs travaux pénibles... Ceux qui sont les plus forts, les plus rusés et les plus habiles, et souvent aussi les plus méchants et les plus indignes sont les mieux partagés dans les biens de la terre ».

Et Meslier de dénoncer les « parasites » comme les rois, « lions rugissants qui cherchent leur proie », et

« tous ces beaux Messieurs, les grands et les nobles, toutes ces belles dames et demoiselles, si bien parées, si bien mises, si bien frisées, si bien poudrées, si bien musquées et si éclatants et éclatantes d'or et d'argent et de pierres précieuses ». Le clergé, les gens de robe sont aussi des parasites, « des fainéants, des gens oisifs et inutiles » (textes cités par Soboul, p. 113-115).

L'originalité de Meslier est qu'il est partisan, non d'un partage égalitaire de la terre, mais de son appropriation collective. Celle-ci ne se fera cependant pas au niveau de l'État, mais à celui des diverses communautés locales, « en sorte que tous ceux et celles qui sont par exemple d'une même ville, d'un même bourg, d'un même village, ou d'une même paroisse et communauté se comptent tous ensemble d'une même famille ». Meslier se réfère à la communauté des premiers chrétiens et au modèle monastique.

Les membres de la communauté ont même nourriture, vêtement, logement. Il faut l' « égalité des jouissances », mais sous la forme, précise Meslier, d'une « jouissance en commun » « de tous les biens, des fruits du travail, et de toutes les commodités de la vie ». Il y aura également assistance aux malades et aux vieillards. Et il y aura assez pour tous, parce que la terre est suffisamment fertile (à noter que Meslier ne pense qu'à une meilleure répartition de la production agricole existante, non à son augmentation absolue, et qu'il n'évoque pas spécifiquement l'économie de la ville, de l'atelier, moins encore de la manufacture). Le travail sera obligatoire : « Tous à la besogne » (mais Meslier ne songe pas à une organisation planifiée du travail ; d'autre part, à cause de son égalitarisme, il n'imagine pas de système de pouvoir, de « démocratie populaire »).

3) *Morelly*

Un livre intitulé *Code de la nature, ou le véritable esprit de ses lois, de tout temps négligé ou méconnu, partout sauf chez le vrai sage* paraît anonymement en 1755. Il est attribué à Diderot et sera encore réimprimé dans les œuvres de celui-ci en 1773. Mais il a pour vrai auteur un certain Morelly, dont on ne sait pas grand-chose, sinon qu'il aurait peut-être été régent (professeur) à Vitry-le-François et aurait écrit d'autres œuvres, dont *Naufrage des îles flottantes ou Basiliade du célèbre Pilpaï* (paru en 1753). Le fait que le *Code* ait été attribué à Diderot aura valu à ce livre, en tout cas, jusqu'en pleine période révolutionnaire, nombre de lecteurs approbateurs ou critiques.

La *Basiliade* est une des plus importantes utopies du XVIIIᵉ siècle. On retrouve les grands traits de l'*Utopie* de More ou de l'*Histoire des Sévarambes,* ainsi que des allusions implicites à un roman allégorique d'un Anglais, Richard Head, *The floating island* (1673) et/ou à Swift (dans un passage de *Gulliver,* il est aussi question d'îles volantes ou flottantes). L'auteur paraît connaître également la description du royaume des Incas par l' « Inca » Garcilasso de la Vega, auteur des *Commentaires royaux* (Madrid, 1608 et 1617). Aux habitants de l'île dépeinte par Morelly, « la propriété, mère de tous les crimes qui inondent le reste du monde », est inconnue. Personne n'y dit : « Voici mon champ, mon bœuf, ma demeure. » Il faut bannir le *mien,* le *tien* et le *suum cuique.* La communauté imaginée par Morelly annonce le phalanstère de Fourier. « Mille hommes ou tel nombre que l'on voudra, de tous métiers et de toutes professions, se trouvent habitants d'une terre suffisante pour les nourrir. Ils conviennent entre eux que tout sera commun... Tous ensemble cultivent les terres, ramassent, serrent les moissons et les fruits dans un même magasin. Dans l'intervalle de ces opérations, chacun travaille de sa profession particulière. Il y a un nombre suffisant d'ouvriers, soit pour façonner et préparer les productions de la terre, soit pour fabriquer tous meubles et ustensiles de différente espèce. [...] Les ouvrages de l'art, comme toute autre provision, sont mis en magasin commun. [...] Il y a une réciprocité de services qui n'est jamais interrompue. [...] Quoique tout soit commun, rien ne se prodigue [= ne se gâche], parce que personne n'a intérêt à prendre plus que le nécessaire, quand il est assuré de le trouver toujours ; car que ferait-il du superflu, où rien n'est vénal [= vendable] ? » (textes cités par Soboul, p. 128)

Ce qui reste allégorique dans la *Basiliade* est explicité, et développé en système, dans le *Code de la nature.* L'idée est que la morale et la politique actuellement en vigueur dans la société sont en contradiction avec la nature. L'origine de tous les vices, c'est « ce subtil et pernicieux élément, le désir d'avoir ». Or si la propriété n'existait pas légalement, la probité naturelle aurait subsisté. L'homme n'aurait connu ni crainte de perdre ni désir d'acquérir, il aurait travaillé pour le bien commun dont il aurait vu qu'il ne pouvait que bénéficier.

« Aurait-il été possible que l'homme eût pensé à ravir, ou par force ou par ruse, ce qui ne lui aurait jamais été disputé ? » Certains ont dit que les hommes étaient méchants et vicieux, et on les a crus ; on a voulu se prémunir en inventant la propriété, mais on n'a fait qu'embraser la cupidité et l'avarice. De là sont venus tous les vices, toutes les « passions furieuses » et les « actions féroces ». Il faut donc revenir à la vraie nature. Il s'en déduira le communisme, car tout partage des biens en propriétés particulières, même égales, laisserait subsister le problème. Dans le « modèle de législation conforme aux intentions de la nature », il y aura trois lois fondamentales :

« 1° Rien dans la société n'appartiendra singulièrement ni en propriété à personne que les choses dont il fera un usage actuel, soit pour ses possessions, ses plaisirs ou son travail journalier[1]. 2° Tout citoyen sera homme public, sustenté, entretenu et occupé aux dépens du public[2]. 3° Tout citoyen contribuera pour sa part à l'utilité publique, selon ses forces, ses talents et son âge ; c'est sur cela que seront réglés ses devoirs conformément aux lois distributives » (textes cités par Soboul, p. 130-131).

Que seront ces « lois distributives » ou « économiques » ? Il y aura des magasins publics où tout ce qui sera produit sera apporté (sauf les produits périssables, qui seront directement acheminés sur les places publiques), rien ne se vendra ni ne s'achètera. La production sera facilitée par le fait que la société sera entièrement structurée par groupes hiérarchiques, selon le système décimal : dans chaque profession, les travailleurs seront groupés par dizaines, centaines... Des « lois édiles » organiseront les magasins, planifieront les villes et les quartiers. Des « lois de police », des « lois conjugales » et des « lois de l'éducation » régleront les mœurs : repas en commun, mariage obligatoire entre quinze et dix-huit ans, exercice de la profession d'agriculteur entre vingt et vingt-cinq ans, d'autres professions ensuite ; éducation commune des enfants à partir de cinq ans, générale jusqu'à dix ans, professionnelle ensuite (tous les enfants iront dans des ateliers). Sur le plan politique, l'État sera divisé en « tribus » largement autonomes, gouvernées par un Sénat, composé de chefs de famille non élus, mais se succédant par roulement. Il y aura un Sénat suprême pour l'État. L'unité économique ne sera ni la tribu ni l'État, mais la « cité », groupe de tribus économiquement complémentaires. C'est à ce niveau que sera organisé le travail.

---

1. Donc il y a quand même propriété des outils de travail : le contexte est encore celui d'une société artisanale et agricole, la question de l'outil « industriel » ne se pose pas.

2. Tous fonctionnaires : c'est là en effet l'idéal socialiste, parfaitement explicité et revendiqué, nous le verrons, chez les saint-simoniens, poursuivi ensuite plus ou moins sourdement par toute la tradition socialo-communiste et syndicale jusqu'à nos jours.

On retrouve donc les traits essentiels des utopies antérieures, mais présentés cette fois sous la forme d'un programme réaliste de transformation sociale, avec description précise des institutions administratives nécessaires. D'autant que Morelly ajoute une idée originale, celle d'une *organisation planifiée du travail*. À la différence de Rousseau, qui rejette avec horreur les arts et les sciences et veut revenir à l'austérité de la vie sauvage (cf. *infra*), Morelly croit au progrès, et il croit que le progrès économique sera réalisé, précisément, par l'organisation collectiviste du travail qu'il propose.

4) *Mably*

Mably (1709-1785) fut célèbre de son temps. Il est l'auteur de : *Des droits et des devoirs du citoyen* (écrit en 1758) ; *Entretiens sur le rapport de la morale avec la politique* (1763) ; *Doutes proposés aux philosophes économistes*[1] *sur l'ordre naturel et essentiel des sociétés politiques* (1768) ; *De la législation ou principes des lois* (1776) ; *Du gouvernement et des lois de Pologne*.

Pour Mably, l'origine de tous les vices et malheurs de la société actuelle est encore la propriété des biens. Contrairement à Morelly et d'accord avec le P. Buffier et Rousseau, il rejette la civilisation, qui a dépravé l'homme, créé des désirs superflus et de faux besoins, entraîné la paresse des riches, l'humilation des pauvres, l'ambition, l'avarice. Il faut revenir à la frugalité de l'état de nature, qu'on retrouvera sous le droit des gens et le droit public (Mably admire même Attila). Il attaque les Physiocrates et leur idée selon laquelle la propriété est le fondement des sociétés. Il a existé des sociétés sans propriété, Spartiates ou Indiens du Paraguay ; donc l'ordre prétendûment « naturel » des économistes ne l'est pas. « Comment vous y prendrez-vous pour faire croire aux hommes qui n'ont rien, c'est-à-dire au plus grand nombre des citoyens, qu'ils sont évidemment dans l'ordre où ils peuvent trouver la plus grande somme de jouissances et de bonheur ? »

Mably critique le luxe, le commerce, « espèce de monstre qui se détruit de ses propres mains », les manufactures (il dit, anticipant les critiques de l'aliénation ouvrière de Hegel et de Marx, que les ouvriers des manufactures sont des « hommes vils »). Pour rétablir l'état originaire, il faut arracher les vices en commençant par le premier de tous, l'avarice.

Mais peut-on se servir de l'état de nature comme d'un modèle pour reconstruire réellement et d'un coup la société idéale ? Peut-on

---

1. C'est-à-dire aux Physiocrates, cf. *supra*, p. 442 sq.

faire pour la société d'aujourd'hui ce que Lycurgue fit pour Sparte ?
Non : « Des obstacles insurmontables s'opposent au rétablissement de
l'égalité détruite. » Ce qu'on peut faire, c'est, sans supprimer purement et simplement la propriété, faire en sorte que les lois suppriment
progressivement l'avarice et l'inégalité. Il faudra d'ailleurs d'abord
diminuer les finances de l'État et les impôts : comment les citoyens
deviendraient-ils moins avares s'ils voient que l'État lui-même est
insatiable ? Il y aura des lois somptuaires (le fait que les richesses
deviennent « inutiles » ôtera les raisons d'en « amasser »). Les lois res-
treindront le commerce au strict minimum. Surtout, la loi supprimera
la liberté de tester et réglementera les héritages de façon stricte et restrictive : « la loi disposera du bien de chaque mourant ». Il y aura une
certaine transmission des biens, mais très encadrée : par exemple, on
admettra la transmission de biens meubles à des serviteurs afin de
« faire rentrer ainsi dans la classe des pauvres quelques richesses pernicieuses au riche » ; une fille unique ne pourra hériter que d'un tiers
des biens patrimoniaux, et on lui donnera deux frères adoptifs pour
hériter du reste (car Mably dit que cette confiscation des héritages ne
doit pas servir à enrichir l'État : les successions seront partagées, plutôt, « entre les familles pauvres du lieu »). Il y aura, enfin, des lois
agraires tendant à empêcher qu'il y ait de grandes propriétés appartenant à des propriétaires oisifs comme le clergé ; on répartira le sol
entre des petits propriétaires qui le cultiveront eux-mêmes (textes
cités par Soboul, p. 145-147).

On pourrait citer un certain nombre d'autres élaborations doctrinales de ce
type jusqu'à l'époque de la Révolution, comme celle du curieux moine béné-
dictin *Don Deschamps* (1716-1774), qui fait le plan d'une société sans rois, ni
prêtres, ni magistrats, sans *mien* et *tien,* sans vices ni vertus, et qui accuse les
Encyclopédistes de n'être pas assez radicaux puisqu'ils attaquent la religion, mais
ne remettent pas en cause l'oppression sociale, vraie racine du mal.

5) *La critique des « économistes »*

Les idées exprimées tout au long du siècle par les « économistes »
ont suscité en France un débat théorique qui n'a pas peu contribué à
la cristallisation des premières idées socialistes. Cette polémique se
concentre sur le problème des *impôts* et sur celui de la *liberté du commerce des grains*.

En ce qui concerne l'impôt, la position des Physiocrates était
qu'il devait être assis sur la propriété foncière, seule source du « produit net » de l'économie, mais que cet impôt devait être modéré,
sans quoi la condition de propriétaire foncier serait peu attrayante.
Les critiques disent, eux, que l'impôt doit être plus lourd pour les
riches : il doit être non seulement proportionnel, mais *progressif.*

Cette dernière idée, présente par exemple chez Rousseau, est précisée par
Graslin, receveur général des fermes à Nantes, auteur de l'*Essai analytique sur la
richesse et sur l'impôt* (1767). L'impôt proportionnel n'enlève au riche qu'une
fraction de son superflu, alors qu'il prive le pauvre du nécessaire. En outre, la
protection de l'État, payée par l'impôt, a plus de valeur pour le riche, qui a
beaucoup à protéger, que pour le pauvre, qui n'a rien. D'où l'idée des tranches
de revenus donnant lieu à des proportions croissantes de prélèvement.

La *liberté du commerce des grains* était un des points clefs de la doctrine physiocratique (et, avant eux, de Boisguilbert ou de l'école de
Vincent de Gournay, cf. *supra*, p. 437-439 et 444-445). Mais si, au
nom de la liberté du commerce, on laisse les prix des denrées augmenter plus vite que les salaires, n'en résulte-t-il pas un appauvrissement des salariés ? Le « droit de propriété » n'est-il pas contraire,
alors, au « droit à l'existence » ? Comment la misère ouvrière
peut-elle être conforme à l'ordre naturel ? Ne faut-il pas une intervention correctrice de l'État ?

C'est ce que soutient l'abbé Galiani (1728-1787). Dans ses *Dialogues sur le commerce des grains* (1748-1751), il distingue les grains et le
blé. Il est normal que les premiers soient dans le commerce, mais le
second, nécessaire à la subsistance, relève de la raison d'État et peut
donner lieu à toutes les réglementations nécessaires. L'intérêt général
doit primer ici le droit de propriété.

La thèse est également défendue par Simon Nicolas Henri Linguet (1736-1794, auteur de la *Théorie des lois civiles ou principes fondateurs de la société* [1767] et des *Annales politiques, civiles et littéraires*
[1777-1792]). Les Physiocrates disent que, quand le prix du blé augmente, la société s'enrichit. C'est une illusion, car ce surcroît de
richesse est prélevé, en réalité, sur le journalier acheteur des grains
qui, ne pouvant acheter qu'une moindre quantité d'un bien devenu
plus cher, s'appauvrit. L'économie est un jeu à somme nulle, et non
ce jeu à somme positive que prétendent les économistes. « Vous
avez raisonné précisément comme un homme qui voudrait qu'une
rivière entretînt les ruisseaux dont elle est formée, au lieu que ce
sont les ruisseaux qui entretiennent la rivière. » Il y a dissymétrie
entre le besoin que l'employeur a des bras de l'ouvrier (il peut s'en
passer plusieurs jours), et celui que l'ouvrier a du pain (il ne peut
s'en passer que quelques heures). Dans ces conditions, le *droit de propriété* n'est pas opposable au *droit d'exister* de l'ouvrier affamé. « Tout
être vivant a un titre pour exiger des aliments : ses dents et son estomac. [...] La société a pu restreindre ce droit, mais elle n'a pu
l'anéantir. » Donc les propriétaires ne peuvent pousser leur droit jusqu'à contraindre autrui à mourir de faim ; et les gouvernements ont
« l'obligation de veiller à ce que l'avarice des uns ne puisse jamais
compromettre l'existence des autres ». « La première de toutes les

propriétés, c'est celle de la vie. Il n'y a plus de droits, il ne peut plus
y en avoir, dès qu'elle est compromise par la faim, et, dans ce cas terrible, les cris des malheureux iraient appeler la foudre pour enfoncer
ces magasins impitoyables, si l'administration trop aveugle s'obstinait
à les défendre » (textes cités par Soboul, p. 168-170). Mais, foncière-
ment pessimiste, Linguet ne forge pas de plan concret d'action révolutionnaire.

6) *La réflexion sociale et économique à l'approche de la Révolution*

Autour des années 1760, la réflexion économique et sociale
devient prédominante dans la vie intellectuelle. Un auteur pourra
évoquer en 1782 « ces assertions répétées depuis trente ans dans
presque toutes nos brochures sur la morale, sur l'égalité, la perfectibilité de l'homme, la communauté de biens... ». On multiplie des
essais sur les « pauvres », sur le bon droit du « pauvre diable » qui n'a
rien, sur les dangers du machinisme naissant qui enlève leur travail
aux ouvriers, sur la question de la mendicité. On continue à regarder
l'Occident au miroir des peuples exotiques que l'on magnifie, en
dernier lieu les Tahitiens découverts par Bougainville (dont le
voyage se situe entre 1766 et 1769). On pratique aussi ce qu'on
pourrait appeler l'utopie historique, avec la mode croissante de
Sparte, ou une utopie à la fois géographique et historique, avec des
livres nombreux sur les Incas, dont la société est réputée « le système
de Rousseau mis en action ». On multiplie aussi les romans utopiques, dont le plus célèbre est le *Paul et Virginie* de Bernardin de
Saint-Pierre, en attendant ceux de Restif de la Bretonne.

Le futur Girondin Brissot (1754-1793) publie, en 1780, les *Recherches philosophiques sur le droit de propriété et sur le vol considérés dans la nature et dans la
société*. Il critique la propriété du point de vue du droit naturel : « La propriété
est une invention sociale qui blesse directement le droit de la nature. » « Le
voleur dans l'état de nature est le riche, celui qui a du superflu ; dans la société,
le voleur est celui qui dérobe à ce riche. » La conclusion est qu'il ne faut pas
punir le voleur de façon disproportionnée (ce qui rejoint les préconisations de
Beccaria). Marat était alors proche de Brissot, et il défend des idées analogues
dans son *Plan de législation criminelle* (1780).

Les « Cahiers de doléances » rédigés à l'approche des États généraux
de 1789 contiennent des écrits allant dans le même sens : le *Cahier des pauvres*, le
Précis de vues générales en faveur de ceux qui n'ont rien ; Dufourny de Villiers :
*Cahier du quatrième ordre, celui des pauvres journaliers, des infirmes, des indignes, etc.,
de l'ordre sacré des infortunés* (1789). Le « quatrième ordre », qui ne possède rien,
mais qui contribue plus que les autres par son travail, doit être, aux yeux de
l'humanité, le premier. On demande une loi agraire : « Il est reconnu qu'une
grande terre serait mieux cultivée et occuperait plus de monde, si elle était

divisée en plusieurs familles, qu'étant entre les mains d'un seul fermier ». On demande une « société mieux organisée », formule qui suggère le passage du thème d'une collectivisation des biens à celui d'une collectivisation du travail, thème « communiste » que développera Babeuf.

Avant d'étudier les prolongements de ces idées pré-socialistes à l'époque révolutionnaire elle-même, il nous faut revenir en arrière, au milieu du siècle, pour nous arrêter sur une figure particulièrement significative et importante de la littérature utopique-révolutionnaire que nous venons de passer rapidement en revue : Jean-Jacques Rousseau.

Chapitre 2

Rousseau

Par sa protestation contre l'absolutisme royal, par sa théorie de l'État républicain, Rousseau partage certaines des conceptions de la tradition démocratique et libérale. Cependant, nos principes de classification nous conduisent à l'étudier avec les *adversaires* de cette tradition. En effet :

— Rousseau est l'auteur d'une théorie de la « volonté générale » qui est la *négation de la nécessité du pluralisme dans l'État*. L'existence d'opinions diverses est envisagée comme un obstacle gênant à éliminer, et non comme un élément de fécondité à faire valoir. En ce sens, Rousseau est un adversaire de la *démocratie*.

— Rousseau condamne explicitement la propriété dans le *Discours sur l'origine et les fondements de l'inégalité* et, dans le *Contrat social,* il veut que tous les droits naturels individuels – la propriété, mais aussi les libertés de conscience, religieuse et d'expression – soient abolis au moment du passage à l'état civil. Certains de ces droits sont ensuite rétablis, mais à la seule discrétion de l'État. Cela est contraire aux principes du *libéralisme.*

Nous sommes conduits, en outre, à situer Rousseau à « gauche », tant sur le fond, en raison de son égalitarisme et de sa vision préjacobine d'une économie gérée par l'État, que pour des raisons méthodologiques, en raison du type de rationalité « constructiviste » qu'il met en œuvre.

Il est vrai que d'autres rattachements paraissent possibles. Certains des aspects de la pensée de Rousseau sont manifestement « de droite », comme l'anti-intellectualisme, le culte de la nature et même de la force, la haine du progrès... La souveraineté illimitée qu'il confère à l'État le rattache au plus pur absolutisme, malgré qu'il en ait. D'autres aspects font de lui, anecdotiquement, un des ancêtres, de pair avec certains auteurs d'utopies cités au chapitre précédent, de l'*écologie.*

Vie et œuvres

Jean-Jacques Rousseau est né à Genève – alors République indépendante, non encore intégrée à la Confédération helvétique – le 28 juin 1712. Son père est un artisan modeste, mais instruit, féru de lettres antiques. Mais, s'étant mêlé aux affaires politiques, il est exilé. Le jeune Rousseau, alors âgé de 10 ans, passe deux ans en pension chez un pasteur, puis est mis en apprentissage chez un graveur. Comme cette expérience ne lui convient pas, il quitte Genève à l'âge de 16 ans et est accueilli par une dame charitable, Mme de Warens, qui le convertit au catholicisme (Rousseau reviendra plus tard au calvinisme) et le garde sous sa protection pendant treize ans. Il séjourne à Turin, à Annecy et aux « Charmettes » à Chambéry.

En 1741, il se rend à Paris où il devient l'ami de Diderot et se fait admettre dans la bonne société. Il peut ainsi obtenir une place de secrétaire de l'ambassadeur de France à Venise (où il séjournera pendant un an, de juillet 1743 à août 1744). Compositeur autodidacte, il peut également faire représenter son opéra *Les Muses galantes* (1744). Il rencontre à la même époque une lingère, Thérèse Le Vasseur, avec qui il restera lié toute sa vie, mais qu'il n'épousera que sur le tard, en 1768. Liaison orageuse et peu heureuse : les enfants sont abandonnés aux Enfants trouvés.

En 1750, à 38 ans, Rousseau devient célèbre pour avoir écrit, en réponse à une question posée par l'Académie de Dijon, le *Discours sur les sciences et les arts*. Puis vient le *Discours sur l'origine et les fondements de l'inégalité parmi les hommes* (1755). Conformément aux thèses de ces œuvres hostiles à la société et à la civilisation, Rousseau renonce alors à la vie mondaine de Paris, se brouille d'ailleurs avec les encyclopédistes (*Lettre à d'Alembert sur les spectacles*, 1758), et va s'installer à la campagne, d'abord à l'Ermitage avec Mme d'Houdetot, puis à Montmorency, chez M. et Mme de Luxembourg. Là, il compose ses grandes œuvres, *La Nouvelle Héloïse*, l'*Émile* et le *Contrat social* (parus presque simultanément en 1761 et 1762) (Il avait composé également, avant le *Contrat*, un autre texte politique important, l'article « Économie politique » de l'*Encyclopédie*).

Mais, tandis que l'*Émile* – qui contient la fameuse *Profession de foi du Vicaire savoyard* – est condamné par le Parlement de Paris, le même ouvrage et le *Contrat social* le sont par le Conseil de Genève. Menacé d'arrestation, Rousseau, alors âgé de 50 ans, commence une pénible errance qui durera une dizaine d'années. Il se réfugie d'abord à Môtiers, en Suisse (donc hors Genève), puis en Angleterre (à l'invitation de Hume), enfin à Paris et à Ermenonville, où il meurt le 2 juillet 1778. De cette dernière période datent les *Lettres écrites de la Montagne* (1764, en réponse à la condamnation des autorités genevoises), les *Confessions* (1765-1770, publiées seulement en 1782), le *Projet de Constitution pour la Corse*, les *Considérations sur le gouvernement de Pologne,* et enfin deux œuvres éloignées des préoccupations politiques, *Rousseau juge de Jean-Jacques* et les *Rêveries du promeneur solitaire* (écrites de 1776 à 1778).

La pensée politique de Rousseau s'est exprimée dans une série de textes et d'ouvrages qui jalonnent toutes les périodes de sa vie. Nous examinerons les plus importantes de ces œuvres[1].

---

1. Les œuvres politiques de Rousseau sont réunies dans un volume de La Pléiade qui compte quelque 2 000 pages : Jean-Jacques Rousseau, *Œuvres complètes, III : Du Contrat social. Écrits politiques*, édition publiée sous la direction de Bernard Gagnebin et Marcel Raymond, Gallimard, 1964. Pour le *Discours sur l'origine de l'inégalité*, on pourra consulter l'édition abondamment commentée de Jean-François Braunstein, Nathan, 1981. Pour le *Contrat social*, celle de Maurice Halbwachs (1943), Aubier, 1967. Sur la pensée politique de Rousseau en général et le contexte de la pensée politique au temps des Lumières, cf. Robert Derathé, *Jean-Jacques Rousseau et la science politique de son temps*, Vrin, 1988.

I — DISCOURS SUR LES SCIENCES ET LES ARTS (1750)

La question de l'Académie de Dijon était : « Le rétablissement[1] des Sciences et des Arts a-t-il contribué à épurer les mœurs ? » La réponse de Rousseau est qu'il les a, au contraire, corrompues. Le « progrès » est mauvais. Le « bon sauvage » est supérieur à l'homme civilisé. La *nature,* dont il n'est pas sorti, est supérieure à la *civilisation.* Rousseau, dans tout ce qui suit, retrouve l'inspiration fondamentale du *cynisme*[2].

La science, dit-il, est contraire à la « vertu », au « cœur », au « sentiment » et finalement, ce qui est un comble, à la vérité. En voici les preuves. Dès que l'Égypte a cultivé « la philosophie et les beaux-arts », elle est tombée sous le joug des Perses, des Grecs, des Romains, des Arabes et enfin des Turcs. Les Grecs ont succombé devant les Macédoniens et les Romains après un siècle de philosophie. La décadence de l'Empire romain commence avec la culture des lettres. Constantinople a succombé pour les mêmes raisons. Inversement, les peuples forts sont les peuples jeunes et incultes, les Perses, les Scythes, les premiers Romains, « pâtres » et « laboureurs », les Germains sauvages admirés par Tacite, les Indiens d'Amérique qui fascinent Montaigne. En bonne logique, à l'Athènes civilisée et démocratique, Rousseau préfère Sparte, « opprobre éternel d'une vaine doctrine », qui a eu la sagesse de « chasser de ses murs les Arts et les Artistes, les Sciences et les Savants » (p. 12[3]).

Chez les peuples qui cultivent les lettres et les sciences, ne peuvent que disparaître la discipline militaire, l'agriculture, le patriotisme :

« Jusqu'alors les Romains s'étaient contentés de pratiquer la vertu ; tout fut perdu quand ils commencèrent à l'étudier » (p. 14).

L'auteur fait l'apologie de la *force,* cette vertu naturelle par excellence. Dans la fameuse « prosopopée de Fabricius[4] », il reproche aux Romains d'avoir été séduits par la *paideia* grecque :

« Dieux ! que sont devenus ces toits de chaume et ces foyers rustiques qu'habitaient jadis la modération et la vertu ? Quelle splendeur funeste a succédé à la simplicité romaine ? Quel est ce langage étranger ? Quelles sont ces

1. Sc. depuis la Renaissance. « Arts » : techniques.
2. L'école de philosophie antique qui condamne la civilisation, cf. *HIPAMA,* p. 216-218.
3. Pages de l'édition de La Pléiade.
4. Fabricius est un général romain, qui fut envoyé en ambassade auprès de Pyrrhus en 280 avant J.-C. Il fut célèbre pour son intégrité. Il est question de lui dans plusieurs passages de Plutarque, bien connus de Rousseau.

mœurs efféminées ? Que signifient ces statues, ces tableaux, ces édifices ? Insensés, qu'avez-vous fait ? Vous les maîtres des nations, vous vous êtes rendus les esclaves des hommes frivoles que vous avez vaincus ? Ce sont des rhéteurs qui vous gouvernent[1] ? C'est pour enrichir des architectes, des peintres, des statuaires et des histrions, que vous avez arrosé de votre sang la Grèce et l'Asie ? Les dépouilles de Carthage sont la proie d'un joueur de flûte ? Romains, hâtez-vous de renverser les amphithéâtres ; brisez ces marbres ; brûlez ces tableaux ; chassez ces esclaves qui vous subjuguent, et dont les funestes arts vous corrompent. Que d'autres mains s'illustrent par de vains talents ; le seul talent digne de Rome est celui de conquérir le monde et d'y faire régner la vertu » (p. 14-15).

Comme Diogène le Cynique, Rousseau pense que la culture fait injure à la nature. La peine même que l'on doit prendre pour s'instruire est bien la preuve que l'instruction n'est pas naturelle.

« Peuples, sachez donc une fois que la nature a voulu vous préserver de la science, comme une mère arrache une arme dangereuse des mains de son enfant ; que tous les secrets qu'elle vous cache sont autant de maux dont elle vous garantit[2], et que la peine que vous éprouvez à vous instruire n'est pas le moindre de ses bienfaits. Les hommes sont pervers[3] ; ils seraient pires encore s'ils avaient le malheur de naître savants. »

Les sciences sont d'ailleurs nées de vices (la curiosité, la paresse, l'orgueil...), elles font perdre du temps. D'autre part, elles rendent possible le luxe, qui est évidemment contraire aux bonnes mœurs, et aboutissent au triomphe de l'économie libérale, du « commerce » et de l' « argent ». Grave erreur pour ceux qui s'engagent sur cette voie, car l'histoire montre que ce sont les pauvres qui gagnent les empires contre les riches corrompus : les Germains contre les Romains, les Anglais ou les Hollandais contre Philippe II. Rousseau conclut :

« Dieu tout-puissant, toi qui tiens dans ta main les Esprits, délivre-nous des Lumières et des funestes arts de nos pères, et rends-nous l'ignorance, l'innocence et la pauvreté, les seuls biens qui puissent faire notre bonheur et qui soient précieux devant toi » (p. 28).

Il faut brûler les livres, arrêter au plus vite les méfaits que l'invention de l'imprimerie a causés en Europe. Il faut dire, au sujet

---

1. Par cette critique du gouvernement des rhéteurs, Rousseau, si l'on se réfère à l'analyse de Tacite dans le *Dialogue des Orateurs* (*HIPAMA*, p. 394-398) se range nettement dans le camp des ennemis de la République.
2. Cette phrase marque bien toute la distance de l'esprit de Rousseau à celui des « Lumières ».
3. Bien qu'ils soient naturellement bons. Mais ils ont été très tôt pervertis par la société, et ce déjà à l'état de nature, cf. *infra*.

des livres imprimés, ce que le calife Omar disait de la bibliothèque d'Alexandrie :

> « Si les livres de cette bibliothèque contiennent des choses opposées à l'Alcoran, ils sont mauvais et il faut les brûler. S'ils ne contiennent que la doctrine de l'Alcoran, brûlez-les encore : ils sont superflus » (p. 28).

Entre Athènes et Sparte, Rousseau a fait son choix :

> « Ô vertu ! Science sublime des âmes simples, faut-il donc tant de peines et d'appareil pour te connaître ? Tes principes ne sont-ils pas gravés dans tous les cœurs, et ne suffit-il pas, pour apprendre tes lois, de rentrer en soi-même et d'*écouter la voix de sa conscience dans le silence des passions*[1] ? Voilà la véritable philosophie, sachons nous en contenter ; et sans envier la gloire de ces hommes célèbres qui s'immortalisent dans la République des Lettres, tâchons de mettre entre eux et nous cette distinction glorieuse qu'on remarquait jadis entre deux grands peuples [les Athéniens et les Spartiates] : que l'un savait bien dire, et l'autre bien faire » (p. 30).

Les intellectuels devront d'ailleurs *se lier aux pouvoirs,* et non pas être indépendants et critiques :

> « Tant que la puissance sera seule d'un côté, les lumières et la sagesse seules d'un autre, les savants penseront rarement de grandes choses, et les Princes en feront plus rarement de belles. »

En choisissant la nature contre la civilisation, Rousseau se range du côté du cynisme ; en choisissant Sparte contre Athènes, il prend parti pour ce que Karl Popper appelle la « société close »[2].

Ces thèses anti-Lumières sont reprises, développées et aggravées dans le second *Discours* – ce qui prouve bien que le *Discours sur les sciences et les arts* n'est pas un canular littéraire qui serait à interpréter dans un sens opposé à son sens obvie.

---

1. Écouter la voix de sa conscience, faire taire les passions, tels sont les deux moments de la méthode rousseauiste, mis en œuvre respectivement par le second *Discours* et par le *Contrat social*.

2. Nous savons que, pour Karl Popper, Athènes représente la « société ouverte », Sparte la « société close » (cf. *HIPAMA*, p. 81 ; sur la pensée politique de Karl Popper, cf. *infra*, p. 1311 sq.). Sparte sera la référence du jacobin Lepeletier de Saint-Fargeau, véritable « préfasciste » qui a fait voter par la Convention un plan d'enfermement de toute la jeunesse française, de 5 à 12 ans, en camps de travail, où, loin de l'instruire à la *paideia* et à l'art du discours comme dans les collèges classiques, on devait la former aux seuls exercices manuels et militaires, et où l'on récompensait le « laconisme » (cf. Bronislav Baczko, *Une éducation pour la démocratie. Textes et projets de l'époque révolutionnaire*, Genève, Droz, 2000). Rousseau loue, comme on pouvait s'y attendre, l'éducation spartiate (p. 24).

II — DISCOURS SUR L'ORIGINE ET LES FONDEMENTS DE L'INÉGALITÉ PARMI LES HOMMES (1755)

Rousseau entend répondre à une nouvelle question posée par l'Académie de Dijon : « Quelle est l'origine de l'inégalité parmi les hommes, et si elle est autorisée par la loi naturelle ? » La réponse tient en trois temps :

1) À l'état de nature, il n'y avait pas d'inégalités (thème de la 1re partie de l'ouvrage).

2) À mesure que l'homme est devenu social, il a adopté la propriété, et cela a créé l'inégalité – une inégalité qui n'a fait que croître et s'autonourrir jusqu'à créer les sociétés fortement hiérarchisées d'aujourd'hui (thème de la 2e partie).

3) Cela n'est pas autorisé par la loi naturelle, car

« il est manifestement contre la loi de nature, de quelque manière qu'on la définisse, qu'un enfant commande à un vieillard, qu'un imbécile conduise un homme sage et qu'une poignée de gens regorge de superfluités, tandis que la multitude affamée manque du nécessaire » (phrase de conclusion, p. 100)[1].

A / L'état de nature

Première thèse, donc : l'inégalité n'existe pas à l'état de nature. Pour l'établir, il faut pouvoir *connaître* l'état de nature.

1) *Les règles de la méthode rousseauiste : « écarter tous les faits » au profit de l'intuition*

Mais comment le connaître, puisque la nature est aujourd'hui dissimulée en l'homme, inextricablement mêlée à la culture ? Parviendra-t-on à

« démêler ce qu'il y a d'*original* et [ce qu'il y a] d'*artificiel* dans la nature actuelle de l'homme » (p. 40, n.s.) ?

Il faudra se garder de faire ce que font les théoriciens du droit naturel qui, étudiant l'humanité développée, constatent que, partout et dans tous les pays, l'homme possède tels ou tels traits et en déduisent que ces traits tiennent à la « nature » de l'homme. Procédé arbitraire, pour Rousseau, car ces traits sont manifestement *construits* par

---

1. Les pages sont celles de l'édition de Jean-François Braunstein, *op. cit.*

l'histoire. Or ce que Rousseau recherche, c'est l'homme *sans* l'histoire, l'homme « pur », « tel qu'il a dû sortir des mains de la nature » (p. 47).

Il escompte que cet homme sera connu un jour par les sciences expérimentales. Il espère beaucoup, à cet égard, des recherches sur le langage, la vision, l'histoire naturelle des animaux (il est un grand lecteur de Buffon qui, précisément, a étudié les « enfants sauvages » laissés à l'écart de la culture). En attendant, puisque ces recherches n'ont pas encore abouti, « connaissant si peu la nature et s'accordant si mal sur le sens du mot "loi", il serait bien difficile de convenir d'une bonne définition de la loi naturelle » (p. 41).

Il ne reste donc plus au chercheur que d'essayer de découvrir cette loi en son propre cœur, par *intuition*. Rousseau commencera par « écarter tous les faits » (p. 41), puisque ces faits sont historiques et artificiels. Il se contentera de « méditer sur *les premières et plus simples opérations* de l'âme humaine » (p. 42).

2) *L'homme originaire*

a) *Les deux lois naturelles : « amour de soi » et « pitié »*

En cherchant ainsi dans son « cœur », Rousseau découvre qu'il y a dans la nature humaine *deux* traits essentiels : le souci de la « conservation de nous-mêmes », et la « répugnance à voir périr ou souffrir tout être sensible et principalement nos semblables » (p. 42), c'est-à-dire, respectivement, l'*amour de soi* et la *pitié*.

Il donne pour exemple de ce dernier instinct « la répugnance qu'ont les chevaux à fouler aux pieds un corps vivant » (p. 64)[1], et cet autre, pris, lui, dans le registre humain : l'homme de la populace (plus proche, selon Rousseau, de l'homme de la nature que l'homme des classes supérieures) viendrait spontanément au secours des victimes, tandis que ce serait l'homme civilisé qui ferait preuve, en ce genre de circonstances, d'indifférence et d'égoïsme. « Dans les émeutes, dans les querelles des rues, la populace s'assemble, l'homme prudent s'éloigne : c'est la canaille, ce sont les femmes des halles qui séparent les combattants et qui empêchent les honnêtes gens de s'entre-égorger » (p. 65)[2].

En revanche, Rousseau exclut explicitement, des premiers principes du droit naturel, la « sociabilité » chère à Aristote, aux stoï-

---

1. L'éthologie moderne récuse cet exemple. Ces animaux, qui ont le corps lourd et les membres grêles, redoutent instinctivement de marcher sur toute surface molle et instable. L'hypothèse d'une « compassion » du cheval pour l'homme tombé à terre est donc hautement fantaisiste. Inutile de dire que, lorsqu'il s'agit de se défendre, les chevaux n'ont aucune « répugnance » à « voir souffrir » un « être sensible ».

2. Ce second exemple est tout aussi contraire à ce que l'anthropologie nous apprend du comportement des foules.

ciens, à Cicéron, et à toute la tradition du droit naturel ancien et moderne. L'homme naturel, capable de « pitié », est néanmoins incapable (et non désireux) de nouer des liens sociaux fondés sur un sens inné de la justice. Rousseau se range à cet égard à l'opinion pessimiste de Machiavel et de Hobbes.

b) *La liberté, la « perfectibilité »*

Cet homme naturel est donc *proche de l'animal*. Il y a cependant une différence. Alors que l'animal n'est qu'une « machine ingénieuse » (Descartes), l'homme possède, en plus et en propre, la *liberté* (et non, précise Rousseau, l'entendement, car il existe déjà une intelligence animale), ainsi qu'une autre qualité pour laquelle l'auteur forge un néologisme, la *perfectibilité* (que n'a pas l'animal, dont la nature est fixe). Or cette perfectibilité, contrairement à ce que suggère l'étymologie, n'est pas un bien. Étant donné que ce trait de la nature humaine a pour origine, non la raison, mais les passions, Rousseau l'entend au contraire comme une *faillibilité* de l'homme qui va faire les malheurs de l'espèce[1].

Il est vrai que l'homme sauvage ne songera pas, de lui-même, à se « perfectionner ». Car, « privé de toutes sortes de lumières », il n'éprouvera pas cette sorte de passions qui naissent du « progrès de nos connaissances », mais seulement celles qui naissent « des impulsions de la nature ». Or celles-ci sont stables.

« Ses désirs ne dépassent pas ses besoins physiques ; les seuls biens qu'il connaisse dans l'univers sont la nourriture, une femelle et le repos... » (p. 55).

c) *« Besoin » et « désir »*

Une femelle et non une femme... En effet, la première société sexuelle ne peut entraîner l'homme loin de sa nature. La sexualité ne peut provoquer de « passions » chez un homme qui n'a que des besoins. Le mal viendra du « moral » de l'amour, c'est-à-dire de l'attachement exclusif et vaniteux à un seul objet sexuel ; ce « sentiment factice » sera apporté par la société, et spécialement par les femmes, qui mettent

« beaucoup d'habileté et de soin pour établir leur empire, et rendre dominant le sexe qui devrait obéir » (p. 67)[2].

---

1. La théologie calviniste de la Chute est présente, quoique refoulée, dans cette notion rousseauiste de faillibilité.

2. Confirmation que le scénario sous-jacent à cette théorie rousseauiste de l'origine des malheurs humains est celui-même de la Chute. Dans les deux cas, la Femme joue le rôle de tentatrice.

Rousseau ajoute cette explication :

« Ce sentiment étant fondé sur certaines notions du mérite ou de la beauté qu'un sauvage n'est point en état d'avoir, et sur des comparaisons qu'il n'est point en état de faire, doit être presque nul pour lui. Car comme son esprit n'a pu se former des idées abstraites de régularité et de proportion, son cœur n'est point non plus susceptible des sentiments d'admiration et d'amour qui, même sans qu'on s'en aperçoive, naissent de l'application de ces idées ; il écoute uniquement le tempérament qu'il a reçu de la nature, et non le goût qu'il n'a pu acquérir, et toute femme est bonne pour lui[1]... » (p. 67).

L'homme naturel est un être de simples « besoins », qui ne connaît pas les « désirs ».

« Le *besoin* satisfait, tout le *désir* est éteint » (p. 67, n.s.)[2].

Tout cela se faisant sans « passions », se fait « paisiblement » et sans « fureur ». À quoi l'on objectera que, dans le règne animal, la sexualité est souvent, au contraire, l'occasion de violences extrêmes : les mâles ne s'entretuent-ils pas pour avoir les femelles ? Certes, répond Rousseau, mais seulement dans quelques espèces, et compte tenu de la rareté des femelles, qui ne sont en chaleur que pendant une période limitée de l'année. Ce ne saurait être le cas pour l'espèce humaine. D'ailleurs la nature est par elle-même paisible : « On n'a jamais ouï dire qu'aucun [homme sauvage] ait été dévoré par les bêtes. » Donc, l'homme naturel n'a rien à craindre d'elles, il peut vivre de manière pacifique et stable avec toutes les espèces malgré la dureté de l'environnement.

d) *La survie des plus robustes*

L'homme naturel est l'objet d'une sélection naturelle cruelle, mais saine, comme elle l'était à Sparte : seuls les robustes survivent,

---

1. Situation bien préférable à celle de l'état social où « le devoir d'une éternelle fidélité ne sert qu'à faire des adultères », lesquels, à leur tour, provoquent des violences, puisque « la jalousie des amants et la vengeance des époux causent chaque jour des duels, des meurtres, et pire encore », sans compter que « les lois mêmes de la continence et de l'honneur étendent nécessairement la débauche et multiplient les avortements » (p. 68).
2. Jean-Paul Sartre reprendra à son compte cette délicate théorie rousseauiste. Prenez un bûcheron, dit-il, honnête travailleur des bois, éloigné de la ville et du monde bourgeois. De temps en temps, il a un « besoin ». Il descend donc en ville, s'empare de la première femme trouvée et, son « besoin » satisfait, remonte dans ses bois. Pas de malice ni de perversions : un « travailleur » ne peut s'offrir ce luxe. Seuls les bourgeois, à qui l'exploitation d'autrui permet d'être oisifs, introduisent du raffinement et des luxes inutiles dans le sexe. C'est eux qui ont inventé le « désir ». L'accusation de lubricité adressée aux riches est un lieu commun du millénarisme médiéval (cf. *HIPAMA*, p. 729).

donc ceux qui survivent sont robustes (alors qu'aujourd'hui tout le monde est malade)[1].

La médecine, de toute façon, ne rallonge pas la vie humaine. Et la civilisation fait que les riches mangeant trop, et les pauvres pas assez, tous vivent moins longtemps qu'ils ne vivraient à l'état de nature. On ne trouve guère d'animaux infirmes : les animaux blessés soit meurent, soit guérissent parfaitement. D'ailleurs les animaux domestiques sont beaucoup moins beaux et bien portants que les animaux sauvages (quand on peut faire la comparaison : chats, chevaux...)[2].

On peut conclure que, soumis à ce régime, l'homme naturel parvient à toutes les perfections physiques et mentales dont l'espèce est capable. Même la mort ne l'atteint pas, ou si peu, puisque, si l'homme naturel est exposé à la vieillesse, les vieux sauvages

« s'éteignent enfin sans qu'on s'aperçoive qu'ils cessent d'être, et presque sans s'en apercevoir eux-mêmes » (p. 50).

e) L'absence de « pensée » et de langage

Ajoutons que l'homme naturel ne *pense* pas :

« J'ose presque assurer que *l'état de réflexion est un état contre nature,* et que *l'homme qui médite est un animal dépravé* »[3] (p. 51).

L'homme naturel ne possède d'ailleurs pas le langage, dont il n'a pas besoin, puisqu'il n'y a ni société ni famille.

Les hommes naturels vivent « dispersés parmi les animaux », sans former une société. Rousseau va plus loin : il suppose que l'homme ne vit même pas en *famille.* Mâles et femelles ne font que se rencontrer de manière aléatoire, sans même se reconnaître lorsqu'ils se retrouvent par hasard...

Se fondant sur le sensualisme de Condillac, Rousseau pense que la connaissance commence par les sens et que l'abstraction ne vient qu'après coup. Il en résulte que, s'il y a eu une ébauche de langage chez l'homme naturel, elle a dû consister en une grande abondance

---

1. Cf. aussi *Émile, in* Rousseau, *Œuvres complètes,* IV, Bibliothèque de La Pléiade, p. 259-260. Ce procès paradoxal à la civilisation est déjà fait par Platon, cf. *HIPAMA,* p. 97.

2. Là encore, si Rousseau n'avait pas « écarté tous les faits », il aurait trouvé nombre de faits absolument contraires à cette assertion.

3. Stupéfiante profession de foi anti-humaniste ! La prudence, l'exercice de la pensée ont en effet toujours été comptées, depuis les présocratiques, et plus encore depuis Socrate, Platon, Aristote, les stoïciens, toute la *paidéia* gréco-romaine, ainsi que par la culture théologique (malgré l'insistance mise par celle-ci sur l'infirmité de la raison humaine) au nombre des attributs non seulement essentiels, mais déterminatifs, de l'espèce humaine. L'homme est *logos* pour les Grecs, *ratio* et *oratio* pour les Romains. Rousseau n'hésite pas à rompre avec cette tradition et à marquer sa *préférence pour l'animal,* à la mode cynique.

de mots concrets, des sortes d' « onomatopées ». Et c'est seulement
ensuite qu'il put y avoir mots génériques et liaisons syntaxiques, à la
faveur d'une évolution qui fut si longue et difficile que Rousseau
n'arrive pas à comprendre comment elle fut possible. Là encore, tout
cela est pour dire que, comme la nature n'a pas donné le langage à
l'homme, et que le langage est nécessaire à la société, la nature n'a
pas voulu que l'homme fût sociable. Or il l'est. Donc il l'est *devenu*
(et il a eu tort de le devenir).

3) *L'homme naturel n'était ni « bon »*
ni « méchant », seulement « farouche »

Il n'y avait en effet aucune raison pour que l'homme naturel
ainsi décrit quittât l'état de nature, en tout cas de façon délibérée,
puisque 1 / l'homme naturel était heureux et que 2 / il n'y avait
nullement, au contraire de ce qu'a supposé Hobbes, de « guerre de
tous contre tous ».

Rousseau établit ainsi le premier point :

« Je voudrais bien qu'on m'expliquât quel peut être le genre de misère d'un
être libre dont le cœur est en paix et le corps en santé. Je demande laquelle, de
la vie civile ou naturelle, est la plus sujette à devenir insupportable à ceux qui en
jouissent ? [...] Il y avait dans le seul instinct tout ce qu'il fallait pour vivre dans
l'état de nature... » (p. 62).

Et le second :

« N'allons pas conclure avec Hobbes que pour n'avoir aucune idée de la
bonté, l'homme soit naturellement méchant » (p. 63).

Il y a deux explications de cette erreur de Hobbes. D'abord il
n'avait pas compté au nombre des instincts naturels, comme Rousseau, la pitié. Ensuite, la guerre dont parle Hobbes n'est pas due à la
lutte pour la *subsistance,* qui ne pose pas de problèmes pour des chas-
seurs-cueilleurs dispersés, mais à la lutte pour la *prééminence.* Or,
l'attrait pour la prééminence ou « amour-propre » est une passion qui
n'existe pas à l'état de nature, où n'existe que l' « amour de soi »[1].
C'est donc la société qui a créé l'état de guerre de tous contre tous que
Hobbes prend à tort pour un état initial. À l'état de nature, les hommes ne connaissaient pas la guerre.

« Comme [les hommes primitifs] n'avaient entre eux aucune espèce de
commerce, qu'ils ne connaissaient par conséquent ni la vanité, ni la considération, ni l'estime, ni le mépris, qu'ils n'avaient pas la moindre notion du tien et

---

1. Cette distinction entre « amour de soi » et « amour-propre » jouera un rôle capital
dans le *Contrat social,* cf. *infra,* p. 827 sq.

du mien, ni aucune véritable idée de la justice, qu'ils regardaient les violences qu'ils pouvaient essuyer comme un mal facile à réparer, et non comme une injure qu'il faut punir, et qu'ils ne songeaient pas même à la vengeance si ce n'est peut-être machinalement et sur le champ, comme le chien qui mord la pierre qu'on lui jette, leurs disputes [avaient] rarement des suites sanglantes... » (p. 66).

En vérité,

« ce n'est ni le développement des lumières ni le frein de la loi, mais le calme des passions et l'ignorance du vice qui [empêchait les hommes sauvages] de mal faire » (p. 64),

et par conséquent, l'hypothèse hobbésienne de la lutte de tous contre tous n'a pas lieu d'être. L'homme naturel n'était pas « méchant », il était seulement « farouche »[1].

Dernière notation importante : on présente volontiers l'état de nature comme un état d'inégalité, puisque les faibles n'y sont pas protégés contre les forts. Rousseau, sans nier l'inégalité naturelle, estime cependant qu'elle est surmultipliée par la civilisation, car « non seulement l'éducation met de la différence entre les esprits cultivés et ceux qui ne le sont pas, mais elle augmente celle qui se trouve entre les premiers à proportion de la culture : car qu'un géant et un nain marchent sur la même route, chaque pas qu'ils feront l'un et l'autre donnera un nouvel avantage au géant » (p. 69). L'inégalité naturelle est un donné stable, alors que l'inégalité culturelle est cumulative. Donc, l'état civil est beaucoup plus inégalitaire que l'état de nature. D'autre part, à supposer qu'il y ait à l'état de nature des différences de talents, de goût, etc., elles ne peuvent se perpétuer, s'incarner dans des institutions. En particulier, aucun rapport stable de domination ne peut s'établir : s'il est vrai que tout homme plus fort ou plus habile peut en voler un autre, tout homme peut aussi fuir tout autre et redevenir libre. Seule la société a créé des inégalités permanentes, institutionnelles. Mais d'où est venue cette promotion de l'inégalité ? C'est le propos de la seconde partie du *Discours* d'expliquer à la fois l'origine et les progrès de celle-ci.

---

1. Il était *irresponsable*, comme l'est, selon la *Généalogie de la morale* de Nietzsche, l'homme de la Terre, avant que les prêtres juifs aient apporté la responsabilité morale et, par ressentiment, « culpabilisé » l'homme naturel. Rousseau radicalise donc le positivisme juridique de Hobbes en ce qu'on pourrait appeler un positivisme moral. Pour Hobbes (cf. *supra*, p. 143), il n'y a, à l'état de nature, ni *juste* ni *injuste* ; ces notions sont apportées par l'État. Pour Rousseau, il n'y a, à l'état de nature, ni *bonté*, ni *méchanceté* ; ces notions sont une création de la société. « Il paraît d'abord que les hommes, dans cet état [de nature], n'ayant entre eux aucune sorte de relation morale, ni de devoirs connus, ne pouvaient être ni bons ni méchants, et n'avaient ni vices ni vertus » (p. 62). Ils étaient donc, très exactement, « farouches » comme des bêtes, capables assurément de manifester de toutes les manières leur force brutale et de verser le sang, mais cela en toute innocence, simplement comme expression irréfléchie de leur « nature », telle la brute blonde germanique célébrée par Nietzsche.

B / L'origine de l'inégalité

Des contingences, des « hasards », des « causes étrangères », profitant de cette faiblesse insigne qu'est pour l'espèce humaine sa « perfectibilité », sont en effet venus tout gâcher. Ils ont déterminé un changement qui s'est révélé fatal.

> « Il me reste à considérer et à rapprocher les différents hasards qui ont pu perfectionner la raison humaine, en détériorant l'espèce, rendre un être méchant en le rendant sociable... » (p. 71).

Bien qu'il ait prétendu « écarter tous les faits », Rousseau est bien obligé, à cette étape de son raisonnement, d'évoquer ces faits contingents qui ont pu faire sortir l'homme de l'état de nature, puisqu'il n'y avait aucune logique immanente qui conduisît nécessairement à cette transformation. Mais en même temps, il avoue (cf. p. 71) qu'il ne connaît et ne peut connaître lesdits faits. Peu importe, il va les inventer :

> « J'avoue que les événements que j'ai à décrire ayant pu arriver de plusieurs manières, je ne puis me déterminer sur le choix que par des *conjectures* »[1].

1) La première « enclosure »

La première de ces conjectures est que quelqu'un, un beau jour, a eu l'idée, qui devait avoir des suites tragiques, d'enclore sa propriété :

> « Le premier qui, ayant enclos un terrain, s'avisa de dire : *Ceci est à moi,* et trouva des gens assez simples pour le croire, fut le vrai fondateur de la société civile. Que de crimes, de guerres, de meurtres, que de misères et d'horreurs n'eût point épargnés au genre humain celui qui, arrachant les pieux ou comblant le fossé, eût crié à ses semblables : gardez-vous d'écouter cet imposteur ; vous êtes perdus si vous oubliez que les fruits sont à tous, et que la terre n'est à personne » (p. 73).

Pourquoi l'auteur de ce nouveau genre de péché originel en a-t-il eu l'idée ? Qui a été son tentateur ? En fait, il y avait eu déjà, auparavant, des événements contingents, extérieurs — que Rousseau imagine aussi arbitrairement que le premier cité.

---

1. D'autres événements, dit-il, auraient donné le même résultat ; de toute façon, les adversaires de son hypothèse ne connaissent pas plus que lui l'histoire réelle ; les hypothèses qu'il va faire ne seront donc pas réfutables. Enfin, la transformation de l'humanité a occupé un temps extrêmement long : donc ce qui paraît peu vraisemblable en un temps court devient possible si l'on se donne un temps aussi long qu'on veut. Les bases méthodologiques de la réflexion de Rousseau sont, on le voit, singulièrement fragiles.

D'abord l'homme s'était multiplié, avait occupé des zones nouvelles de la terre, ayant des conditions physiques différentes. Pour survivre, il avait donc eu besoin d'inventer des techniques nouvelles, près de la mer la pêche, dans la forêt les arcs et les flèches, dans les pays froids l'usage des fourrures... Devenant chasseur efficace, l'homme eut le sentiment d'être supérieur aux animaux, d'où le premier péché d'orgueil. Dès lors, « se contemplant au premier [rang] par son espèce, il se préparait de loin à y prétendre par son individualité » (p. 74). Puis il comprit qu'il chasserait mieux avec les autres hommes. D'où un premier langage, rendant possible les premières familles, pour l'habitation desquelles il fallut inventer les premières « huttes de boue et de branchages », ce qui « introduisit une sorte de propriété, d'où peut-être naquirent déjà bien des querelles et des combats » (p. 76). Dans les huttes, la vie devint plus « molle » – « corps » comme « esprit » – et, partant, la condition physique et mentale des sauvages devint moins bonne du fait de ce premier luxe.

2) *La catastrophe écologique et la création des îles*

Mais voici l'événement le plus lourd de conséquences :

« De grandes inondations ou des tremblements de terre environnèrent d'eau ou de précipices des cantons habités ; des révolutions du globe détachèrent et coupèrent en *îles* des portions du continent » (p. 77)[1].

Quand ces îles se créèrent, ce fut, pour les populations qui y étaient retenues, un rétrécissement du territoire. Les hommes furent alors obligés de se rencontrer et de rester ensemble. Ils n'eurent plus la ressource de se disperser au loin chaque fois qu'une rencontre avait lieu. D'où l'accélération, d'abord, de la création de la langue, qui reviendra ensuite des îles vers le continent sur les barques de hardis navigateurs. Puis une précipitation d'événements qui sonnent le glas de l'état de nature.

3) *Les premières passions sociales*

À la faveur de ce resserrement des rapports, l'homme découvrit en effet l'amour et, par la même occasion, la haine, bref la « passion » : l'*amour-propre* artificiel submergea alors l'*amour de soi* naturel.

« Chacun commença à *regarder les autres* et à *vouloir être regardé soi-même,* et l'estime publique eut un prix. Celui qui chantait ou dansait le mieux, le plus beau, le plus fort, le plus adroit ou le plus éloquent devint le plus considéré, et ce fut là le premier pas vers l'inégalité, et vers le vice en même temps : de ces

---

1. L'idée que de telles transformations géologiques sont possibles est empruntée à l'*Histoire naturelle* de Buffon, le livre de chevet de Rousseau à ce moment.

premières préférences naquirent d'un côté la *vanité* et le *mépris,* de l'autre la *honte* et l'*envie* ; et la fermentation causée par ces nouveaux levains produisit enfin des composés funestes au bonheur et à l'innocence » (p. 78).

Dès lors, passions et violences existèrent, alors même qu'on n'avait pas encore fait d'États ni de villes. D'où l'erreur de Hobbes, qui a bien vu que les sauvages rencontrés par les Occidentaux en Amérique et ailleurs étaient cruels, mais ne s'est pas rendu compte que ces sauvages, précisément, n'étaient nullement des représentants de l'état de nature *originaire,* mais de l'état de nature *second,* c'est-à-dire d'un état déjà décisivement décalé de l'état de nature authentique.

Néanmoins, Rousseau conserve une nostalgie pour cet état intermédiaire, cette « société commencée » des sauvages « réels ». Car, même s'il est déjà cruel, il occupe une sorte de « juste milieu entre l'indolence de l'état primitif et la pétulante activité de notre amour-propre », et il aurait pu durer éternellement.

4) *La division du travail*

C'est là, hélas, que survint un nouvel « événement contingent » qui apporta simultanément la *propriété,* l'*agriculture,* la *métallurgie* et la *société hiérarchisée* – Rousseau vise apparemment ici ce qu'on appellera plus tard la « révolution néolithique », qui induit en effet ce phénomène fondamental qu'est la division du travail[1].

« Dès qu'un homme eut besoin du secours d'un autre ; dès qu'on s'aperçut qu'il était utile à un seul d'avoir des provisions pour deux, l'égalité disparut, la propriété s'introduisit, le travail devint nécessaire et les vastes forêts se changèrent en des campagnes riantes qu'il fallut arroser de la sueur des hommes, et dans lesquelles on vit bientôt l'esclavage et la misère germer et croître avec les moissons » (p. 79). « Dès qu'il fallut des hommes pour fondre et forger le fer, il fallut d'autres hommes pour nourrir ceux-là. Plus le nombre des ouvriers vint à se multiplier, moins il y eut de mains employées à fournir la subsistance commune, sans qu'il y eût moins de bouches pour la consommer ; et comme il fallut aux uns des denrées en échange de leur fer, les autres trouvèrent enfin le secret d'employer le fer à la multiplication des denrées. De là naquirent d'un côté le labourage et l'agriculture, et de l'autre l'art de travailler les métaux et d'en multiplier les usages. »

C'est alors que le premier propriétaire clôtura son champ et qu'apparut l'idée même de *justice* :

« De la culture des terres s'ensuivit nécessairement leur partage, et de la propriété une fois reconnue les premières règles de justice : car pour rendre à chacun le sien, il faut que chacun puisse avoir quelque chose ; de plus les hommes

---

1. Laquelle est aussi, pour Hegel, le début de l'aliénation (cf. *supra,* p. 736), et marquera également pour Marx la sortie du « communisme primitif », et donc le début de l'Histoire, de l'État, de la société de classes et donc du malheur de l'humanité (cf. *infra,* p. 922 sq.).

commençant à porter leurs vues dans l'avenir et se voyant tous quelques biens à perdre, il n'y en avait aucun qui n'eût à craindre pour soi la représaille des torts qu'il pouvait faire à autrui » (p. 81).

De là l'*inégalité* :

« Le plus fort faisait plus d'ouvrage ; le plus adroit tirait meilleur parti du sien ; le plus ingénieux trouvait des moyens d'abréger le travail ; le laboureur avait plus besoin du fer, ou le forgeron plus besoin de blé, et en travaillant également, l'un gagnait beaucoup tandis que l'autre avait peine à vivre » (p. 81).

D'où, encore, *la fin de l'indépendance* :

« De libre et indépendant qu'était auparavant l'homme, le voilà par une multitude de nouveaux besoins assujetti, pour ainsi dire... à ses semblables dont il devint l'esclave en un sens, même en devenant leur maître ; riche, il a besoin de leurs services ; pauvre, il a besoin de leur secours » (p. 82).

D'où la dépravation de l'espèce humaine. L'homme devient alors ce que Machiavel ou La Rochefoucauld ont dit de lui, un être

« ... fourbe et artificieux avec les uns, impérieux et dur avec les autres », à qui « l'ambition dévorante » inspire « un noir penchant » à nuire à ses semblables, « une jalousie secrète d'autant plus dangereuse que, pour faire son coup plus en sûreté, elle prend souvent le masque de la bienveillance » (p. 82).

D'où, enfin et inévitablement, la *guerre* :

« La société naissante fit place *au plus horrible état de guerre* : le genre humain, avili et désolé, *ne pouvant plus retourner sur ses pas* ni renoncer aux acquisitions malheureuses qu'il avait faites et ne travaillant qu'à sa honte, par l'abus des facultés qui l'honorent, se mit lui-même à la veille de sa ruine » (p. 83).

On se retrouve alors dans la situation qui était le point de départ de Hobbes, et il ne reste plus qu'à reprendre le raisonnement de ce dernier : cette *guerre de tous contre tous* va nécessairement conduire au *contrat social*.

5) *Le premier contrat social*

Mais, soutient maintenant Rousseau, le premier contrat qui est à l'origine des sociétés civiles existantes a été imaginé par les riches et réalisé à leur seul avantage, d'ailleurs fort astucieusement. Car ils ont su présenter comme égale pour tous une loi qui, en réalité, ne profite qu'à eux.

« Les lois [de la première société][1] donnèrent de nouvelles entraves au faible et de nouvelles forces au riche, détruisirent sans retour la liberté naturelle, fixè-

---

1. C'est-à-dire de tous les États historiques, depuis l'Antiquité jusqu'au XVIIIᵉ siècle, qui, tous, ont garanti le *mien* et le *tien*, encouragé les sciences et les arts, etc.

rent pour jamais la loi de la propriété et de l'inégalité, d'une adroite usurpation firent un droit irrévocable, et pour le profit de quelques ambitieux assujettirent désormais tout le genre humain au travail, à la servitude et à la misère » (p. 85).

Rousseau se dispense ici d'évaluer les mérites respectifs des trois types de régime traditionnellement distingués par la science politique, monarchie, aristocratie, démocratie. Ce ne sont que des variantes de ce même contrat social favorable aux riches, reflétant un état dégradé de l'humanité et faisant injure à la nature originelle de l'homme.

6) *L'idée de révolution. La sotériologie laïque de Rousseau*

L'analyse de Rousseau débouche alors sur une position *révolutionnaire.* Puisque l'état social actuel de l'homme, où règnent l'amour-propre et toutes les passions, « n'est point l'état originel de l'homme » (p. 99), *il faut en changer.*

Le changement désiré va prendre l'aspect de l'établissement d'un *nouveau contrat,* une institution sociale qui, cette fois, sera pleinement légitime. Que sera ce nouveau « pacte fondamental » ? Rousseau diffère la réponse et renvoie, sur ce point, à l'ouvrage qu'il projette, les *Institutions politiques*[1].

---

1. Bien qu'il ait prétendu épurer son raisonnement de toute théologie, Rousseau retrouve donc involontairement la posture même de l'*eschatologie chrétienne* : l'état de nature, que la Chute a blessé, est désormais devant nous, il est à conquérir. Comme tous les hommes touchés par l'éthique biblique, Rousseau est un *irrequietum cor,* quelqu'un pour qui on ne peut « laisser les choses en l'état » et pour qui l'Histoire est « sous tension eschatologique ». Mais ce chrétien calviniste est parvenu à se dissimuler à lui-même l'origine biblique de cet esprit sous les constructions naturalistes-écologistes dont nous avons vu la fragilité. D'autre part, étant donné sa condamnation de la science et du droit, Rousseau se trouve compagnon de route, non des chrétiens civilisés qui sont dans la descendance de la « Révolution papale » (comme les auteurs de la tradition démocratique et libérale inspirateurs des révolutions hollandaise, anglaise, américaine et de la face libérale de la Révolution française de 1789), mais de leurs adversaires, les *millénaristes violents.* La perspective de ceux-ci est le retour vers le paradis perdu à travers un ultime grand combat eschatologique ; celle de Rousseau sera la Révolution, ce grand soir qui conduira à la société sans classes. Il forge donc une des premières figures de ce qu'on pourrait appeler une *sotériologie millénariste laïque,* dont d'autres figures seront élaborées par Marx, les marxistes-léninistes modernes et les différentes familles socialistes modernes, toutes familles qui sont donc, à certains égards, les avatars d'une même hérésie judéo-chrétienne. C'est peut-être à ce caractère crypto-religieux que les idéologies de gauche doivent l'attrait qu'elles exercent depuis quelque deux siècles sur une partie des masses de l'Europe chrétienne.

III — L'ARTICLE « ÉCONOMIE POLITIQUE » DE L'*ENCYCLOPÉDIE* (1755)

Rousseau a écrit, pour l'*Encyclopédie* de Diderot, l'article « Économie politique »[1]. Nous y trouvons, en pleine période de maturation des *Institutions politiques,* des notations importantes sur la manière « préjacobine » dont Rousseau conçoit l'État.

1) *L'État maître des esprits*

L'État devra d'abord *éduquer* les citoyens. L'obéissance actuelle des citoyens au gouvernement ne suffit pas, il faut préparer leur obéissance future en forgeant l'esprit des citoyens par l'éducation publique[2]. Si l'on veut avoir des citoyens conformes au projet révolutionnaire, « il faut les instruire enfants » (p. 259)[3]. On les habituera avant toutes choses à mépriser leur « moi » et à se soumettre entièrement au Tout. Ils devront être habitués à

« ne jamais regarder leur individu que par ses relations avec le corps de l'État, et à n'apercevoir, pour ainsi dire, leur propre existence que comme une partie de la sienne », de sorte qu'ils puissent « parvenir enfin à s'identifier en quelque sorte avec ce plus grand tout » (p. 259).

Il faut, en effet, « faire régner la vertu » (p. 252), qui se définit comme la conformité des volontés particulières avec la volonté générale. Faire ou observer des lois n'est possible qu'avec des gens vertueux. Tout cela milite pour que l'éducation soit enlevée aux parents :

« On doit d'autant moins abandonner aux lumières et aux préjugés des pères l'éducation de leurs enfants, qu'elle importe à l'État encore plus qu'aux pères ; car selon le cours de la nature, la mort du père lui dérobe souvent les derniers fruits de cette éducation, mais la patrie en sent tôt ou tard les effets » (p. 260).

---

1. Contrairement à ce que suggère ce titre, il n'est pratiquement jamais question d'économie dans cet article ; les questions économiques sont traitées dans l'*Encyclopédie* par d'autres auteurs, comme le jeune Turgot (cf. *supra*, p. 447).
2. Nous abordons l'aspect nettement et délibérément *anti-libéral* de la doctrine de Rousseau. Comme Platon, comme Hegel, il fonde en raison la fonction indispensable, l'éminente dignité et le nécessaire monopole d'une *éducation nationale*. Il n'est guère étonnant que ces trois penseurs aient été inscrits au Panthéon de l'école républicaine française.
3. Pages de l'édition de La Pléiade.

Donc il y aura une

« *éducation publique* sous des règles prescrites par le gouvernement, et sous des magistrats établis par le souverain » (p. 260).

Les enfants seront « élevés en commun dans le sein de l'égalité », ils seront éduqués à « ne vouloir jamais que ce que veut la société » (p. 261).

L'exemple de l'éducation publique a été donné par Sparte, par les Crétois et les Perses. Rousseau admet que la République romaine n'a pas eu d'éducation publique, et il en est embarrassé (p. 262).

2) *La direction de l'économie*

L'État a encore le devoir de « songer à la subsistance » des citoyens. Rousseau prône donc une *direction politique de l'économie* qui visera à créer une certaine égalité des conditions.

« C'est une des plus importantes affaires du gouvernement de prévenir l'extrême inégalité des fortunes, non en enlevant leurs trésors à leurs possesseurs, mais en ôtant à tous les moyens d'en accumuler » (p. 258).

On ne spoliera donc pas directement les propriétaires (le ton de ces passages est légèrement différent de celui des pages consacrées au même sujet dans les *Discours* et dans le *Contrat social* : peut-être Rousseau pense-t-il devoir ménager le libéralisme des milieux encyclopédistes). Mais les lois devront être telles qu'elles aboutissent peu à peu à une égalisation des propriétés. Dans la ligne de l'avertissement donné dans le second *Discours,* il s'agira de « prévenir l'augmentation continuelle de l'inégalité des fortunes » (p. 275-276).

L'instrument privilégié de cette politique sera la fiscalité. Il y aura un *impôt progressif,* et non plus seulement proportionnel (p. 271-272). En effet,

« la première pistole est quelquefois plus difficile à gagner que le second million » (p. 272),

l'argent va à l'argent. Et l'argent des impôts va aux gouvernants, donc tôt ou tard aux riches. Il est donc normal que ces derniers paient plus que les autres.

Rousseau prévoit également d'imposer les « marchandises étrangères dont les habitants sont avides sans que le pays en ait besoin », et autres productions qui seront jugés inutiles et trop lucratives.

« Qu'on établisse de fortes taxes sur la livrée, sur les équipages, sur les glaces, lustres, et ameublements, sur les étoffes et la dorure, sur les cours et jardins des hôtels, sur les spectacles de toutes espèce, sur les professions oiseuses : comme baladins, chanteurs, histrions, et en un mot sur cette foule d'objets de luxe, d'amusement et d'oisiveté, qui frappent tous les yeux, et qui peuvent d'autant moins se cacher, que leur seul usage est de se montrer, et qu'ils seraient inutiles s'ils n'étaient vus » (p. 276).

En effet, « tant qu'il y aura des riches, ils voudront se distinguer des pauvres » (p. 277), donc ils feront des dépenses somptuaires, et l'État doit... en profiter pour les taxer. Ce n'est d'ailleurs pas un abus de la part du gouvernement de percevoir de telles taxes, puisqu'il pourrait, tout aussi bien, interdire purement et simplement lesdits produits.

« Tout ce que le gouvernement peut défendre, il peut le permettre moyennant un droit » (p. 278). « Si, par exemple, le gouvernement peut interdire l'usage des carrosses, il peut à plus forte raison imposer une taxe sur les carrosses, moyen sage et utile d'en blâmer l'usage sans le faire cesser. Alors on peut regarder la taxe comme une espèce d'amende, dont le produit dédommage de l'abus qu'elle punit » (p. 278)[1].

Mais il faut un cadre constitutionnel pour faire fonctionner cet État révolutionnaire. Les principes en sont posés dans le *Contrat social*.

IV — LE *CONTRAT SOCIAL* (1762)

Cet ouvrage est l'unique morceau achevé du grand traité projeté, les *Institutions politiques,* morceau que Rousseau décida, à un certain moment, de détacher et de publier à part.

Le livre, particulièrement dense, comporte deux grandes parties entre lesquelles la cohérence logique est problématique. Une première moitié (Livre I et l'essentiel du Livre II) expose la théorie même du contrat social, de l'État que ce contrat crée, et de la « volonté générale » qui anime cet État. C'est la partie la plus originale. Elle est cohérente, mais expose une doctrine littéralement totalitaire. Viennent ensuite (livres III et IV) des réflexions plus nuancées et « raison-

---

1. Puisqu'il est passible d' « amende », il faut conclure que le fait de posséder des richesses est pensé par Rousseau comme étant *par soi* un délit. Encore faut-il que l'État puisse « interdire l'usage des carrosses » et tout ce qu'il lui plaît d'interdire. On a en effet bien lu : c'est pour que l'État ait le pouvoir de taxer qu'il faut qu'il ait le droit d'interdire. Il faut que le pouvoir de l'État soit total, que l'interdiction soit la règle, la liberté une exception à la discrétion de l'État et motivée par l'intention... de spolier. Nous sommes loin de Locke et de la *rule of law*. Nous sommes par avance avertis des limites des propos du *Contrat social* sur la loi. Pour Rousseau, il ne peut et il ne doit y avoir égalité devant la loi aussi longtemps qu'il n'y a pas une certaine égalité des conditions. L'État agira donc discrétionnairement. On taxera *à volonté*, selon les opinions que se feront les gouvernants sur les « vices » des uns et des autres (Robespierre retiendra la leçon). Une certaine aigreur sociale, mieux dissimulée ailleurs, est bien perceptible dans ces pages.

nables » sur divers sujets, les relations entre souveraineté et gouvernement, les types de régime. Mais elles sont moins originales (elles sont empruntées à ce que Rousseau a pu glaner ici et là dans la tradition constitutionnaliste antérieure), et elles n'ont pas de lien logique discernable avec la théorie de la volonté générale qui précède.

A / Le contrat fondateur

Quel est le fondement du droit ? Il y a à cet égard plusieurs hypothèses.

Peut-il être fondé sur la *nature* ? Non, car il n'existe pas, à l'état de nature, d'hommes qui aient une autorité sur d'autres, sauf dans la famille, où les pères ont autorité sur les enfants ; mais cela cesse dès que les enfants grandissent.

Peut-il l'être sur la *force* ? Non plus, car alors les rapports de droit évolueraient au rythme des rapports de force, ce qui est contraire à l'idée même de « droit ».

Rousseau pose alors que le droit est fondé sur des « conventions ».

Lesquelles ? Certains, comme Grotius, ont suggéré que la première convention fondatrice d'un état politique était celle par laquelle on se donnait ou se vendait comme esclaves : des faibles « conviendraient » avec un fort qu'ils lui obéiront, pourvu que le fort, qui les a vaincus à la guerre, leur laissera la vie sauve. Cette théorie de l' « aliénation » est fausse, selon Rousseau, car « une telle renonciation est incompatible avec la nature de l'homme ; et c'est ôter toute moralité à ses actions que d'ôter toute liberté à sa volonté » (I, IV, p. 73)[1]. On ne peut aliéner sa liberté, même pour sauver sa vie en cas de guerre (p. 76)[2].

Rousseau propose alors sa réponse : il y a eu une *première convention unanime* qui a formé un « peuple », et ce peuple, ensuite, par un *autre* acte, s'est donné un gouvernement ; c'est de là qu'est sorti le droit (p. 86). Ces deux moments sont étudiées successivement dans les première et seconde moitiés de l'ouvrage.

1) *La première convention unanime*

Pour penser la première convention, qui est le plus souvent « tacite » (p. 90), Rousseau prend pour point de départ l'état de

---

1. Nous citons la pagination de l'édition Halbwachs, *op. cit.*
2. Rousseau lit mal Grotius. La convention en question ne concerne chez cet auteur que l'attribution de la souveraineté qui, dans sa doctrine, est limitée : le souverain, même absolu, n'a certes pas le pouvoir d' « ôter la liberté » et les autres droits naturels aux sujets. Par ailleurs, si Grotius admet en théorie ce « cas de figure » d'une délégation irrévocable de la souveraineté à un prince, il est, pour son propre compte, républicain.

nature déstabilisé qu'il a défini dans le *Discours sur l'origine de l'inégalité*[1]. Et il formule comme suit le « problème fondamental » que les contractants cherchent alors à résoudre. Il s'agit de

« trouver une forme d'association qui défende et protège de toute la force commune la personne et les biens de chaque associé, et par laquelle chacun s'unissant à tous n'obéisse pourtant qu'à lui-même et reste aussi libre qu'auparavant » (I, VI, p. 90).

La solution imaginée par Rousseau à ce problème comporte une option lourde de conséquences : *l'aliénation totale des individus à la communauté.*

« Ces clauses bien entendues se réduisent toutes à une seule, savoir l'aliénation totale de chaque associé avec tous ses droits à toute la communauté : car, premièrement, chacun se donnant tout entier, la condition est égale pour tous, et la condition étant égale pour tous, nul n'a intérêt de la rendre onéreuse aux autres. De plus, l'aliénation se faisant sans réserves, l'union est aussi parfaite qu'elle peut l'être et nul associé n'a plus rien à réclamer. Car s'il restait quelques droits aux particuliers, comme il n'y aurait aucun supérieur commun qui pût prononcer entre eux et le public, chacun étant en quelque point son propre juge prétendrait bientôt l'être en tous, l'état de nature subsisterait et l'association deviendrait nécessairement tyrannique ou vaine » (I, VI, p. 90-91)[2].

L'aliénation totale se déduit du principe d'égalité. Seuls des hommes qui n'ont rien sont égaux. Or ils doivent être égaux ; donc ils doivent ne rien avoir. Certains biens leur seront ensuite restitués, mais ce sera à la discrétion de l'État.

Il est vrai que, comme Rousseau le note plus loin, « le Souverain ne peut charger les sujets d'aucune chaîne inutile à la communauté ; il ne peut pas même le vouloir » (II, IV, p. 153). Il reste donc une liberté du sujet dans sa « sphère privée ». Cependant, « *le Souverain seul est juge* de l'importance [respective de ce qui appartient à la communauté et de ce qui doit être laissé à l'individu] » (II, IV, p. 153 ; II, III, p. 146). La sphère privée que concède Rousseau n'est donc nullement un « domaine propre » au sens de Locke.

---

1. Cf. *supra*, p. 815. En effet, si cet état de déstabilisation n'est pas atteint, il n'y a aucune nécessité de créer une société politique.
2. C'est, on le voit, une position fondamentalement différente de celle adoptée par Locke, pour qui, au moment du contrat, chacun n'aliénait qu'une *partie* de ses droits naturels, à savoir les droits de légiférer, de juger et d'exécuter les sentences de justice, et conservait par devers soi tous les autres, c'est-à-dire la *property* consistant en la vie, la liberté et les biens (cf. *supra*, p. 319). C'est aussi une position complètement différente de celle qui constitue la communauté symbiotique d'Althusius. Ni Grotius, ni les scolastiques, ni l'école antique du droit naturel n'ont proposé rien de tel que cette « aliénation totale » de Rousseau, qui vient en droite ligne, sans doute, des conceptions absolutistes radicales de Hobbes, à moins que ce ne soit, là encore, de quelque ascétisme chrétien refoulé.

L'individu est livré pieds et poings liés à l'État qui décide discrétionnairement de ce qu'il lui prend et de ce qu'il lui laisse[1].

Il ne lui laisse même pas en possession propre la *vie*. Dans l'état social, en effet, l'individu aura obtenu la sécurité qu'il n'avait pas dans l'état de nature. C'est la raison pour laquelle l'État, qui est ce par quoi la vie des citoyens est sauvée, peut, sans injustice, reprendre son don quand il veut : « Quand le Prince a dit [au citoyen] : "Il est expédient à l'État que tu meures", il doit mourir ; puisque ce n'est qu'à cette condition qu'il a vécu en sûreté jusqu'alors, et que sa vie n'est plus seulement un bienfait de la nature, mais un don inconditionnel de l'État » (II, V, p. 162). Or, après avoir dit que « tout criminel » mérite la mort, Rousseau glisse à « tout malfaiteur », toute personne qui menace l'autorité du souverain. Finalement, donc, dès lors qu'il entre dans le contrat rousseauiste, l'individu perd l'intégralité de ses droits naturels.

2) Un « corps moral et politique »

Cette première convention crée un « corps moral et politique ». En effet,

« chacun de nous met en commun sa personne et toute sa puissance sous la suprême direction de la volonté générale[2] ; et nous recevons en corps chaque membre comme partie indivisible du tout » (I, VI, p. 92).

Le « corps moral et politique » a, dit Rousseau, un « moi », une « vie », une « volonté »[3]. C'est une « personne publique », à laquelle plusieurs noms ont été donnés : autrefois « cité », aujourd'hui « république ».

1. On se souvient de la théorie de la direction politique de l'économie exposée dans l'article « Économie politique », et de l'outil fiscal discrétionnaire que Rousseau donnait dans ce but au gouvernement. Il revient sur le sujet dans le *Contrat social*. Comme il faut, tout à la fois, liberté et égalité et que « la liberté ne peut subsister sans [l'égalité] (II, XI) », l'État imposera l'égalité, du moins une égalité relative. « Il ne faut pas entendre par ce mot [égalité] que les degrés de puissance et de richesse soient absolument les mêmes, mais que, quant à la puissance, elle soit au-dessous de toute violence et ne s'exerce jamais qu'en vertu du rang et des lois et, quant à la richesse, que nul citoyen ne soit assez opulent pour en pouvoir acheter un autre, et nul assez pauvre pour être contraint de se vendre » (II, XI) (on peut se demander si ces formules visent le seul esclavage, ou le salariat ; elles n'auraient certes pas la même portée). Une raison supplémentaire poussera l'État à veiller à maintenir l'égalité : « C'est précisément parce que la force des choses tend toujours à détruire l'égalité, que la force de la législation doit toujours tendre à la maintenir. » Les revenus seront donc déterminés politiquement, par la « main visible » d'une économie administrée.

2. Introduite inopinément ici ; elle sera définie un peu plus loin.

3. Le fait que la personne publique soit dite avoir un « moi » et surtout une « volonté », dont on va voir qu'elle est supérieure à la volonté individuelle et l'absorbe, marque une fois de plus, après les passages que nous avons notés des *Discours*, le caractère indubitablement *holiste* de la pensée de Rousseau.

Rousseau suggère une série d'autres noms correspondant à des notions distinctes : la personne publique serait « Souverain » quand elle est « active », « État » quand elle est « passive », « Puissance » quand elle est confrontée aux corps politiques voisins.

3) De la « nature » à la « moralité ». La République, salut de l'humanité

En devenant partie indivisible de ce tout, les contractants vivent une véritable transmutation métaphysique. Avant le contrat, ils étaient des êtres de « nature », il deviennent, par le contrat, des êtres de « moralité » ; ils étaient soumis à l' « instinct », ils deviennent capables de « justice » ; ils étaient soumis aux « impulsions physiques », ils le deviennent au « devoir » ; ils étaient gouvernés par l' « appétit », ils le sont maintenant par le « droit », etc. Le fait que le bon sauvage soit présenté maintenant comme un... sauvage tranche apparemment avec les thèses des deux *Discours*.

Ce n'est qu'une apparence. Nous avons déjà noté que la perfectibilité de l'espèce humaine créait des situations irréversibles. Dès lors qu'on est passé de l'état de nature originaire à l'état de nature « second », et de celui-ci au premier contrat social qui a institutionnalisé la propriété et l'inégalité, il n'y a plus moyen de revenir en arrière. La seule solution est d'aller de l'avant et d'établir le second contrat social. Comme le dit le « Manuscrit de Genève » du *Contrat social* : « Efforçons-nous de *tirer du mal même le remède qui doit le guérir* », cherchons, « dans l'*art perfectionné,* la réparation des maux que l'*art commencé* a faits à la nature » (cité par Halbwachs, p. 134, n.s.). C'est en ce sens que Rousseau est « de gauche » plus que « de droite » ; il veut échapper à la société ouverte non par la réaction, mais par une fuite en avant dans l'utopie.

Car, étant donné les termes hyperboliques avec lesquels il décrit maintenant le passage de l'état de nature à la « république », Rousseau a manifestement une autre motivation que celle de réparer simplement les dégâts causés par l'éloignement de l'état de nature originaire. Après avoir repris à son compte, en la laïcisant, la théologie de la Chute, on dirait qu'il assume maintenant, en la laïcisant encore, celle du Salut. Tirant parti de la faute même (comme le disent les théologiens à propos du péché, cette *felix culpa* qui a eu le mérite de motiver la grâce), la République qu'il entend créer par la Révolution fera plus et mieux que d'opérer un retour pur et simple à l'état de nature originaire, elle fera une chose qui n'a jamais encore existé et conduira l'humanité à sa fin véritable. Kant, dont on sait qu'il a lu Rousseau, retrouvera cette théorie de la République comme réalisation des fins eschatologiques de l'humanité. Mais, plus lucide que le Genevois sur l'origine biblique de cette idée et ayant, d'autre part, une épistémologie essentiellement critique, il donnera à son idéal laïque d'un progrès moral de l'humanité une forme démocratique et libérale (cf. *supra,* p. 512 sq. et 537 sq.). Alors que Rousseau veut la République avec le même radicalisme et le même mépris absolu des faits que celui avec lequel le millénarisme violent veut le paradis terrestre ; les citoyens seront censés être aussi complètement transfigurés par sa République que le pécheur est censé l'être par la grâce au matin du *millenium*.

4) *La dissymétrie entre l'individu et l'État*

Rousseau s'interroge en effet maintenant sur ce que devient l'individu dans l'État ainsi institué.

— L'individu y est *dédoublé* : il est à la fois un individu particulier et une « partie indivisible » du Tout qui vient d'être créé. C'est ce qui explique qu'il puisse *s'obliger lui-même,* contrairement à ce que semblerait impliquer la maxime de droit romain selon laquelle nul n'est pas tenu aux engagements qu'il prend envers lui-même.

— La puissance publique, en revanche, ne se dédouble jamais. Par conséquent, conformément à cette même maxime, elle ne peut s'obliger elle-même. Rousseau en déduit qu' « il ne peut y avoir nulle espèce de loi fondamentale pour le corps du peuple, pas même le contrat social » (I, VII, p. 105). La Souveraineté du peuple est *illimitée.*

Donc, les idées de *droits de l'homme* et de *constitution* par lesquelles les États libéraux se déclarent liés n'auront pas place dans la théorie rousseauiste. Le Souverain peut, à tout moment, tout faire, tout défaire. Un peuple est toujours le maître de changer ses lois, même les meilleures ; car « s'il lui plaît de se faire mal à lui-même, qui est-ce qui a le droit de l'en empêcher ? » (II, XII). Ainsi, un « peuple souverain » est par-delà le bien et le mal : c'est la doctrine de Machiavel. Rousseau ne voit pas qu'il renoue sur ce point, purement et simplement, avec la doctrine de l'absolutisme : le « peuple » remplace seulement le « roi » dans l'exercice d'une souveraineté illimitée. Il en retrouve même le vocabulaire : qu'est-ce qui empêche le peuple de faire ce qui lui « plaît », son *bon plaisir,* sa volonté arbitraire ? Le peuple, comme le prince de l'absolutisme, est *legibus solutus.* Mais Rousseau aggrave l'absolutisme des rois qui reconnaissaient, eux, au moins, les droits naturel et divin. Rousseau affranchit par avance de ces freins ses disciples jacobins.

Un aspect capital de la dissymétrie entre les individus et l'État est que, alors qu'il n'y a pas de garantie à établir de la part des sujets *à l'encontre de l'État* (qui, dit Rousseau, ne peut avoir d'intérêts différents de ceux des individus qui le composent), l'État doit se donner des garanties *à l'encontre des sujets.* La raison en est que ceux-ci sont toujours suspects de vouloir faire prévaloir leur « volonté particulière ». L'État devra donc pouvoir faire prévaloir sa propre volonté, comme le disent ces formules célèbres et terribles :

« Quiconque refusera d'obéir à la volonté générale y sera *contraint par tout le corps* : ce qui ne signifie autre chose, sinon qu'*on le forcera à être libre* » (I, VII, p. 108).

La théorie rousseauiste de la « volonté générale » tend à justifier ce monstrueux paradoxe.

B / *La volonté générale*
La négation de la démocratie

Le « corps moral et politique » qu'est l'État a en effet, nous l'avons vu, une « volonté ».

1) *La souveraineté est « inaliénable » et « indivisible »*

Cette volonté n'est pas, comme chez Hobbes, transférée sur un représentant, un monarque à qui le peuple déléguerait à tout jamais ses pouvoirs. Rousseau pose en effet que la souveraineté « ne peut se déléguer ». Nul ne peut dire à un gouvernant : tout ce que tu voudras dans l'avenir, je le voudrai aussi. Une telle assertion serait contraire à l'idée même de « volonté », qui implique liberté.

Cette volonté est également *indivisible,* et pour la même raison fondamentale. Les *pouvoirs* différents dégagés par la tradition constitutionnelle, les marques de souveraineté (déclarer la guerre et conclure la paix, légiférer, gouverner, juger...) ne sont que des *délégations* différentes de l'unique et indivisible volonté souveraine.

Il reste à cerner la nature et la source de cette « volonté ». C'est ici que Rousseau élabore le concept de « volonté générale ».

2) *La volonté générale*

D'emblée, il écarte une objection qu'il sait que vont lui faire les adversaires de la démocratie, innombrables depuis Platon : le peuple en masse, les assemblées populaires, qui expriment la volonté collective du grand nombre, prennent le plus souvent des décisions erronées et même folles. Déjà il est rare qu'un homme seul, un roi, agisse conformément à la raison ; c'est encore plus rare pour un petit groupe oligarchique ; mais c'est quasiment impossible pour une foule. Cette objection est sans valeur, répond Rousseau :

> « La volonté générale est *toujours droite* et *tend toujours à l'utilité publique.* »

Il convient, en effet, de distinguer la *volonté générale* du peuple de la *volonté collectivement exprimée* dans des assemblées populaires. C'est cette dernière qui est ordinairement aveugle :

> « On *veut* toujours son bien, mais on ne le *voit* pas toujours. Jamais on ne corrompt le peuple, mais souvent on le *trompe,* et c'est alors seulement qu'il paraît vouloir ce qui est mal » (II, III, p. 145).

La volonté collectivement exprimée dans les assemblées est en effet obscurcie le plus souvent par les *passions*, qui constituent un écran opaque empêchant que les hommes assemblés connaissent leur véritable intérêt commun objectif. Ce n'est donc que si l'on fait *taire les passions* que l'on entendra la voix de la *volonté générale.*

Rousseau explique dans un texte remarquablement dense comment cela peut se réaliser :

« Il y a souvent de la différence entre la volonté de tous et la volonté générale ; celle-ci ne regarde qu'à l'intérêt commun, l'autre regarde à l'intérêt privé, et ce n'est qu'une somme de volontés particulières : mais *ôtez de ces mêmes volontés les plus et les moins qui s'entre-détruisent, reste pour somme des différences la volonté générale* » (II, III, p. 145).

3) *Les deux « amours » et leur mélange*

Il y a en effet, en l'homme, nous l'avons vu, deux intérêts, ou deux « amours », l'*amour-propre* et l'*amour de soi.* Revenons sur la définition qui était donnée de ces notions dans le *Discours sur l'origine de l'inégalité* :

« Il ne faut pas confondre l'amour-propre et l'amour de soi-même, deux passions très différentes par leur nature et par leurs effets. L'amour de soi-même est un sentiment naturel qui porte tout animal à veiller à sa propre conservation et qui, dirigé dans l'homme par la raison et modifié par la pitié, produit l'humanité et la vertu. L'amour-propre n'est qu'un sentiment relatif, factice et né dans la société, qui porte chaque individu à faire plus de cas de soi que de tout autre [...]. Ceci bien entendu, je dis que dans notre état primitif, dans le véritable état de nature, l'amour-propre n'existe pas. Car, chaque homme en particulier se regardant lui-même comme le seul spectateur qui l'observe, comme le seul être dans l'univers qui prenne intérêt à lui, comme le seul juge de son propre mérite, il n'est pas possible qu'un sentiment qui prend sa source dans des comparaisons qu'il n'est pas à portée de faire, puisse germer dans son âme » (*Discours sur l'origine de l'inégalité,* n. XV, p. 122-123).

Cette situation n'existe plus dans l'état social, où est né et où désormais triomphe l'amour-propre. Cependant, il n'a pas fait disparaître entièrement l'amour de soi. En fait, les deux amours sont désormais *tous deux* présents en l'homme, où ils sont inextricablement mêlés, et cela sans que l'homme le sache. Quand l'homme dit vouloir quelque chose, ce qu'il « veut », qu'il croit être une unique volonté cohérente, est en fait la résultante de ses deux intérêts. Si l'homme, comme dit Rousseau, « ne voit pas son bien », c'est qu'il ne voit que la résultante et ignore les composantes. Ce qu'on peut représenter de la manière suivante, en figurant les deux « amours » par deux vecteurs de forces, et la résultante par le vecteur-somme :

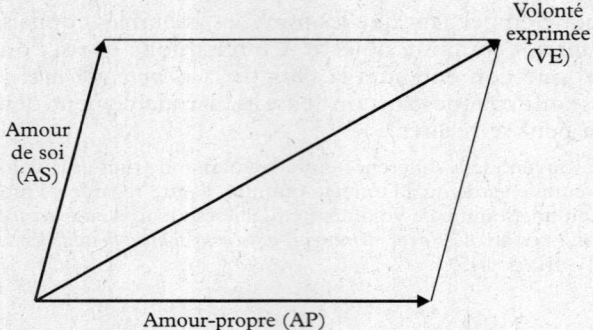

La volonté exprimée consciemment par chacun des votants n'est que la résultante des deux amours.

4) Le « calcul des voix »

Dès lors, la thèse de Rousseau est que le processus même du vote va produire un bouleversement de la situation épistémologique. *Au début* du vote, les votants ne voient que ce qui résulte du mélange, en eux, de la raison et des passions ; tandis qu'*à la fin* du vote, et *par l'opération même* du vote, il se sera produit un dessillement des regards, une révélation des composantes cachées, de l'amour de soi et de l'amour-propre. Et cela par une véritable opération mathématique. L'amour de soi, en effet, est rationnel, objectif, alors que l'amour-propre est irrationnel, subjectif. Donc, chez tous les hommes, qui ont même raison et même nature, existe en fait le *même* amour de soi, que l'on peut représenter, en tous les votants, par des vecteurs parallèles et égaux. Alors que l'amour-propre, essentiellement contingent, va être par là même différent en chaque sujet. La répartition des amours-propres sera essentiellement capricieuse, aléatoire, et les vecteurs les représentant auront toutes les directions sur 360° et toutes les intensités possibles.

Soit donc un corps électoral où tout le monde dit ce qu'il veut. Ces volontés exprimées semblent partir dans tous les sens. Mais ce n'est qu'une vision superficielle des choses. Ce qui part dans tous les sens est le vecteur-résultante des amours de soi et des amours-propres, mais, en profondeur, les composantes « amour de soi » sont homothétiques. Situation que nous pouvons représenter par le schéma suivant où sont représentés, pour chaque sujet, les trois vecteurs ici en jeu, sa volonté manifeste exprimée (VE), son amour-propre individuel (AP) et l'amour de soi commun à tous (AS) :

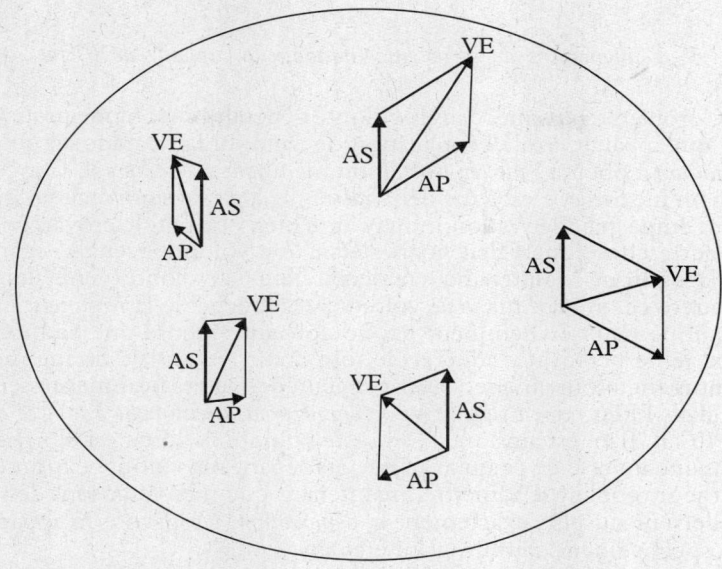

Il est clair, dès lors, que si l'on opère une « somme vectorielle » de tous ces vecteurs, les composantes « amour de soi » vont *s'additionner,* tandis que les composantes « amour-propre » vont *s'entre annuler,* ou plus exactement leur somme va tendre vers zéro lorsque le nombre de votants tend vers l'infini[1]. Alors, comme le dit Rousseau, restera pour « somme des différences » la seule addition de tous les « amour de soi », qui est précisément ce que Rousseau appelle la « volonté générale ». Et puisqu'il sera seul à subsister alors que tous les autres auront disparu, cet élément, jusqu'ici *caché,* deviendra *manifeste.* Ce que voulait l'amour de soi apparaîtra aux yeux de tous. Il cessera d'être embourbé dans son mélange avec les passions. Non seulement, alors, le groupe apprendra ce qu'est sa « volonté générale », mais, ce qui est surprenant et merveilleux, c'est que chaque individu apprendra quel était *son propre amour de soi,* jusque-là obnubilé à ses propres yeux par la passion. Le vote sera un révélateur.

1. Il semble que, dans tout cela, Rousseau ait été influencé par les recherches des mathématiciens de son temps sur le calcul infinitésimal.

5) *L'alignement de la volonté individuelle sur celle de l'État*

Corollaire : puisque, dans la volonté générale, c'est mon amour de moi qui apparaît, voilà l'explication de fond du fait paradoxal qu'en me *forçant* à obéir à l'*intérêt général,* on me « *force à être libre* ». Car ce à quoi on me force, c'est à me débarrasser de la passion qui était en moi qui m'empêchait de vouloir mon propre bien objectif. Je croyais vouloir autre chose que l'État, mais c'était une volonté aveugle, égarée par la passion. Maintenant, en découvrant la volonté générale, je découvre ce qu'était ma *vraie* volonté, et derechef je la *reconnais*. Dès lors, je ne peux évidemment pas vouloir autre chose que ce que je veux, je ne peux qu'y adhérer de tout cœur, et ainsi je donne mon assentiment à tout ce que veulent chacun des autres hommes rassemblés dans l'État, et en définitive *je donne mon assentiment à tout ce que veut l'État.* Il en est ainsi même si cette volonté de l'État est éloignée, ou même inverse de ce qu'avait été, au départ, ma volonté exprimée, dont je suis obligé d'admettre, maintenant que mes yeux sont dessillés, l'erreur ou plus exactement la *dépravation*. Mon vote m'apparaît rétrospectivement comme ayant été *immoral*.

Le texte suivant de Rousseau devient alors très clair :

« On demande comment un homme peut être libre et forcé de se conformer à des volontés qui ne sont pas les siennes. Comment les opposants sont-ils libres et soumis à des lois auxquelles ils n'ont pas consenti ?

« Je réponds que la question est mal posée. [...] Quand on propose une loi dans l'assemblée du peuple[1], ce qu'on demande n'est pas précisément s'ils approuvent la proposition ou s'ils la rejettent, mais si elle est conforme ou non à la volonté générale qui est la leur : chacun en donnant son suffrage dit son avis là-dessus, et du calcul des voix[2] se tire la déclaration de la volonté générale. Quand donc l'avis contraire l'emporte, cela ne prouve autre chose sinon que *je m'étais trompé,* et que ce que j'estimais être la volonté générale ne l'était pas. *Si mon avis particulier l'eût emporté, j'aurais fait autre chose que ce que j'avais voulu, c'est alors que je n'aurais pas été libre.* »[3]

---

1. Bien noter que, pour Rousseau, la volonté générale n'est affranchie des passions que lorsqu'il y a un vote formel de l'assemblée du peuple. Ce que l'auteur oubliera complètement dans les théories compliquées des livres III et IV du *Contrat social.*

2. La « somme vectorielle » que nous avons représentée ci-dessus.

3. Explication désormais complète et définitive du paradoxe que la loi peut me « forcer à être libre ». Ce paradoxe n'est pas un sophisme, mais une thèse théorique mûrement réfléchie. Quand j'agis conformément à ma volonté particulière, je ne *sais* pas que ce que je veux *vraiment,* donc je ne suis pas autonome, mais hétéronome, soumis à des passions inconscientes. Je ne peux me fier à mon *moi* ni à ma *pensée*. Rousseau est ainsi, tout à la fois, un continuateur honteux de la théologie (pourquoi ne dit-il pas carrément que le « pécheur » est soumis à l'emprise de Satan ?) et un précurseur des « maîtres du soupçon »

Ainsi l'emprise du tout sur la partie n'est pas oppressive, mais libératrice. Elle révèle à l'individu la voix de sa nature, qui, « dans le silence des passions », peut enfin se faire entendre[1].

6) *La condamnation des brigues*

Il faut ajouter maintenant que les passions ne peuvent se neutraliser que si les votants *sont suffisamment nombreux et parfaitement indépendants les uns des autres.* Car les vecteurs passionnels ne s'entre annulent que si le nombre des votants est suffisamment grand. Mais le nombre de votes différents réels serait évidemment diminué si les votants pouvaient communiquer entre eux et *s'imiter* mutuellement dans leurs votes.

« Si, quand le peuple suffisamment informé délibère, les citoyens n'avaient aucune communication entre eux, *du grand nombre de petites différences résulterait toujours la volonté générale,* et la délibération serait toujours bonne. Mais quand il se fait des brigues, des associations partielles aux dépens de la grande, la volonté de chacune de ces associations devient générale par rapport à ses membres, et particulière par rapport à l'État : on peut dire alors qu'il n'y a plus autant de votants que d'hommes, mais seulement autant que d'associations. Les différences deviennent moins nombreuses et donnent un résultat moins général » (II, III, p. 145-146).

Voilà pourquoi Rousseau condamne le système des *partis politiques* (qu'il appelle « brigues » ou « factions »).

Lorsque des associations partielles se forment au sein du corps social, elles sont constituées, par définition, d'hommes qui communiquent, et qui, par le fait même, s'imitent (à la faveur de réunions, de meetings, où un leader cristallise les passions du groupe) *jusqu'à ne plus avoir qu'un seul et même « amour-propre »,* une seule passion, ou

(Marx, Nietzsche et Freud qui ont dit, chacun à sa manière, que l'homme se ment systématiquement à lui-même et qu'aucune donnée de sa conscience n'est digne de foi). En tous ces sens, il est un adversaire caractérisé des Lumières.

D'autre part, on voit bien que, dans l'assemblée du peuple, on ne s'intéresse pas *à l'opinion* ou à la *pensée* des votants *en tant que telles*, on ne présuppose pas qu'ils puissent avoir une opinion ou une pensée propres, différentes, pour lesquelles on éprouverait un intérêt ou une curiosité, et qu'on leur demanderait d'exprimer dans l'intérêt même de la communauté, parce qu'on attendrait quelque lumière *nouvelle* de cette confrontation des points de vue. Ce qu'on recherche, c'est une vérité censée *préexister à la discussion.* Une fois cette vérité *révélée* par le vote, elle pourra s'imposer légitimement à tous, envers et contre toutes les opinions exprimées, lesquelles, on le sait à présent, n'étaient que des erreurs causées par la passion. Les régimes totalitaires, bientôt, traiteront eux aussi en malades mentaux les contradicteurs et les dissidents.

1. Le procédé est bien une laïcisation du salut, puisqu'il met fin à la passion, cette version laïcisée du péché. Le parallèle théologico-politique se poursuit ici. La Révolution restituera l'homme à sa pureté d'avant la Chute.

du moins une seule volonté exprimée. Dès lors, le nombre des votants réels est ramené au nombre de brigues existantes, lesquelles sont évidemment moins nombreuses que les citoyens, comme le figure le schéma suivant.

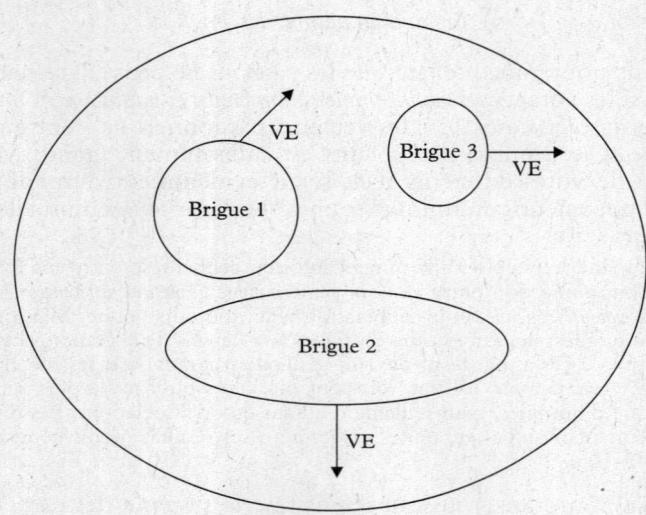

Il en résulte, mathématiquement, que l'entre annulation du facteur irrationnel-passionnel ne peut plus se produire et que l'amour de soi de tous, ou volonté générale, ne peut plus apparaître. La volonté qui se dégagera du vote sera encore une passion, et, paradoxalement, bien que tous aient pris part au vote, elle sera encore, par cela même qu'elle est passionnelle, une volonté particulière, privée. C'est l'explication de la célèbre distinction que fait Rousseau entre la « volonté générale » et la « volonté de tous ». La volonté *de tous* n'est pas nécessairement *générale* ; elle ne l'est que si le calcul infinitésimal du vote a effectivement permis que la volonté commune exprimée soit homothétique à l'amour de soi de chacun.

La situation que visent particulièrement les adversaires traditionnels de la démocratie évoqués plus haut est celle où tout le peuple étant rassemblé et en situation de communication mutuelle totale (songeons à l'assemblée athénienne circonvenue par les démagogues)[1], il ne forme bientôt plus qu'une seule « brigue », qu'un seul

---

1. Ou aux modernes moyens de communication de masse ?

parti. Dès lors, les passions étant polarisées dans une seule direction, la volonté exprimée collectivement ne peut être que passionnelle, alors même qu'elle est unanime.

D'où, *a contrario,* ce qu'on pourrait appeler la « théorie de l'isoloir » :

« Il importe donc pour bien avoir l'énoncé de la volonté générale qu'il n'y ait pas de société partielle dans l'État, et que chaque citoyen n'opine que d'après lui » (II, III, p. 146).

Donc la démocratie, outre qu'elle ne peut être, comme nous l'avons vu, représentative, exclura les partis politiques. Mais, s'il faut que chaque citoyen « n'opine que d'après lui », ce n'est certes pas pour que sa voix individuelle puisse être entendue en ce qu'elle a d'original ; c'est, au contraire, pour qu'elle puisse mieux disparaître, annulée dans la sommation des voix qui ne laissera plus surnager que *ce que cette voix avait de commun* avec toutes les autres.

C'est pourquoi, en définitive – il le dira dans le Livre IV – Rousseau est fondamentalement ennemi des disputes et des subtilités, fruits de la civilisation. Le peuple conforme à ses vœux, ce sont les braves paysans suisses, qui veulent des choses simples et se retrouvent unanimes pour décider les rares changements nécessaires de leurs lois. Ils ne sont même pas assez subtils, dit Rousseau avec attendrissement, pour pouvoir être dupes. Avec eux, il est facile de déterminer la volonté générale. Rousseau confirme ainsi sa condamnation du pluralisme. C'est quand les sociétés s'agrandissent, se complexifient, que les opinions se mettent à diverger, qu'il se forme des « brigues », que la vérité la plus simple devient un problème et que « le meilleur avis ne passe point sans disputes ». C'est alors vraiment que la volonté de tous empêche la volonté générale de s'exprimer. Donc, en fait et toujours, c'est l'unanimité que Rousseau voudrait : « Plus le concert règne dans les assemblées, c'est-à-dire plus les avis approchent de l'unanimité, plus aussi la volonté générale est dominante ; mais les longs débats, les dissensions, le tumulte annoncent l'ascendant des intérêts particuliers et le déclin de l'État » (IV, II, p. 366).

À l'issue de cet exposé, on comprend pourquoi nous ne pouvons pas plus classer Rousseau parmi les démocrates que nous n'avons pu le classer parmi les libéraux. Le concept de « volonté générale » *déconstruit* en effet, pensons-nous, l'idée de la démocratie telle qu'elle existe depuis les premiers Grecs qui ont promu la liberté de parole sur l'*agora*. Elle prive de sa raison d'être l'idée civique selon laquelle la vérité n'est jamais produite par le groupe unanime en tant qu'unanime, mais résulte d'un processus pluraliste et critique. Alors que pour la tradition démocratique-critique, la différence individuelle est peut-être la raison grâce à laquelle va se révéler la déraison du groupe, pour Rousseau, toute différence individuelle est *en tant que telle* une déraison, le fruit et le symptôme d'une passion.

Ce qui a égaré les commentateurs, ici, c'est la subtile dialectique (et la bonne foi, hélas) de Rousseau. Il ne nie pas, absolument parlant, l'ignorance : au contraire, toute sa théorie est que l'individu ignore son propre intérêt, qui ne lui sera révélé qu'à la faveur du vote. Mais il ne voit que l'ignorance *de l'individu,* et il croit en la science infuse *du groupe.* Il croit que la vérité, même actuellement cachée, est *déjà là* ; il ne voit pas, comme les humanistes, comme les promoteurs de la pensée critique, tels Milton ou Bayle, que la vérité est essentiellement en devenir, et n'advient que si des individus peuvent prendre et soutenir publiquement une position déviante[1].

C / L'impossible république rousseauiste

Jusque-là, Rousseau a été radical, mais cohérent. Cependant, la suite du *Contrat social* va montrer que l'idéal ainsi conçu n'est tout simplement pas réalisable. Car, cherchant maintenant à expliquer comment son État peut être *créé,* comment il peut être *gouverné,* comment peut y être garantie la *souveraineté du peuple,* Rousseau n'y parvient qu'en ajoutant au système une série d'hypothèses *ad hoc* qui en détruisent la consistance.

En traitant ces différents points, Rousseau redécouvre les problèmes depuis longtemps connus et recensés par les constitutionnalistes, et qui les avaient conduits, précisément, à élaborer patiemment la théorie des limites du pouvoir de l'État. Rousseau qui, de par son holisme, a tout accordé dès le début à l'État, ne pourra résoudre ces problèmes et réconcilier, conformément à son projet initial, ordre public et liberté.

1) Créer l'État. La théorie du « Législateur »

La première rupture qui intervient dans l'argumentation de Rousseau est que l'établissement concret d'un contrat social pour une société donnée requiert l'intervention d'un *personnage extérieur,* dont il n'avait jamais été question jusque-là, un *deus ex machina* qu'il

---

1. Rousseau ne pouvait saisir intellectuellement cette logique en raison de son « holisme », dont témoignent, outre les textes que nous avons déjà cités, de nombreux autres passages. « Comme la nature donne à chaque homme un pouvoir absolu sur tous ses membres, le pacte social donne au corps politique un pouvoir absolu sur tous les siens » (II, IV, p. 152). « [Dans la société issue du contrat social,] chaque citoyen n'est rien, ne peut rien que par tous les autres » (II, VII, p. 180). Et ce passage de l'*Émile* : les meilleures institutions sociales sont celles « qui savent le mieux dénaturer l'homme, lui ôter son existence absolue pour lui en donner une relative, et transporter le moi dans l'unité commune : en sorte que chaque particulier ne se croie plus un, mais partie de l'unité et ne soit plus sensible que dans le tout » (*Émile,* Livre I, *in* Jean-Jacques Rousseau, *Œuvres complètes,* t. IV, Éd. de La Pléiade, 1969, p. 249). Il n'est pas étonnant que ce holisme retrouve en pratique les positions inspirées à Spinoza par son monisme métaphysique (cf. *supra,* p. 248 sq.). Il est vrai que Rousseau n'est pas un métaphysicien aussi consistant que Spinoza, puisque le même homme qui pense que l'individu n'est pas Substance a écrit beaucoup d'œuvres littéraires fort individualistes et cultivant le « moi », où l'écrivain, pour ainsi dire, réfute à chaque page le philosophe.

appelle le « Législateur ». Pourquoi a-t-on besoin de lui ? Pour résoudre le problème de « poule et d'œuf » qui consiste en ce que seul un « bon » peuple peut faire de « bonnes » lois, et seules de « bonnes » lois peuvent faire un « bon » peuple. On ne peut donc laisser le peuple s'instituer tout seul.

La solution trouvée est la suivante. Les foules, qui ne « voient » jamais le bien, le « veulent » toujours ; il existe par ailleurs des hommes exceptionnels qui, sans pouvoir le « vouloir », le « voient » à la faveur de leur génie hors du commun[1] ; il suffira donc de faire coopérer les uns et les autres, ceux qui veulent et ceux qui voient le bien (cf. II, VII, p. 179-180). Le problème est que cela est entièrement incompatible avec la théorie de la volonté générale précédemment exposée. Pourquoi le Législateur, qui est un homme, pourrait-il « voir » le bien sans avoir besoin, comme les autres hommes, du révélateur que constitue le vote éliminateur des passions ? Comment le peuple pourrait-il approuver ce qu'il ne « voit » pas ?

En fait, ce que la théorie inopinée du Législateur veut dire, c'est que Rousseau est un révolutionnaire qui entend *imposer* son État idéal au peuple – comme jadis Platon, comme plus tard les Jacobins, Marx, les radicaux de la II⁰ République ou de la Commune, Lénine, et en général tous les révolutionnaires des XIXᵉ et XXᵉ siècles qui ont conçu des théories plus ou moins subtiles, mais qui reviennent toutes à cette proposition qu'*il ne faut pas faire voter un « mauvais » peuple,* mais attendre, pour éventuellement le faire voter, qu'il soit devenu un « bon » peuple, ce qui ne pourra se faire qu'à la faveur d'une phase de dictature de durée indéterminée, pendant laquelle on le rendra meilleur. Ce qui correspond – un parallèle théologique vient une fois encore à l'esprit – avec la théorie augustinienne, calviniste et millénariste selon laquelle on ne doit certes pas faire voter un peuple pécheur, mais au contraire le faire guider par une poignée de « justes » et de « saints ».

2) *Gouverner l'État. La distinction entre le « Souverain »*
et le « Prince »

L'idéal de Rousseau est la République, c'est-à-dire « un État *régi par des lois* » (II, VI, p. 171). Rousseau voit bien en effet que c'est seulement en faisant des lois, qui sont générales dans leur objet comme dans leur source, que l'État ne fera pas prévaloir les volontés particulières. Mais il se heurte alors au problème suivant : comment *gouverner* le pays, puisque gouverner, c'est toujours faire des actes particuliers ?

---

1. Exemples : Lycurgue, Moïse, Mahomet, Calvin... Rousseau se réfère plusieurs fois aussi au personnage qui possède l'« art royal » dans le *Politique* de Platon (cf. *HIPAMA*, p. 106-110). Il se verra bien lui-même dans la peau d'un tel personnage quand il fera le plan des institutions politiques de la Corse et de la Pologne.

Ce problème ne se pose pas dans la tradition libérale, puisque, pour elle, le gouvernement ne peut que ce que peut l'État et que l'État lui-même est limité. Le gouvernement, certes, fait des actes particuliers, mais ces actes sont conformes à la loi et sont censés n'empiéter jamais sur la vie, la liberté et les biens des citoyens. Le gouvernement ne fait d'ailleurs jamais peser l'arbitraire de sa volonté sur les citoyens, puisqu'il ne leur donne pas du tout d'ordres ; il ne le fait que sur ceux qui enfreignent la loi (et il n'a directement autorité que sur ses propres agents).

Étant donné que le pouvoir de l'État, chez Rousseau, est illimité, le problème devient une aporie logique. L'État peut me commander n'importe quel acte particulier (comme le souverain de l'absolutisme), mais ces ordres ne seront légitimes que s'ils peuvent être réputés émaner de la volonté générale. Comment les actes particuliers des personnes composant le gouvernement pourraient-ils être prétendus tels ?

Rousseau se lance alors dans des explications dont la subtilité dialectique le dispute à l'irréalisme. Il commence par distinguer nettement souveraineté et gouvernement (et il parle comme s'il était l'auteur de cette distinction, articulée clairement, pourtant, par de nombreux auteurs antérieurs). Le gouvernement n'est que le « ministre » du Souverain. Rousseau l'appelle « Prince », et, revenant aux vieilles typologies des régimes, il pose que le Prince peut être tout le peuple (c'est alors un « gouvernement démocratique »), une partie du peuple (c'est un « gouvernement aristocratique », le meilleur selon Rousseau), ou un homme seul (c'est alors un « gouvernement monarchique »). Dans tous les cas, le Souverain restera le peuple, et le Prince ne sera que son « commissaire », son employé, c'est pourquoi il pourra être réputé n'agir que selon la volonté générale.

Mais comment le Souverain, qui ne décide que des lois générales, peut-il nommer des gouvernants particuliers ? L'étrange solution imaginée par Rousseau est que le peuple, en nommant un gouvernement, n'agit pas en tant que *peuple souverain,* mais en tant que *prince collectif.* Le peuple se livre donc à une étrange gymnastique : il se nomme d'abord lui-même prince, pour que ce prince collectif puisse, par un acte de gouvernement particulier, nommer le prince aristocratique ou royal particulier qui tiendra concrètement en définitive les rênes du gouvernement ; ensuite, le peuple se licencie lui-même, cesse d'être prince pour redevenir simplement souverain, et tout cela sans un mot, implicitement... (cf. III, XVII, p. 353). Toute la légitimité du gouvernement rousseauiste repose sur ces hypothèses invraisemblables.

Le remède pourrait résider dans le fait que le souverain, afin qu'il puisse exprimer lui-même sa volonté générale et la faire connaître au gouvernement, s'assemble souvent (d'autant plus souvent que le gouvernement est plus fort, donc très fréquemment dans le cas d'un gouvernement monarchique). Hélas, cela − nous allons le découvrir maintenant − est quasi impossible dans les grands pays modernes.

3) *Garantir que la volonté générale puisse s'exprimer dans l'État. La question insoluble de la représentation*

Réunir souvent le peuple, c'est possible en principe, puisque, chez les Macédoniens, chez les Francs, à Rome, cela a été fait[1]. Il faut des réunions périodiques, « sans qu'il soit besoin pour cela d'aucune convocation formelle » (III, XIII, p. 333). Mais on ne voit pas bien comment assembler le peuple dans des grands pays de l'Europe du XVIIIᵉ siècle, où le peuple est très nombreux et dispersé sur un très grand territoire.

Rousseau fait à cet égard des suggestions embarrassées, par exemple tenir les « États » par rotation dans toutes les principales villes d'un pays. Mais cela ne résoud pas vraiment le problème.

Parce qu'il est difficile d'assembler le peuple souverain, les modernes ont recouru au principe de la *représentation*. Or Rousseau condamne formellement ce principe (chap. XV).

« La Souveraineté *ne peut être représentée* par la même raison qu'elle ne peut être aliénée ; elle consiste essentiellement dans la volonté générale, et la volonté ne se représente point ; elle est la même, ou elle est autre ; il n'y a point de milieu. [...] *Toute loi que le Peuple en personne n'a pas ratifiée est nulle ; ce n'est point une loi* » (III, XV, p. 339-340, n.s.).

C'est parce qu'ils ont perdu tout sens civique que les modernes songent à se faire représenter par des députés pour légiférer ou gouverner, de même que, pour se battre, ils se font remplacer par des mercenaires. Dans les deux cas, ils montrent qu'ils sont corrompus par l'argent, par le souci des affaires privées, qui les détourne de s'occuper des affaires de la cité. La représentation parlementaire des Anglais, en particulier, est une pure illusion :

« Le peuple anglais pense être libre, il se trompe fort ; il ne l'est que durant l'élection des membres du Parlement : sitôt qu'ils sont élus, il est esclave, il n'est rien. Dans les courts moments de sa liberté, l'usage qu'il en fait mérite bien qu'il la perde. »

Derrière l'ironie agressive du propos, on note la confusion théorique : le peuple anglais pourrait bien ne pas avoir la liberté *politique*

1. Pour Rome, cette démonstration occupe la plus grande partie du Livre IV.

de faire lui-même des lois, il n'en serait pas moins « libre » en un sens infiniment plus important, c'est-à-dire au sens de la liberté *civile*. Dès lors, en effet, que les lois – qui que ce soit qui les fasse – obligent au respect de la *property,* et qu'elles sont respectées par tous et par l'État lui-même, les citoyens sont libres de faire ce que bon leur semble. Rousseau a donc de la liberté une conception singulièrement étroite : elle ne consiste, selon lui, que dans le droit de concourir à la volonté générale, mais non dans le droit... d'échapper à celle-ci[1].

La théorie constitutionnelle de Rousseau butte ainsi sur une troisième aporie. On n'est libre que dans la mesure où l'on concourt soi-même à la formation de la volonté générale. Si l'on a délégué cette fonction à des députés, l'État ne pourra plus être censé incarner la volonté générale. Derechef, la coercition qu'il exercera exprimera la volonté particulière des gouvernants. Le gouvernement sera un despotisme.

Rousseau pourrait en conclure, comme la tradition libérale, qu'il faut donc limiter les pouvoirs de la loi. Mais il ne peut tirer une telle conclusion, car il a absolument besoin d'un État omnipotent, sans lequel il ne peut espérer établir l'égalité, amener les riches dépravés à résipiscence, sauver le monde. Il sent donc que son système achoppe sur cette contradiction.

4) *Le gouvernement des esprits. La « religion civile »*

Aussi s'efforce-t-il de l'atténuer en suivant une nouvelle piste. La contradiction sera d'autant moins sensible, avance-t-il maintenant, que l'accord sera plus profond entre le peuple et ses gouvernants, et c'est pour renforcer cette unité idéologique de sa République que Rousseau lui impose une *religion civile*[2].

Nouveau coup de force, comparable à celui par lequel le Législateur établit la Constitution, ou à celui par lequel le gouvernement est censé être instauré par le Souverain. Comme dans ces derniers cas, le procédé contredit, en un sens, tout le système, puisque la religion civile n'est nullement établie par la volonté générale, à la faveur d'un vote régulier, mais elle est imposée au contraire au peuple par les révolutionnaires inspirés qui se sont emparés de l'État.

---

1. Nous avons vu que Benjamin Constant a critiqué sévèrement Rousseau (ainsi que Mably) à ce sujet, cf. *supra,* p. 667-668. Rousseau n'a compris que la « liberté des Anciens », non la liberté moderne, la simple liberté individuelle.

2. Le chapitre *De la religion civile* a été rajouté au dernier moment à la fin de l'ouvrage. Il n'est cependant pas un appendice étranger à l'argumentation générale de celui-ci : Rousseau en avait une claire idée dès 1756, et il a seulement hésité quant à la place où situer ce chapitre dans le plan général.

Voici comment Rousseau tente de justifier cette institution.

Le premier état religieux de l'humanité fut le polythéisme, conséquence de la division de l'humanité en nations (ou tribus). Chaque peuple avait son dieu et l'imposait aux autres peuples quand il les vainquait, mais il respectait, hors de ce cas, les dieux des autres nations. Il y avait donc une parfaite identité entre cohésion politique et cohésion religieuse. Tout changea avec les Juifs qui inventèrent un monothéisme strict qui était incompatible avec l'existence de religions nationales. D'où la rupture de la paix religieuse, aggravée ensuite par le christianisme. Il y eut désormais un « pouvoir spirituel » à vocation universelle, et des « pouvoirs temporels » à vocation nationale, et cela fit que chaque État « cessa d'être un ». Dans l'État, désormais, il devint impossible

« de savoir auquel du maître ou du prêtre on était obligé d'obéir » (IV, VIII, p. 416-418).

Il faut, d'urgence, mettre un terme à ce divorce. C'est ce qu'a proposé Hobbes qui, dit Rousseau, est « le seul philosóphe » à avoir bien vu le problème, lorsqu'il a exigé de « réunir les deux têtes de l'aigle et de tout ramener à l'unité politique sans laquelle jamais État ni gouvernement ne sera bien constitué » (IV, VIII, p. 419). Rousseau prône à son tour l' « unité politique », l'union de la religion et de l'État. On ne devra « avoir d'autre Pontife que le Prince ni d'autres prêtres que les magistrats » (IV, VIII, p. 421). L'État établira une religion qui fixera les devoirs civiques de chacun (même s'il reste une religion intérieure libre). Il y aura une « profession de foi purement civile » qui énoncera les « sentiments de sociabilité » sans lesquels il est impossible d'être bon citoyen. « Sans pouvoir obliger personne à les croire », l'État pourra bannir le citoyen qui ne les croira pas, « non comme impie, mais comme insociable, comme incapable d'aimer sincèrement les lois, la justice, et d'immoler au besoin sa vie à son devoir ». Et le relaps sera « puni de mort ».

Le contenu de la religion civile est sobre. On enseignera « l'existence de la Divinité puissante, intelligente, bienfaisante, prévoyante et pourvoyante[1], la vie à venir, le bonheur des justes, le châtiment des méchants », la « sainteté » du Contrat social et des lois.

La religion civile étant ainsi instaurée et imposée à tous, Rousseau peut se montrer tolérant avec les religions proprement dites. Elles seront toutes autorisées *dès lors qu'elles ne remettent pas en cause la religion de l'État.*

---

1. Mais pas « aimante » : nous sommes loin du Dieu chrétien, et plus près du dieu panthéiste de la *Profession de foi du Vicaire savoyard.*

Rousseau revient évidemment en arrière par rapport aux doctrines de la tolérance de Locke ou de Bayle et il se démarque gravement de l'esprit des Lumières. En vérité, il ne fait ici que répéter ce qu'il l'avait dit dans les deux *Discours* et dans l'article « Économie politique » : l'État est fondé à forger l'esprit des citoyens, puisque ceux-ci ont vocation à lui obéir ; il faut un *gouvernement des esprits,* dont les organes seront une Éducation nationale et une religion d'État. Rousseau est poussé à cette « solution » par la logique même de son système, qui n'admet pas le pluralisme. Toute critique serait source d'un désordre social fatal.

Ce qui est étonnant, ce n'est pas que Rousseau parvienne à cette conclusion conforme à son absolutisme foncier, c'est que tant de commentateurs s'y soient laissés prendre et aient donné acte à Rousseau qu'il n'était pas intolérant simplement parce qu'il a déclaré qu'il ne faut pas tolérer l'intolérance (entendons celle de l'Église catholique). Ils n'ont pas vu qu'en imposant un *nouveau dogme* et en le faisant sanctionner par le bras séculier (puisque seront « punis de mort » ceux qui n'acceptent pas le dogme promulgué par l'État) Rousseau substituait purement et simplement une religion, la sienne, à toutes les autres, et créait ainsi une « théocratie » qui rappellerait celle de Genève si elle était chrétienne et si, étatique et nationale, elle n'anticipait pas, bien plutôt, les totalitarismes modernes fondés sur l'idéologie du « parti unique ». Ils n'ont pas vu qu'il mettait en place la logique qui sera celle de Saint-Just et de tous les révolutionnaires : « pas de liberté pour les ennemis de la liberté », c'est-à-dire : ne nous imposons pas à nous-mêmes la contrainte que nous imposons aux autres, soyons tolérants à l'égard de ceux-là seuls qui renoncent à nous critiquer. Le culte robespierriste de l'Être suprême, la constitution civile du clergé et la persécution antichrétienne des Jacobins montreront dans les faits où peut conduire cet idéal rousseauiste.

En transposant au profit du « peuple » les préjugés de soumission au monarque absolu qui n'existaient que trop dans les mentalités du temps, en donnant une justification doctrinale au décret tyrannique de la foule et, en outre, en conférant à ce vieil atavisme liberticide une apparence pseudo-savante de raison et de justice, dans le langage même du droit constitutionnel, Rousseau, comme l'a bien montré Benjamin Constant, a singulièrement facilité la tâche de ceux qui, sous la Révolution française, allaient être candidats à l'exercice d'une *dictature* au nom du peuple.

Chapitre 3

Jacobinisme et socialisme pendant la Révolution française

La Révolution fait avancer des idées « socialistes » avec, d'une part, les contributions des Jacobins et de divers groupes extrémistes et, d'autre part, l'œuvre du premier véritable communiste, Gracchus Babeuf.

I — SANS-CULOTTES ET ENRAGÉS[1]

1) *Les sans-culottes. Le milieu social*

Un mot, celui de « sans-culottes », désigne traditionnellement les forces sociales qui ont prôné et soutenu les mesures les plus extrêmes de la Révolution de 1789 à 1794.

Ce sont essentiellement les petits commerçants et artisans des villes et des campagnes, petits patrons auxquels se joignent leurs ouvriers qui, vivant et travaillant avec eux, partagent les mêmes conceptions du monde. Tous sont de condition modeste, ils demandent une baisse du prix des subsistances (notamment le pain, qui représente une moitié de leurs dépenses), ils réclament des tarifs et des règlements afin d'échapper à l'angoisse des crises de pénurie et de disette. Mais, pour le reste, ils gardent leur mentalité d'indépendants. D'où un esprit bien spécifique : révolutionnaires au coude à coude avec les « petits », prêts aux mesures les plus extrê-

---

1. D'après Albert Soboul, « Utopie et Révolution française », in Droz (dir.), *Histoire générale du socialisme*, t. 1, *op. cit.*

mes contre les « gros » et les « accapareurs », ils restent attachés à la petite propriété et refusent le communisme que certains commencent à suggérer.

La section parisienne des Gardes-françaises dit, en février 1793, que le pauvre ne doit pas être à la merci du riche. « Sans cela les hommes cesseraient d'être égaux en droits, sans cela l'existence du premier serait compromise à chaque instant, tandis que le second lui imposerait les lois les plus rigoureuses. » Un représentant des commissaires des assemblées primaires s'écrie : « Il ne suffit pas que la République française soit fondée sur l'égalité ; il faut encore que les lois, que les mœurs tendent par un heureux accord à *faire disparaître l'inégalité des jouissances* ; il faut qu'une existence heureuse soit assurée à tous les Français. » La section des Sans-Culottes demande le « Maximum » et explique : « La République doit assurer à chacun les moyens de se procurer les denrées de première nécessité, la quantité sans laquelle ils ne pourront conserver leur existence. » La Commission temporaire de Commune-Affranchie (nouveau nom donné à la ville de Lyon) dit, en novembre 1793, qu'il est dérisoire de se réclamer sans cesse de l'égalité, « quand des intervalles immenses de bonheur [séparent] toujours l'homme de l'homme ». Et il ne s'agit pas seulement d'égalité devant la survie, donc d'une éventuelle réquisition des subsistances détenues par les riches quand les pauvres subissent la disette. La revendication est générale et permanente, puisque les mêmes sans-culottes lyonnais précisent : « Prenez tout ce qu'un citoyen a d'inutile ; car le superflu est une violation évidente et gratuite des droits du peuple. Tout homme qui a au-delà de ses besoins ne peut pas user, il ne peut qu'abuser : ainsi, en lui laissant ce qui lui est strictement nécessaire, tout le reste appartient à la République et à ses membres infortunés » (textes cités par Soboul, in Droz, *op. cit.*, p. 201-202).

Les sans-culottes sont donc des « partageux ». Mais ils sont favorables, précisément, au partage des propriétés plutôt qu'à la suppression de la propriété. Aussi laissent-ils subsister le commerce en l'enserrant dans le corset de la *taxation*. Seuls quelques-uns envisagent une organisation collective de la production ou du moins, d'abord, de la distribution, c'est-à-dire sa municipalisation ou nationalisation.

Il faudrait que « nul ne puisse vendre qu'à l'État les objets de première nécessité » (l'*Ami du peuple,* 10 août 1793). Il faudrait des « magasins nationaux », où tous les producteurs apporteraient leur production, qu'ils vendraient à un « prix modéré » ; la « nation », ensuite, distribuerait les marchandises (proposition de la section des Arcis aux Jacobins, 8 novembre 1793). L'Assemblée générale de la section des Champs-Élysées résume l'argument en ventôse an II : qu'est-ce qu'un marchand ? demande-t-elle. « C'est le dépositaire et non, comme on l'a cru sottement jusqu'ici, le propriétaire des objets nécessaires à la vie. *Il est donc fonctionnaire public,* et le plus important de tous »[1] (cité par Soboul, p. 203).

---

1. La boucherie et la boulangerie furent effectivement municipalisées à Clermont-Ferrand, à Troyes...

La propriété ne doit pas être trop grande ; mais, dès lors qu'elle apparaît comme le fruit du travail, elle demeure légitime.

Section Poissonnière, janvier 1794 : « Les petites fortunes acquises par les travaux utiles à la société ne sauraient être trop fortement respectées et préservées de toute atteinte. » On n'en veut qu'aux « gros » et aux riches, dans l'idée qu'une disparité trop grande des fortunes ne peut être que déséquilibrée : les riches ne peuvent que s'enrichir toujours plus, ce qui (l'économie étant perçue comme un « jeu à somme nulle ») ne peut pas ne pas aboutir à la ruine complète des « petits ». Donc on fait des projets visant à l'égalisation des fortunes. « Pas un sans-culotte ne devient ni ne se conserve riche ; il respecte le sain droit de propriété : il mourrait de faim plutôt que d'enlever par la force la subsistance d'une famille honnête et près du besoin ; mais il est sans quartier pour ces fortunes rapides et insolentes, ouvrage de l'intrigue et de l'avidité. Alors il rentre dans son bien et rétablit l'équilibre, sans lequel point d'égalité, par conséquent point de république » (Prudhomme, dans les *Révolutions de Paris,* cité par Soboul, p. 203-204).

D'où les propositions de confiscation de tous les biens des riches, des « châteaux » ; les pauvres sont « copropriétaires » de tous ces biens. Certaines propositions sont plus précises, comme la pétition de la section des Sans-Culottes, 2 septembre 1793 : « Que nul ne puisse tenir à loyer plus de terre que ce qu'il en faut pour une quantité de charrues déterminée », « Que le même citoyen ne puisse avoir qu'un atelier, qu'une boutique », « Que le maximum des fortunes [soit] fixé. Que le même individu ne puisse posséder qu'un maximum », correspondant, on s'en doute, à la propriété artisanale ou boutiquière commune. Cela fera « disparaître peu à peu la trop grande inégalité des fortunes et croître le nombre des propriétaires ». Ce que prônent les sans-culottes, en définitive, c'est l'idéal d'une communauté de petits producteurs indépendants dont l'égalité relative serait assurée par la taxation et la réglementation.

2) *Les Enragés*

Ceux qu'on appelle les « Enragés » sont-ils allés plus loin ? Voyons le *Projet de loi relatif aux subsistances* transmis à la Convention par Taboureau de Montigny, « Enragé » d'Orléans, en octobre 1792.

« On déraisonnera toujours tant qu'on se laissera subjuguer par les clameurs des propriétaires territoriaux et des gros capitalistes qui, de concert, ne tendent qu'à envahir toute la subsistance nationale pour acquérir un droit de vie et de mort sur l'espèce humaine au profit de leur cupidité... L'équité naturelle prescrit des limites au bénéfice des propriétés exclusives [...]. Le travail étant une voie ouverte à l'indigent, pour recouvrer sur la terre la portion des biens qui lui était dévolue au tribunal du droit naturel, antérieurement à toute convention civile, il s'ensuit que l'état social doit nécessairement lui rendre, en échange de son travail, l'équivalent de ce qu'il a perdu ; or ce qu'il a perdu, par la transmission immémoriale d'une fortune héréditaire, est égal à la somme de ses besoins indispensables, sur le montant desquels il faut fixer le tarif de son salaire ; d'où résulte la nécessité d'une loi compensatrice qui porte le salaire au niveau du prix courant des comestibles, ou baisse les comestibles au niveau du salaire » (cité par Soboul, p. 207)[1].

1. Ce texte pathétique, auquel Taboureau donne la forme d'un raisonnement serré, appelle les réflexions suivantes. Dire que l'indigent a « perdu » ses moyens d'existence du fait de l'instauration civile de la propriété, revient à supposer qu'il avait de quoi vivre à l'état de nature. Or, dans cet état, non seulement il n'avait pas de moyens d'existence assurés (à l'âge des cavernes, les hommes mouraient comme des mouches à la moindre pénurie), mais, plus fondamentalement, il n'était pas... né, puisque seule la mise en place des modes de production capitalistes a permis la croissance démographique qu'on constate en Europe à partir du XVIIIᵉ siècle, croissance exponentielle et sans précédent dans l'histoire (et la croissance démographique du Tiers Monde, non moins explosive, se déclenchera à mesure que les pays concernés seront intégrés, par la colonisation des puissances occidentales, dans une économie de marché à grande échelle). Le prolétaire dont parle Taboureau n'a donc rien « perdu » du fait de l'instauration de la propriété privée, il a au contraire « gagné » d'être en vie. On dira qu'une vie misérable ne vaut pas la peine d'être vécue. Ce n'est pas l'avis de ceux qui, menacés de mourir de faim, ont toujours préféré survivre, même au seuil de pauvreté absolue, dès lors qu'ils trouvaient effectivement un supplément de subsistances dans une société plus productive qu'auparavant, plutôt que de mourir. L'homme est ainsi fait qu'il préfère vivre pauvre que mourir faute d'être riche. Les sociétés occidentales, puis celles du Tiers Monde ont ainsi choisi d'utiliser les gains de productivité supplémentaires créés par l'économie de marché pour se multiplier démographiquement au seuil de pauvreté, au lieu de les utiliser pour s'enrichir à démographie constante (ce que les sociétés occidentales ont fait dans un deuxième temps). Ainsi – comme l'a remarqué Hayek dans une analyse rigoureusement exacte d'un point de vue scientifique, mais dont il est vrai que la lucidité est d'une dureté à peine supportable – le capitalisme, à qui l'on a reproché d'*appauvrir les hommes*, a, en réalité, lors de sa première phase, *multiplié les pauvres*. Cela ne saurait être mis à son débit, car, pour multiplier les pauvres, il faut évidemment que la société soit plus riche, et le secret de l'enrichir, immémorialement cherché par l'humanité, a été trouvé par le capitalisme (cf. notre *Société de droit selon F. A. Hayek, op. cit.*, p. 291-293). La critique du capitalisme par à peu près tous les intellectuels européens de droite ou de gauche depuis le milieu du XIXᵉ siècle, qui voyaient pour la première fois une misère ouvrière massive dans les villes et qui la croyaient provoquée par la cupidité des capitalistes et les déséquilibres inhérents à ce système, a donc pour origine une tragique *illusion d'optique* : ils ont cru que, du fait de l'instauration des nouveaux modes de production, étaient devenus pauvres des gens qui auparavant étaient riches, alors que la réalité était qu'avaient été maintenus en vie des gens qui auparavant seraient morts ou qu'avaient été mis au monde des gens qui auparavant ne seraient pas nés. Cette illusion d'optique a fonctionné comme un véritable « obstacle épistémogique » empêchant la compréhension adéquate des modalités économiques réelles du progrès. Parce qu'ils étaient formés à la vieille culture et ne disposaient pas encore des grilles de lecture appropriées, la plupart des intellectuels ont condamné les institutions démocratiques et libérales qui rendaient possible ce progrès, les uns, à gauche, en prétendant que ces institutions permettaient l'exploitation d'une classe – innocente et méritante – par une autre – riche, oisive, pervertie et méchante –, les autres, à droite, en prétendant que ces institutions s'étaient follement écartées de l'ordre naturel voulu par Dieu. D'où la production d'idées comme celles de Taboureau, qui travestit la revendication éthique, effectivement essentielle dans le monde judéo-chrétien, selon laquelle l'homme « doit » avoir de quoi vivre, en une idéologie d'apparence scientifique qu'il présente comme une véritable loi de l'économie, selon laquelle le revenu des hommes devrait être calculé sur la base de leurs

Du coup, la liberté du commerce des grains est attaquée, comme dans les décennies précédentes, mais, cette fois, sans nuances et avec la violence inaccoutumée que rendent possible les circonstances révolutionnaires. On taxera les grains de telle sorte que le pain de 9 livres ne coûte pas plus de 15 sous. Le propriétaire sera obligé de vendre à ce prix sur les marchés. Il y aura un « magasin national » dans chaque ville. Il faudra déclarer la récolte à peine de confiscation. L' « accaparement » sera puni, comme un « crime de lèse-majesté souveraine[1] au premier chef », c'est-à-dire par la mort (« la soif des richesses ne peut s'éteindre que dans des flots de sang »).

Le célèbre « Enragé » Jacques Roux veut tuer à peu près tous ceux qui pratiquent l'économie libre, « ceux qui s'approprient les produits de la terre et de l'industrie, qui entassent dans les greniers de l'avarice les denrées de première nécessité et qui soumettent à des calculs usuraires les larmes et l'appauvrissement du peuple ». Il justifie, par exemple, le pillage des épiceries lors des troubles du sucre de février 1793 : « Je pense que les épiciers n'ont fait que restituer au peuple ce qu'ils lui faisaient payer beaucoup trop cher depuis longtemps » (de même Chesneaux, président du club des Cordeliers : « Le pillage avait un but moral ») (textes cités par Soboul, p. 209)[2]. Jacques Roux persistera, puisqu'il demandera obstinément qu'on inscrive dans la nouvelle Constitution de 1793 un article prévoyant la peine de mort contre agioteurs et accapareurs (« Eh quoi ! Les propriétés des fripons seraient-elles quelque chose de plus sacré que la vie de l'homme... Prononcez donc, encore une fois... Les sans-culottes avec leurs piques feront exécuter vos décrets »).

II — LES JACOBINS

L'idéologie sans-culotte, favorable à la petite propriété maintenue dans une certaine égalité par l'action correctrice de l'État, est spontanément « rousseauiste ». Mais le lien avec le rousseauisme devient pleinement explicite avec les *Jacobins*.

« besoins » et non sur celle de leurs capacités productives (« à chacun selon ses besoins », comme le dira Marx). C'est la morale qui détermine le réel, au lieu que ce soit le réel qui délimite le champ du possible. « Délire » qui, inversant l'ordre des facteurs, ne peut que rendre impossible le progrès véritable et éloigner la réalisation de l'idéal moral même qu'on dit vouloir poursuivre.

1. Puisque le peuple est souverain.

2. La *cherté* n'est pas une situation objective, résultat d'un déséquilibre entre offre et demande, elle est la conséquence de la *méchanceté* des vendeurs, elle est, en soi, un *crime*. C'est bien l'inspiration millénariste ou, plus archaïquement, l'invention de boucs émissaires par la foule en crise. Nous avons vu que l'idée de « crime économique » est érigée en catégorie philosophique par Hegel (cf. *supra*, p. 739 sq.).

Les Jacobins sont les membres d'un club fondé, sous le nom de « Club breton », à Versailles, en 1789, par Lanjuinais et Le Chapelier, puis transporté à Paris et renommé « Société des Amis de la Constitution ». Comme le groupe se réunit au couvent des dominicains ou « jacobins » de la rue Saint-Honoré, il finit par être appelé « Club des Jacobins ». Dans les quatre années d'existence du jacobinisme, on distingue trois phases : 1 / Le jacobinisme primitif, celui des modérés Barnave, Duport, La Fayette, Lameth, Mirabeau, Sieyès, Talleyrand, et déjà Brissot et Robespierre. Mais, après la fuite du roi à Varennes et la fusillade du Champ de Mars (17 juillet 1791), les modérés quittent le groupe pour fonder le « Club des Feuillants », avec comme leaders Barnave et La Fayette. 2 / D'où la seconde phase, le jacobinisme mixte, formé par ceux qui se sont prononcés pour la déchéance de Louis XVI (Brissot, Pétion, Robespierre, et les futurs Girondins). Ils vont devenir républicains et former l'aile gauche de l'Assemblée législative. Le club prend alors le nom de « Société des Amis de la Liberté et de l'Égalité ». 3 / Enfin, nouvelle scission : condamnant les massacres de septembre 1792, les Girondins quittent le club, laissant la place libre aux Montagnards. Quand les Girondins sont éliminés de la Convention (2 juin 1793), le club devient l'âme du gouvernement révolutionnaire et de la Terreur. C'est en son sein qu'ont lieu les discussions et que se prennent les principales décisions (c'est pourquoi on parle de la Terreur comme d'une « dictature jacobine »). Là trônent Robespierre, Saint-Just, Danton, Marat. Après Thermidor, le club est fermé (il y aura d'éphémères tentatives de reconstitution jusqu'en 1799).

Qu'en est-il de la pensée sociale des plus célèbres des Jacobins, *Robespierre* et *Saint-Just* ?

Issu d'une famille d'hommes de loi, Maximilien Robespierre (1758-1794) est formé au collège Louis-le-Grand, alors tenu par les Oratoriens, où il subit l'influence du rousseauisme. Son enfance et sa jeunesse sont tristes et austères. Revenu dans son pays natal, Arras, il y devient avocat, mais il vit « pauvrement » (entendons sans luxe et en travaillant dur). Cela le met en accord spontané avec la pensée de Jean-Jacques. Il est, politiquement, démocrate, mais bientôt il comprend qu'il y a un lien entre démocratie politique et démocratie sociale : de trop grandes inégalités de fortune risquent de rendre impossible la démocratie. D'où les divorces successifs avec les Feuillants, ces « culottes dorées », puis avec les Girondins.

Saint-Just (1767-1794), élevé lui aussi chez les Oratoriens à Soissons et à Reims, est une personnalité instable et un esprit particulièrement confus (comme on peut le constater en lisant son *Esprit de la Révolution et de la Constitution de la France,* paru en 1791). Partisan des mesures les plus violentes, meneur des régicides, « tombeur » puis assassin des Girondins, inspirateur de la répression dans l'armée, il tente de donner au régime une base économique et sociale en faisant confisquer les biens des émigrés et en promouvant la politique de dirigisme économique.

Robespierre déclare : « L'égalité des biens est une chimère » (24 avril 1793) et condamne la « loi agraire » ; mais il entend lutter contre « l'extrême disproportion des fortunes, source de bien des maux et de bien des crimes ».

« Le premier droit est celui d'exister, la première loi sociale est donc celle qui garantit à tous les membres de la société les moyens d'exister ; toutes les autres sont subordonnées à celle-là. »

D'où cette définition restrictive de la propriété – très rigoureusement rousseauiste, et diamétralement opposée à celle de la Déclaration de 1789, pour laquelle la propriété est un droit naturel, antérieur à la loi : « La propriété est le droit qu'a chaque citoyen de jouir et de disposer *de la portion de biens qui lui est garantie par la loi* » (cité par Soboul, p. 219)[1].

En conséquence de cette doctrine, Robespierre et Saint-Just prennent des mesures de taxation et de réglementation. Ils y sont poussés par la crise des subsistances, à l'automne 1792, mais aussi par la nécessité politique d'avoir le soutien des meneurs les plus radicaux au moment du procès du roi et de la lutte contre la Gironde. Aussi font-ils promulguer, le 29 septembre 1793, la loi du Maximum général (prix et salaires) et les « décrets de ventôse » an II (février-mars 1794) qui prononcent le sequestre des biens des suspects et l'indemnisation des patriotes indigents[2].

Saint-Just commente éloquemment ces mesures : « Abolissez la mendicité qui déshonore un État libre ; les propriétés des patriotes sont sacrées, mais les biens des conspirateurs sont là pour les malheureux. Les malheureux sont les puissants de la terre ; ils ont le droit de parler en maîtres aux gouvernements qui les négligent » (26 février 1794 ; cité par Soboul, p. 220).

1. À rapprocher d'un fragment des *Institutions républicaines* de Saint-Just : le bon citoyen est « celui qui ne possède pas plus de bien que les lois lui permettent d'en posséder ».

2. Pour compléter ce tableau de l'œuvre de « démocratie sociale » des Jacobins, il faut ajouter : les lois du 5 brumaire an II (26 octobre 1793) et du 17 nivôse an II (6 janvier 1794) sur le partage égal des successions afin de fragmenter la propriété ; la loi du 3 juin 1793 qui oblige à vendre les biens des émigrés par petits lots, et non en bloc, complétée par celle du 2 frimaire an II (22 novembre 1793) qui impose la même règle pour la vente des biens nationaux en général ; celle du 10 juin 1793 qui partage les biens communaux par tête d'habitant ; celle du 22 floréal (11 mai 1794) qui « nationalise l'assistance, ouvre un "livre de la bienfaisance nationale", institue l'assistance gratuite à domicile, des pensions d'infirmité et de vieillesse, des secours aux mères de familles nombreuses : en un mot, un système de sécurité sociale » (Soboul, p. 223). Dans l'état de pénurie provoqué par la Terreur elle-même, par l'interruption du commerce, par l'inflation due à la crise des assignats, ces mesures « généreuses » ne pouvaient produire que des effets nuls ou négatifs (cf. Florin Aftalion, *L'Économie de la Révolution française*, Hachette, coll. « Pluriel », 1987).

III — AUTRES PENSEURS RADICAUX
PROCHES DU JACOBINISME :
LE CERCLE SOCIAL, L'ANGE, DOLIVIER[1]

Il convient de citer quelques autres voix, proches du jacobinisme et du rousseauisme, mais qui apportent à ces doctrines des précisions inédites.

1) *Le Cercle social*

Le « Cercle social », ensuite élargi en une « Fédération des Amis de la vérité », est fondé par deux disciples de Rousseau, l'abbé Fauchet (1744-1793, auteur de *La Religion nationale*) et Nicolas de Bonneville (1760-1828).

Fauchet expose et popularise les thèses rousseauistes, souveraineté populaire et égalitarisme. Il plaide pour la République, s'oppose au suffrage censitaire. Se basant sur le chapitre « Du domaine réel » du *Contrat social,* il réclame « une parcelle libre pour un homme libre ». « Il faut que l'homme pose sur la terre un pied souverain, qu'il ait un domaine d'existence inaliénable », mais ce domaine peut être commun ou individuel. L'important est que, « soit que les hommes associés jouissent en commun du terrain suffisant pour tous, soit qu'ils le partagent entre eux également ou selon des proportions établies par le Souverain, le droit que chaque particulier a sur son propre fond [soit] toujours subordonné au droit que la communauté a sur tous, sans quoi il n'y aurait ni solidité dans le lien social, ni force réelle dans le lien de la souveraineté ». L'auteur traduit ces principes par un réformisme néanmoins prudent, sans redistribution autoritaire. En se basant sur un autre chapitre du *Contrat social,* il pense que, comme l'inégalité tend toujours à se rétablir, il faut empêcher cette reconstitution par la législation (cf. *supra,* p. 819). Dans *De l'esprit des religions,* paru dans l'été 1791, Bonneville s'attaque à la propriété privée, assimilée au « péché originel ». Le partage égal des terres existait chez les Germains dont parle Tacite. Bonneville brosse alors le tableau de la cité idéale et prône, sinon une loi agraire brutale et immédiate, du moins des mesures produisant les mêmes effets à terme. Il propose de ne laisser aux héritiers d'un popriétaire foncier que des lots de cinq ou six arpents et de répartir le reste. Fauchet, de son côté, veut interdire les fortunes foncières procurant plus de 50 000 livres de rentes.

---

1. D'après Albert Soboul, *op. cit.*

2) L'Ange

« L'Ange » (1743-1793) est le vrai nom d'un Lyonnais que certains ont considéré comme le précurseur du fouriérisme. Il est l'auteur de *Notions problématiques sur les états généraux, suivies d'un plan de leur vraie constitution* (1789), de *Plaintes et représentations d'un citoyen décrété passif aux citoyens décrétés actifs* (1790).

L'Ange s'écrie : Comment peut-on déclarer l'égalité des hommes tout en instaurant un suffrage censitaire ? Comment les riches, qui sont oisifs, peuvent-ils être dits « actifs », alors que ceux qui travaillent ne sont pas qualifiés tels et n'ont pas de droits politiques ? Et il suggère que l'on partage tout le sol entre les travailleurs et l'État, en expropriant les « fainéants ».

Dans *Moyens simples et faciles de fixer l'abondance et le juste prix du pain* (9 juin 1792), L'Ange propose une utopie. Il pense que les consommateurs devraient acheter, à l'ensemble des producteurs, l'ensemble de la récolte, au même prix d'année en année (ce serait un « abonnement »).

On créerait une compagnie ayant un capital de 1 800 000 000 livres, divisé en 30 000 parts égales de 60 actions de 1 000 livres chacune (60 × 1 000 × 30 000 = 1 800 000 000). Il y aura donc 30 000 entités, ayant chacune un grenier d'abondance, qui assureront chacune la subsistance de 100 familles, agricoles et non agricoles (3 millions de familles sont nourries : on retrouve *grosso modo* les 26 millions d'habitants de la France d'alors). Les prix ne pourront changer que tous les vingt-cinq ans.

L'Ange a écrit aussi une brochure intitulée *Remède à tout ou Constitution invulnérable de la félicité publique* (1793). Il remanie le cadastre, imagine un système cohérent et fixe d'impôts, propose un système général de taxation (prix et salaires). Il divise encore le peuple souverain en groupes de 100 familles *(centuries),* système qui a essentiellement un but politique : permettre, dans l'esprit de Rousseau, le fonctionnement de la démocratie directe (mais ces centuries ne sont pas des communautés collectivistes ; la propriété privée n'y est pas abolie). Son système, en définitive, est « la sublimation utopique des aspirations sans-culottes » (Soboul).

3) Dolivier

L'abbé Pierre Dolivier (1746-1830) est curé de Mauchamps près d'Étampes. Il écrit la *Lettre d'un curé du baillage d'Étampes à ses confrères* (1788) où il réclame la suppression des ordres ; *La voix d'un citoyen sur la manière de former les États généraux* (1789), puis *Le vœu national ou système politique propre à organiser la nation dans toutes ses parties et à assurer à l'homme l'exercice de ses droits sociaux* (1790).

Dans ce dernier ouvrage, Dolivier soutient que l'Assemblée a eu tort d'établir un système censitaire et qu'elle a manqué à assurer le « bonheur commun ». Il aurait fallu qu'au lieu d'affirmer l'égalité des droits, elle « établisse une juste égalité des moyens... en sorte que chaque associé puisse parvenir à l'entière jouissance du droit qui lui est propre ». « Il serait très juste que tout homme, entrant dans la société, y trouvât libre sa portion de terre ; mais où est le droit qui la donne ? Nos législateurs songent-ils à le faire naître, songent-ils à restreindre l'influence vague qui amoncelle parfois les propriétés ? » (cité par Soboul, p. 238). Ils n'y songent pas et, en outre, par le système censitaire, ils ont fait des riches une nouvelle aristocratie.

Dolivier entend corriger cette erreur et faire prévaloir une « justice primitive », « naturelle ». Il prône la division des grandes fermes. Il approuve l'assassinat du maire d'Étampes, Simoneau, par la foule qui lui reprochait de protéger les « accapareurs » (3 mars 1792) : « C'est le renchérissement du blé, c'est la faim ou la crainte de la faim qui ont été les seuls instigateurs ». « La classe infime du peuple est bien plus près de la philosophie du droit, autrement dit de l'équité naturelle, que toutes les classes supérieures qui ne font que s'en éloigner progressivement », puisque les pauvres, n'ayant pas de propriété, ne peuvent se prévaloir que de leur nature humaine. Ils travaillent, et n'ont rien ; les riches, mais aussi leurs chevaux et leurs chiens, ont tout, et ils sont oisifs. Cette contradiction justifie l'atteinte au droit de propriété.

Dolivier rédige son *Essai sur la justice primitive* dans le contexte de la lutte entre Jacobins et Girondins dans l'automne 1792 et l'hiver 1793, portant notamment sur la question de la liberté du commerce des grains. L'*Essai* distingue « propriété naturelle » et « propriété civile ». La première « ne s'étend pas au-delà de la personne de chaque individu ; c'est le droit qu'il a de jouir de sa personne et de ses facultés » (c'est l'homme tout nu cher à Rousseau). La « propriété civile » est la propriété au sens ordinaire. Elle ne doit pas être indéfinie et illimitée. Par ailleurs la terre, « grand communal », appartient à tous. Donc il faut limiter la propriété et affirmer pour tous le « droit de partage du grand communal ». Conséquence : il n'y aura, sur la terre, qui n'appartient à personne mais dont chacun a le droit d'user, que des droits de possession viagers ; seule sera transmissible la propriété mobilière.

En pratique et dans l'immédiat, Dolivier réclame le partage, sinon des propriétés, du moins des exploitations : chacune de celles-ci doit avoir la dimension de ce qu'on peut cultiver avec une charrue.

Un autre personnage de l'époque révolutionnaire franchit une étape importante dans la maturation des doctrines socialistes en réclamant, non plus seulement le partage des biens, mais leur collectivisation complète et l'organisation collective du travail, en d'autres termes le communisme : Babeuf.

IV — BABEUF

Vie[1]

François-Noël (« Gracchus ») Babeuf est né en 1760 à Saint-Quentin, mort (guillotiné) à Vendôme en 1797. Son père, ancien soldat déserteur, employé des gabelles, lui donne une certaine instruction et l'initie aux problèmes administratifs. Le jeune homme devient apprenti feudiste (spécialiste du droit féodal) chez un noble de la région, puis employé d'un greffier de communauté. Il sera ensuite, à son compte, arpenteur-géomètre et « commissaire à terrier » à Roye en Picardie (sa profession consiste à établir les droits seigneuriaux pesant sur les terres ; c'est un bon poste d'observation pour saisir les difficultés économiques des paysans, leur attachement à leurs droits collectifs, les différentes attitudes des propriétaires fonciers consistant soit à développer la productivité de l'agriculture, au sens des Physiocrates, soit, à produit égal, à obtenir plus des paysans). Mais les affaires de Babeuf déclinent après 1787. Venu à Paris au début de la Révolution, il y devient correspondant du *Courrier de l'Europe* de Londres. Il revient en Picardie et crée le *Correspondant picard*. Il est arrêté plusieurs fois en raison de son action en faveur d'un partage des terres. Il retourne à Paris où il se mêle aux sans-culottes et se rapproche des Cordeliers et de Chaumette. Il vilipende le nouveau projet de déclaration des droits de l'homme en mai 1793, parce que le texte reconnaît solennellement, comme celui de 1789, le droit de propriété. Il connaît encore la prison sous Robespierre. Il s'est donné le prénom de « Gracchus » en souvenir des Gracques, eux aussi promoteurs d'une loi agraire. Il écrit alors son grand journal, qui porte successivement deux titres : *Journal de la liberté de la presse* (septembre-octobre 1794), puis le *Tribun du peuple, ou le Défenseur des droits de l'homme.* Enfin, il mène une action révolutionnaire clandestine, une « Conspiration pour l'Égalité ». Mais celle-ci, éventée, échoue, ce qui aboutit à l'emprisonnement des conjurés en mai 1796 et à l'exécution de Babeuf un an plus tard.

Œuvres

Babeuf est l'auteur de nombreux articles et lettres, ainsi que d'ouvrages plus longs : *Discours préliminaire du Cadastre perpétuel* (1789) ; *Projet de Législation des sans-culottes ou l'égalité parfaite* (1793) ; *Manifeste des Plébéiens,* publié par le *Tribun du Peuple* du 9 frimaire an IV (30 novembre 1795). Il faut mentionner aussi les textes qui ne sont pas de la main de Babeuf, mais expriment sa pensée en même

---

1. Cf. Babeuf, Textes choisis, introd. et notes par Claude Mazauric, Éditions Sociales, 1965.

temps qu'ils témoignent de son action : *Analyse de la doctrine du Tribun du peuple*, *Projet de décret économique* (rédigés par Buonarotti), le *Manifeste des Égaux* (de Sylvain Maréchal), enfin, la *Conspiration pour l'égalité dite de Babeuf* (de Buonarotti, 1828).

1) *La formation de Babeuf*

Babeuf a trouvé l'idée communiste dans les livres des traditions utopique et millénariste, et chez Mably, Morelly ou Rousseau, puis il l'a complétée et radicalisée par sa réflexion personnelle. Il a été fortement marqué par la brochure d'un certain Collignon : *L'avant-coureur du changement du monde entier par l'aisance, la bonne éducation et la prospérité générale de tous les hommes* (1786), où est proposé un plan de réformes sociales.

Collignon demande qu'on dresse un bilan complet, un « tableau détaillé » de la misère existante (qui, disait Collignon, touche « plus des trois quarts et demi » de la population) ; puis qu'on cherche les causes de cette situation ; enfin, qu'on mette en œuvre les moyens de changer tout cela. On construirait presque *ex nihilo* un pays de Cocagne où régneraient abondance et agrément, avec table luxueuse, les meilleurs vins, du café et du chocolat pour tous, plusieurs vêtements de différentes couleurs, chauffage, lumière, moitié moins de travail grâce aux machines, enfin – suprême miracle – l'eau courante.

Babeuf approuve, mais il se donne pour mission de compléter le travail de Collignon en indiquant les moyens concrets à mettre en œuvre. Le premier moyen envisagé, dans le *Discours préliminaire* au *Cadastre perpétuel* de 1789, est la *loi agraire* : chacun recevra un lot qui, à sa mort, reviendra à la communauté[1]. Il suffit de faire les calculs adéquats. La France compte 70 millions d'arpents de terre cultivable ; avec 26 millions d'habitants regroupés en familles de quatre personnes, cela fait six millions de familles, dont chacune peut donc avoir 11 arpents, ce qui est amplement suffisant pour la nourrir.

2) *Le communisme*

Mais bientôt Babeuf envisage un moyen beaucoup plus radical. De l'idée de partage du sol, il passe à celles de communauté des biens et d'organisation collective du travail. En effet, il estime désormais que le partage égal des terres réalisé par la loi agraire, loin de

---

1. D'où l'idée de « cadastre perpétuel ».

pouvoir être « perpétuel », est voué à ne « durer qu'un jour »[1]. Il faut donc établir « la communauté des biens et des travaux ». C'est là une brusque mutation par rapport à l'idéologie sans-culotte et jacobine ; en fait c'est la première expression moderne du communisme.

Après Thermidor, et alors qu'il a dénoncé les Jacobins dans sa brochure *Du Système de dépopulation,* il reconnaît *a posteriori,* en constatant la misère du peuple qui provoque les insurrections successives de 1794 et 1795, le bien-fondé des mesures prises sous Robespierre, la taxation, le Maximum, l'économie dirigée et les tentatives de nationalisation de la production. Ce qui a marché pour l'armée, c'est-à-dire pour 1,2 million d'hommes, ne peut-il être généralisé à toute la société ? Ce qu'il faut, c'est une organisation collective du travail : il faut que chaque homme soit attaché « au talent, à l'industrie qu'il connaît » ; il n'y aura plus de liberté économique, plus de marchands, plus de négociants, seulement de « purs agents de distribution ».

« Tous agents de production et de fabrication travailleront pour le magasin commun et chacun d'eux y enverra le produit en nature de sa tâche individuelle, et des agents de distribution, non plus établis pour leur propre compte, mais pour celui de la grande famille, feront refluer vers chaque citoyen sa part égale et variée de la masse entière des produits de toute l'association » (cité par Soboul, p. 248).

Le moyen d'arriver à l'égalité de fait, c'est en effet

« de supprimer la propriété particulière ; [...] et d'établir une simple administration [...] qui, tenant registre de tous les individus et de toutes les choses, fera répartir ces dernières dans la plus scrupuleuse égalité » *(Manifeste des Plébéiens).*

On ôtera « à tout individu l'espoir de devenir jamais ni plus riche, ni plus puissant, ni plus distingué par ses lumières, qu'aucun de ses égaux ». Alors disparaîtront, en même temps que la crainte du lendemain, « l'envie, la jalousie, l'instabilité, l'orgueil, la tromperie, la duplicité, enfin tous les vices. » Et le *Manifeste* se termine par un appel à un « bouleversement total ». Il faut « que tout se confonde », « que tous les éléments se brouillent, se mêlent et s'entrechoquent », « que tout rentre dans le chaos et que du chaos sorte un monde nouveau et régénéré. »

3) *Le Parti révolutionnaire*

Dernier apport de Babeuf à l'histoire des idées politiques, le concept de *parti révolutionnaire.* La révolution sera violente et ne

---

1. En effet, « dès le lendemain de son établissement, l'inégalité se remontrerait » *(Manifeste des Égaux).*

pourra être accomplie que par une minorité, elle-même menée par un groupe clandestin.

Dans l'hiver 1795-1796, Babeuf recrute un groupe de partisans au Club du Panthéon. Puis il met en place, avec Buonarotti et Maréchal, une structure qui fait penser aux partis révolutionnaires ultérieurs, avec, tout en haut, un « Comité insurrecteur » ou « Directoire secret », puis une organisation hiérarchique comportant « arrondissements » et « sections », des agents de propagande, des agents de liaison. La démocratie directe, telle que l'avaient pratiquée les sans-culottes parisiens des sections et districts, est récusée au profit d'une action clandestine conçue et dirigée d'en haut (Marat avait déjà suggéré une dictature). Cette structure devra rester en place non seulement pendant la période d'insurrection et de prise de pouvoir, mais également ensuite, aussi longtemps qu'il sera nécessaire pour refondre entièrement la société. L'idée passera de Buonarotti à Auguste Blanqui, et sera enrichie par l'expérience de l'action clandestine de la « Charbonnerie » (cf. *infra,* p. 904, n. 1). Elle passera de là à la Commune de Paris de 1871, enfin aux partis de type léniniste.

Une histoire de la *Conspiration pour l'Égalité dite de Babeuf* de Buonarotti est publiée à Bruxelles en 1828. De pair avec le *Manifeste des Égaux,* elle exerce une grande influence sur la génération révolutionnaire de 1848. Mais, entre-temps, des doctrines socialistes plus structurées – et le mot même de « socialisme » – ont fait leur apparition.

Chapitre 4

Saint-Simon
et le saint-simonisme

Le mot « socialisme » a été créé vers 1832 par Pierre Leroux, fondateur de la « religion de l'Humanité ». Or Leroux était polytechnicien et membre d'une école de pensée, le saint-simonisme, à laquelle ont appartenu un très grand nombre d'*ingénieurs*. L'idée matricielle du socialisme est en effet que la société peut être – comme une machine par un ingénieur – *organisée, planifiée, construite* par une autorité pourvue du *savoir* nécessaire. Ainsi organisée conformément à un plan rationnel, la société sera tout à la fois plus prospère et plus juste. On voit que le socialisme repose sur une certaine *philosophie de la connaissance,* un *rationalisme extrême* dont toute la question est de savoir s'il est hyper- ou infrascientifique.

L'idée d'un contrôle rationnel total de la société par des ingénieurs sociaux a été systématiquement développée pour la première fois par un penseur visionnaire, Saint-Simon. Puis, par les disciples de celui-ci organisés en « Église saint-simonienne » et par Auguste Comte, elle est passée aux « Jeunes Hégéliens » et à Marx.

Elle se croit légitimée par l'émergence, au pli des XVIIIᵉ et XIXᵉ siècles, d'une science *déterministe, mécaniste,* capable de *prédictions précises,* sur le modèle offert à l'époque par les jeunes sciences de la nature, physique, chimie, biologie. Beaucoup d'esprits du temps estiment que la science sociale pourra atteindre le même degré de certitude que ces sciences et donner lieu aux mêmes succès techniques. Il faudra toutefois aborder le problème de la connaissance du social de manière « positive », c'est-à-dire en rompant avec les approches traditionnelles – histoire, littérature, langues anciennes, théologie, morale, droit, politique – disciplines censées véhiculer de simples préjugés, une vieille culture irrationnelle et solidaire d'un ordre social honni.

Les grandes réformes scolaires de la Révolution témoignent de la
foi des contemporains dans ce nouveau modèle du savoir. Les « écoles centrales » créées en 1795 abandonnent l'éducation classique des
collèges. L'enseignement y est limité presque exclusivement aux
matières scientifiques. L'étude des langues anciennes est réduite à
presque rien, l'enseignement des belles-lettres, de la grammaire et de
l'histoire fortement restreint, et l'instruction morale et religieuse
supprimée.

Par la suite, le déséquilibre allait être, dans une certaine mesure,
corrigé. Mais il eut des conséquences durables. Saint-Simon pouvait
déclarer, vers 1812, que désormais le critère d'excellence dans les
études n'était pas l'aptitude aux études classiques, mais la réussite
dans les seules disciplines scientifiques.

« Ainsi, toute une génération grandit, à laquelle l'accès de cette grande
réserve de la sagesse humaine, la seule forme assurément par laquelle est transmise la compréhension des phénomènes sociaux accompli par les plus grands
esprits, je veux dire la grande littérature de tous les temps, fut refusé. Pour la
première fois dans l'histoire apparut ce nouveau type d'homme qui, comme
produit de la *Real Schule* allemande et d'autres types d'institutions similaires,
devait devenir si important et avoir tant d'influence à la fin du XIXe siècle et
au XXe : le spécialiste technique, considéré comme instruit dans la mesure où il a
réussi des études difficiles, tout en ayant peu ou pas de connaissances de la
société, de sa vie, de son évolution, de ses problèmes et de ses valeurs, toutes
choses que seule peut procurer l'étude de l'histoire, de la littérature et des langues » (F. A. Hayek, *The Counter-Revolution of Science,* Glencoe, Illinois, The
Free Press, 1952, p. 196).

La première grande institution entièrement vouée à la fabrication
de ce type d'homme fut l'École polytechnique, dont le fondateur,
Monge, était un spécialiste de géométrie descriptive, c'est-à-dire de
l' « art des plans », ce qui n'est pas de peu de signification pour une
école qui allait être vouée à la formation d'ingénieurs et
d'administrateurs plus encore que de purs scientifiques – vocation
renforcée lorsque l'école, initialement civile, fut ensuite réorganisée
par Napoléon sur un modèle militaire.

« C'est là que fut créé le type même de l'ingénieur, avec son aspect, ses
ambitions, et ses limitations propres. Cet esprit synthétique qui ne peut voir du
sens dans quelque chose qui n'a pas été délibérément construit, cet amour de
l'organisation qui jaillit de la double source des activités de l'ingénieur et du
militaire, la préférence esthétique pour tout ce qui a été consciemment construit
sur tout ce qui a "simplement poussé", furent les traits saillants qui s'ajoutèrent à
– et commencèrent, avec le temps, à remplacer – l'ardeur révolutionnaire des
jeunes polytechniciens » (F. A. Hayek, *op. cit.,* p. 202-203).

On remarqua très tôt que les jeunes gens formés à ce moule se tar-
guaient volontiers de pouvoir résoudre mieux que quiconque toutes

les questions sociales et politiques exactement de la même manière, et pour la même raison, qu'ils savaient mieux que quiconque construire une route ou un pont. On remarqua, de même, qu'ils avaient une forte propension à devenir socialistes.

C'est dans cette atmosphère que Saint-Simon a développé ses idées et c'est à l'École polytechnique que sont passés Auguste Comte, Prosper Enfantin, Victor Considérant, et, tout au long du XIXᵉ siècle, quelques autres centaines de saint-simoniens, de fouriéristes et de réformistes sociaux, jusqu'à Georges Sorel.

§ 1
Saint-Simon[1]

Claude-Henri de Rouvroy, comte de Saint-Simon (1760-1825) est le petit-cousin du duc de Saint-Simon, le mémorialiste. Il croit, comme ce dernier, descendre de Charlemagne, qui lui a dit en songe : « Depuis que le monde existe, aucune famille n'a joui de l'honneur de produire un héros et un philosophe de première ligne. Cet honneur était réservé à ma maison. Mon fils, tes succès, comme philosophe, égaleront ceux que j'ai obtenus comme militaire et comme politique. » De fait, Saint-Simon sera un penseur original, prophétique ; mais, ayant une personnalité contradictoire et velléitaire, il ne parviendra jamais à réaliser une œuvre doctrinale achevée.

À l'âge de 19 ans, il part en Amérique pour participer à la guerre d'indépendance. À son retour, à 23 ans, il est colonel. Mais il quitte la carrière militaire, suit les cours de Monge à Metz, puis voyage en Hollande, en Espagne, et songe à de grands travaux industriels comme la construction de canaux (il avait déjà, lorsqu'il était en Amérique, proposé au vice-roi du Mexique un projet de canal entre les deux Océans, première idée du canal de Panama que reprendront plus tard les saint-simoniens).

La Révolution éclate. Saint-Simon approuve l'abolition des privilèges et spécule sur les biens nationaux. Il est emprisonné sous la Terreur, mais survit. Ses affaires tournent mal : il est vite ruiné, tant à cause de ses imprudences que de ses prodigalités. Il doit devenir copiste au Mont-de-Piété. Plus tard, il ne vivra que par la charité précaire de ses amis.

Au-delà de ses années de formation, sa vie, qu'il a caractérisée lui-même en 1810 comme « une série de chutes », comporte trois grandes périodes.

---

1. D'après Sébastien Charléty, *Histoire du saint-simonisme*, 1896, réed. Gonthier, bibl. « Médiations », 1965. Cf. *Œuvres de Saint-Simon*, Éd. Dentu, 1869 ; *Doctrine de Saint-Simon*, Exposition, Première année, 1829, Éd. C. Bouglé et Élie Halévy, Librairie Marcel Rivière, 1924 ; Saint-Simon, *Le Nouveau christianisme et les écrits sur la religion*, choisis et présentés par Henri Desroche, Seuil, coll. « Points », 1969

I — LE PHILOSOPHE DE LA « SCIENCE GÉNÉRALE »

Saint-Simon se consacre d'abord entièrement à la philosophie.
Son idée de base est qu'on doit pouvoir parvenir à une explication
globale du monde et de l'histoire, et que cela sera obtenu si l'on
parvient à expliquer le monde social avec les méthodes qui réussissent si bien, depuis quelques décennies, pour le monde physique.
La philosophie du XVIIIᵉ siècle a eu tort de distinguer deux mondes,
l'un physique, où régnerait la nécessité, l'autre moral, où régnerait
la liberté. Les deux sont gouvernés par le même *déterminisme fondamental,* qu'il faut et qu'on peut connaître. L'homme, par rapport à
l'univers, est « une montre enfermée dans une grande horloge dont
elle reçoit le mouvement ».

Mais, pour bâtir cette « science générale » qui sera consignée
dans une « nouvelle Encyclopédie », il faut en posséder les bases.
Saint-Simon s'installe donc en face de l'École polytechnique, dont il
suit les cours pendant trois ans (1797-1800). La physique et la
chimie ne suffisent pas, il faut connaître la physiologie. Saint-Simon
s'installe donc ensuite en face de l'École de médecine, dont il suit
également les cours pendant deux ans (1800-1802). Il faut, enfin,
connaître les savants, et non pas seulement la science. Ainsi
s'entoure-t-il, donc, pendant toutes ces années, de jeunes scientifiques, qu'il parvient à réunir et à garder auprès de lui. Il se liera avec
des savants (ou futurs savants) : les médecins Gall, Cabanis, Bichat, le
naturaliste Blainville, le mathématicien Poisson... Il aura, comme
collaborateurs, de grands esprits de ce temps, notamment Augustin
Thierry (le futur grand historien) et Auguste Comte (le futur fondateur de la philosophie positiviste), qui seront successivement ses
« secrétaires ». Et il s'entoure de nombreux jeunes polytechniciens.

Dès 1802, dans sa *Lettre d'un habitant de Genève,* il formule l'idée
qu'il ne cessera de développer par la suite : les bouleversements qui
viennent de se produire avec la Révolution française ne sont pas un
trouble passager, mais le symptôme du passage d'un monde à un
autre. Ce qui s'est écroulé avec fracas, c'est l'ancien monde féodal,
dirigé par les militaires et les prêtres. Ce qui émerge, c'est un
monde nouveau, qui sera dirigé par les savants. Il faut hâter la fin
de la période intérimaire, qui a été anarchique et impuissante, le
peuple voulant se gouverner démocratiquement alors qu'il est fondamentalement ignorant. Il suggère donc de confier tous les pouvoirs à un « conseil de Newton » qui sera composé de savants et
d' « artistes ».

De cette période datent d'autres écrits, qui sont le plus souvent des ébauches non publiées : *Esquisse d'une nouvelle Encyclopédie, Introduction aux travaux scientifiques du XIXe siècle, Mémoires sur la science de l'homme, Mémoires sur la gravitation universelle.* Il les envoie aux savants. Il ne reçoit pas de réponse, mais ne se décourage pas. On peut l'appeler « fou », peu importe. Il sait que « la folie n'est pas autre chose qu'une extrême exaltation et cette exaltation extrême est indispensable pour faire de grandes choses. »

II — LE PENSEUR DE L' « INDUSTRIE »

Mais Saint-Simon comprend qu'il n'a de chances d'aboutir quelque part que s'il restreint ses ambitions. Faute d'avoir le temps d'assumer jusqu'au bout la tâche d'expliquer toute la réalité par la loi unique de la « gravitation universelle », il se consacrera à la seule société humaine. La science générale fait place à la science sociale. Celle-ci sera d'ailleurs aussi une physique, une « physique sociale », puisque l'histoire, comme la nature, a des lois.

Dans le *Catéchisme des industriels,* il ébauche cette *philosophie de l'histoire* (une des premières du genre ; Marx lui empruntera beaucoup) qu'il finira d'exposer dans l'*Organisateur* (1819-1820). Dans ces deux ouvrages, il précise sa grande idée : l'époque nouvelle est celle de l'*industrie.*

1) *L'ère de l'industrie*

L'histoire oscille entre deux types de périodes : les périodes *organiques* et les périodes *critiques.* L'époque présente, marquée par les pensées dissolvantes du XVIIIe siècle, par les violences révolutionnaires, par l'instabilité parlementaire et la stérilité économique, est manifestement une période « critique ». La précédente période « organique » remonte loin en arrière, au XIe siècle, apogée du féodalisme. La société était alors cohérente et unie, organisée politiquement par un « pouvoir temporel » encore non contesté, celui des nobles, et rassemblée autour d'un « pouvoir spirituel » non contesté lui non plus, celui des clercs[1]. Mais le ver de la critique commence à miner ce monde féodal dès le XIIe siècle. Car à cette époque se développent les villes, appa-

---

1. La période « organique » dont l'apogée est le XIe siècle féodal avait commencé avec Jésus. Auparavant, une précédente phase « critique » avait été ouverte par Socrate.

raissent les bourgeois. Un nouveau type de production, l'industrie, apparaît à côté de l'économie agricole. Aussitôt, le pouvoir temporel des militaires commence à être battu en brèche : naissent des pouvoirs sociaux nouveaux, les « communes ». En France, celles-ci s'allieront avec le roi contre les nobles, préparant l'absolutisme. En Angleterre, avec les nobles contre le roi. Dans les deux cas, le pouvoir temporel de l'ancienne société sera donc divisé et, par là même, mortellement blessé. En 1789, les communes n'auront qu'un dernier effort à fournir pour se débarrasser du roi. En Angleterre, les nobles et le roi ne survivront qu'en se mettant au service de la bourgeoisie industrielle et commerçante (au profit de laquelle, selon Saint-Simon, est menée toute la politique intérieure et extérieure de l'Angleterre), c'est-à-dire en renonçant à être un vrai pouvoir.

Quant au pouvoir spirituel, le premier coup lui a été porté par Luther et la Réforme. Ensuite sont venus les philosophes et les savants des Temps modernes, créateurs des sciences « positives ». Résultat : la foi chrétienne est travaillée par le doute, et il n'y a plus de vrai pouvoir spirituel en Europe.

La crise révolutionnaire que vient de vivre l'Europe est le fruit de ces germes. Elle n'est nullement un accident, un événement contingent et sur lequel on pourrait refermer la parenthèse, mais le résultat final d'un très long processus inéluctable de désagrégation du pouvoir féodal en ses deux composantes temporelle et spirituelle, que les attitudes des uns et des autres ont pu accélérer ou retarder, non interrompre ni inverser[1].

De ce fait, on est aujourd'hui en pleine *phase critique*. Et dans cette phase de discorde, de chaos et d'impuissance, le monde souffre. Il aspire à l'avènement d'une nouvelle *phase organique*. La thèse de Saint-Simon est que celle-ci adviendra lorsque seront enfin mis en place des pouvoirs spirituel et temporel exactement appropriés au nouveau fonctionnement de la machine sociale. En ce qui concerne le pouvoir spirituel, voici en quoi consistera le changement : les *savants* devront remplacer définitivement les *prêtres,* la science « positive » la religion et l'irrationnel. D'autre part, la science permettant de mieux exploiter la nature, la richesse des hommes ne sera plus le fruit de la guerre, comme jadis — raison pour laquelle les militaires étaient les détenteurs naturels du pouvoir temporel —, mais de l'exploitation organisée des ressources naturelles — raison pour laquelle le pouvoir temporel doit appartenir désormais aux *industriels* (ou « industrialistes »).

1. Ce sera aussi l'idée de Tocqueville, cf. *infra,* p. 1100 sq.

On mesure à cet égard la naïveté ou l'imposture des révolutionnaires français et de leurs successeurs sous l'Empire ou la Restauration, qui ont prétendu qu'ils apportaient un grand changement dans la société, simplement parce qu'ils prenaient la place des anciens dirigeants et modifiaient, par leurs « constitutions » et leurs « chartes », les mécanismes juridiques du pouvoir d'État. Mais changer de titulaires ou d'organisation interne du pouvoir d'État n'a aucun sens si ce pouvoir reste le même en nature, c'est-à-dire s'il est encore et toujours un pouvoir de commandement, de contrainte, destiné à permettre le « vol », par les catégories sociales au pouvoir, de ressources économiques essentiellement rares. Il n'y aura de pouvoir social véritablement conforme à l'évolution historique, et donc stable, que celui qui saura augmenter la production en l'organisant conformément aux enseignements de la science.

2) La « fable de Saint-Simon » : les abeilles et les frelons

Ce que Saint-Simon illustre par la « fable » suivante, qui montre à quel point les deux anciennes races de dirigeants sont devenues inutiles, leur maintien en place, à l'ère industrielle, paradoxal, et leur remplacement par les « industrialistes », nécessaire et inéluctable.

« Nous supposons que la France perde subitement ses cinquante premiers physiciens, ses cinquante premiers chimistes, ses cinquante premiers physiologistes... mathématiciens, ... poètes, ... peintres, ... sculpteurs, ... musiciens, ... littérateurs ;

« Ses cinquante premiers mécaniciens, ... ingénieurs civils et militaires, ... artilleurs, ... architectes, ... médecins, ... chirurgiens, ... pharmaciens, ... marins, ... horlogers ;

« Ses cinquante premiers banquiers, ses deux cents premiers négociants, ses six cents premiers cultivateurs, ses cinquante premiers maîtres de forges, ... fabricants d'armes, ... tanneurs, ... teinturiers, ... mineurs, ... fabricants de draps, ... fabricants de coton, ... fabricants de soiries, ... fabricants de toile, ... fabricants de quincaillerie, ... fabricants de faïence et de porcelaine, ... fabricants de cristaux et de verrerie, ... armateurs, ses cinquantes premières maisons de roulage, ces cinquante premiers imprimeurs, ... graveurs, ... orfèvres et autres travailleurs de métaux ;

« Ses cinquante premiers maçons, ... charpentiers, ... menuisiers, ... maréchaux, ... serruriers, ... couteliers, ... fondeurs, et les cent autres personnes de divers états non désignés, les plus capables dans les sciences, dans les beaux-arts et dans les arts et métiers, faisant en tout les trois mille premiers savants, artistes et artisans de France.

« Comme ces hommes sont les Français les plus essentiellement *producteurs,* ceux qui donnent les *produits* les plus importants, ceux qui dirigent les *travaux* les plus *utiles* à la nation, et qui la rendent *productive* dans les sciences, dans les beaux-arts et dans les arts et métiers, ils sont réellement la fleur de la société française ; ils sont de tous les Français les plus utiles à leur pays, ceux qui lui procurent le plus de gloire, qui hâtent le plus sa civilisation ainsi que sa prospérité ; la nation deviendrait un corps sans âme, à l'instant où elle les perdrait ; elle tomberait immédiatement dans un état d'infériorité vis-à-vis des nations dont elle est aujourd'hui la rivale, et elle continuerait à rester subalterne à leur égard tant qu'elle n'aurait pas réparé cette perte, tant qu'il ne lui aurait pas repoussé une tête. Il faudrait à la France au moins une génération entière pour réparer ce malheur, car les hommes qui se distinguent dans les travaux d'une *utilité positive* sont de véritables anomalies, et la nature n'est pas prodigue d'anomalies, surtout de celles de cette espèce[1].

« Passons à une autre supposition. Admettons que la France conserve tous les hommes de génie qu'elle possède dans les sciences, dans les beaux arts, et dans les arts et métiers, mais qu'elle ait le malheur de perdre le même jour Monsieur, frère du Roi, Monseigneur le duc d'Angoulême, Monseigneur le duc de Berry, Monseigneur le duc d'Orléans, Monseigneur le duc de Bourbon, Madame la duchesse d'Angoulême, Madame la duchesse de Berry, Madame la duchesse d'Orléans, Madame la duchesse de Bourbon, et Mademoiselle de Condé.

« Qu'elle perde en même temps tous les grands officiers de la couronne, tous les ministres d'État (avec ou sans départements), tous les conseillers d'État, tous les maîtres des requêtes, tous ses maréchaux, tous ses cardinaux, archevêques, évêques, grands-vicaires et chanoines, tous les préfets et sous-préfets, tous les employés dans les ministères, tous les juges, et, en sus de cela, les dix-mille propriétaires les plus riches parmi ceux qui vivent noblement.

« Cet accident affligerait certainement les Français, parce qu'ils sont bons, parce qu'ils ne sauraient voir avec indifférence la disparition subite d'un aussi grand nombre de leurs compatriotes. Mais cette perte des trente mille individus, réputés les plus importants de l'État, ne leur causerait de chagrin que sous un rapport purement sentimental, car *il n'en résulterait aucun mal politique pour l'État.*

« D'abord, par la raison qu'il serait très facile de remplir les places qui seraient devenues vacantes ; il existe un grand nombre de Français en état d'exercer les fonctions de frère du Roi aussi bien que Monsieur ; beaucoup sont capables d'occuper les places de prince tout aussi convenablement que Monseigneur le duc d'Angoulême, que Monseigneur le duc de Berry, que Monseigneur le duc d'Orléans, que Monseigneur le duc de Bourbon ; beaucoup de Françaises seraient aussi bonnes princesses que Madame la duchesse d'Angoulême, que Madame la duchesse de Berry, que Mesdames d'Orléans, de Bourbon et de Condé.

« Les antichambres du château sont pleines de courtisans prêts à occuper les places de grands officiers de la couronne ; l'armée possède une grande quantité

---

1. « Sciences, beaux-arts et arts et métiers », « savants, artistes et artisans » : la répartition des industrialistes en ces trois catégories deviendra un point de dogme du saint-simonisme. Les hommes appartenant à ces catégories sont des « travailleurs » (Saint-Simon invente le concept, promis à la fortune qu'on sait dans la tradition socialiste et syndicale). Tous les autres sont des « oisifs ». On remarquera la quasi-absence, dans cette typologie, des fonctions *commerçantes* et des hommes correspondants.

de militaires aussi bons capitaines que nos maréchaux actuels. Que de commis valent nos ministres d'État ! Que d'administrateurs plus en état de bien gérer les affaires des départements que les préfets et les sous-préfets présentement en activité ! Que d'avocats aussi bons jurisconsultes que nos juges ! Que de curés aussi capables que nos cardinaux, que nos archevêques, que nos évêques, que nos grands-vicaires et que nos chanoines ! Quant aux dix mille propriétaires vivant noblement, leurs héritiers n'auront besoin d'aucun apprentissage pour faire les honneurs de leurs salons aussi bien qu'eux.

« La prospérité de la France ne peut avoir lieu que par l'effet et en résultat des progrès des sciences, des beaux-arts et des arts et métiers ; or, les princes, les grands officiers de la couronne, les évêques, les maréchaux de France, les préfets et les propriétaires oisifs ne travaillent point directement au progrès des sciences, des beaux-arts, des arts et métiers ; loin d'y contribuer, ils ne peuvent qu'y nuire, puisqu'ils s'efforcent de prolonger la prépondérance exercée à ce jour par les théories conjecturales sur les sciences positives ; ils nuisent nécessairement à la prospérité de la nation en privant, comme ils le font, les savants, les artistes, et les artisans, du premier degré de considération qui leur appartient légitimement ; ils y nuisent puisqu'ils emploient leurs moyens pécuniaires d'une manière qui n'est pas directement utile aux sciences, aux beaux-arts et aux arts et métiers ; ils y nuisent, puisqu'ils prélèvent annuellement, sur les impôts payés par la nation, une somme de trois à quatre cents millions sous le titre d'appointements, de pensions, de gratifications, d'indemnités, etc., pour le paiement de leurs travaux qui sont inutiles.

« Ces suppositions mettent en évidence le fait le plus important de la politique actuelle ; elles placent à un point de vue d'où l'on découvre ce fait dans toute son étendue et d'un seul coup d'œil ; elles prouvent clairement, quoique d'une manière indirecte, que l'organisation sociale est peu perfectionnée ; que les hommes se laissent encore gouverner par la violence[1] et par la ruse[2], et que l'espèce humaine (politiquement parlant), est encore plongée dans l'immoralité. [...] Ces suppositions font voir que *la société actuelle est véritablement le monde renversé* [...] puisque, dans tous les genres d'occupations, ce sont les hommes incapables qui se trouvent chargés du soin de diriger les gens capables ; que ce sont, sous le rapport de la moralité, les hommes les plus immoraux qui sont appelés à former les citoyens à la vertu, et que, sous le rapport de la justice distributive, ce sont les grands coupables qui sont préposés pour punir les fautes des petits délinquants » (Henri de Saint-Simon, *L'Organisateur,* in *Œuvres de Saint-Simon,* vol. 4, Éd. Dentu, 1869, p. 17-25)[3].

1. La faculté des nobles (militaires).
2. La faculté des prêtres.
3. La fable des abeilles et des frelons ne fut pas du goût de tout le monde puisqu'elle valut à Saint-Simon un procès en cour d'assises, en mars 1820. L'assassinat du fils du futur Charles X, le duc de Berry, nommément cité dans le texte, par Louvel (février 1820), avait impressionné les esprits. Par sa thèse de l'inutilité des « frelons », Saint-Simon n'avait-il pas armé le bras du meurtrier ? Il fut néanmoins acquitté.

3) Le règne des ingénieurs

Ainsi, le pouvoir, dans l'ère industrielle, doit se métamorphoser complètement. La politique doit devenir économie politique. Le seul service qu'un pouvoir d'État doive ambitionner de rendre à la collectivité, c'est de l'organiser afin de la rendre toujours plus productive.

Cette production étant le fruit d'une *division du travail* entre des hommes experts en différents métiers, ces hommes, loin d'être rivaux comme par le passé, seront *complémentaires,* donc ils auront des rapports essentiellement *pacifiques*. Ils seront membres d'une « association industrielle », tout naturellement rangée sous l'autorité de ceux d'entre eux qui en seront le plus capables. Ce seront des hommes de savoir, mais pas exactement des savants ; ceux-ci ne peuvent avoir qu'un « pouvoir spirituel », la découverte des lois scientifiques. Le pouvoir social proprement dit devra appartenir à des « praticiens », les *ingénieurs.*

Mais comment le leur donner ? Dans le *Catéchisme des industriels,* la solution n'est pas encore bien nette. Il est certain qu'étant un pacifiste résolu, Saint-Simon n'entend pas faire ou provoquer une révolution. Il s'appuiera sur le pouvoir actuellement en place, c'est-à-dire le roi. À condition que le roi fasse résolument et jusqu'au bout ce que ses prédécesseurs, depuis Philippe le Bel, n'ont fait qu'en partie et avec réticence : s'allier aux « communes », c'est-à-dire aux forces industrielles, contre les forces féodales, noblesse et clergé. Il devra prendre lui-même la tête de l'association industrielle. Il devra devenir « le premier industriel de France et du monde entier ». Il commencera par décider qu'un *catéchisme des industriels* sera rédigé par l'Institut. Aucun Français ne sera citoyen s'il n'a passé un examen sur ce catéchisme national. Le budget sera fait par un conseil d'industriels. La noblesse sera abolie. La Chambre sera dissoute.

4) Le Parlement industrialiste

C'est dans *L'Organisateur* que Saint-Simon précise ses idées constitutionnelles. Le modèle d'un régime parlementaire à l'anglaise paraît devoir s'imposer désormais à toute l'Europe. Renonçant à l'idée de dissoudre purement et simplement la Chambre, Saint-Simon revient à l'idée imaginée seize ans auparavant dans la *Lettre d'un habitant de Genève,* confier tout le pouvoir à un « conseil de Newton », c'est-à-dire à un Parlement d'un genre totalement nouveau.

Ce Parlement devra être exclusivement composé d' « industrialistes ». Il sera divisé en trois corps. Le premier, la « chambre d'invention », comprendra 200 ingénieurs et 100 « artistes » (poètes, écrivains, peintres, sculpteurs, architectes et musiciens[1]) et devra élaborer des plans pour les grandes actions publiques. Le second, la « chambre d'examination », comprendra 100 biologistes, 100 physiciens, 100 mathématiciens. Il devra examiner de près et approuver ces plans. Le troisième, la « chambre d'exécution », comptant seulement en son sein des entrepreneurs, sera chargé de la réalisation des travaux.

Ce nouveau Parlement devra « remplacer le gouvernement du hasard par celui de la science » (cité par Charléty, *op. cit.*, p. 229). Toute la société sera soumise à ce pouvoir central qui résoudra toutes les questions sociales, économiques et politiques de façon scientifique. Saint-Simon écrit :

« Toutes les questions qui doivent s'agiter dans un pareil système politique : Quelles sont les entreprises par lesquelles la société peut accroître sa prospérité actuelle, à l'aide des connaissances qu'elle possède présentement dans les sciences, dans les beaux-arts et dans les arts-et-métiers ? Quelles sont les mesures à prendre pour répandre ces connaissances et pour les perfectionner autant que possible ? Enfin, par quels moyens ces différentes entreprises peuvent-elles s'exécuter avec le moins de frais, et dans le moins de temps possible ? Ces questions, disons-nous, et toutes celles qu'elles peuvent engendrer, sont éminemment positives et jugeables ; les décisions ne peuvent être que le résultat de démonstrations scientifiques, absolument indépendantes de toute volonté humaine, et susceptibles d'être discutées par tous ceux qui auront un degré d'instruction suffisant pour les entendre. [...] Et de même alors que toute question d'intérêt social sera nécessairement décidée aussi bien qu'elle peut l'être avec les connaissances actuellement acquises, de même toutes les fonctions sociales seront nécessairement confiées aux hommes les plus capables de les remplir conformément au but général de l'association. Ainsi, dans cet ordre de choses, on verra disparaître à la fois les trois principaux inconvénients du système politique actuel, l'arbitraire, l'incapacité et l'intrigue » (*L'Organisateur, op. cit.*, p. 198-200).

---

1. C'est une chose notable, et quelque peu paradoxale, que cette importance accordée à l' « art » par le philosophe de la science positive, d'autant que Saint-Simon ne se déjugera jamais : il dira toujours que les industriels sont les « savants, les *artistes* et les artisans », que les disciplines-reines de l'ère industrielle sont « la science, les *beaux-arts* et les arts et métiers ». Sans doute comprend-il, lui qui est lui-même un « artiste », un homme d'imagination, que l'invention, en science, n'est pas le fruit de la simple méthode, mais suppose un jaillissement créateur, de nature non conceptuelle. Cependant, les saint-simoniens, moins poètes que leur maître, s'irriteront de la liberté inhérente à l'art. L'art sera sommé de s'intégrer au projet de l'industrie. On dira, dans le *Producteur* (cf. *infra*) que l'art doit être *social*, « remuer les masses », faute de quoi ses produits ne seraient jamais que « confidences faites à l'esprit de coterie par la médiocrité ». Le rôle de l'art sera d'organiser les grandes manifestations morales de la communauté, de fournir les chants et les danses des fêtes organisées par l'autorité. Conception qui prépare ainsi le « réalisme socialiste » imposé aux artistes des premiers pays du socialisme réel.

5) *La condamnation de la liberté*

Mais qui dit conformité des actions individuelles aux buts de la communauté dit, d'une part, définition de ces buts par une élite, d'autre part suppression de la liberté pour tous les autres. Saint-Simon en est parfaitement conscient. Dès le *Catéchisme des industriels,* il avouait son aversion profonde pour le principe de liberté :

« L'idée vague et métaphysique de *liberté,* telle qu'elle est en circulation aujourd'hui, si l'on continuait à la prendre pour base des doctrines politiques, tendrait éminemment à *gêner l'action de la masse sur les individus.* Elle serait contraire au développement de la civilisation et à l'organisation d'un système bien ordonné qui exige que les parties soient fortement liées à l'ensemble et dans sa dépendance » *(Le Catéchisme des industriels).*

La théorie des droits de l'homme et l'œuvre critique des juristes et métaphysiciens n'ont été utiles qu'aussi longtemps qu'il s'agissait de détruire le système féodal et théologique et de préparer le système industriel et scientifique. Le désordre de la phase critique a été, dira un texte ultérieur[1], « la condition obligée de l'ordre social nouveau ». Il fallait réclamer toutes les libertés de la société démocratique et libérale, liberté d'association, des cultes, de la presse, de l'enseignement, du commerce, de l'industrie, non par amour de la liberté, mais parce que c'était le moyen le plus rapide pour dissoudre l'ancien monde et ensuite arriver au but, l'association industrielle[2]. Mais maintenant, on doit formellement récuser cette « idée vague et métaphysique de liberté », puisqu'elle est essentiellement porteuse de désordre, empêche l'action de la masse sur l'individu et compromet le passage à la nouvelle phase organique du devenir social. Saint-Simon voit donc plus clairement que la plupart des socialistes ultérieurs *que le socialisme est rigoureusement incompatible avec la liberté.*

À de nombreux endroits de l'œuvre de Saint-Simon, comme de celle de Comte, la « liberté de conscience » est prise pour cible. Il n'y a pas de « liberté de conscience » en astronomie, physique, chimie ou physiologie ; pourquoi y en aurait-il en politique, dès lors que celle-ci accède à l'âge « positif » ? Aussi l'adhésion de Saint-Simon au parlementarisme est-elle purement nominale. Il prend ouvertement pour cible le libéralisme et la démocratie. Les

---

1. *L'Exposition de la doctrine saint-simonienne,* cf. *infra.*
2. L'idée sera reprise par Marx et les marxistes : la liberté est bonne, non seulement pour détruire le système féodal, mais le système bourgeois lui-même. Les socialistes révolutionnaires seraient insensés de ne pas utiliser les armes démocratiques et libérales qu'on leur donne. Après la prise du pouvoir par des procédures démocratiques, il sera temps d'abolir toutes ces « libertés formelles ».

libéraux – et Saint-Simon pense à ses contemporains comme Benjamin Constant, Laffitte, Ternaux, Béranger, Paul-Louis Courrier... – sont des sentimentaux, des romantiques. Ils considèrent le gouvernement comme leur ennemi naturel, alors que cela n'est vrai que dans les phases critiques de l'histoire. Dans les phases organiques, et en particulier dans la nouvelle ère industrielle qui s'ouvre, le gouvernement est « le chef de la société, destiné à unir en faisceau et à diriger vers un but commun toutes les activités individuelles ». Il n'est pas question que les individus se dérobent à ce but ou se permettent même de le critiquer[1].

6) *La rencontre de la droite et de la gauche dans l'antilibéralisme*

Saint-Simon est parfaitement conscient de ce que sa condamnation de la liberté critique et du pluralisme rejoint celle de la droite traditionaliste.

Les « théocrates », Maistre, Bonald – que nous étudierons plus loin, cf. *infra*, p. 1051-1080 – ont, comme lui, condamné la liberté juridique et politique promue par les hommes de 1789. Bonald a dit que « l'homme n'existe que pour la société ; la société ne le forme que pour elle ». Il a soutenu que l'individu n'était qu'une abstraction sans réalité, que la vraie réalité substantielle était le groupe, et qu'en conséquence le droit, fait pour protéger la liberté individuelle, était une chimère.

Saint-Simon n'adhère pas, pour autant, à l'intégralité de la pensée de ces réactionnaires. Il est facile de comprendre pourquoi. C'est qu'ils sont anticritiques, antilibéraux, anti-individualistes *par attachement au précédent état organique de la société, l'état théologique-féodal*. La solution qu'ils préconisent donc contre le désordre démocratique et libéral est un retour en arrière, le retour au pouvoir spirituel de l'Église et au pouvoir temporel des nobles, retour que Saint-Simon juge évidemment absurde. Il travaille, lui, pour le *futur* état organique, rendu possible par l'avènement d'une réalité toute nouvelle, la science, que les traditionalistes méprisent et ne comprennent pas.

7) *La remise en cause de la propriété*

Le Parlement industrialiste devra enfin, pour remplir sa tâche, reviser le droit de la propriété. Celle-ci devra « être fondée sur les bases qui peuvent la rendre la plus favorable à la production ». Or, pour l'instant, l'appropriation de tous les moyens de production par des propriétaires privés aboutit à l'anarchie, à la désorganisation,

---

1. Cf. une argumentation similaire de Hegel, *supra*, p. 749.

donc à l'antiproduction. Saint-Simon suggère donc *l'appropriation de l'intégralité des moyens de production par la collectivité.*

Saint-Simon ne prône pas, cependant, un communisme radical. Il veut collectiviser la production, non la consommation. Il prévoit explicitement, d'autre part, l'indemnisation des entrepreneurs expropriés. Ce sont les saint-simoniens qui, quelques années plus tard, préciseront et durciront les thèses du maître.

III — LE PROPHÈTE DU « NOUVEAU CHRISTIANISME »

Saint-Simon va franchir une dernière étape. Il prend conscience de ce que, pour réaliser son « association industrielle », il faut un lien social qui ne peut se situer au seul plan des idées que pour les élites. Pour les autres, il ne faut rien de moins que l'*amour,* et spécialement l'amour des plus pauvres qui, en même temps qu'ils constitueront l'armée des « travailleurs », seront les principaux bénéficiaires de l'amélioration générale de la production. Or l'amour est un phénomène religieux. La religion est, en ce sens, la seule institution politique qui rende possible une organisation générale de l'humanité. Il faut que la nouvelle ère organique retrouve ce qui caractérisait l'apogée de la précédente ère organique, au XIᵉ siècle, à savoir une *religion universelle et obligatoire réalisant une unité de croyance et d'organisation.*

Mais quelle religion ? C'est le christianisme, certes, qui a, le premier, prêché l'amour. L'association industrielle sera donc, en un sens, un christianisme. Mais le Christ a prêché l'amour d'individu à individu ; ce qu'il faut promouvoir, c'est l'amour social. La religion nouvelle sera donc un *Nouveau christianisme,* comme Saint-Simon l'expose dans le livre portant ce titre (son dernier ouvrage, resté inachevé). De ce nouveau christianisme, Saint-Simon se veut le prophète. Il lance cette adresse aux grands de la terre :

« Princes ! Écoutez la voix de Dieu qui parle par ma bouche ; redevenez bons chrétiens, cessez de considérer les armées soldées, les nobles, les clergés hérétiques et les juges pervers comme vos soutiens principaux ; unis au nom du christianisme, sachez accomplir tous les devoirs qu'il impose aux puissants ; rappelez-vous qu'il leur commande d'employer leurs forces à accroître le plus rapidement possible le bonheur social du plus pauvre »[1].

---

1. Il est intéressant de noter que ce christianisme se veut tout entier « positif », comme la science ; il entend faire l'économie de la Croix, de toute négativité. « Pendant que Jésus s'écrie du haut de la croix : "Mon Dieu ! mon Dieu, pourquoi m'avez-vous abandonné ?", Saint-Simon, de son lit de mort, se tournant vers celui qui a compris sa

Cet antirationalisme vaut à Saint-Simon le départ d'un de ses disciples les plus brillants, Auguste Comte. En revanche, le curieux mixte que constitue la nouvelle religion – enthousiasme pour la science, amour de l'humanité, perspective eschatologique de l'avènement proche d'un monde régénéré – lui suscite de nombreux nouveaux adeptes, parmi lesquels *Prosper Enfantin* et *Olinde Rodrigues*, qui vont jouer, après la mort de Saint-Simon en 1825, les principaux rôles dans la fondation de l'Église saint-simonienne.

§ 2
Le saint-simonisme

Quelque temps après la mort de Saint-Simon commence en effet une des aventures intellectuelles et spirituelles les plus étonnantes du XIXᵉ siècle : la création d'une « Église » saint-simonienne qui, sur le plan de la propagande et des réalisations pratiques, ira d'illusions en échecs et même en graves déboires, mais n'en aura pas moins une profonde et durable influence, déterminant, en France mais aussi à l'étranger (particulièrement en Allemagne) le véritable début du socialisme et, à terme, fournissant son idéologie à la technocratie d'État.

On peut distinguer deux phases : l'une où la doctrine s'élabore et se répand, qu'on peut appeler le « saint-simonisme doctrinal » ; l'autre où, après des déceptions cruelles, et le renoncement à une réalisation immédiate et totale de l' « association industrielle », quelques réalisations partielles (mais vastes et significatives) seront accomplies, souvent par d'autres que par les inventeurs. Ce sera le « saint-simonisme pratique ».

I – LE SAINT-SIMONISME DOCTRINAL

De 1826 à 1828, sous la direction de Rodrigues, Enfantin, Bazard (ces deux derniers âgés d'une trentaine d'années), se constitue d'abord

---

parole [Rodrigues], lui dit : "Mon fils ! glorifiez-moi, le monde est à vous." Qu'il disparaisse, le Prophète de la religion de souffrances et de mortifications, devant le Révélateur du vrai Dieu, qui lave la matière de l'opprobre, qui, classant tous les hommes selon la capacité, supprime l'humilité... "Terre, réjouis-toi, Saint-Simon a paru !... Croix qui sauva le monde, aujourd'hui tu pèses sur lui ! Disparais..." » (Sébastien Charléty, *op. cit.*, p. 79).

une école, qui fonde, le 1ᵉʳ juin 1825, un journal, le *Producteur*[1], et dont les réflexions aboutissent à un ouvrage très important qu'on a pu considérer comme l' « Ancien Testament », sinon la Bible, du socialisme : l'*Exposition de la doctrine saint-simonienne*. Le groupe recrute régulièrement à l'École polytechnique[2].

1) *L'étatisation de l'économie*

Les ravages de la concurrence, décrits par Sismondi (*Nouveaux Principes d'économie politique*, 1819), ne trouvent pas, chez cet auteur, de remède ; les saint-simoniens lui en apportent un qui, à l'époque, est absolument nouveau et original : l'étatisation de l'économie.

« Transportons-nous dans un monde nouveau. Là ce ne sont plus des propriétaires, des capitalistes isolés, étrangers par leurs habitudes aux travaux industriels, qui règlent le choix des entreprises, et la destinée des travailleurs. – Une institution *sociale* est investie de ces fonctions, si mal remplies aujourd'hui ; elle est dépositaire de tous les instruments de la production ; elle préside à toute l'exploitation matérielle ; par là, elle se trouve placée au point de vue d'ensemble, qui permet d'apercevoir à la fois toutes les parties de l'atelier industriel ; par ses ramifications, elle est en contact avec toutes les localités, avec tous les genres d'industrie, avec tous les travailleurs ; elle peut donc se rendre compte des besoins généraux et des besoins individuels, porter les bras et les instruments là où leur nécessité se fait sentir, en un mot, diriger la production, la mettre en harmonie avec la consommation, et confier les instruments de travail aux industriels les plus dignes, car elle s'efforce sans cesse de reconnaître leurs capacités, et elle est dans la meilleure position pour les développer. [...] Dans cette hypothèse, dans ce monde nouveau, [...] les désordres qui résultaient du défaut d'entente générale, et de la répartition aveugle des agents et instruments de la production, disparaissent, et, avec eux, disparaissent aussi les malheurs, les revers de fortune, les faillites, dont aujourd'hui nul travailleur pacifique ne peut se croire à l'abri. – En un mot, l'industrie est *organisée*, tout s'enchaîne, tout est prévu : la *division du travail* est perfectionnée, la *combinaison des efforts* devient chaque jour plus puissante » (*Doctrine de Saint-Simon, op. cit.*, p. 261).

Il faut créer une « association industrielle » (bientôt appelée « socialisme ») sous l'égide de l'État, qui devra être

« en possession de tous les instruments de travail qui forment aujourd'hui le fonds de la propriété individuelle. [...] Alors seulement on verra cesser le *scandale*

---

1. *Le Producteur, Journal philosophique de l'Industrie, des Sciences et des Beaux-Arts*. Le journal porte cette épitaphe : « L'âge d'or, qu'une aveugle tradition a placé jusqu'ici dans le passé, est devant nous. »
2. « Il faut que l'École polytechnique soit le canal par lequel nos idées se répandent dans la société, c'est le lait que nous avons sucé à notre chère École qui doit nourrir les générations à venir. Nous y avons appris la langue positive et les méthodes de recherche et de démonstration qui doivent aujourd'hui faire marcher les sciences politiques » (Enfantin, cité par Charléty, *op. cit.*, p. 45).

de la concurrence illimitée, cette *grande négation critique dans l'ordre industriel,* qui, considérée sous son aspect le plus saillant, n'est autre chose que la guerre acharnée et meurtrière que continuent de se faire entre eux, sous une forme nouvelle, les individus et les nations. »

2) *Fondation de l'Église saint-simonienne*

La personnalité d'un des fondateurs du groupe, le poly-technicien Prosper Enfantin, l'emporte bientôt sur les autres. Il organise l'école en véritable Église, dotée de deux « Pères suprêmes » élus par le « Collège » le jour de Noël 1829, Enfantin et Bazard (celui-ci sera éliminé, ou se retirera en août 1831), comportant toute une hiérarchie, pratiquant des cérémonies. Le groupe se réunit régulièrement à Paris, rue Monsigny, puis rue Taitbout. Il fait de la propagande, y compris dans les milieux ouvriers ; des Égli-ses-filles se créent en province, dans le nord, à Lyon. Des prédica-teurs vont en Belgique, en Allemagne.

Une autre revue est fondé, l'*Organisateur.* Puis le groupe reprend un journal de plus grande diffusion, qui avait été fondée par les libé-raux, le *Globe*[1]. Le *Globe* sera l'organe officiel des saint-simoniens, tant sur le plan doctrinal que sur celui de l'actualité politique, de novembre 1830 à avril 1832.

3) *La doctrine du* Globe

Trois devises sont placées en sous-titre du journal :

« Toutes les institutions sociales doivent avoir pour but l'amélioration du sort moral, physique et intellectuel de la classe la plus nombreuse et la plus pauvre ; tous les privilèges de la naissance, sans exception, seront abolis ; à cha-cun selon sa capacité, à chaque capacité selon ses œuvres. »

Le *Globe* reprend et durcit toutes les positions que Saint-Simon avait prises contre les principes fondamentaux de la société démo-cratique et libérale. Il est contre le principe des élections, contre le pluralisme, contre l'égalité, contre la propriété, contre la liberté économique, tout cela convergeant vers une exaltation de l'État tutélaire.

---

1. Suite à la révolution de 1830, ses anciens rédacteurs étaient devenus hommes d'État. Quant au directeur, Pierre Leroux, il avait adhéré à la doctrine saint-simonienne.

— *Contre les élections.* Les principes parlementaires et électoralistes de la Charte sont « métaphysiques » (entendons : non « positifs »). Ce n'est pas par des inférieurs, même si leur nombre est limité par le suffrage censitaire, que les supérieurs peuvent être valablement choisis. Seuls les supérieurs peuvent reconnaître les capacités et mettre chacun à sa vraie place. L' « acclamation d'en bas » ne sert qu'à établir la légitimité. La religion seule, dit le *Globe* (comme le dit au même moment Louis de Bonald), peut résoudre le grand problème de l'origine du pouvoir : « Le chef, pour revêtir la pourpre souveraine, n'attendra pas que les Assemblées primaires aient deviné son génie, le génie se révèle lui-même, il ne sort pas d'une urne de scrutin. »

— *Contre le pluralisme.* Il faut qu'il n'y ait « bientôt qu'une vie, qu'une foi, qu'un chef pour toute la terre » (Michel Chevalier) ; et cette phrase profondément révélatrice de l'épistémologie des saint-simoniens : « Il n'y a pas de milieu entre la centralisation et l'anarchie. »

— *Contre l'égalité.* Lorsque l'État distribuera places et récompenses, il ne suivra pas une règle d'égalité. Un partage égal serait encore plus injuste que le partage inégal résultant de la force, parce qu'il reviendrait à nier les mérites et les capacités. L'inégalité naturelle sera la base même de l'association.

— *Contre la propriété.* Pour corriger l'immoralité de la loi économique, il faut socialiser la propriété. « Par Saint-Simon, la terre est considérée comme un instrument de travail dont l'État seul est le propriétaire et qui est distribué à chacun suivant sa capacité pour que les produits en soient distribués par lui à chacun selon ses œuvres. »

— *Contre la liberté économique.* L'économie politique libérale a remis à la liberté, c'est-à-dire au *hasard,* la répartition de la richesse sociale. Tout a été réduit à la loi de l'offre et de la demande, « triste impartialité entre la richesse fainéante et la misère laborieuse ». Il n'y a plus eu aucun rapport entre les capacités, les mérites et les revenus. On a donc oublié l'homme. « L'économie politique n'a pas de moralité. »[1] Le remède à ces vices rédhibitoires du libéralisme, c'est l'abolition de la loi de l'offre et de la demande, la suppression de la vente et de l'achat, façon vicieuse et immorale de distribuer les produits. La société doit être organisée comme une famille où tous sont solidaires, où il n'y a ni profits ni pertes pour personne.

---

1. Cf. Charléty, *op. cit.,* p. 85-86. On trouvera les mêmes critiques, et pour les mêmes motifs, dans l'antilibéralisme de droite, cf. *infra,* en particulier, le chapitre sur La Tour du Pin.

— *Pour l'État tutélaire.* L'association industrielle pourra prendre pour modèles, dit le *Globe,* les « monastères, les couvents et les casernes ». Ces formes de communautés sont en effet des modèles de vie sociale. Les hommes y sont soumis à une hiérarchie, certes, mais leurs besoins ne sont pas ignorés : les responsables, grâce à leurs qualités morales, les satisfont directement. L'appartenance à ces collectivités organisées et d'une haute moralité rompt, pour les moines ou les soldats, cet isolement qui, dans la société libérale, engendre la concurrence et la lutte. Au sein de ces groupes, parce que se produit spontanément un échange inspiré par l'amour, il n'est plus besoin de valeurs d'échange, de « monnaie d'or et d'argent ». L'association industrielle transpose ce modèle monastique et militaire au plan de la société, qui devient, tout entière, un couvent ou une armée, sous l'égide d'un nouveau type d'État.

Le *Globe* plaide pour la suppression de l'héritage. L'État tutélaire remplacera avantageusement, pour chacun, le legs de ses parents et de sa famille : « Le jour révélé par Saint-Simon approche où tous auront un héritage, où chacun recevra de l'État, *distributeur des instruments de travail,* une *éducation* et une *fonction* conformes à sa vocation et une *rétribution conforme à ses œuvres.* »

Dans l'association industrielle, « la propriété, c'est la fonction ». On n'est propriétaire que de son métier. Cette propriété a un revenu qui est le traitement accordé au grade que l'on a mérité. Il devient retraite après la fonction active. D'où cette affirmation lourde de sens : dans l'association industrielle, c'est-à-dire dans l'État socialiste, « *tous sont fonctionnaires* », idéal obscurément forgé au long du siècle précédent, maintenant explicité dans cette formule-slogan.

Que si l'on redoute cette omnipotence de l'État, c'est qu'on raisonne d'après les principes *actuels.*

« Rien n'est plus naturel aujourd'hui que cette indépendance sauvage et hargneuse de la société. Elle dit avec raison à l'État : laissez-nous faire nos affaires nous-mêmes ; nous les connaissons mieux que vous. Ne nous gouvernez pas, voilà la liberté. Faites la police, voilà l'ordre public. Mais si le pouvoir n'est digne aujourd'hui que d'être le gendarme, souvent impuissant, de l'ordre matériel, *celui de demain sera le cerveau de la société,* et du manœuvre à l'artiste et au savant, tout obéira aux impulsions d'en haut, à la *Providence humaine,* embrassant la Planète comme l'atmosphère et pénétrant partout comme elle » (cité par Charléty, *op. cit.,* p. 90)[1].

---

1. L'État tutélaire qui se profile ici est celui même que Tocqueville stigmatisera quelques années plus tard, dans une page célèbre où l'on a vu une annonce prophétique de ce que serait au XXe siècle le totalitarisme (cf. *infra,* p. 1124). La théorie de la « police » de Hegel (cf. *supra,* p. 739-741) est légèrement antérieure à ces réflexions des saint-simoniens qui en sont proches sur le fond.

C'est au travail, enfin, que l'État et toute la population rendront le culte suprême. Saint-Simon avait opposé les abeilles et les frelons. Le *Globe* magnifie les « travailleurs » (on peut d'ailleurs attribuer à l'influence saint-simonienne le souci tout nouveau alors d'afficher de la sympathie pour les ouvriers).

Tel étant le but, il est urgent que le roi oublie la Charte. Il faut qu'il devienne un « Napoléon pacifique ». Une épidémie de choléra a sévi à Paris. On ne la vaincra pas par des imprécations, mais par des travaux positifs favorables à la santé publique. Que le roi fasse une loi d'expropriation, qu'il fasse percer une rue du Louvre à la Bastille[1], qu'il assainisse la ville, y amène des eaux pures. Le jour de l'inauguration de ces travaux,

> « le roi et sa famille, les ministres, la Cour de cassation, la cour royale, les deux Chambres manieraient la pelle et la pioche. Le vieux La Fayette[2] serait là..., les régiments et les musiques..., les escouades d'ouvriers seraient commandées par des ingénieurs et des polytechniciens en grand uniforme..., les femmes les plus brillantes se mêleraient aux travailleurs pour les encourager » (cité par Charléty, *op. cit.*, p. 95).

Michel Chevalier, un des principaux disciples et le rédacteur en chef du *Globe,* finira par dire que, tout compte fait, Enfantin serait mieux dans le rôle que Louis-Philippe, et il suggérera à ce dernier de laisser la place au « Père ».

4) Le « couvent » de Ménilmontant

Mettant leurs actes en accord avec leur prédication, les saint-simoniens, après l'arrêt de la parution du *Globe,* franchissent une étape supplémentaire dans la préparation de l'avènement du monde nouveau. Ils créent, à Ménilmontant, un véritable monastère où une quarantaine de jeunes gens (parmi lesquels toujours un grand nombre de polytechniciens) prennent l'habit[3], font vœu d'obéissance (à Enfantin)[4], de pauvreté (ils partagent leurs biens[5] ; la domesticité est abolie, et tous ces jeunes bourgeois se mettent de

---

1. Préfiguration des travaux d'Hausmann sous le Second Empire.
2. La Fayette est encore en vie au moment où sont écrites ces lignes ; il mourra en 1834.
3. Pantalon blanc (couleur de l'amour), gilet rouge (couleur du travail), tunique bleu violet (couleur de la foi). Le nom de chacun est brodé sur le gilet. Sur le gilet d'Enfantin sont brodés ces mots en grandes lettres : « Le Père. »
4. Promu Verbe de Dieu incarné : il n'applique pas seulement la loi promulguée par Saint-Simon, il *est* la loi, qui parle par sa bouche.
5. Leurs fortunes sont centralisées entre les mains des chefs, par legs dûment établi devant notaire, ce qui vaudra aux responsables une accusation d'escroquerie, dont ils seront acquittés.

bon cœur à la cuisine et au ménage[1]) et de chasteté (faute d'avoir
tranché la question de la communauté des femmes : on attendait, du
reste, l'arrivée de la Femme-Messie, la « Mère » qui compléterait le
« Père », et qui indiquerait la volonté du Dieu-Femme quant à la
condition féminine dans les temps à venir : mariage ou émancipation). On chante des hymnes[2], on ouvre un chantier de construction
pour le Temple.

Cette expérience est analogue par plusieurs traits à celles de la tradition millénariste et à celles dont le socialisme contemporain offrait des exemples,
comme celles de Robert Owen (cf. *infra*, p. 886-890) ; elle annonce le « phalanstère » de Fourier. Néanmoins, formée exclusivement d'intellectuels, elle a
des traits spécifiques qui font songer aussi aux sectes pythagoriciennes et à
l'Académie de Platon, groupes de jeunes gens d'élite destinés à gouverner le
monde (ce que furent également les premiers jésuites).

L'expérience attire, au moins par curiosité, une quantité suffisante de monde (il y aura parfois jusqu'à 10 000 visiteurs) pour que
le gouvernement s'inquiète[3]. Les saint-simoniens menacent de toucher le peuple. N'ont-ils pas dit : « Les bourgeois vantaient notre
esprit, le peuple aimera notre cœur » ? Ils sont traduits en justice,
sans chef d'accusation réel. Un procès a lieu en août 1832, suivi avec
attention par l'opinion éclairée. Enfantin et Michel Chevalier sont
condamnés à un an de prison ferme. Le groupe, couvert de dettes,
doit fermer peu après la maison de Ménilmontant.

1. « Le Dr *Léon Simon* fut chef de cuisine ; avec lui, deux aides : *Paul Rochette*, ancien
répétiteur de lycée, et *Charles Duveyrier*. Un autre était éplucheur de légumes et joignait à
cette fonction celle de ranger la vaisselle et de mettre le couvert : c'était *Terson*. *Edmond
Talabot, Gustave d'Eichthal, Lambert, Moïse Retouret* lavaient la vaisselle. *Alexis Petit* fut
chargé du nettoyage des chaudières et de l'enlèvement des ordures ; la police générale et
la lingerie étaient confiées à *Bruneau*. *Barrault, Auguste Chevalier, Duguet* ciraient les bottes ;
le Dr *Rigaud, Holstein, Michel Chevalier* frottaient le parquet et servaient à table. La buan-
derie revint à *Desloges*, qui avait pour couler la lessive, porter et laver le linge, l'aide de
Franconie et *Broët*. Le Père suprême, aidé de *Fournel* et de *Charles Béranger*, dirigeait les travaux du jardin, et avec eux, *Raymond Bonheur, Rogé, Justus, Machereau*. Les apôtres ne
devaient point quitter la maison... » (Charléty, *op. cit.,* p. 140). Il faut ajouter que nombre
de ces hommes occupèrent par la suite des fonctions éminentes dans l'industrie, la technocratie ou le personnel politique, notamment sous le Second Empire.
2. Le compositeur Félicien David (1810-1876) est moine à Ménilmontant : c'est lui
qui compose toute la musique.
3. La monarchie de Juillet, à ses débuts, est très fragile et doit faire face à des complots, grèves et émeutes provoquées tant par les légitimistes (complot de la duchesse de
Berry) que par l'extrême gauche républicaine.

II — LE SAINT-SIMONISME PRATIQUE

L'Église se disperse donc, mais elle n'en continue pas moins à exister, tant les liens qui ont été créés sont forts, et tant est grand le rayonnement d'Enfantin, à la personne de qui beaucoup de disciples resteront fidèles toute leur vie, même lorsqu'ils auront pris des distances, ou même auront définitivement rompu avec la doctrine. L'heure du saint-simonisme pratique est venue.

1) Le canal de Suez

L'Occident ayant refusé la prédication saint-simonienne, la secte avait tourné ses espoirs vers l'Orient. C'est de l'Orient que viendrait probablement la Mère. D'où les deux grands projets qui naissent dans l'esprit d'Enfantin : le percement du canal de Suez, puis de celui de Panama, tous deux conçus comme des traits d'union entre Occident et Orient, en vue, toujours, d'une « organisation » cohérente du monde entier.

Le saint-simonisme veut l'association universelle, c'est-à-dire un pacifisme généralisé en lieu et place des conflits, de la concurrence et de la guerre. De même qu'il y aura association entre l'esprit et la chair, entre les savants, les artistes et les artisans, il y aura association entre l'Orient et l'Occident, entre le Nord et le Midi. Le saint-simonisme mondial commence par la Méditerranée, « lit nuptial de l'Orient et de l'Occident » (Michel Chevalier). L'union géopolitique de la planète sera ensuite réalisée par les chemins de fer, les navires rapides et le percement des isthmes de Suez et de Panama. Dans la prospérité qui en résultera, qui songerait à faire la guerre ?

À peine sorti de prison, Enfantin part en Égypte avec quelques disciples (septembre 1833). Il tente de convaincre le pacha Méhémet-Ali[1]. Celui-ci préfère faire construire un barrage. Les saint-simoniens acceptent, dans l'espoir que ce ne sera qu'une étape vers le canal. Plusieurs d'entre eux laisseront leur vie dans cette aventure, suite à des accidents ou des maladies (notamment une épi-

---

1. Rappelons que l'Égypte est, à cette époque, une province de l'Empire ottoman, mais pratiquement indépendante. Méhémet-Ali y est « pacha », c'est-à-dire « vice-roi ». Général ottoman que Napoléon Ier avait vaincu lors de sa campagne de 1798, il s'est emparé du pouvoir en 1805. Il règne jusqu'en 1849, fondant une dynastie qui dominera l'Égypte jusqu'en 1952. Méhémet-Ali est considéré comme un des premiers modernisateurs du monde arabe. Il essaie de développer le pays, de favoriser l'irrigation, de créer des écoles. Il fait appel à de nombreux experts étrangers (d'où le voyage des saint-simoniens).

démie de peste). Enfantin revient en France en janvier 1837, déçu, mais non découragé.

Le canal sera finalement réalisé, comme on sait, sous le Second Empire (inauguration en 1869), par Ferdinand de Lesseps, qui, au moment où les saint-simoniens venaient prêcher en Égypte, était un jeune diplomate en poste dans ce pays. Lesseps leur a donc pris l'idée, en les écartant avec soin de toute participation à sa réalisation (alors même qu'Enfantin, obstiné, avait créé en 1847 une « Société d'études pour le canal de Suez »). Enfantin aura plus tard de belles paroles de pardon : ce qu'il fallait, c'était que le trait d'union avec l'Orient fût établi, peu importait par qui.

2) L' « apostolat princier »

Enfantin, à Paris, cherche à reprendre la propagande de la doctrine, non plus auprès des masses sourdes et aveugles, mais auprès des dirigeants politiques. Ce sera l' « apostolat princier », qui se révélera aussi stérile que l'autre (du moins sous ce régime).

De cette période datent deux écrits, la *Lettre à Henri Heine* et la *Lettre au Roi* (26 mars 1837).

Dans le premier texte, la condamnation du libéralisme tourne en approbation explicite du traditionalisme. Enfantin exalte l'Autriche, qui est l'avenir de l'Allemagne et de l'Europe parce qu'elle seule a résisté aux dogmes imparfaits de liberté et d'égalité. Elle a sauvé l'Allemagne de la révolution ; elle a un rôle sacerdotal. « C'est en elle que gît la moralité allemande, la vie du Saint-Empire... ; elle est dépositaire de l'ordre, de la hiérarchie, du sentiment du devoir » (cité par Charléty, *op. cit.*, p. 202).

Dans ses conseils au roi, Enfantin exprime sa foi dans une nouvelle forme de despotisme éclairé, un despotisme industriel. Napoléon fut l'Empereur des soldats ; Louis-Philippe doit être le roi des travailleurs. Ses fils doivent s'entourer d'ingénieurs. Les plus jeunes devront eux-mêmes être « dirigés, l'un vers l'école polytechnique, l'autre vers celle des arts et manufactures[1], ou bien encore vers l'école des beaux-arts ». À leur exemple, tout l'appareil d'État serait bientôt animé de « sentiments industriels » (cité par Charléty, *op. cit.*, p. 203). Dès lors qu'il poursuit cette fin, le pouvoir peut être absolu. Enfantin célébrera, dans son plan sur l'Algérie (cf. *infra*), les vertus d'un pouvoir « intelligent, vigoureux, unitaire, despotique même ». Il encouragera le roi à ne pas tenir compte des « criailleries du Parlement » et, plus tard, il encouragera le second Bonaparte à « enterrer le parlementarisme ».

---

1. C'est-à-dire l'École centrale.

3) *La colonisation de l'Algérie*

Enfantin est nommé membre de la « Commission scientifique de l'Algérie » et se rend dans ce pays (où il séjourne près de deux ans, du début 1840 à l'été 1842). Ce champ d'action nouveau n'est pas tout-à-fait indigne des rêves saint-simoniens. Le pays vient d'être conquis, la France peut et doit l'*organiser*. Mais, là encore, Enfantin végète, écrivant au duc d'Orléans, fils de Louis-Philippe, une série de lettres-fleuves qui ne reçoivent jamais de réponse.

Il n'en écrit pas moins un *Mémoire sur l'Algérie* qui est un véritable plan d'organisation socialiste-étatiste, de création artificielle d'une société idéale. L'Algérie doit servir de champ d'expérience pour une organisation industrielle du travail, c'est-à-dire pour le socialisme d'État.

Il se trouve que le régime traditionnel de propriété dans les populations autochtones d'Algérie est collectif. Fort bien ! Profitons de cette heureuse circonstance pour appliquer là-bas les principes de la propriété industrielle collective que nous avons tant de mal à faire admettre dans les sociétés occidentales individualistes. Enfantin voit dans les tribus arabes le modèle de ce qui a été perdu dans les villages européens. Ce qu'il faut bâtir sur ce modèle, ce sont des « tribus européennes ». Que la féodalité industrielle remplace la féodalité agricole, et que l'on se débarrasse des principes d'égalité et de liberté.

Le gouvernement devra déterminer « l'emplacement et la forme des villages, l'étendue des terres qui en dépendront et leur population probable, la manière dont ces terres seront divisées ». Il n'y aura pas d'individualisme désorganisateur. « Ce sont des villages que nous avons à fonder, non des fermes. C'est un esprit de corps qu'il nous faut pour première garantie de sécurité et de succès : l'égoïsme de l'individualité ne suffit pas. » Les « tribus européennes » créées en Algérie seront de deux sortes, militaires et civiles. Car l'armée a déjà le caractère que l'on souhaite pour les nouvelles « tribus », c'est une collectivité unie et hiérarchique. L'armée moderne représente un progrès par rapport aux armées féodales constituées de seigneurs anarchiques et concurrents. Il est vrai que l'armée actuelle est faite pour la guerre, but négatif. Il suffit de changer le but de son activité. Qu'elle vise désormais la production, but positif. Et qu'on conserve telles quelles ses structures et ses mœurs : obéissance, discipline, cohérence. Il faut faire de tout colon un fonctionnaire. Il faut donner l'esprit militaire aux colons, comme il faut donner l'esprit industriel aux soldats. « Solde, avancement, retraite, voilà trois mots qu'il faut introduire dans la langue industrielle et faire connaître à l'ouvrier. » D'où une organisation strictement militaire de la « société civile » elle-même :

« Chaque famille se composera de l'homme, de la femme, des enfants et d'au moins deux parents et amis (car le corps ne connaîtra pas la domesticité), sur lesquels le chef de famille aura autorité. Quatre familles seront groupées sous les ordres d'un "sous-officier" chef de famille de première classe ; douze familles auront pour chef un "officier", ingénieur ordinaire de troisième classe ; vingt-quatre familles formant une "compagnie" seront commandées par un ingénieur de deuxième classe ; huit compagnies (192 familles), par un ingénieur en chef assisté d'un conseil général où seront admis les officiers, les prêtres, les médecins et l'instituteur en chef. À cet ordre admirable correspondra une non moins admirable justice dans la distribution des rations égales pour les adultes des deux sexes, des demi-rations pour les enfants au-dessous de douze ans, et de la solde. Tout ce monde aura un uniforme, fourni par le gouvernement, entretenu en bon état par les femmes » (Sébastien Charléty, *op. cit.*, p. 218).

4) *Les chemins de fer*

Les chemins de fer sont un autre moyen d' « organisation », tant à l'échelle nationale qu'internationale.

Les saint-simoniens avaient attiré l'attention du public sur ce nouveau « chantier » dès 1826, dans le *Producteur*. Ils avaient écrit un livre sur les chemins de fer et les canaux (1832). Émile Péreire avait demandé l'intervention de l'État. Tout cela avait abouti à la construction de la première ligne, Paris-Saint-Germain (1835). En 1848, la France était très en retard sur l'Angleterre et l'Allemagne, ne disposant que de 1 860 km de lignes contre 5 900 et 5 592. Une des sources du retard était l'extrême division des compagnies. C'est ce problème qu'Enfantin va personnellement contribuer à résoudre, de 1846 à 1852, en provoquant la fusion des trois compagnies se partageant le trajet de Paris à Marseille. D'autres fusions suivront. Les prix baisseront, la vitesse s'accélérera. Enfantin, sous la IIᵉ République, proposera le rachat de l'ensemble des compagnies restantes par l'État.

5) *Les nationalisations*

Car les saint-simoniens ont une théorie sur le capitalisme : c'est déjà, somme toute, une sorte d'association, puisque la société par actions permet de rassembler les ressources de multiples individus. Autant les sociétés par actions grandissent, autant on se rapproche du socialisme. Celui-ci sera réalisé finalement par la *nationalisation* des plus grandes sociétés capitalistes existantes. Non seulement dans les chemins de fer, mais dans toutes les grandes industries comme les mines, une tendance irrésistible ferait que les entreprises capitalistes

« imploreraient elles-mêmes le rachat par l'État, pour se tirer des difficultés que présentent aujourd'hui, à des particuliers, l'organisation et la direction de ces masses de travailleurs » (cité par Charléty, *op. cit.,* p. 240).

Si ces industries restaient soumises aux aléas de la concurrence et n'étaient pas reprises en main par l'État, elles seraient condamnées à disparaître.

Finalement, les chemins de fer ne seront pas nationalisés sous la IIe République, mais l'idée aura la grande fortune que l'on sait quelques dizaines d'années plus tard.

6) *Le crédit*

L'État peut agir également en rassemblant des capitaux par un système d'emprunts publics, remboursés par une rente de 3 %. Deux avantages à ce système : le crédit de l'État étant plus solide que celui des particuliers, cela fera repartir l'investissement entravé par la crise de confiance. D'autre part, l'État pourra diriger l'emploi des capitaux selon un plan cohérent et centralisé[1].

7) *Les saint-simoniens et le Second Empire*

Bien qu'Enfantin se soit fait voler le dossier du canal de Suez par Lesseps, favori des Tuileries, il n'en continue pas moins, sous le Second Empire, à travailler sur les chemins de fer (avec d'anciens disciples comme Arlès-Dufour et Holstein) et (avec d'autres saint-simoniens) sur l'embellissement de la ville de Lyon, sur les tramways, sur l'éclairage au gaz, sur la distribution des eaux...

Le régime autoritaire et pro-industriel du Second Empire, au fond, lui convient bien. Il ne souscrit à aucune des protestations contre les abus d'autorité du gouvernement. Alors que Hugo, de Jersey ou Guernesey, fulmine contre le régime et prépare les esprits à la République, Enfantin « ne cesse pas de voir dans la liberté l'erreur, le désordre et l'impuissance pratique » (Charléty). Il s'écrie :

« Désarmer pour la vieille guerre, mais armer pour la guerre nouvelle, voilà le rôle des Napoléons de nos jours, voilà où ils peuvent trouver la gloire... Armer pour la guerre nouvelle, c'est déclarer que la France, le gouvernement

---

1. Le nouveau et dernier journal des saint-simoniens, qui parut de l'été 1848 à décembre 1850, s'appela *Le Crédit.*

français, l'empereur, sont des agents providentiels de cette élévation constante des classes inférieures, des plébéiens vers le patriciat, de cet anoblissement progressif de la race humaine, de l'agrandissement continu de sa moralité, de son intelligence et de son bien-être » (cité par Charléty, *op. cit.,* p. 254).

Un disciple d'Enfantin, Lambert, prend le parti de l'Empire en polémiquant contre les libéraux dans la *Revue philosophique et religieuse* (fondée par un autre sympathisant, Charles Lemonnier). Dans un article de 1856, il estime nécessaire de défendre la philosophie de l'autoritarisme et de faire sonner « la trompette de notre pouvoir dogmatique ». On comprend que Napoléon III, dont on sait les liens avec diverses écoles socialistes, ait fait connaître sa sympathie à Enfantin, qui, inversement, en 1858, dédia à Napoléon Ier et fit précéder d'une lettre à Napoléon III son ouvrage *La Science de l'homme* – au grand dépit de nombre de ses proches.

D'autres saint-simoniens, ou anciens de la secte eurent sous le Second Empire des rôles importants.

Michel Chevalier (1806-1879). Il avait été un des piliers du saint-simonisme, le rédacteur en chef du *Globe* et le compagnon de prison d'Enfantin. Après s'être brouillé avec ce dernier, il poursuivit des travaux d'économie, passa au libéralisme, devint un des principaux conseillers économiques de Napoléon III et fut l'instigateur, avec Cobden, de l'accord franco-britannique de libre-échange de 1860 (cf. *supra,* p. 581).

Les frères Péreire. Jacob-Émile Péreire (1800-1875), ancien rédacteur du *Globe,* eut un rôle essentiel dans le début des chemins de fer. Puis il fonda, en 1852, le Crédit mobilier, pour le prêt à long terme aux industriels. Il dirigea ensuite la Compagnie générale transatlantique. Il fut député de 1863 à 1869. Mais le Crédit mobilier fit faillite. Isaac Péreire (1806-1880) fut le collaborateur de son frère dans les mêmes entreprises. Tous deux furent également des conseillers écoutés de Napoléon III.

8) *La fin du saint-simonisme*

Outre la *Science de l'homme,* Enfantin conçut encore un projet d'*Encyclopédie* et de *Crédit intellectuel* (une société par actions finançant la vie intellectuelle), et écrivit un ultime message, la *Vie éternelle.*

Il s'était rapproché de l'Église catholique : que l'Église, disait-il, fasse aujourd'hui pour les pauvres de la société industrielle ce qu'elle fit jadis pour les esclaves. À des amis qui lui reprochaient cette tendresse tardive, il écrivait : « [L'Église] est une institution qui est fondée sur la prétention à l'universalité, et par un charpentier ; qui ne pratique pas la conscription ; qui ne reconnaît pas de castes, ni même de races parmi ses membres, qui n'admet ni l'hérédité des fonctions, ni l'hérédité de fortune, ni même la propriété privée, qui a réalisé l'association de travaux et de vie... C'est cette institution qui m'a donné le goût

de toutes ces bonnes choses. J'affirme qu'elle se mettra à l'œuvre dès qu'elle sera
dépouillée de sa couronne païenne, c'est-à-dire de son pouvoir temporel » (cité
par Charléty, *op. cit.,* p. 257).

Enfantin meurt en 1864. Mais le saint-simonisme lui survit. Plusieurs disciples ayant connu la rue Monsigny ou Ménilmontant
meurent dans leur foi : Holstein, Duveyrier, Vinçard, Warnier..., et
des femmes : Aglaé Saint-Hilaire, Caroline Baranger, Anaïs Suchet...
Holstein mourut en répétant le nouveau *credo* :

« Je crois en Dieu, Père et Mère de tous et de toutes, éternellement bon et
bonne. »

Chapitre 5

Autres socialismes non marxistes

§ 1
L'Angleterre[1]

La spectaculaire croissance industrielle et démographique de l'Angleterre dans la première moitié du XIXe siècle suscite une intense réflexion sociopolitique où les doctrines socialisantes, puis expressément socialistes, ont leur part.

La croissance industrielle est de 30 à 50 % par décennie. La population de l'Angleterre et de l'Irlande connaît un quasi-doublement de 1800 à 1850 (elle passe de 16 à 27 millions d'habitants). Le revenu national par tête croît, de 1800 à 1900, de 12 livres à 50 livres (soit un quadruplement du niveau de vie, nonobstant la croissance démographique). Dès 1831, près de la moitié de la population britannique active travaille dans l'industrie ou le commerce ; en 1851, 50 % de la population vit dans les villes.

La croissance économique s'accompagne de transformations profondes du travail. La manufacture remplaçant l'atelier, les relations « familiales », ou du moins familières, entre maître, compagnons et apprentis, disparaissent, laissant place à un sentiment de dépersonnalisation. Le cadre de vie change, avec le décor sinistre des *Coketowns,* le déracinement dans des villes industrielles nouvelles et artificielles, la « déculturation » et la démoralisation des milieux ouvriers.

Ce changement est noté et déploré aussi bien par la « droite »

---

1. D'après François Bédarida, « Le socialisme en Angleterre jusqu'en1848 », *in* Droz, *Histoire générale du socialisme, op. cit*, t. 1.

que par la « gauche ». C'est le *tory* Disraëli qui (dans *Sybil*) dénonce la coupure de l'Angleterre en « deux nations » :

> « Il n'existe point de communauté en Angleterre, il n'existe qu'un agrégat... Notre reine[1]... règne sur deux nations... Deux nations entre lesquelles il n'y a ni relation ni sympathie ; qui sont aussi ignorantes des coutumes, des pensées et des sentiments l'une de l'autre que si leurs habitants appartenaient à deux familles différentes ; qui sont formées par une éducation différente ; qui se nourrissent d'une nourriture différente, qui sont régies par des manières différentes ; qui ne sont pas gouvernées par les mêmes lois... [Ces deux nations, ce sont] les Riches et les Pauvres » (cité par Bédarida, p. 259)[2].

On ne s'étonnera donc pas qu'apparaissent, dans ce contexte, des pensées contestatrices et, parmi celles-ci, des doctrines socialisantes. Mais il est essentiel de comprendre que ces dernières n'ont pas le monopole de la contestation du *statu quo*. Elles sont en concurrence, à cet égard, avec les idées libérales. Elles sont mêlées, en particulier, au mouvement « radical », qui est essentiellement démocratique, qui vise à l'établissement du suffrage universel, de l'égalité de tous devant la loi, mais qui est fort peu « partageux », moins encore communiste[3]. Le *chartisme*, qui le prolonge vers la décennie 1840, est lui aussi un mouvement surtout politique et démocratique et peu socialiste. Nous parlerons donc, dans le présent chapitre consacré à la « gauche » anglaise, des seules doctrines réellement socialisantes, c'est-à-dire celles qui, à des degrés divers, s'attaquent à la liberté individuelle, à la *rule of law* et à l'économie de marché[4].

---

1. Victoria.
2. Propos qui ont leurs équivalents en France, chez les penseurs du « catholicisme social », de Lamennais à La Tour du Pin, et aussi chez des officiels comme le Dr Villermé, auteur d'un célèbre rapport sur la misère ouvrière, ou chez le sociologue de droite Frédéric Le Play.
3. Sur le radicalisme anglais, cf. *supra,* p. 571-573 et 576-579.
4. Dans leur « histoire reconstruite », les socialistes contemporains ont tendance à s'annexer tous ceux qui ont été sensibles aux misères ouvrières du XIXᵉ siècle. Or, la protestation contre ces misères est présente dans nombre de familles politiques du temps. La gauche n'a certes pas le « monopole du cœur » qui lui est disputé, à la fois par la « droite » et par les démocrates libéraux. Face à ce grand problème de la « croissance démographique par les pauvres » dans l'Europe de la révolution industrielle, tous les hommes dotés de sentiment et de raison s'inquiètent et s'insurgent ; ce n'est pas par là qu'ils diffèrent. Mais ils proposent des solutions différentes, parce qu'ils ont des grilles de lecture *intellectuelles* différentes du phénomène, soit « réaction » et retour à l'ordre rural-artisanal-féodal, soit « révolution » violente avec partage des biens et soumission de l'individu à la masse, soit enfin progrès rationnel, par la science, le droit, les réformes pacifiques et graduées. Là sont les vrais clivages.

I — LES RADICAUX SOCIALISANTS

Autour de 1800, un certain nombre de radicaux développent des thèmes socialisants qui font écho à ceux des jacobins français.

1) *Godwin*

William Godwin (1756-1836) est fils de pasteur et pasteur lui-même. Il publie dès 1793 *An Enquiry concerning Political Justice and its Influence on Morals and Happiness,* qui obtient un grand succès, et, en 1794, un roman, *Les aventures de Caleb William.*

Godwin pense que l'individu est déterminé par son milieu. Personne n'est responsable de ses actes et de ses crimes, tout dépend de l'environnement social qui, selon qu'il est bon ou mauvais, apporte des opportunités de progrès et de perfectibilité ou au contraire de corruption (la même idée sera développée par Robert Owen, cf. *infra*). Mais on ne peut compter sur l'État, qui est le règne de l'erreur en même temps que de la coercition. Il faut donc des petites communautés indépendantes. Chacun y aura droit à la parole et se déterminera sur des considérations de raison et de justice. Il faudra détruire la propriété, source d'inégalité, d'injustice et de dépravation, et « partager également les dons de la nature ». Pour en arriver là, Godwin n'envisage que des moyens pacifiques : faire appel à la contrainte serait incompatible avec la liberté individuelle qu'il entend préserver.

2) *Spence*

Thomas Spence (1750-1814) est l'auteur des *Véritables Droits de l'Homme* (1775), du *Soleil méridien de la liberté* (1796), du *Restaurateur de la Société dans son état naturel* (1801).

Spence veut pousser les droits de l'homme jusqu'à ce qu'il pense être leur conclusion logique : « Il faut détruire non seulement l'autorité personnelle et héréditaire, mais sa cause, à savoir la propriété privée de la terre » (cité par Bédarida, p. 267). Donc la terre sera collectivisée et remise aux communes qui la partageront également et la loueront. Le produit des fermages servira aux services publics (d'où la suppression des impôts) et pourra être lui-même redistribué. Une confédération des communes ainsi organisées remplacera l'État. Les femmes seront les égales des hommes, à la fois pour le suffrage et pour la liberté sexuelle (suppression de la répression des naissances illégitimes).

Spence fonde en 1812 un groupe de conspirateurs semi-clandestins qu'on a pu considérer comme la première véritable organisation socialiste anglaise et le premier groupe de militants révolutionnaires décidés à employer la force pour changer le régime social, la *Society of Spencean Philanthropists*.

Le groupe se renforce à la suite de la crise économique et sociale de 1816. Thomas Evans, qui a remplacé Spence à la tête du groupe en 1814, publie en 1816 la brochure *Christian Policy,* qui prône une collectivisation du sol, des mines et des maisons, avec gestion commune. En 1817, une autre brochure décrit l'expérience de la colonie communiste des Rappistes en Pennsylvanie (qu'imitera la *New Harmony* d'Owen, cf. *infra*). Au-delà de ces contributions idéologiques, le groupe, sous l'influence d'un autre membre, Thistlewood, provoque deux insurrections (qui échouent) à Londres, en 1816 et en 1819 (dans la seconde, il s'agissait d'assassiner les membres du gouvernement et de prendre le pouvoir). Mais, comme les babouvistes ou les *carbonari,* les conjurés n'ont pas surmonté la contradiction entre un soulèvement populaire général, virtuellement fort mais facilement déjouable par la police, et une insurrection menée par une poignée de conspirateurs, plus facile à protéger de la dénonciation mais ne mobilisant pas suffisamment de monde pour être efficace[1].

II — ROBERT OWEN

Au début du XIXᵉ siècle anglais, un nom se dégage, celui d'un personnage exceptionnel, à la fois « manager » génial et inventeur d'une forme originale de socialisme, indissolublement praticien et théoricien, Robert Owen. La tradition travailliste reconnaît en lui un penseur original, dont la vision du socialisme a le mérite d'être indépendante du marxisme ; inversement, les marxistes ont suspecté, dans le système de ce patron ayant embrassé la cause des ouvriers, une tromperie et une naïveté.

Vie

Robert Owen (1771-1858) est né dans le pays de Galles. Il est d'origine modeste (son père est à la fois quincaillier, sellier et maître de poste). Il commence

---

1. Rappelons que c'est l'époque où, en France également, ainsi qu'en Italie, Allemagne, Espagne..., les polices éventent et écrasent dans l'œuf maints complots jacobins, royalistes ou nationalistes. Il y a, à cette époque, un mythe de l'insurrection, qui se nourrit de l'exemple des « journées » de la Révolution française ou du coup d'État du 18 brumaire, en attendant les révolutions victorieuses de 1830 et 1848 ou le coup d'État de décembre 1851, etc.

très jeune comme apprenti, mais ses qualités personnelles le conduisent à devenir rapidement un industriel riche et réputé. À l'âge de 28 ans, il achète la grosse entreprise de filature de coton de *New Lanark* en Écosse près de Glasgow. De 1800 à 1824, il fait prospérer cette entreprise et il en fait une « vitrine sociale », un modèle en termes de progrès et de bien-être pour les ouvriers : hauts salaires, bonnes conditions de travail, de vie et de logement, écoles pour les enfants..., tout cela sous la dictature à la fois éclairée et paternaliste du chef d'entreprise. Parallèlement, Owen critique les autres secteurs de l'industrie anglaise où sévissent les pires conditions de vie pour les ouvriers ainsi que la dépravation morale. Il compte d'abord sur la prise de conscience des élites, pour que les autres patrons fassent chez eux ce que lui-même fait à New Lanark. Mais il suscite la défiance par son radicalisme et par ses critiques de la religion et de la famille. Aussi, pour mettre en application ses idées sur la nouvelle organisation de la vie dans des villages « socialistes », il croit devoir aller en Amérique : ce sera l'expérience de *New Harmony* (1824-1828). Revenu en Angleterre après l'échec de cette expérience (où il a englouti une grande partie de sa fortune), Owen devient une sorte de leader du mouvement ouvrier, d'abord dans le cadre des *trade-unions,* puis, de façon plus informelle, par la parole et l'écrit.

Œuvres
L'œuvre est abondante, mais répétitive. Les trois livres principaux sont : *A New View of Society, or Essays on the Principle of the Formation of Human Character* (1813-1814) ; *Report to the County of Lanark* (1815-1821) ; *Book of the New Moral World* (1836-1844), à quoi il faut ajouter une autobiographie, *Life of Robert Owen by Himself.* Il y a aussi une importante littérature owénienne, journaux et *Tracts populaires* ou *Tracts sociaux.*

1) *La philosophie d'Owen. La société, laboratoire d'expériences*

L'idée de base (reprise des Lumières, d'Helvétius, de Godwin, de Bentham, mais radicalisée par Owen) est que l'homme est essentiellement le *produit de son environnement.* « Le caractère de l'homme est un produit, dont il n'est que la matière première. » Donc il n'y a pas de libre arbitre ni de responsabilité individuelle : c'est la société qui rend l'homme perverti et malheureux. Inversement, les réformes sociales peuvent transformer l'homme dans le bon sens.

« N'importe quel caractère, le meilleur ou le pire, le plus obscurantiste ou le plus éclairé, peut être donné à n'importe quel groupe social et même à l'humanité entière, à condition d'utiliser les moyens appropriés ; or ces moyens sont pour une large part dans les mains de ceux qui dirigent les affaires des hommes » (cité par Bédarida, p. 277)[1].

---

1. C'est l'hypothèse diamétralement opposée à celle de la « droite », qui pense que l'homme est une « nature » intangible. Elle a été proposée pour la première fois par les sophistes (cf. *HIPAMA,* p. 73-79). Owen, on va le voir, la pousse jusqu'à nier entièrement le poids des héritages culturels.

D'où l'importance fondamentale de l'éducation et la croyance en la possibilité du progrès. Owen est, à cet égard, débordant d'optimisme : « Les membres de n'importe quelle communauté peuvent être graduellement formés à une vie qui bannisse l'oisiveté, la pauvreté, le crime, le châtiment. »[1]

Or précisément, le capitalisme actuel est en train de dégrader l'homme. Le gaspillage et la surproduction entraînent les bas salaires et le chômage, la manufacture dévalue l'être humain ; pendant ce temps, les capitalistes deviennent toujours plus opulents. L'individualisme triomphe, qui divise la société, engendre mauvais penchants et crimes et crée une situation « anti-sociale ». À cette situation, il faut réagir en changeant les conditions de vie. Au niveau de l'entreprise, ce sera la responsabilité du patron, qui devra réorganiser les rapports de travail, s'occuper du bien-être de ses ouvriers, de l'éducation de leurs enfants, etc. Au niveau de la société, ce sera celle de l'État, qui devra légiférer sur la durée de la journée de travail, sur l'hygiène dans les usines, etc.

2) *Le socialisme owenien*

Mais Owen va plus loin. Il prône un système de propriété collective et de coopération censé apporter un remède définitif aux maux sociaux. Ce système s'incarnera dans des « villages de coopération », « associations scientifiques d'hommes, de femmes et d'enfants », d'un millier d'habitants en moyenne (de 500 à 2 000, avec optimum entre 800 et 1 200).

Les descriptions d'Owen sont très minutieuses. Tout est prévu. Ce groupement sera « scientifique » en ce sens qu'on y organisera rationnellement le travail (travail agricole, travail industriel, travail domestique). Il sera conçu « comme une grande famille ». Les villages seront des entités autarciques : c'est pourquoi il faut de 400 à 600 ha de terres alentour. Il y aura des équipements collectifs, écoles, cuisines communes, grands blocs de maisons... Les profits de la production seront répartis entre tous. Deux problèmes se posent cependant (Owen a

---

1. Nous savons que la croyance au progrès est également une pièce maîtresse des doctrines libérales (nous avons vu les arguments qu'avancent en sa faveur Kant ou Humboldt). Cependant, Owen pousse l'artificialisme à l'extrême en affirmant que l'éducation et les politiques sociales pourraient supprimer entièrement le « crime » et le « châtiment » (c'est-à-dire rendre l'homme entièrement bon). Il opère, par cette idée, un « passage à la limite » consistant, d'une part, à nier la responsabilité de l'individu et, d'autre part, à postuler que les ingénieurs sociaux qui se donnent la tâche de former un homme nouveau sont omniscients (sans quoi ils ne sauraient entreprendre une telle tâche). Ces deux thèses sont incompatibles avec le sens de la liberté individuelle et l'épistémologie critique des auteurs libéraux.

bien vu le premier, pas le second). D'abord, les villages sont installés à la campagne, voués à une forme de travail très traditionnelle : est-ce compatible avec
la grande production industrielle moderne ? Ensuite, les travailleurs accepte-
ront-ils d'être embrigadés dans une structure aussi rigide ?

Quoi qu'il en soit, Owen est convaincu de la supériorité de son
système. Comme Saint-Simon, il pense que l'industrie crée pour la
première fois dans l'histoire les conditions objectives de l'abondance.
L'heure est venue de l'émancipation de l'humanité, un monde nouveau s'annonce. Owen adopte le langage millénariste auquel le
monde anglo-saxon du début du XIXe siècle (époque du *revival*
protestant) est sensible, à ceci près que sa « religion » à lui est purement morale, sans foi en un Dieu transcendant. Il mobilise les
thèmes millénaristes classiques, condamnation de la « Bête », de
« Babylone », de la « Prostituée », annonce d'une « Nouvelle Jérusalem » imminente :

> « Les temps sont proches où le système maudit du Vieux Monde d'igno-
> rance, de pauvreté, d'oppression, de cruauté, de crime et de misère disparaîtra.
> Hommes de toutes les nations et de toutes les couleurs, réjouissez-vous avec
> nous de ce grand événement qui est tout près de se produire ; les temps sont
> proches où l'humanité sera délivrée de toutes ses faiblesses et de toutes ses folies.
> [...] [Ce sera un monde] où l'Amour et la Raison présideront avec sagesse aux
> destinées de la race humaine ; un monde où le travail pénible ne sera plus néces-
> saire ; [...] où personne ne désirera plus se distinguer des autres que par la plus
> grande somme de bonheur général que, par ses forces naturelles, il pourra don-
> ner à la grande famille humaine ; [...] où, dès la seconde génération[1], il n'exis-
> tera plus ni ignorance, ni pauvreté, ni aumône ; où la maladie et la misère n'au-
> ront presque plus de place, où la guerre n'aura plus de nom, et où la religion,
> l'amour et l'argent ne sépareront plus l'homme de l'homme et ne créeront plus
> d'antagonisme dans aucune part de l'humanité » (cité par Bédarida, p. 280-281).

Owen précise que le passage d'un monde à l'autre se fera sans
violence. Pourquoi tuer des gens qui, de toute façon, ne sont pas
responsables de ce qu'ils sont ? Les riches, rendus mauvais par
l'Ancien Monde, ne sont pas moins victimes que les pauvres ; il faut,
non leur faire violence, mais les convaincre, ou du moins changer
l'esprit de leurs enfants par l'éducation. La vérité s'imposera
d'elle-même, de même que les techniques nouvelles (comme le chemin de fer) remplacent peu à peu les anciennes (les voitures à cheval)
sans qu'il soit besoin de les détruire.

---

1. Détail typique de la hâte millénariste. Tout se passera entre un « grand soir » et
une « aube radieuse ». Owen, moins violent que ne le seront les marxistes, n'est pas moins
révolutionnaire.

3) *New Harmony*[1]

La première tentative concrète de créer un village owenien, au-delà des prémices de New Lanark, est la fondation de la colonie de *New Harmony* en Amérique, dans l'Indiana.

Engloutissant sa fortune, Owen achète 8 000 ha de terrains, des bâtiments, des équipements divers. Plein d'enthousiasme, d'énergie et d'optimisme, il s'installe avec un groupe d'adeptes, quelque 900 personnes (venues de tous les horizons : idéalistes, mais aussi épaves sociales diverses, profiteurs, fainéants, repris de justice...). Dès le début, les difficultés surgissent. La productivité est faible, les surplus disponibles ne trouvent pas acheteurs. Les ouvriers supportent mal l'autorité paternaliste et exclusive d'Owen. Les services communs – cuisines, salles à manger collectives – sont l'occasion de querelles et ne fonctionnent pas. Seules les écoles sont une réussite. « Tout de suite les dissensions internes ont raison des schémas altruistes du fondateur. Ancré au cœur des habitants, le vieux monde immoral résiste aux incantations pathétiques d'Owen » (Bédarida)[2].

Il est en effet « pathétique » que les seize tentatives ayant eu lieu en Amérique, et les sept ayant eu lieu en Angleterre, de fonder des villages owéniens, aient toutes abouti à des échecs.

III – LA NAISSANCE DES TRADE-UNIONS

Les ouvriers anglais inventent au même moment une forme de contestation qui va s'avérer plus durable et à laquelle Owen lui-même adhérera pendant quelques années : le *trade-unionisme*. Il

---

1. Cf. William E. Wilson, *The Angel and the Serpent. The Story of New Harmony*, Indiana University Press, 1964 et 1992.
2. Vieux monde « immoral » ? C'est tout le problème. Est-ce l' « égoïsme » des gens qui résiste à l'organisation socialiste, ou n'est-ce pas, bien plutôt, un sens élémentaire de la justice commutative, la révolte à l'idée que celui qui ne fait rien a autant et, bientôt, plus que les autres ? Le dégoût de vivre dans un environnement dont nul ne se sent responsable et qui se dégrade ? Le dépit de subir la pauvreté, alors que le monde extérieur, à quelques milles de là, est prospère ? En réalité, quand on supprime d'un coup les normes et règles de vie traditionnelles, ce n'est pas un monde fraternel qui est *ipso facto* produit, c'est la « horde sauvage » qui ressurgit, enfouie qu'elle était, mais non disparue, sous le vernis de la civilisation. Ce scénario – attente ardente du grand soir, débuts enthousiastes d'une vie communautaire, sans hiérarchies et rompant avec les normes de conduite conventionnelles, puis désorganisation progressive de la production, dégradation des conditions de vie, enfin retour inopiné des formes les plus archaïques de lien social, soumission aux chefs les plus brutaux et les moins scrupuleux, monopolisation, par eux, des derniers éléments de confort qui subsistent dans la ruine générale – s'est reproduit à peu près dans toutes les expériences connues de socialismes radicaux.

s'agit d'un syndicalisme coopératif, hostile à l'idée de révolution. C'est lui qui va donner à la gauche anglaise ses traits spécifiques (le principal parti anglais de gauche, celui des « travaillistes » ou *Labour Party,* en est l'émanation).

1) *Sociétés de secours mutuel et agitation sociale*

Dès le courant du XVIIIᵉ siècle, il y avait eu en Angleterre des associations de défense ouvrière. On parlait alors de « clubs », de « loges », de « chapelles ». Les milieux concernés étaient ceux de l'artisanat traditionnel, très peu celui des manufactures. Ces sociétés de secours mutuels avaient été autorisées par une loi de 1793, le *Friendly Societies Act.*

Elles se livrent bientôt à une agitation sociale aggravée par la contagion du jacobinisme français : elles organisent des grèves, détruisent des machines qui nuisent à l'empoi *(luddisme).* Aussi William Pitt fait-il voter les *Combinations Laws* de 1799 et 1800 qui les interdisent (mais certaines subsistent dans la clandestinité). En 1816-1819, les longues guerres napoléoniennes ayant pris fin, l'agitation sociale reprend. Les *Combinations Laws* sont alors abrogées par deux lois de 1824 et 1825 parce que *tories* et libéraux estiment que l'interdiction des coalitions augmente les tensions plutôt qu'elle ne les calme. Du coup, les associations ouvrières se développent à grande vitesse, branche par branche et lieu par lieu, charpentiers, constructeurs de machines à vapeur, mineurs... Le premier journal syndical est créé : le *Trades' Newspaper* (1827).

Les trade-unionistes restent fidèles à leurs principes coopératifs et ne s'intéressent guère aux premières doctrines socialistes prônant une collectivisation des biens et une main-mise de l'État sur l'économie. Il est vrai qu'ils sont pénétrés de traditions corporatives très anciennes, adhésion réglementée, cérémonies, engagements divers de type société secrète ou franc-maçonnerie, noviciat de sept années, paiement de cotisations élevées (ce qui est normal, puisqu'il s'agit essentiellement de sociétés de secours mutuel). Tout cela fait d'ailleurs que les trade-unions regroupent d'abord plutôt l' « aristocratie ouvrière ». À partir de 1829, ils touchent la grande industrie manufacturière. Leur mode d'action est revendicatif : ils demandent des augmentations de salaire et une amélioration des conditions de travail.

Dès 1829 peut se créer une organisation nationale, la *Grande union générale des ouvriers fileurs du Royaume-Uni,* animée par l'owenien John Doherty, un Irlandais catholique. En mars 1830, il lance le *United Trade's Co-operative Journal,* puis il parvient à créer le premier syndicat général regroupant plusieurs métiers d'un même lieu (en l'occurrence Manchester), la « *National Association of United*

Trades for the Protection of Labour » (NAPL). L'agitation s'étend alors, avec alternance de grèves et de *lock-outs,* ce qui a pour effet de répandre la contagion unioniste dans les autres zones industrielles du pays. À Londres est créée une Union nationale des Classes ouvrières et, en 1831, la *Metropolitan Trades Union.* Cependant, en raison des désaccords entre les syndicalistes sur les tactiques et les objectifs et aussi de la résistance patronale, la NAPL éclate dès 1832.

2) *Owenisme et syndicalisme*

C'est à ce moment qu'Owen essaie de prendre la tête des *Unions,* de concert avec Doherty. Il lance l'idée des « Bourses d'échange du travail », où les ouvriers pourraient vendre directement ce qu'ils ont fabriqué, court-circuitant à la fois les patrons et les marchands. Il crée deux établissements de ce type à Londres et à Birmingham.

Le prix des marchandises est calculé au prorata du temps de travail, plus le prix de la matière première, estimés de manière « équitable » par les syndicalistes. On délivre des « billets du travail » *(Labour Notes)* destinés à remplacer l'argent. Au début, la curiosité aidant, les affaires marchent : « Durant les quatre derniers mois de 1832, l'ensemble des marchandises mises en dépôt représentent 445 000 heures de travail (équivalent de 11 000 livres sterling, dont 376 000 sont échangées (c'est-à-dire achetées). Les "billets du travail" sont même acceptés par des commerçants privés » (Bédarida, *op. cit.,* p. 316). Cette économie nouvelle va-t-elle remplacer sous peu l'économie de marché ? Hélas, bientôt il est clair qu'il ne peut y avoir d'adaptation exacte de l'offre à la demande. Beaucoup de produits manquent, notamment d'alimentation et de textile qui ne rentrent pas dans le circuit, et les produits artisanaux s'accumulent sur les rayons. D'autre part, l'estimation en quantités de travail tend à s'aligner en fait sur les prix de marché. Peu à peu l'entreprise devient déficitaire et Owen doit compenser les pertes avec sa fortune personnelle.

Il y aura d'autres tentatives similaires dans les années suivantes, combattues par le patronat et par le gouvernement *whig,* mais vouées à l'échec, surtout, par l'esprit qui prédomine parmi les ouvriers anglais, qui veulent améliorer en pratique leurs conditions d'existence plutôt que de changer radicalement de système économique. Owen est donc rejeté. De même, les éléments socialistes présents dans le mouvement chartiste (comme Bronterre O'Brien, hostile à la propriété, partisan d'une nationalisation des terres, de la suppression de la monnaie et de la création de magasins publics) ne peuvent entraîner celui-ci vers des revendications sociales radicales au détriment de ses buts politiques.

Retenons qu'en Angleterre, le socialisme violent a peu d'adeptes ; la voie démocratique est préférée à la voie révolutionnaire ; le sens pratique, le souci d'obtenir des améliorations concrètes, même si elles doivent être progressives, de la vie des travailleurs, sont mis au premier plan. Ces traits trade-unionistes du socialisme anglais subsisteront jusqu'à aujourd'hui, constituant un obstacle permanent à la pénétration du marxisme en Angleterre et à la création dans ce pays de partis révolutionnaires comparables à ceux du Continent.

§ 2

La France[1]

Après le saint-simonisme, la France voit éclore, dans les décennies 1830 et 1840, une série d'autres doctrines socialistes et communistes.

I — FOURIER[2]

Fourier est un original qui a présenté ses projets de communauté socialiste sous des couleurs extrêmement originales et réellement poétiques ; ses propositions n'en sont pas moins totalitaires.

Vie

Charles Fourier est né à Besançon en 1772, mort en 1837. Il est issu d'une famille de commerçants aisés et il fait, jusqu'à dix-sept ans au moins, de solides études. Puis il mène une vie de voyageur de commerce, d'ailleurs agitée (pendant la tourmente révolutionnaire, il est emprisonné ; il est soldat pendant deux ans). Il ouvre sa propre boutique à Lyon, puis, ruiné, redevient employé. Mais il déteste et méprise le commerce. Les journées des commerçants, dit-il, consistent à « s'hébéter et s'abrutir dans des fonctions mensongères et avilissantes », se résument en « fourberies » et en « occupations triviales et incompatibles avec l'étude ». Ce n'est que vers la fin de sa vie, à partir de 1830, qu'aidé par sa famille et ses premiers disciples, il peut se consacrer entièrement à son œuvre de théoricien.

Œuvres

Le premier livre date de 1808 : *Théorie des quatre mouvements et des destinées générales*. Y est exposé le principe de l' « attraction ». Puis viennent le *Traité de l'association domestique-agricole* (1822, réédité en 1834 sous le titre : *Théorie de*

1. D'après Jean Bruhat, « Le socialisme français de 1815 à 1848 », *in* Droz, *op. cit*
2. Cf. Pascal Bruckner, *Fourier*, Éd. du Seuil, coll. « Ecrivains de toujours », 1975 ; René Schérer, *Fourier*, Seghers.

l'unité universelle) ; *Le nouveau monde industriel et sociétaire, ou invention du procédé d'industrie attrayante et naturelle, distribuée* (1829) ; *La fausse industrie, morcelée, répugnante, mensongère, et l'antidote, l'industrie naturelle, combinée, attrayante, véridique, donnant quadruple production* (1835-1836). Il y a aussi des recueils d'articles, *La réforme industrielle ou le Phalanstère* (1832-1834), *La Phalange* (1835-1836), enfin des manuscrits, dont *Le Nouveau monde amoureux* (édité seulement en 1967)[1].

1) L'attraction

Newton a découvert l'attraction qu'il a appelée universelle. Mais celle-ci, dit Fourier, n'est qu'une des quatre formes d'attraction existant dans la nature. Les autres sont les attractions « organique », « instinctuelle » et « sociale ». C'est en tenant compte de ces dernières qu'on peut établir l' « harmonie » parmi les hommes.

« Avant moi l'humanité a perdu plusieurs mille ans à lutter follement contre la Nature ; moi, le premier, j'ai fléchi devant elle en étudiant l'attraction, organe de ses décrets ; elle a daigné sourire au seul mortel qui l'eût encensée ; elle m'a livré tous ses trésors. Possesseur du livre des Destins, je viens dissiper les ténèbres politiques et morales et, sur les ruines des sciences incertaines, j'élève la théorie de l'harmonie universelle[2]. »

2) L' « anarchie industrielle »

Pour Fourier, toute la nature est essentiellement mouvement, et la société, elle aussi, « répugne à l'état stationnaire ». « Toute société porte en elle la faculté d'engendrer celle qui suivra. Elle arrive à la crise de l'enfantement quand elle a atteint ses caractères essentiels ».

1. Les *Œuvres complètes* ont été éditées, en partie sous forme de *reprints* des éditions des années 1840, aux Éditions Anthropos (Paris), sous la dir. de Simone Debout, en 12 vol., de 1966 à 1968. *Le Nouveau monde amoureux* a été réédité chez Slatkine (Genève-Paris) en 1984
2. L'autodidacte Fourier se trompe lourdement en croyant être le « seul mortel » qui ait encensé ce qu'il appelle la Nature. Il n'est pas de plus vieille idée que celle de céder aux passions en renonçant à ce qu'il y a de non-animal dans l'humanité, à ce qui fait la spécificité et la dignité du genre humain. C'est la voie suivie par le *cynisme* antique (cf. *HIPAMA*, p. 216-218), ce sera celle de multiples pervers et infirmes de l'histoire, comme les Frères du Libre-Esprit (cf. *HIPAMA*, p. 724 et 733-735) ou le marquis de Sade. Nous avons vu que c'était le premier programme de Rousseau. Loin d'être une idée moderne, c'est un atavisme qui revient de façon lancinante tout au long de l'histoire, spécialement dans les périodes de crise. Dans tous les cas, l'erreur morale initiale se paie de régressions sociales. Car il n'est de société humaine développée que par une culture, des normes, des valeurs et des institutions ; ceux qui rejettent celles-ci ne peuvent qu'ouvrir la voie au retour d'instincts barbares (comme l'a soutenu Freud dans *Malaise dans la civilisation*). Fourier va suivre à son tour ce triste sentier battu, nonobstant le raffinement apparent de son système.

Si l'on compare la vie de l'humanité à celle d'un homme, qui est marquée par les étapes ou « crises » que sont la naissance, la puberté, la maturité et la mort, on peut dire que l'humanité du XIXe siècle est parvenue à la crise de puberté. L'ère de l'industrie, qui se présente comme la « civilisation », est en fait une « anarchie industrielle » qui ne peut durer et va enfanter sous peu une autre société[1] :

> « Vit-on jamais système social qui méritât mieux que la civilisation le titre de monde à rebours, en quelque sens qu'elle soit organisée ? Elle a vingt fois changé de systèmes administratifs depuis 1789, mais ce protée sous vingt formes diverses ne présente toujours que l'antipode de la justice et de la raison, une petite masse d'oisifs raillant la multitude condamnée à un travail ingrat, toujours le bonheur en exception, sept familles malheureuses pour une qui jouit du bien-être, toujours une politique oppressive par nécessité, obligée d'armer un petit nombre d'esclaves salariés, pour contenir une multitude d'esclaves désarmés, toujours un concert des gouvernements pour arrêter le progrès des lumières » (cité par Bruhat, p. 352).

La source de cette anarchie, c'est la propriété privée : « Chacun en civilisation veut se retrancher et faire une citadelle de sa propriété. » Le vice qu'elle comporte se révèle dans le parasitisme du commerce, qu'illustre le fameux exemple de la pomme (dans un restaurant parisien, en 1798, Fourier avait constaté qu'on vendait une pomme quatorze sous, alors qu'il savait qu'en Normandie c'était le prix payé au producteur pour cent pommes). Autre conséquence néfaste du régime de propriété privée : l'improductivité, due au morcellement et au gaspillage de la production.

Ce système absurde ne peut être maintenu en place que par la force de l'État, qui est un simple instrument aux mains des marchands et des financiers. À quoi il faut ajouter la force d'appoint de la morale, qui enseigne aux pauvres « le mépris des sens et l'abnégation de soi-même » et est une « violence fardée ». Elle enseigne à brider les « passions », en appelant « mauvaises » les passions qui doivent être « engorgées » pour que la « civilisation » subsiste. Or toutes les passions sont bonnes. « La morale garante de la "civilisation" est une atteinte à Dieu car elle fait de Dieu "un mécanicien absurde", "s'il a placé dans nos âmes des ressorts et des pièces dont il faut entraver le jeu" » (Bruhat). Quant aux sciences, elles se sont mises au service du commerce.

La liberté, enfin, est une illusion : « Phédon est bien libre d'aller à l'Opéra, mais il faudrait un écu pour y entrer ». Toute la classe

---

1. Idée très analogue à celles, à « gauche », de Saint-Simon ou de Marx, mais aussi, à « droite », à celles de De Maistre, Bonald, La Tour du Pin... La société ouverte est perçue comme une société en crise, instable, non viable, qui ne peut durer et qu'une légère secousse suffira à abattre.

ouvrière est privée de liberté, puisque l'ouvrier est « réduit à travailler sous peine de mourir de faim », les travaux lui « enchaînent l'âme aussi bien que le corps ».

3) *Le Phalanstère*

De quelle société meilleure l'anarchie industrielle, *alias* la « civilisation », va-t-elle « accoucher » ? — Des « phalanstères », dont le principe est d'utiliser les lois de l' « attraction » pour établir une « harmonie ».

L'utopie de Fourier sera agencée de telle sorte que toutes les passions puissent s'y déployer librement — mais ce sera une « liberté composée, convergente ou surcomposée », entendues une liberté insérée dans un réseau extrêmement serré de contraintes liées à une vie collectivisée en ses moindres aspects.

L'activité est surtout agricole (les manufactures ne sont présentes qu'à titre d' « accessoires »).

Le travail, qui était « répugnant » dans la « civilisation », devient attrayant dans l'état sociétaire. En effet, il met en œuvre les « passions » de chacun. Tout, dans la nature, est organisé en « séries », minéraux, végétaux, animaux. Dans le monde humain, il y a douze « ressorts » ou « passions » primitifs, qui, combinés différemment en chacun, aboutissent à 810 types de caractères humains, ce nombre étant porté au double, soit 1 620, avec les femmes. Dans la société actuelle, toutes ces différences sont brimées, les types humains sont obligés de s'aligner les uns sur les autres ; comme cela réprime et « engorge » les passions, il en résulte frustrations et conflits. Dans le Phalanstère, au contraire, chaque type humain aura son emploi propre, de sorte qu'il y aura satisfaction des passions de chacun et « harmonie » des passions de tous.

Les groupes de travail seront organisés selon les goûts. Les enfants, par exemple, qui sont des « cochons » et dont on peut donc dire qu'ils ont une « passion » pour la malpropreté, cureront les fosses d'aisance. Mais il est à noter que chacun pourra changer de groupe plusieurs fois par jour pour satisfaire toutes ses passions, à commencer par l'une des douze primitives qui s'appelle la « papillonne », passion consistant, précisément, à changer constamment d'activité.

Les repas seront pris en commun. Les enfants seront élevés en commun. Les femmes également seront communes, de même que les hommes. Fourier met au point une « harmonie » particulièrement raffinée en ce domaine, établie sur la base de la suppression des contraintes de la civilisation, à commencer par le mariage.

Qui dit organisation du travail, cependant, dit hiérarchie et inégalités, y compris entre des riches et des pauvres, différences que Fourier conserve. Les bénéfices sont divisés en trois parts inégales : $5/12^e$ pour le travail manouvrier, $4/12^e$ au capital actionnaire, $3/12^e$ aux connaissances théoriques et pratiques. Il est vrai que chacun est « co-intéressé », propriétaire en « participation » de toute l'entreprise, et qu'il y a en toute hypothèse un revenu minimum garanti à chacun.

4) *Les étapes*

On ne parviendra pas au monde de l'Harmonie du premier coup. Il y aura d'abord une phase de préparation, le « garantisme »[1] ou « demi-association », où l'on commencera à socialiser la vie, en créant des entrepôts de produits, des comptoirs commerciaux.

Malgré le vocabulaire lénifiant dont il use, Fourier a bien compris que ce serait nécessairement une phase de violence et de spoliation généralisées : on écrasera d'impôts les marchands et on recueillera les commerçants ruinés dans des « fermes-asiles » (sinistres annonciateurs des « camps de travail » des socialismes réels).

Puis vient la phase de « sociantisme » ou « association simple », où apparaissent les premiers phalanstères.

Enfin, seulement, l' « association composée », c'est-à-dire le monde de l'Harmonie proprement dite. Alors, tandis que les phalanstères se dissoudront (ils n'étaient que des formations de transition, des « cantons d'épreuves »), l'humanité créera *un immense phalanstère unique*.

Celui-ci est nécessaire, parce que lui seul pourra mener les « grands travaux » imaginés par les saint-simoniens : construction des canaux de Suez, de Panama, aménagement des Grands lacs canadiens, terrassement, fertilisation et mise en valeur de tout le Sahara... Ces travaux impliquent en effet, de l'aveu même de Fourier, l'utilisation forcée de dizaines de millions de bras. Seul le socialisme universel pourra réaliser cette performance.

Mais Fourier est flou sur les moyens à employer pour franchir toutes ces étapes. Il ne compte pas sur le prolétariat organisé. Il ne demande pas non plus qu'on s'empare, par une révolution politique, du pouvoir dans l'État. En fait, il a compté sur la contagion qui se produirait (en quatre ans !) à partir de la première expérience réussie de phalanstère.

Pour lancer celle-ci, il pensait qu'il suffirait d'un capital de 10 millions, divisé en 1 000 actions de 10 000 F. Fourier s'adressa donc aux ministres de Napoléon, de la Restauration et de Louis-Philippe, puis à des personnes privées, Chateaubriand, George Sand, la veuve de Lord Byron... sans succès. Cependant, il y eut plusieurs tentatives de réalisation de phalanstères (mais sans Fourier, ou après sa mort). En 1832 est fondée la colonie sociétaire de Condé-sur-Vesgre, dans la forêt de Rambouillet, par Baudet-Dulary, député d'Étampes[2]. En 1835, puis dans les années 1840, sont fondées d'autres colonies,

---

1. Fourier est fécond en néologismes. On a comparé sa langue à celle de Rabelais.
2. Les bâtiments existent encore et sont habités par des personnes qui perpétuent le souvenir, mais non les pratiques, du phalanstère originel.

en France, mais aussi au Brésil, en Algérie, au Texas. Citons aussi le *Familistère* de Jean-Baptiste Gaudin, à Guise dans les Ardennes. Partout, c'est l'échec, soit que la colonie se dissolve purement et simplement, soit qu'elle se transforme en un organisme d'une autre nature, coopérative ou même entreprise capitaliste.

5) L'influence de Fourier

Le fouriérisme est, avec le saint-simonisme, une des deux principales références du socialisme français jusqu'à la révolution de 1848.

Un des plus importants disciples de Fourier est le polytechnicien *Victor Considérant*. Avec un autre polytechnicien, Jules Lechevalier, il fonde, en 1832, le journal *Le Phalanstère,* plus tard appelé *La Réforme industrielle,* puis, en 1836, *La Phalange,* enfin, en 1843, un quotidien, *La Démocratie pacifique.* Il y aura, dans les années 1840, des centaines de publications fouriéristes diverses. Considérant lui-même publie un grand ouvrage en trois tomes, *Destinée sociale* (1835-1844), puis *Principes du socialisme. Manifeste de la démocratie au XXᵉ siècle* (1847), enfin *Exposition abrégée du système phalanstérien de Fourier* (1845-1848), qui connaît un grand succès. Cette propagande ne touche directement que des « bourgeois », ingénieurs, avocats, architectes, médecins, et même militaires. Mais elle exerce une influence diffuse sur l'ensemble des mouvements ouvriers de la décennie 1840 et plus tard.

II — LE TOURNANT DE 1830[1]

Les premières théories socialistes sont le fait d'intellectuels plus ou moins isolés. Mais cette situation change sensiblement après 1830.

Avec le développement de la grande industrie, en effet, peut commencer le processus de création d'une « conscience de classe prolétarienne » qui sera décrit dans le *Manifeste communiste* (cf. *infra,* p. 398 sq.) : concentration des usines, homogénéisation des conditions de vie, déqualification du travail en raison du machinisme, travail des femmes et des enfants, premières luttes conduisant à une prise de conscience de classe. De fait, la population ouvrière joue un rôle central dans les journées révolutionnaires de juillet 1830 (les « Trois Glorieuses »). L'année suivante et jusqu'en 1834, ce sont les révoltes des « canuts » lyonnais. Il y aura encore de grandes grèves en 1840. La France prend conscience de l'existence de ces masses ouvrières nouvelles et de leurs problèmes.

Dans les populations impliquées dans ces luttes, une revendication « sociale » spécifique apparaît à côté de la revendication « répu-

1. D'après Bruhat, *op. cit.*

blicaine ». On assiste à un véritable foisonnement de théories sociales allant au-delà du saint-simonisme et du fouriérisme, et aussi à un début de syncrétisme, les idées cessant d'être référées précisément à tel ou tel réformateur social et se mêlant pour devenir un patrimoine d'idées reçues, qualifiées du nom générique de « socialisme ».

1) *Leroux*

Ce dernier néologisme aurait été créé par Pierre Leroux au tout début des années 1830 (du moins l'a-t-il affirmé lui-même ; il l'aurait forgé, dit-il, en opposition à un mot lui-même récent, « individualisme »).

Pierre Leroux (1797-1871) doit renoncer au concours de Polytechnique par pauvreté et devient ouvrier typographe. Il est d'abord saint-simonien ; c'est lui qui fait du *Globe* l'organe du saint-simonisme. Il organise des cours pour les ouvriers. Mais il rompt dès 1831 avec Enfantin, se rapproche des républicains et des fouriéristes. Il exerce une grande influence sur ses contemporains, spéciale-ment dans les milieux littéraires (Lamartine, Eugène Sue, George Sand, plus tard Victor Hugo).

Il écrit *De la ploutocratie* où il s'appuie sur les statistiques des impôts pour montrer que la richesse nationale appartient à une minorité de familles (non pas encore « 200 familles », mais 196 000...). Donc Saint-Simon a eu tort d'opposer « industriels » et oisifs, en rangeant ensemble prolétaires et capitalistes dans la pre-mière catégorie : ce qui oppose prolétaires et capitalistes l'emporte sur ce qu'ils ont en commun. Mais les propositions de réforme de Leroux sont fantaisistes.

Un autre dissident du saint-simonisme, *Constantin Pecqueur* (1801-1887), influencé par le christianisme et le proudhonisme, mérite mention. Ses livres principaux sont *Théorie nouvelle d'économie sociale et politique* (1842) et *La Répu-blique de Dieu* (1844). Il estime — idée assez originale à son époque, comme on l'a vu, et qui sera développée par le marxisme — que le machinisme est une bonne chose parce que les machines, et en particulier les techniques nouvelles de transport comme les chemins de fer, sont essentiellement « associantes », « socialisantes » et « agglomérantes » ; généralement parlant, la « centralisation industrielle » prépare le passage de la propriété individuelle à la propriété « sociétaire » : « Tout dans le passé et le présent semble tendre à la socialisation des instruments de travail, c'est-à-dire à dégager le sol et les matières premières de la suzeraineté et de l'inféodation individuelles en les constituant insensi-blement en propriété commune, indivise » (cité par Bruhat, p. 377). Mais Pecqueur compte sur la bourgeoisie elle-même pour comprendre que son intérêt est de procéder à cette socialisation. En bon saint-simonien qu'il est resté sur ce plan, il redoute « l'avènement turbulent d'une démocratie mineure et prématurée ».

2) *Buchez et le socialisme chrétien*

Nous avons déjà noté que le christianisme s'est exprimé au XIXe siècle dans diverses idéologies politiques. La plupart des catholiques qui s'intéressent à la question sociale, et qu'inquiète ou angoisse la situation nouvelle de la classe ouvrière, se tournent vers la démocratie libérale (cf. *supra*, p. 601-610) ou vers la droite et le corporatisme (cf. *infra*, p. 1091 sq.). Il y a néanmoins aussi des chrétiens parmi les socialistes des décennies 1830-1850.

Philippe Buchez (1796-1865) est attiré d'abord par le *Nouveau christianisme* de Saint-Simon, et il se lie avec Bazard et Enfantin en 1829. Il collabore au *Producteur*. Mais il se sépare très vite de l'Église saint-simonienne pour revenir au christianisme originel. Il dirige le journal *L'Européen* et publie, de 1834 à 1838, en collaboration avec P.-C. Roux-Lavergne, l'*Histoire parlementaire de la Révolution française*. Il présidera brièvement la Constituante en 1848.

Il juge que les principes de la Révolution, souveraineté populaire et égalité, sont dans la ligne même de l'Évangile. Il croit au progrès, qui est un fait providentiel, « plus qu'humain ». Mais par qui est mené le progrès ? Par divers acteurs selon les époques. Aujourd'hui, il ne le sera pas par le communisme, qui « confisque la liberté au nom de l'égalité », « enrégimente et encaserne le peuple ». Il ne le sera pas non plus par le régime actuel, où s'opposent des riches « parasites » et des salariés qui « n'ont pas le loisir du choix ; presque dès leur premier jour il faut qu'ils gagnent leur vie ; [...] attachés au sol comme des polypes, là où ils viennent au monde, ils travaillent et meurent » (textes cités par Bruhat, p. 382).

Pour remédier à ce divorce, Buchez prône l' « association ouvrière ». On constituera un capital « inaliénable et indissoluble », qui sera propriété de l'association tout entière. Nul membre ne pourra redemander sa part, même s'il s'en va, même s'il est exclu ; tout nouveau membre, même sans aucun apport personnel, deviendra de droit co-propriétaire dès son adhésion. Pour constituer le capital de départ, on facilitera le crédit par des « banques mutuelles » créées par les associations ouvrières elles-mêmes ou une Caisse générale du Crédit public, avec prêts ou cautionnement par l'État, ou même commandite par des capitalistes. Cette doctrine « associationniste », assez proche des idées d'Owen, est promue à partir de 1840 par un journal, *L'Atelier, organe des intérêts moraux et matériels des ouvriers*. Une petite « Association des ouvriers bijoutiers en doré » est fondée en 1834 ; elle durera jusqu'en 1874.

3) *Louis Blanc*

Une forme très différente de socialisme est défendue par *Louis Blanc*.

Louis Blanc (1911-1882) est un propagandiste plus qu'un théoricien original. Collaborateur du *National*, du *Bon sens*, de la *Revue républicaine*, il fonde en 1839 la *Revue du Progrès politique, social et littéraire*, et le *Journal du Peuple*, également (avec Pierre Leroux et George Sand) la *Revue indépendante* (de 1841 à 1848), et il participe à *La Réforme*. Il est l'auteur de deux livres : *Histoire de dix ans* (1844), chronique de la monarchie de Juillet dans la décennie 1830-1840, et *Histoire de la Révolution* (les deux premiers tomes paraissent en 1847). Il est également l'auteur d'un texte doctrinal qui a eu une large audience : la brochure *L'organisation du travail* (1839).

Le mal majeur de la société actuelle, c'est la concurrence qui, si elle « extermine » les ouvriers, ruine aussi les capitalistes. Le remède consiste à créer des *ateliers sociaux*. L'État, dont Louis Blanc attend la réalisation de toute réforme sociale, donnera les capitaux, nommera, du moins au début, les cadres. À terme, les salaires seront égaux.

Le bénéfice des ateliers sera réparti en trois parts : la première est divisée entre tous les membres, la seconde est un fonds de réserve pour ce qu'on appellerait aujourd'hui la protection sociale (vieillesse, maladie, chômage), la troisième un fonds d'investissement permettant de fournir des outils aux candidats membres, de sorte que l'association puisse « s'étendre indéfiniment ». Intéressés aux résultats de l'atelier social, les ouvriers seront motivés à produire. De sorte que la concurrence, mauvaise en régime capitaliste, deviendra une « sainte concurrence » en ce qu'elle permettra le triomphe progressif de l'atelier social, plus productif, sur l'entreprise privée, le but étant « l'absorption successive et pacifique des ateliers individuels par les ateliers sociaux... Dans notre système, l'État se rendrait maître de l'industrie peu à peu et au lieu du monopole nous aurions... obtenu la défaite de la concurrence : l'association » (cité par Bruhat, p. 384). Il n'y aura plus de commerce (l'atelier aura son propre magasin), ni de banques (il financera son propre développement). Le dispositif est complété par des lois restreignant l'héritage et permettant aux communes de municipaliser peu à peu les terres.

Étant donné le rôle dévolu à l'État, il faut arracher celui-ci à la bourgeoisie qui en est actuellement propriétaire de par le suffrage censitaire. Il est urgent d'obtenir le suffrage universel, de créer la démocratie : « Le socialisme ne saurait être fécondé que par le souffle de la politique. » Cela fait, il ne sera pas besoin de révolution violente, car toutes les classes comprendront l'intérêt du nouvel ordre socio-économique.

Les thèmes mis ainsi en avant par Louis Blanc seront repris par les révolutionnaires de 1848, avec la revendication du droit au travail et la création des « ateliers nationaux ».

III — PROUDHON

Proudhon occupe une place à part dans la tradition socialiste française. Il s'agit toujours de remédier aux difficultés des ouvriers, mais les solutions proposées se démarquent nettement du collectivisme et de l'étatisme.

Vie

Pierre Joseph Proudon (1809-1865) est fils, dit-il lui-même, d'un « pauvre artisan tonnelier » et d'une « fière paysanne ». Il commence ses études au collège de Besançon, mais doit les interrompre au niveau de la classe de rhétorique pour gagner sa vie. Il devient alors ouvrier typographe. En 1838, il obtient de l'Académie de Besançon une bourse de trois ans pour venir faire des études à Paris. Il est autodidacte : il apprend tout un peu au hasard et partiellement ; par exemple il a appris l'hébreu et la théologie en imprimant la Bible et les Pères de l'Église ; à Paris, il découvre la grammaire comparée, la linguistique, l'économie politique (Smith, Ricardo, Say...). Par deux fois, il répond aux questions mises au concours par l'Académie de Besançon, et c'est à l'occasion du second concours qu'il écrit *Qu'est-ce que la propriété ?* où il popularise la formule-choc (empruntée à Brissot) : « La propriété, c'est le vol ». Sa bourse est supprimée. Il entre alors comme fondé de pouvoir dans une entreprise de transport de charbon de Lyon. En 1847, il s'installe définitivement à Paris et fonde le journal *Le Représentant du Peuple*. Il écrit abondamment. En 1848, il conçoit un projet de « Banque d'échanges », puis de « Banque du peuple » : il s'agit d'organiser le crédit et de favoriser les échanges directs entre producteurs et consommateurs. Ces projets échouent sous la IIᵉ République et ne reçoivent pas non plus l'appui de Napoléon III, malgré les contacts pris avec des proches de l'Empereur. Proudhon soutient alors les ouvriers qui veulent présenter des candidats propres aux élections. Mais sa stratégie n'est pas claire (il condamne vigoureusement les « coalitions ouvrières »). Il meurt en 1865 sans avoir véritablement créé de parti.

Œuvres

L'œuvre de Proudhon est immense. Outre « *Qu'est-ce que la propriété ? ou Recherches sur le principe du droit et du gouvernement* » (1840)[1], on peut citer, parmi une quinzaine de titres, *Le système des contradictions économiques ou Philosophie de la misère* (1846)[2], *Théorie de l'impôt* (1861) et *De la capacité politique des classes ouvrières* (posthume, 1865)[3].

L'idée la plus originale de Proudhon est *l'organisation du crédit*. Le but est de supprimer le « droit d'aubaine », c'est-à-dire l'intérêt payé pour les capitaux. On gagera les « bons » de la banque, non sur des capitaux en numéraire, mais sur des marchandises réelles produites par les souscripteurs, ce qui assurera un échange réciproque (on songe aux expériences d'associationnisme d'Owen). Proudhon

1. Pierre-Joseph Proudhon, *Qu'est-ce que la propriété? ou Recherches sur le principe du droit et du gouvernement,* chronologie et introduction par Émile James, Garnier-Flammarion, 1966.
2. C'est l'ouvrage auquel Marx répond, l'année suivante, par *Misère de la Philosophie.* Proudhon a rencontré Marx lors du séjour de celui-ci à Paris.
3. Les œuvres de Proudhon sont difficilement accessibles. Mais il existe un recueil, *Proudhon, Textes choisis. Justice et liberté,* par Jacques Muglioni, PUF, coll. « Les grands textes », 1974.

entend remplacer la propriété par la possession (ce qui revient en définitive, quoique sous un autre nom et avec des nuances, à légitimer la propriété). Il y aura, non les associations ouvrières régies par l'État que demande Louis Blanc (Proudhon n'aime guère ce dernier, en qui il voit « l'ombre rabougrie de Robespierre »), mais des « compagnies ouvrières », conçues comme des associations de producteurs libres et indépendants, qui géreront les entreprises industrielles comme les mines ou les chemins de fer. Dans ces projets s'exprime donc le sens de la propriété privée et de l'indépendance que conservent une grande partie des classes populaires françaises. D'autant qu'à mesure que se créeront ces « compagnies ouvrières », l'État disparaîtra. « L'atelier remplacera l'État ». Ce sera un progrès de la liberté.

En effet, Proudhon soutient une idée diamétralement opposée à celles d'un Saint-Simon ou d'un Fourier. « Il y a, dit-il, un progrès incessant dans les sociétés humaines de la hiérarchie à l'anarchie ». « La hiérarchie est la condition des sociétés primitives », tandis que « l'anarchie la condition d'existence des sociétés adultes ». « Nous, producteurs associés, n'avons pas besoin de l'État... L'exploitation par l'État, c'est toujours la monarchie, toujours du salariat... Nous ne voulons pas plus du gouvernement de l'homme par l'homme que de l'exploitation de l'homme par l'homme... Le socialisme est le contraire du gouvernementalisme... Nous voulons que les mines, les canaux, les chemins de fer soient remis à des associations ouvrières, travaillant... sous leur propre responsabilité. Nous voulons que ces associations soient... cette vaste fédération de compagnies réunies dans le commun lieu de la république démocratique et sociale » (textes cités par Bruhat, p. 517).

À ce « mutuellisme » ou mutualisme est lié, chez Proudhon, le fédéralisme : les associations de petits producteurs seront autant de communes qui se fédéreront afin d'empêcher les uns d'empiéter sur les droits des autres.

À noter que Proudhon, à la différence de la quasi-totalité des socialistes, est partisan de la famille traditionnelle : cela est lié à son idée d'indépendance, car l'atelier ou la ferme traditionnels sont indistinctement des unités économiques et familiales.

Proudhon a insisté sur la fierté que doit pouvoir légitimement donner à l'ouvrier le travail qualifié. On donnera aux apprentis une formation polyvalente (une « polytechnie ») afin de les rendre capables de participer « à toutes les opérations qui composent la spécialité de l'établissement » et, au-delà, de changer de métier et d'entreprise, de « circuler dans le système de la production collective comme une pièce de monnaie sur le marché ».

Proudhon reflète les aspirations des milieux populaires de son temps où les artisans traditionnels coexistent avec les prolétaires de l'industrie nouvelle. Le proudhonisme sera longtemps, de ce fait, l'adversaire le plus coriace du marxisme dans le milieu du travail en France. À certains égards même, par son opposition violente à l'État, son « anarcho-syndicalisme » touche à l' « anarcho-capitalisme »[1].

IV — LES COMMUNISTES.
CABET, LES NÉO-BABOUVISTES, BLANQUI[2]

Le 1er juillet 1840 se tient à Belleville un premier banquet « communiste », avec 1 200 participants. Ce qui caractérise les ouvriers nombreux qui se sont rassemblés en ce lieu et derrière cet étendard, c'est l'idée qu'une révolution politique ne suffit pas pour régler leurs problèmes, que, d'autre part, ils doivent agir par eux-mêmes, sans compter sur la bonne volonté des classes dirigeantes.

« Citoyens, le but vers lequel nous tendons est *l'égalité réelle* réalisée au moyen de la *communauté des biens*. Une *dictature populaire* forte, dévouée, nous paraît indispensable pour façonner nos mœurs [et] détruire les obstacles » (cité par Bruhat, p. 391).

Ce programme est inspiré des souvenirs de la Révolution française, mais aussi d'auteurs plus récents.

1) *Cabet*

Étienne Cabet est né à Dijon en 1788 dans une famille d'artisans. Il est avocat. Il participe à la Charbonnerie[3] sous la Restauration et devient procureur

---

1. C'est la thèse d'Henri Arvon, *Les libertariens américains. De l'anarchisme individualiste à l'anarcho-capitalisme,* PUF, 1983.
2. D'après Bruhat, *op. cit.*
3. La *Charbonnerie* (ou le *carbonarisme*) a pour origine un mouvement politique clandestin qui s'était créé à l'époque napoléonienne dans le royaume de Naples en chasser Murat et restaurer le roi bourbon Ferdinand IV, réfugié en Sicile avec sa femme, l'Autrichienne Marie-Caroline. Après le retour des souverains en 1815, le carbonarisme devint un mouvement libéral, hostile aux absolutismes soutenus par les Autrichiens, et visant à établir partout en Italie des régimes démocratiques. Les *carbonari* sont ainsi à l'origine des insurrections de 1820 à Naples, et de 1821 dans le Piémont. Mazzini prend le relais de cette action en fondant, en 1831, la société secrète « Jeune-Italie », visant à réaliser l'unité italienne dans une République démocratique et déiste, et qui fera plusieurs tentatives d'insurrection de 1837 à 1844. Elle est organisée sur le modèle des loges franc-maçonnes : à la base, des « ventes » regroupent 20 *carbonari* dirigés par trois chefs. Ceux-ci, à leur tour, forment des « ventes mères », dont les délégués forment la « vente suprême » ou « haute-vente » qui dirige l'ensemble. Une organisation de ce type fut mise en place en France à l'époque de la Restauration (sous le nom francisé de « Charbonnerie »). Elle fit plusieurs tentatives d'insurrection, toutes déjouées. Elle fut dirigée un temps par La Fayette,

général après la Révolution de 1830. Mais, comme il est républicain, il ne peut tenir sous la Monarchie de Juillet et s'exile en Angleterre où il écrit son fameux *Voyage en Icarie,* paru en 1839-1840, qui est une utopie « classique » décrivant une société communiste parfaite. Cabet meurt en 1856.

Dans son programme, Cabet distingue une phase de transition (où la propriété est conservée et où le travail reste libre ; cette phase peut durer cinquante ans), et la phase de communisme proprement dit. Dans la première phase, les économies de 45 % faites sur le budget militaire permettent de créer des logements sociaux et des écoles. Dans la seconde, la propriété est supprimée, le pays est régi par des fonctionnaires révocables, les travailleurs sont rétribués selon le principe « à chacun selon ses besoins ». Le commerce est supprimé : les biens sont déposés dans des magasins publics. Les enfants sont élevés par l'État de cinq à dix-huit ans. Puis viennent l'apprentissage industriel et l'apprentissage civique. Le communisme de Cabet est « progressiste », marqué par la productivité, l'abondance « au moyen de la vapeur et des machines ». Comment parvenir à cet idéal ? Cabet est hostile à la révolution violente.

« Si je tenais une révolution dans ma main, je la tiendrais fermée quand même je devrais mourir en exil. » « Ma propagande est essentiellement pacifique », elle « ne fait appel qu'à la discussion, à l'étude, à la méditation et ne veut d'autres armes pour amener son triomphe que la persuasion, la conviction, la puissance de l'opinion publique et la décision de la volonté nationale » (textes cités par Bruhat, p. 392)

Cabet a eu beaucoup d'influence. Le *Voyage* est édité cinq fois entre 1840 et 1848. Son journal *(Le Populaire),* ses brochures *(Comment je suis communiste ; Mon credo communiste)* sont largement répandus. Il écrit encore, en 1846, *Le vrai christianisme suivant Jésus-Christ,* plusieurs fois réimprimé.

2) *Les néo-babouvistes*

Certains auteurs considèrent que la Révolution française n'a servi qu'à « changer de tyran ». La tyrannie est incarnée maintenant par le libéralisme bourgeois, « fils aîné », dit l'un d'entre eux, « du libéralisme girondin »[1]. Il faut donc revenir à Robespierre et à Babeuf et

---

et animée par des hommes comme le saint-simonien Bazard ou le général d'Empire Berton (guillotiné après l'échec de l'insurrection de Saumur en 1822). Vers la fin de la Restauration, la Charbonnerie française se fondit dans d'autres sociétés républicaines. La « Société des Saisons » de Blanqui sera une sorte de réincarnation de la Charbonnerie, qui servira également de modèle à des groupes révolutionnaires allemands (cf. *infra*).

1. Défendu à la même époque par Lamartine (cf. *supra,* p. 615-616).

instaurer à nouveau, sinon une Terreur, du moins une dictature des masses populaires. C'est le cas d'Albert Laponneraye (1808-1849), fondateur du journal *L'Intelligence,* de Richard Lahautière (1813-1882), qui lance les journaux *L'Égalitaire* et *La Fraternité,* ou de l'ancien séminariste Jean-Jacques Pillot (1808-1877), qui dénonce la religion et écrit des livres aux titres éloquents : *La Communauté n'est plus une utopie ; Conséquence du procès des communistes* (1841) ; *Histoire des Égaux ou moyens de maintenir l'égalité absolue entre les hommes* ; *Ni châteaux ni chaumières, ou état de la question sociale en 1840.* C'est ce dernier qui anime le banquet communiste de Belleville. Théodore Dézamy (1808-1850), ancien instituteur, puis secrétaire de Cabet, écrit *Le Code de la Communauté* (1842). Il condamne le christianisme social de Lamennais, ainsi que le communisme de Cabet, coupable à ses yeux d'avoir voulu se réconcilier avec la bourgeoisie. Il faut « trouver une situation qui puisse assurer à tous et sans contrainte la perpétuelle satisfaction des besoins du corps et des besoins de l'esprit ». Il faut, pour cela, à la fois communauté des biens, communauté du travail et communauté de l'éducation.

3) *Auguste Blanqui*

Le personnage le plus original de cette mouvance communiste est sans doute Auguste Blanqui.

Louis Auguste Blanqui (1805-1881) est le frère cadet de l'économiste libéral Adophe Blanqui dont nous avons parlé plus haut (cf. *supra,* p. 611 et 613). Originaire des Alpes-Maritimes, où son père a été sous-préfet après avoir été un conventionnel girondin, il fait des étude secondaires classiques, puis collabore au journal le *Courrier français* et, après 1830, à la *Société des Amis du Peuple.* Il crée plusieurs sociétés secrètes républicaines puis socialistes à partir de 1831. Il est emprisonné en 1831, puis en 1839, reprend le combat en 1847, mais il est emprisonné encore une fois en 1848 après une tentative de coup de force contre l'Assemblée nationale. Il essaie de nouveau de prendre le pouvoir de manière insurrectionnelle en septembre 1870, mais est encore incarcéré jusqu'en 1877, date à laquelle il publie le journal *Ni Dieu ni maître.*

Blanqui a subi l'influence de Buonarotti et de Babeuf, des idées des saint-simoniens, de Fourier, du médecin Raspail, plus tard de Marx. Il est républicain, mais, pour lui, la république n'est qu'un moyen : « Nous ne désirons une réforme politique que comme acheminement à une réforme sociale ». L'appropriation du sol par des personnes privées est en effet le fruit de la « ruse » ou de la « violence », et il en va de même, « par déduction logique » des autres formes de propriété, notamment les capitaux. Du coup, il n'y a pas de conciliation possible entre les « classes aisées et opulentes » et les

« masses pauvres et ignorantes ». « Il y a une *guerre à mort* entre les classes qui composent la nation. Cette vérité étant bien reconnue, le parti vraiment national, celui auquel les patriotes doivent se rallier, c'est le parti des masses » (cité par Bruhat, p. 396).

Mais Blanqui n'a pas confiance dans le peuple ignorant. Le mouvement devra être conduit par une poignée d'intellectuels qui, pour la même raison, exerceront, après la prise de pouvoir, une « dictature ». Dans le formulaire d'initiation à la « Société des Saisons » qui a organisé la « prise d'armes » de 1839, il écrit : « L'état social étant gangrené, pour passer à un état sain, il faut des remèdes héroïques ; le peuple aura besoin pendant quelque temps d'un pouvoir révolutionnaire pour le mettre à même d'exercer ses droits », pouvoir confié à un triumvirat qui pourra abroger les lois existantes, organiser discrétionnairement l'État et nommer les juges, jusqu'à ce que l'esprit du peuple ait été suffisamment transformé.

On voit donc qu'en France, la césure sociale – ouverte par les violences de la Révolution française et jamais refermée depuis – est plus profonde qu'en Angleterre. À peu près toutes les formes imaginables de socialisme, de l'associationnisme et du mutuellisme jusqu'à l'étatisme et à la dictature communiste, ont été proposées. Cependant, aucune de ces tendances nées dans les années 1830 et 1840 n'a retrouvé l'élan théorique des saint-simoniens et n'a pu unifier idéologiquement le socialisme. C'est en Allemagne qu'est fourni l'effort doctrinal qui donnera au socialisme son visage définitif.

§ 3
L'Allemagne[1]

La « révolution industrielle » est tardive en Allemagne par comparaison avec l'Angleterre et la France. La croissance démographique – qui est considérable, puisque la population augmente de près de 40 % entre 1816 et 1845 – est l'effet exogène du développement de l'économie de marché en Europe plus que d'un progrès de la productivité de l'économie en Allemagne même. L'augmentation nette de population se traduit par l'afflux dans les villes de travailleurs que ne peuvent intégrer ni l'agriculture, ni le commerce, ni l'industrie. Elle provoque une forte émigration vers

---

1. D'après Jacques Droz, « Le socialisme allemand du "Vormärz" », *in* Droz, *op. cit.*

le Nouveau Monde, mais aussi vers la France et l'Angleterre où, pendant plusieurs décennies, les colonies d'immigrés allemands seront très nombreuses. En Allemagne même, on ne compte encore, en 1846, que 550 000 ouvriers d'usine, soit les deux tiers de la population artisanale. Il est donc normal que les mentalités des ouvriers restent traditionnelles : destabilisés par la croissance, ils ne rêvent qu'au rétablissement des guildes et corporations (cette situation ne changera qu'à partir du milieu du siècle). C'est peut-être la raison pour laquelle le socialisme est essentiellement, dans ce pays, une affaire d'*intellectuels* : c'est là que sera inventé ce que les marxistes appelleront le « socialisme scientifique ».

Ce rôle spécifique des intellectuels en Allemagne est à rapprocher de ce que Tocqueville dit du rôle démesuré des « Philosophes » dans le XVIIIᵉ siècle français[1]. En France, c'est parce que l'absolutisme a rendu impossible toute discussion publique des problèmes politiques, économiques et sociaux que la discussion se réfugie dans les salons, mais qu'elle y prend, par là même, un tour beaucoup plus abstrait que celui qu'elle aurait revêtu si les discutants avaient directement participé aux affaires. De même l'idéalisme, l'intellectualisme abstrait, et pour tout dire l'irréalisme vont sévir en Allemagne dans des milieux non seulement exclus des affaires, mais souvent exilés de leur patrie.

1) *La réflexion sociale en Allemagne au tournant des XVIIIᵉ et XIXᵉ siècles*

Dans l'Allemagne de l'*Aufklärung* comme dans la France des Lumières, avaient paru des « utopies », tel le roman *Ardinghello et les îles heureuses* de Wilhelm Heinse. Puis, vers la fin du XVIIIᵉ siècle, des ouvrages avaient mis l'accent sur les difficultés de la vie ouvrière liées aux nouvelles conditions économiques. Des auteurs comme Wilhelm Frölich ou Franz Heinrich Ziegenhagen avaient condamné la propriété privée et mis en avant l'éducation et les Lumières — entendons l'affranchissement de la religion, ou du moins de ses aspects superstitieux — comme remèdes à ces défauts de la société.

Dans *L'État commercial fermé* (1800), Fichte disait tout le mal qu'il pensait du libre échange et prônait un rôle actif de l'État en matière économique et sociale.

Nous parlerons de la pensée politique de Fichte dans la partie consacrée à la droite (cf. *infra,* p. 1233-1245). Fichte est, comme Hegel, un de ces nombreux auteurs dont il peut être traité à la fois avec la « droite » et avec la

---

1. Cf. *infra,* p. 1138 sq.

« gauche », parce qu'ils sont contre la démocratie libérale, mais hésitent sur l'alternative à lui opposer. Fichte, admirateur de la Révolution française, a d'abord penché pour le rousseauisme et le jacobinisme ; puis, du fait notamment du choc ressenti lors des invasions de son pays par les armées napoléoniennes, il a opté pour un nationalisme dur. De sorte que sa contribution a plus de signification aujourd'hui pour l'histoire du nationalisme allemand, étudiée plus loin, que pour celle des doctrines socialistes.

2) *Première diffusion en Allemagne des idées socialistes*

Dans les premières décennies du XIXe siècle, des exilés ayant vécu ou voyagé en France diffusent en Allemagne les premières idées socialistes françaises. On peut citer le poète Henri Heine, proche du saint-simonisme, ou Eduard Gans, le disciple et éditeur de Hegel, qui propage également en Allemagne les idées saint-simoniennes (il a pour auditeur le jeune Marx). Gans dit en 1836 : « Considérer que l'État doit pourvoir aux besoins de la classe la plus nombreuse et la plus pauvre constitue une des vues les plus profondes de notre temps » (cité par Droz, *op. cit.,* p. 417). D'autres, comme Ludwig Gall, s'intéressent au fouriérisme et prônent la création d'ateliers nationaux (une école phalanstérienne existera en Allemagne dans les années 1840). Lorenz von Stein écrit, en 1842, *Le socialisme et le communisme dans la France contemporaine.* Il n'est pas partisan de ces doctrines, mais il avertit les classes dirigeantes de leur existence, ainsi que du problème social grave qu'elles reflètent.

Les premiers groupes socialistes allemands se forment à l'étranger.

Le *Deutscher Volksverein* est créé à Paris en 1832 par des artisans[1] allemands, en liaison avec la Société des Droits de l'Homme et du Citoyen (idéologie babouviste). En 1834 est fondée la « Ligue des Proscrits » (*Bund der Geächten*) ancêtre de la « Ligue des Justes » de Marx. Son organisation hiérarchique et clandestine est inspirée de la Charbonnerie[2]. Elle se donne un programme à la fois social et national. Une revue, *Der Geächte,* est fondée à Paris, diffusant les idées des socialistes français, notamment la création d'ateliers nationaux pris en charge par l'État. Cependant, il y a autant de démocrates « petits-bourgeois » que de socialistes dans ces groupes[3].

1. Tailleurs, cordonniers, ébenistes..., plus quelques « intellectuels proscrits ». Il y aurait eu quelque 20 000 artisans allemands émigrés à Paris à cette date. Beaucoup de ces émigrants sont itinérants, passant d'un pays à l'autre.
2. Cf. *supra,* p. 904, n. 3.
3. En Allemagne comme en Italie, les mouvements démocratiques (« bourgeois ») sont plus mêlés qu'ailleurs aux mouvements socialisants parce qu'ils font front commun contre le même ennemi absolutiste-aristocratique, qui est au pouvoir chez eux alors qu'il a déjà été détruit en Angleterre et en France.

Des compagnons allemands vivant en Suisse se réunissent à Zurich, Berne, Bienne[1] ou Lausanne. Tous sont influencés par la *Burschenshaft*[2] et le mouvement « Jeune-Allemagne » (certains ont participé à une insurrection en Savoie en 1834). Quelques-uns infléchissent ces idées démocratiques dans le sens d'une « démocratie sociale ». Les principaux animateurs sont Karl Schapper, le médecin Carl Cratz, le théologien Friedrich Gustav Ehrhardt.

En 1836, les cantons suissses cessent d'accorder à ces Allemands l'asile politique. Ils doivent alors fuir vers la France ou l'Angleterre. Ceux qui vont à Paris contribuent à la transformation de la Ligue des Proscrits en Ligue des Justes *(Bund der Gerechten),* animée par l'ex-« Suisse » Schapper et par le tailleur Georg Weissenbach, avec pour principal théoricien Wilhelm Weitling (cf. *infra*). La Ligue est organisée en » communes « de dix personnes (toujours le modèle *carbonari*), regroupées en « districts », relevant eux-mêmes d'une « Chambre du peuple » *(Volkshalle)* ou Comité central. La Ligue ainsi organisée a des ramifications internationales en Suisse, en Angleterre, et en Allemagne même, à Francfort et dans les villes hanséatiques dont Hambourg. C'est la plus ancienne ébauche d'une organisation socialiste internationale ; c'est dans ces milieux que se forment ceux qui organiseront les grands partis social-démocrates de la fin du siècle.

Bientôt Schapper, l'horloger Joseph Moll et le cordonnier Heinrich Bauer sont expulsés de Paris (pour avoir participé à l'insurrection de 1839, avec Blanqui et Barbès) et se réfugient à Londres. Dans cette ville, il y a déjà eu des groupes d'émigrés allemands. Schapper les regroupe dans une section londonienne de la Ligue des Justes. L'idéologie dominante est l'icarisme de Cabet. On fonde une Société communiste de formation ouvrière *(Kommunistischer Arbeiterbildungsverein)* « qui devait devenir l'un des foyers les plus actifs du socialisme international » (Droz).

Les communistes ne sont cependant qu'en petit nombre parmi cette *diaspora* allemande. Les autres s'en tiennent aux revendications démocratiques et refusent le communisme, en lequel ils voient une menace de despotisme. August Wirth, par exemple, qui écrit dans un journal de Constance, pense que la république démocratique résoudra d'elle-même la question sociale. D'autres, même au sein de la Ligue des Justes, sont surtout des chrétiens fervents. Une forme de religiosité est très présente dans les milieux artisanaux allemands. La « démothéocratie » de Karl Ludwig Schäfer et de Karl Juch y jouit d'une grande audience, de même que les idées de Lamennais (*Paroles d'un croyant* et le *Livre du peuple* ont été traduits en allemand). Weitling parle, lui aussi, un langage religieux.

3) *Wilhelm Weitling*

Weitling est, en attendant Marx, une des principales figures de ce socialisme international en train de naître.

1. Près de Berne, sur la frontière linguistique.
2. Association d'étudiants, d'inspiration patriotique et libérale, née lors des guerres napoléoniennes, prolongée après 1815, finalement interdite par Metternich au congrès de Karlsbad de 1819 (qui réunissait des représentants des différents États allemands), et contrainte, dès lors, à l'action clandestine.

Weitling est né en 1808, enfant naturel d'un officier français et d'une cuisinière allemande. Il a participé aux mouvements révolutionnaires de 1830 à Leipzig, puis a vécu à Vienne. Il vient à Paris et devient membre de la Ligue des Justes en 1837. Il écrit *L'humanité telle qu'elle est et telle qu'elle devrait être* (1838). Il doit fuir en Suisse en 1841 ; il y lance deux revues influentes, *Der Hilferuf der deutschen Jugend, Die neue Generation,* et y prépare son œuvre majeure, *Les garanties de l'harmonie et de la liberté* (1842), suivie de *L'Évangile du pauvre pécheur* (1843).

Weitling rompt avec le réformisme des socialismes antérieurs. Il est le précurseur direct de Marx en ce qu'il conçoit le mouvement social comme radicalement différent du mouvement politique. La solution au problème social ne sera pas apportée par des réformes démocratiques, elle ne sera pas accomplie en commun par les ouvriers et la petite-bourgeoisie. Elle sera *violente* et elle sera accomplie par le *seul prolétariat*, auquel Weitling attribue une mission messianique. Il rattache en effet le communisme au christianisme. Jésus est le premier à avoir prêché la communauté des biens et lutté contre les Pharisiens et les riches. Weitling retrouve ainsi le langage du millénarisme et celui des anabaptistes du XVIᵉ siècle, toujours présents dans l'imaginaire allemand. Il condamne la démocratie politique et le réformisme.

« Il n'est pas bon d'envisager une lente période de transition pour établir un ordre nouveau. Si l'on a le pouvoir, il faut écraser la tête du serpent... Il ne faut pas accorder d'armistice aux ennemis, ouvrir des négociations avec eux et croire en leurs promesses. Dès qu'ils ouvrent les hostilités, il faut les considérer comme des animaux incapables de comprendre le langage de la raison » (cité par Droz, p. 425).

Il y aura donc une « dictature ». On ne fera pas d'élections, on choisira des « capacités » qui représenteront le peuple bien mieux, prétend Weitling, que ne le feraient des gens choisis par la base[1].

Le langage chrétien de Weitling lui gagne une grand audience et d'innombrables imitateurs dans la *diaspora* allemande en Europe.

Mais, dans les années 1840, la dimension religieuse du révolutionnarisme allemand indispose un nombre croissant d'intellectuels. August Becker, auteur d'une étude sur *La Jeune-Allemagne en Suisse* (1846), ou Hermann Döleke se désolent que le communisme soit devenu une « théologie sociale », avec « ses livres sacrés, ses prophètes, ses messies, son paradis » et ils entendent dégager le communisme de ce contexte religieux. Cette tendance gagne du terrain parmi les groupes Jeune-Allemagne. Elle est renforcée par l'apport des Jeunes Hégéliens.

---

1. Ceci aussi est un trait millénariste, contre lequel, on s'en souvient, la tradition démocratique avait dû combattre. On retrouvera cette condamnation du principe même des élections dans la tradition marxiste ultérieure.

4) *Les Jeunes Hégéliens*[1]

Ce sont les disciples « de gauche » de Hegel, qui retiennent du maître la condamnation de la société libérale et, pour certains d'entre eux du moins, l'idéal d'une gestion de la société par les fonctionnaires. Leur principal organe est la revue appelée successivement *Hallische Jahrbücher* (« Annales de Halle »), *Deutsche Jahrbücher* quand elle paraît à Dresde (1841-1843) et, quand elle est publiée à Paris, *Deutsch-Französische Jahrbücher* (1844).

Les principaux membres du groupe sont :

— *Ludwig Feuerbach* (1804-1872), auteur de *Idées sur la mort et l'immortalité* (1830), *Pierre Bayle. Une contribution à l'histoire de la philosophie de l'humanité* (1838), *Contribution à la critique de la philosophie hégélienne* (1839), *Principes de la philosophie de l'avenir* (1842), et surtout *L'essence du christianisme* (1844).

La philosophie de Feuerbach est athée et matérialiste. Il prône un humanisme fondé sur la récupération par l'homme des qualités et attributs dont il a été « aliéné » au profit de Dieu (Raison, Amour, Volonté...). La religion est un « vampire » qui se nourrit de la « substance », de la « chair » et du « sang » de l'humanité. Il faut donc nier Dieu ; l'athéisme fera place nette pour un véritable humanisme ; l'amour restitué à l'homme refera l'unité de l'espèce et mettra fin aux conflits sociaux. C'est à Feuerbach, autant qu'à Hegel lui-même, que Marx a emprunté le thème de l' « aliénation » de l'homme moderne.

— *Bruno Bauer* (1809-1882), est l'auteur de nombreux ouvrages d'histoire, et spécialement d'histoire critique du christianisme : *Critique des faits contenus dans l'Évangile de saint Jean* (1840), *Critique de l'histoire évangélique des Synoptiques* (1841), *Le Christianisme dévoilé* (1843). Il anime le groupe des « affranchis » *(Freien),* et la revue *Allgemeine Literaturzeitung.*

Bauer pense que l'Évangile n'est qu'un simple moment de la conscience universelle ; or l'histoire est le développement de cette conscience universelle progressant dialectiquement de l'irrationnel vers le rationnel. Il devient athée militant. Son frère Edgar écrit *Les tendances libérales de l'Allemagne* (1842). Mais, comme ils ne débouchent sur rien, ces « affranchis » concluent qu'il y a un divorce irrémédiable entre les masses et l'esprit. Marx sera influencé par leur athéisme.

— *Max Stirner,* nom de plume de Johann Kaspard Schmidt (1806-1856), est l'auteur de *L'Unique et sa propriété* (1845) et de *Histoire de la réaction* (1852).

---

1. Cf. Maximilien Rubel, *Œuvres* de Marx, Bibliothèque de La Pléiade, t. III, *Introduction* ; Droz, *op. cit.* ; Ludwig Feuerbach, *L'essence du christianisme*, Éd. Maspero ; Max Stirner, *L'Unique et sa propriété*, Éditions de la Différence, 1972

L'Unique est une sorte de manifeste d'individualisme anarchique exprimant la révolte intérieure du « moi » contre toute la culture reçue. Le « moi » doit faire disparaître tout ce qui l'aliène, comprendre que lui seul existe, qu'il peut se « réapproprier » tout, sa « puissance », sa « jouissance personnelle » en les reprenant à l'État et à la société. L'individu peut, certes, se lier à autrui, mais seulement par des liens volontaires et libres. Stirner est donc fort peu communiste, peut-être même est-il libéral (on peut faire à son sujet les mêmes observations qu'au sujet de Proudhon). Mais, par sa critique de la culture, il aura du moins contribué à détacher Marx de l'humanisme, stigmatisé comme une illusion[1].

— *Arnold Ruge* (1802-1880) est le fondateur des *Annales de Halle* et, avec Marx, des *Annales franco-allemandes* (1843-1844) citées plus haut. Il est député au Parlement de Francfort pendant la révolution allemande de 1848, puis doit s'exiler en Angleterre.

Ruge espère qu'une « alliance intellectuelle franco-allemande » délivrera le monde de la superstition (en France) et de l'oppression politique (en Allemagne). Les années passant, il deviendra partisan de la politique de Bismark.

— *David Friedrich Strauss* (1808-1874), auteur d'une *Vie de Jésus* (1835 ; traduite en français par Littré en 1838-1840) qui met en question l'historicité de Jésus et vaut à l'auteur d'être destitué de l'Université de Tübingen.

— *Moses Hess* (1812-1875), auteur de *Histoire sacrée de l'humanité* (1837) et de la *Triarchie européenne* (1841).

Révolté contre son père industriel de Cologne, révolté également, alors qu'il est juif, contre le judaïsme orthodoxe, Hess a découvert le socialisme lors d'un séjour à Paris. Pour lui, le capitalisme, c'est l'égoïsme. Il est peut-être à l'origine de l'idée de Marx selon laquelle le capitalisme est à lui-même son propre fossoyeur : la révolution est inévitable, et elle laissera place à l'égalité primitive. Il réaffirme la thèse épistémologique fondamentale de l'antilibéralisme déjà formulée par Saint-Simon, Hegel ou Fourier : « Poser la liberté individuelle comme principe régulateur et organisateur de la société est une conception insensée, qui n'a plus besoin d'être réfutée par la science, étant donné que la vie l'a réfutée depuis longtemps » (cité par Droz, p. 435). La concurrence isole les individus, engendre l'égoïsme, oblige les vaincus de la guerre sociale à créer des richesses pour les autres, ce qui les aliène. Aussi faut-il créer le communisme qui ramènera l'homme à sa vraie nature, qui est l'altruisme. Celui que Marx appelle le « rabbi communiste » devient alors le prophète d'une « nouvelle Jérusalem » qui aurait pour foyers l'Allemagne, patrie de la Réforme et de la

---

1. Ces trois premiers auteurs du groupe seront la cible explicite de l'*Idéologie allemande* de Marx et Engels, ouvrage composé de trois parties: I : Feuerbach, II : Saint Bruno, III : Saint Max (persiflage dû à ce que les auteurs sont représentés comme ayant été membres d'un « concile » à Leipzig). Marx et Engels voulaient ajouter à leur livre une critique d'autres auteurs allemands, dits « socialistes vrais », Karl Grün et Georg Kühlmann. La partie sur Grün fut écrite et publiée à part par Engels, la partie sur Kühlmann ne fut jamais écrite.

philosophie, la France, patrie de la Révolution et du socialisme, l'Angleterre, où va se créer l'égalité sociale (tel est le sens de l'expression : « triarchie européenne »). Hess est partisan, par ailleurs, de l'amour libre. Revenu à Cologne après ses séjours en Suisse et à Paris, il travaille avec Karl Grün, fouriériste et plus tard proudhonien, auteur du *Mouvement social en France et en Belgique*. Il est membre de la Ligue des communistes. Mais il se sépare de Marx en 1848. Il développera ensuite des idées pré-sionistes, préconisant l'implantation de colons juifs en Palestine.

Cependant, le groupe des Jeunes Hégéliens n'a pas de stratégie politique. Ses membres ne croient qu'en la force de la pensée. Ils ne forment pas un groupe politique proprement dit et ne se décident à s'allier ni avec la bourgeoisie libérale ni avec la classe ouvrière. Leur importance historique tient, d'une part, à ce que leurs idées, répandues dans de nombreux journaux allemands, ont créé un climat favorable aux événements révolutionnaires de 1848 et, d'autre part au rôle qu'ils ont joué dans la formation de la pensée du jeune Marx. C'est ce dernier surtout qui va bouleverser le paysage idéologique du siècle.

Chapitre 6

Marx

Lorsque Marx rédige le *Manifeste* en 1847, les communistes sont une poignée de militants. Un siècle plus tard, le marxisme est devenu l'idéologie d'une moitié du monde. Preuve de l'extraordinaire force de séduction de cette pensée. Il est vrai qu'à l'aspect « messianique » qu'avaient eu presque tous les précédents mouvements socialistes, elle ajoutait des traits de systématicité et d'universalité qu'on n'avait rencontrés jusque-là, dans le socialisme naissant, que chez les saint-simoniens. Un esprit exceptionnel en était la source.

Vie[1]

Karl Marx est né en 1818 à Trèves (en Rhénanie, alors rattachée à la Prusse), mort en 1883. Ses parents sont tous deux enfants de rabbins. Mais le père de Marx, avocat, libéral modéré, voltairien, a dû se convertir au protestantisme, compte tenu de la situation faite aux juifs après la chute de Napoléon et le rattachement de la Rhénanie à la Prusse.

D'octobre 1835 à mars 1836, Marx fait des études de droit à l'Université de Bonn, puis, en octobre 1836, il s'inscrit, toujours en droit, à l'Université de Berlin où il suit, en outre, des cours de philosophie et d'histoire. Ces études débouchent sur une thèse de philosophie, *La philosophie de la nature chez Démocrite et Épicure* (1841). À l'université, Marx fait la connaissance de certains « Jeunes Hégéliens » (les frères Bauer).

En 1842, Marx s'installe à Bonn et commence sa collaboration à un journal nouvellement fondé, la *Rheinische Zeitung (La Gazette rhénane)*. Il y commente les débats de la 6ᵉ Diète rhénane, première occasion pour lui de s'occuper de questions économiques. Il prend ensuite la direction de la *Rheinische Zeitung* et

---

1. Cf. Karl Marx, *Œuvres*, éd. établie et annotée par Maximilien Rubel, La Pléiade, 1965, 3 vol. (le vol. 1 contient, sous le titre « Chronologie », une biographie de 120 p.).

s'installe à Cologne. Mais le journal est interdit. Marx quitte alors l'Allemagne
où il ne séjournera quasiment plus. En octobre 1843, il est à Paris. Il y reste jusqu'à mi-1845, date à laquelle il est expulsé (par Guizot, à la demande du gouvernement prussien). Il va vivre à Bruxelles, où il restera trois ans, jusqu'en
mars 1848. Expulsé de Belgique, il se rend de nouveau à Paris, puis à Cologne,
où il fonde un nouveau journal, la *Neue Rheinische Zeitung*. De juin à août 1849,
nouveau séjour en France. Puis départ à Londres : ce sera la nouvelle patrie de
Marx jusqu'à sa mort (il demandera même, en 1874, sans l'obtenir, la nationalité
britannique).

Londres

Pendant ce temps, il a continué son travail et ses lectures (il lit notamment
Hegel) et écrit de nombreux articles dans diverses publications. Il a fait
connaissance de Friedrich Engels, fils d'un industriel qui a des affaires à Manchester, et de Proudhon. Il a noué des liens avec tout un réseau européen
d'agitateurs socialistes (cf. chapitre précédent). Il contribue à réunir certains
d'entre eux en une « Ligue des Justes » qui prendra ensuite le nom de « Ligue
des communistes ». C'est pour ce groupuscule qu'Engels et lui écrivent le
Manifeste communiste. D'autres œuvres théoriques importantes datent de cette
période.

À partir de son arrivée à Londres, où il a trouvé de bonnes conditions de
travail intellectuel, la grande affaire de Marx devient la rédaction de son œuvre
monumentale, la *Critique de l'économie politique,* qu'il intitulera plus tard *Le Capital*. Dix-huit ans se passent jusqu'à la publication (1867) du livre I (le seul publié
du vivant de Marx). À ce travail gigantesque, Marx a dit lui-même qu'il a « tout
sacrifié », famille, santé, fortune.

Il vit chichement à Londres en écrivant des articles pour un journal américain, la *New York Tribune*. Il connaît des phases de pauvreté, dont il est sauvé
in extremis grâce à l'aide de son oncle hollandais, l'industriel Philips (le fondateur
de la célèbre industrie), et surtout celle d'Engels qui sera son plus fidèle ami
jusqu'à sa mort[1].

À part la rédaction du *Capital,* Marx, à Londres, suit en permanence le
développement des mouvements révolutionnaires. Il en commente les moments
forts, la Révolution de 1848 et la Commune de Paris de 1871, dans des ouvrages où l'on voit qu'il n'est pas seulement un théoricien, mais qu'il a le sens de la
politique concrète : *Les luttes de classes en France, Le 18 Brumaire de Louis Bonaparte, La guerre civile en France.*

L'Internationale

Il fonde, à Londres, le 28 septembre 1864, l' « Association internationale
du travail » (AIT), qui sera appelée rétrospectivement « Ire Internationale ». Elle
a pour but la révolution socialiste et l'unification des pays devenus socialistes

---

1. Marx a en outre une santé fragile. Il souffre de problèmes hépatiques et de furon-
culoses, notamment dans la phase de mise au point définitive du livre I du Capital, où il
croira mourir. À Engels qui lui fait observer qu'il a découvert dans l'obscurité de certaines
pages du *Capital* des « traces de furoncles », Marx répond : « La bourgeoisie se souviendra
de mes furoncles tant qu'elle vivra. »

dans une fédération mondiale. L'AIT est fondée avec les lassaliens[1] allemands, les trade-unionistes (syndicalistes) et owenistes[2] anglais, les mazziniens[3] italiens, les blanquistes[4] et proudhoniens[5] français, belges, italiens, espagnols, et même des saint-simoniens et des positivistes, auxquels se joindront, au congrès de Lausanne de 1867, les anarchistes, conduits par Bakounine, venus eux aussi de plusieurs pays européens, notamment latins. Marx est le dirigeant principal de l'organisation, mais il est en conflit permanent avec les proudhoniens, les mazziniens, surtout avec Bakounine, lequel sera exclu en 1872. L'AIT est démembrée *de facto* après l'échec du congrès de Genève, en 1873 (la situation est devenue intenable à cause de la répression qui a fait suite à la Commune, et aussi à cause des dissensions internes). L'Internationale est dissoute en 1876[6].

L'AIT joue un rôle direct dans le déclenchement de la Commune de Paris (18 mars - 28 mai 1871), bien que tous ses membres n'aient pas approuvé le mouvement (notamment les trade-unionistes anglais). Les responsables de la Commune envoient à Marx, à Londres, des délégués ; Marx fera de la Com-

---

1. Ferdinand Lassalle (1825-1864) est l'un des principaux chefs du mouvement socialiste allemand pendant la période où Marx est à Londres. Lassalle participe à la révolution de 1848 à Düsseldorf, fonde l' « Association générale des travailleurs allemands » en 1863, premier parti politique ouvrier ayant existé en Europe. Ce parti ayant pour stratégie de rompre avec les partis démocratiques bourgeois, Lassalle l'oriente vers l'étatisme et le nationalisme : il prône la création par l'État de coopératives de production, et donc un certain rapprochement des ouvriers avec la monarchie contre la bourgeoisie. Lassalle est l'auteur de *La philosophie d'Héraclite l'Obscur* (1858), *La Guerre d'Italie et la mission de la Prusse* (1859), *Capital et Travail* (1862).

2. Sur Robert Owen, et le trade-unionisme, cf. *supra*, p. 886-890 et 890-893.

3. Il y a deux socialistes italiens appelés Mazzini. 1) *Giuseppe Mazzini* (1805-1872), fondateur du mouvement « Jeune Italie », auteur de *Foi et Avenir* (1835) et *Devoirs de l'homme* (1837), qui prend part à l'expédition de Garibaldi à Rome en 1848 et devient l'un des triumvirs de la République italienne, jusqu'au rétablissement de la puissance papale par les troupes françaises (1849). Il se réfugie ensuite à Londres, et c'est lui qui est opposant à Marx au sein de l'AIT. Il fondera, en 1868, une « Alliance républicaine universelle ». 2) *Andrea Luigi Mazzini* (1814-1852), qui est l'auteur de *De l'Italie dans ses rapports avec la liberté et la civilisation* (1847). On trouve déjà dans ce livre plusieurs thèmes du *Manifeste communiste* de Marx. Mazzini avait été lui-même influencé par les Jeunes Hégéliens et les saint-simoniens.

4. Sur Blanqui, cf. *supra*, p. 906-907.

5. Sur Proudhon, cf. *supra*, p. 901-904.

6. *Les autres « Internationales »*. La IIe Internationale est fondée par les partis socialistes et sociodémocrates européens au congrès de Paris de 1881. Sans renoncer au dogme marxiste de la lutte des classes, elle opte pour la participation aux régimes parlementaires et refuse la dictature du prolétariat. À l'approche de la Première Guerre mondiale, ses leaders votent les crédits militaires (ce qui leur vaut, de la part des marxistes extrêmes, l'appellation de « social-chauvins »). Lorsque Lénine prend le pouvoir en Russie, il fonde donc (1919) une IIIe *Internationale*, le *Komintern*, entièrement dominée par le Parti communiste russe (la question de l'adhésion du Parti socialiste français à cette nouvelle organisation est le sujet de discorde qui aboutit à la scission du parti au congrès de Tours de 1920 entre socialistes et communistes). La IIIe Internationale est dissoute par Staline en 1943. La IIe Internationale subsiste jusqu'en 1939, puis est reconstituée en 1951, au congrès de Francfort, sous le nom d' « Internationale socialiste » (elle existe toujours). Quant à la IVe *Internationale*, c'est celle qui est fondée par Trotsky au Mexique en 1937, et qui regroupe depuis lors des groupuscules trotskystes (elle existe toujours).

mune le modèle anticipateur de la révolution prolétarienne, de la destruction des institutions étatiques bourgeoises et de la dictature du prolétariat.

Deux filles de Marx, Laura et Jenny, épousent des socialistes français, Paul Lafargue (1868)[1] et Charles Longuet (1872). Ces liens familiaux auront une certaine importance dans la diffusion du marxisme en France.

Le *Capital* est traduit d'abord en russe en 1872, puis en français en 1875 (la traduction de Joseph Roy étant entièrement revue, et enrichie, par Marx). La traduction russe a tout de suite un très grand succès. Une deuxième édition allemande paraît en 1873.

Les dix dernières années

Les dix dernières années de la vie de Marx sont les moins productives (on a parlé d'une « déchéance »). Il continue à écrire des articles, à entretenir une correspondance avec les grands leaders du mouvement socialiste international.

Il exprime son désaccord avec le programme du nouveau parti socialiste allemand, résultant de la fusion, en 1875, du parti lassalien et de celui de Bebel et de Liebknecht[2]. Lui et Engels le jugent encore trop influencé par les idées de Lassalle (*Critique du programme du Parti ouvrier allemand [« Programme de Gotha »]*, 1875).

La santé de Marx est de plus en plus dégradée, et il doit faire de fréquents séjours dans des établissements de cure, en Allemagne, en France, et jusqu'à Monaco et en Algérie.

Il rencontre Jules Guesde, fondateur du premier journal marxiste français, *L'Égalité* (1877)[3].

Pendant les dernières années, Marx s'intéresse énormément à la Russie. Elle lui pose un problème. Les idées marxistes progressent dans ce pays. Mais peut-il accomplir une révolution prolétarienne, alors qu'il n'a pas atteint le stade de développement capitaliste, qu'on n'y trouve de bourgeoisie et de prolétariat qu'à l'état embryonnaire ? Marx répond finalement par l'affirmative, après avoir

---

1. Paul Lafargue (1842-1911) fut d'abord disciple de Proudhon (mal guéri, selon Marx). Il rencontre Marx et Engels, adhère à l'AIT, participe à la Commune. Il fonde, avec Jules Guesde qu'il a rencontré à Londres, le Parti ouvrier français (1880). Il est député de Lille (1885-1894), mais s'oppose à la participation des socialistes au gouvernement. Il est l'auteur du *Droit à la paresse* (1880), de *La Religion du capital* (1887) et d'ouvrages destinés à diffuser la pensée de Marx.

2. Le parti de Lassalle était, on l'a vu, l' « Association générale des travailleurs allemands ». Celui d'August Bebel (1840-1913) et de Wilhelm Liebknecht (1826-1900) était le « Parti ouvrier social-démocrate d'Allemagne », fondé en 1869 à Eisenach (Thuringe). Les deux partis fusionnent en 1875 à Gotha (Thuringe), donnant naissance au « Parti ouvrier socialiste d'Allemagne » qui, au congrès d'Erfurt de 1891, prendra le nom de *Sozialdemocratische Partei Deutschlands* (ancêtre du SPD actuel). Lors de ce même congrès d'Erfurt, les thèses de Marx et de Engels l'emporteront, grâce à l'intervention de Kautsky, sur les thèses réformistes et nationalistes d'inspiration lassalienne.

3. Jules Guesde (1845-1922) est le créateur, avec Lafargue, du Parti ouvrier français en 1880. Il est député de Roubaix (1893-1896) puis de Lille (1906-1922). Il est considéré comme le véritable introducteur du marxisme en France, le responsable de l'option marxiste, antiproudhonienne, antilibertaire, du socialisme français. Guesde s'oppose d'abord, contre Jaurès, à la participation des socialistes au gouvernement, mais il sera ministre pendant la Première Guerre mondiale.

étudié l'histoire et l'économie russes (il a même appris le russe). Il pense que la Russie pourra établir un régime communiste sans passer par le stade de la propriété privée généralisée, en prenant pour pivot la « commune russe » rurale.

D'après Engels, Marx aurait dit, en 1882 : « Je ne suis pas marxiste. »

Œuvres[1]

1841 : *La philosophie de la nature chez Démocrite et Épicure* (dissertation de doctorat)

1844 : « *Manuscrits de 1844* »

1845-1846 : *La Sainte Famille, ou critique de la critique critique, Thèses sur Feuerbach, L'Idéologie allemande* (en collab. avec Engels)

1847 : *Misère de la philosophie*

1848 : *Manifeste du parti communiste* (en collab. avec Engels)

1850 : *Les luttes de classes en France*

1852 : *Le Dix-huit brumaire de Louis Bonaparte*

1859 : *Contribution à la critique de l'économie politique*

1862 : *Théories sur la plus-value*

1867 : *Le Capital, critique de l'économie politique,* livre I, Le processus de production du capital

1875 : *Critique du programme du parti ouvrier allemand* (programme de Gotha)

1885 : (Édition posthume par Engels) *Le Capital,* livre II

1894 : (Édition posthume par Engels) *Le Capital,* livre III

§ 1
Le matérialisme historique
(l'*Idéologie allemande* ; les *Thèses sur Feuerbach*)

Marx a lui-même, dans sa Préface à la *Critique de l'économie politique* de 1859, retracé sa démarche intellectuelle depuis sa jeunesse jusqu'au grand ouvrage qui allait devenir le *Capital.* Il s'occupe pour la première fois de questions d'économie, dit-il, vers 1842-1843, lorsqu'il est rédacteur à la *Rheinische Zeitung.* Puis, vers 1844, il se « retire dans son cabinet de travail » pour « entreprendre une révision critique de la philosophie du droit de Hégel ».

« Mes recherches aboutirent au résultat suivant. Les conditions juridiques et les formes politiques ne peuvent s'expliquer par elles-mêmes, ni par ce qu'on appelle l'évolution générale de l'esprit humain : elles ont au contraire leurs fondements *dans les conditions de la vie matérielle* que, suivant l'exemple des Anglais et des Français du XVIIIe siècle, Hegel appelle, d'un nom générique, la "société

1. Disponibles, notamment, dans l'édition de Maximilien Rubel, La Pléiade, 1965, 3 vol.

civile" ; et c'est dans l'économie politique qu'il faut chercher l'anatomie de la société civile »[1] (Préface à la *Critique de l'économie politique*, éd. Alfred Costes, 1954, p. 29).

C'est à Bruxelles qu'il parvient à préciser cette idée par la thèse fondamentale du *matérialisme historique* :

« Dans la production sociale de leur vie, les hommes entrent en rapports déterminés, nécessaires, indépendants de leur volonté, rapports de production qui correspondent à un certain degré de développement de leurs forces productives matérielles. L'ensemble de ces rapports de production constitue la *structure économique de la société*, la base réelle sur laquelle s'élève une *superstructure juridique et politique* et à laquelle répondent des *formes sociales et déterminées de conscience*. Le mode de production de la vie matérielle est condition du procès social, politique et intellectuel de la vie en général. *Ce n'est pas la conscience des hommes qui détermine leur existence, c'est leur existence sociale qui détermine leur conscience* » (Préface à la *Critique de l'économie politique*, op. cit.., p. 29-30).

À Bruxelles, au printemps de 1845, Marx retrouve Engels, auteur de *La situation des classes laborieuses en Angleterre*, qui « était arrivé au même résultat, mais par une voie différente ». Tous deux, confrontant leurs idées, vont écrire une « critique de la philosophie posthégélienne », c'est-à-dire l'*Idéologie allemande*. Le livre, rédigé de septembre 1845 à mai 1846, est prêt pour l'impression, mais ne paraîtra finalement pas (et sera donc abandonné, dit plaisamment Marx, à « la critique rongeuse des souris »[2]). Ce travail aura néanmoins permis aux auteurs « d'atteindre leur but principal, voir clair en eux-mêmes », c'est-à-dire mettre au net les principes fondamentaux de ce qui va devenir le *matérialisme dialectique et historique*[3].

1) *Critique de l'idéalisme des Jeunes Hégéliens*

C'est en cherchant à définir les limites de la pensée des Jeunes Hégéliens que Marx prend conscience *a contrario* des principes du matérialisme historique.

Les Jeunes Hégéliens ont prétendu être des révolutionnaires. Au moment où l'Allemagne était intellectuellement et politiquement en

---

1. La méthode marxiste rompt donc avec Hegel sur un point important : la « société civile » ne doit pas être considérée comme une communauté inconsistante, le marché et le « droit bourgeois » sont bien, dans la société actuelle, le lien social fondamental (sur la critique hégélienne de la « société civile », cf. *supra*, p. 732 sq.).
2. Il ne sera publié intégralement qu'en 1932 (différents extraits étant parus à partir de 1900).
3. Marx avait exposé à Engels, dès 1845, son « nouveau matérialisme », et en avait griffoné les idées clés sur un papier. Ce texte très dense de deux ou trois pages est connu sous l'intitulé « Thèses sur Feuerbach », et l'on a coutume de le réimprimer à la suite des éditions modernes de l'*Idéologie allemande*.

ébullition, ayant le sentiment d'être en retard sur les autres grands pays d'Europe, Angleterre et France, qui avaient eu leurs révolutions démocratiques et étaient entrés dans l'ère industrielle, alors que l'Allemagne avait encore des régimes absolutistes (malgré la commotion de l'occupation napoléonienne qui avait apporté dans le pays les idées « progressistes » de la Révolution française), les Jeunes Hégéliens ont cherché à faire servir à la cause révolutionnaire les méthodes, le langage, les outils intellectuels apportés par Hegel. Ils ont critiqué la *religion,* le *droit établi,* la *monarchie.*

Mais Marx et Engels posent la question suivante : les Jeunes Hégéliens ont-ils vraiment, par leurs critiques, fait avancer la Révolution allemande ? Le « processus de décomposition de l'esprit absolu » qu'ils prétendent avoir déclenché peut-il avoir un effet révolutionnaire réel ? Ils répondent par la négative. Toute cette agitation n'est qu'une imposture, ou du moins une grave *illusion.* Pour quelle raison ? C'est que les Jeunes Hégéliens « n'ont pas quitté le terrain de la *philosophie* », tout ce qu'ils ont fait s'est passé « dans le domaine de la *pensée pure* ».

Toutes les questions qu'ils ont soulevées, en effet, ont jailli d'un même sol : la philosophie hégélienne. Or, si les *réponses* des Jeunes hégéliens sont différentes de celles de Hegel et des « vieux hégéliens », les *questions* sont les mêmes. Donc, entre les uns et les autres, l'opposition n'est que de surface.

Les Jeunes Hégéliens placent ainsi tous leurs espoirs de révolution dans la lutte de certaines « représentations, idées, concepts » contre d'autres, en un mot dans une transformation des « produits de la conscience ». C'est une pure illusion. Nulle révolution *réelle* ne sortira de ce combat d'*idées.* Bien plus, on donnant l'impression que le combat d'idées est révolutionnaire par lui-même, les Jeunes Hégéliens jouent involontairement le jeu de la réaction. Car « exiger la transformation de la conscience revient à interpréter différemment ce qui existe, c'est-à-dire à l'accepter au moyen d'une interprétation différente ». De sorte qu'en dépit de leur phraséologie révolutionnaire, les Jeunes Hégéliens sont des *conservateurs.* Ils n'opposent à la phraséologie des conservateurs qu'une autre phraséologie.

2) *Le matérialisme*

À ce combat interne au monde idéal, Marx et Engels opposent un combat sur le terrain des réalités.

Ils posent d'abord en thèse que toute histoire humaine est histoire d'êtres humains vivants réels : donc de *corps humains,* c'est-à-dire de corps *matériels.* Ces corps ont des rapports avec le

reste de la nature matérielle, déterminés par les conditions de
l'environnement — géologiques, hydrographiques, climatiques et
autres —, conditions modifiées à leur tour par l'action des hommes
sur leur environnement au cours de l'histoire, c'est-à-dire par la *production*. Corps humains matériels, nature, production : tels sont les
vrais éléments significatifs de l'histoire, et en ce sens l'*économie* est le
vrai terrain où l'histoire se déroule.

De cette manière de voir résulte immédiatement une idée nouvelle de l'homme. La différence homme/animal ne saurait se définir
par la conscience ou la religion (comme le prétendent Feuerbach,
Strauss...), mais ne peut être définie que matériellement. Ce qui distingue les hommes des animaux, c'est leur rapport à l'environnement matériel, et plus précisément le fait qu'ils produisent leurs
moyens d'existence, alors que les animaux les trouvent dans la
nature, « pas en avant qui est la conséquence même de leur organisation corporelle ».

En outre, la façon dont les hommes produisent « reflète très
exactement ce qu'ils sont. Ce qu'ils *sont* coïncide avec leur *production* ». Ils n'existent pas à l'identique dans la suite des âges, utilisant
successivement tel ou tel moyen de production, qui leur serait extérieur, indifférent. C'est l'essence même de l'homme qui change avec
ses différents modes de production. « Ce que sont les individus
dépend des conditions matérielles de leur production ».

La prétendue « essence générique » de l'homme selon Feuerbach est donc
un leurre ; il n'y a pas d'essence intemporelle, éternelle de l'homme, indépendante de ses conditions matérielles de vie ; il n'y a même pas du tout d'*essence* de
l'homme, *il n'y a pas du tout d'Homme* (qui serait, comme avait voulu le montrer
Feuerbach, « aliéné », et qu'il s'agirait de « désaliéner »). Il n'y a que des corps
humains matériels dont l'organisation change à mesure que changent leurs rapports avec la nature matérielle extérieure et avec la société elle-même. Ainsi
l'homme est-il un *produit historique*.[1]

3) « Modes de production » et « rapports de production ». La dialectique de l'histoire

Depuis la disparition du communisme tribal primitif, c'est-à-dire
depuis la naissance des premiers États historiques au Proche-Orient
ancien, la société a connu une succession de « modes de production », définis par les conditions techniques d'exploitation de la

---

1. C'est parce qu'il n'y a pas de *nature* humaine, qu'il n'y a pas non plus de droits
naturels de l'homme. Les « droits de l'homme » défendus par les philosophes bourgeois
sont une pure illusion métaphysique.

nature. Chacun ce ces modes induit une certaine *division du travail*. La division du travail ne peut elle-même s'organiser que sur la base de certains rapports sociaux ou « rapports de production », c'est-à-dire la structure juridico-politique qui sanctionne la différenciation sociale qui, elle-même, permet la division du travail requise par les techniques.

Cependant, rien n'est stable dans l'histoire, qui, de nature dialectique, est continuellement travaillée par la contradiction, par le « négatif ». De nouvelles techniques, de nouvelles « forces productives », apparaissent sans cesse[1]. Il se produit alors un hiatus entre la nouvelle division du travail appelée par ces nouvelles techniques et les anciens « rapports de production ». Pour mettre en œuvre les nouvelles forces productives, il faut que les hommes nouent entre eux des rapports d'un type nouveau, incompatibles avec les rapports légitimés par la structure juridico-politique antérieure.

Les hommes entrent alors nécessairement en conflit. Il y a « lutte des classes ». Tous les événements visibles de l'histoire, le « bruit et la fureur » des agitations politiques, émeutes, révolutions, changements de régime, guerres, ne sont, à chaque époque, que le symptôme de ce conflit fondamental entre *mode de production* et *rapports de production* qui définit historiquement l'époque, un peu comme les tremblements de terre, malgré leur apparence d'imprévisibilité et d'arbitraire, ne sont que l'expression de la poussée obstinée d'une plaque tectonique sur une autre. La contingence, la libre volonté des hommes, sont exclues de l'histoire. Celle-ci est déterminée par les mécanismes fondamentaux de l'économie.

Les forces productives en gestation, qui ne peuvent trouver place dans les rapports de production, c'est-à-dire les structures juridico-politiques, d'une époque donnée, nourriront des conflits de plus en plus violents, jusqu'à ce que de nouveaux rapports de production rendant possible la nouvelle division du travail impliquée par le nouveau mode de production soient mis en place. Mais, à ce moment,

---

1. Sans qu'on sache précisément pourquoi. Marx n'a pas conféré de statut précis dans sa philosophie de l'histoire à l'*invention* scientifique ou technique, probablement parce que cela l'aurait conduit à valoriser le rôle des idées, voire de l'« esprit », que son matérialisme nie. La scolastique marxiste ultérieure, constatant que le développement effectif des techniques suppose que certaines conditions économiques soient réunies – ce qui est vrai – ira jusqu'à dire – ce qui est hautement problématique – que l'économie *commande* la science (par exemple, si Maxwell a découvert les ondes électro-magnétiques, c'est parce que l'Angleterre impérialiste avait besoin de communiquer par radio avec ses navires parcourant les mers...). La véritable origine de l'invention scientifique est, dans la théorie marxiste, un « point aveugle » qui ne sera jamais surmonté (cf., à ce sujet, l'analyse de Michaël Polanyi, *La Logique de la liberté*, PUF, 1989, p. 112-116).

de nouvelles forces productives apparaîtront. Tel est le schéma général de la dialectique matérialiste de l'histoire.

Mais quelles sont, selon Marx et Engels, les grandes étapes de la production matérielle auxquelles le schéma s'applique ? Ce sont les modes de production *tribal, antique, féodal, bourgeois, asiatique*[1].

Ils se distinguent par le régime de la propriété. Il faut avouer que la pensée des deux auteurs manque ici de précision (Engels dira plus tard qu'ils n'avaient encore, à cette époque, qu'une faible connaissance de l'histoire économique).

— Mode de production *tribal* : la propriété est communautaire, il y a une faible division du travail au sein d'un clan ou tribu qui est une extension de la famille (mais il y a déjà des esclaves).

— Mode de production *antique* : il est fondé sur la propriété collective, par les cités, d'esclaves que l'on fait travailler (propriété « communale ») ; la propriété privée fait son apparition, « mais comme une forme anormale et subordonnée à la propriété communale » ; il y a des patriciens, des plébéïens, des esclaves.

— Mode de production *féodal* : il est fondé sur le « propriété par ordres », à savoir, d'un côté, la propriété rurale des nobles qui font travailler des serfs, de l'autre, dans les villes, la « propriété corporative, organisation féodale du métier », où les compagnons sont exploités par les maîtres.

— Mode de production *bourgeois* (ou *capitaliste*) : il est fondé sur la propriété mobilière et le salariat.

Ces trois derniers modes de production se succèdent en Occident. Marx et Engels parleront, plus tard, d'un mode de production spécifique à l'Asie :

— Mode de production *asiatique* : il est fondé sur la propriété communautaire (raison pour laquelle, comme nous l'avons vu, les marxistes poseront qu'on peut passer directement, en Orient, du communautarisme au communisme).

Chaque mode de production implique une forme déterminée de la *division du travail*, et celle-ci implique elle-même l'*inégalité des conditions* et l'*exploitation d'une classe par une autre*.

4) *Le concept d' « idéologie »*

De ce qui précède, les auteurs tirent une véritable philosophie de la connaissance, à partir de laquelle ils vont pouvoir préciser les reproches faits aux « idéologues allemands ».

Les étapes du processus historique sont des *faits,* non des *idées*.

« Voici donc les faits : des individus *déterminés* qui ont une activité productive selon un mode *déterminé* entrent des rapports sociaux et politiques *déterminés* » (p. 76).

---

1. Cf. Karl Marx et Friedrich Engels, *L'Idéologie allemande*, Éditions sociales, 1982, p. 72-76.

On doit et on peut vérifier ces faits par des *observations empiriques,* non par la spéculation, toujours arbitraire et incertaine. La science de ces faits doit et peut partir, non de la *représentation* que les individus se font d'eux-mêmes et de leurs rapports, mais des individus tels qu'ils sont *en réalité, c'est-à-dire* tels qu'ils produisent « matériellement », « indépendamment de leur volonté ». On ne peut partir, pour bâtir une science sociale,

« de ce que les hommes disent, s'imaginent, se représentent, ni de ce qu'ils sont dans les paroles, la pensée, l'imagination d'autrui pour aboutir ensuite aux hommes en chair et en os. Non, [il faut partir] des hommes dans leur activité réelle ».

D'où la célèbre « thèse sur Feuerbach » : « Ce n'est pas la conscience qui détermine la vie, mais la vie qui détermine la conscience ».

Il faudra assumer systématiquement ce *décalage* entre, d'une part, ce qui est à la portée de la conscience, et, d'autre part, la « vie », la réalité « vraie », empirique. Le matérialisme marxiste implique une *défiance systématique* à l'encontre de toutes les représentations que l'homme se fait de lui-même[1].

Cette attitude critique se révèle d'ailleurs féconde, puisqu'elle permet de comprendre le vrai rôle des idées. Les idées ne sont pas de purs non-êtres. Elles sont elles-mêmes produites de manière non moins déterminée, non moins liée aux mécanismes matériels de la vie réelle des hommes, que toutes les autres productions.

Il se passe, dit Marx, le phénomène « physique » suivant : de même que l'œil voit les objets « la tête en bas », parce que le cristallin, par un processus naturel, les renverse, de même l'idéologie fonctionne comme une *camera oscura* (une « chambre obscure »[2]), qui renverse systématiquement la réalité sociale et la travestit (même si elle lui « ressemble »).

Ce travestissement a une *fonction* bien précise, qui est de refléter à certains égards la vie sociale réelle, tout en masquant ce qui en est le ressort essentiel, la division de la société en classes antagoniques. Aussi longtemps que règne une division du travail répartissant les hommes en classes différenciées et hiérarchisées, les véritables rapports entre les hommes sont des rapports d'exploitation. Comme cette réalité est insupportable, d'ailleurs autant pour les exploiteurs que pour les exploités, on ne peut la voir en face et en parler en ter-

---

1. C'est pourquoi il est classique de présenter Marx comme un « maître du soupçon », de pair avec Nietzsche et Freud. Il est vrai qu'il a en commun avec ces derniers auteurs de rompre avec un axiome fondamental de l'humanisme : l'idée que l'homme peut se connaître lui-même, que sa conscience ne ment pas.

2. D'un appareil photographique. Niepce, Daguerre, Talbot venaient d'inventer cette technique (premier négatif développable, fixable et tirable en épreuves, 1838).

mes crus, directs ; on la dissimule, et on la fonde en quelque nécessité qu'on présente comme incontournable – Dieu, la nature
humaine, les valeurs morales, etc. – alors qu'elle est un produit historique contingent.

Par exemple, l'idéologie chevaleresque dit que les hommes d'un domaine
seigneurial sont liés par des liens personnels indéfectibles, alors que la réalité est
qu'ils entretiennent de purs rapports de force, de crainte et d'exploitation.
L'idéologie bourgeoise dit que tout le monde est égal devant la loi, alors que
seuls les bourgeois connaissent celle-ci et peuvent en tirer parti. La religion dit
que les méchants seront punis et les bons récompensés au ciel, mais cela permet
aux injustices de se perpétuer sur terre.

À chaque époque, la classe dominante produit l'idéologie qui
justifie et conforte sa position sociale : « L'idéologie dominante est
l'idéologie de la classe dominante ». Elle en est dupe presqu'autant
que les classes dominées. Tout le monde vit dans l'illusion.

Ainsi doivent s'interpréter toutes les représentations de la *politique,* du *droit,* de la *morale,* de la *religion,* de l'*art,* de la *métaphysique,*
réalités culturelles que Marx et Engels récusent en bloc, leur déniant
toute valeur de vérité. Elles ne sont que de l'*idéologie* – au sens précis
que prend désormais ce concept.

5) *Histoire des idées et histoire réelle*

On voit que, dans cette perspective, ces réalités intellectuelles
perdent toute autonomie. Ce sont les hommes qui, en développant
leurs production matérielle, transforment par là même même leur
pensée. Les évolutions de la pensée ont donc pour vrai théâtre les
évolutions de la vie matérielle, l'histoire réelle, et c'est là qu'il faut
aller les étudier. Une « histoire des idées », une « histoire de la religion », de la métaphysique, de la morale, du droit, etc., qui tente-
raient de rendre compte de l'apparition d'idées nouvelles dans ces
domaines comme résultant de phénomènes *internes* au monde des
idées, serait victime de la même illusion que quelqu'un qui expli-
querait le comportement d'une ombre par celui d'autres ombres,
sans voir que les rapports entre les ombres ne s'expliquent que par
les rapports entre les réalités dont elles sont les ombres. Un tel
homme ne cesserait de donner de fausses explications, de faire de
fausses prévisions, etc. (on songe à la caverne de Platon). Les travaux
des Jeunes Hégéliens relèvent de ce théâtre d'ombres. Ils n'ont
aucune valeur scientifique.

On peut généraliser le propos à toutes les productions de l'idéologie. La *philosophie* ne peut plus exister comme telle. « À sa place, on pourra tout au plus
mettre une synthèse des résultats les plus généraux qu'il est possible d'abstraire
de l'étude du développement historique des hommes. » Mais ce travail même

n'aura aucune autre valeur que de « classement ». Il ne saurait produire de savoirs neufs, dès lors qu'il est coupé des réalités empiriques déterminées. De même, l'*histoire* traditionnelle n'est pas une vraie science puisqu'elle exclut les rapports entre les hommes et la nature ; elle est donc écrite d'après des normes *extérieures* à l'histoire véritable. Dès lors qu'elle ne s'intéresse qu'aux luttes politiques ou religieuses, etc., et non aux questions économiques, elle manque son objet et se tient tout entière au plan de l'illusion : elle ne peut que *partager* pour chaque époque historique *l'illusion de cette époque*, prendre pour argent comptant l'imagination, la représentation, l'idéologie. Hegel n'est pas un historien, lui qui s'est basé, pour écrire son « histoire », sur la conscience artistique ou religieuse des peuples. Autre conséquence : l'histoire ainsi faite à la manière idéaliste n'est pas *universelle,* elle porte la marque indélébile de l'univers idéologique particulier de l'historien. On fait servir l'histoire à illustrer des thèses nécessitées par le présent. L'historien Bruno Bauer, par exemple, ne s'intéresse au XVIIIᵉ siècle qu'en tant que ce siècle prépare à ses yeux la « critique de la critique » des années 1840-1844.

6) *Science et* praxis

Que sera la vraie science ? Il ne s'agit pas de remplacer l'idéalisme des idéologues allemands par le contraire de l'idéalisme, c'est-à-dire par le réalisme ordinaire. La science, selon Marx et Engels, n'est pas une simple contemplation, une simple « photographie » de la nature par un esprit qui lui demeurerait extérieur. On ne peut parler de « science pure ». En fait, la science est inséparable d'une activité, d'une pratique. Par exemple, la science physique est inséparable de l'industrie et ne saurait progresser sans celle-ci.

Feuerbach a opposé purement et simplement le sensible à l'intelligible. Il a parlé d'*objets* sensibles, alors qu'il faut parler d'*activités* sensibles. D'où son impuissance pratique. Quand il voit, « au lieu d'hommes bien portants, une bande d'affamés scrofuleux, surmenés et poitrinaires, il est contraint de se réfugier dans la "conception supérieure des choses" et dans la "compensation idéale dans le Genre", il retombe par conséquent dans l'idéalisme » (alors qu'il a déclaré qu'il était, philosophiquement parlant, matérialiste).

À la place de la phraséologie des idéologues allemands, il faut engager des *processus révolutionnaires concrets* dans l'industrie et dans toute la structure sociale, et c'est au cours de ces processus et par le fait même d'y participer que peut se profiler le vrai savoir social. C'est en vivant qu'on « fait l'histoire », et vivre veut dire boire, manger, se loger, etc. Les Anglais et les Français ont « fait l'histoire » parce qu'ils ont accompli leurs révolutions dans le bruit et la fureur, alors que Feuerbach a fait de l'histoire idéaliste à la manière de Hegel, il a seulement réfléchi sur l'histoire. La satisfaction de certains besoins produit de nouveaux besoins, ce sont les révolutions bourgeoises réelles qui ont mis à l'ordre du jour la révolution prolétarienne.

D'où l'autre fameuse « thèse sur Feuerbach » : « Les philosophes n'ont fait qu'*interpréter* le monde de diverses manières ; ce qui importe, c'est de le *transformer*. »

Les principes du matérialisme historique étant ainsi fondés, Marx pourra rédiger coup sur coup le *Manifeste communiste, Misère de la Philosophie, Discours sur le libre-échange,* une étude sur le *Salariat...* Il a trouvé le paradigme qui guidera toute son œuvre ultérieure et celle de milliers de disciples.

§ 2
Théorie de la lutte des classes
(le *Manifeste communiste*)

Le *Manifeste communiste* est une des premières œuvres de Marx, et c'est une des plus courtes ; ce n'en est pas moins le texte fondamental du marxisme. Il explique en quoi consiste la phase actuelle de la lutte des classes, l'opposition bourgeoisie-prolétariat. Il montre pourquoi une révolution prolétarienne est désormais inéluctable. Il esquisse le tableau de ce que pourraient être la prise du pouvoir par les révolutionnaires et le communisme futur. Il doit être complété, sur certains points importants, par les textes de Marx sur la révolution de 1848 et ses suites. *(Les luttes de classe en France, Le 18 Brumaire de Louis Bonaparte)* et la Commune de 1871 *(La guerre civile en France),* et par ses commentaires sur le programme du nouveau parti allemand en 1875 *(Critique du programme de Gotha).* Il n'en est pas moins l'exposé le plus complet de ce qu'est le communisme et des transformations sociales qu'il entend accomplir.

Dans sa préface de 1888 à une réédition du texte, Engels en évoque la genèse. La publication du *Manifeste* était destinée à donner une base idéologique à la Ligue des communistes. Un congrès eut lieu à Londres en 1847. Marx et Engels furent chargés d'élaborer un programme théorique et pratique complet. Le texte fut écrit en allemand, imprimé à Londres en janvier 1848 (quelques semaines avant la révolution française du 24 février). Il fut traduit en français en juin 1848. Puis parurent des traductions anglaise, danoise, polonaise.

Mais vint la répression politique. Les membres du « comité central » du parti communiste furent arrêtés à Cologne en 1852, condamnés à trois à six ans de prison. Le *Manifeste* fut oublié.

Lorsqu'est créée, en 1864, l'Association Internationale des Travailleurs, on vise à l'union des différentes composantes du mouvement socialiste (cf. *supra*). Donc le *Manifeste,* qui condamne la plupart des mouvements socialistes antérieurs comme non-scientifiques et « utopiques », est laissé dans l'ombre. Mais, après l'échec de l'AIT, le proudhonisme et le lassallisme dépérissent. Dans le mouvement socialiste ultérieur s'imposent les principes exposés dans le *Manifeste*. Celui-ci revient donc à la surface. Plusieurs traductions sont faites en Angleterre et en Amérique. Une première traduction russe avait été réalisée par Bakounine vers 1863 à Genève ; une deuxième traduction russe est publiée en 1882. Dans les années 1880, il y aura douze rééditions allemandes.

Le *Manifeste* est l'œuvre de Marx et d'Engels, mais le fil conducteur – à savoir l'idée qu'à chaque époque, les modes de production et d'échange déterminent l'histoire politique et intellectuelle et que, donc, toute l'histoire de l'humanité, depuis la disparition de l'organisation primitive où existait une propriété collective de la terre, est « l'histoire de la lutte des classes » – est du seul Marx. Marx est également le père de l'idée que cette histoire arrive maintenant à un stade singulier – la classe dominée ne peut se libérer du joug de la classe dominante sans libérer du même coup et définitivement toute la société de toute oppression et de la lutte des classes elle-même – et qu'on est à la veille de la *fin de l'histoire*.

Plan du *Manifeste communiste*

> Introduction
>   I. Bourgeois et prolétaires
>   II. Prolétaires et communistes
> III. Littérature socialiste et communiste[1]

Nous traiterons, dans ce qui suit, des deux premières parties, qui contiennent la partie positive de la doctrine.

« Un spectre hante l'Europe : le spectre du communisme ». Tout le monde, dans la vieille Europe, lui donne la chasse : le pape, le tsar, Metternich et Guizot, les radicaux français, les policiers allemands... C'est donc :
1) Que le communisme est déjà reconnu comme une force ;
2) Qu'on le connaît mal et qu'il est temps « d'exposer à la face du monde entier les conceptions, les buts, les tendances » des communistes.

---

1. Cette partie se subdivise en : 1) Le socialisme réactionnaire (*a*. Le socialisme féodal ; *b*. Le socialisme petit-bourgeois ; *c*. Le socialisme allemand ou « socialisme vrai ») ; 2) Le socialisme conservateur ou bourgeois ; 3) Le socialisme et le communisme critico-utopiques ; 4) Position des communistes envers les différents partis d'opposition.

I — BOURGEOIS ET PROLÉTAIRES

Que veulent dire ces termes de « bourgeois » et « prolétaires » ?
Dans sa préface de 1888 au *Manifeste,* Engels les définit ainsi :

> « Par *bourgeoisie,* nous entendons la classe des capitalistes modernes proprié-
> taires des moyens de production et exploitant le travail salarié. Par *prolétariat,*
> nous entendons la classe des travailleurs modernes qui, n'ayant aucun moyen de
> production, sont obligés de vendre leur travail pour pouvoir vivre. »

Ces classes sont en lutte, et cette lutte est la dernière figure d'une
série aussi longue que l'Histoire elle-même, comme le dit la célèbre
première phrase de cette Première partie du *Manifeste* :

> « L'histoire de toute société jusqu'à nos jours est l'histoire de la lutte des
> classes. »

Histoire et lutte des classes se confondent : le début de la différenciation sociale, qui se traduit immédiatement par le début de
l'existence des classes et de leurs luttes, est aussi le début de l'histoire
au sens propre du terme (avant, il y a une « préhistoire » qui se
confond avec le « communisme primitif ») ; à l'autre extrême, dans
le futur, quand on sera parvenu au stade de la « société sans classes »,
on sera sorti, par le fait même, de l'histoire.

Le schéma théorique de la lutte des classes a été exposé dans
l'*Idéologie allemande* (cf. *supra*) et dans d'autres œuvres de Marx des
années 1844-1847. Quant aux phases historiques successives de la
lutte des classes, le *Manifeste* les précise ainsi :

Oppresseurs	*Opprimés*
Hommes libres	Esclaves
Patriciens	Plébéïens
Barons	Serfs
Maîtres de jurande	Compagnons
Bourgeois	*Prolétaires*

Entre deux classes de chaque ligne de ce tableau, il y a une perpétuelle opposition, tantôt secrète, tantôt ouverte, aboutissant soit à
la transformation révolutionnaire de toute la société, soit à la ruine
commune des classes en lutte.

Notre époque se distingue par la *simplification* de ces antagonismes.
La lutte des classes prend en effet, vers le début du XIXᵉ siècle, la figure

de l'opposition de deux classes diamétralement opposées, la bourgeoisie et le prolétariat. Leur opposition diffère des précédentes en ce que bourgeoisie et prolétariat tendent à diviser la société en deux parties, *sans reste,* chaque individu de la société moderne ayant vocation à devenir soit bourgeois, soit prolétaire. Dans les stades antérieurs de la lutte de classes, ce n'était pas le cas. À Rome, patriciens et plébéïens s'opposaient et leur lutte commandait l'histoire de cette époque ; mais d'autres classes sociales existaient, plus ou moins à l'écart de cette lutte principale : les chevaliers, les esclaves. L'existence de « restes » de ce type dans les phases antérieures de l'histoire faisait que, si une classe dominée l'emportait sur la classe dominante, elle occupait à son tour une position sociale maîtresse, avec, au-dessous d'elle, d'autres classes qu'elle pouvait dominer. Devenant la nouvelle « classe dominante », elle perpétuait par là même la lutte des classes, dont les rôles étaient redistribués, mais dont le principe fondamental demeurait. Au contraire, dans la phase actuelle de l'histoire, le prolétariat, s'il se libère, n'aura au-dessous de lui aucune classe à dominer à son tour. De ce fait, en même temps qu'il mettra fin à la domination de la bourgeoisie, il supprimera le principe même de la domination. Il sera libérateur universel. Avec lui prendra donc fin la lutte des classes, et comme la lutte des classes est l'essence de l'Histoire, *avec la victoire du prolétariat prendra fin l'Histoire elle-même.*

Cette vocation du prolétariat à accomplir la « fin de l'Histoire » fait de lui – Marx ne le dit évidemment pas – un être *messianique,* l'équivalent du « reste d'Israël », du petit groupe des saints dont les souffrances et le combat vont racheter l'humanité. Le marxisme, comme d'autres socialismes avant lui (Weitling) vient se loger dans les catégories du millénarisme médiéval, et c'est peut-être une des clefs de son incroyable succès parmi les masses populaires d'Occident.

A / *La bourgeoisie*

1) *Apparition historique*[1]

Les paysans du Moyen Âge arrivés à la ville pour échapper au servage ont donné les « bourgeois » des premières communes. De là la « bourgeoisie ».

Plus tard, au XVIe siècle, les grandes découvertes ont donné à la bourgeoisie un champ d'action nouveau. Des échanges commerciaux ont eu lieu avec les colonies. Le commerce et l'industrie ont

---

1. Le tableau que donne Marx de l'évolution historique ayant conduit du féodalisme à la société bourgeoise moderne paraît emprunté au saint-simonisme. Mais c'est un saint-simonisme « hégélianisé », « dialectisé », qui fait toute sa place au « travail du négatif ».

été en essor continu. Donc il y a eu croissance d'un élément « révolutionnaire » au sein même de la vieille société féodale.

Or l'ancien mode d'exploitation ne suffisait plus aux besoins nés des nouveaux marchés. On inventa donc la *manufacture*. L'atelier, avec ses maîtres artisans, recula devant la bourgeoisie industrielle, et toute l'organisation corporative du travail fut atteinte. « La division du travail entre les différentes corporations céda la place à la division du travail dans l'atelier même. »[1]

Mais les marchés grandissaient toujours. Alors on inventa la machine à vapeur et les autres machines. Ce fut le début de la grande industrie. Apparurent des « millionaires de l'industrie », de véritables chefs d'armées industrielles, la bourgeoisie moderne.

Le processus enclenché se renforça ensuite lui-même. La grande industrie rencontrait des besoins mondiaux. Le marché mondialisé, à son tour, incitait à l'essor de la navigation, des voies de communication, qui accéléraient le développement du commerce. La bourgeoisie accroissait ses capitaux et refoulait à l'arrière-plan les classes léguées par le Moyen Âge.

2) *Prise du pouvoir politique par la bourgeoisie*

À chaque étape de cette évolution économique et sociale correspond un progrès *politique*. La bourgeoisie fonda de plus en plus de communes indépendantes (et même des républiques urbaines indépendantes) au sein desquelles les bourgeois obtinrent des seigneurs le droit de former des milices armées (or porter les armes avait été jusque-là un privilège aristocratique). Plus tard, les bourgeois furent représentés, au même titre que la noblesse et le clergé, comme « tiers-état », dans les assemblées représentatives des monarchies. Enfin, la bourgeoisie obtint le pouvoir politique suprême dans les États modernes après 1789.

Telle est l'interprétation marxiste de la Révolution française : elle se résume à la prise du pouvoir politique par la bourgeoisie, celle-ci l'arrachant des mains de l'aristocratie en utilisant le peuple comme « masse de manœuvre ».

De sorte qu'aujourd'hui, presque partout en Europe, « le gouvernement moderne n'est qu'un comité qui gère les affaires communes de la classe bourgeoise tout entière. »[2]

---

1. Bon exemple de « forces productives » nouvelles entrant en conflit avec les anciens « rapports de production ».
2. Au lieu de représenter et de servir, comme il le prétend, l'*ensemble* du peuple. Ce sera un thème constant de la doctrine marxiste et léniniste que l'État est à toute époque une « superstructure » au service exclusif d'une classe dominante, même si l'idéologie, par définition menteuse, le présente comme neutre.

3) *La bourgeoisie, classe révolutionnaire*

La bourgeoisie, en apportant toutes ces transformations, a agi comme un élément « révolutionnaire » – le mot, sous la plume de Marx, est sincèrement flatteur. Elle a en effet détruit le monde féodal.

Ce qui a eu un aspect négatif : la destruction des relations « patriarcales », « idylliques », entre les hommes (les rapports interpersonnels forts, l'hommage, la fidélité...), au profit des rapports froids et calculateurs impliqués par l'intérêt direct, l'argent, le principe du « paiement comptant ». Ces mœurs nouvelles ont porté un coup fatal aux « frissons sacrés de la religion », à l' « enthousiasme chevaleresque », à la « dignité personnelle ». Le développement des mœurs marchandes a abouti à substituer aux rapports sociaux traditionnels, qui étaient essentiellement des rapports entre *personnes,* des rapports entre *choses,* le salariat comme le marché aboutissant à faire du rapport même entre personnes un rapport entre choses (chaque personne « vaut » ce que vaut la marchandise qu'elle peut vendre, bien matériel ou force de travail).

En développant ces rapports d'argent, la bourgeoisie a *détruit la variété et la complexité des métiers et des états* : en effet, elle transforme « médecins, juristes, prêtres, poètes », c'est-à-dire les personnages les plus différents qui soient qualitativement, « en salariés à ses gages », ayant tous le même esprit d'argent et de calcul. Pour la même raison, le capitalisme a détruit la famille (cf. *infra*). La société bourgeoise est *productrice d'indifférenciation,* puisqu'elle est commandée par cet *équivalent général* qu'est l'argent, qui rend toutes choses commensurables et interchangeables.

Mais le même processus de transformation peut être envisagé sous un aspect positif.

— C'est une œuvre de *lucidité,* puisque les rapports humains du féodalisme, si sympathiques qu'ils fussent, étaient des « illusions religieuses et politiques », un « voile de sentiments et d'émotions ». À cet égard, l'idéologie bourgeoise, fondamentalement erronée, comme toutes les idéologies, a du moins le mérite d'être plus cynique, donc en un sens plus proche de la vérité.

— Le développement bourgeois se caractérise par la libération d'une extraordinaire *productivité.* En effet, bien que la réaction, au XIXᵉ siècle, magnifie de Moyen Âge[1], il faut comprendre que celui-ci

---

1. La valorisation du Moyen Âge est en effet un des aspects fondamentaux de la période romantique. Elle est souvent le fait de « réactionnaires », aristocrates déplorant le nouveau pouvoir de la bourgeoisie, et idéalisant les temps féodaux.

était l'âge de la « fainéantise la plus crasse ». La bourgeoisie, en mettant tout le monde au travail, en introduisant partout rationalité et éco- nomie, en mettant un terme aux activités gratuites et généreuses et au désintéressement de la vie religieuse ou aristocratique, a porté la pro- ductivité du travail à un point jamais atteint auparavant, et donc « a montré la première ce dont l'activité humaine était capable »[1].

La bourgeoisie a fait « de tout autres merveilles que les pyramides d'Égypte, les acqueducs de Rome, les cathédrales ; ses expéditions dépassent les Invasions et les Croisades ».

Elle a apporté l'idée même du *changement* (alors que toutes les classes dominantes antérieures étaient conservatrices). Elle a créé une société progressive, rompant avec les sociétés sacrales et fixistes. En effet, pour elle,

« tout ce qui avait solidité et permanence s'en va en fumée, tout ce qui était sacré est profané »,

et ce regard lucide même sur les conditions d'existence enclenche un mouvement de remise en cause générale et de fuite en avant vers le progrès, qui ne pourra plus être interrompu.

---

1. Marx fait un fondamental contre-sens, croyons-nous, quand il explique le surcroît de productivité apporté par la bourgeoisie par une augmentation de l'*énergie* dépensée dans le travail. Il suggère que la bourgeoisie, par son cynisme, n'aurait pas craint d'exploiter à fond des travailleurs que leurs précédents maîtres, retenus par des scrupules religieux, auraient laissé jouir d'une demi-oisiveté. L'intensité du travail aurait donc immensément augmenté. Les hommes, de « fainéants » qu'ils étaient au Moyen Âge, auraient été con- traints, pour ainsi dire, de « passer à la vitesse supérieure ». De là serait venu le progrès économique. Cette interprétation est erronée. À supposer que la quantité de travail fournie par l'homme puisse varier significativement d'une époque à une autre, elle ne sau- rait le faire dans des proportions qui rendent compte de l'augmentation exponentielle de la production et de la consommation, de l'explosion démographique, des transformations techniques accomplies par la révolution industrielle. D'une manière générale, les modes de production traditionnels ne sont nullement économes du travail humain et de la fatigue des corps. Aujourd'hui encore, on meurt sensiblement plus jeune à la campagne qu'à la ville, parce qu'on y est astreint à des tâches qui, quoique peu productives parce que peu spécialisées, se révèlent extrêmement fatigantes : aller chercher le bois, cultiver le potager, bricoler, etc. C'est dans les villes qu'on est − par comparaison − « fainéant », économe d'efforts, soucieux de confort ; cela n'empêche pas d'y être plus riche, dans la mesure où l'on y est intégré à une économie de plus grande division du travail. Ce qui explique donc les progrès de l'économie « bourgeoise » qui fascinent Marx, c'est tout autre chose que l'augmentation brute de la quantité de travail : c'est l'augmentation de sa productivité. Or la productivité du travail augmente en même temps que sa division, qui permet l'uti- lisation par la société d'une quantité de savoir supérieure, donc rend exploitables les pro- grès des sciences et des techniques tout en favorisant des progrès ultérieurs. Cette division est elle-même le fruit du développement des pratiques de marché, favorisées par les muta- tions juridiques et politiques des Temps modernes (l'instauration des États de droit proté- geant les libertés individuelles et permettant le polycentrisme économique). Mais Marx ne comprend pas cette logique. Il ne lui reste donc plus qu'à être fasciné devant une puis- sance bourgeoise qu'il considère comme quasiment démiurgique.

4) *La vocation mondiale de la bourgeoisie*

La bourgeoisie a aussi donné un caractère essentiellement *cosmopolite* à la production et à la consommation (au grand désespoir des réactionnaires). Elle a fait venir des matières premières de l'étranger, pour fabriquer des produits qui seront consommés dans un pays encore autre, etc. L'autarcie a fait place à l'interdépendance des nations. Cette mondialisation de l'économie a fait naître partout des besoins nouveaux, les mêmes dans tous les pays. On a vu émerger une littérature mondiale en lieu et place des littératures nationales.

Non seulement la bourgeoisie a détruit les nationalismes, mais elle a même percé, si l'on peut dire, les membranes des sociétés les plus fermées, qu'elle a entraînées *volens nolens* dans le grand courant de la civilisation — et cela, non pas tant avec les armées coloniales qu'avec la seule arme de la productivité économique (Marx se montre ici moins fruste que bien des marxistes ultérieurs sur la logique du colonialisme) :

« Le bon marché [des] produits [de la bourgeoisie] reste *la grosse artillerie qui bat en brèche toutes les murailles de Chine* et contraint à capituler les barbares les plus opiniâtrement hostiles aux étrangers. »

Toutes les nations sont forcées d'adopter le style de production bourgeois. La bourgeoisie « forme, en un mot, un monde à son image ».

5) *La bourgeoisie et l'efficacité économique*

Les modes de production bourgeois ont conduit à un transvasement des populations de la campagne à la ville : par là même, les populations paysannes ont été arrachées, en masse, à l' « abrutissement de la vie des champs ». La bourgeoisie a subordonné la campagne à la ville et, selon la même logique, l'Orient à l'Occident.

Elle a supprimé le gaspillage des moyens de production, de la propriété, de la population, par la *centralisation* des moyens de production, par la *concentration* de la propriété dans un petit nombre de mains. La *centralisation politique* (c'est-à-dire la constitution de grands États à l'aube des Temps modernes) en est la conséquence : il fallait supprimer les frontières intérieures et les particularismes juridiques et politiques des provinces féodales. La constitution des monarchies absolues dans les grands États européens centralisés est l'œuvre de la bourgeoisie.

Le résultat, c'est qu'en un seul siècle, elle a mis en œuvre plus de forces productives que jamais auparavant.

Marx entonne un véritable « hymne à la bourgeoisie », qui a :
— dominé les forces de la nature ;
— créé le machinisme ;
— appliqué la chimie à l'industrie et à l'agriculture ;
— inventé la machine à vapeur, les chemins de fer, le télégraphe[1] ;
— défriché des continents nouveaux, rendu navigables des fleuves ;
— « fait jaillir des populations du sol »[2].

« Quel siècle antérieur, conclut-il, aurait soupçonné que de pareilles forces productives sommeillaient au sein du travail social ? »

6) *Le monde créé par la bourgeoisie est essentiellement instable*

Cependant, la bourgeoisie, après avoir détruit les anciens rapports sociaux, juridiques, politiques, de la féodalité, n'a pas établi un empire durable. Car elle a engendré aussitôt une nouvelle classe qui va la détruire comme elle a elle-même détruit l'aristocratie. Elle s'est comportée comme un *apprenti sorcier* qui ne sait pas maîtriser les puissances qu'il a imprudemment libérées. Elle ne pourra éviter la « révolte des forces productives ».

Celle-ci prend deux visages.

1) Les « crises commerciales », c'est-à-dire les crises de saturation des marchés, de surproduction, qui font s'effondrer brutalement des pans entiers de l'industrie (chaque crise, en effet, détruit non seulement des produits, mais les forces productives mêmes). Elles ruinent complètement les capitalistes en même temps qu'elles mettent au chômage des milliers d'ouvriers.

Marx constate qu'en économie capitaliste de telles crises reviennent périodiquement. Il les croit liées au désordre des marchés, au fait que la production n'est pas organisée de manière concertée et rationnelle, mais abandonnée aux initiatives incohérentes des producteurs qui se précipitent tous sur une production parce que les prix de vente sont élevés. Quand tout le monde a fabriqué en masse le même produit, les prix s'effondrent et tout s'écroule. Marx croit ces crises non seulement inéluctables tant que le marché sera libre, mais vouées, en outre, à être « de plus en plus amples ». En effet, pour surmonter

---

1. C'est-à-dire la « haute technologie » des années 1840. Marx en est enthousiaste, et il en est parfaitement informé (il s'intéressera de très près aux progrès scientifiques jusqu'à la fin de sa vie).
2. Marx a bien saisi le fait le plus spectaculaire de la révolution industrielle : l'explosion démographique.

ces crises, les capitalistes réagissent par une « fuite en avant » : ils détruisent certaines forces productives, trouvent de nouveaux marchés et exploitent plus les anciens, et en ce sens ils créent les conditions pour que les crises futures, identiques aux précédentes quant à leur mécanisme de base, les dépassent en ampleur.

Comme nombre d'auteurs de son époque (et notamment Sismondi), Marx juge ces crises particulièrement absurdes, révélatrices d'un déréglement ou d'un vice profond du nouveau système économique. En effet, jusque-là, l'humanité avait connu des crises de pénurie ou de sous-production (mauvaises récoltes, interruption des approvisionnements par faits de guerre, d'épidémies, etc.). Voilà que, désormais, le malheur survient, au contraire, du fait d'un excès de production, ce qui est parfaitement irrationnel. Les crises cycliques du capitalisme représentent un retour momentané à la barbarie des anciens temps, puisqu'elles ont les mêmes effets que les famines ou les guerres d'extermination de jadis. Mais elles parviennent à ce beau résultat à cause d'un excès de civilisation. Les crises précédentes pouvaient être attribuées à une fatalité extérieure, naturelle (comme des intempéries) ; celles-ci doivent l'être à un facteur uniquement humain pour lequel on peut identifier des responsables, à savoir les bourgeois qui ne contrôlent plus les forces productives qu'ils ont libérées : « Les rapports bourgeois sont devenus trop étroits pour contenir les richesses qu'ils ont créées. » Donc « les armes dont la bourgeoisie s'est servie pour abattre la féodalité se retournent aujourd'hui contre elle ».

2) D'autant qu'il y a un deuxième visage de la « révolte des forces productives » : l'apparition d'une classe nouvelle d'hommes, les *prolétaires,* qui vont savoir faire usage de ces armes.

B / Le prolétariat

À mesure que grandit la bourgeoisie se développe le prolétariat.

1) *Définition*

Les prolétaires sont les ouvriers modernes, « qui ne vivent qu'en trouvant du travail et qui n'en trouvent que si le travail accroît le capital ». Ces ouvriers sont donc une marchandise. Ils sont soumis à la concurrence et aux fluctuations du marché.

Leur travail a perdu tout attrait, à cause du développement du machinisme et de la parcellisation des tâches. L'ouvrier est devenu l'accessoire de la machine. Les opérations qu'il doit faire sont de plus en plus simples, de plus en plus monotones et vite apprises. De ce fait, il est *de moins en moins payé* : à mesure que le travail est déqualifié, les salaires tendent vers le bas, et plus précisément vers un « plancher » qu'on peut définir comme la somme permettant la reproduction brute de la force de travail (nourrir l'ouvrier et ses enfants). En

même temps, le travail devient de plus en plus *pénible*. Car la tendance à la baisse du salaire se traduit par une augmentation continue
des *temps* et des *cadences* de travail. Enfin l'ouvrier, revenu de l'usine,
est *la proie des autres bourgeois,* propriétaires, boutiquiers, usuriers.

2) *De l'artisan au prolétaire*

De même que la bourgeoisie est le fruit d'un long processus, le
prolétariat a aussi une histoire. Le prolétaire est apparu à mesure que
disparaissait le petit atelier du « maître artisan patriarcal ». L'équipe
de travail de cet atelier était une sorte de famille. À sa place, on a
vu apparaître de véritables « armées industrielles », avec hiérarchie
complète d'officiers et de sous-officiers, au sein desquelles règne le
despotisme.

Plus l'industrie et le machinisme ont progressé, moins le travail a
exigé d'*habileté* et de *force*. Ce qui a tendu à annuler les différences
dues, respectivement, à l'*âge* et au *sexe* des travailleurs. On comprend mieux, dans ces conditions, la perte, dans la grande manufacture, du caractère « familial » de l'atelier. Ce n'est pas seulement une
affaire de taille de l'unité de production. La transformation est plus
profonde et radicale : elle touche à l'être humain lui-même, mué en
numéro interchangeable et de plus en plus vide de substance, à
mesure que la substance passe dans la machine et le procès de production lui-même.

D'autre part, avec le surcroît de productivité dû au machinisme
et aux économies d'échelle réalisées par la concentration économique, les prix des produits industriels baissent, donc la concurrence
ruine les anciens ateliers : leurs faibles capitaux ne leur permettent
pas de soutenir la concurrence des capitalistes ; leur habileté technique est dépréciée. Leurs patrons et travailleurs − petits industriels,
artisans − tombent donc dans le prolétariat, ainsi que, par effet mécanique, les marchands, paysans, rentiers, qui n'arrivent pas à constituer des unités de production suffisamment capitalistiques et compé-
titives pour survivre dans le nouveau contexte. Ils viennent tous
grossir les rangs du prolétariat. « Ainsi, le prolétariat se recrute dans
toutes les classes de la population. »

3) *Les phases de développement du prolétariat*

« Sa lutte contre la bourgeoisie commence avec son existence
même. » Au début, cette lutte est le fait d'ouvriers *isolés*. Elle a lieu
en de certains lieux et de certaines branches d'industrie. Les contes-

tataires détruisent des marchandises étrangères, des machines, des fabriques ; ils s'efforcent de *reconquérir la position perdue* de l'artisan du Moyen Âge. En ce sens, cette lutte est « réactionnaire ». À ce stade, les ouvriers révoltés constituent en outre une masse dispersée et divisée par la concurrence (les ouvriers se font concurrence entre eux pour avoir du travail).

D'autre part, ces révoltes se traduisent par des *alliances avec la bourgeoisie.*

« Pendant cette phase, les prolétaires ne combattent pas leurs propres ennemis, mais les ennemis de leurs ennemis : les vestiges de la monarchie absolue, les propriétaires fonciers, les bourgeois non industriels. »

Le prolétariat sert donc de masse de manœuvre, et « toute victoire remportée dans ces conditions est une victoire de la bourgeoisie »[1].

Mais ensuite, les modes de la lutte prolétarienne deviennent plus cohérents sous l'effet de trois facteurs : le *nombre* des prolétaires augmente, ils sont de plus en plus *concentrés,* leur masse est de plus en plus *unifiée* (puisque le progrès du machinisme rabote les différences qualitatives entre eux et que les salaires, se rapprochant partout du plancher, se rapprochent par le fait même les uns des autres).

Dès lors, 1) les forces des prolétaires augmentent *objectivement ;* 2) ils sont placés dans des conditions telles qu'ils peuvent en prendre conscience *subjectivement.*

Ainsi les heurts donnent-ils lieu maintenant à des coalitions, à des associations permanentes, à des émeutes organisées ; ils prennent, de plus en plus, le caractère de heurts entre deux classes.

« Parfois les ouvriers triomphent. Victoires éphémères. Le vrai résultat de leur lutte est moins le succès immédiat que *l'union grandissante des travailleurs* »,

puisque ceux-ci se sont rencontrés dans les luttes, se sont parlé, ont constaté leur force. Cette union est d'ailleurs facilitée par le *développement des moyens de communication et de transport.*

Elle se réalise donc beaucoup plus vite que celle des bourgeois au Moyen Âge contre les nobles, processus qui avait demandé plusieurs siècles. L'unification du nouveau *challenger* va prendre, cette fois, quelques années. C'est un des aspects par lesquels le capitalisme s'est montré « apprenti sorcier » : en inventant télégraphes et chemins de fer, il a forgé sottement, mais sans rien y pouvoir faire, les armes qui auront raison de lui.

---

1. Rappelons que telle est l'interprétation marxiste de la Révolution française : dans les journées décisives de la Révolution, les prolétaires parisiens ont aidé, en fait, les bourgeois à se débarrasser des ennemis *de ces derniers*, les aristocrates.

4) Unité organisationnelle et prise de conscience politique du prolétariat

L'union des prolétaires suppose une organisation. Le processus d'organisation est sans cesse entravé par la concurrence. Il n'en progresse pas moins, d'une part en raison des *divisions internes à la bourgeoisie* (qui, par exemple, ont permis, en Angleterre, l'adoption de la loi sur la journée de travail de dix heures), d'autre part parce que des éléments de prise de conscience sont sans cesse *apportés de l'extérieur au prolétariat* par un processus inéluctable.

En effet, la bourgeoisie vit dans un perpétuel état de guerre. Elle est en lutte constante :

— contre l'aristocratie ;
— contre la bourgeoisie non-industrielle ;
— contre les bourgeoisies industrielles étrangères.

Dans toutes ces luttes, elle est obligée de faire appel aux prolétaires pour l'aider.

« Elle fournit ainsi aux prolétaires des éléments de leur propre *éducation* politique, c'est-à-dire des armes contre elle. »

En outre, des fractions de la bourgeoisie étant directement précipitées dans le prolétariat, celui-ci est renforcé par l'arrivée en son sein d'hommes instruits.

Enfin, une petite fraction de la bourgeoisie comprend où conduit le processus de décomposition. Elle voit où est l'avenir, et elle se rallie « à la classe qui tient l'avenir entre ses mains » (de même que, jadis, une partie de la noblesse s'était ralliée à la cause de la bourgeoisie[1], de même se rallient à la cause du prolétariat les « intellectuels bourgeois qui ont atteint l'intelligence théorique de l'ensemble du mouvement de l'histoire[2] »).

5) Le prolétariat, seule classe révolutionnaire

Le prolétariat seul est vraiment révolutionnaire, parce que « les autres classes déclinent et périssent avec la grande industrie, le prolétariat, au contraire, en est le produit le plus authentique ».

---

1. Songeons à la « nuit du 4 août ».
2. Dont Marx et Engels sont eux-mêmes des exemples.

— Le prolétariat est plus révolutionnaire que les classes moyennes

Les « classes moyennes » (ou : la « petite-bourgeoisie ») sont : les petits industriels, les petits commerçants, les artisans, les paysans propriétaires. Tous combattent la bourgeoisie, mais seulement « pour sauver du déclin leur existence de classes moyennes ». Donc ils sont conservateurs, et même réactionnaires : ils entendent « faire tourner à l'envers la roue de l'Histoire » – sauf quand ils comprennent que la victoire finale du prolétariat est inéluctable et qu'il faut, pour préparer l'avenir, s'allier avec lui. Ils ont donc une attitude ambiguë[1].

— Le prolétariat est plus révolutionnaire
que le « prolétariat en haillons » (lumpen-proletariat)

Marx désigne par l'expression de « lumpen-proletariat » la « pourriture inerte des couches les plus basses de l'ancienne société ». Plus pauvre encore que le prolétariat, cette classe pourrait être plus révolutionnaire que lui. Il n'en est rien, car le « lumpen-proletariat » ne peut être concentré, unifié et organisé comme l'est le prolétariat proprement dit. Il n'a pas l'unité objective et subjective de ce dernier. Son attitude politique ne peut donc être que fondamentalement instable. Il peut être entraîné

— soit par le prolétariat (au cours des émeutes populaires) ;
— soit par la bourgeoisie (il se laisse « acheter par elle pour favoriser les manœuvres réactionnaires »).

Il rejoint donc la petite-bourgeoisie et les classes moyennes dans les « poubelles de l'histoire » marxistes[2].

---

1. Cette ambiguïté du statut politique des classes moyennes et de la petite-bourgeoisie dans le marxisme fait que les partis communistes ne sauront jamais quelle attitude adopter à leur égard. Le stalinisme les a exterminées en Russie. En France, le PCF et les successives unions de la gauche n'ont jamais eu de discours cohérent à leur endroit. Les classes moyennes sont du côté du « mal », en tant que constituées de travailleurs indépendants, propriétaires de leur outil de travail, ayant un comportement individualiste, rebelles au salariat. Elles sont du côté du « bien » en tant que constituées de « petits » menacés par les « gros » du capitalisme. En fait, les classes moyennes sont décrites par Marx comme de simples *survivances* du mode de production précapitaliste. Elles sont vouées, en tant que telles, à une disparition inéluctable. Donc, lorsque les marxistes constatent qu'elles subsistent, voire s'étoffent et prospèrent, cela leur apparaît comme une *anomalie*, quelque chose qui *ne devrait pas être*. Il n'y a pas de place pensable pour elles dans la théorie marxiste. C'est pour cela que l'attitude du stalinisme fut la dénégation pure et simple de leur existence. Cette dénégation s'est traduite concrètement par la rélégation dans des camps, les déplacements de population, l'extermination. Voilà un cas où, en contradiction avec la théorie de l'*Idéologie allemande*, l'idéologie n'aura pas été un simple reflet des infrastructures, mais aura produit des effets bien réels sur la société.
2. Le marxisme interpréta le fascisme et le nazisme comme résultant de l'alliance de la bourgeoisie avec des éléments populaires (ceux qui ont fourni en effet la « masse de manœuvre », les hommes de main, chemises noires, brunes, et autres brutes de ces mou-

— *Le prolétariat est intrinsèquement révolutionnaire*

Le prolétariat se trouve donc être la seule classe intrinsèquement révolutionnaire. Il ne tient en rien à conserver la société
bourgeoise :
— il n'a pas de propriété ;
— il n'a pas de relations de famille stables et solides ;
— il ne tient pas à la « patrie » ;
— il ne croit plus à la *loi*, ni à la *morale*, ni à la *religion*, « qui sont à ses yeux
    autant de préjugés bourgeois derrière lesquels se cachent autant d'intérêts
    bourgeois ».

D'autre part, à la différence des autres classes montantes de
l'histoire, qui avaient à assurer leur future position de classes
dominantes, le prolétariat, s'il veut se libérer, doit supprimer la
propriété elle-même. « [Les prolétaires] n'ont rien à sauver qui
leur appartienne » (ils n'ont, dit Marx ailleurs, « à perdre que leurs
chaînes »). Jusqu'à présent, tous les mouvements historiques ont
été le fait de minorités. Le mouvement prolétarien, au contraire,
est le « mouvement de l'immense majorité au profit de l'immense
majorité ».

« Le prolétariat, la couche la plus basse de la société actuelle, ne peut [donc]
se soulever, se redresser, sans faire voler en éclats toute la superstructure des
couches qui constituent la société officielle. »

La lutte du prolétariat sera d'abord nationale, en sa « forme »
(mais pas en son « fond ») : chaque prolétariat devra en effet « en
finir d'abord avec sa propre bourgeoisie ». Mais ensuite, la révolution prolétarienne s'internationalisera.

6) *Inéluctabilité de la révolution*

Les prolétaires sont seuls à vouloir et pouvoir faire la révolution.
Il faut ajouter qu'ils ne pourront pas ne pas la faire. La révolution est
nécessaire, inéluctable.
La raison en est que la bourgeoisie est allée trop loin. Elle n'a pas

---

vements révolutionnaires) qui, a-t-il prétendu, n'appartenaient pas au prolétariat, mais au
lumpen-prolétariat. Double inexactitude sans doute, les éléments bourgeois ayant été peu
nombreux dans le fascisme et le nazisme, et les éléments prolétaires et socialis-
tes-révolutionnaires fort nombreux (à commencer par Mussolini). Mais il est vrai que la
partie la plus désorganisée du prolétariat a été plus facile à entraîner dans les mouvements
nationalistes et populistes. Aujourd'hui encore, les chômeurs, parce qu'ils ne sont pas présents dans des entreprises, échappent aux « organisations de masse » que sont les syndicats
et les sections des partis.

su créer les conditions d'une domination paisible du prolétariat, pouvant se stabiliser et devenir permanente. Car

« pour opprimer une classe, il faut au moins pouvoir lui garantir des conditions d'existence qui lui permettent de vivre en servitude ».

Sous la domination des seigneurs féodaux, le serf a vécu et s'est même élevé (puisqu'il a pu devenir membre d'une commune). Le roturier a vécu et s'est même élevé (il est devenu « bourgeois »). Ce n'est pas le cas de l'ouvrier moderne, qui « descend au contraire toujours plus bas au-dessous des conditions de vie de sa propre classe ». Le prolétariat est victime d'une *paupérisation* incessante[1].

Ainsi, la bourgeoisie est incapable de *demeurer* la classe dominante de la société.

« Elle ne peut régner parce qu'elle est incapable d'assurer l'existence de son esclave dans le cadre de son esclavage... Le développement de la grande industrie sape sous les pieds de la bourgeoisie le terrain même sur lequel elle a bâti son système de production et d'appropriation... La bourgeoisie produit avant tout ses propres fossoyeurs. Son déclin et la victoire du prolétariat sont également *inévitables*. »[2]

II — PROLÉTAIRES ET COMMUNISTES

Les communistes entendent conduire la lutte des prolétaires. Ils sont en effet « la fraction la plus résolue » du prolétariat, et ont « l'intelligence claire » du mouvement ouvrier. Ils ont pour but de :

— constituer les prolétaires en classe consciente d'elle-même et de sa force ;
— renverser la domination bourgeoise ;
— exercer le pouvoir politique.

---

1. Marx entend ici une paupérisation *absolue*. Il pense que les salaires réels baissent et ne peuvent que se baisser toujours plus du fait des crises et de la concurrence. Plus tard, les marxistes parleront de paupérisation *relative* : les salaires réels des ouvriers augmentent, mais moins que les profits des capitalistes. Dans les deux cas, le fossé entre les classes continue de se creuser.
2. Rappelons par quel enchaînement de mécanismes : la bourgeoisie vit par l'accumulation du capital entre quelques mains ; du fait de la concurrence, ces mains deviennent de moins en moins nombreuses, tandis que tout le reste de la société tombe dans le prolétariat ; mais la concentration même de l'industrie unifie les salariés et les fait s'unir dans des associations révolutionnaires.

A / *Réponse aux critiques adressées aux communistes*

Le communisme, que Marx et Engels disaient, au début, mal connu (comme un « spectre »), l'était cependant assez pour susciter des critiques déjà structurées. Marx et Engels entendent répondre à ces critiques. Leurs réponses ont toujours la même structure ironique : oui, les communistes sont coupables de tel péché dont on les accuse ; mais ce péché, ce sont les bourgeois qui l'ont commis les premiers ! Procédé qui permet de laisser planer un doute sur le jugement réel de Marx sur les points en question et d'esquiver certains débats (sur lesquels la pensée des auteurs n'est pas suffisamment mûre, ou trop audacieuse pour être admise des militants auxquels on s'adresse).

1ʳᵉ critique : *les communistes veulent abolir la propriété privée*

Oui, répond Marx, nous voulons abolir la propriété privée, mais la propriété *bourgeoise,* pas « la propriété personnellement acquise, fruit du travail de l'individu ». Celle-ci, c'est au contraire la bourgeoisie qui l'a d'ores et déjà détruite :

— soit en expropriant le petit bourgeois, le petit paysan, etc., qui deviennent prolétaires ;
— soit en accumulant du capital pour elle-même.

Dans les deux cas, la propriété privée a été supprimée, puisque le prolétaire n'a rien, et que ce qu'a le capitaliste n'est nullement une « propriété privée, fruit du travail personnel », mais un capital *social,* un produit collectif, qui ne peut être réputé « privé » que dans le cadre du droit bourgeois.

La situation actuelle étant telle, exproprier le capital n'est pas transformer une propriété privée en propriété collective, c'est simplement transférer une propriété *déjà collectivisée* d'une classe minoritaire qui se l'est indûment appropriée vers la classe majoritaire qui l'a réellement produite, celle des prolétaires.

Dans la société collectiviste, par ailleurs, on restera propriétaire privé des biens de consommation, même s'il est vrai qu'on n'aura plus le droit de posséder à titre privé des biens de production. Le travailleur conservera la libre disposition de ce qui est indispensable à la reproduction de sa force de travail.

Le communisme ne pourrait-il donc rétablir la propriété pour tous, après avoir mis fin au mécanisme de spoliation que constitue la propriété bourgeoise ? Non. Il doit conserver l'acquis que l' « accumulation du capital » a permis — à savoir, provoquer une complexification du processus de production, rendre possibles ces miracles prométhéens de l'économie capitaliste décrits dans la première partie, qui supposent une immobilisation de capitaux, donc l'accumulation préalable du capital. Il ne s'agit certes pas, maintenant, de rendre aux travailleurs leur quote-part, ce qui aurait pour effet de re-disperser le capital et de revenir au mode de production féodal, lequel déboucherait lui-même, à nouveau, sur l'émergence du capitalisme. L'histoire bégayerait, tout serait à recommencer. Marx est progressiste : il pense que la bourgeoisie a été vraiment révolutionnaire, prométhéenne, qu'elle a été un agent de progrès en éliminant la vieille société. Elle a fait, si l'on peut dire, le « sale travail » de déposséder les travailleurs. Ce travail étant fait, il n'est plus à faire. Les communistes, à qui l'on ne saurait reprocher de l'avoir fait, peuvent néanmoins en engranger le résultat, le fait brut de l'accumulation du capital.

Car ce capital, ils vont le faire servir, cette fois, au bien-être des travailleurs, ce que Marx exprime en style hégélien :

« Dans la société bourgeoise, le *travail vivant* n'est qu'un moyen d'accroître le *travail accumulé*. Dans la société communiste, le *travail accumulé* n'est qu'un moyen d'*élargir,* d'*enrichir,* de *favoriser* l'existence des *travailleurs.* Dans la société bourgeoise, *le passé domine le présent,* dans la société communiste, *le présent domine le passé.* »

Ainsi, le communisme conservera intégralement le bénéfice de l'œuvre révolutionnaire de la bourgeoisie, à laquelle il ajoutera son œuvre propre : délivrer le prolétaire de son aliénation. Il y a, du capitalisme au communisme, un mouvement dialectique de conservation/dépassement. Le communisme ne peut pas advenir avant et sans le capitalisme, et il ne peut triompher totalement si le capitalisme n'a pas d'abord triomphé totalement[1].

D'où le choix, par Marx, du mode ironique : il serait gêné de dire d'emblée à ses lecteurs prolétaires qu'il a bien l'intention de les laisser, après la Révolution (et certes pour leur bien) dans l'état même de nudité où les a jetés le capitalisme. D'autant qu'il ne donne aucune indication sur la gestion du capital par la société postrévolutionnaire. Dès lors que le « travail vivant » est substitué au « travail mort » comme source et fin de l'activité économique, Marx pose que le travailleur sera par là même libéré et que, les crises étant supprimées, les prolétaires auront gagné au change.

---

1. Thème sur lequel Marx et Engels reviendront constamment. La bourgeoisie « travaille pour nous ». Il faut la laisser unifier l'Allemagne, par exemple, parce que cela aboutit à concentrer et homogénéiser la production bourgeoise, donc le prolétariat, donc à préparer les conditions objectives d'une révolution prolétarienne. Marx infléchira cependant cette logique, on l'a dit, en faveur de la Russie.

2e critique : le communisme débouche sur l'inefficacité économique

Le communisme, dit-on, en supprimant la propriété, supprime aussi la responsabilité. Il engendre la « paresse ».

Réponse de Marx : les prolétaires, sous le régime capitaliste, ne sont pas intéressés, et cependant ils travaillent ! Donc, dans une société communiste faite pour eux, ils travailleront *a fortiori*.

3e critique : les communistes veulent abolir la famille

Marx ne va pas répondre que ce n'est pas vrai : comme tous les socialistes, il condamne la famille, membrane qui s'interpose entre la collectivité et l'individu. Mais il rétorque, là encore, que le problème ne se pose plus, puisque la famille a *déjà* été détruite par le capitalisme.

« Sur quelle base repose l'actuelle famille bourgeoise ? Sur le capital, le profit individuel. La plénitude de la famille n'existe que pour la bourgeoisie ; mais elle a pour corollaire la suppression forcée de toute famille chez le prolétaire et la prostitution publique. »

Nous savons pourquoi la famille a été détruite chez le prolétaire : c'est une conséquence de l'embrigadement à l'usine des femmes et des enfants, de la déqualification du travail, de sa durée excessive et de la promiscuité de l'atelier.

4e critique : les communistes veulent l'éducation collective

Réponse : le travail des enfants imposé par l'industrie réalise *déjà* une éducation collective.

5e critique : les communistes veulent la communauté des femmes

Réponse : la communauté des femmes existe *déjà* sous le régime bourgeois. D'abord, le bourgeois ne tient plus particulièrement à sa femme, qui n'est pour lui « autre chose qu'un instrument de production ». L'adultère est devenu courant au sein de la bourgeoisie. Et les bourgeois ont par ailleurs à leur disposition, par la prostitution, femmes et filles de prolétaires. Les communistes ne veulent donc qu'une communauté des femmes qui soit franche et officielle.

6e critique : les communistes veulent abolir les patries

Même réponse : c'est le cosmopolitisme bourgeois qui a *déjà* aboli les patries. Les démarcations nationales disparaissent avec la liberté du commerce.

7ᵉ critique : les communistes attaquent la liberté,
la justice, la religion, la morale, etc., au lieu de les réformer.
Or il y a des vérités éternelles

Réponse (un peu différente, cette fois) : il est vrai qu'il y a eu religion, morale, etc., tout au long de l'évolution historique ; mais c'est parce que toutes les époques de l'histoire ont été des époques d'exploitation, et pour masquer l'exploitation il a fallu des idéologies. Or le communisme supprime l'exploitation. Il peut donc supprimer les idéologies (il est donc bien vrai que le communisme supprime la religion, la morale, etc.).

B / *Le programme de la révolution*

Il s'agira d'obtenir, par la révolution prolétarienne, les résultats suivants :

— constitution du prolétariat en *classe dominante* ;
— obtention de la *suprématie politique* (par la prise du pouvoir d'État) ;
— *arrachement progressif du capital* à la bourgeoisie ;
— *centralisation de tous les instruments de production* entre les mains de l'État.

Tout cela se fera par une « violation despotique » du droit de propriété.

La révolution victorieuse prendra des mesures qui différeront selon les pays, mais qui se ramèneront, pour les pays les plus avancés, aux dix suivantes :

1) Expropriation de la propriété foncière ; affectation de la rente foncière à l'État[1] ;
2) Création d'un impôt lourd progressif[2] ;
3) Abolition de l'héritage ;
4) Confiscation des biens de tous les émigrés et rebelles ;
5) Centralisation du crédit entre les mains de l'État au moyen d'une banque nationale qui aura un monopole exclusif ;

---

1. Au lieu, donc, de libérer les paysans du coût des fermages.
2. On voit que Marx, comme Graslin qui l'a inventé, comme les jacobins qui l'ont prôné, conçoit explicitement l'impôt progressif comme un instrument de spoliation révolutionnaire de la bourgeoisie. Il est clair que les socialistes les plus conscients d'aujourd'hui gardent en tête cette interprétation de Marx et continuent d'attribuer à l' « impôt lourd progressif » la même fonction révolutionnaire que celle que Marx lui attribue. Quant aux technocrates modernes qui le considèrent comme un instrument de gestion fiscale « normale », ils font du marxisme sans le savoir.

6) Nationalisation de tous les moyens de transport ;
7) Création de manufactures nationales ; mise en œuvre d'un plan de défrichement et d'amélioration des terres ;
8) Instauration du travail obligatoire pour tous ; organisation d'armées industrielles, particulièrement pour l'agriculture ;
9) Mesures tendant à faire disparaître graduellement la distinction entre ville et campagne[1] ;
10) Éducation publique et gratuite ; combinaison de l'éducation avec la production matérielle[2].

Après la phase de « dictature du prolétariat » (expression qui ne figure pas expressément ici) pourra apparaître « une association où le libre développement de chacun est la condition du libre développement de tous » (et qui semble donc être une société sans État : mais le thème du « dépérissement de l'État » ne figure pas non plus dans le texte ; nous retrouverons ces notions chez Lénine).

§ 3
Les idées économiques de Marx

Nous ne pouvons songer à présenter ici, même en résumé, l'ensemble de la pensée économique de Marx. On trouvera cependant ci-après un aperçu succinct de la « vulgate » économique du marxisme. Même si cette vulgate est probablement infidèle et schématique par rapport aux analyses théoriques du *Capital*, qui sont complexes et nuancées, c'est elle qui, cristallisée par toute une scolastique et tout un appareil de propagande, a été répandue dans le monde entier. Elle a constitué – et constitue encore – la « vision du monde » et le schéma intime de pensée de centaines de milliers de syndicalistes et de militants[3].

Marx reproche à l'économie classique (Smith, Ricardo, Malthus, Say...) de n'étudier que les relations entre les marchandises, sans voir

1. La distinction entre ville et campagne est en effet contemporaine de la première apparition des classes sociales et de leur lutte. La « société sans classes » abolira donc cette distinction.
2. Cette dernière mesure est une suite logique du matérialisme marxiste. Pour le matérialisme, il n'existe pas de formes idéelles séparées. Donc une éducation purement théorique est une absurdité et, pire, une manière pour l'idéalisme bourgeois, masque idéologique de l'exploitation, de s'autoreproduire de génération en génération. Ce programme – faire disparaître l'intellectuel comme tel – se retrouvera dans la révolution culturelle chinoise et jusque dans les réformes du système éducatif propretées en France par les réformateurs les plus radicaux.
3. Nous nous inspirons de l'exposé d'Emmanuel Combe, *Précis d'économie*, PUF, 1re éd., 1996.

les relations d'exploitation qui sous-tendent celles-ci. L'économiste
« scientifique » rompra avec ce « fétichisme de la marchandise » en
mettant en pleine lumière le phénomène de l'*extorsion de la
plus-value.*

1) *Théorie de la plus-value*

Le point de départ de Marx est ici la théorie classique de la
valeur-travail, qu'il estime fondamentalement vraie, malgré les nombreuses données empiriques qui la démentent. Pour remédier à ces
illogismes apparents des statistiques, on peut définir un « travail abstrait » dont les travaux concrets, simples ou complexes, sont des
expressions diversifiées.

Dès lors que toute valeur vient du travail, on peut analyser les
« rapports de production » dans l'économie capitaliste comme une
situation où une « plus-value » est arrachée au travailleur par l'employeur. Pour Marx, il ne s'agit pas seulement d'un *partage inégal* de
la valeur créée par le travail, mais d'un *vol pur et simple* ; en effet, le
capitaliste, dès lors qu'il ne travaille pas la *matière,* est réputé *ne pas
travailler du tout* : il n'a donc aucun droit à la valeur créée.

Comme chez Aristote, le capitaliste se situe dans un circuit
argent-marchandise-argent, où la marchandise est le simple intermédiaire de la spéculation financière, et non dans un circuit où ce serait
l'argent qui serait un intermédiaire des échanges concrets de marchandises[1]. Le capitaliste ne cherche pas à satisfaire producteurs et
consommateurs, il est guidé par la seule recherche individuelle du
profit. Mais comment peut-il obtenir celui-ci ?

Le profit du capitaliste sera la différence entre la valeur créée par
le travail et la valeur payée au travail. Or nous avons vu que celle-ci,
en situation de concurrence, n'est qu'un simple salaire de subsistance
qui tend vers un plancher, alors que celle-là est d'autant plus grande
que l'on fait travailler l'ouvrier plus longtemps. On a donc le schéma
suivant.

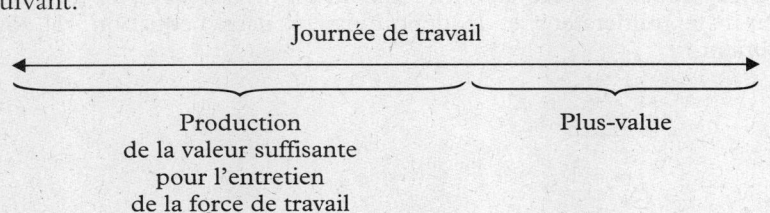

Journée de travail

Production
de la valeur suffisante
pour l'entretien
de la force de travail

Plus-value

---

1. Sur cet aspect de la théorie économique d'Aristote, cf. *HIPAMA*, p. 145-147.

On peut définir le *taux d'exploitation* ou *taux de plus-value, pl/v,* qui est le rapport de la plus-value *pl* au « capital variable » *v* (défini comme le prix à payer pour l'entretien de la force de travail).

On peut augmenter *pl/v* soit en augmentant la productivité (il y aura alors « production de plus-value relative »), soit en augmentant le temps de travail (« production de plus-value absolue »).

On définit ensuite le *taux de profit* π, rapport de la plus-value *pl* sur le capital *k* investi :

$$\pi = pl/k$$

qui peut s'écrire :

$$\pi = pl/c + v \tag{1}$$

(*k* étant le « capital total », *c* le « capital constant », *v* le « capital variable »).

2) *La baisse tendancielle du taux de profit*

Par sa théorie de la « baisse tendancielle du taux de profit », Marx montre alors que le système capitaliste n'est pas stable, qu'il est voué à connaître des crises et, finalement, à disparaître.

Les capitalistes sont en effet condamnés, pour faire face à la concurrence, à réinvestir la plus-value dans la production et ainsi à « accumuler le capital ». Mais cette accumulation de capital consiste essentiellement à investir dans le capital *fixe* (machines, équipements, brevets, etc.) ; le capital *variable* reste identique (c'est le salaire de la journée de travail des ouvriers). Or le capital fixe, à la différence du capital variable, *n'engendre pas de valeur :* le capitaliste est obligé de payer les machines à leur exacte valeur, il ne peut tricher en les « faisant travailler » pour plus qu'elles ne coûtent. Cette augmentation de ce que Marx appelle la « composition organique du capital » *c/v* altère alors le taux de profit. En effet, en divisant par *v* le numérateur et le dénominateur dans l'équation [1], on obtient :

$$\pi = \frac{\dfrac{pl}{v}}{\dfrac{c}{v} + 1}$$

et cette formule montre qu'à mesure que *c/v* augmente, π diminue. Partant, il résulte nécessairement de l'accumulation du capital une baisse du taux de profit du capitaliste.

Marx écrit :

« La masse de travail vivant utilisée diminue continuellement par rapport à la masse de travail matérialisé qu'elle met en mouvement, c'est-à-dire par rapport aux moyens de production consommés de façon productive ; il s'ensuit que la fraction non-payée de ce travail vivant, matérialisée dans la plus-value, doit décroître sans cesse par rapport à la valeur du capital total investi. Or ce rapport entre la masse de plus-value et la valeur du capital total investi constitue le taux de profit ; celui-ci doit donc baisser continuellement. »

La crise est cependant différée : car la substitution de c à v engendre du chômage (le capitalisme crée ainsi sans cesse une « armée de réserve industrielle »), celui-ci fait baisser les salaires, qui se rapprochent toujours plus du salaire-plancher, prix de la « reproduction brute de la force de travail ». Et cette baisse des salaires ralentit la baisse des profits. Mais la baisse même des salaires crée une sous-consommation, qui fait chuter les prix, et donc les profits. Alors les petites entreprises font faillite, seuls surnagent les entreprises les plus productives : d'où le mouvement de concentration de l'industrie et la succession des crises cycliques jusqu'à la crise finale.

Tous ces raisonnements de Marx, et l'idéologie politique qui se greffe sur eux, ont ni plus ni moins de solidité que la théorie de la valeur-travail qui en est la base. Cette théorie est réfutée par la science économique au moins depuis la révolution marginaliste et, en réalité, depuis Turgot et même Boisguilbert (et elle le sera dès la mort de Marx par l'ex-collaborateur de Marx et Engels, Édouard Bernstein). Le concept même de « plus-value », ou l'idée que le capitaliste « vole » l'employé en ne lui payant pas l'intégralité de ce qu'il lui rapporte, est fausse. En réalité, employeur et employé nouent un contrat, et si ce contrat est libre, on peut dire que, lorsqu'il s'établit, il y a, par définition, égalité des satisfactions subjectives de part et d'autre. En effet, l'accord passé entre eux signifie que l'employeur estime de son intérêt de payer à l'ouvrier une certaine somme en échange de sa contribution productive marginale effective ; et que l'ouvrier, de son côté, estime que le salaire qu'on lui propose est supérieur à ce qu'il pourrait gagner ailleurs. Il est certain que si l'ouvrier est peu qualifié, ou s'il y a beaucoup d'ouvriers en concurrence pour obtenir un même emploi, son apport marginal sera faible, et donc son salaire. Mais inversement, si les perspectives de vente du produit sont élevées, ou si les employeurs sont eux-mêmes en concurrence pour avoir de la main-d'œuvre qualifiée pour cette production, l'apport marginal de l'employé et son salaire seront élevés. Exiger que l'employeur paie plus que ce qu'il est prêt à payer volontairement compte tenu de ses calculs micro-économiques (portant sur les frais globaux de production, les perspectives d'écoulement de la production sur le marché, l'emploi alternatif qu'il pourrait faire de son capital), c'est sortir du cadre contractuel, c'est introduire un *rapport de force*. Celui-ci, outre qu'il rompt le lien social de la justice, a pour effet de distordre la structure des prix relatifs et donc de rendre l'économie sous-optimale, au détriment, en premier lieu, de ceux qui sont au bas de l'échelle des revenus. Il joue contre le progrès en même temps que contre la paix. Marx, en donnant une apparence de scientificité à la vieille haine des riches jadis excitée par les mouvements millénaristes, allait convaincre, par cercles concentriques, une puissante armée d'esprits simples. L'idéologie marxiste se substituerait aux vieilles superstitions religieuses pour entretenir une interminable guerre sociale en Europe et dans le monde.

Chapitre 7

Lénine
et le marxisme-léninisme

Lénine est le leader politique de la première révolution marxiste victorieuse : octobre 1917, en Russie. Mais il compte aussi sur le plan doctrinal. Développant et durcissant les idées de Marx et Engels, il attaque systématiquement les institutions de l'État de droit démocratique et libéral. Il crée ainsi, sur le plan idéologique autant que sur le plan pratique, les conditions d'émergence du totalitarisme.

Vie[1]

Vladimir Ilitch Oulianov est né en 1870, mort en 1924 (c'est en 1901 qu'il prend le surnom de Lénine). Il naît à Simbirsk, petite ville sur le bord de la Volga (cette ville a été débaptisée plus tard et nommée « Oulianov »). Son père est fils d'un serf affranchi qui est allé à l'université et a exercé les fonctions de directeur provincial de l'enseignement. Sa mère est fille d'un médecin, probablement un juif d'origine allemande (ce que n'évoquent jamais les biographies officielles).

Lénine fait de bonnes études au lycée de Simbirsk jusqu'en 1887. Cette même année, son frère aîné, Alexandre, est pendu pour complot contre le tsar, ce qui détermine sans doute en grande partie l'attitude révoltée et militante du jeune homme. D'autres frères et sœurs participeront avec Lénine à ce combat. Lénine fait ensuite des études de droit à l'Université de Kazan. Il en est exclu un an pour participation à des troubles. Puis il part avec sa famille à Samara, où il poursuit ses études. Il pourra, en 1892, s'inscrire au barreau, mais il n'exercera guère le métier d'avocat (cependant, en 1922, sa culture juridique initiale l'incitera à prendre part à la rédaction des premiers codes soviétiques). Lénine, en outre, connaît assez bien le français, l'allemand, l'anglais ; il fera de nombreuses traductions.

En 1893, il arrive à Saint-Pétersbourg. Il milite aussitôt dans un groupe marxiste, l'Union de lutte pour la libération de la classe ouvrière. En 1995, il est arrêté pour propagande subversive ; il fait de la prison puis est placé en résidence forcée en Sibérie. Il y est toujours en 1898 lorsqu'a lieu le premier congrès du

---

1. D'après Dominique Colas, *Lénine et le léninisme*, PUF, « Que sais-je ? », 1987.

Parti ouvrier social-démocrate de Russie (POSDR). Mais, libéré, il devient membre actif de ce parti. En 1900, il se rend à Genève pour rencontrer les leaders historiques du marxisme russe, Axelrod et Plékhanov. Mais il rompt avec ce dernier. À partir de là, la vie de Lénine est celle d'un dirigeant du Parti, toujours occupé de luttes de tendances, et soucieux d'échapper à toutes les polices. En 1912, il quitte Genève et s'installe à Paris. Il poursuit les luttes de faction (contre Bogdanov, Gorki...). De Paris, il voyage en France et surtout à l'étranger, pour les réunions de la IIe Internationale (Bruxelles, Copenhague). En 1912, il réunit ses partisans à Prague pour fonder le Parti bolchevik. Il s'installera encore à Cracovie, puis à Zürich. Dans la suite, la vie de Lénine s'identifie avec l'histoire de la révolution russe.

Œuvres

L'œuvre de Lénine est considérable : l'édition complète en russe compte 55 gros volumes. Les textes les plus importants sur le plan doctrinal (et les plus connus) sont :

Que faire ? (1902).
Un pas en avant, deux pas en arrière (1904).
Deux tactiques de la social-démocratie dans la révolution démocratique (1905).
Matérialisme et empirio-criticisme (1908).
L'impérialisme, stade suprême du capitalisme (1917).
L'État et la Révolution (1917).
La révolution prolétarienne et le rénégat Kautsky (1918).
La maladie infantile du communisme (le « gauchisme ») (1920).

I — *QUE FAIRE* ?
ET LA THÉORIE DU PARTI RÉVOLUTIONNAIRE

Lénine pense que la Russie suit un développement capitaliste malgré ses « asiatismes ». Donc la révolution prolétarienne y aura lieu. Mais il faut hâter le mouvement. On ne peut pas se contenter d'aider les libéraux qui luttent contre l'autocratie pour établir un pouvoir bourgeois ; il faut créer un parti ouvrier indépendant. En 1902, dans *Que faire ?,* Lénine dit comment il conçoit ce parti.

1) *Le Parti créateur de la classe*

La théorie de Lénine sur le Parti révolutionnaire prend, à bien des égards, le contre-pied de celle du *Manifeste communiste* de Marx. Pour ce dernier, le parti représente la classe ouvrière, il exprime un mouvement social qui existe déjà sans lui. Pour Lénine, le parti *crée* ce mouvement, et même il *crée la classe.* En effet, en Russie, il n'existe pas de libertés politiques, donc il ne peut y avoir cet autoengendrement de la conscience de classe, ce passage du mouvement ouvrier de l'en-soi au pour soi à travers des luttes successives toujours plus étendues et plus profondes, que Marx a décrits dans le *Manifeste*. La conscience de classe ne peut venir au mouvement que *de l'extérieur*.

Lénine critique au passage toute idée de spontanéité. Quand on laisse les ouvriers agir spontanément, ils se montrent « économistes » et « trade-unionistes », c'est-à-dire qu'ils ne songent qu'à leurs préoccupations immédiates, se contentent de demander des améliorations de leur situation matérielle et n'adoptent pas d'attitudes révolutionnaires. Donc celui qui veut la révolution doit renoncer à consulter les ouvriers. Il devra diriger le mouvement sans eux, éventuellement contre eux, même si c'est en leur nom et pour leur bien.

Tout le mépris des communistes pour le suffrage universel, et leurs fraudes ultérieures systématiques aux élections, viennent, notamment, de ces positions initiales de Lénine (et de celles de Marx contre la « démocratie bourgeoise »). L'opinion des travailleurs ne vaut rien parce qu'ils sont aliénés par l'idéologie bourgeoise. Si on leur demande leur avis, ils reproduiront à l'identique, indéfiniment, la domination bourgeoise, parce qu'ils sont incapables d'imaginer autre chose que ce qu'ils ont toujours connu. Nous savons que, de façon générale, c'est là la position des révolutionnaires : comme c'est la révolution qui doit rendre « bon » le peuple, celui-ci, avant que la société communiste définitive soit réalisée, est « mauvais » et il ne peut que « mal » voter.

Lénine peut citer le marxiste allemand Kautsky :

« Le socialisme et la lutte de classes surgissent parallèlement et ne s'engendrent pas l'un l'autre ; ils surgissent de prémisses différentes... Or le porteur de la science n'est pas le prolétariat, mais les intellectuels bourgeois... *Ainsi la conscience socialiste est importée du dehors dans la lutte de classes du prolétariat* et non quelque chose qui surgit spontanément » (cité par Colas, *op. cit.,* p. 20).

Le savoir dont sont porteurs les intellectuels est bien une « science » au sens fort : toute la prétention du matérialisme historique marxiste à être une science, nettement démarquée de l'idéologie, ressurgit ici. C'est parce qu'il s'agit d'une science, tandis que le mouvement ouvrier spontané n'exprime, lui, que de l'idéologie, que les critiques au Parti venant du sein du mouvement ouvrier sont *a priori* nulles et non avenues.

Lénine suggère de créer une organisation de « révolutionnaires professionnels », clandestins, qui dirigeront tout et seront eux-mêmes fortement unifiés sous la conduite d'une direction toute-puissante.

On a ainsi pu souligner l'homologie forte existant entre cette structure et celle formée par l'Église, dépositaire d'une Révélation[1]. D'autre part, si le Parti

---

1. Hannah Arendt parlera même de structure de *secte*. Cf. *infra*, p. 1357 sq.

est créateur de la classe, l'histoire n'est plus l' « histoire de la lutte des classes » comme le disait Marx, mais l'histoire du Parti. Le Parti est l'acteur principal de l'Histoire (comme l'est, dans la tradition millénariste, la poignée des « saints » autoproclamés).

2) Le Parti comme organisation

Lénine développe alors une théorie de l'*organisation*, bien représentative du *paradigme organisateur* que nous avons dit caractériser les pensées de « gauche ». Tout ce à quoi coopèrent plusieurs mains et plusieurs volontés est un *désordre*. L'ordre ne peut être établi que par une instance extérieure et transcendante à la chose à organiser, agissant d'après une idée *a priori*. D'où les images qui reviennent sans cesse : le Parti doit être semblable à une « fabrique » ou à une « armée » ; il doit être entièrement soumis à ses dirigeants et l'on doit interdire toute dissidence. « Le parti se renforce en s'épurant » : Lénine met cette formule de Lassalle en exergue de *Que faire ?* Les purges, les scissions, n'affaiblissent pas le Parti parce qu'elles permettent de le ramener à l'unité de pensée, donc de volonté. Ce qui est perdu en matière est gagné en forme. L'organisation vaut mieux que le nombre. Cent sont plus que mille, dit Lénine, car cent, une fois organisés, ont une pensée et une volonté, alors que mille hommes désorganisés ne sont qu'une masse amorphe.

Lénine raille les militants qui déplorent que le Parti soit assimilé à une fabrique. Certes, il y a dans la fabrique un côté négatif, à savoir l'exploitation capitaliste. Il n'en demeure pas moins que l'organisation stricte de l'usine, en tant que telle, est une bonne chose, puisque c'est elle qui permet l'efficacité de la production. « Cette fabrique qui, à d'aucuns, semble être un épouvantail... est précisément la forme supérieure de la coopération capitaliste, qui a groupé, discipliné le prolétariat, lui a enseigné l'organisation » (cité par Colas, p. 26)[1].

Autre organisation de référence, l'*armée*.

« Prenons l'armée moderne. Voilà un bon exemple d'organisation. Et cette organisation n'est bonne que parce qu'elle est *souple* et sait en même temps donner à des millions d'hommes une *volonté unique*. Aujourd'hui, ces millions d'hommes sont chez eux aux quatre coins du pays. Demain, arrive l'ordre de mobilisation, et ils se rassemblent au point de ralliement. Aujourd'hui, ils sont dans les tranchées, parfois pendant des mois. Demain, groupés différemment, ils

---

1. Lénine se réfère ici à l'organisation *interne* de l'usine capitaliste. Mais ce qui rend l'économie capitaliste si productive, ce n'est pas tant la forme de la coopération à l'intérieur de l'entreprise (qui est d'ailleurs aujourd'hui bien moins « tayloriste » et « militaire » qu'elle ne l'était au temps de Lénine) que la forme que prend la coopération *extérieure* des entreprises *les unes par rapport aux autres*, à savoir le *marché*. Or le marché est un ordre spontané, non un ordre organisé. Lénine paraît ne pas même soupçonner l'existence de cette différence.

vont à l'assaut... Oui, c'est ce qui s'appelle de l'organisation, quand, au nom d'une même volonté, des millions d'hommes changent la forme de leurs relations et de leur action, changent le lieu où s'applique et la façon dont s'exerce leur activité, changent leurs instruments selon les circonstances et les besoins de la lutte. Il en est de même pour la lutte de la classe ouvrière contre la bourgeoisie... » (cité par Colas, p. 57).

Ainsi Lénine s'exclame-t-il : « Au travail pour l'organisation, l'organisation et l'organisation ! » Le paradigme de l'organisation unitaire, hiérarchique et autoritaire commande entièrement sa pensée, qu'il s'agisse d'organiser le Parti pour faire la révolution, ou, nous le verrons, le prolétariat victorieux pour planifier la production économique.

3) Le « centralisme démocratique »

Dans ces conditions, Lénine ne saurait admettre la *démocratie* au sein du Parti. Il prône le fameux « centralisme démocratique », qui se résume par la formule : « liberté de discussion, unité d'action », qui sera très vite vidée de son sens au profit d'une dictature pure et simple de la direction, puisque, dans tous les partis de type léniniste qui se créeront dans le mouvement communiste international, les mêmes procédures assureront la permanence du pouvoir des mêmes directions : interdiction des tendances (qui permettraient des renversements de majorité), interdiction des liens horizontaux entre les cellules, élection indirecte à plusieurs degrés, élimination (parfois physique) des opposants dès qu'ils se découvrent, avant qu'ils puissent monter au niveau supérieur.

Lénine s'oppose même explicitement à la *liberté de critique* au sein du parti.

« La liberté est un grand mot, mais c'est sous le drapeau de la liberté de l'industrie qu'ont été menées les pires guerres de brigandage ; c'est sous le drapeau de la liberté du travail qu'on a spolié les travailleurs. L'expression "liberté de critique" telle qu'on l'emploie aujourd'hui renferme le même mensonge. Des gens vraiment convaincus d'avoir fait progresser la science ne réclameraient pas pour des conceptions nouvelles la liberté d'exister à côté des anciennes, mais le remplacement de celles-ci par celles-là » (cité par Colas, p. 30-31)[1].

Si d'ailleurs Lénine crée le Parti bolchevik en 1912, c'est pour avoir un parti à lui, soumis à une « unité de volonté ».

---

1. Lénine a la même épistémologie non critique que Saint-Simon. La vérité scientifique est une et ne se discute pas, donc à quoi servirait un libre débat ? On se souvient que les saint-simoniens, allant au bout de leur idée, n'hésitaient pas, eux aussi, à se lancer dans de violentes diatribes contre la « vaine idée métaphysique de liberté » (cf. *supra*, p. 866).

II — *L'ÉTAT ET LA RÉVOLUTION*
ET LA THÉORIE DE LA DICTATURE DU PROLÉTARIAT[1]

L'opuscule *L'État et la Révolution,* écrit par Lénine entre les deux révolutions de 1917 (février et octobre), c'est-à-dire au moment où il se prépare à exercer le pouvoir, présente un intérêt central pour la théorie « marxiste-léniniste ». C'est là que sont précisés : 1) la théorie de l'État comme structure non-neutre, pur instrument de domination d'une classe sur les autres ; 2) la théorie de la nécessité d'une phase transitoire entre capitalisme et communisme, la « dictature du prolétariat » ; 3) les buts finaux du communisme, ce que sera la société communiste après le « dépérissement de l'État ».

Lénine traite tous ces sujets en citant abondamment Marx et Engels, donc en se présentant comme le *restaurateur du vrai marxisme* contre les « révisionnistes » et « opportunistes » des partis sociauxdémocrates européens regroupés dans la IIe Internationale.

1) *L'État, instrument de domination d'une classe*

Dans *L'Origine de la famille, de la propriété privée et de l'État,* Engels a montré que l'appareil d'État est ce qui permet la domination d'une classe sur une autre. Donc il repose essentiellement, et non par accident, sur la violence. La police et l'armée sont des « détachements spéciaux d'hommes armés » créés par la classe dominante pour exercer cette violence. Tout cela était ignoré des sociétés pré-étatiques. Et l'État moderne démocratique répond mieux encore que l'État absolutiste à cette définition, parce que, grâce à la mystification du suffrage universel, il peut, mieux que jamais, se faire passer pour neutre. En participant aux élections, le peuple tout entier n'est-il pas réputé approuver l'appareil même qui l'opprime ?

En raison du stade atteint aujourd'hui par le développement des forces productives, on arrive cependant à la fin de la période de l'Histoire où l'État est nécessaire.

« Nous approchons maintenant à grands pas vers un degré de développement de la production tel que l'existence des classes a non seulement cessé d'être une nécessité, mais devient un obstacle direct à la production. Les classes disparaîtront aussi inéluctablement qu'elles sont apparues. Avec la disparition

---

1. Cf. Lénine, *L'État et la Révolution,* in *Œuvres choisies,* t. II, Éditions en langues étrangères, Moscou, 1946.

des classes, disparaîtra inéluctablement l'État. La société qui réorganisera la production sur la base de l'association libre et égale des producteurs, renverra la
machine d'État à la place qui lui revient : au musée des antiquités, à côté du
rouet et de la hache de bronze » (Engels, cité par Lénine, *L'État et la Révolution,*
in *Œuvres choisies, op. cit.,* p. 171).

En attendant, que doit-il advenir de l'État dans la période *actuelle*
où les socialistes sont susceptibles de s'en emparer ? Ici, Lénine
attaque de front les « opportunistes », c'est-à-dire tous les membres
des partis sociaux-démocrates qui entendent prendre le pouvoir par
des voies légales et s'installer aux commandes de l'État bourgeois
sans le détruire (en procédant alors à un « partage du butin » pour les
postes de fonctionnaires et autres « sinécures », ce qui suscite les railleries de Lénine).

Les opportunistes croient pouvoir justifier cette attitude conservatrice par le marxisme lui-même. Engels a dit en effet, dans
L'Anti-Dühring, que l'État, une fois qu'il aurait accompli son dernier
acte propre, la prise de possession des moyens de production au nom
de la société, devrait « dépérir ». Les « démocrates petits-bourgeois »
s'autorisent de cette formule pour conclure que l'État ne doit pas
disparaître *de façon violente,* mais *tout seul, graduellement.* D'où l'atten-
tisme des socialistes au pouvoir, qui critiquent comme « anarchistes »
ceux qui veulent détruire l'État immédiatement.

Or cela, dit Lénine, revient à « nier la révolution ». En fait, les
révisionnistes font une confusion entre la suppression de l'État *bourgeois* et celle de l'État *prolétarien.* Alors que la seconde prendra effectivement la forme d'un dépérissement progressif, la première doit
être brutale. Immédiatement à la suite de la révolution, l'État doit
changer de nature : de « force spéciale de répression » bourgeoise
qu'il était, il doit devenir une « force spéciale de répression » prolétarienne.

Lénine va le montrer en citant les ouvrages par lesquels Marx a complété
sur ce point le *Manifeste communiste : Le Dix-huit brumaire de Louis Napoléon
Bonaparte* et *Les luttes de classe en France,* commentaires des événements
de 1848-1851, et *La guerre civile en France,* commentaire de la Commune de
Paris. Il se fait fort de montrer que la théorie de la destruction violente de l'État
bourgeois n'est nullement, comme essaient de le faire croire Kautsky et ses semblables, une spécialité des anarchistes, mais la pensée authentique de Marx et
d'Engels.

2) *Les traits de l'État prolétarien préfigurés par la Commune de Paris*

Le prolétariat lui-même a montré, lors de ses luttes, comment
l'État bourgeois, organe de la dictature de la bourgeoisie, devait et

pouvait être détruit au profit d'une structure entièrement nouvelle, l'État prolétarien, organe de la dictature du prolétariat. La Commune de Paris, en particulier, a été, selon Marx, « en son fond un gouvernement de la classe ouvrière, [...] la forme politique enfin trouvée sous laquelle il était possible de réaliser l'émancipation économique du travail ». Les révolutions russes de 1905 et de 1917 ont « continué l'œuvre de la Commune et confirmé la géniale intuition de Marx » (*L'État et la Révolution,* in *Œuvres choisies,* p. 207).

Cette « forme politique enfin trouvée » se lit dans les différentes mesures de gouvernement que la Commune a prises[1] : suppression de la *police* et de l'*armée* officielles (au profit du « peuple en armes »), suppression des *prêtres,* des *dignitaires de l'État,* des *magistrats indépendants* ; tous les agents de l'État sont déclarés *responsables devant la Commune* et *révocables à tout moment* (donc il n'y a plus d'autonomie de l'État par rapport au peuple, celui-là ne peut constituer une puissance distincte de celui-ci) ; l'assemblée cesse d'être « parlementaire » et devient « à la fois législative et exécutive », une « assemblée agissante » (Lénine revient à plusieurs reprises sur ce point[2]) ; enfin, les salaires des fonctionnaires et de tous les responsables sont ramenés *au niveau des salaires des ouvriers.*

Ces mesures prises par la Commune représentent pour l'État un véritable *changement de nature.* Dans l'État bourgeois, les institutions représentatives prennent la forme du « parlementarisme », qui n'est, dit Lénine, qu'une manière de capter les voix des « moujiks ignorants » et des « Jacques Bonhomme ». Pendant qu'au Parlement règne la « parlote », le vrai pouvoir demeure aux fonctionnaires des ministères qui sabotent en toute liberté les mesures révolutionnaires.

---

1. Ces mesures originales, dit Lénine, manifestent l'inventivité du prolétariat révolutionnaire. Marx ne pouvait les imaginer au moment de la rédaction du *Manifeste*. Elles sont le produit du développement objectif des luttes, que le théoricien ne peut qu'observer, comme Darwin observe l'évolution des espèces. « Toute la théorie de Marx est une application au capitalisme contemporain de la théorie de l'évolution [...]. Le communisme *procède* du capitalisme, se développe historiquement du capitalisme, il est le résultat de l'action d'une force sociale *engendrée* par le capitalisme. Chez Marx, on ne trouverait pas l'ombre d'une tentative pour inventer des utopies, pour faire de vaines conjectures sur ce que l'on ne peut pas savoir. Marx pose la question du communisme comme un naturaliste poserait, par exemple, celle de l'évolution d'une nouvelle espèce biologique, une fois connues son origine et la ligne précise de son évolution » (p. 230). Pour le « darwinien » Lénine, il faut porter au crédit de la révolution, et non à son débit, de ne pas savoir exactement où elle va.

2. Une assemblée « agissante » : pour Lénine, une assemblée parlementaire n'a pas pour rôle de fixer des *règles générales*, mais de prendre des *décisions* : ce qui est cohérent avec l'objectif de faire disparaître le droit, cette superstructure de la société bourgeoise (cf. *infra*).

Dans les « assemblées agissantes » de l'État prolétarien, au contraire, le prolétariat organise la révolution et, déjà, la production. Ce fut vrai de la Commune, ce le sera bientôt des soviets.

« C'est nous-mêmes, les ouvriers, qui, forts de notre expérience ouvrière, en instituant une discipline rigoureuse, une discipline de fer maintenue par les ouvriers armés maîtres du pouvoir, organiserons la grande production en prenant pour point de départ ce qui a déjà été créé par le capitalisme ; nous réduirons les fonctionnaires de l'État au rôle de simples agents d'exécution de nos directives, au rôle de "surveillants et de comptables" chargés de responsabilité, révocables et modestement rétribués (tout en conservant, bien entendu, les spécialistes de tout ordre, de toute espèce et de tout rang) : telle est *notre* tâche prolétarienne » (*L'État et la révolution, op. cit.,* p. 201).

Tout État est, en tant que tel, un instrument d'oppression. Or, dans la phase de transition vers le communisme, il est nécessaire, si l'on veut arracher le pouvoir des mains de la bourgeoisie, de mettre des instruments d'oppression au service de la classe révolutionnaire. On aura donc encore un État, c'est-à-dire une situation où une fraction sociale exercera une violence sur une autre fraction. Mais la différence sera que la fraction qui exercera le pouvoir sera, cette fois, largement majoritaire : ce sera le peuple moins la petite minorité des bourgeois. Les fonctions de cet État prolétarien ne seront donc plus exercées par des « détachements spéciaux » d'hommes, mais, virtuellement, par toute la population. Ainsi la violence, dans l'État prolétarien, tout en étant réelle, sera marginalisée par rapport à ce qu'elle était dans l'État bourgeois (puisqu'une minorité a besoin, par définition, de plus de violence pour dominer la majorité que la majorité pour écraser une poignée d'opposants). Lénine souligne cependant que cette situation ne sera que provisoire. Il faudra qu'advienne une nouvelle phase de la révolution où la violence disparaîtra complètement, où l'État, comme l'ont dit Marx et Engels, « dépérira ». Mais la seconde phase *suppose* la première.

« Ces premières mesures [prises par l'État prolétarien] conduisent d'elles-mêmes au "dépérissement" graduel de toute bureaucratie, à l'établissement graduel d'un ordre – ordre sans guillemets et qui ne ressemble point à l'esclavage salarié –, où les fonctions de plus en plus simplifiées de surveillance et de comptabilité seront remplies par tout le monde à tour de rôle, pour ensuite devenir une habitude et disparaître enfin en tant que fonctions spéciales d'une catégorie spéciale d'individus » *(ibid.).*

Les derniers exploiteurs ayant disparu, en effet, les intérêts de tous seront en harmonie avec ceux de tous. Tout le monde aura entièrement intériorisé les « règles nécessaires à toute vie en société ». Alors la société elle-même sanctionnera spontanément, sévèrement et immédiatement, les manquements résiduels à ces règles[1]. Ainsi, l'on pourra faire totalement l'économie, désormais, d'organes *spéciaux* de répression ou même de régulation. L'État aura « dépéri ». Il se sera dissous dans la société. L'ordre social sera devenu *immanent* à celle-ci.

Lénine précise toutefois que la destruction de l'État bourgeois ne revient pas à une « décentralisation », au « fédéralisme », tel que l'a préconisé, par exemple, Proudhon. Ce n'est pas parce que l'État bourgeois est centralisé que l'État prolétarien doit être décentralisé. Comment en effet vouloir nationaliser les chemins de fer, les fabriques, la terre, etc., sans centralisme ? C'est pourquoi Lénine, comme Marx, est « centraliste ».

Ainsi l'État, même prolétarien, est désormais en sursis. C'est pourquoi Engels, dans une lettre à Bebel[2] contemporaine de la *Critique du programme de Gotha* de Marx (18-28 mars 1875), a critiqué la notion, utilisée par Bebel, d'un « État populaire libre ». L'État n'est qu'une institution provisoire. Les prolétaires n'en ont besoin qu'aussi longtemps qu'il s'agit de lutter contre leurs adversaires, mais, « le jour où il devient possible de parler de liberté, l'État cesse d'exister comme tel ». De même, dans un dernier texte, la préface de 1891 à la *Guerre civile en France* de Marx, Engels mettait en garde les Allemands, trop sujets, dit-il, à une « foi superstitieuse en l'État ».

Engels a précisé que la suppression de l'État revenait à la *suppression de la démocratie*. Lénine commente :

« Une telle assertion paraît, à première vue, extrêmement étrange et inintelligible ; peut-être même s'en trouvera-t-il pour craindre que nous souhaitions l'avènement d'un ordre social où ne serait pas observé le principe de la soumission de la minorité à la majorité ; car enfin, la démocratie n'est-elle pas la reconnaissance de ce principe ?

« Non. La démocratie et la soumission de la minorité à la majorité *ne sont pas* des choses identiques. La démocratie, c'est l'*État* reconnaissant la soumission de la minorité à la majorité, c'est-à-dire l'organisation de la *violence* systématiquement exercée par une classe sur une autre, par une partie de la population sur l'autre partie.

« Nous nous assignons comme but final la suppression de l'État, c'est-à-dire de toute violence organisée et systématique, de toute violence exercée sur les hommes, en général. Nous ne souhaitons pas l'avènement d'un ordre social où le principe de la soumission de la minorité à la majorité ne serait pas observé. Mais, aspirant au socialisme, nous sommes convaincus qu'il aboutira au communisme et que, par suite, disparaîtra toute nécessité de recou-

---

1. Lesquels deviendront, eux-mêmes, plus rares à mesure que l'exploitation des masses et leur misère, vraies causes de la délinquance, disparaîtront.
2. August Bebel (1840-1913), membre de la première Internationale, fondateur en 1891, avec Karl Liebknecht, du parti ouvrier social-démocrate allemand. Comme Kautsky, il évoluera vers le « centrisme » et jouera un rôle prépondérant dans la IIᵉ Internationale.

rir en général à la violence contre les hommes, à la *soumission* d'un homme à un autre, d'une partie de la population à une autre partie ; car les hommes *s'habitueront* à observer les conditions élémentaires de la vie en société, *sans violence* et *sans soumission.*

« Afin de souligner cet élément d'accoutumance, Engels parle de la nouvelle génération "élevée dans une société nouvelle d'hommes libres, et qui pourra se débarrasser de tout ce fatras qu'est l'État", de tout État, y compris celui de la république démocratique » (p. 228)[1].

Lénine formalise maintenant les traits respectifs des deux phases de la Révolution ainsi distinguées.

3) *La dictature du prolétariat et le « socialisme »*

Dans la première phase, où le prolétariat s'est emparé du pouvoir de l'État par une révolution violente, il s'agit de supprimer l'exploitation de l'homme par l'homme et de donner à tous les mêmes droits. L'État prolétarien y parvient par les mesures suivantes :

1) Il réserve une certaine part de la richesse produite pour financer les biens et services collectifs.

On ne pourra pas en effet, comme le prétendait Lassalle, donner à tout ouvrier le produit « non amputé » ou « intégral » de son travail, car il est indispensable de prendre sur ce produit divers prélèvements : un fonds de réserve, un fonds destiné au remplacement des machines usées, des frais d'administration, d'écoles, d'hôpitaux, d'hospices de vieillards, etc.

2) Il distribue l'intégralité de la richesse restante, en veillant à ce que chacun reçoive en proportion de son travail. Ainsi n'y aura-t-il pas d' « exploitation de l'homme par l'homme », d'appropriation de la plus-value par une fraction de la population. L'État prolétarien pourra se passer d'un système monétaire pour procéder à cette répartition :

« Chaque membre de la société, accomplissant une certaine part du travail socialement nécessaire, reçoit de la société un certificat constatant la quantité de travail qu'il a fournie. Avec ce certificat, il reçoit dans les magasins publics d'objets de consommation, une quantité correspondante de produits. Par conséquent, défalcation faite de la quantité de travail versée au fonds social, chaque ouvrier reçoit de la société autant qu'il lui a donné » (p. 236-237)[2].

1. Ainsi, il n'y aura pas de démocratie dans le communisme, parce qu'il n'y aura plus d'État ; il n'y en aura pas non plus, cela va sans dire, pendant la « dictature du prolétariat » qui précède le communisme ; nous savons qu'il n'y en a pas non plus avant, sous le gouvernement parlementaire, puisque, dans cette phase, le prolétariat est encore aliéné par l'idéologie bourgeoise. De sorte que, selon le marxisme-léninisme, la démocratie n'est jamais de saison.
2. On se souvient que les idées de « magasins publics » et de « bons » remplaçant l'argent sont proposées depuis le XVIIIᵉ siècle dans presque toutes les utopies socialistes.

Cette phase sera le « socialisme » (ou, concède Lénine, la « première phase du communisme » : peu importent les mots).

Mais Lénine souligne, après Marx lui-même, que, dans cette phase, il n'y a pas encore de véritable égalité. Car seule est réalisée l'égalité de *droits*. Or « tout droit présuppose l'inégalité ». Le droit protège en effet ce qui appartient en propre à chacun, il conduit donc à donner à chacun en proportion de ce qu'il produit. Or il y a des gens plus ou moins forts, plus ou moins talentueux, qui ont des capacités de production différentes ; par ailleurs, ces travailleurs ont des familles plus ou moins nombreuses à nourrir. Donc, dans un tel système, « il y aura encore des riches et des pauvres ». Notons, en outre, que le maintien du « droit bourgeois » implique celui de l'État, « car le droit n'est rien sans un appareil capable de *contraindre* à l'observation des règles de droit » (p. 242).

Ce « défaut », dit Marx, « est inévitable dans la première phase du communisme, car on ne peut, sans tomber dans l'utopie, penser qu'après avoir renversé le capitalisme, les hommes apprendront d'emblée à travailler pour la société *sans normes juridiques d'aucune sorte* ; au reste, l'abolition du capitalisme *ne donne pas d'emblée* les prémisses économiques d'un *tel* changement.

« Or, il n'y a pas d'autres normes que celles du "droit bourgeois". Et pour autant la nécessité demeure d'un État qui, tout en protégeant la propriété commune des moyens de production, protégerait l'égalité du travail et l'égalité dans la répartition des produits.

« L'État dépérit, pour autant qu'il n'y a plus de capitalistes, plus de classes et que, par conséquent, il est impossible de *réprimer* une *classe* quelconque. Mais l'État n'a pas encore entièrement disparu, puisque l'on continue à protéger le "droit bourgeois" qui consacre l'inégalité de fait. Pour que l'État disparaisse complètement, il faut que le communisme soit intégral » (*L'État et la Révolution*, p. 238-239).

D'où la seconde phase.

4) *Le « communisme »*
(ou la « phase supérieure de la société communiste »)

Lénine définit cette nouvelle phase par deux traits : 1) Un développement sans précédent des forces productives ; 2) La disparition de l'État, du droit et plus généralement de toute institution coercitive.

En ce qui concerne le premier point, Lénine cite ces lignes de Marx dans la *Critique du programme de Gotha* :

« Dans la phase supérieure de la société communiste, quand auront disparu l'asservissante subordination des individus à la division du travail et, avec elle, l'antagonisme entre le travail intellectuel et manuel ; quand le travail ne sera pas seulement un moyen de vivre, mais deviendra lui-même une nécessité vitale ; quand, avec le développement multiple des individus, les forces productives s'accroîtront et que toutes les sources de la richesse collective jailliront avec abondance[1], alors seulement l'étroit horizon du droit bourgeois pourra être complètement dépassé et la société pourra inscrire sur ses drapeaux : *De chacun selon ses capacités à chacun selon ses besoins* » (cité par Lénine, p. 239).

Lénine approuve Marx sans réserve.

« Nous sommes en droit d'affirmer, avec une certitude absolue, que l'expropriation des capitalistes entraînera nécessairement un développement prodigieux des forces productives de la société humaine » (p. 240).

D'où le second caractère de la société communiste. Quand il n'existera plus de conflits d'intérêts au sein de la société, quand le travail sera entièrement désaliéné, l'abondance règnera et, par suite, les hommes ne travailleront plus pour assurer la satisfaction de leurs besoins, mais en fonction de l'intérêt intrinsèque du travail. De ce fait, « ils travailleront volontairement *selon leurs capacités* ». Ils ne feront plus des comptes d'apothicaire (« avec l'âpreté d'un Shylock »). D'une part, chacun travaillera spontanément « selon ses capacités » et, d'autre part, puisera librement « selon ses besoins » dans le produit commun. Les gens agiront de la sorte en toute confiance, parce qu'ils en auront pris l' « habitude », c'est-à-dire parce que « les règles fondamentales de toute vie en société » auront été intériorisées par tous. Les hommes auront appris à travailler pour la société « sans normes juridiques d'aucune sorte ». C'est alors que l' « étroit horizon du droit bourgeois » sera définitivement dépassé[2].

1. Nous pouvons constater une fois encore ici le « point aveugle » de la théorie de Marx : il croit que la productivité économique est fonction de la quantité de travail effectué par les individus et du développement des sciences et des techniques. Il ne voit pas qu'elle est fonction du degré de *division du travail et du savoir* atteint par la société et que le progrès scientifique et technique est lui-même le fruit de cette division, de sorte que, si l'on supprimait la spécialisation du travail afin de mettre fin à son « aliénation », bien loin que « toutes les sources de la richesse jaillissent avec abondance », on reviendrait à une situation de pénurie qui était précisément celle des sociétés de faible division du tavail comme les sociétés agricoles traditionnelles.

2. La situation visée ici par Lénine est une situation de parfaite harmonie. Comme l'homme est délivré de toute crainte d'être exploité, il ne mesure pas son travail à la rémunération qu'on est prêt à lui donner en échange, donc il ne limite pas son travail, donc il travaille plus et mieux, donc la société est plus riche, donc tous les besoins sont satisfaits, donc il n'y a plus de violence, donc il n'y a plus besoin d'institutions coercitives. Cet état est vraiment celui, rêvé par tous les révolutionnaires, du millenium, du « paradis sur terre ». Mais la société sans institution promise par Jérémie et Ezéchiel pour les temps messianiques (cf. *HIPAMA*, p. 487-489) supposait conversion du cœur et responsabilité éthique individuelle. Celles-ci étant éliminées par l'ontologie matérialiste marxiste, aucune morale n'empêchera le « paradis » socialiste de se renverser en « enfer ».

5) *L'ordre social par le « recensement » et le « contrôle »*

Lénine voit bien que l'idée selon laquelle la société pourrait se passer d'institutions, parce que les motivations intimes de l'action humaine auraient été métamorphosées, suscitera le scepticisme. Mais, dit-il, ce qui peut paraître aujourd'hui une « utopie » n'en est pas une si l'on veut bien se placer dans la perspective d'un *processus historique*. L'idée est que chaque phase du processus *transforme les hommes,* et que, avec des hommes transformés, *ce qui paraissait utopique à un certain stade peut devenir réalisable.*

Ainsi, c'est le développement du capitalisme qui, on l'a vu, a rendu envisageable la dictature du prolétariat. Car le capitalisme a « éduqué » et « formé à la discipline » des millions d'ouvriers en créant ces immenses organisations complexes que sont la poste, les chemins de fer, les grandes usines, le gros commerce, les banques, etc. (cf. p. 244) ; il a diffusé l'instruction générale. Ainsi ont été réunies les conditions nécessaires pour que tous puissent, dans l'État prolétarien, participer à la gestion de l'État.

Une transformation équivalente va s'accomplir en l'homme, sous la première phase du socialisme, et c'est elle qui rendra possible le passage à la seconde phase.

« *Recensement* et *contrôle,* voilà l'essentiel et pour l'organisation et pour le fonctionnement régulier de la société communiste dans sa première phase. Ici *tous* les citoyens se transforment en employés salariés de l'État constitué par les ouvriers armés. *Tous* les citoyens deviennent les employés et les ouvriers *d'un seul "cartel" du peuple entier, de l'État*[1]. Le tout est d'obtenir qu'ils travaillent dans une proportion égale, observent exactement la mesure de travail et reçoivent en proportion. Le recensement et le contrôle dans tous ces domaines ont été *simplifiés* à l'extrême par le capitalisme qui les a réduits aux opérations les plus simples de surveillance et d'enregistrement, à la délivrance de reçus correspondants − *toutes choses à la portée de quiconque sait lire et écrire et connaît les quatre règles d'arithmétique.* [...] La société tout entière ne sera plus qu'un bureau et qu'un atelier, avec égalité de travail et égalité de salaire » (p. 244-245, n.s.).

Cela induira une transformation intime de l'homme. Il s'habituera à ne plus exploiter autrui, à respecter les « règles élémentaires de la vie sociale ». Les anciennes classes dirigeantes, et tous les hommes influencés par les anciennes idéologies commenceront leur rééducation (Lénine n'emploie pas le mot, mais il vise bien la chose).

---

1. « Tous fonctionnaires » : on se souvient que c'était déjà l'idéal de nombre d'utopies socialistes des XVIIIe et XIXe siècles. On voit que c'est aussi l'idéal de la première phase du communisme marxiste-léniniste.

« Quand la *majorité* du peuple commencera par elle-même et partout ce recensement, ce contrôle des capitalistes (transformés alors en employés) et de la gent intellectuelle qui aura conservé les pratiques capitalistes, alors ce contrôle sera vraiment universel, général, national, et nul ne pourra plus s'y soustraire, de quelque manière que ce soit ; "on n'aura plus où se mettre" » *(ibid.)*.

Lénine — dans un étonnant passage au ton menaçant, où s'annonce presque explicitement une société totalitaire, « orwellienne » — suggère que ce contrôle sera particulièrement sévère :

« Quand *tous* auront appris à administrer et administreront effectivement eux-mêmes la production sociale, quand tous procèderont eux-mêmes au recensement et au contrôle des parasites, des fils à papa, des filous et autres "gardiens des traditions du capitalisme" — alors se soustraire à ce recensement et à ce contrôle exercé par le peuple sera à coup sûr d'une difficulté si incroyable et une exception si rare ; cela entraînera vraisemblablement un châtiment si prompt et si grave (les ouvriers armés ont le sens pratique de la vie ; ils ne sont pas de petits intellectuels sentimentaux, et ils ne permettront pas qu'on plaisante avec eux) —, que la *nécessité* d'observer les règles, toutes simples, mais essentielles, de toute communauté humaine deviendra très vite une *habitude* » *(ibid.)*.

C'est cette transformation intime qui permettra elle-même d'envisager sans utopisme le passage au stade suivant et définitif du processus, le communisme.

« Alors s'ouvrira toute grande la porte qui permettra de passer de la première phase de la société communiste à sa phase supérieure et, par suite, à la disparition complète de l'État » *(ibid.)*.

Le communisme bouclera donc l'Histoire : on reviendra à la communauté anté-historique sans État — *plus* l'électricité.

CONCLUSION

Arrêtons-nous sur certains aspects de l'idéologie léniniste qui expliquent en partie la brutalité singulière de l'action des bolcheviks parvenus au pouvoir.

1) *Nihilisme et violence*

Aux yeux de Lénine, seul compte le mouvement de l'Histoire, et celle-ci, mettant en jeu des forces gigantesques qui sont celles des classes, ne doit pas s'arrêter au sort des individus. Les obstacles à la violence et au crime sont moraux, mais, la morale étant une idéologie inventée par la classe dominante, elle ne saurait constituer un frein à l'emploi des moyens que le Parti jugera « scientifiquement » nécessaires pour faire triompher la révolution.

De fait, Lénine fait explicitement l'éloge de la violence. Les violences seront une « fête », puisque « la révolution est la fête des opprimés ». Une « guerre exterminatrice, sanglante et acharnée » est nécessaire (on retrouve le « grand combat eschatologique » des millénaristes). Lénine prône la « terreur de masse » et fait d'ailleurs l'éloge de la Terreur française (tout en condamnant le terrorisme individuel des anarchistes russes, qui en est une forme inférieure). Il approuve les « exécutions de traîtres » et les « expropriations » (nom donné aux vols à main armée grâce auxquels les révolutionnaires se procurent des moyens financiers). Parce que la force en est le seul vrai moteur, la lutte de classes trouve son dénouement et sa vérité dans la guerre civile. D'ailleurs Lénine se félicite de ce que la guerre de 1914-1918 ait été déclenchée, puisque, banalisant le sang versé, elle a pu ouvrir la voie aux violences révolutionnaires.

Mais il n'y a pas que le sang. Lénine pousse sa critique de la morale et des valeurs jusqu'à faire un véritable éloge du *mensonge* et du *cynisme*. Il faut, dit-il, « consentir à tous les sacrifices, user même — en cas de nécessité — de tous les stratagèmes, de toutes les astuces, recourir aux expédients, taire, celer la vérité, à seule fin... de mener coûte que coûte l'action communiste » (in *La maladie infantile du communisme, le gauchisme,* cité par Colas, p. 83).

Ainsi, rien n'est sacré, la révolution ne sera retenue, dans ses méthodes, par absolument aucune considération d' « humanité » (Marx n'a-t-il dit que l'Homme n'existait pas ?). Le marxisme-léninisme retrouve et dépasse Machiavel. Il fait sienne également la théorie de Hegel selon laquelle la violence est nécessaire à l'Histoire, une violence qui peut être d'autant plus massive que, étant motivée par la théorie de l'Histoire et non par la « haine », elle est « anonyme » et « abstraite » (cf. *supra,* p. 769).

2) *La suppression du droit*

On a vu que Lénine a une théorie bien arrêtée de la dictature du prolétariat, et de la dictature du Parti sur le prolétariat même. Il tient de toute façon le droit, qu'il soit civil ou politique, pour une « illusion bourgeoise ».

Lénine, aussitôt au pouvoir, supprime toutes les libertés. Les opposants qui, à l'intérieur du parti, protestent contre la suppression de la liberté de la presse, sont réduits au silence. Dès le 17 décembre 1917 est créée la police politique secrète, la *Tchéka* (ainsi qu'un « Tribunal révolutionnaire »). Le premier camp de concentration pour les « suspects » est ouvert aussitôt après.

Plus tard, bien que la guerre et la guerre civile soient terminées, les mesures dictatoriales se multiplient : répression de l'insurrection de Cronstadt, des grèves de Petrograd, du mouvement de Makhno et de la révolte des paysans de la province de Tambov. On élimine les derniers opposants, Lénine envisageant de fusiller socialistes révolutionnaires et mencheviks « en raison de leur trahison ». Au XIᵉ Congrès, il s'exclame : « Nous exerçons la dictature du prolétariat, le pouvoir terroriste. » En mai 1922 est promulgué un Code pénal dont l'article 58 va alimenter ce que Soljenitsyne appellera, bien plus tard, l' « archipel du Goulag ». Dans les attendus, on lit que la « légalité socialiste » est une institutionnalisation de la terreur. « Le tribunal ne doit pas éliminer la terreur... Il faut la justifier et la légitimer sur le plan des principes, clairement, sans fausseté et sans fard » (cité par Colas, p. 79).

Tout l'appareil du droit disparaît. Car « l'État, c'est nous, nous les ouvriers conscients, nous les communistes ». Il faut donc élaborer un droit nouveau, qui ne devra plus rien au *corpus juris civilis* romain, et ce en combattant « la ligne d'adaptation à l'Europe ». Sur la base de « notre propre conscience juridique révolutionnaire », il faut « organiser des procès exemplaires, retentissants, éducatifs ». « Un bon communiste, c'est aussi un bon tchékiste. »

3) *Organisation et pénurie*

Sur le plan économique, Lénine rencontre des difficultés inattendues. Il avait cru que, dans la première phase du communisme, le « recensement » et le « contrôle » suffiraient à gérer une économie déjà organisée et largement simplifiée par le capitalisme. En réalité, les mesures de suspension du marché et de planification adoptées créent presque instantanément la pénurie. Le contrôle total de la production et des échanges, les réquisitions, la réduction du rôle de la monnaie, l'inflation délibérée pour appauvrir les possédants, la centralisation maximale, le service du travail obligatoire (qui, initialement prévu pour les seuls « bourgeois », est bientôt imposé aussi aux ouvriers) aboutissent à des résultats catastrophiques.

Ceux que Lénine a brocardés en les traitant d' « opportunistes » avaient pourtant prévenu que l'État prolétarien envisagé par les bolchéviks était quelque chose de « naïf », de « primitif ». Les fonctions de l'État, disaient-ils, sont éminemment complexes : comment pourraient-elles être exercées sous le contrôle direct d'ouvriers peu qualifiés ? Mais ces objections venues des « socialistes démocratiques », que nous détaillerons dans le chapitre suivant, n'allaient pas au fond des choses. La vérité, soulignée dès avant Octobre par des économistes comme l'Autrichien Ludwig von Mises, c'est que la planification d'une grande économie moderne est une impossibilité épistémologique absolue. Non pas parce qu'elle ne saurait, en toute hypothèse, se borner à des opérations de « recensement » et de « contrôle » accessibles à quiconque « sachant lire » et connaissant « les quatre opérations », mais parce que, même pour une équipe de mathématiciens de haut niveau, elle est strictement irréalisable. Seuls les calculs micro-économiques réalisés de façon indépendante et dispersée par les agents économiques du marché, libres de leurs initiatives, et utilisant le medium de communication du droit et des prix, peuvent réaliser en temps réel l'adaptation fine des actions des agents les unes aux autres et donc assurer une allocation des ressources et une division du travail efficientes. Seul le marché peut maintenir l'équilibre économique – et ce, non pas en dépit de la liberté individuelle des agents, mais grâce à elle. Faute de disposer de ce paradigme et parce qu'ils étaient prisonniers, au contraire, du paradigme organisateur hérité de l'utopisme de la gauche et encore durci, nous l'avons vu, par Lénine, les bolchéviks ont immédiatement provoqué le plus grand effondrement de la production qu'une société moderne ait connu. En quelques semaines, la production tendit vers zéro et la famine sévit sur tout le territoire. La propagande ultérieure a rendu responsable de ce phénomène la guerre civile, mais c'est manifestement faux. L'histoire surabonde d'exemples de pays en guerre qui ne sont nullement en situation de famine. La famine de la Russie bolchevique en guerre de 1917 à 1921 (date de la « NEP ») et plus tard est le résultat du bolchevisme, non celui de la guerre.

Or, face à cette situation, les bolcheviks, au lieu de reconnaître leur erreur, déclenchent une « terreur de masse ». Des détachements ouvriers partent des villes pour arracher leurs excédents aux koulaks, désignés comme responsables de la faim : « Mort aux vampires koulaks. » On recherche donc des « boucs émissaires », des responsables humains d'une catastrophe qui a pour vraie cause l'impossibilité d'*organiser* une société comme on organise un parti ou une armée.

La violence, le cynisme, les mensonges léninistes créent une situation politico-morale sans précédent dans l'Histoire, même sous la Terreur française. En effet, pour la première fois, une dictature d'État s'instaure sur la base d'une rupture totale et proclamée, non seulement avec toute religion, mais avec toute morale, toute coutume, tout sens civique, tout droit traditionnels. Le matérialisme marxiste n'a-t-il pas déclaré que toutes ces « superstructures » étaient absolument inconsistantes et sans réalité, et ne les a-t-il pas condamnées au nom même de la « science », dont le crédit auprès des masses est par ailleurs au zénith, à cette époque, du fait de ses évidents succès technologiques ? Les flots de violence libérés par ces vannes grand ouvertes vont submerger l'Europe. Sont directement en germe dans le léninisme, non seulement le stalinisme, mais également, à certains égards, les fascismes et le nazisme : la révolution d'Octobre menée par le parti bolchévique et ses « détachements de travailleurs » sera la référence de la « marche sur Rome » et des « chemises noires » de Mussolini, qui seront elles-mêmes le modèle de Hitler, de ses « SA » et de ses « SS ». En adoptant des méthodes inouïes rompant avec tout humanisme, tout civisme, toute morale élémentaire, tout « droit des gens » et tout droit de la guerre, le léninisme aura réellement donné au monde le signal d'un déferlement de barbarie.

Chapitre 8

Le socialisme démocratique

Le marxisme-léninisme poursuit sa carrière au XXe siècle avec les « partis communistes » affiliés au Komintern. Mais les socialistes européens qui refusent le bolchevisme sont conduits, par là même, à faire subir au socialisme une mutation idéologique, qui comporte deux étapes.

— *Le socialisme démocratique*. Certains socialistes adhèrent à la démocratie parlementaire, tout en conservant les objectifs marxistes d'« appropriation collective des moyens de production et d'échange » et d'économie planifiée. Ils sont donc démocrates et antilibéraux. Ils estiment qu'on peut passer au socialisme pacifiquement et progressivement, en utilisant la seule arme des élections ; mais qu'il convient de détruire entièrement le capitalisme. On peut appeler « socialisme démocratique » cette option, étudiée dans le présent chapitre.

— *La social-démocratie*. Un peu plus tard, constatant les impasses de l'économie planifiée en URSS, certains des partis déjà acquis au « socialisme démocratique » opèrent une seconde revision du marxisme-léninisme : après avoir admis la démocratie, ils admettent un certain libéralisme, c'est-à-dire acceptent le principe de l'économie de marché tempéré par une forte redistribution des richesses dans le cadre de l'État-providence. Cette formule « social-démocrate » est mise au point en Suède avant la Seconde Guerre mondiale et se généralise après-guerre dans l'Europe non latine.

Dès lors qu'elle admet à la fois la démocratie et l'économie de marché, on peut se demander si la « social-démocratie » ne rejoint pas par là même la famille démocrate libérale dont elle constituerait simplement l'aile gauche. Nous discuterons cette thèse en étudiant l'idéologie de la social-démocratie au chapitre suivant.

I — DÉMOCRATIE ET SOCIALISME[1]

1) *Le refus de la démocratie par les premières doctrines socialistes*

Les premières doctrines socialistes sont clairement incompatibles avec la démocratie parlementaire et même avec la démocratie tout court. Elles sont d'ailleurs construites expressément contre les nouveaux régimes issus des révolutions démocratiques « bourgeoises ».

Saint-Simon, on l'a vu, plaide pour une étatisation de l'économie, dirigée par une élite d'ingénieurs qui élaborent des projets scientifiques excluant toute discussion démocratique, puis les mettent en application en supprimant toute liberté pour les exécutants. Le Parlement industrialiste est coopté, non élu. Auguste Blanqui prône la dictature d'une minorité.

Marx n'admet pas le principe des élections démocratiques parce que le peuple est censé être aliéné par l'idéologie de la classe dominante. Libre de choisir un gouvernement, il confirmera donc toujours le pouvoir des gouvernements bourgeois.

D'autre part, pour Marx, l'État bourgeois, même lorsqu'il se proclame athée, reste « chrétien » par son idéalisme. En effet, il sépare le public et le privé, c'est-à-dire un « ciel » et une « terre » ; l'égalité peut régner au ciel parce que la terrestre, c'est-à-dire l'inégalité réelle dans le processus de production, a été préalablement mis hors jeu. La démocratie représentative a donc pour raison d'être de masquer les rapports de domination (cf. Bergounioux et Manin, 1979, *op. cit.,* p. 31-33). Cette critique de la démocratie par Marx en termes hégéliens appartient à la période des textes de jeunesse. Elle tend à disparaître dans les textes de la maturité au profit d'une autre : l'État bourgeois peut à la fois être extérieur à la société civile et être un instrument au service de la bourgeoisie, parce que les capitalistes extraient la plus-value par le seul jeu économique sans avoir besoin d'une intervention directe de l'État (alors que, dans le mode de production féodal, ce sont les forces répressives qui dépouillent réellement les producteurs). Marx critique plus spécialement le *suffrage universel,* qui promeut une égalité seulement formelle, puisque seuls ceux qui ont des loisirs, des richesses, de l'instruction, peuvent pratiquer la vie démocratique (cf. Bergounioux et Manin, 1979, p. 37).

Compte tenu de ce rejet théorique de la valeur des élections, les premiers socialistes, nous l'avons noté, n'ont jamais pratiqué loyalement ces dernières. Ils préfèrent systématiquement l'action de minorités violentes. Suivant l'exemple de Rousseau qui n'entend pas faire voter un « mauvais peuple », et celui des révolutionnaires français qui n'ont jamais pratiqué d'élections libres et réguliè-

---

1. D'après Alain Bergounioux et Bernard Manin, *La social-démocratie ou le compromis,* PUF, 1979 ; des mêmes, *Le régime social-démocrate*, PUF, 1989.

res[1], ils cherchent par exemple, sous la IIe République, à retarder ou à éluder les élections, puis ils refusent toute autorité aux assemblées représentatives qui sont issues du suffrage universel, par exemple lors du soulèvement de juin 1848. Ils provoquent la Commune, en 1871, contre une Chambre régulièrement élue par tout le pays.

2) *Partis de classe et mutation de la logique démocratique*

Après la mort de Marx, cependant, les spectaculaires progrès électoraux du parti social-démocrate allemand modifient l'opinion des socialistes sur la démocratie bourgeoise. De simple « thermomètre » de la force du mouvement ouvrier, les élections deviennent, dit Engels, une « méthode de lutte toute nouvelle » (préface de Engels à la réédition, en 1895, de *La lutte de classe en France* de Marx). Or Engels a une grande influence sur les dirigeants sociaux-démocrates.

Son idée est la suivante : le parti social-démocrate représente une classe, ou mieux, il est la classe ouvrière organisée. Dès lors, quand il participe à la démocratie, il bouleverse la logique originelle de celle-ci. Les théoriciens « bourgeois » de la démocratie avaient conçu les partis comme des rassemblements d'hommes adhérant individuellement et librement à certaines idées et non comme des groupes d'hommes ayant la même situation sociale objective. C'était, à leurs yeux, la vertu même de la démocratie parlementaire : tout le monde recherche l'intérêt général, et s'il faut des partis, c'est simplement parce qu'il existe plusieurs conceptions concurrentes de ce qu'est l'intérêt général. Pour Marx, cette conception pèche par idéalisme : il est faux que l'esprit soit libre par rapport aux conditions matérielles et sociales. Avec la création et le développement des partis sociaux-démocrates, dit Engels, un nouveau principe de regroupement partisan s'impose : on est membre d'un parti parce qu'on partage avec les autres membres une certaine position de classe commune. De ce fait, la logique même du jeu démocratique change : ce jeu va pouvoir exprimer la confrontation entre les classes, tout en évitant les violences physiques. La démocratie va pouvoir devenir une « expression pacifiée de la lutte de classes » (Bergounioux et Manin).

Cette évolution suppose cependant une altération profonde du principe représentatif. Le parti étant un parti de classe, le député sera le porte-parole de la classe, il n'aura pas de liberté individuelle de conscience et de vote. Tant le député individuel que le groupe parlementaire seront soumis à la direction du parti. Une stricte discipline de vote s'imposera. Les députés n'auront plus

---

1. La seule application régulière du suffrage universel (indirect) à l'époque de la Révolution est celle qui a été faite par... l'administration royale pour élire les représentants des Français aux États généraux.

« pour tâche de former la volonté commune par leurs libres délibérations, ils [deviendront] les porteurs de volontés déjà formées. Le parlement [sera] dès lors simplement le lieu où s'enregistre et se reflète un rapport de forces entre des positions préalablement déterminées par les partis » (Bergounioux et Manin, 1989, *op. cit.,* p. 30).

Le parlementarisme libéral reposait sur la thèse que l'État est extérieur à la société civile, neutre par rapport à ses conflits, en position d'arbitre ; la pratique socialiste du parlementarisme tend au contraire à dé-neutraliser l'État. Les socialistes n'auront jamais tout le pouvoir dans l'État aussi longtemps qu'ils accepteront le pluralisme démocratique ; mais ils trouveront normal, là où ils auront une part du pouvoir de l'État, de l'utiliser de façon non-neutre. En effet, ils n'y seront pas mandataires de l'intérêt *général,* mais de l'intérêt *d'une classe.*

3) *L'évolution des partis sociaux-démocrates à la fin du XIXᵉ siècle*

De fait, pendant les vingt dernières années du XIXᵉ siècle, les partis sociaux-démocrates deviennent des partis de masse connaissant des succès grandissants aux élections.

En Angleterre, ce sont les *trade-unions* qui fondent le parti, qui s'appela d'abord « Comité de la Représentation ouvrière » avant de devenir le *Labour Party* en 1906. De ce fait, il se place, par définition, sur les mêmes positions que les syndicats, c'est-à-dire des positions réformistes ; il cherche à améliorer la condition de la classe ouvrière, non à changer radicalement la société.

On aboutit à peu près au même résultat en Allemagne, bien que, dans ce pays, les syndicats prennent leur distance par rapport au parti. Mais, dans les deux cas, il y a partage des tâches et influence réciproque. On lutte pour une législation sociale et pour les droits politiques.

Dans tous les pays où existera ensuite un socialisme démocratique durable, les partis socialistes passent du statut de partis révolutionnaires à celui de partis gestionnaires. Le parti et les syndicats cherchent une amélioration des revenus et du niveau de vie de la classe ouvrière ; ils créent un ensemble d'institutions, de coopératives, de maisons du peuple, d'associations, qui finissent par constituer, pour leur clientèle, un véritable « milieu de vie ». Une bureaucratie d'origine ouvrière émerge (les leaders étant souvent les mêmes dans le parti et dans les syndicats) : elle tient fermement sections et fédérations et gère des finances importantes, d'où, corrélativement, une certaine démobilisation des masses (cf. Bergounioux et Manin, 1979, p. 52-55).

Du fait qu'elle permet ces avancées concrètes, la pratique des élections entre dans les mœurs chez une partie des socialistes qui ont adopté le marxisme comme doctrine officielle. D'autant qu'il va y avoir d'autres infléchissements du marxisme.

II .— BERNSTEIN ET LE RÉVISIONNISME

Au tournant du siècle a lieu, en effet, une célèbre polémique entre deux dirigeants du parti socialiste allemand, Édouard Bernstein (1850-1932) qui entend, en prolongement de l'évolution notée ci-dessus, « reviser » le marxisme, et Karl Kautsky (1854-1938) qui lui réplique au nom de ce qui est déjà devenu une orthodoxie. Kautsky et les « orthodoxes » l'emporteront formellement au congrès de Dresde (1903), mais, en réalité, la critique de Bernstein exercera une influence durable sur la social-démocratie allemande (d'ailleurs Bernstein et Kautsky se réconcilieront plus tard par leur commun combat contre le léninisme).

Bernstein[1] et les « révisionnistes » soutiennent les idées suivantes :

— L'attente de l'autoeffondrement du capitalisme prophétisé par Marx est vaine. Le crédit, la cartellisation, l'actionnariat ont modifié profondément le capitalisme, qui est devenu un « capitalisme organisé ». Les capitalistes sont capables d'enrayer les crises grâce à la connaissance des lois de l'économie.

— Il est faux que les capitalistes deviennent toujours moins nombreux et plus riches, puisque la propriété bourgeoise se divise et se répand.

— Bernstein juge erronée la théorie de la valeur-travail ; par conséquent, il condamne la théorie même de la plus-value et la conception de l'injustice sociale qui lui est liée dans l'esprit de Marx[2].

« La théorie de la valeur-travail est trompeuse, car elle apparaît comme la mesure de l'exploitation de l'ouvrier par le capitaliste et établit une relation erronée entre le taux de plus-value et le taux d'exploitation. [...] La théorie de la valeur ne permet pas plus de mesurer le degré de justice ou d'injustice dans la répartition du produit du travail que la théorie atomique ne permet d'apprécier

---

1. Auteur, en1899, de l'ouvrage *Les présupposés du socialisme*, tr. fr. par Jean Ruffet, Seuil, 1974.
2. Cf. *supra*, p. 949 sq.

la beauté ou la laideur d'une œuvre d'art. N'est-ce pas dans les entreprises où le taux de plus-value est le plus élevé que l'on rencontre les salariés les mieux payés, une "aristocratie ouvrière", alors que les usines où le taux de plus-value est le plus bas exploitent leurs ouvriers d'une manière scandaleuse ? On ne peut fonder scientifiquement le communisme sur le seul fait que le salarié ne perçoit pas la valeur intégrale du produit de son travail » (*Les présupposés du socialisme, op. cit,* p. 77).

De plus, sous le capitalisme même, la condition ouvrière s'est améliorée et peut s'améliorer encore.

— Il faut faire de la social-démocratie un parti du « peuple tout entier » (ouvriers, mais aussi paysans et masses urbaines). Car, comme le prolétariat n'augmente plus quantitativement, il n'a plus vocation à gouverner seul et doit passer des alliances.

— L'État, par la législation, pourra arbitrer entre « magnats capitalistes » et « coalitions ouvrières » (c'est pour cela que le parti peut et doit devenir parti du peuple tout entier).

— Le socialisme sera l'aboutissement du libéralisme. Celui-ci, en effet, a eu pour mission de desserrer les contraintes qui, dans la société féodale, s'opposaient au développement économique. Sa première forme a été le libéralisme bourgeois. Il y aura un « libéralisme socialiste » quand la libération de l'individu aura encore progressé, les prolétaires étant affranchis des contraintes économiques actuelles ; mais cela ne sera possible qu'à travers la mise en place d'une « organisation ». Le socialisme sera un « libéralisme organisé ».

En conclusion, *les sociaux-démocrates ne doivent plus attendre une révolution spontanée et brutale.* Ils doivent conquérir les leviers des pouvoirs économiques, par les syndicats et coopératives, et continuer à faire progresser la culture de la classe ouvrière. En attendant, ils doivent jouer le jeu démocratique et en particulier s'allier avec les partis libéraux. Et ils doivent renoncer à la violence (il est à noter que le mouvement révisionniste a été influencé par le néo-kantisme ; ce sont des raisons morales, une exigence croissante de droit, qui, pense Bernstein, vont pousser inéluctablement les pays européens vers le socialisme, cf. Bergounioux et Manin, 1979, p. 61).

Comment les autres composantes du PSD réagissent-t-elles à ces analyses ? Kautsky les attaque théoriquement, mais, nous l'avons dit, il finira par s'y rallier pratiquement, sauf sur un point important : Bernstein veut vraiment un parti composite, alors que Kautsky veut un « parti de classe » (la question sera longtemps discutée). Quant à la « gauche » du parti, avec Rosa Luxembourg, Karl Liebknecht, elle est scandalisée par les analyses de Bernstein et peu convaincue par les réponses de Kautsky. Elle dit que Kautsky ne fait que recouvrir d'une phraséologie révolutionnaire sa compromission, aux côtés de Bernstein, avec le parlementarisme bourgeois.

III — KAUTSKY ET LE REFUS DU BOLCHEVISME

La Première Guerre mondiale contribue à accélérer l'évolution du socialisme européen. Elle montre le rôle que peut jouer l'État dans l'économie, les bienfaits d'une collaboration des classes quand la nation est en danger. Mais elle montre aussi que ces avantages ne peuvent être obtenus sans un certain consensus, que refusent les pro-bolchéviks. D'où la rupture. Le mouvement socialiste va devoir se définir dorénavant *contre le communisme* et, puisque ce sont la démocratie et le parlementarisme que le communisme refuse, il va désormais s'identifier comme socialisme *démocratique*. Ces réflexions et attitudes sont communes à *Blum* en France, *Branting* en Suède, *Kautsky* en Allemagne, *Mac Donald* en Grande-Bretagne.

L'auteur qui a le mieux exprimé l'anti-léninisme est sans doute *Kautsky*.

Vie et œuvres

Né à Prague en 1854, Karl Kautsky devient marxiste sous l'influence de Bernstein à Zürich. Il est, pendant deux ans, secrétaire d'Engels à Londres. Il fonde *Die Neue Zeit,* revue théorique du parti social-démocrate allemand. Il assure la victoire du marxisme orthodoxe au congrès d'Erfurt de 1891. Il prend part à la querelle du révisionnisme (cf. *supra*). Après la révolution russe de 1905, il anime la fraction « centriste » du Parti, en s'opposant à la « gauche » menée par Rosa Luxemburg. Pendant la guerre, il est pacifiste. En 1917, il s'allie avec la gauche pour former le « Parti social-démocrate indépendant » où se retrouvent Bernstein, Hilferding, Rosa Luxemburg, Karl Liebknecht, Clara Zetkin. Mais il se sépare de cette même gauche au moment de la révolte spartakiste et de la fondation d'un parti communiste allemand. Sous la République de Weimar, il est président de la première Commission de socialisation (cf. *infra*) et sous-secrétaire d'État aux Affaires étrangères. Il exerce une grande influence sur la IIᵉ Internationale. En 1934, il fuit le nazisme et meurt aux Pays-Bas en 1938. Kautsky est l'auteur de *Terrorisme et communisme* (1919) et *La révolution prolétarienne et son programme* (1922), synthèse de toute sa pensée.

1) Les erreurs de Lénine

Kautsky est révolté par la manière dont les bolchéviks exercent le pouvoir, et sa réflexion sur les abus du communisme le conduit à des remises en cause radicales. En fait, il reprend des mains de Bernstein le flambeau du révisionnisme. Il récuse le messianisme de Marx. Dans une révolution brutale, le prolétariat a bien plus à perdre que ses chaînes. Sa situation s'étant améliorée dans les années récentes, il lui faut continuer sur la voie modérée qui a été suivie.

Selon Kautsky, Lénine a commis plusieurs erreurs graves. Il a promis aux paysans le morcellement des terres ; il ne pouvait en résulter qu'un recul tragique de la productivité agricole, d'où, ensuite, les brutalités pour extorquer aux paysans des surplus. Lénine a aussi négligé le rôle des intellectuels qu'il a cru être à la fois inutiles, à cause de la simplification des tâches opérée par l'organisation capitaliste (le « recensement et contrôle », les « quatre opérations »...), et dangereux, d'où la surveillance exercée sur eux par les « ouvriers en armes ». Du coup, les bolcheviks ont dû créer une bureaucratie pour surveiller tout le monde, puis une superbureaucratie pour surveiller la bureaucratie, etc. Kautsky, lui, pense que la complexification du processus de production appelle la création de nouvelles couches intellectuelles et il veut intégrer ces couches dans le parti (cf. Bergounioux et Manin, 1979, p. 82-84).

Mais ce que Kautsky condamne surtout dans le bolchevisme, c'est la *violence*. La véritable révolution prolétarienne sera une révolution progressive, maîtresse d'elle-même et sans violence ; ce ne sera pas un soulèvement brutal, comme les révolutions antiabsolutistes du passé. Ces révolutions, même si le peuple y a servi de masse de manœuvre, doivent être qualifiées de « bourgeoises », puisqu'elles ont débouché, en définitive, sur la prise de pouvoir par la bourgeoisie. La révolution prolétarienne, elle, sera à la fois plus efficace et dotée d'une autre qualité morale.

Kautsky analyse la Terreur française, distinguant entre la terreur spontanée des « massacres de septembre » (qui s'explique par l'accoutumance à la violence que l'Ancien Régime avait fini par produire dans le peuple) et la Terreur organisée de 1793-1794. Celle-ci a visé à masquer l'échec économique des révolutionnaires qui, ne voulant pas socialiser la production, se sont montrés incapables de soulager la misère des masses urbaines. Alors ils se sont exaspérés et ont désigné des boucs émissaires. Donc cette Terreur n'était pas nécessaire, elle ne faisait pas partie de la nature même de la Révolution.

L'authentique révolution prolétarienne utilisera, elle, la démocratie. Car la démocratie permet seule d'*éduquer* le prolétariat, de l'initier à la politique, de lui apprendre le fonctionnement de l'Etat. La révolution prolétarienne aspire à l'appropriation collective des moyens de production, mais, précisément parce qu'elle connaît parfaitement ce but, elle peut se diriger vers lui progressivement et calmement. D'ailleurs, la production bourgeoise étant notablement plus complexe que la production sous l'absolutisme, on ne peut l'arrêter net sans provoquer la ruine générale. « Si la production ne continue pas, la société tout entière périt, les prolétaires y compris », dit Kautsky (cité par Bergounioux et Manin, 1979, p. 89). Il faut donc maintenir un secteur capitaliste efficace pendant toute la période de transition. C'est ce que n'a pas fait la révolution bolchevique. Celle-ci, dit ironiquement Kautsky, est donc une révolution « bourgeoise », du même genre que la Terreur, et non une véritable révolution prolétarienne.

2) *Le léninisme est un despotisme*

Que doit devenir l'État dans la perspective d'une « vraie » révolution prolétarienne ? Là encore, Kautsky prend le contre-pied de Lénine.

D'abord il observe que la démocratie à laquelle Lénine s'attaque est la démocratie parlementaire du XIXᵉ siècle. Celle-ci était parlementariste, mais elle n'était pas démocratique. En effet, les élections, tout au long du XIXᵉ siècle, ont été censitaires ; certains ouvriers n'ont commencé à voter en Angleterre qu'avec la réforme électorale de 1867. Il n'est pas étonnant, dans ces conditions, que la démocratie parlementaire ait été bourgeoise. Le suffrage vraiment universel la rendra prolétarienne, puisque le prolétariat, ou du moins la couche non-propriétaire de ses outils de travail (le salariat), est et tend plus encore à devenir la majorité (sur ce point, Kautsky maintient son opposition à Bernstein). Aussi bien le suffrage universel n'est-il nullement une idée bourgeoise ; il a été imposé à la bourgeoisie par la contrainte ouvrière.

Quant à la thèse marxiste selon laquelle la démocratie, comme telle, est bourgeoise, puisqu'elle dissimule l'exploitation du prolétariat par l'appareil d'État sous le masque de la prétendue neutralité de celui-ci, Kautsky l'admet pour le passé, mais il la conteste pour le présent. Si le prolétariat, utilisant à plein le suffrage universel, s'empare du pouvoir de l'État, il pourra faire servir celui-ci à ses propres intérêts de classe.

Lénine, lui, n'a pas attendu que ses partisans soient majoritaires pour prendre le pouvoir. Et il a voulu retirer à la minorité des « exploiteurs » le droit de vote et, plus généralement, tout droit d'expression politique. Mais cela, pour Kautsky, ouvre la porte à l'arbitraire : car qui dira *qui* sont les « exploiteurs du peuple » ? Il suffira de qualifier tels tous les opposants au pouvoir, même s'ils sont des représentants authentiques de la classe ouvrière, pour les broyer, pour éliminer toute opposition et établir la dictature d'une poignée de privilégiés, voire d'un despote unique. Le refus de principe de la démocratie pour les ennemis du peuple aboutit à la suppression de la démocratie pour le peuple lui-même.

3) *Les nouvelles fonctions permanentes de l'État*
dans une société complexe

Kautsky soutient enfin, contre Lénine, la thèse de la *permanence de l'État*. Lénine, nous l'avons vu, pense que l'État doit disparaître dans la phase définitive du communisme, mais qu'il doit y avoir, dans la phase de transition, un État dictatorial et répressif. C'est là, pour Kautsky, une utopie dangereuse et contradictoire. L'État ne doit ni disparaître ni être despotique. Il a des fonctions permanentes, que les socialistes doivent conserver. De ses deux fonctions répressives – réprimer les délinquances, assurer le pouvoir de la classe dominante – la seconde doit certes disparaître avec la révolution prolétarienne, mais pas la première. D'autre part, l'État a des fonctions d'organisation. De même que les procédés de production deviennent de plus en plus complexes et suscitent l'apparition d'une bureaucratie dans les entreprises, de même la société, prise comme un tout, devient plus complexe et appelle une bureaucratie d'État. Des spécialistes de la gestion, de la coordination des activités sociales, deviennent nécessaires en nombre croissant, et ils doivent être compétents et spécialisés dans leur tâche. L'idée d'une démocratie directe, avec des fonctionnaires révocables à tout moment, n'est donc pas adaptée à la société moderne.

Il existe certes un risque que cette bureaucratie devienne oppressive, si elle se soustrait à tout contrôle, devient autonome et sert ses propres intérêts. Mais ce problème peut être résolu par la démocratie représentative si, d'une part, le parti du prolétariat a la majorité, et si, d'autre part, les parlementaires socialistes sont contrôlés efficacement par le parti.

> « Une démocratie qui veut se passer de bureaucratie n'est capable de faire face qu'à des tâches primitives. La démocratie moderne ne signifie pas suppression de la bureaucratie, mais subordination de la bureaucratie aux membres de l'organisation qui, par l'élection et le contrôle, l'ont en leur dépendance » (*La révolution prolétarienne et son programme,* cité par Bergounioux et Manin, 1979, p. 98).

Il est vrai que, dans le passé, les parlementaires étaient des bourgeois qui, même élus par le peuple, n'en étaient pas issus et avaient des intérêts divergeant de ceux de la masse. Mais aujourd'hui, le prolétariat peut avoir au Parlement ses propres représentants, réellement solidaires de lui, parce qu'un parti puissant les aura formés et continuera à les contrôler (Kautsky est opposé à l'idée de Bernstein d'un parti attrape-tout ; le parti social-démocrate est celui des prolétaires et des « intellectuels » prolétarisés qui font marcher la machine de production, techniciens, fonctionnaires, employés...).

IV — LES PLANS DE SOCIALISATION

Au lendemain de la Première Guerre mondiale, la social-démocratie s'oppose au bolchevisme au point de participer à la répression contre les insurrections communistes (répression du mouvement spartakiste en Allemagne[1]). Pour éviter de paraître défendre purement et simplement la société bourgeoise, elle cherche des formules théoriques originales. Par exemple, les « plans de socialisation », élaborés par les social-démocraties allemande et autrichienne. Il en sort le concept de *nationalisation*, appelé au grand avenir que l'on sait. On distingue propriété et gestion : la propriété sera bien collective, mais la gestion restera celle d'une entreprise, présente sur un marché, ce qui revient à assouplir fortement le postulat de l' « appropriation collective des moyens de production et d'échange » (cf. Bergounioux et Manin, 1979, p. 107).

Il faut citer ici Otto Bauer, auteur de *Der Weg Zum Sozialismus,* Vienne, 1919 (traduit dès 1919 en français sous le titre *La marche au socialisme*), et de *Die Sozialirierungsaktion im ersten Jahre der Republik,* Vienne, 1919. Est décrite une *période provisoire* pendant laquelle susbisteront de façon conflictuelle un secteur public et un secteur privé. Bauer entend nationaliser les mines de fer et de charbon et la sidérurgie. Les entreprises ainsi nationalisées seront gérées par des conseils d'administration tripartites (composés de représentants des salariés, des consommateurs, de l'État). Les municipalités pourront décider de la socialisation d'autres entreprises (avec indemnisation des propriétaires). Les entreprises privées, quant à elles, seront organisées dans des *cartels* administrés eux aussi par des conseils tripartites. Il y aura, par ailleurs, une « démocratie dans l'entreprise », grâce à des comités élus par les travailleurs qui statueront sur les conditions de travail mais non sur la gestion économique de l'entreprise. Une banque centrale assurera le contrôle du crédit. Ces idées, reprises dans le « programme de Linz » du Parti en 1926, ne seront appliquées que très partiellement, mais serviront de référence par la suite. Il y aura un « socialisme municipal » à Vienne.

En Allemagne, en réaction à la menace spartakiste, une alliance est nouée entre syndicats et patronat. On pose la notion de « communauté de travail » réunissant employeurs et employés. La journée de travail de 8h est instaurée. Le rôle des syndicats comme partenaires institutionnels est reconnu. Sont mis en place des comités paritaires. Des conventions collectives sont signées. Ces dispo-

---

1. Le mouvement spartakiste, animé par Karl Liebknecht, Rosa Luxemburg, Franz Mehring, Clara Zetkin, s'oppose à la social-démocratie allemande en raison de son parlementarisme et de son nationalisme. Il commence une lutte antimilitariste dès 1915. Au congrès de décembre 1918 est créé un *Parti communiste allemand* qui s'affilie au Komintern en 1919. Une insurrection est déclenchée à Berlin en janvier 1919. Elle est réprimée par les sociaux-démocrates Noske (ministre de la Guerre) et Scheidemann (président de la République). Rosa Luxemburg et Karl Liebknecht sont assassinés.

sitions, fragiles et d'abord acceptées par le patronat seulement pour des motifs tactiques, sont néanmoins inscrites dans l'article 165 de la Constitution de Weimar : « Ouvriers et employés sont appelés à collaborer[1], en commun avec les employeurs et sur un pied d'égalité, à la réglementation des conditions de salaires et du travail, ainsi qu'à l'ensemble du développement économique des forces de production[2] ». La Constitution prévoit l'organisation de deux pyramides de conseils : conseils ouvriers dans les entreprises, les régions, l'État, sans pouvoirs économiques directs, et conseils économiques mixtes régionaux. Il y aura également un Conseil économique du Reich. Tout cela doit être réalisé par une Commission de Socialisation, présidée par Kautsky, et comprenant des économistes, des syndicalistes, des socialistes. Son rapport préliminaire de février 1919 pose que doivent être nationalisées les branches où des entreprises privées disposent d'un monopole (on attend de ces nationalisations un « plus » tant pour les ouvriers, qui seront mieux traités, que pour la collectivité, qui verra baisser les prix, puisqu'il n'y aura plus de profit patronal).

Sur le plan théorique, Rudolf Hilferding (*Rapport sur les tâches de la social-démocratie,* Congrès de Kiel, 1927) prône le passage du capitalisme industriel à un « capitalisme organisé » dans lequel l'État gérerait directement les secteurs les plus modernes de l'industrie, dans le cadre d'une quasi-planification. Les syndicats participeraient à cette gestion de l' « État social » aussi bien au plan national que dans l'entreprise. Un leader syndical, Fritz Naphtali (*La Démocratie économique, ses raisons, ses chemins et ses buts,* 1928) note que les travailleurs ont des intérêts communs avec les capitalistes ; il prône l'élévation du pouvoir d'achat des masses comme moyen d'élever le niveau général de l'activité (Bergounioux et Manin, 1989, p. 60).

En Angleterre, Sidney Webb rédige le programme travailliste « Le *Labour* et le nouvel ordre social » de novembre 1918. Il y aura des nationalisations, mais laissant subsister la gestion d'entreprise ; la collectivité s'appropriera la plus-value. Les conventions collectives sont mises en avant. Dans le milieu syndical, la réflexion sur la socialisation émane d'écoles telles que le « Socialisme de la Guilde » : l'État s'approprie les entreprises et en confie la gestion aux syndicats, mais a des représentants dans les conseils d'administration. Un Congrès des guildes sera créé parallèlement au Parlement politique (on est très proche ici des idées corporatistes de la droite anti-libérale).

En France, la majorité réformiste de la CGT propose, en septembre 1919, les « nationalisations industrialisées » : les actionnaires deviennent obligataires, sans prendre part à la direction de l'entreprise ; celles-ci sont dirigées par une représentation tripartite, travailleurs, usagers, État. Par ailleurs il y aura un Conseil économique national. Mais la SFIO est réservée : pour elle, le socialisme, c'est la propriété collective effective des moyens de production, la formule proposée par le syndicat lui paraît un compromis inacceptable (cf. Bergounioux et Manin, 1979, p. 107-109).

---

1. Noter le terme : il s'agit de la fameuse « collaboration de classes » constamment stigmatisée par les bolcheviks – et soutenue par ailleurs, au même moment, par le corporatisme de droite.

2. Les syndicats reconnaissent ainsi que les salariés ont un intérêt au « développement économique » en tant que tel. Ce développement n'est pas l'intérêt des seuls patrons.

Dans tous ces projets, il s'agit donc de « réaliser la socialisation sans la révolution et sans la transformation totale du régime de propriété ». D'autant que, dans l'idée d'un passage progressif, et non révolutionnaire, au socialisme, on laisse subsister un secteur privé (il y aura donc « coexistence » entre deux secteurs, privé et nationalisé ; mais il s'agit d'une simple survie, posée comme provisoire, non structurelle).

De toute façon, ces plans ne seront pas appliqués. Le rapport des forces devient défavorable à la gauche en raison de ses divisions en effet dans plusieurs pays européens. Les partis sociaux-démocrates adoptent alors en pratique une gestion libérale (Ramsay Mac Donald, en Angleterre, mène une politique monétariste), quitte à soutenir les revendications de salaires ou quelques réformes mineures. Les droites, de leur côté, tentent de reprendre les avantages concédés dans l'immédiat après-guerre.

Cependant, la crise de 1929, qui semble remettre en cause l'idée d'une évolution sans heurts du capitalisme au socialisme et donner de nouveau des arguments aux thèses d'extrême gauche (et d'extrême droite), va stimuler la réflexion des « socialistes démocratiques ».

V — HENRI DE MAN ET LE PLANISME

En 1933 et 1935, les deux « New Deal » de Roosevelt résultent d'idées nouvelles et en provoquent. Les débuts de la planification en URSS, l'expérience national-socialiste — qui réussit une rapide diminution du chômage — sont analysés. Dans toutes ces réflexions, deux constantes reviennent, d'ailleurs nettement différentes, voire contradictoires : l'idée de *planification,* celle d'une action sur les variables macro-économiques par le *budget.* Ce sont ces deux idées qu'on retrouve dans le *planisme,* principal produit théorique de cette phase, élaboré par Henri de Man.

Vie et œuvres[1]

Henri de Man (1885-1953), Belge néerlandophone, issu d'une famille d'artistes d'Anvers, adhère à l'âge de dix-sept ans à la Jeune Garde socialiste. Il vit en Allemagne de 1905 à 1911. Il y rencontre les principaux leaders sociaux-démocrates. Il devient premier secrétaire de l'Internationale de la Jeunesse socialiste en 1907. La Guerre mondiale éveille son nationalisme et pro-

---

1. D'après la Préface d'Ivo Rens et Michel Brelaz à Henri de Man, *Au-delà du marxisme,* Seuil, 1974.

voque l'effondrement de sa foi marxiste, d'autant qu'il a l'occasion de voyager très tôt dans la Russie bolchévique et de séjourner par deux fois (1918 et 1919-1920) en Amérique. Il revient à Bruxelles s'occuper de la formation des militants du POB (Parti ouvrier belge), mais s'installe de nouveau en Allemagne (à Darmstadt) de 1922 à 1926, en Suisse alémanique de 1926 à 1929, encore en Allemagne (à Francfort : il est professeur dans l'université de cette ville) de 1929 à 1933. Il écrit (en anglais) *The remaking of a mind. A soldier's thoughts on war and reconstruction* (1919), puis (en allemand) *Zur Psychologie der Sozialismus* en 1926[2], *Der Kampft um die Arbeitsfreude (La joie au travail)* en 1927, *Die sozialistische Idee (L'Idée socialiste)* publié en 1933, puis (en néerlandais) *Opbouwend Socialisme (Le socialisme constructif)* publié en 1931. Il revient à Bruxelles et, à la demande du secrétaire du POB, Vandervelde, il prend la direction du bureau d'études du parti, avec pour mission de trouver une réponse à la crise idéologique évoquée ci-dessus (crise économique, montée des fascismes).

Cette réponse sera le « planisme ». De Man fait en effet adopter au Congrès du Parti de Noël 1933, à une écrasante majorité, son « Plan du travail ».

Il s'agit d'un ensemble de mesures structurelles et conjoncturelles prévoyant la création d'un secteur public par la socialisation du capital financier, du crédit, des monopoles (grandes industries de base, transports) et des grandes propriétés foncières. L'État pourra, par ailleurs, intervenir dans le secteur privé pour y faire prévaloir l'intérêt général, tout en laissant jouer la concurrence. Et l'on procédera à une politique d'expansion du marché intérieur. C'est une des premières fois, par conséquent, qu'est explicitement prônée par les socialistes une « économie mixte », où la concurrence et les prix continuent à jouer un rôle, où les profits des entreprises sont tolérés dans certaines limites, mais où l'économie est contrôlée dans son ensemble par l'État. Celui-ci établit un Plan. Il peut veiller à son application, d'une part, parce qu'il dispose de la totalité du crédit, d'autre part parce qu'il contrôle l'industrie (le « Commissariat à l'Industrie » dirige directement le secteur public, indirectement le secteur privé). D'autre part, les syndicats sont présents dans les conseils d'administration et pèsent sur les décisions (cf. Bergounioux et Manin, 1979, p. 114-115).

Sur le plan conjoncturel, le Plan de travail a aussi un aspect « keynésien ». Il y est dit qu'il faut, pour faire face à la crise, rétablir les équilibres rompus entre consommation et production, donc élargir le marché intérieur et soutenir une forte consommation sociale afin de retrouver un niveau normal de l'emploi. Cela sera obtenu par la hausse des salaires, la réduction de la durée du travail, la mise en place d'une protection sociale et une politique adéquate de crédit.

---

2. Traduit en français sous le titre *Au-delà du marxisme*.

En pratique, quand De Man entrera dans un gouvernement d'union nationale, il ne pourra appliquer que les mesures conjoncturelles, du type « New Deal » (politique antidéflationniste, dévaluation, mesures de relance économique) et devra renoncer au contrôle des banques et aux nationalisations (d'où le sentiment d'échec qu'il éprouvera en quittant le gouvernement).

De Man deviendra ensuite pro-nazi. L'histoire vaut d'être narrée, car elle illustre les liens étroits entre la droite et la gauche anti-libérales. Vice-président du Parti socialiste belge en 1933, plusieurs fois ministre, il préside le Parti en 1939. Mais son socialisme se fait de plus en plus autoritaire et national. Il préconise la neutralité de la Belgique. Il encourage le roi Léopold III à rester en Belgique après la défaite, sans doute parce qu'il espère mener avec lui une « révolution nationale » (comparable à celle de Vichy). C'est en tant que président du Parti socialiste qu'il lance, en juillet 1940, un appel à tous les militants d'accepter la victoire allemande et de considérer que le Parti socialiste a achevé sa tâche historique : « La guerre a amené la débâcle du régime parlementaire et de la ploutocratie capitaliste dans les soi-disant démocraties. Pour les classes laborieuses et le socialisme, cet effondrement d'un monde décrépit, loin d'être un désastre, est une délivrance [...]. Préparez-vous à entrer dans les cadres d'un mouvement de *résurrection nationale* qui englobera les forces vives de la nation, de sa jeunesse, de ses anciens combattants, dans un *parti unique*, celui du peuple belge uni par sa fidélité à son Roi et par sa volonté de réaliser la souveraineté du travail » (cité dans *Au-delà du marxisme, op. cit.,* p. 15). De Man collabore alors brièvement avec l'occupant, mais, faute d'appuis réels tant de la part de ses concitoyens que des autorités allemandes, il s'exile en France en juin 1941 et y demeure jusqu'à la fin de la guerre. À la Libération, il est condamné par un tribunal belge, mais parvient à gagner la Suisse où, après avoir écrit divers ouvrages dont ses *Mémoires,* il mourra d'un accident de voiture[1].

L'influence du planisme ne fut ni immédiate (elle se fit sentir surtout après-guerre) ni générale : le parti socialiste français et Léon Blum refusent une doctrine qui s'attaque aux seul capitalisme monopoliste, et non à tout le capitalisme ; le programme du Front populaire n'inclut ni un plan ni un programme important de nationalisations.

Comme le planisme était ambigu (socialiste par ses propositions structurelles, keynésien-libéral par ses propositions conjoncturelles), il eut après-guerre deux prolongements bien distincts. D'une part, un « planisme de gauche » (avec en France *Révolution constructive, Combat marxiste* de Lucien Laurat, l'équipe planiste de la CGT, en Angleterre la *Socialist League* et le *New Fabian Research Bureau* de

---

1. De Man a donc, comme Maurras, accueilli la défaite des démocraties face au nazisme comme une « divine surprise » en ce qu'elle met fin au régime parlementaire et libéral honni. Il est évidemment hautement significatif que le président du Parti socialiste belge exprime à cet égard la même satisfaction, dans les mêmes termes que les leaders de l'extrême droite. De Man appartient à la lignée des Mussolini, des Marcel Déat, des Jacques Doriot, passés dans l'entre-deux-guerres de la gauche à la droite sans avoir eu besoin, pour cela, de changer fondamentalement leur vision du monde.

Stafford Cripps et G. H. Cole...) pour lequel le secteur capitaliste devait disparaître progressivement. Les entreprises nationalisées devaient être dirigées par des « conseils de gestion » composés de représentants du gouvernement et des syndicats, cependant qu'un « contrôle ouvrier » serait établi sur les entreprises privées.

D'autre part, il y eut un planisme plus modéré acceptant le maintien structurel du capitalisme, mais réclamant un contrôle de l'État sur les éléments clefs de l'évolution macro-économique, comme le crédit. Sur ce terrain, les socialistes purent retrouver certains industriels et cadres qui ne croyaient ni au socialisme révolutionnaire ni au libéralisme pur. Ainsi naissait ce qu'on pourrait appeler un technocratisme social-démocrate dans lequel, en France, les polytechniciens, selon la vieille tradition saint-simonienne, jouèrent un rôle important (par exemple dans le « groupe X-Crise ») et dont les idées se répandirent à travers un certain nombre de colloques, rencontres et publications (« Conférences du Plan » de 1934 à 1937, Conférence franco-suédoise de Pontigny en 1938).

Dans le prolongement du planisme, des économistes anglais, comme Oscar Lange et F. M. Taylor (On the Economic Theory of Socialism, 1938) ou H. G. Dickinson (Economics of Socialism, 1938) tentèrent de faire une théorie « raffinée » de la planification, tendant à remédier aux premières difficultés rencontrées par les planificateurs soviétiques.

Les services centraux devraient faire une première mouture du Plan, qui serait envoyée aux « managers socialistes », directeurs des unités économiques (usines, entreprises) du terrain, qui la corrigeraient en fonction des informations locales dont ils disposent. Les corrections seraient centralisées et intégrées par le service du Plan qui proposerait alors une seconde mouture, laquelle, à son tour, serait envoyée aux managers pour être testée. Ainsi, par une procédure de « va-et-vient » successifs, on pourrait aboutir à un plan suffisamment précis et fiable, valable pour une certaine période, et qu'on mettrait en application. L'intérêt était qu'on pouvait ainsi « mimer le marché », donc profiter de l'allocation des ressources qu'il permet de dessiner, mais sans avoir à le jouer réellement, avec les gaspillages, fermetures d'usine, surproduction, etc., que le marché réel implique. On gagnerait ainsi sur les deux tableaux.

Cette idée, critiquée par les économistes libéraux (comme von Mises ou Hayek) pour son irréalisme, n'eut de toute façon guère de suite : elle était trop liée à l'expérience soviétique des plans quinquennaux dont l'échec fut très vite une évidence pour la plupart des économistes.

En conclusion, pendant toute cette période, même si le « socialisme démocratique » a choisi la démocratie et récusé la violence, il continue à croire qu'on peut imposer artificiellement à la société un ordre déterminé par la pensée et le calcul, en s'appuyant sur la force coercitive de l'État. Dès les années 1930, cependant, certains socialistes ont exploré une autre voie.

Chapitre 9

La social-démocratie

Dès le premier tiers du siècle, en effet, une partie des gauches européennes évolue vers une doctrine nouvelle, la *social-démocratie*, qui diffère du socialisme démocratique en ce qu'elle reconnaît non seulement, comme celui-ci, le bien-fondé de la démocratie parlementaire, mais – second pas en direction de la famille démocrate et libérale au sens large – celui de l'économie de marché. Ce modèle nouveau va s'imposer après-guerre dans l'Europe du Nord et germanophone.

I – LE COMPROMIS PATRONAT-SYNDICATS EN SUÈDE[1]

Le débat idéologique consécutif à la crise de 1929 amène le congrès de 1932 du Parti socialiste suédois à proposer des actions d'une nature toute différente des diverses mesures de « socialisation » envisagées depuis la Première Guerre mondiale. Ce programme a été mis au point par des économistes non marxistes comme Gunnar Myrdal[2] et Ernst Wigforss, s'appuyant sur les travaux de théorie monétaire de K. Wicksell. On pose la notion de « politique budgétaire anticyclique », d'utilisation des déficits ou des excédents budgétaires

---

1. D'après Alain Bergounioux et Bernard Manin, *La social-démocratie ou le compromis*, PUF, 1979 ; des mêmes auteurs, *Le régime social-démocrate*, PUF, 1989. Cf. aussi Tim Tilton, *The Political Theory of Swedish Social Democracy. Through the Welfare State to Socialism*, Clarendon Paperbacks, Clarendon Press, Oxford, 1991.
2. Qui devait, bien plus tard (1974), partager avec Hayek le prix Nobel d'économie.

comme outils de régulation de l'économie. Mais on ne prévoit ni de nationaliser ni de contrôler les entreprises. Le Premier ministre suédois Hansson déclare :

« Une politique sociale-démocrate peut très bien être une politique qui tente de *nous faire bénéficier des immenses forces que recèle l'initiative privée,* avec simultanément une action étatique et sociale » (cité par Bergounioux et Manin, 1979, p. 122-123, n.s.).

Bergounioux et Manin résument ainsi les mesures prises :

« Dans un premier temps, pour développer le marché intérieur et exercer un effet d'entraînement sur la production, le gouvernement accrut la circulation monétaire, fit baisser le taux de l'intérêt et stimula l'investissement. Des investissements publics importants permirent une politique de grands travaux, encourageant indirectement la consommation et l'investissement dans les autres secteurs de l'économie. La situation s'améliora rapidement. Mais le caractère original fut, quelque temps après, la mise en œuvre d'un programme systématique de réformes sociales, qui permit de relancer la consommation et de maintenir le plein emploi : en 1934, l'assurance chômage, en 1935, une élévation de la retraite vieillesse, des allocations familiales, un programme de construction de logements à bon marché, etc. Le financement fut assuré par la fiscalité et, notamment, un impôt sur les héritages. [...] Le Congrès de 1936 rejeta le principe de la lutte des classes. Cette politique économique, qui anticipait tout-à-fait dans ses mécanismes la pratique keynésienne, et le projet d'un "État de bien-être" devinrent la conception suédoise du socialisme. Ce choix explique mieux la possibilité des accords de Saltsjöbaden, en 1938, qui consacrèrent la paix sociale par la mise au point entre patronat et syndicats de procédures d'accords collectifs, donc, d'une codification des conflits du travail » (Bergounioux et Manin, 1979, p. 122-124).

L'innovation des socialistes suédois consistait donc 1) à accepter le principe général que l'économie de marché est supérieure pour la production, les idéaux socialistes étant reportés sur le versant de la redistribution ; 2) à faire du « keynésianisme » avant la lettre ; 3) à constituer un État-providence utilisant une manne constituée par une augmentation considérable de la fiscalité ; 4) à établir une paix sociale et une collaboration institutionnelle régulière entre patrons et syndicats, le patronat obtenant la reconnaissance de ses droits de propriété et de son pouvoir de décision économique, les syndicats obtenant en échange l'institutionalisation de la négociation collective et une sorte de droit de cogestion de l'économie à tous les niveaux.

II — KEYNES

Les idées économiques de John Maynard Keynes jouent un rôle important dans la maturation de cette nouvelle doctrine social-démocrate. C'est un peu paradoxal, puisque Keynes lui-même ne fut jamais social-démocrate, son intention étant plutôt de rajeunir le capitalisme. Dans la *Théorie générale de l'emploi, de l'intérêt et de la monnaie* (1936), Keynes écrit :

« Tout en indiquant l'importance vitale que présente la création d'un contrôle central sur certaines activités, aujourd'hui confiées en grande partie à l'initiative privée, [ma théorie] laisse inchangés de vastes secteurs de la vie économique. En ce qui concerne la propension à consommer, l'État sera conduit à exercer sur elle une influence directrice par sa politique fiscale, par la détermination du taux de l'intérêt, et peut-être par d'autres moyens. Au surplus, il est improbable que l'influence de la politique bancaire sur le taux de l'intérêt suffise à amener le flux de l'investissement à sa valeur optimum. Aussi pensons-nous qu'une assez large socialisation de l'investissement s'avérera le seul moyen d'assurer approximativement le plein emploi, ce qui ne veut pas dire qu'il faille exclure tous les genres d'arrangements et de compromis permettant à l'État de coopérer avec l'initiative privée. Mais à part cela, aucune argumentation convaincante n'a été développée qui justifierait un socialisme d'État embrassant la majeure partie de la vie économique de la communauté. Ce n'est pas la propriété des moyens de production dont il importe que l'État se charge. S'il est en mesure de déterminer le volume global des ressources consacrées à l'augmentation de ces moyens et le taux de base de la rémunération allouée à leurs possesseurs, il aura accompli tout le nécessaire » (cité par Bergounioux et Manin, 1979, p. 124).

Cependant, même par ces propositions limitées, Keynes faisait de l'État un véritable « sujet économique » sortant de son rôle traditionnel d'arbitre. Sa thèse d'un nécessaire « soutien de la demande », en particulier, rejoignait les vues « sociales » des socialistes. Bien plus, en disant que l'augmentation de la demande supposait une meilleure répartition des revenus (parce que les classes pauvres consomment tout leur revenu, alors que les riches épargnent ; donc, si l'on fait passer aux pauvres une partie du revenu des riches, on augmente la consommation globale), Keynes donnait une légitimité économique à la revendication, jusque-là seulement politique et sociale, d'une réduction des inégalités. La baisse du taux de l'intérêt, disait encore Keynes, rendait le capital moins rare et réalisait ainsi une « euthanasie du rentier et du capitaliste oisif », bêtes noires traditionnelles des adversaires de l'économie de marché. De ces différentes manières, avec Keynes, la science économique paraissait justifier les reven-

dications des socialistes, alors qu'on avait jusque-là opposé la première aux secondes.

De fait, les idées keynésiennes inspirent en Grande-Bretagne les
deux « plans Beveridge » de 1942 et 1944 (celui de 1944 est intitulé :
« *Full Employment in a Free Society* ») et contribuent à faire évoluer la
doctrine même du travaillisme, puisqu'un théoricien travailliste,
C. A. R. Crossland (*L'Avenir du socialisme,* 1956), dit que ce que les
travaillistes doivent désormais chercher à construire, c'est

> « une société dans laquelle la propriété est mixte ; une société devenue structure
> de propriété diversifiée, diffuse, pluraliste, hétérogène, avec l'État, les entrepri-
> ses nationalisées, les coopératives, les syndicats, les institutions financières gou-
> vernementales, les fonds de retraites, les fondations, les millions de patrimoines
> privés [...]. Dans la mesure où il s'agit d'un but lointain, tout ce dont nous avons
> besoin maintenant, c'est d'une fiscalité pour limiter les profits et les dividendes »
> (cité par Bergounioux et Manin, 1989, p. 67).

La gauche du parti, toutefois, appuyée par les syndicats, continue
de refuser qu'on modifie la clause IV du programme travailliste
incluse depuis 1918 dans les statuts du Parti, qui exige « la propriété
commune des moyens de production »[1].

III — LE CONGRÈS DE BAD-GODESBERG

Dans les années qui suivent, une étape importante du progrès des
idées sociales-démocrates est le congrès du SPD allemand, tenu
en 1959 à Bad-Godesberg[2]. Ce congrès porte à son terme le processus de revision ainsi entamé, en marquant la reconnaissance officielle
du rôle du marché. Il affirme en effet le principe : « concurrence
autant que possible, planification autant que nécessaire. » En d'autres
termes, *le marché devient la règle, l'interventionnisme l'exception.*

> « L'État moderne influence de manière constante la vie économique par
> ses décisions en matière d'impôts et de finances, en matière de politique
> monétaire et de crédit [...]. L'État ne saurait se dérober à cette responsabilité
> en matière d'évolution économique. Il est responsable d'une politique anticy-
> clique à long terme et *doit se limiter, pour l'essentiel, aux méthodes d'action indirecte*

---

1. C'est en effet l'introduction de cette clause qui fit du *Labour Party* britannique un
parti socialiste, ce qu'il n'était pas auparavant. Le débat sur son maintien ou son abolition a
occupé longtemps les idéologues du parti. Ce n'est que tout récemment, sous l'influence
de Tony Blair, que le parti a finalement amendé la clause IV. C'était revenir, d'une certaine manière, au vieux travaillisme pré-socialiste.
2. Bad-Godesberg est une banlieue de Bonn.

sur l'économie. Le *libre choix des consommateurs* et le *libre choix du lieu de travail* sont des fondements décisifs, tandis que la *libre concurrence* et la *libre initiative des entrepreneurs* sont des éléments importants de la politique économique sociale-démocrate [...]. Toutefois, lorsque des marchés sont dominés par des individus ou des groupes, il est nécessaire de prendre des mesures multiples pour préserver la liberté de l'économie[1]. *La concurrence dans toute la mesure du possible, la planification autant que nécessaire* » (cité par Bergounioux et Manin, 1979, p. 128, n.s.).

D'autre part, le programme déclare que « le Parti social-démocrate est devenu, d'un parti de la classe ouvrière, un *parti du peuple tout entier* » (il donne donc satisfaction à la vieille revendication de Bernstein et des « révisionnistes »). Idéologiquement, le Parti n'est plus porteur d'une *Weltanschauung* particulière. Sa vision du monde est compatible, en particulier, avec celle du christianisme. Le marxisme n'est plus cité parmi ses traditions fondamentales ; sont évoqués en revanche l' « éthique chrétienne », l' « humanisme », « la philosophie classique »[2].

Ainsi est définie, selon une formule qui devait connaître une grande fortune, une « économie sociale de marché ».

Les idées et les pratiques sociales-démocrates se répandent au même moment dans l'ensemble de l'Europe du Nord et germanophone. En Angleterre, bien qu'officiellement minoritaires encore dans le Parti travailliste, elles sont adoptées en pratique par le très « gestionnaire » gouvernement Wilson de 1964 à 1970. Au Congrès de Scarborough du Parti travailliste en 1960, le même Crossland cité plus haut peut dire :

« Le socialisme anglais aujourd'hui se préoccupe moins que jamais de conceptions démodées, comme la nationalisation de l'industrie et le contrôle fondé sur l'immixtion dans la gestion des compagnies ; son attention se tourne vers des problèmes comme le développement de l'économie en général, la prospérité de la société, l'égalité sociale. De la sorte, la méthode semi-marxiste, vieillie, d'analyse de la société capitaliste a cédé la place à une théorie révisionniste plus raffinée, celle de la société postcapitaliste » (cité par Bergounioux et Manin, 1979, p. 129).

---

1. L'interventionnisme est justifié par la nécessité de préserver... la liberté économique. On voit le chemin parcouru depuis le planisme.
2. Ces mises au point explicitement philosophiques sont de grande importance. Le SPD déclarait ainsi formellement, à Bad-Godesberg, qu'il rompait avec le matérialisme et l'historicisme marxistes. Étant donné que l'autre grand parti de l'Allemagne fédérale, l'Union démocrate-chrétienne (CDU), s'était lui-même posé d'emblée, aussitôt après la guerre, comme l'adversaire décidé du « paganisme » nazi, on peut dire que la classe politique de l'Allemagne d'après-guerre mettait ainsi un terme à la dérive intellectuelle qui, depuis le début du XIXᵉ siècle, avait tendu à éloigner ce pays de la civilisation occidentale humaniste et judéo-chrétienne (dérive que nous retracerons plus loin, cf. IV, chap. 8 et 9).

On observe la même évolution dans les partis socialistes autrichien, hollandais, belge, suisse, et elle se poursuit naturellement en Scandinavie d'où elle est partie.

IV — LES EFFETS DE LA GUERRE FROIDE

La victoire de 1945 et le partage de Yalta avaient mis l'Europe occidentale sous l'influence des États-Unis, protecteur militaire et pourvoyeur de crédits. Washington avait mis comme condition d'accès au Plan Marshall le refus du socialisme planificateur. La pression constituée par cette conditon joua assurément un rôle moins important que l'épouvantail de l'Europe de l'Est communisée, au sort politique et économique peu enviable. En Allemagne fédérale plus particulièrement, l'anticommunisme devint vite, pendant les années de la guerre froide, un sentiment largement partagé dans la population. D'autre part, l'extraordinaire croissance économique de l'après-guerre en Europe de l'Ouest accrédita, dans l'ensemble, le libéralisme. Enfin, les syndicats étant devenus puissants, ils s'opposèrent à un contrôle étatique des salaires et des prix qui aurait diminué leur propre pouvoir dans les négociations collectives. Ils mirent le boisseau sur les revendications de nationalisation ou de planification pour conforter leurs pouvoirs de cogestion.

Cette évolution ne fut vraiment confirmée qu'à la fin des années 1950. Aux lendemains immédiats de la guerre, en effet, les social-démocraties européennes voulurent d'abord profiter du « vide de puissance » en Europe pour constituer un « troisième pôle » qui aurait été à la fois anticommuniste et anticapitaliste, neutraliste et pacifiste. Le parti social-démocrate allemand (son leader était alors Kurt Schumacher) fut longtemps opposé à l'atlantisme d'Adenauer. Le SPD refusa jusqu'en 1955 la construction européenne et le réarmement allemand : il souhaitait la réunification proposée par les Soviétiques en échange du neutralisme. De même, les Scandinaves refusèrent de participer au « pacte de Bruxelles » de 1948 (création de l'Union de l'Europe occidentale) ; ils ne voulaient s'associer à rien que Moscou refuserait. La Suède réaffirma sa neutralité et s'abstint d'entrer dans l'OTAN en 1949. Ce qui fera pencher définitivement la balance à Stockholm, ce sera le « coup de Prague » de 1947. De même, le SPD deviendra résolument anticommuniste après la répression des émeutes de Berlin en 1953, de Budapest en 1956, et l'érection du mur de Berlin en 1961.

Quant aux Anglais, ils sont très atlantistes dès le début. Le gouvernement travailliste d'Attlee, en place de 1945 à 1951, poursuit la politique de Churchill. Les Anglais écrasent l'insurrection communiste en Grèce, soutiennent le shah d'Iran et demandent aux États-Unis de les relayer en Grèce et en Turquie pour contrer l'influence soviétique. L'attitude antisoviétique des travaillistes anglais précède même la célèbre déclaration Truman sur le *containment* (11 mars 1947) marquant le début de la guerre froide.

Le fait que toutes les social-démocraties de l'Europe occidentale se rallient à des rythmes divers à la cause atlantiste précipite leur évolution idéologique. Il apparaît à chacun que le bloc de l'Est, c'est le *totalitarisme,* auquel s'opposent les sociétés *pluralistes.*

Le concept de « totalitarisme », construit notamment par Hannah Arendt (cf. *infra,* V^e partie, chap. 3), met en évidence l'analogie profonde existant entre fascisme et communisme. Du coup, l'anticommunisme peut rejoindre l'antifascisme qui, lui, est traditionnel dans les partis sociaux-démocrates depuis l'avant-guerre. Et du coup également, la Communauté européenne, d'abord conçue comme un instrument de cristallisation possible pour un « troisième pôle » anticapitaliste, devient bientôt, au contraire, aux yeux mêmes des sociaux-démocrates, une nouvelle construction politique consolidant le camp antitotalitaire (cf. Bergounioux et Manin, 1979, p. 145-146).

Il est vrai qu'il y aura une résurgence timide du projet de « troisième force » au moment de la Détente mettant fin à la guerre froide. Le chancelier Brandt lancera son *Ostpolitik.* Les partis socialistes européens présenteront alors explicitement l'Europe communautaire comme l'incarnation d'un autre modèle social. Mais la chute des régimes communistes à partir de 1989 affaiblira à nouveau cette option, en supprimant la référence communiste et en jetant un jour cru sur l'erreur fondamentale, tant politique qu'économique, qu'il constitue. Une société industrielle moderne peut-elle vivre si elle ne fait pas place, dans ses institutions de base, au pluralisme, à la liberté et aux droits de l'homme ?

V — LE « MODÈLE » SOCIAL-DÉMOCRATE

Analysons maintenant de plus près les structures et la logique intime de fonctionnement de l'État-providence créé par les sociaux-démocrates européens.

1) *Un conglomérat d'institutions visant à occuper le terrain social*

D'après le chancelier allemand Willy Brandt, « la social-démocratie [a] pour mission initiale d'intégrer la classe ouvrière dans l'État démocratique et dans une société qui doit être démocratisée » (cité par Bergounioux et Manin, 1979, p. 153). Cela se traduit par la construction, dans tous les pays où la social-démocratie est forte, d'un réseau serré d'organismes les plus divers liés à la famille politique dominante : partis, syndicats, journaux, maisons du peuple, associations, sociétés culturelles et sportives, banques, coopératives..., visant à constituer un véritable « milieu de vie », une vraie *contre-société* prête à assumer les fonctions du capitalisme défaillant en encadrant les individus « du berceau à la tombe ».

D'abord, partout, le parti vit grâce à l'infrastructure humaine et financière des *syndicats*. La double appartenance est majoritaire et elle est la règle pour tous les responsables : les syndiqués votent pour les partis et en sont souvent membres. En Angleterre et en Suède, l'affiliation au parti est même automatique pour tous les syndiqués (principe de l'affiliation collective). Des organismes permanents de liaison existent aux niveaux central et local. Les ministres des gouvernements sociaux-démocrates, en Allemagne, en Suède, en Angleterre, sont très souvent des responsables syndicaux et réciproquement. Les programmes se recouvrent largement (grande différence, donc, avec la France, où cette liaison n'existe vraiment qu'entre le PC et la CGT).

Mais la mouvance sociale-démocrate comporte d'autres groupements centrés sur des intérêts sociaux particuliers, selon l'âge, le sexe, la profession et même la religion, liés au parti : Jeunes socialistes (« Jusos ») en Allemagne, et en Suède l' « Union des Femmes socialistes », l' « Union des Socialistes chrétiens », les mouvements d'étudiants, d'éducation et de formation comme les « cercles d'études ». Le DGB, confédération syndicale allemande, consacre le tiers de son budget à la formation, possède trois « universités » et des écoles de niveau secondaire (car il faut former les militants pour participer en tant que représentants du syndicat aux très nombreux comités que supposent concertation et cogestion). Il y a aussi des *coopératives* touchant des millions de consommateurs, des organisations de loisirs et de vacances, des sociétés de construction de logement à bon marché, des mutuelles...[1].

---

1. Ce mode de présence, de pénétration ou plus exactement d'encadrement social par la social-démocratie est comparable à la présence sociale des Églises, qui ont toujours eu, aux Temps contemporains (pour ne pas remonter plus haut), outre leur clergé proprement dit, séculier et régulier, leurs organismes paroissiaux, leurs patronages, leurs mouvements de jeunesse, leurs écoles, leurs universités, leur presse, leurs syndicats, leurs tiers-ordres, etc. Entre les deux guerres, en France, il y eut même une concurrence sévère, avec mimétisme réciproque, entre les mouvements d'Église et les mouvements socialistes. Les « scouts » furent créés dans une large mesure pour faire pièce aux mouvements de jeunesse socialistes. Peut-être la faiblesse relative des organismes sociaux de type social-démocrate en Europe du Sud jusqu'à une date récente est-elle liée au grand nombre d'institutions catholiques subsistant dans ces pays. Les Églises protestantes, au Nord, offraient, par leur pluralité et leur faible structuration, une moindre résistance à la croissance des organisations de la mouvance social-démocrate.

Cette constellation d'organismes est un instrument incomparable d'influence et de propagande et, en sens inverse, de transmission vers le sommet des informations et des demandes émanant de la base. Elle constitue par ailleurs pour ses membres un instrument de pouvoir et de promotion sociale. L'appartenance au syndicat et le fait d'avoir suivi ses filières de formation sont, en Allemagne ou en Suède par exemple, un moyen, parallèle à l'Université, d'accéder aux carrières administratives. C'est parce qu'elle encadre ainsi les classes populaires, ou du moins certains éléments de celles-ci, que la social-démocratie peut négocier valablement avec le patronat.

Le pouvoir, au sein du vaste conglomérat entourant ainsi le Parti, est très stable. Certes, les congrès donnent lieu à de violents affrontements de tendances ; il y a toujours eu, en particulier, dans les partis ayant mené les politiques de compromis avec la bourgeoisie, des ailes gauches refusant ce compromis. Mais, au moment du vote, les directions sont quasiment toujours confirmées. La raison en est qu'un bon nombre de responsables et de délégués sont des salariés du parti, nommés par les directions. En Angleterre, en outre, on pratique le système du vote bloqué par lequel les permanents syndicaux apportent aux congrès toutes les voix des syndiqués.

Notons, pour finir, qu'un tel conglomérat n'existait pas jusqu'à une date récente en France, et c'est pourquoi le socialisme français, ainsi que celui d'autres pays latins, n'a pu, pendant longtemps, être considéré comme une social-démocratie au sens nord-européen du terme.

Alain Bergounioux (*in* Véronique Aubert, Alain Bergounioux, Jean-Paul Martin, René Mouriaux, *La Forteresse enseignante,* Fayard, 1985) a cependant défendu la thèse que − exception qui confirme la règle − il existerait en France deux réseaux se rapprochant du modèle social-démocrate nord-européen : celui qui gravite autour des *syndicats agricoles,* avec une dominante politique démocrate-chrétienne, et surtout celui constitué par les *syndicats enseignants,* la « Forteresse enseignante », c'est-à-dire la FEN et ses satellites syndicaux et associatifs. La FEN entend être en effet un « milieu de vie » pour les enseignants. Le Parti socialiste les fédère politiquement, les syndicats affiliés à la FEN les encadrent professionnellement, la MGEN gère leur santé, la Ligue de l'enseignement, les œuvres laïques, des organismes culturels et de formation professionnelle organisent leur éducation et leurs loisirs, la MAIF et la GMF les assure, des coopératives gèrent leurs achats collectifs, il existe même des banques. Ce conglomérat constitue la vraie base sociale du PS, son principal soutien financier, le vivier de ses militants et de ses élus, etc. Il y a là, par conséquent, un équivalent de ce qu'on trouve dans les social-démocraties nord-européennes[1].

_____

1. On peut mentionner cependant une différence essentielle : tout le secteur éducatif, en France, étant fonctionnarisé, les intérêts des syndicats enseignants sont organiquement liés non à des entreprises qui doivent rester prospères et pour cela disposer de la

2) L'institutionnalisation de la négociation collective

L'institutionnalisation de la « négociation » collective, entendons l'enregistrement d'un rapport de forces par les chefs des « armées » de la guerre sociale qui se font face, est un autre trait caractéristique du modèle social-démocrate.

En Autriche, à partir de 1972, est instituée une « Commission paritaire des prix et des salaires » comprenant un petit nombre de dirigeants des syndicats patronaux et ouvriers, et présidée par le chancelier en personne.

Cette *Sozial Partnerschaft* aboutit à des accords conclus pour des durées déterminées, fournissant un cadre aux prévisions. Des accords du même type sont conclus en Suède entre patronat et syndicats sur les salaires ; l'État fait des propositions d'arbitrage en cas de litige. Les accords conclus ont valeur de conventions collectives : un « tribunal du Travail paritaire » règle les querelles d'interprétation. D'autres comités paritaires, à différents niveaux de la hiérarchie, établissent des accords contractuels sur diverses questions relatives au travail : sécurité, formation professionnelle, formation économique pour les syndicalistes... Ce système a été mis en place depuis 1938. En 1946, des comités d'entreprise sont institués.

Des procédures comparables existent dans les autres social-démocraties. En Allemagne, la concertation patronat-syndicats est poussée si loin qu'on considère la grève comme une solution extrême, presque hors la loi : il faut que 75 % des adhérents du syndicat la votent, et elle s'arrête dès que 25 % votent la reprise (cf. Bergounioux et Manin, 1979, p. 163). De par leurs statuts, les syndicats sont censés combattre les « grèves sauvages ». En Angleterre, patronat et *trade-unions* affirment leur attachement aux mêmes principes, mais, en pratique, les comportements informels sont fréquents. Il y a, de toute façon, une bien moindre centralisation syndicale, ce qui fait que les accords salariaux doivent être conclus de manière décentralisée. Dans les autres pays, cette centralisation existe, avec structuration en grandes branches professionnelles, tant du côté patronal que syndical. En Suède, concentration syndicale et concentration du capital se sont même mutuellement favorisées (une quinzaine de familles, dont les fameux Wallenberg, dominent la vie économique[1]).

---

liberté économique, mais à un État qui dispose des prélèvements obligatoires, et à qui on peut demander toujours plus. C'est une logique évidemment tout autre, et l'on comprend que les idées économiques et les comportements pratiques du PS français aient différé sensiblement de ceux, par exemple, du SPD allemand ou du *Labour* britannique jusqu'à ce jour.

1. Il a été remarqué que les procédés économiques de la social-démocratie ont eu dans les pays concernés, paradoxalement, un résultat *conservateur* sur les structures sociales :

Les patrons ont accepté en général cette « règle du jeu », et les syndicats ont adopté de leur côté une certaine modération, puisqu'ils ont compris que c'était l'intérêt des salariés d'avoir des entreprises prospères. Il y a eu cependant une grave querelle sur la question de la « cogestion » des entreprises. Une loi allemande de 1951 accordait aux salariés des entreprises minières et métallurgiques un droit de cogestion dans des conseils de surveillance, mais le patronat empêcha, l'année suivante, l'extension de cette mesure aux autres secteurs. De même, en Suède, depuis 1972, il y a deux représentants des salariés dans les conseils d'administration des entreprises. La confédération syndicale suédoise, LO, a voulu aller plus loin. Ses économistes ont imaginé de créer des fonds collectifs, alimentés par des prélèvements de 20 % sur les bénéfices des entreprises de plus de 50 salariés, qui rachèteraient une partie et bientôt une majorité du capital de celles-ci : alors il y aurait, et pour cause, une véritable cogestion (projet Meidner présenté au congrès de 1976). Mais le patronat s'y est opposé si vigoureusement que cela a peut-être causé la chute des sociaux-démocrates aux élections de 1977. Depuis lors, la cogestion des entreprises demeure une question ouverte.

3) Le « Welfare State »

La notion de « *Welfare State* », « État de bien-être » – ou, comme on dit avec une pointe critique, « État-providence » – implique que tous les aspects de la vie sociale – emploi, santé, logement, culture... – soient pris en charge par des organismes collectifs.

En Angleterre, après les décisions prises de 1945 à 1951, un service d'assurances nationales *(National Insurance)* couvre les risques ordinaires de la vie (santé, chômage, veuvage...), la prestation santé étant rendue par un service national *(National Health Service)*. Des politiques sectorielles pour le logement, l'emploi (création d'offices du travail pour maintenir le plein emploi, de « zones de développement »), l'éducation, la formation professionnelle, la formation permanente, etc., s'ajoutent à ce dispositif. Les dépenses sont assumées par l'État. Dans l'ensemble des pays sociaux-démocrates, le montant absolu de ces dépenses, ainsi que la part qu'elles représentent dans le PIB, n'ont cessé de croître.

Le *Welfare State* n'est pas propre aux pays gouvernés par les sociaux-démocrates ; il s'est développé partout en Europe occidentale. La spécificité des social-démocraties est d'avoir systématiquement tenté de faire servir les mécanismes du *Welfare State* à une réduction des inégalités sociales. Le *Welfare State* est parvenu, de fait,

les fortunes nouvelles étant rendues quasiment impossibles par le taux confiscatoire de l'impôt progressif, les fortunes existantes, délivrées de concurrents potentiels, en ont été consolidées. C'est pourquoi, en Autriche comme en Suède, l'*establishment* bourgeois n'a pas eu une attitude d'opposition systématique contre la social-démocratie.

à diminuer quelque peu l'éventail des revenus, singulièrement en éliminant, à la base, la « pauvreté primaire » (surtout par le plein emploi et par les mesures sociales, plus que par l'élévation du salaire proprement dit), et en écornant, au sommet, les plus haut revenus.

En Suède, il a été calculé en 1976 que le revenu d'un cadre supérieur était quatre fois supérieur après impôts à celui d'un ouvrier.

Cette réduction de l'écart entre revenus est réalisée par la fiscalité. Le taux moyen de prélèvements obligatoires atteignait 44,6 % en Suède en 1968, contre 27,3 % aux États-Unis. En Suède l'impôt peut atteindre 80 % des revenus.

VI — LA SOCIAL-DÉMOCRATIE EST-ELLE UNE AILE GAUCHE DE LA DÉMOCRATIE LIBÉRALE, OU UNE VERSION MODÉRÉE DU SOCIALISME ?

Étant donné qu'elle acceptait, outre la démocratie parlementaire, certaines des règles fondamentales du marché, on a soutenu que la social-démocratie ne constituait plus désormais qu'une simple variante « de gauche » du modèle démocrate libéral (qu'elle s'était « américanisée »). À quoi d'autres commentateurs ont opposé qu'elle était encore une forme de socialisme. Qu'en est-il ? La question est évidemment essentielle pour l'historien des doctrines politiques.

1) *La doctrine sociale-démocrate conserve une composante marxiste*

Un certain nombre de traits spécifiques de la gestion sociale-démocrate se dégagent du tableau rapide que l'on vient de brosser :

— Bien que les partis sociaux-démocrates aient cessé après la guerre de se vouloir des partis seulement *ouvriers,* ils ont continué à être principalement des partis de *salariés,* catégorie à laquelle ils attribuent une sorte de prééminence ; ils n'ont jamais promu un idéal politique universel.

— Les « salariés » ayant pour représentants attitrés le parti socialiste et les syndicats, ceux-ci, dans le modèle social-démocrate, ont vocation à conduire l'évolution de la société.

— Partout où ils ont gouverné, les partis sociaux-démocrates ont créé une osmose entre le conglomérat des institutions sociales-démocrates et l'appareil d'État. Les institutions sociales-démocrates reçoivent des missions de service

public, elles jouissent, comme les organismes publics au sens propre, de monopoles et de privilèges.

Ces faits ont une signification doctrinale aisément discernable.

— Le simple fait d'attribuer un rôle privilégié aux « salariés » traduit une
certaine vision orientée de la société et de l'économie. Rien ne dit que le statut de salarié a vocation à se généraliser : la société comporte aussi des travailleurs indépendants, des entrepreneurs, des actionnaires, et les théories économiques ordinaires n'énoncent pas que ces derniers doivent disparaître dans
l'avenir (bien au contraire). D'autre part, rien ne dit que le fait d'être salarié
constitue en soi un mérite ou une compétence particuliers, qui justifieraient
une vocation spéciale de cette catégorie sociale à diriger la société et à forger
ses grandes orientations historiques. Le privilège accordé au salariat par le
modèle social-démocrate peut donc être interprété comme *un reliquat du rôle
« messianique » attribué au prolétariat par le marxisme*.

— L'osmose entre le conglomérat des institutions sociales-démocrates et
l'appareil d'État signifie que la légimité démocratique de l'appareil d'État est
égalée ou dépassée par une autre légimité, celle des représentants des « salariés ».
Là encore, c'est manifestement un reliquat de marxisme : *le droit historique de la
classe exploitée l'emporte sur le « droit bourgeois »,* dont le caractère universel n'est
qu'une vaine illusion idéologique.

2) *La social-démocratie n'est ni démocratique ni libérale*

S'il en est ainsi, il est moins étonnant que la social-démocratie se
révèle, à une observation un peu attentive, n'être en réalité *ni* démocratique *ni* libérale.

1) Elle reconnaît la démocratie, il est vrai, au niveau général de
l'État (elle pratique la démocratie parlementaire et les libres élections). Mais elle ne pratique pas la démocratie en son propre sein.
On a vu que le parti et les syndicats étaient dirigés par un petit
nombre de hiérarques quasiment inamovibles, élus par ceux à qui ils
ont procuré un emploi (dont ils les priveraient s'ils se rebellaient).
Les « travailleurs » ont peu de prise sur la direction et les décisions
des syndicats et des associations. Ils n'en ont pas, par définition, là où
l'adhésion est obligatoire. Ils n'en ont guère plus dans les autres syndicats, associations, cercles d'études, écoles, universités, etc., groupements de droit privé au sein desquels n'existe pas de procédure
transparente et publiquement garantie de renouvellement des dirigeants ou de discussion pluraliste des décisions. Tout se passe donc
comme si les « représentants des travailleurs » étaient autoproclamés.

Le caractère non démocratique des institutions de la social-démocratie
atteint un sommet en France, où les syndicats se sont mis d'accord pour réserver
à cinq d'entre eux, dits « les plus représentatifs » (et tous de gauche), le monopole de présentation des candidats aux élections professionnelles. Comme par

ailleurs le taux de syndicalisation est inférieur à 10 %, on peut juger de la représentativité de ces syndicats et de la légitimité démocratique qui les autorise à se partager les diverses parties de la manne publique, les subventions de l'État, celles des collectivités locales, avec locaux publics et fonctionnaires mis à disposition, les contributions volontaires ou involontaires des entreprises (énormes lorsqu'il s'agit d'entreprises publiques comme EDF ou la SNCF), l'argent des caisses de sécurité sociale, dont une partie est reversée aux syndicats pour payer leurs permanents, alors même qu'il est prélevé obligatoirement sur tous les Français qui n'ont évidemment jamais connu ni approuvé cet usage partisan de leurs cotisations sociales. Le financement public des syndicats en France aboutit à cette iniquité qu'une moitié de la population est contrainte de payer l'autre moitié... à lui faire la guerre. On ne saurait imaginer situation plus éloignée de l'idéal démocratique selon lequel tout citoyen est fondé à élire ou à récuser ses dirigeants, à prendre part à l'élaboration des décisions qui seront prises en son nom, à demander compte de l'emploi de ses impôts.

Là encore, la signification de cette pratique est aisément discernable. La mentalité des permanents et des militants reste dominée par la philosophie marxiste selon laquelle il y a un sens de l'Histoire, une classe sociale qui en est porteuse, et un parti représentant historique de cette classe. Toute libre candidature d'un simple citoyen individuel sans autre titre que ses propres idées, sa liberté subjective et l'approbation d'autres individus libres continuerait donc à être ressentie au mieux comme illégitime, au pire comme venant d'un « ennemi de classe ». En pratique, donc, l'institution se perpétue en se cooptant, et jamais sa légitimité n'est remise en cause. Comme dans les Églises et les sectes, et pour des raisons largement analogues, l'idéologie fondatrice du groupe est hors de discussion.

Il faut bien comprendre que le conglomérat des institutions sociales-démocrates, leurs privilèges, leurs monopoles et leur participation organique à l'autorité publique, tout cela a a été mis en place peu à peu, dans les pays d'Europe où l'idéologie sociale-démocrate a été puissante, non pas en exécution de décisions démocratiques, de débats publics argumentés et contradictoires, suivis de votes formels du peuple ou de ses représentants dûment mandatés pour agréer des décisions de cette nature, mais par des *coups de force successifs,* grèves ou menaces de grèves, violences ou menaces de violences, blocages ou menaces de blocages, toujours exercés par des minorités, qui ont conduit les responsables de l'État ou des entreprises à concéder les privilèges et monopoles demandés. Ensuite, les hommes politiques, fonctionnaires et « partenaires sociaux » ont fait de nécessité vertu, se sont habitués à l'existence de ces institutions exorbitantes du droit commun. On peut juger bons ou mauvais les systèmes de gestion sociopolitique ainsi créés, mais on ne saurait soutenir qu'ils sont le fruit d'un processus « démocratique ». Seule « justifie » ce mode d'évolution sociale la philosophie marxiste de la lutte des classes, pour laquelle il y a deux camps en présence, qui sont en situation, non de libre accord contractuel, mais de guerre. Il ne s'agit pas de faire prévaloir la justice, de rechercher des règles du jeu égales pour tous, que chacun respectera et sur lesquelles il y aura consensus. Il s'agit de gagner la guerre par la force, de faire des « avancées » sociales, comme on fait avancer un front. La social-démocratie ne diffère du socialisme révolutionnaire que parce que, dans cette guerre, elle ne projette pas la grande bataille ponctuelle et violente qui préludera à l'aube radieuse, mais a le goût des stratégies lentes, ponctuées de « négociations » et d'armistices. Mais l'horizon est toujours la victoire d'un camp sur l'autre par la contrainte, non le consensus sur des règles civiques communes permettant un commun progrès économique et social.

2) La social-démocratie reconnaît la légitimité du pluralisme, il est vrai, mais il s'agit d'un pluralisme non d'*individus,* mais de *collectivités organisées.* Il y a des débats, des concessions réciproques, des accords, un « dialogue social », mais non pas entre des personnes libres qui contractent selon leurs propres vues, mais entre des dirigeants dont chacun exerce une autorité hiérarchique sur le groupe qu'il est censé représenter. L'élite qui négocie est libre, mais, sous elle, le peuple est tributaire. Donc la social-démocratie n'est assurément pas *libérale.*

Il est remarquable que Bergounioux et Manin revendiquent et prennent en bonne part ce holisme de la philosophie sociale-démocrate : « L'égalité, principe fondamental de la démocratie, tend à isoler les citoyens les uns des autres, comme Tocqueville le notait, elle fait de la société politique un agrégat d'atomes indépendants et égaux, elle dissout les solidarités naturelles ou traditionnelles. C'est le mouvement ouvrier qui, introduisant dans les sociétés européennes une forme neuve, qu'aucun des partisans initiaux de la démocratie n'avait envisagée, fait pénétrer le principe associatif dans la vie politique. Certes, tout parti politique est une association, mais dans sa forme initiale, comme regroupement de citoyens ayant un même projet politique, il reste, pourrait-on dire, abstrait, coupé de la réalité concrète de la vie sociale et des solidarités qu'elle crée, il demeure un simple agrégat reposant sur le libre concours d'individus formellement égaux. Le principe des partis ouvriers est différent : leur cohésion est assurée à la fois par l'unité d'un projet politique, mais aussi par la communauté d'une position sociale concrète ; ils reposent, en dernière analyse, sur une solidarité de fait et non simplement sur une agrégation de type contractuel. C'est pourquoi ils peuvent pénétrer la réalité quotidienne de la vie sociale : les multiples associations qui gravitent autour des partis sociaux-démocrates ne sont pas des appendices contingents de ces partis, ils en expriment la nature même. Les partis politiques de droite se fondent au contraire sur le principe traditionnel du regroupement purement politique, lors même qu'ils rassemblent des couches populaires ; progressivement, ils ont tenté ici et là d'imiter les partis ouvriers, mais, sur le fond, ce principe leur est étranger. Seuls les partis fascistes ont repris pleinement cette pratique des associations, mais dans une perspective antidémocratique et sans être des partis ouvriers » (Bergounioux et Manin, 1979, p. 197-198).

On peut juger bienvenu ce holisme, mais on ne saurait prétendre qu'il relève d'une approche libérale. Bernard Manin le croit cependant, et il est éclairant de discuter sa position. Cherchant à théoriser la différence entre démocratie libérale et social-démocratie, il a parlé, pour la première, d'un « libéralisme de la règle », pour la seconde d'un « libéralisme de la balance »[1]. Le « libéralisme de la règle » pose que chaque individu est libre d'agir pourvu qu'il observe une règle fixe et égale pour tous ; c'est le régime de liberté individuelle selon la *rule of law.* Le « libéralisme de la balance » consiste en la coexistence pacifique d'intérêts collectifs conflictuels arbitrés par la négociation collective. C'est encore un libéralisme, soutient Manin, puisqu'il est « modéré », laisse place à la discussion, cherche à accorder les intérêts plutôt que de recourir à la violence ouverte, reconnaît le fait du pluralisme et renonce à imposer à toute la société, comme le socialisme autoritaire, un ordre hiérarchique unique. Nous pensons, nous, qu'il y a un abus de langage à nommer « libéralisme » un système où les citoyens de base sont soumis, dans leur vie sociale et professionnelle, aux décisions des dirigeants.

En réalité, il semble que peu de choses séparent le régime social-démocrate du *corporatisme* théorisé par la vieille droite antilibérale et mis en œuvre par le fascisme (on a parlé de fait, pour désigner le régime social-démocrate, de « néo-corporatisme »)[2].

Concluons que la social-démocratie, dès lors qu'elle continue à raisonner en termes de « classes » dont les rapports de force devraient être reconnus comme légitimes par l'État au lieu que l'État réprime

---

1. Cf. Bernard Manin, « Les deux libéralismes : la règle et la balance », in *La famille, la loi, l'État : de la Révolution au Code civil,* Imprimerie nationale et Centre Georges-Pompidou, 1989. Manin donne comme père spirituel du « libéralisme de la balance » Montesquieu, en tant qu'auteur de la théorie de la « modération » et des « corps intermédiaires ».

2. Il est vrai que, dans le texte cité ci-dessus, Bergounioux et Manin, tout en admettant la similitude, soulignent des différences décisives à leurs yeux. Une première différence avec le corporatisme fasciste, disent-ils, est que celui-ci n'est pas démocratique. Mais nous avons vu combien peu la social-démocratie elle-même l'est. Une autre différence serait que les partis fascistes ne sont pas des « partis ouvriers ». Mais par rapport à quelle morale, sinon la mystique historiciste du marxisme, est-ce là une faute, par rapport à quelle théorie économique, sinon marxiste, est-ce là un problème ? Reste une différence évidente de méthodes. Celles de la social-démocratie d'après-guerre n'ont évidemment rien de commun avec la brutalité des méthodes mussoliniennes. Observons néanmoins que les syndicats, dès lors qu'ils contrôlent ou sont en mesure d'intimider et de tenir à distance l'appareil d'État, peuvent utiliser en toute impunité des méthodes de force illégales (piquets de grève, occupations de lieux de travail, séquestrations, violences, destructions de matériel, blocages de voies de communication...), qui font injure aux libertés individuelles et aux propriétés, et qui ne peuvent qu'évoquer, pour ceux qui connaissent un peu l'histoire, les méthodes des *nervis* fascistes d'avant-guerre. Seule l'idéologie peut rendre aveugle à ces similitudes. Seuls ceux qui rendent encore un culte à la lutte de classes peuvent trouver « pures » ces violences dès lors qu'elles servent à l'action syndicale et ne pas les assimiler à une pure et simple délinquance passible des tribunaux.

la violence et oblige chacun à respecter la loi ; dès lors qu'elle
attribue une mission historique privilégiée (et des privilèges juridiques, au sens précis qu'avait ce mot sous l'Ancien Régime) à *une*
classe (peu importe que ce soit celle des « salariés » et non plus celle
des seuls « ouvriers »), au lieu de proposer un idéal civique universel ; dès lors qu'elle veut que les intérêts et les vues des syndicats, qui
sont essentiellement des associations privées, reçoivent le soutien du
bras séculier et de l'argent de l'État, dès lors, la social-démocratie fait
partie intégrante, de pair avec les socialismes « purs » et les fascismes,
des adversaires manifestes de l' « État de droit » et des droits de
l'homme.

Nous étudierons plus loin un penseur de la période post-totalitaire qui a
argumenté lui aussi en faveur de certaines institutions de base de la
social-démocratie (État-providence, forte fiscalité, redistribution...), mais qui l'a
fait sur des bases philosophiques tellement différentes du marxisme qu'on peut
peut-être considérer qu'il appartient de plain-pied, lui, à la famille démocrate
libérale au sens large : John Rawls.

Les adversaires de la tradition démocratique et libérale
II – La droite

Introduction

Les doctrines de « droite » se cristallisent et se formulent complètement à l'occasion de la Révolution française, en réaction aux idées
libérales ou jacobines de celle-ci. On peut considérer que ce travail
de mise en forme doctrinale est accompli principalement par les
œuvres des « théocrates » Joseph de Maistre et Louis de Bonald.
Cependant, la Révolution a été préparée par tout le mouvement
démocratique et libéral dont nous avons étudié la longue gestation,
ainsi que, comme le montrera Tocqueville, par l'absolutisme même,
en tant qu'étatiste et centralisateur. Nombre des idées qui vont guider les réformes de l'État accomplies à l'époque révolutionnaire et
napoléonienne sont donc plus anciennes que la Révolution
elle-même et ont déjà suscité des oppositions au XVIIIe siècle : la
Contre-Révolution fait son apparition avant la Révolution.

Plan de l'étude

Nous étudierons donc d'abord ce qu'on peut appeler la « préhistoire » de
la droite, qui fait pendant, aux XVIIe-XVIIIe siècles, à celle de la gauche (constituée, on s'en souvient, par les utopies et par Rousseau). Elle consiste essentiellement en la réaction nobiliaire à l'absolutisme (chap. 1 : « La "préhistoire"
de la droite »).

Nous traiterons ensuite de Montesquieu, auteur que l'on peut considérer
comme relevant de cette réaction nobiliaire, et que, contrairement aux habitudes, nous classons donc à « droite » et non dans la tradition démocratique et
libérale : nous donnerons les raisons de ce choix (chap. 2 : « Montesquieu »).

Puis nous aborderons la pièce maîtresse, les deux œuvres qui ont cristallisé,
sur le plan doctrinal, l'idée de réaction, de retour à un ordre naturel providentiel : celles de Joseph de Maistre et de Louis de Bonald (chap. 3 : « Les "théocrates" : Bonald et Maistre »).

Nous fondant – mais en y apportant une réserve importante – sur l'analyse
classique de René Rémond, nous situerons ensuite mouvements et doctrines de

« droite » dans le paysage politique français des XIXᵉ et XXᵉ siècles (chap. 4 : « Les droites en France »).

Rompant de nouveau avec l'habitude académique, nous consacrerons un chapitre à Tocqueville. Ce penseur social de premier plan n'est certes pas un « théocrate », mais nous pensons que sa « vision du monde » le classe à droite et non dans le camp libéral dans lequel il s'est souvent rangé en pratique. Il est proche, à maints égards, de Montesquieu. Tous deux doivent être considérés comme les inspirateurs d'une famille modérée de la droite française plutôt qu'ils ne sont à ranger dans la tradition démocratique et libérale proprement dite (chap. 5 : « Tocqueville »).

Nous aborderons alors la question de la pensée économique et sociale d'une autre famille de la droite, le traditionalisme. Nous évoquerons à ce sujet l'ancienne « doctrine sociale de l'Église » dont l'expression complète et les raisons d'être profondes sont données par René de La Tour du Pin, père du « corporatisme » (chap. 6 : « La Tour du Pin »).

Après la défaite de 1870, la droite française devient nationaliste, ou le nationalisme devient de droite : troisième famille. La doctrine nationaliste est formulée par Maurice Barrès, elle se prolonge dans le monarchisme hétérodoxe de Charles Maurras et de l'Action française (chap. 7 : « Barrès, Maurras et le nationalisme français »).

Le nationalisme allemand est d'un autre type. Alors que la droite française s'adosse à une notion classique, aristotélico-thomiste, de la « nature », compatible tant avec la théologie qu'avec le droit, le nationalisme allemand, fondamentalement antiromain, et rejetant aussi bien la Rome de l'humanisme et du droit que la Rome catholique, construit une notion nouvelle de la « nature », pseudo-scientifique, raciste et païenne, qui va le conduire au nazisme (chap. 8 : « Le nationalisme allemand avant le nazisme » ; chap. 9 : « L'idéologie national-socialiste »).

Chapitre 1

La « préhistoire » de la droite, Boulainvilliers, Saint-Simon

La société d'Ancien Régime est une société d' « ordres » et d' « états », celle qui suivra la Révolution française sera une société d'égalité de droits. De l'une à l'autre, il y a une lente transition, accompagnée de prises de conscience successives. Nous avons vu que les penseurs de la tradition démocratique et libérale approuvent le phénomène, qui leur paraît correspondre au civisme antique comme aux enseignements fondamentaux du christianisme ; la société et les mœurs y opposeront longtemps encore une sorte de force d'inertie ; mais, dès le règne de Louis XIV, des intellectuels le refusent délibérément sur le plan doctrinal.

I — BOULAINVILLIERS

Henri de Boulainvilliers, comte de Saint-Saire (1658-1722), après avoir eu une carrière militaire, se consacre à l'histoire de la noblesse en France. Il est l'auteur de l'*Histoire de l'ancien gouvernement de la France,* suivie de quatorze *Lettres sur les parlements ou États généraux* (l'ensemble est publié en Hollande après la mort de l'auteur, en 1727), de l'*Essai sur la noblesse* et du *Précis historique de la monarchie française* (publiés en 1732)[1].

Boulainvilliers cherche à justifier la pééminence sociale de la noblesse. Les nobles français sont les descendants des Francs. Le tiers état descend des Gallo-Romains, vaincus par les Francs. À la suite de

---

1. L'*Histoire* et les quatorze *Lettres* sont disponibles sur la bibliothèque numérique en ligne de la Bibliothèque nationale de France (gallica.bnf.fr).

leur victoire, ceux-ci se sont emparés des terres et ont réduit la population autochtone en servitude. Les privilèges des nobles d'aujourd'hui, les contraintes des roturiers sont la suite de cet événement, même si la situation a été modifiée (les droits seigneuriaux ou les corvées remplaçant le servage). Les revendications d'égalité civique sont donc injustifiées, de même qu'est injustifié le pouvoir absolu des rois qui s'est établi aux dépens des droits des anciens vainqueurs, avec l'aide de bourgeois annoblis. Le roi n'a jamais été que l'élu des nobles, et l'absolutisme est une innovation scandaleuse et injuste.

Boulainvilliers connaît, mais refuse, la doctrine reçue selon laquelle les Germains auraient été des rustres, cependant que les populations romanisées de l'Europe de l'Ouest auraient été civilisées[1]. Les Germains étaient « nobles » du seul fait qu'ils avaient la *force* :

« De penser que les Gaulois assujettis fussent les vrais nobles, parce qu'en effet les Francs étaient des étrangers inconnus et barbares, à qui la violence ne pouvait procurer une vraie noblesse, cela est sans apparence. Il suffisait qu'ils fussent vainqueurs, l'antiquité de l'origine céda pour lors avec raison à la force majeure d'une conquête. En un mot, les Gaulois devinrent sujets, pendant que les autres devinrent maîtres et indépendants. Que si l'on joint à cette raison celle du long abaissement dans lequel les Gaulois ont vécu sous la domination des Francs ; leur exclusion du service militaire et de l'exercice de toutes charges civiles ; l'obligation réelle de payer toutes sortes d'impôts ; les diverses stipulations des lois saliques, qui rendent les Gaulois punissables de mort, où le Franc est seulement amendable, qui ne mettent qu'un prix léger à son sang, lorsque celui d'un Franc est de la dernière valeur ; il demeurera certain que, depuis la conquête, les Français originaires ont été les véritables nobles et les seuls qui le pouvaient être, pendant que toute la fortune des Gaulois était bornée selon la volonté du vainqueur » (*Histoire de l'ancien gouvernement de la France*, 1727, p. 38-39).

Les Gaulois acceptèrent d'ailleurs cette servitude, parce qu'ils étaient mieux traités par leurs nouveaux maîtres francs qu'ils ne l'avaient été par leurs anciens maîtres romains. Ceux-ci exigeaient en effet des impôts excessifs en numéraire, alors que les Francs n'exigeaient qu'un impôt en nature, à savoir les denrées agricoles que les Gaulois avaient en abondance. La structure inégalitaire Francs-Gaulois, origine de la structure actuelle nobles-roturiers, fut donc essentiellement heureuse :

« Les terres furent cultivées, les récoltes abondantes et sagement partagées entre les dominateurs et les sujets ; les uns et les autres heureux par la possession tranquille de ce qu'ils avaient, le Franc par le travail et l'industrie du Gaulois, et celui-ci par la sécurité que le premier lui procurait » (p. 48).

---

1. Doctrine adoptée en particulier, nous le savons, par des théoriciens anglais comme Milton ou Harrington (cf. *supra*, p. 284 et 292-293).

Les pensées de « droite » réaffirmeront à l'envi cet idéal d'une société inégalitaire mais harmonieuse, où les uns travaillent pendant que d'autres assurent leur sécurité, chacun étant content de son rôle.

Tout commença à se dérégler au moment des croisades. Les nobles, généreux, se ruinèrent dans cette entreprise lointaine, durent hypothéquer leurs biens et leurs terres, que rachetèrent des roturiers. Ceux-ci commencèrent à pénétrer la noblesse et à la corrompre ; ils obtinrent des charges auxquelles ils n'avaient pas droit, mais que devaient leur abandonner les nobles qui, exclusivement occupés par le service public, n'avaient pas eu le temps de s'instruire. Clercs et légistes prirent toutes les places. Ils y furent aidés par la politique délibérée des Capétiens, qui trouvèrent en ces faux nobles de robe un personnel dévoué, avec la complicité duquel ils purent s'emparer de tous les grands fiefs, dont ils attirèrent à leur cour et asservirent les seigneurs légitimes. Ensuite, les rois vendirent les offices, faisant accéder plus encore de roturiers à des fonctions d'administration et de gouvernement. Ils affranchirent les communes et admirent qu'elles eussent des représentants aux États généraux, où n'avaient été représentés jusque-là que les nobles. Ainsi fut consommé l'avilissement de la vraie noblesse. Les malheurs du pays ne prendront fin que lorsqu'elle aura été rétablie dans ses prérogatives et ses fonctions, et que le roi lui-même sera redevenu un simple *primus inter pares*.

Tout ceci est probablement écrit au début du siècle. À la fin du règne de Louis XIV, la résistance à l'absolutisme devient moins timide et s'exprime notamment en 1711-1712, lorsque le duc de Bourgogne, petit-fils de Louis XIV, paraît devoir monter de manière imminente sur le trône. Un de ses conseillers est Fénelon, dont nous avons étudié les idées plutôt libérales (cf. *supra*, p. 423-432). Mais un autre, *Saint-Simon*, va dans le même sens que Boulainvilliers, à savoir celui d'une vigoureuse « réaction nobiliaire ».

II — LE DUC DE SAINT-SIMON

Louis de Rouvroy, duc de Saint-Simon (1675-1755), auteur des célébrissimes *Mémoires*, ne doit pas être confondu avec son arrière-petit-neveu, Claude Henri de Rouvroy, comte de Saint-Simon, le fondateur du socialisme, dont nous avons parlé plus haut (p. 857 sq.).

Saint-Simon travaille avec l'héritier de la Couronne en 1711-1712 à Marly, à Versailles et à Fontainebleau. Il sortira de ces entretiens un texte, intitulé *Projets de gouvernement résolus par Mgr le duc de Bourgogne Dauphin, après y avoir mûrement pensé,* rédigé en réalité bien longtemps après la mort du prince, en 1714-1715, et qui semble exprimer surtout la pensée de Saint-Simon[1].

Ce programme rejoint sur bien des points celui des « Tables de Chaulnes » rédigées par Fénelon et le duc de Chevreuse. Il préconise la suppression des intendants, des financiers, de la poignée de ministres à qui remontent toutes les affaires, et leur remplacement par un système de « polysynodie ». Il y aura douze « états particuliers » provinciaux, composés de trente-six députés élus par les trois ordres, qui répartiront chaque année les impôts. Il y aura des « états généraux », formés des délégués des états provinciaux, et dont les sessions seront régulières. Le gouvernement central sera constitué de sept « conseils ». Tout ceci mettra un terme à l'absolutisme tyrannique des grands ministres de Louis XIV et de leurs créatures. Mais l'esprit dans lequel Saint-Simon conçoit les réformes est bien différent de celui qui animait l'archevêque de Cambrai.

1) *Rétablir la prééminence sociale absolue de la noblesse*

Saint-Simon a une idée fixe : il veut rendre tout le pouvoir politique et social à la seule noblesse d'épée, et revenir entièrement sur l'évolution séculaire qui avait donné une place croissante dans le royaume aux bourgeois, c'est-à-dire aux gens de robe, aux magistrats, et en général aux « gens à talents », professions libérales, scientifiques, écrivains et artistes. Il veut remettre nettement au second plan ceux qu'il désigne du nom infamant de « légistes plébéiens », y compris et d'abord ceux qui ont occupé sous les deux règnes précédents et sous « les deux cardinaux » les premières places dans l'État, le chancelier, le contrôleur général, les ministres, les autres « grands officiers de la Couronne », les intendants. Il déclare la guerre à la bourgeoisie, qu'il entend chasser de la noblesse où elle s'est indûment introduite par la pratique des « annoblissements mécaniques », c'est-à-dire par l'achat d'offices qui ont servi de « savonnette à vilains ». L'avilissement de tous ces bourgeois sera confirmé par l'obligation où ils seront de se vêtir et de se comporter à la ville et à la Cour d'une manière propre à leur ordre, avec interdiction de montrer quelque signe que ce soit qui risquerait de les faire confondre avec la noblesse.

Le premier rang sera rendu à celle-ci, au sein de laquelle, en outre, on rétablira une hiérarchie stricte. Non seulement on « vérifiera » tous les titres de noblesse, mais on distinguera soigneusement la petite noblesse, les simples gentilshommes, et la noblesse titrée, barons, comtes, marquis et ducs ; chaque degré aura ses droits et pri-

---

1. Cf. Saint Simon, *Traités politiques et autres écrits,* édition établie par Yves Coirault, Bibl. de la Pléiade, Gallimard, 1996.

vilèges bien identifiés ; les débordements seront sévèrement sanctionnés. Au sommet de la hiérarchie, il y aura une quarantaine de
« ducs et pairs » qui pourront seuls accéder aux premières fonctions
politiques. D'une manière générale, seule sera une source de distinction sociale légitime la « qualité » (c'est-à-dire la naissance et le
mérite, à l'exclusion absolue de l'argent). Seule la carrière des armes
pourra donner lieu à de nouveaux annoblissements ; aucun annoblissement ne sera possible par l'exercice d'une profession juridique,
politique, financière ou n'importe quelle autre profession civile.

2) L'ordre cosmique menacé par l'écrasement des hiérarchies

Saint-Simon est obsédé, presque pathologiquement, par la question des rangs. Il veut rendre tous leurs privilèges aux « ducs et
pairs » (dont il est, d'ailleurs de fraîche date) : il parle de cette question comme si le salut du monde en dépendait. Dès sa jeunesse,
vers 1701-1702, il avait rédigé les *Brouillons des projets sur lesquels il
faudrait travailler petit à petit sans relâche et sans jamais tomber dans le piège
de se laisser rebuter,* où il n'est question que des marques protocolaires
que les ducs et pairs (ainsi que leurs épouses et leurs enfants) doivent
avoir ou reconquérir pour sauvegarder leur rang exact, juste
au-dessous des « princes du sang », mais à égalité avec les « princes
étrangers » (c'est-à-dire les chefs des maisons ayant régné sur les provinces récemment rattachées à la France), et largement au-dessus des
ducs non pairs ou des pairs non ducs (il y en avait quelques-uns). Il
est obsédé par les symboles : le droit pour les épouses et les filles
d'avoir un « tabouret » auprès de la reine, la place à occuper dans les
cérémonies (baptêmes, funérailles...), le fait d'appeler, de ne pas
appeler, de se faire appeler, de ne pas se faire appeler « Monseigneur » selon l'interlocuteur, le droit de monter dans le carrosse du
roi ou de la reine, de se faire reconduire par les personnalités à qui
on a rendu visite, de garder son chapeau aux séances du Parlement
alors que d'autres se découvrent, son épée quand on pénètre dans
une prison alors que d'autres déposent leurs armes, etc. Il faudra
veiller, avec un zèle non moins inquiet, à empêcher d'autres de
s'emparer subrepticement des privilèges dus aux seuls « ducs et
pairs » : il faudra être entièrement mobilisé dans cette tâche de ne pas
laisser écraser les hiérarchies.

Les prodiges d'intelligence, de mémoire, de finesse psychologique, de malice et de drôlerie, que Saint-Simon dépense pour fixer
tous ces points sont, littérairement et humainement parlant, extraordinaires. Ils n'en illustrent pas moins une attitude politique singulièrement archaïsante. Toutes les activités de la cour de Louis XIV sont

présentées comme des *rituels,* dans le genre de ceux de l'antique cour byzantine, où tout doit être minutieusement réglé, où la place des uns et des autres dans toute cérémonie doit être le reflet exact d'une sorte de structure architectonique fixe de l'univers, et où cette exactitude et cette fixité doivent être préservées coûte que coûte, à peine de malheurs publics irrémédiables.

Saint-Simon voit bien que cet ordre des choses, à son époque, est à tout instant menacé. Profitant d'une circonstance favorable, inopinée ou à demi provoquée, un ambitieux change discrètement les marques, adopte le vêtement, la parure, la place, le langage de quelqu'un qui lui est supérieur. On se moque de l'audacieux dans les salons, on se récrie à la cour et à la ville. Mais, par peur d'un favori puissant ou par simple mollesse, on laisse faire. La pratique se répète. Elle devient habitude. Ce qui était seulement toléré devient un droit, bientôt effrontément revendiqué. L'égalisation des marques matérielles fait présumer de l'égalité des conditions réelles. Alors le désordre s'installe, la confusion règne, tout est bientôt perdu. Voici un échantillon de ce raisonnement : « Il est très essentiel d'abolir l'impudente coutume des présidentes à mortier veuves de porter l'hermine comme les duchesses veuves. Leurs maris aux jours de leur splendeur ne portent que le petit-gris ; quel est donc leur prétexte ? De là on s'accoutume les yeux à l'égalité des vêtements et puis à tout le reste... De là tout désordre et toute confusion » (*Brouillon des projets...,* in *Écrits politiques...,* op. cit., p. 34). Les petits seigneurs trafiquent de leurs armoiries. Quand il s'y trouve de l'hermine, ils font de cette hermine un manteau et se prétendent bientôt princes ; d'autres tranforment leur bonnet en couronne ducale. Il y a ainsi une inflation généralisée des signes. Saint-Simon fait les mêmes constats que le *Bourgeois gentilhomme,* mais au lieu de se contenter d'en rire comme Molière, il perçoit ces glissements comme les symptômes d'une véritable fin du monde.

III — INÉGALITÉS SOCIALES ET ESPRIT DE « RÉACTION »

Théorie de la race supérieure chez Boulainvilliers, théorie des stratifications sociales indispensables au fonctionnement de l'État chez Saint-Simon : voici mis en places quelques-uns des thèmes récurrents de la pensée de « droite ». Ils expriment une même conviction que l'inégalité est essentielle à l'ordre social. Ils manifestent un même esprit de « réaction ».

Au XVIᵉ siècle un homme comme Jean Bodin, au début du XVIIᵉ siècle encore quelqu'un comme Charles Loyseau (1564-1627, auteur du *Traité des ordres et simples dignités*), pouvaient présenter la société d'ordres comme correspondant à une structure ontologique et cosmique objective, panthéiste chez Bodin (cf. *supra,* p. 102 sq.), providentielle chez Loyseau. Ce dernier écrit :

« Il faut qu'il y ait de l'ordre en toutes choses. Le monde même est ainsi appelé en latin, car les créatures inanimées sont toutes placées selon leur haut ou bas degré de perfection. Leurs temps et saisons sont certains. Leurs propriétés sont réglées. Leurs effets sont assurés. Quant aux créatures animées, les intelligences célestes ont leurs ordres hiérarchiques qui sont immuables ; et pour le regard des hommes qui sont ordonnés de Dieu pour commander aux autres créatures animées de ce bas monde, bien que leur ordre soit muable et sujet à vicissitudes, à cause de la franchise et liberté particulière que Dieu leur a donnée au bien et au mal, si est-ce qu'ils ne peuvent subsister sans ordre, car nous ne pourrions pas vivre ensemble en égalité de condition, mais il faut par nécessité que les uns commandent et que les autres obéissent. Ceux qui commandent ont plusieurs ordres, rangs ou degrés, et le peuple qui obéit à tous ceux-là est encore séparé en plusieurs ordres et rangs. Ainsi, par le moyen de ces divisions et subdivisions multipliées, il se fait de plusieurs ordres un ordre général, de sorte qu'enfin, par l'ordre, un nombre innombrable aboutit à l'unité » (Loyseau, *Traité des ordres,* cité par Roland Mousnier, *Les institutions de la France sous la monarchie absolue 1598-1789,* vol. 1, PUF, 1990, p. 15).

Aussi bien, ni Bodin ni Loyseau n'imaginaient qu'on puisse s'écarter de cette structure et, par suite, ne demandaient qu'on y revînt. La « droite » apparaît quand les analystes de la société sont obligés de constater qu'on s'en est *de facto* écarté, que la société se veut de plus en plus égalitaire, que des penseurs de plus en plus nombreux exigent, comme les présocialistes, que la société deviennne entièrement égalitaire, ou, comme les théoriciens de la société démocratique et libérale, que les distinctions sociales ne soient plus fondées que sur les mérites et les fonctions politiques ou économiques, et non sur la naissance. C'est quand il apparaît que le monde est ainsi « désenchanté » (Max Weber) qu'un discours politique nouveau émerge comme le refus de ce désenchantement, comme un projet de « réaction » (dont il faut souligner le caractère paradoxal, puisqu'on revendique un retour volontaire, artificiel, à une situation qu'on présente pourtant comme naturelle ou providentielle, qui aurait dû durer éternellement et dont on ne s'explique pas comment on a pu s'écarter).

Des esprits de plus en plus nombreux au XVIIIe siècle adoptent cette attitude réactionnaire. Les Parlements qui, au siècle précédent, représentaient la classe bourgeoise concurrente de la noblesse se considèrent de plus en plus, au XVIIIe, comme faisant désormais eux-mêmes partie de celle-ci, et ils revendiquent à leur tour l'attitude qui définira la Contre-Révolution. Par exemple, le Parlement de Paris proteste en ces termes contre l'abolition des corvées par Turgot :

« La monarchie française, par sa constitution, est composée de plusieurs états distincts et séparés [...]. On peut, par la voie législative, changer tout ce qui a été établi [par cette voie]. Mais ce que le génie, ce que les mœurs, ce que le vœu général d'une nation dans la formation ,et pendant toute la durée d'un empire lui rend propre, ne peut être changé. [...] Tout système qui, sous une apparence d'humanité et de bienfaisance, tendrait, dans une monarchie bien ordonnée, à établir entre les hommes une égalité de devoirs et à détruire ces distinctions nécessaires, amènerait bientôt le désordre, suite inévitable de l'égalité absolue, et produirait le renversement de la société civile dont l'harmonie ne se maintient que PAR cette gradation de pouvoirs, d'autorités, de prééminences et de distinctions qui tient chacun à sa place et garantit tous les états de la confusion » (*Remontrances* des 2 et 4 mars 1776, cité par Mousnier, *op. cit.,* p. 39-40).

Le Parlement a été encouragé dans cette voie, au plan doctrinal, non seulement par les écrits déjà anciens d'un Boulainvilliers ou d'un Saint-Simon, mais par ceux, plus récents, de *Montesquieu.*

Chapitre 2

Montesquieu.
La nostalgie de la société féodale

Montesquieu pose un problème singulier à l'historien des idées politiques. Il a eu, de son vivant, une grande notoriété, et il a joui, après une éclipse de cette notoriété à l'époque révolutionnaire, d'une réputation durable de grand penseur. Pourtant, la doctrine de Montesquieu est insaisissable. On l'a cru libéral parce qu'il était « modéré », mais nous verrons que ce n'est pas, philosophiquement parlant, le même concept. Il ne comprend pas la logique de la liberté et il a manifesté – même si ce n'est pas ce qu'on dit habituellement à son sujet en France – une incompréhension notable de l'Angleterre, pour ne pas parler de la Hollande, ces « nations commerciales » incapables de « grandeur ». Il est opposé à l'absolutisme et au centralisme de Versailles, mais il prône une société d'ordres et est attaché aux valeurs et aux structures sociales héritées de la féodalité.

Vie et œuvres[1]

Né en 1689, Montesquieu fait ses études dans un collège « moderne » d'Oratoriens, à Juilly, puis des études de droit. Il devient avocat, puis conseiller au Parlement de Bordeaux (c'est-à-dire magistrat). Il épouse une protestante. Il hérite d'un parent l'office de « président à mortier » du Parlement de Bordeaux ; mais il lui faut attendre d'avoir atteint l'âge d'exercer cette charge. En 1721, il publie les *Lettres persanes,* livre qui, bien qu'interdit, rencontre tout de suite un grand succès. Montesquieu entre alors à l'Académie de Bordeaux, où il trouve l'occasion de s'intéresser à un large éventail de disciplines scientifiques (mathématiques, géologie, biologie...) sans s'arrêter durablement à aucune. Il passe une partie de l'année à Paris où, après s'être décidé à vendre son office, il finit par s'installer. Il fréquente alors divers salons, comme le « club de l'Entresol » de Quesnay ou le salon de Mme de Lambert. Il est élu, non sans difficulté, à l'Académie française. Il voyage, entre 1728 et 1730, en Autriche, Hongrie (dont il

1. Cf. Joseph Dedieu, *Montesquieu* (1913), Hatier, 1966.

admire le système féodal), Italie, Suisse (dans ces deux pays, il est déçu par les systèmes politiques républicains qu'il voit fonctionner), Allemagne, Hollande, enfin en Angleterre, où il passe presque deux ans et où il est choyé, reçu dans la *Royal Society* et admis dans la franc-maçonnerie. Il écrit en 1734 les *Considérations sur les causes de la grandeur des Romains et de leur décadence*[1]. Mais il est engagé dès cette date dans un travail plus vaste, qui deviendra l'*Esprit des Lois,* publié en 1748. Le livre est interdit par la censure royale, ce qui n'empêche pas son succès (on compte vingt-deux éditions de 1848 à 1750 !). Il subit diverses attaques. Rome le met à l'Index en 1751, la Sorbonne le condamne en 1752. Montesquieu est très affecté par cette polémique. Devenu presque aveugle, il écrit encore l'article « Goût » pour l'*Encyclopédie,* et *Mes pensées,* manuscrit qui sera oublié puis redécouvert et édité en 1899. Montesquieu meurt en 1755.

L'*Esprit des lois*[2] est un immense ouvrage, fruit d'un travail de vingt ans et de vastes lectures. L'auteur a lu les philosophes politiques, les historiens anciens et modernes, les récits de voyages en Orient effectués de son temps par des Occidentaux (Chardin, Tavernier, Ducerceau) et aussi les auteurs anglais contemporains comme Mandeville ou Warburton. La méthode de Montesquieu est donc historique et comparative. C'est un homme sensible à la diversité quasi irréductible des sociétés, des régimes politiques et des temps, et non un théoricien abstrait.

L'ouvrage comporte six « parties » et trente et un « livres », chacun de ces derniers étant divisé en nombreux « chapitres » (parfois très courts)[3]. Maints commentateurs, dès la parution du livre et plus tard, ont souligné l'illogisme du plan de l'*Esprit des lois*. On peut y distinguer quatre parties réelles : l'une porte sur la nature et les principes des trois régimes, monarchie, république, despotisme ; c'est la partie la mieux problématisée (livres I-X). Puis vient une réflexion sur la liberté ; c'est là que figure le fameux chapitre sur la Constitution d'Angleterre et où est exposée la théorie de la séparation des pouvoirs ; la pensée de Montesquieu perd ici de sa netteté (livres XI-XIII). Ensuite viennent une série de morceaux mal liés entre eux, portant sur le climat, l'esclavage, la géographie, l' « esprit général » des nations, l'économie, le commerce, la monnaie, la religion, la démographie, etc. (livres XIV-XXVI et livre XXIX). L'ouvrage se termine par une histoire de la féodalité et du droit français ancien qui représente un changement quasi complet de registre intellectuel (livres XXVII-XXVIII et XXXI-XXXI). Il n'y a pas de conclusion.

1. Cf. Montesquieu, *Grandeur et décadence des Romains,* présentation par Jean Ehrard, Garnier-Flammarion, 1968.
2. Cf. Montesquieu, *De l'esprit des lois,* Éd. de G.Truc, Classiques Garnier, 2 t., 1961; Éd. Victor Goldschmidt, Garnier-Flammarion, 2 t., 1979.
3. La numérotation des livres étant continue de I à XXXI, on référencie traditionnellement les passages de l'*Esprit des lois* par le livre et le chapitre.

Nous retiendrons les thèmes les plus importants : d'abord la réflexion sur les « lois » et leur « esprit » (I) ; la théorie des trois « gouvernements » (II) ; les réflexions sur la liberté et les droits de l'homme (III) ; celles sur la Constitution d'Angleterre et la séparation des pouvoirs (IV) ; les considérations critiques sur le commerce, l'économie et la monnaie (V) qui permettent de comprendre *a contrario* la préférence atavique de Montesquieu pour la société féodale ou « gothique » (VI).

I — LES LOIS

1) *Les lois dérivent d'un mixte de nature et de culture*

Montesquieu commence par définir les lois :

« Les lois, dans la signification la plus étendue, sont *les rapports nécessaires qui dérivent de la nature des choses* ; et, dans ce sens, tous les êtres ont leurs lois, la divinité a ses lois, le monde matériel a ses lois, les intelligences supérieures à l'homme ont leurs lois, les bêtes ont leurs lois, l'homme a ses lois » (I, I).

Donc les lois, au sens juridique et politique qui nous intéresse ici, ne sont qu'un cas particulier d'un phénomène universel. De même que les atomes, ou les bêtes, ont des lois qu'ils n'ont pas faites et qu'ils ne connaissent pas, l'homme, lui aussi, bien qu'il intervienne manifestement dans la confection de certaines lois, et qu'il ait même parfois l'impression d'en être le seul auteur, est néanmoins soumis, comme tous les autres êtres, à des lois qu'il n'a pas faites, qu'il ne connaît pas ou ne connaît qu'imparfaitement. Par cette affirmation, Montesquieu se range à certains égards dans la tradition du droit naturel et s'oppose nettement au positivisme juridique de Hobbes et à l'absolutisme étatique qui en découle. Il se donne cependant un propos scientifique sensiblement différent de celui des théoriciens modernes du droit naturel comme Grotius ou Pufendorf. En effet, son idée est que les lois positives elles-mêmes, malgré leur diversité et leur désordre apparent, ne sont pas constituées selon le seul caprice des hommes, mais se forment selon une logique où interviennent « le climat, la religion, les lois, les maximes du gouvernement, les exemples des choses passées, les mœurs, les manières » (XIX, IV), autrement dit toute une série de paramètres physiques, sociaux et historiques (cf. I, III) où « nature » et « culture » se mêlent inextricablement.

Étudier ces paramètres et leur combinaison est le programme de ce qu'on appelle aujourd'hui les « sciences sociales », et c'est en ce sens qu'on a pu soutenir que Montesquieu a été un précurseur de ces dernières.

Il en résulte une diversité irréductible des systèmes de droit.

2) *Une vision plurielle de l'humanité*

En effet, la nature et la culture humaines sont tellement riches qu'il faut renoncer à en déduire un corpus de lois simples, qui seraient applicables universellement, ou même quelques types de systèmes politiques et juridiques nettement tranchés, applicables chacun à une partie de l'humanité. En fait, *chaque* peuple a une histoire qui lui est propre, qui ne se retrouve telle quelle dans aucun autre peuple et, par suite, il faudra autant de corps de lois civiles et politiques qu'il y a de peuples (même si l'on trouve des traits communs, et si le droit des gens pose un problème particulier).

> « Il vaut mieux dire que le gouvernement le plus conforme à la nature est celui dont la disposition particulière se rapporte mieux à la disposition du peuple pour lequel il est établi. [...] [Les lois] doivent être tellement propres au peuple pour lequel elles sont faites que c'est un très grand hasard si celles d'une nation peuvent convenir à une autre » (I, III).

De ce fait, la philosophie politique de Montesquieu se démarque de la tradition classique du droit naturel dont sont issues les doctrines démocratiques et libérales : car cette tradition, depuis Aristote et les stoïciens jusqu'à la doctrine moderne des « droits de l'homme », en passant par le droit romain et le droit canonique, fait l'hypothèse qu'il existe une nature universelle, d'où se déduisent des normes elles aussi universelles. Ici, il s'agit d'un nouveau concept de l'humanité, moins idéaliste, plus réaliste, et qui débouche sur une vision plurielle de l'humanité. Par là même, Montesquieu prônera une certaine « abstention » politique : il convient de laisser les peuples être ce que leur « nature » propre veut qu'ils soient, sans prosélytisme de la religion, du droit ni même de la civilisation. Mais nous verrons que Montesquieu, peu philosophe de tempérament, ne maintient pas toujours ces positions avec une parfaite rigueur.

3) L' « esprit » des lois

En tout cas, Montesquieu tire de ces prémisses l'idée que les lois forment ce qu'on appellerait aujourd'hui un « système », qui a sa logique propre, que le savant doit *découvrir* par une approche empirique, et non pas songer à créer *ex nihilo* ou à changer complètement par une approche apriorique, révolutionnaire. On doit, quand on en modifie une pièce, tenir compte des rapports que cette pièce a avec les autres, que peut-être on ne connaît pas (voir une bonne illustration de cette idée en XXIX, XI). On doit, en d'autres termes, en respecter l'*esprit,* ce mot désignant une *logique* en partie implicite, inconnue, voire paradoxale ou mystérieuse.

« Tous les rapports [des lois avec la nature, et des lois entre elles] forment tous ensemble ce qu'on appelle l'*esprit* des lois » *(ibid.).*

L'*esprit* des lois, c'est donc leur *logique immanente,* que tout législateur et tout politique doivent respecter et que la science doit explorer, en entendant par science un savoir plus général que celui des juristes et des seuls spécialistes de « science politique » comme Machiavel, puisqu'il doit porter sur l'ensemble de la société considérée. On comprend que d'Alembert et ses amis de l'*Encyclopédie* se soient découvert une proximité avec ce programme de travail.

II — LA THÉORIE DES TROIS « GOUVERNEMENTS »

Mettant celui-ci en œuvre, Montesquieu trouve qu'il existe dans l'histoire trois grands types de « gouvernements » — mais il faut entendre par ce mot trois types de *régimes,* et même, comme l'a remarqué Durkheim, de *sociétés :*
— les *républiques* (qui se subdivisent en *démocraties* et *aristocraties*) ;
— les *monarchies* ;
— les *despotismes.*

Ces trois types sont plus ou moins irréductibles, précisément parce que chacun constitue un « système » complet en lui-même. À la *nature,* c'est-à-dire à la structure propre, de chaque type, correspond le *principe,* c'est-à-dire le comportement individuel type, qui est exactement adapté à cette nature et permet au régime en question de fonctionner (cf. III, I).

1) *Natures et principes des trois régimes*

La nature de la république est que « le peuple en corps, ou seulement une partie du peuple, [y] a la souveraine puissance ».
La nature de la monarchie est qu' « un seul gouverne, mais par des lois fixes et établies ».
La nature du despotisme est qu' « un seul, sans loi et sans règle, entraîne tout par sa volonté et par ses caprices » (II, I).

Le principe des républiques est la *vertu* ; celui des monarchies, l'*honneur* ; celui des despotismes, la *crainte*.

Principe et nature d'une société sont liés par une relation « systémique », une « causalité circulaire » (Montesquieu ne possède évidemment pas ces concepts de la théorie moderne des systèmes ; mais de nombreuses expressions employées par lui montrent que telle est bien son idée sous-jacente) : le fait qu'un régime ait une certaine nature est cause de ce que les hommes qui y vivent se comportent de telle et telle façon ; inversement, le fait qu'ils aient ce comportement type est cause de ce que le régime se maintient, etc. Quand cette adaptation réciproque se modifie, le régime se « corrompt », cesse d'être fonctionnel.

2) *La nature des républiques, des monarchies, du despotisme*

Certaines lois découlent directement, dans chaque régime, de ces relations « systémiques » qui définissent l' « esprit » du régime.

— *Dans les républiques.* Du fait que, dans les républiques, le peuple est souverain, les *lois du suffrage* sont, dans ces régimes, fondamentales. On fixera ainsi avec le plus grand soin le nombre et la liste des électeurs, de leurs collèges, des collèges des éligibles, etc. On saura faire de savants systèmes d'élections, de tirages au sort et de leurs combinaisons, de suffrages secrets, publics, etc.

— *Dans les monarchies.* L'esprit des monarchies est que le roi n'y gouverne pas *seul*. Il doit respecter un certain nombre de règles et compter, d'autre part, avec une série de « pouvoirs intermédiaires, subordonnés et dépendants », qui, dans ce régime, ne sont pas une gêne ou une anomalie, mais une partie constitutive de sa « nature » (l'idée que Montesquieu se fait du régime monarchique tranche donc nettement avec l'absolutisme ; celui-ci apparaîtra comme une « corruption » de la monarchie véritable).

Quels sont les « pouvoirs intermédiaires » ? Le plus naturel est la *noblesse*. « Point de noblesse, point de monarque ». Puis le *clergé,* les *villes* (Montesquieu ne cite pas directement les associations professionnelles, mais elles sont implicitement comprises dans les pouvoirs municipaux). Pourquoi sont-ils constitutifs de la *nature* de la monarchie ? Parce que, sans eux, le pays serait soumis à la volonté momentanée et capricieuse d'un seul homme. « Rien [ne pourrait être] fixe. » La monarchie tournerait, de ce fait, en despotisme.

En Angleterre, pendant la Révolution, le Parlement a voulu supprimer toutes les justices seigneuriales. Il a failli transformer, de ce seul fait, la monarchie anglaise modérée en despotisme populaire. De même, c'est l'Église qui empêche certaines monarchies de devenir despotiques. Au Portugal, par exemple, le clergé est le « pouvoir qui arrête seul la puissance arbitraire [...], barrière toujours bonne lorsqu'il n'y en a point d'autre : car comme le despotisme cause à la nature humaine des maux effroyables, le mal même qui le limite est un bien ».

L'idée de Montesquieu est donc que les pouvoirs intermédiaires arrêtent et cassent l'élan du pouvoir monarchique, comme la mer est arrêtée par les graviers : ce sont, dit-il encore, des « canaux moyens par où coule la puissance », qui, étant ainsi divisée et canalisée, pèse moins sur chaque sujet particulier.

Montesquieu inaugure ainsi un thème qui sera repris par toute la pensée de droite du XIXe siècle, dressée contre l'égalitarisme et le centralisme jacobins : celui des « communautés naturelles » qui doivent exister entre l'État et le sujet individuel si le second ne doit pas être écrasé par le premier. Notons d'autre part − nous y reviendrons plus loin − que l'idée que Montesquieu se fait de l'équilibre social n'est guère éloignée de celle de Machiavel. Il s'agit d'un *équilibre des forces,* bonnes ou mauvaises, peu importe, et non de l'interaction sociale pacifique et féconde entre citoyens honnêtes rendue possible par la *rule of law.*

— *Dans les despotismes.* Lorsqu'il parle des « despotismes », Montesquieu songe essentiellement aux régimes orientaux (Empire ottoman, Perse, Chine, Japon...), sur lesquels il a certains renseignements par les récits de voyageurs (Chardin, Tavernier...). Il se représente le despote oriental comme « naturellement paresseux, ignorant, voluptueux », se livrant dans son harem à ses « passions les plus brutales ». De ce fait, le despote ne s'occupe guère des affaires politiques ; il se contente de nommer un ministre, le *vizir,* à qui il abandonne tout le pouvoir. À son tour, le vizir, qui a lui-même droit de vie et de mort sur ses subordonnés, leur délègue le même pouvoir absolu sur leurs propres subordonnés, et ainsi de suite jusqu'aux simples sujets. Le pouvoir despotique est donc une *hiérarchie verticale de pouvoirs absolus* − toujours détenus, à chaque niveau, par un seul homme, et toujours exercés par cet homme de façon arbitraire, sans lois ni contre-pouvoirs.

Comment doivent se comporter les individus de chacun de ces régimes pour que ceux-ci puissent fonctionner ? La réponse nous est donnée par le tableau des « principes » :

> *Principes des gouvernements*
>
> — Républiques : *vertu*
>   Démocraties : vertu (proprement dite)
>   Aristocraties : modération (vertu moindre)
> — Monarchies : *honneur*
> — Despotismes : *crainte*

3) *Les principes des républiques : vertu et modération*

Pour Montesquieu, cette forme de régime est spécifique de l'Antiquité, ou, aux Temps modernes, de quelques très petits États (Venise, Genève...).

Le principe de ces régimes, la « vertu », est la propension de chaque citoyen à se soumettre à la loi (morale ou civique).

C'est un ressort indispensable de ce régime, puisque personne, par définition, n'y est situé au-dessus des lois. Dans une monarchie, celui qui édicte ou fait exécuter les lois est situé au-dessus d'elles et se juge dispensé de s'y soumettre ; il n'a donc pas besoin de vertu. Dans une république, au contraire, celui qui édicte ou fait exécuter les lois sait qu'il y est soumis lui-même, il doit donc avoir autant de vertu que le simple citoyen. Sans « vertu », la république ne peut fonctionner, elle s'effondre.

Montesquieu explique par le manque de « vertu » des Anglais le fait que le *Commonwealth* de Cromwell n'ait pas duré.

La propension à se soumettre aux lois générales a pour corollaires l'attachement sincère à l'*intérêt général* (ce que Montesquieu appelle l' « amour de la patrie »), l'*amour de l'égalité*, et pour cela *de la frugalité*. Tous ces traits se tiennent. Quand l'un d'eux faiblit, l'ensemble est menacé, et le ressort même du régime tend à se casser.

Montesquieu cite l'exemple de la corruption d'Athènes, que Philippe de Macédoine n'a eu aucune peine à conquérir parce qu'à la fin du IVe siècle elle avait perdu toute sa « vertu ». Elle n'était pourtant pas moins populeuse, ni moins riche qu'aux temps de sa plus grande puissance. « Athènes avait 20 000 citoyens lorsqu'elle défendit les Grecs contre les Perses, qu'elle disputa l'empire à Lacédémone et qu'elle attaqua la Sicile. Elle en avait 20 000 lorsque Démétrius de Phalère [gouverneur macédonien d'Athènes en 317-307] les dénombra comme dans un marché l'on compte les esclaves. » « On peut voir dans Démosthène quelle peine il fallut pour la réveiller ; on y craignait Philippe, non pas comme l'ennemi de la liberté, mais des plaisirs »[1] (III, III). En raison de la modification des mœurs privées, le « système » de la république athénienne avait perdu sa cohérence et la société tout entière était affaiblie.

Les « républiques marchandes » posent un problème particulier à Montesquieu. En effet, on y trouve des riches et des pauvres, des ambitions et des désirs. Comment ne seraient-elles pas « corrompues » ?

« Il est vrai que, lorsque la démocratie est fondée sur le commerce, il peut fort bien arriver que des particuliers y aient de grandes richesses, et que les mœurs n'y soient pas corrompues. C'est que l'esprit de commerce entraîne avec

1. Cf. en effet les analyses de Démosthène à ce sujet, *HIPAMA,* p. 206-213.

soi celui de frugalité, d'économie, de modération, de travail, de sagesse, de tranquillité, d'ordre et de règle. Ainsi, tandis que cet esprit subsiste, les richesses qu'il produit n'ont aucun mauvais effet. Le mal arrive lorsque l'excès des richesses détruit cet esprit de commerce : on voit tout à coup des désordres naître de l'inégalité, qui ne s'étaient pas encore fait sentir. Pour maintenir cet esprit de commerce, il faut que les principaux citoyens le fassent eux-mêmes ; que cet esprit règne seul, et ne soit pas croisé par un autre ; que toutes les lois le favorisent ; que ces mêmes lois, par leurs dispositions, divisant les fortunes à mesure que le commerce les grossit, mettent chaque citoyen pauvre dans une assez grande aisance, pour pouvoir travailler comme les autres ; et chaque citoyen riche dans une telle médiocrité qu'il ait besoin de son travail pour conserver ou pour acquérir » (V, VI).

Cette voie, suivie par la Hollande et l'Angleterre, n'est cependant pas universalisable ; elle est étrangère, en particulier, à l'esprit des lois de la nation française, comme nous le verrons plus loin.

Dans une *aristocratie*, maintenant, il faut moins de « vertu » que dans une démocratie, mais plus que dans une monarchie. C'est cette demi-vertu qui reçoit le nom de « modération »[1].

Comme il est contenu par le pouvoir de la minorité aristocratique, le peuple a moins besoin de vertu que dans la démocratie, où il n'a personne au-dessus de lui. En revanche, l'aristocratie, qui, elle, n'a personne au-dessus d'elle, ne peut être tenue que par le respect des lois, donc par la vertu. À défaut d'être « égale à son peuple », il lui faut au moins être « égale à elle-même », donc être modérée (dans sa passion de dominer).

4) *Le principe des monarchies : l'honneur*

C'est en analysant le principe des monarchies que Montesquieu révèle pour la première fois ses choix politiques profonds.

Le monarque, pour organiser la vie collective, a besoin de relais efficaces. Il va donc placer certains hommes remarquables au-dessus des autres, chacun à la mesure de ses mérites, de ses talents, de son courage, etc., en essayant d'utiliser du mieux possible les forces et capacités de chacun. En mettant en œuvre cette politique, le monarque ne peut ni ne doit viser à une quelconque égalité entre ses sujets. Il est clair qu'il y réussira d'autant mieux que ses sujets *auront à cœur de se distinguer,* sans être tenus en bride par le principe d'égalité, et accepteront comme une chose normale que certains d'entre eux occupent des rangs supérieurs aux autres. Or la passion des distinctions est l' « honneur ». L'honneur est donc le « ressort » du gouvernement monarchique.

_____

1. Au sens étroit. Le mot est employé ailleurs par Montesquieu en un sens plus général, cf. *infra*.

Les hommes distingués des autres seront au-dessus des lois faites pour les autres. Dans ces conditions, il n'est pas seulement inutile que les hommes brillants que le monarque choisit pour être ses agents soient vertueux, il peut être directement contre-indiqué qu'ils le soient. L'homme qui serait trop vertueux, trop attaché à la loi et à l'égalité de tous devant elle, est une gêne pour un gouvernement royal.

« Que si dans le peuple il se trouve quelque malheureux honnête homme, le cardinal de Richelieu dans son *Testament politique* insinue qu'un monarque doit se garder de s'en servir »[1] (III, V).

L'État, dans les monarchies, échappe pour une part à la morale, et il est naïf, en tout cas antipolitique, d'avoir des exigences morales excessives dans le gouvernement d'une monarchie. Montesquieu fait sienne cette maxime du machiavélisme et de l'absolutisme. Avec une limite, cependant. L'absolutisme extrême, ayant tendu à supprimer tous « corps intermédiaires », à tout centraliser, à réunir tous les hommes de valeur à la cour, s'est écarté de l'esprit de la monarchie. Rien n'est plus « corrompu » que le *courtisan* :

« L'ambition dans l'oisiveté, la bassesse dans l'orgueil, le désir de s'enrichir sans travail, l'aversion pour la vérité, la flatterie, la trahison, la perfidie, l'abandon de tous ses engagements, le mépris des devoirs du citoyen, la crainte de la vertu du prince, l'espérance de ses faiblesses, et plus que tout cela, le ridicule perpétuel jeté sur la vertu, forment, je crois, le caractère du plus grand nombre des courtisans, marqué dans tous les lieux et dans tous les temps » (III, V).

Mais ce sont là des excès propres à l'absolutisme, qui ne remettent pas en cause le principe général des monarchies selon lequel le monarque et ses serviteurs peuvent être indifférents aux lois civiles ordinaires, dès lors qu'ils sont attachés à l'honneur et aux vertus aristocratiques qui lui sont liées.

Montesquieu précise ce que sont ces dernières. Ce qui fait le prix des actions pour l'homme d'honneur, ce n'est pas qu'elles soient

« bonnes, mais *belles* ; justes, mais *grandes* ; raisonnables, mais *extraordinaires* ».

Par exemple, la *galanterie* sera permise quand elle sera unie à « l'idée de conquête », ou au « cœur ». La *ruse* sera permise quand elle sera nécessaire pour une « grande » affaire, ou manifestera un « grand » esprit. On aimera la *franchise,* mais « point du tout » par amour de la « vérité », mais comme signe d'une grande « hardiesse » et d'une grande « liberté » (et l'on méprisera la franchise du peuple qui n'a que la vérité et la simplicité pour objet). Enfin, la *politesse*

---

1. Richelieu écrit en effet : « Il ne faut pas se servir de gens de bas lieu ; ils sont trop austères et trop difficiles. »

sera hautement valorisée, non en tant qu'égard pour autrui, mais comme manière de se distinguer soi-même (cf. IV, II). Conséquence paradoxale :

> « Il n'y a rien dans la monarchie que les lois, la religion et l'honneur prescrivent tant que l'obéissance aux volontés du prince : mais cet honneur nous dicte que le prince *ne doit jamais nous prescrire une action qui nous déshonore,* parce qu'elle nous rendrait incapables de le servir. »

Crillon, par exemple, refusa d'exécuter l'ordre que lui donnait Henri III d'assassiner le duc de Guise, acte contraire à son honneur ; en revanche, il offrit au roi de se battre en duel contre le duc. De même, lorsque Charles IX demanda à tous les gouverneurs de faire assassiner les huguenots de leurs provinces, le vicomte d'Orte, gouverneur à Bayonne, répondit :

> « Sire, je n'ai trouvé parmi les habitants et les gens de guerre que de bons citoyens, de braves soldats et pas un bourreau ; ainsi eux et moi supplions Votre Majesté d'employer nos bras et nos vies à choses faisables » (IV, II).

Montesquieu ramène à trois « règles suprêmes » ces lois de l'honneur :

> « Il nous est bien permis de faire cas de notre fortune, mais il nous est souverainement défendu d'en faire aucun de notre vie. La seconde [règle] est que, lorsque nous avons été une fois placés dans un rang, nous ne devons rien faire ni souffrir qui fasse voir que nous nous tenons inférieurs à ce rang même[1]. La troisième, que les choses que l'honneur défend sont plus rigoureusement défendues lorsque les lois ne concourent point à les proscrire ; et que celle qu'il exige sont plus fortement exigées, lorsque les lois ne les demandent pas » (IV, II).

Il suffit qu'on demande à un homme d'honneur qu'il fasse quelque chose pour qu'il ne le fasse pas ; il suffit qu'on lui dise ce qu'il ne doit pas faire, pour qu'il le fasse. En lui prescrivant sa conduite, on ferait injure à sa liberté.

Cette notation de Montesquieu appelle deux remarques.

1) Elle tend à montrer que la société souhaitée par Montesquieu n'est pas une « société de droit ». Le ressort de la société monarchique, dit-il, est un code de l'honneur purement *implicite.* Or il ne peut y avoir règne du droit que si le droit est explicité (autant qu'il se peut). Les lois doivent être publiques si elles doivent pouvoir servir de base à une interaction sociale pacifique et efficiente entre des hommes libres – nous l'avons vu en étudiant Locke, mais nous savons, plus généralement, que la publicité des lois, du moins des lois civiles (car les lois morales obéissent à une autre logique) est exigée par les penseurs de l'État de droit depuis les Grecs. Montesquieu ne se situe donc pas ici dans le même cadre que les théoriciens libéraux des « gouvernements de lois, non

---

1. Alors que, dans les républiques, après avoir occupé un poste quelconque, les magistrats rentrent immédiatement dans le rang, redevenant les égaux des autres citoyens (Cincinnatus reprenant la charrue après avoir été dictateur).

d'hommes ». Son idéal d'une société « gothique », féodale, fondée sur les fidéli-
tés et services personnels, est significativement décalé de celui des sociétés de
droit codifié dont la logique a engendré les grandes sociétés modernes.

2) Il est certes contraire à l'honneur d'un homme libre qu'on lui prescrive
sa conduite. Mais, outre que Montesquieu révèle, en disant cela, qu'il prend la
loi pour la volonté du prince, et non pour une règle générale permettant la
coexistence des libertés, sa remarque a une portée sociale significative. Il trouve
tout naturel que l'aristocrate se rebiffe devant cette injure, mais il n'admettrait
pas que les « gens de bas lieu » refusent l'autorité de la loi. La liberté se trouve
ainsi spécifiquement liée, chez lui, à l'aristocratie. Voilà un trait qui rapproche
Montesquieu de Tocqueville et les classe tous deux à « droite ». L'honneur
humain n'est pas, comme l'*honestas* ou « beauté morale » stoïcienne et cicéronienne (cf. *HIPAMA*, p. 313), un trait universel de la nature humaine. Il est un
trait qui appartient spécifiquement à une classe sociale distinguée par sa nature.
Pour Montesquieu, comme pour tous les penseurs de la « réaction nobiliaire »,
la modération du pouvoir dans les monarchies reposera donc, en définitive, sur
le seul sens de la liberté qu'a cette élite capable de tenir tête au pouvoir. Pour le
commun des mortels, le pouvoir reste absolu.

5) *Le principe du despotisme : la crainte*

La vertu n'est pas nécessaire dans le gouvernement despotique.
Quant à l'honneur, il y serait dangereux.

« Il faut donc que la *crainte* abatte tous les courages et y éteigne jusqu'au
moindre sentiment d'ambition. »

Le despote ne peut cesser un instant de « lever le bras ». Conclusion : « on ne peut parler sans frémir de ces gouvernements monstrueux », dont, de fait, Montesquieu ne dit pas grand-chose.

6) *La corruption des régimes*

Les gouvernements se « corrompent » à mesure que le comportement des individus et les structures sociales cessent d'être adaptés
les uns aux autres.

Les démocraties se corrompent par l'esprit d'égalité extrême, qui
veut que personne ne commande et que personne ne soit commandé, alors que la vraie démocratie consiste à « n'avoir que ses
égaux pour maîtres » (VIII, III), mais à reconnaître leur autorité
quand ils sont revêtus d'une magistrature.

Les aristocraties se corrompent « quand le pouvoir des nobles
devient arbitraire ». La corruption vient souvent avec une trop
grande sécurité (par rapport à l'extérieur : *a contrario*, Carthage et
Rome s'affermirent mutuellement par leurs luttes, V, VIII). L'exemple type de ce que Montesquieu entend par la « corruption » d'une

république est ce qui s'est passé quand Rome est passée de la république à l'empire (cf. VIII, XII).

Les monarchies se corrompent quand on ôte peu à peu les prérogatives des corps, ou les privilèges des villes.

« La monarchie se perd, lorsqu'un prince croit qu'il montre plus sa puissance en changeant l'ordre des choses qu'en le suivant ; lorsqu'il ôte les fonctions naturelles des uns, pour les donner arbitrairement à d'autres ; et lorsqu'il est plus amoureux de ses fantaisies que de ses volontés » (VIII, VI).

Donc la monarchie absolue est par excellence la corruption de la monarchie (c'est à cette démonstration que tendait toute la construction intellectuelle qu'on vient d'exposer).

De même, il y aura corruption du régime si l'État n'est pas de la taille qui correspond à ce type de régime. Ainsi, selon Montesquieu, il ne peut y avoir de république dans un grand État. Il ne peut y avoir non plus de monarchie dans une petite ville (car le prince y deviendrait trop facilement despote, et serait trop facilement chassé, cf. VIII, XVI). Un très grand État (Chine, Perse...) devra être despotique. Chaque régime doit donc avoir et conserver la taille qui correspond à son « esprit ».

« Que si la propriété naturelle des petits États est d'être gouvernés en républiques, celle des médiocres[1] d'être soumis à un monarque, celle des grands empires d'être dominés par des despotes ; il suit que, pour conserver les principes du gouvernement établi, il faut maintenir l'État dans la grandeur qu'il avait déjà ; et que cet État changera d'esprit, à mesure qu'on rétrécira, ou qu'on étendra ses limites » (VIII, XX). « Si une république est petite, elle est détruite par une force étrangère : si elle est grande, elle se détruit par un vice intérieur » (IX, I).

En définitive,

« lorsque les principes du gouvernement sont une fois corrompus, les meilleures lois deviennent mauvaises, et se tournent contre l'État ; lorsque les principes en sont sains, les mauvaises ont l'effet des bonnes ; la force du principe entraîne tout » (VIII, XI). « Quand une république est corrompue, on ne peut remédier à aucun des maux qui naissent, qu'en ôtant la corruption et en rappelant les principes : toute autre correction est ou inutile, ou un nouveau mal » (VIII, XII).

Ainsi, chaque type de régime est un « système » cohérent et virtuellement stable si principes et natures se répondent et s'étayent mutuellement ; les instabilités et les crises sont dues aux ruptures de ces équilibres. Il se confirme que la sociologie politique de Montesquieu débouche sur un fondamental fixisme, à la fois dans le temps et dans l'espace. La France sera toujours la France, si on peut empêcher l'absolutisme de finir de la corrompre ; la Hollande et

---

1. C'est-à-dire des États de dimension moyenne.

l'Angleterre seront toujours des « nations commerçantes » ; et quant
à la Chine ou à la Turquie, elles sont vouées à demeurer toujours
des sociétés barbares. Ce sens des particularités irréductibles des
sociétés et ce conservatisme seront des visions récurrentes dans la
tradition politique de droite.

Mais il est un point sensible sur lequel Montesquieu hésite. Il est
attaché à la liberté. Dans lequel des régimes qu'on vient d'étudier
celle-ci est-elle le mieux assurée ? Ce ne peut être ni dans les despotismes ni dans les républiques. Si ce doit être dans les monarchies,
dans quelle variante de ce régime ? La réponse de Montesquieu peut
être décomposée en deux temps. En un sens, le droit naturel et le
droit des gens peuvent être garantis dans toutes les monarchies ; mais
une certaine monarchie a peut-être trouvé le secret de réaliser
mieux que les autres la « liberté politique ».

III — LA LIBERTÉ. LES DROITS DE L'HOMME

Montesquieu énonce diverses propositions sur le droit naturel et
le droit des gens, qui sont fixes et universellement obligatoires, et le
droit civil ou même religieux, qui est variable. Ces droits constituent
tous une limite à l'action coercitive de l'État. En les faisant valoir,
Montesquieu se démarque en partie de l'absolutisme ; cependant, il
ne débouche pas à proprement parler sur une doctrine des droits de
l'homme.

1) *Le refus de l'esclavage, la tolérance, le droit de la guerre*

Il est ainsi hostile à l'esclavage (XV, V). Lecteur des Anglais, il est
également partisan de la tolérance religieuse, mais il n'ajoute rien de
substantiel aux arguments traditionnels sur le sujet. Il insiste seulement sur le fait que l'intolérance est fondée sur l'ignorance, l'absence
de sens critique et du sens de la relativité des choses. *A contrario*, « les
connaissances rendent les hommes doux ; la raison porte à
l'humanité : il n'y a que les préjugés qui y fassent renoncer » (XV,
III). L'intolérance est également fondée sur des mouvements de
foule hautement irrationnels : « Sous le règne de Philippe le Long,
les Juifs furent chassés de France, accusés d'avoir empoisonné les
fontaines par le moyen des lépreux. Cette absurde accusation doit
bien faire douter de toutes celles qui sont fondées sur la haine
publique » (XII, V). De même, on se fonde trop souvent sur des
rumeurs. On a condamné des hommes pour pédophilie sur le
témoignage incertain d'un seul enfant. Ce genre d'accusations est

souvent porté, en outre, contre des riches, dont il est clair qu'on les envie. Enfin, Montesquieu juge bien vague, et propice à bien des dérapages, la doctrine du « crime de lèse-majesté. »

Montesquieu condamne l'Inquisition espagnole et portugaise comme « barbare » (XXV, XIII). Est-il, pour autant, partisan décidé de la tolérance ? Non : sa position exacte est qu'il faut tolérer les religions qui sont déjà établies dans le pays, et interdire à de nouvelles religions de s'installer (XXV, X)[1].

Outre le droit naturel qui interdit l'esclavage et incite à la tolérance, il existe un « droit des gens », également universel, qui prescrit certains comportements à la guerre. À la guerre, on a le droit de tuer, puisque celui-ci est contenu dans le droit naturel de se conserver. Mais, si l'on va plus loin, par exemple si l'on cherche, par la guerre, la seule gloire, « c'est une passion, ce n'est pas un droit légitime » (X, III). De même, si l'on conquiert un pays, on n'a pas le droit de détruire sa société et d'exterminer ses habitants ; on doit continuer à « le gouverner selon ses lois », et ne prendre pour soi que l' « exercice du gouvernement politique et civil » (X, III).

Exemple d'une mauvaise conquête où n'a pas été respecté le droit des gens : celle du Mexique par les Espagnols (X, IV). Les conquêtes ne se gardent que par la modération, qui consiste à laisser aux peuples leurs lois et à ne pas choquer leurs mœurs (cf. l'exemple d'Alexandre, X, XIV).

2) *Le demi-absolutisme de Montesquieu*

Cependant, Montesquieu approuve en partie la « raison d'État » ; il veut que les lois politiques l'emportent sur les lois civiles (XXVI, I-VII). Il reprend à son compte (XXVI, XXIII) la maxime virtuellement absolutiste *salus populi lex suprema esto,* ce qui le conduit à des positions très antilibérales.

Par exemple, il est opposé à la liberté de tester (« la permission indéfinie de tester ») instaurée par les Romains, qu'il juge responsable de l'apparition de la « funeste différence entre les riches et les pauvres (XXVII, chap. unique). Il ne voit pas de problème d'atteinte aux libertés naturelles dans l'impôt progressif (XIII, VII). De même, il approuve l'ostracisme athénien et en tire des conclusions générales sur la fragilité de la *rule of law,* où il n'est pas difficile de lire en filigrane son attachement, sinon à l'absolutisme en tant que tel, du moins à l'idée que le pouvoir d'État ne doit pas être limité par le droit. Il contredit

---

1. Cette opinion de Montesquieu sur la tolérance, certes estimable, n'est cependant qu'une position tactique, et non une théorie positive de la tolérance comme chez Locke ou Bayle. D'autant qu'on trouve sous sa plume des affirmations ambiguës comme celle-ci : « Je n'ai point dit ici qu'il ne fallait point punir l'hérésie ; je dis qu'il faut être très circonspect à la punir » (XII, V). Tout le livre XXV de l'*Esprit des lois* sur la religion est d'ailleurs, quand on le compare à d'autres écrits politiques de ce siècle et du précédent portant sur les grands enjeux religieux, un tissu de banalités mondaines.

explicitement Cicéron qui a condamné l'ostracisme et les privilèges au nom de l'égalité devant la loi[1] : "J'avoue que l'usage des peuples les plus libres qui aient jamais été sur la terre me fait croire qu'il y a des cas où il faut mettre, pour un moment, un voile sur la liberté, comme l'on cache les statues des dieux" (XII, XIX). » Il y a des cas où la puissance doit agir dans toute son étendue : il y en a où elle doit agir par ses limites. Le sublime de l'administration est de bien connaître quelle est la partie du pouvoir, grande ou petite, que l'on doit employer dans les diverses circonstances « (XII, XXV).

Il convient en effet de distinguer la « liberté philosophique », qui « consiste dans l'exercice de sa volonté, ou du moins... dans l'opinion où l'on est que l'on exerce sa volonté », et la « liberté politique », qui « consiste dans la sûreté, ou du moins dans l'opinion que l'on a de sa sûreté » (XII, II). La seconde l'emporte sur la première. Ce que Montesquieu demande à l'État, ce n'est pas de ne pas s'immiscer dans la sphère privée des gens, c'est de s'en tenir aux lois, y compris antilibé-rales, qu'il a faites. La « sécurité » consiste dans le fait de savoir à quoi s'en tenir quant à ce que veut l'État, de ne pas être exposé à ses volon-tés arbitraires et capricieuses ; mais l'État peut faire à peu près n'importe quelle loi, on ne saurait lui opposer la liberté naturelle.

La liberté ne consiste pas à faire ce qu'on veut ; elle est « le droit de faire tout ce que les lois permettent » (XI, III), ou encore, dit Montesquieu dans un autre passage, elle « consiste principalement à ne pouvoir être forcé à faire une chose que la loi n'ordonne pas » (XXVI, XX).

3) Les limites « culturelles » du pouvoir

Mais, au-delà du droit de la nature et des gens, le droit positif lui-même et tout ce qu'on appellerait aujourd'hui la culture impo-sent aux gouvernements des limites qu'ils ne peuvent transgresser sans danger. En effet, les lois faisant système les unes avec les autres, et toutes avec les mœurs et les modes de comportement des habi-tants, il en résulte qu'on ne peut pas faire, dans un pays donné, n'importe quelle loi.

a) La « tyrannie d'opinion »

« [Même] pour les meilleures lois, il est nécessaire que les esprits soient *préparés*. » Les institutions bonnes et supérieures, chez les barba-res, paraîtront... barbares. Montesquieu cite Tacite :

« Les Parthes ne purent supporter ce roi qui, ayant été élevé à Rome, se rendit affable et accessible à tout le monde » (XIX, II).

---

1. Cf. *HIPAMA*, p. 339-340.

De même :

« La liberté même a paru insupportable à des peuples qui n'étaient pas accoutumés à en jouir. [...] Un Vénitien, nommé Balby, étant au Pégu, fut introduit chez le roi. Quand celui-ci apprit qu'il n'y avait point de roi à Venise, il fit un si grand éclat de rire qu'une toux le prit, et qu'il eut beaucoup de peine à parler à ses courtisans. Quel est le législateur qui pourrait proposer le gouvernement populaire à des peuples pareils ? » *(ibid.).*

Imposer, dans un pays donné, des lois contraires à ce qui est implicitement exigé par le système de lois et de mœurs déjà existant dans ce pays revient à une véritable *tyrannie :*

« Il y a deux sortes de tyrannie ; une réelle, qui consiste dans la violence du gouvernement ; et une d'*opinion,* qui se fait sentir lorsque ceux qui gouvernent établissent des choses qui choquent la manière de penser d'une nation » (XIX, III).

Par exemple, Auguste, plus puissant et autoritaire que les premiers rois de Rome, se garda bien de prendre tant le nom que les mœurs privées des anciens rois. Il savait ce qu'il en avait coûté à César.

« Dion[1] nous dit que le peuple romain était indigné contre Auguste, à cause de certaines lois trop dures qu'il avait faites : mais que, sitôt qu'il eût fait revenir le comédien Pylade que les factions avaient chassé de la ville, le mécontentement cessa. Un peuple pareil sentait plus vivement la tyrannie lorsqu'on chassait un baladin que lorsqu'on lui ôtait toutes ses lois » *(ibid.).*

b) L' « esprit général d'une nation »

Le système lié des lois explicites et implicites, connues et inconnues, d'une société particulière, constitue ce que Montesquieu appelle son *esprit général.* Il est propre à chaque société, et c'est pour cela que les lois d'une nation ne peuvent être transposées telles quelles dans une autre.

« Plusieurs choses gouvernent les hommes, le climat, la religion, les lois, les maximes du gouvernement, les exemples des choses passées, les mœurs, les manières, d'où il se forme un *esprit général* qui en résulte » (XIX, IV).

Il faut être attentif à ne pas heurter cet esprit général, qui représente un équilibre. Si l'on veut corriger la législation sur un certain point, on risque toujours de compromettre cet équilibre sur un autre : on sait ce qu'on gagne, on ne sait pas ce qu'on perd (parce que la plupart des règles réelles de comportement sont implicites, complexes, mal connues). Il faut que la loi nouvelle soit cohérente

---

1. L'historien grec Dion Cassius (155-235), auteur d'une *Histoire romaine* allant des origines à 229 apr. J.-C.

avec les autres lois établies, explicites ou implicites. Les citoyens devront pouvoir reconnaître cette loi comme juste. Sinon, ils ne la respecteront pas spontanément, mais seulement sous la contrainte. Or aucun gouvernement ne peut contraindre à tout moment chaque citoyen. En d'autres termes, la législation doit non pas *créer,* mais *suivre* les mœurs (ce qui ne veut pas dire qu'elle doive tout à fait renoncer à les modifier, mais elle doit le faire, pour le moins, en composant avec elles).

« C'est au législateur à *suivre* l'esprit de la nation, lorsqu'il n'est pas contraire aux principes du gouvernement ; car nous ne faisons rien de mieux que ce que nous faisons librement, et en suivant notre génie naturel » (XIX, V).

c) *Les Français, le luxe et les femmes*

Montesquieu prend l'exemple de la France, un peuple où il y a des mœurs polies, brillantes, agréables. On n'y saurait sans imprudence faire des lois somptuaires. Car certes,

« on y pourrait contenir les femmes, faire des lois pour corriger leurs mœurs et borner leur luxe : mais qui sait si l'on n'y perdrait pas un certain goût, qui serait la source des richesses de la nation, et une politesse qui attire chez elle les étrangers ? [...] Qu'on nous laisse [nous Français] comme nous sommes... La nature répare tout. Elle nous a donné une vivacité capable d'offenser, et propre à nous faire manquer à tous les égards ; cette même vivacité est corrigée par la politesse qu'elle nous procure, en nous inspirant du goût pour le monde, et surtout pour le commerce des femmes. Nos qualités indiscrètes, jointes à notre peu de malice, font que les lois qui gêneraient l'humeur sociable pour nous ne seraient point convenables. [...] La société des femmes gâte les mœurs, et forme le goût : l'envie de plaire plus que les autres établit les parures, et l'envie de plaire plus que soi-même établit les modes. Les modes sont un objet important : à force de se rendre l'esprit frivole, on augmente sans cesse les branches de son commerce »[1] (XIX, V-VI).

Autre exemple, aussi éloquent que bref :

« On n'aurait pas plus tiré parti d'un Athénien en l'ennuyant, que d'un Lacédémonien en le divertissant » (XIX, VII).

4) *La « modération » en politique*

La modération[2], en politique, se définit précisément comme le respect de cet « esprit général » ou de cette culture de la société. Elle consiste, pour le pouvoir, à s'abstenir de toute « tyrannie d'opi-

---

1. Souvenir de Mandeville.
2. Au sens large du terme, cette fois.

nion », à respecter les mœurs, à ne pas « plaquer » sur le peuple d'institutions étrangères à son génie national. L'esprit de modération est ainsi le contraire de l'esprit de révolution. La politique ne saurait « faire table rase du passé ». Elle doit, au contraire, constamment compter avec lui.

Ceci étant, il s'agit tout de même d'être sûr que le pouvoir ne sortira pas des bornes admises par l'esprit général, qu'il n'y aura pas d'*abus de pouvoir*. Comment l'obtenir ?

5) *L'équilibre des pouvoirs*

Montesquieu attend cette garantie d'un système d'*équilibre des pouvoirs* empêchant qu'aucun d'entre eux devienne despotique et les contraignant tous à se modérer mutuellement.

Ici nous arrivons au cœur des intuitions politiques de Montesquieu, et c'est ici également que les erreurs d'interprétation de sa pensée sont les plus fréquentes : car la doctrine que nous allons voir exposée est extrêmement différente en substance de celle de la *rule of law,* du « gouvernement de lois, non d'hommes » conçu par les Anglais et les Américains continuateurs du civisme antique. Et, par suite, la théorie de la séparation des pouvoirs, qui n'a de sens rigoureux que dans le cadre de cette doctrine de la *rule of law,* ne peut que revêtir un sens fort différent chez Montesquieu. Or c'est à Montesquieu que nombre de constitutionnalistes français se réfèrent lorsqu'ils commentent cette théorie.

Voici la vraie pensée de Montesquieu :

« La liberté politique [n'existe que là où] on n'abuse pas du pouvoir ; mais *c'est une expérience éternelle, que tout homme qui a du pouvoir est porté à en abuser ; il va jusqu'à ce qu'il trouve des limites.* Qui le dirait ! La vertu même a besoin de limites. Pour qu'on ne puisse abuser du pouvoir, *il faut que, par la disposition des choses, le pouvoir arrête le pouvoir* » (XI, IV).

On ne peut attendre de « modération », donc de protection des libertés, que d'un régime où les pouvoirs ne s'étendent que jusqu'à certaines bornes où commencent d'autres pouvoirs. Le régime sera donc d'autant plus « modéré » que les pouvoirs y seront plus séparés les uns des autres. D'où la préférence atavique de Montesquieu (comme de Boulainvilliers, puis d'une grande partie de la « droite » ultérieure) pour un régime « féodal », « gothique », en tout cas décentralisé, où existent les « corps intermédiaires » cités plus haut, pays, villes, clergé et corporations professionnelles.

Précisément, il existe un pays, l'Angleterre, où le principe de la « séparation des pouvoirs » est explicitement affirmé.

IV — LA « CONSTITUTION D'ANGLETERRE ».
LA SÉPARATION DES POUVOIRS

Dans le chapitre VI du livre XI, Montesquieu décrit ce qui est à ses yeux le régime idéal, le plus « modéré ». Or ce chapitre est intitulé « La constitution d'Angleterre », et les institutions décrites sont celles du régime anglais.

Ce chapitre est un des plus connus de l'*Esprit des lois,* et la signification à lui accorder a été âprement débattue par les commentateurs[1]. Montesquieu est-il partisan, oui ou non, du régime de monarchie constitutionnelle tel qu'il a été instauré en Angleterre par les *whigs,* ou défend-il une constitution « féodale » ? Ce qui revient à demander : sa conception de la liberté est-elle libérale, ou « aristocratique » et « réactionnaire » ? Étant donné le flou des formulations de Montesquieu, et compte tenu du fait qu'on a pu montrer que le chapitre comportait des « couches » de rédaction de date fort différente, sans que l'auteur ait tranché définitivement dans un sens ou dans l'autre, la question est probablement insoluble.

Il y a dans le régime anglais — et, par extension, dans l'État idéal — trois pouvoirs :

(1) « La puissance législative » ;
(2) « La puissance exécutrice des choses qui dépendent du droit des gens » ;
(3) « La puissance exécutrice des choses qui dépendent du droit civil », qui se subdivise elle-même en

(*a*) « puissance de juger » ;
(*b*) puissance de « punir les crimes », c'est-à-dire « puissance exécutrice de l'État ».

En termes modernes, il s'agit donc respectivement du pouvoir législatif, de la partie de l'exécutif chargée de la diplomatie et de la défense, de la partie de l'exécutif chargée de la justice et de la police.

La liberté du citoyen sera possible si et seulement si les pouvoirs sont séparés, c'est-à-dire détenus par des hommes différents. En effet,

1) Si le législatif et l'exécutif sont réunis, « il n'y a point de liberté ; parce qu'on peut craindre que le même monarque ou le même sénat ne fasse des lois tyranniques, pour les exécuter tyranniquement ». Si l'exécutif veut agir d'une

---

1. Voir par ex. Alberto Postigliola, « En relisant le chapitre sur la Constitution d'Angleterre », in *Cahiers de philosophie politique et juridique n° 7,* Centre de philosophie politique et juridique de l'Université de Caen, 1985.

manière qui soit interdite par les lois en vigueur, il suffira que le législatif, c'est-à-dire lui-même, change ces lois. Ce qui revient à dire que la loi n'est plus un obstacle à l'action arbitraire du gouvernement, donc qu'il n'y a plus de lois du tout.

2) Si la « puissance de juger » est confondue avec le législatif, il y aura aussi arbitraire et oppression, puisque le juge fera les règles mêmes dont il a besoin pour condamner ou absoudre celui qu'il veut perdre ou sauver.

3) À plus forte raison si les trois pouvoirs sont réunis en un seul, que ce pouvoir unique soit un monarque, une assemblée ou le peuple lui-même, il n'y aura aucune garantie pour le citoyen.

Dans la plupart des royaumes d'Europe, le gouvernement est modéré parce que, si le prince a les deux premiers pouvoirs, il n'a pas la « puissance de juger ». En revanche, il y a un « affreux despotisme » chez les Turcs, où le sultan a les trois pouvoirs. De même, malgré le paradoxe, il y a moins de liberté dans les républiques italiennes aristo-cratiques comme Venise que dans un royaume comme la France, parce que là-bas, le Sénat réunit les trois pouvoirs et peut se comporter en despote, avec police d'État, régime inquisitorial, etc.

« Aussi les princes qui ont voulu se rendre despotiques ont-ils toujours commencé par réunir en leur personne toutes les magistratures, et plusieurs rois d'Europe toutes les grandes charges de leur État » (XI, VI).

Montesquieu analyse ensuite en détail chacun des trois pouvoirs. Il décrit en fait la constitution anglaise, dont il apprécie qu'elle consacre les privilèges (les nobles ne pouvant être jugés que par la Chambre des lords), et dont il approuve le bicamérisme qui divise le pouvoir législatif lui-même.

À ce sujet, il approuve le fait que la Chambre des communes soit largement élue par le peuple, qui, certes, est incapable de gouverner ou de bien légiférer, mais qui est parfaitement capable de choisir de bons législateurs (mais pas de bons gouvernants). « Le peuple n'est point du tout propre [à discuter les affaires] ; ce qui forme un des grands inconvénients de la démocratie. » Donc « il ne doit entrer dans le gouvernement que pour choisir les représentants ; ce qui est très à sa portée. Car, s'il y a peu de gens qui connaissent le degré précis de la capacité des hommes, chacun est pourtant capable de savoir, en général, si celui qu'il choisit est plus éclairé que la plupart des autres ». D'autant que « le corps représentant ne doit pas être choisi pour prendre quelque résolution active ; chose qui ne serait pas bien ; mais pour faire des lois, ou pour voir si l'on a bien exécuté celles qu'il a faites ; chose qu'il peut très bien faire, et qu'il n'y a même que lui qui puisse bien faire ».

Ceci étant, il est bon que les nobles et le peuple aient chacun leur assemblée, et délibèrent à part. Car ces deux ordres ont « des vues et des intérêts séparés ».

« Il y a toujours, dans un État, des gens distingués par la naissance, les richesses et les honneurs ; mais, s'ils étaient confondus parmi le peuple, et s'ils n'y avaient qu'une voix comme les autres, la liberté commune serait leur escla-

vage, et ils n'auraient aucun intérêt à la défendre, parce que la plupart des résolutions seraient contre eux. La part qu'ils ont à la législation doit donc être pro-
portionnée aux autres avantages qu'ils ont dans l'État ; ce qui arrivera, s'ils
forment un corps qui ait droit d'arrêter les entreprises du peuple, comme le
peuple a le droit d'arrêter les leurs. »

Il est bon que le corps des nobles soit héréditaire, car

« il l'est premièrement par sa nature ; et d'ailleurs, il faut qu'il ait un très grand
intérêt à conserver ses prérogatives, odieuses par elles-mêmes, et qui, dans un
État libre, doivent toujours être en danger ».

En contrepartie, la chambre de la noblesse n'aura que le droit de
veto, et non le droit d'imposer ses volontés à l'autre chambre.

Montesquieu apprécie également que la constitution anglaise
comporte des dispositions limitant réciproquement l'exécutif et le
législatif.

Le législatif ne peut empêcher l'exécutif d'agir (dans le cadre des lois). Mais
il doit pouvoir *contrôler l'exécution :* c'était le vice de l'éphorat à Sparte que les
éphores n'avaient pas à rendre compte de leurs actes à l'assemblée. Ainsi, Montesquieu admet le principe de *responsabilité de l'exécutif devant le législatif,* même si
– puisqu'il continue toujours à décrire le régime réel de l'Angleterre – il refuse
que l'on puisse mettre en accusation le monarque, dont la personne doit être
sacrée puisque c'est elle qui empêche le législatif de devenir tyrannique. Ce sont
les ministres qui, en revanche, doivent pouvoir être traduits en justice.

Le pouvoir exécutif doit être détenu par un monarque,

« parce que cette partie du gouvernement, qui a presque toujours besoin d'une
action momentanée, est mieux administrée par un que par plusieurs ».

Il doit avoir un *droit de veto* sur les lois votées par le législatif,
comme le législatif a le droit de récuser l'exécutif.

Il n'aura pas l'initiative des lois, puisque, ayant le droit de *veto,* il
pourra toujours « rejeter les décisions des propositions qu'[il] aurait
voulu qu'on n'eût pas faites ».

Au total, voici comment fonctionne le régime anglais :

« Le corps législatif y étant composé de deux parties, l'une enchaînera
l'autre par sa faculté mutuelle d'empêcher. Toutes les deux seront liées par la
puissance exécutrice, qui le sera elle-même par la législative. Ces trois puissances
devraient former un repos ou une inertie. *Mais comme, par le mouvement nécessaire
des choses, elles sont contraintes d'aller, elles seront forcées d'aller de concert.* »

Nous comprenons donc pourquoi le régime anglais est celui qui
a la préférence de Montesquieu. Il ne voit nullement en lui un essai
de « gouvernement de lois, non d'hommes », mais ce régime est à ses
yeux l'exemple même du gouvernement « modéré », où, à cause de
l'existence de cette division des pouvoirs, de ce système de *checks and
balance,* nul pouvoir ne peut aller au-delà de certaines limites. Ce

système, loin d'être révolutionnaire, est donc le sommet du gouvernement « gothique » qui a intuitivement la préférence de Montesquieu. Il représente ce à quoi la France, qui fut féodale, doit revenir en renonçant aux fâcheuses innovations de l'absolutisme. C'est pourquoi Montesquieu peut écrire cette phrase qui a paru énigmatique à bien des commentateurs, que la constitution anglaise a été « inventée dans les bois ». Il entend par là qu'elle exprime – sous une forme raffinée sans doute – les mœurs aristocratiques des anciens Germains. Alors qu'Harrington ou Milton, comme nous l'avons vu, récusaient le passé anglo-saxon, jugé barbare, des Anglais, au profit du civisme gréco-romain et de l'éthique biblique, Montesquieu a la perception inverse : ce qui est précieux chez les Anglais, c'est ce qu'il y a d'encore « gothique » dans leur société.

Nous disposons maintenant des clés permettant de comprendre la suite de l'*Esprit des lois*. Il est vrai que, comme nous l'avons signalé, le propos de Montesquieu devient à ce moment assez décousu et n'obéit pas à un plan explicitement logique. C'est que la cohérence est dans les intuitions de fond de Montesquieu : il va juger sévèrement l'autre dimension qu'il découvre chez les Anglais, et qu'ils ont en commun avec les Hollandais, à savoir la dimension commerciale ; et il pourra se livrer, dans la dernière partie du livre, à sa vraie passion qui est d'exalter les valeurs nobiliaires et la vieille France féodale.

V – COMMERCE, ÉCONOMIE ET MONNAIE

1) *Nature du commerce :*
« commerce d'économie » et « commerce de luxe »

La Hollande et l'Angleterre font du « commerce d'économie » (XX, X), comme en faisaient dans l'Antiquité et au Moyen Âge « Tyr, Carthage, Athènes, Marseille [mais non les Romains, cf. XXI, XIV], Florence, Venise ». La France, étant donné la nature de son propre régime et sa vocation supérieure, ne fait que du « commerce de luxe », dont l' « objet principal est de procurer à la nation qui le fait tout ce qui peut servir à son orgueil, à ses délices et à ses fantaisies » (XX, IV). En d'autres termes : dans les monarchies comme la France, qui sont « grandes » et vouées à la « grandeur », ce ne sont pas les commerçants qui commandent, comme ils le font dans ces sociétés de second ordre que sont la Hollande et l'Angleterre.

Il est vrai que, comme Montesquieu le dit dans un passage célèbre, le commerce adoucit les mœurs :

> « Le commerce guérit des préjugés destructeurs ; et c'est presque une règle générale, que partout où il y a des mœurs douces, il y a du commerce ; et que partout où il y a du commerce, il y a des mœurs douces. Qu'on ne s'étonne donc point si nos mœurs sont moins féroces qu'elles ne l'étaient autrefois. Le commerce a fait que la connaissance des mœurs de toutes les nations a pénétré dans toutes les nations : on les a comparées entre elles, et il en a résulté de grands biens » (XX, I).

Cependant, si le commerce « polit et adoucit les mœurs barbares » et si son « effet naturel » est de « porter à la paix », il comporte un vice fondamental :

> « Le commerce corrompt les mœurs pures : c'était le sujet des plaintes de Platon » (XX, I).

En effet, si le commerce porte à la paix des nations qui autrement se seraient fait la guerre, il ne crée pas la paix, en revanche, entre les *individus*. Au contraire, créant entre eux une concurrence, il les divise ; le commerce n'est pas, de soi, un lien social. Quand on commerce avec quelqu'un, on renonce, par cela même, au « brigandage », mais, en même temps, on se détourne de « ces vertus morales qui font qu'on ne discute pas toujours ses intérêts avec rigidité, et qu'on peut les négliger pour ceux des autres » (XX, II). Le commerce est faux et indigne[1]. De sorte que Montesquieu renvoie dos à dos « brigandage » et « commerce ». Il va même jusqu'à dire que les brigands ont certaines valeurs morales qui font défaut aux commerçants...

Il est vrai que Montesquieu est favorable, dans le principe, au libre-échange. Mais il n'y a lieu de faire du « commerce d'économie » que quand la nature est pauvre. C'est pourquoi il n'y a pas de raison d'en faire en France. Pas question, par exemple, de laisser s'y développer des grandes compagnies de commerce (XX, X-XI).

En fait, Montesquieu, dans ces chapitres, est guidé par son intuition fondamentale : la France ne saurait adopter les mœurs anglaises et hollandaises parce que ces nations commerçantes ne sont pas faites pour accomplir de « grandes » choses. À quoi l'on peut objecter qu'elles en font : certes, mais c'est parce que ce sont des républiques où les marchands ont un grand pouvoir, or les marchands veulent

---

1. Vieille condamnation qui remonte à la morale antique (pas seulement Platon, mais aussi Aristote pour le grand commerce) et a été reprise et entretenue par la scolastique. Montesquieu est étranger au mouvement de pensée par lequel un Grotius, un Pierre de La Court, un Boisguilbert, un Mandeville, essaient de penser la valeur morale positive intrinsèque du libre-échange.

gagner toujours plus, donc ils finissent par faire de grandes choses, mais c'est par le même esprit que celui qui leur en faisait faire d'abord de petites. Aussi ces sociétés conservent-elles une infériorité constitutive (XX, IV).

2) *Le commerce doit cependant être toléré et non soumis au pouvoir arbitraire de l'État*

Ces réserves fondamentales étant faites, Montesquieu montre qu'en matière de commerce aussi, le pouvoir des États doit rester « modéré ».

Les rois doivent perdre l'habitude de s'enrichir en volant les Juifs. « On a commencé à se guérir du machiavélisme et on s'en guérira tous les jours » (XXI, XX). Ils doivent s'abstenir de fixer autoritairement les prix, car ceux-ci sont un phénomène spontané, non un phénomène artificiel qui puisse être décidé à volonté par le pouvoir politique.

« Le prince ou le magistrat ne peuvent pas plus taxer la valeur des marchandises qu'établir, par une ordonnance, que le rapport d'un à dix est égal à celui d'un à vingt. Julien ayant baissé les denrées à Antioche, y causa une affreuse famine » (XXII, VII).

Les taux de change non plus ne peuvent être fixés, pour la même raison (XXII, X). Si un État provoque délibérément une inflation par la création monétaire, il n'obtiendra rien de plus au change d'une autre monnaie (*ibid.*) et d'ailleurs, c'est ce qui limite la création monétaire dans un pays donné (le système de Law a été détruit par le change avec la Hollande ; le change sert d'épreuve de vérité à la fausse monnaie). La Hollande est aujourd'hui « la nation qui règle le change » (XXII, X), parce qu'elle a autant d'argent à elle seule que toutes les autres nations réunies.

Ces constatations ne font pas de Montesquieu un partisan de la liberté économique. On se souvient qu'il a dit que la liberté politique devait toujours l'emporter, en cas de conflit, sur la liberté civile. Il voit donc la marque d'une « sagesse admirable » dans le fait que la République romaine ait su voler ses créanciers en diminuant de moitié la valeur de la monnaie dans laquelle ses dettes étaient libellées, tout en faisant en sorte que l'inflation réelle à l'intérieur du pays ne soit que de un cinquième et que, par conséquent, les dettes privées soient maintenues pour l'essentiel (cf. XXII, XI). De même, si Montesquieu réprouve les « opérations violentes » et les « grands coups d'autorité » par lesquels le pouvoir politique écrase les intérêts économiques des particuliers, ce n'est pas pour leur vice, mais pour leur inefficacité. Il admet le prêt à intérêt, mais, là encore, plutôt parce que, de toute façon, il renaît toujours, « au noir » et plus cher, quand on l'interdit, que parce que l'auteur en comprendrait et approuverait le rôle économique positif (cf. XXII, XVIII-XXII). Il évoque cette succession de lois et de sénatus-consultes par lesquels on interdisait ou autorisait successivement le prêt à intérêt à Rome : mais plus l'instabilité est grande, plus il est dangereux de prêter, plus les taux sont usuraires. « Je le dirai toujours : c'est la modération qui gouverne les hommes, et non pas les excès. »

VI — PRÉFÉRENCE POUR LE GOUVERNEMENT « GOTHIQUE ». ÉLOGE DE LA NOBLESSE

1) *L'excellence de la noblesse*

Il est heureux que la noblesse de France ne puisse déroger[1] : c'est ce qui fait la « grandeur » du pays. L'Angleterre a été perdue par le fait que la noblesse a pu y faire des affaires. Montesquieu entend garder la ligne médiane entre le « despotisme » où chacun est enfermé dans un métier donné et les « nations commerçantes » où tout le monde peut tout faire. En France, on peut s'élever, mais *on ne peut faire qu'une chose à la fois :* le marchand peut devenir noble, mais il doit alors cesser d'être marchand[2].

Montesquieu exprime à cette occasion son adhésion intime, morale et « esthétique », au principe d'une société d'ordres – sentiment proche de celui de Boulainvilliers ou de Saint-Simon, si ce n'est que Montesquieu, qui marque sa préférence pour la noblesse d'épée (dont il est), ne méprise pas tout à fait la noblesse de robe (dont il est également).

« En France, cet état de la robe, qui se trouve entre la grande noblesse et le peuple ; qui, sans avoir le brillant de celle-là, en a tous les privilèges ; cet état qui laisse les particuliers dans la médiocrité, tandis que le corps dépositaire des lois est dans la gloire ; cet état encore dans lequel on n'a de moyen de se distinguer que par la suffisance [= la compétence] et par la vertu ; profession honorable, mais qui en laisse toujours une plus distinguée : cette noblesse toute guerrière, qui pense qu'en quelque degré de richesse qu'on soit, il faut faire sa fortune, mais qu'il est honteux d'augmenter son bien, si on ne commence par le dissiper[3] ; cette partie

---

1. Il existait pourtant un édit de Louis XIV en 1701 autorisant les nobles à faire du grand commerce sans déroger (et Fénelon prônait cette mesure). Comme Montesquieu paraît ignorer cet édit, il faut croire qu'il n'était guère appliqué.
2. Montesquieu retrouve ici une vieille idée de « droite » remontant à Platon, qui dit que l' « injustice » de tous les régimes non aristocratiques, et singulièrement de la démocratie, est qu'on peut y quitter la position sociale fixe qu'on occupe conformément à la nature des choses (cf. *HIPAMA,* p. 89-91 et 102-104). La France gothique ne doit pas se laisser contaminer par la mobilité sociale des nations commerçantes.
3. Montesquieu paraît apprécier peu l' « ascétisme séculier » dont Max Weber, dans *L'Éthique protestante et l'esprit du capitalisme,* a montré le rôle important ou même moteur dans le développement économique des sociétés anglo-saxonnes. On se souvient que, dans la France catholique, le jeune Turgot, au même moment, faisait l'éloge de l'épargne (cf. *supra,* p. 449).

de la nation, qui sert toujours avec le capital de son bien ; qui, quand elle est ruinée, donne sa place à une autre qui servira avec son capital encore ; qui va à la guerre pour que personne n'ose dire qu'elle n'y a pas été ; qui, quand elle ne peut espérer les richesses, espère les honneurs, et lorsqu'elle ne les obtient pas, se console, parce qu'elle a acquis de l'honneur ; toutes ces choses ont nécessairement contribué à la grandeur de ce royaume. Et si, depuis deux ou trois siècles, il a augmenté sans cesse sa puissance, il faut attribuer cela à la bonté de ses lois, non pas à la fortune, qui n'a pas ces sortes de constance » (XX, XXII).

Montesquieu écrit cela à l'époque où l'Angleterre dépasse la France non seulement économiquement, mais militairement ; où le pays, ayant perdu à la fin du règne de Louis XIV toutes les guerres européennes, n'ayant jamais acquis une flotte comparable aux flottes hollandaise et anglaise, ayant dû céder à l'Angleterre une partie de ses colonies au traité d'Utrecht de 1713, s'apprêtant à perdre le Canada tout entier au traité de Londres de 1763, commence son déclin géopolitique. Celui-ci sera renversé pendant quelques années, il est vrai, lors de l'épopée napoléonienne. Mais il reprendra ensuite inéluctablement, faute que la France ait adopté les comportements politiques, économiques et sociaux qui confèrent la vraie puissance. On ne peut dire que Montesquieu fasse preuve, dans toutes ces questions, d'une très grande perspicacité ; il est prisonnier du préjugé aristocratique de sa classe.

2) *La légitimité du droit féodal*

Montesquieu considère comme encore parfaitement valide le « point d'honneur » qui remonte aux coutumes germaniques, et qui consiste à régler un différend, non par le droit, mais par le combat. « Notre point d'honneur », dit-il (XXVIII, XX). Il s'étend avec complaisance sur le droit pénal féodal, basé sur le combat judiciaire et le « point d'honneur », et il commente longuement Beaumanoir qui, pourtant, traite déjà de ces questions avec un tout autre esprit (XXVIII, XXVIII). C'est donc qu'il n'admet pas que tous les conflits soient réglés par des voies de droit (qu'avait promues le droit romano-canonique). Il méprise la procédure d'appel, précisément parce qu'elle enlève son sens au « point d'honneur » :

« La nature de la décision par le combat étant de terminer l'affaire pour toujours, et n'étant point compatible avec un nouveau jugement et de nouvelles poursuites, l'appel, tel qu'il est établi par les lois romaines et par les lois canoniques, c'est-à-dire un tribunal supérieur, pour faire réformer le jugement d'un autre, était inconnu en France. Une nation guerrière, uniquement gouvernée par le point d'honneur, ne connaissait pas cette forme de procéder... » (XXVIII, XXVII).

Si « c'est un beau spectacle que celui des lois féodales », précise Montesquieu qui suit son idée, c'est parce qu'elles avaient essentiellement pour but et pour effet de diviser le pouvoir. Il voit en positif cet enchevêtrement des lois féodales, qui bride et gêne le pouvoir, alors que, précisément pour cette raison, Bodin le voyait en négatif.

« En donnant à plusieurs personnes divers genres de seigneurie sur la même chose ou sur les mêmes personnes, [les lois féodales] ont diminué le poids de la seigneurie entière » (XXX, I).

Dans sa condamnation du principe de la *rule of law,* Montesquieu va jusqu'à féliciter paradoxalement les Germains d'avoir été le seul peuple où la justice empêchait l'homme lésé d'obtenir réparation et visait à protéger le criminel.

« Chez ces nations violentes, rendre la justice n'était autre chose qu'accorder à celui qui avait fait une offense sa protection contre la vengeance de celui qui l'avait reçue, et obliger ce dernier à recevoir la satisfaction qui lui était due : de sorte que chez les Germains, à la différence de tous les autres peuples, la justice se rendait pour protéger le criminel contre celui qui l'avait offensé » (XXX, XX).

Montesquieu ne veut peut-être pas en revenir là, mais il est sensible au fait que cette organisation de la justice chez les anciens barbares, quoique imparfaite, avait du moins le mérite d'éviter cette autre imperfection qu'est un État justicier toujours tenté d'étendre ses pouvoirs. Il défend donc le principe des justices féodales. Elles ne sont nullement des « usurpations », contrairement à ce qu'ont soutenu les publicistes depuis Dumoulin[1] ou Loyseau (durement attaqué en XXX, XX), puisqu'elles existaient chez les anciens Germains antérieurement à l'établissement du royaume de France. Ce seraient plutôt les rois absolus modernes qui, en confisquant pour eux seuls toute la justice du royaume, ont commis une usurpation.

« Les justices ne doivent point leur origine aux usurpations ; elles dérivent du premier établissement et non pas de sa corruption » (XXX, XXII).

Que doit être le pouvoir de la noblesse en France ? Montesquieu adopte une position médiane entre le partisan de la noblesse d'épée, Boulainvilliers, qui soutient qu'elle doit avoir tout pouvoir puisqu'elle descend des conquérants germaniques, et le partisan du tiers état, l'abbé Dubos, qui prétend qu'elle ne doit avoir aucun pouvoir[2].

---

1. Cf. *supra,* p. 43.
2. Dans son *Histoire critique de l'établissement de la monarchie française dans les Gaules* (1734), Dubos soutient que Clovis a été un roi absolu et que c'est lui qui a distribué à certains citoyens choisis par lui, Gallo-Romains autant que Francs, des fiefs et des offices. La thèse de Dubos est donc que les nobles n'ont aucun droit propre et doivent tout à la monarchie.

Montesquieu critique Boulainvilliers au motif qu'il a prétendu que toutes les terres avaient été prises par les Francs. C'est historiquement faux : il est resté beaucoup d'alleux. Par conséquent, il est faux que le tiers état ait été entièrement asservi, même s'il est vrai aussi que ces alleux ont quasiment tous été transformés en fiefs au XIe siècle (cf. XXX, X). Le tort de l'ouvrage de l'abbé Dubos, en sens inverse, c'est qu'il ne veut pas admettre que la Gaule ait été *conquise* par les Francs. Or pour Montesquieu il paraît exister un droit de conquête légitime (malgré ce qu'il dit lui-même ailleurs à ce sujet). Comme la noblesse française descend des conquérants, Montesquieu retrouve sur ce point Boulainvilliers (il se croit d'ailleurs lui-même descendant des Germains)[1]. Non seulement les Francs vainqueurs sont un ordre social supérieur par rapport aux Gallo-Romains vaincus ; mais, au sein des Francs mêmes, il y avait différents ordres, en tête desquels une noblesse, dont la noblesse actuelle descend.

3) *Infériorité morale des activités productives*

Montesquieu hait les « chevaliers » et « traitants » romains, ainsi que leurs équivalents modernes (c'est pourquoi il préfère le système de la « régie » à celui de la « ferme » pour la gestion des services publics). Il tolère que les milieux économiques (ce qu'il appelle la « profession lucrative ») existent, mais il est entendu, dans son esprit, qu'ils ne doivent pas avoir les premières places dans la société et dans l'État (comme ils l'ont en Hollande et en Angleterre). Il veut même qu'ils soient positivement méprisés.

« Tout est perdu, quand la profession lucrative des traitants parvient encore, par ses richesses, à être une profession honorée » (XIII, XX).

Dans un monde bien fait, seuls les nobles et les magistrats sont honorés :

« Il y a un lot pour chaque profession. Le lot de ceux qui lèvent les tributs[2] est les richesses ; et les récompenses de ces richesses sont les richesses mêmes. La gloire et l'honneur sont pour cette noblesse qui ne connaît, qui ne voit, qui ne sent de vrai bien que l'honneur et la gloire. Le respect et la considération sont pour ces ministres et ces magistrats qui, ne trouvant que le travail après le travail, veillent nuit et jour pour le bonheur de l'empire » (XIII, XX).

---

1. « Nos pères, les anciens Germains » (XIV, XIV) ; les Germains, « nos premières familles » (XXX, XXV).
2. Montesquieu vise en effet surtout les « traitants », ces fermiers auxquels on a délégué le soin de lever les impôts. Mais le reproche s'étend à tous les types d'hommes impliqués dans l'économie et la finance.

CONCLUSION.

LA CRITIQUE DE MONTESQUIEU PAR CONDORCET

Des auteurs comme Condorcet *(Observations sur le XXIXᵉ livre de l'Esprit des lois)*[1] ou Destutt de Tracy *(Commentaire sur l'Esprit des lois de Montesquieu)*[2] ont souligné qu'il n'y a pas vraiment chez Montesquieu de philosophie politique claire :

> « Pourquoi [Montesquieu] n'a-t-il établi aucun principe pour apprendre à distinguer, parmi les lois émanées d'un pouvoir légitime, celles qui sont injustes et celles qui sont conformes à la justice ? Pourquoi, dans l'*Esprit des lois,* n'est-il jamais question nulle part de la nature du droit de propriété, de ses conséquences, de son étendue, de ses limites ? [...] Jamais d'analyses, jamais de discussions, jamais aucun principe précis. Toujours un ou deux exemples... » (Condorcet, *op. cit.,* p. 144-145).

Des spécialistes modernes ont montré, par ailleurs, que l'*Esprit des lois* était une vaste compilation faite de notes de lectures mises bout à bout, où il n'est pas difficile de repérer contradictions et incohérences.

Pourquoi, dans ces conditions, Montesquieu a-t-il été donné pour un grand penseur politique dans l'université française des XIXᵉ et XXᵉ siècles ? Probablement du fait de son antilibéralisme, qui le rend sympathique aussi bien à certains hommes de « droite » qu'à des auteurs socialisants qui voient dans sa théorie des « corps intermédiaires » et de l'équilibre entre ces corps une anticipation de la social-démocratie (elle aussi, en effet, entend réaliser l'équilibre social par des négociations permanentes entre les syndicats, le gouvernement, le patronat, en faisant peu de cas de la liberté individuelle et de la *rule of law*)[3].

Condorcet avait bien vu le problème que posent la promotion des codes implicites et ce qu'on pourrait appeler l'idéal d'opacité de Montesquieu, si éloigné de l'idéal des Lumières. Il dit, à propos du chapitre XVIII du livre XXIX (« Des idées d'uniformité ») :

> « Nous voici à un des chapitres les plus curieux de l'ouvrage. C'est un de ceux qui ont valu à Montesquieu l'indulgence de tous les gens à préjugés, de tous ceux qui haïssent les Lumières, de tous les protecteurs des abus, etc. » (Condorcet, *op. cit.,* p. 151).

---

1. Texte imprimé en annexe des *Cahiers de philosophie politique et juridique n° 7,* Centre de publications de l'Université de Caen, 1985.
2. Antoine Destutt de Tracy, *Commentaire sur l'Esprit des lois de Montesquieu,* Bibliothèque de philosophie politique et juridique, Centre de philosophie politique et juridique de l'Université de Caen, URA-CNRS, 1992.
3. Cf. *supra,* p. 1003.

Ce chapitre ne critique pas en effet l'idée d' « uniformité » à la manière dont Benjamin Constant critiquera l'uniformité jacobine (cf. *supra,* p. 662-664), c'est-à-dire que Montesquieu ne critique pas seulement l'uniformité de *l'administration concrète,* se mêlant de manière tâtillonne de la vie privée des citoyens, mais l'uniformité même des *règles de droit abstraites* qui garantissent la liberté de ces mêmes citoyens et leur permettent de se mouvoir librement et en toute sécurité juridique sur un très vaste espace social, le royaume tout entier ou un espace international. Or ce type-là d' « uniformité » est compris dans le concept même d'*isonomia,* d'égalité devant la loi, de *rule of law.* Il ne peut y avoir de liberté individuelle si l'on ne peut anticiper correctement le comportement d'autrui en le sachant soumis aux mêmes « règles de juste conduite » auxquelles on est soumis soi-même. Vouloir, comme Montesquieu, la *diversité des règles,* c'est donc vouloir, *in fine,* l'enfermement des individus dans les micro-espaces (locaux ou corporatifs) où chaque droit est valable, et donc, pour parler clair, c'est vouloir la soumission des individus aux pouvoirs locaux. C'est acheter la liberté des communautés locales par rapport à l'État central du prix de la liberté des individus par rapport à ces communautés mêmes. C'est, encore et toujours, l'idéal féodal, que nous verrons défendu dans toute l'histoire intellectuelle de la droite. Comme le dit Condorcet :

> « Comme la vérité, la raison, la justice, les droits des hommes, l'intérêt de la propriété, de la liberté, de la sûreté, sont les mêmes partout, on ne voit pas pourquoi toutes les provinces d'un État, ou même tous les États[1], n'auraient pas les mêmes lois criminelles, les mêmes lois civiles, les mêmes lois de commerce, etc. [...] Si l'on établit un mode de jurisprudence uniforme et simple, il s'ensuivra que les gens de loi perdront l'avantage de posséder exclusivement la connaissance des formes ; que tous les hommes sachant lire seront également habiles sur cet objet ; et il est difficile d'imaginer qu'on puisse regarder cette égalité comme un mal » (Condorcet, *op. cit.,* p. 152-153).

Nul jacobinisme dans cet idéal d'universalité de la loi abstraite. Une même loi abstraite rend en effet possible une infinie diversité des vies, des conditions, des situations concrètes, comme une même règle du jeu rend possible de jouer une infinité de parties différentes. Ce sont donc en effet des « gens à préjugés » qui applaudissent sans critique à l'anti-uniformisme de Montesquieu ; l'absence d'une loi universelle opprime, en ce qu'elle donne libre cours aux rapports de force sévissant au sein des « communautés naturelles », rapports dont tout l'esprit de la tradition démocratique et libérale consiste à affranchir l'individu. Montesquieu, tout « modéré » qu'il ait été, est resté étranger à cet esprit.

---

1. Condorcet partage l'idéal du « droit cosmopolitique » kantien (cf. *supra*, p. 545 sq.).

Chapitre 3

Les « théocrates » : Bonald et Maistre

Louis de Bonald et Joseph de Maistre ont posé les bases de la doctrine de la Contre-Révolution[1]. Leurs philosophies politiques présentent de nombreuses convergences que les deux auteurs ont eux-mêmes reconnues. On les appelle les « théocrates » à cause de leur insistance sur les fondements religieux de l'ordre social.

Il s'agit cependant de savoir si « théocratie » est le mot qui convient le mieux pour désigner leur pensée. Celle-ci a évidemment peu à voir avec le régime politique des prêtres d'Israël au retour de l'Exil à Babylone, peu également avec l'« augustinisme politique ». Il s'agit plutôt, et malgré tout ce qu'on a pu dire, d'une pensée dont l'inspiration religieuse est relativement secondaire. C'est une pensée essentiellement sociale et politique, antidémocratique, antilibérale, *réactionnaire* au sens propre, rêvant à la reconstitution d'une société d'ordres. Une telle pensée ne se confond qu'en partie, comme la suite des événements du XIXᵉ siècle le montrera, avec la cause du catholicisme, dont elle heurte certains principes fondamentaux.

---

1. Cf. Jacques Godechot, La Contre-Révolution (1961), PUF, coll. « Quadrige », 1984 ; Jean Tulard (dir.), *La contre-révolution. Origines, histoire, postérité,* Perrin, 1990. On appelle « Contre-Révolution », au sens propre, l'ensemble des actions des adversaires de la Révolution pendant la période révolutionnaire elle-même (1789-1804) : l'émigration, les insurrections révolutionnaires dans l'Ouest et le Sud-Est de la France (1792-1795), la « Terreur blanche » (1795), les résistances à la Révolution française en Italie, en Allemagne, en Suisse et en Belgique, le grand assaut contre-révolutionnaire de 1799, qui se brise contre le pouvoir naissant de Bonaparte et se conclut par l'assassinat du duc d'Enghien (mars 1804). En un sens plus large, la Contre-Révolution est l'ensemble des actes et des pensées des hommes qui refusent le modèle naissant des démocraties libérales.

§ 1
Louis de Bonald

Vie et œuvres

Né en 1754, mort en 1840, Louis de Bonald est un noble de la région de Millau (Aveyron), appartenant à une famille de magistrats qui possède en outre de grandes propriétés foncières. Il fait ses études chez les Oratoriens de Juilly, puis une brève carrière militaire. En 1785, il est nommé maire de Millau. Il reste maire jusqu'en juillet 1790, date à laquelle il est élu membre de l'Assemblée départementale de Rodez. Mais, de plus en plus hostile à la Révolution, il émigre en octobre 1791, après le vote de la Constitution civile du clergé. Il sert dans l'armée des princes. Après la dissolution de celle-ci, il s'installe à Heidelberg, où il lit et médite, découvrant notamment Leibniz.

Il publie à Constance en 1796 *Théorie du pouvoir politique et religieux dans la société civile, démontrée par le raisonnement et par l'histoire*[1]. La diffusion du livre en France est empêchée par la censure. Il sera lu néanmoins par des hommes comme Chateaubriand, Fontanes et, dit-on, Napoléon.

Bonald rentre clandestinement en France en 1797 puis, sous l'Empire, il reprend son nom et se réinstalle à Millau. Il publie l'*Essai analytique sur la loi naturelle de l'ordre social, Du divorce considéré au XIXe siècle relativement à l'état domestique et à l'état public de la société, La Législation primitive considérée dans les derniers temps par les seules lumières de la raison* (1802)[2]. En 1808, Napoléon lui propose d'entrer au Conseil supérieur de l'Université, ce qu'il accepte en 1810. En 1814, il est nommé au Conseil supérieur de l'Instruction publique par Louis XVIII. En 1815, il est élu député de l'Aveyron. À la Chambre, il fait abolir la loi du divorce, plaide pour la restriction de la liberté de la presse, pour la censure. En 1823, il est nommé pair de France. En 1818, il publie des *Observations sur les « Considérations sur la Révolution française » de Mme de Staël* et les *Recherches philosophiques sur les premiers objets des connaissances morales,* et en 1827 la *Démonstration philosophique du principe constitutif de la société*[3]. En 1827, il est chargé de la censure. En 1830, il refuse de prêter serment à la monarchie de Juillet et se démet de la pairie. Il reste alors à l'écart, écrit *Réflexions sur la Révolution de Juillet*[4] et meurt en 1840.

---

1. *Théorie du pouvoir politique et religieux* (éd. abrégée), choix et présentation par Colette Capitan, coll. « 10/18 », Union générale d'éditions, 1966.
2. *Législation primitive considérée par la raison,* préface de Bernard-Pierre Lécuyer, Éd. Jean-Michel Place, 1988.
3. *Démonstration philosophique du principe constitutif de la société,* suivi de *Méditations politiques tirées de l'Évangile,* avant-propos de François Azouvi, Vrin, 1985.
4. *Réflexions sur la Révolution de Juillet* et textes inédits, édité par Jean Bastier, Éd. Duc Albatros, 1988.

I — LA RÉVOLUTION COMME DÉSORDRE[1]

« Dieu est l'auteur de tous les États, l'homme ne peut rien sur l'homme que par Dieu et ne doit rien à l'homme que pour Dieu. » En sécularisant la législation, la Révolution française a donc commis une erreur fatale. Elle a substitué aux commandements de Dieu ceux des hommes. Or des lois faites par de simples hommes, non fondées sur Dieu et la nature, n'ont aucune légitimité, partant aucune fixité. C'est pourquoi tout ce qu'a fait la Révolution, constitutions et lois, a été emporté comme un fétu de paille par les événements. Il ne pouvait en être autrement.

Ce désordre engendré par l'oubli des droits de Dieu n'a fait ensuite que s'autonourrir. On a dit que les hommes naissaient et demeuraient libres et égaux en droits. Comme c'est faux, toute fixité sociale, tout amour mutuel, tout esprit de service réciproque ont disparu. Aussitôt, « l'homme en place fut honteux d'avoir usurpé l'autorité, et l'inférieur d'avoir prostitué son obéissance ; la richesse parut un tort, même au propriétaire ; la pauvreté une injustice, même à l'homme oisif ou dissipateur » (*Législation primitive,* cité par Valade, *op. cit.,* p. 290). Et les hommes entrèrent en lutte alors que (dit Bonald) ils avaient été en paix jusque-là.

Qui a ainsi voulu ramener la législation du ciel sur terre ? Bonald incrimine les « philosophes », les « gens de lettres », qui lui font instinctivement horreur et contre lesquels, comme Burke, il compose des diatribes enflammées :

« [Vers la fin du XVIIIe siècle,] les gens de lettres avaient usurpé un grand ascendant dans la société. Le gouvernement, devenu plus timide à mesure qu'il devenait plus faible, les redoutait par instinct du mal qu'ils pouvaient lui faire, sans se mettre en devoir d'arrêter celui qu'ils lui faisaient. Ils avaient engoué les femmes en leur donnant de l'*esprit,* et les hommes en leur faisant des réputations ; parce qu'ils s'étaient érigés en distributeurs de l'esprit et des réputations, et qu'ils disposaient exclusivement en leur faveur et en faveur de leurs amis de je ne sais quelle opinion publique dont ils étaient les souffleurs et les échos.

« Cette société, tourmentée de la fureur des conquêtes et du besoin de s'étendre, comme toutes les sociétés républicaines, avait fait de nombreux prosélytes dans les classes les plus élevées, par la licence de sa morale et la vanité du bel esprit. C'était des intelligences qu'elle s'était ménagées dans le pays ennemi ; et tout était prêt pour un soulèvement général contre les principes conservateurs des sociétés, lorsque le tocsin des États généraux vint hâter l'explosion et donner le signal aux conjurés.

---

1. D'après Bernard Valade, « Les théocrates », in *La Contre-Révolution,* sous la dir. de Jean Tulard, Perrin, 1990.

« Ce parti, vain et présomptueux, crut alors que son règne était arrivé ; il s'agita à la Cour, intrigua à la ville, bouleversa la composition des États généraux, confondit l'antique et *nécessaire* [cf. *infra*] distinction des ordres, parvint à s'y introduire, et bientôt à y dominer : une fois maître du terrain, tel qu'un usurpateur qui, entrant dans un pays dont il méditait la conquête, rallie tous les mécontents, intimide les faibles, et séduit le peuple en lui accordant l'exemption de tous les impôts, le parti philosophe, précédé de la terreur, grossi par la foule des ambitieux, souleva le peuple en lui accordant l'exemption de toute morale, et fit dans la société civile, à la tête d'une armée de dupes et de scélérats, cette terrible et à jamais mémorable invasion dont la France la première a éprouvé les effets, et dont l'Europe aveuglée a méconnu les suites.

« Les dogmes fondamentaux de cette secte étaient la liberté indéfinie de la presse, la tolérance illimitée des opinions » (*Théorie du pouvoir politique et religieux, op. cit.,* p. 269-270).

Bonald attaque spécialement, dans le « parti philosophe », Rousseau, Montesquieu, Condillac et Condorcet.

À Rousseau, il reproche son *individualisme* et son *contractualisme.* Il a cru que c'est l'homme qui constituait la société, alors que c'est la société qui constitue l'homme. Montesquieu, bien que monarchiste, n'est pas moins coupable, en raison de son *relativisme culturel* (alors qu'il y a une seule religion vraie), de sa théorie de l'*équilibre des pouvoirs* (alors qu'il faut un pouvoir souverain unique) et de leur *séparation* (pure illusion : dans les régimes constitutionnels, ce sont les mêmes hommes qui exercent tous les pouvoirs ; il n'y a de séparation véritable des pouvoirs que dans la monarchie chrétienne : car alors, le législatif est la nature elle-même, le roi est l'exécutif). Montesquieu a ainsi contribué à faire de la société « un ballon aérostatique balancé dans le vent ». Le pire des philosophes est Condorcet, qui, dans son *Esquisse d'un tableau historique des progrès de l'esprit humain* (à laquelle Bonald consacre un appendice de *Du Pouvoir*), fait de l'esprit humain une sorte de démiurge qui se crée lui-même. Il prétend que l'homme a créé la langue qu'il parle, ce qui est particulièrement absurde et impie aux yeux de Bonald (on verra pourquoi). Il prétend, en outre, appliquer le calcul à la société, ce qui revient à considérer les hommes comme des objets physiques.

Le désordre général provoqué par les Lumières a cependant pour première origine, en arrière même du « parti philosophe », la Réforme (et même ses prédécesseurs, Wycliff, Jean Hus...). C'est elle qui a accompli la rupture de l'unité, la déchirure dans la robe sans couture. « La Réforme a divisé la société religieuse et elle a apporté le même désordre dans la société politique ». Le champ était libre alors pour l'éclosion de la « philosophie moderne »[1].

---

1. Les diatribes contre la Réforme, perçue comme la principale source du libéralisme moderne, sont fréquentes dans la tradition de la droite française. Nous en rencontrerons un autre échantillon chez Maurras (cf. *infra,* p. 1199 sq.).

II — LES LOIS « ÉTERNELLES »,
« NATURELLES », « NÉCESSAIRES »

La société n'est pas une institution des hommes, mais une institution de Dieu. Il existe donc *des lois immanentes à la création, qui sont « éternelles », « naturelles », « nécessaires »* (Bonald répète souvent ces mots). On ne saurait les transgresser impunément, moins encore les remplacer par une création humaine : « L'homme ne peut pas plus donner une constitution à la société religieuse ou politique qu'il ne peut donner la pesanteur aux corps ou l'étendue à la matière. »

Voici ces lois :

— Une structure ontologique fondamentale de *ternarité*.

Cette structure reflète la trinité de Dieu lui-même, Père, Fils et Saint-Esprit. Elle se retrouve « logiquement » à tous les niveaux de la Création. Dans la famille : père, mère, enfants ; dans la société civile : monarchie, noblesse, peuple ; dans l'État : pouvoir souverain, ministres, sujets. Bonald la retrouve même ailleurs et un peu partout (sa pensée devient ici absurde par systématisme et abstraction extrêmes : mais c'est un contemporain de Hegel, et comme ce dernier avec la dialectique, il a cru trouver dans la ternarité ontologique la « pierre philosophale » expliquant tout) : Dieu, Verbe, monde ; Jésus, Église, fidèles ; divinité, pouvoir, société ; chef, officiers, soldats ; religion de la famille, monothéisme judaïque, christianisme ; société domestique, société communale, société monarchique...

— Le *sacrifice*.

Dieu est amour et il commande l'amour ; mais il n'y a pas de plus grand amour que de donner sa vie pour ceux qu'on aime ; Dieu commande donc le sacrifice, « don de l'homme et offrande de la propriété ». Il n'y a pas de société sans sacrifice, mieux, la société est un sacrifice perpétuel de tous à chacun et de chacun à tous, qui a son type dans le sacrifice du Christ perpétuellement commémoré dans le culte[1]. Le Christ est la médiation entre Dieu et l'homme. C'est par lui que Dieu parle à l'homme, c'est par lui, visible, que l'homme voit le Dieu invisible. Mais cette médiation n'est pas seulement gnoséologique, elle est existentielle. L'homme a péché et mérite la mort. Le Christ prend sur lui seul la haine de Dieu et la punition. Par son sacrifice, il réconcilie donc l'homme et Dieu ; sans le sacrifice du Christ, l'homme ne pourrait simplement pas vivre. Le rituel de la messe rappelle en permanence cette structure.

---

1. On retrouvera cette idée, sous une forme légèrement différente, chez Joseph de Maistre. L'individu n'est pas un « être pour soi ». Les traditionalistes du XIXe siècle et toute la pensée de droite depuis lors le répéteront : les conduites sociales porteuses de sens — le service d'autrui, la paternité ou la maternité, le commandement ou l'obéissance, la guerre... — supposent une acceptation de l'abolition de soi. On est loin, métaphysiquement et esthétiquement, de la *property* de Locke ou de la *selfishness* de Smith, plus généralement de l'*homo œconomicus*.

— Le caractère *originairement social* de l'homme.

L'homme n'étant pas un individu autonome et qui se crée lui-même, mais un être qui reçoit une structure de l'extérieur, et une structure qui est déjà intersubjective, il est d'emblée un être social. Il n'existe pas *d'abord* comme individu, revêtant *ensuite* des fonctions sociales : père, mère, sujet, noble, roi... Il n'est individu qu'en tant qu'il reçoit l'être de sa fonction. Par suite, Bonald condamne toute la pensée des droits de l'homme et des Lumières et ses prolongements politico-juridiques. Il condamne la société de liberté individuelle, société formée, dit-il, de « grains de sable ». Il faut revenir à la société ancienne, formée de groupes naturels, la famille, les métiers qui groupent des familles, les corporations qui groupent des métiers. Ce sont ces corps intermédiaires qui empêcheront le roi d'être despotique : conseillers, médiateurs, ministres, cours de justice, institutions locales, spécialement la commune.

— L'*unité de pouvoir*.
— L'existence de *distinctions sociales permanentes*.

Ces deux dernières lois valent dans la société religieuse comme dans la société politique, d'où respectivement le monarque et le pape, la noblesse et le sacerdoce.

— La *prééminence du pouvoir spirituel*.

Seul le pouvoir spirituel est capable de faire connaître et respecter les lois précédemment citées. Or les philosophes et gens de lettres des Temps modernes l'ont usurpé en le mimant.

Toutes ces lois éternelles, naturelles, nécessaires, concourent à la conservation de l'homme et de la société. Elles déterminent aussi bien la *société religieuse* que la *société politique,* qui sont rigoureusement parallèles (l'une est formée de la réunion des « êtres intelligents physiques », l'autre de celle des « êtres physiques intelligents ») et composent toutes deux la *société civile.* Celle-ci « est donc proprement la réunion des esprits et le rapprochement des corps, pour la production et la conservation mutuelle de Dieu et de l'homme » (*Théorie du pouvoir,* cité par Valade, p. 292). Il est ainsi entièrement faux que l'homme fasse la société et l'homme lui-même par ses découvertes et ses inventions, son génie propre. L'ordre humain est le décalque d'un ordre transcendant. Les lois morales et les lois civiles n'en sont que l'expression.

III — SOCIÉTÉS CONSTITUÉES ET NON CONSTITUÉES

Les sociétés dont la structure est l'exact décalque de l'ordre transcendant sont seules capables de conserver l'homme, et Bonald les appelle *sociétés constituées.* Toutes les autres (elles sont d'un genre indéfiniment multiple, puisqu'il y a beaucoup d'erreurs pour une seule vérité) sont réellement ou virtuellement un *désordre*, et Bonald les appelle *sociétés non constituées.*

Les sociétés constituées sont les « sociétés royales monarchiques », avec le roi, la noblesse, le clergé, l'ensemble des distinctions sociales permanentes. Elles sont fondées sur l'amour. Les sociétés non constituées – despotismes, aristocraties, démocraties – ont pour principe la crainte, la volupté et l'intérêt.

La France offre désormais le modèle du pire désordre religieux et politique, parce que toutes ses institutions ont été refaites, avec méthode et radicalisme, à partir des seuls principes philosophiques, qui sont arbitraires et chaotiques.

Le pouvoir est censé y venir du peuple. Or, dans le peuple, une voix en vaut une autre. C'est l'« anéantissement de toute supériorité ancienne et reconnue ». C'est, surtout, la substitution de volontés particulières à la volonté générale. Or on ne peut pas faire l'unité à partir du multiple. Si l'on commence par casser la structure sociale, seule générale, on ne pourra jamais « recoller les morceaux ». Du vote populaire faisant s'exprimer les volontés particulières ne peuvent sortir, par les tours de passe-passe de la représentation et des règles majoritaires, que des pouvoirs représentant encore et toujours des volontés particulières. Ces pouvoirs seront donc toujours *usurpés,* parce qu'ils seront *égaux* aux sujets qu'ils prétendent dominer ; n'ayant aucun titre réel à gouverner, ils seront inéluctablement despotiques, et les sujets inéluctablement esclaves.

La société constituée exclut en particulier la notion de constitution écrite, absurde car abstraite, non fondée historiquement. Parce que les États-Unis ont été artificiellement créés par une constitution écrite, ils ne dureront pas.

IV — LA RÉVÉLATION ORIGINAIRE DU LANGAGE

On trouve chez Bonald une idée qui paraît étrange aujourd'hui, mais à laquelle il croit fermement et qui a du moins le mérite, si on l'admet, de rendre son système philosophiquement cohérent : le caractère *révélé* du *langage.*

Bonald croit, on l'a dit, à la transcendance de l'ordre. Mais comment l'homme connaît-il l'ordre ? Nécessairement par une « révélation ». Mais il ne faut pas entendre par là quelque chose d'extérieur, quelques textes du Proche-Orient recueillis dans le volume appelé la Bible. Car pour entendre ces derniers, il faut déjà « connaître » d'une certaine façon ce qui s'y trouve. C'est ce qui a été accompli par une « révélation » plus fondamentale, à savoir la structure même de l'esprit humain telle qu'elle se déploie dans et par le *langage.*

Les structures du langage, en effet, sont celles de l'esprit, puisque le langage enveloppe toute pensée. De même que Dieu se communique par son Verbe seul, la pensée humaine ne se communique à l'homme que par les mots. L'épistémologie de Bonald est l'inverse de celle de Descartes. L'esprit humain n'est pas un pur *cogito* informe qui fabriquerait des formes et les imposerait au réel, mais un esprit déjà formé, avant même de commencer à penser, par la structure de la langue qu'il parle. Or la langue n'est pas créée par l'homme lui-même ; elle lui est *donnée* de l'extérieur en même temps que son existence même. En ce don consiste la Révélation.

La création du langage est simultanée à la création de l'homme, ou immédiatement postérieure : Bonald croit lire cette affirmation dans la Genèse, où Dieu parle déjà avec l'homme au Paradis terrestre, et aussi dans un verset du *Livre de Job*. Dieu a parlé ensuite par les prophètes. Il a envoyé à l'humanité son Verbe : des témoins l'ont entendu. De là, le langage est transmis par l'éducation (Bonald voit une preuve de ce fait dans les enfants-loups qui, non exposés au langage d'autrui, sont incapables de parler : preuve que le langage n'est pas inné à l'individu, mais qu'il a été donné d'en haut à l'humanité).

Or, du fait que le langage est un don de Dieu, il contient virtuellement tout ce que Dieu a voulu révéler à l'homme. C'est parce que l'homme ne peut penser sans parler, et parce que le *logos* contient la Révélation, que l'homme *ne peut penser sans penser Dieu*, sans penser aussi le *sacrifice*, le *pouvoir*, les *distinctions sociales*, etc., toutes les « lois nécessaires » que nous avons énumérées ci-dessus. Telles sont les fameuses « idées innées » que les philosophes ont bien été obligés de reconnaître, mais sans être capables de repérer leur véritable origine.

Ce « don primitif et nécessaire du langage fait au genre humain » explique « l'origine pour chacun de nous des idées de vérités générales, morales, sociales [...]. Gardienne fidèle et perpétuelle du dépôt sacré des vérités fondamentales de l'ordre social, la société, considérée en général, en donne communication à tous ses enfants à mesure qu'ils rentrent dans la grande famille ; elle leur en dévoile le secret par la langue qu'elle leur enseigne » (*Recherches philosophiques*, cité par Valade, p. 295). Dès lors que l'homme est *d'emblée* pris dans cet ordre qui lui est transcendant, mais qui est immanent à son langage et à sa pensée, on comprend que toute tentative de contester cet ordre, à plus forte raison d'en construire un autre, soit vouée à l'artifice, à l'abstraction, à l'échec.

D'ailleurs le langage lui-même n'est pas promis à évoluer. Il a atteint sa forme définitive dans le français moderne, seule langue, avec l'hébreu, à être « analogue », c'est-à-dire « conforme à l'ordre naturel des êtres » (« La langue française ne parle-t-elle pas comme on doit penser et n'exprime-t-elle pas ce qui doit être ? »), les autres langues, « païennes » (en particulier l'allemand moderne) étant censées être « transpositives », « contraires à l'ordre naturel des êtres », donc « fausses », et » pour cela plus propres aux passions » (*Législation primitive, op. cit.,* p. 31).

Nous rencontrerons chez Fichte (cf. *infra,* p. 1236 sq.) une thèse exactement symétrique, tendant à fournir un fondement ontologique à la supériorité de la nation allemande et à l'infériorité de la nation française en raison des vertus respectives de leurs langues.

V — L'ESPRIT DE RÉACTION

L'origine transcendante du langage et des structures qu'il véhicule implique une attitude délibérément *réactionnaire,* qu'on retrouve dans toute la pensée politique et sociale de Bonald. Si l'ordre est à l'origine, toute innovation est susceptible de créer du désordre. Idées modernes, théories nouvelles, changements sociaux sont des dangers, et même les mots nouveaux. D'autant qu'on a fait l'*expérience* des méfaits du changement. Les théories de la Réforme et de la philosophie ont eu leurs travaux pratiques avec la Révolution française et l'on sait ce que cela a donné. Bonald écrit en 1802 :

« Aujourd'hui que nous avons vu la nation la plus forte et la plus éclairée du globe tomber, dans sa constitution politique, de l'unité de pouvoir le plus concentré dans la démagogie la plus effrénée et la plus abjecte, [...] tous les accidents de la société sont connus, le *tour du monde* social est fait ; nous avons voyagé sous les deux pôles : il ne reste plus de terre à découvrir, et le moment est venu d'offrir à l'homme la carte de l'univers moral, et la théorie de la société » (*Législation primitive,* p. 48).

Bonald approuve donc les pouvoirs politiques qui, « carte » en main, imposent à tous le chemin et punissent les déviants. Il ne craint pas, par exemple, de louer l'Inquisition espagnole. Il dit qu'elle a préservée l'Espagne des troubles religieux (ajoutons qu'elle l'a préservé aussi du progrès). Plus généralement, Bonald célèbre tout ce qui est conservateur, l'Europe de la Sainte-Alliance et de Metternich, l'Autriche catholique..., et il condamne, en France, la liberté de la presse et le parlementarisme infatigable faiseur de lois.

« Il n'y a guère d'avantage à changer les lois civiles. Quand elles sont anciennes et que les peuples ont formé leurs habitudes, leurs mœurs sur ces lois, et ont réglé d'après leurs prescriptions leurs affaires domestiques, les avantages que l'on peut attendre d'un changement ne valent pas les perturbations qu'il occasionne, et puis une fois les esprits lancés dans la voie des innovations et des changements, ils ne s'arrêtent plus » (*Correspondance* avec le comte de Senfft, cité par Valade, *op. cit.*).

Bonald condamne tout ce qui a résulté de la sécularisation et de la déstabilisation de la législation : le monde moderne, la ville, l'industrie, les communications (c'est-à-dire cela même qui déchaînera l'enthousiasme probourgeois de Marx). Ce qu'il aime, c'est la commune rurale, où les paysans « attendent tout de Dieu », sous la surveillance de notables pénétrés du sens de leurs responsabilités.

Le monde moderne a donné trop de place aux plaisirs :

> « Gouvernements ! Voulez-vous accroître la force de l'homme ? Gênez son *cœur,* contrariez ses *sens* ; semblable à une eau qui se perd dans le sable si elle n'est arrêtée par une digue, l'homme n'est fort qu'autant qu'il est retenu » (*Du pouvoir...*, p. 271).

Bonald dénonce le théâtre, les « histrions », le goût excessif pour les comédies (parce que celles-ci peignent des hommes privés ; il préfère les tragédies, qui mettent en scène des hommes publics, « roi, prêtre, noble, militaire ou sénateur »...).

À la ville, les hommes prennent l'habitude d'être des assistés :

> « Dans la plupart des [ateliers de charité[1]], on faisait des travaux sans objet utile, et uniquement pour avoir occasion de former un atelier de charité ; en sorte que le pauvre, qui voyait qu'on ne le faisait travailler que pour avoir un prétexte de lui donner, ne faisait de travail que ce qu'il en fallait pour avoir un prétexte de recevoir, et qu'ainsi, au scandale d'une distribution quelquefois sans besoin se joignait l'abus d'un travail souvent sans utilité » (*Du pouvoir...*, p. 275).

Étant donné que « l'homme qui ne vit pas de sa propriété vit nécessairement de celle d'autrui » et « opprime » donc le propriétaire, les « pouvoirs réunis de la société religieuse et de la société politique » devront le « contraindre » au travail, sans « craindre de gêner sa liberté, puisqu'[ils le rétabliront] au contraire dans sa véritable liberté, qui n'est, comme on l'a vu, que l'obéissance aux lois, ou rapports *nécessaires* dérivés de la nature des êtres en société » (*Du pouvoir...*, p. 277-278).

Bonald déteste le *commerce,* et en général le *progrès économique,* supposés tous deux être antinaturels et avoir été cause de tous les désordres et de tous les malheurs du temps.

> « Si le commerce ne se faisait qu'avec les produits du sol ou de l'industrie *nécessaires* à l'homme, il ne serait utile qu'à la société, puisqu'il ne pourrait jamais s'étendre au-delà de la somme des productions naturelles, ou de la quantité des besoins réels. Mais le commerce s'est étendu *bien au-delà des bornes que la nature lui avait prescrites* ; il a fait naître à l'homme *des besoins qu'il ne connaissait pas,* dans les fragiles ouvrages d'une industrie recherchée, et dans des productions étrangères que la nature peut-être ne destinait pas à être un aliment usuel pour l'homme, parce qu'elles ne croissent qu'*à force d'hommes.* L'homme se croit plus

---

1. Créés sous la Révolution pour secourir les chômeurs.

heureux, parce qu'il satisfait des besoins qu'il n'éprouvait pas : comme il se croit plus riche, parce qu'il a plus d'or pour la même quantité de denrées ; et le commerce abuse l'homme sur son bonheur, comme il le trompe sur ses besoins » (*Du pouvoir...*, p. 294 sq., n.s.).

La création de nouveaux besoins entraîne de nouvelles aventures industrielles, un nouveau développement du commerce et des communications, qui, à leur tour, créent des habitudes et des besoins nouveaux, qui derechef suscitent de nouveaux développements économiques... par un effet « boule de neige » que Bonald décrit dans les mêmes termes négatifs que Hegel. D'où « inquiétude » dans les esprits, bouleversements sociaux, guerres, création de manufactures dans les villes, misères ouvrières, dégradation morale des habitants des villes... La machine infernale est lancée.

À remarquer aussi que Bonald voit bien que le progrès, rupture de l'ordre naturel, peut devenir une « habitude », s'ancrer dans les mœurs, se stabiliser. Mais, même entrée dans les mœurs, la civilisation industrielle est mauvaise. Il faudra donc la supprimer. En ce sens la droite, qui se déclare conservatrice, recèle un ferment *révolutionnaire,* qui se manifestera dans les décennies suivantes.

Bonald approuve l'*inégalité* ; elle est dans la nature des choses. L'existence de riches est « conforme aux vues de la Providence et à l'intérêt de l'État » (p. 279) ; « Les grands propriétaires sont nécessaires dans une société » *(ibid.).* La pauvreté n'est pas moins *nécessaire :* « Il faut en revenir à la maxime du grand Maître : *Vous aurez toujours des pauvres au milieu de vous.* » L'État n'y pourra rien changer.

« L'administration aura beau faire, elle ne soulagera jamais toutes les misères individuelles ; les différentes assemblées qui ont opprimé la France ont ruiné tous les riches sans pouvoir nourrir tous les pauvres ; et dans l'impuissance de leur donner du travail et du pain, elles ont été réduites à les envoyer périr dans les armées » (*Du pouvoir...*, p. 280).

Le mal est de vouloir combattre le mal. Car la pensée profonde de Bonald est que *le mal est dans l'ordre,* la souffrance du pauvre étant nécessaire à l'éveil de la charité.

« Quand l'administration pourrait soulager toutes les misères, elle devrait bien se garder d'ôter à la charité particulière un aliment nécessaire, un puissant moyen de rapprochement entre les diverses conditions. Dans une société où il n'y aurait personne à soulager, il n'y aurait que des égoïstes, dont le cœur insensible au malheur des autres ne serait dilaté que par la vue de l'or, ne palpiterait jamais que de la crainte de le dépenser » (*Du pouvoir...*, p. 281)[1].

---

1. La droite traditionaliste, et peut-être aussi l'Église catholique des deux derniers siècles, ont une secrète nostalgie des sociétés pauvres. Elles perçoivent dans la « société de consommation » et l'abondance productiviste du monde industriel moderne un danger fatal. Au lieu de s'avouer à elles-mêmes cette équivoque fascination du pire, elles préfèrent

En développant ces thèmes, Bonald *donne le ton à toute la famille traditionaliste du XIXᵉ siècle.* Sa condamnation du monde moderne urbain, industriel et commerçant, des sciences et des techniques (« vains amusements d'esprits faibles »), correspond aux sentiments ataviques des milieux sociaux légitimistes, hobereaux de la campagne et leur clientèle immédiate, attachés à la vieille société agricole. Sa théorie de l'ordre naturel et nécessaire détruit par la Révolution, auquel il convient de revenir si l'on veut retrouver stabilité et fécondité sociales, donne un contenu doctrinal positif et propose un programme politique concret au sentiment nostalgique de ceux qui ne se consolent pas du « désenchantement du monde ». Une version plus raffinée du même message est élaborée au même moment par Joseph de Maistre.

§ 2
Joseph de Maistre

Vie et œuvres

Né en 1753, mort en 1821, Joseph de Maistre n'est pas français, mais savoyard, sujet du roi de Sardaigne-Piémont. Il est d'une noblesse toute récente, puisqu'il est fils d'un magistrat qui a été annobli. Il fait ses études au collège de Chambéry puis à la faculté de droit de Turin (la capitale du royaume). De 1774 à 1789, il est à son tour magistrat au « Sénat » de Savoie (c'est-à-dire à sa Cour supérieure de justice, analogue aux Parlements français d'Ancien Régime). Il adhère à la franc-maçonnerie. Il est influencé par la pensée de Louis-Claude de Saint-Martin, le « Philosophe inconnu », inspirateur d'un des plus curieux mouvements mystiques de l'époque. Sur le plan politique, jusqu'à 1789, il est plutôt libéral et ouvert aux idées nouvelles. Il est d'ailleurs blâmé en 1775 lorsque, chargé de prononcer un discours devant le

---

s'en prendre aux capitalistes, au « règne de l'argent », au développement économique sans lequel, pourtant, les pauvres n'ont aucune chance d'améliorer leurs conditions réelles d'existence. Attitude paradoxale, puisque la vraie charité doit viser à soulager réellement les misères, au lieu de pérenniser les misères afin de justifier la charité. Celle-ci ne saurait se prendre elle-même pour objet. Nous avons signalé plusieurs fois déjà l'orientation toute différente de la spiritualité puritaine, issue de l'authentique esprit de la Révolution papale, qui, elle, privilégie le travail et la transformation du monde, et pour qui le soulagement de toute misère est au moins envisageable pour qui retrousse ses manches. En attendant le moment où elle deviendra athée (avec Maurras) et même néo-païenne (avec le nationalisme allemand et le nazisme), la pensée de droite (et ceux des éléments de l'Église catholique qui ont épousé les thèses de la droite) commence par déformer le christianisme en le privant de sa dimension eschatologique. Elle retrouve l'attitude d'esprit des païens de l'Antiquité : le monde est un Éternel Retour, il s'y trouvera toujours un mélange de bien et de mal, le projet même de changer le monde est donc absurde et impie.

roi Victor-Amédée III en visite à Chambéry, il défend la liberté de penser et le droit de remontrance (tout en condamnant la liberté de la presse). En 1789, il semble qu'il ait d'abord approuvé le serment du jeu de Paume et l'abolition des privilèges. Mais il est hostile à la Déclaration des droits de l'homme. La lecture qu'il fait des *Réflexions sur la Révolution française* de Burke au début de 1791 le renforce dans son opposition à la Révolution.

En septembre 1792, la France envahit la Savoie. De Maistre quitte alors le pays. Il s'installe à Lausanne, où il devient un agent du roi de Sardaigne-Piémont, avec une mission de renseignement et d'agitation en Savoie. À Lausanne, il rencontre Mme de Staël et l'historien anglais Gibbon. Il écrit beaucoup, notamment : *Lettres d'un gentilhomme savoisien à ses compatriotes* (1793), *Jean-Claude Têtu, maire de Montagnol, à ses chers concitoyens du Mont Blanc* (1795), *Les Bienfaits de la Révolution française*, et enfin la première œuvre majeure, les *Considérations sur la France*, publiées à Neuchâtel en 1796 et à Londres en 1797. Ce dernier livre aura une immense influence et il passera pour la doctrine officielle de l'émigration (mais peu d'exemplaires pourront pénétrer en France même). À cette même époque, de Maistre écrit l'*Étude sous la souveraineté*, des *Réflexions sur le protestantisme dans ses rapports avec la souveraineté*. De Maistre rentre en Italie en 1798 et occupe un poste administratif important en Sardaigne. En 1802, il est nommé ambassadeur du roi de Sardaigne-Piémont en Russie, pays où il demeurera jusqu'en 1817 et où il écrira trois autres ouvrages majeurs, l'*Essai sur le principe générateur des constitutions politiques et des autres institutions humaines* (1809), publié en 1814 pour combattre la Charte accordée par Louis XVIII, *Du Pape*, manifeste du catholicisme ultra-montain, publié à son retour (1819), et les *Soirées de Saint-Pétersbourg*[1].

Nous étudierons principalement, dans ce qui suit, les *Considérations sur la France*.

I — UNE INTERPRÉTATION THÉOLOGIQUE DE LA RÉVOLUTION FRANÇAISE

1) *La Providence dans l'histoire*

De Maistre commence par une affirmation de nature théologique. Il soutient que tout, dans l'histoire humaine, dépend de la Providence, mais que celle-ci laisse les humains parfaitement libres. Rela-

---

1. Cf. *Considérations sur la France,* édition critique par Jean-Louis Darcel, Genève, Slatkine, 1980 ; *De la souveraineté du peuple. Un anticontrat social,* texte établi, annoté et présenté par Jean-Louis Darcel, PUF, 1992 ; *Les Soirées de Saint-Pétersbourg, ou Réflexions sur le gouvernement temporel de la Providence,* La Maisnie-Trédaniel, 1980 ; *Écrits sur la Révolution* (comprenant les *Considérations sur la France*), textes choisis et présentés par Jean-Louis Darcel, coll. « Quadrige », PUF, 1989 ; *Sur les sacrifices* (extrait des *Soirées...*), Agora-Pocket, 1994 ; *Du pape,* édition critique avec une introduction par Jacques Lovie et Joannès Chetail, Genève, Droz, 1966

tion paradoxale qu'illustre l'image suivante : « Nous sommes tous attachés au trône de l'Être suprême par une *chaîne souple,* qui nous retient sans nous asservir » (p. 63)[1]. En effet, pour la puissance divine, « tout est moyen, même l'obstacle : et les irrégularités produites par l'opération des agents libres viennent se ranger dans l'ordre général ». Les hommes ont le sentiment d'être libres, en un sens ils le sont ; et, cependant, cette liberté n'empêche pas que tout ce qui arrive soit prévu par Dieu, entre dans le plan de sa Providence.

> « Il n'y a point de hasard dans le monde, et même, dans un sens secondaire, il n'y a point de désordre, en ce que le désordre est ordonné par une main souveraine qui le plie à la règle et le force de concourir au but » (p. 177).

C'est ainsi qu'il faut interpréter le déchaînement de la Révolution française. Elle a été faite librement et volontairement par des hommes qui avaient le sentiment de se conduire eux-mêmes. Le déroulement de la Révolution ne se laisse pas moins lire comme un drame qui leur a échappé entièrement, et qui a révélé l'action secrète et toute-puissante d'une force surhumaine. Les hommes qui ont fait la Révolution, quelques illusions qu'ils aient eues à cet égard, ont été à tout instant *entraînés.*

> « Ce qu'il y a de plus frappant dans la Révolution française, c'est cette force entraînante qui courbe tous les obstacles. Son tourbillon emporte comme une paille légère tout ce que la force humaine a pu lui opposer ; personne n'a contrarié sa marche impunément » (p. 65-66).

Tous ceux qui s'y sont essayés sont morts...

Or la Providence, a envoyé tous ces malheurs en punition de *crimes* commis par les Français de toutes catégories : clergé, nobles, militaires, mais aussi les plus pacifiques et désintéressés – en apparence – des intellectuels et des savants. Tous ont été coupables, à un titre ou à un autre, soit avant la Révolution, soit pendant (surtout la noblesse : « La Révolution française a pour cause principale la dégradation morale de la noblesse », p. 177).

Le plus grand crime des Français a été le *crime contre la souveraineté,* commis au nom de la nation et commis, de fait, par la nation. La punition de ce crime, c'est l'accélération démente du fleuve révolutionnaire, le fait que les révolutionnaires se sont entre-déchirés, qu'ils ont été à eux-mêmes leurs propres bourreaux. La Providence a voulu ceci afin que, les révolutionnaires s'étant entre-punis, le roi, au moment de son retour, n'ait plus besoin de se mettre du sang sur les mains en les punissant lui-même. De Maistre en tire un argument à l'intention des contre-révolutionnaires : il ne faut pas

---

2. Nous citons les pages de l'édition Darcel chez Slatkine.

que la contre-révolution soit faite par la force ; cela recréerait une aigreur, une rivalité, une division, qui s'autonourrirait et durerait des siècles. Il faut attendre que les choses rentrent *d'elles-mêmes* dans l'ordre, et elles le feront, le mal se corrigera de lui-même. Mais il n'aura pas été vain. L'épreuve révolutionnaire aura été une purification, une régénération. Car « si la Providence *efface,* sans doute c'est pour *écrire* » (p. 82).

Par exemple, les souffrances les plus extrêmes ont été celles du clergé ; or cette persécution même des prêtres entraînera un renouvellement de la religion (les prêtres et les évêques ont dû émigrer, ils ont donc vécu en pays protestant, ces rencontres leur ont permis de surmonter leurs préjugés : l'union du christianisme sera ainsi le fruit inespéré des tribulations des chrétiens).

2) *Mal et ordre*

De Maistre affirme que « la guerre est l'état habituel du genre humain ». Il le prouve par un tableau impressionnant des guerres depuis l'Antiquité jusqu'à la Révolution française en passant par les invasions barbares, les conquêtes musulmanes et normandes, les croisades, la guerre de Cent Ans, les guerres de Religion, les guerres de Louis XIV, etc., tableau d'où il ressort que les périodes de paix, dans toute l'histoire de l'Occident et du monde, sont l'exception et non la règle. Il entend élever cette thèse à la hauteur d'une véritable loi sociologique (ou loi de l'histoire) : « Si l'on avait des *tables de massacres* comme on a des *tables météorologiques,* qui sait si l'on n'en découvrirait point la loi au bout de quelques siècles d'observation ? » (p. 91). Il en va de l'homme, à cet égard, comme Buffon a prouvé qu'il en allait de l'animal : il est destiné à mourir de mort violente.

Mais, ajoute de Maistre, cette violence produit des compensations.

« Il y a lieu de douter que cette destruction violente soit, en général, un aussi grand mal qu'on le croit : du moins, c'est un de ces maux qui entrent dans un ordre de choses où tout est violent et contre nature, et qui produisent des compensations. D'abord, lorsque l'âme humaine a perdu son ressort par la mollesse, l'incrédulité et les vices gangreneux qui suivent l'excès de la civilisation, elle ne peut être retrempée que dans le sang [...]. Le genre humain peut être considéré comme un arbre qu'une main invisible[1] taille sans relâche, et qui gagne souvent à cette opération. À la vérité, si l'on touche le tronc, ou si l'on coupe en tête de saule, l'arbre peut périr : mais qui connaît les limites pour

---

1. L'expression même qu'Adam Smith emploie pour désigner les mécanismes auto-régulateurs du marché... Mais le sens n'est pas le même, puisque ici c'est la Providence qui est à l'œuvre.

l'arbre humain ? [...] Il ne faut pas être fort habile pour savoir que plus on tue d'hommes et moins il en reste dans le moment ; comme il est vrai que plus on coupe de branches et moins il en reste sur l'arbre ; mais ce sont les suites de l'opération qu'il faut considérer. Or, en suivant toujours la même comparaison, on peut observer que le jardinier habile dirige moins la taille à la végétation absolue qu'à la fructification de l'arbre : ce sont des fruits, et non des bois et des feuilles, qu'il demande à la plante. Or, les véritables *fruits* de la nature humaine, les arts, les sciences, les grandes entreprises, les hautes conceptions, les vertus mâles, tiennent surtout à l'état de guerre. On sait que les nations ne parviennent jamais au plus haut point de grandeur dont elles sont susceptibles qu'après de longues et sanglantes guerres. Ainsi, le point rayonnant pour les Grecs fut l'époque terrible de la guerre du Péloponnèse ; le siècle d'Auguste suivit immédiatement la guerre civile et les proscriptions ; le génie français fut dégrossi par la Ligue et poli par la Fronde : tous les grands hommes du siècle de la reine Anne naquirent au milieu des commotions politiques. En un mot, on dirait que le sang est l'engrais de cette plante qu'on appelle *génie* » (p. 92-93).

Apologie « moderne », donc, du sang, du « rôle de la violence dans l'Histoire », d'un point de vue fort différent, cependant, de celui de Machiavel (ou, plus tard, de Georges Sorel). Dans d'autres ouvrages (*Soirées...*, appendice sur le rôle des sacrifices), de Maistre développera cette idée du sang régénérateur.

L'idée profonde – comme chez Bonald – est que le *mal* est partie intégrante de l'*ordre*. À l'inverse, l'idée des Lumières que l'humanité est vouée au Progrès, que l'espèce humaine est capable d'un « perfectionnement » indéfini, sans violence, sans négativité, est un « rêve » dangereux. Car vouloir supprimer le mal, c'est l'augmenter. Vouloir la perfection, c'est vouloir la Révolution qui seule peut la faire advenir, et provoquer la Révolution, c'est, précisément, s'engager dans une suite de violences toujours pires. Il faut donc accepter le mal comme une chose *normale,* comme l'état *permanent* de l'humanité.

Ceci n'est pas, chez de Maistre, un simple constat. C'est une conviction qu'il croit être fondée en théologie. Car cette situation d'un ordre du monde dans lequel le mal et le bien coexistent et se compensent en partie l'un l'autre est la conséquence de la Chute. C'est depuis celle-ci que le mal est la loi du monde.

« Il n'y a que violence dans l'univers ; mais nous sommes gâtés par la philosophie moderne qui dit que *tout est bien,* tandis que le mal a tout souillé, et que, dans un sens très vrai, *tout est mal,* puisque rien n'est à sa place. La note tonique du système de notre création ayant baissé, toutes les autres ont baissé proportionnellement, suivant les règles de l'harmonie. *Tous les êtres gémissent*[1] et tendent, avec effort et douleur, vers un autre ordre de choses » (p. 95).

---

1. Citation de saint Paul. Voici le contexte. « Toute la création jusqu'à ce jour gémit en travail d'enfantement. Et non pas elle seule : nous-mêmes, qui possédons les prémices de l'Esprit, nous gémissons nous aussi intérieurement dans l'attente... » (*Rom.*, 8, 22-23).

Ainsi, de Maistre retrouve la théologie augustinienne de l'histoire. La Cité de Dieu est, sur cette terre, « militante ». L'erreur radicale et fatale des idéologues du Progrès et des révolutionnaires est d'avoir cru que le paradis pouvait advenir sur cette terre même. C'est théologiquement faux. Cette erreur millénariste ne peut qu'engendrer d'infinis malheurs politiques et sociaux. Parce que le mal est inexpugnable du monde, il est vrai que des innocents périssent dans les guerres comme dans les sacrifices. Mais, dans ces deux circonstances, il y a une « réversibilité des douleurs de l'innocence au profit des coupables » (p. 94). Et « le christianisme est venu consacrer ce dogme qui est infiniment naturel à l'homme » *(ibid.)*.

La Révolution française est une illustration de cette loi. Elle est certes un mal, ou l'incarnation même du mal :

« Ce qui distingue la Révolution française, et ce qui en fait un *événement* unique dans l'histoire, c'est qu'elle est *mauvaise radicalement* ; aucun élément de bien n'y soulage l'œil de l'observateur » (p. 103). « Il y a dans la Révolution française un caractère *satanique* qui la distingue de tout ce qu'on a vu et peut-être de tout ce qu'on verra » (p. 109)[1],

mais elle n'en produira pas moins des « compensations » inespérées[2].

3) *Le mythe de la souveraineté populaire*

« Il ne peut exister de grande nation libre sous un gouvernement républicain. » La chose est « claire d'elle-même ». De Maistre reprend l'idée classique : la forme républicaine de gouvernement se conçoit dans des villes-États, mais pas avec un grand territoire et une nombreuse population. La République française ne peut donc durer.

On soutient qu'à défaut de se rassembler tout entier en un même lieu, le peuple peut avoir des *représentants*. De Maistre critique, comme Rousseau et comme Babeuf qu'il cite, le concept de représentation − mais sur d'autres bases.

Il ne peut y avoir de représentation nationale, dit-il, parce qu'elle n'aurait un sens rationnel que si le *représentant* était un *mandataire* : il pourrait alors passer pour le simple relais de volontés libres, et le mythe de la souveraineté populaire représentée dans une Assemblée aurait un semblant de vraisemblance. Or de

---

1. Ce jugement restera celui de la droite traditionaliste tout au long du XIXᵉ siècle.
2. La théologie de Joseph de Maistre est en accord avec celle de Bonald. Étant donné que le mal, conséquence de la Chute, est dans l'ordre, et que le millénarisme est faux, il est inutile de chercher à améliorer la société. Cependant, alors que Bonald s'en tient à un fixisme froid et terne, le pessimisme ontologique de De Maistre est passionné. Son humanité gémissante est aussi une humanité créatrice, parturiante, « géniale ». Sous le Soleil, le *millenium* n'adviendra jamais, mais il y aura toujours du nouveau. Cette mystique est développée dans les *Soirées de Saint-Pétersbourg*.

Maistre tient que les parlementaires représentent leur *propre* volonté. C'est une chose naturelle, puisqu'on voit tous les jours dans des tribunaux des tuteurs représenter des *enfants,* des *fous* ou des *absents* qui ne leur ont donné, et pour cause, aucun mandat. C'est eux, les tuteurs, qui sont seuls juges de l'intérêt réel des personnes qu'ils représentent, et ils en discutent avec les personnes compétentes, sans en référer à ces personnes juridiquement incapables ; la loi leur reconnaît ce rôle. Eh bien, dit de Maistre, la vérité est que le peuple, lui aussi, est *enfant, fou* et *absent,* et qu'il est représenté par des tuteurs. Sauf qu'on accrédite la fiction selon laquelle ces tuteurs réunis exprimeraient la volonté libre et consciente du peuple.

Les tuteurs traditionnels, le roi, la noblesse, sont légitimes parce que traditionnels (cf. *infra*). Alors que les députés autoproclamés n'expriment que leur propre vision des choses. Aussi l'idée que le « peuple souverain » s'exprimerait dans les assemblées révolutionnaires est fausse. Le peuple, sous la république, n'est nullement souverain, au contraire « l'imagination est effrayée du nombre prodigieux de souverains condamnés à mourir sans avoir régné ».

« Ce qu'il y a de sûr, c'est que le système représentatif exclut directement l'exercice de la souveraineté, surtout dans le système français où les droits du peuple se bornent à nommer ceux qui nomment[1] ; où non seulement il ne peut pas donner de mandats spéciaux à ses représentants, mais où la loi prend soin de briser toute relation entre eux et leurs provinces respectives, en les avertissant qu'ils ne sont point envoyés par ceux qui les ont envoyés, mais par la Nation[2] : grand mot infiniment commode, parce qu'on en fait ce qu'on veut. En un mot, il n'est pas possible d'imaginer une législation mieux calculée pour anéantir les droits du peuple » (p. 102).

4) *La République française, régime prétotalitaire*

Si le nouveau régime est « satanique », ce n'est pas seulement parce qu'il est « barbare », c'est parce que sa barbarie est d'un nouveau genre, qu'on n'avait jamais vu jusque-là dans l'histoire. C'est une barbarie qui n'est pas le seul fait de la *force,* mais qui se réclame de la *raison.*

Les royaumes barbares, produits de la violence, ont pu devenir avec le temps des sociétés civilisées, à mesure qu'ils ont été dégrossis. Mais les Français du XVIIIe siècle sont parvenus à faire *du savoir lui-même* une barbarie et, en ce sens, plus ils seront savants, plus ils seront barbares. Il faut en effet distinguer, dit de Maistre, l' « ignorance barbare » et la « barbarie savante, l'atrocité systématique, la corruption calculée et surtout l'irréligion ». De Maistre paraît entre-

---

1. Le suffrage, pour les États généraux, fut en effet indirect.
2. C'est la thèse de Sieyès, cf. *supra,* p. 477.

voir ce qu'il y a de spécifique dans les dictatures de l'ère moderne :
ce seront des totalitarismes, et non des dictatures traditionnelles,
parce qu'elles mettront au service de l'oppression l'esprit de système
et d'exactitude des sciences et des techniques. Or la raison ne peut
comprendre intégralement la nature et l'histoire ; celles-ci obéissent
à Dieu, qui est inconnaissable. Donc, plus les idéologies politiques se
veulent strictement et uniquement rationnelles, plus elles produisent
des effets anti-naturels, donc monstrueux.

5) *La raison et les préjugés*

L'idée que la raison ne peut adéquatement comprendre la nature
et l'histoire est l'objet de remarquables développements.

Les institutions, dit de Maistre, se font par l'œuvre du temps,
non « par un raisonnement antérieur ». Elles reposent, plus précisément, sur la force des *préjugés*, où les Lumières n'ont vu qu'ignorance et aliénation, mais en lesquels de Maistre voit (dans la ligne de
Hume et surtout de Burke) des constructions historiques pleines de
science infuse, comme les institutions elles-mêmes. Par suite, lorsque
la raison cartésienne, celle qui cherche, sur le modèle mathématique,
des fondements clairs et distincts à tout savoir, récuse les préjugés en
tant que fondements obscurs et confus, bien loin de faire progresser
le savoir, elle le *désorganise*.

« Non seulement la raison humaine, ou ce qu'on appelle la philosophie sans
savoir ce qu'on dit, ne peut suppléer à ces bases qu'on appelle superstitieuses,
toujours sans savoir ce qu'on dit, mais *la philosophie est, au contraire, une puissance
essentiellement désorganisatrice* » (p. 110).

Les savoirs obscurs auxquels, moins qu'à n'importe quels autres,
la philosophie abstraite ne peut suppléer sont ceux qui commandent
la vie *sociale*. « La philosophie ayant rongé le ciment qui unissait les
hommes, il n'y a plus d'agrégations morales » (p. 116). L'effet pervers par excellence de la philosophie est d'avoir dissous toute communauté, d'avoir produit un homme-atome, juxtaposé aux autres
dans une mécanique sans *vie*.

« [La Révolution française] ne *vit* pas. Quel appareil immense ! Quelle multiplicité de ressorts et de rouages ! Quel fracas de pièces qui se heurtent ! Quelle
énorme quantité d'hommes employés à réparer les dommages ! Tout annonce
que la nature n'est pour rien dans ces mouvements ; car le premier caractère de
ses créations, c'est la puissance jointe à l'économie des moyens : tout étant à sa
place, il n'y a point de secoussses, point d'ondulations. Tous les frottements
étant doux, il n'y a point de bruit, et ce silence est auguste. C'est ainsi que, dans
la mécanique physique, la pondération parfaite, l'équilibre et la symétrie exacte
des parties font que de la célérité même du mouvement résultent pour l'œil
satisfait les apparences du repos » (p. 128).

Alors que le bruit et la fureur de la Révolution témoignent par eux-mêmes de la violence qu'on a faite à la société. Cette violence a consisté à lui imposer les produits des raisonnements des réformateurs. Or « on ne raisonne que trop en France, et le raisonnement en bannit la raison » (p. 151). Le goût français pour les abstractions est « désorganisateur », destructeur. Par exemple l'usage immodéré du concept abstrait de « liberté » a abouti à détruire la liberté, car la liberté n'est pas un *absolu,* elle est susceptible du *plus* et du *moins* (p. 141). En en faisant un absolu, en refusant qu'elle soit mise en situation concrète, pondérée, on la tue, on la transforme en son contraire[1].

6) *Théorie de la constitution naturelle*[2]

Les révolutionnaires ont commis deux erreurs au sujet de la souveraineté :

(1) Ils ont cru qu'il n'y avait pas de constitution en France parce qu'il n'y avait pas de constitution *écrite* et *solennellement proclamée* comme en Amérique. Or il y en avait une, même si elle était largement implicite. Ils l'ont détruite, et de ce fait le pays ne peut plus fonctionner, il ne peut plus *vivre.*

---

1. La critique que fait de Maistre de la raison abstraite rejoint apparemment celle des libéraux anglais, de Coke à Burke en passant par Mandeville, Hume, Ferguson et Smith. Il y a cependant une nette différence d'accent entre les critiques libérales et de droite du rationalisme. Les libéraux tentent de traiter *scientifiquement* le problème des limites de la science. Ils entendent faire progresser la raison humaine en lui montrant qu'elle ne peut pas tout atteindre frontalement, et qu'elle doit donc procéder indirectement. Par exemple, l'agriculteur doit utiliser des techniques régulatrices au lieu de techniques fabricatrices. Il ne fabrique pas ses plantes, mais il apprend par expérience à les bien cultiver. Ce savoir, qui ne relève pas des « sciences exactes » (mécanistes et accessibles à un traitement quantitatif), n'en est pas moins un savoir vrai et parfaitement « rationnel », au sens où il est le meilleur accessible, tout bien pesé. De même, le gouvernant, qui doit renoncer à « fabriquer » démiurgiquement une société, peut la « cultiver », c'est-à-dire agir sur elle par l'intermédiaire des règles juridiques et des institutions. Il n'en sera pas moins « rationaliste » pour cela. C'est cette forme de rationalisme que préconisent les libéraux. Au contraire, de Maistre, dès lors qu'il voit que la raison des philosophes échoue manifestement à construire la société comme un artefact et qu'elle produit, si elle passe outre, des catastrophes et des malheurs sociaux sans précédent, en conclut que c'est la raison elle-même qui doit être condamnée. Il ne lui reste plus, dès lors, qu'à se jeter dans les bras de la Providence et à se livrer à la mystique. Cela le place d'ailleurs dans une position paradoxale. Comment prétendre construire une science sociale et une doctrine politique solides tout en professant une défiance de principe à l'endroit du savoir et de la raison ? Cette tension se retrouvera souvent dans la tradition de droite des XIXe et XXe siècles, où seront nombreux les intellectuels anti-intellectualistes.

2. Dans les chapitres VI et VII des *Considérations sur la France,* Joseph de Maistre résume l'étude sur la souveraineté qu'il vient d'écrire, et dont il développera les thèmes dans *Principe générateur des constitutions politiques* (1815).

(2) Ils ont cru qu'ils pouvaient fabriquer artificiellement une nouvelle constitution, par une démarche purement intellectuelle et abstraite. Mais une telle entreprise est impossible, pour des raisons épistémologiques[1] fondamentales.

« L'homme peut tout modifier dans la sphère de son activité, mais il ne crée rien : telle est sa loi, au physique comme au moral. L'homme peut sans doute planter un pépin, élever un arbre, le perfectionner par la greffe, et le tailler en cent manières ; mais jamais il ne s'est figuré qu'il avait le pouvoir de *faire* un arbre. Comment s'est-il imaginé qu'il avait celui de faire une constitution ? » (p. 119). « La philosophie moderne est tout à la fois trop matérielle et trop présomptueuse pour apercevoir les véritables ressorts du monde politique. Une de ses folies est de croire qu'une assemblée peut constituer une nation ; qu'une constitution, c'est-à-dire l'ensemble des lois fondamentales qui conviennent à une nation, et qui doivent lui donner telle ou telle forme de gouvernement, est un ouvrage comme un autre qui n'exige que de l'esprit, des connaissances et de l'exercice ; qu'on peut apprendre son métier de constituant, et que des hommes, le jour qu'ils y pensent, peuvent dire à d'autres hommes : faites-nous un gouvernement, comme on dit à un ouvrier : faites-nous une pompe à feu ou un métier à bas. Cependant, il est une vérité aussi certaine, dans son genre, qu'une proposition de mathématiques ; c'est que *nulle grande institution ne résulte d'une délibération,* et que les ouvrages humains sont fragiles en proportion du nombre d'hommes qui s'en mêlent, et de l'appareil de science et de raisonnement qu'on y emploie *a priori* » (p. 121).

En réalité, « les droits des peuples ne sont jamais écrits, ou du moins les droits constitutifs ou les lois fondamentales écrites ne sont jamais que *des titres déclaratoires de droits antérieurs* » *(ibid.).* Ces déclarations ou explicitations sont d'ailleurs toujours incomplètes.

« Il s'en faut de beaucoup que tout ce qui peut être écrit le soit ; il y a même toujours dans chaque constitution quelque chose qui ne peut être écrit, *et qu'il faut laisser dans un nuage sombre et vénérable,* sous peine de renverser l'État » (p. 120).

Bien plus : plus la constitution est explicitée, plus elle est fragile. Car

« les droits ne sont déclarés que lorsqu'ils sont attaqués ; en sorte que la multiplicité des lois constitutionnelles écrites ne prouve que la multiplicité des chocs et le danger d'une destruction » *(ibid.).*

Corollaire : lorsqu'il arrive que les hommes jouent un rôle dans l'élaboration des lois et dans la construction des institutions, ce ne peut être qu'un rôle d'*auxiliaire,* de *révélateur* d'une « nature

---

1. De Maistre n'emploie pas ce mot, mais il parle bien de la chose ; il est largement tributaire, dans cette partie de son argumentation, des *Réflexions sur la Révolution française* de Burke.

des choses », non de créateur. « Dans la formation des constitutions, les circonstances font tout, et les hommes ne sont que des
circonstances. »

Autre corollaire : les lois explicites ne faisant que constater ce qui
existe déjà, aucune législation ne peut créer ce qui n'existe pas et, en
particulier,

« nulle nation ne peut se donner la liberté si elle ne l'a pas. Lorsqu'elle commence à réfléchir sur elle-même, ses lois sont faites. L'influence humaine ne
s'étend pas au-delà du développement des droits existants, mais qui étaient
méconnus ou contestés. Si les imprudents franchissent ces limites par des réformes téméraires, la nation perd ce qu'elle avait, sans atteindre ce qu'elle veut. De
là résulte la nécessité de n'innover que très rarement, et toujours avec mesure et
tremblement » (p. 121).

« Jamais il n'exista de nation libre qui n'eût dans sa constitution naturelle
des germes de liberté aussi anciens qu'elle ; et jamais nation ne tenta efficacement de développer, par ses lois fondamentales écrites, d'autres droits que ceux
qui existaient dans sa constitution *naturelle* » (p. 122, n.s.).

Ce qui peut arriver, c'est que « la Providence » décrète « la formation plus rapide d'une constitution politique ». Il paraît alors « un
homme revêtu d'une puissance indéfinissable : il parle, et il se fait
obéir ». « Voici le caractère distinctif de ces législateurs par excellence : ils sont rois, ou éminemment nobles. À cet égard, il ne peut y
avoir aucune exception » *(ibid.).*

De Maistre a besoin de croire qu'il y a des hommes faits d'une autre étoffe,
des « rois sacrés » ou des « hommes providentiels » ; dès lors, en effet, que
l'histoire échappe à la raison utilitariste et calculatrice, il faut bien que les hommes qui font l'histoire soient eux-mêmes « divins ».

Et encore, ces hommes supérieurs ne font que « rassembler des
éléments préexistants dans les coutumes et le caractère des peuples »
et se comportent comme des « auxiliaires » de la divinité. « La politique et la religion se fondent ensemble : on distingue à peine le
législateur du prêtre ; et ses institutions publiques consistent principalement en cérémonies et vacations religieuses » *(ibid.)*[1]. C'est
pourquoi ils ne sont pas des *savants*. « Ils n'écrivent point, ils agissent
par *instinct* et par *impulsion* plus que par raison, ils n'ont d'autre instrument pour agir qu'une certaine force morale qui plie les volontés
comme le vent courbe une moisson. » Donc « il y a entre la politique théorique et la législation constituante la même différence qui
existe entre la poétique et la poésie ». D'un homme ordinaire, on ne
saurait dire s'il sera ou non un législateur, dans des circonstances his-

1. Les modèles sont donc Moïse, Zoroastre, Mahomet...

toriques appropriées. « Mais s'agit-il de Bacon, de Locke, de Montesquieu, etc., dites *non,* sans balancer ; car *le talent qu'il a prouve qu'il n'a pas l'autre* » (p. 123)[1].

7) *Fragilité de la situation créée par la Révolution*

Compte tenu des conditions épistémologiques de la production des constitutions, la Révolution, renversement brutal de la constitution existante, fut une fatale *imprudence.*

« Une constitution écrite telle que celle qui régit aujourd'hui les Français n'est qu'un *automate,* qui ne possède que les formes *extérieures* de la vie » (p. 129).

Du fait de la Révolution,

« il n'y a plus de souveraineté en France. Tout est *factice,* tout est *violent,* tout annonce qu'un tel ordre de choses ne peut durer » (p. 121).

Ainsi bâti sur du sable, le nouveau régime français est fondamentalement fragile.

« On croit ce gouvernement *fort* parce qu'il est *violent* ; mais la force diffère de la violence autant que de la faiblesse. La Nation française ne veut point ce gouvernement. Elle le souffre. »

En revanche, à la différence de Bonald, de Maistre se refuse à juger la République américaine, « enfant en maillot » qu'il faut laisser grandir. Les Américains ne sont d'ailleurs pas, comme les Français, des révolutionnaires au sens propre, c'est-à-dire des destructeurs qui font « table rase ». Ils se sont révoltés contre l'Angleterre, certes, mais, sur le plan social, ils n'ont rien détruit, ils ont bâti au contraire à partir d'éléments démocratiques arrivés dès le début de la colonisation. D'ailleurs tout ce qu'ils ont fait d'artificiel sera un échec, comme la création *ex nihilo* de la ville de Washington (cf. p. 133).

---

1. Idées « prébergsoniennes ». En tout cas, Bergson analysera avec rigueur ce rôle de *l'intuition* dans la perception des phénomènes complexes de la morale et de l'histoire, et fera (dans *Les Deux Sources de la morale et de la religion*) la théorie du pouvoir paradoxal du « héros moral ». Ce héros est puissant non par sa propre force, mais par la force des foules auxquelles il révèle ce qu'elles soupçonnaient sans arriver à le discerner et dont il libère ainsi les énergies. Il a donc une force uniquement spirituelle, mais qui « soulève des montagnes » – même lorsqu'il s'agit d'une femme chétive comme sainte Thérèse d'Avila. Le législateur maistrien agit de même. Robespierre et Saint-Just représentent le type opposé d'êtres humains.

II – UNE PHILOSOPHIE DE L'HISTOIRE

De Maistre élargit son propos jusqu'à formuler une véritable philosophie de l'Histoire.

1) *Théorie des « effets pervers »*

Après Mandeville et Ferguson, mais avant Hegel (la « ruse de la raison ») et les sociologues modernes (les « effets pervers »), il souligne les limites et des paradoxes de l'action humaine dans l'histoire et la société. Les hommes créent les institutions « sans savoir ce qu'ils font ».

« Il faudrait être bien incapable de pénétrer ce que Bacon appelait *interiora rerum* [l'intérieur des choses], pour imaginer que les hommes ont pu s'élever par un raisonnement antérieur à de pareilles institutions, et qu'elles peuvent être le fruit d'une délibération. » La séparation des pouvoirs en Angleterre fut créée après la bataille de Lewes[1] par « un soldat ambitieux » qui voulait seulement « satisfaire ses ambitions particulières » et « ne savait pas ce qu'il faisait » (p. 100). « Assez couramment, c'est en courant à un certain but que [les hommes] en obtiennent un autre » (p. 120). « On peut remarquer une *affectation* de la Providence (qu'on me permette cette expression), c'est que les efforts du peuple pour atteindre un objet sont précisément le moyen qu'elle emploie pour l'en éloigner. [...] Tous les hommes qui ont écrit ou médité l'histoire ont admiré cette force secrète qui se joue des conseils humains » (p. 156).

Les forces qui ont voulu et fait la Révolution française « ont voulu l'avilissement, la destruction même du Christianisme universel et de la Monarchie : *d'où il suit que* tous leurs efforts n'aboutiront qu'à l'exaltation du Christianisme et de la Monarchie » *(ibid.)*[2].

Les hommes ne savent pas ce qu'ils font. De Maistre est sensible au phénomène d'entraînement mimétique qui, lors des grandes crises

1. Bataille où Simon V de Montfort (le fils du Simon IV de la croisade contre les Albigeois) et les barons révoltés vainquirent le roi d'Angleterre Henri III (1264), le forçant à appliquer les « provisions d'Oxford » qui limitaient le pouvoir royal.
2. De Maistre effectue un téméraire « passage à la limite ». Qu'il existe des « effets pervers », ou encore, comme disent les sociologues, « contre-productifs » (on obtient le résultat inverse de ce qu'on recherchait), ne peut être retourné en *loi*. Sinon, pour obtenir un certain résultat, il suffirait de poursuivre systématiquement le résultat inverse. En réalité, l'action des révolutionnaires a bel et bien abouti (plus tard, certes, qu'ils ne le croyaient, et par les voies largement erratiques, autres que celles qu'ils avaient délibérément empruntées) à l'instauration de régimes démocratiques, et à une sérieuse, voire irrémédiable, déchristianisation de la société européenne, singulièrement en France où la lutte antichrétienne fut la plus virulente et la plus prolongée.

historiques, fait que les hommes adhèrent à des thèses ou adoptent des conduites qui leur apparaîtront rétrospectivement comme des folies.

« Les soixante-dix juges de Charles Ier [d'Angleterre][1] étaient bien plus maîtres d'eux-mêmes que les juges de Louis XVI. Il y eut certainement parmi ceux-ci des coupables bien délibérés qu'il est impossible de détester assez ; mais ces grands coupables avaient eu l'art d'exciter une telle terreur, ils avaient fait sur les esprits moins vigoureux une telle impression, que plusieurs députés, je n'en doute nullement, *furent privés d'une partie de leur libre arbitre.* Il est difficile de se former une idée nette du *délire indéfinissable et surnaturel* qui s'empara de l'assemblée à l'époque du jugement de Louis XVI. Je suis persuadé que plusieurs des coupables, en se rappelant cette funeste époque, croient avoir fait un mauvais rêve ; qu'ils sont tentés de douter de ce qu'ils ont fait, et qu'ils s'expliquent moins à eux-mêmes que nous ne pouvons les expliquer » (p. 174)[2].

De même, en Angleterre, après le rétablissement de la royauté, qui s'était fait tout naturellement, sans aucune violence, tout le monde se frottait les yeux, pour ainsi dire, se demandant comment on avait pu vivre si longtemps sous le régime de Cromwell. D'après Clarendon, « on ne savait plus où était ce peuple qui avait commis tant d'excès et privé pendant si longtemps le roi du bonheur de régner sur d'excellents sujets ».

De ces effets pervers, de Maistre donne naturellement une explication théologique. Si le roi d'Angleterre Henri VI a perdu le royaume de France à cause d'une « servante de cabaret » (Jeanne d'Arc), c'est qu'il plaît à Dieu de « choisir ce qu'il y a de plus faible pour confondre ce qu'il y a de plus fort ». Si les dirigeants républicains actuels de la France vont nécessairement à l'échec, c'est qu'ils ne sont qu'une illustration particulière de cette vérité générale qu'énonce l'Écriture, que les puissants de ce monde sont, devant Dieu, « comme s'ils n'étaient pas », ils sont comme une « paille » qu'un « souffle » emporte, de faux sages que Dieu humilie pour mieux les sauver.

Ayant cette vision de la *folie* de la foule, de Maistre donne à penser que les évangélistes et saint Paul, en mettant en évidence la *folie* de l'histoire, étaient surtout d'excellents sociologues, en avance sur leur temps, de meilleurs sociologues que les naïfs Grecs croyant en la rationalité et à la régularité du monde.

---

1. Condamné à mort et décapité en 1649 lors de la première révolution anglaise. De Maistre établit un parallèle strict entre les deux révolutions, leurs causes, leur déroulement, l'attitude du roi, celle de ses bourreaux, le dénouement.
2. Hannah Arendt, curieusement, retrouvera cette idée quand elle essaiera de caractériser le « délire » engendré par les systèmes totalitaires, dont les Allemands, par exemple, se sont réveillés comme d'un mauvais rêve après la chute du nazisme (cf. *infra,* p. 1357).

2) *Le rôle social du sacré*

De Maistre voit quelque chose de divin dans les préjugés moraux qui sont à la base du lien social. D'où la thèse : « Les idées religieuses forment, vraies ou fausses, la base unique de toutes les institutions durables » (p. 110).

« Je supplie tout lecteur attentif de vouloir bien regarder autour de lui : jusque dans les moindres objets, il trouvera la démonstration de ces grandes vérités. Il n'est pas nécessaire de remonter au *fils d'Ismaël,* à Lycurgue, à Numa[1], à Moïse, dont les législations furent toutes religieuses ; une fête populaire, une danse rustique suffisent à l'observateur. Il verra dans quelques pays protestants certains rassemblements, certaines réjouissances populaires qui n'ont plus de causes apparentes, et qui tiennent à des usages catholiques absolument oubliés. Ces sortes de fêtes n'ont en elles-mêmes rien de moral, rien de respectable : n'importe ; elles tiennent, quoique de très loin, à des idées religieuses ; c'en est assez pour les perpétuer. Trois siècles n'ont pu les faire oublier.

« Mais vous, maîtres de la terre ! Princes, Rois, Empereurs, puissantes Majestés, invincibles Conquérants ! Essayez seulement d'amener le peuple un tel jour de chaque année, dans un endroit marqué, POUR Y DANSER. Je vous demande peu, mais j'ose vous donner le défi solennel d'y réussir, tandis que le plus humble missionnaire y parviendra, et se fera obéir deux mille ans après sa mort. Chaque année, au nom de *saint* Jean, de *saint* Martin, de *saint* Benoît, etc., le peuple se rassemble autour d'un temple rustique : il arrive, animé d'une allégresse bruyante et cependant innocente. La religion sanctifie la joie, et la joie embellit la religion : il oublie ses peines ; il pense, en se retirant, au plaisir qu'il aura l'année suivante au même jour, et ce jour pour lui est une date.

« À côté de ce tableau, placez celui des maîtres de la France, qu'une révolution inouïe a revêtus de tous les pouvoirs et qui ne peuvent réaliser une simple fête » (p. 112-113).

En effet, le calendrier révolutionnaire qui, outre son « ridicule » propre, dit de Maistre, a été délibérément inventé pour imposer au pays le remplacement du christianisme par la religion de la république, ne « prendra » jamais et finira par être abandonné[2].

---

1. Numa Pompilius, roi de Rome. On voit que de Maistre met à peu près sur le même plan le sacré chrétien et païen. « Il n'est point de système religieux entièrement faux » (p. 162).
2. Si rien de ce qui n'est pas sacré ne peut durer, inversement, ajoute de Maistre, tout ce qui dure manifeste une nature sacrée. Le succès du christianisme en Europe, c'est-à-dire dans la partie la plus éclairée du monde, depuis dix-huit siècles, prouve sa vérité. « Le christianisme a été prêché par des ignorants, et cru par des savants, c'est en quoi il ne ressemble à rien de connu. »

3) *Les inégalités conformes à l'ordre providentiel*

Parmi ces réalités divines qui sont constitutives de l'ordre social, l'*inégalité*. Il est profondément vrai que certains 'hommes sont faits d'une étoffe différente des autres, peuvent seuls exercer les fonctions sociales éminentes et ne peuvent être ramenés à l'aune commune sans que l'ordre social soit irrémédiablement compromis. De Maistre est donc fort éloigné de l'idéal civique d'égalité de l'Antiquité ress-suscité par les penseurs modernes.

Et le peuple le sait bien. Les Français, sous la Révolution, ne peuvent qu'éprouver une sorte de dégoût à l'idée que leurs députés se nomment « législateurs », dégoût ou recul « à peu près semblable à celui qu'ils éprouvaient lorsque, sous l'Ancien Régime, ils voulaient bien appeler *comte* ou *marquis* le fils d'un secrétaire du roi » (p. 130). Car « tout honneur vient de Dieu, dit le vieil Homère... Il ne dépend pas de l'homme de communiquer ce caractère indéfinissable qu'on appelle dignité » *(ibid.).*

Or, étant donné qu'on respecte les nobles et les positions sociales anciennement établies, il en résulte que les titulaires de ces dignités les tiennent de Dieu, et que c'est Dieu qui, dans son plan providentiel, a établi les uns nobles, les autres roturiers. La République, qui a nommé généraux des hommes du rang, a fait une chose antinaturelle et qui, au fond, ne tient pas, ne peut être prise au sérieux. C'est pourquoi, quand reviendra le roi, les officiers républicains « qui ne jouissent d'aucune considération et qui le sentent très bien, quoi qu'on dise », espéreront un retour à la normale, c'est-à-dire une situation où ils redeviendront officiers « des armées de Sa Majesté *Très Chrétienne,* brillant de signes honorifiques, et regardant du haut de leur grandeur ces hommes qui les mandaient naguère à la barre de la municipalité » (p. 156).

« Il n'y a pas plus de hasard sur ce point que sur d'autres : il y a des familles nobles comme il y a des familles souveraines. [...] Il n'a jamais existé de famille souveraine dont on puisse assigner l'origine plébéienne : si ce phénomène paraissait, ce serait une époque du monde » (p. 178-179)[1].

En d'autres termes, la noblesse, comme la condition roturière, sont éternelles. Point de contact entre elles. Ce sont bien deux « étoffes »[2].

---

1. Si la constitution de Solon ne fut pas durable, dit de Maistre, c'est que Solon était un homme du peuple (p.121). Nous retrouverons des affirmations similaires chez Maurras.
2. C'est de les avoir mélangées, par la multiplication des nobles de robe, qui sont des roturiers à qui le roi a simplement vendu un titre, qu'a résulté la dégradation morale de la noblesse française, « cause principale » de la Révolution.

Cependant, la pensée de De Maistre est nuancée. Il est pour une société hiérarchique, mais non pour une société absolument immobile. Là encore, la norme est la nature, qui distribue inégalement les talents et les mérites ; or il faut que le droit positif ne fasse pas obstacle à ce que chaque talent rejoigne la place sociale qui lui est due (c'était la position de Platon, et ce sera celle de Maurras ; ailleurs, de Maistre dira que le roi doit annoblir les talents qui s'affirment d'eux-mêmes dans la société)[1].

« Il y a trop de mouvement dans l'État, et pas assez de subordination, lorsque *tous* peuvent prétendre à *tout*. L'ordre exige qu'en général les emplois soient gradués comme l'état des citoyens, et que les talents, et quelquefois même la simple protection, abaissent les barrières qui séparent les différentes classes. De cette manière, il y a émulation sans humiliation, et mouvement sans destruction ; la distinction attachée à un emploi n'est même produite, comme le mot le dit, que par la difficulté plus ou moins grande d'y parvenir. Si l'on objecte que ces distinctions sont mauvaises, on change l'état de la question ; mais je dis : si vos emplois n'élèvent point ceux qui les possèdent, ne vous vantez pas de les donner à tout le monde ; car vous ne donnerez rien. Si, au contraire, les emplois sont et doivent être des distinctions, je répète ce qu'aucun homme de bonne foi ne pourra me nier, que la monarchie est le gouvernement qui, par ses seules charges, et indépendamment de la noblesse, distingue un plus grand nombre d'hommes du reste de leurs concitoyens » (p. 167).

4) *L'antihumanisme*

La constitution vraie d'un pays est faite par son histoire, or cette histoire est singulière ; la constitution d'un pays correspond donc à ce qu'il a de *propre*. Les révolutionnaires français ont nié ce fait.

« La Constitution de 1795, tout comme ses aînées, est faite pour l'*homme*. Or il n'y a point d'*homme* dans le monde. J'ai vu, dans ma vie, des Français, des Italiens, des Russes, etc. ; je sais même, grâce à Montesquieu, qu'*on peut être Persan :* mais quant à l'*homme,* je déclare ne l'avoir rencontré de ma vie ; s'il existe, c'est bien à mon insu » (p. 123-124).

On peut stigmatiser dans cette position de Maistre l'anti-universalisme, l'antikantisme et l'antihumanisme qui conduiront au nationalisme (nous avons rencontré les mêmes tendances chez Bonald et les rencontrerons chez Fichte). Montesquieu a parlé, lui aussi, de l' « esprit général d'une nation »[2] et souligné que n'importe quelle législation ne peut convenir à n'importe quel peuple. Il est vrai que la position de Maistre n'est pas qu'il n'y a pas une unique humanité et une unique histoire ; son christianisme militant est à l'évidence une autre sorte d'universalisme (et d'huma-

1. Rappelons que de Maistre lui-même était fils d'un annobli.
2. De Maistre se réfère d'ailleurs explicitement à Montesquieu (p. 124).

nisme, et de moralisme), comme il sera manifeste dans le livre *Du Pape,* manifeste de l'antinationalisme. De Maistre attaque seulement ici l'universalisme *abstrait* de la « philosophie ». On n'en a pas moins ici une source de malentendus et d'oppositions larvées ou ouvertes entre la droite et la tradition démocratique et libérale.

III — LA CONTRE-RÉVOLUTION COMME « RETOUR AU NATUREL »

« L'enthousiasme et le fanatisme ne sont pas des états durables » (p. 154). Donc la révolution aura une fin. Comment ? *Pas par un coup de force.*

Il y a en effet une fondamentale dissymétrie entre révolution et restauration. La révolution est la rupture de l'ordre naturel. La restauration est son retour. Elle se fera donc spontanément. Il n'y pas symétrie entre la droite et la gauche ; pas d' « alternance », pas même de « débat » à armes égales : de Maistre se refuse à envisager cette vision démocratique, dialectique, des choses. La position de droite étant naturelle, elle s'impose par elle-même.

« On s'est accoutumé à donner le nom de contre-révolution au mouvement quelconque qui doit tuer la révolution ; et parce que ce mouvement sera contraire à l'autre, on en conclut qu'il sera du même genre ; il faudrait conclure tout le contraire. Se persuaderait-on, par hasard, que le retour de la maladie à la santé est aussi pénible que le passage de la santé à la maladie ? Et que la monarchie, renversée par des monstres, doit être rétablie par leurs semblables ? » (p. 159).

La contre-révolution sera pacifique, alors que la révolution était violente, et il est sophistique de supposer que les royalistes « se vengeront » (qu'il y aura épuration, etc.) ; cela supposerait une symétrie qui n'est pas.

« On se laisse toujours éblouir par le même sophisme : un parti a sévi lorsqu'il était dominateur ; donc le parti contraire sévira lorsqu'il dominera à son tour. Rien n'est plus faux. [...] Ce sophisme suppose qu'il y a de part et d'autre la même somme de vices ; ce qui n'est pas assurément »[1] (p. 181). « Le rétablissement de la monarchie, qu'on appelle *contre-révolution,* ne sera point une *révolution contraire,* mais le *contraire de la révolution* » (p. 184).

Le peuple français ne décrétera pas plus la restauration qu'il n'a décrété la révolution. Les choses naturelles se font toutes seules

---

1. On se souvient de Cicéron : le parti sénatorial est celui des *boni.* Les *populares* sont des gens moralement inférieurs.

(p. 153). Mais, là encore, ce type de phénomène relevant de la nature, de la constitution intime du peuple, il échappera à la raison et à la volonté humaines. Il y aura en lui quelque chose d'inattendu et de « divin ».

De Maistre illustre cette idée par un conte. Il imagine comment reviendra le roi.

> « Un courrier arrivé à Bordeaux, à Nantes, à Lyon, etc., apporte la nouvelle que *le roi est reconnu à Paris ; qu'une faction quelconque* (qu'on nomme ou qu'on ne nomme pas), *s'est emparée de l'autorité, et a déclaré qu'elle ne la possède qu'au nom du roi : qu'on a dépêché un courrier au souverain, qui est attendu incessamment, et que de toutes parts on arbore la cocarde blanche*. La renommée s'empare de ces nouvelles et les charge de mille circonstances imposantes. Que fera-t-on ? Pour donner plus beau jeu à la république, je lui accorde la majorité, et même un corps de troupes républicaines. Ces troupes prendront peut-être, dans le premier moment, une attitude mutine ; mais ce jour-là même elles voudront dîner, et commenceront à se détacher de la puissance qui ne paie plus. [...] Il faut donc attendre : on attend ; mais le lendemain, on reçoit l'avis qu'une telle ville de guerre a ouvert ses portes ; raison de plus pour ne rien précipiter. Bientôt on apprend que la nouvelle était fausse ; mais deux autres villes, qui l'ont crue vraie, ont donné l'exemple, en croyant le recevoir : elles viennent de se soumettre, et déterminent la première qui n'y songeait pas. Le gouverneur de cette place a présenté au roi les clefs de *sa bonne ville de...* C'est le premier officier qui a eu l'honneur de le recevoir dans une citadelle de son royaume. Le roi l'a créé, sur la porte, maréchal de France ; un brevet immortel a couvert son écusson de *fleurs de lis sans nombre ;* son nom est à jamais le plus beau de la France. À chaque minute, le mouvement royaliste se renforce ; bientôt il devient irrésistible. VIVE LE ROI ! s'écrient l'amour et la fidélité, au comble de la joie : VIVE LE ROI ! répond l'hypocrite républicain, au comble de la terreur. Qu'importe ? Il n'y a qu'un cri. – Et le roi est sacré » (p. 154-156).

C'est à Bordeaux que débarquera en 1814 le comte d'Artois, préparant le retour de Louis XVIII venant de Gand. Et les choses se passeront à peu près exactement en 1814 comme Joseph de Maistre le prophétisait en 1796. D'où la célébrité *a posteriori* des *Considérations*.

En conclusion, la pensée de De Maistre, comme celle de Bonald, est conduite par une intuition fondamentale : il existe un ordre naturel, transcendant à l'homme, intangible, dont la vie individuelle et sociale doit être comme un décalque si elle doit être viable. Tout ce qui est produit par l'intelligence seule, ou par l'histoire seule, n'est, par rapport à cet ordre naturel, que désordre, donc malheur, crime, mort. Cet ordre naturel a toujours existé et existera toujours ; qu'on le désorganise par mille vicissitudes, il s'imposera à nouveau comme un navire qui reprend son équilibre après chaque rafale. Il n'y a rien de nouveau sous le soleil ; ce qui est nouveau est mauvais. Cette intuition ou paradigme définit la pensée profonde des droites depuis l'époque des « théocrates » jusqu'à aujourd'hui.

Chapitre 4

Les droites en France
au XIXe siècle

Dans son livre *Les droites en France*[1], René Rémond a proposé de distinguer, dans la droite française, trois familles : la droite traditionaliste, l'orléanisme, le bonapartisme. Bien que chacune ait en propre un système de pensée, un tempérament, une clientèle, elles formeraient toutes ensemble « la droite » ou « les droites », face au camp de « la gauche ». Nous pensons que cette classification n'est pas entièrement satisfaisante[2]. Elle comporte en effet, selon nous, plusieurs défauts : elle situe à « droite » une tradition, l'orléanisme, dont la pensée relève à l'évidence des modèles démocratiques et libéraux, et qui d'ailleurs s'alliera très vite aux républicains avant de se convertir au républicanisme ; elle situe également à « droite » une autre tradition politique, le bonapartisme, qui est plutôt un mélange, d'ailleurs complexe, de tradition absolutiste et de jacobinisme ; enfin, elle ne permet pas de bien saisir le statut idéologique d'une famille à laquelle nous consacrerons un développement spécial, la démocratie chrétienne.

René Rémond lui-même reconnaît que ses trois familles de « droite » ont fait, dans la vie politique, des choix différents et souvent même opposés.

— La droite traditionaliste est catholique « intégriste » et cléricale. L'orléanisme, qui est lui aussi, en majorité, catholique, n'est pas clérical, il est partisan du libre examen et souhaite la neutralité religieuse de l'État.

— L'orléanisme est libéral, la droite traditionaliste et le bonapartisme antilibéraux (à des degrés divers).

— La droite bonapartiste est nationaliste, non les deux autres familles.

— Le bonapartisme est violemment opposé à la liberté de l'enseignement. C'est d'ailleurs Napoléon qui a créé ce qui devait s'appeler l'Éducation natio-

---

1. René Rémond, *Les droites en France,* Aubier, 1982 (d'abord paru sous le titre *La droite en France* en 1954).

2. Du moins pour l'historien des idées politiques. René Rémond, qui est historien et « politologue », accorde plus d'attention aux clivages de la vie politique institutionnelle qu'aux clivages proprement idéologiques (sur cette distinction, cf. *supra,* p. 702-704).

nale et son monopole. Le culte de l'État-nation chez les gaullistes comporte comme ingrédient nécessaire une école publique creuset de la nation. Les deux autres familles sont en faveur de l'école libre, mais dans un esprit très différent : les orléanistes par libéralisme, les traditionalistes du fait de leur catholicisme intransigeant.

Si l'analyse de René Rémond peut ainsi donner lieu à des ambiguïtés, elle garde cependant sa valeur en termes de description historique. Les familles qu'il peint prolongent leur existence sur près de deux siècles, conservent leur personnel politique, leurs thèmes de propagande et d'action, leurs clientèles électorales et sociales, renaissent à chaque génération sous un nouvel avatar. Ce sont bien des phénomènes profonds et de longue durée. Nous allons donc, dans ce chapitre, suivre le fil conducteur proposé par René Rémond, en laissant simplement de côté ce qu'il dit de l'orléanisme, qu'on ne doit pas classer à « droite » et dont nous avons parlé ailleurs (cf. *supra*, p. 596 sq.).

I — LA DROITE TRADITIONALISTE

1) *Présentation*

L'origine de cette famille est l'ultraroyalisme, ou opposition de Sa Majesté, en 1815. Il s'agit des hommes qui reprochent à Louis XVIII d'avoir accordé la Charte (c'est-à-dire un régime constitutionnel), tout particulièrement son article 6 qui reconnaît la liberté des cultes. Ils se trouvent être, de ce fait, « plus royalistes que le roi » (d'où l'adverbe « ultra », substantivé en « les ultras » et « ultracisme »). Ces hommes considèrent que la parenthèse révolutionnaire doit être refermée, que la France doit, peut et va redevenir intégralement royaliste et catholique, comme l'a prophétisé Joseph de Maistre. Pour eux, le monde moderne est une anomalie et une déchéance, c'est un monde désenchanté ; il faut revenir à l'enchantement des temps féodaux (largement idéalisés alors par le romantisme). Cette perception est principalement sentimentale et esthétique, presque viscérale ; elle tient peu aux doctrines.

Leurs héritiers cultiveront cette nostalgie tout au long des XIXe et XXe siècles. À plusieurs reprises, dans des situations de catastrophes où ils croiront définitivement engloutis les régimes plus ou moins directement issus de 1789, ils concevront des espoirs fous, auront l'impression qu'un « miracle » va survenir, que la France va « se réveiller royaliste » : il en sera ainsi en 1815, 1848, 1870, et pour quelques-uns encore en 1940. De fait, en 1815, le résultat des élections est inespéré : c'est la « chambre introuvable ». Dix ans plus tard, c'est le sacre de Charles X, triomphe – mais éphémère – de la conception mystique de la royauté.

Néanmoins, les ultras sentent bien qu'ils ne représentent plus une nation unanime. Ils se voient obligés de se constituer en parti politique et d'utiliser à leur corps défendant les armes que le parlementarisme confère aux partis.

2) La doctrine : l'ordre providentiel des « théocrates »

Bien que leur démarche soit plus sentimentale qu'intellectuelle, ils vont faire leur la doctrine élaborée à ce moment par les « théocrates » Maistre et Bonald (auxquels on peut ajouter le premier Lamennais et Chateaubriand). Ils se reconnaîtront encore, plus tard, en Louis Veuillot, Mgr Freppel, Frédéric Le Play, Albert de Mun ou René de La Tour du Pin (lequel complétera la doctrine sur le chapitre économique et social). Le pivot du système est la notion d'*ordre naturel et providentiel*.

Rappelons brièvement ce que nous avons dit plus haut à ce sujet. Il s'agit d'un organicisme opposé à l'artificialisme de la révolution. L'individu est comme une « cellule » du « corps » social. Il n'a de droits que ceux qu'il tient des communautés dont il est membre. Bonald condamne le divorce et sera le rapporteur de la loi de 1816 qui le supprime. La notion de « contrat social » est absurde, c'est un double défi à Dieu et au roi : « Toute constitution est un régicide » (abbé Rauzan). La constitution véritable d'une société est celle qui est produite par l'Histoire (mais une Histoire guidée par la Providence, de sorte qu'elle relève elle-même de l' « ordre naturel voulu par Dieu »). Les rois modèles sont Saint Louis et Henri IV, non les rois absolus qui ont vécu à Versailles. L'ennemi, c'est Richelieu. Les traditionalistes aiment à leur façon la liberté : ils s'opposent au despotisme jacobin/napoléonien ; ils attaquent les institutions du despotisme étatique : la conscription, l'Université, la contralisation administrative. Ils préconisent la restauration de la noblesse non seulement dans ses privilèges, mais dans ses fonctions sociales (lesquelles, pensent-ils, sont un « service », concept où se mêlent la vieille conception chrétienne-augustinienne du pouvoir temporel et la conception féodale). Enfin, les traditionalistes sont, en religion, des « intégristes ». À cet égard, il y a une différence frappante entre Louis XVIII et Charles X : le premier est un aristocrate d'Ancien Régime, influencé, sinon par les idées des Lumières, du moins par la liberté de pensée et de mœurs de son siècle ; le second s'est retrempé, dans l'émigration, à la foi catholique la plus traditionnelle.

3) Le pays ultra : les assises sociales du traditionalisme

Noblesse et clergé sont majoritairement traditionalistes ; mais ils sont une poignée. Les ultras ont-ils d'autres assises sociales dans la nation ? Ils se flattent d'avoir des appuis dans les profondeurs des classes populaires. Villèle, président du Conseil sous Louis XVIII et

Charles X, défendra une loi électorale presque démocratique dans l'idée de prendre à revers la classe moyenne et de réduire sa force électorale.

On n'a pas de statistiques précises, mais on sait que les traditionalistes sont forts dans les deux midis : d'une part Marseille, Aix, Avignon, Arles et les Alpes (et Lyon dans une certaine mesure), d'autre part une ligne Bordeaux-Toulouse-Montpellier ; également dans l'Ouest (Bretagne et Vendée). Ailleurs, il y a des îlots de royalisme cernés par le jacobinisme et le libéralisme.

4) La famille « traditionaliste » aux XIXᵉ-XXᵉ siècles

Après la période de l'ultracisme proprement dit, de 1815 à 1830, qui voit le traditionalisme se constituer en parti, la famille traditionaliste prend successivement plusieurs figures :

— de 1830 à 1848, un parti au sens propre, le *légitimisme*.

La famille traditionaliste est déjà dans l'opposition : c'est une « deuxième émigration », une émigration de l'intérieur. On interdit le serment de fidélité à l'usurpateur Louis-Philippe. On revient à la vie rurale, on se retire dans ses châteaux, on s'intéresse à ses paysans. Et l'on nourrit une aigreur sans fin contre le monde moderne, contre Paris, plus tard contre la république. On constitue une « culture d'opposition », délibérément marginale et révoltée.

— de 1848 à 1851, le *parti de l'ordre*.

Aux élections d'avril 1848, puis de mai 1849, les légitimistes ont de nombreux élus. Ils sont alliés avec les orléanistes dans le « parti de l'ordre ».

— de 1871 à 1877, l'*ordre moral*.

La Chambre, élue en février 1871, qui se réunit à Bordeaux, compte 400 députés royalistes, dont plus de 200 de haute noblesse. Les légitimistes participent au gouvernement. L'expérience se termine avec l'échec du « coup d'État » de Mac-Mahon (16 mai 1877). Ensuite les légitimistes perdent leur prétendant avec la mort du comte de Chambord, petit-fils de Charles X (1883). La tentative de constitution d'un parti catholique par Albert de Mun en 1885, après des succès royalistes aux élections, échoue. En 1889, après l'échec du coup d'État boulangiste, les républicains triomphent définitivement. Du coup, la droite traditionaliste, devenue minoritaire, change d'attitude. Tandis que les républicains au pouvoir sont « conservateurs » (selon le mot d'ordre donné dès 1871 par Thiers) et rallient à eux la masse paysanne conservatrice, c'est la droite qui tend à se comporter désormais en force révolutionnaire et insurrectionnelle : elle en appelle au « pays réel » contre le « pays légal ». À la Chambre des députés, les groupes royalistes voient fondre peu à peu leurs effectifs. En 1919, il y aura bien une majorité de droite, le « Bloc national. » Mais elle sera républicaine. Le mot d'ordre de « ralliement » (à la République) lancé par le cardinal Lavigerie à Alger en 1890 à l'instigation de Léon XIII aura porté ses fruits. La droite extrême est définitivement marginalisée en France. Elle n'a pas cessé d'exister pour autant.

— de 1900 à 1940, elle prend la forme d'un mouvement d'idées, l'*Action française.*

À ce mouvement se rallient la quasi-totalité des opposants de droite à la République. On peut cependant estimer que l'Action française constitue une évolution notable par rapport à la vieille droite chrétienne d'Albert de Mun et de René de La Tour du Pin. Cette vieille droite est *traditionaliste* alors que l'Action française est *révolutionnaire* ; *chrétienne* alors que Maurras se veut attaché à un prétendu « classicisme » gréco-romain qui confine au paganisme pur ; partisane des *communautés naturelles,* du primat de la *vie sociale* sur la vie *politique,* alors que l'Action française mise tout sur l'État et proclame : « Politique d'abord ». Nous aurons à analyser ce glissement.

— pendant les années 1930, une constellation de groupuscules politiques, les *Ligues* ;
— de 1940 à 1944, une ultime et éphémère expérience politique, le *régime de Vichy* ;
— dans les années récentes, des phénomènes sporadiques, la partie extrémiste du mouvement en faveur de l'*Algérie française,* l'*intégrisme catholique*[1].

5) *Le ministère de la Parole*

Des grandes familles de la droite distinguées par René Rémond, la seule à n'avoir presque jamais gouverné la France, au-delà de la Restauration, est la famille traditionaliste. On peut estimer qu'elle n'en a eu que plus d'importance sur le plan idéologique.

Lorsqu'un parti est placé hors des responsabilités gouvernementales et dispensé de recueillir un consensus et de nouer des alliances, il est réduit au « ministère de la Parole ». Il peut être porteur d'un message d'autant plus pur,

---

1. René Rémond suggère qu'il faudrait ajouter à cette liste l'ultime avatar de la « nouvelle droite » (mouvement d'extrême droite des années 1970, cristallisé autour des revues *Éléments* et *Nouvelle École*). Cette assimilation nous paraît hasardeuse. L'inspiration profonde de ce mouvement est athée ou néo-païenne; la doctrine politique n'est plus royaliste. Ce mouvement intellectuel, d'ailleurs extrêmement marginal, se rattache plutôt à des sources allemandes racistes de l'entre-deux-guerres. Quant au Front national, qui n'existait pas au moment de la parution de la seconde édition du livre de René Rémond, il a rassemblé assurément nombre de nostalgiques de l'ancienne droite traditionaliste et, en ce sens, on pourrait peut-être le compter comme le dernier avatar de cette vieille famille. Mais la composition idéologique du Front national n'est pas homogène. On trouve en son sein des partisans des régimes fascistes (des membres de la « nouvelle droite » y sont entrés) ; le discours des dirigeants, en revanche, est très classiquement républicain (et nullement monarchiste) ; l'aspect nationaliste et « souverainiste » rapproche le parti de certaines composantes de la gauche, « républicaine » ou extrême, et de certaines composantes du gaullisme ; le parti, enfin, a plusieurs fois changé de cap sur les grandes questions économiques et sociales (en prenant d'abord des positions libérales, puis étatistes). De sorte que les pistes sont quelque peu brouillées.

d'autant plus intransigeant, qu'il n'est pas soumis à la sanction immédiate de la pratique. Les autres partis, de leur côté, n'ont ni le temps ni les talents ni la liberté d'entretenir la réflexion doctrinale. Il se crée alors une sorte de partage des rôles. Le parti extrême, par son intransigeance même et la netteté doctrinale de son message, donne le *la* idéologique à toute la famille. Le parti aux affaires subit cette influence et proteste qu'il fait tout ce qui est possible. Tel est le rôle qu'a joué la droite traditionaliste par rapport à de larges secteurs de la droite française (il est intéressant de noter que le Parti communiste a joué, à gauche, un rôle plus ou moins symétrique).

C'est donc au sein de la famille traditionaliste que s'est forgée une idéologie « pure » de la droite ; c'est là qu'on trouve les contestations formelles, doctrinales, de la tradition démocratique et libérale.

II — LE BONAPARTISME

1) *Présentation*

Le « bonapartisme » a pour lointaine origine le Premier Empire. Cette tendance politique s'est manifestée sporadiquement plusieurs fois au cours de la Restauration et de la monarchie de Juillet. Louis-Napoléon Bonaparte a fait deux tentatives de coup d'État, la première à Strasbourg en 1836, la seconde à Boulogne en 1840. Le retour des cendres de Napoléon en décembre 1840 a été l'occasion d'un accès de ferveur populaire. Mais la vraie naissance du bonapartisme comme tendance politique organisée date de la IIe République.

En février 1848 éclate la Révolution. Le suffrage universel est instauré. On passe de 240 000 votants à une masse de 9 millions. Or, aux élections d'avril 1848, ce sont essentiellement des notables qui sont élus. Malgré les journées parisiennes de juin menées par les « rouges » (les socialistes) contre les vainqueurs désignés par le suffrage universel, la droite et les libéraux reprennent le pouvoir. Il s'agit d'une alliance entre orléanistes et légitimistes, qu'on a appelée le « parti de l'ordre ». Les dirigeants de la coalition ont la malencontreuse idée de faire élire comme président de la République, en décembre 1848, un candidat, Louis Napoléon Bonaparte, qui les trahira trois ans plus tard. En attendant, de nouvelles élections législatives ayant eu lieu en mai 1849 et ayant donné une majorité des deux tiers aux légitimistes, aux orléanistes et aux républicains modérés, une politique libérale est menée. La loi Falloux, qui rétablit la liberté d'enseigner supprimée par Napoléon Ier (et qui avait été préparée par la monarchie de Juillet) est votée en mars 1850. Le parti au pouvoir apparaît désormais comme le défenseur des libertés, à la fois contre l'autoritarisme jacobin-napoléonien et contre le désordre de la rue. Apparemment, donc, la IIe République ressemble à une monarchie de Juillet *bis*. Mais c'est une illusion. Le suffrage universel, en effet, porte en germe de nouveaux changements.

La Chambre, échaudée par les émeutes sanglantes de juin 1848, avait voté une loi restreignant le droit de vote aux citoyens ayant trois ans de résidence dans la même localité, ce qui retranchait du corps électoral un bon tiers de votants, les plus à gauche. Louis Napoléon sait tirer parti de cette fracture politique qui sépare les élites sociales et les milieux sociaux défavorisés menés par les socialistes. Il va se présenter, simultanément, comme le défenseur du suffrage universel contre le malthusianisme politique de l'élite, et comme le garant de l'ordre contre les agitateurs rouges qui menacent la propriété de la petite bourgeoisie et de la masse paysanne. Le coup d'État du 2 décembre 1851 consiste en la promulgation de deux décrets, l'un dissolvant l'Assemblée, l'autre rétablissant le suffrage universel intégral. Paris est occupé militairement. Thiers et les généraux de l'armée d'Afrique sont arrêtés. Il y a une fusillade sur les boulevards le 4 décembre, faisant 400 morts. En province, les républicains sont traqués. 10 000 d'entre eux sont déportés en Algérie. Puis c'est le plébiscite du 21 décembre 1851 : 7,5 millions de « oui », 640 000 « non » et 1,5 million d'abstentions. Une nouvelle Constitution est promulguée le 14 janvier. L'Empire sera établi par un sénatus-consulte le 7 novembre 1852.

« Le nom de Napoléon est à lui seul un programme », dit Louis Napoléon Bonaparte. Ce programme est-il de droite ou de gauche ? René Rémond dit que c'est un mélange des deux à parts égales, avec en outre quelques traits originaux. Nous préférons dire que c'est une forme modernisée de la vieille formule « tyrannique », alliance du chef charismatique et de la masse contre l'aristocratie et les notables (cf. Pisistrate, César...). En l'occurrence, c'est l'alliance du neveu de Napoléon avec la masse effrayée par les rouges, contre la liberté politique et la décentralisation voulues par les notables et le personnel politique orléaniste et républicain modéré. Le second Bonaparte veut protéger la petite propriété, fruit de la Révolution, contre le socialisme, et imposer des mesures « sociales » aux frais des riches, il peut donc s'appuyer sur la tradition du *jacobinisme*. Mais, en tant que monarque, gouvernant un appareil d'État centralisé grâce à des hommes nommés et comblés par lui, il peut s'appuyer aussi sur la tradition *absolutiste*, toujours vivace parmi les cadres politiques et administratifs du pays. Il est vrai qu'il ajoute à ce cocktail un élément original, le souvenir du grand Napoléon et l'appui de l'armée.

Le bonapartisme assume et entretient la *légende napoléonienne* (mettant l'accent sur le militarisme et le nationalisme : les troupes lui sont fidèles) et, plus généralement, il pratique le culte du chef. Il encourage le *nationalisme*. Le bonapartisme admet le grand principe de la souveraineté nationale (mais contrôlé par le plébiscite et la candidature officielle). Il accepte et garantit définitivement l'œuvre de la Révolution (la suppression des privilèges, l'égalité devant la loi, le Code civil, le transfert des biens nationaux...). Il est le premier régime du pays qui fait du progrès industriel et technique un slogan politique. Les

candidats bonapartistes mettent en avant des mots d'ordre électoraux tels que
« chemins vicinaux, canaux, voies ferrées », contrastant avec ceux de la droite
traditionaliste : « famille, propriété, religion ». Nous avons vu que nombre de
scientifiques et d'ingénieurs saint-simoniens se sont ralliés au Second Empire.
Le bonapartisme s'oppose aux atteintes à la propriété privée. Il déclare la
guerre aux « rouges », entend protéger la France du saut dans l'inconnu révolutionnaire, et joue de cette peur. Le gouvernement de Louis Napoléon mène
une féroce répression anti-républicaine en province, où d'ailleurs il obtient un
« oui » massif lors du plébiscite (lire *La Fortune des Rougon* de Zola où est brossé
un tableau saisissant de la peur des « rouges » dans la bourgeoisie et la petite
bourgeoisie de province sous la IIe République et, à l'inverse, du caractère
meurtrier des mouvements que les républicains socialisants d'alors suscitent).
Les électeurs sont satisfaits de voir écartée « l'échéance de 1852 », qui promet-
tait des progrès rouges aux élections législatives. Ces principes d'ordre, cet
anti-collectivisme, ce goût pour le développement économique placent dans
une certaine mesure le bonapartisme dans la continuité des précédents régimes
constitutionnels. Proprement « césariste », en revanche, est le fait qu'il désigne
les notables à la vindicte du peuple, et pratique volontiers la démagogie (haine
de Persigny contre les notables, anticléricalisme...). D'autres traits, enfin, le
rendent sympathique à la droite traditionaliste : il est, au sens plein du terme,
un monarchisme ; il fait régner une sorte d' « ordre moral » (songeons au procès des *Fleurs du mal*). Aussi rallie-t-il à lui nombre d'ex-légitimistes (dont les
frères de Tocqueville).

Ces ingrédients contrastés se retrouveront dans toute la tradition
bonapartiste ultérieure jusqu'au gaullisme.

2) *Les institutions*

La Constitution du 14 janvier 1852 est un retour à l'esprit de la
Constitution consulaire de l'an VIII. Celle-ci annonçait et préparait
le Premier Empire ; celle-là annonce et prépare le second.

— Le *président* (pas encore *empereur*) est maintenu pour dix ans dans ses
fonctions. Il n'est pas responsable devant une assemblée. Il ne l'est que devant
le peuple, consulté par plébiscite au moment et sur les questions qu'il juge
convenables. Le président nomme et révoque à son gré les ministres[1], les fonctionnaires, et dirige la politique intérieure et extérieure.

— Il y a un *Conseil d'État,* composé de fonctionnaires compétents et laborieux, mais irresponsables ; un *Sénat,* dont les membres sont nommés à vie par le
président (il n'y aura jamais d'opposition dans cette assemblée, qui permettra au
président de modifier à son gré la Constitution, à commencer par le sénatus-consulte de novembre 1852 créant l'Empire) ; un *Corps législatif* (c'est le
vocabulaire du Premier Empire).

---

1. C'est donc la fin du régime *parlementaire* au sens précis de ce terme, c'est-à-dire un
régime où le gouvernement est collégialement responsable devant le Parlement.

— Cette seconde assemblée est élue au suffrage universel, mais avec le système de la *candidature officielle*. Elle vote ou rejette les lois, mais ne peut les modifier par amendements. Aussi discute-t-on peu et vote-t-on presque toujours « pour ». En fait, on joue avec la notion de souveraineté nationale : les députés ne représentent pas la nation, c'est le président plébiscité qui l'incarne[1].

3) *La clientèle sociale du bonapartisme*

Quelles forces sociales soutiennent le régime ?

— Les *paysans,* à la fois par peur des nobles d'Ancien Régime et du clergé, et par peur des rouges (mais, pour les mêmes raisons profondes, ils rallieront plus tard le régime républicain).

— Le *clergé* (avant que les événements d'Italie ne changent son attitude).

— Certains milieux économiques : la *grande industrie* bénéficiant des aides financières ou réglementaires de l'État.

4) *La famille bonapartiste aux* XIXe*-*XXe *siècles*

Après le Second Empire, le bonapartisme s'effondre d'abord (à cause de la honte de Sedan), puis il remonte dans les scrutins, gagne des élections partielles, constitue longtemps une composante des chambres. Il s'incarne plus précisément dans certains épisodes :

— Le *boulangisme* (1889), du nom du général Boulanger qui, nommé ministre de la Guerre en 1886-1887 (parce qu'il était un des rares généraux de l'armée qui fût républicain et que le nouveau gouvernement radical pût donc nommer à ce poste), était devenu populaire et avait obtenu d'importants gains électoraux au début de 1889. Il songea alors à un coup d'État qui aurait mis fin à la République : une fois de plus, un homme providentiel, un général, aimé des troupes et du peuple, aurait écarté les notables par la force et se serait fait confirmer son pouvoir par un plébiscite. Mais il n'osa pas agir, puis fut exilé, et se suicida l'année suivante en Belgique, au cimetière d'Ixelles, sur la tombe de sa maîtresse.

Boulanger était devenu populaire par les gestes de défi qu'il avait accomplis, ministre, à l'égard de l'Allemagne, contre laquelle il annonçait une « revanche », et aussi parce qu'il avait couvert les soldats qui avaient fraternisé avec des ouvriers lors d'une grève. En fait – et les classifications de René Rémond ne permettent pas de le bien voir – le boulangisme *est un phénomène de gauche autant*

---

1. Cet abaissement du Parlement et ce pouvoir d'un président plébiscité se retrouveront sous la Ve République, régime « bonapartiste » à bien des égards, même si le gouvernement peut y être renversé par l'Assemblée nationale. De Gaulle a dit lui-même à plusieurs reprises qu'il « incarnait » la nation.

et plus que de droite, non seulement parce que le caractère même du bonapartisme comporte cette ambiguïté (cf. *supra*), mais parce que Boulanger était *radical* (branche extrême du Parti républicain, constituant l'opposition aux républicains « opportunistes ») et qu'*il fut soutenu par la plupart des socialistes* du moment. Il est vrai qu'il recevait en même temps, à la demande du comte de Paris, de l'argent de Rothschild[1]. Les uns et les autres détestaient le parlementarisme, la République « bourgeoise », le libéralisme économique et en général tout ce qu'avait apporté, sur le plan social, 1789.

— Le *mouvement nationaliste,* qui trouve une première expression politique avec la *Ligue des Patriotes* de Paul Déroulède (1882), puis avec Maurice Barrès et la *Ligue de la Patrie française,* puis encore avec le camp *antidreyfusard.* L'*Action française* de Charles Maurras récupérera ses troupes.

La pensée de Maurras et de l'Action française n'est d'ailleurs pas très éloignée du césarisme des bonapartistes. Certes, Maurras a pour cheval de bataille la monarchie et non l'Empire ; certes, il est antijacobin et partisan de la décentralisation, conformément aux thèses de la droite traditionaliste. Mais nous verrons que la monarchie qu'il souhaite est en réalité une monarchie fort peu traditionnelle, c'est un autocratisme autoritaire et même dictatorial, qui met l'accent sur le nationalisme, sur le volontarisme politique, sur le rôle de l'armée. L'Action française pourra donc attirer à elle nombre de bonapartistes orphelins de chef, de doctrine et de parti, qui seront de nouveau ravis à la droite traditionaliste par le gaullisme.

— *Le gaullisme.*

Rassembler : tel est le slogan du gaullisme, comme il était celui de Napoléon III (cf. le nom des partis gaullistes : RPF, c'est-à-dire *Rassemblement* du peuple français ; RPR, *Rassemblement* pour la République). Il convient de noter qu'un tel slogan n'est pas démocratique au sens de la tradition démocratique et libérale. La démocratie, depuis les Grecs, *assume la division* des opinions, la tient pour légitime, inéluctable, féconde ; elle fonde sur la liberté de critique et le pluralisme une positivité (à condition qu'il y ait consensus sur la démocratie même). L'idée de « rassemblement », en revanche, est archaïsante : elle suggère que ceux qui ne veulent pas renoncer à leurs idées singulières ou à leurs intérêts personnels, abolir leurs vues individuelles dans le creuset de la nation, sont de mauvais citoyens (les « partis » et le « régime des partis » ont été traités avec le mépris qu'on sait par de Gaulle et les gaullistes).

L'ambiguïté de cette attitude politique se révèle dans le *plébiscite* (procédure traditionnelle des tribuns de la plèbe[2], employée à plusieurs reprises par Napoléon Ier et Napoléon III, rêvée par Boulanger, et dont on retrouve l'esprit dans le

---

1. Cf. les passionnants *Mémoires* du marquis de Breteuil, qui fut un des agents du comte de Paris auprès de Boulanger : marquis de Breteuil, *La haute société. Journal secret 1886-1889,* atelier Marcel Jullian, 1979.
2. C'est à elle que Marius, Sylla, César ont dû leurs pouvoirs dictatoriaux (cf. *HIPAMA,* p. 246-247).

« référendum » gaulliste). On fait voter le peuple, donc on ne le viole pas. Mais on le fait voter rarement, soit pour donner un « chèque en blanc » au chef, soit pour répondre à une question indivise (du type « moi ou le chaos »). On ne demande pas au peuple de contribuer, par les opinions émises et le débat, à l'élaboration d'une décision rationnelle, on lui demande d'approuver ou de rejeter, sans délibérer, une décision déjà élaborée par le chef. Il ne s'agit donc pas d'un choix pleinement rationnel, introduisant des nuances, et tel que chaque grande famille politique ou catégorie sociale garde son indépendance de pensée et sa liberté critique. Cette rationalité et cette liberté, caractéristiques de l'esprit de la démocratie, se retrouvent plus proprement dans les procédures classiques des démocraties libérales qui sont toutes des parlementarismes : élection de représentants qualifiés, participation de ceux-ci à des assemblées délibératives, majorités variables selon les thèmes en discussion.

III — LE PROBLÈME PARTICULIER
DE LA DÉMOCRATIE CHRÉTIENNE

Une importante famille politique mérite une analyse à part : la *démocratie chrétienne*[1]. On peut considérer que cette famille est à certains égards au moins un rejeton lointain de la famille *traditionaliste*, même si elle fut « républicanisée » par le Ralliement et « gauchisée » par la « doctrine sociale de l'Église » et le catholicisme social.

En effet, le catholicisme français ayant été persécuté par la Révolution, un grand nombre de catholiques du XIXe siècle se situent dans le camp de la contre-révolution. Les penseurs éminents de celle-ci sont des catholiques ardents comme les « théocrates », mais aussi Chateaubriand (*Le génie du christianisme,* 1802), ou le premier Lamennais (*Essai sur l'indifférence en matière religieuse,* 1817 ; *De la religion considérée dans ses rapports avec l'ordre politique et social,* 1825, où il prône la subordination du pouvoir temporel au pouvoir spirituel). Mais ce qui va pousser surtout les catholiques français (et européens) à droite est le fait que l'Église de Rome se range résolument, presque de manière caricaturale, du côté contre-révolutionnaire. Cette évolution se produit sous le long pontificat de *Pie IX* (1846-1878).

1. Cf. Maurice Vaussard, *Histoire de la démocratie chrétienne. France. Belgique. Italie,* Seuil, 1956 ; Pierre Bigo, *La doctrine sociale de l'Église,* PUF, 1966 ; Pierre Letamendia, *La démocratie chrétienne,* PUF, coll. « Que sais-je ? », 1977 ; Jean-Marie Mayeur, *Catholicisme social et démocratie chrétienne. Principes romains, expériences françaises,* Cerf, 1986 ; François-Georges Dreyfus, *Histoire de la démocratie chrétienne en France. De Chateaubriand à Raymond Barre,* Albin Michel, 1988.

Pie IX, ayant tout juste coiffé la tiare, condamne solennellement le communisme (1846). Mais, en 1848, il est chassé de ses États par Mazzini et Garibaldi. Il est rétabli de justesse par un corps expéditionnaire français envoyé par le gouvernement de la II⁰ République. Autant dire qu'il n'aime pas beaucoup les idées modernistes. Il proclame, en 1854, le dogme de l'Immaculée Conception. En 1864, il publie l'encyclique *Quanta Cura,* qui contient en appendice le fameux *Syllabus,* recueil « des principales erreurs de notre temps ». 80 propositions sont condamnées : panthéisme, socialisme, rationalisme, libéralisme, y compris le « libéralisme catholique ». Cela déconcerte les libéraux et devient, pour les non-croyants et tout ce que l'Europe moderne compte d'esprits voltairiens ou positivistes, le symbole d'un obscurantisme catholique déconcertant[1].

L'antilibéralisme de l'Église catholique s'aggrave avec le successeur de Pie IX, Léon XIII (pape de 1878 à 1903), auteur de l'encyclique *Rerum Novarum* (1891). Alors que Pie IX s'opposait au libéralisme politique, au libéralisme intellectuel et à celui des mœurs, c'est-à-dire à l'esprit des Lumières, Léon XIII, qui déplace le centre de gravité des intérêts de l'Église vers la question sociale, s'oppose plus explicitement au libéralisme économique. Il exprime à cet égard la pensée de personnalités catholiques de diverses nations d'Europe qui s'étaient elles-mêmes penchées sur les questions économiques et sociales depuis des années.

La plupart des enquêtes officielles sur la misère en milieu ouvrier ont été réalisées par des catholiques, comme Alban de Villeneuve-Bargemont[2],

---

1. Il ne faut pas oublier que l'Église catholique est et se veut *dogmatique :* il existe une vérité, un *depositum fidei* dont elle est garante ; elle se doit donc d'indiquer expressément au public des fidèles, par des procédures telles que l'*Index,* ce qui lui apparaît comme des erreurs. De même, elle effectue une censure préalable de toutes les publications des clercs, qui ne peuvent paraître qu'après avoir reçu l'*Imprimatur* (et/ou le *Nihil Obstat*), preuve que ce qui est proposé aux fidèles est bien conforme à l'enseignement du dogme. La démarche de Pie IX était donc traditionnelle en la forme. Mais, sur le fond, elle était une remise en cause de tout un courant parfaitement orthodoxe du catholicisme depuis l'humanisme de la Renaissance, pour ne pas dire depuis saint Thomas d'Aquin, dont nous avons vu le rôle qu'il a joué dans l'épanouissement des doctrines de l'État de droit. C'était donc un durcissement incompréhensible et, en un sens, une fâcheuse innovation (c'est toujours le paradoxe des traditionalismes). L'effet sur l'opinion fut désastreux, parce que beaucoup des « erreurs » condamnées étaient devenues, après trois quarts de siècle, des idées largement admises, y compris par les catholiques (notamment tout ce qui concerne le rationalisme, la science et le progrès). Nous avons évoqué le traumatisme que cette nouvelle attitude réactionnaire de l'Église a causé chez un catholique libéral anglais comme Lord Acton (cf. *supra,* p. 583) ou chez de nombreux Français libéraux de l'école de Montalembert (p. 609, n. 5).

2. Le vicomte de Villeneuve-Bargemont (1784-1850) a été préfet du Nord en 1828 et a découvert dans cette région la misère ouvrière. Il publie, en 1834, *Économie politique chrétienne ou Recherches sur la nature et les causes du paupérisme en France et à l'étranger et sur les moyens de le soulager et de le prévenir.* On établira les indigents sur les terres incultes. L'État, dont les ministres sont les « ministres visibles de la Sainte Providence », est fondé, en bonne doctrine chrétienne, à intervenir, mais seulement en organisant la charité.

Joseph-Marie de Gerando[1] ou Eugène Buret (1810-1842). Ce dernier attaque plus nettement le système actuel de l'économie : « L'accumulation des capitaux dans un petit nombre de mains, l'apparition de ces grandes individualités mercantiles qu'on appelle capitalistes ne correspondent-elles pas naturellement à la constitution régulière de ces familles privilégiées des temps féodaux qui absorbaient à leur profit toute l'indépendance et tous les droits ? » Il dit encore : « Les ouvriers..., isolés de la nation, mis en dehors de la communauté sociale et politique, seuls avec leurs besoins et leurs misères, s'agitent pour sortir de cette effrayante solitude, et, comme les Barbares auxquels on les a comparés, ils méditent peut-être une invasion » (textes cités par Jean Bruhat, *in* Droz, *Histoire générale du socialisme*, t. 1, *op. cit.,* p. 378). En ce qui concerne les remèdes, Buret ne croit pas en la seule « charité ». Il penche, déjà, vers un système corporatiste.

La doctrine sociale de l'Église – préparée par un groupe d'intellectuels anti-libéraux virulents de différents pays de l'Europe catholique, parmi lesquels l'Autrichien Karl von Vogelsang ou le Français René de La Tour du Pin – s'exprime solennellement dans l'encyclique *Rerum Novarum* de Léon XIII en 1891, qui, renvoyant dos à dos capitalisme et socialisme, prône le *corporatisme.* Cette doctrine sera la position sociale officielle de l'Église pendant des décennies. Elle sera rappelée notamment dans l'encyclique de Pie XI *Quadragesimo Anno* en 1931, et encore pendant la Seconde Guerre mondiale par Pie XII dans ses messages radiodiffusés de Noël 1942 et de septembre 1944, et même après, sans grands changements sur le fond, par Jean XXIII (*Mater et Magistra,* 1961). Jean-Paul II sera le premier pape à l'infléchir dans un sens nettement moins antilibéral, et reconnaissant l'efficacité et, non sans réticences, le bien-fondé moral de l'économie de marché (*Centesimus Annus,* 1991).

Cependant, comme nous l'avons vu, des catholiques tout aussi nombreux, à la suite de Montalembert, du second Lamennais, de Lacordaire, Ozanam en France, de Lord Acton en Angleterre, admettent les principes de la démocratie politique, de la société de droit et de liberté individuelle. Les catholiques européens vont osciller ensuite entre ces deux pôles.

On comprend les raisons doctrinales qui font qu'il existe ainsi deux tendances nettement distinctes dans la pensée politique et sociale catholique. Le christianisme met l'accent sur la valeur transcendante de la personne humaine, créée par Dieu et aimée de Dieu, sujet et objet de la charité : il ne peut donc y avoir, à aucun égard, de holisme ou de collectivisme chrétien ; l'idée socialiste selon laquelle ce sont les « masses » qui font l'histoire est rigoureusement incompatible avec le christianisme. D'autre part, le christianisme valorise la liberté individuelle : sans liberté, pas de responsabilité morale ; ce qui contredit tout déterminisme, ainsi que l'idéologie scientiste sur laquelle nombre de pen-

---

1. Le baron Joseph-Marie de Gerando (1772-1842) est l'auteur du *Visiteur du pauvre* (1820) et de *De la bienfaisance publique* (1839).

sées de gauche entendent se fonder depuis Saint-Simon. Enfin, le Christ s'est sacrifié pour l'humanité, mais en protestant de son innocence ; il a donc délégitimé radicalement par là même les vieux mécanismes sacrificiels dominant dans les sociétés archaïques. Ce qui jette un fort soupçon d'hérésie sur la doctrine maistrienne du sacrifice régénérateur, de l'Histoire qui crée en tuant, comme le jardinier fait fructifier l'arbre en coupant les feuillages inutiles. Par suite, le christianisme ne peut que condamner les thématiques développées par la droite moderne sur la guerre « nécessaire », sur la soumission de l'individu à la nation ou à la race, sur l'inéluctabilité d'un ordre social inégalitaire, sur la mystique du chef. En tous ces sens, la doctrine chrétienne a nettement vocation à nourrir de façon privilégiée les schémas intellectuels de la démocratie libérale. D'autant que l'Église catholique étant thomiste, elle fait sien l'esprit de la philosophie politique de saint Thomas, lequel prolonge, à maints égards, celui d'Aristote[1] : une politique chrétienne sera donc « modérée » et ne pourra jamais être « totalitaire »[2].

Mais ce même néo-aristotélisme intégré dans sa doctrine fait que l'Église catholique moderne ne peut non plus être d'emblée libérale. D'autant que les intellectuels de l'Église catholique de l'Europe du Sud, et la plupart de ses grands clercs, n'ont pas de contacts avec l'Europe du Nord. Ils sont mal informés du développement des doctrines sociopolitiques dans les pays protestants et des développements décisifs, en particulier, de la science économique, qui remettent complètement en cause les cadres intellectuels de l'aristotélico-thomisme. D'où la perméabilité de l'Église romaine aux propagandes antilibérales du XIXe et du XXe siècle, la facilité avec laquelle elle pourra approuver certaines mesures dirigistes et redistributrices – les programmes sociaux-démocrates, l' « État-providence », mais aussi de nombreux aspects des programmes du corporatisme mussolinien – parce qu'elle verra naïvement dans ce type de mesures une œuvre de justice distributive et de « solidarité », sans être suffisamment avertie, intellectuellement partant, de ses effets à la fois totalitaires et anti-économiques, contraires aux intérêts mêmes des « pauvres » qu'elle prétend défendre.

C'est parce que ces deux tendances existent au sein de l'Église et des milieux intellectuels catholiques que les catholiques seront partagés, voire déchirés, tout au long des XIXe-XXe siècles, entre la droite et la démocratie libérale, et seront très souvent « compagnons de route » des socialistes. Dans leurs programmes, on met en effet l'accent, dans la lignée de l'anti-individualisme des « théocrates », sur les « corps intermédiaires » ou « communautés naturelles » : la famille (on va même jusqu'à préconiser le vote familial), égale-

---

1. Cf. *HIPAMA*, p. 666-670.
2. Cf. *HIPAMA*, p. 158-162. Jacques Maritain (1882-1973) est l'un des principaux penseurs de la démocratie chrétienne. Or il est, philosophiquement, thomiste (et l'un de ceux qui ont le plus contribué au renouveau de l'étude du thomisme au XXe siècle, avec Étienne Gilson qui sera, d'ailleurs, sénateur MRP à la Libération). Il est l'auteur de *Humanisme intégral* (1936), *Principes d'une politique humaniste* (1945). On peut citer aussi Maurice Blondel (1861-1949) et Étienne Borne.

ment des « pays » et les régions, mais aussi les corporations de métiers, les mutuelles, les coopératives, et finalement les syndicats. Cet organicisme social, affirmé par exemple par l'Italien Toniolo dans les années 1900, se traduit par l'affirmation du « principe de subsidiarité » : l'État, communauté de communautés, ne doit s'occuper que de ce qui ne peut être réglé au niveau des communautés inférieures. Du coup, les idéaux libéraux d'une loi égale pour tous, de la liberté du travail, de la liberté d'initiative économique en général, sont gravement compromis. Le thème des « corps intermédiaires » ou « communautés naturelles », qui seraient conformes à l'ordre naturel voulu par Dieu, donne en particulier une justification doctrinale inattendue aux *syndicats* : c'est parce que les milieux sociaux qui soutiennent les partis chrétiens ne peuvent accepter en général le syndicalisme marxiste de lutte des classes qu'ils adoptent cette solution alternative qu'est le corporatisme. De même, l'approbation doctrinale donnée aux communautés de métiers déterminera la participation des patrons chrétiens à la mise en place des organismes sociaux à gestion paritaire, formule très peu libérale, et elle déterminera les partis chrétiens à approuver la notion de convention collective, revendiquée par les socialo-communistes et évidemment contraire à la liberté contractuelle. Certes, en toutes ces matières, la papauté a hésité. Pie X condamne le mouvement du « Sillon » de Marc Sangnier (1910), accusé d'être trop proche du socialisme. Mais, dans l'ensemble, la politique de l'Église, à partir du début du XXᵉ siècle, sera d'approuver la *démocratie* dans le domaine politique, mais de combattre le *libéralisme* sur le plan économique et social : ce qui la situera dans l'ensemble à droite, parfois à gauche, rarement dans le camp de la démocratie libérale proprement dite.

Après la fin de la Première Guerre mondiale, étant donné l'effondrement définitif, partout en Europe, de toutes les monarchies traditionnelles du type de celles qui avaient conclu la Sainte-Alliance, l'Église romaine doit songer à prendre sa place dans les régimes démocratiques nouveaux dont la formule s'impose désormais. Donc elle encourage la formation de partis de démocratie chrétienne, le Parti populaire italien (créé en 1919 par Don Sturzo), le *Zentrum* allemand, le Parti catholique belge, et des partis équivalents en Autriche, en Tchécoslovaquie, aux Pays-Bas[1], avec d'ailleurs une liaison internationale de ces partis sous l'égide de Rome (cette idée d'unir une Europe chrétienne préfigure l' « Union européenne », dans l'histoire de laquelle les démocrates chrétiens joueront d'ailleurs un rôle moteur, depuis les initiatives de Robert Schu-

---

1. En France, le Parti démocrate populaire fondé en 1924 sera un échec ; la démocratie chrétienne ne deviendra une grande force politique qu'au lendemain de la Seconde Guerre mondiale avec la fondation du MRP.

mann et de Konrad Adenauer jusqu'à aujourd'hui). Mais ces partis ne peuvent, dans l'entre-deux-guerres, empêcher le succès des partis totalitaires. C'est au lendemain de la guerre qu'ils connaîtront leur heure, avec la victoire historique de la *Democrazia cristiana* contre les communistes en Italie aux élections de 1946, l'arrivée au pouvoir en Allemagne de la CDU, *Christlich-Demokratische Union* (le parti d'Adenauer), en Belgique du PSC, Parti social-chrétien, en France du MRP, Mouvement républicain populaire, présent dans tous les gouvernements de la IVᵉ République et, sous d'autres noms, dans presque tous ceux de la Vᵉ.

Mais, en raison des ambiguïtés doctrinales signalées, ce courant politique va fluctuer et soutenir alternativement (et parfois simultanément) des positions pro- et antilibérales. Le MRP sera allié, en France, sous la IVᵉ République, aux socialistes, et même, au début, aux communistes (« tripartisme ») contre les libéraux et contre la droite. Puis, sous la Vᵉ, les démocrates-chrétiens se rallieront aux gaullistes et formeront avec les libéraux une coalition dont nous avons déjà souligné la forte hétérogénéité idéologique, l'UDF (« Union pour la Démocratie française »). De même, en Europe, les partis démocrates-chrétiens susnommés, particulièrement puissants en Allemagne, en Autriche, aux Pays-Bas ou en Belgique, participeront tant aux coalitions de droite qu'à des coalitions comprenant les sociaux-démocrates ; et ils ne se laisseront jamais confondre avec les libéraux, même si, en matière géopolitique, ils seront toujours atlantistes et pro-américains.

Chapitre 5

Tocqueville.
La liberté aristocratique

Tocqueville pose un problème spécial et singulièrement ardu à l'historien des idées politiques. Il est assurément un auteur politique, puisque ses deux principales œuvres décrivent, l'une *(De la démocratie en Amérique),* la « démocratie » telle qu'elle existait en son temps en Amérique, l'autre *(L'Ancien Régime et la Révolution)* son apparition historique en France. Mais il ne prône pas un système politique, il n'est pas un « philosophe politique » (au sens d'un Benjamin Constant, d'un Bonald, d'un Marx...). Il est un analyste des faits, un historien et un sociologue (un « politologue », en l'occurrence). Il n'exprime ses préférences politiques personnelles qu'allusivement et « en creux », par ce qu'il ne dit pas autant que par ce qu'il dit. Et voici le problème : il se trouve que le système qu'il décrit n'est pas le système qu'il approuve. Il décrit les institutions politiques et sociales américaines et leurs équivalents ou leurs prémisses en Europe continentale ; mais, tout en jugeant « fatal » l'avénement de ce système à l'époque moderne, il le refuse et le méprise. Tocqueville considère que ce qu'il appelle la « démocratie » est, sinon la fin du monde, du moins la fin du monde où il veut vivre.

C'est cette vision des choses qui lui fait commettre ce qui fut l'erreur, selon nous, de toutes les pensées de droite du XIXe siècle : confondre, sous le manteau commun de la « démocratie », la *démocratie libérale* et le *socialisme d'État.* Sous le concept unique de « démocratie », en effet, il désigne non pas seulement la société d'égalité devant la loi, mais aussi la société virtuellement égalitariste promue successivement en France, selon lui, par l'absolutisme, le bonapartisme et, bientôt, le socialisme. Il les associe toutes deux dans le même opprobre parce qu'il croit fondamentalement que l'égalité est incompatible avec la liberté et détruit jusqu'à la racine toutes les

valeurs morales de générosité et de dépassement de soi qui font la
grandeur de l'être humain. Peut-être est-il prisonnier, à cet égard,
des préjugés de son milieu : membre de l'ancienne aristocratie française, il est aussi peu attiré, esthétiquement parlant, par l'homme
« bourgeois » que par l'homme de la masse. Il a écrit en toutes lettres
(il fallait que cela correspondît chez lui à une pensée profonde et
longuement méditée) que l'aristocratie de naissance *seule* avait le sens
de la liberté. Il a prôné du bout des lèvres quelques remèdes de
nature à canaliser le flot montant du « despotisme démocratique ».
Mais il était clair dans son esprit que ces digues étaient destinées à
être emportées tôt ou tard. Il n'a pas présenté la démocratie libérale
comme un système viable, encore moins comme la clef d'un quelconque avenir des civilisations.

Ceci dit, pas une ligne, chez lui, qui soit banale ou creuse. Malgré ce foncier pessimisme, ou peut-être à cause de la lucidité que ce
pessimisme même lui a procurée, Tocqueville est l'un des plus
grands penseurs sociaux français.

Vie[1]

Alexis de Tocqueville naît en 1805 à Paris, d'une famille de vieille
noblesse par son père, de noblesse de robe par sa mère, petite-fille de Malesherbes. La famille est apparentée à Chateaubriand. Le jeune Alexis vit dans les
villes où son père, haut fonctionnaire et, sous la Restauration, préfet, est
affecté, Verneuil-sur-Seine, Metz, Versailles. Il fait des études de droit à Paris.
Il sera juge auditeur à Versailles de 1827 à 1832, date à laquelle il donnera sa
démission. Entre-temps, ayant dû prêter serment au régime de la monarchie de
Juillet, mais ne souhaitant pas le servir (attitude de dissidence alors commune
dans les milieux légitimistes : beaucoup de personnalités légitimistes se retirent
dans leurs châteaux provinciaux et n'en reviendront plus), il est parti aux
États-Unis, en avril 1831, avec un ami dont il a fait connaissance au tribunal
de Versailles, Gustave de Beaumont, pour enquêter, au profit du ministère de
la Justice, sur le système carcéral américain. Il passe neuf mois
outre-Atlantique, où il voyage énormément (sur la côte Est, mais aussi dans la
région du Mississipi et au Canada) et consulte nombre de personnalités. Il peut
rédiger à son retour, non seulement le rapport officiel prévu *(Du système pénitentiaire aux États-Unis et de son application en France),* mais le premier tome de sa
Démocratie en Amérique (1835 ; le second tome paraîtra en 1840). Il est élu
membre de l'Académie des sciences morales et politiques dès 1838, avant de
l'être à l'Académie française.

En 1839, il entame une carrière politique en se faisant élire député de Valognes (le château de Tocqueville, « fief » de sa famille, est situé dans la région),
siège qu'il conservera jusqu'au coup d'État du 2 décembre 1851. Il est l'un des
membres de l'opposition. Il est particulièrement actif dans plusieurs grands dossiers : la question pénitentiaire, la lutte pour l'abolition de l'esclavage, la ques-

---

1. D'après André Jardin, *Alexis de Tocqueville,* Hachette, 1984.

tion algérienne, la liberté de l'enseignement. En 1848, il devient président du Conseil général de la Manche. Il participe à la rédaction de la Constitution de la IIᵉ République. Il est ministre des Affaires étrangères pendant cinq mois, sous le second gouvernement Odilon Barrot. Il défend en vain la République en tentant de faire réviser la Constitution, afin d'empêcher le prévisible coup d'État de Louis-Napoléon Bonaparte. La proposition échoue, le coup d'État a lieu, et Tocqueville est emprisonné quelques jours à Vincennes. Il entre dans l'opposition au régime (auquel se sont ralliés, pourtant, les légitimistes, y compris ses propres frères), et démissionne de son mandat de président du Conseil général de la Manche pour ne pas avoir à prêter serment. Il se consacre alors à la rédaction d'un nouveau grand ouvrage, l'*Ancien Régime et la Révolution*. Il meurt (de tuberculose) en 1859.

Œuvres
Les principales œuvres sont : *De la Démocratie en Amérique*, t. 1 (1835) et 2 (1840) ; les *Souvenirs* (1850)[1] ; *L'Ancien Régime et la Révolution* (1856). Il existe de nombreux autres écrits, dont le rapport sur les prisons américaines, des *Écrits politiques*, un *Mémoire sur le paupérisme*, ainsi qu'une importante *Correspondance*.

§ 1
De la Démocratie en Amérique[2]

I — LA « DÉMOCRATIE »

1) *La démocratie, « fait générateur » de la société moderne*

L'ouvrage commence par une introduction substantielle qui présente la notion de « démocratie ». Celle-ci est définie comme un phénomène majeur de civilisation allant bien au-delà de la politique au sens étroit et touchant à l'ensemble de la société. La démocratie se caractérise par ce que Tocqueville appelle – non sans ambiguïté – l' « égalité des conditions » :

« Parmi les objets nouveaux qui, pendant mon séjour aux États-Unis, ont attiré mon attention, aucun n'a plus vivement frappé mes regards que l'*égalité des conditions* » (t. 1, p. 58[3]).

1. Tocqueville y raconte la Révolution de 1848 et les événements qui ont suivi.
2. Cf. Alexis de Tocqueville, *De la Démocratie en Amérique*, biographie, préface et bibliographie par François Furet, Garnier-Flammarion, 2 t., 1981. Cf. aussi Alexis de Tocqueville, *Textes essentiels. Anthologie critique par J.-L. Benoît*, Agora-Pocket, 2000.
3. Pages de l'édition Furet.

Celle-ci est le « fait générateur » qui détermine la forme que prennent en Amérique non seulement la loi, mais aussi le gouvernement, l'ensemble des institutions politiques, les mœurs politiques, et la « société civile » elle-même. Or, ce phénomène « démocratique », Tocqueville le découvre aussi en Europe, avec cependant une différence essentielle : en Europe, il est à la fois moins marqué et moins conscient de lui-même. D'où le double objet du livre : il sera à la fois d'étudier la « démocratie » en Amérique, et d'examiner, en prenant ce point de comparaison, le devenir des sociétés européennes. Ces deux intérêts distincts se maintiennent tout au long des deux tomes de l'ouvrage.

2) *La montée inéluctable de la marée démocratique*

Pour prendre en vue le développement de la démocratie en France, Tocqueville revient en arrière de sept siècles. Au XIe siècle règne la féodalité : un « petit nombre de familles » « possèdent la terre et gouvernent ses habitants », et elles le font par la « force ». À partir de là, l'inégalité des conditions va s'atténuer peu à peu en une série d'étapes : la montée en puissance du *clergé ;* la création d'une caste de *légistes* formés au droit romain ; l'apparition de *financiers* non nobles, mais indispensables aux rois et aux nobles pour financer leurs guerres ; le rôle nouveau joué par le savoir, les sciences, l'érudition, la littérature, qui promeut la catégorie sociale des *lettrés.* Chaque fois, « on voit baisser la valeur de la naissance », les mérites et le rôle social des hommes s'évaluent selon de nouveaux critères.

Tocqueville remarque qu'en France, la monarchie, loin de s'opposer à ce mouvement, y a puissamment contribué :

« En France, les rois se sont montrés les plus actifs et les plus constants des niveleurs. Quand ils ont été ambitieux et forts, ils ont travaillé à élever le peuple au niveau des nobles ; et quand ils ont été modérés et faibles, ils ont permis que le peuple se plaçât au-dessus d'eux-mêmes. Les uns ont aidé la démocratie par leurs talents, les autres par leurs vices. Louis XI et Louis XIV ont pris soin de tout égaliser au-dessous du trône, et Louis XV est enfin descendu lui-même avec sa cour dans la poussière » (t. 1, p. 59).

Une formule « tyrannique » ou « césarienne » a donc, dans la France moderne, opéré le même effet d'écrasement de l'aristocratie que dans les sociétés antiques[1]. Tocqueville voit bien que le même schéma s'est retrouvé avec Napoléon Ier, et il pourra faire le même

---

1. Cf. *HIPAMA,* p. 48-49.

constat avec Napoléon III. Rois absolus et empereurs, « égalisant tout sous eux », ont ainsi travaillé (sans que ce fût leur but conscient, sans doute) à rendre plus générale et plus irréversible encore la « démocratie ».

Ce qui frappe Tocqueville, c'est le caractère inéluctable et même, dit-il, « providentiel », de ce processus, qui lui inspire « une sorte de terreur religieuse » sous l'impression de laquelle il aurait écrit son livre.

D'autant qu'il introduit une nouvelle idée où se manifeste l'équivoque que nous avons signalée de l'expression « égalité des conditions », et donc du concept tocquevillien même de « démocratie ». La démocratie, après avoir détruit la vieille société féodale, semble devoir poursuivre son avancée en détruisant bientôt tout reste de société inégalitaire : « Pense-t-on qu'après avoir détruit la féodalité et vaincu les rois, la démocratie reculera devant les bourgeois et les riches ? » (t. 1, p. 61). Sa prochaine victime sera donc la société démocratique et libérale que la monarchie de Juillet, poursuivant l'œuvre de 1789, essaie de consolider en France. La pente naturelle de la démocratie est de déboucher sur le socialisme[1].

3) *La crise du monde européen moderne*

La démocratie a donc créé un « monde tout nouveau ». Mais ce monde s'est mis en place tout seul, sans que les transformations en cours aient été aperçues et comprises par les hommes mêmes qui les accomplissaient, et sans que l'esprit public soit préparé.

---

1. Tocqueville a donc, curieusement, la même idée que à ce sujet que les socialistes de son temps, Fourier, Owen ou Blanqui (et ce sera une thèse centrale du marxisme, pour qui il sera évident que la révolution prolétarienne est l'achèvement des révolutions bourgeoises). On peut se demander cependant s'il s'agit bien de la même évolution et si, à supposer que la redécouverte du civisme antique et son succès contre la féodalité étaient « inéluctables », le passage du libéralisme au socialisme le sera aussi. Si Tocqueville peut le croire, c'est que, comme nous le verrons plus loin, il ne comprend pas le *modus operandi* des institutions libérales, à commencer par le marché. Pour nous, instruits par l'histoire des XIX⁰ et XX⁰ siècles, nous pouvons penser que : 1) l'égalité devant la loi est, en effet, un attracteur de l'Histoire, puisqu'elle produit richesse et progrès, et qu'il est peu probable que les peuples, une fois qu'ils ont expérimenté un certain degré de développement, y renoncent, sinon sporadiquement ; ce qui justifie la vision tocquevilienne de l'*inéluctabilité de la disparition de la société féodale*. 2) Mais si la passion de l'égalité va jusqu'à l'égalisation forcée des conditions par le socialisme, il s'ensuit, outre la perte des libertés les plus élémentaires, un appauvrissement général dont il est non moins improbable que les peuples l'acceptent sans réagir, ce qu'a montré l'histoire de l'Europe occidentale dans la seconde moitié du XX⁰ siècle. D'où les doutes que l'on peut éprouver au sujet de la seconde partie de la thèse de Tocqueville, l'*inéluctabilité du socialisme*.

Le monde féodal, lui, avait une cohérence[1]. Il y avait correspondance entre les structures sociales et les idées des hommes. Certes, il était marqué par l'iné-
* galité. Mais la puissance des nobles modérait les tentations despotiques des rois ; les nobles étaient persuadés qu'ils devaient veiller comme des bergers sur le troupeau de leurs serfs ; ceux-ci, n'imaginant pas qu'ils pussent sortir de leur condition, n'étaient pas animés par la passion de l'envie et pouvaient aimer sincèrement leurs maîtres, du moins quand ils étaient justes. Les hommes, quels que fussent leurs rangs, pouvaient avoir de vrais vertus.

Aujourd'hui que « les rangs se confondent » (t. 1, p. 63-64), « l'empire de la démocratie » va-t-il enfin « s'établir paisiblement dans les institutions et dans les mœurs » ? Le nouvel état social peut-il être aussi stable et harmonieux que le précédent ? Tocqueville ne le croit pas.

Certes, on peut concevoir une société et un État où « l'association libre des citoyens » remplacerait « la puissance individuelle des nobles », où régnerait le droit, où il y aurait un consensus sur les institutions, où le progrès serait régulier, où la raison produirait tous les fruits que produisaient, dans la société féodale, les « croyances » et l' « enthousiasme ». Mais Tocqueville n'est pas séduit par cet idéal. Il pense que, dans ce régime nouveau, s'il est vrai que les habitudes y seront « plus douces », l'ignorance « plus rare », le sort du peuple « plus prospère », l'on rencontrera « moins d'éclat que dans une aristocratie », des jouissances « moins extrêmes », des « sciences moins grandes », et « la nation prise en corps sera moins brillante, moins glorieuse, moins forte peut-être » (t. 1, p. 64), critiques que nous retrouverons plus loin.

Le problème, de toute façon, est que cette alternative viable à la société féodale, qui est possible *en principe,* n'a pas été établie *en fait* par la démocratie, en Europe et singulièrement en France. Ce qui s'est passé, c'est qu'on a démoli sans rien rebâtir. On a chassé les rois traditionnels, mais pour mettre à la place des despotes plus absolus que ne l'avait été aucun roi. On a rapproché les conditions, mais, loin que cela calmât les passions sociales, cela les a au contraire exacerbées, de sorte que le consensus social est moins grand aujourd'hui en Europe qu'il ne l'a jamais été :

« La division des fortunes a diminué la distance qui séparait le pauvre du riche ; mais en se rapprochant, ils semblent avoir trouvé des raisons nouvelles de se haïr, et jetant l'un sur l'autre des regards pleins de terreur et d'envie, ils se repoussent mutuellement du pouvoir » (t. 1, p. 65)[2].

---

1. Cf. la distinction de Saint-Simon entre époques « organique » et « critique » de l'histoire (*supra,* p. 859 sq.).
2. Tocqueville reviendra plusieurs fois sur cette idée que les conflits sociaux s'aggravent paradoxalement à mesure que l'inégalité diminue (on parle d'un « effet Tocqueville »). Cf. un texte de *L'Ancien Régime* : « Le mal qu'on souffrait patiemment comme inévitable semble insupportable dès qu'on conçoit l'idée de s'y soustraire. Tout ce qu'on ôte alors des abus semble mieux découvrir ce qu'il en reste et en rend le sentiment plus

On est donc loin de la stabilité attendue. La démocratie n'a pas été sereinement pensée et assumée par des hommes sûrs de leurs idées et de leurs principes, qui auraient promu en toute connaissance de cause ce que la démocratie peut offrir d' « utile ». Il n'y a eu à ce sujet, sur le plan intellectuel, que des polémiques violentes. Il règne aujourd'hui une confusion idéologique sans précédent.

4) L'Amérique

Dernier moment du raisonnement. Cette situation, de par son incongruité même, ne peut durer : « Dieu prépare aux sociétés européennes un avenir plus fixe et plus calme. » En attendant, comme nous ne pouvons discerner cet avenir, nous pouvons du moins *étudier le pays où la démocratie est allée le plus loin et fait voir le plus clairement ses tendances, l'Amérique.*

« Il est un pays dans le monde où la grande révolution sociale dont je parle semble avoir à peu près atteint ses limites naturelles ; elle s'y est opérée d'une manière simple et facile, ou plutôt on peut dire que ce pays voit les résultats de la révolution démocratique qui s'opère parmi nous, sans avoir eu la révolution elle-même. Les émigrants qui vinrent se fixer en Amérique au commencement du XVIIᵉ siècle dégagèrent en quelque façon le principe de la démocratie de tous ceux contre lesquels il luttait dans le sein des vieilles sociétés de l'Europe, et ils le transplantèrent seul sur les rivages du nouveau monde. Là, il a pu grandir en liberté, et, marchant avec les mœurs, se développer paisiblement dans les lois » (t. 1, p. 68).

En Amérique donc, on pourra étudier la démocratie pour ainsi dire à l'état pur, et voir quel type de société elle engendre réellement. Et ce modèle, du coup, pourra éclairer la situation de l'Europe : il est probable que la démocratie a partout les mêmes tendances ou les mêmes implications, et que l'Amérique est une image anticipée, et d'ores et déjà visible et analysable, de ce que peut devenir une Europe dont l'avenir est encore voilé.

« J'avoue que dans l'Amérique j'ai vu plus que l'Amérique ; j'y ai cherché une image de la démocratie elle-même, de ses penchants, de son caractère, de ses préjugés, de ses passions ; j'ai voulu la connaître, ne fût-ce que pour savoir du moins ce que nous devions espérer ou craindre d'elle » (t. 1, p. 69).

Or il y a beaucoup à craindre.

---

cuisant : le mal est devenu moindre, il est vrai, mais la sensibilité est plus vive. La féodalité dans toute sa puissance n'avait pas inspiré aux Français autant de haine qu'au moment où elle allait disparaître. [...] Le court emprisonnement de Beaumarchais produisit plus d'émotion dans Paris que les Dragonnades » (*L'Ancien Régime et la Révolution*, édité par J.-P. Mayer, Gallimard, coll. « Folio », 1967, p. 278).

II — L'AMÉRIQUE, TERRE DE LA DÉMOCRATIE

1) *Une terre de « pèlerins »*

Une « idée » a commandé la création de l'Amérique. Elle n'a pas été fondée, comme d'autres colonies occidentales, par des populations chassées de leur patrie par le désespoir et la pauvreté. Elle a été fondée par des hommes d'idéal, qui ont accompli *délibérément* la démarche de traverser la mer et ne l'ont accomplie que pour fonder quelque chose de *nouveau*.

« Les émigrants qui vinrent s'établir sur les rivages de la Nouvelle-Angleterre appartenaient tous aux classes aisées de la mère-patrie. Leur réunion sur le sol américain présenta, dès l'origine, le singulier phénomène d'une société où il ne se trouvait ni grands seigneurs, ni peuple, et, pour ainsi dire, ni pauvres ni riches. Il y avait, à proportion gardée, une plus grande masse de lumière répandue parmi ces hommes que dans le sein d'aucune nation européenne de nos jours. Tous, sans en excepter peut-être un seul, avaient reçu une éducation assez avancée, et plusieurs d'entre eux s'étaient fait connaître en Europe par leurs talents et leurs sciences. Les autres colonies avaient été fondées par des aventuriers sans famille ; les émigrants de la Nouvelle-Angleterre apportaient avec eux d'admirables éléments d'ordre et de moralité ; ils se rendaient au désert accompagnés de leurs femmes et de leurs enfants. Mais ce qui les distinguait surtout de tous les autres, était le but même de leur entreprise. Ce n'était point la nécessité qui les forçait d'abandonner leur pays ; ils y laissaient une position sociale regrettable et des moyens de vivre assurés ; ils ne passaient point non plus dans le nouveau monde afin d'y améliorer leur situation ou d'y accroître leurs richesses ; ils s'arrachaient aux douceurs de la patrie pour obéir à un besoin purement intellectuel ; en s'exposant aux misères inévitables de l'exil, ils voulaient faire triompher une *idée*.

« Les émigrants ou, comme ils s'appelaient si bien eux-mêmes, les *pèlerins (pilgrims)*, appartenaient à cette secte d'Angleterre à laquelle l'austérité de ses principes avait fait donner le nom de puritaine. Le puritanisme n'était pas seulement une doctrine religieuse ; il se confondait encore en plusieurs points avec les théories républicaines et démocratiques les plus absolues[1] » (t. 1, p. 91).

Et Tocqueville de citer les structures sociopolitiques qui se sont créées en Nouvelle-Angleterre dans le sillage du « covenant » du *Mayflower*, toutes républicaines d'esprit. Résultat :

« La démocratie, telle que n'avait pas osé la rêver l'Antiquité, s'échappait toute grande et tout armée du milieu de la vieille société féodale » (t. 1, p. 95).

---

1. En effet. Cf. *supra*, p. 270-278.

Cette société s'autogouverna, elle fut libre, et elle choisit de se régler suivant le droit :

« On voit [les émigrants] à chaque instant faire acte de souveraineté ; ils nomment leurs magistrats, font la paix et la guerre, établissent les règlements de police, se donnent des lois comme s'ils n'eussent relevé que de Dieu seul » (t. 1, p. 96).

Ce qui frappe Tocqueville est précisément cette « souveraineté du peuple », qui, en Amérique, étant donné les circonstances particulières qu'on vient de caractériser, devient un principe politique réel, et non pas seulement une abstraction d'intellectuels ou une commode fiction dont se serviraient des pouvoirs en réalité non démocratiques.

« Tantôt le peuple en corps fait les lois comme à Athènes ; tantôt des députés, que le vote universel[1] a créés, le représentent et agissent en son nom sous sa surveillance presque immédiate. [...] Le peuple participe à la composition des lois par le choix des législateurs, à leur application par l'élection des agents du pouvoir exécutif ; on peut dire qu'il gouverne lui-même, tant la part laissée à l'administration est faible et restreinte[2], tant celle-ci se ressent de son origine populaire et obéit à la puissance dont elle émane. Le peuple règne sur le monde politique américain comme Dieu sur l'univers. Il est la cause et la fin de toutes choses ; tout en sort et tout s'y absorbe » (t. 1, p. 117-120).

2) Le « principe de subsidiarité » de la Constitution américaine

Le principe du pouvoir étant la souveraineté populaire, il s'ensuit que le pouvoir politique, en Amérique, s'organise de bas en haut. Le peuple a établi des communes, puis des comtés, puis l'État local, enfin, en dernier lieu, le gouvernement fédéral. Celui-ci étant l'instance la plus éloignée du peuple, c'est de lui que le peuple se défie le plus, et c'est à lui qu'il est le plus réticent à confier des pouvoirs.

Le principe est que le peuple ne consent à la mise en place d'un étage supérieur de pouvoir que pour traiter de problèmes qui ne peuvent être réglés à l'étage inférieur. À ce pouvoir supérieur, on délègue donc expressément certaines tâches ; tout ce qui n'est pas expressément délégué est réputé ne pas avoir été concédé. De sorte que si les étages supérieurs, et en dernier lieu l'État fédéral, ont des missions importantes et prestigieuses, comme la guerre ou la diplomatie, il est bien entendu qu'ils n'ont qu'elles et ne peuvent profiter des forces

---

1. Rappelons que la France vit encore, quand Tocqueville écrit ces lignes, sous le régime du suffrage censitaire. Sur les étapes de l'instauration du suffrage universel aux États-Unis, cf. *supra*, p. 385, n. 1.
2. Alors qu'en France, l'administration a quasiment tous les pouvoirs, elle est devenue une puissance en soi, indépendante du peuple et, tendanciellement, du roi, comme Tocqueville l'expliquera dans *L'Ancien Régime et la Révolution*.

qui leur sont confiées pour les mener à bien pour s'arroger d'eux-mêmes
d'autres pouvoirs qui pourraient être exercés plus près du contrôle populaire, ou
a fortiori par les citoyens eux-mêmes. Tout ce qui peut être réglé à un niveau
inférieur, police, justice, services de proximité, instruction publique, etc., à
portée plus immédiate des électeurs, doit l'être ; si l'étage supérieur tente de s'en
emparer, ceci est perçu comme déloyal et virtuellement despotique. Les Américains ont donc mis en œuvre ce qu'on pourrait appeler un « principe de subsidiarité ». L'étage *n* + 1 se substitue à l'étage *n* là où cet étage *n* admet lui-même
qu'il n'a pas les moyens d'agir de façon appropriée. Mais le principe du pouvoir
est toujours la communauté de base, c'est-à-dire la souveraineté du peuple – et,
de ce fait, les principes hiérarchiques et tutélaires, traditionnels en Europe, sont,
en Amérique, pris à contre-pied.

L'effet d'optique produit pour l'Européen est qu'en Amérique,
l'État est comme « absent » :

« Ce qui frappe le plus l'Européen qui parcourt les États-Unis, c'est
l'absence de ce qu'on appelle chez nous le gouvernement ou l'administration [...]. La main qui dirige la machine sociale échappe à chaque instant »
(t. 1, p. 134).

III – UN REGARD CRITIQUE
SUR LES PRINCIPALES INSTITUTIONS
DE LA DÉMOCRATIE LIBÉRALE

Est-ce un bien ou un mal ? Les réticences de Tocqueville vont se
faire jour à travers une série d'analyses des institutions morales, juridiques et politiques de la nouvelle société.

1) *Travail salarié et lien social*

L'aristocrate et le catholique (de formation) Tocqueville est stu-
péfait de ce qu'il voit en Amérique. Dans les sociétés aristocratiques
d'Europe, il est entendu que l'honneur est attaché aux « grandes »
actions, aux actions « héroïques », notamment militaires, ou aux
grands dévouements au service du roi. Or voici que Tocqueville
découvre que la société américaine répute suprêmement honorable
le *travail*.

« Chez les peuples démocratiques, où il n'y a point de richesses héréditaires,
chacun travaille pour vivre, ou a travaillé, ou est né de gens qui ont travaillé.
L'idée du travail, comme condition nécessaire, naturelle et honnête de l'humanité, s'offre donc de tout côté à l'esprit humain. Non seulement le travail n'est
point en déshonneur chez ces peuples, mais il est en honneur ; le préjugé n'est

pas contre lui, il est pour lui. Aux États-Unis, un homme riche croit devoir à l'opinion publique de consacrer ses loisirs à quelque opération d'industrie, de commerce, ou à quelques devoirs publics. Il s'estimerait malfamé s'il n'employait sa vie qu'à vivre. C'est pour se soustraire à cette obligation du travail que tant de riches Américains viennent en Europe : là, ils trouvent des débris de sociétés aristocratiques parmi lesquelles l'oisiveté est encore honorée » (t. 2, p. 191)[1].

Or, insiste Tocqueville, par travail il ne faut pas entendre simplement l'activité humaine transformatrice de quelque chose (car, en ce sens, même les aristocrates peuvent « travailler »), mais, plus précisément, l'activité menée en vue d'un *revenu*. Dès lors que tout le monde est censé chercher un revenu, il n'y a plus, dans une société telle que la société américaine, de véritable différenciation sociale entre classes.

« Du moment où, d'une part, le travail semble à tous les citoyens une nécessité honorable de la condition humaine, et où, de l'autre, le travail est toujours visiblement fait, en tout ou en partie, par la considération du salaire, l'immense espace qui séparait les différentes professions dans les sociétés aristocratiques disparaît. Si elles ne sont pas toutes pareilles, elles ont du moins un trait semblable. Il n'y a pas de profession où l'on ne travaille pas pour de l'argent. Le salaire, qui est commun à toutes, donne à toutes un air de famille. Ceci sert à expliquer les opinions que les Américains entretiennent relativement à leurs diverses professions. Les serviteurs américains ne se sentent pas dégradés parce qu'ils travaillent ; car autour d'eux tout le monde travaille. Ils ne se sentent pas abaissés par l'idée qu'ils reçoivent un salaire ; car le président des États-Unis travaille aussi pour un salaire. On le paye pour commander, aussi bien qu'eux pour

---

1. Nous savons que le travail a été doté d'une valeur véritablement religieuse par le protestantisme. Ce à quoi Dieu « appelle » l'homme, sa vraie « vocation », c'est, à suivre la traduction allemande de la Bible par Luther, le travail, *Beruf,* et non plus la contemplation que met en œuvre la seule vie religieuse. Le « genre de vie » le plus élevé au Moyen Âge est celui du moine, qui semble être l'homme qui répond de plus près à l'exigence divine. Le genre de vie valorisé par le protestantisme est le travail dans le siècle. Le travail est béni. Celui qui travaille, et qui réussit dans son travail, est aimé de Dieu. Mutation profonde, bien analysée par Max Weber dans *L'Éthique protestante et l'esprit du capitalisme,* si ce n'est que Weber ne met pas assez en relief, selon nous, l'esprit *eschatologique* qui, chez Luther, préside à ce choix. Dieu « appelle » les hommes à la charité ; or la charité implique de *transformer le monde,* et on le transforme par le travail. Luther, malgré le paradoxe, reprend à cet égard, fût-ce contre la papauté dégénérée, l'esprit même de la « Révolution papale » (cf. notre article « The Invention of Western Reason », *op. cit.*). Les pays protestants, et singulièrement les pays calvinistes, et parmi eux au premier chef l'Amérique, entendent hâter la messianisation du monde, créer outre-Atlantique la « Nouvelle Jérusalem » qui, pour reprendre la formule de l'Apocalypse, « fait toutes choses nouvelles ». Tocqueville rend mal justice à cette dimension spirituelle du « dynamisme » américain, qu'il croit dirigé vers le seul bien-être matériel. Il ne voit également dans le « travail » que la dimension négative (être obligé de travailler pour vivre), non les dimensions positives (créer, œuvrer, répandre le bien autour de soi).

servir. Aux États-Unis, les professions sont plus ou moins pénibles, plus ou moins lucratives, mais elles ne sont jamais ni hautes ni basses. Toute profession honnête est honorable »[1] (t. 2, II, 17, p. 192).

Telle est la situation en Amérique (du moins dans les États nordistes non esclavagistes). Tocqueville admet cependant que ce nouveau régime est un « ordre », qu'il peut être « réglé et fixe », puisqu'il a

« entendu dire que les serviteurs remplissent d'ordinaire les devoirs de leur état avec exactitude et intelligence [...]. Ils se respectent assez eux-mêmes pour ne pas refuser à leurs maîtres une obéissance qu'ils ont librement promise. De leur côté, les maîtres n'exigent de leurs serviteurs que la fidèle et rigoureuse exécution du contrat ; ils ne leur demandent pas des respects ; ils ne réclament pas leur amour et leur dévouement ; il leur suffit de les trouver ponctuels et honnêtes » (t. 2, III, 5, p. 228)[2].

Mais Tocqueville, on l'a dit, n'analyse l'Amérique que pour mieux comprendre l'Europe. À supposer qu'une société du contrat ait été réalisée en Amérique, elle n'est pas près de l'être en France, où l'on a supprimé le vieux lien social sans qu'il y ait encore de vrai consensus sur le nouveau lien contractuel. Il en résulte une crise violente.

« Là se poursuit sans cesse une guerre sourde et intestine entre des pouvoirs toujours soupçonneux et rivaux : le maître se montre malveillant et doux, le serviteur malveillant et indocile ; l'un veut se dérober sans cesse, par des restrictions déshonnêtes, à l'obligation de protéger et de rétribuer, l'autre à celle d'obéir. [...] Un pareil état n'est pas démocratique, il est révolutionnaire[3] » (t. 2, III, 5, p. 229-230).

2) *Le lien social dans les sociétés aristocratiques*

C'est ici l'occasion, pour Tocqueville, de présenter une idée sur laquelle il reviendra plusieurs fois sous diverses formes. La « démocratie », qui promeut l'égalité devant la loi et supprime les rangs et privilèges, supprime par là même une forme importante de lien

---

1. L'étonnement de Tocqueville sur ce chapitre s'explique non seulement par la culture aristocratique qui est la sienne, mais aussi par les mœurs administratives françaises du temps. Tocqueville a été juge pendant cinq ans sans jamais percevoir de salaire. Sa mission en Amérique, quoique commandée par l'administration, n'a pas été rémunérée (et c'est sans doute pour cette raison qu'elle fut commandée).
2. Il y a « ordre », mais on voit que le charme est rompu.
3. Il semble que cette situation de non-consensus tarde à disparaître en France près de deux siècles après le diagnostic posé par Tocqueville. Il est vrai que les Français ont été exposés dans l'intervalle à des influences idéologiques contrastées, mais où les visions du monde antilibérales de droite et de gauche ont été, dans l'ensemble, majoritaires.

social, à savoir la communauté existant au sein de ce que la tradition de droite appelle les « corps intermédiaires », familles, pays, seigneuries, ordres, corporations. Par exemple, dès lors qu'en Amérique les serviteurs sont salariés aussi bien que leurs maîtres, disparaît cette communauté maître-serviteur authentique qui existait entre eux dans l'ancienne société :

> « Bien que, sous l'aristocratie, le maître et le serviteur n'aient entre eux aucune ressemblance ; que la fortune, l'éducation, les opinions, les droits les placent, au contraire, à une immense distance sur l'échelle des êtres, le temps finit cependant par les lier ensemble. Une longue communauté de souvenirs les attache, et, quelque différents qu'ils soient, ils s'assimilent ; tandis que, dans les démocraties, où naturellement ils sont presque semblables, ils restent toujours étrangers l'un à l'autre[1] » (t. 2, III, 5, p. 223-224).

Dans l'aristocratie, la communauté maître-serviteur va jusqu'à l'identification :

> « Le serviteur [...] se transporte tout entier dans son maître ; c'est là qu'il se crée une personnalité imaginaire. Il se pare avec complaisance des richesses de ceux qui lui commandent ; il se glorifie de leur gloire, se rehausse de leur noblesse, et se repaît sans cesse d'une grandeur empruntée, à laquelle il met souvent plus de prix que ceux qui en ont la possession pleine et véritable. Il y a quelque chose de touchant et de ridicule à la fois dans une si étrange confusion de deux existences » (t. 2, p. 224)[2].

Et, dit ailleurs Tocqueville, il y a des hiérarchies fixes au sein même de la classe des serviteurs, comme il y en a parmi les nobles ; on se succède de père en fils à un niveau donné de cette hiérarchie ; on y a un certain style de vie, et même un code d'honneur. On y est lié au seigneur, comme on l'est à ses ancêtres et à ses descendants. On est véritablement intégré en une société fixe, visible, sur la perpétuation de laquelle on peut compter et qui, si elle limite le champ des possibles, est aussi une protection et une sécurité et finit par ne même plus être ressentie comme une contrainte.

---

1. Ils sont « semblables » en tant que soumis à la même loi, partenaires d'un jeu ayant des règles communes ; or ils sont néanmoins « étrangers » l'un à l'autre. C'est donc que, pour Tocqueville, le droit n'est *pas* un vrai lien social. Seules sont un tel lien les relations concrètes, mettant en jeu la psychologie, la mémoire, les intérêts. Ainsi, la société aristocratique était une vraie *société* ; la société démocratique est une *non-société,* un ensemble non lié d'atomes sociaux, qu'il faudra « recoller » par divers procédés, comme l'association, de l'efficacité desquels Tocqueville paraît être assez peu convaincu.

2. Tocqueville est presque dans la ligne de la critique de l' « idéologie » chez Marx (cf. *supra,* p. 924 sq.). Mais Marx énonce nettement que l'idéologie est fausse. Alors que Tocqueville paraît dire qu'il y a une vérité précieuse dans cette illusion, malgré son « ridicule », et une perte irréparable dans la lucidité apportée aux Temps modernes par la raison juridique et économique. En fait, ici comme souvent ailleurs, Tocqueville ne dit pas toute sa pensée. Il sera plus sincère, ou sa pensée aura plus complètement mûri, dans *L'Ancien Régime et la Révolution.*

Tout est changé quand le serviteur est le salarié d'un maître qui a lui-même besoin de gagner des revenus par un travail. Alors, cette condition même est commune au maître et au serviteur, en dépit de l'inégalité réelle des conditions. Mais, loin de les rapprocher, cela les isole, parce que cela introduit entre eux une concurrence. Certes ils sont liés par le « contrat », mais cette relation est essentiellement changeante, elle peut être nouée et dénouée à tout moment par la seule volonté individuelle, elle n'est donc pas un vrai lien.

« Lorsque les conditions sont presque égales, les hommes changent sans cesse de place. [...] Il n'y a pas plus de perpétuité dans le commandement que dans l'obéissance. [...] À chaque instant, le serviteur peut devenir maître et aspire à le devenir ; le serviteur n'est pas un autre homme que le maître. Pourquoi donc le premier a-t-il le droit de commander et qu'est-ce qui force le second à obéir ? L'accord momentané et libre de leurs deux volontés. Naturellement, ils ne sont point inférieurs l'un à l'autre, ils ne le deviennent momentanément que par l'effet du contrat. Dans les limites du contrat, l'un est le serviteur et l'autre le maître ; en dehors, ce sont deux citoyens, deux hommes. [...] Le maître juge que dans le contrat est la seule origine de son pouvoir, et le serviteur y découvre la seule cause de son obéissance » (t. 2, p. 225-226).

La conclusion de Tocqueville est frappante : tout ceci ne débouche pas sur une fraternité, ou du moins sur quelque forme de société solide, mais au contraire sur une perte irrémédiable du lien social.

« Il serait insensé de croire qu'il pût jamais naître entre ces deux hommes aucune de ces affections ardentes et profondes qui s'allument quelquefois au sein de la domesticité aristocratique, ni qu'on dût y voir apparaître des exemples éclatants de dévouement. [...] Leurs corps se touchent sans cesse, leurs âmes ne se mêlent point » (t. 2, p. 227).

Ce qui revient à dire, en filigrane, que la société marchande est essentiellement fragile, que la perte de cette certitude d'avoir une place donnée dans le monde pourra, non pas seulement désoler l'aristocrate, mais susciter une révolte générale des serviteurs contre la société bourgeoise.

3) *La liberté de la presse*

En Amérique s'est affirmé le principe de la liberté de la presse. Tocqueville approuve ce principe, mais non sans réticences.

« J'avoue que je ne porte point à la liberté de la presse cet amour complet et désintéressé qu'on accorde aux choses souverainement bonnes de leur nature. Je l'aime par la considération des maux qu'elle empêche bien plus que pour les biens qu'elle fait » (t. 1, II, 3, p. 264).

Il est vrai que la liberté de la presse « empêche des maux » : elle est un contre-pouvoir utile et même nécessaire, puisque seul le « tribunal de l'opinion » peut borner les abus du pouvoir politique.

Mais elle peut aussi causer des torts. Tocqueville, curieusement, se félicite de l'impuissance de la presse en Amérique, trop nombreuse et dispersée pour pouvoir inquiéter le gouvernement (à la différence de ce qui se passe en France, où la presse est dangereuse parce qu'elle est nouvelle et centralisée).

Surtout, Tocqueville doute qu'elle puisse produire les grands biens que lui attribuent les partisans décidés de la liberté d'expression comme les John Stuart Mill ou les Benjamin Constant, à savoir la capacité de faire avancer le débat des idées par les vertus critiques du pluralisme. Il observe que, dès lors qu'on permet aux gens de s'exprimer sans entraves, ils expriment, de fait, ce qu'ils préfèrent, à savoir leurs préjugés, et non la vérité. De sorte que la liberté de la presse jouerait plutôt dans le sens d'un pesant conservatisme. C'est, dit Tocqueville, ce qui s'est passé en Angleterre,

« le pays de l'Europe où l'on a vu pendant un siècle la liberté la plus grande de penser et les préjugés les plus invincibles. J'attribue cet effet à la cause même qui, au premier abord, semblerait devoir l'empêcher de se produire, à la liberté de la presse. Les peuples chez lesquels existe cette liberté s'attachent à leurs opinions par orgueil autant que par conviction. Ils les aiment, parce qu'elles leur semblent justes, et aussi parce qu'elles sont de leur choix, et ils y tiennent, non seulement comme à une chose vraie, mais encore comme à une chose qui leur est propre » (p. 272).

En réalité, l'abondance même des opinions émises dans la presse a pour effet que le lecteur ordinaire, submergé, est plongé dans le « doute » et éprouve bientôt « une méfiance universelle ». La majorité des hommes, en régime de liberté de la presse, « croira sans savoir pourquoi, ou ne saura pas précisément ce qu'il faut croire ». Il est vrai que quelques hommes sauront utiliser la diversité d'information que permet une presse libre comme un moyen d'affirmer leurs jugements, mais il ne s'agit que d'une élite restreinte. Et Tocqueville ajoute en note :

« Encore je ne sais si cette conviction réfléchie et maîtresse d'elle-même élève jamais l'homme *au degré d'ardeur et de dévouement qu'inspirent les croyances dogmatiques.* »

Donc Tocqueville préfère et regrette le « dogmatisme »... Et il va au fond de sa pensée lorsqu'il s'écrie :

« Dans le doute des opinions, les hommes finissent par s'attacher uniquement aux instincts et aux intérêts *matériels,* qui sont bien plus visibles, plus saisissables et plus permanents de leur nature que les opinions » (p. 273).

La démocratie produit inéluctablement le matérialisme, d'où il faut conclure que seule, inversement, une société non démocratique peut faire la place qui leur revient aux choses de l'esprit. Nous voyons donc, une fois de plus, que si Tocqueville est surpris et fasciné par ce qu'il voit dans la démocratie américaine, il n'est nullement séduit, bien au contraire. Ce qui nous est confirmé par d'autres analyses.

4) L'association

La « démocratie », nous l'avons vu, détruit les liens sociaux traditionnels et atomise la société. Il n'y a plus, face aux gouvernements, que des individus. Or, il faut que des instances indépendantes des gouvernements promeuvent des « idées » ou des « sentiments » nouveaux. Si c'est le gouvernement qui se charge de cette tâche d'innovation, il imposera au lieu de proposer et sera « tyrannique ». S'il s'abstient, et que personne d'autre ne prend d'initiative, tout restera immobile. Il faut donc, dans la société démocratique, des entités nouvelles qui puissent jouer le rôle que jouaient jadis les grands seigneurs et autres « corps intermédiaires ». Ce seront les *associations*.

« Ce sont les associations qui, chez les peuples démocratiques, doivent tenir lieu des particuliers puissants que l'égalité a fait disparaître » (t. 2, II, 5, p. 140).

Les États-Unis ont ouvert la voie :

« Sitôt que plusieurs des habitants des États-Unis ont conçu un sentiment ou une idée qu'ils veulent produire dans le monde, ils se cherchent, et, quand ils se sont trouvés, ils s'unissent. Dès lors, ce ne sont plus des hommes isolés, mais une puissance qu'on voit de loin, et dont les actions servent d'exemple ; qui parle, et qu'on écoute. La première fois que j'ai entendu dire aux États-Unis que cent mille hommes s'étaient engagés publiquement à ne pas faire usage de liqueurs fortes, la chose m'a paru plus plaisante que sérieuse, et je n'ai pas bien vu d'abord pourquoi ces citoyens si tempérants ne se contentaient point de boire de l'eau dans l'intérieur de leur famille. J'ai fini par comprendre que ces cent mille Américains, effrayés des progrès que faisait autour d'eux l'ivrognerie, avaient voulu accorder à la sobriété leur patronage. Ils avaient agi précisément comme un grand seigneur qui se vêtirait très uniment afin d'inspirer aux simples citoyens le mépris du luxe. Il est à croire que si ces cent mille hommes eussent vécu en France, chacun d'eux se serait adressé individuellement au gouvernement, pour le prier de surveiller les cabarets sur toute la surface du royaume » (p. 140-141).

Mais l'association, remède à l'atomisation de la société engendrée par la démocratie, suppose la persuasion. D'où le lien étroit entre association et presse ; sans journaux, pas d'action commune.

Si Tocqueville parle ici en sociologue qui décrit ce qu'il voit en Amérique, on ne saurait prétendre qu'il voie réellement dans l'association un principe politique nouveau qui suffise à compenser l'atomisation de la société. Le mérite qu'il reconnaît aux associations est de jouer un rôle équivalent à celui des grands seigneurs de jadis. Il se déduit de son analyse que, si ceux-ci existaient encore, celles-là ne seraient pas nécessaires.

5) *Le suffrage universel*

Tocqueville est également méfiant à l'égard du suffrage universel qu'il voit fonctionner en Amérique.

Il est impossible que le suffrage universel produise de bons résultats, d'abord, parce que ce système repose sur l'idée que le peuple est éclairé. Or il ne l'est pas et ne peut l'être, parce qu'il n'a pas le *temps* de se cultiver.

« C'est un fait constant que, de nos jours, aux États-Unis, les hommes les plus remarquables sont rarement appelés aux fonctions publiques, et l'on est obligé de reconnaître qu'il en a été ainsi à mesure que la démocratie a dépassé toutes ses anciennes limites. Il est évident que la race des hommes d'État américains s'est singulièrement rapetissée depuis un demi-siècle. On peut indiquer plusieurs causes de ce phénomène. Il est *impossible, quoi qu'on fasse,* d'élever les lumières du peuple au-dessus d'un certain niveau[1]. On aura beau faciliter les abords des connaissances humaines, améliorer les méthodes d'enseignement et mettre la science à bon marché, on ne fera jamais que les hommes s'instruisent et développent leur intelligence sans y consacrer du temps. Le plus ou moins de facilité que rencontre le peuple à vivre sans travailler forme donc la limite nécessaire de ses progrès intellectuels. Cette limite est placée plus loin dans certains pays, moins loin dans certains autres ; mais pour qu'elle n'existât point, il faudrait que le peuple n'eût point à s'occuper des soins matériels de la vie, c'est-à-dire qu'il ne fût plus le peuple » (t. 1, II, 5, p. 284-285)[2].

Autre raison du danger du suffrage universel : il élimine systématiquement les bons gouvernants potentiels, du fait de l'*envie* du peuple.

---

1. Nous soulignons. C'est là une affirmation qui, vraie ou fausse, est en tout cas conforme aux traditions naissantes de la « droite », puisque Tocqueville présente cette situation d'imperfectibilité du peuple non pas comme un fait dont on doit tenir compte, mais qu'il faut trouver les moyens de dépasser (ce qui, nous l'avons vu, est la position des orléanistes comme Adophe Thiers), mais comme un fait inéluctable et « structurel ».

2. Tocqueville suppose que le travail sera toujours abrutissant. Il ne pouvait prévoir le développement du tertiaire, et des emplois de type tertiaire au sein même de l'agriculture et de l'industrie, au détriment des tâches purement physiques. Or ces travaux qualifiés, loin d'être incompatibles avec l'acquisition de « lumières », les présupposent.

« Il ne faut pas se dissimuler que les institutions démocratiques développent à un très haut degré le sentiment de l'envie dans le cœur humain. [...] Les institutions démocratiques réveillent et flattent la passion de l'égalité sans pouvoir jamais la satisfaire entièrement. [...] La chance de réussir émeut [le peuple], l'incertitude du succès l'irrite ; il s'agite, il se lasse, il s'aigrit. Tout ce qui le dépasse par quelque endroit lui paraît alors un obstacle à ses désirs, et il n'y a pas de supériorité si légitime dont la vue ne fatigue ses yeux. Beaucoup de gens s'imaginent que cet instinct secret qui porte chez nous les classes inférieures à écarter autant qu'elles le peuvent les supérieures de la direction des affaires ne se découvre qu'en France ; c'est une erreur ; l'instinct dont je parle n'est pas français, il est démocratique » (p. 286).

Cette défiance du peuple pour les hommes capables suscite à son tour, de la part de ces derniers, un désintérêt croissant pour les fonctions politiques.

« Tandis que les instincts naturels de la démocratie portent le peuple à écarter les hommes distingués du pouvoir, un instinct non moins fort porte ceux-ci à s'éloigner de la carrière politique, où il leur est si difficile de rester complètement eux-mêmes et de marcher sans s'avilir. [...] Il m'est démontré que ceux qui regardent le vote universel comme une garantie de la bonté des choix se font une illusion complète » (p. 286).

De sorte que, du fait de ces dégoûts croisés, la démocratie paraît vouée à n'avoir finalement, comme gouvernants, que des nullités[2].

IV — LA DÉMOCRATIE ET LES « MŒURS »

Tocqueville montre les liens existant entre les institutions politiques et l'état général de la société, ce que Montesquieu appelait l'esprit général d'une nation et qu'il appelle, lui, les « mœurs ». Il conçoit clairement — longtemps avant Spencer — qu'il existe une « causalité circulaire » entre mœurs et institutions. En Amérique, les mœurs des premiers habitants ont produit les institutions démocratiques, mais, inversement, la démocratie a continué à façonner les mœurs. Où cela a-t-il conduit la société américaine ?

1) L'individualisme

En dissolvant les anciens liens sociaux, la démocratie a atomisé la société. Or l'homme isolé des autres par la démocratie, pris dans une

1. Le pessimisme de Tocqueville semble avoir été largement démenti par l'histoire des démocraties aux XIXᵉ et XXᵉ siècles, et d'abord en Amérique même.

logique sociale « individualiste », ne peut que s'altérer dans sa personnalité morale même.

De l'aristocratie à la démocratie (entendons ici encore le libéralisme), la différence n'est pas seulement sociale, elle est morale. Le
libéralisme *rend l'humanité immorale* :

> « Chez les peuples aristocratiques, les familles restent pendant des siècles
> dans le même état, et souvent dans le même lieu. Cela rend, pour ainsi dire,
> toutes les générations contemporaines. Un homme connaît presque toujours ses
> aïeux et les respecte ; il croit déjà apercevoir ses arrière-petit-fils, et il les aime. Il
> se fait volontiers des devoirs envers les uns et les autres, et il lui arrive fréquem-
> ment de sacrifier ses jouissances personnelles à ces êtres qui ne sont plus ou qui
> ne sont pas encore. Les institutions aristocratiques ont, de plus, pour effet de lier
> étroitement chaque homme à plusieurs de ses concitoyens. Les classes étant fort
> distinctes et immobiles dans le sein d'un peuple aristocratique, chacune d'elles
> devient pour celui qui en fait partie une sorte de petite patrie, plus visible et plus
> chère que la grande. Comme, dans les sociétés aristocratiques, tous les citoyens
> sont placés à poste fixe, les uns au-dessus des autres, il en résulte encore que
> chacun d'entre eux aperçoit toujours plus haut que lui un homme dont la pro-
> tection lui est nécessaire, et plus bas il en découvre un autre dont il peut récla-
> mer le concours. Les hommes qui vivent dans les siècles aristocratiques sont
> donc presque toujours *liés d'une manière étroite à quelque chose qui est placé en dehors*
> *d'eux,* et ils sont souvent disposés à s'oublier eux-mêmes. [...] [Les hommes des
> sociétés démocratiques, au contraire,] ne doivent rien à personne, ils n'attendent
> pour ainsi dire rien de personne ; ils s'habituent à se considérer toujours isolé-
> ment, ils se figurent volontiers que leur destinée tout entière est entre leurs
> mains. Ainsi [...] la démocratie [...] ramène [l'homme] sans cesse vers lui seul et
> menace de le renfermer enfin tout entier dans la solitude de son propre cœur »
> (t. 2, II, 2, p. 125-126).

2) *Démocratie et capacité de « se mettre à la place d'autrui »*

Tocqueville montre cependant que la démocratie, précisément
parce qu'elle égalise les hommes, favorise entre eux cet amour et
cette compassion dont, tout à l'heure, il nous disait qu'elle les brisait
en son cœur. Mais cela ne va pas modifier le jugement globalement
négatif qu'il porte sur elle.

Tocqueville cite des lettres de Mme de Sévigné témoignant
d'une incroyable insensibilité de celle-ci aux souffrances d'autrui
– foules massacrées ou exilées par des soldats du fisc en Bretagne,
individus coupables de peccadilles torturés et exécutés sans pitié –
et explique cette dureté de cœur, presque insupportable à nos yeux
de modernes, par le fait que Mme de Sévigné ne considérait pas ces
victimes comme des *semblables*. Elles appartenaient à des classes
sociales tellement éloignées de la sienne qu'elles ne semblaient
même pas, à ses yeux, faire partie de l'humanité : « Mme de Sévi-

gné ne concevait pas clairement ce que c'était que de souffrir quand on n'était pas gentilhomme. » Rien de tel dans une société démocratique :

> « Quand les rangs sont presque égaux chez un peuple, tous les hommes ayant à peu près la même manière de penser et de sentir, chacun d'eux peut juger en un moment des sensations de tous les autres : il jette un coup d'œil rapide sur lui-même ; cela lui suffit. Il n'y a donc pas de misère qu'il ne conçoive sans peine, et dont un instinct secret ne lui découvre l'étendue. En vain s'agira-t-il d'étrangers ou d'ennemis : l'imagination le met aussitôt à leur place. Elle mêle quelque chose de personnel à sa pitié, et le fait souffrir lui-même tandis qu'on déchire le corps de son semblable » (t. 2, III, 1, p. 208).

D'où le paradoxe que la société américaine, essentiellement individualiste et égoïste, paraît être plus « douce » qu'aucune autre :

> « Quoique les Américains aient pour ainsi dire réduit l'égoïsme en théorie sociale et philosophique, ils ne s'en montrent pas moins fort accessibles à la pitié » (p. 209).

Cela remet-il en cause le jugement que Tocqueville a porté sur l'égoïsme et l'immoralité de la société démocratique ? Nullement.

> « Tout ceci *n'est point contraire à ce que j'ai dit ci-devant à propos de l'individualisme.* Je vois même que ces choses s'accordent, loin de se combattre. L'égalité des conditions, en même temps qu'elle fait sentir aux hommes leur indépendance, leur montre leur faiblesse ; ils sont libres, mais exposés à mille accidents, et l'expérience ne tarde pas à leur apprendre que, bien qu'ils n'aient pas un habituel besoin du secours d'autrui, il arrive presque toujours quelque moment où ils ne sauraient s'en passer. Nous voyons tous les jours en Europe que les hommes d'une même profession s'entraident volontiers ; ils sont tous exposés aux mêmes maux ; cela suffit pour qu'ils cherchent mutuellement à s'en garantir, quelque durs ou égoïstes qu'ils soient d'ailleurs. Lors donc que l'un d'eux est en péril, et que, par un petit sacrifice passager ou un élan soudain, les autres peuvent l'y soustraire, ils ne manquent pas de le tenter. Ce n'est point qu'ils s'intéressent profondément à son sort ; car, si, par hasard, les efforts qu'ils font pour le secourir sont inutiles, ils l'oublient aussitôt et retournent à eux-mêmes ; mais il s'est fait entre eux une sorte d'accord tacite et presque involontaire, d'après lequel chacun doit aux autres un appui momentané qu'à son tour il pourra réclamer pour lui-même. Étendez à un peuple ce que je dis d'une classe seulement, et vous comprendrez ma pensée » (t. 2, III, 4, p. 219-220).

Autrement dit, la « douceur » de la société démocratique n'est que le fruit de sordides sentiments d'intérêt. Loin que la solidarité constatée dans les sociétés démocratiques démente leur égoïsme, elle est produite par l'égoïsme même. Tout y est utilitaire, même l'amour du prochain, et par conséquent cette société ne peut que tuer tout sentiment moral vrai. Et Tocqueville d'user de nouveau de termes méprisants : pas de « grands bienfaits » dans la société libérale,

seulement de « bons offices » ; pas de « dévouements », seulement
des échanges de services. Tocqueville a le sentiment que le libéralisme américain est en train de détruire ce qu'il y a de plus précieux
dans l'humanité.

3) *Le dynamisme de l'Amérique*

Il est vrai que la société américaine est extraordinairement *active,
riche, innovatrice*. Tocqueville est bien obligé de le reconnaître. Mais
nous allons voir que, là encore, il formule de graves réserves.

La société américaine est dynamique parce que, si l'on n'y
trouve pas le « moteur » administratif central sans lequel, en France,
tout resterait immobile, on y trouve la loi, c'est-à-dire une « règle
du jeu » consensuelle, sur lesquelles tout le monde peut compter
sans craindre à tout moment l'intervention intempestive et arbitraire de l'administration. Par conséquent, chacun est incité à
s'activer et s'ingénie à inventer. Si l'on compare un « pays libre »
comme l'Amérique à un « pays qui ne l'est pas » (c'est-à-dire un
pays administré centralement), on constate ce « spectacle fort
extraordinaire » :

« Dans l'un, il n'est question que d'amélioration et de progrès ; on dirait
que la société, dans l'autre, après avoir acquis tous les biens, n'aspire qu'à se
reposer pour en jouir. Cependant, le pays qui se donne tant d'agitation pour
être heureux, est en général plus riche et plus prospère que celui qui paraît si
satisfait de son sort. Et en les considérant l'un et l'autre, on a peine à concevoir
comment tant de besoins nouveaux se font sentir chaque jour dans le premier,
tandis qu'on semble en éprouver si peu dans le second » (p. 338).

La démocratie américaine est donc beaucoup plus productive
sur le plan économique que les sociétés européennes dirigées par
l'État.

« [Elle] fait ce que le gouvernement le plus habile est souvent impuissant à
créer ; elle répand dans tout le corps social une inquiète activité, une force sura-
bondante, une énergie qui n'existent jamais sans elle, et qui, pour peu que les
circonstances soient favorables, peuvent enfanter des merveilles. Là sont ses vrais
avantages » (p. 341, n.s.).

Mais ces « avantages » ne suffisent pas à lui faire remporter la
palme devant ce que Tocqueville appelle le « despotisme intelligent ». Le libéralisme n'est champion que pour tout ce qui concerne
le « bien-être matériel », la production économique. Mais, lorsqu'il
s'agit d'obtenir des résultats dont l'auteur nous donne à entendre
qu'il les préfère en son for intérieur : « polir les mœurs, élever les
manières », donner à l'esprit humain de la « hauteur » et « une façon

généreuse d'envisager les choses de ce monde », « faire naître ou entretenir des convictions profondes », « préparer de grands dévouements », « faire briller les arts », produire « de la poésie, du bruit, de la gloire », et aussi rayonner à l'extérieur, « tenter de grandes entreprises » et « laisser une trace immense dans l'histoire », le libéralisme est impuissant.

La démocratie est « prospère », elle ne peut pas être « brillante ». À elle la triste « raison », à la non-démocratie l'enviable et séduisant « génie » ; à elle les vertus « paisibles », à la non-démocratie les vertus « héroïques » ; à elle le simple évitement des misères, à la non-démocratie l'éclat positif de la « gloire ». Ainsi, pour parler clair, la démocratie n'est *pas* désirable. Tocqueville – beaucoup plus proche en cela de Montesquieu, de Bonald ou de de Maistre que de Benjamin Constant, de Guizot ou de Thiers – éprouvera toujours une nostalgie incoercible pour les idéaux de l'ancienne société.

Le problème est qu'il n'y a plus le choix. Une « force supérieure à l'homme [nous] entraîne déjà » vers la démocratie, vers ses mœurs démoralisatrices et vers sa civilisation toute matérielle[1]. D'où le pessimisme foncier de Tocqueville. Le bien et le beau du monde sont derrière nous.

V – LE DESPOTISME DÉMOCRATIQUE

Qu'y a-t-il devant ? Une forme nouvelle et redoutable de *despotisme*. Cette démonstration occupe toute la fin de la deuxième *Démocratie en Amérique*.

1) *Un trouble accompagné d'immobilisme*

La société démocratique, d'abord, ne peut être qu'agitée :

« Les mêmes causes qui rendent les citoyens indépendants les uns des autres les poussent chaque jour vers de nouveaux et inquiets désirs, et les aiguillonnent sans cesse[2] » (t. 2, III, 21, p. 311).

---

1. Montesquieu, qui partage en gros les valeurs de Tocqueville, continuait à croire que le modèle offert par la Hollande et l'Angleterre ne concernait pas la France et que celle-ci, abandonnant à ces petits pays le « commerce d'économie », pouvait continuer à s'occuper de la « grandeur ». Un siècle plus tard, on ne peut plus se bercer de ces illusions.
2. C'est l' « effet Tocqueville » déjà signalé, cf. *supra*, n. 1102.

Mais cette tendance à l'agitation est combattue par une tendance à l'amollissement, tout aussi lourde :

« De même qu'il n'y a plus de races de pauvres, il n'y a plus de races de riches. [...] Entre ces deux extrêmités des sociétés démocratiques, se trouve une multitude innombrable d'hommes presque pareils, qui, sans être précisément ni riches ni pauvres, possèdent assez de biens pour désirer l'ordre, et n'en ont pas assez pour exciter l'envie. Ceux-là sont naturellement ennemis des mouvements violents ; leur immobilité maintient en repos tout ce qui se trouve au-dessus et au-dessous d'eux, et assure le corps social dans son assiette » (p. 312-313).

Ces classes « moyennes » sont extrêmement attachées à la propriété.

« Comme ils sont encore fort voisins de la pauvreté, ils voient de près ses rigueurs, et ils les redoutent ; entre elle et eux, il n'y a rien qu'un petit patrimoine sur lequel ils fixent aussitôt leurs craintes et leurs espérances. À chaque instant, ils s'y intéressent davantage par les soucis constants qu'il leur donne, et ils s'y attachent par les efforts journaliers qu'ils font pour l'augmenter. L'idée d'en céder la moindre partie leur est insupportable, et ils considèrent sa perte entière comme le dernier des malheurs. Or c'est le nombre de ces petits propriétaires ardents et inquiets que l'égalité des conditions accroît sans cesse. Ainsi, dans les sociétés démocratiques, la majorité des citoyens ne voit pas clairement ce qu'elle pourrait gagner à une révolution, et elle sent à chaque instant, et de mille manières, ce qu'elle pourrait y perdre » (p. 313-314).

Ils sont peu enclins, non seulement à « faire » de révolutions, mais même à les « vouloir » (ce qui est particulièrement vrai, dit Tocqueville, aux États-Unis).

On peut conclure que, dans les sociétés démocratiques avancées, les grandes révolutions sont peu probables.

2) *Une société stationnaire. L'égalité va arrêter le progrès*

Mais Tocqueville voit dans cette paix sociale forcée un risque majeur :

« J'entrevois aisément tel état politique qui, venant à se combiner avec l'égalité, rendrait la société *plus stationnaire* qu'elle ne l'a jamais été dans notre Occident » (p. 317).

Qui donnerait le mouvement, dans une société où il ne peut plus y avoir de *leaders* ?

« Lorsque les conditions sont presque pareilles, un homme ne se laisse pas aisément persuader par un autre. Comme tous se voient de très près, qu'ils ont appris ensemble les mêmes choses et mènent la même vie, ils ne sont pas naturellement disposés à prendre l'un d'entre eux pour guide et à le suivre aveuglément : on ne croit guère sur parole son semblable ou son égal. [...] À mesure que les hommes se ressemblent davantage, le dogme de l'égalité des intelligences s'insinue peu à peu dans leurs croyances, et il devient plus difficile à un novateur, quel qu'il soit, d'acquérir et d'exercer un grand pouvoir sur l'esprit d'un peuple » (p. 319).

De sorte qu'il est à craindre que le développement de la démocratie n'arrête purement et simplement le progrès de l'Histoire,

« que le genre humain s'arrête et se borne ; que l'esprit se plie et se replie éternellement sur lui-même sans produire d'idées nouvelles ; que l'homme s'épuise en petits mouvements solitaires et stériles, et que, tout en remuant sans cesse, l'humanité n'avance plus » (p. 324)[1].

D'où – dernière étape de l'analyse – l'idée que les sociétés démocratiques se dirigent tout droit vers un état de « despotisme », mais un despotisme « mou », d'un genre encore inconnu jusqu'ici.

3) Le despotisme

D'abord, Tocqueville pose que le suffrage universel conduit à la tyrannie de la majorité. La situation est critique à cet égard aux États-Unis, contrairement à ce qu'on pense.

« Lorsqu'un homme ou un parti souffre d'une injustice aux États-Unis, à qui voulez-vous qu'il s'adresse ? À l'opinion publique ? C'est elle qui forme la majorité ; au corps législatif ? Il représente la majorité et lui obéit aveuglément ; au pouvoir exécutif ? Il est nommé par la majorité et lui sert d'instrument passif ; à la force publique ? La force publique n'est autre chose que la majorité sous les armes ; au jury ? Le jury, c'est la majorité revêtue du droit de prononcer des arrêts : les juges eux-mêmes, dans certains États, sont élus par la majorité. Quelque inique ou déraisonnable que soit la mesure qui vous frappe, il faut vous y soumettre » (t. 1, p. 350).

Il est vrai qu'il y a quelques « circonstances », en premier lieu l'immensité du territoire, qui limitent un peu la tyrannie de la majorité. Celle-ci n'en est pas moins redoutable, puisque rien ne peut

---

1. Cette menace d'entropie est le thème d'un magnifique chapitre (chap.3, « The Common Sense of Progress ») de *The Constitution of Liberty* de Hayek, London and Henley, Routledge and Kegan Paul, 1960. Mais le remède proposé par Hayek, c'est l'égalité véritable, c'est-à-dire l'égalité devant la loi, rendant possible l'initiative individuelle, sans les restrictions groupales et holistes aux initiatives individuelles apportées au nom de la prétendue « justice sociale ». Cette égalité devant la loi permet de grandes inégalités quantitatives et qualitatives, parce qu'elle engendre la spécialisation ; le libéralisme maintient donc cette diversité et cette capacité d'innovation qui conditionnent le progrès collectifs et dont Tocqueville entrevoit la disparition. Le danger d'entropie, en effet terrifiant pour l'avenir des civilisations, est dans le socialisme, non dans le libéralisme. Le problème est que le faux concept de « démocratie » construit par Tocqueville fonctionne dans son esprit comme un « obstacle épistémologique » qui l'empêche de saisir ce point essentiel.

protéger un peuple de lui-même. Un peuple est un tyran bien plus redoutable qu'un roi.

« De nos jours, les souverains les plus absolus de l'Europe ne sauraient empêcher certaines pensées hostiles à leur autorité de circuler sourdement dans leurs États et jusqu'au sein de leurs cours. Il n'en est pas de même en Amérique : tant que la majorité est douteuse, on parle ; mais dès qu'elle s'est irrévocablement prononcée, chacun se tait, et amis comme ennemis semblent alors s'attacher de concert à son char. La raison en est simple : il n'y a pas de monarque si absolu qui puisse réunir dans sa main toutes les forces de la société et vaincre les résistances comme peut le faire une majorité revêtue du droit de faire les lois et de les exécuter » (t. 1, p. 353).

D'où une conclusion surprenante. Alors qu'on peut tout dire ou à peu près dans l'Ancien Monde, puisqu' « il n'est pas de pays en Europe tellement soumis à un seul pouvoir, que celui qui veut y dire la vérité n'y trouve un appui capable de le rassurer contre les résultats de son indépendance » *(ibid.)*, la situation est tout autre en Amérique :

« Je ne connais pas de pays où il règne, en général, moins d'indépendance d'esprit et de véritable liberté de discussion qu'en Amérique. [...] En Amérique, la majorité trace un cercle formidable autour de la pensée » *(ibid.)*.

Cette conclusion peut être extrapolée à toutes les démocraties qui mettraient leurs pas dans ceux de la démocratie américaine, et donc à la modernité en tant que telle.

« Sous le gouvernement absolu d'un seul, le despotisme, pour arriver à l'âme, frappait grossièrement le corps ; et l'âme, échappant à ces coups, s'élevait glorieusement au-dessus de lui ; mais dans les républiques démocratiques, ce n'est point ainsi que procède la tyrannie ; elle laisse le corps et va droit à l'âme. Le maître n'y dit plus : Vous penserez comme moi, ou vous mourrez ; il dit : "Vous êtes libres de ne point penser ainsi que moi ; votre vie, vos biens, tout vous reste ; mais de ce jour vous êtes un étranger parmi nous. Vous garderez vos privilèges à la cité, mais ils vous deviendront inutiles ; car si vous briguez le choix de vos concitoyens, ils ne vous l'accorderont point, et si vous ne demandez que leur estime, ils feindront encore de vous la refuser. Vous resterez parmi les hommes, mais vous perdrez vos droits à l'humanité. Quand vous vous approcherez de vos semblables, ils vous fuiront comme un être impur[1] ; et ceux qui croient à votre innocence, ceux-là même vous abandonneront, car on les fuirait à leur tour. Allez en paix, je vous laisse la vie, mais je vous la laisse pire que la mort. Les monarchies absolues avaient déshonoré le despotisme ; prenons garde que les républiques démocratiques *ne le réhabilitent"* » (t. 1, p. 354, n.s.).

---

1. Retour de « tribalisme » et de pensée magico-religieuse. La majorité « diabolise » ses adversaires. Cependant, Tocqueville fait comme si ces comportements mimétiques et sacrificiels étaient propres aux sociétés démocratiques modernes, alors qu'on les rencontre dans toutes les sociétés traditionnelles en plus grave. Ce sont, dans les sociétés démocratiques modernes, des survivances d'archaïsmes, ce ne sont pas, semble-t-il, des créations propres de ces sociétés.

Ainsi, il y a *moins* de pluralisme et d'esprit critique aux États-Unis que dans la vieille Europe.

« Chez les nations les plus fières de l'ancien monde, on a publié des ouvrages destinés à peindre fidèlement les vices et les ridicules des contemporains ; La Bruyère habitait le palais de Louis XIV quand il composa son chapitre sur les grands, et Molière critiquait la cour dans des pièces qu'il faisait représenter devant des courtisans. Mais la puissance qui domine aux États-Unis n'entend point qu'ainsi on la joue. Le plus léger reproche la blesse, la moindre vérité piquante l'effarouche ; et il faut qu'on loue depuis les formes de son langage jusqu'à ses plus solides vertus. Aucun écrivain, quelle que soit sa renommée, ne peut échapper à cette obligation d'encenser ses concitoyens. La majorité vit donc dans une perpétuelle adoration d'elle-même ; il n'y a que les étrangers ou l'expérience qui puissent faire arriver certaines vérités jusqu'aux oreilles des Américains » (t. 1, p. 354-355).

Et Tocqueville de porter l'estocade :

« Si l'Amérique n'a pas encore eu de grands écrivains, nous ne devons pas en chercher ailleurs les raisons : il n'existe pas de génie littéraire sans liberté d'esprit, et il n'y a pas de liberté d'esprit en Amérique » *(ibid.).*

Ainsi, ce ne sont pas seulement les valeurs morales que la démocratie dissout ; ce sont les valeurs esthétiques.

Tocqueville dira ailleurs que la liberté n'existe que dans et par l'aristocratie. En tuant l'aristocratie, l'Amérique a donc tué la liberté – comme le feront bientôt les pays d'Europe qui marchent sur ses traces.

4) *L'amour de l'égalité est plus puissant et durable que l'amour de la liberté*

Tocqueville essaie d'expliquer ce phénomène en profondeur. Il veut bien supposer que liberté et égalité ne sont pas incompatibles en principe :

« On peut imaginer un point extrême où la liberté et l'égalité se touchent et se confondent. Je suppose que tous les citoyens concourent au gouvernement et que chacun ait un droit égal d'y concourir. Nul ne différant alors de ses semblables, personne ne pourra exercer un pouvoir tyrannique ; les hommes seront parfaitement libres, parce qu'ils seront tous parfaitement égaux ; et ils seront tous parfaitement égaux parce qu'ils seront entièrement libres. C'est vers cet idéal que tendent les peuples démocratiques » (t. 2, II, 1, p. 119).

Mais une autre considération dément cette hypothèse d'école :

« Le goût que les hommes ont pour la liberté et celui qu'ils ressentent pour l'égalité sont deux choses distinctes, et je ne crains pas d'ajouter que, chez les peuples démocratiques, ce sont deux choses inégales. [...] La liberté s'est manifestée aux hommes dans différents temps et sous différentes formes ; elle ne s'est point attachée exclusivement à un état social, et on la rencontre autre part que dans les démocraties. Elle ne saurait donc former le caractère distinctif des peuples démocratiques. Le fait particulier et dominant qui singularise ces siècles, c'est l'égalité des conditions ; la passion principale qui agite les hommes dans ces temps-là, c'est l'amour de cette égalité » (t. 2, p. 120).

Il n'y a donc pas, au contraire de ce pensait Locke, un lien d'essence, indissoluble, entre liberté et égalité. Les deux notions sont différentes qualitativement et elles ont des origines sociales et historiques distinctes. La dissymétrie entre liberté et égalité se perçoit d'abord sur un registre qu'on pourrait appeler « cognitif » :

« Les maux que la liberté amène quelquefois sont immédiats : ils sont visibles pour tous, et tous, plus ou moins, les ressentent. Les maux que l'extrême égalité peut produire ne se manifestent que peu à peu ; ils s'insinuent graduellement dans le corps social ; on ne les voit que de loin en loin, et, au moment où ils deviennent le plus violents, l'habitude a déjà fait qu'on ne les sent plus. Les biens que la liberté procure ne se montrent qu'à la longue, et il est toujours facile de méconnaître la cause qui les a fait naître. Les avantages de l'égalité se font sentir dès à présent, et chaque jour on les voit découler de leurs sources » (t. 2, p. 121).

Tocqueville expose finalement son idée la plus chère. L'égalité est une passion méprisable, due à l'envie. Et il éprouve, comme un peu plus tard Nietzsche, du fait de son pessimisme foncier, une délectation morose ou morbide à l'idée que l'homme aristocratique va être inéluctablement submergé par les effets de cette passion des foules.

« Les peuples démocratiques aiment l'égalité dans tous les temps, mais il est de certaines époques où ils poussent jusqu'au délire la passion qu'ils ressentent pour elle. Ceci arrive au moment où l'ancienne hiérarchie sociale, longtemps menacée, achève de se détruire, après une dernière lutte intestine, et que les barrières qui séparaient les citoyens sont enfin renversées. Les hommes se précipitent alors sur l'égalité comme sur une conquête, et ils s'y attachent comme à un bien précieux qu'on veut leur ravir. La passion d'égalité pénètre de toute part dans le cœur humain, elle s'y étend, elle le remplit tout à fait. Ne dites point aux hommes qu'en se livrant aussi aveuglément à une passion exclusive, ils compromettent leurs intérêts les plus chers ; ils sont sourds. Ne leur montrez pas la liberté qui s'échappe de leurs mains, tandis qu'ils regardent ailleurs ; ils sont aveugles, ou plutôt ils n'aperçoivent dans tout l'univers qu'un seul bien digne d'envie. [...] Je pense que les peuples démocratiques ont un goût naturel pour la liberté ; livrés à eux-mêmes, ils la cherchent, ils l'aiment, et ils ne voient qu'avec douleur qu'on les en écarte. Mais ils ont pour l'égalité une passion ardente, insatiable, éternelle, invincible ; ils veulent l'égalité dans la liberté, et, s'ils ne peuvent l'obtenir, ils la veulent encore dans l'esclavage. Ils souffriront la pauvreté, l'asservissement, la barbarie, mais ils ne souffriront pas l'aristocratie. Ceci est vrai dans tous les temps, et surtout dans le nôtre. Tous les hommes et tous les pouvoirs qui voudront lutter contre cette puissance irrésistible seront renversés et détruits par elle » (t. 2, p. 122-123).

Du coup, l'avènement du despotisme dans les sociétés démocratiques est inéluctable.

5) *Le despotisme démocratique, nouveauté de l'Histoire*

Il pourra prendre plusieurs formes. D'abord – si nous pouvons ainsi nous exprimer – Staline et Hitler :

« Les gouvernements démocratiques pourront devenir violents et cruels dans certains moments de grande effervescence et de grands périls ; mais ces crises seront rares et passagères » (t. 2, IV, 6, p. 384).

Voici maintenant le socialisme moderne :

« Je veux imaginer sous quels traits nouveaux le despotisme pourrait se produire dans le monde ; je vois une foule innombrable d'hommes semblables et égaux qui tournent sans repos sur eux-mêmes pour se procurer de petits et vulgaires plaisirs, dont ils emplissent leur âme. Chacun d'eux, retiré à l'écart, est comme étranger à la destinée de tous les autres : ses enfants et ses amis particuliers forment pour lui toute l'espèce humaine ; quant au demeurant de ses concitoyens, il est à côté d'eux, mais il ne les voit pas ; il les touche et ne les sent point ; il n'existe qu'en lui-même et pour lui seul, et, s'il lui reste encore une famille, on peut dire du moins qu'il n'a plus de patrie.

« Au-dessus de ceux-là s'élève un pouvoir immense et tutélaire, qui se charge seul d'assurer leurs jouissances et de veiller sur leur sort. Il est absolu, détaillé, régulier, prévoyant et doux. Il ressemblerait à la puissance paternelle si, comme elle, il avait pour objet de préparer les hommes à l'âge viril ; mais il ne cherche, au contraire, qu'à les fixer irrévocablement dans l'enfance ; il aime que les citoyens se réjouissent, pourvu qu'ils ne songent qu'à se réjouir. Il travaille volontiers à leur bonheur ; mais il veut en être l'unique agent et le seul arbitre ; il pourvoit à leur sécurité, prévoit et assure leurs besoins, facilite leurs plaisirs, conduit leurs principales affaires, dirige leur industrie, règle leurs successions, divise leurs héritages ; que ne peut-il leur ôter entièrement le trouble de penser et la peine de vivre ? C'est ainsi que tous les jours, il rend moins utile et plus rare l'usage du libre-arbitre. [...]

« Après avoir pris ainsi tour à tour dans ses puissantes mains chaque individu, et l'avoir pétri à sa guise, le souverain étend ses bras sur la société tout entière ; il en couvre la surface d'un réseau de petites règles compliquées, minutieuses et uniformes, à travers lesquelles les esprits les plus originaux et les âmes les plus vigoureuses ne sauraient se faire jour pour dépasser la foule ; il ne brise pas les volontés, mais il les amollit, les plie et les dirige ; il force rarement d'agir, mais il s'oppose sans cesse à ce qu'on agisse ; il ne détruit point, il empêche de naître ; il ne tyrannise point, il gêne, il comprime, il énerve, il éteint, il hébète, et il réduit enfin chaque nation à n'être plus qu'un troupeau d'animaux timides et industrieux, dont le gouvernement est le berger. J'ai toujours cru que cette sorte de servitude, réglée, douce et paisible, dont je viens de faire le tableau, pourrait se combiner mieux qu'on ne l'imagine avec quelques-unes des formes extérieures de la liberté, et qu'il ne lui serait pas impossible de s'établir à l'ombre même de la souveraineté du peuple » (t. 2, IV, 6, p. 385-386).

L'existence d'une prétendue démocratie politique, en effet, ne change rien à l'affaire ; au contraire, elle l'aggrave en la légitimant.

« [Nos concitoyens] imaginent un pouvoir unique, tutélaire, tout-puissant, mais *élu par les citoyens*. Ils combinent la centralisation et la souveraineté du peuple. Cela leur donne quelque relâche. Ils se consolent d'être en tutelle, en songeant qu'ils ont eux-mêmes choisi leurs tuteurs. [...] Dans ce système, les citoyens sortent un moment de la dépendance pour indiquer leur maître, et y rentrent » (t. 2, p. 386)[1].

On voit bien le pessimisme « de droite » de Tocqueville. Il n'imagine pas que les peuples, dont il dit lui-même qu'ils ont *à la fois* – même si ce n'est pas au même degré – la passion de l'égalité et celle de la liberté, pourraient se servir de leurs droits politiques, et notamment du suffrage universel, pour *rejeter* le pouvoir tutélaire abrutissant qu'il stigmatise. Peut-être croit-il être le seul à haïr cette servitude...

« En vain chargerez-vous ces mêmes citoyens, que vous avez rendus si dépendants du pouvoir central, de choisir de temps à autre les représentants de ce pouvoir ; cet usage si important, mais si court et si rare, de leur libre-arbitre, n'empêchera pas qu'ils ne perdent peu à peu la faculté de penser, de sentir et d'agir par eux-mêmes, et qu'ils ne tombent ainsi graduellement au-dessous du niveau de l'humanité. J'ajoute qu'ils deviendront bientôt incapables d'exercer le grand et unique privilège qui leur reste. [...] Faut-il mener les petites affaires où le simple bon sens peut suffire, ils [les partisans du système] estiment que les citoyens en sont incapables ; s'agit-il du gouvernement de tout l'État, ils confient à ces citoyens d'immenses prérogatives ; ils en font alternativement les jouets du souverain et ses maîtres, plus que des rois et moins que des hommes » (t. 2, p. 388).

Parvenu à ce point, on dirait que Tocqueville hésite. Faut-il donc rétablir l'ancienne société aristocratique ? Ce n'est pas possible, il l'a dit en commençant, ce serait aller en sens inverse du sens de l'Histoire, « lutter contre Dieu même ». Faut-il subir le despotisme démocratique sans broncher, et couler en gardant son flegme et sa dignité, et en faisant resplendir les dernières notes de beauté qui se puissent faire entendre sur Terre, comme le feront les musiciens du *Titanic* ? C'est là peut-être la position « existentielle » intime de Tocqueville. Mais on ne peut terminer ainsi un livre. Par un dernier sursaut d'optimisme – que nous jugeons, quant à nous, un peu artificiel et forcé, étant donné tout ce qu'il a dit au long de ces quelque mille pages, vu, surtout, ce qu'il ne sait pas encore lui-même ce qu'il dira dans l'*Ancien Régime et la Révolution* – Tocqueville termine en indiquant des remèdes.

---

1. C'est l'idée de Rousseau, cf. *supra*, p. 837.

VI — LES REMÈDES

« Il ne s'agit point de reconstruire une société aristocratique, mais de faire sortir la liberté du sein de la société démocratique où Dieu nous fait vivre » (t. 2, IV, 7, p. 389).

Les remèdes que Tocqueville propose sont ceux mêmes des démocraties libérales : séparation des pouvoirs, liberté de la presse, droits individuels garantis par une justice indépendante. Sa méthode pour les découvrir est simple : il cherche s'il ne pourrait trouver dans la société démocratique des équivalents, même approximatifs, des institutions qui, sous l'Ancien Régime, permettaient l'exercice de la liberté. Par exemple, la liberté de la presse, qui protège le citoyen contre les abus de n'importe quel pouvoir en les rendant publics, est l'équivalent de la protection assurée au vassal par son seigneur. Ou encore, les « corps intermédiaires » de la société d'ordres peuvent être remplacés par des « assemblées provinciales », ou des « fonctionnaires électifs » (car « l'élection est un expédient démocratique qui assure l'indépendance du fonctionnaire vis-à-vis du pouvoir central, autant et plus que ne saurait le faire l'hérédité chez les peuples aristocratiques », p. 391), ou encore des associations :

« Je pense que les simples citoyens, en s'associant, peuvent constituer [dans le monde] des êtres très opulents, très influents, très forts, en un mot des personnes aristocratiques[1] » (t. 2, p. 391).

Tocqueville, pour conclure, met son espoir en la nature humaine, qui, quand le monde politique change, ne change pas.

« Le monde politique change ; il faut désormais chercher de nouveaux remèdes à des maux nouveaux. Fixer au pouvoir des limites étendues, mais visibles et inamovibles ; donner aux particuliers de certains droits et leur garantir la jouissance incontestée de ces droits ; conserver à l'individu le peu d'indépendance, de force, d'originalité qui lui restent ; le relever à côté de la société et le soutenir en face d'elle : tel me paraît être le premier objet du législateur dans l'âge où nous entrons. [...] Je ne crois pas [les périls] insurmontables. Les hommes qui vivent dans les siècles démocratiques où nous entrons ont naturel-

---

1. Donc des personnes rappelant la société qui a la préférence de Tocqueville. Mais pourquoi seulement des associations, et pourquoi pas aussi des personnes physiques très riches ? Songeons au rôle des fondations aux États-Unis. Mais Tocqueville a supposé que la démocratie supprimerait tous les riches comme elle a supprimé tous les aristocrates.

lement[1] le goût de l'indépendance. [...] Pendant longtemps, ils empêcheront qu'aucun despotisme ne puisse s'asseoir, et ils fourniront de nouvelles armes à chaque génération nouvelle qui voudra lutter en faveur de la liberté nouvelle. Ayons donc de l'avenir cette crainte salutaire qui fait veiller et combattre, et non cette sorte de terreur molle et oisive qui abat les cœurs et les énerve » (t. 2, p. 397).

Ce sont les derniers mots de l'ouvrage. Mais on sent bien que le cœur n'y est pas.

§ 2
L'Ancien Régime et la Révolution[2]

L'Ancien Régime et la Révolution confirme et accentue la vision sociale antilibérale de Tocqueville.

Le livre est écrit pendant les sombres années de l'Empire autoritaire, où Tocqueville est dans une opposition résolue à un régime qu'il croit installé en France pour longtemps. Ces années sont celles, également, où Tocqueville sent les premières atteintes du mal qui va l'emporter. Son pessimisme en est accentué.

Le propos du livre est d'interpréter la Révolution française, à la lumière des évolutions de long terme du pays.

I — LA RÉVOLUTION

1) *Continuité et non-rupture*

La première chose qui frappe Tocqueville, en effet, c'est la grande *continuité* de la société française entre l'Ancien Régime et le XIX⁰ siècle, alors même qu'on présente toujours la Révolution comme une rupture.

---

1. Heureusement, donc, il reste la *nature* humaine : nous savons que cette foi en une nature fixe, à laquelle reviennent toujours les institutions politiques, même si, pendant un temps et par artifice, elles ont pu s'en éloigner, est commune aux pensées politiques de « droite ».
2. Cf. *L'Ancien Régime et la Révolution*, édité par J.-P. Mayer, Gallimard, coll. « Folio », 1967.

« À mesure que j'avançais dans [l']étude [de l'Ancien Régime], je m'étonnais en revoyant à tous moments dans la France de ce temps beaucoup de traits qui frappent dans celle de nos jours. [...] Il y a un grand nombre de lois et d'habitudes politiques de l'Ancien Régime qui disparaissent ainsi tout à coup en 1789 et qui se remontent quelques années après, comme certains fleuves s'enfoncent dans la terre pour reparaître un peu plus loin, faisant voir les mêmes eaux à de nouveaux rivages » (*L'Ancien Régime et la Révolution, op. cit.*, p. 46-47).

L'administration d'Ancien Régime était déjà très étendue et très puissante :

« Au XVIIIᵉ siècle, l'administration publique était déjà [...] très centralisée, très puissante, prodigieusement active. On la voyait sans cesse aider, empêcher, permettre. Elle avait beaucoup à promettre, beaucoup à donner » (p. 45).

S'il y a du neuf, néanmoins, depuis la Révolution et de son fait, c'est dans le sens d'une aggravation, et non d'une atténuation, de cette tutelle administrative. En effet, ce qui s'est passé depuis 1789, c'est que, dans leur passion de l'égalité, les Français se sont laissés asservir à des despotes qui ont tout égalisé sous eux. Les Français ont acquis l'égalité au prix de la liberté.

Il est vrai que, dans le même temps, ils se sont enrichis et se sont livrés à des activités économiques, à leurs « intérêts particuliers » et « individualistes ». Mais, pour Tocqueville, il n'y a là nulle contradiction. Despotisme et « individualisme étroit » vont très bien ensemble ; bien loin d'être le contraire de la démocratie (au sens tocquevillien du terme), le despotisme l'accentue. En effet, en supprimant tous les corps intermédiaires, il isole et atomise les hommes, les détourne de toute « vertu publique » et « les mure, pour ainsi dire, dans la vie privée » (p. 51). Il ne reste plus alors dans la société que « l'envie de s'enrichir à tout prix, le goût des affaires, l'amour du gain, la recherche du bien-être et des jouissances matérielles », passions qu' « il est de l'essence même du despotisme de favoriser et d'étendre », dans la mesure où « lui seul peut leur fournir le secret et l'ombre qui mettent la cupidité à l'aise et permettent de faire des profits déshonnêtes en bravant le déshonneur »[1].

---

1. Tocqueville trahit ici son incompréhension du libéralisme économique. La vie des affaires serait une activité d'abord *solipsiste* (alors qu'elle est par définition collective, puisqu'elle suppose des contrats, des liens noués avec des collaborateurs, des clients, des fournisseurs), ensuite *vicieuse* (Tocqueville reprend à son compte les vieilles haines et les vieux préjugés : il n'a pas compris, s'il les a lues, les pensées des économistes), ensuite encore *secrète* par essence (alors que les marchés sont au contraire, par définition, des espaces publics), ayant enfin des affinités indubitables avec le « despotisme » (alors que l'histoire fournit à cet égard toutes sortes de contre-exemples). En d'autres termes, il n'est pas loin, comme Rousseau ou Hegel, de confondre l'activité marchande avec le vol et le crime. Inversement, ce qui est presque plus grave, Tocqueville prête à la centralisation administrative, c'est-à-dire à l'étatisation de l'économie, la vertu qu'elle mérite le moins de se voir reconnaître, à savoir la capacité de créer efficacité économique et prospérité.

Ainsi, Tocqueville peut dire, en songeant à la France du Second Empire, que

« les sociétés démocratiques qui ne sont pas libres[1] peuvent être riches, raffinées, ornées, magnifiques même [...]. [Mais on n'y verra jamais] de grands citoyens, et surtout un grand peuple[2] » (p. 52-53).

Voilà ce qui est sorti de la Révolution, du moins tel que peut le penser un observateur un peu pessimiste en l'an 1856. Mais revenons à la Révolution elle-même. Elle a eu un caractère absolument imprévisible. Aucun contemporain, français ou étranger, n'a anticipé ce qui allait se passer, ou plutôt tous ont cru qu'il allait se passer le contraire de ce qui se passa effectivement. On peut cependant en faire le bilan. Qu'a-t-elle été ? Qu'a-t-elle détruit ? Qu'a-t-elle créé ?

2) Ce que la Révolution n'a pas fait : détruire la religion ou le pouvoir

Contrairement à ce qu'ont pensé les contemporains, elle n'a pas voulu détruire la *religion*. En s'y attaquant, elle visait en réalité les institutions politiques et sociales auxquelles la religion était inextricablement mêlée. Mais il n'y avait rien d'essentiellement antireligieux dans l'esprit démocratique de la Révolution, car il n'y a pas (Tocqueville revient souvent sur cette idée) d'opposition foncière ente christianisme et démocratie :

« Rien, dans le christianisme, ni même dans le catholicisme, n'est absolument contraire à l'esprit des sociétés [démocratiques] » (p. 64).

Elle n'a pas voulu, non plus, détruire le *pouvoir* en tant que tel. Elle n'a pas été « anarchique ». C'est tout le contraire. Elle a promu une forme de pouvoir politique plus puissante que tout ce qu'on

---

1. Emporté par sa passion contre le régime de « Napoléon le Petit », Tocqueville confond ici curieusement et fâcheusement les libertés *politiques,* effectivement supprimées par le régime autoritaire bonapartiste, et les libertés *civiles* et *économiques,* préservées par ce même régime et même garanties par lui contre les « Rouges ». La richesse de la société française du Second Empire est due à la présence de ces dernières libertés, non, évidemment, à l'absence des premières. Le régime de Napoléon III était despotique dans l'État, où il a supprimé toute démocratie, mais non dans la société, où il laissait les gens faire leurs affaires. Dès lors, en tout cas, que Tocqueville pense véritablement que la centralisation administrative peut créer de la richesse, l'alternative morale est, pour lui, celle du chien et du loup de la fable de la Fontaine : ou bien vivre dans la prospérité mais être esclave, ou bien être libre et pauvre.

2. Cf. *supra,* p. 1117-1118.

avait vu auparavant. Mirabeau l'avait clairement vu, qui, dans une lettre secrète au roi, écrivait :

« Une partie des actes de l'Assemblée nationale... est évidemment favorable au gouvernement monarchique. N'est-ce donc rien que d'être sans parlement, sans pays d'états, sans corps de clergé, de privilégiés, de noblesse ? L'idée de ne former qu'une seule classe de citoyens aurait plu à Richelieu : cette surface égale facilite l'exercice du pouvoir. Plusieurs règnes d'un gouvernement absolu n'auraient pas fait autant que cette seule année de Révolution pour l'autorité royale » (cité par Tocqueville, p. 65).

La Révolution, finalement, loin de détruire le pouvoir, a fait surgir un pouvoir politique nouveau, sans commune mesure avec l'ancien. Une fois écartés les « débris » de la Révolution,

« vous apercevez un pouvoir central immense qui a attiré et englouti dans son unité toutes les parcelles d'autorité et d'influence qui étaient auparavant dispersées dans une foule de pouvoirs secondaires, d'ordres, de classes, de professions, de familles et d'individus, et comme éparpillées dans tout le corps social. On n'avait pas vu dans le monde un pouvoir semblable depuis la chute de l'Empire romain. La Révolution a créé cette puissance nouvelle, ou plutôt celle-ci est sortie comme d'elle-même des ruines que la Révolution a faites. Les gouvernements qu'elle a fondés sont plus fragiles, il est vrai, mais cent fois plus puissants qu'aucun de ceux qu'elle a renversés » (p. 66).

La Révolution française est une révolution universelle, qui transcende les frontières nationales, comparable en cela aux révolutions religieuses. Comme elles, la Révolution française a pratiqué « prédication » et « propagande ».

« Elle a inspiré le prosélytisme et fait naître la propagande. [...] Elle est devenue une sorte de religion nouvelle, religion imparfaite il est vrai, sans Dieu, sans culte et sans autre vie, mais qui, néanmoins, comme l'islamisme, a inondé toute la terre de ses soldats, de ses apôtres et de ses martyrs » (p. 71).

Il y avait eu, à ce fanatisme, des précédents dans le millénarisme du Moyen Âge ou du XVIᵉ siècle. Mais ces mouvements étaient restés sans lendemain. À l'époque de la Révolution française, en revanche, les temps étaient mûrs, car les conditions sociales étaient déjà en train de s'égaliser :

« Il y a des temps où les hommes sont si différents les uns des autres que l'idée d'une même loi applicable à tous est pour eux comme incompréhensible. Il y en a d'autres où il suffit de leur montrer de loin et confusément l'image d'une telle loi pour qu'ils la reconnaissent aussitôt et courent vers elle » (p. 72).

3) *Ce que la Révolution a fait : détruire le féodalisme*

Les institutions européennes sont partout les mêmes au Moyen Âge, disons au XIVᵉ siècle (« Des confins de la Pologne à la mer d'Irlande, la seigneurie, la cour du seigneur, le fief, la censive, les services à rendre, les droits féodaux, les corporations, tout se ressemble »). Or il se trouve qu'au XVIIIᵉ siècle, toutes ces institutions sont tombées en désuétude. Elles n'ont pas disparu, elles subsistent formellement, mais elles ne jouent plus le même rôle. Il règne un nouvel esprit dans la société : « Tout ce qui vit, agit, produit est d'origine nouvelle, non seulement nouvelle, mais contraire » (p. 77), de sorte que les institutions féodales sont devenues les ombres d'elles-mêmes.

« C'est la royauté qui n'a plus rien de commun avec la royauté du Moyen Âge, possède d'autres prérogatives, tient une autre place, a un autre esprit, inspire d'autres sentiments ; c'est l'administration de l'État qui s'étend de toutes parts sur les débris des pouvoirs locaux ; c'est la hiérarchie des fonctionnaires qui remplace de plus en plus le gouvernement des nobles. Tous ces nouveaux pouvoirs agissent d'après des procédés, suivent des maximes que les hommes du Moyen Âge n'ont pas connus ou ont réprouvés, et qui se rapportent, en effet, à un état de société dont ils n'avaient pas même l'idée » (p. 77-78).

Le cas le plus extraordinaire à cet égard est celui de l'Angleterre, où rien n'est différent en apparence, toutes les institutions médiévales étant restées nominalement en place, mais où, en réalité, tout a changé, au sens où rien ne fonctionne selon la même logique qu'auparavant[1]. Ce qu'on y trouve désormais, c'est

« une noblesse effacée, une aristocratie ouverte, la richesse devenue la puissance, l'égalité devant la loi, l'égalité des charges, la liberté de la presse, la publicité des débats. [...] L'Angleterre du XVIIᵉ siècle est déjà une nation toute moderne, qui a seulement conservé en son sein et comme embaumé quelques débris du Moyen Âge » (p. 78).

La Révolution française s'inscrit dans ce grand mouvement européen. Mais elle s'y prend tout autrement. En un sens, elle est plus radicale, puisqu'elle détruit les institutions féodales et tout ce qui en porte « la moindre empreinte » (elle ne veut même pas conserver des momies comme en Angleterre). Mais, en un autre sens, elle est étrangement conservatrice, pour la bonne raison

---

1. Car, comme le dit Tocqueville plus loin dans un texte presque « bergsonien », les institutions ne sont qu'une carapace extérieure, leur vie réelle est celle que commande de l'intérieur un « esprit ». Les institutions d'une société peuvent subsister, et d'autres apparaître, mais leur rôle effectif dépend de cet « esprit » invisible à partir de quoi la société s'organise. Si l'esprit change, les mêmes institutions auront une tout autre fonction ; s'il se perpétue, les nouvelles institutions produiront les mêmes résultats : « On dirait que dans les institutions humaines comme dans l'homme même, indépendamment des organes que l'on voit remplir les diverses fonctions de l'existence, se trouve une force centrale et invisible qui est le principe même de la vie. En vain les organes semblent agir comme auparavant, tout languit à la fois et meurt quand cette flamme vivifiante vient à s'éteindre » (p. 155).

qu'elle s'inscrit dans la continuité de l'Ancien Régime. La Révolution

« a pris, il est vrai, le monde à l'improviste, et cependant elle n'était que le complément du plus long travail, la terminaison soudaine et violente d'une œuvre à laquelle dix générations d'hommes avaient travaillé. Si elle n'eût pas eu lieu, le vieil édifice social n'en serait pas moins tombé partout, ici plus tôt, là plus tard ; seulement, il aurait continué à tomber pièce par pièce au lieu de s'effondrer tout à coup » (p. 81).

4) *Comment le pouvoir royal s'est substitué systématiquement à tous les pouvoirs féodaux et locaux*

En effet, soutient Tocqueville, « la centralisation administrative est une institution de l'Ancien Régime, et non pas l'œuvre de la Révolution ni de l'Empire, comme on l'a dit ». L'auteur s'appuie sur les archives qu'il a longuement étudiées. Il constate que c'est depuis quelque trois siècles que le pouvoir royal, en France, a patiemment mis en place un système centralisé et étroitement hiérarchisé de pouvoirs administratifs, qu'il a substitué systématiquement à tous les autres, que ce soient ceux des seigneurs, ceux des villes, ceux des groupes professionnels, ou même, ce qui est un comble, ceux de la première fonction publique, les « officiers », rendus moins dociles par le système de la vénalité des charges.

Il a mis en place une structure de pouvoir strictement hiérarchisée : en haut, le « conseil du roi », et spécialement le « contrôleur général », c'est-à-dire le premier ministre ; puis, dans les grandes circonscriptions territoriales que sont les « généralités », les « intendants », ancêtres des préfets (il y en a une trentaine pour l'ensemble du royaume) ; sous ceux-ci, dans les arrondissements, les « subdélégués » (« sous-préfets ») ; enfin, au niveau des communes ou paroisses, le « syndic ». Cette hiérarchie s'est emparée peu à peu de toutes les affaires : perception des impôts, recrutement de la milice, travaux publics (d'où le corps des Ponts et Chaussées, tellement puissant dès l'Ancien Régime que la Révolution, qui l'a conservé, n'a même pas pu ou voulu changer son nom), maintien de l'ordre, secours aux indigents, enfin initiatives en matière économique, amélioration des techniques agricoles ou industrielles... Ainsi, en intervenant dans tous ces domaines, « le gouvernement était déjà passé du rôle de souverain à celui de tuteur » (p. 109). L'administration royale a supprimé les franchises municipales, a découragé les communautés des villes et des villages de s'intéresser à la gestion des affaires publiques locales ; elle a habitué les élites locales à ne s'intéresser qu'à leurs affaires privées et à s'en remettre, pour tout le reste, au subdélégué et à l'Intendant. Elle s'est enfin emparé de toutes les justices, a fait « évoquer » auprès de l'Intendant ou du Conseil les procès où elle était impliquée, faisant prévaloir l'arbitraire.

Conclusion : ce n'est pas la Révolution qui a créé la « centralisation », c'est la centralisation qui a été la première étape de la Révolution. En fait, il y a une « tendance vers l'unité », et cette tendance est beaucoup plus interrompue par la Révolution qu'accentuée par elle. La centralisation a été faite par l'Ancien Régime, brièvement interrompue par les troubles révolutionnaires, et elle a repris son implacable marche en 1800.

II — LES CONSÉQUENCES DE LA CENTRALISATION. L'ÉTATISME FRANÇAIS

Cette croissance de l'État sous l'absolutisme a transformé en profondeur la société et les mentalités françaises et créé un *étatisme* qui est une véritable « exception culturelle » française, déplorable aux yeux de Tocqueville.

1) *Les lourdeurs administratives*

« Pour arriver à tout diriger de Paris et à y tout savoir, il a fallu inventer mille moyens de contrôle. La masse des écritures est déjà énorme, et les lenteurs de la procédure administrative si grandes que je n'ai jamais remarqué qu'il s'écoulât moins d'un an avant qu'une paroisse pût obtenir l'autorisation de relever son clocher ou de réparer son presbytère ; le plus souvent, deux ou trois années se passent avant que la demande soit accordée » (p. 134).

Le changement perpétuel des règlements est en soi une oppression, comme le montre cette plainte adressée par des officiers municipaux au contrôleur général :

« La variation des seuls règlements de finance est telle qu'elle ne permet pas à un officier municipal, fût-il inamovible, de faire autre chose qu'étudier les nouveaux règlements, à mesure qu'ils paraissent, jusqu'au point d'être obligé de négliger ses propres affaires » (p. 139).

2) *L'État tutélaire*

D'une part, l'administration française a pris l'habitude d'éprouver méfiance et même haine de toute initiative privée quelle qu'elle soit, toujours censée apporter désordres, préoccupations égoïstes et mesquines, alors que l'État, lui et lui seul, aurait conscience et souci de l'intérêt général ; et, inversement, les particuliers ont pris l'habitude de n'espérer qu'en l'État, de se défausser systématiquement sur lui de tous les problèmes qu'ils auraient pu traiter par eux-mêmes. La société française est à cet égard l'inverse exact de la société américaine décrite dans la *Démocratie*.

« Ce qui caractérise déjà l'administration en France, c'est la haine violente que lui inspirent indistinctement tous ceux, nobles ou bourgeois, qui veulent s'occuper d'affaires publiques, en dehors d'elle. Le moindre corps indépendant qui semble vouloir se former sans son concours lui fait peur ; la plus petite association libre, quel qu'en soit l'objet, l'importune ; elle ne laisse subsister que celles qu'elle a composées arbitrairement et qu'elle préside. Les grandes compagnies industrielles elles-mêmes lui agréent peu ; en un mot, elle n'entend point que les citoyens s'ingèrent d'une manière quelconque dans l'examen de leurs propres affaires ; elle préfère la stérilité à la concurrence » (p. 136).

Le citoyen, en face, est adapté à cette prétention de l'administration comme la vallée à la montagne. Loin de se révolter contre cette tutelle et cette emprise de l'État, les Français rêvent tous d'être fonctionnaires. Les bourgeois français ont eu la « misérable ambition » d'accéder aux emplois publics plutôt que de continuer le négoce ou l'industrie :

« Dès que l'un d'eux se sentait possesseur d'un petit capital, au lieu de l'employer dans le négoce, il s'en servait aussitôt pour acheter une place » (p. 141).

Et l'on attend tout de l'État. Par exemple, quand, aux approches de la Révolution, de nombreux sujets ont proposé des plans de réforme, y compris contre les abus de l'État, c'est à l'État lui-même qu'on s'adressait :

« Les buts que se proposent ces réformateurs sont divers, mais leur moyen est toujours le même. Ils veulent emprunter la main du pouvoir central et l'employer à tout briser et à tout refaire suivant un nouveau plan qu'ils ont conçu eux-mêmes ; lui seul leur paraît en état d'accomplir une pareille tâche. La puissance de l'État doit être sans limite comme son droit, disent-ils ; il ne s'agit que de lui persuader d'en faire un usage convenable. [...] Personne n'imagine pouvoir mener à bien une affaire importante si l'État ne s'en mêle » (p. 141-142).

On n'aime et ne veut voir que la « maréchaussée » :

« "Il n'est personne, dit l'assemblée provinciale de Guyenne, qui n'ait remarqué combien la vue d'un cavalier de la maréchaussée est propre à contenir les hommes les plus ennemis de toute subordination." Aussi chacun veut-il en avoir à sa porte une escouade. Les archives d'une intendance sont remplies de demandes de cette nature ; personne ne semble soupçonner que sous le protecteur pourrait bien se cacher le maître » (p. 142-143).

3) *L'incapacité des Français à comprendre la logique du droit et à se comporter conformément à des règles*

Autre aspect de la même « exception culturelle » française : l'impossibilité où sont désormais les Français de comprendre le sens profond du droit. Les pratiques administratives de l'Ancien Régime ont habitué les Français à mépriser la loi.

« On se plaint souvent de ce que les Français méprisent la loi ; hélas ! quand auraient-ils pu apprendre à la respecter ? On peut dire que, chez les hommes de l'Ancien Régime, la place que la notion de la loi doit occuper dans l'esprit humain était vacante. Chaque solliciteur demande qu'on sorte en sa faveur de la règle établie avec autant d'insistance et d'autorité que s'il demandait qu'on y rentrât, et on ne le lui oppose jamais, en effet, que quand on a envie de l'éconduire[1]. La soumission du peuple à l'autorité est encore complète, mais son obéissance est un effet de la coutume plutôt que de la volonté ; car, s'il lui arrive par hasard de s'émouvoir, la plus petite émotion le conduit aussitôt jusqu'à la violence, et presque toujours c'est aussi la violence et l'arbitraire, et non la loi, qui le répriment » (p. 140-141)[2].

À noter que Tocqueville, dans ce processus, incrimine essentiellement la « bourgeoisie ».

« Les fonctionnaires administratifs, presque tous bourgeois, forment déjà une classe qui a son esprit particulier, ses traditions, ses vertus, son honneur, son orgueil propre. C'est l'aristocratie de la société nouvelle, qui est déjà formée et vivante : elle attend seulement que la Révolution ait vidé sa place » (p. 136).

4) *L'État déifié en France*

On a réellement *déifié* l'État en France, puisqu'on le rend responsable de tout, et qu'on le croit capable, symétriquement, de réparer tout. Il est ce Dieu « immense et tutélaire » dont parlait déjà la *Démocratie en Amérique*. Tocqueville l'a compris en consultant le texte des requêtes adressées par des particuliers au gouvernement.

---

1. Belles formules, et lourdes de sens : pour les Français, administration comme administrés, déroger aux principes est devenu un principe ! L'absolutisme et son arbitraire n'ont pas contribué à forger en France une culture de la règle juridique.
2. Tocqueville dit aussi : « Quand on n'a pas vu l'administration de l'Ancien Régime à l'œuvre, en lisant les documents secrets qu'elle a laissés, on ne saurait imaginer le mépris où finit par tomber la loi, dans l'esprit même de ceux qui l'appliquent, lorsqu'il n'y a plus ni assemblée politique, ni journaux, pour ralentir l'activité capricieuse et borner l'humeur arbitraire et changeante des ministres et de leurs bureaux. [...] On voit par les lettres des contrôleurs généraux et des intendants que le gouvernement permet sans cesse de faire par exception autrement qu'il n'ordonne. Il brise rarement la loi, mais chaque jour il la fait plier doucement dans tous les sens, suivant les cas particuliers et pour la grande facilité des affaires » (p. 139).

« La lecture en est mélancolique : des paysans demandent qu'on les indemnise de la perte de leurs bestiaux ou de leur maison ; des propriétaires aisés, qu'on les aide à faire valoir plus avantageusement leurs terres ; des industriels sollicitent de l'intendant des privilèges qui les garantissent d'une concurrence incommode. Il est très fréquent de voir des manufacturiers qui confient à l'intendant le mauvais état de leurs affaires, et le prient d'obtenir du contrôleur général un secours ou un prêt. Un fonds était ouvert, à ce qu'il semble, pour cet objet. [...] Dans les temps de disette, si fréquents au XVIIIᵉ siècle, la population de chaque généralité se tourne tout entière vers l'intendant et semble n'attendre que de lui seul sa nourriture. Il est vrai que chacun s'en prend déjà au gouvernement de toutes ses misères. Les plus inévitables sont de son fait ; on lui reproche jusqu'à l'intempérie des saisons » (p. 144-145).

L'État est cause de tous les maux comme de tous les biens. Il a « pris la place de la Providence » (p. 144). On a prêté à l'État, en France, des pouvoirs véritablement démiurgiques :

« L'État, suivant les économistes, n'a pas uniquement à commander à la nation, mais à la façonner d'une certaine manière ; c'est à lui de former l'esprit des citoyens suivant un certain modèle qu'il s'est proposé à l'avance. [...] En réalité, il n'y a pas de limites à ses droits ni de bornes à ce qu'il peut faire ; il ne réforme pas seulement ses hommes, il les transforme ; il ne tiendrait peut-être qu'à lui d'en faire d'autres ! » L'État fait des hommes tout ce qu'il veut «, dit Baudeau. Ce mot résume toutes leurs théories » (p. 259-260)[1].

5) *Le poids disproportionné de Paris*

Tocqueville analyse un aspect de la centralisation qui dépasse la géographie et touche à la politique et à la sociologie : le poids disproportionné de Paris.

Si la Révolution a pu supprimer si facilement les provinces et découper arbitrairement 87 départements, c'est que la province n'était déjà plus un « corps vivant » que ce charcutage eût « déchiré », mais un « mort » que l'on « dépeçait ». Paris avait déjà attiré à lui toute la substance de la vie française.

---

1. En parlant des « économistes », Tocqueville prend à partie les Physiocrates, Quesnay, Le Mercier de La Rivière, l'abbé Baudeau, dont nous avons vu que, libéraux sur le plan des libertés civiles, ils avaient été tenté un moment par le « despotisme éclairé » (cf. *supra*, p. 443), capable d'opérer rapidement les réformes nécessaires dans l'État. Mais Tocqueville choisit mal ses cibles, puisque nous avons vu aussi que ces réformes étaient elles-mêmes destinées, dans l'esprit des Physiocrates, à diminuer l'interventionnisme d'État et à augmenter l'autonomie de la société civile. Il aurait pu prendre des exemples bien plus représentatifs d'un « artificialisme » français chez Mably, Rousseau et tous les auteurs d'utopies du XVIIIᵉ siècle. Mais, décidément, Tocqueville n'aime pas les « bourgeois ». Lorsque administrateurs ou économistes œuvrent pour enlever les obstacles que le féodalisme oppose aux libertés de la société civile, il leur reproche de diminuer les libertés... des féodaux. Le malentendu est complet. À noter que Tocqueville, en particulier, ne rend pas justice à Turgot qu'il dépeint, lorsqu'il le cite, comme une sorte de despote centralisateur et prénapoléonien.

Cette situation, dit Tocqueville, ne se retrouve ni en Angleterre ni en Amérique, et, en France même, elle ne date que de la monarchie absolue. C'est que la centralisation opérée par cette dernière avait causé « une espèce de révolution sourde qui dépeuple les provinces de leurs notables, gens d'affaires, et de ce que l'on nomme gens d'esprit » (p. 147). Un des symptômes les plus frappants est que, alors qu'au XVIᵉ siècle il y a des imprimeries un peu partout en France, elles sont ensuite, de plus en plus, concentrées à Paris, alors même que la production nationale d'imprimés a crû entre-temps de manière exponentielle.

6) *Homogénéisation et atomisation de la société*

Toujours du fait de la centralisation, les Français se ressemblent de plus en plus : l'unité territoriale engendre une unité sociale. Il est bien vrai que le despotisme « égalise tout sous lui ». Reprenant ses analyses de la *Démocratie en Amérique,* Tocqueville insiste sur l'*atomisation*, c'est-à-dire l'indifférence mutuelle entre citoyens qui accompagne cette égalisation. Ce qui a disparu dès l'Ancien Régime, ce sont les liens interpersonnels − par exemple les « liens de patronage et de dépendance qui reliaient autrefois le grand propriétaire rural aux paysans », p. 219 − mais aussi les liens entre *classes*.

Les classes sont devenues des castes, c'est-à-dire des groupes étanches, alors qu'au Moyen Âge les vassaux roturiers travaillaient avec les nobles à l'administration de la seigneurie, et plus généralement, les libertés locales n'ayant pas encore été supprimées par la centralisation, toutes les classes, sur le plan local, étaient accoutumées à coopérer, à se rencontrer, à se parler, à organiser de concert la défense et la protection des intérêts communs de la ville, du pays ou de la province (comme cela s'est fait encore, sous l'Ancien Régime même, dans les rares « pays d'états » subsistants, tel le Languedoc, auquel Tocqueville consacre une étude spéciale). La division des classes paraît à Tocqueville un effet de la centralisation, donc un phénomène récent et anormal. « Quand le pauvre et le riche n'ont presque plus d'intérêt commun, de communs griefs, ni d'affaires communes, [l']obscurité qui cache l'esprit de l'un à l'esprit de l'autre devient insondable, et ces deux hommes pourraient vivre éternellement côte à côte sans se pénétrer jamais. Il est curieux de voir dans quelle sécurité étrange vivaient tous ceux qui occupaient les étages supérieurs et moyens de l'édifice social au moment même où la Révolution commençait, et de les entendre discourant ingénieusement entre eux sur les vertus du peuple, sur sa douceur, son dévouement, ses innocents plaisirs, quand déjà 93 est sous leurs pieds : spectacle ridicule et terrible ! » (p. 223). Même chose entre « bourgeois » et « gentilshommes », qui « n'ont plus de contact dans la vie publique » : « Ils ne sentent plus jamais le besoin de se rapprocher l'un de l'autre et de s'entendre ; ils sont chaque jour plus indépendants l'un de l'autre, mais aussi plus étrangers l'un à l'autre. Au XVIIIᵉ siècle, cette révolution est accomplie : ces deux hommes ne se rencontrent plus que par hasard dans la vie privée. Les deux classes ne sont pas seulement rivales, elles sont ennemies » (p. 164). Le seigneur ou le propriétaire terrien est devenu indifférent à ses paysans : « Ces hommes n'étaient plus ses sujets, il n'était pas encore leur concitoyen : fait unique dans l'histoire. Ceci amenait une sorte d'absentéisme de cœur, si je puis m'exprimer ainsi, plus fréquent encore et plus efficace que l'absentéisme proprement dit » (p. 207).

Mais, tandis que les gens étaient devenus indifférents ou hostiles les uns par rapport aux autres, ils n'en étaient pas moins, objectivement, de plus en plus semblables entre eux. L'hostilité mutuelle de gens fondamentalement semblables n'avait plus, dès lors, qu'à changer de signe : d'une identité objective, passer à une identité subjective. C'est ce que permettra la « philosophie » du XVIIIᵉ siècle.

7) *Le rôle des « philosophes » dans la marche à la Révolution*

Tocqueville observe que les initiatives successives de l'administration royale n'auraient pu s'inscrire dans la durée si l'on avait pu en *discuter,* s'il y avait eu pour cela des *assemblées politiques*. Mais le pouvoir royal s'était ingénié à les supprimer ou à les étouffer. C'est, pour Tocqueville, l'explication du rôle si étonnant joué en France par les « philosophes » : leur agitation a été un substitut aux débats publics qui auraient dû avoir lieu au sein d'assemblées politiques s'il en eût existé.

« Tout l'esprit d'opposition politique que faisaient naître les vices du gouvernement, ne pouvant se produire dans les affaires, s'était réfugié dans la littérature » (p. 244-245).

Substitut biaisé, cependant : car les intellectuels, situés à l'écart des affaires, devaient apporter par cela même dans le débat des idées complètement abstraites, générales, et par là même radicales, des plans, non de réforme, mais de refonte complète de la société. Ces plans allaient pouvoir pénétrer peu à peu l'opinion, laquelle accepterait les actes les plus destructeurs des assemblées révolutionnaires. Le même phénomène ne put se produire en Angleterre ou aux États-Unis : c'est parce qu'il y avait là-bas une véritable liberté politique que les idées de réforme sociale n'ont jamais été aussi radicales qu'en France. En particulier, nul n'y a songé, comme en France, à attaquer simultanément toutes les institutions politiques et toutes les croyances religieuses.

« Notre philosophie irréligieuse fut prêchée [aux Anglais] avant même que la plupart de nos philosophes ne vinssent au monde : ce fut Bolingbroke[1] qui acheva de dresser Voltaire. Pendant tout le cours du XVIIIᵉ siècle, l'incrédulité eut des représentants célèbres en Angleterre. D'habiles écrivains, de profonds

---

1. Sur Bolingbrocke, cf. *supra,* p. 380.

penseurs prirent en main sa cause ; ils ne purent jamais la faire triompher comme en France, parce que tous ceux qui avaient quelque chose à craindre dans les révolutions se hâtèrent de venir au secours des croyances établies. Ceux mêmes d'entre eux qui étaient le plus mêlés à la société anglaise de ce temps-là, et qui ne jugeaient pas les doctrines de ces philosophies fausses, les repousssèrent comme dangereuses. De grands partis politiques, ainsi que cela arrive toujours chez les peuples libres, trouvèrent intérêt à lier leur cause à celle de l'Église ; on voit Bolingbroke lui-même devenir l'allié des évêques. Le clergé, animé par ces exemples et ne se sentant jamais seul, combattit lui-même énergiquement pour sa propre cause. L'Église d'Angleterre, malgré le vice de sa constitution et les abus de toutes sortes qui fourmillaient dans son sein, soutint victorieusement le choc ; des écrivains, des orateurs sortirent de ses rangs et se portèrent avec ardeur à la défense du christianisme » (p. 248-249).

Au contraire, en France,

« les hommes qui conservaient l'ancienne foi craignirent d'être les seuls à lui rester fidèles, et, redoutant plus l'isolement que l'erreur, ils se joignirent à la foule pour penser comme elle » (p. 250).

De sorte qu'il n'y eut qu'en France que la Révolution put être aussi radicale.

« Dans la plupart des grandes révolutions politiques qui avaient eu lieu jusque-là dans le monde, ceux qui attaquaient les lois établies avaient respecté les croyances, et dans la plupart des révolutions religieuses, ceux qui attaquaient la religion n'avaient pas entrepris du même coup de changer la nature et l'ordre de tous les pouvoirs et d'abolir de fond en comble l'ancienne constitution du gouvernement[1]. Il y avait donc toujours eu dans les plus grands ébranlements des sociétés un point qui restait solide. Mais, dans la Révolution française, les lois religieuses ayant été abolies en même temps que les lois civiles étaient renversées, l'esprit humain perdit entièrement son assiette ; il ne sut plus à quoi se retenir ni où s'arrêter, et l'on vit apparaître des révolutionnaires d'une espèce inconnue, qui portèrent l'audace jusqu'à la folie, qu'aucune nouveauté ne put surprendre, aucun scrupule ralentir, et qui n'hésitèrent jamais devant l'exécution d'un dessein » (p. 252).

Ce sont donc les intellectuels français qui prennent le relais des rois absolus ; ils héritent de l'absolutisme, si ce n'est qu'ils ne l'assument plus au nom d'une puissance personnelle, le roi, mais d'une puissance impersonnelle, l'État.

« Cette forme particulière de la tyrannie qu'on nomme le despotisme démocratique, dont le Moyen Âge n'avait pas eu l'idée, leur est déjà familière. Plus de hiérarchie dans la société, plus de classes marquées, plus de rangs fixes ;

---

1. Il est exact que le luthéranisme, par exemple, qui entendait réformer l'Église, a renforcé les pouvoirs princiers en Allemagne ; ou encore que le calvinisme n'a pas été révolutionnaire à Genève et que lorsqu'il l'a été en Angleterre, il s'est du moins appuyé sur le Parlement et sur les forces sociales que celui-ci représentait. Seuls les « philosophes » français ont été des révolutionnaires « universels ».

un peuple composé d'individus presque semblables et entièrement égaux, cette masse confuse reconnue pour le seul souverain légitime, mais soigneusement privée de toutes les facultés qui pourraient lui permettre de diriger et même de surveiller elle-même son gouvernement. Au-dessus d'elle, un mandataire unique, chargé de tout faire en son nom sans la consulter. Pour contrôler celui-ci, une raison publique sans organe ; pour l'arrêter, des révolutions, et non des lois ; en droit, un agent subordonné ; en fait, un maître. »

Et les intellectuels français de chercher, pour un tel pouvoir sans exemple en Europe, des modèles au-delà des mers.

« Je n'exagère pas en affirmant qu'il n'y en a pas un qui n'ait fait dans quelque partie de ses écrits l'éloge emphatique de la Chine. [...] Ils se sentent émus et comme ravis à la vue d'un pays dont le souverain absolu, mais exempt de préjugés, laboure une fois l'an la terre de ses propres mains pour honorer les arts utiles ; où toutes les places sont obtenues par des concours littéraires ; qui n'a pour religion qu'une philosophie, et pour aristocratie que des lettrés[1] » (p. 261).

Finalement, il a suffi que l'absolutisme soit ainsi relayé par le rationalisme abstrait des philosophes pour produire le socialisme :

« On croit que les théories destructives qui sont désignées de nos jours sous le nom de *socialisme* sont d'origine récente ; c'est une erreur : ces théories sont contemporaines des premiers économistes [français] (p. 261)[2].

8) *L'absolutisme, première matrice du socialisme*

En augmentant les pouvoirs de l'État jusqu'à nier, au nom d'une interprétation abusive du droit féodal, le droit romain de la propriété, les rois absolus ont fait le lit du jacobinisme d'abord, du socialisme ensuite.

---

1. Réflexions transposables à bien des situations contemporaines. Les intellectuels français ont souvent idéalisé quelque despote étranger, Lénine, Mussolini, Staline, Mao, Fidel Castro..., qui avait pour seul mérite d'incarner leur propre radicalisme.
2. En stigmatisant les « économistes », en revanche, Tocqueville commet une erreur manifeste : Quel sens cela a-t-il d'incriminer les libéraux d'avoir créé le socialisme, alors qu'ils dénonçaient au contraire, un siècle avant Tocqueville, le colbertisme, le mercantilisme, l'interventionnisme d'État et que, du temps même de Tocqueville, le *Journal des économistes*, Bastiat, Adolphe Blanqui, etc., polémiquaient énergiquement contre les premières doctrines socialistes construites (cf. *supra*, p. 610-614) ? Mais Tocqueville est aveuglé, ici comme ailleurs, par son contre-sens initial consistant à confondre, sous le concept unique de « démocratie », deux familles de doctrines et deux types de comportements sociaux aussi profondément distincts que le libéralisme et le socialisme. Il semble aussi vouloir envelopper dans la même condamnation tous les intellectuels en tant qu'intellectuels, amalgame qui se retrouve chez de nombreux hommes de droite, défiants à l'égard de la démarche théorique en tant que telle.

« Louis XIV avait enseigné publiquement dans ses édits cette théorie, que toutes les terres du royaume avaient été originairement concédées sous condition par l'État, qui devenait ainsi le seul propriétaire véritable, tandis que tous les autres n'étaient que des possesseurs dont le titre restait contestable et le droit imparfait[1]. Cette doctrine avait pris sa source dans la législation féodale ; mais elle ne fut professée en France que dans le temps où la féodalité mourait, et jamais les cours de justice ne l'admirent. [Or] *c'est l'idée mère du socialisme moderne*. Il est curieux de lui voir prendre d'abord racine dans le despotisme royal. Dans les règnes qui suivirent celui de ce prince, l'administration apprit chaque jour au peuple, d'une manière plus pratique et mieux à sa portée, le mépris qu'il convient d'avoir pour la propriété privée. Lorsque, dans la seconde moitié du XVIIIᵉ siècle, le goût des travaux publics, et en particulier des routes, commença à se répandre, le gouvernement ne fit pas difficulté de s'emparer de toutes les terres dont il avait besoin pour ses entreprises et de renverser les maisons qui l'y gênaient. La direction des Ponts et Chaussées était dès lors aussi éprise des beautés géométriques de la ligne droite qu'on l'a vue depuis ; elle évitait avec grand soin de suivre les chemins existants, pour peu qu'ils lui parussent un peu courbes, et, plutôt que de faire un léger détour, elle coupait à travers mille héritages. Les propriétés ainsi dévastées ou détruites étaient toujours arbitrairement et tardivement payées, et souvent ne l'étaient point du tout. [...] Le nombre des petits propriétaires lésés était grand, car déjà la terre était divisée. Chacun de ceux-là avait appris par sa propre expérience le peu d'égards que mérite le droit de l'individu quand l'intérêt public demande qu'on le violente, *doctrine qu'il n'eut garde d'oublier quand il s'agit de l'appliquer à d'autres à son profit*. [...] Les réquisitions, la vente obligatoire des denrées, le maximum sont des mesures de gouvernement qui ont eu des précédents sous l'Ancien Régime » (p. 293-295).

L'Ancien Régime n'a pas hésité, pour arriver à ses fins, à employer des moyens qu'il faut appeler de terreur. D'où la thèse que la Terreur est, à certains égards et jusqu'à un certain point, contenue en germe dans l'absolutisme.

« Le pauvre était déjà beaucoup mieux garanti qu'on ne l'imagine contre les atteintes d'un citoyen plus riche ou plus puissant que lui ; mais avait-il affaire à l'État, il ne trouvait plus [...] que des tribunaux exceptionnels, des juges prévenus, une procédure rapide et illusoire, un arrêt exécutoire par provision et sans appel. [...] On voit par les procès-verbaux de la maréchaussée que, [dans des circonstances telles que des "émotions et attroupements qui pourraient survenir à l'occasion des grains"], on cernait de nuit les villages suspects, on entrait avant le jour dans les maisons, et on y arrêtait les paysans qui étaient désignés, sans qu'il soit question autrement de mandat. L'homme ainsi arrêté restait souvent longtemps en prison avant de pouvoir parler à son juge. [...] C'est ainsi qu'un gouvernement doux et bien assis enseignait chaque jour au peuple le Code d'instruction criminelle le mieux approprié aux temps de révolution et le plus commode à la tyrannie. Il en tenait école toujours ouverte » (p. 296-297).

1. Cf. *supra*, p. 133-134.

Les intellectuels n'eurent donc plus qu'à mettre leurs pas dans ceux des rois pour parfaire l'idée socialiste :

« Lisez le *Code de la nature* par Morelly, vous y trouverez, avec toutes les doctrines des économistes[1] sur la toute-puissance de l'État et sur ses droits illimités, plusieurs des théories politiques qui ont le plus effrayé la France dans ces derniers temps, et que nous nous figurions avoir vues naître : la communauté de biens, le droit au travail, l'égalité absolue, l'uniformité en toutes choses, la régularité mécanique dans tous les mouvements des individus, la tyrannie réglementaire et l'absorption complète de la personnalité des citoyens dans le corps social. [...] La centralisation et le socialisme sont des produits du même sol ; ils sont, relativement l'un à l'autre, ce que le fruit cultivé est au sauvageon » (p. 261-262)[2].

III — RETOUR SUR LE « DESPOTISME DÉMOCRATIQUE » ET LE PESSIMISME TOCQUEVILLIEN

Dans toute la fin de *L'Ancien Régime et la Révolution,* mettant à profit les analyses qu'on vient de lire, mais tirant en outre les leçons de toute l'expérience de sa vie politique et de sa vie tout court, Tocqueville renouvelle et radicalise la condamnation de la société moderne déjà formulée dans la *Démocratie en Amérique*. Il est fatal que cette société devienne en acte ce qu'elle est depuis toujours en puissance, à savoir un *despotisme démocratique* où ne pourront que disparaître la liberté et, avec elle, toute raison de vivre.

1) *La noblesse, seule classe vraiment libre*

La Révolution, qui va promouvoir l'égalité aux dépens de la liberté, n'aurait pu cependant se faire si les Français n'avaient pas eu,

---

1. Toujours la même erreur injuste au sujet des Physiocrates (cf. *supra,* p. 1136 et 1140). Sur le « présocialiste » Morelly, cf. *supra,* p. 794-796.
2. On perçoit bien ici le cadre et la limite de la pensée de Tocqueville : il ne distingue pas entre égalité des conditions et égalité devant la loi, donc il assimile plus ou moins libéralisme et socialisme, le second devant sortir inéluctablement, à court ou moyen terme, du premier ; il n'oppose pas au socialisme, qui est organisateur et hiérarchique par définition, l'ordre social spontané, mais la décentralisation ou plutôt la non-centralisation, la société plurielle, où existent des rangs, des diversités qualitatives, des corporations professionnelles autogérées, des libertés locales de villes et de pays, tout ce qu'il reproche à l'Ancien Régime d'avoir détruit. Par la « liberté » des « peuples libres », il entend essentiellement la liberté politique, non la liberté civile, c'est-à-dire la liberté d'aller et venir, de posséder, d'acheter, de vendre, de choisir son métier et son activité économique, de contracter, toutes libertés qui exigent une stricte égalité devant la loi et sont incompatibles avec l'ancienne société d'ordres et d'alvéoles féodaux. Il est, en ce sens, beaucoup plus proche de Montesquieu et de la droite traditionaliste que de Benjamin Constant.

tout de même, à l'orée de cette Révolution, un sens minimum de la liberté. Qu'est-ce qui pouvait nourrir ce sens de la liberté chez les Français de l'Ancien Régime ?

Tocqueville remarque que, si l'Ancien Régime était un régime absolutiste, ce n'était pas, ou pas encore, un régime – comme nous dirions – totalitaire.

> « Le gouvernement conduisait déjà seul et absolument toutes les affaires communes, qu'il était encore loin d'être le maître de tous les individus » (p. 191).

En fait, un esprit de liberté régnait dans chacun des secteurs de la société, la noblesse, le clergé, la bourgeoisie, le peuple, et dans l'appareil d'État lui-même. Ayant créé, pour de l'argent, des fonctionnaires, le gouvernement ne pouvait plus les commander à discrétion.

Mais la classe libre par excellence, pour Tocqueville, la classe qui était le modèle de toutes les autres à cet égard, c'était la noblesse, qui était même – l'auteur fait ici l'aveu de ses convictions profondes – la *seule* classe vraiment libre.

> « Une classe qui a marché pendant des siècles la première a contracté, dans ce long usage incontesté de la grandeur, une certaine fierté de cœur, une confiance naturelle en ses forces, une habitude d'être regardée qui fait d'elle le point le plus résistant du corps social. Elle n'a pas seulement des mœurs viriles ; elle augmente, par l'exemple, la virilité des autres classes. En l'extirpant, on énerve jusqu'à ses ennemis mêmes. Rien ne saurait la remplacer complètement ; elle-même ne saurait jamais renaître ; elle peut retrouver les titres et les biens, mais non l'âme de ses pères » (p. 194).

D'où ce cri :

> « [En abattant et en déracinant la noblesse,] on a ôté à la nation une portion *nécessaire* de sa substance et fait à la liberté une blessure *qui ne se guérira jamais* » (p. 194)[1].

2) *La liberté, don naturel incommunicable*

À ce point de *L'Ancien Régime et la Révolution,* Tocqueville formule son *credo* concernant la liberté. *Credo* où se reflète sa fierté de classe, ce qui est naturel, mais aussi, ce qui est plus surprenant chez un penseur rompu à la démarche historique, sa cécité à l'égard des créations culturelles opérées par l'histoire. Il ne voit pas que la liberté peut être favorisée, développée ou même créée par certaines institutions, comme elle peut être étouffée par d'autres. Les aristo-

---

1. Profession de foi radicalement antilibérale. Il n'y a eu de liberté que dans le cadre de la féodalité (c'est également, nous l'avons vu, la conviction de Montesquieu). À mesure que les nobles ont disparu, la nation a été privée de liberté, sans retour. La « liberté sous la loi » des libéraux, la liberté « bourgeoise », n'est qu'une vaine illusion.

crates ont eu seuls ou ont eu plus que les autres, sans doute, le sens
de la liberté, parce que, dans le régime féodal, ils étaient les seuls à
être libres. Mais il est clair que, très vite dans l'histoire de l'Europe,
les « bourgeois » ont acquis ce même sens de la liberté à mesure
qu'ils devenaient politiquement libres au sein des institutions communales, puis à mesure que se développaient les activités marchandes et industrielles requérant des acteurs économiques l'autonomie
individuelle, le sens de l'initiative et l'habitude de nouer et dénouer
de libres contrats. Les masses populaires, à leur tour, ont acquis le
sens de la liberté partout où ont été instaurées des institutions de
liberté et si elles sont encore vouées, ici et là, à la passivité et à l'assis-
tanat, c'est en raison de l'existence d'États organisateurs et tutélaires,
non de leur prétendue « nature ». On constatera, en lisant le texte
qui suit − évidemment plein d'intérêt et magnifique de ton − que
Tocqueville n'a pas le sens de ces évolutions historiques possibles et
s'en tient à un hautain pessimisme quant à la nature humaine. C'est
ce qui fait de lui un « conservateur » et non un « libéral ».

« Je me suis souvent demandé où est la source de cette passion de la liberté
politique [...]. Ce qui, dans tous les temps, lui a attaché si fortement le cœur de
certains hommes, ce sont ses attraits mêmes, son charme propre, indépendant de
ses bienfaits ; c'est le plaisir de pouvoir parler, agir, respirer sans contrainte, sous
le seul gouvernement de Dieu et des lois. Qui cherche dans la liberté autre
chose qu'elle-même est fait pour servir. Certains peuples la poursuivent obstinément à travers toutes sortes de périls et de misères. Ce ne sont pas les biens
matériels qu'elle leur donne que ceux-ci aiment alors en elle ; ils la considèrent
elle-même comme un bien si précieux et si nécessaire qu'aucun autre ne pourrait les consoler de sa perte et qu'ils se consolent de tout en la goûtant. D'autres
se fatiguent d'elle au milieu de leurs prospérités ; ils se la laissent arracher des
mains sans résistance de peur de compromettre par un effort ce même bien-être
qu'ils lui doivent. Que manque-t-il à ceux-là pour rester libres ? Quoi ? le goût
même de l'être. Ne me demandez pas d'analyser ce goût sublime, il faut
l'éprouver. Il entre de lui-même dans les grands cœurs que Dieu a préparés pour
le recevoir ; il les remplit, il les enflamme. On doit renoncer à le faire comprendre aux âmes médiocres qui ne l'ont jamais ressenti[1] » (p. 266-268).

---

1. Il est vrai que la liberté est une « valeur en soi », en tout cas son usage ne peut être
subordonné à l'atteinte d'une fin visible. Elle est un « impératif catégorique » et non
« hypothétique » ; elle est un principe. Mais ce principe lui-même peut être pensé comme
un moyen pour des fins encore supérieures : le maitien de la justice, le progrès des sciences, la poursuite de l'aventure humaine. Dans le judéo-christianisme, la liberté est absolument nécessaire, puisqu'elle est la condition d'exercice de la responsabilité morale ; elle
n'est pas pour autant la valeur ultime, puisque la responsabilité morale n'est elle-même
que l'outil de la charité et de l'atteinte des fins eschatologiques de l'humanité. Même doctrine de la liberté chez Kant. Placer la liberté absolument au-dessus de toute autre valeur
est simplement immoral, ou intellectuellement inconsistant. L'aristocratisme de Tocqueville trouvera une expression philosophique plus adéquate, selon nous, dans le franc
immoralisme de Nietzsche.

Chapitre 6

La Tour du Pin.
Le corporatisme

René de La Tour du Pin (1834-1924) est l'un des principaux créateurs de la doctrine *corporatiste* qui va constituer pour la droite la référence économique et sociale qui lui manquait jusque-là (puisque la réflexion sur ces problèmes était encore quasiment inexistante chez les « théocrates »).

Vie et œuvres[1]

René de La Tour du Pin Chambly, marquis de la Charce, est né en 1834, mort en 1924. Officier de carrière, il est fait prisonnier après Sedan. Il a pour compagnon de captivité, à Aix-la-Chapelle, Albert de Mun[2]. Il médite avec ce dernier sur les causes de la défaite. Au-delà des raisons purement militaires et diplomatiques, tous deux incriminent l'affaiblissement social de la France, qui résulte lui-même de la césure opérée par la Révolution française entre les classes dirigeantes et le peuple. Il faut donc, pour ces catholiques fervents, que l'Église se penche sur la question sociale et que les classes dirigeantes reprennent en main, dans un esprit de charité et de responsabilité, le sort des classes laborieuses, inhumainement traitées par la classe industrielle. Il faut réorganiser chrétiennement la société.

Revenus de captivité, De Mun et La Tour du Pin fondent donc, en décembre 1871 (avec l'abbé Maignen qui avait créé quelques années auparavant

1. Cf. Robert Talmy, *Aux sources du catholicisme social. L'école de La Tour du Pin,* Desclée & Cie, 1963 ; sur les politiques corporatistes réelles: Piero Sacerdoti, *Le corporatisme et le régime de la production et du travail en Italie*, Sirey, 1938.
2. Albert de Mun (1841-1914) est d'abord, comme La Tour du Pin et avec lui, monarchiste et corporatiste. Après l'échec de sa tentative de fonder un parti catholique et l'injonction venue de Rome d'opérer le « Ralliement » des catholiques français à la République, il devient républicain. Député depuis 1876, il est un des principaux auteurs de la législation française du travail (loi sur le travail des femmes, 1892). Cf. *La pensée sociale d'Albert de Mun*, extraits recueillis et ordonnés par Ch. Brossier, Marseille, Éditions Publiroc, 1929 ; Charles Molette, *Albert de Mun*, Beauchesne, 1970.

un cercle de jeunes ouvriers), l'*Œuvre des Cercles catholiques d'ouvriers*. Cette organisation « a pour but le dévouement de la classe dirigeante à la classe ouvrière, pour principe les définitions de l'Église sur les rapports avec la Société civile et, pour forme, le cercle catholique d'ouvriers » (lettre des fondateurs au pape). L'Œuvre va avoir des ramifications dans toutes les provinces de France. Il y aura des « cercles d'ouvriers » dans les principales villes, reliés entre eux par des comités locaux, eux-mêmes coordonnés par un comité central appelé Comité de l'Œuvre, présidé par le comte de Villermont et le comte de Roquefeuille. La direction effective est assurée par un Secrétariat général comportant quatre sections. De Mun est secrétaire général, La Tour du Pin chef de la section des Études. C'est à ce titre qu'il va écrire, pendant une trentaine d'années, des articles théoriques destinés à constituer une véritable doctrine pour le mouvement. Il les réunira en recueil en 1907, sous le titre *Vers un ordre social chrétien*[1].

L'Œuvre des Cercles elle-même n'aura pas grand succès. Elle reçoit dès le départ le soutien des milieux aristocratiques et cléricaux (à peu près la clientèle politique et sociale du légitimisme), mais les adhésions réellement populaires paraissent avoir été rares. Il ne s'agit ni d'un mouvement politique, ni d'un syndicat ni d'une « organisation de masse », mais d'une sorte de « patronage » (comme il y en a beaucoup dans cet âge de réveil de la foi et du cléricalisme en France). En 1889, la tentative d'organiser un véritable contre-centenaire de la Révolution se traduit par quelques colloques, et non par la grande commotion populaire espérée ; l'Œuvre des Cercles n'a guère d'influence politique[2]. C'est sur le plan idéologique que l'Œuvre a eu l'influence la plus incontestable. La Tour du Pin et les hommes qui l'entourent participent, avec d'autres intellectuels catholiques européens, aux travaux préparatoires de *Rerum Novarum*.

Étant donné que La Tour du Pin entend que sa doctrine sociale soit strictement conforme aux vérités de foi garanties par l'Église (il consulte souvent l'aumônier de l'Œuvre qui est un jésuite, il entretient diverses correspondances avec la Curie romaine), étant donné, d'autre part, que la doctrine catholique se confond pratiquement, depuis la Contre-Réforme, avec le thomisme, La Tour du Pin va prendre le plus souvent des positions sociales et économiques strictement thomistes et, par là – qu'il en soit ou non pleinement conscient, – aristotéliciennes. Par cette médiation, sa doctrine sociale et économique renoue avec le « droit naturel ancien », mais sous une forme sensiblement durcie.

En effet, les thomistes de l' « école de Salamanque » se montraient sensibles, on l'a vu, aux conséquences de l'émergence de nouvelles conditions économiques et de l'élargissement des marchés au début des Temps modernes, et en ce sens ils ont pris une part importante à la genèse intellectuelle des doctrines

---

1. René de La Tour du Pin, *Vers un ordre social chrétien* (1907), Paris, Éditions du Trident, 1987.
2. Il faut préciser cependant que ce mouvement est mal connu et que la thèse de son peu d'écho populaire a été combattue. Cf. Jean-Marie Mayeur, *Catholicisme social et démocratie chrétienne. Principes romains, expériences françaises, op. cit.*, p. 133.

démocratiques et libérales. La Tour du Pin et ses amis vont rejeter, eux, l'apport de la « tradition de l'ordre spontané » et des théories économiques modernes. Ils vont répéter dogmatiquement un thomisme tronqué (La Tour du Pin semble n'avoir connu saint Thomas que de seconde main). Au total, le phénomène de l'industrialisation et du progrès économique du XIXᵉ siècle leur échappe totalement : ils le condamnent instinctivement comme Bonald et Maistre et ne le comprennent intellectuellement pas mieux que Tocqueville. Ils sont aussi marginalisés par rapport aux grands courants de la réflexion économique que leurs amis légitimistes le sont dans la vie politique. Ils entraînent malheureusement nombre de catholiques français, pour des décennies, dans cette marginalisation.

Nous examinerons plusieurs articles du recueil *Vers un ordre social chrétien.* « Au centenaire de 1789 » synthétise le procès idéologique, religieux, politique, moral des traditionalistes à l'encontre de la Révolution française. Les autres articles traitent spécifiquement des problèmes sociaux et économiques et posent les bases de la doctrine corporatiste.

I — « AU CENTENAIRE DE 1789 »

À l'approche du premier centenaire de la Révolution française, le jeune gouvernement républicain multipliait les publications, colloques, manifestations diverses destinés à illustrer avec éclat, devant l'opinion, l'œuvre de cette Révolution, l'excellence de la société qui en était issue, et sa propre légitimité. En réponse, l'Œuvre des Cercles prépara, en 1888, un recueil d'« études philosophiques, historiques et économiques capable de contribuer, avec l'œuvre magistrale de Le Play, les ouvrages de Taine et de tant d'autres écrivains courageux, à substituer à la légende de l'"ère moderne" le jugement impartial de l'histoire » (*Vers un ordre social chrétien*, p. 243). L'Œuvre ne désespérait pas de renverser la République à cette occasion (De Mun participera à l'aventure boulangiste). L'article de La Tour du Pin entend fixer les grands principes de l'entreprise contre-révolutionnaire entamée par l'Œuvre. Il s'agit d'abord de contrer les « principes de 89 ».

A / Les principes de la Révolution

Quels sont les « principes de 89 » ou « faux dogmes » honnis des contre-révolutionnaires ? Ce sont la « liberté naturelle » et l'« égalité native de tous les hommes ». Ces principes n'ont pas seulement engendré le libéralisme, mais, pour le prochain siècle, inéluctablement, ils feront le lit du socialisme révolutionnaire. « De fait, [les principes de 89] sont revendiqués par tous les socialistes de cette école, qui déclarent seulement que la Révolution a fait fausse route et qu'il faut en reprendre et en accomplir l'œuvre. » Ils parlent de l'émancipation du « 4ᵉ état » après celle du tiers état ; de la suppression de la propriété bourgeoise après celle de la propriété féodale ; de la nationalisation du capital de l'industrie après celle des biens de l'Église.

Les principes de 89 sont résumés dans la Déclaration des droits de l'homme, qui devient, de ce fait, la cible de toutes les critiques.

1) *Principes philosophiques*

La Déclaration, certes, ne s'attaque pas explicitement aux droits de Dieu, mais elle les passe dédaigneusement sous silence. Elle part de cette supposition fausse que tous les hommes sont nés bons et vertueux, en contradiction avec le dogme chrétien du péché originel. Or Dieu ne peut être traité en quantité négligeable ; la religion, en affaire relevant de la seule vie privée ; l'Église, en institution dont n'aurait pas à s'occuper le législateur. Si l'on n'inscrit pas la loi naturelle, dont le Décalogue est le prototype, dans la législation, on en arrive à la déclaration d'Odilon Barrot[1] : « La loi est athée. » Et l'on passe de l'athéisme légal à l'athéisme social, source de tous les malheurs du temps. En d'autres termes, La Tour du Pin refuse le concept même de « catholicisme libéral ». Si l'on est catholique, on doit vouloir que *toutes* les institutions sociales soient chrétiennes et que *la forme même du régime* le soit.

2) *Principes politiques*

La Déclaration de 1789, sur le plan politique, c'est essentiellement l'idée de *souveraineté du peuple* s'opposant à celle de *droit historique*. On dit que la souveraineté est indivisible : c'est donc qu'il n'y a plus de *pouvoirs autonomes,* de *corps intermédiaires,* de *provinces*. « Il ne reste debout qu'un pouvoir suprême à base plébiscitaire mouvante et une bureaucratie à compétence universelle fonctionnant seule dans l'État omnivore. »

La souveraineté du peuple détermine la loi. Or ceci est conforme à la maxime romaine : *quicquid principi placuit legis habet vigorem* qui prévalait déjà sous l'Ancien Régime. Que le souverain absolu soit

---

1. Odilon Barrot (1791-1873), homme politique de tendances orléanistes, ministre sous la IIᵉ République, dans l'opposition sous le Second Empire, président du Conseil d'État sous la République de Thiers.

un monarque, un triumvirat, une assemblée ou le peuple, cela ne change rien : c'est toujours l'idée romaine, absurde et contraire à la nature des choses, que le « souverain » pourrait faire toutes les lois qui lui plaisent, sans égard à une justice transcendante. Quoi qu'en aient pu penser les hommes de 1789, dès lors qu'ils admettaient cette notion de la souveraineté, ils ne pouvaient que faire le lit du césarisme d'abord, du socialisme ensuite.

3) *Principes économiques*

La Déclaration de 1789 énonce directement ou indirectement plusieurs principes de nature à bouleverser la vie économique traditionnelle :

— affranchissement du travail, en lieu et place du régime corporatif ;
— affranchissement de la propriété, en lieu et place du régime féodal ;
— affranchissement du commerce, liberté de prêt, épanouissement de toutes les formes de l'échange et du crédit, en lieu et place des restrictions mises par le Moyen Âge au commerce et à l'usure.

Tout ceci est censé augmenter la richesse publique et privée. Mais La Tour du Pin conteste formellement que ces réformes aient eu un tel résultat.

« Les régimes de liberté ne font pas que l'homme puisse travailler, posséder, échanger comme il veut, mais comme il peut, c'est-à-dire selon la loi non plus humaine et organique, mais fatale et mécanique de la concurrence. Dès lors, il n'y a plus d'existences sociales stables, mais des successions de problèmes sociaux, dont les éléments sont des masses et des vitesses, desquelles les produits forment des quantités de mouvement qui emportent ces existences en les transformant par l'"évolution historique" de la lutte des classes. Nous voilà en pleine théorie de Karl Marx, le docteur suprême du socialisme ; l'humanité ne vit plus selon la loi du Christ, mais selon celle de Darwin, où sous la fatalité du besoin les espèces animales vont se détruisant ; et l'homme, devenu bête, ne connaît plus qu'un maître sous ces deux aspects [que sont la] "force et [la] matière" » (p. 247).

En ce sens encore, le libéralisme rejoint le socialisme : il est aussi *matérialiste* que ce dernier.

B / *La marche de la Révolution*

On a donc montré par le seul raisonnement que les principes de 1789 conduisent au socialisme. On peut maintenant le montrer « par

un coup d'œil jeté sur l'histoire de ce siècle ». On va voir que les
socialistes ont raison de dire que leur projet politique est le prolongement direct de la Révolution.

Ce qu'on constate au premier regard, c'est que l'organisation
sociale léguée par les siècles chrétiens a presque complètement disparu. Depuis 1789 a eu lieu une « rupture avec la continuité historique », une *désorganisation* sociale. Tous les états *moraux* de l'ancien
ordre se sont écroulés : l'Église et la famille. Tous ses ressorts *politiques* : la monarchie, les autonomies locales. Toutes ses formes *économiques* : communautés et corporations. À leur place, il ne reste que
l'État, « qui a absorbé et concentré toutes les fonctions sociales, mais
qui n'a lui-même aucune forme, aucune pensée stables, et dont
l'omnipotence ne servira qu'à livrer le monde à qui le prend »
(p. 248)[1].

1) *La religion*

L'Église catholique avait la France pour « fille aînée ». Mais il y a
eu une dégradation de l'Église en France dès la fin de l'Ancien
Régime par les atteintes du gallicanisme, du jansénisme, de la préla-
ture de cour. Le grand corps de l'Église était déjà fissuré quand la
Convention le mit en pièces et quand, sous Napoléon, par le Concordat, on le plaça sous la dépendance de l'État[2]. L'Église survit
encore, de par sa mission divine. Mais elle est sujette à d'incessantes
agressions. On affame ses séminaires, on dissout ses milices (jésuites
et autres congrégations)[3], des ministres athées nomment ses évêques.
Quant à ses biens, on a déjà depuis longtemps mis la main sur eux.
Elle est vouée à la destruction.

2) *L'enseignement*

Dans l'ancienne France, l'enseignement, « privé en son essence
mais public en ses effets », était distribué au gré des familles. Il n'était
le monopole d'aucun corps. Mais il était assuré le plus souvent par

---

1. On reconnaît le vocabulaire et les thèmes de Maistre, Bonald ou Tocqueville.
2. Rappelons qu'un concordat fut conclu entre le Saint-Siège (Pie VII) et Bonaparte
en 1801. Il forçait à la démission les évêques émigrés et réorganisait le catholicisme en
France. Mais des règlements d'application ou *articles organiques*, ajoutés unilatéralement,
instauraient pratiquement l'emprise de l'État sur l'Église.
3. Cibles, en effet, du gouvernement républicain, dès l'époque de Jules Ferry (en raison de la querelle scolaire), jusqu'aux persécutions de l'époque Combes et à la séparation
de l'Église et de l'État (1905).

des hommes d'Église ; on ne séparait ni la morale de la religion, ni l'instruction de l'éducation. Il en avait toujours été ainsi dans toutes les civilisations connues. « Les maîtres n'enseignent que ce que croient les pères et qu'ils veulent transmettre à leurs enfants » (p. 249). La Révolution a changé tout cela, « elle a détruit l'unité d'enseignement, parce que cette unité était l'expression du christianisme »[1]. Elle a inventé un corps universitaire « enseignant, au nom de l'État, Dieu sait quelle morale sans dogme et sans sanction[2] ». Elle a chassé de l'enseignement non seulement Dieu, mais les familles, puisque le père ne peut plus choisir les maîtres de ses enfants. C'est une tyrannie bureaucratique. Sous le prétexte de la liberté de conscience, c'est l'athéisme qu'on enseigne.

3) *Les mœurs*

Les familles sont essentielles au maintien des traditions.

« Là vit ce lien de tradition qui, perpétuant la vie et l'âme de chaque génération en celle qui la suit, fait que les hommes vivent en société et non en troupeaux » (p. 250).

Or on a détruit les familles de l'ancienne France. Pas seulement les familles d'épée ou de robe, mais celles de métier, d'artisans. Tout cela au nom de l'« égalité native ». On a créé un système de concours et de bourses pour l'accès à la fonction publique, ce qui est faire de « l'inégalité à rebours du bon sens, du bien public, et, je n'hésite pas à le dire, d'un certain droit social des pères à se survivre dans leurs enfants » *(ibid.)*.

Mais on n'a pas seulement détruit les patrimoines moraux, on a détruit, par des *lois successorales,* les patrimoines matériels, donc la

---

1. On voit, par cette remarque de La Tour du Pin, que les catholiques traditionalistes ne sont pas partisans de la liberté d'enseignement en tant que telle. Ils sont favorables à un enseignement unitaire (puisqu'il y a une seule Révélation, une seule vérité, un seul dogme). C'est la volonté dogmatique opposée des laïques qui a conduit l'Église à revendiquer, comme un moindre mal, à l'époque de la monarchie de Juillet, la liberté d'enseignement.

2. La Tour du Pin résume un peu vite l'histoire. Ce n'est pas la Révolution de 1789, mais Napoléon, qui a créé un corps enseignant laïque, en fondant l'Université de France, future Éducation nationale, en 1806. Il ne faisait que reprendre l'idée des Parlements gallicans qui, sous l'Ancien Régime, avaient chassé les jésuites (en 1762) et avaient imaginé de les remplacer par une cléricature nationale (création du concours d'agrégation en 1764). C'est ainsi l'absolutisme et le bonapartisme qui ont créé l'enseignement monopolistique d'État en France, non la Révolution de 1789, qui était sensiblement plus libérale (cf. les plans d'éducation pluralistes de Mirabeau, de Condorcet ou de Daunou).

continuité des fonctions sociales (transmission d'un domaine agricole, d'un atelier, d'une entreprise)[1]. De plus, on a émancipé les fils en les mettant sur un pied d'égalité politique avec les pères, on a instauré le divorce, on a instauré l' « impunité de la séduction » (en cessant de considérer l'adultère comme un délit pénal), on a créé une situation de non-protection de la femme et de l'enfant contre les abus de la concurrence industrielle. Tout cela a conduit à la dépopulation des campagnes, à la dégénérescence des populations industrielles, à la précocité de la criminalité.

4) *Les principes politiques*

Dans la constitution de l'ancienne France prévalait le *droit historique* : il s'agissait de coutumes formées progressivement, à peine codifiées, mais inscrites dans les cœurs de tous les Français. Malheureusement, l'influence des légistes formés au droit romain (qui étaient des « césaristes ») a fait prévaloir un « droit régalien ». Cette influence se fit sentir dès Philippe le Bel, Louis XI et, surtout avec la Renaissance, Richelieu et Louis XIV (c'est-à-dire avec la monarchie absolue). On assista à la disparition des corps constitués, des États provinciaux. On imposa l'administration directe par les Intendants royaux. Au début du règne de Louis XVI, il y eut une tentative de réorganiser les corps intermédiaires – bailliages et provinces – mais la conception administrative prévalut. Elle triompha avec la création, par la Révolution, des *départements,* « instruments bureaucratiques mis aux mains de l'État pour détruire tout le reste des autonomies et asservir les communes ».

Même le principe monarchique a été brisé : d'abord transformé en césarisme, il est tombé en monarchie constitutionnelle, où le monarque est mandaté par la souveraineté populaire.

« Depuis, vingt essais de constitution se sont succédé sans retrouver jamais la base du droit historique, si bien que pour l'historien du futur, alors qu'il voudra résumer dans la synthèse où s'effacent les incidents du passé la marche du XIXe siècle, il n'apparaîtra pas que la France soit passée de la monarchie à l'empire ou à la république, mais à l'*anarchie* » (p. 251).

---

1. C'est le grand thème du sociologue traditionaliste Frédéric Le Play : le Code civil, par le divorce et surtout par l'égalité de succession, a détruit la société en détruisant sa cellule sociale de base, la famille, qui transmettait au long des générations un même patrimoine indivis.

5) *L'appareil judiciaire*

La Tour du Pin a deux reproches plus particuliers à faire à la nouvelle administration de la justice. D'abord, en raison du dogme erroné de l'égalité native, on a prétendu faire régner un « droit commun », en supprimant les juridictions spécialisées de l'ancienne France dont le principe était que chaque catégorie de citoyens était jugée par ses pairs, ce qui garantissait compétence et indépendance : tribunaux ecclésiastiques, militaires, corporatifs... Ces garanties ont disparu, malgré la « caricature » du jury emprunté aux Anglais. D'autant que l'État s'est réservé d'échapper au droit commun en créant des tribunaux administratifs ou des juridictions d'exception à sa discrétion (il a donc contrevenu, à son propre profit, à l'égalité devant la loi qu'il proclamait).

Ensuite, la justice actuelle souffre de l'arbitraire des lois, qui ne dépendent plus d'une doctrine fixe et identifiable (le Décalogue, l'Évangile). Sans doute a-t-on supprimé la torture (dont La Tour du Pin rappelle qu'elle venait de la justice romaine), mais le bilan global est négatif : la clarification apportée aux lois grâce au Code a été contre-balancée par le fouillis de la jurisprudence, et la criminalité n'a pas diminué au XIXe siècle.

6) *Les finances publiques*

Jadis, le roi vivait des revenus de son domaine, auxquels s'ajoutaient des subsides extraordinaires votés par les États ou les grands corps sociaux. Mais Philippe le Bel a commencé à changer cette situation en se permettant d'altérer les monnaies. Puis il y a eu une inflation des dépenses de cour sous les Valois et surtout avec Louis XIV, qui a fait des guerres dispendieuses. Les besoins croissants ont été couverts par divers expédients administratifs : vente de patentes et d'offices à un prix excessif, vente des privilèges eux-mêmes, enfin augmentation des impôts directs et indirects (douanes intérieures, gabelles). Cette inflation fiscale a été la cause principale de la Révolution. Or la situation a empiré depuis. La Révolution et l'Empire ont créé une autre forme d'impôt, un impôt du sang, la *conscription,* alors que, auparavant, la fonction militaire était assurée par le volontariat, plus quelques levées de milices par tirages au sort. L'impôt s'est emparé, au profit des fonctionnaires, de richesses destinées aux pauvres. La Révolution a en effet « audacieusement dépouillé » ceux-ci en dépouillant les institutions ecclésiatiques ou les œuvres dotées par la noblesse qui assumaient, dans l'ancienne société, la charge de l'assistance publique.

7) *Les classes agricoles*

La Tour du Pin réfute la thèse selon laquelle la Révolution aurait favorisé la petite propriété agricole. Celle-ci était déjà fréquente sous l'Ancien Régime. La Révolution n'a rien amélioré à cet égard, au contraire elle a empiré la situation des paysans. Par l'effet de la concurrence entre régions agricoles et des lois successorales, il y a eu un *exode rural* ; l'*individualisme* a prévalu, les *communautés rurales* ont disparu. On a supprimé les biens communs, les droits d'usage. Les paysans se sont appauvris sous l'effet d'impôts croissants. La spéculation les a enfin endettés.

« De sorte que des champs plus riches ne portent que des gens plus pauvres et que l'agriculture, qui était la condition la plus honorable, est devenue la plus délaissée » (p. 254).

8) *Les classes industrielles*

L'atelier et la corporation ont disparu eux aussi au profit de la *manufacture* (qui n'existait jadis que pour les mines et la verrerie). Chaque jour, on invente une machine nouvelle. Donc cela

« détruit un certain nombre de petits ateliers, c'est-à-dire d'existences sociales assurées, sans leur rien offrir en retour » *(ibid.).*

Ainsi le régime de la liberté du travail, qu'on a prétendu être un droit naturel et une condition de l'essor économique, a créé une lutte violente entre patrons de même industrie et entre patrons et ouvriers. Il a causé la fin des corporations, qui garantissaient une existence aisée pendant les années de labeur et des secours de tous genres contre les infirmités, les accidents et la vieillesse. Il en a résulté une affreuse dégénérescence morale et physique de la classe ouvrière. Quant aux produits de l'industrie, ils ont perdu en qualité ce qu'ils ont gagné en quantité.

9) *Les classes commerçantes*

L'Église avait condamné l'*usure*, de même le Parlement, inspiré par la Sorbonne. Mais toute barrière est tombée à cet égard dès la fin de l'Ancien Régime, provoquant des ravages à la Cour même.

« La Révolution vint consacrer et légaliser cet état de choses, et entre autres services rendus à l'établissement du capitalisme, elle naturalisait en bloc les *juifs*, dont la bonté de Louis XVI avait toléré la rentrée dans le royaume par la frontière d'Allemagne » (p. 255).

On a récusé la doctrine du *juste prix*, « fondement du régime de l'échange dans un ordre social chrétien »[1]. On a substitué à cette doctrine le marché, c'est-à-dire les règles de la *concurrence*, inhumaine et « ruineuse » pour tous.

L'épargne a été drainée vers le Trésor public, par de grandes entreprises financières liées à l'État ; le reste du capital appartient à des sociétés anonymes. Tout ceci fait que « le capital est devenu beaucoup plus un objet de spéculation qu'un instrument de travail ».

« Le produit supporte ainsi, pour passer des mains du producteur à celles du consommateur, une majoration de prix pour l'impôt, une pour la rente fixe qu'en prétend tirer tout prêteur, une pour le dividende de l'action, et Dieu sait combien de commissions aux intermédiaires, si bien que les fortunes publiques et les fortunes privées sont également en souffrance et que s'il y a un peu plus de *millionnaires,* il y a beaucoup plus de *prolétaires* » (p. 255)[2].

En conclusion, la Révolution a constitué une « grande rupture historique ». Elle a dissous les liens sociaux, au double sens de : liens au passé, liens entre les hommes dans le présent. On a commis de tels abus au nom de la liberté, on a élevé de telles revendications au nom de l'égalité, que le triomphe du socialisme apparaît désormais comme probable, « non plus seulement comme une conséquence logique des principes du rationalisme, mais comme une réaction inévitable contre les excès de l'individualisme » (p. 256). On peut même dire que 1789 n'a duré en fait que quelques mois ; le fruit de la Révolution était d'emblée pourri, du fait du rationalisme et de l'individualisme des Lumières.

Nous allons comprendre, par les textes suivants, que la critique du libéralisme par la droite rejoint à peu près exactement celle de la gauche. Cette homologie des points de vue est naturellement niée par la gauche, qui ne veut pas être vue en compagnie de certains des pères intellectuels du fascisme. Elle n'en est pas moins strictement vraie. Apercevoir cette homologie est indispensable pour avoir une intelligence correcte de la suite des événements au XXe siècle, et en particulier des passages incessants des hommes et des idées de l'extrême droite à l'extrême gauche et *vice versa,* spécialement dans l'entre-

---

1. Cf. *HIPAMA*, p. 662-663. La Tour du Pin paraît ignorer que cette doctrine est d'origine aristotélicienne.
2. Comment comprendre malgré cela l'augmentation constante du niveau de vie à mesure que l'on approche de l'an 1900 ? Il y a un vice quelque part dans le raisonnement de La Tour du Pin (comme dans celui de Marx). Et La Tour du Pin ne fait pas non plus l'observation que l'immense croissance démographique de l'Europe aux XVIIIe-XIXe siècles suggère par elle-même que le capitalisme qu'il dénonce crée plus de richesse que l'économie traditionnelle qu'il approuve. S'il y a « beaucoup plus de prolétaires », c'est que le système est capable d'en faire vivre en effet un plus grand nombre, là où, jadis, ils mouraient de pénurie alimentaire (ou ne naissaient pas). Cf. *supra,* p. 844, n. 1.

deux-guerres[1]. D'autre part, la doctrine traditionaliste ayant été la source directe du catholicisme social et de la démocratie chrétienne, la mise en évidence de cette homologie permet aussi de comprendre que tant de mouvements d'Église et une bonne partie de la démocratie chrétienne aient été si volontiers, avant et après la guerre, et du moins en France, « compagnons de route » de la gauche, y compris la plus révolutionnaire. C'est dans l'anti-libéralisme – politique, social, économique – que ces deux familles, si différentes sur le plan philosophique, ont communié. Les analyses de La Tour du Pin manifestent, en tout cas, une pensée économique étonnamment archaïsante si on les mesure à celles de l'économie classique et si l'on songe qu'elles sont contemporaines de la « révolution marginaliste » de Jevons, Pareto et Walras. Le modèle de La Tour du Pin est celui d'une économie fermée, sans marché, basée sur la production agricole et artisanale. La droite traditionaliste restera enfermée dans ce modèle jusqu'au XXe siècle.

II – « DU CAPITALISME »[2]

Le capitalisme ne se limite pas à l'activité bancaire, et cependant, pour La Tour du Pin, celle-ci en est l'essence. « Le siècle actuel porte la marque de l'*usure* et mérite d'en conserver le nom. » Qu'est-ce que l'usure ? C'est la pratique par laquelle un capital d'argent devient productif par lui-même, sans qu'un travail soit fourni ni qu'un service soit rendu. Elle est donc le *péché type,* qui éclabousse tout le capitalisme et toute la société engendrée par lui.

« Dans l'aliénation temporaire d'un objet il y a *location* lorsque cette aliénation entraîne une détérioration ou diminution de l'objet transféré ; il y a *prêt* lorsque, ce titre n'existant pas pour recevoir cette indemnité, le transfert de l'usage est gratuit ; enfin il y a *usure* lorsque, ce titre n'existant pas, il y a néanmoins stipulation d'indemnité » (p. 66).

Le prêt d'argent n'*use* nullement l'argent. Le prêteur, retrouvant son capital, retrouvera tout l'usage de la somme prêtée. L'indemnité est donc injustifiée ; l'usure est une *injustice* – « que le taux, précise La Tour du Pin, en soit légal[3], modéré[4] ou non » *(ibid.).* Il n'y a pas du tout, dans ce cas, échange. Toute la substance de l'emprunteur passe au prêteur, sans autre limite que la pauvreté absolue et la richesse illimitée.

---

1. On observera également que les critiques du libre-échange faites par la gauche anti-mondialiste d'aujourd'hui et les solutions protectionnistes qu'elle propose sont, à peu près à la lettre, les mêmes que celles de La Tour du Pin.
2. Texte de 1889 (paru dans l'*Association catholique*).
3. Car la loi peut être injuste.
4. Car ce n'est pas une affaire de *plus* et de *moins*, mais de nature.

« Au bout d'un certain nombre d'années, si les intérêts sont simples, d'un moindre laps s'ils sont composés, toute la somme prêtée sera retournée dans l'un des plateaux et il ne restera plus rien dans l'autre. »

Ainsi, avec l'usure, c'est tout l'équilibre social qui tend à être rompu à terme. Et La Tour du Pin de railler les prétendus « conservateurs » qui, défendant la propriété privée, ne se rendent pas compte qu'avec le capitalisme *rien ne peut se conserver*. Le capitalisme est essentiellement « perturbateur ». C'est pourquoi l'usure a été formellement interdite par la plupart des anciennes législations. Or voilà qu'elle s'est répandue au XIXᵉ siècle ; tout épargnant, désormais, « fait travailler » son argent ; l'État encourage le phénomène en empruntant sans cesse.

1) Le « prêt à la production »

Les libéraux disent que cela enrichit tout le monde et que le prêt à intérêt, étant aujourd'hui un « prêt de production » et non plus un « prêt de consommation », il permet à l'emprunteur même d'épargner, devenant prêteur à son tour, et ainsi de suite pour le plus grand bénéfice de tous. Cette thèse est « séduisante », mais fausse. Car il y a un véritable tour de passe-passe : *ce n'est pas l'argent qui travaille, mais l'homme.* L'expression « productivité du capital » est métaphorique. « Ce n'est pas la charrue qui travaille, c'est le laboureur. »

Le capital n'est pas du « travail accumulé », c'est de la matière inerte. Donc l'usurier ne participe pas au travail ; il l'exploite. Et il n'y a pas lieu de distinguer entre « prêt de production » et « prêt de consommation ». Car la production est une « consommation productive » : elle a un versant « consommation » et un versant « production ». À considérer le prêt à intérêt par son premier versant, il est neutre puisqu'il n'augmente pas dans l'absolu la capacité de consommer, il la transfère simplement du prêteur à l'emprunteur. À le considérer par le versant « production », il est vicieux, puisqu'il diminue la capacité productive : il prélève en effet à l'emprunteur une somme (l'intérêt) que celui-ci ne pourra plus faire servir à la production, il la transfère au prêteur qui est un improductif puisqu'il ne travaille pas. C'est de l'argent purement et simplement gâché. La condamnation morale qui s'attache au « prêt de consommation » s'attache donc *a fortiori* au « prêt de production ».

Le soi-disant « travail de l'argent »

« constitue un simple prélèvement sur le pouvoir de production de l'emprunteur sans profit pour celui du prêteur qui, en l'espèce, n'existe pas. – Exemple : je, fabricant, souscris dans l'intérêt de ma fabrication un billet à ordre de 1 000 F pour en recevoir immédiatement 950, ou un billet à échéance annuelle de 1 050 F pour en recevoir immédiatement 1 000. Cette fabrication ne bénéficie donc que de 950 ou de 1 000 F, et l'écart entre le prêt et l'emprunt est perdu pour elle ; ou, si l'on veut, il y a 19/20 de consommation productive et 1/20 de consommation improductive qui est qualifié dans ce cas de "frais généraux". Que si l'on défalquait des frais de production cette catégorie de frais généraux, c'est-à-dire si l'on diminuait le coût de la production d'un vingtième, on pourrait l'augmenter d'autant avec les mêmes moyens, toutes autres conditions restant les mêmes d'ailleurs » (p. 70).

Comment se fait-il que, alors que l'emprunt est si défavorable pour l'emprunteur, il y ait cependant tant de gens prêts à subir ce désavantage, et si peu de capitalistes prêts à prêter gratuitement leur argent en s'associant simplement avec les producteurs ? La Tour du Pin incrimine ici l'État. Car l'État, profitant de sa position dominante, peut garantir une sécurité totale à ceux qui lui prêtent de l'argent. Dès lors que les détenteurs de capitaux sont assurés d'une rente d'État de 4 %, nul entrepreneur privé ne pourra trouver de l'argent en offrant moins que cette somme. C'est donc l'État qui dénature ou vicie le système économique en rendant pérenne l'anomalie que constitue l'usure. La rente d'État renchérit le capital disponible au détriment des forces productives de la nation.

2) *Le fermage*

Autre forme de l'usure, autre forme de la même ruine : la substitution, dans l'agriculture, du fermage au métayage.

Il ne faut pas confondre le fermage avec les anciennes rentes perpétuelles « qui étaient la compensation d'un abandon et non d'un prêt », ni avec les anciennes redevances qui étaient acquittées en échange de services sociaux déterminés (« les services de guerre, de magistrature, etc. ») et constituaient donc une sorte d'impôt en échange de services. Les fermages actuels ressemblent beaucoup plus à de l'usure. Ils servent à nourrir des familles qui ne travaillent pas. En fait, lorsque le propriétaire prête sa terre, celle-ci ne s'use pas, bien au contraire ; il ne devrait donc pas y avoir indemnité, en tout cas pas d'un tiers (taux courant aujourd'hui, un autre tiers revenant aux frais de production, le dernier constituant le revenu de l'agriculteur). D'où la misère des pays de fermage par rapport aux pays de métayage (où le propriétaire reçoit une proportion fixe en nature de la production, grande si celle-ci est grande, faible si celle-ci est faible, l'agriculteur n'étant donc jamais ruiné) ou d'exploitation directe de la terre. La Tour du Pin évoque la ruine de certaines régions de France, de Lombardie ou d'Irlande, comparée à la prospérité des cantons forestiers de la Suisse.

3) *La spéculation*

Tout commerce n'est pas spéculation. « Acheter, fût-ce à crédit, et revendre, fût-ce à bénéfice, un produit pour le livrer à la consommation est, dans de justes limites, honnête et utile... »[1] « Mais jouer sur les différences en faisant passer de main en main des chèques qui représentent la valeur des produits, sans intention de prise en livraison, mais uniquement avec celle de provoquer finalement la hausse des prix pour revendre plus cher, c'est incontestablement faire l'Usure. »

« Si dix intermédiaires, spéculant sur la vente d'une certaine quantité de blé de semence, en font finalement doubler le prix d'achat pour le semeur sans profit pour le producteur, le premier, qui n'a qu'un pouvoir d'achat limité, n'en obtiendra, pour la même somme dont il dispose, que la moitié de ce qu'il eût pu se procurer directement, et il y aura usure de la moitié du capital primitif, puisqu'il n'y aura reproduction que de la moitié. »

Or d'immenses fortunes s'amassent ainsi. L'usure corrompt donc le commerce, puis l'industrie tout entière.

« Si bien qu'il ne circule plus une pièce de cent sous, pour telle sorte de transaction ou d'opération économique que ce soit, sans que la quantité de biens qu'elle représente ne soit inférieure à celle des biens dont elle eût pu procurer la production... d'une fraction égale à ce qu'elle a payé en usure. »

On ne voit pas ce prélèvement comme on le verrait sur un billet sur lequel chaque endosseur eût prélevé un escompte, mais il n'en est pas moins réel. De sorte que ce qu'on prend pour la prospérité publique recouvre un appauvrissement réel[2]. L'accélération de la circulation de monnaie ne doit pas être prise pour un enrichissement.

4) *Conséquences sociales*

Les capitalistes paient leurs consommations individuelles, mais ils épargnent beaucoup plus ; et comme cette épargne « travaille », ils deviennent plus riches, etc. « La pompe aspire le double de ce qu'elle refoule », et donc elle peut « attirer dans ses réservoirs presque toute l'eau disponible » et épuiser le reste de la nation. Ainsi La Tour du Pin pense – comme Marx – que la société tend irrésistiblement à se diviser en deux classes. L'usure jette une grave perturbation dans les lois naturelles de la distribution des richesses et « porte ainsi à la paix sociale un préjudice plus grave encore qu'à la prospérité nationale ». Le différentiel entre les deux classes va s'aggravant, même si, en valeur absolue, chacune des deux s'enrichit. La conclusion s'impose : ou bien on procédera à une réforme en profondeur du système économique, ou bien il y aura une *révolution sociale*.

---

1. On retrouve ici les positions aristotélico-thomistes classiques.
2. Cf. la n. 2 p. 1155. La Tour du Pin perçoit le XIXᵉ siècle comme un siècle d'appauvrissement, ce qui est contraire à toutes les statistiques.

III — « CRISE AGRICOLE OU QUESTION AGRAIRE »[1]

La Tour du Pin consacre un texte spécial à l'agriculture, dont il envisage l'économie dans le même esprit antilibéral.

Il y a, dit-il, une crise agricole dans toute l'Europe, due à l'arrivage considérable de produits d'outre-mer sur les marchés alimentaires. Un congrès vient de se tenir à Pest, en Hongrie, dans un pays atteint par cette crise, mais où il existe encore « une classe dirigeante dévouée, active et considérée ». Voici les conclusions de ce congrès d'agronomie.

— Il y a une infériorité agricole de l'Ancien Monde face au Nouveau (auquel il faut ajouter l'Australie et les Indes) ;

— Il est nécessaire que les pays d'Europe se protègent par une union douanière, excluant toutefois la Russie (surproductrice) et l'Angleterre (à cause de son empire indien) ;

— Cette protection sera insuffisante ; donc il faudra réformer l'agriculture en Europe même. Il faudra organiser le crédit agricole en le protégeant de la spéculation ; créer des organisations économiques au sein des populations agricoles ; instaurer une législation protectrice. Ce sera un devoir pour les grands et moyens propriétaires de prendre ces initiatives.

Le responsable de la crise agricole n'est pas le sol, qui est aussi riche qu'auparavant, ni les connaissances et l'outillage, qui sont en progrès constants. « Le problème est moins technique que social. » Il y a eu, en agriculture, *une violation du droit naturel, des rapports naturels de l'homme avec la terre.* C'est de la *spéculation* qu'est venu le mal.

Et La Tour du Pin de consacrer un nouveau développement à la spéculation, perversion du vrai commerce. Le commerce est normal quand il permet l'échange de choses *réelles* au *juste prix.* La spéculation, elle, consiste à échanger des apparences *(species)* en profitant d'un rapport de force. Le spéculateur pèche « toutes les fois que [son] client se trouve dans une condition de besoin telle qu'il n'a pas liberté d'établir et de réclamer le juste prix, mais doit souscrire aux conditions du marchand, fussent-elles léonines ». La spéculation est donc une injustice.

1) *Agriculture et spéculation*

Aujourd'hui, les marchés agricoles sont mondiaux. Le prix du blé se fait en Suisse, sur le lac de Constance, à mi-chemin des ports

---

1. Texte de 1886.

méditerranéens (en contact avec l'Orient, les Indes), des ports océaniques (en contact avec l'Amérique) et des arrivages par terre des plaines du Danube. Et le prix se fait en changeant vingt fois de mains les titres de propriété, avant même que le blé réel ne se soit déplacé. Les agriculteurs européens n'y voient que du feu. Le comble est que le prix du blé s'aligne sur le moins cher, bien que l'importation réelle reste minoritaire. La profession agricole est tout entière ruinée.

Il faut donc un protectionnisme, y compris à l'intérieur de chaque pays européen, qui doit se défendre des autres pays européens par des tarifs différentiels selon les intérêts de sa production. Chaque pays doit former une « unité économique ». Un État doit être maître de ses tarifs douaniers, parce qu'il doit être maître de *gouverner.*

« Gouverner, dans l'ordre providentiel, ce n'est pas "laisser faire, laisser passer", c'est-à-dire étendre une égale indifférence à toutes les existences sociales ; mais, tout au contraire, protéger, favoriser, promouvoir même au besoin les unes, contenir les autres dans un juste équilibre » (p. 52).

Ceci est tout particulièrement vrai de l'agriculture, liée au sol ; des États qui ne veilleraient pas à cet équilibre du sol sont condamnés à la précarité (comme les républiques commerçantes du Moyen Âge).

« Le maintien d'unités économiques nationales peut seul opposer un rempart aux déprédations de la spéculation si bien nommée l'internationale d'or »[1] (p. 53).

Le même principe de protection, d'entrave à une circulation généralisée des hommes, des marchandises et de l'argent, génératrice de désordres, par des membranes quasiment biologiques, joue d'ailleurs à d'autres niveaux. Il y a, en particulier, des unités économiques inférieures à l'État, comme le *territoire,* vivant de son propre marché local.

« Tout groupe de population attaché de temps immémorial à un *territoire,* et en tirant son entretien dans des conditions déterminées par les facilités naturelles qui ont présidé au développement des industries locales, constitue un *marché local.* »

Le marché local est une cellule de base, naturelle, durable. Les exportations, d'ailleurs modérées, y équilibrent à peu près les importations, réduites au strict nécessaire. Il faut donc protéger cette entité

---

1. Le cosmopolitisme du capitalisme répond à l'apatridisme des socialistes. On trouve chez La Tour du Pin des traces, encore discrètes et modérées, de l'antisémitisme naissant en Europe à cette époque (*La France juive* d'Édouard Drumont date de 1890).

par des taxes sur les transports, sur les marchés ; par des patentes. Les octrois, c'est-à-dire les impôts indirects perçus par les municipalités, n'ont protégé que les villes. La campagne a été détruite au XIXᵉ siècle par la suppression des corporations, l'aliénation des biens communaux, la confiscation des biens de mainmorte[1]. Les communautés rurales naturelles ayant été supprimées, les campagnes ont été abandonnées à l'individualisme et, par là, à la spéculation.

Au-dessous du marché local, il y a encore le *domaine rural*. Si celui-ci demeure sain, tout espoir n'est pas perdu.

« S'il est en conséquence un champ à soustraire non seulement au chancre de la spéculation, mais encore à tous les risques résultant de l'état du marché, des causes extérieures en général et même des accidents et des défaillances du fait de l'exploitant, c'est le champ qui forme le patrimoine d'une famille rurale » (p. 54).

Mais l'esprit moderne a

« déchaîné [contre lui] toutes les libertés illimitées : celles du travail, même dans les arts nécessaires comme la boulangerie, celle de la propriété jusqu'à la faculté d'endettement et d'aliénation, celle du commerce sous toutes ses formes ».

La seule liberté qu'on ait supprimée, c'est celle qui était la plus nécessaire, la liberté de tester. La conséquence de tout ceci a été la dépopulation rurale et la ruine.

2) *La fonction sociale de la propriété foncière*

Le domaine rural est une sorte d'idéal pour La Tour du Pin[1]. Il rêve à des paysans bénéficiant d'une tenure perpétuelle. Déjà, le système du métayage est moins bon. Du moins a-t-il encore le mérite de conserver un lien moral entre le paysan et le propriétaire. Et le premier trouve du capital chez le second. Mais les métayers veulent, de plus en plus souvent, devenir fermiers (ils sont alors redevables d'une rente fixe, et non pas proportionnelle à leurs moissons). Ce qui a pour effet de rendre les deux hommes étrangers l'un à l'autre. Le fermier, pour gagner au-delà de la rente, épuise la terre. S'il échoue, c'est la ruine des deux. Et il paie des salariés. Tout cela ouvre la porte à la spéculation (prêts au fermier, etc.).

1. Biens revenant au seigneur à la mort du vassal ; par extension, biens inaliénables appartenant à des communautés religieuses, à des hospices ou à des sociétés savantes. On sait que la tradition libérale s'est opposée à ces immobilisations forcées de capital social.
2. Il songe à sa propre expérience de grand propriétaire terrien rural (du Dauphiné), ayant encore, même à la fin du XIXᵉ siècle, un vrai rôle social de « seigneur » local, avec « ses » paysans, sa clientèle, ses fonctions de patronage. Le même atavisme caractérisait, on s'en souvient, la pensée de Bonald.

La liberté, ou affranchissement de la propriété, œuvre des légistes qui se sont inspirés du droit romain, a ainsi provoqué une profonde transformation sociale des campagnes. Au moment des crises politiques ou économiques, les terres, qui avaient été possédées à titre patrimonial et cultivées à travers les âges par les mêmes familles rurales de nobles ou de paysans, sont acquises à vil prix par des gens des villes, qui ne laissent pas les pauvres user de biens communs, les forcent à émigrer en ville, qui embauchent, en revanche, des salariés agricoles, des « bandes passagères d'immigrants qui disparaissent la besogne faite et le salaire empoché ».

C'est la société rurale elle-même qui, à ce compte, dépérit. Les anciens châtelains ne savent plus où donner de la tête, car ils persistent à vouloir jouer leur rôle social, à s'occuper de la culture, à acquitter des impôts multiples (votés par ceux qui ne les paient pas), à entretenir les pauvres et à restaurer les églises, en « n'ayant affaire en tout cela qu'à un personnel gâté dans ses exigences et dans ses mœurs par les exemples et les procédés des maîtres nouveaux ». Par conséquent, « les vieilles familles historiques de chaque province se détruisent plus complètement aujourd'hui qu'au temps même des violences de la Révolution. »

Or, contrairement aux idées des légistes romains, *la propriété foncière ne peut être absolue et individuelle.* Bien loin de consister en un simple droit individuel d' « user et d'abuser », comme dit le droit romain, elle est une *fonction sociale.* Le propriétaire a des *devoirs* à l'égard des pauvres. La charité oblige non pas seulement à secourir ces derniers une fois qu'ils sont démunis, mais à faire en sorte qu'ils ne le deviennent pas. Il faut que nul champ ne soit laissé inculte, que la terre ne soit pas épuisée par le propriétaire, qu'il laisse un surplus, qu'il ne fasse pas travailler la terre par d'autres que ceux qui sont là. Car, comme la chèvre qui naît doit avoir de l'herbe à brouter, tout pauvre doit pouvoir poser les pieds sur le sol natal.

« Dans la loi de charité, qui est celle de la société chrétienne, la terre appartient aussi bien – je ne dis pas assurément de la même façon – aux pauvres qu'aux riches, et la propriété rurale doit être entre les mains de ceux-ci comme la réserve de ceux-là, au même sens où, selon la doctrine évangélique, les riches sont constitués par Dieu à l'égard des pauvres comme les ministres de sa Providence » (p. 58).

Ce n'est pas tout.

« Si la pauvreté a des droits sur le croît du sol, la société en a également à faire valoir sur la propriété foncière à côté de ceux de la richesse qui l'a acquise. Ce droit est historique. Ce qui légitime la propriété, c'est l'occupation fécondée par le travail. Or l'acte d'occupation est un acte éminemment social. Ce ne sont pas des Robinsons qui ont occupé nos pays, mais des sociétés organisées. La société possède donc un domaine *éminent* sur la propriété du sol national. La propriété du sol national a un droit propre ; on ne saurait la considérer sur le même plan que la propriété individuelle. Et ceci se manifeste par le droit de l'État de légiférer en ces domaines (en établissant par exemple des lois successorales, ou en collectant des impôts sur la terre). »

Une société ne se compose pas seulement d'individus libres et égaux en droit ; ceci est une conception mécanique. La société est, en réalité, un organisme, avec la famille à la base, et en outre

« quantité d'autres formations plus ou moins complexes, les unes de droit naturel, les autres de droit historique, qui réclament toutes leur place au soleil, c'est-à-dire leur part de propriété du sol, entourée de garanties de fixité d'autant plus complètes que ces éléments de la société sont eux-mêmes plus essentiels à son bon fonctionnement. Les biens placés ainsi sous le régime de la mainmorte par leur dévolution à certaines corporations ou institutions, comme la commune, la paroisse, l'école, l'hospice, sont investis d'une existence aussi légitime, aussi nécessaire, aussi sacrée... que la propriété individuelle. »

3) *Une loi organique pour l'agriculture*

Le congrès de Pest a donc recommandé de lutter contre le « laisser-faire, laissez-passer » ; de retrouver les unités économiques naturelles : l'Europe, les nations, les marchés locaux ; d'élever des barrières contre le jeu de la spéculation ; et de replacer, à la base de ces « organisations positives » que l'on se propose de construire, les domaines patrimoniaux. Partout l'on préférera comme type de relations sociales ceux qui, « se rapprochant le plus de l'association, laissent le moins de place à la spéculation ». C'est affaire de coutume et de mœurs, mais aussi de législation.

Le législateur rétablira la *liberté testamentaire,* accordera des *privilèges* pour les patrimoines qui auront été classés inaliénables par leurs propriétaires, et pour la société de ces propriétaires de biens inaliénables dans chaque commune (par exemple en matière de vote d'impôts), pour l'union (au plan régional) de ces sociétés locales. Ces unions régionales seront des organismes de crédit, avec faculté de séquestre temporaire sur les biens des sociétaires (comme cela a été fait en Prusse). Tout ceci constituera une « loi organique » pour l'agriculture.

Il faudra également lutter contre les influences néfastes sur le paysan de la feuille de journal « grossière et impie » de la ville voisine, de l'avocat, du notaire, du médecin et du vétérinaire francs-maçons, influences qui concurrencent celles de la maison, du catéchisme et de l'école. Il faut, en sens inverse, rétablir l'influence des « classes dirigeantes ». D'où toute une politique à mener, toute une contre-organisation.

IV — « NOTE SUR LA NATURE DU CONTRAT DE TRAVAIL »[1]

À l'échelle de la société tout entière et non plus de la seule agriculture, cette organisation nouvelle sera le corporatisme. Pour fonder philosophiquement celui-ci, La Tour du Pin propose une réflexion fondamentale sur le *contrat de travail,* qui prend le contre-pied de la doctrine du libre contrat développée par les théoriciens libéraux comme Kant.

Que doit procurer, en bonne justice, le contrat de travail à l'entrepreneur et à l'ouvrier ? Et d'abord, quelle est la vraie nature d'un contrat de travail ? Ce n'est, dit La Tour du Pin, ni une *location,* ni une *vente* (de la force de travail), bien qu'il s'en rapproche ; c'est un *échange de services.* Or il faut, en bonne justice, que les services échangés soient équivalents. Puisque toutes les personnes impliquées par le contrat vivent de l'entreprise, il faut que celle-ci procure à l'entrepreneur et à l'ouvrier ce qui est contenu implicitement dans la loi « tu gagneras ta vie à la sueur de ton front »,

« c'est-à-dire que les fruits [de l'entreprise] soient partagés entre [les contractants] dans la mesure qui correspond aux conditions d'une *vie honnête* pour l'un comme pour l'autre, *chacun selon son état* » (p. 21)[2].

C'est cela seul qui procurera la *paix sociale.* Tout le travail humain doit être régi par ce principe. Celui-ci, d'ailleurs, ne suffit pas ; il y a d'autres commandements, puisque l'amour demande plus que la simple justice. Du moins ce principe est-il nécessaire. La Tour du Pin l'explicite :

« L'entrepreneur et l'ouvrier ne sont pas quittes en bonne justice, lorsqu'ils ont échangé uniquement le prix convenu, s'ils ne se sont pas procuré ainsi l'un à l'autre, dans la mesure où cela dépend d'eux, *ce dont chacun a besoin pour mener une vie honnête selon son état.* Et pour l'homme de tout état les exigences d'une

---

1. Texte de 1882.
2. Car, dans le Plan providentiel, chacun a un « état », bas pour les uns, élevé pour les autres. De même, une « vie honnête » est prévue pour chacun, si l'ordre social est conforme à ce que doit être la nature créée. L'homme qui travaille honnêtement, et qui reste dans son « état » *doit* avoir une « vie honnête ». Le mérite a sa récompense naturelle. La Tour du Pin n'envisage pas que la valeur du travail puisse être indépendante du mérite du travailleur. Il a du phénomène du *marché* la même compréhension qu'Aristote ou les médiévaux. D'autre part, il ne doute pas que chacun doive se contenter de son état (comme par hasard, le sien est celui d'un grand seigneur) ; *quitter son état,* voilà le désordre et l'injustice (c'était la thèse de Platon, répétée par toute la droite depuis lors, de Saint-Simon à Tocqueville).

vie honnête sont *la possession d'un foyer*, des *moyens pour élever sa famille selon sa condition*, la possibilité d'*épargner de quoi soutenir ses vieux jours* quand il ne pourra plus gagner » (p. 22).

Tout cela implique, pour l'employeur, bien plus et autre chose que le simple versement du salaire. Cela implique qu'il veille au *logement*, à l'*éducation des enfants*, à la *protection sociale*, à la *vieillesse*, etc., des ouvriers, l'ensemble des devoirs de patronage (l'employeur est un « père » pour ses employés qui sont dans un statut de mineurs par rapport à lui : souvenir de mentalité féodale, où le seigneur est le protecteur tutélaire de ses « hommes »). Ces services, pour La Tour du Pin, ne sont pas quantifiables en monnaie. D'autant que les conditions de travail, la salubrité et la discipline de l'atelier, l'ensemble des conditions « morales » du travail (repos dominical, respect des fêtes religieuses...) comptent autant que le salaire proprement dit.

De son côté, le salarié n'est pas quitte des obligations de son contrat en travaillant le temps convenu. Il faut qu'il ne réclame pas plus que la valeur réelle de son travail (ce qui implique qu'il accepte une baisse temporaire de salaire en cas de mévente), qu'il n'exploite pas les difficultés économiques de l'entrepreneur, qu'il lui soit fidèle, etc.

Une partie de ces obligations de justice complétant le salariat proprement dit peut être obtenue par l'intervention de l'État : limitation des heures et jours de travail, délais quant à la résiliation des engagements... Le reste ne peut l'être que par les coutumes et les mœurs, et singulièrement par la restauration du *régime corporatif*.

« La restauration corporative de l'industrie dans toutes ses formes est la condition nécessaire au plein exercice des devoirs réciproques du patron et de l'ouvrier. [...] Le besoin est commun et se résume en un mot : la *sécurité* que donne *la stabilité des conditions* » (p. 23)[1].

V — « DU RÉGIME CORPORATIF »[2]

Le régime corporatif est l'organisation du travail la plus conforme aux principes de l'ordre social chrétien ; lui seul peut garantir la paix sociale et la prospérité : tel est le grand thème que va développer

---

1. Le principal reproche des traditionalistes à la société moderne est en effet qu'elle a apporté un régime de *changement* incessant. Ils ne veulent pas examiner si ce changement a été ou n'a pas été, dans l'ensemble, bénéfique, et si le fait de vivre désormais dans une société incomparablement plus productive et prospère, même si aucune position sociale déterminée n'y est garantie, apporte plus ou moins de sécurité véritable.

2. Texte de 1883.

l'*Œuvre des Cercles catholiques d'ouvriers* et dont tant La Tour du Pin qu'Albert de Mun vont faire leur thème principal de propagande. Le « régime corporatif » ne désigne pas seulement, dans leur esprit, un ensemble de corporations ou associations professionnelles librement formées, mais une législation portant organisation générale du travail. Il repose sur un certain nombre de *principes* et de *pratiques*.

A / Les principes

Il s'agit de reconnaître « un droit propre, tant à chaque membre de l'Association qu'à celle-ci dans l'État et à l'État envers celle-ci ».

1) La « possession d'état »

Chaque individu a le droit de posséder un « état », c'est-à-dire un métier, un rôle et une position sociaux déterminés, qu'il possède définitivement, que la société lui reconnaît et dont nul ne peut le priver arbitrairement[1].

Ce droit est déjà présent, même si cela peut sembler un paradoxe, dans le *servage* du Moyen Âge. Car le servage, c'est certes le paysan attaché au sol, mais c'est aussi l'inverse : c'est le sol... attaché au serf. La terre ne peut, pour ainsi dire, s'en aller de dessous ses pieds pour passer à des propriétaires étrangers qui condamneraient le paysan à l'errance. Aujourd'hui, il n'y a que dépossession, expropriation, licenciement. La corporation réalisera tout d'abord *un attachement réciproque du travailleur à son outil de travail,* satisfaisant ainsi, remarque La Tour du Pin, le désir même des socialistes : la terre au paysan, l'outil à l'ouvrier (d'une manière bien plus avantageuse, comme on va voir).

Dans la corporation d'arts et métiers, chaque membre, apprenti, compagnon ou maître, a son droit propre garanti par les statuts de l'association et sauvegardé par sa magistrature. Il a une *possession d'état,* qui est une vraie *propriété,* ayant valeur *juridique* (il ne peut en être débouté que par jugement).

Aujourd'hui, sous le capitalisme, où est le droit propre de l'ouvrier ? Qui lui garantit un travail fixe et un lendemain quelconque ? Aucun patron ne veut les lui garantir, et c'est là, observe La Tour du Pin, « le véritable obstacle à la propagande de nos idées près des chefs d'industrie : ils ne veulent pas entendre parler de droits pour l'ouvrier ». Mais ils oublient que sous le régime socialiste, c'est pour le patron qu'il n'y aura plus de droits. Seul le régime corporatif

---

1. C'est l'équivalent du *Stand* allemand, défendu par Althusius (cf. *supra,* p. 494) et encore par Hegel (cf. *supra,* p. 742).

peut garantir son droit à l'individu, qu'il soit patron ou ouvrier ; non
certes le même droit, mais « un respect égal de droits divers » en un
ensemble « harmonieux » (en ce sens que les droits de chacun ne
seront pas une arme contre les droits des autres).

2) *Caractère obligatoire de la corporation*

La corporation ne saurait être une simple association privée,
volontaire et libre. Elle doit disposer de *privilèges* légaux et jouir de
monopoles (elle est donc différente des associations volontaires que
Tocqueville voit fleurir partout dans la libérale Amérique). La
corporation

« n'est pas une institution privée, sans lien avec la chose publique ; elle est une
institution sociale qui tient une place déterminée dans l'organisation de la commune, et plus ou moins directement dans celle de l'État » (p. 30).

La Tour du Pin voit bien que la corporation ne peut être libre,
c'est-à-dire laissée « sans protection autre que celle du droit commun contre la concurrence libre et sans frein ». En effet, il ne servirait à rien de former une corporation de métier dans une certaine
ville, imposant des tarifs et des conditions d'accès, si d'autres professionnels du même métier pouvaient venir s'installer dans la même
ville et y former leur propre corporation, avec ses propres tarifs et ses
propres règles. Car la concurrence ferait que la première corporation
devrait s'aligner sur les prix proposés par la seconde, c'est-à-dire vers
le bas. La logique du marché, avec tous ses effets antisociaux, pré-
vaudrait à nouveau. D'où le nécessaire octroi, par l'État, à la corporation formée, d'une protection légale.

L'État doit, en principe, limiter son rôle à cette protection. S'il
était obligé de créer lui-même la corporation d'en haut, artificiellement, ce serait l'aveu que cette structure sociale n'est pas naturelle ;
or elle l'est, elle est conforme à l' « ordre social chrétien ». Cependant, il doit, dans les circonstances présentes, déroger à ce principe.
En effet, la Révolution française a créé, par la violence, un désordre
social fondamental ; il est donc justifié que l'État donne un coup de
pouce à la nature pour l'aider à se remettre d'aplomb. Mais cette
aide de l'État à la formation des corporations ne peut avoir qu'un
caractère conjoncturel.

En conclusion, il convient de donner

« force de loi à la juridiction [des corporations] pour leur faire englober le travail
libre et les empêcher ainsi d'être étouffées par la concurrence le plus souvent
déloyale. [...] C'est ainsi que de libre, ce qu'elle doit être pour se former, la corporation tend par la force des choses à devenir obligatoire, ce qu'elle doit être
pour exercer une fonction politique » (p. 31).

La Tour du Pin, pourtant antijacobin comme tous les traditionalistes, justifie cette action économique et sociale de l'État. Quelle que soit la « juste aversion » qu'inspire la « centralisation bureaucratique », il ne faut pas oublier « le rôle que joue la législation dans toutes les civilisations ». Certes, « il peut exister des chrétiens sous une législation païenne, mais il ne peut se former une société à mœurs chrétiennes, et cela se vérifie aujourd'hui, hélas ! comme au temps des Césars romains » (p. 31). Il faut une *législation chrétienne*[1].

3) *Les devoirs de la corporation à l'égard de l'État*

L'État exercera donc une tutelle sur la corporation. Celle-ci, en contrepartie, respectera la législation nationale et les intérêts nationaux. Comme la commune, elle se considérera liée à l'État central par un contrat moral. La juste aversion à l'égard de la centralisation bureaucratique ne doit pas aller jusqu'à revendiquer une indépendance (ce qui serait encore du libéralisme). C'est ce même lien existant entre la corporation et l'État

« qui fait un devoir au gouvernement de défendre les intérêts [des corporations] contre l'étranger, moins par une guerre de tarifs douaniers que par un accord qui fixe cette tarification au nécessaire pour protéger dans une juste mesure non seulement le marché du point de vue économique, mais encore le travail national au point de vue social. Ainsi, le pouvoir qui impose des restrictions aux procédés de la fabrication à raison des ménagements dus à la population ouvrière, doit diriger ses relations avec l'étranger de manière que les procédés inhumains de concurrence qu'il interdit à l'intérieur ne viennent pas peser de l'extérieur sur ses nationaux » (p. 32).

B / *Les pratiques corporatives fondamentales*

Le régime corporatif a des pratiques fondamentales qui donnent corps à ces trois droits.

---

1. La Tour du Pin, on le voit, est moins confiant que Joseph de Maistre dans la spontanéité de la nature. Il ne suffit pas que la violence artificialiste des jacobins se relâche pour que l'ordre social naturel se remette de lui-même en place. Nous avons déjà observé que la droite traditionaliste, vers la fin du XIXᵉ siècle, devient plus volontariste, presque insurrectionnelle. Cette tendance s'accentuera chez Maurras et triomphera chez Mussolini, lequel imposera d'en haut, avec la force de ses « chemises noires » et des autres moyens de coercition du Parti ou de l'État, l'organisation corporative de l'économie. La Tour du Pin ne peut aller jusque-là : chrétien, il ne saurait faire siennes les leçons de cynisme de Lénine, qui agréent à Mussolini. Si le régime corporatif ne devait tenir que par un État usant de violences, ce serait une preuve *a contrario* que ce régime n'est pas un ordre naturel et providentiel. Bien que le corporatisme mussolinien soit inspiré en partie, au plan « technique », du corporatisme chrétien dont La Tour du Pin a fixé les principes, il en diffère du tout au tout par l'esprit.

1) *Le patrimoine corporatif*

Il faut un patrimoine corporatif « indivisible et inaliénable », permettant de subvenir à tous besoins tels que : chômage, pensions, secours, écoles professionnelles, etc. La formation de ce capital doit être réglée légalement. Le principe est de « faire porter une part égale de la contribution à l'entreprise et au travail ». On « capitalisera le prélèvement au lieu de le distribuer individuellement », ce qui est une manière de « conduire l'ouvrier, qui peut difficilement arriver à la propriété individuelle, à obtenir au moins et d'une manière assurée les avantages de la propriété collective ». C'est la bonne manière d'empêcher que se réalise la prédiction des socialistes, la division de la société en deux classes complètement opposées, celle des capitalistes (qui sont propriétaires individuels) et celle des prolétaires (qui n'ont aucune propriété).

Principes promis à un bel avenir, puisque pratiquement toute la législation ultérieure du travail et de la sécurité sociale, élaborée sous l'influence combinée d'hommes politiques de droite comme Albert de Mun et des syndicalistes socialistes, les a adoptés : les organismes sociaux ne sont pas formés comme des associations d'individus libres et égaux, prenant en charge personnellement leurs intérêts et leur avenir, mais ils sont constitués et gérés « paritairement » par la communauté des employeurs et celle des employés. Ce qui revient à supposer implicitement entre ces catégories une sorte de différence d'essence, les uns étant « patrons » par nature, les autres « ouvriers » par nature. Les « ouvriers » sont réputés mineurs, incapables (au sens juridique) : si on leur versait l'intégralité de leur salaire, ils iraient évidemment le boire... Ils sont trop irresponsables pour préparer leur propre avenir, pour verser *volontairement* des contributions à des sociétés d'assurances, à des organismes de prévoyance ; ils ne sauraient vouloir la santé, l'éducation, la salubrité du logement, etc. Seuls les patrons ont cette conscience, ce souci, cette prévoyance, pour eux-mêmes et pour ceux dont ils sont moralement responsables.

Donc toute la protection des ouvriers doit se faire *obligatoirement, sans qu'il y ait adhésion volontaire,* et *dans le cadre même de l'entreprise et de la vie de travail,* où l'ouvrier est marqué comme un inférieur, le patron comme un supérieur. Aujourd'hui encore, les cotisations sociales comportent une « part patronale », notion bizarre et exorbitante du droit commun si l'on y réfléchit, puisqu'elle est une part du salaire dû de toute façon à l'employé, et une « part salariale » qui est directement versée aux organismes sociaux. Tout se passe donc, en définitive, en dehors de la conscience, de la raison et de la volonté des salariés. Qu'il soit bon ou mauvais, notons que ce système, approuvé et cogéré par les syndicalistes, n'a de sens que dans le cadre de la vision du monde paternaliste et inégalitaire de La Tour du Pin et des milieux patronaux chrétiens. Selon cette vision du monde, l'assuré social n'est tel qu'en sa qualité d'employé, indissolublement attaché à son entreprise et à son métier, comme si c'était en tant qu'employé d'un patron, et non en tant que citoyen, que l'individu était éligible à des systèmes de protection contre les risques de la santé, de la famille, du chômage, etc. Le système sanctionne l'infériorité constitutive, « providentielle », du travailleur : jamais il ne sera responsable, jamais il ne sera maître de son destin, jamais il n'accédera à la propriété individuelle (c'est toute l'idéologie des « distinctions sociales » de Bonald et des différences ataviques entre noblesse et peuple chez de Maistre). Or les socialistes ont souscrit *de facto* à ce système en en devenant cogestionnaires. Preuve qu'ils sont aussi réticents que les hommes de droite à l'égard de la liberté individuelle.

2) *Le monopole de la qualification professionnelle*

La possession d'un métier, d'une carrière,

« peut aussi revêtir le caractère d'une propriété quand elle est garantie par la loi, c'est-à-dire quand elle constitue un droit propre à qui l'a acquise, qu'elle lui ouvre un privilège et qu'elle ne peut lui être enlevée que par jugement ».

On trouve ces caractères

« dans le brevet de capacité professionnelle délivré selon certaines règles à tous les agents de la production [...] sans lequel nul ne peut être membre actif de la corporation ni s'élever au-dessus du dernier rang de la hiérarchie professionnelle ».

On accédera à ces brevets par des *écoles professionnelles*[1].

Ce régime existe déjà, dit La Tour du Pin, en Prusse, où, pour participer à l'exploitation des mines et des forêts, il faut être breveté par la profession. Si l'on soutient que ce privilège risque de donner lieu à des abus, La Tour du Pin rétorque que c'est là une raison supplémentaire pour généraliser le système et le faire garantir par l'État : car, paradoxalement, la corporation légalement réglée est *ouverte à quiconque en remplit les conditions*.

« Les corporations libres, au contraire, sont par là même fermées, et il devient dès lors difficile que l'État abdique entre leurs mains l'exercice d'une juridiction étendue »[2].

---

1. Disposant d'un monopole d'accès à la profession.
2. A noter que le régime corporatif d'accès à la profession par des écoles professionnelles, cogérées par les syndicats et le patronat, a été reconnu par la loi en France pour certaines professions, le journalisme par exemple. Paradoxe pour une profession garante entre toutes des libertés publiques ! Le principe en a été adopté par une loi de 1935 (c'est-à-dire par la chambre de droite qui a précédé celle du Front populaire), en pleine période de faveur des idées corporatistes et d'influence des expériences menées par l'Italie fasciste. Le même principe, réellement mussolinien, a été confirmé après guerre, malgré le discrédit dont les idées corporatistes, incarnées dans la « charte du travail » pétainiste, avaient subi entre-temps, cette fois parce qu'il agréait aux syndicats de journalistes socialistes et communistes, non moins antilibéraux, cogestionnaires des écoles. Même régime, imposé de la même façon après guerre par le *diktat* des communistes, pour les ouvriers

3) *Les organes représentatifs*

Il y a, dans la corporation, les trois pouvoirs législatif, exécutif et judiciaire.

« Autrement dit, la corporation édicte ses règles, juge les contestations entre ses membres, et administre son patrimoine par des délégués choisis dans son sein. »

Mais il faut que tous les membres de la corporation soient représentés. Ils le seront − notons à nouveau ce principe organique, anti-individualiste − non par tête, mais selon la fonction. Par exemple, dans la grande industrie, il y a trois sortes d'agents de production : le capital, la direction, la main-d'œuvre. Dans l'agriculture, il y a le propriétaire, le fermier, le serviteur. Dans les arts et métiers, les compagnons, les maîtres, mais aussi la clientèle. Ce sont ces catégories, comme telles, qui seront représentées dans les organes corporatifs, où l'on votera « par ordre » et non « par tête ». C'était, on s'en souvient, le vœu de Hegel. Ce sera celui de Maurras.

imprimeurs de presse, ou pour la distribution de presse, professions non moins stratégiques que celle de journaliste pour le contrôle idéologique de l'opinion (cf. le monopole d'embauche, toujours en vigueur, des ouvriers du livre CGT, et le monopole de la distribution par les NMPP, Nouvelles messageries de la presse parisienne). Rappelons que l'ordre des médecins a été créé par Vichy, selon les mêmes principes corporatifs, et conservé dans la suite : il est vrai qu'il n'a aucun pouvoir de contrôle économique sur la profession. Le cas des avocats est un peu différent, parce qu'il s'agit d'auxiliaires de justice ; une certaine régulation par l'État se justifie à ce titre (mais l'ordre des avocats n'exerce pas, lui non plus, de contrôle économique direct sur la profession, ni n'en filtre l'accès).

Chapitre 7

Barrès, Maurras
et le nationalisme français

INTRODUCTION. LE NATIONALISME FRANÇAIS[1]

Pour les Français du début du XXIe siècle, le nationalisme est une notion qui évoque plutôt la droite ou l'extrême droite. Il faut nuancer cette vue, et d'abord bien distinguer la valorisation de la « nation » et le « nationalisme ». À son apparition et dans ses premiers développements, la « nation » est revendiquée par la tradition démocratique et libérale. Ce n'est qu'à la fin du XIXe siècle qu'apparaît le « nationalisme », qui tourne, tout à la fois, à gauche et à droite, et se droitise définitivement avec l'affaire Dreyfus. En fait, on peut distinguer trois phases.

1) *La Révolution française.* À l'époque révolutionnaire, le projet d'organiser la vie collective en référence à la « nation » relève d'une logique de politique intérieure : il prend sens par un refus de l'Ancien Régime et du féodalisme ; il n'a donc pas la connotation de fermeture, d'hostilité à d'autres nations qu'il prendra plus tard.

La « nation » est le nom que le tiers état se donne contre les ordres privilégiés (cf. le chapitre sur Sieyès, *supra*, p. 468-471). Sera donc « national » tout ce qui tend à refuser l'Ancien Régime, à promouvoir une société où les hommes sont libres et égaux en droits, où ils sont « citoyens » et non plus « sujets ». Sous l'Ancien Régime, l'État est la chose des rois et des nobles, qui s'allient ou au contraire se font la guerre pour des motifs qui leur sont propres, étrangers aux

---

1. Cf. Raoul Girardet, *Le nationalisme français. Anthologie. 1871-1914*, Seuil, coll. « Points », 1983.

intérêts du peuple, et qui se transmettent ou se disputent les pays comme des patrimoines familiaux. Être « national », dès lors, c'est exiger que l'État soit fondé sur la société même qu'il structure, qu'il en soit l'instrument organique et endogène. D'où le mot de Geoffroy Cavaignac à Louis-Philippe le soir du 31 juillet 1830 : « Pensez-y, c'est une révolution *nationale*. » Elle est nationale en ce qu'elle exige un gouvernement authentiquement représentatif, par différence avec le gouvernement de la Restauration qui est encore perçu, malgré la Charte, comme une sorte de corps étranger.

À ce stade, la « nation » n'est pas pensée comme une communauté fermée. La France est une « grande nation » non pas au sens quantitatif, ni parce qu'elle aurait vocation à dominer le monde, mais au sens où c'est un ensemble qui dépasse les régionalismes et ce que nous appellerions aujourd'hui les ethnies ; c'est un ensemble où cohabitent non pas des membres d'une communauté ou d'un lignage, mais des « citoyens », c'est-à-dire des hommes libres et égaux, définis de façon abstraite, donc ouverte à d'autres ethnies, d'autres régions, d'autres communautés historiques. La nation est, en ce sens, *une figure de l'universel*.

La nation, c'est tout le monde, et à elle chacun peut s'agréger dès lors qu'il reconnaît les principes de citoyenneté et d'égalité des droits. C'est ce qui explique le paradoxe que les armées révolutionnaires, puis napoléoniennes puissent partir à la conquête de territoires européens tout en ayant le sentiment (parfois partagé par les intéressés) d'en libérer les populations. Agréger la Savoie, la Belgique, la Rhénanie, voire l'Espagne, à la « grande nation » française, ce n'est pas, pour les soldats français, réduire des étrangers en sujétion, c'est les faire profiter, sur un pied d'égalité avec les Français, de la même libération des « tyrans » dont ils croient avoir bénéficié eux-mêmes sur le territoire de la mère patrie[1].

2) *Deux premiers tiers du XIXᵉ siècle.* Les libéraux de la Restauration appellent *Le National* leur journal : ils protestent contre les traités de 1815 (élaborés selon une logique féodale), ils veulent obtenir la rive gauche du Rhin parce qu'elle est dominée par la Prusse absolutiste qui y rétablit les institutions d'Ancien Régime, en particulier supprime l'émancipation des juifs ; ils militent pour l'unification de l'Italie parce qu'elle est aliénée par l'Autriche absolutiste et la papauté rétrograde ; ils militent pour la résurrection de la Pologne, victime de trois régimes rétrogrades.

---

1. Il y a eu évidemment des dérapages dans l'entraînement des guerres de la Révolution et de l'Empire, où le prosélytisme de la « grande nation », allié au jacobinisme, devient du « nationalisme » proprement dit. Comme le dit l'abbé Barruel, « le nationalisme prit la place de l'amour général... Alors il fut permis de mépriser les étrangers, de les tromper et de les offenser. Cette vertu fut appelée patriotisme » (cité par Raoul Girardet, *Le nationalisme français. op. cit.,* p. 7). Néanmoins, l'idéal civique universaliste est encore prédominant à cette date.

Il est vrai que, pour atteindre ces objectifs, il faudra mener des aventures militaires, retrouver la gloire des armées jacobines et napoléoniennes. Aussi le « messianisme humanitaire » des nationaux se trouve-t-il inextricablement mêlé à un « chauvinisme cocardier » (Raoul Girardet). Mais l'ambiguïté ne deviendra contradiction et fracture que plus tard. En attendant, des auteurs comme Edgar Quinet, Henri Martin, Jules Michelet exaltent la mission quasi providentielle de la France. « France, écrit Michelet, glorieuse mère qui n'êtes pas seulement la nôtre et qui devez enfanter toute nation à la liberté ! »[1]

Cette idée commandera, tout au long du siècle, les revendications du « principe des nationalités ». On soutiendra ces revendications en France même jusqu'aux traités mettant fin à la Première Guerre mondiale, parce qu'on pensera que les groupes nationaux inclus dans de grands Empires comme l'Autriche-Hongrie ou l'Empire ottoman doivent s'en libérer et constituer des États indépendants, en mesure d'établir en leur sein un régime de liberté civique.

3) *Après Sedan.* Mais la défaite et l'humiliation de 1870, la perte des provinces d'Alsace-Lorraine changent complètement la perception des choses, altèrent le sens même des mots. L'idée de « nation » cesse d'évoquer ouverture et universalité. La nation, c'est la « patrie humiliée et blessée » qui exige de ses enfants un « amour exclusif et jaloux » (Raoul Girardet). C'est de ces années que datent les pages célèbres de Fustel de Coulanges ou de Renan qui définissent la nation française *par opposition* à la nation allemande, et non plus comme une notion universelle − même si la nation française est dépeinte comme plus ouverte et plus généreuse que l'allemande (les Allemands, précisément, sont jugés incapables de cette ouverture et de cette générosité, raison pour laquelle on ne peut être « concitoyen » d'un tel peuple).

Encore, pendant une quinzaine d'années, à travers la littérature (la poésie de Déroulède), la chanson, à l'école, ce sentiment même est-il réellement « national », c'est-à-dire commun à tous les Français. Mais, bientôt, le nationalisme est pris en charge par un *parti* représentant une fraction seulement de l'opinion française. Dès lors, il change complètement d'esprit, de but ; il se durcit en doctrine

---

1. Cité par Raoul Girardet, *op. cit.,* p. 13. Michelet va jusqu'à la grandiloquence. La France est le « vaisseau pilote » de l'humanité. « Supposez un instant qu'elle s'éclipse, qu'elle finisse, le lien sympathique du monde est relâché, dissous et probablement détruit, l'amour qui fait la vie du globe en serait atteint dans ce qu'il a de plus vivant, la terre entrerait dans l'âge glacé où déjà tout près de nous sont arrivés d'autres globes » *(Le Peuple).*

antidémocratique et antilibérale et devient, de ce fait, l'affaire de la gauche et de la droite.

En effet, à partir de la fin des années 1870, la République opportuniste de Ferry s'établit et s'affermit. Or le régime vise, à l'intérieur, la construction d'une société plus libérale et laïque, hors de France la colonisation et non la revanche contre l'Allemagne. Dès lors, l'esprit revanchard, cocardier, doit s'affirmer de plus en plus comme un courant d'*opposition* à la République libérale ; il conduit à militer contre la démocratie libérale et le parlementarisme en lesquels les partis extrêmes voient les causes principales de la faiblesse nationale.

La première expression politique spécifique de ce nouveau nationalisme est le *boulangisme*, qui rassemble l'extrême gauche issue de la Commune (radicaux, blanquistes et autres socialistes) et l'extrême droite royaliste et bonapartiste, c'est-à-dire tous ceux qui refusent la démocratie libérale.

L'affaire Dreyfus durcira et déplacera ce positionnement. Le nationalisme deviendra encore plus antiparlementaire et antilibéral, la « nation » se définira de manière encore plus particulariste et moins universelle. La présence de l'Armée et de l'Église dans le camp antidreyfusard « droitisera » le courant nationaliste (par rapport à ce qu'il était à l'époque du boulangisme). Le nationalisme se cristallisera en un corps de doctrine relevant pour l'essentiel des thèmes et des valeurs de la droite.

Cette cristallisation doctrinale est l'œuvre d'une pluralité de mouvements, de revues, de journaux, où se distinguent nettement les apports de *Maurice Barrès* et de *Charles Maurras*.

§ 1
Barrès

Vie et œuvres[1]

Maurice Barrès est né en 1862 à Charmes (Vosges). Il vit trois ans, de 1870 à 1873, soit de 8 à 11 ans, dans une ville occupée par l'ennemi : il en gardera des souvenirs ineffaçables. Il est élève au lycée de Nancy, puis étudiant à la faculté de droit de Paris. Il fréquente Leconte de Lisle et le milieu du Parnasse, il lit Taine et Renan. Dès 1884, il fonde une revue littéraire, puis écrit la trilogie *Le Culte du Moi : Sous l'œil des Barbares* (1888), *Un homme libre* (1889), *Le Jardin de Bérénice* (1891). Rejetant le rationalisme de Taine et de Renan, se nourrissant de sainte Thérèse d'Avila, Pascal, Dante, il affirme des

---

1. Cf. Jean-Marie Domenach, *Maurice Barrès*, coll. « Écrivains de toujours », Seuil ; Zeev Sternhell, *Maurice Barrès et le nationalisme français*, 1972, Éditions Complexe, 1985.

idéaux plus personnels, centrés sur l'âme individuelle. Cependant, il y a une « culture » du moi : le moi n'est pas un donné, il se construit par l'analyse, les choix, les rejets, donc à travers des « intercesseurs », qui seront, pour Barrès, des écrivains, comme Benjamin Constant ou Sainte-Beuve, puis, de plus en plus, des personnages historiques, René II de Lorraine, Jeanne d'Arc. Le moi sort ainsi de sa solitude. Barrès découvre la « race française ». « Dans son jardin fermé, [l'homme qui veut vivre] introduit avec lui ceux que guident *des façons analogues de sentir* ou des *intérêts communs* » *(Un homme libre)*. Ce qui conduit Barrès à s'intéresser à sa terre « ancestrale », la Lorraine (son père, néanmoins, est auvergnat...). Il prend conscience de tous ces morts qui ont bâti sa sensibilité. Il découvre alors qu'il a le devoir d'être la voix de cette Lorraine : « Alors la Lorraine me répondit : "[...] Si découragée que puisse être ta race, [sa] vertu doit subsister en toi... Tu es la conscience de notre race. C'est peut-être en ton âme que moi, Lorraine, je me serai connue le plus complètement" » *(Un homme libre)*. Ainsi, Barrès a découvert le nationalisme en approfondissant son moi ; il a compris que son moi était « enraciné » dans la nation.

Il entame alors une carrière politique. Il est élu, en 1889, à 27 ans, sur la vague boulangiste, député de Nancy. Il écrit *L'Ennemi des lois* en 1893. Aux élections de la même année, il n'est pas réélu. D'un voyage en Espagne en 1892, il rapporte de fortes impressions qu'il exprimera dans *Du sang, de la volupté et de la mort*. Mais il approfondit la voie du nationalisme. Il commence une nouvelle trilogie, *Le Roman de l'énergie nationale* (*Les Déracinés* [1897], *L'Appel au soldat* [1900], *Leurs Figures* [1902]), dans laquelle il se fait l'apôtre du « racinement ». Sept jeunes gens de Nancy, mal éduqués par leur professeur de philosophie kantien, Bouteiller (inspiré d'Auguste Burdeau, le vrai professeur de philosophie du jeune Barrès au lycée de Nancy), émigrent à Paris. Parce que « déracinés », ils tournent mal et connaissent mésaventures et difficultés. Deux d'entre eux iront jusqu'au crime. La thèse est que des êtres humains « déracinés » ne peuvent finir que « décapités ».

Lorsque éclate l'affaire Dreyfus, Barrès, aux côtés de Jules Lemaître et de Paul Déroulède, milite dans la « Ligue de la patrie française », devant laquelle il prononce la célèbre conférence sur *La Terre et les Morts* (cf. *infra*). Les idées de Barrès sur la nation et l'enracinement seront pleinement développées dans le recueil de 1902, *Scènes et doctrines du nationalisme*. Barrès, ensuite, voyage en Italie, en Grèce, en Espagne, d'où il rapporte : *Amori et dolori sacrum* (1903, sur Venise) ; *Le Voyage de Sparte* (1906). En 1906, il est élu à la fois à l'Acédémie française et à l'Assemblée nationale. Il défend les édifices religieux menacés par la loi de séparation de l'Église et de l'État (1905) et associe le catholicisme à son nationalisme. Viennent alors *Colette Baudoche* (1909), puis *Essai sur le Greco* (1911), *La Colline inspirée* (1913) – le chef-d'œuvre –, *La Grande Pitié des églises de France* (1914). Il s'incline devant la dépouille de Jaurès, dans lequel il voit un « inspiré ». Pendant la guerre, il écrit un martyrologe où il célèbre les soldats tombés au combat, « ces jeunes âmes pleines de divinité », et, en 1917, *Les Diverses Familles spirituelles de la France*. Il écrit également des *chroniques* (qui constitueront 14 tomes de *Cahiers*). Ses dernières œuvres sont : *Le Génie du Rhin* (1921) (qui constitue, avec *Au service de l'Allemagne* et *Colette Baudoche,* un autre cycle, *Les Bastions de l'Est*) ; *Un jardin sur l'Oronte* (1922) ; *Le Mystère en pleine lumière* (posthume, 1926). Barrès meurt en 1923.

Nous nous écarterons un peu, dans ce chapitre, de notre méthode habituelle. Nous nous contenterons de citer presque *in extenso* trois textes de Barrès singulièrement denses et clairs, auxquels nous nous contenterons d'ajouter quelques remarques marginales[1].

I — « LA TERRE ET LES MORTS »[2]

« J'aime la République, mais armée, glorieuse, organisée », dit Barrès. Ce qui signifie qu'il n'aime pas la République parlementaire, qu'il penche pour le régime fort dirigé par un chef charismatique qu'aurait pu instaurer le général Boulanger, mais qu'il n'est pas favorable à la monarchie, pour laquelle plaide au même moment Maurras. De toute façon, l'essentiel n'est pas la forme du régime, l'essentiel est que la France, aujourd'hui « dissociée et décérébrée », soit *rassemblée,* ce qui ne se peut, assurément, dans une République parlementaire. Elle se rassemblera dans la mesure où tous les Français se sentiront membres d'une communauté unique et singulière, héritage d'une même « biographie ». Il s'agit d' « accepter le déterminisme », de reconnaître « le poids du passé sur le présent », l'obéissance aux voix de « la terre et des morts ». C'est, on l'a dit plus haut, en cherchant à cultiver le Moi que Barrès a paradoxalement découvert l'absurdité de tout individualisme.

« J'ai été un individualiste, écrit-il dans *La Terre et les Morts,* et j'en disais sans gêne les raisons ; j'ai prêché le développement de la personnalité par une certaine discipline de méditation intérieure et d'analyse. Ayant longuement creusé l'idée du "Moi" avec la seule méthode des poètes et des romanciers, par l'observation intérieure, j'étais descendu, descendu parmi les sables sans résistance, *jusqu'à trouver au fond et pour support la collectivité.*

« Voilà déjà qui nous rabat l'orgueil individuel. [...]

« Tous les maîtres qui nous ont précédés et que j'ai tant aimés, et non seulement les Hugo, les Michelet, mais ceux qui font transition, les Taine, les Renan, croyaient à une raison indépendante existant en chacun de nous et qui nous permet d'approcher la vérité[3]. Voilà une notion à laquelle pour ma part je me suis attaché passionnément. L'individu ! Son intelligence, sa faculté de saisir les lois de l'univers ! Il faut en rabattre. *Nous ne sommes pas les maîtres des pensées*

---

1. Ces textes figurent dans le recueil de Raoul Girardet, *op. cit.*
2. Conférence prononcée devant la Ligue de la Patrie française en1899. Texte dans Maurice Barrès, *Scènes et doctrines du nationalisme* (1902), Paris, Éditions du Trident, 1984.
3. C'est la position fondamentale de l'humanisme et des Lumières : se savoir et se vouloir capable de juger de toutes choses par sa propre conscience. Barrès, nouveau « maître du soupçon », va la rejeter.

qui naissent en nous. Elles ne viennent pas de notre intelligence ; elles sont des façons de réagir où se traduisent de très anciennes dispositions physiologiques. Selon le milieu où nous sommes plongés, nous élaborons des jugements et des raisonnements. La raison humaine est enchaînée de telle sorte que nous repassons tous dans les pas de nos prédécesseurs. Il n'y a pas d'idées personnelles ; les idées même les plus rares, les jugements même les plus abstraits, les sophismes de la métaphysique la plus infatuée sont des façons de sentir générales et se retrouvent chez tous les êtres de même organisme assiégés par les mêmes images.

« Dans cet excès d'humiliation, une magnifique douceur nous apaise, nous invite à accepter tous nos esclavages et la mort : c'est, si l'on veut bien comprendre − et non pas seulement dire du bout des lèvres, mais se représenter d'une façon sensible − que nous sommes la continuité de nos parents. Cela est vrai anatomiquement. *Ils pensent et ils parlent en nous. Toute la suite des descendants ne fait qu'un seul être.* Sans doute, sous l'action de la vie ambiante, une plus grande complexité y pourra apparaître, mais qui ne le dénaturera point. C'est comme un ordre architectural que l'on perfectionne : c'est toujours le même ordre. C'est comme une maison où l'on introduit d'autres dispositions : c'est toujours la même maison. Celui qui se laisse pénétrer de ces certitudes *abandonne la prétention de penser mieux, de sentir mieux, de vouloir mieux que ses père et mère,* il se dit : "Je suis eux-mêmes." Et de cette conscience, quelles conséquences il tirera ! Quelle acceptation ! Vous l'entrevoyez. C'est tout un vertige où l'individu s'abîme pour se retrouver dans la famille, dans la race, dans la nation » (*Scènes et doctrines du nationalisme, op. cit.,* p. 18-19).

Barrès en vient à considérer la nation comme une réalité sacrée, une transcendance qui peut se substituer au sacré chrétien sans inconvénient, et même avec profit puisqu'elle est plus universelle dans un pays en partie laïcisé.

« Les catholiques voient dans le patriotisme un prolongement de la morale. C'est sur les commandements de l'Église que s'assure leur idée de patrie. Mais si je ne suis pas un croyant ?

« Pour un certain nombre de personnes, le surnaturel est déchu. Leur piété qui veut un objet n'en trouve pas dans les Cieux. J'ai ramené ma piété sur la terre, sur la terre de mes morts.

« Mon *intelligence*[1] est tentée de toute part, tout l'intéresse, l'émeut et la divertit. Mais il y a au plus profond de nous-même un point constant, point névralgique : si l'on y touche, c'est un ébranlement que je ne pouvais soupçonner, c'est une rumeur de tout mon être. Ce ne sont point les sensations d'un individu éphémère qu'on irrite, mais à mon grand effroi on fait surgir toute ma race.

« ... *Douce Antigone,* vierge âgée de vingt ans, tu voulais te dérober, te réserver pour l'hymen. Mais Antigone aussi vieille que l'illustre race des Labdacides, il fallut bien que tu protestasses.

« Créon est un maître venu de l'étranger. Il dit : "Je connais les lois de ce pays et je les applique." C'est qu'il juge avec son intelligence. L'intelligence, quelle petite chose à la surface de nous-mêmes !

---

1. Toutes les italiques de ce texte sont de Barrès.

« Antigone, au contraire, dans le même cas, intéresse son hérédité profonde, elle s'inspire de ces parties subconscientes où le respect, l'amour, la crainte non encore différenciés forment une magnifique puissance de vénération.

« Sous cette puissance de vénération qu'elle est également prédisposée à ressentir, la cité s'ébranle, se réconcilie autour d'Antigone[1].

« Et voici qu'à son tour Créon, recevant d'un deuil plus que de ses raisonnements, tombe sur ses deux genoux.

« *Ainsi la meilleure dialectique* et les plus complètes démonstrations ne sauraient pas me fixer. Il faut que mon cœur soit spontanément rempli d'un grand respect joint à de l'amour. C'est dans ces minutes d'*émotivité générale* que mon *cœur* me désigne, ce que je ne laisserai pas mettre en discussion[2].

« *Long travail de forage !* Après une analyse aiguë et profonde je trouvai dans mon petit jardin la source jaillissante. Elle vient de la vaste nappe qui fournit toutes les fontaines de la cité.

« Ceux qui n'atteignent pas à ces réservoirs sous-jacents, ceux qui ne se connaissent pas avec respect, avec amour et avec crainte comme la continuation de leurs parents, comment trouveront-ils leur direction ?

« C'est ma filiation qui me donne l'axe autour duquel tourne ma conception totale, sphérique de la vie.

« Tant que je demeurerai, ni mes ascendants, ni mes bienfaiteurs ne seront tombés en poussière. Et j'ai confiance que moi-même, quand je ne pourrai plus me protéger, je serai abrité par quelques-uns de ceux que j'éveille[3].

« Ainsi je possède mes points fixes, mes repérages dans le passé et dans la postérité. Si je les relie, j'obtiens une des grandes lignes du classicisme[4] français. Comment ne serai-je point prêt à tous les sacrifices pour la protection de ce classicisme qui fait mon épine dorsale ?

« *Je parle d'épine dorsale* et ce n'est point une métaphore, mais la plus puissante analogie. Une suite d'exercices multipliés à travers les siècles antérieurs ont fait l'éducation de nos réflexes[5].

1. Voilà donc le vrai moyen de rassembler la patrie : non pas lui proposer un projet rationnel, argumenté et nuancé, mais l'émouvoir en touchant un « point névralgique » de sa culture profonde.
2. Y compris une discussion morale ou juridique : tout ceci est écrit pour exclure une révision du procès Dreyfus.
3. Où l'on voit que la nation est véritablement une réalité sacrée. Elle est puissance de vie éternelle, de salut. Corollaire : puisqu'on survit dans et par elle, on peut et on doit mourir pour elle. Être le martyr de sa nation est une modalité « normale » de l'être historique. Il y a des promesses de guerres en filigrane de cette doctrine anti-individualiste.
4. Terme et notion que nous retrouverons chez Maurras.
5. L'atavisme, chez Barrès, est largement un produit historique et culturel, plus que naturel au sens strict (comme chez Maistre, Maurras, ou, surtout, comme dans le nationalisme allemand mettant l'accent sur la race et les réalités biologiques auxquelles s'intéresse le darwinisme social). La notion barrésienne de « réflexes » créés par « une suite d'exercices multipliés à travers les siècles » revient à faire de la nation une réalité historique, et non raciale (même si le mot « race » est employé par Barrès : mais c'est au sens de « peuple »), et ceci rapproche Barrès, à certains égards, des théoriciens de l'ordre spontané comme Hume et Burke (cf. *supra*). « Disons-le une fois pour toutes : il est inexact de parler au sens strict d'une race française. Nous ne sommes point une race, mais une nation ; *elle continue chaque jour à se faire...* » (*Scènes et doctrines du nationalisme, op. cit.,* p. 20, n.s.).

« Il n'y a même pas de liberté de penser[1]. Je ne puis vivre que selon mes morts. Eux et ma terre me commandent une certaine activité.

« *Épouvanté de ma dépendance,* impuissant à me créer, je voulus du moins contempler face à face les puissances qui me gouvernent. Je voulus vivre avec ces maîtres et, en leur rendant un culte réfléchi, participer pleinement de leur force.

« D'autres se décomposent par l'analyse ; c'est par elle que je me recompose et que j'atteins ma vérité » (*Scènes et doctrines du nationalisme, op. cit.,* p. 13-15).

On va voir plus concrètement, dans les textes suivants, comment ceci s'applique aux rapports entre la France et l'Allemagne.

II — LE CIMETIÈRE DE CHAMBIÈRES

« Un jour[2] j'étais à Metz ; les Prussiens, qui ont transformé Strasbourg, n'ont jusqu'à cette heure rien changé à l'antique cité lorraine. Une fois franchis les travaux qui l'enserrent, elle apparaît dans sa servitude, identique à son passé. Par là d'autant plus émouvante, esclave qui garde les traits et l'allure de la femme libre ! Les visages prussiens, les uniformes, les inscriptions officielles, tout nous signifie trop clairement dans cette atmosphère messine que nous sommes des vaincus. Je visitai au cimetière de Chambières le monument élevé à la mémoire de sept mille deux cents soldats français morts aux ambulances de 1870. C'est au milieu des tombes militaires allemandes une haute pyramide. Une inscription terrible lui donne un sens complet : "Malheur à moi ! fallait-il naître pour voir la ruine de mon peuple, la ruine de la cité et pour demeurer au milieu d'elle, pendant qu'elle est livrée aux mains de l'ennemi ; – malheur à moi !"

« Cette plainte, cette imprécation, le passant français l'accepte dans tous ses termes et, l'ayant méditée, se tourne vers la France pour lui jeter : "Malheur à toi, génération qui n'a pas su garder la gloire ni le territoire !"

« Mais ne faut-il pas que tous, humblement, nous acceptions une solidarité dans la faute commise, puisque, après tant d'années et quand les enfants sont devenus des hommes, rien n'a été tenté pour la délivrance de Metz et de Strasbourg que nos pères ont abandonnés ?

« Sous ces pierres, dans cette terre de captivité, sont entassés des cadavres de *jeunes gens de vingt et un à vingt-cinq ans, de qui la vie n'aura pas eu de sens si on se refuse à le chercher dans la notion de patrie.* Aujourd'hui encore, ils seraient pleins de vigueur. Leur mort fut impuissante à couvrir le territoire, mais elle permet à la nation de se reporter sans une honte complète à cette année funeste. *C'est une*

---

1. Là encore, Barrès exprime avec netteté un refus délibéré de la philosophie des Lumières et du modèle critique d'accession à la vérité qu'elle a promu, modèle qui justifie les institutions fondamentales des démocraties libérales, liberté académique ou liberté de la presse.

2. Ce texte est lui aussi extrait de la conférence *La Terre et les Morts.*

fin suffisante du sacrifice qu'ils consentirent en hâtant la disparition inéluctable de leur chétive personnalité. Les trompettes et les tambours prussiens qui, sans trêve, d'un champ de manœuvre voisin, viennent retentir sur les tombes de Chambières, ne nous détourneront pas d'épeler avec tendresse les noms inscrits sur ces tombes, des noms fraternels[1].

« Dans le même cimetière, se trouve la pierre commémorative qu'eux aussi, les Allemands, consacrent à leurs morts. Elle jette ce cri insultant : "Dieu était avec nous !"

« Offense qui tend à annuler le sacrifice des jeunes vaincus auxquels les femmes de Metz ont fermé les yeux.

« Il ne dépend pas du grand état-major allemand de décider sans appel que nos soldats luttaient contre Dieu. En vérité, la France a contribué pour une part importante à constituer la civilisation, elle rend trop de services à la haute conception du monde, à l'élargissement et à la précision de l'idéal – dans un autre langage à l'idée de Dieu – pour que tout esprit libre ne tienne pas pour une basse imagination de caporal de se représenter que Dieu – c'est-à-dire la direction imposée aux mouvements de l'humanité – serait intéressé à l'amoindrissement de la nation qui a fait les Croisades dans un sentiment d'émancipation et de fraternité, qui a proclamé par la Révolution le droit des peuples à disposer d'eux-mêmes[2] !

« Mais voilà bien la prétention de toute l'Allemagne, *du plus mécanique de ses soldats jusqu'au plus réfléchi de ses professeurs*[3] ! Ce n'est point au hasard, mais par le développement d'une pensée nationale qu'ils inscrivent Dieu comme leur allié à deux pas de l'ossuaire de nos compatriotes, les mettant, s'ils sont chrétiens, en dehors du paradis de Jésus, s'ils sont athées, hors des affirmations de beauté et de bonté entrevues par l'humanité, rejetant nos armées dans je ne sais quel brigandage et proscrivant la pensée française comme nuisible.

« Dans cet étroit espace, des corps entassés de Français et d'Allemands ont bien pu faire cette vigoureuse végétation, cette trentaine d'arbres élancés vers les cieux ; l'Allemagne, consciente d'elle-même, ne veut pas que dans le sein de Dieu, "dans le concert de l'humanité", le génie français et le génie allemand

---

1. Un peu de « personnalisme » vient, ici, atténuer le « holisme » de ce qui précède.

2. « Dieu, c'est-à-dire la direction imposée aux mouvements de l'humanité » : on notera cette curieuse affirmation « théologique », où ce que Barrès dit de Dieu évoque ce que Hegel ou Bergson disent de l'Esprit. Barrès a, dans *La Colline inspirée*, tenté de créer une religion nouvelle, dont le Dieu n'est pas chrétien, bien que son culte emprunte des traits au culte catholique, mais « national ». Ce spiritualisme préserve, croyons-nous, la pensée politique de Barrès d'une dérive vers le totalitarisme. Car il fait place au mystère, à l'inconnu : l'esprit souffle où il veut, il peut se manifester dans la plus humble des personnes, un mort du cimetière de Chambières ou Colette Baudoche (cf. *infra*), comme il s'est manifesté jadis en Jeanne d'Arc, et il n'est certainement pas tout entier contenu dans le programme d'un Parti ou la pensée d'un Chef. Le fait que l'élément créateur d'ordre soit, pour Barrès, l'histoire guidée par l'esprit plus que la nature et ses lois rigides comporte un corollaire implicite : ce que l'histoire a modelé, elle peut le remodeler ; l'avenir est ouvert. Nous verrons que tout spiritualisme de ce type disparaît de la pensée de Maurras, beaucoup plus proche des historicismes.

3. Revoilà le holisme. Les Allemands sont *tous* des barbares, les différences individuelles qui existent entre eux sont négligeables, rapportées aux traits communs de leur race.

collaborent. Elle nous excommunie, elle prêche l'anéantissement de notre langue, de notre pensée. C'est une guerre sacrée.

« Sur le territoire de Metz et de Strasbourg, l'Allemagne, plus cruelle que les peuples orientaux qui coupent les oliviers et comblent les puits, tend à réaliser son rêve de destruction.

« Elle supprime la pensée française dans le cerveau des petits enfants ; elle ensevelit sous des mots et des idées d'Allemagne, comme une source vive sous des fascines, une sensibilité qui depuis des siècles alimentait cette race et que ces enfants avaient reçue de leurs pères.

« Eh bien, Messieurs, ce n'est pas en jetant de la terre sur des cadavres, une formule insolente sur des siècles d'histoire et un vocabulaire sur les consciences, qu'on annule des consciences, des précédents et des cadavres. À Chambières, devant un sable mêlé de nos morts, par un mouvement invincible de vénération, notre cœur convainc notre raison des grandes destinées de la France et nous impose à tous l'unité morale » (*La Terre et les Morts,* texte cité par Girardet, *op. cit.,* p. 189-192[1] ; n.s.).

III — LE « NON » DE COLETTE BAUDOCHE

Les romans de Barrès sont nourris des mêmes idées. Une illustration saisissante de la force de l'appel de « la Terre et des Morts » est donnée dans *Colette Baudoche* (1909). Colette, jeune fille modeste de Metz, est demandée en mariage par un professeur allemand. Bien que ce fiancé lui plaise, elle finit, après l'émotion ressenti au cours d'une messe donnée en la cathédrale de Metz, par refuser de l'épouser.

« L'orgue est petit, les chanteurs lointains, et le groupe des prêtres en deuil[2] se perd dans l'ombre de l'abside. L'évêque d'une race étrangère, mais d'un cœur noble[3], est prosterné sur son trône violet. Chacun s'incline, la messe vient de commencer, et l'officiant nomme ceux pour qui l'on va célébrer l'office. "Aujourd'hui, nous faisons mémoire des soldats français tombés dans la bataille sous Metz."

« Cette formule consacrée est soutenue, appuyée, doublée du vœu pressant de toute l'assemblée. Véritable évocation ! Les morts se lèvent de leurs sillons ; ils accourent des tragiques plateaux, de Borny, Gravelotte, Saint-Privat, Servigny, Peltre et Ladonchamp... On les accueille avec vénération. Ils ont défendu la cité *et la protègent encore ; leur mémoire empêche qu'on méprise Metz*[4].

« La présence de ces ombres tutélaires dispose chacun à se remémorer l'histoire de son foyer. Celui-ci songe à ses parents dont la vieillesse fut désolée ; cet autre à ses fils partis ; cet autre encore à sa fortune diminuée. Et le chef de

---

1. Il ne semble pas que ce texte ait été repris dans *Scènes et doctrines.*
2. La messe est célébrée à la mémoire des soldats français morts en 1870.
3. Cela arrive...
4. Cf. *supra.*

famille s'adressant à son père disparu, murmure : "Vois, nous sommes tous là, et le plus jeune que tu n'as pas connu, pense comme tu pensais." [...]

« Soudain, voici qu'au milieu de ces pensées consolantes, éclate le *Dies iræ*. Mélodie de crainte et de terreur, poème farouche, il surgit dans cet ensemble liturgique, si doux et si nuancé ; il prophétise les jours de la colère à venir, mais en même temps il renouvelle les sombres semaines du siège. Son éclat aide cette messe à exprimer complètement ces âmes messines, dont les années ont pu calmer la surface, mais au fond desquelles subsiste la première horreur de la capitulation.

« "Jour de colère, jour de larmes..." Qui pourrait retenir ces fidèles de trouver un sens multiple et leur propre image sous la buée de ces proses ? Depuis des siècles, chacun interprète les beaux accents latins. "Juge vengeur et juste, accordez-moi remise... Délivrez-nous du lac profond où nous avons glissé ; délivrez-nous de la gueule du lion ; que le Tartare ne nous absorbe pas ; que nous ne tombions pas dans la nuit..." Cette nuit, pour les gens de Metz, signifie une dure vie sous le joug allemand, loin des douceurs et des lumières de la France, et pour eux l'idée de résurrection se double d'un rêve de revanche. Ils enrichissent de tout leur patriotisme une liturgie déjà si pleine.

« Ces longues supplications, d'une beauté triste et persuasive, ces espérances où la crainte et la douleur s'évadent parfois en tumulte, recréent au ras du sol, sous cette voûte où palpitent les ombres, l'émotion des premiers chrétiens aux catacombes. *Une religion se recompose dans cette foule en deuil, une foi municipale et catholique.* Ces Messins croient assister à *la messe de leur civilisation.* Ils forment *une communauté liée par ses souvenirs et par ses plaintes,* et chacun d'eux sent qu'il s'augmente de l'agrandissement de tous[1]. Cette magnanimité qu'ils voudraient produire dans des actes sublimes, ils en témoignent jusque dans les détails familiers de cette matinée. Avec quelle vénération tous s'inclinent devant les dames de Metz qui sollicitent et tendent une bourse au large ruban noir pour l'entretien des tombes ! La cathédrale est pleine des émotions les plus vraies, sans rien de théâtral.

« Au bas de l'église, Colette à genoux, entre son Allemand et sa grand-mère, subit en pleurant toutes les puissances de cette solennité. Elle ne leur oppose aucun raisonnement. Elle repose, elle baigne dans les grandes idées qui mettent en émoi *tout le fond religieux de notre race.* Durant un mois, elle s'est demandé : "Après trente-cinq ans, est-il excusable d'épouser un Allemand ?" Mais aujourd'hui, trêve de dialectique : elle voit bien que le temps écoulé ne

---

1. On voit ici, plus nettement que dans les textes précédents, que la communauté nationale, pour Barrès, est *fermée* – même s'il est vrai qu'elle est « ouverte » au sens où l'histoire qui l'a fondée « continue chaque jour à se faire ». C'est un « groupe en fusion » qui se soude en rejetant un adversaire, sa formation obéit à une logique sacrificielle. En suivant les analyses de René Girard *(La violence et le sacré ; Le bouc émissaire),* on pourrait dire que, si Colette Baudoche va refuser la demande en mariage de son Allemand, c'est parce qu'elle *imite* – par « désir mimétique » – la haine du groupe en lequel elle se fond. Les Allemands, pour ce groupe, sont la victime émissaire ; Colette participe au sacrifice et se met à haïr celui qu'elle aimait pourtant, comme individu, l'instant auparavant. Le nationalisme de Barrès s'éloigne ici définitivement du nationalisme libéral du début du XIXe siècle. La nation n'est pas la réunion de citoyens que rapproche le lien du droit, lien hérité d'une culture mais assumé par la raison et la volonté ; elle est la fusion de frères coupables du même crime collectif et qui ne veulent pas avouer cette culpabilité ou même la « laisser mettre en question ».

fait pas une excuse et que les trente-cinq années ne sont que le trop long délai depuis lequel les héros attendent une réparation. Leurs ombres l'effleurent, la surveillent. Osera-t-elle les décevoir, leur faire injure, les renier ? Cette cathédrale, ces chants, ces notables, tout ce vaste appareil ébranle la pauvre fille, mais *par-dessus tout la présence des trépassés*. Colette reconnaît l'impossibilité de transiger avec ces morts qui sont là présents[1].

« [...] Rentre, Colette avec ta grand-mère, dans votre appartement du quai de la Moselle. Inconnue à tous et peut-être à toi-même, demeure courageuse et mesurée, bienveillante et moqueuse, avisée, loyale, toute claire[2]. Persévère à soigner les tombes, et garde toujours le pur langage de ta nation. Qu'elle continue à s'exhaler de tous tes mouvements, cette fidélité qui n'est pas un vain mot sur tes lèvres[3]. Petite fille de mon pays, je n'ai même pas dit que tu fusses belle, et pourtant, si j'ai su être vrai, direct, plusieurs t'aimeront, je crois, à l'égal de celles qu'une aventure d'amour immortalisa. Non loin de Clorinde[4] et des fameuses guerrières, mais plus semblable à quelque religieuse sacrifiée dans un cloître, tu crées une poésie, toi qui sais protéger ton âme et maintenir son reflet sur les choses... Nous, cependant, acceptons-nous qu'une vive image de Metz subisse les constantes atteintes qui doivent à la longue l'effacer ? Et suffira-t-il à notre immobile sympathie d'admirer de loin un geste qui nous appelle ? »[5]

Cela ne suffira pas. D'où les trois millions de morts français et allemands de la Grande Guerre.

§ 2
Maurras et l'Action française

L'étude de l'idéologie de l'Action française présente un intérêt majeur, supérieur à l'importance propre de la Ligue comme mouvement politique, parce que cette idéologie a influencé, pendant près

---

1. Dans les rites sacrificiels des religions primitives, en particulier les rites de transes et de possession (par exemple dans le *vaudou* haïtien ou les *candomblés* du Brésil), les « trépassés » aussi sont « présents ». Le nationalisme paraît réveiller les formes les plus *archaïques* de lien social (nous en verrons d'autres exemples dans le néo-paganisme allemand).

2. L'identité française est « douce », « mesurée » et lumineuse, l'identité allemande est dure, excessive et obscure.

3. Colette est française moins par ce qu'elle dit que par « tous ses mouvements », par un « langage non verbal » que sa conscience ne commande pas et qui n'en parle que plus vrai.

4. Héroïne du poème « La Jérusalem délivrée » du Tasse. Musulmane par contrainte – elle est européenne, mais a été enlevée, étant enfant, par les Musulmans – elle combat, revêtue d'une armure, le chevalier croisé Tancrède. Celui-ci lui donne un coup mortel. Au moment d'expirer, elle demande à Tancrède la baptiser, Sa « race » a parlé en elle.

5. *Colette Baudoche*, Émile-Paul, Frères, Éditeurs, 1913, p. 250-264 (c'est la péroraison du livre). Cité par Girardet, *op. cit.* Nous soulignons.

de cinquante ans, toute la droite française – à la manière dont le marxisme a influencé toute la gauche. L'Action française n'a pas alimenté seulement les extrémismes, elle a aussi influencé, par sa presse, et aussi par maints contacts personnels, toute la classe politique. Elle a fourni la matière d'une sorte de vulgate qui a été l'idéologie dominante de toute une époque. De même que, dans les cinquante ans qui ont suivi la guerre, le *politically correct* français a été de gauche, de même, dans l'avant-guerre, il y a eu un *politically correct* Action française[1].

« Se déclarer démocrate dans ces milieux, c'était consentir à être l'objet d'une pitié ironique et dédaigneuse [...]. Afin de paraître à la mode et de faire son chemin, il fallait montrer des airs de supériorité à l'égard des erreurs libérales, railler la liberté, l'égalité et la fraternité, faire des plaisanteries sur le progrès, prendre un air vague quand on parlait de la dignité humaine et des droits de la conscience, affirmer bien haut que tout projet d'ordre international était une sanglante chimère, et ricaner à propos de la Société des Nations » (Yves Simon, cité par Eugen Weber[2], p. 255).

Vie
Charles Maurras est né en 1868 à Martigues, mort à Tours en 1952. Son père, percepteur des contributions, est libéral et laïc, amoureux des auteurs classiques gréco-latins (il meurt dès 1874) ; sa mère est dévote et royaliste, comme tout son milieu (le « Midi blanc »). Charles subit, pendant son enfance, les fortes impressions nées de la défaite de 1870, impressions qui nourriront son nationalisme. Collégien et jeune écrivain, il est infuencé par Mistral, Barrès, Renan, Anatole France. Il écrit des poèmes provençaux. Il est affecté très jeune d'une surdité qui ira s'aggravant avec les années, élément dont les biographes soulignent l'importance pour sa psychologie : il a le sentiment intime qu'il faut que la volonté mène un combat contre les forces obscures et désordonnées du mal, sans se bercer d'illusions (la bonté, celle de Dieu ou celle des hommes, est un

---

1. Il est intéressant de noter que l'idéologie de l'Action française était très présente avant guerre à l'École des Sciences politiques, pépinière des hauts fonctionnaires. Après la Libération, et compte tenu du discrédit de la droite traditionnelle, ces milieux – corps professoral, conférenciers, élèves – sont devenus de centre gauche ou de gauche modérée. Mais quand on regarde de près les discours et attitudes, on s'aperçoit que ce changement n'a été, dans une large mesure, qu'apparent. La « crise sacrificielle » de la Libération a substitué un panthéon et un mythe nouveaux à ceux d'avant-guerre, sans, peut-être, changer beaucoup le fond des mentalités. Le fond de la pensée, à « Sciences-po », est antilibéral, anticapitaliste, étatiste, « social » (c'est-à-dire favorable à des formules de cogestion syndicale de l'économie). Ces dogmes et mentalités, attribués aujourd'hui à la gauche, avaient été acclimatés dans ces milieux, bien auparavant, sous une autre forme, par une cinquantaine d'années de propagande et d'influence d'Action française, le tout se greffant sur une vieille tradition française absolutiste et étatiste venant de l'Ancien Régime, renforcée par le jacobinisme, le bonapartisme et le saint-simonisme, et sur les enseignements sociaux antilibéraux et corporatistes de l'Église catholique. Il est regrettable qu'on ait ordinairement si peu conscience, en France, de ces continuités.
2. Eugen Weber, *L'Action française* (1962), Fayard, 1985.

rêve). En 1898, il participe, en journaliste, à la polémique autour de l'affaire Dreyfus, puis fonde l'Action française. La vie de Maurras se confond ensuite avec l'histoire de celle-ci (cf. *infra*).

Œuvres

D'une œuvre considérable, mais constituée, plutôt que de traités théoriques proprement dits, de très nombreux articles de presse ou de revue souvent présentés en recueils, on peut retenir les titres suivants : *Trois idées politiques : Chateaubriand, Michelet, Sainte-Beuve* (1898) ; *Dictateur et Roi* (1899) ; *Enquête sur la monarchie* (1900) ; *Anthinéa* (1901) ; *L'Avenir de l'intelligence* (1904) ; *Romantisme et Révolution* (1922) ; *La Musique intérieure* (poèmes, 1925) ; *La politique naturelle* (1927) ; *Dictionnaire politique et critique* (1932-1934) ; *Mes idées politiques* (1937). Voir aussi *Le procès de Charles Maurras* (1945)[1].

I — L'ACTION FRANÇAISE

1) *Fondation*

L'Action française est fondée à l'occasion de l'affaire Dreyfus. Celle-ci éclate au grand jour après les accusations de Zola en 1898. Le jeune Maurras réagit à propos du « faux Henry » (c'est-à-dire du billet de l'attaché militaire italien à son collègue allemand accusant Dreyfus : ce document était un faux réalisé par le colonel des services secrets Henry ; celui-ci, démasqué, se suicide). Maurras écrit, dans le journal royaliste *La Gazette de France,* qu'Henry a fait ce faux par patriotisme :

« Vous avez fait cela pour le bien et l'honneur de tous. Votre mot "Allons-y" qui passait en proverbe prend désormais une mystérieuse et profonde signification. Cela reste un mot de soldat. Cela devient encore un mot de moraliste et d'homme d'État. Nous ferons qu'il soit immortel » (cité par Weber, *op. cit.,* p. 22)[2].

Maurras adhère alors à la « Ligue de la Patrie française » créée en contre-point de la « Ligue des droits de l'homme » défendant Dreyfus.

Le reste de l'année 1898 est marqué par des troubles graves. Des projets (mal préparés) de coups d'État, de style boulangiste, sont

---

1. Éditions : *Enquête sur la Monarchie,* Éditions du Porte-Glaive, 1986 ; *Œuvres capitales,* Flammarion, 1954 (contient entre autres : *Romantisme et révolution, Trois idées politiques, L'avenir de l'Intelligence*) ; *Mes idées politiques,* Fayard, 1937, réimpr. 1968. Études : Colette Capitan Peter, *Charles Maurras et l'idéologie d'Action française,* Seuil, 1972 ; Eugen Weber, *L'Action française, op. cit.* ; Pierre Boutang, *Maurras. La destinée et l'œuvre,* Plon, 1984.

2. La raison d'État était, chez les absolutistes, un mal nécessaire. Elle devient ici une « morale ». La note est donnée.

déjoués, et le nationaliste Paul Déroulède, les royalistes André Buffet et Eugène de Lur-Saluces (qui seront les interlocuteurs de
Maurras dans l'*Enquête sur la monarchie*), sont traduits en Haute
Cour et exilés. Puis la Cour de cassation ordonne la révision du
procès Dreyfus. Un nouveau Conseil de Guerre déclare Dreyfus
coupable le 9 septembre 1899 à une faible majorité des juges ;
l'officier sera gracié un peu plus tard, mais cela ne résout rien, car
ses partisans veulent sa réhabilitation. La France se coupe en deux
camps amèrement hostiles.

Dès le printemps 1898, Maurice Pujo (directeur d'une revue de
critique d'art, alors âgé de 26 ans) et Henri Vaugeois (professeur de
philosophie de 34 ans) avaient fondé un « Comité d'Action française » en prévision des élections qui devaient avoir lieu la même
année. Les fondateurs étaient nationalistes, républicains et socialistes.
Maurras les rencontre et, avec eux, fonde le *Bulletin* (bientôt la
Revue) *de l'Action française* (1er numéro : 20 juin 1899). Cette parution est bimensuelle jusqu'en 1908, date à laquelle elle devient le
quotidien *L'Action française* (qui durera trente-six ans, jusqu'à
l'été 1944). En 1905 est instituée, par ailleurs, une « Ligue d'Action
française ».

2) *Positionnement politique*

Parmi les fondateurs de l'Action française, on note donc la présence d'une majorité de *républicains* et de *socialistes,* ce qui fait qu'il y
a peu de liens avec les royalistes de tradition et que Maurras ne peut
s'entendre avec le duc d'Orléans (« Philippe VIII ») qui vit en exil.
Mais, bien vite, le contexte politique change, en raison de l'aggravation de l'affaire Dreyfus puis du déchaînement anticlérical de la
République radicale (combisme, séparation de l'Église et de l'État
de 1905). Le pays se coupe politiquement et socialement en deux.
Une droite nouvelle se crée, réunissant l'Armée, l'Église, les républicains nationalistes radicaux, les bonapartistes, les « conservateurs
catholiques tenant les cordons de la bourse » (Weber).

Ce camp se cherche une idéologie, que l'Action française lui
fournit à point nommé. Maurras peut se rapprocher de l'Église
malgré son athéisme (cf. *infra*), ainsi que, finalement, du prétendant avec qui il s'allie en 1911. Cette alliance durera un quart de
siècle, pendant lequel l'Action française sera, à Paris et dans les
régions, le porte-parole officiel du « roi », jusqu'à une nouvelle
rupture en 1937 avec le nouveau prétendant, le duc de Guise, et
son fils, le jeune comte de Paris (qui sera le prétendant sous
les IVe-Ve Républiques).

3) *Positionnement social*

L'Action française n'aura jamais une base sociale aussi large que sa base politique, la droite antidreyfusarde. Elle n'a pratiquement pas de contacts avec les milieux ouvriers et populaires, et guère plus avec la bourgeoisie d'affaires. Elle est, selon Weber, le mouvement des « classes moyennes en déclin » : petits rentiers, petits propriétaires, petits commerçants et leurs employés, « le personnel des bureaux et des banques aux salaires insuffisants » et quelques agriculteurs.

4) *Les têtes*

Le « n° 2 » du mouvement est *Léon Daudet* (le fils de l'écrivain Alphonse Daudet), « grande gueule » qui, comme Maurras, écrit presque tous les jours dans le quotidien, avec une verve et, souvent, une violence incroyables. Daudet est aussi antichrétien que Maurras.

On doit citer aussi, parmi les « écrivains d'Action française » qui se font connaître par des articles dans le journal et par des livres : l'historien *Jacques Bainville* (*Bismark et la France,* 1907 ; *Les Dictateurs,* 1935 ; *L'Allemagne,* 1939-1940 ; *Journal,* 3 vol. de 1901 à 1935[1]), *Louis Dimier, Henri Massis, Léon de Montesquiou* (*De l'anarchie à la monarchie,* 1911 ; *Les Origines de la doctrine de l'Action française,* 1918 ; *Le système d'Auguste Comte,* 1907), *Marie de Roux, Xavier Vallat...*

Georges Valois (auteur de : *L'Homme qui vient, philosophie de l'autorité,* 1906 ; *La Monarchie et la classe ouvrière,* 1909 ; *L'Économie nouvelle ; L'État syndical et la représentation corporative ; La Révolution nationale,* 1924...) mérite une mention spéciale en ce qu'il est un des rares penseurs économiques et sociaux du mouvement. Nous en parlerons plus loin.

5) *Les organes*

Afin de mettre en place un véritable appareil d'action intellectuelle, le mouvement, lorsqu'il se constitue en « Ligue d'Action française » en 1905, crée un « Institut », qui a ses chaires et ses cours réguliers. Il y a une revue, une maison d'édition et une presse, qui comprend, outre le quotidien, un vaste réseau de journaux locaux.

---

1. Bainville est l'auteur d'une œuvre considérable, rééditée encore de nos jours. Ses analyses de politique étrangère ont influencé les ministres de la période.

Le quotidien *L'Action française* diffuse à près de 100 000 exemplaires, ce qui est un tirage très important pour l'époque, comparable à celui des plus grands organes de presse.

6) *Les militants*

Dès le début, il y a une propagande intense dans les milieux étudiants. En 1920 naît l'organe des étudiants de l'Action française, *L'Étudiant français*. On y trouve des signatures dont certaines deviendront célèbres : Pierre Gaxotte, Pierre Boutang, Robert Brasillach, Georges Bernanos, Claude Roy... En 1908, les vendeurs du journal deviennent, sous le nom de « Camelots du Roy », un service d'ordre efficace, souvent violent, formé dans l'esprit d'être la phalange du coup de force qui rétablira la monarchie.

Sans avoir jamais sérieusement inquiété la police en tant que force insurrectionnelle (et sans avoir jamais été aussi violente que, par exemple, les SA du parti nazi), cette force est néanmoins capable d'intervenir à toute demande des dirigeants pour soutenir une réunion, en troubler une autre, se battre à coups de cannes plombées contre les étudiants républicains dans les rues du Quartier latin, etc. Elle jouera le principal rôle lors de l'émeute du 6 février 1934[1].

7) *La condamnation pontificale de 1926*

Les rapports de l'Action française avec l'Église deviennent vite excellents : Maurras sait profiter des persécutions que la République de Combes fait subir à l'Église. L'Action française lutte en outre contre l'anticléricalisme au motif que c'est une politique « allemande », c'est « ce que veulent les Allemands ». Une majorité d'évêques aurait été sympathisants de l'Action française vers 1910, Maurras ayant même une influence sur la désignation des évêques. Cependant, le contenu nettement anti-chrétien de la doctrine de Maurras n'échappe pas à certains membres de l'épiscopat et à la papauté. Mgr Mignot, archevêque d'Albi, écrit à la secrétairie d'État en octobre 1914 :

> « Les ravages exercés dans la jeunesse catholique par ces faux prophètes, dont plusieurs jouissent d'un crédit illimité, sont considérables. Ils ont déformé et paganisé beaucoup de consciences. Ils poursuivent une œuvre de déchristianisation, et nous verrons dans quelques années une bonne partie des catholiques

---

1. Cf. Weber, *L'Action française, op. cit.*, p. 72, 74. En 1909, il y a 65 sections de Camelots répartis sur tout le territoire. La section de Paris compte six cents membres.

embrigadés dans l'armée de ce paganisme renaissant. Les évêques sont impuissants à arrêter leur propagande, en raison des difficultés locales et des intérêts, même matériels, dont ils ont la garde. On les a laissés prétendre au monopole de la défense catholique [...]. Des ennemis de Jésus-Christ ont clamé leur dévouement à l'Église romaine et même des théologiens furent trompés par ces feintes. Le réveil peut être terrible » (cité par Weber, p. 254).

La « Libre Belgique » dénonce en 1925 l' « extraordinaire entreprise d'un antichrétien déclaré qui se présente comme le défenseur et le seul champion pour ainsi dire du catholicisme » (cité par Weber, p. 260). La même année, les dénonciations se multiplient. L'archevêque de Bordeaux prêche contre l'Action française, « la plus grande hérésie des Temps modernes ». Dans une lettre pastorale, le cardinal Andrieu dénonce dans la doctrine d'Action française l'apologie du « paganisme », de l' « esclavage », de la « suprématie de l'État », de l' « épicurisme », du refus de reconnaître l'intervention divine dans des démarches purement naturelles. Bernanos écrira, après la condamnation, que « la doctrine de l'ordre est une synthèse de toutes les hérésies » (cité par Weber, p. 269).

Outre ce problème doctrinal de fond, une des causes du rejet de l'Action française par l'Église est qu'elle rend impossible sa propagande dans les milieux ouvriers, où l'on identifie « catholique » et « fasciste ».

Conséquence, prévisible depuis longtemps : les 20 et 29 décembre 1926 tombent deux condamnations pontificales, l'une rappelant la mise à l'*Index* des livres de Maurras qui avait été prononcée dès 1914 mais n'avait pas été divulguée alors à cause de la guerre, l'autre mettant à l'*Index* le journal *L'Action française*. Aussitôt le journal proteste : l'*Osservatore romano* est germanophile. Il s'agit d'un « complot », d'une « trahison ». Des catholiques prennent la défense du mouvement. Mais ils sont minoritaires – *Roma locuta, causa finita est* (« Rome a parlé, la cause est entendue »).

Le 8 mars 1927 est publiée une déclaration signée par 118 évêques (tous les évêques français sauf 3) soutenant le pape. Le même jour, un « rescrit » pontifical énonce les sanctions qui frapperont les catholiques en cas d'infraction à l'interdiction : réprimandes allant jusqu'à la « suspension *a divinis* » pour les ecclésiastiques, expulsion des séminaristes, exclusion des sympathisants laïques d'Action française des sacrements et de toutes les organisations catholiques. Ces sanctions seront appliquées par les évêques au niveau des diocèses : interdictions de communion, de mariage, d'extrême-onction, d'enterrement religieux, d'être parrain, de participer à des associations pieuses, mise sous interdit de journaux locaux... Les militants d'Action française protestent par des chahuts et manifestations ; le journal conteste l'interdiction au nom du « droit naturel » : le pape a exercé un pouvoir arbitraire, allant au-delà de sa sphère propre. De la bataille, l'Église sort aussi affaiblie que l'Action française. On note une baisse immédiate des aumônes. Bien des évêques n'osent pas appliquer les sanctions. Au collège

Stanislas, la propagande d'Action française continue, ainsi que dans de nombreux autres collèges et dans les facultés catholiques. Des collectes de fonds pour l'Action française parmi les catholiques continuent avec succès. À l'Ouest, on refuse rarement les enterrements religieux. Néanmoins, les effets de la condamnation sur l'Action française se font sentir gravement vers la fin des années 1920 : on compte, à cette date, plus de démissionnaires que de membres. Le journal perd presque la moitié de ses lecteurs entre 1925 et 1928.

8) *La réconciliation de 1939*

Ce purgatoire prendra fin une dizaine d'années plus tard, du fait d'un changement de l'attitude politique de l'Église.

La papauté estimait que les milieux catholiques français avaient, sans l'Action française, viré trop loin à gauche. Elle entendait partir maintenant en croisade contre tout ce qui était trop procommuniste dans l'Église et resserrer les rangs à droite. La réconciliation avec l'Action française n'aura cependant pas lieu avant l'arrivée sur le trône pontifical d'un nouveau titulaire, Pie XII. En effet, Pie XI ne veut pas passer l'éponge, même compte tenu du nouveau contexte politique. Une correspondance s'était établie entre lui et Maurras par l'intermédiaire des carmélites de Lisieux. Or Pie XI, qui, dans l'encyclique *Quadragesimo Anno* de 1931, avait déclaré que le communisme était « intrinsèquement pervers », pensait également, et pour les mêmes raisons doctrinales fondamentales, que le nationalisme intégral de Maurras était intrinsèquement non catholique. Maurras lui avait écrit : « Les ennemis de l'Action française sont les ennemis du parti de l'Ordre, de la mère patrie, de l'Église, de la papauté », donc le Pape a été trompé par son entourage. Le Pape lui fait répondre : « Sa Sainteté rejette catégoriquement cette appréciation et affirme qu'en l'occurrence, Elle a décidé Elle-même, *seulement Elle et Elle seule,* en connaissance de cause, étant personnellement familiarisée avec les œuvres de M. Maurras, œuvres qu'Elle juge très éloignées de la pensée catholique » (textes cités par Weber). Maurras n'avait qu'à se soumettre.

Or Pie XI meurt et Pie XII lui succède en février 1939. Une entrevue secrète a lieu entre Maurras et le secrétaire d'État Ottaviani et, malgré la campagne menée par Alexis Léger (Saint-John Perse), ambassadeur de France au Saint-Siège, pour dissuader Rome de donner son pardon, un accord est trouvé. Une lettre de soumission est signée par les dirigeants de l'Action française en juin 1939 et, le 1er juillet, l'interdiction de l'Action française est levée par le Saint-Office. « On reconnaît que nous avions raison », dit le journal. En France, on interprète cette indulgence de Rome comme due à la parenté de l'Action française avec les régimes dictatoriaux[1].

---

1. Non le nazisme, mais le fascisme italien, avec lequel le Vatican a signé les « accords de Latran » en 1929, et aussi les régimes portugais, espagnol, autrichien avant l'*Anschluss*, bientôt croate...

9) *Le rôle politique de l'Action française*

Dès le début du siècle, l'Action française, comme journal et comme mouvement, a exercé une action très importante sur la vie politique française. Elle a présenté un programme et des candidats aux élections de 1919, obtenant une trentaine d'élus. Il y aura encore 14 députés en 1924. Daudet, élu à Paris, fait entendre la voix de l'Action française à la Chambre. Les chefs du mouvement communiquent, de façon discrète, mais régulière, avec Poincaré.

Depuis la création de l'Action française, on persuade les militants qu'on se prépare au « coup de force », qu'on attend seulement l'occasion favorable pour renverser la République détestée. C'est dans cet esprit que les « troupes » sont organisées. L'occasion semble se présenter plusieurs fois, notamment lors des graves émeutes du 6 février 1934 autour de l'Assemblée nationale où, on l'a dit, les Camelots du Roy jouent le principal rôle (alors que les « Croix de Feu » du colonel de la Roque, le groupe le mieux armé et le plus discipliné, se sont abstenus). Mais l'occasion n'est pas saisie. Rien n'a été sérieusement préparé ; les chefs n'ont jamais su ou voulu donner à l'organisation le caractère militaire et clandestin qui aurait été nécessaire (en outre, avec le temps, ils s'embourgeoisent et vieillissent)[1].

Au moment de la guerre d'Espagne, l'Action française prend parti en faveur de Franco, qui, lui, ayant réussi son *putsch,* a réellement entrepris de détruire la République. Depuis longtemps, par ailleurs, le mouvement soutenait Mussolini. Il défend le régime fasciste italien au moment de l'annexion de l'Éthiopie et attaque avec une extrême violence verbale les hommes politiques français qui ont demandé ou soutenu les sanctions de la SDN contre l'Italie. Des menaces de mort sont proférées contre Blum, qui est même physiquement agressé sur le boulevard Saint-Germain en 1936. C'en est trop pour les gouvernants républicains. La Ligue d'Action française est dissoute (mais le journal continue à paraître). Pendant le Front

---

1. Il y a là, dans l'histoire politique de la France, un petit mystère. Pourquoi les groupes fascistes français n'ont-ils jamais pu s'unir et constituer une force comparable à celle des groupes paramilitaires qui sévissaient dans de nombreux autres pays d'Europe, les « chemises noires » de Mussolini, la Phalange espagnole, les SA et SS d'Hitler, etc. ? Cet échec est en partie imputable à l'absence, en France, d'un « chef charismatique » comparable aux différents « Guides » des mouvements fascistes européens. Mais il est peut-être dû aussi au fait que les leaders de l'extrême droite française, très violents en paroles et en pensées, ont répugné à employer vraiment et à grande échelle les méthodes de leurs équivalents européens, comme s'ils hésitaient à décider froidement des violences et assassinats nécessaires, ou, du moins, comme s'ils jugeaient qu'ils ne recevaient pas assez d'encouragements en ce sens de la part de l'opinion et de leurs propres troupes. L'État de droit s'est maintenu, en France, moins par la pensée – puisque bien peu nombreux sont les intellectuels et les hommes politiques qui ont défendu la démocratie libérale contre les critiques théoriques dont elle était l'objet – que par les mœurs et par la force immanente, pour ainsi dire, des institutions.

populaire, l'Action française est le principal opposant et contribue au renversement d'opinion qui hâtera la fin du régime.

Dans les années qui suivent le Front populaire, le grand débat en France porte sur l'attitude à adopter face à l'Allemagne nazie et aux perspectives de guerre. Faut-il réarmer et avoir une attitude ferme, en courant alors le risque de faire de la France l'instrument de la « guerre des juifs » et des républicains français et espagnols, ou laisser agir Hitler, au détriment des intérêts nationaux ? L'Action française, toujours virulente dans la forme, est, sur le fond, fluctuante. Pendant la guerre elle-même, le journal, avec Maurras et Pujo, se réfugie à Lyon, en zone non occupée, et soutient le régime de Vichy qui, par une « divine surprise », a mis un terme à la République. D'autres membres de l'Action française restent à Paris et, sous la surveillance de l'occupant, animent des publications comme *Je suis partout* qui, en rupture avec les fondateurs du mouvement, vont devenir collaborationnistes et pronazies. Après la guerre, Maurras, qui avait été élu à l'Académie française en 1938, en est radié en même temps qu'il est condamné par un tribunal pour avoir soutenu Mussolini, Franco, Pétain. Il sera gracié quelque temps avant sa mort, survenue en 1953[1].

II — LA PHILOSOPHIE SOCIALE DE MAURRAS

A / *Rationalisme et antirationalisme*

Dans la pensée de Maurras, comme dans celles de Nietzsche ou de Bergson, rationalisme et antirationalisme sont curieusement coprésents. Maurras reconnaît le rôle de l'intuition, du sentiment, de l'arbitraire qui exclut la discussion et tranche à coup sûr, et en cela il s'oppose à la tradition des Lumières. Cependant, il estime que la raison doit venir ensuite pour confirmer ce que le sentiment a découvert ; qu'au reste, la science peut donner des arguments solides en faveur de la politique naturelle que l'instinct doit d'abord saisir ; qu'enfin, sur le plan tactique, il importe de ne pas abandonner l'intelligence au camp rationaliste-républicain.

« Tout ce qui pense, autant qu'il pense, dans l'exacte mesure où il pense, est avec nous contre la Révolution », avait dit Louis Dimier (cité par Colette Capitan Peter, *op. cit.*, p. 25). De fait, Maurras dit que la philosophie doit venir « éclaircir et fixer le sentiment » (*L'Avenir de l'intelligence,* in *Œuvres capitales, op. cit.,* p. 101). Et il condamne l'anti-intellectualisme de la Contre-Révolution, car il croit et entend être le parti de la Raison (il parle *a contrario* de la « déraison libérale », *Romantisme et Révolution, Œuvres capitales,* p. 51). Une autre école contre-révolutionnaire, celle du positivisme comtien, avait su tout prévoir de ce

---

1. Maurras s'est converti au catholicisme sur son lit de mort. Cf. Chanoine Aristide Cormier, *Mes entretiens de prêtre avec Charles Maurras,* Nouvelles Éditions latines, 1970.

qui s'est passé, or elle est rationaliste. Des savants se sont opposés à la République : Le Play, Renan, Taine. C'est donc que les questions sociales et politiques sont parfaitement accessibles à la raison, et il faut dénier au parti révolutionnaire sa prétention d'avoir le monopole de celle-ci. « Ce n'est pas parce que la Révolution a prétendu au sceptre de la raison que la contre-révolution devrait le lui céder pour se confiner dans une vérification *a posteriori* qui ne prophétiserait que le passé. Le Play et d'autres ont pu s'en tenir là : notre empirisme organisateur se souvient de Comte qui ne craignit pas de philosopher avec toute l'âme et utilisa sagement toutes les forces de l'esprit » (*Romantisme et Révolution*, in *Œuvres capitales*, p. 55).

Maurras entend donc que son mouvement soit le parti de l'Intelligence, une Intelligence qui condamnera, cependant, comme il est traditionnel à droite depuis Joseph de Maistre et Louis de Bonald, l' « abstraction » révolutionnaire et la « dictature littéraire » (*L'Avenir de l'intelligence, Œuvres capitales*, p. 110-117) (c'est-à-dire le pouvoir de ceux qu'on appelle depuis l'affaire Dreyfus les « intellectuels »).

Maurras se veut « réaliste » et anti-« idéaliste ». Alors que les intellectuels se perdent dans les abstractions, il prétend, lui, connaître et analyser les réalités. » Les conditions de vie d'un peuple, nous les connaissons, nous en savons la teneur et, j'ose dire, la formule « (*Action française*, 1ᵉʳ janvier 1910, cité par Colette Capitan Peter, *op. cit.*, p. 23). Ce « ton philosophique et scientifique » fera beaucoup pour la force de séduction du mouvement et lui attirera beaucoup d'adhésions.

B / Le paradigme de la Nature

1) Une « politique naturelle »

« Ce n'est pas de ma faute, disait déjà Fustel, si les choses ont un ordre. » Cet « ordre des choses » ou ordre naturel s'oppose à la liberté individuelle des libéraux, et c'est lui qui est combattu par l' « intelligence littéraire » (cf. *Œuvres capitales*, p. 41, 116). À l'inverse, toute vraie politique doit s'appuyer sur le fondement solide et incontestable de la nature, elle doit être une « politique naturelle ». La contre-révolution doit se faire

« *au nom de la raison et de la nature*, conformément aux *vieilles lois de l'univers*, pour le salut de l'*ordre*, pour la durée et les progrès d'une civilisation menacée »[1] (*Œuvres capitales*, p. 155, n.s.).

---

1. Il faut noter que les thèmes de la *civilisation* et du *progrès* sont présents dans cette énumération à côté de celui de la *nature* : c'est une nuance importante qui distingue le naturalisme de Maurras, comme d'ailleurs celui de Barrès, de formes plus radicales de naturalisme – qu'on rencontrera notamment dans le nationalisme allemand – qui dénient presque tout rôle transformateur à l'histoire.

Si l'homme et la société dépendent de la nature, l'hypothèse de base de la démocratie libérale, à savoir que des individus « souverains » construiraient, par un libre choix, l'État, la société, la pensée, est dérisoire. Rien ne fera

« qu'il soit au pouvoir du *petit homme* d'élire son papa et sa maman, ni que sa liberté, si souveraine soit-elle, puisse choisir l'emplacement de son berceau. Ce point-là règle tout. Ni Kant ni Platon n'y feront rien. Leurs inventions de vie antérieure sont sans valeur ici. Bon gré, mal gré, il faut admettre ces territoires naturels, ni voulus, ni élus, ni éligibles, en reconnaître la bienfaisance éventuelle » (*La Politique naturelle,* in *Œuvres capitales,* p. 240).

2) *Les attributs de l'ordre naturel*

Cet ordre naturel présente certains attributs permanents. D'abord la *force* :

« La *force* est bonne en soi... Le service, bon ou mauvais, auquel on met la force, c'est une question ; le prix de la force en soi est une autre question. Nous parlons de la force pure. Moralement la force est une vertu et physiquement c'est un bien » (*L'Action française,* 8 novembre 1914, cité par Colette Capitan Peter, p. 27). « La force... c'est l'expression de l'activité de l'être (*L'Action française,* 29/9/1916, cité par Colette Capitan Peter, *ibid.*)[1].

Ensuite l'*autorité* :

« L'*autorité* ne se « construit » ni par en bas ni par en haut... L'autorité est *née*... L'autorité, saisie ainsi à sa naissance, est quelque chose de simple et de pur. Certains types humains la possèdent, les autres en sont démunis. En laissant de côté ceux qui ne savent que subir, l'homme de liberté, reconnaissable à la fierté d'un cœur que rien ne dompte, diffère de celui que la dignité caractérise et qui inspire surtout le respect : l'homme d'autorité diffère des deux autres. Sa liberté s'impose naturellement à la liberté d'autrui, sa dignité est rayonnante, elle entraîne et transporte. Ce n'est pas le respect et l'admiration, sentiments inertes, c'est une docilité enthousiaste, qui lui répond ». « L'instinct tout de même a raison... L'autorité est du même ordre que la vertu ou le génie ou la beauté » (*L'Action française,*

---

1. C'est probablement la première fois dans l'histoire des idées politiques que la « force pure » est dite être un bien en soi. Alors que, chez Aristote, les stoïciens ou saint Thomas, la force n'est une « vertu cardinale » que bien employée, c'est-à-dire employée conformément à la justice, vertu cardinale englobante, Maurras prétend que, même « mal » employée, elle demeure un bien *en tant que force*. Elle l'est parce qu'elle est « activité de l'être ». On comprend que cette version simplifiée du spinozisme ou du nietzschéisme, une fois répandue dans un certain *establishment* français, et y détruisant ou y neutralisant les valeurs que l'humanisme et le christianisme y avaient instillées, ait été largement responsable de la relative perméabilité du corps social français aux doctrines totalitaires fascistes puis marxistes. Ces propos légers de Maurras sont caractéristiques du climat de confusion intellectuelle des premières décennies du XXᵉ siècle dont parle Hannah Arendt (cf. *infra*, p. 1354 sq.).

21 mars 1912, cité par Colette Capitan Peter, p. 28). « Nous disons que la coexistence du besoin d'être commandé dans le peuple et de la capacité du commandement dans le chef fait à ce dernier une obligation rigoureuse, non de "prétendre" au commandement, mais de l'exercer tout de suite » (*L'Action française* mensuelle, 15 août 1911, cité par Colette Capitan Peter, p. 28)[1].

Ensuite encore l'*inégalité*. Le « labeur » des uns favorise les « loisirs » des autres, nécessaires à la réflexion : l'inégalité est donc d'intérêt général. Trop imposer les riches, par conséquent, aboutit à un « appauvrissement social » (cité par Colette Capitan Peter, p. 37)[2].

Enfin, *l'inclusion de l'individu dans le groupe*. Maurras met en accusation la prétendue souveraineté de l'individu et de sa conscience affirmée par Rousseau.

« Quiconque dit : *"moi d'abord"*, *"moi seul"*, *"moi-Roi"* et *"moi-Dieu"* peut prolonger pendant quelque temps sa jactance ; il finit par être obligé, s'il est homme, à tenter de se faire une existence humaine, ce qui comporte le *pourtour d'une cité* et le *murmure concordant d'une société* » (*Romantisme et Révolution,* in *Œuvres capitales,* p. 38, n.s.).

Il est vrai que certains individus auront, dans la philosophie maurrassienne, un rôle à jouer. Mais ce seront, comme chez Hegel, des individus d'*élite* (« Rien n'est possible sans la réforme intellectuelle de *quelques-uns* », *L'Avenir de l'intelligence,* in *Œuvres capitales,* p. 104), et d'ailleurs leurs créations, pour être viables, devront se prolonger en institutions, donc cesser d'être individuelles. Cet individualisme élitiste est fort différent de l'individualisme généralisé qui triomphe dans les démocraties libérales.

3) *La nature comme principe immanent d'action*

Maurras insiste sur le fait que s'appuyer sur la nature est un principe réaliste en politique, parce que la nature est énergie, dynamisme, principe ou moteur immanent des choses. L'homme d'État peut réellement faire fond sur elle pour mener son action :

« En politique, les forces utilisables sont à portée de la main. Et de quelle puissance ! Dès que l'homme se met à travailler avec la Nature, l'effort est allégé

---

1. De Gaulle, formé au maurrassisme, s'est manifestement souvenu de cette leçon le 18 juin 1940 et dans les années qui ont suivi.
2. Colette Capitan Peter explicite comme suit la justification organiciste ou biologisante de l'inégalité par l'Action française : « Georges Valois justifiait l'inégalité sociale et les conflits de classe par une sorte d'*énergétisme* qui faisait des uns, les ouvriers, des incitateurs nécessaires au bon usage des aptitudes naturelles des autres, les entrepreneurs, rendus contraints de faire valoir leurs qualités natives par ce harcèlement incessant [...]. Pour Valois comme pour l'Action française, il ne fallait pas troubler la » pureté « naturelle des rapports entre le Travail et le Capital » (*op. cit.,* p. 37-38).

et comme partagé. Le mouvement reprend tout seul. Le fils trouve tout simple de devenir père ; l'ancien nourrisson, nourricier ; l'héritier entreprend de garder et d'augmenter l'héritage afin de le léguer à son tour ; le vieil élève élèvera. L'ancien apprenti sera maître ; l'ancien initié, initiateur. Tous les devoirs dont on a bénéficié sont inversés et reversés à des bénéficiaires nouveaux, par un mélange d'automatisme et de conscience [...] » (*La Politique naturelle,* in *Œuvres capitales,* p. 195-196).

4) *S'écarter de la politique naturelle conduit à la « catastrophe »*

Il faut donc protéger l'ordre naturel. L'interventionnisme éta-tique de type jacobin, à plus forte raison socialiste, est essentielle-ment destructeur de la nature.

« L'État politique doit éviter de s'attaquer aux infrastructures de l'État social qu'il ne peut pas atteindre et qu'il n'atteindra pas, mais contre lesquelles ses entreprises imbéciles peuvent causer de sérieuses blessures à ses sujets et à lui-même » (*La Politique naturelle,* in *Œuvres capitales,* p. 200).

C'est ainsi parce qu'on s'est écarté de la nature que la « catas-trophe » est venue. Depuis la proclamation des principes de la démocratie libérale, c'est-à-dire depuis qu'on a abandonné les « *leges naturæ,* nées de la nature et de la raison, où les volontés du citoyen et de l'homme ne sont pour rien »,

« la légalité révolutionnaire a dépeuplé les familles, la centralisation révolution-naire a tué la vie locale, le régime électif a boursouflé et rompu l'État. Tandis que l'affaiblissement des arts de la paix amenait le fléchissement de l'économie générale, cinq invasions de plus en plus dures ont montré dans la défaite et dans la victoire, en dépit d'immenses sacrifices de la nation, l'entière incapacité de l'Esprit et de l'État nouveaux » (*Romantisme et Révolution,* in *Œuvres capitales,* p. 51-52).

5) *Nature, raison et volonté*

L'ordre de société, cependant, n'est pas, dit Maurras, exactement superposable à celui de la nature. Il constitue plus précisément, entre nature et artifice, un ordre intermédiaire.

« Entre la *nature* brute, celle qui est entendue au sens strict et direct, et l'*arti-fice,* juridique ou autre, issu de la volonté plus ou moins arbitraire de l'homme, il existe un *intermédiaire* que l'on pourrait appeler une *seconde nature :* la Société » (*Mes idées politiques, op. cit.,* p. 284).

Ici, on le voit, Maurras se sépare à certains égards de De Maistre ou de Bonald qui croyaient, eux, au caractère fixe et transcendant de l'ordre naturel voulu par Dieu. Il prône ce qu'il appelle un « empirisme organisateur », c'est-à-dire une méthode politique et sociale qui permettrait d'associer − fût-ce au prix d'une certaine incohérence intellectuelle − nature et décisions volontaires, organisatrices.

Le concept maurrassien d' « autorité » traduit cette ambiguïté : l'autorité est naturelle, on l'a vu, mais elle accomplit, par définition, des actes d'autorité qui ajoutent quelque chose à la tradition, qui permettent d'imposer aux structures héritées des formes nouvelles, voulues par la raison. C'est ainsi que la nation, qui était chez Barrès une « race », est chez Maurras, à certains égards, un produit de la volonté, puisque ce sont « quarante rois » qui ont « fait » la France, laquelle n'est donc pas un produit de la nature brute, ni ne s'est faite toute seule. Il faut avouer que Maurras n'a pas approfondi sa réflexion sur ce paradoxe, sans doute parce que cela l'aurait conduit à remettre en cause le paradigme organiciste qui organise intuitivement sa pensée. Non philosophe, il laisse le problème en chantier.

C / La critique du « romantisme »

L'origine de la politique non naturelle menée aujourd'hui est à chercher, selon Maurras, dans les tendances littéraires et artistiques du XIXe siècle, en premier lieu le *romantisme*.

1) *L'erreur esthétique du romantisme*

Le romantisme est « un mal scintillant, non français » (mot de Barrès, cité par Weber, p. 97). C'est le grand ennemi de l'ordre naturel. Maurras ira − sans trop y croire − jusqu'à l'identifier à « Satan ».

Le principe du romantisme est le même que celui de la révolution : c'est la *liberté illimitée*. Les romantiques « ont pensé et pratiqué à faux » la liberté, car « la liberté d'invention de l'art trouve sa limite normale dans la nature des choses réelles » (*Romantisme et Révolution,* in *Œuvres capitales,* p. 44). L'artiste « n'a pas inventé les prescriptions de la technique, elles ne procèdent pas de sa volonté, mais, pour une part, de sa nature, qu'il n'a pas faite, pour une part plus vaste de la nature de l'esprit et du monde qu'il n'a pas créés » (p. 45). Le romantisme, en proclamant la liberté illimitée de la création, la voue donc par là même au néant : « Les traits qui limitent [l'artiste] sont aussi ceux qui le configurent. À les aliéner pour de la liberté, il sacrifierait plus encore que ce qu'il *a* : tout ce qu'il *est* » (*ibid.*). Les libertés sont « ennemies de l'Œuvre » (p. 47).

2) *Origines orientales, juives, germaniques, anglo-saxonnes, protestantes du romantisme*

Maurras est conscient que cette idée que la Forme et la Limite sont seules des positivités, alors que l'Infini serait un non-être, a quelque chose à voir avec la philosophie grecque. Et il soupçonne, à l'inverse, que l'idée d'une liberté illimitée, sans règles, pourrait venir spécifiquement du judéo-christianisme. C'est l' « esprit juif » qui s'opposerait à l' « esprit classique » : il y aurait là un germe étranger à l'Occident grec et latin.

« Les traditions helléno-latines en sont tout aussi innocentes que le génie catholique romain médiéval. Les pères de la Révolution sont à Genève, à Wittenberg[1], plus anciennement à Jérusalem ; ils dérivent de l'esprit juif et des variétés de christianisme indépendant qui sévirent dans les déserts orientaux ou dans la forêt germanique, aux divers ronds-points de la barbarie. La suggestion comtiste [Maurras attribue en effet cette idée à Auguste Comte] est curieusement confirmée par les révolutionnaires sagaces qui se réclament de tous les dissidents du Moyen Âge, Vaudois[2] ou Albigeois[3], venus en Occident d'Asie et d'Afrique bien avant que les Bibles de Jean Hus[4], de Wiclef[5], de Luther eussent conquis la foi des peuples du Nord et de l'Est. Mais la Gnose[6] aussi bien que l'*Évangile éternel*[7] trouva à qui parler dans les nations policées du sud et de l'ouest de l'Europe. Il en fut autrement pour le monde germanique et anglo-saxon : mal imprégné de l'humanisme catholique, l'hébraïsme le pénétra sans difficulté.

« Lisant les paroles sacrées, le Germain y devait percevoir le cri de violentes effusions sensitives analogues à celles que la civilisation avait essayé de modérer chez lui : cri d'amour et de haine, d'espérance et de désespoir, de servitude et de liberté, hystérique soupir vers l'indépendance d'une personne "se déployant à tout hasard sans autre but presque que de se satisfaire" (Guizot). Le tumulte intérieur déchaîné ! Ce biblisme sans frein emportait ou bien bouleversait tout d'abord cette discipline mentale, morale, esthétique, cette raison, ce droit, cette loi, cet ordre, ce goût qui rassemblaient tout le capital civilisateur de l'esprit classique. Contre cette "Révolution religieuse" (expression de Jaurès) apportée

---

1. Ville de Saxe où a longuement séjourné Luther et dans l'université de laquelle il a formé de nombreux cadres de la Réforme.

2. Secte hérétique fondée au XIIe siècle par Pierre Valdès à Lyon. Les Vaudois croient que la séparation des laïcs et des ecclésiastiques est illégitime. Chacun doit pouvoir lire les Écritures. Le pouvoir hiérarchique du pape, des évêques et des prêtres, le culte des saints, la messe sont rejetés. La secte ne cessera d'être persécutée par différentes « croisades » jusqu'au XVIe siècle où son sort se liera à celui des Églises protestantes. Il ne faut pas confondre cette secte avec celle dont il est question à la note suivante.

3. Nom donné aux hérétiques cathares du sud de la France, aux XIIe et XIIIe siècles. La secte cathare, adepte d'un mélange de christianisme et de néo-manichéisme, s'était répandue en Italie centrale et du Nord, en Rhénanie, en Catalogne, en Champagne et en Bourgogne, avant de prendre une grande ampleur dans le sud de la France. Elle avait peut-être pour origine les Bogomiles bulgares, d'où l'assignation par Maurras aux Albigeois d'une origine « orientale ». Il est vrai que le manichéisme lui-même a une lointaine origine perse et alexandrine.

4. Réformateur religieux tchèque (1369-1415).

5. Réformateur religieux anglais (1320-1384).

6. Mouvement religieux qui s'est développé dans l'Antiquité chrétienne en marge du christianisme officiel, mettant l'accent sur la connaissance *(gnôsis)* des mystères.

7. Un des évangiles apocryphes véhiculés par la Gnose en marge des Évangiles de l'Église officielle.

au XVIᵉ siècle par l' "homme allemand" (expression de Fichte), par Luther, la prompte réaction de nos humanistes, Ronsard et les siens, fait déjà briller sur ce point des indications lumineuses : Calvin avait dû fuir, Henri IV se convertir et la Réforme refluer hors des pays latins » (*Romantisme et Révolution, in Œuvres capitales*, p. 33).

L'esprit de « révolte » de la liberté individuelle « contre l'espèce » (c'était l'expression employée par Auguste Comte) a donc une origine « juive », mais, comme les Germains et les Anglo-Saxons sont des peuples sans maturité, des « barbares » (*Œuvres capitales*, p. 65), ils ont fait accueil à cet esprit délétère, ainsi que toute l'Europe du Nord. L'esprit « hébreu » et l'esprit « germain », ainsi, se confondent dans une même inconsistance (*Œuvres capitales*, p. 34).

La même « greffe orientale » a failli prendre sur Montesquieu et Voltaire lorsqu'ils ont voyagé en Angleterre, et elle a tout à fait pris sur le « misérable Rousseau ». Platon et Plutarque sont moins gréco-latins qu' « asiatiques », barbares et romantiques (*Œuvres capitales*, p. 87) : Maurras se livre à cet égard à des distinguos et des tris dont seront familiers le nationalisme allemand et le racisme « nordique », qui diront, par exemple, que Socrate ne peut être que « juif », et le Christ – si l'on trouve quelque chose de bon et de noble en lui – qu' « aryen »[1].

3) *La morale contre l'ordre naturel*

La perméabilité de l'Europe du Nord à l'esprit hébreu et oriental a causé la Réforme, qui devait elle-même déboucher sur la démocratie, sur le romantisme, et plus généralement sur tous les graves désordres sociaux de l'époque moderne. Car l'esprit hébreu-germain est essentiellement destructeur, dé-structurant, fatal à tout ce qui est ordre et équilibre.

Étant porteur, en effet, de « rêves de justice, de béatitude, d'égalité, de révoltes intérieures », il ne peut que déstabiliser l'ordre

---

1. Il y a cependant un fond de vérité dans l'intuition de Maurras. Le judéo-christianisme, qui comporte un principe d'infini, peut déboucher sur le fanatisme et sur l'anomie – nous avons eu de fréquentes occasions de le constater dans les pages qui précèdent. Et il est vrai que la société occidentale ne descend pas directement et uniquement de la Bible, mais de la singulière synthèse qui a été réalisée entre l'esprit biblique, la science grecque et le droit romain par la « Révolution papale » des XIᵉ-XIIIᵉ siècles. On peut soutenir que ce sont ces ingrédients gréco-romains qui ont apporté ordre, mesure et raison au christianisme. L'Église romaine a compris qu'elle devait impérativement utiliser la science grecque et le droit romain, ces accomplissements de la raison humaine, si elle voulait avoir quelque chance de réaliser le projet éthique et eschatologique de la Bible, et ce choix mûri de l'Église officielle a fait apparaître *a contrario* impies et hérétiques les projets superstitieux et violents du millénarisme. Mais Maurras témoigne de son ignorance lorsqu'il prétend que cette démarche modérée serait propre à l'Europe latine et étrangère au protestantisme, à l'Europe germanique, à l'Europe et à l'Amérique anglo-saxonnes.

naturel, mettre sens dessus-dessous les hiérarchies naturelles (ne tend-il pas systématiquement à « donner la parole, entre les hommes, à l'ignorant, entre les peuples, au peuple en retard » ?). Or les lois de la nature, quoi qu'on veuille et quoi qu'on rêve, s'imposent et doivent prévaloir.

La vie de la nation, par exemple, est « un cas de nécessité ». Or « le cas de nécessité n'est pas un cas de moralité... Une autre loi, une loi *suprême* ou *extrême,* intervient alors, et c'est d'elle que dépend la casuistique du stratagème » (*Dictionnaire politique et critique,* cité par Colette Capitan Peter, p. 16). Paul Bourget dit plus crûment, à propos de l'affaire Dreyfus : « La Justice ? Eh bien, je m'en moque, de la Justice ! » (cité par Weber, p. 45).

Ainsi, partant de l'affirmation du primat de l'ordre naturel et de la condamnation de l'esprit juif-germain comme principe d'illimitation et de désordre, Maurras aboutit à rejeter les idées mêmes de morale et de justice (alors que, nous le savons, l'ordre naturel antique païen était, lui, la source d'une solide morale humaniste)[1]. Il condamne toute morale du type de celle de Kant basée sur la responsabilité individuelle et sur l'affirmation que l'homme est capable de lutter contre les fatalités naturelles. Or, nous le savons, le kantisme est un des piliers de l'idéologie républicaine.

D / Le « classicisme »

Face au désordre juif-germain-romantique, Maurras prône un « classicisme » fondé sur l'hellénisme, la latinité, l'esprit français. C'est un idéal d'ordre et équilibre, référé explicitement à Aristote, mais que la France représente aujourd'hui comme Athènes le représentait au Ve siècle avant Jésus-Christ (*Trois idées politiques,* in *Œuvres capitales,* p. 65).

1) Le classicisme français

L'esprit français a substitué le « procédé logique » au « procédé intuitif » abandonné aux animaux et aux barbares.

Pour saisir ce qu'est cet esprit français, il suffit de lire l'*Histoire littéraire de la France* des Bénédictins, modèle d'équilibre, de clarté, d'ordre, et de la comparer au style « vagissant » d'un autre historien, républicain celui-là, Michelet. Les œuvres bénédictines « offrent, page par page et même phrase à phrase, sans par-

---

1. Cf., dans *HIPAMA,* les chapitres sur Aristote, Cicéron, le droit romain, saint Thomas d'Aquin... Le paradigme naturaliste, chez Maurras comme bientôt chez les nazis, ne débouche sur aucun « droit naturel », mais sur un pur et simple nihilisme moral.

ler des nobles qualités de la langue, un caractère si rationnel, un style si parfait et si vigoureux, un si vif sentiment de l'universelle ordonnance, une si sereine force d'esprit que la comparaison ne peut tourner qu'à la honte de Michelet. Bien penser, induire et déduire avec suite, sauve des agitations de l'envie, de la peur et de l'aversion. Les bonheurs d'expression, les couleurs vives, les vues perçantes de Michelet ne peuvent tenir la place de la raison. Ses avantages naturels ne font que le livrer à plus de caprices : brut, amorphe, enfantin, il vagit quand les autres parlent » (*Trois idées politiques,* in *Œuvres capitales,* p. 70-71). Sainte-Beuve, de même, est le modèle de l'esprit classique, parce qu'il est analytique et que chez lui la raison domine les passions, y compris la curiosité (*Œuvres capitales,* p. 80).

Le classicisme se forme par les études classiques, dont un modèle est l'enseignement de la théologie (considérée indépendamment de la foi) :

« Il ne s'agit pas [de la foi], mais des vertus pédagogiques de la théologie dans le catholicisme. À la différence de la théologie protestante, son caractère est de former une synthèse où tout est lié, réglé, coordonné depuis des siècles, par les plus subtils et les plus vastes esprits humains, en sorte qu'on peut dire qu'elle enferme, définit, distribue et classe tout. Point de discussion inutile : tout aboutit. Les doutes se résolvent en affirmations ; les analyses, si loin qu'on les pousse, en reconstitutions brillantes et complètes. Voilà pour de jeunes esprits la préparation désirable. Ils pourront changer plus tard au dogme ce qu'ils voudront et, s'il leur plaît, se faire bouddhistes ou parsis. L'essentiel est qu'ils aient éprouvé les effets d'une discipline aussi forte. Ils réussiront de la sorte à marquer les éléments multiples d'une notion, et (comme répondait Mgr d'Huslt à un député radical qui riait de ses *distinguos*) ils oseront "distinguer pour ne pas confondre". Ils seront exercés à juger de sang-froid et à raisonner avec suite. On les aura introduits à l'art de penser » (*Trois idées politiques,* in *Œuvres capitales,* p. 93),

ce que ne fait pas la philosophie universitaire (la classe de philosophie des lycées), où l'on enseigne seulement la morale (« et quelle morale ! celle de Kant »).

2) *Le catholicisme romain*
comme principe d'ordre et de médiation

Dès lors que Maurras a la haine de la « pensée hébraïque » et des « rêves de révolte et de justice » qu'elle porte en elle, que peut-il bien apprécier dans le catholicisme ? Précisément tout ce qui en lui n'est ni hébraïque ni chrétien, mais... aristotélicien et romain. L'ajout d'éléments gréco-romains au christianisme au Moyen Âge par l'Église romaine – l'aristotélisme de saint Thomas, le droit canonique, le droit public papal inspiré du droit impérial romain... –, objet de la ire des réformateurs, est précisément ce à quoi Maurras applaudit.

« Dans l'ère moderne, la philosophie catholique se modèle de préférence sur Aristote ; la politique catholique s'approprie les méthodes de la politique romaine. Tel est le caractère de la tradition classique. L'esprit classique, c'est proprement l'essence des doctrines de la haute humanité. C'est un esprit d'autorité et de tradition » (*Œuvres capitales,* p. 87)[1].

C'est parce qu'elle était armée de cet esprit aristotélicien-romain que l'Église catholique a su résister avec succès à « la barbarie judéo-chrétienne ». Elle a, en fait, interprété la Bible à travers le prisme de l'esprit classique. « D'intelligentes destinées ont fait que les peuples policés du sud de l'Europe n'ont guère connu ces *turbulentes écritures orientales* qu'extraites, composées, expliquées par l'Église » (*ibid.,* n.s.).

« Je n'abandonnerai pas la suite éclairée des Pères, des Conciles et des Papes, et de tous les grands hommes de l'élite moderne, pour faire confiance aux *écritures de quatre Juifs obscurs* » (cité par Weber, p. 24-25, n.s.).

Maurras ne connaît « d'autre Jésus que celui de notre tradition catholique », et c'est pourquoi son Jésus à lui n'est pas le même que celui qui a été appelé à l'aide par le Désordre, c'est-à-dire par les réformateurs sociaux de l'époque romantique. Le catholicisme a même réussi ce tour de force de « classiciser » l'idée même de Dieu en la *médiatisant :*

« Le mérite et l'honneur du catholicisme furent d'*organiser l'idée de Dieu* et de lui ôter [le] vénin [du déisme ou foi directe de l'individu en Dieu]. *Sur le chemin qui mène à Dieu, le catholique trouve des légions d'intermédiaires :* il en est de terrestres et de surnaturels, mais la chaîne des uns aux autres est continue » (*Trois idées politiques,* in *Œuvres capitales,* p. 89, n.s.).

Dans le catholicisme, seul le pape a un contact direct avec Dieu ; pour tous les autres croyants, ce contact est médiatisé par toute la hiérarchie. De ce caractère du catholicisme, que les Protestants rejet-

---

1. Il faut donc considérer comme des trompe-l'œil le romanisme de la Révolution française, son goût pour l'antique, le vocabulaire politique romain qu'elle a employé (consulat, tribunat, sénat...). La Révolution est romantique, non classique. Il est clair que Maurras n'a pas lu non plus les révolutionnaires anglais et américains férus de lettres classiques, en particulier les républicains comme Harrington (cf. *supra,* p. 274 sq. et 379 sq.), enflammés d'enthousiasme, nous l'avons vu, pour le civisme antique en général et latin en particulier, passionnés par l'humanisme italien, et rejetant avec dépit, certes, les « violentes effusions sensitives » censées venir des « forêts germaniques » et des autres « ronds-points de la barbarie ». Qu'on puisse dire, comme nous l'avons fait tout au long de cet ouvrage, que la tradition démocratique et libérale est sans doute le fruit le plus évolué et raffiné du « classicisme » que Maurras dit aimer par-dessus tout, aurait surpris l'auteur de *L'Avenir de l'intelligence :* où l'on voit que nombre de clivages politiques apparemment inexpiables peuvent être dus simplement, en réalité, au compartimentage des cultures nationales et à une érudition lacunaire.

tent comme idolâtrique, Maurras fait la principale qualité de cette religion. Dans le système catholique, le pape seul peut « divaguer » et donner cours à un esprit de « fantaisie » – ainsi Maurras qualifie-t-il la prophétie –, tout le reste est *tenu en ordre.*

« Le Dieu catholique garde immuablement cette noble figure que lui a dessinée la haute humanité. Les insensés, les vils, enchaînés par le dogme, ne sont point libres de se choisir un maître de leur façon et de leur image. Celui-ci reste supérieur à ceux qui le prient » (*Œuvres capitales,* p. 90).

3) *Catholicisme et positivisme*

D'où le fait qu'une alliance aurait été parfaitement possible entre les « classiques » des Temps modernes, c'est-à-dire les positivistes, et le catholicisme :

« La dernière année de sa vie (1857), Auguste Comte députa l'un de ses disciples, Alfred Sabatier, au Gesu[1] de Rome pour y négocier [...] une alliance entre le positivisme et l'Institut des Jésuites contre le déisme, le protestantisme et les autres formes de l'anarchie moderne "qui entretiennent la société dans un état permanent de fermentation". [...] Les interlocuteurs se séparèrent [...] sur ces mots d'Alfred Sabatier : "Quand les orages politiques de l'avenir manifesteront toute l'intensité de la crise moderne, vous trouverez les jeunes positivistes prêts à se faire tuer pour vous comme vous êtes prêts à vous laisser massacrer pour Dieu." Les choses ont marché depuis 1857 [...]. Ces "orages politiques de l'avenir" dont parlait Alfred Sabatier sont devenus comme présents, et la crise intellectuelle semble plus forte de jour en jour. Celle-ci aura bientôt fait de déclasser les "libres-penseurs" et les "incroyants" pour les répartir en esprits anarchiques et esprits politiques, en *barbares* et en *citoyens.* [...] "Athées" positivistes et catholiques théologiens ont là-dessus, au temporel comme au spirituel, de profonds intérêts communs, les intérêts de la tradition et du monde civilisé, menacés d'une dilapidation soudaine en même temps que d'une dégénérescence insensible. S'ils se distribuaient entre ces deux systèmes, l'un et l'autre énergiquement ordonnés, les défenseurs du genre humain auraient vite raison de leur adversaire, l'esprit de l'anarchie mystique. C'est contre cet esprit, ennemi-né des groupements nationaux aussi bien que des combinaisons rationnelles, que les deux Frances peuvent se réunir encore. Si elles ne parviennent pas à tomber d'accord de ce qui est vrai, il leur reste à s'entendre sur le bon et l'utile. Je ne prétends point que cela arrive nécessairement ; mais si cela n'arrive pas, nous sommes perdus » (*Trois idées politiques,* Note VII : « Rencontre des athées et des catholiques », in *Œuvres capitales,* p. 96).

L'évêque de Nice, Mgr Ricard, était décidément clairvoyant quand il concluait que Maurras voulait « déchristianiser le catholicisme ».

---

1. Siège de la Compagnie de Jésus.

E / *Critique de la démocratie libérale*

Les grandes options philosophiques qui précèdent déterminent une critique réglée, minutieuse, radicale de tous les aspects de la démocratie libérale (désignée sous ce terme même) et du capitalisme, perçu à la fois comme protestant, anglo-saxon et juif. La démocratie libérale et le capitalisme sont les politiques antinaturelles par excellence.

Les principes de la Révolution sont attaqués un à un[1]. La *liberté* a produit la *désorganisation*, l'*égalité* la transformation de l'humanité en *troupeau* (soumis aux tracasseries de la *bureaucratie*), la *fraternité* a engendré la *guerre civile* (car elle était entendue comme une fraternité cosmopolite, ayant pour contrepartie la haine contre le compatriote adversaire politique). De tout ceci a résulté une « triple anarchie » (*Œuvres capitales*, p. 52-54).

1) *La liberté comme principe de « désorganisation »*

La liberté n'est pas un mal en soi. Mais elle n'est bonne qu'appliquée à des groupes, à des corps, dirigés par une autorité et des élites. Quand elle descend au niveau individuel et qu'elle est généralisée, elle devient facteur de désordre.

« La liberté *d'un État* le rend indépendant de ses voisins, mais elle le soumet aux lois tutélaires de la force, du travail fructueux, de la justice et de la paix à l'intérieur. La liberté *des compagnies, corps et groupes distincts* qui le composent, consiste à rester maître de leurs règlements : cela ne peut pas être la liberté de se décomposer par des luttes internes. Enfin, la liberté des citoyens, suivant leurs conditions diverses et dans leurs services variés, propose à chacun d'eux le régime qui sied à ce qu'il veut et doit faire : incapable de les autoriser à se débander sans contrôle, elle est la faculté de s'assembler contre les forces de mort, la faculté de se défendre contre les puissances de dispersion.

« Par contre[2], la liberté politique des révolutionnaires *jette sans distinction un appel uniforme à la libération générale de tous les éléments, supposés pareils et égaux, États, Compagnies ou personnes, sans tenir compte de leurs fonctions différentes*. Le niveau de cette liberté indéterminée a dû être placé si bas que les hommes n'y sont plus désignés que par le titre d'un caractère qu'ils ont en commun avec les plantes et les animaux : l'individualité. Liberté individuelle, individualisme social, tel est le vocabulaire de ces doctrines de progrès. Il est bien ironique ! Car enfin un chien et un âne sont des individus, une pousse d'avoine est un

---

1. Cette critique est traditionnelle dans le camp contre-révolutionnaire. Cf. *supra* le chapitre sur La Tour du Pin.

2. Maurras va ici redécouvrir l'argumentation de Hegel contre la « liberté subjective » et ses conséquences fatales pour l'ordre social (cf. *supra*, p. 727).

individu. Comme il est naturel, la cohue des "individus" désorganisés admettra volontiers de l'esprit révolutionnaire ses promesses brillantes de puissance et de félicité : mais, si la foule y croit, la raison les conteste, et l'expérience se charge de les démentir. La raison prévoit que la vie générale s'abaissera quand l'individu effréné verra patronner par l'État sa funèbre liberté de ne penser qu'à soi et de ne vivre que pour soi » (*Œuvres capitales,* p. 48-49).

2) *Absurdité des élections*

S'il en est ainsi, les élections démocratiques, dont la structure même revient à reconnaître comme normal que chacun puisse avoir une opinion personnelle, sont un procédé absurde.

« Il n'est pas rationnel, il est contradictoire que l'État fondé pour établir l'unité entre les hommes, unité dans le temps (la continuité), unité dans l'espace (l'accord), soit *légalement constitué par les compétitions et les divisions des partis, qui sont essentiellement diviseuses* » (*Œuvres capitales,* p. 51, n.s.)[1].

La démocratie élective, c'est le droit pour tous de *douter,* alors que ce qu'il faut, dans une société bien policée, c'est une *connaissance éclairée au sommet,* une *confiance totale à la base* (et de doute nulle part, nous le savons, à l'exemple de la théologie catholique).

Donc les élections sont méprisables. « [Pour les nationalistes intégraux], l'expression de la *vox populi,* loin d'être celle de Dieu, n'avait ni attrait ni prestige. L'activité parlementaire leur semblait vulgaire et confuse, n'ayant pour résultat que de créer le chaos administratif. La propagande électorale faisait partie, de même, du vaste processus de l'abrutissement démocratique » (Weber, p. 149).

En définitive, toutes ces conceptions libérales et démocratiques qui veulent concilier ordre social et liberté individuelle veulent une chose impossible. Cela revient « au carré circulaire et au cercle carré » (*Œuvres capitales,* p. 51).

Il faut parler d'une véritable « anarchie démocratique et libérale » (*Œuvres capitales,* p. 86). Maurras évoque (à propos de Chateaubriand) « un libéral ou, ce qui revient au même, un anarchiste ». Il n'y a que des « désaccords de méthode » entre Jules Simon et Ravachol ! (*Œuvres capitales,* p. 91). À cette « anarchie » et à cette « barbarie », à la propagande de la démocratie « pour désorganiser », on opposera la « propagande de l'ordre » (*Œuvres capitales,* p. 54)[2].

---

1. On aura noté l'affirmation de nature épistémologique : un *ordre par le pluralisme* est une pure impossibilité logique.
2. « Dans des temps comme les nôtres, l'ordre est aussi un idéal, plus fort et plus exaltant que la liberté », s'écrie de son côté Jacques Bainville (cité par Weber, p. 289).

F / *Critique du capitalisme*

La liberté individuelle apportée par les réformes politiques de la Révolution se traduit, économiquement, par le *capitalisme*, que Maurras va donc critiquer. Mais il ne fait preuve à cet égard d'aucune originalité.

En fait, on a pu dire que, tant en raison de sa formation intellectuelle (humaniste et littéraire) que pour les raisons sociales évoquées plus haut (le fait que ni lui ni ses proches partisans n'aient de liens ni avec les milieux populaires, ouvriers ou paysans, ni avec les milieux d'affaires), il ne s'est jamais intéressé vraiment aux questions économiques et sociales.

Il se contente de rappeler les grands articles du *credo* économique contre-révolutionnaire élaboré depuis le XIXᵉ siècle.

1) *Le règne de l'Or*

La démocratie libérale a fait que la patrie, privée de la protection d'une direction nationale forte, a subi le même sort que l'ensemble du monde moderne : elle a été mise sous la domination de l'Or.

« Quelques centaines de familles sont devenues les maîtresses de la planète. [...] De l'autorité des princes de notre race, nous avons passé sous la verge des marchands d'or, qui sont d'une autre chair que nous, c'est-à-dire d'une autre langue et d'une autre pensée. Cet Or est sans doute une représentation de la Force, mais dépourvue de la signature du fort. On peut assassiner le puissant qui abuse : l'Or échappe à la désignation et à la vengeance. Ténu et volatil, il est impersonnel. Son règne est indifféremment celui d'un ami ou d'un ennemi, d'un national ou d'un étranger. Sans que rien le trahisse, il sert également Paris, Berlin ou Jérusalem. Cette domination, la plus absolue, la moins responsable de toutes, est pourtant celle qui prévaut dans les pays qui se déclarent avancés » (*L'Avenir de l'intelligence,* in *Œuvres capitales,* p. 102).

L'or est contre la nation. L'or est divisible et diviseur. L'intelligence devra donc, au plus vite, « trancher entre l'Usurier et le Prince, entre la Finance et l'Epée ». « L'intérêt de la pensée est de se rattacher à une patrie libre, que pourra seule maintenir l'héréditaire vertu du Sang. »

2) *L'antisémitisme*

De là, on passe tout naturellement à l'antisémitisme. Car si le libéralisme est protestant et anglo-saxon, il est plus encore universaliste et cosmopolite, donc juif (c'étaient les juifs que Drumont[1] visait

---

1. Auteur de *La France juive*, 1890.

en parlant de « la richesse anonyme et vagabonde »), et le procès engagé tout à l'heure contre l' « esprit hébreu » se prolonge en procès sociopolitique.

Les camelots s'attaquent à des professeurs juifs. Les dirigeants de l'Action française couvrent l'antisémitisme populaire[1]. L'Action française et l'extrême gauche se liguent pour dénoncer en 1911 la pièce d'un auteur dramatique nommé Bernstein, qualifié de « Juif déserteur » : la pièce est retirée à la demande discrète du gouvernement. Les militants d'Action française rencontrent dans les prisons et postes de police républicains des syndicalistes et anarchistes tout autant antisémites qu'eux, puisque, pour eux, le Juif, c'est le banquier, l'usurier, le capitaliste. Selon Weber, l'antisémitisme des milieux d'Action française aurait été la source directe des mesures antisémites de Vichy.

3) Le marxisme est un prolongement de la démocratie libérale

Maurras soutient que le communisme est la suite directe de l'anarchie démocrate-libérale. Une fois défait l'ordre naturel, les masses sont livrées aux révolutionnaires. Le communisme, le socialisme, la démocratie libérale sont homologues en ce que, tous trois, ils sont égalitaires. « Du radicalisme au communisme, différences faibles ou nulles » (*Mes idées politiques*, p. 239), si ce n'est que les communistes établissent des despotismes auprès desquels « celui d'Élagabal était un paradis » (*La Politique naturelle*, in *Œuvres capitales*, p. 206)[2].

4) Un socialisme nationaliste ?

Ceci étant, tout n'est pas à condamner pour Maurras dans le socialisme, qui a, après tout, le même ennemi que celui de la « politique naturelle », à savoir le capitalisme. Il s'agit donc de recenser différences et similitudes. Les traits du socialisme que Maurras ne peut accepter, c'est l'égalitarisme, le fait que le principe de l'autorité réside dans la masse, ainsi que l'internationalisme. En revanche, un socialisme qui serait « libéré de ses éléments démocratiques et cosmopolitiques » pourrait fort bien, dit-il, « prendre des développements utiles » (*La Politique naturelle*, in *Œuvres capitales*, p. 222).

---

1. « Daudet croyait savoir ce qui secouerait l'apathie de la classe ouvrière : l'antisémitisme. "Donnez-nous le Roi, nous vous abandonnerons les Juifs!" » (Weber, p. 90).

2. À l'époque de ce texte (1937), Maurras est pleinement informé des réalités du bolchevisme et du stalinisme.

Maurras se rattache ainsi, même de loin, à toute une famille d'hommes politiques français de l'avant-première guerre mondiale et de l'entre-deux-guerres qui ne vont cesser d'osciller entre extrême droite et extrême gauche parce que, s'ils rejettent sans ambiguïté la démocratie libérale et le capitalisme, et s'ils sont le plus souvent antisémites, ils hésitent quant aux solutions à donner à des problèmes tels que celui de l'internationalisme, ou de la lutte des classes, ou de la propriété privée, ou de la planification de l'économie. Ce courant va de Georges Sorel, auteur des *Réflexions sur la violence* (1908), théoricien du syndicalisme révolutionnaire, que Maurras fréquente et apprécie[1], aux hommes qui comme Marcel Déat[2], Jacques Doriot[3] (et Mussolini lui-même, ou Henri de Man) sont passés du socialisme au fascisme[4].

Arrêtons-nous sur le cas d'un homme qui a longtemps été un collaborateur de Maurras au sein de l'Action française, *Georges Valois*. C'est par l'intermédiaire de Valois que Maurras, avant la Première Guerre mondiale, s'était rapproché de Georges Sorel. L'Action française publia en 1910 des articles de Sorel, qui s'était détourné du socialisme qu'il accusait d'embourgeoisement et de parlementarisme. Une revue, *La Cité française,* fut projetée, une autre, *L'Indépendance,* créée en 1911 pour permettre aux nationalistes et aux syndicalistes de s'exprimer ensemble. Sorel en fut le collaborateur le plus actif, « un Sorel patriote, nationaliste, antisémite, comparant les combats de la France contre les Juifs à la lutte de l'Amérique contre le Péril jaune » (Weber). Puis fut institué, par Maurras et Valois notamment, un « Cercle Proudhon » (avec publication des *Cahiers du Cercle Proudhon*), dont le programme portait : « La démocratie est la plus grande erreur du siècle passé, l'ennemie à la fois de la culture et de la productivité » (cité par Weber, p. 94.). Drieu la Rochelle a parlé plus tard du « climat fasciste » qui régnait avant 1914 dans ces milieux se disant « royalistes-syndicalistes », « nationalistes » et « socialistes », ennemis à la fois du capitalisme et du socialisme parlementaire. Leur *credo* est formulé comme suit par l'un d'eux, Maxime Brienne : « Le vieux conflit, soigneusement prolongé et limité par les partis, d'un patriotisme trop sentimental, inopérant, naïf, où le conservatisme cachait son ignorance, et l'incurable égoïsme de la Sociale grasse, décorant un matérialisme utilitaire et grossier ; tout cela, vieilleries bourgeoises ou rengaines avan-

---

1. Ce qui provoquera en 1911 le départ de l'Action française de La Tour du Pin, qui avait adhéré à la Ligue au moment de sa fondation, en 1905.
2. Marcel Déat (1894-1955), agrégé de philosophie, député socialiste en 1932, « dauphin » de Léon Blum, quitte la SFIO peu après. Ministre de l'Air en 1936 (avant le Front populaire), il se montre partisan d'un compromis avec l'Allemagne (il est l'auteur du fameux article « Mourir pour Dantzig ? », paru dans *L'Œuvre*, journal dont Déat devient directeur après 1940). Après la défaite, il crée le parti fascisant et collaborateur « Rassemblement national populaire ». Il entrera au gouvernement de Vichy dans la dernière période du régime.
3. Jacques Doriot (1898-1945), ouvrier métallurgiste, cadre du Parti communiste français et secrétaire général de la Jeunesse communiste, devient fasciste et fonde le Parti populaire français (PPF) en 1936. Il collaborera pendant la guerre et créera la Légion des volontaires français contre le bolchevisme (LVF).
4. Sur ces va-et-vient, cf. Zeev Sternhell, *La droite révolutionnaire 1885-1914. Les origines françaises du fascisme,* Seuil, 1978 ; *Ni droite ni gauche, l'idéologie fasciste en France,* Seuil, 1983, Complexe, 1987.

cées, à faire taire, à disperser ; le rapprochement du syndicalisme laborieux et pratique et du nationalisme vivant, réaliste, qui fonderait une France solide, sainement détachée et délivrée de cette mystification ploutocratique : le suffrage universel » (cité par Weber, p. 95). Sorel sera un admirateur de Lénine, puis de Mussolini. Quand le fascisme triomphera en Italie, les anciens du cercle Proudhon revendiqueront d'avoir été les premiers « fascistes » et « nationaux-socialistes » dès avant-guerre.

Sorel et Maurras, cependant, ne pouvaient s'entendre durablement. Sorel croyait que l'Église et la Monarchie, qu'il approuvait certes de pencher en faveur d'un ordre autoritaire, étaient des institutions périmées. Maurras, de son côté, se méfiait du syndicalisme révolutionnaire de Sorel. En 1920, Georges Valois créa donc la « Confédération de l'Intelligence et de la Production française » (CIPF), qui entendait rapprocher patrons et ouvriers au sein des corporations. Il obtint le soutien de certains patrons que l'agitation sociale inquiétait. À cette date, on pouvait escompter que le projet séduirait aussi la classe ouvrière si l'alliance corporative permettait l'augmentation générale de la prospérité. Valois donna des prolongements politiques à ce corporatisme. Il milita pour une représentation corporative du corps social, pour des « États généraux » qui représenteraient non des individus, mais « les solides réalités de la société française », c'est-à-dire « les familles, les provinces, les grandes corporations, les grands corps de l'État, l'Église ». En effet, ces États généraux ne seraient pas simplement « le parlement des commerces et des métiers » : « Nous ne sommes pas simplement les hommes d'une profession, nous sommes les chefs ou les membres de familles, les fils de nos provinces, nous observons une doctrine morale ou nous suivons les préceptes d'une Église. » D'où la présence ès qualités des corps correspondants dans les États. La société n'est pas un amas informe d'individus, elle est structurée de façon hiérarchique, du chef de famille au chef de l'État ; à chaque niveau, une « élite » dirige, et c'est elle qui est représentée dans l'assemblée politique.

Georges Valois put constater cependant que le patronat commençait à se défier d'un homme qui proposait aux communistes de « faire avec eux la Révolution ». Il songea à mener une politique plus activiste avec l'aide de ses anciens camarades de tranchées, à l'exemple de l'aventure mussolinienne. Mais, pour cela, il lui fallait se démarquer des royalistes afin de recruter plus largement. Il fonda donc en 1925 son propre mouvement, autour d'un journal, le *Nouveau Siècle*. « La nation, sous un seul chef, devrait abandonner ses divisions périmées pour s'organiser en familles, provinces et métiers ; la foi religieuse devait ne dépendre que d'elle-même ; et la justice sociale être établie » (Weber, p. 239). Valois était encore soutenu à cette date par l'Action française, que, de son côté, il ménageait. Néanmoins, après avoir formé des Légions d'anciens combattants « pour la politique de la Victoire », il finit par créer, le 11 novembre 1925, un parti ouvertement fasciste, *Le Faisceau*. À partir de cette date, les rapports entre les deux organisations se distendirent puis s'aigrirent (de violents pugilats eurent même lieu entre « Chemises bleues » de Valois et Camelots).

Le parti de Valois dépérit après un an ; le *Nouveau Siècle* cessa de paraître en 1928. Les idées corporatistes continuèrent de vivoter dans ou par diverses organisations, jusqu'à l'époque du régime de Vichy où elles s'incarnèrent dans la Charte du Travail (en attendant, elles avaient inspiré un certain nombre de dispositions législatives comme la loi sur la presse de 1935 : le corporatisme était dans l'air du temps). Valois, de son côté, continua à publier des journaux, à écrire et à éditer des livres. Il se rapprocha peu à peu des socialistes (il publiera Blum), jugeant que les méthodes politiques et autoritaires du fascisme étaient vaines et qu'il fallait changer les infrastructures économiques. Il sera arrêté pendant la guerre pour « gaullisme » et mourra en Allemagne.

III — LE PROGRAMME POLITIQUE DE MAURRAS

A / « *Politique d'abord* »

Maurras, lui, s'intéresse par priorité à la politique et propose le fameux slogan « politique d'abord ». Cette formule a une double signification :

1) *La prise du pouvoir politique constitue la première urgence.* Le reste des réformes viendra après. Les structures économiques et sociales seront modifiées par l'action politique.

2) *La politique l'emporte sur la morale.* Maurras, en effet, conformément aux options philosophiques étudiées plus haut, adopte la position de Machiavel consistant à *séparer radicalement la politique de la morale.*

Il y a des lois *spécifiques à la politique,* que l'on peut et que l'on doit connaître et appliquer. « La politique n'est pas la morale », car « la conscience humaine poursuit des fins spirituelles, elle cherche le salut individuel », alors que « la politique, qui s'en tient au temporel, s'intéresse à la vie prospère des communautés ». Étant donné les « lois naturelles » qui régissent les « groupes naturels que forment les hommes », la science politique « trace et éclaire la conduite des politiques à peu près comme la physiologie, la pathologie et la thérapeutique inspirent et dirigent la conduite des médecins » (*Mes idées politiques,* p. 179). En ce sens, la morale n'a rien à voir dans l'affaire et elle ne peut, au contraire, qu'égarer les politiques : « L'infaillible moyen d'égarer quiconque s'aventure dans l'activité politique, c'est d'évoquer inopinément le concept de la pure morale, au moment où il doit étudier les rapports des faits et leurs combinaisons. La morale se superpose aux volontés ; or la société ne sort pas d'un contrat de volontés, mais d'un fait de nature » (*Mes idées politiques,* p. 180). Politique et morale appartiennent à deux « sphères » qui ne se recoupent pas. « Scipion s'impose par la douceur ; or, il est *moralement* très bon d'être doux. Annibal s'impose par la terreur ; or il est *moralement* très mauvais de semer l'effroi. Mais ce n'est pas en tant que puissances morales que la terreur ici et, là, la douceur ont agi. [...] La tendresse et la dureté, la douceur et la violence, avant d'être des forces morales, sont des forces, et c'est en tant que forces qu'elles agissent en politique, heureuses ou malheureuses suivant le degré, l'instant, ou le lieu de l'application. [...] Ce domaine de la fortune politique est soumis à des lois particulières et spécifiques » (*Mes idées politiques,* p. 181).

B / Le nationalisme intégral

Or les lois de la politique conduisent à adopter aujourd'hui en France le *nationalisme intégral* – nonobstant les protestations des belles âmes, des dreyfusistes et autres cosmopolites kantiens.

1) Le patriotisme, fait de nature

La patrie est un fait de nature ; elle l'emporte sur la volonté des individus qui la composent, ainsi que sur les principes moraux qui commandent cette volonté. Elle est une valeur en soi.

> « La patrie est une *société naturelle* ou, ce qui revient absolument au même, *historique*. Son caractère décisif est la naissance. On ne choisit pas plus sa patrie – *la terre de ses pères* – que l'on ne choisit son père et sa mère. On naît Français *par le hasard de la naissance,* comme on peut naître Montmorency ou Bourbon. C'est avant tout un phénomène d'hérédité » (*Mes idées politiques*, p. 278).

Il n'y a donc rien de volontariste, d'artificiel dans cette société :

> « Les Français nous sont amis parce qu'ils sont Français, ils ne sont pas Français parce que nous les avons élus pour nos amis. [...] La France n'est pas *une réunion d'individus qui votent,* mais *un corps de familles qui vivent* » (*Mes idées politiques*, p. 278-279).

Le *nationalisme,* c'est la préférence systématique accordée en politique à ce corps.

Le nationalisme n'est pas de l'égoïsme, puisqu'il ne s'agit pas d'*ego* mais de *nous.* « Celui qui sert sa patrie ne se sert pas, lui. Il se dévoue à autre chose que lui » (*Mes idées politiques,* p. 280). Partant, il est normal et bon, et non pas égoïste, d'aimer ses proches plus que des Chinois ou des Tibétains. L'amour du proche et la préférence accordée au proche sur le lointain sont naturels.

Ce corps est au-dessus de la morale, comme l'est la vie elle-même.

> « Certes, il faut que la patrie se conduise justement. Mais ce n'est pas le problème de sa conduite, de son mouvement, de son action qui se pose quand il s'agit d'envisager ou de pratiquer le patriotisme, c'est la question de son être même, c'est le problème de sa vie ou de sa mort. Pour être juste (ou injuste), il faut tout d'abord que [la patrie] soit » (*Mes idées politiques,* p. 279).

Donc on ne saurait défendre la justice *au péril de la patrie* – nous retrouvons le plaidoyer pour l'immoralisme que nous avons déjà rencontré plusieurs fois :

> « Votre Patrie peut commettre de grandes fautes : vous commencerez par la défendre, par la tenir en sécurité et en liberté. La justice n'y perdra rien, la première condition d'une patrie juste, comme de toute patrie, étant d'exister, la

seconde étant d'ailleurs de posséder cette indépendance de mouvement et cette liberté de l'action volontaire sans laquelle la justice n'est plus qu'un rêve » (*Mes idées politiques*, p. 280).

Comme disent les Anglais, *my country, right or wrong*. D'où la position de Maurras dans l'affaire Dreyfus.

2) *La divinisation de la patrie*

Maurras, comme Barrès, fait de la patrie une réalité sacrée. « La nation occupe le sommet de la hiérarchie des idées politiques », et l'on peut parler d'une « déesse France », comme les Allemands déifient l'Allemagne (*Mes idées politiques*, p. 281).

« "Nationalisme" s'applique, plutôt qu'à la Terre des Pères, aux Pères eux-mêmes, à leur sang et à leurs œuvres, à leur héritage moral et spirituel, plus encore que matériel. Le nationalisme est la sauvegarde due à tous ces trésors qui peuvent être menacés sans qu'aucune armée étrangère ait passé la frontière, sans que le territoire soit physiquement envahi. Il défend la nation contre l'Étranger de l'intérieur » (*Mes idées politiques*, p. 286).

La nation, en outre, est immortelle ; croire en elle, c'est être vacciné contre tout désespoir possible, ce désespoir même auquel conduit l'individualisme romantique :

« Je comprends qu'un être isolé, n'ayant qu'un cerveau et qu'un cœur, qui s'épuisent avec une misérable vitesse, se décourage et, tôt ou tard, désespère du lendemain. Mais une race, une nation sont des substances sensiblement immortelles ! Elles disposent d'une réserve inépuisable de pensées, de cœurs et de corps. Une espérance collective ne peut donc pas être domptée. Chaque touffe tranchée reverdit plus forte et plus belle. Tout désespoir en politique est une sottise absolue » (*L'Avenir de l'intelligence*, in *Œuvres capitales*, p. 105).

3) *Un nationalisme « intégral »*

Un nationalisme, donc, mais pour quelle raison « intégral » ? L'expression se comprend par opposition avec le patriotisme des républicains, qui est incomplet, puisque les républicains, qui disent vouloir relever la patrie, ne s'en donnent pas les moyens. Le nationalisme de Maurras sacrifiera *tout* à la nation. L'exemple vient de loin :

« J'ai vu sur l'Acropole, jonchant la terrasse où s'élève la façade orientale du Parthénon, les débris du petit temple que les Romains, maîtres du monde, avaient élevé en ce lieu à la déesse Rome, et j'avoue que la première idée de cet édifice m'avait paru comme une espèce de profanation. En y songeant mieux, j'ai trouvé que ce sacrilège avait son audace sublime. À la beauté la plus parfaite,

au droit le plus sacré, Rome savait préférer le salut de Rome, la gloire des armes
romaines et, non content de l'en absoudre, le genre humain ne cesse de lui en
marquer sa reconnaissance. L'Angleterre contemporaine a donné des exemples
de la même implacable vertu antique. Le nationalisme français tend à susciter
parmi nous une égale religion de la déesse France » *(Mes idées politiques,* p. 297).

C / *La monarchie*

Nous en venons au programme politique proprement dit de
Maurras, le *rétablissement de la monarchie.*

Notons bien que le royalisme est la doctrine que se cherche le
nationalisme, il n'est pas initial. C'est une solution possible – la seule
possible il est vrai – à un problème qui se pose par lui-même, la
survie de la nation (Barrès est d'un avis différent, puisqu'il demeure
républicain). Le royalisme est l' « habit de lumière » du nationalisme
intégral, grâce à lui le nationalisme prendra chair et visage. Mais,
sous cette apparence, c'est le nationalisme qui reste essentiel.

Le régime monarchique est le meilleur parce qu'il est naturel et
« instinctif ». Il donne à la nation ce dont tout homme a un besoin
naturel, un *père.*

« Au commencement de la royauté nationale, par-delà le phénomène de
protection et de patronage, il faut placer d'abord un fait aussi complet, aussi primordial, aussi digne de vénération et d'admiration que possible, le fait de force
qui est aussi un fait d'amour, le fait de nature qui est aussi un acte de volonté : la
paternité. Les Rois de France ont été les Pères de la Patrie » *(Mes idées politiques,*
p. 298).

La monarchie étant le régime naturel, une fois qu'il sera rétabli,
tous les autres problèmes se résoudront d'eux-mêmes ; il est la
« politique naturelle » par excellence :

« La Monarchie rétablie, tout *succède,* comme disaient nos pères. » Elle
apporte « liberté religieuse, paix sociale, organisation ouvrière, affermissement
et réorganisation de l'État, de l'armée, des affaires extérieures et intérieures, de
l'économie générale : au sens mathématique, [elle rend possible] le nationalisme
intégral *(La Contre-Révolution spontanée,* cité par Colette Capitan Peter, p. 32).

Les caractéristiques de la monarchie sont étudiées dans l'*Enquête
sur la monarchie.*

Maurras y publie ses entretiens avec deux des principaux représentants du
duc d'Orléans exilés à Bruxelles, André Buffet (chef du bureau politique) et le
comte Eugène de Lur-Saluces (président des comités royalistes du Sud-Ouest).
Ces entretiens provoquent des réactions de nombreuses personnalités et écrivains – dont Barrès, Dimier, Henry Bordeaux, Bainville, Vaugeois, Montesquiou... – auxquelles Maurras répond à son tour. L'ensemble de ces textes a
été publié pendant plusieurs mois, de fin juillet à mi-novembre 1900, dans le

journal royaliste *La Gazette de France,* puis en deux brochures, enfin en un livre (1909) réédité avec des compléments en 1924.

Buffet et Lur-Saluces répondent à la question générale : « Qu'est-ce que la Monarchie ? » Aux lecteurs de *La Gazette de France,* une question plus précise est posée : « Oui ou non, l'institution d'une Monarchie *traditionnelle, héréditaire, antiparlementaire et décentralisée* est-elle de salut public ? » (*Enquête sur la monarchie,* p. 111). Reprenons chacun de ces attributs.

1) *Une monarchie traditionnelle et héréditaire*

La monarchie sera « traditionnelle » au sens où il ne s'agit pas de créer un régime nouveau, abstraitement pensé puis plaqué sur le corps social ; il s'agit, bien plutôt, de revenir à la constitution « réelle » du pays — même si, le pays ayant rejeté depuis plus d'un siècle cette constitution traditionnelle, il ne faudra pas hésiter à l'aider artificiellement, pour ainsi dire, à revenir à sa nature.

a) *Intérêt culturel de l'hérédité*

La monarchie sera « héréditaire », d'abord parce que cela résout le problème de la transmission du pouvoir (la transmission héréditaire évite toute querelle et fait que « le mort saisit le vif » et que « le roi de France ne meurt pas »), mais aussi parce que cet attribut de la monarchie résout le problème de la *qualité* du gouvernement. Maurras croit en effet qu'il existe un « métier de roi » et que ce métier se transmet au sein de la famille royale :

« Il ne s'agit point d'assurer physiologiquement au service de l'État, de génération en génération, un ensemble d'individus plus distingué que le commun des citoyens ; il s'agit d'utiliser les aptitudes particulières, spéciales et techniques, qui sont fixées à quelque degré par le sang, mais surtout par la tradition orale et l'éducation. Il ne s'agit point du *degré* de ces aptitudes, mais de leur *qualité,* ou, si l'on veut, de leur orientation coutumière... On naît juge ou marchand, militaire, agriculteur ou marin, et lorsqu'on est né tel ou tel on se trouve en outre, non point seulement par nature, mais encore *par position,* plus capable d'accomplir d'une façon utile la fonction correspondante : un fils de diplomate ou de commerçant trouvera dans les entretiens de son père, dans le cercle de sa famille et de son monde, dans la tradition et la coutume qui l'envelopperont et le soutiendront, les vivants moyens d'avancer plus rapidement que tout autre, soit dans le commerce, soit dans la diplomatie. La carrière de sa famille lui aura fait trouver la ligne *du moindre effort* et du plus grand effet utile, c'est-à-dire du meilleur rendement humain. »

Il en va de même quant à l'art de gouverner : il se conserve et s'augmente au sein de la famille princière ; ainsi sont évités les pièges de l'amateurisme auxquels succombent nécessairement les élus républicains.

b) *Confusion de l'intérêt du monarque avec l'intérêt général*

D'autre part, le grand avantage d'une monarchie héréditaire est qu'elle crée une situation *où l'intérêt personnel du roi se confond avec l'intérêt général* (alors que dans tous les autres régimes, il y a conflit entre l'intérêt général du peuple et l'intérêt particulier des gouvernants). En effet, en gouvernant le pays, le roi défend l'œuvre de ses pères, prépare celle de ses descendants ; il ne peut donc être indifférent à rien de ce qui concerne la patrie.

« Un souverain héréditaire est trop directement intéressé au bien public pour gouverner uniquement d'après son humeur ou d'après un système. Il est le cerveau, le système nerveux central de la nation. Il frémit du danger commun, il aspire à la commune prospérité. Sa nature profonde, sa fonction nécessaire et naturelle, ou si vous préférez user du langage des géomètres, sa position, l'obligent à se régler sur les nécessités du salut public. Il peut se tromper, sans doute, dans la vue de ces nécessités, mais il est forcé de les chercher, et, l'erreur à peine aperçue, il est induit *par son intérêt* à les corriger... » (Buffet, in *Enquête sur la monarchie, op. cit.,* p. 40).

Ainsi, dans la monarchie, « la stabilité est doublement assurée par la personne du Prince et par le système de succession héréditaire » (*Enquête sur la monarchie, p.* 48).

c) *Rétablissement général du principe de continuité familiale*

Ce principe peut et doit être généralisé. Le régime monarchique ne restaurera pas seulement la famille royale, mais toutes les familles. Les contre-révolutionnaires − et parmi eux surtout le sociologue Frédéric Le Play[1] − avaient depuis longtemps critiqué le Code civil qui, supprimant la liberté de tester et établissant le partage égal des héritages entre les enfants, était accusé de briser la continuité des familles et le sens du temps et des héritages culturels que celle-ci permet. Le régime monarchiste rétablira la famille dans ses droits[2]. André Buffet : « Il faut refaire une vie locale. Il faut

---

1. Frédéric Le Play (1806-1882), polytechnicien, un des créateurs de la méthode de la monographie sociologique ; catholique traditionaliste, partisan de la reconstitution des familles traditionnelles déstructurées par l'égalitarisme et le libéralisme du Code civil, partisan aussi, en matière sociale, du « paternalisme » des chefs d'entreprise ; auteur de *Les ouvriers européens* (1855) et *La Réforme sociale* (1864).

2. L'étatisme jacobin, l'école publique, *a fortiori* le socialisme redistributeur sont accusés par les maurrassiens de détruire la famille ; inversement, l'affermissement de la famille sera la condition préliminaire du rétablissement d'une société moins étatiste et moins jacobine. On notera cependant que Maurras ne défend pas la famille nucléaire « bourgeoise », mais une famille élargie dont le patrimoine est juridiquement protégé de toute division.

refaire la propriété terrienne, condition de la vie locale. Il faut
refaire la famille, dont tout dépend » (*Enquête sur la monarchie,*
p. 52). Donc, sans rétablir la totale liberté de tester, il faut supprimer du moins l'article du Code civil qui dit que nul n'est tenu de
rester dans l'indivision. Le père léguerait à un seul de ses enfants
son autorité sur la terre.

> « Le propriétaire rural comprendrait aisément qu'il ne s'agit pas de favoriser,
> d'avantager ni de léser aucun de ses fils, mais d'assurer l'intégrité d'une force
> locale, de perpétuer les familles, les noms, les patrimoines, moralement aussi
> bien que matériellement. Je songe surtout aux petits domaines de nos campa-
> gnes. Quand le morcellement ne les a pas trop éprouvés, leurs propriétaires,
> connus comme tels depuis des générations, sont les plus importants, les plus
> considérés de la commune et du pays. Un gouvernement digne de ce nom
> s'appuierait sur cette forte race autochtone et, au lieu de s'attaquer à leur
> influence, ne perdrait jamais une occasion de les distinguer et de les honorer »
> (*Enquête sur la monarchie,* p. 53).

Au-delà de cette transmission matérielle des patrimoines, dit à
son tour Lur-Saluces,

> « les familles peuvent être considérées comme les véhicules naturels de la tradi-
> tion. Lorsqu'elles sont constituées énergiquement, ce qu'un homme a pu faire
> d'utile ne meurt pas avec lui, mais se transmet, avec le sang et le nom, à sa des-
> cendance. Le résultat d'efforts anciens ajouté à l'effort présent rend celui-ci plus
> efficace et plus heureux : le bien public, l'intérêt général en profitent. Tout
> acquiert un grand air de solidité et de force » (*Enquête sur la monarchie,* p. 96).

A contrario, quand manque cette transmission culturelle héréditaire
au sein de la famille, les « corps politiques » deviennent « stériles ».

d) *Rétablissement de l'aristocratie*

Corollaire notable : on rétablira aussi une *aristocratie*. C'est une
nécessité d'intérêt général. En effet, lorsqu'un homme s'enrichit, la
loi admet qu'il transmette son héritage matériel ; mais lorsque ce
même homme, par exemple le lieutenant-colonel Marchand[1], fait
une action particulièrement honorable, la loi française ne veut rien
connaître de ce « patrimoine supérieur » que constituent la culture,
la psychologie, la morale familiales que ce haut fait suppose. La loi
française

> « laissera s'effacer et s'évanouir [ce patrimoine supérieur]. Légalement, rien ne
> distinguera les fils du héros des autres personnes, assez nombreuses, qui portent
> en France le nom de Marchand. Celui-ci aura donc créé en vain un solide titre

1. Le héros de la « mission Marchand » qui, de 1897 à 1898, explora l'Afrique du
Congo au Haut-Nil et dut abandonner Fachoda aux Anglais.

de gloire. La loi française ignore ce titre. Elle suppose (gratuitement) que l'honneur est chose toute personnelle[1]. Elle méconnaît cette vérité psychologique que les hauts faits du père incitent les enfants à ne point se montrer indignes de lui... La Monarchie eût fait Marchand comte ou baron... » (*Enquête sur la monarchie*, p. 98).

Le principal privilège de la noblesse consistant à « avoir bien plus de devoirs que les autres » (« noblesse oblige »), l'officialisation et la multiplication de ces « privilèges » sont fort logiquement d'intérêt général.

Il conviendra, cependant, que cette noblesse soit « ouverte ». Car, d'un côté, « elle se renouvelle constamment » et, de l'autre, « le patrimoine honorifique se disperse comme tout autre patrimoine : il faut un effort pour le maintenir ; un grand titre mal soutenu est une honte. Mais quand, au contraire, un beau sang affirme, dans un homme, de l'originalité créatrice, désintéressée, généreuse, eh bien ! la loi, ou plutôt le Roi, cette loi vivante, reconnaît, constate le fait en délivrant, comme une estampille, le brevet d'anoblissement » (*Enquête sur la monarchie*, p. 98-99). Par contre, la noblesse de robe, d'origine fiscale, achetée, c'est une « contre-façon » de la vraie noblesse dont elle nie le principe. La noblesse « se crée d'elle-même, et le pouvoir royal se borne à la distinguer une fois créée » comme a fait Napoléon avec sa noblesse d'Empire. « Vous le voyez bien : là encore, la politique royaliste ne violente pas les faits ; elle *laisse agir la nature* » (*Enquête sur la monarchie*, p. 99, n.s.).

2) *Une monarchie antiparlementaire*

Il s'agit de remplacer le parlementarisme par un régime fort, celui d'un *roi-dictateur*.

a) *Discontinuité du régime parlementaire*

La critique du parlementarisme a été le thème principal de la campagne boulangiste. Maurras la reprend à son compte. Dans l'*Enquête sur la monarchie* revient continuellement l'idée qu'un régime parlementaire, divisé et dans lequel chaque gouvernement ne dure qu'une brève période, est incapable d'assurer la *continuité des politiques de l'État,* avant tout celle, essentielle, de la *politique étrangère*. Face à l'Allemagne wilhelmienne, qui a un empereur, un chancelier qui durent et peuvent préparer et appliquer des stratégies de

---

1. Toujours cet individualisme libéral, qui commet ici, on le voit (selon Maurras), une erreur scientifique. Ce qu'*est*, psychologiquement et moralement, un individu ne dépend pas de lui seul, mais des valeurs, des types de comportement qu'il a hérités.

longue haleine, la République parlementaire est fondamentalement impuissante.

On se féliciterait presque qu'il existe en République la *franc-maçonnerie,* société secrète certes détestable en elle-même, mais qui n'en constitue pas moins un élément de permanence. En effet, dans ce vivier du personnel parlementaire et ministériel du régime, les grands projets politiques sont discutés, une mémoire de la politique est gardée. Ainsi est assurée dans l'ombre une sorte de continuité, en remplacement de celle que ne peut plus comporter le pouvoir officiel. Mais cette solution, on s'en doute, ne satisfait pas Maurras.

b) *Un pouvoir « poignard »*

Il faut mettre fin à cette situation. Il faut un pouvoir continu et responsable (par opposition au pouvoir parlementaire qui est anonyme). Il faut même un pouvoir fort, un homme « à poigne », un gouvernement « poignard ».

« À côté de Bourget et de Barrès, Fanfournot, le faubourien des *Déracinés* [de Barrès], lance son cri et dit son mot, qui est pris en sérieuse considération : c'est de lui que j'ai reçu ma conviction que "la France est poignarde" et qu'elle veut d'abord une autorité. Grande vérité qu'il a fallu défendre contre les députés et les gens du monde » (*Enquête sur la monarchie,* p. 6-7).

Cependant, Maurras refuse le dictateur plébiscité du bonapartisme ou du boulangisme, tel que voulu encore par Déroulède. Car un tel dictateur est soumis à la démocratie, aux passions populaires et aux entraînements du grand nombre. Il n'exerce pas l'autorité par lui-même, mais au nom de la masse, ce qui est contraire à l'ordre naturel. Le dictateur de Maurras sera donc un roi légitime.

c) *Une dictature légitime*

Le roi doit « régner *et* gouverner ». Il faut revenir sur l'erreur que fut l'adhésion de la plus récente monarchie française au modèle anglais de monarchie parlementaire. Ce qu'il faut, c'est supprimer les partis (« Le roi de France ne peut être le roi d'un parti ; il est l'ennemi des factions ») et les élections politiques. Le roi gouvernera « en ses conseils », c'est-à-dire avec des ministres choisis par lui et responsables devant lui, qui ne constitueront pas un collège solidaire. Il y aura, d'autre part, des « États » où le peuple sera représenté, non par des députés représentant des *électeurs individuels,* selon le modèle démocratique traditionnel, mais par des députés représentant des *catégories d'intérêts,* locaux, professionnels, religieux. Ces assemblées seront donc vraiment « représentantes », leur composition reflétant réellement la structure du pays[1]. Elles auront un rôle simplement consultatif ou de « contrôle » (*Enquête sur la monarchie,* p. 45). Le roi sera ainsi un « dictateur perpétuel ». Il sera « dictateur nécessaire autant que roi légitime » (Maurras retrouve ainsi la tradition absolutiste).

d) *Le roi-dictateur au-dessus du droit*

Le roi, parce que « dictateur », pourra prendre toutes les mesures nécessaires, y compris hors du droit. De fait, dans le manifeste « Dictateur et roi » (1899) on trouve tous les ingrédients d'une politique autoritaire appuyée sur l'Église et l'Armée.

« On le sait, nous sommes les partisans résolus des lettres de cachet. Entourés des garanties de la magistrature royale, ces actes d'arbitraire souverain, avoués, sigillés, dont un homme vivant et une famille régnante prenaient hautement, fièrement la responsabilité, ont souvent, ont longtemps prévenu le mal avant de le laisser porter des fleurs et des fruits » (*Dictionnaire politique et critique,* article « Ordre », cité par Colette Capitan Peter, p. 34).

Ceci vaut, en particulier, pour la période, que l'on peut prévoir agitée, de la prise du pouvoir. Dans *Si le coup de force est possible* (1910), Maurras formule la doctrine du coup d'État régénérateur qui emploiera des méthodes brutales et où il faudra avoir « une mentalité conspiratrice » et ne pas hésiter à être « un peu bonapartistes ». « Si [le dictateur] fait la besogne, s'il nous rend service, on lui pardonnera facilement d'y avoir mis quelque vivacité. Grâce à lui, l'instauration d'un ordre sera redevenue possible dans notre pays » (texte de 1888, cité par Weber, p. 32).

Dans d'autres textes, Maurras n'hésite pas à faire l'apologie de la violence illégale. Il se déclare prêt à l'assassinat et aux bombes (comme les anarchistes). On exécutera les « traîtres » (Colette Capitan Weber, p. 34). « Le gouvernement du Roi de France ne peut manquer d'être répressif et vengeur dans ses premiers

---

1. Vieilles idées qu'on trouve exprimées déjà chez Hegel (cf. *supra,* p. 762) et La Tour du Pin (cf. *supra,* p. 1172). Nous venons de voir que Georges Valois, qui avait pu les lire dans l'*Enquête sur la monarchie,* les développe dans les années 1920. Elles seront proposées par la démocratie chrétienne jusqu'en pleine Seconde Guerre mondiale, lorsque le Conseil national de la Résistance ébauchera des plans constitutionnels pour la France libérée : on proposera que le Sénat soit remplacé par une Chambre représentative des corporations. Ce projet sera écarté, mais notre actuel « Conseil économique et social », créé par la Constitution de 1946 en « lot de consolation » pour les corporatistes, en constitue pour ainsi dire une trace fossile (cf. François-Georges Dreyfus, *Histoire de la démocratie chrétienne en France. De Chateaubriand à Raymond Barre,* Albin Michel, 1988, p. 190-194 : « La "démocratie de groupes" »). Le dernier référendum de De Gaulle en 1969 a eu pour objet une réforme des régions et du Sénat qui faisait droit à nouveau, dans une certaine mesure, à ce schéma organiciste.

actes de dictature, afin de pouvoir être réparateur dans ceux qui suivront »
(« Dictateur et roi », in *Enquête sur la monarchie*, p. 448). Lors de la rupture
de 1937 avec le prétendant, le duc de Guise, et son fils, le comte de Paris, la
maison royale affirmera on ne peut plus nettement son désaccord fondamental
avec la doctrine maurrassienne de la monarchie[1].

3) *Une monarchie décentralisée*

En complément, et en partie en compensation, de cette doctrine
« césariste » de la monarchie, Maurras affirme – au prix, a-t-on pu
objecter, d'une certaine incohérence – que la monarchie nouvelle
sera *décentralisée* ; elle laissera s'affirmer et se développer l'autonomie
de nombreux « corps intermédaires ». Ainsi la monarchie sera-t-elle,
en réalité, bien plus « libérale » que la démocratie libérale elle-même.
Car celle-ci arrache les individus à leurs « communautés naturelles »,
famille, métier, région, et la société ainsi atomisée est livrée à la
bureaucratie étouffante et despotique de l'État jacobin ; la monarchie,
elle, leur rendra toutes facultés d'initiative et de développement personnel. La monarchie décentralisée, c'est « un César avec des fueros »,
c'est-à-dire « une autorité énergique et des libertés communales et
provinciales », « l'État libre, la Commune libre » (*Enquête sur la
monarchie*, p. 45). Le raisonnement tient en deux points.

a) *La République ne veut ni ne peut décentraliser*

Il faut « décorseter » la France, mais la République ne veut ni ne
peut le faire. Parce qu'elle est déjà divisée au sommet, de par le principe même d'un gouvernement pluraliste, elle ne peut se permettre
de diviser le territoire : ce serait l'éclatement pur et simple.

« Qui ne voit qu'en une République, c'est-à-dire sans chef permanent, la
prudence patriotique fera un devoir de décentraliser beaucoup plus chichement
qu'on n'oserait le faire sous un régime monarchique ? Seul un Roi, un pouvoir
stable et héréditaire, peut répondre de l'unité de la patrie » (Buffet, in *Enquête
sur la monarchie*, p. 49).

---

1. Pour répondre aux critiques dont était l'objet le « manifeste » par lequel son père,
le duc de Guise, avait pris ses distances avec l'Action française, le comte de Paris publia, le
3 décembre 1937, une « déclaration » où il disait que l'Action française avait eu tort
d'identifier monarchisme et nationalisme. Ce dernier n'est pas une doctrine monarchique
traditionnelle, il est de création jacobine. « En détournant le souci moral de l'intérêt
national et l'amour légitime du pays, en en faisant un culte absolu, centre exclusif de toute
préoccupation politique, l'Action française a fait dévier la tradition monarchiste en
France. Théoriquement, son enseignement conclut à un royalisme traditionnel, pratiquement, il conduit au césarisme et à l'autocratie » (cité par Eugen Weber, *op. cit.*, p. 445).

D'autre part, les républicains

« ne peuvent décentraliser, car ils n'existent, ils ne durent, ils ne gouvernent que par la centralisation. Tout pouvoir républicain sort en effet de l'élection. S'il veut se maintenir à l'élection suivante, l'élu, ministre ou député, a besoin de tenir de près son électeur. Qui tient l'électeur ? Le fonctionnaire. Qui tient le fonctionnaire ? L'élu, ministre ou député, par la chaîne administrative. Décentraliser l'administration, c'est donc couper en deux ou trois endroits cette chaîne de sûreté ; c'est rendre au fonctionnaire une part d'indépendance, à l'électeur la liberté correspondante. Le ministre ou le député perd ses moyens électoraux. Soyez persuadé qu'il n'y renoncera que contraint et forcé » (Buffet, in *Enquête sur la monarchie,* p. 51).

b) *La monarchie peut décentraliser*
   précisément parce qu'elle est un pouvoir fort

La monarchie, pouvoir fort et légitime, pourra se permettre ce qui, en République, serait suicidaire. Elle gardera au niveau central tout ce qui doit impérativement y être situé, politique étrangère, défense, finances, mais déléguera aux niveaux inférieurs, aux « corps intermédiaires », tout le reste.

« L'ordre militaire excepté, tous les degrés de tous les ordres de la hiérarchie politique, administrative, juridique et civile doivent être décentralisés, c'est-à-dire comporter une certaine somme de liberté (par rapport au pouvoir), d'autorité (par rapport au public) et de responsabilité (par rapport à l'un et à l'autre) » (Lur-Saluces, in *Enquête sur la monarchie,* p. 90).

Division des tâches hautement bénéfique. Car l'État central pourra alors se recentrer sur ses vraies missions actuellement négligées. De leur côté, les corps intermédiaires réaliseront leurs tâches sociales, économiques, culturelles, bien mieux que l'État central ne saurait le faire.

« L'État doit se décharger, le plus qu'il peut, de [beaucoup de fonctions] sur les associations professionnelles, morales et religieuses. Il les surveille, il les contrôle de fort haut, mais il les laisse agir à leur guise et suivant des inspirations spontanées. Le rêve de certains démocrates, celui des socialistes d'État, est de faire assumer au pouvoir central un fardeau croissant de fonctions et de devoirs ; ils transformeraient tout en service public. S'inspirant du principe de la décentralisation, la Monarchie restreint, au contraire, de plus en plus le nombre des services de ce genre. Elle transforme, au profit de l'initiative individuelle, en faveur des compagnies et communautés, certains services que l'État détient inutilement aujourd'hui. Exemple : l'instruction publique. S'il y a profit (tout le monde en tombe d'accord) à restituer ce service, soit aux communes, soit au corps universitaire devenu autonome, il n'y a aucune raison de faire assumer à l'État tels autres services ruineux » (Buffet, in *Enquête sur la monarchie,* p. 58).

En ce qui concerne la *décentralisation territoriale,* et selon le principe qu'il convient de « détruire l'artificiel, le fictif » et de « retrouver le naturel et l'éternel », on supprimera les *départements* et l'on recréera des *provinces* (pas nécessairement celles de l'Ancien Régime) et les *pays* correspondant à des entités économiques locales (*Enquête sur la monarchie,* p. 93 ; même idée que chez La Tour du Pin).

En ce qui concerne ce qu'on pourrait appeler la *décentralisation sociale,* le principe retenu sera évidemment le *corporatisme,* conformément aux principes énoncés dès 1865 par le Comte de Chambord[1] :

> « La constitution volontaire et réglée des corporations libres deviendrait un des éléments les plus puissants de l'ordre et de l'harmonie sociale. Ces corporations pourraient entrer dans l'organisation de la Commune et dans les bases du suffrage. »

Soit à la tête des provinces et des pays, soit à la tête des corporations, il y aura des élites, souvent aristocratiques, dont le gouvernement royal veillera à ce qu'elles restent bien sur place.

À l'inverse de ce qu'a fait Louis XIV, qui a fait venir à sa cour tous les grands du royaume pour les priver d'influence dans le pays, le nouveau roi laissera sur place les notabilités utiles et « exilera à la cour » les « petits vicomtes » qui font du mal sur le plan local (*Enquête sur la monarchie,* p. 54). Il faut que le plus grand nombre possible de « déracinés volontaires » retournent « à leurs maisons des champs » et raniment la vie rurale. Il faut « arrêter l'exil rural ». On voit l'idéal ainsi caressé : retour à la terre, reconstitution de domaines ruraux organisés autour du château et de l'influence sociale de familles anciennement connues... L'Action française s'adresse, décidément, aux milieux traditionalistes qui n'acceptent pas la société moderne, industrielle et urbaine.

Si l'on parvient, par la ranimation de la vie locale, à enrayer l'exode rural, on règlera par la même occasion la question ouvrière, puisqu'on diminuera la concurrence provoquée à la ville par l'afflux d'une main-d'œuvre bon marché. Mais il faudra empêcher, par des mesures de protection adéquates, l'arrivée compensatrice de main-d'œuvre étrangère. Est-ce du socialisme, de l'interventionnisme, demande Maurras à Buffet ? C'en est, oui, et c'est bien ainsi, car *la politique doit diriger le social et l'économique* :

> « Ceux qui ne se paient pas de mots prennent garde que les questions dites sociales ou économiques ou morales se réduisent presque toujours à une question politique. Ainsi du problème de l'intervention de l'État. Tant vaut l'État

---

1. Rappelons qu' « Henri V » était le fils posthume du duc de Berry, fils de Charles X, et qu'il fut le prétendant légitimiste pendant le Second Empire et à l'époque des tentatives de restauration monarchique de 1870-1876. Détestant l'orléanisme, il adhérait à toutes les thèses politiques et sociales de la droite traditionaliste.

qui intervient, tant vaut son intervention. Elle est absurde et désastreuse si l'État est livré aux compétitions et aux enchères de la démagogie ou s'il se trouve inféodé aux exploiteurs cosmopolites de la nation. Elle peut, au contraire, être bienfaisante et utile si l'État, affranchi de la finance internationale, est également libre de la tyrannie capricieuse des foules et de leurs courtisans » (Buffet, in *Enquête sur la monarchie*, p. 57).

Il y aura, dans le même ordre d'idée, une réglementation économique sévère consistant à « poursuivre l'usure ». On procédera à une « nationalisation du pouvoir », c'est-à-dire à la chasse des intérêts étrangers dans l'économie.

Enfin, on reviendra au catholicisme comme religion d'État, les autres religions étant toutefois autorisées. Il y aura un contrôle étroit de la production scientifique et intellectuelle dont les buts doivent rester conformes aux intérêts de l'Église.

Ce mélange de décentralisation à la Montesquieu et de césarisme autoritaire, d'éloges de la tradition et d'appels à l'insurrection, ce curieux refus simultané de la liberté économique comme de tout dirigisme, tout ceci ne donnait pas à la droite maurrassienne un programme politique bien cohérent. Si les droites autoritaires eurent plus de succès dans d'autres pays (Italie, Espagne, Autriche, Pologne...), c'est qu'elles optèrent plus nettement pour un encadrement totalitaire de la société et employèrent les moyens de violence et de terreur dont le bolchévisme avait donné l'exemple. Mais ces moyens, autorisés peut-être par la philosophie fondamentale de Maurras, répugnèrent à la clientèle sociale de l'Action française. De fait, au moment de la guerre, la majeure partie des hommes de droite touchés par le maurrassisme refusera l'option totalitaire. Beaucoup se retrouveront du côté de la Résistance et se reconnaîtront en De Gaulle, homme politique dont on peut dire qu'il a incarné en sa personne une partie des valeurs maurrassiennes.

Chapitre 8

Le nationalisme allemand
avant le nazisme

Les doctrines de la droite tendent à présenter la société comme différenciée et hiérarchisée, aussi bien à l'intérieur, entre catégories « nobles » et le tout-venant de la population, qu'à l'extérieur, entre peuples « supérieurs », voués à dominer, et peuples « inférieurs », voués à servir. Les représentations susceptibles de donner une justification objective à ces inégalités ont donc une grande importance dans l'histoire intellectuelle de la droite.

Chaque nation d'Europe a eu son mythe d'origine. En Espagne, la noblesse s'est flattée de descendre des Wisigoths. En France, des Francs (cf. le chap. sur Boulainvilliers, *supra*, p. 1011-1013). À mesure que la féodalité recule et lorsque l'unité chrétienne est brisée par la Réforme, ces mythes reprennent une certaine importance. Ils contribuent à forger des identités collectives nouvelles, aux antipodes des idéaux universalistes chrétiens ou humanistes. Ils sont relayés, au XIXᵉ siècle, par la philosophie et les jeunes sciences sociales et biologiques qui, à leur tour, fournissent des justifications à la thèse de l'inégalité fondamentale des groupes humains.

Nous nous intéresserons, dans le présent chapitre et le suivant, au cas allemand, puisque ces doctrines nationalistes prennent en Allemagne des formes particulièrement élaborées et radicales.

§ 1
Le nationalisme allemand
avant les Temps contemporains[1]

1) L'Allemagne : une communauté de langue

L'identité nationale allemande naît tardivement par une prise de conscience de l'unité des anciens clans ou tribus *(Stämme)* germaniques, définis comme étant tous ceux qui ne parlent pas la langue des latins ou « welches ». Ces derniers sont méprisés, comme on le voit par ces propos de l'évêque Liutprand de Crémone, homme de confiance de l'Empereur Othon vers 962 :

> « Nous autres, les Lombards, Saxons, Francs, Lotharingiens, Bavarois, Souabes, Burgondes, nous avons un tel mépris pour les Romains que quand nous cherchons à exprimer notre colère, nous ne trouvons pas de mot plus injurieux pour désigner nos ennemis que celui de "Romains" : ce seul mot désigne pour nous tout ce qui est ignoble, lâche, sordide, obscène... » (cité par Léon Poliakov, *Le Mythe aryen, op. cit.,* p. 112).

Que ce sentiment d'une communauté des *Stämme* germaniques face à la latinité soit fondé sur la langue est une originalité par rapport à ce qu'on constate chez les voisins de l'Allemagne. D'habitude, c'est le peuple (par exemple les Francs) qui donne son nom à un pays (la France) et celui-ci à la langue qu'on y parle (le français). Dans le cas de l'Allemagne, on observe la séquence inverse : c'est le nom de la langue commune, *theodiscus, diustik,* nom qui apparaît à l'époque de Charlemagne, qui fait que, un ou deux siècles plus tard, les habitants sont appelés *tütsche* ou *Deutsche* (les Allemands) et, ensuite seulement, le pays *Deutschland* (l'Allemagne).

La langue allemande est vécue, d'autre part, comme une *ursprünglich Sprache* ou une *Ursprache,* une langue originelle, parce qu'elle n'est pas faite de pièces et de morceaux comme le français ou, pire encore, l'anglais, mais est une langue *pure,* ce qui lui vaut d'être une langue sacrée au même titre que l'hébreu, le grec ou le latin.

Ainsi fondée sur la communauté de langue, l'Allemagne ne se définit donc pas par un ancêtre commun (un lignage) ou par une race selon la chair. Il reste que, selon Poliakov, « langue » et « race » sont des concepts largement interchangeables parce qu'ils recouvrent « la même profonde réalité psycho-histo-

---

1. D'après Léon Poliakov, *Le mythe aryen. Essai sur les sources du racisme et des nationalismes,* 1971, Agora-Pocket, 1994.

rique ». Qu'on parle la même langue ou qu'on appartienne au même lignage, l'essentiel est qu'on éprouve un sentiment de pureté et de supériorité, par opposition à ce qui est mélangé et, par là même, suspect. Dès lors qu'on éprouve ce sentiment, on passe aisément de l'une à l'autre justification. C'est ainsi qu'à l'époque de la Réforme on pourra proposer aux Allemands un ancêtre biblique commun, *Achkenaz* ou *Ascenas,* premier-né de Gomer, auparavant donné comme ancêtre des seuls Saxons[1]. Une généalogie sera également inventée pour les Francs, qui sont la race royale en Allemagne comme en France, qu'on fera remonter aux Troyens et, par là, à Japhet. Ainsi pourra-t-on « expliquer » que le Saint-Empire ait été « translaté des Grecs aux Germains ». En fait, il y a eu de nombreuses légendes qui, pour diverses *Stämme,* ont inventé des généalogies mélangeant sources bibliques et sources gréco-romaines.

2) *Le tournant du* XVIe *siècle*

Autour de l'an 1500, un changement se produit dans le mythe d'origine allemand. À l'obsession de la pureté s'ajoute une revendication d'hégémonie. L'élément nouveau est la valorisation du passé pré-romain et pré-chrétien de l'Allemagne. L'humanisme allemand retrouve ce passé en interprétant dans un sens favorable les textes antiques parlant des Germains. Aux yeux des humanistes italiens, la *Germanie* de Tacite montre à l'évidence que les Germains étaient des barbares frustes et cruels[2] ; les humanistes allemands, eux, mettent en relief ce qui y est dit des qualités guerrières exceptionnelles de leurs ancêtres. Alors que les Germains sont « virils », les Romains sont « un peuple femme, une troupe molle ».

Apparaît aussi l'idée que le peuple allemand est *autochtone.* Cette idée est d'abord posée en cohérence avec les généalogies bibliques : les Germains ont été engendrés sur place par Tuisto (l'ancêtre des Germains selon Tacite) identifié avec un des petits-fils de Noé. Les Romains sont des nouveaux venus. Plus tard, l'idée d'autochtonie se nourrira des thèses anthropologiques et raciales. En tout cas, cette idée revient à revendiquer une filiation charnelle (avec les « invincibles Germains » qui ont « abattu le colosse romain ») au détriment de la filiation historique (avec les Romains qui ont apporté la civilisation). On refuse de s'identifier aux progéniteurs *culturels*[3].

1. Cf. Gn, 10, 1-3. Noé a eu trois fils, Sem, Cham et Japhet. Sem sera l'ancêtre des « Sémites », Cham des Africains, Japhet des « Européens ». Japhet a lui-même pour fils « Gomer, Magog, les Mèdes, Yavân, Tubal, Moshek, Tiras ». Ashkénaz est le fils aîné de Gomer, dont les fils cadets sont Riphat et Togorma.

2. Cf. *HIPAMA*, p. 398-401.

3. Poliakov évoque à ce propos le cas des Russes qui ont « également élaboré, au fil des siècles, le modèle culturel d'un peuple-héros jeune, issu de son propre terroir, et de ce fait supérieur aux peuples du "vieil Occident" », *op. cit.,* p. 129.

L'idée du pangermanisme est formulée à partir du concile de Bâle (1434) et se développe dans les années qui suivent.

Luther, en lutte avec Rome, fait écho à ces idées. Le pape s'est servi des Allemands pour s'affranchir de Constantinople, et le comble, c'est que les Allemands sont maintenant les esclaves du pape, alors même que l'Empire a été transféré à leur nation. Cependant, Luther tient – et pour cause : il est chrétien, il a traduit toute la Bible en allemand – à la généalogie japhétique-ashkénaze, mais il y trouve un motif d'impérialisme, puisqu'Ashkénaz est le *premier-né* de Gomer (Ashkénaz parlait allemand ; nous avons déjà noté que la légende d'Ashkénaz venait de Saxe, pays de Luther). Le nationalisme de Luther revêt des traits « paranoïaques » : « Pas de nation plus méprisée que l'allemande ! », dit-il (cité par Poliakov, p. 126). Luther, « à la fin de sa vie, rêvait d'une Allemagne unifiée, dotée d'une armée permanente et invincible[1] ». Paranoïa à l'égard de Rome, mais aussi des Slaves, des Juifs, des Français. Il est traditionnel en Allemagne de parler des « humiliations nationales » dont l'Allemagne aurait été victime.

Même si Luther ne fait pas le saut que font au même moment certains humanistes, c'est-à-dire chercher à éliminer l'origine biblique de l'Allemagne, il confère à la nation allemande, au sein même d'une « conception du monde » biblique, un statut de prééminence. La religion est dite être originairement allemande : les anciens Germains étaient de pieux chrétiens à qui des missionnaires venus de Rome ont prêché une foi adultérée ; heureusement, avec Luther, l'Allemagne va redevenir le foyer du vrai christianisme. La musique, elle aussi, est originairement allemande : elle a été enseignée directement par Noé et Japhet. Orphée a chanté en allemand. L'Europe, enfin, est originairement allemande, puisque les Celtes étaient une tribu germanique. La postérité d'Ascenas est ainsi le *Urvolk* d'Europe dont la vraie langue est l'allemand.

Certaines expressions de ce nouveau sentiment de l'identité allemande sont plus virulentes. Dans le *Livre des Cent chapitres* composé en Alsace entre 1490 et 1510 par un personnage connu sous le nom de « Révolutionnaire du Haut-Rhin », on trouve exprimé un millénarisme fanatique. Un empereur eschatologique, Frédéric[2], l'Empereur de la Forêt-Noire, va venir, aidé d'une nouvelle chevalerie, exterminer les pécheurs – c'est-à-dire tous les clercs, du pape aux novices, ainsi que les usuriers – et créer un régime fondé sur la propriété collective et la fraternité. Or cette fraternité ne sera que la résurgence de la vieille fraternité germanique, détruite par Rome et par le droit romain et canonique qui, les premiers, ont distingué le *mien* et le *tien*. Jadis, les Allemands dominaient le monde. L'allemand est d'ailleurs la langue originaire, celle d'Adam et des patriarches, l'hébreu n'ayant été créé qu'après Babel. La communauté allemande, ayant Trèves pour capitale, et régie par un code désigné sous le nom de

---

1. C'est le rêve que Machiavel faisait au même moment pour l'Italie, cf. *supra*, p. xx.
2. Sur le mythe de l'Empereur Frédéric, déjà ancien à cette date, cf. *HIPAMA*, p. 722-723 et 732-733.

« Statuts de Trèves », avait réduit en esclavage les autres peuples européens qui, eux, sont venus d'Asie... Bien des idées défendues plus tard par les idéologues du nazisme sont déjà présentes dans ce texte étonnant[1].

La grande mutation des années 1450-1550 est résumée ainsi par Paul Joachimsen :

> « Nous voyons surgir de l'humanisme allemand un romantisme national aux traits bien précis. Non sans analogie avec ce qui se passa [en Allemagne] autour de 1800, il repose sur le concept d'un *Volkstum* allemand, lequel s'efforce d'insuffler un nouveau contenu à toutes les formes de l'existence. D'abord, le concept de "nation" lui-même... L'essentiel est que ce concept, parce qu'il cherche à renouer avec les premiers temps germaniques *(Germanishe Urzeit)* conduit à l'élaboration d'un certain *idéal de l'homme allemand*. La "simplicité" dont on parlait jusque-là sur un ton embarrassé, devient une particularité nationale qui, en qualité d'héritage ancestral, remplit les cœurs de fierté. Le caractère national allemand devient un impératif éthique, qui fonde les jugements portés sur l'époque contemporaine, et à partir duquel on cherche à dégager un style de vie allemand. De la même manière, la vision romantique du passé modifie l'idée de l'empire national allemand. Les titres juridiques de cet Empire ne proviennent plus d'un quelconque transfert pontifical, ils reposent sur les prétentions héréditaires de la puissance populaire germanique *(germanische Volkskraft)*, qui, au temps des grandes invasions, a abattu le colosse romain... » (cité par Poliakov, *op. cit.*, p. 128).

Une fois que ce mythe national est forgé, il contribue à son tour à influencer la société et l'homme allemands, selon un processus de causalité circulaire entre identités idéologiques et identités réelles : les Allemands cherchent de plus en plus à ressembler au modèle patriotique ainsi campé.

À noter que le pangermanisme du XVIᵉ siècle est aussi bien néerlandais, suédois ou suisse qu'allemand du Centre (il ne deviendra « purement » allemand que sous le IIᵉ Reich). C'est un Néerlandais, le médecin anversois Goropius Becanus, qui entreprend de démontrer qu'Adam et les patriarches ont parlé allemand, l'hébreu étant une langue dérivée. C'est, de même, à l'Université de Leyde, devenue au début du XVIIᵉ siècle une capitale intellectuelle de l'Europe du Nord, qu'on étudie pour la première fois les légendes scandinaves où il est question des vieux dieux germaniques, Woden ou Wotan, Freya, Ostara...

3) *Du XVIIᵉ siècle aux Lumières*

L'Allemagne de la guerre de Trente ans est parcourue en tout sens par des armées étrangères. Les Welches, ce sont maintenant les Français, dont la langue tend à s'imposer en l'Europe. Aussi, au

---

1. Cf. Norman Cohn, *Les fanatiques de l'Apocalypse*, 1957, tr. fr. Payot, 1983, p. 125-132.

XVIIᵉ siècle, des voix s'élèvent-elles pour réclamer l'usage et la purification de la langue germanique. En effet,

> « être dominé et tyrannisé par une langue étrangère est un joug aussi lourd que l'être par une nation étrangère » (Martin Opitz, cité par Poliakov, p. 136).

On éprouve la phobie des *Fremdwörter,* des mots étrangers. On reproche à l'anglais d'être, de ce point de vue, une langue particulièrement corrompue. Leibniz, lui aussi, croit 1) qu'il y a eu une langue originaire de l'humanité ; 2) qu'elle est perdue ; mais 3) que l'allemand en est plus proche que l'hébreu ou l'arabe.

Avec le progrès du rationalisme et des Lumières et les premiers acquis de l'exégèse et de la philologie modernes, les vieilles mythologies bibliques sont contestées et mises en regard des mythologies scandinaves et islandaises récemment redécouvertes. On perçoit l'histoire biblique comme un mythe du même type que ces dernières. On conteste donc l'origine adamique de l'humanité.

> La mythologie germanique avait été complètement oubliée en Allemagne même et ne s'était conservée qu'en Scandinavie ou en Islande, loin des influences civilisatrices : l'Allemagne médiévale avait oublié jusqu'au nom de Wotan et ne gardait aucun souvenir vivant des invasions germaniques. C'est au XVIIᵉ siècle et à l'époque des Lumières qu'on commence à réétudier les vieilles *sagas* scandinaves et que cet élément s'ajoute aux représentations des anciens Germains vainqueurs des Romains pour enrichir la substance de l'identité allemande. On découvre que les dieux de ces mythologies germaniques sont sanguinaires, et cela plaît. On préfère les dieux allemands aux dieux de la vieille mythologie grecque. Dans les œuvres littéraires, par exemple les œuvres lyriques ou épiques de Klopstock[1], on cultive une sorte d'ivresse sanguinaire ; le mot de « Blut » est omniprésent dans la trilogie de Hermann.

Se fait jour, en définitive, l'idée d'une « élection » allemande. Le peuple allemand est unique et a quelque chose d'irremplaçable à apporter à l'humanité. Schiller, en 1801, dit que le peuple allemand est « le noyau du genre humain... élu par l'esprit universel pour œuvrer éternellement à l'éducation humaine » (cité par Poliakov, p. 145-146). En 1799, voyant les désordres dus à la Révolution française, Novalis écrit :

> « L'Europe guérira grâce au caractère allemand... L'on peut discerner avec certitude en Allemagne les signes avant-coureurs d'un monde nouveau. L'Allemagne précède les autres peuples européens de son pas lent mais assuré. Alors que ceux-ci sont occupés par la guerre, la spéculation et l'esprit de parti, l'Allemagne s'élève avec application à un degré plus élevé de culture, et cette avance lui assurera avec le temps une supériorité certaine » (cité par Poliakov, p. 146).

---

1. Friedrich Gottlieb Klopstock, auteur de la *Messiade* (1750). Il découvre la mythologie germanique lors d'un séjour à Copenhague en 1766-1768.

§ 2
Les *Discours à la nation allemande* de Fichte

Cette tendance va s'accentuer et s'exacerber à partir des guerres napoléoniennes. On peut considérer comme un des textes clés du nationalisme allemand les *Discours à la nation allemande* de Fichte, prononcés en plein cœur de celles-ci, en 1808[1]. Certes, Fichte est rationaliste, républicain. Sa vision politique a été, un temps, assez proche de l'esprit de la Révolution française. Mais il évolue et, comme Hegel, devient un adversaire résolu de la tradition démocratique et libérale.

Vie et premières œuvres politiques

Johann Gottlieb Fichte est né en 1762, mort en 1814. C'est le fondateur (si l'on considère que l'idéalisme transcendantal kantien est d'une autre nature), avec les *Principes de la théorie de la science* (1794), de l' « idéalisme allemand », dont ensuite, jusqu'à ses dernières œuvres, il demeure le représentant type en parallèle de Schelling et de Hegel. Le non-moi (l'objet, la nature) se déduit dialectiquement du moi (le sujet, l'esprit). L'action réunit certes le moi et le non-moi, mais l'Idée précède toujours et gouverne le réel. Nous ne considérons ci-dessous, naturellement, que l'aspect politique de cette pensée.

Fils d'un bonnetier saxon, étudiant pauvre, Fichte avait exprimé dès 1788 (*Pensées au hasard d'une nuit d'insomnie*) sa détestation des classes dirigeantes. Il est impressionné par la Révolution française et écrit, en 1793, des *Contributions destinées à rectifier le jugement du public sur la Révolution française*. Il loue la révolution d'avoir libéré l'individu de l'État et de l'autorité en général. Mais cet individualisme fichtéen n'aura qu'un temps. Car il faut que chaque individu puisse se procurer de quoi vivre par son seul travail. Fichte en déduit que la propriété des nobles et des riches est illégitime et que l'État doit répartir la propriété de telle manière que chacun puisse vivre. Rejoignant Rousseau, il pose que la volonté générale doit pouvoir s'imposer à celle de l'individu. Dans les *Fondements du droit naturel d'après les principes de la « Théorie de la Science »* (1796), il montre qu' « il n'y a pas de droit sans contrainte, et de contrainte sans une main de fer, celle de l'État » (Jacques Droz). Et Fichte de s'en prendre au droit romain, trop protecteur de la propriété privée. La propriété n'est pas « une chose donnée, mais une sphère d'activité permettant de subsister » (Jacques Droz) ; c'est à l'État de distribuer la propriété, d'empêcher que certains n'en abusent, que d'autres n'en manquent, afin que soit réalisée la justice sociale.

Ces principes sont précisés dans *L'État commercial fermé* (1800), dédié à un ministre prussien, Struensee. Le libéralisme, qui est la loi de la jungle, n'est

---

1. J. G. Fichte, *Discours à la nation allemande*, introduction de Max Rougé, traduction de S. Jankélévitch, Aubier-Montaigne, 1981.

approprié qu'à l'animal. L'homme, lui, est pourvu de raison. L'État doit donc
être un « État rationnel » *(Vernunftstaat)* qui doit se mettre en mesure de fournir
aux grands idéaux, liberté, égalité – ceux-là mêmes qui ont été promus par la
Révolution française – le milieu où ils pourront se développer. Et Fichte de
concevoir une sorte de version prussienne du jacobinisme. L'État ne devra
reculer devant aucune contrainte pour venir à bout des « égoïsmes ». On
dénombrera toutes les classes de la nation et ces chiffres seront définitivement
fixés. On fermera les frontières (d'où l' « État commercial fermé »), afin d'éviter
toute perturbation d'origine extérieure dans l'organisation « rationnelle » que
l'on entend donner à l'économie (ce qui exigera, soit dit en passant, que l'État
arrondisse son territoire jusqu'à atteindre ses « frontières naturelles » stables). On
remplacera toute la monnaie métallique par une monnaie fiduciaire ayant cours
seulement à l'intérieur de l'État, en sorte qu'aucun particulier ne pourra faire de
commerce avec l'étranger. Le commerce international sera un monopole de
l'État[1]. On produira en autarcie, remplaçant les produits étrangers par des succé-
danés *(Ersatz),* ou en s'en passant la plupart du temps, à la faveur d'un ascétisme
spartiate. Il faudra que les esprits se réforment moralement, afin qu'ils se
dévouent à la communauté ; ce progrès spirituel du peuple sera rendu possible
par l'éducation et le loisir, qui seront organisés par l'État. En tout ceci, Fichte
s'inspire de Babeuf qu'il connaît par des mentions dans des revues allemandes,
mais, à la différence de ce dernier, il n'est pas égalitariste et laisse une place aux
inégalités nées du travail individuel[2].

Voici que les armées napoléoniennes occupent l'Allemagne.
Fichte obtient de l'occupant l'autorisation de prononcer quatorze
conférences à Berlin (du 13 décembre 1807 au 20 mars 1808), parce
que le sujet en est apparemment anodin : il s'agit de l'éducation.
Mais l' « éducation » que prône Fichte est un véritable programme
politique. Le titre, Discours à la *nation allemande,* est déjà, par lui-
même, révolutionnaire : s'adresser à la « nation » allemande par-
dessus la tête des États et des princes, c'est se mettre à l'école de la
Révolution française et suggérer qu'il faut abattre ces gouvernements réactionnaires (d'ailleurs le livre sera interdit à Berlin par la
censure du gouvernement prussien). D'autre part, la « nation » allemande, on va le voir, est essentiellement pour Fichte la communauté de tous les hommes qui parlent allemand : le livre est donc
une des premières expressions du pangermanisme moderne.

---

1. Avant d'être l'idéal de Fichte puis des pays fascistes et communistes, on se souvient que ce fut celui de Platon (*HIPAMA*, p. 121-124).
2. Cette vision de l'État national fermé et autarcique étant proposée dès 1800, on
voit que le nationalisme fichtéen n'a pas été seulement la conséquence des invasions napoléoniennes, ou la « juste » réplique à ces invasions.

1) *Une éducation anti-individualiste*

La cause de la défaite face à la France, dit Fichte, c'est la prédominance, dans l'Allemagne des années récentes, de l'*individualisme*. L'Allemagne n'est pas une vraie communauté. Donc il faut une « nouvelle éducation », moins intellectuelle que morale, et qui soit vraiment nationale, et non pas réservée à une élite. L'éducation nouvelle doit « contribuer au développement des particularités nationales » (*Discours à la nation allemande, op. cit.,* p. 77). Elle doit « subordonner à des règles fixes et sûres les tendances vitales des élèves, imprimer à leur vie une orientation définitive » (p. 78). On a tort, en effet, de reconnaître à l'élève un « libre arbitre » et de se contenter de lui fournir des connaissances et des conseils en espérant qu'il en fera bon usage. L'éducation nouvelle « devra au contraire s'appliquer [...] à *détruire totalement la libre volonté* et à éduquer la volonté dans le sens de la rigoureuse soumission à la nécessité » (p. 78, n.s.). « Vous devez former [l'homme] de telle sorte qu'il ne puisse pas vouloir autrement que ce que vous voulez qu'il veuille » (p. 79). L'élève devra aimer l'ordre social en commençant par sa propre école, dont la constitution sera « conçue d'une façon telle que l'individu ne soit pas seulement obligé de s'effacer devant le groupe, mais qu'il agisse également au profit de ce groupe » (p. 90).

On formera l'élève à la *pureté morale,* c'est-à-dire à agir selon l'Idée, et non selon la recherche des plaisirs et la fuite des peines. La vie spirituelle, ou vie de la pensée, est d'ailleurs la vraie vie, puisqu'elle est l'émanation de la vie divine (p. 95). La « religion de l'ancien temps » avait séparé la vie de la pensée de la vie divine, elle était fondée sur l' « égoïsme » et l' « amour de soi », sur l'attente du salut individuel dans un autre monde. La nouvelle éducation sera fondée sur une nouvelle religion, celle de l'Idéal. L'élève découvrira que « l'être est un éternel devant-être », que la recherche de Dieu est Dieu même ; et que le monde empirique n'est que l' « ombre » de cet être idéal. Or, faire advenir l'être qui doit être, c'est la tâche essentielle de l'humanité. Il y a en effet deux « stades de développement de la conscience », le sentiment obscur, dont la première manifestation est l'amour de soi, et la connaissance claire, qui permet l'accès à l'idéal. La tâche essentielle de l'humanité ne peut donc être accomplie que par des hommes qui ont atteint le deuxième stade.

2) *Le peuple de l'Idéal*

Ici, de manière quelque peu inattendue, nous découvrons le cœur de l'argument nationaliste. Le seul peuple qui ait atteint le deuxième stade est le peuple *allemand*.

« La véritable destination de l'humanité sur la terre [...] consiste à réaliser librement ce qu'elle doit être en vertu de sa nature originelle. Cette réalisation, faite d'une façon rationnelle et suivant une règle, doit commencer quelque part dans l'espace et à un moment donné du temps [...]. Je pense que, dans le temps, l'époque que nous vivons est celle où le genre humain se trouve à la fin de la première et au commencement de la seconde moitié de sa vie, c'est-à-dire entre ces deux phases principales ; dans l'espace, je crois que *c'est avant tout aux Allemands qu'échoit la mission d'inaugurer les temps nouveaux, d'en montrer le chemin et de servir de modèle aux autres* » (p. 101-102, n.s.).

Et Fichte de citer intégralement la fameuse prophétie d'Ezéchiel (Ez 37, 1-10) sur les « ossements desséchés » qui reprennent vie parce que Dieu y envoie son Esprit. Ainsi l'Esprit viendra « sur les ossements de notre corps national ». La nation tuée par la défaite sera en réalité le phare et la vie de toute l'humanité[1].

Dans le *Quatrième Discours,* Fichte admet que l'assertion selon laquelle les Allemands sont seuls à pouvoir assumer le passage de l'humanité à la seconde moitié de sa vie « a besoin d'une preuve ». Cette preuve va résider dans l'examen de l'*essence* de la germanité, de ce que l'Allemand « est en soi et pour soi », essence que n'altère en rien l'*accident* constitué par la défaite qui vient de frapper ce peuple. Ce « caractère fondamental » est quelque chose de distinctif ; Fichte entend bien montrer et que les Allemands *l'ont en permanence* et que les autres peuples *ne l'ont jamais*.

3) *La langue primitive*

Les Allemands sont un peuple germanique, mais ils ne sont pas le seul ; en réalité, tous les Européens sont, pour Fichte, des Germains, plus ou moins mélangés avec les populations conquises comme les Gaulois, Ibères, etc. Cette mixité raciale ne leur est pas propre : les

---

1. Cette citation d'Ezéchiel est paradoxale, puisque le prophète songe évidemment à Israël, non aux Allemands... Mais ceux-ci prennent, précisément, le relais du peuple élu. Comme un peu plus tard chez Hegel, ils élèvent la prétention d'être à la fois un peuple leader et universel, en ce qu'il peut *seul* assumer le salut *commun* de l'humanité. Paradoxe récurrent des nationalismes, puisqu'on le retrouve dans la France de l'époque révolutionnaire (nous avons cité les textes de Michelet), mais aussi en Angleterre, aux États-Unis...

Allemands eux-mêmes sont, racialement, des hybrides, puisqu'ils ont été mélangés aux Slaves. Ce qui caractérise en propre les Allemands, c'est autre chose que la race. C'est qu'*eux seuls ont gardé leur langue.* Les Germains émigrés ont adopté la langue latine et sont devenus des « néo-latins », parlant une langue étrangère qu'ils ont commencé à abâtardir. Les Allemands, seuls, parlent une *Ursprache,* une langue « originaire », comparable à d'autres comme l'hébreu, le grec et le latin (mais celles-ci sont des langues mortes).

Or, de ce fait géo-historique, Fichte tire des conséquences métaphysiques. Une langue pure et originelle, qui évolue par sa logique intérieure, immanente, sans emprunts étrangers, et sans être, à un moment précis du temps, adoptée d'un peuple étranger, offre une caractéristique extraordinaire : *elle permet de désigner adéquatement le supra-sensible.*

Le supra-sensible n'est pas accessible directement ; il ne peut l'être que par des métaphores ayant une base sensible. Or le sens métaphorique ne sera naturellement parlant et n'évoquera réellement le supra-sensible que pour quelqu'un qui parle la langue même dans laquelle les mots ont acquis leur sens métaphorique à partir de leur sens sensible. Cet homme continuera à entendre le sens sensible sous le sens métaphorique et pourra, de ce fait, avoir l'exacte notion du parcours de la métaphoricité, de la distance qu'elle fait franchir à l'esprit. Si, en revanche, les abstractions sont coupées du concret qui leur a servi de base, elles deviennent des réalités mortes, extérieures, qu'on ne peut considérer que comme des notions opaques, qu'on apprend mécaniquement et sans entendre en elles l'*élan vers l'idéal* qui a présidé à leur formation.

Les locuteurs des langues européennes dérivées ont appris les abstractions toutes faites dans le latin. Par conséquent, ces abstractions n'ont jamais été, pour eux, de vrais idéaux vivants. C'est pourquoi ils ne les ont jamais vraiment comprises et les ont considérées avec scepticisme ou ironie. C'est la raison pour laquelle les Français sont un peuple irrémédiablement léger (bien qu'on essaie de faire passer cette légéreté pour de l'« esprit »), alors que seuls les Allemands sont *sérieux,* c'est-à-dire vrais, aptes à atteindre l'idéal (et le fait que les Français les disent « lourds » ne fait que manifester leur incompréhension de ce qui est ici en jeu).

On est fasciné par le contraste existant entre les enjeux sociaux et politiques de la thèse de Fichte et la fragilité des arguments sur lesquels elle est fondée. Fichte confond langue dérivée et langue morte, ou du moins émet la thèse selon laquelle toute langue dérivée serait, par cela même, une langue desséchée, à la fois incapable d'avoir du sens et de produire des sens nouveaux, d'évoluer. Il fait l'hypothèse qu'il pourrait exister des langues qui ne seraient pas « dérivées », alors qu'en réalité nous savons que *toutes* les langues sont « dérivées », c'est-à-dire historiques, issues d'autres langues et destinées à se transformer en d'autres langues encore. Il n'y a pas de « début » d'une langue ; croire en une origine absolue est scientifiquement un non-sens. Toute langue est, ou peut être, perpétuellement créatrice. Le français est certes dérivé du latin, mais il n'en est pas déduit au sens logique du terme ; il n'est pas du latin *moins* quelque chose, mais du latin *plus* quelque chose, à savoir tout ce qui a été créé par la vie collective des hommes qui ont, pendant des siècles, parlé et écrit en français. Il est le latin *plus* la littérature française, *plus* un « esprit » qui n'était pas dans le latin.

4) *L'Allemagne a créé le vrai christianisme*

Fichte introduit dans le *Sixième Discours* un argument supplémentaire en faveur de la supériorité spirituelle des Allemands : eux seuls auraient accès au vrai christianisme.

Il se trouve que le christianisme comporte deux dimensions opposées. Il est assurément une religion de l'Idéal. Mais, en même temps, par son « origine asiatique », il est synonyme d' « obéissance muette » et de « foi aveugle ». Quand cette religion s'est répandue à Rome, cette dernière dimension n'a pas choqué outre mesure, puisqu'il existait à Rome bien d'autres superstitions. Du moins le christianisme est-il toujours resté pour les Romains quelque chose d' « étrange » et d' « exotique ». Les « Germains immigrés » présents à Rome ou romanisés par la conquête n'étaient, eux, ni assez éduqués pour s'opposer intellectuellement à cette superstition, ni assez superstitieux eux-mêmes pour y adhérer franchement. Ils acceptèrent donc extérieurement le christianisme, simplement parce qu'ils ne pouvaient se romaniser − ce qu'ils souhaitaient ardemment − sans se christianiser. Par la suite, les Italiens, redécouvrant leur propre culture antique à l'époque de l'humanisme, prirent conscience de l'absurdité du christianisme. Mais ils n'étaient pas assez « sérieux » pour faire autre chose qu'en rire et, en outre, la « classe distinguée et cultivée » était satisfaite que le peuple fût maintenu dans l'obéissance. Dès lors il revenait aux Allemands d'accomplir cette « grande action d'une portée universelle » qui consisterait à dégager enfin la véritable essence du christianisme de la couche de superstition qui l'étouffait. Cette action fut la Réforme. Les Allemands purent l'accomplir dès lors qu'ils furent à leur tour assez instruits de la culture païenne antique, et grâce au fait qu'ils étaient, eux, « sérieux » et plus soucieux de l'unité de la communauté.

La dimension « idéale », vraie, du christianisme était la recherche du salut de l'âme. Cette idée, jusque-là restée stérile, allait se développer dans le terreau fertile du peuple allemand, parce que ce peuple était seul capable, nous avons vu pourquoi, d'accéder à l'idéal. Il faut donc poser en thèse que le peuple allemand a été le premier peuple véritablement chrétien. Cette purification du christianisme ne put se faire que sous l'impulsion d'un homme capable de tout sacrifier à son idéal, l'idéal du salut de toute âme, la sienne propre et celles de tous les hommes. Cet homme fut Luther, et la thèse de Fichte est donc que Luther ne pouvait être qu'allemand.

« Que d'autres aient vu dans la Réforme le moyen d'atteindre des buts terrestres, ils n'auraient jamais remporté la victoire, s'ils n'avaient pas eu à leur tête un chef passionné par les choses éternelles ; que celui-ci qui n'avait en vue que le salut de toutes les âmes immortelles ait poussé le sérieux jusqu'à déclarer la guerre à tous les diables de l'enfer, rien de plus naturel, et il n'y a là rien qui doive nous étonner. Ce n'est qu'une preuve du sérieux et de la profondeur des sentiments des Allemands » (p. 139).

Pour « dépouiller l'aspect extérieur » du christianisme, vraie religion, il fallait y « introduire la pensée libre de l'Antiquité » : ce sont les Allemands qui ont accompli cette tâche, révélant ainsi à la religion sa véritable essence (il est vrai que c'est par les peuples néo-latins que les Allemands ont reçu l'héritage de l'Antiquité païenne, mais ces peuples n'auront servi, dans cette affaire, que de relais passifs).

Fichte énonce alors une idée redoutable. Pour défendre l'Évangile maintenant ramené à sa vérité idéale, les Allemands ont fait une guerre cruelle (il pense à la guerre de Trente Ans), accepté d'être martyrs comme aux premiers temps du christianisme. Or, cette guerre de l'Idéal, Fichte l'approuve sans réserve.

« [Les Allemands voulurent] faire briller pour eux-mêmes et pour leurs enfants la seule lumière sanctifiante de l'Évangile. Et l'on vit alors se reproduire les miracles que le christianisme, à ses débuts, avait connus avec ses confesseurs. Toutes les manifestations de cette époque portent la marque de préoccupation universelle du salut de l'âme. Voyez là une des caractéristiques principales du peuple allemand. Chez lui, l'enthousiasme provoque l'enthousiasme et l'élève sans peine à toute vérité claire, et cet enthousiasme persiste toute sa vie et la forme à son image » (p. 140).

Ainsi Fichte refuse-t-il de renvoyer dos à dos les fanatiques des deux bords des Guerres de Religion, il récuse l'esprit d'Henri IV ou des constitutionnalistes huguenots, hollandais ou anglo-américains, le pluralisme, l'acceptation de l'altérité de l'autre, la tolérance de Locke et de Bayle, les ébauches de démocratie libérale qui sont le fruit de ces épreuves horribles de l'Europe. Il prétend, lui, que les luthériens ont eu raison de tout sacrifier à l'Idée, comme les millénaristes (que, pourtant, Luther a durement combattus). Et il fait *de cela* l'identité allemande.

Ce qui revient à détacher l'Allemagne du grand courant de la civilisation occidentale, dont l'évolution vers la démocratie libérale, que l'on peut considérer comme la synthèse des éléments civiques gréco-latins et des éléments éthiques et eschatologiques judéo-chrétiens, était précisément le trait caractéristique. Cette option philosophique de Fichte est un des éléments qui ont déterminé une certaine dérive de l'Allemagne loin de l'Occident, qu'elle ne rejoindra spirituellement qu'après 1945...

5) *La philosophie allemande*

Le « libre exercice de la raison » a été encouragé dans toute l'Europe sous l'impulsion des Réformateurs. À l'étranger, cela a produit une philosophie athée, basée sur une raison naturelle « inculte », qui a triomphé du catholicisme. Mais, par contre-coup, ce développement a encouragé les Allemands à aller plus loin dans leur propre recherche : ainsi est née la *philosophie allemande,* qui est selon Fichte la vraie philosophie. Les Allemands ont en effet « cherché le supra-sensible dans la raison même », au lieu de donner dans l'athéisme vulgaire des autres rationalismes européens. Cette philosophie est la vérité même, qui n'a donné chez les autres peuples que des « Lumières », alors qu'aux Allemands elle a donné la lumière par excellence :

> « Aujourd'hui, [le peuple par excellence, le peuple allemand], se trouve en présence d'une *philosophie de clarté* qui, tel un miroir, lui renvoie en toute netteté l'image fidèle de ce qu'[il] a été jusqu'à présent sans le savoir [à savoir le peuple de l'Idéal] [...] » *(ibid.).*

Seule donc la philosophie allemande permettra l'éducation de l' « homme parfait » avec lequel pourra être édifié l' « État parfait » (p. 144-145)[1].

6) *Les Allemands, seul peuple créateur*

Le peuple allemand, en tant que *Urvolk,* est enfin le seul peuple essentiellement *créateur.* Il l'est parce qu'il est « comme une plante dont les racines plongent dans le monde éternel de l'esprit » (p. 238), source éternellement jaillissante. La culture « artificielle » des étrangers, non reliée à l'idéal, ne leur permet pas de créer. Ils croient que la mort est une limite infranchissable de la vie, alors que les Allemands, capables de « dépasser les apparences » et de « pénétrer au

---

1. Nous avons vu que là était aussi la conviction de Hegel : seule la philosophie allemande peut comprendre en profondeur ce que sont le droit et l'État. Les autres Européens (Romains, scolastiques, anglais...) n'en ont saisi que les aspects extérieurs et vulgairement empiriques, moyennant quoi toute la science juridique et politique doit être remise en chantier sous la direction des philosophes allemands, seuls esprits vraiment rationnels (cf. *supra,* p. 717).

fond des choses », voient dans les formes qui naissent et meurent des figures d'une vie éternelle,

« une émanation de la vie une, pure, divine, de la vie absolue, qui demeure une en toute éternité, et non de telle ou telle vie particulière ; et [la philosophie allemande] voit comment cette vie se referme et se rouvre éternellement dans les apparences et constate que c'est seulement à la faveur de cette loi qu'elle acquiert un Être et devient Quelque Chose » *(ibid.)*.

Parce qu'il est capable de penser la vie infinie et de créer, l'Allemand seul peut vouloir véritablement le *progrès*.

« D'après l'Allemand, l'histoire, au lieu de se dérouler selon la loi mystérieuse et inconnue du mouvement cyclique, est l'œuvre de l'homme qui, loin de faire revivre ce qui a déjà été, prolonge l'histoire dans le temps, en y introduisant sans cesse de nouvelles créations » (p. 158).

Du coup, l'humanité se scinde en deux parties inégales, les Allemands et tous les autres.

« Tous ceux qui vivent une vie personnelle créatrice et productive ou qui, si une pareille vie leur est refusée, détournent du moins leur attention du néant et restent dans l'attente du jour où ils seront entraînés dans le courant de la vie originelle, ou encore ceux qui, sans aller aussi loin, ont pourtant une vague intuition de la liberté et l'aiment, au lieu de la haïr ou d'en avoir peur : tous ces hommes-là sont des hommes authentiques, originels et, considérés à l'échelle d'une nation, ils forment un *Urvolk,* le peuple tout court, les Allemands. Tous ceux qui se résignent à être de seconde zone, à être, pour ainsi dire, des épigones n'ayant rien d'originel, le sont en effet et le deviennent de plus en plus à mesure que cette croyance s'affermit en eux ; ils sont un appendice de la vie qui se meut à côté d'eux sans se soucier d'eux ; ils sont comme l'écho d'une voix déjà éteinte, renvoyé par un rocher, et, du point de vue national, ils sont exclus du peuple primitif pour lequel ils ne sont que des étrangers. [...] Tous ceux qui croient à la spiritualité et à la liberté, ceux qui veulent faire progresser cette spiritualité par la liberté, tous ceux-là, quels que soient leur pays d'origine et leur langue, sont avec nous et pour nous. Et tous ceux qui croient à l'immobilité, à la régression, à la danse en cercle ou qui placent une nature morte au gouvernail du monde, tous ceux-là, quel que soit leur pays d'origine et leur langue, n'ont rien d'allemand, ils nous sont étrangers, et il est à souhaiter qu'ils se séparent de nous totalement[1] » (p. 163).

---

1. Fichte admet donc en principe que certains non-Allemands rejoignent le peuple allemand dans l'avant-garde de l'humanité ; mais il faudra qu'ils se fondent dans son esprit, qu'ils soient non seulement « avec », mais « pour » les Allemands ; et manifestement Fichte est peu disposé au prosélytisme. Dans la dernière phrase, on note une assez triste erreur de Fichte. Les Allemands étant le seul peuple « créateur », tous les partisans de la « danse en cercle », de l'Éternel Retour païen, sont par là même, pense-t-il, des non-Allemands. Il n'anticipe pas que c'est précisément le nationalisme allemand qui, en s'éloignant de l'eschatologie biblique et en célébrant le paganisme des anciens Germains, mettra à nouveau en honneur une conception cyclique du temps dont le symbole sera la croix gammée.

7) *Pureté et pangermanisme*

Mais, pour que le peuple allemand assume ce destin, il faut qu'il reste *pur* et, d'autre part, il faut qu'il se *rassemble*. Il faut qu'il ne se laisse corrompre par aucun élément étranger, et qu'il inclue, nonobstant les frontières posées artificiellement par la politique, l'intégralité de la communauté linguistique allemande. La théorie de Fichte débouche à la fois sur le *nationalisme* (fermé) et sur le *pangermanisme* (expansionniste).

« Ceux qui parlent la même langue [...] s'appartiennent les uns aux autres et forment naturellement un tout indissoluble. Ce peuple ne peut accueillir en son sein aucun peuple d'origine et de langue étrangère et se mêler à lui, sans perdre sa propre originalité et sans troubler gravement la progression uniforme de sa culture. C'est de cette frontière intérieure, tracée par la nature spirituelle de l'homme, que découle la délimitation extérieure de son habitat, et en envisageant les choses sous leur aspect naturel, les hommes ne forment pas un peuple parce qu'ils habitent un territoire limité par telles ou telles montagnes, ou tels ou tels fleuves, mais, au contraire, ils vivent ensemble et sont, lorsque leur chance le veut, protégés par des montagnes et des fleuves, parce qu'ils formaient déjà un peuple dès l'origine en vertu d'une loi naturelle en tout point supérieure » (p. 241-242).

À cette « nation » allemande rassemblée, l'individu devra se *sacrifier* : ce sera la condition pour qu'il garde le contact avec le divin.

« La vie pour elle-même, la vie comme continuation de l'existence changeante n'a jamais eu de valeur ; [...] [la] durée [de l'individu] ne lui est garantie que par l'indépendance et la durée de sa nation ; pour sauver celle-ci, il sera même prêt à accepter la mort, afin que la nation vive et qu'il vive en elle la seule vie qui lui paraît digne d'être vécue » (p. 172).

La moralité suprême consiste donc à subordonner les « penchants égoïstes », le « moi personnel », à la « collectivité », à la « totalité » (p. 203, 204). Mais ce sacrifice n'a de sens que si le gouvernement, aux ordres de qui on va à la mort, est lui-même brûlé de la « flamme dévorante du sublime amour de la patrie ».

« La promesse d'une vie terrestre prolongée ici-bas au-delà de sa propre vie, cela seul est susceptible d'inspirer un enthousiasme qui aille jusqu'à la mort pour la patrie. Il en a été ainsi jusqu'à présent. Toutes les fois qu'il y eut un véritable gouvernement, toutes les fois que des luttes acharnées furent livrées, la victoire acquise contre de violentes résistances, ce fut cette promesse d'une vie éternelle qui gouverna, combattit, vainquit » (p. 176).

Les Allemands n'ont pas manifesté ce souci suprême seulement au moment de la Réforme, mais déjà bien auparavant, par leur résistance aux Romains. Car, peuple primitif, ils voulaient rester libres afin de garder leur « esprit originel », de « progresser dans leur propre culture d'après ces mêmes principes » et de « transmettre cette autonomie à leur postérité » (p. 178).

8) *Peuple et État*

Le nationalisme allemand a besoin, aujourd'hui comme jadis, d'un gouvernement. Cependant, il ne doit pas être un étatisme. Car le peuple dépasse infiniment l'État. L'État sert à l'ordre, à la subsistance, et uniquement à cela. Il n'est pas le lieu de l'incarnation de l'infini. Ce lieu est le peuple lui-même qui est infiniment au-dessus de l'État. La patrie est un « but supérieur, le développement du pur élément humain toujours en progrès au sein de la nation » (p. 180). Donc l'État, chez les Allemands, seul peuple au sens propre du mot, sera séparé de la nation : l'unité d'une grande nation peut s'accommoder d'une pluralité de petits États (comme chez les Grecs)[1].

Tout Allemand, en ce sens, a deux allégeances, l'une à l'État pour sa subsistance, l'autre à la nation pour les réalités idéales. La première est inférieure et les Allemands comme les Grecs ont pu ou dû souvent changer d'État pour échapper, par exemple, à une persécution. Si la nation allemande doit, malgré tout, être unifiée par un État, le décalage entre les deux instances n'en devra pas moins subsister. C'est pourquoi il ne faudra pas que l'État qui unifiera l'Allemagne soit une monarchie absolutiste, car c'en serait fini de la liberté (l'auteur voit bien que, dans ce cas, l'État prétendrait prendre la direction spirituelle de la nation), il faut que ce soit une République (cf. *Neuvième Discours*, p. 185).

9) *Une nouvelle éducation*

On peut revenir maintenant au problème de l'éducation. Seule pourra forger la nation allemande ainsi définie une éducation qui, au rebours des anciennes formes d'enseignement, sera délibérément *nationale*. Les nouvelles écoles présenteront les caractères suivants :

— elles seront *mixtes* ;

Puisqu'elles sont vouées au monde de l'esprit et que l'esprit, sans doute, est asexué, il n'y a pas lieu de faire une différence entre garçons et filles (même raisonnement, même conclusion chez Fichte que chez Platon).

---

1. On peut mesurer cette conception 1) à la conception absolutiste-jacobine française, qui valorise avant tout la (ou le) politique, donc l'État créant et conduisant la nation ; l'État, non la nation, a reçu dans la France déchristianisée des Temps contemporains les attributs « infinis » de l'Esprit ; 2) à la conception démocratique libérale qui subordonne l'État non au « peuple » ou à la « nation », mais à la société civile, association d'individus qui s'associent, précisément, pour sauvegarder leurs libertés individuelles et donc leur identité de personnes humaines, lesquelles seule sont capables d' « infini ».

— *instruction* et *travail productif* y seront réunis ;

Les écoles seront en partie autarciques, elles n'auront pas besoin de demander des moyens d'existence à l'extérieur. C'est un point crucial. Si les écoles devaient être subventionnées par la société civile, cela manifesterait un lien organique entre l'empirique et le transcendantal. L'idéalisme de Fichte ne peut l'accepter. C'est pourquoi il prône une école presque entièrement séparée, ayant résolu presque à elle seule le problème de sa subsistance. Que ceci ne puisse être obtenu que par un travail manuel forcené des enfants n'est pas, dans son esprit, une objection. Cela préparera les enfants à la guerre et aux activités économiques[1].

— les *frais complémentaires* de l'Éducation nationale seront assurés par l'État ;

Cependant, l'autarcie des écoles ne pourra être totale. Le complément de ressources dont elles auront besoin ne devra pas être assuré par les Églises (institutions publiques, mais tournées seulement vers le Ciel) ni par les parents (tournés vers la Terre, mais poursuivant des buts privés et égoïstes). Il ne pourra l'être que par l'État, institution à la fois publique et vouée à la survie terrestre de la nation. Cela constituera pour lui une lourde charge financière. Mais cette charge sera plus que compensée par les économies qui en résulteront sur les dépenses militaires : en effet, l'école nouvelle fournira des soldats au corps déjà exercé, dotés de toutes les connaissances et prêts à se sacrifier pour la collectivité. De même, l'État n'aura plus à faire certaines des dépenses qu'il fait aujourd'hui pour l'économie : car l'école fournira une main-d'œuvre bien formée au travail. L'éducation d'État est donc — Fichte n'emploie pas le mot, mais pense la chose — un investissement rentable.

— enfin l'Éducation nationale sera *obligatoire*.

Sinon, comment soustraire la nation à la liberté individuelle dissolvante ?

10) *Une Allemagne fermée sur elle-même*

L'Allemagne, dit Fichte, est pacifique. Ce sont seulement la cupidité et la ruse de ses voisins qui l'ont entraînée dans les guerres récentes. Quand ces guerres seront terminées, l'Allemagne devra rentrer en elle-même et rester autarcique. Pas de colonisation, pas de commerce international : tout ceci amène la perversion par l'amour de l'or. Le cosmopolitisme, la monarchie universelle dont certains rêvent sont contraires aux desseins mêmes de Dieu, qui a voulu qu'il y eût une pluralité de peuples et d'individus.

---

1. Fichte a sûrement connu le schéma proposé devant la Convention nationale française, quelques années auparavant, par Le Pelletier de Saint-Fargeau et Saint-Just, qui proposaient précisément d'enfermer dans des camps de travail toute la jeunesse française de cinq à douze ans.

« C'est dans la mesure où chaque nation et, au sein de cette nation, chaque individu se développe et se forme en toute liberté selon sa nature, et selon l'individualité de la collectivité, c'est dans cette mesure seulement que l'image de Dieu se reflète dans l'humanité comme dans le miroir qui lui est propre » (p. 248)[1].

Et Fichte condamne explicitement tout mélange, toute immigration :

« Ces particularités invisibles de la nation, cachées à ses propres yeux, constituent l'élément qui la rattache aux sources originelles de la vie, c'est en elles que se trouve la garantie de sa dignité, de ses vertus et de ses mérites à venir ; lorsque ces particularités sont émoussées par des mélanges ou des frottements, l'uniformité banale qui s'ensuit entraîne une scission entre l'humanité et sa nature spirituelle, et tous les individus se trouvent confondus dans la même déchéance » (ibid.).

Qui parle à qui dans les *Discours à la nation allemande* ? Les destinataires sont – et Fichte explique chaque fois pourquoi – les *jeunes,* les *vieux,* les *hommes d'affaires,* les *penseurs,* les *écrivains,* les *princes,* soit la totalité organique du peuple allemand. Et l'on apprend que c'est le peuple allemand qui, en tout ceci, se parle à lui-même, puisqu'à la voix de Fichte se joignent celles des *ancêtres,* qui ont lutté contre la papauté, celles des *descendants* qui exhortent les hommes du présent à ne pas « rompre la chaîne » qui relie les Allemands de tous les temps les uns aux autres en manquant à leur devoir patriotique, et encore les voix mêmes de certains *étrangers,* à savoir les Germains romanisés du reste de l'Europe qui ont reçu des Allemands leur civilisation et qui adjurent les Allemands de tenir bon contre le despotisme napoléonien, enfin la voix de la *Providence* elle-même, « le plan qui a présidé à la création du genre humain dans un monde qui n'existe que pour être pensé par l'homme et réalisé par lui » (p. 275). Seul l'Allemand est le germe de la perfectibilité du genre humain et lui seul peut donc sauver l'humanité[2].

---

1. On retrouvera cette idée « théologique » dans certains écrits nationalistes allemands postérieurs : les races et les nations (et non les individus) sont, chacune, des « pensées de Dieu », la différence entre nations manifeste la puissance créatrice de Dieu. Vouloir, ou supporter, le mélange des nations contrevient donc gravement aux plans divins. Nous avons rencontré une idée apparentée à celle-ci, mais appliquée aux différenciations sociales, dans les écrits de la droite française : le plan providentiel a expressément voulu qu'il y eût des riches et des pauvres, des maîtres et des serviteurs, qu'il féconde les uns par les autres ; Dieu n'aime pas l'uniformité (cf. *supra,* p. 1197).

2. Idée parallèle à celle qu'énonce Michelet au sujet de la France (cf. *supra,* p. 1175) ; de même, les raisons d'être profondes d'un « culte des ancêtres » seront reformulées par Barrès (cf. *supra,* p. 1178-1181). Le nationalisme est ainsi, au XIXe siècle, un phénomène politique... international, retrouvant les mêmes slogans et les mêmes formules d'un pays à l'autre (ce qui suggère qu'il y a un vice dans le raisonnement qui conclut à la singularité absolue de la nation).

§ 3
Le « mythe aryen » et l'Allemagne[1]

La nationalisme allemand, après s'être nourri aux sources mythologiques puis philosophiques, trouve un nouvel aliment dans la
science du XIXe siècle et du début du XXe. Alors se répand, partout en
Europe, mais plus spécialement en Allemagne, la thèse « aryenne »,
qui constitue le contexte idéologique où pourront s'affirmer plus
tard les idéologies racistes, ultra-nationalistes et nazies. Les racines de
ce phénomène complexe plongent cependant jusqu'au début des
Temps modernes et même auparavant.

1) *La contestation de l'origine adamique et de l'unité du genre humain*

Nous avons vu plus haut que, du fait des acquis de la critique
biblique et de l'esprit scientifique du XVIIIe siècle, la place occupée
jadis par la généalogie biblique a été laissée libre. Des hypothèses
« préadamites » – il y a eu des hommes avant Adam et ces hommes
ont aujourd'hui des descendants qui coexistent avec ceux d'Adam,
donc il n'y a pas de genre humain unique – avaient été formulées
dès le Moyen Âge. Mais l'hypothèse se précise avec les Grandes
Découvertes.

D'où sortent donc les Indiens, demandent Paracelse, Giordano Bruno, La
Pereyre ? On formule la théorie du « polygénisme », liée également au sentiment que les juifs, qui sont descendants authentiques, eux, d'Adam, sont un
peuple étranger à l'Europe (Goethe pensera que tant les Européens que les
Nègres ont d'autres ancêtres qu'Adam). Las Casas proteste contre l'asservissement des Indiens, mais admet celui des Noirs. Une discrimination se fait jour,
dont témoigne la pluralité de termes, *métis,* hybride de Blanc et d'Indien, et
mulâtre hybride de Blanc et de Noir (or « mulâtre » est formé sur « mulet »). Les
Noirs sont associés au crime, au vice, à la bestialité (on se demande s'ils ne sont
pas des singes), alors que les Indiens d'Amérique (les « Hurons ») peuvent devenir les « bons sauvages » des utopies des Lumières. Ainsi la couleur de l'épiderme
et les autres traits physiques remplacent les généalogies bibliques comme principe de classement.

Le terme « race » est employé pour la première fois dans son sens
actuel par François Bernier en 1684. La science – qui, dans ses premiers temps, est mécaniste – infère de ces caractères extérieurs

---

1. D'après Léon Poliakov, *Le Mythe aryen, op. cit.*

(couleur, forme du crâne...) des différences psychologiques et spirituelles. L'unité de l'espèce humaine est remise en question.

Il y a ainsi, pour Linné, quatre races humaines bien distinctes, chacune ayant ses caractères intellectuels, moraux et psychologiques propres :

« *Europæus albus* : ... ingénieux, inventif, blanc, sanguin... Il est gouverné par les lois.

« *Americanus rubescens* [le Peau-Rouge] : content de son sort, aimant la liberté... basané, irascible... Il se gouverne par les usages.

« *Asiaticus luridus* [le Jaune] : orgueilleux, avare... jaunâtre, mélancolique... Il est gouverné par l'opinion.

« *Afer niger* [le Noir] : ... rusé, paresseux, négligent... noir, phlegmatique... Il est gouverné par la volonté arbitraire de ses maîtres » (cité par Poliakov, p. 199).

Pierre Camper, anatomiste hollandais (1722-1789) inaugure la « crâniologie ». Maupertuis (1698-1759) conçoit l'idée d'une sélection d'une race humaine supérieure. Buffon (1707-1788) ne doute pas de la supériorité de la race blanche, même s'il soupçonne que les races évoluent.

2) *La découverte de la parenté des langues indo-européennes*

Mais c'est la linguistique qui apporte un argument décisif. Ludwig von Schlözer (1735-1808) distingue deux familles de langues, les unes « sémitiques » et les autres « japhétiques ». Anquetil du Payron (ou du Perron) (1731-1805) traduit du vieux persan, en 1771, après un séjour en Inde où il a été initié au culte du feu chez des parsis, l'*Avesta,* livre sacré du zoroastrisme. Il a conscience de la parenté grammaticale de la langue persane de Zoroastre avec le grec et le latin. Sir William Jones (1746-1794), grammairien et juriste, magistrat britannique au Bengale, montre de même, en 1788, la parenté, avec les langues européennes, de la langue indienne, le sanskrit. Mais l'analogie structurale entre les diverses langues indo-européennes sera démontrée seulement une trentaine d'années plus tard par l'Allemand Franz Bopp (1791-1869), considéré comme le père de la linguistique moderne, professeur à Göttingen et à Berlin, auteur de la *Grammaire comparée du sanskrit, du zend* [persan]*, du latin, du lituanien, du vieux slave, du gothique et de l'allemand* (1833-1852).

3) *Naissance du mythe aryen*

Avant même cette confirmation, l'idée d'une origine commune entre l'Inde et l'Europe avait été popularisée par le romantique Friedrich von Schlegel (1772-1829) qui avait déduit de la parenté de langue une parenté de race. Il devient ainsi le principal auteur du « mythe aryen ».

Son *Essai sur la langue et la sagesse des Indiens,* paru la même année que les *Discours* de Fichte, enflamme la jeune Allemagne. « Tout, absolument tout est d'origine indienne », dit-il. C'est l'Inde qui a civilisé l'Égypte, laquelle a civilisé les Hébreux. Schlegel désigne lui-même les nouveaux ancêtres du nom d' « Aryens » (nom donné par Hérodote aux Perses) en évoquant une parenté qu'aurait ce terme avec la racine germanique « *Ehre* », « honneur ». Le terme d'Indo-Germains est également forgé (par l'orientaliste Julius von Klaproth en 1823) et adopté en Allemagne, tandis que l'Anglais Thomas Young propose, en 1816, celui d' « Indo-Européens ». L'idée est reprise par Schopenhauer (cf. Poliakov, p. 243).

Tout ceci survient dans un contexte de grande effervescence nationaliste où, par ailleurs, la question juive est passionnément débattue (les juifs ont été émancipés dans les parties de l'Allemagne administrées par la France napoléonienne, puis l'ancien statut a été rétabli dans les zones relevant de la Prusse absolutiste). Il y a une méfiance à l'égard de ces nouveaux candidats à la citoyenneté, et l'affirmation d'une origine « aryenne » des Allemands renforce les thèses anti-intégrationnistes. D'autant qu'à l'âge de l'épanouissement de la science, les arguments théologiques traditionnels ne peuvent valoir pour justifier le rétablissement des ghettos ou autres formes d'exclusion. Donc

« la caste "déicide" juive se transmuta, au lendemain de son émancipation, en race "inférieure" sémite. [...] Des sentiments et ressentiments indéracinables de l'occident chrétien s'exprimèrent désormais en un nouveau vocabulaire » (Poliakov, p. 244).

4) *Le mythe aryen en France*

L'idée aryenne connaît également un grand succès en France, où il faut noter à cet égard le rôle des saint-simoniens. Pierre Leroux (le père du mot « socialisme ») adopte l'hypothèse aryenne, ainsi que l'inspirateur de Gobineau, Courtet de l'Isle, adorateur de la « race blonde », ou encore Gustave d'Eichthal. Mais il faut citer aussi Balzac, Proudhon, Michelet, d'Eckstein, Henri Heine, Joseph de Maistre, et enfin Gobineau et Renan (le grand propagateur du mythe aryen en France et dans les pays latins). Il est vrai que des voix divergentes se font entendre : Tocqueville, Hugo, Victor Schoelcher...

Michelet (1798-1874), dans *La Bible de l'humanité* (1864), tend à relativiser la Bible hébraïque et à faire s'approprier par les Aryens l'essentiel du message biblique. Louis Jacolliot prétend que Moïse et Jésus ne sont que des imitateurs d'écritures hindoues antérieures. Il y a, selon Renan (1823-1892), deux races

nobles, les Sémites et les Aryens, mais les premiers, après avoir inventé le monothéisme et ainsi accompli leur mission, sont « déchus » et n'ont plus rien à dire,
tandis que les seconds vont dominer désormais le monde par la science et la
raison.

5) *Le mythe aryen dans les pays anglo-saxons*

En Amérique, une école se forme qui vise à prouver l'infériorité raciale des Noirs. Par contre, en Angleterre, les origines bibliques sont plus difficilement attaquables, même si un racisme comparable s'affirme par d'autres voies. La bibliolâtrie ambiante fait que
des esprits comme John Stuart Mill préfèrent les hypothèses envi-
ronnementalistes aux hypothèses biologisantes.

Jusqu'à 1850 environ, on rechigne à se livrer à l'étude des caractères physiques et physiologiques des races ; on essaie de trouver des passerelles entre les
antiques lignages bibliques et les nouvelles races physiologiques. Edwards, naturaliste franco-anglais, distingue vers 1830 « races historiques » et « races physiologiques » et fait des Juifs une « race physiologique ». Il faut signaler la position
originale de Disraëli, homme politique anglais d'origine juive, qui épouse les
idées racistes émergentes de son époque (il dit : « *All is race : there is no other
truth* »), mais en les tournant dans un sens favorable aux Juifs : « Le fait est que
vous ne pouvez pas détruire une race pure d'organisation caucasique. C'est un
fait physiologique... En ce moment, malgré des siècles et des dizaines de siècles
de dégradation, l'esprit juif exerce une vaste influence sur les affaires européennes. Je ne parle pas de leurs lois, auxquelles vous obéissez encore, ni de leur littérature, dont sont saturés vos esprits, mais de l'intellect hébraïque vivant. Il n'y
a pas de grand mouvement intellectuel en Europe auquel les Juifs ne prennent
pas une grande part. Les premiers jésuites furent des Juifs : la mystérieuse diplomatie russe qui trouble tellement l'Europe occidentale est principalement
conduite par les Juifs ; cette révolution puissante, qui se prépare en ce moment
en Allemagne, et qui, si peu connue en Angleterre, deviendra une seconde et
plus vaste Réforme, se développe en son entier sous les auspices des Juifs, qui
monopolisent presque les chaires professorales d'Allemagne... » (cité par Poliakov, p. 296). Le chirurgien Robert Knox explicite comme suit la formule de
Disraëli : « Que la race décide de tout dans les affaires humaines est simplement
un fait, le fait le plus remarquable, le plus général, que la philosophie ait jamais
annoncé. La race est tout : la littérature, la science, l'art – en un mot la civilisation – en dépend » (cité par Poliakov, p. 296-297).

6) *L'*Essai sur l'inégalité des races humaines *de Gobineau*

Ce que Joseph Arthur de Gobineau (1816-1882) va apporter de
neuf dans son *Essai sur l'inégalité des races humaines* (1853-1855), c'est
un pronostic pessimiste sur l'avenir des races. Il considère que la
démocratie et la Révolution ruinent la civilisation blanche. Or la

race blanche a « le monopole de la beauté, de l'intelligence et de la force ». Il existe un instinct racial qui s'oppose aux croisements (« loi de répulsion »), mais qui s'est affaibli chez les Blancs trop généreux et qui ont conquis le monde, d'où une fragilité essentielle, dorénavant, de cette race.

Maintenant, un abâtardissement général menace, surtout en Amérique.

« L'espèce blanche a désormais disparu de la face du monde. Après avoir passé l'âge des dieux, où elle était absolument pure ; l'âge des héros, où les mélanges étaient modérés de force et de nombre ; l'âge des noblesses, où des facultés, grandes encore, n'étaient plus renouvelées par des sources taries, elle s'est acheminée plus ou moins promptement, suivant les lieux, vers la confusion définitive de tous ses principes. [...] La part de sang arian, subdivisée déjà tant de fois, qui existe encore dans nos contrées, et qui soutient seule l'édifice de notre société, s'achemine chaque jour vers les termes extrêmes de son absorption. Ce résultat obtenu, s'ouvrira l'ère de l'unité... Cet état de fusion, bien loin d'être le résultat du mariage direct des trois grands types pris à l'état pur, ne sera que le *caput mortuum* d'une série infinie de mélanges, et par conséquent de flétrissures ; le dernier terme de la médiocrité dans tous les genres : médiocrité de force physique, médiocrité de beauté, médiocrité d'aptitudes intellectuelles, on peut presque dire néant » (cité par Poliakov, p. 302-303).

Gobineau eut peu de succès en France, mais fut très commenté en Allemagne.

7) *Pensée raciste et antisémitisme en Allemagne au XIXᵉ siècle*

L'idéalisme allemand veut que la matière soit sécrétée par la pensée ; ainsi, pour Schelling, les races sont plutôt des effets d'événements spirituels que leurs causes (p. 305). La hiérarchie des races n'en est que mieux fondée. Les Blancs, pour Schelling – y compris, pour lui, les Juifs – sont destinés à s'élever vers le divin ; les Noirs, non ; la traite des Noirs, par conséquent, si atroce soit-elle, est justifiée.

Hegel pense que le Nègre est un sous-homme :

« Le Nègre représente l'homme naturel dans toute sa sauvagerie ; il faut faire abstraction de tout respect et de toute moralité si on veut le comprendre ; on ne peut rien trouver dans son caractère qui rappelle l'homme [...]. Cette condition n'est susceptible d'aucune évolution ni d'aucune culture » (*Leçons sur la philosophie de l'histoire,* cité par Poliakov, p. 308-309).

L'Afrique reste extérieure à l'Histoire, qui commence en Asie et se poursuit en Europe, ou plutôt en Allemagne. La « marche de Dieu sur la terre » se résume par le passage du despotisme au couple aristocratie-démocratie puis à la monarchie prussienne : « L'Orient savait et sait seulement qu'*un seul* est libre, le monde grec et romain, que *quelques-uns* sont libres, et le monde germanique sait que *tous* sont libres. » Hegel se demande pourquoi la Réforme a touché les Germains et non pas les Slaves et les Latins. Pour les Slaves, leur inculture est une explication suffisante. Mais les Latins étaient autant et plus cultivés que les Germains. Il y a donc une seule explication, celle-même de Fichte :

> « La pure intériorité de la nation germanique a été le terrain véritablement propre à l'affranchissement de l'esprit ; les nations latines, au contraire, ont au plus profond de leur âme, dans la conscience de l'esprit, conservé la *division ;* issues du mélange du sang romain et du sang germanique, elles gardent toujours encore en elles-mêmes cette hétérogénéité. [...] Chez les peuples latins se manifeste aussitôt la scission, l'attachement à un abstrait, et par suite nullement cette totalité de l'esprit, du sentir, que nous appelons âme, cette méditation de l'esprit sur lui-même en soi – mais au plus profond d'eux-mêmes, ils sont hors d'eux-mêmes... » (*Leçons sur la philosophie de l'histoire,* cité par Poliakov, p. 309-310).

Les idées raciales continuent leur chemin. Feuerbach oppose un « cœur » principe féminin, qui serait français, à une tête, principe masculin, siège de l'idéalisme, qui serait allemand. Pour le Engels de la *Dialectique de la nature,* les Noirs sont congénitalement incapables de comprendre les mathématiques. Marx croit en l'influence des sols et des climats sur les races ; ainsi explique-t-il l'infériorité des Noirs et des Russes. Schopenhauer, Wagner, expriment des idées similaires.

Les choses, bientôt, s'aigrissent. Les Allemands en viennent à éprouver le sentiment qu'il existe une emprise, un complot juifs. Des signes d'intolérance apparaissent dans les universités contre les allogènes, juifs comme « welches ». Des pamphlets (comme ceux de Heine) répondent à ces attaques. Mais Marx renchérit en confondant juifs et capitalistes (*La Question juive*). Le jeune philosophe viennois Otto Weiningen a si bien intégré l'idée d'une supériorité des Aryens, race active, sur les Sémites, race passive, que, juif, il se suicide, en 1904, à vingt-quatre ans, après avoir soutenu cette thèse. Hitler devait dire plus tard de lui : « Il fut le seul Juif digne de vivre » (cité par Poliakov, p. 325).

8) *Dolichocéphales et brachycéphales*

Vers 1860, l'anthropologie entend se fonder comme science, basée sur des faits objectifs. Un Suédois, André Retzius, avait introduit dès 1845 la notion d'« indice céphalique », permettant de distinguer hommes à crâne longs ou « dolichocéphales » (Allemands,

Anglais, Français...) et hommes à crânes larges et courts ou « brachycéphales » (Lapons, Finnois, Finno-Slaves, Bretons...), la seconde
caractéristique constituant une infériorité. La théorie s'était répandue en quelques années. Les Aryens, blonds et dolichocéphales, se
seraient mélangés en Europe à une population aborigène brune et
brachicéphale.

De 1875 à 1885, sous la direction de Virchow, une vaste enquête est menée
portant sur une quinzaine de millions d'écoliers européens (les diverses autorités
académiques allemandes, autrichiennes, suisses et belges collaborent au projet,
acceptant que les enseignants notent, sinon les mesures du crâne, du moins les
caractéristiques associées comme la couleur des yeux et des cheveux et le teint).
Conclusion de l'enquête : c'est dans l'Allemagne du Nord qu'il y a le plus grand
nombre d'hommes blonds, dolichocéphales, de grande taille, aux yeux bleus.
L'explication est que la colonisation allemande à l'Ouest, celle des Francs, des
Burgondes, etc., a été submergée par la race autochtone, alors qu'à l'Est elle a
provoqué une germanisation totale. L'honneur aryen des Prussiens, mis en
cause par Quatrefages (au lendemain de la guerre de 1870, cet anthropologue
français avait soutenu que les Prussiens n'étaient pas des Aryens, mais des barbares « slavo-finnois ») est donc sauf.

Bien que la polémique fasse rage quelque temps dans le
contexte politique de la rivalité franco-allemande, les savants dou-
tent de plus en plus, à cette époque, de l'existence même des
Aryens et de la permanence comme de la signification de traits
morphologiques tels que la dolichocéphalie. Mais il est trop tard.
Le mythe est devenu une cristallisation idéologique et l'idée d'une
race supérieure, berceau de l'humanité, née en Allemagne, finit par
l'emporter.

Le mythe du dolicho-blond éveille des échos en France. Les
chefs gaulois comme Vercingétorix, à plus forte raison l'aristocratie franque, ont été, soutient-on, des dolicho-blonds dominant
le petit peuple gaulois. Or la Révolution française a abouti à une
situation où le pouvoir est exercé de plus en plus par des brachycéphales bruns. Il y a un lien évident entre le désordre et la médiocrité de la société issue de la Révolution et cette domination d'une
race inférieure. Comme le dit Georges Vacher de Lapouge
(1854-1936) :

« Le trouble des idées est profond. La faillite de la Révolution est éclatante.
[...] Celle-ci a été avant tout la substitution du brachycéphale au dolicho-blond
dans la possession du pouvoir... Par la Révolution, le brachycéphale a conquis le
pouvoir, et par une évolution démocratique, ce pouvoir tend à se concentrer
dans les classes inférieures, les plus brachycéphales... L'Aryen tel que je l'ai défini
est tout autre, c'est l'*Homo Europaeus,* une race qui a fait la grandeur de la
France, et qui est aujourd'hui rare chez nous et presque éteinte » (cité par Poliakov, p. 247).

9) *Progrès de l'antisémitisme racial*

Ensuite, le manichéisme racial entre Aryens et Sémites ne fait que s'approfondir, surtout en Allemagne. Dans la *Kulturgeschichte* de Von Ellwald, grande encyclopédie qui a fait autorité pendant des années dans les pays germaniques, Blüchner fait l'apologie de la nature « aristocrate ». Le fossé entre races supérieures et inférieures ne peut que s'accentuer, puisque les premières progressent ; par ailleurs, le mélange est instinctivement rejeté. Pour Von Ellwald, la contradiction judéo-chrétienne exprime la contradiction sémito-aryenne, qui est irréconciliable. « Le préjugé antijuif est une espèce de sentiment instinctif et naturel, qui se manifeste partout où des hommes de race différente entrent en contact » (cité par Poliakov, p. 353).

En France également, les textes antisémites se multiplient, comme ces propos de l'anthropologue René Verneau en 1890 :

« Chez nous, notamment, la vie extérieure d'un Israélite est celle de tout le monde. Il ne se distingue du commun que par sa malpropreté, sa cupidité, son caractère obséquieux, son observance du sabbat, sa coutume de ne manger que certaines viandes... Ce qui précède peut, en somme, s'appliquer en grande partie aux Israélites de toutes les parties du monde ; partout leur morale peut se formuler ainsi : la terre entière appartient au peuple de Dieu. Ce que les infidèles possèdent, ils l'ont pris aux Juifs ; ceux-ci ont donc le droit de le leur ôter par la ruse, puisqu'ils n'ont pas la force. S'ils réussissent, ils ne font que reprendre ce qu'on leur avait enlevé » (cité par Poliakov, p. 354).

Ou encore ceux de Gustave le Bon, le psychologue des foules, qui écrit en 1888 :

« Les Juifs n'ont possédé ni arts, ni sciences, ni industrie, ni rien de ce qui constitue une civilisation. Ils n'ont jamais apporté la plus faible contribution à l'édification des connaissances humaines. [...] Aucun peuple n'a laissé, d'ailleurs, de livre contenant des récits aussi obscènes que ceux que renferme la Bible à chaque page. On peut parcourir tous les livres religieux du monde, tels que les Védas, l'Avesta, les écrits bouddhiques, le Coran, etc., sans rien y trouver de pareil. [...] Entre ses sentiments, ses idées et ceux des peuples aryens, existent de véritables abîmes... » (cité par Poliakov, *ibid.*).

Même ceux qui pensent du bien des Juifs, tel le Suisse Candolle, attribuent leurs qualités à un « atavisme » racial, non à leur culture. Les Juifs, décidément, fascinent les tenants des thèses raciales, et d'abord par leur résistance même, leur capacité à perdurer à travers les siècles avec les mêmes caractères raciaux.

Ils doivent avoir, pensent plusieurs savants, une constitution spéciale leur permettant de survivre partout, alors que les Germains en sont constitutionnellement incapables. Apparaît la théorie de la « télégonie », qui devait connaître un succès populaire étonnant après la Première Guerre mondiale : c'est l'idée qu'il existe une « pénétrance » particulière du sang juif, qui fait que, lorsqu'une femme a eu une seule fois commerce avec un Juif, tous ses descendants, même engendrés par des Aryens, seront « contaminés » (une théorie équivalente existe en Amérique visant le sang noir). Vacher de Lapouge étend au sang la « loi de Gresham » : le mauvais sang chasse le bon. D'une manière générale, l'hybridation est mauvaise (surtout si l'on admet l'hypothèse polygéniste). Broca, Darwin adoptent ces vues.

Mais les théories de l'anthropologie physique aboutissent à un échec et sont abandonnées peu à peu par les savants, tout en étant diffusées dans le public ; elles se déplacent néanmoins sur d'autres terrains. La tendance du Juif à « errer » partout est mise sur le compte d'une « névropathie » par un disciple de Charcot. Jung, disciple de Freud, distingue en 1933 une « psychologie germanique » et une « psychologie juive » : leur querelle se prolongera jusqu'à la guerre.

10) L'eugénisme

Les idées de *struggle for life* et de *survival of the fittest* se répandent. Des races ont été éliminées dans le passé. La race blanche, qui est supérieure, pourrait éliminer les autres. Mais l'humanitarisme, produit par la race blanche elle-même, s'oppose à cette élimination fatale et nécessaire. D'où la crainte qu'en réalité les races inférieures, pour la première fois dans l'histoire de la vie, n'éliminent les races supérieures, en particulier en raison de leur plus grande fécondité. C'est ainsi que naît l' « eugénisme », discipline créée par Francis Galton (1822-1911).

Il faut « cultiver une race d'hommes hautement doués ». L'Église catholique a fait de l'anti-eugénisme en condamnant à la stérilité l'élite intellectuelle, en pourchassant les hérétiques, et Louis XIV a fait de l'anti-eugénisme pour la France en chassant les protestants, heureusement récupérés par d'autres pays qui s'en sont fort bien portés. Malheureusement, les mauvaises lignées sont plus prolifiques. Il faut donc une action eugénique énergique, guidée par la science. Cette action répugne au libéralisme anglo-saxon : pour Spencer, l'évolution est spontanément ascendante, il faut laisser faire les individus. En revanche, en Allemagne, on est prêt à faire confiance aux autorités et aux savants. Un certain O. Beta demande en 1876 que le gouvernement, prenant en considération les « révélations de la doctrine darwinienne », prenne la défense de la race germano-aryenne « productive » contre les Juifs « parasitaires ».

L'idée de sélection devient vite un thème de propagande « aristocratique » et anti-démocratique (il est vrai qu'Engels a approuvé et tenté d'interpréter dialectiquement la sélection naturelle darwinienne). Alfred Ploetz donne à l'eugénique le nom d' « hygiène de la race ». L'industriel Krupp crée un prix pour encourager les travaux d'hygiène raciale, le but étant de discréditer les vieilles idées chrétiennes et démocratiques susceptibles de causer une dégénérescence de la race.

Les travaux présentés par les candidats demandent presque tous une intervention de l'État dans ce domaine ; il faut, comme en économie, limiter, au nom du bien commun, la liberté individuelle. Le premier prix préconise la fonctionnarisation du corps médical, grâce à quoi sera exercé un contrôle eugénique sur toute la population. Les gouvernants qui se soucient de l'avenir ne doivent pas craindre d'exercer le « pouvoir génératif ».

On s'interroge aussi sur la guerre, nécessaire au progrès, quoique dangereuse pour la survie des races supérieures.

« Sans guerre, tout le monde deviendrait rusé, dur et lâche comme les Juifs d'aujourd'hui » (Dr Steinmetz, 1907, cité par Poliakov p. 386).

Il faut redistribuer les terres des hobereaux aux paysans de bonne race et protéger les ouvriers contre les tendances anti-sélectionnistes du capitalisme. Une « philosophie biologique » devient à la mode en Allemagne avant la Première Guerre mondiale. On multiplie les projets pour l'amélioration scientifique de l'espèce humaine. On suggère des expériences sur les enfants. Von Ehrenfels propose de limiter la reproduction à 20 % des hommes et 75 % des femmes ; la polygamie sera admise pour des fins eugéniques, projet qu'approuvent des socialistes en tant que partisans de l'amour libre et ennemis des conventions « bourgeoises ». Des associations se fondent, se donnant pour but de travailler à purifier le sang allemand des sangs juif et slave. Ces hommes salueront l'arrivée de Hitler au pouvoir comme le moment marqué par le destin où l'espèce peut enfin prendre en charge son propre avenir. Le darwinisme vient à l'appui de l'impérialisme et du militarisme, surtout en Allemagne, mais aussi dans les pays anglo-saxons (un discours se fait d'ailleurs jour selon lequel la palme du peuple supérieur se disputera entre les deux races germaniques, les Allemands et les Anglo-Saxons).

Des auteurs mineurs exposent, avant la Première Guerre mondiale, des projets qui seront ceux mêmes des nazis. Ils prônent l'élargissement du *Lebensraum,* l'éviction des étrangers, la fusion des tribus germaniques. Ils suggèrent la conquête du continent européen et de la Sibérie, des commissions faisant ensuite le tri entre Germains ou germanisables d'un côté, non germanisables (c'est-à-dire essentiellement juifs et slaves) de l'autre, avec frontière étanche en matière de reproduction.

Avec l' « Union pangermaniste » *(Alldeutscher Verband)* de Hugenberg et Class, créée en 1890, les projets expansionnistes pan-allemands se précisent : il y aura des transferts massifs de population, les Allemands dispersés à l'Est seront

ramenés dans la patrie. Les Juifs seront expulsés en Palestine, tous les territoires à
l'Ouest du Dniepr seront annexés. L'Union pangermaniste, liée à des milieux
d'affaires, financera, sous la République de Weimar, les groupes antisémites et
nationalistes. D'autant qu'un nouveau thème est mis en avant par l'Union : il
faut écraser la social-démocratie qui est essentiellement juive.

11) *Aryanisme et christianisme*

L'Allemagne est, en principe, un pays chrétien. Mais, sous l'influence des tendances nationalistes dont nous venons de voir la genèse
et les progrès, une curieuse évolution se produit. Elle aboutira, à
l'époque du national-socialisme, à l'abandon pur et simple du christianisme en faveur d'un néo-paganisme appelé « foi allemande ». Mais
elle se traduit, dès le XIXᵉ siècle, par la revendication d'un christianisme
qui serait purement allemand, entendons aryanisé ou dé-judaïsé.

Paul de Lagarde (1827-1891), fils d'un pasteur allemand du nom de Boetti-
cher mais ayant pris le nom d'un oncle lorrain, orientaliste érudit, écrit en 1878
La Religion de l'avenir où il prêche une « foi nationale allemande ». « Nous voulons la liberté, et non le libéralisme ; l'Allemagne, et non des théorèmes
judéo-celtes sur l'Allemagne ; la piété, et non la dogmatique ; [...] nous voulons
la reconnaissance, l'éducation et la transfiguration de notre propre nature, nous
ne voulons pas être conduits par un cocher russe tirant sur une longe française,
et être flagellés par un fouet juif » (cité par Poliakov, *op. cit.,* p. 404-405).
Lagarde attaque toutes les Églises chrétiennes, et bien entendu les Juifs, qu'il
veut exiler, lui, à Madagascar (projet qui sera effectivement étudié par les nazis
entre 1938 et 1941). En effet, on ne parlemente pas avec les « bacilles » et les
« trichines »[1].

Dans la création d'un christianisme aryen s'était distingué également Richard Wagner (1813-1883), qui identifiait le Christ au dieu
suprême Wotan. Il est frappant qu'il y ait eu un véritable culte
wagnérien pendant deux ou trois générations. Bayreuth devint le
lieu où les « tribus aryennes » pourraient, grâce à Wagner, pour la
première fois depuis leur séparation il y a plus de cinq mille ans, se
retrouver pour « contempler leurs antiques mystères sous une forme
nouvelle et parachevée » (Léopold von Schröder).
Mais le prophète en titre de l'aryanisme sera à partir de 1900 le
gendre de Wagner, *Houston Stewart Chamberlain*[2] (1855-1927). Ce
fils d'un amiral anglais, élevé en France, est tombé amoureux de

---

1. On rapporte un propos similaire de Hitler de février 1942 : « Le combat que nous
livrons est de même nature que le combat livré au siècle dernier par Pasteur et par Koch »
(cité par Poliakov, p. 405).
2. À ne pas confondre, évidemment, avec l'homme politique anglais négociateur des
accords de Munich.

l'Allemagne dès son adolescence. Après des études sur Wagner, Kant, Goethe, il publie en 1899 *La Genèse du XIXᵉ siècle,* monumental ouvrage de quinze cents pages[1]. Il élabore une philosophie raciale de la science. La science est fondamentalement aryenne ou allemande, pour des raisons religieuses : la triade Temps-Espace-Causalité, base de toute connaissance humaine, correspond à l'antique trinité aryenne. Le pur monothéisme juif implique que l'on croie en une volonté arbitraire. Les juifs ne peuvent donc découvrir les lois de la nature (la querelle s'envenimera sous le IIIᵉ Reich, où Einstein sera attaqué pour avoir créé une physique « arbitraire »). Chamberlain s'en prend en général aux non-aryens, par exemple à l'Église catholique aujourd'hui menée par les Jésuites, fondés par Loyola, Basque et donc non-Aryen. Mais Chamberlain est fondamentalement antisémite. Il a la phobie des pollutions et redoute les contaminations insidieuses. Les Juifs, dit-il, sont à l'origine une race hybride (de Bédouins du désert sémites, de Hittites, de Syriens, et d'Amorrhéens aryens). Mais ils ont pris conscience que leur existence est, du fait de cette tare originelle, un « crime contre les saintes lois de la vie », d'où leur résolution, farouchement appliquée pendant des millénaires, de créer une race artificielle qu'ils garderaient cette fois pure de tout mélange, projet qui a fait leur force et leur grandeur. Depuis, grâce à la générosité et aussi à la naïveté des Aryens (que ce soient jadis les Perses ou maintenant les Européens), les juifs empoisonnent le monde. Iaveh est devenu le dieu des Indo-Européens, vidant l'Olympe et le Walhalla. Au XIXᵉ siècle, les juifs triomphent :

> « La possession de l'argent n'est en soi que peu de chose : ce sont nos gouvernements, notre justice, notre science, notre commerce, notre littérature, notre art, à peu près toutes les formes de notre activité qui sont devenues esclaves plus ou moins volontaires des Juifs. [...] Obéissant à des motifs d'ordre idéal, l'Indo-Européen a ouvert amicalement la porte ; le Juif s'y est précipité comme un ennemi, il a pris d'assaut toutes les positions, et sur les brèches – je ne veux pas dire sur les ruines – de notre individualité propre, il a planté le drapeau de cette autre individualité qui nous demeure éternellement étrangère » (cité par Poliakov, p. 417-418).

Chamberlain consacre une centaine de pages à montrer que Jésus n'était pas juif. Il s'agit donc de dégager l'Évangile des liens qui l'attachent à l'Ancien Testament et, plus généralement, de nier toute dimension biblique de la culture européenne.

Chamberlain eut une immense influence sur ses contemporains, à commencer par l'Empereur Guillaume II, avec qui il entretint une correspondance pendant quelque vingt ans.

---

1. Le titre du livre de l'idéologue nazi Rosenberg, *Le Mythe du XXᵉ siècle* (cf. *infra*) est une référence explicite à Chamberlain.

Chapitre 9

L'idéologie national-socialiste

L'idéologie national-socialiste ne fait, en un sens, que prolonger le nationalisme allemand du XIXᵉ siècle et du début du XXᵉ que nous venons d'étudier. Mais elle lui donne un programme politique intérieur (anti-capitalisme) et extérieur (programme de vastes conquêtes vers l'Est), et elle durcit monstrueusement son racisme. Nous étudierons cette idéologie dans deux livres à la fois significatifs en eux-mêmes et importants par le rôle concret qu'ils jouèrent, le *Mein Kampf* d'Hitler (§ 1) et le *Mythe du XXᵉ siècle* de Rosenberg (§ 2), et dans une production idéologique moins connue, portant sur la « foi allemande » et les théories raciales (§ 3). Nous verrons que l'idéologie nazie visait, comme le marxisme-léninisme, à créer une société entièrement nouvelle (§ 4)[1].

---

1. Parmi les très nombreux ouvrages sur le nazisme et l'idéologie national-socialiste, nous avons particulièrement utilisé : Édouard Conte, Cornélia Essner, *La Quête de la race. Une anthropologie du nazisme*, Hachette, 1995 ; Bernard Reymond, *Une Église à croix gammée ? Le protestantisme allemand au début du régime nazi (1932-1935)*, L'Âge d'Homme, Lausanne, 1980 ; Robert A. Pois, *La religion de la nature et le national-socialisme*, Cerf, 1993 ; Michel Dobkine, *Crimes et humanité. Extraits des actes du procès de Nuremberg*, Romillat, 1992 ; Hermann Rauschning, *Hitler m'a dit*, Hachette, coll. « Pluriel », 1979 ; Ian Kershaw, *Qu'est-ce que le nazisme ?* (1985), Gallimard, coll. « Folio-Histoire », 1992 ; Jacques Derogy, *Raoul Wallenberg, le juste de Budapest*, Stock, 1994 ; Raul Hillberg, *La destruction des juifs d'Europe*, 1985, Gallimard, coll. « Folio-Histoire », 2 vol., 1991 ; Hannah Arendt, *Eischmann à Jérusalem*, Gallimard, coll. « Folio » ; Allan Bullock, *Hitler et Staline, vies parallèles*, Albin Michel et Robert Laffont, 1994 ; Martin Broszat, *L'État hitlérien. L'origine et l'évolution des structures du troisième Reich*, 1970, Fayard, 1985. Et les textes originaux : Adolf Hitler, *Mein Kampf*, « La défense française », Librairie critique, s.d., et Nouvelles éditions latines ; Pierre Grosclaude, *Alfred Rosenberg et le Mythe du XXᵉ siècle*, Sorlot, 1939, distrib. par Nouvelles éditions latines.

§ 1
Mein Kampf de Hitler

Après l'échec de sa tentative de coup d'État avec Luddendorf, en novembre 1923, Hitler a été condamné à cinq ans de prison. Il y passera en réalité moins d'un an, dans la prison de Landsberg, en compagnie de quelque quarante autres nationaux-socialistes. C'est là qu'il écrit *Mein Kampf*.

Ses conditions de détention sont aussi confortables que possible : il est traité avec respect par l'administration pénitentiaire qui le considère comme un chef de parti ; il passe la plupart de son temps hors de sa cellule, dans le jardin ; il reçoit, il a tous les journaux et livres qu'il souhaite ; il prend des secrétaires parmi les détenus qui constituent sa « cour ». Le jour de ses 35 ans, il reçoit des cadeaux et des fleurs qui emplissent plusieurs pièces... Il va profiter de ces loisirs forcés pour coucher sur le papier les idées qui sont depuis longtemps déjà les thèmes de ses discours. C'est presque une circonstance inespérée pour un homme qui a toujours eu du mal à se concentrer. En 1924, il dicte en prison le premier volume de *Mein Kampf*, qui sera publié en 1925. Le volume II sera dicté par Hitler après sa sortie de prison, en 1926, et publié à la fin de la même année. Il existe enfin un « Deuxième livre », dicté à l'éditeur en 1928, qui restera inédit jusqu'à ce que le manuscrit soit exhumé et publié en 1961. Le livre connu comporte donc les deux parties publiées en 1925 et 1926, bientôt éditées et traduites ensemble[1].

Nous résumerons les chapitres les plus caractéristiques de la doctrine : la théorie de l'empoisonnement du peuple allemand, cause de la défaite de 1918 ; la théorie du peuple supérieur ; l'anticapitalisme ; les projets vers l'Est.

I — LES CAUSES DE LA DÉFAITE DE 1918

1) *L'empoisonnement moral*

L'Empire allemand a été fondé non par des discussions au Parlement, mais par la force des régiments allemands arrivant à Paris. De même, les malheurs actuels sont la conséquence de la défaite, mais

---

1. Cf. Bullock, *op. cit.*, t. 1, p. 150.

celle-ci est elle-même la conséquence de « phénomènes morbides » internes, d'un « empoisonnement des traditions et de la morale », d'une « diminution de l'instinct de conservation et des sentiments qui s'y rattachent » (p. 206)[1].

Cette maladie est due aux Juifs, ces « grands maîtres du mensonge » et à « leur organisation de combat marxiste ». Ils ont affaibli l'« organisme » national, à la manière de la phtisie. Heureusement, avec la défaite est venue la peste, qui a au moins le mérite d'être une maladie visible contre laquelle il est évident qu'il faut se défendre. Mais ce n'était pas le cas avant-guerre. Il y a eu un accroissement démographique, et un organisme sain aurait conclu à la nécessité de conquêtes territoriales pour nourrir tout ce monde. Mais les Juifs ont plaidé pour une conquête économique. D'où une industrialisation rapide, qui a affaibli les paysans, provoqué l'exode rural et l'afflux du prolétariat urbain, la « séparation brutale des riches et des pauvres ».

« Le superflu et la misère vécurent si près l'une de l'autre » qu'il y eut envie et violence, « coupure politique entre les classes » (p. 209). L'argent était devenu le nouveau dieu, on privilégiait la « voie économique » : voilà le microbe morbide (l'Empereur lui-même y succomba lorsqu'il appela la noblesse à se lancer dans la finance : c'était l'abâtardir ; la noblesse perdit « la raison d'être raciste de son existence » et devint une « non-noblesse »). D'autant que le développement du capitalisme s'est traduit par une dispersion de la propriété – sous la forme des sociétés par actions – et donc par son internationalisation : c'était le but commun des juifs d'argent et des juifs sociaux-démocrates (et le phénomène se prolonge après-guerre avec la privatisation des chemins de fer d'État).

Autre cause de faiblesse : la dégénérescence de l'*éducation*, trop dirigée vers le « savoir » et pas assez vers le « pouvoir », c'est-à-dire la formation du corps et celle du caractère. Les monarchistes ont laissé faire : ils ont manqué de volonté.

Dans toutes ces affaires, l'Empereur s'est laissé tromper par des « vers » « visqueux ». Il aurait donc fallu « protéger la monarchie contre le monarque » et contre ses partisans, lesquels ont d'ailleurs fui en 1918 dès qu'ils ont vu des brassards rouges.

Autres poisons encore : l'institution *parlementaire*, qui est en elle-même une école d'irresponsabilité (p. 214) ; la *presse,* car les masses incultes croient tout ce qui est imprimé, et comme ensuite elles disposent de l'outil du suffrage universel, cela donne des catastrophes. Il faut donc que l'État contrôle la presse, qui doit être « un moyen d'éducation au service de l'État » (p. 220).

---

1. Pagination de l'édition de *Mein Kampf* de « La défense française », *op. cit.*

Avant-guerre, la presse incontrôlée a inoculé aux masses les pires venins, le *pacifisme,* la « démocratie de l'Ouest »[1], et tout cela a abouti, maintenant, à l'entrée de l'Allemagne dans la SDN, ce qui, avec les attaques de la presse contre les vieilles coutumes et traditions au nom de la « modernité », témoigne d'une « lamentable amoralité » (p. 217). La « presse libérale » fait un « travail de fossoyeur ». C'est normal pour des Juifs marxistes : ils veulent briser l'épine dorsale du peuple. Mais l'État n'a rien fait contre, sinon « quelques décrets ridicules », et ceci par lâcheté, et en espérant que la presse le soutiendrait (en fait les Juifs, qui dominent également la presse, « ripostèrent par le sourire et la ruse et payèrent d'un remerciement sournois »).

2) *La nature*

Tout cet empoisonnement a corrompu la bonne « nature » du peuple allemand. Tant la démocratie libérale que le marxisme croient que l'on peut contraindre la nature. C'est une erreur fondamentale.

« L'homme ne doit jamais tomber dans l'erreur de croire qu'il est véritablement parvenu à la dignité de seigneur et maître de la nature (erreur que peut permettre très facilement la présomption à laquelle conduit une demi-instruction). Il doit, au contraire, comprendre la *nécessité fondamentale du règne de la nature* et saisir combien son existence reste soumise aux lois de l'éternel combat et de l'éternel effort, nécessaires pour s'élever » (p. 219, n.s.).

Or partout, dans la nature, « la force règne », et l'homme ne saurait « relever de lois spéciales ».

3) *L'empoisonnement physique*

Ainsi, on s'en est pris à la nature du peuple allemand. Au-delà de l'empoisonnement moral, il y a eu un empoisonnement physique : tuberculose et syphilis.

La première de ces maladies est le résultat de l'entassement dans les logements insalubres des villes trop peuplées et peuplées trop rapidement. Pour remédier à cela, il faut des logements et une distribution des salaires qui prenne en compte le problème familial. Quant à la syphilis, la cause en est « la judaïsation de notre vie spirituelle et la transformation de la pratique de l'accouplement en une affaire d'argent »[2]. Ainsi, la noblesse a été abâtardie parce que les mariages s'y font non selon la « nature », mais en fonction d'intérêts financiers. Cela a conduit à l'« empoisonnement du sang » par les « juives de maga-

---

1. À noter ce rejet de l'*Occident*. L'Allemagne nationaliste ne se sent pas appartenir à la civilisation de l'Europe occidentale et de l'Amérique du Nord.
2. L'idée est déjà chez Màrx (cf. *supra,* p. 946).

sin ». De même « notre population des grandes villes est de plus en plus prostituée dans sa vie amoureuse ». D'où la syphilis. Et des enfants chétifs. Ce qui confirme que « le péché contre le sang et la race est le péché originel de ce monde » (p. 223). « De la solution [du problème de la syphilis] dépend tout, l'avenir ou la ruine. »

Quelles sont les solutions ? D'abord il faut rendre possible le mariage jeune, pour qu'il y ait un plus grand nombre d'enfants. « L'unique signification du mariage est la multiplication et la conservation de l'espèce et de la race. » Il faut, d'autre part, réformer l'éducation. Il convient, on l'a déjà dit, qu'elle soit moins intellectuelle, plus physique ; par cela même elle sera moins malsaine du point de vue sexuel. Donc il faut « employer tous les moments libres de la vie du jeune à former utilement son corps ». Il ne faut plus croire que chacun puisse diposer librement de son corps. Le corps appartient non à l'individu, mais à la race. « Le droit à la liberté individuelle le cède devant le devoir de sauvegarder la race » (p. 229). Dans le même ordre d'idées, il faudra, si l'on ne veut pas condamner cent hommes pour en sauver un, « imposer l'impossibilité pour des avariés de reproduire des descendants avariés ».

Il est vrai que d'autres peuples souffrent de maladies du même type, mais précisément la question est de savoir quel peuple leur résistera le mieux. Il faut donc que le peuple allemand sache prendre des mesures vraiment radicales, car « le monde n'appartient qu'aux forts qui pratiquent des solutions totales, il n'appartient pas aux faibles avec leurs demi-mesures » (p. 231).

4) Le « bolchevisme dans l'art »

Le fond du problème est l'empoisonnement de la culture, qui date de la fin du siècle dernier. Hitler stigmatise le « bolchevisme dans la culture » *(Kulturbolchevismus),* extravagance de fous et de décadents, cubisme, dadaïsme, futurisme, et leurs équivalents au théâtre et dans la poésie. Tous ces mouvements ont produit des œuvres « incompréhensibles et manifestement déraisonnables », qu'on présente comme valant définitivement mieux que les chefs-d'œuvre du passé. Pendant ce temps-là, on ne construit plus de grands monuments d'État dans les villes, et c'est là la cause du peu d'attachement des habitants à leur ville de résidence, et par suite, de leur nomadisme. Ceci « est aussi un indice de la décadence de notre civilisation et de notre écroulement général. Notre époque étouffe par la mesquinerie de ses buts ou, mieux, dans le servage de l'argent » (p. 239). L'argent intéresse les individus, l'État représente la collectivité ; or la collectivité seule donne à l'individu des buts

élevés. « La rêverie humanitaire est à la mode, et, en cédant molle-
ment aux aberrations, et en épargnant les individus, on sacrifie
l'avenir de plusieurs millions d'êtres. » Donc il faut un art, une culture essentiellement collectifs.

5) *Parlementarisme ou autoritarisme*

L'Allemagne d'avant-guerre a manqué de buts politiques, d'une
« conception mondiale précise et d'une vue claire sur les lois de
l'évolution intérieure de la politique » (p. 242).

Au Reichstag « s'associent de façon parfaite lâcheté et crainte des
responsabilités » (p. 243), et c'est cela qui a causé la ruine de l'Empire, en particulier en empêchant une vraie politique extérieure et surtout une vraie défense.
Les parlementaires ont empêché la nation allemande d'avoir suffisamment de
soldats instruits et d'armements et de navires modernes.

Ceci dit, le parlementarisme n'est pas arrivé à détruire complètement la monarchie, l'administration et l'armée. Or « ce que le
peuple allemand doit à l'armée peut se ramener à un seul mot :
tout » (p. 261), car l'armée a l'esprit de décision, et « un ordre est
toujours meilleur qu'aucun ordre » (p. 251). L'armée, quand tout le
reste se décomposait, restait « la grande école de la nation allemande », formant chaque année « 350 000 jeunes hommes regor-
geant de force ».

« Sur la forme de l'État, l'armée et le corps de fonctionnaires, reposaient
la force et la puissance magnifique du vieil Empire. Celles-ci étaient, au premier chef, les causes d'une qualité qui manque totalement à l'État d'aujour-
d'hui : l'autorité de l'État. Car cette dernière ne repose pas sur des bavardages
dans les Parlements [...], mais sur la confiance générale qui doit et peut être
accordée à ceux qui dirigent et administrent une collectivité. Cependant cette
confiance n'est que le résultat d'une conviction intime et inébranlable de ce
que le gouvernement et l'administration du pays sont désintéressés et honnêtes » (p. 253).

Le Parti national-socialiste sera cette armature sur laquelle
pourra s'appuyer le peuple. Mais que doit être le peuple allemand
pour être fort ? Hitler déclare son adhésion aux principes du darwinisme social, du racisme et de l'antisémitisme forgés par la génération antérieure.

II — « LE PEUPLE ET LA RACE »[1]

1) *Pureté de la race et conservation du peuple supérieur*

Le peuple, d'abord, doit être racialement pur.

Chaque espèce a des traits distinctifs. Lorsque des contraintes amènent des mélanges dans les accouplements, la nature se venge en rendant les descendants bâtards stériles ou affaiblis.

« Tout croisement de deux êtres de valeur inégale donne comme produit un moyen-terme entre la valeur des deux parents. C'est-à-dire que le rejeton est situé plus haut dans l'échelle des êtres que celui des parents appartenant à une race inférieure, mais reste au-dessous de celui qui fait partie d'une race supérieure. Par suite, il succombera, plus tard, dans la lutte qu'il devra soutenir contre cette race supérieure. Un tel accouplement est en opposition avec la volonté de la nature qui tend à élever le niveau des êtres » (p. 256).

D'où la nécessité de la « victoire complète et définitive » de ceux qui représentent la plus haute valeur, « le rôle du plus fort est de dominer ». Si cette loi paraît « cruelle » au « faible de naissance », c'est précisément parce qu'il est faible : il ne peut comprendre la loi suprême de l'évolution.

D'ailleurs, cette loi ne repose pas sur la haine, l'antipathie, mais « sur la faim et sur l'amour » (pas de haine du chat envers la souris, du renard envers l'oie[2]). La nature est « un témoin impassible et même satisfait » (p. 256). Car, si la lutte entraîne l'élimination de l'être faible, elle renforce l'être sain, donc contribue au bien de l'espèce. C'est là la condition du progrès : la nature « prend pour criterium la force et la santé » et permet aux forts de faire aux faibles une condition qui rende leur reproduction difficile et limite leur

---

1. Titre du chap. 11 du t. 1.
2. Ceci vient tout droit de Nietzsche (cf. l'apologue du « grand oiseau de proie » et du « petit mouton » dans la *Généalogie de la morale*). On sait, en particulier par Hermann Rauschning (*Hitler m'a dit, op. cit.*), que Hitler a personnellement lu Nietzsche. Cela n'empêche pas qu'il ait également subi des influences nietzschéennes plus diffuses. Le dépassement nietzschéen de la morale était assurément dans l'air du temps, tout autant que le cynisme bolchevique. En Allemagne, le racisme avait déjà depuis longtemps acclimaté l'idée que la morale devait céder devant les nécessités de la perpétuation de la race et du succès des peuples supérieurs. Hitler hérite de cet état d'esprit, et il peut présenter ces thèses comme des « évidences ».

nombre. Donc la nature ne veut pas « qu'une race supérieure se mélange avec une race inférieure, car alors la tâche qu'elle a entreprise depuis des milliers de siècles pour faire progresser l'humanité serait rendue vaine d'un seul coup » (p. 257).

L'Amérique du Nord, par exemple, est peuplée d'une race d'origine germanique qui ne s'est pas mélangée avec les autochtones. Donc elle est forte. L'Amérique du Centre et du Sud, au contraire, où il y a eu un tel mélange, est faible. Accepter ce processus revient à « pécher contre la volonté de l'Éternel, notre Créateur » (p. 268). Mais alors vient la punition, c'est-à-dire la ruine de la race.

« Ici intervient, il est vrai, l'objection spécifiquement judaïque, aussi comique que niaise, du pacifiste moderne : "L'homme doit précisément vaincre la nature !". » C'est absurde, on ne peut vaincre la nature, on peut seulement essayer de la connaître un peu :

« Une idée ne peut l'emporter sur les conditions mises à l'existence et à l'avenir de l'humanité, car l'idée elle-même ne dépend que de l'homme. Sans homme, pas d'idées humaines dans ce monde ; donc l'idée, comme telle, a toujours pour condition la présence des hommes et, par suite, l'existence des lois qui sont la condition première de cette présence » (p. 258).

Donc le paradoxe est que cette belle idée, vaincre la nature (par exemple : être pacifiste), n'existe que parce qu'il existe des peuples ou des individus d'élite pour la concevoir, et que de tels peuples et de tels individus n'existent que de par « les lois d'airain de la nature » (p. 259). Pas de civilisation sans hommes supérieurs, pas d'homme supérieur sans la « loi d'airain de la nécessité et du droit à la victoire du meilleur et du plus fort ». « Que celui qui veut vivre combatte donc ! »

2) *Les Aryens*

On ne connaît pas l'origine de la civilisation. Ce qui est sûr, c'est que, désormais, elle est menée par les « Aryens ». L'Aryen est le Prométhée de l'humanité. Une race de second rang, comme les Asiatiques, ne peut qu' « exécuter ce que les Aryens ont trouvé », être le « dépôt » de la civilisation, non sa source.

L'histoire a toujours offert le scénario suivant : une poignée d'Aryens (« dont l'effectif est d'une faiblesse vraiment ridicule ») soumettent des peuples étrangers et créent une civilisation (en utilisant les ressources du sol de ces peuples ou la main-d'œuvre qu'ils constituent). Mais, au bout d'un certain temps, les Aryens « pèchent » en se laissant mélanger au peuple soumis, et du coup ils sont « expulsés du Paradis ». Alors il reste, d'une part, un « teint plus clair » dans le peuple conquis (les Aryens sont très clairs, les autres forcément plus sombres) et aussi des « douces lueurs » (issues du feu allumé par les torches de Prométhée) qui permettent éventuellement un renouveau de la civilisation si les Aryens reviennent visiter la contrée, et cela dure jusqu'à un nouvel « abâtardissement » des « pionniers ».

Ceci étant, « la présence d'hommes de race inférieure est une condition primordiale pour la formation de civilisations supérieures ». L'Aryen a toujours employé des races inférieures comme « main-d'œuvre », de même que l'humanité a employé le cheval. C'était une condition du progrès.

L'homme vaincu a été mis devant la charrue avant que le cheval ne le fût (p. 265). Les races inférieures ont constitué « le premier instrument technique au service d'une civilisation naissante », d'ailleurs pour leur plus grand profit. Mais, étant donné que la civilisation « repose exclusivement sur les capacités de l'Aryen et sur le fait qu'il reste lui-même », aussitôt qu'il y a mélange, il y a décadence et chute de la civilisation en question. C'est même la seule cause de décadence, car la guerre, en tant que telle, n'affaiblit pas la « force de résistance qui est la propriété exclusive d'un sang pur ».

Donc les Aryens doivent dominer, en faisant la guerre chaque fois que nécessaire ; mais ils ne doivent jamais se mélanger à des races inférieures.

3) *Les Aryens se définissent par leur capacité de sacrifice aux intérêts de la communauté*

Ce qui est propre à l'Aryen, ce n'est pas l'instinct vital en tant que tel, c'est le fait que, chez lui, l'instinct prenne la forme du *sacrifice*. Déjà, quand le mâle et la femelle s'accouplent et procréent, ils se sacrifient d'une certaine façon pour créer quelque chose qui les dépasse, l'enfant. L'Aryen fait cela au centuple. Il est capable des plus grands sacrifices, et c'est pour cette raison qu'il peut faire les plus grandes choses, créer des États puissants, conduire l'évolution de l'humanité – toutes performances impossibles pour les hommes des races inférieures plus soucieux de leur conservation individuelle.

« Ce qui fait la grandeur de l'Aryen, ce n'est pas la valeur de ses facultés intellectuelles, mais sa propension à mettre toutes ses capacités au service de la communauté » (p. 267). « La condition essentielle de toute organisation, c'est que l'individu renonce à faire prévaloir son opinion personnelle aussi bien que ses intérêts particuliers » (p. 268).

Hitler appelle cette faculté « idéalisme », par opposition à l' « égoïsme » des autres races.

« Inconsciemment, l'instinct s'incline ici devant la profonde nécessité qui s'impose à nous de conserver l'espèce, fût-ce aux dépens de l'individu s'il le faut, et il se dresse contre les rêveries des bavards pacifistes qui sont en réalité, quelque déguisement qu'ils adoptent, des lâches égoïstes en révolte contre les lois de l'évolution » (p. 269).

4) *Juifs et Aryens*

Les Juifs ont beaucoup de facultés intellectuelles, ils sont « malins », mais ils ont tout emprunté aux civilisations dans lesquelles ils ont vécu. Ils n'ont pas d' « idéalisme ».

Certes, ils ont le sens du groupe, mais c'est chez eux un instinct grégaire très primitif, qui se manifeste face à un danger ou devant une proie, mais qui cesse aussitôt que cette motivation disparaît ; alors le groupe se disperse et l'égoïsme revient. Ils sont lâches, parce qu'ils n'ont pas l'esprit de sacrifice. D'ailleurs ce n'est pas un hasard s'ils n'ont pas d'État territorial, puisque celui-ci ne peut subsister que si l'on a un tel esprit ; et ceci fait qu'ils n'ont pas de civilisation propre, par exemple pas d'art.

Les Juifs ne sont pas pour autant des nomades. Leur vraie nature est d'être des *parasites vivant dans le corps d'autres nations.*

Ils dissimulent cette nature au peuple ; ils se font passer pour des Allemands, des Français, etc. Pour se développer, il a fallu à ce peuple parasite « trouver un moyen de détourner d'eux une attention qui pouvait être embarrassante ». Ils ont prétendu être une communauté religieuse. Mais c'est une prétention fantaisiste, puisque « le Juif ne connaît aucune forme d'idéalisme et que, par suite, la foi en l'au-delà lui est complètement étrangère » (p. 275). La vie du Juif « n'est que de ce monde » (p. 276). Le Christ ne s'y est pas trompé, qui a chassé les Juifs du Temple à coups de fouet.

Le vrai but des Juifs, à travers leur méthode parasitaire, est la *domination mondiale.* Cette volonté des Juifs est bien explicitée dans le « Protocole des Sages de Sion »[1]. Les Juifs disent que c'est un faux, mais ce qui compte n'est pas de savoir qui a écrit ce texte, mais s'il colle avec la réalité : les Juifs peuvent agir inconsciemment.

La confrontation Juifs-Aryens comporte toujours les étapes suivantes[2] :

— Le Juif arrive comme marchand. Il se mêle à la vie économique, non pas comme producteur, mais comme intermédiaire. Il monopolise le commerce, il prête de l'argent (« c'est lui qui introduit dans le pays le prêt à intérêt »).

— Il s'installe à demeure dans un quartier des villes.

---

1. Faux fabriqué par la police tsariste.
2. Ce scénario de corruption de la société – corruption progressive, mais inéluctable, d'autant qu'elle est toujours sournoise – par le moyen des progrès économiques apportés par des apatrides correspond dans une certaine mesure à ce qui est exposé par un antisémite « modéré » comme La Tour du Pin, cf. *supra,* p. 1159, 1163.

— Avec l'argent gagné par le commerce et l'usure, il s'approprie la terre et exploite ses occupants ; d'où les premiers pogroms et la première perception du Juif comme constituant un peuple spécial.

— Les lois interdisent au Juif l'acquisition du sol. Mais il revient sans cesse.

— Les princes ayant besoin d'argent, ils accordent aux Juifs lettres de franchise et privilèges. Du coup, « c'est la faute des princes allemands si la nation allemande n'est pas arrivée définitivement à s'affranchir du danger juif » (p. 279).

— Cependant, comme le Juif a « écorché » le peuple, il sent qu'il a besoin d'offrir des compensations. Il se présente donc en « bienfaiteur de l'humanité », en ami du « progrès », mais il n'aime que le progrès qui déstabilise les peuples parmi lesquels il vit.

— Enfin, le Juif a réalisé « la séparation entre l'employeur et l'employé ». Il a « d'abord utilisé la bourgeoisie comme bélier contre le monde féodal ; maintenant il se sert de l'ouvrier contre le monde bourgeois. De même qu'autrefois il a su arracher par ses intrigues les droits civils en s'abritant derrière la bourgeoisie, il compte sur le combat mené par les travailleurs pour défendre leur existence pour lui ouvrir la voie de la domination du monde » (p. 287).

— Redoublement d'impudence : pendant qu'il essaie de se fondre avec l'Allemand, le Français, l'Anglais, etc., il envisage de créer un État national en Palestine, qui lui servira de base arrière dans sa conquête du monde ; pendant qu'il préserve son propre sang, il souille le sang aryen et encourage tous les métissages : c'est lui qui a « amené le Nègre sur le Rhin »[1], car il savait qu'il ne peut rien contre une « race pure », mais qu'il pouvait être « le maître des métis » (p. 293).

— Enfin, ayant pris le pouvoir, le Juif devient tyrannique, il extermine les élites du peuple conquis. C'est ce qu'il est en train de faire en ce moment même en Russie bolchévique.

En résumé, tous les malheurs arrivés à l'Allemagne se ramènent à une question de race. Les défaites de 1918 n'étaient rien en elles-mêmes. On se relève de toutes les défaites si la race demeure saine. Or, depuis des dizaines d'années, l'Allemagne a laissé altérer son sang.

III — LE PARTI ET SA CROISSANCE

1) *La propagande*

S'agissant de la grande idée d'une renaissance de l'Allemagne, Hitler, dit-il, renonce à convaincre les élites bourgeoises ou aristo-

---

1. Allusion aux éléments africains faisant partie des troupes françaises d'occupation. La naissance de quelques dizaines de « bâtards du Rhin » avait fait l'objet d'une vive campagne d'opinion en Allemagne.

cratiques, tous les « intellectuels » essentiellement lâches et au demeurant minoritaires. Les quelque vingt millions d'Allemands des milieux populaires attirés par les idées marxistes lui paraissent un enjeu autrement important. Comment les gagner ? Précisément, comme ce ne sont pas des intellectuels, on ne les gagnera pas par des arguments s'adressant à leur esprit. On ne peut les gagner que par des paroles touchant leur cœur et leurs instincts. D'où toute une théorie de la *propagande de masse* – qui est une des premières du genre, et qui se caractérise par une étonnante addition de cynisme et d'esprit « scientifique » d'observation.

> « Il ne faut jamais oublier que la plus belle pensée d'une théorie élevée ne peut, le plus souvent, se répandre que par l'intermédiaire de petits et même de très petits esprits » (p. 297).

Ce sont ces derniers que la propagande doit donc atteindre. Avec eux on observera les principes suivants :

> « Action sur la grande masse, limitation à quelques points peu nombreux, constamment repris ; emploi d'un texte concis, concentré, su par cœur et procédant par formules affirmatives ; maximum d'opiniâtreté pour répandre l'idée, patience dans l'attente des résultats » (p. 328).

Le succès se décèle à certains signes émanant de la foule, cet être collectif qu'Hitler paraît croire plus réel que l'être individuel : attention, frémissements, tonnerres d'applaudissements, réponses enthousiastes aux demandes de l'orateur (méthode déjà pratiquée par Mussolini) :

> « De quart d'heure en quart d'heure, les interruptions [des contre-manifestants] étaient de plus en plus dominées par les approbations. Lorsque enfin j'exposai à la foule, point par point, les 25 propositions et que je la priai de prononcer elle-même son jugement, tous ces points furent acceptés au milieu d'un enthousiasme toujours croissant, *à l'unanimité, et encore, et toujours à l'unanimité,* et quand le dernier point eut ainsi atteint le cœur de la masse, j'avais devant moi une salle pleine d'hommes unis par une conviction nouvelle, une nouvelle foi, une nouvelle volonté » (p. 331).

Hitler a été lui-même surpris du pouvoir qu'il pouvait exercer, par sa seule parole, sur une salle, puis sur des meetings réunissant un nombre de personnes toujours plus grand. C'est d'ailleurs la source de l'ascendant qu'il a pris très vite sur le petit parti nazi, dont il n'était au début qu'un militant parmi d'autres.

2) *Unité de commandement et rôle de la violence*

Comme Lénine[1], Hitler est partisan de l'unité absolue de commandement au sein du parti. Celui-ci ne s'agrandira pas en s'unissant à d'autres groupes partageant une partie de ses idées :

> « C'est une très grande erreur de croire que la force d'un mouvement croît par son union avec un mouvement analogue. Il y aura peut-être un accroissement de développement extérieur qui, aux yeux d'un observateur superficiel, semblera un accroissement de force : en réalité, le mouvement aura recueilli les germes d'un affaiblissement intérieur qui ne tardera pas à se faire sentir » (p. 314).

Ce qu'il faut, c'est grandir par ses propres moyens, par la propagande, par la destruction des groupes rivaux. Ceci suppose l'emploi de la violence physique, et très vite la constitution de milices armées.

> Hitler ne voit pas là un mal nécessaire, mais un bien en soi. Outre l'argument « classique » selon lequel la violence est par excellence l'épreuve où se révèlent les vrais guerriers, Hitler avance un argument psychologique : quand on donne des coups à des militants marxistes, on les... *séduit*. La masse brutale et inculte se ralliera toujours à ceux qui « cognent » le plus fort, et c'est pourquoi, pour que le Parti grandisse, il *faut qu'il agresse ses adversaires,* dont il fera bien vite ses militants.

Hitler plaide pour une structure strictement hiérarchique du Parti.

> « Le mouvement nouveau est dans son essence et dans son organisation intime antiparlementaire, c'est-à-dire qu'il dénie en général le principe – comme dans sa propre organisation intérieure – d'une souveraineté de la majorité en vertu de laquelle le chef du gouvernement est ramené au rang de simple exécutant de la volonté des autres. Le mouvement pose le principe que, sur les grandes comme sur les petites questions, le chef détient une autorité incontestée, comportant la responsabilité la plus entière » (p. 309).

À chaque niveau, il y aura donc un chef doté de tous les pouvoirs, qui choisira lui-même les chefs placés au-dessous de lui. À aucun niveau il n'y aura d'élections, ni de commissions dotées de pouvoirs collégiaux. Au sommet, il y aura Hitler, qui parle de lui-même comme d'un « génie » concevant les idées nécessaires. L'unité de commandement et la rigidité de la pyramide hiérarchique assurent à ces idées géniales une exécution sans altération.

> « La meilleure organisation n'est pas celle qui crée entre le chef d'un mouvement et ses partisans un imposant système d'intermédiaires ; c'est celle qui en

---

1. Cf. *supra*, p. 956.

crée le moins possible. Car organiser, c'est transmettre à un très grand nombre d'hommes une idée définie — qui toujours a pris naissance dans la tête d'un seul — et assurer ensuite la transformation de cette idée en réalités » (p. 311).

IV — POLITIQUE ÉCONOMIQUE ET SOCIALE[1]

Étant donné que les patrons n'ont aucune conscience sociale, ne pensent qu'à leurs intérêts égoïstes sans manifester un plus grand souci de la « communauté du peuple » que les marxistes internationalistes, il faut des syndicats pour protéger les ouvriers et leur permettre de faire valoir « leur droit égal de membre de la communauté économique ». Les nazis sont favorables à un « groupement des ouvriers sur une base corporative ». Les syndicats seront eux-mêmes la « pierre angulaire du futur Parlement économique des chambres de commerce ». Il y aura des « Chambres administratives des différentes représentations professionnelles ». Ce système diffère totalement du schéma marxiste fondé sur la lutte des classes :

> « La corporation n'est pas en elle-même synonyme de "lutte des classes", mais c'est le marxisme qui a fait d'elle un instrument pour sa lutte des classes. Il créa l'armée économique que le monde juif international emploie pour la destruction des bases économiques des États nationaux libres et indépendants, pour l'anéantissement de leur industrie nationale, et grâce à cela, pour l'esclavage des peuples libres au service de la finance juive mondiale au-dessus des Etats » (p. 551).

La corporation nazie, par contraste, aura pour but de renforcer l'économie nationale. Le bonheur de l'ouvrier dépend en effet de la prospérité de la nation. Les ouvriers et les patrons doivent comprendre que leurs intérêts sont liés. « Les ouvriers et les patrons nazis sont les uns comme les autres délégués et représentants de l'ensemble de la communauté populaire. » Au sein de la corporation, il doit demeurer la dose de liberté individuelle qui permet la « sélection naturelle qui doit pousser en avant le plus habile, le plus capable et le plus laborieux ». Mais, dès lors qu'il existe un État raciste nazi, la grève n'a plus lieu d'être. Car l'État fera « respecter le droit de tous ». « Ce qui aujourd'hui pousse au combat des millions d'hommes doit, un jour, trouver sa solution dans les Chambres professionnelles et dans le Parlement économique central » (p. 552).

---

1. Cf. *Mein Kampf*, II, chap. XII, « La question corporative », p. 547 sq.

Comment fonder les corporations nazies ? Sous la République de Weimar, c'est impossible. Il existe déjà des syndicats marxistes, et si l'on crée, à côté, des corporations nazies, les ouvriers n'auront aucun avantage à y adhérer (car il faut que la corporation ait un monopole) et d'autre part Hitler avoue qu'il n'a trouvé aucun « cerveau » à qui confier cette tâche. Enfin, si l'on occupe les masses à ce combat économique et si elles peuvent rêver d'épargner et d'avoir une maison, leurs énergies se détourneront du combat politique. Tout ceci conduit à penser qu'il faut laisser là ce problème et prendre d'abord le pouvoir politique. Du moins peut-on, en attendant, faire de l'« entrisme » dans les syndicats existants.

V — L'EXPANSION VERS L'EST

1) Forger le « glaive »

Les politiques intérieure et extérieure du futur Reich poursuivront toutes deux le même but de puissance au service du pangermanisme :

« Les territoires opprimés ne sont pas réincorporés à la patrie commune par des protestations enflammées, mais par les coups victorieux qu'assène le glaive. Forger ce glaive, telle est la tâche de la politique intérieure du gouvernement ; permettre au forgeron de travailler en toute sécurité et de recruter des compagnons d'armes, telle est celle de la politique étrangère » (p. 561).

On a eu tort, avant-guerre, de jouer sur tous les tableaux, en particulier d'avoir une politique coloniale. Voulant « s'asseoir sur toutes les chaises », on s'est finalement « assis à côté » et la guerre mondiale a été le prix à payer pour cette erreur. Ce qu'il fallait, c'était « renforcer la puissance du Reich sur le continent en s'annexant de nouveaux territoires en Europe », mais pour cela il fallait consacrer toutes les ressources à l'armée, et non aux dépenses « culturelles » (de toute façon, quand un pays est fort, cela renforce en définitive sa culture).

Et il fallait le faire en se rapprochant des deux seuls alliés possibles pour l'Allemagne en Europe : l'Angleterre et l'Italie. Cela non pas parce que ces pays seraient à quelque degré germanophiles, mais parce qu'ils ont des raisons objectives de vouloir les mêmes buts que l'Allemagne : empêcher la France d'être la puissance maîtresse du continent. D'autant qu'en France, les Juifs sont tout-puissants. C'est eux, Hitler le répète, qui ont amené le Nègre sur le Rhin pour polluer la race blanche depuis le centre même de l'Europe.

« Qu'ont fait nos gouvernements pour que renaisse dans le peuple un esprit de fierté nationale, de virilité hautaine et de haine, fille de la colère ? » (p. 580). « Quand notre peuple aura un gouvernement qui verra là [dans le rétablissement de la fierté nationale] sa mission, *il ne se passera pas six ans*[1] avant qu'une direction hardie donnée à la politique étrangère du Reich ne trouve à s'appuyer sur la volonté aussi hardie d'un peuple altéré de liberté » (p. 582, n.s.).

2) *Mener une lutte mondiale contre le Juif*

« [Le Juif] constate que les États européens sont déjà dans sa main des instruments passifs, qu'il les domine par le détour de ce qu'on appelle la démocratie occidentale ou bien directement par le bolchevisme russe. Mais il ne lui suffit pas de tenir l'Ancien Monde dans ses rêts ; le même sort menace le Nouveau Monde. Les Juifs sont les maîtres des puissances financières des États-Unis. Chaque année, les forces productives d'un peuple de cent vingt millions d'âmes passent un peu plus sous leur contrôle [...]. Les meilleurs cerveaux de la juiverie croient déjà voir approcher le moment où sera réalisé le mot d'ordre donné par l'Ancien Testament et suivant lequel Israël dominera les autres peuples » (p. 587).

Mais la domination juive mondiale n'est pas possible si un seul peuple résiste, que ce soit l'Allemagne ou le Japon, d'où l'acharnement de la presse juive mondiale contre eux.

3) *La croisade anti-russe*

Le premier objectif stratégique dans cette lutte mondiale est la conquête de la Russie par l'Allemagne.

« La politique extérieure de l'État raciste doit assurer les moyens d'existence sur cette planète de la race que groupe l'État, en établissant un rapport sain, viable et conforme aux lois naturelles entre le nombre et l'accroissement de la population d'une part, l'étendue et la valeur du territoire d'autre part » (p. 592)[2].

Par rapport « sain » il faut entendre une situation telle que le peuple soit nourri par son propre territoire. L'étendue des territoires à conquérir doit être modulée par des considérations militaires et politiques. D'autre part, « le peuple allemand ne saurait envisager son ave-

---

1. Hitler prendra le pouvoir en 1933, il déclenchera la guerre six ans plus tard, en 1939 : on ne peut lui contester une certaine suite dans les idées.
2. Naturellement, l'idée que l'on puisse produire *plus*, sur un *même* territoire, par un développement de la division du travail, rendu lui-même possible par l'extension des logiques de droit et de marché, est inconnue de Hitler et des milieux intellectuellement frustes dans lesquels il vit, ou elle est attribuée à la perversion juive (cf. p. 1261).

nir qu'en tant que puissance mondiale », puisque l'Allemagne est
« mère de toute vie, mère de toute la civilisation actuelle » (p. 603).
Or, à l'époque « où peu à peu chaque fraction de cette terre est
attribuée à quelque État » – et quelques-uns « embrassent presque des
continents » – la surface actuelle de l'Allemagne est ridicule.

En France, dans trois cents ans, « les derniers restes de sang franc disparaîtront dans l'État mulâtre africano-européen qui est en train de se constituer : un
immense territoire de peuplement autonome s'étendant du Rhin au Congo,
rempli de la race inférieure qui se forme lentement sous l'influence d'un métissage prolongé » (p. 594). C'est pourquoi le parti nazi doit « trouver le courage
de rassembler notre peuple et sa puissance, pour le lancer sur la voie qui le sortira de son étroit habitat actuel et le mènera vers de nombreux territoires, le
libérant ainsi à jamais du danger de disparaître de cette terre ou de devenir
l'esclave des autres » (p. 596).

Quel territoire faut-il à l'Allemagne ? Elle ne doit certainement
pas se contenter de revenir à ses frontières de 1914, qui ne grou-
paient pas tous les hommes de nationalité allemande et ne corres-
pondaient pas à un concept militaire et politique rationnel. D'ailleurs, revenir aux frontières de 1914, ce serait menacer toutes les
puissances alliées, et cela ne se ferait pas sans verser beaucoup de sang
pour un profit de toute façon insignifiant. Tant qu'à faire un « sacrifice du sang », autant en faire un qui permette d' « assurer d'une
façon définitive la vie et l'avenir de notre nation » (p. 601). Il faut
« assurer au peuple allemand le territoire qui lui revient en ce
monde ».

Et cette action est la seule qui, devant Dieu et la postérité allemande, justifie de faire couler le sang : devant Dieu, pour autant que
les Allemands ont été mis sur cette terre pour y gagner leur pain
quotidien au prix d'un perpétuel combat, en créatures à qui rien n'a
été donné sans contrepartie, et qui ne doivent leur situation de maîtres de la terre qu'à l'intelligence et au courage avec lesquels ils sauront la conquérir et la conserver ; devant la postérité allemande,
pour autant que

« l'on ne versera pas le sang d'un seul citoyen allemand sans donner à
l'Allemagne future des milliers de nouveaux citoyens. Le territoire sur lequel les
vigoureux enfants des générations de paysans allemands pourront un jour se
multiplier, justifiera le sacrifice de nos propres enfants et absoudra les hommes
d'État responsables, même persécutés par leur génération, du sang versé et du
sacrifice imposé à notre peuple » (p. 601).

Il n'y a pas de « droit sacré de l'humanité » qui puisse s'opposer à
cela, car « les limites des États sont le fait des hommes et sont changées par eux » (p. 602) et, de toute façon, « c'est dans la seule force
que réside le droit » (ibid.).

Ainsi, nous les nazis,

« nous commençons là où l'on avait fini il y a six cents ans. Nous arrêtons l'éternelle marche des Germains vers le sud et vers l'ouest de l'Europe, et nous jetons nos regards sur l'Est. Nous mettons un terme à la politique coloniale et commerciale d'avant-guerre et nous inaugurons la politique territoriale de l'avenir » (p. 603).

4) Pourquoi la Russie est « mûre » pour être conquise par les Allemands

Sont visés ici, Hitler le précise, « la Russie » et « les pays limitrophes qui en dépendent ». C'est le destin qui désigne ces proies, puisque le bolchevisme a privé la Russie de la couche intellectuelle qui l'avait constituée en tant qu'État, et d'ailleurs ces organisateurs étaient des « éléments germaniques ». « Depuis des siècles, la Russie vivait aux dépens du noyau germanique de ses couches supérieures dirigeantes qu'on peut considérer actuellement comme extirpé et détruit. Le Juif a pris sa place » (p. 604). Or le Juif n'est pas un élément organisateur, « il n'est qu'un ferment de décomposition ». Donc l' « État gigantesque de l'Est est mûr pour la ruine ».

Il y a des adversaires de cette politique, ceux qui disent que l'Allemagne ferait mieux, pour se défendre, de lier son sort à celui des autres « nations opprimées » comme l'Égypte ou l'Inde. Il n'en est pas question : ces nations sont elles-mêmes « conscientes de leur infériorité raciale » (p. 607). L'Allemagne, pour la même raison, ne saurait s'allier avec la Russie contre les nations occidentales, d'abord parce qu'elle supporterait seule le poids d'une guerre qui se passerait sur son sol, ensuite parce que « les gouvernements de la Russie d'aujourd'hui ne sont que de vulgaires criminels tout souillés de sang ; il s'agit là d'une lie de l'humanité », qui « exerce depuis bientôt dix ans[1] la plus cruelle tyrannie de tous les temps », et qui émane d'un peuple « qui ajoute, à un rare degré, une cruauté bestiale à un art incroyable du mensonge » (et qui est dirigé par « un Juif international »[2]). Or l' « Allemagne est aujourd'hui le prochain objectif important du bolchevisme ». Donc pas question d'une alliance avec la Russie. « La lutte contre la bolchevisation mondiale juive exige une attitude nette vis-à-vis de la Russie soviétique. On ne peut pas chasser le diable par Belzébuth » (p. 611).

---

1. Ce chapitre appartient à la seconde partie de Mein Kampf, datant de 1926.
2. Trotsky ?

5) *Les alliances avec l'Angleterre et l'Italie contre la France*

Hitler revient à l'idée qu'il a suggérée plus haut. Une alliance avec l'Angleterre et l'Italie permettrait de préparer tranquillement un réglement de comptes avec la France, qu'elle isolerait. « C'est la nouvelle alliance anglo-germano-italienne qui aurait en mains l'initiative politique, et non plus la France » (p. 613). Car ces pays se complèteraient d'un point de vue technique (ce qui n'était pas le cas avec la Turquie lors de la Première Guerre mondiale).

Il faut enlever l'initiative politique à la France parce que les buts de guerre de ce pays n'étaient évidemment pas seulement la récupération de l'Alsace-Lorraine, moins encore les réparations, contrepartie des dommages subis, mais de démembrer l'Allemagne en une poussière de petits États. Heureusement, ce n'était pas là le but de l'Angleterre, qui voulait seulement que disparût la puissance commerciale et coloniale de l'Allemagne. Il s'est trouvé que la France a dû dépenser entièrement le bénéfice de sa victoire militaire pour faire sortir les armées allemandes de son territoire et du territoire belge ; ensuite, quand elle a voulu aller plus loin, elle a été paralysée par la diplomatie anglaise (bientôt la France commettra une grave erreur en occupant la Ruhr, parce qu'en rompant elle-même le traité de Versailles, elle fera peur à l'Angleterre et à l'Italie). « La nation française, qui meurt lentement, non pas tant par la dépopulation que par la disparition progressive des meilleurs éléments de la race, ne peut continuer à jouer un rôle important dans le monde qu'en démolissant l'Allemagne. Quelques détours que prenne la politique française, elle finit toujours par tendre à ce dernier but qui satisferait ses désirs les plus profonds et les plus ardents » (p. 622).

Donc il faut en finir, et non pas par la simple défensive (à ce jeu, l'Allemagne n'a cessé de perdre depuis le XIIᵉ siècle), mais par une offensive décisive. Mais, on l'a dit, cette victoire sur la France ne servira qu'à mener à bien tranquillement la conquête de la Russie.

Et Hitler annonce explicitement ses buts de guerre à l'Est. Il faut conquérir la Russie et y installer à demeure le peuple allemand. De 80 millions d'Allemands aujourd'hui asservis en Europe, il faut passer, « en moins de cent ans », à 250 millions d'Allemands paysans et ouvriers installés sur un sol qui sera leur à jamais.

Pour atteindre ce but, il faudrait que l'Allemagne ait d'autres dirigeants. Or « on ne sait vraiment pas ce qui l'emporte, dans ce monde bourgeois, du crétinisme, de la faiblesse ou de la lâcheté, ou bien d'un moral complètement délabré. Il représente une classe condamnée à disparaître et qui, malheureusement, entraîne avec elle tout un peuple à l'abîme » (p. 628). « La bourgeoisie allemande est parvenue au terme de sa mission et elle n'est plus appelée à rendre aucun service » (p. 629). Nos hommes d'État sont des « nains » à côté du « grand homme du sud des Alpes » [Mussolini] qui a décidé, lui, de combattre vraiment le marxisme. Il est urgent de marcher sur ses traces et de remplacer le personnel dirigeant corrompu par un autre tout différent. Tel est le but de Hitler et de son parti.

Il est frappant que Hitler ait écrit dans *Mein Kampf* à peu près exactement tout ce que fera réellement le IIIᵉ Reich en politique intérieure et extérieure, en donnant ses raisons, en entrant dans maints détails, et que si peu de contemporains aient lu l'ouvrage ou l'aient pris au sérieux.

§ 2
Le *Mythe du XXᵉ siècle* de Rosenberg

Le *Mythe du XXᵉ siècle* d'Alfred Rosenberg passe pour l'un des principaux ouvrages doctrinaux du national-socialisme, aussi important que *Mein Kampf.*

Vie et œuvres

Né en Estonie en 1893, naturalisé allemand, Rosenberg fait connaissance avec Hitler dans une taverne de Munich dès 1919. Il adhère au parti nazi dont il va devenir le théoricien quasi-officiel et, de pair avec Goebbels, le responsable idéologique. Il est rédacteur du journal du Parti, le *Völkischer Beobachter,* député en 1930, chargé de diverses missions diplomatiques, ministre du Reich pour les territoires occupés de l'Est en 1941. Mais il est surtout à son aise dans les tâches idéologiques. Il est en pointe dans les diatribes antisémites et antichrétiennes du Parti. Auteur de *Sang et honneur (Blut und Ehre)* (1935-1936), *Combat pour une renaissance allemande, Une révolution dans la peinture ?, La Religion de Maître Eckhart,* et surtout *Le Mythe du XXᵉ siècle* (1930, plusieurs rééditions ultérieures)[1]. Rosenberg a été condamné par le tribunal de Nüremberg et exécuté en octobre 1946.

1) *La race nordique, moteur principal de l'Histoire*

Rosenberg est le laudateur enflammé de la race « nordique » (cf. *infra*) : parmi les cinq races qui se rencontrent et se mêlent dans le peuple allemand, c'est la race principale.

Toute la civilisation antique est d'origine nordique. Probablement, les Nordiques ont habité l'Atlantide, mais de toute façon ils sont ce peuple dolicho-blond qui est l'origine directe de toutes les civilisations remarquables de

---

1. Nous étudions ce texte dans l'abrégé qu'en a présenté Pierre Grosclaude, *Alfred Rosenberg et le Mythe du XXᵉ siècle*, Sorlot, 1939, distrib. par Nouvelles éditions latines.

l'Antiquité : Égypte, Iran, Inde, Grèce, Macédoine, Rome. En Grèce, tout ce qui est digne d'admiration est nordique : Apollon est dit « aux cheveux d'or », et l'on voit sans cesse s'affronter le principe apollinien nordique et le principe dionysiaque chtonien asiatique comme la lumière et la nuit.

La race nordique a en effet une *Weltanschauung* ou « conception du monde » propre, aristocratique, bien reconnaissable chez Homère, Eschyle, Platon, contre qui s'élèvent les démocrates « asiatiques », les Socrate, les adeptes des Bacchanales... La Grèce a fini par succomber sous ces derniers, mais a eu le temps de transmettre le flambeau du nordicisme à Rome, qui succombera à son tour, heureusement relayée par les Germains.

Sylla et l'Empereur Auguste ont les yeux bleus. Les Romains ont détruit Carthage, ce foyer phénicien. L'exploit de Titus, la destruction de Jérusalem en 70 apr. J.-C., est venu trop tard : l'Empire avait déjà été pénétré par des non-nordiques, et il sera bien vite dominé par eux, par des Espagnols (les Antonins) puis des Africains (les Sévères). Tout ce qui est nocturne chez les Romains (magie, croyance aux sorcières, à l'enfer) est d'origine étrusco-asiatique. Le christianisme est évidemment à Rome un élément asiatique ; le Christ n'était pas juif, mais saint Paul a su assurer la victoire d'un « christianisme négatif » sur le « christianisme positif ».

Au haut Moyen Âge on a assisté à un « chaos des peuples », à un abâtardissement. Les hérésies, Vaudois, Cathares, puis la Réforme, ont manifesté le réveil de l'esprit germanique contre l'internationalisme catholico-papal.

La nation française s'est d'ailleurs complètement modifiée après qu'elle a éliminé la Réforme et forcé les réformés à l'exil : l'homme alpin mélangé de Méditerranéen est passé au premier plan, d'où les événements funestes qui ont suivi, au premier chef la Révolution, œuvre de boutiquiers gonflés d'eux-mêmes. Il n'existe plus de bon sang en France que confiné dans les châteaux et parmi les officiers de marine, qui sont tous blonds. Comme Athènes, Rome et Persépolis, Paris est devenue une ville métis. Ainsi l'histoire de France doit-elle être considérée comme terminée.

Aujourd'hui, la race nordique est assiégée. Son âme raciale a deux ennemis implacables : les *vertus d'humilité chrétienne,* qui la condamnent à subir le joug du despotisme romain ; le *cosmopolitisme capitaliste*. La science, elle, est entièrement nordique. La race nordique a une conception dynamique de la vie :

« La plus grande réalisation de l'histoire de l'homme nordique a été l'idée germanique que la nature ne se laisse pas maîtriser par la magie (comme l'antique Asie le croyait), non plus que par l'entendement pur (comme l'a prétendu ensuite la Grèce), mais uniquement *par l'observation interne... Ce vitalisme,* l'Occident germanique ne se l'est pas laissé dérober par l'Église romaine, malgré excommunications, prisons et bûchers. Et ce *vitalisme mystique* était en même temps cosmique, ou, inversement, c'est parce que l'homme germanique avait des sensations cosmico-solaires qu'il a découvert l'ordre des lois dans l'éternel devenir sur la terre. Et peut-être est-ce précisément ce si profond sentiment qui lui a permis de se construire les formes nécessaires de la science, de créer une symbolique des idées, qui seule lui a fourni des armes pour l'amener tout près du *Fleuve qui coule éternellement* » (cité par Grosclaude, p. 43-44)[1].

2) « *Amour* » *et* « *honneur* »

Amour et honneur caractérisent respectivement les Églises (et tout ce qui en découle dans le monde moderne, démocratie, socialisme) et la race nordique. L'amour du prochain est une valeur plus faible que l'honneur parce qu'il s'adresse à l'individu, non à la race. Mais il est également pervers par lui-même. Il conduit à combattre la nature, à mépriser le corps, à nier l'idée de race, à accueillir les débauchés et les criminels, à demander l'intercession d'autrui, à croire à la magie et à rejeter la recherche scientifique objective.

L'amour est, au surplus, *incompatible* avec l'honneur. Les Jésuites ont travaillé à anéantir l'honneur humain en exigeant des leurs une obéissance aveugle, fanatique ; d'ailleurs ils ont été à l'origine du dogme de l'infaillibilité pontificale proclamée au concile Vatican I, dogme qui enlève tout honneur aux catholiques. Mais ce n'est pas étonnant : Loyola était basque, donc non-aryen, et son successeur, Malez, était juif. Tout cela est d'origine orientale, on retrouve d'ailleurs des demandes équivalentes de soumission absolue de l'esprit et de fanatisme en Islam.

La lutte entre l'Empereur et le Pape est celle de l'honneur chevaleresque contre l'amour efféminé. La chevalerie, la Hanse, la Prusse assument l'héritage de la tradition germanique de l'honneur ; mais l'autre principe a lui-même revêtu plusieurs figures, telle la franc-maçonnerie, responsable de ce que, dans les États européens modernes,

« n'importe quel juif, nègre ou mulâtre a pu devenir citoyen avec tous les droits attachés à ce titre... Grâce à l'*humanité*, des Nègres et des Juifs peuvent épouser des femmes de race nordique et même occuper des emplois importants... » (p. 57),

ou encore le marxisme et le bolchevisme, ou encore la « doctrine russe » de la souffrance et de la pitié qu'on trouve chez Tolstoï et Dostoïevski :

---

1. Rosenberg exprime ici, sous une forme fruste, quelque chose de proche de la conviction profonde de l'idéalisme allemand.

« Il y a dans le sang russe quelque chose de malade, de bâtard, qui entrave toujours les élans vers les hauteurs. » « Il faut une fois pour toutes nous débarrasser de cette maladie russe de prendre les criminels pour des malheureux, des êtres vermoulus et pourris pour des symboles de l'humanité » (p. 58-59).

Ce qu'il y a de meilleur dans le christianisme trahit des origines nordiques – y compris la *croix,* laquelle n'est nullement le symbole du gibet en « T » du Christ, mais a, à l'évidence, une origine nordique, puisqu'elle vient de ce symbole solaire et d'Éternel Retour connu chez les vieux Germains et que reprend la croix gammée.

Bien que chrétien – et Rosenberg soutient ici un singulier paradoxe –, Maître Eckhart[1] est un illustre représentant de l'âme germanique, parce que toute sa mystique est une mystique de l'honneur : elle vise à forger une âme libre qui s'égale à Dieu, elle refuse la compassion, la mollesse, le despotisme de Dieu. Contrairement à l'attitude qu'aura ultérieurement Luther, Eckhart refuse l' « octroi condescendant de la grâce » et accorde peu d'importance à l'Ancien Testament. Donc Eckhart, d'ailleurs poursuivi impitoyablement par l'Inquisition, est l'apôtre d'une religion allemande toute de liberté.

3) *Esthétique contre éthique*

L'idéal racial nordique en Occident est encore un idéal de *beauté*. Les héros grecs sont toujours beaux, ainsi que les héros allemands.

« Le visage de Périclès et la tête de Frédéric le Grand sont deux symboles de l'ouverture de l'âme d'une race et d'un idéal de beauté raciale semblable à l'origine » (p. 72).

Toute la peinture européenne représente des personnages bibliques resplendissant de beauté et dans lesquels il n'est pas difficile de reconnaître des traits absolument nordiques (d'ailleurs « tout ce qui est grand [en Occident] s'est réalisé contre l'essence de l'antique Bible », p. 73).

L'esthétique nordique n'est ni statique ni extérieure. Chez Léonard de Vinci, Rembrandt ou Beethoven s'exprime une *dynamique intérieure,*

« incarnation d'une volonté esthétique, d'une force qu'il faut enfin reconnaître comme une énigme primordiale à côté des forces héroïques et morales... » (cité p. 75). « Que l'on compare la beauté de la neuvième symphonie à celle d'un temple grec – la tête de Titus par Rembrandt (Pétersbourg) à l'Apollon de Praxitèle, et l'on conviendra que la beauté grecque est la forme corporelle, tandis que la beauté germanique est la forme créée par l'âme, que l'une signifie équilibre extérieur, l'autre loi intérieure, que l'une est comme le résultat d'un style plus objectif, l'autre d'un style personnel » (p. 79).

---

1. Mystique allemand dominicain des XIIIᵉ-XIVᵉ siècles. Rosenberg lui a consacré un ouvrage.

Donc l'art nordique a à voir avec la *volonté* et l'*instinct* au sens de Schopenhauer. La fonction d'un tel art est de

« nous faire prendre conscience d'une énergie créatrice de formes » (p. 86). On voit par exemple chez Wagner que « l'âme nordique n'est pas contemplative ; elle ne se perd pas non plus dans la psychologie individuelle, mais établit avec volonté des lois cosmiques et spirituelles » (p. 89).

Cependant, là encore, le principe nordique est confronté à des adversaires redoutables. Il existe des artistes-métis, ennemis féroces de la beauté nordique. Et leur emprise sur la société s'étend. « Une odeur de cadavre s'exhale aujourd'hui de Paris, de Vienne, de Moscou et de New York » dans les domaines du théâtre, de la peinture ou de la musique.

4) *Le Mythe du XXᵉ siècle*

Toute grande civilisation a eu son « mythe ». Les Allemands doivent avoir le leur. Aujourd'hui, alors que la « grande explication » a commencé entre le génie allemand et le démon juif, les Juifs ont leur mythe, le *sionisme*.

Il convient de bien interpréter ce dernier. Cette contre-nation qu'est Israël ne peut avoir comme idéal la fondation d'un État l'égalant aux autres nations, alors qu'elle se juge supérieure à celles-ci. L'État d'Israël sera donc tout autre chose : il sera la base arrière d'un projet de parasitisme et de domination mondiaux.

Les « Romains », c'est-à-dire les Occidentaux, ont aussi leur mythe : un empire universel soumis au Pape et ignorant les distinctions de nations et de races (or « les nations sont des pensées de Dieu », comme l'a dit Paul de Lagarde[1]) et dans lequel l'Allemagne sera noyée.

Donc il faut pour l'Allemagne du XXᵉ siècle un mythe de force équivalente. Quelles seront ses lignes directrices ?

— Il faut *développer l'honneur allemand,* et cela sera fait par des grandes *volontés,* dignes de ce que furent Frédéric le Grand, Bismark, von Moltke, et par l'acquisition de *territoires* (les Juifs et le Pape, qui n'ont pas de territoire, n'ont pas d'honneur). « Par l'épée et la charrue, pour l'honneur et la liberté », tel sera le cri de guerre de la nouvelle génération. Il faudra punir avec une sévérité exemplaire tout crime contre l'honneur : tout Allemand ou tout étranger qui dira du mal de l'Allemagne sera puni.

— Le nationalisme allemand sera *socialiste*. C'est le seul moyen d'empêcher les méfaits du cosmopolitisme capitaliste. La propriété sera maintenue, mais seulement dans la mesure où elle résulte du travail.

---

1. L'idée est récurrente dans les traditions de droite (cf. *supra,* p. 1245, n. 1). Elle est citée également dans *Mein Kampf.*

— La *forme du régime* importe peu, car le peuple est au-dessus de l'État. On supprimera la démocratie, le vote secret, la liberté de domicile (qui a permis l'accumulation d'immenses masses urbaines).

— Le *droit traditionnel* sera supprimé, car ce droit est romain, or en tant que tel il a émané du peuple romain qui n'avait pas les mêmes valeurs fondamentales que les Germains. Rosenberg n'a pas plus de souci du « droit bourgeois » que n'en ont Marx ou Lénine : « Le droit est uniquement pour nous ce qui sert l'honneur allemand ; une bonne économie est donc uniquement celle qui procède de ce dernier, comme autrefois la noble industrie, comme encore aujourd'hui les coutumes de la Hanse » (cité p. 118).

— Il faut *remettre la femme à sa place* : refuser qu'elle obtienne des droits civiques et l'émancipation sexuelle, puisqu'elle est essentiellement la gardienne de la race. Toute pensée synthétique, toute grande œuvre ont été le fait d'associations d'hommes : les moines, les chevaliers, l'armée prussienne.

— Il faut veiller scrupuleusement à la *pureté de la race* : stériliser les porteurs de maladies héréditaires, les délinquants récidivistes, se garder des mulâtres, interdire tout mariage inter-racial.

— Il faut, sinon encourager la polygamie, du moins reconnaître les enfants naturels. Le souci de la *prolifération de la race* doit l'emporter sur le droit matrimonial bourgeois.

— Il y aura une noblesse héréditaire, mais qui s'éteindra à la troisième génération si des services éminents ne sont pas rendus.

— Sur le plan religieux, il faut *supprimer l'Ancien Testament* dont la lecture aboutit à faire de l'Allemand un juif spirituel, et à voir dans le Christ « le vigoureux prêcheur et l'homme qui s'emporte dans le Temple, celui qui entraîne et que tous suivent, et non pas l'Agneau offert en sacrifice de la prophétie judaïque, non pas le crucifié » (p. 121). Le *Sermon sur la Montagne,* cette « doctrine de lâcheté », est manifestement une interpolation. De toute façon, dans la nouvelle situation de la religion en Allemagne, les obligations à l'égard de l'Église ne devront jamais l'emporter sur les obligations à l'égard du peuple. On supprimera les crucifix, signes de l'Agneau immolé, et on les remplacera par des symboles de vie comme la croix gammée.

— L'école devra former des caractères plus que transmettre des connaissances. On supprimera la liberté d'enseignement.

— Sur le plan extérieur, il faut confiner dans ses frontières la France mi-juive, mi-nègre. Il faut une *Europe nordique* avec une Europe centrale germanisée. D'une façon générale, la formule de l'avenir est l'existence d'États racistes bien séparés : les États-Unis, s'ils veulent survivre, devront renvoyer leurs Noirs en Afrique et chasser également de Californie leurs Asiatiques, les Anglais devront laisser tranquille l'Extrême-Orient.

5) *Sang et race*

Le livre se termine par une apologie du Sang et de la fusion de l'individu dans l'entité collective qu'est la Race. Celle-ci est la valeur suprême qui n'en tolérera aucune autre à côté d'elle, en particulier aucune relevant de la civilisation judéo-chrétienne ou du « droit de la nature et des gens » traditionnel. L'Allemagne, qui récuse tant l'individualisme que l'universalisme qui sont à la source du droit classique, déclare renoncer à tout autre droit qu'à celui de la Race.

§ 3
Nationalisme religieux et théories raciales

Les contributions de Hitler et de Rosenberg à l'idéologie nazie sont, chacune à sa façon et sur son registre, fondamentales. Mais elles ne sont que des éléments dans un vaste processus de création idéologique dont nous avons vu les manifestations antérieures dans l'élaboration du nationalisme allemand et du « mythe aryen », et qui se poursuit au XXᵉ siècle. Juste avant Hitler, puis parallèlement à lui et à la propagande du NSDAP, et encore pendant toute la durée du régime nazi, des textes sont publiés, des débats se font jour qui contribuent, autant que la pensée du Führer lui-même et de ses propagandistes attitrés comme Rosenberg et Goebbels, à forger le corps de doctrines et de projets politiques qui sera mis à exécution de façon accélérée avec la guerre, l'expansion à l'Est et la « solution finale ». Ces idées se développent particulièrement dans le milieu fanatisé de la SS. Les thèmes qui reviennent obsessionnellement sont 1) qu'il existe un *peuple supérieur,* le peuple allemand ; 2) que ce peuple doit rester *pur ;* 3) qu'il doit se procurer un *espace vital,* soumettre des populations serviles et éliminer les populations indignes de survivre. L'idée de cette originalité nationale allemande absolue est construite autour de deux types différents d'arguments, les premiers *religieux,* les autres *raciaux,* qui se correspondent sans se confondre.

I — LE NATIONALISME RELIGIEUX :
« CHRISTIANISME ALLEMAND » ET NÉO-PAGANISME[1]

Bien antérieurement au mouvement nazi, il a existé en Allemagne un mouvement nationaliste qui se dénommait « *völkisch* » (germanisation de « national » : car le mot « nation » a le tort d'être

---

1. D'après Édouard Conte, Cornélia Essner, *La Quête de la race. Une anthropologie du nazisme, op. cit. ;* Bernard Reymond, *Une Église à croix gammée ? Le protestantisme allemand au début du régime nazi (1932-1935), op. cit.* ; Léon Poliakov, *Le Mythe aryen, op. cit.*

un mot « étranger »...) ; on traduit ce mot le plus souvent par « national-populaire ». Ce mouvement était antisémite et, sur le plan religieux, il était hostile aux vieilles institutions ecclésiastiques suspectes d'internationalisme (il avait donc pris part au *Kulturkampf* de Bismark). Il s'était incarné en des dizaines d'associations *(Bünde)* diverses comme la « Ligue pour la germanité pure », proche de l' « Union pangermaniste » dont on a parlé plus haut.

Mais ce mouvement s'était scindé bientôt en deux branches, les partisans d'un « christianisme-allemand » et ceux d'un retour à la religion des anciens Germains, les « néo-païens » ou partisans d'une « foi allemande ». À mesure que le régime nazi s'enracine et se radicalise, c'est la seconde tendance qui tend à l'emporter.

1) Le « christianisme allemand »

Nous avons vu que, dès le XIXᵉ siècle, il s'était trouvé des intellectuels comme Paul de Lagarde, Wagner ou Chamberlain pour prôner un « christianisme allemand ». Ces auteurs entendaient « déjudaïser » le christianisme, mais conserver ce dernier ainsi « épuré » : ils pensaient en effet que les traditions chrétienne et allemande n'étaient pas *a priori* incompatibles. Un des auteurs principaux de cette tendance, au XXᵉ siècle, est Artur Dinter, le « Chamberlain du pauvre », l'auteur de romans populaires à succès dont le fameux *Péché contre le sang* (1917) (dont nous reparlerons plus loin à propos de la thèse de la « télégonie ») dans lequel il fait dire à son héros :

« Pouvez-vous vous imaginer un gouffre plus abyssal que celui qui partage [la] pensée [de Jésus] de la pensée et de la sensibilité juives ? Jésus est tout intériorité, désintéressement et sensibilité, les Juifs extériorisation, égoïsme et tromperie. [...] Cette contradiction psychique irréconciliable entre Jésus et les Juifs ne peut être expliquée que par une contradiction raciale. [...] De même que le prunellier ne porte que des prunelles et jamais des pommes ou des poires, jamais le précieux fruit qu'est l'enseignement de Jésus n'a-t-il pu pousser sur une souche juive. Jésus n'était juif que par son éducation et son appartenance religieuse. » Dinter croit en effet savoir qu'il était aryen par la race, ou « ce qui revient au même, indogermain », originaire de Galilée septentrionale, terre des Amorites, peuple sans doute non-sémite (textes cités par Conte et Essner, p. 32).

Une race ne saurait faire sienne une religion incompatible avec son essence. Or le christianisme a été porté par les peuples aryens. Donc le christianisme « ne peut être né du judaïsme ». Dinter reprend la vieille idée de Fichte : il revenait à Luther de révéler le christianisme à sa véritable essence ; seul un Allemand, un « Aryen idéaliste », pouvait véritablement comprendre pour la première fois le christianisme – lequel enseigne cet idéalisme même – en le débarrassant des falsifications juives. D'ailleurs la religion des anciens Germains anticipe le message du Christ :

« La religion de nos ancêtres germaniques présente des traits notables conformes à la religion chrétienne : Baldur, identique à Siegfried, le fils du dieu suprême, est le champion désintéressé et héroïque de la vérité et du droit, celui qui répand la lumière céleste sur terre. Comme Jésus, il tombera victime de l'égoïsme terrestre » (cité par Conte et Essner, p. 33).

Un chef du mouvement, le Dr Krause, parlant en novembre 1933 devant 20 000 chrétiens-allemands, dit de même :

Il faut créer immédiatement « une Église réellement populaire qui seule pourra laisser entrevoir l'accomplissement de la Réforme allemande de Martin Luther et qui seule pourra rendre justice à l'aspiration totalitaire de l'État national-socialiste ». Cette nouvelle *Volkskirche* devra « prendre au sérieux la proclamation d'une joyeuse nouvelle purifiée de toute altération orientale et d'un Jésus héroïque comme fondements d'un christianisme issu de la race, dans lequel, en lieu et place de l'âme brisée de l'esclave, puisse surgir l'homme fier, enfant de Dieu qui sente le divin en lui et en son peuple » (cité par Conte et Essner, p. 46).

Dinter sera exclu du Parti en 1928 en raison de son radicalisme anticlérical : à cette date, en effet, le Parti, qui s'est déclaré partisan d'un « christianisme positif », entend ménager les Églises catholique et protestante.

2) *La « foi allemande » ou néo-paganisme*

Mais, avec des auteurs comme Alfred Rosenberg (cf. *supra*) ou l'indogermaniste Jakob Wilhelm Hauer (*La vision allemande de Dieu,* 1930), c'est le christianisme lui-même qui est pris pour cible, cependant que sont remis en honneur les mythes germaniques antérieurs à la christianisation. Ne repère-t-on pas clairement dans les « Edda » (écrits en Islande au XIIIe siècle) une religiosité et une *Weltanschauung* propres à la race germanique ?

« Dieu vit [...] non pas dans quelque ciel lointain [...] mais ici, dans la terre, dans le sol labouré par l'homme vigoureux, dans le soleil, dans les étoiles, dans le ciel bleu et dans la mer ondoyante, par orage et tempête, dans le petit brin d'herbe et dans les montagnes éternelles. L'univers est Son corps et l'homme croyant est une partie de ce corps. [...] Sainte est pour nous la terre, car la divinité vit en ses profondeurs. [...] Notre *Weltanschauung* est tragique, car nous ressentons énigmes et antinomies dans le monde. [...] Nous ne divisons pas le monde entre Dieu et diable. Dans l'ultime abîme, il est un pour nous. Là, tout ce que [le monde] a d'horrible et de lugubre a son secret ; [là], le mal en lui déborde de sens » (Hauer, cité par Conte et Essner, p. 48).

Hauer déclare son accord avec Nietzsche, avec sa valorisation du tragique, son refus de tout arrière-monde et sa théorie de l'Éternel Retour. La mort n'est qu'une étape dans le flux vital où se succèdent et se relaient les générations.

« La terre est notre patrie et notre sanctuaire. Sa volonté est que les générations replongent en elle, telles qu'elles en surgirent. [...] Tout ce que la tradition religieuse levantine impute d'effrayant et de terrifiant à la mort nous est étranger. Pour cela, dans [notre] foi, il n'est nul besoin de rédempteur, ni de sauveur, qui dépouille la mort de son pouvoir » *(ibid.).*

Comme partisans fameux de la « foi allemande », on peut citer le général Luddendorf, l'allié de Hitler lors du putsch de Munich de 1923, et des personnages centraux du régime nazi comme Darré, le responsable de l'agriculture, partisan de la reconstitution de la race allemande à partir « du Sol et du Sang », ou Himmler, le chef suprême de la SS. Le néo-paganisme se cristallise en juillet 1933 en un « Mouvement de la foi allemande » *(Deutsche Glaubensbewegung),* qui met au point des cérémonies fort proches du « culte brun » du Parti (cf. *infra).* Le mouvement sera mis au pas par la SS après 1936, mais la « foi allemande » n'en sera pas moins alors admise officiellement en tant que troisième religion du Reich[1]. Les « croyants en Dieu », « *Gottglaubisch* » seront nombreux chez les SS et largement majoritaires dans leurs unités spéciales. Plus on avance dans la guerre, plus les cadres du Parti se déclarent ouvertement antichrétiens (et donc, y compris, anti- « chrétiens-allemands »). Hannah Arendt cite le mot d'Eichmann sur l'échafaud à Jérusalem en 1963 : « *Gottglaubisch* étais-je dans la vie, *Gottglaubisch* je meurs ! ».

Quelle est la position personnelle de Hitler ? Ses déclarations publiques sont toutes inspirées par des soucis tactiques. Mais des propos privés ont été rapportés où s'affirme chez lui en la matière un cynisme totalement nihiliste et parfaitement parallèle à celui de Staline.

« Quant aux confessions, celle-ci plutôt que celle-là, c'est tout pareil. Tout ça n'a plus d'avenir. Pas pour les Allemands en tout cas. Le fascisme peut bien faire la paix au nom de Dieu avec l'Église. J'en ferai de même. Pourquoi pas ? Cela ne m'empêchera pas d'*extirper radicalement le christianisme en Allemagne,* avec toutes ses racines et fibres. [...] [L'Allemand] est soit chrétien, soit païen. Pour notre peuple, [...] le fait décisif est [de savoir] s'ils auront la foi chrétienne juive, avec sa morale molle de compassion, ou bien une foi forte, héroïque, en Dieu dans la nature, en Dieu dans son propre peuple, en Dieu dans son propre destin, dans son propre sang. » Hitler est-il donc un adepte de la « foi allemande » ? « Non. Ces professeurs et obscurantistes qui propagent leurs religions nordiques ne font que tout gâcher. Alors pourquoi je les tolère ? Ils aident à faire pourrir les choses. [...] Ils sèment la confusion. Et toute agitation est créatrice. » Mais les uns et les autres ne comprennent pas « que tout cela est dépassé, nom de Dieu !

---

1. Tout citoyen doit en effet, en Allemagne, déclarer une religion, notamment pour déterminer l'Église à laquelle sera affecté son impôt sur le culte. Le nazisme n'avait pas changé cette règle, se contentant d'ajouter une religion.

Chrétiens-allemands, Église allemande, chrétiens libérés de Rome, c'est vieux
jeu » (Propos datant de début 1933, d'après Hermann Rauschning, *Hitler m'a
dit, op. cit.*).

Au fur et à mesure que le régime s'installe et étend son contrôle
sur la société, on assiste à une mise au pas des Églises chrétiennes,
puis à une tentative délibérée d'arracher jusqu'à la racine le christianisme d'Allemagne.

Un concordat est signé avec l'Église catholique le 20 juillet 1933, aussitôt
après l'arrivée des nazis au pouvoir, à l'imitation des accords de Latran conclus
en 1929 entre l'Église et Mussolini. L'Église peut continuer à s'autodiriger et à
assurer le culte, mais elle est écartée de toute vie politique ; le parti catholique,
le *Zentrum,* est déclaré illégal. Du côté protestant, on tente d'unifier les Églises
dans chaque *land* et de les coiffer par un « évêque du Reich » pro-nazi. Une
résistance se déclare, regroupant un tiers des pasteurs (« Église confessante »),
mais ce groupe se divisera. La répression anti-chrétienne se déchaîne après
qu'en 1936 a été lue dans toutes les Églises d'Allemagne une encyclique papale
condamnant les principes philosophiques du nazisme. Des centaines de religieux
sont déportés dans les camps de concentration, dont le prieur Lichtenberg qui a
protesté contre les pogroms et les incendies de synagogues lors de la « nuit de
cristal » du 9-10 novembre 1938. Le concordat n'est cependant pas rompu, mais
il n'a pas à être appliqué dans les territoires nouvellement intégrés au Reich,
Sudètes, Autriche et Pologne. C'est ainsi qu'en Pologne pourra être menée une
expérience de déchristianisation totale (le *Warthegau,* cf. *infra*).

En conclusion, on peut soutenir que le néo-paganisme est la
vérité du « christianisme allemand », dont il est difficile de montrer
ce qu'il peut bien conserver de « chrétien ». D'un mouvement à
l'autre, il n'y a qu'une différence de radicalité. Lorsque l'emprise des
nazis sur la société sera totale, le pur paganisme pourra triompher.

Il est à noter que le paganisme propre au nazisme le distingue fortement des
fascismes « latins » dont beaucoup seront cléricaux (et, en tant que tels, exclu-
ront les modes de raisonnement, et une grande part des pratiques, les plus
anti-humanistes des nazis) et il le rapproche singulièrement du matérialisme
marxiste-léniniste.

II — LE RACISME : « RACE NORDIQUE »
ET « RACE ALLEMANDE »[1]

Le national-socialisme se nourrit en second lieu de l'argument
racial. Mais les « raciologues » nazis ou pro-nazis sont déchirés entre
deux grandes thèses aux prolongements politiques divergents et qui

1. D'après Conte et Essner, *La Quête de la race, op. cit.*

se révéleront fortement conflictuels : la thèse « nordiciste », selon laquelle il existerait une race supérieure nordique, et la thèse du « peuple-race », selon laquelle les Allemands, pris globalement, constitueraient une race en formation.

1) *La thèse « nordiciste »*

Les auteurs importants sont ici (outre Rosenberg) Hans Günther, auteur de *La raciologie du peuple allemand* (1922), puis de toute une série d'ouvrages raciologiques dont *L'idée nordique chez les Allemands* (1925), *La Piété nordique* (1935) ; Eugen Fischer, auteur des *Bâtards de Rehoboth* (1913), *Théorie de l'hérédité humaine* (1921) ; Ludwig Ferdinand Clauss, auteur de *Race et âme* (1926), *L'âme nordique* (1932).

Günther propose une classification des races en Europe qui sera à peu près admise pendant la période nazie. Outre trois races de base (1, 2 et 3 ci-dessous) qui entrent, à des degrés divers, dans la composition de tous les peuples européens, il en ajoute trois autres pour rendre compte des observations des raciologues.

1. Race *nordique* (non métissée). Dolichocéphalie, blondeur, yeux bleus, grande taille. 6 % des Allemands sont de « purs » nordiques, et 40 à 50 % présentent des traits de cette race. Les Scandinaves sont des Nordiques plus purs, mais comme ils sont beaucoup moins nombreux, on peut dire que le cœur, ou plutôt la forteresse assiégée de la race nordique, est l'Allemagne.

2. Race *alpine-ostique*[1]. C'est l'anti-race par excellence : brachycéphalie, cheveux bruns, petite taille. Ce sont les anciens habitants de l'Europe, d'origine asiatique, contraints par les Aryens conquérants à se réfugier dans les montagnes (d'où le qualificatif « alpine »). À l'Est, ce sont les Slaves (les montagnes sont dans ce cas les Carpathes). Ils sont présents aussi en Allemagne, géographiquement dans le Sud et socialement dans le prolétariat urbain. La race ostique est d'ailleurs la race de la révolution bolchevique russe, laquelle constitue la dernière vague « mongole » déferlant sur l'Europe.

3. Race *méditerranéenne* : ce sont les Levantins, les Orientaux ; ils sont métissés de Nègres.

4. Race *dinarique* (du nom des Alpes dinariques, chaîne de montagnes de Yougoslavie). Dolichocéphales. C'est la race dominante dans les Balkans.

5. Race *est-baltique*. Le plus illustre représentant en est le Führer en personne.

6. Race *dalique* ou *falique* : ce sont des blonds à yeux bleus, mais de morphologie épaisse.

On remarquera qu'il n'existe pas, pour Günther, de race juive. Les Juifs sont eux aussi un mixte des trois races européennes primiti-

---

1. *Ostique* : de *Ost* (Est).

ves, mais avec une composante orientale affirmée. Donc l'ennemi ou l'antagonique de la race nordique n'est pas le Juif, mais, collectivement, « Judas et Rome », tout le Sud et l'Orient de l'Europe.

Clauss, quant à lui, s'inspirant du philosophe Edmund Husserl (au grand dam de ce dernier) et de Jung, poursuit la tradition de l'idéalisme allemand : les races physiques sont un produit de l'âme, elles expriment en traits physiques extérieurs une vision intérieure, un style de vie ou une conception du monde *(Weltanschauung)*. Cette thèse est fort appréciée de ceux qui sont gênés par le grossier matérialisme de la raciologie biologisante : on trouve de ces raffinés parmi les SS eux-mêmes. Or Clauss pense comme Rosenberg qu'il y a une « âme nordique », caractérisée par « une soif inextinguible d'expansion, d'espace infini », par les vertus de fidélité, de noblesse d'esprit, de retenue. « Même dans ses rapports les plus intimes, il reste toujours une barrière, il existe toujours une certaine solitude. [...] Le couple nordique [...] ne recherche pas l'ivresse. [...] Les partenaires avancent côte à côte vers leur but, vers leur œuvre commune qui n'est jamais accomplie. » Pour le Nordique, « même l'acte d'amour reste une sorte de charge » (cité par Conte et Essner, p. 77), alors que le Méditerranéen, comme l'Alpin de Günther, se livre sans complexes aux plus grossiers débordements.

De même, le Nordique ne peut être que protestant, car il est dégoûté par les expressions populaires, de masse, du rituel catholique, qui sont d'origine orientale ; l'individualisme et l'austérité protestants lui conviennent mieux. L'âme nordique exige une expression nordique de la foi. C'est pourquoi Clauss fonde racialement la doctrine du Christ aryen :

« Seul nous importe que Lui, le roi du Destin, soit descendu jusqu'à nous, jusque dans notre destin, [...] que son image charnelle [...] soit l'image même d'un héros nordique [...] et qu'Il ait désigné un nouveau royaume où règne l'héroïsme. [...] Qu'il nous soit maintenant donné de contempler ce royaume ! » « Seule la loi inhérente à notre nature nordique peut nous indiquer [la voie qui mène à ce royaume] ; [la voie conduit] vers l'infini, [l'infini] à l'intérieur de nous-mêmes. [...] Tel était le message qu'il nous a adressé, à nous qui sommes nordiques par [la volonté] du destin et de l'espèce » (cité par Conte et Essner, p. 78).

La guerre mondiale a été perdue parce que la race nordique s'est entre-déchirée, les Anglo-Saxons s'alliant à la race ostique, « coin asiatique » enfoncé au cœur de l'Europe.

2) *La thèse du « peuple-race » ou de la « race allemande »*

Les Allemands du Sud et les Autrichiens ne peuvent évidemment accepter la thèse nordiciste, et c'est de cette région que viennent les principales critiques. Le géographe Robert Gradmann soutient, en 1925, que la brachycéphalie en Allemagne du Sud n'est pas due à une influence extérieure, mais résulte d'une adaptation au milieu géographique par « mutation intérieure ». De même, le type dolicho-blond est adapté à l'environnement scandinave. Gradmann met ainsi en avant le « concept dynamique de race ». Les races sont évolutives et se créent en relation avec le milieu extérieur.

Le Père Schmidt, de son côté, souligne que la civilisation en Allemagne est venue par le Sud : tout n'est donc pas mauvais dans la « race alpine », du moins en tant qu'apport dans le sang germanique. Eugen Fischer envisage une coexistence et même une convergence pacifiques entre crânes courts et crânes longs. Le psychiatre et philosophe Kurt Hildebrandt – qui appartient au cercle qui entoure le poète Stefan George où évoluent aussi les frères von Stauffenberg, futurs instigateurs de l'attentat manqué contre Hitler le 20 juillet 1944 – condamne l'idée nordique. En 1928, il suggère de « créer une race nouvelle et pure, une race métissée, par le jeu de la sélection artificielle ou naturelle ». Celle-ci « reprendrait les caractères tantôt de l'une, tantôt de l'autre des deux races souches ; à chaque fois disparaîtraient les caractères correspondants » non retenus (cité par Conte et Essner, p. 91).

D'autres opposants argüent que, s'il est vrai que la race nordique est quantitativement menacée, ce serait la condamner définitivement à la mort raciale que de l'isoler. Pour sauver ce sang si précieux, il faut le commettre à la garde du peuple allemand tout entier en lui permettant de se transfuser dans les autres composantes de ce peuple. Il y aura donc un creuset de toutes les races présentes dans le peuple allemand et de ce creuset finira par germer une « race allemande ». Ce qui est bien plus compatible avec le slogan nazi *Volk im Werden*, « peuple en devenir », que l'idée nordiciste et permet, mieux que cette dernière, de réconcilier peuple et race.

3) *Le conflit des deux thèses*

Comment le Parti va-t-il trancher entre les deux thèses ? Le dilemme est grave : la thèse nordiciste aboutit à distinguer des catégories inférieures d'Allemands, donc à diviser le peuple. À l'opposé, la thèse de la race allemande est trop œcuménique. Ni l'une ni l'autre ne permettent de conférer un statut racial net aux Juifs, alors que le Parti est officiellement antisémite. Pour les nordicistes, l'ennemi, on l'a vu, c'est l'alpin et l'oriental en général, non spécialement le Juif ; pour les partisans de la race allemande, les mêmes arguments qui jouent en faveur d'une fusion de toutes les composantes raciales du peuple dans un même « creuset » risquent de jouer aussi en faveur des Juifs.

Au départ, la thèse nordiciste dispose d'une longueur d'avance. Le nordicisme est devenu l'idéologie officielle de la SS. Günther a été aidé par les nazis, malgré les oppositions académiques, à devenir professeur à l'Université d'Iéna dès 1930. À cette même date a été donné par Himmler aux SS le fameux « ordre de mariage » dont nous reparlerons plus loin et qui relève explicitement de la thèse nordiciste. Le nordiciste *Mythe du XXe siècle* de Rosenberg, chargé de l'idéologie du parti, a été réédité en 1935. Les thèses de Günther sont appréciées parce que, uniquement fondées sur une approche matérialiste, elles permettent de ne pas trancher dans le conflit entre paganisme et christianisme aryen qui déchire au même moment le mouvement *volkish*.

Que va dire Hitler ? Il fait figure, en matière de raciologie, de dilettante. Dans *Mein Kampf,* il s'en est tenu à l'anthropologie de la fin du XIXe siècle. Il a confondu peuple et race, il a paru ignorer que les Allemands étaient le fruit de divers métissages. Pour lui, les Allemands sont un peuple-race homogène et les Juifs en sont un autre, et ils sont entièrement non aryens. Mais on pourra difficilement ignorer les avis du *Führer*. Fin août 1933, il aborde le problème dans une exhortation sur « race et *Weltanschauung* héroïque ». Il se montre prudent, mais paraît admettre la thèse de la fusion nécessaire des composantes du peuple allemand.

« Un peuple portant en lui les germes de races différentes ne peut en aucun cas tolérer que sa vie soit indéfiniment déterminée par deux ou trois conceptions » raciales contradictoires. Comment ne pas « s'opposer à l'union contre nature » de deux noyaux raciaux différents ? Pour neutraliser ce danger, il importe de s'unir sous le signe « de la composante raciale la mieux à même de par son être de s'imposer idéologiquement », composante d'emblée reconnaissable à sa *Weltanschauung* héroïque. Puisque le national-socialisme décèle tous les hommes qui de par leurs prédispositions raciales appartiennent à cette idéologie et les regroupe en une communauté organique, il deviendra le parti de ceux qui appartiennent en esprit à une certaine race. « Le national-socialisme et la *Weltanschauung* héroïque sont une ». Le national-socialisme, par ailleurs, « reconnaît la présence de différentes substances raciales dans notre peuple. Loin de lui l'idée de rejeter en soi ce mélange. [...] Il souhaite toutefois que la direction politique et culturelle de notre peuple conserve le visage et l'expression de la race qui, seule, de par son héroïsme, grâce à ses dispositions intérieures, a forgé le peuple allemand à partir d'un conglomérat de composantes différentes. Le national-socialisme professe ainsi une doctrine héroïque qui sait reconnaître à leur juste valeur le sang, la race et la personnalité » (cité par Conte et Essner, p. 106).

Le judaïsme est visé implicitement comme étranger à la race allemande, en raison de son esprit anti-héroïque.

Les discussions font rage dans le Parti, même si consigne est donnée de n'en rien laisser paraître à l'extérieur. Les publications sur ces questions sont soumises à autorisation.

En définitive, malgré la position de Hitler, la thèse de la race allemande sera écrasée pour une raison adventice : il se trouve que ses principaux défenseurs, Merkenschlager et Saller, sont liés à la SA qui, on le sait, est éliminée après la « Nuit des longs couteaux » du 30 juin 1934.

Les doctrines abstraites exposées ci-dessus ne sont pas les seules explications du phénomène nazi : il y a eu une dynamique propre au mouvement, emporté très rapidement par une « fuite en avant » où ont joué des phénomènes *sui generis* de dynamique des foules, d'autorenforcement de l'État policier et de la terreur, d'entraînement dans la guerre extérieure comme unique remède aux germes d'éclatement interne, etc., qui seront étudiés par les analystes du totalitarisme comme Hannah Arendt ou Friedrich Hayek. Au fur et à mesure que ces phénomènes déploient leur logique, le rôle de l'idéologie en tant que telle devient certainement moins important, comme dans le cas du stalinisme et pour les mêmes raisons. Il n'en demeure pas moins que l'existence d'un corps de doctrine d'allure systématique a été d'une grande importance dans la vie du mouvement. Car, si arbitraires que fussent ses fondements, il offrait un certain cadre intellectuel dans lequel des réponses étaient fournies aux grandes questions philosophiques touchant la nature, l'histoire, le rôle de la violence, les perspectives géopolitiques, la valeur de la vie humaine et même le destin et la survie éternelle des individus. Paganisme et racisme fournissaient en particulier, on va le voir, des « raisons de mourir » présentées selon une logique particulièrement radicale et fanatique et qui sont sans doute une des causes des étonnantes capacités militaires des Allemands.

§ 4
Anthropologie du nazisme

Ces virtualités de la doctrine nazie se révèlent, autant que par des phénomènes massifs comme la conquête de l'Est et la « solution finale », par les pratiques et les institutions sociales dont elle a justifié l'instauration. Ces pratiques et institutions, plus étonnantes les unes que les autres, avaient pour but de forger une véritable *société* nazie ; elles relèvent en conséquence à bon droit d'une approche « anthropologique »[1].

1) *Le culte du sang*

Le racisme milite pour la pureté du « sang ». Or l'utilisation idéologique de certains travaux scientifiques permet de donner au « sang », rebaptisé « plasma germinatif des ancêtres », une valeur extraordinaire justifiant que lui soit rendu un véritable culte.

---

1. C'est ainsi qu'Édouard Conte et Cornélia Essner qualifient leur approche. C'est à leur ouvrage encore que nous empruntons les informations qui suivent.

En effet, par la mise en évidence du rôle de ce qu'on appellera plus tard les chromosomes, le biologiste August Weismann (1834-1914) – qui, malheureusement pour sa gloire sous l'Allemagne nazie, était juif – bouleverse certaines vieilles notions sur l'hérédité. Si les enfants ressemblent aux parents, ce n'est pas qu'ils tirent d'eux leur substance génétique, c'est que les uns comme les autres puisent à un même fonds commun à la lignée, le « plasma germinatif ». Chaque individu porte en lui le patrimoine génétique de tous ses ancêtres, et pas seulement de ses parents. Ce patrimoine survit intégralement à la mort, puisque, d'une part, il est transmis tel quel aux descendants, et puisque, d'autre part, il est inaccessible à toute influence de l'environnement (les événements de la vie d'un individu ne modifient que ses cellules somatiques). L'individu est donc le porteur provisoire et inessentiel de cet *Ahnenplasma*, ce « plasma des ancêtres », qui devient ainsi *le véritable être vivant,* un être essentiellement *collectif* et *immortel.* Tout ceci convient à merveille à la vision intuitive de la « race » et donne un fondement scientifique à la métaphore du « Sang » (sinon à celle de la « Terre »).

De fait, le sang va faire l'objet d'une vénération religieuse. Comme on le voit dans les cérémonies célébrant le sang des « martyrs » du putsch manqué du 9 novembre 1923 à Munich. Chaque année, le 9 novembre, sur le chemin de l'*Odeonplatz* de cette même ville, une cérémonie solennelle est organisée, à laquelle participe Hitler en personne, tête nue, en simple chemise brune, volontairement mélangé aux autres membres de l' « ordre du sang » *(Blutorden),* le groupe des survivants du putsch. Les gestes et les paroles du rituel tournent tous autour du thème du Sang.

L'idée est la suivante : le 9 novembre 1923, pendant que régnait le régime honni de Weimar, le Reich éternel, provisoirement occulté, s'est montré dans le sang de ses martyrs. Aujourd'hui, le Reich triomphe. Mais le Reich d'aujourd'hui se souvient qu'alors, c'est par ce sang qu'il vivait sous son éclipse. Lors de la cérémonie de 1935, on donne aux seize dépouilles une sépulture monumentale : on proclame les noms un à un, et à l'appel de chaque nom, les jeunesses hitlériennes répondent : « Présent ! », ce qui signifie que le combattant *survit réellement* dans cette jeunesse qui elle-même survivra dans les combattants du futur, pourvu qu'elle sache, à son tour, verser héroïquement son sang. Une solidarité essentielle lie les combattants de toutes les générations et le lien en est le sang, lequel acquiert de ce fait une signification extraordinaire. « Ce qu'ils ne purent faire de leurs poings s'est maintenant élevé de leur sang » ; « Avec votre mort, la terre était à sa fin, avec votre gloire commence notre vie », dit la liturgie. À quoi le *Führer* répond : « Leur sang qui coula est devenu eau baptismale pour le Reich. [...] Pour nous, ils ne sont pas morts. [...] Ces seize hommes qui voici douze ans sacrifièrent leur vie pour leur *Volk* et leur *Führer* se sont aujourd'hui levés de la tombe. Qui ne ressent pas la vérité de cette résurrection ? Qui ne voit pas le scintillement de leurs yeux dans la *Werhrmacht* nouvellement relevée ? Et le Reich, lui-même construit autour de ce sol consacré, n'est-il pas leur royaume ? Le royaume de leur volonté, de leur victoire ? »

Donc ces morts-vivants entrent dans une sorte d'éternité, à laquelle ont accédé, accèdent et accéderont par contagion tous les membres du *Volk,* éternité qui va bien au-delà d'un millénium, puisque rien ne lui succédera.

« Le sang, commente Edouard Conte, est bien désigné dans le *Blutmythos* comme le "porteur de l'immortalité symbolique" du peuple, pourtant il n'est qu'un aspect de sa substance telle que la définit Hitler. Eucharistique, si l'on ose dire, le "corps du peuple" relève de deux espèces constitutives. D'une part, la chair en offre la manifestation visible, qui est vulnérable à tout moment, périssable. Ainsi le corps du guerrier, du martyr, figure de proue du peuple combattant. D'autre part, le sang, part irréductible de la substance collective, peut perdurer dans son essence tant qu'aucun "péché" n'est commis contre lui : le peuple ne devient mortel que s'il pervertit par le métissage racial son propre sang. Ce fluide, divin de par son origine, spécifique dans sa qualité, matérialise une consubstantialité partielle et précaire de Dieu et de l'Homme allemand. Ainsi, la mort des individus ne met nullement en danger la survie du peuple, car sans renouvellement des générations aucune transmission du sang ne peut s'opérer. Pour conserver son essence divine première, le sang doit passer pur à travers les âges. Dès lors, sa circulation annule le temps biologique collectif. Voilà la condition première requise pour perpétuer de proche en proche l'éternité virtuelle, toujours fragile, que le peuple porte en lui. Par conséquent, le sang doit être protégé et mis à l'abri par une force transcendante que seul le *Reich* peut mettre en œuvre. Mourir au combat, c'est préserver le *Reich,* puissance qui garantit à son tour le Sang » (Conte et Essner, p. 12)[1].

On a donc ressorti les étendards tachés du sang des combattants au moment du combat *(Blutfahne).* Ce sang séché est véritablement considéré comme une relique aux pouvoirs magiques, qui n'est montrée que deux fois par an. Mais de nouvelles étoffes à croix gammée, mises une à une – par Hitler lui-même – au contact de ces reliques « de premier ordre », deviennent, imprégnées par effleurement du fluide vital des martyrs, des reliques « de deuxième ordre » dotées à leur tour de pouvoirs sacramentels (Conte et Essner, p. 13-20).

À l'obsession de la pureté du sang doivent être associés d'autres phénomènes observés sous le III\ :sup:`e` Reich ou d'autres initiatives du régime nazi.

---

1. C'est la métaphysique holiste dont nous trouvions déjà des prémices chez Fichte. Seul *vit,* et vit *éternellement,* le peuple, vraie Substance, dont les individus ne sont que des accidents. Peu importe que les individus meurent, peu importe, même, qu'on provoque délibérément leur mort dans des guerres dont on sait d'avance qu'elles seront massivement meurtrières. Le sang des guerriers peut se répandre, il ne meurt jamais. Sauf dans *un* cas : lorsque ce sang devient *impur.* Le métissage, et non la guerre, est la seule vraie catastrophe métaphysique. C'est ainsi que l'Empire romain, si longtemps qu'il ait vécu, est finalement mort, pour la seule et unique raison qu'il s'est laissé « négrifier » (ce qui est en train d'arriver aussi à la France). Le Reich allemand, lui, saura se garder de cette faute et durera donc éternellement.

— *Le mythe de la « télégonie ».* La crainte d'une « contamination » de la race par un sang « allogène » prit une forme hautement pathologique, paranoïaque, dans le roman d'Artur Dinter, *Le Péché contre le sang* (1917).

Un jeune homme nécessiteux, Hermann Kämpfer (ce qui signifie le « combattant »), est obligé de s'employer chez un riche commerçant juif, qui a épousé une de ses anciennes employées aryennes (mais a aussi engrossé pas moins de 117 autres employées, selon un projet diabolique d'empoisonnement du sang allemand par le sang « asiate »). Le jeune homme tombe amoureux de la fille du couple, qui se sait bâtarde et en souffre amèrement. En chevalier idéaliste, il décide de l'épouser pour sauver ce qu'il y a de pur en elle, pour conjurer par le sang aryen ce sang juif (« résidu héréditaire de notre phase d'évolution animale »). Hélas ! Leur enfant, à la naissance, se révèle être un affreux petit avorton noir, aux cheveux crépus, à peine anthropomorphe. Le sang juif a prévalu. En effet, avant de rencontrer Hermann, Élisabeth avait été fiancée à un baron juif et elle avait souvent pensé à lui au cours de sa grossesse ; c'est à son image qu'a été forgé l'enfant, la force « télégonique » de l'esprit juif l'emportant sur le stimulant physiologique du sang aryen du géniteur naturel.

Par d'autres épisodes du livre finit de se révéler cette loi générale : il existe une *dissymétrie entre sang aryen et sang juif,* le second étant d'autant plus puissant qu'il est plus vil. C'est une loi biologique générale, qu'accréditent certains éleveurs de chiens ou de chevaux : il suffit qu'une femelle ait été engrossée une seule fois, ou même simplement touchée, par un mâle d'un sang inférieur, pour que toute sa progéniture ultérieure, même obtenue avec des mâles supérieurs, soit irrémédiablement contaminée. C'est ainsi que 1 % de sang juif suffirait à altérer définitivement la race allemande. Dans ces conditions, aucune mesure de prophylaxie n'est exagérée (Conte et Essner, p. 123-131).

— *La stérilisation des « bâtards du Rhin ».* Nous avons vu qu'aux lendemains de la Première Guerre mondiale, les Français avaient fait stationner des troupes africaines en Rhénanie. Quelques dizaines d'enfants métis étaient nés. Le fait avait suscité un énorme scandale. Les nazis firent stériliser ces métis en 1937 pour éviter toute « contamination » ultérieure du sang allemand (Conte et Essner, p. 354).

— *L' « ordre de mariage » ou de « procréation » des* SS[1]. Il est promulgué le 31 décembre 1931 par Himmler. Il consiste en l'injonc-

---

1. Rappelons que « SS » veut dire « *Schutzstaffel* », « échelon de protection ». C'est une formation de police militarisée du parti nazi, existant depuis 1926, mais qui, jusqu'à 1934, n'est qu'une branche des SA (*Sturm Abteilung*, sections d'assaut). Après l'élimination de Röhm et des SA en 1934, les SS, dirigées par Heinrich Himmler depuis 1929, deviennent la principale force armée du parti. Elle est chargée, à partir de 1939, de la surveillance des territoires occupés, de l'organisation des camps d'extermination et de la gestion de la « solution finale ». Pendant la guerre seront formées en outre des unités militaires, les *Waffen* SS.

tion donnée aux hommes du Corps noir de s'inspirer de l'idéal racial nordique pour le choix de leurs épouses.

— *Les lois raciales de Nüremberg.* En septembre 1935, lors du congrès du Parti à Nüremberg, sont promulguées deux lois, une « loi sur la citoyenneté du Reich » qui fait des Juifs des citoyens de seconde zone (les excluant en particulier de la fonction publique), et une « loi pour la protection du sang allemand et de l'honneur allemand » qui interdit tout mélange génétique entre Allemands et Juifs. Une autre loi impose un examen prénuptial avant tout mariage (lequel sera interdit à certains malades). Par ailleurs, en juillet 1933 avait été promulguée une « loi contre la procréation de malades héréditaires », impliquant identification et stérilisation forcée de ces malades.

— *La croix gammée.* C'est un symbole cyclique : il représente le cercle de l'Éternel Retour, de l'éternité du sang se renouvelant sans cesse à travers les générations successives[1].

2) *Hitler sauveur eschatologique*

Hitler, le *Führer,* est représenté, tel jadis Barberousse, comme un Empereur longtemps caché, occulté, mais éternellement vivant. On ressuscite à l'usage de la propagande nazie le « mythe de l'Empereur Frédéric » dont nous avons vu le rôle dans les mouvements millénaristes violents du Moyen Âge[2].

C'est un cas fort intéressant de formation d'un thème politique par utilisation de l'atavique logique anthropologique créatrice du « roi sacré ». Ce dynamisme se reproduit au sein des foules nazies re-« tribalisées », si l'on peut dire, en ce qu'elles sont déprimées par la peur, qu'elles se fusionnent et s'homogénéisent à la faveur d'une *mimesis* irrésistible, que toute possibilité de dissidence critique a été éliminée par le Parti et la terreur qu'il met en œuvre. Ce dynamisme psychosocial se saisit des matériaux culturels qui lui correspondent le mieux dans la culture allemande, une mythologie du Chef ou du Roi qui est elle-même le fruit d'un syncrétisme déjà ancien entre des éléments bibliques – le messianisme et le millénarisme – et des éléments gréco-romains, le roi hellénistique et l'Empereur romain « Sauveurs »[3]. Un phénomène comparable s'était produit quelques années auparavant en Italie avec la promotion de la personne du *Duce* (mais en Italie, il semble que le « précipité chimique » n'ait pas aussi bien pris qu'en Allemagne, qu'il n'ait pu produire ce triomphe sans mélange du mythe, cette unanimité et cette uniformité des masses qu'on cons-

---

1. Il est donc le symbole de l'opposition fondamentale de l'idéologie nazie à l'eschatologie et à l'éthique bibliques.

2. Cf. *HIPAMA*, p. 722-723 et 732-733.

3. Nous avons évoqué plus haut ce syncrétisme à propos de l'origine du socialisme, cf. *supra*, p. 784.

tate en Allemagne : l'élément critique et individualiste de la vieille culture civique et catholique italienne a quelque peu enrayé ce scénario). En revanche, le même mécanisme anthropologique va produire en Russie soviétique le « culte de la personnalité », la quasi-divinisation de Staline. À cet égard, le parallélisme entre les deux totalitarismes est impressionnant : tous deux rejettent complètement l'individualisme, font taire toute possibilité de contestation par l'instrument de terreur policière dont ils disposent, cultivent le rassemblement des « masses » qu'ils écrasent de leur propagande. Ayant déclenché cette logique anthropologique « tribale », ils obtiennent tous deux une effroyable régression mentale et intellectuelle, dont le culte aveugle du chef, la foi dans ses capacités transcendantes, dans son pouvoir réellement miraculeux de vaincre et de réparer tous les torts, est une des principales manifestations.

C'est ainsi que le personnage d'Adolf Hitler est à tous égards, et par tous ses faits et gestes, un personnage sacré :

« L' "œuvre impérissable" du Führer, sorti du milieu du peuple, issu de sa substance, consistera à communiquer l'immortalité de ce "vieux sang", chéri et défendu par la "nouvelle communauté", au Reich. Cela implique pour le Sauveur de dompter par incantation la peur de la mort biologique : "Tu marches dans le peuple, son rédempteur, car tu es tout possédé par la foi. [..] Là, il ne s'agit pas de trembler ni de manquer de cœur : *si vous le croyez, j'ai aboli la mort,* nous dis-tu, *même si mon corps se disloque*". Ainsi délivré, le *Volk* se transformerait en "communauté d'immortels", d' "éternels combattants" luttant au nom de la "loi suprême du sang" révélée par le Chef » (Conte et Essner, p. 20).

Baldur von Schirach, « chef de la jeunesse du Reich »[1], exprime ainsi le rapport du Führer au peuple :

« Vous êtes bien des milliers derrière moi, et vous êtes moi, et je suis vous. Je n'ai vécu aucune pensée qui n'ait pas battu dans vos cœurs ; et si je forme des paroles, je n'en connais aucune qui ne soit pas une avec votre volonté. Car je suis vous et vous êtes moi, et nous croyons tous, Allemagne, en toi. »

Un autre texte dit :

« Que vaille de nouveau la coutume des premiers aïeux : le *Führer* monte du centre du peuple. *Führer* du Reich, à notre sens, tu es *déjà là depuis longtemps* dans le cœur des tiens » (cité par Conte et Essner, p. 20-21).

Donc le *Führer* était attendu. Il est la réincarnation de l' « Empereur Frédéric ». Cela tombe bien : nous avions vu, en présentant le « Livre aux Cent Chapitres » du « Révolutionnaire du Haut-Rhin » datant du début du XVIᵉ siècle (*HIPAMA,* p. 732, et *supra,* p. 1230 sq.), que ce singulier ouvrage défendait des thèses étrangement « pré-nazies » : extermination des prêtres, des usuriers et des marchands, réduction en esclavage des peuples latins, triomphe d'un « christianisme allemand » dé-judaïsé, sous la conduite d'une aristo-

---

1. Il sera jugé et condamné à vingt ans de prison au procès de Nüremberg.

cratie allemande d'origine plébéïenne dirigée par un « Empereur de la Forêt Noire »... La propagande du Parti moderne entre en résonance intime avec les mythes populaires anciens.

3) « Culte brun » et culte de la « foi allemande »

Toute la vie individuelle et sociale doit se conformer à cette nouvelle conception du monde. Les nazis, ainsi que les sectateurs de la « foi allemande », d'abord séparément, puis en fusionnant leurs idées, prennent deux types de mesures tendant à l'imposer concrètement dans les mœurs :

a) *L'instauration d'un nouveau calendrier « liturgique »*
tout au long de l'année, capable de concurrencer
puis de remplacer le cycle des fêtes chrétiennes[1]

— 30 janvier, le « Jour du Reich », on célèbre la prise de pouvoir ; un dimanche de mars sont honorés les morts de la Grande Guerre ;
— 20 avril, « Jour du Führer » (anniversaire d'Hitler) ;
— 21 juin et 21 décembre, fêtes solaires des solstices d'été et d'hiver (ainsi la Nature est-elle sacralisée) ; en septembre, « Jour du Parti » où se tient un congrès solennel à Nüremberg ;
— un mois plus tard, « Jour des paysans », célébrant encore la divine Nature ;
— 9 novembre : « Jour des témoins du sang du mouvement », prolongé par la cérémonie de passage des jeunes de la Jeunesse Hitlérienne au Parti et par l'arrivée d'une nouvelle cohorte de recrues de la SS jurant fidélité aux idéaux de la nouvelle Allemagne ;
— la fête de Noël est détournée dans le sens d'une fête du soleil[2].

b) *L'instauration de cérémonies marquant*
chaque étape de la vie humaine individuelle,
naissance, passage de l'adolescence à l'âge adulte, mariage, mort

Il s'agit, là encore, de déraciner les cérémonies civiles ou chrétiennes correspondantes. Le nazisme assume le sens de chaque vie individuelle comme il assume le sens de la vie du groupe. Des rituels sont écrits pour ces cérémonies, qui seront effectivement pratiquées par des dizaines de milliers de personnes : ce n'est pas un phénomène marginal.

---

1. Ce qu'avait fait la Révolution française.
2. Les nazis redécouvrent la fête païenne du « Sol invictus », le « soleil invaincu » (c'est le 25 décembre que les jours recommencent à croître).

4) *Réformes matrimoniales et « noces du cadavre »*

Le régime veut des enfants. En 1933, l'État consent aux époux, à condition qu'ils soient racialement sains, un prêt financier important, remboursé en enfants : il faut quatre enfants pour acquitter entièrement la dette. D'autre part, le mariage devient un outil de la politique raciale, il doit être dégagé de ses fondements chrétiens et « bourgeois » (c'est-à-dire de ses fondements en droit romain). Peu importe la légitimité — au sens du droit civil — des enfants : ce qui compte, c'est que naissent des Aryens purs. D'où le projet de modifier radicalement le régime matrimonial en encourageant la polygamie des guerriers[1] et l'amour libre « eugénique » dans les camps de jeunesse.

Ces projets n'aboutiront pas entièrement. Cependant, on posera le principe de l'égalité des droits des enfants légitimes et illégitimes racialement purs (pour encourager les naissances).

« Tu as non seulement le droit mais aussi le devoir de transmettre ton sang à tes enfants », rappelle l'officier d'état-civil aux fiancés, car « tu es un maillon de la chaîne des générations qui provient d'un temps lointain et s'en retourne vers lui, et ce maillon de la chaîne, c'est toi, et tu dois tenir pour que jamais au grand jamais la chaîne ne se brise [...] Tu passes : ce que tu donnes à tes descendants reste éternel, en eux tu fêtes ta résurrection. Ton peuple reste éternel » (cité par Conte et Essner, p. 163).

Un corollaire singulier de la thèse selon laquelle le peuple est immortel et tous ses membres coexistent dans un présent éternel est qu'une vivante peut épouser un mort. Cette possibilité inscrite dans la métaphysique nazie est actualisée en raison du terrible déficit démographique créé par la guerre.

Une pratique commence d'abord à se répandre, le « mariage à distance », où le soldat retenu au front est représenté, devant les officiers de l'état civil, par son casque d'acier. Puis les morts masculins de la guerre créent d'innombrables jeunes filles en surnombre qui, ne trouvant pas époux, n'accèdent pas au statut social de femme mariée. D'où une demande sociale pressante et l'autorisation, d'abord donnée dans des cas limites (fiançailles réellement conclues, décès du fiancé quelques jours avant le mariage, alors que la fiancée est déjà enceinte), puis peu à peu étendue à des cas où le consentement de l'époux est largement hypothétique, de procéder à un mariage officiel avec le mort produisant tous les effets civils d'un « vrai » mariage, en particulier en matière de transfert du nom, d'héritage, de légitimation des enfants, etc. Le « décret secret » (car les officiels se rendent bien compte du caractère insolite de cette pratique) autorisant ces mariages *a posteriori* est signé par Hitler le 6 novembre 1941, en pleine campagne de l'Est.

---

1. Pratique spartiate admirée par Platon, cf. *HIPAMA*, p. 45.

5) *L'expérience du Warthegau*

Dès 1940, dans la province polonaise de Posnanie, rebaptisée « gau[1] du pays de la Warthe », l'État et le Parti sont fusionnés en un nouveau système d'administration totalitaire. Cet espace va pouvoir servir à une expérience de nazification radicale, comportant, outre l'expulsion des Juifs et des Polonais et l'immigration d' « Allemands ethniques » transplantés de l'Est, une totale déchristianisation (le concordat avec l'Église catholique, toujours en vigueur à cette date malgré la répression sévissant depuis 1937, ne vaut que pour l'ancien Reich, non pour les territoires nouvellement annexés). Les Églises sont en pratique supprimées, réduites à l'état d'associations sans statut officiel auxquelles on interdit tout lien entre elles ou avec les Églises extérieures au territoire. Le baptême des enfants ne vaut pas affiliation à ces Églises ; il faut que les adultes y adhèrent explicitement, en d'autres termes s'auto-dénoncent. Ces mesures aboutissent à la fermeture de l'immense majorité des lieux de culte, y compris dés églises catholiques des Polonais autorisés à demeurer sur place. Simultanément, c'est sur ce territoire que sont poussées le plus loin les tentatives d'implanter le « culte » nazi, les cérémonies privées nazies, etc.

6) *Le « vampirisme racial »*

À la suite de l'occupation de la Pologne, après la phase de « déjudaïsation », c'est-à-dire de déportation et d'extermination de toutes les populations juives, et à l'occasion des déplacements de population réalisés pour permettre l'installation de colons allemands sur les terres agricoles polonaises, un véritable tri de segments entiers de la population polonaise a lieu. Les Polonais sont divisés en plusieurs catégories selon leur degré de « germanité » raciale et ethnique. Une infime minorité est décrétée directement assimilable au Reich, une partie assimilable sous condition, une autre est vouée au travail servile, le reste est envoyé aux camps de la mort.

On estime à environ 200 000 le nombre d'enfants polonais de 2 à 14 ans qui, au cours de ces opérations (réalisées par les « experts » raciaux SS), ont été déclarés racialement « nordiques », enlevés à leurs parents (souvent des partisans luttant dans des bandes armées contre l'occupant et estimés par cela même être de bonne race), débaptisés (par deux changements successifs de noms, afin de brouiller les pis-

---

1. *Gau* est le nom des circonscriptions territoriales du Parti nazi (cf. « *gauleiter* »).

tes), enfin emmenés en Allemagne où ils furent éduqués soit dans des pensionnats spéciaux, soit dans des familles d'adoption. Des milliers d'entre eux, pense-t-on, vivent aujourd'hui encore en Allemagne, ignorant leurs véritables origines.

Cette opération avait été prévue de longue date par la SS. Voici un texte de Himmler à ce sujet datant de mai 1940 :

> « Lorsque nous reconnaissons un [...] enfant comme étant de notre sang, [...] l'enfant sera scolarisé en Allemagne [...]. Les enfants ne sauraient se sentir exclus, car nous croyons en notre propre sang, qui du fait des erreurs de l'histoire allemande, a conflué dans une nationalité étrangère, [nous croyons] que notre *Weltanschauung* et nos idéaux trouveront un écho dans l'âme racialement égale [à la nôtre] de ces enfants » (cité par Conte et Essner, p. 335).

Il s'agit donc d'un véritable « rapt du sang », d'un « vampirisme », comme disent Conte et Essner : l'identité personnelle et familiale, la culture des enfants concernés comptent pour rien. Leur essence, c'est leur « sang », et ce sang étant germanique, il importe de les débarrasser d'une culture qu'ils n'ont revêtue que par emprunt et en raison d' « erreurs » contingentes anciennement commises par la politique allemande (ou plus exactement autrichienne) dans cette région de l'Europe. Une fois enlevée cette couche culturelle superficielle, les enfants ne pourront que s'intégrer tout naturellement au *Voik*.

CONCLUSION

Ainsi, le national-socialisme allemand présente une impressionnante cohérence : aux doctrines religieuses, aux théories raciales, dont beaucoup sont antérieures au nazisme proprement dit, répondent des pratiques anthropologiques radicalement anti-chrétiennes et anti-civiques, représentant un rejet total, non seulement des valeurs et institutions démocratiques et libérales, mais de la civilisation occidentale elle-même.

Le problème est que, pas plus que l'économie planifiée et l' « homme nouveau » communistes, ces monstruosités n'étaient viables au-delà de quelques années ou de quelques décennies, puisque, quand on entend recréer le type même de lien social qui caractérisait les sociétés tribales ou archaïques, on ne peut que régresser vers le niveau de performance de ces dernières. On se place en mauvaise posture pour rester dans la course au progrès scientifique, technologique et économique qui n'a été rendu accessible qu'aux sociétés qui ont adopté les formules de pluralisme critique, de droit et de marché. Le fascisme aura été vaincu rapidement par une guerre « chaude », le communisme plus tardivement par une guerre « froide », tous deux par la coalition des sociétés restées fidèles à la civilisation.

Ces deux effondrements ont prouvé en acte ce que les théoriciens les plus lucides avaient montré de longue date par la pensée, à savoir l'infériorité civilisationnelle des formules sociales proposées par les adversaires de « droite » et de « gauche » de la tradition démocratique et libérale. L'échec d'Hitler et de Staline était prédit dans Kant.

CINQUIÈME PARTIE

La tradition démocratique et libérale au XXᵉ siècle

Introduction

1) *Polycentricité et ordre*

Les régimes de démocratie libérale réalisent une sorte de quadrature du cercle : ils rendent possible simultanément, grâce au droit et au marché, la *polycentricité* et l'*ordre*. La polycentricité est le corollaire social de la liberté individuelle. Si les individus sont libres – de penser, de s'exprimer, de voter, d'aller et venir, de s'associer, de choisir leur occupation professionnelle, de contracter, d'acheter, de vendre, etc. – il en résulte qu'il existe à tout moment une pluralité de centres de décisions dans la société. Une société libre est, par définition, polycentrique (ou pluraliste).

Or, pour la plus grande partie de la pensée philosophique et sociale jusqu'à une date récente, polycentricité signifie désordre. La liberté individuelle, même lorsqu'elle est appréciée sur le registre moral, est le plus souvent, sur le registre intellectuel, interprétée comme une source d'incohérence. Les adversaires de droite et de gauche des démocraties libérales ont perçu celles-ci, de fait, nous l'avons vu, comme fondamentalement chaotiques. Les premiers, partisans d'un ordre naturel ou religieux, voient en toute déviance individuelle, en toute innovation, une infraction scandaleuse et dangereuse à un ordre qui doit rester inchangé parce qu'il a été établi par une instance transcendante à l'homme – Nature ou Dieu. Les seconds veulent affranchir la société de cet ordre intangible, mais en la soumettant à un ordre artificiel, intégralement pensé par la raison abstraite, sans contradiction, que la coexistence de volontés libres ne peut que compromettre.

Or nous savons aujourd'hui que le « chaos » apparent des sociétés modernes est *ce qui rend possibles leurs réussites les plus précieuses*. La liberté de penser permet la démarche critique dans les sciences, donc les découvertes et les innovations. La liberté économique permet une organisation optimale de l'allocation des ressources et de la division du travail, donc une haute performance de la production et de la consommation, ainsi qu'une réactivité fine du système économique aux aléas qui l'affectent en permanence. Les procédures pluralistes de la démocratie permettent la pacification des comportements politiques et minimisent le risque que de mauvaises décisions soient prises ou que de mauvais dirigeants restent indéfiniment en place. Nous savons, en d'autres termes, que le pluralisme peut être non désorganisateur, mais organisateur, non destructurant, mais structurant. Loin de produire du « chaos », il produit – sous certaines conditions institutionnelles – un *ordre*, et un ordre plus élaboré, si l'on en juge par les performances remarquables des démocraties libérales depuis plus de deux siècles, que tout ce qu'un État autoritaire et planificateur, ou une société traditionnelle prétendument « organique » et « naturelle », ont jusqu'à présent réalisé. La raison fondamentale de cette efficience supérieure de l'ordre polycentrique est qu'il permet de gérer une quantité d'information exponentiellement plus grande que celle qui peut l'être par les deux autres types d'ordres. Il permet seul la gestion de la complexité. Or l'ordre polycentrique est précisément ce que rendent possible les institutions de la démocratie libérale, dont la logique structurelle est d'organiser la coexistence pacifique et efficiente des libertés individuelles. L' « esprit des lois » de la démocratie libérale est de gérer le pluralisme.

Les propriétés spécifiques de l'ordre polycentrique n'ont été découvertes que peu à peu, depuis l'Antiquité, par les théoriciens de la politique, du droit, de la société et de l'économie. On peut même dire que les institutions démocratiques et libérales ont été mises en place progressivement par des hommes qui n'en comprenaient encore qu'imparfaitement et incomplètement les effets et les vertus.

Une circonstance historique décisive a cependant accéléré le processus de compréhension théorique du caractère structurant du pluralisme.

2) *Les leçons des expériences totalitaires du XXᵉ siècle*

Le XXᵉ siècle a été le siècle des *totalitarismes*. Les totalitarismes – fasciste et communiste – sont la réalisation extrême des idées politiques de droite et de gauche développées au XIXᵉ siècle par les adversaires de la tradition démocratique et libérale.

Dans le siècle qui va de 1850 à 1950, ces adversaires ont progressivement dominé la scène intellectuelle. Face à ces critiques, les démocraties libérales sont restées, à de rares exceptions près, sans défenseurs sur le plan doctrinal ; elles ont tenu par le simple poids des institutions et des mœurs. Cette force d'inertie a suffi à maintenir l'essentiel des conquêtes démocratiques et libérales dans les pays anglo-saxons, en France, en Belgique, aux Pays-Bas, en Suisse, dans les pays scandinaves. Elle n'a pas suffi en Allemagne, en Italie, en Espagne, et dans la plupart des pays d'Europe centrale, pour ne pas parler de la Russie où la société de droit n'était encore qu'en germe. Des régimes correspondant aux épures des théoriciens de la droite et de la gauche extrêmes furent établis dans ces derniers pays : le fascisme italien, le nazisme, les régimes autoritaires hongrois, autrichien, espagnol, portugais, polonais, le communisme soviétique, ce dernier type de régime étant étendu, après la Seconde Guerre mondiale, à l'ensemble des pays de l'Europe de l'Est.

Or on sait que l'expérience de ces régimes totalitaires a été non seulement un échec sur le plan économique et social, mais a apporté à l'humanité des exemples de barbarie inédits et extrêmes. Du coup, il était naturel que des penseurs, cherchant à comprendre ce qui s'était passé et prenant conscience de ce que le *goulag* et la *shoah* avaient reposé sur la négation de tous les principes des démocraties libérales, s'interrogent sur les spécificités de celles-ci et sur les mécanismes institutionnels auxquels on peut penser que sont dus, tout à la fois, leurs performances matérielles supérieures et leur plus haute valeur humaine.

3) *Popper, Polanyi et Hayek*

Parmi les premiers théoriciens à avoir accompli ce travail de réinterprétation, trois auteurs méritent particulièrement l'attention : *Karl Popper, Michaël Polanyi* et *Friedrich August Hayek.*

Il n'est pas indifférent qu'ils soient tous trois originaires de l'ex-Empire austro-hongrois, et tous venus en Grande-Bretagne (en Nouvelle-Zélande d'abord pour Popper) dans les années 1930 ou 1940. Ayant vécu en Europe centrale, ils avaient pu y voir de près (dans des pays proches ou successivement dans les mêmes pays) les premiers essais de dictatures communistes et fascistes. Ils avaient pu percevoir les premiers *l'identité profonde existant entre ces deux formes de totalitarisme,* malgré l'opposition apparente de leurs principes fondateurs. D'autre part, ayant tous trois émigré dans des pays anglo-saxons, ils pouvaient y prendre en vue, plus facilement peut-être que les habitants mêmes de ces pays, ce qui est spécifique dans les structures juridico-politiques de ceux-ci.

Avant d'étudier l'apport de chacun d'entre eux, mettons en évidence un trait commun de leur pensée. À leurs yeux, les principales institutions des démocraties libérales – liberté de pensée et d'expression, autonomie de la science, élections périodiques, contrôle de la constitutionnalité des lois, indépendance de la justice, protection de la propriété privée, de la liberté d'entreprendre, du droit civil et commercial, etc. – ne se comprennent qu'en référence à une certaine situation *cognitive* de l'homme en société, à savoir que sa connaissance du social est confrontée à des limites infranchissables. Popper, Polanyi et Hayek ont, chacun à sa manière, formulé cette thèse de la *complexité* du social, et présenté et développé les arguments en faveur d'un « rationalisme limité » ou « critique ». Ils disent tous que les institutions de l'État démocratique et libéral sont *une adaptation à la limitation cognitive des acteurs sociaux dans une société complexe.* Hayek écrit :

« L'argument classique pour la tolérance formulé par John Milton et énoncé à nouveau par John Stuart Mill et Walter Bagehot repose sur cette reconnaissance de l'ignorance qui est la nôtre. [...] Bien que nous n'en soyons ordinairement pas conscients, *toutes les institutions de liberté sont des adaptations à ce fait fondamental de l'ignorance ; elles sont forgées pour permettre d'affronter les hasards et les probabilités, non la certitude* » (Friedrich-August Hayek, *The Constitution of Liberty*, Routledge & Kegan Paul, 1960, p. 30-31 ; n.s.).

Chapitre 1

État de droit et polycentricité
1. Popper, Polanyi

§ 1
Karl Popper et la théorie du pluralisme critique

Karl Popper (1902-1994) est essentiellement connu comme philosophe des sciences[1]. Il a néanmoins écrit deux livres de théorie politique, *La Société ouverte et ses ennemis* (1945) et *Misère de l'historicisme* (1944-1945), qui ne sont pas un détour dans son itinéraire intellectuel, puisque c'est des principes mêmes de son épistémologie qu'il déduit ses arguments en faveur de la démocratie libérale. Après John Milton et John Stuart Mill, il est un des penseurs marquants de la supériorité du *pluralisme* intellectuel sur le dogmatisme, thèse caractéristique des doctrines démocratiques et libérales.

---

1. Cf. Karl Popper, *La Logique de la découverte scientifique* (1934), tr. fr. Payot, 1973 ; *The Open Society and its Enemies*, vol. 1 : *The Spell of Plato*, vol. 2 : *The High Tide of Prophecy : Hegel, Marx and the Aftermath* (1945), London and Henley, Routledge & Kegan Paul, 1980 ; tr. fr. partielle *La Société ouverte et ses ennemis*, Seuil, 2 vol. ; *Misère de l'historicisme* (1944 et 1945), tr. fr. Plon, 1956, et coll. « Agora », Presses-Pocket, 1988 ; *Conjectures and Refutations. The Growth of Scientific Knowledge* (1963), London and Henley, Routledge & Kegan Paul, 1981, tr. fr. *Conjectures et Réfutations. La croissance du savoir scientifique*, trad. fr. Payot, 1985 ; *La connaissance objective* (1972), tr. fr. Aubier, 1991 ; *La Quête inachevée* (1974), tr. fr. Calmann-Lévy, 1981 ; *L'Univers irrésolu* (1982), tr. fr. Hermann, 1984. Cf. aussi Renée Bouveresse, *Karl Popper*, Vrin, 1981 ; Michelle-Irène Brudny, *Karl Popper. Un philosophe heureux* (biographie), Grasset, 2002.

I — LE FALSIFICATIONNISME

Rappelons d'abord très succinctement la théorie poppérienne du « falsificationnisme ».

Popper critique l'inductivisme du cercle de Vienne. On ne peut pas prouver qu'une théorie scientifique est vraie en multipliant les expériences en sa faveur ; l'induction a, comme l'a montré Hume, une valeur psychologique, non logique. L'expérience ne peut avoir de portée *logique* qu'en prouvant qu'une théorie est *fausse*. Mille merles noirs ne prouvent pas que tous les merles sont noirs, mais un seul merle blanc prouve qu'il est faux que tous les merles soient noirs. Il y a dissymétrie entre vérification et réfutation d'une théorie.

Il en résulte que la science ne doit pas partir de l'observation, mais de l'hypothèse. La nature ne dit rien à l'homme qui ne l'interroge pas et se contente de l'observer passivement ; au chercheur d'imaginer des conjectures, si arbitraires et éloignées de l'observation qu'elles paraissent, d'en déduire certaines conséquences dans tels et tels cas particuliers et de chercher à voir si la nature confirme ou infirme ces prédictions. Une théorie qui, malgré tous les efforts et l'ingéniosité de la critique, n'aura pu être prise en défaut par l'expérience (« falsifiée »), devra être considérée comme vraie.

Pour que la non-réfutation d'une théorie ait un sens, il faut toutefois que la théorie en question soit *falsifiable,* c'est-à-dire qu'elle ait fait des prédictions suffisamment inambiguës pour qu'on puisse constater leur non-coïncidence avec l'expérience. D'où la condamnation par Popper des pseudo-sciences comme le marxisme ou la psychanalyse qui, par des « stratagèmes immunisateurs » et des « hypothèses *ad hoc* », s'arrangent pour n'être jamais réfutables : de la théorie peuvent se déduire des énoncés contradictoires, de sorte que l'expérience ne peut jamais prendre en défaut la théorie. Mais le fait qu'elles soient irréfutables est précisément ce qui leur enlève toute valeur scientifique. À l'inverse, une théorie comme celle de la Relativité d'Einstein, qui fait des prédictions précises et quantifiées, pourrait être totalement ruinée par une seule expérience, que les physiciens n'ont pu jusqu'à présent réaliser ; ce qui confère à cette théorie, bien qu'elle n'ait été positivement vérifiée que dans un petit nombre de cas, une très grande valeur scientifique.

Ainsi, pour le « rationalisme critique » de Popper, l'accès à la vérité est essentiellement négatif ; on n'a de certitude que sur ce que la vérité n'est pas, non sur ce qu'elle est. Il faut donc disjoindre le problème de la *certitude* de celui de la *vérité.* La démarche du rationalisme critique permet d'accéder à un corpus toujours plus vaste et plus profond de connaissances scientifiques vraies, mais accessibles sur le mode d'une congénitale incertitude. Cette incertitude n'est d'ailleurs nullement un scepticisme, car s'il est vrai que toute théorie tenue aujourd'hui pour vraie peut se révéler, demain, être fausse, elle peut tout aussi bien ne jamais être réfutée (et rester vraie « éternellement »). Ce que le rationalisme critique condamne, c'est seulement le *dogmatisme,* c'est-à-dire la certitude qu'une certaine vérité ne sera jamais remise en cause. Partant, il condamne les formes d'organisation sociale et politique liées au dogmatisme ; il débouche sur une *théorie du pluralisme et de la démocratie.*

II — LIBERTÉ SOCIALE DE CRITIQUE
ET VALEUR LOGIQUE DE VÉRITÉ

Pour qu'il y ait des vérités scientifiques et un progrès de la science, il faut en effet que la critique soit *socialement* possible et, pour cela, que le *droit à la critique* soit reconnu (ou, si l'on veut, que l'activité critique soit perçue comme positive et non destructrice). La science n'est possible que dans une société pluraliste de fait, et elle est décisivement avantagée dans une société où la critique est possible de droit, c'est-à-dire dans une société démocratique et libérale où le droit à la critique et les procédures pluralistes de décision sont institutionnalisés.

C'est en effet seulement s'il y avait la possibilité effective d'opposer une critique à une théorie (c'est-à-dire d'invoquer des contre-arguments, une contre-observation ou une contre-expérience), que le fait qu'elle n'ait pas été réfutée prend logiquement un sens. *De l'existence de la liberté sociale de critique dépend la valeur logique de vérité d'une théorie ou de n'importe quelle connaissance.*

La procédure du *vote démocratique* est par elle-même une institutionnalisation du droit à la critique ; soumettre une décision collective à une discussion contradictoire préalable puis à un vote, c'est reconnaître implicitement que tout le monde n'est pas d'accord et a droit au décaccord ; c'est reconnaître la fécondité de cette situation de non-unanimité. Si les Grecs ont inventé *simultanément* la science et la démocratie, ce n'est pas, pour Popper, un hasard, c'est le fruit d'une seule et même évolution décisive de l'esprit, d'une même délivrance par rapport aux modes de pensée magiques-archaïques et unanimistes des sociétés tribales antérieures.

On mesure ici ce qu'avaient encore de superficiel les problématiques classiques sur la « tolérance » qui défendaient le pluralisme comme valeur essentiellement morale (aujourd'hui encore, certains n'admettent le pluralisme que parce que tout le monde doit avoir « droit à la parole »). En réalité, c'est d'un point de vue *intellectuel* que la notion de pluralisme prend son sens véritable. Elle ne signifie pas que chacun a « sa vérité » (ce qui veut dire qu'il n'y a pas de vérité : c'est la position du scepticisme), ni même que chacun « apporte sa pierre à l'édifice de la vérité » (comme si la vérité objective était simplement une somme mal ajustée de vérités subjectives partielles). Elle signifie que le processus de découverte de *la* vérité objective et unique (quoique incertaine) a pour condition structurelle absolument nécessaire la possibilité sociale du pluralisme et donc d'un échange d'arguments contradictoires. Ce qui est en jeu ici, ce n'est pas le processus de diffusion de la vérité, c'est celui de l'accès à la vérité : le sujet seul ne peut accéder à la vérité, il ne peut être convaincu de ce qu'il sait que s'il sait qu'alors qu'il pourrait être contredit à tout moment par autrui, il ne l'a pas été, ou ne l'a pas été par des arguments valables. Tout autre accès à la vérité (du moins en ce qui concerne la connaissance du monde extérieur) est exposé au dogmatisme, lequel doit s'analyser comme un *délire collectif* (le délire des psychopathes peut lui-même s'analyser comme la conséquence de l'impossibilité où ils sont de communiquer avec autrui).

Dès lors, une société ne peut être scientifique que si elle pratique le pluralisme institutionnel. Comme l'épistémologue américain Thomas Kuhn – avec lequel Popper a entretenu à ce sujet une polémique, mais peu importe ici – l'a montré, les progrès de la science se font par changements discontinus des « paradigmes »[1].

Un paradigme est une théorie dominante à un certain moment dans la science, théorie qui permet d'expliquer un grand nombre de faits dans le cadre de ce que Kuhn appelle la « science normale ». L'activité normale de la science consiste à résoudre les uns après les autres les problèmes qui se posent dans le cadre du paradigme dominant (par exemple étudier les diverses transformations de l'énergie dans le cadre de la théorie de l'équivalence des énergies, ou compléter le « tableau périodique des éléments » de Mendeléïev). Mais un certain type de faits échappe malgré tout à la théorie (par exemple l'incomplète réversibilité des transferts d'énergie thermique). Vient un moment où, pour expliquer ces « anomalies », il faut changer le paradigme lui-même et proposer une nouvelle théorie « révolutionnaire ».

Or chaque institution scientifique est fondée plus ou moins exclusivement sur *un* paradigme. Donc il est essentiel que l'institution ne dispose pas d'un monopole, sinon jamais un nouveau paradigme ne pourrait être proposé (son auteur serait réprimé, privé de moyens, d'emploi, son point de vue resterait ignoré). Toutes les institutions à monopole (Églises, mais aussi systèmes d'éducation étatistes avec définition des programmes et des méthodes par une administration centrale, et même le CNRS...) risquent donc de rendre impossible le progrès scientifique.

III – LA LIBERTÉ D'INFORMATION

Ce qui est vrai de la science constituée est vrai de tout discours visant à une vérité objective, notamment l'*information*.

Le pluralisme de la presse est nécessaire non pas parce qu'il faut absolument qu'il y ait plusieurs points de vue ou que « tout le monde s'exprime », mais parce que c'est la condition *sine qua non* pour que la vérité *objective* émerge. Seule peut passer pour vraie une information qui pouvait être démentie et qui ne l'a, de fait, pas été.

---

1. Cf. Thomas Kuhn, *La structure des révolutions scientifiques,* Flammarion, coll. « Champs », 1983.

C'est quand tout peut être dit que le fait que certaines choses soient dites et d'autres tues prend un sens logique pour la connaissance objective. Sinon, on est sur le registre de l'idéologie et du « délire ».

Insistons sur le paradoxe du pluralisme. Le pluralisme ne signifie pas une *pluralité des vérités,* il est au contraire la condition nécessaire pour que puisse émerger une *vérité objective unique,* c'est-à-dire sur laquelle tous les esprits rationnels puissent s'accorder. C'est parce qu'il n'existe pas d'agence centrale monopolistique de presse que tous les journaux des pays libéraux sont plus ou moins obligés de donner à peu près la *même* information sur l'actualité, tout au moins sur les faits les plus « bruts » (les résultats des élections, les décisions des tribunaux, les statistiques économiques...). Si − dans un pays effectivement libre − un journal n'annonçait pas, par exemple, un crime commis par un dirigeant politique, non seulement il serait inévitable qu'un au moins des autres journaux l'annonce, ce qui ferait que bientôt tout le monde serait informé, mais le journal coupable de censure serait lui-même dénoncé et perdrait son crédit. Le sachant, il anticipe cette sanction et tend à dire ce qu'il sait de la vérité. Il tend donc vers l'objectivité − ce qui veut dire qu'il *converge* avec les autres journaux, soumis à la même logique.

Le pluralisme de la presse induit donc une déontologie de l'information. C'est lui qui donne à la presse des pays démocratiques sa tonalité particulière, si différente de celle des médias gouvernementaux des pays non démocratiques du Tiers Monde, ou de celle qu'avaient les médias gouvernementaux des ex-pays totalitaires. C'est aussi ce principe qui fait qu'un *minimum* de liberté de la presse peut souvent suffire à produire un *maximum* d'effets : une petite fenêtre ouverte peut souvent provoquer, à elle seule, de grands courants d'air. Il suffit que, quelque part, *quelqu'un* puisse *contredire* la vérité officielle, et à condition qu'il puisse le faire *sur la place publique* (et non simplement sous la forme de ces *samizdats,* feuilles ronéotées qu'on se passait sous le manteau, qui étaient les médias souterrains de l'univers soviétique) pour que la vérité officielle ne puisse s'imposer et s'installer. Le droit à la critique tend à enrayer le processus de « mythopoïèse » (c'est-à-dire de fabrication de mythes) qui aboutit à l'idéologie ou à ce qu'on appelle aujourd'hui la « pensée unique », alors que, dans les sociétés primitives, ce processus va ordinairement à son terme et enferme ces sociétés dans le « délire » de la pensée magico-religieuse. Le pluralisme empêche que se cristallise une *certitude idéologique, unanime et fausse,* et lui substitue une *vérité incertaine et en devenir.*

IV — PLURALISME CRITIQUE
ET LIBERTÉ ÉCONOMIQUE

Ultimement, la théorie du rationalisme critique débouche sur une théorie de la liberté économique.

Un État pourrait en effet, affirmant adhérer au pluralisme et à ses vertus gnoséologiques, déclarer qu'il entend organiser lui-même la libre expression des opinions. Mais les théories de Popper et de Kuhn permettent de répliquer que l'État qui prétendrait ainsi organiser lui-même le pluralisme, en interdisant les initiatives privées en ce sens, l'étoufferait en fait. Car, à supposer qu'il n'y ait pas d'emprise partisane sur les institutions qu'il mettrait en place à cette fin (ce qui paraîtra hautement improbable ou impossible à quiconque connaît la réalité des médias publics dans la plupart des pays occidentaux : mais cet argument relève de la sociologie politique et il est étranger à la problématique épistémologique ici exposée), il resterait que les critiques ne pourraient pas remettre en cause, en toute hypothèse, le paradigme même selon lequel l'État aurait conçu l'organisation de l'expression des opinions, c'est-à-dire les modalités de cette expression, le dosage des opinions autorisées à s'exprimer, les critères permettant de décider ce qui est important et ce qui ne l'est pas. L'expression des opinions serait conforme à une certaine « vision du monde », celle des hommes de l'État. On retrouve la thèse de Kuhn : il est impossible de critiquer, de l'intérieur d'une institution, le paradigme qui la fonde. Limiter la liberté de critique à ce que peut organiser l'État, et autoriser celui-ci à utiliser, pour discipliner l'expression des opinions, la même force coercitive que celle qu'on lui accorde pour réprimer les crimes et délits, cela revient à considérer les opinions qui ne cadrent pas avec la « vision du monde » des hommes de l'État comme des fautes pénales. Ici l'on retrouve les arguments classiques de Milton, de Malesherbes, de Mirabeau ou de John Stuart Mill contre la censure : il n'y aurait de sens rationnel, pour l'État, à condamner pénalement l'erreur que s'il détenait la vérité, ce dont la théorie du rationalisme critique et la critique du dogmatisme ont montré le caractère illusoire.

L'État ne restera donc démocratique, instrument d'une société civile acquise à l'esprit scientifique, que s'il peut être critiqué par des instances *extérieures* à lui. Ces instances ne peuvent être que des individus ou des entreprises qui ne dépendent pas socialement et économiquement de l'État. Seuls des individus ou des entreprises libres de s'enrichir et de disposer de leur propriété comme ils l'entendent peuvent soutenir des initiatives de pensée vraiment indépendantes et favoriser le processus intersubjectif de progrès de la science et du savoir en général. Si l'on entreprenait de supprimer l'économie de marché, et dans la mesure exacte où l'on y parviendrait, on stériliserait *ipso facto* le processus intersubjectif de critique des paradigmes, on rendrait donc impossible les progrès de la science et la poursuite de l'aventure intellectuelle de l'humanité.

Il faut qu'il y ait des entreprises économiquement indépendantes de l'État dans le domaine de la presse, mais aussi dans ceux de l'éducation et de la science, et en général dans toutes les activités et industries culturelles, puisque toutes ces institutions sont, à des titres divers, porteuses et responsables de vérité.

§ 2
Michaël Polanyi
et la théorie des ordres polycentriques[1]

Bien que ses points de départ soient un peu différents, Polanyi aboutit à des conclusions convergentes avec celles de Popper.

Hongrois devenu citoyen britannique, Michaël Polanyi (1891-1976) a été successivement professeur de chimie (1933-1948) puis de sciences sociales (1948-1958) à l'Université de Manchester, et *Senior Research Fellow* à l'Université d'Oxford. Il est l'auteur d'une œuvre importante : *Atomic Reactions* (1933), USSR *Economics* (1936), *The Contempt of Freedom* (1940), *Science, Faith and Society* (1946), *Full Employment and Free Trade* (1948), *The Logic of Liberty* (1951), *The Study of Man* (1958), *Personal Knowledge* (1958), *The Tacit Dimension* (1955), *Knowing and Being* (1966).

I — L'AUTONOMIE DE LA SCIENCE

La première partie de *La Logique de la liberté*[2] est constituée d'articles de la période 1942 à 1949, où l'auteur, en tant que scientifique, était encore sous le choc de l'affaire Lyssenko en Union sovié-

---

1. Ce paragraphe reprend, avec des modifications, notre article sur *La logique de la liberté* paru dans *Encyclopédie philosophique*, PUF.
2. Michaël Polanyi, *The Logic of Liberty* (1951), Chicago University Press, Midway Reprint, 1980. Tr. fr. par Ph. Nemo, *La logique de la liberté*, PUF, coll. « Libre-échange », 1989.

tique et des demandes de planification de la science qui se multi-
pliaient en Grande-Bretagne même.

Le propos de l'auteur est de montrer, en réponse à ces prétentions, que la science doit demeurer fondamentalement *autonome*
par rapport à tout pouvoir politique censé représenter les intérêts
de la collectivité. S'il est vrai qu'elle procure le bienfait des
inventions et qu'elle a une utilité sociale, ce n'est jamais la prise
en compte de son utilité sociale qui peut guider adéquatement la
recherche scientifique. Polanyi distingue fondamentalement à cet
égard la *science pure* et la *science appliquée* ou technologie ; la
science pure avance de problèmes en problèmes, elle se meut
dans un monde théorique autonome dont on ne peut exhiber les
relations avec le monde empirique des économistes et des politiques. Les savants qui font progresser la science pure doivent donc
être *laissés libres d'obéir à la logique même des problèmes,* tels que
chaque savant, connaissant les résultats obtenus par tous les autres,
les comprend.

Les scientifiques de toute l'humanité ressemblent à une équipe de collaborateurs essayant de composer un puzzle très compliqué et aux pièces très nombreuses. Il ne servirait à rien que ces collaborateurs soient placés sous l'autorité
d'un chef. Celui-ci ralentirait leurs efforts puisqu'il limiterait leurs interventions
sur le puzzle aux associations de pièces qu'il peut apercevoir lui-même ; il est
par ailleurs impossible de planifier les étapes par lesquelles va passer la réalisation
d'un puzzle inconnu. Ce qu'il faut, donc, c'est que les collaborateurs travaillent
indépendamment. Chacun associera, à son idée, les pièces dont il découvre par
ses propres recherches et tâtonnements qu'elles sont complémentaires, ajoutera
des pièces aux ensembles lacunaires que les autres ont déjà constitués, les mettra
en contrepartie, par ses propres contributions, sur la piste de nouvelles avancées.
C'est par ce travail en mode autonome, sans concertation, mais avec un espace
de communication (puisque chacun voit le travail des autres), qu'ils parviendront à faire avancer peu à peu le puzzle.

Le principe de coordination de la science réside de même dans
le fait que chaque savant ajuste ses activités aux résultats obtenus par
les autres membres de la communauté scientifique. Chacun, d'une
part, est informé des recherches des autres et informe les autres de
ses propres résultats par ces mediums de communication que sont
pour la recherche scientifique les colloques et revues ; mais chacun,
d'autre part, sur ces bases, mène ses propres recherches comme il
l'entend.

« En tenant compte ainsi du travail des autres, chaque savant agit indépendamment, et pourtant, par la vertu de ces nombreux ajustements, les savants
contribuent à étendre avec le maximum d'efficience l'œuvre de la science dans
son ensemble » (*The Logic of Liberty, op. cit.,* p. 36 [la pagination de l'édition
anglaise est reportée dans la tr. fr.]).

L'auteur illustre son propos par une histoire de la mécanique, de Copernic à Dirac, où il montre l'enchaînement intime des problématiques, comment les théories de Galilée et celles de Kepler se répondent et appellent celles de Newton, etc. Il souligne les faiblesses des arguments des théoriciens marxistes qui ont cherché à mettre en évidence des déterminations socio-économiques à chacune de ces étapes.

Il résulte de ces considérations épistémologiques une véritable théorie institutionnelle de la *liberté académique*. L'État, ou n'importe quel autre pouvoir social, doit laisser la recherche scientifique essentiellement libre. La collectivité doit financer la recherche par une « enveloppe » globale, s'abstenant de fixer des objectifs aux scientifiques et s'en remettant, pour l'allocation des ressources en postes de chercheurs et en équipements, au discernement et à l'action de l'opinion scientifique, elle-même tempérée par des institutions pluralistes et ne disposant ni de monopoles ni d'un pouvoir coercitif.

« Le travail scientifique ne peut progresser logiquement que s'il est guidé par des principes systématiques. C'est la raison pour laquelle la science vit à l'écart dans un espace proprement académique. Un système de pensée ne peut progresser qu'au sein d'une communauté où les gens sont déchargés de toute autre préoccupation intellectuelle, à la fois responsables et critiques, et dévoués avec passion au thème traité. Il faut donc, si l'on veut que la science puisse se développer de manière systématique et cohérente, un cadre académique protégé, permettant de faire régner une atmosphère scientifique. Il y a certainement des choses à changer dans l'organisation actuelle de la science, mais il faut préserver ce cadre académique qui trouve sa justification profonde dans la nature systématique de la science » *(ibid.).*

En voulant enrégimenter science et éducation pour les mettre au service des « masses » et hâter les inventions favorables à la production économique, les Michourine et les Lyssenko n'ont fait, dans l'URSS des années 1930, que paralyser le processus du développement scientifique. Les secteurs féconds de la science soviétique sont ceux où, alors et depuis, on a laissé les savants travailler comme partout ailleurs sur la planète, c'est-à-dire en exploitant librement les pistes de recherche et les intuitions profondes des chercheurs individuels, suffisamment informés des résultats obtenus dans tous les pays grâce à la libre circulation des publications. La découverte scientifique, ajoute Polanyi, est un processus éminemment personnel, qui résulte souvent d'une gestation longue, largement inconsciente, incomplètement communicable, processus qui ne pourrait qu'être étouffé dans l'œuf par l'obligation imposée aux savants de suivre des directives communes ou de devoir justifier explicitement devant l'autorité chacune de leurs initiatives de recherche.

En conclusion, la liberté intellectuelle, tant celle des savants par rapport à l'État que celle des savants les uns par rapport aux autres, est structurellement nécessaire au progrès intellectuel. Il ne peut y avoir de société scientifique durable sans institutions libérales.

II — LA SUPÉRIORITÉ DES ORDRES POLYCENTRIQUES POUR GÉRER L'INFORMATION DANS LES SYSTÈMES COMPLEXES

Dans la seconde partie de *La Logique de la liberté,* Polanyi étend ces principes au-delà de la science et les généralise à l'ensemble des ordres sociaux polycentriques, qu'ils soient culturels, politiques ou économiques. Il fait une véritable théorie générale des ordres polycentriques, qui paraît avoir nourri la réflexion de Hayek sur le même sujet ainsi que les travaux des théoriciens des systèmes.

L'idée de base est que les ordres monocentriques, hiérarchisés *(corporate orders),* peuvent gérer une *moindre quantité d'information* que les ordres polycentriques, spontanés *(spontaneous, self-adjusting orders).* Un système industriel moderne ne pourrait tout simplement pas fonctionner s'il devait être soumis à l'autorité du Plan.

L'auteur se réfère à l'expérience bolchévique de 1919-1921, suivie de la NEP, puis des Plans quinquennaux, aux critiques de Ludwig von Mises et aux répliques des économistes socialistes dans les années 1930 (H. D. Dickinson, O. Lange, A. P. Lerner, J. E. Meade, E. F. M. Durbin...) à ces critiques.

Par-delà ces considérations historiques et économiques, Polanyi utilise des arguments de type formel. Il définit la complexité d'un système et sa capacité à gérer un flux d'événements nouveaux et aléatoires par la cadence selon laquelle les relations bilatérales d'élément à élément peuvent être contrôlées par le système par unité de temps en fonction des changements survenus. Il constate alors la supériorité quantitative écrasante, à cet égard, des ordres polycentriques sur les ordres hiérarchiques.

Donnons ci-après une des quatre démonstrations avancées par Polanyi, en reprenant le texte même de l'auteur — nous pensons que cette courte démonstration se suffit à elle-même.

« Considérons, dit Polanyi, l'organigramme d'une organisation, réduit à ses structures essentielles. Pour simplifier, supposons que la capacité de contrôle de subordonnés par un supérieur soit de trois, du haut en bas de la pyramide hié-rarchique[1]. J'ai représenté, sur la figure 1, l'organigramme pour une pyramide

---

1. C'est-à-dire qu'un chef est censé pouvoir contrôler en permanence trois subor-donnés et l'évolution de leurs relations mutuelles.

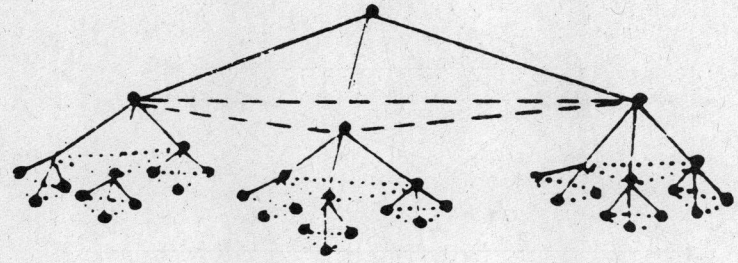

Fig. 1.

de quatre étages. Il y a, au sommet, le chef suprême, et, à la base, 27 subordonnés ; il y a deux niveaux de chefs intermédiaires. L'organigramme est représenté dans l'espace afin de montrer les relations contrôlées à chaque niveau par les chefs du niveau immédiatement supérieur. Chaque relation particulière est représentée par un trait mince, reliant les éléments concernés. On voit que le nombre total r de ces relations est :

$$r = 3 + 3^2 + 3^3$$

et en général : $r = 3 + 3^2 + ... + 3^{n-1}$, où n est le nombre total de niveaux. En même temps, le nombre m de subordonnés à la base de la pyramide est 3^{n-1}, de sorte que le rapport $i = r/m$, qui mesure le nombre de relations contrôlées par l'organisation par personne[1], est donné par les formules suivantes :

$$i = 3^{2-n} + 3^{3-n} + ... + 3^{n-n}$$
$$= (1/3)^{n-2} + (1/3)^{n-3} + ... + 1$$

« Ainsi, pour $n = 2$, la complexité des interrelations i a sa valeur minimale 1, et cette valeur, lorsque le nombre de niveaux augmente, augmente elle-même asymptotiquement vers 3/2. Si l'on avait supposé une faculté de contrôle supérieure à 3 − ce qui aurait été plus proche de la vérité − l'augmentation eût été encore moindre. Dans tous les cas, elle est négligeable. La même conclusion s'impose, bien entendu, pour le nombre de relations redéfinies par personne et par unité de temps, si l'on suppose [...] que le rythme auquel les supérieurs donnent leurs instructions reste constant quand le nombre de niveaux dans la pyramide hiérarchique augmente.

« Voyons maintenant ce qui se passe avec un ordre spontané ; au lieu de neuf subordonnés de dernier rang, considérons un système auto-organisé ayant neuf membres. On peut imaginer qu'ils soient situés sur un cercle (fig. 2), des lignes étant tracées entre chacun d'eux pour représenter leurs relations

---

1. Ce rapport est la variable décisive. En effet, elle va permettre de déterminer, pour un groupe de taille donnée, quel type d'organisation lui conférera la meilleure régulation, c'est-à-dire la plus grande réactivité et adaptabilité aux modifications de l'environnement.

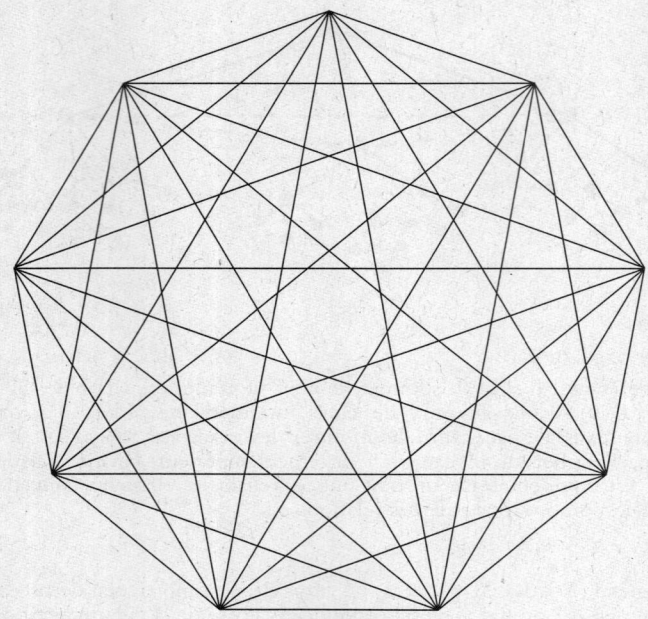

Fig. 2.

mutuelles. De chaque membre partent huit lignes, ou en général $m - 1$ lignes, si m est le nombre des membres du système auto-organisé. On voit alors que la complexité des interrelations, et avec elle le rythme du réajustement des relations par personne, au lieu de rester pratiquement inchangé comme dans le cas d'une augmentation de taille d'une organisation, augmente proportionnellement à l'effectif d'un groupe spontané » (*La Logique de la liberté, op. cit.,* p. 116-121).

De la comparaison entre les deux logiques découlent des conséquences institutionnelles capitales.

Une autorité politique qui entreprendrait de remplacer par une gestion bureaucratique les fonctions d'un grand système auto-organisé tel qu'une économie industrielle moderne se retrouverait « placée dans la situation d'un homme chargé de conduire d'une seule main une machine dont le fonctionnement requiert l'emploi simultané de plusieurs milliers de leviers » (*op. cit.,* p. 119), ce qui est évidemment impossible. Si l'on applique les formules ci-dessus au nombre considérable des agents économiques impliqués dans les grandes économies modernes (plusieurs centaines de milliers, plusieurs millions ou, avec l'internationalisation, plusieurs milliards), on ne peut que conclure que la production économique actuelle ne saurait fonctionner sur un mode hiérarchique. Aucun esprit humain ne pourrait la contrôler et elle serait un pur chaos. Or, si imparfaite que soit sa cohérence dans le monde réel, elle n'est pas chaotique puisqu'elle se caractérise par une allocation des ressources et une division du travail d'une efficience sans précédent. Son ordre ne peut donc être que du type illustré par la figure 2, c'est-à-dire de logique polycentrique. S'il en est ainsi, on voit qu'il convient de protéger les institutions juridico-politiques rendant possible la gestion polycentrique de l'économie : or ce sont les institutions de l'État de droit, garantissant la liberté individuelle, l'établissement libre et le réajustement continu des contrats et des relations bilatérales entre agents économiques, sans intervention coercitive d'une hiérarchie administrative.

Par la simplicité et la portée générale de ses démonstrations, Polanyi nous fait prendre conscience du fait que nous vivons dans un univers essentiellement polycentrique, et que c'est à l'émergence de ce type d'organisation sociale que nous devons la quasi-totalité des biens et des services dont nous trouvons normal et banal de disposer aujourd'hui. La question n'est donc pas de savoir dans quel système nous devrions choisir de vivre, mais simplement de comprendre enfin *dans quel système nous vivons en fait depuis très longtemps* (quasiment depuis l'époque de la sortie de l'humanité hors du stade tribal).

Polanyi le souligne, non sans une ironie bien perceptible pour les connaisseurs. Il prend en effet pour cible Hayek, coupable d'avoir, dans *La Route de la servitude* (cf. *infra*), condamné le planisme au motif qu'il engendrait le totalitarisme ; cet argument, dit-il, accorde *a contrario* au planisme l'essentiel de ce qu'il revendique, à savoir d'être *possible*. Pour Polanyi, la planification n'est pas à rejeter parce qu'elle produit des effets moralement condamnables, mais parce qu'elle est littéralement impossible, au sens où il est « impossible à un chat de traverser l'Atlantique à la nage » (*op. cit.*, p. 126). Condamner l'État de droit au nom des « libertés réelles », autrement dit espérer que l'économie sera plus productive si on l'« organise », c'est donc une démarche *relevant littéralement de la pensée magique,* du même ordre que sacrifier des victimes pour faire pleuvoir. Le peu qui était produit dans les économies planifiées ne l'était pas par la planification, mais malgré elle.

Ceci étant, on ne trouve pas chez Polanyi de réflexion approfondie sur les règles sociales rendant possible la coexistence de millions d'activités polycentrées sans éclatement ni désordre. Le droit et les institutions politiques sont en revanche les objets privilégiés de la réflexion de Hayek.

Chapitre 2

État de droit et polycentricité
2. Hayek

D'abord connu comme économiste, Hayek restera dans l'histoire des idées comme un des grands philosophes du XXe siècle.

Dans les pages qui précèdent, nous nous sommes référé plus d'une fois aux analyses de cet auteur, que nous considérons comme essentiel pour qui veut comprendre en profondeur la modernité et le rôle qu'ont joué dans son émergence les pensées relevant du paradigme démocratique et libéral[1]. Dans le présent chapitre, nous présenterons d'abord de manière synthétique et rapide l'ensemble de son œuvre, puis nous mettrons en relief un aspect particulièrement intéressant de sa théorie politique.

Vie

Friedrich August Hayek (1899-1992) fait des études de droit et de sciences politiques à l'Université de Vienne et semble se consacrer à l'économie pure. Nommé expert à l'Institut autrichien de recherche économique, il y travaille sous la direction du grand représentant de l'école autrichienne d'économie, Ludwig von Mises, qui contribue à le détourner du socialisme fabien qui avait d'abord eu ses sympathies. De 1929 à 1931, il est *Privät-dozent* à l'Université de Vienne. En 1931, il est nommé professeur à l'Université de Londres *(London School of Economics)* – il acquerra la nationalité britannique en 1938. Il publie de nombreux travaux sur la théorie des cycles économiques et, déjà, sur le problème de la dispersion de l'information en économie. Au lendemain de la guerre, il fonde la *Société du Mont Pélerin,* association vouée à la défense des idées libérales (1947). En 1950, il devient professeur aux États-Unis (Université de Chicago) où il participe de près aux mouvements d'idées qui accompagnent la fondation de la cybernétique, de la théorie des systèmes et des sciences cognitives. À partir de 1962, il enseigne à l'Université de Fribourg-en-Brisgau

---

1. Nous lui avons consacré un ouvrage : Philippe Nemo, *La Société de droit selon F. A. Hayek,* PUF, coll. « Libre Échange », 1988.

(Allemagne fédérale), puis, après sa retraite officielle, en 1967, à l'Université de Salzbourg. En 1974, au moment où les politiques inflationnistes inspirées par Keynes semblent rencontrer partout l'échec, on récompense sur le tard, par le prix Nobel d'économie, ses travaux d'inspiration « monétariste » des années 1930 et 1940. Pourtant, à cette date, Hayek a élaboré une œuvre dépassant de loin les frontières de l'économie et constituant une véritable philosophie sociale.

Œuvres

Monetary Theory and the Trade Cycle (1929).
Price and Production (1931), tr. fr. *Prix et production,* Calmann-Lévy, 1975.
Profits, Interest and Investment (1939).
The Pure Theory of Capital (1941).
The Road to Serfdom (1944), tr. fr. *La Route de la servitude,* PUF, coll. « Quadrige », 1993.
Individualism and Economic Order (1948).
The Counter-Revolution of Science (1952), tr. fr. partielle sous le titre *Scientisme et sciences sociales,* Plon, 1953, rééd. Presses-Pocket.
The Sensory Order : an Inquiry into the Foundations of Theoretical Psychology (1952).
The Constitution of Liberty (1960), London and Henley, Routledge & Kegan Paul, 1976, tr. fr. *La Constitution de la liberté,* LITEC, 1995.
Studies in Philosophy, Politics and Economics (1967).
New Studies in Philosophy, Politics and Economics and the History of Ideas (1978).
Law, Legislation and Liberty (3 vol., de 1973 à 1979, complete edition in new one-volume paperback, London, Melbourne and Henley, Routledge & Kegan Paul, 1982), tr. fr. *Droit, Législation et Liberté,* PUF, 1980 à 1983, coll. « Quadrige », 1995.
The Fatal Conceit (1988), tr. fr. *La Présomption fatale,* PUF, 1993.

I — PRÉSENTATION GÉNÉRALE DE L'ŒUVRE DE HAYEK[1]

On peut distinguer les contributions théoriques suivantes, élaborées séparément dans des œuvres fondatrices qui s'étendent sur une trentaine d'années, puis rassemblées dans les deux magistrales synthèses que sont *The Constitution of Liberty* (1960) et *Law, Legislation and Liberty* (1973-1979).

---

1. La notice qui suit reprend l'essentiel de notre article « Hayek » du *Dictionnaire des Philosophes,* sous la dir. de Denis Huisman, PUF, 1993.

1) *Une théorie des ordres (cf.* Studies*... et* New Studies*...)*

Avec Michaël Polanyi, Hayek est un de ceux qui ont construit la théorie des « systèmes auto-organisés » ou « spontanés ». Les ordres spontanés sont des ordres qui ne sont ni « naturels » ni « artificiels » et obligent en conséquence à remettre en cause la vieille dichotomie *physis/nomos* qui nous vient des sophistes grecs. Les structures sociales dépendent bien des actions des hommes, ce qui les distingue des structures naturelles, mais non de leurs intentions, ce qui les distingue des artefacts[1]. Elles émergent par l'action combinée de nombreux acteurs indépendants ; elles se stabilisent par un phénomène de « causalité circulaire » qui fixe celles d'entre elles qui produisent des résultats effectivement bénéfiques et adaptés. Ainsi se construisent les structures du langage, de la morale, du droit et en général toutes les réalités « culturelles ».

Il existe bien aussi, dans la société, des ordres artificiels ou ordres organisés, construits par la seule raison consciente, comme une armée, une administration, l'organigramme d'une entreprise, etc., ou même, à la limite, l'État. Mais ce sont toujours des ordres de petites collectivités (même la collectivité des fonctionnaires constituant l'appareil d'État est petite par comparaison avec la société) ; la société, dans son ensemble, est toujours un ordre spontané. Identifier l'ordre organisé de l'État à l'ordre spontané de la société est précisément l'erreur intellectuelle majeure qui a été commise par le socialisme, sous l'influence de Saint-Simon et d'Auguste Comte, qui ont communiqué cette illusion paradigmatique à Hegel et aux marxistes (cf. *The Counter-Revolution of Science*).

Un ordre organisé, étant transparent à l'intelligence, peut être géré de manière hiérarchique. Un ordre spontané, en revanche, ne peut rester en ordre que pour autant que les agents agissent librement dans le cadre ce que Hayek appelle des « règles de juste conduite », qui peuvent être *morales* ou *juridiques* selon que leur sanction est privée ou publique, mais qui ont pour attributs communs d'être *générales* et *non finalisées*. L'autorité doit s'abstenir d'intervenir directement dans un ordre spontané (même si elle peut agir au

---

1. Hayek situe cette mutation intellectuelle majeure au XVIIIe siècle et l'attribue à la « tradition de l'ordre spontané » des Lumières anglo-écossaises (cf. *supra,* p. 337-366). Il est dommage que, identifiant plus ou moins la pensée française au cartésianisme mécaniciste, il ait méconnu ou sous-estimé l'existence d'une tradition spécifiquement française de l'ordre spontané à l'époque des Lumières (Vincent de Gournay, les Physiocrates, Turgot...) et plus tard (Say, Constant, Bastiat...).

niveau même des règles, comme nous le verrons tout à l'heure) ; ces interventions, en effet, n'étant pas guidées par une connaissance exacte, ne pourraient que créer du désordre.

2) *Une psychologie cognitive (cf.* The Sensory Order*)*

Quelle est la nature des règles qui gouvernent l'ordre spontané de société ? Comment l'individu humain peut-il agir de façon appropriée dans un univers complexe dont il ne connaît de façon consciente, claire et distincte (« cartésienne »), qu'un très petit nombre d'aspects ? S'il n'est pas totalement désorienté dans cet univers et peut y agir de façon efficace, répond Hayek, c'est qu'il en a une préconnaissance « abstraite » ou « schématique ». La conscience et la volonté sont encadrées par un ensemble de dispositions permanentes à percevoir et à agir (qui jouent, dans la théorie hayékienne de l'action, un rôle équivalent à celui des *hexei* et des *habitus* dans la morale aristotélico-thomiste). Chaque situation est « vue » à travers des catégories mentales métaconscientes avant de pouvoir être « pensée » consciemment, et certaines dispositions à agir de telle ou telle manière sont alors spontanément mobilisées, sans la médiation de la réflexion consciente.

Ce cadre apriorique, dont Hayek décrit l'architecture en termes quasi kantiens, n'est cependant pas un transcendantal : il est un produit de l'évolution. Il est empiriquement construit par l'expérience collective de l'espèce humaine et des sociétés, et spécifié en chacun par l'apprentissage individuel. Les règles ou schèmes *(patterns)* métaconscients sont une véritable « connaissance incorporée » : ils permettent au sujet de « reconnaître » d'instant en instant des types abstraits de situations pour lesquelles il a en réserve, dans son psychisme, un certain nombre de types abstraits de réponses adaptatives, dont la superposition permet d'identifier et de traiter les situations les plus diverses et inédites. La réflexion consciente peut intervenir ensuite et motiver des choix volontaires, mais la vie consciente du psychisme reste fondamentalement enveloppée par ce « métaconscient ».

Ce serait donc appauvrir la raison humaine que de la limiter à la raison logico-déductive, « cartésienne ». Il faut reconnaître la valeur cognitive de l'*intuition,* de l' « esprit de finesse » et des normes déposées dans les traditions, qu'un rationalisme naïf – Hayek vise ici en particulier le rationalisme français des Lumières – a voulu faire passer pour irrationnelles. Burke a eu raison, en ce sens, de refuser la critique systématique des « préjugés » par les Lumières, comme sir Edward Coke avait eu raison de critiquer le positivisme juridique inhérent à la doctrine absolutiste. Hayek adhère au « rationalisme critique » de Popper.

3) *Une théorie de l'origine des valeurs morales*
(cf. « Notes on the Evolution
of Systems of Rules of Conduct », in *Studies...)*

Mais comment se forgent les schèmes du psychisme méta-conscient, et plus particulièrement ceux qui commandent les relations interindividuelles, les « règles de juste conduite » ? Ils sont, dit Hayek, le fruit d'une « sélection », analogue en son principe à la sélection darwinienne. Mais il faut bien comprendre la logique qui est ici à l'œuvre. L'erreur d'un certain néo-darwinisme social a été de croire que l'évolution sélectionnait des *individus* (les plus forts, les plus intelligents, etc.). Mais les individus ne peuvent vivre sans le groupe (aucun individu ne peut survivre seul), alors que l'inverse n'est pas vrai (aucun individu particulier n'est indispensable à la survie d'un groupe). Par conséquent, ce qui compte, dans l'évolution, c'est ce qui favorise les groupes en tant que tels. La pression de sélection s'exercera donc en faveur de celles des *règles de conduite individuelle* qui produisent la plus grande performance *collective* du groupe. Et comme seuls les groupes performants ont des descendants à qui transmettre leurs normes, on comprend que les normes transmises aient, par définition, cette vertu de permettre le fonctionnement durable de l'ordre spontané.

L'ensemble des normes d'une société, engrammées dans les psychismes individuels par l'éducation (ou, le cas échéant, par l'acculturation des immigrants), représente ainsi, pour Hayek, un véritable « savoir incorporé » qui cristallise la longue série d'essais et d'erreurs expérimentés dans le passé du groupe. Aucun individu ne peut refaire par lui-même tous ces essais et toutes ces erreurs ; il ne saurait donc prétendre, à lui seul, réinventer un système de règles ; la raison se heurte ici à une frontière épistémologique infranchissable.

Cette théorie évolutionniste permet à Hayek de proposer une solution pour certains des problèmes classiques de la philosophie morale. Les principes moraux sont des « impératifs catégoriques » pour l'individu, mais, pour l'humanité, ils n'en sont pas moins des « impératifs hypothétiques ». Ils servent en effet une fin – maintenir l'efficience du groupe – et peuvent faire l'objet d'une évaluation rationnelle, pourvu qu'on se situe à une échelle historique suffisamment grande.

Hayek rejoint ici d'une certaine façon, au rebours du nihilisme nietzschéen ou marxiste et du formalisme kantien, la morale aristotélico-thomiste qui pose, elle aussi, que les valeurs ne servent pas à rien, mais servent la vie. Mais il ne tombe pas, pour autant, dans les apories de l'utilitarisme de J. Bentham ou de J. S. Mill. Car l' « utilité » ainsi comprise de la morale ne se prête à aucun calcul rationnel du bilan des plaisirs et des peines. Hayek développe l'idée de Hume selon laquelle ce que la morale rend possible, c'est la perpétuation d'un certain ordre social *général*; dans le cadre duquel chacun pourra travailler à satisfaire au mieux ses intérêts. Mais, d'une part, cet ordre ne garantira rien à aucun individu pris en particulier ; d'autre part, il vaudra par l'ensemble des règles, dont on ne pourra détacher arbitrairement une règle particulière ; seule l'expérience, collective et de long terme, pourra révéler la valeur réelle d'une règle. De sorte que, de même que l'esprit individuel est enveloppé par le *métaconscient,* l'humanité est irréductiblement tributaire de la *tradition*. La théorie hayékienne de l'origine évolutionnaire des valeurs morales et juridiques, bien qu'elle fasse de ces valeurs un produit de l'évolution et de la « culture », et non la caractéristique d'une « nature humaine » intangible ou d'un transcendantal de type kantien, ne débouche donc nullement sur un quelconque « relativisme moral ». Il faut renoncer à l'hypothèse positiviste et réductionniste qui, cherchant le fondement ultime des valeurs morales et juridiques dans des réalités physiques, se permet de déclarer que telle ou telle règle n'est qu'un « préjugé » et ne vaut rien. La seule manière vraiment rationnelle de faire évoluer les règles morales et juridiques est d'en faire ce que Hayek appelle une « critique immanente », c'est-à-dire une estimation prudentielle qui prenne en compte tout à la fois les autres valeurs, l'expérience et l'histoire[1].

4) *Une théorie du droit et de l'État*
(cf. l'opuscule : The Political Ideal of the Rule of Law *et surtout* The Constitution of Liberty*)*

Examinons le cas particulier de l'évolution des règles juridiques. La thèse principale, ici, est que « le droit est plus ancien que la législation », du moins le droit véritable, le *nomos,* droit civil et pénal que Hayek distingue avec soin de ce qu'il appelle la *thésis,* qui correspond à peu près au droit public. Cette dernière vise à réguler des ordres organisés comme l'État et, de ce fait, elle peut être édictée *a priori* par une démarche intellectualiste. Le *nomos,* au contraire, est constitué des règles de juste conduite qui rendent possible l'ordre spontané de société, et qui ne peuvent résulter que de cette accumulation de connaissances au long d'une tradition dont nous avons parlé dans le paragraphe précédent.

Pour que la sanction publique de ces règles ait une base incontestable, il faut qu'elles soient codifiées par l'État. Mais ce privilège d'explicitation ne doit pas tourner, comme cela a été le cas aux Temps modernes, en une prétention à créer le droit *ex nihilo*. Car le

---

1. Voir à ce sujet notre article : « Hayek and the Tradition of Moral Philosophy », in *Hayek Revisited,* edited by Boudewijn Bouckaert and Annette Godart-Van der Kroon, Edward Elgar, Cheltenham UK, Northampton MA, US, 2000.

nomos est le fruit de l'expérience sociale dont on a explicité plus haut la logique et à laquelle aucun raisonnement juridique *a priori* ne saurait se substituer. Ses règles ne peuvent donc être modifiées qu'*a posteriori*, à la lumière des *litiges* qui se révèlent dans les procès et autres incidents de la vie collective.

La raison pour laquelle telle ou telle règle devient à un certain moment inopérante ou crée des litiges alors que jusque-là elle n'en engendrait pas, ou la raison pour laquelle, à un certain moment, il faut créer des règles nouvelles si l'on veut maintenir l'ordre public et continuer à rendre possible la coopération sociale, ne peuvent être l'objet d'une explication exhaustive de type « technologique ». Ces situations se *découvrent* simplement au juge et au législateur, qui doivent y remédier : le droit est, en ce sens, une véritable *science empirique*.

On en déduit que le véritable État de droit doit avoir une « souveraineté limitée ». Certes, l'idée de « souveraineté » a un sens pour désigner l'indépendance de l'État par rapport aux puissances étrangères, et d'autre part un Parlement est « souverain » en ce sens qu'il n'existe pas, dans l'État, d'autorité qui lui soit supérieure. Mais la souveraineté doit être limitée *par le droit lui-même,* en tant qu'ensemble de règles historiquement produites qu'on ne peut manipuler à volonté. Ces règles ont leur logique immanente, que le travail des juges et des législateurs consiste à découvrir et à expliciter.

C'est la tâche qu'ont su pratiquer pendant des siècles, dit Hayek, les créateurs du droit romain prétorien et les juges anglais de la *common law,* d'où la qualité, la durabilité et l'exemplarité des deux grands corpus de droit ainsi élaborés. Le rôle joué par la *common law* en particulier, et le fait qu'elle ait été protégée d'une intervention intempestive de la monarchie absolue puis du Parlement lui-même, explique que ce soit dans les pays anglo-saxons que la démocratie politique aussi bien que l'économie libérale aient pu se développer le plus tôt. La Constitution des États-Unis, en reconnaissant aux tribunaux et à la Cour suprême le droit de ne pas appliquer, dans certaines conditions, la loi votée par le Parlement *(judicial review of law)*[1], a inscrit dans les institutions cette dépendance de l'État par rapport au *nomos*. L'erreur fondamentale du positivisme juridique, depuis Hobbes et l'absolutisme français jusqu'au jacobinisme et à Kelsen, est de n'avoir pas vu, à l'inverse, qu'il était scientifiquement dénué de sens de vouloir modifier le droit de l'extérieur : car cela suppose une science apriorique ou non expérimentale du droit dont la possibilité est justement ce qui est en question. L'erreur du jusnaturalisme n'est paradoxalement pas moindre, puisqu'il pose lui aussi une extériorité, la « nature », comme critère du droit. Ces erreurs symétriques expriment la persistance, dans la science juridique, du paradigme dualiste de l'artificiel et du naturel, et deux types d'incompréhension, respectivement de « gauche » et de « droite », de la véritable nature du droit.

---

1. Cf. *supra,* p. 393-395.

Il est à noter – car les interprètes de Hayek se trompent souvent sur ce point – que le processus évolutionnaire qui produit le droit et qui est, dans l'ensemble, auto-organisé, n'en suppose pas moins l'intervention consciente et volontaire d'êtres humains, en l'occurrence les *juges* responsables de la jurisprudence et les *parlementaires* responsables de la législation. Ceux-ci, quand ils font ou changent une règle, n'agissent certes pas comme des automates : ils font usage de réflexion, de volonté et de liberté. Mais le fait que le système sur lequel ils interviennent soit dans l'ensemble spontané, et non artificiel, se marque en ceci que la raison dont ils usent n'est pas une raison « cartésienne » ou « technologique » : ils réfléchissent à partir de valeurs et de principes reçus et indémontrables, en tenant compte de l'expérience, et en renonçant d'ailleurs à changer *tout* le droit (à l'inverse des révolutionnaires qui entendent créer *ex nihilo,* sur une « table rase », conformément à la doctrine du positivisme juridique, un nouveau système complet de droit ; ces tentatives se sont toujours traduites historiquement par des échecs). Juges et législateurs des régimes politiques modérés corrigent seulement, sur des points toujours partiels, les *lacunes* du droit existant, en tenant compte de tout le reste du système et de sa logique immanente (de ce que Montesquieu appelle l' « esprit des lois »). Leur raisonnement intègre l'intuition et exclut tout « démiurgisme ». Quand ils ont corrigé une lacune du droit, ils attendent de voir si cette correction même ne créera pas une nouvelle source de litige, un nouveau désordre ou une nouvelle lacune ; leur démarche n'est pas « constructiviste », mais réparatrice ou conservatrice (en un sens spécial de ce mot : car Hayek tient que ce sont les règles de droit libérales qui ont le plus changé la face du monde en rendant possible le développement de l'économie de marché et donc la « révolution industrielle » : juges et législateurs modérés ne sont donc « conservateurs » que du trésor gnoséologique contenu dans le droit historique, et ils ne sont en aucun sens des protecteurs des situations sociales acquises).

À noter également que le processus d'évolution spontanée du *droit* que nous venons de décrire ne représente qu'un premier exemple d' « ordre spontané ». Le *marché* en est un autre. Le marché, en effet, réalise, lui aussi par auto-organisation (et non par planification « constructiviste »), l'allocation des ressources et la division du travail dans la grande société. Mais les deux processus, comparables en ce qu'ils sont tous deux spontanés, diffèrent sensiblement par leur rythme et leurs modalités. Le processus de création du droit est essentiellement lent, il passe par le contentieux, la jurisprudence et la législation. Le processus d'allocation des ressources et de division du travail est rapide, et il passe par le système de prix et le système de droit (considéré comme stable sur un intervalle court).

Hayek a suggéré que, si l'*ordre juridique* et l'*ordre économique* sont ainsi deux types différents d'ordre spontané, qui ne peuvent être l'objet d'interventions « constructivistes » qu'au prix de créer de graves désordres, en revanche, l'*ordre politique* ou *constitutionnel* n'est pas soumis aux mêmes conditions épistémologiques et peut donc, dans certaines conditions, être réformé de façon « volontariste » et artificialiste (cf. *infra*).

5) *Une théorie de la catallaxie* (*cf*. Individualism and Economic Order, Studies…, New Studies… *et* Droit, Législation et Liberté)

a) « *Catallaxie* » *et pluralisme*

« Catallaxie » désigne un ordre de coopération essentiellement polycentrique et fondé sur l'échange mutuellement profitable (*katallattein,* en grec, veut dire : échanger, et aussi : faire, par l'échange, d'un ennemi un ami). L'échange suppose la propriété privée, dont Hayek précise les fondements cognitifs et systémiques : elle a pour fonction de délimiter avec précision, aux yeux de l'agent comme de ses partenaires, le « domaine propre » sur lequel il est légitimement fondé à agir sans avoir à redouter contestations ou troubles de jouissance. Elle permet donc d'optimiser l' « ajustement mutuel des anticipations » *(matching of expectations)*[1].

Mais quel est l'intérêt de l'échange marchand ? Hayek observe qu'il ne sert jamais, et par définition, des « fins collectives ». Si nous avons intérêt, toi et moi, à échanger biens et services, c'est parce que nous n'avons pas les mêmes vues sur les choses que nous échangeons. J'accorde moins de valeur à ce que je te donne qu'à ce que je te prends, et toi, de même, tu accordes moins de valeur à ce que je reçois de toi et plus à ce que tu reçois de moi : sinon nous ne voudrions pas l'échange. La catallaxie suppose et favorise, tout à la fois, le *disparate* des esprits, et c'est ce disparate qui permet la division du savoir, donc l'augmentation de la quantité globale de science disponible dans la société.

Grâce au marché, j'accède à des biens dont je n'aurais même pas imaginé que leur production fût possible, et qui n'ont peut-être été produits que parce qu'ont été explorées des pistes de recherche et exercées des activités que j'aurais jugées dénuées d'intérêt, voire blâmables, si l'on m'avait demandé mon avis à leur sujet. À cet égard, le socialisme, ramenant la vie sociale à ce qui peut faire l'objet d'un consensus, blâmant la liberté individuelle et la dissidence au nom de la cohésion de la « communauté », tend à diminuer la quantité de savoirs socialement utiles.

---

1. Hayek reprend ici à son compte la théorie du droit de Locke (cf. *supra,* p. 324-329).

b) *Un double système de communication :*
   le droit et les prix

Mais, pour que ce pluralisme inhérent à la catallaxie aboutisse bien à une organisation supérieure de la division du savoir et du travail, et non au chaos pur et simple, il faut que les agents économiques soient reliés entre eux par un *système de communication* (nous retrouvons dans la théorie de Hayek ce trait structurel de tout ordre polycentrique qui avait déjà été mis en relief par Polanyi).

Le *droit* constitue un premier mode de communication entre les hommes. Il consiste essentiellement en règles permettant, comme le dit le droit romain, de « rendre à chacun le sien », c'est-à-dire de délimiter de façon précise la frontière entre les « domaines propres » des différents agents économiques. Il garantit ainsi que personne n'empiétera sur le domaine réservé à autrui, et qu'il n'y aura donc pas de litiges et de conflits (ou qu'il n'y en aura qu'en quantité marginale). Il y parvient d'autant mieux que les frontières qu'il établit entre les « domaines propres » sont intellectuellement plus précises : c'est le grand apport de Rome à la civilisation d'avoir inventé, à la faveur d'un phénomène évolutionnaire qui a pris quelques siècles, les outils intellectuels (notions de propriété, possession, indivision, achat et vente, contrat, biens meubles et immeubles, personnes physiques et morales, société, héritage...) qui permettent d'identifier précisément le *mien* et le *tien,* non seulement lorsqu'il s'agit de biens matériels meubles, mais lorsqu'il s'agit de propriétés plus abstraites, immatérielles et changeantes, subissant d'incessantes transformations et mutations : ainsi, même dans une société de vie économique intense et de large division du travail, chacun est assuré de retrouver *in fine* son bien, et chacun, par conséquent, n'hésite pas à s'engager, le cas échéant, dans une coopération de longue haleine[1]. En un mot, le droit permet l'absence de conflits, le maintien de la *justice.*

Mais la justice n'est pas l'*efficience.* Le droit ne suffit pas à assurer la cohésion d'un ordre économique vivant. Si les gens se contentaient de ne pas transgresser les règles de droit, la machine économique pourrait s'arrêter ; avec la paix pourrait venir la mort. Il faut donc, pour assurer l'efficience économique, un autre type d'informations apprenant aux acteurs non pas seulement ce qu'ils ne doivent *pas* faire pour ne pas nuire aux autres acteurs, mais aussi ce qu'il leur *faut* faire positivement pour leur être utiles. En d'autres termes,

---

1. Hayek suggère que c'est cette maîtrise de la division du travail par le droit cosmopolite inventé par ses juristes qui a permis à Rome de créer une puissance économique inégalée jusqu'alors, dont la conquête géopolitique du monde fut l'expression (et non la cause, comme le croit une géopolitique naïve).

il faut un mécanisme disant aux acteurs ce qu'ils doivent se donner pour *fins,* s'ils veulent être en mesure de fournir à autrui les *moyens* dont il a besoin pour poursuivre ses propres fins, qui seront des moyens pour un troisième, etc. ; un mécanisme assurant l'ajustement mutuel des « monades » et le miracle d'une économie efficiente de division du travail. Ce mécanisme est celui des *prix.*

Les prix résultent d'une chaîne d'arbitrages successifs opérés par des agents libres, arbitrages dont nul agent individuel ne saurait comprendre directement les motivations au-delà de la sphère étroite de vie sociale qu'il connaît concrètement. Mais, parce qu'ils résultent de cette agrégation de décisions économiques où s'expriment les préférences et les besoins des consommateurs et des producteurs, ils « incorporent » de proche en proche, dit Hayek, sous une forme « codée », l'information essentielle, la seule que l'agent économique ait besoin de connaître pour prendre à son tour une décision rationnelle quant à la direction à donner à ses efforts, à savoir *l'urgence relative avec laquelle sont demandés et offerts les différents biens et ressources.*

Grâce aux prix, l'acteur sera en effet induit à produire ce qui est le plus demandé, détourné de produire ce qui l'est le moins ; il sera incité à choisir, parmi les ressources lui donnant un produit équivalent, celles qui sont le moins cher, donc à libérer pour d'autres productions les ressources plus chères qui sont demandées par d'autres producteurs − sans qu'on sache pourquoi − avec une plus grande urgence. Tant le produit net de l'économie que la satisfaction subjective des agents économiques seront ainsi optimisés. Le système des prix fournit l'information nécessaire pour résoudre le problème *économique* fondamental, qui n'est pas, comme le croit l'économie constructiviste, celui de savoir comment utiliser optimalement les ressources disponibles pour atteindre une certaine fin (problème qu'Hayek qualifie de seulement *technologique*), mais celui de savoir *quelles* fins poursuivre, alors que plusieurs fins, également légitimes, sont en concurrence.

L'information véhiculée par les prix va résoudre ce problème. Elle parcourt comme une *onde* la totalité du système économique et, en ce sens, la firme qui prend une décision en fonction du coût des ressources qu'elle utilise et du prix auquel elle peut espérer vendre, *s'ajuste par là même à l'ensemble du système* ; inversement, par sa décision d'acheter ou de vendre telles quantités à tel prix, elle envoie à son tour un signal qui sera répercuté comme une onde dans tout le sytème, lequel *s'adaptera alors de proche en proche à la nouvelle situation créée par cette décision même,* c'est-à-dire s'adaptera aux décisions des agents individuels. Il y a ainsi action du système tout entier sur l'agent économique individuel, et action en retour de l'individu sur le système ; il y a, pour parler le langage des théoriciens des systèmes auto-organisés, action du « global » sur le « local » et du « local » sur le « global », adaptation continue du premier au second et du second au premier, selon une « causalité circulaire » sans début ni fin. Ainsi toutes les fins des agents économiques qui sont compatibles avec les fins des autres, puisque les fins des uns sont les moyens des autres et réciproquement, pourront être effectivement poursuivies. On aura résolu le problème de la concurrence des fins non par un choix arbitraire et violent, consistant à interdire à un agent de poursuivre telle fin et à forcer tel autre à poursuivre telle autre fin, mais par un processus anonyme et spontané qui maximise les chances de chacun de pouvoir atteindre ses fins raisonnables, parce qu'il aura été de l'intérêt raisonnable d'un autre de lui fournir les moyens nécessaires.

Ainsi est définitivement expliqué le fameux paradoxe d'Adam Smith sur la « main invisible », dont Marx ne s'était tant moqué que parce qu'il ne le comprenait pas (mais son incrédulité était de la même nature que celle de l'homme archaïque qui ne comprend pas que le tonnerre résulte de lois physiques anonymes et non de la volonté de Jupiter). Le système économique se met en place, se maintient en ordre, et corrige ses désordres, sans que personne, depuis un centre qui n'existe pas, ait besoin d'agir *délibérément* dans ce sens. En effet, grâce à ce sytème d'information (ou, dit Hayek, de « télécommunication ») que constituent le droit et les prix, les divergences qui peuvent apparaître à un certain moment, à cause d'un des types de perturbations aléatoires qui existent toujours dans l'économie (découverte ou raréfaction de matières premières, changements technologiques, changements des besoins ou des goûts des consommateurs, etc.), entre les plans de certains agents économiques et ceux d'autres agents, sont, au fur et à mesure, rectifiées. Apprenant par le marché qu'autrui ne se comporte pas comme on l'anticipait, l'agent réagit en changeant son propre comportement ; il y a « *feed-back* négatif ». De ce fait, le désordre ou le déséquilibre qui étaient en train de s'installer sont *in extremis* rattrapés[1]. L'équilibre économique est essentiellement fragile ; s'il se maintient, comme la pâte d'un soufflé sans cesse menacée de retomber, c'est qu'à chaque instant des millions d'individus prennent des décisions rationnelles grâce auxquelles le désordre − c'est-à-dire la mauvaise adaptation des activités les unes aux autres − est corrigé au fur et à mesure qu'il se crée.

c) *Le marché, « procédure de découverte »*

Il faut noter ici une idée capitale, peut-être une des plus riches de Hayek : le marché, dans la mesure où il fonctionne selon la cybernétique ci-dessus décrite, est une « procédure de découverte ». Lui seul en effet permet de découvrir quels biens on peut produire avec telle et telle ressource, en quelle quantité et dans quels

---

1. Hayek souligne que l'ordre économique n'est pas un « équilibre », comme les néo-classiques théoriciens de l'équilibre général l'ont malencontreusement suggéré, mais un « déséquilibre perpétuellement rattrapé » (cf. *Individualism and Economic Order*).

délais, ou même, plus fondamentalement, quelles matières premières, connaissances, forces de travail, talents, singularités d'une situation, etc., sont des ressources susceptibles de donner lieu à la production d'un bien et ainsi d'entrer dans le circuit économique.

C'est le prix élevé auquel il apprend qu'il peut espérer vendre un produit,
en un lieu et un temps donnés, combiné avec le bon marché de tel ou tel facteur de production disponible en ce temps et en ce lieu, qui donneront au producteur l'*idée* de le produire. Lui seul, localement, peut apercevoir ces opportunités et faire les calculs micro-économiques nécessaires. S'il n'avait eu cette
liberté d'agir et s'il avait dû attendre l'injonction d'une autorité, il n'aurait tout
simplement pas mobilisé ces ressources et ces capacités connues localement de
lui seul. Celles-ci auraient alors été purement et simplement *perdues pour la
société*. Le problème posé par la planification économique n'est donc pas seulement la difficulté ou l'impossiblité de centraliser *de facto* en un seul lieu
l'ensemble des informations économiques pertinentes pour la société, puis de les
traiter en temps réel et de faire appliquer sur le terrain le plan adopté. Le problème est beaucoup plus fondamental. Il est que, si ne doivent être exploitées
sur le terrain que les informations connues de l'autorité centrale, *la plus grande
partie de l'information possédée par les agents au plan local restera entièrement inex-
ploitée*. En d'autres termes, les actes économiques ayant lieu dans la société ne
sont pas seulement dispersés *de facto,* mais *ils n'ont lieu que grâce à cette dispersion
même.* Commander ces actes depuis un centre les empêcherait tout simplement
de se produire.

La « procédure de découverte » caractéristique du marché permet ainsi que toute la connaissance existant à l'état dispersé dans la
société soit portée dans le circuit économique général ; le marché est
en définitive un moyen – le seul connu – qui permette que les
connaissances possédées par les millions d'individus différents que
comporte une grande société soient utilisées pour produire des biens
et des services qui entrent dans le circuit économique et y soient
rendus disponibles pour tout le public ; il est le seul moyen connu
pour que toutes ces connaissances qui, au départ, étaient par définition dispersées et donc utilisables seulement par des individus isolés,
sans la productivité inhérente à la division du travail, soient finalement utilisées de manière cohérente par une communauté de producteurs accomplissant chacun une partie d'un ensemble de tâches.
Ceci se sera accompli sans que les connaissances en question aient
été nulle part *synthétisées,* sans qu'aucun agent économique les ait *rassemblées* en son seul esprit en un seul point du système. Les connaissances humaines seront restées divisées, possédées par des cerveaux
distincts, mais elles auront pu être utilisées de manière complémen-
taire. Ce que les uns savent aura été canalisé dans une forme telle
que le fruit de cette connaissance pourra être utilisé par d'autres
agents économiques. La connaissance possédée par ceux-ci, tout
aussi limitée, s'ajoutera à son tour au bien ou au service. Toutes les

« monades » de connaissances différentes, nulle part rassemblées, auront cependant été socialisées, intégrées en une société où chacune communique avec toutes les autres et où toutes se rendent mutuellement service : une société à la fois individualiste et altruiste, altruiste parce qu'individualiste.

d) *La société de droit et de marché est la plus efficiente*
   de toutes les formes d'organisation sociale
   ayant existé dans l'Histoire

Ainsi s'explique la productivité sans précédent des économies modernes − et Hayek présente ici un nouvel argument remarquable. La *planète* Terre, dit-il, n'a pas changé depuis des centaines de milliers d'années, ni l'*espèce* humaine, ses capacités de travail, de dynamisme et d'intelligence. Ce n'est donc pas à une évolution quelconque des conditions naturelles qu'est due la croissance explosive des richesses caractéristique de l'ère moderne. L'augmentation des richesses ne peut être due qu'à une augmentation du savoir humain, qui permet d'exploiter plus efficacement une ressource naturelle donnée. Mais comment le savoir humain a-t-il pu augmenter, si les capacités cognitives humaines sont restées identiques ? L'accumulation du savoir a dû jouer un certain rôle, mais non le principal, car les savoirs scientifiques et techniques deviennent rapidement obsolètes. La réponse doit être cherchée dans une autre direction. Le rôle principal a été joué par la *division* du savoir, rendue possible par le droit et le marché.

En effet, si le savoir n'est *pas* divisé, ce qui est le cas dans une société tribale unanimiste, une collectivité de *n* êtres humains ne possède pas plus de savoir que n'en possède un seul d'entre eux. En revanche, si le savoir est divisé et spécialisé, *n* hommes auront, collectivement, une quantité de savoir égale à *n* fois la quantité emmagasinable dans un cerveau humain. Mais on ne peut se spécialiser dans une tâche, et donc dans la connaissance d'une portion étroite de la nature, que si l'on est assuré de trouver, par l'échange, les biens et les services qu'on cesse de produire soi-même. Le droit et le marché, régulant les échanges et garantissant leur sécurité, ont donc seuls rendu possible la spécialisation des savoirs, donc leur division, donc enfin l'augmentation de savoir dont peut disposer, collectivement, l'humanité. *C'est le droit et le marché qui ont rendu possible la science, non l'inverse* (Saint-Simon et Marx ont été totalement aveugles à cet ordre de priorité évolutive). Partant, c'est toute l'histoire morale, politique et juridique de l'Occident qui est véritablement la cause efficiente et suffisante de l'émergence de la modernité.

Cependant, la « cybernétique » du marché, telle que la décrit Hayek, n'est possible que si les acteurs individuels peuvent réagir, par des « *feed-backs* négatifs » aux informations qui leur sont communiquées par les prix, autrement dit s'ils sont libres et peuvent à tout moment disposer rationnellement de leur propriété protégée par le droit. Le système du droit fixe, et la superstructure constitutionnelle qui garantit le droit contre les changements intempestifs, sont ainsi la condition structurelle de fonctionnement du système des prix variables, et ce n'est donc pas seulement le marché, mais toute l'invention occidentale de la démocratie libérale et de l' « État de droit » qui constituent, dans l'évolution de l'humanité, une émergence évolutionnaire décisive.

Hayek compare cette émergence à celle par laquelle est apparu l'*œil* dans l'évolution des espèces animales. Le fait d'avoir des tissus photo-sensibles a permis aux animaux bénéficiaires de cette mutation d'être informés à distance sur l'environnement, ce qui leur a conféré un avantage adaptatif décisif sur les animaux continuant à ne percevoir que l'environnement immédiat par contact matériel. Cet avantage d'être avertis à distance de la présence de proies ou de prédateurs a été tel qu'aujourd'hui, la plupart des animaux possèdent des organes de vision, puisque leurs espèces ont mieux survécu que celles qui n'en possèdent pas. On peut dire, par analogie, que les sociétés ayant accédé à la logique du droit et du marché qui leur permet d'organiser la division du travail à une bien plus vaste échelle que ceux qui n'y ont pas accédé et d'être exponentiellement plus savantes que les sociétés antérieures, ont ainsi bénéficié d'un avantage évolutif décisif qui leur a permis de faire advenir la société scientifique moderne, et sont porteuses d'une mutation dont profitera à terme toute l'espèce. L'Occident est aujourd'hui le vecteur avancé de la civilisation. Si l'État de droit et de liberté individuelle était détruit – et toutes les pensées radicales de gauche et de droite visent à le détruire – l'humanité dans son ensemble ne pourrait que *régresser*[1].

L'œuvre de Hayek offre beaucoup d'autres vues théoriques originales et fécondes, en philosophie sociale générale (par exemple sur la structure du psychisme humain ; sur l'idée de complexité ; sur la justice et les apories du concept de « justice sociale » tel qu'il est développé dans les théories socialistes ; sur les traits respectifs des ordres organisés et des ordres spontanés ; sur les spécificités anthropologiques de la « grande société » par rapport à toutes les sociétés antérieures...), en économie (par exemple sur la théorie des cycles ; sur la théorie du capital ; sur la logique non marchande qui justifie économiquement l'existence

---

1. On trouvera un exposé plus détaillé de la théorie du marché de Hayek dans notre article « La théorie hayékienne de l'ordre auto-organisé du marché (la "main invisible") », Cahier n° 4 du Centre de recherche en philosophie économique (CREPHE) de l'ESCP-EAP (disponible en ligne sur le site web du CREPHE, www.escp-eap.net/crephe.html).

des services publics, ainsi que du « secteur indépendant », associations, fondations ; sur les politiques à mener en matière de protection sociale, d'éducation, de recherche, d'agriculture, d'urbanisme, en trouvant la juste frontière entre le dynamisme propre au marché et la logique de financement collectif des biens à externalités...), en droit international (sur le fédéralisme, l'organisation de grandes entités comme l'Union européenne...). Hayek est également l'auteur d'importantes contributions originales en histoire des idées. Il a étudié les deux traditions intellectuelles qu'il considère comme fondatrices du libéralisme : la « tradition de l'ordre spontané » (Mandeville, Ferguson, Smith, Hume, c'est-à-dire les « Lumières anglo-écossaises » ; puis Spencer, Menger et l'économie autrichienne) et celle de la *rule of law* (qu'il fait remonter à l'*isonomia* de Solon et de Cicéron, mais qu'il étudie spécialement chez les théoriciens de la *common law,* de sir Edward Coke à lord Acton et V. A. Dicey, et chez les constitutionnalistes américains), ainsi que la tradition adverse, celle du « positivisme juridique » et du « constructivisme rationaliste » (Saint-Simon, Auguste Comte, Kelsen).

Nous ne pouvons, ici, présenter tous ces apports de Hayek. Arrêtons-nous pour finir à une contribution particulièrement originale dans le domaine de la théorie politique et constitutionnelle.

II — LA CONSTITUTION HAYÉKIENNE

Comme nous l'avons noté plus haut, Hayek pense que l'ordre politique, c'est-à-dire la superstructure étatique ou « appareil d'État », n'est pas « complexe » au sens précis où le sont l'ordre juridique ou l'ordre économique. En effet, c'est une organisation et non un ordre spontané comme le droit civil ou l'économie. Il en résulte qu'il est possible, en matière politique, d'avoir — avec toute la prudence nécessaire — une attitude « constructiviste ». De fait, Hayek, dans le troisième tome de *Droit, législation et liberté,* a proposé un projet de constitution. Le trait le plus saillant de ce projet est la création d'un système de *bicamérisme fonctionnel.*

1) *Les défauts des systèmes constitutionnels actuels*

Les systèmes constitutionnels des démocraties occidentales actuelles présentent presque tous les mêmes graves défauts.

1) Le bicamérisme actuel de nos démocraties, sauf lorsqu'il correspond à un système fédéral, est boiteux : les deux Chambres jouent à peu près le même rôle, et l'intérêt du système est seulement qu'en ralentissant et en compliquant la procédure parlementaire, il diminue le risque que des textes soient votés à la va-vite, sous le seul effet de la passion suscitée par un problème urgent ou même d'une simple mode.

2) Le mode d'élection de ces Chambres, ainsi que la règle selon laquelle le gouvernement est responsable devant elles, aboutissent le plus souvent à ce résultat que ce sont les mêmes majorités qui gouvernent et qui légifèrent. De sorte que la division des pouvoirs, qui subsiste toujours en droit, n'existe plus en fait. Or nous savons qu'elle est une condition essentielle pour que soient maintenues la logique de la *rule of law* et donc les libertés individuelles. Des majorités qui, pour mener une certaine politique précise, peuvent faire exactement les lois qui leur manquent ou abroger celles qui les gênent, sont par là même en mesure d'agir de façon arbitraire[1]. Les lois sont faites pour satisfaire, non l'intérêt général, mais les intérêts de la majorité, c'est-à-dire ceux des électeurs de la majorité : on peut, en particulier, faire des lois fiscales qui feront peser sur les électeurs de la minorité le poids financier de mesures qui donneront satisfaction aux seuls électeurs de la majorité. Le mécanisme législatif peut légitimer et organiser une prédation à grande échelle d'une classe sociale sur une autre, c'est-à-dire une oppression : ce qui n'est certes pas le but d'une constitution démocratique.

3) Les Parlements actuels étant censés incarner la « souveraineté » du peuple, ils ne reconnaissent rien au-dessus d'eux. Tous les textes qu'ils votent sont censés avoir une valeur obligatoire pour tous. Or ils votent deux types très différents de textes : des *lois* proprement dites (celles de ce que Hayek appelle le *nomos,* les « règles du jeu » générales, permanentes et non finalisées de la vie sociale) et d'autres textes qui appartiennent à ce qu'il appelle la *thésis* et sont en fait des *décrets,* puisqu'ils visent des objectifs particuliers et, sinon des personnes particulières, du moins des catégories identifiables de personnes. Or, parce que ce sont les Parlements qui votent indistinctement tous ces textes, on les appelle tous des « lois » et on confère aux « décrets », par là même, la même légitimité qu'à des « lois » véritables. On donne aux mesures gouvernementales voulues par la seule majorité une force prépondérante contre laquelle les tribunaux ne pourront songer à s'élever. Or ce sont en fait des actes gouvernementaux ou administratifs, qui devraient être tenus à respecter le cadre du *nomos* (c'est-à-dire qu'ils ne devraient pas pouvoir porter atteinte aux libertés individuelles définies et protégées par le droit fondamental).

4) Enfin, le travail politique, tant celui des gouvernants que celui des législateurs, est dominé, depuis quelques décennies, par la logique du *marché politique* (mise au jour, notamment, par James M. Buchanan et l'école du « Public choice »). Non seulement, en l'absence de véritable séparation des pouvoirs, les lois, comme on l'a dit, sont faites pour satisfaire les intérêts de la majorité et non l'intérêt général, mais on a vu apparaître un phénomène particulièrement irrationnel et pernicieux. La réélection de chaque député dépendant de la satisfaction donnée à ses électeurs, ou même seulement à la petite frange de ses électeurs qui peut faire basculer la majorité dans sa circonscription, chaque député attend des autres députés de la majorité à laquelle il appartient qu'ils lui rendent

---

1. Heureusement, il existe, dans certains pays, des mécanismes qui limitent quelque peu le pouvoir du Parlement, comme la Cour suprême des États-Unis ou, depuis quelques années, le Conseil constitutionnel français. Mais nous avons vu les dangers que comportent ces mécanismes, puisqu'ils peuvent conduire les juges constitutionnels, en pratique, à prendre des décisions quasi législatives, ce dont ils n'ont pas expressément reçu du peuple le mandat (cf. *supra,* p. 395).

le service de voter une loi qui satisfera cette frange d'électeurs sensibles. Ce que les autres députés feront volontiers, à condition que le député en cause leur « renvoie l'ascenseur » lorsqu'il s'agira de voter des textes visant à satisfaire les intérêts catégoriels décisifs pour leur propre réélection. Ainsi, la « logique de la situation » pour chaque député, au moment de voter un texte, n'est plus du tout de savoir s'il considère que ce texte est *juste,* mais si le fait de le voter est *opportun* dans le marchandage dont il attend sa réélection. C'est donc une perversion fondamentale de l'esprit des démocraties parlementaires (le phénomène est encore aggravé par le fait que la politique étant devenue une carrière, la réélection d'un député est vitale pour lui sur le plan professionnel). De sorte que, dit Hayek, l'on peut dire que presque aucune des lois qui sont faites par les Parlements modernes ne sont justes, ou que, si elles le sont, c'est seulement par un heureux et improbable concours de circonstances. Or ces abus manifestes et ces absurdités ne peuvent avoir lieu que parce qu'une majorité de députés peut effectivement faire n'importe quelle loi.

Ce sont tous ces défauts cumulés qui sont responsables, pour Hayek, de la croissance démesurée des appareils d'État et du taux des prélèvements obligatoires dans les principaux pays occidentaux pendant les dernières décennies. Personne n'a pu enrayer les mécanismes en cause : chaque majorité a créé des impôts nouveaux tendant à peser sur les seuls électeurs de l'opposition et celle-ci, une fois revenue au pouvoir, a fait de même, dans l'intérêt de ses propres électeurs et aux dépens de ceux de l'ex-majorité. De moins en moins souvent on a pris le risque de supprimer les impôts précédemment établis qui nourrissaient des fonctionnaires et autres employés publics directs ou indirects dont le poids politique allait croissant. On a ainsi assisté à une profonde dégradation des institutions politiques démocratiques mises au point au XIXe siècle qui, aujourd'hui, ne garantissent plus les libertés, alors que c'était dans ce but qu'elles avaient été imaginées. Il convient donc de les réformer profondément.

2) *Le bicamérisme fonctionnel proposé par Hayek*

Hayek imagine alors une réforme audacieuse des constitutions existantes.

On créerait deux Chambres aux fonctions nettement distinctes. L'une, nommée *Assemblée législative,* aurait pour fonction exclusive de voter les lois proprement dites, c'est-à-dire les règles du *nomos,* abstraites, anonymes, permanentes et non finalisées. L'autre, nommée *Assemblée exécutive* (ou « gouvernementale »), aurait pour fonction exclusive de voter les décrets, textes organisationnels et mesures concrètes voulus par la majorité au pouvoir pour atteindre les objectifs pour lesquels elle a été mandatée par les électeurs. Le principe de *séparation des pouvoirs* serait solennellement réaffirmé : aucun texte ne pourrait être voté par l'Assemblée exécutive qui ne serait pas strictement conforme aux règles du *nomos* établies par l'Assemblée législative. Ainsi, le Parlement serait organisé selon un bicamérisme fonctionnel strict.

— La *Chambre Haute* ne pourrait se mêler en rien de la politique quotidienne, ou même en général de tout ce qui, en politique, est lié à des circonstances particulières de temps ou de lieu. En particulier, et nous allons y revenir, elle serait indépendante des majorités successives qui, de législature en législature, sont élues sur la base de « programmes d'action » souhaités par les électeurs en fonction des préoccupations du moment. La Chambre Haute aurait pour seule responsabilité la gestion de l'ordre spontané de société, c'est-à-dire l'établissement, l'amendement, la modification, la nécessaire mise à jour des « règles de juste conduite » à travers lesquelles se déploie cet ordre. Elle reviserait ainsi toutes les parties du *nomos,* le droit civil, le droit des sociétés, le droit commercial, le droit pénal. D'ailleurs, observe Hayek, puisqu'elle ne ferait que cela, elle pourrait le faire beaucoup mieux que les Parlements actuels qui travaillent à la hâte et dont le travail est en outre, on l'a vu, profondément dénaturé par le marché politique. Elle fournirait la législation précise et raffinée, protectrice des droits de l'homme et des libertés économiques, dont a besoin une société de liberté.

— La *Chambre Basse,* elle, veillerait à ce que, *dans ce cadre,* les actions voulues par les électeurs soient effectivement réalisées par l'État. Elle pourrait se permettre de faire prédominer les choix de la majorité des électeurs, y compris au détriment des intérêts ou préférences de la minorité, puisque les droits essentiels des citoyens de celle-ci seraient protégés en toute hypothèse par le *nomos* que la majorité de l'Assemblée exécutive ne serait pas en mesure de transgresser, encore moins d'abroger. Même dans l'opposition, le citoyen serait sûr que ses droits fondamentaux resteraient garantis.

— Le *gouvernement,* enfin, serait issu du sein de l'Assemblée exécutive et responsable devant elle. Il en serait le « comité exécutif », et dirigerait l'administration selon la doctrine classique.

— Enfin, pour garantir que les deux Assemblées s'en tiendraient au rôle qui est dévolu à chacune d'elles, sans mélange des genres ni complicité *de facto,* un *Conseil constitutionnel* trancherait les litiges de compétences qui pourraient surgir entre elles et maintiendrait ainsi chacune d'elles dans son devoir.

D'autre part, les deux Assemblées seraient élues selon des modalités complètement différentes.

Un vice des bicamérismes actuels – vice qui est largement la cause des autres – est que, même si les procédures électorales diffèrent un peu dans les deux Chambres, les députés et sénateurs sont toujours élus en fonction de leur appartenance partisane. Par suite, quand un parti ou une coalition de partis a la majorité dans les deux Chambres, ce qui arrive souvent, la majorité d'une Chambre a un intérêt partisan à voter la même loi que celle qui a été votée par la même majorité dans l'autre Chambre ; le Parlement se comporte comme une assemblée unique. Si l'on maintenait ce trait des systèmes constitutionnels actuels dans le nouveau système proposé, il est fatal que la stricte séparation des pouvoirs que l'on aurait solennellement rétablie en principe serait compromise en pratique.

Hayek imagine donc le système électoral suivant. La Chambre exécutive serait constituée selon les modalités traditionnelles : elle serait élue en totalité tous les quatre ou cinq ans, au suffrage universel, sur la base des programmes concurrents proposés par les partis, entre lesquels les électeurs trancheraient comme à l'ordinaire. En revanche, la Chambre législative serait élue selon un régime électoral conçu de manière à produire des majorités et des minorités ayant aussi peu que possible en commun avec les majorités et minorités de l'autre Chambre. Les députés seraient élus pour quinze ans (mandat non renouvelable), et la Chambre serait renouvelée par quinzième chaque année (rythme essentiellement déconnecté, par conséquent, de celui des élections de l'assemblée gouvernementale). D'autre part, le suffrage, sans être censitaire, ne serait pas universel au sens ordinaire du mot : seraient électeurs, chaque année, les seuls citoyens ayant atteint l'âge de quarante-cinq ans cette année-là (et chaque citoyen ne voterait pour la Chambre Haute qu'une fois dans sa vie). Ne seraient éligibles, de même, que les citoyens âgés de quarante-cinq ans (Hayek explique que seuls des hommes ayant une certaine expérience de la vie, de la société, de l'économie et de ses conflits peuvent avoir la « prudence » indispensable, nous l'avons vu, au travail des législateurs). La Chambre serait ainsi composée d'hommes âgés de 45 à 60 ans (avec élections complémentaires pour compenser les décès), élus par leurs pairs en âge et en sagesse et, ajoute Hayek, connus de leurs électeurs selon un système de notoriété qu'il faudrait rendre complètement indépendant de l'étiquette partisane.

Ainsi serait assurée l'hétérogénéité foncière des deux Assemblées. Elles n'auraient pas la même structuration partisane ni les mêmes intérêts, puisque le « marché politique » ne pourrait jouer pour corrompre les choix de députés non rééligibles (auxquels, ajoute Hayek, on aurait garanti, pour leur retraite, une fonction à la fois modeste et honorable, comme d'être « juge de paix » dans quelque tribunal, afin de les préserver d'avance contre toute corruption). La réputation des législateurs ne serait pas directement liée à la réussite ou à l'échec de l'action de court terme du gouvernement, mais au maintien ou au non-maintien, sur le long terme, de la liberté, de la paix et de la justice.

3) La « démarchie »

La distinction entre les deux chambres correspond à la distinction – mûrement analysée par Hayek dans ses travaux de psychologie cognitive – entre « volonté » et « opinion ». La volonté porte sur des objets déterminés, l'opinion sur des « règles » ou « valeurs » générales. La majorité du peuple ne saurait imposer ses volontés à la minorité (si elle le fait, c'est la tyrannie rousseauiste de la « volonté générale »). En revanche, le peuple peut et doit faire prévaloir ses opinions sur ce qui est juste, c'est-à-dire sur les règles de juste conduite à adopter. Il a, dit Hayek, un *Rechtsgefühl,* un *sens de la justice* (d'ailleurs il n'y a pas d'autre critère pour déterminer ce qui est juste, que de recueillir le sentiment dominant à ce sujet dans le peuple, puisque la « justice » est le fruit, nous le savons, de l'évolution culturelle qui s'est produite au sein du peuple et ne doit pas être imposée par certains à tous en fonction de quelque idée *a priori,* à la mode platonicienne).

Dès lors, il faut dire que les députés de la Chambre Haute sont représentants des citoyens *en tant que porteurs de ce sens du juste,* tandis que ceux de la Chambre Basse sont les représentants des citoyens en tant qu'ayant certaines volontés à faire exécuter dans les circonstances du moment. Mais, comme il n'est pas de volonté légitime si elle n'est juste, les députés de la Chambre Basse ne seront fondés à vouloir que ce qui aura été déclaré juste par les députés de l'autre assemblée.

Hayek cristallise ces distinctions fondamentales en créant un néologisme aussi porteur de sens que celui de « catallaxie » que nous avons expliqué plus haut. *Kratos,* en grec, veut dire « pouvoir », mais au sens d'un pouvoir autoritaire, exercé par la force. Il ne faut pas que le peuple ait le pouvoir en ce sens, c'est-à-dire puisse imposer n'importe laquelle de ses volontés. La *démocratie,* si on l'entend au sens du *kratos* du *démos,* est condamnable car, prise en ce sens, c'est une tyrannie, comme l'ont bien vu tous les critiques de la démocratie depuis l'Antiquité. Ce qu'il faut, c'est que nul ne puisse imposer à quiconque des mesures injustes. Comme c'est l'opinion du peuple lui-même qui est le meilleur critère de ce qui est juste pour la communauté, il faut que nul n'ait le pouvoir d'imposer au peuple des règles de justice, et que ce soit le peuple lui-même ou ses représentants qui fixent les règles. Si l'on exprime « règle » par l'autre mot grec *arché,* le régime juste, pour Hayek, sera donc une « *démarchie* », c'est-à-dire un système constitutionnel où c'est le *démos* qui fait les *archaï,* sans avoir le droit d'exercer un pouvoir tyrannique. « Démarchie » est donc l'exact équivalent (avec le mérite d'être plus court) de l'expression traditionnelle de « démocratie libérale ».

4) *Le budget*

Hayek donne un exemple de ce que l'on peut attendre du rétablissement, par sa constitution démarchique, d'une véritable séparation des pouvoirs.

Aujourd'hui, le *budget* est considéré comme une loi, votée en tant que telle par les Parlements. Hayek observe que ses deux volets, dépenses et recettes, sont de nature complètement différente. La partie « dépenses » du budget n'est nullement de l'ordre de la loi (au sens du *nomos*), puisqu'elle consiste en un ensemble de mesures concrètes et finalisées : le texte dit que telle somme sera donnée à tel ministère, que telle subvention sera consacrée à tel type d'actions, que l'État achètera tels et tels équipements, paiera ou remboursera telle ou telle somme, etc. La partie « recettes », en revanche, relève authentiquement de la loi, puisqu'elle consiste en règles générales disant comment l'impôt sera perçu.

Dès lors, le fait que les décisions de dépenses et de recettes soient prises par une même assemblée est un exemple frappant de non-séparation des pouvoirs et d'usage d'un pouvoir arbitraire. Si, en effet, dans la partie « dépenses » du budget, l'on veut donner à telle ou telle catégorie (par exemple les électeurs de la majorité) un certain type de biens ou de services, qu'on ne veut pas faire payer par cette catégorie elle-même, mais par une autre (par exemple les électeurs de l'opposition), il suffira de prévoir les mesures correspondantes dans la partie « recettes » de la « loi » de finances. La majorité parlementaire, et le gouvernement qui lui est lié, seront libres de se livrer à n'importe quelle oppression.

Ce problème est automatiquement résolu dans la Constitution hayékienne. En effet, chaque partie du budget est votée par la Chambre qui est compétente compte tenu de la nature des textes en cause.

— La partie « dépenses » est votée par la Chambre exécutive, puisque ce sont, de fait, des mesures exécutives. Les décisions prises peuvent et doivent comporter un aspect discrétionnaire, puisqu'elles reflètent les préférences de la majorité des électeurs.

— La partie « recettes » est votée par la Chambre législative. Les règles fiscales, en effet, sont des mesures coercitives qui, dans un État de droit, ne peuvent être prises que conformément à des lois devant qui tous les citoyens soient égaux, et conformément aux critères reçus de justice.

Il résulte de ce découplage des décisions que la majorité de la Chambre gouvernementale, qui est libre de décider de n'importe quelle dépense qu'elle juge opportune, n'est plus libre de décider d'en faire porter le poids financier sur qui elle veut, par exemple les seuls électeurs de l'opposition. Elle décide librement de la dépense, mais elle devra appliquer les règles de prélèvement décidées par ailleurs par la Chambre Haute, sans considération du fait qu'elles pèsent plus ou moins sur ses propres électeurs. Si une mesure coûteuse est vraiment nécessaire, et si la majorité gouvernementale ne veut pas que ses propres électeurs paient plus d'impôts, elle devra donc veiller à supprimer d'autres dépenses qui sont devenues moins urgentes. Chaque majorité exécutive sera obligée de se tenir dans le cadre tout fait des répartitions de charges résultant de la loi fiscale votée, à un rythme tout différent de celui des budgets annuels, par la Chambre Haute.

Il va de soi pour Hayek que, si ce système avait existé depuis le début du XXᵉ siècle, jamais les appareils d'État n'auraient pu atteindre la taille qui est la leur aujourd'hui.

Finalement, ce système réalise l'idéal qui est celui de toutes les Républiques depuis l'Antiquité, par opposition à toutes les formes de despotisme : que celui qui *fait* la loi lui soit également *soumis,* ce qui, étant donné la faiblesse des égoïsmes humains, est la condition *sine qua non* pour que la loi soit conçue de manière juste. Nos démocraties occidentales sont redevenues des absolutismes : la démarchie hayékienne rétablit la République véritable.

Chapitre 3

Le totalitarisme
selon Hannah Arendt

Parallèlement aux réflexions théoriques sur les structures et les ressorts fondamentaux de la société démocratique et libérale, la génération post-totalitaire a mené une réflexion sur le totalitarisme lui-même. Un des apports les plus importants à cet égard est celui de Hannah Arendt.

Vie[1]

Issue d'une famille juive aisée et cultivée, Hannah Arendt naît en 1906. Elle passe son enfance à Kœnigsberg. Elle commence des études de philosophie en 1924. Elle a pour professeurs Heidegger à Marbourg, Husserl à Fribourg, Bultmann et surtout Jaspers avec qui elle restera liée. À vingt-trois ans, elle publie sa thèse de doctorat sur *Le concept d'amour chez saint Augustin*. Elle fuit le nazisme dès 1933 et réside en France, où elle collabore avec diverses organisations juives et rencontre Kojève, Brecht, Koyré et Walter Benjamin. Elle quitte la France en 1941 pour les États-Unis, où elle se lance dans le journalisme. Elle intervient dans la question sioniste et prend position contre la création d'Israël sous la forme d'un État classique. Parallèlement, elle a commencé la rédaction d'un grand ouvrage sur l'impérialisme et l'antisémitisme, qui deviendra *Les Origines du totalitarisme*. Après la publication du livre en 1951, qui la rend célèbre, Hannah Arendt acquiert la nationalité américaine et entame une carrière universitaire (universités de Princeton, Berkeley, Chicago, *New School for Social Research* de New York). Pouvant se consacrer tout entière à son travail théorique, elle rédige alors ses autres livres, qui portent sur les questions politiques puis, à nouveau, sur les questions philosophiques fondamentales. Elle meurt en 1975.

Œuvres

Ses principaux ouvrages sont : *Les Origines du totalitarisme*, 1951 (avec trois parties, qui ont été publiées séparément en français : *Sur l'antisémitisme* ;

---

1. Cf. André Enegrén, *La pensée politique de Hannah Arendt*, PUF, 1984.

L'Impérialisme ; *Le Système totalitaire*) ; *La Condition de l'homme moderne (The Human Condition), 1958 ; La Crise de la culture (Between Past and Future), 1961 ; Essai sur la révolution (On Revolution), 1963 ; Eichmann à Jérusalem, 1963* ; et des recueils d'articles et d'essais : *Vies politiques, Du mensonge à la violence.*

Nous nous intéresserons seulement, ici, à l'analyse qu'Arendt a faite du totalitarisme dans l'ouvrage *Le système totalitaire*[1].

Arendt pose que les similitudes entre fascisme et communisme sont plus importantes que leurs différences ; tous deux peuvent être rangés dans une catégorie unique, le *totalitarisme*. L'auteur considère essentiellement deux cas, l'Allemagne nazie et l'URSS stalinienne, jugés non seulement les plus extrêmes, mais les seuls totalitaires au sens précis où elle entend ce terme[2]. Elle affirme en effet que le totalitarisme diffère par essence de toutes les formes connues de « despotisme », de « tyrannie » ou de « dictature ». Partout où il est parvenu au pouvoir, le totalitarisme

« a engendré des institutions politiques entièrement nouvelles, il a détruit toutes les traditions sociales, juridiques et politiques du pays. Peu importent la tradition spécifiquement nationale ou la source particulière de son idéologie : le régime totalitaire *transforme toujours les classes en masses,* substitue au système des partis, non pas des dictatures à parti unique, mais *un parti de masse,* déplace le centre du pouvoir de l'armée à la *police,* et met en œuvre une politique étrangère visant ouvertement à la *domination du monde* » (*Le système totalitaire, op. cit.,* p. 203).

I — UN PHÉNOMÈNE DE MASSES

Le totalitarisme est un mouvement de « masses ». Arendt donne à ce mot un sens très précis, différent de celui qu'il a dans la nomenclature marxiste ou socialiste, où il désigne les « classes laborieuses ». La thèse de Arendt est que, au contraire, les masses sur lesquelles et avec lesquelles les mouvements totalitaires vont agir ne sont pas des classes — c'est-à-dire des groupes structurés, ayant un statut, une identité et des buts précis dans la structure sociale globale, mais des *groupes déstructurés, amorphes,* prêts, en tant que tels, à toutes les transformations et à toutes les aventures.

Arendt souligne d'abord que les totalitarismes n'ont pas été des

---

1. Hannah Arendt, *Les origines du totalitarisme. Le système totalitaire,* Points-Seuil, 1972 ; *Les origines du totalitarisme,* édition complète sous la dir. de Pierre Bouretz, Gallimard, coll. « Quarto », 2002.

2. Dans sa préface à l'édition de 1971, Arendt dit que la Chine communiste n'appartient pas exactement à ce modèle. D'autre part, en URSS même, elle distingue la « dictature » léniniste et le « totalitarisme » stalinien.

mouvements minoritaires, menés par une poignée d'hommes qui auraient manipulé et violenté la foule. Ils ont été soutenus activement par une majorité de la population. Ni Hitler ni Staline n'auraient accédé au pouvoir et ne s'y seraient maintenus « s'ils n'avaient bénéficié de la confiance des masses » (p. 28). « Il n'est pas davantage possible d'attribuer leur popularité à la victoire d'une propagande mensongère et bien orchestrée sur l'ignorance et la stupidité » *(ibid.),* car cette propagande était parfaitement explicite, elle annonçait clairement les actes révolutionnaires et violents qu'on entendait commettre. Ces actes furent donc *délibérément approuvés par le grand nombre.*

« L'attraction qu'exercent le mal et le crime sur la mentalité de la populace n'est pas nouvelle. On a toujours vérifié que la populace salue "les actes de violence en remarquant avec admiration : ce n'est peut-être pas beau, mais c'est très fort" (Tucker) » (p. 29).

La question est de savoir *pourquoi* de nombreuses populations se sont trouvées placées dans une situation et un état d'esprit où elles pouvaient partager ces projets et approuver ces crimes.

1) *La destructuration de la « masse »*

Un phénomène a précédé et rendu possible, selon Arendt, la transformation du peuple en masse : le développement capitaliste, qui a opéré dans la société une rupture des solidarités traditionnelles (ce phénomène est étudié dans le second volet, *L'impérialisme,* du tryptique *Les Origines du totalitarisme).*

Il faut noter que, puisque les « masses » résultent, selon Arendt, de la disparition des « classes », elles ne sont composées des membres d'aucune classe en particulier. Bien entendu, on y retrouve en grand nombre les prolétaires, parce qu'ils sont la classe la plus nombreuse. Mais on y trouve également des bourgeois. Des gens très raffinés, des intellectuels peuvent devenir « masse », et même d'autant plus facilement qu'en tant que penseurs radicaux, ils ont depuis longtemps « refusé de reconnaître les attaches et les obligations sociales, beaucoup plus facilement et plus vite que les membres, sociables et non individualistes, des partis traditionnels » (p. 39).

Dans les pays où le communisme a triomphé, le développement capitaliste n'était pas allé très loin ; mais d'autres éléments favorables existaient. En Russie, la population pouvait devenir masse parce que la population rurale n'était pas stratifiée (p. 34). D'autre part, les communistes eux-mêmes entreprirent de déstructurer et d'atomiser la société pour pouvoir aller au bout de leur logique. « Pour transformer la dictature révolutionnaire de Lénine en régime complètement totalitaire, Staline fut d'abord obligé de créer artificiellement cette société atomisée que les circonstances historiques avaient déjà préparée en Allemagne pour les nazis » (p. 41). Les nazis trouvèrent des masses amorphes ; les bolcheviques eurent à les rendre telles, en détruisant la paysannerie, puis la classe ouvrière, puis la bureaucratie même du Parti et de l'État (50 % de cette dernière, dit Arendt, fut « liquidée » entre 1936 et 1938) (p. 43-44).

Quelle que soit la cause précise de la déstructuration dans chaque cas, il reste que les mouvements totalitaires ont agi sur des populations désorganisées et ne pouvaient agir que sur de telles populations. Arendt définit comme appartenant aux « masses » les gens qui ne peuvent plus s'intégrer dans aucune organisation fondée sur un intérêt « précis, limité et accessible ».

« Le terme de "masses" s'applique seulement à des gens qui, soit à cause de leur simple nombre, soit par indifférence, soit pour ces deux raisons, ne peuvent s'intégrer dans aucune organisation fondée sur l'intérêt commun − qu'il s'agisse de partis politiques, de conseils municipaux, d'organisations professionnelles ou de syndicats. Les masses existent en puissance dans tous les pays, et constituent la majorité de ces vastes couches de gens neutres et politiquement indifférents qui votent rarement et ne s'inscrivent jamais à un parti » (p. 32).

Les populations des pays développés où est apparu le totalitarisme étaient en majorité une bonne « matière première » pour devenir « masses » parce qu'elles n'avaient qu'une faible conscience politique. Elles n'étaient reliées à l'*establishment* politique que parce qu'elles soutenaient des partis représentant leurs intérêts de classe, mais ceci sans être pour autant composées de « citoyens qui se sentissent personnellement et individuellement responsables des affaires du pays » (p. 36). C'est pourquoi, bien qu'on pût croire à un solide attachement des citoyens des pays européens développés à la démocratie représentative, cet attachement était en réalité très superficiel et, dès lors, « la chute des murs protecteurs des classes transforma les majorités qui somnolaient à l'abri de tous les partis en une seule grande masse informe d'individus furieux » (p. 37).

2) *Le « désintéressement »*

Ne se sentant plus orientées par des intérêts particuliers, les masses n'ont rien de précis à perdre ni à gagner (comme pourraient l'avoir les ouvriers de l'industrie, les petits commerçants, etc.). Elles sont, dit Arendt, « désintéressées ». C'est sur ce désintéressement que le mouvement totalitaire s'appuie paradoxalement pour les lancer dans les entreprises les plus risquées, les plus extravagantes, à savoir celles que proposent les idéologies respectives des deux totalitarismes : construire le socialisme, épurer la race, conquérir le monde, etc. (p. 39). Le régime totalitaire n'est pas fondé, à la manière du despotisme, sur le triomphe des intérêts et des jouissances de quelques-uns et le refus de l'intérêt général, puisqu' « il est tout à fait prêt à sacrifier les intérêts vitaux immédiats de quiconque à l'accomplissement de ce qu'il prétend être la loi de l'Histoire ou celle de la Nature » (p. 205). Et il rencontre des masses prêtes à de tels sacrifices, pour elles-mêmes comme pour autrui, précisément parce qu'elles n'ont plus d'attaches particulières qui pourraient y faire obstacle. Cependant, précise Arendt, il ne s'agit pas, chez elles, d'un « désintéressement » au sens généreux et idéaliste du terme ; le mot doit s'entendre au sens d'une *confusion mentale,* d'une totale *absence de repères,* résultat de l'effondrement des structures sociales antérieures.

Arendt remarque que, dans le cas de l'idéalisme, les convictions, qu'elles soient « héroïques » ou « puériles », résultent toujours d'une réflexion et d'une prise de décision *individuelles* ; c'est pourquoi, quand le mouvement collectif engendré par cet idéalisme s'effondre, les convictions, en général, demeurent. Au contraire, on a observé que les convictions idéologiques des masses au sein des mouvements totalitaires disparaissaient avec ce mouvement même. C'est l'indication qu'elles étaient implantées dans l'esprit par un mécanisme *sui generis,* qui n'était pas la libre réflexion de l'individu. Nous aurons à élucider plus loin ce mécanisme.

Ce « désintéressement », en tout cas, va permettre que les masses acceptent de croire et de faire n'importe quoi de ce qui sera indiqué par l'idéologie, y compris libérer les instincts de haine et de mort qui, d'ordinaire, sont tenus en bride par le réalisme de l'intérêt. La « mise en masse » des populations a cet effet spécifique de libérer en celles-ci les affects criminels, les « pulsions de mort » exacerbées par la crise.

Pour maintenir cet état, qui suppose la déstructuration sociale, le régime totalitaire va veiller à ce que ne subsiste ou ne se reconstitue aucun *groupe autonome* qui pourrait fournir une structuration de substitution. Il va pourchasser tous les groupements sociaux qu'il n'aurait pas lui-même créés et qu'il ne dirigerait pas, quelle que soit leur raison d'être : groupements politiques, syndicaux, professionnels, locaux, ethniques ou, simplement, groupes de proches et de familiers. Il y parvient par la terreur : il menace systématiquement tous les proches et relations de ceux qu'il déclare ses ennemis. Aussi, lorsque quelqu'un est soupçonné ou arrêté, tous ses proches se retournent-ils immédiatement contre lui et le dénoncent, fournissant ainsi les preuves qui n'existaient pas au départ. Le résultat est qu'aucun groupe solidaire ne peut subsister et qu'on en arrive à la société la plus atomisée qui ait jamais été, puisque tout le monde évite toute relation spontanée et directe avec autrui. Alors l' « atome », définitivement seul, ne peut retrouver de socialisation que dans et par le Parti ; au Parti seul il peut être « loyal » (p. 46).

Ce phénomène d'atomisation de la masse, suivi de sa restructuration par le Parti, est largement indépendant de l'idéologie. Arendt note le faible rôle de celle-ci dans le cas du fascisme et du nazisme (p. 48-49). La structuration de la masse va se faire par des procédés théâtraux et dramatiques plus qu'intellectuels : les manifestations, les mouvements de foule, les cérémonies, etc., où les masses vont s'identifier au chef et *vice versa*[1].

Le rôle fondamental des masses dans l'émergence du phénomène totalitaire se marque encore par le fait que les leaders totalitaires ne sont pas des hommes éminents, mais plutôt des outils, sinon des « pantins », que les masses se donnent parce qu'elle se reconnaît en eux. Parmi les chefs totalitaires, note Arendt, il y avait beaucoup de gens ayant connu précédemment des échecs personnels, professionnels et familiaux ; c'est cela même qui les qualifiait auprès des masses, car cela garantissait qu'ils seraient révolutionnaires (p. 51).

3) *Le nihilisme*

Dans la période où monte le totalitarisme, on voit sévir le *nihilisme,* le goût du chaos et de la ruine en tant que tels (p. 52-54). C'est un climat intellectuel qui remonte à la fin du XIXe siècle :

« Bakounine avait déjà avoué : "Je ne veux pas être *Moi,* je veux être *Nous*", et Netchaïev[2] avait prêché l'évangile de l' "l'homme maudit" qui n'a "pas d'intérêts personnels, pas d'affaires, pas de sentiments, d'attaches, de propriété, pas même un nom qui lui appartienne". Tels étaient les instincts antihumanistes, antilibéraux, anti-individualistes et anticulturels de la génération du front, qui faisait un éloge brillant et spirituel de la violence, de la puissance et de la cruauté. »

1. Nous avons vu qu'en tant qu'idéologies de « droite », fascisme et nazisme se réfèrent plus ou moins au paradigme de la « nature ». Or la nature est un ordre qui s'impose de lui-même, qui n'est pas créé par l'Idée. On peut et on doit, pour retrouver cet ordre, se fier à l'intuition et à l'instinct. Au contraire, les mouvements d'extrême gauche, artificialistes et fondés sur l'illusion d'une toute-puissance de la Raison, accordent, par définition, une importance primordiale à l'idéologie. Les uns sont plutôt anti-intellectuels, les autres plutôt pro-intellectuels. Les deux tendances se rejoignent cependant aux extrêmes, car elles finissent par obéir à la même logique immanente de la fusion des masses, de l'identification au leader et des autres mécanismes de psychologie collective. Alors quelque chose d'analogue au *mythe* des sociétés archaïques prend la place de l'*idéologie* des intellectuels, et c'est ce contenu mythique qui est véhiculé et brassé par la propagande, laquelle reflète le mythe auquel croit la masse plus qu'elle n'introduit délibérément de nouvelles idées. De sorte que tend à s'estomper la différence qui existait au départ dans le rapport à l'idéologie des hommes de droite et de gauche.

2. Anarchiste russe. Dostoïevski s'est inspiré de son histoire dans *Les Possédés.*

On ne croit plus qu'il existe de vérité et d'erreur objectives ; on croit que le vrai et le faux dépendent des seuls rapports de force, de la capacité d'organiser le mensonge. Ce nihilisme a convenu aux masses, dont nous avons dit qu'elles avaient perdu tout repère, mais cela a aussi, insiste Arendt, « fasciné » l'élite elle-même (p. 59)[1].

Ainsi le nationalisme est valorisé, après la Première Guerre mondiale, pour ses connotations de violence, pour le goût de la force, de la guerre, de la puissance, la camaraderie des tranchées, etc., qu'il magnifie, plutôt que pour ce qu'il fait ressortir des qualités spécifiques de chaque nation. Ce que les masses aiment dans le nationalisme, ce n'est pas la nation, c'est la violence qu'on peut mettre en œuvre en son nom. Comme ce nihilisme est universel dans les pays où a eu lieu la destructuration des masses, le nationalisme devient, à cet égard, paradoxalement, un phénomène cosmopolite (p. 54).

Arendt insiste sur l'alliance entre l'élite et la populace qui se noue alors. « L'alliance provisoire entre l'élite et la populace reposait en grande partie sur le plaisir réel avec lequel la première observait la seconde détruire la respectabilité » (p. 58). Tous veulent faire accéder à l'Histoire les déshérités, fût-ce au prix de la destruction de toute civilisation. Le nihilisme prétend exprimer la vérité de l'*establishment*. Celui-ci ne croit plus en rien, est immoral, mais hypocrite ; les mouvements totalitaires seront *ouvertement* cyniques (p. 60). Brecht, dans *L'Opéra de Quat'sous,* écrit : « Erst kommt das Fressen, dann kommt die Moral », « D'abord la bouffe, ensuite la morale ». Tout le monde applaudit frénétiquement : la populace, parce qu'elle prend la phrase au premier degré ; la bourgeoisie, parce qu'elle est délivrée de son hypocrisie et voit son prosaïsme érigé en vertu ; l'élite, parce que le mouvement même de « parler vrai » la fascine (p. 61). Même démarche dans *Bagatelle pour un massacre* de Céline. Gide se dit ravi, « non qu'il voulût tuer les Juifs de France, mais parce qu'il appréciait l'aveu brutal d'un tel désir, ainsi que la contradiction fascinante entre la brutalité

1. Arendt n'évoque pas, du moins dans le *Système totalitaire,* l'histoire proprement intellectuelle du nihilisme européen, la critique systématique des valeurs, la remise en cause des données de la conscience et de celles de la science elle-même par la mise en évidence de processus psychologiques ou sociaux inconscients, la critique de la religion et de la morale par les « maîtres du soupçon », etc. Ces événements de l'histoire intellectuelle de l'Europe dans la seconde moitié du XIXe siècle et la première moitié du XXe ont pourtant joué un rôle direct dans l'élaboration des idéologies totalitaires et, ce qui est presque plus important, dans l'absence ou l'insuffisance de la réaction des élites et des leaders d'opinion lorsque les thèmes et programmes communistes, fascistes et nazis ont commencé à se répandre. Une partie notable de la pensée européenne « sérieuse », sinon académique, avait éliminé par avance les anticorps qui auraient pu réagir à la montée des totalitarismes. C'est ce que nous aurons pu constater au long des troisième et quatrième parties du présent ouvrage : certes, ni Rousseau, ni Fichte, ni Hegel, ni Nietzsche, ni Barrès, ni Maurras, ni même Marx, n'ont voulu ou seulement imaginé les phénomènes inouïs qu'Hannah Arendt va décrire. Leurs œuvres, qui étaient toutes, à divers degré, antihumanistes et antichrétiennes, en libéraient cependant les voies intellectuelles.

de Céline et la politesse hypocrite dont tous les milieux respectables enrobaient la question juive. Le désir de démasquer l'hypocrisie était irrésistible parmi l'élite : on peut en juger en voyant qu'un tel plaisir ne pouvait même pas être gâté par la persécution très réelle des Juifs par Hitler, laquelle était déjà en plein essor au moment où Céline écrivait » (p. 62).

Cet enthousiasme de l'élite intellectuelle n'a pas empêché qu'elle ait été immédiatement éliminée par les mouvements totalitaires. Nous allons voir en effet que ceux-ci ne devaient tolérer la libre initiative dans aucun domaine de l'existence, n'admettre aucune activité qui ne soit pas entièrement prévisible (p. 61), donc la pensée et l'art moins que toute autre.

II — LES PARTIS TOTALITAIRES

Sur la matière première des masses atomisées et amorphes se bâtit le mouvement ou Parti totalitaire. La dramatisation, les mouvements de foule, l'action du *leader* sont ici prédominants. Quant à la propagande, note Arendt, elle est surtout dirigée vers l'extérieur. À l'intérieur joue plutôt la terreur ; or là où règne la terreur, la propagande n'est plus nécessaire.

1) *Le délire de l'idéologie*

Le parti n'en a pas moins un discours, dont Arendt étudie les caractères principaux. Le scientisme et l' « historicisme » y jouent le premier rôle, ayant en commun de présenter des « lois » immuables dont le Parti se donne comme le simple exécutant, et qui peuvent donc persuader la masse qu'elle est soumise à une fatalité à laquelle elle ne peut songer à échapper. On prétend avoir mis la main sur des lois de l'Histoire qui conduisent inéluctablement à la victoire, tout en « supprimant l'homme de l'histoire du genre humain », comme l'avait déjà noté Tocqueville (p. 71). Les lois de la Nature, de leur côté, « sont soumises à une volonté immuable qui ne saurait être influencée. Il est donc nécessaire de connaître ces lois » (brochure réalisée par les SS pour l'endoctrinement idéologique de leurs cadets, citée par Arendt, p. 254). « Lorsque l'homme essaie de lutter contre la logique de fer de la Nature, il entre en conflit avec les principes fondamentaux auxquels il doit son existence même en tant qu'homme » (*Mein Kampf,* cité *ibid.*). « Nous façonnons la vie de nos

peuples et notre législation conformément aux verdicts de la génétique » (*Manuel de la Jeunesse hitlérienne,* cité p. 76).

Comment expliquer la fascination des masses pour ce discours
fataliste ? C'est que, n'ayant pas d'intérêts, elles n'ont garde aux faits
particuliers, elles perdent le sens du réel et se laissent séduire par leur
seule imagination. Or celle-ci *est à l'aise dans ce qui est cohérent.* La
réalité est toujours complexe, contradictoire ou du moins contingente ; inversement, quand l'esprit est dans l'irréel, il peut donner
libre cours à son besoin de cohérence et de nécessité, et c'est ce
besoin que l'idéologie vient satisfaire.

Par différence avec les idées scientifiques ou les théories qui rendent compte objectivement du réel, l'idéologie peut être comparée à
un *délire.* Elle ressemble, par certains traits au moins, aux *mythes* des
sociétés primitives.

Arendt revient sur le paradoxe signalé plus haut qu'après la guerre on ait
trouvé en Allemagne très peu d'individus qui se déclarent encore nazis, alors
qu'on sait que, sous le régime hitlérien lui-même, 90 % des Allemands avaient
été sympathisants de ce mouvement. Même en tenant compte de la prudence
de membres d'un parti vaincu, ceci est anormal. Arendt pense que ce phénomène est dû à ce que le nazisme n'était pas pour les Allemands une *idée* normale,
qu'on pût argumenter, discuter, en la comparant avec d'autres idées, comme on
le fait dans les discussions habituelles, mais une *folie collective* faisant « voir » les
choses d'une façon biaisée. Aussitôt le régime disparu, les gens, délivrés des
grands rites collectifs et pouvant enfin être exposés à des idées différentes, se
réveillèrent et constatèrent qu'ils n'étaient pas et n'avaient jamais été « nazis » au
sens d'une conviction personnelle et rationnelle.

Ce délire, non seulement déformait la réalité, mais créait de toutes pièces des réalités, comme ce fameux *Protocole des Sages de Sion,*
faux en l'existence duquel tout le monde sous le nazisme a cru,
parce qu'il exprimait le désir secret des nazis et confirmait la « vision
du monde » qu'ils véhiculaient.

2) *La structure de secte*

Le Parti entend bâtir une *Volksgemeinschafft,* une communauté du
peuple où tous seront égaux à l'intérieur, absolument différents de
l'extérieur.

Dans cette communauté, le chef aura un statut singulier. Il ne
s'agira pas d'un pouvoir hiérarchique comparable à celui du chef
d'armée ou du dictateur classiques, qui est relativement stable. Le
chef ne restera chef qu'en mettant perpétuellement les masses en
mouvement, et la communauté ne restera communauté qu'en suivant de jour en jour la « volonté du chef » (p. 92).

Mais cette communauté, contrairement à ce que dit la propagande, n'est pas égalitaire. Elle est fortement structurée, depuis un *centre,* le Parti, jusqu'à une *périphérie,* la société, avec une série de structures intermédiaires. Arendt étudie le rôle des « organisations de façade » jouant le rôle d'intermédiaires entre l'organisation totalitaire et le monde extérieur. Elles servent de médiation, protégeant l'organisation contre l'influence extérieure, présentant au monde extérieur, inversement, les idées de l'organisation sans exposer directement celle-ci.

Dans le marxisme, il s'agit des « compagnons de route », en tant que distincts des militants du Parti proprement dit. Mais il y a aussi une différence entre militants ordinaires et les fractions élevées de l'appareil partisan. En fait, dans les deux mouvements totalitaires, nazi et communiste, on a pu observer une structure spécifique, « en oignon », avec cercles initiatiques de plus en plus secrets, ce qui permet au cercle le plus intérieur d'être totalement radical, car il est totalement protégé de la « vie normale » par les membranes successives qui l'en séparent. Cette structure est analogue à bien des égards à celle qu'on observe dans les *sectes*[1].

« On a appelé les mouvements totalitaires "des sociétés secrètes établies au grand jour". [...] Les sociétés secrètes, elles aussi, forment des hiérarchies suivant les degrés d' "initiation", elles règlent la vie de leurs membres selon une croyance secrète et fictive qui fait que toutes choses semblent être autres, elles adoptent une stratégie de mensonge cohérent pour tromper les masses non initiées, elles exigent une obéissance absolue de leurs membres, unis par l'allégeance à un chef souvent inconnu et toujours mystérieux. Ce chef est entouré, ou censé être entouré, d'un petit groupe d'initiés, eux-mêmes entourés par les demi-initiés qui forment tampon contre l'hostilité du monde profane. Avec les sociétés secrètes, les mouvements totalitaires ont aussi en commun la division dualiste du monde entre les "frères de sang jurés" et la masse indistincte, inarticulée, des ennemis jurés. Cette distinction, fondée sur l'hostilité absolue au monde environnant, est très différente de la tendance des partis ordinaires qui consiste à distinguer ceux qui appartiennent au groupe et les autres... » (p. 104).

Dans une telle structure, dit Arendt, « ceux qui ne sont pas expressément inclus sont exclus », ceux qui ne sont pas amis sont ennemis. Il n'y a pas, aux yeux d'une secte, d' « espace public » qui pourrait réunir les uns et les autres sur un pied d'égalité. Les mouvements totalitaires n'apparaissent donc jamais au grand jour et ne sont jamais de plain-pied avec la population. Les SS et les SA, remarque Arendt, changeaient sans cesse d'affectation ; ils ne pouvaient donc

---

1. En dépit de certaines analogies, il ne faut pas confondre la structure de secte et celle d'une Église ; cf. *infra.*

créer de liens avec la société réelle ; ils étaient comme des bandes de gangsters.

Le groupe ainsi constitué est fortement organisé, tous les détails de l'organisation étant réglés par le centre. Hitler et Staline, note Arendt, étaient des « maîtres du détail » : ils se sont essentiellement occupés des questions de personnel, de sorte que bientôt tout le monde leur devait sa place[1].

Ici il faut noter une nuance psychologique de grande importance, qui distingue le chef totalitaire des dictateurs classiques (et le rapproche des « parrains » des « maffias ») : le chef, qui nomme à tous les postes et donne toutes les instructions, assume la responsabilité des faits et gestes de chacun, y compris leurs crimes les plus monstrueux. Ceci peut se déduire de ce que, inversement il fait exécuter ceux qu'il entend désavouer ; le membre qui reste en vie peut légitimement en conclure que tout ce qu'il fait a été approuvé par le chef. Le résultat est que tous sont, à tout moment, *complices* du chef, ce qui est le comble de la communauté, qui ne peut jamais être mieux soudée que par un crime perpétré en commun, dont on ne peut espérer rester impuni que si le groupe est assez fort pour empêcher le châtiment. Celui qui est complice du crime, dans un parti totalitaire comme dans une secte ou dans une maffia, ne peut plus songer à reprendre son indépendance.

Les membres du Parti admirent le cynisme de leur chef. Plus on monte dans les cercles initiatiques, moins il y a de crédulité et plus il y a de cynisme, ce qui fait que l'élite peut, sans en être ébranlée, être informée des réalités cachées aux foules (comme l'existence d'un métro à Paris ou le fait qu'il existe des juifs supérieurs...).

Du fait que la structure de secte est essentielle, et non accidentelle, pour le mouvement totalitaire, quand le Parti prend le pouvoir, il ne peut se permettre de cesser d'être une secte, puisque alors il romprait avec la logique même qui lui a conféré son unité et sa force, il n'éviterait pas la « désintégration interne ». Alors même qu'il est devenu maintenant l'État, il va donc refuser absolument de s'offrir au regard et au jugement du public et, paradoxe suprême, *il va se constituer en organisation clandestine.*

Parce que cette organisation ne peut maintenir totalement, et pour cause, sa clandestinité par rapport au pays, elle veillera à se préserver du moins un Extérieur absolu, qui sera le reste du monde : elle conspirera contre le monde entier et fera croire que le monde entier conspire contre elle.

---

1. Voir *Hitler m'a dit,* de Rauschning, *op. cit.,* qui est riche en anecdotes confirmant ce trait.

III — LE POUVOIR TOTALITAIRE

1) *La dissolution de l'État dans le Parti*

Voilà donc le Parti parvenu au pouvoir. Va-t-il se comporter comme un État « normal » ? Non, et ici, Hannah Arendt décrit un comportement des partis totalitaires qui prouve une *régression* en deçà du stade de la cité et de la civilisation même. La cité, en effet, se définit par l'existence d'un *espace public* et par le *gouvernement de la loi.* Or nous venons de voir que, sous le totalitarisme, il n'y a pas et il ne peut y avoir d'espace public et que, d'autre part, c'est le Parti qui gouverne et non la loi. D'ailleurs les lois changent tout le temps ; elles ne sont même plus rendues publiques[1].

Les partis totalitaires, ni en Allemagne ni en Russie, n'ont fait disparaître l'État *de jure,* mais ils l'ont supprimé *de facto,* selon une alchimie absolument spécifique du totalitarisme et qui pourrait être un des moyens théoriques de le définir. En effet, sous le totalitarisme, l'État n'a plus qu'une autorité *apparente,* l'autorité *réelle* est détenue par le Parti. Mais le Parti est *clandestin.* Le secret et l'incertitude vont donc jouer désormais un rôle essentiel ; les structures les plus cachées sont toujours celles qui ont le plus de pouvoir (par exemple, le 3ᵉ secrétaire d'ambassade sera le vrai chef de l'ambassade, parce qu'il est le colonel du KGB, l'ambassadeur n'étant qu'un subalterne). Or l'État, depuis la Cité grecque, était *par essence* un espace public ; il disparaît donc dans le système totalitaire. On voit, à cet égard, la différence de ce système avec le pouvoir dictatorial des régimes à parti unique : dans ces régimes, le parti s'empare de l'État pour s'en servir à son profit, donc il le laisse subsister (et même le renforce), alors que le totalitarisme le supprime. La dictature *s'appuie sur l'État,* le totalitarisme *l'annihile*[2].

2) *La notion d' « ennemi objectif »*

Il suit de là un certain nombre de conséquences. Une dictature combat des opposants et emprisonne des hommes qu'elle soup-

---

1. C'est l'inverse même de la situation d'État de droit, de *rule of law.*
2. Arendt donne à cette occasion une confirmation par l'absurde de ce que les théoriciens savent depuis l'Antiquité au sujet de l'État. L'État de droit n'exerçant en principe de coercition qu'à l'encontre de ceux qui transgressent la loi, et cette dernière étant publique, le citoyen dispose toujours d'une certaine liberté (même quand la loi change ou est arbitraire), puisqu'il sait ce qu'il ne doit pas faire s'il ne veut pas se mettre dans une situation où il serait exposé à l'action coercitive de l'État. Au contraire, un gouvernement essentiellement *secret,* où le pouvoir ne se donne pas à voir et ne donne pas de directives explicites, ne laisse plus aucun espace d'autonomie à la population qui lui est soumise. Dès lors qu'elle laisse subsister un véritable État, même une *dictature* est plus « libérale » qu'un régime *totalitaire.*

çonne, à tort ou à raison, de lui vouloir du mal. Le totalitarisme, lui, a des « ennemis objectifs », définis à l'avance par l'idéologie qui, formulant les lois supposées de la Nature et de l'Histoire, désigne des catégories d'hommes que ces lois condamnent « objectivement », quoi qu'ils fassent, pensent ou disent « subjectivement ». On traitera ces hommes en ennemis même s'ils n'ont aucune inimitié personnelle à l'encontre du régime – et même si, comble du paradoxe, ils sont partisans décidés de celui-ci.

De fait, toute opposition politique interne cesse, selon Arendt, vers 1930 pour l'URSS, vers 1935 pour l'Allemagne. Après ces dates, les totalitarismes n'ont plus affaire qu'à des « ennemis objectifs ».

La catégorie est « glissante ». En effet, au fur et à mesure que les ennemis objectifs sont liquidés et qu'il n'en reste plus, le délire idéologique *en invente d'autres,* puisque la secte totalitaire ne tient pas si elle n'a pas d'ennemis.

Pour le communisme, les ennemis objectifs ont été d'abord les bourgeois, puis, ceux-ci étant morts ou chassés, les koulaks et autres « classes moribondes » (commerçants, paysans en général)[1], puis enfin, malgré la grande distance par rapport à l'idéologie de départ, les Juifs[2].

Dans le cas du nazisme, ce furent d'abord les Juifs et les Tziganes, puis les Polonais[3], puis – là encore de façon étrange étant donné l'idéologie nationaliste de départ – certains Allemands (ceux qui étaient « malades du cœur et du poumon »...).

Enfin, tous ces gens ayant été éliminés, il restera comme ennemi tout homme *susceptible* de commettre un crime. « Tout crime *imaginé* par les dirigeants doit être puni, sans se soucier de savoir s'il a été commis ou non » (p. 160). Plus généralement, tout homme autonome, susceptible de s'écarter si peu que ce soit de la fonction que les lois de la Nature ou de l'Histoire lui assignent, est suspect. « Du seul fait qu'ils sont capables de penser, les êtres humains sont suspects par définition », même si leur conduite *actuelle* est exemplaire.

Le totalitarisme, dans sa soif d'ennemis, entreprend d'étendre sa domination au monde entier. Mais il n'y a pas de xénophobie particulière dans cette attitude ; au vrai, souligne Arendt, les étrangers ne sont pas plus mal traités que les

1. Dont la théorie marxiste disait que l'Histoire devait les faire disparaître avec la poursuite du processus de transformation capitaliste de l'économie. Leur inexplicable survie démentait donc l'idéologie et menaçait le régime (cf. *supra,* p. 941). C'est pourquoi, même si, subjectivement, ils n'étaient pas des opposants, ils furent objectivement des ennemis qu'on élimina en masse.

2. Au moment où Staline est mort, en 1953, il préparait une grande purge antisémite à l'occasion du prétendu « complot des blouses blanches » et d'un « complot sioniste mondial ».

3. À qui les nazis, précise Arendt, firent porter l'équivalent de l'étoile jaune (une lettre « P »), préparation à l'extermination dans les camps.

nationaux, la patrie elle-même étant traitée comme un pays étranger. Les raisons de l'entrée en guerre de l'Allemagne furent internes autant qu'externes. En effet, la guerre justifiait que tout le monde fût suspecté de tiédeur, de trahison ou d'inefficacité ; elle permettait de traiter tout le monde en « ennemi objectif », donc d'accélérer l'emprise du totalitarisme.

3) *La police*

La police d'un État dictatorial est autonome parce qu'elle dispose d'informations secrètes et mène ses propres enquêtes. La police d'un État totalitaire est, elle, entièrement soumise au chef, et susceptible d'être elle-même liquidée à tout moment.

Par exemple, quand Moscou ordonne inopinément à une usine de produire plus de tuyaux, seule la police secrète sait de quoi il retourne exactement. Il peut s'agir réellement de fabriquer plus de tuyaux, mais la vraie motivation de cet ordre peut être de ruiner le directeur de l'usine, ou d'avoir un prétexte de liquider toute la direction de celle-ci, etc. La multiplicité des réseaux augmente la marge de manœuvre de la direction du Parti, qui peut changer ses plans à la dernière minute : un réseau s'apprête à décorer le directeur de l'usine de l'ordre de Lénine, tandis qu'un autre s'apprête à l'arrêter.

La seule ressemblance entre police secrète despotique et police secrète totalitaire est l'exploitation financière, au profit du parti, des activités privées décrétées illicites, c'est-à-dire le *gangstérisme*.

Pourquoi les purges ne suscitent-elles pas de révoltes ? C'est que, dès lors que tout le monde doit son emploi aux purges précédentes qui ont libéré des places en éliminant le mérite et l'ancienneté, il n'y a aucune *solidarité horizontale* en faveur de ceux qui sont atteints aujourd'hui ; en revanche, tout le monde est complice, donc *solidaire verticalement* du pouvoir qui a commis le crime. Les chômeurs ne peuvent qu'aimer un système qui libère les places, les incapables et les ambitieux un système qui élimine la responsabilité et le talent. Bref tout le monde est prêt à « payer d'un fort raccourcissement de la vie l'assurance que tous les rêves de carrière seront accomplis » (p. 172). Ainsi les exactions de la police peuvent-elles se commettre sans rencontrer de résistance.

La police note les relations de chacun avec chacun, de telle sorte que, comme nous l'avons remarqué plus haut, le jour où un individu sera liquidé, on pourra liquider aussi tout son entourage. Ainsi personne n'interviendra en sa faveur et personne ne se souviendra même qu'il ait existé. Arendt rapporte que cela se faisait – à une époque où n'existait pas l'informatique – à l'aide de cartes sur lesquelles les proches du suspect étaient notés à l'aide de crayons de différentes couleurs : ses relations politiques d'une couleur, ses amis d'une autre, sa famille d'une troisième, etc. « Cette méthode », remarque Arendt, « n'avait de limites que la taille des cartes ».

4) *Les camps*

Les « ennemis objectifs » sont placés dans des *camps de concentration*, phénomène qui va symboliser définitivement pour l'histoire l'horreur des deux totalitarismes.

Ce qui se fait dans les camps n'est justifié par aucune utilité, aucun intérêt, et c'est pourquoi il n'y a aucune limite à ce qu'on peut y faire. Dans les camps, « tout est possible ». D'autant que le scientisme de l'idéologie supprime les valeurs morales, les obstacles « subjectifs » qui pourraient s'opposer à ce qu'on y tente les pires expériences et à ce qu'on y commette les pires crimes. Or, du fait que « les hommes normaux ne savent pas que tout est possible » (David Rousset), les exactions des camps jouissent d'une protection particulière en ce que, indépendamment des mesures de secret proprement dites, les quelques informations qui filtrent vers l'extérieur *ne sont tout simplement pas crues, parce qu'elles ne sont pas crédibles.* Ainsi les secrets des pays totalitaires ont-ils été bien gardés, même sans rideaux de fer. Le monde des morts-vivants est à ce point autre que même le rescapé ne peut croire à son propre récit, à son propre souvenir.

Mais le phénomène majeur des camps n'est pas la brutalité et la torture en tant que telles, puisque l'histoire offre à cet égard maints précédents. C'est le fait que, dans les camps, *les hommes perdent leur personnalité* – phénomène tellement caractéristique que c'est par lui qu'Arendt va déterminer en définitive l'essence même du totalitarisme

Dans la logique de l' « ennemi objectif », il ne doit plus y avoir du tout de personnalité, de responsabilité. Toute personnalité qui se manifesterait par quelque initiative individuelle que ce soit serait la négation de l'idéologie qui fonde le système. On a déjà noté que, dans cette pesrpective, le libre consentement au système est perçu par le totalitarisme comme aussi dangereux pour lui que la libre opposition.

Or une manière radicale de supprimer toute personnalité est de ne pas distinguer innocents et coupables. D'où la *sélection arbitraire des victimes,* que l'on trouve aussi bien dans les camps nazis que dans les camps communistes. Lorsqu'il s'agit de distribuer les corvées ou la mort, on procède à une sélection aléatoire, au lieu de choisir les victimes qui seraient plus « coupables » selon quelque motif rationnel. *A contrario,* remarque Arendt, dans les camps nazis ont fait fonction d' « aristocratie » les *criminels* ou les *communistes,* c'est-à-dire des gens *qui savaient pourquoi ils y étaient,* donc qui avaient conservé, en ce sens, une certaine personnalité juridique et psychologique.

Les victimes ne sont pas les seules à être choisies au hasard. Il en va de même, et pour la même raison – même si la chose paraît encore plus extraordinaire – des bourreaux. Himmler finit par choisir les futurs ss de manière totalement impersonnelle, sur de purs critères raciaux (en consultant une série de photographies), et sans prendre en compte le moins du monde la motivation des candidats, leur envie d'être SS ou leur refus de l'être. Le sujet humain est totalement éliminé. Quel rôle jouerait-il dans la Nature ou dans l'Histoire ?

La terreur totalitaire réussit finalement à « rendre absolument problématiques et équivoques toutes les décisions de la conscience » (p. 192). On tue successivement, précise Arendt, la personnalité juridique, la personnalité morale, la personnalité tout court ou individualité. Quand celle-ci est détruite, l'individu ne prend plus aucune initiative, il n'est plus qu'un « chien de Pavlov ». *C'est pourquoi il va à la chambre à gaz sans protester.*

Cet effacement radical de la personnalité se marque encore par le fait que les proches des personnes disparues n'ont jamais pu connaître leur sort, savoir si elles étaient vivantes ou mortes. Or c'est seulement lorsqu'une vie est achevée, fût-ce dans le malheur et l'horreur, qu'elle a une signification déterminée. L'ignorance dans laquelle on tient les proches des victimes contribue donc elle aussi à la dissolution du sens de la vie humaine.

« Le totalitarisme ne tend pas vers un règne despotique sur les hommes, mais vers un système *où les hommes sont de trop.* Le pouvoir total ne peut être achevé et préservé que dans un monde de réflexes conditionnés, de marionnettes ne présentant pas le moindre soupçon de spontanéité. Justement parce qu'il possède en lui trop de ressources, l'homme ne peut être pleinement dominé qu'à condition de devenir un spécimen de l'espèce animale homme » (p. 197, n.s.).

IV — L'ESSENCE DU RÉGIME TOTALITAIRE :
LA « DÉSOLATION »

Arendt peut maintenant achever de cerner l'*essence* du régime totalitaire et donc de montrer en quoi il est dans l'histoire une nouveauté absolue. Cette essence peut se ramener à trois aspects, d'ailleurs intimement liés.

1) *La suppression de la liberté extérieure :*
la terreur

Le totalitarisme, tout d'abord, repose sur la *terreur,* qu'Arendt définit comme la suppression de toute liberté extérieure, l'interdiction faite à l'individu de mener la moindre action libre dans la société, sa fusion dans un Homme collectif, race ou classe, qui va devenir l'unique sujet agissant de la politique et de l'histoire. Cette métamorphose prend la forme de la *suppression du droit*.

Certes, le totalitarisme prétend, à sa façon, être un régime de droit, puisqu'il dit obéir à des lois suprêmes, celles de la Nature ou celles de l'Histoire. Il diffère incontestablement, à cet égard, des régimes de pur arbitraire comme le despotisme voué au bon plaisir du tyran et de ses proches. Il prétend même être *moins* arbitraire que les États de droit classiques, puisque ces derniers se guident sur le droit positif, alors qu'il dit, lui,

« obéir rigoureusement et sans équivoque à ces lois de la Nature et de l'Histoire dont toutes les lois positives ont toujours été censées sortir. [...] Son défi aux lois positives est, assure-t-il, une forme plus élevée de *légitimité* qui, s'inspirant des sources elles-mêmes, peut se défaire d'une *légalité* mesquine. La légitimité totalitaire se vante d'avoir trouvé un moyen d'instaurer le règne de la justice sur terre – à quoi la légalité du droit positif, de son propre aveu, ne pourrait jamais parvenir » *(ibid.).*

Mais il y a une différence essentielle entre le droit de l'État classique et la justice prétendûment supérieure du totalitarisme. Il ne suffit pas, en effet, qu'il y ait loi pour qu'il y ait justice. Il faut, en outre, des individus libres pour discerner ce qui est juste et ce qui ne l'est pas.

Le droit, dit Arendt, est un ensemble de règles générales qui ne prévoient pas et ne peuvent prévoir toutes les circonstances de la vie ; elles fournissent seulement un ensemble de normes que l'individu devra respecter dans son action. Mais celle-ci reste libre, à la fois au sens où seul l'individu peut interpréter correctement, parmi l'ensemble des règles en vigueur, lesquelles s'appliquent dans chaque cas particulier, et au sens où lui seul détermine les buts de son action. Le droit dit ce qu'il ne faut pas plutôt que ce qu'il faut faire. En un mot, la loi ne peut produire de la justice que s'il y a, en face, un *sujet de droit* libre et responsable, qui a adhéré intimement aux principes de justice.

Au contraire, les lois de la Nature ou de l'Histoire qu'invoque le totalitarisme peuvent se passer entièrement du sujet.

« La légitimité totalitaire, dans son défi à la légalité et dans sa prétention à instaurer le règne direct de la justice sur terre, accomplit la loi de l'Histoire ou de la Nature sans la traduire en normes de bien et de mal *pour la conduite individuelle*. Elle applique la loi directement au genre humain sans s'inquiéter de la *conduite* des hommes » (p. 206, n.s.).

Par ailleurs, pour qu'il y ait justice, il faut que les lois soient indépendantes à quelque degré des êtres à qui elles s'appliquent et qu'aucun d'eux ne puisse les manipuler à son gré. Or les lois de la Nature et de l'Histoire sont formulées par le Parti qui se prétend le seul représentant de la *race supérieure* ou de la *classe révolutionnaire*. Le

Parti édicte donc lui-même les lois dont il prétend tirer sa légitimité et qui justifieront son action. Ce qui permet aux partis totalitaires de s'affranchir non seulement des lois traditionnelles, mais, au fur et à mesure des besoins et des circonstances, *des lois qu'ils ont eux-mêmes édictées ou approuvées*[1]. Ainsi, le mode de fonctionnement normal du droit disparaît entièrement. Il ne reste plus que la contrainte pure exercée par le pouvoir politique, échappant au jugement de toute conscience quelle qu'elle soit.

C'est ce qui explique les phénomènes observés pendant la durée des régimes totalitaires. Le droit ayant pour rôle normal d'établir les frontières du *mien* et du *tien,* sa suppression avait abouti à supprimer ces frontières mêmes, donc la sphère de liberté de chacun, l' « espace vital de la liberté », l' « espace entre les hommes ». De ce fait, les hommes ont été « écrasés les uns contre les autres » (p. 212) ; à la place de la « pluralité » des hommes, on a vu apparaître un « *Homme unique* aux dimensions gigantesques » (p. 211), la *classe* ou la *race,* seul sujet, désormais, de l'histoire et de la politique. Il n'est que trop compréhensible qu'alors ait régné la *terreur* : car ce sujet collectif exécutait les décrets qu'il se donnait à lui-même, sans rien ni personne pour le retenir. Personne en particulier n'était responsable des crimes ou des folies commis, et c'est pourquoi ces crimes et ces folies n'avaient aucune limite.

2) *La suppression de la liberté intérieure : l'idéologie*

Mais ceci même implique immédiatement une autre conséquence, au plan, cette fois, de la pensée. En effet, si les individus sont fondus dans le groupe, sans distance les séparant les uns des autres, ils ne communiquent plus les uns avec les autres. Or la pluralité sociale, soutient Arendt, est nécessaire pour qu'existe une pensée objective. Car la connaissance d'un individu doit pouvoir être mesurée à celle des autres, c'est-à-dire être critiquée ; sans cette critique, elle reste flottante et incertaine, elle ne peut atteindre l'objectivité de la science.

« L'expérience du donné matériel et sensible dépend de mon être-en-rapport avec d'autres hommes, de notre sens commun qui règle et régit tous les autres sens et sans lequel chacun de nous serait enfermé dans la particularité de ses propres données sensibles, en elles-mêmes incertaines et trompeuses. C'est

---

1. Par exemple, la Constitution soviétique qui n'a jamais été appliquée, ou encore la Constitution de Weimar que le régime nazi n'avait pas abolie mais n'appliquait pas. Plus généralement, les deux Partis ont fait édicter n'importe quelles règles au fur et à mesure de leurs besoins sans jamais se sentir obligés par aucune d'elles.

seulement parce que nous possédons un sens commun, parce que ce n'est pas un, mais plusieurs hommes qui habitent la terre, que nous pouvons nous fier à l'immédiateté de notre expérience sensible » (p. 227)[1].

Dès lors, la pensée est livrée à l'*idéologie*. Celle-ci, nous l'avons vu, se nourrit des pures déductions de la logique, elle est, littéralement, la « logique de l'idée ». Or la cohérence logique n'est pas, en soi, une garantie de vérité. Bien au contraire, dans le mouvement normal de la connaissance, la vérité vient surprendre, contredire, renouveler le discours. Le discours humain n'a de chances de saisir au plus près la réalité, d'être *vrai,* que s'il accepte que sa logique interne soit de temps en temps fracturée, contredite par le *réel* ; il faut pour cela qu'il accepte la critique. L'idéologie, qui ne l'accepte pas, va donc s'établir, une fois dépassée la « prémisse unique » dont elle part et qui pouvait avoir, elle, un sens réel, dans un monde de plus en plus irréel, délirant.

Ce qui est vrai de la logique proprement dite l'est également de sa variante « dialectique » : « La logique dialectique, avec son cheminement de la thèse à l'antithèse puis à la synthèse, laquelle devient à son tour la thèse du prochain mouvement dialectique, n'est pas différente dans le principe, une fois que l'idéologie a jeté sur elle son dévolu ; [...] l'avantage de ce procédé est qu'il permet de rendre compte des contradictions entre les faits comme de moments d'un mouvement unique, identique et cohérent » (p. 217).

Ainsi, l'idéologie va prétendre expliquer tout, le passé, le présent et le futur ; surtout, elle va s'affranchir de toute *expérience,* elle ne pourra ni ne voudra rien apprendre de *nouveau :* « Aucune expérience ne peut enseigner quoi que ce soit, parce que tout est compris dans cette progression constante de la déduction logique » (p. 218).

Hitler, par exemple, se vante d'avoir « un raisonnement froid comme la glace », et Staline se félicite que Lénine déploie l' « irrésistible puissance de la logique ».

Le problème est que le réel n'est pas intégralement logique et que, quand la pensée suit la logique seule et devient idéologie, elle perd le contact avec le réel. Moyennant quoi le décalage entre ce que l'idéologie dit du réel et le réel va croissant ; c'est la source de la « langue de bois ».

« Au long du processus de réalisation, la substance originelle que les idéologies se sont elles-mêmes données pour fondement aussi longtemps qu'elles eurent à séduire les masses – l'exploitation des travailleurs, ou les aspirations

---

1. Nous retrouvons ici les thèses mêmes du « rationalisme critique » de la tradition libérale, dans un langage un peu différent de celui de Popper ou de Hayek, mais dans le même esprit. Chez Arendt comme chez ces derniers auteurs, l'approche épistémologique éclaire sur des points décisifs l'analyse du phénomène totalitaire.

nationales de l'Allemagne – se perd peu à peu, dévorée par le processus lui-même : en parfaite harmonie avec le "raisonnement froid comme la glace" et l' "irrésistible puissance de la logique", les travailleurs perdent sous le règne bolchévique jusqu'aux droits qui leur avaient été octroyés sous l'oppression tsariste, et le peuple allemand subit une sorte de guerre qui ne tient aucunement compte du minimum requis pour que survive la nation allemande » (p. 221-222).

De ce fait, la vérité que prétend détenir l'idéologie ne peut que devenir de plus en plus ésotérique ; elle va nourrir les délires de la secte.

« La pensée idéologique s'émancipe de la réalité que nous percevons au moyen de nos cinq sens, et affirme l'existence d'une réalité "plus vraie" qui se dissimule derrière les choses sensibles, les gouverne de cette retraite, et requiert pour que nous puissions nous en aviser la possession d'un sixième sens. Ce sixième sens, c'est justement l'idéologie qui le fournit, cet endoctrinement idéologique spécial auquel on se livre dans les établissements d'éducation, exclusivement créés à cet effet, afin d'entraîner les "combattants politiques" dans les *Ordesburgen* des nazis, ou les écoles du Komintern ou du Kominform. La propagande du mouvement totalitaire sert aussi à émanciper la pensée de l'expérience et de la réalité ; elle s'efforce toujours d'injecter une signification secrète à tout événement public et tangible, et de faire soupçonner une intention secrète derrière tout acte politique public » (p. 219).

3) *Le troupeau humain*

Les deux phénomènes que nous venons d'analyser, suppression de l'espace extérieur par la destruction du droit et suppression de l'espace intérieur par la promotion de la logique pure de l'idéologie, se renforcent mutuellement. Ils concourent tous deux à préparer les masses aux rôles que le totalitarisme attend d'elles, tour à tour celui de victime et celui de bourreau. Ils concourent à déshumaniser l'homme, s'il est vrai que l'homme est essentiellement, pour Arendt, liberté, c'est-à-dire capacité de créer du nouveau, de commencer à tout instant une nouvelle histoire. Étant donné la double fermeture de l'espace extérieur et intérieur, cette capacité humaine est atteinte en son cœur. *Terreur* et *idéologie* se renforcent mutuellement

« La préparation [des bourreaux et des victimes à leurs rôles respectifs] est couronnée de succès lorsque les gens ont perdu tout contact avec leurs semblables aussi bien qu'avec la réalité qui les entoure ; car en même temps que ces contacts les hommes perdent à la fois la faculté d'expérimenter et celle de penser » (p. 223-224).

Cette situation, Arendt l'appelle « désolation » *(loneliness)*. Ce phénomène est bien connu en un sens, puisque c'est lui que l'homme vit dans des situations extrêmes comme la maladie grave ou la vieillesse, où l'on se sent retranché du monde des vivants, enfermé en soi-même et, par là même, coupé aussi du réel et incapable de penser le monde. Mais alors que cette expérience, dans la vie normale de l'humanité, est, par définition, exceptionnelle, le totalitarisme la généralise et la pérennise, fait de la « désolation » un phénomène de masse et établit sur elle son entreprise de domination totale. Le totalitarisme est le premier régime politique de l'histoire à s'être fondé sur de telles bases, et c'est en cela que réside son originalité absolue.

Le mot « désolation », précise Arendt, est plus fort que « solitude » ou « isolement ». L'isolement est ce que produit la simple tyrannie : c'est le fait d'être coupé de ses concitoyens par la crainte de la répression, de ne pouvoir agir avec autrui. Mais, dans une telle situation, seule la couche supérieure de l'action humaine, la *praxis,* l'action politique – la transformation collective du monde – devient inaccessible. L'individu peut continuer à avoir des relations privées avec autrui ; il peut, d'autre part, accéder au second niveau de l'action, la *poiésis,* la création, laquelle d'ailleurs non seulement s'accommode de la solitude, mais souvent la requiert. Alors que, dans la « désolation », l'homme n'a même plus de « vie privée », ni matérielle ni spirituelle. Il ne peut plus penser, il devient fou. « Le cercle de la terreur totale ne laisse pas d'espace à la vie privée et l'autocontrainte de la logique totalitaire détruit chez l'homme la faculté d'expérimenter et de penser aussi certainement que celle d'agir » (p. 225).

La « désolation » est une « expérience d'absolue non-appartenance au monde », « l'une des expériences les plus radicales et les plus désespérées de l'homme » (p. 226). C'est en réalité l'expérience de la mort, car, par la mort aussi, nous quittons ce monde commun qui permet *praxis* et *poiésis.* Mais le totalitarisme ne laisse même pas l'issue de la mort. Il instaure la mort de l'humain *au sein de la vie elle-même.* Il transforme l'homme en simple « travailleur » voué à la seule opération du travail matériel contribuant à la survie organique du groupe ; or le travail, sans liberté humaine, ne peut plus être ni *praxis* ni *poiésis,* il ne peut plus rien ajouter au monde, il est répétition pure ; il est infra-humain. Les totalitarismes, issus de la contestation radicale des principes de l'humanisme et de l'éthique judéo-chrétienne, sont donc parvenus, pour un temps, à faire disparaître l'humain de la surface de la Terre.

Chapitre 4

John Rawls

John Rawls (né en 1921) est un philosophe américain, professeur à Harvard. En 1971, il rassemble sa pensée dans un livre-somme, *La théorie de la justice* (il est également l'auteur de nombreux articles antérieurs et postérieurs à ce livre et, en 1993, d'un autre ouvrage, *Political Liberalism*)[1].

Bien que la *Théorie de la justice* ait été qualifiée « une charte de la social-démocratie moderne », il est remarquable que Rawls justifie les politiques de redistribution par la fiscalité et d'État-providence sur de tout autres bases doctrinales que la social-démocratie classique, laquelle n'a jamais entièrement rompu avec les grandes catégories de la philosophie marxiste : *holisme, lutte des classes* et *historicisme* (cf. *supra*, p. 1000-1005).

1) Contre le *holisme* marxiste, Rawls admet que « la *pluralité* des individus, ayant *des systèmes de fins séparés*, est un caractère essentiel des sociétés humaines » (*Théorie de la justice*, p. 54)[2]. Il affirme, en d'autres termes, l' « inviolabilité » de l'individu et de sa liberté et nie que le projet d'établir une certaine répartition des richesses puisse être poursuivi *aux dépens des libertés*. Il déclare : « Je classerai le principe de la liberté égale pour tous *avant* le principe qui gouverne les inégalités économiques et sociales » (p. 69).

2) Contre la théorie de la *lutte des classes,* il admet que l'économie n'est pas un « jeu à somme nulle » où il s'agirait de répartir plus ou moins équitablement un produit fixe, mais un jeu tel que son produit est en général augmenté quand les entreprises individuelles jouissent de la liberté d'initiative. Les inégalités sociales ne sont donc pas la conséquence de l'expropriation par une classe d'une plus-value créée par le travail d'une autre classe ; il peut – sous certaines condi-

---

1. Cf. John Rawls, *A Theory of Justice,* Oxford University Press, 1972 ; trad. fr., *Théorie de la justice,* Seuil, 1987 ; *Political Liberalism,* New York, Columbia University Press, 1993 ; trad. fr. *Libéralisme politique,* PUF, 1995.
2. Nous citons les pages de la traduction française.

tions que nous spécifierons − exister des *inégalités justes* ; en corollaire, la « lutte contre les inégalités » n'est pas le dernier mot de la politique. Rawls considère comme une donnée définitivement acquise de la science économique la supériorité de l'économie de marché sur l'économie planifiée.

À ces deux premiers points de vue, on peut considérer que la philosophie politique de Rawls s'inscrit de plain-pied dans ce que nous avons appelé la tradition démocratique et libérale. Par d'autres aspects de sa philosophie, cependant, Rawls s'éloigne de cette tradition.

3) La philosophie politique de Rawls est contractualiste. Les institutions sociales qu'il veut instaurer sont censées résulter d'un accord conscient et volontaire entre les hommes, ce qui revient à supposer que ceux-ci sont capables d'agir de manière « volontariste » sur la société et d'en dessiner la « structure de base » sans subir comme une fatalité le legs du passé. Cette vue fait contraste avec celles de la philosophie libérale selon lesquelles les institutions ne sont pas délibérément construites, mais sont le fruit d'une évolution spontanée. D'autant que le « volontarisme » de Rawls va jusqu'à s'attaquer au legs de la *nature* : la société doit compenser les inégalités naturelles et non pas seulement celles qui sont le fruit de l'histoire. Le fait d'avoir un handicap physique ou moins de talents naturels qu'un autre, par exemple, ne justifie pas, par soi, qu'on ait moins de revenus ou d'opportunités d'accomplissement de vie. À cet égard, Rawls s'inscrit incontestablement dans une tradition morale judéo-chrétienne prophétique qui refuse elle aussi − pour le meilleur et pour le pire − la *fatalité*. Mais une question classique − que nous avons souvent rencontrée au long de cet ouvrage − est de savoir selon quelles modalités l'éthique peut s'opposer à la nature, modalités progressives et modérées comme dans la tradition démocratique et libérale issue de la « révolution papale », ou violentes, comme dans les millénarismes religieux médiévaux ou les millénarismes laïcisés des Temps modernes comme le marxisme. Nous aurons à nous demander si le refus rawlsien de la fatalité rompt vraiment avec l'*historicisme* marxiste et si Rawls ne s'inscrit pas dans la tradition utopiste et révolutionnaire de la gauche. Mais présentons d'abord la problématique de la *Théorie de la justice*.

I − LES BUTS D'UNE THÉORIE DE LA JUSTICE

« La justice est la première vertu des institutions sociales comme la vérité est celle des systèmes de pensée. » Lois et institutions doivent être justes.

1) *La nécessité de principes de justice ; leur caractère public ;
la structure de base de la société*

La justice, pour Rawls, implique d'abord l' « inviolabilité » de la
personne : aucune société ne peut être juste si elle repose sur le *sacrifice* de certaines personnes (des minorités, par exemple) au bien-être
des autres. Ainsi le veut, du moins, notre « intuition » fondamentale
de la justice.

D'autre part, étant donné qu' « une société est une association,
plus ou moins autosuffisante, de personnes qui, dans leurs relations
réciproques, reconnaissent certaines règles de conduite comme obligatoires », et qui ont donc « à la fois un *conflit* d'intérêts et une *identité* d'intérêts » (p. 30), le problème pour eux sera de s'entendre sur
un ensemble de principes déterminant une *répartition* correcte ou
juste *(fair)* des avantages et des charges.

Rawls se propose d'établir des *principes de justice* qui satisferont
ces deux exigences. Ses propositions constitueront la « théorie de la
justice comme équité » *(justice as fairness)*.

La théorie de Rawls sera « déontologique » par opposition aux théories
« téléologiques ». Est « déontologique » une théorie qui demande qu'on respecte
des principes, « téléologique » une théorie qui demande qu'on vise des buts
(télos). Ce qui rejoint l'idée hayékienne selon laquelle, dans la société moderne
complexe, seul un « consensus sur les moyens » peut et doit être recherché, et
non le « consensus sur les fins » voulu par les holismes de droite et de gauche, les
nationalismes et les socialismes. On peut et on doit être d'accord sur les *règles
communes* de droit et de morale, mais, dans le cadre de ces règles, chacun doit
être libre de poursuivre *ses propres buts*.

Les principes de justice devront être *publics,* c'est-à-dire non seulement exister et être mis en application, mais être reconnus par chacun, chacun sachant que les autres les reconnaissent également ; il
devra y avoir un « point de vue commun » sur la justice, constituant
« la charte fondamentale d'une société bien ordonnée ». Certes, tout
le monde n'aura pas exactement les mêmes idées sur la justice ; du
moins Rawls pose-t-il que tout le monde pourra avoir le même
« concept » de ce que la justice devrait être fondamentalement. En
outre, le système des règles de justice devra permettre *coordination,
efficacité* et *stabilité* de la vie sociale.

Une « structure de base » de la société découlera de la reconnaissance des principes de justice. Elle comportera une *constitution politique,* les principaux éléments d'un *système socio-économique,* dans
lequel sera spécifiée la *position initiale* des individus qui y prendront
part.

En décidant d'étudier la seule « structure de base » de la société, Rawls exclut consciemment l'étude des règles de justice des *groupes privés* internes à la société, ainsi que celle des problèmes de *droit international public*. D'autre part, l'étude de la justice peut se diviser en théorie de l' « obéissance stricte » aux règles de justice ou « justice idéale » et en théorie de l' « obéissance partielle ». Rawls s'intéressera à la première seule. La théorie de l'obéissance partielle est l'étude « des principes qui commandent notre conduite face à l'injustice », et comporte la théorie des peines, la doctrine de la guerre juste, la justification des différentes formes d'opposition à des régimes injustes – désobéissance civile, objection de conscience, résistance militante, rébellion, révolution... –, les questions de justice compensatrice, d'évaluation de l'injustice institutionnelle. Quelle que soit l'importance de ces études, Rawls estime que la définition des conditions idéales de la justice en est la condition préalable. Enfin, Rawls précise que la théorie de la justice n'est elle-même qu'une partie de l'étude de la société et de la définition d'un « idéal social ».

Rawls concentre ainsi son étude sur la pure « théorie de la justice comme équité ». Il va fonder cette théorie sur des bases nouvelles, de nature à dépasser à la fois l'*utilitarisme* et ce qu'il appelle l'*intuitionnisme*.

2) *Critique de l'utilitarisme*

Les théories *utilitaristes* en morale et en droit ont été prédominantes dans le monde anglo-saxon, mais elles se heurtent à des contradictions et au fait qu'elles ne correspondent qu'imparfaitement à nos sentiments moraux tels que nous en avons l'intuition directe.

L'erreur de l'utilitarisme[1] consiste à appliquer au groupe social, considéré comme un agrégat, le même type de raisonnement qu'aux individus. Un individu est prêt à sacrifier certains de ses désirs, ou à subir certaines peines, pour avoir au total un optimum de satisfaction. L'utilitarisme raisonne comme s'il pouvait en être de même pour la société. Les utilitaristes posent que « la société doit affecter ses moyens de satisfaction, quels qu'ils soient, droits et devoirs, chances et privilèges, différentes formes de richesse, de façon à réaliser si possible [un maximum de satisfaction des désirs rationnels des individus] » (p. 51), mais ils ne se soucient pas, sauf à titre secondaire, de la *répartition* de ces satisfactions. D'où le rôle, dans la tradition utilitariste, de la fiction du « spectateur impartial » qui s'identifie par « sympathie » à tous les autres, mais qui décide à leur place comme si le groupe constituait une seule personne. Or il n'est pas

---

1. Rawls vise spécialement la forme donnée à l'utilitarisme par Henry Sidgwick, mais il cite aussi aussi Hume, Bentham, J. S. Mill, Edgeworth, Pigou. Il précise néanmoins (p. 58) en quoi Hume n'est pas vraiment un utilitariste (c'est ce que nous avons nous-même établi en étudiant Hume, cf. *supra*, p. 351).

vrai que la société ait le droit de sacrifier certains individus – leurs biens, ou leur liberté – au bonheur de tous. L'utilitarisme a le tort de ne pas « prendre au sérieux la *pluralité* et le *caractère distinct* des individus... L'utilitarisme n'est pas un individualisme » (p. 55, n.s.)[1].

La théorie de la justice comme équité différera de l'utilitarisme en ce qu'elle ne cherchera nullement, comme ce dernier, à maximiser la satisfaction.

« Si l'on pose que les personnes placées dans la position originelle[2] choisiraient un principe de liberté égale pour tous et limiteraient les inégalités sociales et économiques à celles qui sont dans l'intérêt de chacun, il n'y a aucune raison de penser que des institutions justes maximiseraient le bien [...]. Bien sûr, il n'est pas impossible que le plus grand bien soit ainsi produit, mais ce serait une coïncidence. Comment parvenir au plus grand solde net de satisfaction est une question qui ne se présente jamais dans la théorie de la justice comme équité ; ce principe de maximisation n'y est pas du tout utilisé » (p. 56).

En outre, dans la théorie utilitariste, on cherche à maximiser quantitativement les satisfactions, quelles qu'elles soient qualitativement, la justice consistant à maximiser l'obtention de choses qui ont été antérieurement définies comme des biens. Dans la théorie de la justice comme équité, au contraire, « le concept du juste est antérieur à celui du bien », en ce sens qu'on n'est pas censé vouloir ce qui n'est pas juste, ou en tout cas cette volonté, si elle existe, ne sera pas considérée comme légitime et ne recevra pas l'appui de la collectivité.

« Les intérêts qui exigeront la violation de la justice n'auront aucune valeur [...]. Certaines limites initiales sont imposées à la définition de ce qui est bien » (p. 57).

Nous sommes donc d'emblée avertis que la théorie de Rawls ne recherchera pas *prioritairement* l'efficience économique, qu'elle ne sera pas un productivisme ; et ceci en vertu de sa dimension antisacrificielle.

---

1. Donc la société américaine, dans l'exacte mesure où elle est utilitariste... ne serait *pas* libérale. D'autre part, si la morale judéo-chrétienne est la morale antisacrificielle par excellence, la société américaine capitaliste ne serait *pas* judéo-chrétienne, contrairement à ce qu'elle prétend. Rawls, en somme, critique la société américaine *des points de vue mêmes selon lesquels ordinairement, en Europe, on critique le collectivisme qui écrase la personne humaine.* Cette polémique à fronts renversés est évidemment d'un grand intérêt heuristique.
2. Cf. *infra*.

3) *Critique de l'intuitionnisme*

Rawls appelle « intuitionnisme » les théories qui fondent les valeurs morales sur la seule intuition. Elles présentent deux caractéristiques :

> « Tout d'abord, elles consistent en une pluralité de principes premiers qui peuvent entrer en conflit et donner des directives contraires dans certains types de cas ; ensuite, elles ne comprennent aucune méthode explicite, aucune règle de priorité pour mettre en balance ces principes les uns par rapport aux autres ; nous devons simplement découvrir un équilibre par intuition, d'après ce qui nous semble le plus proche du juste » (p. 60).

Cette conception est donc, selon Rawls, « incomplète ».

> « Nous devons faire notre possible afin de formuler des principes explicites pour le problème de la priorité, même si la dépendance vis-à-vis de l'intuition ne peut être complètement éliminée » (p. 67).

La solution trouvée par Rawls pour dépasser l'irrationalisme foncier de l'intuitionnisme sera d'établir ce qu'il appelle un *ordre lexical* (ou *lexicographique*) entre les principes de justice. Un ordre lexical est l'ordre des mots dans un dictionnaire : on classe d'abord les mots par l'ordre alphabétique de leur première lettre, puis on classe les mots commençant par la même lettre par l'ordre alphabétique de leur seconde lettre, etc. De même, Rawls classera

> « le principe de la liberté égale pour tous *avant* le principe qui gouverne les inégalités économiques et sociales. Cela veut dire que la structure de base de la société doit organiser les inégalités de richesse et d'autorité selon des formes compatibles avec les libertés égales pour tous qui sont exigées par le précédent principe » (p. 69, n.s.)[1].

Ainsi existera-t-il un moyen rationnel de régler sans ambiguïté les problèmes de conflits entre principes[2].

---

1. Cette affirmation de la prééminence de la liberté sur toute répartition autoritaire des revenus semble marquer on ne peut plus nettement l'appartenance de Rawls à la tradition démocratique et libérale. Nous verrons cependant plus loin que, par « liberté », Rawls n'entend pas exactement la même chose que les libéraux classiques.
2. Rawls fera cependant appel à l'intuition lorsqu'il traitera du contrat social originaire. L'accord entre les contractants reposera en partie sur des bases rationnelles, c'est-à-dire sur des principes que l'on pourra justifier explicitement, mais en partie également sur des bases intuitives, c'est-à-dire sur des principes supposés être partagés par tous, sans démonstration. La question de l'accord prime en effet, pour Rawls, celle de la source – rationnelle ou intuitive – des positions sur lesquelles il y a accord (cf. p. 70).

II — L'IDÉE DE CONTRAT.
POSITION ORIGINELLE ET VOILE D'IGNORANCE

1) L'idée de contrat

« Mon but est de présenter une conception de la justice qui généralise et porte à un plus haut niveau d'abstraction la théorie bien connue du contrat social telle qu'on la trouve, entre autres, chez Locke, Rousseau et Kant. Pour cela, nous ne devons pas penser que le contrat originel soit conçu pour nous engager à entrer dans une société particulière ou pour établir une forme particulière de gouvernement. L'idée qui nous guidera est plutôt que les principes de la justice valables pour la structure de base de la société sont l'objet de l'accord originel. *Ce sont les principes mêmes que des personnes libres et rationnelles, désireuses de favoriser leurs propres intérêts, et placées dans une position initiale d'égalité, accepteraient et qui, selon elles, définiraient les termes fondamentaux de leur association.* Ces principes doivent servir de règle pour tous les accords ultérieurs ; ils spécifient les formes de la coopération sociale dans lesquelles on peut s'engager et les formes de gouvernement qui peuvent être établies. C'est cette façon de considérer les principes de la justice que j'appellerai la théorie de la justice comme équité *(justice as fairness)* » (p. 37, n.s.).

On suppose donc qu'un contrat social est conclu, à partir d'une « situation originaire » — qui est l'équivalent, dit Rawls, de l' « état de nature » des auteurs classiques. Certes, il s'agit, admet-il, d'une simple « fiction », mais d'une fiction nécessaire : la société devra être réellement comme elle aurait été si un tel contrat avait été explicitement conclu entre tous les hommes rassemblés.

Si Rawls reprend aux classiques cette hypothèse, c'est parce qu'elle seule permet de garantir qu'il y ait, à la base des règles sociales, *raison, conscience, volonté, consensus.* Si les hommes peuvent être censés avoir « décidé... par une réflexion rationnelle... une fois pour toutes » de la société dans laquelle ils souhaitent vivre, celle-ci pourra être censée être transparente à la raison et à la conscience humaines et non pas opaque et incompréhensible. Ainsi pourra-t-elle être *librement approuvée par tous* au lieu d'être *subie*, avec comme conséquence inéluctable, dans ce dernier cas, qu'elle sera acceptée par les uns, mais refusée par les autres, donc inéluctablement divisée. La société contractuelle, enfin, sera capable de stabilité et même d'une sorte d'éternité au lieu d'être incessamment vouée aux mutations et aux révolutions.

Les principes qui vont être établis lors du contrat sont le fruit combiné de l'intuition et de la réflexion. Une première intuition nous fait poser certains principes, s'accordant avec « nos convictions bien pesées » *(considered convictions of justice)* ; mais, ensuite, une réflexion aura lieu, et cette réflexion pourra, soit confirmer notre conviction première, soit nous conduire à l'amender. De sorte que les principes sur lesquels il y aura finalement contrat seront un « équilibre réfléchi » *(reflective equilibrium)*. En ce sens, le contrat social ne résultera ni d'une simple évidence, ni d'une construction artificielle et arbitraire de la raison, mais d'un mixte d'intuition et de réflexion.

2) *Position originaire et voile d'ignorance*

Le contrat est noué dans une situation bien particulière que Rawls appelle « situation [ou position] originaire ». C'est une situation d'*égalité* et d'*ignorance*.

Au moment où ils font le choix des principes de justice et de la structure de base de la société, les hommes sont censés être *égaux* en intérêts, en rationalité, en exigence de justice, en bonne volonté[1]. D'autre part ils sont censés *ignorer* quelle sera leur position particulière dans la société. Ils passent le contrat sous un « voile d'ignorance ». Ils doivent donc réfléchir sur les principes susceptibles d'aboutir à la meilleure situation pour n'importe quel individu destiné à vivre dans la société issue de cette réflexion. Ils sont forcés d'être « impartiaux ».

« Par exemple, si un homme savait qu'il serait riche, il pourrait trouver rationnel de proposer le principe suivant lequel les différents impôts nécessités par les mesures sociales doivent être tenus pour injustes ; s'il savait qu'il serait pauvre, il proposerait très probablement le principe contraire » (p. 45). « Ces conditions, ainsi que le voile d'ignorance, définissent les principes de la justice comme ceux auxquels consentiraient des personnes rationnelles en position d'égalité et soucieuses de promouvoir leurs intérêts, ignorantes des avantages ou des désavantages dus à des contingences naturelles ou sociales » (p. 46).

III — LES GRANDES OPTIONS DE LA JUSTICE

Dès lors, comment se pose, dans la position originaire, le problème de la justice ? Rawls le ramène au choix entre les principes suivants.

---

1. La bonne volonté ou bonne foi, la possession d'un sens inné de la justice, d'une conscience, font partie de la nature humaine chez les stoïciens et Cicéron, ainsi que dans la morale biblique, dans la théologie scolastique ou chez Kant. Ce sont des penseurs comme Machiavel ou Hobbes, puis les tenants de la lutte des classes ou des races, qui ont délibérément exclu cette hypothèse. Il est significatif qu'au moment où il cherche à redéfinir les fondements d'une société civilisée et vivable, Rawls se sente obligé de renouer explicitement avec cette antique hypothèse humaniste.

Les principes de justice en compétition
dans la position originelle

A. *Les deux principes de la justice (en ordre lexical)*

   1. Le principe de la plus grande liberté égale pour tous

   2. (a) Le principe de la juste *(fair)* égalité des chances
      (b) Le principe de différence

B. *Conceptions mixtes.* On substituera à A2 l'un des trois principes suivants :

   1. Le principe d'utilité moyenne, ou

   2. Le principe d'utilité moyenne, mais soumis à une contrainte, soit
      (a) qu'un certain minimum social soit garanti, ou
      (b) que la répartition globale ne comporte pas d'écarts trop grands, ou

   3. Le principe d'utilité moyenne soumis à l'une ou l'autre des contraintes de B2, plus celle de la juste égalité des chances

C. *Conceptions téléologiques classiques*

   1. Le principe classique d'utilité
   2. Le principe d'utilité moyenne
   3. Le principe de perfection

D. *Conceptions intuitionnistes*

   1. Équilibre de l'utilité totale et du principe d'égale répartition

   2. Équilibre de l'utilité moyenne et du principe de réparation

   3. Équilibre entre une liste de principes valables à première vue (en fonction des intuitions)

E. *Conceptions égoïstes*

   1. Dictature de l'Ego : chacun doit servir mes intérêts

   2. Le « ticket gratuit » *(free rider)* : chacun doit agir selon la justice, sauf moi, si je l'ai décidé

   3. Généralement : chacun a le droit de poursuivre ses intérêts comme il l'entend

On parlera plus loin des deux principes de justice en ordre lexical, puisque c'est la solution qui va être finalement retenue. Mais Rawls élimine d'abord les autres principes, à la faveur d'une critique serrée.

1) *Utilitarisme classique, utilitarisme moyen, perfectionnisme*

Le principe d'utilité classique (C 1) implique la maximisation absolue de la somme totale de satisfaction. Cette somme est « algébrique », les satisfactions des uns étant censées pouvoir compenser les dissatisfactions des autres. Ce qui revient à dire que l'utilitarisme considère la société comme un unique individu, chez qui les plaisirs et les peines peuvent se compenser.

Rawls cite à cet égard la théorie de Smith du « spectateur impartial », qui juge les avantages et les désavantages des différents systèmes sociaux et économiques possibles. Grâce au fait qu'il est doué de « sympathie », il se met successivement à la place des différents acteurs sociaux, juge de leurs plaisirs et de leurs peines, les compare et les intègre, et il conclut en faveur du système qui procure à la communauté, en définitive, le plus grand avantage. Mais c'est nier que les plaisirs et les peines d'individus séparés ne sont pas sommables et ne sont même pas comparables selon une unique échelle de valeur.

En d'autres termes, l'utilitarisme classique ne considère pas comme injustes les souffrances individuelles, en particulier les désavantages des moins bien lotis, si l'on peut estimer qu'ils sont nécessaires pour que le produit global soit maximisé. Ce principe est donc injuste et doit être rejeté.

Le *principe d'utilité moyenne* (C 2) est la maximisation du quotient : somme globale de satisfaction/nombre des membres de la société. Ce qui corrige le principe d'utilité classique sur un point non négligeable. Pour celui-ci, à richesse individuelle égale, une société plus nombreuse sera préférable, puisque la richesse globale sera plus grande. Bien plus, il faudra juger une société préférable à une autre même si elle est plus pauvre, dès lors que le total de biens produit par de nombreux pauvres dépasse celui produit par de moins nombreux riches. Le principe d'utilité moyenne permet d'éviter ce type d'évaluation. Il n'en comporte pas moins le même défaut fondamental de l'utilitarisme : l'absence de prise en compte des souffrances individuelles.

Rawls appelle *principe de perfection* (C 3) le principe moral selon lequel une société est préférable à une autre si elle permet l'éclosion de perfections humaines qu'une autre ne permet pas, sans considération de quantités absolues ou relatives, et sans que soit requis un consensus sur les perfections jugées pertinentes. Par exemple, on pourra juger qu'une société où peut exister un Léonard de Vinci, un champion sportif, etc., est préférable à tout autre, même si la pauvreté, l'esclavage, l'inégalité sociale, etc., sévissent dans cette société. Inversement, les « perfectionnistes » jugeront qu'une société où règne la justice sociale, mais où tous les êtres humains sont médiocres, ou du moins non parfaits, ne vaut rien. Rawls rejette également ce principe, puisque, dans la position originaire, nul n'a la moindre assurance de faire partie des « parfaits ».

Les solutions « égoïstes » sont *a fortiori* écartées parce qu'elles sont contradictoires avec les hypothèses de base de la position originaire. Par définition, ni la « dictature de l'Ego » (E 1) ni le « ticket gratuit » (E 2) ne pourront susciter un accord unanime, condition nécessaire pour que le contrat soit conclu. D'autre part, si chacun peut poursuivre ses intérêts comme il l'entend[1] (E 3), ce sera la loi du plus fort, et comme je ne peux savoir, sous le « voile d'ignorance », si je serai fort ou faible dans la société réelle, je me garderai bien de prendre le risque de souscrire à un tel principe.

2) *Le choix entre les principes.*
Le « maximin ». Les biens sociaux premiers

L'estimation des autres options se fera selon le critère dit du « maximin » (terme emprunté à la théorie des jeux) : il s'agit de choisir l'option qui *maximise* le gain *minimum* (c'est-à-dire qui fasse en sorte que le plus défavorisé soit le moins défavorisé qu'il est possible, ou que le plus défavorisé par rapport aux autres acteurs soit le plus favorisé dans l'absolu).

Ce qu'il s'agit de maximiser, ce sont les « biens sociaux premiers », c'est-à-dire « tout ce qu'on suppose qu'un être rationnel désirera, quels que soient ses autres désirs » (p. 122), parce que ces biens conditionnent l'obtention des autres. Ce sont « les droits, les libertés et les possibilités offertes, les revenus et la richesse ». Ces biens « premiers » sont également « sociaux », puisque leur obtention est fondamentalement liée à ce que sera la structure sociale de base.

« D'autres biens premiers, comme la santé et la vigueur, l'intelligence et l'imagination, sont des biens naturels ; bien que leur possession soit influencée par la structure de base, ils ne sont pas aussi directement sous son contrôle » (p. 93).

Ce qui conduit aux conclusions suivantes. Les *conceptions mixtes* (B) maximisent pour les plus défavorisés *un* bien primaire, la liberté, mais pas les autres. Les *conceptions intuitionnistes* (C), en raison

---

1. C'est-à-dire y compris par la violence et sans respecter la loi.

de leur irrationalité, n'introduisent aucun ordre stable et ne garantissent rien à personne. De sorte qu'il ne reste plus en lice que la solution A, c'est-à-dire les deux principes de justice en ordre lexical.

IV — LES DEUX PRINCIPES DE JUSTICE

Ils reçoivent dans l'ouvrage plusieurs formulations successives. Voici la formulation définitive (p. 341) :

Les deux principes de justice

PREMIER PRINCIPE

Chaque personne doit avoir un droit égal au système total le plus étendu de libertés égales pour tous, compatible avec un même système pour tous.

SECOND PRINCIPE

Les inégalités économiques et sociales doivent être telles qu'elles soient :

(a) au plus grand bénéfice des plus désavantagés, dans la limite d'un juste principe d'épargne, et

(b) attachées à des fonctions et à des positions ouvertes à tous, conformément au principe de la juste égalité des chances.

PREMIÈRE RÈGLE DE PRIORITÉ (PRIORITÉ DE LA LIBERTÉ)

Les principes de la justice doivent être classés en ordre lexical, c'est pourquoi les libertés de base ne peuvent être limitées qu'au nom de la liberté. Il y a deux cas :

(a) une réduction de la liberté doit renforcer le système total des libertés partagé par tous ;

(b) une inégalité des libertés doit être acceptable pour ceux qui ont une liberté moindre.

SECONDE RÈGLE DE PRIORITÉ
(PRIORITÉ DE LA JUSTICE SUR L'EFFICACITÉ ET LE BIEN-ÊTRE)

Le second principe de la justice est lexicalement antérieur au principe d'efficacité et à celui de la maximisation de la somme totale d'avantages ; et la juste égalité des chances est antérieure au principe de différence. Il y a deux cas :

> (a) une inégalité des chances doit améliorer les chances de ceux qui en ont le moins ;
> (b) un taux d'épargne particulièrement élevé doit, au total, alléger la charge de ceux qui ont à le supporter.

CONCEPTION GÉNÉRALE

> Tous les biens sociaux primaires — la liberté et les chances, le revenu et la richesse, et les bases du respect de soi — doivent être distribués également, à moins qu'une distribution inégale d'un de ces biens soit à l'avantage des moins favorisés.

1) *Le premier principe*

« Les libertés de base des citoyens sont, en gros, la *liberté politique* (droit de vote et d'occuper un poste public), la *liberté d'expression,* de *réunion,* la *liberté de pensée et de conscience ;* la *liberté de la personne* qui comporte la protection à l'égard de l'oppression psychologique et de l'agression physique (intégrité de la personne) ; le *droit de propriété* (personnelle) ; et la *protection à l'égard de l'arrestation et de l'emprisonnement arbitraires,* tels qu'ils sont définis par le concept de règne du droit *(rule of law).* Il est requis par le premier principe que ces libertés soient égales, puisque les citoyens d'une société juste doivent avoir les mêmes droits de base » (p. 92, n.s.).

On observera que les libertés ne figurant pas sur cette liste ne sont pas des « libertés de base » et ne sont pas protégées par le premier principe. Il s'agit notamment du « droit de posséder certaines formes de propriété (par exemple des moyens de production) », de la « liberté de contrat comme dans la doctrine du laisser-faire ».

Que le premier principe soit « lexicalement » antérieur au second signifie qu'aucune optimisation des revenus conformément au second principe ne pourra être obtenue au prix d'une réduction du bien primaire qu'est la liberté garanti par le premier principe. Les libertés, a dit Rawls, ne pourront être limitées « qu'au nom de la liberté », c'est-à-dire que si la limitation d'une des libertés, ou la limitation des libertés pour certains citoyens, sont des conditions indispensables de l'augmentation globale des libertés pour tous les autres. Sinon, non. En particulier, les libertés ne pourront être limitées au motif que cela permettrait d'améliorer la répartition des revenus[1].

---

1. Mais on vient de voir que la liberté économique n'est pas inscrite dans le champ du premier principe. Un espace est ainsi réservé d'avance à des contraintes de type socialiste.

Pour mettre en œuvre le critère de priorité lexicale, on n'a besoin, précise Rawls, que de « jugements *ordinaux* », non, comme dans les calculs de l'utilitarisme, de mesures cardinales. Ce qui permet d'éviter d'avoir à mettre sur le même plan des libertés et des biens positifs, problème qui serait sans doute intellectuellement insoluble : les libertés sont définies comme préférables en toute hypothèse.

2) *Le second principe*

Le second principe

« s'applique à la répartition des revenus *(income)* et des richesses *(wealth)* et à la construction des organisations qui utilisent des différences d'autorité et de responsabilité. Si la répartition de la richesse et des revenus n'a pas besoin d'être égale, elle doit être à l'avantage de chacun et, en même temps, les positions d'autorité et de responsabilité doivent être accessibles à tous » (p. 92).

Voici la raison d'être « intuitive » de la première partie du second principe, le « principe de différence » :

« Puisque le bien-être de chacun dépend d'un système de coopération sans lequel nul ne saurait avoir une existence satisfaisante, la répartition des avantages doit être telle qu'elle puisse entraîner la coopération volontaire de chaque participant, y compris des moins favorisés » *(ibid.).*

Donc chacun pourra adhérer à un système économique et social qui améliore les chances de tous *dans l'absolu* : dès lors que mon bien-être est maximisé, peu importe que celui de certains le soit *plus* que le mien (Rawls a condamné l'envie).

Il est à noter que le principe de différence repose sur l'idée libérale que l'économie n'est pas un jeu à somme nulle, mais constitue un jeu coopératif qui améliore de façon décisive le produit global. Donc, lorsque certains joueurs gagnent plus que d'autres, ce n'est pas nécessairement au détriment de ces derniers, mais au contraire cela peut contribuer à leur faire gagner plus dans l'absolu. Rawls semble même tenir pour acquis qu'*en général* cela leur fait gagner *plus* – il appartient bien, à cet égard, à la génération de l'après-guerre qui a assisté au triomphe des économies de marché sur toutes les formes d'économie planifiée. D'où l'on conclut que *les plus pauvres ont intérêt à admettre qu'il existe de plus riches qu'eux.*

La question est toutefois de savoir si le contractant, dans la position originelle, peut accepter l'éventualité de *n'importe quelle inégalité* de richesses. Le principe de différence fournit une réponse précise. Les différences de richesses ne seront pas autorisées au titre de la simple liberté (liberté de posséder, liberté de contracter), mais *pour la seule raison qu'elles permettent d'augmenter les espérances des plus pauvres, et dans la proportion seulement où elles le permettent.* Et l'on dira qu'il y a

injustice lorsqu'il y a « des inégalités qui ne bénéficient pas à tous »
(p. 93).

Ces principes d'évaluation et de choix étant retenus, voyons ce
qu'il en résulte concrètement pour la répartition des biens primaires.

V — L'ÉGALITÉ DÉMOCRATIQUE

Une première formulation du second principe disait que
« les inégalités économiques et sociales doivent être organisées de façon à ce
que, à la fois, *a)* l'on puisse raisonnablement s'attendre à ce qu'elles soient *à
l'avantage de tous,* et *b)* qu'elles soient attachées à des positions et à des fonctions
ouvertes à tous ».

Rawls avait volontairement laissé un sens ambigu à deux expressions, « à l'avantage de tous » et « ouvertes à tous » (cf. p. 91). La première pouvait s'entendre, soit au sens du « principe d'efficacité »,
soit du « principe de différence » ; la seconde, soit au sens des « carrières ouvertes aux talents », soit de la « juste égalité des chances ». Si
l'on suppose que le premier principe, lui, n'est pas ambigu, on aurait
donc au total, à ce stade, quatre interprétations possibles des deux
principes, que Rawls nomme respectivement (A) « système de la
liberté naturelle » (B) « égalité libérale » (C) « aristocratie naturelle »
et (D) « égalité démocratique » (cf. tableau ci-dessous). Rawls va éliminer les trois premières possibilités au profit de l'« égalité démocratique », et nous aurons ainsi définitivement résolu le problème de
la structure sociale désirable.

Les quatre systèmes de justice

	« L'avantage de tous »	
« *Positions et fonctions ouvertes à tous* »	Principe d'efficacité	Principe de différence
Carrières ouvertes aux talents	A. Système de la liberté naturelle	C. Aristocratie naturelle
Juste *(fair)* égalité des chances	B. Égalité libérale	**D. Égalité démocratique**

Précisons d'abord la signification des alternatives « principe d'efficacité » et « principe de différence », d'une part, « carrière ouverte aux talents » et « juste égalité des chances » d'autre part.

1) « Principe d'efficacité » et « principe de différence »

Le « principe d'efficacité » se ramène au principe d'optimalité économique de Pareto.

Dans une situation de « concurrence pure et parfaite », les agents économiques échangent librement des biens et des services en substituant des biens et services moins chers et/ou plus efficaces à des biens et services plus chers et/ou moins efficaces, jusqu'à ce qu'ils parviennent à une répartition telle qu'il n'y ait plus aucun moyen d'améliorer la production ou la consommation d'un agent économique sans diminuer celles d'un autre (c'est-à-dire jusqu'à l' « égalisation des taux marginaux de substitution de tous les facteurs de production ou de tous les biens de consommation dans tous leurs emplois »). La théorie montre que cet état n'est pas unique : il y a plusieurs répartitions (et même une infinité) qui satisfont au critère de Pareto. Celle qui sera « choisie » en définitive dépendra des préférences individuelles et des revenus des différents agents économiques.

Mais Rawls observe que l'état décrit par Pareto est plutôt un *maximum* qu'un *optimum*. Il est le plus que la société peut produire, mais pas le mieux. Or précisément, pour Rawls, si toutes les situations « Pareto-optimales » sont également *efficaces,* elles ne sont pas également *justes.* C'est pour lever cette indétermination qu'il va falloir introduire le *principe de différence,* qui sera précisément le critère permettant de choisir la meilleure situation parmi toutes celles qui sont « efficaces »[1].

2) « Carrière ouverte aux talents » et « juste égalité des chances »

Que les postes d'autorité et de responsabilité soient « ouverts à tous » peut avoir une signification simplement juridique : il n'existera pas d'interdictions, de privilèges, restreignant l'accès aux diffé-

---

1. Notons que Hayek, qui constate lui aussi qu'il y a une infinité d'états « Pareto-optimaux », nie que l'on puisse *délibérément choisir* l'un d'entre eux en appliquant un critère de justice extérieur. Car, pour mettre en œuvre ce critère, on devrait intervenir dans le marché (par des règlements, des politiques keynésiennes, etc.) et donc on rendrait impossible l'établissement même de l'optimum économique qu'on prétend mieux répartir. « La maximisation du produit total [...] et sa distribution par le marché ne peuvent être séparées, parce que c'est à travers la détermination des prix des facteurs de production que l'ordre global du marché est construit » (F. A. Hayek, *New Studies in Philosophy, Politics, Economics and the History of Ideas,* Routledge & Kegan Paul, 1978, p. 92). Cet argument affaiblit donc la position de Rawls, comme nous le verrons pour finir.

rentes professions et aux différents postes. Tout citoyen pourra postuler à tout emploi public ou privé, et il y sera admis en fonction seulement de ses talents et de ses mérites. Rawls désigne cette situation par l'expression française « la carrière ouverte aux talents », qui caractérise précisément l'état juridique libéral créé par la Révolution de 1789 pour mettre fin aux privilèges d'Ancien Régime.

Mais, dans ce cas, l'accès effectif des uns et des autres aux positions sociales convoitées dépendra des talents *actuels* des postulants. Or Rawls juge que la répartition spontanée des talents n'est pas, en général, juste. Il y a à cela deux raisons : d'une part, elle dépend de leur répartition passée ; d'autre part – et ceci est une position plus originale et remarquable de Rawls, que nous avons déjà notée – le simple fait que la nature procure plus ou moins de talents aux uns ou aux autres et, par suite, plus ou moins de chances dans le déroulement de la vie est, par soi, injuste.

« La répartition initiale des actifs et des capacités est toujours fortement influencée par des contingences naturelles et sociales. La répartition actuelle des revenus et de la richesse est l'effet cumulatif de répartitions antérieures des atouts naturels – c'est-à-dire des talents et des dons naturels – en tant que ceux-ci ont été développés ou au contraire non réalisés, ainsi que de leur utilisation, favorisée, ou non, dans le passé par des circonstances sociales et des contingences, bonnes ou mauvaises. Intuitivement, l'injustice la plus évidente du système [de la carrière ouverte aux talents] est qu'il permet que la répartition soit influencée de manière indue par des facteurs aussi arbitraires d'un point de vue moral » (p. 103).

La société juste devra donc corriger ces deux défauts par un système d'intervention qui compensera les inégalités initiales et fera en sorte que les positions sociales soient réellement, et non pas seulement juridiquement, « ouvertes à tous ». Ce système visera à « empêcher les accumulations excessives de propriété et de richesse » et à « maintenir des possibilités égales d'éducation pour tous » (p. 104). C'est lui que Rawls qualifie de « juste *(fair)* égalité des chances ».

3) « *Système de la liberté naturelle* », « *égalité libérale* », « *aristocratie naturelle* », « *égalité démocratique* »

En conséquence, parmi les différents systèmes sociaux possibles, Rawls condamne ceux qui comportent tout ou partie des imperfections notées ci-dessus.

— Le « système de la liberté naturelle », qui se définit par la *liberté,* la *carrière ouverte aux talents* et le *principe d'efficacité,* c'est-à-dire le libéralisme pur, sans État-providence, est doublement injuste et Rawls le rejette.

— La société d' « égalité libérale », qui se définit par la *liberté*, le *principe d'efficacité* et la *juste égalité des chances*, c'est-à-dire une société libérale avec un système fiscal imposant l'héritage, ainsi qu'un système d'éducation qui, public ou privé, est « conçu de manière à aplanir les barrières de classe » (p. 104), est une société préférable à la précédente, puisqu'elle cherche, elle, « à atténuer l'influence des contingences sociales et du hasard naturel de la répartition » *(ibid.)*[1]. Cependant, Rawls lui reproche encore de ne lutter qu'en partie pour l'égalité des chances. En effet, si elle cherche à corriger l' « arriéré » d'inégalités, elle n'essaie pas de lutter contre l'injustice des *inégalités de nature*.

« Même si elle œuvre à la perfection pour éliminer l'influence des contingences sociales, elle continue de permettre que la répartition de la richesse et des revenus soit déterminée par la répartition *naturelle* des capacités et des talents. À l'intérieur des limites permises par le contexte, *la répartition découle de la loterie naturelle et ce résultat est arbitraire d'un point de vue moral. Il n'y a pas plus de raison de permettre que la répartition des revenus et de la richesse soit fixée par la répartition des atouts naturels* (natural assets) *que par le hasard social ou historique*. De plus, le principe de l'égalité des chances ne peut être qu'imparfaitement appliqué, du moins aussi longtemps qu'existe une quelconque forme de *famille*[2]. La mesure dans laquelle les capacités naturelles se développent et arrivent à maturité est affectée par toutes sortes de conditions sociales et d'attitudes de classe. Même la disposition à faire un effort, à essayer d'être méritant, au sens ordinaire, est dépendante de circonstances familiales et sociales heureuses. Il est impossible, en pratique, d'assurer des chances égales de réalisation et de culture à ceux qui sont doués de manière semblable ; pour cette raison, on peut souhaiter adopter un principe qui reconnaisse ce fait et qui atténue aussi les effets arbitraires de la loterie naturelle elle-même »[3] (p. 104-105, n.s.).

— L' « aristocratie naturelle » serait le système social qui respecterait la *liberté*, le *principe de différence* et la *carrière ouverte aux talents*. Il s'agit d'une société organisée (où l'économie, si l'on comprend bien Rawls, est au moins partiellement administrée et n'est pas « efficace », c'est-à-dire Pareto-optimale), mais où les postes de commandement sont dévolus aux talentueux et aux méritants, sans qu'on se soucie des circonstances qui les ont rendus tels.

Ce que dit Rawls paraît assez bien convenir à ce qu'on appellerait en France la méritocratie républicaine. L'État recrute, par des concours ouverts à tous, les meilleurs (sans se préoccuper de savoir en vertu de quels avantages

1. Rawls pense sans doute ici à la société américaine contemporaine.
2. Rawls reprend donc à son compte la critique de la famille, commune à tous les socialismes.
3. Ici s'annonce le sacrifice que Rawls va faire du principe qu'il avait pourtant placé en premier dans l' « ordre lexical » : l'égalité des libertés.

familiaux et sociaux antérieurs ils sont les meilleurs : le concours ne mesure que les capacités actuelles). Les privilèges dont dispose ensuite cette aristocratie du mérite sont censés servir au mieux l'intérêt général.

Rawls refuse à son tour ce système, puisqu'il ne fait rien pour corriger l'inégalité sociale ou naturelle des chances.
— Reste donc l' « égalité démocratique », c'est-à-dire la société qui reconnaît les deux principes de justice dans leur version définitive. Rawls la décrit comme suit.

VI — LES INSTITUTIONS DE L'ÉTAT-PROVIDENCE

1) *Les institutions correspondant au premier principe*

La société devra être, pour l'essentiel, une « démocrate libérale » si, par ce terme, on entend qu'elle respecte les droits de l'homme et les libertés individuelles, qu'elle est démocratique au plan politique, et repose sur le principe de la *rule of law* ou de l'État de droit où l'universalité, la généralité, la publicité de la loi sont le point d'appui de la liberté individuelle (Rawls reprend à son compte toutes ces notions classiques, sans rien leur ajouter d'original).
Cependant, aux importantes restrictions aux libertés individuelles déjà signalées (celles portant sur la propriété des entreprises et la liberté des contrats), Rawls en ajoute maintenant d'autres. Si, en effet, la liberté ne peut être limitée par la perspectives d'une meilleure répartition des avantages socio-économiques, elle peut l'être au nom de la liberté elle-même.
« Il y a deux sortes de cas. Les libertés de base peuvent soit être moins étendues, mais cependant égales, soit inégales. Si la liberté est moins étendue, le citoyen représentatif doit y trouver en fin de compte un gain pour sa liberté ; et si la liberté est inégale, la liberté de ceux qui ont moins de liberté doit être mieux protégée. Dans les deux cas, la justification se fait en référence à tout le système des libertés égales pour tous » (p. 280-281).

Il y en a aussi un troisième, introduit ici de façon inattendue et inquiétante. Rawls distingue en effet entre la situation idéale où l'on a effectivement, à la suite du contrat social, créé une société juste, et la situation non idéale où l'on s'est mis d'accord sur ce que pourrait être une société juste, mais où l'on constate que la société actuelle est injuste et qu'il faut donc la changer. Dans ce dernier cas, déclare Rawls, on pourra *restreindre les libertés, du moins les libertés politiques, de ceux qui s'opposent à ces changements.*

« Il faudrait peut-être renoncer à une partie [des libertés politiques], quand ceci s'avère nécessaire pour transformer une société moins heureuse en une société où l'on peut jouir pleinement de toutes les libertés égales pour tous. Dans ces conditions, qui, pour le moment, ne peuvent être changées, il peut n'y avoir aucun moyen d'établir l'exercice effectif de ces libertés. [...] Il faut toutefois s'assurer que les changements opérés seront tels qu'ils finiront par amener des conditions sociales où ces restrictions de la liberté ne seront plus justifiées » (p. 284).

Rawls ne précise pas de quelle étendue seront les restrictions apportées aux libertés politiques des changements révolutionnaires souhaités.

Et pour cause : nous sommes ici hors du cadre de base − le contrat social pensé et conclu « avant » l'entrée en société, dans la « position originelle ». Rawls ayant dû ici abandonner son contractualisme et s'étant décidé à tenir compte du monde tel qu'il est, il est bien obligé d'admettre qu'il faut une période de transition, pendant laquelle on va révolutionner ce monde afin qu'on puisse arriver à la position qu'on avait dite « originelle »... Et alors, chez Rawls comme chez cet autre contractualiste qu'est Rousseau (cf. *supra*, p. 835), toutes les précautions qu'on avait prises pour garantir la « justice » dans la société idéale s'envolent : tant qu'on n'aura pas un « bon peuple », on ne pourra assurer la justice. Pour en finir avec le peuple actuel qui est « mauvais », on devra « restreindre les libertés », euphémisme pour désigner tout ce que nous savons des iniquités des révolutions réelles (rappelons que, pour Lénine et Staline aussi, la « dictature du prolétariat » était essentiellement temporaire, même si la fin n'en fut jamais programmée). Le flou que Rawls garde sur les restrictions de libertés pour les opposants dans la phase transitoire le fait revenir de manière inopinée à la méthode « intuitive » qu'il avait si bien dénoncée plus haut. On peut évidemment, dans ces conditions, craindre le pire du comportement de dirigeants politiques rawlsiens qui seraient à Rawls ce que Robespierre fut à Rousseau.

2) *Les institutions correspondant au second principe*

Si l'on fait abstraction de ce problème des libertés, ou si l'on se place en esprit au moment où on peut le considérer comme résolu (tous les opposants éventuels ayant « disparu »), le second principe devient à son tour un guide pour la détermination de la structure de base de la société. Il est prioritaire par rapport au principe utilitariste de maximisation du produit économique global. Les éléments suivants du système de Rawls rapprochent celui-ci des politiques « sociales-démocrates » traditionnelles.

Rawls précise qu'il va énoncer certaines idées sur la structure socio-économique pour illustrer son propos sur la justice, mais qu'il n'y a pas de lien nécessaire entre celles-là et celui-ci. La question des bonnes structures socio-économiques relève des sciences sociales et économiques, elle est de l'ordre des

moyens. La théorie de la justice ne s'intéresse qu'aux principes. Ainsi, en particulier, Rawls affirme que sa théorie, en tant que telle, ne permet pas d'opter
pour ou contre le libéralisme ou le socialisme. Les deux systèmes, à la limite,
peuvent satisfaire, comme tous deux peuvent manquer, les buts de justice. « La
question du choix entre une économie basée sur la propriété privée et le socialisme est laissée ouverte tout au long de ces développements » (p. 299). Il y a
toutefois une sorte de préjugé favorable à l'égard du système libéral, puisque,
par définition, il respecte les libertés (cf. p. 312). Rawls est même conduit à des
prises de position très libérales sur certains points. Par exemple, s'il exige le
financement collectif de nombreux biens et services collectifs, il lui est égal que
les prestataires de ces services soient des agents gouvernementaux ou des prestataires privés mis en concurrence et payés sur fonds publics. Ce pourrait être le
cas de la production d'équipements militaires ou des services de santé (p. 310)
ou d'éducation (p. 315). Par ailleurs, il pense que les institutions de marché peuvent être compatibles avec les institutions socialistes (cf. p. 313), c'est-à-dire
avec la propriété collective des biens de production. En effet, on peut concevoir
des entreprises publiques ayant des dirigeants nommés par l'État ou élus par des
conseils de travailleurs, mais fonctionnant selon un système de marché. Car il
faut distinguer (et Rawls pense qu'on peut le faire) la fonction « allocative » des
prix, qui permet d'organiser efficacement l'activité économique, et leur fonction « distributive », qui détermine les revenus que reçoivent les individus en
échange de leur contribution. Des entreprises socialistes pourraient faire jouer la
première et non la seconde.

Rawls va décrire non une structure de base utopique, à créer,
mais, en gros, l'État-providence tel qu'il existe déjà, dont il cherche
seulement à « voir comment [son organisation] s'accorde avec les
deux principes de justice » (p. 315). Le but est, rappelons-le, triple
(conformément aux deux principes et aux deux subdivisions du
second principe) : *maintenir les libertés, maximiser le sort des plus défavorisés, faire prévaloir l'égalité des chances.*

« Tout d'abord, je suppose que la structure de base est régie par une *constitution juste* qui garantit les libertés civiques égales pour tous [...]. La liberté de
conscience et la liberté de pensée y sont considérées comme allant de soi et l'on
garantit la juste valeur de la liberté politique [...]. Je suppose aussi qu'il existe
une *juste égalité des chances* (par opposition à une égalité formelle). Ceci veut dire
que l'État non seulement préserve les formes habituelles du capital social, mais
encore essaie de procurer des chances égales d'éducation et de culture à ceux
qui ont des dons et des motivations semblables, soit en subventionnant des écoles privées, soit en créant un système scolaire public. Il encourage et garantit
aussi l'égalité des chances dans la vie économique et dans le libre choix d'un
emploi en contrôlant l'action des firmes et des associations privées et en empêchant l'établissement de restrictions monopolistiques et de barrages dans l'accès
aux positions les plus recherchées[1]. Enfin, le gouvernement garantit un *minimum*

---

1. Ce qui, soit dit en passant, est de nature à condamner certains privilèges corporatistes et syndicaux non moins que les abus de position dominante des firmes privées.

social, soit sous la forme d'allocations familiales et d'assurances maladie et de chômage, soit, plus systématiquement, par un supplément de revenu échelonné (ce qu'on appelle un impôt négatif sur le revenu) » (p. 315-316).

3) Les grands « Départements »

Tout ceci implique qu'il y ait dans l'État quatre grandes « branches » (c'est-à-dire ministères, ensembles de ministères ou « départements » au sens anglo-saxon du terme).

Les deux premières doivent « maintenir, d'une manière générale, l'efficience de l'économie de marché ».

1) Le « Département des allocations » est « chargé de veiller à ce que le système des prix reste efficacement concurrentiel et à empêcher la formation de positions dominantes sur le marché » (p. 316). Mais, pour cela, il n'utilisera pas seulement la régulation par le droit abstrait. Il sera autorisé à utiliser des « taxes et des subventions adéquates et des modifications des droits de propriété » afin, lorsque « les prix échouent », de « refléter avec précision les avantages et coûts sociaux », de « trouver et corriger les déviations les plus visibles à l'égard du principe d'efficacité ».

2) Le « Département de la stabilisation » a en charge l'emploi. Il vise à assurer le plein-emploi, en soutenant au besoin la demande (par des moyens « keynésiens », semble-t-il).

Ces deux types d'administrations sont compatibles avec la démocratie libérale. Les deux autres départements mettent en œuvre une logique sociale-démocrate.

3) Le « Département des transferts sociaux » s'occupe d'assurer le minimum social, lequel est déterminé par les « préceptes de justice du sens commun ». Or « un système de prix basé sur la seule concurrence ne tient pas compte des besoins » ni de « l'exigence d'un niveau de vie correct ». Donc il ne peut « représenter la seule base de la répartition », et il faut que, par des transferts adéquats, le minimum soit garanti à tous. Cependant, ceci n'implique pas un contrôle général des revenus. « Une fois que, grâce à ces transferts de revenus, on a atteint un minimum correct, il peut être parfaitement juste (fair) de déterminer le reste du revenu total grâce au système des prix » (p. 317).

Rawls souligne que le rôle des transferts ne doit pas interférer avec celui du marché. Donc le revenu minimum ne sera pas obtenu par un système de salaires minimaux et, plus généralement, de fixation des salaires par l'État. Celui-ci agira en complétant, par des subventions, les salaires insuffisants, au prorata du revenu minimum, et les deux systèmes resteront disjoints.

4) Le « Département de la distribution » aura pour tâche de « préserver une certaine justice dans la répartition des parts grâce à la fiscalité et aux ajustements nécessaires du droit de propriété ». Il devra déterminer d'une part des taxes sur l'héritage, d'autre part les impôts proprement dits.

a) *L'héritage.* Le but de ces mesures, comme l'instauration d'un impôt progressif sur l'héritage, n'est pas d' « augmenter les revenus fiscaux », mais bien de « corriger la répartition de la fortune » et d' « éviter les concentrations de pouvoir qui pourraient fausser la juste valeur de la liberté politique et de la juste égalité des chances ». On aboutira ainsi à une « large dispersion du patrimoine qui est, semble-t-il, une condition nécessaire si l'on veut préserver la juste valeur de la liberté égale pour tous ». Rawls signale cependant que « l'inégalité face à l'héritage de la fortune n'est pas intrinsèquement plus injuste que l'inégalité face à l'héritage de l'intelligence », mais elle ne doit être admise, comme cette dernière, que dans la mesure où elle « respecte le principe de différence ». L'inégalité des héritages sera admise dans la mesure où elle sera réputée améliorer le bien-être des plus défavorisés et ne pas compromettre l'égalité des chances. Sinon, non, et le « Département de la Distribution » fera les réglementations correctives nécessaires.

b) *Les impôts.* Rawls opte pour un impôt proportionnel sur la consommation, sans exclure d'autres systèmes comme l'impôt (proportionnel ou progressif) sur le revenu. « Si les impôts proportionnels s'avèrent être plus efficaces parce que, par exemple, ils entravent moins les motivations économiques, cela pourrait être un argument en leur faveur » (p. 319). Dans les deux cas, on voit qu' « il n'est fait nulle mention du critère traditionnel d'imposition selon lequel les taxes devraient être calculées en fonction des avantages reçus ou de la capacité de payer. [...] Les impôts progressifs sur les successions et sur le revenu, par exemple, ne dérivent pas de l'idée que les individus ont des fonctions d'utilité semblables, obéissant à la règle de l'utilité marginale décroissante [...]. La forme des fonctions d'utilité ne joue aucun rôle. Elle pose un problème dans l'utilitarisme, pas dans la théorie du contrat ».

Enfin, il y aura une *cinquième* branche de l'action étatique, le « Département de l'arbitrage ». Il devra décider des dépenses publiques supplémentaires, celles qui ne correspondent pas directement à la nécessité de faire prévaloir les deux principes de justice. De telles dépenses peuvent être légitimes, mais elles ne devront pas être faites selon les mêmes procédures et par l'opération des mêmes institutions que les dépenses précédentes de justice sociale, sinon il risquerait d'y avoir abus. Il faudra constater qu'il existe une majorité suffisante en leur faveur, et d'autre part il faudra décider quelles autres dépenses doivent être supprimées si l'on entend rendre possibles ces nouvelles mesures sans alourdissement inconsidéré de la charge globale. En effet, « il n'y a pas plus de justification à utiliser l'appareil d'État pour contraindre certains citoyens à payer pour des avantages dont ils ne veulent pas, mais que d'autres désirent, qu'à les forcer à rembourser les dépenses privées des autres » (p. 323) Le principe pour de tels arbitrages devra être « le principe d'efficacité ». Le Département constituera d'ailleurs un organe représentatif particulier, « afin de souligner que la base de ce système est le principe de l'égalité des avantages marginaux et non les principes de la justice » *(ibid.)*[1].

4) *La justice sociale entre les générations*

Dans la position originelle, on doit réfléchir à la meilleure société indépendamment de toute considération de temps et de lieu. Cela pose la question de la justice entre générations. On ne doit pas choisir un système social qui privilégierait une génération particulière ; on travaille pour le long terme, et l'on sait qu'il y aura de nombreuses générations ; les intérêts de toutes doivent être pris en compte. Or cela pose une question spécifique à l'État-providence. Puisque celui-ci va distraire des ressources à l'économie qui auraient pu être épargnées, et que cette épargne aurait pu améliorer le sort des générations futures, il va y avoir un conflit entre le principe de différence et la justice sociale entre générations. Comment arbitrer ce conflit ?

Les théories utilitaristes optent pour un fort taux d'épargne, même si cela doit être au détriment des défavorisés d'aujourd'hui. La théorie du contrat, si elle est commandée par le seul principe de différence dans sa première forme (« Les inégalités économiques et sociales doivent être telles qu'elles soient au plus grand bénéfice des plus désavantagés »), conclut à un taux d'épargne nul, puisqu'il s'agit d'utiliser toutes les ressources disponibles à l'amélioration du sort des plus mal lotis. C'est pourquoi il faut compléter la théorie du contrat sur ce point, en se demandant comment les gens envisageraient la question dans la situation originelle. Il faudra que les partenaires, qui ne savent pas dans quelle génération ils naîtront,

« se mettent d'accord pour un principe d'épargne qui garantisse que chaque génération recevra son dû de ses prédécesseurs et, de son côté, satisfera de manière équitable les demandes de ses successeurs » (p. 328).

C'est-à-dire que chaque génération devra avoir des chances à peu près égales de progrès, ce qui suppose que les générations antérieures aient accumulé un capital tel que la productivité marginale

---

1. Par l'identification de cette cinquième fonction, Rawls se montre conscient des dangers d'injustice et de gabegie des immenses États-providence modernes irresponsables, où des minorités parviennent à obtenir, au nom de la « justice sociale », des rentes privées indues, au détriment manifeste de l'intérêt général. De ce point de vue du moins, il se montre plus libéral que bien des sociaux-démocrates et socialistes européens.

de cette épargne (en termes de progrès techniques et progrès de productivité) soit égale à chaque génération. Ceci plaide pour un « principe d'épargne » qui ne fixera pas un taux, mais « une règle qui assignera un taux (ou un éventail de taux) approprié à chaque niveau de développement »[1].

De sorte que le principe de différence doit être modifié comme suit (c'est la formulation définitive qui figure dans l'encadré de la page 1382) : « Les inégalités économiques et sociales doivent être telles qu'elles soient au plus grand bénéfice des plus désavantagés *dans la limite d'un juste principe d'épargne.* »

On voit que l'appareil d'État imaginé par Rawls suppose, comme l'État-providence des social-démocraties, une maîtrise rationnelle et déterminée de l'économie, une gestion planifiée de tous les grands agrégats économiques. Sinon, les propositions de Rawls n'ont pas de sens.

La théorie de la justice de Rawls, qui est fondée sur de tout autres bases philosophiques que le marxisme, qui affirme le pluralisme et le droit des individus à poursuivre leurs propres fins, qui est contractualiste et se veut donc, par définition, une théorie universelle, fondée sur le droit, et non une théorie de guerre sociale, renouvelle incontestablement le débat politique à l'ère post-totalitaire. A-t-elle vocation, pour autant, à constituer la charte philosophique d'une « gauche libérale » concurrençant la « droite libérale » au sein même de la famille démocrate libérale entendue au sens large ?

Nous nous bornerons à deux remarques à ce sujet.

1) L'idée de Rawls de prendre en considération, dans sa théorie de la justice, non seulement les risques d'injustices sociales, mais également les risques liés aux inégalités naturelles, conduit à de curieux paradoxes. En effet, ce qui est ici en discussion, c'est le contrat social que les hommes sont censés nouer entre eux dans la « position originelle ». Or les hommes ne sauraient décider par contrat que ceux d'entre eux qui sont *par nature* dénués de talent vont en être pourvus. La volonté ne commande pas à la nature (c'est la définition de la nature). Le contrat social ne peut songer à déterminer que des structures sociales. Ce que Rawls pourrait éventuellement supposer, c'est que les hommes décident, par contrat, de créer des conditions sociales telles que les natures des uns et des autres soient changées à

---

1. Si l'on suppose, en effet, qu'il y a croissance économique régulière, et étant donné ce qu'on connaît de la logique ordinaire du développement économique, le taux d'épargne devra être plus faible dans les premiers niveaux, plus fort ensuite. Une société plus pauvre peut moins épargner qu'une société plus riche, ou si l'on préfère, un taux donné d'épargne est un fardeau plus lourd pour une société qui a moins à consommer, et ce fardeau s'allège à mesure que la société est plus développée.

terme. Mais il devrait admettre alors que sa société juste soit un devoir-être et non un être actuel. S'il faisait cette concession, il se rapprocherait de cette vision eschatologique de l'histoire et de cette espérance dans le progrès humain que nous avons constatées être consubstantielles à la tradition démocratique et libérale.

Hélas, il semble que ce que Rawls recherche en réalité, c'est à rendre le bonheur de chacun *indépendant de son bon ou de son mauvais naturel*. Il ne veut donc pas changer les natures, il veut, ce qui est tout différent, que, quel que soit le lot naturel échu à chacun, il n'en résulte pas de différences sociales. Il invente donc des mécanismes sociaux qui permettent de corriger les « injustices » résultant des divers « lots naturels » sans corriger la nature même. Le problème est que de tels mécanismes ne peuvent être mis en place que si l'on fait violence à la nature de certains hommes. Or cela est manifestement contraire, quoi qu'en dise Rawls, au « premier principe » : car qu'est-ce que la « liberté », sinon la liberté de vivre et de se comporter *selon sa nature* ? Ce n'est pas moins contraire au second principe, car le progrès de l'humanité dépend des avancées faites par ceux qui sont naturellement les mieux pourvus, les plus dynamiques, les plus intelligents, etc., et les mécanismes compensatoires que Rawls entend mettre en place risquent donc, en brimant les bonnes natures, de condamner l'humanité à la stagnation, c'est-à-dire de jouer à l'encontre du « maximin ».

En réalité, la force et la faiblesse de la position de Rawls tiennent à son *contractualisme*. Le temps de la « position originelle », qui est situé par définition *avant la société,* est-il situé *avant la nature* ? S'il y a un sens à dire (malgré le caractère fictif de l'hypothèse) que l'on va conditionner son entrée *en société* au fait que la structure sociale sera juste (cela a un sens, car, comme le suggère Rawls, un homme qui estime la société injuste peut toujours déclarer qu'il ne l'a pas agréée, et cela peut lui fournir une base légitime à la dissidence ou à la révolte), y a-t-il un sens à dire qu'on va conditionner son entrée *dans la vie* à la garantie qu'on naîtra beau et fort plutôt qu'handicapé physique ou mental ? Évidemment non, puisqu'il n'y a aucun sens à supposer qu'un homme, un groupe d'hommes ou toute l'humanité rassemblée puissent donner une garantie de ce genre à quiconque. Ce que Rawls ignore ou récuse, son « point aveugle » philosophique, c'est donc la contingence insurmontable qui fait qu'on naît tel ou tel, en tel lieu, en tel temps, en ayant devant soi seulement un certain champ de possibles – c'est la « facticité » de l'existence, en langage heideggerien, ou, en langage théologique, sa « créaturité ». Or la grandeur du vouloir et de la liberté de l'homme, ce n'est pas de se transporter par imagination dans un monde miraculeusement rendu identique à ce qu'on désire, c'est de se livrer à la longue et lourde tâche de le bâtir tel. Nous résumerons ce jugement en disant que le contractualisme de Rawls est une pensée *utopique,* non une pensée *eschatologique.* Cela rend Rawls plus proche de la tradition millénariste et révolutionnaire que de la tradition démocratique et libérale.

2) Rawls se sépare surtout de cette dernière par son *épistémologie.* Il ne doute pas que ses contractants disposent de la *connaissance* quasi déterministe qui serait nécessaire pour mettre en place sa « structure sociale de base », avec son État redistributeur et ses « Départements », et maintenir ce système en état de fonctionner à mesure qu'évoluent les technologies et les besoins et ressources des populations. Or c'est cette possibilité d'une planification de la société et de l'économie que conteste la tradition démocratique et libérale, dont les institutions ont pour raison d'être – on l'a dit plusieurs fois dans le présent ouvrage – de contourner la limite épistémologique de la complexité en permettant à une information possédée ou créée par des personnes irréductiblement différentes et irrémédiablement dispersées d'être utilisée de manière cohérente pour augmenter la production économique et faire progresser la science. Bien qu'il déclare adhérer à la démocratie, à la liberté de penser et à l'économie de marché, Rawls n'a visiblement pas pris toute la mesure de ce problème qui a conduit Hayek ou Polanyi à élaborer les concepts d'ordre « polycentrique » ou « spontané ». Sa théorie du contrat s'inscrit, sans vrai recul critique, dans le paradigme de l'ordre organisé, erreur épistémologique majeure du socialisme.

Nous trouvons donc une nouvelle fois une confirmation de la thèse selon laquelle le vrai clivage entre libéraux et antilibéraux tient à la philosophie de la connaissance. Les institutions de liberté donnent chance à l'inconnu de se manifester ; si l'on croit que tout est connu ou peut l'être, on n'a aucune raison de donner à la liberté des *droits.* De fait, pour mettre en place la société dont une élite a supposé qu'elle pouvait donner lieu à un accord contractuel, Rawls n'hésite pas à préconiser des mesures dirigistes, ou même révolutionnaires, comme la restriction des libertés pendant la phase de « transition » vers la société idéale. Comme les millénaristes, il croit donner ainsi plus de droits à l'éthique qu'à la liberté, mais, pas plus qu'eux (ou que les révolutionnaires de droite et de gauche qui se sont inscrits dans une démarche de ce type), il ne comprend qu'on ne peut être moral par des moyens qui, étant scientifiquement faux, ne peuvent produire, *in fine,* que du mal.

La théorie de la justice de Rawls est cependant du plus grand intérêt intellectuel. Elle est sans doute une des tentatives les plus approfondies qui aient été faites dans l'ère post-totalitaire pour faire avancer la discussion entre libéralisme et socialisme (la plupart des autres débats sont polémiques et sont menés sur le mode d'un « dialogue de sourds »). Par la lumière qu'elle s'efforce d'établir sur les conditions morales et intellectuelles d'un contrat social auquel tous puissent adhérer, elle invite ceux qui admettent intuitivement les principes de la démocratie libérale à relever le défi de la philosophie. Comment peut s'établir un *consensus* autour de la société de droit ? Sur la seule base des succès actuels des démocraties occidentales modernes, ou sur celle d'une compréhension doctrinale complète des principes qui la fondent ? Peut-on se contenter d'un consensus implicite ? Une philosophie n'est-elle pas nécessaire pour que la raison et la morale triomphent de l'envie et des passions, pour que la société de droit trouve, dans ses tribulations, des défenseurs éclairés ? Ne doit-il pas y avoir un *idéal* démocrate et libéral, source spirituelle d'une nouvelle civilisation ? Ces questions restent aujourd'hui ouvertes, mais on peut dire que Rawls a contribué à les poser autant que les auteurs libéraux étudiés dans la dernière partie de cet ouvrage.

Épilogue

Il convient de terminer celui-ci, qui est déjà d'une taille inusitée. Il va sans dire qu'il n'en est pas moins fort incomplet. Nous avons dû laisser de côté d'innombrables doctrines, visions du monde, approches nationales ou religieuses, problématiques géopolitiques ou politologiques, et aussi maints développements importants des dernières décennies du XXe siècle.

Concernant plus spécialement ces derniers, bien des chapitres auraient pu être ajoutés : sur *Carl Schmitt*, en qui l'absolutisme a trouvé un avocat moderne particulièrement éloquent ; sur *Bertrand de Jouvenel*, qui a renouvelé la réflexion sur l'État dans la ligne de la pensée de droite ; sur les *libertariens* américains comme *Ayn Rand*, *Robert Nozick* ou *Murray Rothbard*, qui ont donné à la pensée libérale des développements inédits en poussant la critique de l'État jusqu'à contester, non pas seulement, comme Humboldt, ses fonctions de financement et de production de services collectifs, mais certaines de ses fonctions « régaliennes » mêmes ; sur l'*écologisme*, qui n'a cependant pas atteint le stade d'une doctrine politique originale et complète ; sur les apports récents des sciences sociales qui permettent de reformuler en termes neufs certains problèmes classiques de la théorie politique (nous songeons par exemple à l'économie des institutions, à l'école du *Public choice*, à la sociologie de la connaissance et des idéologies, et, naturellement, à la sociologie politique).

Une dernière considération, malgré tout, nous incite à mettre sereinement un terme au présent ouvrage, si incomplet qu'il soit. C'est que, si les sciences sociales sont par nature en perpétuel renouvellement, il n'en va pas de même des pensées métascientifiques, religieuses ou philosophiques, qui donnent *sens* à la vie politique. Si Carl Schmitt a eu raison de dire qu'il y a politique là et là seulement où il y a des « amis » et des « ennemis », là où l'on est donc exposé à tuer ou à mourir le glaive à la main, seul peut s'engager en politique celui qui juge que ces actes ont un sens qui transcende sa propre vie. Ne sont donc pas véritablement *politiques* les doctrines qui ne comportent pas une vision de la société, de l'histoire, de la valeur respective des différentes cultures du monde, et finalement de l'homme lui-même et de la raison d'être de sa présence sur cette terre. Or les pensées qui articulent de telles perspectives donatrices de sens sont finalement assez rares dans l'histoire des idées, et elles se renouvellent à un rythme essentiellement plus lent que les sciences positives. S'il s'en est formulé dans les toutes dernières années, nous ne les connaissons pas encore. Aussi pensons-nous, dans le présent ouvrage qui ne pouvait être exhaustif, avoir présenté du moins un échantillon représentatif de celles dont l'honnête homme d'aujourd'hui doit avoir entendu parler.

Index

COLLECTION « QUADRIGE »

Cet ouvrage à été mis en pages
par Vendôme Impressions
Groupe Landais
41100 Vendôme

Imprimé en France
par France Quercy
113, rue André-Breton
46001 Cahors
N° d'impression :32824/
Dépôt légal : novembre 2003